INTERESSES DIFUSOS E COLETIVOS

VOL. 1

O GEN | Grupo Editorial Nacional – maior plataforma editorial brasileira no segmento científico, técnico e profissional – publica conteúdos nas áreas de concursos, ciências jurídicas, humanas, exatas, da saúde e sociais aplicadas, além de prover serviços direcionados à educação continuada.

As editoras que integram o GEN, das mais respeitadas no mercado editorial, construíram catálogos inigualáveis, com obras decisivas para a formação acadêmica e o aperfeiçoamento de várias gerações de profissionais e estudantes, tendo se tornado sinônimo de qualidade e seriedade.

A missão do GEN e dos núcleos de conteúdo que o compõem é prover a melhor informação científica e distribuí-la de maneira flexível e conveniente, a preços justos, gerando benefícios e servindo a autores, docentes, livreiros, funcionários, colaboradores e acionistas.

Nosso comportamento ético incondicional e nossa responsabilidade social e ambiental são reforçados pela natureza educacional de nossa atividade e dão sustentabilidade ao crescimento contínuo e à rentabilidade do grupo.

ADRIANO ANDRADE CLEBER MASSON LANDOLFO ANDRADE

INTERESSES DIFUSOS E COLETIVOS

VOL. 1

- Fundamentos do Direito Coletivo
- Ação Civil Pública
- Ação Popular
- Mandado de Segurança Coletivo
- Direito do Consumidor
- Improbidade Administrativa

13ª EDIÇÃO | REVISTA, ATUALIZADA E REFORMULADA

■ Os autores deste livro e a editora empenharam seus melhores esforços para assegurar que as informações e os procedimentos apresentados no texto estejam em acordo com os padrões aceitos à época da publicação, e todos os dados foram atualizados pelos autores até a data de fechamento do livro. Entretanto, tendo em conta a evolução das ciências, as atualizações legislativas, as mudanças regulamentares governamentais e o constante fluxo de novas informações sobre os temas que constam do livro, recomendamos enfaticamente que os leitores consultem sempre outras fontes fidedignas, de modo a se certificarem de que as informações contidas no texto estão corretas e de que não houve alterações nas recomendações ou na legislação regulamentadora.

■ Fechamento desta edição: *28.04.2025*

■ Os autores e a editora se empenharam para citar adequadamente e dar o devido crédito a todos os detentores de direitos autorais de qualquer material utilizado neste livro, dispondo-se a possíveis acertos posteriores caso, inadvertida e involuntariamente, a identificação de algum deles tenha sido omitida.

■ **Atendimento ao cliente: (11) 5080-0751 | faleconosco@grupogen.com.br**

■ Direitos exclusivos para a língua portuguesa
Copyright © 2025 by
Editora Forense Ltda.
Uma editora integrante do GEN | Grupo Editorial Nacional
Travessa do Ouvidor, 11 – Térreo e 6º andar
Rio de Janeiro – RJ – 20040-040
www.grupogen.com.br

■ Reservados todos os direitos. É proibida a duplicação ou reprodução deste volume, no todo ou em parte, em quaisquer formas ou por quaisquer meios (eletrônico, mecânico, gravação, fotocópia, distribuição pela Internet ou outros), sem permissão, por escrito, da Editora Forense Ltda.

■ Capa: Anderson Pereira

■ **CIP-BRASIL. CATALOGAÇÃO NA PUBLICAÇÃO**
SINDICATO NACIONAL DOS EDITORES DE LIVROS, RJ

A565i
13. ed.
v. 1

Andrade, Adriano
  Interesses difusos e coletivos, volume 1 / Adriano Andrade, Cleber Masson, Landolfo Andrade. - 13. ed., rev., atual. e reform. - Rio de Janeiro : Método, 2025.

  Inclui bibliografia
  ISBN 9788530997441

  1. Interesses difusos - Brasil. 2. Interesses coletivos - Brasil. 3. Ação civil pública - Brasil. I. Masson, Cleber. II. Andrade, Landolfo. III. Título.

25-97688.0   CDU: 347.922(81)

Meri Gleice Rodrigues de Souza - Bibliotecária - CRB-7/6439

À minha amada Vivian, pela inspiração, pela compreensão
e pelas valiosas contribuições na revisão do trabalho.
Aos meus queridos filhos, Gabriela e Davi,
bençãos que vieram para alegrar nossas vidas.
Aos meus queridos pais, João e Ana (*in memoriam*),
pelo amor e pela dedicação incomensuráveis.
A Edward, Landolfo e Leopoldo, irmãos e companheiros.
Ao amigo Cleber Masson, como agradecimento
pelo convite para enfrentar este desafio.

ADRIANO ANDRADE

À minha família, pelo apoio e pelo carinho inesgotáveis.
À Carol, minha esposa, com muito amor.
À Maria Luísa e à Rafaela, minhas filhas lindas,
presentes de Deus para iluminar minha caminhada
e encher minha vida de paz e alegria.
Amo vocês, minhas princesas.
Aos amigos Adriano e Landolfo, pela coragem que demonstraram
ao aceitar meu convite para escrever este livro.
Aos nossos leitores e alunos, pelo estímulo a mais a este trabalho.

CLEBER MASSON

À Mari, minha amada esposa. Sua generosidade, ternura e leveza
fazem os meus dias muito mais felizes.
À Julia, minha amada e linda filha, prova viva de que não podemos desistir
de nossos sonhos. Espero poder retribuir, em vida,
todo o bem que me faz, meu anjo, minha flor, meu amor.
Aos meus queridos pais, João e Ana (ambos, *in memoriam*),
a quem devo uma vida de dedicação e amor incondicionais.
Aos meus irmãos Edward, Adriano e Leopoldo, com admiração e afeto.
Ao amigo Cleber Masson, pelo convite para participar deste projeto.

LANDOLFO ANDRADE

Nota à 13.ª Edição

Cara leitora, prezado leitor,

Nesta edição, em respeito à fidelidade de nosso público leitor, seguimos com a tradicional atualização jurisprudencial, legislativa e doutrinária do texto, bem como procedemos ao incansável aperfeiçoamento didático da obra.

Todos os capítulos receberam melhorias em sua redação, e a maior parte deles (capítulos 2 a 6) recebeu atualização em conformidade com as decisões mais relevantes dos nossos tribunais de superposição (STF e STJ).

Quando o caso, também se adequou o texto a eventuais inovações em normas administrativas. A esse propósito, merece destaque a abordagem desenvolvida no âmbito do capítulo 6 (Improbidade Administrativa) sobre a nova Resolução 306/2025 do Conselho Nacional do Ministério Público. Essa norma regulamenta o art. 17-B da Lei 8.429/1992, disciplinando, no âmbito do Ministério Público, o acordo de não persecução civil.

É, assim, com muita expectativa e satisfação, que apresentamos esta nova edição do nosso livro, revista e ampliada, obra muito bem recebida pelos operadores do direito e pela Academia em todo o Brasil, a quem honradamente agradecemos.

Desejamos que você colha bons frutos desta nova etapa de nosso trabalho.

Adriano Andrade
Cleber Masson
Landolfo Andrade

Apresentação

Esta obra, cuja estrutura e espírito se firmaram nas salas de aula de faculdades de Direito e cursos preparatórios para concursos públicos, bem como em nossas experiências como promotores de justiça, destina-se aos operadores do direito, aos estudantes universitários e, sobretudo, àqueles que enfrentam o desafio da aprovação em concursos públicos.

Na prática forense, é crescente o número de ações coletivas ajuizadas para a tutela dos interesses difusos e coletivos. Há tribunais que, em compasso com as exigências modernas e buscando conferir maior efetividade à tutela desses interesses em juízo, criaram câmaras especializadas para o julgamento dessas ações.

No meio acadêmico, diversas faculdades de Direito, sensíveis a essa crescente demanda, já incluíram em suas grades curriculares o estudo dos interesses difusos e coletivos como disciplina autônoma e obrigatória da graduação. Da mesma forma, os principais centros de pós-graduação disponibilizam cursos de especialização, mestrado e doutorado com núcleos de pesquisas em direitos difusos e coletivos.

Na linha dessa tendência, as bancas examinadoras passaram a conferir importância cada vez maior aos interesses difusos e coletivos nos concursos públicos, especialmente nas carreiras em que o conhecimento dessa disciplina se faz indispensável.

Além do maior espaço ocupado pela disciplina nas provas dos concursos públicos, os examinadores não mais se satisfazem com questões que se resumam à cobrança da literalidade do texto legal. Exige-se o conhecimento da doutrina especializada no assunto e, notadamente, da jurisprudência dos tribunais superiores.

Se, por um lado, é notório o crescimento da importância do estudo dos interesses difusos e coletivos para a aprovação nas provas de concursos públicos, por outro, é forçoso reconhecer a escassez de obras que forneçam aos candidatos as informações necessárias para o enfrentamento das questões sobre os principais temas que a disciplina abriga.

Nesse cenário, depois de reiterados pedidos e de muito incentivo por parte dos alunos, aceitamos o desafio de desenvolver um trabalho que suprisse essa lacuna editorial, organizado originariamente em seis capítulos: 1.º) Fundamentos de Direito Coletivo; 2.º) Ação Civil Pública; 3.º) Ação Popular; 4.º) Mandado de Segurança Coletivo; 5.º) Direito do Consumidor; e 6.º) Improbidade Administrativa.

A grande aceitação das sete primeiras edições da nossa obra e a necessidade de ampliá-la, com vistas a atender a outras disciplinas igualmente importantes do amplo e complexo Direito Coletivo, fizeram-nos convidar outros três colegas de Ministério Público, os professores Gabriel Lino, Lauro Ribeiro e Rafael Machado, todos com sólida formação acadêmica e larga experiência profissional na defesa dos interesses coletivos, para desenvolvermos o segundo volume, organizado em sete capítulos: 1º) Direito Ambiental; 2º) Direito da Criança e do Adolescente; 3º) Direito da Pessoa com Deficiência; 4º) Direito do Idoso; 5º) Direito à Educação; 6º) Lei Anticorrupção Empresarial; e 7º) Direito à Saúde.

Temos a satisfação de dizer que este trabalho em equipe tornou possível a concretização de um inédito estudo sobre o Direito Coletivo no Brasil. Organizada em apenas dois volumes e escrita de forma sistematizada, a obra passa a abordar todos os principais temas, tanto do direito material coletivo como do direito processual coletivo.

Em toda a obra, a expressão "interesses difusos e coletivos" foi adotada tanto pela precisão terminológica quanto por ser , normalmente, sob essa rubrica que, seja nos concursos públicos, nas grades curriculares dos cursos de graduação, seja nos núcleos de pesquisa de pós-graduação, as disciplinas tratadas neste livro são inseridas. Por isso mesmo, convém ressalvar que este trabalho envolve não apenas a tutela dos interesses difusos e coletivos, mas também dos individuais homogêneos, ou seja, tratamos dos interesses coletivos em sentido amplo, considerados em suas três dimensões coletivas.

No primeiro capítulo deste volume, fornecemos as noções básicas para o entendimento do direito (material e processual) coletivo. Nos três capítulos seguintes, passamos em revista os principais instrumentos de tutela processual coletiva (ação civil pública, ação popular e mandado de segurança coletivo). Nos derradeiros, tratamos dos aspectos materiais e processuais de algumas das searas jurídicas em que mais palpitam conflitos envolvendo direitos de dimensão coletiva: o Direito do Consumidor (em que se destacam temas recentes, tais como o diálogo das fontes, a teoria dos atos próprios e a responsabilidade dos provedores de *sites* de relacionamento na internet) e a improbidade administrativa (com ênfase na aplicação da Lei 8.429/1992 aos agentes políticos; na questão do foro especial; na prova do *periculum in mora* na cautelar de indisponibilidade de bens; na aplicabilidade da sanção de perda da função pública aos agentes aposentados; e na correlação entre pedido e sentença nas ações civis de responsabilidade por ato de improbidade administrativa). Portanto, são objetos deste livro tanto o direito material coletivo (interesses difusos, coletivos e individuais homogêneos) como o direito processual coletivo.

Sem perder de vista a metodologia de estudo do selo Método do Grupo GEN, procuramos produzir um livro completo e conciso, didático, sistematizado, escrito em linguagem clara e direta.

Nas matérias controversas, são expostas as diversas posições da doutrina e da jurisprudência, com destaque para as orientações do Superior Tribunal de Justiça e do Supremo Tribunal Federal, quando existentes, em cada um dos tópicos abordados nos seis capítulos que compõem o nosso *Interesses Difusos e Coletivos*.

Para facilitar a compreensão da matéria, especialmente nos temas mais complexos, foram citados inúmeros exemplos de casos práticos, sem prejuízo dos esquemas elaborados para facilitar a visualização do conteúdo exposto.

Como **material suplementar**, apresentamos um novo recurso didático, a sala de aula virtual, que se baseia em três pontos principais: (i) questões de concursos para treino, ao final de cada capítulo; (ii) videoaulas, com a explicação dos principais temas abordados no livro; e (iii) webinar: *lives* que proporcionam ao leitor, na vigência da edição, uma atualização completa sobre as principais novidades normativas e jurisprudenciais referentes aos temas tratados no livro.

Esperamos que esta obra possa ser útil a todos os operadores do direito, aos estudantes e, em especial nesses tempos de urgência e abundância de informações, a todos os candidatos que desejam realizar o sonho da aprovação em concurso público.

Boa sorte a todos e muito obrigado pela confiança em nosso trabalho. Contem sempre conosco.

São Paulo, 11 de janeiro de 2021.

Adriano Andrade
Cleber Masson
Landolfo Andrade

Sobre os Autores

Adriano Andrade
Promotor de Justiça em São Paulo. Doutor em Direito Civil pela Universidade de São Paulo (USP). Mestre em Direitos Difusos e Coletivos. Especialista em Direito Ambiental e Gestão Estratégica da Sustentabilidade, ambos pela Pontifícia Universidade Católica de São Paulo (PUC-SP). Professor de Interesses Difusos e Coletivos na Escola Superior do Ministério Público de São Paulo e no Curso G7 Jurídico.

Cleber Masson
Promotor de Justiça em São Paulo. Doutor e mestre em Direito Penal pela PUC-SP. Professor de Direito Penal e Legislação Penal Especial no Curso G7 Jurídico. Palestrante e conferencista em todo o Brasil.

Landolfo Andrade
Promotor de Justiça em São Paulo (também foi Promotor de Justiça em Minas Gerais). Membro da Comissão de Defesa da Probidade Administrativa do Conselho Nacional do Ministério Público (CNMP). Mestre em Direitos Difusos e Coletivos pela PUC-SP. Especialista em Direito Privado pela Escola Paulista da Magistratura. Professor de Interesses Difusos e Coletivos na Escola Superior do Ministério Público de São Paulo, na Escola de Direito Coletivo e no Curso G7 Jurídico.

Abreviaturas

ACP	–	Ação Civil Pública
CC	–	Código Civil
CDC	–	Código de Defesa do Consumidor
CF/88	–	Constituição da República Federativa do Brasil de 1988
CNMP	–	Conselho Nacional do Ministério Público
CSMP-SP	–	Conselho Superior do Ministério Público do Estado de São Paulo
CSMPF	–	Conselho Superior do Ministério Público Federal
ECA	–	Estatuto da Criança e do Adolescente (Lei 8.069/1990)
EPI	–	Estatuto da Pessoa Idosa (Lei 10.741/2003)
LIA	–	Lei de Improbidade Administrativa (Lei 8.429/1992)
LOMP-BA	–	Lei Orgânica do Ministério Público do Estado da Bahia (Lei Complementar Estadual 11/1996)
LOMP-SP	–	Lei Orgânica do Ministério Público do Estado de São Paulo (Lei Complementar Estadual 734/1993)
LOMPU	–	Lei Orgânica do Ministério Público da União (Lei Complementar 75/1993)
LONMP	–	Lei Orgânica Nacional do Ministério Público (Lei 8.625/1993)
MSC	–	Mandado de Segurança Coletivo
PFDC	–	Procuradoria Federal dos Direitos do Cidadão

Sumário

· · · · · · · · · · · · · · · · ·

CAPÍTULO 1 – FUNDAMENTOS DO DIREITO COLETIVO 1

1.1 Evolução histórica dos direitos humanos 1

    1.1.1 Direitos humanos de primeira geração (ou de primeira dimensão)... 1

    1.1.2 Direitos humanos de segunda geração (ou de segunda dimensão).. 2

    1.1.3 Direitos humanos de terceira geração (ou de terceira dimensão) 3

    1.1.4 Direitos humanos de quarta geração (ou de quarta dimensão) 4

    1.1.5 Direitos humanos de quinta geração (ou de quinta dimensão) 4

    1.1.6 Quadro-resumo das três primeiras gerações/dimensões.................... 4

1.2 Surgimento e evolução do direito coletivo... 5

    1.2.1 Antecedentes remotos do processo coletivo 5

    1.2.2 As mudanças socioeconômicas e o reflexo no direito material ao longo do século XX.. 6

    1.2.3 Os desafios do processo tradicional em face do novo contexto socioeconômico e jurídico-material, e o surgimento do processo de massa 7

    1.2.4 Evolução do processo coletivo na legislação brasileira.................... 10

1.3 Definições e terminologia.. 12

    1.3.1 Interesse e direito subjetivo 12

    1.3.2 Por que a CF/1988 e o CDC referem-se à defesa tanto de interesses como de direitos?... 12

    1.3.3 Interesse público *x* interesse privado 13

    1.3.4 Direito público *x* direito privado.. 14

    1.3.5 Interesses transindividuais: objeto do direito coletivo........................ 15

    1.3.6 Interesses difusos, coletivos e individuais homogêneos 15

        1.3.6.1 Interesses difusos 17

            1.3.6.1.1 Indivisibilidade do objeto 17

            1.3.6.1.2 Situação de fato em comum............................ 18

            1.3.6.1.3 Indeterminabilidade dos titulares.................... 19

            1.3.6.1.4 Conceito 20

        1.3.6.2 Interesses coletivos *stricto sensu* 20

            1.3.6.2.1 Indivisibilidade do objeto 20

            1.3.6.2.2 Relação jurídica em comum (relação jurídica base) 21

            1.3.6.2.3 Determinabilidade dos titulares...................... 23

            1.3.6.2.4 Conceito 23

        1.3.6.3 Interesses individuais homogêneos 23

            1.3.6.3.1 Divisibilidade do objeto 23

		1.3.6.3.2	Origem comum (situação fática ou jurídica em comum)	24
		1.3.6.3.3	Determinabilidade dos titulares	25
		1.3.6.3.4	Recomendabilidade de tratamento conjunto...	25
		1.3.6.3.5	Conceito	26
	1.3.6.4		Considerações finais sobre direitos difusos, coletivos e individuais homogêneos	26
		1.3.6.4.1	Tutela coletiva de direitos *x* tutela de direitos coletivos: a questão sobre a abrangência do gênero dos direitos coletivos em sentido amplo	26
		1.3.6.4.2	Interesses essencialmente coletivos *x* interesses acidentalmente coletivos	27
		1.3.6.4.3	Conceito de interesses ou direitos coletivos em sentido amplo	29
		1.3.6.4.4	A classificação do direito metaindividual é determinada pelo tipo de tutela pretendida na ação coletiva?	29
		1.3.6.4.5	Tabela das características dos interesses coletivos em sentido amplo	31
1.3.7			A teoria dos litígios coletivos de Edilson Vitorelli	31
	1.3.7.1		Litígios transindividuais de difusão global (litígios globais)	33
	1.3.7.2		Litígios transindividuais de difusão local (litígios locais)	33
	1.3.7.3		Litígios transindividuais de difusão irradiada (litígios irradiados)	34
	1.3.7.4		Tabela das características dos litígios coletivos segundo Vitorelli	35

CAPÍTULO 2 – AÇÃO CIVIL PÚBLICA 37

2.1	Considerações iniciais		37
2.1.1	Princípios do Direito Processual Coletivo Comum		37
	2.1.1.1	Princípio do acesso à justiça	38
	2.1.1.2	Princípio da universalidade da jurisdição	38
	2.1.1.3	Princípios da participação no processo e pelo processo	39
	2.1.1.4	Princípio da economia processual	39
	2.1.1.5	Princípio do interesse jurisdicional no conhecimento do mérito do processo coletivo	39
	2.1.1.6	Princípio da máxima prioridade jurisdicional da tutela coletiva	40
	2.1.1.7	Princípio da disponibilidade motivada da ação coletiva	40
	2.1.1.8	Princípio da não taxatividade da ação coletiva	41

2.1.1.9	Princípio do máximo benefício da tutela jurisdicional coletiva comum	41
2.1.1.10	Princípio da máxima amplitude do processo coletivo	42
2.1.1.11	Princípio da obrigatoriedade da execução coletiva pelo Ministério Público	42
2.1.1.12	Princípio da ampla divulgação da demanda	42
2.1.1.13	Princípio da informação aos órgãos legitimados	43
2.1.1.14	Princípio da maior coincidência entre o direito e sua realização	43
2.1.1.15	Princípio da integração entre a LACP e o CDC	44

2.1.2 Ação civil pública ou ação coletiva? 45

2.1.3 Natureza jurídica: norma de direito material ou de direito processual? 47

2.2 A influência das *class actions* 48

2.2.1 Pressuposto da comunhão de questões de fato ou de direito 48

2.2.2 Legitimidade ativa 49

2.2.3 Coisa julgada 49

2.2.4 Pressuposto da representatividade adequada (*adequacy of representation*) 50

2.2.5 *Opt-out* e *opt-in* 50

2.2.6 Legitimação passiva 51

2.2.7 *Fluid recovery* 51

2.2.8 Resumo das principais influências das *class actions* da *Rule 23* sobre nossas ações civis públicas 52

2.2.9 Resumo das principais diferenças entre as *class actions* da *Rule 23* e nossas ações civis públicas 52

2.3 Condições da ação 52

2.3.1 Legitimidade *ad causam* 53

2.3.1.1	Legitimidade ativa	53
	2.3.1.1.1 Natureza jurídica: legitimação concorrente e disjuntiva	55
	2.3.1.1.2 Natureza jurídica: legitimação ordinária, extraordinária, ou *tertium genus*?	55
	2.3.1.1.3 Representatividade adequada	60
	2.3.1.1.4 Ministério Público	63
	2.3.1.1.5 Defensoria Pública	78
	2.3.1.1.6 Entes da Administração Direta	80
	2.3.1.1.7 Entes da Administração indireta	81
	2.3.1.1.8 Fundações privadas	82
	2.3.1.1.9 Ordem dos Advogados do Brasil (OAB)	83
	2.3.1.1.10 Entes despersonalizados	84
	2.3.1.1.11 Associações de direito privado (associações civis)	85
	2.3.1.1.12 Partidos políticos	89
	2.3.1.1.13 Sindicatos	89

		2.3.1.1.14	Cooperativas	90
		2.3.1.1.15	Observações quanto à legitimidade na Lei 7.913/1989	91
		2.3.1.1.16	Observações quanto à legitimidade na Lei 11.340/2006 (Lei Maria da Penha)	91
		2.3.1.1.17	Tabela-resumo da legitimidade para a defesa dos interesses transindividuais versados por leis específicas	92
		2.3.1.1.18	Legitimidade ativa subsidiária	93
	2.3.1.2	Legitimidade passiva		93
		2.3.1.2.1	Legitimação extraordinária passiva	94
2.3.2	Interesse processual			95
2.4	Elementos da ação			96
2.4.1	Partes			96
2.4.2	Causa de pedir			97
2.4.3	Pedido			98
	2.4.3.1	Objeto imediato		98
	2.4.3.2	Objeto mediato		104
	2.4.3.3	Controle de constitucionalidade		105
	2.4.3.4	Controle judicial de políticas públicas		106
		2.4.3.4.1	Noção de políticas públicas	107
		2.4.3.4.2	Direitos fundamentais integrantes do conceito de mínimo existencial	107
		2.4.3.4.3	Direitos fundamentais não integrantes do conceito de mínimo existencial	110
	2.4.3.5	Questões tributárias, contribuições previdenciárias, FGTS e outros fundos		112
2.5	Competência			113
2.5.1	Competência originária nos tribunais de superposição			114
2.5.2	Competência de jurisdição			116
	2.5.2.1	Justiça Especial *x* Justiça Comum		116
		2.5.2.1.1	Justiça Militar	116
		2.5.2.1.2	Justiça Eleitoral	117
		2.5.2.1.3	Justiça Trabalhista	117
	2.5.2.2	Justiça Comum: Justiça Federal *x* Justiças Estaduais ou Distrital		118
		2.5.2.2.1	Visão geral	118
		2.5.2.2.2	A presença do Ministério Público Federal e a questão da competência	120
		2.5.2.2.3	Competência em ações civis públicas ambientais	122
		2.5.2.2.4	Competência nas comarcas que não sejam sede de vara da Justiça Federal	122
2.5.3	Competência originária na respectiva Justiça			124
2.5.4	Competência de foro (ou territorial)			124

	2.5.4.1	Regra geral	125
		2.5.4.1.1 Competência funcional ou territorial?	125
		2.5.4.1.2 (Im)prorrogabilidade da competência territorial	126
		2.5.4.1.3 Interesses individuais homogêneos: competência absoluta ou relativa?	127
		2.5.4.1.4 Dano ou ameaça local, regional ou nacional...	128
	2.5.4.2	Regras específicas	130
		2.5.4.2.1 Causas em que a União for autora ou ré	130
		2.5.4.2.2 Estatuto da Criança e do Adolescente	130
		2.5.4.2.3 Estatuto da Pessoa Idosa	131
2.5.5	Competência de juízo		131
	2.5.5.1	Juizados Especiais Cíveis Federais	131
	2.5.5.2	Juizados Especiais Cíveis Estaduais	132
2.5.6	Competência interna		132
2.5.7	Competência recursal		133

2.6 Litisconsórcio, intervenção de terceiros e oposição ... 133

2.6.1	Litisconsórcio e assistência		133
	2.6.1.1	Noções preliminares	133
	2.6.1.2	Litisconsórcio ativo inicial de colegitimados	134
	2.6.1.3	Litisconsórcio ativo superveniente de colegitimados	134
	2.6.1.4	Litisconsórcio ativo entre Ministérios Públicos	136
	2.6.1.5	Assistência simples de não colegitimados	138
	2.6.1.6	Litisconsórcio e assistência litisconsorcial de não colegitimados	138
	2.6.1.7	Facultatividade do litisconsórcio passivo em ações ambientais	141
2.6.2	Denunciação da lide		141
2.6.3	Chamamento ao processo		142
2.6.4	*Amicus curiae*		143

2.7 Conexão, continência e litispendência ... 145

2.7.1	Conexão e continência		145
	2.7.1.1	Efeito da conexão ou continência: prorrogação da competência	147
		2.7.1.1.1 Prorrogação de competência e a questão da competência funcional	148
		2.7.1.1.2 Prorrogação de competência nas relações entre ações da Justiça Estadual e Federal	149
		2.7.1.1.3 Prorrogação de competência nas relações com mandados de segurança coletivos	150
2.7.2	Litispendência		150
	2.7.2.1	Efeito da litispendência	150
2.7.3	Conexão, continência e litispendência entre ações civis públicas e ações individuais		151
	2.7.3.1	Incidente de resolução de demandas repetitivas	153

INTERESSES DIFUSOS E COLETIVOS – VOL. 1

2.8	Inquérito civil e outros meios de prova			155
	2.8.1	Instrução da petição inicial		155
		2.8.1.1	As ferramentas do Ministério Público: inquérito civil e procedimento preparatório	155
			2.8.1.1.1 Finalidades	158
			2.8.1.1.2 Notícia de fato e instauração de inquérito civil ou procedimento preparatório	159
			2.8.1.1.3 Efeitos da instauração do inquérito civil	162
			2.8.1.1.4 Recurso contra a instauração	163
			2.8.1.1.5 Hipóteses de não instauração	163
			2.8.1.1.6 Instrução	166
			2.8.1.1.7 Instrumentos de coerção: as tipificações penais	172
			2.8.1.1.8 Prazos para conclusão	175
			2.8.1.1.9 Arquivamento do inquérito civil e do procedimento preparatório e seu controle pelos órgãos de revisão	175
			2.8.1.1.10 Desarquivamento	181
			2.8.1.1.11 Princípio da publicidade x sigilo	181
			2.8.1.1.12 Princípio inquisitivo, contraditório e ampla defesa	183
			2.8.1.1.13 Princípio da informalidade x rigorismo processual	184
			2.8.1.1.14 Valor probatório	184
			2.8.1.1.15 Conceito e natureza jurídica do inquérito civil e de seu procedimento preparatório	185
		2.8.1.2	As ferramentas dos demais legitimados: requerimentos de certidões ou informações	185
	2.8.2	Instrução ao longo do processo		186
		2.8.2.1	Ônus da prova no processo coletivo	187
			2.8.2.1.1 Noção de ônus da prova: aspectos subjetivo e objetivo	187
			2.8.2.1.2 Ônus da prova como regra de julgamento	187
			2.8.2.1.3 Regras de distribuição do ônus da prova	188
			2.8.2.1.4 Inversão do ônus da prova: convencional, legal ou judicial	189
			2.8.2.1.5 Inversão judicial do ônus da prova no microssistema de processo coletivo	190
		2.8.2.2	Poder instrutório ampliado do magistrado	194
2.9	Particularidades procedimentais			195
	2.9.1	O edital nas ações sobre interesses individuais homogêneos		195
	2.9.2	Tutelas provisórias		196
		2.9.2.1	Tutelas de urgência	196
		2.9.2.2	Tutelas de evidência	201
		2.9.2.3	Limitações	202
			2.9.2.3.1 Art. 16 da LACP	202

		2.9.2.3.2	Oitiva prévia dos representantes judiciais da Fazenda Pública	202
		2.9.2.3.3	Restrições das Leis 8.437/1992 e 9.494/1997	203
	2.9.2.4	Meios de impugnação		205
		2.9.2.4.1	Recursos	205
		2.9.2.4.2	Ação exauriente contra tutela antecipada	205
		2.9.2.4.3	Pedido de suspensão da exequibilidade da liminar	206
2.9.3	Desistência e abandono			209
2.9.4	Reconvenção			211
2.9.5	Saneamento			213
2.9.6	Decisões interlocutórias e agravo de instrumento			214
2.10	Resolução amigável dos conflitos			214
	2.10.1	Autocomposição extrajudicial: o compromisso de ajustamento de conduta		218
		2.10.1.1	Previsão legal	219
		2.10.1.2	Legitimação	219
		2.10.1.3	Natureza jurídica	220
		2.10.1.4	Objeto	222
		2.10.1.5	Cominações	225
		2.10.1.6	Compromisso de ajustamento tomado em um inquérito civil ou em um procedimento preparatório	226
		2.10.1.7	Compromisso de ajustamento de conduta preliminar	227
		2.10.1.8	Complementação, impugnação e substituição do compromisso	228
		2.10.1.9	Acompanhamento e execução	230
	2.10.2	Autocomposição judicial		233
2.11	Sentença, meios de impugnação e coisa julgada			237
	2.11.1	Sentenças coletivas		237
		2.11.1.1	Obrigações de fazer ou não fazer	238
		2.11.1.2	Obrigações de pagar	239
	2.11.2	Impugnação		240
		2.11.2.1	Recursos	240
		2.11.2.2	Pedido de suspensão da execução da sentença não transitada em julgado	242
	2.11.3	Coisa julgada		242
		2.11.3.1	Coisa julgada nas ações coletivas sobre interesses difusos e coletivos	244
		2.11.3.2	Coisa julgada nas ações coletivas sobre interesses individuais homogêneos	245
		2.11.3.3	O emprego legal das expressões *erga omnes* e *ultra partes*	245
		2.11.3.4	Coisa julgada material *secundum eventum litis* e *secundum eventum probationis*	246
		2.11.3.5	Transporte da coisa julgada in utilibus	247

XXII | INTERESSES DIFUSOS E COLETIVOS – VOL. 1

			2.11.3.5.1	Transporte da coisa julgada cível *in utilibus* ...	247
			2.11.3.5.2	Transporte da coisa julgada penal *in utilibus*...	251
		2.11.3.6	Implicações do estágio do processo coletivo em relação ao estágio do processo individual		253
		2.11.3.7	Limites territoriais e subjetivos da coisa julgada		254
2.12	Liquidação e execução de sentenças				259
	2.12.1	Direitos difusos e direitos coletivos			259
		2.12.1.1	Legitimidade		259
		2.12.1.2	Competência		260
		2.12.1.3	Procedimento		260
			2.12.1.3.1	Obrigação de fazer ou não fazer	260
			2.12.1.3.2	Obrigação de entrega de coisa	262
			2.12.1.3.3	Obrigação de pagar	262
	2.12.2	Direitos individuais homogêneos			263
		2.12.2.1	Liquidação e execução individuais		263
		2.12.2.2	Liquidação e execução coletivas		266
		2.12.2.3	*Fluid recovery* segundo o CDC		267
		2.12.2.4	Sistema da Lei 7.913/1989		269
		2.12.2.5	Prioridade dos créditos de direitos individuais homogêneos		270
2.13	Fundos de direitos difusos				270
	2.13.1	Fundo federal e fundos estaduais de reparação dos interesses difusos			270
	2.13.2	As normas de regência			271
	2.13.3	Fontes de receita			271
	2.13.4	Aplicação dos recursos			272
	2.13.5	Fundos assemelhados			272
2.14	Considerações finais				273
	2.14.1	Ministério Público como fiscal da lei			273
	2.14.2	Não adiantamento das custas e despesas processuais			274
	2.14.3	Ônus da sucumbência			276
	2.14.4	Litigância de má-fé			277
	2.14.5	Prescrição			278
	2.14.6	Oposição			282
	2.14.7	Negócios jurídicos processuais e tutela coletiva			282
	2.14.8	Litígios, processos e decisões estruturais			286

CAPÍTULO 3 – AÇÃO POPULAR ... 295

3.1	Considerações iniciais			295
3.2	Condições da ação			296
	3.2.1	Legitimidade *ad causam*		296
		3.2.1.1	Legitimidade ativa	296
		3.2.1.2	Legitimidade passiva	298
	3.2.2	Interesse processual		303

3.3	Elementos da Ação		304
	3.3.1	Partes	304
	3.3.2	Causa de pedir	304
	3.3.3	Pedido	308
		3.3.3.1 Objeto imediato	309
		3.3.3.2 Objeto mediato	311
3.4	Competência		312
3.5	Conexão, continência e litispendência		317
3.6	Prova		320
	3.6.1	Considerações gerais	320
	3.6.2	Crime do art. 8.º da LAP	321
3.7	Particularidades procedimentais		322
	3.7.1	Liminares	322
	3.7.2	Requisição de documentos e certidões	324
	3.7.3	Citação dos beneficiários e responsáveis	324
	3.7.4	Prazo para contestar	325
	3.7.5	Possíveis atitudes para a entidade cujo ato é impugnado	325
	3.7.6	Demais peculiaridades	327
3.8	Atuação do Ministério Público		327
	3.8.1	Fiscal da lei	328
	3.8.2	Órgão ativador da prova e auxiliar do autor popular	328
	3.8.3	Sucessor do autor	329
	3.8.4	Outras funções	330
3.9	Sentença, meios de impugnação e coisa julgada		331
3.10	Liquidação e execução de sentenças		333
3.11	Considerações finais		335

CAPÍTULO 4 – MANDADO DE SEGURANÇA COLETIVO 339

4.1	Considerações iniciais		339
4.2	Pressupostos		341
	4.2.1	Pressupostos dos mandados de segurança individuais e coletivos	341
		4.2.1.1 Ato de autoridade	342
		4.2.1.2 Ilegalidade ou abuso de poder	342
		4.2.1.3 Lesão ou ameaça de lesão	343
		4.2.1.4 Direito líquido e certo	343
		4.2.1.5 Não cabimento de *habeas corpus* ou *habeas data*	344
	4.2.2	Pressuposto específico do mandado de segurança coletivo	344
4.3	Competência		346
4.4	Condições da Ação		348
	4.4.1	Legitimidade *ad causam*	348
		4.4.1.1 Legitimidade ativa	348
		4.4.1.1.1 Partidos políticos	348
		4.4.1.1.2 Organizações sindicais, entidades de classe ou associações	351

		4.4.1.1.3 Outros legitimados	352
	4.4.1.2	Legitimidade passiva	355
	4.4.2	Interesse processual	356
4.5	Elementos da ação, litisconsórcio e intervenção de terceiros		357
	4.5.1	Elementos da ação	357
		4.5.1.1 Partes	357
		4.5.1.2 Causa de pedir	358
		4.5.1.3 Pedido	358
	4.5.2	Litisconsórcio	360
	4.5.3	Intervenção de terceiros	361
4.6	Conexão, continência e litispendência		361
4.7	Procedimento		363
	4.7.1	Petição e despacho iniciais	363
		4.7.1.1 Liminares: aspectos gerais	364
		4.7.1.2 Liminares: limitações	365
		4.7.1.3 Liminares: impugnação	366
	4.7.2	Desistência	368
	4.7.3	Celeridade na tramitação	368
	4.7.4	Defesa oral nos tribunais	369
4.8	A atuação do Ministério Público		369
4.9	Sentença, meios de impugnação e coisa julgada		370
	4.9.1	Peculiaridades da coisa julgada no mandado de segurança coletivo	374
4.10	Execução de sentenças		376
4.11	Considerações finais		378

CAPÍTULO 5 – DIREITO DO CONSUMIDOR 379

5.1	Noções introdutórias		379
	5.1.1	Conceito	379
	5.1.2	Alocação na teoria geral do direito	379
	5.1.3	Relações do Direito do Consumidor com outros ramos do direito	380
		5.1.3.1 Com o Direito Constitucional	380
		5.1.3.2 Com o Direito Administrativo	380
		5.1.3.3 Com o Direito Processual	381
		5.1.3.4 Com o Direito Penal	381
		5.1.3.5 Com o Direito Internacional	382
		5.1.3.6 Com o Direito Civil	385
	5.1.4	Origens históricas	386
		5.1.4.1 Análise histórica da relação de consumo	386
		5.1.4.2 O Direito do Consumidor como resposta legal protetiva	387
	5.1.5	Finalidade do direito do consumidor	388
5.2	Fundamento constitucional		389
	5.2.1	Introdução	389
	5.2.2	A proteção do consumidor como direito fundamental	389

		5.2.2.1 Noção de direito fundamental	389
		5.2.2.2 A importância do art. 5.º, XXXII, da CF	390
	5.2.3	A proteção do consumidor como princípio da ordem econômica...	391
	5.2.4	A proteção infraconstitucional do consumidor (art. 48 do ADCT)	391
	5.2.5	Competência legislativa concorrente	392
5.3	O Código Brasileiro de Defesa do Consumidor		393
	5.3.1	Influências do direito comparado	393
	5.3.2	Microssistema jurídico	394
	5.3.3	Lei principiológica	394
	5.3.4	Normas de ordem pública e interesse social	395
	5.3.5	A aplicação da Lei 8.078/1990 no tempo	396
	5.3.6	Política nacional de relações de consumo	398
		5.3.6.1 Objetivos	398
		5.3.6.2 A importância sistemática do art. 4.º do CDC	398
	5.3.7	O diálogo das fontes	399
		5.3.7.1 Introdução	399
		5.3.7.2 O diálogo entre o Código de Defesa do Consumidor e o Código Civil	400
		5.3.7.3 O diálogo entre o CDC e a legislação especial	402
5.4	Princípios gerais do Direito do Consumidor		404
	5.4.1	Noção de princípios de direito	404
	5.4.2	Princípios e cláusulas gerais: distinção	404
	5.4.3	Princípios em espécie	405
		5.4.3.1 Princípio da vulnerabilidade	405
		5.4.3.1.1 Definição	405
		5.4.3.1.2 Espécies de vulnerabilidade	406
		5.4.3.2 Princípio da defesa do consumidor pelo Estado	407
		5.4.3.3 Princípio da harmonização	408
		5.4.3.4 Princípio da boa-fé objetiva	408
		5.4.3.4.1 Definição	408
		5.4.3.4.2 Funções da boa-fé objetiva	409
		5.4.3.5 Princípio do equilíbrio	411
		5.4.3.6 Princípio da transparência	411
		5.4.3.7 Princípio da confiança	412
		5.4.3.8 Princípio do combate ao abuso	413
		5.4.3.9 Princípio da educação e informação	414
		5.4.3.10 Princípio da precaução	414
		5.4.3.11 Princípio do incentivo ao autocontrole	416
		5.4.3.12 Princípio do crédito responsável	417
		5.4.3.13 Princípio da prevenção e tratamento do superendividamento	417
5.5	Direitos básicos do consumidor		417
	5.5.1	Introdução	417
	5.5.2	Direito à vida, saúde e segurança	418

5.5.3	Direito à educação		418
5.5.4	Direito à liberdade de escolha		419
5.5.5	Direito à igualdade nas contratações		419
5.5.6	Direito à informação		420
5.5.7	Direito à proteção contra práticas e cláusulas abusivas		423
5.5.8	Direito à modificação e revisão das cláusulas contratuais		423
5.5.9	Direito à efetiva prevenção e reparação dos danos materiais e morais		427
	5.5.9.1	Reparação do dano moral	427
	5.5.9.2	A questão do dano moral coletivo	429
	5.5.9.3	Pedido genérico em ação de indenização por danos materiais e morais	432
5.5.10	Direito de acesso à justiça		433
5.5.11	Direito à inversão do ônus da prova		433
	5.5.11.1	Requisitos	434
	5.5.11.2	Verossimilhança da alegação	434
	5.5.11.3	Hipossuficiência	435
	5.5.11.4	Hipossuficiência e vulnerabilidade: distinção	437
	5.5.11.5	Momento da inversão do ônus da prova	437
	5.5.11.6	A questão do custeio das provas	439
	5.5.11.7	Efeitos da inversão	440
5.5.12	Direito à prestação adequada e eficaz de serviços públicos		441
5.5.13	Direito à proteção de dados pessoais		442
5.5.14	Garantia de práticas de crédito responsável, prevenção e tratamento do superendividamento		443
5.5.15	Direito à informação por unidade de medida		444
5.6	Campo de aplicação do CDC		444
5.6.1	A relação jurídica de consumo		444
5.6.2	Conceito de consumidor		445
	5.6.2.1	O consumidor *standard* ou *stricto sensu*	445
	5.6.2.2	O consumidor equiparado	448
		5.6.2.2.1 Consumidor em sentido coletivo	448
		5.6.2.2.2 Consumidor *bystander* (vítima do acidente de consumo)	449
		5.6.2.2.3 Consumidor potencial ou virtual	450
5.6.3	Conceito de fornecedor		452
	5.6.3.1	Definição jurídica	452
	5.6.3.2	Atividade profissional	452
	5.6.3.3	Atividade desenvolvida no mercado de consumo	453
	5.6.3.4	Técnica de responsabilização dos fornecedores no CDC	454
5.6.4	Conceito de produto		455
5.6.5	Conceito de serviço		456
	5.6.5.1	Definição jurídica	456
	5.6.5.2	Atividade remunerada	456

	5.6.5.3	Serviços bancários, financeiros, de crédito e securitários 457
		5.6.5.3.1 Previdência privada complementar: incidência do CDC 458
	5.6.5.4	Serviços públicos 459
		5.6.5.4.1 Delimitação dos serviços públicos sujeitos ao CDC 459
		5.6.5.4.2 Serviços notariais e de registro 460

5.7 Proteção à saúde e segurança do consumidor 462

    5.7.1 Prevenção 462

    5.7.2 Riscos normais e previsíveis 462

    5.7.3 Produto ou serviço potencialmente nocivo ou perigoso 463

    5.7.4 Periculosidade exagerada 464

    5.7.5 O *recall* 464

5.8 Responsabilidade civil nas relações de consumo 466

    5.8.1 Noções introdutórias 466

    5.8.2 Fundamento da responsabilidade objetiva no CDC 466

    5.8.3 Sistemática do CDC 466

    5.8.4 Teoria da qualidade 467

    5.8.5 Defeito e vício: distinção 468

    5.8.6 Responsabilidade pelo fato do produto 470

	5.8.6.1	Responsabilidade objetiva 470
	5.8.6.2	Pressupostos da responsabilidade 470
		5.8.6.2.1 Conduta 471
		5.8.6.2.2 Defeito 471
		5.8.6.2.3 Dano 473
		5.8.6.2.4 Nexo causal 473
	5.8.6.3	Os fornecedores responsáveis e a solidariedade 474
	5.8.6.4	A responsabilidade do comerciante 475
	5.8.6.5	O direito de regresso e a denunciação da lide 477
	5.8.6.6	As causas de exclusão da responsabilidade 478
		5.8.6.6.1 O caso fortuito e a força maior 480
		5.8.6.6.2 O risco do desenvolvimento 482

    5.8.7 Responsabilidade pelo fato do serviço 483

	5.8.7.1	Noção de defeito do serviço 484
	5.8.7.2	Os fornecedores responsáveis 484
	5.8.7.3	Causas de exclusão da responsabilidade 485
	5.8.7.4	Responsabilidade do profissional liberal 491
	5.8.7.5	A responsabilidade dos hospitais e clínicas médicas em face do erro médico 493
	5.8.7.6	A responsabilidade das empresas de planos de saúde pelos serviços prestados por médicos e hospitais credenciados 495
	5.8.7.7	A responsabilização dos provedores de *sites* de relacionamento por danos decorrentes de conteúdo gerado por terceiros e as implicações do novo Marco Civil da Internet 496

5.8.7.8	A responsabilização dos editores de *blogs* por danos decorrentes de conteúdo gerado por terceiros	500
5.8.7.9	A responsabilização dos portais de notícias por danos decorrentes de conteúdo gerado por terceiros	502
5.8.7.10	A responsabilização dos provedores de busca por associação indevida entre o argumento de pesquisa e o resultado de busca	503

5.8.8 Consumidor *bystander* (art. 17 do CDC) 504

5.8.9 Responsabilidade pelo vício do produto e do serviço 505

5.8.9.1 Responsabilidade objetiva 506

5.8.9.2 Os fornecedores responsáveis e a solidariedade 506

5.8.9.3 O vício de qualidade do produto 507

5.8.9.3.1 Prazo para a regularização do vício 508

5.8.9.3.2 Intermediação entre o consumidor e o serviço de assistência técnica 508

5.8.9.3.3 Alternativas à disposição do consumidor (art. 18, § 1.º, do CDC) 509

5.8.9.3.4 Utilização imediata das alternativas do art. 18, § 1.º 510

5.8.9.3.5 Vício do produto e vício redibitório 511

5.8.9.4 O vício de quantidade do produto (art. 19) 511

5.8.9.5 O vício de qualidade do serviço (art. 20) 512

5.8.9.5.1 Alternativas à disposição do consumidor.... 512

5.8.9.6 Vício de quantidade do serviço 513

5.8.9.7 Serviços públicos 514

5.8.9.7.1 Interrupção do fornecimento de serviço público 515

5.8.9.7.2 A posição do STJ perante outros temas 517

5.8.10 Responsabilidade civil pela perda de uma chance 519

5.8.11 Responsabilidade civil pela perda do tempo produtivo do consumidor 521

5.9 Decadência e prescrição 523

5.9.1 Sistemática do CDC 523

5.9.2 Decadência 523

5.9.2.1 Contagem do prazo 524

5.9.2.1.1 O vício oculto e o critério da vida útil 525

5.9.2.2 Causas que obstam a decadência (art. 26, § 2.º) 526

5.9.2.3 Garantia legal e garantia contratual 527

5.9.2.4 Autonomia do prazo prescricional para o exercício da pretensão reparatória dos danos decorrentes dos vícios do bem de consumo 529

5.9.2.5 Decadência convencional 530

5.9.2.6 Compras de imóvel *ad mensuram*: prazo decadencial especial 531

5.9.3 Prescrição 531

5.9.3.1 Causas que suspendem ou interrompem a prescrição.. 532

SUMÁRIO | XXIX

	5.9.3.2	A prescrição de outras pretensões reparatórias	533
5.9.4	A Lei 14.010/2020 e sua repercussão nos prazos decadenciais e prescricionais das relações jurídicas de consumo		537
5.10	Desconsideração da personalidade jurídica		538
5.10.1	Desconsideração no Código Civil		539
5.10.2	Desconsideração no CDC..		539
	5.10.2.1	Hipóteses autorizadoras	540
	5.10.2.2	A interpretação da cláusula geral do art. 28, § 5.º, do CDC	541
5.10.3	Desconsideração inversa...		542
5.10.4	Responsabilização societária		543
	5.10.4.1	Responsabilidade subsidiária do grupamento societário (§ 2.º)	543
	5.10.4.2	Responsabilidade solidária das sociedades consorciadas (§ 3.º)	543
	5.10.4.3	Responsabilidade subjetiva das sociedades coligadas (§ 4.º)	544
5.11	Práticas comerciais...		544
5.11.1	Oferta		544
	5.11.1.1	Princípio da vinculação da oferta (art. 30 do CDC)....	545
		5.11.1.1.1 Requisitos da vinculação............................	545
		5.11.1.1.2 Efeitos da vinculação	546
		5.11.1.1.3 O anúncio equivocado........................	547
		5.11.1.1.4 Sujeitos responsáveis	548
		5.11.1.1.5 Recusa de cumprimento da oferta	548
	5.11.1.2	A oferta de componentes e de peças de reposição	548
	5.11.1.3	A regra da solidariedade estatuída no art. 34 do CDC.....	549
	5.11.1.4	Dever de informar	550
5.11.2	Publicidade..		552
	5.11.2.1	Conceito e evolução da publicidade	552
	5.11.2.2	Publicidade e propaganda.......................................	553
	5.11.2.3	Publicidade institucional e publicidade promocional ...	553
	5.11.2.4	Controle da publicidade	554
	5.11.2.5	Princípios da proteção publicitária do consumidor	554
		5.11.2.5.1 Princípio da identificação da publicidade....	554
		5.11.2.5.2 Princípio da vinculação contratual da publicidade	555
		5.11.2.5.3 Princípio da veracidade da publicidade	555
		5.11.2.5.4 Princípio da não abusividade da publicidade	555
		5.11.2.5.5 Princípio da transparência da fundamentação da publicidade.................................	555
		5.11.2.5.6 Princípio da correção do desvio publicitário..	556
		5.11.2.5.7 Princípio da lealdade publicitária.................	556
		5.11.2.5.8 Princípio da inversão do ônus da prova......	557

5.11.2.6	Publicidade enganosa	557
5.11.2.6.1	Definição	557
5.11.2.6.2	Responsabilidade objetiva	558
5.11.2.6.3	Tipos de publicidade enganosa	558
5.11.2.6.4	Sujeitos responsáveis	559
5.11.2.7	Publicidade abusiva	560
5.11.2.7.1	Definição	560
5.11.2.7.2	Hipóteses de publicidade abusiva elencadas no CDC	561
5.11.2.7.3	Responsabilidade civil	562
5.11.3	Práticas abusivas	562
5.11.3.1	Conceito de práticas abusivas	562
5.11.3.2	As práticas abusivas elencadas exemplificativamente no art. 39	562
5.11.4	Cobrança de dívidas	569
5.11.4.1	Cobranças abusivas	569
5.11.4.2	Repetição do indébito	570
5.11.4.2.1	Pressupostos da repetição do indébito no CDC	570
5.11.4.2.2	Comparativo com a repetição do indébito do Código Civil	573
5.11.5	Bancos de dados e cadastros de consumidores	574
5.11.5.1	Introdução	574
5.11.5.2	Distinção entre bancos de dados e cadastro de consumidores	574
5.11.5.3	Bancos de dados de proteção ao crédito	575
5.11.5.4	Qualidade das informações	576
5.11.5.5	Direitos dos consumidores perante os arquivos de consumo	577
5.11.5.5.1	Direito à comunicação do assento	577
5.11.5.5.2	Direito de acesso à informação	579
5.11.5.5.3	Direito à correção da informação	579
5.11.5.6	Responsabilidade pelo cancelamento da inscrição	580
5.11.5.7	Limites temporais dos registros negativos	581
5.11.5.8	Dívida discutida em juízo	582
5.11.5.9	Responsabilidade civil pelo arquivamento indevido	582
5.11.5.10	Cadastros de reclamações fundamentadas contra os fornecedores	584
5.11.5.11	O cadastro positivo. Breve análise da Lei 12.414/2011	584
5.11.5.11.1	Introdução	584
5.11.5.11.2	Base conceitual	585
5.11.5.11.3	Qualidade das informações	587
5.11.5.11.4	Anotações proibidas	587
5.11.5.11.5	Consentimento do cadastrado?	588
5.11.5.11.6	Direitos do cadastrado	589

SUMÁRIO | XXXI

		5.11.5.11.7 Finalidade do cadastro positivo	590
		5.11.5.11.8 Deveres das fontes	590
		5.11.5.11.9 Limite temporal	591
		5.11.5.11.10 Responsabilidade civil pelo arquivamento indevido	591
		5.11.5.11.11 Medidas corretivas	591
		5.11.5.11.12 Sistema *credit scoring*	592
	5.11.5.12	Cadastro de passagem	594
5.12	Proteção contratual		594
5.12.1	Introdução		594
5.12.2	A nova concepção de contrato		596
	5.12.2.1	*Duty to mitigate the loss* (Dever de mitigar a perda)	597
	5.12.2.2	Teoria dos atos próprios: *venire contra factum proprium, supressio, surrectio* e *tu quoque*	597
	5.12.2.3	Teoria do adimplemento substancial	600
		5.12.2.3.1 Teoria do adimplemento substancial e a alienação fiduciária em garantia	602
5.12.3	Dirigismo contratual		603
5.12.4	Princípios norteadores		604
	5.12.4.1	Princípio da transparência	604
	5.12.4.2	Princípio da interpretação mais favorável	604
	5.12.4.3	Princípio da vinculação do fornecedor	605
	5.12.4.4	Princípio da preservação dos contratos	606
5.12.5	Direito de arrependimento (prazo de reflexão)		606
	5.12.5.1	Direito de arrependimento na compra de passagens aéreas pela internet	607
	5.12.5.2	A suspensão parcial do direito de arrependimento: o art. 8.º da Lei 14.010/2020	610
5.12.6	Garantia complementar		610
5.12.7	Cláusulas abusivas		610
	5.12.7.1	Definição	610
	5.12.7.2	Nulidade das cláusulas abusivas	611
	5.12.7.3	Reconhecimento de ofício	611
	5.12.7.4	Integração do contrato	612
	5.12.7.5	Elenco exemplificativo das cláusulas abusivas	613
	5.12.7.6	Controle das cláusulas gerais dos contratos	625
5.12.8	Crédito e financiamento ao consumidor		626
5.12.9	Compra e venda à prestação e alienação fiduciária em garantia		628
	5.12.9.1	Repercussão da Lei 13.786/2018 nos contratos de compra e venda de imóveis em incorporação imobiliária e loteamento	629
	5.12.9.2	Cláusula de tolerância	633
	5.12.9.3	Financiamento imobiliário com alienação fiduciária em garantia	634
	5.12.9.4	Contratos de consórcio de bens duráveis	635

5.12.10	Contratos de adesão		636
	5.12.10.1	Definição	636
	5.12.10.2	Inserção de cláusula no formulário	637
	5.12.10.3	Cláusula resolutória alternativa	637
	5.12.10.4	Contrato de adesão escrito	637
	5.12.10.5	Cláusulas restritivas de direitos do consumidor	637

5.13 Prevenção e tratamento do superendividamento 639

    5.13.1 Introdução 639

    5.13.2 Definição jurídica de superendividamento 641

        5.13.2.1 A preservação do mínimo existencial 642

    5.13.3 Dever de informação (art. 54-B e seus parágrafos) 643

    5.13.4 Regime da oferta de crédito e assédio ao consumo (art. 54-C) 644

    5.13.5 Crédito responsável (art. 54-D) 645

    5.13.6 Violação positiva do contrato (art. 54-D e seus parágrafos) 646

    5.13.7 Conexidade entre os contratos de consumo e de crédito (art. 54-F) 646

    5.13.8 Práticas abusivas na concessão de crédito (art. 54-G) 647

    5.13.9 Tratamento e conciliação em bloco (art. 104-A) 648

        5.13.9.1 Conciliação judicial 648

            5.13.9.1.1 Dívidas incluídas na conciliação 649

            5.13.9.1.2 Ausência injustificada do credor à conciliação 649

            5.13.9.1.3 Conteúdo do plano de pagamento consensual 650

        5.13.9.2 Conciliação administrativa ou extrajudicial 650

        5.13.9.3 Processo para revisão e integração dos contratos e repactuação das dívidas remanescentes (art. 104-B) 651

            5.13.9.3.1 Competência para o processo de revisão e integração dos contratos e repactuação das dívidas remanescentes 652

5.14 Sistema Nacional de Defesa do Consumidor 653

    5.14.1 Introdução 653

    5.14.2 Procon 654

    5.14.3 Entidades civis 655

    5.14.4 Sanções administrativas 655

        5.14.4.1 Competência 655

        5.14.4.2 Modalidades de sanções administrativas 655

        5.14.4.3 Fiscalização e aplicação das sanções administrativas 656

            5.14.4.3.1 Aplicação da pena de multa 657

            5.14.4.3.2 Aplicação das demais sanções administrativas 657

5.15 A defesa do consumidor em juízo 658

    5.15.1 Considerações iniciais 658

    5.15.2 Tutela individual 659

        5.15.2.1 A adequada e efetiva tutela jurisdicional 659

        5.15.2.2 Ação de cumprimento específico da obrigação de fazer ou não fazer 659

		5.15.2.2.1	Tutela específica ou providências que assegurem o resultado prático equivalente	660
		5.15.2.2.2	Conversão da obrigação em perdas e danos	661
		5.15.2.2.3	Adiantamento da tutela específica	661
		5.15.2.2.4	Multa diária (astreinte)	662
	5.15.2.3		Competência pelo domicílio do consumidor autor	665
		5.15.2.3.1	Cláusula de eleição de foro em contrato de adesão	666
	5.15.2.4		Vedação de denunciação da lide e um novo tipo de chamamento ao processo	667

CAPÍTULO 6 – IMPROBIDADE ADMINISTRATIVA 669

6.1	Introdução			669
6.2	Normas de combate à improbidade administrativa			670
	6.2.1	Regramento constitucional		670
	6.2.2	Regramento convencional		671
		6.2.2.1	Convenção Interamericana de Combate à Corrupção (OEA)	672
		6.2.2.2	Convenção sobre o Combate à Corrupção de Funcionários Públicos Estrangeiros em Transações Comerciais Internacionais (OCDE)	673
		6.2.2.3	Convenção das Nações Unidas de Combate à Corrupção (Convenção de Mérida – ONU)	675
	6.2.3	Regramento infraconstitucional		677
6.3	Lei de Improbidade Administrativa			677
6.4	Referenciais hermenêuticos fundamentais			680
	6.4.1	Conceito de improbidade administrativa		680
	6.4.2	A defesa da probidade administrativa como um interesse difuso		685
	6.4.3	Alocação da LIA no microssistema de tutela coletiva		686
	6.4.4	O *status* normativo das convenções de combate à corrupção		691
	6.4.5	Os princípios constitucionais do direito administrativo sancionador		695
6.5	A aplicação de Lei de Improbidade Administrativa no tempo			698
	6.5.1	Retroatividade das normas mais benéficas inseridas na LIA pela Lei 14.230/2021		699
6.6	Sujeitos do ato de improbidade administrativa			702
	6.6.1	Sujeito passivo		702
		6.6.1.1	Sindicatos	704
		6.6.1.2	Concessionárias e permissionárias de serviço público (concessões comuns e especiais)	705
		6.6.1.3	Consórcios públicos	705
		6.6.1.4	Conselhos de Fiscalização do Exercício Profissional	706
		6.6.1.5	Partidos políticos	706
		6.6.1.6	OAB	707
	6.6.2	Sujeito ativo		707

6.6.2.1	Agentes públicos		708
	6.6.2.1.1	Agentes políticos	712
	6.6.2.1.2	Agentes parlamentares e inviolabilidade	716
	6.6.2.1.3	Magistrados e membros do Ministério Público	717
	6.6.2.1.4	Árbitros	718
6.6.2.2	Terceiros		719
	6.6.2.2.1	Elemento subjetivo da conduta de terceiros	721
	6.6.2.2.2	Pessoas jurídicas	722

6.7 Elemento subjetivo da conduta ímproba 732

6.7.1 Dolo específico? 735

6.7.2 Tipo subjetivo dos atos ofensivos aos princípios da administração pública (art. 11) 737

6.7.3 O alcance da norma de extensão prevista no art. 11, § 2.º, da LIA ... 739

6.7.4 A vedação da improbidade de hermenêutica 742

6.8 Modalidades de improbidade administrativa 744

6.8.1 Enriquecimento ilícito 746

	6.8.1.1	Introdução	746
	6.8.1.2	Elementos essenciais	747
	6.8.1.3	Condutas específicas elencadas exemplificativamente no art. 9.º	748
	6.8.1.3.1	Recebimento de vantagem econômica indevida para amparar interesse alheio	748
	6.8.1.3.2	Percepção de vantagem econômica para facilitar negócio com sobrepreço	750
	6.8.1.3.3	Percepção de vantagem econômica para facilitar negócio por preço inferior ao de mercado	750
	6.8.1.3.4	Utilização de bens públicos ou de mão de obra de servidor em obra ou serviço particular	751
	6.8.1.3.5	Recebimento ou aceitação de promessa de vantagem econômica para tolerar atividade ilícita	751
	6.8.1.3.6	Recebimento de vantagem econômica por fazer declaração falsa	752
	6.8.1.3.7	Aquisição de bens cujo valor seja desproporcional à evolução patrimonial ou à renda	752
	6.8.1.3.8	Aceitar emprego, comissão ou exercer atividade de consultoria ou assessoramento para pessoa que tenha interesse suscetível de ser atingido ou amparado	758
	6.8.1.3.9	Intermediação para liberação ou aplicação de verba pública	758
	6.8.1.3.10	Recebimento de vantagem para omitir ato de ofício	759

	6.8.1.3.11	Incorporação de bens ou valores públicos.... 759
	6.8.1.3.12	Utilização de bens ou valores públicos para fins particulares... 760
6.8.2	Atos lesivos ao erário... 760	
	6.8.2.1	Introdução.. 760
	6.8.2.2	Elementos essenciais...................................... 763
	6.8.2.3	Princípio da insignificância: inadmissibilidade.............. 766
	6.8.2.4	Condutas específicas elencadas exemplificativamente no art. 10... 768
	6.8.2.4.1	Facilitação para incorporação de bens ou valores públicos ao patrimônio particular... 768
	6.8.2.4.2	Permitir ou concorrer para o uso ilegal de bens ou valores públicos.............................. 769
	6.8.2.4.3	Doação ilegal de bens ou valores públicos.. 769
	6.8.2.4.4	Favorecimento de negócios por preço inferior ao de mercado.................................. 770
	6.8.2.4.5	Favorecimento de negócios por sobrepreço 771
	6.8.2.4.6	Realização de operação financeira ilegal ou aceitação de garantia insuficiente ou inidônea.. 771
	6.8.2.4.7	Concessão ilegal de benefício administrativo ou fiscal... 772
	6.8.2.4.8	Frustrar a licitude de processo licitatório ou dispensá-lo indevidamente........................... 773
	6.8.2.4.9	Ordenar ou permitir a realização de despesas ilegais... 781
	6.8.2.4.10	Ilicitude na arrecadação de receita e na conservação do patrimônio público............. 781
	6.8.2.4.11	Liberação ou aplicação irregular de verba pública.. 782
	6.8.2.4.12	Favorecer o enriquecimento ilícito de terceiro... 783
	6.8.2.4.13	Permitir a utilização de bens públicos ou de mão de obra de servidor em obra ou serviço particular.. 783
	6.8.2.4.14	Celebrar indevidamente contrato sobre prestação de serviços públicos por meio de gestão associada... 784
	6.8.2.4.15	Celebrar indevidamente contrato de rateio de consórcio público...................................... 784
	6.8.2.4.16	Facilitação para incorporação, ao patrimônio particular, de bens ou valores públicos transferidos pela Administração Pública a entidade privada mediante celebração de parcerias..... 785
	6.8.2.4.17	Permitir ou concorrer para o uso ilegal de bens ou valores públicos transferidos pela Administração Pública a entidade privada mediante celebração de parcerias................... 785

	6.8.2.4.18	Celebrar indevidamente parcerias da Administração Pública com entidades privadas...	785
	6.8.2.4.19	Ilicitude na celebração, fiscalização e análise das prestações de contas de parcerias firmadas pela Administração Pública com entidades privadas	786
	6.8.2.4.20	Liberação ou aplicação irregular de recursos de parcerias firmadas pela Administração Pública com entidades privadas	786
	6.8.2.4.21	Concessão ou aplicação indevida de benefício financeiro ou tributário	787
	6.8.2.4.22	Inobservância de formalidades legais ou regulamentares e ausência de perda patrimonial efetiva (art. 10, § 1.º)	789
	6.8.2.4.23	Perda patrimonial e atividade econômica (art. 10, § 2.º)	789
6.8.3		Atos que atentam contra os princípios da Administração Pública...	790
	6.8.3.1	Introdução	790
	6.8.3.2	Norma residual ou de aplicação subsidiária	792
	6.8.3.3	Elementos essenciais	794
	6.8.3.4	Condutas específicas elencadas taxativamente no art. 11	796
	6.8.3.4.1	Desvio de finalidade: a invalidade da revogação do inciso I	796
	6.8.3.4.2	Retardar ou deixar de praticar ato de ofício...	799
	6.8.3.4.3	Violação de sigilo funcional	799
	6.8.3.4.4	Negar publicidade aos atos oficiais	800
	6.8.3.4.5	Frustrar o caráter concorrencial de concurso público, de chamamento ou de procedimento licitatório	801
	6.8.3.4.6	Omissão na prestação de contas	804
	6.8.3.4.7	Divulgação indevida de medida política ou econômica	805
	6.8.3.4.8	Descumprir as normas relativas à celebração, fiscalização e aprovação de contas de parcerias firmadas pela Administração Pública com entidades privadas	805
	6.8.3.4.9	Deixar de cumprir a exigência dos requisitos de acessibilidade	805
	6.8.3.4.10	Transferir recursos a entidade privada, em razão da prestação de serviço público de saúde, sem a prévia celebração de contrato ou convênio	805
	6.8.3.4.11	Vedação ao nepotismo	806
	6.8.3.4.12	Publicidade institucional com promoção pessoal	808
	6.8.3.5	Insuficiência da alegação genérica de ofensa aos princípios da administração pública (art. 11, § 3.º)	810

		6.8.3.6	Lesividade relevante ao bem jurídico (art. 11, § 4.º)....	810
6.8.4		Outras figuras de improbidade administrativa	811
		6.8.4.1	Estatuto da Cidade (Lei 10.257/2001)	814
		6.8.4.2	Lei Eleitoral (Lei 9.504/1997)	815
		6.8.4.3	Lei de Acesso à Informação (Lei 12.527/2011).............	816
		6.8.4.4	Lei de Conflito de Interesses (Lei 12.813/2013)	817
6.8.5		Lei da Ficha Limpa (LC 135/2010)..	818
		6.8.5.1	Rejeição de contas por irregularidade insanável e que configure ato doloso de improbidade administrativa ...	818
		6.8.5.2	Condenação pela prática de atos dolosos de improbidade administrativa	819

6.9 Sanções 820

6.9.1 Previsão normativa.. 820

6.9.2 Correspondência com os tipos de improbidade.................................. 821

    6.9.2.1 Análise da validade da restrição prevista no art. 12, III, da LIA... 822

6.9.3 Espécies... 823

    6.9.3.1 Perdas de bens e valores... 823

    6.9.3.2 Ressarcimento integral do dano 824

        6.9.3.2.1 A questão do dano moral coletivo............... 827

    6.9.3.3 Perda da função pública 829

        6.9.3.3.1 Aplicabilidade da sanção de perda da função aos aposentados 830

        6.9.3.3.2 Aplicabilidade da sanção de perda da função aos agentes políticos..................................... 832

        6.9.3.3.3 Aplicabilidade da sanção sobre qualquer função pública exercida pelo agente ímprobo ao tempo do trânsito em julgado da decisão condenatória 834

    6.9.3.4 Suspensão dos direitos políticos.................................... 836

        6.9.3.4.1 Detração da pena de suspensão dos direitos políticos 838

    6.9.3.5 Multa civil.. 839

        6.9.3.5.1 Majoração da multa até o dobro................... 840

    6.9.3.6 Proibição de contratar com o Poder Público ou receber incentivos ou benefícios fiscais ou creditícios............... 840

6.9.4 Aplicação das sanções.. 842

    6.9.4.1 Juízo de improbidade da conduta e juízo de aplicação da sanção.. 842

    6.9.4.2 Parâmetros para a aplicação das sanções....................... 843

    6.9.4.3 Preservação da pessoa jurídica infratora (art. 12, § 3.º) ... 844

    6.9.4.4 Atos de improbidade administrativa de menor potencial ofensivo (art. 12, § 5.º) 845

    6.9.4.5 Aplicação cumulativa das sanções: princípios da proporcionalidade e da razoabilidade..................................... 846

    6.9.4.6 Unificação das sanções (art. 18-A) 847

		6.9.4.6.1	Unificação em caso de continuidade de ilícitos (art. 18-A, I)	848
		6.9.4.6.2	Unificação das sanções em caso de pluralidade de ilícitos (art. 18-A, II)	851
		6.9.4.6.3	Teto resultante da unificação (art. 18-A, parágrafo único)	851
	6.9.4.7	Pode o juiz aplicar sanções não pedidas pelo autor?....		852
	6.9.4.8	Cabe condenação apenas à reparação do dano ao erário?		852
	6.9.4.9	Conflito aparente de normas e aplicação das sanções..		853
6.10	Procedimento administrativo			853
6.11	Tutelas provisórias na LIA			855
	6.11.1	Indisponibilidade de bens		858
		6.11.1.1	Introdução	858
		6.11.1.2	Hipóteses de cabimento	861
		6.11.1.3	Pressupostos	864
		6.11.1.4	Limites materiais	865
		6.11.1.5	Cálculo do valor da indisponibilidade	867
		6.11.1.6	Indisponibilidade de bens de terceiros	868
		6.11.1.7	Ordem de prioridade	869
		6.11.1.8	Indisponibilidade de bens e pragmatismo jurídico	871
		6.11.1.9	Indisponibilidade de bens e direito intertemporal	872
	6.11.2	Afastamento do agente público do exercício do cargo, emprego ou função		873
6.12	Ação de improbidade administrativa			877
	6.12.1	Nomenclatura		877
	6.12.2	Competência		877
		6.12.2.1	Competência de jurisdição	877
		6.12.2.2	Competência de foro	878
		6.12.2.3	Prevenção do juízo	879
		6.12.2.4	Incorporação ao patrimônio municipal de verba recebida da União	880
		6.12.2.5	Malversação ou desvio de verbas públicas oriundas do FUNDEB	882
		6.12.2.6	Atos praticados em detrimento de sociedade de economia mista federal	884
		6.12.2.7	Prerrogativa de foro	886
	6.12.3	Legitimação		890
		6.12.3.1	Litisconsórcio passivo necessário	891
		6.12.3.2	A posição processual da pessoa jurídica interessada....	894
		6.12.3.3	Sucessão processual no polo passivo	896
		6.12.3.4	Responsabilidade sucessória em caso de alteração contratual e operações societárias	897

	6.12.3.5	Legitimidade do Ministério Público Estadual para atuar diretamente como parte em recursos submetidos a julgamento perante o STF e o STJ	898
6.12.4	Procedimento		899
	6.12.4.1	Petição inicial	900
		6.12.4.1.1 Rejeição liminar da petição inicial	901
	6.12.4.2	Pedido	902
		6.12.4.2.1 Vedação de outros pedidos (art. 17-D)	903
	6.12.4.3	Citação e defesa do réu	907
	6.12.4.4	Réplica	908
	6.12.4.5	Providências preliminares	908
	6.12.4.6	Decisão de saneamento e organização do processo	909
		6.12.4.6.1 O princípio da congruência nas ações de improbidade administrativa	910
	6.12.4.7	Especificação das provas	913
	6.12.4.8	Ônus da prova	914
	6.12.4.9	Procedimento probatório	916
		6.12.4.9.1 Interrogatório do réu	917
	6.12.4.10	Desconsideração da personalidade jurídica	918
	6.12.4.11	Conversão em ação civil pública	920
	6.12.4.12	Multiplicidade de ações e conflito de atribuições	922
6.12.5	Sentença		922
	6.12.5.1	Introdução	922
	6.12.5.2	Requisitos da sentença na ação de improbidade administrativa	923
	6.12.5.3	Pluralidade de agentes e solidariedade (§ 2.º do art. 17-C)	927
	6.12.5.4	Reparação do dano e reversão dos bens ilicitamente obtidos	927
	6.12.5.5	Sentença e encargos financeiros do processo	927
6.12.6	Apelação		928
6.12.7	Reexame necessário		929
6.12.8	Atuação da Advocacia Pública		930
6.12.9	Agravo de instrumento		930
6.12.10	Independência das instâncias		931
	6.12.10.1	Introdução	931
	6.12.10.2	Órgãos de controle interno e externo	931
	6.12.10.3	Comunicabilidade entre as instâncias (art. 21, § 3.º)	932
	6.12.10.4	Ampliação das hipóteses de comunicabilidade entre as instâncias (art. 21, § 4.º)	933
	6.12.10.5	Sentença de improcedência na ação de improbidade administrativa e seus efeitos na esfera penal	935
	6.12.10.6	Compensação de sanções (art. 21, § 5.º)	937
6.12.11	Coisa julgada		938
6.12.12	Liquidação e execução		939

XL | INTERESSES DIFUSOS E COLETIVOS – VOL. 1

6.12.13 Acordo de não persecução civil 940

    6.12.13.1 Autocomposição na esfera de improbidade administrativa 940

    6.12.13.2 Conceito 944

    6.12.13.3 Natureza jurídica 947

    6.12.13.4 Legitimidade ativa para o acordo 951

    6.12.13.5 Requisitos específicos do ANPC 951

        6.12.13.5.1 Reparação integral do dano e reversão da vantagem indevida obtida 951

        6.12.13.5.2 Oitiva do ente lesado 953

        6.12.13.5.3 Aprovação do órgão de revisão ministerial em caso de ANPC extrajudicial 954

        6.12.13.5.4 Homologação judicial do acordo 955

        6.12.13.5.5 Constatação, no caso concreto, de que a resolução consensual é mais vantajosa ao interesse público do que o ajuizamento da ação civil por ato de improbidade administrativa ou seu prosseguimento 957

    6.12.13.6 Sanções que podem ser convencionadas 959

        6.12.13.6.1 Suspensão dos direitos políticos e a irrenunciabilidade dos direitos fundamentais 962

        6.12.13.6.2 O acordo de não persecução cível e a hipótese de inelegibilidade prevista no art. 1.º, I, *l*, da LC 64/1990: incompatibilidade? 964

        6.12.13.6.3 O acordo de não persecução cível e a Lei 12.846/2013 967

    6.12.13.7 Outras obrigações que podem ser pactuadas 968

    6.12.13.8 Convenções processuais 970

    6.12.13.9 Momento para a celebração do acordo 970

    6.12.13.10 Defesa técnica 971

    6.12.13.11 Efetivação e descumprimento do acordo 971

    6.12.13.12 Utilização da colaboração premiada em ações de improbidade administrativa (Tema 1.043 do STF) 973

6.12.14 Procedimento de negociação: Resolução CNMP 306/2025 978

6.12.15 Prescrição 979

    6.12.15.1 Termo inicial 980

    6.12.15.2 Causas suspensivas da prescrição 981

    6.12.15.3 Prazos para a conclusão do inquérito civil e para a propositura da ação de improbidade administrativa 982

    6.12.15.4 Causas interruptivas da prescrição 982

    6.12.15.5 Prescrição intercorrente 983

    6.12.15.6 Comunicabilidade das causas suspensivas e interruptivas da prescrição 986

    6.12.15.7 Imprescritibilidade da pretensão de ressarcimento ao erário 986

6.12.15.8 Novo regime prescricional e aplicação da lei no tempo: Tema 1.199 do STF.. 986

6.12.16 Cadastro Nacional de Condenações Cíveis por Atos de Improbidade Administrativa e por Ato que Implique Inelegibilidade 987

REFERÊNCIAS BIBLIOGRÁFICAS.. 989

CAPÍTULO 1

Fundamentos do Direito Coletivo

1.1 EVOLUÇÃO HISTÓRICA DOS DIREITOS HUMANOS

Historicamente, à medida que a sociedade evolui, traz consigo novos tipos de conflitos de interesses. Para sua pacificação, faz-se necessária a atuação do direito em duas frentes: (i) na primeira delas, o *direito material* é reordenado, com o reconhecimento, pelas normas jurídicas (direito objetivo), de novos direitos subjetivos; (ii) na segunda, ferramentas de *direito processual* são aperfeiçoadas para introduzir mecanismos mais eficientes para a resolução das novas modalidades de conflitos, garantindo o respeito aos novos direitos reconhecidos.

Postas tais premissas, e considerando que, nesta obra, enfocaremos tanto aspectos de direito material como de direito processual, principiaremos, no presente item, pelo direito material. Mais especificamente, nele versaremos a marcha dos direitos humanos após a Revolução Francesa de 1789, por ser interessante conhecer o contexto político-socioeconômico-jurídico da evolução dos direitos humanos em geral para, em meio a ele, bem situar a gênese dos direitos de dimensão coletiva e dos instrumentos processuais especialmente criados para sua tutela. A seguir apresentamos um breve panorama das diversas gerações (ou dimensões) de direitos humanos, a partir da Revolução Francesa de 1789. Fica aqui a ressalva de que alguns autores preferem explicar essa evolução empregando o termo "dimensão" em vez de "geração" de direitos, em razão de que o vocábulo "geração" poderia transmitir a ideia equivocada de que os direitos surgidos numa "geração" posterior viriam a **substituir** os das "gerações" anteriores, quando, na verdade, os direitos ulteriormente reconhecidos vieram simplesmente **somar-se** aos seus antecedentes.

1.1.1 Direitos humanos de primeira geração (ou de primeira dimensão)

Resultado da reação do indivíduo contra a opressão do Estado absolutista, a Revolução Francesa de 1789 inaugurou a idade contemporânea. Naquele mesmo ano, seus valores foram lapidados na Declaração dos Direitos do Homem e do Cidadão, que pode ser considerada um marco na evolução dos direitos humanos. A rigor, somente a partir de então passou a desenvolver-se uma **teoria dos direitos humanos**, ou seja, de direitos que são inerentes à espécie humana, e não exclusivos dos nacionais deste ou daquele Estado.

Inaugurou-se, à época, um novo modelo de relação cidadão × Estado, invertendo-se a concepção tradicional, segundo a qual a liberdade individual era mera concessão do Poder Estatal, para declarar-se que era esse poder que derivava da vontade dos componentes da nação, e que todos os homens, **independentemente de sua nacionalidade**, nasciam livres e iguais em direitos.

O reconhecimento de direitos individuais civis (liberdade, propriedade, segurança etc.) e políticos foi paradigma do **Estado liberal** (voltado para assegurar um mínimo intransponível de liberdade do indivíduo em face do Estado) e continua a inspirar inúmeras constituições. A fase que aí se iniciou consagrou os *"direitos de liberdade"*, que ficaram conhecidos como liberdades clássicas, formais ou públicas negativas (pois implicavam *prestações negativas do Estado* em relação ao indivíduo, ou seja, limitações da intervenção estatal), também sendo denominados *direitos humanos de primeira geração (ou de primeira dimensão)*.

1.1.2 Direitos humanos de segunda geração (ou de segunda dimensão)

A partir de meados do século XIX, observou-se que o modelo jurídico criado para sustentar a nova realidade político-econômica, produzida pela conjugação dos ideais da Revolução Francesa em meio ao contexto da Revolução Industrial, era insuficiente para a pacificação dos conflitos sociais.

A igualdade meramente formal (igualdade de todos perante a lei), a propriedade privada vista como direito sagrado e absoluto e a ampla liberdade de contratar, em um cenário de crescente industrialização, geraram distorções que conturbaram a sociedade de então: houve acentuado enriquecimento de poucos e grande empobrecimento de muitos, ao passo que a mecanização da produção acelerava o desemprego, enquanto os que conseguiam manter-se empregados labutavam em meio a péssimas condições de trabalho.[1]

Os mais fracos, para se fazerem ouvir perante o Estado, perceberam que somente agrupados e organizados conseguiriam contrapor-se ao poder político e econômico dos industriais. Isso motivou a eclosão de *corpos intermediários*, que consistiam em grupos, classes ou categorias de pessoas, que se organizaram para lutar pelo reconhecimento dos interesses que tinham em comum. O exemplo mais típico é o do movimento sindical.

A denominação *corpos intermediários* se deve ao fato de que eles defendiam interesses que tinham por nota distintiva o fato de não pertencerem ao Estado (interesses públicos), tampouco ao indivíduo como expressão de uma liberdade clássica, mas sim a determinados grupos, classes ou categorias de pessoas. Situavam-se, assim, em uma posição intermediária entre o Estado e o indivíduo, entre o público e o privado.

Como resposta aos clamores desses *corpos intermediários*, os Estados foram sendo gradualmente forçados a reconhecer direitos econômicos, culturais e sociais (direito à proteção contra o desemprego e condições mínimas de trabalho, direito à educação básica, direito à assistência na invalidez e na velhice etc.), que ficaram conhecidos como *"direitos de igualdade"* ou liberdades reais, concretas, materiais (por visarem à redução das desigualdades materiais que então se disseminavam), ou públicas positivas (pois implicavam *prestações positivas do Estado* para redução das desigualdades).

---

[1] FERREIRA FILHO, Manoel Gonçalves. *Curso de Direito Constitucional*. 33. ed. rev. e atual. São Paulo: Saraiva, 2007. p. 291.

Nascia, assim, o modelo de **Estado Social ou do Bem-Estar Social** (voltado não apenas à garantia de um mínimo de liberdade, mas também para a efetiva promoção social), e, com ele, os **direitos humanos de segunda geração (ou de segunda dimensão)**.[2]

Por conta dessa nova geração, houve o reconhecimento jurídico dos primeiros interesses de dimensão coletiva, ou seja, que assistem a todo um grupo, classe ou categoria de pessoas (mulheres, crianças, idosos e trabalhadores), de modo que uma única lesão ou ameaça pode afetar a todos os componentes de determinada coletividade.[3] Distinguem-se, assim, dos interesses meramente individuais, que não são característicos de determinado grupo, e dos públicos, em que está necessariamente presente, em um dos polos da relação jurídica, a Administração Pública.

1.1.3 Direitos humanos de terceira geração (ou de terceira dimensão)

Após o terror de duas guerras mundiais e do holocausto, a paz entrou na pauta das discussões internacionais. Na mesma época, o incremento da industrialização trouxe a reboque a poluição sem fronteiras. Por outro lado, tornou-se inaceitável o abismo econômico que tornava cada vez mais distantes os países desenvolvidos dos não desenvolvidos.

O direito à paz, ao desenvolvimento (não apenas dos países, mas de cada indivíduo), e a um meio ambiente hígido não poderia ser concretizado senão por meio da cooperação entre as nações, ou seja, por meio do entendimento entre os povos, e, até mesmo, por meio da solidariedade entre as presentes e as futuras gerações de seres vivos. Por tal razão, os direitos surgidos nessa fase ficaram conhecidos como **"direitos de fraternidade ou de solidariedade"**, e compõem os **direitos humanos de terceira geração (ou de terceira dimensão)**.

Portanto, diferentemente das categorias anteriores, sua defesa não se expressa pela tutela do direito de liberdade de um indivíduo em face do seu respectivo Estado, ou pela implementação de direitos de uma determinada categoria desfavorecida. Aqui, já se trata de defender direitos de toda *humanidade*, de modo que os Estados devem respeitá-los independentemente da existência de vínculo de nacionalidade com os seus titulares (neste aspecto, estes podem ser considerados "cidadãos do mundo", e não de um determinado país), e de eles se encontrarem ou não em seu território. Aliás, por *humanidade* compreendem-se, até mesmo, as gerações futuras, os seres humanos que ainda não nasceram ou sequer foram concebidos.

Exemplo mais significativo dessa dimensão é o direito ao meio ambiente ecologicamente equilibrado. Afinal, trata-se de direito essencial à vida humana digna, e que, portanto, é direito de todo ser humano. Demais disso, a poluição originada em um determinado país pode afetar outros, quando não todos os países, de modo que é fundamental que todas as nações colaborem entre si para a proteção ambiental. E sua fruição pelas gerações futuras depende da colaboração das gerações presentes.

Costuma-se dizer que, com os direitos de terceira geração – conhecidos como "direitos de fraternidade" –, a evolução dos direitos humanos acabou finalmente por completar o lema da Revolução Francesa: "liberdade, igualdade, fraternidade".

---

[2] Desses direitos, o primeiro a ser reconhecido numa Constituição foi o direito ao trabalho, consagrado na Constituição Francesa de 1848 após a revolução daquele mesmo ano. Posteriormente, os direitos sociais e econômicos chegaram à Constituição Mexicana de 1917, à Constituição Alemã (de Weimar) de 1919, e a Espanhola de 1931. No Brasil, a Constituição de 1934 foi a primeira a ser influenciada por essa nova concepção, ao contemplar, no seu título IV, a disciplina da ordem econômica e social.

[3] Anote-se que o termo "coletividade", nesta obra, não tem sentido unívoco. Dependendo do contexto, poderá significar "conjunto onde é possível identificar todos os integrantes", hipótese em que funcionará como gênero a englobar as espécies "grupo", "classe" ou "categoria" de pessoas determináveis. Outras vezes, seu significado será de um "conjunto onde não é possível identificar todos os integrantes", podendo se referir, p. ex., à coletividade de consumidores expostos a uma publicidade enganosa, ou à coletividade de pessoas que resida numa determinada região, num determinado país, ou, até mesmo, à coletividade composta por toda a humanidade.

INTERESSES DIFUSOS E COLETIVOS – VOL. 1

1.1.4 Direitos humanos de quarta geração (ou de quarta dimensão)

Não há consenso quanto às espécies que comporiam uma *quarta geração (dimensão)* de direitos humanos. Bobbio, por exemplo, aponta ser ela composta pelo direito à integridade do patrimônio genético perante as ameaças do desenvolvimento da biotecnologia.[4] Bonavides, por sua vez, entende ser, principalmente, o direito à democracia, somado aos direitos à informação e ao pluralismo.[5]

1.1.5 Direitos humanos de quinta geração (ou de quinta dimensão)

Bonavides defende que o direito à paz deveria ser deslocado da *terceira* para uma *quinta geração (dimensão)* de direitos humanos. Para o autor, sua classificação tradicional entre os direitos de terceira geração o relega ao esquecimento. Em sua opinião, a paz, pela importância cada vez mais proeminente que vem assumindo nos últimos anos, deveria ter seu valor reconhecido nas constituições de todos os povos, como fez o Brasil na Constituição de 1988, que a erigiu como princípio de regência da República Federativa do Brasil em suas relações internacionais. Tal tese foi acolhida no 9.º Congresso Ibero-Americano de Direito Constitucional, realizado em Curitiba no ano de 2006.[6]

1.1.6 Quadro-resumo das três primeiras gerações/dimensões

Tendo em vista a existência de considerável dissenso doutrinário em relação à exata configuração ou mesmo à existência de uma quarta e de uma quinta gerações de direitos humanos, convém nos limitarmos à elaboração de um quadro com as três primeiras:

Direitos	Características		Exemplos
Primeira geração/ dimensão	Direitos de liberdade	Liberdades clássicas, formais, ou públicas negativas: foco na preservação da individualidade em face do Estado	Direitos civis (liberdade, propriedade, segurança) e políticos
Segunda geração/ dimensão	Direitos de igualdade	Liberdades reais, concretas, materiais, ou públicas positivas: foco na correção das desigualdades, clamada pelos corpos intermediários **– início do reconhecimento da existência de direitos de dimensão coletiva**	Direitos sociais (amparo às pessoas idosas, às mulheres, às crianças), culturais (à educação básica), e econômicos
Terceira geração/ dimensão	Direitos de fraternidade/solidariedade	Reconhecimento internacional de direitos da humanidade, do homem como cidadão do mundo – **aprofundamento do reconhecimento de direitos de dimensão coletiva**	Direito à paz, ao desenvolvimento, ao equilíbrio ambiental

---

[4] BOBBIO, Norberto. *A Era dos Direitos*. Rio de Janeiro: Elsevier, 2004. p. 5-6.
[5] BONAVIDES, Paulo. *Curso de Direito Constitucional*. 24. ed. São Paulo: Malheiros, 2009. p. 570-572.
[6] BONAVIDES, Paulo. *Curso de Direito Constitucional*. 24. ed. São Paulo: Malheiros, 2009. p. 579-593.

1.2 SURGIMENTO E EVOLUÇÃO DO DIREITO COLETIVO

Como vimos nos itens anteriores, os novos conflitos interpessoais resultantes da sociedade contemporânea reclamaram um novo arcabouço jurídico material.

Os direitos humanos de segunda e terceira gerações caracterizavam-se por possuírem uma dimensão coletiva, ou seja, por consagrarem interesses de grupos, classes ou categorias de pessoas, quando não de toda a humanidade, diferenciando-se dos direitos tipicamente individuais, reconhecidos no interesse da autonomia privada (disciplinados, p. ex., no direito civil e no direito comercial), bem como dos direitos tipicamente públicos (regrados, p. ex., no direito administrativo e no direito penal).

Para a adequada proteção desse novo gênero de direitos substantivos (ou seja, materiais), fez-se mister o desenvolvimento de novos instrumentos de tutela processual, regidos por princípios, regras interpretativas e institutos processuais próprios, dando origem a um novo ramo do direito processual: o direito processual coletivo.[7]

Aqui são necessários parênteses. Parte da doutrina, com destaque para o jurista e membro do Ministério Público de Minas Gerais, Gregório Assagra de Almeida, divide o direito processual coletivo em dois ramos: *direito processual coletivo* **comum** e *direito processual coletivo* **especial**. O primeiro tem por objeto material a tutela de direitos coletivos (difusos, coletivos em sentido estrito ou individuais homogêneos) lesados ou ameaçados de lesão, ou seja, a resolução de "um ou vários conflitos coletivos surgidos no plano da concretude". O segundo, o controle abstrato de constitucionalidade das normas jurídicas, ou seja, a tutela de um "interesse coletivo objetivo legítimo".[8] As normas do primeiro regem, p. ex., as ações civis públicas, as ações populares e os mandados de segurança coletivos. As do segundo disciplinam, entre outras, as ações diretas de inconstitucionalidade por ação ou omissão, as declaratórias de constitucionalidade e as arguições de descumprimento de preceito fundamental.

Esta obra, naquilo em que tratar do direito coletivo formal, limitar-se-á aos institutos do direito processual coletivo **comum**.[9] Vejamos, nos tópicos seguintes, como se deu a evolução desse novo ramo do direito processual, com ênfase no cenário brasileiro.

1.2.1 Antecedentes remotos do processo coletivo

Antes do advento do contexto socioeconômico pós-revolução industrial, que abriu caminho para o reconhecimento de direitos materiais de dimensão coletiva e do processo coletivo na forma como atualmente o conhecemos, é possível identificar, na história mundial mais remota, alguns instrumentos destinados à tutela de interesses coletivos. São eles:

---

[7] Defendendo a autonomia do direito processual coletivo como novo ramo do direito processual: GRINOVER, Ada Pellegrini. Direito Processual Coletivo. In: GRINOVER, Ada Pellegrini; MENDES, Aluisio Gonçalves de Castro; WATANABE, Kazuo (org.). *Direito Processual Coletivo e o Anteprojeto de Código Brasileiro de Processos Coletivos*. São Paulo: RT, 2007. p. 11-15; ALMEIDA, Gregório Assagra de. *Direito Processual Coletivo Brasileiro – Um Novo Ramo do Direito Processual*. São Paulo: Saraiva, 2003. *Passim.*

[8] ALMEIDA, Gregório Assagra de. *Direito Processual Coletivo Brasileiro – Um Novo Ramo do Direito Processual*. São Paulo: Saraiva, 2003. p. 26.

[9] Mais especificamente, serão estudadas as principais figuras do processo coletivo comum, a saber, a ação civil pública, a ação popular e o mandado de segurança coletivo. Gregório Assagra de Almeida, também inclui entre as ações integrantes do campo do processo coletivo comum o dissídio coletivo, a impugnação de mandato eletivo, a ação direta interventiva e o mandado de injunção, reconhecendo, porém, que este último também pode ser usado em defesa de direito individual puro, hipótese em que não consistiria em ação coletiva, mas ação individual, integrante do processo civil clássico (ALMEIDA, Gregório Assagra de. *Direito Processual Coletivo Brasileiro – Um Novo Ramo do Direito Processual*. São Paulo: Saraiva, 2003. p. 270-329).

- **ações populares do direito romano**, que permitiam ao cidadão a defesa de logradouros públicos e coisas de uso comum e domínio do povo;[10]
- **bill of peace inglês**, do século XVII, que consistia numa autorização, a pedido do autor da ação individual, para que ela passasse a ser processada coletivamente, ou seja, para que o provimento beneficiasse os direitos de todos os que estivessem envolvidos no litígio, tratando a questão de maneira uniforme, e evitando a multiplicação de processos.[11]

1.2.2 As mudanças socioeconômicas e o reflexo no direito material ao longo do século XX

A Revolução Industrial, iniciada na Inglaterra no século XVIII, deflagrou o início da produção em massa. À medida que o processo de industrialização se alastrava para outros países, experimentava-se uma crescente urbanização, o que fornecia à indústria, a um só tempo, mão de obra abundante e um mercado consumidor de fácil acesso em constante expansão, impulsionando o aumento da produção. No século XX, com os avanços da medicina, verificou-se uma explosão demográfica sem precedentes, o que contribuiu para uma demanda ainda maior por produtos industrializados.

A esse contexto somou-se o desenvolvimento dos meios de comunicação em massa, compondo-se o ambiente ideal para o surgimento de um novo modelo de sociedade, denominada **"sociedade de massa"**, cujas principais características são a **produção em massa** (industrial, agrícola, energética) e o **consumo em massa**, e, para ligar a produção ao consumo, os **contratos de massa** (de adesão ou de consumo). Paralelamente, viu-se a necessidade do desenvolvimento de transporte de massa.

Numa sociedade cada vez mais complexa, em que as relações jurídicas foram massificadas, eventual falha em alguma de suas engrenagens tem potencial para lesar ou ameaçar de lesão interesses de centenas, milhares ou milhões de pessoas, quando não de toda a humanidade. Fez-se campo fértil para os **conflitos de massa**.

Precursores desses conflitos, a partir do século XIX, foram os embates entre os interesses dos operários (defendidos pelos sindicatos, primeiros expoentes dos "corpos intermediários") e os dos empregadores.

Já no século XX, grandes indústrias, seja pela enorme quantidade de matérias-primas por elas consumidas, seja pelo lixo gerado durante seus processos produtivos, seja pelas características eventualmente nocivas ou perigosas dos seus produtos, tornaram-se potenciais fontes de danos ambientais, num conflito entre os interesses de seus proprietários e os da coletividade, titular do direito ao meio ambiente equilibrado.

A demanda massificada por energia, do mesmo modo, ensejou o desenvolvimento de fontes de poluição (termelétricas de carvão), ou com potencial para gerar danos em larga escala, até mesmo de âmbito planetário (usinas nucleares), ameaçando interesses de toda a humanidade.

A expansão do transporte coletivo, por seu turno, trouxe o conflito entre os interesses dos seus usuários e os dos prestadores do serviço.

A publicidade pelos meios de comunicação em massa e os contratos de consumo, por sua vez, importaram a possibilidade de lesar interesses de contingentes significativos de consumidores. A fragilidade dos consumidores frente aos fornecedores foi potencializada, não raro, pela formação de cartéis e monopólios.

---

[10] Tal instrumento chegou a viger no Brasil Colônia e no Brasil Império. V. item 1.2.4.

[11] LEAL, Márcio Flávio Mafra. *Ações Coletivas:* História, Teoria e Prática. Porto Alegre: Sergio Antonio Fabris Editor, 1988. p. 22-23.

Em suma, a massificação dos conflitos sociais fez necessário o reconhecimento, pelo direito objetivo, de direitos subjetivos de *segunda* (culturais, econômicos, sociais, trabalhistas) e de *terceira* (meio ambiente, paz, desenvolvimento etc.) *dimensões*, todos eles relacionados à *qualidade de vida* e caracterizados por se situarem a meio caminho entre o interesse *público* (não pertencem propriamente ao Estado, nem tampouco coincidem necessariamente com o bem comum[12]) e o *privado* (não pertencem exclusivamente a nenhum indivíduo). Esses novos direitos caracterizaram-se por possuírem uma *dimensão coletiva* (pertencem a grupos, classes ou categorias de pessoas, ou à coletividade), sendo que, muitas vezes, é impossível precisar os seus titulares.

1.2.3 Os desafios do processo tradicional em face do novo contexto socioeconômico e jurídico-material, e o surgimento do processo de massa

O direito processual, até meados da década de 1970, seguia sob o signo da propriedade individual e da autonomia da vontade, típicas do Estado liberal disseminado na Europa continental após a Revolução Francesa.

O modelo jurídico que emergira do ideário revolucionário não dava espaço para tratar do coletivo: o foco era a defesa do direito individual, e somente ao titular do direito lesado cabia decidir se propunha ou não a demanda.[13] Logo, os instrumentos processuais disponíveis eram formulados para atender a esse tipo de conflito de interesses, ou seja, para que os próprios titulares dos direitos materiais lesados ou ameaçados buscassem judicialmente sua proteção. O processo era interindividual: desenvolvia-se no modo sujeito *x* sujeito, credor *x* devedor.

Nosso Código Civil brasileiro de 1916 ecoou o pensamento individualista europeu, como se percebe na redação de seu art. 76, em especial do seu parágrafo único: "Para propor, ou contestar uma ação, é necessário ter legítimo interesse econômico, ou moral. Parágrafo único – O interesse moral só autoriza a ação quando toque diretamente ao autor, ou à sua família".

O mesmo enfoque foi repetido no Código de Processo Civil promulgado em 1973, também voltado à solução de conflitos interindividuais, por meio de ações individuais, em que, via de regra, exigia-se que o autor da ação fosse titular do direito material controvertido (legitimação ordinária).

Mas o modelo processual individualista, já em meados do século XX, começava a se revelar insuficiente para salvaguardar interesses coletivos que, por imposição de uma nova realidade social, vinham sendo progressivamente reconhecidos pelo direito material. Os principais óbices desse sistema eram os seguintes:

a) *A questão da legitimidade:* a Lei 5.869/1973, mais conhecida como Código de Processo Civil de 1973 (CPC/1973), seguindo o modelo instrumental clássico, em seu art. 6.º, preconizava que ninguém poderia pleitear em nome próprio, direito alheio, salvo quando autorizado por lei.[14] Sem embargo, os novos direitos reconhecidos ao longo do século XX, em alguns casos, extrapolavam a titularidade individual, para compor o patrimônio de um conjunto muitas vezes indeterminado de pessoas. Sob

---

[12] Por vezes podem coincidir com o bem comum, como no caso do direito ao meio ambiente ecologicamente equilibrado. *Vide*, a propósito, item 1.3.6.1.

[13] DIDIER JÚNIOR, Fredie; ZANETI JÚNIOR, Hermes. *Curso de Direito Processual Civil*. 3. ed. Salvador: Juspodivm, 2008. V. 4, p. 26-27.

[14] O art. 18, *caput*, do CPC dispõe de forma semelhante: "Ninguém poderá pleitear direito alheio em nome próprio, salvo quando autorizado pelo ordenamento jurídico".

INTERESSES DIFUSOS E COLETIVOS – VOL. 1

uma interpretação restritiva daquele dispositivo legal, não seria possível ao indivíduo pleitear isoladamente a defesa do meio ambiente, pois estaria ele buscando, em nome próprio, a tutela de direito não apenas próprio, mas também alheio. E, considerando que o direito ao meio ambiente ecologicamente equilibrado pertence a todos, seria inviável reunir todos os seus titulares no polo ativo de um processo, cada vez que se buscasse judicialmente sua proteção. Portanto, o primeiro óbice à defesa dessas novas modalidades de direitos era o art. 6.º do CPC/1973;

b) *A questão da coisa julgada:* ainda que se conseguisse superar o entrave do citado art. 6.º do CPC/1973 teríamos o problema dos limites subjetivos da coisa julgada, ditados pelo art. 472 do CPC/1973. Esse dispositivo proclamava que "a sentença faz coisa julgada às partes entre as quais é dada, não beneficiando, nem prejudicando terceiros", salvo em causas relacionadas ao estado das pessoas, e desde que todos os interessados tenham sido citados. Como os efeitos da coisa julgada, segundo essa norma, deveriam se restringir às partes do processo, para que os lesados ou ameaçados de lesão nas questões de massa pudessem ser beneficiados por eventual sentença judicial deveria cada um deles propor sua ação individualmente. Ainda que se adotasse, em alguns casos, o litisconsórcio ativo, ante a inviabilidade de admitir todos os lesados no polo ativo (litisconsórcio multitudinário) essa via não bastaria para evitar verdadeiras avalanches de processos em nossos tribunais.[15]

Além disso, havia os seguintes inconvenientes:

a) *Risco de decisões judiciais conflitantes:* a sociedade de massa se caracteriza pelo dano de massa, ou seja, um dano apto a produzir, a partir de uma única causa, milhares ou até mesmo milhões de lesados. A defesa de um número tão elevado de pessoas por meio de ações individuais traria consigo a possibilidade de decisões judiciais conflitantes, gerando enorme insegurança jurídica e desprestígio do Poder Judiciário.

b) *Morosidade e gastos excessivos:* a defesa individualizada dessa multidão de lesados geraria morosidade processual e gastos significativos para eles e para o Estado, e, em consequência, prejuízo para a economia.

c) *"Litigiosidade contida":* Watanabe chama de **litigiosidade contida** o fenômeno em que os cidadãos, por considerarem caro, complicado, ou até mesmo inútil buscar o Poder Judiciário, desistem de fazê-lo, e alerta que a insatisfação daí gerada pode se converter em fator de instabilidade social, exteriorizada em comportamentos violentos como "quebra-quebras" contra atrasos de trens e comportamentos violentos no trânsito.[16]

Nas relações jurídicas de massa, o prejuízo social resultante da litigiosidade contida é potencializado, dada a amplitude do conjunto de vítimas. Imagine-se, por exemplo, uma instituição bancária com 10 milhões de clientes, que viesse a descontar de suas contas-correntes, num determinado mês, uma tarifa ilegal de R$ 1,50 (um Real e cinquenta centavos). Dificilmente um consumidor se sentiria encorajado a buscar judicialmente seu ressarcimento. Sem falar da ansiedade e do tempo gasto com o processo, só o preço de uma passagem de ônibus ou metrô até o fórum, ou do combustível de seu carro, já lhe custaria mais que o prejuízo sofrido. Consi-

---

[15] O art. 506 do CPC, diferentemente, já não exclui a possibilidade de a sentença beneficiar a terceiros, apenas vedando que ela prejudique terceiros.

[16] WATANABE, Kazuo (Coord.). *Juizado Especial de Pequenas Causas.* São Paulo: RT, 1985. p. 2.

derado o universo de lesados, a inércia dos clientes em buscarem judicialmente a reparação de seu prejuízo individual resultaria um enorme prejuízo social, concretizado num lucro ilícito de R$ 15 milhões para o banco.

d) *Pouca efetividade das decisões:* sentenças judiciais que, no exemplo anterior, condenassem o banco em ações individuais, não teriam nenhum efeito dissuasório contra novas condutas lesivas. Diante da insignificância das condenações, cujas ações individuais decerto seriam poucas, a instituição seria estimulada a continuar lesando aos milhões de clientes que não lutaram por seus direitos. A função jurisdicional teria pouca eficácia com relação à sua finalidade de pacificação social.

Os esquemas a seguir resumem os óbices e inconvenientes do processo individual em face dos conflitos de massa:

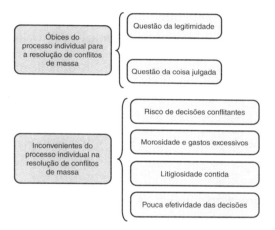

Assim, tínhamos o reconhecimento de novos direitos, de dimensão coletiva, mas não dispúnhamos de instrumentos eficazes para assegurá-los concretamente. A doutrina italiana, na década de 1970, já apontava a necessidade de uma "nova tutela", *coletiva*, para os "novos direitos". Cappelletti, um dos que mais influenciou os doutrinadores brasileiros, em célebre artigo de 1977, observava:

> Continuar, segundo a tradição individualística do modelo oitocentista, a atribuir direitos exclusivamente a pessoas individuais – como, por exemplo, ao proprietário vizinho, no caso de abusiva construção edilícia, ou ao adquirente pessoalmente prejudicado no caso da fraude alimentar perpetrada em larga escala por um fabricante – significaria tornar impossível uma efetiva proteção jurídica daqueles direitos, exatamente na ocasião em que surgem como elementos cada vez mais essenciais para a vida civil. Diante da deturpação, por exemplo, da esplêndida *collina fiorentina*, eu, cidadão isolado, sou praticamente impotente. O valor em jogo é coletivo e deve se dar, portanto, a possibilidade de construírem-se *tipos novos de tutela*, não confiados exclusivamente ao interesse material e ao capricho da iniciativa individual.[17]

Para adequar-se à "sociedade de massa", onde despontavam conflitos envolvendo coletividades mais ou menos extensas, desprovidas de personalidade definida, cuja vinda

---

[17] CAPPELLETTI, Mauro. Formações Sociais e Interesses Coletivos diante da Justiça Civil. *Revista de Processo*, São Paulo: RT, 1977. n. 5, p. 131-132.

INTERESSES DIFUSOS E COLETIVOS - VOL. 1

a juízo de todos os ofendidos era, senão impossível, extremamente difícil, era necessário desenvolver um *processo de massa*, ou seja, instrumentos processuais de defesa coletiva:

> Se temos hoje uma vida societária de massa, com tendência a um direito de massa, é preciso ter também um *processo de massa*, com a proliferação dos meios de proteção a direitos supraindividuais e relativa superação das posturas individuais dominantes (...).[18]

O caminho evolutivo rumo a esse "processo de massa" é ilustrado frequentemente pela seguinte metáfora: em lugar das **"demandas-átomo"**, das lides fragmentadas nas tradicionais ações individuais, necessitava-se concentrar a defesa judicial dos direitos de massa em **"demandas-molécula"**, ou seja, em ações coletivas, que dispensassem a exigência de todos os interessados integrarem o processo.

Daí a necessidade de que normas que alterassem o paradigma da legitimidade ativa até então vigente, calcado na inseparabilidade entre a legitimidade para agir e a titularidade do direito material.

Paralelamente, seria mister reformular o modelo dos efeitos da coisa julgada, de modo a permitir que eles beneficiassem a todos os titulares do direito ameaçado ou lesado, mesmo àqueles que não viessem a integrar o polo ativo da demanda.

Nessa direção, inicialmente, tivemos a Lei 4.717/1965, da ação popular, com a previsão de coisa julgada *erga omnes*. Posteriormente, sob inspiração das *class actions* dos países de sistema jurídico *common law* (especialmente dos Estados Unidos), da doutrina italiana dos anos 70 do século passado, e com a valiosa contribuição, no âmbito nacional, de Barbosa Moreira,[19] Oliveira Júnior,[20] Grinover[21] e Watanabe,[22] edificou-se no Brasil um sistema processual especificamente voltado à tutela coletiva.

1.2.4 Evolução do processo coletivo na legislação brasileira

Os principais resultados do esforço de "engenharia jurídica" rumo à efetividade da defesa coletiva de direitos, no âmbito infraconstitucional, foram a Lei da Ação Civil Pública (Lei 7.347, de 24 de julho de 1985) e o Código de Defesa do Consumidor (Lei 8.078, de 11 de setembro de 1990), que, integrados um ao outro, possibilitaram a formação de um verdadeiro **microssistema de processo coletivo**, um corpo de regras voltadas para a tutela coletiva de direitos coletivos (difusos, coletivos *stricto sensu* e individuais homogêneos). Tais diplomas, porém, não foram os primeiros, nem são os únicos a veicularem regras processuais coletivas. Antes mesmo de sua elaboração, podemos apontar a existência de outros voltados para a tutela coletiva de alguns campos específicos do direito material.

Com relação à origem remota do processo coletivo em nosso país, observamos que as ações populares do direito romano, especificamente as previstas no Digesto, e que permitiam ao cidadão a defesa de logradouros públicos e coisas de uso comum e domínio do povo, foram recepcionadas pelo direito português (pelas Ordenações Filipinas, promulgadas

---

[18] CINTRA, Antonio Carlos de Araújo; DIMAMARCO, Cândido Rangel; GRINOVER, Ada Pellegrini. *Teoria Geral do Processo*. 21. ed. rev. e atual. de acordo com a EC 45/2004. São Paulo: Malheiros, 2005. p. 46.

[19] MOREIRA, José Carlos Barbosa. A Ação Popular no Direito Brasileiro como Instrumento de Tutela Jurisdicional dos Chamados Interesses Difusos. *Temas de Direito Processual*. São Paulo: Saraiva, 1977.

[20] OLIVEIRA JÚNIOR, Waldemar Mariz de. Tutela Jurisdicional dos Interesses Coletivos. *Estudos sobre o Amanhã*, São Paulo: Resenha Universitária, Ano 2000, Caderno 2, 1978, p. 257-284.

[21] GRINOVER, Ada Pellegrini. A Tutela Jurisdicional dos Interesses Difusos. *Revista da Procuradoria-Geral do Estado de São Paulo*, n. 12, p. 111-144, jun. 1978.

[22] WATANABE, Kazuo. Tutela Jurisdicional dos Interesses Difusos: a Legitimação para Agir (Conferência de 2 de dezembro de 1982, proferida no "Seminário sobre a Tutela dos Interesses Coletivos", na FADUSP). In: GRINOVER, Ada Pellegrini (coord.). *A Tutela dos Interesses Difusos*. São Paulo: Max Limonad, 1984. Série Estudos Jurídicos n. 1.

CAP. 1 – FUNDAMENTOS DO DIREITO COLETIVO | **11**

sob o reinado de Filipe, em 1603), e, por tal razão, chegaram a viger no Brasil mesmo após a proclamação da independência, em razão do Decreto de 20 de outubro de 1823.

No direito estritamente brasileiro, pode-se apontar como marco a ação popular da Constituição de 1934, que em seu art. 113, inciso 38, permitia a qualquer cidadão pleitear a declaração de nulidade ou anulação dos atos lesivos do patrimônio da União, dos Estados ou dos Municípios. Atualmente, a ação popular é tratada na Lei 4.717/1965 e na CF.

A Lei 1.134, de 14 de junho de 1950 atribuiu legitimidade extraordinária a determinados entes de classe para a defesa judicial de interesses dos seus integrantes.[23]

No início da década de 1980, quando a doutrina nacional reverberava os avanços científicos internacionais relacionados aos direitos difusos e coletivos, a Lei da Política Nacional do Meio Ambiente (Lei 6.938, de 31 de agosto de 1981) legitimou o Ministério Público a ajuizar ação de responsabilidade civil por danos causados ao meio ambiente, ou seja, a defender, num único processo, direito que diz respeito a toda a coletividade.[24] Foi o surgimento da ação civil pública.

A Constituição Federal de 1988 refletiu os progressos legais e doutrinários na defesa de direitos de matiz coletiva. Sintomática foi a reformulação do princípio do acesso à Justiça: constituições anteriores declaravam que a lei não poderia excluir da apreciação do Poder Judiciário qualquer lesão a *direito individual*. O art. 5.º, XXXV, da atual constituição, por sua vez, dispõe que a lei não poderá excluir da apreciação do Poder Judiciário lesão ou ameaça a **direito**, sem qualificá-lo.[25] Além disso, observe-se que tal garantia se encontra inserida no art. 5.º, dentro do capítulo dos Direitos e Deveres individuais **e coletivos**. Logo, é inequívoco que a garantia do acesso à tutela jurisdicional também se presta aos **direitos coletivos**.

No seu art. 5.º, LXXIII, a Constituição cidadã ampliou o objeto de tutela da ação popular, tornando-a instrumento hábil para a defesa não apenas do patrimônio público definido na Lei 4.717/1965, mas também da moralidade administrativa e do meio ambiente.

No inciso LXX do mesmo artigo, criou o instrumento do mandado de segurança coletivo, que pode ser impetrado por partido político com representação no Congresso Nacional ou por organização sindical, entidade de classe ou associação legalmente constituída e em funcionamento há pelo menos um ano, em defesa dos interesses de seus membros ou associados.

Já no inciso XXI do mesmo dispositivo, instituiu o direito de representação associativa, por força do qual as associações, quando expressamente autorizadas, podem representar seus filiados judicial e extrajudicialmente.

Na mesma toada, em seu art. 8.º, III, legitimou os sindicatos (que são espécies de associações) à defesa de direitos e interesses coletivos ou individuais da categoria, inclusive em questões judiciais ou administrativas.

Finalmente, em seu art. 129, III, a CF/88 atribuiu ao Ministério Público a função institucional de promover o inquérito civil e a ação civil pública, para a proteção do

---

[23] Seu art. 1.º reza, *in verbis*: "Às associações de classes existentes na data da publicação desta Lei, sem nenhum caráter político, fundadas nos termos do Código Civil e enquadradas nos dispositivos constitucionais, que congreguem funcionários ou empregados de empresas industriais da União, administradas ou não por ela, dos Estados, dos Municípios e de entidades autárquicas, de modo geral, é facultada a representação coletiva ou individual de seus associados, perante as autoridades administrativas e a justiça ordinária". Essa legitimidade foi depois estendida para outras associações de classe, como a "união postal telegráfica do Ceará", por força da Lei 2.480, de 6 de maio de 1955, e "sociedade protetora postal piauiense", pela Lei 3.761, de 25 de abril de 1960.

[24] Art. 14, parágrafo primeiro, *in verbis*: "Sem obstar a aplicação das penalidades previstas neste artigo, é o poluidor obrigado, independentemente da existência de culpa, a indenizar ou reparar os danos causados ao meio ambiente e a terceiros, afetados por sua atividade. *O Ministério Público da União e dos Estados terá legitimidade para propor ação de responsabilidade civil e criminal, por danos causados ao meio ambiente*" (grifamos).

[25] SILVA, José Afonso da. *Curso de Direito Constitucional Positivo*. 23. ed. rev. e atual. São Paulo: Malheiros, 2004. p. 259-260.

12 INTERESSES DIFUSOS E COLETIVOS – VOL. 1

patrimônio público e social, do meio ambiente e de outros interesses difusos e coletivos, ressalvando, no parágrafo primeiro desse dispositivo, que a legitimidade do *Parquet* para tais ações não impediria a de terceiros.

Posteriormente, outras leis trataram da tutela coletiva de direitos: Lei 7.853, de 24 de outubro de 1989, e Lei 13.146, de 6 de julho de 2015 (Estatuto da Pessoa com Deficiência), que versaram sobre os interesses das pessoas com deficiência; Lei 7.913, de 7 de dezembro de 1989, que cuidou dos danos causados aos investidores no mercado de valores mobiliários; Estatuto da Criança e do Adolescente (Lei 8.069, de 13 de julho de 1990), voltado para a defesa dos interesses da criança e do adolescente; Lei Antitruste (Lei 8.884/1994 e, atualmente, Lei 12.529/2011), permitindo ajuizamento de ação civil pública de responsabilidade por danos decorrentes de infrações da ordem econômica e da economia popular; o Estatuto das Cidades (Lei 10.257/2001), que trata dos interesses relacionados ao urbanismo; e o Estatuto da Pessoa Idosa (Lei 10.741/2003), que versa sobre a proteção dos interesses das pessoas idosas.

1.3 DEFINIÇÕES E TERMINOLOGIA

Antes de aprofundarmos o exame dos direitos material e processual coletivos, convém estudarmos a terminologia pertinente a nosso objeto de estudo.

1.3.1 Interesse e direito subjetivo

Interesse é qualquer pretensão em geral, é o desejo de obter determinado valor ou bem da vida, de satisfazer uma necessidade. O interesse de alguém pode encontrar, ou não, respaldo no ordenamento jurídico.

Direito subjetivo, por sua vez, segundo Reale, é "a possibilidade de exigir-se, de maneira garantida, aquilo que as normas de direito atribuem a alguém como próprio".[26] É, portanto, a posição jurídica que o ordenamento jurídico assegura a uma pessoa, a um grupo de pessoas ou a um ente, em relação a um determinado bem e/ou pessoas.

Imagine-se que uma ação busque a tutela de determinado valor cuja proteção, ao final, seja recusada, por ausência de amparo no ordenamento. Ela terá visado à defesa de simples *interesses*. Pense-se, agora, em outra, que postule a tutela de valores cuja proteção, por fim, seja deferida, ante a existência de respaldo no ordenamento. Ela terá visado, portanto, à defesa de *direitos subjetivos*.[27] Não queremos dizer, com isso, que o direito subjetivo depende sempre de um prévio reconhecimento judicial. A manifestação do Estado-juiz, muitas vezes, é meramente declaratória de um direito subjetivo preexistente.

1.3.2 Por que a CF/1988 e o CDC referem-se à defesa tanto de interesses como de direitos?

Vimos que interesses de dimensão coletiva foram sendo progressivamente amparados pelo ordenamento jurídico, ao longo dos últimos dois séculos. Poder-se-ia afirmar, portanto, que passaram do *status* de *interesses* para o de *direitos*.

Sem embargo, a doutrina mais conservadora, ainda movida pelos valores individualistas herdados dos ideais liberais, somente reconhece como direitos subjetivos, passíveis de

---

[26] REALE, Miguel. *Noções Preliminares de Direito.* 27. ed. São Paulo: Saraiva, 2002. p. 260.

[27] Adaptado a partir de exemplo de MAZZILLI, Hugo Nigro. *A Defesa dos Interesses Difusos em Juízo.* São Paulo: Saraiva, 2009, p. 54. O autor, no exemplo, fala em valores *transindividuais* e interesses e direitos *difusos*.

tutela jurisdicional, aqueles cujos titulares sejam perfeitamente individualizáveis (requisito de difícil ou impossível consecução no que toca aos interesses de dimensão coletiva).

Por conta dessa divergência, e visando evitar questionamentos sobre a possibilidade de defesa judicial desses novos direitos (ou interesses, na voz da opinião conservadora), a Constituição de 1988 e o Código de Defesa do Consumidor empregaram ambos os termos – *direitos* e *interesses* –, deixando clara a possibilidade da tutela judicial tanto de uns, quanto de outros.

Com efeito, a Constituição da República, em seu art. 8.º, III, legitima os sindicatos à defesa judicial dos *direitos* e *interesses* coletivos ou individuais da categoria. Já no art. 127, incumbe ao Ministério Público "a defesa da ordem jurídica, do regime democrático e dos *interesses* sociais e individuais indisponíveis" (destacamos). Em seu art. 129, III, atribui à mesma instituição a promoção do inquérito civil e da ação civil pública, para a proteção do patrimônio público e social, do meio ambiente e de outros *interesses* difusos e coletivos. O Código de Defesa do Consumidor, por seu turno, prevê a possibilidade de tutela judicial coletiva de *direitos* e *interesses* (art. 81).

Para fins desta obra, ressalvadas distinções por nós expressamente destacadas, utilizaremos indistintamente os vocábulos *direitos* e *interesses*.

1.3.3 Interesse público x interesse privado

A expressão *interesse público* é plurívoca, ou seja, admite mais de uma acepção. Vejamos cada uma delas.

a) Num primeiro significado temos o **interesse público propriamente dito, ou interesse público primário,** que é normalmente definido como sendo o interesse geral da sociedade, o bem comum da coletividade. Nessa acepção, o interesse público é sinônimo de **interesse geral** e de **interesse social.**[28]

Bandeira de Mello conceitua essa dimensão de interesse público "... *como o interesse resultante do conjunto dos interesses que os indivíduos* **pessoalmente** *têm quando considerados* **em sua qualidade de membros da Sociedade e pelo simples fato de o serem**".[29] Destaca-se, nessa definição, a preocupação do jurisconsulto em salientar que o interesse público não está divorciado dos interesses individuais. Embora seja impreciso afirmar que o interesse público consiste no somatório dos interesses individuais, é incorreto, segundo ele, firmar um necessário antagonismo entre o interesse do todo e o interesse das partes, entre o interesse público e o interesse privado, como se o interesse público fosse um anti-interesse individual.

Na verdade, o interesse público não deixa de ser a *dimensão pública de interesses individuais*, a manifestação dos interesses que cada uma das partes individualmente possui em comum, como componentes de uma mesma sociedade, embora possa haver conflito, num caso concreto, entre o interesse público e um determinado interesse individual. Ele cita como exemplo o instituto da desapropriação: um indivíduo provavelmente terá interesse em não ser desapropriado, mas não pode ter interesse na inexistência do instituto da desapropriação, pois este é indispensável para a abertura de ruas, construção de escolas,

---

[28] MANCUSO, Rodolfo de Camargo. *Interesses Difusos – Conceito e Legitimação para Agir*. 6. ed. rev., atual. e ampl. São Paulo: RT, 2004. p. 36.

[29] BANDEIRA DE MELLO, Celso Antônio. *Curso de Direito Administrativo*. 26. ed. rev. e atual. São Paulo: Malheiros, 2009. p. 61.

14 | INTERESSES DIFUSOS E COLETIVOS – VOL. 1

hospitais etc., em suma, ele é imprescindível para o bem social, e, por conseguinte, de cada um dos indivíduos que compõem a sociedade.[30]

Como sabiamente observa Herman Benjamin, **a principal característica do interesse público é uma certa *unanimidade social* (= consenso coletivo), uma conflituosidade mínima.** Em outras palavras, o insigne jurista observa que, no plano supraindividual (coletivo), não se verificam manifestações contrárias aos valores e bens ligados ao interesse público, o que não exclui a possibilidade de que, no plano individual, até mesmo judicialmente, alguém se insurja contra uma aplicação concreta daquele interesse,[31] conforme, aliás, exemplificou-se no parágrafo anterior.

b) Numa segunda acepção, observa-se que o Estado, na prática, atua por meio de pessoas jurídicas. Esse interesse concretamente manifestado pelo Estado-Administração, como pessoa jurídica, é denominado *interesse público secundário* (a classificação do interesse público em *primário* ou *secundário* tornou-se célebre a partir dos estudos do italiano Renato Alessi).[32]

O *interesse público secundário* (ou *egoístico*) não deve chocar-se com o *interesse público primário*, devendo atuar como instrumento para sua consecução. Sem embargo, não raro verificamos que o *interesse público secundário* se distancia do *interesse público primário*, especialmente quando o Administrador descura dos princípios constitucionais da Administração (CF, art. 37, *caput*: legalidade, impessoalidade, moralidade, publicidade e eficiência).

c) Sob outro enfoque, também se denomina interesse público aquele que limita a disponibilidade de certos interesses que, de forma direta, dizem respeito a particulares, mas que, indiretamente, interessa à sociedade proteger, de modo que o direito objetivo acaba por restringir, como, por exemplo, em diversas normas de proteção dos incapazes. Nesta acepção, o *interesse público* afigura-se como o *interesse indisponível*.

Já o ***interesse privado*** é aquele buscado por uma pessoa física ou um ente privado (aqui, afasta-se do *interesse público secundário*) para a satisfação de necessidade exclusivamente particular (aqui se opõe ao *interesse público primário*), e cujo objeto pode ser livremente disposto por seu titular (aqui se contrapõe ao *interesse público* como *interesse indisponível*).

1.3.4 Direito público x direito privado

A partição do direito objetivo em **Direito Público** e **Direito Privado** é herança do Direito Romano. São consideradas de **Direito público** as regras que disciplinam relações entre o Estado e particulares em que predomine o *interesse público*, e de **Direito privado** todas as outras, entre particulares ou mesmo entre o Estado e particulares, desde que predomine o *interesse privado*.

Embora o *Direito público* veicule normas que visam primordialmente à salvaguarda do *interesse público*, elas podem proteger, reflexamente, o *interesse privado*. Assim, por exemplo, embora seja o escopo maior do Direito penal a manutenção da paz social, ao tipificar a conduta do furto está, ao mesmo tempo, protegendo o direito privado à propriedade de cada um dos cidadãos.

---

[30] BANDEIRA DE MELLO, Celso Antônio. *Curso de Direito Administrativo*. 26. ed. rev. e atual. São Paulo: Malheiros, 2009. p. 58-61.

[31] BENJAMIN, Antonio Herman V. A Insurreição da Aldeia Global Contra o Processo Civil Clássico – Apontamentos sobre a Opressão e a Libertação Judiciais do Meio Ambiente e do Consumidor. In: MILARÉ, Édis (coord.). *Ação Civil Pública (Lei 7.347/1985 – Reminiscências e Reflexões após Dez Anos de Aplicação)*. São Paulo: RT, 1995. p. 90.

[32] ALESSI, Renato. *Sistema Istituzionale del Diritto Amministrativo Italiano*. 3. ed. Milão: Giuffrè, 1960. p. 197-198.

Do mesmo modo, as normas de *Direito privado* tratam principalmente do *interesse privado*, embora, por vezes, sirvam também ao *interesse público*. É o caso do Direito de família, ramo do *Direito privado* que, enquanto regula as relações privadas afetas ao matrimônio, à união estável e ao parentesco, zela pela sobrevivência da família, instituição social cuja manutenção é de *interesse público*.

1.3.5 Interesses transindividuais: objeto do direito coletivo

Até a década de 70 do século passado, tanto os direitos subjetivos, quanto as normas jurídicas que os asseguravam (direito objetivo) eram classificados segundo a *summa divisio* público × privado. Os vários ramos dogmáticos do direito (direito penal, constitucional, administrativo, civil, comercial etc.) eram inseridos no domínio do Direito Público ou do Direito Privado, conforme fosse a natureza pública ou privada do *interesse predominante* e dos *sujeitos* das relações por eles disciplinadas. A nova realidade social de massa trouxe consigo a proteção jurídica de novas espécies de interesses, e os novos ramos dogmáticos daí resultantes (direito ambiental, direito do consumidor etc.) não se amoldam confortavelmente ao Direito Público, nem ao privado.

Com efeito, as normas consagradoras desses novos "direitos" não se encaixam adequadamente como ramos do Direito Privado, pois se afastam do modelo segundo o qual as partes envolvidas são sempre determinadas, estão em pé de igualdade nas relações jurídicas, gozam de ampla autonomia para celebrar seus negócios, e cujos direitos podem ser fruídos ou dispostos de modo exclusivo por uma única pessoa. Por outro lado, os novos "direitos" tampouco se conformam ao Direito Público, pois suas regras não se baseiam no disciplinamento de relações em que a Administração Pública surge numa relação de superioridade em relação a administrados.

Tais direitos/interesses, de dimensão coletiva, foram sendo consagrados, sobretudo, a partir da segunda (direitos sociais, trabalhistas, econômicos, culturais) e da terceira (direito ao meio ambiente ecologicamente equilibrado etc.) dimensão de direitos humanos, e podem ser denominados como **transindividuais**, **supraindividuais**, **metaindividuais** (ou, simplesmente, coletivos em sentido amplo, *coletivos "lato sensu", coletivos em sentido lato*), por pertencerem a grupos, classes ou categorias mais ou menos extensas de pessoas, por vezes indetermináveis, e, em alguns casos (especificamente, nos interesses difusos e nos coletivos em sentido estrito), não serem passíveis de apropriação e disposição individualmente, dada sua indivisibilidade.[33]

O reconhecimento e a normatização jurídica dos direitos/interesses de dimensão coletiva permitem identificar, a par dos já consagrados campos do **Direito Público** e do **Direito Privado**, uma terceira e novel seara, que se pode denominar por **Direito Coletivo ou Metaindividual**, composto pelas regras e princípios que se prestam a concretizar os interesses ou direitos subjetivos de natureza transindividual.

1.3.6 Interesses difusos, coletivos e individuais homogêneos

Aqui trataremos dos interesses ou direitos (subjetivos) difusos, coletivos e individuais homogêneos.

---

[33] A expressão "direitos coletivos" é equívoca, designando tanto um gênero de categoria jurídica, quanto uma de suas espécies. Daí o qualificativo "em sentido amplo" referir-se ao gênero, ao passo que "em sentido estrito" trata da espécie, a ser estudada mais adiante.

É tranquilo que os ***interesses ou direitos difusos*** e os ***interesses ou direitos coletivos*** *(também denominados coletivos propriamente ditos, coletivos "stricto sensu", ou coletivos em sentido estrito)* são espécies do gênero **interesses ou direitos coletivos *"lato sensu"*** *(também denominados coletivos em sentido amplo, transindividuais, metaindividuais, supraindividuais).*

Debate a doutrina, porém, quanto à possibilidade de inserção dos ***interesses ou direitos individuais homogêneos*** dentro desse mesmo gênero. Abordaremos tal querela quando deles tratarmos. De todo modo, por questões didáticas, os incluiremos como espécie dos interesses coletivos em sentido amplo, do modo ilustrado no esquema seguinte:

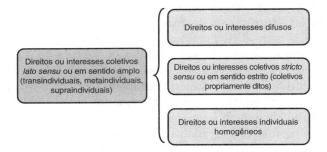

Apesar da equivocidade da expressão *direitos coletivos*, que pode se referir tanto à espécie (direitos coletivos *stricto sensu*) como ao gênero (direitos coletivos *lato sensu*), sempre que a empregamos nesta obra o leitor saberá captar facilmente o significado desejado, seja pelo contexto, seja, quando isso não for possível, porque esclareceremos seu sentido exato.

A Lei da Ação Civil Pública (LACP), embora tenha sido o primeiro grande diploma a sistematizar a tutela processual de certas espécies de direitos difusos e coletivos, não chegou a fornecer seu conceito. A Constituição Federal de 1988, por sua vez, embora empregue a expressão *direitos difusos e coletivos* (art. 129, III), tampouco chegou a conceituá-los. A definição legal dessas categorias jurídicas e também dos direitos individuais e homogêneos somente foi estabelecida posteriormente, no parágrafo único do art. 81 do Código de Defesa do Consumidor (CDC).

Antes, porém, de explorarmos tais conceitos do CDC, devemos ter em mente que, apesar de o *caput* do seu art. 81 fazer menção, tão somente, aos *direitos dos consumidores e das vítimas*, seus conceitos de interesses ou direitos difusos, coletivos e individuais homogêneos não se restringem às normas de natureza consumerista.

Com efeito, seu art. 117 alterou o art. 21 da Lei da Ação Civil Pública (Lei 7.347/1985), que passou a ter a seguinte redação:

> **Art. 21.** Aplicam-se à defesa dos direitos e interesses difusos, coletivos e individuais, no que for cabível, as disposições do Título III da Lei que instituiu o Código de Defesa do Consumidor.

E é exatamente no Título III do CDC que está localizado seu art. 81. Logo, os conceitos do art. 81 são aplicáveis à LACP. Considerando que a LACP não se limita à tutela de direitos dos consumidores (art. 1.º, I e III a VI), é mister concluir que *as definições do art. 81 do CDC aplicam-se não apenas aos interesses pertinentes às relações de consumo, mas a interesses difusos, coletivos e individuais homogêneos de quaisquer naturezas.*

Principiando a análise dos conceitos do art. 81, nota-se que, para diferenciar as espécies de direitos transindividuais (difusos, coletivos e individuais homogêneos), o CDC empregou três critérios, tendo o primeiro uma dimensão objetiva (é relacionado ao objeto do direito), e os demais uma dimensão subjetiva (são relacionados aos titulares do direito):

a) *a (in)divisibilidade do seu objeto*;

b) *o fator de agregação dos sujeitos (situação de fato ou relação jurídica em comum)*; e

c) *a (im)possibilidade de identificar os seus titulares*.

Além da utilização desses critérios, doutrina e jurisprudência vêm observando a necessidade da presença de um requisito específico para a admissibilidade da tutela coletiva dos direitos individuais homogêneos. Vejamos, enfocando as diferentes combinações dos três critérios básicos, e do requisito específico para os direitos ou interesses individuais homogêneos, a configuração de cada uma das espécies de direitos metaindividuais.

1.3.6.1 Interesses difusos

Nos termos do art. 81, parágrafo único, I, do CDC, são "interesses ou direitos difusos, assim entendidos, para efeitos deste código, os transindividuais, de natureza indivisível, de que sejam titulares pessoas indeterminadas[34] e ligadas por circunstâncias de fato".

Os direitos difusos pertencem, a um só tempo, a cada um e a todos que estão numa mesma situação de fato. Por tal razão, Abelha critica o legislador que os qualificou como *transindividuais* – atributo supostamente incompatível com o componente individual da titularidade do direito, pois pressupõe a transcendência do individual – preferindo denominá-los *pluri-individuais*.[35]

O direito ao meio ambiente ecologicamente equilibrado é exemplo clássico de direito difuso. É um direito que assiste a cada brasileiro – segundo convenções e declarações internacionais, em verdade, a cada ser humano –, sem que, porém, o indivíduo possa dele dispor como bem entenda, como se fosse um direito subjetivo individual.

Há direitos difusos que se espraiam por um universo tão significativo da coletividade que beiram o consenso social, confundindo-se com o interesse público primário (como o direito ao meio ambiente ecologicamente equilibrado), ao passo que outros são menos difundidos, não chegando a confundir-se com o interesse geral da coletividade.[36] Seria o caso dos direitos difusos dos potenciais consumidores de um produto.

Analisemos as características identificadoras dos interesses difusos.

1.3.6.1.1 Indivisibilidade do objeto

A primeira característica dos direitos difusos é a *indivisibilidade de seu objeto*. Isso significa que a ameaça ou lesão ao direito de um de seus titulares configura igual ofensa ao direito de todos os demais titulares, e o afastamento da ameaça ou a reparação do dano causado a um dos titulares beneficia igualmente e a um só tempo todos os demais titulares.

Imagine-se, por exemplo, à hipótese da publicidade enganosa propalada numa rede de televisão: sua veiculação poderia lesar, de uma só vez, a uma miríade de consumidores

---

34 O legislador empregou o termo "indeterminadas", mas a norma deve ser interpretada no sentido de admitir também o significado "indetermináveis", já que os titulares desses direitos não são passíveis de determinação.

35 ABELHA, Marcelo. *Ação Civil Pública e Meio Ambiente*. Rio de Janeiro: Forense Universitária, 2004. p. 43-44.

36 MAZZILLI, Hugo Nigro. *A Defesa dos Interesses Difusos em Juízo*. 22. ed. São Paulo: Saraiva, 2009. p. 53.

18 | INTERESSES DIFUSOS E COLETIVOS – VOL. 1

em potencial que estivessem no raio de alcance dessa rede, e que, nos termos do art. 37 do CDC, tinham direito de não serem submetidos a tal espécie de publicidade. E, uma vez cessada a publicidade irregular, todos os consumidores em potencial nesse mesmo raio de alcance estariam sendo beneficiados ao mesmo tempo e igualmente.

Do mesmo modo, a emissão de poluentes atmosféricos por uma indústria prejudica, de uma só vez, o interesse de todos os titulares do direito ao meio ambiente ecologicamente equilibrado (art. 225, *caput*, da CF). O objeto desse direito – equilíbrio ambiental – é indivisível, pois todos têm igual direito ao equilíbrio como um todo, e não a apenas parte do equilíbrio. Não há como dizer que uns têm direito a uma parcela do equilíbrio ambiental, e outros a outra, pois esse bem é indivisível, não é possível fracioná-lo em porções determináveis em relação a cada um dos titulares: cada um deles tem direito ao todo. Pela mesma razão, não há como uma ordem judicial determinar que o equilíbrio ambiental seja restituído apenas a fulano, beltrano ou sicrano, em tal ou qual proporção. Ou se restaura o equilíbrio, e todos são beneficiados, ou não se restaura, e todos permanecem prejudicados. Ou a empresa, no exemplo citado, para de emitir poluentes, e o ar puro é recuperado, ou ela continua a poluir, e a degradação remanesce, em detrimento de todos.

Imagine-se, agora, que um determinado prédio integrante do patrimônio histórico brasileiro viesse a ser deteriorado ou destruído. Lembramos que todos nós somos titulares desse patrimônio (art. 216, *caput* e § 1.º, da CF). Como seria possível dividir para cada um dos titulares uma parcela do prejuízo? Seria possível dizer que alguns de nós fomos mais ou menos lesados que outros, e individualizar, diferenciadamente, o prejuízo de cada um? Decerto que não. Sua destruição ou deterioração lesaria, de uma só vez, e igualmente, o direito de todos os titulares, pois cada um tinha direito à preservação daquele bem cultural na sua integralidade, como um todo. Pela mesma razão, não há como dizer que a restauração desse patrimônio beneficiaria de maneira maior ou menor a alguns dos titulares, pois cada um deles haveria sido igualmente afetado na integralidade do dano.

A indivisibilidade do objeto confere à coisa julgada em ações coletivas sobre direitos difusos efeitos *erga omnes*: a sentença que versar sobre tais direitos emanará sua eficácia para além das partes do processo, beneficiando a todos os que, mesmo não tendo composto um dos polos processuais, tiverem ameaçado ou lesado o direito versado em juízo. Assim, por exemplo, a sentença que condenar o poluidor à restituição do meio ambiente lesado ao *statu quo ante* garantirá o retorno do equilíbrio ambiental a determinado ecossistema, beneficiando a toda a coletividade, que sequer participou da relação jurídica processual.

1.3.6.1.2 Situação de fato em comum

A segunda nota característica desses direitos é que seus titulares estão agregados em função de uma **situação de fato em comum**. Portanto, o que caracteriza, sob esse aspecto, um direito difuso, é que todos os seus titulares são titulares exatamente por estarem numa determinada situação fática homogênea. Ao contrário do que ocorre nos direitos coletivos, para cuja defesa coletiva se exige que os titulares do direito atacado estejam ligados por um vínculo *jurídico* entre si ou com a parte contrária, na defesa dos direitos difusos, o liame é *fático*, não jurídico. Basta que as pessoas se encontrem na situação fática amoldável à norma de direito material que lhes confere o direito.

Assim, por exemplo, a emissão de poluentes industriais na atmosfera é um fato que lesa o direito ao meio ambiente hígido. Como visto, a Constituição Federal assegura a todos o direito ao meio ambiente ecologicamente equilibrado. Dada a natureza difusa dos bens ambientais, como é o ar atmosférico, é impossível determinar quem são as pessoas atingidas pela poluição. A circunstância fática em questão é extremamente fluida: varia conforme o grau de poluição, as chuvas, a direção e força do vento. O que importa para a análise deste aspecto dos interesses difusos – o fator de agregação dos seus titulares – é que o que une tais pessoas a um mesmo direito é uma circunstância de fato: é o *fato* de estarem sujeitas ao desequilíbrio ambiental.

Do mesmo modo, o ponto em comum que une os potenciais consumidores de um veículo com um defeito de fábrica que possa causar risco à segurança dos adquirentes ou de terceiros, é o *fato* de estarem expostos à oferta desse produto.[37] Independentemente de pertencerem ou não tais consumidores a uma entidade em comum (existência de relação jurídica entre si, como, por exemplo, se fizessem parte de uma associação de defesa dos consumidores), ou de haverem efetivamente comprado o veículo (existência de relação jurídica entre eles e a parte contrária, nos contratos de compra e venda), todos eles têm o direito metaindividual de que essa ameaça seja afastada.

Convém aqui fazer uma ressalva. Num plano mais geral e distante da lesão ou ameaça de lesão, seria possível encontrar vínculos jurídicos prévios entre os titulares de direitos difusos, como, por exemplo, o liame da nacionalidade. Todos os brasileiros têm em comum um vínculo jurídico com o Estado do qual são nacionais. Não obstante, a relação jurídica base que importa para a diferenciação entre as diversas espécies de direitos coletivos *lato sensu* é aquela da qual deriva o interesse tutelando, estando, portanto, mais diretamente relacionada com a lesão ou ameaça de lesão.[38] É essa a relação jurídica que inexiste nos direitos difusos, embora seja atributo dos coletivos *stricto sensu*, como perceberemos melhor quando de seu exame.

1.3.6.1.3   Indeterminabilidade dos titulares

Enfim, outro atributo dessa categoria jurídica é que seus **titulares são indeterminados e indetermináveis**.

No caso do direito ao meio ambiente ecologicamente equilibrado, imagine-se quem seriam os titulares desse direito no que diz respeito aos efeitos deletérios dos gases da queimada da cana-de-açúcar produzidos num canavial do interior do Estado de São Paulo. As localidades atingidas dependeriam da direção e velocidade do vento, da quantidade de poluentes liberados na atmosfera, das demais condições climáticas, entre outras variáveis. Ademais, nunca seria possível determinar todos os que, mesmo sem residirem nos municípios afetados, seriam obrigados a respirar o ar conspurcado por estarem de passagem por aqueles locais. Por outro lado, considerando o que proclama o *caput* do art. 225 da Constituição Federal, quando reza que **todos** têm direito ao meio ambiente ecologicamente equilibrado, seria também sustentável afirmar que todos os brasileiros, bem como os estrangeiros que estejam Brasil, estariam sendo lesados por essa conduta ilícita, já que o direito envolvido é fundamental, cuja titularidade, no âmbito do direito interno, é ditada pelo art. 5.º, *caput*, da CF. Em sendo assim, pouco importa onde houve o desequilíbrio ambiental: todos têm direito ao restabelecimento da higidez ecológica.

Voltando ao exemplo da publicidade enganosa ou abusiva, teríamos a mesma indeterminabilidade subjetiva verificada no direito ambiental, embora num cenário menos amplo: os titulares do direito lesado seriam todos os consumidores situados no raio de alcance da publicidade, e, portanto, passíveis de terem lesado o seu direito à publicidade idônea. Seria, evidentemente, uma multidão indeterminada, e indeterminável de consumidores.

---

[37]   Art. 10, *caput*. do CDC: O fornecedor não poderá colocar no mercado de consumo produto ou serviço que sabe ou deveria saber apresentar alto grau de nocividade ou periculosidade à saúde ou segurança.

[38]   WATANABE, Kazuo. *Código Brasileiro de Defesa do Consumidor Comentado pelos Autores do Anteprojeto*. 8. ed. Rio de Janeiro: Forense Universitária, 2005. p. 804.

20 | INTERESSES DIFUSOS E COLETIVOS – VOL. 1

Mas atenção. Em nenhuma das hipóteses acima aventadas se podem confundir o direito difuso de todos ao restabelecimento da higidez ambiental, e o direito difuso de todos os consumidores ao afastamento da publicidade abusiva, com o direito à reparação pelos danos efetivamente sofridos por alguns – danos, estes, individualizáveis – em razão da poluição ambiental, ou pelo prejuízo efetivamente suportado por aqueles, que, iludidos pela publicidade enganosa, adquiriram os produtos nelas divulgados. Nestes casos, em relação a esses titulares individualmente lesados, estaríamos diante de interesses individuais homogêneos, pois, a despeito de uma origem em comum, os objetos são divisíveis, e os titulares identificáveis.

1.3.6.1.4   Conceito

Os *interesses ou direitos difusos*, por tudo o que se explicou, são **os interesses ou direitos objetivamente indivisíveis, cujos titulares são pessoas indeterminadas e indetermináveis, ligadas entre si por circunstâncias de fato**.

1.3.6.2   *Interesses coletivos* stricto sensu

Segundo o art. 81, parágrafo único, II, do CDC, trata-se dos "transindividuais, de natureza indivisível de que seja titular grupo, categoria ou classe de pessoas ligadas entre si ou com a parte contrária por uma relação jurídica base". Vejamos seus atributos.

1.3.6.2.1   Indivisibilidade do objeto

Tal como nos direitos difusos, os coletivos se notabilizam pela indivisibilidade de seu objeto. Neles, a lesão ou ameaça ao direito de um dos seus titulares significará a lesão ou ameaça ao direito de todos, ao passo que a cessação da lesão ou ameaça beneficiará concomitantemente a todos.

Imaginemos, por exemplo, que o estatuto social de uma sociedade anônima estabelecesse que, mensalmente, deveriam ser publicados, na página eletrônica da empresa na *internet*, em área de acesso exclusivo aos acionistas, os balancetes contábeis do mês anterior. Caso a sociedade deixasse de fazer tal publicação, estaria lesando, de uma só vez, o direito que todos os acionistas tinham de ter acesso a tais dados no endereço eletrônico da empresa. Uma sentença judicial que obrigasse a sociedade a voltar a publicá-los no *site* estaria, também a um só tempo, beneficiando a todos os acionistas. A natureza do objeto desse direito, portanto, é indivisível.

Da mesma forma se daria se uma instituição de ensino superior almejasse fechar o hospital universitário, e a associação de alunos intentasse uma ação buscando impedir tal fechamento.[39] Eventual sentença de procedência beneficiaria, de uma vez só, todos os alunos de medicina. Não haveria como deferir a preservação do hospital apenas em prol do aluno A, B ou C, mas sim em favor de toda a comunidade de alunos. Logo, tal objeto é indivisível.

É exatamente a indivisibilidade do seu objeto que faz com que a coisa julgada em relação aos direitos coletivos seja *ultra partes*, o que quer dizer que uma sentença de procedência beneficiará não apenas, por exemplo, aos membros de uma associação ou sindicato que porventura tenha ajuizado a ação, mas a todas as pessoas que estejam na mesma situação jurídica base que fundamentou a sentença.

---

[39] Exemplo colhido do estudo de Sérgio Ricardo de Arruda Fernandes, Breves considerações sobre as ações coletivas contempladas no CDC. *RDC*, São Paulo, n. 14, p. 98, abr./jun. 1995.

CAP. 1 – FUNDAMENTOS DO DIREITO COLETIVO | 21

1.3.6.2.2   Relação jurídica em comum (relação jurídica base)

Os titulares dos direitos coletivos têm em comum uma relação jurídica que os une entre si, ou que une cada um deles com a parte contrária.

Hipóteses do primeiro tipo de relação-base são os liames que unem os membros de um sindicato, de uma associação ou de um partido político. Observe-se o seguinte exemplo: todos os advogados têm interesse que o instituto do quinto constitucional (art. 94 da CF), no que diz respeito à nomeação de um integrante de sua classe, seja respeitado pelos tribunais. Os titulares desse interesse possuem um vínculo que os une, qual seja, eles são membros da Ordem dos Advogados do Brasil: essa é a relação jurídica base, que une os titulares entre si. Esses titulares, exatamente por estarem filiados à OAB, são determináveis, e o objeto do seu interesse é indivisível (desrespeitando-se o direito ao quinto constitucional, está-se lesando o interesse de todos esses advogados). Logo, não há dúvida de que estamos diante de um interesse coletivo.

Como modalidades do segundo tipo de vínculo jurídico poderíamos citar os mesmos exemplos do item anterior, nas lides entre os acionistas e a sociedade anônima, bem como entre os alunos e a Universidade.

1.3.6.2.2.1   A relação jurídica básica é preexistente ou surge com a lesão ou ameaça ao interesse?

Voltemos ao exemplo do quinto constitucional. Seu desrespeito, por parte de um Tribunal de Justiça, configuraria lesão ou ameaça ao interesse dos advogados. Essa lesão ou ameaça daria origem a uma nova relação jurídica, consistente no direito dos advogados de verem cessada a ameaça ou reparada a lesão.

Nos casos em que, como no exemplo citado, a **relação-base** se dá entre os titulares do interesse ou direito, essa relação-base **é preexistente** àquela relação jurídica que surge após a lesão ou ameaça de lesão, consistente no direito de ver cessada a ameaça ou corrigida a lesão.

Já nos casos em que a **relação-base** se dá entre os titulares e a parte contrária, segundo Watanabe,[40] essa relação também **é preexistente** à relação jurídica originada da lesão ou da ameaça de lesão, não podendo ser confundida com ela:

> Os interesses ou direitos dos contribuintes, por exemplo, do imposto de renda constituem um bom exemplo. Entre o fisco e os contribuintes já existe uma relação jurídica base, de modo que, à adoção de alguma medida ilegal ou abusiva, será perfeitamente factível a determinação das pessoas atingidas pela medida. Não se pode confundir essa relação jurídica base preexistente com a relação jurídica originária da lesão ou ameaça de lesão.

1.3.6.2.2.2   Alguma das espécies de relação-base prevalece sobre a outra?

Outro ponto relacionado à "relação-base" gera controvérsias. A despeito de o CDC, ao definir os direitos coletivos, valer-se da disjuntiva "ou" para ligar os dois tipos de

---

[40]   WATANABE, Kazuo. *Código Brasileiro de Defesa do Consumidor Comentado pelos Autores do Anteprojeto*. 8. ed. Rio de Janeiro: Forense Universitária, 2005. p. 803. **No mesmo sentido:** RAGAZZI, José Luiz; HONESKO, Raquel Schlommer; LUNARDI, Soraya Gasparetto. Processo Coletivo. In: NUNES JÚNIOR, Vidal Serrano (coord.). *Manual de Direitos Difusos*. São Paulo: Verbatim, 2009. p. 668; DIDIER JÚNIOR, Fredie; ZANETI JÚNIOR, Hermes. *Curso de Direito Processual Civil*. 3. ed. Salvador: Juspodivm, 2008. v. 4, p. 76; NUNES JÚNIOR, Vidal Serrano; SERRANO, Yolanda Alves Pinto. *Código de Defesa do Consumidor Interpretado*. São Paulo: Saraiva, 2003. p. 215. **Em sentido contrário:** ABELHA, Marcelo. *Ação Civil Pública e Meio Ambiente*. Rio de Janeiro: Forense Universitária, 2004. p. 41, nota 12. Para Abelha, "a utilização da expressão *parte contrária* pelo legislador não se deu por acaso, não foi ocasional, porque muitas vezes a relação-base terá sua gênese num ilícito transformado em lide. Enfim, não será *preexistente* à lide, mas *existente* na lide deduzida em juízo".

INTERESSES DIFUSOS E COLETIVOS – VOL. 1

vínculos jurídicos que os caracterizam ("de que seja titular grupo, categoria ou classe de pessoas ligadas entre si *ou* com a parte contrária por uma relação jurídica base"), debate a doutrina sobre eventual prevalência de um desses tipos de vínculo em relação ao outro, a ponto de poder indicar apenas um deles como *traço distintivo* ou *decisivo* dos direitos coletivos. Em outras palavras, significa questionar se, a despeito da alternatividade sugerida pela leitura da disjuntiva "ou", na verdade, algum desses dois tipos de relação jurídica base (*entre si* ou *com a parte contrária*) seria requisito indispensável em toda e qualquer espécie de direito coletivo, ao passo que o outro seria dispensável.

Segundo Mancuso, "o traço distintivo básico do direito coletivo é a *organização*".[41] Para ele, é necessário um mínimo de organização entre seus titulares, para que se configure o direito coletivo. Logo, conforme o autor em questão, a existência do prévio vínculo *entre os titulares*, e não *deles com a parte contrária*, é ponto imprescindível para a caracterização de um direito coletivo.

Watanabe diverge. Em sua opinião, o CDC não considera um traço *decisivo* ou *distintivo* dos interesses coletivos *stricto sensu* a existência de uma *organização* ligando seus titulares, pois *se satisfaz com a simples existência de um vínculo jurídico entre eles e a parte contrária*. Observa ele:

> Tampouco foi considerado traço decisivo dos interesses ou direitos "coletivos" o fato de sua organização, que certamente existirá apenas na primeira modalidade mencionada no texto legal, qual seja, os interesses e direitos pertinentes a grupo, categoria ou classe de pessoas ligadas entre si por uma relação jurídica base, e não na segunda modalidade, que diz com os interesses ou direitos respeitantes a grupo, categoria ou classe de pessoas ligadas com a parte contrária por uma relação jurídica base.
>
> Mesmo sem organização, os interesses ou direitos "coletivos", pelo fato de serem de natureza indivisível, apresentam identidade tal que, independentemente de sua harmonização formal ou amalgamação pela reunião de seus titulares em torno de uma entidade representativa, passam a formar uma só unidade, tornando-se perfeitamente viável, e mesmo desejável, a sua proteção jurisdicional em forma molecular.[42]

Mesquita é ainda mais enfático que Watanabe ao apontar *o vínculo dos titulares com a parte contrária*, e não o *vínculo entre os titulares*, como requisito de todo direito coletivo:

> É bem verdade que o Código do Consumidor, ao definir os interesses ou direitos coletivos, aludiu à hipótese de estarem os seus titulares ligados "entre si ou com a parte contrária por uma relação jurídica base". É de se notar, porém, que a alternativa proposta não existe. A alternativa para o caso de não haver uma relação única ligando o devedor a todos os credores é de haver várias relações, cada qual com o seu objeto, o que exclui a indivisibilidade entre os credores. Cair-se-ia no primeiro tipo, ao qual pertencem os direitos chamados individuais homogêneos.[43]

Ante a divergência doutrinária, em resposta a uma questão objetiva recomenda-se ao candidato em concurso público ou exame de Ordem apontar como suficiente para caracterizar o interesse coletivo – além dos demais requisitos da determinabilidade dos titulares e indivisibilidade do objeto – a presença *ou* de relação jurídica base *entre*

---

[41] MANCUSO, Rodolfo de Camargo. *Interesses Difusos – Conceito e Legitimação para Agir.* 6. ed. rev., atual. e ampl. São Paulo: RT, 2004. p. 60.

[42] WATANABE, Kazuo. *Código Brasileiro de Defesa do Consumidor Comentado pelos Autores do Anteprojeto.* 8. ed. Rio de Janeiro: Forense Universitária, 2005. p. 805. **No mesmo sentido:** ABELHA, Marcelo. *Ação Civil Pública e Meio Ambiente.* Rio de Janeiro: Forense Universitária, 2004. p. 41.

[43] MESQUITA, José Inácio Botelho de. *A Coisa Julgada.* Rio de Janeiro: Forense, 2006. p. 30.

os titulares, ou dos titulares com a parte contrária, **sem prevalência de uma espécie de relação jurídica sobre a outra.**

1.3.6.2.3 Determinabilidade dos titulares

Graças à relação jurídica existente entre os titulares do direito coletivo, ou deles com a parte contrária, é possível determiná-los, identificá-los. Eles serão todos que fizerem parte da relação jurídica em comum. No exemplo dos acionistas prejudicados no acesso à publicidade eletrônica, os titulares do interesse serão todos os acionistas; no caso dos usuários submetidos ao reajuste ilegal do plano de saúde, serão todos os usuários, e assim por diante. Logo, nos direitos coletivos, os titulares são determináveis.

1.3.6.2.4 Conceito

Ante as considerações anteriores, entendem-se como *interesses ou direitos coletivos* stricto sensu ***os interesses ou direitos objetivamente indivisíveis, de que seja titular grupo, classe ou categoria de pessoas, ligadas entre si ou com a parte contrária por um vínculo jurídico base e, por tal razão, determináveis.***

1.3.6.3 *Interesses individuais homogêneos*

O CDC os define singelamente, em seu art. 81, parágrafo único, III, como sendo "os decorrentes de origem comum". Os direitos individuais homogêneos, como sua própria definição legal indica, nada mais são que direitos subjetivos individuais com um traço de identidade, de homogeneidade, na sua origem.

Em sendo simples direitos individuais, nada obsta que seus titulares, caso prefiram, busquem individualmente sua tutela judicial. Sem embargo, em função das sérias limitações à eficácia das ações individuais para a defesa de direitos individuais homogêneos, por nós já apontadas,[44] o CDC não apenas viabilizou como também estimulou sua tutela por meio de ações coletivas. Vejamos os traços característicos dos direitos individuais homogêneos.

1.3.6.3.1 Divisibilidade do objeto

Os direitos individuais homogêneos são divisíveis: a lesão sofrida por cada titular pode ser reparada na proporção da respectiva ofensa, o que permite ao lesado optar pelo ressarcimento de seu prejuízo via ação individual. Nos direitos difusos e nos coletivos, pelo contrário, o objeto é indivisível. Portanto, esse é o principal traço distintivo dos direitos individuais homogêneos.

Para ilustrar, imaginemos um mesmo contexto, sob dois diferentes enfoques. No primeiro, consideremos uma indústria que libera poluentes na atmosfera, degradando a qualidade do ar. O desequilíbrio ambiental resultante dessa conduta não pode ser individualizado em relação aos titulares do direito ao meio ambiente ecologicamente equilibrado. Não há como dizer que um ou outro cidadão tem mais direito ao ar puro, e que o outro tem menos. Se a higidez ecológica é afetada, toda a coletividade é lesada. Do mesmo modo, não há como restaurar o equilíbrio do ar em relação a um ou dois indivíduos, ou restaurá-lo em uma quantia determinada para um, e numa quantia duas ou três vezes maior ou menor para outro. Ou a indústria corrige o problema, restaurando o

---

[44] *Vide* o item 1.2.3 ("Os desafios do processo tradicional em face do novo contexto socioeconômico e jurídico-material, e o surgimento do processo de massa").

INTERESSES DIFUSOS E COLETIVOS – VOL. 1

equilíbrio ambiental, beneficiando a todos, ou não o corrige, e o desequilíbrio remanesce, em detrimento de todos. Estamos falando aqui, portanto, de um objeto indivisível, a saber, o equilíbrio ecológico do meio ambiente, cujos titulares são todos os seres humanos (especialmente os residentes no país), que têm em comum o fato (situação fática) de estarem inseridos no meio ambiente. Logo, tratamos de um direito difuso: o direito ao meio ambiente ecologicamente equilibrado.

Suponhamos, agora abordando um outro aspecto do mesmo contexto, que determinados cidadãos que vivam perto daquela indústria poluidora, em virtude dos gases tóxicos por ela emitidos, venham a desenvolver uma doença pulmonar incapacitante para o trabalho. Decerto que o prejuízo material e moral sofrido por cada um desses lesados em razão da doença oriunda da poluição poderá ser aferido individualmente, e sua reparação poderá ser buscada em Juízo, na proporção do dano sofrido por cada um. Nessa hipótese, além do dano ao direito difuso (direito ao meio ambiente equilibrado), haverá danos a direitos cujos objetos serão divisíveis (saúde, capacidade laborativa e dignidade individuais), pois a esfera jurídica atingida, em relação a cada um dos lesados, será passível de mensuração individualizada. Estaremos falando, neste particular enfoque, de lesões a direitos individuais homogêneos.

Imaginemos, desta vez, um exemplo que permita vislumbrar, num mesmo contexto, um direito coletivo e direitos individuais homogêneos. Uma operadora promove aumento ilegal nas prestações de um de seus planos de saúde. O aumento seria ilegal em relação a todos os titulares do plano que estivessem na mesma situação (mesma faixa etária e mesmos benefícios). Não haveria como dizer que foi ilegal em relação a uns e legal em relação a outros, ou como afastar o aumento em relação a uns, e não em relação a outros. Somada a essa indivisibilidade do objeto, temos a comunhão de relação jurídica base com a parte contrária (consumidores × operadora) e a determinabilidade dos titulares. Portanto, o aumento fere um direito coletivo.

Em meio a esse mesmo contexto, porém, é possível que alguns dos titulares do plano, antes mesmo de sobrevir uma decisão judicial determinando a cessação da incidência do aumento, já tenham pagado algumas mensalidades ilicitamente majoradas. Neste caso, nem todos os titulares terão direito à restituição dos valores pagos a maior, mas apenas aqueles que os pagaram. Além disso, mesmo dentre os que pagaram poderá haver diferenças de valores a ser restituídos (sabe-se que as mensalidades desse gênero de serviço variam conforme a faixa etária dos usuários, o número dos dependentes, e os tipos de benefícios de que gozam as diferentes categorias de planos), motivo pelo qual o valor a ser restituído variará em relação a cada um dos titulares lesados. Assim, o objeto do direito à restituição de cada um dos titulares seria individualizável, divisível, razão pela qual os direitos à restituição desses valores ilegalmente pagos não consistirão em direito coletivo, mas sim em direitos individuais homogêneos.

1.3.6.3.2   Origem comum (situação fática ou jurídica em comum)

Outro fator necessário para denominar os direitos individuais como "homogêneos" é a identidade de sua origem. O inciso III do parágrafo único do art. 81 do CDC não esclarece se essa origem em comum consiste em homogeneidade de relações jurídicas ou de circunstâncias de fato.

Ante a obscuridade da norma, vários autores afirmam que essa origem em comum pode ser de fato ou de direito.[45] Mazzilli, porém, afirma serem eles "normalmente oriundos

---

[45]   BENJAMIN, Antonio Herman V. A Insurreição da Aldeia Global Contra o Processo Civil Clássico – Apontamentos sobre a Opressão e a Libertação Judiciais do Meio Ambiente e do Consumidor. In: MILARÉ, Édis (coord.). *Ação Civil Pública (Lei*

das mesmas circunstâncias de fato". Ele cita como exemplo compradores de um veículo com defeitos de série, para apontar que, sem dúvida, há uma relação jurídica comum subjacente a esses consumidores, mas o que os liga no prejuízo sofrido não é a relação jurídica em si (diversamente do que ocorreria quando se tratasse de direitos coletivos, como numa ação civil pública que visasse combater uma cláusula abusiva em contrato de adesão), mas sim o fato de que compraram carros do mesmo lote produzido com o defeito em série. Adiante, conclui que, nos interesses individuais homogêneos, a relação jurídica subjacente, quando existente, é invocada apenas como causa de pedir, sempre tendo em vista a reparação de um dano fático.[46]

É importante frisar que essa comunhão de origem não implica que os direitos tenham se originado de um único fato, ocorrido num mesmo tempo e num mesmo lugar.

> A origem comum pode ser de fato ou de direito, e a expressão não significa, necessariamente, uma unidade factual e temporal. As vítimas de uma publicidade enganosa veiculada por vários órgãos de imprensa e em repetidos dias de produto nocivo à saúde adquirido por vários consumidores em um largo espaço de tempo e em várias regiões têm, como causa de seus danos, fatos com homogeneidade tal que os tornam a "origem comum" de todos eles.[47]

1.3.6.3.3 Determinabilidade dos titulares

A determinabilidade dos titulares dos direitos individuais homogêneos deve-se à sua natureza: eles são direitos subjetivos individuais. Pela mesma razão, sua defesa judicial pode se dar em ações individuais, embora, dados os entraves que essa modalidade de tutela importa (especialmente se o número de lesados é elevado), a defesa coletiva é não apenas admitida como estimulada pelo CDC.

1.3.6.3.4 Recomendabilidade de tratamento conjunto

Além dos requisitos acima expostos, explicitamente previstos na lei, a doutrina e a jurisprudência têm exigido um quarto: que seja recomendável o tratamento conjunto dos direitos ou interesses individuais em razão da utilidade coletiva dessa tutela. Em outras palavras, é mister que, num caso concreto, em razão da eventual presença dos já apontados óbices e inconvenientes da tutela individual,[48] a tutela coletiva mostre-se mais vantajosa.

A propósito, o STJ só tem admitido ações coletivas em prol de direitos individuais quando haja vantagem (utilidade) em relação à tutela individual, exigindo a existência de um número razoável de indivíduos a serem defendidos. A defesa coletiva de um pequeno grupo de indivíduos não se afiguraria útil, se comparada à tutela individual. E, na ausência dessa utilidade, tem-se decretado a carência da ação coletiva por inadequação da via eleita e/ou ilegitimidade ativa, não se reconhecendo, em tais casos, a presença de direitos individuais homogêneos.[49]

7.347/1985 – Reminiscências e Reflexões após Dez Anos de Aplicação). São Paulo: RT, 1995, p. 96; WATANABE, Kazuo. Código Brasileiro de Defesa do Consumidor Comentado pelos Autores do Anteprojeto. 8. ed. Rio de Janeiro: Forense Universitária, 2005. p. 806; ZAVASCKI, Teori Albino. Processo Coletivo – Tutela de Direitos Coletivos e Tutela Coletiva de Direitos. 4. ed. São Paulo: RT, 2009. p. 35.

[46] MAZZILLI, Hugo Nigro. A Defesa dos Interesses Difusos em Juízo. 22. ed. São Paulo: Saraiva, 2009. p. 56-57.

[47] WATANABE, Kazuo. Código Brasileiro de Defesa do Consumidor Comentado pelos Autores do Anteprojeto. 8. ed. Rio de Janeiro: Forense Universitária, 2005. p. 806.

[48] V. item 1.2.3.

[49] REsp 823.063/PR, 4.ª Turma, rel. Min. Raul Araújo, j. 14.02.2012, DJe 22.02.2012; REsp 1.109.335/SE, 4.ª Turma, rel. Min. Luis Felipe Salomão, j. 21.06.2011, DJe 01.08.2011.

INTERESSES DIFUSOS E COLETIVOS - VOL. 1

O Senado Federal designou uma comissão especial de juristas para elaboração de um anteprojeto de revisão do CDC.[50] Nesse anteprojeto, a recomendabilidade do tratamento conjunto dos direitos em razão da utilidade coletiva dessa tutela é inserida dentre os elementos do conceito de direitos ou interesses individuais homogêneos. Segundo o anteprojeto, essa utilidade pode ser aferida pelos seguintes critérios:

- facilitação do acesso à Justiça para os sujeitos vulneráveis;
- a proteção efetiva do interesse social;
- a numerosidade dos membros do grupo;
- dificuldade na formação do litisconsórcio; ou
- a necessidade de decisões uniformes.

A propósito desse requisito, convém citar acórdão em que o STJ não reconheceu a legitimidade de uma associação para propor ação civil pública em prol de consumidores, em razão de não haver, no caso em questão, a prova de que existiam vários consumidores lesados por um mesmo tipo contrato. Logo, na hipótese, a abrangência dos direitos que se pretendia defender não era ampla o suficiente (não havia, portanto, numerosidade dos membros do grupo) para caracterizá--los como coletivos (em sentido amplo). Assim, estavam presentes direitos individuais, mas não individuais homogêneos.[51]

1.3.6.3.5   Conceito

Expostas as características dos *direitos ou interesses individuais homogêneos*, podemos agora conceituá-los como sendo ***direitos subjetivos individuais, objetivamente divisíveis, cuja defesa judicial é passível de ser feita coletivamente, cujos titulares são determináveis e têm em comum a origem desses direitos, e cuja defesa judicial convém seja feita coletivamente.***

1.3.6.4   *Considerações finais sobre direitos difusos, coletivos e individuais homogêneos*

1.3.6.4.1   Tutela coletiva de direitos x tutela de direitos coletivos: a questão sobre a abrangência do gênero dos direitos coletivos em sentido amplo

Teori Albino Zavascki diferencia a **tutela de direitos coletivos** da **tutela coletiva de direitos individuais**. Aquela se referiria à tutela dos direitos difusos e coletivos, e esta, à dos individuais homogêneos. O jurista não admite que os direitos individuais homogêneos sejam espécie de direito coletivo *lato sensu*, gênero que, em sua opinião, só engloba os direitos difusos e os direitos coletivos em sentido estrito. Para ele, os direitos **coletivos lato sensu** caracterizam-se por serem **transindividuais**, assim entendidos os direitos que não possuem titulares determinados (embora, no caso dos coletivos *stricto sensu*, sejam determináveis), e por serem materialmente indivisíveis. Os individuais homogêneos, por sua vez, formariam outra categoria jurídica, por possuírem titulares determinados e objeto divisível.

---

[50]   Em 2 de setembro de 2011, tal comissão era composta por Herman Benjamin, Ada Pellegrini Grinover, Kazuo Watanabe, Roberto Castellanos Pfeiffer, Cláudia Lima Marques e Leonardo Roscoe Bessa.

[51]   REsp 823.063/PR, 4.ª T., rel. Min. Raul Araújo, j. 14.02.2012, *DJe* 22.02.2012.

CAP. 1 – FUNDAMENTOS DO DIREITO COLETIVO | 27

Para reforçar tal raciocínio, Zavascki observa que apenas os direitos coletivos comportam sua acepção no singular, inclusive para fins de tutela jurisdicional, querendo dizer com isso que se pode falar numa ação para defesa de *um* direito difuso, ou de *um* direito coletivo, mas nunca de uma ação coletiva para a defesa de *um* único direito individual homogêneo (necessariamente, ter-se-ia de empregar o plural: direitos individuais homogêneos).[52]

Sustenta ele, ainda, que os direitos e interesses coletivos em sentido amplo representaram uma nova categoria de direitos materiais, nascida da superação da dicotomia público × privado. Os individuais homogêneos, por seu turno, são ontologicamente (em sua essência, em sua natureza) diferentes. Não representam uma nova espécie de direito material. Seu aspecto coletivo, na verdade, é apenas instrumental: por razões pragmáticas viabilizou-se sua tutela coletiva.[53]

Mazzilli, por sua vez, partindo da premissa de que, do ponto de vista processual, a principal característica dos interesses transindividuais é a possibilidade de que o acesso individual dos lesados à Justiça seja substituído por um acesso coletivo, considera que, em sentido lato, os *direitos individuais homogêneos* não deixam de ser também interesses coletivos.[54]

Na verdade, essa divergência tem origem na ótica sob a qual tais interesses são considerados. Zavascki define essas espécies sob o ponto de vista do direito material (considerando a natureza intrínseca do direito ou interesse). Com tal premissa, de fato não se podem inserir os individuais homogêneos dentro do leque dos coletivos *lato sensu*. Já Mazzilli os considera sob a ótica do direito formal (ponderando-os extrinsecamente, tendo em vista a possibilidade de tutela processual coletiva dos direitos envolvidos). Como os individuais homogêneos, a exemplo dos difusos e coletivos, também podem ser defendidos coletivamente, o autor os considera espécie de interesses transindividuais. Nesta obra, adotaremos a perspectiva de Mazzilli.

É interessante observar, porém, que o CDC, ao disciplinar a tutela coletiva dos direitos difusos, coletivos, e individuais homogêneos, chama de **transindividuais** apenas os difusos (art. 81, parágrafo único, I) e os coletivos (art. 81, parágrafo único, II), não se referindo do mesmo modo aos individuais homogêneos (art. 81, parágrafo único, III). Logo, verifica-se que a lei, embora inclua as três espécies dentro de um mesmo subsistema de processo coletivo, definiu-as por um ponto de vista material, não considerando os interesses individuais homogêneos uma espécie de interesses transindividuais.

1.3.6.4.2 Interesses essencialmente coletivos x interesses acidentalmente coletivos

A classificação dos interesses em *essencialmente coletivos* e *acidentalmente coletivos* está diretamente relacionada ao item anterior, especificamente com a distinção ontológi-

---

[52] ZAVASCKI, Teori Albino. Reforma do Processo Coletivo: Indispensabilidade de Disciplina Diferenciada para Direitos Individuais Homogêneos e para Direitos Transindividuais. In: GRINOVER, Ada Pellegrini; MENDES, Aluisio Gonçalves de Castro; WATANABE, Kazuo (org.). *Direito Processual Coletivo e o Anteprojeto de Código Brasileiro de Processos Coletivos.* São Paulo: RT, 2007. p. 33-34.

[53] ZAVASCKI, Teori Albino. *Processo Coletivo – Tutela de Direitos Coletivos e Tutela Coletiva de Direitos.* 4. ed. São Paulo: RT, 2009. p. 34-35.

[54] MAZZILLI, Hugo Nigro. *A Defesa dos Interesses Difusos em Juízo.* 22. ed. São Paulo: Saraiva, 2009. p. 56. **Em posição aproximada**: DIDIER JÚNIOR, Fredie; ZANETI JÚNIOR, Hermes. *Curso de Direito Processual Civil.* 3. ed. Salvador: Juspodivm, 2008. v. 4, p. 82, para quem os direitos individuais homogêneos são "direitos coletivos, não direitos individuais coletivamente tratados".

ca (essencial) que posiciona os interesses difusos e coletivos de um lado, e os interesses individuais homogêneos de outro.

Tanto os interesses difusos como os coletivos versam sobre objetos indivisíveis, e ambos têm, ao menos em princípio, titulares indeterminados, embora nos coletivos, em função da existência de um vínculo jurídico base, eles sejam passíveis de determinação. Tendo em conta tais semelhanças (principalmente a indivisibilidade de seus objetos), alguns autores veem nos difusos e coletivos uma *transindividualidade real* (material),[55] razão pela qual os denominam **interesses essencialmente coletivos**.[56]

Os interesses individuais homogêneos, por sua vez, como o próprio nome indica, são interesses individuais: seus titulares são determináveis e seu objeto é divisível. Seu ponto de contato com os difusos e coletivos é a possibilidade de sua defesa judicial dar-se por meio de ações coletivas. Sem embargo, enquanto uma ação coletiva ajuizada para tutela de direito difuso ou coletivo versa sobre uma única relação jurídica – determinado direito difuso ou determinado direito coletivo – não é possível ação coletiva para a defesa de um único direito individual homogêneo: toda ação coletiva sobre tal espécie jurídica buscará a defesa de um feixe de relações jurídicas individuais, em número tão grande quanto forem os titulares dos direitos individuais envolvidos. Por tais razões (principalmente pela divisibilidade do seu objeto), verificando que os interesses individuais homogêneos, em essência, distanciam-se dos difusos e coletivos, aqueles mesmos autores neles vislumbram uma *transindividualidade artificial* (meramente formal), denominando-os como **interesses acidentalmente coletivos**. O esquema a seguir ilustra tal classificação:

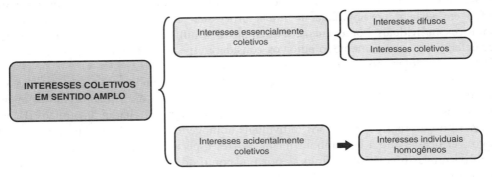

Se os difusos e os coletivos são semelhantes no que se refere à indivisibilidade de seus objetos, distanciam-se quando o assunto é a determinabilidade dos titulares. Em princípio, como anotamos, em ambas as espécies os titulares estão indeterminados (não precisam, nem devem ser identificados individualmente na fase processual de conhecimento). Sem embargo, nos difusos essa **indeterminabilidade** é **absoluta** (a individualização é impossível), ao passo que nos coletivos ela é **relativa**. Com efeito, em razão da comunhão de vínculo jurídico entre os titulares, ou deles com a parte contrária, nos direitos coletivos faz-se possível a identificação de todos os seus titulares, fato que não ocorre nos difusos,

---

[55] Lembre-se, a propósito, que o parágrafo único do art. 81 do CDC somente se refere como "transindividuais" aos interesses difusos e coletivos, mas não aos individuais homogêneos.

[56] ABELHA, Marcelo. *Ação Civil Pública e Meio Ambiente*. Rio de Janeiro: Forense Universitária, 2004. p. 39; RAGAZZI, José Luiz; HONESKO, Raquel Schlommer; LUNARDI, Soraya Gasparetto. Processo Coletivo. In: NUNES JÚNIOR, Vidal Serrano (coord.). *Manual de Direitos Difusos*. São Paulo: Verbatim, 2009. p. 671; MANCUSO, Rodolfo de Camargo. Interesses Difusos e Coletivos. *Revista da Fundação Escola Superior do Ministério Público do Distrito Federal e Territórios*, ano 5, n. 9, p. 90.

pois os titulares têm em comum, tão somente, circunstâncias de fato, são numerosos e, em geral, extremamente dispersos.

Já nos individuais homogêneos, como o nome aponta, tratamos de interesses ou direitos individuais. Considerando que seus objetos são divisíveis, e, em verdade, ainda quando reunidos em ações coletivas, tal reunião não passa de um *feixe de relações jurídicas individuais*, seus titulares, tanto quanto nos coletivos, são determináveis. Contudo, assim como nos dois anteriores (difusos e coletivos), não precisam, tampouco devem ser identificados individualmente na fase processual de conhecimento. Logo, assim como nos coletivos, podemos dizer que sua *indeterminabilidade* é meramente relativa.

1.3.6.4.3 Conceito de interesses ou direitos coletivos em sentido amplo

Antes de seguirmos adiante, relembramos ao leitor que a perspectiva por nós adotada com relação à expressão interesses/direitos coletivos em sentido amplo (transindividuais, metaindividuais) é a mesma de Mazzilli, ou seja, processual.

Nessa senda, da análise da estrutura do art. 81 do CDC percebe-se que o denominador comum entre as três espécies de interesses ou direitos coletivos *lato sensu* é a possibilidade de sua tutela dar-se de forma coletiva, ou seja, um único provimento judicial poderá surtir efeitos em relação a todo um grupo, classe, categoria ou coletividade de titulares, sem que seja necessário que todos os titulares figurem no polo ativo da ação, em litisconsórcio.

Por tudo o que dissemos, podemos definir os interesses ou direitos coletivos *lato sensu* como **o gênero de interesses ou direitos pertencentes a um grupo, classe ou categoria de pessoas, ou à coletividade, e cuja defesa em Juízo pode ser feita, independentemente de litisconsórcio, por um legitimado que não necessariamente seja titular do direito material invocado.**

A ação popular é uma das ações em que é possível proteger algumas espécies desses direitos. Nela, o autor é um cidadão, que defende interesse do qual ele é um dos titulares, embora não o único (o direito assiste a cada integrante da coletividade). A ação civil pública (tratada no Capítulo 2) e o mandado de segurança coletivo (abordado no Capítulo 4), por seu turno, também são ações em que interesses coletivos em sentido lato podem ser tutelados, sendo que, nelas, o autor não está entre os titulares do direito em jogo. Daí o emprego, no conceito acima, da ressalva "*não necessariamente*". Em qualquer dessas hipóteses, porém, será desnecessária a presença de todos os titulares do interesse em jogo, bastando a atuação de um único legitimado no polo ativo.

1.3.6.4.4 A classificação do direito metaindividual é determinada pelo tipo de tutela pretendida na ação coletiva?

É bastante difundido o pensamento de Nery Junior, segundo o qual "o que determina a classificação de um direito como difuso, coletivo, individual puro ou individual homogêneo é *o tipo de tutela jurisdicional que se pretende* quando se propõe a competente ação judicial, ou seja, o *tipo de pretensão de direito material que se deduz em juízo*".[57]

Alertamos, porém, que tal entendimento não é pacífico na doutrina. Essa concepção sofre críticas de Zavascki[58] e Bedaque, que alegam que ela dá mais importância ao pro-

---

[57] NERY JUNIOR, Nelson. *Princípios do Processo Civil na Constituição Federal.* 9. ed. São Paulo: RT, 2009. p. 196.

[58] ZAVASCKI, Teori Albino. *Processo Coletivo* – Tutela de Direitos Coletivos e Tutela Coletiva de Direitos. 4. ed. São Paulo: RT, 2009. p. 33.

30 INTERESSES DIFUSOS E COLETIVOS – VOL. 1

cesso que ao objeto que ele visa a tutelar, negando que o direito tenha alguma natureza antes de ser objeto de litígio em Juízo. Nas palavras do último:

> O interesse ou direito é difuso, coletivo ou individual homogêneo independente da existência de um processo. Basta que determinado acontecimento da vida o faça surgir. De resto é o que ocorre com qualquer categoria de direito. Caso não se dê a satisfação espontânea, irá o legitimado bater às portas do Judiciário para pleitear a tutela jurisdicional, ou seja, aquele interesse metaindividual, preexistente ao processo.[59]

Se a primeira parte do pensamento de Nery Junior é controvertida, com relação à segunda não há discussão. Um mesmo contexto fático pode realmente originar direito difuso, coletivo e individuais homogêneos. Imaginemos o seguinte exemplo. Uma empresa anuncia na *Internet* determinados produtos, e os clientes, para os adquirirem, têm de aderir a um contrato em que renunciam ao direito previsto no art. 49 do Código de Defesa do Consumidor (que lhes garante o direito de, no prazo de sete dias, desistirem da compra de produtos adquiridos fora do estabelecimento comercial e serem reembolsados pelos valores eventualmente já pagos).

Essa cláusula seria flagrantemente abusiva, e nula de pleno direito, conforme reza o art. 51, II, do mesmo Estatuto. Os entes legitimados à defesa judicial dos consumidores poderiam ajuizar ação coletiva visando à: 1) declaração de nulidade da cláusula abusiva nos contratos já celebrados; 2) condenação da empresa na obrigação de não inserção da mesma cláusula em contratos futuros; 3) condenação da empresa na obrigação de aceitar as manifestações de desistência efetuadas dentro do lapso legal de sete dias, bem como de restituir os valores porventura já pagos pelos clientes desistentes.

O primeiro pedido estaria tutelando um direito coletivo: os consumidores por ele beneficiados seriam aqueles que tivessem um vínculo jurídico com a parte contrária, a saber, o contrato de compra e venda, sendo, portanto, plenamente determináveis, e o direito em comum seria indivisível. O segundo pedido estaria atendendo a direito difuso, pois protegeria os consumidores em potencial, aqueles que ainda não houvessem adquirido, mas que poderiam vir a adquirir tais produtos, e que são, portanto, indetermináveis. Já o último pleito visaria satisfazer interesses individuais homogêneos, pois cada cliente desistente que já houvesse feito algum pagamento teria direito ao reembolso, na medida do que já houvesse desembolsado.

A seguinte ementa de acórdão do STJ versou contexto em que emergiram, concomitantemente, questões de direito coletivo (item 2) e de direito difuso (item 3):

> Processual civil. Colégio Pedro II. Extinção do curso noturno. Ação civil pública. Legitimidade do Ministério Público Federal. Interesses coletivos em sentido estrito e difusos.
>
> 1. O Ministério Público Federal ajuizou ação civil pública objetivando a manutenção do curso de ensino médio no período noturno oferecido pelo Colégio Pedro II – Unidade São Cristóvão, que teria sido ilegalmente suprimido pelo Diretor da referida entidade educacional.
>
> 2. O direito à continuidade do curso noturno titularizado por um grupo de pessoas – alunos matriculados no estabelecimento de ensino – deriva de uma relação jurídica base com o Colégio Pedro II e não é passível de divisão, uma vez que a extinção desse turno acarretaria idêntico prejuízo a todos, mostrando-se completamente inviável sua quantificação individual.
>
> 3. Há que se considerar também os interesses daqueles que ainda não ingressaram no Colégio Pedro II e eventualmente podem ser atingidos pela extinção do curso noturno, ou seja, um

---

[59] BEDAQUE, José Roberto dos Santos. *Direito e Processo*: Influência do Direito Material sobre o Processo. 5. ed. rev. e ampl. São Paulo: Malheiros, 2009. p. 44-46.

CAP. 1 - FUNDAMENTOS DO DIREITO COLETIVO | 31

grupo indeterminável de futuros alunos que titularizam direito difuso à manutenção desse turno de ensino.

4. Assim, a orientação adotada pela Corte de origem merece ser prestigiada, uma vez que os interesses envolvidos no litígio revestem-se da qualidade de coletivos e, por conseguinte, podem ser defendidos pelo Ministério Público em ação civil pública.

5. No mais, o Estatuto da Criança e do Adolescente estabelece expressamente a legitimidade do Ministério Público para ingressar com ações fundadas em interesses coletivos ou difusos para garantir a oferta de ensino noturno regular adequado às condições do educando.

6. Recurso especial não provido.[60]

1.3.6.4.5 Tabela das características dos interesses coletivos em sentido amplo

Interesses Essencialmente Coletivos		Interesses Acidentalmente Coletivos
Difusos	**Coletivos**	**Individuais homogêneos**
Transindividualidade real (material): essencialmente coletivos	Transindividualidade real (material): essencialmente coletivos	Transindividualidade artificial (formal): acidentalmente coletivos
Objeto indivisível	Objeto indivisível	Objeto divisível
Titulares agregados por circunstâncias de fato	Titulares agregados por relação jurídica entre si ou com a parte contrária	Titulares agregados por situação em comum: de fato ou de direito
Indeterminabilidade absoluta dos titulares	Titulares determináveis (indeterminabilidade meramente relativa)	Titulares determináveis (indeterminabilidade meramente relativa)
		Recomendabilidade do tratamento conjunto (característica apontada pela doutrina e jurisprudência)

1.3.7 A teoria dos litígios coletivos de Edilson Vitorelli

Edilson Vitorelli critica a conceituação dos direitos transindividuais desenvolvida na doutrina coletivista clássica e consagrada no Código de Defesa do Consumidor nas formas dos direitos difusos e coletivos. Segundo ele, essa visão tradicional pecaria por não levar em conta variáveis importantes para uma solução adequada dos litígios, extraíveis das peculiaridades de cada caso concreto, a saber, a *conflituosidade* e a *complexidade*, bem como por não atentar que, a depender do litígio concretamente considerado, os titulares dos direitos lesados podem não ser reconduzíveis a uma única categoria homogênea, exigindo tratamento diferenciado.[61]

Como se não bastasse, o autor também advoga o fim dos direitos individuais homogêneos como categoria jurídica autônoma. Em suma, alega que os fatores distintivos utilizados na legislação, quais sejam a determinação de seus titulares e a divisibilidade

---

[60] REsp 933.002/RJ, 2.ª T., rel. Min. Castro Meira, j. 16.06.2009.

[61] VITORELLI, Edilson. *O Devido Processo Legal Coletivo*. 2. ed. São Paulo: Thomson Reuters Brasil, 2019. p. 73 e ss.

de seu objeto, são insuficientes para justificar sua autonomia em relação aos direitos transindividuais, pois os integrantes dos grupos titulares de direitos transindividuais também são, em maior ou menor grau, passíveis de individualização, e a indivisibilidade dos direitos transindividuais nem sempre é claramente detectável (ficando, muitas vezes, na dependência do modo como o pedido é deduzido em juízo).[62]

Diferentemente dos direitos abstratamente considerados, Vitorelli toma como pedra de toque de sua teoria a categoria jurídica do *litígio coletivo*, ou seja, o conflito de interesses juridicamente relevantes em que um grupo de pessoas é tratado pela parte contrária como um conjunto, *i.e.*, de modo indiferente às suas caraterísticas estritamente individuais.[63] Na solução desses litígios, pesariam, de um lado, o grau de *complexidade* – haveria complexidade quando o Direito admitisse distintas soluções para a resolução de um mesmo conflito – e, de outro, o nível de *conflituosidade* – um litígio seria tanto mais conflituoso quanto menos uniformidade houvesse entre as posições dos diferentes titulares do direito coletivo sob consideração e, portanto, nas suas opiniões quanto à melhor solução cabível. Essa conflituosidade dependeria de diferenças entre os titulares, sejam elas de ordem cultural, social, econômica, ideológica ou de intensidade como são afetados pelo impacto. Logo, a conflituosidade seria *endógena* ao grupo titular do direito, ao passo que a complexidade lhe seria *exógena*. No entanto, embora inconfundíveis entre si, complexidade e conflituosidade tenderiam a ser tanto maiores quanto mais intensos os impactos, pois lesões graves dariam azo a diferentes possibilidades de tutela, bem como seriam propensas a impactar os titulares do direito em graus diferenciados de intensidade.[64]

Para o autor, não há sentido em buscar uma classificação de direitos, senão uma classificação de litígios, pois é na afetação concreta de um bem jurídico que se faria possível delimitar, ao menos de modo aproximado, a sua titularidade, e a delimitação dessa titularidade é crucial para que o processo coletivo não se afaste da complexidade da realidade social, qualificando-se para entregar aos lesados reparações adequadas à peculiar qualidade e extensão de seus prejuízos. Paradigmática da importância que Vitorelli confere à figura do *litígio coletivo* na construção de sua teoria é sua concepção sobre os litígios ambientais:

> (...) cada vez que o meio ambiente é violado, produz-se um novo conceito de meio ambiente, cujos titulares serão definidos a partir das características da violação e com o objetivo de se tratar o litígio dela decorrente, oferecendo-se, se for o caso, tutela jurisdicional. Assim, cada litígio coletivo apresenta um direito transindividual único e específico, decorrente da interação entre o direito íntegro e a violação, que pode ser enquadrado em categorias, de acordo com as diferentes situações de violação.[65]

Nota-se, aí, que o autor ousadamente se distancia da doutrina ambiental majoritária, que, na linha da Constituição da República, normalmente reconhece a todos os brasileiros – quando não à humanidade – e, até mesmo, às gerações futuras a titularidade do direito ao meio ambiente equilibrado.

A seguir, serão tratadas as categorias em que seriam enquadráveis os litígios coletivos, elaboradas por Vitorelli a partir de três distintos modelos de sociedade identificados na

---

[62]   VITORELLI, Edilson. *O Devido Processo Legal Coletivo*. 2. ed. São Paulo: Thomson Reuters Brasil, 2019. p. 100 e ss.

[63]   VITORELLI, Edilson. *O Devido Processo Legal Coletivo*. 2. ed. São Paulo: Thomson Reuters Brasil, 2019. p. 76.

[64]   VITORELLI, Edilson. *O Devido Processo Legal Coletivo*. 2. ed. São Paulo: Thomson Reuters Brasil, 2019. p. 77-78.

[65]   VITORELLI, Edilson. *O Devido Processo Legal Coletivo*. 2. ed. São Paulo: Thomson Reuters Brasil, 2019. p. 79.

teoria sociológica (sociedade como *estrutura*,[66] sociedade como *solidariedade*,[67] e sociedade como *criação*[68]).

1.3.7.1 Litígios transindividuais de difusão global (litígios globais)[69]

Os litígios globais seriam aqueles em que a lesão não atinge diretamente qualquer pessoa ou grupo de pessoas. Neles, em vez disso, a sociedade, como conjunto de habitantes do planeta (daí o qualificativo "globais"), seria afetada genericamente, de modo indireto, podendo por isso ser considerada de modo despersonificado, como estrutura.

A condição peculiar de cada indivíduo, aqui, não é relevante para a caracterização do litígio. Um exemplo de Vitorelli seria um vazamento de óleo no oceano, em pequena quantidade: embora exista um interesse geral na preservação do meio ambiente planetário, nenhum grupo seria especialmente afetado por essa lesão. Trata-se, portanto, de litígios que interessam igualmente a qualquer cidadão do mundo, e não a um grupo em particular, mas que, diante da inexistência de um sistema jurídico transnacional de tutela coletiva, são resolvidos no sistema jurídico interno a cada Estado.

Por fim, como as pessoas são atingidas de modo uniforme e pouco perceptível individualmente, não se mostrariam tão propensas a se envolver na definição do melhor modo de reparação, o que conferiria a tais litígios uma conflituosidade baixa. Já sua complexidade tenderia a ser baixa, mas não se excluiria a possibilidade de uma maior complexidade em casos em que houvesse, por exemplo, divergência científica quanto à melhor solução.

1.3.7.2 Litígios transindividuais de difusão local (litígios locais)[70]

Aqui as lesões recaem, com gravidade, sobre um grupo que comunga da mesma perspectiva social, ou seja, em razão da posição de seus membros na sociedade, tende a ostentar uma compreensão uniformizada sobre determinado evento social e suas consequências. Modalidades típicas desses grupos, dados os fortes laços de afinidade cultural, emocional, e mesmo territorial que unem seus integrantes, seriam as comunidades indíge-

---

[66] Nessa concepção da sociologia clássica (Marx, Durkheim), em detrimento do indivíduo, prioriza-se a sociedade como estrutura, como conjunto, como um todo orgânico fortemente atrelado à teoria do Estado (VITORELLI, Edilson. *O Devido Processo Legal Coletivo*. 2. ed. São Paulo: Thomson Reuters Brasil, 2019. p. 42-44).

[67] Assentam-se aqui autores como Ferdinand Tönnies, Hegel e Habermas, que identificam a sociedade a partir da existência de coesão social, afetividade, vínculos – inclusive morais – de solidariedade que unem os integrantes de um determinado grupo, conferindo-lhes o sentimento de pertencimento a uma comunidade (VITORELLI, Edilson. *O Devido Processo Legal Coletivo*. 2. ed. São Paulo: Thomson Reuters Brasil, 2019. p. 44-47).

[68] Típica do mundo contemporâneo, caracteriza-se pela *criatividade social*, pela abertura à inovação. Trata-se de uma *sociedade elástica*, pois, ao contrário da sociedade tradicional, não se adstringe a um determinado território, alongando-se no tempo e no espaço. Admite relações *fragmentárias* ou mesmo *temporárias*, como as do mundo virtual, em que pessoas, mesmo que geograficamente distantes, são capazes de se conectar temporariamente para promover manifestações de repercussão mundial. ELLIOTT, Anthony; TURNER, Bryan S. *On Society*. Cambridge: Polity Press, 2012, p. 109, *apud* VITORELLI, Edilson. *O Devido Processo Legal Coletivo*. 2. ed. São Paulo: Thomson Reuters Brasil, 2019. p. 47-48. Tais sociedades estão em *constante mutação*, sendo, portanto, *descentralizadas*, *indeterminadas* e *fluidas*. ELLIOTT, Anthony; TURNER, Bryan S. *On Society*. Cambridge: Polity Press, 2012, p. 113, *apud* VITORELLI, Edilson. *O Devido Processo Legal Coletivo*. 2. ed. São Paulo: Thomson Reuters Brasil, 2019. p. 48. Na linha de Georg Simmel, a sociedade seria caracterizada por uma teia de interações entre os indivíduos. ELLIOTT Anthony; TURNER, Bryan S. *On Society*. Cambridge: Polity Press, 2012, p. 114, *apud* VITORELLI, Edilson. *O Devido Processo Legal Coletivo*. 2. ed. São Paulo: Thomson Reuters Brasil, 2019.

[69] Subitem elaborado a partir de: VITORELLI, Edilson. *O Devido Processo Legal Coletivo*. 2. ed. São Paulo: Thomson Reuters Brasil, 2019. p. 79 e ss.

[70] Subitem elaborado a partir de VITORELLI, Edilson. *O Devido Processo Legal Coletivo*. 2. ed. São Paulo: Thomson Reuters Brasil, 2019. p. 83 e ss.

nas, quilombolas e outros grupos tradicionais referidos na Convenção 169 da Organização Internacional do Trabalho.

Conforme o autor, portanto, esses litígios envolveriam lesões que atingem sociedades consideradas como comunidades. Seria o caso, por exemplo, de um dano ambiental a um território habitado por determinada comunidade indígena. Embora, em princípio, pudesse se cogitar que a humanidade seria a titular do direito ao meio ambiente, é a comunidade indígena que acabaria por ser atingida direta e muito mais intensamente, de modo que a única solução compatível com essa realidade seria atribuir a ela a titularidade do direito transindividual lesado.

A conflituosidade desses litígios, conforme Vitorelli, seria média, pois, se, de um lado, haveria grande interesse de cada integrante do grupo na sua solução (dada a intensidade com que cada membro é pessoalmente afetado pela lesão), por outro, a coesão da comunidade tenderia a suplantar eventuais diferenças nas opiniões individuais quanto à melhor solução.s

O autor observa a existência, ainda, de um "segundo círculo" de litígios de difusão local, em que os laços de solidariedade (vínculos que tendem a conferir aos integrantes do grupo certa comunhão de perspectiva diante de um evento social e de suas consequências), embora também existentes, seriam mais tênues que aqueles que ligam as comunidades tradicionais. Por ordem decrescente de solidariedade, seriam exemplos desse "segundo círculo": 1) litígios coletivos trabalhistas; 2) litígios coletivos de vítimas de um mesmo acidente; 3) litígios coletivos por tratamentos de saúde para pessoas acometidas pela mesma doença; 4) litígios coletivos de minorias em geral, como de gênero, orientação sexual, raciais etc.

Por fim, haveria que considerar que nem sempre a existência de lesão aos interesses de uma sociedade considerada como comunidade seria suficiente para caracterizar um litígio como local. Isso só ocorreria quando a intensidade dos interesses internos ao grupo for claramente preponderante sobre a intensidade dos interesses externos. Por exemplo, se um dano ecológico ultrapassa o território com o qual determinada comunidade indígena possui vínculos, afetando a população de um Município vizinho, os interesses dos habitantes desse Município seriam também relevantes, de modo que o litígio já não seria local, mas irradiado,[71] modalidade a ser tratada no subitem seguinte.

1.3.7.3 Litígios transindividuais de difusão irradiada (litígios irradiados)[72]

Esses litígios se caracterizariam pela inexistência de um grupo homogêneo de titulares do direito transindividual. O dano afetaria diretamente os indivíduos, mas de modo fragmentado, com intensidade e qualidade de formas distintas que impediria a formação de uma perspectiva social em comum, dando azo a opiniões divergentes – quando não antagônicas – sobre qual seria a melhor solução para o conflito. Fala-se, então, em litígios multipolares.

Também característica desses litígios é a mutabilidade. O autor exemplifica com os conflitos emergentes em razão da construção de uma hidrelétrica, que se modificam ao longo do tempo e afetam um universo heterogêneo de interessados: inicialmente, são prognosticados os impactos sociais e ambientais decorrentes do projeto, mas, quando de sua execução, revelam-se outros que não haviam sido previstos. Se, com o início das

---

[71] Subitem elaborado a partir de VITORELLI, Edilson. O Devido Processo Legal Coletivo. 2. ed. São Paulo: Thomson Reuters Brasil, 2019. p. 98-99.

[72] VITORELLI, Edilson. O Devido Processo Legal Coletivo. 2. ed. São Paulo: Thomson Reuters Brasil, 2019. p. 88 e ss.

obras, grandes impactos sociais e ambientais são produzidos pelo afluxo de trabalhadores e intervenções no meio ambiente, afetando determinado grupo de interessados, com o término da obra, com a partida da maior parte dos trabalhadores e o início de operação da usina, outros impactos sociais, econômicos e ambientais passam a se fazer sentir. Nesse contexto, diferentes grupos de lesados vão se revelando ao longo do tempo, em função de rios que tiveram de ser desviados, bairros que tiveram de ser desfeitos e relocados, comunidades indígenas que perderam suas terras, trabalhadores que ficaram desempregados, fauna e flora degradados, agricultores negativamente impactados etc.

Para esse tipo de litígio, portanto, seria adequado o conceito dinâmico de sociedade, da sociedade como criação, elástica, mutável, cuja essência, nos moldes de Simmel, é dada pela teia de interações humanas em constante formação, e não por uma estrutura estática e acabada.

Como, nos litígios irradiados, as pessoas são afetadas em qualidade e intensidade muito variável, e não estão unidas por vínculos de afetividade, cultura ou solidariedade que lhes reúnam sob uma mesma perspectiva social, tanto a complexidade (variação de soluções possíveis) como a conflituosidade (divergência das opiniões dos membros quanto às melhores soluções) seriam altas. Essas características afastam a possibilidade de uma solução binária, do tipo lícito-ilícito, tudo ou nada. Em outras palavras, em litígios multipolares, o ordenamento jurídico não fornece uma resposta imediata, apriorística sobre qual interesse deva preponderar, tudo dependendo da análise concreta do litígio.

A intensidade como os indivíduos são afetados em litígios do gênero poderia ser ilustrada por meio de um círculo englobante da sociedade titular do direito litigioso: quanto mais próximas estiverem do centro do dano, mais gravemente os indivíduos terão sido prejudicados. Um caso concreto, trazido pelo autor, ajuda a compreender esse fenômeno, com a conflituosidade típica dos litígios irradiados. Nos conflitos derivados da queima da palha da cana-de-açúcar em Piracicaba, por exemplo, quanto mais próximo residirem do local da queima ou mais suscetíveis aos males decorrentes da piora da qualidade do ar (pessoas idosas, crianças, pessoas com problemas respiratórios), mais intensamente as pessoas serão afetadas. Por outro lado, os trabalhadores envolvidos no cultivo da cana, muito embora também prejudicados pela poluição e, sob esse aspecto, intensamente afetados, provavelmente terão uma visão peculiar quanto à solução mais adequada para o problema, conflitante com aquela esposada por quem não dependa economicamente da atividade.

1.3.7.4 Tabela das características dos litígios coletivos segundo Vitorelli

Tipos de Litígios	Tipo de Sociedade	Conflituosidade	Complexidade
Globais	como estrutura	baixa	baixa (mais frequente) ou alta
Locais	como comunidade	média	baixa ou alta (mais frequente)
Irradiados	como criação (sociedade elástica)	alta	alta

CAPÍTULO 2

Ação Civil Pública

· ·

2.1 CONSIDERAÇÕES INICIAIS

A *ação civil pública* é, ao lado da ação popular e do mandado de segurança coletivo, um dos mais úteis instrumentos de defesa de interesses metaindividuais. Neste item, trataremos de aspectos introdutórios ao seu estudo.

A LACP – Lei da Ação Civil Pública (Lei 7.347/1985) – foi fruto de estudos e debates envolvendo professores e profissionais do direito que, a partir de meados da década de 1970, sob influência da doutrina italiana e das *class actions* dos países de sistema jurídico *common law*, notaram a necessidade de desenvolver ferramentas processuais mais adequadas para a solução dos conflitos de interesses transindividuais.

O primeiro anteprojeto voltado para tal finalidade foi de autoria dos Professores Cândido Rangel Dinamarco, Ada Pellegrini Grinover, Kazuo Watanabe e Waldemar Mariz de Oliveira Júnior, acolhido em projeto de lei do Deputado Federal Flávio Bierrembach (PL 3.034/1984). Os então Promotores de Justiça do Estado de São Paulo Antônio Augusto Mello de Camargo Ferraz, Édis Milaré e Nelson Nery Junior, efetuando algumas modificações ao trabalho daqueles acadêmicos, elaboraram outro anteprojeto, que acabou encampado pelo Executivo Federal na forma de projeto de lei. Este projeto foi enviado ao Legislativo em 1985 (PL 4.984/1985 na Câmara, e 20/1985 no Senado), e, por questões regimentais, tramitou mais rapidamente que o "projeto Bierrembach", resultando na Lei 7.347/1985.

Não é demais observar, porém, que, antes mesmo do advento dessa lei, o Ministério Público já estava legitimado a ajuizar ações civis voltadas à reparação de danos ao meio ambiente, com base no art. 14, § 1.º, da Lei da Política Nacional do Meio Ambiente – LPNMA (Lei 6.938/1981).

2.1.1 Princípios do Direito Processual Coletivo Comum[1]

Em sendo um ramo do Direito Processual, os princípios gerais do processo, como o contraditório e a ampla defesa, também se aplicam ao Direito Processual Coletivo Comum. Alguns desses princípios gerais, tanto no processo individual como no coletivo, mantêm idênticas suas características. Outros, porém, quando aplicados ao Direito Processual Coletivo Comum, assumem características peculiares, em razão das diferenças existentes

---

[1] Lembramos que esta obra, no que toca ao direito formal, enfatiza os principais instrumentos do Direito Processual Coletivo Comum, a saber, a ação civil pública, a ação popular e o mandado de segurança coletivo. As diferenças entre o Direito Processual Coletivo Comum e o Direito Processual Coletivo Especial foram explicadas no item 1.2.

entre o processo coletivo comum e o tradicional processo individual. Tais peculiaridades se manifestam nos princípios do acesso à justiça, da universalidade da jurisdição, da participação no processo, da participação pelo processo e da economia processual, e serão abordadas neste item.[2]

Além disso, serão aqui identificados princípios específicos do Direito Processual Coletivo Comum, e que, por tal razão, lhe ajudam a conferir o *status* de disciplina autônoma.[3] São os seguintes: do interesse jurisdicional no conhecimento do mérito do processo coletivo, da máxima prioridade jurisdicional da tutela coletiva, da disponibilidade motivada da ação coletiva, da não taxatividade da ação coletiva, do máximo benefício da tutela jurisdicional coletiva, da máxima amplitude do processo coletivo, da maior coincidência entre o direito e sua realização, da obrigatoriedade da execução coletiva pelo Ministério Público, da ampla divulgação da demanda, da informação aos órgãos legitimados e da integração entre a LACP e o CDC. Trata-se de princípios que, apesar de versados neste capítulo dedicado à ação civil pública, são ínsitos também à ação popular e/ou ao *writ* coletivo.

Ante as diferenças que diversos institutos processuais (legitimação, competência, conexão, continência, litispendência, coisa julgada etc.) assumem no processo coletivo comum em relação ao processo individual, é possível que o presente item seja um pouco árido ao estudante ainda não familiarizado com o processo coletivo. Caso isso ocorra, não se deve desanimar. Pode-se deixar sua leitura para o final, para depois de percorridos os itens e capítulos vindouros, ou, então, revisitá-lo após a leitura completa do livro, quando a assimilação do seu conteúdo será certamente mais fácil.

2.1.1.1 Princípio do acesso à justiça

Para viabilizar o efetivo acesso à justiça dos titulares dos direitos transindividuais (difusos, coletivos e individuais homogêneos), ou seja, para atribuir-lhes uma técnica processual apta a realizar a pacificação do conflito com justiça, o *modo de ser do processo* foi sensivelmente modificado no processo coletivo, especificamente no que toca à legitimação ativa.

Assim, enquanto no processo individual a regra é a legitimação ordinária (apenas o titular do direito material controvertido pode ir a juízo em nome próprio), no processo coletivo foi necessário instituir a legitimação extraordinária como padrão, admitindo-se que determinadas pessoas ou entes compareçam a juízo, em nome próprio, para defender direito ou interesse alheio.

2.1.1.2 Princípio da universalidade da jurisdição

Trata-se de princípio estreitamente relacionado com o princípio do acesso à justiça, já que tem por escopo ampliá-lo a um número progressivamente maior de pessoas e de causas. Se, no processo individual, o alargamento do acesso à justiça limitava-se às lides

---

[2]   Para a análise dessas particularidades, inspiramo-nos em artigo de Ada Pellegrini Grinover, que destaca as nuances que tais princípios assumem no processo coletivo, em comparação com suas manifestações no tradicional processo civil, de natureza individual. Cf. GRINOVER, Ada Pellegrini. Direito Processual Coletivo. In: GRINOVER, Ada Pellegrini; MENDES, Aluisio Gonçalves de Castro; WATANABE, Kazuo (org.). *Direito Processual Coletivo e o Anteprojeto de Código Brasileiro de Processos Coletivos.* São Paulo: RT, 2007. p. 11-15.

[3]   Quanto aos princípios específicos do direito processual coletivo comum, baseamo-nos na obra de ALMEIDA, Gregório Assagra de. *Direito Processual Coletivo Brasileiro:* Um Novo Ramo do Direito Processual. São Paulo: Saraiva, 2003. p. 570-579; DIDIER JR., Fredie; ZANETI JR., Hermes. *Curso de Direito Processual Civil.* 3. ed. Salvador: Juspodivm, 2008. v. 4, p. 131; e VENTURI, Elton. *Execução da Tutela Coletiva.* São Paulo: Malheiros, 2000. p. 76-80 e 83-86.

interindividuais, o desenvolvimento do processo coletivo representou um imenso ganho para a universalização da jurisdição, uma vez que somente ele levou a tutela jurisdicional às massas e aos conflitos de massas.

2.1.1.3   Princípios da participação no processo e pelo processo

Pode-se falar em dois tipos de princípios processuais da participação: o que assegura a "participação *no processo*" e o que contempla a "participação *pelo processo*". Participar no processo, em suma, é ter assegurado o direito ao contraditório, ou seja, de ser informado acerca dos atos processuais e de praticá-los. Participar pelo processo, diversamente, é utilizá-lo para influir nos destinos da nação e do Estado, ou seja, é empregá-lo com vistas ao seu escopo político.

No processo civil tradicional, de índole individual, sobressai-se o princípio da participação *no processo*, ao passo que, no processo coletivo, avulta-se a participação *pelo processo*.

O processo coletivo valorizou a participação *pelo processo* ao outorgar aos corpos intermediários (sindicatos e associações em geral) a legitimidade para a defesa em juízo de grandes causas, caracterizadas pelos conflitos de massa, bem como ao outorgar ao cidadão a legitimidade para fiscalizar a gestão da coisa pública e a gestão pública do meio ambiente.

De outro lado, enquanto no processo individual o contraditório é quase sempre exercido pelo titular do direito material, no coletivo isso é feito por um legitimado extraordinário (o "representante adequado").[4] Conforme explana Grinover:[5]

> Há, assim, no processo coletivo, em comparação com o individual, uma participação maior *pelo processo*, e uma participação menor *no processo*: menor por não ser exercida individualmente, mas a única possível num processo coletivo, onde o contraditório se exerce pelo chamado representante adequado.

2.1.1.4   Princípio da economia processual

Trata-se do princípio segundo o qual o direito deve resolver os conflitos de interesse empregando o mínimo possível de atividades processuais. São exemplos de sua aplicação os casos de reunião de processos e decisões conjuntas por conexão e continência, bem como de extinção de processos em razão de litispendência e de coisa julgada.

O processo coletivo potencializa o alcance desse princípio, mormente no caso das ações em prol de direitos individuais homogêneos, já que possibilita decidir, num único processo, questões que, relegadas aos métodos convencionais, restariam pulverizadas numa infinidade de ações individuais.

2.1.1.5   Princípio do interesse jurisdicional no conhecimento do mérito do processo coletivo

O apego exagerado a questões formais (condições da ação, pressupostos processuais, nulidades, preclusões etc.) tem sido fator de ineficácia do processo individual. Contra ele, advoga-se cada vez com mais contundência o princípio da *instrumentalidade das formas*.

No processo coletivo comum esse princípio deve ser potencializado, pois nele se apresentam os grandes conflitos sociais. Logo, no âmbito processual coletivo é ainda

---

[4]   A representatividade adequada é tratada nos itens 2.2.4, 2.3.1.1 e 2.3.1.1.3.

[5]   GRINOVER, Ada Pellegrini. Direito Processual Coletivo. In: GRINOVER, Ada Pellegrini; MENDES, Aluisio Gonçalves de Castro; WATANABE, Kazuo (org.). *Direito Processual Coletivo e o Anteprojeto de Código Brasileiro de Processos Coletivos*. São Paulo: RT, 2007. p. 13.

40 | INTERESSES DIFUSOS E COLETIVOS - VOL. 1

mais necessário o abandono do formalismo excessivo – que descura dos valores que o processo deve buscar realizar.

Na sociedade de nosso tempo, é por meio de um processo coletivo comum eficaz que o Judiciário soluciona as grandes causas, cumprindo sua função de pacificação social, e, desse modo, legitima sua existência. Para a consecução de tal escopo – pacificação advinda da resolução dos grandes conflitos sociais –, mais que uma simples intensificação do princípio da instrumentalidade das formas, Gregório Assagra de Almeida visualiza a existência de um verdadeiro novo princípio, por ele denominado *princípio do interesse jurisdicional no conhecimento do mérito do processo coletivo*.[6]

No propósito de mitigar a rigidez formalista, o Anteprojeto do Código Brasileiro de Processos Coletivos,[7] em seu art. 2.º, arrola expressamente entre os "princípios da tutela jurisdicional coletiva" a instrumentalidade das formas (alínea "h") e a flexibilização da técnica processual (alínea "j"), e, em seu art. 5.º, determina a interpretação extensiva do pedido e da causa de pedir, admitindo que a parte interessada, até a prolação da sentença, promova sua alteração, desde que não haja prejuízo injustificado à parte contrária e lhe seja garantido o contraditório. Nesse espírito, o STJ já admitiu a emenda de petição inicial em ação coletiva, mesmo depois da contestação, embora o réu pugnasse pela extinção do processo sem resolução do mérito.[8]

2.1.1.6 *Princípio da máxima prioridade jurisdicional da tutela coletiva*

Há várias razões que recomendam que se dê prioridade ao processamento e julgamento dos feitos coletivos em relação aos individuais:

- pela solução das lides coletivas, pode-se evitar a proliferação de processos individuais, já que será lícito aos interessados individuais aproveitar-se dos efeitos da coisa julgada coletiva;
- em se priorizando o julgamento dos processos coletivos pode-se, muitas vezes, afastar o indesejável efeito das sentenças individuais conflitantes entre si e com a sentença coletiva;
- a prioridade é recomendada pela regra interpretativa do sopesamento: uma vez que, em geral, o interesse social prevalece sobre os individuais, nada mais justo que dar preferência à solução das lides coletivas.

Essa primazia foi expressamente reconhecida pelo CNJ no âmbito da Recomendação 76/2020, cujo art. 3.º dispõe: "Recomendar, sem prejuízo das preferências legalmente estabelecidas, prioridade para o processamento e para o julgamento das ações coletivas em todos os graus de jurisdição".

2.1.1.7 *Princípio da disponibilidade motivada da ação coletiva*

Dada a relevância social dos interesses objeto das ações coletivas, delas não se pode desistir sem um justo motivo, tampouco se pode simplesmente abandoná-las. Segundo esse

---

[6] ALMEIDA, Gregório Assagra de. *Direito Processual Coletivo Brasileiro:* Um Novo Ramo do Direito Processual. São Paulo: Saraiva, 2003. p. 571-572.

[7] Na versão de janeiro de 2007, do Ministério da Justiça, já incorporadas as sugestões da Casa Civil, da Secretaria de Assuntos Legislativos, da PGFN e dos Ministérios Públicos de Minas Gerais, Paraná, Rio Grande do Sul e São Paulo.

[8] REsp 1.279.586/PR, 4.ª T., rel. Min. Luis Felipe Salomão, j. 03.10.2017, *DJe* 17.11.2017.

CAP. 2 – AÇÃO CIVIL PÚBLICA | 41

princípio, a desistência infundada ou o abandono da ação coletiva demandam a assunção do polo ativo pelo Ministério Público ou por outro legitimado (LACP, art. 5.º, § 3.º; LAP, art. 9.º). Se a desistência for fundada (motivada), até mesmo o Ministério Público estará dispensado de assumir o polo ativo.

Quando o autor da ação for o Ministério Público, o magistrado poderá se opor a uma desistência que considere infundada ou ao abandono da ação, submetendo tal ato ao controle de um outro órgão do *Parquet*. Defendemos que tal órgão deve ser o Conselho Superior do Ministério Público, por analogia ao art. 9.º, § 4.º, da LACP, embora haja quem tenha defendido que o órgão apropriado, por analogia ao art. 28 do CPP na sua redação original, seria o chefe da instituição (Procurador-Geral de Justiça ou Procurador-Geral da República).[9]

De todo modo, urge atentar que tal princípio refere-se à disponibilidade *da ação*, mas não de seu objeto. Deste, o autor da ação jamais poderá abrir mão, uma vez que não é seu titular, ou, pelo menos, não é seu titular exclusivo, e sim um mero portador (representante adequado, legitimado extraordinário) dos interesses levados a juízo.

2.1.1.8 Princípio da não taxatividade da ação coletiva

Anteriormente ao advento do CDC, a LACP arrolava, em *numerus clausus*, no seu art. 1.º, as espécies de bens que poderiam ser defendidos por meio de ações civis públicas. Eles se resumiam ao meio ambiente, ao consumidor, e aos bens e direitos de valor artístico, estético, histórico, turístico e paisagístico.

O CDC, porém, incluiu um inciso IV ao dispositivo citado, tornando possível o manejo das ações civis públicas em prol de qualquer outro interesse difuso ou coletivo. E, a partir da integração entre o art. 90 do CDC e o art. 21 da LACP, também se tornou possível a defesa, via ação civil pública, de quaisquer espécies de interesses individuais homogêneos. Não se pode, desde então, falar em taxatividade dos bens defensáveis por ações coletivas.

Sem embargo, antes mesmo do CDC, com a proclamação da Constituição de 1988, já não havia falar mais nessa taxatividade, ao menos no que dizia respeito ao Ministério Público, já que o art. 129, III, outorgou-lhe a promoção da ação civil pública em defesa não apenas do patrimônio público e social e do meio ambiente, mas também "de outros interesses difusos e coletivos". Do mesmo modo, no inciso LXX do seu art. 5.º, a CF/1988 conferiu a determinados entes a legitimidade ativa para o mandado de segurança coletivo, sem delimitar a natureza dos bens tuteláveis por esse instrumento.[10]

2.1.1.9 Princípio do máximo benefício da tutela jurisdicional coletiva comum

Trata-se do princípio segundo o qual a imutabilidade dos efeitos da sentença de procedência da ação coletiva beneficia as vítimas e seus sucessores, que, para verem satisfeitas suas pretensões, poderão invocar o direito nela reconhecido, e proceder à liquidação e à execução do título, em proveito individual.

Em outras palavras, elas não precisarão ajuizar ações individuais visando a obter um título judicial: desde que estejam incluídas na situação de fato que motivou a sentença

---

[9]   *Vide* discussão acerca de qual seria o órgão competente para analisar esse ato no item 2.9.3.

[10] Embora no caso dos *mandamus* coletivos impetrados pelas organizações sindicais, entidades de classes ou associações a Constituição exija que o remédio seja proposto em defesa do interesse de seus membros ou associados, não define a natureza desses bens, de modo que tampouco aí se pode identificar uma taxatividade.

INTERESSES DIFUSOS E COLETIVOS – VOL. 1

coletiva, poderão utilizá-la para, desde já, promover a sua liquidação e execução no que disser respeito aos seus direitos individuais.

Esse fenômeno também é conhecido como transporte ou extensão *in utilibus* da coisa julgada coletiva, e é assegurado no art. 103, § 3.º, do CDC. Consiste em verdadeira norma de superdireito processual coletivo comum,[11] aplicando-se, por isso, às ações coletivas comuns em geral (ação civil pública, ação popular, mandado de segurança coletivo).

O objetivo desse postulado é potencializar os efeitos benéficos da tutela jurisdicional, fazendo com que uma única sentença possa aproveitar um expressivo número de interessados, otimizando a pacificação dos conflitos sociais, e evitando a proliferação de ações individuais na fase de conhecimento.

2.1.1.10 *Princípio da máxima amplitude do processo coletivo*

Conforme tal princípio, também denominado **princípio da absoluta instrumentalidade da tutela coletiva**,[12] para a defesa dos interesses coletivos em sentido amplo (difusos, coletivos e individuais homogêneos) são cabíveis todas as espécies de ações (conhecimento ou execução[13]), procedimentos, provimentos (declaratório, condenatório, constitutivo ou mandamental), e tutelas provisórias (cautelares, antecipadas ou de evidência).

Daí serem possíveis ações civis públicas de conhecimento ou executivas, deflagrando procedimentos e medidas das mais variadas espécies legalmente previstas, e buscando provimentos das mais diversas naturezas, desde que não vedados legalmente, necessários e adequados à eficaz tutela do direito em questão.

O substrato legal desse postulado extrai-se da análise conjunta da LACP (arts. 12 e 21) e do CDC (arts. 83 e 90), bem como do princípio da inafastabilidade da jurisdição (CF, art. 5.º, XXXV).

2.1.1.11 *Princípio da obrigatoriedade da execução coletiva pelo Ministério Público*

No processo coletivo comum, caso o autor da ação deixe de executar a sentença, o Ministério Público é obrigado a fazê-lo. No caso da ação civil pública, tal obrigação só incide depois do trânsito em julgado (LACP, art. 15). Já na hipótese de ação popular, a obrigação existirá tanto em relação à execução definitiva (sentença transitada em julgado), como em relação à execução provisória (com a ressalva de que, nas ações populares, apenas a sentença de segunda instância é passível de execução provisória, conforme o art. 16 da LAP). Por analogia, tais regras aplicam-se também às sentenças homologatórias de acordos judiciais.

2.1.1.12 *Princípio da ampla divulgação da demanda[14]*

Consiste no princípio que preconiza a ampla divulgação da existência da ação coletiva. O art. 94 do CDC, *in verbis*, é inspirado por ele:

---

11 ALMEIDA, Gregório Assagra de. *Direito Processual Coletivo Brasileiro – Um Novo Ramo do Direito Processual*. São Paulo: Saraiva, 2003. p. 575.

12 VENTURI, Elton. *Execução da Tutela Coletiva*. São Paulo: Malheiros, 2000. p. 76-80.

13 Ao contrário do CPC/1973, no atual CPC não existem procedimentos cautelares, destinados a processos cautelares em separado dos processos de conhecimento ou de execução. Desaparecem, portanto, a figura dos processos cautelares (preparatórios ou incidentais a um processo principal) e suas respectivas ações cautelares nominadas ou inominadas. Como a LACP emprestava do CPC a disciplina de sua ação cautelar, já não há mais falar em ações civis públicas cautelares.

14 Para os comentários sobre este princípio, tanto como sobre o subsequente, inspirou-se na obra de DIDIER JR., Fredie; ZANETI JR., Hermes. *Curso de Direito Processual Civil*. 3. ed. Salvador: Juspodivm, 2008. v. 4, p. 131.

Art. 94. Proposta a ação, será publicado edital no órgão oficial, a fim de que os interessados possam intervir no processo como litisconsortes, sem prejuízo de ampla divulgação pelos meios de comunicação social por parte dos órgãos de defesa do consumidor.

Embora referido dispositivo seja especificamente voltado para as ações coletivas em prol das vítimas das relações de consumo, nada obsta que a regra, com as devidas adaptações, seja aplicada às ações coletivas em geral.

A finalidade primordial desse princípio é concentrar a discussão da matéria comum na ação coletiva, com os já conhecidos benefícios daí decorrentes, e possibilitar a extensão *in utilibus* da coisa julgada coletiva. Para tanto, a divulgação deve ser suficientemente ampla a fim de levar a existência da ação coletiva ao conhecimento de todas as vítimas ou sucessores que poderiam ser beneficiados pela eventual extensão *in utilibus* da coisa julgada coletiva, a fim de que:

- aqueles que já propuseram suas ações individuais possam optar tempestivamente por suspendê-las enquanto aguardam o desfecho da coletiva, (art. 104 do CDC) ou desistir de suas ações individuais (art. 22, § 1.º, do LMS); trata-se de condição para que possam beneficiar-se da eventual sentença coletiva favorável;
- aqueles que ainda não propuseram suas ações individuais possam optar por aguardar o desfecho da ação coletiva.

2.1.1.13 *Princípio da informação aos órgãos legitimados*

Se o princípio anterior tem por escopo evitar a proliferação de ações individuais, por meio da comunicação sobre a existência de uma ação coletiva, o princípio ora tratado atua anteriormente: busca estimular a propositura da ação coletiva. Segundo ele, qualquer pessoa pode – e o servidor público deve – levar ao conhecimento dos órgãos legitimados para ajuizar uma ação coletiva a ocorrência de fatos que possam motivá-la.

A LACP prevê expressamente a possibilidade de qualquer pessoa informar tais fatos ao Ministério Público (o que não exclui a possibilidade de também comunicar outros legitimados.

Já os servidores públicos em geral e os membros do Judiciário em especial têm não uma mera faculdade, mas o dever de informar ao Ministério Público fatos potencialmente ensejadores de uma ação coletiva. É o que se infere dos seguintes dispositivos da LACP:

Art. 6.º Qualquer pessoa poderá e o servidor público deverá provocar a iniciativa do Ministério Público, ministrando-lhe informações sobre fatos que constituam objeto da ação civil e indicando--lhe os elementos de convicção.

Art. 7.º Se, no exercício de suas funções, os juízes e tribunais tiverem conhecimento de fatos que possam ensejar a propositura da ação civil, remeterão peças ao Ministério Público para as providências cabíveis.

Portanto, no que se refere às pessoas em geral, o princípio em análise afigura-se uma derivação do princípio democrático da participação, ao passo que, no que toca aos servidores públicos (incluídos os membros do Judiciário), configura verdadeiro dever cívico.

2.1.1.14 *Princípio da maior coincidência entre o direito e sua realização*

Decorre do art. 84 do CDC, que preconiza a prioridade da tutela específica da obrigação em detrimento de outras formas de realização do direito lesado. Embora o § 1.º

44 | INTERESSES DIFUSOS E COLETIVOS – VOL. 1

daquele dispositivo mencione a possibilidade de o autor optar entre a tutela específica da obrigação, providência que entrega o resultado prático equivalente ou conversão em perdas e danos, o fato é que essa faculdade somente lhe assiste nas ações de natureza individual. No caso das ações coletivas, ante a indisponibilidade material (direitos difusos e coletivos) ou processual (direitos individuais homogêneos), não é dado ao autor da ação, mero substituto processual, nem mesmo ao próprio magistrado, ofertar ao titular do direito material envolvido solução outra que não a restituição do próprio direito em espécie, já que essa, sempre, é a tutela jurisdicional mais efetiva.[15]

2.1.1.15 *Princípio da integração entre a LACP e o CDC*

Ao abordarmos a ação civil pública, é impossível deixarmos de falar do CDC. Esse diploma promoveu uma integração entre suas disposições processuais e as normas veiculadas na LACP, ampliando, em muito, a abrangência das ações civis públicas. O art. 117 do CDC acresceu o art. 21 à LACP, com a seguinte redação:

> **Art. 21.** Aplicam-se à defesa dos direitos e interesses difusos, coletivos e individuais, no que for cabível, os dispositivos do Título III da lei que instituiu o Código de Defesa do Consumidor.

Por outro lado, em seu art. 90, o CDC reza, *in verbis*:

> **Art. 90.** Aplicam-se às ações previstas neste título as normas do Código de Processo Civil e da Lei n.º 7.347, de 24 de julho de 1985, inclusive no que respeita ao inquérito civil, naquilo que não contrariar suas disposições.

O Título III do CDC dispõe sobre a defesa do consumidor em Juízo, e traz, como principais inovações, uma conceituação dos interesses difusos, coletivos e individuais homogêneos, a possibilidade da defesa coletiva dos interesses individuais homogêneos e um processo específico para sua tutela, bem como uma disciplina mais aprofundada dos efeitos da coisa julgada coletiva.

Mas as inovações não pararam por aí.

Até o advento do CDC, a LACP, em seu art. 1.º, I a III, previa a possibilidade da defesa, via ação civil pública, dos direitos difusos e coletivos relacionados ao meio ambiente, ao consumidor e aos bens de valor artístico, estético, histórico, turístico e paisagístico. O CDC promoveu-lhe a inclusão do inciso IV, por força do qual a ação civil pública passou a ser empregável na defesa de "qualquer outro direito difuso ou coletivo".

Essa interação entre os dois diplomas também tornou possível que as ações civis públicas pudessem ser utilizadas para a defesa de interesses individuais homogêneos em geral.

O resultado da conjugação do art. 90 do CDC com o art. 21, que ele introduziu na LACP, é conhecido como **princípio da integração**.

Parte da doutrina sustenta, com certo eco na jurisprudência, que o art. 21 da LACP, quando afirma ser aplicável o Título III do CDC à defesa dos direitos difusos, coletivos e individuais homogêneos, disse menos do que pretendia. A intenção da lei seria de que todas as normas processuais do CDC são aplicáveis à LACP, no que couber. Isso traria a

---

[15] VENTURI, Elton. *Execução da Tutela Coletiva*. São Paulo: Malheiros, 2000. p. 83-86. Não por outra razão, a Súmula 23 do Conselho Superior do Ministério Público de SP dispõe que: "NÃO SE HOMOLOGA promoção de arquivamento fundada em termo de ajustamento de conduta se a multa fixada na hipótese de descumprimento da obrigação de fazer ou não fazer tiver natureza compensatória, ao invés de cominatória, pois mais interessa o cumprimento da obrigação pelo próprio devedor que o correspondente econômico". Em outras palavras, a súmula preconiza que sempre que possível deve-se buscar a tutela específica da obrigação, somente admitindo-se a compensação pecuniária caso aquela não for possível.

possibilidade, por exemplo, de se aplicar às ações civis públicas em geral a regra de inversão do ônus da prova (CDC, art. 6.º, VIII), que está fora do Título III do CDC. Abordaremos tal questão com mais vagar quando estudarmos a prova nas ações civis públicas.

De todo modo, é certo que se criou, a partir da simbiose entre os dois diplomas, um verdadeiro microssistema de tutela de direitos coletivos, do qual a LACP e o CDC são os diplomas que contemplam as normas processuais de caráter mais genérico. O princípio de integração entre esses diplomas fornece as regras gerais do microssistema. Outros diplomas, com normas mais específicas, integram o mesmo microssistema (Lei da Ação Popular, Lei de Improbidade Administrativa, ECA, Estatuto da Pessoa Idosa[16] etc.), afastando, no que dispuserem de forma especial, a incidência daquelas normas gerais. À medida que formos analisando cada aspecto das regras gerais das ações civis públicas (LACP e CDC), faremos as ressalvas naquilo que os diplomas mais específicos delas divergirem.

Havendo lacuna em alguma das leis desse microssistema, convém ao intérprete procurar supri-la por meio de normas do mesmo microssistema. Permanecendo a omissão, restará valer-se, subsidiariamente, do CPC. É que este diploma, ao contrário daqueles, é dirigido primordialmente a lides onde se opõem interesses tipicamente individuais, sendo menos apropriado, portanto, à resolução de conflitos entre interesses coletivos.

2.1.2 Ação civil pública ou ação coletiva?

A expressão *ação civil pública*, originariamente, não era empregada no sentido de instrumento processual destinado à defesa de direitos coletivos em geral, que hoje é predominante. Com efeito, antes da promulgação da LACP, ações civis públicas eram as ações de natureza não penal, ajuizadas pelo Ministério Público. Eram *civis* porque não penais. Eram *públicas* porque ajuizadas por um órgão público: o Ministério Público. A propósito, no art. 3.º da Lei Complementar 40/1981, que estabelecia normas gerais para organização dos Ministérios Públicos Estaduais, vê-se claramente que a ação *civil* pública era contraposta à ação *penal* pública:

> **Art. 3.º** São funções institucionais do Ministério Público:
>
> I – velar pela observância da Constituição e das leis, e promover-lhes a execução;
>
> II – promover a ação penal pública;
>
> III – promover a ação civil pública, nos termos da lei.

Assim, desde que ajuizadas pelo Ministério Público, eram denominadas ações civis públicas tanto as ações voltadas à defesa de direitos individuais como a ação de interdição de incapaz e a *actio civilis ex delicto*, quanto as ações para tutela do direito difuso ao meio ambiente, amparada no art. 14, § 1.º, da mencionada LPNMA.

Com o advento da LACP, duas mudanças se fizeram sentir. Primeiro, consolidou-se o emprego da locução *ação civil pública* para designar, especificamente, as ações voltadas à defesa de interesses difusos e coletivos *stricto sensu*. A segunda é que a expressão ação civil pública deixou de ser utilizada com exclusividade para as ações ajuizadas pelo Ministério Público, pois a lei atribuiu legitimidade ativa a uma série de entes políticos e, até mesmo, a pessoas jurídicas de direito privado, como é o caso das associações.

Em seguida, com a promulgação do CDC, e a integração entre suas regras processuais e as da LACP (aplicáveis reciprocamente), introduziu-se a possibilidade de se

---

[16] O ECA e o Estatuto da Pessoa Idosa dispõem expressamente, nos seus arts. 224 e 93, respectivamente, que lhes são aplicáveis, no que couber, as disposições da LACP.

tutelarem coletivamente os interesses individuais homogêneos em geral, e permitiu-se fossem também denominadas como ações civis públicas as voltadas à tutela dessa espécie de interesses individuais.

A adoção da expressão "ação civil pública" pela LACP sofre críticas da doutrina. Em suma, não se vê razão para denominá-la como *pública*, seja tendo em conta a natureza dos legitimados para ajuizá-la (associações de direito *privado* também podem fazê-lo), seja em razão do objeto que ela se dispõe a tutelar (as ações não são voltadas à tutela de direitos *públicos*, mas sim de interesses *coletivos* em sentido amplo). Daí elogia-se o CDC quando, em vez de *ação civil pública*, adotou a locução *ação coletiva* para designar as ações voltadas à defesa dos direitos coletivos. De todo modo, a partir de então as controvérsias terminológicas aumentaram.

Mazzilli, por exemplo, advoga que a expressão *ação civil pública* seja reservada a essa ação quando ajuizada pelo Ministério Público ou outro ente estatal. Quando proposta por ente privado, entende seja mais apropriado denominá-la de *ação coletiva*.[17]

Zavascki, por seu turno, aponta a existência de certas particularidades no procedimento de defesa dos interesses individuais homogêneos – que é regrado especificamente pelo CDC – quando comparado com o procedimento voltado à defesa dos interesses difusos e coletivos em sentido estrito – que é disciplinado originariamente na LACP. Por tal razão, para fins práticos e didáticos, defende que a expressão *ação civil pública* seja reservada para denominar os instrumentos processuais de defesa de interesses transindividuais (que, para ele, são apenas os difusos e os coletivos em sentido estrito), ao passo que os instrumentos de tutela dos interesses individuais homogêneos deveriam ser denominados distintamente como *ação coletiva* ou *ação civil coletiva*.[18]

Há, ainda, quem entenda que melhor seria denominar por *ação coletiva*, e não *ação civil pública*, a ação resultante da conjugação dos dispositivos da LACP com o CDC, pois, ao menos, aquela locução indica a espécie de interesse tutelado, ao passo que esta não corresponde necessariamente nem à natureza do legitimado (associações privadas também são legitimadas) nem ao tipo de interesse.[19]

Em uma acepção mais ampla, a locução *ações coletivas* é empregada para significar o *gênero de ações onde se faz possível a tutela coletiva,* seja dos direitos difusos, coletivos ou individuais homogêneos. Nesse sentido, pode-se dizer que são *ações coletivas* a ação popular, o mandado de segurança coletivo, e as ações civis públicas (ou coletivas em sentido estrito, conforme os diferentes entendimentos).

Uma vez que não há consenso quanto ao modo ou mesmo à utilidade de distinguir as locuções *ação civil pública* e *ação coletiva* (no seu sentido estrito), elas serão empregadas nesta obra, indistintamente, como sinônimas. Conforme o contexto, o leitor saberá diferenciar quando estivermos significando *ação coletiva* em sentido estrito (como sinônimo de ação civil pública), ou em sentido amplo (para se referir, indistintamente, ao gênero de ações coletivas que congrega as ações civis públicas, as ações populares e o mandado de segurança coletivo). Quando isso não for possível, esclareceremos expressamente o significado por nós pretendido.

De todo modo, convém ressalvar que, ainda hoje, encontra-se na praxe jurídica o emprego do termo *ação civil pública* para denominar não apenas as ações coletivas, mas

---

17   MAZZILLI, Hugo Nigro. *A Defesa dos Interesses Difusos em Juízo*. 22. ed. São Paulo: Saraiva, 2009. p. 74.

18   ZAVASCKI, Teori Albino. *Processo Coletivo*: Tutela de Direitos Coletivos e Tutela Coletiva de Direitos. 4. ed. São Paulo: RT, 2009. p. 55.

19   VIGLIAR, José Marcelo Menezes. Ação Civil Pública ou Ação Coletiva? In: MILARÉ, Édis (Coord.). *Ação Civil Pública* – Lei 7.347/1985 – 15 anos. 2. ed. rev. e atual. São Paulo: RT, 2002. p. 453-457.

também as ações não penais voltadas à defesa de interesses individuais indisponíveis não homogêneos, como uma ação ordinária intentada para exigir dos Poderes Públicos um medicamento para uma determinada criança ou determinado adolescente[20] ou para a tutela de uma mulher vítima de violência doméstica.[21] Nesses casos, impende anotar que não terão aplicação as normas especificamente destinadas à tutela coletiva dos direitos transindividuais (difusos, coletivos e individuais homogêneos), previstas na LACP, no CDC, ou em leis específicas.

Finalmente, no que se refere à ação de improbidade administrativa, há controvérsia sobre ela ser ou não uma ação civil pública e quanto a lhe serem ou não aplicáveis as normas da LACP. Desde já, adiantamos ao leitor que perfilhamos a opinião de que a ação de improbidade administrativa é uma espécie de ação civil pública. De todo modo, as diferentes visões sobre o tema serão tratadas em Capítulo à parte, ao estudarmos a ação de improbidade administrativa.

Nesta obra, em suma, trataremos do seguinte quadro de ações coletivas:

Ações coletivas (em sentido amplo)		
Ações civis públicas em geral (ações coletivas em sentido estrito), inclusive a ação de improbidade administrativa	Ação popular	Mandado de segurança coletivo

2.1.3 Natureza jurídica: norma de direito material ou de direito processual?

É possível vislumbrar, em uma determinada norma, uma natureza exclusiva ou predominantemente de direito material ou de direito instrumental, conforme o diploma em análise. A LACP, especificamente, é lei de natureza *predominantemente processual*, pois objetiva, basicamente, oferecer os instrumentos processuais aptos à efetivação judicial dos interesses difusos reconhecidos nos textos substantivos.[22] Sua ementa já deixa transparecer a finalidade da norma:

> Disciplina a ação civil pública de responsabilidade por danos causados ao meio ambiente, ao consumidor, a bens e direitos de valor artístico, estético, histórico, turístico e paisagístico (*vetado*) e dá outras providências.

Percorrendo o corpo da Lei 7.347/1985, nota-se que quase todos os seus mais de vinte artigos se destinam a regrar um instrumento processual voltado à tutela dos direitos coletivos. Em sua essência, portanto, a LACP é uma norma processual.

Apenas dois dispositivos fazem exceção a essa regra, veiculando normas de direito substantivo. O primeiro é o art. 10, que tipifica como crime o descumprimento (retardamento ou omissão no atendimento) das requisições formuladas pelo Ministério Público, quando o atendimento for indispensável à propositura de ações civis públicas. O segundo é o art. 13, que criou um fundo para reconstituição dos bens lesados, destinado a perceber os recursos provenientes das condenações em dinheiro.

---

[20] Súmula 45 do CSMP-SP: "O Ministério Público tem legitimidade para propor ação civil pública visando que o Poder Público forneça tratamento médico ou medicamentos, ainda que só para uma pessoa".

[21] STJ, REsp 1.828.546/SP, 6.ª T. rel. Min. Jesuíno Rissato, j. 12.09.2023, *DJe* 5.09.2023.

[22] MANCUSO, Rodolfo de Camargo. *Ação Civil Pública*: em Defesa do Meio Ambiente, do Patrimônio Cultural e dos Consumidores. 10. ed. São Paulo: RT, 2007. p. 25-29.

2.2 A INFLUÊNCIA DAS *CLASS ACTIONS*

As *class actions* são ações coletivas existentes em países de sistema jurídico *common law*. Elas foram criadas para suprir a ineficácia das clássicas ações individuais na tutela de direitos supraindividuais.

O modelo norte-americano de *class actions* conta com mais de 80 anos de existência, e veio influenciar não apenas as *class actions* de outros países do sistema *common law* (Austrália e Canadá),[23] mas também inspirou as concepções das ações coletivas em países de *civil law*, como é o caso do Brasil.[24] Não é por menos que nossa ação coletiva é por vezes chamada de *class action* brasileira.[25] Daí a importância de conhecermos a *class action* norte-americana, para bem compreendermos nosso modelo de ação coletiva.

Nos Estados Unidos, os Estados também têm competência para legislar sobre suas próprias regras processuais, o que deu azo ao surgimento de grande variedade de modelos de *class actions*, vigentes nas justiças estaduais. Nas cortes federais, porém, as *class actions* são regidas pela *Federal Rule of Civil Procedure 23*, ou, simplesmente, *Rule 23*. Essa norma foi promulgada em meio às demais *federal rules of procedure* em 1938, e sofreu alterações posteriores, sendo a mais significativa a de 1966.

Para que uma demanda possa ser processada com o *status* de *class action*, precisa preencher alguns requisitos previstos na *Rule 23*, e outros fixados pela jurisprudência. Uma vez constatada a presença de todos eles, a ação recebe do juízo a *certificação* (*certification*), que consiste na sua admissão como *class action*. Caso tais *pressupostos de admissibilidade* não sejam preenchidos, a demanda não é admitida como ação coletiva, mas, eventualmente, pode ter andamento na forma de ação individual. Esse momento processual, como assinala Gidi, configura uma espécie de "decisão saneadora", em que o juiz, a pedido do autor, do réu, ou mesmo de ofício, define se a ação – tenha ela sido inicialmente proposta como coletiva ou individual – deve seguir seu curso como uma ação coletiva ou, se negada a certificação, como ação individual.[26]

Entre os vários requisitos para a certificação podemos citar a comunhão de questões de fato ou de direito, e a representatividade adequada. Abordaremos a seguir esses dois requisitos, bem como outras características das *class actions*, e ponderaremos de que forma tais aspectos influenciaram ou não nossa ação civil pública.

2.2.1 Pressuposto da comunhão de questões de fato ou de direito

Um dos requisitos para a admissibilidade das *class actions* é a existência, entre os interessados que se pretende tutelar, de uma comunhão de questões de fato ou de direito. Existe, nessa condição, evidente semelhança com a ação civil pública do direito pátrio. A propósito, observe-se que o art. 81, parágrafo único, I, do CDC exige, para que se admita uma ação coletiva para a defesa de interesses difusos, que seus titulares estejam ligados por "circunstâncias de fato". Já para a defesa judicial dos direitos coletivos no inciso II se impõe que seus titulares estejam ligados "entre si" ou com a parte contrária por uma "relação jurídica base". Finalmente, no que se refere aos direitos individuais homogêneos,

---

[23] MULLENIX, Linda. General Report – Common Law. *Os Processos Coletivos nos Países de* Civil Law *e* Common Law: uma Análise de Direito Comparado. São Paulo: RT, 2008. p. 254, 255 e 267.

[24] FERRARESI, Eurico. *Ação Popular, Ação Civil Pública e Mandado de Segurança Coletivo*. Rio de Janeiro: Forense, 2009. p. 153.

[25] NERY JUNIOR, Nelson. *Princípios do Processo Civil na Constituição Federal*. 9. ed. São Paulo: RT, 2009. p. 195.

[26] GIDI, Antonio. *A Class Action como Instrumento de Tutela Coletiva de Direitos*: as Ações Coletivas em uma Perspectiva Comparada. São Paulo: RT, 2007. p. 192-193.

o inciso III impõe que sejam aqueles decorrentes de "origem comum". **Pode-se considerar, portanto, como um ponto de influência sobre nossa ação civil pública.**

2.2.2 Legitimidade ativa

Aqui temos diferenças e semelhanças. Nas *class actions*, qualquer dos integrantes do grupo, classe ou categoria interessada tem legitimidade para a propositura da ação. Ele atua como "representante" (*representative*) dos demais interessados, sem que seja necessário que eles expressamente lhe outorguem poderes para tanto. Nas ações civis públicas brasileiras, diferentemente, a legitimidade ativa é atribuída pela lei apenas a determinados órgãos ou entidades (p. ex., art. 5.º, I a V, da LACP). **De todo modo, apesar dessa divergência, não se pode negar que a possibilidade de alguém defender interesses de uma coletividade,** *independentemente de expressa autorização dos componentes do grupo, classe* **ou** *categoria* **é outro fator de influência das** *class actions* **sobre nossa ação civil pública.**[27]

2.2.3 Coisa julgada

Nas *class actions* norte-americanas, os efeitos da coisa julgada alcançam todos os componentes do grupo, classe ou categoria, ainda que não tenham participado do contraditório, nem tenham expressamente desejado submeter-se a tal sentença. Ademais, essa eficácia se dá *pro et contra*, quer dizer: seja a sentença de procedência ou de improcedência. Esse modelo influenciou parcialmente o sistema brasileiro.

Em nosso país, tradicionalmente, os efeitos da coisa julgada somente atingiam quem fosse parte no processo (CPC/1973, art. 472), excetuadas remotas hipóteses de substituição processual autorizadas por lei (CPC/1973, art. 6.º). **Sob influência das** *class actions*, e com o objetivo de dar maior efetividade à tutela jurisdicional dos direitos coletivos, **ampliou-se a possibilidade de os efeitos da coisa julgada extravasarem as partes do processo, embora sem a mesma amplitude do modelo norte-americano**.

Com efeito, há diferenças entre os dois sistemas. Se nas *class actions*, normalmente, a coisa julgada é *pro et contra*, nas ações coletivas brasileiras ela é *secundum eventum litis*: no caso de procedência da ação, em regra, os efeitos da coisa julgada beneficiarão todos os interessados (coisa julgada *in utilibus*), ainda que não tenham composto o polo ativo (efeitos *erga omnes*, nas ações para defesa de interesses difusos e individuais homogêneos, ou *ultra partes*, nas ações para defesa de interesses coletivos em sentido estrito); já no caso de improcedência da ação, na maior parte das vezes, os efeitos não afetarão quem não foi parte na relação jurídica processual. Estudaremos as particularidades da coisa julgada nas ações civis públicas com mais profundidade no item 2.11.3.

Essa "extravazão" da coisa julgada nas *class actions* norte-americanas trouxe consigo um problema: como legitimar a extensão dos efeitos negativos da coisa julgada àqueles que não participaram do processo, sem com isso desrespeitar os princípios do contraditório e do devido processo legal?

Para contrabalancear os pontos negativos de tamanha amplitude dos efeitos da coisa julgada, o processo coletivo americano adotou os institutos da *representatividade adequada* e do *opt-out* (direito de autoexclusão).

---

[27] A exceção fica por conta das hipóteses previstas no parágrafo único do art. 2.º-A da Lei 9.494/1997, em que, para a propositura da ação civil pública, se exige prévia autorização dos associados.

2.2.4 Pressuposto da representatividade adequada (*adequacy of representation*)

Trata-se de mais um requisito para a certificação de uma *class action*. Uma vez que no sistema das ações coletivas norte-americanas a coisa julgada atinge todos os integrantes de um grupo, mesmo os que não participaram do processo, é necessário garantir que tais pessoas não sejam prejudicadas pela inépcia daquele que compareceu em juízo arvorando-se na condição de representante dos interesses do grupo. Por tal razão, em qualquer fase do processo, o juiz deve verificar se o autor tem ou teve capacidade para defender adequada e eficazmente o interesse do grupo, ou seja, se o grupo será por ele *adequadamente representado* em juízo.

Logo, *representatividade adequada* ou *representação adequada* é a qualidade que habilita alguém a comparecer em juízo como representante dos interesses de um grupo, classe ou categoria de pessoas, e a exercer com zelo e competência a defesa judicial desses interesses.

Para constatar se o autor preenche tal requisito, o magistrado deve atentar para diversos fatores. Primeiro, deve constatar se o interesse não é apenas do grupo, mas do próprio representante, pois, assim, ele, decerto, zelará por bem defendê-lo. O magistrado deve apurar, ainda, a idoneidade moral, intelectual e econômica do representante, sua boa-fé, sua experiência, e a capacidade técnica de seu advogado.

No Brasil, o problema da representatividade adequada assume dimensão diferente. Aqui, a condição de representante de interesses metaindividuais e a capacidade para bem representá-los em juízo é controlada pela lei (*ope legis*), que a presume de modo absoluto (*iuris et de iure*): desde que o autor seja um dos órgãos ou entidades previstos nos respectivos diplomas legais, e preencha os requisitos nela especificados (caso das associações), não cabe ao julgador contestar sua *representatividade adequada*,[28] ao contrário do sistema norte-americano, em que cabe ao magistrado, em cada caso concreto, verificar se há *representatividade adequada* (o controle é *ope judicis*). Ademais, em nosso país, de fato, não há tanta necessidade de se constatar a *representatividade adequada*, pois a coisa julgada normalmente só alcança os demais interessados para beneficiá-los (coisa julgada *in utilibus*).

Pelas razões expostas no último parágrafo, não se pode dizer que nosso país foi influenciado pelo modelo de representatividade adequada das class actions estadunidenses. As diferenças são muitas. Isso, porém, não quer dizer que nosso modelo simplesmente não se preocupou com a *representatividade adequada*, mas sim que adotou solução distinta daquela escolhida pelo país do norte. Voltaremos ao tema com mais detalhamento quando tratarmos da legitimidade nas ações civis públicas.

2.2.5 *Opt-out* e *opt-in*

Há vários tipos de *class actions* nos Estados Unidos. Um deles é especificamente voltado à defesa de interesses individuais homogêneos: as *class actions for damages*. Particularmente nessa espécie de *class action* existe o direito de *opt-out* (direito de optar por ficar de fora do raio de ação do julgado), por força do qual é possível a qualquer interessado requerer, tempestivamente, não ser atingido pelos efeitos da futura sentença. Funciona da seguinte maneira: caso a ação seja admitida na forma de uma *class action*,

---

[28] Em sentido contrário, entendendo que a presunção legal é relativa, sendo, portanto, lícito ao magistrado, no caso concreto, controlar a adequação da representatividade da associação e afastar sua legitimidade quando ela estiver sendo utilizada de forma desvirtuada: STJ, REsp 1.213.614/RJ, 4.ª T., rel. Min. Luis Felipe Salomão, j. 01.10.2015, *DJe* 26.10.2015.

ou seja, obtenha a certificação (*certification*), os interessados devem ser notificados sobre a existência do processo. Essa notificação é denominada *fair notice*. Uma vez cientificados, se não se opuserem expressamente, estarão sujeitos aos efeitos da futura sentença e de sua coisa julgada, tendo adotado, tacitamente, uma postura de *opt-in*. Poderão, em vez disso, tempestivamente requerer sua exclusão desses efeitos, exercendo o direito de *opt-out*, ou, ainda, integrar a lide como litisconsortes. Outra oportunidade de *opt-out* deve ser concedida aos interessados na hipótese de ser celebrado um acordo durante o processo, mas antes de sua homologação judicial.

Nas ações civis públicas para defesa de *interesses individuais homogêneos* também existe um mecanismo de controle da submissão dos interessados aos efeitos dos julgados, mas ele opera "às avessas" da sistemática estadunidense: se lá a extensão dos efeitos da sentença a terceiros decorre automaticamente da *inércia* dos interessados, aqui ela depende de sua *conduta ativa*.

De fato, no Brasil, se o interessado já houver ajuizado uma ação individual, somente poderá ser beneficiado pelos efeitos de futura sentença em uma ação civil pública que verse sobre direitos individuais homogêneos, caso, no prazo de 30 dias depois de ter ciência da existência dessa ação coletiva, requeira a suspensão de sua ação individual (CDC, art. 104). Pode-se dizer, nessa hipótese (guardadas as devidas diferenças em relação ao sistema norte-americano), que se previu um mecanismo assemelhado a um direito de *opt-in*. Por sua vez, se o interessado permanecer inerte, estar-se-ia valendo de seu direito de *opt-out*, de modo que não será beneficiado pela futura sentença. Como dissemos anteriormente, os aspectos da coisa julgada nas ações civis públicas serão tratados mais profundamente no item 2.11.3.

2.2.6 Legitimação passiva

Nos Estados Unidos, é possível a *legitimação passiva coletiva*, ou seja, que o grupo, classe ou categoria de pessoas interessadas atue no polo passivo, nas denominadas *defendant class actions*. Nesse caso, um demandante afora uma *class action* contra um dos membros da classe, que figurará como representante do grupo, desde que o juiz constate que ele possui representatividade adequada. A coisa julgada também será *pro et contra*, gerando efeitos contra os membros que não participaram no processo.

A maior parte da doutrina processualista pátria entende não ser possível o mesmo fenômeno em nossas ações civis públicas. Estudaremos esse tema com maior profundidade no item 2.3.1.2.1.

2.2.7 *Fluid recovery*

A jurisprudência americana concebeu um mecanismo denominado *fluid recovery* (reparação fluida): na execução das sentenças das *class actions* que condenem o réu a ressarcir o dano causado a centenas ou milhares de membros da *class*, o resíduo eventualmente não reclamado por tais membros pode ser destinado para fins diversos dos ressarcitórios, embora relacionados com os interesses da coletividade lesada, como, por exemplo, para uma tutela genérica dos consumidores ou do meio ambiente.[29]

No Brasil, por força do art. 100 do CDC, adotou-se também uma espécie de *fluid recovery*: nas ações civis públicas condenatórias do ressarcimento dos direitos individuais

---

[29] GRINOVER, Ada Pellegrini. *Código Brasileiro de Defesa do Consumidor Comentado pelos Autores do Anteprojeto*. 8. ed. Rio de Janeiro: Forense Universitária, 2005. p. 893.

INTERESSES DIFUSOS E COLETIVOS - VOL. 1

homogêneos lesados, caso decorra um ano sem habilitação dos interessados em número compatível com a gravidade do dano, qualquer dos legitimados à propositura da ação poderá promover sua liquidação, caso em que o produto da indenização será revertido para o fundo criado pelo art. 13 da LACP. Nesse caso, a reparação deixará de se realizar na forma do ressarcimento dos prejuízos individualmente sofridos, para dar-se de maneira difusa, via programas financiados pelo citado fundo, e relacionados com a natureza do direito objeto da condenação. Veremos mais pormenorizadamente este assunto no item 2.12.

2.2.8 Resumo das principais influências das *class actions* da *Rule 23* sobre nossas ações civis públicas

1) O requisito de comunhão de fatos ou direitos entre os interessados é presente tanto nas *class actions* quanto em nossas ações coletivas.

2) Em ambas os autores atuam sem necessidade de autorização expressa dos interessados.[30]

3) Em ambas os efeitos da coisa julgada podem atingir os membros da classe, categoria e grupos de pessoas que não participaram pessoalmente do processo.

4) Nossas ações coletivas também adotaram um sistema de *fluid recovery* nos casos de interesses individuais homogêneos, embora com algumas diferenças em relação ao sistema americano.

2.2.9 Resumo das principais diferenças entre as *class actions* da *Rule 23* e nossas ações civis públicas

1) Ao contrário do sistema norte-americano, nossos cidadãos não têm legitimidade para propor as *class actions* brasileiras, mas apenas certos entes públicos e privados.

2) Nas *class actions* a coisa julgada gera efeitos *pro et contra*; nas ações civis públicas, os efeitos são *secundum eventum litis*.

3) Nas *class actions*, a representatividade adequada é verificada *ope judicis*; nas ações civis públicas pátrias, ela é *ope legis*.

4) O Brasil, ao contrário do que ocorre nas *defendant class actions*, não admite a legitimação passiva coletiva.

2.3 CONDIÇÕES DA AÇÃO

Com a entrada em vigor do CPC/2015, parte da doutrina passou a advogar que a categoria jurídica "condições da ação" teria sido extinta, tendo em vista que o novo estatuto processual, ao contrário do CPC anterior, não mais emprega a expressão "condições da ação", muito embora continue a elencar a *legitimidade* e o *interesse processual* como requisitos para análise do mérito. Para esses autores, a *legitimidade* e o *interesse* passariam a integrar o rol de pressupostos processuais de validade,[31] ou deveriam ser analisados ao lado deles, como requisitos da demanda[32] ou requisitos para apreciação do mérito.[33]

---

[30] Salvo a exceção já mencionada, ditada pelo parágrafo único do art. 2.º-A da Lei 9.494/1997, em que, para a propositura da ação civil pública, se exige prévia autorização dos associados.

[31] DIDIER JÚNIOR, Fredie. *Curso de Direito Processual Civil*. 18. ed. Salvador: Juspodivm, 2016. v. 1, p. 308.

[32] MEDINA, José Miguel Garcia. *Novo Código de Processo Civil Comentado*. São Paulo: RT, 2015. p. 723-724.

[33] MARINONI, Luiz Guilherme; ARENHART, Sérgio Cruz; MITIDIERO, Daniel. *Curso de Processo Civil*. 3. ed. São Paulo: RT, 2017. v. 1, p. 210.

Cremos, porém, em sintonia com outros estudiosos, que as condições da ação continuam a existir como categorias jurídicas autônomas,[34] não se confundindo com os pressupostos processuais, assim como ação e processo são institutos jurídicos que não se confundem. O silêncio do CPC relativamente às condições da ação não importa automaticamente o desaparecimento dessa modalidade jurídica, pois cumpre à doutrina, e não ao legislador, a conceituação dos fenômenos jurídicos e sua classificação numa ou noutra categoria. Outrossim, convém destacar que os pressupostos processuais de constituição e desenvolvimento válido e regular do processo estão destacados num inciso do art. 485 do CPC (IV), ao passo que *legitimidade* e *interesse processual* figuram num outro (VI), a eles exclusivamente destinado, autorizando o intérprete a concluir pela sobrevivência da categoria jurídica das condições da ação.

Por outro lado, o CPC/2015, acolhendo aspiração a longo tempo gestada pela doutrina,[35] eliminou a *possibilidade jurídica do pedido* dentre as condições da ação. Com efeito, o atual Código somente se refere à legitimidade e ao interesse processual (art. 485, VI). Portanto, a possibilidade jurídica do pedido não é mais considerada uma condição da ação, restando, como tais, a legitimidade e o interesse processual.

Nesta obra, estudávamos dentro do item da *possibilidade jurídica do pedido* três temas que ensejavam discussões sobre a existência dessa extinta condição da ação nas ações civis públicas: 1) controle de constitucionalidade; 2) controle judicial de políticas públicas; e 3) questões tributárias, contribuições previdenciárias, FGTS e outros fundos. Sob a vigência do CPC/2015, com a eliminação da categoria *possibilidade jurídica do pedido*, as potenciais implicações jurídico-processuais atreladas a esses temas passam a ser por nós analisadas dentro do estudo do *pedido* (item 2.4.3).

A análise das condições da ação é feita, inicialmente, *in statu assertionis*, ou seja, simplesmente com base na descrição fático-jurídica apresentada na petição inicial. Nada obsta, porém, que, caso posteriormente se verifique que aquela descrição não correspondia à realidade, e que determinada condição não estava presente, a carência do direito de ação seja então declarada.

Vejamos as peculiaridades de cada uma delas no que toca às ações civis públicas.

2.3.1 Legitimidade *ad causam*

A legitimidade (ou legitimação) *ad causam* é a qualidade necessária para ser autor (legitimidade ativa) ou réu (legitimidade passiva) em uma determinada ação.

2.3.1.1 Legitimidade ativa

A legitimação para agir nas ações civis públicas em geral é extraída da combinação entre o art. 129, III, e § 1.º, da CF, o art. 5.º, *caput* e § 4.º, da LACP, e os arts. 82, *caput* e § 1.º, e 91, ambos do CDC.

---

[34] NEVES, Daniel Amorim. *Manual de Direito Processual Civil*. 9. ed. Salvador: Juspodivm, 2017. p. 129; CÂMARA, Alexandre Freitas. *O Novo Processo Civil Brasileiro*. 4. ed. São Paulo: Atlas, 2018. p. 37; CAMARGO, Luiz Henrique Volpe. In: BUENO, Cassio Scarpinella (coord.). *Comentários ao Código de Processo Civil (arts. 318 a 538)*. São Paulo: Saraiva, 2017. v. 2, p. 409; DINAMARCO, Cândido Rangel. *Instituições de Direito Processual Civil*. 7. ed. São Paulo: Malheiros, 2017. v. 2, p. 351-352; THEODORO JÚNIOR, Humberto. *Curso de Direito Processual Civil*. 59. ed. Rio de Janeiro: Forense, 2018. v. 1, p. 165.

[35] Segundo Humberto Theodoro Júnior, a "dificuldade prática e teórica para encontrar casos de impossibilidade puramente processual" tinha levado a doutrina à conclusão de que a possibilidade jurídica do pedido "se confundiria sempre ou com a improcedência do pedido (mérito) ou com a falta de interesse (condição de procedibilidade)" (*Curso de Direito Processual Civil*. 59. ed. Rio de Janeiro: Forense, 2018. v. 1, p. 172).

O art. 129, III e § 1.º, da CF dispõe:

Art. 129. São funções institucionais do Ministério Público:

(...)

III – promover o inquérito civil e a ação civil pública, para a proteção do patrimônio público e social, do meio ambiente e de outros interesses difusos e coletivos;

(...)

§ 1.º A legitimação do Ministério Público para as ações civis previstas neste artigo não impede a de terceiros, nas mesmas hipóteses, segundo o disposto nesta Constituição e na lei.

O art. 5.º, *caput* e § 4.º, da LACP prescreve:

Art. 5.º Têm legitimidade para propor a ação principal e a ação cautelar:[36]

I – o Ministério Público;

II – a Defensoria Pública;

III – a União, os Estados, o Distrito Federal e os Municípios;

IV – a autarquia, empresa pública, fundação ou sociedade de economia mista;

V – a associação que, concomitantemente:

a) esteja constituída há pelo menos 1 (um) ano nos termos da lei civil;

b) inclua, entre suas finalidades institucionais, a proteção ao patrimônio público e social, ao meio ambiente, ao consumidor, à ordem econômica, à livre concorrência, aos direitos de grupos raciais, étnicos ou religiosos ou ao patrimônio artístico, estético, histórico, turístico e paisagístico. (...)

§ 4.º O requisito da pré-constituição poderá ser dispensado pelo juiz, quando haja manifesto interesse social evidenciado pela dimensão ou característica do dano, ou pela relevância do bem jurídico a ser protegido.

Por seu turno, o art. 82, *caput* e § 1.º, do CDC reza:

Art. 82. Para os fins do art. 81, parágrafo único,[37] são legitimados concorrentemente:

I – o Ministério Público,

II – a União, os Estados, os Municípios e o Distrito Federal;

III – as entidades e órgãos da Administração Pública, direta ou indireta, ainda que sem personalidade jurídica, especificamente destinados à defesa dos interesses e direitos protegidos por este código;

IV – as associações legalmente constituídas há pelo menos um ano e que incluam entre seus fins institucionais a defesa dos interesses e direitos protegidos por este código, dispensada a autorização assemblear.

§ 1.º O requisito da pré-constituição pode ser dispensado pelo juiz, nas ações previstas nos arts. 91 e seguintes, quando haja manifesto interesse social evidenciado pela dimensão ou característica do dano, ou pela relevância do bem jurídico a ser protegido.

---

[36] Ao contrário do CPC/1973, no atual CPC não existem procedimentos cautelares, destinados a processos cautelares em separado dos processos de conhecimento ou de execução. Desaparecem, portanto, a figura dos processos cautelares (preparatórios ou incidentais a um processo principal) e suas respectivas ações cautelares nominadas ou inominadas. Como a LACP emprestava do CPC a disciplina de sua ação cautelar, já não há mais falar em ações civis públicas cautelares.

[37] "Art. 81. A defesa dos interesses e direitos dos consumidores e das vítimas poderá ser exercida em juízo individualmente, ou a título coletivo.
Parágrafo único. A defesa coletiva será exercida quando se tratar de:
I – interesses ou direitos difusos, assim entendidos, para efeitos deste código, os transindividuais, de natureza indivisível, de que sejam titulares pessoas indeterminadas e ligadas por circunstâncias de fato;
II – interesses ou direitos coletivos, assim entendidos, para efeitos deste código, os transindividuais, de natureza indivisível de que seja titular grupo, categoria ou classe de pessoas ligadas entre si ou com a parte contrária por uma relação jurídica base;
III – interesses ou direitos individuais homogêneos, assim entendidos os decorrentes de origem comum."

CAP. 2 – AÇÃO CIVIL PÚBLICA | 55

E, finalmente, o art. 91 do CDC tem a seguinte redação:

> **Art. 91.** Os legitimados de que trata o art. 82 poderão propor, em nome próprio e no interesse das vítimas ou seus sucessores, ação civil coletiva de responsabilidade pelos danos individualmente sofridos, de acordo com o disposto nos artigos seguintes.

Da leitura de tais dispositivos nota-se que o modelo adotado em nosso país para distribuir a legitimidade ativa nas ações civis públicas difere do sistema vigente nas *class actions* dos Estados Unidos. Lá, qualquer pessoa física ou jurídica, desde que possua *representatividade adequada*,[38] pode ser autor de uma *class action*. Idêntico poder não foi atribuído aos nossos cidadãos. Não obstante, isso não permite concluir que nosso modelo adotou uma solução publicista, uma vez que a legitimidade não foi atribuída apenas a entes públicos, mas também a instituições privadas (associações). Conclui-se, portanto, que nosso sistema é **misto** ou **pluralista**, em que tanto entes públicos como privados (associações) estão legitimados a agir.

Ademais, impende frisar que a legitimidade dos entes previstos nas citadas normas é para a propositura de ação civil pública em prol de *direitos difusos, coletivos* ou *individuais homogêneos*. A ausência desses direitos pode importar na carência da ação, pela ilegitimidade ativa.[39]

2.3.1.1.1 Natureza jurídica: legitimação concorrente e disjuntiva

No tocante à natureza jurídica da legitimação para agir nas ações coletivas, anote-se, inicialmente, que se trata de legitimação **concorrente** e **disjuntiva**:

- **Concorrente** (como expressamente refere o art. 82, *caput*, do CDC), porque a legitimidade não foi deferida com exclusividade a determinado ente. Desde que preenchidos os requisitos legais, todos aqueles previstos nas citadas normas podem propor a ação civil pública;

- **Disjuntiva**, porque cada legitimado pode agir sozinho, caso queira. O litisconsórcio com qualquer ou quaisquer dos outros legitimados é facultativo. É o que se infere da leitura dos §§ 2.º e 5.º do art. 5.º da LACP.

2.3.1.1.2 Natureza jurídica: legitimação ordinária, extraordinária, ou *tertium genus*?

A legitimação é ordinária *quando a parte na relação jurídica processual se diz titular do direito subjetivo material por ela invocado*. **Na legitimação ordinária, há pertinência subjetiva**, ou seja, há identidade entre o autor da ação e aquele que, segundo se alega na petição inicial, é o titular do direito material.

A legitimação é extraordinária *quando a parte na relação jurídica processual diz estar defendendo direito subjetivo material de terceiro*. Na definição mais popular, inspirada no art. 6.º do CPC/1973, diz-se que a legitimação é ordinária quando se defende, em nome próprio, direito próprio, e que é extraordinária quando se defende, em nome próprio, direito alheio. Logo, **na legitimação extraordinária, não há pertinência subjetiva**, pois

---

[38] Cf. vimos no item 2.2.4.

[39] Negando a legitimidade de associação para a propositura de ACP em prol de direitos individuais de consumidores, ante a inexistência de número de lesados com abrangência suficiente para sua caracterização como direitos individuais homogêneos: REsp 823.063/PR, 4.ª T., rel. Min. Raul Araújo, j. 14.02.2012, *DJe* 22.02.2012.

não há identidade entre o autor da ação e aquele que, segundo se alega na petição inicial, é o titular do direito material.

Conforme a regra esculpida no art. 6.º do CPC/1973, art. 18 do CPC/2015, ninguém poderá pleitear direito alheio em nome próprio, salvo quando autorizado pelo ordenamento. Daí se infere que *a legitimação ordinária é a regra, e a extraordinária é a exceção*, pois só admissível quando houver expressa autorização legal. Por isso mesmo – por ser a regra – é que a primeira modalidade é denominada *ordinária*, enquanto a última – por ser a exceção – é chamada de *extraordinária*.

Para parte da doutrina, a legitimação extraordinária é gênero, do qual a *substituição processual* seria espécie. Segundo tal viés doutrinário, há **substituição processual** quando o legitimado extraordinário propõe a ação isoladamente, sem litisconsórcio com o suposto titular do direito material. Diferentemente, se ambos propusessem a ação conjuntamente, o primeiro ainda seria legitimado extraordinário, mas não estaria substituindo o alegado titular do direito material, que também estaria presente na relação jurídica processual. De todo modo, a doutrina em geral emprega as locuções *legitimado extraordinário* e *substituto processual* como sinônimas.

Quando um acionista ajuíza uma ação de responsabilidade em face dos administradores da sociedade anônima, pelos prejuízos por eles causados à companhia (art. 159, § 3.º, da Lei 6.404/1976), está atuando na condição de legitimado extraordinário, pois, em nome próprio, busca em juízo a reparação dos danos sofridos por terceiro, a saber: a pessoa jurídica da qual ele é acionista. Caso tenha proposto a ação sem o consórcio da sociedade anônima, teremos também, inequivocamente, exemplo de substituição processual.

Anteriormente ao advento da LACP, salvo raríssimas exceções (p. ex., a legitimidade atribuída ao Ministério Público para mover ações de responsabilidade civil por danos ambientais, ou aos cidadãos, nos exíguos casos passíveis de defesa por ações populares), não havia normas atribuindo expressamente a esta ou àquela entidade a legitimidade para promover ações em defesa de direitos transindividuais. Normalmente, a viabilidade das ações ficava na dependência da visão sobre a natureza jurídica da legitimidade ativa para a defesa desse gênero de direitos: caso se entendesse que ela era extraordinária, a propositura das ações dificilmente seria admitida em juízo, por força do que dispunha o art. 6.º do CPC/1973, que só admitia a legitimidade extraordinária havendo expressa autorização legal (o art. 18 do CPC/2015 fala em autorização do "ordenamento jurídico").

Desde o advento da LACP e do CDC isso mudou. Tais normas autorizaram expressamente determinados entes a promover ações em defesa de direitos transindividuais, o que, em grande parte, resolveu os problemas de legitimidade ativa para a defesa coletiva de direitos em Juízo. Contudo, não completamente, conforme veremos a seguir.

Com efeito, não é pacífica a natureza jurídica da legitimidade dos entes autorizados a propor ações coletivas. As divergências variam conforme o tipo de direito a ser tutelado, ou a natureza jurídica do ente em questão.

De modo geral, **na jurisprudência**, entende-se que, **sejam os direitos difusos, coletivos, ou individuais homogêneos**, a legitimação para sua defesa na ação civil pública **é extraordinária**, havendo **substituição processual**.[40] A exceção reside na natureza da legitimidade das associações para a propositura das ações civis públicas em defesa dos interesses de seus associados, em razão do que dispõe o inciso XXI do art. 5.º da CF:

---

[40] STF, RE 193.503/SP, Pleno, rel. Min. Carlos Velloso, rel. p/ o acórdão Min. Joaquim Barbosa, j. 12.06.2006, *DJ* 24.08.2007; RE 210.029/RS, rel. Min. Carlos Velloso, j. 12.06.2006, *DJ* 17.08.2007; STJ, REsp 876.936/RJ, 1.ª T., rel. Min. Luiz Fux, j. 21.10.2008, *DJe* 13.11.2008.

Art. 5.º (...)

(...)

XXI – as entidades associativas, quando expressamente autorizadas, têm legitimidade para representar seus filiados judicial ou extrajudicialmente;

Inicialmente, o STF formou o entendimento de que as associações seriam representantes – e não substitutas processuais – dos seus associados, exigindo-se, portanto, a autorização expressa dos associados para que elas estejam legitimadas a agir. A diferença em relação à representação tradicional do processo individual, em que se exige autorização de cada titular do direito (procuração) –, seria apenas que, para a propositura da ação coletiva pelas associações, bastaria uma autorização concedida em assembleia. Nesse caso, a associação ficaria autorizada a defender em juízo até mesmo os direitos da minoria vencida na deliberação.[41] Nesse sentido, acórdão proferido no RE 612.043/PR, enfrentando o Tema 499 – Limites subjetivos da coisa julgada referente à ação coletiva proposta por entidade associativa de caráter civil –, fixou a seguinte tese, em regime de repercussão geral: "A eficácia subjetiva da coisa julgada formada a partir de ação coletiva, de rito ordinário, ajuizada por associação civil na defesa de interesses dos associados, somente alcança os filiados, residentes no âmbito da jurisdição do órgão julgador, que o fossem em momento anterior ou até a data da propositura da demanda, constantes da relação jurídica juntada à inicial do processo de conhecimento".[42]

Ocorre que a decisão gerou dúvidas quanto ao alcance da tese. Como ficaria a sistemática do microssistema LACP + CDC, pela qual as sentenças nas ações propostas por associações em prol de interesses individuais homogêneos teriam efeitos *erga omnes*? O acórdão, portanto, foi alvo de embargos de declaração, que resultou num julgado de esclarecimento. O voto do seu relator, Min. Marco Aurélio, afirma que a tese fixada só alcança as "ações coletivas de rito ordinário", propostas com base no art. 5.º, XXI, da Lei Fundamental, mas não as ações civis públicas. Naquelas, as associações defenderiam, como representantes, interesses dos seus associados, e a sentença só beneficiaria a lista dos associados juntada aos autos na forma do art. 2.º-A da Lei 9.494/1997, residentes na área compreendida na jurisdição do órgão julgador. Nestas, as associações atuariam como substitutas processuais, podendo defender interesses – mesmo que individuais – que extravasem o universo dos associados.[43]

O problema é que a expressão "ações coletivas de rito ordinário" mais confunde que esclarece. Afinal, ações civis públicas, embora possuam algumas particularidades procedimentais, são ações coletivas que podem assumir quaisquer ritos, inclusive o ordinário. Aparentemente, o propósito do STF era o de afastar o *status* de ação civil pública – e a natureza de substituto processual do autor – de ações ajuizadas por "associações de classe" em prol de direitos individuais disponíveis típicos das respectivas categorias, como, por exemplo, de servidores públicos. Tais hipóteses, a rigor, não configuram verdadeiras

---

[41] STF, AO 152/RS, Pleno, rel. Min. Carlos Velloso, j. 15.09.1999, *DJ* 03.03.2000; STF, Rcl 5.215 AgR/SP, Pleno, rel. Min. Carlos Britto, j. 15.04.2009, *DJe* 22.05.2009; RE 573.232/SC, Pleno, rel. p/ acórdão Min. Marco Aurélio, j. 14.05.2014, *DJe* 19.09.2014. Nos precedentes do STF, as associações defendiam interesses individuais dos seus associados, não tratando de um direito indivisível (coletivo ou difuso) cuja titularidade extrapolasse o universo de seus associados, como, por exemplo, de reparação de um dano ambiental. Seja como for, em tais decisões, o STF não chegou a debater eventual diferenciação da natureza da legitimação da associação segundo a natureza do(s) direito(s) veiculado(s) na ação.

[42] RE 612.043, Pleno, rel. Min. Marco Aurélio, j. 10.05.2017, rep. ger., *DJe*-229, Divulg. 05.10.2017. Esse "âmbito de jurisdição", segundo o STJ, é o território sujeito à jurisdição do Tribunal de segundo grau se houver sido ele o prolator da última decisão de mérito, em apelação, não se restringindo, nesse caso, aos domiciliados no território da jurisdição do juízo que proferiu a decisão de primeiro grau, cf. EREsp 1.367.220/PR, CE, rel. Min. Raul Araújo, j. 06.03.2024, *DJe* 20.08.2024.

[43] RE 612.043 ED, Pleno, rel. Min. Marco Aurélio, j. 06.06.2018, *DJe*-157, Divulg. 03.08.2018.

INTERESSES DIFUSOS E COLETIVOS – VOL. 1

ações coletivas, parecendo, antes, amoldar-se àquilo que Araújo Silva já denominava como ações pseudocoletivas.[44] Apenas sobre tais tipos de ações, quando for o caso, incidirão as limitações do art. 2.º-A da Lei 9.494/1997. Já nas ações coletivas ajuizadas em prol de direitos ou interesses individuais homogêneos de grupos mais extensos, como, por exemplo, consumidores ou vítimas de acidentes ambientais, valem as regras das ações civis públicas: as associações atuam como substitutas processuais e, portanto, não estão presas às amarras do referido art. 2.º-A.

Esse entendimento do STF se tornou mais claro quando ele enfrentou a questão da constitucionalidade do art. 16 da LACP na redação conferida pela Lei 9.494/1997, que restringiu a coisa julgada da ação civil pública aos limites da competência territorial do órgão prolator (Tema 1.075). O *leading case* foi uma ação promovida pelo Instituto de Defesa do Consumidor – IDEC, que é uma associação.[45] No caso, reconheceu-se a inconstitucionalidade da nova redação do art. 16, afirmando-se que nas ações civis públicas de efeitos nacionais ou regionais a competência não poderia ser restrita aos limites da competência territorial do órgão prolator. Em outros termos, ao se afirmar que as sentenças das demandas coletivas (*i.e.*, em defesa de direitos coletivos em sentido amplo) não podiam ter seus efeitos restritos aos limites territoriais do órgão prolator, distinguiram-se as ações verdadeiramente coletivas daquelas objeto da tese firmada no Tema 499, pseudocoletivas, em que as associações atuam como representantes (em legitimação ordinária) de uma coletividade, e cuja eficácia subjetiva se limita aos filiados residentes no âmbito da jurisdição do órgão julgador. Conclui-se, portanto, que nas ações civis públicas, ainda quando promovidas por associações, o STF também reconhece haver substituição processual e não mera representação.

Seja como for, o STF sempre considerou que a legitimação das associações para a propositura de **mandado de segurança coletivo** é extraordinária constitucional, pois o inciso LXX do art. 5.º da CF não exige autorização dos associados.[46] Em sintonia com tal entendimento, a 1.ª Seção do STJ firmou entendimento de que os integrantes da categoria substituída pela associação impetrante do *mandamus* coletivo beneficiam-se da coisa julgada, independentemente de constarem da lista que instruía a inicial ou de serem filiados à associação impetrante.[47]

Há que se tomar cuidado, também, com nomenclatura já utilizada pelo STJ para distinguir as ações em que as associações atuam como meras representantes de seus associados daquelas em que agem como substitutas processuais, ao julgar recurso afetado ao Tema Repetitivo 948.[48] Na primeira hipótese, que o STF denomina ação coletiva "de rito ordinário", o STJ afirma haver **ação coletiva ordinária (ou coletiva representativa)**; na segunda, essa Corte fala em **ação civil pública substitutiva**. Nota-se, portanto, que STF e STJ associam, respectivamente, os termos "de rito ordinário" e "ordinária" para se referirem à ação "coletiva" promovida por associações em que a *legitimação* seja ordinária. A rigor, como antes dissemos, são ações "pseudocoletivas".[49]

---

44 *Vide* subitem 2.4.3.1.

45 RE 1.101.937, Tribunal Pleno, rel. Min. Alexandre de Moraes, j. 08.04.2021, *DJe*-113, Divulg. 11.06.2021, Publ. 14.06.2021.

46 STF, RE 193.382/SP, rel. Min. Carlos Velloso, j. 28.06.1996, j. 20.09.1996.

47 Tema Repetitivo 1.056, REsp 1.865.563/RJ, 1.ª S., rel. Min. Sérgio Kukina, rel. p/ ac. Min. Gurgel de Faria, j. 21.10.2021, *DJe* 17.12.2021.

48 REsp 1.438.263/SP, 2.ª S., rel. Min. Raul Araújo, j. 28.04.2021, *DJe* 24.05.2021.

49 Mesmo em relação a essas ações "coletivas" ordinárias, percebe-se no STJ uma tendência de interpretação extensiva do art. 2.º-A da Lei 9.494/1997, com vistas à efetividade do acesso à Justiça. Assim, tem afirmado que sentenças proferidas em ações coletivas ordinárias propostas na Seção Judiciária (Justiça Federal) do DF geram efeitos em todo o território nacional (CC 133.536/SP, 1.ª S., rel. Min. Benedito Gonçalves, *DJe* 21.08.2014; AgInt no REsp 1.945.392/DF, 1.ª T., rel. Min. Sérgio Kukina, *DJe* 08.11.2021; AgInt no REsp 1.914.529/DF, 2.ª T., rel. Min. Herman Benjamin, *DJe* 13.10.2021; AgInt no AREsp 770.851/DF, 1.ª T., rel. Min. Benedito Gonçalves, *DJe* 08.02.2019; AgInt no REsp 1.382.473/DF, 1.ª T., rel. Min.

CAP. 2 – AÇÃO CIVIL PÚBLICA | 59

Outra questão levantada na doutrina é a variação da natureza da legitimação nas ações civis públicas conforme seja distinta a *natureza dos interesses em jogo* (se difusos, coletivos ou individuais homogêneos).[50]

Primeiramente, importa dizer que **há consenso doutrinário quanto à natureza da legitimidade para defesa coletiva de direitos individuais homogêneos: trata-se de legitimação extraordinária**. Afinal de contas, os direitos individuais homogêneos, ainda que defendidos em ação coletiva, continuam sendo direitos individuais, divisíveis, e, portanto, com titulares individualmente determináveis. Sendo assim, o ente que busca defendê-los em uma ação civil pública, apesar de fazê-lo em nome próprio, defende interesses alheios.

A controvérsia aparece quando se fala nas ações coletivas para defesa dos interesses difusos e dos coletivos em sentido estrito.

Uma parte da doutrina entende que, nesses casos, a legitimação também é extraordinária. Alega-se que, mesmo quando atue na defesa de seus interesses institucionais (p. ex., a tutela do meio ambiente pelo Ministério Público ou por uma associação ambientalista), o ente legitimado estaria defendendo direitos que não são apenas seus, mas também de terceiros, havendo, por essa última razão, substituição processual.[51]

Outra corrente defende, com relação a esses mesmos direitos, que a legitimação é ordinária. Argumenta que, quando uma entidade atua em defesa de seus interesses institucionais, sejam eles difusos ou coletivos *stricto sensu* (p. ex., conforme a entidade, podem estar entre seus fins institucionais a defesa do meio ambiente, dos consumidores etc.), ela não está simplesmente buscando a tutela de interesses de terceiros, mas de interesses que dizem respeito a ela própria.[52] Por outro lado, aduz que os interesses difusos e coletivos são indivisíveis e insuscetíveis de ser apropriados individualmente. Eles não *pertencem* a ninguém. Só haveria sentido falar em substituição processual se o direito fosse *pertencente* a terceiro, como objeto de seu patrimônio individual, o que não ocorre em relação a tais interesses. Logo, os legitimados não agem como substitutos, e a legitimação é ordinária.[53]

Finalmente, há quem veja aí um *tertium genus* de legitimação para agir, que não se amolda à legitimidade ordinária nem à extraordinária, denominando-a *legitimação autônoma para a condução do processo.* Seus fundamentos podem ser resumidos no pensamento de Nery Junior e Nery, que, inspirados na doutrina alemã, assim se posicionaram:

Regina Helena Costa, *DJe* 30.03.2017), e sua 2.ª Turma já afirmou que o território do órgão prolator a ser considerado, no caso de acórdão proferido por Tribunal Estadual, é o do Estado, e não apenas o da Comarca de origem (AgInt no AgInt no REsp 1.856.644/SC, 2.ª T., rel. Min. Herman Benjamin, j. 09.08.2022, *DJe* 05.12.2022), ou, no caso de acórdão proferido por Tribunal Regional Federal, é o da Região por ele abrangida (EREsp 1.367.220/PR, Corte Especial, rel. Min. Raul Araújo, j. 06.03.2024, Informativo 803).

[50] Convém apartar dessa discussão, porém, os casos em que a associação defenda em juízo interesses individuais dos seus associados, tendo em vista o que já assentado pelo STF.

[51] DIDIER JÚNIOR, Fredie; ZANETI JÚNIOR, Hermes. *Curso de Direito Processual Civil*. 3. ed. Salvador: Juspodivm, 2008. v. 4, p. 214; DINAMARCO, Cândido Rangel. *Instituições de Direito Processual Civil*. 3. ed. rev. e atual. São Paulo: Malheiros, 2003. v. 1, p. 220; DINAMARCO, Pedro da Silva. *Ação Civil Pública*. São Paulo: Saraiva, 2001. p. 204; FERRARESI, Eurico. *Ação Popular, Ação Civil Pública e Mandado de Segurança Coletivo*. Rio de Janeiro: Forense, 2009. p. 106-111 e 205; LENZA, Pedro. *Teoria Geral da Ação Civil Pública*. 3. ed. rev., atual. e ampl. São Paulo: RT, 2008. p. 180; MAZZILLI, Hugo Nigro. *A Defesa dos Interesses Difusos em Juízo*. 22. ed. São Paulo: Saraiva, 2009. p. 66-67; ZAVASCKI, Teori Albino. *Processo Coletivo*: Tutela de Direitos Coletivos e Tutela Coletiva de Direitos. 4. ed. São Paulo: RT, 2009. p. 138, 139 e 255.

[52] GRINOVER, Ada Pellegrini. *Mandado de Segurança Coletivo*: Legitimação, Objeto e Coisa Julgada. *Revista de Processo*, p. 75-84, abr.-jun. 1990.

[53] MANCUSO, Rodolfo de Camargo. *Ação Civil Pública*: em Defesa do Meio Ambiente, do Patrimônio Cultural e dos Consumidores. 10. ed. São Paulo: RT, 2007. p. 124, 125, 141 e 226. **No mesmo sentido:** GRINOVER, Ada Pellegrini. *Código Brasileiro de Defesa do Consumidor Comentado pelos Autores do Anteprojeto*. 8. ed. Rio de Janeiro: Forense Universitária, 2005. p. 869; DANTAS, Marcelo Navarro Ribeiro. *Legitimação Ativa em Mandado de Segurança*. Dissertação (Mestrado) – PUC, São Paulo, 1992. p. 164.

INTERESSES DIFUSOS E COLETIVOS – VOL. 1

O substituto defende direito de titular determinado. Como os titulares dos direitos difusos são indetermináveis e os dos direitos coletivos indeterminados (CDC 81 par. ún. I e II), sua defesa em juízo é realizada por meio de *legitimação autônoma para a condução do processo* (*selbständige Prozeßführungsbefugnis*), estando superada a dicotomia clássica legitimação ordinária e extraordinária.[54]

Ante a identidade de fundamento, podem-se incluir nesse terceiro grupo aqueles que a classificam como **legitimação anômala**.[55]

Quadro-resumo do entendimento doutrinário:

Tipos de interesses	Correntes doutrinárias		
Interesses difusos e interesses coletivos em sentido estrito	Legitimação extra-ordinária	Legitimação ordinária	*Tertium genus:* Legitimação autônoma para a condução do processo; Legitimação anômala
Interesses individuais homogêneos	Legitimação extraordinária		

ATENÇÃO

Caso, em um concurso ou exame de Ordem, formule-se questão objetiva que somente permita escolher como correta uma única espécie de natureza jurídica para a legitimação nas ações civis públicas, seja em prol de direitos difusos, coletivos ou individuais homogêneos, recomenda-se apontar como correta a alternativa que indique a **legitimação extraordinária ou substituição processual**, pois é a tese amplamente majoritária na jurisprudência do STJ e STF.

2.3.1.1.3 Representatividade adequada

Ao tratarmos das influências das *class actions* da *Rule 23* sobre nossas ações civis públicas, abordamos o significado da *representatividade adequada* no sistema norte-americano e observamos que nosso modelo não se inspirou naquele padrão. Lá, o controle desse requisito de admissibilidade das *class actions* é feito pelo juiz, em face de cada caso concreto, ao passo que, aqui, os requisitos estão predispostos quase que exclusivamente pela lei, restando pouca margem de discricionariedade para o magistrado avaliá-la. Aliás, aqui, a lei sequer menciona expressamente o critério da *representatividade adequada*.

É interessante observar, a esse respeito, que o "projeto Bierrembach"[56] havia escolhido a via do controle da representatividade adequada **pelo juiz** (*ope judicis*), aferível em cada caso concreto, mas o Congresso Nacional deu preferência ao substitutivo do Executivo,

---

[54] NERY JUNIOR, Nelson; NERY, Rosa Maria de Andrade. *Código de Processo Civil Comentado e Legislação Processual Civil Extravagante em Vigor*. 4. ed. rev. e ampl. São Paulo: RT, 1999. nota 10 ao art. 6.º do CPC/1973. p. 389. ABELHA, Marcelo. *Ação Civil Pública e Meio Ambiente*. Rio de Janeiro: Forense Universitária, 2004. p. 67-68; DANTAS, Marcelo Buzaglo. *Ação Civil Pública e Meio Ambiente*. São Paulo: Saraiva, 2009. p. 71-72. **Também pela inadequação da inserção em uma das categorias da dicotomia legitimação ordinária x extraordinária:** GIDI, Antonio. *Coisa Julgada e Litispendência em Ações Coletivas*. São Paulo: Saraiva, 1995. p. 42.

[55] PAZZAGLINI FILHO, Marino; ROSA, Márcio Fernando Elias; FAZZIO JÚNIOR, Waldo. *Improbidade Administrativa*: Aspectos Jurídicos da Defesa do Patrimônio. 4. ed. São Paulo: Atlas, 1999. p. 209. Os autores lastreiam-se na opinião de Carlos Alberto de Salles, exposta em *A legitimação do Ministério Público para a Defesa de Direitos e Garantias Constitucionais*. Dissertação (Mestrado) – Faculdade de Direito do Largo São Francisco, São Paulo, 1992.

[56] O anteprojeto era de autoria de Ada Pellegrini Grinover, Cândido Rangel Dinamarco, Kazuo Watanabe e Waldemar Mariz de Oliveira Júnior, e foi enviado ao Congresso Nacional pelo Deputado Federal Flávio Bierrenbach, conforme visto no item 2.1 (Considerações Iniciais).

elaborado pelo Ministério Público paulista, em que a legitimidade de determinados entes era fixada, abstratamente, **pela lei** (*ope legis*), substitutivo esse que resultou na LACP.

Anote-se, contudo, que, embora implicitamente, e sem deferir ao julgador o mesmo grau de liberdade que os magistrados norte-americanos possuem para aferi-la caso a caso, nosso legislador preocupou-se, de certo modo, com a *representatividade adequada* dos autores, pelas seguintes razões:

1) apenas os entes previstos na lei – e não qualquer pessoa ou entidade – estão legitimados à propositura das ações civis públicas, o que não deixa de consistir um filtro a eliminar, de antemão, aqueles que não teriam condições técnicas, econômicas ou mesmo liberdade para litigar na defesa dos complexos interesses supraindividuais, e atuar com desenvoltura em face de legitimados com grande poder político e/ou econômico;

2) em relação às associações, impuseram-se uma série de requisitos:

   a) elas devem estar *legalmente constituídas* (requisito da **constituição legal**) – o que afasta a legitimidade das entidades informais, sem personalidade jurídica, e que, por tais razões, costumam ser econômica e tecnicamente precárias;

   b) devem existir há pelo menos um ano antes da propositura da ação (requisito da **pré-constituição**) – o que, de certo modo, garante um mínimo de experiência da entidade, e combate a criação de instituições oportunistas, ou seja, aquelas constituídas com o único propósito de ajuizar uma determinada ação civil pública; e

   c) devem ter em seus fins institucionais a defesa dos mesmos tipos de interesses objeto da ação (requisito da **pertinência temática**), visando-se a garantir um mínimo de idoneidade e familiaridade com o interesse a ser protegido em juízo (art. 5.º, V, *a* e *b*, da LACP; art. 82, IV, do CDC).

Mazzilli, descolando a representatividade adequada da legitimação processual, afirma que apenas esta teria natureza de condição da ação, enquanto aquela consistiria pressuposto processual. Afinal, segundo o autor, o juiz poderia dispensar o pressuposto processual da pré-constituição, que seria requisito de representatividade adequada, mas não poderia dispensar a existência de uma condição da ação.[57] Neste ponto, discordamos do autor. Ao dispensar, em algumas hipóteses, a exigência do prazo ânuo de pré-constituição, a lei não despreza a necessidade de representatividade adequada, mas, tão somente, deixa de exigir a constituição ânua como um de seus requisitos identificadores. É dizer, com outras palavras, que ainda quando legalmente dispensável o prazo de pré-constituição da associação, exige-se representatividade adequada, consistente na previsão da entidade no rol legal de colegitimados e na existência de pertinência temática. Além disso, admitir que fosse lícita a condução de ações coletivas por entidades sem condições de defender adequadamente os interesses dos substituídos atentaria contra os princípios do devido processo legal e da participação pelo processo.[58] A representatividade adequada, portanto, não configura mero pressuposto processual, sendo requisito da legitimidade ativa.

---

[57] MAZZILLI, Hugo Nigro. *A Defesa dos Interesses Difusos em Juízo*. 22. ed. São Paulo: Saraiva, 2009. p. 314.

[58] Entendendo que a representatividade adequada constitui alicerce para a legitimação no processo coletivo, notadamente nas normas que tratam da legitimação das associações: GRINOVER, Ada Pellegrini. Direito Processual Coletivo. In: GRINOVER, Ada Pellegrini; MENDES, Aluisio Gonçalves de Castro; WATANABE, Kazuo (org.). *Direito Processual Coletivo e o Anteprojeto de Código Brasileiro de Processos Coletivos*. São Paulo: RT, 2007. p. 14.

Por fim, convém anotar que, muito embora entendamos que no sistema adotado em nosso país, preenchidos os requisitos legais (pré-constituição + pertinência temática), haja presunção absoluta de representatividade adequada, a 4.ª Turma do STJ trouxe visão inovadora, considerando ser tal presunção apenas relativa, o que abriria espaço para o julgador, no caso concreto, mesmo diante do preenchimento dos requisitos legais, reputar inadequada a representatividade e, de conseguinte, afastar a legitimidade ativa da associação. Pelo ineditismo da decisão, importa transcrever sua ementa:

> Processual civil. Recurso especial. Decretação de nulidade, sem que tenha havido prejuízo. Descabimento. Omissão, contradição ou obscuridade. Inexistência. Ação coletiva. Reconhecimento pelo magistrado, de ofício, de inidoneidade de associação, para afastamento da presunção legal de legitimidade. Possibilidade. É poder-dever do juiz, na direção do processo, prevenir ou reprimir qualquer ato contrário à dignidade da justiça. Ademais, o outro fundamento autônomo para não reconhecimento da legitimação, por ser o estatuto da associação desmesuradamente genérico, possuindo referência genérica a meio ambiente, consumidor, patrimônio histórico, também patenteia a ausência de legitimação da autora para defesa de interesses coletivos de consumidores.
>
> 1. As ações coletivas, em sintonia com o disposto no artigo 6.º, VIII, do Código de Defesa do Consumidor, ao propiciar a facilitação da tutela dos direitos individuais homogêneos dos consumidores, viabilizam otimização da prestação jurisdicional, abrangendo toda uma coletividade atingida em seus direitos.
>
> 2. Dessarte, como sabido, a Carta Magna (art. 5.º, XXI) trouxe apreciável normativo de prestígio e estímulo às ações coletivas ao estabelecer que as entidades associativas detêm legitimidade para representar judicial e extrajudicialmente seus filiados, sendo que, no tocante à legitimação, "(...) um limite de atuação fica desde logo patenteado: o objeto material da demanda deve ficar circunscrito aos direitos e interesses desses filiados. Um outro limite é imposto pelo interesse de agir da instituição legitimada: sua atuação deve guardar relação com seus fins institucionais" (ZAVASCKI, Teori Albino. *Processo coletivo*: tutela de direitos coletivos e tutela coletiva de direitos. São Paulo: RT, 2014, p. 162).
>
> 3. É digno de realce que, muito embora o anteprojeto da Lei n. 7.347/1985, com inspiração no direito norte-americano, previa a verificação da representatividade adequada das associações (*adequacy of representation*), propondo que sua legitimação seria verificada no caso concreto pelo juiz, todavia, essa proposta não prevaleceu, pois o legislador optou por indicar apenas quesitos objetivos (estar constituída há pelo menos 1 (um) ano e incluir, entre suas finalidades institucionais, a proteção ao meio ambiente, ao consumidor, à ordem econômica, à livre concorrência ou ao patrimônio artístico, estético, histórico, turístico e paisagístico). Com efeito, o legislador instituiu referidas ações visando tutelar interesses metaindividuais, partindo da premissa de que são, presumivelmente, propostas em prol de interesses sociais relevantes ou, ao menos, de interesse coletivo, por legitimado ativo que se apresenta, *ope legis*, como representante idôneo do interesse tutelado (MANCUSO, Rodolfo de Camargo. *Ação civil pública*: em defesa do meio ambiente, do patrimônio cultural e dos consumidores – Lei 7.347/1985 e legislação complementar. 12 ed. São Paulo: Revista dos Tribunais, 2011, p. 430).
>
> 4. Por um lado, é bem de ver que, muito embora a presunção *iuris et de iure* seja inatacável – nenhuma prova em contrário é admitida –, no caso das presunções legais relativas ordinárias se admite prova em contrário. Por outro lado, o art. 125, III, do CPC (correspondente ao art. 139, III, do novo CPC) estabelece que é poder-dever do juiz, na direção do processo, prevenir ou reprimir qualquer ato contrário à dignidade da Justiça. Com efeito, contanto que não seja exercido de modo a ferir a necessária imparcialidade inerente à magistratura, e sem que decorra de análise eminentemente subjetiva do juiz, ou mesmo de óbice meramente procedimental, é plenamente possível que, excepcionalmente, de modo devidamente fundamentado, o magistrado exerça, mesmo que de ofício, o controle de idoneidade (adequação da representatividade) para aferir/afastar a legitimação *ad causam* de associação.

5. No caso, a Corte de origem inicialmente alinhavou que "não se quer é a montagem de associações de gaveta, que não floresçam da sociedade civil, apenas para poder litigar em todos os campos com o benefício do artigo 18 da Lei de Ação Civil Pública"; "associações, várias vezes, surgem como máscaras para a criação de fontes arrecadadoras, que, sem perigo da sucumbência, buscam indenizações com somatório milionário, mas sem autorização do interessado, que depois é cobrado de honorários". Dessarte, o Tribunal de origem não reconheceu a legitimidade *ad causam* da recorrente, apurando que "há dado revelador: supostamente, essa associação autora é composta por muitas pessoas famosas (fls. 21), mas todas com domicílio em um único local. Apenas isso já mostra indícios de algo que deve ser apurado. Ou tudo é falso, ou se conseguiu autorização verbal dos interessados, que, entretanto, nem sabem para que lado os interesses de tais entidades voam".

6. Ademais, o outro fundamento autônomo adotado pela Corte de origem para não reconhecer a legitimação *ad causam* da demandante, anotando que o estatuto da associação, ora recorrente, é desmesuradamente genérico, possuindo "referência genérica a tudo: meio ambiente, consumidor, patrimônio histórico, e é uma repetição do teor do art. 5.º, inciso II, da Lei 7.347/85" tem respaldo em precedente do STJ, assentando que as associações civis necessitam ter finalidades institucionais compatíveis com a defesa do interesse transindividual que pretendam tutelar em juízo. Embora essa finalidade possa ser razoavelmente genérica, "não pode ser, entretanto, desarrazoada, sob pena de admitirmos a criação de uma associação civil para a defesa de qualquer interesse, o que desnaturaria a exigência de representatividade adequada do grupo lesado". (AgRg no REsp 901.936/RJ, rel. Ministro Luiz Fux, primeira turma, julgado em 16.10.2008, *DJe* 16.03.2009).

7. Recurso especial não provido.[59]

2.3.1.1.4   Ministério Público

A Constituição Federal defere ao Ministério Público o caráter de instituição permanente, essencial à função jurisdicional do Estado, e lhe incumbe a defesa da ordem jurídica, do regime democrático e dos direitos sociais e individuais indisponíveis (art. 127, *caput*). Esse perfil constitucional, como veremos, é crucial para a análise de sua legitimidade para a propositura de ações civis públicas.

Algumas vezes, a Constituição ou a lei atribuem ao *Parquet* a promoção da ação civil pública para a tutela de interesses difusos, coletivos, ou individuais homogêneos **específicos**. Nesse passo, por exemplo, a Constituição Federal lhe incumbe de propor ação civil pública para a defesa *do patrimônio público e social e do meio ambiente* (art. 129, III); a Lei da Política Nacional do Meio Ambiente – LPNMA (Lei 6.938/1981), no seu art. 14, § 1.º, concede-lhe a legitimidade para promover as ações voltadas à *responsabilidade civil por danos ambientais* (trata-se de direitos difusos); a Lei 7.853/1989 (art. 3.º) e o Estatuto da Pessoa com Deficiência (Lei 13.146/2015, art. 79, § 3.º) atribuem-lhe a propositura de ações civis públicas para a proteção dos interesses coletivos, difusos, individuais homogêneos e individuais indisponíveis da *pessoa com deficiência*; a Lei 7.913/1989 outorga-lhe a legitimação para a ação de responsabilidade por *danos causados aos investidores no mercado de valores mobiliários* (direitos individuais homogêneos); o Estatuto da Criança e do Adolescente – ECA (Lei 8.069/1990) – encarrega-lhe da defesa dos *direitos supraindividuais afetos às crianças e adolescentes* (arts. 201, V, e 210);[60] o Código de Defesa do Consumidor – CDC – confere-lhe a defesa coletiva dos interesses difusos, coletivos e

---

[59]   REsp 1.213.614/RJ, 4.ª T., rel. Min. Luis Felipe Salomão, j. 01.10.2015, DJe 26.10.2015.

[60]   Não obstante o ECA refira-se apenas a "direitos difusos ou coletivos", não se afasta a possibilidade de defesa dos individuais homogêneos. Eles apenas não foram nele citados porque a expressão "individuais homogêneos" somente viria a ser criada posteriormente pelo CDC. Mas a legitimidade do Ministério Público para defendê-los é inferida do art. 201, VIII, do ECA, que lhe incumbe de "zelar pelo efetivo respeito aos direitos e garantias legais assegurados às crianças e adolescentes, promovendo as medidas judiciais e extrajudiciais cabíveis".

64 | INTERESSES DIFUSOS E COLETIVOS – VOL. 1

individuais homogêneos *dos consumidores e das vítimas* (art. 82, I, c/c o art. 81, parágrafo único); e o Estatuto da Pessoa Idosa – EPI (Lei 10.741/2003) – outorga-lhe, entre outras incumbências, a defesa dos interesses difusos, coletivos e individuais homogêneos *da pessoa idosa* (art. 74, I).

Outras vezes, o ordenamento jurídico incumbe ao Ministério Público a tutela de direitos transindividuais **não específicos**, valendo-se de fórmulas abertas para atribuir-lhe, genericamente, a proteção de qualquer espécie de direito difuso, coletivo ou individual homogêneo. É o que se verifica, por exemplo, na LACP, que, apesar de enumerar algumas espécies de direitos difusos e coletivos passíveis de defesa via ação civil pública (p. ex., meio ambiente, ordem urbanística, direitos dos consumidores), autoriza a defesa de "qualquer outro interesse difuso ou coletivo" (art. 1.º, IV).

O mesmo se dá na Constituição Federal, que incumbe ao Ministério Público a promoção de ações civis públicas para a defesa do patrimônio público e social, do meio ambiente, e "de outros interesses difusos e coletivos" (art. 129, III), na Lei Orgânica Nacional do Ministério Público – LONMP (Lei 8.625/1993), que dispõe sobre a organização do Ministério Público dos Estados, e lhes outorga a propositura de ações para a proteção de determinadas espécies de interesses, e de "outros direitos difusos, coletivos, e individuais homogêneos" (art. 25, IV, *a*), e na Lei Orgânica do Ministério Público da União – LOMPU (Lei Complementar 75/1993), que não apenas especifica algumas espécies de interesses, como lhe incumbe da defesa de "*outros interesses individuais* indisponíveis, *homogêneos, sociais, difusos e coletivos*" (art. 6.º, VII, *d*).

Em função de tais fórmulas abertas, **não se exige** do Ministério Público **pertinência temática**, ou seja, não se pode afirmar que só lhe compete defender direito difuso, coletivo, ou individual homogêneo *relacionado a um determinado tema* (p. ex., somente interesse relacionado ao meio ambiente, ou ao consumidor, ou ao patrimônio público). Ele está autorizado à defesa de direitos transindividuais de qualquer temática. Essa é uma das razões pelas quais o MP transformou-se no autor da esmagadora maioria das ações civis públicas em nosso país.

A despeito de não se lhe exigir a *pertinência temática*, é mister verificar, em cada caso, se a defesa dos interesses em jogo é compatível com o perfil constitucional do Ministério Público. Estaria tal instituição legitimada à defesa de direitos difusos e coletivos em todo e qualquer caso, ou somente se houver *relevância social*? E no caso dos direitos individuais homogêneos *disponíveis*, teria o Ministério Público legitimação para agir?

No que diz, especificamente, com os *interesses difusos,* é inegável sua relevância social, ante a grande dispersão de seus titulares. Logo, eles são sempre compatíveis com as funções constitucionais do **Ministério Público,** que **está sempre legitimado a defendê-los**. A única ressalva refere-se ao erário: a despeito de o *Parquet* possuir expressa determinação constitucional para tutelar o patrimônio público via ação civil pública, há entendimento minoritário de que lhe faltaria legitimidade para a defesa do erário, sob o argumento de que este não seria objeto de interesse difuso, mas apenas de interesse público secundário, com titular determinado – a respectiva Fazenda Pública –, e o MP, ao defendê-lo numa ACP, estaria representando judicialmente interesses da Fazenda Pública, o que lhe é vedado pela CF (parte final do inc. IX do art. 129).[61] A maior parte da doutrina e da jurisprudência, porém, reconhece a legitimidade do MP, pois: a) a CF legitima essa instituição à propositura de ação civil pública em defesa do patrimônio público (art. 129, III,

---

[61] É o entendimento, por exemplo, de DINAMARCO, Pedro da Silva. *Ação Civil Pública*. São Paulo: Saraiva, 2001. p. 218-227 e 282-286.

CAP. 2 – AÇÃO CIVIL PÚBLICA | 65

da CF);[62] e b) ainda que o erário seja objeto do interesse público secundário da pessoa jurídica cujo patrimônio público ele integra (tal interesse não é difuso, pois tem titular determinado), a manutenção de sua integridade é objeto de interesse público primário, da coletividade, possuindo, portanto, natureza difusa.[63] É o entendimento que esposamos.

A legitimidade ativa do Ministério Público já não é tão tranquila quando se fala em *interesses coletivos* e *interesses individuais homogêneos*. Há diversas correntes sob a legitimidade do Ministério Público para tutelá-los, que serão estudadas a seguir. De todo modo, convém desde já assentar que, sendo eles **indisponíveis**, é pacífico que **o Ministério Público está legitimado para defendê-los** por meio de ações civis públicas (CF, art. 127, *caput*).

Também é normalmente tranquila sua legitimidade quando a Constituição ou a lei atribui-lhe expressamente a defesa de um interesse coletivo ou individual homogêneo de determinada natureza, em função de sua **relevância social**. É o que ocorre, por exemplo, quando essa missão lhe é conferida em razão da presumida *hipossuficiência* dos seus titulares, que, em função de suas especiais condições pessoais, provavelmente não conseguiriam defendê-los apropriadamente sem o auxílio do Ministério Público. Veja-se, a propósito, sua legitimidade para tutelar os interesses supraindividuais da criança e do adolescente (ECA, art. 201, V), da pessoa idosa (EPI, art. 74, I) e das populações indígenas (CF, art. 129, V). Nesses casos, vislumbra-se uma verdadeira presunção constitucional e/ou legal de *relevância social* dos interesses, o que, em conformidade com o art. 127, *caput*, da CF, legitima o Ministério Público a defendê-los.[64]

Resta, ainda quanto à legitimidade ativa do Ministério Público, determo-nos um pouco mais nas divergências, que se resumem aos interesses coletivos e individuais homogêneos disponíveis **cuja tutela não lhe tenha sido expressamente deferida pela lei**.

Interesses coletivos stricto sensu

1.ª corrente – O Ministério Público *sempre* tem legitimidade: Alega-se que quaisquer que sejam as espécies de *interesses coletivos* em sentido estrito, desde que venham a ser defendidos por meio de uma ação civil pública, presume-se sua relevância social, inserindo-se nos "interesses sociais" que incumbe ao *Parquet* tutelar (CF, art. 127, *caput*). Aduz-se, ainda, que os *interesses coletivos stricto sensu* são sempre indisponíveis, razão que legitimaria o Ministério Público à ação civil pública em sua defesa. Ademais, pondera-se que o art. 129, III, da CF referiu-se expressamente à legitimação do Ministério Público para a promoção de ações civis públicas em prol de "outros interesses coletivos", razão pela qual essa instituição está sempre legitimada a defendê-los;[65]

2.ª corrente – O Ministério Público *só* tem legitimidade *se houver relevância social*: É mister analisar, em cada caso concreto, se há compatibilidade entre sua defesa e a função

---

[62] STF, RE 225.777, Pleno, rel. Min. Eros Grau, red. p/ ac. Min. Dias Toffoli, j. 24.11.2011, Informativo STF 617 (21 a 25.02.2011); e RE 576.155/DF, rel. Min Ricardo Lewandowski, j. 12.08.2010, Informativo 595 (9 a 13.08.2010).

[63] MARTINS JÚNIOR, Wallace Paiva. *Probidade Administrativa*. 4. ed. São Paulo: Saraiva, 2009. p. 413; VIGLIAR, José Marcelo Menezes. *Ação Civil Pública*. 5. ed. rev. e ampl. com jurisp. São Paulo: Atlas, 2001, p. 152; YOSHIDA, Consuelo Yatsuda Moromizato. *Tutela dos Interesses Difusos e Coletivos*. São Paulo: Juarez de Oliveira, 2006. p. 23-26.

[64] Uma exceção é a tutela dos interesses coletivos e individuais homogêneos dos consumidores e das vítimas: apesar de sua tutela estar expressamente conferida ao Ministério Público (CDC, art. 82, I, c/c o art. 81, parágrafo único, e art. 91), e de o CDC tutelá-los em função de sua hipossuficiência em face dos fornecedores, a legitimação do Ministério Público para defendê-los não é pacífica, havendo diferentes correntes de pensamento, conforme veremos.

[65] **No sentido de que o Ministério Público está sempre legitimado à sua tutela:** CARVALHO FILHO, José dos Santos. *Ação Civil Pública*: Comentários por Artigo (Lei n. 7.347/85). 7. ed. rev., ampl. e atual. Rio de Janeiro: Lumen Juris, 2009. p. 127. **No mesmo sentido:** STF, RE 163.231/SP, Pleno, rel. Min. Maurício Correia, j. 26.02.1997, *DJ* 29.06.2001; STJ, REsp 806.304/RS, 1.ª T., rel. Min. Luiz Fux, j. 02.02.2008, *DJe* 17.12.2008; REsp 637.332/RR, 1.ª T., rel. Min. Luiz Fux, j. 24.11.2004, *DJ* 13.12.2004; REsp 910.192/MG, 3.ª T., rel. Min. Nancy Andrighi, j. 02.02.2010, Informativo STJ 421.

INTERESSES DIFUSOS E COLETIVOS - VOL. 1

constitucional da instituição, que é voltada à proteção dos interesses sociais (art. 127, *caput*) e a assegurar o efetivo respeito dos Poderes Públicos e dos serviços de relevância pública aos direitos constitucionais (art. 129, II). Só haverá justificativa para atuação em relação a esses interesses quando: a) houver manifesto interesse social evidenciado pela dimensão ou pelas características do dano, ainda que potencial (p. ex., grande dispersão dos lesados); b) for acentuada a relevância social do bem jurídico a ser defendido (p. ex., saúde, segurança e educação públicas); c) estiver em questão a estabilidade de um sistema social, jurídico ou econômico (p. ex., previdência social, captação de poupança popular, questões tributárias etc.).[66]

Interesses individuais homogêneos

1.ª corrente – O Ministério Público *sempre* tem legitimidade: A despeito de não haver referência expressa aos *interesses individuais homogêneos* na Constituição, à época de sua elaboração essa locução ainda não havia sido criada no nosso direito, somente vindo a lume com o advento do CDC. De todo modo, a Carta Republicana, em seu art. 129, IX, permitiu ao Ministério Público exercer outras funções que fossem compatíveis com sua finalidade, de maneira que o CDC, expressamente, em conformidade com a Constituição, atribuiu-lhe a legitimidade para propor ações coletivas em defesa dos *interesses individuais homogêneos* (CDC, arts. 81, III, 82, I, e 92). Ademais, quaisquer que sejam as espécies de interesses individuais homogêneos, desde que venham defendidos por meio de uma ação civil pública, têm relevância social, inserindo-se, portanto, nos "interesses sociais" que incumbe ao *Parquet* defender (CF, art. 127, *caput*). Logo, o Ministério Público está sempre legitimado a defendê-los, por força da própria Lei Fundamental. Outrossim, na expressão "outros interesses coletivos" (CF, art. 129, III), a locução *interesses coletivos* pode ser empregada em sentido amplo, nela cabendo os *interesses individuais homogêneos*.[67]

2.ª corrente – O Ministério Público *só tem* legitimidade *se houver relevância social (interesse social qualificado):* É mister analisar se há compatibilidade entre sua defesa e a função constitucional da instituição, voltada à proteção dos interesses sociais (art. 127, *caput*) e a assegurar o efetivo respeito dos Poderes Públicos e dos serviços de relevância pública aos direitos constitucionais (art. 129, II). Logo, o *Parquet* estará legitimado a defender interesses individuais homogêneos somente se houver **relevância social (interesse social qualificado)** na sua defesa.[68] Diz-se, ainda, que essa legitimidade ocorre quando tais direitos **têm repercussão no interesse público**.[69]

A Súmula 7 do Conselho Superior do Ministério Público do Estado de São Paulo (CSMP/SP)[70] e a **jurisprudência predominante no STF e no STJ seguem na mesma linha,**

---

[66]   **Nesse sentido:** MAZZILLI, Hugo Nigro. *A Defesa dos Interesses Difusos em Juízo.* 22. ed. São Paulo: Saraiva, 2009. p. 107-109 e 173-174; **também no sentido da necessidade de que o direito coletivo** *stricto sensu* **seja relevante para legitimação do Ministério Público:** STJ, AgRg no REsp 710.337/SP, 3.ª T., rel. Min. Sidnei Benetti, j. 15.12.2009, *DJe* 18.12.2009.

[67]   **No sentido de que o Ministério Público está sempre legitimado à sua tutela:** GRINOVER, Ada Pellegrini. A Ação Civil Pública e a Defesa de Interesses Individuais Homogêneos. *Revista de Direito do Consumidor,* São Paulo: RT, n. 5, jan.-mar. 1993. p. 215; STJ, REsp 806.304/RS, 1.ª T., rel. Min. Luiz Fux, j. 02.02.2008, *DJe* 17.12.2008; REsp 637.332/RR, 1.ª T., rel. Min. Luiz Fux, j. 24.11.2004, *DJ* 13.12.2004; REsp 910.192/MG, 3.ª T., rel. Min. Nancy Andrighi, j. 02.02.2010, Informativo STJ 421.

[68]   **Nesse sentido:** MAZZILLI, Hugo Nigro. *A Defesa dos Interesses Difusos em Juízo.* 22. ed. São Paulo: Saraiva, 2009. p. 106-109, e 173-174; ZAVASCKI, Teori Albino. *Processo Coletivo:* Tutela de Direitos Coletivos e Tutela Coletiva de Direitos. 4. ed. São Paulo: RT, 2009. p. 62 e 162; NEGRÃO, Ricardo. *Ações Coletivas:* Enfoque sobre a Legitimidade Ativa. São Paulo: LEUD, 2004. p. 270; WATANABE, Kazuo. *Código Brasileiro de Defesa do Consumidor Comentado pelos Autores do Anteprojeto.* 8. ed. Rio de Janeiro: Forense Universitária, 2005. p. 818.

[69]   STJ, EREsp 114.908, Corte Especial, rel. Min. Eliana Calmon, j. 07.11.2001, *DJ* 20.05.2002.

[70]   Súmula 7 – O Ministério Público está legitimado à defesa de interesses ou direitos individuais homogêneos de consumidores ou de outros, entendidos como tais os de origem comum, nos termos do art. 81, III, c/c o art. 82, I, do CDC,

CAP. 2 – AÇÃO CIVIL PÚBLICA | 67

sendo interessante o seguinte excerto de julgado do STJ, em que se diferencia a **relevância social** *subjetiva* da *objetiva*, quaisquer delas bastantes para legitimar a atuação do *Parquet*:

> A relevância social pode ser objetiva (decorrente da própria natureza dos valores e bens em questão, como a dignidade da pessoa humana, o meio ambiente ecologicamente equilibrado, a saúde, a educação) ou subjetiva (aflorada pela qualidade especial dos sujeitos – um grupo de idosos ou de crianças, p. ex. – ou pela repercussão massificada da demanda).[71]

É essa a orientação a prevalecer na prática, tendo em vista a fixação pelo STF da seguinte tese com repercussão geral (Tema 471):

> Com fundamento no art. 127 da Constituição Federal, o Ministério Público está legitimado a promover a tutela coletiva de direitos individuais homogêneos, mesmo de natureza disponível, quando a lesão a tais direitos, visualizada em seu conjunto, em forma coletiva e impessoal, transcender a esfera de interesses puramente particulares, passando a comprometer relevantes interesses sociais.[72]

Entre as hipóteses em que o STF já reconheceu a *relevância social* dos interesses individuais homogêneos estão o direito constitucional dos segurados à obtenção de certidão por tempo de serviço junto ao INSS;[73] o combate a aumentos abusivos de mensalidades escolares, por ser afeto ao direito à educação, amparado constitucionalmente como dever do estado e direito de todos (CF, art. 205);[74] os direitos dos mutuários em contratos de financiamento pelo Sistema Financeiro da Habitação,[75] e o direito à adequada indenização dos beneficiários do seguro DPVAT.[76]

Já o STJ a reconheceu, por exemplo, nos interesses dos consumidores de sociedades de capitalização, grandes captadoras de poupança popular, cuja higidez financeira importa à economia nacional, tendo por isso mesmo o Estado o dever de controlar "todas as operações" e de fazê-lo "no interesse dos portadores de títulos de capitalização" (arts. 1.º e 2.º do Decreto-lei 261/1967);[77] nos interesses dos consumidores do serviço de telefonia, por estar em debate direito dos consumidores e prestação de serviço público;[78] nos direitos de moradia, de garantia de própria subsistência e de vida digna (arts. 1.º, III, 3.º, III, 5.º, *caput*, 6.º e 7.º, VII, todos da Constituição da República vigente);[79] na impugnação de aumento abusivo de tarifa (ou preço público) de esgoto;[80] nos interesses de usuários de rodovia sob regime de concessão, por tratar-se de serviço público de relevância social;[81] para assegurar a observância dos princípios que devem reger o acesso aos cargos públicos por concurso;[82] e para a defesa de interesses de segurados no que se refere à revisão

---

aplicáveis estes últimos a toda e qualquer ação civil pública, nos termos do art. 21 da LAC 7.347/1985, que tenham relevância social, podendo esta decorrer, exemplificativamente, da natureza do interesse ou direito pleiteado, da considerável dispersão de lesados, da condição dos lesados, da necessidade de garantia de acesso à Justiça, da conveniência de se evitar inúmeras ações individuais, e/ou de outros motivos relevantes.

[71] REsp 347.752/SP, 2.ª T., rel. Min. Herman Benjamin, j. 08.05.2007, *DJe* 04.11.2009.

[72] RE 631.111 RG, rel. Min. Ayres Britto, Pleno, j. 08.09.2011, *DJe*-084, Divulg. 30.04.2012, Publ. 02.05.2012.

[73] RE 472.489 AgR/RS, 2.ª T., rel. Min. Celso de Mello, j. 29.04.2008, *DJe* 29.08.2008.

[74] AI 722.896 AgR/MG, 1.ª T., rel. Min. Carmen Lúcia, j. 23.06.2009, *DJe* 14.08.2009; RE 190.976/SP, 1.ª T., rel. Min. Ilmar Galvão, j. 31.10.1997, *DJ* 06.02.1998; RE 163.231/SP, Pleno, rel. Min. Maurício Corrêa, j. 26.02.1997, *DJ* 29.06.2001.

[75] RE 470.135 AgR-ED/MT, 2.ª T., rel. Min. Cezar Peluso, j. 22.05.2007, *DJe* 29.06.2007.

[76] RE 631.111/GO, Pleno, rel. Min. Teori Zavascki, j. 07.08.2014, *DJe* 30.10.2014.

[77] REsp 347.752/SP, 2.ª T., rel. Min. Herman Benjamin, j. 08.05.2007, *DJe* 04.11.2009.

[78] REsp 605.755/PR, 2.ª T., rel. Min. Herman Benjamin, j. 22.09.2009, *DJe* 09.10.2009.

[79] REsp 1.120.253, 2.ª T., rel. Min. Mauro Campbell Marques, j. 15.10.2009, *DJe* 28.10.2009.

[80] AgRg no REsp 856.378/MG, 2.ª T., rel. Mauro Campbell Marques, j. 17.03.2009, *DJe* 16.04.2009.

[81] REsp 417.804/PR, 1.ª T., rel. Min. Teori Albino Zavascki, j. 19.04.2005, *DJ* 16.05.2005.

[82] EREsp 547.704/RN, Corte Especial, rel. Min. Carlos Alberto Menezes Direito, j. 15.02.2006, *DJ* 17.04.2006.

INTERESSES DIFUSOS E COLETIVOS – VOL. 1

e reajuste de seus benefícios previdenciários[83] (não confundir com questões envolvendo contribuições previdenciárias, cuja discussão em ações coletivas, conforme veremos no item sobre o pedido, é vedada por lei).

3.ª corrente – O Ministério Público *não é legitimado* para a tutela de *interesses individuais homogêneos disponíveis.*[84]

Observações:

1) Ainda que o CDC haja atribuído expressamente ao Ministério Público (entre outros entes) a defesa dos interesses difusos, coletivos e individuais homogêneos *dos consumidores* (art. 82, I, c/c o art. 81, parágrafo único, e art. 91), eram encontráveis, em relação aos interesses coletivos e individuais homogêneos dos consumidores, os mesmos posicionamentos divergentes apontados anteriormente.[85] Isso levou o STJ, em 2018, a editar a Súmula 601, que dispõe que "O Ministério Público tem legitimidade ativa para atuar na defesa de direitos difusos, coletivos e individuais homogêneos dos consumidores, ainda que decorrentes da prestação de serviço público". A partir dela, a questão nos parece superada.

2) Embora a Lei 7.913/1989 tenha outorgado ao Ministério Público a legitimidade para a ação civil pública em prol dos interesses individuais homogêneos dos investidores lesados no mercado de capitais, tal legitimidade somente se justificará se o caso apresentar relevância social (*v.g.*, quando necessário para evitar a propositura de milhares de ações individuais). Não faria sentido a instituição atuar em defesa do interesse de uns poucos investidores.

3) O STJ tem reconhecido a legitimidade do Ministério Público para promover ações civis públicas nos casos de loteamentos irregulares ou clandestinos, inclusive para que se promova a indenização dos adquirentes (o que, neste particular, configura proteção de interesses individuais homogêneos do consumidor lesado). A atuação do Ministério Público em face do parcelamento ilícito do solo é justificada pela necessidade, em tais hipóteses, da proteção ao consumidor, bem como pela presença de questões relacionadas à ordem urbanística e ao meio ambiente urbano (saneamento básico, saúde pública, valores estéticos e paisagísticos).[86]

4) Desconsiderando entendimento de parte da doutrina, para quem a defesa dos interesses dos contribuintes seria ornada de relevância social a legitimar a atuação do Ministério Público, o STF consolidou entendimento de que a instituição carece

---

[83] Em sentido contrário, admitindo, mesmo após tal vedação legal, a defesa das pretensões previdenciárias de segurados, ante sua relevância social, REsp 1.142.630/PR, 5.ª T., rel. Min. Laurita Vaz, j. 07.12.2010, Informativo STJ 459, de 6 a 10.12.2010.

[84] CARVALHO FILHO, José dos Santos. *Ação Civil Pública*: Comentários por Artigo (Lei n. 7.347/85). 7. ed. rev., ampl. e atual. Rio de Janeiro: Lumen Juris, 2009. p. 133; LACERDA, Galeno. Limites à atuação do Ministério Público, no que concerne ao inquérito civil e à ação civil pública. Limites no controle da atividade bancária. Distinção entre operações e serviços de bancos. Só os serviços se enquadram nas relações de consumo, sujeitos à fiscalização do MP. In: WALD, Arnoldo (coord.). *Aspectos Polêmicos da Ação Civil Pública*. São Paulo: Saraiva, 2007. p. 140-145; **STJ**: REsp 974.489/PE, rel. Min. Luiz Fux, j. 25.11.2008, *DJ* 21.05.2009; AgRg no AgRg no RE 669.371/RS, rel. Min. Francisco Falcão, j. 14.08.2007, *DJ* 11.10.2007.

[85] Presumindo a relevância social no caso da defesa de direitos do consumidor: AgRg no REsp 856.378/MG, 2.ª T., rel. Mauro Campbell Marques, j. 17.03.2009, *DJe* 16.04.2009. Exigindo a necessidade da constatação *in concreto* de relevância social, ainda que se trate da defesa de consumidores: REsp 1.109.335/SE, 4.ª T., rel. Min. Luis Felipe Salomão, j. 21.06.2011, *DJe* 01.08.2011. Negando a legitimidade do MP para a defesa de direitos individuais homogêneos, ainda que de consumidor: REsp 974.489/PE, rel. Min. Luiz Fux, j. 25.11.2008.

[86] REsp 743.678/SP, 2.ª T., rel. Min. Mauro Campbell Marques, j. 15.09.2009, *DJe* 28.09.2009; REsp 897.141/DF, 2.ª T., rel. Min. Herman Benjamin, j. 28.10.2008, *DJe* 13.10.2009; REsp 404.759/SP, 1.ª T., rel. Min. Humberto Gomes de Barros, j. 17.12.2002, *DJe* 17.02.2003.

CAP. 2 – AÇÃO CIVIL PÚBLICA | 69

de legitimidade para ação civil pública contra cobrança de tributos, entendendo versar tal questão sobre interesses individuais homogêneos *disponíveis*. No caso, a Corte Suprema passou ao largo da questão da relevância social da proteção dos interesses dos contribuintes.[87]

Posteriormente, essa posição foi acolhida na expressa proibição legal de que pretensões envolvendo tributos ou contribuições previdenciárias sejam veiculadas em ações civis públicas (LACP, art. 1.º, parágrafo único introduzido pela MP 2.180--35/2001).

Diferentemente, o Ministério Público está legitimado a propor ação que vise a impedir que ente federativo, ilegalmente, conceda a determinada empresa a inserção em regime especial de apuração tributária, com risco de lesão ao patrimônio público (cobrança de imposto em valor menor que o devido). Note-se que, nesse caso, o Ministério Público não tutela interesses individuais de contribuintes; pelo contrário, age contra eles, em prol dos interesses difusos da integridade do erário e da higidez do processo de arrecadação tributária.[88]

Em resumo, o Ministério Público está legitimado a defender em juízo qualquer interesse difuso (tendo em vista sua inegável relevância social) e, no que se refere aos interesses coletivos e individuais homogêneos: a) aqueles cuja tutela, em razão de sua presumida *relevância social,* lhe for especificamente atribuída na lei ou na Constituição (p. ex., direitos inerentes aos idosos ou às crianças e adolescentes); b) aqueles que, embora não lhe tenham sido expressamente atribuídos na lei ou na Constituição, ostentem relevância social no caso concreto; c) os indisponíveis por natureza (p. ex., direitos à vida, à saúde ou à dignidade da pessoa humana).

Quadro-resumo das diversas posições:

Interesses difusos:	Pacífico na doutrina e na jurisprudência:		
Em qualquer caso	O MP sempre tem legitimidade		
Interesses coletivos *stricto sensu*:	Correntes doutrinárias e jurisprudenciais:		
Indisponíveis	O MP sempre tem legitimidade		
Disponíveis	1.ª) O MP sempre tem legitimidade	2.ª) O MP só tem legitimidade se houver *relevância social*	
Interesses individuais homogêneos:	Correntes doutrinárias e jurisprudenciais:		
Indisponíveis	O MP sempre tem legitimidade		
Disponíveis	1.ª) O MP sempre tem legitimidade	2.ª) O MP só tem legitimidade se houver *relevância social* (É a tese fixada pelo STF)	3.ª) O MP nunca tem legitimidade

---

[87] RE 195.056/PR, Pleno, rel. Min. Carlos Velloso, j. 09.12.1999, *DJ* 30.05.2003. **No mesmo sentido:** RE 213.631, Pleno, rel. Min. Ilmar Galvão, j. 09.12.1999, *DJ* 07.04.2000.

[88] STF, RE 576.155/DF, rel. Min. Ricardo Lewandowski, j. 12.08.2010, Informativo 595 (9 a 13.08.2010).

2.3.1.1.4.1 Princípio da obrigatoriedade

Uma vez constatada pelo Ministério Público uma lesão ou ameaça de lesão a um dos direitos difusos, coletivos ou individuais homogêneos pelos quais lhe incumbe zelar, é seu dever, e não mera faculdade, agir em defesa deles. A atuação do Ministério Público em prol dos interesses que a Constituição e a lei lhe determinam proteger é, portanto, regida pelo **princípio da obrigatoriedade**.

Sua atuação é obrigatória por ser seu dever cumprir as funções que lhes foram constitucionalmente outorgadas para a defesa dos interesses sociais e a promoção do inquérito civil, a proteção do patrimônio público e social, do meio ambiente e de outros interesses difusos e coletivos. Delas decorre a obrigatoriedade não apenas de promover a ação civil pública, mas de bem conduzi-la até o final.

Isso não quer dizer que qualquer comunicação (representação) levada a um membro do Ministério Público sobre eventuais fatos lesivos ou ameaçadores de interesses supraindividuais o obrigue a propor uma ação civil pública. Cada membro do Ministério Público é dotado de *independência funcional* (CF, art. 127, § 1.º), de modo que lhe cumpre analisar, caso a caso, se há ou não elementos para a propositura da ação. Havendo necessidade de maiores investigações, poderá lançar mão do valioso instrumento do inquérito civil (CF, art. 129, III; LACP, art. 8.º, § 1.º).

Havendo, da representação e documentos (peças informativas) recebidos, ou, ainda, das informações colhidas no inquérito civil, fundamentos suficientes acerca do dano ou da ameaça, impõe-se ao Ministério Público atuar para afastá-los, o que, não necessariamente, será feito por meio de ação civil pública, já que se pode optar, eventualmente, pela via alternativa do compromisso de ajustamento de conduta (LACP, art. 5.º, § 6.º).

Se, pelo contrário, o membro do *Parquet* se convencer da inexistência de fundamentos para o ajuizamento da ação, poderá promover o arquivamento do inquérito civil ou das peças informativas. Depende do Conselho Superior do respectivo Ministério Público a homologação ou rejeição desse arquivamento (LACP, art. 9.º e parágrafos).[89]

Também em razão do princípio da obrigatoriedade, nos casos em que a ação houver sido proposta por uma associação legitimada, e o Ministério Público funcionar apenas como fiscal da lei, impõe-se que, no caso de a autora desistir infundadamente ou abandonar a ação, o Ministério Público assuma o polo ativo (LACP, art. 5.º, § 3.º).[90] Frise-se, porém, que essa obrigatoriedade só existirá quando a desistência da associação for *infundada*. Infere-se, por estar presente a mesma *ratio*, que, se as associações podem *fundadamente* desistir da ação civil pública, o mesmo se aplica em relação ao Ministério Público e aos demais legitimados.[91] Também voltaremos a tratar da desistência no item 2.9.3.

2.3.1.1.4.2 Repartição de atribuições entre os diversos Ministérios Públicos

A Constituição Federal (art. 128) di*vide* o Ministério Público em Ministério Público da União (MPU) e Ministério Público dos Estados (MPE). O Ministério Público da União, por seu turno, é composto por:

---

[89] O inquérito civil é versado com mais detalhes no item 2.8.1.1.

[90] A expressão "fiscal da lei", até então utilizada nos diplomas legais para referir-se à função desempenhada pelo Ministério Público nos processos em que não é autor ou réu, ou seja, em que intervém como *custos legis*, foi substituída no CPC/2015 pela locução "fiscal da ordem jurídica", mais consentânea com o real papel da instituição nessas hipóteses e idêntica àquela utilizada na Constituição Federal de 1988, que, em seu art. 127, *caput*, atribuiu ao *Parquet* a defesa da *ordem jurídica*, do regime democrático e dos interesses sociais e individuais indisponíveis.

[91] Se houver interesse em um aprofundamento na questão do *princípio da obrigatoriedade* e o Ministério Público, *vide* SOUZA, Motauri Ciocchetti de. *Ministério Público e o Princípio da Obrigatoriedade*. São Paulo: Método, 2007.

a) Ministério Público Federal (MPF);

b) Ministério Público do Trabalho (MPT);

c) Ministério Público Militar (MPM);

d) Ministério Público do Distrito Federal e Territórios (MPDFT).

Ao conferir ao Ministério Público a legitimidade para a defesa do meio ambiente, do patrimônio público e social, e de outros interesses difusos e coletivos, a Constituição não chegou a repartir tais funções entre os diversos ramos da instituição (CF, art. 129, III).

Coube à Lei Orgânica do Ministério Público da União – LOMPU (Lei Complementar 75/1993) especificar as atribuições de cada um dos componentes do MPU, e à Lei Orgânica Nacional do Ministério Público – LONMP (Lei 8.625/1993) esmiuçar as atribuições dos Ministérios Públicos dos Estados, seguida, obviamente, pelas respectivas Leis Orgânicas Estaduais de cada Ministério Público Estadual. Desde já ressaltamos, porém, que nem a LOMPU nem a LONMP executaram tal mister a contento, havendo vários campos em que as atribuições dos diversos ramos parecem coincidir. Além disso, discute-se se é possível aos diversos Ministérios Públicos propor ações civis públicas em litisconsórcio.

Não obstante tais dificuldades, pode-se dizer que, a exemplo do que ocorre para se definirem as competências dos órgãos jurisdicionais,[92] algo parecido se dá, de modo geral, para distribuir as atribuições entre os vários Ministérios Públicos.

Até a 2.ª edição, importava principiarmos a análise da repartição de atribuições entre os diversos Ministérios Públicos a partir do exame da competência originária do STF.[93] Isso porque, em razão do que rezam os arts. 37, I, e 46, ambos da LOMPU, a Corte Maior entendia que apenas o MPF, por meio do Procurador-Geral da República, poderia nela atuar originariamente. Logo, afirmávamos não ser possível que outros Ministérios Públicos pudessem aforar ações civis públicas naquele sodalício. Assim, se a competência originária para a ação civil pública fosse do STF, necessariamente, a atribuição seria do MPF.

Ocorre que o entendimento do STF mudou. Com efeito, ao apreciar a Reclamação 7.538/SP, a Corte Suprema passou a admitir que os Ministérios Públicos Estaduais nela atuem originariamente, quando estiverem agindo no desempenho de suas prerrogativas institucionais e no âmbito dos processos cuja natureza justifique sua participação.[94]

A partir de então, a Corte Constitucional limita a aplicação dos citados dispositivos da LOMPU aos diversos ramos do Ministério Público da União, não a estendendo MPEs. A partir de tal revisão de entendimento, nada obsta, ao nosso aviso, que, presente hipótese de competência originária do STF para a ação civil pública, possa algum MPE ter legitimidade para propô-la. Assim, conforme o caso concreto, a atribuição será do MPF e/ou do MPE, a depender da matéria em pauta se inserir dentre aquelas compatíveis com as funções institucionais conferidas ao MPF pela LOMPU e/ou ao MPE por sua respectiva Lei Orgânica.

Em não se tratando de competência originária do STF, deve-se passar à análise das atribuições dos Ministérios Públicos que atuam perante as Justiças especiais. Façamo-lo.

---

[92] Conforme tratado no item 2.5, as competências das "Justiças" Comuns (federal, distrital e estaduais) e Especiais (eleitoral, trabalhista, militar) são residuais em relação às competências dos tribunais de sobreposição (STF e STJ); as competências das Justiças Comuns são residuais em relação às das Justiças Especiais; e, dentro das Justiças Comuns, as competências das Justiças dos Estados e do Distrito Federal são residuais em relação às da Justiça Federal.

[93] Ao contrário do STF, não se vislumbram hipóteses que defiram ao STJ competência originária para ações civis públicas.

[94] Tribunal Pleno, rel. Min. Ellen Gracie, *DJe* 03.06.2011. **No mesmo sentido:** MS 28.827/SP, 1.ª T., rel. Min. Carmen Lúcia, *DJe* 09.10.2012.

2.3.1.1.4.2.1 Ministério Público Militar

A LOMPU não deferiu expressamente ao Ministério Público Militar (MPM) atribuição para instaurar inquéritos civis e promover ações civis públicas, mas, tão somente, para atuar na área penal militar (LOMPU, arts. 116 e 117). Logo, numa primeira leitura, ele não parece possuir atribuição para promover ações civis públicas.

Sem embargo, alguns membros do MPM vêm instaurando inquéritos civis, expedindo recomendações, e ajuizando ações civis públicas, por exemplo, para a proteção de direitos coletivos de servidores militares ou divulgação e esclarecimento sobre a existência do direito de escusa de consciência do serviço militar obrigatório, sob o argumento de que tanto na Constituição Federal (art. 129, III) quanto na Lei Orgânica do Ministério Público da União (art. 6.º, VII) há dispositivos que atribuem a promoção do inquérito civil e a propositura da ação civil pública à instituição Ministério Público (como um todo), o que legitimaria o MPM.[95] Aliás, o Conselho Superior do Ministério Público Militar possui resolução disciplinando o inquérito civil, seu procedimento preparatório, a expedição de recomendações e a celebração de termos de compromisso de ajustamento de conduta.[96]

Note-se, porém, que a Justiça Militar não detém competência para o processamento de ações cíveis. Assim, o MPM tem ajuizado suas ações civis públicas na Justiça Federal "comum". Dado, contudo, que a LOMPU somente prevê sua atuação perante a Justiça Militar, tem-se admitido que ele promova ações civis públicas na Justiça Federal apenas como litisconsorte do MPF, e desde que se justifique a atuação conjunta.[97] Nesse sentido, leia-se fundamento do voto do relator de acórdão do STJ:

> Não há, pois, qualquer óbice à atuação do Ministério Público Militar em conjunto com o Ministério Público Federal com a finalidade de assegurar a divulgação do direito de escusa de consciência, bem como sua efetiva implementação pelos órgãos competentes, porquanto, além de instituições autônomas, têm competência constitucional assegurada para tanto. A propósito, consigna-se que as competências específicas previstas para o Ministério Público Militar, junto à Justiça Militar, previstas nos artigos 116 e 117 da Lei Complementar 75/1993 não afastam sua legitimidade para atuar em conjunto com o Ministério Público Federal, quando a causa a ser defendida assim o exigir ou for conveniente para ambos.[98]

2.3.1.1.4.2.2 Ministério Público do Trabalho

Já no que se refere ao Ministério Público do Trabalho cumpre-lhe promover a ação civil pública no âmbito da Justiça do Trabalho, para defesa de interesses coletivos, quando desrespeitados os direitos sociais constitucionalmente garantidos (LOMPU, art. 83, III). Esses direitos sociais são os veiculados, sobretudo, no art. 7.º da CF.

Como devem atuar perante a Justiça do Trabalho, as lides deverão ser oriundas necessariamente de relações de trabalho. Para análise do significado da expressão "relações

---

[95] ASSIS, Jorge César de; ARPINI, Soel; ZANCHET, Dalila Maria. *Legitimidade do Ministério Público Militar para a Interposição da Ação Civil Pública*. Curitiba: Juruá, 2011. p. 51-102.

[96] Res. 100/2018, que substituiu as Resoluções 30, de 24.08.1999, e 66, de 11.04.2011, e que no seu art. 1.º dispõe: "O Inquérito Civil, procedimento de natureza administrativa, de caráter inquisitorial, será instaurado objetivando a proteção, prevenção e reparação de dano ao patrimônio público, ao meio ambiente, aos bens e direitos de valor histórico e cultural, a proteção dos interesses individuais indisponíveis, difusos e coletivos, e a proteção dos direitos constitucionais no âmbito da administração militar".

[97] TRF-4: AC 2008.71.02.000356-3/RS, 4.ª T., rel. Des. Marga Inge Barth Tessler, j. 16.03.2011, *DE* 02.05.2011; AC 2008.71.02.004712-8, 3.ª T., rel. Des. Thompson Flores, j. 14.04.2009, *DE* 06.05.2009.

[98] REsp 1.339.383/RS, 1.ª T., rel. Min. Benedito Gonçalves, j. 26.11.2013, *DJe* 23.04.2014.

de trabalho", remetemos o leitor ao item 2.5.2.1.3, em que tratamos da competência da Justiça do Trabalho.

2.3.1.1.4.2.3 Ministério Público Federal (funções eleitorais)

O Ministério Público Eleitoral não foi previsto pela Lei Maior (art. 128) e tampouco pela LOMPU, como ramo autônomo do Ministério Público.

Incumbe ao Ministério Público Federal, no que couber, o exercício das funções do Ministério Público Eleitoral em todas as fases e instâncias do processo eleitoral (LOMPU, art. 72).

Embora a serviço do MPF, quem exerce as funções eleitorais perante os juízes e juntas eleitorais são os Promotores Eleitorais, que são Promotores de Justiça dos Estados e do Distrito Federal (LOMPU, arts. 78 e 79). Já perante os Tribunais Regionais Eleitorais atuam os Procuradores Regionais Eleitorais, que são designados pelo Procurador Geral Eleitoral (que é o PGR) dentre os Procuradores Regionais da República (LOMPU, art. 76). Logo, tanto os membros do MPE como os do MPF cumprem funções eleitorais.

Até a 7.ª edição desta obra, não excluíamos a possibilidade de que, se presentes interesses transindividuais, o MP com função eleitoral pudesse instaurar inquéritos civis, celebrar termos de ajustamento de conduta ou aforar ações civis públicas de natureza eleitoral. Continuamos a reputar inconstitucional o art. 105-A da Lei 9.504/1997 (nela introduzido pela Lei 12.034/2009), que dispõe não serem aplicáveis em matéria eleitoral os procedimentos previstos na LACP. Para nós, o art. 129, III, e o art. 127, *caput*, ambos da CF, asseguram ao Ministério Público a instauração de inquéritos civis e a proposição de ações civis públicas para a defesa da ordem jurídica, do regime democrático e dos interesses sociais e individuais indisponíveis (e, se asseguram até mesmo o ajuizamento de ações civis públicas, presume-se que também autorizariam a celebração de termos de ajustamento de conduta, que contribuem para a defesa mais célere dos direitos e interesses em questão). Logo, aquele art. 105-A da Lei 9.504/1997 seria inconstitucional.

No entanto, a suposta inconstitucionalidade do dispositivo não chegou a ser enfrentada pelo STF[99] e o TSE vinha aplicando reiteradamente tal dispositivo,[100] o que levou, na prática, que o MP deixasse de instaurar inquéritos civis e tampouco celebrasse termos de ajustamento de conduta ou propusesse ações civis públicas na seara eleitoral. Para fornecer ao MP uma ferramenta para investigação de ilícitos eleitorais para eventual ajuizamento de ações prevista na legislação eleitoral, o Procurador-Geral da República viu-se obrigado a instituir normativamente, em 2016, a figura do *procedimento preparatório eleitoral*.

É curioso ressaltar que, depois da instituição desse procedimento e do abandono do uso do inquérito civil para fins eleitorais, o TSE alterou seu entendimento e passou a reconhecer que o art. 129, III, da CF autorizaria o MP a utilizar o inquérito civil para essa finalidade.[101] Na prática, por cautela, o MP segue usando para tais fins apenas o *procedimento preparatório eleitoral*.

---

[99] Sua constitucionalidade chegou a ser questionada no STF na ADI 4.352, extinta, contudo, sem resolução do mérito em decisão de 08.08.2022.

[100] RO 4890-16.2010.6.04.0000/AM, rel. Min. Dias Toffoli, j. 27.02.2014, *DJe* 20.03.2014; RO 4746-42.2016.04.0000/AM, rel. Min. Dias Toffoli, rel. desig. Min. Marco Aurélio, j. 26.11.2013, *DJe* 20.03.2014; REE 32.231, rel. Min. Henrique Neves da Silva, j. 08.05.2014, *DJe* 30.05.2014.

[101] AgR-REsp 131.823, rel. Min. Jorge Mussi, j. 22.02.2018, p. 26.03.2018; AgR-AI 2.287, rel. Min. Sérgio Silveira Banhos, j. 08.08.2019, p. 16.09.2019.

2.3.1.1.4.2.4 Ministério Público Federal (funções não eleitorais)

A legitimação do MPF para propor ações originárias perante o STF não deixa de ser atribuição não eleitoral. Vejamos as demais. Não sendo legitimados o Ministério Público do Trabalho (MPT) nem o MPF em suas funções eleitorais, compete ao MPF ajuizar perante a Justiça Federal comum as ações civis públicas para a defesa de interesses supraindividuais sempre que houver evidente **interesse federal**.

A simples existência de dano de âmbito nacional não configura *interesse federal*. A presença daquele não leva necessariamente a este, nem vice-versa. Na verdade, o *interesse federal* estará presente nas seguintes hipóteses:

1. Nas causas de competência dos Juízes Federais ou dos Tribunais Regionais Federais, perante os quais o MPF, por força de lei, tem atribuição para atuar (LOMPU, art. 37, I);

2. Nas causas ajuizadas em defesa dos direitos constitucionais do cidadão, sempre que se cuidar de garantir-lhes o respeito (LOMPU, art. 39):

   I – pelos Poderes Públicos Federais;

   II – pelos órgãos da administração pública federal direta ou indireta;

   III – pelos concessionários e permissionários de serviço público federal;

   IV – por entidades que exerçam outra função delegada da União;

3. Nas ações voltadas à proteção dos direitos e interesses dos índios e das populações indígenas (LOMPU, art. 37, II);

4. Nos demais casos em que, a despeito de sua atribuição não decorrer expressamente da lei, estiver presente *interesse federal*, o que ocorrerá, por exemplo:

   4.1 Onde houver interesse seja da União, seja de uma autarquia, fundação ou empresa pública federais, *ainda que elas não participem do processo* (a participação de alguma delas como autora, ré, assistente ou oponente já faria legitimado o Ministério Público, uma vez que a causa, por força do art. 109, I, da CF, seria de competência da Justiça Federal). É o que ocorre, por exemplo, quando o MPF ajuíza uma ação civil pública em defesa do patrimônio público ou da probidade administrativa de um desses entes, atuando como seu substituto processual.[102] Já a simples presença de interesse de uma *sociedade de economia mista* federal não configura o interesse federal a legitimar a atuação do MPF.[103]

   4.2 Especificamente nas **causas ambientais**, o *interesse federal* tem sido reconhecido pelos tribunais nas causas:

   a) em que haja dano ou risco de dano ambiental verificado em porto marítimo, fluvial ou lacustre, por competir à União explorar os portos marítimos, fluviais ou lacustres (CF, art. 21, XII, *f*) e sobre eles legislar, privativamente (CF, art. 22, X);[104]

   b) quando a *área* ou *bem* danificado ou ameaçado de dano estiver *sob o domínio da União*,[105] como ocorre nas unidades de conservação federais[106] (parques

---

[102] ZAVASCKI, Teori Albino. *Processo Coletivo*: Tutela de Direitos Coletivos e Tutela Coletiva de Direitos. 4. ed. São Paulo: RT, 2009. p. 135.

[103] STJ, REsp 200.200/SP, 1.ª T., rel. Min. Milton Luis Pereira, j. 20.08.2002, *DJ* 30.09.2002.

[104] STJ, REsp 1.057.878/RS, 2.ª T., rel. Min. Herman Benjamin, j. 26.05.2009, *DJe* 21.08.2009.

[105] STJ, REsp 876.936/RJ, 1.ª T., rel. Min. Luiz Fux, j. 21.10.2008, *DJe* 13.11.2008.

[106] STJ, REsp 1.057.878/RS, 2.ª T., rel. Min. Herman Benjamin, j. 26.05.2009, *DJe* 21.08.2009.

nacionais, florestas nacionais etc.), nos terrenos de marinha e seus acrescidos (CF, art. 20, VII),[107] nas terras tradicionalmente ocupadas pelos índios (CF, art. 20, XI, e art. 231, sem falar do art. 109, XI), nos rios federais e no mar territorial (CF, art. 20, III e VI);[108]

c) em que o dano ou ameaça afetar unidade de conservação (UC) federal – ou seja, instituída pela União –, ainda quando não integrante do domínio da União, como é o caso de áreas de proteção ambiental (APA)[109] e zonas de amortecimento de UC;[110]

d) quando o licenciamento ambiental da atividade ou empreendimento gerador do dano ambiental, a teor da Lei Complementar 140/2011, competir à União (p. ex.: empreendimento localizado ou desenvolvido em dois ou mais Estados etc.).[111]

Ainda com relação às causas ambientais, é importante não se confundir os bens da União, previstos no art. 20 da Constituição Federal, com os biomas que compõem nosso **patrimônio nacional**, enumerados pela Lei Maior no seu art. 225, § 4.º, *in verbis*:

> § 4.º A Floresta Amazônica brasileira, a Mata Atlântica, a Serra do Mar, o Pantanal Mato-Grossense e a Zona Costeira são patrimônio nacional, e sua utilização far-se-á, na forma da lei, dentro de condições que assegurem a preservação do meio ambiente, inclusive quanto ao uso dos recursos naturais.

"Patrimônio" é um termo usualmente empregado para aludir a um determinado conjunto de bens. Cada um dos biomas mencionados no § 4.º pode ser considerado um bem ambiental de extrema importância para nosso país. Daí o constituinte haver utilizado a locução **"patrimônio nacional"** para destacar a enorme importância ecológica daquele conjunto de bens ambientais, e assegurar-lhes um maior grau de proteção jurídica. Isso não quer dizer, contudo, que eles integrem o patrimônio da União. Os imóveis inseridos em tais biomas, e que, à época da promulgação da CF, porventura fossem de propriedade privada, não foram transferidos pelo citado dispositivo para o domínio da União, mas continuaram privados,[112] embora passíveis de certas restrições normativo-ambientais.

Logo, o dano ou ameaça de dano ambiental em um bem localizado em um dos componentes desse patrimônio nacional, por si só, não tem o condão de caracterizar interesse federal (da União ou de seus entes da administração indireta ou fundacional).[113] Nesse sentido já se posicionou o STF:

> Competência. Crime previsto no artigo 46, parágrafo único, da Lei n.º 9.605/98. Depósito de madeira nativa proveniente da Mata Atlântica. Artigo 225, § 4.º, da Constituição Federal. Não é a Mata Atlântica, que integra o patrimônio nacional a que alude o artigo 225, § 4.º, da Constituição Federal, bem da União. Por outro lado, o interesse da União para que ocorra a competência da Justiça Federal prevista no artigo 109, IV, da Carta Magna tem de ser direto e específico, e não, como ocorre no caso, interesse genérico da coletividade, embora aí também incluído genericamente o interesse da União. Consequentemente, a competência, no caso, é da Justiça Comum estadual. Recurso extraordinário não conhecido.[114]

---

[107]   STJ, REsp 440.002/SE, 1.ª T., rel. Min. Teori Albino Zavascki, j. 18.11.2004, *DJ* 06.12.2004.

[108]   STJ, CC 39.111/RJ, 1.ª S., rel. Min. Luiz Fux, j. 13.12.2004, *DJ* 28.12.2005.

[109]   STF, ACO 1.187/SP, rel. Min. Menezes Direito, j. 07.08.2008, *DJe* 15.08.2008.

[110]   STJ, AgRg no REsp 1.373.302/CE, 2.ª T., rel. Min. Humberto Martins, j. 11.06.2013, *DJe* 19.06.2013.

[111]   STF, CC 7.767, rel. Min. Ricardo Lewandowski, j. 17.06.2014, *DJe* 23.06.2014.

[112]   STF, RE 134.297/SP, 1.ª T., rel. Min. Celso de Mello, j. 13.06.1995, *DJ* 22.09.1995.

[113]   DANTAS, Marcelo Buzaglo. *Ação Civil Pública e Meio Ambiente*. São Paulo: Saraiva, 2009. p. 29.

[114]   RE 300.244/SC, 1.ª T., rel. Min. Moreira Alves, j. 20.11.2001, *DJ* 19.12.2001.

2.3.1.1.4.2.5 Ministério Público do Distrito Federal e Territórios

Estando ausentes os fatores que conferem atribuição ao Ministério Público do Trabalho, ou ao Ministério Público Federal, estarão legitimados a atuar o Ministério Público do Distrito Federal e dos Territórios (MPDFT) ou os Ministérios Públicos Estaduais.

Na distribuição dessa atribuição residual, o MPDFT proporá, em suma, as ações civis públicas que forem de competência da Justiça do Distrito Federal e Territórios (LOMPU, art. 178), que é basicamente ditada pelo local do dano ou ameaça de dano: é competente para as causas em que o dano ou ameaça de dano estejam restritos ao território do DF, sendo, portanto, locais (CDC, art. 93, I), ou nas hipóteses em que sejam regionais ou nacionais (CDC, art. 93, II). Para maiores detalhes, remetemos o leitor ao item 2.5.2, em que tratamos da competência das diversas Justiças.

2.3.1.1.4.2.6 Ministérios Públicos dos Estados

Os Ministérios Públicos Estaduais ajuizarão as ações civis públicas que não sejam da atribuição exclusiva do MPT ou do MPF.[115] As atribuições dos MPEs estão definidas na Lei Orgânica Nacional do Ministério Público (LONMP) e na Lei Orgânica Estadual respectiva, de cada Ministério Público Estadual.

2.3.1.1.4.3 O MPF estaria limitado a atuar na Justiça Federal, e os MPEs nas Justiças dos respectivos Estados ou Distrito Federal?

Para parte da doutrina, cada Ministério Público está constitucionalmente destinado a atuar perante a "respectiva" Justiça. Argumenta-se que a própria Constituição, em simetria com o que fez em relação às diversas Justiças, repartiu o Ministério Público em vários ramos (CF, art. 128). Resumem tal posição os argumentos de Freitas:

> A meu ver a única conclusão possível é de que cada órgão só pode atuar na Justiça que, pela Constituição Federal, lhe é correspondente. Com efeito, é preciso que a questão seja enfocada tendo em vista todo o sistema e não isoladamente. Veja-se que, na Lei Orgânica do Ministério Público dos Estados, preveem-se, no art. 7.º, as atribuições do Procurador-Geral da Justiça, e todas se referem a assuntos de natureza estadual e perante o Tribunal de Justiça. Ora, é incogitável que o MP Eleitoral ingresse na Justiça Militar, o MP do Trabalho na Justiça Estadual e, da mesma forma, o Federal e o Estadual postulem perante órgãos do Poder Judiciário que não correspondem à sua origem.[116]

No mesmo diapasão, argui-se que a LOMPU teria acabado de vez com eventuais dúvidas ainda existentes, ao determinar que o MPF atue perante a Justiça Federal (art. 37, I), os membros do MPT na Justiça do Trabalho (art. 86), e os do MPM junto à Justiça Militar (art. 120).[117]

Em sentido contrário, alguns juristas pensam não existir o alegado vínculo. Vide, nessa toada, o entendimento de Nery Junior e Nery:

> Quando a CF ou a lei legitima o MP a promover a ACP, o faz com relação à instituição como um todo, que é uma e indivisível (CF 127 § 1.º). Ao definir a composição do MP, a CF o trata

---

[115] STJ, REsp 876.936/RJ, 1.ª T., rel. Min. Luiz Fux, j. 21.10.2008, *DJe* 13.11.2008; Pet 2.639/RJ, Corte Especial, rel. Min. Luiz Fux, j. 18.05.2005, *DJ* 25.09.2006; REsp 440.002/SE, 1.ª T., rel. Min. Teori Albino Zavascki, j. 18.11.2004.

[116] FREITAS, Wladimir Passos de. *Comentários ao Código do Consumidor.* Coordenação de José Cretella Jr. e René Ariel Dotti. Rio de Janeiro: Forense, 1991. p. 330. **No mesmo sentido**: ANTUNES, Paulo de Bessa. O Papel do Ministério Público na Ação Civil Pública. *Revista da Procuradoria-Geral da República*, São Paulo, v. 4, p. 126, 1993.

[117] ALMEIDA, João Batista de. *Aspectos Controvertidos da Ação Civil Pública.* 2. ed. rev., atual. e ampl. São Paulo: RT, 2009. p. 105-106.

no singular (CF 128). O MP da União pode promover ação na justiça estadual e vice-versa, já que não existe limitação na legislação para esse exercício. O juiz somente poderia rejeitar a petição inicial de ACP ajuizada pelo MP estadual na justiça federal, por exemplo, se houvesse lei expressa negando essa possibilidade. Como não há, deve receber e mandar processar a ação.[118]

Em prol dessa corrente aduz-se que, se é verdade que o art. 37, I, da LOMPU determina que o MPF atue, em regra, perante a Justiça Federal, seu inciso II, por seu turno, autoriza-lhe a propor ações civis públicas perante quaisquer Justiças:

Art. 37. O Ministério Público Federal exercerá as suas funções:

I – nas causas de competência do Supremo Tribunal Federal, do Superior Tribunal de Justiça, dos Tribunais Regionais Federais e dos Juízes Federais, e dos Tribunais e Juízes Eleitorais;

II – nas causas de competência de quaisquer juízes e tribunais, para defesa de direitos e interesses dos índios e das populações indígenas, do meio ambiente, de bens e direitos de valor artístico, estético, histórico, turístico e paisagístico, integrantes do patrimônio nacional.

Ademais, sustenta-se que a intenção da LACP foi aprimorar a tutela judicial dos interesses difusos e coletivos, de modo que admitir que o MPE e o MPF possam atuar tanto na Justiça Federal como nas Estaduais é seguir o espírito da lei, conferindo uma maior efetividade à defesa dos direitos transindividuais.[119]

Na prática, os Ministérios Públicos Estaduais têm restringido sua atuação às respectivas Justiças Estaduais, ao passo que o Ministério Público Federal tem se limitado a atuar na seara federal. As exceções a essa regra têm se verificado nas ações propostas em litisconsórcio entre esses Ministérios Públicos (LACP, art. 5.º, § 5.º), e, por essa razão, é exatamente nelas que tem se concentrado a jurisprudência sobre o assunto.[120]

Seja como for, o STJ vem decidindo que o Ministério Público Federal é um órgão da União, para os fins do art. 109, I, da CF, e que sua presença no processo já bastaria para conferir a competência à Justiça Federal. Sendo assim, é possível deduzir que a tendência, naquele sodalício, é de não admitir que o MPF possa demandar fora da Justiça Federal, o que limitaria tal litisconsórcio à atuação perante essa justiça.

O quadro a seguir resume a repartição de atribuições na defesa dos interesses supraindividuais entre os Ministérios Públicos:

Ministério Público do Trabalho	Causas em que haja interesses supraindividuais defendíveis pelo MP, desde que digam respeito aos direitos sociais constitucionalmente garantidos, em lides oriundas de relação de trabalho, e, portanto, adstritas à competência da Justiça do Trabalho (excluídas as causas de competência originária do STF).
Ministério Público Federal	Demais ações em que haja interesses supraindividuais defendíveis pelo MP, desde que haja *interesse federal*.

---

[118] NERY JUNIOR, Nelson; NERY, Rosa Maria de Andrade. *Código de Processo Civil Comentado e Legislação Processual Civil Extravagante em Vigor.* 4. ed. rev. e ampl. São Paulo: RT, 1999, nota 1 ao art. 81 do CPC/1973. **No mesmo sentido:** WATANABE, Kazuo. *Código Brasileiro de Defesa do Consumidor Comentado pelos Autores do Anteprojeto.* 8. ed. Rio de Janeiro: Forense Universitária, 2005. p. 832-833, para quem, "desde que a defesa dos interesses e direitos difusos e coletivos esteja dentro das atribuições que a lei confere a um órgão do Ministério Público, a este é dado atuar em qualquer das justiças".

[119] CAVALLEIRO, Vinícius Leal. A possibilidade de o Ministério Público Estadual propor ações civis públicas ambientais perante a Justiça Federal. *Revista Brasileira de Direito Ambiental*, São Paulo: Fiúza, ano 1, v. 1, p. 211-229, jan.-mar. 2005.

[120] V. item 2.6.1.4 (Litisconsórcio ativo entre Ministérios Públicos).

Ministério Público do Distrito Federal e Territórios	As ações em que haja interesses supraindividuais defendíveis pelo MP, desde que o dano ou risco de dano afete o território do DF (excluídas as causas de competência originária do STF e as de atribuição exclusiva do MPF ou MPT).
Ministérios Públicos Estaduais	As ações em que haja interesses supraindividuais defendíveis pelo MP, desde que o dano ou risco de dano afete o território do respectivo Estado (excluídas as de atribuição exclusiva do MPF e do MPT).

2.3.1.1.4.4 A constatação de que a atribuição para a propositura da ação seria de outro ramo do MP importa a extinção do processo por ausência de condição da ação?

Essa questão foi enfrentada algumas vezes pelo STJ, sempre com a mesma postura. Tem ele entendido não ser hipótese de extinção automática do processo, devendo a Justiça perante a qual foi proposta a ação remeter o processo àquela perante a qual atua o ramo do MP em tese legitimado para ajuizá-la.

Num dos casos já enfrentados pela Corte, a Justiça Estadual de Minas Gerais declinou da competência para a Justiça Estadual do Rio de Janeiro, em ação proposta pelo MP/MG e posteriormente endossada pelo MP/RJ. O réu recorreu ao STJ alegando ter ocorrido substituição no polo ativo em hipótese não autorizada pelo CPC. A propósito, a 3.ª Turma decidiu que a incompetência da Justiça mineira não importava na ilegitimidade ativa do Ministério Público e que não houve substituição de um autor por outro, em razão da unidade institucional do Ministério Público:[121]

(...)

– O Ministério Público é uma só instituição e a sua fragmentação em Ministério Público Federal e Ministérios Públicos Estaduais e do Distrito Federal e Territórios, disposta no art. 128, I e II da CF/88, nada mais é que organização institucional, na busca da maior abrangência e eficiência no exercício de suas atribuições.

– O reconhecimento da incompetência do juízo não significa a ilegitimidade do Ministério Público.

(...)

Do mesmo modo tem decidido o STJ quando se remetem os autos da Justiça Federal para a Estadual, da Justiça do Trabalho para a Justiça Estadual etc. Em qualquer hipótese, o Juízo competente deve "intimar o órgão ministerial com atribuições para a causa com o intuito de ratificar ou não a petição e, dessa feita, dar continuidade ou não à ação proposta".[122]

2.3.1.1.5 Defensoria Pública

O art. 5.º, II, da LACP, com a redação que lhe foi dada pela Lei 11.448/2007, incluiu expressamente a Defensoria Pública entre os entes legitimados à propositura de ações civis públicas em prol dos bens arrolados no art. 1.º. Sem embargo, sua legitimação já decorria implicitamente do texto constitucional original de 1988, seja por força das nobres

---

[121] REsp 1.375.540/RJ, 3.ª T., rel. Min. Nancy Andrighi, j. 18.10.2016, *DJe* 21.10.2016.

[122] AgInt no REsp 1.820.565/PB, 2.ª T., rel. Min. Og Fernandes, j. 07.06.2022, *DJe* 08.09.2022. **No mesmo sentido**: REsp 1.513.925/BA, 2.ª T., rel. Min. Herman Benjamin, *DJe* 13.09.2017; REsp 914.407/RJ, 3.ª T., rel. Min. Nancy Andrighi, j. 10.11.2009, *DJe* 01.12.2009; Pet 2.639/RJ, Corte Especial, rel. Min. Luiz Fux, *DJ* 25.09.2006. p. 198.

funções a ela atribuídas (art. 134, *caput*), seja em razão da necessidade de assegurar o efetivo acesso à Justiça aos hipossuficientes (art. 5.º, XXXV), que não poderia prescindir das ações civis públicas.[123] Com o advento do CDC, porém, logrou-se previsão normativa mais concreta, já que a Defensoria é entidade da Administração Pública com atribuição para defesa de interesses e direitos nele protegidos (art. 82, III).

Posteriormente ao CDC, a EC 80/2004 modificou a redação do art. 134 da Carta Constitucional, de modo a explicitar a atribuição da Defensoria Pública para a promoção dos direitos humanos e a defesa, em todos os graus, judicial e extrajudicial, dos direitos *individuais e coletivos*, de forma integral e gratuita, aos necessitados, na forma do inciso LXXIV do art. 5.º dessa Constituição Federal.

No que se refere aos direitos da criança, do adolescente e da pessoa idosa, os respectivos estatutos mandam aplicar-lhes, no que couber, a LACP (art. 224 do ECA; art. 93 do EPI), de modo que a legitimidade da Defensoria decorre de tal aplicação. Já em relação às pessoas com deficiência, o art. 3.º da Lei 7.853/1989, na redação conferida pela Lei 13.146/2015, e o art. 79, § 3.º, dessa última lei, incluem a Defensoria entre os entes com legitimidade para a tomada de medidas judiciais destinadas à proteção de seus interesses difusos, coletivos, individuais homogêneos ou individuais indisponíveis.

Não se exige da Defensoria Pública **pertinência temática**. Queremos dizer, com isso, que ela não está limitada à defesa de um tema específico (p. ex., só do consumidor, ou apenas do meio ambiente, ou exclusivamente da infância e da juventude etc.). Sem embargo, discute-se se sua legitimação seria tão ampla quanto a do Ministério Público, pela seguinte razão.

Nos termos do art. 134 da Constituição Federal, a Defensoria Pública é instituição essencial à função jurisdicional do Estado, *incumbindo-lhe a orientação jurídica e a defesa, em todos os graus, dos necessitados*, na forma do art. 5.º, LXXIV. Esse dispositivo, por sua vez, reza que o Estado prestará assistência jurídica integral e gratuita aos que comprovarem insuficiência de recursos.

Analisando tais dispositivos, parte dos juristas entende que a função essencial da Defensoria se restringe à orientação jurídica e à defesa daqueles que não dispõem de recursos suficientes para se valerem dos serviços da advocacia privada.[124] Para tal corrente, é indispensável verificar se *todos* os titulares dos direitos transindividuais *são necessitados*. Considerando que nos direitos difusos os titulares são indetermináveis, em relação a eles seria impossível verificar *se apenas os necessitados* estariam tendo seus interesses tutelados. Sendo assim, a Defensoria somente estaria legitimada a defender *interesses coletivos* stricto sensu e *interesses individuais homogêneos*, pois apenas eles possuem titulares determináveis. E, mesmo assim, essa legitimação só seria possível se todos esses titulares fossem *necessitados*.[125]

Para outra linha de pensamento, a função primordial da Defensoria, de fato, é a defesa e orientação jurídica dos necessitados. Sem embargo, haver-se-iam que levar em conta os princípios que regem a ação civil pública, dentre os quais se insere a preocupação com a solução coletiva do litígio em temas de relevância social. Não seria razoável, por exemplo, tolher a atuação da Defensoria sob o argumento de que determinada ação em tutela do direito difuso ao meio ambiente equilibrado beneficiaria não apenas

---

[123] **Nesse sentido:** STJ, REsp 1.264.116/RS, 2.ª T., rel. Min. Herman Benjamin, j. 18.10.2011, *DJe* 13.04.2012; e REsp 1.106.515/MG, 1.ª T., rel. Min. Arnaldo Esteves Lima, j. 16.12.2010, *DJe* 02.02.2011.

[124] ZAVASCKI, Teori Albino. *Processo Coletivo*: Tutela de Direitos Coletivos e Tutela Coletiva de Direitos. 4. ed. São Paulo: RT, 2009. p. 63.

[125] CARVALHO FILHO, José dos Santos. *Ação Civil Pública*: Comentários por Artigo (Lei n. 7.347/1985). 7. ed. rev., ampl. e atual. Rio de Janeiro: Lumen Juris, 2009. p. 156-157.

INTERESSES DIFUSOS E COLETIVOS - VOL. 1

os moradores de uma comunidade carente, mas também outros interessados. Ante sua função institucional, é mister que a Defensoria atue em prol de necessitados, mas nada obsta a que, ante a natureza difusa do direito a ser defendido, o espectro de beneficiados extravase o círculo dos necessitados.[126] Nessa linha já vinha decidindo o STJ.[127] O STF seguiu a mesma tendência,[128] sedimentando tal legitimidade ao julgar improcedente a ADI 3.943, que objetivava a declaração de inconstitucionalidade do inciso II do art. 5.º da Lei 7.347/1985 (com a redação dada pela Lei 11.448/2007). Pela importância da decisão, importa transcrever sua ementa:

> Ação Direta de Inconstitucionalidade. Legitimidade ativa da Defensoria Pública para ajuizar ação civil pública (art. 5.º, inc. II, da Lei n. 7.347/1985, alterado pelo art. 2.º da Lei n. 11.448/2007). Tutela de interesses transindividuais (coletivos *stricto sensu* e difusos) e individuais homogêneos. Defensoria pública: instituição essencial à função jurisdicional. Acesso à justiça. Necessitado: definição segundo princípios hermenêuticos garantidores da força normativa da constituição e da máxima efetividade das normas constitucionais: art. 5.º, incs. XXXV, LXXIV, LXXVIII, da Constituição da República. Inexistência de norma de exclusividade do Ministério Público para ajuizamento de ação civil pública. Ausência de prejuízo institucional do Ministério Público pelo reconhecimento da legitimidade da Defensoria Pública. Ação julgada improcedente.[129]

Mais recentemente, o STJ reinterpretou o conceito dos "necessitados" a que a Defensoria estaria legitimada a defender em ações coletivas, não o limitando aos carentes de recursos econômicos, mas estendendo-o aos juridicamente necessitados (ou "hipervulneráveis"), isto é, os socialmente estigmatizados ou excluídos, as crianças, os idosos, as gerações futuras. Daí haver reconhecido a legitimidade da DP para "promover ação civil pública em defesa de interesses individuais homogêneos de consumidores idosos que tiveram plano de saúde reajustado em razão da mudança de faixa etária, ainda que os titulares não sejam carentes de recursos econômicos".[130]

2.3.1.1.6   Entes da Administração Direta

A LACP, em seu art. 5.º, III, confere à União, aos Estados, ao Distrito Federal e aos Municípios a legitimidade para a propositura das ações civis públicas em prol dos bens arrolados no art. 1.º. O CDC faz o mesmo no art. 82, II, no que toca à defesa do consumidor. No mesmo sentido, a Lei de Defesa dos Portadores de Deficiência (Lei 7.853/1989, art. 3.º), o Estatuto da Criança e do Adolescente (Lei 8.069/1990, art. 210, II) e o Estatuto da Pessoa Idosa (Lei 10.741/2003, art. 81, II), em relação aos direitos nelas protegidos.

Tais entes federativos **não estão jungidos** ao requisito da **pertinência temática**, de modo que eles não estão adstritos à defesa, na ação civil pública, de um determinado tema, sendo legitimados à defesa dos mais diversos direitos passíveis de tutela via ação civil pública.

Note-se, contudo, que a desnecessidade de pertinência temática não significa possibilidade de atuar ampla e irrestritamente. Há que se verificar, em cada caso concreto,

---

[126] FERRARESI, Eurico. *Ação Popular, Ação Civil Pública e Mandado de Segurança Coletivo*. Rio de Janeiro: Forense, 2009. p. 207-209.

[127] REsp 912.849/RJ, 1.ª T., rel. Min. José Delgado, j. 26.02.2008, *DJe* 28.04.2008. **No mesmo sentido:** AgRg no AgRg no Ag 656.360/RG, 3.ª T., rel. Min. Paulo de Tarso Sanseverino, j. 15.03.2011, *DJe* 24.03.2011; REsp 555.111/RJ, 3.ª T., rel. Min. Castro Filho, j. 05.09.2006, *DJ* 18.12.2006.

[128] RE 733.433/MG, rel. Min. Dias Toffoli, j. 04.11.2015, Informativo STF 806.

[129] ADI 3.943/DF, Pleno, rel. Min. Carmen Lúcia, j. 07.05.2015, *DJe* 06.08.2015.

[130] EREsp 1.192.577/RS, Corte Especial, rel. Min. Laurita Vaz, j. 21.10.2015, *DJe* 13.11.2015.

se existe conexão entre as competências, os serviços, as atividades ou o patrimônio do ente, e a causa de pedir e o pedido por ele formulados na ação.[131] Há de se ponderar, seja pela natureza do bem jurídico ameaçado ou lesado, seja pela amplitude da ameaça ou da lesão, seja, ainda, pela quantidade e localização dos titulares dos interesses ameaçados ou lesados, se existe um *vínculo* entre o proponente da ação e a lide por ele deduzida em Juízo.[132]

Assim, por exemplo, um Município "A" pode ajuizar ações coletivas em prol do meio ambiente, dos consumidores, dos portadores de deficiência etc., pois não lhe é necessário o requisito da *pertinência temática*. Sem embargo, ele não tem legitimidade para ajuizar uma ação que visa a beneficiar, tão somente, consumidores residentes em um Município "B". Nesse caso, faltaria ao Município "A" um mínimo de **vinculação** com a lide. A doutrina interpreta essa *vinculação* como **interesse processual**[133] (**interesse de agir**).[134]

O mesmo raciocínio tem aplicação relativamente à defesa do meio ambiente:

> A legitimação dessas entidades para a particular defesa do meio ambiente reclama pertinência com a atividade que desenvolvem e não prescinde do exame, em cada caso concreto, do interesse ou vínculo que possam ter com o bem ameaçado ou lesado. Assim, por exemplo, a defesa do meio ambiente em Ariquemes, no Estado de Rondônia, não diz respeito ao município de bonito, do Mato Grosso do Sul, por ausência de interesse.[135]

Evidentemente, porém, que, se determinada lesão ou ameaça a direito transindividual acometer o território de mais de um Município, ou de mais de um Estado, qualquer deles terá interesse processual.

2.3.1.1.7   Entes da Administração indireta

O art. 5.º da LACP confere legitimidade à autarquia, empresa pública, fundação ou sociedade de economia mista, que são entes da Administração indireta. Já o art. 82, III, do CDC refere-se genericamente a entidades e órgãos da Administração Pública, direta ou indireta. Sua legitimação ainda é veiculada na Lei de Defesa dos Portadores de Deficiência (Lei 7.853/1989, art. 3.º).

Nem o Estatuto da Criança e do Adolescente (art. 210) nem o Estatuto da Pessoa Idosa (art. 81) arrolam tais entes expressamente dentre os legitimados para a propositura das ações civis públicas em tutela dos direitos protegidos em tais diplomas. Pode-se, entretanto, sustentar sua legitimidade, sob o argumento de que não se pode abrir mão de sua colaboração na defesa de tais interesses, sendo recomendável interpretar a norma de modo a admitir sua legitimação. Sendo assim, seria possível alegar que o Estatuto da Criança e do Adolescente e o Estatuto da Pessoa Idosa, ao legitimarem a União, os Estados, o Distrito Federal e os Municípios, considerou-os como Administração em sen-

---

[131] ZAVASCKI, Teori Albino. *Processo Coletivo*: Tutela de Direitos Coletivos e Tutela Coletiva de Direitos. 4. ed. São Paulo: RT, 2009. p. 63.

[132] WATANABE, Kazuo. *Código Brasileiro de Defesa do Consumidor Comentado pelos Autores do Anteprojeto*. 8. ed. Rio de Janeiro: Forense Universitária, 2005. p. 820-821.

[133] MAZZILLI, Hugo Nigro. *A Defesa dos Interesses Difusos em Juízo*. 22. ed. São Paulo: Saraiva, 2009. p. 372.

[134] ZAVASCKI, Teori Albino. *Processo Coletivo*: Tutela de Direitos Coletivos e Tutela Coletiva de Direitos. 4. ed. São Paulo: RT, 2009. p. 63. **No mesmo sentido**: ALMEIDA, João Batista de. *Aspectos Controvertidos da Ação Civil Pública*. 2. ed. rev., atual. e ampl. São Paulo: RT, 2009. p. 140.

[135] MILARÉ, Édis. *Direito do Ambiente*. 5. ed. rev., atual. e ampl. São Paulo: RT, 2007. p. 1015. **No mesmo sentido**: NEGRÃO, Ricardo. *Ações Coletivas*: Enfoque sobre a Legitimidade Ativa. São Paulo: LEUD, 2004. p. 238.

INTERESSES DIFUSOS E COLETIVOS – VOL. 1

tido lato, abrangendo tanto os entes da Administração direta quanto os componentes da Administração indireta.[136]

Diferentemente do que se dá em relação aos entes da Administração direta, a legitimação dos entes da Administração indireta **está condicionada** à existência de **pertinência temática**.[137] A despeito de a LACP (art. 5.º, V, *b*) e o CDC (art. 82, IV) apenas exigirem tal requisito das associações, as entidades da Administração indireta, por força do **princípio da especialidade**, extraído do art. 37, XIX[138] e XX,[139] da Constituição, não podem se desviar das finalidades para as quais foram criadas. Uma autarquia criada, por exemplo, para o fomento do turismo não pode atuar na área da saúde, ou em outras que lhe distanciem de sua finalidade legal.[140] Do mesmo modo, ao Ibama, autarquia federal criada para a proteção do meio ambiente, não é dado ir a juízo zelar por direitos difusos de pessoas portadoras de deficiência, e assim por diante.

Dentre os entes da Administração indireta legitimados encontram-se tanto as *agências reguladoras* (p. ex., Anatel, Ana, Aneel, ANP etc.), por serem autarquias (ainda que de natureza especial), como as *agências executivas*, por serem autarquias (p. ex., Inmetro) ou fundações públicas.

Também as *associações públicas* estão legitimadas, pois são espécies do gênero autarquia (Código Civil, art. 41, IV, na redação conferida pela Lei 11.107/2005). As *associações públicas* são uma das formas pelas quais se pode constituir um consórcio público (Lei 11.107/2005, art. 1.º, § 1.º).

2.3.1.1.8   Fundações privadas

Como se sabe, as fundações podem ser públicas (instituídas pelo Poder Público, sejam elas de direito público ou de direito privado), ou privadas (instituídas por particulares).

Não há dúvida de que as fundações públicas (sejam de direito público ou privado) estão legitimadas a propor ações coletivas. A doutrina, porém, se di*vide* quanto à legitimação das fundações privadas.

Parte sustenta que apenas as fundações públicas estão legitimadas, porque, da leitura conjugada da LACP (art. 5.º, IV) com o CDC (art. 82, III), chega-se à conclusão de que tais normas trataram apenas das fundações que integram a Administração indireta, fato que não ocorre nas fundações privadas. A propósito, a LACP cita o vocábulo "fundação" no inciso em que se refere a outros componentes da Administração indireta (autarquia, empresa pública, sociedade de economia mista), ao passo que o CDC sequer emprega o termo "fundações", estando ela compreendida na legitimação deferida, genericamente, às entidades da Administração Pública indireta.[141]

Quem esposa o entendimento diverso alega que a LACP não se referiu expressamente às fundações públicas, nem às privadas, mas, singelamente, empregou o termo "fundação".

---

[136] **Defendendo tal interpretação quanto ao Estatuto da Pessoa Idosa:** CARVALHO FILHO, José dos Santos. *Ação Civil Pública*: Comentários por Artigo (Lei n. 7.347/85). 7. ed. rev., ampl. e atual. Rio de Janeiro: Lumen Juris, 2009. p. 161.

[137] REsp 1.978.138/SP, 4.ª T., rel. Min. Antonio Carlos Ferreira, j. 22.03.2022.

[138] "XIX – somente por lei específica poderá ser criada autarquia e autorizada a instituição de empresa pública, de sociedade de economia mista e de fundação, cabendo à lei complementar, neste último caso, definir as áreas de sua atuação."

[139] "XX – depende de autorização legislativa, em cada caso, a criação de subsidiárias das entidades mencionadas no inciso anterior, assim como a participação de qualquer delas em empresa privada."

[140] MAZZILLI, Hugo Nigro. *A Defesa dos Interesses Difusos em Juízo*. 22. ed. São Paulo: Saraiva, 2009. p. 310. O autor extrai os fundamentos e exemplos do princípio da especialidade de ROSA, Fernando Elias. *Direito Administrativo*. 4. ed. São Paulo: Saraiva, 2003. p. 20.

[141] CARVALHO FILHO, José dos Santos. *Ação Civil Pública*: Comentários por Artigo (Lei n. 7.347/85). 7. ed. rev., ampl. e atual. Rio de Janeiro: Lumen Juris, 2009. p. 150; e DINAMARCO, Pedro da Silva. *Ação Civil Pública*. São Paulo: Saraiva, 2001. p. 260, nota 282.

CAP. 2 – AÇÃO CIVIL PÚBLICA | 83

Não caberia ao aplicador da lei distinguir onde ela não o fez. Ademais, não há, dentre os legitimados, apenas entes da Administração, dado que as associações civis também estão legitimadas a atuar. Desse modo, argui-se que uma interpretação mais liberal, de modo a contemplar a legitimação das fundações privadas, seria a que mais atingiria os fins sociais a que se destina o comando legal.[142] A propósito: a 1.ª Seção do STJ já se manifestou pela legitimidade de fundação privada para propositura de ação civil pública.[143]

2.3.1.1.9 Ordem dos Advogados do Brasil (OAB)

A OAB não está expressamente referida na LACP, nem no CDC. Sem embargo, **o Estatuto da OAB** (Lei 8.906/1994), no art. 54, XIV, **confere ao seu Conselho Federal explícita legitimação para promover ações civis públicas,**[144] **sendo que também são legitimados os seus Conselhos Seccionais, segundo se infere do art. 57 do mesmo diploma**.[145] O Estatuto da Pessoa Idosa, especificamente, também a insere expressamente no rol dos legitimados à defesa dos interesses difusos, coletivos, individuais indisponíveis ou homogêneos nele protegidos.

Afora os direitos previstos no Estatuto da Pessoa Idosa, em relação aos quais a legitimação da OAB é expressa, discute-se se sua legitimidade para propor ações civis públicas estaria ou não limitada pela *pertinência temática*. Para abordar tal matéria, cumpre, preliminarmente, percorrer as finalidades institucionais da Ordem.

Trata-se de entidade prestadora de serviço público, a quem incumbe a *defesa da Constituição, da ordem jurídica, do Estado Democrático de Direito, dos direitos humanos*, e *da justiça social*, bem como *pugnar pela boa aplicação das leis, pela rápida administração da justiça* e pelo *aperfeiçoamento da cultura e das instituições jurídicas* (Lei 8.906/1994, art. 44, I).

Ao mesmo tempo, trata-se de entidade de classe dos advogados, cabendo-lhe *promover, com exclusividade, a defesa, a seleção e a disciplina dos advogados em toda a República Federativa do Brasil* (Lei 8.906/1994, art. 44, II).

Sendo uma entidade de classe, está legitimada a defender, via ação civil pública, os *interesses coletivos* e *individuais homogêneos* dos advogados a ela filiados. O problema surge relativamente aos *direitos difusos* (p. ex., ação de reparação de dano ambiental), pois, nesse caso, os titulares são indeterminados, não se limitando ao quadro de filiados da instituição.

Na doutrina, há quem defenda que sua legitimidade não se restringe às matérias inerentes aos seus associados. Desde que os advogados se incluam entre os titulares dos interesses a serem defendidos (como no caso da proteção do meio ambiente, em que o interesse é da coletividade, ou na defesa do interesse dos consumidores em geral), estará presente a legitimação da Ordem para a defesa de tais interesses, ainda que *difusos*.[146] Sob tal ponto de vista, a OAB não estaria jungida à pertinência temática.

---

[142] NERY JUNIOR, Nelson; NERY, Rosa Maria de Andrade. *Código de Processo Civil Comentado e Legislação Processual Civil Extravagante em Vigor*. 4. ed. rev. e ampl. São Paulo: RT, 1999. nota 8 ao art. 5.º da LACP; e MAZZILLI, Hugo Nigro. *A Defesa dos Interesses Difusos em Juízo*. 22. ed. São Paulo: Saraiva, 2009. p. 324.

[143] AR 497/BA, 1.ª S., rel. Min. Garcia Vieira, j. 12.08.1998, DJ 22.11.1999.

[144] "Art. 54. Compete ao Conselho Federal: (...) XIV – ajuizar ação direta de inconstitucionalidade de normas legais e atos normativos, ação civil pública, mandado de segurança coletivo, mandado de injunção e demais ações cuja legitimação lhe seja outorgada por lei."

[145] "Art. 57. O Conselho Seccional exerce e observa, no respectivo território, as competências (...) atribuídas ao Conselho Federal, no que couber e no âmbito de sua competência material e territorial (...)."

[146] MAZZILLI, Hugo Nigro. *A Defesa dos Interesses Difusos em Juízo*. 22. ed. São Paulo: Saraiva, 2009. p. 305-306.

84 | INTERESSES DIFUSOS E COLETIVOS – VOL. 1

Para outros, somente se admite a atuação da entidade em prol dos interesses *coletivos* e *individuais homogêneos* de seus associados.[147] Sob essa ótica, ela estaria submetida à pertinência temática.

A 2.ª Turma do STJ, inicialmente, posicionou-se conforme a doutrina mais restritiva,[148] posteriormente evoluindo sua interpretação para entender que a OAB poderia ajuizar ação civil pública em prol de qualquer direito difuso ou coletivo, tendo em vista que seu Estatuto lhe atribui a defesa, inclusive judicial, da Constituição Federal, do Estado de direito e da justiça social.[149] A mesma Turma, contudo, rechaçou a legitimidade da OAB para propor ação de improbidade administrativa, dentre outros argumentos, por não vislumbrar pertinência temática entre os fins institucionais da OAB e o bem jurídico defendido.[150]

Já a 4.ª Turma, em caso específico voltado à tutela dos consumidores, também admitiu a legitimidade da OAB para a promoção de ação civil pública em prol de direitos supraindividuais em geral; também em conformidade com entendimento da 2.ª Turma,[151] observou que a legitimidade dos Conselhos Seccionais se limita a temas que afetem sua esfera territorial local, a teor do art. 45, § 2.º, da Lei 8.906/1984.[152]

2.3.1.1.10 Entes despersonalizados

Em regra, a teor do art. 70 do CPC/2015, apenas as "pessoas" no exercício de seus direitos têm "capacidade para estar em juízo". Em outras palavras, somente as pessoas, sejam elas naturais ou jurídicas, possuem **personalidade judiciária**, podem ser partes processuais.

Excepcionalmente, o CPC conferiu personalidade *judiciária* a entes sem personalidade *jurídica*, tais como a massa falida, a herança jacente ou vacante, o espólio, as sociedades sem personalidade jurídica e o condomínio (art. 12, III, IV, V, VII e IX, do CPC/1973; art. 75, V, VI, VII, IX e XI, do atual CPC).

O CDC, em seu art. 82, III, também outorgou às entidades e órgãos da Administração direta ou indireta, **ainda que sem personalidade jurídica**, a legitimação para propor ações coletivas. Frise-se: da Administração direta ou indireta.

O aludido inciso III refere-se aos entes "especificamente destinados à defesa dos interesses e direitos *protegidos por este código*" (grifo nosso), ou seja, pelo CDC. Essa referência destinava-se, em especial, aos Procons, órgãos de defesa do consumidor criados por alguns entes federativos, e que, não raro, eram desprovidos de personalidade jurídica. Como não estavam previstos no art. 12 do CPC/1973, eles não podiam estar em juízo, realidade que o CDC veio a alterar. Após a alteração, o STJ já reconheceu a legitimidade de comissão de defesa do consumidor de assembleia legislativa estadual para propor ação civil pública em prol de consumidores, sem necessidade de que seu regimento mencione a possibilidade de atuação em juízo.[153]

Tendo em vista a reciprocidade existente entre as normas do CDC e as da LACP, e prevendo esta última a admissibilidade de ação civil pública em prol de qualquer interesse difuso e coletivo (art. 1.º, IV), e não apenas de direitos do consumidor, não apenas

---

[147] ALMEIDA, João Batista de. *Aspectos Controvertidos da Ação Civil Pública.* 2. ed. rev., atual. e ampl. São Paulo: RT, 2009. p 143.

[148] STJ, REsp 331.403/RJ, 2.ª T., rel. Min. João Otávio de Noronha, j. 07.03.2006, *DJ* 29.05.2006.

[149] STJ, REsp 1.351.760/PE, rel. Min. Humberto Martins, j. 26.11.2013, *DJe* 09.12.2013.

[150] STJ, AgRg no AREsp 563.577/DF, rel. Min. Herman Benjamin, j. 12.02.2015, *DJe* 20.03.2015.

[151] REsp 1.351.760/PE, rel. Min. Humberto Martins, j. 26.11.2013, *DJe* 09.12.2013.

[152] REsp 1.423.825/CE, rel. Min. Luis Felipe Salomão, j. 07.11.2017, *DJe* 18.12.2017.

[153] REsp 1.098.804/RJ, 3.ª T., rel. Min. Nancy Andrighi, j. 02.12.2010, Informativo STJ 458, 29.11 a 03.12.2010.

CAP. 2 – AÇÃO CIVIL PÚBLICA | 85

os entes administrativos despersonalizados de defesa dos consumidores, mas também os voltados à defesa de outros interesses transindividuais, como o meio ambiente, os idosos, as crianças e adolescentes etc., passaram a ter legitimidade para propor ação civil pública em defesa dos interesses para os quais foram criados. Evidentemente, mais do que nunca deverão atender ao requisito da *pertinência temática*.

2.3.1.1.11 Associações de direito privado (associações civis)

A associação a que se referem o art. 5.º, V, da LACP, o art. 82, IV, do CDC, o art. 3.º da Lei 7.853/1989 (Lei dos Portadores de Deficiência), o art. 210, III, do ECA, o art. 81, IV, do Estatuto da Pessoa Idosa e o art. 37 da Lei Maria da Penha é aquela regulada no Código Civil, conhecida como "associação civil", pessoa jurídica de direito privado caracterizada pela reunião de pessoas com fins não econômicos (CC, art. 53). Com ela não se confunde a "associação pública", figura criada pela Lei 11.107/2005 para compor um consórcio público de direito público, e que, segundo o inciso IV do art. 41 do Código Civil, alterada pela Lei 11.107/2005, integra o gênero autarquia, sendo, portanto, pessoa jurídica de direito público.

No gênero "associação civil" encontram-se não apenas as associações tradicionais (p. ex., associações de defesa do direito dos consumidores, associações de pais e mestres, associações de moradores etc.), como também as *entidades de classe*, aplicando-se a estas as mesmas regras de representatividade adequada. Do mesmo modo, as *associações de associações* – comuns quando entidades de classe estaduais se associam em uma entidade de abrangência federal –, por vezes denominadas *confederações*, não deixam de ser associações, estando, portanto, igualmente legitimadas.

A legitimidade das associações está condicionada à sua *representatividade adequada*,[154] que é preenchida atendendo-se aos seguintes requisitos (LACP, art. 5.º, V, *a* e *b*; CDC, art. 82, IV):

1) **constituição na forma da lei (condição formal)**: devem estar *legalmente constituídas*, ou seja, devem ter sido instituídas na forma da legislação civil, por meio da averbação dos respectivos estatutos no Registro Civil das Pessoas Jurídicas (CC, art. 45, c/c os arts. 114 a 121 da Lei de Registros Públicos);

2) **pré-constituição (condição temporal)**: a constituição legal deve datar de, pelo menos, um ano antes da propositura da ação. Excepcionalmente, este requisito pode ser dispensado pelo Julgador. Isso ocorrerá quando houver manifesto interesse social evidenciado pela dimensão ou característica do dano, ou pela relevância do bem jurídico a ser protegido (LACP, art. 5.º, § 4.º; CDC, art. 82, § 1.º).[155] O STJ já reconheceu a possibilidade de dispensa do requisito temporal em alguns casos, como, por exemplo, em uma ação movida por uma associação de moradores em face de uma empresa de reciclagem, para reparação de danos materiais e morais em virtude de disposição final inadequada de resíduos tóxicos, e consequente contaminação da água e dos moradores do bairro.[156] Já em se tratando da defesa de direitos transindividuais de mulheres em situação de violência doméstica ou familiar, o juiz pode dispensar o requisito da pré-constituição quando entender que não

---

[154] Para mais detalhes sobre a representatividade adequada, *vide* itens 2.2.4. e 2.3.1.1.3.

[155] Embora o ECA e o EPI não contenham dispositivo semelhante, a LACP, no que couber, pode lhes ser aplicada subsidiariamente (ECA, art. 224; EI, art. 93), o que autoriza, neste ponto, a incidência dessa norma.

[156] REsp 706.449/PR, 4.ª T., rel. Min. Fernando Gonçalves, j. 26.05.2008, *DJe* 09.06.2008.

86 | INTERESSES DIFUSOS E COLETIVOS – VOL. 1

há outra entidade com representatividade adequada para o ajuizamento da ação coletiva (Lei 11.340/2006, art. 37, parágrafo único);

3) **pertinência temática, objetiva ou finalística (condição institucional)**:[157] a defesa dos interesses a serem tutelados deve estar entre os fins institucionais da associação, ou, pelo menos, o interesse supraindividual cuja proteção se busca na ação civil pública deve ser **compatível** com as finalidades estatutárias da associação autora, não havendo necessidade de que sua defesa esteja expressa ou identicamente descrita no seu estatuto.

O STJ tem reconhecido a legitimidade de associação para propositura de ação civil pública, mesmo não estando prevista em seu estatuto, *ipsis litteris*, a finalidade de defesa de determinado direito transindividual. Basta que, para a consecução dos seus fins institucionais, seja necessária a tutela desse direito (compatibilidade com os fins estatutários). Nesse sentido:

> Processo civil. Ação civil pública. Legitimidade ativa. Associação de bairro. A ação civil pública pode ser ajuizada tanto pelas associações exclusivamente constituídas para a defesa do meio ambiente quanto por aquelas que, formadas por moradores de bairro, visam ao bem-estar coletivo, incluída evidentemente nessa cláusula a qualidade de vida, só preservada enquanto favorecida pelo meio ambiente. Recurso especial não conhecido.[158]

Outra discussão convém ser aqui abordada. Anteriormente à Lei 8.884/1994, o art. 5.º da LACP, em seu inciso II, legitimava as associações à propositura de ações civis públicas, desde que tivessem, entre suas finalidades institucionais, a proteção ao meio ambiente, ao consumidor, ao patrimônio artístico, estético, histórico, turístico e paisagístico, ou a qualquer outro interesse difuso ou coletivo. A partir de alteração promovida pela Lei 8.884/1994, retirou-se do inciso II do art. 5.º da LACP a expressão "ou a qualquer outro interesse difuso ou coletivo". Atualmente, na redação dada pela Lei 13.004/2014, a legitimação das associações é tratada na letra "b" do inciso V do art. 5.º da LACP, que cita as seguintes finalidades institucionais: proteção ao patrimônio público, ao meio ambiente, ao consumidor, à ordem econômica, à livre concorrência, aos direitos de grupos raciais, étnicos ou religiosos ou ao patrimônio artístico, estético, histórico, turístico e paisagístico.

Parte da doutrina entende que, a partir da modificação introduzida pela Lei 8.884/1994, apenas os temas expostos na alínea "b" podem ser alvo de ação civil pública por associações, numa enumeração *numerus clausus*.[159] Diferentemente, há quem faça uma interpretação sistemática da norma, para, invocando o inciso IV do art. 1.º da LACP, afirmar que as associações também podem ajuizar ações civis públicas em prol de qualquer outro interesse difuso ou coletivo.[160] De todo modo, vale lembrar que as associações – desde que presentes os requisitos da representatividade adequada –, além dos direitos expressamente elencados na citada alínea "b", certamente podem defender os pertinentes às crianças e adolescentes (ECA, art. 210, III), portadores de deficiência (Lei

---

[157] As denominações *condição formal, condição temporal, pertinência objetiva* ou *finalística,* e *condição institucional* são empregadas por CARVALHO FILHO, José dos Santos. *Ação Civil Pública*: Comentários por Artigo (Lei n. 7.347/85). 7. ed. rev., ampl. e atual. Rio de Janeiro: Lumen Juris, 2009. p. 154-155.

[158] REsp 31.150/SP, 2.ª T., rel. Min. Ari Pargendler, j. 20.05.1996, *DJ* 10.06.1996. **No mesmo sentido:** REsp 876.931/RJ, 2.ª T., rel. Min. Mauro Campbell Marques, j. 10.08.2010; REsp 332.879/SP, 2.ª T., rel. Min. Eliana Calmon, j. 17.12.2002, *DJ* 10.03.2003; AR 497/BA, 1.ª S., rel. Min. Garcia Vieira, j. 12.08.1998, *DJ* 22.11.1999.

[159] CARVALHO FILHO, José dos Santos. *Ação Civil Pública*: Comentários por Artigo (Lei n. 7.347/1985). 7. ed. rev. ampl. e atual. Rio de Janeiro: Lumen Juris, 2009. p. 153-154.

[160] MAZZILLI, Hugo Nigro. *A Defesa dos Interesses Difusos em Juízo*. 22. ed. São Paulo: Saraiva, 2009. p. 318.

7.853/1989, art. 3.º c.c. o art. 7.º), idosos (EPI, art. 81, IV) e mulheres em situação de violência doméstica ou familiar (Lei 11.340/2006, art. 37).

4) **autorização dos filiados**: o CDC, aplicável, pelo princípio da integração, às ações civis públicas admitidas na LACP, ao conferir legitimidade às associações para a propositura das ações coletivas, dispensa expressamente a necessidade de autorização assemblear (art. 82, IV).

Já o Estatuto da Pessoa Idosa e o ECA apenas dispensam a autorização assemblear caso exista "prévia autorização estatutária" (arts. 81, IV, e 210, III, respectivamente). Nesta hipótese, a norma é mais rigorosa que o CDC, pois não se contenta com a simples pertinência temática da ação às finalidades estatutárias, exigindo que do estatuto conste autorização para propositura de ações judiciais.

Na esteira de tais normas, que dispensam a necessidade de autorização dos associados, sedimentou-se na doutrina o entendimento de que, à semelhança da legitimidade dos demais colegitimados para as ações coletivas, a legitimação ativa das associações tem natureza de substituição processual. Contudo, na contramão de tal entendimento, o STF parecia haver consolidado entendimento no sentido de que a natureza dessa legitimação seria de **representação**, por força do art. 5.º, XXI, da CRFB, sendo indispensável, portanto, autorização dos associados, ainda que coletiva (assemblear).[161] Na linha desse entendimento, o parágrafo único do art. 2.º-A da Lei 9.494/1997, voltado às ações coletivas propostas contra a União, os Estados, o Distrito Federal, os Municípios e as suas autarquias e fundações, exigiria, sempre, expressa **autorização assemblear**:

> "Parágrafo único. Nas ações coletivas propostas contra a União, os Estados, o Distrito Federal, os Municípios e suas autarquias e fundações, a petição inicial deverá obrigatoriamente estar instruída com a ata da assembleia da entidade associativa que a autorizou, acompanhada da relação nominal dos seus associados e indicação dos respectivos endereços".

Na mesma sintonia, em consonância com a natureza de *representação* das associações e com o referido art. 2.º-A, *caput* e parágrafo único, decidiu o STF em acórdão com força de repercussão geral que apenas aqueles que, antes do ajuizamento da ação, ostentassem a condição de filiados, residissem na área compreendida na jurisdição do órgão julgador, e constassem da lista apresentada com a peça inicial seriam beneficiários do futuro título judicial.[162]

Parcela significativa da doutrina acoimou o dispositivo legal em questão de inconstitucional, pelas seguintes razões:

1. restrição indevida do acesso à Justiça: ao condicionar a propositura de ações civis públicas à autorização em assembleia, criou-se óbice à atuação judicial dessas entidades não existente na Constituição Federal. Com efeito, a carta constitucional exige, tão somente, autorização dos associados (CF, art. 5.º, XXI), o que seria possível por simples previsão no estatuto social. Afinal, nas ações civis públicas não há representação (que exigiria autorização individual), mas sim substituição processual. Além disso, os arts. 82, IV, do CDC, 81, IV, do Estatuto da Pessoa Idosa,

---

[161] *Vide*, a propósito, item 2.3.1.1.2.

[162] Tema 499 (Limites subjetivos da coisa julgada referente à ação coletiva proposta por entidade associativa de caráter civil) – RE 612.043, Pleno, rel. Min. Marco Aurélio, j. 10.05.2017, *DJe*-229, Divulg. 05.10.2017, Publ. 06.10.2017.

e 210, III, do ECA dispensam expressamente a autorização assemblear. Trata-se, portanto, de indevida restrição ao direito de ação;

2. violação ao princípio da igualdade: uma vez que a mesma exigência não é feita para a propositura das ações civis públicas em face dos réus que não integram o Poder Público, criou-se uma injustificada distinção em prol da Administração, em detrimento do princípio da igualdade.

Ocorre que, conforme explicamos no item 2.3.1.1.2, o STF esclareceu que a tese de que a legitimação das associações teria natureza de representação e estaria sujeita às limitações do art. 2.º-A da Lei 9.494/1997 seria restrita a "ações coletivas de rito ordinário" (sic), não se estendendo às ações civis públicas. Em que pese à ambiguidade da expressão "ações coletivas de rito ordinário", a intenção do STF foi limitar a tese em análise às ações propostas em prol de direitos individuais disponíveis típicos de determinadas categorias, como de servidores públicos, não a estendendo a ações em prol de direitos individuais homogêneos de universos de titulares mais abrangentes, como consumidores ou vítimas de acidentes ambientais, em que a legitimação continuaria com natureza de substituição processual, não incidindo as citadas limitações.

Por fim, convém citar episódio que, muito embora não havido em ação coletiva, poderia se repetir numa delas. Trata-se de caso em que o STJ afastou a legitimidade de "Associação de Municípios e Prefeitos do Ceará" para defender interesses ou direitos de Municípios em Juízo. Um dos fundamentos do aresto foi de que as associações, salvo nos mandados de segurança coletivos, não atuariam como substitutos, mas como *representantes* dos associados, de modo que a simples autorização estatutária não as legitimaria a defender judicialmente os interesses e direitos daqueles. De outro lado, Municípios não poderiam autorizar associações a defender seus interesses ou direitos em juízo, tendo em vista o disposto no art. 12, II, do CPC/1973 e no art. 75, III, do CPC/2015, segundo os quais a representação judicial desses entes federados deve ser, ativa e passivamente, exercida por seu Prefeito ou Procurador.[163]

Ocorre que a Lei 14.341/2022 permitiu a instituição de associações de Municípios, na forma de "Associação de Representação de Municípios", pessoa jurídica de direito privado (art. 2.º, I) a quem a norma confere a possibilidade de "postular em juízo, em ações individuais ou coletivas, na defesa de interesse dos Municípios filiados, na qualidade de parte, terceiro interessado ou *amicus curiae*, quando receberem autorização individual e específica do chefe do Poder Executivo" (art. 3.º, V).

O mesmo diploma alterou o art. 75, III, do CPC, para que o Município possa ser representado em juízo não apenas por seu prefeito ou procurador, mas também por uma Associação de Representação de Municípios, quando expressamente autorizada.

O exame dos dispositivos não parece implicar que as Associações de Representação de Municípios estariam legitimadas à propositura de ações civis públicas. Primeiro, porque elas estão autorizadas à defesa, tão somente, do interesse dos "Municípios filiados" e, como se não bastasse, apenas daqueles cujo prefeito houver expressamente autorizado. A limitação da defesa judicial ao benefício dos filiados que tenham expressa e individualmente autorizado é típica da legitimação ordinária. Logo, quando o art. 3.º, V, da norma fala em ações coletivas, deve-se compreender tão somente as ações coletivas representativas (*i.e.*, "de rito ordinário"), e não as substitutivas, como seria o caso das ações civis públicas.

---

[163] Cf. REsp 1.503.007/CE, 1.ª S., rel. Min. Herman Benjamin, j. 14.06.2017, *DJe* 06.09.2017.

2.3.1.1.12 Partidos políticos

Há duas vertentes doutrinárias. A primeira entende que os partidos políticos são espécie do gênero associação (CF, art. 17, § 2.º; Lei 9.096/1995, art. 1.º). Logo, estariam legitimados para proporem ações civis públicas. Mais que isso: ao contrário das associações comuns, não estariam submetidos ao vínculo da *pertinência temática*, embora devam guardar *vinculação* entre a ação e seus fins institucionais.[164]

A outra defende que os partidos políticos, embora sejam dotados de personalidade jurídica de direito privado, não correspondem às associações de direito privado nos moldes desenhados pelo direito civil, e, ao contrário delas, que são voltadas a uma *representação específica* e *social*, estão destinados a exercer *representação política* e *genérica*. Por tal razão, eles não estariam legitimados.[165]

2.3.1.1.13 Sindicatos

A legitimação dos **sindicatos** à defesa dos interesses coletivos e individuais da categoria tem amparo no art. 8.º, III, da Lei Maior:

> **Art. 8.º** É livre a associação profissional ou sindical, observado o seguinte:
>
> (...)
>
> III – ao sindicato cabe a defesa dos direitos e interesses coletivos ou individuais da categoria, inclusive em questões judiciais ou administrativas.

Logo, é compatível com a Constituição a propositura de ações civis públicas por sindicatos, pois elas constituem um instrumento processual especificamente voltado à tutela de direitos coletivos.

Observe-se, de outro lado, que os sindicatos são uma espécie de associação. Por tal razão, sua legitimidade para a ação civil pública também tem assento na LACP e no CDC, e se lhe aplicam as mesmas regras de representatividade adequada (constituição na forma da lei, pré-constituição, pertinência temática) exigidas das entidades associativas.

O requisito da "constituição na forma da lei", que condiciona a legitimidade ativa dos sindicatos, exige, também, o registro do sindicato junto ao Ministério do Trabalho e Emprego, não bastando o registro do seu ato constitutivo no Cartório de Pessoas Jurídicas.[166]

A expressão *direitos coletivos* referida no art. 8.º, III, da CF deve ser interpretada em seu sentido amplo: abrange os direitos difusos, os coletivos *stricto sensu* e os individuais homogêneos. Assim, nada obsta a que os sindicatos defendam em juízo, por exemplo, o meio ambiente do trabalho (interesses difusos).[167]

Quando atua em Juízo na defesa de direitos supraindividuais (difusos, coletivos, individuais homogêneos), o sindicato o faz como **substituto processual**. Portanto, é desnecessária qualquer autorização dos substituídos.[168]

---

[164] MAZZILLI, Hugo Nigro. *A Defesa dos Interesses Difusos em Juízo*. 22. ed. São Paulo: Saraiva, 2009. p. 319.

[165] CARVALHO FILHO, José dos Santos. *Ação Civil Pública*: Comentários por Artigo (Lei n. 7.347/1985). 7. ed. rev., ampl. e atual. Rio de Janeiro: Lumen Juris, 2009. p. 158-160.

[166] STF, RE 740.434 AgR/MA, 1.ª T., rel. Min. Luiz Fux, j. 19.02.2019, DJe-069, Divulg. 04.04.2019, superando o entendimento anterior, que reputava suficiente o registro no Cartório de Pessoas Jurídicas, firmado no RE 370.834/MS, 1.ª T., rel. Min. Marco Aurélio, j. 30.08.2011, DJe 26.09.2011.

[167] MAZZILLI, Hugo Nigro. *A Defesa dos Interesses Difusos em Juízo*. 22. ed. São Paulo: Saraiva, 2009. p. 320.

[168] STF, RE 193.503/SP, Pleno, rel. Min. Carlos Velloso, rel. p/ o acórdão Min. Joaquim Barbosa, j. 12.06.2006, DJ 24.08.2007; RE 210.029/RS, rel. Min. Carlos Velloso, j. 12.06.2006, DJ 17.08.2007.

Outrossim, sua legitimação não se limita à defesa dos seus filiados, mas se estende a toda a categoria, conforme consta expressamente do inciso III do citado art. 8.º. Dada a amplitude de sua legitimação extraordinária, calcada na própria Constituição, a coisa julgada de uma sentença proferida em ação coletiva por ele ajuizada alcança todas as pessoas abrangidas pela categoria profissional, e não apenas os seus filiados.[169] E o simples fato de que a petição inicial tenha sido acompanhada de uma listagem de filiados não basta para limitar a eles o alcance subjetivo da sentença.[170] As **centrais sindicais**, por terem natureza associativa (Lei 11.648/2008, art. 1.º, parágrafo único), também estão legitimadas à promoção de ações civis públicas.

2.3.1.1.14 Cooperativas

O termo *associação*, no texto constitucional, tem sentido amplo, abrangendo diversas modalidades de pessoas jurídicas conhecidas no direito civil e, inclusive, agrupamentos de pessoas sem personalidade jurídica.[171] Para Silva, os elementos do conceito constitucional de associação compreenderiam a base contratual, a permanência (diferenciando-a da mera reunião), e o fim lícito (não contrário ao direito), de modo que em tal conceito estariam compreendidas não apenas as *associações em sentido estrito* (sem fins lucrativos) como também as *sociedades* (com fins lucrativos).[172] A Constituição de 1988 parece inserir as *cooperativas* no gênero *associação*, pois o inciso XXI do art. 5.º dispõe que "entidades associativas" (expressão potencialmente mais ampla que associação), quando expressamente autorizadas, possuem legitimidade para representar seus filiados judicial ou extrajudicialmente, e o § 2.º do art. 174 reza que "a lei apoiará e estimulará o cooperativismo e outras formas de associativismo" (incluindo cooperativismo no gênero associativismo).

Em tal contexto, seria de se perguntar se a LACP e o CDC não teriam outorgado às cooperativas, como espécies do gênero associação, a legitimidade para a propositura de ações coletivas. A resposta a tal questão não é tão simples, sobretudo porque o Código Civil diferencia expressamente associações de sociedades simples, outorgando às cooperativas o *status* de sociedades simples (parágrafo único do art. 982).

Com vistas a eliminar eventual dúvida sobre a legitimidade das cooperativas para a tutela coletiva dos seus filiados, a Lei 13.806/2019 alterou dispositivos da Lei 5.764/1971, conhecida como "Lei das Cooperativas", abrindo a possibilidade de que esses entes, eventualmente, sejam autorizados a atuar como substitutos processuais dos cooperados em defesa de direitos coletivos. Para tanto, é necessário, inicialmente, que o próprio estatuto da cooperativa lhe confira "poder para agir como substituta processual de seus associados, na forma do art. 88-A" (art. 21, XI, da Lei 5.764/1971).

O art. 88-A, por sua vez, reza que "A cooperativa poderá ser dotada de legitimidade extraordinária autônoma concorrente para agir como substituta processual em defesa dos direitos coletivos de seus associados quando a causa de pedir versar sobre atos de interesse direto dos associados que tenham relação com as operações de mercado da cooperativa, desde que isso seja previsto em seu estatuto e haja, de forma expressa, autorização manifestada individualmente pelo associado ou por meio de assembleia geral que delibere sobre a propositura da medida judicial".

---

[169] STJ, AgInt no AREsp 2.399.352/MA, 2.ª T., rel. Min. Teodoro Silva Santos, j. 23.04.2024, *DJe* 25.04.2024; AgInt no AgInt no AgInt no AREsp 2.189.867/MA, 2.ª T., rel. Min. Teodoro Silva Santos, j. 08.08.2024, *DJe* 15.08.2024.

[170] STJ, REsp 2.030.944/RJ, 1. T., rel. p/ ac. Min. Regina Helena Costa, j. 26.11.2024, *DJEN* 11.12.2024.

[171] Paulo Gustavo Gonet Branco. In: MENDES, Gilmar Ferreira; BRANCO, Paulo Gustavo Gonet. *Curso de Direito Constitucional*. 6. ed. São Paulo: Saraiva, 2011. p. 344.

[172] SILVA, José Afonso da. *Comentário Contextual à Constituição*. 5. ed. São Paulo: Malheiros, 2008. p. 115.

Na redação original do projeto de lei que resultou no referido dispositivo, falava-se apenas na defesa de *direitos de seus associado*s. Uma emenda foi aprovada, alterando a redação para *direitos **coletivos** de seus associados*, com o explícito propósito de restringir a possibilidade de substituição processual às hipóteses de ações coletivas em prol de direitos difusos, coletivos *stricto sensu* ou individuais homogêneos dos cooperativados, afastando a possibilidade de tal substituição via ações individuais.[173]

Conclui-se, portanto, que a inovação legislativa passou a permitir às *cooperativas* o ajuizamento de ações coletivas, limitadas, contudo, pela **pertinência temática** (causa de pedir que verse sobre atos de interesse direto dos associados, que tenham relação com as **operações de mercado** da cooperativa),[174] e pela necessidade de **autorização expressa** dos associados, seja individualmente ou em assembleia geral que delibere sobre a propositura da ação. Não há, contudo, previsão do requisito da **pré-constituição**, ou seja, de constituição regular há pelo menos um ano, como exigido pela LACP e pelo CDC em relação às associações em sentido estrito.

2.3.1.1.15 Observações quanto à legitimidade na Lei 7.913/1989

A Lei 7.913/1989, em seu art. 1.º, legitima o Ministério Público a tomar as medidas judiciais necessárias para evitar prejuízos ou obter ressarcimento de danos causados aos titulares de valores mobiliários e aos investidores do mercado. O instrumento para tais medidas é a ação civil pública.

Embora esse diploma apenas mencione a legitimidade do Ministério Público e da Comissão de Valores Mobiliários (CVM) para a tutela judicial dos interesses dos titulares de valores mobiliários e dos investidores no respectivo mercado, há vozes na doutrina observando que seu art. 3.º permite a aplicação subsidiária da LACP, no que couber, o que abriria espaço para a legitimação de todos os entes citados no art. 5.º desse diploma.[175] Em sentido contrário, há quem entenda que a Lei 7.913/1989 tratou expressamente da questão da legitimação, de modo que, neste ponto, não restaria espaço para aplicação subsidiária da LACP.[176]

2.3.1.1.16 Observações quanto à legitimidade na Lei 11.340/2006 (Lei Maria da Penha)

O art. 37 da Lei Maria da Penha (norma voltada a coibir a violência doméstica e familiar contra a mulher) atribui concorrentemente ao Ministério Público e associações regularmente criadas há pelo menos um ano a defesa dos direitos transindividuais nela assegurados. À primeira vista, poder-se-ia chegar à mesma análise feita no item anterior: ausência de legitimidade das demais entidades previstas na LACP. Sem embargo, quer-nos

---

[173] Parecer de 04.11.2015 da Comissão de Constituição, Justiça e Cidadania do Senado, que aprovou a subemenda n.º 1 (substitutiva à emenda n.º 1) ao Projeto de Lei do Senado 93/2013. Disponível em: https://www25.senado.leg.br/web/atividade/materias/-/materia/111800. Acesso em: 22 fev. 2019.

[174] A Lei 5.764/1971, no art. 79, diferencia as operações de mercado dos atos cooperativos: "Art. 79. Denominam-se atos cooperativos os praticados entre as cooperativas e seus associados, entre estes e aquelas e pelas cooperativas entre si quando associados, para a consecução dos objetivos sociais. Parágrafo único. O ato cooperativo não implica operação de mercado, nem contrato de compra e venda de produto ou mercadoria".

[175] LEONEL, Ricardo de Barros. *Manual do Processo Coletivo*. São Paulo: RT, 2002. p. 130-131; MEIRELLES, Hely Lopes. *Mandado de Segurança, Ação Popular, Ação Civil Pública, Mandado de Injunção, "Habeas Data", Ação Direta de Inconstitucionalidade e Ação Declaratória de Constitucionalidade*. 22. ed. atual. por Arnoldo Wald e Gilmar Ferreira Mendes. São Paulo: Malheiros, 2000. p. 176.

[176] ZACLIS, Lionel. *Proteção Coletiva dos Investidores no Mercado de Capitais*. São Paulo: RT, 2007. p. 170-171.

INTERESSES DIFUSOS E COLETIVOS – VOL. 1

parecer que, ao expressamente deferir a legitimação a diversas entidades (Ministério Público e associações), a *mens legis* foi garantir da forma mais ampla possível a defesa dos direitos nela previstos, de modo que nada obsta lhes sejam aplicadas as regras da LACP e do CDC, para que os órgãos da Administração direta e indireta também estejam legitimados a agir.[177]

2.3.1.1.17 Tabela-resumo da legitimidade para a defesa dos interesses transindividuais versados por leis específicas*

	Lei de Proteção dos Titulares de Valores Mobiliários e Investidores no Mercado	Estatuto da Pessoa com Deficiência	Estatuto da Criança e do Adolescente	Estatuto da Pessoa Idosa	Lei Maria da Penha
Ministério Público	Sim (único previsto na Lei 7.913/1989).	Sim.	Sim.	Sim.	Sim (expressamente previsto na lei).
Defensoria Pública	Duas posições na doutrina, por não estar previsto na lei. Ressalve-se, ainda, a divergência sobre a amplitude quanto aos necessitados.	Sim. Ressalve-se a divergência sobre a amplitude quanto aos necessitados.	Sim (art. 210 faz remissão à aplicação da LACP no que couber). Ressalve-se a divergência sobre a amplitude quanto aos necessitados.	Sim (art. 93 faz remissão à aplicação da LACP, no que couber). Ressalve-se a divergência sobre a amplitude quanto aos necessitados.	Não previsto expressamente na lei, embora seja possível interpretação extensiva. Ressalve-se a divergência sobre a amplitude quanto aos necessitados.
Administração Direta	Duas posições na doutrina, por não estar prevista na lei.	Sim.	Sim.	Sim.	Não previsto expressamente na lei, embora seja possível interpretação extensiva.
Administração Indireta	Duas posições na doutrina, por não estar prevista na lei.	Sim.	Não previsto expressamente na lei, embora seja possível interpretação extensiva.	Não previsto expressamente na lei, embora seja possível interpretação extensiva.	Não previsto expressamente na lei, embora seja possível interpretação extensiva.
OAB	Duas posições na doutrina, por não estar prevista na lei específica. Ressalve-se, ainda, a divergência quanto à necessidade de pertinência temática.	Depende da posição adotada quanto à exigibilidade de pertinência temática.	Não.	Sim (previsão expressa no art. 81, III).	Não previsto expressamente na lei, embora seja possível interpretação extensiva.

---

[177] MAZZILLI, Hugo Nigro. *A Defesa dos Interesses Difusos em Juízo*. 22. ed. São Paulo: Saraiva, 2009. p. 708.

	Lei de Proteção dos Titulares de Valores Mobiliários e Investidores no Mercado	Estatuto da Pessoa com Deficiência	Estatuto da Criança e do Adolescente	Estatuto da Pessoa Idosa	Lei Maria da Penha
Associações privadas	Duas posições na doutrina, por não estarem previstas na lei específica.	Sim.	Sim.	Sim.	Sim.

* Em razão das especificidades de sua legitimação, tratada no subitem 2.3.1.1.14, as cooperativas não foram incluídas nessa tabela.

2.3.1.1.18 Legitimidade ativa subsidiária

Legitimidade ativa subsidiária é a que se verifica por força do § 3.º do art. 5.º da LACP, que dispõe que, em caso de desistência infundada ou abandono da ação por associação legitimada, o Ministério Público ou outro legitimado assumirá a titularidade ativa. É subsidiária porque quem assume o polo ativo o faz em substituição ao autor original. Trataremos mais detidamente esse tema no item 2.9.3, referente à desistência.

2.3.1.2 Legitimidade passiva

Ao contrário de como tratam a legitimação ativa (os legitimados estão previstos exaustivamente, *numerus clausus*), o CDC e a LACP nada dispõem sobre a legitimação passiva. Sendo assim, qualquer pessoa, física ou jurídica, que seja responsável pelo dano ou pela ameaça de dano a direito difuso, coletivo, ou individual homogêneo poderá ser ré. Até mesmo os entes sem personalidade jurídica, quando dotados de *personalidade judiciária* (como é o caso dos condomínios, das massas falidas e sociedades de fato, entre outros citados no art. 75 do CPC/2015, poderão ser réus em ações coletivas.

Praticamente todos os entes legitimados à propositura da ação civil pública também poderiam figurar como réus em ações da mesma espécie. A exceção fica por conta dos órgãos estatais destituídos de personalidade jurídica. É o que ocorre, por exemplo, com o Ministério Público. Logo, na hipótese de o *Parquet* causar dano ou ameaça de dano a um interesse supraindividual, não poderá ser réu na ação civil pública, que deverá ser proposta em face do respectivo ente federativo (a União, no caso do MPT, MPM, MPF ou MPDFT; ou o respectivo Estado, tratando-se de MPE).

Ressalve-se, porém, que, embora o Ministério Público não possa ser réu em uma ação civil pública, por faltar-lhe personalidade jurídica, o mesmo não se dá em relação a seus membros que, no exercício da função, tenham agido com dolo ou fraude (art. 181 do CPC/2015).

Assim como o Ministério Público, os órgãos despersonalizados da Administração direta ou indireta, embora possuam legitimidade ativa, não podem ser réus em ação civil pública. Se derem causa a ameaça ou dano a interesse difuso, a ação deverá ser ajuizada em face da pessoa jurídica que integrem.

94 | INTERESSES DIFUSOS E COLETIVOS – VOL. 1

2.3.1.2.1   Legitimação extraordinária passiva

Vimos que nosso direito contempla a possibilidade de que determinados entes, em nome próprio, ajuízem ações civis públicas em defesa de interesses da coletividade, ou de determinada classe, grupo ou categoria de pessoas (legitimidade extraordinária ativa). Seria possível, em situação diametralmente inversa, propor uma ação civil pública contra determinado ente, que defenderia, em nome próprio, no polo passivo, os interesses de uma classe, grupo ou categoria de pessoas (legitimação extraordinária passiva)?

No direito norte-americano isso é possível, por meio da figura das *defendant class actions*. Assim como nas *plaintiff class actions* (ações coletivas em que os interesses coletivos são defendidos pelo autor), nas *defandant class actions* cumpre ao juiz, em cada caso concreto, apurar se a pessoa em face de quem foi ajuizada a ação preenche os atributos necessários para atuar como adequado representante dos interesses da classe (controle da representatividade *ope judicis*).

Há duas correntes sobre a legitimidade extraordinária passiva em nosso direito:

a) Favorável[178]

Alega-se, em tal defesa, que o art. 5.º, § 2.º, da LACP facultaria ao Poder Público e às associações legitimadas se habilitarem como litisconsortes de *quaisquer das partes*, inclusive do réu. Nesta última hipótese, a ação teria sido proposta contra os interesses de determinada coletividade, e o litisconsorte passivo a estaria defendendo em legitimidade extraordinária passiva.

Aduz-se, também, que os arts. 81 e 82 do CDC não restringem a defesa dos interesses transindividuais ao polo ativo.

Seria mister, porém, para admitir a legitimação coletiva passiva, que o juiz controlasse, caso a caso, a representatividade adequada dos réus (controle da representatividade *ope judicis*), a exemplo do que se dá nos Estados Unidos.

Ada Pellegrini cita, como hipóteses de aplicação dessa legitimação passiva, os seguintes exemplos de Kazuo Watanabe: uma ação civil pública ajuizada contra uma associação de moradores de um bairro que decidisse bloquear o acesso de automóveis a determinadas ruas, ou outra em que o Ministério Público buscasse a proibição do ingresso das torcidas organizadas aos estádios de futebol.[179]

b) Desfavorável[180]

Pondera-se, nesse sentido, que a substituição processual é instituto excepcional, e que as normas que regem a ação coletiva somente autorizam a legitimação extraordinária no polo ativo. Admitir o contrário atentaria contra o art. 506 do CPC/2015, que reza que "a sentença faz coisa julgada às partes entre as quais é dada, não prejudicando terceiros",[181]

---

[178]   DIDIER JÚNIOR, Fredie; ZANETI JÚNIOR, Hermes. *Curso de Direito Processual Civil*. 3. ed. Salvador: Juspodivm, 2008. p. 218-230. v. 4; GRINOVER, Ada Pellegrini. Ações Coletivas Ibero-americanas: Novas Questões sobre a Legitimação e a Coisa Julgada. *Revista Forense*, Rio de Janeiro: Forense, v. 361, p. 6-9, maio-jun. 2002; MANCUSO, Rodolfo de Camargo. *Ação Civil Pública*: em Defesa do Meio Ambiente, do Patrimônio Cultural e dos Consumidores. 10. ed. São Paulo: RT, 2007. p. 188; LENZA, Pedro. *Teoria Geral da Ação Civil Pública*. 3. ed. rev., atual. e ampl. São Paulo: RT, 2008. p. 196; WATANABE, Kazuo. *Código Brasileiro de Defesa do Consumidor Comentado pelos Autores do Anteprojeto*. 8. ed. Rio de Janeiro: Forense Universitária, 2005. p. 830-831.

[179]   GRINOVER, Ada Pellegrini. Ações Coletivas Ibero-americanas: Novas Questões sobre a Legitimação e a Coisa Julgada. *Revista Forense*, Rio de Janeiro: Forense, v. 361, p. 7, maio-jun. 2002.

[180]   ALVIM NETTO, José Manoel de Arruda; ALVIM, Thereza; ARRUDA ALVIM, Eduardo; SOUZA, James J. Marins de. *Código do Consumidor Comentado*. 2. ed. rev. e ampl. São Paulo: RT, 1995. p. 346-347; LEONEL, Ricardo de Barros. *Manual do Processo Coletivo*. São Paulo: RT, 2002. p. 206.

[181]   No CPC/1973, a limitação era ainda maior, vedando também que as sentenças beneficiassem terceiros: "Art. 472. A sentença faz coisa julgada às partes entre as quais é dada, não beneficiando, nem prejudicando terceiros".

bem como ofenderia os postulados constitucionais do contraditório, da ampla defesa e do devido processo legal.[182]

Pela mesma razão, não se admitiria a reconvenção em ações coletivas.

Dentro da corrente desfavorável, apontam-se as seguintes exceções em que se admite o processo coletivo passivo:

- os legitimados à promoção da ação civil pública (incluído o Ministério Público) poderiam substituir a coletividade no polo passivo nas hipóteses de *embargos do executado*, *embargos de terceiro*, *ação rescisória* e *ação de anulação de compromisso de ajustamento de conduta*, que somente são admitidas porque, caso contrário, o executado, o terceiro prejudicado ou a parte contra quem se formou um título executivo viciado ficariam sem acesso a tais meios de defesa judicial de direitos;[183]
- os dissídios coletivos de trabalho e as ações propostas contra sindicatos procurando restringir o exercício abusivo do direito de greve.[184]

Seja como for, o STF não apenas reconhece a legitimidade coletiva passiva do sindicato para defesa dos interesses dos empregados, como afirma incompatível com os fins do processo coletivo exigir a integração de todos os empregados no polo passivo de ação civil pública movida pelo MPT. É o que assentou ao apreciar a tese do Tema 1.004 de Repercussão Geral:

> Em ação civil pública proposta pelo Ministério Público do Trabalho em face de empresa estatal, com o propósito de invalidar a contratação irregular de pessoal, não é cabível o ingresso, no polo passivo da causa, de todos os empregados atingidos, mas é indispensável sua representação pelo sindicato da categoria.[185]

2.3.2 Interesse processual

Aqui não há novidades, segue-se o modelo das ações em geral. O interesse processual (também mencionado na doutrina como interesse de agir ou interesse jurídico) afigura-se quando o autor tem **necessidade** de buscar um provimento jurisdicional para concretizar sua pretensão, e desde que haja **adequação** entre o pedido por ele deduzido e a pretensão a ser satisfeita (em outros termos: aquele deve ser útil para a satisfação desta).

No que se refere às ações civis públicas, um legitimado terá **necessidade** de ajuizá-la sempre que houver lesão ou ameaça de lesão a um interesse supraindividual que lhe caiba tutelar, e não for possível afastá-la sem a propositura da ação perante o Poder Judiciário. Se o responsável pela lesão já a reparou integralmente, ou o causador da ameaça já tomou as medidas cabíveis para afastá-la, não haverá *necessidade* da propositura da ação, e, portanto, interesse processual.

---

[182] Nesse sentido: DINAMARCO, Pedro da Silva. *Ação Civil Pública*. São Paulo: Saraiva, 2001. p. 268-271. Também entendendo que todo o sistema processual coletivo é voltado à substituição processual no polo ativo, sendo incompatível com a substituição no polo passivo: VITORELLI, Edilson. Ações coletivas passivas: por que elas não existem nem deveriam existir? Revista de Processo, São Paulo, v. 278, p. 297 e ss., 2018.

[183] MAZZILLI, Hugo Nigro. *A Defesa dos Interesses Difusos em Juízo*. 22. ed. São Paulo: Saraiva, 2009. p. 361-364.

[184] STJ, REsp 1.051.302, 3.ª T., rel. Min. Nancy Andrighi, j. 23.03.2010, *DJe* 28.04.2010.

[185] RE 629.647, Tribunal Pleno, rel. Min. Marco Aurélio, rel. p/ ac. Min. Alexandre de Moraes, j. 03.11.2022, *DJE* Divulg. 19.12.2022, Publ. 09.01.2023.

INTERESSES DIFUSOS E COLETIVOS - VOL. 1

Já no que toca à **adequação**, deve-se aferir, em cada caso concreto, se o pedido (no que toca ao objeto imediato, ao provimento jurisdicional requerido) se mostra apto a afastar a lesão ou a ameaça de lesão ao interesse supraindividual narrada na causa de pedir.

ATENÇÃO

Faltará ao autor interesse processual na propositura de ações civis públicas para impugnar atos judiciários típicos (de natureza jurisdicional), por ausência de necessidade, ante a existência de outros meios adequados, como, p. ex., a via recursal, ou, quando cabíveis, o incidente processual da "suspensão de liminar ou de sentença" (que abordaremos no item 2.9.2.4.3) ou, eventualmente, ações autônomas de impugnação, tais como o mandado de segurança, a rescisória, ou os embargos de terceiro. Exceção é a desconstituição de sentença eivada por vício insanável (nulidade ou inexistência): nada obsta, neste caso, desde que presentes as demais condições da ação, que se possa impugná-la via ação civil pública, ajuizada a título de *querela nullitatis insanabilis*, mesmo após o prazo para eventual rescisória.[186]

Já os atos judiciais atípicos (de natureza administrativa) poderão ser objeto de ações civis públicas, quando ofendam ou ameacem interesses difusos, coletivos ou individuais homogêneos.

Parte da doutrina vê *inadequação* e, portanto, falta de interesse processual, na veiculação de ação civil pública para a defesa do erário, entre outras razões, por entender que as ações civis públicas se prestariam à defesa de interesses difusos, coletivos ou individuais homogêneos, categorias dentro das quais o erário não se enquadraria, pois seria objeto de interesse público secundário. Tanto que, no caso de sua lesão, o valor da reparação não é remetido ao fundo de direitos difusos, mas restituído aos cofres do ente público lesado. Trata-se, porém, de entendimento minoritário. A propósito, o STF já reconheceu o interesse do MP na propositura de ações para anulação de benefícios fiscais, em proteção do interesse dos cidadãos do DF à integridade do erário e à higidez do processo de arrecadação tributária.[187]

2.4 ELEMENTOS DA AÇÃO

Os elementos identificadores de uma ação são as **partes**, a **causa de pedir** e o **pedido**. Seu estudo é imprescindível para auxiliar na análise das condições da ação, diferenciar ações, constatar hipóteses de conexão, continência e litispendência, bem como determinar os limites subjetivos e objetivos da coisa julgada.

2.4.1 Partes

É clássica a definição de parte dada por Chiovenda:

> O conceito de parte encontra-se no conceito do processo e da relação processual: *parte é aquele que demanda em seu próprio nome (ou em cujo nome é demandada) a atuação duma vontade da lei, e aquele em face de quem essa atuação é demandada*. A ideia de parte é ministrada, portanto, pela própria lide, pela relação processual, pela *demanda*; não é necessário rebuscá-la fora da lide e, especialmente, na relação substancial que é objeto da controvérsia.[188]

A questão sobre quem pode ser parte em uma ação civil pública foi tratada no item sobre a legitimidade *ad causam*.

---

[186] REsp 1.187.297/RJ, rel. Min. Eliana Calmon, j. 02.09.2010, Informativo STJ 455, 30.08 a 03.09.2010; REsp 445.664/AC, 2.ª T., rel. Min. Eliana Calmon, j. 24.08.2010, Informativo STJ 444, 23 a 27.08.2010; REsp 1.015.133/MT, rel. Min. Eliana Calmon, j. 02.03.2010, *DJe* 23.04.2010.

[187] RE 576.155/DF, Pleno, rel. Min. Ricardo Lewandowski, j. 12.8.2010, Informativo STF 595, de 18.08.2010.

[188] CHIOVENDA, Giuseppe. *Instituições de Direito Processual Civil*. Trad. J. Guimarães Menegale. Notas de Enrico Tullio Liebman. São Paulo: Saraiva, 1942-1945. v. 3, p. 320-321.

2.4.2 Causa de pedir

Causa de pedir são os fundamentos fáticos e jurídicos da ação.

Os **fatos** normalmente descritos em uma ação civil pública são: a) aqueles que configuram a lesão ou a ameaça ao direito ou interesse supraindividual; b) qual a conduta comissiva ou omissiva do réu (neste caso, esclarecendo como deveria ter ele agido), e, a menos que se trate de hipótese de responsabilidade objetiva, quais os indicativos de sua culpa; c) o nexo entre a conduta do réu e a lesão ou ameaça ao direito supraindividual.

Em razão do disposto na Res. Conjunta CNJ/CNMP 8/2021, que instituiu o SIRENEJUD,[189] painel que deve ser alimentado pelo Judiciário e pelo Ministério Público com informações locacionais sobre ações e termos de ajustamento de conduta (TAC) ambientais, convém informar na causa de pedir fática da petição inicial os municípios afetados pelo dano ou onde deverá ser cumprida a obrigação, bem como as coordenadas geográficas dos vértices que definem os limites da área abrangida pela ação.

Os **fundamentos jurídicos**, por sua vez, normalmente expõem: a) as normas que regulavam a relação jurídica de *direito material*, ou seja, que atribuem a determinada classe, categoria, ou grupo de pessoas, ou à coletividade, os direitos ou interesses atingidos, bem como as consequências jurídicas (sanções) de tal ataque; b) as regras *de direito processual* que autorizam o autor a formular os pedidos por ele deduzidos; c) doutrina e jurisprudência em suporte dessa argumentação.

Não se deve identificar cada um dos titulares dos interesses em jogo (aliás, no caso dos interesses difusos, isso é inviável, ante a indeterminação dos titulares). Com maior razão, não é preciso descrever a situação fático-jurídica peculiar a cada um dos interessados. Caso contrário, a elaboração das petições iniciais das ações coletivas seria inviável, e, quando possível, a dilação probatória e o julgamento célere seriam seriamente comprometidos, frustrando totalmente os fins da introdução do processo coletivo em nosso ordenamento (imagine-se a dificuldade e o tempo para analisar e submeter à dilação probatória, uma a uma, milhares de situações individuais, num mesmo processo!). Além disso, a discussão da situação pormenorizada de cada um dos titulares é totalmente desnecessária para a dicção do direito nas ações coletivas, pois o que caracteriza os interesses coletivos em sentido amplo é o que eles ou seus titulares têm em comum. Assim, cumpre narrar, no caso dos difusos, as circunstâncias fáticas em comum; dos coletivos, a relação jurídica base; e, dos individuais homogêneos, a situação de origem comum,[190] o "núcleo de homogeneidade", *i.e.*, a situação fático-jurídica que é comum a todos os lesados, o "denominador comum" a todas as vítimas, a saber: a existência do evento lesivo, o responsável pelo evento e a obrigação de ele indenizar as vítimas do mesmo evento.

Conforme visto no item 2.1, das *considerações iniciais*, a inclusão do inciso IV à LACP, pelo CDC, fez com que as ações civis públicas pudessem ser deduzidas em prol não apenas das matérias expressas nos demais incisos do art. 1.º daquele diploma, como também de qualquer outro interesse difuso ou coletivo. E, ante a aplicabilidade recíproca das normas de ambas as leis (LACP, art. 21; CDC, art. 90), a despeito de a LACP somente se referir aos direitos difusos e coletivos, sua utilização também se fez possível não apenas em relação aos interesses individuais homogêneos relativos aos consumidores (CDC, Título III), como em prol de interesses individuais homogêneos de qualquer natureza (LACP, art. 1.º, IV).

---

[189] O painel interativo SireneJud reúne informações da Base Nacional de Dados do Poder Judiciário (DataJud) relacionadas às ações judiciais no assunto ambiental, bem como outros dados referentes à mesma temática (como áreas protegidas, terras indígenas, áreas de desmatamento, entre outros). Disponível em: www.cnj.jus.br/programas-e-acoes/sirenejud/. Acesso em: 23 mar. 2023.

[190] STJ, REsp 1.395.875/PE, 2.ª T., rel. Min. Herman Benjamin, j. 20.02.2014, *DJE* 07.03.2014.

98 | INTERESSES DIFUSOS E COLETIVOS – VOL. 1

Assim, com o advento do CDC, passou a ser possível, em tese, fundar a ação civil pública na necessidade de defender qualquer direito ou interesse transindividual. As exceções são as pretensões previstas no parágrafo único ao art. 1.º da LACP, introduzido pela MP 2.102-26/2000, revigorada pela MP 2.180-35/2001. Ele veta a utilização da ação civil pública nas pretensões que envolvam tributos, contribuições previdenciárias, FGTS ou outros fundos de natureza institucional cujos beneficiários possam ser individualmente determinados.

Posta de lado a questão da legitimidade ativa, que pode vincular a legitimidade de alguns entes para a propositura de ações civis públicas a determinados temas, de modo geral, as ações civis públicas podem ser propostas para a defesa de direitos relacionados às mais variadas temáticas, uma vez que a previsão legal, graças ao inciso IV do art. 1.º da LACP, é *numerus apertus*. Por tal razão, limitamo-nos a indicar exemplificativamente aqueles cuja defesa por meio desse instrumento está expressamente prevista no ordenamento:

a) meio ambiente (sua integridade e seu equilíbrio ecológico), abrangendo seus componentes naturais, artificiais (ordem urbanística) e culturais (CF, LACP, LONMP, LOMPU, LPNMA, entre outras);

b) ordem econômica e a livre concorrência (LACP, LOMPU, e Lei 12.529/2011);

c) economia popular (LACP);

d) direitos dos consumidores (CF, LACP, CDC, LONMP, LOMPU, Estatuto do Torcedor, entre outras);

e) patrimônio público e social (CF, LACP, LONMP, LOMPU, Lei de Improbidade Administrativa, entre outras);

f) direitos dos portadores de deficiência (Lei 7.853/1989, entre outras);

g) direitos dos investidores no mercado de valores mobiliários (Lei 7.913/1989);

h) direitos da família (LOMPU);

i) direitos das crianças e adolescentes (Estatuto da Criança e do Adolescente, LOMPU, entre outras);

j) direitos dos idosos (Estatuto da Pessoa Idosa e LOMPU, entre outras);

k) direitos das comunidades indígenas e minorias étnicas (LOMPU);

l) integridade das mulheres nos meios doméstico e familiar (Lei 11.340/2006, conhecida como Lei "Maria da Penha");

m) direitos dos usuários da "internet" (Lei 12.965/2014);

n) honra e dignidade de grupos raciais, étnicos ou religiosos (LACP).

2.4.3 Pedido

O pedido deduzido em toda e qualquer ação tem um objeto imediato (pedido imediato) e um objeto mediato (pedido mediato). Além de tratarmos de aspectos conceituais de tais componentes dos pedidos, abordamos neste item, especificamente, algumas pretensões que, na ação civil pública, envolvem polêmica: o controle de constitucionalidade, o controle jurisdicional de políticas públicas, e pedidos envolvendo tributos, FGTS, contribuições previdenciárias e outros fundos.

2.4.3.1 Objeto imediato

O objeto imediato do pedido é o provimento jurisdicional que o autor espera conseguir ao fim do processo. Ao indicar a espécie de provimento jurisdicional pretendido, está o demandante a optar entre as diversas espécies de tutela jurisdicional admitidas na ordem jurídica.[191]

À vista da ementa da LACP, poder-se-ia concluir precipitadamente que a ação civil pública só pode ter por objeto imediato um provimento de tutela ressarcitória (que vise à reparação de um dano):

> Disciplina a ação civil pública de responsabilidade por danos causados ao meio ambiente, ao consumidor, a bens e direitos de valor artístico, estético, histórico, turístico e paisagístico (*Vetado*) e dá outras providências.

Tem-se a mesma impressão ao ler o *caput* do seu art. 1.º, que diz serem regidas por essa lei as "ações de responsabilidade por danos morais e patrimoniais" causadas aos bens nela especificados. Sem embargo, a utilidade das ações civis públicas é muito mais ampla.

Com efeito, o art. 83 do CDC, visando a garantir a efetividade da tutela processual coletiva, prescreve genericamente que: "para a defesa dos direitos e interesses protegidos por este código são admissíveis todas as espécies de ações capazes de propiciar sua adequada e efetiva tutela".[192]

Por força do princípio da integração CDC x LACP, é possível inferir que em defesa de quaisquer interesses transindividuais é possível o ajuizamento de "todas as espécies de ações capazes de propiciar sua adequada e efetiva tutela". Entenda-se, consequentemente, ser possível a propositura de ações civis públicas de **conhecimento** ou **executivas**, e, naquelas de conhecimento, a busca de provimentos de quaisquer naturezas: **condenatórios, constitutivos,** ou **meramente declaratórios**.

Apesar da generalidade do art. 83 do CDC, convém apontarmos outros dispositivos que frisam o cabimento das ações civis públicas em relação a determinadas espécies de pedidos.

O art. 3.º da LACP, por exemplo, prescreve serem cabíveis não apenas as condenações em dinheiro, como também em obrigações de fazer ou não fazer.

Aliás, tal dispositivo preceitua que a ação civil pública poderá ter por objeto a condenação em dinheiro **ou** o cumprimento de obrigação de fazer ou não fazer. O uso da conjunção alternativa "ou" não pode ser interpretado de modo a configurar uma proibição à cumulação de um pedido de condenação em dinheiro com um de obrigação de fazer ou não fazer. Na verdade, a norma simplesmente externa a possibilidade de, entre os pedidos condenatórios, serem formulados tanto os de obrigação de pagar como os de obrigação de fazer ou de não fazer. Interpretação contrária atentaria contra o princípio do adequado acesso à Justiça.

Nada obsta, portanto, quando necessário à eficaz proteção do direito material, que se cumulem pedidos de tutelas de naturezas diversas:

> Processo civil. Ação civil pública. Dano ambiental. Condenação a reflorestamento. Ressarcimento de dano material. Cumulação. Possibilidade. (...) É possível, em ação civil pública ambiental, a cumulação de pedidos de condenação a obrigação de fazer (reflorestamento de área) e de pagamento pelo dano material causado. Precedentes.[193]

---

[191] DINAMARCO, Cândido Rangel. *Instituições de Direito Processual Civil*. 3. ed. rev. e atual. São Paulo: Malheiros, 2003. v. 2, p. 118.

[192] Disposições semelhantes estão contidas no art. 212, *caput*, do ECA e no art. 82, *caput*, do EPI.

[193] STJ, REsp 1.181.820/MG, 3.ª T., rel. Min. Nancy Andrighi, j. 07.10.2010, *DJe* 20.10.2010; REsp 1.173.272/MG, rel. Min. Nancy Andrighi, j. 26.10.2010, Informativo 453, de 25 a 29.10.2010.

No mesmo sentido a Súmula 629 do STJ, que afirma que "Quanto ao dano ambiental, é admitida a condenação do réu à obrigação de fazer ou à de não fazer cumulada com a de indenizar". Isso não afasta a possibilidade da cumulação em outras searas que não a ambiental, e, até mesmo, a cumulação tríplice de pedidos, como, a propósito, já admitiu o STJ em ação consumerista em que se buscava, concomitantemente, provimento constitutivo negativo (anulação), condenatório em obrigação de pagar, e condenatório em obrigação de não fazer:

> O Ministério Público é parte legítima para ajuizar ação coletiva de proteção ao consumidor, em cumulação de demandas, visando: a) a nulidade de cláusula contratual (juros mensais); b) a indenização pelos consumidores que já firmaram os contratos em que constava tal cláusula; c) a obrigação de não mais inseri-la nos contratos futuros, quando presente como de interesse social relevante a aquisição, por grupo de adquirentes, da casa própria que ostentam a condição das chamadas classes média e média baixa.[194]

Outra seria a solução, porém, caso a satisfação do direito lesado ou ameaçado fosse integralmente alcançável pela procedência de um pedido de condenação em obrigação de fazer, mas o autor postulasse, cumulativamente, a condenação em obrigação de pagar. Neste caso, haveria inadmissível *bis in idem*.

Já o art. 4.º da LACP prescreve:

> **Art. 4.º** Poderá ser ajuizada ação cautelar para os fins desta Lei, objetivando, inclusive, evitar dano ao patrimônio público e social, ao meio ambiente, ao consumidor, à honra e à dignidade de grupos raciais, étnicos ou religiosos, à ordem urbanística ou aos bens e direitos de valor artístico, estético, histórico, turístico e paisagístico. (Redação dada pela Lei 13.004, de 2014)

Esse dispositivo, inicialmente, versa as ações cautelares em sentido estrito, a cuja sentença se chega por juízo de verossimilhança, e que visam a assegurar a utilidade da tutela definitiva buscada na ação de conhecimento ou de execução. Mas, ao tratar de ações que visem a "evitar o dano", o enunciado estende seu alcance a ações não propriamente cautelares, mas definitivas, voltadas não à garantia da efetividade do processo, mas à proteção do direito material. Seria a hipótese, por exemplo, de uma ação inibitória[195] do ilícito ambiental, em que se buscasse a condenação em obrigação de não fazer (de cessar a prática de um ato ilícito), visando a evitar a eclosão do dano ambiental.

Na sua primeira acepção, porém, cremos que o art. 4.º tenha sido derrogado pelo atual CPC. Com efeito, ao contrário do CPC/1973, o CPC/2015 não trata de procedimentos cautelares, destinados a processos cautelares em separado dos processos de conhecimento ou de execução. Desaparecem, portanto, a figura dos processos cautelares (preparatórios ou incidentais a um processo principal) e suas respectivas ações cautelares nominadas ou inominadas. Como a LACP emprestava do CPC a disciplina de sua ação cautelar, também desaparece a possibilidade de propor ações civis públicas cautelares. Os resultados visados por tais ações podem ser buscados, à luz do CPC em vigor, via tutela de urgência cautelar, conforme veremos no tópico específico.

---

[194] STJ, EREsp 141.491/SP, Corte Especial, rel. Min. Waldemar Zveiter, j. 17.11.1999, *DJ* 01.08.2000.

[195] Ação inibitória é a que visa evitar o ilícito, removê-lo, interromper sua continuação ou impedir sua repetição. O CPC/2015 contempla-a expressamente, no parágrafo único do art. 497, *in verbis*: "Parágrafo único: Para a concessão da tutela específica destinada a inibir a prática, a reiteração ou a continuação de um ilícito, ou a sua remoção, é irrelevante a demonstração da ocorrência de dano ou da existência de culpa ou dolo".

O CDC, por seu turno, prevê a possibilidade de ações visando ao cumprimento de obrigações de fazer ou de não fazer em geral (art. 84), bem como hipótese especificamente voltada ao Poder Público:

> **Art. 102.** Os legitimados a agir na forma deste código poderão propor ação visando compelir o Poder Público competente a proibir, em todo o território nacional, a produção, divulgação distribuição ou venda, ou a determinar a alteração na composição, estrutura, fórmula ou acondicionamento de produto, cujo uso ou consumo regular se revele nocivo ou perigoso à saúde pública e à incolumidade pessoal.

Ressalte-se, por pertinente, que, a despeito de essa norma estar inserida no capítulo intitulado "Das ações de responsabilidade do fornecedor de produtos e serviços", ela não trata de ação de índole ressarcitória, mas sim preventiva, pois visa a evitar um dano.

Exaurida a questão das espécies de objetos imediatos do pedido passíveis de formulação em ações civis públicas, passemos à análise daqueles que sejam mais adequados a cada caso.

É sempre mais efetiva a tutela ao direito material quando se atua preventivamente (antes da ocorrência do dano), em vez de repressivamente (após o dano). Tal lógica faz ainda mais sentido tratando-se de direitos transindividuais (sejam eles difusos, coletivos ou individuais homogêneos), pois um único ato ofensivo pode lesar milhares ou milhões de vítimas, cuja reparação integral será extremamente difícil. Logo, sempre que possível, a ação civil pública deve buscar a tutela inibitória (que vise a impedir a prática, remover, obstar a continuação ou a repetição de atos ilícitos, ou a evitar o inadimplemento contratual), ou reintegratória (que vise à remoção de um ato ilícito), visto que, repelindo-se os atos ilícitos e prevenindo-se o inadimplemento contratual, se evitam os danos em massa que tais fatos poderiam desencadear.

Se não houver sido possível obstar um dano ou o inadimplemento contratual, terá lugar a tutela ressarcitória, que é aquela voltada à sua reparação. Dentre as medidas ressarcitórias, deve-se buscar, preferencialmente, aquela que mais proximamente reproduza a situação do bem antes da lesão. Assim, primeiramente, deve-se optar pela que obrigue à reparação do bem *in natura* ou a entrega da prestação inadimplida (*tutela específica*). Se isso não for viável, deve-se postular a concessão de uma medida que assegure o resultado prático equivalente. A condenação em obrigação de pagar (conversão da obrigação em perdas e danos = pagamento do equivalente em dinheiro) deve ser adotada apenas se inviáveis as alternativas anteriores.

Essa lógica é inferida do art. 84 do CDC e seu § 1.º:

> **Art. 84.** Na ação que tenha por objeto o cumprimento da obrigação de fazer ou não fazer, o juiz concederá a tutela específica da obrigação ou determinará providências que assegurem o resultado prático equivalente ao do adimplemento.
>
> § 1.º A conversão da obrigação em perdas e danos somente será admissível se por elas optar o autor ou se impossível a tutela específica ou a obtenção do resultado prático correspondente.

É verdade que o parágrafo primeiro dá a entender que o autor da ação pode abrir mão da tutela específica, e optar diretamente pela tutela indenizatória em dinheiro. Lembre-se, porém, que nas ações civis públicas o colegitimado não é o titular do direito material envolvido, atuando apenas como um "adequado portador" (representante adequado) dos interesses que lhe incumbem tutelar. Por isso, ele não pode abrir mão do provimento que tutele mais eficazmente o direito material. Para atingir tal eficácia, deverá formular os pedidos conforme a seguinte hierarquia:

1.º) se for possível, pede-se tutela preventiva, apta a evitar o dano ou o inadimplemento contratual; mas, se o dano ou o inadimplemento já estiver consumado → 2.º) requer-se a tutela especificamente destinada a reconduzir o bem lesado ao estado anterior (restaurar, reconstituir) ou a entregar ao credor a prestação a ele devida; mas, se isso não for possível → 3.º) postula-se a tutela que providencie o resultado prático equivalente ao da tutela específica; mas, se isso também não for possível[196] → 4.º) pugna-se pela tutela que condene o responsável a pagar uma indenização em pecúnia.

A tutela inibitória, a reintegratória, a ressarcitória *in natura* e a específica da obrigação inadimplida são espécies do gênero *tutela específica*, por meio da qual o direito ou patrimônio do autor é mantido (prevenção) ou restituído (repressão, ressarcimento) à exata situação existente antes do ilícito ou do dano, ou, no caso de obrigação contratual (tutela específica da obrigação inadimplida), é a tutela por força da qual se garante ao credor a mesma prestação que obteria se o contrato fosse espontaneamente adimplido.

Já na tutela pelo resultado prático equivalente e na tutela por conversão em perdas e danos, o autor não obtém uma reconstituição exata do *statu quo ante* ou a exata prestação contratada, mas sim uma situação equivalente, seja por meio de uma prestação não pecuniária (resultado prático equivalente), seja pecuniária (conversão em perdas e danos).

O art. 3.º da LACP deve ser interpretado da mesma maneira que o art. 84 do CDC, no sentido de que o autor não pode abrir mão de seguir a citada ordem na formulação do objeto imediato.

A importância de seguir essa escala é especialmente notada nas ameaças ou lesões a bens naturalmente infungíveis (p. ex., uma obra de arte de um artista consagrado, integrante do patrimônio histórico-cultural) e nos extrapatrimoniais (p. ex., direitos da personalidade, meio ambiente ecologicamente equilibrado etc.).

Imagine-se, por exemplo, a destruição de uma escultura de Aleijadinho, ou de uma igreja da época colonial, tombada por integrar o patrimônio histórico-cultural nacional. Haveria meios de reconstruí-los? E, em eventual reconstrução, gozaria ela do mesmo valor dos originais, a ponto de poder ser considerada um "resultado prático equivalente"? Sendo impossível a reconstrução, como estimar em dinheiro o prejuízo cultural? Evidente que, nesse caso, é imprescindível prevenir a lesão.

Em outra hipótese, como seria possível dimensionar, em pecúnia, eventuais danos morais sofridos pelas crianças e pela sociedade em função de um sistema público de ensino insuficiente? Avulta-se aí, novamente, a importância de se prevenirem os danos.

Do mesmo modo, não seria melhor evitar um desmatamento que promover o reflorestamento? Pois, afinal, seria possível reconstituir o meio ambiente, com fidelidade, aos moldes de antes da degradação? As árvores suprimidas não teriam uma identidade única? E quanto à fauna devastada com a floresta, como trazê-la de volta? E, não sendo possível evitar o desmatamento, a melhor forma de restituir o meio ambiente ao seu estado anterior não seria pela reparação *in natura*, promovendo o reflorestamento *in situ* (no local do dano)?

Portanto, é fácil compreender a imprescindibilidade de respeito à ordem hierárquica supracitada na elaboração do pedido, pois, quanto mais posteriores as espécies de provimentos nela estabelecidos, menor será sua aptidão para prover a integralidade do bem jurídico lesado ou sob ameaça de lesão.

Em suma, na tutela jurisdicional a direitos e interesses transindividuais, tem-se o seguinte esquema:

---

[196] Sobre as hipóteses em que não for juridicamente possível a concessão da tutela específica da obrigação de fazer ou não fazer, *vide* o item 2.11.1.1, sobre as obrigações de fazer ou de não fazer.

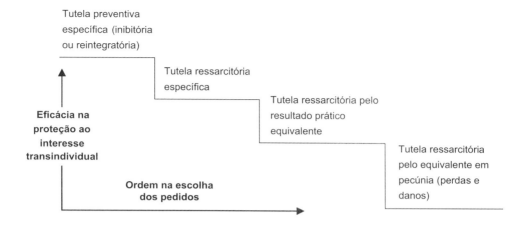

Anote-se, ainda, que, na hipótese de inadimplemento de uma obrigação contratual de entregar quantia em dinheiro, o pedido a ser formulado pelo autor é o de condenação do réu em obrigação de pagar. Nesse caso, a entrega do numerário devido não seria mera resolução da obrigação em perdas e danos, mas configuraria a própria tutela específica.

Impende frisar, também, que, caso se trate de pedido de condenação em prol de direitos individuais homogêneos, ele deve ser formulado de maneira abstrata, ou seja, deve buscar uma *condenação genérica* (objetiva e subjetivamente ilíquida), que simplesmente fixe a responsabilidade do réu pelos danos causados (CDC, art. 95). Isso significa que o pedido imediato (e a causa de pedir) não deve individualizar as vítimas a serem beneficiadas, tampouco o *quantum debeatur* devido a cada uma.

A propósito da observação lançada no parágrafo anterior, convém distinguir uma hipótese que pode gerar confusão. Já houve casos em que associações intentaram ações com pedidos individualmente concretos em favor membros. Nas espécies, pleiteou-se, concretamente, o levantamento dos valores de contas vinculadas do FGTS de seus associados. Como argutamente observa Araújo Filho, tais ações não se confundem com as verdadeiras ações coletivas, já que não buscam uma condenação genérica, tendo sido por ele classificadas como **ações pseudocoletivas**:

> Nas ações pseudocoletivas, em realidade, conquanto tenha sido proposta a ação por um único legitimado extraordinário, na verdade estão sendo pleiteados, específica e concretamente, os direitos individuais de inúmeros substituídos, caracterizando-se uma pluralidade de pretensões que, em tudo e por tudo, é equiparável à do litisconsórcio multitudinário, na feliz e consagrada expressão de Cândido Rangel Dinamarco, devendo sua admissibilidade, portanto, submeter-se, em princípio, às mesmas condições, ou seja, somente poderiam ser consideradas admissíveis quando não prejudicassem o pleno desenvolvimento do contraditório ou o próprio exercício da função jurisdicional.[197]

---

[197] ARAÚJO FILHO, Luiz Paulo da Silva. *Ações Coletivas: a Tutela Jurisdicional dos Direitos Individuais Homogêneos*. Rio de Janeiro: Forense, 2000, p. 200. A alusão por ele feita a Cândido Rangel Dinamarco refere-se à obra *Litisconsórcio*. 4. ed. São Paulo: Malheiros, 1996. p. 344 e ss. Apesar da analogia com o litisconsórcio multitudinário, Araújo Filho não admite a possibilidade de o magistrado invocar o art. 46, parágrafo único, do CPC/1973 (no atual CPC, corresponde ao art. 113, § 1.º), para limitar o número de substituídos na ação pseudocoletiva, pois a legitimidade extraordinária das associações em geral e dos sindicatos em especial tem assento na própria Constituição Federal. De todo modo, para assegurar as garantias da ampla defesa e do devido processo legal, afirma que "caberia ao ente legitimado nomear e qualificar todos os substituídos, para permitir a identificação dos titulares dos direitos efetivamente pleiteados, bem como detalhar os elementos de cada uma das relações jurídicas" (ARAÚJO FILHO, Luiz Paulo da Silva. *Ações Coletivas: a Tutela Jurisdicional dos Direitos Individuais Homogêneos*. Rio de Janeiro: Forense, 2000, p. 201).

Por não se tratar de verdadeiras ações coletivas, a elas não se aplica o art. 95 do CDC (condenação genérica), nem o art. 104 do mesmo códex (que afirma não haver litispendência entre as ações coletivas e as ações individuais).

Por fim, há que anotar que o STJ vem admitindo a cumulação de pretensões em favor de um indivíduo determinado com pedidos em favor de beneficiários indeterminados. Mais precisamente, isso vem se dando em ações civis públicas em que se postula a condenação do Poder Público a fornecer medicamento para um paciente específico e para todo os que, porventura, comprovem que sua condição clínica é semelhante à da hipótese prevista no comando judicial. Há, nesses casos, verdadeira conjugação de ação individual com ação coletiva:

> Administrativo e processual civil. Fornecimento de remédio pelo poder público. Ação civil pública em que o *parquet* autor postula a obtenção de medicamento para um específico paciente e para outros tantos que venham a comprovar quadro clínico assemelhado. Acórdão recorrido que afirma a impossibilidade de se proferir decisão com eficácia subjetiva ampliada. Entendimento que diverge da compreensão do STJ sobre o tema. Eficácia *erga omnes* reconhecida em favor de outros indivíduos que venham a demonstrar a necessidade de utilizar o mesmo medicamento. Recurso do estado de Santa Catarina desprovido.
>
> (...)
>
> 4. Nos termos da jurisprudência deste Superior Tribunal de Justiça, em ação civil pública na qual se postula medicamento para um específico paciente, revela-se possível, havendo pedido também expresso, a prolação de decisão com eficácia erga omnes, em ordem a que, posteriormente, cada paciente interessado, desincumbindo-se do ônus de comprovar o seu enquadramento clínico à hipótese prevista no comando judicial, possa pleitear e obter o mesmo remédio nele indicado. Nesse sentido: AgInt no REsp 1.549.608/SC, Rel. Ministro Francisco Falcão, Segunda Turma, julgado em 16/11/2017, *DJe* 22/11/2017 e AgInt no REsp 1.377.401/SC, Rel. Ministro Napoleão Nunes Maia Filho, Primeira Turma, julgado em 7/3/2017, *DJe* 20/3/2017.
>
> 5. Agravo interno não provido.[198]

2.4.3.2 Objeto mediato

O objeto mediato do pedido consiste no bem da vida cuja tutela se postula judicialmente. Tratando-se de ação civil pública, **qualquer bem** que possa ser objeto de interesse difuso, coletivo ou individual homogêneo pode ser objeto mediato do pedido, **com exceção** dos que envolvam tributos, contribuições previdenciárias, o Fundo de Garantia do Tempo de Serviço (FGTS) ou outros fundos de natureza institucional cujos beneficiários possam ser individualmente determinados.

Atente-se que, para fins de determinação do pedido mediato[199] como elemento identificador da ação, deve-se considerar o **bem da vida particularizado** na petição inicial, **e não a mera identidade de gênero**. Não haverá, por exemplo, identidade de pedidos mediatos entre duas ações pelo simples fato de ambas visarem à proteção do meio ambiente. Apenas se o bem ambiental individualizado na exordial for o mesmo, e os pedidos visarem a tutelá-lo no mesmo ponto, é que haverá identidade.

Assim, se duas ações civis públicas almejam proteger o meio ambiente, mas uma delas visa à despoluição de um rio degradado por um vazamento industrial, ao passo que outra busca responsabilizar civilmente um pescador pela pesca predatória realizada no

---

[198] AgInt no REsp 1.377.135/SC, 1.ª T., rel. Min. Sérgio Kukina, j. 10.05.2022, DJe 13.05.2022.

[199] Que é o pedido no que se refere ao objeto mediato.

mesmo curso d'água, não há identidade de pedido, pois os objetos mediatos são distintos: um busca o retorno da qualidade das águas do curso d'água; outro, a reparação da fauna ictiológica nele antes existente.

Por final, observe-se que, conforme o CPC, o pedido, em regra, deve ser certo ou determinado, salvo: a) nas ações universais (p. ex., petição de herança), se não puder o autor individuar os bens demandados; b) quando não for possível determinar, desde logo, as consequências do ato ou do fato; ou c) quando a determinação do objeto ou do valor da condenação depender de ato que deva ser praticado pelo réu (art. 324, § 1.º, I, II, III, do CPC/2015).

Especificamente nas ações coletivas que versem interesses individuais homogêneos, o pedido (e, consequentemente, a eventual sentença condenatória) será sempre genérico, pois nele não se busca seja desde já fixado o valor que o réu deve pagar a cada vítima, mas, tão somente, que se reconheça que o fato danoso ocorreu e que o réu é por ele responsável, e que, portanto, seja ele condenado a ressarcir as vítimas. É o que se extrai do art. 95 do CDC:

> **Art. 95.** Em caso de procedência do pedido, a condenação será genérica, fixando a responsabilidade do réu pelos danos causados.

Imagine-se, por exemplo, que uma indústria farmacêutica colocasse no mercado um anticoncepcional ineficaz, e, em função disso, milhares de mulheres engravidassem indesejadamente. Segundo o modelo tradicional do CPC, as mulheres lesadas teriam de ajuizar ações individuais e, já na fase de conhecimento, demonstrar qual teria sido o prejuízo suportado em função da gravidez indesejada, para que a sentença condenasse a indústria na reparação do prejuízo individualmente sofrido.

Já pela sistemática do CDC, a condenação na ação coletiva em prol dos interesses individuais homogêneos seria genérica: a sentença condenatória limitar-se-ia a obrigar a indústria a ressarcir todas as vítimas (ou sucessores), sem estipular o *quantum* devido a cada ofendida. Apenas na fase de liquidação de sentença é que seria fixada a indenização individualmente devida a cada vítima (CDC, art. 97).

2.4.3.3 Controle de constitucionalidade

A ação civil pública deflagra um processo cuja sentença pode produzir efeitos para além das partes processuais (mesmo porque há, no polo ativo, legitimação extraordinária), atingindo os titulares do direito material controvertido, naquilo que a lei denomina efeitos *ultra partes* ou *erga omnes*.[200]

Partindo dessa premissa, seria hipoteticamente possível (embora juridicamente inadmissível), em uma ação civil pública na qual se aduzisse a inconstitucionalidade de determinada lei ou ato normativo, que a sentença de procedência afastasse, *erga omnes*, inclusive para casos futuros, a aplicabilidade da norma inconstitucional.

Nesse caso, a ação civil pública estaria fazendo as vezes de uma *Ação Direta de Inconstitucionalidade (ADI)*, por deflagrar um verdadeiro controle concentrado de constitucionalidade. O membro do Ministério Público que ajuizasse a ação estaria exercendo uma atribuição que compete apenas ao chefe da instituição, ao passo que o juiz prolator da sentença, por seu turno, estaria usurpando função que compete, com exclusividade, ao Supremo Tribunal Federal (inconstitucionalidade de norma federal ou estadual em face

---

[200] Trataremos melhor dessas expressões nos itens sobre sentença e coisa julgada.

106 | INTERESSES DIFUSOS E COLETIVOS – VOL. 1

da Constituição da República) ou ao Tribunal do respectivo Estado (inconstitucionalidade de lei municipal ou estadual em face da Constituição Estadual).

Para evitar tal situação, a arguição de inconstitucionalidade no bojo de uma ação civil pública somente é admissível em caráter incidental, ou seja, como causa de pedir, uma vez que os fundamentos da ação não ensejam coisa julgada material, valendo apenas no respectivo processo (arts. 503 e 504, I e II, do CPC/2015). Evita-se, assim, que essa declaração gere efeitos *erga omnes*, e que exclua por completo a incidência da lei, como se fora uma verdadeira ADI.[201] É o entendimento do STF:

> (...) A jurisprudência do Supremo Tribunal Federal tem reconhecido que se pode pleitear a incons-titucionalidade de determinado ato normativo na ação civil pública, desde que *incidenter tantum*. Veda-se, no entanto, o uso da ação civil pública para alcançar a declaração de inconstitucionalidade com efeitos *erga omnes*. No caso, o pedido de declaração de inconstitucionalidade da Lei 754/1994 é meramente incidental, constituindo-se verdadeira causa de pedir. Negado provimento ao recurso extraordinário do Distrito Federal e julgado prejudicado o recurso extraordinário ajuizado pelo Ministério Público do Distrito Federal.[202]

A hipótese é distinta se a norma impugnada não for lei nem sob o aspecto formal, nem sob o aspecto material. Isso porque apenas podem ser objetos de ADI as leis (sejam elas leis formais e materiais, ou apenas formais) e outros atos normativos sem forma de lei, mas, materialmente, imbuídos de abstração e generalidade (leis materiais).[203] Portanto, nada obsta que uma ação civil pública possa pugnar a nulidade (por inconstitucionali-dade) de uma norma de efeitos concretos, desde que essa norma também não tenha a forma de lei.[204]

Cremos que eventual pretensão formulada em ação civil pública buscando obter efeitos semelhantes aos do controle concentrado de constitucionalidade poderia ser fulminada por sentença terminativa, com fundamento no art. 485, IV, do CPC, por ausência de pressuposto processual de validade (é da ADI, e não da ACP, o procedimento adequado para controle concentrado de constitucionalidade).

2.4.3.4 Controle judicial de políticas públicas

Outra questão interessante relacionada com o pedido nas ações civis públicas diz respeito à possibilidade de se pleitear a condenação da Administração Pública em obrigação de fazer, consistente na implementação de políticas públicas necessárias à concretização de direitos fundamentais de segunda e terceira gerações.

Dada a importância do tema, abordaremos, ainda que em breves linhas, o conceito de políticas públicas, a possibilidade de controle judicial dessas políticas por meio de ações

---

[201] Pedro da Silva Dinamarco vislumbra em tal controle, quando versando normas federais e estaduais, *inadequação* da via eleita, entendendo ser cabível, em tais casos, a ação direta de inconstitucionalidade, e, por tal razão, faltar interesse de agir para a ação civil pública. *Ação civil pública*. São Paulo: Saraiva, 2001. p. 277-282.

[202] RE 424. 993/DF, Pleno, rel. Min. Joaquim Barbosa, j. 12.09.2007, *DJe* 19.10.2007. **No mesmo sentido:** RE 511.961/SP, Pleno, rel. Min. Gilmar Mendes, j. 17.06.2009, *DJe* 13.11.2009; Rcl 2.687/PA, Pleno, rel. Min. Marco Aurélio, j. 23.09.2004, *DJ* 18.02.2005; AI 504.856 Agr/DF, 2.ª T., rel. Min. Carlos Velloso, j. 21.09.2004, *DJ* 08.10.2004; Rcl 2.460 MC/RJ, Pleno, rel. Min. Marco Aurélio, j. 10.03.2004, *DJ* 06.08.2004.

[203] O STF entendia que as leis de efeitos concretos (leis meramente formais, mas não materiais) não podiam ser alvo de controle concentrado de constitucionalidade, e, portanto, poderiam ser impugnadas no pedido principal de uma ação civil pública. Todavia, a partir da ADI 4.048 MC/DF (j. 14.05.2008), esse entendimento mudou: como o art. 102, I, da CF fala em "lei ou ato normativo", passou-se a afirmar que a natureza de lei material (generalidade e abstração) é condição que se exige, para o controle concentrado, apenas dos atos normativos que não tenham a forma de lei.

[204] Já durante a nova orientação do STF, as Reclamações 1.503/DF e 1.519/CE, ajuizadas contra uma ACP que tinha por objeto principal a Lei 9.688/1998 (trata-se de lei de efeitos concretos), foram julgadas procedentes (*DJe* 10.12.2012).

coletivas e os principais critérios ou parâmetros que devem orientar o Poder Judiciário no exercício deste controle.

2.4.3.4.1 Noção de políticas públicas

É dever do Poder Público concretizar os comandos gerais contidos na ordem jurídica e, para isso, cabe-lhe implementar ações, programas e políticas dos mais diferentes tipos. Essas políticas, denominadas políticas públicas, são conceituadas por Oswaldo Canela Junior como **o conjunto de atividades do Estado tendentes a seus fins, de acordo com metas a serem atingidas.**[205] Trata-se, portanto, de um conjunto de normas (Poder Legislativo), atos (Poder Executivo) e decisões (Poder Judiciário) que visam à realização dos fins primordiais do Estado.

É justamente por meio das políticas públicas que o Estado poderá, de forma sistemática e abrangente, realizar os objetivos fundamentais previstos no art. 3.º da Constituição Federal,[206] aos quais se acresce o princípio da prevalência dos direitos humanos (art. 4.º, II, da CF), sobretudo no que diz respeito à concretização dos direitos fundamentais que dependam de ações para sua promoção, caso dos direitos sociais básicos (saúde, educação, proteção integral da criança e do adolescente, assistência social, segurança etc.) e do meio ambiente ecologicamente equilibrado.

2.4.3.4.2 Direitos fundamentais integrantes do conceito de mínimo existencial

A implementação de determinados direitos fundamentais, muitas vezes, depende de que o Estado cumpra obrigações de fazer impostas a ele pela Constituição ou pelas leis, normalmente afetas à área de alguma política pública (educação, saúde, saneamento básico, ambiental etc.).

A resistência do Poder Público em concretizar esses interesses leva, com frequência, ao ajuizamento de ações civis públicas, em que sobressai o conflito entre dois pilares do Estado Democrático de Direito: o *princípio da independência dos Poderes* (CF, art. 2.º) e a *garantia do acesso à Justiça* (CF, art. 5.º, XXXV).

Em tais ações, o autor, de seu lado, invoca a necessidade de obrigar a Administração a adimplir seus deveres constitucionais e legais, a fim de que o administrado não seja lesado nos correspondentes direitos à saúde, à educação, à segurança, ao meio ambiente equilibrado etc.

A Administração Pública, por sua vez, alega que o Judiciário não lhe poderia impor agir nesta ou naquela direção, sob pena de se imiscuir em questões de conveniência e oportunidade, campo de sagrada discricionariedade administrativa. Aduz-se, ainda, que, ao obrigar o Executivo a implementar políticas públicas, o Judiciário estaria ingerindo em seara da competência dos Poderes Legislativo e Executivo, postura que desatenderia ao primado da independência dos Poderes.

Nas ações civis públicas em que se postula a condenação da Administração em **obrigações de não fazer**, esse embate é menos tenso, pois não se lida com os óbices da falta de previsão orçamentária e dos limites de gastos previstos na Lei de Responsabilidade Fiscal.

---

[205] CANELA JUNIOR, Oswaldo. *Controle Judicial de Políticas Públicas*. São Paulo: Saraiva, 2011. p. 88-89.

[206] "Art. 3.º Constituem objetivos fundamentais da República Federativa do Brasil: I – construir uma sociedade livre, justa e solidária; II – garantir o desenvolvimento nacional; III – erradicar a pobreza e a marginalização e reduzir as desigualdades sociais e regionais; IV – promover o bem de todos, sem preconceitos de origem, raça, sexo, cor, idade e quaisquer outras formas de discriminação."

Esses entraves, porém, estão presentes quando se busca condenar a Administração a uma **obrigação de fazer** (implementação de políticas públicas), justamente pelo fato de os **direitos fundamentais a prestações**[207] terem por objeto – em regra – ações positivas do Estado, diretamente vinculadas às tarefas de melhoria, distribuição e redistribuição de recursos existentes, bem como à criação de bens essenciais (ex.: aumento do número de leitos em hospitais públicos, criação de vagas em creches etc.) não disponíveis para todos os que deles necessitem. Questiona-se, então, a legitimação do Judiciário para a determinação do objeto e do *quantum* da prestação, uma vez que, em face da relevância econômica dos direitos a prestações, a decisão sobre a aplicação dos recursos públicos, por sua direta implicação orçamentária, incumbe, em primeira linha, ao legislador. Daí a íntima conexão desse problema com a discussão em torno da assim designada "**reserva do possível**", na condição de limite fático e jurídico à efetivação judicial de direitos fundamentais a prestações.

Nesse contexto, é correto afirmar que o cerne da questão consiste em saber se os **direitos sociais a prestações** (aqui incluído o direito ao meio ambiente ecologicamente equilibrado, regulado no capítulo VI, Título VIII, da Constituição Federal, que trata da Ordem Social) podem assumir a condição de verdadeiros **direitos subjetivos**, independentemente ou para além da concretização pelo legislador infraconstitucional. Vale dizer, se todos eles são dotados da possibilidade de tutela jurisdicional, inclusive e preferencialmente em escala coletiva, ou alguns deles dependem de prévia ponderação de outros Poderes do Estado, consistente na formulação específica de políticas públicas para sua implementação. Essa é a real e mais delicada questão constitucional que subjaz à polêmica sobre o controle judicial de políticas públicas.

Identificada a problemática, cumpre assinalar que o princípio da dignidade da pessoa humana é um importante parâmetro a ser observado na tomada de decisão nessas ações. Referido princípio tem um conteúdo básico, sem o qual se poderá dizer que o indivíduo se encontra em situação de indignidade. A esse conteúdo dá-se o nome de **mínimo existencial**, cuja inobservância autoriza o controle da omissão dos Poderes Legislativo e Executivo pelo Poder Judiciário.

Em doutrina, o *mínimo existencial* é considerado um direito às condições mínimas de existência humana digna, cuja implementação exige prestações positivas por parte do Estado.[208] Costuma-se incluir no mínimo existencial o direito à educação fundamental, o direito à saúde básica, o direito ao saneamento básico, o direito à assistência social, o direito ao meio ambiente ecologicamente equilibrado e o direito de acesso à justiça, entre outros.[209]

Na mesma trilha, o Supremo Tribunal Federal define o *mínimo existencial* como um complexo de prerrogativas adequadas à manutenção digna das pessoas, exigindo do Poder Público a prática de atos que viabilizem os direitos sociais básicos, tais como o direito à educação, à proteção integral da criança e do adolescente, à saúde, o direito à

---

[207] Os direitos fundamentais foram vistos, à época do constitucionalismo de matriz liberal-burguesa, apenas como o direito de o particular impedir a ingerência do Poder Público em sua esfera jurídica, como direitos de defesa. Porém, passam a ser relevantes, agora, os chamados direitos a prestações, ligados às novas funções do Estado diante da sociedade. Sobre essa multifuncionalidade dos direitos fundamentais, recomenda-se a leitura da excelente obra de Ingo Wolfgang Sarlet, *A Eficácia dos Direitos Fundamentais*: uma Teoria Geral dos Direitos Fundamentais na Perspectiva Constitucional. 11. ed. Porto Alegre: Livraria do Advogado, 2012.

[208] TORRES, Ricardo Lobo. O Mínimo Existencial e os Direitos Fundamentais. *Revista de Direito da Procuradoria-Geral*, Rio de Janeiro, n. 42, p. 69-70, jul.-set. 1990.

[209] OLSEN, Ana Carolina Lopes. *Direitos Fundamentais Sociais*: Efetividade frente à Reserva do Possível. Curitiba: Juruá, 2008. p. 318. Ainda: ROCHA JUNIOR, Paulo Sérgio Duarte da. Controle Jurisdicional de Políticas Públicas. Dissertação (mestrado) – USP, São Paulo. Orientador Rodolfo de Camargo Mancuso, 2009, p. 21-24.

CAP. 2 – AÇÃO CIVIL PÚBLICA | 109

assistência social, à moradia, à alimentação, ao meio ambiente ecologicamente equilibrado e o direito à segurança.[210]

A adoção do conceito de *mínimo existencial* é feita para possibilitar a tutela jurisdicional imediata, sem a necessidade de prévia ponderação do Legislativo ou do Executivo por meio de política pública específica, e sem a possibilidade de questionamento, em juízo, das condições práticas de sua efetivação, vale dizer, **sem sujeição à cláusula da "reserva do possível".**[211]

A jurisprudência do STF caminha precisamente no sentido da inadmissibilidade da invocação da cláusula da reserva do possível nos processos em que esteja em jogo o mínimo existencial.[212]

Na mesma direção evolui a jurisprudência do Superior Tribunal de Justiça, consoante se extrai do acórdão do REsp 1.185.474/SC, relatado pelo eminente min. Humberto Martins. Extrai-se da ementa desse julgado a seguinte afirmativa: "(...) Aqueles direitos que estão intimamente ligados à dignidade humana não podem ser limitados em razão da escassez quando esta é fruto das escolhas do administrador. Não é por outra razão que a reserva do possível não é oponível à realização do mínimo existencial".

Assim, em todas as situações em que o argumento da reserva de competência do Poder Legislativo (assim como o da separação dos poderes e as demais objeções aos direitos sociais na condição de direitos subjetivos a prestações) esbarrar no maior valor da vida e da dignidade da pessoa humana, poder-se-á sustentar, na esteira do pensamento de Canotilho,[213] que, na esfera de um padrão *mínimo existencial*, haverá como reconhecer um direito subjetivo a prestações, admitindo-se, onde tal mínimo é desrespeitado, o ajuizamento de ação civil pública para compelir o Estado a implementar as políticas públicas necessárias à realização de tais direitos. Nesses casos, a interferência do Poder Judiciário não resultará em ofensa ao princípio da separação dos Poderes, tampouco em indevida ingerência na discricionariedade administrativa, mas sim na restauração da ordem jurídica.[214]

Foi nesse sentido, aliás, que os tribunais de superposição (STF e STJ), em diversas ações civis públicas, já acolheram pedidos formulados em ações civis públicas visando a compelir a Administração: a) a suprir a carência de professores em unidades de ensino público (CF, arts. 205, 208, IV, e 211, § 2.º);[215] b) a assegurar vagas em creches e pré-escolas da rede pública para crianças até determinada idade (CF, art. 208, IV, e ECA, arts. 54, IV, e 208, III);[216] c) a prestar assistência médica (consultas e cirurgias) satisfatória e prioritária às crianças e aos adolescentes, com imposição de cronograma para conferir celeridade aos atendimentos (CF, art. 227, *caput*, e ECA, arts. 7.º e 11);[217] d) a restabelecer a regularidade do serviço de coleta de lixo, por se tratar de serviço público relevante, regido pelo princípio da continuidade, e por ser imprescindível à garantia dos direitos à saúde e

---

[210] ARE 639.337 AdRg/SP, rel. Min. Celso de Mello, j. 23.08.2011.

[211] WATANABE, Kazuo. "Mínimo Existencial" e Demais Direitos Fundamentais Imediatamente Judicializáveis. In: GRINOVER, Ada Pellegrini; WATANABE, Kazuo (coord.). *O Controle Jurisdicional de Políticas Públicas*. Rio de Janeiro: Forense, 2011. p. 213-224.

[212] ARE, 2.ª T., rel. Min. Celso de Mello, j. 23.08.2011.

[213] CANOTILHO, Joaquim José Gomes. *Tomemos a Sério os Direitos Econômicos, Sociais e Culturais*. Coimbra: Coimbra Editora, 1982. p. 34.

[214] REsp 879.188/RS, 2.ª T., rel. Min. Humberto Martins, *DJe* 02.06.2009. No mesmo sentido: REsp 1.140.012/SC, 1.ª T., rel. Min. Denise Arruda, j. 10.11.2009.

[215] STF, RE 594.018 Agr, 2.ª T., rel. Min. Eros Grau, *DJe* 07.08.2009.

[216] STF, AI 664.053 AgR, 1.ª T., rel. Min. Ricardo Lewandowski, j. 03.03.2009, *DJe* 27.03.2009; RE 463.210 AgR/SP, 2.ª T., rel. Min. Carlos Velloso, j. 06.12.2005, *DJ* 03.02.2005; STJ, REsp 511.645/SP, 2.ª T., rel. Min. Herman Benjamin, j. 18.08.2009, *DJe* 27.08.2009; REsp 510.598/SP, 2.ª T., rel. Min. João Otávio de Noronha, j. 17.04.2007, *DJe* 13.02.2008.

[217] STJ, REsp 577.836/SC, 1.ª T., rel. Min. Luiz Fux, j. 21.10.2004, *DJ* 28.02.2005.

110 | INTERESSES DIFUSOS E COLETIVOS – VOL. 1

ao meio ambiente hígido;[218] e) a realizar obras de recuperação do solo, imprescindíveis ao meio ambiente;[219] f) a regularizar, às expensas do implantador, loteamentos clandestinos e irregulares, para respeito dos padrões urbanísticos e o bem-estar da população (art. 40 da Lei 6.766/1979),[220] e g) a remover toda e qualquer barreira que impeça o acesso irrestrito de pessoas com deficiência física às instalações de escola pública.[221]

2.4.3.4.3 Direitos fundamentais não integrantes do conceito de mínimo existencial

Há um consenso em doutrina e jurisprudência quanto à possibilidade de o Poder Judiciário compelir a Administração Pública à implementação de políticas voltadas à garantia do *mínimo existencial*, sem que se possa invocar, em defesa, a cláusula da "reserva do possível".

Além do *mínimo existencial*, existem outros direitos fundamentais a prestações que, apesar da relevância, não são dotados do mesmo grau de essencialidade para a efetividade do princípio da dignidade da pessoa humana. Em relação a tais direitos, para cujo atendimento também se fazem necessárias prestações positivas do Estado, pergunta-se: em caso de omissão estatal, é possível o ajuizamento de ação civil pública para forçar a Administração Pública a concretizá-los por meio da implementação de políticas públicas?

A doutrina não é pacífica a respeito. No extremo mais otimista, há quem defenda a tese de que todos os direitos fundamentais com assento no texto constitucional têm aplicabilidade imediata (CF, art. 5.º, § 1.º) e, por consectário lógico, podem ser tutelados judicialmente, em caso de ausência ou inadequação de políticas públicas que comprometam sua efetividade, sem necessidade de indagar se existem, ou não, os recursos necessários para a sua implementação.[222] Assim, verificada a omissão estatal, impeditiva de gozo de qualquer direito fundamental, pode e deve o Judiciário suprir aquela omissão.

Outros,[223] adotando uma posição mais tímida, sustentam que somente as prestações que compõem o "mínimo existencial" dos direitos fundamentais podem ser exigidas judicialmente de forma direta, isto é, independentemente de prévia definição de política pública pelo Legislativo ou pelo Executivo; quanto às demais prestações, são reconhecidas apenas as modalidades de *eficácia negativa, interpretativa e vedativa do retrocesso*.

Diversa é a posição de Kazuo Watanabe[224] que, situando-se numa esfera já intermediária no que tange às concepções acima referidas, defende a tese de que os direitos a prestações que não integram o conceito de *mínimo existencial* podem ser objeto de tutela judicial quando definidos em normas constitucionais com **densidade suficiente**[225] para poder ser havidas como explicitadoras de política pública de implementação obrigatória pelos órgãos do Estado, independentemente de prévia ponderação complementar, seja do

---

[218] STJ, REsp 575.998/MG, 1.ª T., rel. Min. Luiz Fux, j. 07.10.2004, *DJ* 16.11.2004.

[219] STJ, REsp 429.570/GO, 2.ª T., rel. Eliana Calmon, j. 11.11.2003, *DJ* 22.03.2004.

[220] STJ, REsp 448.216/SP, 1.ª T., rel. Min. Luiz Fux, j. 14.10.2003, *DJ* 17.11.2003.

[221] STF, RE 440.028/SP, 1.ª T., rel. Min. Marco Aurélio, j. 29.10.2013, *DJe* 26.11.2013.

[222] Nesse sentido, dentre outros, confiram-se: CUNHA JUNIOR, Dirley. *Controle Judicial das Omissões do Poder Público.* 2. ed. São Paulo: Saraiva, 2008. p. 664; CANELA JUNIOR, Oswaldo. *Controle Judicial de Políticas Públicas.* São Paulo: Saraiva, 2011; e GRAU, Eros Roberto. *A Ordem Econômica na Constituição de 1988 (Interpretação e Crítica).* 3. ed. São Paulo: Malheiros, 1997. p. 322.

[223] BARCELLOS, Ana Paula. *Eficácia Jurídica dos Princípios Constitucionais – O Princípio da Dignidade da Pessoa Humana.* Rio de Janeiro: Renovar, 2002. p. 304-305.

[224] WATANABE, Kazuo. "Mínimo Existencial" e Demais Direitos Fundamentais Imediatamente Judicializáveis. In: GRINOVER, Ada Pellegrini; WATANABE, Kazuo (coord.). *O Controle Jurisdicional de Políticas Públicas.* Rio de Janeiro: Forense, 2011. p. 220-223.

[225] Normas de densidade suficiente são aquelas que não reclamam uma concretização legislativa, por reunirem todos os elementos necessários à produção dos efeitos que delas se espera.

Legislativo, seja do Executivo. Como exemplo, cita o direito dos maiores de 65 anos à gratuidade dos transportes coletivos urbanos, definido no art. 230, § 2.º, da Constituição Federal. Para o citado autor, nas ações que versem sobre tais direitos, o Poder Público poderá invocar, em sua defesa, a cláusula da reserva do possível, que o magistrado analisará valendo-se das regras de **proporcionalidade** e **razoabilidade**.

Entendemos correto esse terceiro entendimento, com a ressalva feita pela Professora Ada Pelegrini Grinover[226] no sentido de que não será suficiente a alegação de falta de recursos pelo Poder Público. Esta deverá ser provada, pela própria Administração, vigorando nesse campo quer a regra da inversão do ônus da prova (art. 6.º, VIII, do CDC), aplicável por analogia, quer a regra da distribuição dinâmica do ônus da prova,[227] que flexibiliza o art. 373 do CPC/2015, para atribuir a carga da prova à parte que estiver mais próxima dos fatos e tiver mais facilidade de prová-los.

Mas atenção: como bem advertiu a renomada autora, o acolhimento da alegação de falta de recursos não conduz à rejeição do pedido de tutela jurisdicional, e sim apenas ao seu diferimento, disso resultando a condenação da Administração a uma obrigação de fazer em duas etapas: primeiro, a inclusão no orçamento da verba necessária à implementação da política pública; e, em seguida à inclusão, a obrigação de aplicar a verba para o adimplemento da obrigação.

Quanto aos demais direitos fundamentais a prestações, que não correspondam ao núcleo básico da dignidade humana e por isso não são qualificáveis como asseguradores do *mínimo existencial,* e estejam previstos em normas constitucionais com "densidade fraca", não poderão ser tutelados judicialmente sem a prévia ponderação do Legislativo ou do Executivo, por meio de definição de política pública específica.

É esse também o pensamento de Ingo Sarlet, que denomina essas normas com "densidade fraca" **normas constitucionais de cunho programático**. E anota que a necessidade de interposição legislativa dos direitos sociais prestacionais de cunho programático justifica-se pela circunstância de que se cuida de um problema de natureza competencial, porquanto a realização desses direitos depende de disponibilidade dos meios, bem como da progressiva implementação de políticas públicas na esfera socioeconômica.[228]

O quadro a seguir sintetiza os principais aspectos do controle judicial de políticas públicas:

Categorias de Direitos Fundamentais a Prestações	Controle Judicial de Políticas Públicas	Cláusula da Reserva do Possível
Os que integram o conceito de *mínimo existencial*.	**É possível**, pois tais direitos assumem a condição de direitos subjetivos, passíveis, portanto, de tutela jurisdicional coletiva.	**Não pode ser invocada** em defesa do Poder Público omisso.
Os que não integram o conceito de *mínimo existencial* e estão definidos em normas constitucionais com "**densidade suficiente**".	**É possível**, pois tais direitos assumem a condição de direitos subjetivos, passíveis, portanto, de tutela jurisdicional coletiva.	**Pode ser invocada** em defesa do Poder Público. Se acolhida, não acarreta a improcedência da pretensão do autor, mas sim o seu diferimento.

---

[226] GRINOVER, Ada Pellegrini. O Controle Jurisdicional de Políticas Públicas. In: GRINOVER, Ada Pellegrini; WATANABE, Kazuo. *O Controle Jurisdicional de Políticas Públicas.* Rio de Janeiro: Forense, 2011. p. 125-150.

[227] O tema *distribuição dinâmica do ônus da prova* é abordado no item 2.8.2.1.

[228] SARLET, Ingo Wolfgang. *A Eficácia dos Direitos Fundamentais*: uma Teoria Geral dos Direitos Fundamentais na Perspectiva Constitucional. 11. ed. Porto Alegre: Livraria do Advogado, 2012. p. 293-294.

Categorias de Direitos Fundamentais a Prestações	Controle Judicial de Políticas Públicas	Cláusula da Reserva do Possível
Os que não integram o conceito de *mínimo existencial* e estão definidos em normas constitucionais com "**densidade fraca**".	**Não é possível.** A estes direitos não se reconhece a condição de direitos subjetivos. Logo, não poderão ser tutelados judicialmente sem a prévia ponderação do Legislativo ou do Executivo, por meio de definição de política pública específica.	

2.4.3.5 Questões tributárias, contribuições previdenciárias, FGTS e outros fundos

O parágrafo único do art. 1.º da LACP, a ela acrescido pela MP 2.180-35/2001, dispõe, *in verbis*:

> Parágrafo único. Não será cabível ação civil pública para veicular pretensões que envolvam tributos, contribuições previdenciárias, o Fundo de Garantia do Tempo de Serviço – FGTS ou outros fundos de natureza institucional cujos beneficiários podem ser individualmente determinados.

Sua inclusão na LACP foi motivada pela intenção do Poder Executivo de diminuir as hipóteses em que a Administração vinha figurando como ré em ações civis públicas relacionadas a tais temas.

Convém uma análise mais detida de dois pontos do parágrafo restritivo. O primeiro diz respeito às questões tributárias. Antes mesmo da edição desse parágrafo único, o STF e STJ já vinham rejeitando a utilização da ação civil pública para a impugnação de matéria tributária, sob os seguintes argumentos:

a) o Ministério Público não era legitimado a agir em prol de contribuintes, pois não se tratava de direitos de consumidores, nem de direitos sociais ou individuais indisponíveis;[229]

b) a procedência da ação retiraria a eficácia da norma tributária com efeitos *erga omnes*, em uma verdadeira substituição da ADI, e consequente usurpação do controle concentrado de constitucionalidade do STF pelos juízes de primeiro grau.[230]

No STJ, já posteriormente à vigência do parágrafo em questão, vinha predominando o entendimento de que o dispositivo veda não apenas a impugnação de cobrança de tributos (ACP em prol de interesses individuais de contribuintes), como também as ações civis públicas para anular benefícios fiscais irregularmente concedidos (ACP em desfavor de interesses de contribuintes), *ainda que elas zelassem pelo patrimônio público e pela ordem tributária (direitos difusos).*[231]

Sem embargo, o STF reconheceu que o Ministério Público tem legitimidade para propor ação civil pública que vise a anular acordo que conceda benefício fiscal a determi-

---

[229] STF, RE 195.056/PR, Pleno, rel. Min. Carlos Velloso, j. 09.12.1999, DJ 30.05.2003; STJ, REsp 115.500/PR, 2.ª T., rel. Min. Hélio Mosimann, j. 02.06.1998, DJ 03.08.1998.

[230] STJ, REsp 113.326/MS, 2.ª T., rel. Min. Adhemar Maciel, rel. p/ o acórdão Min. Ari Pargendler, j. 17.11.1997, DJ 15.12.1997; REsp 212.540/MG, 1.ª T., rel. Min. José Delgado, j. 22.06.1999, DJ 16.08.1999.

[231] REsp 878.312, 2.ª T., rel. Min. Castro Meira, j. 13.05.2008, DJe 21.05.2008; REsp 845.034/DF, 1.ª S., rel. Min. José Delgado, j. 14.02.2007, DJ 11.06.2007; REsp 691.574, 1.ª T., rel. Min. Luiz Fux, j. 09.03.2006, DJ 17.04.2006; REsp 737.232/DF, 1.ª T., rel. Min. Teori Albino Zavascki, j. 04.05.2006, DJ 15.05.2006. **Em sentido contrário:** REsp 760.034/DF, 1.ª T., rel. Min. Teori Albino Zavascki, j. 05.03.2009, DJe 18.03.2009.

nada empresa, pois, nesse caso, não se defendem direitos de contribuintes determináveis (individuais homogêneos disponíveis), mas sim o interesse mais amplo de todos os cidadãos do Distrito Federal, no que respeita à integridade do erário e à higidez do processo de arrecadação tributária, questões de natureza metaindividual, cuja legitimidade do Ministério Público é assegurada no art. 129, III, da CF. Logo, não teria incidência o parágrafo único do art. 1.º da LACP.[232] E o STJ, por sua vez, já decidiu que o MP tem legitimidade para propor ação civil pública visando à imposição de sanção por improbidade, cuja questão tributária seja analisada na causa de pedir, já que a vedação do parágrafo único do art. 1.º da LACP só obstaria as pretensões e, portanto, o pedido, mas não a causa de pedir, que não é alcançada pela coisa julgada.[233]

Mais recentemente, o STF também afastou a incidência do parágrafo em questão, para reconhecer a legitimidade do MP para a propositura de ação civil pública em defesa de direitos individuais homogêneos afetos ao FGTS. No voto condutor, o relator Alexandre de Moraes acolheu fundamento do juízo *a quo*, TRF da 5.ª Região, que, ao interpretar o parágrafo único do art. 1.º da LACP, afirmara que "o dispositivo buscou apenas evitar a vulgarização da ação coletiva, especialmente pelo seu manejo incorreto para fins e simples movimentação ou discussão nas hipóteses de saque de contas fundiárias ao sabor de interesses individualizados". O STF entendeu que, para além de meros interesses disponíveis, no caso em exame a legitimidade do MP emergia da Constituição, pois se visava à defesa de interesses sociais qualificados, ao se litigar sobre o modelo organizacional dispensado ao FGTS, máxime no que se referia à unificação das contas fundiárias dos trabalhadores.[234]

Ressalte-se, por final, que **a vedação do parágrafo único do art. 1.º da LACP não abrange as tarifas públicas (preços públicos)**, como as que são cobradas nos serviços explorados sob regime de concessão ou permissão, pois elas não constituem tributos, nem contribuição, e envolvem relações de consumo.[235]

Seja como for, em se decidindo, num determinado caso concreto, que a questão envolve tributos, contribuições previdenciárias, FGTS ou outros fundos, e que, por tal razão, deveria incidir a proibição legal em comento, pensamos não seja hipótese de resolução do mérito, mas sim de sentença terminativa com fundamento no art. 485, IV, do CPC, por ausência de pressuposto processual de validade (o procedimento da ACP seria inadequado para a discussão desses temas, cuja sindicabilidade poderia se dar, eventualmente, na via individual ou por meio de ADIn).

2.5 COMPETÊNCIA

A função jurisdicional, como forma de manifestação do poder estatal, é uma e indivisível. Não obstante, para bem solucionar a miríade de conflitos interpessoais que se lhe apresentam, o exercício da função jurisdicional precisa ser distribuído, o que se dá por meio da fixação da competência dos órgãos judiciários.

Competência, portanto, é a *medida da jurisdição*, ou, em uma definição mais elaborada, **o conjunto de atribuições jurisdicionais de cada órgão ou grupo de órgãos, estabelecidas pela Constituição e pela lei**.[236]

---

[232] RE 576.155/DF, Pleno, rel. Min. Ricardo Lewandowski, j. 12.08.2010, Informativo 595 STF, de 18.08.2010.

[233] REsp 1.387.960/SP, 2.ª T., rel. Min. Og Fernandes, j. 22.05.2014, *DJe* 13.06.2014.

[234] RE 643.978, Tribunal Pleno, rel. Min. Alexandre de Moraes, j. 09.10.2019, rep. ger., *DJe*-232, Divulg. 24.10.2019.

[235] STF, RE 228.177/MG, 2.ª T., rel. Min. Gilmar Mendes, j. 17.11.2009, Informativo 568 STF; RE 379.495/SP, 1.ª T., rel. Min. Marco Aurélio, j. 11.10.2005, *DJ* 20.04.2006.

[236] DINAMARCO, Cândido Rangel. *Instituições de Direito Processual Civil*. 3. ed. rev. e atual. São Paulo: Malheiros, 2003. v. 1, p. 411.

114 | INTERESSES DIFUSOS E COLETIVOS - VOL. 1

Para determinar o órgão judiciário competente para uma causa, é necessário responder à seguinte ordem de questionamentos:

a) *competência de jurisdição* (qual a Justiça competente?);

b) *competência originária* (competente o órgão superior ou o inferior?);

c) *competência de foro* (qual a comarca, ou seção judiciária, competente?);

d) *competência de juízo* (qual a vara competente?);

e) *competência interna* (qual o juiz competente?);

f) *competência recursal* (competente o mesmo órgão ou um superior?).[237]

Ressalvamos, porém, que, antes mesmo de começar a responder tais perguntas, deve-se verificar se não é caso de competência originária (ou seja, competência para receber, processar e julgar ações em seu nascedouro) de algum dos tribunais de superposição: o Supremo Tribunal Federal e o Superior Tribunal de Justiça. Vejamos, adiante, como se fixa a competência nas ações coletivas.

2.5.1 Competência originária nos tribunais de superposição

A *competência originária* é aquela que define perante qual órgão jurisdicional a ação deve ser proposta. Logo, ela estabelece qual é o órgão que irá, *originalmente*, processar e julgar a causa. Seu contraponto é a competência recursal, que se refere ao órgão jurisdicional a quem compete o reexame de uma causa já decidida por outro ou por outros órgãos jurisdicionais. Normalmente, as ações são propostas em um órgão jurisdicional monocrático, como o juiz de direito. Eventualmente, porém, o ordenamento pode outorgar essa competência originária a órgãos colegiados: os tribunais.

O STF e o STJ são alguns dos tribunais existentes em nosso sistema judiciário. Eles são denominados "tribunais de superposição", porque são órgãos jurisdicionais que não se inserem em nenhuma das "Justiças", ao contrário, estão acima delas. O STF exerce, principalmente, a função de controle e uniformização da interpretação da Constituição, sobre todos os demais órgãos jurisdicionais. O STJ, por sua vez, efetua, basicamente, o controle e a uniformização da interpretação das normas infraconstitucionais, sobre os órgãos da Justiça Comum Federal e Estadual.

A competência dos demais órgãos jurisdicionais é residual em relação à do STF e à do STJ. Por isso mesmo, antes de principiar a análise da competência de jurisdição (das diversas "justiças"), cumpre verificar se o caso não é de competência originária de um daqueles sodalícios.

Ambos (STF e STJ) possuem competência originária e recursal fixada na Constituição (STF: art. 102, STJ: art. 105). A Constituição não prevê, explicitamente, nenhuma hipótese que autorize o STJ a processar e julgar, originariamente, ações civis públicas. Já o STF será originariamente competente para ações civis públicas nas seguintes hipóteses:

- litígios entre Estado estrangeiro ou organismo internacional e a União, o Estado, o Distrito Federal ou o Território (CF, art. 102, I, *e*);

- causas e conflitos entre a União e os Estados, a União e o Distrito Federal, ou entre uns e outros, inclusive as respectivas entidades da administração indireta (CF, art. 102, I, *f*);

---

[237] ARAÚJO CINTRA, Antonio Carlos de; DIMAMARCO, Cândido Rangel; GRINOVER, Ada Pellegrini. *Teoria Geral do Processo*. 21. ed. São Paulo: Malheiros, 2005. p. 239-240.

CAP. 2 – AÇÃO CIVIL PÚBLICA | **115**

- ações em que todos os membros da magistratura sejam direta ou indiretamente interessados, e aquelas em que mais da metade dos membros do tribunal de origem esteja impedida ou seja direta ou indiretamente interessada (CF, art. 102, I, *n*);
- ações contra o Conselho Nacional de Justiça e o Conselho Nacional do Ministério Público (CF, art. 102, I, *r*).

Algumas dessas hipóteses, envolvendo especificamente ações civis públicas, já foram identificadas pelo STF. No que se refere à primeira delas, por exemplo, o tribunal reconheceu haver litígio entre a União e aquele Estado estrangeiro – e, portanto, a competência daquele sodalício – em ações civis públicas movidas pelo MPF em face da hidrelétrica Itaipu binacional. No caso, entendeu-se que a presença do MPF no polo ativo caracterizava uma lide envolvendo a União – da qual o MPF seria um órgão –, ao passo que, de outro lado, a natureza dos pedidos formulados pelo *Parquet* permitia deduzir que, caso sobreviessem sentenças condenatórias naquelas ações, a República do Paraguai teria interesses jurídicos a serem afetados.[238]

Já com relação à segunda hipótese constitucional, convém versar o conhecido caso do projeto de transposição das águas do Rio São Francisco para abastecimento de áreas do sertão nordestino. Diversos entes públicos e organizações da sociedade civil levantaram-se contra o modo como o licenciamento ambiental desse empreendimento estava sendo conduzido, o que resultou em diversas ações judiciais.

Uma dessas demandas consistiu em ação civil pública distribuída à 12.ª Vara Federal da Seção Judiciária de Minas Gerais, proposta pelo Estado de Minas Gerais e pelo respectivo Ministério Público estadual em face do Ibama (autarquia federal), visando à suspensão do procedimento de licenciamento ambiental presidido por aquela entidade, alegando-se supostas falhas no Estudo de Impacto Ambiental. Ponderando que a ação deveria haver sido proposta diretamente no STF (CF, art. 102, I, *f*), a União dirigiu-lhe uma reclamação, que foi por ele acolhida nos termos da seguinte ementa:

> Reclamação: procedência: usurpação de competência originária do Supremo Tribunal (CF., art. 102, I, "f"). Ação civil pública em que o Estado de Minas Gerais, no interesse da proteção ambiental do seu território, pretende impor exigências à atuação do IBAMA no licenciamento de obra federal – Projeto de Integração do Rio São Francisco com Bacias Hidrográficas do Nordeste Setentrional: caso típico de existência de "conflito federativo", em que o eventual acolhimento da demanda acarretará reflexos diretos sobre o tempo de implementação ou a própria viabilidade de um projeto de grande vulto do governo da União. Precedente: ACO 593 – QO, 7.6.01, Néri da Silveira, *RTJ* 182/420.[239]

No tocante à terceira hipótese, por sua vez, frise-se que, quando se fala em "todos os membros da magistratura", não se está falando de todos os membros da magistratura nacional, mas de todos os membros da Justiça a quem competiria, normalmente, processar a ação. Por exemplo: uma ação que tenha como interessados todos os membros da magistratura de São Paulo (p. ex., que vise a impedir o pagamento de uma gratificação por todos eles auferida), e que seria da competência da Justiça Estadual daquele Estado, não poderá ser proposta perante ela. Deverá ser ajuizada, diretamente, no STF.

De outro lado, embora exista previsão constitucional de competência originária do STF e do STJ, por prerrogativa de função, para processar e julgar algumas ações penais (p. ex., nas ações por infrações penais comuns propostas em face do Presidente da República,

---

[238] Rcl 2.937/PR, rel. Min. Marco Aurélio, j. 15.12.2011, Informativo STF 652, 12 a 19.12.2011.
[239] STF, Rcl 3.074/MG, Pleno, rel. Min. Sepúlveda Pertence, j. 04.08.2005, *DJ* 30.09.2005.

116 INTERESSES DIFUSOS E COLETIVOS - VOL. 1

a competência é do STF, cf. art. 102, I, *b*; e, nas ações por crimes comuns propostas em face de Governadores dos Estados e do Distrito Federal, a competência é do STJ, cf. art. 105, I, *a*) e algumas ações constitucionais (p. ex., mandados de segurança e *habeas data* contra atos de algumas autoridades), não existe norma semelhante outorgando expressamente competência originária aos tribunais de superposição nas ações civis públicas.

A propósito, o STF já decidiu que o fato de o Presidente da República ou um Ministro de Estado estar no polo passivo de uma ação civil pública não o faz competente originariamente para processá-la, pois tal hipótese não está prevista no art. 102 da Lei Maior.[240] Do mesmo modo, o fato de um Governador ou de um Deputado Estadual figurar no polo passivo de uma ação civil pública não afasta a competência originária dos órgãos de primeiro grau para processá-la e julgá-la. Em regra, portanto, não existe foro por prerrogativa de função para ações civis públicas.

A questão se complica, porém, quando a ação é de improbidade administrativa, tendo em vista posicionamentos pretéritos – aparentemente superados – em que o STF e o STJ já reconheceram uma "competência originária implícita" para processarem originariamente determinadas autoridades. Esse tema será abordado mais a fundo no capítulo 6, dedicado ao estudo da improbidade administrativa.

2.5.2 Competência de jurisdição

Neste primeiro passo, cumpre definir se a competência é de alguma das Justiças especializadas ou da Justiça Comum, e, sendo da comum, se é da Justiça Federal ou da Justiça Estadual ou Distrital.

2.5.2.1 Justiça Especial x Justiça Comum

A competência da Justiça Comum é residual, ou seja, não sendo competente uma das Justiças especializadas (militar, eleitoral e trabalhista), será competente a Justiça Comum Federal, dos Estados ou do Distrito Federal.

2.5.2.1.1 Justiça Militar

A competência da Justiça Militar, no âmbito federal, restringe-se aos crimes militares definidos em lei (CF, art. 124), não sendo, portanto, competente para análise de ações civis.

Já por força da Emenda Constitucional 45/2004, a Justiça Militar Estadual (nos estados em que ela exista) passou a ser competente para julgar, além dos crimes militares definidos em lei, também as ações judiciais contra atos disciplinares militares (CF, art. 125, §§ 4.º e 5.º). Estas últimas são ações contra a Administração Militar para apurar a validade e/ou a consequência de atos disciplinares por elas aplicados a militares.

Diante dessa competência cível da Justiça Militar Estadual, Fernando A. N. Galvão da Rocha defende sua competência para apreciar ações civis públicas em determinados casos. Aponta como fundamentos hipóteses em que, para a tutela de direitos difusos, coletivos ou individuais homogêneos, seja necessário questionar judicialmente a atuação disciplinar da Administração Militar. Assim, seriam cabíveis ações coletivas atacando atos administrativos fundados no poder disciplinar quando tais atos afetarem o direito (difuso) à segurança pública (ex.: permissão para militares exercerem atividades profissionais

---

[240] Pet 3.482/GO, rel. Min. Carlos Britto, j. 10.08.2005, *DJU* 19.08.2005, Informativo STF 397; e AgR na Pet 3.087, Pleno, rel. Min. Carlos Britto, j. 24.06.2004, *DJ* 10.09.2004.

estranhas ao serviço público), direito (coletivo) da categoria dos militares estaduais ou direitos individuais homogêneos da mesma categoria (ex.: prejuízos gerados por ato de movimentação de tropas fundado na conveniência da disciplina, mas perpetrado com desvio de finalidade).[241] Trata-se de entendimento doutrinário razoável, mas que ainda não encontra registro na jurisprudência.

No mais, não compete à Justiça Militar Estadual processar e julgar ações por atos de improbidade administrativa consistentes em atos de indisciplina praticados por militar, já que tais ações não se voltam contra a Administração Militar (atos administrativos fundados no poder disciplinar), mas sim contra o próprio militar. Nesse sentido, o STJ já decidiu conflito de competência pertinente a caso em que militares teriam praticado, no exercício da função policial, agressões físicas e morais contra menor infrator.[242]

2.5.2.1.2   Justiça Eleitoral

A Constituição Federal não esclarece a matéria de competência da Justiça Eleitoral. Inicialmente, a jurisprudência firmou-se no sentido de que ela, em regra, limita-se às questões relacionadas com o processo eleitoral (inscrição dos eleitores, registro dos candidatos, eleição, apuração, diplomação), que é encerrado com a diplomação dos eleitos, após a qual não são admissíveis novas ações, ressalvada a ação de impugnação de mandato, prevista no art. 14, §§ 10 e 11, da CF, ajuizável após a diplomação.[243] Mais recentemente, tem-se admitido tal competência mesmo para fatos havidos no período pré-eleitoral, quando a questão apresentar inequívocos reflexos no processo eleitoral.[244]

Conforme tratamos no item 2.3.1.1.4.2.3, o art. 105-A da Lei 9.504/1997 veda a aplicação dos procedimentos da LACP em matéria eleitoral, razão pela qual o TSE sedimentou o entendimento de que não se admitem inquéritos civis ou ações civis públicas sobre questões eleitorais. Pelas razões já expostas, cremos tal dispositivo seja inconstitucional. Seja como for, tendo em vista o entendimento do TSE e a indefinição da questão no STF (em que o art. 105-A é objeto da ADI 4352), na prática não se têm admitido a utilização de inquéritos civis e ações civis públicas em matéria eleitoral, de modo que mantemos o presente tópico nesta obra apenas para registro de nossa discordância.

2.5.2.1.3   Justiça Trabalhista

Discussão mais recorrente diz respeito à repartição de competência para apreciação das ações civis públicas entre a Justiça Trabalhista e a Justiça Comum.

A competência da Justiça Trabalhista é ditada pelos incisos do art. 114 da CF. Em resumo, ela se dará **nas ações oriundas de relação de trabalho**.

Em ações civis públicas fundadas em relações de trabalho já se verificaram conflitos de competência entre a Justiça Trabalhista e a Comum, em especial quando está em discussão o meio ambiente do trabalho. A orientação firmada pelo STF pode ser traduzida na seguinte ementa:

---

[241]   GALVÃO, Fernando. *Competência Cível da Justiça Militar Estadual*. 3. ed. Belo Horizonte, MG: Escola Judicial Militar do Estado de Minas Gerais, 2017. Disponível em: https://repositorio.ufmg.br/bitstream/1843/36807/2/ebook-competencia--civil2%20Fernando%20Galv%C3%A3o%203.ed.%202017.pdf. Acesso em: 15 mar. 2023.

[242]   CC 100.682/MG, 1.ª S., rel. Min. Castro Meira, j. 10.06.2009, DJe 18.06.2009.

[243]   STJ, CC 36.533/MG, 1.ª S., rel. Min. Luiz Fux, j. 24.03.2004, *DJ* 10.05.2004.

[244]   STJ, CC 148.693/BA, 2.ª S., rel. Min. Ricardo Villas Bôas Cueva, j. 14.12.2016, *DJe* 19.12.2016.

Competência. Ação civil pública. Condições de trabalho. Tendo a ação civil pública como causas de pedir disposições trabalhistas e pedidos voltados à preservação do meio ambiente do trabalho e, portanto, aos interesses dos empregados, a competência para julgá-la é da Justiça do Trabalho.[245]

Tal posicionamento foi consolidado em sua Súmula 736:

Compete à Justiça do Trabalho julgar as ações que tenham como causa de pedir o descumprimento de normas trabalhistas relativas à segurança, higiene e saúde dos trabalhadores.

Sem embargo, conforme percuciente observação de Mazzilli, quando a causa de pedir e o pedido extrapolarem a questão do meio ambiente do trabalho, como, por exemplo, em uma ação que vise à colocação de filtros nas chaminés de uma indústria para evitar que a poluição prejudique não apenas os trabalhadores, mas a população do bairro ou da cidade, a competência será da Justiça Comum,[246] mesmo porque, nessa hipótese, a causa não seria oriunda de relação de trabalho.

É importante, ainda, delimitar a extensão da expressão *relação de trabalho*, contida no inciso I do art. 114 da CF, introduzido pela EC 45/2004. No entendimento do STF, ele não abrange as causas instauradas entre o Poder Público e servidor que lhe seja vinculado por relação jurídico-estatutária[247] (p. ex., ocupantes de cargos efetivos), nem aquelas em que esse liame seja jurídico-administrativo[248] (p. ex., ocupantes de cargos em comissão, servidores temporários regidos por legislação específica), cuja competência será da Justiça Comum. Assim, se a questão disser respeito ao meio ambiente em que trabalham tais servidores, a competência não será da Justiça do Trabalho. Diferente seria a solução em relação aos servidores admitidos sobre o regime celetista, ocupantes de empregos públicos, pois sua relação com o Poder Público estaria compreendida na locução *relação de trabalho*.

Também compete à Justiça do Trabalho ação civil pública voltada a obstar a concessão, pela União, do Selo de Responsabilidade Social a alguma empresa, tendo em vista que "o fundamento da ação civil pública, na origem, para a não concessão pela União de Selo de Responsabilidade Social à empresa é a falta de verificação adequada do cumprimento de normas que regem as condições de trabalho".[249]

2.5.2.2 Justiça Comum: Justiça Federal x Justiças Estaduais ou Distrital

Não sendo a competência de uma das justiças especializadas, cumpre verificar se a competência é da Justiça Federal ou de uma das Justiças Estaduais ou da Distrital.

2.5.2.2.1 Visão geral

A competência das Justiças Estaduais e da Distrital também é residual em relação à competência da Justiça Federal. Primeiro, verifica-se se a causa se insere dentre aquelas de competência da Justiça Federal. Caso contrário, será da competência de uma das Justiças Estaduais ou da Distrital, definida conforme a regra da competência de foro.[250] A competência cível da Justiça Federal está determinada na própria Constituição Federal, no seu art. 109.

---

[245] RE 206.220/MG, 2.ª T., rel. Min. Marco Aurélio, j. 06.03.1999, *DJ* 17.09.1999.

[246] MAZZILLI, Hugo Nigro. *A Defesa dos Interesses Difusos em Juízo*. 22. ed. São Paulo: Saraiva, 2009. p. 270-271.

[247] MC na ADI 3.395/DF, Pleno, rel. Min. Cezar Peluso, j. 05.04.2006, *DJ* 10.11.2006.

[248] Rcl 4.464/GO, Pleno, rel. Min. Carlos Britto, rel. p/ acórdão Min. Cármen Lúcia, j. 20.05.2009, *DJe* 21.08.2009.

[249] AgInt no CC 155.994/SP, 1.ª S., rel. Min. Benedito Gonçalves, j. 12.05.2021, *DJe* 18.05.2021.

[250] V. item 2.5.4.1.4.

Dentre as hipóteses nele previstas, as que mais frequentemente se verificam são as do seu inciso I: "as causas em que a União, entidade autárquica ou empresa pública federal forem interessadas na condição de autoras, rés, assistentes ou oponentes, exceto as de falência, as de acidentes de trabalho e as sujeitas à Justiça Eleitoral e à Justiça do Trabalho". A locução *entidade autárquica* compreende, também, as fundações públicas federais.

Sobreleva salientar que, para que tal inciso tenha aplicação, é indispensável, além da especial qualidade da pessoa jurídica interessada (União, entidade autárquica ou empresa pública federal), que ela *efetivamente intervenha no processo*. Não basta que da natureza da causa se vislumbre potencial interesse de uma daquelas entidades. *É fundamental que uma delas concretamente participe do processo na condição de autora, ré, assistente ou oponente.*

Estando uma delas presente no processo, por força do art. 109, I, da CF, a competência para conhecer a causa será da Justiça Federal, ainda que, a rigor, não esteja presente a legitimidade ativa ou passiva *ad causam*. Nesta última hipótese, o juiz federal será competente para conhecer o processo, ainda que seja para, na sequência, reconhecer a ausência de uma das condições da ação. É que o exame da presença da legitimidade *ad causam* se dá em momento logicamente posterior ao da análise da competência. Esta, por ser um pressuposto (ou requisito) de validade do processo, é apurada antes de se analisar aquela, que é uma das condições da ação.

Em outras palavras: para constatação da competência segundo o critério do art. 109, I, da CF, que é *ratione personae*, basta examinar se algum dos entes apontados na referida norma figura na relação jurídica processual. Estando ele presente, a Justiça Federal será competente; *a contrario sensu*, não se verificando nenhuma outra hipótese dos demais incisos do art. 109 da CF, a competência será – ressalvadas as competências das Justiças Eleitoral e Trabalhista –, de uma das Justiças Estaduais ou da Justiça do Distrito Federal.

Como materialização desse entendimento, considerando imprescindível a efetiva presença no processo, e insuficiente a mera existência de potencial interesse da União para atribuir a competência à Justiça Federal, atente-se para a Súmula Vinculante 27 do STF: "compete à Justiça estadual julgar causas entre consumidor e concessionária de serviço público de telefonia, quando a Anatel não seja litisconsorte passiva necessária, assistente, nem opoente".

Segue o mesmo raciocínio a Súmula 8 do Conselho Superior do Ministério Público de São Paulo: "Serão propostas perante a Justiça Comum estadual as ações civis públicas em que haja interesses de sociedades de economia mista, sociedades anônimas de capital aberto e outras sociedades comerciais, ainda que delas participe da União como acionista".

Observe-se que o art. 109, I, fala na participação da União, entidade autárquica ou empresa pública federais, nas condições de *autoras, rés, assistentes ou oponentes*. Em todas essas hipóteses, exige-se a presença de *interesse jurídico*, e os entes serão *partes* na relação jurídica processual (partes principais, no caso de autores ou réus, ou auxiliares, no caso de assistentes ou oponentes).

A tais partes não se equipara a figura do *amicus curiae*, que consiste em um terceiro admitido a intervir no processo para trazer subsídios técnico-jurídicos ao órgão judiciário, mas sem a condição de parte, *sem possuir interesse jurídico*. É o que ocorre, por exemplo, no caso do art. 31 da Lei 6.385/1976, que dispõe que, em todo processo judicial que verse sobre matéria de competência da Comissão de Valores Mobiliários (CVM), tal instituição deve ser intimada para, se quiser, oferecer parecer ou prestar esclarecimentos, e o que pode ocorrer no art. 5.º, parágrafo único, da Lei 9.469/1997, que admite a intervenção de qualquer *pessoa jurídica de direito público* em processo em que ele tenha interesse, ainda que meramente econômico. Nestes casos, como não há *interesse jurídico*, os intervenientes

INTERESSES DIFUSOS E COLETIVOS - VOL. 1

não podem ser considerados nem partes, nem sequer assistentes para os fins do art. 109, I, da CF, que não poderá ser invocado para sustentar a competência da Justiça Federal.[251]

De todo pertinente, ainda, tecermos algumas considerações sobre a personalidade jurídica da Ordem dos Advogados do Brasil. Recorde-se que, segundo o STF, ela possui natureza jurídica de autarquia federal, embora não integre a Administração indireta da União.[252] No STF e no STJ, sob o pressuposto de que a OAB seria uma autarquia corporativista federal,[253] ou, pelo menos, de que suas funções têm importância federal, tem predominado o entendimento de que, em função do art. 109, I, da Constituição, os processos em que a OAB seja parte ou interveniente são da competência da Justiça Federal, ressalvadas, evidentemente, as ações de falência, acidentes de trabalho, e as da Justiça Eleitoral e do Trabalho.[254]

Além do inciso I, as ações civis públicas podem ser conferidas à Justiça Federal em razão dos seguintes definidores: incisos II ("as causas entre Estado estrangeiro ou organismo internacional e Município ou pessoa domiciliada ou residente no País"), III ("as causas fundadas em tratado ou contrato da União com Estado estrangeiro ou organismo internacional"), V-A ("as causas relativas a direitos humanos a que se refere o § 5.º deste artigo"),[255] e XI ("a disputa sobre direitos indígenas") do art. 109 da CF.

Por fim, cumpre ressaltar que, numa dada ação, caso a única hipótese fixadora da competência da Justiça Federal seja a natureza federal de algum dos potenciais réus, não será possível, em relação aos demais, a formação de eventual litisconsórcio passivo facultativo naquela Justiça, tendo em vista a natureza absoluta das hipóteses de competência *ratione personae* do art. 109 da CF. Nesse caso, outra demanda deverá ser proposta em face dos demais, na Justiça competente (Estadual ou Distrital, conforme o caso).[256]

2.5.2.2.2 A presença do Ministério Público Federal e a questão da competência

A simples presença do Ministério Público Federal (MPF) no polo ativo tem o condão de atribuir a competência à Justiça Federal? Na doutrina há dois entendimentos.

Zavascki, defensor do primeiro deles, sustenta que o MPF é um órgão da União. Por tal razão, figurando ele como parte na relação processual, caberá à Justiça Federal apreciar a demanda, ainda que seja para dizer que não é ele, mas o Ministério Público Estadual, quem possui legitimidade *ad causam*. O autor adverte que a análise da competência é logicamente anterior ao exame da legitimação: é o juiz competente quem pode apreciar a legitimidade processual. Na hipótese citada, verificando-se que o MPF não tem legitimidade ativa *ad causam*, "caberá ao juiz federal extinguir o processo sem resolução de mérito, já que terá presente hipótese de ilegitimidade ativa (CPC, art. 485, VI), o mesmo devendo fazer, quando for o caso, o juiz estadual nas ações propostas pelo Ministério Público Estadual".[257]

---

[251] No CPC/2015, o § 1.º do art. 138 ressalva que a intervenção do *amicus curiae* não implica alteração de competência.

[252] ADI 3.026/DF, Pleno, rel. Min. Eros Grau, j. 08.06.2006, *DJ* 29.09.2006.

[253] STF, RE 595.332/PR, Tribunal Pleno, rel. Min. Marco Aurélio, j. 31.08.2016 (Informativo 837).

[254] **Pela competência da Justiça Federal:** STJ, CC 38.230/MG, 1.ª S., j. 09.03.2005, *DJ* 18.04.2005; CC 37.540/MG, 2.ª S., rel. Min. Barros Monteiro, j. 26.02.2003, *DJ* 05.05.2003; AgRg no REsp 1.255.052/AP, 2.ª T., rel. Min. Humberto Martins, j. 06.11.2012, *DJe* 14.11.2012. **Em sentido contrário:** STJ, CC 47.613/TO, 3.ª S., rel. Min. José Arnaldo da Fonseca, j. 22.06.2005, *DJ* 22.08.2005.

[255] No caso desse inciso, é possível, eventualmente, que a competência não seja propriamente originária da Justiça Federal, já que o deslocamento poderá ocorrer mesmo depois de o processo já haver se instaurado regularmente perante a Justiça Estadual ou do Distrito Federal.

[256] STJ, REsp 1.120.169/RJ, 4.ª T., rel. Min. Luis Felipe Salomão, j. 20.08.2013, *DJe* 20.08.2013.

[257] ZAVASCKI, Teori Albino. *Processo Coletivo*: Tutela de Direitos Coletivos e Tutela Coletiva de Direitos. 4. ed. São Paulo: RT, 2009. p. 133-134. **No mesmo sentido:** ALMEIDA, João Batista de. *Aspectos Controvertidos da Ação Civil Pública*. 2. ed. rev., atual. e ampl. São Paulo: RT, 2009. p. 105-106.

O viés doutrinário oposto entende que a presença do MPF no polo ativo não basta para fixar a competência da Justiça Federal.[258] Os argumentos de maior relevo são os seguintes:

a) a CF não vincula as atribuições de cada Ministério Público à competência dos órgãos judiciais, sendo que as funções de cada Ministério Público estão distribuídas em leis complementares. A propósito, a Lei Complementar 75/1993 (art. 37, II) atribui expressamente ao MPF a função de oficiar nas causas de competência de quaisquer juízes e tribunais para defesa de direitos e interesses dos índios e das populações indígenas, do meio ambiente, de bens e direitos de valor artístico, estético, histórico, turístico e paisagístico, integrantes do patrimônio nacional;[259]

b) MPF não pode ser equiparado à União ou a nenhum de seus órgãos, pois sua atuação é desvinculada daqueles entes, de modo que o rol do art. 109 da CF/1988 é exaustivo e nele não há alusão ao *Parquet* federal;[260]

c) não há impeditivo legal de que o MPE proponha ação perante a Justiça Federal, e que o MPF o faça na Justiça Estadual, e a unidade a indivisibilidade do *Parquet* o permitem;[261]

d) aliás, tal possibilidade é mesmo recomendável para a melhor tutela dos bens cuja defesa incumbe ao Ministério Público. Em uma hipotética inércia do MPF em propor ação civil pública por poluição de rio que banhe dois ou mais Estados da federação, o MPE poderia ajuizá-la perante a Justiça Federal (a menos que o MPF, em vez de permanecido inerte, houvesse arquivado o inquérito civil).[262]

Para essa corrente, embora a atuação do MPF deva ser ordinariamente desenvolvida perante a Justiça Federal, e do MPE na Justiça Estadual, desde que respeitadas as atribuições que lhes são conferidas pelas respectivas Leis Complementares de regência, tanto o MPF pode ajuizar ações civis públicas perante a Justiça Estadual quanto o MPE as pode deduzir na Justiça Federal. Assim, em seu entender, a despeito de a ação ser ajuizada pelo MPF, se não figurar no processo como autora, ré, assistente ou oponente nenhuma das pessoas indicadas no inciso I do art. 109 da CF, nem se apresentarem as hipóteses previstas nos demais incisos daquele mesmo artigo, a competência será da Justiça Estadual.

A jurisprudência dos tribunais superiores tem adotado parcialmente o entendimento de Teori Zavascki. Considera que a presença do MPF no polo ativo justifica a competência da Justiça Federal.[263] Trata-se, porém, de uma *fixação inicial de competência*, que só será

---

[258] **Nesse sentido:** DANTAS, Marcelo Buzaglo. *Ação Civil Pública e Meio Ambiente*. São Paulo: Saraiva, 2009. p. 36-37; DIDIER JÚNIOR, Fredie; ZANETI JÚNIOR, Hermes. *Curso de Direito Processual Civil*. 3. ed. Salvador: Juspodivm, 2008. v. 4, p. 347; MAZZILLI, Hugo Nigro. *A Defesa dos Interesses Difusos em Juízo*. 22. ed. São Paulo: Saraiva, 2009. p. 343-348; NERY JUNIOR, Nelson. *Código Brasileiro de Defesa do Consumidor Comentado pelos Autores do Anteprojeto*. 8. ed. Rio de Janeiro: Forense Universitária, 2005. p. 1020, YOSHIDA, Consuelo Yatsuda Moromizato. Ação Civil Pública: Judicialização dos Conflitos e Redução da Litigiosidade. In: MILARÉ, Édis (coord.). *A Ação Civil Pública após 20 Anos*: Efetividade e Desafios. São Paulo: RT, 2005. p. 131.

[259] DIDIER JÚNIOR, Fredie; ZANETI JÚNIOR, Hermes. *Curso de Direito Processual Civil*. 3. ed. Salvador: Juspodivm, 2008. v. 4, p. 347.

[260] DIDIER JÚNIOR, Fredie; ZANETI JÚNIOR, Hermes. *Curso de Direito Processual Civil*. 3. ed. Salvador: Juspodivm, 2008. v. 4, p. 347.

[261] NERY JUNIOR, Nelson. *Código Brasileiro de Defesa do Consumidor Comentado pelos Autores do Anteprojeto*. 8. ed. Rio de Janeiro: Forense Universitária, 2005. p. 1.020.

[262] NERY JUNIOR, Nelson. *Código Brasileiro de Defesa do Consumidor Comentado pelos Autores do Anteprojeto*. 8. ed. Rio de Janeiro: Forense Universitária, 2005. p. 1.020.

[263] STF, RE 228.955/RS, Pleno, rel. Min. Ilmar Galvão, j. 10.02.2000, *DJ* 24.03.2001; STJ, CC 100.300/PI, 1.ª S., rel. Min. Castro Meira, j. 13.05.2009.

INTERESSES DIFUSOS E COLETIVOS – VOL. 1

"perpetuada" caso, ao se analisar a legitimidade ativa, verifique-se que há interesse federal para a atuação do MPF. Contudo, se tal interesse inexistir ou desaparecer ao longo do processo, diferentemente do que propunha Zavascki não se tem decretado a extinção do processo por ilegitimidade ativa, mas, simplesmente, tem-se determinado o deslocamento da competência para a Justiça Estadual.[264]

O STF também já considerou o MPF órgão da União, para efeitos de determinar a competência da Justiça Federal.[265]

2.5.2.2.3   Competência em ações civis públicas ambientais

Em nenhum dos incisos do art. 109 da Carta Republicana, em que se define a competência da Justiça Federal, encontra-se alusão a qualquer matéria ambiental. Daí se infere que a competência para as ações civis públicas ambientais segue as mesmas regras gerais de competência de jurisdição proclamadas na Constituição Federal.

Por tal razão, via de regra, as ações coletivas de cunho ambiental serão propostas perante a Justiça Estadual ou a Distrital. Somente quando presentes algumas das hipóteses do art. 109 da CF é que a ação será da competência da Justiça Federal.

As hipóteses mais frequentes de competência da Justiça Federal em ações civis públicas ambientais se dão, *ratione personae*, quando a União (aqui incluído o Ministério Público Federal), entidade autárquica ou empresa pública federal figuram na condição de autoras, rés, assistentes ou oponentes (CF, art. 109, I), e, *ratione materiae*, nas causas fundadas em tratados ou convenções internacionais (CF, art. 109, III), e nas causas em que há disputa sobre direitos indígenas (CF, art. 109, XI).

2.5.2.2.4   Competência nas comarcas que não sejam sede de vara da Justiça Federal

Outra questão polêmica refere-se à possibilidade de a Justiça Estadual substituir a Federal nas comarcas que não sejam *sede* de vara da Justiça Federal.

Para melhor ilustrar o assunto, observamos que o território estadual é dividido em comarcas, que abrangem um ou mais Municípios. Cada comarca é um foro (unidade territorial, espaço territorial) onde, em regra, um ou mais juízos (órgãos judiciários) estaduais exercem sua jurisdição. Os juízos também são denominados varas. Logo, cada vara é um juízo.

No tocante à Justiça Federal de primeiro grau, seus foros resultam da divisão do território nacional em seções judiciárias, que abrangem o território de um Estado inteiro (portanto, de várias comarcas). Algumas seções são subdivididas em subseções judiciárias. Cada vara federal exerce sua jurisdição sobre uma seção, ou, nos Estados em que há tais subdivisões, sobre uma subseção.

Ocorre que o número de seções e subseções judiciárias (foros federais) é significativamente menor que o número de comarcas (foros estaduais), o que faz com que, não raro, a área de um foro federal se sobreponha às de várias comarcas. É evidente que, em tais situações, a(s) vara(s) federal(is) da seção ou subseção normalmente estará(ão) instalada(s) fisicamente (ou seja, "sediada(s)") na comarca com o Município mais populoso, para onde os habitantes das cidades situadas nas demais comarcas terão de se dirigir

---

[264]   STF: ED no AR no RE 669.952/BA, Pleno, rel. Min. Dias Toffoli, j. 28.10.2016 a 08.11.2016, *DJe* 24.11.2016; STJ: CC 34.204/MG, 1.ª S., rel. Min. Luiz Fux, j. 11.12.2002, *DJ* 19.12.2002; REsp 1.060.759/AC, 1.ª S., rel. Min. Herman Benjamin, j. 18.08.2009, *DJe* 31.08.2009; REsp 797.629/SC, 4.ª T., rel. Min. Raul Araújo, j. 05.06.2014, *DJe* 08.06.2015.

[265]   RE 228.955/RS, Pleno, rel. Min. Ilmar Galvão, j. 10.02.2000, *DJ* 24.03.2001.

caso necessitem demandar perante a Justiça Federal. Não raro, isso lhes impõe grandes distâncias a percorrer.

Tendo em vista tal realidade e visando a facilitar o acesso à justiça nas comarcas onde não esteja instalada fisicamente uma vara da Justiça Federal, o § 3.º do art. 109 da CF rezava que seriam processadas e julgadas na justiça estadual, no foro do domicílio dos segurados ou beneficiários, as causas em que fossem parte instituição de previdência social e segurado, sempre que a comarca não fosse sede de vara do juízo federal. Estabelecia ainda que, se verificada essa condição, a lei poderia permitir que outras causas também fossem processadas e julgadas pela justiça estadual.

Havia quem entendesse que o art. 2.º da LACP, *que determina que as ações civis públicas serão propostas no foro do local onde ocorrer o dano*, podia ser invocado para fins de estender a regra da redação original do § 3.º do art. 109 da CF às ações civis públicas em geral. Para tais autores, o art. 2.º da LACP poderia ser considerado uma norma permissiva, nos termos da parte final daquele § 3.º do art. 109 da CF, para o fim de que, nas comarcas que não fossem sede de vara da Justiça Federal, a Justiça Estadual processasse e julgasse as ações civis públicas, ainda que a União figurasse no processo.[266]

O mesmo entendimento chegou a ser adotado pelo STJ, em sua Súmula 183.

Posteriormente, o STF, ao julgar o Recurso Extraordinário 228.955-9/RS, decidiu contrariamente à citada súmula do STJ, com o fundamento resumido na seguinte ementa:

> Ação civil pública promovida pelo Ministério Público Federal. Competência da Justiça Federal. Art. 109, I e § 3.º, da Constituição. Art. 2.º da Lei n.º 7.347/85. O dispositivo contido na parte final do § 3.º do art. 109 da Constituição é dirigido ao legislador ordinário, autorizando-o a atribuir competência (*rectius* jurisdição) ao Juízo Estadual do foro do domicílio da outra parte ou do lugar do ato ou fato que deu origem à demanda, desde que não seja sede de Varas da Justiça Federal, para causas específicas dentre as previstas no inciso I do referido artigo 109. No caso em tela, a permissão não foi utilizada pelo legislador que, ao revés, se limitou, no art. 2.º da Lei n.º 7.347/85, a estabelecer que as ações nele previstas "serão propostas no foro do local onde ocorrer o dano, cujo juízo terá competência funcional para processar e julgar a causa". Considerando que o Juiz Federal também tem competência territorial e funcional sobre o local de qualquer dano, impõe-se a conclusão de que o afastamento da jurisdição federal, no caso, somente poderia dar-se por meio de referência expressa à Justiça Estadual, como a que fez o constituinte na primeira parte do mencionado § 3.º em relação às causas de natureza previdenciária, o que no caso não ocorreu. Recurso conhecido e provido.[267]

Em função dessa interpretação do STF para o § 3.º do art. 109 da CF e considerando cumprir a esse Tribunal a interpretação de matéria constitucional, o STJ reviu seu entendimento anterior, cancelando a Súmula 183.[268]

Sepultando a questão, a EC 103/2019 alterou a redação do referido § 3.º, que agora dispõe que "Lei poderá autorizar que as causas de competência da Justiça Federal em que forem parte instituição de previdência social e segurado possam ser processadas e julgadas na justiça estadual quando a comarca do domicílio do segurado não for sede de vara federal". Definitivamente, tal autorização não consta da LACP. Os passos para a definição da competência de jurisdição em ações civis públicas estão resumidos no seguinte esquema, lembrando-se que se deve começar pelas competências da Justiça Especial, visto que a Justiça

---

[266] CARVALHO FILHO, José dos Santos *Ação Civil Pública*: Comentários por Artigo (Lei n. 7.347/85). 7. ed. rev., ampl. e atual. Rio de Janeiro: Lumen Juris, 2009. p. 42-46. **No mesmo sentido:** ABELHA, Marcelo. *Ação Civil Pública Ambiental*. 2. ed. Rio de Janeiro: Forense Universitária, 2004. p. 131-132.

[267] RE 228.955/RS, Pleno, rel. Min. Ilmar Galvão, j. 10.02.2000, *DJ* 24.03.2001.

[268] EDcl no CC 27.676/BA, 1.ª S., rel. Min. José Delgado, j. 08.11.2000, *DJ* 24.11.2000.

Comum é residual em relação a ela, e, dentro da Justiça Comum, deve-se iniciar pela Justiça Federal, uma vez que a Estadual e a Distrital são residuais em relação a ela. Antes, porém, de ingressar na análise da competência de jurisdição, recordamos que se deve checar se a competência não é originária de algum dos tribunais de superposição (STF, STJ).

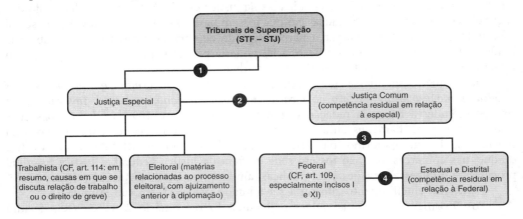

2.5.3 Competência originária na respectiva Justiça

Após verificado se a ação não deve ser proposta diretamente perante o STF ou o STJ (tribunais de superposição), e, caso negativo, depois de passada em revista a competência de jurisdição, em que se constata qual das "Justiças" (federal, estadual, eleitoral,[269] militar, trabalhista) é a competente, ingressa-se na análise da *competência originária* na respectiva Justiça.

Conforme já tratamos no item 2.5.1, sobre a competência originária nos tribunais de superposição, em regra, não existe competência originária, nas ações civis públicas, determinada pelo *status* funcional de quem ocupa o polo passivo da ação. Ou seja, a CF/1988 não veicula hipótese em que a competência na ação civil pública seja orientada pela prerrogativa de função.[270]

Logo, ao contrário do que se dá, por exemplo, nas ações penais, o simples fato de a ação civil pública ser proposta contra um Prefeito Municipal, um Deputado Federal ou Estadual, ou Senador, um Governador, ou até mesmo contra o Presidente da República não faz com que a competência originária para apreciar uma ação civil pública seja de um tribunal. Sendo assim, tais ações deverão ser deduzidas perante um órgão jurisdicional monocrático (p. ex., Juiz de Direito, Juiz Federal etc.).

2.5.4 Competência de foro (ou territorial)

Superada a análise da competência de jurisdição (justiça comum ou especial, justiça federal ou estadual) e da competência originária (órgão superior ou inferior), é hora de examinar qual o órgão competente segundo a *competência de foro*. A *competência de foro* também é denominada *competência territorial*, pois é determinada *ratione loci*, ou seja,

---

[269] Atualmente, por força do art. 105-A da Lei 9.504/1997, o TSE não admite ações civis públicas e inquéritos civis voltados exclusivamente para matéria eleitoral, conforme tratamos no item 2.3.1.1.4.2.3.

[270] Ressalvamos, porém, as ações de improbidade administrativa. O assunto é tratado no Capítulo 6, dedicado ao estudo da improbidade administrativa.

o juízo competente será o do local (comarca, seção ou subseção) onde estiver presente a hipótese prevista na lei.

2.5.4.1 Regra geral

A regra geral para a definição da competência de foro nas ações civis públicas ou coletivas é ditada pela conjugação do art. 2.º, *caput*, da LACP, com o art. 93 do CDC. Eles tratam da competência territorial, pois levam em conta o **local** onde o dano ocorreu ou poderá ocorrer.

O art. 2.º, *caput*, da LACP proclama, *in verbis*:

> **Art. 2.º** As ações previstas nesta Lei serão propostas no foro do local onde ocorrer o dano, cujo juízo terá competência funcional para processar e julgar a causa.

Já o art. 93 do CDC dispõe, *in verbis*:

> **Art. 93.** Ressalvada a competência da Justiça Federal, é competente para a causa a justiça local:
>
> I – no foro do lugar onde ocorreu ou deva ocorrer o dano, quando de âmbito local;
>
> II – no foro da Capital do Estado ou no do Distrito Federal, para os danos de âmbito nacional ou regional, aplicando-se as regras do Código de Processo Civil aos casos de competência concorrente.

Como já observamos anteriormente, por força do art. 21 da LACP e do art. 90 do CDC, as normas de ambos os diplomas são reciprocamente aplicáveis, de modo a comporem um microssistema de direito processual coletivo. Logo, a despeito de o art. 93 situar-se no capítulo do CDC destinado à tutela coletiva dos direitos individuais homogêneos, sua aplicabilidade não está restrita às relações de consumo, estendendo-se aos interesses individuais homogêneos de qualquer natureza.

Além disso, não há dúvida de que, seja por *interpretação extensiva* (extensiva do significado da norma), seja por *analogia* (extensiva da intenção do legislador), o art. 93 é aplicável a todo e qualquer processo coletivo, estendendo-se às ações em defesa de interesses difusos e coletivos.[271]

Vejamos as principais questões suscitadas pelos arts. 2.º da LACP e 93 do CDC.

2.5.4.1.1 Competência funcional ou territorial?

Segundo classificação de Chiovenda, o gênero **competência funcional** compreenderia duas espécies: uma, mais *próxima da competência material*, diz respeito à repartição de funções entre órgãos distintos dentro de um mesmo processo (p. ex., a competência de primeiro grau, dos juízes monocráticos, e a competência recursal, dos tribunais); outra, mais *próxima da competência territorial*, consiste em definir como competente o órgão onde o exercício da função jurisdicional seria mais fácil e eficaz, dada sua localização territorial (p. ex., a competência do juízo do foro de situação do imóvel, nas causas fundadas em direitos reais sobre imóveis).[272]

A competência funcional é estabelecida não no interesse das partes (como seria, por exemplo, a competência determinada de acordo com o domicílio do réu, ou do autor),

---

[271] GRINOVER, Ada Pellegrini. *Código Brasileiro de Defesa do Consumidor Comentado pelos Autores do Anteprojeto*. 8. ed. Rio de Janeiro: Forense Universitária, 2005. p. 874; STJ, REsp 1.101.057/MT, 3.ª T., rel. Min. Nancy Andrighi, j. 07.04.2011, *DJe* 15.04.2011.

[272] CHIOVENDA, Giuseppe. *Principii di Diritto Processuale Civile*. Reedição inalterada. Napoli: Jovene, 1965. p. 525-526. **Seguindo idêntica classificação:** BARBI, Celso Agrícola. *Comentários ao Código de Processo Civil*. Rev. e atual. por Eliana Barbi Botelho e Bernardo Pimentel Souza. Rio de Janeiro: Forense, 2008. p. 315-317.

126 | INTERESSES DIFUSOS E COLETIVOS – VOL. 1

mas sim no interesse público da eficiência da **função jurisdicional**. Por tal razão, as hipóteses de competência funcional são sempre absolutas.

O art. 2.º da LACP qualifica a competência na ação civil pública como *funcional*. Ela é determinada *ratione loci*, pelo local do dano, o que, normalmente, implicaria hipótese de competência relativa. Sem embargo, **por ser funcional, a competência aí estabelecida é absoluta**. Sendo absoluta, pode ser declinada de ofício, pelo órgão jurisdicional, a qualquer tempo, e é inalterável pela vontade das partes.

A *ratio* do modelo adotado pela lei foi atribuir a jurisdição ao órgão que poderia mais eficazmente exercer sua função, tendo em vista sua maior proximidade com as vítimas, com o bem afetado e com a prova. Logo, o atributo funcional teria sido conferido pela norma seguindo a classificação dualista chiovendiana, referindo-se àquela modalidade de competência funcional que se aproxima da territorial.

O STF e o STJ têm denominado a competência do art. 2.º da LACP como *territorial* e *funcional*.[273]

Parte da doutrina critica a denominação legal (competência funcional), entendendo que a competência determinada pelo local do dano não é funcional, mas *territorial*, embora excepcionalmente absoluta.

Barbosa Moreira é um dos críticos. O consagrado autor observa que a locução *competência funcional* é originária do direito alemão, em que identifica, tão somente, o critério segundo o qual as funções são repartidas entre diferentes órgãos em um mesmo processo. Assim, seria funcional a atribuição da competência originária e da competência recursal, em um mesmo processo, a órgãos distintos, ou, ainda, a atribuição de uma determinada fase de um procedimento à competência de um órgão, e da fase subsequente a outro (como ocorre no procedimento do júri). O legislador, tendo em conta que a competência funcional é sempre absoluta, teria empregado o termo *funcional* na LACP apenas para frisar o caráter de inderrogabilidade da competência ali regulada, mas poderia ter empregado melhor técnica, simplesmente ressalvado que, apesar de *territorial*, a competência era absoluta.[274]

A despeito da celeuma doutrinária, eventual alternativa em questão objetiva de concurso público que classifique essa competência como *funcional*, conforme a denomina a LACP, há que ser considerada correta.

Por fim, há que se ressaltar que o STJ fixou tese no sentido de que a competência territorial para as ações civis públicas, estipulada na legislação federal, não pode ser modificada por normas locais, primárias ou secundárias, legislativas ou administrativas.[275]

2.5.4.1.2 (Im)prorrogabilidade da competência territorial

No sistema processual previsto no atual CPC (arts. 54, 62 e 63), a competência de natureza relativa, como é o caso da competência territorial, pode ser modificada. As causas de modificação podem ser legais (p. ex., conexão, continência), ou voluntárias (não oposição de preliminar de incompetência, foro de eleição). Nas legais, a modificação decorre de algum comando normativo, independentemente da vontade das partes. Nas voluntárias, a alteração decorre da intenção das partes.

---

[273] STF, RE 228.955-9/RS, Pleno, rel. Min. Ilmar Galvão, j. 10.02.2000, *DJ* 14.04.200; STJ, REsp 1.120.117/AC, 2.ª T., rel. Min. Eliana Calmon, j. 10.11.2009, *DJe* 19.11.2009.

[274] BARBOSA MOREIRA, José Carlos. A Expressão "Competência Funcional" no Art. 2.º da Lei da Ação Civil Pública. In: MILARÉ, Édis (coord.). *A Ação Civil Pública após 20 Anos*: Efetividade e Desafios. São Paulo: RT, 2005. p. 247-255. **No mesmo sentido**: DIDIER JÚNIOR, Fredie; ZANETI JÚNIOR, Hermes. *Curso de Direito Processual Civil*. 3. ed. Salvador: Juspodivm, 2008. v. 4, p. 154-155; e ABELHA, Marcelo. *Ação Civil Pública Ambiental*. 2. ed. Rio de Janeiro: Forense Universitária, 2004. p. 128-130.

[275] STJ, Tema do IAC 10, REsp 1.896.379/MT, 1.ª S., rel. Min. Og Fernandes, j. 21.20.2021, *DJe* 13.12.2021.

CAP. 2 – AÇÃO CIVIL PÚBLICA | 127

No **foro de eleição**, a competência territorial fixada na lei pode ser alterada pelas partes. Debate-se se, em eventual termo de compromisso de ajustamento de conduta versando interesses transindividuais, seria possível aos colegitimados elegerem com os compromitentes um determinado foro para as questões relacionadas ao objeto do ajuste (p. ex., para sua execução). Cremos que isso não seja possível pelas seguintes razões:

1) a competência territorial para as ações civis públicas é absoluta, logo, improrrogável por vontade das partes;

2) apesar de a LACP e o CDC preverem hipóteses de competência territorial concorrente (como nos danos de abrangência nacional, em que há vários foros competentes), se um dos colegitimados ajustasse com terceiro que eventual ação deva ser proposta um determinado foro, os demais colegitimados poder-se-iam sentir prejudicados, e não concordar com a alteração.

Tampouco pode ser alterada a competência territorial pela **não oposição de preliminar de incompetência**. Essa hipótese de prorrogação destina-se aos casos de competência territorial relativa (CPC/2015, art. 64).[276] Como vimos, a competência territorial nas ações civis públicas é funcional e, portanto, absoluta.

Já a **conexão** e a **continência** rendem maiores discussões. Estudaremos tais fenômenos à parte.[277]

2.5.4.1.3 Interesses individuais homogêneos: competência absoluta ou relativa?

A LACP, originariamente, não disciplinava ações para defesa de interesses individuais homogêneos, mas, tão somente, de direitos difusos e coletivos. A Lei 7.913/1989 foi a primeira a prever ações civis públicas para a defesa dos direitos individuais homogêneos, mas limitou-se aos casos de investidores lesados no mercado de valores mobiliários, usando as mesmas regras da LACP na disciplina de tais espécies de ações.

Somente com o advento do CDC, que criou as ações coletivas para tutela dos interesses individuais homogêneos do consumidor, e acresceu o art. 21 à LACP,[278] abriu-se a possibilidade de integração de ambos os diplomas, LACP e CDC, e, com isso, de manejar ações civis públicas para a defesa de *interesses individuais homogêneos em geral*.

Embora o art. 93 do CDC tenha fixado a competência para as ações civis públicas de defesa dos *interesses individuais homogêneos* conforme o local do dano, **silenciou quanto à natureza absoluta ou relativa de tal competência**, diferentemente do que fez o art. 2.º da LACP em relação à competência para as ações de tutela dos *interesses difusos e coletivos*, por ela denominada de funcional (portanto, absoluta).

A despeito dessa omissão, é amplamente predominante na doutrina que a competência de foro nas ações civis públicas voltadas à defesa de direitos individuais homogêneos também é de natureza absoluta, sob o argumento de que o art. 2.º da LACP, por força do art. 90 do CDC, é aplicável às ações coletivas regradas por este estatuto. Logo, "a competência territorial dos incs. I e II do art. 93 não se sujeita às regras do Código de

---

[276] Conforme o atual CPC, a incompetência relativa já não será mais arguida em exceção, mas sim como preliminar na contestação (art. 64).

[277] V. item 2.7.

[278] "Art. 21. Aplicam-se à defesa dos direitos e interesses difusos, coletivos e individuais, no que for cabível, as disposições do Título III da Lei que instituiu o Código de Defesa do Consumidor."

128 | INTERESSES DIFUSOS E COLETIVOS – VOL. 1

Processo Civil, como aconteceria se se tratasse de competência relativa", de modo que tal competência é "absoluta, inderrogável e improrrogável pela vontade das partes".[279]

Em sentido oposto se posiciona Mazzilli.[280] O autor afirma que a LACP trata somente dos direitos difusos e coletivos, e que a competência para a ação coletiva voltada à defesa dos individuais homogêneos é regrada apenas no art. 93 do CDC, que, ao contrário do art. 2.º da LACP, nada diz sobre ser tal competência funcional, tampouco, diferentemente do ECA, diz ser ela absoluta. Além disso, ressalta que, nos termos do art. 101, I, do CDC, nas ações de responsabilidade contra o fornecedor de produtos ou serviços o autor pode preferir ajuizá-la não no local do dano ou ameaça, mas em seu domicílio.

É importante, ainda, ressalvar a disciplina específica que é conferida à competência das ações civis públicas pelo ECA e pelo Estatuto da Pessoa Idosa. Os dispositivos do ECA (art. 209) e do Estatuto da Pessoa Idosa (art. 80) que estabelecem a competência absoluta estão inseridos em capítulos que abrangem não apenas os direitos difusos e coletivos, mas também os individuais homogêneos. Logo, não resta dúvida de que, tratando-se de interesses individuais homogêneos das crianças, adolescentes e idosos (respectivamente), a competência será sempre absoluta.

2.5.4.1.4   Dano ou ameaça local, regional ou nacional

Neste ponto, já não se pergunta se a Justiça competente é alguma das Justiças Especiais ou a Justiça Comum Federal. Essa questão já deve haver sido respondida no estágio anterior. Eventualmente, os critérios que serão abordados neste item poderão influenciar na definição da competência entre a Justiça do Distrito Federal ou de algum dos Estados. De todo modo, seja qual for a Justiça competente (Especial, comum federal, estadual ou distrital), também restará definir, dentro de sua estrutura, em quais territórios (foros) a causa deverá ser processada, ou seja, qual o foro competente. Vejamos, agora, como superar este novo passo na definição das competências.

Quando o dano ou risco de dano limitar-se ao território de determinado foro, será de âmbito local. Por força do art. 2.º, *caput*, da LACP e do art. 93, I, do CDC, a competência será de juízes (varas) do respectivo foro. Caso o dano ou risco abranja poucos foros, ainda que em dois Estados diferentes (imagine-se, por exemplo, um dano que atinja três comarcas vizinhas, uma delas situada em outro Estado), continuará sendo de âmbito local: a competência será de juízes de qualquer um dos foros atingidos ou ameaçados. No caso de litispendência, competente será o juízo prevento, ou seja, aquele onde for proposta a primeira ação (art. 2.º da LACP).[281]

O problema começa a surgir quando o dano ou o risco de dano se espraia por vários foros dos territórios de um ou mais Estados, quando não por todo o território nacional. Isso porque tais hipóteses são tratadas pelo inciso II do art. 93 do CDC, que não tem uma redação muito clara. Para facilitar sua interpretação, assinalamos a premissa que deve orientá-la: segundo entendimento doutrinário e jurisprudencial dominantes, o Distrito Federal

---

[279]   GRINOVER, Ada Pellegrini. *Código Brasileiro de Defesa do Consumidor Comentado pelos Autores do Anteprojeto*. 8. ed. Rio de Janeiro: Forense Universitária, 2005. p. 879. **No mesmo sentido:** MANCUSO, Rodolfo de Camargo. *Comentários ao Código de Proteção do Consumidor*. Coordenação de Juarez de Oliveira. São Paulo: Saraiva, 1991; ALVIM NETTO, José Manoel de Arruda; ALVIM, Thereza; ARRUDA ALVIM, Eduardo; SOUZA, James J. Marins de. *Código do Consumidor Comentado*. 2. ed. rev. e ampl. São Paulo: RT, 1995. p. 423; e NUNES JÚNIOR, Vidal Serrano; SERRANO, Yolanda Alves Pinto. *Código de Defesa do Consumidor Interpretado*. São Paulo: Saraiva, 2003. p. 237.

[280]   MAZZILLI, Hugo Nigro. *A Defesa dos Interesses Difusos em Juízo*. 22. ed. São Paulo: Saraiva, 2009. p. 264, item "e", e p. 280-282. **No mesmo sentido:** SOUZA, Motauri Ciocchetti de. *Ação Civil Pública e Inquérito Civil*. 3. ed. de acordo com a Lei 11.448/2007. São Paulo: Saraiva, 2009. p. 43-44.

[281]   V. item 2.7.

é citado nesse dispositivo em pé de igualdade com os Estados, para fins de determinação de competência, assim, onde se escreveu "Estado", deve-se ler também "Distrito Federal".

Logo, se o dano ou ameaça apresentar-se sobre vários foros de um mesmo Estado, será de *âmbito regional*. Tendo em vista que o dano ou risco se circunscreve ao território de tal Estado, a competência será exclusiva de juízos de sua Capital.[282] Aliás, nesse caso, seria até mesmo atentar contra o acesso à Justiça fixar a competência no foro do Distrito Federal, muitas vezes distante do Estado atingido.[283]

Caso o dano ou ameaça atinja vários Estados, sem abranger todo o território nacional, também será de *âmbito regional*. Aplica-se a regra do art. 93, II, do CDC: serão competentes concorrentemente os juízos das capitais desses Estados e o Distrito Federal.[284] Neste caso, evidentemente, o Distrito Federal somente será competente se o território dele também for atingido pelo dano ou estiver sob sua ameaça. Na hipótese de litispendência, a ação que terá prosseguimento será aquela proposta em primeiro lugar, e que, portanto, tornou seu juízo prevento.

Se o dano ou ameaça ocorrer em todo o território nacional, será de *âmbito nacional*. Neste caso, também se aplica a regra do art. 93, II, do CDC: serão concorrentemente competentes os juízos das capitais de qualquer dos Estados e o Distrito Federal, conforme jurisprudência dominante no STJ.[285]

Finalmente, não é demais salientarmos que, quando damos por territorialmente competentes os juízos do foro (território) do Distrito Federal, não significa que a ação deverá ser proposta na Justiça do Distrito Federal. A questão da competência de jurisdição já deve ter sido solucionada na fase anterior. Assim, tanto na Justiça do Distrito Federal como nas Justiças Trabalhista ou Federal, poderemos ter causas cuja competência *territorial* seja do foro do Distrito Federal. Se nenhuma daquelas justiças for competente, aí sim, a competência restará na Justiça Distrital. Vejamos um quadro de distribuição da competência territorial, elaborado conforme a doutrina refletida na jurisprudência dominante (**ressalvadas as regras específicas a serem tratadas no item subsequente**):

Extensão do dano ou do risco	Competência
LOCAL (um único ou poucos foros, ainda que em dois estados vizinhos).	Juízos de quaisquer dos foros atingidos.
REGIONAL (muitos foros de um único estado, sem abranger todo o território estadual).	Juízos com foro na capital do estado atingido.
REGIONAL (vários estados, e, eventualmente, o Distrito Federal, sem abranger todo o território nacional).	Juízos com foro nas capitais dos estados atingidos e juízos com foro no Distrito Federal (quando atingido).
NACIONAL (todo o território nacional).	Juízos com foro nas capitais de quaisquer dos estados e juízos com foro no Distrito Federal.

---

[282] STJ, CC 18.778/DF, 2.ª S., rel. Min. Barros Monteiro, j. 09.02.2000, *DJ* 04.09.2000.

[283] A Procuradoria-Geral de Justiça do MP-SP, ao decidir conflitos de atribuição entre Promotores de Justiça de Comarcas do interior e da Capital, somente tem considerado o dano como regional se ele abranger todo ou praticamente todo o território estadual. Se for menos abrangente, reputa-o de âmbito local.

[284] STJ, CC 17.532/DF, 2.ª S., rel. Min. Ari Pargendler, j. 29.02.2000, *DJ* 05.02.2001.

[285] REsp 712.006/DF, 4.ª T., rel. Min. Luis Felipe Salomão, j. 05.08.2010, Informativo STJ 441; REsp 944.464/RJ, 3.ª T., rel. Min. Sidnei Beneti, j. 16.12.2008, *DJe* 11.02.2009; AgRg na MC 13.660/PR, 2.ª T., rel. Min. Castro Meira, j. 04.03.2008, *DJe* 17.03.2008; CC 26.842/DF, 2.ª S., rel. Min. Waldemar Zveiter, rel. p/ o ac. Min. Cesar Asfor Rocha, j. 10.10.2001, *DJ* 05.08.2002; CC 17.532/DF, 2.ª S., rel. Min. Ari Pargendler, j. 29.02.2000, *DJ* 05.02.2001.

130 | INTERESSES DIFUSOS E COLETIVOS – VOL. 1

2.5.4.2 Regras específicas

2.5.4.2.1 Causas em que a União for autora ou ré

O art. 93 do CDC, ao tratar da competência pelo local do dano ou ameaça de dano, ressalva a competência da Justiça Federal. Tem-se a impressão de que, portanto, o art. 93 somente se aplicaria à competência territorial das Justiças Estaduais ou do Distrito Federal.

Na verdade, não é esse o sentido da norma. A ressalva tem sua razão de ser porque a Constituição Federal, em alguns pontos, disciplinou expressamente a competência territorial da Justiça Federal, de modo diverso da sistemática do art. 93 do CDC, que, por ser norma infraconstitucional, não poderia contrariar a Lei Maior. As normas constitucionais em questão são os §§ 1.º e 2.º do art. 109:

> § 1.º As causas em que a União for autora serão aforadas na seção judiciária onde tiver domicílio a outra parte.
>
> § 2.º As causas intentadas contra a União poderão ser aforadas na seção judiciária em que for domiciliado o autor, naquela onde houver ocorrido o ato ou fato que deu origem à demanda ou onde esteja situada a coisa, ou, ainda, no Distrito Federal.

Em função do § 1.º, se a União for autora da ação civil pública, necessariamente a ação deverá ser proposta na seção judiciária do domicílio do réu, ainda que o dano ou ameaça de dano ocorram numa outra seção, ou tenham âmbito regional ou nacional.

De outro modo, em razão do § 2.º, se a União figurar como ré, o autor poderá optar por um dos seguintes foros, cujos juízos federais são territorialmente competentes: 1) do seu próprio domicílio; 2) do Distrito Federal; 3) do local onde esteja situada a coisa, ou onde tenha ocorrido o ato ou fato que deu origem à demanda. Não obstante a expressa disposição constitucional, a 1.ª Seção do STJ vem decidindo que, mesmo em se tratando de ação civil pública proposta em face da União (portanto, em tese, sujeita às regras do citado § 2.º), não é possível optar livremente pelo foro do domicílio do autor ou pelo do DF, sendo obrigatório o processamento no foro do local do dano ou ameaça, consoante o art. 2.º da LACP e o art. 93 do CDC.[286]

O § 3.º do art. 109 da CF/1988 também traz regra de competência territorial específica, em que, excepcionalmente, determina que juízes estaduais atuarão (como órgãos da Justiça Federal) nas comarcas onde não houver vara da justiça federal. Não obstante, ele se refere apenas às causas em que sejam partes instituição da previdência social e segurado, não se imaginando sua aplicação a ações civis públicas.

Nas demais ações civis públicas, não amoldáveis aos §§ 1.º e 2.º do art. 109 da CF, mesmo quando sujeitas à Justiça Federal, não há dúvidas de que a competência territorial será regida pelos arts. 2.º da LACP e 93 do CDC.

2.5.4.2.2 Estatuto da Criança e do Adolescente

O Estatuto da Criança e do Adolescente – ECA (Lei 8.069/1990) adotou regra específica para as ações civis públicas sobre direitos da infância e da juventude, empregando como referência da competência de foro não o local do dano, mas sim **o local** onde ocorreu ou deva ocorrer a **ação** ou **omissão**:

---

[286] STJ, AgRg no CC 118.023/DF, 1.ª S., rel. Min. Benedito Gonçalves, j. 28.03.2012, *DJe* 03.04.2012; AgRg no REsp 1.043.307/RN, 2.ª T., rel. Min. Herman Benjamin, j. 24.03.2009, *DJe* 20.04.2009.

Art. 209. As ações previstas neste Capítulo serão propostas no foro do local onde ocorreu ou deva ocorrer a ação ou omissão, cujo juízo terá competência absoluta para processar a causa, ressalvadas a competência da Justiça Federal e a competência originária dos tribunais superiores.

Havendo dano ou risco de dano em vários foros, a ação poderá ser proposta em qualquer deles, sendo eventual pluralidade de ações idênticas resolvida pela prevenção (LACP, art. 2.º, parágrafo único).

2.5.4.2.3 Estatuto da Pessoa Idosa

O Estatuto da Pessoa Idosa (Lei 10.741/2003), por sua vez, diferenciou-se da LACP e do ECA, não havendo se valido do local do dano nem do local da ação ou omissão como critério para determinação da competência, mas sim do **domicílio da pessoa idosa**:

Art. 80. As ações previstas neste Capítulo serão propostas no foro do domicílio da pessoa idosa, cujo juízo terá competência absoluta para processar a causa, ressalvadas as competências da Justiça Federal e a competência originária dos Tribunais Superiores.

Sendo a ação civil pública em prol de interesses transindividuais de idosos domiciliados em distintos foros, poderá ser deduzida em qualquer deles. Eventual pluralidade de ações será solucionada pela prevenção (LACP, art. 2.º, parágrafo único).

2.5.5 Competência de juízo

Não raro, em um mesmo foro existem diversos juízos (varas). Nesse caso, além da análise da competência segundo as etapas anteriores, cumpre definir qual o juízo competente dentre os diversos daquela comarca, seção ou subseção judiciária.

A competência de juízo depende da lei de organização judiciária de cada Justiça Estadual ou Federal. Ela é distribuída de acordo, por exemplo, com a natureza da matéria controvertida (p. ex., varas cíveis, varas criminais), com a natureza das pessoas (p. ex., varas da Fazenda Pública), com o valor da causa, ou com a reunião de mais de um critério (p. ex., varas da Infância e da Juventude, cuja competência considera a natureza da matéria e das pessoas). Também pode ser prevista em leis específicas, como se dá em relação aos Juizados Especiais Federais e Estaduais.

Tratando-se de ações coletivas, normalmente serão competentes as varas cíveis, ou, quando for o caso, da fazenda pública. É interessante, ainda, apontar a existência, em alguns locais, de varas com competência especializada em matéria ambiental. É o que ocorre, p. ex., na Justiça Estadual do Mato Grosso, onde foi criada a vara especializada do meio ambiente da comarca de Cuiabá. Do mesmo modo, na Justiça Federal foram criadas as varas federais ambientais, agrárias e residuais das subseções das capitais da 4.ª Região (Florianópolis, Porto Alegre e Curitiba), e, na Justiça do Distrito Federal, a Vara de Meio Ambiente, Desenvolvimento Urbano, Urbanístico e Fundiário.

Ainda dentro da competência de juízo, impende tratar da questão dos juizados especiais cíveis.

2.5.5.1 Juizados Especiais Cíveis Federais

A Lei 10.259/2001, que instituiu os Juizados Especiais Cíveis e Criminais em âmbito federal, em seu art. 3.º, § 1.º, I, excluiu expressamente da competência dos Juizados Cíveis

INTERESSES DIFUSOS E COLETIVOS – VOL. 1

Federais "as demandas sobre direitos ou interesses difusos, coletivos ou individuais homogêneos". Logo, eles não têm competência para apreciar ações civis públicas.

Ressalve-se, porém, que a vedação diz respeito às ações coletivas sobre tais direitos ou interesses, não às individuais. Assim, as vítimas titulares dos direitos individuais homogêneos não estão impedidas de demandarem perante esses Juizados por meio de ações individuais, desde que preenchidos os demais requisitos da Lei 10.259/2001.[287]

2.5.5.2 Juizados Especiais Cíveis Estaduais

Embora a Lei 9.099/1995 não vede explicitamente a propositura de ações civis públicas perante os Juizados Especiais Cíveis Estaduais, tais instrumentos processuais são incompatíveis com o espírito dessa norma.

Primeiro, porque o art. 3.º, *caput*, do aludido diploma dispõe expressamente que os Juizados se destinam às "causas cíveis de menor complexidade", atributo que, de regra, não se coaduna com a natureza das lides envolvendo direitos difusos, coletivos e individuais homogêneos.

Por outro lado, o mesmo artigo, em seu inciso I, fixa um teto para o valor das causas nele aforáveis: 40 salários mínimos. Nas ações civis públicas, porém, é muito difícil valorar, na fase de conhecimento, qual o exato valor da causa, visto que, não raro, nela não se discute o valor da indenização cabível. De todo modo, custa crer que se limitaria a 40 salários mínimos.

Acresça-se, ainda, que dificilmente algum dos entes legitimados a ajuizar ações civis públicas pelo art. 5.º da LACP ou no art. 82 do CDC amoldar-se-ia àqueles que, nos termos do art. 8.º, § 1.º, da Lei 9.099/1995, estão autorizados a demandar perante os juizados estaduais. Uma exceção parece ser as associações que, ao mesmo tempo, sejam OSCIP (Organizações da Sociedade Civil de Interesse Público).

No que toca ao polo passivo, o art. 8.º, *caput*, desse diploma não admite que sejam partes nos processos dos Juizados as pessoas jurídicas de direito público, que, por razões óbvias, frequentemente necessitam figurar como rés em ações coletivas.

Não é por menos que o "Fórum Nacional de Juizados Especiais", realizado em São Luís do Maranhão nos dias 27 a 29 de maio de 2009, concebeu o Enunciado 32, com a seguinte redação: "não são admissíveis as ações coletivas nos Juizados Especiais Cíveis".

Tampouco se vislumbra a possibilidade de ações civis públicas nos Juizados Especiais da Fazenda Pública no âmbito dos Estados, do Distrito Federal, dos Territórios e dos Municípios, recém-criados pela Lei 12.153/2009. Embora esses entes públicos estaduais, distritais e municipais possam figurar como réus (art. 5.º, II), não há compatibilidade entre aqueles com legitimidade ativa para neles demandar (art. 5.º, I: as pessoas físicas e as microempresas e empresas de pequeno porte, assim definidas na Lei Complementar 123, de 14 de dezembro de 2006) e o rol de legitimados para propositura de ações civis públicas. Mais importante que isso: não se admite a veiculação, nesses juízos, de demandas sobre interesses difusos e coletivos (art. 2.º, § 1.º, I).

2.5.6 Competência interna

Aqui se busca definir qual o juiz competente quando mais de um atuar em uma mesma vara, ou qual a câmara, grupo de câmaras, turma, seção ou órgão competente,

---

[287] STJ, CC 83.676, 1.ª S., rel. Min. Teori Albino Zavascki, j. 22.08.2007, *DJ* 10.09.2007; e CC 58.211/MG, 1.ª S., rel. Min. Teori Albino Zavascki, j. 23.08.2006, *DJ* 10.09.2006.

CAP. 2 – AÇÃO CIVIL PÚBLICA | 133

quando mais de um(a) atuar em um mesmo tribunal. No Tribunal de Justiça de São Paulo, por exemplo, entre as diversas câmaras existentes, a competência para apreciar recursos em ações civis públicas ambientais é das câmaras reservadas ao meio ambiente.

2.5.7 Competência recursal

Por meio da Constituição Federal, da Lei Orgânica da Magistratura Nacional, das Constituições Estaduais e Leis de Organização Judiciária define-se qual o órgão judiciário competente para apreciar o recurso.

2.6 LITISCONSÓRCIO, INTERVENÇÃO DE TERCEIROS E OPOSIÇÃO

O litisconsórcio consiste na pluralidade de partes no polo ativo ou no polo passivo do processo.

Terceiros são todos aqueles que não são partes de um processo. A "intervenção de terceiros" ocorre quando alguém ingressa em processo alheio, cuja sentença, embora não lhe possa estender os efeitos preclusivos da coisa julgada (impedir-lhe de discutir a matéria nela versada), possa trazer-lhe, indiretamente, alguma consequência jurídica. Ela comporta as seguintes modalidades: assistência, denunciação da lide, chamamento ao processo, incidente de desconsideração da personalidade jurídica e *amicus curiae*. O incidente de desconsideração de personalidade jurídica é aplicável às ações civis públicas sem particularidades dignas de nota, razão pela qual será desnecessário abordá-lo nesta obra. Nosso estudo, portanto, tratará das demais modalidades de intervenção de terceiros.

Além disso, simplesmente para manter estrutura assemelhada (mas não idêntica) à das edições anteriores, continuaremos a abordar a oposição no presente tópico, muito embora à luz do CPC/2015 ela já não seja mais considerada uma modalidade de intervenção de terceiros.

2.6.1 Litisconsórcio e assistência

2.6.1.1 Noções preliminares

O **litisconsórcio** pode ser considerado sob diversos ângulos.

Quanto ao polo, temos um litisconsórcio *ativo*, se há mais de um autor; um litisconsórcio *passivo*, se há mais de um réu; ou um litisconsórcio *bilateral*, na hipótese de mais de um autor e mais de um réu. Os autores ou réus que atuam em litisconsórcio são denominados *litisconsortes*.

Quanto ao momento de sua formação, se o litisconsórcio ativo existir desde a propositura da ação, ou, sendo ele passivo, formar-se desde a citação dos réus indicados na inicial, ele será *inicial* ou *originário*. Caso, porém, ele seja formado posteriormente a esses momentos, ele será *ulterior* ou *superveniente*.

Quanto aos efeitos da sentença, o litisconsórcio é *unitário* caso a decisão de mérito, necessariamente, houver de ser idêntica para todos os litisconsortes, e *simples* (ou *comum*), se a decisão de mérito puder ser diferenciada em relação a cada um dos litisconsortes (p. ex., procedência total ou parcial para um, improcedência para outro).

Finalmente, quanto à obrigatoriedade, diz-se que o litisconsórcio é *necessário* quando sua formação é imprescindível para a propositura da ação, e *facultativo* se ele for dispensável.

Tradicionalmente, a **assistência** (art. 119 do CPC/2015) é definida como a modalidade de intervenção de terceiros em que alguém (o *assistente*), por ter interesse *jurídico* na lide

134 INTERESSES DIFUSOS E COLETIVOS – VOL. 1

(a sentença pode, indiretamente, afetar sua esfera jurídica),[288] ingressa no processo para auxiliar (com requerimento e produção de provas, interposição de recursos etc.) uma das partes processuais, que passa a ser seu *assistido*.

Na assistência *simples*, afirma-se, usualmente, que há uma relação jurídica de direito material entre assistente e assistido. Embora tal relação não seja objeto do processo, ela poderá ser *indiretamente* afetada pela futura sentença. É a hipótese, por exemplo, do sublocatário que assiste ao locatário-sublocador na ação de despejo contra este ajuizada pelo locador.

Já na assistência *litisconsorcial* ou *qualificada* há, nos termos do art. 124 do CPC/2015, uma relação jurídica de direito material entre o assistente e o adversário do assistido, que será afetada pela futura sentença. É o caso hipotético do afiançado, que assiste ao fiador no processo em que este é cobrado pelo credor.

O assistente simples não pode opor-se à vontade do assistido. Assim, embora possa requerer e produzir provas, bem como arrazoar, não poderá recorrer se a parte principal houver renunciado ao seu direito recursal ou desistido do recurso interposto, bem como não poderá se insurgir contra eventual desistência da ação ou celebração de acordo do assistido com a parte contrária. Já o assistente litisconsorcial, por ser tratado como litisconsorte do assistido (CPC/2015, art. 124), em suas relações com a parte contrária é considerado como um litigante distinto (art. 117 do CPC/2015), não havendo subordinação da sua atuação ao assistido: poderá recorrer ainda que o assistido renuncie ao seu direito ou desista de recurso, e poderá discordar de eventual desistência da ação ou acordo entre o assistido e a parte contrária.

No caso de litisconsórcio unitário, porém, o art. 117 do CPC/2015 não considera os litisconsortes (e, portanto, os assistentes litisconsorciais) como partes totalmente distintas em face de seus adversos: os atos e as omissões de um não prejudicarão os outros, mas poderão beneficiá-los.

2.6.1.2 *Litisconsórcio ativo inicial de colegitimados*

Cada colegitimado pode ajuizar a ação civil pública isoladamente (a legitimação é concorrente e disjuntiva), mas nada obsta a que dois ou mais colegitimados a proponham em litisconsórcio. Esse litisconsórcio, portanto, é *facultativo*: não é indispensável à propositura da ação. Além disso, ele é *unitário*: o provimento de mérito será o mesmo para todos os litisconsortes, não há como ser de procedência em relação a uns e de improcedência em relação a outros, mesmo porque o direito material por eles deduzido em juízo, como substitutos processuais, é idêntico (um mesmo direito difuso, coletivo, ou direitos individuais homogêneos).

2.6.1.3 *Litisconsórcio ativo superveniente de colegitimados*

A LACP autoriza, em seu art. 5.º, § 2.º, que o Poder Público e outras associações legitimadas que não tenham ajuizado a ação possam posteriormente habilitar-se como litisconsortes:

> § 2.º Fica facultado ao Poder Público e a outras associações legitimadas nos termos deste artigo habilitar-se como litisconsortes de qualquer das partes.

---

[288] O interesse meramente econômico não autoriza a assistência. Esta exige alteração de um direito. Por exemplo, se uma ação é movida em face do construtor de um *shopping* para obstar sua implantação em razão de irregularidades urbanísticas, um morador do bairro não pode intervir como assistente do réu com a simples alegação de que a construção valorizaria seu imóvel. Nesse caso, seu direito de propriedade manter-se-ia intacto, havendo apenas consequências de natureza econômica.

ATENÇÃO

Parte da doutrina entende que nosso sistema processual não admite litisconsórcio ulterior facultativo, mas apenas o necessário.[289] Alega-se, nesse sentido, que o ingresso posterior daquele que poderia haver sido autor ou coautor é espécie de assistência (CPC/1973, art. 54; CPC/2015, art. 124), a não ser no caso de litisconsórcio necessário, cuja formação pode ser determinada posteriormente, por ser imprescindível à eficácia da sentença (CPC/1973, art. 47; CPC/2015, art. 114). Sob tal premissa, a hipótese prevista no dispositivo acima reproduzido, por contemplar intervenção facultativa no processo, não seria de litisconsórcio, mas de *assistência litisconsorcial*.[290] Outros, embora admitam o litisconsórcio facultativo ulterior, distinguem-no da assistência litisconsorcial, sustentando que, naquele, o interveniente teria legitimidade para ajuizar ação com o mesmo objeto litigioso (causa de pedir + pedido) da proposta pelo assistido; já na assistência litisconsorcial, apesar de possuir relação jurídica com a parte contrária à do assistido, o assistente não teria legitimidade para propor ação com o objeto litigioso idêntico ao do assistido.[291] Logo, sob tal ponto de vista, o § 2.º do art. 5.º da LACP seria, mesmo, hipótese de litisconsórcio.

Anote-se, porém, que, se o interveniente alterar a causa de pedir ou o pedido (portanto, o objeto litigioso), não se estará limitando a assistir a parte na ação por ela proposta, não havendo assistência litisconsorcial, mas sim litisconsórcio ulterior.[292]

Atente-se, ainda, que a lei fala ser possível aos colegitimados habilitarem-se como litisconsortes "de qualquer das partes". Logo, permite a eles, em tese, o litisconsórcio ulterior *ativo* ou *passivo*.

A última hipótese (ingresso ulterior de colegitimado no polo passivo) é de difícil ocorrência, visto que, em tese, espera-se que a proteção do interesse transindividual esteja sendo buscada por quem ajuizou a ação, de modo que ao colegitimado que, posteriormente, desejasse integrar o processo, apenas justificaria compor o polo ativo. Como exceção a essa regra, poder-se-ia imaginar um caso em que se busca impedir que uma empresa construa uma usina de compostagem de resíduos urbanos, embora os subsídios técnicos daquele caso indiquem que tal solução seria a melhor para o meio ambiente. Nesse exemplo, algum colegitimado à tutela do meio ambiente poderia ingressar na lide como litisconsorte passivo ou assistente da empresa-ré.[293]

Frise-se, por fim, que, a despeito de o citado § 2.º aludir apenas ao *Poder Público* e às *associações legitimadas*, suas disposições aplicam-se a qualquer colegitimado, ou seja, qualquer deles poderá intervir posteriormente como litisconsorte de qualquer das partes.

---

[289] DANTAS, Marcelo Buzaglo. *Ação Civil Pública e Meio Ambiente*. São Paulo: Saraiva, 2009. p. 150-151; NERY JUNIOR, Nelson; NERY, Rosa Maria de Andrade. *Código de Processo Civil Comentado e Legislação Processual Civil Extravagante em Vigor*. 4. ed. rev. e ampl. São Paulo: RT, 1999. nota 11 ao art. 47 do CPC/1973, p. 473, e nota 23 ao art. 5.º da LACP, p. 1.517; MILARÉ, Édis. *O Direito do Ambiente* – a Gestão Ambiental em Foco. 6. ed. São Paulo: RT, 2009. p. 1.085.

[290] Àqueles que adotem essa posição é mister uma ressalva. O CPC, no ponto em que pressupõe que na assistência litisconsorcial haja uma relação jurídica (material) entre o assistente e o adversário do assistido, foi pensado – como, de resto, na maior parte de suas normas – para reger processos individuais entre partes com legitimação ordinária. Por tal razão, sua transposição literal para o processo coletivo, em que os autores têm legitimação extraordinária, apresenta dificuldades. Assim, na hipótese do § 2.º do art. 5.º da LACP, a rigor, não há relação jurídica de direito material entre o legitimado interveniente e o adversário do autor. Na verdade, sequer o autor a possui, pois atua como substituto processual de uma coletividade, esta, sim, titular de relação jurídica material com o réu.

[291] ABELHA, Marcelo. *Ação Civil Pública Ambiental*. 2. ed. Rio de Janeiro: Forense Universitária, 2004. p. 80-81; DINAMARCO, Cândido Rangel. *Litisconsórcio*. 8. ed. rev. e atual. São Paulo: Malheiros, 2009. p. 57-58 e 63-65.

[292] MAZZILLI, Hugo Nigro. *A Defesa dos Interesses Difusos em Juízo*. 22. ed. São Paulo: Saraiva, 2009. p. 337; VIGLIAR, José Marcelo Menezes. *Ação Civil Pública*. 5. ed. rev. e ampl. com jurisp. São Paulo: Atlas, 2001. p. 88.

[293] Exemplo de DENTI, Vittorio. Aspetti processuali della tutela dell'ambiente. *La responsabilitá dell'empresa per i danni all'ambiente e ai consumatori*. Milano: Giuffrè, p. 63, apud MANCUSO, Rodolfo de Camargo. *Ação Civil Pública*: em Defesa do Meio Ambiente, do Patrimônio Cultural e dos Consumidores. 10. ed. São Paulo: RT, 2007. p. 221-222.

136 INTERESSES DIFUSOS E COLETIVOS – VOL. 1

2.6.1.4 Litisconsórcio ativo entre Ministérios Públicos

Reza o § 5.º do art. 5.º da LACP:

§ 5.º Admitir-se-á o litisconsórcio facultativo entre os Ministérios Públicos da União, do Distrito Federal e dos Estados na defesa dos interesses e direitos de que cuida esta lei.[294]

Trata-se de dispositivo que não constava originariamente da LACP, e lhe foi introduzido por força do art. 113 do CDC.

A validade do § 5.º do art. 5.º da LACP é controvertida na doutrina e na jurisprudência. Entre seus detratores[295] argui-se que:

i. A teor do art. 127, § 1.º, da CF, o Ministério Público é uma instituição una e indivisível. Os diversos ramos do Ministério Público, em face do princípio da unidade, pertencem a uma só instituição, e sua divisão dá-se apenas para que haja uma melhor repartição das atribuições da entidade entre seus diversos representantes. Falar em litisconsórcio entre esses ramos, portanto, seria, a par de inconstitucional, absurdo, pois implicaria admitir litisconsórcio de alguém consigo mesmo;

ii. Os Ministérios Públicos da União e dos Estados teriam atribuições em simetria com as Justiças da União (Federal, Trabalhista, Militar) e dos Estados perante as quais atuam. Assim, o Ministério Público da União não teria legitimidade para atuar na Justiça Estadual, e vice-versa, sob pena de quebra do princípio federativo.

Embora também fosse contrário à admissibilidade de tal litisconsórcio, o saudoso Zavascki afirmava que, caso se aceite seu cabimento, só seria possível perante a Justiça Federal, visto que sempre que algum dos ramos do Ministério Público da União figurar no processo aquela será a justiça competente, por ser o MPU um "órgão da União" para os fins do art. 109, I, da CF.[296]

Para outros, porém, seria perfeitamente possível o litisconsórcio entre Ministérios Públicos.[297] Nessa direção, alega-se que:

i. o princípio da unidade só existe dentro de cada ramo do Ministério Público: os representantes compõem uma mesma instituição apenas dentro do respectivo ramo em que estão inseridos. Argui-se que, em certos casos, a atuação conjunta de membros de diversos ramos produziria melhores resultados;

ii. além disso, embora a atuação de cada ramo do Ministério Público se dê, em regra, perante determinada Justiça, não haveria óbice na Constituição ou em suas leis orgânicas a que eles, excepcionalmente, atuem perante outras esferas do Judiciário;

---

[294] Semelhantemente, dispõe o § 1.º do art. 210 do ECA: "Admitir-se-á litisconsórcio facultativo entre os Ministérios Públicos da União e dos estados na defesa dos interesses e direitos de que cuida esta Lei". Do mesmo modo, o § 1.º do art. 81 do EPI: "Admitir-se-á litisconsórcio facultativo entre os Ministérios Públicos da União e dos Estados na defesa dos interesses e direitos de que cuida esta Lei".

[295] ABELHA, Marcelo. Ação Civil Pública e Meio Ambiente. Rio de Janeiro: Forense Universitária, 2004. p. 81-82; ALMEIDA, João Batista de. Aspectos Controvertidos da Ação Civil Pública. 2. ed. rev., atual. e ampl. São Paulo: RT, 2009. p. 105-106; NEIVA, José Antonio Lisbôa. Ação Civil Pública – Litisconsórcio de Ministérios Públicos. Revista da Procuradoria-Geral da República, São Paulo: RT, n. 7, p. 126-127, 1993.

[296] ZAVASCKI, Teori Albino. Processo Coletivo: Tutela de Direitos Coletivos e Tutela Coletiva de Direitos. 4. ed. São Paulo: RT, 2009. p. 128.

[297] CARVALHO FILHO, José dos Santos. Ação Civil Pública: Comentários por Artigo (Lei n. 7.347/85). 7. ed. rev., ampl. e atual. Rio de Janeiro: Lumen Juris, 2009. p. 213-214; MAZZILLI, Hugo Nigro. A Defesa dos Interesses Difusos em Juízo. 22. ed. São Paulo: Saraiva, 2009. p. 343-348.

iii. ademais, não haveria falar-se em violação ao princípio federativo. Fosse assim, não seria possível falar em litisconsórcio entre entes da federação (União, Estados, Municípios, Distrito Federal), possibilidade por ninguém contestada.

Há, por fim, uma terceira corrente, que admite a viabilidade da atuação processual conjunta entre membros de diferentes ramos do Ministério Público, mas afirma ser tecnicamente inapropriado denominá-la como litisconsórcio. Em sua opinião, a questão não seria de atuação conjunta de legitimados diversos, mas sim de distintos representantes de um único legitimado. Tais autores defendem que os vários Ministérios Públicos são ramos de uma única instituição: o Ministério Público, ele sim, legitimado para agir. A divisão entre seus diversos ramos existiria apenas para otimizar a execução das diversas funções outorgadas à instituição pela Constituição e pelas leis orgânicas, de modo que seus vários membros, independentemente do ramo onde estiverem lotados, seriam representantes da mesma e única instituição.[298]

Os tribunais superiores, por sua vez, têm admitido o litisconsórcio entre Ministérios Públicos. O STJ é favorável, com algumas nuances de entendimento.[299] O pleno do STF, por sua vez, já admitiu a possibilidade de litisconsórcio entre o Ministério Público Federal e Ministério Público Estadual, embora, no caso em análise, ainda não houvesse ação em andamento, mas apenas procedimentos investigatórios:

> Ação cível originária. Conflito de atribuições entre o Ministério Público Federal e o Estadual. Instauração de procedimento administrativo para apurar possíveis irregularidades na produção de copos descartáveis. Relação de consumo. Conflito inexistente. 1. A questão tratada nas representações instauradas contra a Autora versa sobre direito do consumidor. 2. O art. 113 do Código de Defesa do Consumidor, ao alterar o art. 5.º, § 5.º, da Lei n. 7.347/1985, passou a admitir a possibilidade de litisconsorte facultativo entre os Ministérios Públicos da União, do Distrito Federal e dos Estados na defesa dos interesses e dos direitos do consumidor. 3. O Ministério Público Federal e o Estadual têm a atribuição de zelar pelos interesses sociais e pela integridade da ordem consumerista, promovendo o inquérito civil e a ação civil pública – inclusive em litisconsórcio ativo facultativo –, razão pela qual não se há reconhecer o suscitado conflito de atribuições. 4. Ação cível originária julgada improcedente.[300]

Mas em que circunstâncias seria admissível o litisconsórcio entre Ministérios Públicos? Em todo e qualquer caso? Em verdade, a análise deve ser feita caso a caso. Excerto de ementa de julgado do STJ nos dá o caminho:

> Casos há que, não obstante a ação tramite na Justiça Federal, é possível a atuação do Ministério Público Estadual, a exemplo das Ações Civis Públicas que buscam a tutela de direitos difusos e coletivos que afetam determinada região ou cuja competência para a execução dos serviços públicos seja de atribuição concorrente da União, Estados e Municípios, como nos serviços de saúde e educação.[301]

---

[298] **Nesse sentido:** NERY JUNIOR, Nelson; NERY, Rosa Maria de Andrade. *Código de Processo Civil Comentado e Legislação Processual Civil Extravagante em Vigor.* 4. ed. rev. e ampl. São Paulo: RT, 1999. nota 35 ao art. 5.º da LACP, p. 1.518; WATANABE, Kazuo. *Código Brasileiro de Defesa do Consumidor Comentado pelos Autores do Anteprojeto.* 8. ed. Rio de Janeiro: Forense Universitária, 2005. p. 832-833.

[299] **A favor do litisconsórcio entre Ministérios Públicos:** REsp 382.659/RS, 1.ª T., rel. Min. Gomes de Barros, j. 02.12.2003, *DJ* 19.12.2003; **REsp 1.716.095/RJ, 2.ª T., rel. Min. Herman Benjamin, j. 21.06.2019, *DJe* 22.11.2018;** REsp 1.254.428/MG, 3.ª T., rel. Min. João Otávio de Noronha, j. 02.06.2016, *DJe* 10.06.2016. **Admitindo-o até mesmo entre MPE, MPF e MPT:** REsp 1.444.484/RN, 1.ª T., rel. Min. Benedito Gonçalves, j. 18.09.2014, *DJe* 29.09.2014.

[300] ACO 1.020/SP, Pleno, rel. Min. Carmen Lúcia, j. 08.10.2008, *DJ* 29.03.2009.

[301] STJ, REsp 1.716.095/RJ, 2.ª T., rel. Min. Herman Benjamin, j. 21.06.2018, *DJe* 22.11.2018.

Há que perquirir, portanto, se há no caso concreto interesses que legitimem a atuação conjunta de diversos ramos do Ministério Público. No julgado apontado, a ação civil pública era da competência da Justiça Federal e dizia respeito a falha em serviço público concedido pela União a particular (rodovia federal), havendo interesse justificador da legitimidade do MPF, mas não do MPE.

Por fim, interessa observar que a Lei 9.966/2000, que dispõe sobre *prevenção, controle e fiscalização da poluição por lançamento de óleo e outras substâncias nocivas*, reza que "a Procuradoria-Geral da República comunicará previamente aos ministérios públicos estaduais a propositura de ações judiciais para que estes exerçam as faculdades previstas no § 5.º do art. 5.º da Lei 7.347, de 24 de julho de 1985, na redação dada pelo art. 113 da Lei 8.078, de 11 de setembro de 1990 – Código de Defesa do Consumidor".[302] Em outros termos, antes de propor uma ação civil pública versando tais temas, o membro do MPF deve, conforme a regra legal, avisar ao membro do MPE, a fim de que ele, caso entenda haver interesse que o justifique, figure na condição de litisconsorte ativo.

2.6.1.5 Assistência simples de não colegitimados

Não há impedimento à assistência simples de não colegitimados no polo ativo ou passivo.

2.6.1.6 Litisconsórcio e assistência litisconsorcial de não colegitimados

Não há óbices ao litisconsórcio ou à assistência litisconsorcial de não colegitimados no polo passivo. Os problemas residem no polo ativo. Seria possível a pessoas que não constam do rol de legitimados à propositura da ação civil pública figurar como litisconsortes ou assistentes litisconsorciais do autor?

Tratando-se de direitos difusos, em regra, esse litisconsórcio não será admissível. O rol de legitimados à propositura da ação civil pública é taxativo. Logo, apenas as entidades elencadas na lei podem atuar como litisconsortes originárias. E, conforme vimos há pouco, por força do art. 5.º, § 2.º, da LACP, também é restrito aos colegitimados o ingresso como litisconsortes ativos ulteriores (ou assistentes litisconsorciais, a depender do entendimento doutrinário).

Tampouco será viável, em relação aos direitos difusos, a assistência litisconsorcial no polo ativo. Com efeito, embora as vítimas e seus sucessores tenham interesse jurídico na procedência de ações desse tipo,[303] o potencial afluxo de inúmeros terceiros ao processo coletivo poderia contrariar a finalidade para a qual ele foi criado, atentando contra a celeridade processual e o pleno exercício dos direitos de ação e de defesa.

Sem embargo, excepcionalmente, a doutrina admite que **cidadãos** atuem como litisconsortes dos colegitimados no polo ativo, caso o objeto (pedido) da ação civil pública seja idêntico ou inclua um daqueles que o cidadão seria autorizado a formular em uma **ação popular** (anulação de ato lesivo ao patrimônio público ou de entidade de que o Estado participe, à moralidade administrativa, ao meio ambiente e ao patrimônio histórico e cultural). Conclusão diversa importaria na seguinte incongruência: negada ao cidadão a participação na ação civil pública, bastaria que ele propusesse uma ação popular com objeto tal que a fizesse conexa àquela. Na prática, as ações seriam reunidas, ele acabaria sendo tratado como litisconsorte ativo da ação civil pública.[304] Pelas mesmas razões, já

---

[302] Art. 27, § 1.º.

[303] Em função da coisa julgada *in utilibus*, que estudaremos no item 2.11.3.5.1, as vítimas não necessitarão ajuizar ações de conhecimento individuais, bastando que procedam à liquidação e execução da sentença coletiva favorável.

[304] MAZZILLI, Hugo Nigro. *A Defesa dos Interesses Difusos em Juízo*. 22. ed. São Paulo: Saraiva, 2009. p. 339. **No mesmo sentido:** ABELHA, Marcelo. *Ação Civil Pública e Meio Ambiente*. Rio de Janeiro: Forense Universitária, 2004. p. 84; DIDIER

que poderia ser litisconsorte originário, nada obstaria que, alternativamente, interviesse como litisconsorte ulterior (ou assistente litisconsorcial, dependendo da posição adotada).

O mesmo fundamento, no sentido inverso, permitiria ver como possível o ingresso como litisconsorte (ou assistente litisconsorcial, dependendo da posição adotada), em uma ação popular, de um dos entes legitimados a propor ação civil pública em prol do mesmo direito nela discutido. Não obstante, ao apreciar a célebre ação popular ajuizada contra a demarcação da reserva "Raposa Serra do Sol", o STF negou a possibilidade de o Estado de Roraima atuar como litisconsorte, "tendo em vista que a legitimidade ativa da ação popular é tão somente do *cidadão*".[305]

Caso se admita o litisconsórcio ou assistência litisconsorcial de cidadãos em ação civil pública, deve-se frisar que, se os demais litisconsortes desistirem da ação civil pública, o cidadão *não* poderá permanecer no polo ativo, pois carece de legitimidade para promovê-la isoladamente.

Já no caso de **direitos coletivos**, apenas os legalmente legitimados à propositura da ação civil pública podem nela figurar como litisconsortes ativos ou assistentes litisconsorciais. Os cidadãos não estão legitimados a defender direitos coletivos em sentido estrito sequer em ações populares, de modo que não haveria por que admitir que o fizessem via ação civil pública.[306] Aduza-se, ainda, que o ingresso indiscriminado de litisconsortes ou assistentes poderia trazer grave tumulto processual.

Finalmente, tratando-se de ação coletiva sobre **direitos individuais homogêneos**, o próprio CDC admite o litisconsórcio ulterior dos **indivíduos lesados** (interessados):

> **Art. 94.** Proposta a ação, será publicado edital no órgão oficial, a fim de que os interessados possam intervir no processo como litisconsortes, sem prejuízo de ampla divulgação pelos meios de comunicação social por parte dos órgãos de defesa do consumidor.

À letra da lei, seria um litisconsórcio ulterior facultativo unitário. A nosso ver, porém, a menos que se defenda tratar-se de um litisconsórcio *sui generis*, a hipótese aproxima-se mais de uma assistência litisconsorcial, pelas seguintes razões: o cidadão não poderia haver figurado como *litisconsorte originário*, muito menos promovido sozinho a ação coletiva. Aliás, se houver desistência dos demais legitimados, o interveniente não poderá dar continuidade à ação, pois não tem legitimidade para promovê-la isoladamente.

Valendo-se da faculdade de ingressar na demanda coletiva, essa vítima não poderá ampliar o objeto da demanda, nela incluindo pretensão indenizatória individual. Isso porque, nas ações civis públicas em prol de direitos individuais homogêneos, a sentença é condenatória genérica, ou seja, tão somente impõe ao réu a obrigação de reparar o dano, sem identificar nenhuma das vítimas, e, tampouco, determinar o *quantum* a ser pago a cada vítima.[307]

A lei silenciou tanto quanto ao prazo do edital como sobre eventual termo *ad quem* para ingresso na ação. Na omissão da lei, é lícito às vítimas ingressarem no processo a qualquer tempo antes do julgamento definitivo da ação.

Sem embargo, se o indivíduo já houver ajuizado uma ação individual para a defesa de sua pretensão, ele só poderá intervir na ação coletiva caso, no prazo de 30 dias a partir

---

JÚNIOR, Fredie; ZANETI JÚNIOR, Hermes. *Curso de Direito Processual Civil*. 3. ed. Salvador: Juspodivm, 2008. v. 4, p. 259; DINAMARCO, Pedro da Silva. *Ação Civil Pública*. São Paulo: Saraiva, 2001. p. 202-203; VIGLIAR, José Marcelo Menezes. *Ação Civil Pública*. 5. ed. rev. e ampl. com jurisp. São Paulo: Atlas, 2001. p. 88.

[305] Pet 3.388/RR, Pleno, rel. Min. Carlos Britto, j. 19.03.2009, *DJe* 25.09.2009, rep. *DJe* 01.07.2010.

[306] MAZZILLI, Hugo Nigro. *A Defesa dos Interesses Difusos em Juízo*. 22. ed. São Paulo: Saraiva, 2009. p. 340.

[307] O *quantum* a ser pago a cada vítima é definido posteriormente, na fase de liquidação (CDC, arts. 95 e 97).

INTERESSES DIFUSOS E COLETIVOS – VOL. 1

de ter ficado ciente de sua existência, requerer a suspensão de sua ação individual. Explicamos: só haveria interesse processual a justificar sua intervenção na ação civil pública caso ele pudesse ser beneficiado pelos efeitos a serem prolatados na respectiva sentença. Ocorre que, para ser beneficiado por tais efeitos, o art. 104 do CDC exige que ele requeira a suspensão da ação individual no prazo de 30 dias a contar do dia em que teve ciência, no respectivo processo, da existência da ação coletiva. Ora, se, passado tal interregno, ele não requereu a suspensão da ação individual, não poderá ser beneficiado pelos efeitos da sentença da ação civil pública, e, portanto, faltarlhe-á interesse para nela intervir.

Resta tratar de duas inovações previstas no CPC. O atual Código, no parágrafo único do seu art. 18, dispõe que, "Havendo substituição processual, o substituído poderá intervir como assistente litisconsorcial". Teria ele estendido a possibilidade de litisconsórcio dos interessados em quaisquer ações coletivas (o CDC as limitava às hipóteses de interesses individuais homogêneos), inclusive naquelas em prol de direitos difusos e coletivos?

Cremos a resposta deva ser negativa. O CPC é aplicável apenas subsidiariamente ao microssistema processual coletivo (LACP, art. 19; CDC, art. 90) – leia-se, numa interpretação teleológica – naquilo que não contrariar seus fins. Não cremos seja compatível com os fins do processo coletivo a possibilidade do livre afluxo de substituídos a todo e qualquer processo coletivo, sobretudo naqueles envolvendo direito difuso, em que, via de regra, é extremamente numeroso o grupo de substituídos, sob pena de grave comprometimento da celeridade e economia processual, que são algumas das razões da existência do processo coletivo.

Segue um resumo esquemático do problema do litisconsórcio e da assistência de não colegitimados no polo ativo de ações civis públicas:

Ação Civil Pública para Defesa de	Litisconsórcio e Assistência Litisconsorcial de Não Colegitimados no Polo Ativo
Interesses difusos	**Regra: impossíveis**, pois: **1)** a lei só previu litisconsórcio no caso de colegitimados (LACP, art. 5.º, § 2.º) ou de interesses individuais homogêneos (CDC, art. 94); **2)** haveria risco de tumulto processual, pelo grande afluxo de novos sujeitos processuais. **Exceção doutrinária: possível o litisconsórcio** somente ao cidadão, nos casos em que também lhe for possível ajuizar ação popular com idêntico objeto ou conexa.
Interesses coletivos	**Impossíveis**, pois: **1)** a lei só previu litisconsórcio no caso de colegitimados (LACP, art. 5.º, § 2.º) ou de interesses individuais homogêneos (CDC, art. 94); **2)** haveria risco de tumulto processual, pelo grande afluxo de novos sujeitos processuais. **Obs.:** a exceção doutrinária dos cidadãos aqui não se aplica, pois eles não poderiam defender direitos coletivos nem mesmo em ações populares.
Interesses individuais homogêneos	**Possíveis** para os indivíduos lesados (CDC, art. 94). À letra da lei, tratar-se-ia de litisconsórcio ulterior. Pensamos, porém, que a hipótese se aproxima mais de uma assistência litisconsorcial.

Em uma síntese ainda mais breve, pode-se afirmar que pessoas não legitimadas à propositura de ações civis públicas somente poderão intervir como litisconsortes (ou assistentes litisconsorciais, dependendo do posicionamento adotado) no polo ativo:

CAP. 2 – AÇÃO CIVIL PÚBLICA | 141

1) conforme entende parte da doutrina, caso sejam cidadãos, e desde que o objeto (pedido) da ação civil pública seja idêntico a um ou inclua um objeto que poderia ser postulado em uma ação popular; ou

2) caso sejam vítimas (indivíduos lesados), na hipótese prevista no CDC, art. 94.

2.6.1.7 *Facultatividade do litisconsórcio passivo em ações ambientais*

Doutrina e jurisprudência vêm entendendo que a responsabilidade dos poluidores pelos danos ambientais é solidária. Por consequência, *os réus poluidores, nas ações de reparação de danos ambientais, dão azo a litisconsórcio passivo facultativo* (art. 113, I, do CPC/2015). Nesse sentido, os seguintes excertos de ementa do STJ:

(...)

2. Na hipótese examinada, não há falar em litisconsórcio passivo necessário, e, consequentemente, em nulidade do processo, mas tão somente em litisconsórcio facultativo, pois os oleiros que exercem atividades na área degradada, embora, em princípio, também possam ser considerados poluidores, não devem figurar, obrigatoriamente, no polo passivo na referida ação. Tal consideração decorre da análise do inciso IV do art. 3.º da Lei 6.938/81, que considera "poluidor, a pessoa física ou jurídica, de direito público ou privado, responsável, direta ou indiretamente, por atividade causadora de degradação ambiental". Assim, a ação civil pública por dano causado ao meio ambiente pode ser proposta contra o responsável direto ou indireto, ou contra ambos, em face da responsabilidade solidária pelo dano ambiental.

3. Sobre o tema, a lição de Hugo Nigro Mazzilli (*A Defesa dos Interesses Difusos em Juízo*, 19. ed., São Paulo: Ed. Saraiva, 2006, p. 148), ao afirmar que, "quando presente a responsabilidade solidária, podem os litisconsortes ser acionados em litisconsórcio facultativo (CPC, art. 46, I); não se trata, pois, de litisconsórcio necessário (CPC, art. 47), de forma que não se exige que o autor da ação civil pública acione a todos os responsáveis, ainda que o pudesse fazer".

4. Nesse sentido, os precedentes desta Corte Superior: REsp 1.060.653/SP, 1.ª Turma, rel. Min. Francisco Falcão, *DJe* 20.10.2008; REsp 884.150/MT, 1.ª Turma, rel. Min. Luiz Fux, *DJe* 07.08.2008; REsp 604.725/PR, 2.ª Turma, rel. Min. Castro Meira, *DJ* 22.08.2005.[308]

2.6.2 Denunciação da lide

Não existe vedação genérica à denunciação da lide em ações civis públicas, de modo que, em tese, é possível admiti-la, aplicando-se a disciplina do atual CPC. Esse diploma elenca as hipóteses de denunciação nos incisos de seu art. 125. Seu primeiro inciso é mais adequado a ações individuais.[309] Logo, as denunciações da lide em ações civis públicas normalmente ancoram-se no inciso II: "àquele que estiver obrigado, por lei ou pelo contrato, a indenizar, em ação regressiva, o prejuízo de quem for vencido no processo". Esse inciso somente admite a denunciação quando o direito de regresso emergir automaticamente da lei ou do contrato, e não aquela que depende da apuração da responsabilidade.

Apesar da inexistência de óbice legal genérico, a denunciação da lide é defesa em ações (sejam individuais, sejam coletivas) movidas em face dos fornecedores, quando fundadas no fato do produto, por conta do que dispõe o art. 88, c.c. o art. 13, parágrafo único, do CDC. Parte da doutrina sustenta que tal vedação, a despeito de a remissão do art. 88 limitar-se ao art. 13 (que trata do fato do produto), aplicar-se-ia, também, ao fato

---

[308] REsp 771.619/RR, 1.ª T., rel. Min. Denise Arruda, j. 16.12.2008, *DJe* 11.02.2009.

[309] "I – ao alienante imediato, no processo relativo à coisa cujo domínio foi transferido ao denunciante, a fim de que possa exercer os direitos que da evicção lhe resultam; (...)."

142 INTERESSES DIFUSOS E COLETIVOS – VOL. 1

do serviço, sob o argumento de que, nas ações de reparação de danos provocados por serviço defeituoso, a possibilidade de ingresso em juízo de outros responsáveis, contra a vontade do consumidorautor, poderia ser-lhe igualmente prejudicial.[310] Nesse mesmo sentido, consolidou-se a jurisprudência do Superior Tribunal de Justiça, que, superando uma divergência inicial, passou a entender que a vedação à denunciação da lide prevista no art. 88 do CDC não se restringe à responsabilidade por fato do produto (art. 13 do CDC), sendo aplicável também às demais hipóteses de responsabilidade civil por acidentes de consumo (arts. 12 e 14 do CDC).[311]

Nos demais casos, existe forte resistência doutrinária à admissibilidade de denunciações em ações civis públicas, sob o principal argumento de que elas protelariam a tutela jurisdicional dos interesses lesados, ao introduzirem na lide um elemento novo de discussão: a responsabilidade do terceiro em face do réu-denunciante.

O STJ tem frequentemente repelido a denunciação da lide nas ações civis públicas fundadas na **responsabilidade objetiva** do réu, quando a denunciação invoca a **responsabilidade subjetiva** de terceiro. Alega-se que a introdução da discussão sobre a responsabilidade subjetiva tende a procrastinar a conclusão do processo, atentando contra os princípios da celeridade e economia processual.[312] No mesmo sentido é a doutrina majoritária.[313]

Em reforço a tal entendimento, anote-se que o indeferimento da denunciação não traria desvantagem alguma ao réu-denunciante, que poderia buscar seu eventual direito de regresso em ação autônoma, conforme admite o § 1.º do art. 125 do CPC/2015.

2.6.3 Chamamento ao processo

O chamamento ao processo é modalidade de intervenção de terceiros cabível por iniciativa do réu, para trazer ao processo terceiro que, com ele, seja **solidariamente responsável** pela obrigação reclamada pelo autor, no fito de antecipar ao réu, no caso de sua condenação, o reconhecimento de seu direito de regresso em face desse terceiro (arts. 130 a 132 do CPC).

Em tese, ele é viável nas ações civis públicas, embora, muitas vezes, possa não ser possível. É que tal espécie de intervenção de terceiro não é admissível quando a ação se funda na responsabilidade objetiva do réu,[314] como ocorre na responsabilidade pelo dano ambiental,

---

[310] Nesse sentido, dentre outros: GOMES, Marcelo Kokke. *Responsabilidade Civil*: Dano e Defesa do Consumidor. Belo Horizonte: Del Rey, 2001, p. 84; OLIVEIRA, James Eduardo. *Código de Defesa do Consumidor*: Anotado e Comentado. 4. ed. São Paulo: Atlas, 2009, p. 710; ARAÚJO FILHO, Luiz Paulo da Silva. *Comentários ao Código de Defesa do Consumidor*. São Paulo: Saraiva, 2002, p. 108.

[311] REsp 1.165.279/SP, 3.ª T., rel. Paulo de Tarso Sanseverino, j. 22.05.2012. No mesmo sentido: AgRg no AREsp 619.161/PR, 4.ª T., rel. Min. Luis Felipe Salomão, j. 07.04.2015; AgRg no AgRg no AREsp 546.629/SP, 4.ª T., rel. Min. Antonio Carlos Ferreira, j. 03.03.2015; AgRg no AREsp 572.616/RJ, 1.ª T., rel. Min. Sérgio Kukina, j. 23.10.2014; EDcl no Ag 1.249.523/RJ, 4.ª T., rel. Min. Raul Araújo, j. 05.06.2014; e AgRg no AREsp 501.633/RJ, 2.ª T., rel. Min. Mauro Campbell Marques, j. 22.05.2014.

[312] AgRg no Ag 1.213.458/MG, 2.ª T., rel. Min. Mauro Campbell Marques, j. 24.08.2010, *DJe* 20.09.2010.

[313] FIORILLO, Celso Antonio; RODRIGUES, Marcelo Abelha; NERY, Rosa Maria Andrade. *Direito Processual Ambiental Brasileiro*. Belo Horizonte: Del Rey, 1996. p. 126-127; MAZZILLI, Hugo Nigro. *A Defesa dos Interesses Difusos em Juízo*. 22. ed. São Paulo: Saraiva, 2009. p. 359; NERY JUNIOR, Nelson; NERY, Rosa Maria de Andrade. *Código de Processo Civil Comentado e Legislação Processual Civil Extravagante em Vigor*. 4. ed. rev. e ampl. São Paulo: RT, 1999. nota 15 ao art. 70 do CPC/1973, p. 499, e nota 8 ao art. 77 do CPC/1973, p. 514; ALMEIDA, João Batista de. *Aspectos Controvertidos da Ação Civil Pública*. 2. ed. rev., atual. e ampl. São Paulo: RT, 2009. p. 226. Em sentido contrário: DIDIER JÚNIOR, Fredie; ZANETI JÚNIOR, Hermes. *Curso de Direito Processual Civil*. 3. ed. Salvador: Juspodivm, 2008. v. 4, p. 272 e 277. Para estes, não há vedação legal à denunciação da lide nas ações civis públicas. Somente deverão ser rechaçadas se, no caso concreto, houver tumulto ao andamento do processo.

[314] NERY JUNIOR, Nelson; NERY, Rosa Maria de Andrade. *Código de Processo Civil Comentado e Legislação Processual Civil Extravagante em Vigor*. 4. ed. rev. e ampl. São Paulo: RT, 1999. nota 8 ao art. 77 do CPC/1973, p. 514. **No mesmo sentido:** FIORILLO, Celso Antonio; RODRIGUES, Marcelo Abelha; NERY, Rosa Maria Andrade. *Direito Processual Ambiental Brasileiro*. Belo Horizonte: Del Rey, 1996. p. 126-128; MAZZILLI, Hugo Nigro. *A Defesa dos Interesses Difusos em Juízo*.

bem como pelo fato do produto e do serviço, nas relações de consumo. Nesses casos, a intenção da lei foi a de claramente simplificar o processo, por meio da facilitação da prova que vise à recomposição do meio ambiente e dos consumidores lesados. Admitir que o réu eleito pudesse chamar os demais responsáveis seria possibilitar a introdução de fundamento novo, aumentando a complexidade do processo, dificultando o acesso dos lesados à justiça, em detrimento do espírito do ordenamento. A exceção, nesses casos, fica por conta da possibilidade de o réu chamar ao processo o segurador nas ações de responsabilidade civil do fornecedor de produtos e serviços, expressamente admitida pelo ordenamento (CDC, art. 101, II).

Se a ação civil pública é ambiental, e o réu, poluidor direto, chama ao processo o Poder Público como poluidor indireto;[315] além da razão anteriormente exposta (descabimento dessa espécie de intervenção nas ações fundadas na responsabilidade objetiva), existem outras para que o chamamento não seja deferido.

Deve-se ponderar que **a solidariedade entre o poluidor direto e o poluidor indireto é estabelecida em prol da coletividade**, cujo representante adequado pode eleger o responsável que possa mais eficiente e adequadamente reparar o dano. Assim, por exemplo, vislumbrando que o poluidor direto é uma empresa economicamente apta a arcar com os custos da reparação, o autor da ação pode optar por aforá-la apenas em face dele, até mesmo em homenagem ao princípio do poluidor-pagador, pois era ele – e não o Estado – quem visava auferir os bônus, devendo, por conta disso, arcar com os ônus de sua atividade econômica.

Além disso, **havendo reparado o dano, o poluidor direto não terá direito de regresso contra o Poder Público se este foi poluidor indireto**. Com efeito, o poluidor direto é quem causa diretamente o dano, não sendo lícito ver-se ressarcido daquele que contribuiu para o evento apenas de modo indireto, tanto mais quando isso, ao fim e ao cabo, importaria imputar à sociedade, própria vítima do dano ambiental, o ônus por sua reparação. Isso equivaleria a vitimá-la novamente.

Por outro lado, se houver dúvida sobre a solvibilidade do poluidor direto, pode o autor preferir processá-lo com o Poder Público poluidor indireto. Neste caso, na hipótese de o Poder Público vir a reparar o dano, terá direito de regresso contra o poluidor direto. O inverso (direito de regresso do particular contra o Poder Público), como vimos, não é possível. **Logo, de nada assistiria ao poluidor direto chamar ao processo o Poder Público, se contra ele não teria nenhum direito de regresso**.[316] Tal intervenção apenas prejudicaria o andamento do processo, seja pelo acréscimo de fundamento novo e formação de litisconsórcio desnecessário, seja pela suspensão do procedimento inicial enquanto se concede novo prazo para que o chamado conteste, seja pelo ingresso de uma parte com prazos mais dilatados para contestar e recorrer.

2.6.4   *Amicus curiae*

Algumas leis preveem a hipótese de intervenção do *amicus curiae* ("amigo da corte", "amigo do tribunal"). Trata-se de pessoa física ou jurídica, estranha à relação jurídica

---

22. ed. São Paulo: Saraiva, 2009. p. 368. Esse autor também não a admite quando a identificação dos corresponsáveis for problemática, diante de seu elevado ou indeterminado número, pois isso inviabilizaria o prosseguimento do feito e a prestação jurisdicional. **Em sentido contrário, não enxergando na responsabilidade objetiva um óbice ao chamamento:** DANTAS, Marcelo Buzaglo. *Ação Civil Pública e Meio Ambiente*. São Paulo: Saraiva, 2009. p. 161-162; LEONEL, Ricardo de Barros. *Manual do Processo Coletivo*. São Paulo: RT, 2002. p. 239-240.

[315] O Poder Público é poluidor indireto quando contribui indiretamente para o dano. É o que ocorre, por exemplo, quando ele simplesmente concede ao particular uma licença ou uma autorização para a atividade poluidora.

[316] **Nesse sentido:** MIRRA, Álvaro Luiz Valery. A noção de poluidor na Lei n. 6.938/81 e a questão da responsabilidade solidária do Estado pelos danos ambientais causados pelos particulares. In: MORATO LEITE, José Rubens; DANTAS, Marcelo Buzaglo (org.). *Aspectos Processuais do Direito Ambiental*. Rio de Janeiro: Forense Universitária, 2003. p. 15.

processual, cuja atuação tem por finalidade fornecer subsídios técnico-jurídicos ao Magistrado, em prol de uma prestação jurisdicional mais justa e eficiente.

Como a sentença não lhe traz consequências jurídicas (falta-lhe, portanto, interesse jurídico), não se pode dizer que sua atuação seja espécie de típica intervenção de terceiro. Quando muito, pode-se falar em uma *intervenção anômala*, em que o *amicus* figura como um *terceiro especial*. De todo modo, no atual CPC, ele é incluído no título destinado às intervenções de terceiros.

Especificamente no que toca à participação do *amicus curiae* na ação civil pública, as seguintes hipóteses são normalmente referidas:[317]

a. Art. 31 da Lei 6.385/1976, que dispõe que, em todo processo judicial que verse sobre matéria de competência da Comissão de Valores Mobiliários (CVM), tal instituição deve ser intimada para, se quiser, oferecer parecer ou prestar esclarecimentos. É o que poderá acontecer, por exemplo, nas ações civis públicas em que o Ministério Público busca a reparação dos danos causados aos titulares de valores mobiliários;

b. Art. 118 da Lei 12.529/2011 (anterior art. 89 da Lei 8.884/1994), que prevê que, nos processos judiciais em que se discuta a aplicação dessa lei, o Conselho Administrativo de Defesa Econômica (Cade) deverá ser intimado para, se quiser, funcionar como assistente.

Observe-se, porém, que, neste caso, ao contrário da norma anterior (em que se dispõe que a participação da CVM se limitará ao oferecimento de parecer e prestação de esclarecimentos), ao Cade é possibilitada a atuação como *assistente*, e não se lhe impõe qualquer limitação nessa função. A despeito de o STJ já ter se manifestado no sentido de tratar-se de *amicus curiae*, reconheceu, no mesmo julgado, que a instituição atuava como *assistente*, e possuía *interesse jurídico*.[318] Com a devida vênia, quer nos parecer, portanto, que não se trata de hipótese de *amicus curiae*, mas de verdadeira *assistência*, institutos que não se confundem.

c. Art. 5.º, parágrafo único, da Lei 9.469/1997, *in verbis*:

> Parágrafo único. As pessoas jurídicas de direito público poderão, nas causas cuja decisão possa ter reflexos, ainda que indiretos, de natureza econômica, intervir, independentemente da demonstração de interesse jurídico, para esclarecer questões de fato e de direito, podendo juntar documentos e memoriais reputados úteis ao exame da matéria e, se for o caso, recorrer, hipótese em que, para fins de deslocamento de competência, serão consideradas partes.

Note-se que, neste caso, basta o mero interesse econômico, sendo prescindível o jurídico, que seria indispensável no caso de típica intervenção de terceiros.

d. Art. 482, §§ 1.º, 2.º e 3.º, do CPC/1973, que previa a possibilidade de intervenção do *amicus curiae* nos incidentes de decretação de inconstitucionalidade nos tribunais.

O atual CPC, porém, não restringiu a possibilidade de intervenção do *amicus curiae* a tais incidentes, admitindo-a de modo genérico, desde que presentes os requisitos ditados por seu art. 138, *in verbis*:

---

[317] Hipóteses indicadas por DIDIER JÚNIOR, Fredie; ZANETI JÚNIOR, Hermes. *Curso de Direito Processual Civil*. 3. ed. Salvador: Juspodivm, 2008. v. 4, p. 262.

[318] REsp 737.073/RS, 1.ª T., rel. Min. Luiz Fux, j. 06.12.2005, *DJ* 13.02.2006.

Art. 138. O juiz ou o relator, considerando a relevância da matéria, a especificidade do tema objeto da demanda ou a repercussão social da controvérsia, poderá, por decisão irrecorrível, de ofício ou a requerimento das partes ou de quem pretenda manifestar-se, solicitar ou admitir a participação de pessoa natural ou jurídica, órgão ou entidade especializada, com representatividade adequada, no prazo de 15 (quinze) dias de sua intimação.

§ 1.º A intervenção de que trata o *caput* não implica alteração de competência nem autoriza a interposição de recursos, ressalvadas a oposição de embargos de declaração e a hipótese do § 3.º.

§ 2.º Caberá ao juiz ou ao relator, na decisão que solicitar ou admitir a intervenção, definir os poderes do *amicus curiae*.

§ 3.º O *amicus curiae* pode recorrer da decisão que julgar o incidente de resolução de demandas repetitivas.

Essa norma, por integrar o CPC/2015, aplica-se subsidiariamente às ações coletivas.

2.7 CONEXÃO, CONTINÊNCIA E LITISPENDÊNCIA

2.7.1 Conexão e continência

Reza o art. 55 do CPC que duas ações serão **conexas** quando lhes for comum o pedido (objeto) ou a causa de pedir. A doutrina esclarece existir conexão não apenas quando houver coincidência total do objeto ou dos fundamentos: basta que haja algum vínculo entre as relações jurídicas discutidas em uma e outra ação.

Já a **continência**, nos termos do art. 56 do mesmo estatuto, ocorrerá sempre que houver identidade quanto às partes e à causa de pedir de duas ou mais ações, mas o pedido (objeto) de uma, por ser mais amplo, abranger o da(s) outra(s). Por isso, a continência costuma ser chamada de **litispendência parcial** (na litispendência há identidade de partes, causa de pedir e pedido).

Sempre que as ações forem continentes elas serão também conexas, pois toda relação de continência pressupõe identidade de causa de pedir e, portanto, conexão.

Constatada a conexão entre as ações, seus processos devem ser reunidos e julgados conjuntamente, para evitar **conflito lógico** ou **prático** de julgados:

O primeiro, não obstante admitido pelo direito, causa o desprestígio e o descrédito na prestação jurisdicional. Com o segundo não pode conviver o ordenamento, pois implica dúvida concreta a respeito de qual das decisões praticamente conflitantes deve ser cumprida, com o consequente desrespeito de uma delas.[319]

Essa reunião, contudo, pode ser inviável em alguns casos concretos, por exemplo, em razão do elevado número de envolvidos. Por isso, a reunião depende de juízo de conveniência do Judiciário, à luz do caso concreto.[320]

O § 3.º do art. 55 do CPC preconiza a reunião, até mesmo, de processos não conexos para julgamento conjunto, se houver risco de decisões conflitantes ou contraditórias caso decididos separadamente. Nesse caso, embora não haja identidade (ainda que pontual) das causas de pedir, deve haver alguma semelhança (afinidade) entre elas.

Também convém reunir as ações conexas ou continentes quando a prova de uma puder ser útil para a outra.

---

[319] LEONEL, Ricardo de Barros. *Manual do Processo Coletivo*. São Paulo: RT, 2002. p. 249.

[320] REsp 1.707.572/SP, 2.ª T., rel. Min. Herman Benjamin, j. 07.12.2017, *DJe* 16.02.2018; e AgRg no REsp 1.529.722/DF, 4.ª T., rel. Min. Raul Araújo, j. 04.02.2016, *DJe* 23.02.2016.

146 | INTERESSES DIFUSOS E COLETIVOS – VOL. 1

O atual CPC trata diferentemente a conexão e a continência quanto à necessidade de reunião de processos. No caso de simples conexão, os processos devem ser reunidos para decisão conjunta, salvo se um deles já houver sido sentenciado (§ 1.º do art. 55). Já na hipótese de continência, se a ação continente é anterior, o processo relativo à ação contida será extinto sem resolução de mérito; caso contrário, as ações serão necessariamente reunidas (art. 57).

São perfeitamente possíveis a conexão e a continência entre ações civis públicas. Mas atenção. Em uma primeira leitura do art. 56 do CPC, poder-se-ia concluir não ser possível haver continência entre ações civis públicas propostas por colegitimados distintos, visto que as partes processuais seriam diversas.

Sem embargo, deve-se ponderar que o CPC foi elaborado tendo como alvo, em regra, ações individuais de legitimação ordinária, onde há identidade entre as partes processuais e os titulares da relação jurídica de direito material. Já nas ações coletivas há uma gama de autores extraordinariamente legitimados para a defesa dos interesses de classes, grupos ou coletividades de pessoas. Logo, a identidade entre autores das ações civis públicas, para efeitos da configuração da continência, é indiferente, pois o que importa, em seu lugar, é a identidade dos titulares do direito material defendido pelos autores. Portanto, para que se verifique a continência entre ações coletivas, é somente necessária a coincidência de réus e de causas de pedir, e que **o objeto de uma, por ser mais amplo, contenha o da outra**.[321]

Um exemplo de conexão entre duas ações civis públicas dar-se-ia se elas fossem propostas tendo por causa de pedir a colocação, por um fornecedor, de produtos defeituosos no mercado, e, em uma delas, fosse requerida sua condenação na obrigação de consertá-los, substituí-los, ou recolhê-los, e devolver o dinheiro dos consumidores lesados (interesses individuais homogêneos – consumidores determináveis, objeto divisível), enquanto, em outra, fosse postulada sua condenação na obrigação de abster-se de comercializar novas unidades do produto defeituoso (interesses difusos – consumidores indetermináveis, objeto indivisível).

Já como hipótese de continência, imaginem-se duas ações coletivas que tivessem por causa de pedir a utilização, por um fornecedor, de contratos de consumo com cláusulas abusivas, e, em uma das ações, fosse requerida a anulação integral de todos os contratos já celebrados, ao passo que, em outra, fosse postulada, simplesmente, a anulação das cláusulas ilegais: o pedido desta estaria contido no daquela.

Também é possível a conexão ou continência entre ações civis públicas e ações populares. Assim como se dá nas ações civis públicas, as populares são aptas à defesa de alguns direitos difusos (patrimônio público, moralidade administrativa, meio ambiente). Logo, é possível coincidirem a causa de pedir ou o pedido de uma ação civil pública e de uma ação popular, ou que o pedido de uma esteja contido no pedido de outra. E, a exemplo do que se dá entre as ações civis públicas, na ação popular a sentença beneficia toda a coletividade titular dos interesses, independentemente do cidadão que figurar como autor. Assim, para falar em continência entre uma ação popular e uma ação civil pública não é mister a identidade de autores (nem seria mesmo possível, dado que os legitimados a propor umas e outras são distintos): basta que haja identidade dos polos passivos, das causas de pedir e que o pedido de uma abranja o da outra.

Do mesmo modo, é admissível a conexão ou continência entre uma ação civil pública e um mandado de segurança coletivo. Estes instrumentos processuais também são aptos à

---

[321] MAZZILLI, Hugo Nigro. *A Defesa dos Interesses Difusos em Juízo*. 22. ed. São Paulo: Saraiva, 2009. p. 256.

defesa de direitos transindividuais, de modo que seria possível, em um determinado caso, a coexistência de uma ação civil pública e de um mandado de segurança com idênticas causas de pedir ou pedidos, ou, ainda, que o pedido de uma dessas ações esteja contido no pedido de outra. No último caso, vale o que foi dito em relação às ações civis públicas e às ações populares, e pelas mesmas razões: para que se configure a continência, não é necessária a identidade entre os autores, bastando a dos réus, a das causas de pedir, e que o objeto de uma ação esteja contido no da outra.

Por tudo o que se disse, também é possível a conexão entre ações civis públicas, ações populares e mandados de segurança coletivos.[322]

Finalmente, é admissível a conexão entre uma ação civil pública e ações individuais, bastando a identidade de causa de pedir ou de objeto.

2.7.1.1 Efeito da conexão ou continência: prorrogação da competência

Sendo o caso de reunião de ações pela conexão ou continência, diz-se que o juiz onde se der a reunião tem sua competência "prorrogada", pois, graças à reunião de ações, tem sua jurisdição ampliada para abranger aquelas que tramitavam originariamente perante outros juízos. Tal reunião, em se tratando de conexão, perfaz-se no **juízo prevento** (art. 58 do CPC).

ATENÇÃO

Sob a vigência do CPC/1973, a prevenção, nas ações civis públicas, dava-se de modo distinto em relação às ações cíveis em geral. Nestas, a prevenção se dava no juízo que prolatasse o primeiro despacho (art. 106 do CPC/1973), ou no que determinasse a primeira citação válida (art. 219 do CPC/1973), ao passo que, nas ações civis públicas, ela ocorria na **propositura da primeira ação** (LACP, art. 2.º, parágrafo único).

Para esclarecer o exato momento da propositura da ACP, era mister recorrer ao art. 263 do CPC/1973, segundo o qual se considerava "proposta a ação, tanto que a petição inicial seja despachada pelo juiz, ou simplesmente distribuída, onde houver mais de uma vara".[323]

Já sob a égide do atual CPC, pensamos não mais haver diferenças no momento de fixação da prevenção entre as ações civis públicas e as cíveis em geral. Segundo o atual Código, a ação considera-se proposta quando a petição inicial for protocolada (art. 312). Como o art. 2.º, parágrafo único, da LACP, por ser norma especial, continua em vigor, temos que, a partir do início da vigência do atual CPC, prevento será o juízo onde a ação for primeiramente protocolada. Note-se, porém, que há Comarcas em que há mais de um Juízo (Vara) materialmente competente para uma mesma ação (p. ex.: duas Varas da Infância e da Juventude; duas Varas da Fazenda Pública etc.), de modo que o simples protocolo (no protocolo "geral") não bastará para definir qual deles estará prevento. Pensamos que, nesses casos, é de aplicar-se, subsidiariamente, o art. 43 do CPC, segundo o qual a competência pode ser determinada (torna-se prevento o juízo) pelo registro (protocolo) ou pela distribuição da petição inicial (onde houver mais de uma Vara). Já na prática, isso significa que o momento para a aferição da prevenção nas ações civis públicas passará a ser o mesmo das ações em geral: o do protocolo (registro), onde só houver um Juízo potencialmente competente, ou o da distribuição, onde houver mais de um Juízo potencialmente competente.

---

[322] Caso de reunião, por conexão, de ações civis públicas, ação popular e mandado de segurança coletivo pode ser conferido no acórdão da 1.ª Seção do STJ proferido no CC 57.558/DF, rel. Min. Luiz Fux, j. 12.09.2007, *DJe* 03.03.2008.

[323] **Nesse sentido:** ABELHA, Marcelo. *Ação Civil Pública e Meio Ambiente.* Rio de Janeiro: Forense Universitária, 2004. p. 136; ALMEIDA, Gregório Assagra de. *Manual das Ações Constitucionais.* Belo Horizonte: Del Rey, 2007. p. 92; CARVALHO FILHO, José dos Santos. *Ação Civil Pública*: Comentários por Artigo (Lei n. 7.347/1985). 7. ed. rev., ampl. e atual. Rio de Janeiro: Lumen Juris, 2009. p. 51-52.

Temos, portanto, o seguinte esquema:

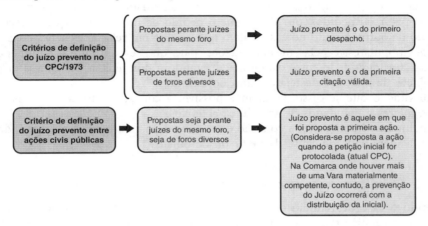

Diversamente, em se tratando de continência, o STJ vem decidindo que a reunião deve dar-se não no juízo prevento, mas sim naquele onde tramitar a ação do pedido mais abrangente (ação continente).[324] De todo modo, se a continência for entre ações civis públicas propostas na Justiça Federal e na Estadual, cumpre observar a Súmula 489 do STJ, que determina a reunião na Justiça Federal.

2.7.1.1.1 Prorrogação de competência e a questão da competência funcional

Tratando-se de ações civis públicas propostas em juízos com a mesma competência territorial, não há problemas: serão reunidas naquele em que for proposta a primeira ação.

A dúvida surge se as ações forem intentadas em juízos de foros diversos, pois a competência territorial para as ações civis públicas é funcional e, portanto, absoluta (LACP, art. 2.º, *caput*):

> **Art. 2.º** As ações previstas nesta Lei serão propostas no foro do local onde ocorrer o dano, cujo juízo terá competência funcional para processar e julgar a causa.

A regra difere, portanto, da sistemática do CPC, segundo a qual a competência territorial é relativa, modificável tanto por causas legais, como a conexão e continência (art. 54 do CPC), como pela vontade das partes (art. 63 do CPC). Observe-se, porém, que a MP 2.180-35/21 acresceu ao art. 2.º da LACP um parágrafo único:

> Parágrafo único. A propositura da ação prevenirá a jurisdição do juízo para todas as ações posteriormente intentadas que possuam a mesma causa de pedir ou o mesmo objeto.

Dele se extrai, de forma clara, que seria obrigatória a reunião no juízo prevento de todas as causas conexas (com mesma causa de pedir ou mesmo objeto). A norma ainda se aplica à continência, que é espécie de conexão.

---

[324] REsp 1.318.917/BA, 4.ª T., rel. Min. Antonio Carlos Ferreira, j. 12.03.2013, DJe 23.04.2013; EDcl nos EDcl no REsp 681.740/MG, 3.ª T., rel. Min. Nancy Andrighi, j. 14.12.2006, DJe 05.02.2007; CC 7.432/DF, 1.ª S., rel. Min. Hélio Mosimann, j. 07.06.1994, DJ 27.06.1994. Cumpre verificar se, com o advento do atual CPC, essa posição será mantida. Afinal, ao contrário do Código de 1973, o CPC de 2015 trata explicitamente da reunião de processos no caso de continência: seu art. 57 determina que, se a ação continente for proposta anteriormente, o processo relativo à ação contida será extinto sem resolução de mérito, e, do contrário, as ações serão reunidas; já seu art. 58, sem mencionar especificamente a continência (versando a modificação de competência em geral, o que inclui a continência), afirma que as ações serão reunidas no juízo **prevento**.

CAP. 2 – AÇÃO CIVIL PÚBLICA | **149**

Como o dispositivo fixa a prevenção em relação a **todas** as ações futuras, não se limitando àquelas propostas em um mesmo foro, conclui-se que, a partir de sua introdução na LACP, a competência territorial das ações civis públicas ganhou um caráter *sui generis*, pois, a despeito de funcional (absoluta) e, portanto, declinável pelo magistrado *ex officio*, e **insuscetível de prorrogação por causas voluntárias** (não oposição de exceção de incompetência; eleição de foro), **é prorrogável por causas legais** (conexão e continência).

2.7.1.1.2 Prorrogação de competência nas relações entre ações da Justiça Estadual e Federal

E se a conexão ou continência se der entre uma ação civil pública de competência da Justiça Estadual e outra da Justiça Federal, haverá reunião? Não haveria, nesse caso, alteração indevida de competências de jurisdição (repartição da competência entre justiças diversas), de natureza absoluta, por estar definida na Constituição Federal? A jurisprudência divergia sobre tal possibilidade, tanto no que dizia respeito à conexão, quanto à continência. Aquela que a aceitava, entendia que os processos deveriam ser reunidos na Justiça Federal:

Conflito positivo de competência. Justiça Federal e Justiça Estadual. Ações civis públicas. Exploração de bingo. Continência. Competência jurisdicional da Justiça Federal.

1. Havendo continência entre duas ações civil públicas, movidas pelo Ministério Público, impõe-se a reunião de ambas, a fim de evitar julgamentos conflitantes, incompatíveis entre si.

2. A competência da Justiça Federal, prevista no art. 109, I, da Constituição, tem por base um critério subjetivo, levando em conta, não a natureza da relação jurídica litigiosa, e sim a identidade dos figurantes da relação processual. Presente, no processo, um dos entes ali relacionados, a competência será da Justiça Federal, a quem caberá decidir, se for o caso, a legitimidade para a causa.

3. É da natureza do federalismo a supremacia da União sobre Estados-membros, supremacia que se manifesta inclusive pela obrigatoriedade de respeito às competências da União sobre a dos Estados. Decorre do princípio federativo que a União não está sujeita à jurisdição de um Estado-membro, podendo o inverso ocorrer, se for o caso.[325]

No sentido da impossibilidade dessa reunião, tendo em vista que a repartição de competências de jurisdição é absoluta:

Conflito de competência. Ações civis públicas tramitando em diversos juízos sendo um deles federal. Conexão. Reunião dos feitos. Impossibilidade. Incompetência absoluta.

I – A competência da Justiça Federal, fixada no artigo 109 da Constituição, é absoluta, razão pela qual não se admite sua prorrogação, por conexão, para abranger causa em que ente federal não seja parte na condição de autor, réu, assistente ou opoente.

II – Destarte, a reunião dos processos por conexão só tem lugar se o mesmo juízo for competente para julgar ambas ou a diversidade das causas, o que não se verifica na espécie, uma vez que a Caixa Econômica Federal só integra o polo passivo em uma das ações – na que tramita perante a 30.ª Vara Federal do Rio de Janeiro – sendo a Justiça Federal absolutamente incompetente para conhecer das demais.[326]

---

[325] CC 40.534/RJ, 1.ª T., rel. Min. Teori Albino Zavascki, j. 28.04.2004, *DJ* 17.05.2004. **No mesmo sentido:** CC 54.882/SP, 1.ª S., rel. Min. Francisco Peçanha Martins, j. 09.11.2005, *DJ* 01.02.2006.

[326] CC 53.435/RJ, 2.ª S., rel. Min. Castro Filho, j. 08.11.2006, *DJ* 29.06.2007.

INTERESSES DIFUSOS E COLETIVOS – VOL. 1

Ao menos no que diz respeito à continência, a controvérsia no STJ foi resolvida pela edição da Súmula 489, que afirma que "Reconhecida a continência, devem ser reunidas na Justiça Federal as ações civis públicas propostas nesta e na Justiça estadual".

2.7.1.1.3 Prorrogação de competência nas relações com mandados de segurança coletivos

Tratando-se de conexão ou continência entre ações civis públicas e mandados de segurança coletivos, seria viável a reunião dos processos? Como se resolveria o fato de tais ações possuírem procedimentos diversos, bem como de o mandado de segurança, quando impetrado em face de certas autoridades, ser da competência originária de tribunais (competência constitucionalmente fixada e de natureza absoluta), ao passo que ações populares e ações civis públicas, em regra, são da competência originária de órgãos monocráticos? Não haveria violação de regra de competência absoluta, constitucionalmente estabelecida? Na jurisprudência, versando especificamente sobre casos de conexão, encontramos decisões a favor e contra a possibilidade de reunião dessa espécie.[327]

2.7.2 Litispendência

A litispendência tem lugar quando há coincidência entre os elementos identificadores (partes, causa de pedir e pedido) de duas ou mais ações em curso (CPC, art. 337, §§ 1.º a 3.º).

É possível a litispendência entre ações civis públicas, ou entre elas e outras ações coletivas. Uma ação civil pública pode ter o mesmo objeto e a mesma causa de pedir que um mandado de segurança coletivo ou que uma ação popular. No tocante ao polo ativo, sua identidade é desnecessária para configurar a litispendência nas ações coletivas, valendo o que foi dito em relação à continência. Com efeito, nas ações coletivas em geral qualquer dos colegitimados, em nome próprio, defende interesses transindividuais de um grupo, classe, ou categoria de pessoas, que poderão ser atingidos pela sentença independentemente de quem haja proposto a ação. Sendo assim, basta a identidade de réus, das causas de pedir e dos pedidos, para que a identidade de ações (e, portanto, a litispendência) se verifique.

2.7.2.1 Efeito da litispendência

Conforme o art. 485, V, c.c. o art. 203, § 1.º, ambos do CPC/2015, a litispendência é fundamento para sentença terminativa, ou seja, impede a resolução do mérito do processo. A finalidade é evitar conflito prático de julgados. Essa sentença deve ser proferida no processo onde houve a citação válida mais tardia, visto que a litispendência é induzida pela citação válida (art. 240 do CPC). O mesmo deve ocorrer na litispendência entre uma ação civil pública e outra ação coletiva (mandado de segurança coletivo ou ação popular).[328] Sem embargo, no último caso, e desde que as ações tenham sido propostas por **autores diferentes**, parte da doutrina sustenta ser melhor, em atenção ao ideal de

---

[327] **A favor:** um caso de reunião, por conexão, entre ações civis públicas, uma ação popular e um mandado de segurança coletivo pode ser conferido no acórdão da 1.ª Seção do STJ proferido no CC 57.558/DF, 1.ª S., rel. Min. Luiz Fux, j. 12.09.2007, *DJe* 03.03.2008. **Contra:** MS 8.670/DF, 3.ª S., rel. Min. Félix Fischer, j. 08.11.2006, *DJ* 11.12.2006.

[328] LEONEL, Ricardo de Barros. *Manual do Processo Coletivo.* São Paulo: RT, 2002. p. 253; MAZZILLI, Hugo Nigro. *A Defesa dos Interesses Difusos em Juízo.* 22. ed. São Paulo: Saraiva, 2009. p. 260.

CAP. 2 – AÇÃO CIVIL PÚBLICA | 151

efetividade do processo e à garantia do acesso à justiça, a reunião dos processos,[329] mesmo porque a extinção de algum deles não impediria que seu autor interviesse no processo remanescente, como assistente litisconsorcial.[330]

2.7.3 Conexão, continência e litispendência entre ações civis públicas e ações individuais

Em alguns casos, um mesmo fato pode dar origem a pretensões para reparação, de um lado, de direitos difusos e/ou coletivos, e, de outro, de direitos individuais homogêneos. Imagine-se, por exemplo, que um vazamento industrial, ao promover a poluição de um rio, inviabilizasse a agricultura nas suas margens. Daí surgiria uma pretensão de direito difuso, emergente do dano ao meio ambiente, e várias pretensões de direitos individuais, advindas dos danos individualmente sofridos pelos agricultores. O direito difuso seria passível de tutela via ação civil pública. Já os direitos individuais homogêneos poderiam ser defendidos via ação civil pública, ou, ainda, por meio de ações individualmente ajuizadas por cada vítima.

Em casos como o da última hipótese (concomitância de uma ação civil pública e ações individuais), certamente haveria conexão (identidade, ao menos parcial, da causa de pedir nas ações coletivas e nas individuais),[331] e, para alguns autores, dependendo do caso, continência (as ações individuais poderiam estar contidas nas ações coletivas que versassem interesses individuais homogêneos,[332] ou, até mesmo, coletivos),[333] abrindo espaço para discussão sobre a possibilidade de reunião das individuais e coletivas, seja para evitar decisões logicamente conflitantes, seja para aproveitar a prova de uma em prol das demais.

A competência de foro da ação civil pública, de natureza absoluta, não pode ser alterada pela prevenção do juízo onde tramita a ação individual. Logo, as ações deverão ser reunidas no juízo da ação civil pública, a menos que ambos os juízos (da ação civil pública e da ação individual) possuam a mesma competência territorial, caso em que, sendo prevento o juízo da ação individual, atrairá para si a coletiva.[334]

A reunião entre ações coletivas e individuais, porém, frequentemente será impossível ou inoportuna, quando:

a. causar prorrogação de competência absoluta, (p. ex., remessa de ação individual de competência da Justiça Estadual para a Justiça Federal, cuja competência absoluta é restrita às hipóteses do art. 109 da CF):

Conflito de competência. Ação coletiva e ação individual. Autonomia. Reunião de processos. Competência absoluta. Modificação. Impossibilidade.

1. A ação individual pode ter curso independente da ação coletiva para defesa de direitos individuais homogêneos.

---

[329] ABELHA, Marcelo. *Ação Civil Pública e Meio Ambiente*. Rio de Janeiro: Forense Universitária, 2004. p. 142-144; DIDIER JÚNIOR, Fredie; ZANETI JÚNIOR, Hermes. *Curso de Direito Processual Civil*. 3. ed. Salvador: Juspodivm, 2008. v. 4, p. 259 e 203; PAZZAGLINI FILHO, Marino; ROSA, Márcio Fernando Elias; FAZZIO JÚNIOR, Waldo. *Improbidade Administrativa*: Aspectos Jurídicos da Defesa do Patrimônio. 4. ed. São Paulo: Atlas, 1999. p. 218.

[330] DANTAS, Marcelo Buzaglo. *Ação Civil Pública e Meio Ambiente*. São Paulo: Saraiva, 2009. p. 286.

[331] LEONEL, Ricardo de Barros. *Manual do Processo Coletivo*. São Paulo: RT, 2002. p. 255-256.

[332] GRINOVER, Ada Pellegrini. *Código Brasileiro de Defesa do Consumidor Comentado pelos Autores do Anteprojeto*. 8. ed. Rio de Janeiro: Forense Universitária. 2005. p. 944.

[333] MAZZILLI, Hugo Nigro. *A Defesa dos Interesses Difusos em Juízo*. 22. ed. São Paulo: Saraiva, 2009. p. 255.

[334] SOUZA, Motauri Ciocchetti de. *Ação Civil Pública e Inquérito Civil*. 3. ed. de acordo com a Lei n. 11.448/2007. São Paulo: Saraiva. 2009. p. 46-47.

INTERESSES DIFUSOS E COLETIVOS – VOL. 1

2. A competência absoluta não pode ser modificada por conexão ou continência (CPC, art. 54).

3. Conflito conhecido para declarar a competência do Juízo de Direito da 2.ª Vara Cível de São José dos Pinhais/PR, o suscitado.[335]

b. dificultar o acesso do lesado à Justiça, retirando sua ação individual do foro de seu domicílio (CDC, art. 101, I);[336]

c. os processos estiverem em estágios muito distantes;

d. importar a reunião de centenas ou milhares de ações em um mesmo órgão judiciário, o que inviabilizaria tanto a tutela individual como a coletiva.

Não sendo possível ou conveniente a reunião das ações individuais à coletiva, e, caso os lesados não suspendam, *sponte propria*, suas ações individuais, seria possível ao Magistrado, com fundamento no art. 313, V, *a*, do CPC,[337] suspendê-las de ofício, até o julgamento da ação coletiva? Em edições anteriores desta obra, respondíamos negativamente. Observávamos que o referido dispositivo concerne a hipóteses em que a resolução do mérito (objeto) de um processo possa ser afetado pela resolução do mérito de outro processo. Ora, por força do art. 104 do CDC, caso o processo individual não seja suspenso por iniciativa do próprio autor, a sentença do processo coletivo não poderá afetar o seu mérito (não lhe será prejudicial), o que afasta a necessidade da incidência do art. 313, V, *a*, do CPC.

Sem embargo, reconhecíamos que vinha predominando no STJ, desde o CPC anterior, o entendimento de que o Judiciário poderia, por outras razões, suspender, de ofício, as ações individuais conexas a uma coletiva. Invocava-se a necessidade de impedir que a profusão de lides individuais obste uma efetiva e adequada prestação jurisdicional. Afirmava-se que não havia negativa ao acesso individual do lesado ao Judiciário (CDC, art. 81), já que lhe era assegurado o *ajuizamento* das ações individuais: elas tão somente ficariam suspensas até o julgamento da macrolide coletiva. Apontava-se que essa deveria ser a tendência da interpretação judicial contemporânea, em compasso, por exemplo, com o espírito da Lei de Recursos Repetitivos, que, ao alterar o art. 543-C do CPC/1973, visando a um tratamento mais "enxuto" de recursos com idêntica questão de direito, permitiu que o STJ procedesse à análise de um ou alguns deles, enquanto os demais restariam suspensos.[338]

Devemos admitir que a tendência inaugurada pelo STJ foi acolhida no atual CPC. Nele, a disciplina do processamento dos recursos especiais ou extraordinários repetitivos (art. 1.036, § 1.º) passa a prever expressamente a suspensão, pelo presidente ou vice-presidente de tribunal de justiça ou de tribunal regional federal, não apenas dos recursos envolvendo a mesma questão de direito, como também dos processos individuais ou coletivos que a discutam e que tramitem pelo respectivo Estado ou Região. É o que reconheceu, por exemplo, o aresto da seguinte ementa:

---

[335] CC 41.953/PR, 1.ª S., rel. Min. Teori Albino Zavascki, j. 25.08.2004, *DJ* 13.09.2004.

[336] "Art. 101. Na ação de responsabilidade civil do fornecedor de produtos e serviços, sem prejuízo do disposto nos Capítulos I e II deste título, serão observadas as seguintes normas: I – a ação pode ser proposta no domicílio do autor; (....)."

[337] "Art. 313. Suspende-se o processo: (...) V – quando a sentença de mérito: a) depender do julgamento de outra causa ou da declaração de existência ou de inexistência de relação jurídica que constitua o objeto principal de outro processo pendente; (...)." O equivalente, no CPC/1973, era o art. 265, IV, *a*.

[338] REsp 1.110.549/RS, 2.ª S., rel. Min. Sidnei Beneti, j. 28.10.2009, *DJe* 14.12.2009 (fundamentos extraídos do voto do relator). No mesmo sentido: REsp 1.353.801/RS, 1.ª S., rel. Min. Mauro Campbell Marques, j. 14.08.2013, *DJe* 23.08.2013; REsp 1.189.679/RS, 2.ª S., rel. Min. Nancy Andrighi, j. 24.11.2010, *DJe* 17.12.2010; Agr no Agr no AREsp 210.738/RS, 2.ª T., rel. Min. Herman Benjamin, j. 18.10.2012.

Recurso especial representativo de controvérsia. Ação individual de indenização por suposto dano ambiental no município de Adrianópolis. Ações civis públicas. Tutela dos direitos individuais homogêneos. Evento factual gerador comum. Pretensões indenizatórias massificadas. Efeitos da coisa julgada. Inexistência de prejuízo à reparação dos danos individuais e ao ajuizamento de ações individuais. Conveniência da suspensão dos feitos individuais. Existência.

1. A tese a ser firmada, para efeito do art. 1.036 do CPC/2015 (art. 543-C do CPC/1973), é a seguinte: Até o trânsito em julgado das Ações Civis Públicas n. 5004891-93.2011.4004.7000 e n. 2001.70.00.019188-2, em tramitação na Vara Federal Ambiental, Agrária e Residual de Curitiba, atinentes à macrolide geradora de processos multitudinários em razão de suposta exposição à contaminação ambiental decorrente da exploração de jazida de chumbo no Município de Adrianópolis-PR, deverão ficar suspensas as ações individuais.[339]

Por fim, sigamos para o exame da litispendência. Vimos que o art. 104 do CDC, em sua primeira parte, dispõe que "as ações coletivas, previstas nos incisos I e II do parágrafo único do art. 81, não induzem litispendência para as ações individuais". Tal preceito é inteiramente dispensável. Não é possível haver litispendência entre ações coletivas e ações individuais, por não ser viável uma perfeita identidade entre seus três elementos.

Note-se, ainda, que em tal passagem o art. 104 prescreve não haver litispendência entre ações individuais e ações coletivas fundadas nos incisos I (interesses difusos) e II (interesses coletivos) do parágrafo único do art. 81, silenciando sobre o inciso III deste artigo (interesses individuais homogêneos), o que poderia abrir ensejo a uma interpretação precipitada, no sentido de que, *a contrario sensu*, seria possível a litispendência entre ações coletivas sobre interesses individuais homogêneos (inciso III do art. 81) e ações individuais. Não obstante, trata-se de simples equívoco do legislador, que se esqueceu de citar o inciso III do art. 81. De todo modo, tal lapso é inofensivo, pois, pelas razões já suscitadas, o preceituado na primeira parte do art. 104 era perfeitamente prescindível.

2.7.3.1 Incidente de resolução de demandas repetitivas

Neste ponto, cumpre falar um pouco sobre o **incidente de resolução de demandas repetitivas (IRDR)** ante sua potencial repercussão sobre ações coletivas conexas entre si ou com ações individuais.

O IRDR é ferramenta criada pelo atual CPC para evitar decisões conflitantes e uniformizar jurisprudência sobre questões jurídicas de reiterada controvérsia, de modo a produzir **isonomia** e **segurança jurídica**. Sua principal utilidade é a de evitar julgados divergentes em ações individuais repetitivas (aquelas que veiculam a mesma questão de direito material ou processual). Quase sempre, tais ações se originam de lesões ou ameaças a interesses individuais homogêneos, tendo como ponto em comum o direito *substantivo* ofendido. O potencial do IRDR, contudo, não se esgota aí, já que as questões jurídicas repetitivas podem ser de natureza simplesmente *processual*. Em outros termos, ele também pode ser deflagrado com o objetivo de uniformizar as decisões sobre idêntica questão de direito processual, ainda que venha discutida no bojo de ações pertinentes a interesses materiais da mais variada natureza (não originadas, portanto, de lesão ou ameaça a interesses individuais homogêneos).

Esse incidente configura, ainda, um instrumento de **economia processual**, por poupar tempo na rediscussão de questões jurídicas consolidadas na jurisprudência, e de **pacificação social**, por desencorajar o descumprimento e judicialização de questão

---

[339] REsp 1.525.327/PR, 2.ª S., rel. Min. Luis Felipe Salomão, j. 12.12.2018.

já decidida em IRDR, haja vista seu efeito vinculante. Note-se, a propósito, que o juiz pode julgar liminarmente improcedente pedido que contrariar entendimento firmado em IRDR (art. 332, III).

Seus pressupostos de admissibilidade estão previstos no art. 976, e são, simultaneamente, I – efetiva repetição de processos que contenham controvérsia sobre a mesma questão unicamente de direito; e II – risco de ofensa à isonomia e à segurança jurídica. Seu pedido de instauração pode ser encaminhado ao presidente do Tribunal, de ofício, pelo juiz ou relator do processo, ou, ainda, pelas partes, pelo MP ou Defensoria Pública, por meio de petição (art. 977).

O juízo de admissibilidade e julgamento do incidente cumpre ao órgão previsto no regimento do Tribunal para uniformização de sua jurisprudência (arts. 978 e 981).

Se presentes os pressupostos de admissibilidade, o relator do incidente deverá determinar a suspensão dos processos individuais ou coletivos que versem sobre a questão de direito repetitiva, que tramitem no Estado ou região (art. 982, I), e o tribunal competente para conhecer do recurso extraordinário ou especial pode, desde que instado a tanto pelas partes, pelo MP ou pela Defensoria Pública, determinar que a suspensão se estenda a todo o território nacional (art. 982, § 3.º).

Essa suspensão perdurará até o julgamento do incidente pelo órgão competente do tribunal, o que deve ocorrer no prazo de um ano (art. 980). Se ultrapassado esse prazo, a suspensão dos processos cessará, salvo decisão fundamentada em contrário do relator (art. 980, parágrafo único).

Julgado o incidente, a suspensão cessará, a menos que contra a decisão haja recurso especial ou extraordinário, conforme o caso (art. 982, § 5.º, c.c. o art. 987).

A tese jurídica acolhida pelo tribunal no julgamento do incidente será aplicada a todos os processos individuais ou coletivos (por ocasião do julgamento de cada um deles) que versem sobre idêntica questão de direito e que tramitem na área de jurisdição do respectivo tribunal, inclusive àqueles que tramitem nos juizados especiais do respectivo estado ou região (art. 985, I), e aos casos futuros que versem idêntica questão de direito e que venham a tramitar no território de competência do tribunal, salvo revisão na forma do art. 986 (art. 985, II). Contudo, se o acórdão do incidente for objeto de recurso extraordinário ou especial, a tese acolhida no STF ou STJ será aplicada às ações individuais ou coletivas, em todo o território nacional, que versem idêntica questão de direito (art. 987, § 2.º).

Enquanto mantida a tese adotada no incidente, contra sua não observância caberá reclamação (art. 985, § 1.º). Essa tese, contudo, pode vir a ser revista pelo mesmo tribunal, de ofício ou a requerimento do MP ou Defensoria Pública (art. 986).

Ante o que foi exposto, verifica-se que as decisões tomadas num IRDR (seja de suspensão, seja na fixação de uma tese jurídica) vincularão não apenas as ações individuais, como também as coletivas que veicularem a mesma questão jurídica objeto do incidente. Com frequência, isso ocorrerá nas ações coletivas em defesa de direitos individuais homogêneos, conexas (e, para alguns, continentes) com as ações individuais originadas de lesão aos mesmos dispositivos de direito material. Não se afasta, porém, a possibilidade de tais efeitos atingirem ações civis públicas em geral (em prol de direitos difusos e coletivos), no ponto em que sejam conexas (por algum fundamento jurídico em comum: o mesmo decidido no incidente) com tais ações individuais, ou mesmo com outras espécies de ações coletivas (mandados de segurança coletivos, ações populares).

Muitas vezes, as ações coletivas, sobretudo quando pertinentes a interesses individuais homogêneos, podem ser o melhor ponto de partida para a suscitação de um IRDR. Afinal, diferentemente de uma ação individual, os processos coletivos são normalmente conduzidos por representantes adequados, que serão necessariamente ouvidos judicialmente caso o IRDR venha a ser deflagrado a partir de uma ação coletiva (o que não se assegura se o incidente for suscitado a partir de uma ação individual).[340] Por isso, não surpreende que o CNJ recomende que, sempre que da análise das peças, arrazoados e eventuais decisões de um processo coletivo, quanto à sua abrangência, debate, diversidade e profundidade de fundamentos, argumentos e teses apresentados, verifique-se que ele forneça os melhores elementos em matéria de representatividade da controvérsia a ser decidida, os IRDRs sejam suscitados a partir dele, ou, pelo menos, instruídos por ele.[341]

Convém ressalvar, por fim, que um IRDR pode afetar, eventualmente, ações que não sejam conexas, pois a questão jurídica nele discutida pode ser meramente processual, alheia à causa de pedir.

2.8   INQUÉRITO CIVIL E OUTROS MEIOS DE PROVA

2.8.1   Instrução da petição inicial

Reza o art. 320 do atual CPC (aplicável às ações civis públicas por conta dos arts. 19 da LACP e 90 do CDC), que a petição inicial será instruída com os documentos indispensáveis à propositura da ação. Para cumprir tal requisito, tanto o Ministério Público como os demais legitimados possuem ferramentas extrajudiciais. Vejamo-las.

2.8.1.1   As ferramentas do Ministério Público: inquérito civil e procedimento preparatório

O membro do Ministério Público, independentemente de ser formalmente provocado por terceiros, pode tomar conhecimento (pessoalmente ou pelos meios de comunicação, por exemplo) de um fato lesivo ou ameaçador de direitos transindividuais cuja tutela seja de sua atribuição, e, em razão disso, tomar a iniciativa de investigá-lo. De outro lado, terceiros podem provocá-lo para que ele investigue tais fatos, dando-lhe conhecimento destes por meio de uma representação, ou requerendo expressamente que ele defenda os interesses sob ataque. Essa possibilidade, para as pessoas em geral, é expressamente admitida pela LACP:

> **Art. 6.º** Qualquer pessoa poderá e o servidor público deverá provocar a iniciativa do Ministério Público, ministrando-lhe informações sobre fatos que constituam objeto da ação civil e indicando-lhe os elementos de convicção.[342]

Note-se que, nos termos do citado dispositivo, se uma pessoa comum tiver contato com fatos ou documentos que possam ensejar uma ação civil pública, **poderá** encami-

---

[340]   Luiz Guilherme Marinoni advoga – a nosso ver com razão – a imprescindibilidade da oitiva, nos IRDRs deflagrados a partir de ações individuais, do representante adequado dos indivíduos que não figuram na causa de origem, sob pena de ficarem eles alijados da participação no processo, em violação ao devido processo legal. E alerta que a importância da representação adequada é ainda maior nos IRDRs do que nas ações coletivas, pois, se no processo coletivo a improcedência da ação não prejudica os titulares dos direitos individuais homogêneos que não tenham ingressado no processo como litisconsortes (CDC, art. 103, § 2.º), nos IRDRs, diferentemente, eles podem ser alcançados mesmo na hipótese de sentença desfavorável (Incidente de resolução de demandas repetitivas. São Paulo: RT, 2ª. ed., 2019. p. 93-98 e 140 e ss.).

[341]   Nesse sentido: art. 8.º da Recomendação CNJ 76/2020, que se estende, também, à seleção de recursos repetitivos.

[342]   O art. 89 do Estatuto da Pessoa Idosa (EPI) e o art. 220 do Estatuto da Criança e do Adolescente (ECA) têm comando semelhante.

156 | INTERESSES DIFUSOS E COLETIVOS – VOL. 1

nhá-los ao Ministério Público. Trata-se de uma faculdade. O tratamento em relação aos servidores públicos é diverso: eles **deverão** comunicá-los àquela instituição.

A LACP, visando a estimular a defesa dos interesses transindividuais, estabelece, ainda, que:

> **Art. 7.º** Se, no exercício de suas funções, os juízes e tribunais tiverem conhecimento de fatos que possam ensejar a propositura da ação civil, remeterão peças ao Ministério Público para as providências cabíveis.[343]

Essa previsão é agora reforçada pelo atual CPC, que incumbe ao juiz, quando se deparar com diversas demandas individuais repetitivas, oficiar ao Ministério Público, à Defensoria e, na medida do possível, aos outros legitimados segundo a LACP ou o CDC, para, se for o caso, promover a respectiva ação coletiva (art. 139, X). Nada obsta, ainda, conforme o CPC, que, se as demandas individuais repetitivas disserem respeito à mesma questão unicamente de direito, e houver risco de ofensa à isonomia e à segurança jurídica (art. 976, I e II), o magistrado requeira a instauração de incidente de resolução de demandas repetitivas, a fim de que o tribunal uniformize a tese jurídica a lhes ser aplicada (art. 977, I).

Quando os elementos de prova encaminhados por terceiros forem suficientes para instruir a petição inicial, o Ministério Público poderá, de imediato, aforar uma ação civil pública. Diferentemente, caso seja necessário colher maiores subsídios, nada obsta a que requeira a órgãos públicos ou particulares as informações ou documentos de que necessite. Sem embargo, tais **requerimentos** têm natureza de simples pedido, solicitação: o não atendimento não trará ao destinatário maiores consequências. Por tal razão, conforme veremos mais adiante, a Constituição Federal pôs à disposição do Ministério Público instrumentos de colheita de prova coercitivos (requisições e notificações), para cuja utilização ele deverá instaurar os **procedimentos administrativos** de natureza inquisitiva que lhe incumbe presidir.

Entre os procedimentos administrativos a cargo do Ministério Público, o **inquérito civil** é aquele que, por expressa vocação constitucional, se presta à defesa dos interesses difusos e coletivos (CF, art. 129, III). Com o advento do CDC, e a sistematização da tutela coletiva de interesses individuais homogêneos, também se tornou possível o emprego do inquérito civil para investigar lesões ou ameaças a tais interesses (isso, evidentemente, nos casos em que o Ministério Público esteja legitimado a defendê-los).

Vale frisar que o inquérito civil é procedimento investigatório **privativo do Ministério Público**, sendo-lhe verdadeira **prerrogativa constitucional** (CF, art. 129, III). Por óbvio, também lhe é privativo seu procedimento preparatório.

O inquérito civil é regulado, de forma genérica, na Resolução 23/2007, do Conselho Nacional do Ministério Público – CNMP[344] (que visa a disciplinar a instauração e tramitação do inquérito civil nos diversos Ministérios Públicos). Tal norma ainda dispõe sobre o **procedimento preparatório de inquérito civil**, também previsto em legislações específicas de vários Ministérios Públicos (no MPF o procedimento preparatório de in-

---

[343] O art. 221 do ECA e o art. 90 do EPI têm comando semelhante, sendo que o último é mais abrangente, prevendo o dever de encaminhamento de peças ao MP também quando conhecerem fatos que possam configurar "crime de ação pública contra a pessoa idosa".

[344] Art. 2.º, § 4.º: "O Ministério Público, de posse de informações previstas nos artigos 6.º e 7.º da Lei n.º 7.347/85 que possam autorizar a tutela dos interesses ou direitos mencionados no artigo 1.º desta Resolução, poderá complementá-las antes de instaurar o inquérito civil, visando apurar elementos para identificação dos investigados ou do objeto, instaurando procedimento preparatório".

quérito civil é denominado *procedimento administrativo*).[345] Trata-se de outra espécie de procedimento administrativo inquisitivo, a ser instaurado antes do inquérito civil, quando o órgão do Ministério Público, ante a dúvida sobre a existência de um fato que demande sua atuação na área dos interesses transindividuais, ou sobre a identidade da pessoa a ser investigada, considerar necessário colher:

a) elementos que descrevam melhor **o fato (objeto)** a ser investigado; ou

b) elementos que permitam **identificar a pessoa ou ente** a ser investigado.[346]

Também se recomenda a instauração de um procedimento preparatório quando o órgão estiver em dúvida sobre ser sua ou de outro membro do Ministério Público a atribuição para propor a futura ação civil pública.

> Conforme observamos no item 2.3.1.1.4.2.3, a Lei 12.034/2009 incluiu na Lei 9.504/1997 (que estabelece normas sobre eleições) o seguinte dispositivo: "Art. 105-A. Em matéria eleitoral, não são aplicáveis os procedimentos previstos na Lei n.º 7.347, de 24 de julho de 1985", o que levou o TSE, inicialmente, a não mais admitir o emprego de inquéritos civis ou ações civis públicas em matéria eleitoral.[347] Por essa razão, o Procurador Geral da República instituiu o **Procedimento Preparatório Eleitoral (PPE)**, atualmente regulamentado pela portaria PGR/PGE n.º 01/2019, para ser utilizado pelo Ministério Público na investigação de ilícitos eleitorais, no lugar do inquérito civil, a fim de, posteriormente, se entender o caso, ajuizar as ações previstas especificamente na legislação eleitoral. O procedimento, à exemplo do inquérito civil, deve ser instaurado por meio de portaria e não é condição de procedibilidade para o ajuizamento de ações, mas, diferentemente da sistemática daquele, seu arquivamento, quando promovido por membro da Procuradoria Regional Eleitoral, deve ser submetido à homologação do Procurador-Geral Eleitoral e, se realizado pelo Promotor Eleitoral, requer homologação pela Procuradoria Regional Eleitoral do respectivo Estado.

Conforme já ventilado, se o Ministério Público dispuser de elementos suficientes para aparelhar a petição inicial, sequer necessitará instaurar procedimento administrativo. O inquérito civil não é condição de procedibilidade para a ação civil pública. A tal conclusão se chega tanto porque a lei não impõe expressamente tal pressuposto como porque o § 1.º do art. 8.º da LACP traz o inquérito civil como uma possibilidade, não como uma obrigatoriedade:

> § 1.º O Ministério Público poderá instaurar, sob sua presidência, inquérito civil, ou requisitar, de qualquer organismo público ou particular, certidões, informações, exames ou perícias, no prazo que assinalar, o qual não poderá ser inferior a 10 (dez) dias úteis.

Ainda mais contundente é o parágrafo único do art. 1.º da Resolução 23/2007 do CNMP:

> Parágrafo único. O inquérito civil não é condição de procedibilidade para o ajuizamento das ações a cargo do Ministério Público, nem para a realização das demais medidas de sua atribuição própria.

O mesmo raciocínio é aplicável ao procedimento preparatório. Ora, quando houver prova suficiente para propor a ação civil pública, de modo a ser dispensável o inquérito civil, menos razão haverá para instauração de procedimento preparatório.

---

[345] Res. CSMPF 87, de 3 de agosto de 2006.
[346] Res. CNMP 23/2007, art. 2.º, § 4.º.
[347] RO 4890-16.2010.6.04.0000/AM, rel. Min. Dias Toffoli, j. 27.02.2014, *DJe* 20.03.2014; RO 4746-42.2016.04.0000/AM.

Questão importante

Na hipótese de haver sido instaurado o inquérito civil ou o procedimento preparatório, o Ministério Público é obrigado a utilizá-lo, na íntegra, para instruir a ação civil pública?

Em regra, os autos do inquérito civil instruirão a petição inicial da ação civil pública. Sem embargo, se a ela forem juntadas apenas as provas nele produzidas que forem suficientes e indispensáveis à propositura da ação, não há razões para indeferir a exordial, tampouco para anulação do processo. A propósito, o STJ já externou que não há falar-se em má-fé quando o Ministério Público não leva à ação civil pública todos os documentos constantes do inquérito civil, pois, da própria natureza desse procedimento, é-lhe possível descartar aqueles que não lhe parecem relevantes.[348]

2.8.1.1.1 Finalidades

Quando se pensa no objeto do inquérito civil, logo vem à mente a ideia de que ele visa a instruir a inicial da futura ação civil pública. Na verdade, essa é uma visão reducionista. Os fins do inquérito civil não se restringem ao aparelhamento de uma possível ação coletiva. Ele visa, na verdade, a **fornecer ao Ministério Público subsídios para que possa formar seu convencimento sobre os fatos, e, sendo necessário, identificar e empregar os melhores meios, sejam eles judiciais ou extrajudiciais, para a defesa dos interesses metaindividuais em questão**.

Muitas vezes, será mais vantajosa ao interesse metaindividual, em vez de partir-se para o confronto judicial, a via da composição amigável, por meio do **compromisso de ajustamento de conduta**. Seja como for, na maioria das vezes, ainda que o caso se resolva mediante esse compromisso, o melhor instrumento para prepará-lo será o inquérito civil, pois, por meio dele é que a instituição conseguirá identificar todas as medidas necessárias à reparação do dano ou ao afastamento do perigo, a serem incluídas como cláusulas do compromisso.

O procedimento preparatório de inquérito civil, por sua vez, tem por propósito, como visto, identificar o fato (objeto) a ser investigado, e sua autoria. Ele será instaurado, na maioria das vezes, quando houver dúvida sobre a legitimidade do Ministério Público para atuação em um determinado caso, e, em particular, sobre a atribuição de um determinado membro do Ministério Público para nele atuar. Portanto, a finalidade do procedimento preparatório é **formar o convencimento do membro do Ministério Público sobre a necessidade (os fatos justificariam uma ação civil pública?) e possibilidade (determinado membro teria atribuições para ajuizá-la?) de ele instaurar um inquérito civil**.

Embora voltado à formação desse convencimento, nada obsta a que os elementos de prova colhidos no procedimento preparatório sejam utilizados para a expedição de recomendações, bem como para a elaboração de termo de compromisso de ajustamento de conduta, e, até mesmo, para instruir inicial de ação civil pública, caso haja elementos suficientes para tanto. Caso contrário, poderá ser necessário instaurar inquérito civil.

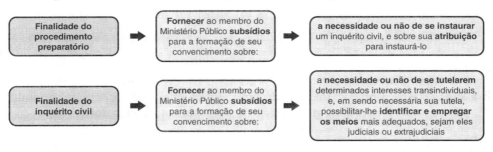

---

[348] REsp 448.023/SP, rel. Min. Eliana Calmon, j. 20.05.2003 (Informativo STJ 173, maio 2003).

ATENÇÃO

Excepcionalmente, também é admissível a instauração de inquérito civil para a defesa individualizada (*i.e.*, não coletiva) de alguns interesses individuais (p. ex.: direito de uma determinada criança a um certo medicamento), quais sejam:

a) Direitos individuais relativos à infância e à adolescência (ECA, art. 201, V);

b) Direitos individuais indisponíveis de idosos (EPI, art. 74, I).

Sem embargo dessas previsões legais, atualmente, na prática das Promotorias de Justiça, os inquéritos civis não são empregados para essa finalidade. Em vez disso, para a tutela individual desses e outros interesses individuais (em regra, indisponíveis) que cumpre ao MP tutelar, utiliza-se o procedimento administrativo, menos burocrático que o inquérito civil, pois, ao seu término, pode ser arquivado na própria promotoria ou procuradoria, sem necessidade de homologação pelo Conselho Superior ou Câmara de Coordenação e Revisão, a quem basta comunicar o arquivamento. Tais procedimentos estão disciplinados na Res. CNMP 174/2017 e em normas internas de cada MP.

2.8.1.1.2 Notícia de fato e instauração de inquérito civil ou procedimento preparatório

O Ministério Público pode tomar conhecimento dos fatos que lhe incumbe tutelar por diversas maneiras. O procurador ou promotor podem, por exemplo, conhecer de uma notícia nos meios de comunicação social (jornais, revistas, internet etc.). Além disso, um documento, contendo a descrição ou indicando a possibilidade da existência de um fato, podem aportar à secretaria do órgão ministerial.

Um outro modo é a representação, que é uma comunicação – normalmente escrita – dirigida ao Ministério Público com o propósito específico de dar-lhe conhecimento de um fato. Na representação pode constar requerimento expresso para a tomada de providências cabíveis em razão dos fatos narrados. Ainda que desacompanhada desse requerimento, por força do princípio da obrigatoriedade, a representação de fato lesivo ou ameaçador de interesse coletivo em sentido amplo, que lhe incumba tutelar, deve levar o Ministério Público a tomar as medidas necessárias à sua salvaguarda.

Temos, portanto, que representação é um termo mais amplo que o requerimento (este seria uma representação qualificada por uma postulação expressa), muito embora a legislação afeta aos direitos coletivos trate ambos como sinônimos, de modo que, por razões práticas, também o faremos.

A representação também pode chegar ao Ministério Público verbalmente, na atividade de atendimento ao público, hipótese em que as declarações do noticiante devem ser reduzidas a termo.[349]

Tais formas de conhecimento pelo Ministério Público de um fato lesivo ou ameaçador de interesse que lhe incumba proteger (representação, requerimento, notícia, documento) foram denominadas **Notícia de Fato** pela Resolução CNMP 174/2017, pouco importando se o fato diz respeito à área criminal, a direito meramente individual ou coletivo em sentido amplo.

A Res. CNMP 174/2017 pretendeu, portanto, regular as notícias de fato de todas as áreas, o que inclui as representações ou requerimentos da área de tutela coletiva.

Em razão desse escopo, a referida resolução acabou por derrogar, no que lhe for divergente, a Res. CNMP 23/2007, que, ao regulamentar o inquérito civil e o procedimento preparatório, também disciplinava aspectos da representação ou requerimento.

A esse respeito, vale observar que a Res. CNMP 174/2017 dispõe que o membro do MP deve apreciar a notícia de fato no prazo de 30 (trinta) dias a contar do seu

---

[349] Res. CNMP 23/2007, art. 2.º, § 2.º.

160 | INTERESSES DIFUSOS E COLETIVOS – VOL. 1

recebimento, prorrogável por uma vez, fundamentadamente, por até 90 (noventa) dias. Ao longo desse prazo, o membro poderá colher informações preliminares necessárias para deliberar sobre a instauração do procedimento próprio, sendo vedada, contudo, a expedição de requisições.[350] Portanto, a Res. 23/2007 foi derrogada no ponto em que não previa a possibilidade de que o prazo de 30 dias para apreciação de requerimentos ou representações pudesse ser prorrogado.

Quanto à iniciativa do órgão que instaura um inquérito civil ou seu procedimento preparatório, a instauração pode se dar:

a) **de ofício**, pelo membro com atribuição originária para instaurá-lo; ou

b) **após requerimento** ou **representação** de terceiro; ou

c) **por determinação** do Procurador-Geral de Justiça (PGJ) ou do Conselho Superior do Ministério Público (no caso de MPs estaduais), ou das Câmaras de Coordenação e Revisão ou da Procuradoria Federal de Defesa dos Direitos do Cidadão (no caso de ramos do MPU). A instauração por determinação do PGJ pode ocorrer nos casos em que ele mesmo tenha atribuição para instaurá-lo, mas a delegue a outro membro da instituição. Já a instauração por determinação do CSMP ou demais órgãos revisores ocorrerá se o membro com atribuição para instaurar o inquérito civil indeferir uma representação ou arquivar peças de informação ou procedimento preparatório, e tais decisões não forem acatadas pelo órgão revisor, que, então, determinará a instauração do inquérito civil ou procedimento preparatório, sendo designado outro membro para tal mister.[351] Nesse caso, não haverá falar-se em violação do princípio da independência funcional, pois o membro designado para instaurar o procedimento investigatório será distinto do que se recusou a fazê-lo, e estará agindo como *longa manus* do órgão que determinou a instauração.

Possui atribuição para instaurar o inquérito civil ou o procedimento preparatório o órgão do Ministério Público que tenha atribuição para propor a futura ação civil pública.[352] Em regra, a atribuição será de um membro que oficie perante os órgãos judiciários de primeira instância (p. ex., Promotor de Justiça, Procurador da República). Sem embargo, há exceções:

a) Suponhamos que um inquérito civil ou ação civil pública possa resultar na propositura de uma ação civil pública cuja competência originária para processo e julgamento é do STF. Isso ocorreria, por exemplo, em um caso em que todos os membros da magistratura fossem direta ou indiretamente interessados (CF, art. 102, I, *n*).[353] Em tal cenário, de regra, somente o Procurador-Geral da República, ou no seu impedimento, o Vice-Procurador-Geral da República, poderiam propô-la, pois apenas eles podem oficiar perante o STF (LOMPU, art. 46, *caput* e parágrafo único, III, e art. 27). Em seu lugar também podem atuar naquele sodalício os Subprocuradores-Gerais da República designados para tanto pelo Procurador-

---

[350] Res. CNMP 23/2007, art. 3.º.

[351] A necessidade de designação de outro membro se dá em respeito ao princípio da independência funcional do membro que arquiva peça de informação ou indefere representação, em analogia ao disposto no art. 10, § 4.º, II, da Res. CNMP 23/2007, aplicável quando o órgão revisor deixa de homologar o arquivamento de inquérito civil ou procedimento preparatório e determina o prosseguimento das investigações. A despeito da lacuna do CNMP, o MPSP, no art. 9.º, II, da Res. 1342/2021-CPJ, prevê expressamente a necessidade de designação de outro membro caso o arquivamento não seja homologado ou o recurso contra o indeferimento de representação seja acolhido.

[352] Res. CNMP 23/2007, art. 3.º, *caput*.

[353] Outras hipóteses são as do art. 102, I, *e*, *f* e *r*, da CF.

CAP. 2 – AÇÃO CIVIL PÚBLICA | 161

-Geral (LOMPU, art. 47, *caput*). Como apenas tais autoridades poderiam, em tese, ajuizar ações civis públicas de competência originária do STF, compete a eles, por consequência, decidir sobre a instauração dos inquéritos civis ou procedimentos preparatórios que possam deflagrá-las.

b) Ainda que a competência para processar e julgar originariamente a ação civil pública na justiça comum seja dos órgãos judiciários de primeiro grau, nos Ministérios Públicos Estaduais a atribuição para ajuizá-la em face do Governador do Estado, do Presidente da Assembleia Legislativa ou dos Presidentes de Tribunais, bem como para instaurar o inquérito civil e o procedimento preparatório em que tais autoridades sejam investigadas, é do respectivo PGJ, e não de um Promotor de Justiça (LONMP, art. 29, VIII). Nesses casos, a eventual futura ação será proposta pelo PGJ perante o órgão judiciário de primeiro grau competente.

ATENÇÃO

As leis orgânicas dos Ministérios Públicos dos Estados de São Paulo (art. 116, V) e Mato Grosso do Sul (art. 30, X) ampliaram essa atribuição do PGJ, estendendo-a aos casos em que for necessária a promoção do inquérito civil e da ação civil pública para a defesa do patrimônio público e social, a probidade e legalidade administrativas, quando a responsabilidade decorrer de ato praticado, em razão de suas funções, pelas seguintes autoridades: a) Secretário de Estado; b) Membro da Diretoria ou do Conselho de Administração de entidade da Administração Indireta do Estado; c) Deputado Estadual; d) Membro do Ministério Público; e) Membro do Poder Judiciário; f) Conselheiro do Tribunal de Contas (apenas em SP).[354]

Tanto o inquérito civil quanto o procedimento preparatório **devem ser instaurados por meio de portaria,** na qual devem constar: a) o fundamento legal da instauração; b) o fato objeto de investigação, o nome e a qualificação possível da pessoa a quem ele é atribuído, o nome e a qualificação possível do autor da representação, se for o caso; c) a data e o local de instauração e a determinação de diligências iniciais; d) a designação do secretário, mediante termo de compromisso, quando couber; e) a determinação de remessa de cópia para publicação.[355]

O membro do Ministério Público com atribuição para a instauração do inquérito poderá designar um servidor da instituição para secretariá-lo, que assinará um termo de compromisso.[356]

Se, no curso do inquérito civil, novos fatos indicarem necessidade de investigação de objeto diverso do que estiver sendo investigado, o membro do Ministério Público poderá aditar a portaria inicial ou determinar a extração de peças para instauração de outro inquérito civil, respeitadas as normas incidentes quanto à divisão de atribuições (Res. CNMP 23/2007, art. 4.º, parágrafo único). Isso significa que eventual instauração de um novo inquérito civil não se dará, necessariamente, por dependência do já existente:

---

[354] Nesse ponto, essas leis complementares estaduais foram alvo de ações diretas de inconstitucionalidade, sob alegação de invasão da competência legislativa privativa da União em matéria processual (CF, art. 22, I). Deferiu-se medida cautelar para suspender-se liminarmente, com efeitos *ex nunc*, a eficácia dos respectivos dispositivos, no ponto em que atribuíam ao PGJ a atribuição para a promoção das ações civis públicas em face de tais autoridades (ADI 1.285 MC/SP, Pleno, rel. Min. Moreira Alves, j. 25.10.1995, *DJ* 23.03.2001; e ADI 1.916 MC/MS, Pleno, rel. Min. Nelson Jobim, j. 11.02.1999, *DJ* 26.10.2001). Sem embargo, quando do julgamento do mérito das ADIs, as cautelares foram revogadas e reconhecida a constitucionalidade dos dispositivos em questão, por se entender que eles não dispunham sobre matéria processual, mas sim sobre organização, divisão e distribuição de atribuições internas do *Parquet*, matéria reservada à lei complementar estadual de organização de cada instituição, como previsto no art. 128, § 5.º, da CF (ADI 1.916/MS, Pleno, rel. Min. Eros Grau, j. 14.04.2010, p. 18.06.2010; ADI 1.285/SP, Pleno, rel. Min. Roberto Barroso, j. 27.03.2023, p. 05.05.2023).

[355] Res. CNMP 23/2007, art. 4.º. A obrigatoriedade da portaria para os PPIC é inferida do § 10 do art. 6.º do mesmo diploma.

[356] Res. CNMP 23/2007, art. 4.º, V.

162 | INTERESSES DIFUSOS E COLETIVOS – VOL. 1

conforme disponham as normas de atribuições, a apreciação sobre a instauração ou não do novo inquérito, e sua respectiva presidência, poderão, eventualmente, ficar a cargo de outro membro da instituição.

Eventual conflito negativo ou positivo de atribuições será suscitado, fundamentadamente, nos próprios autos ou em petição dirigida ao órgão com atribuição no respectivo ramo, que decidirá a questão no prazo de trinta dias (art. 3.º, parágrafo único).[357]

O conflito de atribuições entre membros de ramos diversos do MPU (p. ex., MPF e MPT) é resolvido pelo Procurador-Geral da República.[358] No entanto, quando o conflito se dá entre um dos ramos do MPU e um Ministério Público Estadual, o ordenamento jurídico é silente. Para a solução do problema, o STF, com base numa interpretação extensiva da alínea *f* do inciso I do art. 102 da Lei Maior, vinha se declarando competente para resolvê-lo.[359] Posteriormente, passou a entender que em tais querelas, muito embora apresente-se conflito entre entes federados, inexistiria verdadeiro conflito federativo, pois não haveria ameaça para a estabilidade do pacto federativo. Portanto, abdicou de conhecê-las, passando a ver no Procurador-Geral da República o órgão competente para solucioná-las.[360] Por fim, modificou novamente seu entendimento. Num conflito de atribuições entre o MPF e MP-SP, observando que o PGR, por exercer a chefia do MPF, acaba sendo parte interessada na solução da demanda administrativa que o envolva, bem como que só há unidade e indivisibilidade dentro de cada ramo do Ministério Público, inexistindo hierarquia entre o MPF e os MPs dos Estados, e assinalando ainda a competência do CNMP para o controle das ações administrativas dos membros e órgãos dos diversos ramos ministeriais, passou a reconhecer em tal colegiado (CNMP) a solução constitucionalmente mais adequada para, com base no art. 130-A, § 2.º, I e II, da CF, dirimir tais conflitos de atribuição, de modo a resguardar a independência funcional dos membros dos distintos ramos.[361]

2.8.1.1.3   Efeitos da instauração do inquérito civil

Os principais efeitos da instauração do inquérito civil são:

1. A possibilidade de o Ministério Público empregar eficazes instrumentos probatórios (requisições de informações, documentos ou perícias; notificações; conduções coercitivas;[362] oitivas de testemunhas; inspeções etc.);

---

[357] No caso do MP/SP, o órgão competente é o Procurador-Geral de Justiça, que decidirá o conflito em 30 dias e, em havendo necessidade da prática de atos urgentes, designará um dos membros do Ministério Público até a solução definitiva do conflito. Cf. Resolução 1.342/2021, do Colégio de Procuradores de Justiça, de 01.07.2021 (Res. 1.342-CPJ/MP/SP-2021), art. 11, §§ 4.º e 5.º

[358] LONMP, art. 26, VII.

[359] ACO 1.281/SP, Pleno, rel. Min. Cármen Lúcia, j. 13.10.2010, *DJe* 14.12.2010; Pet 3.528/BA, Pleno, rel. Min. Marco Aurélio, j. 28.09.2005, *DJ* 03.03.2006.

[360] ACO 924/PR, Tribunal Pleno, rel. Min. Luiz Fux, j. 19.05.2016, *DJe* 23.09.2016.

[361] ACO 843/SP, Tribunal Pleno, rel. Min. Alexandre de Moraes, j. 08.06.2020, *DJe* 04.11.2020.

[362] No julgamento das ADPFs 444 e 395.395/DF, o STF afirmou a não recepção do art. 260 do CPP pela Constituição, razão pela qual não se faz mais admissível a condução coercitiva de investigados ou réus para interrogatório. Dentre os argumentos utilizados, observou-se que interpretação diversa atentaria contra o direito constitucional do implicado de recusar-se a depor em investigações ou ações penais contra si movimentadas, sem que o silêncio seja interpretado como admissão de responsabilidade. Embora o escopo do acórdão fosse diretamente relacionado a investigações e ações penais, há que aplicar a mesma lógica em inquéritos civis e ações civis públicas, seja porque, em muitos casos, o fato sob apuração também é tipificável como crime, seja porque não apenas o silêncio do réu, mas também seu simples não comparecimento – desde que devidamente intimado – para prestar depoimento pessoal já produzem o efeito de fazer presumir verdadeiros os fatos lançados na petição inicial, tornando sem sentido sua condução coercitiva. Diferentemente, a condução coercitiva das testemunhas continua sendo admissível. Afinal, às testemunhas não assiste o direito de permanecer em silêncio, postura que, aliás, pode configurar crime de falso testemunho.

CAP. 2 – AÇÃO CIVIL PÚBLICA | 163

2. O óbice, desde sua instauração, até seu encerramento, à decadência do direito de o consumidor reclamar contra os vícios aparentes ou de fácil constatação no fornecimento de produto ou serviço (CDC, art. 26, § 2.º, III);

3. A suspensão do curso do prazo prescricional da pretensão de aplicação das sanções previstas na lei de improbidade administrativa (LIA) por, no máximo, 180 dias corridos, recomeçando a correr após a conclusão do inquérito civil ou, caso não concluído, esgotado o prazo de suspensão (LIA, art. 23, § 1.º).

2.8.1.1.4   Recurso contra a instauração

As Leis Orgânicas de alguns Ministérios Públicos Estaduais deferem ao interessado a possibilidade de interpor recurso administrativo contra a instauração do inquérito civil. É o caso, por exemplo, da LOMP-BA (art. 79) e da LOMP-SP (art. 108), que preveem que esse recurso poderá ser interposto no prazo de cinco dias a contar da ciência do ato impugnado. Os efeitos em que tal recurso pode ser recebido dependem das normas de cada Ministério Público. No caso do MP-SP, por exemplo, o recurso terá efeito suspensivo. Já no MP-BA, o respectivo Conselho Superior poderá conferir-lhe (ou não) o efeito suspensivo.

2.8.1.1.5   Hipóteses de não instauração

Conforme já expusemos, qualquer demanda que chegue ao conhecimento de um órgão de atividade fim do Ministério Público é denominada como "Notícia de Fato", seja ela na área criminal, de direitos coletivos em sentido amplo, ou mesmo de direitos meramente individuais. Essa demanda pode se dar presencialmente (por exemplo, no atendimento ao público) ou pela entrada de notícias, documentos, requerimentos ou representações.

A disciplina das notícias de fato no âmbito do MP foi regulamentada na Res. CNMP 174/2017. Aqui, enfatizaremos o tratamento dado àquelas notícias de fato que, em tese, possam indicar lesão ou ameaça a interesses coletivos em sentido amplo. Ao delas tomar conhecimento, o membro do Ministério Público poderá **não instaurar** inquérito civil ou procedimento preparatório nas seguintes hipóteses:

a) se entender que a atribuição para apreciar a notícia de fato é de outro órgão do Ministério Público, caso em que a este deverá remetê-la; essa remessa se dará independentemente de homologação pelo Conselho Superior ou pela Câmara de Coordenação e Revisão se a ausência de atribuição for manifesta ou, ainda, se estiver fundada em jurisprudência consolidada ou orientação desses órgãos;[363]

b) se já puder, com as informações e documentos recebidos, propor uma ação civil pública, e não for viável a celebração de um termo de compromisso de ajustamento de conduta (p. ex., por recusa do responsável pelo fato);

c) se indeferir a notícia de fato;

d) se arquivar a notícia de fato.

A Res. 174/2017, originariamente, tratava apenas do arquivamento de notícias de fato. Contudo, após alteração pela Res. 189/2018, passou a diferenciar algumas hipóteses de indeferimento de notícias de fato. A intenção, segundo se infere de extrato da decisão proferida

---

[363]   Res. CNMP 174/2017, art. 2.º, §§ 2.º e 3.º.

164 | INTERESSES DIFUSOS E COLETIVOS – VOL. 1

pelo CNMP na apreciação da proposição 1.00115/2018-03,[364] teria sido racionalizar (desburocratizar) a atuação do Ministério Público, tendo em vista que o arquivamento pressupõe prévia "instauração" da notícia de fato, com todas as medidas burocráticas que a instauração pressupõe, ao passo que o indeferimento seria possível mesmo antes da "instauração".

Assim, a notícia de fato poderá ser arquivada pelo membro do Ministério Público nas seguintes hipóteses:[365]

1. se o fato narrado já tiver sido objeto de investigação ou de ação judicial ou já se encontrar solucionado;

2. se a lesão ao bem jurídico tutelado for manifestamente insignificante, nos termos de jurisprudência consolidada ou orientação do Conselho Superior ou de Câmara de Coordenação e Revisão;

3. se a notícia de fato for desprovida de elementos de prova ou de informação mínimos para o início de uma apuração, e o noticiante não atender à intimação para complementá-la;[366]

4. quando seu objeto puder ser solucionado em atuação mais ampla e mais resolutiva, mediante ações, projetos e programas alinhados ao Planejamento Estratégico de cada ramo, com vistas à concretização da unidade institucional.

Diferentemente, será hipótese de indeferimento de uma notícia de fato quando: a) o fato narrado não configurar lesão ou ameaça de lesão aos interesses ou direitos tutelados pelo Ministério Público, ou b) for incompreensível.[367]

Convém ressaltar que o simples fato de uma representação ser anônima não é fundamento para seu arquivamento.[368]

Conforme já mencionado, o prazo para a apreciação de uma notícia de fato é de 30 dias, prorrogável por até 90 dias. Em qualquer das hipóteses de arquivamento, o membro do Ministério Público deverá fazê-lo em decisão fundamentada, da qual se dará ciência pessoal ao noticiante e, no caso de representação, também ao representado,[369] preferencialmente por meio eletrônico.[370] Se a notícia de fato houver sido encaminhada ao MP por dever do ofício (p. ex., por órgão público), essa cientificação será facultativa.[371]

Nos termos da Res. 174/2017, da decisão de arquivamento o noticiante poderá **recorrer** administrativamente, no prazo de **dez dias** a contar de sua ciência. Se ele **não recorrer**, a notícia de fato será arquivada no órgão que a apreciou, registrando-se no sistema respectivo, em ordem cronológica, ficando a documentação à disposição dos órgãos correcionais.[372] Logo, **nesse caso, ela não precisará ser submetida à revisão de outro órgão do Ministério Público**.

---

[364] Informativo de jurisprudência CNMP 14/2018. Disponível em: http://www.cnmp.mp.br/portal/images/Boletim_Jurisprudencia/Edio-n-14-Ano-2018.pdf. Acesso em: 4 jan. 2019.

[365] Res. CNMP 174/2017, art. 4.º, I a III, e § 5.º.

[366] No mesmo sentido, a Súmula 68 do CSMP-SP: "É hipótese de arquivamento de notícia de fato desacompanhada de quaisquer documentos pertinentes à sua comprovação ou, ao menos, a indicação de suficientes meios de provas para tanto, quando desde logo não se vislumbrarem meios para a apuração dos fatos, e o noticiante não atender à intimação para complementá-la".

[367] Art. 4.º, § 4.º. A Súmula 67 do CSMP-SP prevê outra hipótese para o indeferimento, que poderia ser remetida ao fundamento da generalidade e incompreensibilidade: "É hipótese de arquivamento de notícia de fato o recebimento de simples notícia genérica que não permita a compreensão do fato a ser investigado".

[368] STJ, RMS 38.010/RJ, 2.ª T., rel. Min. Herman Benjamin, j. 02.05.2013, DJe 16.05.2013.

[369] Res. CNMP 23/2007, art. 5.º, *caput*.

[370] Res. CNMP 174/2017, art. 4.º, § 1.º.

[371] Res. CNMP 174/2017, art. 4.º, § 2.º.

[372] Res. CNMP 174/2017, art. 5.º.

CAP. 2 – AÇÃO CIVIL PÚBLICA | **165**

Contudo, se o noticiante recorrer, o recurso será protocolado na secretaria do órgão que proferiu o arquivamento, e juntado à notícia de fato. Caso o órgão recorrido (promotor ou procurador) **não reconsidere** sua decisão, a notícia de fato será remetida, no prazo de **três dias**, ao órgão revisor previsto na legislação do respectivo Ministério Público (Conselho Superior do Ministério Público ou Câmara de Coordenação e Revisão), a quem caberá apreciar o recurso.[373]

Caso, porém, a atribuição para a instauração do inquérito civil seja originária do Procurador-Geral, contra o indeferimento da representação ou do requerimento só caberá um **pedido de reconsideração**, em **dez dias**, dirigido a tal autoridade.[374]

São necessárias, aqui, algumas críticas. A disciplina conferida pelo CNMP à notícia de fato tem se tornado cada vez mais confusa. Se, na sua redação original, a Res. 174/2017 já pecava por denominar como "arquivamento" aquilo que, em se tratando de representações ou requerimentos, a Res. 23/2007 chamava de "indeferimento", na atual redação as razões para dúvida aumentaram. Com efeito, a alteração veio atender um apelo do MPF. Nessa instituição, o arquivamento de notícias de fato pressupunha sua prévia instauração, como se procedimentos fossem, o que exigia considerável esforço burocrático. O problema teria se agravado com a Res. 174/2017: a amplitude conferida por seu art. 1.º ao conceito de notícia de fato ("qualquer demanda dirigida aos órgãos da atividade-fim do Ministério Público"). Em outras palavras, praticamente toda solicitação que chegasse ao MPF era uma notícia de fato, e, para ser arquivada, demandava uma prévia "instauração". Para racionalizar o trato das notícias de fato, principalmente no âmbito do MPF, o CNMP, então, alterou a Res. 174/2017, passando a distinguir entre hipóteses de arquivamento (negativa de seguimento a uma notícia de fato instaurada) e hipóteses de indeferimento (negativa de seguimento a uma notícia de fato ainda não instaurada). Assim, nas hipóteses nela apontadas, tornou-se possível a negação de seguimento a representações ou requerimentos que não apresentem quaisquer perspectivas de sucesso, tornando desnecessários os burocráticos processos de instauração de notícia de fato e subsequente arquivamento.

Ocorre que essa distinção terminológica dá azo a dúvidas. Com efeito, da leitura da nova redação da Resolução pode-se ter a impressão de que apenas das decisões de arquivamento seria cabível algum recurso. Com efeito, a norma só fala em cientificação do noticiante no caso de decisão de "arquivamento" (§ 1.º do art. 4.º), e dispõe que o recurso será protocolado na secretaria do órgão que a "arquivou" (§ 3.º do art. 4.º). Em contrapartida, outra Resolução do CNMP, a Res. 23/2007, designa como "indeferimento" a decisão de um promotor ou procurador que nega seguimento a uma representação ou requerimento, decidindo não instaurar inquérito civil ou procedimento preparatório, e, contra tal decisão, prevê expressamente o cabimento de recurso. Tais representações e requerimentos, nos termos do art. 1.º da Res. 174/2007, também são espécies do gênero "notícia de fato". Teria, então, a Res. 23/2007 sido tacitamente derrogada pela Res. 174/2017 no ponto em que admite recursos contra indeferimentos de representações ou requerimentos?

Essa não parece ser a melhor solução. Além de não haver derrogação expressa da Res. 23/2007 pela Res. 174/2017, em nenhum momento em que se discutiu a alteração da redação desta última a preocupação com a eliminação da possibilidade recursal foi ventilada. O foco, como salientado, foi na facilitação da negativa de seguimento de notícias de fato pelo procurador ou promotor, sem que fosse necessário "instaurá-las". Nesse contexto, e diante da redação dúbia da Res. 174/2017, parece-nos ser imperativo prestar

---

[373] Res. CNMP 174/2017, art. 4.º, § 3.º.
[374] Res. CNMP 23/2007, art. 5.º, § 5.º c/c o § 1.º; Res. CSMPF 87/2006, art. 5.º-A, § 5.º c/c o § 1.º.

homenagem ao direito fundamental do acesso à justiça, sustentando-se que, mesmo contra as decisões de indeferimento da instauração de uma notícia de fato previstas na Res. 174/2017 permanece cabível a interposição de recurso, nos termos da Res. 23/2007. Esse recurso deve ser interposto no prazo de 10 dias, perante o órgão que prolatou a decisão, endereçado ao CSMP ou Câmara de Coordenação e Revisão respectiva. O órgão prolator da decisão de indeferimento deverá remeter o recurso ao órgão revisor no prazo de 3 dias, caso não reconsidere sua decisão. A parte interessada deverá ser notificada para oferecer contrarrazões.[375] Contudo, se o indeferimento se deu em atribuição originária do Procurador-Geral, apenas será cabível pedido de reconsideração direcionado a essa autoridade, no prazo referido.[376]

Segue um esquema sobre as hipóteses em que o membro do MP, ao receber uma notícia de fato, não instaurará um IC ou um PPIC:

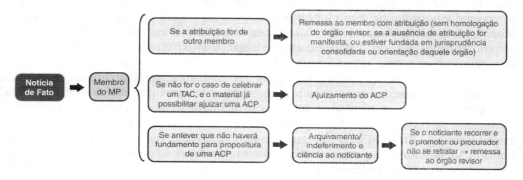

2.8.1.1.6 Instrução

Uma vez instaurado o inquérito civil ou o seu procedimento preparatório, o Ministério Público poderá instruí-lo por todos os meios de prova admitidos no ordenamento jurídico.

Algumas ferramentas foram expressamente destinadas à obtenção de provas para tais procedimentos investigatórios. A Constituição Federal, por exemplo, outorgou ao Ministério Público o poder de expedir notificações e de requisitar informações e documentos para instruir os procedimentos de sua competência, na forma da lei complementar respectiva (art. 129, VI).

A **notificação** é um ato normalmente empregado para determinar que uma pessoa compareça perante o Ministério Público a fim de prestar depoimento ou prestar esclarecimentos sob pena de, não o fazendo, ser conduzida coercitivamente pela polícia civil ou militar e, eventualmente, responder por crime de desobediência. Aqui é importante frisar que a LOMP-SP não autoriza a *notificação* e a *condução coercitiva* nos procedimentos preparatórios do MP-SP.[377] Nada obsta, neste caso, que um Promotor de Justiça paulista envie um *convite* à pessoa cujas declarações ele reputa úteis à instrução do PPIC, mas essa pessoa não estará obrigada a comparecer.

Já a **requisição** tem por objeto a prestação de informações ou o fornecimento de documentos. Ao contrário do requerimento, a requisição é uma ordem: seu cumprimento

---

[375] Art. 5.º, §§ 1.º a 5.º. No MP/SP, o prazo de 3 dias para remessa ao CSMP só começa a ser contado depois de 5 dias da interposição do recurso. Dentro desse prazo de 5 dias, o membro do MP poderá reconsiderar sua decisão, ou, fundamentadamente, mantê-la. Cf. Res. 1.342/2021-CPJ/MP/SP, art. 122.

[376] Res. CNMP 23/2007, art. 5.º, § 5.º c/c o § 1.º; Res. CSMPF 87/2006, art. 5.º-A, § 5.º c/c o § 1.º.

[377] É o que se infere, *a contrario sensu*, da leitura do inciso II do seu art. 104, que, ao contemplar as medidas investigatórias que podem ser tomadas para instruir um PPIC, refere-se apenas às alíneas *b* e *c* do inciso I, sendo que a notificação e a condução coercitiva constam da alínea *a* do inciso I.

é obrigatório, e o não atendimento também pode ensejar crime, conforme veremos mais adiante. A notificação e a requisição têm natureza jurídica de prerrogativas constitucionais do Ministério Público.

A LONMP e a LOMPU previram a possibilidade de se notificarem pessoas para que compareçam e prestem declarações ou esclarecimentos, e de se requisitarem informações ou documentos. Conferiram, ainda, o poder de requisitar dos órgãos da Administração direta, indireta e fundacional, a execução de perícias, e neles realizar inspeções e diligências investigatórias.

Embora a LACP tenha disposto que se deve fixar um prazo de, no mínimo, dez dias *úteis* para cumprimento da requisição,[378] e o Estatuto da Pessoa Idosa, por sua vez, tenha estipulado um prazo de, no mínimo dez dias (note que ele não fala em dias "úteis") para tanto,[379] a CF/1988, ao atribuir o poder requisitório ao Ministério Público, remeteu sua disciplina à respectiva lei complementar. Na esteira da CF, a LOMPU (Lei Complementar 75/1993) dispôs que as **requisições** terão prazo razoável de **até dez dias úteis para cumprimento** (art. 8.º, § 5.º). Como a LOMPU é aplicável, subsidiariamente, aos Ministérios Públicos Estaduais, quando suas respectivas leis orgânicas forem omissas, o prazo será o mesmo.[380] Tendo em conta que o prazo deve ser **razoável**, o presidente do procedimento, na sua fixação, deve atentar para a complexidade no fornecimento das informações requisitadas, somente fixando-o em patamar inferior a dez dias úteis em caso de urgência e relevância.

Determinadas diligências dependerão de autorização judicial. Assim, por exemplo, se o membro do Ministério Público desejar realizar busca e apreensão em um local resguardado pela inviolabilidade domiciliar, a menos que consiga o consentimento do morador, ou exista flagrante delito ou desastre, ou, ainda, necessite prestar socorro, requererá mandado judicial, que somente poderá ser cumprido durante o dia (CF, art. 5.º, XI).

No que se refere à interceptação telefônica, também só pode ser determinada judicialmente. Contudo, não se pode postulá-la para o fim de instruir especificamente um inquérito civil ou procedimento preparatório, pois a Constituição estabelece como seu pressuposto o fim de investigação criminal ou instrução processual penal, nas hipóteses e na forma da lei (CF, art. 5.º, XII). Sem embargo, desde que tenha sido validamente decretada para instruir um inquérito policial ou processo criminal, nada obsta seja emprestada para instruir um inquérito civil.[381] Aliás, uma vez decretada a interceptação nesses termos (para instrução penal), o STF admite seu emprego como prova emprestada a procedimentos administrativos, mesmo contra pessoas que não eram investigadas no procedimento criminal e cujos ilícitos somente despontaram com a colheita dessa prova,[382] e o STJ também vem aceitando-a para instruir ações de improbidade administrativa.[383]

Por seu turno, quando o sigilo da informação é imposto por lei (p. ex., informações médicas, fiscais etc.), em regra, o Ministério Público ainda assim pode requisitá-la. Não era dessa forma na disciplina conferida à matéria pela LACP, segundo a qual tais informações deveriam ser requeridas ao Judiciário, na ação civil pública (art. 8.º, § 2.º). Posteriormente, porém, a Constituição atribuiu o poder requisitório ao Ministério Público, remetendo sua regulamentação à lei complementar (art. 129, VI). Essa lei (LOMPU) dispôs não ser possível recusar o atendimento das requisições do Ministério Público sob

---

[378] Art. 8.º, § 1.º.

[379] Art. 92, *caput.*

[380] LONMP, art. 80.

[381] MAZZILLI, Hugo Nigro. *A Defesa dos Interesses Difusos em Juízo.* 22. ed. São Paulo: Saraiva, 2009. p. 438.

[382] Pet 3.683 QO/MG, Pleno, rel. Min. César Peluso, j. 13.08.2008, *DJe* 20.02.2009.

[383] REsp 1.163.499/MT, 2.ª T., rel. Min. Mauro Campbell Marques, j. 21.09.2010, *DJe* 08.10.2010.

alegação de sigilo (art. 8.º, § 2.º). O ECA também permitiu o acesso do Ministério Público às informações sigilosas, nas requisições voltadas à defesa dos interesses das crianças e adolescentes (art. 201, § 4.º).

Sem embargo, o STJ entende não ser possível ao Ministério Público requisitar diretamente ao Fisco informações para fins de investigação criminal, sendo a quebra do sigilo fiscal, portanto, matéria reservada à Jurisdição.[384] Por óbvio, presume-se idêntico posicionamento se a requisição visar a fins não penais.

Em qualquer caso, o representante do Ministério Público deverá manter o sigilo da informação ou dado sigiloso recebido, sendo responsável por seu uso indevido.

Questão polêmica é a possibilidade de o Ministério Público requisitar diretamente a instituições financeiras, independentemente de autorização judicial, informações protegidas pelo sigilo bancário. A favor argumenta-se, em suma, que:

a) ao contrário da interceptação telefônica, a quebra do sigilo bancário não está sob cláusula constitucional de reserva do Judiciário;

b) o poder requisitório do Ministério Público está previsto no art. 129, VI, da Constituição da República, que não o limitou, mas apenas remeteu sua regulamentação à lei complementar respectiva. No âmbito da União, tal regramento se deu por meio da LOMPU, aplicável não somente aos ramos do Ministério Público da União, como também, subsidiariamente, aos Ministérios Públicos Estaduais. No § 2.º do seu art. 8.º, tal norma veda a oposição da exceção de sigilo às requisições feitas pelo Ministério Público.

Os partidários da opinião contrária sustentam, principalmente, que:

a) a Lei Complementar 105/2001, que dispõe sobre o sigilo das operações das instituições financeiras, somente admite sua quebra por ordem do Poder Judiciário, salvo exceções nela estabelecidas, que não contemplam hipótese de requisição do Ministério Público;

b) o § 2.º do art. 8.º da LOMPU prescreve que nenhuma autoridade poderá opor ao Ministério Público da União a exceção de sigilo. Como as instituições financeiras não são autoridades, não seriam atingidas pelo dispositivo.

O STF tem entendido ser possível ao Ministério Público requisitar diretamente informações financeiras quando houver envolvimento de recursos públicos nas operações investigadas. No *leading case*, o Ministério Público havia requisitado ao Banco do Brasil o fornecimento da lista dos beneficiários da liberação de recursos, em caráter emergencial, ao setor sucroalcooleiro, bem como dados sobre eventuais débitos para com o banco. A instituição financeira impetrou mandado de segurança, por suposto constrangimento ilegal em face de não poder fornecer as informações protegidas por sigilo bancário. O STF o julgou improcedente, entendendo não ser cabível a exceção de sigilo bancário pelas seguintes razões:

a) a requisição foi expedida com fundamento no poder investigatório do Ministério Público, de lastro constitucional (CF, art. 129, VI, VIII), e visando a instruir procedimento administrativo em defesa do patrimônio público;

---

[384] RHC 83.447/SP, 1.ª S., rel. Min. Sebastião Reis Júnior, j. 09.02.2022, *DJe* 15.03.2022.

CAP. 2 – AÇÃO CIVIL PÚBLICA | **169**

b) os financiamentos investigados foram subsidiados pelo erário, sendo regidos, portanto, pelo princípio da publicidade, vazado no art. 37, *caput*, da CF.[385]

Na prática, porém, diante de frequente recusa das instituições financeiras em atender suas requisições, e visando a uma maior celeridade na obtenção das informações, o Ministério Público tem normalmente evitado requisitá-las diretamente às instituições financeiras, preferindo requerê-las judicialmente.

Questão diversa é a proteção de dados cadastrais de correntistas, tais como número da conta corrente, nome completo, RG, CPF, endereço e telefone. Eles não se confundem com os dados cobertos por sigilo bancário (aplicações, transferências, depósitos etc.). Logo, os dados cadastrais podem ser objeto de requisição pelo Ministério Público para a instrução de inquéritos civis.[386]

Há que abordar, por fim, uma questão mais complicada. Por força dos arts. 5.º e 6.º da Lei Complementar 105/2001, a Receita Federal recebe de instituições financeiras informações sobre determinadas operações. Trata-se de dados de natureza híbrida: fiscal, pela sua necessidade para a Receita Federal; financeira, em razão de sua natureza originária. Em razão de seu *status* financeiro, tais informações são protegidas pelo sigilo bancário. Pelas mesmas razões, abrigam-se sob o sigilo bancário as informações sobre operações financeiras recebidas pelo Conselho de Controle de Atividades Financeiras – COAF (ex-Unidade de Inteligência Financeira – UIF).

Logo, cremos que aqui se apresenta polêmica semelhante àquela pertinente aos casos de requisição de informações bancárias pelo Ministério Público, havendo tendência de recusa ao seu atendimento pela Receita Federal e COAF. Sem embargo, em determinados casos, a Receita Federal e o COAF estão obrigados a compartilhar, de ofício (isto é, independentemente de requisição do MP), informações financeiras por elas coletadas licitamente em seus procedimentos administrativos, havendo o STF, inclusive, fixado a seguinte tese para o Tema 990 de Repercussão Geral:[387]

> I – É constitucional o compartilhamento dos relatórios de inteligência financeira da UIF e da íntegra do procedimento fiscalizatório da Receita Federal do Brasil, que define o lançamento do tributo, com os órgãos de persecução penal para fins criminais, sem a obrigatoriedade de prévia autorização judicial, devendo ser resguardado o sigilo das informações em procedimentos formalmente instaurados e sujeitos a posterior controle jurisdicional;
>
> II – O compartilhamento pela UIF e pela RFB, referente ao item anterior, deve ser feito unicamente por meio de comunicações formais, com garantia de sigilo, certificação do destinatário e estabelecimento de instrumentos efetivos de apuração e correção de eventuais desvios.

Cumpre destacar que o caso que gerou essa tese era de natureza penal, não chegando a se debruçar o STF, portanto, sobre a possibilidade de compartilhamento de informações do gênero no caso de ilícitos civis. A despeito da ausência de jurisprudência sobre esse ponto específico, cremos que o empréstimo ao cível da prova ingressada no âmbito penal seja perfeitamente possível, desde que as informações tenham sido licitamente transmitidas pela Receita e COAF ao MP ou à autoridade policial.[388]

---

[385] MS 21.729/DF, rel. Min. Marco Aurélio, rel. p/ ac. Min. Francisco Rezek, j. 05.10.1995, *DJ* 19.10.2001. No mesmo sentido, RHC 133.118, 2.ª T., rel. Min. Dias Toffoli, j. 26.09.2017, *DJe* 09.03.2018.

[386] REsp 1.561.191/SP, 2.ª T., rel. Min. Herman Benjamin, j. 19.04.2018, *DJe* 26.11.2018.

[387] RE 1.055.941, Pleno, rel. Min. Dias Toffoli, j. 04.12.2019, *DJe*-243, Divulg. 05.10.2020, Publ. 06.10.2010, republ. *DJe*-052, Divulg. 17.03.2021, Publ. 18.03.2021.

[388] Embora não verse especificamente sobre informações fornecidas pela Receita Federal ou COAF, mas admitindo o empréstimo de elementos informativos de uma investigação criminal ou instrução penal para ação civil pública em defesa

No caso da Receita Federal, cumpre que tal transmissão tenha sido fundada na presença de indícios de crime de ordem tributária (art. 83 da Lei 9.430/1996) e seja realizada após o lançamento definitivo do tributo (Súmula Vinculante 24). Já quanto ao COAF, há previsão legal explícita de que, quando concluir pela existência de indícios de crimes **ou de qualquer outro ilícito**, deve ele comunicar às autoridades competentes para a instauração dos procedimentos cabíveis (art. 15 da Lei 9.613/1998). Dada a natureza das informações constantes dos relatórios de inteligência do COAF (indiciárias de lavagem de dinheiro ou ocultação de bens, direitos e valores), extrai-se que a regra mostra-se útil, sobretudo, nos casos de improbidade administrativa, o que levou o Corregedor Nacional do Ministério Público, no âmbito do CNMP, a editar a Recomendação de Caráter Geral CN-CNMP 04/2017, no sentido de que os Relatórios de Inteligência gerados espontaneamente pelo COAF devem ser encaminhados tanto ao órgão de persecução criminal como àquele com atribuições relacionadas à improbidade administrativa.

Outra ferramenta para a instrução de um inquérito civil é a **audiência pública**. Ela consiste em uma assembleia, para a qual são convidadas autoridades, entidades da sociedade civil e a comunidade interessada, e em meio à qual, segundo as regras estabelecidas pelo presidente do inquérito, os diversos interessados podem manifestar suas considerações acerca da questão em foco. A opinião dos presentes à audiência não vincula o membro do Ministério Público, mas pode contribuir para o encontro da melhor solução para o caso, bem como conferir uma maior legitimação à atuação da instituição.

A LONMP prevê a audiência pública como instrumento do Ministério Público para assegurar o respeito aos direitos assegurados na Constituição Federal e nas Estaduais, por parte dos entes da Administração Estadual e Municipal direta ou indireta, concessionários e permissionários, bem como dos que exerçam funções delegadas pelos Estados ou Municípios, ou serviços de relevância pública (art. 27, *caput*, incisos I a IV, e parágrafo único, IV). Seu emprego também é previsto nas leis orgânicas de diversos Estados.[389]

Atente-se, ainda, que as requisições dirigidas à Administração direta ou indireta serão cumpridas gratuitamente (LONMP, art. 26, § 3.º). A mesma regra, porém, não se aplica aos particulares, cujo objeto da requisição não poderá obrigá-los a suportar considerável ônus financeiro. Assim, não é possível requisitar-lhes a realização de exames periciais. Se tal prova for imprescindível, será necessário contratar peritos. Hipótese diversa, perfeitamente admissível por não importar altos custos, seria requisitar a *segunda via ou cópia de um laudo* cuja perícia já houvesse sido realizada e custeada por terceiros.

Por deferência à alta estatura de determinados cargos, os atos direcionados aos seus ocupantes são regulados de maneira especial. É o que ocorre, por exemplo, nas requisições e notificações dirigidas a determinadas autoridades: elas são elaboradas pelo membro que preside o respectivo procedimento, mas seu encaminhamento à autoridade se dá por meio do chefe do respectivo Ministério Público, ou outro órgão sob sua delegação. Veja-se, a propósito, o que impõe o art. 8.º, § 4.º, da LOMPU:

> § 4.º As correspondências, notificações, requisições e intimações do Ministério Público quando tiverem como destinatário o Presidente da República, o Vice-Presidente da República, membro do Congresso Nacional, Ministro do Supremo Tribunal Federal, Ministro de Estado, Ministro de Tribunal Superior, Ministro do Tribunal de Contas da União ou chefe de missão diplomática de caráter permanente serão encaminhadas e levadas a efeito pelo Procurador-Geral da República ou outro órgão do Ministério Público a quem essa atribuição seja delegada, cabendo às autoridades mencionadas fixar data, hora e local em que puderem ser ouvidas, se for o caso.

---

do patrimônio público com base na jurisprudência pacífica do STF: AI 827.362 AgR, 1.ª T., rel. Min. Roberto Barroso, j. 06.11.2018, *DJe*-244, Divulg. 16.11.2018, Publ. 19.11.2018.

[389] A realização de audiências públicas pelo Ministério Público é regulada pela Res. CNMP 82/2012.

No caso de notificações e requisições expedidas pelos Ministérios Públicos Estaduais, confira-se o art. 26, § 1.º, da LONMP:

§ 1.º As notificações e requisições previstas neste artigo, quando tiverem como destinatários o Governador do Estado, os membros do Poder Legislativo e os desembargadores, serão encaminhadas pelo Procurador-Geral de Justiça.

A Res. CNMP 23/2007 estende tais regras aos atos dirigidos aos membros do Conselho Nacional de Justiça e do Conselho Nacional do Ministério Público (art. 6.º, § 9.º c.c. § 8.º), e prescreve que tais correspondências, notificações, requisições e intimações devem ser encaminhadas no prazo de dez dias pelo respectivo Procurador-Geral, não cabendo a este a valoração do contido no expediente, podendo deixar de encaminhar aqueles que não contenham os requisitos legais ou que não empreguem o tratamento protocolar devido ao destinatário (art. 6.º, § 8.º).[390]

Note-se, porém, que meras solicitações não têm natureza de requisição ou notificação, pois são despidas do caráter de obrigatoriedade no atendimento. Desse modo, mesmo sendo destinadas a altas autoridades, não precisarão ser encaminhadas pelo chefe da instituição, podendo ser enviadas diretamente pelo presidente do inquérito civil, ainda que nelas se consigne prazo razoável para atendimento, e desde que delas não constem advertências ou expressões que as caracterizem como requisições ou notificações.[391]

Essa Resolução e as leis orgânicas de cada Ministério Público ainda traçam diversas regras para a condução dos inquéritos civis e procedimentos preparatórios. Nas suas eventuais lacunas, é possível aplicar subsidiariamente, por analogia, regras do inquérito policial e ou do processo em geral, especialmente quanto ao modo de produzir as provas, à requisição de perícias e à expedição de notificações.[392]

Qualquer pessoa pode, durante a tramitação do inquérito civil (ou do procedimento preparatório), apresentar ao Ministério Público documentos ou subsídios para melhor apuração dos fatos (Res. CNMP 23/2007, art. 6.º, § 5.º). Tal possibilidade, aliás, deflui ainda do direito constitucional de petição (CF, art. 5.º, XXXIV, a). O deferimento ou não de diligência requerida pelo investigado ou terceiro interessado será livremente apreciado pelo presidente do procedimento, que avaliará a sua utilidade para o objeto da investigação.

Por fim, todos os ofícios requisitórios de informações destinadas a instruírem inquérito civil ou procedimento preparatório devem ser fundamentados e acompanhados de cópia da portaria que instaurou o procedimento ou da indicação precisa do endereço eletrônico oficial onde ela estiver disponibilizada.[393]

Questão importante

O Ministério Público pode expedir notificações, requisições, praticar outras diligências investigatórias e expedir recomendações independentemente da existência de prévio inquérito civil ou procedimento preparatório?

O § 1.º do art. 8.º da LACP, ao dispor que o Ministério Público pode instaurar inquérito civil **ou** requisitar certidões, informações, exames e perícias, sugeria que tais

---

[390] O MP/SP prevê também a necessidade de que as notificações e requisições sejam encaminhadas pelo PGJ para as seguintes autoridades: Presidente da República, Vice-Presidente da República, Senadores, Deputados Federais, Ministros de Estado, Conselheiros dos Tribunais de Contas do Estado ou do Município, Secretários de Estado ou Chefes de missão diplomática de caráter permanente. Cf. Res. 1.342/2021-CPJ/MP/SP, art. 42.

[391] Nesse sentido, a propósito, art. 52, parágrafo único, da Res. 1.342/2021 – CPJ/MP/SP.

[392] MAZZILLI, Hugo Nigro. *A Defesa dos Interesses Difusos em Juízo*. 22. ed. São Paulo: Saraiva, 2009. p. 450.

[393] Res. CNMP 23/2007, art. 6.º, § 10, e Res. CSMPF 87/2006, art. 9.º, § 9.º.

172 | INTERESSES DIFUSOS E COLETIVOS – VOL. 1

diligências poderiam ser praticadas independentemente da existência de um procedimento formalmente instaurado (inquérito civil, procedimento preparatório ou procedimento administrativo). Contudo, conforme o art. 129, VI, da Constituição Federal, é função institucional do Ministério Público a expedição de notificações e requisições *para instruir os procedimentos* de sua competência.

A LOMPU e a LONMP também exigem a existência de um procedimento, pois ambas, ao autorizarem as requisições, notificações e outras diligências, mencionam a finalidade de instrução de inquéritos civis, procedimentos administrativos ou outras medidas instauradas pelo Ministério Público.[394] A Res. 87/2006 do CSMPF, no parágrafo único de seu art. 1.º, é ainda mais enfática:

> Parágrafo único. O inquérito civil e o procedimento administrativo não são condição de procedibilidade para o ajuizamento das ações a cargo do Ministério Público, mas a realização de requisições, perícias, vistorias, recomendações, termos de ajustamento de conduta ou outras diligências imprescindem de sua instauração, nos termos desta Resolução. (Redação dada pela Resolução CSMPF 106, de 06.04.2010)

O CNMP reforçou a necessidade de prévia instauração de procedimento para a expedição de requisições ao proibir a possibilidade de expedi-las na fase de "notícia de fato" (representações, requerimentos, notícias ou documentos que ingressam no MP), ou seja, antes de instaurado um inquérito civil, procedimento preparatório ou administrativo.[395] A finalidade é evitar medidas invasivas de investigação sem que exista um procedimento formalmente instaurado (de modo a possibilitar que o destinatário tenha conhecimento prévio do objeto da investigação). Por isso, cremos que a regra se aplica analogicamente à expedição de notificações para que alguém compareça à presença do órgão do MP, que são tão ou mais invasivas que uma requisição de documentos.

De todo modo, convém ressaltar a existência de precedente em que o STJ, interpretando o art. 26, I, "b", da LONMP, entendeu que "não se faz necessária a prévia instauração de inquérito civil ou procedimento administrativo para que o Ministério Público requisite informações a órgãos públicos".[396]

Em relação às *recomendações*, o CNMP também exige, *como regra*, a *prévia* existência de inquérito civil, procedimento preparatório ou administrativo, mas admite, em caso de urgência, que se expeça previamente a *recomendação*, procedendo-se, *posteriormente*, à instauração do respectivo procedimento.[397]

Por tudo o que foi exposto, parece-nos ser possível, analogicamente à regulamentação das recomendações, que, **excepcionalmente, em caso de urgência**, também se possam expedir requisições ou determinar outras diligências antes mesmo da instauração de um procedimento investigatório formal.

2.8.1.1.7 Instrumentos de coerção: as tipificações penais

O caráter coercitivo das requisições expedidas pelo Ministério Público para a instrução de inquéritos civis e procedimentos preparatórios é reforçado pela possibilidade

---

[394] Art. 26, I, *a* a *c*, e II, da LONMP; art. 8.º, I a IX, da LOMPU.

[395] Res. 174/2017, art. 3.º: "A Notícia de Fato será apreciada no prazo de 30 (trinta) dias, a contar do seu recebimento, prorrogável uma vez, fundamentadamente, por até 90 (noventa) dias. Parágrafo único. No prazo do *caput*, o membro do Ministério Público poderá colher informações preliminares imprescindíveis para deliberar sobre a instauração do procedimento próprio, sendo vedada a expedição de requisições".

[396] REsp 873.565/MG, 1.ª T., rel. Min. Francisco Falcão, j. 05.06.2007, *DJ* 28.06.2007.

[397] Res. 164/2017, art. 3.º, § 2.º.

de que seu eventual desatendimento configure crime. Vejamos quais são as disposições legais a esse respeito.

2.8.1.1.7.1 Crime do art. 10 da LACP

O art. 10 da LACP dispõe:

> **Art. 10.** Constitui crime, punido com pena de reclusão de 1 (um) a 3 (três) anos, mais multa de 10 (dez) a 1.000 (mil) Obrigações Reajustáveis do Tesouro Nacional – ORTN, a recusa, o retardamento ou a omissão de dados técnicos indispensáveis à propositura da ação civil, quando requisitados pelo Ministério Público.

Vejamos as principais características do crime aí tipificado.

1) Núcleos do tipo: *recusar*, *retardar* ou *omitir*. Na recusa, o destinatário da requisição informa ao Ministério Público que não irá cumpri-la. No retardamento, a requisição é cumprida, mas depois do prazo nela fixado. Já na omissão, o destinatário simplesmente deixa de cumprir a requisição.
2) Objeto material: não há. Não existe uma coisa ou pessoa sobre a qual recaia a conduta do agente.
3) Objeto jurídico: o interesse do Ministério Público (e, mediatamente, da coletividade por ele defendida) em obter os dados técnicos indispensáveis à propositura da ação civil pública.
4) Sujeito ativo: a pessoa física que recusa, retarda ou omite os dados técnicos indispensáveis à propositura da ação civil pública, quando requisitados pelo Ministério Público.
5) Sujeito passivo: sujeitos passivos imediatos são o Ministério Público, interessado na obtenção dos dados, e o Estado, pois aquele é uma instituição estatal. Sujeito passivo mediato é a coletividade lesada ou ameaçada, que, representada pelo Ministério Público, também tinha interesse na obtenção dos dados.
6) Elemento subjetivo: o dolo.
7) Elementos normativos explícitos do tipo: "dados técnicos indispensáveis" são elementos normativos do tipo, pois exigem juízo de valoração sobre se os dados requisitados são "técnicos" e "indispensáveis".
8) Elementos normativos implícitos do tipo: o primeiro deles é que a recusa, retardamento ou omissão devem ser **injustificáveis**. Se forem justificáveis, ou seja, se o não atendimento da requisição se der por inviabilidade material, não haverá crime. O outro tem relação com o **prazo** fixado para o atendimento da requisição. Ele deve ser **razoável**, até porque, caso contrário, a recusa, a omissão, ou o retardamento seriam justificáveis.
9) Consumação: na recusa, dá-se no momento em que esta é externada. Na omissão, ocorre com o decurso do prazo fixado para o cumprimento da requisição, sem seu cumprimento. No retardamento, como a obrigação é cumprida após o prazo fixado, a rigor, o crime já estará consumado pela omissão. A norma penal incluiu a conduta típica "retardamento" apenas para deixar claro que o cumprimento da requisição, posteriormente ao prazo nela fixado, não afasta o crime.
10) Tentativa: não é possível, pois não há como fracionar temporalmente a execução: ela se dá em um único momento, no qual o crime já está consumado.

174 INTERESSES DIFUSOS E COLETIVOS – VOL. 1

11) Ação penal: é pública incondicionada.

12) Considerações finais:

a. somente a requisição de dados necessários à proposição de uma *ação civil pública* configura o crime em relevo. Logo, a requisição deve estar relacionada à defesa de interesses difusos, coletivos ou individuais homogêneos, ou, do contrário, não haverá o crime em questão, podendo haver, eventualmente, crime de prevaricação (se o destinatário da requisição for um funcionário público) ou desobediência (se o destinatário não for funcionário público);

b. se os dados não forem *indispensáveis* à propositura da ação, não haverá o crime em análise. Assim, se os dados forem dispensáveis, ou, tão somente, úteis ao ajuizamento da ação, podendo ela ser perfeitamente proposta sem eles, eventual não atendimento à requisição poderá configurar, eventualmente, crime de prevaricação (se o destinatário da requisição for um funcionário público) ou de desobediência (se o destinatário não for funcionário público), mas não o delito da LACP.

2.8.1.1.7.2   Crimes do art. 8.º, V e VI, da Lei 7.853/1989

Conduta semelhante à do art. 10 da LACP foi tipificada no art. 8.º, VI, da Lei 7.853/1989, que instituiu a tutela dos interesses difusos e coletivos das pessoas portadoras de deficiência:

> **Art. 8.º** Constitui crime punível com reclusão de 2 (dois) a 5 (cinco) anos e multa: (Redação dada pela Lei 13.146, de 2015)
>
> (...)
>
> VI – recusar, retardar ou omitir dados técnicos indispensáveis à propositura da ação civil pública objeto desta Lei, quando requisitados. (Redação dada pela Lei 13.146, de 2015)
>
> § 1.º Se o crime for praticado contra pessoa com deficiência menor de 18 (dezoito) anos, a pena é agravada em 1/3 (um terço). (Incluído pela Lei 13.146, de 2015).

As mesmas considerações referidas no item anterior em relação ao crime do art. 10 da LACP podem ser repetidas para o crime em questão, com as seguintes ressalvas.

Na sua redação original, a Lei 7.853/1989 previa ação civil pública para a defesa dos interesses **difusos** e **coletivos** dos portadores de deficiência (art. 3.º), nada dispondo acerca dos interesses **individuais homogêneos**.[398] Isso se explica porque o conceito de interesses individuais homogêneos só foi introduzido em nosso direito no ano seguinte à edição dessa lei, com o CDC. Nada obstava, porém, ante o diálogo entre a LACP e o CDC, que, com base no art. 1.º, IV, da LACP, fosse proposta ação civil pública em prol dos direitos individuais homogêneos das pessoas com deficiência.

De todo modo, a Lei 7.853/1989 não tratava dos interesses individuais homogêneos. Considerando que a pena do crime previsto em seu art. 8.º, mesmo na sua redação original, já era mais grave que a pena do crime da LACP, e que não se aplica analogia *in malam partem* no direito penal, pensamos que o não atendimento da requisição do Ministério Púbico para o fornecimento de dados técnicos indispensáveis à ação civil pública voltada à defesa de interesses individuais homogêneos de portadores de deficiência, antes da

---

[398] A inclusão explícita dos interesses individuais homogêneos no art. 3.º da lei só veio a partir da modificação feita pela Lei 13.146/2015.

modificação do art. 3.º da Lei 7.853/1989 trazida pela Lei 13.146/2015, não se subsumia ao art. 8.º, VI, da Lei 7.853/1989, mas, tão somente, ao art. 10 da LACP. Caso, porém, a requisição buscasse dados indispensáveis à propositura de ação civil pública que versasse interesses difusos e coletivos dos portadores de deficiência, seu descumprimento seria tipificado no art. 8.º, VI, da Lei 7.853/1989.

Com vistas a conferir efetividade às decisões proferidas nas ações civis a que se refere, a Lei 7.853/1989 ainda tipifica criminalmente, no inciso V do seu art. 8.º, a seguinte conduta: deixar de cumprir, retardar ou frustrar execução de ordem judicial expedida na ação civil a que alude esta Lei.

2.8.1.1.8 Prazos para conclusão

A Res. CNMP n. 23/2007 dispõe que o procedimento preparatório do inquérito civil, quando instaurado, deve ser concluído no prazo de 90 dias, **prorrogável por uma única vez**, em caso de motivo justificável.[399] Vencido esse prazo, o membro do Ministério Público promoverá seu arquivamento, ajuizará a respectiva ação civil pública ou o converterá em inquérito civil.[400]

No que se refere ao inquérito civil, a Res. CNMP 23/2007 impõe que seja concluído no prazo de um ano, **prorrogável pelo mesmo prazo**, **quantas vezes forem necessárias**, por decisão fundamentada de seu presidente, à vista da imprescindibilidade da realização ou conclusão de diligências, dando ciência ao Conselho Superior, à Câmara de Coordenação e Revisão competentes, ou à Procuradoria Federal dos Direitos do Cidadão, conforme disponha a respectiva lei orgânica. Cada Ministério Público, no âmbito de sua competência administrativa, poderá estabelecer prazo inferior, bem como limitar a prorrogação mediante ato administrativo do Órgão da Administração Superior competente.[401]

2.8.1.1.9 Arquivamento do inquérito civil e do procedimento preparatório e seu controle pelos órgãos de revisão

A LACP dispõe que, diante da "inexistência de fundamento para a propositura da ação civil", o órgão do Ministério Público promoverá o **arquivamento de inquérito civil ou das peças informativas**. E tal arquivamento, depois de ter sido promovido pelo órgão que teria atribuição para propor a ação civil pública, deve ser **remetido**, no prazo de **três dias**, sob pena de falta grave, ao controle do respectivo Conselho Superior:

> **Art. 9.º** Se o órgão do Ministério Público, esgotadas todas as diligências, se convencer da inexistência de fundamento para a propositura da ação civil, promoverá o arquivamento dos autos do inquérito civil ou das peças informativas, fazendo-o fundamentadamente.
>
> § 1.º Os autos do inquérito civil ou das peças de informação arquivadas serão remetidos, sob pena de se incorrer em falta grave, no prazo de 3 (três) dias, ao Conselho Superior do Ministério Público.[402]

---

[399] Res. CNMP 23/2007, art. 2.º, § 6.º.

[400] Res. CNMP 23/2007, art. 2.º, § 7.º.

[401] Res. CNMP 23/2007, art. 9.º, *caput* e § 1.º. No âmbito do MPSP, por exemplo, o despacho de prorrogação do prazo do inquérito civil, ressalvada a hipótese do art. 23, § 2.º, da LIA, deverá, a partir da segunda prorrogação após 30 de outubro de 2021, ser submetido ao CSMP, acompanhado de cópia dos despachos de prorrogações anteriores, e aquele colegiado analisará a justificativa apresentada para a prorrogação e deliberará a respeito, sendo que, se constatada prática de infração disciplinar, comunicará o fato à Corregedoria-Geral do MP (Res. 1.342/2021-CPJ, art. 22, §§ 2.º a 4.º).

[402] No Ministério Público da União, os órgãos de revisão são outros que não os respectivos Conselhos Superiores, conforme veremos no item 2.8.1.1.9 (Arquivamento do inquérito civil e do procedimento preparatório e seu controle pelos órgãos de revisão).

§ 2.º Até que, em sessão do Conselho Superior do Ministério Público, seja homologada ou rejeitada a promoção de arquivamento, poderão as associações legitimadas apresentar razões escritas ou documentos, que serão juntados aos autos do inquérito ou anexados às peças de informação.

§ 3.º A promoção de arquivamento será submetida a exame e deliberação do Conselho Superior do Ministério Público, conforme dispuser o seu Regimento.

§ 4.º Deixando o Conselho Superior de homologar a promoção de arquivamento, designará, desde logo, outro órgão do Ministério Público para o ajuizamento da ação.

Se o significado de inquérito civil é tranquilo, o mesmo já não se pode dizer da locução "peças informativas", ou "peças de informação". A importância de delimitar o seu significado é simples: o arquivamento de um inquérito civil ou peça de informação, necessariamente, tem de passar pelo controle do Conselho Superior (ou outro órgão revisor), e, consequentemente, apenas os expedientes em trâmite no Ministério Público que não forem nem inquérito civil, nem peça de informação, é que poderão ser arquivados na própria promotoria ou procuradoria, sem necessidade de homologação pelo órgão revisor.

Em sentido amplo, todos os elementos de convicção enviados por terceiros ao Ministério Público ou por ele obtidos em suas investigações são peças de informação. Portanto, inclusive o inquérito civil (com os elementos de convicção nele coligidos) seria uma peça de informação. O art. 9.º da LACP, porém, não tem sentido tão elástico, pois fala em inquérito civil **ou** peças informativas, deixando claro serem realidades distintas.

Note-se, ainda, que o art. 9.º se refere à necessidade do arquivamento das peças de informação após "esgotadas todas as diligências". Tais peças, portanto, devem ter sido coletadas em um *procedimento investigatório*. Logo, por peças de informação, a norma trata do conjunto de elementos de convicção colacionados pelo Ministério Público em um procedimento investigatório distinto do inquérito civil. Seria o caso, por exemplo, dos elementos reunidos em um procedimento preparatório de inquérito civil.

A Res. CNMP 174/2017 adotou, de maneira tácita, esse entendimento. Ao regulamentar as notícias de fato, definiu-as como demandas que ingressam no Ministério Público, tais como representações, requerimentos, notícias e documentos. E, ao dispor sobre o seu arquivamento, não previu a necessidade de sua homologação por órgão revisor (Conselho Superior ou Câmara de Coordenação e Revisão), a menos que o noticiante recorra contra o arquivamento. Consolida-se a percepção, portanto, de que apenas os *procedimentos investigatórios* (inquérito civil e seu procedimento preparatório) – categoria dentro da qual as notícias de fato não se inserem – têm seu arquivamento submetido necessariamente – independentemente da existência de recurso – a órgãos revisores.

Ora, como existem apenas dois procedimentos investigatórios na área de tutela coletiva – o inquérito civil e seu procedimento preparatório –, e a LACP, conforme visto, não considera o inquérito civil como peça de informação, resta concluir que por peças de informação consideram-se, apenas, os procedimentos preparatórios de inquérito civil.

Essa análise introdutória se revela ainda mais necessária quando se observa que a resolução que disciplina os inquéritos civis e procedimentos preparatórios no âmbito do MP-SP considera peças de informação realidades que, à luz da Res. CNMP 174/2017, não teriam esse *status*. Com efeito, conforme a resolução paulista, são peças de informação as que, acompanhando uma notícia de fato, sejam suficientes para, por si só, comunicar fato lesivo ou que enseje risco concreto de lesão a interesses transindividuais, independentemente do teor da representação, nos moldes dos arts. 6.º (provenientes de qualquer pessoa ou servidor público) e 7.º (provenientes do Judiciário) da LACP.[403]

---

[403] Art. 15, parágrafo único, da Res. 1.342/2021 – CPJ/MP/SP.

Frise-se que o regramento paulista não exige que as "peças de informação" tenham sido colhidas em um *procedimento investigatório*. Refere-se ele, em verdade, à qualidade das informações que instruem uma notícia de fato (representação, requerimento), independentemente da descrição da notícia de fato ou de eventual qualidade do remetente. A intenção dessa norma é submeter as notícias de fato que venham acompanhadas de peças de informação à disciplina prevista no art. 9.º da LACP (arquivamento e revisão do arquivamento pelo CSMP), diferenciando-os das representações ou requerimentos comuns, que, na mesma hipótese (inexistência de fundamento para eventual ação civil pública e, portanto, para instauração de prévio inquérito civil), podem ser simplesmente indeferidos, sem revisão por órgão superior (salvo na existência de recurso do representante).[404]

Diante da flagrante incompatibilidade do regramento paulista com aquele imprimido pela Res. CNMP 174/2017, cremos que a norma bandeirante deveria ser modificada, até porque a interpretação utilizada pelo CNMP é a que mais se amolda à regra da LACP.

Feitas tais considerações, reiteramos que o procedimento investigatório que se conforma à locução "peças informativas" ou "peças de informação" do art. 9.º da LACP é o procedimento preparatório de inquérito civil.

O procedimento preparatório ou o inquérito civil serão arquivados fundamentadamente por seu presidente, quando, esgotadas todas as possibilidades de diligências, ele se convença de que não existe fundamento para a propositura de ação civil pública.[405] Isso ocorrerá, por exemplo, quando se constatar:

a) que não houve lesão ou ameaça de lesão a um interesse cuja tutela incumbisse ao MP tutelar, ou não se conseguiu identificar um responsável por sua reparação (lesão) ou eliminação (ameaça); ou

b) que a lesão foi reparada ou a ameaça desapareceu, e não se vislumbra a necessidade de medidas adicionais (p. ex., a empresa poluidora reparou espontaneamente o dano ambiental e tomou medidas para que ele não se repita); ou

c) que o responsável pelo dano ou ameaça assinou perante o Ministério Público um termo de compromisso de ajustamento de conduta;[406]

d) que já há processo judicial em curso visando às medidas necessárias para salvaguarda do interesse lesado ou ameaçado.

Cremos que da Res. CNMP 174/2017 possa ser extraída, por analogia, **mais uma causa de arquivamento** do inquérito civil ou procedimento preparatório, por ela indicada como fundamento para arquivamento das notícias de fato:

e) se a lesão ao bem jurídico tutelado for manifestamente insignificante, nos termos de jurisprudência consolidada ou orientação do Conselho Superior ou de Câmara de Coordenação e Revisão.[407]

---

[404] Art. 15 da Res. 1.342-CPJ/MP/SP: "Não havendo recurso, a notícia de fato será arquivada na unidade que a apreciou, registrando-se no sistema respectivo, em ordem cronológica, ficando a documentação à disposição dos órgãos correcionais, salvo se a notícia de fato estiver instruída com peças de informação, hipótese em que os autos deverão ser remetidos para o Conselho Superior do Ministério Público no prazo de 3 (três) dias".

[405] LACP, art. 9.º; ECA, art. 223, § 1.º; EPI, art. 92, § 1.º; Res. CNMP, art. 10, *caput*.

[406] No item 2.10.1.6 veremos que, em alguns Ministérios Públicos, a simples celebração do termo de compromisso não conduz ao imediato arquivamento do procedimento, que somente ocorrerá se as obrigações pactuadas forem integralmente cumpridas.

[407] Art. 4.º, II.

178 INTERESSES DIFUSOS E COLETIVOS – VOL. 1

Caso o inquérito civil ou procedimento preparatório tenha por objeto mais de um fato, e haja necessidade de ação civil pública em face de apenas um deles, não basta ajuizar a ação em face de algum, e silenciar em relação aos demais. Esse **arquivamento implícito** esbarra no **princípio da obrigatoriedade**, que rege o Ministério Público. Ademais, ele contrariaria o disposto no art. 9.º da LACP. Na hipótese aventada, os fatos que não forem causa de pedir na ação civil pública deverão ser alvo de promoção de arquivamento, submetida à revisão do órgão competente.[408] Nesse caso, fala-se em **arquivamento parcial** do procedimento.

No caso de arquivamento, os autos do inquérito civil ou procedimento preparatório deverão ser **remetidos** com a promoção de arquivamento ao órgão de revisão competente, no prazo de **três dias**, sob pena de falta grave, contado da comprovação da efetiva cientificação pessoal dos interessados, através de publicação na imprensa oficial, quando não localizados os que devem ser cientificados.[409]

ATENÇÃO

Não é demais frisar que os autos **somente** serão remetidos ao órgão revisor **após a** comprovação da efetiva **cientificação** dos interessados, nos moldes indicados no parágrafo anterior.

Se o arquivamento do procedimento for parcial, como os autos originais terão instruído a ação civil pública, devem-se remeter ao órgão revisor apenas suas cópias, acompanhadas da promoção de arquivamento parcial e de cópias da inicial da ação civil.

A LACP e o ECA citam como órgão revisor do arquivamento, tão somente, o Conselho Superior do Ministério Público. O EPI fala em Conselho Superior ou Câmara de Coordenação e Revisão.[410] Nos Ministérios Públicos dos Estados, de fato, os respectivos Conselhos Superiores são os órgãos competentes para exercer tal controle.[411] Já no Ministério Público Federal e no do Distrito Federal e Territórios, a LOMPU, em substituição à LACP, atribuiu o poder revisor às diversas Câmaras de Coordenação e Revisão, cada qual competente para determinadas matérias.[412] O MPF tem uma particularidade: em caráter residual (*i.e.*, naqueles que não sejam da competência revisional das Câmaras de Revisão), o arquivamento será revisado pelo Núcleo de Apoio Operacional (NAOP) da Procuradoria Federal dos Direitos do Cidadão (PFDC/MPF) na respectiva Procuradoria Regional da República, podendo o Procurador da República responsável pelo procedimento revisado recorrer fundamentadamente da decisão do NAOP, em 15 dias, para o Procurador Federal dos Direitos do Cidadão.[413] Contudo, nos casos em que essas promoções de arquivamento tiverem por fundamento, total ou parcial, a celebração de Termo de Ajustamento de Conduta, sua revisão não caberá a um NAOP, mas sim ao próprio Procurador Federal dos Direitos do Cidadão.[414]

---

[408] Res. CNMP 23/2007, art. 13; Res. CSMPF 87/2006, art. 19-A.

[409] LACP, art. 9.º, *caput*, c.c. Res. CNMP 23/2007, art. 10, § 1.º.

[410] Art. 92, § 2.º.

[411] LONMP, art. 30.

[412] LOMPU, arts. 62, IV, e 171, IV, e art. 6.º, IV e § 1.º, da Res. CMPF 20/1996. As matérias estão definidas no art. 2.º dessa Resolução, conforme os seguintes setores: 1.ª Câmara – direitos sociais (feitos relativos à educação, à saúde, à moradia, à mobilidade urbana, à previdência – inclusive as complementares pública e privada –, à assistência social, aos conflitos fundiários), bem como fiscalização dos atos administrativos em geral; 3.ª Câmara – consumidor e ordem econômica; 4.ª Câmara – meio ambiente e patrimônio cultural; 5.ª Câmara – combate à corrupção; 6.ª Câmara – populações indígenas e comunidades tradicionais; 7.ª Câmara: controle externo da atividade policial e sistema prisional. A 2.ª Câmara somente tem competência criminal, não atuando na revisão de arquivamento de inquéritos civis e demais procedimentos de tutela de interesses difusos e coletivos.

[413] Portaria PFDC/MPF 06/2007, art. 1.º, IV, e Portaria PGR/MPF 653/2012, art. 3.º, I e § 2.º.

[414] Portaria PGR/MPF 653/2012, art. 3.º, I e §§ 1.º e 2.º.

O CSMP-SP, na súmula 46, adotava o entendimento de ter competência concorrente com as Câmaras de Coordenação e Revisão do MPF para controlar o arquivamento de inquéritos civis em matéria eleitoral. Todavia, diante do posicionamento firmado pelo TSE no RO 489.016 (2014) e no RO 474.642 (2013), no sentido de não ser aplicável a LACP (e, portanto, o inquérito civil) em matéria eleitoral, o CSMP-SP cancelou a súmula anterior, e alterou a redação da Súmula 43, que passou a dispor que "não há necessidade de remessa ao Conselho Superior do Ministério Público de promoções de arquivamento lançadas em procedimentos que tratem de matéria eleitoral, enquanto não sobrevier lei que preveja a possibilidade de revisão dos arquivamentos realizados".

Todo arquivamento de inquérito civil ou procedimento preparatório deve ser submetido à homologação de um órgão revisor? Não. Os arquivamentos promovidos pelo PGR não se submetem à homologação de órgão revisor. Com efeito, a CF de 1988 incumbiu às leis complementares de iniciativa dos respectivos procuradores-gerais estabelecerem a organização, as atribuições e o estatuto de cada Ministério Público (art. 128, § 5.º). A LOMPU[415] é essa lei complementar no que se refere ao MPU e atribui às Câmaras de Coordenação e Revisão o controle do arquivamento dos inquéritos civis, substituindo o papel que, nesse ponto, a LACP outorgava ao Conselho Superior.[416] Ocorre que a LOMPU exclui da competência das Câmaras o poder de rever os arquivamentos promovidos pelo Procurador-Geral da República:

> **Art. 62.** Compete às Câmaras de Coordenação e Revisão:
>
> (...)
>
> IV – manifestar-se sobre o arquivamento de inquérito policial, inquérito parlamentar ou peças de informação, exceto nos casos de competência originária do Procurador-Geral.

A locução "peças de informação", especificamente nesse inciso IV, abrange tanto o inquérito civil como seu procedimento preparatório.[417] Logo, o arquivamento desses procedimentos pelo PGR (*i.e.*, nos casos de sua atribuição originária), não estará sujeito à revisão.

Diferentemente, a LONMP, aplicável aos Ministérios Públicos Estaduais, não isenta os arquivamentos promovidos pelos Procuradores-Gerais de Justiça da necessidade de revisão perante os respectivos Conselhos Superiores, que são os órgãos revisores dos arquivamentos de inquéritos civis e procedimentos preparatórios no âmbito dos MPEs.

Cumpre também observar que enquanto o Conselho Superior do Ministério Público (ou outro órgão revisor competente) não homologar ou rejeitar a promoção de arquivamento, poderão as associações legitimadas apresentar razões escritas ou documentos, que serão juntados aos autos do inquérito ou anexados às peças de informação.[418] Na verdade, qualquer ente legitimado, e não apenas as associações, poderão exercer esse direito, e tais manifestações poderão ser a favor ou contra o arquivamento, e dar-se tanto nos inquéritos civis como nos procedimentos preparatórios.[419]

Se o órgão revisor deixar de homologar a promoção de arquivamento, tomará uma das seguintes providências:

a) converterá o julgamento em diligência para a realização de atos imprescindíveis à sua decisão, especificando-os e remetendo os autos ao membro do Ministério

---

[415] Lei Complementar 75, de 20 de maio de 1993.

[416] O papel revisor da PFDC não é previsto na LOMPU, mas em normas infralegais.

[417] De fato, a Res. CSMPF 20/1996, em seu art. 6.º, § 1.º, transparece que a expressão "peças de informação" empregada no citado inciso IV compreende quaisquer documentos que integrem procedimentos administrativos afetos à atribuição legal de órgão do Ministério Público Federal. Portanto, nela se inserem os IC, seus procedimentos preparatórios.

[418] LACP, art. 9.º, § 2.º; ECA, art. 223, § 3.º; EPI, art. 92, § 3.º.

[419] Res. CNMP 23/2007, art. 10, § 3.º.

Público que determinou seu arquivamento, e, no caso de recusa fundamentada, ao órgão competente para designar o membro que irá atuar;[420] ou

b) rejeitará o arquivamento, deliberando pelo prosseguimento do inquérito civil ou do procedimento preparatório, indicando os fundamentos de fato e de direito de sua decisão, adotando as providências relativas à designação de outro membro do Ministério Público para atuação;[421] ou

c) rejeitará o arquivamento, deliberando pelo ajuizamento da ação.[422]

> **ATENÇÃO**
>
> A despeito do que rezam a LACP e o ECA, o órgão competente para tal designação, nos Ministérios Públicos dos Estados, não é o órgão revisor (respectivo Conselho Superior), mas o respectivo Procurador-Geral de Justiça[423] Caso tenha sido este o autor do arquivamento não homologado, no Estado de São Paulo o Conselho Superior remete os autos diretamente ao substituto legal do PGJ, a quem cumpre prosseguir à frente do inquérito.[424]

Ressalvada a hipótese de conversão do julgamento em diligência, os autos não podem retornar para o mesmo membro que promoveu o arquivamento não homologado,[425] pois ele já expressou sua convicção pessoal pela desnecessidade da ação civil pública. Do contrário, haveria violação do princípio constitucional da independência funcional.

O esquema a seguir resume os possíveis desdobramentos do IC ou PPIC após o membro que o preside arquivá-lo:

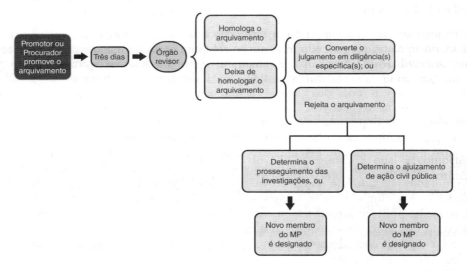

---

[420] Res. CNMP 23/2007, art. 10, § 4.º, I.
[421] Res. CNMP 23/2007, art. 10, § 4.º, II.
[422] LACP, art. 9.º, § 4.º; ECA, art. 223, § 5.º; EPI, art. 92, § 4.º.
[423] LONMP, art. 10, IX, d.
[424] LACP, art. 9.º, § 4.º; ECA, art. 223, § 5.º; Res. CNMP 23/2007, art. 11. A Res. CSMPF 87/2010, norma interna do MPF, prescreve solução diversa, especificamente para os casos em que o arquivamento não for homologado em razão de decisão que converta o julgamento em diligência. Segundo essa norma, só será designado outro membro caso o que presidir o procedimento recusar-se fundamentadamente a continuar à frente do caso (art. 18, I). Já se o arquivamento não for homologado em razão de decisão que determine a expedição de recomendação, a realização de proposta de ajustamento de conduta ou de ação civil pública, a regra interna do MPF é a mesma da Res. 23/2007 do CNMP: outro membro, necessariamente, deverá ser designado (art. 18, II).
[425] Res. CNMP 23/2007, art. 11.

CAP. 2 – AÇÃO CIVIL PÚBLICA | **181**

É importante sublinhar, por fim, que o fato de o Ministério Público haver arquivado o inquérito civil não gera, para o investigado, direito subjetivo de não vir a ser futuramente processado. Primeiro, porque a lei não prevê tal consequência. Segundo, porque, ao contrário do que se dá na ação penal pública, o Ministério Público não é titular privativo da ação civil pública: nada impede que algum dos demais colegitimados ajuíze a ação, se entender cabível.

2.8.1.1.10 Desarquivamento

O inquérito civil poderá ser desarquivado se, dentro de seis meses após seu arquivamento:

1. surgirem novas provas sobre o fato nele investigado;
2. emergir a necessidade de investigar um fato novo relevante, que tenha relação com o fato nele investigado, o inquérito civil poderá ser desarquivado.

Se algum desses eventos ocorrer após esse prazo, o inquérito civil não poderá ser desarquivado, mas poderá ser instaurado um novo inquérito civil, sem prejuízo das provas já colhidas no anterior.[426]

Caso o inquérito civil desarquivado novamente não resulte em ação civil pública, deverá submeter-se a novo arquivamento, conforme as regras vistas no item anterior.[427]

2.8.1.1.11 Princípio da publicidade x sigilo

Em regra, os atos praticados no inquérito civil e em seu procedimento preparatório são regidos pelo princípio da publicidade, pois configuram procedimentos administrativos (CF, art. 37). Basicamente, a publicidade do inquérito civil será assegurada nos termos do art. 7.º, §§ 2.º, 6.º, 7.º e 8.º, da Resolução CNMP 23/2007:

§ 2.º A publicidade consistirá:

I – na divulgação oficial, com o exclusivo fim de conhecimento público mediante publicação de extratos na imprensa oficial;

II – na divulgação em meios cibernéticos ou eletrônicos, dela devendo constar as portarias de instauração e extratos dos atos de conclusão;

III – na expedição de certidão e na extração de cópias sobre os fatos investigados, mediante requerimento fundamentado e por deferimento do presidente do inquérito civil;

IV – na prestação de informações ao público em geral, a critério do presidente do inquérito civil;

(...)

§ 6.º O defensor poderá, mesmo sem procuração, examinar autos de investigações findas ou em andamento, ainda que conclusos à autoridade, podendo copiar peças e tomar apontamentos, em meio físico ou digital.

§ 7.º Nos autos sujeitos a sigilo, deve o advogado apresentar procuração para o exercício dos direitos de que trata o § 6.º.

§ 8.º O presidente do inquérito civil poderá delimitar, de modo fundamentado, o acesso do defensor à identificação do(s) representante(s) e aos elementos de prova relacionados a diligências em andamento e ainda não documentados nos autos, quando houver risco de comprometimento da eficiência, da eficácia ou da finalidade das diligências.

---

[426] Res. CNMP 23/2007, art. 12, *caput*.
[427] Res. CNMP, art. 12, parágrafo único.

Há outras possíveis formas de publicidade. O MP-SP, por exemplo, determina, desde que não haja prejuízo para a investigação, a cientificação do noticiante acerca da instauração, a disponibilização da portaria no sistema informatizado próprio e no portal da Instituição,[428] bem como, desde que não haja prejuízo às investigações ou ao interesse público, a cientificação do interessado acerca da decisão de instauração do inquérito civil.[429]

Já o CNMP, juntamente com o CNJ (Conselho Nacional de Justiça), por meio da Resolução Conjunta 2, de 21 de junho de 2011, resolveram instituir um cadastro nacional de informações de ações coletivas, inquéritos civis e termos de ajustamento de conduta. Esse cadastro deve funcionar a partir de dois sistemas: um desenvolvido pelo CNMP, com informações de inquéritos civis e termos de ajustamento de conduta, e outro a cargo do CNJ, abrangendo informações de ações coletivas. Desde 2013, o cadastro funciona na *internet* sob o nome "Portal de Direitos Coletivos".

Especial atenção também merece ser dada às regras de fornecimento de informações a interessados em geral, inclusive à imprensa. Em cumprimento ao princípio da publicidade das investigações, nada obsta que o membro do Ministério Público preste informações, inclusive aos meios de comunicação social, acerca das providências adotadas para a apuração de fatos em tese ilícitos, **vedando-se tão somente a emissão ou antecipação de juízos de valor a respeito de apurações ainda não concluídas**.[430]

Também é de se lembrar o direito de advogados terem acesso aos autos, mesmo sem procuração, quando não estejam sujeitos a sigilo, e ainda que conclusos, assegurada a obtenção de cópias e a tomada de apontamentos. Contudo, se os autos forem sigilosos, o advogado necessitará apresentar procuração.[431]

Excepcionalmente, a publicidade dos atos poderá ser restringida. Isso se dará nos casos de sigilo legal, bem como naqueles cuja publicidade possa prejudicar as investigações, casos em que o sigilo, em prol do interesse público, poderá ser decretado, em decisão motivada.[432] É importante, porém, que tal restrição seja indispensável à segurança da sociedade ou do Estado, sob pena de afronta à Constituição (CF, art. 5.º, XXXIII).[433]

Ainda que decretado o sigilo, não é lícito negar ao advogado constituído o direito de ter acesso aos autos de inquérito civil, relativamente aos elementos já documentados nos autos e que digam respeito ao investigado. Por analogia, é de se aplicar a orientação da Súmula Vinculante 14 do STF, segundo a qual "é direito do defensor, no interesse do representado, ter acesso amplo aos elementos de prova que, já documentados em procedimento investigatório realizado por órgão com competência de polícia judiciária, digam respeito ao exercício do direito de defesa",[434] o que não inclui o acesso a dados de diligências ainda em curso (já que ainda não foram documentadas nos autos do procedimento).

Nessa esteira, o Estatuto da Advocacia foi alterado pela Lei 13.245/2016 para dispor que, na hipótese de sigilo das investigações, a autoridade que presida o procedimento investigatório poderá delimitar o acesso do advogado aos elementos de prova relacionados

---

[428] Res. 1.342/2021-CPJ/MP/SP, art. 19, V.

[429] Res. 1.342/2021-CPJ/MP/SP, art. 19, VI e 8.º, §§ 3.º e 4.º.

[430] Res. CNMP 23/2007, art. 8.º.

[431] Lei 8.906/1994, art. 7.º, XIV e XV.

[432] Res. CNMP 23/2007, art. 7.º, *caput*. Nesses casos, o MP/SP permite que se deixe de constar na Portaria inaugural as diligências iniciais, bem como dispensa a cientificação do noticiante e do investigado, e a disponibilização da Portaria no sistema informatizado e no Portal da Instituição (Res. 1.342/2021-CPJ/MP/SP, arts. 19, IV e VI, e 8.º, §§ 3.º e 4.º).

[433] O acesso às informações em poder de órgãos públicos da Administração direta e indireta, bem como do Ministério Público, Legislativo, Judiciário e Tribunais de Contas foi regulamentado pela Lei 12.527/2011, que, em seu art. 23, fornece critérios para a classificação de informações como indispensáveis à segurança da sociedade do Estado.

[434] RMS 28.949/PR, 1.ª T., rel. Min. Denise Arruda, j. 05.11.2009, *DJe* 26.11.2009; RMS 31.747/SP, 1.ª T., rel. Min. Teori Albino Zavascki, j. 11.10.2011, *DJe* 17.10.2011.

a diligências em andamento e ainda não documentadas nos autos, quando houver risco de comprometimento da eficiência, da eficácia ou da finalidade das diligências.[435]

A mesma lei alteradora inseriu no Estatuto dispositivo segundo o qual a não observância dessa regra, bem como o fornecimento incompleto de autos ou o fornecimento de autos em que houve a retirada de peças já incluídas no caderno investigativo implicará responsabilização criminal e funcional por abuso de autoridade do responsável que impedir o acesso do advogado com o intuito de prejudicar o exercício da defesa, sem prejuízo do direito subjetivo do advogado de requerer acesso aos autos ao juiz competente.[436]

No MP-SP há vedação expressa à possibilidade de retirar os autos do inquérito ou o procedimento preparatório da secretaria da Promotoria, muito embora possa o advogado (e, se não houver sigilo, qualquer pessoa) ter acesso aos autos nesse local.[437]

A restrição da publicidade poderá ser limitada, conforme seja suficiente, a determinadas pessoas, provas, informações, dados, períodos ou frases, cessando quando extinta a causa que a motivou.[438] Os documentos resguardados por sigilo legal serão autuados em apenso.[439]

2.8.1.1.12 Princípio inquisitivo, contraditório e ampla defesa

A Constituição Federal assegura aos litigantes, em processo judicial ou administrativo, e aos acusados em geral, o contraditório e a ampla defesa (CF, art. 5.º, LV).

No inquérito civil e em seu procedimento preparatório não há litigantes, uma vez que não configuram processo judicial, nem processo administrativo *stricto sensu*. Litigantes haverá, tão somente, se for proposta ação civil pública. Naqueles tampouco existem acusados, pois tais procedimentos, por si sós, não têm o condão de resultarem punição a quem quer que seja. Logo, os princípios da ampla defesa e do contraditório não lhes são exigíveis, a exemplo do que se dá no inquérito policial.[440]

A ausência de contraditório e de ampla defesa são características dos procedimentos investigatórios, **de natureza inquisitiva**, como é o caso do inquérito policial, do inquérito civil e de seu procedimento preparatório. Sem embargo, nestes procedimentos, em comparação com aquele, é visível uma mitigação do princípio inquisitivo, vislumbrando-se, ainda que limitadamente, alguns relances de contraditório e a presença de alguns meios de participação[441] inexistentes no inquisitivo policial. É o que se observa, por exemplo:

a) no direito do potencial investigado de contrarrazoar o recurso contra a decisão de indeferimento do requerimento (ou representação) de instauração de inquérito civil (Res. CNMP 23/2007, art. 5.º, § 3.º);

b) no direito de ser informado sobre a instauração do inquérito civil (admissível, por exemplo, em certos casos, no MP/SP), e no direito de obtenção de certidões, có-

---

[435] Lei 8.906/1994, art. 7.º, § 11.

[436] Lei 8.906/1994, art. 7.º, § 12.

[437] Res. 1.342/2021-CPJ/MP/SP, arts. 117 e 118.

[438] Res. CNMP 23/2007, art. 7.º, § 4.º.

[439] Res. CNMP 23/2007, art. 7.º, § 5.º.

[440] ALMEIDA, João Batista de. *Aspectos Controvertidos da Ação Civil Pública*. 2. ed. rev., atual. e ampl. São Paulo: RT, 2009. p. 175.

[441] Não há falar em defesa no inquérito civil, pelo menos no sentido em que tal palavra é empregada na locução "ampla defesa", já que, nessa expressão, pressupõe-se a existência, no bojo de um processo judicial ou administrativo, de uma pretensão para a aplicação de pena ou sanção contra alguém, que, contra tal pretensão, necessita de meios de defesa. Logo, pensamos que os meios dispostos nos inquéritos civis para a manifestação dos investigados são, mais propriamente, meios de participação, não de defesa.

pias e vista dos autos, ressalvada a hipótese de decretação de sigilo (Res. CNMP 23/2007, art. 7.º);

c) no direito, existente em alguns Estados, de o investigado recorrer administrativamente ao Conselho Superior do respectivo Ministério Público, contra a instauração do inquérito civil.

Além das hipóteses previstas nas normas citadas, convém frisar que o Estatuto da OAB (Lei 8.906/1994), em seu art. 7.º, XXI, a, e a Res. CNMP 23/2007, em seu art. 6.º, § 11, asseguram ao investigado, na apuração de infrações, ser assistido pelo advogado constituído nos autos, sob pena de nulidade absoluta do depoimento e de todos os elementos investigatórios e probatórios dele decorrentes ou derivados, direta ou indevidamente, podendo, inclusive, no curso da apuração, apresentar razões e quesitos. E, embora tais normas assim não determinem, nada obsta a que a autoridade que presida o procedimento faculte ao investigado ou a seu advogado fazer reperguntas durante as oitivas, e, desde que não haja prejuízo à investigação, tomar conhecimento prévio da data e local da realização de perícias, a fim de que possa, além de formular quesitos previamente à realização da diligência, acompanhá-la, indicar assistente técnico e fornecer as informações técnicas que desejar. Tais providências, por ampliarem a ampla defesa e o contraditório, robustecem a credibilidade das provas colhidas na fase extrajudicial.

2.8.1.1.13 Princípio da informalidade x rigorismo processual

O inquérito civil e o procedimento preparatório são procedimentos administrativos **informais**, por não haver uma rigorosa sequência de atos a ser seguida, cuja inobservância resultasse em sua nulidade. O presidente do procedimento é quem decide quais atos instrutórios serão praticados, e em que ordem.

Apesar disso, pode-se dizer que a informalidade, pelo menos do inquérito civil, não é absoluta, ante a disciplina que lhe é conferida na Resolução CNMP 23/2007 e nas normas específicas de cada Ministério Público. Aquela norma, por exemplo, prescreve a forma como tal procedimento deve ser instaurado (por meio de portaria, que deve preencher certos requisitos), o modo como devem ser formalizadas as diligências e demais provas neles produzidas (ofícios fundamentados e instruídos por cópias das portarias ou indicação do endereço eletrônico onde elas podem ser acessadas; documentação das diligências por meio de termos ou autos circunstanciados; juntada das provas aos autos na ordem cronológica de apresentação, devidamente numeradas), bem como regulamenta possíveis decisões, recursos administrativos e prazos.

2.8.1.1.14 Valor probatório

A prova colhida no inquérito civil e no procedimento preparatório tem valor relativo, pois não é produzida sob o contraditório e a ampla defesa. A exemplo do que se dá em relação ao inquérito policial, ela será útil para reforçar a prova colhida em juízo. Se, em vez disso, estiver em descompasso com a prova judicial, não terá serventia.[442]

---

[442] Nesse sentido: "O que no inquérito civil se apurar, quando regularmente realizado, terá validade e eficácia em juízo, podendo o magistrado valer-se dele para formar ou reforçar sua convicção, desde que não colidam com provas de hierarquia superior, como aquelas colhidas sob as garantias do contraditório. No caso, verificou-se a ausência de contraprova que afastasse a presunção relativa das provas produzidas no inquérito civil" (STJ, AREsp 1.417.207/MG, 2.ª T., rel. Min. Francisco Falcão, j. 17.09.2024, *DJe* 19.09.2024).

A despeito de seu valor relativo, não há como vislumbrar nulidade processual, nem mesmo impedimento à propositura da ação, em supostas falhas na produção da prova em tais procedimentos, uma vez que eles consistem em simples procedimentos administrativos, inquisitivos e informais, que sequer configuram condição de procedibilidade ou pressuposto processual da ação civil pública. É evidente, porém, que, se alguma prova foi produzida de maneira inapropriada, menor será seu poder para convencer o julgador.

Na direção oposta, a admissão do contraditório no inquérito civil, por anuência do seu presidente, poderá contribuir para conferir à prova nele produzida uma maior credibilidade em face do órgão judiciário.

Finalmente, nada impede que o apurado no procedimento seja utilizado para instruir um inquérito policial ou a futura ação penal, e vice-versa, ou seja, que o apurado em um inquérito policial seja empregado para instruir o inquérito civil ou a futura ação civil pública. Aliás, trata-se de praxe muito comum, visto que determinados fatos, ao mesmo tempo em que tipificam ilícitos penais, tornam necessária a propositura de ações civis para a prevenção ou a reparação do dano ou para imposição de sanções por improbidade administrativa (p. ex., crimes ambientais, crimes contra o consumidor, ou crimes contra a Administração Pública).

2.8.1.1.15 Conceito e natureza jurídica do inquérito civil e de seu procedimento preparatório

Após as características já explicitadas, pode-se definir o **inquérito civil** como o **procedimento administrativo investigatório, de natureza inquisitiva, informal, privativo do Ministério Público, e voltado à coleta de subsídios para a atuação judicial ou extrajudicial em defesa dos interesses transindividuais que incumbe àquela instituição tutelar.**

O **procedimento preparatório do inquérito civil**, por seu turno, **é o procedimento investigatório de natureza inquisitiva, informal, privativo do Ministério Público, cuja instauração pode ser cabível previamente a um inquérito civil, quando não houver certeza sobre a necessidade de instauração do inquérito ou sobre a atribuição de determinado membro do Ministério Público para instaurá-lo.**

Ambos têm natureza jurídica de procedimento administrativo.

2.8.1.2 As ferramentas dos demais legitimados: requerimentos de certidões ou informações

A LACP, em seu art. 8.º, *caput*, disponibiliza aos colegitimados outro meio de aparelhar sua petição inicial:

> **Art. 8.º** Para instruir a inicial, o interessado poderá requerer às autoridades competentes as certidões e informações que julgar necessárias, a serem fornecidas no prazo de 15 (quinze) dias.[443]

O Estatuto da Pessoa Idosa tem dispositivo semelhante, com prazo de resposta ainda mais exíguo:

> **Art. 91.** Para instruir a petição inicial, o interessado poderá requerer às autoridades competentes as certidões e informações que julgar necessárias, que serão fornecidas no prazo de dez dias.

---

[443] No mesmo sentido é o art. 222 do ECA.

186 | INTERESSES DIFUSOS E COLETIVOS - VOL. 1

Trata-se do instituto do **requerimento de certidões ou informações**. Não se cuida de instrumento destinado ao Ministério Público, que dispõe de outros expedientes mais eficazes para a obtenção de tais meios de prova (a requisição, por exemplo, cujo desatendimento pode configurar crime). Logo, a ferramenta é dirigida, principalmente, aos demais legitimados. Mas não apenas a eles.

Com efeito, é interessante assinalar que a lei fala em "interessado". Como bem salienta Carvalho Filho, o termo deve ser interpretado em sentido amplo, não se devendo limitá-lo aos legitimados à propositura da ação, mas a qualquer um que, possuindo real interesse na defesa de algum dos direitos ou interesses tuteláveis via ação civil pública, deseje obter a certidão ou as informações no fito de, posteriormente, provocar a atuação de algum dos entes legitimados ao ajuizamento.[444]

Anote-se que tanto os requerimentos de **certidões** como os de **informações** a órgãos públicos são direitos constitucionais (CF, art. 5.º, XXXIII e XXXIV, *b*). Convém que o requerente, porém, demonstre sua condição de interessado, sendo que, no caso de pessoa jurídica ou ente despersonalizado, deve evidenciar que os fins para os quais deseja obter a certidão ou as informações têm relação com seus objetivos institucionais. Qual será o remédio jurídico se a autoridade competente se recusar expressamente a atender ao requerimento do interessado, ou deixar de fazê-lo no prazo legal? Depende:

i. se o acesso à certidão ou à informação for imprescindível ao conhecimento do fato ou do direito a ser deduzido como causa de pedir na futura ação, ou seja, se a ausência desses dados inviabilizar a elaboração da petição inicial, será o caso de impetrar mandado de segurança, pois o direito de acessá-los é líquido e certo;

ii. se, apesar do direito líquido e certo à sua obtenção, o teor da informação ou da certidão já for conhecido, sendo necessário tão somente documentá-lo para fins de prova, o legitimado poderá preferir propor a ação civil pública e nela requerer que o magistrado determine ao órgão público competente o seu fornecimento (CPC, arts. 370, 378, 380, I e II, 396 e 399, I);

iii. se, por outro lado, a certidão ou informação for protegida por sigilo legal (ou constitucional), a recusa da autoridade competente será fundada, inexistindo direito líquido e certo à sua obtenção, de modo que só restará ao legitimado propor a ação civil pública desacompanhada de tais documentos, postulando ao magistrado que os requisite (LACP, art. 8.º, § 2.º).

2.8.2 Instrução ao longo do processo

Nas ações civis públicas são cabíveis todos os meios de prova legalmente previstos (principalmente os do CPC) e os moralmente legítimos (CPC, art. 369). Sua produção, em regras gerais, é ditada pelo CPC, que, como se sabe, aplica-se subsidiariamente ao CDC e à LACP.

Há algumas peculiaridades que merecem ser ressalvadas relativamente ao sistema LACP/CDC. A primeira delas diz respeito à questão da desnecessidade de os colegitimados anteciparem os honorários periciais, que trataremos no item 2.14, das considerações finais. A segunda se refere à inversão do ônus da prova e a terceira, ao poder instrutório ampliado do magistrado.

---

[444] CARVALHO FILHO, José dos Santos. *Ação Civil Pública*: Comentários por Artigo (Lei n. 7.347/1985). 7. ed. rev., ampl. e atual. Rio de Janeiro: Lumen Juris, 2009. p. 261.

2.8.2.1 Ônus da prova no processo coletivo

2.8.2.1.1 Noção de ônus da prova: aspectos subjetivo e objetivo

A expressão ônus vem do latim *onus*, que significa carga, fardo, peso, gravame. Não existe obrigação que decorra do descumprimento do ônus. Como bem observa o Professor Nelson Nery Junior, "o não atendimento do ônus da prova coloca a parte em desvantajosa posição para a obtenção do ganho da causa".[445]

A parte a quem a lei atribui um ônus tem interesse em dele se desincumbir; mas, se não o fizer, nem por isso será automaticamente prejudicado, já que o juiz, ao julgar a demanda, apreciará a prova constante dos autos, independentemente do sujeito que a tiver promovido (art. 371 do CPC).

Em doutrina, o ônus da prova costuma ser analisado sob dois aspectos:

a) **subjetivo:** recomenda determinada conduta às partes em um processo determinado, se não quiserem correr o risco de uma sentença desfavorável. O aspecto subjetivo do ônus da prova qualifica o contraditório, pois estimula as partes a participarem do processo e, assim, colaborarem com a produção de uma decisão mais justa. Daí ser correto dizer que se trata de *regra dirigida às partes*;[446]

b) **objetivo:** impõe ao juiz o dever de pronunciar-se de determinada maneira ante a ausência de prova – afinal, ainda que em dúvida, vedado lhe é invocar o *non liquet*. Nesse aspecto, o ônus da prova é uma *regra dirigida ao juiz* (regra de julgamento, portanto), que indica como ele deverá julgar caso não encontre a prova dos fatos. O ônus objetivo se enuncia como uma norma de caráter geral, aplicável a todos os processos.

Diz-se, em síntese, que o sentido subjetivo do ônus da prova relaciona-se com as partes, indicando quais fatos cada uma deverá provar. E o sentido objetivo é dirigido ao juiz, impondo-lhe o dever de julgar, mesmo ausentes quaisquer provas.

2.8.2.1.2 Ônus da prova como regra de julgamento

As regras do ônus da prova não são regras *de procedimento*, isto é, não são regras que estruturam o processo. A rigor, as regras do ônus da prova são *regras de julgamento e de aplicação subsidiária*. Vale dizer: somente se aplicam após a produção e valoração da prova, se e quando o julgador estiver em dúvida (situação de *non liquet*).

Se, por um lado, é forçoso reconhecer que a regra do ônus da prova, ao menos indiretamente, influencia no comportamento das partes no processo, pois constituem uma indicação quanto à sua atividade probatória (*ônus subjetivo*), por outro, não há como afastar a sua natureza de regra de juízo, isto é, de *regra de julgamento*, na medida em que cabe ao juiz, quando da prolação da sentença, proferir julgamento contrário àquele que tinha o ônus de provar e dele não se desincumbiu (*ônus objetivo*).

Diz-se que sua aplicação é subsidiária porque chega a ser dispensável o emprego das regras do ônus da prova caso o juiz forme sua convicção pelas provas produzidas nos autos.

---

[445] NERY JUNIOR, Nelson; NERY, Rosa Maria de Andrade. *Código de Processo Civil Comentado e Legislação Extravagante*. 10. ed. São Paulo: RT, 2007. p. 608.

[446] Nesse sentido, veja-se: BARBOSA MOREIRA, José Carlos. Julgamento e Ônus da Prova. *Temas de Direito Processual Civil – Segunda Série*. São Paulo: Saraiva, 1998. p. 74-75.

2.8.2.1.3 Regras de distribuição do ônus da prova

A distribuição do ônus da prova pode se dar de forma estática ou dinâmica, conforme admita ou não modificação no curso no processo, conforme as circunstâncias do caso concreto.

A distribuição do ônus da prova se diz **estática** quanto preestabelecida pela lei, em abstrato, sem levar em conta as circunstâncias do caso concreto. Era o caso do art. 333 do Código de Processo Civil de 1973, que, fiel ao princípio dispositivo, repartia o ônus da prova entre os litigantes nos seguintes moldes: incumbe ao autor a prova dos fatos constitutivos de seu direito (inciso I), e, ao réu, a existência de fatos modificativos, extintivos e impeditivos do direito do autor (inciso II).

Cada parte, portanto, tinha o ônus de provar os pressupostos fáticos do direito que pretenda seja aplicado pelo juiz na solução do litígio. Segundo o entendimento clássico, as regras emanadas do artigo sobredito seriam objetivas e fixas, distribuídas prévia e abstratamente pela lei, de forma imutável (*regra da distribuição estática do ônus da prova*).

Já na **distribuição dinâmica** do ônus da prova, a prova dos fatos cabe a quem estiver mais próximo dela e tiver maior facilidade para produzi-la. No caso, pouco importa a posição da parte (se autora ou ré); também não interessa a espécie do fato (se constitutivo, impeditivo, modificativo ou extintivo); o mais importante é que o juiz valore, no caso concreto, qual das partes dispõe das melhores condições de suportar o ônus da prova, e imponha o encargo de provar os fatos àquela que possa produzir a prova com menos inconvenientes, despesas, delongas etc., mesmo que os fatos objetos de prova tenham sido alegados pela parte contrária.

Isso não significa que o juiz pode agir de forma arbitrária, modificando o ônus da prova segundo seu livre entendimento. Ao contrário, a modificação do ônus da prova deve ser sempre pautada pela razoabilidade. Como bem observa Luiz Guilherme Marinoni, a modificação do ônus da prova só deve ocorrer quando "ao autor é impossível, ou muito difícil, provar o fato constitutivo, mas ao réu é viável, ou muito mais fácil, provar a sua inexistência".[447]

Por outras palavras, **a prova redirecionada deve ser possível**; se nenhuma das partes tem condição de provar o fato, não se admite que o juiz possa aplicar a teoria da distribuição dinâmica do *onus probandi*. A par disso, é necessário que o juiz, na fase do saneamento, ao determinar as provas necessárias, defina também a nova responsabilidade pela respectiva produção.[448]

Sobreleva ressaltar que, para o argentino Jorge W. Peyrano, um dos mentores da teoria da distribuição dinâmica, somente deve ser admitido o afastamento das normas legais sobre distribuição do ônus da prova em **caráter excepcional**, isto é, quando a aplicação da regra estática for manifestamente injusta.[449]

Vale dizer, a norma geral continua sendo a da distribuição estática do ônus da prova, baseada em regras objetivas e fixas, distribuídas prévia e abstratamente pela lei. Excepcionalmente, quando se constatar, de acordo com as circunstâncias do caso concreto, que a aplicação das normas legais sobre distribuição do ônus de prova resultará numa decisão manifestamente injusta, aí sim poderá o juiz repartir de modo diverso o ônus da prova, por meio de um julgamento lógico, capaz de revelar e fazer compreender, por meio de

---

[447] MARINONI, Luiz Guilherme. Formação da Convicção e Inversão do Ônus da Prova Segundo as Peculiaridades de Cada Caso Concreto. *Revista dos Tribunais*, v. 862, p. 21, ago. 2007.

[448] A propósito, veja-se: THEODORO JÚNIOR, Humberto. *Curso de Direito Processual Civil* – Teoria Geral do Direito Processual Civil e Processo de Conhecimento. 49. ed. Rio de Janeiro: Forense, 2008. p. 431.

[449] PEYRANO, Jorge W. Nuevos Lineamentos de las Cargas Probatórias Dinámicas. In: PEYRANO, Jorge W. (org.). *Cargas Probatórias Dinámicas*. Santa Fé: Rubinzal Culzoni, 2004. p. 19-25.

CAP. 2 – AÇÃO CIVIL PÚBLICA | **189**

adequada fundamentação, como formou de maneira racional sua convicção e quais os elementos que a determinaram.

2.8.2.1.4 Inversão do ônus da prova: convencional, legal ou judicial

As hipóteses de inversão do ônus da prova podem ser classificadas em três espécies:

a) **Inversão convencional:** é aquela que decorre de um acordo de vontades entre as partes, formado antes ou no curso do processo. Note-se que o art. 373, § 3.º, do CPC, ao mesmo tempo em que autoriza às partes distribuir de maneira diversa o ônus da prova, mediante convenção, estabelece alguns limites, vedando a mudança quando: (*i*) recair sobre direito indisponível da parte; e (*ii*) tornar excessivamente difícil a uma parte o exercício do direito. Outra limitação a essa espécie de inversão é encontrada no art. 51, VI, do CDC, que fulmina de nulidade as cláusulas que "estabeleçam inversão do ônus da prova em prejuízo do consumidor".

b) **Inversão legal (*ope legis*):** é aquela determinada previamente pela lei, no plano abstrato, independentemente da atuação do juiz e das circunstâncias do caso concreto. A lei determina *aprioristicamente* que, numa determinada situação, o ônus da prova será repartido de maneira diferente do regramento comum previsto no art. 373, I e II, do CPC. A rigor, as hipóteses de inversão legal do ônus da prova encerram verdadeiras *presunções legais relativas*. Por força dessa presunção, a parte que alega o fato está dispensada de prová-lo, cabendo à parte adversária o ônus da prova de que o fato não ocorreu.[450] Um bom exemplo de inversão legal é encontrado no art. 38 do CDC, que assim dispõe: "O ônus da prova da veracidade e correção da informação ou comunicação publicitária cabe a quem as patrocina". Por força desse dispositivo, quando o consumidor alega a enganosidade ou abusividade de uma determinada publicidade, o ônus de provar a veracidade e a correção do anúncio transfere-se automaticamente para o fornecedor patrocinador.

c) **Inversão judicial (*ope iudicis*):** é aquela que depende da apreciação subjetiva do magistrado. Diz-se judicial porque o legislador confere ao magistrado, ao apreciar o caso concreto, a possibilidade de repartir o ônus da prova de maneira diferente da regra geral do art. 373, I e II, do CPC, **invertendo-o no curso do processo**, desde que observadas as condições exigidas para tanto. A inversão *ope iudicis* do ônus da prova, portanto, é técnica processual, e parte do pressuposto de que o ônus pertenceria, à data da propositura da demanda, àquele em desfavor de quem foi feita a inversão. Assim, prevalece, *a priori*, a regra geral do art. 373, I e II, do CPC, podendo o juiz, no caso concreto, a depender das circunstâncias, excepcioná-la, dispondo de que forma será redistribuído o ônus da prova. Um bom exemplo de inversão judicial é encontrado no art. 6.º, VIII, do CDC, que flexibiliza as regras sobre a distribuição do ônus da prova, conferindo ao juiz a possibilidade de determinar a inversão desse ônus quando verificar, no processo, a presença da verossimilhança da alegação ou da hipossuficiência do consumidor.[451] Por depender de apreciação subjetiva do juiz, na análise de cada caso concreto, a aplicação da supracitada teoria da distribuição dinâmica do ônus da prova também encerra hipótese de inversão judicial.

---

[450] Nesse sentido, confira-se: DIDIER JR., Fredie et al. *Curso de Direito Processual Civil*. Teoria da Prova, Direito Probatório, Teoria do Precedente, Decisão Judicial, Coisa Julgada e Antecipação dos Efeitos da Tutela. 6. ed. Salvador: Juspodivm, 2011. v. II, p. 83.

[451] A análise do direito à inversão do ônus da prova previsto no art. 6.º, VIII, do CDC é feita no item 5.5.11.

190 INTERESSES DIFUSOS E COLETIVOS – VOL. 1

2.8.2.1.5 Inversão judicial do ônus da prova no microssistema de processo coletivo

O direito à inversão do ônus da prova, previsto no art. 6.º, VIII, do Código de Defesa do Consumidor, é instrumento relevante, que assegura a proteção privilegiada dos interesses do consumidor, devendo ser reconhecido tanto no plano da tutela individual quanto no plano da tutela coletiva, já que a própria legislação consumerista não faz distinção entre consumidor individual e coletividade (art. 81 do CDC).

Com efeito, o termo "consumidor" não pode ser entendido simplesmente como parte processual, mas sim como parte jurídica extraprocessual, ou seja, como o destinatário do propósito de proteção da norma. Essa é a única interpretação da norma que se compatibiliza com o mandamento constitucional de efetiva defesa dos interesses do consumidor (art. 5.º, XXXII, da CF).[452]

Trilhando esse entendimento, a jurisprudência pacífica do STJ tem reconhecido na inversão do ônus da prova um direito da coletividade de consumidores, e não do autor da ação. A título de exemplo, anote-se:

> Não há óbice a que seja invertido o ônus da prova em ação coletiva – providência que, em realidade, beneficia a coletividade consumidora –, ainda que se cuide de ação civil pública ajuizada pelo Ministério Público. Deveras, "a defesa dos interesses e direitos dos consumidores e das vítimas" – a qual deverá sempre ser facilitada, por exemplo, com a inversão do ônus da prova – "poderá ser exercida em juízo individualmente, ou a título coletivo" (art. 81 do CDC). Recurso especial improvido.[453]

Por outro lado, parte da doutrina e jurisprudência já vem preconizando a possibilidade de inverter o ônus da prova não apenas nas ações coletivas voltadas à defesa das relações de consumo, mas também nas que busquem resguardar outros tipos de direitos ou interesses transindividuais.

Como fundamento, alega-se que, quando o art. 21 da Lei 7.347/1985 determina a aplicação das regras do título III do CDC às ações civis públicas, não se deve interpretá-lo gramatical ou formalmente. Considerando que o título III do CDC trata da defesa do consumidor em juízo, é evidente que o propósito do art. 21 da LACP foi que incidissem sobre as ações civis públicas todas as normas processuais aplicáveis à defesa do consumidor. Sendo assim, a despeito de o art. 6.º, VIII, do CDC estar topograficamente fora do título III, é inegável que se trata de norma voltada à defesa do consumidor em juízo, e, portanto, que é aplicável às ações civis públicas, por força do princípio da integração.[454]

Tal posição vem sendo adotada pela 1.ª[455] e 2.ª Turmas do STJ, que, em casos de ações civis públicas ambientais, vem reforçada pela invocação do princípio ambiental da precaução. A título de exemplo, destaca-se:

> Processual civil e ambiental. Ação civil pública. Dano ambiental. Adiantamento de honorários periciais pelo *Parquet*. Matéria prejudicada. Inversão do ônus da prova. Art. 6.º, VIII, da Lei 8.078/1990 c/c o art. 21 da Lei 7.347/1985. Princípio da precaução.

---

[452] No mesmo sentido: FARIAS, Cristiano Chaves. A Inversão do Ônus da Prova nas Ações Coletivas: o Verso e o Reverso da Moeda. *Estudos de Direito do Consumidor*: Tutela Coletiva Homenagem aos 20 Anos da Lei da Ação Civil Pública. Rio de Janeiro: Lumen Juris, 2005. No mesmo sentido, confira-se: MARTINS, Lacerda. A Inversão do Ônus da Prova na Ação Civil Pública Proposta pelo Ministério Público em Defesa dos Consumidores. *Revista de Informação Legislativa*, Brasília, Subsecretaria de Edições Técnicas do Senado Federal, ano 36, n. 143, 1999.

[453] REsp 951.785/RS, 4.ª T., rel. Min. Luis Felipe Salomão, j. 15.02.2011. **Em igual sentido:** REsp 736.308/RS, 4.ª t., rel. Min. João Otávio de Noronha, *DJe* 02.02.2010; REsp 773.171/RN, 2.ª T., rel. Min. Antonio Herman Benjamin, *DJe* 15.12.2009.

[454] No mesmo sentido: LEONEL, Ricardo de Barros. *Manual do Processo Coletivo*. São Paulo: RT, 2002. p. 340-343.

[455] REsp 1.049.822/RS, rel. Min. Francisco Falcão, j. 23.04.2009, *DJe* 18.05.2009.

1. Fica prejudicado o recurso especial fundado na violação do art. 18 da Lei 7.347/1985 (adiantamento de honorários periciais), em razão de o juízo de 1.º grau ter tornado sem efeito a decisão que determinou a perícia.

2. O ônus probatório não se confunde com o dever de o Ministério Público arcar com os honorários periciais nas provas por ele requeridas, em ação civil pública. São questões distintas e juridicamente independentes.

3. Justifica-se a inversão do ônus da prova, transferindo para o empreendedor da atividade potencialmente perigosa o ônus de demonstrar a segurança do empreendimento, a partir da interpretação do art. 6.º, VIII, da Lei 8.078/1990 c/c o art. 21 da Lei 7.347/1985, conjugado ao Princípio Ambiental da Precaução.

4. Recurso especial parcialmente provido.[456]

Ressalte-se, porém, que o mesmo tribunal não admite a inversão do ônus da prova em ações de improbidade administrativa.[457]

Questão interessante consiste em saber se é possível fundar a inversão do ônus da prova não apenas no art. 6.º, VIII, do CDC, mas, também, na regra da distribuição dinâmica do ônus da prova.

Antes da entrada em vigor do atual Código de Processo Civil, boa parte da doutrina[458] já vinha admitindo a aplicação da carga dinâmica do ônus da prova no nosso processo civil brasileiro. A distribuição dinâmica seria uma decorrência da aplicação dos seguintes princípios:

a) **princípio da igualdade (art. 5.º, *caput*, da CF e art. 125, I, do CPC de 1973):** deve haver uma paridade de armas das partes no processo, promovendo-se um equilíbrio substancial entre elas, o que só será possível se atribuído o ônus da prova àquela que tem meios para satisfazê-lo;

b) **princípio da lealdade, boa-fé e veracidade (arts. 14, 16, 17, 18 e 125, III, do CPC de 1973):** nosso sistema não admite que a parte aja ou se omita, de forma ardilosa, no intuito deliberado de prejudicar a contraparte;

c) **princípio da solidariedade com o órgão judicial (arts. 339, 340, 342, 345 e 355 do CPC de 1973):** todos têm o dever de ajudar o magistrado a descortinar a verdade dos fatos; exige-se que a parte colabore em matéria de prova para que o juiz alcance a verdade;

d) **princípio do devido processo legal (art. 5.º, LIV, da CF):** devido processo legal é aquele que produz resultados justos e equânimes;

---

[456] REsp 972.902/RS, rel. Min. Eliana Calmon, j. 25.08.2009, *DJe* 14.09.2009.

[457] REsp 763.941/MG, 1.ª T., rel. Min. Luiz Fux, j. 13.03.3007, *DJ* 30.08.2007; REsp 765.958/PR, 2.ª T., rel. Min. Mauro Campbell Marques, j. 10.11.2009.

[458] Assim, entre outros: THEODORO JÚNIOR, Humberto. *Curso de Direito Processual Civil* – Teoria Geral do Direito Processual Civil e Processo de Conhecimento. 49. ed. Rio de Janeiro: Forense, 2008. p. 431; SOUZA, Wilson Alves. Ônus da Prova – Considerações sobe a Doutrina das Cargas Probatórias Dinâmicas. *Revista Jurídica dos Formandos em Direito da UFBA*, Salvador: UFBA, 1999, n. 6, p. 256; ALVES, Maristela da Silva. Esboço sobre o Significado do Ônus da Prova no Processo Civil. In: KNIJNIK, Danilo (coord.). *Prova Judiciária*. Estudos sobre o Novo Direito Probatório. Porto Alegre: Livraria do Advogado, 2007. p. 214; DIDIER JR., Fredie *et al. Curso de Direito Processual Civil.* Teoria da Prova, Direito Probatório, Teoria do Precedente, Decisão Judicial, Coisa Julgada e Antecipação dos Efeitos da Tutela. 6. ed. Salvador: Juspodivm, 2011. v. II, p. 95-102; DALL'AGNOL JUNIOR, Antonio Janyr. Distribuição Dinâmica do Ônus Probatório. *Revista dos Tribunais*, São Paulo: RT, 2001, n. 788, p. 98; MARINONI, Luiz Guilherme. Formação da Convicção e Inversão do Ônus da Prova Segundo as Peculiaridades do Caso Concreto. *Revista dos Tribunais*, v. 862, ago. 2007, p. 21. Manuel Dominguez cita farta doutrina italiana e espanhola nesse sentido, admitindo a distribuição judicial e casuística do ônus da prova, tendo em conta a normalidade e a facilidade probatória (DOMINGUEZ, Manuel Serra. *Estudios de Derecho Probatorio*. Lima: Libreria Communitas EIRI, 2009. p. 118-119).

192 | INTERESSES DIFUSOS E COLETIVOS – VOL. 1

e) **princípio do acesso à justiça (art. 5.º, XXXV, da CF):** garante a obtenção de tutela jurisdicional justa e efetiva.

Muitos de nossos tribunais, outrossim, vinham extraindo a regra da distribuição dinâmica de nosso sistema processual, especialmente em casos de responsabilidade civil do médico, uma vez que este, quando demandado, normalmente tem melhores condições de provar que agiu regularmente do que a vítima de provar sua atuação irregular – a despeito de, pela regra estática de distribuição do ônus da prova, a ele não caber tal ônus.[459] Encontram-se decisões que seguem essa orientação em causas de família, sobretudo nas ações de alimentos, impondo ao alimentante o ônus de provar seus rendimentos.[460]

Muito bem. Se doutrina e jurisprudência já vinham admitindo a aplicação dessa teoria nos processos civis individuais, com maior razão devia-se aceitá-la nos processos coletivos, nos quais se tutelam, em regra, direitos indivisíveis, indisponíveis e de interesse de toda a coletividade.

Com efeito, o direito coletivo, em decorrência das intrincadas e diversificadas questões que lhe incumbe solucionar, não pode ficar adstrito aos institutos clássicos do Direito Processual Individual Comum e, quanto às provas, mais se destaca a necessidade de se buscarem novos critérios normatizadores de sua produção e valoração, a fim de se alcançarem decisões consentâneas com a indiscutível essencialidade dos interesses envolvidos, cuja violação implica reflexos às presentes e futuras gerações.

A aplicação de velhas regras ortodoxas em sede de direitos transindividuais leva a uma inadequada tutela de direitos, frustrando a expectativa constitucionalmente legítima de amplo acesso à justiça. Assim, é preciso trilhar novos caminhos processuais a fim de se alcançar a necessária e adequada tutela coletiva, deixando de lado o formalismo e as regras inócuas do conhecido direito probatório, sempre que se revelarem insuficientes para a efetivação de tão especiais direitos, os quais devem ser assegurados por regras igualmente especiais.

As regras de distribuição do ônus da prova são o derradeiro expediente de que se vale o juiz para, diante de um quadro de carência probatória acerca de fato ou fatos relevantes, resolver a controvérsia veiculada no processo. Caso sejam traçadas apenas regras abstratas, rígidas e estáticas de distribuição desse ônus, pode haver casos concretos em que se torne impossível a produção de determinada prova pela parte que, em princípio, deveria instruir o processo, com a consequência inevitável de lhe ser negada a tutela de direitos.

Em síntese, a distribuição estática do ônus da prova pode fazer do processo apenas um arremedo de acesso à justiça. Para a plena efetividade do processo, é imprescindível o correto manejo da técnica, não escapando dessa realidade as regras sobre a instrução do processo, mas os instrumentos disponíveis devem ser adequados às exigências para a efetiva tutela do direito material, não bastando a previsão formal de meios inidôneos para a realização de direitos.

Por isso, a par da possibilidade de inversão do ônus da prova prevista no art. 6.º, VIII, do CDC – extensiva a todos os processos coletivos, por força do princípio da integração –, já entendíamos – mesmo antes da entrada em vigor do atual CPC – que a inversão também poderia ser empregada em decorrência da aplicação da teoria da distribuição dinâmica do ônus da prova, igualmente em *caráter excepcional* e, conforme já assinalado, desde que *a prova redirecionada fosse possível para a parte que recebesse o ônus.*

---

[459] REsp 69.309/SC, 4.ª T., rel. Min. Ruy Rosado de Aguiar, j. 18.06.1996, *DJ* 26.08.1996. Na Argentina, a aplicação jurisprudencial é farta, inclusive pela Suprema Corte (DALL'AGNOL JUNIOR, Antonio Janyr. Distribuição Dinâmica dos Ônus Probatórios. *Revista dos Tribunais*, v. 788, p. 100, jun. 2001).

[460] TJRS, Apelação Cível 70004756425, 7.ª Câmara Cível.

Nesse sentido, aliás, decidiu a 2.ª Turma do Superior Tribunal de Justiça, no emblemático julgamento do Recurso Especial 883.656/RS, da relatoria do Ministro Herman Benjamin (*DJe* 28.02.2012), referente a uma ação civil pública proposta pelo Ministério Público do Estado do Rio Grande do Sul com o objetivo de reparar dano ambiental. Na hipótese, a Egrégia Corte Superior admitiu a inversão do ônus da prova com fundamento tanto na aplicação aos processos coletivos da regra prevista no art. 6.º, VIII, do CDC, conjugada ao princípio da precaução, quanto na aplicação da teoria da distribuição dinâmica do ônus da prova. Pela importância do julgado, destaca-se trecho de sua ementa:

> Processual civil e ambiental. Ação civil pública. Responsabilidade civil ambiental. Contaminação com mercúrio. Art. 333 do Código de Processo Civil. Ônus dinâmico da prova. Campo de aplicação dos arts. 6.º, VIII, e 117 do Código de Defesa do Consumidor. Princípio da precaução. Possibilidade de inversão do *onus probandi* no Direito Ambiental. Princípio *in dubio pro natura*.

> Em Ação Civil Pública proposta com o fito de reparar alegado dano ambiental causado por grave contaminação com mercúrio, o Juízo de 1.º grau, em acréscimo à imputação objetiva estatuída no art. 14, § 1.º, da Lei 6.938/1981, determinou a inversão do ônus da prova quanto a outros elementos da responsabilidade civil, decisão mantida pelo Tribunal *a quo*.

> O regime geral, ou comum, de distribuição da carga probatória assenta-se no art. 333, *caput*, do Código de Processo Civil. Trata-se de modelo abstrato, apriorístico e estático, mas não absoluto, que, por isso mesmo, sofre abrandamento pelo próprio legislador, sob o influxo do ônus dinâmico da prova, com o duplo objetivo de corrigir eventuais iniquidades práticas (a *probatio* diabólica, p. ex., a inviabilizar legítimas pretensões, mormente dos sujeitos vulneráveis) e instituir um ambiente ético-processual virtuoso, em cumprimento ao espírito e letra da Constituição de 1988 e das máximas do Estado Social de Direito.

> No processo civil, a técnica do ônus dinâmico da prova concretiza e aglutina os cânones da solidariedade, da facilitação do acesso à Justiça, da efetividade da prestação jurisdicional e do combate às desigualdades, bem como expressa um renovado *due process*, tudo a exigir uma genuína e sincera cooperação entre os sujeitos na demanda.

A propósito, aliás, das ações ambientais, o entendimento do STJ cristalizou-se na Súmula 618, segundo a qual "A inversão do ônus da prova aplica-se às ações de degradação ambiental".

Anote-se ainda, por oportuno, que a teoria da distribuição dinâmica do ônus da prova foi adotada expressamente pelo atual Código de Processo Civil, em seu art. 373, que dispõe:

> **Art. 373.** O ônus da prova incumbe:

> I – ao autor, quanto ao fato constitutivo do seu direito;

> II – ao réu, quanto à existência de fato impeditivo, modificativo ou extintivo do direito do autor.

> § 1.º Nos casos previstos em lei ou diante de peculiaridades da causa, relacionadas à impossibilidade ou à excessiva dificuldade de cumprir o encargo nos termos do *caput* ou à maior facilidade de obtenção da prova do fato contrário, poderá o juiz atribuir o ônus da prova de modo diverso, desde que o faça por decisão fundamentada. Nesse caso, o juiz deverá dar à parte a oportunidade de se desincumbir do ônus que lhe foi atribuído.

> § 2.º A decisão prevista no § 1.º deste artigo não pode gerar situação em que a desincumbência do encargo pela parte seja impossível ou excessivamente difícil.

> (...)

A orientação adotada merece encômios. Escorada em autorizada doutrina, o atual CPC autoriza o juiz, diante de peculiaridades da causa, a modificar o ônus da prova nos casos em que a parte que deveria produzi-la segundo as regras estáticas e clássicas se vir impossibilitada de fazê-lo, ou, então, quando se afigurar mais fácil à parte adversa produzir a prova do fato contrário.

Também merece elogios o dispositivo em exame porque, em consonância com as garantias constitucionais do contraditório e da ampla defesa, condiciona a modificação do ônus da prova à possibilidade de a parte contrária dele se desincumbir, o que significa que: *(i)* a decisão que modifica o ônus da prova deve ser anterior ao encerramento da instrução; e *(ii)* a prova redirecionada deve ser possível (não se admite a prova diabólica reversa).

Pontue-se que no atual CPC a teoria do ônus dinâmico da prova é aplicada em caráter subsidiário, em consonância com a doutrina de Peyrano.

Isso posto, é correto afirmar que, a partir da entrada em vigor do atual CPC, não restam mais dúvidas nem incertezas sobre a incidência da teoria do ônus dinâmico da prova no direito brasileiro, seja nos processos individuais, seja nos processos coletivos. A aplicação do regime de distribuição do ônus da prova, previsto no art. 373 do atual CPC, ao microssistema de tutela jurisdicional coletiva – inclusive no que toca à possibilidade de distribuição dinâmica – está escudada na técnica do diálogo das fontes.[461]

Por fim, considerando a proximidade entre a regra de inversão do ônus da prova prevista no art. 6.º, VIII, do CDC, e a teoria da distribuição dinâmica, convém frisar onde elas se aproximam ou se diferenciam:

1) Em ambos os casos, a inversão é feita pelo juiz (*ope iudicis*), no curso do processo, ao analisar as circunstâncias do caso concreto;

2) No art. 6.º, VIII, do CDC, a inversão é admitida apenas em benefício de uma das partes, o consumidor, ao passo que a regra da distribuição dinâmica permite a inversão em prol de quaisquer das partes do processo;

3) No art. 6.º, VIII, do CDC, basta a verossimilhança da alegação para o juiz promover a inversão, independentemente da hipossuficiência do consumidor, enquanto na regra da distribuição dinâmica exige-se sempre a hipossuficiência probatória da parte beneficiada pela inversão.

2.8.2.2 *Poder instrutório ampliado do magistrado*

O art. 370 do CPC dispõe caber ao juiz, *de ofício* ou a requerimento da parte, determinar as provas necessárias ao julgamento do mérito. A atuação judicial probatória de ofício, contudo, deve ser comedida, já que é das partes o protagonismo na "apresentação da demanda, na formatação do objeto litigioso e, consequentemente, na instrução probatória".[462]

Se é verdade que no processo em geral a atuação probatória do Juízo deve ser excepcional, há que reconhecer que no processo coletivo seu poder instrutório é mais amplo que no processo clássico individual, justificando uma postura mais proativa. Uma das razões diz com a economia processual: considerando que as sentenças de improcedência por insuficiência de prova em ações coletivas de direitos transindividuais não fazem coisa

---

[461] O tema diálogo das fontes é estudado no Capítulo 5, item 5.3.7.

[462] Zulmar Duarte, in GAJARDONI, Fernando da Fonseca; DELLORE, Luiz; ROQUE, Andre Vasconcelos *et al. Processo de Conhecimento e Cumprimento de Sentença*: Comentários ao CPC de 2015. Rio de Janeiro: Forense; São Paulo: Método, 2018. v. 2, p. 247.

julgada material (CDC, art. 103, I e II), exaurir a dilação probatória num processo atual interessa para tornar desnecessária sua reiteração no futuro.

Além disso, uma atitude mais intensa do magistrado no processo coletivo se justifica em razão da indisponibilidade material (direitos difusos e coletivos) ou processual (direitos individuais homogêneos) envolvida, como já ressaltou o STJ:

> (...) 6. Malgrado o art. 370, *caput*, do CPC estabeleça poder instrutório amplo, em linha de princípio, deve ser utilizado somente de forma complementar, proporcionando às partes primeiramente se desincumbirem de seus ônus da forma que melhor lhes aprouver.

Contudo, no âmbito do processo coletivo, em razão do princípio da indisponibilidade da demanda coletiva, haverá um poder instrutório amplo para o juiz, uma vez que: a) deve fiscalizar a produção probatória, bem como atuar ativamente na sua produção, inclusive com a possibilidade de averiguar a deficiência do substituto processual em produzi-la; b) por serem os representantes escolhidos por um rol legal, ganha ainda mais destaque a função do juiz na instrução probatória, atuando ativamente, ainda que de forma complementar, suprindo eventual deficiência dos substitutos processuais.[463]

2.9 PARTICULARIDADES PROCEDIMENTAIS

Quando do estudo do objeto imediato do pedido,[464] vimos da leitura dos arts. 1.º, *caput*, 3.º e 4.º da LACP, bem como do art. 83 do CDC, que a **ação civil pública** disciplinada pelo microssistema resultante da integração CDC + LACP pode ser intentada visando aos mais diversos tipos de provimentos jurisdicionais.

Do exame dos mesmos dispositivos, em especial do art. 83 do CDC, infere-se que a **ação civil pública** pode ser processada, conforme o caso, segundo os diversos procedimentos previstos no CPC, diploma que lhe é aplicável subsidiariamente, por conta dos arts. 19 da LACP e 90 do CDC.

Assim, a ação civil pública de conhecimento poderá seguir, dependendo da causa de pedir e do pedido em jogo, diferentes ritos. O mais frequente é que ela se processe segundo o rito do procedimento comum. Poderá, porém, seguir os ritos dos procedimentos especiais do CPC (p. ex., ação civil pública de reintegração de posse).

Já a ação civil pública de execução também se submete, de forma geral, às regras de execução do CPC.[465]

É fato, porém, que a LACP, o CDC e algumas outras normas conferiram à ação civil pública algumas particularidades procedimentais, que afastam, nesses pontos, a aplicação do CPC, e merecerão tratamento no presente capítulo. Ressalvamos, contudo, que as peculiaridades referentes à execução de sentenças proferidas em ACPs serão por nós abordadas no item sobre liquidação e execução de sentenças, ao passo que as pertinentes à ação civil pública de improbidade serão analisadas no capítulo 6.

2.9.1 O edital nas ações sobre interesses individuais homogêneos

Observamos, nos itens pertinentes à assistência e litisconsórcio de não colegitimados,[466] ser possível às vítimas ingressarem como assistentes litisconsorciais (litisconsortes

---

[463] REsp 1.583.430/RS, 4.ª T., rel. Min. Luis Felipe Salomão, j. 23.08.2022, *DJe* 23.09.2022.

[464] Item 2.4.3.1.

[465] ALMEIDA, Gregório de Assagra. *Manual das Ações Constitucionais*. Belo Horizonte: Del Rey, 2007, p. 175.

[466] Itens 2.6.1.6. e 2.6.1.7.

INTERESSES DIFUSOS E COLETIVOS – VOL. 1

facultativos unitários supervenientes) nas ações civis públicas que tutelem interesses individuais homogêneos. Para possibilitar-lhes tomar conhecimento da ação, e, assim, exercer a faculdade de intervir no feito, o magistrado deve determinar a publicação de um **edital no órgão oficial**, comunicando aos eventuais interessados a propositura da ação. No mesmo desiderato, a lei ainda prevê a possibilidade de o ajuizamento ser amplamente divulgado nos meios de comunicação social, pelos órgãos de defesa do consumidor (CDC, art. 94).[467]

A ausência da publicação desse edital, contudo, não constitui nulidade hábil para ensejar a extinção da ação civil pública.[468]

2.9.2   Tutelas provisórias

O art. 12 da LACP prevê expressamente a possibilidade de concessão de decisões liminares em sede de ações civis públicas:

> **Art. 12.** Poderá o juiz conceder mandado liminar, com ou sem justificação prévia, em decisão sujeita a agravo.

À míngua de maior regulamentação quanto aos pressupostos e procedimento para a concessão de decisões liminares no microssistema processual coletivo, cumpre analisar como está disciplinada a matéria no CPC, que lhe é aplicável subsidiariamente.

Sob a égide do CPC/1973, as liminares podiam ter natureza cautelar ou de antecipação de tutela, conforme tivessem natureza assecuratória, visando a garantir a utilidade da futura tutela definitiva buscada no provimento final (sem antecipar seus efeitos), ou antecipassem ao autor, antes de uma tutela definitiva, os efeitos do provimento final. Entendia-se, portanto, que o art. 12 da LACP contemplasse as duas possibilidades de tutela.

O atual CPC tratou das liminares no âmbito das **tutelas provisórias**, que se dividem em **tutelas de urgência** (art. 300, cabíveis quando houver elementos que evidenciem a probabilidade do direito e o perigo de dano ou o risco ao resultado útil do processo) e **tutelas de evidência** (cabíveis nas hipóteses previstas no art. 311, independentemente da demonstração de perigo de dano ou de risco ao resultado útil do processo). As *tutelas de urgência*, por sua vez, ele reparte em **cautelares** e **antecipadas** (art. 294, parágrafo único). É em consonância com esse novo regramento que o art. 12 da LACP deve, doravante, ser aplicado.

As decisões interlocutórias sobre tutelas provisórias são atacáveis via agravo de instrumento (CPC, art. 1.015, I). Ainda que não estivesse nesse rol, o recurso seria cabível em razão do art. 19 da Lei das Ações Populares, aplicável às ações civis públicas por integrarem o mesmo microssistema de tutela coletiva.

Assim como a regra do art. 12 da LACP e do art. 84, § 3.º, do CDC, o atual CPC admite a concessão das tutelas de urgência antes ou depois de justificação prévia (art. 300, § 2.º).

2.9.2.1   Tutelas de urgência

Para concessão da tutela de urgência (*cautelar* ou *antecipada*), conforme o CPC de 2015 (art. 300, *caput*), pedem-se os seguintes pressupostos:

---

[467] "Art. 94. Proposta a ação, será publicado edital no órgão oficial, a fim de que os interessados possam intervir no processo como litisconsortes, sem prejuízo de ampla divulgação pelos meios de comunicação social por parte dos órgãos de defesa do consumidor."

[468] STJ, REsp 205.481/MG, 2.ª T., rel. Min. João Otávio de Noronha, j. 19.04.2005, *DJ* 01.08.2005.

(1) a demonstração da probabilidade do direito (*fumus boni iuris*); e

(2) o perigo de dano ou o risco ao resultado útil do processo (*periculum in mora*).

Nas ações civis públicas de obrigação de fazer ou não fazer, a tutela antecipada é tratada no § 3.º do art. 84 do CDC, *in verbis*:

> **Art. 84.** Na ação que tenha por objeto o cumprimento da obrigação de fazer ou não fazer, o juiz concederá a tutela específica da obrigação ou determinará providências que assegurem o resultado prático equivalente ao do adimplemento.
>
> (...)
>
> § 3.º Sendo relevante o fundamento da demanda e havendo justificado receio de ineficácia do provimento final, é lícito ao juiz conceder a tutela liminarmente ou após justificação prévia, citado o réu.

A relevância do fundamento da demanda, mencionada no § 3.º em destaque, deve ser interpretada como equivalente ao *fumus boni iuris* exigido para a tutela de urgência em geral.

Além dos pressupostos já mencionados (pressupostos positivos), a concessão da tutela antecipada depende de um *pressuposto negativo*: não pode haver perigo de irreversibilidade dos efeitos da decisão (CPC, art. 300, § 3.º). Se houver tal perigo, em sendo necessária a tutela de urgência, restará apenas a opção de uma tutela **cautelar**, como, por exemplo, o arresto, o sequestro, o arrolamento de bens, ou qualquer outra medida idônea para a asseguração do direito (art. 301).

O art. 4.º da LACP prevê a possibilidade de ajuizamento de *ações cautelares* para os fins dessa lei. À época da elaboração da LACP, o CPC vigente (de 1973) admitia a existência de um processo cautelar em separado do processo principal, deflagrado por ações cautelares preparatórias ou incidentais, e disciplinava o seu procedimento. O atual CPC, porém, não mais prevê tais modalidades processuais. Cremos, portanto, não ser mais possível invocar o art. 4.º da LACP para a propositura de ações civis públicas cautelares incidentais, devendo a tutela cautelar ser buscada segundo as regras do CPC de 2015.

Assim, à luz do CPC de 2015, a tutela cautelar na ação civil pública só pode ser obtida no mesmo processo (nos mesmos autos) do pedido principal (de tutela definitiva). Nesse processo, ela poderá ser requerida antes do pedido principal, a ser formulado no prazo de 30 dias da efetivação da tutela cautelar (art. 308), com eventual aditamento da causa de pedir (art. 308, § 2.º). Outra possibilidade é a formulação do pedido cautelar concomitantemente com o pedido principal (art. 308, § 1.º) ou depois dele (art. 294, parágrafo único).

Também a tutela antecipada só poderá ser obtida no mesmo processo do pedido principal. Caso a urgência seja contemporânea à propositura da ação, já na petição inicial formula-se o pedido de tutela antecipada e expõem-se a lide, o direito a ser realizado, e o perigo de dano ou de risco ao resultado útil do processo, indicando-se qual é a tutela final (art. 303, *caput*).

Seria possível ao magistrado decretar tutelas de urgência de ofício?

Discute a doutrina se seria facultado ao Judiciário decretar medidas cautelares de ofício. Para parte da doutrina, o art. 797 do CPC/1973[469] lhe permitiria fazê-lo em casos excepcionais, **desde que** existisse expressa autorização legal. Como o microssistema das ações civis públicas não traz autorização expressa, tal iniciativa não seria possível

---

[469] Não há dispositivo semelhante no atual CPC.

198 | INTERESSES DIFUSOS E COLETIVOS – VOL. 1

nessas ações.[470] Para outros, o art. 797 deveria ser interpretado no sentido de permitir as cautelares de ofício nos casos excepcionais, **ou** expressamente autorizados por lei. Assim, ainda na omissão legislativa, seria possível ao magistrado expedi-las *ex officio*, excepcionalmente, sempre que necessário garantir a efetividade da tutela jurisdicional.[471] Ademais, tal possibilidade decorreria do poder geral de cautela do magistrado, fundado no art. 5.º, XXXV, da CF.

No que diz respeito às tutelas antecipadas, era amplamente majoritário o entendimento doutrinário e jurisprudencial de não serem elas concebíveis sem prévio requerimento da parte interessada, em razão da redação do art. 273 do CPC/1973: "o juiz poderá, a requerimento da parte, antecipar (...)". A propósito:

> Embora os arts. 84 do CDC e 12 da Lei 7.347/1985 não façam expressa referência ao requerimento da parte para a concessão da medida de urgência, isso não significa que, quando ela tenha caráter antecipatório, não devam ser observados os requisitos genéricos exigidos pelo Código de Processo Civil, no seu art. 273. Seja por força do art. 19 da Lei da Ação Civil Pública, seja por força do art. 90 do CDC, naquilo que não contrarie as disposições específicas, o CPC tem aplicação.[472]

ATENÇÃO

Dentre os autores que esposavam o entendimento minoritário, encontra-se Gregório Assagra de Almeida, membro do Ministério Público de Minas Gerais, cujo pensamento goza de grande respeito naquela instituição. Para ele, "como está em jogo o interesse social na ação civil pública, o juiz poderá conceder a liminar de ofício ou a requerimento da parte, seja ela de natureza cautelar (...) seja ela de natureza de antecipação dos efeitos da tutela final pretendida (...)".[473] Sua posição acerca do tema foi adotada no concurso de ingresso àquele Ministério Público do ano de 2011.

De todo modo, quando requerida a tutela antecipada, mas juridicamente impossível a concessão da tutela específica,[474] é lícito ao juiz deferir, de ofício, liminar diversa da requerida pelo autor, para determinar providências que assegurem o resultado prático equivalente (CDC, art. 84, *caput*, c/c seu § 3.º).

Entretanto, deixando de lado o debate sobre a possibilidade de o juiz decretar ou não tutelas provisórias de ofício, não se discute que, uma vez tenham sido elas fixadas em ações de obrigações de fazer ou não fazer, o juiz poderá, para compelir ao seu cumprimento:

a) **a requerimento ou de ofício**, fixar multa diária (CDC, art. 84, § 4.º);[475]

b) **a requerimento ou de ofício**, modificar o valor ou a periodicidade da multa, ou até mesmo excluí-la, caso verifique que ela se tornou insuficiente ou excessiva, ou que houve cumprimento parcial superveniente da obrigação ou houve justa causa para o descumprimento (CPC, art. 537, § 1.º, I e II).

---

[470] No sentido do não cabimento: MAZZILLI, Hugo Nigro. *A Defesa dos Interesses Difusos em Juízo*. 22. ed. São Paulo: Saraiva, 2009. p. 502.

[471] MARINONI, Luiz Guilherme; ARENHART, Sérgio Cruz. *Manual do Processo de Conhecimento*. 5. ed. rev., atual. e ampl. São Paulo: RT, 2006. p. 56-57.

[472] STJ, REsp 1.178.500/SP, 3.ª T., rel. Min. Nancy Andrighi, j. 04.12.2012, *DJe* 18.12.2012.

[473] ALMEIDA, Gregório Assagra de. *Manual das Ações Constitucionais*. Belo Horizonte: Del Rey, 2007, p. 182-183.

[474] Sobre as hipóteses em que não é juridicamente possível a concessão da tutela específica da obrigação de fazer ou não fazer, *vide* item 2.11.1.1 (obrigações de fazer ou não fazer).

[475] "§ 4.º O juiz poderá, na hipótese do § 3.º ou na sentença, impor multa diária ao réu, independentemente de pedido do autor, se for suficiente ou compatível com a obrigação, fixando prazo razoável para o cumprimento do preceito."

Seria possível exigir imediatamente do réu as multas cominadas liminarmente?

O CPC preconiza que a multa imposta em tutela provisória ou na sentença que reconheça a exigibilidade de obrigação de fazer ou não fazer (multa cominatória/astreinte) é passível de execução provisória, devendo ser depositada em juízo, condicionado o seu levantamento ao trânsito em julgado da sentença favorável à parte (art. 537, § 3.º).

Como o CPC anterior não previa expressamente a possibilidade de cumprimento provisório de astreintes, durante muito tempo o STJ entendeu, predominantemente, ser ela inadmissível. Prevalecia a opinião de que sua execução somente seria admissível ao fim do processo de conhecimento, ou seja, após o trânsito em julgado da sentença ou acórdão que confirmasse a decisão fixadora da multa:

> Agravo regimental. Recurso especial. Multa diária fixada em antecipação de tutela. Execução provisória. Não cabimento. Exigência. Trânsito em julgado da sentença. Decisão agravada mantida. Improvimento.
>
> 1. É pacífica a jurisprudência nesta Corte no sentido de que a multa prevista no § 4.º do art. 461 do CPC só é exigível após o trânsito em julgado da sentença (ou acórdão) que confirmar a fixação da multa diária, que será devida, todavia, desde o dia em que se houver configurado o descumprimento. Precedentes.
>
> 2. Agravo Regimental improvido.[476]

Em fins de 2014, a jurisprudência do STJ evoluiu para admitir a execução provisória das astreintes, *i.e.*, antes do trânsito em julgado de sentença de mérito ou acórdão, bastando a confirmação da decisão antecipatória em sentença de mérito, desde que não penda recurso com efeito suspensivo.[477]

Já sob o art. 537, § 3.º, do CPC de 2015, pareceu ser possível avançar ainda mais, de modo a admitir a execução imediata da multa cominatória (astreintes), independentemente de sentença ou acórdão confirmatório, devendo o valor correspondente ser depositado em juízo, condicionado o seu levantamento ao trânsito em julgado da sentença favorável à parte por ela beneficiada. Nesse sentido chegaram a decidir a 2.ª e a 3.ª Turmas do STJ,[478] assim como nos manifestamos até a 11.ª edição desta obra. **Contudo**, em decisão da Corte Especial de 2023, o STJ manteve o entendimento de 2014, no sentido de que a execução provisória das astreintes somente se faz possível após a sentença de mérito que confirme a tutela antecipatória.[479]

A questão que se coloca, então, é se a disciplina aplicada ao processo civil individual seria aplicável às multas fixadas em ações civis públicas. É que o § 2.º do art. 12 da LACP dispõe que "a multa cominada liminarmente só será exigível do réu após o trânsito em julgado da decisão favorável ao autor, mas será devida desde o dia em que se houver configurado o descumprimento". Ou seja: não há referência na LACP à necessidade de uma sentença de mérito ou acórdão confirmatórios da multa cominatória, mas, tão só, ao trânsito em julgado da decisão interlocutória que a fixou.

Tema ainda mais específico é a possibilidade ou não de executar provisoriamente multas liminares em ações civis públicas fundadas na Lei 8.069/1990 – Estatuto da Criança

---

[476] AgRg no REsp 1.241.374/PR, 3.ª T., rel. Min. Sidnei Beneti, j. 28.05.2013, *DJe* 24.06.2013. No mesmo sentido: AgRg no AREsp 50.196/SP, 1.ª T., rel. Min. Arnaldo Esteves Lima, j. 21.08.2012, *DJe* 27.08.2012; REsp 903.226/SC, 5.ª T., rel. Min. Laurita Vaz, j. 18.11.2010, *DJe* 06.12.2010.

[477] Tese do Tema Repetitivo 743.

[478] AREsp 2.079.649/MA, 2.ª T., rel. Min. Francisco Falcão, j. 07.03.2023, *DJe* 10.03.2023; REsp 1.958.679/GO, 3.ª T., rel. Min. Nancy Andrighi, j. 23.11.2021, *DJe* 25.11.2021. Em sentido contrário: AgInt no REsp 1.851.904/SP, 4.ª T., rel. Min. João Otávio de Noronha, j. 15.05.2023, *DJe* 17.05.2023.

[479] EAREsp 1.883.876/RS, rel. p/ ac. Min. Luis Felipe Salomão, j. 23.11.2023, *DJe* 07.08.2024.

e do Adolescente (ECA) – ou na Lei 10.741/2003 – Estatuto da Pessoa Idosa (EPI). É que a letra do art. 213, § 3.º, do ECA e do art. 83, § 3.º, do EPI condiciona a execução de multas diárias ao trânsito em julgado de sentença favorável ao autor, ou seja, *veda sua execução provisória*.

Comecemos pelas ações civis públicas em geral. Pela redação da LACP, basta que transite em julgado a decisão que fixou a multa liminar, não se exigindo confirmação dessa decisão na sentença de mérito. Por exemplo, a decisão liminar transita em julgado, seja porque contra ela não houve recurso ou, se houve agravo de instrumento e o acórdão que o enfrentou manteve a liminar e transitou em julgado, antes mesmo da sentença de mérito seria possível executar provisoriamente a multa. **Contudo**, o STJ, na linha de sua jurisprudência para o processo civil individual, vem estendendo às ações civis públicas o requisito da prévia sentença de mérito para admitir o cumprimento provisório de astreintes.[480] É dizer o seguinte: não basta o trânsito em julgado da decisão liminar, sendo necessária a prolação de uma sentença confirmando a fixação da multa e que não haja recurso contra ela recebido no efeito suspensivo.

Já quanto à admissibilidade de cumprimento provisório das multas fixadas nas ações civis públicas fundadas no ECA e no EPI, há escassez de jurisprudência. Lembre-se de que, segundo a redação desses diplomas, a execução provisória não seria admissível. Somos da opinião, todavia, de que o advento do CPC de 2015 permite executá-las provisoriamente, pelas seguintes razões.

O ECA e o EPI foram promulgados numa época em que, para o processo individual, prevalecia o entendimento jurisprudencial da inadmissibilidade da execução provisória das multas liminares. Ou seja: ECA e EPI, nesse ponto, não eram normas especiais relativamente ao CPC de 1973, e simplesmente se amoldavam ao padrão processual em vigor.

O CPC de 2015, contudo, modificou o paradigma normativo vigente para, em homenagem ao princípio da efetividade processual, admitir explicitamente o cumprimento provisório das astreintes no processo individual. Trata-se de inovação que, portanto, derrogou as normas anteriores, ainda que a evolução interpretativa do STJ tenha antecipado, em alguns meses, a sistemática que viria a ser textualmente consagrada no atual CPC.

Portanto, não há como sustentar que as regras do ECA e do EPI, nesse ponto, seriam especiais em relação às normas processuais individuais, e, portanto, à luz do que dispõem o art. 2.º da Lei de Introdução às Normas do Direito Brasileiro (LINDB)[481] e o § 2.º do art. 1.046 da nova lei processual, não teriam sido derrogadas pelo atual CPC.[482] Esta, conquanto mais simples, não é a melhor interpretação.

Como se não bastasse, o alcance dessa inovação legislativa deve ser considerado à luz de outros paradigmas hermenêuticos, de maior importância.

O art. 5.º, XXXV, da Constituição da República consagra o *princípio da inafastabilidade do controle jurisdicional*, também denominado *princípio do direito à ação*. A essência desse princípio é o direito à tutela jurisdicional *adequada*. "A lei infraconstitucional que impedir a concessão da tutela jurisdicional *adequada* será ofensiva ao princípio constitucional do direito de ação".[483] A tutela provisória (de urgência ou da evidência) só será constitucionalmente adequada caso seja apta a compelir seu destinatário a adimpli-la. Sem

---

[480] REsp 1.414.439/RS, 6.ª T., rel. Min. Rogerio Schietti Cruz, j. 16.10.2014, *DJe* 03.11.2014; REsp 1.617.910/MG, 2.ª T., rel. Min. Herman Benjamin, j. 18.10.2016, *DJe* 25.10.2016.

[481] Art. 2.º, § 2.º: "A lei nova, que estabeleça disposições gerais ou especiais a par das já existentes, não revoga nem modifica a lei anterior".

[482] "§ 2.º Permanecem em vigor as disposições especiais dos procedimentos regulados em outras leis, aos quais se aplicará supletivamente este Código."

[483] NERY JUNIOR, Nelson. *Princípios do Processo na Constituição Federal* – Processo Civil, Penal e Administrativo. 9. ed. São Paulo: RT, 2009. p. 172.

a ameaça imediata de ver seu patrimônio restringido, poucos se disporão a atender ao comando liminar, e o direito substantivo sob ataque ou ameaça continuará desprotegido. Não por outra razão, que não visando à efetividade do direito à ação, o atual CPC tornou possível o cumprimento provisório das multas liminares.

Por outro lado, o art. 6.º, VI, do CDC dispõe ser direito básico do consumidor "a efetiva prevenção e reparação de danos patrimoniais e morais, individuais, coletivos e difusos". Trata-se de norma aplicável, por força do princípio da integração, às ações civis públicas em geral. Não há como conceder efetiva prevenção e reparação judicial sem a disponibilização de medidas liminares eficazes e, para tanto, passíveis de cumprimento provisório.

Ainda, deve ser considerado o art. 5.º da LINDB, que proclama que, na aplicação da lei, o juiz atenderá aos fins sociais a que ela se dirige e às exigências do bem comum. Nessa ótica, não há sentido em afastar do alcance da regra do atual CPC justamente seres humanos que, em razão de suas peculiares circunstâncias (desenvolvimento incompleto ou idade avançada), encontram-se em situação de especial vulnerabilidade.

Ademais, a restrição do alcance da inovação do CPC equivaleria a inverter a ordem de importância dos fins sociais da jurisdição: à tutela coletiva, em que a função de pacificação social do processo assume relevo superlativo, seria conferido um grau de efetividade muito menor que o do processo individual, mormente voltado a direitos patrimoniais e disponíveis.

Nessa quadra, obtempera-se que o diálogo entre o microssistema de tutela processual coletiva e o atual Código de Processo Civil deve ser feito, sempre, sob a consideração da Constituição Federal. Em sendo assim, identificada uma norma posterior que representa uma clara **evolução** no sistema ordinário de tutela processual, não há como afastar a incidência dessa norma do microssistema de tutela coletiva, sob pena de se conferir insuficiente proteção aos direitos fundamentais por ele tutelados.

Nesse diálogo internormativo, portanto, a incidência do art. 537, § 3.º, do CPC nas ações civis públicas em geral (inclusive em prol de crianças, adolescentes e idosos) se torna imperativa, com vistas a tornar mais efetiva a tutela de direitos fundamentais de segunda e terceira dimensão.

2.9.2.2 Tutelas de evidência

O atual CPC denomina como *tutela de evidência* uma tutela provisória e satisfativa que não depende do *periculum in mora*, mas, como o próprio nome indica, exige o *fumus boni iuris*, ou seja, a evidência do direito invocado.

Essa espécie de tutela se funda em hipóteses em que a defesa é inconsistente ou provavelmente o será.[484] Nos incisos I e IV do art. 311, calca-se na constatada inconsistência da defesa. Já nos incisos II e III, como admite que o magistrado decida liminarmente (antes da apresentação da defesa), presume que a defesa será inconsistente. Para melhor visualização das hipóteses, segue o dispositivo em comento:

> **Art. 311.** A tutela da evidência será concedida, independentemente da demonstração de perigo de dano ou de risco ao resultado útil do processo, quando:
>
> I – ficar caracterizado o abuso do direito de defesa ou o manifesto propósito protelatório da parte;
>
> II – as alegações de fato puderem ser comprovadas apenas documentalmente e houver tese firmada em julgamento de casos repetitivos ou em súmula vinculante;

---

[484] MARINONI, Luiz Guilherme; ARENHART, Sérgio Cruz; MITIDIERO, Daniel. *Novo Código de Processo Civil Comentado*. São Paulo: RT, 2015. p. 322-323.

202 | INTERESSES DIFUSOS E COLETIVOS – VOL. 1

III – se tratar de pedido reipersecutório fundado em prova documental adequada do contrato de depósito, caso em que será decretada a ordem de entrega do objeto custodiado, sob cominação de multa;

IV – a petição inicial for instruída com prova documental suficiente dos fatos constitutivos do direito do autor, a que o réu não oponha prova capaz de gerar dúvida razoável.

Parágrafo único. Nas hipóteses dos incisos II e III, o juiz poderá decidir liminarmente.

Note-se que a hipótese do inciso I do art. 311 do atual CPC, no CPC anterior, era autorizadora de antecipação dos efeitos da tutela (art. 273, II).

As *tutelas de evidência* também são possíveis nas ações civis públicas, ante a aplicabilidade subsidiária do CPC.

2.9.2.3 Limitações

2.9.2.3.1 Art. 16 da LACP

Um fator, ainda que indireto, de restrição às tutelas provisórias em ações civis públicas era o art. 16 da LACP na redação conferida pela Lei 9.494/1997:

Art. 16. A sentença civil fará coisa julgada *erga omnes*, nos limites da competência territorial do órgão prolator, exceto se o pedido for julgado improcedente por insuficiência de provas, hipótese em que qualquer legitimado poderá intentar outra ação com idêntico fundamento, valendo-se de nova prova.

Conforme antecipamos quando do estudo da conexão, a validade e a aplicabilidade de tal dispositivo legal eram extremamente controvertidas, questões que serão tratadas mais a fundo quando do exame da coisa julgada. De todo modo, não há dúvida de que, dependendo da aplicabilidade desse art. 16 (cuja redação ora em comento foi declarada inconstitucional pelo STF), poderia haver repercussão quanto à eficácia territorial das tutelas provisórias.

Com efeito, caso se entendesse que o provimento principal somente surtiria efeitos em determinada comarca, abrir-se-ia espaço para se defender que as liminares assecuratórias, por possuírem natureza instrumental, surtiriam os efeitos estritamente necessários para assegurar a preservação do objeto no território em questão, ao passo que as liminares satisfativas, por tão somente anteciparem os efeitos do provimento final, também estariam submetidas aos mesmos lindes territoriais que o encerrariam.

2.9.2.3.2 Oitiva prévia dos representantes judiciais da Fazenda Pública

Dispõe o art. 2.º da Lei 8.437/1992:

Art. 2.º No mandado de segurança coletivo e na ação civil pública, a liminar será concedida, quando cabível, após a audiência do representante judicial da pessoa jurídica de direito público, que deverá se pronunciar no prazo de setenta e duas horas.

Tal preceito normativo, visando a evitar graves prejuízos ao Poder Público, impõe a instalação do contraditório previamente à apreciação de qualquer liminar requerida em face de pessoa jurídica de direito público.

Por força do art. 1.059 do CPC/2015, a norma é aplicável às tutelas provisórias de emergência ou de evidência. Sem embargo, somente incide quando as tutelas provisórias possam atingir a esfera jurídica de pessoas jurídicas de direito público. As pessoas jurídicas de direito privado, portanto, não poderão invocá-la, ainda que componham a Administração indireta (p. ex., empresas públicas, sociedades de economia mista).

Em regra, o comando do art. 2.º da Lei. 8.437/1992 é válido, e sua inobservância importará a nulidade da tutela, por cerceamento de defesa e violação do contraditório. Sem embargo, a norma em análise não pode ser tida como absoluta. Ela poderá ser excepcionada quando, no caso concreto, verificar que seu atendimento geraria risco de dano irreparável ou de difícil reparação aos bens que se pretende tutelar na ação. Esse risco haverá quando a urgência for tanta que não seja possível aguardar as 72 horas, ou se, ao se dar ciência à pessoa jurídica de direito público, esta puder tomar medidas que tornem ineficaz a futura decisão. Nesses casos, justifica-se o controle difuso de constitucionalidade, afastando-se a aplicação do preceito legal por não ser ele razoável em face da garantia constitucional de acesso à adequada tutela jurisdicional (CF, art. 5.º, XXXV).

Exatamente nessa linha, o STF já entendeu ser imprescindível, em um determinado caso, a prévia intimação da Fazenda Pública, por não haver risco de perecimento de direito ou prejuízo irreparável à parte interessada. *A contrario sensu*, admitiu a possibilidade de a oitiva prévia ser excepcionalmente dispensada quando algum daqueles riscos estiver presente:

> Constitucional. Processual civil. Medida cautelar: liminar. Lei 8.437, de 30.06.92, art. 2.º e art. 4.º, § 4.º, redação da Med. Prov. 1.984-19, hoje Med. Prov. 1.984-22. Ordem pública: conceito. Princípios constitucionais: CF, art. 37. Economia pública: risco de dano. Lei 8.437, de 1992, art. 4.º.
>
> (...)
>
> II – Lei 8.437, de 1992, art. 2.º: no mandado de segurança coletivo e na ação civil pública, a liminar será concedida, quando cabível, após a audiência do representante judicial da pessoa jurídica de direito público, que deverá se pronunciar no prazo de setenta e duas horas. Liminar concedida sem a observância do citado preceito legal. Inocorrência de risco de perecimento de direito ou de prejuízo irreparável.

No voto do Ministro Carlos Velloso, a linha de raciocínio acolhida no acórdão ficou mais transparente:

> Concedo que, na iminência de perecimento de direito, ou na possibilidade de ocorrer prejuízo de difícil ou quase impossível reparação, poderia o juiz, em decisão fundamentada (CF, art. 93, IX), conceder a cautelar sem a oitiva do representante judicial da pessoa jurídica de direito público.[485]

A mesma opinião vem sendo esposada na doutrina.[486]

2.9.2.3.3   Restrições das Leis 8.437/1992 e 9.494/1997

A despeito de voltadas não apenas às ações civis públicas, mas a ações cíveis em geral ajuizadas em face do Poder Público, convém estudarmos as normas a seguir, dada a frequência com que a Fazenda Pública figura no polo passivo das ações coletivas.

---

[485] Pet 2.066 Agr/SP, Pleno, rel. Min. Marco Aurélio, j. 19.10.2000, *DJ* 28.02.2003.

[486] CARVALHO FILHO, José dos Santos. *Ação Civil Pública*: Comentários por Artigo (Lei n. 7.347/85). 7. ed. rev., ampl. e atual. Rio de Janeiro: Lumen Juris, 2009. p. 361-362; DIDIER JÚNIOR, Fredie; ZANETI JÚNIOR, Hermes. *Curso de Direito Processual Civil*. 3. ed. Salvador: Juspodivm, 2008. v. 4, p. 333-336; DINAMARCO, Pedro da Silva. *Ação Civil Pública*. São Paulo: Saraiva, 2001. p. 320; MAZZILLI, Hugo Nigro. *A Defesa dos Interesses Difusos em Juízo*. 22. ed. São Paulo: Saraiva, 2009. p. 504.

Do art. 1.º da Lei Federal 8.437/1992 interessam-nos o *caput* e seu § 3.º:

Art. 1.º Não será cabível medida liminar contra atos do Poder Público, no procedimento cautelar ou em quaisquer outras ações de natureza cautelar ou preventiva, toda vez que providência seme-lhante não puder ser concedida em ações de mandado de segurança, em virtude de vedação legal.

(...)

§ 3.º Não será cabível medida liminar que esgote, no todo ou em qualquer parte, o objeto da ação.

Aqui, vale a mesma ressalva feita no tópico anterior. Por força do art. 1.059 do CPC/2015, no que se refere ao art. 1.º da Lei 8.437/1992, onde se lê liminar, deve-se entender *tutela provisória*. O mesmo vale para os nossos comentários a seguir.

Do *caput* do art. 1.º anteriormente reproduzido, extrai-se a proibição de deferimento de liminares contra atos do Poder Público, em procedimentos cautelares ou ações inibitórias, todas as vezes que mesma medida for vedada em um mandado de segurança. Já do § 3.º infere-se ser vedada a liminar que gere efeitos irreversíveis, ou seja, que, uma vez deferida, torne impossível o retorno ao *status quo ante*.

Frise-se, porém, que, na época da elaboração dessa norma, o CPC/1973 ainda não previa a figura da antecipação dos efeitos da tutela. Somente a partir da Lei 8.952/1994 é que se alterou a redação dos arts. 273 e 461 do CPC/1973, para se disciplinarem as liminares satisfativas. Para que não houvesse dúvidas quanto à aplicabilidade da Lei 8.437/1992 às liminares satisfativas, a Lei 9.494/1997, por meio de seu art. 1.º, estendeu expressamente a elas a aplicação do art. 1.º daquela norma:

Art. 1.º Aplica-se à tutela antecipada prevista nos arts. 273 e 461 do Código de Processo Civil o disposto nos arts. 5.º e seu parágrafo único e 7.º da Lei n.º 4.348, de 26 de junho de 1964, no art. 1.º e seu § 4.º da Lei n.º 5.021, de 9 de junho de 1966, e nos arts. 1.º, 3.º e 4.º da Lei n.º 8.437, de 30 de junho de 1992.

A partir de então já não se podia discutir que, *sob o ponto de vista da lei ordinária*, estavam vedadas não apenas as liminares cautelares, como também as satisfativas, contra atos do Poder Público, sempre que elas não pudessem ser concedidas em mandados de segurança, ou esgotassem, no todo ou em parte, o objeto da ação (ou seja, quando seus efeitos fossem irreversíveis).

O atual CPC fez questão de frisar que o art. 1.º da Lei 8.437/1992 é aplicável à tutela provisória requerida contra a Fazenda Pública, ou seja, alcança não apenas a tutela cautelar ou antecipada (tutelas de urgência), como também a tutela de evidência.[487]

A mesma lógica sustentada para afastar a obrigatoriedade de oitiva prévia da Fazenda Pública (garantia constitucional do acesso à adequada prestação jurisdicional) não tardou a ser invocada nos tribunais, desta vez, para repelir as limitações do art. 1.º da Lei 9.494/1997. Não obstante, em 1998, o STF concedeu medida cautelar nos autos da Ação Declaratória de Constitucionalidade (ADC) 4, por força da qual se suspenderam liminarmente, *ex nunc*, e com efeito vinculante, até o julgamento final da ação, as decisões de concessão de tutela antecipada contra a Fazenda Pública que tivessem por pressuposto a constitucionalidade ou a inconstitucionalidade do citado dispositivo legal, sustando-se, igualmente *ex nunc*, os efeitos futuros das decisões já proferidas, nesse sentido. A ADC foi julgada procedente em 2008, tornando definitiva a medida cautelar deferida.

Note-se, porém, que, mesmo após a suspensão cautelar das decisões fundadas na inconstitucionalidade do art. 1.º da Lei 9.494/1997, continuou-se sentindo a necessidade,

---

[487] Art. 1.059.

em alguns casos concretos, de mitigar o seu rigor, para evitar danos irreparáveis à parte interessada na antecipação. Como já não era possível a declaração incidental de sua inconstitucionalidade, a saída do STJ foi passar a conferir-lhe uma interpretação restritiva, para afastar sua incidência em hipóteses especialíssimas, nas quais estivessem evidentes **a força maior, o estado de necessidade** ou **a exigência de preservação da vida humana**:

> Processual civil. Ação de indenização. Transplante de rim malsucedido. Tutela antecipada. Apelação recebida em ambos os efeitos. Excepcionalidade dos efeitos da antecipação para garantir pagamento de pensão indispensável à sobrevivência do apelado. Inaplicabilidade, no caso, do artigo 1.º da Lei n.º 9.494 de 1997. A Lei n.º 9.494/97 (artigo 1.º) deve ser interpretada de forma restritiva, não cabendo sua aplicação em hipótese especialíssima, na qual resta caracterizado o estado de necessidade e a exigência de preservação da vida humana, sendo de se impor a antecipação da tutela, no caso, para garantir ao apelado o tratamento necessário à sua sobrevivência. Decisão consonante com precedentes jurisprudenciais do STJ. Recurso improvido.[488]

2.9.2.4 Meios de impugnação

Há três meios de combater as tutelas provisórias nas ações civis públicas: o recurso, a ação exauriente e o pedido de suspensão da execução de liminar. Vejamos suas particularidades no que diz respeito à ação coletiva.

2.9.2.4.1 Recursos

Contra as tutelas provisórias pode ser interposto o agravo de instrumento, aplicando-se, salvo as peculiaridades a seguir especificadas, as regras do CPC (LACP, arts. 12 e 19; CPC/2015, art. 1.015, I).

Os recursos nas ações civis públicas são recebidos, em regra, apenas no efeito devolutivo. É o que se infere, *a contrario sensu*, do art. 14 da LACP, que prescreve que o juiz poderá atribuir efeito suspensivo aos recursos, caso haja risco de dano irreparável à parte.[489]

Nos agravos de instrumento em geral, é o relator quem poderá atribuir-lhe efeito suspensivo (CPC, art. 1.019, I). Observe-se, porém, que nos recursos interpostos em ações civis públicas existe a peculiaridade de que, além do relator, o próprio juiz de primeiro grau pode atribuir-lhes efeito suspensivo, para evitar dano irreparável à parte (LACP, art. 14).

Na hipótese de o juiz e o relator indeferirem o efeito suspensivo, não cabe a interposição de mandado de segurança para obtê-lo. Desde que presentes os pressupostos legais, restará pedir a suspensão da execução da liminar,[490] incidente processual que será examinado no item seguinte.

2.9.2.4.2 Ação exauriente contra tutela antecipada

No atual CPC, a tutela antecipada que não seja alvo do recurso pertinente torna-se estável, acarretando a extinção do processo.[491] Nesse caso, no prazo de dois anos, qual-

---

[488] REsp 275.649/SP, 1.ª T., rel. Min. Garcia Vieira, j. 07.08.2001, *DJ* 17.09.2001. **No mesmo sentido:** REsp 202.093/RS, 5.ª T., rel. Min. José Arnaldo da Fonseca, j. 07.11.2000, *DJ* 11.12.2000; REsp 463.778/RS, 6.ª T., rel. Min. Vicente Leal, j. 26.11.2002, *DJ* 19.12.2002.

[489] No mesmo sentido dispõem os arts. 215 do ECA e 85 do EPI.

[490] STJ, RMS 2.852/PR, 2.ª T., rel. Min. Antônio de Pádua Ribeiro, j. 25.08.1993, *DJ* 13.09.1993.

[491] Art. 304, *caput* e § 1.º. Deve-se ressalvar, contudo, que a 3.ª T. do STJ já decidiu que "embora o *caput* do art. 304 do CPC/2015 determine que 'a tutela antecipada, concedida nos termos do art. 303, torna-se estável se da decisão que a conceder não for interposto o respectivo recurso', a leitura que deve ser feita do dispositivo legal, tomando como base uma interpretação sistemática e teleológica do instituto, é que a estabilização somente ocorrerá se não houver qualquer tipo de impugnação pela parte contrária, sob pena de se estimular a interposição de agravos de instrumento,

quer das partes poderá demandar a outra no intuito de rever, reformar ou invalidar a tutela antecipada estabilizada.[492] Muito embora não faça coisa julgada, a estabilidade da tutela antecipada que não foi alvo de recurso tempestivo só pode ser afastada por meio da referida ação.[493]

Portanto, a ação que visa à cognição exauriente do mérito referente à tutela antecipada estabilizada, ajuizável no prazo de dois anos da extinção do processo originário, é uma nova forma de impugnação de tutelas provisórias, especificamente destinada à tutela provisória antecipada, e, por força da aplicação subsidiária do CPC, também cabível nas ações civis públicas.

2.9.2.4.3   Pedido de suspensão da exequibilidade da liminar

O § 1.º do art. 12 da LACP tem a seguinte redação:

§ 1.º A requerimento de pessoa jurídica de direito público interessada, e para evitar grave lesão à ordem, à saúde, à segurança e à economia pública, poderá o Presidente do Tribunal a que competir o conhecimento do respectivo recurso suspender a execução da liminar, em decisão fundamentada, da qual caberá agravo para uma das turmas julgadoras, no prazo de 5 (cinco) dias a partir da publicação do ato.

A norma se inspira no instituto conhecido como **"suspensão de segurança"**, surgido no mandado de segurança.[494] Por isso, inicialmente, a locução "suspensão de segurança" veio a ser utilizada para referir-se à medida também quando decretada numa ação civil pública. Atualmente, fora do âmbito do mandado de segurança, predomina o emprego da locução **"suspensão de liminar"**.

Após a previsão na LACP, o instituto teve sua aplicabilidade ampliada no art. 4.º da Lei 8.437/1992, para incidir em face de liminares proferidas em face do Poder Público ou de seus agentes *em qualquer tipo de ação*. Por força do art. 1.059 do CPC/2015, esse art. 4.º é aplicável à *tutela provisória* em geral. O mesmo vale para os comentários a seguir, quando estivermos nos referindo a liminares.

Especificamente no que diz respeito às ações civis públicas e ações populares, seu § 1.º permite postular, inclusive, a suspensão da exequibilidade de *sentenças*:

Art. 4.º Compete ao presidente do tribunal, ao qual couber o conhecimento do respectivo recurso, suspender, em despacho fundamentado, a execução da liminar nas ações movidas contra o Poder Público ou seus agentes, a requerimento do Ministério Público ou da pessoa jurídica de direito público interessada, em caso de manifesto interesse público ou de flagrante ilegitimidade, e para evitar grave lesão à ordem, à saúde, à segurança e à economia públicas.

§ 1.º Aplica-se o disposto neste artigo à sentença proferida em processo de ação cautelar inominada,[495] no processo de ação popular e na ação civil pública, enquanto não transitada em julgado.

---

sobrecarregando desnecessariamente os Tribunais, além do ajuizamento da ação autônoma, prevista no art. 304, § 2.º, do CPC/2015, a fim de rever, reformar ou invalidar a tutela antecipada estabilizada". Na hipótese julgada, a ré, embora não tenha recorrido contra a antecipação dos efeitos da tutela concedida em caráter antecedente, antecipou-se e apresentou contestação, na qual pleiteou, inclusive, a revogação da tutela provisória, razão pela qual entendeu a Turma que não havia falar em estabilização da tutela antecipada, determinando, portanto, que o feito seguisse até a prolação da sentença (REsp 1.760.966/SP, rel. Min. Marco Aurélio Bellizze, j. 04.12.2018, *DJe* 07.12.2018). No mesmo sentido a 4.ª Turma, no REsp 1.938.645/CE, rel. Min. Maria Isabel Gallotti, j. 04.06.2024, *DJe* 06.09.2024.

[492] Art. 304, §§ 2.º, 3.º e 5.º.

[493] Art. 304, § 6.º.

[494] As origens do instituto serão especificamente tratadas quando do estudo do mandado de segurança.

[495] Com o desaparecimento da disciplina do "processo cautelar" no atual CPC, também já não haverá mais falar em "processo de ação cautelar inominada".

CAP. 2 – AÇÃO CIVIL PÚBLICA | 207

Por isso, também se alude a esse instrumento com a expressão **"suspensão de liminar ou sentença" ou a sigla SLS.**

O procedimento e efeitos do instituto estão regulamentados nos seguintes parágrafos, introduzidos ao art. 4.º da Lei 8.437/1992 pela MP 2.180-35/2001:

§ 2.º O Presidente do Tribunal poderá ouvir o autor e o Ministério Público, em setenta e duas horas.

§ 3.º Do despacho que conceder ou negar a suspensão, caberá agravo, no prazo de cinco dias, que será levado a julgamento na sessão seguinte a sua interposição.

§ 4.º Se do julgamento do agravo de que trata o § 3.º resultar a manutenção ou o restabelecimento da decisão que se pretende suspender, caberá novo pedido de suspensão ao Presidente do Tribunal competente para conhecer de eventual recurso especial ou extraordinário.

§ 5.º É cabível também o pedido de suspensão a que se refere o § 4.º, quando negado provimento a agravo de instrumento interposto contra a liminar a que se refere este artigo.

§ 6.º A interposição do agravo de instrumento contra liminar concedida nas ações movidas contra o Poder Público e seus agentes não prejudica nem condiciona o julgamento do pedido de suspensão a que se refere este artigo.

§ 7.º O Presidente do Tribunal poderá conferir ao pedido efeito suspensivo liminar, se constatar, em juízo prévio, a plausibilidade do direito invocado e a urgência na concessão da medida.

§ 8.º As liminares cujo objeto seja idêntico poderão ser suspensas em uma única decisão, podendo o Presidente do Tribunal estender os efeitos da suspensão a liminares supervenientes, mediante simples aditamento do pedido original.

§ 9.º A suspensão deferida pelo Presidente do Tribunal vigorará até o trânsito em julgado da decisão de mérito na ação principal.

O **pedido de suspensão da liminar** não tem natureza jurídica de recurso. Com efeito, trata-se de um **incidente processual**, dirigido ao Presidente do Tribunal a que competir julgar o recurso contra a liminar, não se confundindo nem com esse recurso, nem com o requerimento para que tal recurso seja recebido no efeito suspensivo. Por isso, a interposição do agravo de instrumento contra liminar concedida nas ações movidas contra o Poder Público e seus agentes não prejudica nem condiciona o julgamento do pedido de suspensão da liminar (Lei 8.437, art. 4.º, § 6.º).

As diferenças entre o pedido de suspensão e um recurso contra a liminar são nítidas:

a) O objeto da suspensão de liminar é a suspensão da exequibilidade da decisão impugnada, ao passo que o do recurso é a reforma dessa decisão. No acatamento daquela, a decisão contestada continua a existir como era, embora não possa ser executada; no acolhimento deste, a decisão guerreada é modificada ou cassada.

b) Não há prazo para requerer a suspensão de liminar (enquanto estiverem presentes seus pressupostos, o pedido é admissível), ao passo que para o recurso há prazo definido em lei.

c) A suspensão de liminar somente pode ser deduzida pelo **Ministério Público** (não como autor, mas apenas como fiscal da lei), por **pessoa jurídica de direito público interessada, sociedade de economia mista ou empresa pública em defesa do serviço público por elas prestado,**[496] ou **pessoa jurídica de direito privado delegatária de serviço público em defesa do interesse público primário a ele**

---

[496] AgRg na SLS 1.320/BA, Corte Especial, rel. Min. Ari Pargendler, j. 16.03.2011, Informativo STJ 466, 7 a 18.03.2011.

relacionado;[497] ao passo que o recurso pode ser interposto por qualquer ente ou pessoa que tenha capacidade judiciária e interesse jurídico.

d) O pleito de suspensão de liminar deve ser dirigido ao Presidente do Tribunal a que couber conhecer o recurso contra a mesma decisão impugnada, ao passo que o recurso é decidido, em regra, por uma determinada câmara ou turma do Tribunal competente.

Tampouco se confunde a suspensão de liminar com o requerimento para que o recurso seja recebido no efeito suspensivo. É fato que há certa coincidência entre as consequências do deferimento de um e outro pedido: ambos importam a inexequibilidade da decisão atacada. Não obstante, a suspensão de liminar independe da existência de um recurso, ao passo que o segundo é sempre acessório de um recurso. Aquela é dirigida ao Presidente do Tribunal, enquanto este pode ser ao juiz de primeiro grau ou ao relator do agravo. Ademais, seus pressupostos são diversos: o pedido de suspensão da segurança exige risco de "manifesto interesse público" ou "flagrante ilegitimidade", com o fim de evitar grave lesão à ordem, à saúde, à segurança ou à economia públicas, ao passo que o outro se funda no "risco de dano irreparável à parte" (LACP, art. 14).

Supondo que o autor da ação apenas tenha conseguido obter a liminar no Tribunal, ainda assim será cabível ao Ministério Público ou à pessoa jurídica de direito público interessada (desde que, evidentemente, não tenham sido os autores do pedido de liminar) requerer a suspensão da sua execução, visto que nem o § 1.º do art. 12 da LACP nem o *caput* do art. 4.º da Lei 8.437/1992 restringem a aplicação desse remédio às liminares obtidas em primeiro grau.

Por outro lado, caso a liminar tenha sido deferida em primeiro grau, e o agravo contra ela interposto pelo Poder Público ou pelo Ministério Público tenha tido seu provimento negado, também caberá pleito de suspensão de sua exequibilidade (Lei 8.437/1992, art. 4.º, § 5.º). Tanto neste caso como naquele sugerido no parágrafo anterior, considerando que a liminar teve acolhida no Tribunal que julgou o agravo, o requerimento de suspensão deverá ser dirigido ao Presidente do Tribunal de superposição perante o qual caiba recurso contra o acórdão mantenedor da liminar (STF, caso seja cabível recurso extraordinário, e/ou ao STJ, caso seja cabível recurso especial).

Em qualquer hipótese, o requerimento de suspensão da liminar deve ter por **fundamento** manifesto interesse público ou a flagrante ilegitimidade, e por **finalidade** evitar grave lesão à ordem, à saúde, à segurança ou à economia públicas, ou seja, **afastar o risco inverso** (inverso ao risco em que se fundou a liminar) relacionado à ordem, à saúde, à segurança ou à economia públicas (Lei 8.437, art. 4.º, *caput*).

Caso presentes os *pressupostos gerais de cautela*, a saber, **plausibilidade no direito** (*fumus boni iuris*) **e urgência na concessão da medida** (*periculum in mora*), o presidente do Tribunal poderá conferir ao pedido efeito suspensivo liminar (Lei 8.437/1992, art. 4.º, § 7.º). Se, em vez disso, não constatar a presença de tais pressupostos, poderá ouvir previamente o autor da ação e o Ministério Público (se este não tiver sido o autor da ação, nem do requerimento de suspensão), no prazo de setenta e duas horas.[498]

Do despacho que conceder ou negar a suspensão caberá agravo, no prazo de cinco dias, que será levado a julgamento na sessão seguinte a sua interposição.[499]

---

[497] AgInt na SLS 3.169/RS, Corte Especial, rel. Min. Maria Thereza de Assis Moura, j. 15.03.2023, *DJe* 30.03.2023.
[498] Lei 8.437/1992, art. 4.º, § 2.º.
[499] Lei 8.437/1992, art. 4.º, § 3.º.

CAP. 2 – AÇÃO CIVIL PÚBLICA | 209

Se houver liminares versando o mesmo objeto, ainda que em processos distintos, é possível ao presidente do Tribunal suspendê-las em uma única decisão. E, se posteriormente houver novas liminares sobre o mesmo objeto, nova decisão poderá ser proferida após simples aditamento do pedido anterior.[500] Assinale-se, por derradeiro, que a suspensão deferida pelo presidente do Tribunal vigorará até o trânsito em julgado da decisão de mérito na ação principal.[501]

2.9.3   Desistência e abandono

A desistência não se confunde com o abandono. Aquela é a expressa manifestação de vontade do autor de que não deseja prosseguir com o processo. Ela pode ser realizada: a) **antes do oferecimento da contestação;**[502] ou b) **até a sentença**, se: 1) o réu não ofereceu contestação;[503] ou 2) ainda que o réu tenha contestado, se a questão discutida na ação for idêntica à resolvida pelo acórdão paradigma no recurso representativo da controvérsia de recursos repetitivos.[504] Nessa última hipótese, se a desistência ocorrer antes da contestação, a parte será isenta das custas e honorários de sucumbência.[505]

Por seu turno, o abandono, não obstante também revele a falta de interesse do autor, não decorre de uma expressa manifestação de vontade. O desinteresse no prosseguimento é tácito, inferido do comportamento omissivo do autor: ou porque, por negligência, ele faz com que o processo fique parado por mais de um ano (CPC/2015, art. 485, II); ou porque ele, por não promover atos e diligências que lhe competiam, abandona a causa por mais de 30 dias (CPC/2015, art. 485, III). Em qualquer hipótese de abandono, o juiz somente poderá extinguir o processo se a parte omissa, intimada pessoalmente para dar andamento ao processo em 5 dias, quedar inerte (CPC/2015, art. 485, § 1.º).

Em caso de desistência (CPC/2015, art. 485, VIII), ou de abandono (CPC/2015, art. 485, II e III), a consequência usual é a sentença terminativa, ou seja, sem resolução de mérito. Não obstante, nas ações civis públicas a regra é outra. Conforme o § 3.º do art. 5.º da LACP, "em caso de desistência infundada ou do abandono da ação por associação legitimada, o Ministério Público ou outro legitimado assumirá a titularidade ativa".[506]

A despeito de mencionar apenas a desistência ou abandono por parte de associação, se qualquer dos demais colegitimados desistir infundadamente ou abandonar o processo, o Ministério Público, por força do princípio da obrigatoriedade, **deverá** assumir o polo ativo. Isso não impede que qualquer outro legitimado **possa** assumir o polo ativo. A diferença é que, em relação aos demais colegitimados, não vige o princípio da obrigatoriedade, de modo que a assunção do polo ativo lhes é facultativa.

Observe-se, ainda, que, quanto à desistência, o dispositivo apenas determina ao Ministério Público que assuma o polo ativo se aquela for **infundada**. **Trata-se de manifestação do** *princípio da disponibilidade motivada da ação coletiva.*[507] Se o desistente alegar um motivo justo para não dar prosseguimento ao processo, será lícito ao Ministério

---

[500]   Lei 8.437/1992, art. 4.º, § 8.º.

[501]   Lei 8.437/1992, art. 4.º, § 9.º.

[502]   CPC/2015, art. 485, § 4.º.

[503]   CPC/2015, art. 485, §§ 4.º e 5.º.

[504]   CPC/2015, art. 1.040, §§ 1.º e 3.º.

[505]   CPC/2015, art. 1.040, § 2.º.

[506]   O § 2.º do art. 210 do ECA dispõe que "em caso de desistência ou abandono da ação por associação legitimada, o Ministério Público ou outro legitimado poderá assumir a titularidade ativa". Já o § 2.º do art. 81 do EPI reza que "em caso de desistência ou abandono da ação por associação legitimada, o Ministério Público ou outro legitimado deverá assumir a titularidade ativa".

[507]   O princípio foi tratado no item 2.1.1.7.

210 | INTERESSES DIFUSOS E COLETIVOS – VOL. 1

Público não o assumir. Imagine-se, por exemplo, que o autor, logo depois de intentar a ação, chegue à conclusão de que ela não está bem aparelhada, e que seria mais prudente, antes de propô-la, colher elementos adicionais de prova. O magistrado poderia intimar o membro do Ministério Público para que se manifestasse sobre a assunção do polo ativo. Esse membro, caso entenda que o motivo para a desistência foi fundado, poderá recusar-se a assumir a titularidade ativa.

Nesse caso, se o magistrado discordar da recusa do membro do Ministério Público em assumir a titularidade da ação, poderá, por analogia ao art. 9.º e parágrafos da LACP (que tratam da homologação do arquivamento do inquérito civil), remeter os autos ao Conselho Superior do Ministério Público (ou ao órgão a quem, na respectiva Lei Orgânica do Ministério Público, incumba homologar arquivamentos de inquéritos civis).[508] Se esse órgão não homologar a recusa do membro, providenciará para que outro seja designado para assumir a titularidade da ação. Caso contrário, homologando a recusa, só restará ao magistrado acatar tal decisão, uma vez que o Ministério Público é regido pelos princípios da independência funcional e autonomia institucional.

De outro lado, assim como é lícito à associação desistir fundamentadamente da ação coletiva, o mesmo se dá em relação a qualquer outro colegitimado, **incluído o Ministério Público**. Não é lícito opor a essa possibilidade o princípio da indisponibilidade que rege o processo penal. Nele, o Ministério Público é titular privativo da ação penal de iniciativa pública (CF, art. 129, I). Se lhe fosse dado desistir do processo, não haveria ninguém que pudesse promovê-lo em seu lugar, e poderia haver prejuízo insanável ao direito de punir estatal. Já na ação civil pública o Ministério Público é apenas um entre vários colegitimados concorrentes, razão pela qual não há o mesmo risco de os direitos transindividuais ficarem desamparados.

Apesar disso, a posição do Ministério Público, no que toca à desistência de uma ação coletiva, não se equipara à das associações. Aquelas podem desistir mesmo infundadamente – hipótese em que o Ministério Público tem o dever de assumir o polo ativo. Já esta instituição, em função dos princípios da obrigatoriedade e da disponibilidade motivada aos quais está adstrita, **só pode desistir fundadamente**. Sendo assim, havendo justa causa para a desistência, o próprio Ministério Público poderá desistir. Não concordando com tal ato, o magistrado poderá proceder como nos parágrafos acima citados, e o Conselho Superior do Ministério Público ou órgão equivalente poderá homologar a desistência

---

508 Em sentido contrário, Nery Jr. e Nery defendiam que esse controle não fosse feito pelo CSMP, mas sim pelo chefe da Instituição, por analogia ao art. 28 do CPP, na sua redação original. Em prol dessa tese, afirmavam ser descabida a analogia com o art. 9.º e parágrafos da LACP, referentes ao controle do arquivamento do inquérito civil, pois tal controle é feito pelo CSMP *interna corporis*, ao contrário do controle da desistência e do abandono. *Código de Processo Civil Comentado e Legislação Processual Civil Extravagante.* 11. ed. rev., atual. e ampl. São Paulo: RT, 2010, nota 27 ao art. 5.º, p. 1.446. A posição defendida neste livro, porém, é conforme o entendimento de Mazzilli (*A Defesa dos Interesses Difusos em Juízo*. 22. ed. São Paulo: Saraiva, 2009. p. 388), que observa ser mais adequada a analogia com o art. 9.º da LACP, e não com o CPP, já que no processo penal: a) o MP é único titular da ação penal de iniciativa pública, enquanto a ACP, ao contrário, tem vários titulares; b) há expressa vedação no CPP quanto à disponibilidade da ação penal pelo MP (arts. 42 e 576), ao passo que semelhante vedação não existe na legislação do processo coletivo; b) o Estado é o único titular da pretensão posta em juízo na tutela penal (a pretensão punitiva), ao passo que os titulares das pretensões veiculadas nas ações coletivas podem variar enormemente. Além disso, no que toca ao argumento de Nery Jr. e Nery, cremos que ele não sustenta por uma razão adicional. Tanto na análise que, segundo a redação original do art. 28 do CPP, era feita pelo chefe da instituição, como naquela que é realizada pelo CSMP por razão do art. 9.º da LACP, a decisão final sobre o arquivamento, no caso de reexame de seu mérito, é tomada no âmbito administrativo, *interna corporis*. A única diferença está na autoridade que provoca tal reexame: no caso do art. 9.º da LACP, tal submissão é automática, quem promove o arquivamento deve provocar o reexame por força de lei, ao passo que, no caso do art. 28, tal remessa só ocorria por iniciativa do Judiciário. Convém admitir, de todo modo, que essa diferença, em especial, desapareceu com a modificação do art. 28 do CPP pela Lei 13.964/2019, uma vez que a revisão do arquivamento de inquéritos policiais já não depende do Judiciário e passa a ser, também, automática, por parte da "instância de revisão ministerial para fins de homologação, na forma da lei". Como a lei não prevê que instância revisora será essa, cumprirá a lei posterior, ou, na sua ausência, à regulamentação interna de cada Ministério Público, identificá-la.

do representante do *Parquet*, ou, dela discordando, providenciar a designação de outro membro para prosseguir à frente da demanda.[509]

Da redação do § 3.º do art. 5.º tem-se a impressão de que o Ministério Público, no caso de abandono da associação autora, estará "condenado" a assumir o polo ativo. Pensamos, porém, que, se o representante do Ministério Público pode desistir fundamentadamente da ação que ele desde o início promoveu, não há razões para que não possa fazê-lo quando tenha ingressado no polo ativo apenas em função do abandono da associação autora. Desde que haja justa causa, o *Parquet* poderá desistir fundadamente dessa ação.

Mas, embora possa desistir fundadamente, o Ministério Público não pode simplesmente abandonar uma ação civil pública. No caso de um representante da instituição assim agir, decerto responderá administrativamente e, conforme a motivação dessa conduta, até mesmo civil e criminalmente.

Por fim, convém citar que o STJ já evitou a extinção de ação civil pública por vício de representação da associação autora, aplicando ao caso, por analogia, a regra que manda o MP assumir o polo ativo no caso de desistência infundada, tendo em vista o princípio da obrigatoriedade e a indisponibilidade do interesse público envolvido.[510] E o mesmo STJ reconheceu a possibilidade de o MP ou outro legitimado assumir o polo ativo no caso de dissolução da associação, refutando, contudo, que tal assunção se desse por outra associação, sob o argumento de que a ação coletiva fora proposta pela associação dissolvida representando (não substituindo) seus associados, o que tornaria inconciliável a assunção por outra associação que só teria poderes para representar seus próprios associados.[511] Atualmente, contudo, é de anotar decisões do STJ admitindo a sucessão no polo ativo por outras associações,[512] haja vista que, na esteira de entendimento atual do STF,[513] aquela Corte também vem reconhecendo na legitimação ativa das associações em ações civis públicas a natureza de substituição processual, o que as autorizaria a defender, em nome próprio, direitos de não associados.

Para além da questão do princípio da obrigatoriedade, louva-se a aplicação analógica conferida pelo STJ ao art. 5.º, pois o propósito da norma é não deixar desassistido o grupo substituído pelo autor original da ação. Contudo, a sucessão no polo ativo há que observar os limites da legitimidade do MP. Por isso, o STJ já repeliu a tentativa do MPF de suceder associação autora extinta no polo ativo de ação civil pública que havia tramitado na Justiça Estadual.[514]

2.9.4 Reconvenção

A reconvenção não é disciplinada nas normas reguladoras do processo coletivo. No CPC anterior, ela era tratada no art. 315, que, conforme vemos a seguir, vedava a propositura da reconvenção em face de autor substituto processual (que demanda em nome de outrem):

> **Art. 315.** O réu pode reconvir ao autor no mesmo processo, toda vez que a reconvenção seja conexa com a ação principal ou com o fundamento da defesa.
>
> Parágrafo único. Não pode o réu, em seu próprio nome, reconvir ao autor, quando este demandar em nome de outrem.[515]

---

[509] Existe, aqui, a mesma divergência doutrinária referida na nota anterior, em relação à qual já nos posicionamos.

[510] REsp 1.372.593/SP, 2.ª T., rel. Min. Humberto Martins, j. 07.05.2013, *DJe* 17.05.2013.

[511] REsp 1.405.697/MG, 3.ª T., rel. Min. Marco Aurélio Bellizze, j. 17.09.2015, *DJe* 08.10.2015.

[512] REsp 1.800.726/MG, 3.ª T., rel. Min. Nancy Andrighi, j. 02.04.2019, *DJe* 04.04.2019.

[513] V. item 2.3.1.1.2.

[514] REsp 1.678.925/MG, 4.ª T., rel. Min. Maria Isabel Galloti, j. 14.02.2023, *DJe* 29.05.2023.

[515] A rigor, não é possível, como constava da lei, alguém ser autor e demandar em nome alheio. Quem demanda em nome alheio é mero representante do autor. A intenção da lei era referir-se ao autor que defende direito alheio em nome próprio, ou seja, o substituto processual.

212 | INTERESSES DIFUSOS E COLETIVOS – VOL. 1

Assim, considerando que na maior parte das ações civis públicas o autor é substituto processual,[516] e legitimado para atuar nessa condição apenas no polo ativo, poder-se-ia sustentar não ser possível ao réu ajuizar a reconvenção em face dele. Por esse fundamento, em sede de ação popular – onde, como na maior parte das ações civis públicas, o autor defende em nome próprio direitos alheios –, o STJ já afastou o cabimento de reconvenção:

> O pedido reconvencional pressupõe que as partes estejam litigando sobre situações jurídicas que lhes são próprias. Na ação popular, o autor não ostenta posição jurídica própria, nem titulariza o direito discutido na ação, que é de natureza indisponível. Defende-se, em verdade, interesses pertencentes a toda sociedade. É de se aplicar, assim, o parágrafo único do art. 315 do CPC, que não permite ao réu, "em seu próprio nome, reconvir ao autor, quando este demandar em nome de outrem".[517]

A doutrina formada sob o CPC/1973 se dividia. Parte afirmava que os colegitimados à propositura das ações civis públicas também possuíam legitimidade extraordinária passiva, podendo defender, como substitutos processuais no polo passivo, os interesses de um grupo, classe ou categoria de pessoas,[518] razão pela qual a reconvenção nas ações civis públicas seria possível.[519] Parte, contudo, divergia, sob o fundamento já apontado.[520]

O atual CPC trata da reconvenção no art. 343, e altera profundamente sua disciplina, sendo de especial interesse o seu § 5.º:

> **Art. 343.** Na contestação, é lícito ao réu propor reconvenção para manifestar pretensão própria, conexa com a ação principal ou com o fundamento da defesa.
>
> (...)
>
> § 5.º Se o autor for substituto processual, o reconvinte deverá afirmar ser titular de direito em face do substituído, e a reconvenção deverá ser proposta em face do autor, também na qualidade de substituto processual.

Cremos, particularmente, que a inovação trazida pelo atual CPC deva se limitar aos substitutos processuais autorizados a atuar tanto no polo passivo como no ativo. Não pensamos possa ser aplicada aos casos de ações civis públicas, pois nelas apenas se admite a substituição no polo ativo, ao passo que a reconvenção importa pressupor que o autor-reconvindo esteja legalmente autorizado à defesa em nome próprio de interesses alheios no polo passivo.

Ademais, para a proteção dos interesses dos substituídos nas ações civis públicas, justamente por não participarem pessoalmente do contraditório, foi necessário prever um modelo no qual os efeitos da coisa julgada fossem estabelecidos conforme o resultado do processo (*secundum eventum litis*). Assim, por exemplo, aquele cujo direito individual é defendido numa ação civil pública só pode ser alcançado pelo resultado do processo coletivo para ser por ele beneficiado (os efeitos da coisa julgada apenas lhe alcançam no caso de procedência da ação), jamais prejudicado.

---

[516] Exceção feita às ações civis públicas propostas por associações em defesa de interesses dos seus associados, hipóteses em que os Tribunais Superiores têm entendido tratar-se não de substituição processual, mas mera representação.

[517] REsp 72.065/RS, 2.ª T., rel. Min. Castro Meira, j. 03.08.2004, *DJ* 06.09.2004.

[518] Acerca das diversas posições sobre a legitimidade coletiva passiva, *vide* item 2.3.1.2.1.

[519] **Nesse sentido:** DIDIER JÚNIOR, Fredie; ZANETI JÚNIOR, Hermes. *Curso de Direito Processual Civil.* 3. ed. Salvador: Juspodivm, 2008. v. 4, p. 322-324.

[520] MAZZILLI, Hugo Nigro. *A Defesa dos Interesses Difusos em Juízo.* 22. ed. São Paulo: Saraiva, 2009. p. 362.

Um exemplo desse modelo é o de uma ação civil pública proposta pelo MP para condenar um fornecedor a devolver aos consumidores valores cobrados indevidamente. É hipótese de interesses individuais homogêneos, cuja coisa julgada somente alcançará os consumidores (substituídos pelo MP) na hipótese de procedência da ação (CDC, art. 103, III). Em outras palavras, os substituídos, no caso de direitos individuais homogêneos, jamais serão prejudicados pelo resultado do processo no qual foram substituídos. Fosse aplicado o mesmo modelo numa hipotética reconvenção movida pelo fornecedor contra o MP, teríamos que a procedência da reconvenção jamais poderia prejudicar os substituídos pelo autor da ação civil pública. Qual a utilidade de uma reconvenção de tal natureza?

Portanto, a admissibilidade generalizada da substituição processual no polo passivo de ações civis públicas (posição que ocuparia, p. ex., o MP, caso reconvindo) exigiria – seja para a salvaguarda dos interesses dos substituídos, seja para a utilidade da reconvenção – a criação de um novo sistema de regência dos efeitos da coisa julgada, pensado especificamente para tais situações, sendo adequado, no caso dos interesses individuais homogêneos, que os titulares dos direitos individuais pudessem optar por não serem atingidos pelo resultado do processo (*opt-out*).

Assim, por ora, cremos só seja admissível a reconvenção em face do substituto processual coletivo em casos excepcionais, a saber, naqueles em face de entidades já dotadas de legitimidade para que possam substituir os titulares de direitos materiais em ações coletivas passivas, como é o caso dos sindicatos em dissídios coletivos ou em ações para coibir exercício abusivo do direito de greve.

2.9.5 Saneamento

Considerando as peculiaridades do processo coletivo, o CNJ observou a necessidade de especial cuidado na sua fase de saneamento, razão pela qual no art. 4.º de sua Recomendação 76/2020 resolveu:

> **Art. 4.º** Recomendar aos juízes que, na decisão de saneamento e organização do processo coletivo, procurem verificar e definir claramente:
>
> I – o(s) grupo(s) titular(es) do(s) direito(s) coletivo(s) objeto do processo coletivo, com a identificação e delimitação dos beneficiários;
>
> II – a legitimação e a representatividade adequada do condutor do processo coletivo;
>
> III – as principais questões de fato e de direito a serem discutidas no processo; e
>
> IV – a existência eventual de conexão, continência, litispendência ou coisa julgada, em relação a outras demandas coletivas ou individuais e a possibilidade e conveniência de suspensão das ações individuais correlatas.

Há que tomar especial cautela na interpretação do inciso I acima reproduzido. Não se pode olvidar que os titulares de direitos difusos são virtualmente indetermináveis e, mesmo em se tratando de direitos coletivos em sentido estrito ou individuais homogêneos, nas ações civis públicas a condenação é genérica, de modo que é desnecessário individualizar os titulares dos direitos lesados.

Portanto, quando a recomendação fala em "identificação e delimitação dos beneficiários", não pode estar significando a nomeação individualizada de cada um deles, mas, tão somente, a identificação das circunstâncias de fato ou de direito pelas quais devem estar unidos os integrantes do grupo de potenciais beneficiários de eventual sentença favorável, de modo a delimitá-lo e possibilitar que, futuramente, na fase de liquidação, eles possam ser individualizados.

214 | INTERESSES DIFUSOS E COLETIVOS – VOL. 1

Em outros termos: o despacho saneador já deve identificar qual o denominador comum a unir os beneficiários da eventual sentença de procedência.

Por exemplo: numa lide consumerista que busque a declaração de nulidade das cláusulas abusivas X e Y e ressarcimento às vítimas, o saneador delimitará como grupo de potenciais beneficiários: a) da nulidade, os consumidores que houverem assinado com a requerida contratos de consumo com as cláusulas abusivas X e Y; e b) do ressarcimento, os consumidores que, em razão de tais cláusulas, tiveram prejuízo.

2.9.6 Decisões interlocutórias e agravo de instrumento

O atual CPC admite a interposição de agravo de instrumento somente em face de determinadas espécies de decisões interlocutórias (basicamente, aquelas especificadas nos incisos do art. 1.015). É fato que o STJ, flexibilizando um pouco a limitação legal, ao fixar tese no Tema Repetitivo 988, afirmou ser o rol do art. 1.015 de "taxatividade mitigada", também admitindo a interposição do agravo de instrumento "quando verificada a urgência decorrente da inutilidade do julgamento da questão no recurso de apelação". De todo modo, o universo de cabimento desse recurso ainda é restrito quando comparado ao CPC anterior, que o admitia contra decisões interlocutórias em geral.

A LACP é silente quanto ao recurso cabível em face de decisões interlocutórias. Por isso, questão que já se colocou é se, ante essa lacuna, aplicar-se-ia supletivamente a sistemática do CPC. No STJ, vem prevalecendo o entendimento de que não, pois a Lei da Ação Popular (LAP), integrante do mesmo microssistema da LACP, em seu art. 19, § 1.º, dispõe que "Das decisões interlocutórias cabe agravo de instrumento", sem enumerar nenhum rol de hipóteses limitadoras.

No caso de lacuna na LACP, afirma-se com razão que há que buscar sua colmatação, inicialmente, com regras do próprio microssistema processual coletivo e apenas subsidiariamente recorrer ao CPC. De mais a mais, o próprio art. 1.015, XIII, do CPC admite a interposição de agravo de instrumento em "outros casos expressamente referidos em lei", o que abriria azo para a aplicação da regra da LAP para as ações do microssistema processual coletivo.[521] Logo, nas ações civis públicas, cabe agravo de instrumento de qualquer decisão interlocutória, não se aplicando o rol limitador do art. 1.015 do CPC.

2.10 RESOLUÇÃO AMIGÁVEL DOS CONFLITOS

A sentença judicial não é o único meio disponível para afastar a lesão ou a ameaça de lesão a interesses transindividuais. Sempre que possível, o conflito de interesses deve ser resolvido amigavelmente, em prol da concretização do acesso a uma ordem jurídica justa – não há real acesso à Justiça sem resolução célere dos conflitos –, da redução da judicialização de controvérsias e da pacificação social.

Uma primeira forma de buscar essa solução consensual, disponível ao Ministério Público, é a **recomendação**, que veio a ser regulamentada pela resolução CNMP 164/2017, e deverá ser utilizada, sempre que cabível, anterior e preferencialmente à ação judicial, como expressamente determina o art. 6.º da resolução.

---

[521] AgInt no AREsp 2.159.586/RJ, 1.ª T., rel. Min. Gurgel de Faria, j. 03.12.2024, *DJEN* 11.02.2025; REsp 1.925.492/RJ, 2.ª T., rel. Min. Herman Benjamin, j. 04.05.2021, *DJe* 01.07.2021.

Em seu art. 1.º, *caput*, essa resolução assim a define:

> **Art. 1.º** A recomendação é instrumento de atuação extrajudicial do Ministério Público por intermédio do qual este expõe, em ato formal, razões fáticas e jurídicas sobre determinada questão, com o objetivo de persuadir o destinatário a praticar ou deixar de praticar determinados atos em benefício da melhoria dos serviços públicos e de relevância pública ou do respeito aos interesses, direitos e bens defendidos pela instituição, atuando, assim, como instrumento de prevenção de responsabilidades ou correção de condutas.

A recomendação pode ser expedida pelo MP **no bojo de** um **inquérito civil, procedimento preparatório** ou **procedimento administrativo**, de ofício ou mediante provocação, visando ao "respeito e a efetividade dos direitos e interesses que lhe incumba defender e, sendo o caso, a edição ou alteração de normas" (art. 3.º, *caput*).

Procurando evitar a expedição açodada de recomendações, a norma determina que, antes de expedi-las, obtenham-se, junto ao órgão destinatário, informações sobre a situação jurídica e o caso concreto a ela pertinentes, salvo em caso de impossibilidade devidamente motivada (art. 3.º, § 1.º). Não por outra razão, a expedição de recomendação sem a existência prévia de um procedimento a ela relacionado (inquérito civil, procedimento preparatório ou procedimento administrativo) é admitida **apenas em caso de urgência**. Nesse caso, após sua expedição, ele deverá ser instaurado (art. 3.º, § 2.º).

O envio de recomendações a órgãos públicos e entidades prestadoras de serviços públicos é deferido aos Ministérios Públicos Estaduais na LONMP, e o emitente da recomendação deve requisitar ao seu destinatário a sua divulgação imediata e adequada, bem como que lhe responda por escrito.[522] Para o MPU, a previsão legal é mais ampla, aventando o art. 6.º, XX, da LOMPU a possibilidade de expedi-las visando não apenas à melhoria dos serviços públicos e de relevância pública, como também ao respeito aos interesses, direitos e bens cuja defesa lhe cabe promover, e a fixação de prazo razoável para a adoção das providências cabíveis. De todo modo, por força do art. 80 da LONMP, que manda aplicar subsidiariamente aos Ministérios Públicos Estaduais as normas da LOMPU, é possível ampliar o escopo das recomendações emitidas no âmbito dos MPs estaduais, seguindo os moldes da legislação do MPU.

A despeito de a LONMP – Lei geral dos MPEs – só se referir à expedição de recomendações para órgãos públicos ou prestadores de serviços públicos, parece-nos que os MPEs podem destiná-las a qualquer pessoa, tendo em vista que a recomendação não gera obrigações aos destinatários, e, portanto, a nosso aviso, prescinde de autorização legal. A Resolução 164/2017 do CNMP afastou eventuais dúvidas sobre tal possibilidade, ao dispor – sem restringir-se a este ou aquele Ministério Público – que a recomendação pode ser dirigida, de maneira preventiva ou corretiva, preliminar ou definitiva, *a qualquer pessoa física ou jurídica, de direito público ou privado*, que tenha condições de fazer ou deixar de fazer alguma coisa para salvaguardar interesses, direitos e bens de que é incumbido o Ministério Público (art. 4.º, *caput*).

Deve-se atentar que, nos casos em que dentre os destinatários da recomendação figurar autoridade para as quais a lei estabeleça caber ao Procurador-Geral o encaminhamento de correspondência ou notificação, caberá a este, ou ao órgão do Ministério Público a quem tal atribuição houver sido delegada, encaminhar a recomendação expedida pelo promotor ou procurador natural, no prazo de dez dias. Nessas hipóteses, não cabe à chefia institucional a valoração do conteúdo da recomendação, ressalvada a possibilidade de, fundamentadamente, negar encaminhamento à que tiver sido expedi-

---

[522] LONMP, art. 27, parágrafo único, IV.

da por órgão ministerial sem atribuição, que afrontar a lei ou o disposto na resolução 164/2017, ou, ainda, quando não for observado o tratamento protocolar devido ao destinatário (art. 4.º, § 2.º).

A Res. CNMP 164/2017 foi resultado de grande pressão exercida sobretudo por altos escalões da Administração Pública, que clamavam pela regulamentação do instrumento da *reclamação*, queixando-se da atuação de alguns membros do Ministério Público que a estariam empregando para coarctar agentes públicos a agirem em conformidade com seus entendimentos, sob ameaça de, não o fazendo, serem processados por crimes ou atos de improbidade.

A nosso sentir, a resposta do CNMP a essa pressão mostrou-se equilibrada, pois se, de um lado, a norma adverte que "por depender do convencimento decorrente de sua fundamentação para ser atendida (...) a recomendação não tem caráter coercitivo" (art. 1.º, parágrafo único), de outro autoriza que, no intuito de evitar a judicialização e fornecer ao destinatário todas as informações úteis à formação de seu convencimento, o órgão do Ministério Público possa, "ao expedir a recomendação, indicar as medidas que entende cabíveis, em tese, no caso de seu desatendimento, desde que incluídas em sua esfera de atribuições" (art. 11, § 1.º). Em outras palavras, à luz dessa resolução, entendemos seja possível ao emitente da recomendação nela alertar – *caso detenha atribuições para tanto, e seja cabível* – que eventual desatendimento poderá ensejar, *em tese*, propositura de ação civil pública, bem como – *também apenas se detiver atribuições para tanto e se for cabível* – ação criminal e/ou de improbidade administrativa.

Para a tomada de quaisquer dessas medidas, porém, o órgão ministerial deverá aguardar o transcurso do prazo fixado para resposta à recomendação, exceto se fato novo tornar urgente essa atuação (art. 11, § 2.º). Por fim, se o destinatário da representação responder fundamentadamente por que deixará de atendê-la, o órgão ministerial somente poderá adotar as medidas que indicou como cabíveis em tese depois de apreciar fundamentadamente essa resposta (art. 11, § 3.º, c.c. art. 10, parágrafo único).

A recomendação também se mostra válida para evitar que o destinatário alegue desconhecimento do fato em futura ação civil pública, bem como para demonstrar ao Judiciário que o membro do Ministério Público vinha atuando com bom senso, buscando esgotar os recursos disponíveis para uma solução extrajudicial. Ambas as circunstâncias podem servir para dar credibilidade ao relato ministerial e, consequentemente, potencializar as chances de deferimento de tutela de urgência que porventura se faça necessária em juízo.

Também orientados pela necessidade de acesso mais efetivo à justiça e de solução extrajudicial de conflitos, em sintonia com uma tendência mundial no processo contemporâneo de busca pela autocomposição,[523] o Conselho Nacional de Justiça (CNJ) e o Conselho Nacional do Ministério Público (CNMP) editaram normas buscando incentivar o aprimoramento e a intensificação do uso de outros meios consensuais de solução de controvérsias.

No campo do CNJ, editou-se a Res. 125, de 29.11.2010, dispondo sobre a "Política Judiciária Nacional de tratamento adequado dos conflitos de interesses no âmbito do Poder Judiciário". Posteriormente, o CNJ editou a Recomendação 76/2020, cujo art. 2.º indica a todos os Juízos com competência para processar ações coletivas que estimulem, incentivem e promovam a resolução consensual de conflitos, com a utilização de conciliação, mediação, e outros meios de composição, seja no âmbito judicial ou extrajudicial. Já o CNMP editou a Res. 118, de 01.10.2014, instituindo a "Política Nacional de Incentivo à Autocomposição no âmbito do Ministério Público", com o objetivo de assegurar

---

[523] Na **autocomposição**, as partes, por sua própria vontade, resolvem a lide entre elas existente. Na **heterocomposição**, um terceiro (p. ex.: magistrado, árbitro) é quem decide a lide no lugar das partes.

a promoção da justiça e a máxima efetividade dos direitos e interesses que envolvam a atuação da instituição.

Dados o objeto deste livro e a legitimidade do *Parquet* para a propositura de ações civis públicas, limitamo-nos a tecer considerações sobre alguns aspectos tratados na norma do CNMP. Para a consecução do objetivo nela visado, o MP deve "implementar e adotar mecanismos de autocomposição, como a negociação, a mediação, a conciliação, o processo restaurativo e as convenções processuais, bem como prestar atendimento e orientação ao cidadão sobre tais mecanismos".[524] Para uma melhor compreensão da natureza desses mecanismos, vejamos, em linhas gerais, suas características e potencialidades. Antes, observamos que a política instituída na referida resolução abarca qualquer atuação institucional do MP: lides individuais, coletivas e seara penal.

A **negociação**, nos termos da Resolução CNMP 118, de 01.10.2014, é recomendada para as controvérsias em que o Ministério Público possa **atuar como parte** na defesa dos direitos e interesses da sociedade, em razão de sua condição de representante adequado e legitimado coletivo universal (art. 129, III, da CR/1988).[525] Cremos que essa ferramenta somente possa ser utilizada por *membros* do Ministério Público, jamais por *servidores*, tendo em vista que somente os *membros* têm atribuição para atuar em nome do MP *como parte*.

A **mediação**, a **conciliação** e as **práticas restaurativas** são ferramentas a serem utilizadas pelo Ministério Público quando, **muito embora não possa atuar como parte** na defesa dos interesses em disputa, cumpra-lhe de algum modo intervir para auxiliar na resolução pacífica da controvérsia. Assim, são instrumentos aplicáveis, por exemplo, na solução amigável de *lides* cuja natureza exija a intervenção do MP como fiscal da ordem jurídica. Na seara coletiva, não é raro, por exemplo, que o Ministério Público seja chamado a intervir, em caráter de urgência, como mediador em conflitos coletivos pela posse da terra, invasões de prédios públicos ou rodovias. Os conhecimentos em técnicas de mediação e conciliação podem ser úteis para o sucesso dessa intermediação.

A **mediação** é recomendada para as controvérsias ou conflitos que envolvam relações jurídicas nas quais seja importante a direta e voluntária ação de ambas as partes divergentes.[526] Nela, portanto, o terceiro facilitador (mediador) deve estimular o protagonismo dos titulares dos interesses em conflito, a fim de que *eles mesmos construam a solução (não é o mediador quem a sugere)*. Quando as circunstâncias do caso exigirem, é recomendada a confidencialidade, para preservação da intimidade dos interessados, quanto às informações obtidas em todas as etapas da mediação, inclusive nas sessões privadas – se houver. Mesmo nesses casos, a confidencialidade será afastada se houver expressa autorização dos envolvidos, violação à ordem pública ou às leis vigentes. O membro ou servidor que participar da mediação não pode ser testemunha do caso, nem atuar como advogado dos envolvidos, em qualquer hipótese.[527]

A **conciliação**, por sua vez, é recomendada para situações em que seja necessária uma intervenção maior do membro do Ministério Público, do servidor ou do voluntário, para que *o próprio conciliador proponha soluções* para a resolução dos conflitos ou controvérsias, sendo aplicáveis as mesmas normas da mediação.[528]

---

[524] Art. 1.º, parágrafo único, da Resolução CNMP 118, de 01.10.2014.

[525] Art. 8.º, *caput*, da Resolução CNMP 118, de 01.10.2014. O parágrafo único desse artigo também recomenda a negociação "para a solução de problemas referentes à formulação de convênios, redes de trabalho e parcerias entre entes públicos e privados, bem como entre os próprios membros do Ministério Público".

[526] Art. 9.º da Resolução CNMP 118, de 01.10.2014.

[527] Art. 10, § 2.º, da Resolução CNMP 118, de 01.10.2014.

[528] Arts. 11 e 12 da Resolução CNMP 118, de 01.10.2014.

INTERESSES DIFUSOS E COLETIVOS - VOL. 1

Normalmente, a mediação é adequada para "conflitos subjetivos", ou seja, casos em que as partes conflitantes mantenham relacionamento duradouro, e, muitas vezes, interesse em preservá-lo, ao passo que a conciliação é mais propícia para "conflitos objetivos", em que a relação entre as partes conflitantes seja superficial.[529]

Já as **práticas restaurativas** são recomendadas como mecanismos de reparação dos efeitos de uma infração, em que infrator, vítima e, eventualmente, outras pessoas ou setores públicos ou privados[530] da comunidade afetada, com a ajuda de um facilitador, participam de encontros visando à formulação de um plano restaurativo para a reparação ou minoração do dano, bem como a reintegração do infrator e a harmonização social. São mecanismos, portanto, destinados à reparação de danos e superação de traumas de vítimas de crimes e à reintegração social do infrator.

Por fim, trata a citada Resolução das **convenções processuais**, cuja possibilidade foi introduzida em nosso ordenamento no art. 190 do CPC/2015. Sua previsão na Resolução do CNMP não nos parece perfeitamente congruente com o escopo da norma, tendo em vista não se tratar de mecanismo destinado à solução consensual de conflitos de interesses, mas sim a "estipular mudanças no procedimento para ajustá-lo às especificidades da causa e convencionar sobre os seus ônus, poderes, faculdades e deveres processuais, antes ou durante o processo". Logo, não se trata de mecanismo de autocomposição da lide, senão de um acordo para melhor ajustar o procedimento às particularidades da controvérsia.

Convém observar que tratamos acima da Resolução 118 do CNMP em razão da importância histórica do Ministério Público na tutela de interesses metaindividuais. Ressalve-se, contudo, que não se limita a ele o poder de negociar ou intervir no conflito de interesses visando à sua autocomposição. Afinal, há outros colegitimados públicos e privados à ação civil pública, embora apenas os entes públicos possam celebrar acordos extrajudiciais (compromissos de ajustamento de conduta) nessa seara.

Feitas tais considerações, vejamos particularidades da autocomposição extrajudicial e judicial nas lides coletivas.

2.10.1 Autocomposição extrajudicial: o compromisso de ajustamento de conduta

Os acordos extrajudiciais versando interesses metaindividuais são denominados **compromissos de ajustamento de conduta**. Por meio deles, alguns legitimados podem tomar dos responsáveis pelo dano ou ameaça o compromisso de que adequarão sua conduta às exigências legais e constitucionais, reparando o dano ou afastando a ameaça, sob pena de cominações.

Os tomadores dos compromissos são denominados compromitentes, e as pessoas que se obrigam a ajustar suas condutas são chamadas de compromissários.[531] As obrigações e cominações são reduzidas a termo, razão pela qual também é comum referir-se ao insti-

---

[529] Cf. CNJ. Disponível em: http://www.cnj.jus.br/programas-e-acoes/conciliacao-e-mediacao-portal-da-conciliacao/perguntas-frequentes/85619-qual-a-diferenca-entre-conciliacao-e-mediacao. Acesso em: 23 jan. 2018.

[530] Arts. 13 e 14 da Resolução CNMP 118, de 01.10.2014.

[531] Na doutrina, e, mesmo no âmbito dos Ministérios Públicos, esse uso tem variações. Predomina, entre os doutrinadores, o emprego inverso: compromissários para os órgãos públicos e compromitentes para os que assumiam os compromissos. Nesse sentido: CARVALHO FILHO, José dos Santos. *Ação Civil Pública*: Comentários por Artigo (Lei n. 7.347/85). 7. ed. rev., ampl. e atual. Rio de Janeiro: Lumen Juris, 2009. p. 225. Esse também era o uso por nós defendido inicialmente. Hugo Nigro Mazzilli observa o não cabimento do emprego do termo *compromitente* para o tomador do compromisso de ajustamento de conduta, pois ele não se obriga a nada (*A Defesa dos Interesses Difusos em Juízo*. 22. ed. São Paulo: Saraiva, 2009. p. 410), no que é apoiado por Gregório Assagra de Almeida (*Manual das Ações Constitucionais*. Belo Horizonte: Del Rey, 2007. p. 240). Talvez por isso, a Res.1.342/2021-CPJ/MP/SP refere-se aos obrigados como *compromitentes*. Fato é que o CNMP, na Resolução 179/2017, designa os tomadores como *compromitentes*, e os obrigados como *compromissários*, conforme terminologia que, mais recentemente, vínhamos adotando nesta obra.

tuto do compromisso por alusão ao termo que o documenta: **termo de compromisso de ajustamento de conduta**, ou, simplesmente, **termo de ajustamento de conduta (TAC)**. O compromisso assim celebrado tem eficácia de **título executivo extrajudicial**.

2.10.1.1 Previsão legal

Foi o ECA quem introduziu o compromisso de ajustamento de conduta em nosso ordenamento, embora limitado aos direitos das crianças e dos adolescentes:

> **Art. 211.** Os órgãos públicos legitimados poderão tomar dos interessados compromisso de ajustamento de sua conduta às exigências legais, o qual terá eficácia de título executivo extrajudicial.

Posteriormente, o Código de Defesa do Consumidor, por força de seu art. 113, acresceu o § 6.º ao art. 5.º da LACP, com a seguinte redação:

> § 6.º Os órgãos públicos legitimados poderão tomar dos interessados compromisso de ajustamento de sua conduta às exigências legais, mediante cominações, que terá eficácia de título executivo extrajudicial.

A Lei 12.529/2011 prevê uma modalidade específica de compromisso de ajustamento de conduta, denominada "compromisso de cessação da prática sob investigação ou dos seus efeitos lesivos", a ser tomado pelo Conselho Administrativo de Defesa Econômica (Cade) em hipóteses de infrações à ordem econômica (art. 85).

No âmbito do Ministério Público, a Resolução CNMP 179/2017 veio a regulamentar o instituto do compromisso de ajustamento de conduta. Interessa frisar que, nos termos do art. 1.º dessa norma, o compromisso de ajustamento de conduta pode ser tomado não apenas para a tutela de direitos difusos, coletivos e individuais homogêneos, mas também de "outros direitos de cuja defesa está incumbido o Ministério Público".

2.10.1.2 Legitimação

Segundo o ECA e a LACP, apenas os **órgãos públicos** legitimados à propositura de ações civis públicas estão também autorizados a tomar compromissos de ajustamento de conduta. É pacífico que a locução "órgãos públicos", empregada na LACP e no ECA, deve ser interpretada no mesmo sentido de "entes públicos", mais adequada por abarcar não apenas órgãos (que, a rigor, não detêm personalidade jurídica, e são parte de uma pessoa jurídica ou instituição pública) como também as instituições (p. ex., Ministério Público) e pessoas jurídicas de direito público (p. ex., entes políticos, autarquias). Diferentemente, associações, sindicatos e fundações privadas não podem fazê-lo, por possuírem personalidade jurídica de direito privado.

Controvérsia há em relação às sociedades de economia mista e as empresas públicas, que, apesar de possuírem personalidade jurídica de direito privado, estão ligadas à Administração Pública. Há dois entendimentos a respeito:

    i.   Não são legitimadas, pois não possuem personalidade jurídica de direito público;[532]

    ii. Podem ser ou não legitimadas: se sua finalidade é a prestação de serviços públicos, atuam como órgãos públicos, estando, portanto, legitimadas; se seu objeto é

---

[532] CARVALHO FILHO, José dos Santos. *Ação Civil Pública*: Comentários por Artigo (Lei n. 7.347/85). 7. ed. rev., ampl. e atual. Rio de Janeiro: Lumen Juris, 2009. p. 220.

a exploração de atividades econômicas, atuam como entes privados, não estando legitimadas.[533]

É óbvio que o ente público só estará legitimado a firmar o compromisso se, no caso concreto, também possuir legitimidade para propor a ação civil pública. Assim, por exemplo, uma autarquia voltada à defesa do meio ambiente tem legitimidade para tomar compromisso de um poluidor que age na sua área de atuação, mas não de um fornecedor para obrigá-lo a fazer um *recall* de veículos com falha no sistema de freios, pois trata-se de matéria de direito do consumidor.

Importa ressalvar, porém, que, se o rol de legitimados à celebração do termo de compromisso é restrito aos entes públicos, o mesmo não se dá em relação aos legitimados à sua execução. Com efeito, qualquer dos colegitimados aptos a proporem a ação civil pública em relação ao objeto do termo de compromisso – mesmo as associações – poderá executá-lo.

Já o Ministério Público, por força do princípio da obrigatoriedade, tomando conhecimento de que um termo de compromisso celebrado por outro colegitimado não está sendo executado, terá a obrigação de executá-lo, desde que esteja dentre suas funções institucionais zelar pelo interesse transindividual objeto do compromisso.[534] Somente poderá deixar de fazê-lo justificadamente, como, por exemplo, quando o título contiver alguma deficiência e necessitar ser substituído, conforme veremos no item 2.10.1.8.

A Resolução 179/2017 traz algumas exigências em relação à representação do compromissário. Deve-se atentar, nesse particular, que: 1) se quem assinar o termo for procurador, deverá ter *poderes especiais*; 2) se a procuração for particular, deverá ter *reconhecimento de firma*; 3) se o compromissário for empresa pertencente a grupo econômico, deverá assinar o representante legal da *pessoa jurídica controladora* à qual esteja vinculada, sendo admissível a representação por procurador com poderes especiais outorgados pelo representante.[535]

De resto, convém ressalvar que, muito embora associações não estejam autorizadas à tomada de termos de ajustamento de conduta, não se exclui a possibilidade de que, em situações bem específicas, possam celebrar convenções extrajudiciais para a tutela de interesses coletivos. Uma dessas hipóteses consiste na convenção coletiva de consumo, prevista no art. 107 do CDC, por meio da qual associações de consumidores e associações de fornecedores ou sindicatos de categoria econômica podem dispor, de forma escrita, acerca de relações de consumo, especificamente sobre "condições relativas ao preço, à qualidade, à quantidade, à garantia e características de produtos e serviços, bem como à reclamação e composição do conflito de consumo". Outro exemplo reside na legitimidade dos sindicatos para celebrarem convenções e acordos coletivos de trabalho (CF, arts. 7.º, XXVI, e 114, §§ 1.º e 2.º).

2.10.1.3 *Natureza jurídica*

A doutrina se debate sobre a seguinte questão: o compromisso de ajustamento de conduta teria ou não natureza jurídica de **transação**?

---

[533] AKAOUI, Fernando Reverendo Vidal. *Compromisso de Ajustamento de Conduta Ambiental*. 2. ed. rev. e atual. São Paulo: RT, 2008. p. 76-77; RODRIGUES, Geisa de Assis. *Ação Civil Pública e Termo de Ajustamento de Conduta*. 2. ed. Rio de Janeiro: Forense, 2006. p. 163; MAZZILLI, Hugo Nigro. *A Defesa dos Interesses Difusos em Juízo*. 22. ed. São Paulo: Saraiva, 2009. p. 407.

[534] No REsp 1.020.009/RN, 1.ª T., rel. Min. Benedito Gonçalves, j. 06.03.2002, DJe 09.03.2012, decidiu-se que apenas os órgãos públicos poderiam executar os compromissos de ajustamento de conduta. Sobre essa decisão, falamos no item "2.10.1.9. Execução".

[535] Art. 3.º, §§ 1.º a 3.º, da Resolução 179/2017 do CNMP.

CAP. 2 – AÇÃO CIVIL PÚBLICA | 221

Há quem sustente que sim, e que sua natureza jurídica é contratual, embora não seja possível, por meio desse instrumento, fazer concessão quanto ao direito material, mas, tão somente, dispor quanto ao modo, tempo e lugar do cumprimento da obrigação.[536]

Do lado oposto, há quem observe que, conforme o Código Civil, a transação é forma de resolução de litígios na qual há concessões mútuas (art. 840), somente sendo admitida em relação a direitos patrimoniais de caráter privado (art. 841). Ocorre que, no compromisso de ajustamento de conduta, não há concessões mútuas de direito material. Embora o compromissário, de seu lado, tenha de fazê-lo, já o órgão público tomador do compromisso não o pode, uma vez que não é titular do direito material envolvido, mas mero legitimado extraordinário dos titulares. Em adendo, anota-se que os interesses difusos e coletivos não se amoldam ao gênero direito patrimonial de caráter privado, consistindo, diferentemente, em direitos transindividuais, situados numa zona intermédia entre o público e o privado.

Dentro dos que refutam a natureza de transação do compromisso, podemos encontrar quem o considere: (i) um **ato jurídico unilateral** quanto à manifestação volitiva, pois apenas o compromissário assume compromisso, e **bilateral** quanto à formalização, pois nele intervêm o órgão público e o compromissário;[537] (ii) uma espécie de **acordo**;[538] ou (iii) um **ato administrativo negocial**.[539]

Independentemente da celeuma doutrinária, o STJ, excepcionalmente, já entendeu ser possível transação envolvendo direitos difusos, quando não for possível a recondução do meio ao *status quo ante*:

> Processo civil – Ação civil pública por dano ambiental – Ajustamento de conduta – Transação do Ministério Público – Possibilidade.
>
> 1. A regra geral é de não serem passíveis de transação os direitos difusos.
>
> 2. Quando se tratar de direitos difusos que importem obrigação de fazer ou não fazer deve-se dar tratamento distinto, possibilitando dar à controvérsia a melhor solução na composição do dano, quando impossível o retorno ao *status quo ante*.
>
> 3. A admissibilidade de transação de direitos difusos é exceção à regra.
>
> 4. Recurso especial improvido.[540]

Seja como for, não há dúvida sobre o caráter jurídico bilateral do compromisso, de modo que ele está sujeito às mesmas condições de existência, validade e eficácia dos negócios jurídicos em geral, sendo passível, portanto, de questionamento judicial quanto à falta de qualquer dessas qualidades. Aliás, o CNMP, na Resolução 179/2017, o define expressamente como **negócio jurídico**.[541]

---

[536] FINK, Daniel Roberto. Alternativa à Ação Civil Pública Ambiental (Reflexões sobre as Vantagens do Termo de Ajustamento de Conduta). In: MILARÉ, Édis (coord.). *Ação Civil Pública – Lei 7.347/85 – 15 anos*. 2. ed. rev. e atual. São Paulo: RT, 2002. p. 119-121.

[537] CARVALHO FILHO, José dos Santos. *Ação Civil Pública*: Comentários por Artigo (Lei 7.347/1985). 7. ed. rev., ampl. e atual. Rio de Janeiro: Lumen Juris, 2009. p. 222.

[538] AKAOUI, Fernando Reverendo Vidal. *Compromisso de Ajustamento de Conduta Ambiental*. 2. ed. rev. e atual. São Paulo: RT, 2008. p. 70.

[539] MAZZILLI, Hugo Nigro. *A Defesa dos Interesses Difusos em Juízo*. 22. ed. São Paulo: Saraiva, 2009. p. 408.

[540] REsp 299.400/RJ, 2.ª T., rel. Min. Francisco Peçanha Martins, rel. p/ ac. Min. Eliana Calmon, j. 01.06.2006, DJ 02.08.2006.

[541] "Art. 1.º O compromisso de ajustamento de conduta é instrumento de garantia dos direitos e interesses difusos e coletivos, individuais homogêneos e outros direitos de cuja defesa está incumbido o Ministério Público, com natureza de negócio jurídico que tem por finalidade a adequação da conduta às exigências legais e constitucionais, com eficácia de título executivo extrajudicial a partir da celebração."

2.10.1.4 Objeto

Por objeto, entenda-se o conteúdo do termo de ajustamento (fato ensejador + obrigações assumidas para resolvê-lo). Em resumo, pode-se celebrar um compromisso de ajustamento de conduta nas hipóteses em que seria admissível o ajuizamento de uma ação civil pública, mas for possível evitá-la em razão de o compromitente e o compromissário chegarem a um consenso quanto às obrigações que este assumirá para afastar a ameaça de lesão ou reparar um dano efetivo a um direito coletivo em sentido amplo, e as sanções cominatórias para caso de descumprimento.

É praxe a redação de "Considerandos" para a exposição articulada, num termo de ajustamento de conduta, dos fatos e fundamentos jurídicos que justificam sua celebração, seguidos de cláusulas em que são estipuladas as obrigações assumidas e as sanções para a hipótese de descumprimento.

Importa alertar que, em razão do disposto na Res. Conjunta CNJ/CNMP n.º 8/2021, que instituiu o SIRENEJUD[542], painel que deve ser alimentado pelo Judiciário e Ministério Público com informações locacionais sobre ações e termos de ajustamento de conduta (TAC) ambientais, convém apontar no TAC o(s) município(s) afetado(s) pelo dano ou onde deve ser cumprida a obrigação pactuada, bem como as coordenadas geográficas dos vértices que definem os limites da área abrangida pelo TAC.

Como o tomador do compromisso não é titular do interesse em questão, em qualquer que seja a matéria objeto do TAC, **não pode ele abdicar**, ainda que parcialmente, **do seu conteúdo**. Por exemplo: se houve desmatamento ilegal de uma área de nove hectares, não é possível ao órgão público celebrar um compromisso em que o responsável pelo dano se comprometa a reparar tão somente oito hectares; se houve dano a consumidores por fato do produto, não pode abrir mão de nenhum percentual da indenização devida a cada um deles; e assim por diante.

Sendo assim, o compromisso deve ser formulado de maneira a fixar **o modo, o lugar e o tempo no qual o dano ao interesse transindividual deve ser reparado, ou a ameaça ser afastada.**[543] Na hipótese sugerida, poder-se-ia pactuar, por exemplo, o prazo para que o compromissário adquirisse as mudas, o prazo para início de plantio, o espaçamento das mudas, os cuidados a serem tomados no trato cultural, os prazos para envio de relatórios informando ao órgão tomador a evolução no crescimento das mudas, o prazo final para que elas atinjam determinado porte etc.

Nada obsta, porém, a que o compromisso contemple apenas medidas **parciais** ou **provisórias**, sem, contudo, abdicação do remanescente por parte do Ministério Público. Em busca de maior celeridade e resolutividade – portanto, maior eficiência –, é possível que Ministério Público e compromissário cheguem a um consenso sobre determinados pontos, como, por exemplo, reparar parte de um dano, ou sobre medidas provisoriamente necessárias para evitar a eclosão ou agravamento de um dano, ou, ainda, sobre o custeio de uma primeira investigação para melhor apurar a extensão de um dano de alta complexidade e/ou os melhores meios de repará-lo, e, em torno desse consenso específico, celebrem compromisso de ajustamento.[544] Nesse caso, em relação aos pontos remanescentes, a investigação deve continuar, ressalvada situação excepcional que enseje arquivamento

---

[542] O painel interativo SireneJud reúne informações da Base Nacional de Dados do Poder Judiciário (DataJud) relacionadas às ações judiciais no assunto ambiental, bem como outros dados referentes à mesma temática (como áreas protegidas, terras indígenas, áreas de desmatamento, entre outros). Disponível em: www.cnj.jus.br/programas-e-acoes/sirenejud/. Acesso em: 23/03/2023.

[543] Res. CNMP 179/2017, art. 1.º, § 1.º.

[544] Res. CNMP 179/2017, art. 2.º, *caput*: "No exercício de suas atribuições, poderá o órgão do Ministério Público tomar compromisso de ajustamento de conduta para a adoção de medidas provisórias ou definitivas, parciais ou totais".

fundamentado.[545] Outra possibilidade é que a solução das questões restantes seja buscada numa ação civil pública.

As obrigações constantes do termo de compromisso podem ser de fazer, de não fazer, de entregar coisa ou de pagar. Não obstante, por força do *princípio da maior coincidência entre o direito e sua realização*, deve-se buscar o cumprimento da obrigação que mais eficazmente atenda o interesse lesado ou ameaçado (judicialmente, equivaleria à *tutela específica da obrigação*). Em sendo possível, por exemplo, a reconstituição integral de um bem lesado (obrigação de fazer), não se admite a mera compensação pecuniária do dano (obrigação de pagar).[546]

As obrigações têm de ser certas quanto a sua existência e determinadas quanto ao seu objeto, sem o que não seriam exequíveis.

Considerando a necessidade de exequibilidade, o CSMP-SP aprovou a Súmula 75, segundo a qual não se homologam TACs "que importem ingerência no exercício de função legislativa ou que pressuponham exclusivamente aprovação de lei futura". O fundamento por trás dela é que, além de ser defeso ao MP imiscuir-se na função de legislar, o título careceria de eficácia e exequibilidade caso a lei não viesse a ser aprovada. Ademais, o cumprimento de um compromisso prevendo exclusivamente a aprovação de lei futura, caso assumido pelo Chefe do Executivo, não dependeria exclusivamente de sua iniciativa.

Note-se, ainda, que o termo de compromisso é um sucedâneo da ação civil pública. Nesta, a condenação ao pagamento de eventual indenização, por força do artigo 13 da LACP, deveria, em princípio, ser destinada a fundo **federal** ou **estadual** de reparação dos interesses transindividuais lesados. Por tal razão, o STJ já decidiu ser nula obrigação compensatória consistente em entregar um equipamento de informática a um órgão ambiental, uma vez que o único destino legalmente admissível para eventual indenização seria um daqueles fundos, sob pena de nulidade.[547]

Sem embargo, na Res. CNMP n.º 179/2017, que disciplina a tomada de compromissos de ajustamento de conduta pelo Ministério Público, o CNMP foi mais flexível quanto ao destino das indenizações, reconhecendo a possibilidade de direcionamento a fundos federais, estaduais e, **até mesmo, aos municipais** que tenham as finalidades do art. 13 da LACP, **e ainda** admitiu, alternativamente, que sejam canalizados a **"projetos de prevenção ou reparação de danos de bens jurídicos da mesma natureza, ao apoio a entidades cuja finalidade institucional inclua a proteção aos direitos ou interesses difusos, a depósito em contas judiciais"**.

O mesmo instrumento dispõe, ainda, que tais valores "poderão receber destinação específica que tenha a mesma finalidade dos fundos previstos em lei ou esteja em conformidade com a natureza e a dimensão do dano".[548] Em qualquer caso, "os valores referentes às medidas compensatórias decorrentes de danos irreversíveis aos direitos ou

---

[545] Art. 2.º, parágrafo único, da Res. CNMP 179/2017.

[546] Não por outra razão, a Res. 179/2017 do CNMP preconiza que só se admite falar em mitigação, compensação e indenização dos danos "que não possam ser recuperados" (art. 1.º, § 1.º), bem como regulamenta a destinação das indenizações referentes a danos a interesses ou direitos difusos e coletivos "quando não for possível a reconstituição específica do bem lesado" (art. 5.º). Do mesmo modo, o art. 2.º da Res. Conjunta 10/2024 – CNJ/CNMP dispõe que "As medidas de garantia ou de recomposição do bem jurídico violado ou ameaçado, na forma de tutela específica ou por equivalência, são preferenciais às medidas de natureza indenizatória, tanto nas decisões judiciais, quanto em instrumentos negociais de autocomposição coletiva". No mesmo sentido, a súmula 23 do CSMP-SP afirma que: "NÃO SE HOMOLOGA promoção de arquivamento fundada em termo de ajustamento de conduta se a multa fixada na hipótese de descumprimento da obrigação de fazer ou não fazer tiver natureza compensatória, ao invés de cominatória, pois mais interessa o cumprimento da obrigação pelo próprio devedor que o correspondente econômico."

[547] STJ, REsp 802.060/RS, 1.ª Turma, rel. Min. Luiz Fux, j. 17.12.2009, *DJe* 22.02.2010.

[548] Art. 5.º, § 1.º, da Res. CNMP 179/2017.

224 | INTERESSES DIFUSOS E COLETIVOS - VOL. 1

interesses difusos deverão ser, preferencialmente, revertidos em proveito da região ou pessoas impactadas"[549].

Nota-se, portanto, que essa norma admitiu que instrumentos de autocomposição (termos de ajustamento de conduta e acordos judiciais) direcionassem valores indenizatórios (*i.e.*, estipulados para hipótese em que não se faz possível a tutela específica ou por equivalência) a destinos diversos dos fundos previstos no artigo 13 da LACP.

No mesmo sentido, posteriormente, CNMP e CNJ editaram a Res. Conjunta n.º 10/2024. O escopo dessa Resolução é mais amplo que o da Resolução antes tratada, por não se limitar aos instrumentos de autocomposição – incluindo decisões judiciais – e por abranger as multas cominatórias (astreintes) e aos valores remanescentes a título de *fluid recovery* (não reclamados tempestivamente pelos titulares de direitos individuais homogêneos lesados).

Para melhor dimensionar os recursos disciplinados nessa norma, convém reproduzir o § 2.º de seu artigo 1.º:

> § 2º Esta Resolução aplica-se:
>
> I – à decisão judicial ou negócio jurídico, acordo, convenção, pacto, termo de ajustamento de conduta, compromisso, ou qualquer outro instrumento de autocomposição coletiva celebrado extrajudicialmente, que reconheçam obrigações e imponham prestações de natureza reparatória em tutela coletiva, inclusive no que se refere a multas pelo descumprimento das obrigações impostas ou pactuadas;
>
> II – à decisão judicial e ao instrumento de autocomposição coletiva que imponham multas cominatórias;
>
> III – à decisão judicial e ao instrumento de autocomposição coletiva que estabeleçam o pagamento de danos morais coletivos, danos sociais e outros de natureza compensatória similar;
>
> IV – à decisão judicial que determine a reversão à coletividade de condenações decorrentes de violações a direitos individuais homogêneos não reclamados pelos seus titulares no prazo legal.

Nos termos dessa Resolução Conjunta, a indenização pecuniária genérica deverá ter por destino o Fundo Federal ou Fundos Estaduais de Direitos Difusos (art. 3.º). Já em se tratando de tutela específica (restauração do bem jurídico ofendido) ou de tutela por equivalência (compensação que visa a atingir o resultado prático equivalente ao bem jurídico ofendido) será admissível a destinação de bens/recursos para outros destinatários, a saber (art. 5.º):

> I – instituições, entidades e órgãos públicos federais, estaduais, distritais ou municipais, que promovam direitos diretamente relacionados à natureza do dano causado;
>
> II – pessoas jurídicas de direito privado, sem fins lucrativos e previamente cadastradas, que realizem atividades ou projetos relacionados diretamente à natureza do dano causado; e
>
> III – fundos públicos temáticos ou territoriais, constituídos nas esferas federal, estadual, distrital ou municipal, diretamente relacionados ao bem jurídico lesado ou ameaçado e à natureza do dano coletivo, conforme a extensão territorial da lesão, que tenham por objetivo o financiamento de atividades e projetos de promoção ou reparação de direitos.

Nesse caso, o magistrado (na decisão judicial) ou o membro do Ministério Público (no instrumento autocompositivo) deverá justificar sua decisão, indicando (i) a pertinência e adequação da medida com a reparação do dano constatado, (ii) os mecanismos de fiscalização, (iii) as razões que inviabilizam, quando for o caso, a destinação dos recursos

---

[549] Art. 5.º, § 2.º, da Res. CNMP 179/2017.

atendendo a localidade geográfica e a natureza da lesão, e (iv) os critérios que orientaram a decisão, dentre as alternativas disponíveis (art. 6.º).

A norma enumera, no artigo 7.º, pessoas, entes ou finalidades para os quais é vedada a destinação de bens ou recursos, tais como pessoas físicas, manutenção ou custeio de atividades do Poder Judiciário e Ministério Público, atividades ou fins político-partidários, dentre outras.

Para a documentação do recebimento desses bens e recursos, determina o artigo 8.º a celebração de um "Termo de recebimento de bens ou valores em reparação a lesão ou a danos coletivos", que deve conter uma série de cláusulas obrigatórias, dentre as quais: seu objeto; prazos para a execução ou entrega do bem e seu respectivo cronograma; existência de conta bancária própria e exclusiva para recepção de recursos decorrentes de cada reparação, ou, em se tratando de ente público, de lançamento contábil em separado do ingresso do recurso e de seu dispêndio, de modo a identificar e tornar transparente a aplicação; plano de trabalho com indicação de mecanismos de ampla divulgação; previsão de penalidades pelo descumprimento do termo etc.

As instituições, entidades ou órgãos destinatários devem apresentar a documentação que comprove a aplicação dos bens e recursos recebidos, sob pena de responsabilização cível, criminal e administrativa, no que couber (art. 10).

Para orientar a destinação de bens e recursos financeiros, os tribunais, ramos e unidades do Ministério Público instituirão e manterão cadastro atualizado de pessoas jurídicas de direito privado sem fins lucrativos, cuja atuação se relacione à promoção de direitos transindividuais (art. 11) e regulamentarão o procedimento de cadastramento, com modelos de formulários e editais de convocação, bem como rol de documentos essenciais e o formato para apresentação dos projetos, quando exigível, bem como a periodicidade de renovação dos cadastros (art. 12) e o mecanismo de prestação de contas (art. 14, §§ 1.º), admitido um procedimento simplificado no caso de bens ou recursos de pequeno valor, assim consideradas os que não ultrapassem, no total, o equivalente a 30 (trinta) salários Mínimos.

Por fim, cumpre ao magistrado e ao membro do Ministério Público fiscalizar a aplicação dos recursos e a utilização dos bens recebidos, dispensada essa fiscalização quando os recursos sejam encaminhados para fundos públicos temáticos ou territoriais constituídos nas esferas federal, estadual, distrital ou municipal, diretamente relaciona- dos ao bem jurídico lesado ou ameaçado e à natureza do dano coletivo e voltados à sua reparação, e que tenham metodologia estabelecida de fiscalização e prestação de contas (art. 13 c.c. art. 5.º, III).

Já se os recursos forem destinados à Defesa Civil para ações de combate aos efeitos do estado de calamidade pública formalmente decretado por ato do Poder Executivo Federal, Estadual ou Municipal, será desnecessário prévio cadastramento do destina- tário, sendo que a entidade beneficiada pelas transferências havidas durante o estado de calamidade prestará contas diretamente ao respectivo Tribunal de Contas. Essas transferências devem ser comunicadas às respectivas Corregedorias no prazo de 5 dias (art. 15, §§ 1.º ao 3.º).

2.10.1.5 *Cominações*

Para compelir o compromissário a cumprir suas obrigações na forma pactuada, o compromisso deve prever cominações (sanções). Dependendo do caso podem-se fixar, por exemplo, multas diárias (que incidam a partir de quando configurado o descumprimento

226 | INTERESSES DIFUSOS E COLETIVOS – VOL. 1

do ajuste, até a data em que ele seja adimplido), ou multas que incidam a cada vez que determinada conduta é praticada ou omitida pelo compromissário.[550]

Caso fixadas em TAC tomado por órgão do Ministério Público, os valores procedentes de sua liquidação podem ter por destino um fundo federal, estadual ou municipal de reparação de interesses metaindividuais, ou as mesmas alternativas previstas para os valores das indenizações dos danos irreparáveis, conforme tratado no item anterior.[551]

De todo modo, não é mister que a sanção seja pecuniária: podem-se cominar obrigações de fazer ou não fazer. O tipo de sanção escolhida e seu valor devem ser adequados e suficientes às particularidades de cada caso concreto, de modo a desestimular o compromissário a faltar com as obrigações assumidas.

Releva frisar que a falta de previsão de multa no termo de compromisso não importa sua nulidade. A própria Res. 179/2017 do CNMP admite que, *em casos excepcionais e devidamente fundamentados*, essa fixação seja remetida ao Poder Judiciário caso necessária à execução do compromisso.[552] Nesse caso, o próprio juiz poderá fixá-la, ao ser-lhe apresentado o título para execução (CPC/2015, art. 814). Por outro lado, se o título fixou uma multa, mas seu valor for excessivo, o magistrado poderá reduzi-lo (CPC/2015, art. 814, parágrafo único). Ademais, para que a multa possa ser executada, é mister que ela seja certa, líquida e exigível (CPC/2015, art. 783).

2.10.1.6 Compromisso de ajustamento tomado em um inquérito civil ou em um procedimento preparatório

Em se tratando da defesa de direitos difusos, coletivos ou individuais homogêneos, o Ministério Público deverá tomar o compromisso de ajustamento de conduta no bojo de um inquérito civil (IC) ou de seu procedimento preparatório (PPIC).[553] Celebrado o termo de ajustamento, dois caminhos distintos poderão ser trilhados, dependendo das normas internas de cada Ministério Público:

a) No MPF, por exemplo, a celebração do ajuste não conduz ao imediato arquivamento do procedimento (inquérito civil ou procedimento preparatório). Uma vez firmado o ajuste, ele já tem eficácia jurídica. O órgão que o tomou deverá, tão somente, comunicar ao respectivo órgão revisor acerca de sua celebração e da consequente suspensão do curso do procedimento. Ao longo do prazo fixado para o adimplemento das obrigações ajustadas, o tomador do compromisso fiscalizará tal cumprimento. Em sendo descumpridas, ele poderá, desde já, executar o título. Apenas se e quando as obrigações assumidas vierem a ser adequadamente cumpridas, sem necessidade de execução do título, é que o procedimento será, então, arquivado e remetido ao respectivo órgão revisor, para o controle do arquivamento.[554]

---

[550] No MP/SP, dispõe o § 2.º do art. 83 da Res. 1.342/2021-CPJ que, "como garantia do cumprimento da obrigação principal, deverão ser estipuladas multas cominatórias, especificando a sua forma de incidência".

[551] Art. 5.º, § 1.º, da Res. CNMP 179/2017.

[552] Art. 4.º da Res. CNMP 179/2017.

[553] A Res. CNMP 179/2017 fala em "inquérito civil ou procedimento correlato" (art. 3.º). Esse "procedimento correlato", no caso dos interesses difusos, coletivos ou individuais homogêneos, é o procedimento preparatório de inquérito civil. No mesmo sentido, o art. 1.º, parágrafo único, da Res. CSMPF 87/2006. Relembre-se que, nos termos dessa última resolução, o PPIC é chamado de "procedimento administrativo". Em sentido contrário: Ricardo de Barros Leonel entende que, desde que existam elementos de convicção, o ajustamento de conduta pode ser colhido fora de inquérito civil ou outro procedimento investigatório, pois até mesmo o ajuizamento de ação civil pública prescinde de tais instrumentos de prova (LEONEL, Ricardo de Barros. *Manual do Processo Coletivo*. São Paulo: Saraiva, 2002. p. 326).

[554] CSMPF 87/2006, art. 21, §§ 5.º e 8.º.

CAP. 2 – AÇÃO CIVIL PÚBLICA | **227**

b) Já no caso do MP-SP e do MP-BA, celebrado o termo de ajustamento, e antes mesmo de cumpridas as obrigações nele pactuadas, o IC ou o PPIC será arquivado pelo membro que o presidir, e seus autos, depois de cientificados os interessados acerca de tal arquivamento, serão remetidos ao CSMP. Entendendo que as cláusulas do termo de compromisso são suficientes para resguardar o interesse transindividual a que se visa proteger, o órgão revisor homologará o arquivamento do IC ou do PPIC.[555] Diferentemente do que se dá no MPF, enquanto não homologada a promoção de arquivamento pelo respectivo Conselho Superior, a eficácia jurídica do termo de compromisso fica sob condição suspensiva (LOMP-SP, art. 112, parágrafo único; LOMP-BA, art. 83, parágrafo único). Em tese, portanto, ele ainda não é passível de execução.[556] Depois dessa homologação, os autos do procedimento retornarão ao órgão do MP que tomou o termo de compromisso, e ele notificará o compromissário para que cumpra as obrigações avençadas, bem como fiscalizará tal cumprimento, executando-o judicialmente, se necessário for.

Em qualquer caso, uma vez arquivados os autos, eles só serão remetidos ao órgão revisor no prazo de três dias depois de comprovada a cientificação de todos os interessados acerca do arquivamento.[557]

2.10.1.7 *Compromisso de ajustamento de conduta preliminar*

Antes mesmo da Res. 179/2017, o Ministério Público paulista já contemplava a possibilidade de que um compromisso de ajustamento pudesse abrigar soluções parciais ou provisórias, denominando-o "compromisso de ajustamento de conduta preliminar". Para tais casos, diz a Súmula 20 do CSMP-SP:

> Quando o compromisso de ajustamento tiver a característica de ajuste preliminar ou de convenção processual autônoma, que não dispense o prosseguimento de diligências para uma solução definitiva, salientado pelo órgão do Ministério Público que o celebrou, o Conselho Superior homologará somente o compromisso, autorizando o prosseguimento das investigações.

Nesse caso, portanto, o procedimento investigatório não será arquivado, visto que ainda não há uma solução definitiva que afaste por completo a necessidade de futura ação civil pública. Daí não falar em homologação de arquivamento, mas sim em compromisso de ajustamento preliminar.

Esse tipo de solução pode ser útil quando se está diante de um caso muito complexo, em que não se tem, inicialmente, a noção perfeita da natureza e/ou extensão do dano, e/

---

[555] Súmula 4 do CSMP-SP: "Homologa-se arquivamento fundado em compromisso de ajustamento de conduta celebrado pelo MP ou por qualquer colegitimado, desde que suficiente e adequado à defesa dos interesses transindividuais tutelados e que contenha todos os requisitos de título executivo extrajudicial, cabendo ao órgão ministerial fiscalizar seu efetivo cumprimento quando por ele celebrado ou quando houver indícios de omissão do órgão colegitimado que o celebrou".

[556] Para Mazzilli, somente norma federal poderia dispor sobre condição de eficácia de títulos executivos extrajudiciais, por versar sobre matéria de direito civil (CF, art. 22, I), e a legislação federal que tratou do compromisso de ajustamento não condicionou sua eficácia a nenhum termo suspensivo (*A Defesa dos Interesses Difusos em Juízo*. 22. ed. São Paulo: Saraiva, 2009. p. 418-419). Já Akaoui tem posição diversa. Para ele, o termo de compromisso de ajustamento de conduta tem eficácia imediata: uma vez celebrado, caso descumprido, pode ser executado. Todavia, essa eficácia está submetida a uma condição resolutiva *a contrario sensu*: a revisão do arquivamento pelo Conselho Superior, que, caso não homologue o arquivamento, retira a eficácia do título. E, para Akaoui, as leis orgânicas dos MPs não podem conter regra que afastasse tal condição resolutiva, pois ela decorre, implicitamente, do art. 9.º da LACP (*Compromisso de Ajustamento de Conduta Ambiental*. 2. ed. rev. e atual. São Paulo: RT, 2008. p. 80-83).

[557] V. item 2.8.1.1.9.

INTERESSES DIFUSOS E COLETIVOS - VOL. 1

ou a identificação de todos os responsáveis, mas que exige a tomada de medidas urgentes para que o dano não se alastre.

Como exemplo, poder-se-ia pensar em um caso de contaminação de lençol freático de grande profundidade, cujas perfeita delimitação da área afetada e identificação das tecnologias necessárias à solução do problema dependessem de sofisticados e dispendiosos estudos. Nesse caso, seria possível pensar na celebração de um termo de compromisso de ajustamento preliminar, em que o compromissário assumisse, ao mesmo tempo, a adoção de medidas emergenciais tendentes à contenção da pluma subterrânea de contaminantes, bem como custeasse a realização de estudo técnico que elucidasse determinados questionamentos. Com a produção do respectivo laudo, os técnicos do Ministério Público ou do órgão ambiental competente poderiam ter um valioso material sobre o qual se debruçar, e, eventualmente, poderiam identificar a necessidade de novas medidas, ou, quem sabe, já concluir quais obrigações deveriam ser fixadas em um termo de compromisso derradeiro, apto a garantir por completo a recuperação do meio ambiente degradado. Firmado esse novo termo de compromisso, definitivo, o inquérito civil seria arquivado, e tal ato submetido à revisão do CSMP.

2.10.1.8 Complementação, impugnação e substituição do compromisso

Desde que o termo de compromisso seja apto à tutela do bem jurídico a cuja proteção se destina, sua celebração torna desnecessário o ajuizamento de uma ação civil pública. Nesse caso, faltaria interesse processual para a promoção da ação civil pública não apenas ao tomador do compromisso, como também a qualquer outro colegitimado.

Não obstante, é possível que um determinado termo de compromisso não seja suficiente ou válido para o resguardo do interesse transindividual por ele visado. Nessa hipótese, não se pode extrair do fato de um dos legitimados haver tomado o compromisso de ajustamento de conduta a conclusão de que os demais legitimados estejam vinculados aos termos desse acordo. Lembre-se que os órgãos públicos legitimados à celebração do compromisso não são os detentores dos interesses transindividuais, mas meros "portadores adequados" desses interesses.

Por outro lado, a legitimidade de cada um dos colegitimados à ação civil pública não é exclusiva, mas concorrente: a legitimação de um não exclui a dos demais.

Ademais, a Lei Maior assegura a inafastabilidade do controle judicial para afastamento de lesão ou ameaça a direito (CF, art. 5.º, XXXV).

Por tais razões, nada obsta a que os colegitimados que não tenham participado do termo de compromisso discordem de suas cláusulas, podendo buscar sua complementação e/ou impugnação, quando o título for **incompleto** (quando as obrigações pactuadas não forem suficientemente abrangentes para a proteção do bem jurídico), contiver **vício insanável** (o que ocorreria, por exemplo, se houvesse desvio de finalidade por parte do órgão tomador do compromisso em benefício do compromissário, ou ilegítima transação a respeito de direito transindividual),[558] ou for **coercivamente débil** (quando as sanções cominatórias pactuadas forem insuficientes para convencer o compromissário a cumprir a obrigação principal). Vejamos alguns exemplos:

a) **incompletude do título:** imagine-se, por exemplo, que o termo de compromisso contemple a obrigação de um degradador reflorestar apenas 80% de uma área por

---

[558] CARVALHO FILHO, José dos Santos. *Ação Civil Pública*: Comentários por Artigo (Lei n. 7.347/85). 7. ed. rev., ampl. e atual. Rio de Janeiro: Lumen Juris, 2009. p. 236.

ele ilegalmente desmatada. Nesse caso, o colegitimado (se fosse um "órgão público") poderia tomar do compromissário um novo termo de compromisso, no qual este se comprometesse a reflorestar, em acréscimo, os 20% faltantes, ou (sendo ou não um "órgão público") ir a juízo em face dele, em uma ação de conhecimento, visando a compeli-lo a reflorestar os 20% restantes. O degradador, nesse caso, não poderia alegar falta de interesse processual do autor da ação, porque as obrigações assumidas no compromisso representam sempre uma **garantia mínima** em prol dos titulares dos interesses lesados, e **não um limite máximo de responsabilidade** em favor do causador do dano.[559] A propósito, o STJ já reconheceu a possibilidade de o Ministério Público propor ação civil pública visando à comprovação da exata extensão dos danos e sua reparação, a despeito de prévia composição administrativa tomada pelo Ibama;[560]

b) **vício insanável:** aqui, não se trata de mera incompletude, mas de total inadequação do título à tutela do direito envolvido. Sabe-se, por exemplo, que, sendo possível a reconstituição *in situ* do meio ambiente lesado, essa será a forma obrigatória de reparação do dano, ao passo que o pagamento de uma indenização ficaria sempre como última alternativa, somente cabível quando aquela reconstituição, ou mesmo quando a implementação de uma compensação, forem tecnicamente inviáveis.[561] Pense-se, p. ex., em um caso em que houvesse sido desmatada uma área para construção de uma casa em uma área de preservação permanente, e, em vez de se tomar o compromisso de o degradador demolir a casa e reflorestar a área, fosse fixado o dever de ele pagar uma indenização ao fundo de reparação. Estaria patente o desvio de finalidade, pois o tomador do compromisso teria abdicado de tutelar adequadamente o meio ambiente, cedendo espaço àquilo que fosse conveniente para o compromissário. Logo, um colegitimado poderia insurgir-se contra o termo de compromisso, ante sua inadequação, e buscar sua anulação judicial (em ação civil pública proposta tanto em face do compromissário como do tomador do compromisso – ou da pessoa jurídica a que este seja relacionado, caso o tomador do compromisso seja ente despersonalizado), bem como a condenação do responsável à obrigação de demolir a construção e reflorestar a área degradada;

c) **debilidade coercitiva:** o título pode ser completo e são quanto à obrigação principal, mas ser insuficiente para convencer o compromissário a adimpli-lo, em razão da debilidade das sanções cominatórias nele fixadas. Em termos mais simples: quando da execução do título, pode-se descobrir que o valor da multa prevista para descumprimento da obrigação acordada pode ser insuficiente para compelir o compromissário a cumpri-la. Diante de sua capacidade econômica e/ou do benefício fruído pelo descumprimento da obrigação principal, o compromissário pode chegar à conclusão de que é vantajoso permanecer inadimplente. Note-se que a legislação processual apenas admite que o magistrado, quando da execução do título extrajudicial, reduza, quando excessiva, a multa cominatória nele prevista (art. 814, parágrafo único, do CPC), mas não o autoriza a majorá-la, diferentemente do que se dá em relação à multa fixada em título judicial (art. 537, § 1.º, I, do CPC). Num cenário como tal, é legítima a busca de um novo título executivo, no qual se insira

---

[559] MAZZILLI, Hugo Nigro. *A Defesa dos Interesses Difusos em Juízo*. 22. ed. São Paulo: Saraiva, 2009. p. 418; SOUZA, Motauri Ciocchetti de. *Ação Civil Pública e Inquérito Civil*. 3. ed. de acordo com a Lei n. 11.448/2007. São Paulo: Saraiva, 2009. p. 83; RODRIGUES, Geisa de Assis. *Ação Civil Pública e Termo de Ajustamento de Conduta*. 2. ed. Rio de Janeiro: Forense, 2006. p. 207-208.

[560] REsp 265.300/MG, 2.ª T., rel. Min. Humberto Martins, j. 21.09.2006, *DJ* 02.10.2006.

[561] V. item 2.11.1.1, sobre eventual cabimento de compensação ambiental ou de indenização.

multa cominatória em valor alto o suficiente para obrigar o causador do dano a sair de sua inércia.

Note-se que, até agora, falamos da possibilidade de colegitimados que não participaram da celebração do termo de compromisso se insurgirem contra os moldes em que o pacto foi ajustado. Na verdade, o próprio tomador do compromisso, checando posteriormente que o termo de compromisso por ele tomado é insuficiente, viciado ou coercitivamente débil, tem o dever de buscar a complementação das obrigações fixadas no termo (no caso de sua incompletude), a invalidação (no caso de vício) e/ou a formação de novo título (no caso de vício ou debilidade). Isso ocorre porque o direito material envolvido não lhe pertence, não podendo, portanto, ser por ele indevidamente disposto. Ademais, o art. 785 do CPC/2015 dispõe que "A existência de título executivo extrajudicial não impede a parte de optar pelo processo de conhecimento, a fim de obter título executivo judicial".

A formação do novo título pode dar-se tanto por meio de nova ação como extrajudicialmente (caso o compromissário concorde em celebrar novo termo de ajustamento). Neste caso, nas hipóteses previstas no Código Civil, poderá restar configurada espécie de novação. No MP-SP, o art. 89 da Res. 1.342/2021-CPJ/MP/SP admite excepcionalmente a novação, determinando que, uma vez celebrada, o presidente do inquérito civil deverá, justificadamente, submetê-la à homologação, pelo Conselho Superior do Ministério Público, I – na hipótese de compromisso de ajustamento preliminar; ou II – promover novo arquivamento do inquérito civil e submetê-lo à revisão pelo Conselho, na hipótese de compromisso de ajustamento definitivo.

Temos, portanto, as seguintes possibilidades:

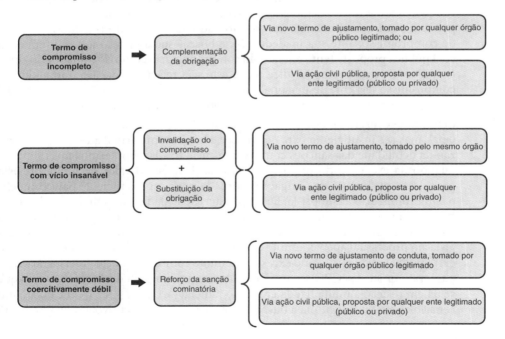

2.10.1.9 Acompanhamento e execução

Quando o órgão tomador do compromisso for o Ministério Público, ele deverá diligenciar para fiscalizar o seu efetivo cumprimento. As diligências de fiscalização podem ser providenciadas nos autos do procedimento em que houver sido celebrado o compromisso de ajustamento (inquérito civil ou procedimento preparatório), se eles não houverem sido arquivados. Caso os autos tenham sido arquivados, essa fiscalização se dará num *procedimento administrativo* especificamente instaurado para tal fim.[562]

O acompanhamento do cumprimento das cláusulas de TACs é apenas uma das finalidades para as quais o *procedimento administrativo*, regulamentado pela Resolução CNMP 174, de 4 de julho de 2017, pode ser instaurado. As outras são: i) acompanhar e fiscalizar, de forma continuada, políticas públicas ou instituições; ii) apurar fato que enseje a tutela de interesses individuais indisponíveis; iii) embasar outras atividades não sujeitas a inquérito civil; iv) acompanhar o cumprimento das cláusulas de acordo de não persecução cível; v) acompanhar o procedimento de autocomposição, avaliando-se, nessa hipótese, o sigilo do conteúdo dos diálogos autocompositivos, caso necessário; ou vi) embasar atividades em proteção aos direitos da vítima. Qualquer que seja sua finalidade, "o procedimento administrativo não tem caráter de investigação cível ou criminal de determinada pessoa, em função de um ilícito específico".[563]

Ele deve ser instaurado por meio de portaria sucinta, com delimitação de seu objeto, sendo-lhe aplicável, no que couber, o princípio da publicidade previsto para o inquérito civil.[564]

Se no curso desse procedimento surgirem fatos que demandem apuração criminal ou sejam voltados para a tutela dos interesses ou direitos difusos, coletivos ou individuais homogêneos, o membro do Ministério Público deverá instaurar o procedimento de investigação pertinente ou encaminhar a notícia do fato e os elementos de informação a quem tiver atribuição.[565]

O procedimento administrativo deve ser concluído no prazo de 1 ano, sendo possível sucessivas prorrogações, devendo-se, nesse caso, justificar a imprescindibilidade da realização de outros atos.[566] Uma vez cumprido o TAC, o procedimento administrativo de acompanhamento deverá ser arquivado no próprio órgão de execução, com comunicação ao CSMP, à Câmara de Coordenação e Revisão respectiva ou à Procuradoria Federal dos Direitos do Cidadão, sendo desnecessária a remessa dos autos para homologação do arquivamento.[567]

Se não cumprido o TAC nas condições nele estipuladas, poderá será necessário executá-lo judicialmente. Utilizamos a expressão "poderá" porque, em nosso pensar, alguns tipos de TAC também são passíveis de **protesto extrajudicial**, ferramenta que vem se demonstrando bastante eficaz para a Fazenda Pública na cobrança extrajudicial de dívidas. Muito embora o CPC trate do tema apenas em relação a títulos executivos *judiciais* (art. 517), fato é que o art. 1.º da Lei 9.492/1997 (conhecida como "Lei do Protesto") já havia ampliado o leque de títulos passíveis de protesto, ao admiti-lo em face do descumprimento de obrigação originada "em títulos e outros documentos de dívida". Desde então, não mais se vinculava o protesto exclusivamente aos títulos cambiários. Nesse sentido, ao admitir o protesto de Certidões de Dívida Ativa (CDA), já decidiu o STJ que:

---

[562] Res. 174/2017, art. 8.º, I.
[563] Res. 174/2017, art. 8.º, incisos I a VII e parágrafo único. No MP-SP há atos normativos regulamentando a utilização de procedimentos administrativos em face de lesão ou ameaça a direitos individuais (procedimentos administrativos de natureza individual – PANI), fiscalização de entidades ou estabelecimentos como fundações, unidades de internação ou semiliberdade de adolescentes e instituições de longa permanência para idosos, dentre outros (procedimentos administrativos de fiscalização – PAF) e para o acompanhamento legislativo, de processo de escolha de Conselhos Tutelares, de políticas públicas, ou de atividades de organismos públicos de tutela de direitos e políticas públicas de interesse direto da atuação funcional (procedimentos administrativos de acompanhamento – PAA).
[564] Art. 9.º da Resolução CNMP 174/2017.
[565] Art. 10 da Resolução CNMP 174/2017.
[566] Art. 11 da Resolução CNMP 174/2017.
[567] Art. 12 da Resolução CNMP 174/2017.

(...) No regime instituído pelo art. 1.º da Lei 9.492/1997, o protesto, instituto bifronte que representa, de um lado, instrumento para constituir o devedor em mora e provar a inadimplência, e, de outro, modalidade alternativa para cobrança de dívida, foi ampliado, desvinculando-se dos títulos estritamente cambiariformes para abranger todos e quaisquer "títulos ou documentos de dívida".[568]

Para assumir a condição de título executivo, não é necessário que o termo de compromisso seja assinado por duas testemunhas, uma vez que não se trata de documento particular (CPC/2015, art. 784, III), e tal formalidade tampouco é exigida na LACP ou no ECA.

Também é prescindível, para a exequibilidade do título, que o compromissário reconheça ser causador do dano ou da ameaça. Não obstante, atente-se que nas execuções fundadas em títulos extrajudiciais o executado pode alegar qualquer matéria que lhe seja lícito deduzir como defesa em processos de conhecimento (CPC/2015, art. 917, VI). Por tal razão, é conveniente ao tomador do compromisso fazer com que o compromissário admita, no termo de compromisso, ser o causador do dano ou da ameaça, o que enfraqueceria eventual alegação em sentido contrário na futura execução.

Embora a legitimidade para tomar termos de compromisso assista apenas aos entes públicos, qualquer dos entes legitimados a propor uma ação civil pública em defesa dos direitos versados em um termo de compromisso poderá executá-lo.

Se era justificável restringir a legitimidade para a tomada do compromisso aos entes públicos (afinal, eles são celebrados longe dos olhos do Judiciário, e, eventualmente, do Ministério Público), uma vez formado o título, nada justifica jungir a eles sua execução, sendo lícito a qualquer colegitimado, ente público ou não, promovê-la. A proibição limitava-se à legitimidade para a tomada do compromisso: uma vez existente o título, a proibição resta superada, em prol do interesse social na tutela efetiva do bem.[569]

Interpretação contrária gera risco de grave comprometimento da eficácia da tutela coletiva: afinal, se um ente público não executar o título, ou abandonar a execução, que fazer? É bom lembrar que a LACP, no que se refere às sentenças condenatórias, regrou expressamente a matéria, conferindo aos demais colegitimados a legitimidade para executá-las se o autor não o fizer no prazo de 60 dias do trânsito em julgado (art. 15). Não seria o caso de aplicar a regra equivalente, onde vige a mesma *ratio*? Do contrário, em tal situação seria necessário exigir a propositura de uma ação civil pública, que poderia levar décadas para fornecer um título, mesmo já havendo um à disposição.

Além de ser extremamente irrazoável, raciocínio semelhante seria incompatível com ensinamento assente na doutrina segundo o qual, havendo compromisso de ajustamento de conduta apto a tutelar o interesse coletivo, faltaria interesse processual para os demais colegitimados proporem ação civil pública de conhecimento, por ser tal medida desnecessária ou inútil.[570] Ora, premissa inafastável desse pensamento é que a propositura de

---

[568] REsp 1.126.515/PR, 2.ª T., rel. Min. Herman Benjamin, j. 03.12.2013, *DJe* 16.12.2013. Em Santa Catarina, a Corregedoria-Geral da Justiça expediu a Circular 127/2014, encaminhando aos Juízes estaduais e Tabeliães de Protesto catarinenses decisão admitindo a possibilidade de protesto da obrigação principal de pagar e da obrigação acessória (multa) cominada ao descumprimento de obrigação de pagar, fazer, ou não fazer, estipuladas em termo de ajustamento de conduta. No mesmo sentido, o Ato 395/2018/PGJ-MP/SC dispôs ser possível, em caso de descumprimento do compromisso, o protesto do título, sem prejuízo de sua execução judicial (art. 33, § 2.º). E, em 2019, o MP de São Paulo celebrou com o Instituto de Estudos de Protestos de Títulos do Brasil um termo de cooperação visando facilitar o protesto de TACs não cumpridos. Obviamente que, para ser passível de protesto, o título deverá preencher os demais requisitos previstos na Lei 9.492/1997, especialmente a liquidez, certeza e exigibilidade.

[569] AKAOUI, Fernando Reverendo Vidal. *Compromisso de Ajustamento de Conduta Ambiental*. 2. ed. rev. e atual. São Paulo: RT, 2008. p. 162-163.

[570] CARVALHO FILHO, José dos Santos. *Ação Civil Pública*: Comentários por Artigo (Lei n. 7.347/85). 7. ed. rev., ampl. e atual. Rio de Janeiro: Lumen Juris, 2009. p. 234. **No mesmo sentido**: FERRARESI, Eurico. *Ação Popular, Ação Civil Pública e Mandado de Segurança Coletivo*. Rio de Janeiro: Forense, 2009. p. 235-236; SOUZA, Motauri Ciocchetti de. *Ação Civil*

ação civil pública de conhecimento só lhes seria inútil ou desnecessária se eles também estivessem legitimados para a execução do título.

Alheia ao entendimento anteriormente exposto, a 1.ª Turma do STJ já afastou a legitimidade de sindicato para executar termo de ajustamento de conduta tomado pelo Ministério Público, sob o fundamento de que a execução estaria restrita aos colegitimados públicos.[571]

Se o tomador do termo for o Ministério Público, e alguma cláusula for inadimplida, ele estará obrigado a executá-la judicialmente em, no máximo, 60 dias. Esse prazo pode ser excedido, se o compromissário justificar satisfatoriamente o descumprimento ou reafirmar sua disposição para o cumprimento. Nesses casos, ficará a critério do órgão ministerial decidir pelo imediato ajuizamento da execução, por sua repactuação ou pelo acompanhamento das providências adotadas pelo compromissário até o efetivo cumprimento do TAC, sem prejuízo da possibilidade de execução da multa, quando cabível e necessário.[572]

No tocante ao juízo competente para execução de termos de ajustamento de conduta,[573] não há norma expressa, seja na LACP, seja no CDC. Convém aplicar, por analogia, a disciplina conferida pelo CDC à execução coletiva de sentenças, para a qual seria competente o juízo da condenação (CDC, art. 98, § 2.º, II). Como, na execução de termo de compromisso, não há juízo da condenação, basta imaginar qual seria ele se houvesse eventual ação condenatória, segundo as regras do art. 93 do CDC (foro do lugar onde o dano ocorreu ou deveria ocorrer, se o dano for de âmbito local; capital do Estado ou Distrito Federal, se o dano for de âmbito regional ou nacional).[574]

Quanto ao procedimento para a execução de termos de ajustamento de conduta, o microssistema LACP + CDC pouco diz, embora trate da execução de provimentos jurisdicionais (provisórios ou definitivos). Ante o exposto, tendo em vista que a natureza dos direitos transindividuais pode requerer uma tutela diferenciada, convém aplicar à execução dos termos de ajustamento, por analogia, as normas de execução dos provimentos jurisdicionais de tutela coletiva, com as devidas adaptações que se façam necessárias em função da distinta natureza dos títulos.

Por fim, anote-se que, caso o autor da execução do título judicial ou extrajudicial, em prol de direitos metaindividuais, não seja o Ministério Público, este deverá nela atuar como fiscal da lei (LACP, art. 5.º, § 1.º).

2.10.2 Autocomposição judicial

Assim como se admite a autocomposição extrajudicial, por meio do compromisso de ajustamento de conduta, os conflitos envolvendo interesses transindividuais admitem também a autocomposição judicial. O acordo pactuado no bojo do processo da ação civil pública, uma vez homologado pelo órgão judiciário, dá origem a um **título executivo judicial** (CPC/2015, art. 515, II).

Há quem se refira à autocomposição judicial nas ações civis públicas como uma espécie de "compromisso de ajustamento de conduta". O próprio CNMP assim o deno-

---

Pública e Inquérito Civil. 3. ed. de acordo com a Lei n. 11.448/2007. São Paulo: Saraiva, 2009. p. 83; VIEIRA, Fernando Grella. A Transação na Esfera da Tutela dos Interesses Difusos e Coletivos: Compromisso de Ajustamento de Conduta. In: MILARÉ, Édis (coord.). Ação Civil Pública – Lei 7.347/1985 – 15 anos. 2. ed. rev. e atual. São Paulo: RT, 2002. p. 278.

[571] REsp 1.020.009/RN, 1.ª T., rel. Min. Benedito Gonçalves, j. 06.03.2002, DJe 09.03.2012.

[572] Res. CNMP 179/2017, art. 11.

[573] Observe que a do termo de compromisso é uma ação autônoma, e não mera fase de um processo coletivo iniciado pela ação civil pública, uma vez que se trata de título extrajudicial, ou seja, produzido fora de um processo.

[574] AKAOUI, Fernando Reverendo Vidal. Compromisso de Ajustamento de Conduta Ambiental. 2. ed. rev. e atual. São Paulo: RT, 2008. p. 161-162.

mina quando for celebrado por órgão do Ministério Público.[575] Sem embargo, preferimos empregar essa expressão para nos referirmos apenas às autocomposições extrajudiciais, seja porque o § 6.º do art. 5.º da LACP a utiliza somente em relação às autocomposições extrajudiciais, seja porque as autocomposições judiciais podem ser entabuladas não apenas por órgãos públicos.

Com efeito, diferentemente do que se dá em relação aos compromissos de ajustamento de conduta, não há previsão legal que reserve apenas aos *órgãos públicos* a legitimidade para celebrar autocomposição *judicial* sobre interesses metaindividuais. E há uma razão para isso. Nos ajustamentos de conduta, que se dão extrajudicialmente, não haveria quem pudesse impedir que associações privadas, eventualmente, fizessem concessões indevidas sobre o direito material. Já em juízo esse risco é afastado, visto que em toda ação coletiva o Ministério Público atua como fiscal da lei e, uma vez que não concorde com eventual acordo judicial, poderá contra ele se insurgir, inclusive, se for o caso, apelando contra a homologação indevida.

Os acordos judiciais celebrados pelo Ministério Público não são passíveis de revisão no âmbito interno (não necessitam ser homologados pelo respectivo Conselho Superior),[576] pois a homologação já é realizada pela autoridade judicial.

Assim como ocorre nos compromissos de ajustamento de conduta, os acordos judiciais não têm natureza de transação propriamente dita, pois, tanto quanto nos pactos extrajudiciais, os colegitimados não podem renunciar, ainda que parcialmente, ao direito material envolvido. Eles somente podem dispor sobre a forma, o lugar e o tempo em que a conduta do responsável deve se adequar às exigências legais, no objetivo de recuperar o dano ou remover a ameaça.

Caso o acordo disponha sobre tutela específica ou por equivalência na forma de destinação de bens ou recursos para terceiros ou para os fundos públicos temáticos ou territoriais, cumpre sejam observados os regramentos da Res. Conjunta CNJ/CNMP n.º 10/2024, sobre a qual já se discorreu no tópico sobre o objeto da autocomposição extrajudicial, ao qual remetemos o leitor.

Nada obsta a que um colegitimado que não tenha participado do acordo homologado judicialmente possa, posteriormente, executar o respectivo título judicial, caso o legitimado que o tenha celebrado não venha a executá-lo. Por analogia com o que se dá nos casos de sentença condenatória, pode-se aplicar o art. 15 da LACP:

> **Art. 15.** Decorridos sessenta dias do trânsito em julgado da sentença condenatória, sem que a associação autora lhe promova a execução, deverá fazê-lo o Ministério Público, facultada igual iniciativa aos demais legitimados.

O magistrado poderá se recusar a homologar o acordo quando ele for incompleto ou tiver vício insanável (vide item 2.10.1.8 acima, sobre complementação ou impugnação do compromisso de ajustamento), pois, no primeiro caso, estaria havendo verdadeira "desistência parcial" infundada, e, no segundo, tutela inadequada do direito material.

Se, apesar de alguma das falhas acima apontadas, o acordo vier a ser homologado, poderão apelar da sentença homologatória, quando dela discordarem, litisconsortes, assistentes litisconsorciais[577] ou o Ministério Público, ainda quando for apenas fiscal da ordem jurídica (CPC, art. 996).

---

[575] Res. 179/2017, art. 3.º, *caput*.

[576] Res. 179/2017, art. 6.º.

[577] Foi o que ocorreu numa ação civil pública ajuizada pelo MPSP visando proibir a Philip Morris e a Souza Cruz de fazerem marketing de cigarros por meio da oferta ou venda casada de produtos não fumígenos, em burla à Lei 9.294/1996, que

Mesmo não tendo sido parte no processo, o colegitimado que divergir do acordo também poderá refutá-lo. Uma das formas de fazê-lo é por meio do recurso de terceiro prejudicado, cuja legitimidade, no CPC/2015, é expressamente atribuída também a substitutos processuais (art. 996).

Aliás, pode-se afirmar que até mesmo o cidadão ou o indivíduo lesado que não participaram do processo quando poderiam ter atuado como assistentes litisconsorciais (o cidadão, nas ACPs cujos pedidos poderiam ter sido feitos em ações populares, e, o indivíduo lesado, nas ACPs versando interesses individuais homogêneos), não se conformando com os termos do acordo judicial, poderão interpor recurso de terceiro prejudicado (CPC/2015, art. 996).

Outros meios de reação, a depender do caso, podem ser o termo de ajustamento de conduta ou o ajuizamento de ações autônomas. Explicamos.

Para insurgir-se, dever-se-á verificar, antes de tudo, se o problema do título é de incompletude ou de vício insanável. Sendo o título incompleto, nada obsta a que, em função do princípio da **garantia mínima**, busque-se tão somente a complementação do título, seja na via recursal, seja através da celebração de um termo de ajustamento de conduta (se o colegitimado for órgão público), seja mediante a propositura de uma nova ação (qualquer colegitimado). Mas, se o título for dotado de vício insanável, restarão disponíveis a via recursal ou o ajuizamento, pelo colegitimado, de ação em face das partes do acordo visando a desconstituí-lo e substituí-lo por um novo título.

Nessa última hipótese, há que perquirir qual seria a ação apta ao desfazimento da sentença. Seria o caso de uma ação rescisória ou, em vez disso, de uma ação anulatória (aqui incluída a declaratória de nulidade)? A diferenciação em questão não consiste questão de somenos importância, tendo em vista haver diferenças significativas envolvendo as duas espécies de ações, seja quanto à causa de pedir (nulidades, num caso; matérias do art. 966, no outro), prazo decadencial diferenciado (inexistência de prazo para nulidades absolutas; 4 anos no caso das nulidades do art. 178 do CC; 2 anos na rescisória), competência (primeiro grau, no caso da anulatória; Tribunal, no caso da rescisória) e procedimento (ordinário, nas anulatórias; especial, nas rescisórias).

Não limitadamente a acordos em ações civis públicas, mas no quadro geral do processo civil, é possível afirmar que sob a égide do CPC/1973 havia três entendimentos sobre o tema:

> Para parcela da doutrina, seria cabível a ação anulatória nos casos de vícios no negócio jurídico homologado, ainda que existisse sentença de mérito homologatória transitada em julgado; enquanto a ação rescisória será utilizada nos casos de vício na própria sentença homologatória, e não no negócio jurídico homologado (*Informativo* 513/STJ, 4.ª Turma, AgRg no REsp 1.314.900-CE, rel. Min. Luís Felipe Salomão, j. 18.12.2012, DJe 04.02.2013). Outra corrente doutrinária entendia que a sentença que acolhia ou rejeitava o pedido com fundamento em renúncia, transação ou reconhecimento do pedido seria rescindível (art. 485, VIII, do CPC/1973), mas a sentença que apenas homologasse o ato da parte ou das partes seria anulável (art. 486 do CPC/1973) (Informativo 513/STJ, 4.ª Turma,

---

veda a publicidade de produtos fumígenos. No curso do processo, o MPSP celebrou acordo com as rés, que foi homologado em primeira instância. A assistente litisconsorcial "Associação de Controle do Tabagismo, Promoção da Saúde e dos Direitos Humanos – ACT" recorreu, alegando que o pacto seria nulo, pois, ao permitir que as rés continuassem a distribuir brindes conjuntamente com cigarros, teria transigido com o direito indisponível à saúde. Segundo a ACT, ao simplesmente limitar tal oferta a produtos diretamente relacionados com o ato de fumar, o acordo abriria margem para produtos afetos a uma ampla gama de atividades (tais como isqueiros, fósforos, cinzeiros, bebidas alcoólicas, ato de dirigir, tomar café, ler livro etc.). O TJSP acolheu, neste ponto, o recurso da ACT, entendendo que "o acordo, nos termos em que homologado, não se presta a efetivamente proteger o consumidor das práticas comerciais adotadas pelas rés de incentivo à aquisição de produtos fumígenos" (Ap. 0226270-59.2009.8.26.0100, 38.ª Câm. Extr. de D. Privado, rel. Des. Hugo Crepaldi, j. 07.06.2018, DJe 12.06.2018).

AgRg na Rcl 10.805-RS, rel. Min. Luís Felipe Salomão, j. 04.02.2013, Dje 07.02.2013). E uma terceira corrente doutrinária defendida que o meio de impugnação adequado dependia do trânsito em julgado da decisão judicial: havendo o trânsito em julgado, seria cabível a ação rescisória; não havendo, caberia a ação anulatória, em aplicação por analogia do art. 352 do CPC/1973[578].

Com o advento do CPC/2015, há quem afirme que já não haveria espaço para falar em ações rescisórias de sentenças homologatórias, que, desde então, só seriam passíveis de desfazimento via ação anulatória. Sustenta-se, para tanto, que o atual CPC, ao contrário do que fazia seu predecessor, já não distinguiria entre sentenças meramente homologatórias, sujeitas a ação anulatória, e ações homologatórias de mérito, passíveis de ação rescisória. Tal diferença de tratamento seria visível no cotejo entre as redações do artigo 486 do CPC/1973 e do § 4.º do artigo 966 do atual[579].

Contudo, a questão não é tão simples como parece. Em verdade, a primeira parte do § 4.º do art. 966 se refere à anulabilidade dos atos praticados *pelas partes ou outros participantes do processo* e homologados pelo juízo, e não aos atos praticados *pelo juízo* propriamente dito. Isso leva a parte da doutrina a discordar que, sob a luz do atual CPC, sentenças transitadas em julgado seriam contestáveis via ação anulatória.

Nessa linha, à impugnação de sentenças proferidas na fase de conhecimento e transitadas em julgado, para além dos casos de *querela nullitatis insanabilis*, só seria viável em ação rescisória (nas hipóteses dos incisos do art. 966 do CPC). A possibilidade de anulação se restringiria a atos de *disposição de direitos* (ex.: transação) homologados por sentença *não transitada em julgado*. Seria o caso, por exemplo, de uma sentença homologatória de transação contra a qual pendesse apelação em cujas razões não se alegasse a nulidade (pois haveria, do contrário, litispendência a impedir a propositura da ação anulatória)[580].

Sem embargo, trazendo a discussão para a temática específica das ações coletivas, cremos já não haver espaço, sob o CPC em vigor, para admitir ações anulatórias em face de sentenças homologatórias de acordos judiciais. É que a primeira parte do § 4.º do art. 966 só admite a possibilidade ações anulatórias em face de *atos de disposição de direitos*. Ora, já vimos que nas ações civis públicas tutelam-se direitos materialmente indisponíveis (difusos ou coletivos em sentido estrito) ou processualmente indisponíveis (individuais homogêneos). Em qualquer caso, nelas não se admite que o autor disponha dos direitos em jogo, porque eles não lhe pertencem. Logo, não há espaço para incidência do § 4.º do art. 966 do CPC.

Poder-se-ia cogitar, então, da possibilidade de ação anulatória com base na segunda parte do referido dispositivo, que admite a anulação de *atos homologatórios praticados no curso da execução*. Contudo, não há como justificar o tratamento diferenciado conferido pela letra da lei, pois, por não haver diferença essencial entre os ambientes de cognição e de execução, chegaríamos a uma situação assistemática e incoerente: apenas as decisões homologatórias emitidas na fase executória (de títulos judiciais ou extrajudiciais) seriam atacáveis por ações anulatórias, ao passo que as de fase de conhecimento o seriam por ação rescisória[581].

---

[578] NEVES, Daniel Amorim Assumpção. *Código de Processo Civil Comentado Artigo por Artigo*. 7.ª ed. São Paulo: Juspodivm, 2022, p. 1712.

[579] ARRUDA ALVIM, Teresa; CONCEIÇÃO, Maria Lúcia Lins. Transação Homologada: Anulatória ou Rescisória? *Migalhas de Peso*, 15.03.2023. Disponível em: https://www.migalhas.com.br/depeso/287442/transacao-homologada--anulatoria-ou--rescisoria. Acesso em: 15 mar. 2023.

[580] DIDIER JR., Fredie; CUNHA, Leonardo Carneiro da. *Curso de direito processual civil*. 13. ed. Salvador: JusPodivm, 2016. v. 3, p. 441-445. A *querela nullitatis* teria lugar em face de sentenças desfavoráveis ao réu, cujo processo correu à sua revelia, em que a citação tenha sido inexistente ou defeituosa. Idem, p. 575.

[581] DIDIER JR., Fredie; CUNHA, Leonardo Carneiro da. *Curso de direito processual civil*. 13. ed. Salvador: JusPodivm, 2016. v. 3, p. 446.

CAP. 2 – AÇÃO CIVIL PÚBLICA | **237**

Em resumo, cremos que, se houver vício insanável na sentença transitada em julgado, homologatória de acordo em ação civil pública, e desde que presente alguma das causas autorizadoras do artigo 966 do CPC, restará aos colegitimados o ajuizamento de ação rescisória para desfazimento do título e, uma vez desconstituído, abre-se ensejo para a obtenção de novo título, seja na esfera extrajudicial, seja em sentença proferida em nova ação civil pública.

2.11 SENTENÇA, MEIOS DE IMPUGNAÇÃO E COISA JULGADA

2.11.1 Sentenças coletivas

Nos termos do atual CPC, "ressalvadas as disposições expressas dos procedimentos especiais, sentença é o pronunciamento por meio do qual o juiz, com fundamento nos arts. 485 e 487, põe fim à fase cognitiva do procedimento comum, bem como extingue a execução" (§ 1.º do art. 203).

Por "sentenças coletivas" referimo-nos àquelas proferidas em ações civis públicas, versem elas sobre direitos difusos, coletivos ou individuais homogêneos.

O tema aqui tratado mantém estreita conexão com aquele versado no item 2.4, dos elementos da ação, graças ao princípio da congruência, que rege a correlação entre o pedido, a causa de pedir e a sentença (CPC/2015, arts. 141 e 492).

Conforme abordado no item 2.4.3.1, referente ao objeto imediato, as ações civis públicas podem ser de conhecimento ou executivas, conforme o provimento jurisdicional pretendido. Nas de conhecimento, podem-se buscar os mais diversos tipos de provimentos: condenatórios, constitutivos, ou meramente declaratórios. No tocante especificamente aos condenatórios, as ações civis públicas podem ter como objeto imediato os provimentos cominatórios (obrigações de fazer, de não fazer, ou de entregar coisa) ou indenizatórios (obrigação de pagar).

Também observamos que é sempre preferível a tutela específica da obrigação, quando não preventivamente, ao menos para a reconstituição do bem lesado. Não sendo possível a tutela específica, pode-se conceder aquela que produza resultado prático equivalente. Por último, não sendo viável nenhuma das espécies anteriores, resta valer-se da condenação em indenização.

Sempre que possível, é recomendável que as sentenças coletivas sejam líquidas, "inclusive, no caso de direitos individuais, no tocante ao que se compreender no respectivo núcleo de homogeneidade" (Rec. CNJ 76/2020, art. 7.º). Evidentemente que a situação peculiar de cada beneficiário da ação coletiva deverá ser posteriormente apurada em liquidação e cumprimento individual.

Além disso, caso seja possível – e não tenha sido feito na decisão de saneamento e organização do processo –, convém definir na sentença o universo dos beneficiários, "mediante a indicação precisa da categoria, classe, grupo, caracterização dos atingidos e beneficiados, lista ou relação apresentada, bem como por outro meio, físico ou eletrônico, que permita a identificação dos respectivos indivíduos" (Rec. CNJ 76/2020, art. 6.º). Ressalve-se, contudo, que não se pode negar processamento de uma ação civil pública pelo simples fato de uma associação autora ter deixado de fornecer a lista ou relação de associados exigida no parágrafo único do art. 2.º-A, da Lei 9.494/1997, conforme vem corretamente decidindo o STF[582] e o STJ.[583]

---

[582] V., a propósito, o subitem 2.11.3.7.
[583] REsp 1.325.857/RS, 2.ª S., rel. Min. Luis Felipe Salomão, j. 30.11.2021, *DJe* 01.02.2022.

238 | INTERESSES DIFUSOS E COLETIVOS – VOL. 1

Vejamos, por suas peculiaridades, algumas características das sentenças condenatórias em obrigações de fazer, não fazer, ou pagar, quando proferidas em ações civis públicas, sem olvidar, conforme dito acima, que essas ações também admitem outras espécies de sentenças.[584]

2.11.1.1 Obrigações de fazer ou não fazer

Nos termos do art. 84, *caput*, do CDC, na ação que tenha por objeto obrigação de fazer ou não fazer, o juiz concederá a tutela específica da obrigação, ou determinará providências que assegurem o resultado prático equivalente ao do adimplemento. Sua redação é semelhante à do art. 497, *caput*, do CPC/2015, e parecida com a dos arts. 83 do EPI e 213 do ECA.

A tutela específica é aquela que: a) mantém intacta a esfera jurídica do autor (tutela preventiva); ou b) a restitui com exatidão à situação existente antes do dano ou do ilícito (tutela repressiva), ou provê exatamente a prestação contemplada no contrato (tutela específica da obrigação inadimplida). É cabível principalmente para afastar ameaça ou lesão a direitos infungíveis ou não patrimoniais.

A tutela específica é a que deve ser preferencialmente deferida pelo Estado-juiz, por ser a que atende mais de perto ao princípio da adequada prestação jurisdicional. Excepcionalmente, em vez de prestá-la, o magistrado poderá condenar o responsável (mesmo de forma diferente da requerida pelo autor) a providências que assegurem o resultado prático equivalente ao do objeto do pedido. Isso deverá ocorrer quando:

i.   não for tecnicamente possível a tutela específica; ou

ii. houver um meio de entregar ao autor um resultado equivalente, com menos restrições à esfera jurídica do réu.

Como exemplo da situação da alínea *a*, imagine-se que uma indústria venha lançando poluentes cancerígenos na atmosfera, motivando o ajuizamento de uma ação civil pública para compeli-la à instalação de filtros em suas chaminés, que conduzam à eliminação do problema. Contudo, a prova pericial demonstra que ainda não existe, no planeta, tecnologia que consiga filtrar os componentes cancerígenos emitidos pela empresa, embora o problema possa ser perfeitamente resolvido, caso, na fabricação dos seus produtos, a indústria substitua determinada matéria-prima por outra. O magistrado, então, pode condená-la a tomar tal providência.

Já para ilustrar a alínea *b* suponha-se que o autor de uma ação civil pública requeira a interdição de uma indústria, em razão da poluição por ela gerada por seus efluentes líquidos. Na prova pericial, porém, constata-se haver uma alternativa para a resolução do problema: a implantação de um sistema de tratamento de efluentes líquidos apto a conformá-los à legislação ambiental. O magistrado poderia optar pela segunda alternativa, por ser menos lesiva da esfera jurídica (livre-iniciativa e direito de propriedade) do réu.

Não haverá, em nenhum desses casos, incongruência entre a sentença e o pedido, pois a finalidade buscada pelo autor (proteção ao bem da vida) acaba sendo obtida com a mesma eficiência (reparação/interrupção do dano). O julgador, tão somente, ante a impossibilidade ou inconveniência da tutela específica, valeu-se das providências que assegurassem o resultado prático equivalente.

---

[584] O assunto também foi tratado no item 2.4.3.1, que versa os possíveis objetos imediatos (ou seja, provimentos jurisdicionais) do pedido em uma ação civil pública.

ATENÇÃO

Especificamente para a reparação de danos ambientais, não sendo possível, total ou parcialmente, a reparação por meio de tutela específica (recomposição do bem lesado), poderá ser ecologicamente interessante compelir o degradador a uma obrigação de fazer que entregue um valor ecológico equivalente àquele afetado pelo dano, em vez de, simplesmente, condená-lo a uma obrigação de pagar. Falamos da figura da *compensação ambiental*, ou compensação ecológica, que teria lugar, por exemplo, na hipótese de ser tecnicamente inviável reflorestar, *in situ*, uma área desmatada, restando a alternativa de recuperar uma área próxima, para atingir um resultado ambiental semelhante.

Há quem fale que essa compensação é exemplo de tutela pelo resultado prático equivalente.[585] De todo modo, deve ser frisado que, diferentemente do que normalmente ocorre nesse tipo de tutela, o argumento de que a compensação ambiental é menos lesiva à esfera jurídica do réu não basta para invocar a aplicação da compensação ambiental em substituição à tutela específica. Uma das razões é que, a rigor, a compensação ambiental jamais consegue recuperar com exatidão as funções ecológicas prejudicadas pelo dano. O valor ambiental "equivalente" será, sempre, uma aproximação. Outro motivo é que, cada vez mais, a jurisprudência vem prestigiando a função punitivo-pedagógica das condenações cíveis, visando a inibir a reincidência na degradação do meio ambiente,[586] e que é incompatível com a concessão da saída mais cômoda para o poluidor em detrimento do meio ambiente. Assim, a compensação ambiental deve ficar restrita aos casos em que a recomposição do bem (tutela específica) for tecnicamente inviável.

Em último caso, não sendo possíveis nem a tutela específica nem providências que assegurem o resultado prático equivalente, restará obrigar o réu ao pagamento do equivalente em pecúnia (condenação em dinheiro).

2.11.1.2   Obrigações de pagar

As sentenças imporão obrigações de pagar em duas hipóteses:

a) Quando não for possível deferir tutela específica de obrigação de fazer ou não fazer, nem tutela por equivalente que conceda o mesmo resultado prático. Se a impossibilidade for absoluta, a obrigação será totalmente convertida em perdas e danos (p. ex., na hipótese da destruição total de um bem infungível). Caso seja possível, ainda que parcialmente, satisfazer o direito material por meio de obrigação de fazer ou não fazer, a parcela restante, caso não seja reparável por meio do resultado prático equivalente, será ressarcida por meio de uma obrigação de pagar.

b) Quando a própria tutela específica for de obrigação de pagar (p. ex., contratos cuja prestação inadimplida era de pagar determinada quantia em dinheiro).

No caso de *direitos difusos* e *direitos coletivos*, a sentença fixará a destinação do produto da condenação, bem como, *sempre que possível* (ou seja, quando não for necessária a liquidação posterior), determinará o valor da condenação. Logo, teremos uma sentença **condenatória específica**.

Especificamente no que toca aos *direitos difusos* surge um grande problema: seus titulares são indetermináveis. A quem destinar, então, o valor da indenização? Nesse caso,

---

[585] DANTAS, Marcelo Buzaglo. *Ação Civil Pública e Meio Ambiente*. São Paulo: Saraiva, 2009. p. 248.

[586] REsp 1.164.630/MG, 2.ª T., rel. Min. Castro Meira, j. 18.11.2010, Informativo STJ 456, de 15 a 19.11.2010. Assim observou o relator em seu voto: "A existência de um dano ambiental encerra a necessidade de reconstituição do meio ambiente no que for possível, com a necessária punição do poluidor (princípio do poluidor-pagador), mas também traz em seu bojo a necessidade de evitar que o evento venha a repetir-se, o que justifica medidas coercitivas e punições que terão, inclusive, natureza educativa".

240 | INTERESSES DIFUSOS E COLETIVOS – VOL. 1

a sentença determinará que os valores em dinheiro sejam recolhidos a um fundo federal ou estadual de reconstituição dos direitos difusos lesados (LACP, art. 13).

Uma exceção à solução do parágrafo anterior é a reparação de danos ao erário. Nesse caso, os valores não devem ser destinados a um fundo, mas sim ao patrimônio da respectiva Fazenda Pública.[587] É a decisão mais acertada, tendo em vista que, ainda para quem o considere objeto de direito difuso, o patrimônio público tem sua administração distribuída a algum ente político (p. ex., União, Estado, Distrito Federal ou Município), sendo sempre possível determinar qual dessas administrações foi prejudicada pelo dano.

Já no caso de *direitos individuais homogêneos* a sentença é **condenatória genérica** (CDC, art. 95):[588] fixa a responsabilidade do réu pelos danos causados, mas não especifica qual o montante devido, nem individualiza as vítimas a serem ressarcidas. A identificação das vítimas e o cálculo dos valores a que elas têm direito são realizados posteriormente à sentença, na liquidação. Além disso, apenas residualmente algum valor poderá ser revertido a um fundo (federal ou estadual) de defesa dos direitos difusos, na forma de reparação de danos conhecida como *fluid recovery*.[589]

> ## ATENÇÃO
>
> Embora voltada à defesa de direitos individuais homogêneos, a Lei 7.913/1989, que dispõe sobre a ação civil pública de reparação dos danos dos investidores no mercado de valores mobiliários, diferentemente do CDC, não traz disposição expressa no sentido de que a sentença será genérica. A norma afirma, tão somente, que as importâncias decorrentes da condenação reverterão aos investidores lesados, na proporção de seu prejuízo (art. 2.º, *caput*); que as importâncias decorrentes da condenação serão depositadas em uma conta remunerada, aguardando pela habilitação das vítimas, a serem convocadas por edital (§ 1.º); e que, dois anos depois de publicado o edital, os valores remanescentes serão recolhidos ao fundo de direitos difusos (§ 2.º, na redação dada pela Lei 9.008/1995).
>
> Por tal razão, há quem entenda que a Lei 7.913/1989 inspirou-se na típica *class action* estadunidense, estabelecendo uma sentença *condenatória específica*, que fixa não apenas a responsabilidade do réu, como também o *valor global* a ser pago, deixando para a fase posterior (de habilitação), apenas, a individualização do valor a ser pago a cada vítima que se apresentar e demonstrar a proporção de seu prejuízo.[590] Em sentido contrário, outros entendem que sua sentença é *condenatória genérica*, semelhantemente ao CDC, que, por integrar o mesmo microssistema da Lei 7.913/1989, é-lhe aplicável subsidiariamente, no que for cabível.[591]

2.11.2 Impugnação

Assim como se dá em relação às liminares, as sentenças nas ações civis públicas podem ser impugnadas por meio de recursos e de pedidos de suspensão da sua execução. Vejamos cada uma dessas modalidades.

2.11.2.1 *Recursos*

Quando inexistirem normas especificamente destinadas aos recursos em ações civis públicas, serão eles regidos, subsidiariamente, pelas regras gerais do Código de Processo Civil (LACP, art. 19; CDC, art. 90; ECA, art. 198, *caput*). Assim, aplicam-se à ação civil pública as regras do CPC no que toca ao Ministério Público (art. 180), à União, Estados,

---

[587] LEONEL, Ricardo de Barros. *Manual do Processo Coletivo*. São Paulo: Saraiva, 2002. p. 374.

[588] "Art. 95. Em caso de procedência do pedido, a condenação será genérica, fixando a responsabilidade do réu pelos danos causados."

[589] Cf. veremos no item 2.12 (Da liquidação e execução de sentenças).

[590] ZACLIS, Lionel. *Proteção Coletiva dos Investidores no Mercado de Capitais*. São Paulo: RT, 2007. p. 175-176.

[591] LEONEL, Ricardo de Barros. *Manual do Processo Coletivo*. São Paulo: RT, 2002. p. 382.

Distrito Federal, Municípios e suas respectivas autarquias e fundações de direito público (art. 183), e à Defensoria Pública, escritórios de prática jurídica das faculdades de Direito reconhecidas na forma da lei e entidades que prestam assistência jurídica gratuita em razão de convênios firmados com a Ordem dos Advogados do Brasil ou com a Defensoria Pública (art. 185), que possuem prazo em dobro para manifestações processuais em geral, o que inclui recorrer.

Diferentemente, no que concerne aos efeitos em que os recursos devem ser recebidos, as ações civis públicas têm normatização específica, e distinta da do CPC. Com efeito, enquanto o art. 1.012, *caput*, do CPC/2015 dispõe que as apelações serão recebidas no efeito suspensivo, exceto nos casos expressos nos incisos de seu § 1.º, em que o recebimento se dá apenas no efeito devolutivo, a LACP reza, em seu art. 14, que "o juiz poderá conferir efeito suspensivo aos recursos, para evitar dano irreparável à parte".[592] *A contrario sensu*, nas ações civis públicas, **a regra é o recebimento dos recursos apenas no efeito devolutivo**, ressalvada a possibilidade de dano irreparável à parte, que imporá o recebimento no duplo efeito.

ATENÇÃO

1) No que se refere ao reexame necessário, no âmbito das ações civis públicas, a Lei 7.853/1989 (portadores de deficiência) traz norma específica, determinando que "a sentença que concluir pela carência ou pela improcedência da ação fica sujeita ao duplo grau de jurisdição, não produzindo efeito senão depois de confirmada pelo tribunal" (art. 4.º, § 1.º). A 1.ª e a 2.ª Turma do STJ (inclusive quando reunidas na 1.ª Seção) têm conferido às ações civis públicas em geral o mesmo tratamento, a partir de regra semelhante vazada na primeira parte do art. 19 da Lei de Ação Popular (LAP), sob o fundamento de que as ações civis públicas e as ações populares são regidas por normas do mesmo microssistema processual, sendo cabível, portanto, a analogia.[593] A 3.ª Turma, porém, afasta o reexame necessário nas ações coletivas para a tutela *exclusivamente* de interesses individuais homogêneos, por se tratar de direitos acidentalmente coletivos, que não importam à sociedade como um todo, não passíveis, portanto, de analogia com os interesses tutelados pela LAP.[594] Em edições anteriores, defendíamos o cabimento do exame necessário, também, nos casos do art. 496 do CPC/2015, que entendíamos ser aplicável subsidiariamente à ação civil pública. Sem embargo, atualmente, pensamos que tal incidência é indevida. Com efeito, o microssistema processual coletivo já possui disciplina própria, do art. 19 da LAP, cuja lógica é somente impor o reexame necessário no caso de carência ou improcedência da ação.[595] Ademais, estender o reexame necessário nas ações coletivas às hipóteses do art. 496 do CPC equivaleria a conferir interpretação extensiva à excepcional norma do art. 19 da LPA, o que contraria as regras de hermenêutica.

2) O ECA tem peculiaridades recursais que destoam das regras aplicáveis às demais ações civis públicas:

a. Seus recursos independem de preparo (art. 198, I). Isso significa que o preparo é inexigível, seja do autor, seja do réu. Nas demais ações civis públicas, distintamente, o que se dispensa, em caráter absoluto, é apenas o adiantamento do preparo (que é espécie das custas), não o seu pagamento. Este, eventualmente, poderá ser devido ao final do processo, conforme estudaremos no capítulo das considerações finais (LACP, arts. 17 e 18).

b. O prazo para interpor e responder a apelação é de dez dias (art. 198, II), contrariamente à regra do atual CPC, aplicável às demais ações civis públicas, que é de 15 dias (arts. 1.003, § 5.º, e 1.010, § 1.º).[596]

c. Os recursos terão preferência de julgamento e dispensarão revisor (art. 198, III). Atente-se, porém, que os idosos também têm prioridade no trâmite nos seus processos judiciais, conforme prescreve o art. 71 do Estatuto da Pessoa Idosa.

---

[592] No mesmo sentido dispõe o art. 85 do Estatuto da Pessoa Idosa.

[593] EREsp 1.220.667/MG, 1.ª S., rel. Min. Herman Benjamin, j. 24.05.2017, *DJe* 30.06.2017; AgInt no REsp 1.264.666/SC, 1.ª T., rel. Min. Sérgio Kukina, j. 13.09.2016, *DJe* 22.09.2016; REsp 1.209.524/MG 2010/0154451-0, 2.ª T., rel. Min. Castro Meira, j. 15.03.2011, *DJe* 25.03.2011; REsp 1.108.542/SC, 2.ª T., rel. Min. Castro Meira, j. 19.05.2009, *DJe* 29.05.2009.

[594] REsp 1.374.232/ES, rel. Min. Nancy Andrighi, j. 26.09.2017, *DJe* 02.10.2017.

[595] Nesse sentido tem decidido o STJ: REsp 1.578.981/MG, 1.ª T., rel. Min. Napoleão Nunes Maia Filho, *DJe* 04.02.2019; AgInt no REsp 1.641.233/MT, 2.ª T., rel. Min. Assusete Magalhães, *DJe* 04.04.2019.

[596] O prazo será o mesmo no atual CPC (art. 1.003, § 5.º).

> d. O juiz pode exercer o juízo de retratação não apenas nos agravos, como também em qualquer apelação (art. 198, VII). Nas apelações nas demais ações civis públicas, diferentemente, vigora o sistema do CPC, segundo o qual o juízo de retratação somente é cabível nas interpostas contra sentenças de indeferimento da petição inicial (art. 331, *caput*) ou de improcedência liminar (art. 332, § 3.º); ou ainda, nas apelações interpostas contra as sentenças que extinguirem o processo sem resolução do mérito (art. 485, § 7.º).

Há que se curar, por fim, da possibilidade de renúncia ou desistência de recursos. Em consonância com o princípio da disponibilidade motivada, que rege as ações coletivas, nada obsta a que se possa renunciar à interposição de um recurso, ou desistir de um recurso eventualmente interposto, desde que haja justa causa para tanto. Embora as justificativas possam ser escassas, não se afasta a probabilidade, por exemplo, de que sobrevenha à decisão recorrível ou ao recurso um acordo que contemple de maneira satisfatória a pretensão coletiva. Em contrapartida, sendo o ato de renúncia ou desistência infundado, ou seja, prejudicial ao interesse coletivo que cumpria ao renunciante ou desistente defender, é de rigor a aplicação analógica dos arts. 5.º, § 3.º, da LACP e 9.º da LAP, para o fim de que o MP ou outro colegitimado assuma o polo ativo e, consequentemente, possa recorrer ou dar seguimento ao recurso interposto.[597]

2.11.2.2 *Pedido de suspensão da execução da sentença não transitada em julgado*

Trata-se de incidente processual conhecido como "suspensão de sentença", admitido por força do § 1.º do art. 4.º da Lei 8.437/1992, para obstar a execução de sentenças não transitadas em julgado proferidas contra o Poder Público ou seus agentes em ações civis públicas. Não visa à reforma do mérito da sentença, mas, simplesmente, a evitar sua execução provisória. Por ter a mesma disciplina que o instituto do pedido de suspensão da execução da liminar, por nós já tratado no item 2.9.2.4.2, desnecessário repetir a abordagem.

2.11.3 Coisa julgada

Toda sentença possui um âmbito de incidência subjetiva (incide sobre determinadas pessoas) e objetiva (aplica-se a um determinado objeto fático-jurídico). Diz-se, então, que toda sentença emana efeitos subjetivos e objetivos.

A coisa julgada, conforme consagrado ensinamento de Liebman, não é efeito, mas sim qualidade dos efeitos da sentença. Quando os efeitos da sentença se tornam imutáveis, diz-se que estão cobertos pela autoridade da coisa julgada. Essa imutabilidade, portanto, é a qualidade dos efeitos da sentença conhecida como coisa julgada. Ela pode ser vista sob duas perspectivas:

a) há coisa julgada formal quando a sentença (ou acórdão) transita em julgado, ou seja, quando, em um determinado processo, não caiba mais nenhum recurso; e

b) há coisa julgada material quando, além da coisa julgada formal, não seja possível rediscutir a lide, ainda que em um novo processo (com a exceção de eventual cabimento de ação rescisória, nos casos e prazos da lei).

---

[597] Nesse sentido: REsp 1.656.874/SP, 3.ª T., rel. Min. Nancy Andrighi, j. 13.11.2018, *DJe* 22.11.2018. Na mesma toada, admitindo que outro colegitimado possa assumir o polo ativo em caso de renúncia ou desistência recursal infundada, *i.e.*, que implique "concessão quanto ao conteúdo material do litígio": LEONEL, Ricardo de Barros. *Manual do Processo Coletivo*. São Paulo: RT, 2002. p. 366.

O grande problema a ser enfrentado no processo coletivo diz respeito à coisa julgada material, pois, no tocante à formal, ele não difere do processo tradicional: não havendo mais recursos disponíveis, o processo transita em julgado. Tratemos, portanto, da coisa julgada material.

Consoante versado quando da narrativa sobre os desafios do processo tradicional em face do novo contexto socioeconômico e jurídico-material,[598] o processo tradicional admitia a imutabilidade da coisa julgada apenas entre as partes de um processo. Expusemos, àquela altura, que essa visão se refletiu no CPC de 1973, na redação do seu art. 472,[599] e demonstramos como esse tratamento impedia a efetividade da justiça em uma sociedade de massas, em que era inviável trazer milhares de vítimas a um mesmo processo, e indesejável emperrar a máquina judiciária com milhares de ações individuais.

O processo coletivo veio romper o limite da coisa julgada às partes do processo. E essa quebra veio, inicialmente, com a LAP (art. 18), e, mais tarde, com a LACP (art. 16). Ambas trouxeram a coisa julgada *erga omnes*. Com o CDC, aprofundou-se a disciplina da coisa julgada *erga omnes*, e inclui-se a da coisa julgada *ultra partes* (art. 103). Tais expressões (*erga omnes* e *ultra partes*) foram empregadas para frisar a diferença em relação ao processo civil tradicional, de cunho individualista, em que a coisa julgada era adstrita às partes do processo.

O regime da coisa julgada nas ações civis públicas (coisa julgada coletiva) é atualmente ditado pelos arts. 103 e 104 do CDC, e pelos polêmicos arts. 16 da LACP (na redação dada pela Lei 9.494/1997) e 2.º-A da Lei 9.494/1997, a seguir reproduzidos:

CDC:

Art. 103. Nas ações coletivas de que trata este código, a sentença fará coisa julgada:

I – *erga omnes*, exceto se o pedido for julgado improcedente por insuficiência de provas, hipótese em que qualquer legitimado poderá intentar outra ação, com idêntico fundamento valendo-se de nova prova, na hipótese do inciso I do parágrafo único do art. 81;

II – *ultra partes*, mas limitadamente ao grupo, categoria ou classe, salvo improcedência por insuficiência de provas, nos termos do inciso anterior, quando se tratar da hipótese prevista no inciso II do parágrafo único do art. 81;

III – *erga omnes*, apenas no caso de procedência do pedido, para beneficiar todas as vítimas e seus sucessores, na hipótese do inciso III do parágrafo único do art. 81.

§ 1.º Os efeitos da coisa julgada previstos nos incisos I e II não prejudicarão interesses e direitos individuais dos integrantes da coletividade, do grupo, categoria ou classe.

§ 2.º Na hipótese prevista no inciso III, em caso de improcedência do pedido, os interessados que não tiverem intervindo no processo como litisconsortes poderão propor ação de indenização a título individual.

§ 3.º Os efeitos da coisa julgada de que cuida o art. 16, combinado com o art. 13 da Lei n.º 7.347, de 24 de julho de 1985, não prejudicarão as ações de indenização por danos pessoalmente sofridos, propostas individualmente ou na forma prevista neste código, mas, se procedente o pedido, beneficiarão as vítimas e seus sucessores, que poderão proceder à liquidação e à execução, nos termos dos arts. 96 a 99.

§ 4.º Aplica-se o disposto no parágrafo anterior à sentença penal condenatória.

---

[598] V. item 1.2.3 do Capítulo 1.

[599] "Art. 472. A sentença faz coisa julgada às partes entre as quais é dada, não beneficiando, nem prejudicando terceiros. Nas causas relativas ao estado de pessoa, se houverem sido citados no processo, em litisconsórcio necessário, todos os interessados, a sentença produz coisa julgada em relação a terceiros."

244 | INTERESSES DIFUSOS E COLETIVOS – VOL. 1

Art. 104. As ações coletivas, previstas nos incisos I e II e do parágrafo único do art. 81, não induzem litispendência para as ações individuais, mas os efeitos da coisa julgada *erga omnes* ou *ultra partes* a que aludem os incisos II e III do artigo anterior não beneficiarão os autores das ações individuais, se não for requerida sua suspensão no prazo de trinta dias, a contar da ciência nos autos do ajuizamento da ação coletiva.

LACP:

Art. 16. A sentença civil fará coisa julgada erga omnes, exceto se a ação for julgada improcedente por deficiência de provas, hipótese em que qualquer legitimado poderá intentar outra ação com idêntico fundamento, valendo-se de nova prova.[600]

Vejamos, nos itens seguintes, como opera esse sistema.

2.11.3.1 Coisa julgada nas ações coletivas sobre interesses difusos e coletivos

Recorde-se, inicialmente, que, por força do art. 21 da LACP, as regras processuais do CDC também lhe são aplicáveis (princípio da integração), o que inclui o art. 103 desse Código.

Em suma, portanto, extrai-se a seguinte sistemática para a coisa julgada nas ações civis públicas que versem interesses difusos ou coletivos (CDC, art. 103, I e II):

i. Sentença de **procedência:** nesse caso, haverá coisa julgada material (*erga omnes*, no caso de direitos difusos; *ultra partes*, no caso de direitos coletivos). Isso implica que a matéria decidida na sentença não poderá ser rediscutida, pelo réu, contra qualquer colegitimado, ainda que ele não tenha feito parte do processo. Desse modo, qualquer dos colegitimados poderá executar o título judicial. Trata-se de verdadeira coisa julgada material.

ii. Sentença de **improcedência por insuficiência de provas:** se a sentença for de improcedência por não haverem sido produzidas todas as provas necessárias a um juízo de certeza, não haverá coisa julgada material. Qualquer legitimado – inclusive o que ajuizara a ação malograda[601] – poderá propor outra, com o mesmo objeto litigioso (fundamento + pedido), valendo-se de nova prova. Para Grinover, a possibilidade de propositura de uma nova ação no caso de improcedência por debilidade probatória pode ser traduzida como excepcional hipótese – no direito moderno – de *non liquet*, ou seja, "uma autorização legal ao juiz no sentido de não julgar a causa em face da insuficiência de provas produzidas pelo autor coletivo".[602]

iii. Sentença de **improcedência por pretensão infundada:** se, em um processo no qual foram produzidas todas as provas necessárias à análise do mérito, a sentença for de improcedência (pretensão infundada), haverá coisa julgada material (*erga omnes* ou *ultra partes*, conforme se trate de direito difuso ou coletivo). A implicação prática é que, nessa hipótese, nenhum legitimado – ainda que não tenha participado do processo – poderá propor outra ação civil pública com o mesmo objeto litigioso.

---

[600] Redação original do art. 16 da LACP, repristinada em razão do reconhecimento de inconstitucionalidade, pelo STF, no RE 1.101.937 (Tema 1.075), com Repercussão Geral, da redação conferida pela Lei 9.494/1997, que limitava a coisa julgada das ações civis públicas à competência territorial do juízo.

[601] GRINOVER, Ada Pellegrini. *Código Brasileiro de Defesa do Consumidor Comentado pelos Autores do Anteprojeto*. 8. ed. Rio de Janeiro: Forense Universitária, 2005. p. 926.

[602] GRINOVER, Ada Pellegrini. Ações Coletivas Ibero-Americanas: Novas Questões sobre a Legitimação e a Coisa Julgada. *Revista Forense*, n. 301, p. 9.

Não obstante, tal coisa julgada de forma nenhuma prejudicará os direitos individuais dos lesados (veja, os efeitos objetivos da coisa julgada material nesses processos limitam-se aos direitos difusos e coletivos que compõem a lide). Assim, por exemplo, ainda que em uma ação civil pública tenha-se decidido que a empresa "X" não causou a poluição do rio "Y", a vítima que suportou prejuízo pelo uso dessa água contaminada poderá ajuizar uma ação de ressarcimento em face da empresa "X", pois seu direito individual não foi atingido pela coisa julgada coletiva. Essa possibilidade está assegurada nos §§ 1.º e 3.º do art. 103 do CDC, mas tal previsão sequer seria necessária, pois, pela própria regra geral da coisa julgada, os direitos individuais não seriam atingidos pela coisa julgada, já que não compunham o objeto litigioso.

2.11.3.2 Coisa julgada nas ações coletivas sobre interesses individuais homogêneos

No que se refere às ações civis públicas sobre interesses individuais homogêneos, a regra é a seguinte (CDC, art. 103, III e § 1.º):

i. No caso de **procedência**, haverá coisa julgada material *erga omnes*. Isso significa, a exemplo do que se dá em relação às ações em prol de interesses difusos e coletivos, que a matéria decidida na sentença não poderá ser rediscutida, pelo réu, contra qualquer dos colegitimados, ainda contra aqueles que não tenham feito parte do processo. Ademais, como a matéria discutida nos autos eram os direitos individuais homogêneos, o conceito *erga omnes* aqui abrange todos os titulares desses direitos, que também serão atingidos favoravelmente pela coisa julgada.[603] Conforme veremos mais adiante, eles apenas necessitarão provar, na liquidação da sentença, que estão na situação fática nela reconhecida, e qual o montante de seu prejuízo, para, posteriormente, executá-la.

ii. No caso de **improcedência**, seja qual for o fundamento, haverá coisa julgada, mas ela não será *erga omnes*. De fato, a coisa julgada impedirá a propositura de uma nova ação civil pública (defesa molecularizada) com o mesmo objeto litigioso, mas não obstará a que os interesses individuais homogêneos que ela visava a defender sejam tutelados fragmentadamente, por meio de ações individuais propostas por cada lesado (defesa atomizada), ou que as ações individuais já ajuizadas tenham prosseguimento. **Mas atenção:** se o lesado se valeu da faculdade do art. 94 do CDC, e interveio na ação civil pública como litisconsorte (assistente litisconsorcial), será, nos termos do § 2.º do art. 103 do mesmo estatuto, prejudicado pela coisa julgada (mesmo porque foi parte no processo coletivo), e estará impedido de propor ação indenizatória individual.

2.11.3.3 O emprego legal das expressões erga omnes e ultra partes

A LACP, originariamente, regia apenas as ações civis públicas em defesa dos interesses difusos e coletivos. Ela atribuía à coisa julgada nessas ações (exceto no caso de improcedência por insuficiência de provas) a qualidade de *erga omnes*.[604] O legislador, no CDC, inovou. Empregou a expressão *erga omnes* para se referir não só aos interesses

---

[603] Com exceção dos autores de ações individuais que, cientes do ajuizamento da ação coletiva, não houverem requerido, em 30 dias, a suspensão de suas ações individuais (CDC, art. 104).

[604] "Art. 16. A sentença civil fará coisa julgada *erga omnes*, exceto se a ação for julgada improcedente por deficiência de provas, hipótese em que qualquer legitimado poderá intentar outra ação com idêntico fundamento, valendo-se de nova prova."

difusos, como também aos individuais homogêneos, ao passo que, para os coletivos, valeu-se da locução *ultra partes*.

As expressões *erga omnes* e *ultra partes* intentam salientar os casos em que a coisa julgada não fica adstrita às partes do processo, mas podem atingir a quem dele não participou.

A terminologia do CDC não está indene a críticas. Inicialmente, observe-se não ser possível dizer que os interesses difusos sempre pertençam a "toda" a coletividade (*erga omnes*), embora, com frequência, isso possa ocorrer, como, por exemplo, no que diga respeito ao interesse público primário e ao direito ao meio ambiente ecologicamente equilibrado. De todo modo, tendo em vista que os titulares dos direitos difusos não são identificáveis, e estão dispersos na sociedade, é compreensível que a lei tenha qualificado a coisa julgada a eles favorável como *erga omnes*.

Pela razão oposta, considerando que os direitos coletivos integram o patrimônio de um grupo identificável de pessoas, é sensato o fato de o legislador não haver rotulado a coisa julgada que lhes afeta com o atributo *erga omnes*, bastando-lhes a locução *ultra partes*.

Não obstante, não se vislumbra fundamento para qualificar a coisa julgada coletiva benéfica a interesses individuais homogêneos como *erga omnes*, pois, assim como ocorre em relação aos interesses coletivos, e diferentemente do que se dá no tocante aos difusos, seus titulares são identificáveis, de modo que teria sido melhor haver empregado a locução *ultra partes*.

Até aqui, os seguintes esquemas resumem as facetas da coisa julgada material nas ações civis públicas:

	Interesses difusos	Interesses coletivos	Interesses individuais homogêneos
Procedência	Coisa julgada *erga omnes*	Coisa julgada *ultra partes*	Coisa julgada *erga omnes*
Improcedência por pretensão infundada	Coisa julgada *erga omnes*	Coisa julgada *ultra partes*	Há coisa julgada (em relação aos colegitimados), mas não é *erga omnes* (não impede que as vítimas que não ingressaram no processo como litisconsortes busquem sua reparação individualmente)
Improcedência por insuficiência de provas	Não há coisa julgada	Não há coisa julgada	

2.11.3.4 *Coisa julgada material* secundum eventum litis *e* secundum eventum probationis

Nas ações civis públicas em defesa de qualquer espécie de interesse transindividual, a existência de coisa julgada *erga omnes* ou *ultra parte* depende de ser a sentença favorável (de procedência) ou desfavorável (de improcedência) ao autor. Por tal razão, afirma-se que a coisa julgada material se dá **secundum eventum litis**.

Além disso, exclusivamente nas ações civis públicas em prol de interesses difusos e/ou coletivos, a coisa julgada material, nas sentenças de improcedência, depende do seu fundamento: ela só existirá se a improcedência se der em um contexto probatório robusto, suficiente, em que haja juízo de certeza (cognição exauriente). Por tal motivo, diz-se que, nelas, a coisa julgada material é **secundum eventum probationis**.

A regra da coisa julgada *secundum eventum probationis* e *secundum eventum litis* é inspirada no art. 18 da Lei da Ação Popular (Lei 4.717/1965).[605]

Perceba-se, ainda, que nas ações civis públicas em prol de interesses individuais homogêneos a coisa julgada material é *secundum eventum litis*, mas não é *secundum eventum probationis*, pois, ao contrário do que se dá nas ações pertinentes a direitos difusos ou coletivos, mesmo no caso de improcedência por insuficiência de provas, há coisa julgada em relação aos colegitimados para a ação coletiva.[606]

Em resumo, portanto, temos a seguinte classificação:

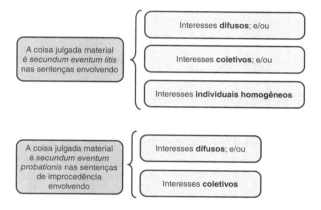

2.11.3.5 *Transporte da coisa julgada* in utilibus

O transporte (ou extensão) da coisa julgada *in utilibus* é a possibilidade de aproveitar os efeitos de uma sentença transitada em julgado em favor de uma pretensão que não fora deduzida no mesmo processo, bastando, para tanto, que o titular da pretensão a invoque, proceda à sua liquidação e à execução do respectivo crédito.

Esse transporte seria possível, em certos casos, tanto a partir de uma sentença cível como de uma sentença penal. Trataremos de cada um dos casos a seguir.

2.11.3.5.1 Transporte da coisa julgada cível *in utilibus*

As regras sobre os limites aos efeitos objetivos e subjetivos da sentença e da coisa julgada, aplicáveis ao processo civil em geral, estão delineadas nos arts. 337, § 1.º, 503, 504 e 506, todos do atual CPC:

> **Art. 337.** (...)
> § 1.º Verifica-se a litispendência ou a coisa julgada quando se reproduz ação anteriormente ajuizada.
> **Art. 503.** A decisão que julgar total ou parcialmente o mérito tem força de lei nos limites da questão principal expressamente decidida.

---
[605] "Art. 18. A sentença terá eficácia de coisa julgada oponível *erga omnes*, exceto no caso de haver sido a ação julgada improcedente por deficiência de prova; neste caso, qualquer cidadão poderá intentar outra ação com idêntico fundamento, valendo-se de nova prova."
[606] As vítimas, contudo, preservam o direito de buscarem suas pretensões em ações individuais, exceto as que tenham usado a faculdade do art. 94 do CDC para intervir na ação civil pública como litisconsorte (assistente litisconsorcial) do autor, caso em que serão atingidas pela sentença desfavorável (CDC, art. 103, § 2.º).

§ 1.º O disposto no *caput* aplica-se à resolução de questão prejudicial, decidida expressa e incidentemente no processo, se:

I – dessa resolução depender o julgamento do mérito;

II – a seu respeito tiver havido contraditório prévio e efetivo, não se aplicando no caso de revelia;

III – o juízo tiver competência em razão da matéria e da pessoa para resolvê-la como questão principal.

§ 2.º A hipótese do § 1.º não se aplica se no processo houver restrições probatórias ou limitações à cognição que impeçam o aprofundamento da análise da questão prejudicial.

Art. 504. Não fazem coisa julgada:

I – os motivos, ainda que importantes para determinar o alcance da parte dispositiva da sentença;

II – a verdade dos fatos, estabelecida como fundamento da sentença.

Art. 506. A sentença faz coisa julgada às partes entre as quais é dada, não prejudicando terceiros.

Podem-se assim resumir tais dispositivos:

a) os efeitos da sentença (e, consequentemente, a coisa julgada) estão adstritos aos limites da *lide* (questão principal) expressamente decidida, ou seja, objetivamente, são ditados por seu objeto litigioso (pedido + causa de pedir), e, subjetivamente, pelas partes (titulares do direito material controvertido);

b) a coisa julgada não se estende aos fundamentos da sentença, limitando-se ao seu dispositivo.

Vimos, no item das definições e terminologia, do capítulo dos fundamentos do direito coletivo,[607] que um mesmo contexto fático pode gerar conflitos envolvendo direitos difusos e/ou coletivos e/ou individuais homogêneos. Em um cenário como esse, não seria possível, segundo a regra geral do CPC, que a coisa julgada formada em uma eventual ação civil pública proposta em defesa, exclusivamente, de interesses difusos ou coletivos, beneficiasse ou prejudicasse pretensões de direitos individuais (favorecendo-lhes como títulos judiciais, no caso de procedência da ação coletiva, ou impedindo ações individuais, no caso de improcedência da ação coletiva). Primeiro, porque o objeto litigioso da ação civil pública não envolveria nem coincidiria com o das pretensões de direito individual. Segundo, porque, ainda que os fatos que compõem os fundamentos da sentença coletiva pudessem ter pontos de contato com os fatos que originaram as pretensões individuais, a coisa julgada coletiva circunscrever-se-ia ao dispositivo da sentença, não alcançando seus fundamentos.

Para ilustrar, tomemos um exemplo prático. Imagine-se uma ação voltada a condenar uma indústria "X" a despoluir as águas de um rio que ela havia conspurcado (interesse difuso do meio ambiente ecologicamente equilibrado). Em seus fundamentos, a sentença reconhece a existência do dano ambiental e responsabilidade da indústria. Em seu dispositivo, condena essa empresa a despoluir o curso d'água (direito ao meio ambiente ecologicamente equilibrado envolve pretensão de direito difuso). Paralelamente à lesão ao direito difuso, agricultores foram ofendidos em seus patrimônios individuais, pois não puderam usar as águas do rio na irrigação de suas lavouras. Surgem-lhes pretensões de reparação de seus prejuízos (pretensões de direitos individuais homogêneos). A causa de seu prejuízo é, em parte, a mesma que lesou o direito difuso do meio ambiente: a poluição gerada pela indústria. Não haveria, porém, segundo o regime do CPC, como

---

[607] V. item 1.3.6.4.4.

aproveitar a coisa julgada da ação coletiva nas ações indenizatórias que os agricultores porventura propusessem contra a indústria. É fato que haveria um ponto de contato entre o fundamento da sentença coletiva (responsabilidade da indústria pela poluição do rio) e a causa de pedir da ação individual (responsabilidade da indústria pela poluição do rio + prejuízos sofridos pelos autores em função dessa poluição). Não obstante, os objetos litigiosos, na ação coletiva e nas ações individuais, não seriam exatamente os mesmos, tampouco o pedido. Além disso, a coisa julgada não se estende aos fundamentos da decisão, limitando-se ao seu dispositivo.

Ocorre que o CDC trouxe um dispositivo que, segundo defendem alguns, excepciona a sistemática do CPC. Trata-se da parte final do § 3.º do seu art. 103:

> § 3.º Os efeitos da coisa julgada de que cuida o art. 16, combinado com o art. 13 da Lei n.º 7.347, de 24 de julho de 1985, não prejudicarão as ações de indenização por danos pessoalmente sofridos, propostas individualmente ou na forma prevista neste código, **mas, se procedente o pedido, beneficiarão as vítimas e seus sucessores, que poderão proceder à liquidação e à execução, nos termos dos arts. 96 a 99** (destacamos).

O alcance desse § 3.º é alvo de acesa controvérsia doutrinária. As diversas posições podem ser sistematizadas do seguinte modo:

1. Visão progressista:

Visando facilitar o acesso à Justiça e ampliar sua efetividade, em uma sociedade na qual grassam os danos de massa, o § 3.º do art. 103 do CDC excepciona o modelo da coisa julgada do CPC.

Com efeito, tal dispositivo se refere aos efeitos da coisa julgada de que cuidam os arts. 16 e 13 da LACP. Lembre-se de que a LACP, à época da promulgação do CDC, cuidava tão somente das ações voltadas à defesa dos interesses difusos e coletivos, visto que a disciplina da defesa coletiva dos individuais homogêneos foi inovação do CDC. Logo, o § 3.º alude às ações propostas exclusivamente para a defesa de direitos difusos ou coletivos.

Note-se, ainda, que o § 3.º, em sua parte final (por nós destacada), prescreve que os efeitos da coisa julgada daquelas ações beneficiarão as vítimas e seus sucessores, que poderão proceder à liquidação e à execução, nos termos dos arts. 96 a 99. O aludido art. 96 foi vetado. Já os arts. 97 a 99 regulamentam a liquidação nas ações coletivas sobre interesses individuais homogêneos.

Portanto, ao fazer menção aos arts. 13 e 16 da LACP, e aos arts. 97 e 99 do CDC, o citado § 3.º pretende que, ainda que a ação tenha sido proposta apenas em face de direitos difusos e coletivos, sua coisa julgada possa ser aproveitada, quando favorável, pelas vítimas (ou por seus sucessores) que tiveram seus interesses individuais ofendidos pelos mesmos fatos que lesaram ou ameaçaram os direitos difusos e/ou coletivos (p. ex., lesão ao direito difuso = contaminação da água do rio causada pela conduta poluidora de uma indústria; lesão da vítima = prejuízo por não poder usar a água poluída na irrigação da lavoura). Haverá, na hipótese, um **transporte (ou extensão)** *in utilibus* **da coisa julgada**, porquanto, sem o § 3.º em análise, valeria o modelo do CPC, e a coisa julgada não beneficiaria os titulares dos interesses individuais.

A inspiração da norma teria sido um fenômeno jurídico já conhecido: a possibilidade de uma sentença penal condenatória valer como título executivo no cível, para que o ofendido se veja indenizado pelos prejuízos causados pelo criminoso.

Dentro da visão progressista, há duas diferentes linhas para explicar as razões dessa extensão:

INTERESSES DIFUSOS E COLETIVOS – VOL. 1

a) Alguns entendem que o dispositivo acresceu às ações da LACP (voltadas à defesa de direitos difusos e coletivos) um verdadeiro "pedido implícito",[608] uma **ampliação *ope legis* do objeto do processo**,[609] para nele incluir, independentemente da vontade do autor da ação, a tutela coletiva dos interesses individuais homogêneos;

b) Para outros, não existe pedido implícito ou ampliação *ope legis* do objeto (visto que não há decisão sobre a obrigação de indenizar as vítimas),[610] mas, a exemplo do que se dá em relação às sentenças penais condenatórias, há simplesmente um **efeito secundário da sentença**, que torna certa a obrigação de indenizar as vítimas:

> Na verdade, tem-se aí um eventual efeito secundário existente nas demandas coletivas, consistente em uma extensão dos limites da coisa julgada para fins de ações individuais fincadas em elementos comuns da causa de pedir difusa, ou seja: proferida uma decisão para a defesa de direitos difusos, além da autoridade da coisa julgada sobre o objeto difuso, que alcançará todos os seus titulares, também existirá a dita autoridade sobre os motivos da decisão apenas para beneficiar os indivíduos que venham propor demandas individuais com fulcro no mesmo fato gerador que deu origem à demanda difusa.[611]

Seja qual for a fundamentação adotada, os partidários da visão progressista **formam a doutrina majoritária**, e admitem que o citado § 3.º inovou em relação ao CPC, de modo que, mesmo sem haver sido feito pedido explícito em relação aos direitos individuais homogêneos, os titulares desses interesses se beneficiarão da coisa julgada de sentenças em ações sobre direitos difusos e coletivos: eles poderão, diretamente, promover a liquidação e execução da sentença no que toca à sua pretensão individual, necessitando comprovar, tão somente, que foram atingidos pela situação fática descrita na decisão (sofreram danos oriundos dos fatos cuja responsabilidade já foi apurada no processo coletivo), e qual a extensão do seu prejuízo individual.

2. Visão conservadora:

O § 3.º do art. 103 do CDC não excepciona o regime da coisa julgada do CPC. **Não há falar-se em transporte (ou extensão) da coisa julgada *in utilibus*.** Se na ação civil pública em prol de direitos difusos ou coletivos não for formulado pedido para que também se tutelem direitos individuais homogêneos, não haverá como as vítimas e seus sucessores serem beneficiados pela futura coisa julgada coletiva. É a opinião de Mazzilli:

> A ação civil pública e a ação coletiva estão sujeitas à observância do *princípio da congruência*, ou da *correlação*, ou seja, o juiz deve decidir a lide dentro dos limites do pedido. Assim, se o autor do processo coletivo quer que a sentença também forme título executivo em favor de lesados individuais homogêneos, deverá formular pedido correspondente, sob pena de não se poder aproveitar o *decisum* em ações individuais.[612]

---

[608] ALVIM NETTO, José Manoel de Arruda; ALVIM, Thereza; ARRUDA ALVIM, Eduardo; SOUZA, James J. Marins de. *Código do Consumidor Comentado*. 2. ed. rev. e ampl. São Paulo: RT, 1995. p. 482-483.

[609] GRINOVER, Ada Pellegrini. *Código Brasileiro de Defesa do Consumidor Comentado pelos Autores do Anteprojeto*. 8. ed. Rio de Janeiro: Forense Universitária, 2005. p. 934-935.

[610] ARAÚJO FILHO, Luiz Paulo da Silva. *Ações Coletivas*: a Tutela Jurisdicional dos Direitos Individuais Homogêneos. Rio de Janeiro: Forense, 2000. p. 180.

[611] ABELHA, Marcelo. *Ação Civil Pública e Meio Ambiente*. Rio de Janeiro: Forense Universitária, 2004. p. 269-270. **No mesmo sentido:** ZAVASCKI, Teori Albino. *Processo Coletivo*: Tutela de Direitos Coletivos e Tutela Coletiva de Direitos. 4. ed. São Paulo: RT, 2009. p. 67-68.

[612] MAZZILLI, Hugo Nigro. *A Defesa dos Interesses Difusos em Juízo*. 22. ed. São Paulo: Saraiva, 2009. p. 134-135.

CAP. 2 – AÇÃO CIVIL PÚBLICA | 251

E, ainda, pontua o ilustre autor:

A nosso ver, não se trata de um mero transporte *in utilibus* da coisa julgada coletiva para o processo individual, mas sim do alcance normal da imutabilidade do *decisum* nas ações civis públicas ou coletivas. Assim, se o autor no processo coletivo quer que o dispositivo beneficie lesados individuais homogêneos, deverá fazer o correspondente pedido na inicial.[613]

2.11.3.5.2 Transporte da coisa julgada penal *in utilibus*

Antes mesmo do advento do CDC, o ordenamento jurídico já admitia a extensão dos efeitos da coisa julgada na esfera penal às lides civis. Nesse sentido dispõe o art. 91, I, do Código Penal, segundo o qual é efeito da condenação "tornar certa a obrigação de indenizar o dano causado pelo crime".

Em sintonia, o CPC/1973 também já reconhecia a sentença penal condenatória transitada em julgado como título executivo judicial na área cível. Na redação final, tal *status* era conferido em seu art. 475-N, II. No atual CPC, está previsto no art. 515, VI.

O Código Civil de 1916, por sua vez, em seu art. 1.525, rezava que "responsabilidade civil é independente da criminal; não se poderá, porém, questionar mais sobre a existência do fato, ou quem seja o seu autor, quando estas questões se acharem decididas no crime". O Código Civil em vigor repetiu tal regra em seu art. 935.

O CPP, por seu turno, já dispunha que poderiam executar, no juízo cível, a sentença penal condenatória transitada em julgado, para efeito de reparação do dano, "o ofendido, seu representante legal ou seus herdeiros" (art. 63, *caput*). Atualmente, o juiz ainda deverá fixar nessa sentença um valor mínimo para reparação do prejuízo sofrido pelo ofendido (art. 387, IV, na redação dada pela Lei 11.719/2008), cujo excedente poderá ser provado na fase de liquidação, no cível (art. 63, parágrafo único).

O CDC, de certo modo, seguiu esse modelo, ao estabelecer, no § 4.º do seu art. 103, que o disposto no § 3.º aplica-se à sentença penal condenatória. Há, porém, **duas diferenças fundamentais:**

a) pelo sistema do CDC, o transporte da coisa julgada criminal para a instância cível deve ocorrer somente *in utilibus*, ou seja, apenas se a sentença penal for condenatória, favorável às vítimas. Já no modelo tradicional, nos termos do art. 935 do CC, a coisa julgada no processo penal, eventualmente, poderá prejudicar as vítimas, impedindo que elas rediscutam na esfera cível a existência do fato ou determinada autoria, caso na seara criminal tenha sido reconhecida a inexistência do fato ou negada a autoria de determinado réu;[614]

b) pelo sistema do CDC, na liquidação de uma sentença coletiva em prol de direitos individuais homogêneos é necessário comprovar não apenas o montante do prejuízo sofrido, mas a própria condição de vítima, uma vez que as sentenças não identificam as vítimas. Logo, embora não conste expressamente do CDC, decorre do seu sistema que nem toda sentença penal será passível de aplicação do § 3.º do seu art. 103, pois nem todas se amoldariam à lógica da liquidação destinada a sentenças tão genéricas. Com efeito, apenas são compatíveis com tal sistema as sentenças penais que prescindam da identificação das vítimas, ou seja, as sentenças por crimes pra-

---

[613] MAZZILLI, Hugo Nigro. *A Defesa dos Interesses Difusos em Juízo*. 22. ed. São Paulo: Saraiva, 2009. p. 567. **No mesmo sentido:** BOTELHO DE MESQUITA, José Ignácio. *A Coisa Julgada*. 1. ed. 3. tir. Rio de Janeiro: Forense, 2006. p. 38-42.

[614] GIDI, Antonio. *Coisa Julgada e Litispendência em Ações Coletivas*. São Paulo: Saraiva, 1995. p. 177; LEONEL, Ricardo de Barros. *Manual do Processo Coletivo*. São Paulo: Saraiva, 2002. p. 282.

252 | INTERESSES DIFUSOS E COLETIVOS - VOL. 1

ticados contra uma coletividade abstratamente considerada.[615] Para os crimes cuja conduta, necessariamente, pressuponha a identificação da vítima, aplica-se não o CDC, mas o sistema tradicional (CP, CPP e CC). De todo modo, em qualquer das hipóteses (crimes contra coletividades abstratas ou que pressuponham a identificação das vítimas), o valor indenizatório mínimo já deverá haver sido fixado na sentença penal condenatória (CPP, art. 387, IV).

Entre os crimes que atingem coletividades abstratamente consideradas, cuja coisa julgada pode ser estendida segundo o modelo do CDC, Araújo Filho cita, por exemplo, o do art. 63 ("Omitir dizeres ou sinais ostensivos sobre a nocividade ou periculosidade de produtos, nas embalagens, nos invólucros, recipientes ou publicidade"), o do seu § 1.º ("Incorrerá nas mesmas penas quem deixar de alertar, mediante recomendações escritas ostensivas, sobre a periculosidade do serviço a ser prestado"), o do art. 64 ("Deixar de comunicar à autoridade competente e aos consumidores a nocividade ou periculosidade de produtos cujo conhecimento seja posterior à sua colocação no mercado"), e o de seu parágrafo único ("incorrerá nas mesmas penas quem deixar de retirar do mercado, imediatamente quando determinado pela autoridade competente, os produtos nocivos ou perigosos, na forma desse artigo"), do CDC.[616]

Do mesmo tipo, entre os crimes ambientais, tomem-se, como exemplo, o dos arts. 54, *caput* ("Causar poluição de qualquer natureza em níveis tais que resultem ou possam resultar em danos à saúde humana, ou que provoquem a mortandade de animais ou a destruição significativa da flora"), e 56 ("Produzir, processar, embalar, importar, exportar, comercializar, fornecer, transportar, armazenar, guardar, ter em depósito ou usar produto ou substância tóxica, perigosa ou nociva à saúde humana ou ao meio ambiente, em desacordo com as exigências estabelecidas em leis ou nos seus regulamentos"), da Lei 9.605/1998.

Diferentemente, entre aqueles ilícitos penais que pressupõem a identificação do(s) lesado(s), Araújo Filho refere-se, exemplificativamente, aos arts. 70 ("Empregar, na reparação de produtos, peças ou componentes de reposição usados, sem autorização do consumidor") e 71 ("Utilizar, na cobrança de dívidas, de ameaça, coação, constrangimento físico ou moral, afirmações falsas, incorretas ou enganosas ou de qualquer outro procedimento que exponha o consumidor, injustificadamente, a ridículo ou interfira com seu trabalho, descanso ou lazer") do mesmo Código.[617]

Em suma, podemos resumir a questão do seguinte modo:

a) no tocante aos crimes praticados em face de coletividades abstratas, aplica-se o regime do CDC: os direitos de as vítimas serem indenizadas jamais serão prejudicados pela coisa julgada penal. No caso de sentença penal procedente, as vítimas, ao procederem à sua liquidação no cível, deverão comprovar: a) que foram vítimas do evento que motivou a condenação; e b) o valor do seu prejuízo, sendo tal providência dispensável caso a sentença penal já tenha fixado um valor mínimo suficiente à reparação do dano individual (CPP, art. 63, parágrafo único, c/c o art. 387, IV);

b) sentenças pertinentes aos delitos contra vítimas determinadas não estão submetidas ao regime do § 3.º do art. 103 do CDC, e sim às regras gerais ditadas pelo art.

---

[615] ARAÚJO FILHO, Luiz Paulo da Silva. *Ações Coletivas*: a Tutela Jurisdicional dos Direitos Individuais Homogêneos. Rio de Janeiro: Forense, 2000. p. 177-178.

[616] ARAÚJO FILHO, Luiz Paulo da Silva. *Ações Coletivas*: a Tutela Jurisdicional dos Direitos Individuais Homogêneos. Rio de Janeiro: Forense, 2000. p. 177.

[617] ARAÚJO FILHO, Luiz Paulo da Silva. *Ações Coletivas*: a Tutela Jurisdicional dos Direitos Individuais Homogêneos. Rio de Janeiro: Forense, 2000. p. 178.

91, I, do CP, art. 515, VI, do CPC/2015; arts. 63 e 387, IV, do CPP, e art. 935 do CC. Logo, caso a sentença absolutória se funde na inexistência do fato, ou na exclusão da autoria do réu, o ofendido não poderá rediscutir tais questões no cível. Mas, se a sentença for de procedência, a vítima, ao liquidá-la no juízo cível, não precisará comprovar sua condição de ofendido, uma vez que fora identificada como tal na sentença penal condenatória. Bastará liquidar o valor de seu prejuízo, sendo tal providência dispensável caso a sentença penal já tenha fixado um valor mínimo suficiente à reparação do dano individual (CPP, art. 63, parágrafo único, c/c o art. 387, IV).

Por fim, importa acrescer que o STF, em sentença condenatória por crimes de corrupção e lavagem de dinheiro, já imputou aos réus (um deles, à época da prática delituosa, deputado federal), como efeito da sentença condenatória, a obrigação de reparar danos morais coletivos, estipulando o valor mínimo da reparação e destinando-a ao fundo do art. 13 da LACP. Em seu voto, o relator identificou como objeto dos danos morais um patrimônio social, a saber, valores plasmados na Constituição para a construção de uma "sociedade livre, justa e solidária" (art. 3.º, I, da CF) e a justa expectativa dos representados de que o mandato legislativo fosse exercido em consonância com os princípios da administração pública.[618] Cumpre ressalvar, contudo, que aí não se trata propriamente de transporte da sentença penal *in utilibus* para o cível, ao menos não na forma disciplinada no CDC, porquanto o valor da condenação não se destina ao ressarcimento de danos morais individualmente considerados (lesões a direitos individuais homogêneos), senão de danos morais coletivos (lesões a interesses difusos).

2.11.3.6 Implicações do estágio do processo coletivo em relação ao estágio do processo individual

Conforme o estágio (momento processual) do processo individual em relação ao processo coletivo, e dependendo de a ação individual haver sido ou não suspensa quando da ciência da existência da ação coletiva, poderá ser ou não possível o aproveitamento da coisa julgada coletiva em prol das vítimas (seja no caso da ação coletiva com pedido explícito de tutela dos direitos individuais homogêneos, seja na hipótese da ação civil pública voltada aos direitos difusos ou coletivos).[619]

Paralelamente, a coisa julgada coletiva poderá, eventualmente, inviabilizar a propositura de uma ação individual.

Vejamos como se comunicam tais fatores, e quais as condições eventualmente necessárias para que a coisa julgada coletiva beneficie individualmente as vítimas.

i. Trânsito em julgado da sentença coletiva antes de proposta a ação individual

Nesse caso, bastará que a vítima proceda à liquidação e execução do título. Não poderá propor ação individual, pois, como já tem título executivo a seu favor, faltar-lhe-ia interesse processual.

---

[618] AP 1.002, 2.ª T., rel. Min. Edson Fachin, j. 09.06.2020, *DJe*-273, Divulg. 16.11.2020, Publ. 17.11.2020. Também admitindo a fixação na sentença penal da obrigação de pagar danos morais coletivos: AP 1.025, Pleno, rel. Min. Edson Fachin, rel. do ac. Min. Alexandre de Moraes, j. 31.05.2023, publ. 21.09.2023. E no STJ: REsp 2.018.442/RJ, 5.ª T., rel. Min. Ribeiro Dantas, j. 12.12.2023, *DJe* 19.12.2023.

[619] Lembramos que a doutrina majoritária admite a possibilidade da extensão da coisa julgada *in utilibus*, ou seja, que a coisa julgada das ações civis de defesa de direitos difusos e/ou coletivos possa beneficiar os titulares dos direitos individuais homogêneos lesados pelos mesmos fatos que fundaram a ação.

254 | INTERESSES DIFUSOS E COLETIVOS – VOL. 1

ii. Ação individual e ação coletiva em andamento

Ao tomar conhecimento, nos autos de sua ação individual, acerca da existência da ação coletiva, para poder se beneficiar da futura coisa julgada coletiva, **a vítima deverá requerer, no prazo de 30 dias**, a contar da ciência da existência da ação coletiva, **a suspensão do seu processo individual** (CDC, art. 104).

Atente-se que o art. 104, em sua parte final, refere-se à coisa julgada dos incisos II e III do art. 103. Trata-se de um erro de redação, devendo-se ler como incisos I, II e III. Logo, trate-se de ação coletiva em prol de defesa de interesses difusos, coletivos ou individuais homogêneos, a vítima só poderá beneficiar de sua coisa julgada caso requeira tempestivamente a suspensão de seu processo individual.

Como o réu das ações individuais necessariamente terá conhecimento sobre a ação coletiva (pois nela também figurará como réu), cumprirá a ele trazer a informação sobre a existência da ação coletiva aos autos das ações individuais, caso queira que as vítimas sejam instadas a decidir sobre eventual pedido de suspensão.

Lembre-se, ainda, de que o STJ admite a suspensão das ações individuais de ofício.[620] Nesse caso, independentemente de a suspensão se dar dentro dos 30 dias, seus autores também serão beneficiados pela eventual procedência da ação coletiva.

iii. Trânsito em julgado da sentença individual antes da sentença coletiva

Se a sentença na ação individual transitar em julgado antes da sentença coletiva (ainda que dentro do prazo de 30 dias da ciência sobre a existência da ação coletiva), o autor da ação individual não será beneficiado pela futura coisa julgada coletiva, sob pena de violar-se a coisa julgada da sentença individual (CF, art. 5.º, XXXVI).

2.11.3.7 *Limites territoriais e subjetivos da coisa julgada*

Tratemos, agora, de dois dos mais controvertidos dispositivos relacionados à coisa julgada nas ações civis públicas. O primeiro deles é o art. 16 da LACP:

> **Art. 16.** A sentença civil fará coisa julgada *erga omnes*, nos limites da competência territorial do órgão prolator, exceto se o pedido for julgado improcedente por insuficiência de provas, hipótese em que qualquer legitimado poderá intentar outra ação com idêntico fundamento, valendo-se de nova prova.

A polêmica diz respeito à primeira parte desse artigo, que foi alterada pela MP 1.570/1997 (posteriormente convertida na Lei 9.494/1997), responsável pela inclusão da frase "nos limites da competência territorial do órgão prolator".

O segundo dispositivo controvertido é o art. 2.º-A da Lei 9.494/1997, acrescido a essa lei por uma medida provisória (MP 1.984):

> **Art. 2.º-A.** A sentença civil prolatada em ação de caráter coletivo proposta por entidade associativa, na defesa dos interesses e direitos dos seus associados, abrangerá apenas os substituídos que tenham, na data da propositura da ação, domicílio no âmbito da competência territorial do órgão prolator.
>
> Parágrafo único. Nas ações coletivas propostas contra a União, os Estados, o Distrito Federal, os Municípios e suas autarquias e fundações, a petição inicial deverá obrigatoriamente estar instruída com a ata da assembleia da entidade associativa que a autorizou, acompanhada da relação nominal dos seus associados e indicação dos respectivos endereços.

---

[620] Conforme visto no item 2.7.3 (conexão, continência e litispendência entre ações civis públicas e ações individuais).

CAP. 2 – AÇÃO CIVIL PÚBLICA | 255

No que se refere ao parágrafo único, interessa-nos aqui apenas a sua segunda parte, a saber, a necessidade de que a petição inicial venha instruída pela relação nominal dos associados e indicação dos respectivos endereços. O objetivo é permitir o controle dos efeitos subjetivos da futura coisa julgada, pois, nos termos do *caput*, a coisa julgada abrangerá apenas os substituídos que tenham, na data da propositura da ação, domicílio no âmbito da competência territorial do órgão prolator.

Ambos os dispositivos (nova redação do art. 16 da LACP e art. 2.º-A da Lei 9.494/1997) foram obra da atuação legislativa do Poder Executivo Federal, que, ao que tudo indica, legislou em causa própria. Com efeito, considerando que a Fazenda Pública (não raro em litisconsórcio com o Presidente da República) é assídua frequentadora do polo passivo em ações coletivas, o propósito teria sido o de enfraquecer tal instrumento jurídico, restringindo a eficácia da sentença de procedência aos lesados que residam na comarca, seção ou subseção do juiz prolator. As inovações foram alvo de ácidas críticas por significativa parcela da doutrina. Em suma, apontou-se que as novidades incorreriam em confusão conceitual, seriam ineficazes e inconstitucionais:

a) **da confusão conceitual:** as normas confundiram a amplitude da coisa julgada com jurisdição e competência. O território (comarca, seção, subseção) onde um fato ocorreu ou poderá ocorrer é apenas um critério para a definição do juízo competente. Uma vez, porém, verificado qual órgão é competente segundo esse critério, os efeitos da sentença por ele prolatada não são limitados pelo território, mas apenas pelo objeto litigioso (causa de pedir + pedido):

"(...) o Presidente da República confundiu limites subjetivos da coisa julgada, matéria tratada na norma, com jurisdição e competência, como se, p. ex., a sentença de divórcio proferida por juiz de São Paulo não pudesse valer no Rio de Janeiro e nesta última comarca o casal continuasse casado! O que importa é quem foi atingido pela coisa julgada material. (...) Qualquer sentença proferida por órgão do Poder Judiciário pode ter eficácia para além de seu território. Até a sentença estrangeira pode produzir efeitos no Brasil, bastando para tanto que seja homologada (...). Assim, as partes entre as quais foi dada a sentença estrangeira são atingidas por seus efeitos onde quer que estejam no planeta Terra";[621]

b) **da ineficácia:**

b.1) *em razão da natureza indivisível dos interesses essencialmente coletivos*: a sentença de mérito não tem o condão de alterar as características inerentes à natureza do direito por ela tutelado. Nas ações civis públicas em que se resguardem relações jurídicas essencialmente coletivas (direitos difusos ou coletivos), a sentença de procedência tutelará tais objetos segundo sua natureza: se são indivisíveis, e pertencentes a uma coletividade indeterminável (difusos) ou determinável (coletivos) de titulares, os efeitos da sentença alcançarão os titulares de tais direitos *onde quer que residam*. Sendo a coisa julgada uma qualidade desses efeitos, não há como tratá-la diferentemente, limitando-a a determinado território. Aceitar tal possibilidade importaria em admitir "uma estranha sentença, com duas qualidades: seria válida, eficaz, e *imutável* em determinado território, mas seria válida, eficaz e *mutável* fora desse

---

[621] NERY JUNIOR, Nelson; NERY, Rosa Maria de Andrade. *Código de Processo Civil Comentado e Legislação Processual Civil Extravagante em Vigor.* 4. ed. rev. e ampl. São Paulo: RT, 1999. nota 12 ao art. 16 da LACP. p. 1.541. **No mesmo sentido:** LEONEL, Ricardo de Barros. *Manual do Processo Coletivo.* São Paulo: Saraiva, 2002. p. 284. Ressalve-se, em relação ao texto transcrito, que, por força da EC 45/2004, a competência para homologação de sentenças estrangeiras passou ao STJ.

território".[622] À guisa de exemplo, pense-se em uma sentença que condenasse uma indústria a instalar filtros para cessar a emissão de poluentes na atmosfera. Ela (e, consequentemente, sua coisa julgada) não beneficiaria apenas os moradores da cidade onde a indústria estivesse instalada, mas todos os que residissem no Brasil, já que o equilíbrio ambiental resgatado é interesse difuso de titularidade de toda a coletividade. A tentativa de limitar a imutabilidade dessa sentença ao território seria visivelmente ineficaz;

b.2) *em razão de o art. 16 de a LACP ser incompatível com o tratamento dos interesses individuais homogêneos do CDC*: a tutela coletiva dos interesses individuais homogêneos foi criada pelo CDC. A LACP somente cuidava dos direitos difusos e coletivos. O CDC disciplinou a coisa julgada das ações coletivas de interesses individuais homogêneos de forma distinta daquela como a LACP tratava a coisa julgada dos direitos difusos e coletivos. Esta, conforme se infere do art. 16 da LACP em sua redação original,[623] é *secundum eventum probationis*. Aquela, nos termos do art. 103, III, do CDC, é apenas *secundum eventum litis*.

A LACP somente se aplica às ações reguladas no CDC "naquilo que não contrariar suas disposições" (CDC, art. 90). A inovação do art. 16 da LACP é francamente contrária à disciplina dos efeitos da coisa julgada dos interesses individuais homogêneos do CDC, pois este não impôs nenhuma limitação territorial aos interesses individuais homogêneos. Com efeito, segundo o CDC, a coisa julgada nas ações coletivas em prol de interesses individuais homogêneos é *erga omnes*, para beneficiar todas as vítimas e seus sucessores (art. 103, III). Logo, a limitação introduzida no art. 16 da LACP pela Lei 9.494/1997 não seria aplicável aos interesses individuais homogêneos;[624]

b.3) *em razão da competência territorial dada pelo art. 93, II, do CDC*: por força do art. 93, II, do CDC, aplicável à LACP por força do art. 21 desta lei, nos danos de âmbito regional ou nacional a competência territorial é do juiz da capital do Estado ou do Distrito Federal. Em outras palavras: nesses casos, o âmbito de competência territorial desses órgãos judiciários não é a comarca, seção ou subseção judiciária onde eles se situam, mas toda a região do dano ou ameaça, ou todo o território nacional, se a lesão ou ameaça for de âmbito nacional. Assim, por exemplo, no caso de dano de âmbito nacional, ainda que uma ação seja proposta na capital do Estado do Acre, um cidadão residente no Rio Grande do Sul poderá ser por ela beneficiado, pois estará dentro do âmbito da competência territorial do órgão prolator da sentença;

c) **da inconstitucionalidade:**

    c.1) *Violação ao princípio da igualdade*: cidadãos vitimados pelo mesmo fato lesivo poderão receber do Poder Judiciário tratamento distinto, conforme uma ação

---

[622] ZAVASCKI, Teori Albino. *Processo Coletivo*: Tutela de Direitos Coletivos e Tutela Coletiva de Direitos. 4. ed. São Paulo: RT, 2009. p. 66.

[623] "Art. 16. A sentença civil fará coisa julgada *erga omnes*, exceto se a ação for julgada improcedente por deficiência de provas, hipótese em que qualquer legitimado poderá intentar outra ação com idêntico fundamento, valendo-se de nova prova" (redação original).

[624] GRINOVER, Ada Pellegrini. *Código Brasileiro de Defesa do Consumidor Comentado pelos Autores do Anteprojeto*. 8. ed. Rio de Janeiro: Forense Universitária, 2005. p. 920-921.

CAP. 2 – AÇÃO CIVIL PÚBLICA | 257

civil pública por ele motivada seja, em um determinado foro, julgada procedente, e, em um outro, improcedente;

c.2) *Violação ao devido processo legal no aspecto substantivo*: o Executivo Federal infringiu os princípios da razoabilidade e da proporcionalidade e, portanto, ao princípio do devido processo legal no seu aspecto substantivo. A irrazoabilidade e a desproporcionalidade decorrem de que o Presidente da República, visando restringir a eficácia de ações costumeiramente frequentadas pela Fazenda Pública e até mesmo por ele, deu azo a sentenças judiciais conflitantes, desprezou, a um só tempo, o **princípio da igualdade** e o **princípio da segurança jurídica**, e, ao fragmentar a tutela dos direitos transindividuais em várias ações coletivas, agiu em detrimento do **princípio da economia processual**, que havia sido aprimorado pelo microssistema resultante da integração CDC + LACP.

No STJ, inicialmente, prevaleceu o entendimento de que a sentença, na ação civil pública em prol de interesses individuais e homogêneos, nos termos do art. 16 da LACP, faria coisa julgada apenas nos limites da competência territorial do órgão prolator,[625] e, quando promovida por associação, na defesa dos interesses e direitos dos seus associados, abrangeria apenas os substituídos que tivessem, na data da propositura da ação, domicílio no âmbito da competência territorial do órgão prolator, nos termos do art. 2.º-A da Lei 9.494/1997.[626]

Esse entendimento, posteriormente, deu lugar à prevalência daquele diametralmente oposto, esposado pela doutrina acima destacada:[627]

(...)

1.1. A liquidação e a execução individual de sentença genérica proferida em ação civil coletiva podem ser ajuizadas no foro do domicílio do beneficiário, porquanto os efeitos e a eficácia da sentença não estão circunscritos a lindes geográficos, mas aos limites objetivos e subjetivos do que foi decidido, levando-se em conta, para tanto, sempre a extensão do dano e a qualidade dos interesses metaindividuais postos em juízo (arts. 468, 472 e 474, CPC e 93 e 103, CDC).

(...).

A lista de associados anexa à petição inicial, contudo, continuou sendo exigida, não para limitar territorialmente os efeitos da sentença, mas para delimitar seus efeitos subjetivos, porque aqueles que se associarem posteriormente ao ajuizamento da ação não teriam direito a se beneficiar da sentença.[628] Entretanto, o STF, que também exigia essa lista, em decisão mais recente passou a afastar das ações civis públicas a incidência do

---

[625] EREsp 293.407/SP, Corte Especial, rel. Min. João Otávio de Noronha, DJ 01.08.2006; EREsp 399.357/SP, 2.ª S., rel. Min. Fernando Gonçalves, j. 09.09.2009, *DJe* 14.12.2009. **Numa variante desse mesmo posicionamento:** REsp 1.319.232/DF, 3.ª T., rel. Min. Paulo de Tarso Sanseverino, j. 04.12.2014. O fundamento do acórdão, nesse tema, é o seguinte: "Ajuizada a ação civil pública pelo Ministério Público, com assistência de entidades de classe de âmbito nacional, perante a Seção Judiciária do Distrito Federal e sendo o órgão prolator da decisão final de procedência o Superior Tribunal de Justiça, a eficácia da coisa julgada tem abrangência nacional. Inteligência dos arts. 16 da LACP, 93, II, e 103, III, do CDC".

[626] AgRg no REsp 1.279.061/MT, 2.ª T., rel. Min. Humberto Martins, j. 19.04.2012, *DJe* 26.04.2012; AgRg no REsp 1.338.029/PR, rel. Min. Mauro Campbell Marques, j. 13.11.2012, *DJe* 21.11.2012.

[627] EREsp 1.134.957/SP, Corte Especial, rel. Min. Laurita Vaz, j. 24.10.2016, *DJe* 30.11.2016; REsp 1.243.887/PR, Corte Especial, rel. Min. Luis Felipe Salomão, j. 19.10.2011, *DJe* 12.12.2011; REsp 1.614.263/RJ, 2.ª T., rel. Min. Herman Benjamin, j. 18.08.2016, *DJe* 12.09.2016; AgInt no REsp 1.447.043/SP, 3.ª T., rel. Min. Marco Aurélio Bellizze, j. 23.06.2016, *DJe* 01.07.2016; REsp 1.349.188/RJ, 4.ª T., rel. Min. Luis Felipe Salomão, j. 10.05.2016, *DJe* 22.06.2016; AgRg no AgRg no AREsp 298.617/DF, 1.ª T., rel. Min. Sérgio Kukina, j. 06.08.2015, *DJe* 19.08.2015. **Em sentido contrário:** REsp 1.114.035/PR, 3.ª T., rel. originário Min. Sidnei Beneti, rel. para acórdão Min. João Otávio de Noronha, j. 07.10.2014.

[628] REsp 1.468.734/SP, 2.ª T., rel. Min. Humberto Martins, j. 01.03.2016, *DJe* 15.03.2016.

art. 2.º-A da Lei 9.494/1997. Segundo a nova posição da Corte Suprema, o dispositivo seria aplicável apenas às "ações coletivas de rito ordinário" (sic), cuja legitimação ativa tem natureza de representação, mas não às ações civis públicas, em que se dá, diversamente, substituição processual.[629] Consequentemente, algumas decisões do STJ passaram a afastar a aplicação do referido art. 2.º-A às ações civis públicas,[630] sendo que a possibilidade de não associados executarem sentença proferida em ação movida por associação na condição de substituta processual foi finalmente reconhecida pela 2.ª Seção ao decidir o Tema Repetitivo 948, em que se firmou a seguinte tese:[631] Em ação civil pública proposta por Associação, na condição de substituta processual de consumidores, possuem legitimidade para a liquidação e execução da sentença todos os beneficiados pela procedência do pedido, independentemente de serem filiados à Associação promovente.

Pela mesma razão, a 2.ª Seção já não exige a lista de filiados para ajuizamento de ações civis públicas por associações.[632]

Essas decisões estão em sintonia com outra proferida pelo STF, acerca do art. 16 da LACP. Enfrentando o Tema 1.075 – Constitucionalidade do art. 16 da Lei 7.347/1985, segundo o qual a sentença na ação civil pública faria coisa julgada *erga omnes*, nos limites da competência territorial do órgão prolator –, a Suprema Corte afirmou a incompatibilidade de tal limitação com os princípios da igualdade, da eficiência, da segurança jurídica e da efetiva tutela constitucional, e fixou a tese de que "É inconstitucional a redação do art. 16 da Lei 7.347/1985, alterada pela Lei 9.494/1997, sendo repristinada sua redação original".[633]

Atualmente, portanto, a limitação decorrente do art. 2.º-A da Lei 9.494/1997 é reservada às ações "coletivas ordinárias", ou seja, promovidas por associações na condição de representantes processuais (legitimação ordinária) de seus associados. E, mesmo nesse caso, em homenagem à efetividade do processo, o STJ tem conferido interpretação extensiva à "competência territorial do órgão prolator", de modo que, se o título executivo resultou de acórdão de mérito de um tribunal (TJ ou TRF), já se reconheceu que seriam beneficiados não apenas os associados domiciliados na circunscrição territorial do órgão de primeira instância, mas sim do Tribunal.[634]

Por fim, quando o autor da ação é um sindicato, os tribunais superiores já vinham afastando a exigência de apresentação de lista e autorizações previstas no parágrafo único do art. 2.º-A da Lei 9.494/1997, sob o fundamento de que os sindicatos, por força do art. 8.º, III, da CF, não necessitam dessas autorizações expressas, pois são substitutos processuais por força da própria CF.[635] Contudo, considerando que os sindicatos têm atuação limitada conforme sua base territorial e seu registro sindical, o STJ, apreciando recursos repetitivos em ações coletivas movidas por sindicatos de servidores públicos, firmou a seguinte tese:

A eficácia do título judicial resultante de ação coletiva promovida por sindicato de âmbito estadual está restrita aos integrantes da categoria profissional, filiados ou não, com domicílio necessário

---

[629] RE 612.043 ED, Tribunal Pleno, rel. Min. Marco Aurélio, j. 06.06.2018, *DJe*-157, Divulg. 03.08.2018. Para uma melhor explicação sobre o tema, v. item 2.3.1.1.2.

[630] REsp 1.649.087/RS, 3.ª T., rel. Min. Nancy Andrighi, j. 02.10.2018, *DJe* 04.10.2018; AgInt no REsp 1.719.820/MG, 3.ª T., rel. Min. Marco Aurélio Bellizze, j. 15.04.2019, *DJe* 23.04.2019.

[631] REsp 1.438.263/SP, 2.ª S., rel. Min. Raul Araújo, j. 28.04.2021, *DJe* 24.05.2021.

[632] REsp 1.325.857/RS, 2.ª S., rel. Min. Luis Felipe Salomão, j. 30.11.2021, *DJe* 01.02.2022.

[633] RE 1.101.937, Tribunal Pleno, rel. Min. Alexandre de Moraes, j. 08.04.2021, *DJe*-113, Divulg. 11.06.2021, Publ. 14.06.2021.

[634] EREsp 1.367.220/PR, Corte Especial, rel. Min. Raul Araújo, j. 06.03.2024; AgInt no AgInt no REsp 1.856.644/SC, 2.ª T., rel. Min. Herman Benjamin, j. 09.08.2022, *DJe* 05.12.2022.

[635] STF, RE 573.232/SC, Tribunal Pleno, rel. orig. Min. Ricardo Lewandowski, rel. p/ o acórdão Min. Marco Aurélio, j. 14.05.2014; STJ, AgRg no AREsp 232.468/DF, 2.ª T., rel. Min. Humberto Martins, j. 16.10.2012, *DJe* 25.10.2012.

(art. 76, parágrafo único, do Código Civil) na base territorial da entidade sindical autora e àqueles em exercício provisório ou em missão em outra localidade.[636]

2.12 LIQUIDAÇÃO E EXECUÇÃO DE SENTENÇAS

As **sentenças satisfativas** são aquelas que bastam, por si sós, para satisfazer o direito do autor. É o caso das declaratórias (incluídas as declaratórias negativas) e das constitutivas (incluídas as constitutivas negativas). Uma vez proferidas (e transitadas e julgado), o processo é extinto, por não haver necessidade de medidas de execução. Logo, delas não trataremos neste item.

Já as sentenças condenatórias são consideradas **não satisfativas**, pois não bastam, de per si, para satisfazer o direito do autor. Quando não atendidas espontaneamente pelo réu, seu cumprimento requer novas providências judiciais (meios de execução), a serem tomadas no mesmo processo, e por vezes precedidas de uma fase de liquidação.

Também carecem de cumprimento, quando não satisfeitas espontaneamente, as sentenças homologatórias de acordos judiciais em que se assumam obrigações de fazer, não fazer, entregar coisa ou pagar.

Logo, é sobre o cumprimento (e, eventualmente, a prévia liquidação) das sentenças condenatórias e das homologatórias citadas no parágrafo anterior que versaremos aqui.

2.12.1 Direitos difusos e direitos coletivos

2.12.1.1 *Legitimidade*

Tratando-se de ação civil pública em prol de direitos difusos e coletivos, seu autor *poderá* promover a execução da respectiva sentença condenatória ou homologatória de acordo judicial. Se o autor for o Ministério Público, que é regido pelo princípio da obrigatoriedade, ele não apenas poderá, como *deverá* executá-la.

De outro lado, se o autor da ação não for o Ministério Público, e não executar a respectiva sentença condenatória no prazo de 60 dias a contar do seu trânsito em julgado, haverá duas possibilidades: a) qualquer colegitimado *poderá* promovê-la; b) o Ministério Público *deverá* promovê-la. É o que reza o art. 15 da LACP:

> **Art. 15.** Decorridos sessenta dias do trânsito em julgado da sentença condenatória, sem que a associação autora lhe promova a execução, deverá fazê-lo o Ministério Público, facultada igual iniciativa aos demais legitimados.[637]

Embora o dispositivo faça menção apenas à hipótese de inércia da "associação" autora, é ele aplicável, na verdade, aos casos em que qualquer colegitimado que tenha proposto a ação permaneça imóvel.[638] Em relação ao Ministério Público, o artigo é corolário do princípio da obrigatoriedade, sendo manifestação, mais especificamente, do *princípio da obrigatoriedade da execução coletiva pelo Ministério Público*.

Por analogia, a regra do art. 15 da LACP aplica-se não apenas às sentenças condenatórias, como também às homologatórias de acordos judiciais.

---

[636] Tema Repetitivo 1.130, REsp 1.966.058 (e outros), 1.ª S., rel. Min. Afrânio Vilela, j. 09.10.2024, Informativo STJ 829.

[637] O art. 217 do ECA tem idêntica redação. Já o art. 87 do EPI tem regra parecida: "Decorridos 60 (sessenta) dias do trânsito em julgado da sentença condenatória favorável à pessoa idosa sem que o autor lhe promova a execução, deverá fazê-lo o Ministério Público, facultada igual iniciativa aos demais legitimados, como assistentes ou assumindo o polo ativo, em caso de inércia desse órgão".

[638] Nesse sentido, preferível é a redação do art. 87 do EPI, transcrita na nota anterior.

INTERESSES DIFUSOS E COLETIVOS – VOL. 1

Por fim, caso a obrigação de reparar o dano tenha sido estabelecida como efeito de sentença penal condenatória, como fez o STF, ao imputar a réus a obrigação de reparar danos morais coletivos,[639] cremos que cumpra também ao Ministério Público, quando houver sido o autor da ação penal, promover a execução civil desse capítulo da sentença. Por sua vez, se a ação houver sido de iniciativa privada, pensamos possa qualquer colegitimado à defesa dos direitos transindividuais lesados realizar a execução do título ressarcitório na seara cível, sendo ao Ministério Público, por analogia ao artigo 15 da LACP, obrigado a promovê-la, caso decorridos 60 dias do trânsito em julgado da sentença penal condenatória sem que outro colegitimado o tenha feito.

2.12.1.2 Competência

Para o cumprimento da sentença proferida em ação civil pública em prol de direitos difusos ou coletivos, denominado cumprimento coletivo, aplica-se subsidiariamente o CPC. O mesmo se diga se, antes de executá-la, for necessário promover sua liquidação.

Assim, o juízo competente para a execução é fixado nos moldes do art. 516 do CPC/2015, ou seja, em regra, será o mesmo que processou a causa no primeiro grau de jurisdição (inciso II), ou o Tribunal que a tenha processado no caso de competência originária (inciso I). Na hipótese, contudo, de execução fundada em título penal, por exemplo, o referido caso da definição da obrigação de reparar danos morais coletivos como efeito da sentença penal condenatória, cremos deva ser aferido qual será o juízo cível competente para processar uma ação coletiva com o mesmo objeto, segundo as regras de competência já estudadas para as ações civis públicas na fase de conhecimento (item 2.5, *supra*). Desse modo, ao fim e ao cabo, estar-se-á seguindo o espírito do art. 516 do CPC, pois a execução cível será promovida num órgão que teria sido competente para processar uma hipotética ação civil pública com o mesmo objeto.

2.12.1.3 Procedimento

O procedimento executório dependerá da espécie de obrigação a ser cumprida.

2.12.1.3.1 Obrigação de fazer ou não fazer

Para assegurar ao autor que a obrigação de fazer ou não fazer fixada ou homologada na sentença será cumprida mesmo contra a vontade do réu, o juiz poderá valer-se dos **meios sub-rogatórios** (medidas de apoio) ou das **medidas coercitivas** (meios de coerção, medidas de coação).

Na execução por meios sub-rogatórios, o próprio Judiciário atua diretamente, no lugar do executado, para entregar ao exequente o bem da vida assegurado na sentença. Daí ser denominada execução **direta**. É a que se dá, por exemplo, por meio de uma medida de busca e apreensão, ou remoção de pessoas ou coisas.

Já na execução por medidas coercitivas o Judiciário atua indiretamente, na vontade do executado, para que este, por meio de sua própria conduta, satisfaça a pretensão do exequente. Por tal razão, diz-se que essa execução é **indireta**.

As medidas coercitivas, utilizáveis na execução indireta, consistem em sanções pecuniárias (multas) impostas ao réu, visando a influir na sua vontade, de modo a impeli-lo a fazer ou deixar de fazer a obrigação devida ao exequente.

---

[639] AP 1.002, 2.ª T., rel. Min. Edson Fachin, j. 09.06.2020, *DJe*-273, Divulg. 16.11.2020, Publ. 17.11.2020.

CAP. 2 – AÇÃO CIVIL PÚBLICA | 261

Essas multas não têm caráter ressarcitório, mas coercitivo. A propósito, o art. 84, § 2.º, do CDC deixa claro que a indenização por eventuais perdas e danos se dará sem prejuízo da multa. Em outras palavras: se, apesar da cominação da multa, o requerido descumprir a obrigação de fazer ou não fazer, deverá pagar a multa, além de estar obrigado a indenizar por eventuais perdas e danos.

A multa diária é medida coercitiva expressamente referida na legislação, e, em sendo necessária para compelir ao cumprimento da obrigação, o juiz deve impô-la a requerimento da parte, ou **mesmo de ofício**. Aliás, a despeito da sistemática do art. 461, § 4.º, do CPC/1973, em que a imposição da multa era *ope judicis* (...o juiz poderá... impor multa diária ao réu, independentemente de pedido do autor...), mantida pelo art. 536, § 1.º, do CPC/2015 (...o juiz poderá determinar, dentre outras medidas, a imposição de multa – grifamos), na LACP a fixação da multa é *ope legis*, e, portanto, em regra, obrigatória (Art. 11: "Na ação que tenha por objeto o cumprimento de obrigação de fazer ou não fazer, o juiz determinará o cumprimento da prestação da atividade devida ou a cessação da atividade nociva, sob pena de execução específica, ou de cominação de multa diária, se esta for suficiente ou compatível, independentemente de requerimento do autor"). Em outros termos, sempre que houver indícios mínimos de que a decisão que impôs obrigação de fazer ou não fazer possa ser descumprida, o magistrado *deve prever as astreintes*, somente podendo deixar de cominá-las justificadamente.[640]

Em qualquer caso, dada sua finalidade inibitória, e, a fim de que surta o efeito a que se destina, ela, independentemente do valor da causa, deverá ser fixada em valor suficientemente elevado, compatível com as circunstâncias do caso concreto (LACP, art. 11; CDC, art. 84, § 4.º; CPC/2015, art. 537, *caput*). Além disso, o juiz poderá, **mesmo de ofício**, modificar seu valor ou periodicidade, caso verifique que se tornou insuficiente ou excessiva e, até mesmo, determinar a exclusão da multa, não apenas se constatados o excesso ou a insuficiência, como, também, se o obrigado demonstrar cumprimento parcial superveniente da obrigação ou justa causa para o descumprimento (art. 537, § 1.º, I e II, do CPC/2015).

ATENÇÃO

• Parte da doutrina entende que apenas a multa diária imposta na sentença pode ser chamada de *astreinte* (por ser similar à multa assim denominada no direito francês).[641] Outros, sustentam que tanto a multa diária fixada na sentença como aquela imposta liminarmente são similares às *astreintes* francesas.[642] Na jurisprudência, é comum encontrar alusão a qualquer delas, indistintamente, como *astreintes*.

• Embora as duas tenham a mesma finalidade (persuadir o requerido a cumprir uma obrigação que lhe foi imposta), e ambas sejam calculadas a partir da data do descumprimento da respectiva decisão, o art. 12, § 2.º, da LACP afirma que a multa cominada liminarmente só seria exigível do réu (*i.e.*, só seria exequível) depois do trânsito em julgado da sentença de procedência.

• No tocante à multa diária fixada na sentença, ante o silêncio da LACP, há quem entenda seja ela exequível a partir do instante em que for descumprido o prazo fixado na sentença, salvo se a apelação for recebida no efeito suspensivo,[643] e quem sustente, distintamente, que ela, tanto quanto a multa diária liminar, só seria exigível após o trânsito em julgado da sentença.[644]

• No que toca às multas diárias impostas em ações civis públicas em prol de direitos da infância ou da juventude ou dos transindividuais ou individuais indisponíveis previstos no Estatuto da Pessoa Idosa, tanto o ECA como o EPI, embora também determinem sejam elas devidas a partir do descumprimento

---

[640] REsp 1.723.590/RJ, 2.ª T., rel. Min. Herman Benjamin, j. 08.05.2018, *DJe* 23.11.2018.
[641] MAZZILLI, Hugo Nigro. *A Defesa dos Interesses Difusos em Juízo*. 22. ed. São Paulo: Saraiva, 2009. p. 519-523.
[642] LEONEL, Ricardo de Barros. *Manual do Processo Coletivo*. São Paulo: RT, 2002. p. 306-307.
[643] MAZZILLI, Hugo Nigro. *A Defesa dos Interesses Difusos em Juízo*. 22. ed. São Paulo: Saraiva, 2009. p. 519-520.
[644] LEONEL, Ricardo de Barros. *Manual do Processo Coletivo*. São Paulo: RT, 2002. p. 306.

> da decisão, condicionam sua exigibilidade ao trânsito em julgado da sentença favorável ao autor, sem distinguir entre as liminares ou as fixadas em sentença (ECA, art. 213, § 3.º; EPI, art. 83, § 3.º).
>
> • A despeito das disposições da LACP, do ECA e do EPI, entendemos que a multa fixada liminarmente ou na sentença, com o advento do CPC/2015, passou a ser exigível imediatamente, conforme expomos no item 2.9.2.1.

Ademais, frise-se que os valores pagos a título de multa (seja liminar, seja fixada na sentença), em regra, serão revertidos aos fundos federal ou estaduais de reparação dos interesses difusos lesados (LACP, art. 13). As exceções ficam por conta das ações fundadas no ECA ou no EPI: o primeiro determina que as multas sejam destinadas ao fundo gerido pelo Conselho dos Direitos da Criança e do Adolescente do respectivo município (art. 214), ao passo que o segundo as remete ao Fundo da Pessoa Idosa, ou, onde ele ainda não houver sido instituído, ao Fundo Municipal de Assistência Social, ficando seus valores vinculados ao atendimento à pessoa idosa (art. 84).

Já na execução direta, conforme adiantamos, o magistrado substitui-se à vontade e à conduta do réu, providenciando diretamente, sem participação do executado, as medidas sub-rogatórias necessárias à satisfação concreta da pretensão do autor.

O art. 84, § 5.º, do CDC traz rol exemplificativo das medidas que o juiz pode tomar, em sub-rogação à atuação do executado:

§ 5.º Para a tutela específica ou para a obtenção do resultado prático equivalente, poderá o juiz determinar as medidas necessárias, tais como busca e apreensão, remoção de coisas e pessoas, desfazimento de obra, impedimento de atividade nociva, além de requisição de força policial.

Como na execução indireta o requerido cumpre a obrigação voluntariamente, ela é preferível à execução direta, mais invasiva que aquela. De todo modo, não é necessário tentar satisfazer o direito material pela via indireta para, somente depois de verificada sua insuficiência, partir-se para a sub-rogação. Se o magistrado já antevê que a medida de coerção não será eficaz (por exemplo, quando o réu, por não possuir patrimônio, não se intimidará com a imposição de uma multa diária), poderá desde já determinar meios de sub-rogação para o cumprimento da sentença.

2.12.1.3.2 Obrigação de entrega de coisa

A execução de obrigação de entregar coisa seguirá o disposto no art. 538 do CPC/2015.

2.12.1.3.3 Obrigação de pagar

A execução de sentença versando obrigação de pagar quantia certa será regida, contra particulares, pelo disposto nos arts. 523/527 do CPC/2015. Já contra a Fazenda Pública aplicar-se-ão as normas pertinentes à execução por precatórios (CF, art. 100; CPC/2015, arts. 534 e 535).

Atente-se à seguinte peculiaridade na execução de sentenças em prol de *direitos difusos*. Como os titulares desses direitos são indetermináveis, seria inviável destinar-lhes o produto da execução. Logo, o valor da condenação será destinado a um fundo federal ou estadual, voltado à reparação dos interesses lesados. Esses fundos serão estudados em item próprio.[645]

---

[645] V. item 2.13.

2.12.2 Direitos individuais homogêneos

2.12.2.1 Liquidação e execução individuais

O CDC, em seus arts. 97 a 100, disciplina a liquidação e a execução da sentença condenatória para *indenização* dos interesses individuais homogêneos. Em regra, as lesões a essa espécie de direitos serão reparadas por meio de pagamento em pecúnia. Isso não quer dizer que não seja possível executar sentenças que imponham, em prol desses interesses, *obrigações de fazer, de não fazer ou de entregar coisa*. A elas também se aplicam os arts. 97 a 100, no que for cabível, além do art. 84, todos do CDC, e, subsidiariamente, também no que for cabível, o CPC. Ressalve-se, por pertinente, que à diferença do que se dá nas execuções de obrigações de fazer ou não fazer em prol de direitos difusos, eventuais multas diárias incidentes nas execuções individuais não revertem ao fundo de direitos difusos, mas sim às próprias vítimas. Importante frisar que o regime de cumprimento da sentença previsto nos arts. 97 a 100 do CDC é aplicável, segundo doutrina majoritária, não apenas às sentenças que expressamente condenem à indenização dos direitos individuais homogêneos (das vítimas e sucessores), como também, por força do § 3.º do art. 103 do CDC, às sentenças que condenem à reparação dos interesses difusos e coletivos, quando as lesões aos direitos individuais homogêneos houverem se originado dos mesmos fatos que fundamentaram a ação coletiva e a respectiva sentença. Neste caso, fala-se na extensão *in utilibus*, aos interesses individuais homogêneos, da coisa julgada dos interesses difusos e coletivos.[646]

Recorde-se, ainda, que a sentença condenatória nas ações coletivas em prol de interesses individuais homogêneos tem seu âmbito cognitivo restrito ao "núcleo de homogeneidade desses direitos".[647] Em outras palavras, ela somente define a situação fático-jurídica que é comum a todos os lesados, o "denominador comum" a todas as vítimas, a saber: a existência do evento lesivo, o responsável por tal evento e a obrigação de ele indenizar as vítimas do evento. Sem embargo, a sentença não adentra nas situações individuais dos lesados: não os identifica, tampouco quantifica o prejuízo sofrido por cada um. Por tal razão, trata-se de uma **sentença condenatória genérica**, cujo conteúdo precisa ser complementado via liquidação, antes de ser executado.

Mas atenção: nas sentenças condenatórias genéricas do processo tradicional, cumpre ao interessado, na fase de liquidação, demonstrar simplesmente o *quantum debeatur*, ou seja, qual o valor a ser posteriormente executado (liquidez do título). O dever de o réu ressarcir especificamente aquele interessado já estava definido na sentença condenatória (certeza do título). Por sua vez, na liquidação de sentenças coletivas (ou mesmo das sentenças penais condenatórias de crimes contra coletividades abstratas) que geram a obrigação de indenizar os titulares de direitos individuais homogêneos lesados, os interessados (vítimas ou sucessores) não precisam comprovar apenas o *quantum debeatur*, mas a própria condição de vítima do evento reconhecido na sentença (ou de sucessor de uma vítima), uma vez que a sentença condenatória não identifica cada uma das vítimas do evento. Em razão disso, a liquidação dessas sentenças coletivas é denominada por Dinamarco como **liquidação imprópria**.[648]

Pode-se afirmar, ainda, que o título precisa ser completado até mesmo quanto à certeza (não da existência da obrigação genérica de indenizar as vítimas, mas de determinada pessoa integrar o universo daquelas vítimas), em razão de ser **subjetivamente ilíquido**.

---

[646] Cf. visto no item anterior, item 2.11.3.5.1 (transporte da coisa julgada cível *in utilibus*).

[647] Expressão empregada em ZAVASCKI, Teori Albino. *Processo Coletivo*: Tutela de Direitos Coletivos e Tutela Coletiva de Direitos. 4. ed. São Paulo: RT, 2009. *Passim.*

[648] DINAMARCO, Cândido Rangel. *Instituições de Direito Processual Civil*. São Paulo: Malheiros, 2004. v. 4, p. 631-632.

264 INTERESSES DIFUSOS E COLETIVOS – VOL. 1

Ao contrário do que se dá em relação às sentenças condenatórias em dinheiro por lesões a interesses difusos ou coletivos, a indenização, nas sentenças condenatórias de reparação aos interesses individuais homogêneos, será destinada, preferencialmente, às vítimas ou seus sucessores. De fato, aqui tratamos de direitos subjetivos que, apesar de tutelados coletivamente, são, em essência, individuais e divisíveis, de modo que a destinação da indenização aos seus titulares não encontra os mesmos entraves existentes em relação aos interesses essencialmente coletivos. Portanto, a liquidação deverá demonstrar, inicialmente, quem foi vítima do evento comprovado na ação coletiva, e qual a extensão do seu prejuízo individual.

Na prática, pode ser muito difícil aos entes legitimados para as ações civis públicas fazer prova individualizadora da situação concreta de cada uma das vítimas. Por isso, o CDC outorgou, **preferencialmente**, a cada um dos lesados (ou seus sucessores) a legitimidade para deduzir a liquidação e execução da sentença no que diga respeito ao seu crédito:

> **Art. 97.** A liquidação e a execução de sentença poderão ser promovidas pela vítima e seus sucessores, assim como pelos legitimados de que trata o art. 82.

Logo, em face do que dispõe o art. 97, diferentemente do que ocorre na liquidação e execução de sentenças de direitos difusos e coletivos, que tramitam como meras fases do mesmo processo deflagrado pela ação civil pública, a liquidação e a execução individual das sentenças em prol de direitos individuais homogêneos dar-se-ão em novos processos, cada qual deflagrado pela respectiva ação individual.

Para complementar o conteúdo da sentença condenatória (liquidá-la), o interessado deverá demonstrar: a) que é vítima do evento comprovado na ação coletiva (ou seja, a existência de "nexo causal entre o dano genericamente experimentado e os prejuízos concretamente suportados");[649] e b) qual o montante do seu prejuízo.

Como a demonstração de tais condições, em regra, demanda prova de fatos novos (em relação aos que foram objeto de prova na ação condenatória), essa liquidação deve ser feita pelo procedimento comum (CPC/2015, arts. 509, II, e 511).

Anote-se, ademais, que se a sentença foi proferida em ação coletiva promovida por associação em prol de interesses individuais disponíveis, típicos da categoria por ela representada, tem-se entendido que a autora atuou como mera representante (e não substituta) processual de seus associados, de modo que as vítimas que não sejam filiadas à associação não têm legitimidade para promover a liquidação e execução do título.[650]

Diferentemente do que se dá no cumprimento coletivo das sentenças (direitos difusos e coletivos), a execução dos créditos individuais não está atrelada ao juízo que processou a ação condenatória (princípio da vinculação). Primeiro, porque o afluxo de milhares de novas ações a um só juízo emperraria seu funcionamento. De outro lado, haveria grande dificuldade no acesso à justiça para as vítimas que residissem muito longe do foro da ação condenatória.

Portanto, ao fixar a competência para a execução, o CDC só vinculou ao juízo da condenação a competência para a execução coletiva (direitos difusos e coletivos). No tocante à execução individual, facultou-a no juízo da condenação ou da liquidação da sentença:

> **Art. 98.** (...)
>
> (...)

---

[649] Voto da relatora Min. Nancy Andrighi no REsp 1.098.242/GO, 3.ª T., rel. Min. Nancy Andrighi, j. 21.10.2010, *DJe* 28.10.2010.

[650] STJ, REsp 1.374.678/RJ, rel. Min. Luis Felipe Salomão, j. 23.06.2015, *DJe* 04.08.2015.

§ 2.º É competente para a execução o juízo:

I – da liquidação da sentença ou da ação condenatória, no caso de execução individual;

II – da ação condenatória, quando coletiva a execução.

Mas o dispositivo em análise, embora fale da *execução* individual, nada diz sobre a competência para a *liquidação* individual. Qual seria o juízo para ela competente? Uma possibilidade é aplicar a regra do CPC para o cumprimento de sentença, segundo a qual o juízo competente é o que decidiu a causa no primeiro grau de jurisdição (CPC/2015, art. 516, II). Outra – considerando que o inciso I, acima reproduzido, admite que o juízo da liquidação possa haver sido diverso do da condenação –, é aplicar, por analogia, a disciplina do art. 101, I, do CDC, que estabelece o *foro do domicílio do autor* como competente para as ações condenatórias individuais do consumidor contra o fornecedor.[651] Essa aplicação analógica tem sido admitida pelo STJ, sob o fundamento adicional de que limitar a competência ao juízo da condenação, além de congestioná-lo, poderia inviabilizar o acesso à justiça das vítimas que residam distante desse foro.[652]

Portanto, em suma, para as ações individuais de liquidação e de cumprimento (execução), a vítima poderá optar pelo juízo da condenação ou propô-la no foro de sua residência.[653] Nas ações propostas em face da União, em razão do disposto no § 2.º do art. 109 da CF, admite-se também o cumprimento individual no foro do DF,[654] situação que, pelo mesmo fundamento, pode ser estendida à liquidação individual. Ressalte-se, porém, que a regra do § 2.º do art. 109 da CF não é aplicável à fase de conhecimento, de modo que as ações civis públicas não podem ser ajuizadas no foro do DF pelo simples fato de a União estar no polo passivo, dependendo a definição do foro competente das regras usuais de competência territorial da LACP e do CDC, ditadas pelo local do dano.

Outra questão que se poderia formular é se seria possível promover o cumprimento individual de sentenças com valor da causa inferior a 60 salários mínimos num Juizado Especial da Fazenda Pública ou, na inexistência de tal Juizado no respectivo foro, aplicar o respectivo rito sumaríssimo ao juízo da execução. Tal cogitação foi repelida pelo STJ ao fixar o Tema 1.029, em recurso julgado pelo regime de repetitivos. Na hipótese, considerou-se que o art. 2.º, § 1.º, I, da Lei 12.153/2009 (Lei dos Juizados Especiais da Fazenda Pública) exclui de tais juízos a competência para demandas sobre direitos difusos ou coletivos, e o mesmo diploma apenas regulamenta a execução de seus próprios julgados. Outrossim, a Lei. 9.099/1995, aplicável subsidiariamente, circunscreve sua competência à execução "dos seus julgados" e "dos títulos executivos extrajudiciais, no valor de até quarenta vezes o salário mínimo" (art. 3.º, § 1.º).[655]

Uma última observação deve ser feita em relação à competência do STF para a liquidação e execução individual de sentenças coletivas genéricas, decorrente do art. 102, I, *m*, da Constituição da República. A 2.ª Turma interpretou-o restritivamente, decidindo que "a execução individual de sentenças genéricas de perfil coletivo, inclusive aquelas proferidas em sede mandamental coletiva", somente atraem sua competência caso remanesça a *ratio* que justificara sua competência na ação de conhecimento. Não presente tal *ratio*, a competência para a liquidação e execução será dos órgãos judiciais de primeira instância.

---

[651] GRINOVER, Ada Pellegrini. *Código Brasileiro de Defesa do Consumidor Comentado pelos Autores do Anteprojeto*. 8. ed. Rio de Janeiro: Forense Universitária, 2005. p. 889.

[652] REsp 1.243.887/PR, Corte Especial, rel. Min. Luis Felipe Salomão, *DJe* 12.12.2011; CC 96.682/RJ, 3.ª S., rel. Min. Arnaldo Esteves Lima, j. 10.02.2010, *DJe* 23.02.2010.

[653] STJ, REsp 1.098.242/GO, 3.ª T., rel. Min. Nancy Andrighi, j. 21.10.2010, *DJe* 28.10.2010. *Vide* voto da relatora.

[654] CC 199.938/SP, 1.ª S., rel. Min. Mauro Campbell Marques, j. 11.10.2023, *DJe* 17.10.2023.

[655] STJ, REsp 1.804.186/SC, 1.ª S., rel. Min. Herman Benjamin, j. 12.08.2020, *DJe* 11.09.2020.

266 | INTERESSES DIFUSOS E COLETIVOS – VOL. 1

No caso concreto, a competência para conhecer de *mandamus* coletivo fora do STF em razão da autoridade coatora ser o TCU, que, contudo, não participaria nos atos de execução, que seriam voltados apenas contra o TRT-3.[656]

2.12.2.2 Liquidação e execução coletivas

Como dito *supra*, a liquidação e a execução da sentença em prol de interesses individuais homogêneos serão promovidas, preferencialmente, pelas próprias vítimas ou seus sucessores. Não obstante, sempre se defendeu nesta obra ser também possível que a liquidação e a execução fossem realizadas por um dos entes colegitimados, a partir da leitura dos arts. 97 e 98 do CDC. Nesse caso, a exemplo do que se dá em relação aos direitos difusos e coletivos, o cumprimento será coletivo (liquidação coletiva e/ou execução coletiva). Não haverá um novo processo: a liquidação e a execução serão fases do processo coletivo originário. Finda a liquidação coletiva, se as vítimas ou seus sucessores não promovessem suas execuções individualmente, poder-se-ia seguir a execução coletiva, tratada no art. 98 do CDC, que, em seu § 2.º, II, fixa como competente para processá-la o mesmo juízo da condenação. Sem embargo, forçoso reconhecer que, para parte da doutrina e da jurisprudência, na atuação dos colegitimados do art. 82 do CDC, na liquidação e execução de sentenças em prol de interesses individuais homogêneos não haveria propriamente substituição processual (legitimação extraordinária), mas representação processual (legitimação ordinária), pois nesses estágios do processo, ao contrário da fase de conhecimento, é mister individualizar a situação particular de cada vítima.[657] Logo, esse cumprimento dependeria de prévia autorização das vítimas.[658]

Com base nessa linha de raciocínio, a 3.ª e a 4.ª Turma do STJ, que concentram os casos de direito do consumidor, vêm entendendo que não cumpre aos colegitimados para ações coletivas proceder à execução coletiva dessas pretensões individuais. A execução coletiva só seria possível subsidiariamente, na modalidade preconizada no art. 100 do CDC, conhecida como *fluid recovery*, da qual trataremos no próximo tópico.[659] Em outros termos, a liquidação e a execução das pretensões individuais só poderiam ser feitas individualmente, mediante representação, e não substituição, demandando, por isso, autorização dos representados.

Como não é dado ao Ministério Público atuar como representante dos lesados, não lhe seria lícito promover a liquidação dos créditos individuais. Contudo, excepcionalmente, a Corte Especial do STJ admite que ele possa ao menos *executá-los* coletivamente, em prol dos titulares individuais. Isso será possível na hipótese do art. 98 do CDC, ou seja, caso os próprios titulares já tenham promovido a liquidação.[660] Nesse caso, o destino do produto da execução coletiva é o tradicional, *i.e.*, reverte-se às próprias vítimas e não ao fundo, como se daria na *fluid recovery*.

---

[656] Pet 6.076 QO, rel. Min. Dias Toffoli, j. 25.04.2017, *DJe*-111, Divulg. 25.05.2017, Publ. 26.05.2017.

[657] GRINOVER, Ada Pellegrini. *Código Brasileiro de Defesa do Consumidor Comentado pelos Autores do Anteprojeto*. 8. ed. Rio de Janeiro: Forense Universitária, 2005. p. 887 e 890; ZAVASCKI, Teori Albino. *Processo Coletivo*: Tutela de Direitos Coletivos e Tutela Coletiva de Direitos. 4. ed. São Paulo: RT, 2009. p. 185.

[658] Voto do relator Min. Teori Albino Zavascki no REsp 487.202, 1.ª T., j. 06.05.2004, *DJ* 24.05.2004.

[659] REsp 1.955.899/PR, 3.ª T., rel. Min. Nancy Andrighi, j. 15.03.2022, *DJe* 21.03.2022; REsp 1.801.518/RJ, 3.ª T., rel. Min. Paulo de Tarso Sanseverino, j. 14.12.2021, *DJe* 16.12.2021; AgRg no REsp 1.274.744/RS, 3.ª T., rel. Min. Marco Aurélio Bellizze, j. 18.02.2019, *DJe* 21.02.2019; REsp 1.187.632/DF, 4.ª T., rel. Min. João Otávio de Noronha, rel. p/ ac. Min. Antonio Carlos Ferreira, j. 05.06.2012, *DJe* 06.06.2013; REsp 869.583/DF, 4.ª T., rel. Min. Luis Felipe Salomão, j. 05.06.2012, *DJe* 05.09.2012.

[660] REsp 1.758.708/MS, Corte Especial, rel. Min. Nancy Andrighi, j. 20.04.2022, *DJe* 11.05.2022. Trecho da ementa: "Ainda que se admita a possibilidade de o Ministério Público promover a execução coletiva, esta execução coletiva a que se refere o art. 98 diz respeito aos danos individuais já liquidados".

CAP. 2 – AÇÃO CIVIL PÚBLICA | **267**

Já especificamente quanto aos **sindicatos**, seja em função do que dispunha o art. 8.º da revogada Lei 7.788/1989,[661] que falava em substituição processual,[662] seja por conta do que proclama o art. 8.º, III, da CF,[663] que não exige expressa autorização dos filiados, o STJ e o STF têm entendido deterem legitimidade para liquidação e execução, na modalidade de substituição processual, prescindindo, portanto, de autorização dos ofendidos.[664]

2.12.2.3 Fluid recovery *segundo o CDC*

Nos itens anteriores, vimos que a liquidação e a execução da sentença em prol de direitos individuais homogêneos podem ser promovidas pelas vítimas ou seus sucessores. Ressalvamos, também, que o STJ, diferentemente dos autores desta obra, refuta a possibilidade de os entes colegitimados promoverem a *liquidação* coletiva dos créditos individuais, embora admita, excepcionalmente, que a *execução* (cumprimento) seja realizada por tais entes.

Seja no caso de liquidações e execuções individuais, seja no cumprimento coletivo (pelos colegitimados para a ACP), para que todo o prejuízo seja individualmente ressarcido será necessária, em regra, a iniciativa ou contribuição de todas as vítimas ou sucessores, seja propondo a liquidação e/ou a execução individualmente, seja municiando o colegitimado para que ele tenha condições de identificar cada uma das vítimas e seus prejuízos individuais.

Não é difícil concluir, portanto, que dificilmente o volume dos créditos individuais levados à liquidação e execução corresponderá ao prejuízo globalmente sofrido:

> A hipótese é comum no campo das relações de consumo, quando se trate de danos insignificantes em sua individualidade, mas ponderáveis no conjunto: imagine-se, por exemplo, o caso de venda de produto cujo peso ou quantidade não corresponda aos equivalentes ao preço cobrado. O dano globalmente *causado* pode ser considerável, mas de pouca ou nenhuma importância o prejuízo *sofrido* por cada consumidor lesado.[665]

Quando, por tais razões, nem todos os créditos individuais chegam a ser executados, não ocorre a "habilitação de interessados em número compatível com a gravidade do dano". Nessa hipótese, haverá um resíduo, resultante da diferença entre o **somatório global dos prejuízos individuais causados** pelo réu e o **somatório dos créditos individuais efetivamente executados**.

Nessa hipótese, a despeito da inércia das vítimas, o causador do dano será obrigado a pagar por tal resíduo (ou, até mesmo, pela globalidade do prejuízo, caso nenhuma vítima se habilite). Em vez de ser destinado aos lesados, tal valor reverterá ao fundo de reconstituição dos direitos difusos, criado pela LACP. Por tal razão, diz-se que essa forma de reparação é fluida (*fluid recovery*),[666] no sentido de que não se reverte *concreta* e *individualizadamente* às vítimas, favorecendo-as *fluida* e *difusamente*, pela geração de um

---

[661] "Art. 8.º Nos termos do inciso III do art. 8.º da Constituição Federal, as entidades sindicais poderão atuar como substitutos processuais da categoria, não tendo eficácia a desistência, a renúncia e transação individuais."

[662] EREsp 901.627/RS, Corte Especial, rel. Min. Luiz Fux, j. 17.06.2009, *DJe* 06.08.2009.

[663] "Art. 8.º (...) III – ao sindicato cabe a defesa dos direitos e interesses coletivos ou individuais da categoria, inclusive em questões judiciais ou administrativas."

[664] RE 193.503/SP, Pleno, rel. Min. Carlos Veloso, rel. p/ ac. Min. Joaquim Barbosa, j. 12.06.2006, *DJe* 24.08.2007.

[665] GRINOVER, Ada Pellegrini. *Código Brasileiro de Defesa do Consumidor Comentado pelos Autores do Anteprojeto*. 8. ed. Rio de Janeiro: Forense Universitária, 2005. p. 893.

[666] Esse modelo de reparação inspirou-se na *fluid recovery* existente nas *class actions* norte-americanas, embora lá o juiz já fixe, na própria sentença condenatória, o valor da indenização pelo dano globalmente causado, ao passo que aqui a sentença condenatória é genérica, e o valor será apurado apenas na liquidação.

268 | INTERESSES DIFUSOS E COLETIVOS – VOL. 1

benefício a um bem conexo aos seus interesses individuais lesados (p. ex., se os prejuízos individuais resultarem de poluição ambiental, a *fluid recovery* dar-se-á pela destinação da indenização residual ao fundo, e, dele, para alguma ação em prol do meio ambiente).

O art. 100 do CDC prevê o instituto:

> **Art. 100.** Decorrido o prazo de um ano sem habilitação de interessados em número compatível com a gravidade do dano, poderão os legitimados do art. 82 promover a liquidação e execução da indenização devida.
>
> Parágrafo único. O produto da indenização devida reverterá para o fundo criado pela Lei n.º 7.347, de 24 de julho de 1985.

O dispositivo não é feliz em sua redação. Não estabelece o termo inicial do prazo de um ano para que os lesados se habilitem, nem esclarece de que modo eles tomarão conhecimento do início do seu fluxo.

O prazo se inicia com o trânsito em julgado da sentença condenatória. Mas como aumentar a publicidade sobre o início de seu curso? O ideal é que, por analogia ao art. 94 do CDC, publique-se um edital no diário oficial (embora, frise-se, o prazo inicie seu curso do trânsito em julgado). Além disso, é interessante que o autor, na própria petição inicial da ação civil pública, já requeira seja o réu condenado também a providenciar tal publicação nos meios de comunicação social (televisão, rádio, internet, jornais etc.). A propósito, após a entrada em vigor do CPC de 2015, o STJ chegou a reformar decisão que determinara a publicação de edital da sentença condenatória em jornais impressos, impondo, em vez disso, a publicação na rede mundial de computadores, por reputá-la ser mais eficaz e menos onerosa.[667]

Até a 6.ª edição, entendíamos que tal prazo era decadencial. Em outras palavras: uma vez transcorrido sem que a vítima se habilitasse (promovesse sua execução individualmente ou comparecesse perante um dos colegitimados solicitando a inclusão de seu crédito individual na execução coletiva), não poderia mais executar seu crédito individual.[668] Mudamos, porém, nosso entendimento. Com efeito, a posição anterior ia na contramão das finalidades do processo coletivo, pois estimulava a atomização das demandas (ajuizamento de ações individuais), para escapar desse curto prazo decadencial. Afinal, naquela linha de tal raciocínio, a liquidação do crédito individual reconhecido nos títulos obtidos em ações coletivas estaria sujeita a um prazo decadencial de um ano, ao passo que os títulos obtidos em ações individuais não estariam sujeitos a tal prazo decadencial, sendo obstados, tão somente, pela prescrição, em prazos, em regra, bem maiores.

Por isso, cremos seja mais razoável o pensamento de Grinover, para quem o prazo ânuo, previsto no art. 100 do CDC para que se inicie eventual apuração da *fluid recovery* não se confunde com o prazo prescricional das pretensões individuais, fixado segundo as regras de direito material pertinentes.[669] Mesmo que já apurado e executado o débito a título de *fluid recovery*, enquanto não transcorrido o prazo prescricional de sua pretensão individual, a vítima poderá promover individualmente a liquidação e execução de seu crédito.

O prazo ânuo previsto no art. 100, portanto, seria simplesmente **autorizador** de que os colegitimados promovam a liquidação e execução da *fluid recovery*, quando não

---

[667] REsp 1.821.688/RS, 3.ª T., rel. Min. Nancy Andrighi, j. 24.09.2019.

[668] **Nesse sentido:** ZAVASCKI, Teori Albino. *Processo Coletivo*: Tutela de Direitos Coletivos e Tutela Coletiva de Direitos. 4. ed. São Paulo: RT, 2009. p. 188.

[669] GRINOVER, Ada Pellegrini. *Código Brasileiro de Defesa do Consumidor Comentado pelos Autores do Anteprojeto*. 8. ed. Rio de Janeiro: Forense Universitária, 2005. p. 886-887.

houver habilitados em número suficiente para completar o valor global do prejuízo. Antes de transcorrido o prazo e constatada essa circunstância, tal forma de reparação não seria autorizada.

Surge, porém, a dúvida sobre se o patrimônio do devedor deveria arcar com as execuções individuais supervenientes ao pagamento da *fluid recovery*. A propósito, imagine-se a hipótese em que as pretensões individuais prescrevessem em cinco anos,[670] e o cálculo e a execução da *fluid recovery* fossem encerrados em três anos a partir do trânsito em julgado da sentença coletiva. Certamente, na conta da *fluid recovery* ficariam de fora todas as pretensões individuais que viessem a ser liquidadas e executadas após o seu cálculo, mas antes de encerrado o prazo prescricional.

A consequência é que, caso pago pelo devedor o valor da *fluid recovery*, o ingresso posterior de ações de execução individuais faria com que o valor global das execuções (*fluid recovery* + pretensões individuais) superasse o somatório dos prejuízos individuais por ele efetivamente causados. Em outras palavras, se obrigado a arcar com seu patrimônio por essas execuções supervenientes, o réu as estaria pagando em duplicidade.

Para evitar tal situação, é mister que os autores dessas execuções supervenientes postulem o pagamento de seus créditos por meio do fundo de reparação de direitos difusos,[671] muito embora não haja previsão legal explícita nesse sentido.

Exemplo 1:

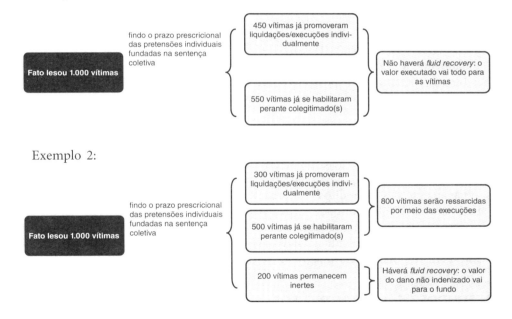

Exemplo 2:

2.12.2.4 *Sistema da Lei 7.913/1989*

A Lei 7.913/1989, que regula a ação civil pública de proteção dos direitos individuais homogêneos dos investidores lesados no mercado de valores mobiliários, dispõe que o

---

[670] O prazo prescricional para execução das pretensões individuais fulcradas no título coletivo se inicia com o trânsito em julgado da sentença coletiva. Cf. STJ, REsp 1.388.000/PR, 1.ª S., rel. Min. Napoleão Nunes Maio Filho, rel. p/ acórdão Min. Og Fernandes, j. 26.08.2015, *DJe* 12.04.2016.
[671] **Nesse sentido:** LEONEL, Ricardo de Barros. *Manual do Processo Coletivo*. São Paulo: RT, 2002. p. 382; SHIMURA, Sérgio. *Tutela Coletiva e sua Efetividade*. São Paulo: Método, 2006. p. 193.

270 | INTERESSES DIFUSOS E COLETIVOS – VOL. 1

valor da condenação ficará depositado em uma conta remunerada, à disposição do juízo, até que o investidor, convocado mediante edital, habilite-se ao recebimento da parcela que lhe couber (art. 2.º, § 1.º).

Tendo em vista o silêncio da Lei 7.913/1989 sobre ser específica ou genérica a sentença condenatória na sua ação civil pública, bem como as peculiaridades na sua liquidação e execução, há divergência na doutrina.[672]

Para uns, tal sentença, à semelhança do que dispõe o CDC para sentenças em prol de direitos individuais homogêneos, é condenatória genérica: fixa apenas a responsabilidade do devedor, sem calcular o montante devido. Logo, antes de o autor executá-la, deve promover uma primeira liquidação, no fito de mensurar o valor global a ser depositado na conta remunerada.

Para outros, essa sentença é condenatória específica, ou seja, fixa não apenas a responsabilidade do réu, como também o valor por ele globalmente devido. Portanto, o autor pode, desde logo, providenciar a execução do valor global, visando ao seu depósito em conta remunerada.

De todo modo, feito o depósito do valor global na conta remunerada, segue-se a habilitação de cada uma das vítimas, para que se calcule (liquide) e pague o valor a que cada uma delas faz jus. À diferença do CDC, portanto, a Lei 7.913/1989 estipula um prazo decadencial para que o investidor lesado se habilite para perceber seu crédito individual.

No mais, semelhantemente ao CDC, o saldo não reclamado pelas vítimas será recolhido ao fundo a que se refere o art. 13 da LACP (§ 2.º do art. 2.º da Lei 7.913/1989, na redação dada pela Lei 9.008/1995).

Finalmente, a Lei 7.913/1989 manda aplicar à ação por ela regida a LACP, no que couber (art. 3.º). Como as disposições sobre tutela coletiva do CDC se aplicam à LACP, podem, por via reflexa, reger também as ações da Lei 7.913/1989, no que for compatível.

2.12.2.5 Prioridade dos créditos de direitos individuais homogêneos

Caso um mesmo fato gere possíveis condenações para indenização dos danos a direitos difusos ou coletivos, bem como dos prejuízos aos interesses individuais homogêneos, o pagamento destes créditos terá preferência sobre o daqueles (CDC, art. 99, *caput*).

Para assegurar tal prioridade, a destinação dos valores revertidos ao fundo de direitos difusos ficará sustada enquanto pendentes de decisão de segundo grau as ações de indenização pelos danos individuais, salvo se o patrimônio do devedor for manifestamente suficiente para responder pela integralidade das dívidas (CDC, art. 99, parágrafo único).

2.13 FUNDOS DE DIREITOS DIFUSOS

2.13.1 Fundo federal e fundos estaduais de reparação dos interesses difusos

Como se sabe, o objeto dos direitos difusos é indivisível e seus sujeitos, indetermináveis. Logo, na eventualidade de lesão a um direito difuso, o pagamento de indenização a cada um de seus titulares é uma forma de reparação inviável. Esse é um motivo a mais pelo qual, especialmente em relação aos direitos difusos, a tutela específica é a mais recomendada, seja para evitar a eclosão do dano, seja, quando isso não for possível, para repará-lo na forma de recondução do bem lesado ao estado anterior.

---

[672] V. item 2.11.1.2.

CAP. 2 - AÇÃO CIVIL PÚBLICA | 271

De todo modo, quando houver dano irreversível ao objeto de um direito difuso, e não for possível prover aos seus titulares o resultado prático equivalente, a reparação terá de se dar na forma de uma obrigação de pagar. Nessa hipótese, ante a indivisibilidade do objeto lesado e a indeterminabilidade de seus titulares, como dito acima, não será possível reparar o dano na forma de indenizações individuais. Que fazer, então, com o valor da condenação?

Visando a superar tal dificuldade, a LACP determinou a destinação do dinheiro proveniente dessas condenações para um fundo federal ou fundos estaduais:

> **Art. 13.** Havendo condenação em dinheiro, a indenização pelo dano causado reverterá a um fundo gerido por um Conselho Federal ou por Conselhos Estaduais de que participarão necessariamente o Ministério Público e representantes da comunidade, sendo seus recursos destinados à reconstituição dos bens lesados.

2.13.2   As normas de regência

O art. 13 da LACP trouxe apenas a disciplina inicial dos fundos. Pode-se dizer que a norma criou um fundo federal, a ser gerido por um Conselho Federal, e autorizou a criação de fundos estaduais, a serem administrados por Conselhos Estaduais, com a mesma finalidade.

O art. 20 da LACP e o antigo parágrafo único do art. 13[673] do mesmo estatuto determinam, respectivamente, que o fundo (presume-se que seja o federal) deveria ser regulamentado pelo Poder Executivo no prazo de 90 dias, e que, enquanto isso, o dinheiro a ele destinado ficaria depositado em estabelecimento oficial de crédito, em conta com correção monetária.

Sucederam-se diversos decretos regulamentando o fundo federal (Dec. 92.302/1986; Dec. 96.617/1988; Dec. 407/1991; e Dec. 1.306/1994), e, substituindo-os, editaram-se várias medidas provisórias. A última delas converteu-se na Lei 9.008/1995, que é o atual regulamento daquele fundo. Essa norma denomina-o como Fundo de Defesa dos Direitos Difusos (FDD). Em algumas disposições, contrariou o art. 13 da LACP, acabando, em tais pontos, por derrogá-lo.

No âmbito dos Estados também foram criados fundos para receberem os valores em dinheiro provenientes das condenações ou dos pagamentos de multas, sendo que a destinação dos recursos arrecadados é regulada na legislação específica de cada Estado.

2.13.3   Fontes de receita

O fundo federal será alimentado principalmente com os valores decorrentes de condenações emanadas da justiça federal, ao passo que os fundos estaduais receberão os recursos provenientes de condenações proferidas pela respectiva justiça estadual. Em regra, essas condenações em dinheiro normalmente terão sido voltadas à reparação de interesses difusos. Os recursos oriundos de indenizações de interesses individuais homogêneos somente afluirão aos fundos nos casos de *fluid recovery* do CDC ou da Lei 7.913/1989.

Os respectivos regulamentos dos fundos poderão prever outras fontes de receitas, além dos valores provenientes de condenações judiciais. A título de exemplo, conforme dispõe o art. 1.º, § 2.º, da sua lei de regência, o fundo federal também pode ser alimentado por outras fontes, como pelo produto da arrecadação das multas aplicadas por infrações administrativas à Lei 7.853/1989 (lei de proteção a portadores de deficiências),

---

[673] Na redação original, era parágrafo único. Atualmente, é o § 1.º, pela redação da Lei 12.288/2010.

272 INTERESSES DIFUSOS E COLETIVOS - VOL. 1

ao CDC; e à Lei 8.884/1994,[674] bem como de doações de pessoas físicas ou jurídicas, nacionais ou estrangeiras.

Também abastecerão os fundos os recursos oriundos dos pagamentos das multas coercitivas fixadas liminarmente ou na sentença.

2.13.4 Aplicação dos recursos

O *caput* do art. 13 da LACP previa, genericamente, que os recursos dos fundos seriam destinados à recuperação dos bens lesados. O Estatuto da Igualdade Racial[675] acresceu-lhe um § 2.º, vinculando a destinação dos recursos arrecadados ao fundo por condenação ou acordo com fundamento em dano causado por ato de discriminação étnica a ações de promoção de igualdade étnica, conforme definição do Conselho Nacional de Promoção da Igualdade Racial, na hipótese de extensão nacional, ou dos Conselhos de Promoção de Igualdade Racial estaduais ou locais, nas hipóteses de danos com extensão regional ou local, respectivamente.

O § 3.º do art. 1.º da Lei 9.008/1995 detalhou as espécies de ações a serem contempladas com os recursos do fundo, incluindo medidas preventivas, como eventos educativos, científicos e edição de materiais informativos:

> § 3.º Os recursos arrecadados pelo FDD serão aplicados na recuperação de bens, na promoção de eventos educativos, científicos e na edição de material informativo especificamente relacionados com a natureza da infração ou do dano causado, bem como na modernização administrativa dos órgãos públicos responsáveis pela execução das políticas relativas às áreas mencionadas no § 1.º deste artigo.

Já o emprego dos recursos dos fundos estaduais é disposto nas normas dos respectivos Estados. Santa Catarina, por exemplo, prevê a possibilidade, entre outras aplicações, de destinar os recursos de seu fundo estadual para custear os honorários periciais decorrentes da realização de perícias determinadas pelo Ministério Público nos inquéritos civis, nos procedimentos administrativos preliminares e em outros instrumentos para cuja instauração esteja legalmente legitimado, bem como de perícias que requerer em ações civis públicas e em ações penais correlatas com o objeto dos referidos procedimentos, desde que não possam ser realizadas por órgãos oficiais do Estado com atribuição para realizá-las.[676] O mesmo emprego não é autorizado em outros Estados, como é o caso do Estado de São Paulo.

2.13.5 Fundos assemelhados

Parte do produto arrecadado com o pagamento de multas por infrações ambientais aplicadas pela União será destinada ao Fundo Nacional do Meio Ambiente, ao Fundo Naval, ao Fundo Nacional para Calamidades Públicas, Proteção e Defesa Civil (Funcap) e aos fundos estaduais ou municipais de meio ambiente, ou correlatos, conforme dispuser o órgão arrecadador (Lei 9.605/1998, art. 73).

Já os valores pagos por multas aplicadas com fundamento no ECA serão revertidos ao respectivo **Fundo Municipal dos Direitos da Criança e do Adolescente** (ECA, art. 214).

---

[674] Atualmente substituída, quase que na íntegra, pela Lei 12.529/2011.
[675] Lei 12.288, de 20.07.2010.
[676] Art. 285, III, da Lei Complementar Estadual 738/2019.

CAP. 2 – AÇÃO CIVIL PÚBLICA | 273

Do mesmo modo, os valores pagos por multas previstas no **Estatuto da Pessoa Idosa** serão arrecadados ao **Fundo da Pessoa Idosa** ou, na sua falta, ao respectivo **Fundo Municipal de Assistência Social**, ficando vinculados ao atendimento à pessoa idosa (EPI, art. 84).

Sem embargo, atente-se que os valores oriundos de condenações em obrigações de pagar, fixadas a título de indenização em ações civis públicas por danos difusos ao meio ambiente, a crianças, a adolescentes, ou a idosos, não irão para os fundos mencionados no presente item, mas sim para o fundo federal ou os estaduais de reparação dos interesses difusos, previstos no art. 13 da LACP.

2.14 CONSIDERAÇÕES FINAIS

2.14.1 Ministério Público como fiscal da lei

Quando o Ministério Público não for parte na ação civil pública, sua intervenção será obrigatória como fiscal da lei (LACP, art. 5.º, § 1.º). Isso significa que **o Ministério Público sempre atuará nas ações civis públicas**, quando não como parte, pelo menos como *custos legis*. Essa não deixa de ser outra aplicação do *princípio da obrigatoriedade* da atuação do Ministério Público.

Quando atuando como *custos legis*, não compete ao Ministério Público a tutela do autor ou o réu, sejam eles quem forem, mas, simplesmente, a defesa dos interesses a que a instituição está constitucionalmente vinculada.

Intervindo como fiscal da ordem jurídica, o Ministério Público terá vista depois das partes, e será intimado de todos os atos do processo, podendo produzir provas e requerer as medidas processuais pertinentes, inclusive recorrer (CPC/2015, art. 179, I e II).

Nas ações coletivas não ajuizadas pelo *Parquet*, caso ele deixe de ser intimado para atuar como *custos legis*, o processo será nulo a partir do momento em que seu órgão deveria ter sido intimado, valendo, aqui, a regra do art. 279 do CPC/2015. Há, porém, algumas ressalvas:

– Desde que o órgão do Ministério Público tenha sido intimado, sua recusa justificada em intervir no processo não gera nulidade. Nesse sentido, em um caso em que a ação civil pública versava direitos individuais homogêneos disponíveis, decidiu o STJ que:

"Intimado o Ministério Público na instância ordinária, que entendeu não ser caso de manifestação específica ante a ausência de relação de consumo, não há falar em nulidade decorrente da não intervenção do *parquet*".[677]

– Não haverá nulidade se, a despeito da não intimação do Ministério Público de primeiro grau, seu órgão de segunda instância foi intimado e se manifestou, sem invocar nulidade nem prejuízo, suprindo, assim, a ausência do órgão de primeiro grau.[678]

– Só haverá nulidade no caso de prejuízo ao interesse que incumbia ao Ministério Público proteger. Se, de sua não intervenção no processo, não adveio nenhum prejuízo, não se há de invocar nulidade processual.[679] A propósito: antes de decretar

---

[677] STJ, REsp 175.288/SP, 3.ª T., rel. Min. Carlos Alberto Menezes Direito, j. 26.03.2002, *DJ* 18.11.2002.

[678] STJ, REsp 439.955/AM, 4.ª T., rel. Min. Sálvio de Figueiredo Teixeira, j. 16.09.2003, *DJ* 25.02.2004; REsp 204.825/PR, 2.ª T., rel. Min. Laurita Vaz, j. 17.09.2002, *DJ* 15.12.2003.

[679] STJ, REsp 696.255/CE, 1.ª T., rel. Min. Francisco Falcão, j. 16.03.2006, *DJ* 10.04.2006.

INTERESSES DIFUSOS E COLETIVOS - VOL. 1

essa nulidade, o CPC/2015 preconiza a necessidade de que o juiz ouça previamente o MP acerca da existência ou não de prejuízo (art. 279, § 2.º).

A expressão "fiscal da lei", até então utilizada nos diplomas legais para referir-se à atuação do Ministério Público como *custos legis*, foi substituída no atual CPC pela locução "fiscal da ordem jurídica",[680] mais consentânea com o real papel da instituição nessas hipóteses e idêntica àquela utilizada na Constituição Federal de 1988, que, em seu art. 127, *caput*, atribuiu ao *Parquet* a defesa da *ordem jurídica*, do regime democrático e dos interesses sociais e individuais indisponíveis.

2.14.2 Não adiantamento das custas e despesas processuais

Segundo a regra geral do art. 82 do CPC/2015, as partes devem antecipar as despesas dos atos processuais que requereram ou realizaram, até a sentença final. O mesmo vale nas ações civis públicas **em relação aos réus**.[681] Para seus autores, porém, a regra é outra: não haverá adiantamento de custas,[682] emolumentos, honorários periciais e quaisquer outras despesas processuais[683] (LACP, art. 18; CDC, art. 87).[684] A intenção é facilitar a propositura e a efetividade das ações coletivas, por estarem normalmente destinadas a proteger interesses de grande relevância social.

Essa disciplina traz um lado negativo, especificamente no que diz respeito aos honorários periciais. Muitas vezes, as perícias são complexas e demandam altos custos. Ao remeter para o final do processo o pagamento do honorário dos peritos, eles serão obrigados a financiar seu próprio trabalho, e, além disso, correr o risco de, ao final da ação, ter de executar a Fazenda Pública para receber seus honorários, entrando na fila dos precatórios (no caso de a obrigação de pagá-los recair sobre um ente público), ou, o que seria ainda pior, de ter de executar um particular eventualmente insolvente (no caso de a obrigação de custeá-los recair sobre um ente privado). Não surpreende, portanto, ser difícil encontrar peritos dispostos a aceitar as nomeações judiciais para trabalharem em ações coletivas.

Por conta desse "efeito colateral", a despeito da clareza da norma quando prescreve o não cabimento da antecipação dos honorários periciais, a 1.ª Turma do STJ vinha entendendo ser devido o adiantamento dos honorários periciais, valendo-se de uma interpretação não literal dos arts. 18 da LACP e 87 do CDC. Ponderava que solução contrária inviabilizaria a própria efetividade dos processos coletivos, uma vez que dificilmente se encontrariam peritos dispostos a aceitar a nomeação para atuar nas lides coletivas. Portanto, determinava a incidência, inclusive ao Ministério Público, da Súmula 232 do STJ, que impõe à Fazenda Pública, quando parte no processo, a obrigação de antecipar honorários do perito.[685]

A 2.ª Turma do STJ, inicialmente, tinha posicionamento contrário ao da 1.ª, isentando a parte autora de antecipar os honorários.[686] Posteriormente, alinhou seu entendimento

---

[680] Nessas custas insere-se a taxa judiciária, cf. STJ: REsp 1.288.997/RJ, 3.ª T., rel. Min. Nancy Andrighi, j. 16.10.2012, *DJe* 25.10.2012; REsp 978.706/RJ, 4.ª T., rel. Min. Luis Felipe Salomão, j. 20.09.2012, *DJe* 05.10.2012.

[681] REsp 479.830/GO, 1.ª T., rel. Min. Teori Albino Zavascki, j. 03.08.2004, *DJ* 23.08.2004; AgRg no REsp 1.096.146/RJ, 2.ª T., rel. Min. Herman Benjamin, j. 19.02.2009, *DJe* 19.03.2009.

[682] Nessas custas insere-se a taxa judiciária, cf. **STJ**: REsp 1.288.997/RJ, 3.ª T., rel. Min. Nancy Andrighi, j. 16.10.2012, *DJe* 25.10.2012; REsp 978706/RJ, 4.ª T., rel. Min. Luis Felipe Salomão, j. 20.09.2012, *DJe* 05.10.2012.

[683] Nessas despesas, não é demais observar, inclui-se o preparo recursal.

[684] No mesmo sentido dispõem o art. 219 do ECA e o art. 88, *caput*, do EPI.

[685] REsp 733.456/SP, 1.ª T., rel. Min. Luiz Fux, j. 20.09.2007, *DJ* 22.10.2007.

[686] REsp 928.397/SP, 2.ª T., rel. Min. Castro Meira, j. 11.09.2007, *DJe* 25.09.2007.

ao daquele órgão.[687] Mais recentemente, houve uma guinada na interpretação do STJ. Apreciando a antiga divergência entre as turmas, a 1.ª Seção (que engloba a 1.ª e a 2.ª Turmas) resolveu no sentido de não ser possível impor ao Ministério Público, na perícia por ele requerida, a obrigação de adiantar os honorários do experto, embora tal custeio tampouco possa ser imposto à outra parte.[688]

Essa linha de interpretação do STJ fez com que permanecesse necessário encontrar peritos dispostos a financiar seus trabalhos e correr os riscos acima externados, o que, na prática, era quase impossível. Por essa razão, a 1.ª Seção do STJ passou a aplicar às ações civis públicas movidas pelo Ministério Público, analogicamente, a Súmula 232 do STJ,[689] imputando à Fazenda Pública à qual ele (o MP) seja vinculado o custeio da perícia. Em resumo, resolve-se assim: o MP autor não é obrigado a antecipar os honorários periciais, imputando-se tal obrigação à respectiva Fazenda Pública.[690]

Observando que o CPC/2015 disciplina o adiantamento de honorários em perícias requeridas pela Fazenda Pública, pelo Ministério Público ou Pela Defensoria Pública,[691] alguns – sobretudo procuradores de Fazendas Públicas – passaram a advogar a derrogação da regra do não adiantamento de despesas vigente nas ações coletivas: doravante, se o MP ou Defensoria requeresse uma perícia numa ação coletiva, teria que adiantar os respectivos honorários, à custa do orçamento da instituição requerente. Lembramos, porém, que o CPC só se aplica às ações coletivas naquilo que não contrariar as regras do microssistema específico.

Com efeito, a antecipação dos honorários prevista no art. 91 do CPC/2015 contraria claramente a disciplina dos arts. 18 da LACP e 87 do CDC, de modo que não há como ser aplicada aos processos coletivos. Tal óbice decorre não apenas dos arts. 19 da LACP e 90 do CDC, como, ainda, do § 2.º do art. 1.046 do CPC/2015, segundo o qual disposições especiais dos procedimentos regulados por outras leis permaneciam em vigor, aplicando-se o CPC supletivamente. Logo, no ponto, as regras do CPC deveriam se limitar às ações individuais.

Por ora, já sob a égide do CPC/2015, o STJ tem mantido seu posicionamento anterior, atribuindo à Fazenda Pública o custeio dos honorários de perícias requeridas pelo MP. Contudo, no STF, o ministro Ricardo Lewandowski, em decisão monocrática proferida em ação civil pública ajuizada pelo MPF e redistribuída ao STF como ação cível originária, supreendentemente entendeu que a disciplina do CPC/2015 sobre o adiantamento de honorários periciais seria aplicável às ações civis públicas promovidas pelo MP.[692] É de se aguardar se tal entendimento restará isolado ou inspirará julgados ulteriores.

Por fim, anote-se que a regra da isenção do adiantamento das custas e despesas processuais aplica-se apenas aos *colegitimados*, na ação civil pública. A vítima que, posteriormente, execute individualmente o julgado estará obrigada a antecipar as despesas da execução,[693] mesmo porque já se estará a tutelar direito eminentemente privado.[694]

---

[687] REsp 891.743/SP, 2.ª T., rel. Min. Eliana Calmon, j. 13.10.2009, *DJe* 04.11.2009.

[688] EREsp 733.456/SP, 1.ª S., rel. Min. Humberto Martins, j. 24.02.2010, Informativo STJ 424, de 22 a 26.02.2010.

[689] Súmula 232: "A Fazenda Pública, quando parte no processo, fica sujeita à exigência do depósito prévio dos honorários do perito".

[690] EREsp 1.253.844/SC, rel. Min. Mauro Campbell Marques, j. 13.03.2013, *DJe* 17.10.2013.

[691] "Art. 91. As despesas dos atos processuais praticados a requerimento da Fazenda Pública, do Ministério Público ou da Defensoria Pública serão pagas ao final pelo vencido. § 1.º As perícias requeridas pela Fazenda Pública, pelo Ministério Público ou pela Defensoria Pública poderão ser realizadas por entidade pública ou, havendo previsão orçamentária, ter os valores adiantados por aquele que requerer a prova. § 2.º Não havendo previsão orçamentária no exercício financeiro para adiantamento dos honorários periciais, eles serão pagos no exercício seguinte ou ao final, pelo vencido, caso o processo se encerre antes do adiantamento a ser feito pelo ente público."

[692] ACO 1.560, rel. Min. Ricardo Lewandowski, j. 13.12.2018, *DJe* 18.12.2018.

[693] A menos, evidentemente, que, por ser necessitado, faça jus à assistência judiciária gratuita.

[694] STJ, REsp 358.828/RS, 6.ª T., rel. Min. Hamilton Carvalhido, j. 26.02.2002, *DJ* 15.04.2002.

2.14.3 Ônus da sucumbência

Caso a ação coletiva seja julgada improcedente, a LACP (art. 18) e o CDC (art. 87) prescrevem não ser cabível a condenação da associação autora em honorários advocatícios, custas e despesas processuais, salvo comprovada má-fé. Trata-se de exceção à regra geral do CPC (em que a improcedência imputa ao autor o ônus da sucumbência), que se justifica por uma razão: como as ações civis públicas, muitas vezes, visam à defesa de vultosos interesses, a ameaça de arcar com pesados ônus sucumbenciais poderia inibir a iniciativa dos colegitimados, principalmente no caso das associações dotadas de menos lastro econômico. E a intenção do sistema de tutela coletiva é exatamente oposta: estimular o emprego da via processual coletiva, em substituição às ações individuais.

A despeito de a lei referir-se apenas às associações autoras, a regra aplica-se aos demais colegitimados, quando autores.[695] O STJ é tranquilo no sentido de que ela beneficia também o Ministério Público, ou seja, ainda que ele perca a ação, não será condenado a pagar custas, despesas ou honorários advocatícios, salvo comprovada má-fé.[696] Por simetria, no caso de procedência da ação civil pública, o STJ tem afastado dos réus a obrigação de pagar honorários advocatícios ao Ministério Público.[697] Nesse caso, contudo, eles continuam obrigados a suportar o pagamento das custas e despesas do processo.

Quando, contudo, o autor for associação ou fundação privada, fará jus ao percebimento não apenas da indenização por custas e despesas, mas também dos honorários sucumbenciais, não favorecendo ao réu, nesse caso, o princípio da simetria, seja porque isso dificultaria o acesso da sociedade civil organizada à justiça, seja porque "não seria razoável, sob o enfoque ético e político, equiparar ou tratar como simétricos grandes grupos econômicos/instituições do Estado e organizações não governamentais (de moradores, ambientais, de consumidores, de pessoas com necessidades especiais, de idosos, etc.)".[698]

É interessante anotar que a eventual imposição do pagamento dos honorários advocatícios, custas e despesas processuais ao autor que atue com má-fé, a rigor, não consiste em ônus da sucumbência, e sim sanção decorrente da litigância de má-fé. Com efeito, mesmo que o autor seja vencedor (e, portanto, não terá sucumbido), será condenado a pagar aqueles valores caso tenha agido com má-fé. Sem embargo, é comum, na jurisprudência, confundirem-se tais consequências, dizendo-se que o autor da ação coletiva, nos casos de litigância de má-fé, será condenado aos "ônus da sucumbência".

> ## ATENÇÃO
>
> Para as seguintes exceções às regras do sistema LACP/CDC:
>
> 1) Nas ações fundadas no ECA, ainda que o autor tenha agido de má-fé, somente será condenado ao pagamento de honorários advocatícios se o juiz reconhecer que a pretensão era manifestamente infundada, hipótese em que eles serão fixados conforme o § 8.º do art. 85 do CPC/2015 (ECA, art. 218).

---

[695] ALMEIDA, João Batista de. *Aspectos Controvertidos da Ação Civil Pública*. 2. ed. rev., atual. e ampl. São Paulo: RT, 2009. p. 220; DIDIER JÚNIOR, Fredie; ZANETI JÚNIOR, Hermes. *Curso de Direito Processual Civil*. 3. ed. Salvador: Juspodivm, 2008. v. 4, p. 340; ARAÚJO FILHO, Luiz Paulo da Silva. *Comentários ao Código de Defesa do Consumidor*. 2. ed. rev. e atual. São Paulo: Saraiva, 2009. p. 102.

[696] AgRg nos EDcl no REsp 1.120.390/PE, 1.ª T., rel. Min. Hamilton Carvalhido, j. 28.09.2010, *DJe* 22.11.2010; REsp 891.743/SP, 2.ª T., rel. Min. Eliana Calmon, j. 13.10.2009, *DJe* 04.11.2009; REsp 819.217/RJ, 3.ª T., rel. Min. Massami Uyeda, j. 17.09.2009, *DJe* 06.11.2009; EREsp 895.530/PR, 1.ª S., rel. Min. Eliana Calmon, j. 26.08.2009, *DJe* 18.12.2009; REsp 294.146/SP, 4.ª T., rel. Min. Carlos Fernando Mathias, j. 25.11.2008, *DJe* 16.03.2009.

[697] AgRg no REsp 1.386.342/PR, 2.ª T., rel. Min. Mauro Campbell Marques, j. 27.03.2014, *DJe* 02.04.2014; REsp 1.422.427/RJ, 2.ª T., rel. Min. Eliana Calmon, j. 10.12.2013, *DJe* 18.12.2013; AgRg no AREsp 21.466/RJ, 1.ª T., rel. Min. Benedito Gonçalves, j. 13.08.2013, *DJe* 22.08.2013; AgRg no AREsp 221.459/RJ, 1.ª T., rel. Min. Sérgio Kukina, j. 18.04.2013, *DJe* 23.04.2013.

[698] REsp 1.796.436/RJ, 2.ª T., rel. Min. Herman Benjamin, j. 09.05.2019, *DJe* 18.06.2019. No mesmo sentido: REsp 1.974.436/RJ, 3.ª T., rel. Min. Nancy Andrighi, j. 22.03.2022, *DJe* 25.03.2022.

> 2) Nas ações fundadas no EPI, ainda que o autor não tenha agido de má-fé, estará sujeito aos ônus da sucumbência, com exceção do Ministério Público (EPI, art. 88, parágrafo único).

Frise-se, por fim, que, para o STJ, "são devidos honorários advocatícios pela Fazenda Pública nas execuções individuais de sentença proferida em ações coletivas, ainda que não embargadas" (Súmula 345). Não se aplica aqui, portanto, o disposto no art. 1.º-D da Lei 9.494/1997[699] e no art. 85, § 7.º, do CPC/2015,[700] tendo em vista que, via de regra, o advogado das execuções individuais normalmente não participou da fase de conhecimento da ação coletiva (proposta por um dos colegitimados), fazendo jus, portanto, à remuneração na execução. Além disso, considera-se que tais espécies de sentença, por sua generalidade, demandam, na fase executiva, alta carga cognitiva, e, portanto, esforço do advogado, que deverá demonstrar não apenas o *quantum debeatur*, mas também a condição de vítima do seu cliente.

2.14.4 Litigância de má-fé

A regra geral para os casos de litigância de má-fé nas ações civis públicas é ditada pelo art. 80 do CPC/2015.[701]

Sob o regime do CPC/2015, a parte que pleitear de má-fé como autora, ré ou interveniente será condenada, de ofício ou a requerimento, a obrigação de pagar à parte contrária:

1. indenização pelos prejuízos sofridos;
2. honorários advocatícios e demais despesas por ela efetuadas;
3. multa, superior a 1% e inferior a 10% sobre o valor corrigido da causa, ou, quando este for irrisório ou inestimável, será fixada em até 10 vezes o valor do salário mínimo.

Tais sanções aplicam-se não apenas à parte vencida, como, até mesmo, à vencedora, caso esta tenha agido de má-fé. Nesta hipótese, em vez de o vencido arcar com as verbas típicas da sucumbência (honorários do advogado da parte contrária, custas e despesas processuais), ônus que normalmente lhe incumbiriam, por ser sucumbente, é o vencedor quem suportará o pagamento de tais valores, mesmo sem ter sido sucumbente, como penalidade em razão de sua má-fé.

O art. 80 do CPC/2015 aplica-se subsidiariamente às ações civis públicas para tipificar as hipóteses de má-fé processual. Também a elas se aplica a regra de que as penalidades podem ser impostas de ofício ou a requerimento, e não apenas à parte vencida, como também, se for caso, à vencedora. Não obstante, há diferenças entre os dois regimes:

1. No CPC, a sanção é aplicável apenas a quem for autor, réu ou interveniente. Já no sistema LACP/CDC, as associações autoras *e os diretores responsáveis pela*

---

[699] "Art. 1.º-D. Não serão devidos honorários advocatícios pela Fazenda Pública nas execuções não embargadas."

[700] "§ 7.º Não serão devidos honorários no cumprimento de sentença contra a Fazenda Pública que enseje expedição de precatório, desde que não tenha sido impugnada."

[701] "Art. 80. Considera-se litigante de má-fé aquele que: I – deduzir pretensão ou defesa contra texto expresso de lei ou fato incontroverso; II – alterar a verdade dos fatos; III – usar do processo para conseguir objetivo ilegal; IV – opuser resistência injustificada ao andamento do processo; V – proceder de modo temerário em qualquer incidente ou ato do processo; VI – provocar incidente manifestamente infundado; VII – interpuser recurso com intuito manifestamente protelatório."

278 | INTERESSES DIFUSOS E COLETIVOS – VOL. 1

propositura da ação serão solidariamente condenados a pagar honorários advocatícios, o décuplo das custas, sem prejuízo da responsabilidade por perdas e danos (LACP, art. 17; CDC, art. 87, parágrafo único);[702]

2. Assim como no CPC, a parte de má-fé na ação civil pública será condenada a pagar à parte contrária indenização por perdas e danos, além dos honorários advocatícios e demais despesas por ela efetuadas. Há, porém, uma diferença: a multa que o *autor* de má-fé (solidariamente com os diretores da associação autora) pagará à parte contrária será o *décuplo do valor das custas* (LACP, arts. 17 e 18; CDC, art. 87), não havendo uma margem para estipulação pelo julgador.

Por derradeiro, frise-se que, se tais sanções pecuniárias recaírem sobre órgãos públicos despersonalizados (como é o caso do Ministério Público), a responsabilidade por seu pagamento será da respectiva Fazenda Pública.

Em resumo, pode-se dizer que as regras do sistema LACP/CDC são as mesmas do CPC no que toca ao ônus da sucumbência e à litigância de má-fé, com exceção dos autores das ações civis públicas. Em relação a estes, as exceções são as seguintes:

a) eles, a rigor, não estão sujeitos ao ônus da sucumbência;

b) mas, caso litiguem de má-fé:

b.1) sejam vencedores ou vencidos, incorrerão, como penalidade, não apenas na obrigação de indenizar pelas perdas e danos da parte contrária, e a pagar honorários advocatícios, custas e despesas processuais (como se dá no CPC), mas também à obrigação de pagar à parte contrária, *exatamente*, o décuplo do valor das custas (ao contrário do CPC, em que o Juiz tem uma margem para fixá-la);

b.2) no caso das associações, os diretores responsáveis pela propositura da ação serão com elas solidariamente condenados ao pagamento de tais sanções.

2.14.5 Prescrição

A LACP e o CDC não criaram um prazo prescricional especial para as ações civis públicas, nem para o cumprimento, coletivo ou individual, de suas sentenças. No que toca ao cumprimento, ainda vale a regra da Súmula 150 do STF: prescreve a execução no mesmo prazo de prescrição da ação.[703] O prazo prescricional dessa execução tem como

---

[702] O ECA também dispõe que, no caso de litigância de má-fé, a associação autora e os diretores responsáveis serão solidariamente condenados ao décuplo das custas, sem prejuízo da responsabilidade por perdas e danos (parágrafo único do art. 218). Contudo, apenas admite a condenação da associação autora ao pagamento de *honorários advocatícios* se o juiz considerar a pretensão manifestamente infundada (art. 218, *caput*).

[703] O STJ já decidiu que as ações individuais *de conhecimento* não teriam o mesmo prazo prescricional da ação coletiva. Afirmou-se que as ações coletivas e sua execução são regidas por regras de um microssistema próprio, não aplicáveis às ações de conhecimento individuais. Entendeu-se que os titulares dos direitos individuais poderiam optar entre ajuizar individualmente execuções da sentença coletiva – sob o mesmo prazo prescricional da ação coletiva – ou aforar ações individuais de conhecimento – regidas por prazo prescricional próprio, independentemente daquele da ação coletiva. No caso em análise, o prazo prescricional da ação coletiva era de 5 anos, e o prazo prescricional das ações individuais de conhecimento, nos termos do Código Civil de 1916, era de 20 anos. Observou-se, ainda, que o CDC tinha por finalidade facilitar o pleno acesso à justiça pelos vulneráveis, de modo que o prazo prescricional aplicável às suas ações coletivas não poderia ser aplicado em detrimento dos vulneráveis que optassem por ações de conhecimento individuais. REsp 1.275.215, 4.ª T., rel. Min. Luis Felipe Salomão, j. 27.09.2011. *DJe* 01.02.2012. O inverso também é verdadeiro. Embora ações individuais de cobrança contra planos de saúde, segundo o Código Civil em vigor, prescrevam em 3 anos, a execução individual de uma sentença coletiva contra planos de saúde segue o prazo prescricional das ações coletivas, que, na hipótese em análise pelo STJ, era de 5 anos (AgInt no REsp 1.807.990/SP, 4.ª T., rel. Min. Maria Isabel Gallotti, j. 20.04.2020, *DJe* 24.04.2020).

CAP. 2 – AÇÃO CIVIL PÚBLICA | 279

termo *a quo*, em regra, o trânsito em julgado da sentença condenatória. Quando, porém, houver controvérsia sobre a legitimidade de um determinado ente para propor a execução da sentença coletiva, "o prazo prescricional inicia-se com a publicação da decisão de reconhecimento da legitimidade".[704]

Desafio maior, entretanto, é identificar o prazo prescricional para a propositura da ação de conhecimento.

É fato que o CDC estipulou o prazo prescricional de cinco anos para a pretensão de reparação pelos danos causados por fato do produto ou do serviço, prevista na Seção II do Capítulo IV, iniciando-se a contagem do prazo a partir do conhecimento do dano e de sua autoria (art. 27). Não se trata, porém, de prazo dirigido especificamente às ações coletivas, mas aplicável a quaisquer pretensões de reparação de danos por fato do produto ou do serviço, sejam elas deduzidas individualmente ou em processo coletivo.

Já a prescrição das pretensões decorrentes de atos de improbidade será abordada ao estudarmos a lei de improbidade administrativa.

Nas demais ações coletivas, teremos as seguintes possibilidades:

1. Ré Fazenda Pública (pessoa jurídica de direito público, ou pessoa jurídica de direito privado prestadora de serviço público).

As pretensões em geral contra a Fazenda Pública Federal, Estadual ou Municipal prescrevem em cinco anos, por força do art. 1.º do Dec. 20.910/1932.[705]

Se a pretensão deduzida na ação civil pública for passível de ser formulada em uma ação popular, pode-se aplicar o art. 21 da LAP, por analogia, que também prevê prazo prescricional de cinco anos.[706]

Outro fundamento para o prazo quinquenal é lançado no art. 1.º-C da Lei 9.494/1997,[707] especificamente voltado a ações de reparação de danos contra a Fazenda Pública. Há, porém, entendimento no sentido de que a prescrição de tais pretensões teria passado a ser *trienal*, conforme o art. 206, § 3.º, V, do CC/2002. Nesse sentido, alega-se que a regra do art. 1.º do Dec. 20.910/1932 – da qual o art. 1.º-C da Lei 9.494/1997 teria sido mera repetição – foi elaborada **em benefício** da Fazenda Pública, pois, até então, as pretensões indenizatórias contra ela ou contra particulares eram sujeitas ao mesmo prazo prescricional de 20 anos, conforme o CC/1916. Com a redução desse prazo para três anos no CC/2002, não faria sentido que as pretensões indenizatórias contra a Fazenda ficassem adstritas a um prazo superior. Aliás, o próprio Dec. 20.910/1932, ao instituir a regra geral de cinco anos, ressalvou, em seu art. 10, que, "no caso da eventual existência de prazo prescricional menor a incidir em situações específicas, o prazo quinquenal seria afastado nesse particular".[708] O STJ, por ora, apreciou a questão apenas em ações individuais, e vem se mostrando dividido.

---

[704] **STJ**, AgRg no REsp 1.240.333/RS, 2.ª T., rel. Min. Castro Meira, j. 18.10.2012, *DJe* 26.10.2012.

[705] "Art. 1.º As dívidas passivas da União, dos Estados e dos Municípios, bem assim todo e qualquer direito ou ação contra a Fazenda federal, estadual ou municipal, seja qual for a sua natureza, prescrevem em 5 (cinco) anos, contados da data do ato ou fato do qual se originarem."

[706] STJ, REsp 1.089.206/RS, 1.ª T., rel. Min. Luiz Fux, j. 23.06.2009, *DJe* 06.08.2009; REsp 912.612/DF, 5.ª T., rel. Min. Arnaldo Esteves Lima, j. 12.08.2008, *DJe* 15.09.2008.

[707] "Prescreverá em 5 (cinco) anos o direito de indenização dos danos causados por agentes de pessoas jurídicas de direito público e das pessoas jurídicas de direito privado prestadoras de serviços públicos."

[708] REsp 1.137.354/RJ, 2.ª T., rel. Min. Castro Meira, j. 08.09.2009, *DJe* 18.09.2009. **No mesmo sentido:** EREsp 1.066.063/RS, 1.ª S., j. 23.09.2009, *DJe* 22.10.2009. **Em sentido contrário, pela manutenção do prazo quinquenal:** AgRg no REsp 1.197.615/RJ, 1.ª T., rel. Min. Benedito Gonçalves, j. 09.11.2010, *DJe* 17.11.2010; REsp 1.196.158/SE, 2.ª T., rel. Min. Eliana Calmon, j. 19.08.2010, *DJe* 30.08.2010.

2) Demais réus:

Há uma divisão:

1) Parte da doutrina e da jurisprudência defende a adoção subsidiária dos prazos prescricionais previstos no Código Civil ou na legislação especial;[709]

2) A 2.ª Seção do STJ, analisando ação movida pelo IBDCI (Instituto Brasileiro de Defesa do Cidadão) e buscando a condenação do Banco do Brasil ao pagamento de expurgos inflacionários dos Planos Bresser e Verão, entendeu ser aplicável, por analogia, a prescrição quinquenal da ação popular, tendo em conta que tal ação integra o mesmo sistema de tutela de direitos coletivos ao qual pertence a ação civil pública.[710]

3) Pretensão imprescritível

A pretensão de reparação por danos ao meio ambiente,[711] apesar de ausência de previsão legal e constitucional, e ainda que voltada contra a Fazenda Pública, é imprescritível. A razão é que o meio ambiente é direito inerente à vida, fundamental e essencial à afirmação dos povos;[712] assistindo não apenas às gerações presentes, como também às futuras (que não poderiam ser prejudicadas pela inércia das gerações presentes), e, tratando-se de direito fundamental de natureza extrapatrimonial, seria impróprio dirigir-lhe as mesmas regras prescricionais do direito privado.[713] A imprescritibilidade da pretensão de reparação civil de dano ambiental é tese com repercussão geral fixada pelo STF no Tema 999.[714] Ainda que essa pretensão seja posteriormente convertida em indenização por perdas e danos, o STF entende mantida sua imprescritibilidade.[715]

Não se confunde, contudo, a pretensão de reparação do meio ambiente em si com as pretensões individuais de reparação de prejuízos sofridos em razão de um dano ambiental (dano ambiental individual, reflexo ou "por ricochete"). Essas pretensões individuais são prescritíveis, tendo por termo inicial a data da ciência inequívoca dos efeitos decorrentes do ato lesivo.[716]

Finalmente, importa tratar de outros pontos peculiares à prescrição em lides coletivas. O primeiro deles diz respeito à seguinte questão: proposta uma ação civil pública por um colegitimado em defesa de interesses individuais homogêneos, o despacho que determina a citação, ainda quando proferido por juízo incompetente, interrompe o curso da prescrição (CPC/2015, art. 240, § 1.º)[717] para todos os lesados, inclusive para aqueles que, sem ingressarem no processo coletivo, prefiram aguardar por seu desfecho para eventualmente se beneficiarem da futura coisa julgada?

A resposta a tal pergunta só pode ser positiva. Outra solução acabaria exigindo que as vítimas tomassem algumas atitudes incompatíveis com os fins do processo coletivo: para interromperem o curso prescricional, ver-se-iam obrigadas a ingressar como

---

[709] MAZZILLI, Hugo Nigro. *A Defesa dos Interesses Difusos em Juízo*. 22. ed. São Paulo: Saraiva, 2009. p. 605; ZAVASCKI, Teori Albino. *Processo Coletivo*: Tutela de Direitos Coletivos e Tutela Coletiva de Direitos. 4. ed. São Paulo: RT, 2009. p. 69-70; REsp 995.995/DF, 3.ª T., rel. Min. Nancy Andrighi, j. 19.08.2010, DJe 16.11.2010.

[710] AgRg no REsp 1.070.896/SC, 2.ª S., rel. Min. Luis Felipe Salomão, j. 14.04.2010, Informativo STJ 430, de 12 a 16.04.2010.

[711] STJ, REsp 647.493/SC, 2.ª T., rel. Min. João Otávio de Noronha, j. 22.05.2007, DJ 22.10.2007.

[712] STJ, REsp 1.120.117/AC, 2.ª T., rel. Min. Eliana Calmon, j. 10.11.2009, DJe 19.11.2009.

[713] MAZZILLI, Hugo Nigro. *A Defesa dos Interesses Difusos em Juízo*. 22. ed. São Paulo: Saraiva, 2009. p. 606.

[714] RE 654.833, Tribunal Pleno, rel. Min. Alexandre de Moraes, j. 20.04.2020, Divulg. 23.06.2020, Publ. 24.06.2020.

[715] Tema 1.194 da Repercussão Geral, *Leading Case* ARE 1352872, Pleno, rel. Min. Cristiano Zanin, j. 21.03.2025 a 28.03.2025, Divulg. 02.04.2025, Publ. 08.04.2025.

[716] STJ, AgInt no AREsp 1.644.145/MA, 2.ª T., rel. Min. Francisco Falcão, j. 01.03.2021, DJe 15.03.2021; AgInt no REsp 2.029.870/MA, 4.ª T., rel. Min. Maria Isabel Gallotti, j. 26.02.2024, DJe 29.02.2024; REsp 1.641.167/RS, 3.ª T., rel. Min. Nancy Andrighi, j. 13.03.2018, DJe 20.03.2018.

[717] No sistema do CPC/2015, a prescrição é interrompida pelo despacho que determina a citação.

litisconsortes na ação coletiva (gerando tumulto processual que anularia a otimização da prestação jurisdicional buscada pela tutela coletiva) ou seriam forçadas a promover ações individuais (tornando vão o intuito do processo coletivo de livrar o Judiciário de uma enxurrada de ações individuais). Uma vez transitada em julgado a sentença coletiva, o prazo prescricional das pretensões individuais volta a ter seu curso.[718]

Porém, há que frisar que, para se valer do marco interruptivo da ação coletiva, é mister que o titular do direito individual se abstenha de ajuizar ação individual ou, caso já o tenha feito, requeira sua suspensão no prazo de 30 dias da ciência da existência da ação coletiva, conforme o art. 104 do CDC.[719]

Aliás, é possível ir mais além. Conforme visto no item 2.11.3.5.1, predomina na doutrina a visão de que o § 3.º do art. 103 do CDC implica o transporte da coisa julgada cível *in utilibus*, *i.e.*, a sentença de procedência de uma ação voltada à defesa de direito difuso ou coletivo beneficia as vítimas do mesmo fato lesivo, que, valendo-se desse título, podem promover a liquidação e execução de suas pretensões de reparação individuais, ainda que a ação coletiva não tenha formulado pedidos de tutela de direitos individuais homogêneos. A partir desse entendimento, é viável defender que, dado o entrelaçamento entre a pretensão coletiva e as individuais, a propositura da ação coletiva, mesmo que voltada à defesa exclusiva de um interesse difuso ou coletivo, promove a interrupção da prescrição das pretensões individuais.[720]

A segunda questão tem relação com a primeira. Sabe-se que, uma vez interrompido o curso prescricional com a citação, ele tornará a correr após o trânsito em julgado, que é o último ato do processo de conhecimento (CC, art. 202, parágrafo único, segunda parte). O STJ vinha entendendo que, no curso do cumprimento de sentença, a iniciativa do Ministério Público em promover a *liquidação* ou a execução coletiva das obrigações de pagar fixadas na sentença importava nova interrupção da prescrição para as execuções das indenizações dos direitos individuais homogêneos, afastando eventual imputação de inércia aos credores individuais.[721] Esse entendimento mudou em relação à *liquidação*.

Atualmente, afora a hipótese específica da *fluid recovery*,[722] a Corte não mais admite que o Ministério Público promova a *liquidação*, mas apenas a *execução* coletiva de direitos individuais homogêneos, sob o argumento de que na liquidação desses direitos não haveria substituição processual, mas mera representação, e que o art. 98 do CDC somente autorizaria ao *Parquet* a execução (cumprimento) dos respectivos valores após prévia fixação em liquidação promovida pelos titulares individuais, para a qual ele não estaria legitimado. E, consequentemente, se não pode promover a liquidação coletiva, eventual *liquidação* por ele requerida não teria o condão de interromper a prescrição da pretensão pertinente aos créditos individuais.[723]

---

[718] ZAVASCKI, Teori Albino. *Processo Coletivo*: Tutela de Direitos Coletivos e Tutela Coletiva de Direitos. 4. ed. São Paulo: RT, 2009. p. 189-190.

[719] Tese firmada no Tema Repetitivo 1.005 do STJ: "Na ação de conhecimento individual, proposta com o objetivo de adequar a renda mensal do benefício previdenciário aos tetos fixados pelas Emendas Constitucionais 20/98 e 41/2003 e cujo pedido coincide com aquele anteriormente formulado em ação civil pública, a interrupção da prescrição quinquenal, para recebimento das parcelas vencidas, ocorre na data de ajuizamento da lide individual, salvo se requerida a sua suspensão, na forma do art. 104 da Lei 8.078/90" (REsp 1.761.874/SC, 1.ª S., rel. Min. Assusete Magalhães, j. 23.06.2021, *DJe* 01.07.2021).

[720] Nesse sentido, o STJ vem decidindo que a citação válida em uma ação civil pública de reparação do dano ao meio ambiente (direito difuso) interrompe a prescrição das pretensões das vítimas a serem reparadas nos danos por elas sofridos em razão do mesmo dano ambiental: REsp 1.641.167/RS, 3.ª T., rel. Min. Nancy Andrighi, j. 13.03.2018, *DJe* 20.03.2018; AgInt no AREsp 2.036.247/RS, 4.ª T., rel. Min. João Otávio de Noronha, j. 17.11.2022.

[721] AgInt no AREsp 1.346.972/MS, 3.ª T., rel. Min. Marco Aurélio Bellizze, *DJe* 22.03.2019; AgInt no AREsp 1.340.673/MS, 3.ª T., rel. Min. Marco Aurélio Bellizze, j. 10.06.2019, *DJe* 13.06.2019; AgInt no AREsp 1.316.210/MS, 4.ª T., rel. Min. Raul Araújo, j. 28.05.2019, *DJe* 13.06.2019, entre outros.

[722] Cabível quando, decorrido um ano do trânsito em julgado, o número de habilitados (vítimas que buscam liquidar e executar suas pretensões individuais) fica aquém do universo lesado, caso em que os colegitimados podem liquidar e executar o remanescente do valor do prejuízo, direcionando-o ao fundo previsto no art. 13 da LACP. Trataremos dela no subitem 2.12.2.3.

[723] REsp 1.758.708/MS, Corte Especial, rel. Min. Nancy Andrighi, j. 20.04.2022, *DJe* 11.05.2022.

282 INTERESSES DIFUSOS E COLETIVOS – VOL. 1

Outra questão é se a prescrição intercorrente a fulminar uma execução coletiva movida por um legitimado extraordinário prejudicaria as execuções individuais porventura movidas pelos beneficiários do título coletivo. O STJ firmou tese em sentido contrário no Tema Repetitivo 1.253: "a extinção do cumprimento de sentença coletiva proposto pelo legitimado extraordinário, por prescrição intercorrente, não impede a execução individual do mesmo título", seguindo-se a lógica da coisa julgada coletiva, na qual, em se tratando de direitos individuais homogêneos, a coisa julgada é *erga omnes* apenas no caso de procedência do pedido.[724]

Por fim, importa saber se o início do cumprimento de sentença proferida em ação coletiva, no capítulo pertinente a uma obrigação de fazer, teria o condão de interromper e obstar o curso prescricional da pretensão executória pertinente à obrigação de pagar imposta no mesmo título. Em regra, o início do cumprimento da sentença no capítulo da obrigação de fazer não influi no curso prescricional da pretensão executória da obrigação de pagar. Contudo, excepcionalmente, é possível que a própria sentença ou o juízo da execução reconheçam que a execução de um tipo de obrigação dependa necessariamente da prévia execução da outra. Nesse caso, enquanto não satisfeita a obrigação de fazer, não terá início a prescrição executória da obrigação de pagar.[725]

2.14.6 Oposição

No CPC/2015, a oposição já não está inserida entre as hipóteses de intervenção de terceiros, mas sim no título dedicado aos procedimentos especiais, e é regulada nos arts. 682 a 686.

A oposição pressupõe que alguém pretenda, no todo ou em parte, o mesmo objeto (coisa ou direito) sobre o qual controvertem autor e réu (art. 682). A oposição consiste na dedução dessa pretensão em juízo, pelo titular da pretensão (opoente), de um lado, em face do autor, e o réu do processo preexistente (opostos), de outro.

Portanto, oferecida a oposição, sucede-se à relação processual inicial, que se dava entre autor e réu da ação, uma nova relação processual, na qual o autor e o réu da ação original passam a figurar no polo passivo, na condição de *opostos*.

Ocorre que o autor das ações civis públicas é legitimado extraordinário, defendendo direito alheio em nome próprio. E, ressalvadas opiniões em contrário, a legitimidade extraordinária a ele outorgada pela LACP (art. 5.º) e pelo CDC (art. 82) não abrange a atuação no polo passivo, mas apenas no ativo. Logo, não nos parece possível a incidência da oposição no processo coletivo, por não ser possível aos autores das ações civis públicas defender direito alheio em nome próprio no polo passivo de uma relação processual.

2.14.7 Negócios jurídicos processuais e tutela coletiva

A possibilidade genérica de que as partes de um processo negociem a criação, modificação ou extinção de direitos processuais já era prevista no art. 158 do CPC de 1973.[726] O mesmo diploma disciplinava, ainda, algumas modalidades específicas de convenções

---

[724] REsp 2.078.485/PE, 1.ª S., rel. Min. Herman Benjamin, j. 14.08.2024, *DJe* 23.08.2024.

[725] É o que se extrai dos seguintes julgados: REsp 1.340.444/RS, Corte Especial, rel. Min. Humberto Martins, rel. p/ ac. Min. Herman Benjamin, j. 14.03.2019, *DJe* 12.06.2019; REsp 1.687.306/PB, 1.ª T., rel. Min. Benedito Gonçalves, rel. p/ ac. Min. Gurgel de Faria, j. 08.03.2022, *DJe* 07.04.2022. Nesse segundo caso, admitiu-se a tese de que não seria possível executar a obrigação de pagar débitos salariais atrasados (reajustes salariais devidos) sem que, antes, fosse satisfeita obrigação de fazer de implementação em folha do reajuste devido, de modo a viabilizar o cálculo dos valores pretéritos.

[726] "Art. 158. Os atos das partes, consistentes em declarações unilaterais ou bilaterais de vontade, produzem imediatamente a constituição, a modificação ou a extinção de direitos processuais. Parágrafo único. A desistência da ação só produzirá efeito depois de homologada por sentença."

processuais, por exemplo, de suspensão do processo, eleição de foro e distribuição do ônus da prova. Sem embargo, o potencial das convenções processuais ganhou fôlego acadêmico inaudito a partir do século atual, de modo a repercutir decisivamente na moldura do CPC promulgado em 2015, que conferiu lugar de destaque à matéria no seu art. 190:

> **Art. 190.** Versando o processo sobre direitos que admitam autocomposição, é lícito às partes plenamente capazes estipular mudanças no procedimento para ajustá-lo às especificidades da causa e convencionar sobre os seus ônus, poderes, faculdades e deveres processuais, antes ou durante o processo.
>
> Parágrafo único. De ofício ou a requerimento, o juiz controlará a validade das convenções previstas neste artigo, recusando-lhes aplicação somente nos casos de nulidade ou de inserção abusiva em contrato de adesão ou em que alguma parte se encontre em manifesta situação de vulnerabilidade.

Essa é a atual regra-matriz em matéria de convenções processuais. A partir de sua redação aberta, admite-se a elaboração pelas partes de convenções processuais atípicas, *i.e.*, que usem sua imaginação, conforme suas necessidades concretas, de modo a disporem sobre pormenores do procedimento ou direitos processuais. Paralelamente, o próprio CPC e normas esparsas estabelecem alguns tipos específicos de negócios jurídicos processuais, denominados doutrinariamente, por essa razão, convenções processuais típicas, como é o caso, entre outros, da eleição de foro (CPC, art. 63), da estipulação conjunta do calendário de atos processuais (CPC, art. 191) da suspensão do processo (CPC, art. 265, II) ou da convenção de arbitragem (art. 3.º e ss. da Lei 9.307/1996).

Muito embora o art. 190 do CPC represente verdadeira cláusula geral para que as partes disponham como melhor lhes aprouver num caso concreto sobre o procedimento e situações jurídicas processuais, ela não é isenta de limites. Como explicita o *caput* do dispositivo, as partes só podem estabelecer as próprias situações jurídicas processuais, não podendo negociar sobre poderes ou deveres de terceiros ou do Estado-juiz. Nesse sentido, não lhes seria lícito, por exemplo, vedar a admissão de *amicus curiae* num determinado processo, ou restringir os seus poderes, pois a decisão sobre essa temática, por força do art. 138, *caput* e § 2.º, do CPC, situa-se no âmbito dos poderes do juiz ou do relator.

Do mesmo modo, embora as convenções processuais guardem autonomia no tocante ao direito substancial subjacente, de modo que, em regra, a nulidade de um pacto processual não importa a da relação de direito material pertinente, e vice-versa, não há como atribuir ao processo uma existência totalmente desvinculada do direito material. Ambas as searas se influenciam mutuamente, a ponto de as peculiaridades do direito substancial poderem macular a validade de uma convenção processual, sobretudo quando esta produzir um resultado prático que, pela lei material, seria defeso às partes obter.[727] Nesse sentido, pode-se imaginar, por exemplo, a estipulação de um *pactum de non petendo* (promessa de não processar) de obrigação alimentar por prazo muito extenso: impedir por longo período o credor de buscar judicialmente o seu direito alimentar afrontaria a irrenunciabilidade dos alimentos estipulada no art. 1.707 do CC, de modo que tal convenção processual poderia ser considerada inválida.[728]

No entanto, não é apenas o direito material que pode limitar o espectro das convenções processuais admissíveis num determinado caso. O direito processual também desempenha papel de contenção. Tanto as matérias processuais sujeitas, nos termos do art. 22, I, da

---

[727] CABRAL, Antonio do Passo. *Convenções Processuais*: Teoria Geral dos Negócios Jurídicos Processuais. 3. ed. Salvador: Juspodivm, 2020. p. 307-309.

[728] CABRAL, Antonio do Passo. *Convenções Processuais*: Teoria Geral dos Negócios Jurídicos Processuais. 3. ed. Salvador: Juspodivm, 2020. p. 369.

CF, a reserva de lei federal (p. ex., rol de hipóteses autorizadoras de recursos; regime especial da coisa julgada; e legitimação processual no processo coletivo), como o núcleo essencial de direitos ou garantias processuais fundamentais impõem-se como barreiras a não serem extrapoladas na pactuação processual, sob pena de nulidade.[729]

E, ainda na seara processual, chega-se ao que interessa especificamente aos fins do presente livro: peculiaridades do processo coletivo também podem impor restrições à liberdade convencional. Impende recordar que as regras do CPC se aplicam apenas subsidiariamente ao microssistema processual coletivo, sendo admitidas na medida em que não o contrariem. Daí que, antes de advogar a importação indiscriminada do regime geral de convenções processuais vigente sob o CPC, cumpre sempre perquirir, caso a caso, se o negócio processual se harmoniza com as peculiaridades da tutela coletiva.

O *caput* do art. 190 do códice processual, por exemplo, circunscreve a admissibilidade de convenções processuais aos processos cujo direito material admita autocomposição. Nesse ponto, não há colisão com o sistema processual coletivo, já que os direitos difusos, coletivos e individuais homogêneos, como visto, são passíveis de autocomposição (atualmente, mesmo na seara de improbidade administrativa), seja extrajudicialmente (via termo de ajustamento de conduta), seja em juízo (via acordo judicial).

Logo, não se vislumbra nenhuma incompatibilidade de partida entre o art. 190 do CPC e as normas que regem a tutela coletiva. Sem embargo, conforme ressaltado, as características inerentes a esse microssistema processual poderão exigir alguns limites, segundo as nuances do caso concreto, incidentes seja sobre a estipulação de convenções processuais atípicas, seja das típicas.

Deve-se ter em conta, sobretudo, que os autores das ações coletivas atuam na qualidade de legitimados extraordinários, *i.e.*, defendem, em nome próprio, interesses alheios. Por essa razão, ainda quando o direito coletivo em sentido amplo não for, no caso concreto, essencialmente indisponível, os legitimados à sua tutela têm o dever de bem desempenhar sua função, garantindo à comunidade substituída um efetivo acesso à Justiça. Em outras palavras, relativamente aos legitimados coletivos, o conteúdo do direito material é irrenunciável, o objeto é sempre indisponível.

Desse modo, da mesma maneira que não é lícito a um colegitimado realizar autocomposição que abdique do conteúdo do direito material, tampouco lhe será admissível convenção processual que implique, por via oblíqua, prejuízo a qualquer fração desse direito ou à sua adequada tutela em juízo. Um negócio processual, por exemplo, em que o autor de uma ação ambiental ou consumerista abdique do direito à inversão do ônus probatório será inválido, por trazer sério prejuízo à defesa adequada do direito em juízo e, consequentemente, traduzir-se em inefetivo acesso à Justiça pelo grupo substituído.

Como se não bastasse, cumpre lembrar que o microssistema processual coletivo está sob o signo dos princípios da obrigatoriedade e da disponibilidade motivada, segundo os quais a desistência infundada de uma ação (ou mesmo de um recurso) obriga o Ministério Público e autoriza os demais colegitimados a assumirem o polo ativo. Nota-se, portanto, que o grau de liberdade das partes processuais para celebrarem convenções processuais é menos amplo no processo coletivo do que no processo comum.[730]

Para além das especificidades da legitimação processual ativa no processo coletivo, outras regras contribuem para evidenciar haver ele sido organicamente orientado

---

[729] MAGALHÃES JUNIOR, Alexandre Alberto de Azevedo. *Convenção Processual na Tutela Coletiva*. São Paulo: Juspodivm, 2020. p. 110, 173, e 178-180.

[730] No mesmo sentido: MAGALHÃES JUNIOR, Alexandre Alberto de Azevedo. *Convenção Processual na Tutela Coletiva*. São Paulo: Juspodivm, 2020. p. 185.

à tutela eficiente dos interesses coletivos em sentido amplo. Notem-se, a tal propósito, regras como da coisa julgada *secundum eventum litis* e *secundum eventum probationis*, a extensão dos seus efeitos *in utilibus*, o não adiantamento de honorários periciais, custas e despesas processuais, e hipóteses de inversão do ônus probatório em favor do autor. Em resumo, todo o microssistema processual coletivo é orientado para assegurar uma efetiva e adequada proteção de interesses materiais que, na via do processo comum, não lograriam tutela satisfatória. Trata-se, aí, nos termos do art. 5.º, XXXV, da CF, de garantir o efetivo acesso à justiça no âmbito dos direitos coletivos. Por isso, não admira que o art. 15 da Res. CNMP 118/2014 localize na **adequada e efetiva tutela jurisdicional aos interesses materiais subjacentes** um critério identificador da admissibilidade de uma convenção processual:

> **Art. 15.** As convenções processuais são recomendadas toda vez que o procedimento deva ser adaptado ou flexibilizado **para permitir a adequada e efetiva tutela jurisdicional aos interesses materiais subjacentes**, bem assim para resguardar âmbito de proteção dos direitos fundamentais processuais (grifo nosso).

Assim, por exemplo, se for objeto de uma convenção processual o adiantamento dos honorários periciais de uma ação coletiva por parte do réu, em que pese tal solução ser diferente da regra do art. 18 da LACP, nenhum óbice haveria para sua admissão, tendo em vista ser ela favorável a uma mais célere e eficiente tutela do interesse coletivo em jogo.[731] Do mesmo modo, nada obstaria à estipulação de calendário especial para a prática de atos processuais, nos moldes art. 191 do CPC, sobretudo com prazos mais dilargados, desde que isso fosse necessário para adequar o processo à complexidade da matéria subjacente. Um terceiro exemplo seria a inserção, num TAC, de cláusula contemplando a possibilidade de que as multas nele estipuladas pudessem ser *majoradas* judicialmente, caso constatada sua insuficiência (afinal, o art. 814, parágrafo único, do CPC apenas prevê a possibilidade de *redução* judicial de multas extrajudicialmente pactuadas). Esses são apenas alguns exemplos não exaurientes das possibilidades de convenções processuais atípicas no processo coletivo.

Em suma, pode-se afirmar que, do ponto de vista objetivo (*i.e.*, quanto ao seu conteúdo), a liberdade para elaborar pactos processuais encontra limites na *reserva de lei*, no *núcleo essencial de direitos ou garantias processuais fundamentais* e – especificamente no microssistema de tutela coletiva – na *irredutibilidade da adequação e efetividade da tutela coletiva*. O desrespeito a tais barreiras configurará nulidade passível de controle judicial, nos termos do art. 190, parágrafo único, do CPC.

Para além disso, considerando a inexistência de regulamentação específica dos negócios processuais para o microssistema de tutela coletiva, notadamente quanto à *legitimação, formalidades e eficácia*, é recomendável aproveitar nessas searas, mutatis mutandis, a disciplina normativa incidente sobre a autocomposição do direito substantivo.[732] Assim, antes do ajuizamento da ação, os acordos processuais devem orientar-se pelas regras voltadas

---

[731] MAGALHÃES JUNIOR, Alexandre Alberto de Azevedo. *Convenção Processual na Tutela Coletiva*. São Paulo: Juspodivm, 2020. p. 183-184. Também visualizando na definição do custeio de provas técnicas um dos maiores potenciais para convenções processuais sobre tutela coletiva: STEFANI, Marcos. O Ministério Público, o Novo CPC e o Negócio Jurídico Processual. In: DIDIER Jr., Freddie (coord.-geral); GODINHO, Robson Renault; COSTA, Susana Henriques da (coord.). *Repercussões do Novo CPC*: Ministério Público. 2. ed. Salvador: Juspodivm, 2017. p. 222.

[732] Afirmando que a sistemática normativa aplicável aos termos de ajustamento de conduta e aos acordos judiciais no processo coletivo deve servir de parâmetro à celebração de acordos processuais voltados à tutela coletiva: MAGALHÃES JUNIOR, Alexandre Alberto de Azevedo. *Convenção Processual na Tutela Coletiva*. São Paulo: Juspodivm, 2020. p. 165 e ss. e 226 e ss.

286 | INTERESSES DIFUSOS E COLETIVOS – VOL. 1

aos termos de ajustamento de conduta.[733] Isso implica dizer que apenas os órgãos públicos colegitimados à propositura de ações coletivas estão autorizados a celebrá-los com a parte contrária, já que apenas eles podem formalizar termos de ajustamento de conduta.[734]

Aliás, não por acaso, no âmbito do Ministério Público, a Res. CNMP 118/2014, em seu art. 17, prevê expressamente que as convenções processuais podem "ser documentadas como cláusulas de termo de ajustamento de conduta". Poder-se-ia falar, nesse caso, numa espécie de *termo de ajustamento de conduta procedimental*.[735]

Também por simetria, cada Ministério Público pode disciplinar internamente pormenores para a celebração extrajudicial desses negócios processuais, somente podendo condicionar sua eficácia à homologação por órgãos de revisão (Conselho Superior, Câmaras de Coordenação e Revisão ou NAOP/PFDC), se a respectiva legislação institucional exigir a mesma providência do termo de ajustamento para autocomposição da lide (direito substancial).

Já os negócios processuais entabulados em juízo podem ser celebrados por qualquer colegitimado (não apenas por órgãos públicos) e, por força do art. 200 do CPC, sua eficácia independe de prévia homologação judicial, salvo algumas convenções típicas, como é o caso da definição de calendário processual (art. 191), da desistência (art. 200, parágrafo único) e do saneamento consensual do processo (art. 357, § 2.º). Tampouco há no CPC exigência de prévia oitiva do MP (quando não for ele o autor da ação), embora tal oitiva se faça recomendável para uma maior transparência e detecção de eventual prejuízo ao interesse coletivo.

E, assim como nas autocomposições da lide, quando celebradas as convenções processuais pelo Ministério Público em juízo, não dependem elas de homologação de órgão revisor interno, seja por ausência de previsão legal, seja por ser cautela despicienda, pois, mesmo quando não dependam de homologação judicial, tais convenções são objeto de controle pelo Poder Judiciário quanto à sua validade, nos termos do art. 190, parágrafo único, do CPC. Nesse mister, muito embora não lhe seja lícito aferir a conveniência do acordo processual, "caberá ao juiz velar pelos interesses públicos, evitando que os acordos avancem em uma seara inadmissível à autonomia das partes".[736]

2.14.8 Litígios, processos e decisões estruturais

Mesmo logrando superar o paradigma dos litígios do tipo sujeito × sujeito, o processo coletivo, a exemplo do processo individual, também foi originariamente concebido para a resolução de conflitos bipolares. Especificamente, imaginava-se, de um lado, uma coletividade (mais ou menos delimitável) e, do outro, o sujeito autor da conduta lesiva ou ameaçadora.

Além disso, a exemplo do processo individual, o processo coletivo tradicional volta-se, muitas vezes, à correção de uma conduta determinada, pretérita ou atual, ou de

---

[733] O CSMP-SP admite expressamente, em sua Súmula 20, a possibilidade de homologar convenções processuais celebradas em termos de ajustamento de conduta.

[734] Ressalvadas aquelas exceções em que também se admite a autocomposição por entes privados, como é o caso da convenção coletiva de consumo, cuja celebração por associações de consumidores é legalmente admitida em determinadas hipóteses (CDC, art. 107), e das convenções coletivas de trabalho, que podem ser celebradas por sindicatos (CF, art. 7.º, XXVI, art. 8.º, VI, e art. 114, §§ 1.º e 2.º).

[735] STEFANI, Marcos. O Ministério Público, o Novo CPC e o Negócio Jurídico Processual. In: DIDIER Jr., Freddie (coord.-geral); GODINHO, Robson Renault; COSTA, Susana Henriques da (coord.). *Repercussões do Novo CPC*: Ministério Público. 2. ed. Salvador: Juspodivm, 2017. p. 221-222.

[736] CABRAL, Antonio do Passo. O Papel do Juiz diante das Convenções Processuais. In: CABRAL, Antonio do Passo; NOGUEIRA, Pedro Henrique (coord.). *Negócios Processuais*. Salvador: Juspodivm, 2020. t. 2, p. 143.

seus resultados. Consequentemente, nos litígios coletivos clássicos – objeto do processo coletivo tradicional –, à semelhança dos litígios individuais, busca-se a satisfação de uma pretensão bem definida (p. ex., de reparação de um dano ambiental, de eliminação de uma propaganda enganosa, de acréscimo de 100 vagas em creches municipais etc.), passível de ser relativamente bem descrita no pedido e, em conformidade com ele, acolhida na sentença de procedência total ou parcial, em obediência ao princípio da congruência.

Há, contudo, uma espécie de litígio coletivo com algumas características que escapam àquelas usualmente encontradas nos conflitos para os quais o processo coletivo foi originariamente desenhado. Esse tipo peculiar de conflito coletivo, denominado *litígio estrutural*, é aquele *causado*, *permitido* ou *perpetuado* pelo modo de funcionamento de uma determinada estrutura burocrática (instituição, conjunto de instituições, política ou programa), normalmente pública.[737] Para resolvê-lo, portanto, impõe-se a modificação do funcionamento da estrutura burocrática defeituosa (processos internos, provisões orçamentárias, cultura institucional etc.), com vistas a evitar que os efeitos negativos de suas deficiências continuem a se projetar no futuro. Emprega-se, assim, uma *abordagem prospectiva* de um problema que vem se prolongando no tempo.

Pode-se pensar, por exemplo, como potencial fonte de litígios estruturais, numa agência pública incumbida de fiscalizar determinado setor econômico, e que vem sendo, ao longo dos anos, "desestruturada" pelo achatamento salarial de seus quadros, pela falta de reposição dos servidores aposentados, pela composição viciada de seu conselho deliberativo (com influência decisiva dos agentes econômicos que ela deveria fiscalizar), pelo sucateamento dos instrumentos de trabalho, pela recorrente insuficiência orçamentária etc. O mau funcionamento da agência tem o condão de colocar em rota de colisão os interesses do setor econômico em questão (e de seus empregados) com aqueles – a depender da natureza da atividade fiscalizada – dos titulares do direito ao meio ambiente ecologicamente equilibrado, à saúde, ao transporte etc.

Semelhantemente, políticas públicas são fontes potenciais de litígios estruturais. O modo como uma única política pública, por exemplo, a de educação, venha a ser estruturada ao longo dos anos tem a capacidade de gerar conflitos de interesses entre aqueles diretamente atingidos pela própria política (professores e outros servidores da educação pública, alunos, pais de alunos e, por que não dizer, o setor da educação privada, que pode ser afetado negativamente por uma brusca redução na oferta de bolsas ou financiamento estudantil) e, por outro lado, entre aqueles beneficiados pelo incremento orçamentário dessa política pública e aqueles que dependam de outras políticas públicas, cujas provisões orçamentárias tenham de ser, consequentemente, reduzidas.

Como já é possível notar, esse tipo especial de litígio coletivo não se marca pela bipolaridade grupo × agente lesivo, autor × réu, notabilizando-se, antes, pela coexistência de várias coletividades, cada qual com interesses que são atingidos em intensidades e modos diferentes, e que são, muitas vezes, conflitantes entre si. São, portanto, litígios multipolares ou policêntricos.[738]

Para resolver tais conflitos, são necessárias medidas estruturais, *i.e.*, destinadas a corrigir a estrutura organizacional defeituosa com vistas a interromper o ciclo de causação, permissão ou perpetuação do litígio coletivo. Nada obsta, por exemplo, que tais medidas

---

[737] VITORELLI, Edilson. *Processo Civil Estrutural*: Teoria e Prática. Salvador: Juspodivm, 2020. p. 52-53. O autor, corretamente, não afasta a possibilidade de que empresas ou grupos empresariais de grande influência social possam ser considerados como fontes de litígios estruturais, demandando a correção de sua conduta voltada para o futuro (*i.e.*, de sua estrutura) (VITORELLI, Edilson. *Processo Civil Estrutural*: Teoria e Prática. Salvador: Juspodivm, 2020. p. 53).

[738] VITORELLI, Edilson. *Processo Civil Estrutural*: Teoria e Prática. Salvador: Juspodivm, 2020. p. 56. No mesmo sentido: ARENHART, Sérgio. Processo Multipolar, Participação e Representação de Interesses Concorrentes. In: ARENHART, Sérgio Cruz; JOBIM, Marco Félix (org.). *Processos Estruturais*. 2. ed. Salvador: Juspodivm, 2019. p. 799-800.

INTERESSES DIFUSOS E COLETIVOS - VOL. 1

sejam buscadas na via extrajudicial. Em verdade, dada a alta complexidade e elevado nível de conflituosidade envolvidos nas crises estruturais, tudo recomenda que se busque uma resolução consensual, com a participação de todos os interessados, evitando-se, tanto quanto possível, sua judicialização.[739]

O Ministério Público tem no procedimento administrativo da Res. CNMP 174/2017 (para acompanhar ou fiscalizar, de forma continuada, políticas públicas ou instituições) e no inquérito civil poderosos instrumentos para o diagnóstico das causas de um litígio estrutural, e pode se valer, por exemplo, de recomendações e termos de ajustamento de conduta para que o ente ou a instituição carente de reformas estruturais se comprometa a executá-las.[740] Do mesmo modo, os demais entes públicos legitimados podem utilizar o termo de ajustamento de conduta para extrair compromissos dos agentes ou entidades com poderes para resolver o problema estrutural.

Não sendo possível a composição extrajudicial, importa de plano ressaltar que, no âmbito judicial, o processo individual não é vocacionado para o equacionamento de problemas estruturais. Afinal, litígios estruturais configuram, antes de mais nada, conflitos coletivos, e, para solvê-los, o processo civil clássico esbarra nos mesmos óbices (legitimidade, coisa julgada) e inconvenientes (riscos de decisões conflitantes, morosidade, gastos excessivos, litigiosidade contida) dos quais já se tratou no Capítulo 1.

Por outro lado, mesmo o processo coletivo tradicional necessita de ajustes para que possa dar conta dessa missão. E é exatamente sobre esses ajustes que partes da doutrina e da jurisprudência vêm se debruçando atualmente, num esforço voltado à construção do **processo (coletivo) estrutural**.[741] Nesse propósito, a inspiração vem sobretudo da experiência norte-americana, em que o processo estrutural foi inicialmente concebido.

Lá, depois de decisões estruturais pioneiramente ditadas por juízes federais norte-americanos para dar efetividade ao emblemático julgado de 1954 da Suprema Corte em *Brown v. Board of Education (Brown I)*,[742] disseminou-se, ao longo da década de 1960, a

---

[739] Essa postura alinha-se à Resolução CNMP 118/2014, que instituiu a "Política Nacional de Incentivo à Autocomposição no Âmbito do Ministério Público". No mesmo sentido, clama-se pela substituição do tradicional modelo de *Ministério Público demandista*, "dependente do Poder Judiciário" e com resultados insatisfatórios na defesa dos interesses transindividuais, por um *Ministério Público resolutivo*, que priorize a solução extraprocessual dos entraves à construção de uma sociedade mais "livre, justa e solidária" (GOULART, Marcelo Pedroso. *Elementos para uma Teoria Geral do Ministério Público*. Belo Horizonte: Arraes, 2013. p. 202. Em sentido contrário, em defesa da adjudicação judicial (embora na tradição da *Common Law*): FISS, Owen. Contra o acordo. In: FISS, Owen. *Um Novo Processo Civil*: Estudos Norte-Americanos sobre Jurisdição, Constituição e Sociedade. Coordenação da tradução Carlos Alberto de Salles e Daniel Porto Godinho da Silva. Tradução Melina de Medeiros Rós. São Paulo: RT, 2004. p. 121 e ss.

[740] Vitorelli defende, no enfrentamento de litígios estruturais, a utilização preferencial de procedimentos administrativos ao inquérito civil. Para ele, por não ser destinado a apontar um responsável por um ilícito, o procedimento administrativo seria mais propício a soluções consensuais. Além disso, teria a vantagem de ser mais flexível, seja por não estar sujeito a controle interno de arquivamento, seja porque, por não investigar fato definido (mas sim acompanhar política pública), permite alterar seu foco à medida que o perfil do litígio se torna mais conhecido. Ademais, o autor admite a celebração de "microacordos" em reuniões realizadas no âmbito do procedimento administrativo que, uma vez registrados em atas, seriam passíveis de execução com base no art. 784, IV, do CPC, e constituiriam "excelentes instrumentos para produzir melhoria institucional progressiva e contínua" (*Processo Civil Estrutural*: Teoria e Prática. Salvador: Juspodivm, 2020. p. 134-136).

[741] Também designado como *experimentalismo*. JOBIM, Marco Félix. Reflexões sobre a necessidade de uma teoria dos litígios estruturais: bases de uma possível construção. In: ARENHART, Sérgio Cruz; JOBIM, Marco Félix (org.). *Processos Estruturais*. 2. ed. Salvador: Juspodivm, 2019. p. 638.

[742] Em *Brown I* [347 U.S. 483 (1954)], a Suprema Corte julgou quatro casos em que os autores eram estudantes negros que pretendiam estudar nas mesmas escolas dos brancos, em Estados em que a legislação prescrevia (Delaware, Virgínia, Carolina do Sul) ou permitia (Kansas) que os sistemas locais de educação pública encaixassem brancos e negros em escolas separadas, segundo a doutrina *separate but equal* (segregados, mas com igualdade de condições). A Corte considerou essa política educacional segregacionista inconstitucional por gerar danos psicológicos aos estudantes negros. Contudo, sobretudo nos Estados sulistas, houve resistência de alguns órgãos públicos à eliminação da política segregacionista. Por isso, a Suprema Corte foi obrigada, no ano seguinte, a emitir um segundo julgado (*Brown II*), em que determinou às Cortes federais distritais a tomada das medidas que fossem necessárias para superar esses óbices, instando os réus a apresentarem planos para eliminar eventuais dificuldades para que os estudantes negros passassem a estudar nas mesmas

judicialização de litígios em que se buscava assegurar o respeito a direitos civis por meio da reforma estrutural de escolas, penitenciárias, prisões, hospitais psiquiátricos e muitos outros tipos de instituições, em processos que ficaram conhecidos como processos de direito público (*public law litigation*), processos de reforma estrutural (*structural reform litigation*) ou processos de reforma institucional (*institutional reform litigation*).[743] O fato de não dispormos ainda, em nosso sistema processual, de um marco regulatório especificamente destinado aos litígios estruturais não é fundamento para que os tribunais lhe fechem as portas. Nesse sentido, já decidiu o STJ:

> (...) conquanto não haja, no Brasil, a cultura e o arcabouço jurídico adequado para lidar corretamente com as ações que demandam providências estruturantes e concertadas, não se pode negar a tutela jurisdicional minimamente adequada ao litígio de natureza estrutural.[744]

Essa é a lição que se extrai, aliás, da Constituição da República, que atribuiu aos direitos fundamentais aplicabilidade imediata (art. 5.º, § 1.º) e assegura não apenas o acesso ao Judiciário contra quaisquer lesões ou ameaças a direitos (art. 5.º, XXXV), mas garante uma prestação jurisdicional eficiente (art. 37, *caput*, e art. 126, parágrafo único). E, em face de litígios estruturais, apenas o processo estrutural é apto a prover uma prestação jurisdicional adequada, por ser voltado, prospectivamente, à correção de um círculo estrutural vicioso que fomenta, permite ou perpetue conflitos coletivos de interesse.

Um processo que se preste a tal finalidade precisa ser apto, inicialmente, a identificar os interesses em jogo e diagnosticar as causas dos conflitos que os envolvem. Como os litígios estruturais são espécies de litígios coletivos irradiados, *i.e.*, policêntricos e de altas conflituosidade e complexidade,[745] um dos desafios é o de que a solução buscada num processo estrutural atenda, na maior medida possível, aos interesses juridicamente protegidos dos diversos subgrupos envolvidos. Para além dos tradicionais instrumentos de prova ordinariamente admitidos, sobreleva a importância da admissão de *amici curiae* (CPC, art. 138) que detenham representatividade adequada para evidenciar os interesses dos vários grupos. Nesse mesmo propósito, a realização de audiência pública também pode ser uma opção. Afinal, em casos como esses, os verdadeiros titulares dos interesses juridicamente protegidos, ou seja, as partes do litígio substantivo, não figuram pessoalmente no processo, e, quanto mais hipossuficientes, menos conhecimento e grau de organização possuirão para se serem representados formalmente no processo, o que poderá fazer com que os interesses de alguns grupos se façam constatar de forma mais saliente que os de outros. Logo, a audiência pública passaria a ser um instrumento de tratamento igualitário das partes materiais, de modo a garantir que todas elas tivessem seus interesses devidamente considerados no processo (CPC, art. 139, I). A propósito, a Recomendação CNJ 76/2020, em seu art. 5.º, indica ao juiz ou relator de ação coletiva

---

escolas públicas dos brancos, conferindo às Cortes o papel de supervisionar a implantação de tais planos, considerando-se aspectos relacionados à administração decorrentes de fatores, tais como as condições físicas das escolas, sistema de transporte escolar, recursos humanos, revisão dos distritos escolares e da legislação local. *Brown v Board of Educ.*, 349 U.S. 294, 301 (1955).

[743] SCHLANGER, Margo. Beyond the hero judge: institutional reform litigation as litigation. *Michigan Law Review*, v. 97, n. 6, p. 1995, maio 1999. Em sentido contrário, Vitorelli entende que nem toda *public law litigation* (ou *public interest litigation*) seria estrutural, pois, embora o que caracterize aquela modalidade processual seja a pretensão de implementar direitos que estejam sendo sonegados pelo Estado, ela também pode se dar por meio de processos individuais e não visaria, necessariamente, a uma reforma estrutural (*Processo Civil Estrutural*: Teoria e Prática. Salvador: Juspodivm, 2020. p. 75-78).

[744] REsp 1.854.842/CE, 3.ª T., rel. Min. Nancy Andrighi, j. 02.06.220, *DJe* 04.06.2020.

[745] Sobre os três tipos de litígios coletivos e as características específicas dos litígios irradiados, *vide* Capítulo 1, subitem 1.3.7, em que se expõe a teoria dos litígios coletivos de Edilson Vitorelli.

290 | INTERESSES DIFUSOS E COLETIVOS - VOL. 1

que defina "a necessidade de realização de audiência pública, fixando as respectivas regras pertinentes".

Além disso, em litígios estruturais, sobretudo aqueles envolvendo políticas públicas, não é raro que o próprio réu reconheça a existência do problema e tenha interesse na sua solução, muito embora possa divergir, sobretudo inicialmente, do modo e forma como o autor pretende resolvê-los. É de todo recomendável, portanto, em consonância com o dever de cooperação entre os sujeitos processuais (CPC, art. 6.º), que o demandado, maior conhecedor dos meandros de sua estrutura burocrática e de eventuais dificuldades para sua correção, contribua para o diagnóstico das causas do conflito e aponte sugestões para sua solução. E, sempre que possível, sobretudo em razão da complexidade dos problemas estruturais (para cuja solução demanda-se a elaboração de planos a serem executados ao longo do considerável período de tempo, não raro com necessidade de intervenções no orçamento e gestão de pessoal), aponta-se sempre a busca de uma solução consensuada, cuja possibilidade de implementação, por contar com a anuência do réu, tende a ser menos traumática e mais eficiente do que uma solução impositiva.

De todo modo, caso não seja obtida uma saída consensual, o CPC, no art. 139, IV, autoriza o juiz a "determinar todas as medidas indutivas, coercitivas, mandamentais ou sub-rogatórias necessárias para assegurar o cumprimento de ordem judicial", concedendo forte embasamento para decisões de cariz estrutural. Outro precioso suporte do CPC a medidas estruturais encontra-se no seu art. 536, *caput* e § 1.º, por força do qual, no cumprimento de sentença que reconheça a exigibilidade de obrigação de fazer ou de não fazer, o juiz pode, de ofício ou a requerimento, determinar as medidas necessárias para a satisfação do exequente.[746]

Em suma, caso o Judiciário se veja na necessidade de impor uma reforma estrutural, cumprirá determinar a elaboração de um plano de reforma e supervisionar sua implementação, avaliar – ultrapassados determinados estágios – os resultados dessa execução e, a partir dessa avaliação, se preciso, revisar os pontos que requerem modificação e dar início, então, à implementação do plano revisado, reiniciando o ciclo reformador, num mecanismo que os americanos denominam *structural injunction*.[747] Nota-se, portanto, dada a sucessão de decisões judiciais tomadas ao término de cada etapa, que o processo de reforma estrutural pode demandar a emissão de provimentos judiciais "em cascata".[748]

Decisões estruturais também podem incidir sobre entes privados. Um exemplo de processo ao longo do qual são tomadas decisões estruturais, porquanto voltadas à resolução de uma crise social (problema com repercussão na esfera jurídica de diversos indivíduos e grupos) gerada por uma estrutura privada defeituosa é a recuperação judicial, cujo propósito é a "intervenção/reforma estatal no sentido de viabilizar/facilitar a resolução de um problema social grave por meio de uma negociação de um plano de reestruturação

---

[746] Fora do âmbito das ações civis públicas, Marco Félix Jobim aponta a possibilidade de recorrer, nas ADPFs, ao art. 10 da Lei 9.882/1999, que dispõe que, "julgada a ação, far-se-á comunicação às autoridades ou órgãos responsáveis pela prática dos atos questionados, fixando-se as condições e o modo de interpretação e aplicação do preceito fundamental", bem como, em sede de Mandado de Injunção, ao art. 8.º, II, da Lei n. 13.300/2016, segundo o qual, reconhecido o estado de mora legislativa, será deferida a injunção para "estabelecer as condições em que se dará o exercício dos direitos, das liberdades ou das prerrogativas reclamados ou, se for o caso, as condições em que poderá o interessado promover ação própria visando a exercê-los, caso não seja suprida a mora legislativa no prazo determinado" (JOBIM, Marco Félix. Reflexões sobre a Necessidade de uma Teoria dos Litígios Estruturais: Bases de uma Possível Construção. In: ARENHART, Sérgio Cruz; JOBIM, Marco Félix (org.). *Processos Estruturais*. 2. ed. Salvador: Juspodivm, 2019. p. 653).

[747] VITORELLI, Edilson. *Processo Civil Estrutural*: Teoria e Prática. Salvador: Juspodivm, 2020. p. 61.

[748] ARENHART, Sérgio. Decisões Estruturais no Direito Processual Civil Brasileiro. *Revista de Processo*, São Paulo, v. 225 p. 400, 2013.

da atividade (e não com a imposição de uma forma de reparação e/ou sanção)".[749] Outro exemplo vem de Sérgio Cruz Arenhart, que aponta as decorrentes de intervenção do Conselho Administrativo de Defesa Econômica (CADE) em empresas, para execução de suas decisões administrativas impostas por infração à ordem econômica.[750] Essas intervenções são precedidas de autorização judicial, que pode, se houver resistência às decisões do CADE, determinar até mesmo o afastamento dos dirigentes da empresa (Lei 12.529/2011, arts. 96, 102 e 107). Parece-nos, portanto, uma espécie de reforma estrutural híbrida, em que se conjugam medidas administrativas e judiciais. Embora os dois exemplos referidos não digam respeito aos modelos de processo coletivo versados nesta obra, não se exclui a possibilidade de manejo de uma ação civil pública voltada às medidas que se fizerem necessárias à reforma do modo de ser e agir de um ente privado que venha sendo fonte de litígios estruturais.

Por fim, importa observar que o processo estrutural, no âmbito de suas decisões, reclama a superação de algumas objeções específicas. A primeira delas é direcionada, como ressalta Vitorelli, não apenas ao processo coletivo estrutural, mas às interferências judiciais em geral sobre os outros poderes estatais: trata-se do problema da separação dos poderes ou, sob outro ângulo, da **objeção democrática**.[751] Em apertadíssima síntese, a resistência em aceitar que o Poder Judiciário atue mais incisivamente em searas típicas dos outros ramos do Estado se escora na alegação de uma suposta invasão de competências privativas do Executivo e do Legislativo, cujos membros são representantes eleitos pelo povo e, portanto, seriam os únicos dotados de legitimidade para agir discricionariamente na formulação de políticas públicas. Além disso, argui-se que aqueles ramos estatais, pela maior proximidade com o eleitor, pela sua composição plural (caso específico do Legislativo) e *expertise* (caso dos órgãos técnicos ou agências especializadas), seriam mais bem talhados para a tomada de decisões complexas, para as quais o Judiciário não estaria vocacionado (teoria dos limites ou capacidades jurídico-funcionais). Logo, admitir a atuação judicial proativa na resolução de problemas da burocracia estatal configuraria um reprovável ativismo judicial.

Sem embargo dessa visão de mundo, a legitimidade para o Judiciário emitir provimentos que, de certa forma, repercutam nos demais ramos estatais é ínsita ao modelo de Estado Democrático plasmado em nossa Constituição Federal, que instituiu uma série de deveres estatais decorrentes dos direitos fundamentais nela assegurados e que, portanto, gozam de aplicabilidade imediata (art. 5.º, § 1.º) e cumpre serem judicialmente controlados quando violados (art. 5.º, XXXV), *i.e.*, quando realizados de forma excessiva (proibição do excesso) ou insuficiente (proibição de insuficiência). Neste ponto, aliás, cumpre ressaltar que, comparativamente às Constituições de outros modelos de Estado de onde são importadas as teorias da autocontenção judicial (sobretudo EUA e Alemanha), nossa Constituição é muito mais incisiva e abundante na previsão de deveres estatais positivos cuja realização, ante a inércia dos demais ramos estatais, incumbe ao Judiciário assegurar.

Por outro lado, a teoria da separação de poderes jamais concebeu a *trias politica* (Legislativo, Executivo e Judiciário) como ramos absolutamente estanques. Em vez disso, sempre se admitiu, em maior ou menor grau, controles recíprocos entre eles. Em nosso país, mais especificamente, já é consolidada na jurisprudência do STF, por exemplo, a

---

[749] BATISTA, Felipe Vieira. *A Recuperação Judicial como Processo Coletivo*. Dissertação (Mestrado em Direito) – Universidade Federal da Bahia, Salvador, 2017. p. 118 e ss.

[750] ARENHART, Sérgio. Decisões Estruturais no Direito Processual Civil Brasileiro. *Revista de Processo*, São Paulo, v. 225 p. 403-404, 2013.

[751] VITORELLI, Edilson. *Processo Civil Estrutural*: Teoria e Prática. Salvador: Juspodivm, 2020. p. 87 e ss.

admissão de controle judicial de políticas públicas, sobretudo quando fortemente assentada em comandos constitucionais.

Ademais, não há como inferir automaticamente uma superioridade do Executivo e do Legislativo pelo mero fato de seus membros serem eleitos, tampouco de uma suposta *expertise* na resolução de questões complexas. De um lado, é por demais conhecida a existência de um déficit de representatividade entre eleitos e eleitores, do qual o distanciamento entre a vontade destes e as decisões daqueles é o resultado principal, o que leva a um descrédito crescente nos políticos e, a reboque, na democracia. De outro, o Judiciário também se legitima como representante da vontade popular, seja por haver sido reconhecido na assembleia nacional constituinte como um dos Poderes estatais, seja porque os membros das mais altas Cortes são escolhidos pelo Presidente da República e nomeados após aprovação do Senado Federal, e os demais juízes serem agentes públicos concursados na forma da lei, seja, sobretudo, porque podem fortificar sua legitimidade na estrita observância das normas jurídicas e, no caso do processo estrutural, da consideração efetiva dos interesses dos diversos grupos sociais envolvidos no litígio. Por fim, a pluralidade dos colegiados legislativos não tem assegurado uma melhoria no desempenho dos deveres estatais, e a suposta maior expertise dos órgãos técnicos é anulada pela profusão de cargos em comissão, cujo preenchimento não se dá pela excelência técnica, senão segundo a conveniência dos laços partidários e ajustes políticos de ocasião.

A propósito, o STF fixou tese no Tema de Repercussão Geral 698 sobre a atuação do Judiciário na apreciação de demandas estruturais em temas afetos às políticas públicas de saúde, compatibilizando-a com o princípio da separação dos poderes:

> 1. A intervenção do Poder Judiciário em políticas públicas voltadas à realização de direitos fundamentais, em caso de ausência ou deficiência grave do serviço, não viola o princípio da separação dos poderes. 2. A decisão judicial, como regra, em lugar de determinar medidas pontuais, deve apontar as finalidades a serem alcançadas e determinar à Administração Pública que apresente um plano e/ou os meios adequados para alcançar o resultado. 3. No caso de serviços de saúde, o déficit de profissionais pode ser suprido por concurso público ou, por exemplo, pelo remanejamento de recursos humanos e pela contratação de organizações sociais (OS) e organizações da sociedade civil de interesse público (OSCIP).[752]

O segundo obstáculo que precisa ser transposto para a admissão das decisões estruturais é a regra da congruência objetiva externa, ou seja, da correlação entre provimento judicial e o pedido. Afinal, nos processos estruturais, diferentemente do processo individual, dificilmente se faz possível prever exatamente, à partida, qual o caminho a ser tomado para a resolução definitiva do litígio, cravando a solução numa única e definitiva decisão de mérito. A complexidade dos cenários por trás dos litígios estruturais pode fazer com que novos aspectos dos conflitos só emerjam no curso do processo, exigindo a tomada de decisões imprevisíveis quando do ajuizamento da ação. Será muitas vezes preciso caminhar gradualmente, por etapas, eventualmente recorrendo a um "ajuste fino" do planejamento ou mesmo a recuos estratégicos, até que se consiga alcançar um nível satisfatório de funcionamento do aparato burocrático sob reforma.

Daí a necessidade, nos processos estruturais, de flexibilizar a regra da congruência objetiva externa, adequando-a à complexidade do conflito estrutural. Em outros termos, em vez de se fazer uma leitura estática dos limites objetivos da lide ou do provimento judicial, cumpre interpretar o pedido a partir do conjunto da postulação (CPC, art. 322,

---

[752] RE 684.612, Pleno, rel. Ricardo Lewandowski, rel. p/ ac. Roberto Barroso, j. 03.07.2023, Divulg. 04.08.2023, Publ. 07.08.2023.

§ 2.º) e a decisão em consonância com os vários elementos que a compõem (CPC, art. 489, § 3.º), bem como, no espírito do art. 493 do CPC, levar em conta a realidade fática do momento, até mesmo "na etapa de efetivação das decisões estruturais", de modo a "contemplar as necessidades atuais dos interessados".[753]

Na prática, por tudo o que foi exposto, os pedidos estruturais devem demandar a formulação de planos ou programas com metas e cronogramas a serem atingidos, sendo que, se a realidade da sua implementação mostrar necessário, possam-se exigir as necessárias adaptações e reformulações. O STF tem admitido que o Judiciário exija do Executivo a assunção de **compromisso significativo** (*meaningful engagement*), por meio da formulação de planos e programas de ação, ressalvando que a definição dos montantes a serem investidos e dos cronogramas, quando não fixados em lei, não competiria ao Judiciário, pois reservados à discricionariedade administrativa e legislativa.

Nesse sentido, no julgamento conjunto das ADPF 743/DF, 746/DF e 857/MS, o tribunal exigiu que o Governo Federal apresentasse, em 90 dias: a) um "plano de prevenção e combate aos incêndios no Pantanal e na Amazônia, que abarque medidas efetivas e concretas para controlar outras devastações dessa proporção não sejam mais vistas"; e b) um "plano de recuperação da capacidade operacional do Sistema Nacional de Prevenção e Combate aos Incêndios Florestais – PREVFOGO". Além disso, determinou que o "Poder Executivo, em articulação com os demais entes e entidades competentes, apresentasse, em 90 dias, a complementação do Plano de Ação para Prevenção e Controle do Desmatamento da Amazônia Legal, com propostas de medidas concretas, para: a) processar, de acordo com cronograma e planejamento a serem desenhados pelos atores envolvidos, as informações prestadas até a presente data ao Cadastro Ambiental Rural e aprimorar o processamento de informações a serem coletadas no futuro, preferencialmente com o uso de análise dinamizada".

Nessa mesma decisão, o STF refutou a possibilidade de definir ele mesmo os cronogramas de execução desses planos ou os valores a serem investidos, por respeito ao âmbito das discricionariedades administrativa e legislativa.[754]

Já ao julgar a ADPF 760 e a ADO 54, também relacionadas à omissão federal na proteção ambiental da Amazônia, o STF reconheceu falhas estruturais na política de proteção à Amazônia Legal e determinou ao Governo Federal a apresentação, no prazo de 60 dias, de planos detalhados para a solução dos problemas relacionados ao *déficit* de fiscalização ambiental e proteção a indígenas e outros povos amazônicos, neles devendo constar, expressamente, cronogramas, metas, objetivos, garantia de dotação orçamentária, prazos, projeção de resultados com datas e indicadores esperados, incluídos os de monitoramento e outras informações necessárias para garantir a máxima efetividade do processo e a eficiente execução das políticas públicas, e estipulou vários parâmetros objetivos para aferição do cumprimento da decisão, a serem marcados pela progressividade das ações e dos resultados, dentre os quais destacamos, a título de exemplo, "a redução efetiva e continua, até a eliminação, dos níveis de desmatamento ilegal em TIs e UCs federais na Amazônia Legal, conforme dados oficiais disponibilizados pelo INPE/PRODES, respeitados os direitos de povos indígenas e comunidades tradicionais". Além disso, reconhecendo grave quadro de comprovada insuficiência estrutural das entidades públicas competentes para o combate ao desmatamento, determinou que a União apresentasse, também em 60 dias, plano voltado ao fortalecimento institucional do Ibama, do ICMBio e da Funai,

---

[753] DIDIER JR.; Freddie; ZANETI JR., Hermes; OLIVEIRA, Rafael Alexandria de. Notas sobre as Decisões Estruturantes. In: ARENHART, Sérgio Cruz; JOBIM, Marco Félix (org.). *Processos Estruturais*. 2. ed. Salvador: Juspodivm, 2019. p. 348.

[754] Pleno, rel. Min. André Mendonça, j. 21.03.2024, Informativo 1.129 e arquivo "decisão de julgamento". Disponível em: https://portal.stf.jus.br/processos/detalhe.asp?incidente=6007933. Acesso em: 12 abr. 2024.

dentre outros, incluindo garantia de dotação orçamentária, liberação de valores do Fundo Amazônia, e também melhoria, aumento e lotação dos quadros de pessoal para níveis suficientes ao desempenho eficaz de suas funções.[755]

---

[755] Pleno, rel. Min. Cármen Lúcia, j. 14.03.2024, Informativo 1.132 e arquivo "decisão de julgamento". Disponível em: https://portal.stf.jus.br/processos/detalhe.asp?incidente=6049993. Acesso em: 30 abr. 2024.

CAPÍTULO 3

Ação Popular

3.1 CONSIDERAÇÕES INICIAIS

A ação popular é um instrumento de democracia participativa (CF, art. 1.º, parágrafo único), uma ferramenta por meio da qual o cidadão pode participar do controle dos atos da Administração, fiscalizando sua idoneidade. Além disso, ela permite ao cidadão atuar judicialmente em defesa do meio ambiente, seja nos seus aspectos naturais, seja nos artificiais ou culturais (patrimônio histórico e cultural).

Assim como a ação civil pública (que, para nós, é gênero que inclui a ação de improbidade administrativa) e o mandado de segurança coletivo, a ação popular é um mecanismo de tutela de interesses transindividuais, pois permite impugnar atos lesivos a bens difusos: o patrimônio público ou de entidade de que o Estado participe ou para a qual contribua financeiramente; a moralidade administrativa; e o meio ambiente (CF, art. 5.º, LXXIII). Sob tal ponto de vista, pode-se dizer que a ação popular, tal qual aquelas ações, é uma espécie do gênero **ação coletiva em sentido amplo**, integrando todas elas um mesmo microssistema de tutela de direitos coletivos.

Ações coletivas (em sentido amplo)		
Ações civis públicas em geral (ação coletiva em sentido estrito), inclusive a ação de improbidade administrativa	Ação popular	Mandado de segurança coletivo

Não obstante, seu *objeto* é menos amplo que o daquelas, uma vez que se limita a determinadas espécies de direitos difusos.

Ademais, diferentemente do *mandamus*, na ação popular não se exige direito líquido e certo.

Outro ponto de diferenciação está na *legitimidade*. A ação popular pode ser proposta por qualquer cidadão. Já a ação civil pública não pode ser ajuizada por pessoas físicas, mas apenas pelo Ministério Público e determinadas pessoas jurídicas ou órgãos públicos despersonalizados. Tampouco o mandado de segurança coletivo pode ser impetrado por pessoas físicas, sendo privativo de alguns entes.

Também há distinções no *procedimento*. O art. 7.º da LAP manda aplicar o ordinário, com algumas modificações. Como o atual CPC já não subdivide o procedimento comum em ordinário e sumário, contemplando um único tipo de procedimento comum, deve-se entender que o rito aplicável à ação popular passou a ser o do procedimento comum, com as alterações previstas na LAP. Já o da ação civil pública de conhecimento não se

296 | INTERESSES DIFUSOS E COLETIVOS – VOL. 1

adstringe ao ordinário (admite, também, os especiais do CPC), e o mandado de segurança coletivo, por seu turno, tem procedimento especial.

A ação popular tem lastro no art. 5.º, LXXIII, da Constituição Federal:

> LXXIII – qualquer cidadão é parte legítima para propor ação popular que vise a anular ato lesivo ao patrimônio público ou de entidade de que o Estado participe, à moralidade administrativa, ao meio ambiente e ao patrimônio histórico e cultural, ficando o autor, salvo comprovada má-fé, isento de custas judiciais e do ônus da sucumbência.

No plano infraconstitucional, é disciplinada na Lei 4.717, de 29.06.1965, conhecida como Lei da Ação Popular (LAP).

A LAP determina a aplicação subsidiária do CPC, naquilo que não contrariar suas próprias regras (LAP, art. 22).[1] Não obstante, não se deve olvidar que a ação popular é espécie do gênero ação coletiva, integrando o mesmo microssistema da ação civil pública, do mandado de segurança coletivo e da ação de improbidade. Por conta da proximidade dos fins a que se destinam tais ações, havendo lacunas na LAP, convém, primeiramente, buscar socorro nas normas do próprio microssistema de tutela coletiva, antes de se valer das regras do CPC.

3.2 CONDIÇÕES DA AÇÃO

3.2.1 Legitimidade *ad causam*

3.2.1.1 *Legitimidade ativa*

Tem legitimidade ativa para ajuizar uma ação popular qualquer cidadão. Cidadão é o nacional do Brasil (pessoa natural com nacionalidade brasileira originária ou adquirida), e que esteja em pleno gozo dos direitos políticos, ou seja, que tenha direito a voto. Basta, portanto, a cidadania ativa (direito de votar), sendo desnecessária a cidadania passiva (elegibilidade, direito de concorrer a cargos eletivos). Estando com os direitos políticos suspensos, não terá legitimidade.

A Constituição de 1988 assegura aos portugueses com residência permanente no Brasil, caso haja reciprocidade em prol dos brasileiros, os mesmos direitos inerentes aos brasileiros, salvo os casos previstos na Constituição (art. 12, § 1.º). Tem-se entendido que o direito lusitano reconhece aos brasileiros com residência permanente em Portugal o direito de aforar ação popular na justiça portuguesa. Logo, por força do art. 12, § 1.º, de nossa CF, há de se reconhecer o mesmo direito aos cidadãos portugueses que aqui residam em caráter permanente.[2]

A prova da cidadania, para ingresso em juízo, faz-se com o título de eleitor, ou com o documento que a ele corresponda (§ 3.º do art. 1.º da LAP). No caso dos portugueses, deverão demonstrar sua condição de equiparados ao cidadão brasileiro, apresentando seu título de eleitor e o certificado de equiparação e gozo dos direitos civis e políticos.

Não é necessário que o cidadão seja eleitor no mesmo município onde ele ajuíza a ação popular. A LAP exige, tão somente, que a condição de cidadão seja demonstrada

---

1 "Art. 22. Aplicam-se à ação popular as regras do Código de Processo Civil, naquilo em que não contrariem os dispositivos desta lei, nem a natureza específica da ação."

2 DINAMARCO, Pedro da Silva. Comentários ao art. 1.º da Lei de Ação Popular. In: COSTA, Susana Henriques da (coord.). *Comentários à Lei de Ação Civil Pública e Lei de Ação Popular*. São Paulo: Quartier Latin, 2006. p. 45-46; MORAES, Alexandre de. *Direito Constitucional*. 18. ed. São Paulo: Atlas, 2005. p. 167-168.

CAP. 3 – AÇÃO POPULAR | 297

por meio de um título de eleitor (ou documento equivalente), pouco importando qual o domicílio eleitoral do cidadão.[3]

> **ATENÇÃO**
>
> Há entendimento doutrinário respeitável no sentido de que, em se tratando de ação popular em prol do meio ambiente, seria desnecessária a prova da condição de eleitor, de modo que qualquer brasileiro ou estrangeiro, desde que residentes no Brasil, estariam legitimados à propositura da ação. Isso por duas razões: a) o conceito de cidadão deve ser preenchido a partir de dados fornecidos pela própria Constituição de 1988; b) o direito ao meio ambiente equilibrado, essencial à sadia qualidade de vida, está indissociavelmente relacionado ao direito à vida, tendo natureza de direito fundamental. Logo, ele é assegurado a todos os brasileiros (não apenas aos eleitores) e estrangeiros aqui residentes (CF, art. 225, *caput*, c.c. art. 5.º, *caput*). Em sendo assim, ao menos no que toca à defesa do meio ambiente, a Constituição Federal confere o *status* de cidadão a todos eles.[4] Essa posição vem sendo adotada reiteradamente nos concursos para o Ministério Público do Estado de São Paulo (MP/SP 2006 e MP/SP 2010).

Não se dispensa, para que se possa ajuizar uma ação popular, a capacidade postulatória. Logo, se o legitimado não for advogado, deverá estar representado por um.

Como a legitimidade do cidadão é outorgada pela própria Constituição, que não lhe impôs restrições, ainda que ele seja menor de 18 anos (pode ser eleitor quem tenha 16 anos ou mais) poderá fruí-la diretamente, sem estar assistido por pai ou outro responsável, podendo, também sem estar assistido, outorgar procuração a um advogado.

Qualquer cidadão poderá habilitar-se como litisconsorte (inicial ou ulterior) ou assistente do autor de ação popular (LAP, art. 6.º, § 5.º). Como o cidadão-assistente poderia haver ajuizado a ação, e o direito em jogo também lhe diz respeito, trata-se de assistência litisconsorcial.[5] Ante a redação do citado dispositivo, a pessoa física que não for cidadã não poderá ser nem litisconsorte do autor nem seu assistente.

Muito controvertida é a natureza jurídica da legitimidade ativa do cidadão na ação popular. Em suma, a doutrina se divide por duas linhas de pensamento:

a) **legitimação extraordinária:** o autor da ação popular não postula direito próprio, mas da Administração ou da coletividade. Logo, age como substituto processual, na defesa de direito alheio, em nome próprio. É a posição predominante na doutrina e jurisprudência;[6]

b) **legitimação ordinária:** este entendimento é sintetizado nas palavras de José Afonso da Silva:

---

[3]   STJ, REsp 1.242.800/MS, 2.ª T., rel. Mauro Campbell Marques, j. 07.06.2011, *DJ* 14.06.2011.

[4]   Nesse sentido: FIORILLO, Celso Pacheco Fiorillo. *Curso de Direito Ambiental Brasileiro*. 10. ed. São Paulo: Saraiva: 2009. p. 483-485; MACHADO, Paulo Affonso Leme. *Direito Ambiental Brasileiro*. 18. ed. São Paulo: Malheiros, 2010. p. 139; e SILVA, Flávia Regina Ribeiro da Silva. *Ação Popular Ambiental*. São Paulo: RT, 2009. p. 275-279. Também admitindo a legitimação do estrangeiro aqui residente, mas restringindo a dos brasileiros aos eleitores: LEITE, José Rubens Morato. Ação Popular: Um Exercício da Cidadania Ambiental? *Revista de Direito Ambiental*, São Paulo, n. 17, p. 132-135, jan./ mar. 2000.

[5]   No mesmo sentido: MAZZEI, Rodrigo. Comentários ao art. 6.º da Lei de Ação Popular. In: COSTA, Susana Henriques da (coord.). *Comentários à Lei de Ação Civil Pública e Lei de Ação Popular*. São Paulo: Quartier Latin, 2006. p. 194; RODRIGUES, Geisa de Assis. Ação Popular. In: DIDIER JÚNIOR, Fredie (org.). *Ações Constitucionais*. 4. ed. rev., ampl. e atual. Salvador: Juspodivm, 2009. p. 302.

[6]   ARAÚJO CINTRA, Antonio Carlos de; DIMAMARCO, Cândido Rangel; GRINOVER, Ada Pellegrini. *Teoria Geral do Processo*. 21. ed. São Paulo: Malheiros, 2005. p. 268; FERRARESI, Eurico. *Ação Popular, Ação Civil Pública e Mandado de Segurança Coletivo*. Rio de Janeiro: Forense, 2009. p. 178; MARQUES, José Frederico. As Ações Populares no Direito Brasileiro. *RT* 266/5, p. 11; OLIVEIRA JÚNIOR, Waldemar Mariz. *Substituição Processual*. São Paulo: RT, 1975. p. 162; STF, Rcl 424/ RJ, Pleno, rel. Min. Sepúlveda Pertence, j. 05.05.1994, *DJ* 06.09.1996; STJ, CC 48.106/DF, 1.ª S., rel. Min. Teori Albino Zavascki, j. 14.09.2005, *DJ* 05.06.2006.

INTERESSES DIFUSOS E COLETIVOS – VOL. 1

Como já vimos, a ação popular consiste num instituto de democracia direta, e o cidadão, que a intenta, fá-lo em nome próprio, por direito próprio, na defesa de direito próprio, que é o de sua participação na vida política do Estado, fiscalizando a gestão do patrimônio público, a fim de que esta se conforme com os princípios da legalidade e da moralidade. Diretamente, é certo, o interesse defendido não é do cidadão, mas da entidade pública ou particular sindicável e da coletividade, por consequência. Mas é seu também, como membro da coletividade.[7]

De qualquer modo, igualmente ao que se dá na legitimidade da ação civil pública, aqui a legitimação é **concorrente** e **disjuntiva**. Concorrente, porque não há apenas um legitimado a ajuizá-la. Todos os cidadãos estão igualmente autorizados a propô-la. Disjuntiva porque não se exige – e seria mesmo inviável – que todos os legitimados atuem conjuntamente. Cada cidadão pode propor a ação popular individualmente, caso deseje, ou, se preferir, em litisconsórcio facultativo com outros cidadãos.

Também aqui, como nas ações civis públicas, pode-se afirmar que a lei outorgou a possibilidade de um legitimado atuar isoladamente em defesa de interesses de uma coletividade, como adequado portador de suas aspirações. Tratar-se-ia de "representatividade adequada" definida *ope legis*: a lei e a Constituição outorgaram a qualquer cidadão a condição de portador adequado dos interesses metaindividuais da integridade do patrimônio público, da moralidade administrativa e do meio ambiente ecologicamente hígido, legitimando-o a defendê-los judicialmente quando atacados por atos de alguma das entidades previstas no art. 1.º da LAP. Logo, igualmente às ações civis públicas, não se admite o controle da representatividade adequada em cada caso concreto, segundo o modelo *ope judicis*.[8] Uma vez provada a condição de eleitor ou cidadão português equiparado, sua legitimidade não poderá ser recusada pelo Judiciário.

O fato de o autor da ação popular ter algum interesse pessoal no resultado do processo não afasta sua legitimidade. O que importa é que ele também vise ao benefício do patrimônio público, da moralidade administrativa ou do meio ambiente. Aliás, todas as vezes que ajuizar uma ação popular, o autor sempre terá um interesse pessoal, ao menos indireto, por ser um dos integrantes da coletividade que é titular dos bens difusos ofendidos. Portanto, ainda que o autor seja o maior interessado na procedência de uma ação popular, como, por exemplo, caso vise à anulação de uma licitação na qual sua empresa saiu vencida, estará legitimado a agir, embora seu interesse jurídico ou pessoal não deva constar na causa de pedir.[9]

Já a pessoa jurídica não tem legitimidade para propor ação popular (Súmula 365 do STF).

3.2.1.2 Legitimidade passiva

O art. 6.º e seus §§ 1.º e 2.º da LAP tratam do polo passivo:

> **Art. 6.º** A ação será proposta contra as pessoas públicas ou privadas e as entidades referidas no art. 1.º, contra as autoridades, funcionários ou administradores que houverem autorizado, aprovado, ratificado ou praticado o ato impugnado, ou que, por omissas, tiverem dado oportunidade à lesão, e contra os beneficiários diretos do mesmo.

---

[7]   SILVA, José Afonso da. *Ação Popular Constitucional*. 2. ed. rev., ampl. e aum. São Paulo: RT, 2007. p. 185. No mesmo sentido: ARAÚJO, Luiz Alberto David; NUNES JÚNIOR, Vidal Serrano. *Curso de Direito Constitucional*. 9. ed. 2005. p. 200; MORAES, Alexandre de. *Direito Constitucional*. 18. ed. São Paulo: Atlas, 2005. p. 168.

[8]   Sobre as diferenças entre os sistemas *ope legis* e *ope judicis*, v. item 2.2.4 (Pressuposto da Representatividade Adequada) do capítulo 2 (Ações Civis Públicas).

[9]   DINAMARCO, Pedro da Silva. Comentários ao art. 1.º da Lei de Ação Popular. In: COSTA, Susana Henriques da (coord.). *Comentários à Lei de Ação Civil Pública e Lei de Ação Popular*. São Paulo: Quartier Latin, 2006. p. 45-46; MORAES, Alexandre de. *Direito Constitucional*. 18. ed. São Paulo: Atlas, 2005. p. 41.

§ 1.º Se não houver benefício direto do ato lesivo, ou se for ele indeterminado ou desconhecido, a ação será proposta somente contra as outras pessoas indicadas neste artigo.

§ 2.º No caso de que trata o inciso II, item *b*, do art. 4.º, quando o valor real do bem for inferior ao da avaliação, citar-se-ão como réus, além das pessoas públicas ou privadas e entidades referidas no art. 1.º, apenas os responsáveis pela avaliação inexata e os beneficiários da mesma.

Vê-se que, dentre os réus da ação popular, poderão figurar pessoas públicas ou privadas ou demais **entidades elencadas no art. 1.º**, responsáveis pela autorização, aprovação, ratificação ou prática do ato. Caso o ente seja destituído de personalidade jurídica (órgão despersonalizado), a ação deverá ser ajuizada em face da pessoa jurídica a que ele esteja vinculado. Assim, por exemplo, se a administração da Câmara Municipal autorizou pagamento ilegal aos vereadores, o ente político a ser citado será o Município, na pessoa do seu procurador ou do Prefeito Municipal (CPC/2015, art. 75, III), uma vez que a Câmara não detém personalidade jurídica.

É evidente, porém, que a autorização, aprovação, ratificação ou prática do ato é sempre materializada pela ação de uma pessoa física, que compõe o quadro da pessoa jurídica ou entidade. Essa autoridade, funcionário ou administrador que houver autorizado, aprovado, ratificado ou praticado o ato (portanto, **responsável pelo ato**) também deverá ser citada. E, se agiu com dolo ou culpa, poderá ser alvo, inclusive, do pedido de reparação do dano (CF, art. 37, § 6.º).

Além dos **responsáveis pelo ato**, também deverão compor o polo passivo a autoridade, funcionário ou administrador que, por omissão, houverem dado oportunidade à lesão (**responsáveis pela lesão**). Do mesmo modo que em relação às pessoas físicas que atuaram por comissão, os responsáveis por omissão, tendo agido com dolo ou culpa, poderão ser condenados a reparar o dano (CF, art. 37, § 6.º).

Note-se que a norma, ao apontar as pessoas naturais que deverão integrar o polo passivo, procurou ser a mais abrangente possível, referindo-se a autoridades, administradores e funcionários.

O termo **autoridade** normalmente é utilizado em alusão aos agentes políticos, ou seja, aos representantes de um Poder ou órgão público de primeiro escalão (ministros, secretários). Às vezes, é possível que os responsáveis possam se inserir em mais de uma das categorias (p. ex., um Prefeito Municipal, ao mesmo tempo em que é uma autoridade, é um administrador).

O termo **administradores** também pode ser empregado para os dirigentes de entes ou órgãos públicos ou mesmo de entidades privadas amoldáveis ao seu art. 1.º (p. ex., sociedades de economia mista, empresas públicas, ou entidades subvencionadas pelos cofres públicos).

Já o gênero **funcionários** não pode ficar restrito à sua acepção tradicional, restrita aos titulares de cargos públicos efetivos. Ele deve ser interpretado em sentido amplo, que não restrinja indevidamente o alcance do remédio constitucional.

Em resumo, a fim de se extrair o máximo de eficácia da norma, deve-se considerar que o conjunto autoridades + funcionários + administradores do art. 6.º da LAP tem abrangência equivalente à expressão "agente público" na definição do art. 2.º da Lei 8.429/1992 (Lei de Improbidade Administrativa – LIA): "Para os efeitos desta Lei, consideram-se agente público o agente político, o servidor público e todo aquele que exerce, ainda que transitoriamente ou sem remuneração, por eleição, nomeação, designação, contratação ou qualquer outra forma de investidura ou vínculo, mandato, cargo, emprego ou função nas entidades referidas no art. 1.º desta Lei". Já o preenchimento da expressão "entidades

300 | INTERESSES DIFUSOS E COLETIVOS - VOL. 1

referidas no artigo 1.º desta Lei", vazada no art. 2.º da LIA, pode-se fazer, para fins de incidência da LAP, pelas entidades citadas no art. 1.º da LAP.

Agentes públicos		
Autoridades	Administradores	Funcionários públicos em sentido amplo (*i.e.*, não apenas os titulares de cargos efetivos)

Importa sublinhar, ainda, que a lei também exige a citação do **beneficiário direto** do ato, mas *nada diz sobre o beneficiário indireto*, que, portanto, não comporá o polo passivo. O beneficiário direto é aquele a quem o responsável pelo ato visa favorecer, ao passo que o indireto é aquele que, sem ter sido visado pela prática do ato, acabou fruindo vantagens indiretas da sua existência:

> Figure-se que um prefeito, conluiado com proprietário de gleba, invista no entorno uma verba pública considerável, a título de recuperação urbanística, assim obtendo notável valorização daquela gleba, que na sequência é alienada com grande vantagem para ambos: terá havido, *reflexamente*, uma valorização dos *outros* lotes ali existentes, pertencentes a terceiros, que sequer tinham conhecimento da trama. Estes, porque *reflexa* e *circunstancialmente* beneficiados, remanescem à margem do objeto litigioso da ação popular, não se justificando venham a compor o polo passivo, à míngua de nexo etiológico consistente. O caso seria, quiçá, de resolver-se em termos de cobrança de contribuição de melhoria.[10]

Ressalve-se, também, que a alusão do art. 6.º ao art. 1.º (que somente trata dos atos lesivos ao patrimônio público) deve ser interpretada em consonância com a atual Constituição Federal. É possível, por exemplo, que a ação popular conteste um ato não lesivo ao patrimônio público, mas sim à moralidade administrativa ou ao meio ambiente. Ainda assim, a entidade cujo ato é impugnado, se situada entre aquelas do art. 1.º, deverá ser citada, pois, havendo o ato dela emanado, poderá possuir interesse jurídico em sua preservação, até mesmo por discordar que ele tenha natureza ímproba ou prejudicial ao meio ambiente. Do mesmo modo, deverão ser citados pelo ato lesivo à moralidade administrativa ou ao meio ambiente os demais responsáveis pelo ato e pela lesão, sejam eles pessoas físicas ou jurídicas.

Interessa analisar, outrossim, o § 2.º do art. 6.º, que, ao remeter ao inciso II, item *b*, do art. 4.º, dá a entender, em uma interpretação literal, que, no caso de a lesão ao patrimônio da entidade decorrer da avaliação superestimada de um bem a ela entregue por penhor ou hipoteca, deverá ser citado para a ação, além da entidade e dos beneficiários do ato, somente o avaliador do bem, o que deixaria de fora do polo passivo as autoridades, funcionários ou administradores porventura responsáveis. Há, na hipótese, uma presunção legal de que esses agentes públicos são induzidos a erro pela credibilidade na expertise técnica do avaliador. A solução legal é infeliz, pois não se afasta a possibilidade de, em um caso concreto, os agentes públicos ou administradores terem consciência de que o bem dado em garantia foi superavaliado e, mesmo assim, autorizarem a operação bancária ou de crédito real, concretizando o ato lesivo ao erário, de modo que não haveria motivo razoável para, em tais circunstâncias, responsabilizar apenas o avaliador.

---

[10] MANCUSO, Rodolfo de Camargo. *Ação Popular*: Proteção do Erário, do Patrimônio Público, da Moralidade Administrativa e do Meio Ambiente. 6. ed. rev., atual. e ampl. São Paulo: RT, 2009. p. 246.

O litisconsórcio passivo decorrente do art. 6.º é facultativo ou necessário, unitário ou simples?

Para análise de tal questão, é imperioso perscrutar a natureza dos pedidos e dos respectivos capítulos da sentença ligados a cada um deles pelo princípio da congruência. Também é mister examinar o art. 11 da LAP, que proclama que "a sentença que, julgando procedente a ação popular, decretar a invalidade do ato impugnado condenará ao pagamento de perdas e danos os responsáveis pela sua prática e os beneficiários dele, *ressalvada a ação regressiva contra os funcionários causadores de dano, quando incorrerem em culpa*" (destacamos).

Em toda ação popular, sempre haverá um pedido de invalidação do ato, visando a um provimento de natureza desconstitutiva ou declaratória negativa. E, nos casos em que houver necessidade, seja para reparar o dano, seja para afastar o risco de dano, haverá também pedido visando a um provimento de natureza condenatória.

Para que a ação seja viável em relação ao pedido de invalidação, será necessário incluir no polo passivo todos os que atuaram na formação do ato impugnado, até porque sua invalidação produzirá como efeito a recondução ao *statu quo ante* de todas as partes que nele figuraram. Assim, nesse ponto, haverá litisconsórcio necessário e unitário.

No tocante ao capítulo condenatório, o litisconsórcio não será necessário. Ora, como se trata de responsabilidade por ato ilícito, haverá solidariedade entre os responsáveis, de modo que o autor poderá optar por incluir como réus apenas os responsáveis ou beneficiários com melhores condições econômicas para arcar com os custos da reparação do dano, até para limitar o número de réus, facilitando o andamento processual. De outro lado, o próprio art. 11 ressalva àqueles que forem responsabilizados na ação popular o direito de se voltarem em ações de regresso contra funcionários com culpa (aqui em sentido lato, incluindo o dolo). Logo, a própria lei acena com a facultatividade da inclusão de todos os responsáveis no polo passivo da ação popular.[11]

Além de facultativo, o litisconsórcio no capítulo condenatório será simples, uma vez que a sentença não necessariamente será idêntica em relação a todos os réus, podendo vir a condenar alguns, e a outros não. Aliás, tratando-se de ato lesivo ao erário, a entidade lesada, mesmo havendo figurado como ré, jamais poderá ser condenada à reparação do dano: afinal, seria logicamente impossível que ela reparasse seu prejuízo econômico por meio de seus próprios recursos financeiros. Nesse caso, os demais responsáveis e os beneficiários diretos, pessoas físicas ou jurídicas, é que serão condenados a repará-lo.

É importante ressaltar, porém, que o litisconsórcio passivo (seja o necessário, seja o facultativo) inicialmente formado poderá, eventualmente, não perdurar. É que a entidade de direito público ou privado, cujo ato seja objeto de impugnação, uma vez citada, poderá preferir atuar ao lado do autor, desde que isso se afigure útil ao interesse público, a juízo do respectivo representante legal ou dirigente (§ 3.º do art. 6.º da LAP). Feita essa opção, a entidade deixará o polo passivo, e passará a ser assistente do autor.

> **ATENÇÃO**
>
> a) O simples fato de membros dos Tribunais de Contas haverem aprovado determinadas contas não torna necessário incluí-los no polo passivo de ação popular que impugne algum ato analisado em tais contas. O art. 6.º da LAP prevê a responsabilização das pessoas que houverem contribuído para a formação do ato lesivo.

---

[11] **Nesse sentido:** LEONEL, Ricardo de Barros. Comentários ao art. 11 da Lei de Ação Popular. In: COSTA, Susana Henriques da (coord.). *Comentários à Lei de Ação Civil Pública e Lei de Ação Popular.* São Paulo: Quartier Latin, 2006. p. 244.

Os membros desses tribunais, em suas decisões de controle de contas, não atuam na formação dos atos controlados, tampouco tais atos dependem, para serem eficazes (e, portanto, lesivos), da ratificação desses órgãos. Logo, a aprovação posterior de tais atos é irrelevante para torná-los lesivos.[12] Isso não exclui, evidentemente, a possibilidade de responsabilização de membros desses tribunais quando, de fato, contribuam para a formação de algum ato lesivo, como, por exemplo, se um de seus presidentes conduzisse um procedimento licitatório para contratação superfaturada de uma empresa para reforma das instalações do seu tribunal.

b) Tratando-se de ato lesivo ao meio ambiente (aqui incluídos não apenas os bens naturais, como também os artificiais e os bens do patrimônio histórico-cultural), a ação popular deverá ser proposta contra quem quer que seja responsável pelo ato lesivo, dado que a Constituição Federal não traz nenhuma limitação. Perfeitamente possível, aliás, que ela seja ajuizada isoladamente em face do particular, caso não tenha havido participação comissiva ou omissiva do Estado.[13]

c) É possível a quem tenha interesse jurídico atuar como assistente de um réu em uma ação popular. Seria o caso, por exemplo, de um funcionário que desejasse assistir a pessoa jurídica para a qual trabalha, visando a afastar a condenação dessa ré, e, por consequência, afastar a possibilidade de que ela, posteriormente, o acione em regresso, culpando-o pelo dano (LAP, art. 11). Do mesmo modo, poder-se-ia apontar o legítimo interesse de uma empresa (beneficiária indireta) em assistir uma concessionária ré (beneficiária direta), que a contratou exclusivamente para fins atrelados ao objeto da concessão. Uma vez anulada a concessão, o objeto do outro contrato, celebrado entre a concessionária ré e sua assistente, ficaria prejudicado. Daí seu interesse em evitar a procedência da ação popular.[14]

d) A Lei de Introdução às Normas de Direito Brasileiro – LINDB (Lei 4.657/1962) foi alterada pela 13.655/2018. A respeito, convém especialmente atentar para o art. 28 da LINDB, que afirma que o agente público responderá pessoalmente por suas decisões ou opiniões técnicas em caso de dolo ou erro grosseiro. Em uma leitura apressada, o dispositivo parece afastar a possibilidade de responsabilização dos agentes públicos no caso de culpa, salvo a culpa grave (erro grosseiro). Em tese, portanto, a regra poderia afetar o alcance de ações populares, especificamente nos capítulos que visassem condenar agentes públicos ao ressarcimento do erário. Tal conclusão, contudo, é equivocada. Primeiro, porque a regra do art. 28 deve ter seu âmbito de aplicação restrito às pretensões de penalização de agentes públicos (o que não é o caso da LAP, que, em relação a eles, tem propósito meramente ressarcitório, não punitivo), sob pena de incorrer em inconstitucional redução do conteúdo do art. 37, § 6.º, da CF, que admite a condenação de agentes públicos a ressarcir o erário na hipótese de mera culpa. Por outro lado, a nova regra deve ser circunscrita aos agentes com competência para decidir ou emitir opiniões a partir de critérios técnicos, caso típico dos pareceres não vinculantes emitidos por advogados públicos.

Ante o exposto, consideramos que devem ser citados numa ação popular:

---

[12] STJ, EDcl nos EDcl no REsp 426.933/SP, 1.ª T., rel. Min. Luiz Fux, j. 17.05.2005, *DJ* 20.06.2005; AgRg nos EREsp 14.868/RJ, 1.ª S., rel. Min. José Delgado, j. 09.06.2004, *DJ* 01.07.2004; REsp 215.841/PR, 6.ª T., rel. Min. Fernando Gonçalves, j. 26.03.2001, *DJ* 16.04.2001; REsp 171.317/RJ, 5.ª T., rel. Min. Edson Vidigal, j. 18.02.1999, *DJ* 29.03.1999.

[13] **Nesse sentido:** FIORILLO, Celso Antônio; RODRIGUES, Marcelo Abelha; NERY, Rosa Maria de Andrade. *Direito Processual Ambiental Brasileiro*. Belo Horizonte: Del Rey, 1996. p. 227-228; MILARÉ, Édis. *Direito do Ambiente*. 5. ed. rev., atual. e ampl. São Paulo: RT, 2007. p. 1.079; VITTA, Heraldo Garcia. *O Meio Ambiente e a Ação Popular*. São Paulo: Saraiva, 2000. p. 49.

[14] **Nesse sentido**, inclusive os exemplos: MAZZEI, Rodrigo. Comentários ao art. 6.º da Lei de Ação Popular. In: COSTA, Susana Henriques da (coord.). *Comentários à Lei de Ação Civil Pública e Lei de Ação Popular*. São Paulo: Quartier Latin, 2006. p. 197.

CAP. 3 - AÇÃO POPULAR | 303

E, quanto ao litisconsórcio passivo, temos as seguintes características:

No que se refere ao pedido invalidatório	Unitário	Inicialmente necessário (mas não necessariamente definitivo)
No que se refere ao pedido condenatório	Simples	Facultativo (e, uma vez inicialmente formado, não necessariamente será definitivo)

3.2.2 Interesse processual

Há interesse processual (interesse de agir) quando o autor tem **necessidade** de buscar um provimento jurisdicional para concretizar sua pretensão, e desde que haja **adequação** entre o pedido por ele deduzido e a pretensão a ser satisfeita.

A *necessidade* do emprego da ação popular existe quando, diante de um caso concreto, ocorre um ato lesivo ao patrimônio público, à moralidade administrativa, ou ao meio ambiente (natural, cultural ou artificial). **Ato lesivo** é aquele que tenha gerado dano a um determinado bem, ou, ao menos, apresente sério risco de causá-lo.

É mister, ainda, que a reparação do dano ou a prevenção da lesão (satisfação da pretensão) demande tutela judicial. Se, em um determinado caso concreto, a Administração, espontaneamente, anula ou revoga o ato impugnado, e o dano é efetivamente reparado, ou a ameaça é afastada, já não haverá necessidade (logo, interesse) na propositura da ação, ou no seu prosseguimento (se ela já estiver em andamento).

Especificamente no que se refere à ação popular, a *adequação* também exige que o pedido se volte à defesa do patrimônio público, da moralidade administrativa, ou do meio ambiente (natural, cultural ou artificial). E, em cada caso concreto, será necessário avaliar se o pedido deduzido se mostra útil para resolver a lesão ou ameaça a direito descrita na causa de pedir.

A análise inicial da presença do interesse processual é feita *in statu assertionis*, ou seja, a partir da simples leitura da argumentação fática exposta na petição inicial. Se, em tese, os fatos tais como noticiados na vestibular importaram ou poderão importar lesão a bem defensável por meio da ação popular, e o pedido é adequado para defendê-lo, está presente o interesse processual.

Embora seja prescindível a existência atual do dano, bastando o risco de que ele venha a ocorrer, **é indispensável a existência, no mínimo, de um ato capaz de gerar o dano**. Em outras palavras: como a ação popular deve sempre veicular um pedido declaratório de nulidade ou anulatório de um ato, não haverá interesse processual se ainda não existe um ato a ser invalidado. O que não se exige é que o ato já tenha produzido algum dano, bastando o risco de dano. Se o ato lesivo ainda não foi praticado, mas houver risco de que venha a ser, nada obsta que um dos entes legitimados proponha uma ação civil pública visando a evitá-lo. Na ação popular, contudo, isso não será possível.

Ainda haveria interesse processual se o ato lesivo tivesse existido, mas fosse invalidado pela Administração?

Sabe-se que a Administração pode realizar o controle interno da legalidade e do mérito de seus atos, anulando-os (aqui incluída a declaração de nulidade), em caso de ilegalidade, ou revogando-os, por oportunidade e conveniência administrativa. Tal possibilidade é expressamente consagrada nas Súmulas 346[15] e 473[16] do STF. Se a invalidação

---

[15] Súmula 346: "A Administração Pública pode declarar a nulidade de seus próprios atos".

[16] Súmula 473: "A Administração pode anular seus próprios atos, quando eivados de vícios que os tornam ilegais, porque deles não se originam direitos; ou revogá-los, por motivos de conveniência ou oportunidade, respeitados os direitos adquiridos, e ressalvada, em todos os casos, a apreciação judicial".

304 | INTERESSES DIFUSOS E COLETIVOS – VOL. 1

(anulação ou revogação) houver bastado para reparar o dano (p. ex., ato lesivo apenas à moralidade), não haverá necessidade de propositura de ação popular. Se tal invalidação ocorreu no curso do processo, pode ser ele extinto sem resolução de mérito, por desaparecimento posterior do interesse processual (perda do objeto).

Mas, se a simples invalidação do ato não bastar à reparação do dano, não terá desaparecido o interesse processual. Aí teremos duas possibilidades:

a) Se o ato foi *anulado* (por ilegalidade), mas a decisão administrativa que o anulou deixou de determinar que o responsável providencie a reconstituição do patrimônio lesado, a ação popular, se já ajuizada, deverá prosseguir. Se ainda não ajuizada, o prolator da decisão incompleta poderá ser incluído no polo passivo, em litisconsórcio com a entidade lesada, os responsáveis pela lesão, e os beneficiários diretos do ato.

b) Se o ato foi *revogado* (por conveniência ou oportunidade), a situação é idêntica à da alínea anterior, desde que, apesar de a revogação se fundar na conveniência e oportunidade, o ato tenha sido ilegal ou tenha causado dano ao meio ambiente (já que para fundar ação popular em prol do meio ambiente, basta a lesividade do ato, sendo prescindível que ele tenha sido ilegal).

> ## ATENÇÃO
>
> Faltará ao autor interesse processual (ausência de necessidade) na propositura de ações populares para impugnar atos judiciais típicos (de natureza jurisdicional), pois podem eles ser combatidos pela via recursal, ou, quando cabíveis, pelo incidente processual da "suspensão de segurança" ou por alguma ação autônoma de impugnação, tal como o mandado de segurança, a rescisória, ou os embargos de terceiro. Os atos do Judiciário de natureza administrativa, por sua vez, que são atos judiciais atípicos, poderão ser objeto de ações populares, desde que presentes os demais pressupostos desse remédio constitucional.

3.3   ELEMENTOS DA AÇÃO

3.3.1   Partes

Por um conceito de parte, vide item 2.4.1, no Capítulo 2 (Ação Civil Pública). E, sobre quem pode ser parte numa ação popular, vide item 3.2.1, deste Capítulo 3 (ação popular).

3.3.2   Causa de pedir

Na ação popular, como em qualquer ação, a inicial deve trazer os fundamentos de fato e de direito em que se funda o pedido.

Para que uma ação popular tenha êxito, mister nela sejam descritos os seguintes fatos:

a) **o ato** que se pretende invalidar;

b) **sua lesividade**, ou seja, o dano por ele já causado, ou os fatos que indicam a existência de sério risco de dano ao patrimônio público, à moralidade pública ou ao meio ambiente, em função do ato. Às vezes, a lesividade não precisará ser demonstrada, por estar presumida na lei, como veremos adiante.

Quanto aos fundamentos jurídicos, devem-se demonstrar as razões pelas quais o ato é passível de invalidação por uma ação popular.

CAP. 3 – AÇÃO POPULAR | 305

A LAP dividiu os atos por ela invalidáveis em atos nulos e anuláveis.

Atos nulos, segundo a LAP, são os que, além de lesivos ao patrimônio público, incorrem em algum dos seguintes defeitos: a) incompetência, b) vício de forma; c) ilegalidade do objeto; d) inexistência de motivos; ou e) desvio de finalidade (art. 2.º). O parágrafo único do art. 2.º especifica cada um desses vícios:

Parágrafo único. Para a conceituação dos casos de nulidade observar-se-ão as seguintes normas:

a) a incompetência fica caracterizada quando o ato não se incluir nas atribuições legais do agente que o praticou;

b) o vício de forma consiste na omissão ou na observância incompleta ou irregular de formalidades indispensáveis à existência ou seriedade do ato;

c) a ilegalidade do objeto ocorre quando o resultado do ato importa em violação de lei, regulamento ou outro ato normativo;

d) a inexistência dos motivos se verifica quando a matéria de fato ou de direito, em que se fundamenta o ato, é materialmente inexistente ou juridicamente inadequada ao resultado obtido;

e) o desvio de finalidade se verifica quando o agente pratica o ato visando a fim diverso daquele previsto, explícita ou implicitamente, na regra de competência.

Observe-se que, nessas hipóteses, não basta a presença do defeito, deve-se também demonstrar a lesividade do ato ao patrimônio público.

O art. 4.º da LAP, por seu turno, dispõe o seguinte:

Art. 4.º São também nulos os seguintes atos ou contratos, praticados ou celebrados por quaisquer das pessoas ou entidades referidas no art. 1.º.

I – A admissão ao serviço público remunerado, com desobediência, quanto às condições de habilitação, das normas legais, regulamentares ou constantes de instruções gerais.

II – A operação bancária ou de crédito real, quando:

a) for realizada com desobediência a normas legais, regulamentares, estatutárias, regimentais ou internas;

b) o valor real do bem dado em hipoteca ou penhor for inferior ao constante de escritura, contrato ou avaliação.

III – A empreitada, a tarefa e a concessão do serviço público, quando:

a) o respectivo contrato houver sido celebrado sem prévia concorrência pública ou administrativa, sem que essa condição seja estabelecida em lei, regulamento ou norma geral;

b) no edital de concorrência forem incluídas cláusulas ou condições, que comprometam o seu caráter competitivo;

c) a concorrência administrativa for processada em condições que impliquem na limitação das possibilidades normais de competição.

IV – As modificações ou vantagens, inclusive prorrogações que forem admitidas, em favor do adjudicatário, durante a execução dos contratos de empreitada, tarefa e concessão de serviço público, sem que estejam previstas em lei ou nos respectivos instrumentos;

V – A compra e venda de bens móveis ou imóveis, nos casos em que não cabível concorrência pública ou administrativa, quando:

a) for realizada com desobediência a normas legais, regulamentares, ou constantes de instruções gerais;

b) o preço de compra dos bens for superior ao corrente no mercado, na época da operação;

c) o preço de venda dos bens for inferior ao corrente no mercado, na época da operação.

VI – A concessão de licença de exportação ou importação, qualquer que seja a sua modalidade, quando:

a) houver sido praticada com violação das normas legais e regulamentares ou de instruções e ordens de serviço;

b) resultar em exceção ou privilégio, em favor de exportador ou importador.

VII – A operação de redesconto quando sob qualquer aspecto, inclusive o limite de valor, desobedecer a normas legais, regulamentares ou constantes de instruções gerais.

VIII – O empréstimo concedido pelo Banco Central da República, quando:

a) concedido com desobediência de quaisquer normas legais, regulamentares, regimentais ou constantes de instruções gerais:

b) o valor dos bens dados em garantia, na época da operação, for inferior ao da avaliação.

IX – A emissão, quando efetuada sem observância das normas constitucionais, legais e regulamentadoras que regem a espécie.

Ocorrendo algum dos casos previstos no art. 4.º, a lesividade (dano atual ou sério risco de dano) do ato ao patrimônio público é presumida pela lei: decorre do defeito do ato, de sua contrariedade à norma. Na verdade, o legislador já arrolou no dispositivo atos que, normalmente, carregam em si uma lesividade inerente. Portanto, a disciplina aqui é distinta daquela do art. 2.º, em que, além de demonstrar que o ato contém um dos vícios apontados na lei, deve-se esclarecer qual é a sua lesividade, ou seja, apontar qual o dano por ele já causado, ou explicar por que razão, em sendo ele mantido, há sério risco de que um dano seja gerado.

A LAP ainda admite a impugnação dos atos anuláveis segundo as regras de direito privado:

> **Art. 3.º** Os atos lesivos ao patrimônio das pessoas de direito público ou privado, ou das entidades mencionadas no art. 1.º, cujos vícios não se compreendam nas especificações do artigo anterior, serão anuláveis, segundo as prescrições legais, enquanto compatíveis com a natureza deles.

A intenção da norma, nesse dispositivo, foi a de alargar ainda mais seu raio de alcance, permitindo a invalidação de atos não sujeitos à disciplina dos arts. 2.º e 4.º, porque praticados sob o regime de direito privado. Para que sejam sindicáveis na ação popular, esses atos deverão atender, concomitantemente, a dois requisitos:

a) serem lesivos aos patrimônios das pessoas ou entidades mencionadas no art. 1.º da LAP; e

b) terem vício que os tornem invalidáveis, segundo os princípios de direito privado da anulabilidade e da nulidade dos atos jurídicos.[17]

Assim, nos termos da LAP, quanto à lesividade ao patrimônio público, temos o seguinte quadro:

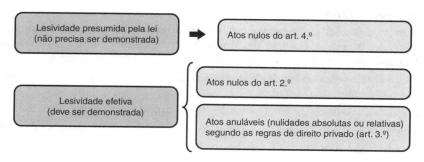

---

[17] SILVA, José Afonso da. *Ação Popular Constitucional*: Doutrina e Processo. 2. ed. rev., ampl. e aum. São Paulo: Malheiros, 2007. p. 136.

CAP. 3 – AÇÃO POPULAR | **307**

Reiteramos que, quando dizemos que a lesividade dos atos sujeitos à disciplina dos arts. 2.º e 3.º da LAP precisa ser demonstrada (lesividade efetiva), não preconizamos seja necessário que já tenham causado um dano, bastando a demonstração de sérios indícios de que, em sendo mantidos, acarretarão dano ao patrimônio público. No último caso, a ação popular terá índole preventiva, em vez de repressiva.

A Constituição de 1988 passou a admitir a anulação, via ação popular, não apenas dos atos lesivos ao patrimônio público (assim como definido no § 1.º do art. 1.º da LAP), como também dos que ofendam a moralidade administrativa ou o meio ambiente. Desde então, tornou-se despicienda a existência de lesividade ao *patrimônio público*, bastando que se prove a lesividade à *moralidade administrativa* ou ao *meio ambiente*.[18]

Com relação ao meio ambiente, impende ressalvar, contudo, que mesmo antes da CF de 1988 já era possível, nos termos da LAP, impugnar atos ilegais lesivos ao patrimônio artístico, estético, histórico, ou turístico, considerados, para fins da LAP, componentes do patrimônio público (art. 1.º, § 1.º), mas que, inegavelmente, não deixam de ser integrantes do meio ambiente cultural.[19] Logo, no que se refere especificamente ao meio ambiente, a grande inovação da CF consistiu na abertura do campo de incidência da ação popular para a proteção de quaisquer espécies de bens ambientais, inclusive os artificiais e os naturais.

Discute-se muito se o ato impugnável pela ação popular deve ser, além de lesivo, *ilegal*. Esse era o entendimento doutrinário e jurisprudencial amplamente dominante antes da entrada em vigor da atual Carta Republicana. Era mister que o ato fosse efetiva (LAP, arts. 2.º e 3.º) ou presumidamente (LAP, art. 4.º) lesivo ao patrimônio das pessoas ou entidades do art. 1.º da LAP, e que também atentasse diretamente contra a lei em sentido lato (leis, decretos, resoluções etc.).

A partir de 1988, com a introdução pela CF/1988 da moralidade administrativa e do meio ambiente entre os bens passíveis de tutela por ação popular, pronunciou-se um dissenso quanto à necessária ilegalidade do ato:

a) Alguns doutrinadores continuam a defender que a ação popular só é cabível em face de atos que sejam, a um só tempo, lesivos e ilegais, pois o art. 5.º, LXXIII, da CF menciona a adequação dessa ação para "anular ato lesivo", e só há falar em ato nulo ou anulável se ele possuir um defeito jurídico. Por ilegalidade deve-se entender a contrariedade do ato à lei em sentido lato, ou seja, às normas jurídicas em geral, não bastando alegar violação do princípio da moralidade administrativa.[20] Admitir a possibilidade de invalidação judicial de atos administrativos legais, com base, tão só, na imoralidade administrativa, consistiria em tolerar indevida ingerência do Judiciário no mérito (na discricionariedade) dos atos administrativos, dando azo a subjetivismos indesejados.[21] No mesmo sentido:

> Processo civil. Ação popular. Limites do julgamento. O exame judicial dos atos administrativos se dá sob o ponto de vista da respectiva legalidade e de sua eventual lesividade ao patrimônio público (Lei 4.717, de 1997, art. 2.º), ou simplesmente da legalidade nos casos em que o prejuízo ao patrimônio

---

[18] STF, RE 170.768/SP, 1.ª T., rel. Min. Ilmar Galvão, j. 26.03.1999, *DJ* 13.08.1999; STJ, REsp 552.691/MG, 1.ª T., rel. Min. Luiz Fux, j. 03.05.2005, *DJ* 30.05.2005.

[19] V. art. 216 da CF.

[20] BARBOSA MOREIRA, José Carlos. Ações Coletivas na Constituição Federal de 1988. *RePro* 61/187, p. 192.

[21] GOMES JÚNIOR, Luiz Manoel. *Ação Popular*: Aspectos Polêmicos. 2. ed. Rio de Janeiro: Forense, 2004. p. 21-22 e 37. No mesmo sentido: MEIRELLES, Hely Lopes. *Mandado de Segurança, Ação Popular, Mandado de Injunção, "Habeas Data", Ação Direta de Inconstitucionalidade e Ação Declaratória de Constitucionalidade*. 22. ed. atual. por Arnoldo Wald e Gilmar Ferreira Mendes. São Paulo: Malheiros, 2000. p. 120-123.

308 INTERESSES DIFUSOS E COLETIVOS – VOL. 1

público é presumido (Lei 4.717, de 1965, art. 4.º); o julgamento sob o ângulo da conveniência do ato administrativo usurpa competência da administração. Recurso especial conhecido e provido.[22]

b) Para outros, a ilegalidade do ato já não é pressuposto necessário da ação popular, bastando, no caso da moralidade administrativa ou do meio ambiente, que o ato seja lesivo a tais interesses. A CF/1988, ao prever, singelamente, que os atos ofensivos a tais bens são inválidos, tornou dispensável o pressuposto da ilegalidade.[23] Nesse sentido (especificamente tratando da questão da moralidade) apontam os seguintes fundamentos de julgado do STJ:

1. O que deve inspirar o administrador público é a vontade de fazer justiça para os cidadãos sendo eficiente para com a própria administração, e não o de beneficiar-se. O cumprimento do princípio da moralidade, além de se constituir um dever do administrador, apresenta-se como um direito subjetivo de cada administrado. Não satisfaz às aspirações da Nação a atuação do Estado de modo compatível apenas com a mera ordem legal, exige-se muito mais: necessário se torna que a administração da coisa pública obedeça a determinados princípios que conduzam à valorização da dignidade humana, ao respeito à cidadania e à construção de uma sociedade justa e solidária.

2. A elevação da dignidade do princípio da moralidade administrativa a nível constitucional, embora desnecessária, porque no fundo o Estado possui uma só personalidade, que é a moral, consubstancia uma conquista da Nação que, incessantemente, por todos os seus segmentos, estava a exigir uma providência mais eficaz contra a prática de atos administrativos violadores desse princípio.

3. A ação popular protege interesses não só de ordem patrimonial como, também, de ordem moral e cívica. O móvel, pois, da ação popular não é apenas restabelecer a legalidade, mas também punir ou reprimir a imoralidade administrativa. Nesse duplo fim vemos a virtude desse singular meio jurisdicional, de evidente valor educativo (Rafael Bielsa, A ação popular e o poder discricionário da administração, *RDA* 38/40).[24]

Portanto, atualmente, continua pacífico que a lesividade de um ato ao patrimônio público, à moralidade administrativa ou ao meio ambiente é um pressuposto necessário da ação popular. No tocante à ilegalidade do ato, há dois entendimentos. Filiamo-nos à segunda corrente (para quem a ilegalidade não é imprescindível), pois nos parece ser a que extrai maior efetividade das inovações trazidas pela atual Constituição, seja no sentido de conferir maior proteção ao meio ambiente e à probidade administrativa, seja de permitir uma maior participação popular na vida política.

3.3.3 Pedido

O pedido recai sobre um objeto imediato e um objeto mediato. Além de tratar de aspectos conceituais de tais componentes dos pedidos, abordamos neste item algumas espécies de pretensões que, na ação popular, podem suscitar polêmica.

---

22 REsp 100.237/RS, 2.ª T., rel. Min. Ari Pargendler, j. 03.04.1997, *DJ* 26.05.1997.

23 SILVA, José Afonso da. *Ação Popular Constitucional*: Doutrina e Processo. 2. ed. rev., ampl. e aum. São Paulo: Malheiros, 2007. p. 117-118. No mesmo sentido, enfocando o ato lesivo à moralidade administrativa: FERRARESI, Eurico. *Ação Popular, Ação Civil Pública e Mandado de Segurança Coletivo*. Rio de Janeiro: Forense, 2009. p. 184. No mesmo sentido, enfocando o ato lesivo ao meio ambiente: MILARÉ, Édis. *Direito do Ambiente*. 5. ed. rev., atual. e ampl. São Paulo: RT, 2007. p. 1.079-1.080.

24 STJ, REsp 579.541/SP, 1.ª T., rel. Min. José Delgado, j. 17.02.2004, *DJ* 19.04.2004.

3.3.3.1 Objeto imediato

O objeto imediato é o provimento jurisdicional postulado na ação.

Tradicionalmente, o objeto imediato do pedido na ação popular era tido como um provimento jurisdicional de natureza **constitutiva negativa** ou **declaratória**, e **condenatória** *ressarcitória*. Isso porque o art. 1.º da LAP fala em cabimento da ação popular para *anulação* ou *declaração de nulidade* de *atos lesivos*, ao passo que seu art. 11 determina a *condenação* dos responsáveis pelo ato invalidado, e de seus beneficiários, *em perdas e danos*. Ademais, em função da expressão "atos lesivos", e da consequente condenação em "perdas e danos", era possível pressupor a necessidade da existência de dano, de modo que o cidadão estaria autorizado a agir apenas depois de ocorrida uma lesão.

Com a Constituição de 1988, consolidou-se um modelo processual em que vicejam os princípios da efetividade da justiça (que pressupõe a prestação jurisdicional adequada), da instrumentalidade do processo, do acesso à justiça, e da inafastabilidade da tutela jurisdicional. Desde então, é sob a ótica desses princípios que a ação popular deve ser interpretada,[25] de modo que a efetiva ocorrência de dano é claramente dispensável.

A propósito, o art. 5.º, XXXV, da CF preconiza que a lei não excluirá da apreciação do Poder Judiciário a lesão "ou a ameaça" a direito, vislumbrando-se, então, o pleno cabimento da atuação preventiva. E a própria LAP já previa a possibilidade de suspensão liminar do ato lesivo impugnado (art. 5.º, § 4.º).

Ademais, havendo a Constituição incluído o meio ambiente entre os bens tuteláveis pela ação popular, e sabendo-se que a prevenção é o melhor meio de resguardá-lo, não faz sentido exigir que o cidadão espere por sua efetiva lesão para, somente então, requerer a anulação ou a declaração de nulidade do ato, e a condenação do responsável em "perdas e danos".

De outra parte, caso já consumado o dano ambiental, tampouco seria justo admitir apenas a anulação ou declaração de nulidade do ato, somada à condenação em perdas e danos, quando é certo que a melhor forma de reparar o dano ambiental é por meio da tutela específica, ou seja, da recondução do meio ambiente ao *statu quo ante*, mediante uma obrigação de fazer ou não fazer.

Assim, conclui-se que:

1) É admissível, na ação popular, pedido declaratório de nulidade ou desconstitutivo (anulatório) em caráter preventivo, ou seja, antes da ocorrência do dano, cumulados, se o caso exigir, com pedido de condenação em obrigação de fazer ou não fazer;

2) Caso já haja dano, o pedido condenatório não necessariamente deverá ser o de reparação em pecúnia. Em vez disso, é possível cumular o pedido de invalidação do ato com um pedido de condenação em obrigação de fazer (p. ex., reflorestamento da área desmatada), de não fazer (p. ex., suspensão da emissão de gases poluidores), ou, até mesmo, de entregar coisa certa (p. ex., restituição, ao local de origem, de uma obra de arte tombada pelo patrimônio histórico nacional), conforme, no caso concreto, sejam os pedidos mais adequados à tutela do bem difuso atacado.

Toda ação popular deverá ter por pedido a invalidação de um ato que atente contra o patrimônio público, a moralidade, ou o meio ambiente. Mas será que esse pedido poderá visar à invalidação de qualquer tipo de ato? A resposta é negativa.

---

[25] **Nesse sentido:** FERRARESI, Eurico. *Ação Popular, Ação Civil Pública e Mandado de Segurança Coletivo*. Rio de Janeiro: Forense, 2009. p. 182-183.

No mais das vezes, o ato sindicável em uma ação popular consistirá em um ato administrativo, seja unilateral (p. ex., autorização), seja bilateral (p. ex., contrato administrativo).

Também os atos que possuam forma de norma (p. ex., Decreto, Provimento, Resolução, Circular etc.) poderão ser objeto de ação popular, desde que não sejam leis em sentido formal (ou seja, não possuam a forma de lei), e tampouco em sentido material (ou seja, devem ser atos de efeitos concretos, despidos de abstração e generalidade, meros atos administrativos). Caso contrário, haveria o risco de a ação popular ser utilizada à guisa de ação direta de inconstitucionalidade, em violação à primazia do STF no controle concentrado de constitucionalidade.

Com efeito, nas ações populares, assim como nas ações civis públicas, tendo em vista a natureza difusa dos direitos e interesses envolvidos, a eficácia da sentença pode não ficar restrita aos sujeitos do processo. Assim, em certos casos, a coisa julgada poderá gerar efeitos *erga omnes*. Por tal razão, aplica-se aqui limitação idêntica à já observada em relação à ação civil pública: a ação popular não pode ser utilizada como sucedâneo da ação direta de inconstitucionalidade. Nada obsta, porém, que nas ações populares se faça o controle incidental de constitucionalidade de leis e atos normativos.[26]

Do mesmo modo, como já visto, os atos judiciais (emanados do Poder Judiciário) somente poderão ser objeto de uma ação popular quando atípicos, ou seja, quando, materialmente (na essência), forem atos administrativos.

Em suma: em se tratando de ato administrativo sem forma de lei, e desde que seja lesivo ao patrimônio público, à moralidade administrativa ou ao meio ambiente, pouco importa tenha sido emitido pelo Executivo, Legislativo, Judiciário, Ministério Público ou outros entes públicos: poderá ser alvo de uma ação popular.

Desde que lesivos àqueles mesmos bens, também poderão ser invalidados por meio de ações populares Atos da Administração, praticados sob a égide do direito privado, hipótese prevista no art. 3.º da LAP.

Os seguintes atos podem ser alvo de pedido invalidatório numa ação popular:

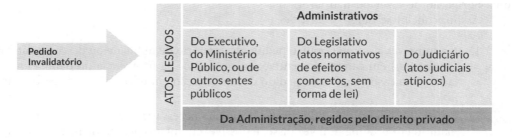

Como vimos, a despeito de a LAP apenas prever, além dos pedidos invalidatórios (declaratórios de nulidade ou anulatórios), o pedido de condenação em obrigação de pagar (perdas e danos), diante do novo perfil constitucional do processo judicial e do princípio da inafastabilidade do controle jurisdicional não há como negar a possibilidade de se formularem, em ações populares, pedidos de condenação em obrigação de fazer ou de não fazer, ou mesmo de entregar coisa certa, caso sejam necessários à tutela do patrimônio público, da moralidade administrativa ou do meio ambiente. Em tal sintonia, no que toca à condenação em obrigação de não fazer, o seguinte julgado do STJ:

---

[26] V. item 2.4.3.3 (Controle de Constitucionalidade), no Capítulo 2 (Ação Civil Pública).

Pode ser proposta ação popular ante a omissão do Estado em promover condições de melhoria na coleta do esgoto da Penitenciária Presidente Bernardes, de modo a que cesse o despejo de elementos poluentes no Córrego Guarucaia (obrigação de não fazer), a fim de evitar danos ao meio ambiente.[27]

Assim, para o pedido condenatório temos as seguintes possibilidades:

Finalmente, é controvertida a possibilidade de buscar, via ação popular, a invalidação de atos administrativos discricionários, praticados em conformidade com a lei, mas contrários à moralidade administrativa.

Uma das correntes repugna tal possibilidade, acoimando-a de indevida invasão na discricionariedade administrativa, de indesejável abertura para subjetivismos, e afronta ao princípio da separação dos Poderes.

Outra entende que tal controle judicial da discricionariedade seria possível. Aduz que a discricionariedade do ato administrativo tem limites não apenas na lei, como também na moralidade administrativa, princípio administrativo constitucional com o qual interagem outros, tais como a impessoalidade, a publicidade e a eficiência administrativa. Ademais, a atual Constituição teria admitido como fundamento suficiente para a ação popular a contrariedade do ato à moralidade administrativa, de modo que, ainda que conforme à lei, o ato administrativamente imoral pudesse ser anulado.[28]

3.3.3.2 Objeto mediato

A ação popular surgiu no ordenamento brasileiro na Constituição de 1934 (embora ainda sem a denominação "ação popular"), que, em seu art. 113, inciso 38, permitia a qualquer cidadão pleitear a declaração de nulidade ou anulação dos atos lesivos do patrimônio da União, dos Estados ou dos Municípios. Portanto, inicialmente, os únicos bens da vida (objetos mediatos) resguardáveis por meio desse instrumento eram os que compunham o patrimônio da Administração direta.

Desaparecida na Constituição de 1937, a ação popular foi recriada na de 1946 (também ainda sem a denominação explícita de "ação popular"), que, em seu art. 141, § 38, proclamava caber a qualquer cidadão pleitear a declaração de nulidade de atos lesivos do patrimônio da União, dos Estados, dos Municípios, das entidades autárquicas e das sociedades de economia mista. Acresceu-se, então, o patrimônio da Administração indireta aos potenciais objetos mediatos das ações populares.

A Lei da Ação Popular (LAP) – Lei 4.717/1965 – ampliou ainda mais o âmbito de incidência desse instrumento democrático. No que se refere ao patrimônio da Adminis-

---

[27] REsp 889.766/SP, 2.ª T., rel. Min. Castro Meira, j. 04.10.2007, DJ 18.10.2007.
[28] Tais correntes são tratadas no item 3.3.2 (Causa de pedir).

312 | INTERESSES DIFUSOS E COLETIVOS – VOL. 1

tração direta, incluiu o do Distrito Federal. Inovou, ainda, por admiti-lo para proteger o patrimônio de entidades externas ao âmbito da Administração, para as quais, de alguma forma, o tesouro público (patrimônio da Administração direta, erário) contribua ou tenha contribuído financeiramente, e das sociedades mútuas de seguro nas quais a União represente os segurados ausentes, conforme seu art. 1.º, *caput* e § 2.º:

> **Art. 1.º** Qualquer cidadão será parte legítima para pleitear a anulação ou a declaração de nulidade de atos lesivos ao patrimônio da União, do Distrito Federal, dos Estados, dos Municípios, de entidades autárquicas, de sociedades de economia mista (Constituição, art. 141, § 38), de sociedades mútuas de seguro nas quais a União represente os segurados ausentes, de empresas públicas, de serviços sociais autônomos, de instituições ou fundações para cuja criação ou custeio o tesouro público haja concorrido ou concorra com mais de cinquenta por cento do patrimônio ou da receita ânua, de empresas incorporadas ao patrimônio da União, do Distrito Federal, dos Estados e dos Municípios, e de quaisquer pessoas jurídicas ou entidades subvencionadas pelos cofres públicos.
>
> (...)
>
> § 2.º Em se tratando de instituições ou fundações, para cuja criação ou custeio o tesouro público concorra com menos de cinquenta por cento do patrimônio ou da receita ânua, bem como de pessoas jurídicas ou entidades subvencionadas, as consequências patrimoniais da invalidez dos atos lesivos terão por limite a repercussão deles sobre a contribuição dos cofres públicos.

Demais disso, A LAP não empregou a locução "patrimônio público" no sentido estrito de erário (bens e direitos da Fazenda Pública), mas como um gênero a englobar "os bens e direitos de valor econômico, artístico, estético ou histórico" (§ 1.º do art. 1.º). Os bens e direitos de valor econômico eram aqueles pertencentes a alguma das entidades descritas no *caput* do art. 1.º, ou seja, o erário. Já por bens e direitos de valor artístico, estético ou histórico, tinham-se aqueles integrantes do patrimônio cultural.

Posteriormente, a Lei 6.513/1977 modificou esse § 1.º, para inserir no âmbito do patrimônio público, para fins da ação popular, os bens e direitos de valor turístico. Eles poderiam ser considerados espécie do subgênero patrimônio cultural.

Antes da Constituição de 1988, portanto, era objeto mediato do pedido, em suma, o patrimônio público em sentido amplo, nele abarcados os bens da Administração direta e indireta, e o patrimônio cultural.

Em 1988, a Constituição Federal conferiu nova dimensão aos objetos mediatos da ação popular, possibilitando não apenas a defesa do patrimônio público, como também da moralidade administrativa e do meio ambiente na sua integralidade.

Vejamos de modo esquematizado:

ANTES: PATRIMÔNIO PÚBLICO (bens econômicos das entidades do art. 1.º da LAP, bens artísticos, estéticos, históricos ou turísticos)

CONSTITUIÇÃO FEDERAL DE 1988

DEPOIS: PATRIMÔNIO PÚBLICO (bens econômicos das entidades do art. 1.º da LAP, bens artísticos, estéticos, históricos ou turísticos), MORALIDADE ADMINISTRATIVA E MEIO AMBIENTE

3.4 COMPETÊNCIA

Convém ao intérprete ter cautela na leitura da LAP quando buscar examinar a competência para as ações populares, especialmente quando pretender apurar as hipóteses de competência da Justiça Federal. Veremos, mais adiante, que tal diploma tem algumas incongruências com a Constituição em vigor.

A definição da competência para a ação popular deve seguir a mesma ordem de passos necessários à elucidação da competência nas ações em geral, por nós já vista quando do estudo da competência nas ações civis públicas. Assim, deve-se verificar, inicialmente, se a competência não é de algum tribunal de sobreposição (STF ou STJ), e, na sequência, descobrir qual a competência de jurisdição, a originária, a de foro, a de juízo, a interna e a recursal. Trataremos aqui das peculiaridades de maior interesse para a ação popular.

Comecemos pela competência originária do STF. Entre as diversas hipóteses de ações originariamente ajuizáveis perante nossa corte suprema, as ações populares são passíveis de incidir, eventualmente, em duas delas: 1) as ações em que todos os membros da magistratura forem direta ou indiretamente interessados, ou se mais da metade dos membros do tribunal de origem estiver impedida ou for direta ou indiretamente interessada (CF, art. 102, I, *n*); ou 2) as ações propostas contra o Conselho Nacional de Justiça ou contra o Conselho Nacional do Ministério Público (CF, art. 102, I, *r*).

Exemplo concreto do primeiro tipo vê-se na ementa a seguir transcrita, em que todos os magistrados da Justiça Estadual do Acre eram interessados:

> Direito constitucional, administrativo e processual civil. Ação popular contra todos os magistrados do Estado do Acre. Competência originária do Supremo Tribunal Federal (art. 102, I, "n", da CF). Cabimento da ação. Medida liminar. Gratificação de nível universitário aos magistrados do Estado do Acre: Ato 143, de 20.07.1989, baixado pelo presidente do Tribunal de Justiça. Art. 326 do Código de Organização Judiciária do Estado (LC 47, de 22.11.1995). Questões de ordem. 1. A competência originária do Supremo Tribunal Federal é de ser reconhecida, em face do disposto no art. 102, I, "n", da Constituição Federal, pois a Ação é proposta contra todos os Juízes do Estado do Acre, inclusive os Desembargadores do Tribunal de Justiça. 2. A Ação Popular é cabível, já que objetiva a suspensão definitiva do pagamento da Gratificação de Nível Superior e a consequente condenação dos beneficiários à devolução de todas as quantias recebidas, devidamente corrigidas. Com efeito, a Ação Popular, como regulada pela Lei 4.717, de 29.06.1965, visa à declaração de nulidade ou à anulação de atos administrativos, quando lesivos ao patrimônio público, como dispõem seus artigos 1.º, 2.º e 4.º. Mas não é preciso esperar que os atos lesivos ocorram e produzam todos os seus efeitos, para que, só então, ela seja proposta.[29]

Já nas hipóteses de competência do STJ (CF, art. 105, I) não se vislumbra alguma que possa comportar a propositura originária de uma ação popular.

No campo da competência de jurisdição, convém inicialmente verificar se a competência não é de alguma das Justiças Especiais (Militar, Eleitoral, Trabalhista). Caso não seja, cumpre analisar se é da Justiça Federal, e, finalmente, afastada também tal possibilidade, restará a competência nas Justiças Estaduais ou do Distrito Federal.

Ao tratarmos da competência nas ações civis públicas, vimos que a Justiça Militar só atua em face de ações penais, o que exclui de seu âmbito as ações populares.

No que toca à Justiça Eleitoral, lembramos que sua competência se restringe às causas relativas ao processo eleitoral, que se encerra com a diplomação dos eleitos, com exceção da ação de impugnação de mandato (CF, art. 14, §§ 10 e 11), que é admissível mesmo após o encerramento. Em tese, é possível o aforamento de uma ação popular em face de ato do processo eleitoral.[30] Evidentemente, deverão estar presentes os pressupostos da ação popular (lesividade a um dos bens que ela visa a tutelar, e, se o caso, ilegalidade do ato).

Já a competência da Justiça Laboral é ditada pelo art. 114 da CF. Pode-se admitir a possibilidade de ajuizamento de ação popular perante a Justiça Trabalhista, por exemplo,

---

[29] STF, AO 506 QO/AC, Pleno, rel. Min. Sydney Sanches, j. 06.05.1998, *DJ* 04.12.1998.
[30] STF, AO 772 QO/SP, Pleno, rel. Min. Moreira Alves, j. 19.12.2000, *DJ* 18.10.2002.

314 | INTERESSES DIFUSOS E COLETIVOS – VOL. 1

para impugnação de um ato do Poder Público lesivo ao meio ambiente do trabalho. A propósito, a Súmula 736 do STF dispõe que "compete à Justiça do Trabalho julgar as ações que tenham como causa de pedir o descumprimento de normas trabalhistas relativas à segurança, higiene e saúde dos trabalhadores".

Ainda na seara da competência de jurisdição, se a competência não for de uma das Justiças Especiais, impende verificar se não é da Justiça Federal. Caso esta também não seja competente, restarão as Justiças Estaduais ou do Distrito Federal. Vejamos, primeiramente, a competência da Justiça Federal. Conforme adiantamos no início deste item, neste ponto o intérprete necessita de extrema cautela ao interpretar a LAP.

O art. 5.º, *caput*, da LAP parece traçar uma diretriz para apurar a competência da Justiça Federal:

> **Art. 5.º** Conforme a origem do ato impugnado, é competente para conhecer da ação, processá-la e julgá-la o juiz que, de acordo com a organização judiciária de cada Estado, o for para as causas que interessem à União, ao Distrito Federal, ao Estado ou ao Município.

A **primeira ressalva** que se faz a esse dispositivo é que a competência da Justiça Federal não se dá por força de alguma lei estadual de organização judiciária, mas pela própria Constituição da República, no seu art. 109. Para a ação popular, interessa-nos especialmente o inciso I do art. 109, que outorga à Justiça Federal a competência para as causas em que a União, entidade autárquica ou empresa pública federal sejam interessadas na condição de autoras, rés, assistentes ou oponentes, exceto as de falência, as de acidentes de trabalho e as sujeitas à Justiça Eleitoral e à Justiça do Trabalho.

Na prática, constatada no processo a presença da União, de entidade autárquica (aqui incluídas as fundações públicas), ou de uma empresa pública federal, na condição de rés, assistentes ou oponentes (não é possível figurarem como autoras, posição cabível apenas ao cidadão), será competente para a causa a Justiça Federal.

Se a ação popular houver sido proposta em face da União, e de um Estado ou Município, prevalece a regra constitucional: a competência é da Justiça Federal. Portanto, é desnecessária a norma disposta no § 2.º do art. 5.º da LAP, que proclama que, "Quando o pleito interessar simultaneamente à União e a qualquer outra pessoas ou entidade, será competente o juiz das causas da União".

A **segunda ressalva** ao art. 5.º da LAP também requer análise de seu § 1.º:

> § 1.º Para fins de competência, equiparam-se atos da União, do Distrito Federal, do Estado ou dos Municípios os atos das pessoas criadas ou mantidas por essas pessoas jurídicas de direito público, bem como os atos das sociedades de que elas sejam acionistas e os das pessoas ou entidades por elas subvencionadas ou em relação às quais tenham interesse patrimonial.

Note-se que o art. 5.º, *caput*, afirma que a competência será ditada conforme a origem do ato impugnado, e seu § 1.º, dando prosseguimento, equipara, para fins de competência, o ato de uma sociedade da qual determinado ente político (União, Estado, Distrito Federal ou Município) seja acionista e o ato das pessoas por ele subvencionadas ou em relação à qual ele tenha interesse patrimonial, ao ato do próprio ente. Nesse ponto, a intenção da lei é fixar, para a ação popular voltada à invalidação de atos promanados de tais entidades, o mesmo juízo competente para as ações populares para a invalidação dos atos do respectivo ente político acionista ou interessado.

Isso importaria dizer, por exemplo, que, segundo a disciplina legal, se a União fosse acionista ou houvesse subvencionado, ou, ainda, tivesse simples interesse patrimonial em uma entidade cujo ato está sendo impugnado, a competência da ação popular seria da

CAP. 3 - AÇÃO POPULAR | **315**

Justiça Federal. Não obstante, a regra do art. 109, I, da CF é inafastável: somente se a própria União, suas autarquias ou empresas públicas federais figurarem como rés, assistentes ou opoentes é que a competência recairá na Justiça Federal.

Assim, pelo simples fato de a ação popular impugnar ato de uma sociedade de economia mista da qual a União seja acionista, a despeito do que reza o § 1.º do art. 5.º da LAP, não se impõe a competência da Justiça Federal. Nesse sentido, tem decidido o STJ que "à Justiça Federal não compete processar e julgar ação popular, qualificando entre os réus sociedade de economia mista (pessoa jurídica de direito privado), não mencionada entre as entidades públicas albergadas nas disposições do art. 109, I, Constituição Federal".[31]

O **último alerta** fica por conta da definição peculiar que a LAP confere às autarquias. Com efeito, tradicionalmente, autarquias são pessoas jurídicas de direito público, criadas por lei para prestação de serviços típicos da Administração Pública em regime descentralizado.[32] O caráter público da autarquia é tão imprescindível que, dos entes da Administração Indireta, é o único cuja criação tem de ser feita (e não meramente autorizada) por lei específica (CF, art. 37, XIX). Não obstante, a LAP, em seu art. 20, possibilita a inserção, no conceito de autarquias, de entidades não criadas por lei, bem como de entidades com personalidade jurídica de direito privado às quais a lei tenha atribuído competência para receber e aplicar contribuições parafiscais:

> **Art. 20.** Para os fins desta lei, consideram-se entidades autárquicas:
>
> a) o serviço estatal descentralizado com personalidade jurídica, custeado mediante orçamento próprio, independente do orçamento geral;
>
> b) as pessoas jurídicas especialmente instituídas por lei, para a execução de serviços de interesse público ou social, custeados por tributos de qualquer natureza ou por outros recursos oriundos do Tesouro Público;
>
> c) as entidades de direito público ou privado a que a lei tiver atribuído competência para receber e aplicar contribuições parafiscais.

Dentro desse conceito, o Sebrae, por exemplo, que, na prática, é uma sociedade civil (portanto, tem personalidade jurídica de direito privado), poderia ser considerado, para fins da LAP, uma autarquia federal, pois utiliza recursos oriundos de contribuições parafiscais federais. Não obstante, o STF entendeu que o art. 20 da LAP deve ter seu alcance reduzido, para não colidir com a Constituição Federal: embora torne possível que as entidades que percebam ou apliquem contribuições parafiscais possam ter seus atos impugnados por ação popular, não as transforma em autarquias, de modo que a natureza federal das contribuições não importa competência da Justiça Federal.[33]

O quadro a seguir resume as ressalvas:

O que a LAP diz	Como fica diante da atual CF
Competência para "causas da União" estaria ditada pela "organização judiciária de cada Estado" (art. 5.º, *caput*, da LAP).	Competência da Justiça Federal é dada pelo art. 109 da CF.

---

[31] CC 15.721/RS, 1.ª S., rel. Min. Milton Luiz Pereira, j. 08.03.1996, *DJ* 15.04.1996. No mesmo sentido: STJ, CC 20.971/MG, 1.ª S., rel. Min. Milton Luiz Pereira, j. 25.03.1998, *DJ* 08.06.1998.

[32] Para os fins do Decreto-lei 200/1967, o inciso I de seu art. 5.º assim define a autarquia: "o serviço autônomo, criado por lei, com personalidade jurídica, patrimônio e receita próprios, para executar atividades típicas da Administração Pública, que requeiram, para seu melhor funcionamento, gestão administrativa e financeira descentralizada".

[33] RE 366.168/SC, 1.ª T., rel. Min. Sepúlveda Pertence, j. 03.02.4004, *DJ* 14.05.2004.

O que a LAP diz	Como fica diante da atual CF
O mero interesse patrimonial da União ou o fato de a União ser acionista ou subvencionar entidade cujo ato é impugnado são determinantes para fixar a competência da Justiça Federal (art. 5.º, *caput* e § 1.º, da LAP).	Os fatores apontados no quadro ao lado não são determinantes para fixar a competência da Justiça Federal: é mister que a União seja parte, assistente ou oponente e tenha interesse jurídico (art. 109, I, da CF), ou estejam presentes outras hipóteses do art. 109 da CF.
O serviço estatal descentralizado, com personalidade e orçamento independente, bem como a entidade de direito privado que tenha competência para receber e aplicar contribuições parafiscais são equiparadas a autarquias para os fins da LAP (art. 20 da LAP).	A equiparação feita pelo art. 20 da LAP, embora permita a incidência da LAP para impugnar os atos lesivos à moralidade administrativa ou patrimônio de tais entidades, não as torna autarquias federais para o fim de fixar a competência da Justiça Federal determinada no art. 109 da CF.

Uma vez constatado que a Justiça Federal não é competente, a competência restará na Justiça do Distrito Federal ou Estadual.

Nas Justiças Especiais, na Justiça Federal, nas Justiças Estaduais ou na Distrital, a competência originária será sempre de um juiz de primeiro grau. Com efeito, nelas, a competência originária para as ações populares, ainda que seja réu o próprio Presidente da República, será do juízo de primeiro grau.[34]

Passemos em revista, agora, à competência de foro, a fim de descobrir a unidade territorial (comarca, seção ou subseção) onde deve ser proposta a ação popular.

a) **Se a União for ré**, aplicam-se as regras do § 2.º do art. 109 da CF: "as causas intentadas contra a União poderão ser aforadas na seção judiciária em que for domiciliado o autor, naquela onde houver ocorrido o ato ou fato que deu origem à demanda ou onde esteja situada a coisa, ou ainda, no Distrito Federal". É o autor quem optará por um desses foros.

Embora a Constituição se refira à seção judiciária, observe-se que, à época da elaboração do texto, ainda não existiam "subseções judiciárias" na Justiça Federal. Nos Estados onde tais subdivisões já existirem, o foro a ser considerado deve ser a "subseção", e não a "seção", pois assim facilita-se o acesso do autor à Justiça.

O STJ entendeu que a norma de extensão do § 1.º do art. 5.º da LAP (que equipara aos atos da União os das entidades de que ela seja acionista, ou os das entidades por ela subvencionadas ou nas quais ela tenha interesse patrimonial) pode ser compatibilizada com o dispositivo constitucional em exame. Em outras palavras, considerando que o § 2.º do art. 109 da CF permite ao cidadão propor a ação no foro de seu próprio domicílio, e que tal possibilidade facilita seu acesso à Justiça, o STJ entendeu que a faculdade seria possível não apenas quando a própria União fosse ré, como também quando a ação popular fosse proposta em face de entidade de que a União fosse acionista, houvesse subvencionado, ou tivesse outro interesse patrimonial.[35]

b) **Se a União não for ré**, a CF não traz norma específica. O art. 5.º, *caput*, da LAP sugere que a competência poderia ser definida segundo a legislação de organização

---

[34] STF, Pet. 5.856/DF, rel. Min. Celso de Melo, j. 06.11.2015, *DJe* 11.11.2015; AO 859 QO/P, Pleno, rel. Min. Ellen Gracie, j. 11.10.2001, *DJ* 01.08.2003.

[35] CC 107.109/RJ, 1.ª S., rel. Min. Castro Meira, j. 24.02.2010, *DJe* 18.03.2010.

judiciária de cada Estado. Não obstante, tais normas não podem definir como se distribui a competência entre foros distintos (comarcas, seções, subseções), pois, se o fizessem, estariam extravasando a mera organização judiciária, e tratando de questão de natureza processual, cuja competência é privativa da União (CF, art. 22, I). Por tal razão, essas leis estaduais se limitam, em matéria de competência, a dispor sobre competência de juízo (competência distribuída entre varas de um mesmo foro).

A solução, pensamos, poderia ser dada aplicando-se, por analogia, as regras de competência de foro voltadas para as ações civis públicas. Afinal de contas, ações populares e ações civis públicas são espécies do gênero ação coletiva em sentido amplo, tendo em comum a vocação para a defesa de direitos difusos. Não é por menos que a LACP, no *caput* do seu art. 1.º, ressalvou que suas normas não prejudicavam a ação popular, querendo significar que ela ainda continuava cabível. A propósito, lembramos que, em um caso concreto, seria possível até mesmo falar-se em litispendência entre uma ação popular e uma ação civil pública. Assim, ante a semelhança de finalidade dos institutos, nada obsta que a analogia resolva a lacuna da competência de foro da ação popular em que não haja presença da União (ou das entidades do § 1.º do art. 5.º).

As leis de organização judiciária de cada Estado poderão prever a existência, em determinados foros (comarcas), de varas com competência específica para processar ações contra a Fazenda Estadual ou Municipal (competência de juízo). Do mesmo modo, o regimento dos tribunais poderá outorgar a determinado órgão a competência específica para apreciar tais ações populares, seja originariamente (competência interna), seja em grau recursal (competência recursal). Nessas hipóteses, deve-se atentar para o que dispõe o § 2.º do art. 5.º da LAP, no sentido de que, quando o pleito "interessar simultaneamente ao Estado e ao Município, será competente o juiz das causas do Estado, se houver". Em outras palavras, caso haja órgãos com competência específica para as ações em face do Estado, e outros para as ações em face do Município, se a ação for proposta, ao mesmo tempo, em face do Estado e do Município, será competente o órgão da causa do Estado.

3.5 CONEXÃO, CONTINÊNCIA E LITISPENDÊNCIA

Os conceitos de conexão, continência e litispendência já foram estudados no item 2.7 do Capítulo 2 (Ação Civil Pública), e permanecem válidos para a ação popular.

Lá, vimos que é possível haver conexão, continência ou litispendência entre uma ação civil pública e uma ação popular. Logo, com mais razão ainda, é possível haver conexão, continência ou litispendência entre ações populares.

Haverá conexão entre ações populares quando elas tiverem identidade de pedido ou de causa de pedir.

Tanto como entre ações civis públicas, é desnecessário haver identidade no polo ativo para que se configure a continência ou a litispendência entre ações populares, visto que diversos autores poderão, em nome próprio, defender interesses de uma mesma coletividade, que, portanto, poderá ser atingida pelos efeitos da coisa julgada independentemente de quem propuser a ação. Logo, em que pese a diferença de autores, poderemos ter ações populares com idênticos objetos litigiosos (litispendência), ou, ainda, uma ação popular cujo objeto litigioso esteja contido no de outra (continência), havendo, em ambas as hipóteses, risco de decisões conflitantes.

Estudamos, também, que a conexão e a continência poderão demandar a reunião das ações no juízo prevento, para evitar julgados conflitantes ou concentrar a dilação probatória. A LACP inspirou-se na LAP, repetindo sua disciplina sobre o tema da prevenção. Com efeito, o marco temporal da prevenção, tanto nas ações populares (LAP, § 3.º do art. 5.º) como nas ações civis públicas (LACP, parágrafo único do art. 2.º), é o da *propositura da primeira ação*. Aqui, portanto, vale o quanto dito no item 2.7.1.1, ou seja, como o atual CPC considera proposta a ação no momento do protocolo da petição inicial (art. 312), é neste momento que se dará a prevenção, exceto nos Foros onde houver mais de uma Vara materialmente competente para o caso, hipótese em que será necessário aplicar, por analogia, o art. 59 do CPC, e aguardar a distribuição da petição para determinar o Juízo prevento.

É possível a conexão entre ações populares e mandados de segurança coletivos. A viabilidade de continência ou litispendência entre essas ações, contudo, é discutível. A continência exige identidade de causa de pedir, e que o pedido de uma esteja contido no da outra. A litispendência, por sua vez, exige identidade de partes (no caso das ações coletivas, apenas do polo passivo), da causa de pedir e do pedido. Ocorre que a ação popular só se presta à defesa de interesses difusos, ao passo que parte da doutrina entende que o mandado de segurança coletivo só se destina aos coletivos e individuais homogêneos.[36] Logo, para esse filão doutrinário, cremos não seja possível falar em continência ou litispendência entre essas duas espécies de ações coletivas. Já para os que entendem que o *mandamus* coletivo também serve à defesa dos direitos difusos, seria eventualmente possível a continência ou a litispendência entre elas.

Quanto aos efeitos da conexão, da continência e da litispendência entre ações coletivas (seja entre ações populares ou entre uma ação popular e outra espécie de ação coletiva), valem, aqui, as mesmas observações feitas nos itens sobre tais assuntos, no Capítulo 2 (2.7 Conexão, continência e litispendência), com a seguinte advertência. Vimos que o art. 109, § 2.º, da CF autoriza o ajuizamento de ações contra a União no foro do autor, no local do fato ou ato que der origem à demanda, ou no Distrito Federal. A norma constitucional é aplicável à ação popular. Por outro lado, sabemos que nas ações civis públicas a competência territorial é absoluta, e ditada pelo local do dano (LACP, art. 2.º), e que tal regra pode ser aplicada analogicamente às ações populares não ajuizadas em face da União. O que fazer, porém, caso haja pluralidade de ações coletivas (populares e ações civis públicas), algumas propostas no local do dano? Poderia uma ação popular ajuizada em face da União tramitar pelo domicílio do autor, sob o argumento de ser tal foro determinado na Constituição?

O STJ se debruçou sobre o tema em conflito negativo de competência, relativamente a uma ação popular visando à reparação de dano ambiental pelo desastre de Brumadinho. Uma das varas federais envolvida entendia que o caso deveria tramitar pelo foro do domicílio do autor (Campinas, SP), ao passo que a outra sustentava ser competente o foro do local do dano (seção federal de MG). A solução da 1.ª Seção do STJ foi lapidar. Sem afastar o entendimento dominante na Corte, que reconhece ser lícito ao autor ajuizar a ação popular no foro em que seja mais fácil exercer seu direito de ação, abriu-se um *distinguishing* segundo o qual, à luz das peculiaridades do caso concreto, recomendava-se a adoção do foro que viabilizasse a melhor resposta pelo Poder Judiciário a todos os que sofriam com os efeitos da tragédia. E, naquele caso, ele seria o foro do local do dano:

---

[36] V. item 4.2.2 do Capítulo 4 (Mandado de Segurança Coletivo).

(...)

3. Não se desconhece a jurisprudência do STJ favorável a que, sendo igualmente competentes o juízo do domicílio do autor popular e o do local onde houver ocorrido o dano (local do fato), a competência para examinar o feito é daquele em que menor dificuldade haja para o exercício da Ação Popular. A propósito: CC 47.950/DF, Rel. Ministra Denise Arruda, Primeira Seção, *DJ* 7.5.2007, p. 252; CC 107.109/RJ, Rel. Ministro Castro Meira, Primeira Seção, *DJe* 18.3.2010.

4. Malgrado isso, as circunstâncias do caso concreto devem ser analisadas de forma que se ajuste o Direito à realidade. Para tanto, mister recordar os percalços que envolveram a definição da competência jurisdicional no desastre de Mariana/MG, o que levou o STJ a eleger um único juízo para todas as ações, de maneira a evitar decisões conflitantes e possibilitar que a Justiça se realize de maneira mais objetiva, célere e harmônica.

5. A hipótese dos autos apresenta inegáveis peculiaridades que a distinguem dos casos anteriormente enfrentados pelo STJ, o que impõe adoção de solução mais consentânea com a imprescindibilidade de se evitar tumulto processual em demanda de tamanha magnitude social, econômica e ambiental. Assim, necessário superar, excepcionalmente, a regra geral contida nos precedentes invocados, nos moldes do que dispõe o art. 489, § 1.º, VI, do CPC/2015. De fato a tragédia ocorrida em Brumadinho/MG invoca solução prática diversa, a fim de entregar, da melhor forma possível, a prestação jurisdicional à população atingida. Impõe-se, pois, ao STJ adotar saída pragmática que viabilize resposta do Poder Judiciário aos que sofrem os efeitos da inominável tragédia.

6. A solução encontrada é de *distinguishing* à luz de peculiaridades do caso concreto, e não de revogação universal do entendimento do STJ sobre a competência para a ação popular, precedentes que devem ser mantidos, já que lastreados em sólidos e atuais fundamentos legais e justificáveis argumentos políticos, éticos e processuais.

(...)

9. Assim, a regra geral do STJ não será aplicada aqui, porque deve ser usada quando a ação popular for isolada. Contudo, na atual hipótese, tem-se que a ação popular estará competindo e concorrendo com várias outras ações populares e ações civis públicas, bem como com centenas, talvez milhares, de ações individuais, razão pela qual, em se tratando de competência concorrente, deve ser eleito o foro do local do fato.

(...).[37]

Superada essa questão, cumpre indagar se, no caso de conexão, continência ou litispendência entre ações populares e um mandado de segurança coletivo, seria viável a reunião das ações. Como se resolveria o fato de tais ações possuírem procedimentos diversos, bem como de o mandado de segurança, quando impetrado em face de certas autoridades, ser da competência originária de tribunais (competência constitucionalmente fixada, e de natureza absoluta), ao passo que ações populares e ações civis públicas, em regra, são da competência originária de órgãos monocráticos? Não haveria violação de regra de competência absoluta, constitucionalmente estabelecida? Especificamente no tocante à conexão, encontramos decisões a favor e contra a possibilidade de reunião.[38]

É possível a conexão entre uma ação popular e ações individuais, pois, embora aquela não se preste à defesa de direitos individuais, não se exclui a hipótese da existência de algum vínculo entre as relações jurídicas discutidas nela e em eventuais ações individuais. Imagine-se, por exemplo, que uma ação popular busque anular ato lesivo ao meio ambiente e a reparação do dano ambiental por ele gerado. O dano ambiental fará parte de sua causa de pedir. Se daquele dano emergiram prejuízos individualizáveis a

---

[37] CC 164.362/MG, 1.ª S., Min. Herman Benjamin, j. 12.06.2019, *DJe* 19.12.2019.

[38] **A favor:** um caso de reunião, por conexão, entre ações civis públicas, uma ação popular e um mandado de segurança coletivo pode ser conferido no acórdão da 1.ª Seção do STJ proferido no CC 57.558/DF, 1.ª S., rel. Min. Luiz Fux, j. 12.09.2007, *DJe* 03.03.2008. **Contra:** MS 8.670/DF, 3.ª S., rel. Min. Félix Fischer, j. 08.11.2006, *DJ* 11.12.2006.

320 | INTERESSES DIFUSOS E COLETIVOS - VOL. 1

determinadas vítimas, estas também poderão propor ações individuais para se ressarcirem, e o dano ambiental também comporá sua causa de pedir, resultando evidente a conexão entre elas e a ação popular.

Como a ação popular não veicula pretensões individuais, e as ações individuais não buscam tutelar direitos difusos, não há espaço para identidade ou continência de pedidos entre elas, e, portanto, para litispendência ou continência.

3.6 PROVA

3.6.1 Considerações gerais

No que se refere à instrução, a LAP traz regras específicas sobre a prova documental, mas não inova em relação às demais. Naquilo que a LAP for omissa, é possível aplicar o CPC (LAP, art. 22). Assim, nas ações populares são cabíveis os mesmos meios de prova previstos no ordenamento (principalmente no CPC), bem como os moralmente legítimos (CPC/2015, art. 369).

Por força do art. 320 do atual CPC, aplicável subsidiariamente às ações populares, a petição inicial deverá ser instruída pelos documentos indispensáveis à propositura da ação. Para tanto, a LAP autoriza o cidadão a, antes de ajuizar a ação, requerer às entidades do art. 1.º as certidões e informações que julgar necessárias, bastando, para isso, indicar a finalidade das mesmas (LAP, art. 1.º, § 4.º).

Apesar de não citadas expressamente, o cidadão também poderá requerer fotocópias de documentos, caso necessárias para a propositura da ação popular. É o que se infere do art. 8.º da LAP, que estudaremos mais adiante.

Lembre-se que tanto os requerimentos de **informações** como os de **certidões** a órgãos públicos são direitos constitucionais (CF, art. 5.º, XXXIII, e XXXIV, b).

O direito de certidão, por expressa previsão constitucional, independe do pagamento de taxa. De outro lado, à ausência de óbice constitucional, o fornecimento de cópias poderá ser condicionado, por lei, ao pagamento das correspondentes taxas.

As certidões e informações (ou fotocópias) deverão ser prestadas no prazo de 15 dias a partir da emissão dos recibos dos respectivos requerimentos, e só poderão ser utilizadas para instruir a ação popular (LAP, art. 1.º, § 5.º).

Somente poderá ser negada a certidão ou informação (ou fotocópia) em caso de interesse público, devidamente justificado (LAP, art. 1.º, § 6.º). Nessa hipótese, a ação poderá ser proposta sem tais subsídios, requerendo-se, na inicial, que o juiz os requisite.

O Judiciário só não poderá requisitar o fornecimento da certidão ou informação negada quando a recusa se fundar na segurança nacional (LAP, art. 1.º, § 7.º). Isso não afasta do magistrado o poder de verificar se os motivos alegados pela entidade, de fato, justificam o risco à segurança nacional, uma vez que a lei não pode afastar do Poder Judiciário a apreciação de lesão ou ameaça a direito (CF, art. 5.º, XXXV). Logo, se o magistrado, no caso concreto, concluir que o motivo é claramente infundado, ou seja, que o aporte da informação ou certidão aos autos não representa nenhuma ameaça à segurança nacional, poderá requisitá-la.

Ao despachar a inicial, o juiz poderá requisitar as certidões, informações ou documentos requeridos pelo autor, e outros que achar necessários, fixando prazo de 15 a 30 dias para atendimento, prorrogável por prazo razoável, se for necessário (LAP, art. 1.º, § 7.º, c/c o art. 7.º, I, b e § 2.º). O representante do Ministério Público providenciará para que tais requisições sejam atendidas no prazo fixado (LAP, art. 7.º, § 1.º).

CAP. 3 – AÇÃO POPULAR | 321

Se a natureza das informações requisitadas o recomendarem, o processo correrá em segredo de justiça, que cessará no caso de trânsito em julgado de sentença condenatória (LAP, art. 1.º, § 7.º).

3.6.2 Crime do art. 8.º da LAP

O art. 8.º da LAP tem a seguinte redação:

> **Art. 8.º** Ficará sujeita à pena de desobediência, salvo motivo justo devidamente comprovado, a autoridade, o administrador ou o dirigente, que deixar de fornecer, no prazo fixado no art. 1.º, § 5.º, ou naquele que tiver sido estipulado pelo juiz (art. 7.º, n. I, letra "b"), informações e certidão ou fotocópia de documento necessários à instrução da causa.
>
> Parágrafo único. O prazo contar-se-á do dia em que entregue, sob recibo, o requerimento do interessado ou o ofício de requisição (art. 1.º, § 5.º, e art. 7.º, n. I, letra "b").

Note-se, inicialmente, que ele tipifica penalmente não apenas o não fornecimento de *certidão*, mas também de *informações* ou *fotocópias de documentos*.

Mister, para tanto, que a certidão, informação ou fotocópia sejam necessárias para instruir uma *ação popular*.

Ademais, atente-se que só haverá crime se o descumprimento não se fundar em motivo justo, devidamente comprovado. Logo, a inexistência de motivo justo devidamente comprovado é elemento normativo do tipo.

Até aí, não há polêmica. Vejamos onde reside a discórdia.

Segundo Pedro da Silva Dinamarco, apesar de a leitura fria desse artigo dar a entender que a negativa do *requerimento de um cidadão* basta para configurar crime de desobediência, essa conclusão parece ser falsa, pois o Código Penal, no art. 330, tipifica como crime de desobediência a conduta de "desobedecer à ordem legal de funcionário público", e, na solicitação de certidão do cidadão, não há ordem, nem é ela emitida por funcionário público. Logo, apenas a negativa de cumprimento de requisição judicial tipificaria o crime do art. 8.º da LAP.[39]

Pensamos que o autor se equivocou ao estabelecer a premissa de que o art. 8.º da LAP funda-se na estrutura do crime do art. 330 do CP. Na verdade, o art. 8.º da LAP traz em si as elementares de um crime novo. A alusão ao crime de desobediência (do CP, presume-se) limita-se ao seu preceito secundário: "ficará sujeita à pena de desobediência...". Assim, do art. 330 do CP o crime do art. 8.º da LAP empresta apenas a pena. Quanto ao preceito primário, o art. 8.º descreve suas próprias elementares.

Não há como negar serem elementares desse novo delito não apenas a injustificada negativa de atendimento à *requisição judicial*, como também o não atendimento do *requerimento feito por um cidadão*. Fosse a intenção legal restringir sua incidência à negativa de resposta à requisição judicial, o art. 8.º não haveria, no seu *caput*, tratado do prazo do art. 1.º, § 5.º (que se refere aos requerimentos deduzidos por cidadãos).

Demais disso, no seu parágrafo único, o art. 8.º define dois termos *a quo* para contagem do prazo para fornecimento da certidão: um é o dia de entrega do "requerimento do interessado" (que presume solicitação do cidadão), e outro o dia de entrega do "ofício de requisição" (que presume requisição judicial).

---

[39] DINAMARCO, Pedro da Silva. Comentários ao art. 8.º da Lei de Ação Popular. In: COSTA, Susana Henriques da (coord.). *Comentários à Lei de Ação Civil Pública e Lei de Ação Popular.* São Paulo: Quartier Latin, 2006. p. 221.

INTERESSES DIFUSOS E COLETIVOS – VOL. 1

É fato não ser comum deferir a um simples requerimento o *status* de ordem, cujo descumprimento configure delito. Sem embargo, a LAP não é a única a considerar crime o não atendimento de um requerimento. O Decreto-lei 201/1967 tipifica como crime de responsabilidade dos Prefeitos Municipais a conduta de "deixar de fornecer certidões de atos ou contratos municipais, dentro do prazo estabelecido em lei" (art. 1.º, XV). Note-se que o Decreto-lei não fala em requerimento ou requisição, de modo a incidir também nas negativas de simples requerimentos de certidão.[40]

Lembre-se de que a Constituição Federal assegura a todos o direito de receber dos órgãos públicos informações de seu interesse particular, ou de interesse coletivo ou geral, que serão prestadas no prazo da lei, *sob pena de responsabilidade*, ressalvadas aquelas cujo sigilo seja imprescindível à segurança da sociedade e do Estado (art. 5.º, XXXIII).[41]

Logo, conclui-se que a tipificação penal do art. 8.º da LAP é um meio de coerção. Ele visa forçar os destinatários dos requerimentos e requisições acima tratados a aten-dê-los, conferindo, assim, efetividade a tais instrumentos de instrução da ação popular.

Ressalve-se, por derradeiro, que, como o Decreto-lei 201/1967 é norma posterior e, no que se refere ao aspecto subjetivo (sujeito ativo do delito), especial em relação à LAP, se um Prefeito Municipal deixar de fornecer injustamente, para fins de instrução de ação popular, certidão de ato ou contrato municipal nos prazos fixados na LAP ou pelo juiz, responderá pelo crime do Decreto-lei, e não do art. 8.º da LAP.

3.7 PARTICULARIDADES PROCEDIMENTAIS

Segundo o art. 7.º da LAP, a ação popular obedecerá ao procedimento ordinário[42] do CPC, com algumas peculiaridades. Vejamos quais são.

3.7.1 Liminares

A LAP prevê expressamente a possibilidade de suspensão liminar do ato lesivo impugnado, para a proteção do *patrimônio público* (art. 5.º, § 4.º). Mas, seja em função da inclusão do *meio ambiente* e da *moralidade* administrativa dentre os objetos mediatos da ação popular pela CF/1988, seja em função da aplicação subsidiária do CPC, não há dúvida de que tais bens também são defensáveis, nas ações populares, por provimentos liminares.

Também já não se discute, em função da aplicação subsidiária do CPC, que outros provimentos liminares, sejam cautelares, antecipatórios ou de evidência, são aplicáveis na ação popular, desde que presentes os requisitos do Código.

Aplicam-se, por tal razão, em termos gerais, as mesmas regras do CPC: possibilidade de deferimento após justificação prévia ou, se o caso, *inaudita altera pars*; possibilidade de revogação da liminar outrora deferida, ou de concessão de liminar antes negada, caso sejam trazidos aos autos fatos novos que recomendem a revisão da decisão anterior; descabimento de liminares irreversíveis etc.

---

[40] No sentido que o Decreto-lei 201/2007 tipifica como crime o não atendimento pelo Prefeito Municipal, no prazo legal, de *requerimentos* de certidões: PAZZAGLINI FILHO, Marino. *Crimes de Responsabilidade dos Prefeitos*. São Paulo: Atlas, 2009. p. 98-99.

[41] Entendendo, conforme nossa posição, que a LAP também considera crime o não atendimento injustificado do requeri-mento formulado por cidadão: SILVA, José Afonso da. *Ação Popular Constitucional*: Doutrina e Processo. 2. ed. rev., ampl. e aum. São Paulo: Malheiros, 2007. Nota de rodapé n. 15, p. 136.

[42] Como o CPC/2015 não subdivide o procedimento comum em ordinário e sumário, sob sua vigência as referências feitas pela LAP ao procedimento ordinário do CPC devem ser lidas como sendo ao procedimento comum do atual CPC.

Tanto as decisões que as deferem como as que as denegam são interlocutórias, delas cabendo agravo de instrumento (LAP, art. 19, § 1.º).

As liminares podem ser requeridas pelo autor, pelo Ministério Público ou, até mesmo, pela entidade prejudicada pelo ato. Quanto à possibilidade de concessão de ofício pelo magistrado, sejam elas cautelares, sejam satisfativas (antecipatórias), são válidas, aqui, as mesmas observações já expendidas por ocasião da análise das tutelas provisórias nas ações civis públicas.

Portanto, as liminares nas ações populares, a rigor, não ostentam grandes diferenças em relação às liminares cabíveis no procedimento comum do CPC. Na verdade, o que é digno de nota são as divergências em relação às suas congêneres ação civil pública e mandado de segurança coletivo quanto às limitações impostas nas Leis 8.437/1992 e 9.494/1997 às liminares contra o Poder Público.

Com efeito, embora a ação popular integre o gênero das ações coletivas, a ela não se aplica praticamente nenhuma das limitações das Leis 8.437/1992 e 9.494/1997 que incidem sobre as liminares na ação civil pública e no mandado de segurança coletivo.

Na ação popular, a liminar pode ser concedida independentemente da prévia oitiva do representante judicial da Fazenda Pública, uma vez que o art. 2.º da Lei 8.437/1992 somente se refere à ação civil pública e ao mandado de segurança[43]. Não cremos que a regra do art. 1.059 do CPC/2015[44] tenha estendido à ação popular tal exigência, seja porque normas que restringem direitos devem ser interpretadas restritivamente, seja porque sua localização (disposições finais e transitórias) indica que sua intenção é promover o diálogo do atual CPC com a lei preexistente. Assim, pensamos que o atual CPC, diante da mudança de disciplina e nomenclatura das liminares (agora situadas no âmbito das tutelas provisórias), tenha simplesmente buscado esclarecer que os dispositivos da Lei 8.437/1992 lhes continuam aplicáveis.

Do mesmo modo, como os efeitos da sentença, na ação popular, não estão limitados à "competência territorial do órgão prolator" (LACP, art. 16, na redação dada pela Lei 9.494/1997), tampouco os efeitos de suas liminares estarão submissos a tais fronteiras. Aliás, convém lembrar que, mesmo em relação às ações civis públicas, a tese de repercussão geral firmada pelo STF no tema 1075 já reconheceu como inconstitucional a redação dada ao art. 16 da LACP pela Lei 9.494/1997, de modo que, na prática, nem àquelas se aplica mais a limitação territorial em questão.

Especial atenção merece a análise da proibição de liminares contra atos do Poder Público nas mesmas hipóteses em que elas estiverem vedadas em mandados de segurança (Lei 8.437/1997, art. 1.º, *caput*, e Lei 9.494/1997, art. 1.º, *caput*). É que as ações populares, quando em defesa do **patrimônio público**, **não são** ajuizadas **contra** o Poder Público, **mas em face dele**, e, muitas vezes, em prol dele, pois o que se visa é a reposição do patrimônio da entidade lesada.[45] O autor atua como substituto processual da entidade. A pessoa jurídica cujo ato seja impugnado pode, inclusive, deixar de contestar a ação, e atuar ao lado do autor (LAP, art. 6.º, § 3.º). Por tal razão, o STJ já decidiu, apreciando certos pedidos de liminares em ações populares, não lhes incidir tal vedação.[46]

Finalmente, *chegamos ao único ponto em que as restrições das Leis 8.437/1997 e 9.494/1997 também se aplicam às ações populares*: trata-se da possibilidade de, por meio

---

43 Nesse sentido: REsp 147.869/SP, 2.T., rel. Min. Adhemar Maciel, j. 20.10.1997, *DJ* 17.11.1997.

44 "Art. 1.059. À tutela provisória requerida contra a Fazenda Pública aplica-se o disposto nos arts. 1.º a 4.º da Lei 8.437, de 30 de junho de 1992, e no art. 7.º, § 2.º, da Lei 12.016, de 7 de agosto de 2009."

45 MANCUSO, Rodolfo de Camargo. *Ação Popular*. 6. ed. rev., atual. e ampl. São Paulo: RT, 2008. p. 276.

46 REsp 73.083/DF, 6.ª T., rel. Min. Fernando Gonçalves, j. 09.09.1997, *DJ* 06.10.1997; RMS 5.621/RS, 1.ª T., rel. Min. Humberto Gomes de Barros, j. 31.05.1995, *DJ* 07.08.1995.

INTERESSES DIFUSOS E COLETIVOS - VOL. 1

do instituto da **"suspensão de liminar (ou de sentença)"**, sustar a exequibilidade de liminares (ou sentenças) proferidas em face do Poder Público. Por abordarmos o tema no item 2.9.2.4.3 (2.9 Particularidades Procedimentais) do Capítulo 2 (Ação Civil Pública), deixamos de aqui repisá-lo.

3.7.2   Requisição de documentos e certidões

Já abordamos este assunto no item sobre a prova produzida em juízo. Aqui, convém salientar que, a despeito de previsão de a LAP regulamentá-la expressamente, a possibilidade de o magistrado requisitar documentos não é exclusiva das ações populares. Além de ser genericamente admissível a partir do art. 370 do CPC/2015, esse estatuto processual ainda a prevê expressamente, como medida incidental, nos seus arts. 396 a 400 e 404 (documento em poder da parte) e 401 a 404 (documento em poder de terceiro).

3.7.3   Citação dos beneficiários e responsáveis

Realmente peculiar à ação popular é o dispositivo que trata da citação editalícia dos beneficiários diretos do ato impugnado. Prescreve o inciso II do art. 7.º da LAP:

> II – Quando o autor o preferir, a citação dos beneficiários far-se-á por edital com o prazo de 30 (trinta) dias, afixado na sede do juízo e publicado três vezes no jornal oficial do Distrito Federal, ou da Capital do Estado ou Território em que seja ajuizada a ação. A publicação será gratuita e deverá iniciar-se no máximo 3 (três) dias após a entrega, na repartição competente, sob protocolo, de uma via autenticada do mandado.

O dispositivo desperta polêmica:

a)   Parte da doutrina entende que ele só é aplicável nas hipóteses do art. 256 do CPC/2015, ou seja, se o réu for desconhecido ou incerto, ou estiver em local incerto, sob pena de se violarem postulados do contraditório e da ampla defesa. A tal conclusão também se chegaria por meio de uma interpretação sistemático-teleológica com a parte final do inciso III do mesmo art. 7.º.[47] Nessa ótica, estando os beneficiários diretos em local incerto, ou sendo eles incertos ou desconhecidos, o autor poderá optar por citá-los desde logo, por edital, na forma do inciso II do art. 7.º da LAP, ou por aguardar que, eventualmente, eles venham a ser identificados no curso do processo, caso em que serão citados pessoalmente (por mandado), como determina o inciso III do mesmo artigo.

b)   Há, porém, quem entenda que a citação editalícia do beneficiário é mera opção à escolha do autor, ainda que o beneficiário esteja perfeitamente identificado, e se encontre em local conhecido.[48] No mesmo sentido já decidiu o STJ.[49]

Atente-se, porém, que a querela em análise envolve apenas a citação dos beneficiários diretos. A forma de citação dos demais réus continua seguindo as regras do CPC, de modo que a citação editalícia somente se admite nas hipóteses do seu art. 256 c.c. art. 246, § 1.º-A, IV.

---

[47]   MANCUSO, Rodolfo de Camargo. *Ação Popular*. 6. ed. rev., atual. e ampl. São Paulo: RT, 2008. p. 265.

[48]   SILVA, José Afonso da. *Ação Popular Constitucional*: Doutrina e Processo. 2. ed. rev., ampl. e aum. São Paulo: Malheiros, 2007. p. 212.

[49]   AgRg 456.943/RJ, 2.ª T., rel. Min. João Otávio de Noronha, j. 18.05.2004, *DJ* 28.06.2004.

CAP. 3 – AÇÃO POPULAR | 325

Também pitoresca é a possibilidade de qualquer responsável ou beneficiário direto, cuja identidade ou existência somente se torne conhecida no curso do processo, **poder ser citado mesmo depois do saneamento do feito**, desde que antes da prolação da sentença de primeira instância, como admite o inciso III do mesmo artigo:

> III – Qualquer pessoa, beneficiada ou responsável pelo ato impugnado, cuja existência ou identidade se torne conhecida no curso do processo e antes de proferida a sentença final de primeira instância, deverá ser citada para a integração do contraditório, sendo-lhe restituído o prazo para contestação e produção de provas, Salvo, quanto a beneficiário, se a citação se houver feito na forma do inciso anterior.

3.7.4 Prazo para contestar

Aqui também reside outra particularidade das ações populares, pois "o prazo de contestação é de 20 (vinte) dias, prorrogáveis por mais 20 (vinte), a requerimento do interessado, se particularmente difícil a produção de prova documental, e será comum a todos os interessados, correndo da entrega em cartório do mandado cumprido, ou, quando for o caso, do decurso do prazo assinado em edital" (art. 7.º, IV).

Frise-se que as pessoas jurídicas de direito público não gozarão do prazo em dobro para contestar previsto no art. 183 do CPC/2015, pois o § 2.º desse dispositivo ressalta que não se aplica o benefício do prazo em dobro quando a lei estabelecer, de forma expressa, prazo próprio para o ente público, o que ocorre no art. 7.º, IV, da LAP.

3.7.5 Possíveis atitudes para a entidade cujo ato é impugnado

Uma peculiaridade das ações populares, prevista no § 3.º do art. 6.º da LAP, é a possibilidade de a pessoa jurídica de direito público ou de direito privado, cujo ato seja objeto de impugnação, optar por alguma das seguintes atitudes processuais:

a) *Contestar o pedido*: a entidade pugnará pela preservação do ato sindicado, quando seu dirigente ou representante legal entender que ele é lícito e não lesa os bens que a ação popular visa a defender, ou seja, quando concluir que ele é conforme ao interesse público.

b) *Abster-se de contestar o pedido*: como o dispositivo permite, expressamente, que tais entidades deixem de contestar o pedido, de sua inércia não se pode presumir a veracidade dos fatos não contestados (ao contrário da regra do art. 344 do CPC/2015. Aliás, ainda que não houvesse tal permissivo legal, esse efeito não incidiria, em virtude de a ação popular versar sempre sobre direitos indisponíveis CPC/2015, art. 345, II).

c) *Atuar ao lado do autor*: tal postura será possível desde que se afigure útil ao interesse público, a juízo do respectivo representante legal ou dirigente. Optando por tal atitude, a ré terá considerado que o ato impugnado é ilegal e/ou lesivo a um dos bens cuja ação popular busca defender. Para exercer tal faculdade, *deverá manifestar expressamente* sua intenção de atuar ao lado do autor.

Importante salientar que há duas correntes quanto à natureza jurídica de tal atuação da Fazenda Pública em relação ao autor: parte da doutrina sustenta ser de **assistência simples,**[50] parte afirma ser de **assistência litisconsorcial.**[51]

---

[50] Nesse sentido, sob o **argumento é de que a entidade não teria legitimidade para ajuizar a ação, nem poderá deduzir pretensão diversa da do autor:** MANCUSO, Rodolfo de Camargo. *Ação Popular.* 6. ed. rev., atual. e ampl. São Paulo: RT, 2008. p. 225-226; SILVA, José Afonso da. *Ação Popular Constitucional.* 2. ed. rev., ampl. e aum. São Paulo: RT, 2007. p. 197.

[51] GESSINGER, Ruy Armando. Da Ação Popular Constitucional. *Revista Ajuris*, p. 43, 1985.

INTERESSES DIFUSOS E COLETIVOS - VOL. 1

Convém ressaltar, ainda, que, a despeito de o CPC impor limites à alteração objetiva e subjetiva da lide, visando à estabilização da demanda (CPC/2015, arts. 329 e 357), na ação popular, particularmente, a solução deve ser diversa.

Deve-se observar, por primeiro, que o CPC é voltado, principalmente, a lides envolvendo interesse privado. Já a ação popular é preordenada à tutela do interesse público. A ela somente se aplicam as disposições do CPC que não contrariem essa natureza específica da ação popular (LAP, art. 22).

De outro lado, eventual retirada daquelas entidades do polo passivo da ação popular não resultaria prejuízo à defesa, visto que não se alterariam as pretensões (objetos) originais: a invalidação do ato e, eventualmente, a reparação do dano.

Ademais, se a própria LAP admite que tais entidades, ainda que tenham contestado a ação, possam, a qualquer tempo, promover a execução da sentença contra os corréus (art. 17), não há razão para não se admitir que, mesmo antes da execução, possam elas alterar sua posição processual, aderindo à do autor.

Assim, desde que útil ao interesse público, nada obsta a que tais entidades, mesmo após haverem contestado ou se mantido inertes, possam, ainda que depois do saneamento do feito, retratar-se de tais posicionamentos, e passem a atuar como assistentes do autor. Isso pode ocorrer, por exemplo, quando, depois da dilação probatória, a entidade perceber a procedência dos argumentos do autor, ou, em outro exemplo, quando alterados os administradores da ré, os novos gestores entenderem que a posição assumida anteriormente estava equivocada. Vindo a mudança de posição em prol do interesse público, deverá ser admitida.[52] Nessa direção vem decidindo o STJ:

> Processual civil. Ação popular. Migração de ente público para o polo ativo após a contestação. Preclusão. Não ocorrência.
>
> 1. Hipótese em que o Tribunal *a quo* concluiu que o ente público somente pode migrar para o polo ativo da demanda logo após a citação, sob pena de preclusão, nos termos do art. 183 do Código de Processo Civil.
>
> 2. O deslocamento de pessoa jurídica de Direito Público do polo passivo para o ativo na Ação Popular é possível, desde que útil ao interesse público, a juízo do representante legal ou do dirigente, nos moldes do art. 6.º, § 3.º, da Lei 4.717/1965.
>
> 3. Não há falar em preclusão do direito, pois, além de a mencionada lei não trazer limitação quanto ao momento em que deve ser realizada a migração, o seu art. 17 preceitua que a entidade pode, ainda que tenha contestado a ação, proceder à execução da sentença na parte que lhe caiba, ficando evidente a viabilidade de composição do polo ativo a qualquer tempo. Precedentes do STJ.
>
> 4. Recurso especial provido.[53]

---

[52] **Nesse sentido:** BARBOSA MOREIRA, José Carlos. Problemas da Ação Popular. *RDA* 85/395, p. 398; MACEDO, Alexander dos Santos. Da Ação Popular – Retratabilidade da Posição Assumida pela Pessoa Jurídica no Processo – Possibilidade. *RF* 328, p. 7, out.-dez. 1994; MANCUSO, Rodolfo de Camargo. *Ação Popular*. 6. ed. rev., atual. e ampl. São Paulo: RT, 2008. p. 219-222; MAZZEI, Rodrigo. Comentários ao art. 6.º da Lei de Ação Popular. In: COSTA, Susana Henriques da (coord.). *Comentários à Lei de Ação Civil Pública e Lei de Ação Popular*. São Paulo: Quartier Latin, 2006. p. 184. **Contra:** MEIRELLES, Hely Lopes. *Mandado de Segurança, Ação Popular, Mandado de Injunção, "Habeas Data", Ação Direta de Inconstitucionalidade e Ação Declaratória de Constitucionalidade*. 22. ed. atual. por Arnoldo Wald e Gilmar Ferreira Mendes. São Paulo: Malheiros, 2000. p. 135; WALD, Arnoldo. Ação Popular para Anulação de Contrato. *RT* 521/53, p. 58.

[53] REsp 945.238/SP, 2.ª T., rel. Min. Herman Benjamin, j. 09.12.2008, *DJe* 20.04.2009. **Precedentes:** AgRg no REsp 439.854/MS, 2.ª T., rel. Min. Eliana Calmon, j. 08.04.2003, *DJ* 18.08.2004; e REsp 9.669/SP, 1.ª T., rel. Min. Garcia Vieira, j. 10.02.1998, *DJ* 27.04.1998.

CAP. 3 – AÇÃO POPULAR | 327

3.7.6   Demais peculiaridades

Aqui seguem outras particularidades do procedimento:

- Não há incompatibilidade, *a priori*, entre a denunciação da lide e a ação popular. Sem embargo, dependendo do caso, ela não será admissível. Sobre a matéria, valem as mesmas observações feitas no item 2.6.2 (Denunciação da Lide), no Capítulo 2 (Ação Civil Pública).
- Tampouco se afasta, em princípio, a possibilidade de manifestação do *amicus curiae*. Acerca das hipóteses legais de admissibilidade do *amicus curiae*, vide item 2.6.4, no Capítulo das ações civis públicas.
- Se não houver requerimento de produção de prova pericial ou testemunhal até o despacho saneador, será aberta vista às partes, por dez dias, para oferecimento de alegações; contudo, se for feito, até o saneador, algum daqueles requerimentos, o processo tomará o rito ordinário (LAP, art. 7.º, V).
- O prazo para a prolação da sentença é de 15 dias (LAP, art. 7.º, VI), ao passo que, no CPC, ele é de trinta dias (art. 366).
- Não é cabível reconvenção na ação popular, pois a reconvenção é instituto criado para situações em que o autor age apenas em defesa de direito próprio, o que não é o caso da ação popular, onde ele defende direitos da coletividade. Ademais, a legitimidade do cidadão é para propor ação popular, e não para atuar como substituto processual da coletividade no polo passivo. Forte em tais argumentos, há precedente do STJ contrário à reconvenção em ações populares.[54]
- As decisões interlocutórias são recorríveis por meio de agravo de instrumento (LAP, art. 19, § 1.º), e, das sentenças e decisões proferidas contra o autor da ação, e susceptíveis de recurso, poderá recorrer qualquer cidadão e também o Ministério Público (LAP, art. 19, § 2.º). Quanto aos recursos possíveis, aplica-se subsidiariamente o CPC naquilo que for compatível com a LAP. Evidentemente que também são cabíveis os recursos previstos na CF/1988, segundo as hipóteses nela veiculadas.

3.8   ATUAÇÃO DO MINISTÉRIO PÚBLICO

A LAP proclama que o magistrado, ao despachar a inicial, determinará, além da citação dos réus, a intimação do Ministério Público (art. 7.º, I, *a*). Essa intimação é obrigatória, sob pena de nulidade absoluta.

É difícil definir a natureza da participação do Ministério Público na ação popular, uma vez que ele poderá desenvolver diversas atividades, seja como fiscal da lei, como órgão ativador da prova e auxiliar do autor, ou como sucessor do autor, entre outras.

Considerando seu atual perfil constitucional, que lhe incumbe a defesa da ordem jurídica, de interesses sociais e difusos, entre outros, e a proximidade entre a função da ação popular e a da ação civil pública, é possível deduzir que ele, atualmente, desempenha na ação popular um papel quase que equiparado ao do autor: se não pode ajuizar a ação popular, pode, pelo menos, praticar todos os atos processuais necessários ao seu êxito, e, até mesmo, suceder ao autor no caso de desistência ou abandono. Além disso, é-lhe

---

[54] REsp 72.065/RS, 2.ª T., rel. Min. Castro Meira, j. 03.08.2004, *DJ* 06.09.2004. Cremos que essa realidade não será alterada com a introdução da regra do § 5.º do art. 343 do CPC/2015, que tem a seguinte redação: "§ 5.º Se o autor for substituto processual, o reconvinte deverá afirmar ser titular de direito em face do substituído, e a reconvenção deverá ser proposta em face do autor, também na qualidade de substituto processual". As razões que lastreiam nosso entendimento estão expostas no item 2.4.4 – Reconvenção.

328 | INTERESSES DIFUSOS E COLETIVOS – VOL. 1

possível, ao cabo do processo, manifestar-se pela procedência ou improcedência da ação. Tais características levaram Hely Lopes Meirelles a dizer que a posição dessa instituição na ação popular é de **parte pública autônoma**.[55]

É importante ressalvar, porém, que, embora o Ministério Público não possa ajuizar uma ação popular, nada obsta a que qualquer membro dessa instituição, não na qualidade de seu representante, mas na de cidadão, proponha ações populares. Nesse caso, se ele não for advogado, ou estiver impedido de exercer a advocacia, necessitará constituir um causídico.[56]

Vejamos, agora, as principais facetas da atuação do *Parquet* nas ações populares.

3.8.1 Fiscal da lei

Nos termos do § 4.º do art. 6.º da LAP, o Ministério Público "acompanhará a ação". Nesse acompanhamento ele deverá atuar como fiscal da lei, ou seja, primar por que sejam observadas as normas processuais de ordem pública, bem como por que sejam atingidos os fins da ação popular, tomando as medidas que forem necessárias para tanto (requerimentos, recursos, ações, diligências etc.).

A parte final do mesmo § 4.º afirma ser vedado ao Ministério Público, "em qualquer hipótese, assumir a defesa do ato impugnado ou dos seus autores". Esse dispositivo deve ser interpretado com cautela.

Primeiramente, atente-se que a norma proíbe que o Ministério Público sustente, no *mérito*, a validade do ato impugnado, ou a ausência de responsabilidade dos seus autores. Não impede, porém, que ele aponte a presença de uma questão *processual* de ordem pública contrária aos interesses do autor, como, por exemplo, a ausência de uma condição da ação, ou de um pressuposto processual.

De outro lado, mesmo no tocante ao mérito, diante do atual perfil do Ministério Público na Constituição de 1988, não é possível impedi-lo de posicionar-se pela improcedência da ação. Afinal, a Lei Maior incumbiu-lhe da defesa da ordem jurídica, do regime democrático e dos interesses sociais e individuais indisponíveis (art. 127, *caput*), de modo que tais deveres constitucionais sobrepõem-se à vedação legal. Ademais, a Constituição ainda proclamou ser princípio institucional do Ministério Público a independência funcional (art. 127, § 1.º), não estando adstrito, portanto, ao entendimento do autor popular.[57]

Frise-se, aliás, não ser raro o ajuizamento de ações populares contrárias à ordem jurídica e ao interesse social, movidas não por interesses altruísticos, mas político-partidários. Em casos que tais, seria flagrantemente contrário à Constituição forçar o Ministério Público a alinhar-se ao autor, em contrariedade aos interesses que cumpre à instituição defender.

3.8.2 Órgão ativador da prova e auxiliar do autor popular

Essa atividade é indicada por José Afonso da Silva, que observa que, segundo a LAP, o Ministério Público deve "apressar a produção da prova" (art. 6.º, § 4.º), bem como

---

[55] MEIRELLES, Hely Lopes. *Mandado de Segurança, Ação Popular, Mandado de Injunção, "Habeas Data", Ação Direta de Inconstitucionalidade e Ação Declaratória de Constitucionalidade*. 22. ed. atual. por Arnoldo Wald e Gilmar Ferreira Mendes. São Paulo: Malheiros, 2000. p. 132; SILVA, José Afonso da. *Ação Popular Constitucional*: Doutrina e Processo. 2. ed. rev., ampl. e aum. São Paulo: Malheiros, 2007. p. 164.

[56] O art. 128, § 5.º, II, *b*, da CF/1988 veda o exercício da advocacia pelos membros do Ministério Público, proibição inexistente na Constituição anterior. A proibição não se aplica aos membros que ingressaram no Ministério Público antes de sua promulgação, salvo se leis infraconstitucionais anteriores já impusessem a mesma vedação, como ocorria na Lei Complementar 304/1982, consistente na revogada Lei Orgânica do Ministério Público de São Paulo.

[57] **Nesse sentido, entre outros**: MANCUSO, Rodolfo de Camargo. *Ação Popular*. 6. ed. rev., atual. e ampl. São Paulo: RT, 2008. p. 291-293, 297-298; MEIRELLES, Hely Lopes. *Mandado de Segurança, Ação Popular, Mandado de Injunção, "Habeas Data", Ação Direta de Inconstitucionalidade e Ação Declaratória de Constitucionalidade*. 22. ed. atual. por Arnoldo Wald e Gilmar Ferreira Mendes. São Paulo: Malheiros, 2000. p. 132; SILVA, José Afonso da. *Ação Popular Constitucional*: Doutrina e Processo. 2. ed. rev., ampl. e aum. São Paulo: Malheiros, 2007. p. 194-195.

CAP. 3 – AÇÃO POPULAR | 329

providenciar para que as requisições de documentos "sejam atendidas dentro dos prazos fixados pelo juiz" (art. 7.º, § 1.º). Isso faz com que ele, na prática, auxilie o autor na produção probatória, mas "esse auxílio não implica atividade secundária ou subordinada do MP".[58] Em outras palavras, cabe ao Ministério Público decidir se a prova é necessária e pertinente, para, então, auxiliar em sua produção.

De que modo o Ministério Público poderia apressar a produção de uma prova? Um exemplo poderia ser o seguinte. Suponhamos que o autor vislumbrasse a necessidade de oitiva de uma testemunha, mas não dispusesse de seu endereço. O Ministério Público, por ter acesso a dados cadastrais de determinados bancos de dados (p. ex., Receita Federal, Secretaria Estadual de Segurança Pública), poderia informar nos autos o endereço da testemunha, sem necessidade de prévia expedição de ofício àqueles órgãos.

E como poderia o Ministério Público providenciar para que a requisição de um documento fosse cumprida no prazo fixado pelo juízo? Aqui, cremos estar com a razão Frederico Cais, que afirma não ser possível interpretar o art. 7.º, § 1.º, literalmente, sob pena de torná-lo inaplicável:

> Com efeito, não vislumbramos como possa atuar o Ministério Público para que uma atividade – a apresentação de documento – atinente a outrem seja cumprida *tempestivamente*. Com certeza não será cobrando o dirigente da entidade por telefone, carta ou qualquer outro meio de comunicação; tampouco diligenciando ao local onde o documento se encontra e apreendendo-o. O que o Ministério Público pode fazer na qualidade de agente ativador das provas e auxiliar do autor popular – isto sim – é requerer a adoção de providência que assegure o cumprimento da ordem judicial (p. ex. imposição de multa diária e expedição de mandado de busca e apreensão), caso a parte ainda não a tenha requerido e o juiz não a tenha determinado de ofício, mas isso tudo depois de esgotado o prazo fixado pelo juiz.

> Em resumo, a atuação do Ministério Público ante ao disposto no § 1.º do inciso I do art. 7.º deve ser tão somente para que a ordem judicial seja cumprida – e não para que ela seja cumprida *dentro do prazo previamente estipulado pelo juiz* – até porque dentre o rol de atividades do órgão ministerial não está cobrar e pressionar quem quer que seja.[59]

Finalmente, a despeito da ausência de previsão na LAP, nada obsta que o Ministério Público requeira, ele mesmo, a produção das provas pertinentes e necessárias ao sucesso do pleito. Com efeito, considerando que o Ministério Público teria legitimidade para, em uma ação civil pública, formular os mesmos pedidos deduzidos na ação popular, impedi-lo de requerer as provas necessárias ao bom termo da ação somente o forçaria a rediscutir a questão em uma ação civil pública, o que não apenas atentaria contra o bom-senso, como violaria o princípio da economia processual, comprometendo a efetividade do processo.

3.8.3 Sucessor do autor

Reza o art. 9.º da LAP:

> Se o autor desistir da ação ou der motivo à absolvição da instância, serão publicados editais nos prazos e condições previstos no art. 7.º, inciso II, ficando assegurado a qualquer cidadão, bem como ao representante do Ministério Público, dentro do prazo de 90 (noventa) dias da última publicação feita, promover o prosseguimento da ação.

---

[58] SILVA, José Afonso da. *Ação Popular Constitucional*: Doutrina e Processo. 2. ed. rev., ampl. e aum. São Paulo: Malheiros, 2007. p. 191.

[59] CAIS, Frederico. Comentários ao art. 7.º da Lei de Ação Popular. In: COSTA, Susana Henriques da (coord.). *Comentários à Lei de Ação Civil Pública e Lei de Ação Popular*. São Paulo: Quartier Latin, 2006. p. 209.

"Absolvição de instância" é expressão tirada do CPC de 1939, vigente à época da promulgação da LAP, e, para os dias de hoje, pode ser entendida como as hipóteses em que o autor, por sua inércia, dá causa à extinção do processo sem resolução de mérito (p. ex., por não promover os atos e diligências que lhe competiam, abandona a causa por mais de 30 dias).

Na hipótese de o autor vir a desistir da ação, ou dar motivo à absolvição de instância, o Ministério Público, assim como qualquer cidadão, depois da publicação dos editais, poderá promover o prosseguimento da ação. Aqui ocorre sucessão processual, pois o autor deixa de ser parte na relação jurídica processual, que passa a ser composta, no polo ativo, por outro cidadão, ou pelo Ministério Público.

Embora a lei dê a entender que a assunção da ação pelo Ministério Público, nos casos de desistência ou abandono do autor, seja mera faculdade, cremos tenha aqui aplicação o princípio da obrigatoriedade, sobre o qual já comentamos no item 2.3.1.1.4.1, do Capítulo 2 (Ação Civil Pública). A Constituição Federal outorgou ao Ministério Público o poder-dever de zelar pela ordem jurídica e pelos interesses sociais, bem como a defesa dos interesses difusos, entre outros. Se a ação popular for bem fundada, e tiver condições de atingir tais objetivos, será dever do representante do Ministério Público dar-lhe continuidade. Se, apesar de tais condições, o membro do Ministério Público se postar inerte, considerando que aqui tratamos de direitos difusos (como se dá na ação civil pública), o mais sensato ao magistrado será remeter os autos do processo ao Conselho Superior do respectivo Ministério Público, para que aquele, se entender seja o caso, providencie para que outro membro da instituição prossiga à frente da ação popular.

3.8.4   Outras funções

A LAP prevê a possibilidade de o Ministério Público recorrer das decisões contrárias ao autor (art. 19, § 2.º).

Outrossim, reza seu art. 16 que, "caso decorridos 60 (sessenta) dias da publicação da sentença condenatória de segunda instância, sem que o autor ou terceiro promova a respectiva execução. o representante do Ministério Público a promoverá nos 30 (trinta) dias seguintes, sob pena de falta grave". Evidentemente que, se não houver recurso da sentença de primeira instância, é esta que deverá ser executada, em tal prazo, pelo Ministério Público, se o autor ou terceiro não houverem feito.

Note-se que, nos dois exemplos, o Ministério Público supre a inércia do autor da ação popular para que ela atinja suas finalidades. Mas ele não o sucede, haja vista que em nenhuma das hipóteses o autor deixa de fazer parte da relação jurídica processual. Sucessão haverá na hipótese em que o autor desistir ou der causa à absolvição de instância.

Comparado com o que ocorre no caso de desistência do autor, ou de absolvição de instância, aqui o princípio da obrigatoriedade compele o MP ainda com maior intensidade, uma vez que a existência do interesse difuso já terá sido reconhecida na sentença condenatória. Não obstante, não se pode excluir a hipótese de o título, por algum vício insanável, afigurar-se inexequível, caso em que, obviamente, não se poderá impor ao membro do Ministério Público a obrigação de promover sua execução.

Por fim, é bom frisar que o art. 16 prevê pena de falta grave ao membro do Ministério Público que, decorrido o prazo nele consignado, deixar de promover a execução.

Em suma, portanto, são estas as funções do MP na ação popular:

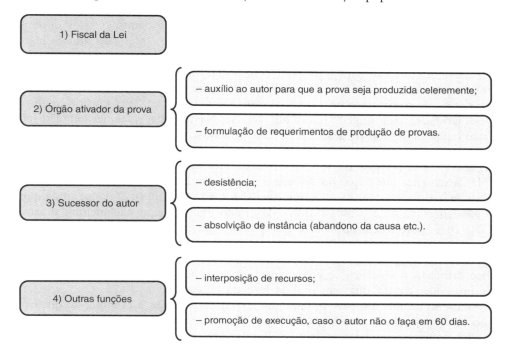

3.9 SENTENÇA, MEIOS DE IMPUGNAÇÃO E COISA JULGADA

Aplicam-se à sentença na ação popular as regras do CPC, naquilo em que não contrariarem as regras da LAP e a natureza específica dessa ação. Assim, por exemplo, a sentença continua tendo como requisitos essenciais o relatório, a fundamentação e o dispositivo (CPC, art. 489), bem como deve obedecer ao princípio da congruência (da correlação, da demanda), ditado pelos arts. 2.º, 141 e 492 do CPC.

No tocante ao princípio da congruência, e à consequente vedação do julgamento *extra petitum*, a LAP traz uma exceção. Seu art. 11 determina que o magistrado condene em perdas e danos os responsáveis e os beneficiários, ainda que o autor, explicitamente, somente tenha requerido a invalidação do ato:[60]

> **Art. 11.** A sentença que, julgando procedente a ação popular, decretar a invalidade do ato impugnado, condenará ao pagamento de perdas e danos os responsáveis pela sua prática e os beneficiários dele, ressalvada a ação regressiva contra os funcionários causadores de dano, quando incorrerem em culpa.

Logo, ainda que o pedido condenatório não tenha sido expressamente formulado pelo autor, a lei o reputa ínsito no pedido de invalidação do ato lesivo.[61] A mitigação do princípio da correlação, evidentemente, aqui se dá considerando que o autor não busca defender seu interesse particular, mas de toda a coletividade.

---

[60] BARBOSA MOREIRA, José Carlos. A Ação Popular do Direito Brasileiro como Instrumento de Tutela Jurisdicional dos Chamados "Direitos Difusos". *Temas de Direito Processual*. São Paulo: Saraiva, 1977. p. 120; MANCUSO, Rodolfo de Camargo. *Ação Popular*. 6. ed. rev., atual. e ampl. São Paulo: RT, 2008. p. 335-338; PRADE, Péricles. *Ação Popular*. São Paulo: Saraiva, 1986. p. 78.

[61] SILVA, José Afonso da. *Ação Popular Constitucional*: Doutrina e Processo. 2. ed. rev., ampl. e aum. São Paulo: Malheiros, 2007. p. 230-231.

INTERESSES DIFUSOS E COLETIVOS - VOL. 1

Conforme visto quando do estudo do pedido, a sentença poderá condenar não apenas em perdas e danos, com também em obrigações de fazer ou não fazer. Caso o dano tenha sido ao meio ambiente, e a condenação, em perdas e danos, o valor deverá ser recolhido a um fundo nacional ou estadual de reparação dos interesses difusos lesados, aplicando-se, por analogia, o que dispõe o art. 13 da LACP.

A sentença que extinguir o processo sem resolução de mérito, ou que julgar improcedente o pedido, estará, em regra, sujeita ao reexame necessário, somente produzindo efeitos depois de confirmada pelo tribunal competente (LAP, art. 19, *caput*). Não obstante tal peculiaridade, nada impede que o autor apele. Na verdade, qualquer cidadão (ainda que não tenha sido autor da ação), bem como o Ministério Público, poderão apelar, pois eles têm legitimidade para recorrer de quaisquer sentenças ou decisões contrárias ao autor (LAP, art. 19, § 2.º). Nesse rol se incluem as de procedência parcial.

Já da sentença que julgar procedente o pedido não haverá reexame necessário. Nesse caso, caberá apelação, com efeito suspensivo (LAP, art. 19, *caput*). De fato, ainda que no polo passivo esteja uma pessoa jurídica de direito público, aqui não incidirá o art. 496 do CPC/2015, porque a própria LAP disciplinou a questão, instituindo o reexame obrigatório apenas nos casos de extinção sem resolução de mérito ou improcedência. Aliás, compreende-se a lógica da norma, uma vez que, a rigor, sob o ponto de vista do interesse público primário, a sentença de procedência em uma ação popular em defesa do erário não é proferida "contra", mas em prol da fazenda pública.

Ainda no tocante a meios de impugnação, observe-se que, a exemplo do que ocorre nas ações civis públicas, por força do § 1.º do art. 4.º da Lei 8.437/1992, as sentenças nas ações populares também podem ser impugnadas por meio do incidente processual do **pedido de suspensão da execução da sentença**, também conhecido como "suspensão de segurança", e que pode ser formulado pela pessoa jurídica de direito público ou pelo Ministério Público, para sustar a execução provisória, ou seja, para obstar a exequibilidade da sentença não transitada em julgado. Não há diferença em relação ao que já tratamos quando do estudo da suspensão de segurança das liminares nas ações civis públicas.[62]

Por fim, tratemos da coisa julgada. No item sobre o "surgimento do processo de massa",[63] bem como naquele sobre "sentença, meios de impugnação e coisa julgada"[64] na ação civil pública, observamos que o processo tradicional era voltado para as lides intersubjetivas, em que a legitimação era, em regra, ordinária, e, portanto, não se preocupava em disciplinar os efeitos da sentença e da coisa julgada nas hipóteses de legitimação extraordinária.

Com a evolução para uma sociedade de massa, com crescentes conflitos de interesses metaindividuais, verificamos ter sido necessário aperfeiçoar a legitimidade extraordinária, permitindo que determinados entes defendessem, em nome próprio, o interesse de coletividades. Consequentemente, fez-se mister evoluir a disciplina dos efeitos das sentenças proferidas em tais circunstâncias, e de sua coisa julgada, dado que eles deveriam atingir, muitas vezes, centenas, milhares ou milhões de pessoas que não haviam participado do processo.

A LAP foi pioneira no progresso em tal direção. Se não se estendesse a todos os cidadãos a coisa julgada material da sentença na ação popular, teríamos uma ação popular inútil, pois aqueles que não houvessem atuado no processo poderiam rediscutir a causa em novas ações. De outro lado, era mister tomar o cuidado de não prejudicar os cidadãos

---

62 Cf. item 2.9.2.3.2 (Pedido de Suspensão da Execução da Liminar) do Capítulo 2 (Ação Civil Pública).

63 Mais especificamente, no item 1.2.3 do Capítulo 1.

64 Mais especificamente, no item 2.11.3 do Capítulo 2.

que, sem atuarem no processo, pudessem vir a ter seus interesses afetados negativamente pela má condução da ação.

A redação do art. 18 da LAP inspirou-se em tais preocupações:

Art. 18. A sentença terá eficácia de coisa julgada oponível *erga omnes*, exceto no caso de haver sido a ação julgada improcedente por deficiência de prova; neste caso, qualquer cidadão poderá intentar outra ação com idêntico fundamento, valendo-se de nova prova.

Note-se da redação do dispositivo que a imutabilidade dos efeitos da sentença depende de ter sido ela favorável (de procedência) ou desfavorável (de improcedência) ao autor. Por tal razão, afirma-se que a coisa julgada material se dá **secundum eventum litis**. Se for de procedência, sempre haverá coisa julgada material. Se for de improcedência, nem sempre.

Por outro lado, a coisa julgada material, nas sentenças de improcedência, depende do seu fundamento: ela só existirá se a improcedência se der em um contexto probatório robusto, suficiente (juízo de certeza). Por tal motivo, diz-se que a coisa julgada material é **secundum eventum probationis**. Essa característica, particularmente, deriva da preocupação de não prejudicar aquele que não foi parte no processo, assegurando que ele só será atingido pela coisa julgada resultante de ações nas quais se tenha primado pela produção de todas as provas necessárias ao seu sucesso.

Aqui mais uma peculiaridade: se a sentença de improcedência fundar-se na insuficiência das provas, não haverá coisa julgada material, e o réu poderá apelar para buscar a alteração de sua motivação, visto que, sendo tal recurso provido para que a sentença se ampare na falta de fundamento da pretensão (ou seja, reconheça a suficiência de provas para a análise do mérito, mas conclua pela inexistência do direito invocado pelo autor), haverá coisa julgada material, obstando a propositura de novas ações sobre os mesmos fatos.

3.10 LIQUIDAÇÃO E EXECUÇÃO DE SENTENÇAS

O *capítulo invalidatório* das sentenças das ações populares é a porção da sentença formada pelo provimento declaratório ou constitutivo negativo. Nesse ponto, tais sentenças são satisfativas: como não se busca alteração do mundo material, é desnecessária a execução forçada. A simples publicação da sentença basta para cessar os efeitos jurídicos do ato anulado ou declarado inexistente.

O mesmo não se pode dizer do *capítulo condenatório* dessas sentenças, em que se visa a alterar a realidade material, pela imposição de obrigação de pagar, entregar, fazer ou deixar de fazer algo. Não havendo o cumprimento voluntário de seus comandos por parte do réu, será necessária a execução forçada, e, por vezes, que seja ela precedida de uma fase de liquidação.

Nas ações populares que visem a condenação em obrigação de pagar, sempre que o valor da lesão ficar demonstrado durante a fase de conhecimento, ele será fixado na própria sentença condenatória. Caso contrário, mister será apurá-lo em liquidação (LAP, art. 14), à qual se aplicará, subsidiariamente, o procedimento previsto no CPC.

O juízo competente para a liquidação é fixado nos moldes do art. 516 do estatuto processual, ou seja, será o mesmo que decidiu a causa no primeiro grau de jurisdição (inciso II), ou o Tribunal que a tenha processado no caso de competência originária (inciso I).

Os §§ 1.º e 2.º do art. 14 da LAP impõem parâmetros para a fixação do valor da condenação em determinados casos:

§ 1.º Quando a lesão resultar da falta ou isenção de qualquer pagamento, a condenação imporá o pagamento devido, com acréscimo de juros de mora e multa legal ou contratual, se houver.

§ 2.º Quando a lesão resultar da execução fraudulenta, simulada ou irreal de contratos, a condenação versará sobre a reposição do débito, com juros de mora.

De todo modo, aqui vale a regra do art. 5.º, XXXV, da CF, segundo a qual a lei não excluirá da apreciação judicial lesão ou ameaça a direito. Logo, mesmo nos casos em que a LAP não tenha fornecido indicadores, a condenação contemplará todos os valores que forem necessários à integral satisfação da pretensão.

Quanto à legitimidade ativa para a execução, o art. 16 refere-se ao autor, a terceiro, ou, decorrido o prazo de 60 dias sem que nenhum deles o tenha feito, impõe ao Ministério Público a obrigação de, no prazo de 30 dias, promover a execução, sob pena de falta grave.

Reza a LAP, ainda, que, "é sempre permitida às pessoas ou entidades referidas no art. 1.º, ainda que hajam contestado a ação, promover, em qualquer tempo, e no que as beneficiar a execução da sentença contra os demais réus" (art. 17).

Logo, estão legitimados à execução do capítulo condenatório da sentença:

a) em um primeiro plano:

a.1) **o autor**;

a.2) **terceiros**, aqui compreendidos *outros cidadãos* (o art. 1.º fala em qualquer cidadão), e *as entidades do art. 1.º*, ainda que tenham permanecido no polo passivo, e desde que a execução da sentença possa beneficiá-las (p. ex., com a recomposição do patrimônio por elas gerido);

b) subsidiariamente: **o Ministério Público**, que somente estará legitimado se nem o autor, nem terceiros a executarem no prazo de 60 dias da publicação da sentença passível de execução.

No que toca aos meios para execução da sentença, a própria LAP permite que o réu que perceba valores de cofres públicos seja executado por desconto em folha, até o integral ressarcimento do dano, caso assim mais convenha ao interesse público (art. 14, § 3.º). Isso não significa que a Administração possa, automaticamente, proceder a tal desconto para se ressarcir, em uma espécie de execução imprópria. Em vez disso, por imperativo dos princípios do contraditório e do devido processo legal, mister que o executado seja previamente intimado para pagar, que os valores sejam penhorados antes de reverterem aos cofres públicos, e que o executado possa se defender por meio de embargos. Tampouco é admissível a constrição integral dos vencimentos, sem deixar ao executado o mínimo indispensável à subsistência própria e de sua família, sob pena de mácula à dignidade da pessoa humana.

Anote-se que, apesar de o art. 833, IV, do CPC/2015 vedar a penhora de vencimentos, e ser posterior à LAP, tal proibição não se aplica ao art. 14, § 3.º, da LAP, por contrariar o tratamento expressamente conferido à questão por esta norma especial, vazada em prol do interesse público. Logo, não há, nesse ponto, aplicação subsidiária do CPC.

Caso o réu não perceba valores dos cofres públicos, ou, mesmo que os perceba, esse não for o meio mais vantajoso ao interesse público, ou, ainda, em não se tratando de obrigações de pagar, mas sim de entregar coisa certa, ou de fazer, ou de não fazer, a execução seguirá os procedimentos previstos no CPC para cada espécie de obrigação.

No que se refere à possibilidade de execução provisória, mister analisar, inicialmente, o art. 16 da LAP, que tem a seguinte redação:

Art. 16. Caso decorridos 60 (sessenta) dias da publicação da sentença condenatória de segunda instância, sem que o autor ou terceiro promova a respectiva execução. o representante do Ministério Público a promoverá nos 30 (trinta) dias seguintes, sob pena de falta grave.

E, em adição, perscrutar o *caput* do seu art. 19, que está assim disposto:

Art. 19. A sentença que concluir pela carência ou pela improcedência da ação está sujeita ao duplo grau de jurisdição, não produzindo efeito senão depois de confirmada pelo tribunal; da que julgar a ação procedente caberá apelação, com efeito suspensivo.

Do cotejo dos dois dispositivos percebe-se que **a execução provisória só é possível após a publicação da condenação de segunda instância**, dado que, conforme o art. 19, sempre que a ação for julgada procedente em primeiro grau, se houver apelação, esta será recebida no efeito suspensivo. Publicada, porém, a sentença condenatória de segunda instância, ainda que haja novo recurso (especial ou extraordinário), será possível executá-la provisoriamente. Nesse caso, tal execução seguirá as regras do CPC para o cumprimento provisório de sentenças.

Note-se, contudo, que, a despeito de somente ser possível a execução provisória depois de publicada a sentença de segunda instância, nada obsta o emprego de medidas cautelares de sequestro e de arresto, desde a prolação da sentença de primeiro grau. Nesse sentido, a LAP afirma que "a parte condenada a restituir bens ou valores ficará sujeita a sequestro e penhora, desde a prolação da sentença condenatória" (art. 14, § 4.º). Por "penhora", aí, deve-se entender, mais apropriadamente, a medida cautelar de arresto, seja porque o termo é empregado ao lado de outra medida assecuratória (sequestro), seja porque, em uma interpretação sistemática, como visto acima, só haverá espaço para execução (e, portanto, para penhora), ainda que provisória, depois da sentença de segundo grau.

Perceba-se, ainda, que, a despeito de o art. 16 referir-se apenas à sentença de segunda instância, se não houver recurso contra a sentença de procedência de primeiro grau, ela transitará em julgado, e já poderá ser executada.

3.11 CONSIDERAÇÕES FINAIS

1) O parágrafo único do art. 7.º da LAP prevê que o atraso na prolação da sentença privará o juiz da inclusão em lista de merecimento para promoção, durante dois anos, e acarretará a perda, para efeito de promoção por antiguidade, de tantos dias quantos forem os do retardamento, salvo motivo justo, declinado nos autos e comprovado perante o órgão disciplinar competente.

Sem embargo, a Lei Orgânica da Magistratura Nacional (Lei Complementar 35/1979) e nossa atual Constituição Federal acabaram provendo diferentemente sobre as hipóteses que impedem a inclusão do magistrado na lista de merecimento (LOMAN, art. 44, parágrafo único), ou obstam-no de ser promovido (CF, art. 93, II, *e*), e sobre os prazos de duração dessas sanções, razão pela qual pensamos que o art. 7.º já não possa ser aplicado.

2) O art. 15 da LAP prescreve que, se no curso da ação ficar provada a prática de ilícito penal ou de falta disciplinar a que a lei comine pena de demissão ou de rescisão de contrato de trabalho, o juiz, *ex officio,* determinará a remessa de cópia autenticada das peças necessárias às autoridades ou aos administradores a quem competir aplicar a sanção. Estes, recebendo tais peças, não precisarão aguardar o desfecho da ação popular para agir, nem estarão vinculados ao convencimento do juiz que remeteu as peças.

336 INTERESSES DIFUSOS E COLETIVOS – VOL. 1

3) O art. 10 da LAP reza que as partes somente pagarão as custas e o preparo ao final. O art. 12, por sua vez, preconiza que a sentença incluirá sempre, na condenação dos réus, o pagamento, ao autor, das custas e demais despesas, judiciais e extrajudiciais, diretamente relacionadas com a ação e comprovadas, bem como o dos honorários de advogado. E o art. 13, por seu turno, prescreve que a sentença que, apreciando o fundamento de direito do pedido, julgar a lide manifestamente temerária, condenará o autor ao pagamento do décuplo das custas. Ocorre que o art. 5.º, LXXIII, da CF isenta o autor popular das custas e do ônus da sucumbência, salvo comprovada má-fé. Logo, aqueles dispositivos devem ser interpretados em conformidade com o dispositivo constitucional, do que resulta o seguinte sistema:

a) Sentença de procedência: os ônus da sucumbência (dever de pagar custas e despesas processuais, bem como honorários advocatícios) recairão sobre os réus.

b) Sentença de improcedência, ou de extinção por falta de condição ou pressuposto processual:

b.1) se o autor litigou de má-fé (CPC/2015, art. 80), arcará com os ônus da sucumbência, sendo que se a má-fé consistiu em lide manifestamente temerária, a multa devida ao réu será no valor do décuplo das custas;

b.2) se a lide não for *manifestamente* temerária: o autor estará isento dos ônus da sucumbência.

c) Sentença de procedência parcial: o autor somente arcará com os ônus da sucumbência se propôs lide temerária. Nesse caso, os ônus serão repartidos entre as partes, proporcionalmente ao insucesso que cada um sofreu na demanda. O autor ainda pagará ao réu multa no valor do décuplo das custas.

4) Aplica-se às ações populares o disposto no art. 18 da LACP, ou seja, nelas também não haverá adiantamento de custas, emolumentos, honorários periciais e quaisquer outras despesas processuais, até porque a LACP baseou-se na LAP;[65]

5) O art. 21 da LAP afirma que "a ação prevista nesta lei prescreve em 5 (cinco) anos". A despeito de a lei falar em prescrição, a doutrina controverte acerca da real natureza desse prazo, parte sustentando ser realmente prescricional,[66] parte alegando ser decadencial (até porque não se suspende, nem se interrompe).[67] De todo modo, ele se inicia na data da prática do ato lesivo,[68] ou, mais especificamente, a partir da sua publicidade.[69]

Ressalve-se, porém, a pretensão à reparação do *dano ambiental*, que é imprescritível, seja porque se trata de direito fundamental e essencial à vida humana digna e saudável, seja porque não assiste apenas às gerações presentes, como também às futuras (que não poderiam ser prejudicadas pela inércia das gerações presentes),[70] seja porque sua inclusão

---

[65] STJ, EDcl no REsp 1.225.103/MG, 2ª T., rel. Min. Mauro Campbell Marques, j. 02.02.2012; AgRg no Ag 1.103.385/MG, 2.ª T., rel. Min. Eliana Calmon, j. 14.04.2009, *DJe* 08.05.2009.

[66] QUARTIERI, Rita de Cássia Rocha Conte. A Prescrição no Novo Código Civil e a Ação Civil Pública, Ação Popular e Ação de Improbidade Administrativa. *Prescrição no Novo Código Civil*: uma Análise Interdisciplinar. São Paulo: Saraiva, 2005. p. 361-385; SILVA, José Afonso da. *Ação Popular Constitucional*: Doutrina e Processo. 2. ed. rev., ampl. e aum. São Paulo: Malheiros, 2007. p. 267.

[67] PRADE, Péricles. *Ação Popular*. São Paulo: Saraiva, 1986. p. 96; SIDOU, J. M. Othon. *"Habeas Corpus"*, *Mandado de Segurança*, *Mandado de Injunção*, *"Habeas Data"*, *Ação Popular*: as Garantias Ativas dos Direitos Coletivos. Rio de Janeiro: Forense, 2000. p. 378.

[68] STJ, REsp 782.067/MG, 2.ª T., rel. Min. Castro Meira, j. 13.02.2007, *DJ* 27.02.2007.

[69] STJ, REsp 693.959/DF, 2.ª T., rel. Min. João Otávio de Noronha, j. 17.11.2005, *DJ* 01.01.2006.

[70] MAZZILLI, Hugo Nigro. *A Defesa dos Interesses Difusos em Juízo*. 22. ed. São Paulo: Saraiva, 2009. p. 606.

CAP. 3 - AÇÃO POPULAR | 337

dentre os bens passíveis de defesa via ação popular deu-se pela Constituição Federal de 1988, que não o submeteu a prazo prescricional.[71]

Quanto à prescritibilidade da pretensão *executória* de sentença condenatória ou acórdão condenatório transitados em julgado (com exceção da pretensão relacionada à reparação do dano ambiental, que é imprescritível), há diversos entendimentos doutrinários:

a) Estaria sempre sujeita à prescrição, que opera no mesmo prazo previsto para a propositura da ação popular, ou seja, em cinco anos a contar do trânsito em julgado, aplicando-se a Súmula 150 do STF: "prescreve a execução no mesmo prazo de prescrição da ação".[72]

b) Especificamente no que se refere ao direito ao ressarcimento ao erário, seria imprescritível. A propósito, o art. 17 da LAP permite às pessoas ou entidades do art. 1.º executar a sentença, no que ela lhes beneficiar, "em qualquer tempo".[73] Ademais, a própria CF prescreve a imprescritibilidade do direito de ressarcimento ao erário por ato de improbidade (art. 37, § 5.º).

6) Quadro das diferenças básicas entre a ação popular e outras ações coletivas:

	Legitimidade	Interesses tuteláveis	Procedimento	Necessidade de direito líquido e certo
Ação popular	Pode ser proposta por cidadão	Difusos	Comum	Não
Ação civil pública*	Não pode ser proposta por cidadão	Difusos, Coletivos, Individuais homogêneos	Comum e Especiais do CPC	Não
Mandado de segurança coletivo	Não pode ser proposto por cidadão	Difusos,** Coletivos, Individuais homogêneos	Especial da LMS	Sim

* A ação de improbidade administrativa é espécie de ACP destinada à defesa de direito difuso, a saber, a probidade administrativa.

** A possibilidade de defesa de interesses difusos via mandado de segurança coletivo é controvertida, em razão da atual LMS haver se referido apenas aos coletivos e aos individuais homogêneos. Essa questão é abordada no capítulo sobre o mandado de segurança coletivo.

---

[71] SILVA, Flávia Regina Ribeiro da. *Ação Popular Ambiental.* São Paulo: RT, 2008. p. 296-302. **Entendendo que após o prazo de cinco anos só é possível postular a reparação do dano ambiental via ação civil pública:** RODRIGUES, Geisa de Assis. Ação Popular. In: DIDIER JÚNIOR, Fredie (org.). *Ações Constitucionais.* 4. ed. rev., ampl. e atual. Salvador: Juspodivm, 2009. p. 323.

[72] MANCUSO, Rodolfo de Camargo. *Ação Popular.* 6. ed. rev., atual. e ampl. São Paulo: RT, 2008. p. 422-423; SILVA, José Afonso da. *Ação Popular Constitucional*: Doutrina e Processo. 2. ed. rev., ampl. e aum. São Paulo: Malheiros, 2007. p. 267.

[73] PRADE, Péricles. *Ação Popular.* São Paulo: Saraiva, 1986. p. 72.

CAPÍTULO 4

Mandado de Segurança Coletivo

4.1 CONSIDERAÇÕES INICIAIS

O mandado de segurança é uma ação constitucional de natureza cível e rito sumário, voltada à proteção de direitos líquidos e certos, não tuteláveis por *habeas data* ou *habeas corpus*, contra atos ofensivos de agentes públicos ou privados no exercício de funções públicas.

O instituto inspirou-se no *habeas corpus* e nas ações possessórias de nosso direito, bem como no *juicio de amparo* mexicano. Por guardar certa semelhança com alguns *writs* norte-americanos e com o *mandamus* inglês, doutrina e jurisprudência também se referem ao mandado de segurança por meio dos termos *writ* e *mandamus*.

Outras vezes, tal instrumento processual é chamado de "remédio heroico".

Criado pela Constituição de 1934, o mandado de segurança foi regulamentado, no âmbito infraconstitucional, inicialmente, pela Lei 191, de 16.01.1936. A Constituição de 1937 dele não tratou, embora o *mandamus* continuasse a viger em função da Lei 191/1936. Posteriormente, passou a ser regrado pelo Código de Processo Civil de 1939 como um de seus "processos especiais". Voltou a ser previsto em âmbito constitucional na Carta de 1946, bem como nas posteriores. No nível infraconstitucional, passou a ser disciplinado na Lei 1.533, de 31.12.1951, que o excluiu do CPC de 1939. A Lei 1.533/1951 sofreu várias alterações, até ser revogada pela Lei 12.016, de 07.08.2009 (LMS), que, atualmente, regulamenta o instituto.

Nos primórdios, nosso *writ* era utilizado, em regra, apenas para a tutela de direitos subjetivos *individuais*. Aliás, a Constituição de 1967 dispunha ser ele cabível para proteger direito *individual* líquido e certo. Não obstante, a doutrina aponta alguns casos em que, mesmo sob a rubrica de mandado de segurança individual, ele foi empregado para tutela de direitos transindividuais, pertencentes a classes de titulares indeterminados.[1]

Somente na Carta Republicana de 1988 é que se incluiu a previsão expressa de um "mandado de segurança coletivo". Desde então, o mandado de segurança vem sendo visto como um gênero, do qual o mandado de segurança individual e o mandado de segurança coletivo são espécies.

---

[1] ZAVASCKI, Teori Albino. *Processo Coletivo*: Tutela de Direitos Coletivos e Tutela Coletiva de Direitos. 4. ed. São Paulo: RT, 2009. p. 194. O autor se refere aos seguintes acórdãos do STF, proferidos em *writs* impetrados, respectivamente, por sindicatos e pela OAB, em prol das respectivas categorias: MS 18.428/DF, Pleno, rel. Min. Barros Monteiro, j. 10.12.1969, *DJ* 21.08.1970, e MS 20.170/DF, Pleno, rel. Min. Décio Miranda, j. 08.11.1978, *RTJ* 89/396.

INTERESSES DIFUSOS E COLETIVOS – VOL. 1

Por outro lado, podemos dizer que o mandado de segurança *coletivo*, ao lado da ação civil pública (que, para nós, é gênero que inclui a ação de improbidade administrativa) e da ação popular, é uma espécie do gênero ação coletiva, pois, assim como aqueles instrumentos processuais, não se destina à tutela tradicional de direitos subjetivos individuais, mas sim à tutela coletiva de direitos.

Ações coletivas (em sentido amplo)		
Ações civis públicas em geral (ação coletiva em sentido estrito), inclusive a ação de improbidade administrativa	Ação popular	Mandado de segurança

Do mesmo modo que a ação popular e a ação civil pública, o mandado de segurança é uma ação constitucional, ou seja, está previsto na Constituição de 1988, que estabeleceu uma regra para o gênero mandado de segurança (art. 5.º, LXIX), e outra específica para o mandado de segurança coletivo (art. 5.º, LXX). Vejamo-las:

LXIX – conceder-se-á mandado de segurança para proteger direito líquido e certo, não amparado por *habeas corpus* ou *habeas data*, quando o responsável pela ilegalidade ou abuso de poder for autoridade pública ou agente de pessoa jurídica no exercício de atribuições do Poder Público;

LXX – o mandado de segurança coletivo pode ser impetrado por:

a) partido político com representação no Congresso Nacional;

b) organização sindical, entidade de classe ou associação legalmente constituída e em funcionamento há pelo menos um ano, em defesa dos interesses de seus membros ou associados;

O inciso LXIX supracitado configura verdadeira "regra-base" do mandado de segurança, por contemplar seus pressupostos gerais, destinados tanto ao mandado de segurança individual quanto ao coletivo:

- O **ato deve ser ilegal ou ter sido praticado com abuso de poder**.
- O ato deve ter causado **lesão ou ameaça de lesão** a direito.
- O responsável pela ilegalidade ou abuso de poder, necessariamente, deverá ser uma **autoridade ou agente no exercício de atribuições do Poder Público**.
- O direito lesado ou ameaçado deve ser **direito líquido e certo**, que é aquele demonstrável de plano, documentalmente, sem necessidade de dilação probatória.

Já o inciso LXX traz uma regra especial, voltada apenas ao mandado de segurança coletivo, e diz respeito a sua legitimidade ativa.

Por pertencerem ao mesmo gênero, o mandado de segurança coletivo e o individual possuem uma mesma disciplina básica (mesmos procedimento e pressupostos gerais). As diferenças derivam do fato de o mandado de segurança coletivo estar destinado à tutela de direitos metaindividuais. A principal delas reside na legitimidade ativa, que, no *writ* individual, assiste a qualquer pessoa, física ou jurídica, bem como – a despeito do silêncio da lei – a determinados entes despersonalizados (p. ex., Mesas das casas legislativas), ao passo que, no coletivo, é atribuída apenas a determinados entes.

Já em relação às demais ações coletivas, o mandado de segurança coletivo também ostenta *semelhanças*, em razão de se destinarem, todas elas, à tutela processual coletiva, bem como *discrepâncias*, conferidas pelo regramento que lhe é especificamente dirigido pela CF/88 e pela Lei 12.016, de 7 de agosto de 2009, atual Lei do Mandado de Segurança (LMS). Vê-las-emos adiante.

Em arremate a este tópico propedêutico, convém ressaltar que, até a edição da atual LMS, o mandado de segurança era disciplinado, no plano infraconstitucional, basicamente pela Lei 1.533/1951. Como produto de sua época, essa lei se voltava para a defesa de direitos tipicamente individuais, já que a percepção da existência de direitos de natureza coletiva (nem propriamente públicos, nem tipicamente privados) e da necessidade de um regramento processual específico para sua tutela somente tomou corpo em nosso país a partir do final da década de 1970.

A inexistência de uma norma infraconstitucional que adaptasse a disciplina do mandado de segurança às necessidades da tutela de direitos coletivos deu azo a inúmeras controvérsias doutrinárias e jurisprudenciais, principalmente após a previsão constitucional do *mandamus* coletivo, em 1988. Uma das discussões relacionava-se à questão sobre quais tipos de direitos coletivos esse novo remédio jurídico prestar-se-ia a tutelar: difusos, coletivos em sentido estrito, individuais homogêneos, algumas dessas espécies ou todas elas?

A atual LMS veio tentar solucionar essa e outras questões. Pretendeu prover o mandado de segurança coletivo de uma regulamentação infraconstitucional e, assim, pacificar controvérsias doutrinárias e jurisprudenciais, bem como consolidar em um único diploma a disciplina do mandado de segurança, que se encontrava dispersa em várias normas. Em alguns pontos, essa lei simplesmente cristalizou o entendimento jurisprudencial predominante. Em outros, dele se distanciou. De todo modo, conforme veremos, muitas das polêmicas permanecem acesas.

No presente Capítulo, procuraremos enfatizar os pontos que aproximam ou afastam o mandado de segurança coletivo em relação ao mandado de segurança individual e às demais ações coletivas. Para tanto, usaremos como ponto de partida, sempre, alguns aspectos básicos do *writ* coletivo, que ele ostenta em comum com o *writ* individual, por integrarem o mesmo gênero "mandado de segurança".

4.2 PRESSUPOSTOS

Como toda e qualquer ação, o mandado de segurança, para ser conhecido, necessita atender às condições da ação (legitimidade *ad causam* e interesse processual). Antes de abordá-las, percorreremos, no presente item, alguns pressupostos típicos dos mandados de segurança (tanto do individual como do coletivo), que acabam por influenciar aquelas condições. São eles:

a) o ato de autoridade;

b) a ilegalidade ou abuso de poder;

c) a lesão ou a ameaça de lesão;

d) o direito líquido e certo;

e) não cabimento de *habeas corpus* ou *habeas data*.

Também neste ponto veremos um pressuposto que não se aplica aos mandados de segurança individuais, mas apenas aos coletivos: a transindividualidade do direito lesado ou ameaçado.

4.2.1 Pressupostos dos mandados de segurança individuais e coletivos

Os pressupostos gerais do *writ* estão fixados no inciso LXIX do art. 5.º da CF, reproduzido anteriormente, e, também, no art. 1.º, *caput*, da LMS, *in verbis*:

INTERESSES DIFUSOS E COLETIVOS – VOL. 1

Art. 1.º Conceder-se-á mandado de segurança para proteger direito líquido e certo, não amparado por *habeas corpus* ou *habeas data*, sempre que, ilegalmente ou com abuso de poder, qualquer pessoa física ou jurídica sofrer violação ou houver justo receio de sofrê-la por parte de autoridade, seja de que categoria for e sejam quais forem as funções que exerça.

Vejamos suas especificidades.

4.2.1.1   Ato de autoridade

Ato de autoridade é aquele com **conteúdo decisório**, praticado por uma *autoridade pública* (pessoa física investida com poder de decisão pela norma legal de competência), e que *se distingue dos simples atos executórios*, que não detêm carga decisória, mas tão somente executam o comando de um ato de autoridade.[2]

Pouco importa a categoria da autoridade, ou as funções que exerça (LMS, art. 1.º, *caput, in fine*).

Equiparam-se às autoridades, para os fins da LMS, os representantes ou órgãos de partidos políticos e os administradores de entidades autárquicas, bem como os dirigentes de pessoas jurídicas ou as pessoas naturais no exercício de atribuições do Poder Público, somente no que disser respeito a essas atribuições (LMS, art. 1.º, § 1.º). A regra constitucional já equiparava aos atos da autoridade pública, passíveis de mandado de segurança, aqueles praticados por "agente de pessoa jurídica no exercício de atribuições do Poder Público" (inciso LXIX do art. 5.º).

Não são considerados atos de autoridade os atos de gestão comercial praticados pelos administradores de empresas públicas, de sociedade economia mista e de concessionárias de serviços públicos (LMS, art. 1.º, § 2.º).

Portanto, o que importa não é a natureza jurídica (de direito público ou privado) da entidade a que pertença o agente, mas sim o *regime jurídico* a que está submetido o ato em concreto. Ainda que praticado por agente de pessoa jurídica de direito privado, caso se dê no exercício de atribuição do Poder Público, será passível de *mandamus*. Bem a propósito é a Súmula 333 do STJ: "cabe mandado de segurança contra ato praticado em licitação promovida por sociedade de economia mista ou empresa pública".

Os atos omissivos da autoridade ou do agente a ela equiparado também são passíveis de ser impugnados por meio do mandado de segurança, quando a omissão for ilegal ou abusiva, e cause dano ou risco de dano ao administrado.

Reza o § 3.º do art. 6.º da LMS que "Considera-se autoridade coatora aquela que tenha praticado o ato impugnado ou da qual emane a ordem para a sua prática". Tal dispositivo deve ser interpretado com cautela. Como antes ressaltado, se o agente apenas cumpriu uma ordem, não é autoridade coatora, pois não praticou ato de autoridade, e sim mero ato executório. A intenção da norma é explicitar que, quer a autoridade tenha decidido e executado (praticado) o ato, quer tenha apenas ordenado sua prática, será considerada **autoridade coatora**.

4.2.1.2   Ilegalidade ou abuso de poder

É **ilegal** o ato contrário à lei em sentido amplo (Constituição, lei complementar, lei ordinária ou qualquer outro ato normativo). É **abusivo** o ato cujo exercício seja anormal,

---

[2]   MEIRELLES, Hely Lopes. *Mandado de Segurança, Ação Popular, Ação Civil Pública, Mandado de Injunção, "Habeas Data", Ação Direta de Inconstitucionalidade e Ação Declaratória de Constitucionalidade*. 22. ed. atual. por Arnoldo Wald e Gilmar Ferreira Mendes. São Paulo: Malheiros, 2000. p. 32.

praticado com desvio de finalidade ou com desproporcionalidade. A rigor, o ato abusivo também é ilegal. De todo modo, a Constituição, ao se referir tanto ao ato ilegal quanto ao abusivo, pretendeu conferir maior proteção ao cidadão em face de condutas ofensivas do Estado, não deixando dúvidas de que tanto o ato frontalmente contrário à lei como aquele que, embora não explicitamente afrontoso à ordem jurídica, também a viole por ser abusivo são passíveis de mandado de segurança.

4.2.1.3 Lesão ou ameaça de lesão

Para que o *writ* seja admissível, é mister que o direito tenha sido violado, ou que haja *justo receio* de que venha a sê-lo. Na primeira hipótese, o mandado de segurança será **repressivo**. No segundo, **preventivo**. Ao contrário da ação popular, em que se faz mister que o ato a ser impugnado já tenha sido praticado, semelhante exigência não existe como pressuposto para a impetração do *writ*.

4.2.1.4 Direito líquido e certo

O **direito** lesado ou sob risco de lesão precisa ser **líquido e certo**.

Para os fins do mandado de segurança, há direito líquido e certo quando, da simples análise da petição inicial, dos documentos que a instruem (LMS, art. 6.º, *caput*), dos que, por ordem do juiz, sejam fornecidos por repartição, estabelecimento público ou autoridade (LMS, art. 6.º, § 1.º), e das informações prestadas pela autoridade coatora (LMS, art. 7.º, I) ou, eventualmente, pelo representante judicial da pessoa jurídica interessada (LMS, art. 7.º, II), é possível ao magistrado ter a certeza da existência dos fatos em que se funda o direito do autor, sem a necessidade de dilação probatória (prova pericial, testemunhal etc.). É pela **desnecessidade de dilação probatória** que se diz que a **prova** deve ser **pré-constituída**.

A questão sobre o direito líquido e certo, portanto, não está relacionada propriamente a uma qualidade do direito material invocado, mas ao *meio* pelo qual os *fatos* que o amparam *podem ser provados*. Há direito líquido e certo quando não há controvérsia fática, ou quando, para a superação dessa controvérsia, a prova documental é suficiente.

Trata-se, assim, de pressuposto de **natureza jurídica processual**, pois sua ausência, na opinião majoritária da doutrina, impede a resolução do mérito, levando, portanto, a uma sentença que não faz coisa julgada material.[3]

Em razão de o mandado de segurança somente ser *adequado* para as hipóteses em que há direito líquido e certo, há quem defenda tratar-se tal pressuposto de verdadeira condição da ação, assimilável ao *interesse processual*.[4]

Não se confunde a ausência de direito líquido e certo (questão relacionada com a prova do fato) com eventual complexidade da questão jurídica posta em juízo. A Súmula 625 do Supremo Tribunal Federal afirma que "controvérsia sobre matéria de direito não impede a concessão de mandado de segurança". Também é indiferente o fato de o caso envolver a análise de um expressivo volume de documentos. Desde

---

[3] ALVIM, Eduardo Arruda. *Mandado de Segurança*. 2. ed. da ref. e atual. obra *Mandado de Segurança no Direito Tributário*. Rio de Janeiro: GZ, 2010. p. 388; BUENO, Cassio Scarpinella. *A Nova Lei do Mandado de Segurança*: Comentários Sistemáticos à Lei n. 12.016, de 7.8.2009. 2. ed. São Paulo: Saraiva, 2010. p. 54; MEIRELLES, Hely Lopes. *Mandado de Segurança, Ação Popular, Ação Civil Pública, Mandado de Injunção, "Habeas Data", Ação Direta de Inconstitucionalidade e Ação Declaratória de Constitucionalidade*. 32. ed. atual. por Arnoldo Wald e Gilmar Ferreira Mendes. Colaboração de Rodrigo Garcia da Fonseca. São Paulo: Malheiros, 2009. p. 119-120.

[4] BUENO, Cassio Scarpinella. *A Nova Lei do Mandado de Segurança*: Comentários Sistemáticos à Lei n. 12.016, de 7.8.2009. 2. ed. São Paulo: Saraiva, 2010. p. 54.

INTERESSES DIFUSOS E COLETIVOS – VOL. 1

que, para a comprovação dos fatos que amparam o direito do autor, baste que o magistrado examine os documentos e informações coligidos na ação, haverá direito líquido e certo.

4.2.1.5 Não cabimento de habeas corpus ou habeas data

Por fim, anote-se que o mandado de segurança é uma ação subsidiária: somente poderá ser impetrada contra atos ilegais ou abusivos quando não se vise a assegurar o direito de ir e vir, para o qual é previsto o *habeas corpus*, e quando não se busque a obtenção ou retificação de informações sobre a pessoa do impetrante, existentes nas bases de dados de caráter público, para o que se presta o *habeas data*.

4.2.2 Pressuposto específico do mandado de segurança coletivo

Se o mandado de segurança individual se presta à tutela tradicional de direitos individuais, o mandado de segurança coletivo é adequado à salvaguarda de direitos transindividuais, por meio da tutela coletiva. Logo, é pressuposto específico do mandado de segurança *coletivo* que os direitos violados ou sob ameaça de lesão sejam metaindividuais. Resta saber se tal pressuposto abrange todas as espécies desses direitos (difusos, coletivos e individuais homogêneos), ou apenas alguma(s) delas.

Antes da atual LMS, havia divergência quanto aos tipos de interesses tuteláveis por mandado de segurança coletivo. Na doutrina e na jurisprudência acabou predominando o entendimento ampliativo, admitindo o remédio heroico para a tutela de qualquer interesse coletivo em sentido amplo (difusos, coletivos *stricto sensu* e individuais homogêneos), com amparo, resumidamente, nos seguintes fundamentos:

1. O inciso LXX do art. 5.º da CF/1988 não veicula norma de direito material, mas apenas processual, a saber, define a legitimação *ad causam* no mandado de segurança coletivo. Portanto, quando atribui ao mandado de segurança o atributo "coletivo", tal norma alude à forma de exercício da pretensão mandamental, e não à natureza da pretensão deduzida. "O que é *coletivo* não é o mérito, o objeto, o direito pleiteado por meio do MSC, mas sim a *ação*."[5] Logo, o *writ* coletivo não se limita à tutela de direitos coletivos em sentido estrito, pois o que é coletiva é a tutela, abrangendo, portanto, os direitos difusos, os coletivos e os individuais homogêneos;

2. O mandado de segurança coletivo, como norma constitucional que garante direitos dos cidadãos, não pode ser interpretado restritivamente;[6]

3. O Estatuto da Criança e do Adolescente, em seu art. 212, § 2.º, admite o mandado de segurança em defesa de quaisquer direitos nele consagrados, e tal dispositivo está inserido no capítulo "Da proteção judicial dos interesses individuais, difusos e coletivos" (Capítulo VII).[7]

---

[5] NERY JUNIOR, Nelson; NERY, Rosa Maria de Andrade. *Código de Processo Civil Comentado e Legislação Processual Civil Extravagante em Vigor*. 4. ed. rev. e ampl. São Paulo: RT, 1999. nota 56, destinada ao inciso LXX do art. 5.º da CF/88. p. 96-97.

[6] BARBI, Celso Agrícola. *Do Mandado de Segurança*. 6. ed. rev., aum. e atual. Rio de Janeiro: Forense, 1993. p. 294.

[7] FERRARESI, Eurico. *Ação Popular, Ação Civil Pública e Mandado de Segurança Coletivo*. Rio de Janeiro: Forense, 2009. p. 242-243.

CAP. 4 - MANDADO DE SEGURANÇA COLETIVO | **345**

Na esteira do entendimento ampliativo, assim já decidiu o STJ:

> Restando evidenciada a importância da cidadania no controle dos atos da administração, com a eleição dos valores imateriais do art. 37, da CF, como tuteláveis judicialmente, coadjuvados por uma série de instrumentos processuais de defesa dos interesses transindividuais, criou-se um microssistema de tutela de interesses difusos referentes à probidade da administração pública, nele encartando-se a ação popular, a ação civil pública e o mandado de segurança coletivo, como instrumentos concorrentes na defesa desses direitos eclipsados por cláusulas pétreas.[8]

Outra corrente, interpretando o atributo "coletivo" do inciso LXX do art. 5.º da CF como uma alusão ao direito material (e não à tutela coletiva), defendia que ele seria aplicável apenas em favor de direitos coletivos em sentido estrito.

De outro lado, calcando-se na antiga distinção existente entre direitos subjetivos e interesses supraindividuais, existia quem repudiasse o cabimento do mandado de segurança coletivo em favor de direitos difusos ou coletivos, ponderando que tais categorias, na verdade, não poderiam ser tidas como verdadeiros *direitos subjetivos*, mas meros *interesses*.[9] Sendo assim, e considerando que o mandado de segurança exige a presença de "direito" líquido e certo, os interesses difusos e coletivos não poderiam ser tutelados por meio do *writ*.[10]

A nova LMS, no parágrafo único de seu art. 21, assim versou o tema:

> Parágrafo único. Os direitos protegidos pelo mandado de segurança coletivo podem ser:
>
> I – coletivos, assim entendidos, para efeito desta Lei, os transindividuais, de natureza indivisível, de que seja titular grupo ou categoria de pessoas ligadas entre si ou com a parte contrária por uma relação jurídica básica;
>
> II – individuais homogêneos, assim entendidos, para efeito desta Lei, os decorrentes de origem comum e da atividade ou situação específica da totalidade ou de parte dos associados ou membros do impetrante.

A lei silenciou acerca dos direitos difusos, mencionando, tão somente, os coletivos em sentido estrito e os individuais homogêneos. Não obstante, parcela significativa da doutrina produzida posteriormente à nova lei continua defendendo o cabimento do mandado de segurança em prol dos direitos difusos, com base nos argumentos da posição ampliativa acima citados.[11]

---

[8] REsp 552.691/MG, 1.ª T., rel. Min. Luiz Fux, j. 03.05.2005, *DJ* 30.05.2005.

[9] No item 1.3.2 (Por que a CF/1988 e o CDC referem-se à Defesa tanto de Interesses como de Direitos?) do Capítulo 1 (Fundamentos do Direito Coletivo), tratamos da concepção da doutrina mais conservadora, que resiste em reconhecer nos interesses difusos e coletivos a natureza jurídica de direitos.

[10] **Nesse sentido**, parecer de 03.04.1990, da lavra de Ovídio Baptista da Silva, *Revista de Processo*, São Paulo: RT, v. 15, n. 60, p. 131-145, out.-dez. 1990. O autor não chegou a empregar a expressão "direitos individuais homogêneos", pois essa locução surgiu no CDC, promulgado em 11.09.1990.

[11] **Nesse sentido:** ALVIM, Eduardo Arruda. *Mandado de Segurança*. 2. ed. da ref. e atual. obra *Mandado de Segurança no Direito Tributário*. Rio de Janeiro: GZ, 2010. p. 379-384; BUENO, Cassio Scarpinella. *A Nova Lei do Mandado de Segurança*: Comentários Sistemáticos à Lei n. 12.016, de 7.8.2009. 2. ed. São Paulo: Saraiva, 2010. p. 112-111; FUX, Luiz. *Mandado de Segurança*. Rio de Janeiro: Forense, 2010. p. 136-137; NERY JUNIOR, Nelson; NERY, Rosa Maria de Andrade. *Código de Processo Civil Comentado e Legislação Processual Civil Extravagante*. 11. ed. rev., atual. e ampl. São Paulo: RT, 2010. nota 1 ao art. 21 da LMS. p. 1.725. **Em sentido contrário, pela aplicação da solução legal:** MEIRELLES, Hely Lopes. *Mandado de Segurança, Ação Popular, Mandado de Injunção, "Habeas Data", Ação Direta de Inconstitucionalidade e Ação Declaratória de Constitucionalidade*. 32. ed. atual. por Arnoldo Wald e Gilmar Ferreira Mendes. Colaboração de Rodrigo Garcia da Fonseca. São Paulo: Malheiros, 2009. p. 123-124; e TAVARES, André Ramos. *Manual do Novo Mandado de Segurança*. Rio de Janeiro: Forense, 2009. p. 167-169.

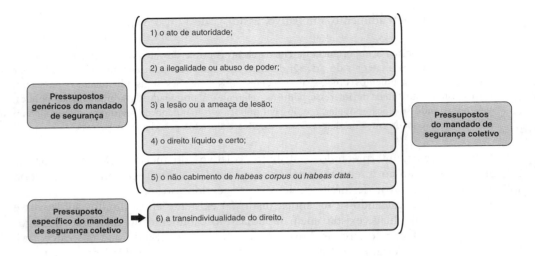

4.3 COMPETÊNCIA

Em linhas gerais, a competência para o mandado de segurança coletivo segue os mesmos passos que orientam a determinação da competência nas ações em geral: 1) competência originária dos tribunais de superposição; 2) competência de jurisdição; 3) competência originária em cada "Justiça"; 4) competência de foro; 5) competência de juízo; 6) competência interna; 7) competência recursal.

Valem aqui, portanto, as observações lançadas no item 2.5 (Competência) do Capítulo 2 (Ação Civil Pública), com as ressalvas que veremos a seguir, ditadas, basicamente, em função do grande peso que o cargo ou função da autoridade coatora exerce na determinação da competência do *writ*.

Por ser espécie do gênero mandado de segurança, é na sua competência que o mandado de segurança coletivo tem um grande diferenciador em relação às demais ações coletivas. Nestas, em regra, o *status* funcional da autoridade coatora é irrelevante para a determinação da competência,[12] ao passo que, no mandado de segurança, tal fator pode ser crucial na definição da competência.

Diz-se, portanto, que aqui é relevante critério definidor da competência o **princípio da hierarquia**, segundo o qual a competência é definida *ratione autoritatis* (em razão da qualidade da autoridade), ou *ratione muneris* (em razão da qualidade do cargo ou função). Busca-se, nesse modelo, "estabelecer equilíbrio entre o nível hierárquico de quem julga e o de quem é julgado (equilíbrio entre os agentes dos diversos *Poderes do Estado*)".[13]

A influência desse princípio pode ser notada claramente na Constituição Federal, que proclama competir ao STF:

a) processar e julgar, originariamente, o mandado de segurança contra atos do Presidente da República, das Mesas da Câmara dos Deputados e do Senado Federal, do Tribunal de Contas da União, do Procurador-Geral da República e do próprio Supremo Tribunal Federal (CF, art. 102, I, *d*);

---

[12] As exceções a essa regra têm sido criadas pela jurisprudência, especificamente no que toca à ação de improbidade administrativa, conforme já adiantado no item 2.5.1 (Competência Originária nos Tribunais de Sobreposição) do Capítulo 2 (Ação Civil Pública).
[13] DINAMARCO, Cândido Rangel. *Instituições de Direito Processual Civil*. 3. ed. rev. e atual. São Paulo: Malheiros, 2003. v. 1, p. 455.

CAP. 4 – MANDADO DE SEGURANÇA COLETIVO | 347

b) julgar, em recurso ordinário, o mandado de segurança decidido em única instância, pelos Tribunais Superiores (CF, art. 102, II, *a*).

E ao STJ:

a) processar e julgar, originariamente, os mandados de segurança contra ato de Ministro de Estado, dos Comandantes da Marinha, do Exército e da Aeronáutica ou do próprio Tribunal (CF, art. 105, I, *b*);

b) julgar, em recurso ordinário, os mandados de segurança decididos em única instância pelos Tribunais Regionais Federais ou pelos tribunais dos Estados, do Distrito Federal e Territórios, quando denegatória a decisão (CF, art. 105, II, *b*).

A incidência do princípio também é sensível na competência dos TRFs, a quem incumbe processar e julgar, originariamente, os mandados de segurança contra ato do próprio Tribunal, ou de juiz federal (CF, art. 108, I, *c*).

As Constituições Estaduais podem prever regras de competência inspiradas nos mesmos princípios consagrados na Federal (CF, art. 125, § 1.º). Seguindo o princípio da hierarquia, elas normalmente outorgam aos respectivos Tribunais de Justiça a competência originária para julgar e processar atos dos próprios Tribunais ou de juiz estadual a eles vinculados, bem como de altas autoridades dos respectivos Estados. De modo semelhante procede a Lei de Organização Judiciária do Distrito Federal.

ATENÇÃO

Qual seria a competência originária para julgar mandado de segurança interposto pela União, por entidade autárquica ou empresa pública federal – que, conforme a regra do art. 109, I, da CF, seria da Justiça Federal – contra ato das altas autoridades que, nos termos da respectiva Constituição Estadual ou Lei de Organização Judiciária Distrital, competiria ao respectivo Tribunal de Justiça?

Nesse caso, há que conciliar o critério *ratione personae*, contemplado no art. 109, I, que remete à Justiça Federal todos os processos em que alguma das pessoas nele citadas atue como parte, com o princípio hierárquico, que também tem assento constitucional. Assim, a competência será da Justiça Federal, e não da Estadual. Não obstante, considerando que os equivalentes federais de tais autoridades seriam julgados, segundo o princípio da hierarquia, pelos respectivos TRFs, o mesmo critério deve valer para as autoridades estaduais ou distritais. Logo, pelo princípio da simetria, tais mandados de segurança serão julgados pelos TRFs.[14]

Afora a existência desse notável diferencial (grau hierárquico da autoridade coatora como relevante critério definidor), a competência dos mandados de segurança ainda merece a análise de algumas normas específicas, cuja disciplina, porém, já não foge muito à das demais ações coletivas.

Assim, a CF atribui à Justiça do Trabalho a competência para processar e julgar o mandado de segurança "quando o ato questionado envolver matéria sujeita à sua jurisdição" (CF, art. 114, IV).

De outro lado, anote-se que a Constituição Federal emprega o critério *ratione personae* ao atribuir aos juízes federais a competência para julgar os mandados de segurança contra os atos de autoridades federais, ressalvadas, logicamente, aquelas cuja competência seja do TRF, da Justiça Trabalhista, ou dos tribunais de superposição (art. 109, VIII). A nova LMS auxilia na identificação de tais autoridades:

---

[14] STF: REsp 176.881/RS, Pleno, rel. Min. Carlos Velloso, rel. p/ ac. Min. Ilmar Galvão, j. 13.03.1997, *DJ* 06.03.1998; STJ: CC 46.512/RN, 1.ª S., rel. Min. Denise Arruda, j. 10.08.2005, *DJ* 05.09.2005.

Art. 2.º Considerar-se-á federal a autoridade coatora se as consequências de ordem patrimonial do ato contra o qual se requer o mandado houverem de ser suportadas pela União ou entidade por ela controlada.

Analogicamente, a despeito do silêncio da lei, a autoridade coatora será considerada estadual, municipal ou distrital, conforme as consequências de ordem patrimonial do ato impugnado houverem de ser suportadas por Estado, Município ou pelo Distrito Federal. No caso de autoridade estadual ou municipal, a competência será da respectiva Justiça Estadual, e, sendo a autoridade distrital, será competente a Justiça do DF.

Não obstante o disposto no parágrafo anterior, se o ato for praticado no exercício de atividade pública delegada pela União ao Estado, ao Município, ou ao Distrito Federal, a competência será da Justiça Federal.

4.4 CONDIÇÕES DA AÇÃO

4.4.1 Legitimidade *ad causam*

4.4.1.1 *Legitimidade ativa*

Ao tratar da legitimidade para a propositura do *writ* individual, a LMS refere-se à "pessoa física ou jurídica" (art. 1.º, *caput*). Já para definir os legitimados ao *writ* coletivo necessitamos examinar o inciso LXX do art. 5.º da CF/1988 e o *caput* do art. 21 da LMS, a seguir reproduzidos:

> LXX – o mandado de segurança coletivo pode ser impetrado por:
>
> a) partido político com representação no Congresso Nacional;
>
> b) organização sindical, entidade de classe ou associação legalmente constituída e em funcionamento há pelo menos um ano, em defesa dos interesses de seus membros ou associados.

> **Art. 21.** O mandado de segurança coletivo pode ser impetrado por partido político com representação no Congresso Nacional, na defesa de seus interesses legítimos relativos a seus integrantes ou à finalidade partidária, ou por organização sindical, entidade de classe ou associação legalmente constituída e em funcionamento há, pelo menos, 1 (um) ano, em defesa de direitos líquidos e certos da totalidade, ou de parte, dos seus membros ou associados, na forma dos seus estatutos e desde que pertinentes às suas finalidades, dispensada, para tanto, autorização especial.

Vemos que as normas aludem a duas categorias de legitimados ativos ao *mandamus* coletivo:

- os **partidos políticos** com representação no Congresso Nacional;
- as **organizações sindicais**, **entidades de classe** ou **associações legalmente** constituídas e em funcionamento há pelo menos um ano, em defesa dos interesses de seus membros ou associados.

Seja qual for o ente legitimado a propô-lo, sua legitimação é extraordinária, visto que estará atuando como **substituto processual**, defendendo, em nome próprio, direito alheio.

Vejamos, doravante, as particularidades de cada um dos grupos de legitimados expressamente na CF e na LMS, bem como se é possível haver outros legitimados.

4.4.1.1.1 Partidos políticos

O único requisito previsto na Constituição é que o partido político esteja representado no Congresso Nacional, ou seja, que possua ao menos um parlamentar na Câmara dos Deputados, ou no Senado.

A CF/1988 faz a mesma exigência para que um partido possa ajuizar uma ADI – ação direta de inconstitucionalidade (art. 103, VIII). O STF tem entendido, apreciando ADIs, que a aferição da legitimidade dos partidos políticos ocorre no momento da sua propositura, de modo que a perda superveniente de representação parlamentar não implica desqualificação para permanecer no polo ativo da relação processual.[15] Pensamos seja possível aplicar a mesma interpretação à legitimidade ativa dos partidos políticos para o mandado de segurança coletivo.

Outra questão de relevo, com relação à legitimação dos partidos políticos, diz respeito à existência ou não de um limite objetivo: estariam eles autorizados a utilizar o *writ* coletivo apenas em defesa dos interesses político-partidários de seus membros, ou, ao contrário, poderiam ir além, para defenderem outros interesses transindividuais não circunscritos a esses temas? Em breves palavras, isso equivaleria a perguntar se existe ou não, em relação aos partidos, o requisito da *pertinência temática*, e qual a sua abrangência.

Antes da edição da nova LMS, era expressivo o entendimento doutrinário no sentido da inexistência da citada limitação temática,[16] apoiando-se, em linhas gerais, nos seguintes fundamentos:

1) A Constituição não exigiu dos partidos a vinculação temática. Já ao tratar do *mandamus* coletivo ajuizável pelas demais entidades a disciplina constitucional foi nitidamente distinta: tratou-a não na mesma alínea dos partidos (alínea *a*), mas em outra (alínea *b*), em que se exige que as organizações sindicais, entidades de classe ou associações estejam legalmente constituídas e em funcionamento há pelo menos um ano, como também que o mandado se volte à "defesa dos interesses de seus membros ou associados". A propósito, José Afonso da Silva informa que, no projeto originariamente aprovado em primeiro turno na Assembleia Constituinte, os partidos políticos estavam submetidos à mesma restrição, mas houve "reação ao enquadramento dos partidos nesses limites da legitimação, de onde, em negociação de lideranças, transpor-se aquela cláusula para o final da alínea *b*, vinculada apenas a entidades ali referidas";[17]

2) Como garantia fundamental, a norma do art. 5.º, LXX, *a*, não comporta interpretação restritiva. Eventuais restrições temáticas à atuação dos partidos, portanto, só podem ser extraídas do contexto constitucional em que eles estão inseridos, da principiologia constitucional e das razões pelas quais eles existem. Os partidos políticos não têm por finalidade apenas a defesa dos interesses políticos de seus filiados, mas também dos interesses afetos ao regime democrático e aos direitos fundamentais, que compõem o núcleo intangível de nossa Constituição (CF, art. 60, § 4.º). Não é por menos que a Lei Orgânica dos Partidos Políticos (Lei 9.096/1995), em seu art. 1.º, proclama que "o partido político (...) destina-se a assegurar, no interesse do regime democrático, a autenticidade do sistema representativo e a defender os direitos fundamentais definidos na Constituição Federal". Logo, estão eles

---

[15] AgR na ADI 2.159/DF, Pleno, rel. orig. Min. Carlos Velloso, rel. p/ ac. Min. Gilmar Mendes, j. 12.08.2004, inf. STF 356; Agr-Agr na ADI 2.618/PR, Pleno, rel. orig. Min. Carlos Velloso, rel. p/ ac. Min. Gilmar Mendes, j. 12.08.2004, DJ 31.03.2006.

[16] BARBI, Celso Agrícola. Mandado de Segurança na Constituição de 1988. *Revista de Processo*, São Paulo: RT, n. 57, p. 11, jan.-mar. 1990; FERRARESI, Eurico. *Ação Popular, Ação Civil Pública e Mandado de Segurança Coletivo*. Rio de Janeiro: Forense, 2009. p. 247-251; MORAES, Alexandre de. *Direito Constitucional*. 18. ed. São Paulo: Atlas, 2005. p. 149-150; OLIVEIRA, Francisco Antonio de. *Mandado de Segurança e Controle Jurisdicional*. São Paulo: RT, 1992. p. 212.

[17] SILVA, José Afonso da. *Curso de Direito Constitucional Positivo*. 23. ed. rev. e atual. São Paulo: Malheiros, 2004. p. 458, nota 6.

INTERESSES DIFUSOS E COLETIVOS - VOL. 1

legitimados para impetrar o *writ* coletivo em defesa de direitos fundamentais dos cidadãos e dos necessários à preservação do Estado democrático de direito.[18]

O STF, inicialmente, adotara uma posição restritiva, decidindo pelo emprego do *writ* coletivo pelos partidos exclusivamente em defesa dos interesses dos seus filiados.[19] Mais recentemente, alguns dos ministros admitiram a possibilidade de que os partidos o manejem em prol de *direitos difusos* e *coletivos* não relacionados aos seus filiados, mas, no caso em discussão, que versava *direitos individuais homogêneos* de contribuintes em matéria tributária, e, portanto, disponíveis, todos entenderam que faltava aos partidos legitimidade.[20]

Os precedentes do STJ seguem a linha mais retraída, admitindo a legitimidade das agremiações políticas exclusivamente para a defesa dos interesses de seus filiados.[21]

A nova LMS, como se nota no *caput* do art. 21, dispôs que os partidos políticos podem propor o mandado de segurança coletivo **"na defesa de seus interesses legítimos relativos a seus integrantes ou à finalidade partidária"**. Diante dessa redação, a controvérsia doutrinária remanesce.

Há quem entenda que, de fato, os partidos estão limitados por uma *pertinência temática*, estando autorizados a defender, exclusivamente, interesses de natureza política dos seus filiados.[22]

Diferentemente, há quem veja na redação do dispositivo uma intenção manifestamente restritiva, mas que estaria em descompasso com a Constituição Federal, pois, tratando-se o *writ* coletivo de uma garantia constitucional fundamental, não seria passível de restrição pela lei.[23]

Não obstante o acerto de tal fundamento (inadmissibilidade de restrição da garantia constitucional), pensamos – a exemplo de outros autores[24] – ser possível interpretar o art. 21 da LMS de maneira mais ampla, em uma leitura que o conforme ao papel atribuído aos partidos na Constituição Federal.

Cremos, particularmente, que, por meio da conjunção alternativa "ou", o *caput do* art. 21 da LMS biparte os "interesses legítimos" dos partidos em duas espécies:

- interesses relativos a seus filiados (que, para nós, restringem-se aos de natureza política);
- interesses pertinentes "à finalidade partidária" (que, para nós, não se limitam aos de natureza política).

---

[18] FIGUEIREDO, Lúcia Valle. Partidos Políticos e Mandado de Segurança Coletivo. *Revista de Direito Público*, São Paulo: RT, n. 95, p. 39-41, jul.-set. 1990. A autora refere-se ao art. 17, § 2.º, da antiga Lei Orgânica dos Partidos Políticos (Lei 5.682/1971), que conferiam aos partidos finalidades idênticas às do art. 1.º da atual Lei Orgânica.

[19] RE 213.631/MG, Pleno, rel. Min. Ilmar Galvão, j. 09.12.1999, DJ 07.04.2000.

[20] RE 196.184/AM, 1.ª T., rel. Min. Ellen Gracie, j. 27.10.2004, DJ 18.02.2005 (vide votos dos Ministros Ellen Gracie, Carlos Brito e Marco Aurélio).

[21] RMS 2.423/PR, 6.ª T., rel. Min. Luiz Vicente Cernicchiaro, j. 27.04.1993, DJ 22.11.1993; RMS 1.348/MA, 2.ª T., rel. Min. Américo Luz, j. 02.06.1993, DJ 13.12.1993; MS 197/DF, 1.ª S., rel. Min. Garcia Vieira, j. 08.05.1990, DJ 20.08.1990.

[22] FUX, Luiz. *Mandado de Segurança*. Rio de Janeiro: Forense, 2010. p. 140; MEIRELLES, Hely Lopes. *Mandado de Segurança, Ação Popular, Mandado de Injunção, "Habeas Data", Ação Direta de Inconstitucionalidade e Ação Declaratória de Constitucionalidade*. 32. ed. atual. por Arnoldo Wald e Gilmar Ferreira Mendes. Colaboração de Rodrigo Garcia da Fonseca. São Paulo: Malheiros, 2009. p. 128.

[23] FERRARESI, Eurico. *Do Mandado de Segurança*: Comentários à Lei n. 12.016, de 7 de agosto de 2009. Rio de Janeiro: Forense, 2010. p. 112-113; NERY JUNIOR, Nelson; NERY, Rosa Maria de Andrade. *Código de Processo Civil Comentado e Legislação Processual Civil Extravagante*. 11. ed. rev., ampl. e atual. São Paulo: RT, 2010. nota 3 ao art. 21 da LMS. p. 1.725.

[24] **Nesse sentido:** ALVIM, Eduardo Arruda. *Mandado de Segurança*. 2. ed. da ref. e atual. obra *Mandado de Segurança no Direito Tributário*. Rio de Janeiro: GZ, 2010. p. 400-401; BUENO, Cassio Scarpinella. *A Nova Lei do Mandado de Segurança*: Comentários Sistemáticos à Lei n. 12.016, de 7.8.2009. 2. ed. São Paulo: Saraiva, 2010. p. 161-162.

Por finalidade partidária podemos compreender não apenas os interesses que componham os fins institucionais ou programáticos próprios de cada partido, como também as finalidades inerentes a todo e qualquer partido político em função de sua missão constitucional. Tal missão, implicitamente inferida do art. 1.º, V, e parágrafo único, e do art. 17, ambos da CF/1988, é mais bem explicitada no art. 1.º da Lei Orgânica dos Partidos Políticos, em que se afirma que eles estão destinados a assegurar, no interesse do regime democrático, a autenticidade do sistema representativo, bem como a defender os direitos fundamentais definidos na Constituição Federal.

Logo, em nossa opinião, cada partido está legitimado a manejar o *writ* coletivo com pertinência temática em relação aos seus interesses legítimos, que são:

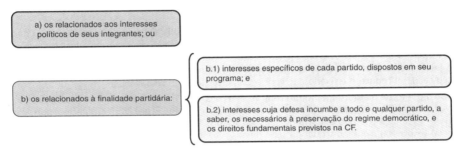

4.4.1.1.2 Organizações sindicais, entidades de classe ou associações

A legitimidade de tais entidades é condicionada a dois requisitos:

a) que estejam legalmente constituídas e em funcionamento há pelo menos um ano;

b) que o mandado seja proposto em defesa dos interesses de seus membros ou associados.

Aqui, ao contrário do que se dá em relação aos partidos políticos, a vinculação da atuação de tais entes à defesa dos interesses dos membros ou associados é veiculada na própria Constituição, sendo indiscutível.

Na doutrina há quem denomine tal vinculação como *pertinência temática*,[25] expressão comumente utilizada nas ações civis públicas para falar da necessária correlação entre o objeto da ação e a finalidade institucional da associação legitimada. Há, porém, quem conteste tal opinião,[26] sob o argumento de que, no caso do mandado de segurança coletivo, não é indispensável que o interesse defendido esteja relacionado com os fins do ente legitimado ou seja inerente à classe representada, bastando que ele interesse aos seus membros ou associados, como, aliás, já decidiu o STF:

> III – O objeto do mandado de segurança coletivo será um direito dos associados, independentemente de guardar vínculo com os fins próprios da entidade impetrante do *writ*, exigindo-se, entretanto, que o direito esteja compreendido na titularidade dos associados e que exista ele em razão das atividades exercidas pelos associados, mas não se exigindo que o direito seja peculiar, próprio, da classe.[27]

---

[25] SODRÉ, Eduardo. Mandado de Segurança. In: DIDIER JÚNIOR, Fredie (org.). *Ações Constitucionais*. 4. ed. rev., ampl. e atual. Salvador: Juspodivm, 2009. p. 122.

[26] ZANETI JR., Hermes. In: DIDIER JÚNIOR, Fredie (org.). *Ações Constitucionais*. 4. ed. rev., ampl. e atual. Salvador: Juspodivm, 2009. p. 173-174.

[27] RE 193.382/SP, Pleno, rel. Min. Carlos Velloso, j. 28.06.1996, *DJ* 20.09.1996.

352 | INTERESSES DIFUSOS E COLETIVOS – VOL. 1

Não se exige que o mandado vise a beneficiar o interesse de todos os membros da classe. Nesse sentido, a Súmula 630 do STF já previa que "a entidade de classe tem legitimação para o mandado de segurança ainda quando a pretensão veiculada interesse apenas a uma parte da respectiva categoria". O entendimento sumular foi acolhido na nova LMS, como se pode conferir no *caput* do seu art. 21.

O mesmo STF, antes da promulgação da nova LMS, na Súmula 629, assentou que "a impetração de mandado de segurança coletivo por entidade de classe em favor dos associados independe da autorização destes". Tal jurisprudência também foi cristalizada na nova LMS, como se pode constatar na parte final do *caput* do seu art. 21.

ATENÇÃO

1) Importante ponto de distinção em relação à ação civil pública diz respeito ao requisito da pré--constituição. Por concessão do art. 82, § 1.º, do CDC, o magistrado, em determinadas circunstâncias, pode dispensar a associação de preencher o requisito da pré-constituição ânua para a propositura da ação civil pública. Essa faculdade não está presente no mandado de segurança coletivo, até porque, no seu caso, tal requisito é fixado na própria Constituição, sem ressalvas.

2) Outro ponto de distanciamento em relação às ações civis públicas é que, em razão da existência de regra específica (CF, art. 5.º, LXX, *b*) diversa da regra geral (CF, art. 5.º, XXI), para impetrar mandado de segurança coletivo em prol de seus associados a associação não carece de sua autorização especial (expressa), seja individual ou assemblear,[28] bastando a genérica previsão em seu estatuto da possibilidade da defesa dos interesses dos associados em juízo.[29] A propósito, o STF definiu a seguinte tese de repercussão geral: "É desnecessária a autorização expressa dos associados, a relação nominal destes, bem como a comprovação de filiação prévia, para a cobrança de valores pretéritos de título judicial decorrente de mandado de segurança coletivo impetrado por entidade associativa de caráter civil".[30]

3) Não é dado a associações de entes políticos (p. ex., associações de Municípios) defender judicialmente o interesse de seus associados, nem mesmo via mandado de segurança coletivo, pelas razões expostas pela 1.ª Turma do STJ:

"1. A legitimação conferida a entidades associativas em geral para tutelar, em juízo, em nome próprio, direitos de seus associados (CF, art. 5.º, XXI), inclusive por mandado de segurança coletivo (CF, art. 5.º, LXX, *b* e Lei 10.016/2009, art. 21), não se aplica quando os substituídos processuais são pessoas jurídicas de direito público. A tutela em juízo dos direitos e interesses das pessoas de direito público tem regime próprio, revestido de garantias e privilégios de direito material e de direito processual, insuscetível de renúncia ou de delegação a pessoa de direito privado, sob forma de substituição processual. 2. A incompatibilidade do regime de substituição processual de pessoa de direito público por entidade privada se mostra particularmente evidente no atual regime do mandado de segurança coletivo, previsto nos arts. 21 e 22 da Lei 12.016/1990, que prevê um sistema automático de vinculação tácita dos substituídos processuais ao processo coletivo, podendo sujeitá-los inclusive aos efeitos de coisa julgada material em caso de denegação da ordem. 3. No caso, a Associação impetrante não tem – nem poderia ter – entre os seus objetivos institucionais a tutela judicial dos interesses e direitos dos Municípios associados. 4. Recurso ordinário desprovido".[31]

4.4.1.1.3   Outros legitimados

Há quem entenda que o rol de legitimados ativos do inciso LXX do art. 5.º e do art. 21, *caput*, da LMS é meramente exemplificativo, *numerus apertus*. Sustenta-se, para tanto, que, se fosse a intenção das normas criar um rol *numerus clausus*, teriam sido empregados advérbios limitadores, de modo a dizer que a ação *só*, *unicamente*, ou *ape-*

---

[28]   STJ, RMS 34.270-MG, 1.ª T., rel. Min. Teori Albino Zavascki, j. 25.10.2011, *DJe* 28.10.2011.

[29]   STF, RE 573.232/SC, Tribunal Pleno, rel. orig. Min. Ricardo Lewandowski, rel. p/ o acórdão Min. Marco Aurélio, j. 14.5.2014.

[30]   STF, Tema 1.119, ARE 1.293.130, rel. Min. Luiz Fux, j. 17.12.2020, p. 08.01.2021.

[31]   STF, REsp 141.733/SP, 1.ª T., rel. Min. Ilmar Galvão, j. 07.03.1995, *DJ* 01.09.1995.

nas poderia ser proposta por tais legitimados;[32] e que o mandado de segurança é uma garantia constitucional fundamental, e, portanto, não comporta interpretação restritiva.[33]

Nesse sentido, existe quem constate a legitimação do Ministério Público a partir da observação de que, a despeito da omissão do citado inciso LXX, a essa instituição seria lícito impetrar mandado de segurança coletivo em defesa dos direitos da cidadania, das liberdades e garantias individuais, já que lhe incumbe protegê-los.[34] Logo, sua legitimidade seria inferida de uma interpretação lógico-sistemática da Constituição, decorrendo das finalidades institucionais do Ministério Público, fixadas nos arts. 127, *caput*, e 129, *caput*, da CF, 6.º, VI, da LOMPU, e 32, I, da LONMP.[35]

Seguindo a mesma metodologia interpretativa, há quem advogue a legitimação da Defensoria Pública, seja em razão de seu perfil constitucional (art. 134 da CF), seja em função de sua legitimidade para a ação civil pública, mas, sobretudo, por força do que dispõem os incisos II, VIII e IX do art. 4.º da Lei Complementar 80/1994, na redação da Lei Complementar 132/2009, que evidenciariam a importância de que a Defensoria também atue no âmbito do direito processual coletivo.[36]

Ainda é digna de nota a posição de Eurico Ferraresi, que, percebendo que o art. 212, *caput*, do ECA prevê a possibilidade do ajuizamento de todas as espécies de ações para a defesa dos interesses e direitos protegidos naquele diploma, e que o seu § 2.º afirma ser especificamente cabível a "ação mandamental" contra atos ilegais ou abusivos de autoridade pública ou agente de pessoa jurídica no exercício de atribuições do Poder Público, violadores ou ameaçadores de direitos líquidos e certos albergados naquele estatuto, sustenta que os colegitimados, à propositura da ação civil pública, enumerados no art. 210 do ECA, estão também legitimados à impetração do mandado de segurança coletivo em defesa dos direitos difusos, coletivos ou individuais homogêneos acobertados naquela Lei.[37]

Na esteira desse pensamento, acrescemos que o EPI, à semelhança do ECA, logo após enumerar os legitimados para a defesa em juízo dos direitos e interesses nele assegurados (EPI, art. 81), permite o emprego de todas as espécies de ações capazes de propiciar a efetiva e adequada tutela daqueles direitos e interesses (EPI, art. 82), e, especificamente, do mandado de segurança contra atos ilegais ou abusivos de autoridade pública ou agente de pessoa jurídica no exercício de atribuições do Poder Público, quando os direitos lesados ou ameaçados forem líquidos e certos (EPI, art. 82, parágrafo único), o que autoriza a ilação de que os mesmos entes legitimados à propositura da ação civil pública em prol dos direitos protegidos no EPI poderão defendê-los por meio de mandado de segurança coletivo.

O mesmo raciocínio se aplica com relação aos direitos transindividuais protegidos pelo CDC, em razão de seu art. 83 admitir, em sua defesa, a propositura de todas as espécies de ações que assegurem sua adequada e efetiva tutela. E mais: tendo em vista

---

[32] Para Nelson Nery Jr. e Rosa Maria de Andrade Nery (*Código de Processo Civil Comentado e Legislação Processual Civil Extravagante em Vigor*. 11. ed. rev., ampl. e atual. São Paulo: RT, 2010, nota 8 ao art. 21 da LMS, p. 1.726), o rol seria meramente exemplificativo, já que o inciso LXX do art. 5.º da CF não emprega nenhum advérbio indicativo de que ele seria *numerus clausus*, o que ocorreria se houvesse dito que tais direitos *só*, *unicamente*, ou *apenas* poderiam ser defendidos por tais legitimados.

[33] ALMEIDA, Gregório Assagra de. *Manual das Ações Constitucionais*. Belo Horizonte: Del Rey, 2007. p. 605.

[34] FIGUEIREDO, Lúcia Valle. Partidos Políticos e Mandado de Segurança Coletivo. *Revista de Direito Público*, São Paulo, n. 95, p. 39, jul./set. 1990.

[35] **Nesse sentido:** BUENO, Cassio Scarpinella. *A Nova Lei do Mandado de Segurança* – Comentários Sistemáticos à Lei n. 12.016, de 7-8-2009. 2. ed. São Paulo: Saraiva, 2010. p. 166; FUX, Luiz. *Mandado de Segurança*. Rio de Janeiro: Forense, 2010. p. 143; NERY JUNIOR, Nelson; NERY, Rosa Maria Andrade. *Código de Processo Civil Comentado e Legislação Extravagante*. 11. ed. rev., ampl. e atual. São Paulo: RT, 2010. nota 5 ao art. 21 da LMS. p. 1.726.

[36] BUENO, Cassio Scarpinella. *A nova Lei do Mandado de Segurança*: Comentários Sistemáticos à Lei n. 12.016, de 7.8.2009. 2. ed. São Paulo: Saraiva, 2010. p. 166.

[37] FERRARESI, Eurico. *Ação Popular, Ação Civil Pública e Mandado de Segurança Coletivo*. Rio de Janeiro: Forense, 2009. p. 242-245.

o princípio da integração CDC x LACP, é ainda razoável sustentar que os mesmos legitimados à propositura da ação civil pública podem impetrar o *writ* coletivo em prol de quaisquer direitos metaindividuais, desde que presentes os pressupostos constitucionais e infraconstitucionais do *mandamus*.[38]

Em sentido contrário às opiniões supracitadas, convém ressaltar as razões de quem somente admite como legitimados os entes expressamente citados no inciso LXX do art. 5.º da CF/1988. Para essa doutrina, os demais órgãos legitimados à defesa de direitos transindividuais na LACP deveriam valer-se da ação civil pública:

> O correto enquadramento dos casos de cabimento do mandado de segurança e da ação civil pública é extremamente relevante, na medida em que são marcantes as diferenças em termos de legitimidade ativa e passiva, procedimento e competência para julgamento. O acatamento de mandado de segurança coletivo com características de ação civil pública nos parece implicar violação ao devido processo legal e afastamento do juiz natural, garantias constitucionais essenciais ao Estado Democrático de Direito.[39]

Nesse sentido, o STF já se manifestou pela taxatividade do rol do inciso LXX do art. 5.º da CF para afastar a legitimidade de um Estado para propor um *writ* coletivo, embora a decisão tenha sido anterior à entrada em vigor do CDC.[40] Já a 2.ª Turma do STJ, forte na missão constitucionalmente outorgada ao MP e no art. 32, I, da Lei Orgânica Nacional do Ministério Público,[41] no art. 177 do CPC[42] e no princípio da máxima efetividade dos direitos fundamentais, reconheceu-lhe a legitimidade para impetração de mandado de segurança em prol de interesses transindividuais e do patrimônio público.[43]

Temos, portanto, os seguintes quadros:

Legitimados ativos expressamente previstos na CF e na LMS	
Partido político, desde que: a. tenha pelo menos um representante na Câmara dos Deputados ou no Senado; b. atue em defesa de seus *interesses legítimos* relacionados aos seus filiados ou à finalidade partidária.	**Organização sindical, entidade de classe ou associação legalmente constituída**, desde que: 1) esteja em funcionamento há pelo menos um ano; 2) atue em defesa dos interesses de seus membros ou associados.

---

[38] Essa, aliás, parece ser a mesma conclusão de Eurico Ferraresi, embora a ampare não no art. 83 do CDC e no princípio da integração CDC x LACP, mas, sim, na necessidade de estender a utilização do *writ* coletivo previsto no ECA a outros temas não necessariamente relacionados à proteção da infância e da juventude, em homenagem ao princípio da inafastabilidade da tutela jurisdicional (FERRARESI, Eurico. *Ação Popular, Ação Civil Pública e Mandado de Segurança Coletivo*. Rio de Janeiro: Forense, 2009. p. 243). Gregório Assagra de Almeida também entende que os legitimados dos arts. 5.º da LACP e 82 do CDC podem impetrar o *writ* coletivo, sem vislumbrar limitações temáticas, em razão de o *mandamus* consistir em uma garantia constitucional fundamental, e que, portanto, não comporta interpretação restritiva (*Manual das Ações Constitucionais*. Belo Horizonte: Del Rey, 2007. p. 605).

[39] MEIRELLES, Hely Lopes. *Mandado de Segurança, Ação Popular, Mandado de Injunção, "Habeas Data", Ação Direta de Inconstitucionalidade e Ação Declaratória de Constitucionalidade*. 32. ed. atual. por Arnoldo Wald e Gilmar Ferreira Mendes. Colaboração de Rodrigo Garcia da Fonseca. São Paulo: Malheiros, 2009. p. 124, nota de rodapé n. 266.

[40] MS 21.059, Pleno, rel. Min. Sepúlveda Pertence, j. 05.09.1990, *DJ* 19.10.1990.

[41] "Art. 32. Além de outras funções cometidas nas Constituições Federal e Estadual, na Lei Orgânica e demais leis, compete aos Promotores de Justiça, dentro de suas esferas de atribuições: I – impetrar *habeas corpus* e mandado de segurança e requerer correição parcial, inclusive perante os Tribunais locais competentes."

[42] "Art. 177. O Ministério Público exercerá o direito de ação em conformidade com suas atribuições constitucionais."

[43] RMS 67.108/MA, 2.ª T., rel. Min. Herman Benjamin, j. 05.04.2022, *DJe* 24.06.2022.

Outros legitimados ativos (segundo parte da doutrina)*		
Colegitimados do art. 210 do ECA, e do art. 81 do EPI, em prol de direitos protegidos nas respectivas leis (art. 212, *caput* e § 2.°, do ECA e art. 82, *caput* e parágrafo único, do EPI), **bem como colegitimados do sistema CDC x LACP, em prol dos demais direitos difusos e coletivos** (arts. 83 e 90 do CDC, c.c. os arts. 1.° e 21 da LACP).	Além disso, a legitimidade do **Ministério Público** ainda tem suporte nas suas funções institucionais estabelecidas na CF e em suas leis orgânicas.	Finalmente, a **legitimidade da Defensoria Pública** também tem suporte nas suas funções institucionais estabelecidas na CF e em suas leis orgânicas.

* Conforme anteriormente ressalvado, outra parcela da doutrina somente admite os legitimados expressamente previstos na LMS e na CF.

4.4.1.2 Legitimidade passiva

Aqui não há diferenças entre o mandado de segurança coletivo e o individual. A LMS determina que a inicial indique não apenas a autoridade coatora, como também a pessoa jurídica que ela integra, à qual se acha vinculada ou da qual exerce atribuições (art. 6.°, *caput*). A norma também prescreve que o juiz, no despacho inicial, ordene:

a) a notificação da autoridade coatora, a fim de que ela, no prazo de dez dias, preste informações (art. 7.°, I);

b) dê ciência ao órgão de representação judicial da pessoa jurídica interessada, para que, querendo, ingresse no feito (art. 7.°, II).

ATENÇÃO

Predomina amplamente na doutrina a opinião de que a autoridade coatora não é ré no mandado de segurança. **Ré é a pessoa jurídica que a autoridade coatora integra**, à qual ela esteja vinculada, ou da qual ela exerça atribuições.[44] Logo, a "ciência" referida no inciso II do art. 7.° teria *status* de verdadeira citação. Há, porém, quem veja a existência de um litisconsórcio passivo entre a autoridade coatora e a pessoa jurídica da qual ela faz parte.[45]

Seja como for, é importante indicar como autoridade coatora aquela que tenha competência para desfazer ou determinar o desfazimento do ato impugnado. Na hipótese de a lesão ou ameaça decorrer de uma omissão, é necessário que a autoridade indicada tenha competência para executar o ato ou determinar sua execução.

---

[44] **Apenas para citar alguns:** ALVIM, Eduardo Arruda. *Mandado de Segurança.* 2. ed. da ref. e atual. obra *Mandado de Segurança no Direito Tributário.* Rio de Janeiro: GZ, 2010. p. 58-61 e 63; BARROSO, Darlan; ROSSATO, Luciano Alves. *Mandado de Segurança.* São Paulo: RT, 2009. p. 41-42; REDONDO, Bruno Garcia, OLIVEIRA, Guilherme Peres de; CRAMER, Ronaldo. *Mandado de Segurança.* São Paulo: Método, 2009. p. 95-96; THEODORO JR., Humberto. *O Mandado de Segurança Segundo a Lei n. 12.0160, de 7 de agosto de 2009.* Rio de Janeiro: Forense, 2009. p. 7-8; TAVARES, André Ramos. *Manual do Novo Mandado de Segurança.* Rio de Janeiro: Forense, 2009. p. 73-74.

[45] BUENO, Cassio Scarpinella. *A Nova Lei do Mandado de Segurança:* Comentários Sistemáticos à Lei n. 12.016, de 7.8.2009. 2. ed. São Paulo: Saraiva, 2010. p. 45; MEIRELLES, Hely Lopes. *Mandado de Segurança, Ação Popular, Mandado de Injunção, "Habeas Data", Ação Direta de Inconstitucionalidade e Ação Declaratória de Constitucionalidade.* 32. ed. atual. por Arnoldo Wald e Gilmar Ferreira Mendes. Colaboração de Rodrigo Garcia da Fonseca. São Paulo: Malheiros, 2009. p. 63-64, 74 e 82.

Nos *órgãos colegiados*, a autoridade coatora será o Presidente que subscreve o ato impugnado e responde por sua execução. Nos *procedimentos administrativos*, é a autoridade que o preside. Nos *atos compostos*, é a autoridade que pratica o ato principal.[46]

Quanto aos atos complexos, formados pela concatenação de atos praticados por diversos órgãos, é necessária a inclusão de todas as autoridades que se sucederam na sua formação, a partir do primeiro ato viciado.[47]

Considerando que algumas pessoas jurídicas possuem complexa estrutura organizacional, na prática pode ser difícil ao impetrante identificar corretamente a autoridade coatora. Eventual equívoco na sua indicação não deve conduzir ao indeferimento da petição inicial por ilegitimidade passiva. Para solução do problema pode ser possível aplicar a **teoria da encampação**, que, em suma, permite reconhecer a legitimidade passiva mesmo quando a parte lesada, por equívoco, impetra o *writ* em face de uma autoridade hierarquicamente superior à real autoridade coatora. Para tanto, é necessária a presença dos seguintes requisitos:

a) a autoridade impetrada deve ser superior hierárquico à real autoridade coatora;

b) a autoridade impetrada, ao prestar informações, manifesta-se sobre o mérito, encampando (defendendo) o ato da real autoridade coatora;

c) o equívoco quanto à real autoridade não pode haver importado na modificação de competência estabelecida na Constituição Federal, pois a competência absoluta não pode ser alterada.

Se um mandado de segurança for impetrado no Tribunal de Justiça, em razão de a autoridade impetrada gozar de foro de prerrogativa de função, mas a real autoridade coatora não gozar da mesma prerrogativa de foro, não será possível aplicar a teoria da encampação, pois isso importaria em violar competência constitucionalmente estabelecida.[48]

4.4.2   Interesse processual

Nas ações em geral, há interesse processual (interesse de agir) quando o autor tem **necessidade** de buscar um provimento jurisdicional para concretizar sua pretensão, e desde que haja **adequação** entre o pedido por ele deduzido e a pretensão a ser satisfeita (em outros termos: que aquele seja útil para a satisfação desta).

A *necessidade*, nas ações em geral, se apresenta quando houver uma lesão ou ameaça a direito, e ele não vier a ser solucionado extrajudicialmente.

Especificamente no que toca ao mandado de segurança coletivo, é mister que o direito lesado ou ameaçado de lesão seja líquido e certo, não amparável por *habeas corpus* ou *habeas data*, o que equivale a dizer que o mandado de segurança só é *adequado* para o enfrentamento de lesões ou ameaças a direitos que possam ser provados de plano (documentalmente, sem necessidade de dilação probatória), e desde que não sejam passíveis de defesa por meio de *habeas corpus* ou *habeas data*.

---

[46]   MEIRELLES, Hely Lopes. *Mandado de Segurança, Ação Popular, Mandado de Injunção, "Habeas Data", Ação Direta de Inconstitucionalidade e Ação Declaratória de Constitucionalidade.* 32. ed. atual. por Arnoldo Wald e Gilmar Ferreira Mendes. Colaboração de Rodrigo Garcia da Fonseca. São Paulo: Malheiros, 2009. p. 68.

[47]   STF, MS 22.042-QO/RR, Pleno, rel. Min. Moreira Alves, j. 22.02.1995, DJ 24.03.1995.

[48]   STJ: RMS 21.775/RJ, 1.ª T., rel. Min. Luiz Fux, j. 16.11.2010, inf. 456, 15 a 19.11.2010; MS 12.779/DF, 1.ª S., rel. Min. Castro Meira, j. 13.02.2008, *DJe* 03.03.2008. A teoria da encampação foi consagrada na Súmula 628 do STJ, que dispõe: "A teoria da encampação é aplicada no mandado de segurança quando presentes, cumulativamente, os seguintes requisitos: a) a existência de vínculo hierárquico entre a autoridade que prestou informações e a que ordenou a prática do ato impugnado; b) manifestação a respeito do mérito nas informações prestadas; c) ausência de modificação de competência estabelecida na Constituição Federal".

CAP. 4 – MANDADO DE SEGURANÇA COLETIVO | 357

Além disso, especificamente em relação ao mandado de segurança coletivo, é possível acrescentar outro pressuposto de *adequação* (portanto, componente do interesse processual): para alguns, ele se presta à defesa de direitos difusos, coletivos ou individuais homogêneos; para outros, apenas de direitos coletivos ou individuais homogêneos.[49]

Ainda no tocante ao interesse de agir no *mandamus*, sobreleva invocar a Súmula 266 do STF, que dispõe que "não cabe mandado de segurança contra lei em tese". Leis em tese são atos normativos dotados de generalidade e abstração:

> Lei em tese pode ser compreendida como a lei que ainda não incidiu no mundo dos fatos, a lei que só apresente existência a nível abstrato, das cogitações, o sentido de que não foi ainda exigida nem aplicada para as realidades concretas para as quais foi editada a lei.[50]

Atacaria uma lei em tese um mandado de segurança que, sem se fundar na existência de uma situação fática que levasse à aplicação da norma a um determinado caso concreto, buscasse afastar, abstrata e genericamente, sua validade. É dizer, em outros termos, que a simples entrada em vigor de uma lei não configura, por si só, lesão ou ameaça a direito do administrado, caracterizadora da *necessidade*.

Somente com a prática de um ato administrativo concretizador dos efeitos da norma (ato de autoridade, ilegal ou abusivo), ou, pelo menos, com a ocorrência da hipótese autorizadora prevista na norma para a prática desse ato, é que haveria falar no surgimento do interesse processual, na necessidade de se socorrer do Judiciário.

Haveria impugnação de lei em tese se, por exemplo, uma associação ambiental, alegando a invalidade de uma norma municipal que delimitou áreas de preservação permanente ao longo de cursos d'água em faixas menores que as autorizadas pela legislação florestal (e, portanto, menos protetoras do meio ambiente), impetrasse um *writ* coletivo contra o Município, visando a proibi-lo de deferir eventuais futuros pedidos de licenças de construção em faixas menores que aquelas da legislação florestal.

Diferentemente, não haveria impugnação de lei em tese se a mesma associação ambiental, a fim de evitar essa espécie de violação ao Código Florestal, deduzisse um *writ* coletivo visando a impedir que o Município deferisse um determinado pedido de licença de construção, já protocolado com base na brecha criada pela nova lei municipal em conflito com a legislação florestal.

Não há óbice, porém, ao manejo de mandados de segurança contra de *normas de efeitos concretos*. Tais figuras são normas apenas no sentido formal, pois, sob a roupagem (forma) de ato normativo (Resoluções, decretos etc.), configuram, na essência, verdadeiros atos administrativos. Destituídas de generalidade e abstração, dirigem-se a destinatários definidos e a situações concretas. Logo, não dependem da prática de atos adicionais para lesar ou ameaçar de lesão seus destinatários. Sua simples entrada em vigor é capaz de atacar direito do administrado, de modo que, sendo elas ilegais (aqui incluídas as inconstitucionais) ou abusivas, poderão ser alvo de mandado de segurança, sem que se possa falar em ofensa à lei em tese.

4.5 ELEMENTOS DA AÇÃO, LITISCONSÓRCIO E INTERVENÇÃO DE TERCEIROS

4.5.1 Elementos da ação

4.5.1.1 *Partes*

Por um conceito de parte, vide item 2.4.1 no Capítulo 2 (Ação Civil Pública). Sobre quem pode ser parte no polo ativo e no polo passivo no mandado de segurança coletivo, vide o item 4.4.1, que trata da legitimidade *ad causam*.

---

[49] V. item 4.2.2.
[50] TAVARES, André Ramos. *Manual do Novo Mandado de Segurança*: Lei 12.016/2009. Rio de Janeiro: Forense, 2009. p. 127.

INTERESSES DIFUSOS E COLETIVOS – VOL. 1

4.5.1.2 Causa de pedir

Para que um mandado de segurança tenha êxito, nele devem ser descritos os fatos e os fundamentos jurídicos que, no caso concreto, preenchem os pressupostos de um *writ*. Assim, sua causa de pedir deve descrever:

a) o ato de autoridade;

b) em que consiste a ilegalidade ou o abuso de poder;

c) a lesão, ou os fatos que indicam a ameaça de lesão; e

d) o direito líquido e certo, não amparável por *habeas corpus* ou *habeas data*.

No mandado de segurança coletivo é ainda necessário o preenchimento de um pressuposto específico: os direitos tratados na causa de pedir devem ser difusos, coletivos ou individuais homogêneos, ou, para parte da doutrina, coletivos ou individuais homogêneos.[51]

4.5.1.3 Pedido

O objeto imediato do pedido (provimento jurisdicional) buscado no mandado de segurança coletivo é uma sentença mandamental, cujo dispositivo se caracteriza por conter uma ordem para que determinada pessoa a cumpra.

Os objetos mediatos, como em toda e qualquer ação, são os bens da vida que se buscam proteger na ação.

A LMS, em seu art. 5.º, proíbe *explicitamente* alguns tipos de pedido:

Art. 5.º Não se concederá mandado de segurança quando se tratar:

I – de ato do qual caiba recurso administrativo com efeito suspensivo, independentemente de caução;

II – de decisão judicial da qual caiba recurso com efeito suspensivo;

III – de decisão judicial transitada em julgado.

Não houvesse tais vedações legais, o emprego do mandado de segurança, nas duas primeiras hipóteses, ainda poderia ser afastado pela inexistência de interesse processual, visto que em nenhuma delas haveria necessidade do emprego do instituto, tampouco seria ele adequado para impugnar os atos lesivos.

A simples inexistência do efeito suspensivo do recurso não basta para superar o óbice do inciso II. É mister que haja risco de prejuízo irreparável ou de difícil reparação (do contrário, bastaria interpor o recurso, mesmo sem efeito suspensivo), e que a decisão impugnada seja teratológica ou manifestamente abusiva.[52]

No tocante à hipótese do inciso III, o emprego do *writ* também poderia ser repelido pelo fato de a coisa julgada configurar pressuposto processual negativo (CPC, art. 485, V), ou pela falta de interesse processual (ausência de adequação, pois seria cabível, eventualmente, a ação rescisória). A propósito, a Súmula 268 do STF já expunha o não cabimento do *writ*, ao prescrever que "não cabe mandado de segurança contra decisão judicial com trânsito em julgado".

A vedação prevista no inciso I não pressupõe a necessidade de prévio esgotamento da via administrativa: se ainda houver recurso administrativo, mas ele não ostentar efeito suspensivo, ou demandar caução, será cabível o *writ*. Ademais, o administrado não é obrigado a recorrer administrativamente. Se ele deixou transcorrer *in albis* o prazo para

---

[51] V. item 4.2.2.

[52] AgRg no MS 17.857/DF, Corte Especial, rel. Min. Arnaldo Esteves Lima, j. 07.11.2012, *DJe* 19.11.2012.

a interposição do recurso administrativo, nada obstará que impetre o *writ*, pois já não lhe será possível recorrer administrativamente.

Outra vedação explícita decorre do § 4.º do art. 14 da LMS, *in verbis*:

> § 4.º O pagamento de vencimentos e vantagens pecuniárias assegurados em sentença concessiva de mandado de segurança a servidor público da administração direta ou autárquica federal, estadual e municipal somente será efetuado relativamente às prestações que se vencerem a contar da data do ajuizamento da inicial.[53]

Tal proibição tem redação próxima à do art. 1.º da Lei 5.021/1966 (revogada pela atual LMS), e se inspirou nas seguintes súmulas do STF:

> **Súmula 269:** O mandado de segurança não é substitutivo de ação de cobrança.
>
> **Súmula 271:** Concessão de mandado de segurança não produz efeitos patrimoniais em relação a período pretérito, os quais devem ser reclamados administrativamente ou pela via judicial própria.

Frise-se, a despeito da norma e das súmulas em análise, que é possível veicular pedido patrimonial no mandado de segurança. O que elas vedam é o emprego do *writ* como simples ação de reparação de danos ou de cobrança, por não se coadunar com sua natureza, voltada ao combate dos atos ilegais ou abusivos do Poder Público. Se, porém, o percebimento de valor pecuniário é consequência lógica da remoção do ato impugnado, a segurança, ao removê-lo, pode determinar o pagamento do valor indevidamente retido. Pela mesma lógica, a sentença que concede a segurança para anular multa administrativa conduz as partes ao *status quo ante*, tendo, como efeito secundário, o condão de determinar à Fazenda Pública a restituição ao impetrante do valor da multa recolhida por ele.[54]

De todo modo, no caso de vencimentos e vantagens pecuniárias dos servidores mencionados no § 4.º, o pagamento limitar-se-á às parcelas vencidas a partir do ajuizamento da ação. Os vencimentos e vantagens devidos anteriormente à impetração só poderão ser reclamados administrativamente ou nas vias judiciais ordinárias.

Há, ainda, restrições ao pedido que decorrem *implicitamente* do ordenamento.

É o caso do descabimento de mandado de segurança contra **atos *interna corporis* do Poder Legislativo**.[55] Os maiores exemplos de atos *interna corporis* são os relacionados à interpretação das normas regimentais. Sempre que a questão disser respeito, *exclusivamente*, à interpretação de regimento de casa legislativa, não será possível a intromissão do Poder Judiciário, sob pena de violação do princípio constitucional da separação dos poderes.

Não obstante, se o ato do Plenário ou da Mesa violar direito impregnado de estatura constitucional, não há invocar intangibilidade de questão *interna corporis*.[56] É o que ocorreria, por exemplo, se, a despeito de preenchidos os requisitos constitucionais (CF, art. 58, § 3.º), fosse negado, pela maioria parlamentar, o direito de a minoria oposicionista ver instaurada comissão parlamentar de inquérito.[57]

---

[53] "Art. 1.º O pagamento de vencimentos e vantagens pecuniárias asseguradas, em sentença concessiva de mandado de segurança, a servidor público federal, da administração direta ou autárquica, e a servidor público estadual e municipal, somente será efetuado relativamente às prestações que se vencerem a contar da data do ajuizamento da inicial."

[54] STF, RMS 22.739/DF, 2.ª T., rel. Min. Néri da Silveira, j. 15.12.1995, *DJ* 23.02.1996; STJ, REsp 410.371/DF, 1.ª T., rel. Min. Francisco Falcão, j. 02.10.2003, *DJ* 03.11.2003.

[55] STF, MS 21.754-5/RJ, Pleno, rel. Min. Marco Aurélio, rel. p/ ac. Min. Francisco Rezek, j. 07.10.1993, *DJ* 21.02.1997.

[56] STF, MS 25.579 MC/DF, Pleno, rel. Min. Sepúlveda Pertence, rel. p/ ac. Min. Joaquim Barbosa, j. 19.10.2005, *DJe* 24.08.2007.

[57] STF, MS 26.441/DF, Pleno, rel. Min. Celso de Mello, j. 25.04.2007, *DJe* 18.12.2009.

Especificamente em relação ao mandado de segurança coletivo, há um ponto que merece ser abordado como eventual vedação implícita ao pedido.

Com efeito, vimos que, para uma pequena parte da doutrina, o emprego do *writ* coletivo estaria implicitamente proibido em relação aos direitos difusos, pois o art. 21 da LMS aludiu apenas aos coletivos e aos individuais homogêneos. Ressaltemos, contudo, que parcela significativa da doutrina vem entendendo que o mandado de segurança coletivo continua sendo válido para a tutela de direitos difusos.[58]

Em suma, portanto, apontam-se os seguintes óbices ao pedido no mandado de segurança coletivo:

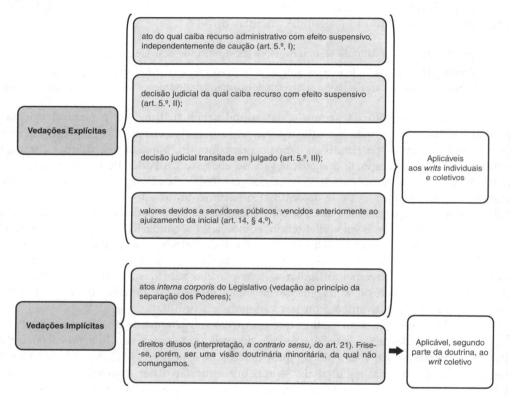

4.5.2 Litisconsórcio

A LMS, em seu art. 24, manda aplicar ao mandado de segurança os arts. 46 a 49 do CPC/1973, arts. 113 a 118 do CPC/2015, que regulam o litisconsórcio. A norma seria desnecessária, pois o CPC, como norma processual geral, é por essa simples razão aplicável subsidiariamente às normas especiais, no que for cabível. Logo, não será apenas em relação ao litisconsórcio que suas normas aproveitarão ao mandado de segurança.

Será admissível tanto o litisconsórcio ativo quanto o passivo.

Quanto ao litisconsórcio ativo ulterior, a lei impôs um limite temporal: "O ingresso de litisconsorte ativo não será admitido após o despacho da petição inicial" (LMS, art. 10, § 2.º). A vedação tem por escopo obstar o ingresso oportunista, em que o ingressante busque se beneficiar de uma liminar já deferida, ou permita-lhe esperar pela definição do

---
[58] V. item 4.2.2.

juízo a fim de optar por aquele cujo entendimento a respeito da tese jurídica em debate lhe seja conhecidamente mais favorável.

No tocante ao polo passivo, convém salientar a existência de litisconsórcio necessário quando o desfazimento do ato impugnado puder atingir a esfera jurídica de terceiros. Seria o caso, por exemplo, de um candidato que, havendo sido aprovado em primeiro lugar em um concurso público, visse o segundo colocado ser nomeado para o cargo em seu lugar. Nessa hipótese, o *writ* impetrado pelo candidato preterido deveria indicar não apenas a autoridade coatora e a pessoa jurídica que ela integra, como também, como litisconsorte passivo, o candidato beneficiado.

4.5.3   Intervenção de terceiros

Ante a subsidiariedade do CPC em relação à LMS, não há, em tese, óbice à intervenção de terceiros no mandado de segurança.[59] Sem embargo, há que salientar que ela não deve ser admitida quando colidir com a essência constitucional do instituto, comprometendo sua celeridade e a sumariedade substancial (matéria restrita à proteção de direito líquido e certo do administrado em face da Administração) e procedimental (rito sumário) do mandado de segurança.[60] Daí não ser admissível a denunciação da lide.

A possibilidade de manifestação do *amicus curiae*, em tese, não está afastada. Acerca das hipóteses legais de admissibilidade do *amicus curiae*, vide item 2.6.4 do Capítulo 2.

4.6   CONEXÃO, CONTINÊNCIA E LITISPENDÊNCIA

Já observamos, ao longo do livro, ser possível haver conexão, continência e litispendência entre ações civis públicas, entre ações civis públicas e ações populares, entre ações populares, e entre ações civis públicas e mandados de segurança coletivos.

Logo, também são viáveis a conexão, a continência e a litispendência entre mandados de segurança coletivos.

Do mesmo modo que nas demais ações coletivas, para que haja continência ou litispendência entre mandados de segurança coletivo é desnecessário haver identidade no polo ativo, dado que diversos autores poderão, em nome próprio, defender interesses de uma mesma coletividade, que, portanto, poderá ser atingida pelos efeitos da coisa julgada independentemente de quem houver proposto a ação.

Assim, em que pese à diferença de autores, poderemos ter mandados de segurança coletivos com idênticos objetos litigiosos (litispendência), ou, ainda, cujo objeto litigioso de um esteja contido no de outro (continência), havendo, em ambas as hipóteses, risco de decisões conflitantes. A respeito da possibilidade dessa espécie de continência, vide o seguinte julgado do STJ:

> Recurso ordinário em mandado de segurança. Ação coletiva. Direitos coletivos. Impetração de dois mandados de segurança por duas entidades representativas da mesma categoria profissional. Mesma causa de pedir. Identidade parcial de pedidos. Continência. Configuração.
>
> I – O aspecto subjetivo da litispendência nas ações coletivas deve ser visto sob a ótica dos beneficiários atingidos pelos efeitos da decisão, e não pelo simples exame das partes que figuram no polo ativo da demanda. Assim, impetrados dois mandados de segurança por associação e por

---

[59]   BUENO, Cassio Scarpinella. *A Nova Lei do Mandado de Segurança*: Comentários Sistemáticos à Lei n. 12.016, de 7.8.2009. 2. ed. São Paulo: Saraiva, 2010. p. 190.

[60]   FUX, Luiz. *Mandado de Segurança*. Rio de Janeiro: Forense, 2010. p. 34-35.

sindicato, ambos representantes da mesma categoria profissional, os substituídos é que suportarão os efeitos da decisão, restando, assim, caracterizada a identidade de partes.

II – Em face da identidade parcial de pedidos, em razão de um ser um mais abrangente que o outro, configura-se a continência, que é espécie de litispendência parcial.[61]

Vimos que nas ações civis públicas e nas ações populares a regra da prevenção, à luz do atual CPC, é semelhante à das ações cíveis em geral. A LMS nada fala sobre esse tema. Seja como for, considerando que o mandado de segurança coletivo integra o mesmo microssistema das ações civis públicas e da ação popular, bem como o CPC lhe é aplicável subsidiariamente, as mesmas regras lhe devem ser aplicadas para determinar o momento da prevenção.[62]

Estudamos, também, que a conexão e a continência poderão demandar a reunião das ações no juízo prevento, seja para evitar julgados conflitantes ou concentrar a dilação probatória. No caso dos *writs* coletivos também é necessária essa reunião para obstar julgados conflitantes, embora não haja utilidade para aproveitamento da prova, pois no *mandamus* não há dilação probatória.

No que concerne aos efeitos da conexão, da continência e da litispendência entre mandados de segurança coletivos, valem, aqui, as mesmas observações feitas no item 2.7 (Conexão, Continência e Litispendência) do Capítulo 2 (Ação Civil Pública).

É viável a conexão entre mandados de segurança coletivo e ações civis públicas, bem como entre mandados de segurança coletivo e ações populares. Já a continência e a litispendência entre tais ações são discutíveis.

A esse propósito, observe-se que a continência exige identidade de causa de pedir, e que o pedido de uma esteja contido no da outra. A litispendência, identidade de partes (no caso das ações coletivas, apenas do polo passivo), da causa de pedir e do pedido. Ocorre que a ação popular só se presta à defesa de interesses difusos, ao passo que, para parte da doutrina, o mandado de segurança coletivo só se destina aos coletivos e aos individuais homogêneos. Logo, para esse filão doutrinário, cremos não seja possível falar em continência ou litispendência entre essas duas espécies de ações coletivas. Já para os que entendem que o *mandamus* coletivo também serve à defesa dos direitos difusos seria eventualmente possível a continência ou a litispendência entre elas.

Vimos, no item sobre conexão, continência e litispendência das ações civis públicas, que a conexão pode importar na reunião de processos, para evitar decisões conflitantes, e que a litispendência, em regra, importa na extinção do processo no qual não se deu a primeira citação válida. Observamos, porém, que há quem defenda que a litispendência entre ações coletivas não deveria levar à extinção do processo posterior, mas, em vez disso, à reunião dos processos.

Mas, seja em função da conexão, da continência ou da litispendência entre um mandado de segurança coletivo e outra espécie de ação coletiva, seria viável a reunião das ações? Como se resolveria o fato de tais ações possuírem procedimentos diversos, bem como de o mandado de segurança, quando impetrado em face de certas autoridades, ser da competência originária de tribunais (competência constitucionalmente fixada, e de natureza absoluta), ao passo que ações populares e ações civis públicas, em regra,

---

[61] RMS 24.196/ES, 5.ª T., rel. Min. Félix Fischer, j. 13.12.2007, DJ 18.02.2008.

[62] Conforme visto no item 2.7.1.1 – Efeito da conexão ou continência: prorrogação da competência, o atual CPC alterou o momento em que considera proposta a ação. Na prática, a prevenção das ações civis públicas e ações populares acabará sendo definida no mesmo momento das ações em geral: será prevento o juízo em que foi realizado o primeiro protocolo (registro), onde só houver um Juízo potencialmente competente, ou a primeira distribuição, onde houver mais de um Juízo potencialmente competente.

CAP. 4 – MANDADO DE SEGURANÇA COLETIVO | 363

são da competência originária de órgãos monocráticos? Não haveria violação de regra de competência absoluta, constitucionalmente estabelecida? Especificamente no tocante à conexão, encontramos decisões a favor e contra a possibilidade de reunião.[63]

Quanto à possibilidade ou não de conexão, continência e litispendência entre um mandado de segurança coletivo e ações individuais, e suas consequências, valem as mesmas ponderações feitas quando do estudo desses temas nas ações civis públicas.

Em adendo, cumpre observar que a LMS, em seu art. 22, § 1.º, dispõe que o mandado de segurança coletivo não induz litispendência para as ações individuais. Tal norma se inspirou na primeira parte do art. 104 do CDC, segundo a qual as ações coletivas não induzem litispendência para as ações individuais.

4.7 PROCEDIMENTO

O procedimento do mandado de segurança coletivo é o mesmo do mandado de segurança individual, com algumas particularidades (como, por exemplo, no que toca à necessidade de prévia oitiva do Poder Público antes da concessão de liminares). Vejamo-lo.

4.7.1 Petição e despacho iniciais

A petição inicial deverá preencher os requisitos previstos nos arts. 319 e 320 do CPC/2015, e indicará a autoridade coatora e a pessoa jurídica que esta integra, à qual se acha vinculada ou da qual exerce atribuições. A petição será apresentada em duas vias, e os documentos que instruem a primeira devem estar reproduzidos na segunda (LMS, art. 6.º, *caput*).

Em caso de urgência, o mandado de segurança poderá ser impetrado por telegrama, radiograma, fax ou outro meio de autenticidade comprovada (art. 4.º, *caput*), hipótese em que o texto original da petição inicial deverá ser apresentado nos cinco dias úteis seguintes (art. 4.º, § 2.º). Se a impetração se der por meio eletrônico, deverão ser observadas as regras da infraestrutura de chaves públicas brasileira – ICP-Brasil (art. 4.º, § 3.º).

Caso o documento necessário à prova dos fatos alegados esteja em repartição ou estabelecimento público, ou em poder de autoridade que se recuse a fornecê-lo por certidão, ou em poder de terceiro, o juiz ordenará, por ofício, a exibição do documento em original ou em cópia autêntica, fixando, para cumprimento da ordem, o prazo de dez dias. Enviado aos autos, o escrivão dele extrairá cópia e a juntará à segunda via da petição (art. 6.º, § 1.º). Nos casos de competência originária dos tribunais, cumpre ao relator determinar a exibição do documento, pois cabe a ele a instrução do processo (art. 16, *caput*).

Se a recusa em fornecer o documento for da autoridade coatora, a ordem para fornecê-los dar-se-á na notificação para que ela preste informações, prevista no art. 7.º, I, da LMS (art. 6.º, § 2.º).

A inicial será desde logo indeferida quando não for o caso de mandado de segurança, ou lhe faltar algum dos requisitos legais, ou se já decorrido o prazo decadencial para a impetração (art. 10, *caput*), que é de 120 dias, contado da ciência, pelo interessado, do ato impugnado (art. 23).

Se não for o caso de indeferimento, o juiz, ao despachar a inicial, determinará:

---

[63] **A favor:** um caso de reunião, por conexão, entre ações civis públicas, uma ação popular e um mandado de segurança coletivo pode ser conferido no acórdão da 1.ª Seção do STJ proferido no CC 57.558/DF, 1.ª S., rel. Min. Luiz Fux, j. 12.09.2007, *DJe* 03.03.2008; **Contra:** MS 8.670/DF, 3.ª S., rel. Min. Félix Fischer, j. 08.11.2006, *DJ* 11.12.2006.

364 | INTERESSES DIFUSOS E COLETIVOS – VOL. 1

a) A notificação do coator sobre o teor da petição inicial, enviando-lhe a segunda via instruída com a cópia dos documentos, para que, no prazo de dez dias, preste as informações (LMS, art. 7.º, I).

Em caso de urgência, a notificação poderá ser feita por telegrama, radiograma ou outro meio que assegure a autenticidade do documento e a imediata ciência pela autoridade (art. 4.º, § 1.º). Se a notificação se der por meio eletrônico, deverão ser observadas as regras da infraestrutura de chaves públicas brasileira – ICP-Brasil (art. 4.º, § 3.º).

A prestação das informações pela autoridade coatora é facultativa, e sua ausência não induz à revelia, nem confissão quanto aos fatos alegados.[64] Não obstante, se a autoridade judiciária houver ordenado a apresentação de documento, a apresentação deste, pela autoridade coatora, é obrigatória.

b) Que se dê ciência do feito ao órgão de representação judicial da pessoa jurídica interessada, enviando-lhe cópia da inicial para que, querendo, ingresse no feito. Trata-se de providência necessária porque, se o *writ* for acatado, é a pessoa jurídica quem suportará os efeitos patrimoniais da decisão. Aqui, diferentemente da notificação da autoridade coatora, é desnecessário o envio dos documentos que instruem a inicial (art. 7.º, II). Caso o Prefeito Municipal seja a autoridade coatora, considerando que ele também é representante judicial do Município (CPC/2015, art. 75, III), será desnecessário dar-lhe essa ciência adicional, uma vez que já tenha sido notificado na forma do item anterior.

c) A suspensão liminar do ato que deu motivo ao pedido, desde que exista fundamento relevante e do ato impugnado possa resultar a ineficácia da medida caso deferida apenas ao final. Todavia, no caso do mandado de segurança coletivo, em regra, a liminar só pode ser proferida após prévia oitiva do representante judicial da pessoa jurídica, conforme veremos no item 4.7.1.2.

4.7.1.1   Liminares: aspectos gerais

Conforme visto no item anterior, havendo, ao mesmo tempo, a) fundamento relevante e b) risco de que do deferimento da medida somente ao final do processo resulte sua ineficácia, o ato impugnado será liminarmente suspenso pelo juiz (art. 7.º, III), ou pelo relator, no caso de competência originária de tribunais (art. 16).

Parte da doutrina entende ser tal liminar apenas antecipatória (satisfativa).[65] Outros defendem que ela poderá ser antecipatória ou cautelar, dependendo do caso concreto.[66]

O requisito do **fundamento relevante** deve ser tido como a presença da plausibilidade do direito invocado pelo impetrante, aproximando-se da ideia de "prova inequívoca da verossimilhança da alegação" das antecipatórias, ou de *fumus boni iuris* das cautelares. Já o requisito do **risco de ineficácia do adiamento da medida** assemelha-se ao "fundado receio de dano irreparável ou de difícil reparação" das antecipatórias, ou ao *periculum in mora* das cautelares.

---

[64]   STJ, RMS 26.170/RO, 1.ª T., rel. Min. Francisco Falcão, j. 04.12.2008, *DJe* 15.12.2008; REsp 107.105/AM, 6.ª T., rel. Min. Fernando Gonçalves, j. 27.05.1997, *DJ* 16.06.1997.

[65]   ZAVASCKI, Teori Albino. *Antecipação da Tutela.* 4. ed. São Paulo: Saraiva, 2005. p. 212.

[66]   ALVIM, Eduardo Arruda. *Mandado de Segurança.* 2. ed. da ref. e atual. obra *Mandado de Segurança no Direito Tributário.* Rio de Janeiro: GZ, 2010. p. 162-163; MEIRELLES, Hely Lopes. *Mandado de Segurança, Ação Popular, Mandado de Injunção, "Habeas Data", Ação Direta de Inconstitucionalidade e Ação Declaratória de Constitucionalidade.* 32. ed. atual. por Arnoldo Wald e Gilmar Ferreira Mendes. Colaboração de Rodrigo Garcia da Fonseca. São Paulo: Malheiros, 2009. p. 85-86.

CAP. 4 – MANDADO DE SEGURANÇA COLETIVO | 365

A despeito de a norma referir-se apenas à "suspensão" do ato impugnado, se for ele omissivo, ou seja, caso consista em um "não fazer o que o impetrante tinha direito líquido e certo a que fosse feito", é possível proferir decisão liminar determinando que a omissão seja suprida pelo fazer devido, seja em função do poder geral de cautela, de lastro no princípio constitucional da inafastabilidade do controle judiciário, seja em razão da aplicação subsidiária do CPC no que se refere às medidas cautelares e à antecipação dos efeitos da tutela.

Nada obsta, aliás, que, se necessário a assegurar a eficácia do provimento final, o juiz ou relator, valendo-se do poder geral de cautela, determine outras espécies de medidas liminares, mesmo que de natureza apenas assecuratória (cautelar), ou seja, não antecipatória dos efeitos da tutela.

Como a lei não ventila a necessidade de requerimento do autor, parte da doutrina admite que se decrete a suspensão liminar de ofício. Não obstante, outros entendem que isso não é possível, ante o princípio dispositivo consagrado no art. 2.º do CPC.[67]

Reza o § 3.º do art. 7.º da LMS que, deferida a liminar, seus efeitos durarão, salvo se previamente revogada ou cassada, até a prolação da sentença (art. 7.º, § 3.º). Isso significa que, caso a liminar não venha a ser previamente cassada (pelo órgão recursal) ou revogada (pelo juízo que a prolatou), havendo sentença (ou acórdão) denegatória do mandado, a liminar restará automaticamente revogada, não sendo mister que a revogação conste expressamente na sentença. O legislador seguiu a linha adotada pelo STF na Súmula 405: "Denegado o mandado de segurança pela sentença, ou no julgamento do agravo, fica sem efeito a liminar concedida, retroagindo os efeitos da decisão contrária". Neste caso, restará ao impetrante tentar obter a tutela provisória diretamente no juízo *ad quem*, com base no parágrafo único do art. 299 do CPC/2015.

Concedida a liminar, o processo terá prioridade para julgamento (art. 7.º, § 4.º).

Se o impetrante criar obstáculo ao normal andamento do processo, ou deixar de promover, por mais de três dias úteis, os atos e diligências que lhe cumprirem, o magistrado, a requerimento do Ministério Público ou *ex officio*, decretará a perempção ou caducidade da liminar (art. 8.º).

4.7.1.2   Liminares: limitações

Dependendo do caso concreto, o juiz pode exigir do impetrante a prestação de caução, fiança ou depósito, com o objetivo de assegurar eventual ressarcimento à pessoa jurídica (LMS, art. 7.º, III). Não obstante, tal exigência não pode ser erigida em condição geral, aplicável em todas as hipóteses, sob pena de se alijar dos menos abastados o direito ao emprego do *writ*, configurando odiosa discriminação econômica.

Reza a lei, ainda, que a liminar não será deferida se tiver por objeto:

- a compensação de créditos tributários;
- a entrega de mercadorias e bens provenientes do exterior;
- a reclassificação ou equiparação de servidores públicos, a concessão de aumento ou a extensão de vantagens ou pagamento de qualquer natureza.

Essas vedações estão relacionadas no § 2.º do art. 7.º da LMS, que nada mais fez senão consolidar proibições já existentes em leis anteriores e aplicadas por parte da ju-

---

[67] **A favor da concessão de liminar de ofício:** VITTA, Heraldo Garcia. *Mandado de Segurança*: Comentários à Lei n. 12.016, de 7 de agosto de 2009. 3. ed. São Paulo: Saraiva, 2010. p. 108-109. **Contra:** ALVIM, Eduardo Arruda. *Mandado de Segurança*. 2. ed. da ref. e atual. obra *Mandado de Segurança no Direito Tributário*. Rio de Janeiro: GZ, 2010. p. 190-191.

risprudência.[68] O § 5.º do mesmo artigo não deixa dúvidas de que tais proibições não se limitam às liminares assecuratórias (de natureza cautelar), estendendo-se às hipóteses de tutela antecipada (de natureza satisfativa).

Grande maioria da doutrina enxerga em tais vedações patente inconstitucionalidade. Alega-se, em resumo, que o mandado de segurança, sendo uma garantia fundamental consagrada na Constituição Federal (art. 5.º, LXIX), configura cláusula pétrea, não podendo ter sua máxima eficácia limitada sequer por emenda constitucional. Ademais, indica-se ofensa ao princípio constitucional da inafastabilidade do acesso ao Judiciário (CF, art. 5.º, XXXV), bem como ao princípio da separação dos Poderes (CF, art. 2.º), por importar ingerência indevida do Legislativo na atuação do Poder Judiciário.

Não é por menos que o citado § 2.º foi declarado inconstitucional pelo STF, ao reconhecê-lo como um inadmissível óbice absoluto ao poder geral de cautela, tendo em vista que "a cautelaridade do mandado de segurança é ínsita à proteção constitucional ao direito líquido e certo", de modo que "não será possível a edição de lei ou ato normativo que vede a concessão de medida liminar na via cautelar, sob pena de violação à garantia de pleno acesso à jurisdição e à própria defesa do direito líquido e certo protegida pela Constituição".[69]

Especificamente em relação ao mandado de segurança coletivo, o § 2.º do art. 22 da LMS trazia mais um obstáculo:

> § 2.º No mandado de segurança coletivo, a liminar só poderá ser concedida após a audiência do representante judicial da pessoa jurídica de direito público, que deverá se pronunciar no prazo de 72 (setenta e duas) horas.

Trata-se de limitação que já existia no art. 2.º da Lei 8.437/1992, aplicável às ações civis públicas. O STF, na decisão suprarreferida, também declarou a inconstitucionalidade do § 2.º do art. 22 da LMS, pelos mesmos fundamentos.

4.7.1.3   *Liminares: impugnação*

Contra a decisão do juiz de primeiro grau que conceder ou denegar o pedido liminar, caberá agravo de instrumento, observadas as prescrições do CPC (LMS, art. 7.º, § 1.º).

Por sua vez, nos processos de competência originária de tribunal, contra a decisão do relator que conceder ou denegar a medida liminar caberá agravo ao órgão competente do tribunal que ele integre (LMS, art. 16, parágrafo único). Em função do novo tratamento legal, a Súmula 622 do STF não tem mais aplicação.[70]

Além da via recursal, as liminares são passíveis de impugnação por meio da "suspensão de segurança", nome pelo qual é usualmente referido o pedido de suspensão da execução da liminar. Trata-se de instituto previsto desde a primeira norma infraconstitucional a tratar do mandado de segurança, a Lei 191/1936,[71] embora sua disciplina na atual LMS seja muito mais elaborada.

---

[68] Art. 5.º da Lei. 4.348/1964; art. 1.º, § 4.º, da Lei 5.021/1966; art. 2.º-B da Lei 9.494/1997; art. 1.º da Lei 2.770/1956; art. 1.º, § 5.º, da Lei 8.437/1992; e art. 170-A do CTN.

[69] ADI 4.296, Pleno, rel. Min. Marco Aurélio, rel. p/ ac. Min. Alexandre de Moraes, j. 09.06.2021, *DJe*-202, divulg. 08.10.2021, publ. 11.10.2021.

[70] Súmula 622: "Não cabe agravo regimental contra decisão do relator que defere ou indefere liminar em mandado de segurança".

[71] Art. 13 da Lei 191/1936: "Nos casos do art. 9.º, § 8.º e art. 10, poderá o Presidente da Côrte Suprema, quando se tratar de decisão da Justiça Federal, ou da Côrte de Appellação, quando se tratar de decisão da justiça local, a requerimento do representante da pessoa jurídica de direito público interno interessada, para evitar lesão grave á ordem, á saúde

CAP. 4 – MANDADO DE SEGURANÇA COLETIVO | 367

A suspensão de segurança, que inicialmente era cabível apenas no *writ*, foi posteriormente estendida à ação civil pública (LACP, art. 12, § 1.º), e, finalmente, por meio do art. 4.º da Lei 8.437/1992, às ações em geral, sendo cabível, a requerimento da pessoa jurídica de direito público interessada[72] ou do Ministério Público, para suspender a exequibilidade das liminares proferidas contra o Poder Público ou seus agentes.

Atualmente, no que se refere ao mandado de segurança, o instituto da suspensão é disciplinado no art. 15 da LMS, *in verbis*:

> **Art. 15.** Quando, a requerimento de pessoa jurídica de direito público interessada ou do Ministério Público e para evitar grave lesão à ordem, à saúde, à segurança e à economia públicas, o presidente do tribunal ao qual couber o conhecimento do respectivo recurso suspender, em decisão fundamentada, a execução da liminar e da sentença, dessa decisão caberá agravo, sem efeito suspensivo, no prazo de 5 (cinco) dias, que será levado a julgamento na sessão seguinte à sua interposição.
>
> § 1.º Indeferido o pedido de suspensão ou provido o agravo a que se refere o *caput* deste artigo, caberá novo pedido de suspensão ao presidente do tribunal competente para conhecer de eventual recurso especial ou extraordinário.
>
> § 2.º É cabível também o pedido de suspensão a que se refere o § 1.º deste artigo, quando negado provimento a agravo de instrumento interposto contra a liminar a que se refere este artigo.
>
> § 3.º A interposição de agravo de instrumento contra liminar concedida nas ações movidas contra o poder público e seus agentes não prejudica nem condiciona o julgamento do pedido de suspensão a que se refere este artigo.
>
> § 4.º O presidente do tribunal poderá conferir ao pedido efeito suspensivo liminar se constatar, em juízo prévio, a plausibilidade do direito invocado e a urgência na concessão da medida.
>
> § 5.º As liminares cujo objeto seja idêntico poderão ser suspensas em uma única decisão, podendo o presidente do tribunal estender os efeitos da suspensão a liminares supervenientes, mediante simples aditamento do pedido original.

Note-se que a disciplina da suspensão de segurança na LMS é muito próxima daquela da Lei 8.437/1992. Por tal razão, em vias gerais, remetemos o leitor ao item 2.9.2.3.2 do Capítulo 2 (Ação Civil Pública). Aqui trataremos das diferenças entre um e outro regramento. Uma delas é patente:

– Nas ações em geral, contra a decisão do presidente do tribunal que defere ou indefere a suspensão de segurança cabe agravo (para o órgão competente do mesmo tribunal), no prazo de cinco dias (Lei 8.437/1992, art. 4.º, § 3.º).

– No mandado de segurança, tal agravo é cabível apenas da decisão que concede o pedido de suspensão (LMS, art. 15, *caput* e § 1.º). Contra a decisão que o indefere a medida adequada é a formulação de novo pedido de suspensão, voltado ao presidente do tribunal competente para conhecer de eventual recurso extraordinário (se a questão for constitucional) ou especial (nas demais questões).

A existência da outra distinção já não é tão tranquila, e diz respeito à duração dos efeitos da "suspensão de segurança" da liminar. É que o art. 4.º da Lei 8.437/1992, no seu

---

ou á segurança pública, manter a execução do acto impugnado até ao julgamento do feito, em primeira ou em segunda instancias".

[72] O STJ entende que as sociedades de economia mista e as empresas públicas, embora com personalidade jurídica de direito privado, também têm legitimidade, desde que prestadoras de serviços públicos e apenas naquilo que disser respeito a esses serviços (AgRg na SLS 1.320/BA, Corte Especial, rel. Min. Ari Pargendler, j. 16.03.2011, inf. STJ 466, 7 a 18.03.2011).

§ 9.º (introduzido pela MP 2.180-35/2001), dispõe que a suspensão vigorará até o trânsito em julgado da decisão de mérito na ação principal. A Súmula 626 do STF consagrou disciplina semelhante às suspensões de liminares no *writ*.[73] Não obstante, a nova LMS, que regulamentou sua "suspensão de segurança", nada disse a respeito. Há dois posicionamentos doutrinários sobre o tema:

- Para uns, em relação ao mandado de segurança, o § 9.º do art. 4.º da Lei 8.437/1992 não mais se aplica, e a Súmula 626 do STF está sem efeito, seja pelo silêncio da LMS, seja em razão do seguinte argumento: no caso de sentença de procedência, a exequibilidade já não decorre da liminar, mas da sentença. A suspensão de segurança sustava os efeitos da liminar, que, com a prolação da sentença de procedência, desaparecem (§ 3.º do art. 7.º da LMS). Logo, com a sentença de procedência, a suspensão de segurança perde seu objeto, e, com isso, sua eficácia.[74]

- Para outros, a suspensão dos efeitos da liminar continua durando até o trânsito em julgado da decisão de mérito na ação principal, seja sob o fundamento de que, no silêncio da LMS, se manteve o regime anterior,[75] seja porque o *caput* do art. 15 revelaria tal intenção, ao permitir ao presidente do tribunal a suspensão da execução da liminar *e da sentença*.[76]

4.7.2 Desistência

A jurisprudência do STF firmou-se no sentido de que, tratando-se de mandado de segurança, é possível desistir da ação a qualquer tempo, ainda que já proferida a decisão de mérito, e *independentemente da anuência da parte contrária*. A esse respeito, aprovou a seguinte tese do Tema 530 de repercussão geral:

> É lícito ao impetrante desistir da ação de mandado de segurança, independentemente de aquiescência da autoridade apontada como coatora ou da entidade estatal interessada ou, ainda, quando for o caso, dos litisconsortes passivos necessários, a qualquer momento antes do término do julgamento, mesmo após eventual sentença concessiva do "writ" constitucional, não se aplicando, em tal hipótese, a norma inscrita no art. 267, § 4.º, do CPC/1973.[77-78]

4.7.3 Celeridade na tramitação

O art. 20 da LMS traz algumas peculiaridades que visam a imprimir maior celeridade ao procedimento do *mandamus*:

---

[73] Súmula 626: "*A suspensão da liminar em mandado de segurança, salvo determinação em contrário da decisão que a deferir, vigorará até o trânsito em julgado da decisão definitiva de concessão da segurança* ou, havendo recurso, até a sua manutenção pelo Supremo Tribunal Federal, desde que o objeto da liminar coincida, total ou parcialmente, com o da impetração" (grifamos).

[74] BUENO, Cassio Scarpinella. *A Nova Lei do Mandado de Segurança*: Comentários Sistemáticos à Lei n. 12.016, de 7.8.2009. 2. ed. São Paulo: Saraiva, 2010. p. 140-141; CARNEIRO, Athos Gusmão. Anotações sobre o Mandado de Segurança Coletivo, nos Termos da Lei 12.016/2009. *Revista de Processo*, São Paulo: RT, v. 178, p. 37, 2009.

[75] FUX, Luiz. *Mandado de Segurança*. Rio de Janeiro: Forense, 2010. p. 84; MEIRELLES, Hely Lopes. *Mandado de Segurança, Ação Popular, Mandado de Injunção, "Habeas Data", Ação Direta de Inconstitucionalidade e Ação Declaratória de Constitucionalidade*. 32. ed. atual. por Arnoldo Wald e Gilmar Ferreira Mendes. Colaboração de Rodrigo Garcia da Fonseca. São Paulo: Malheiros, 2009. p. 102-103.

[76] GRECO FILHO, Vicente. *O Novo Mandado de Segurança*: Comentários à Lei n.º 12.016, de 7 de agosto de 2009. São Paulo: Saraiva, 2010. p. 77-78.

[77] STF, RE 231.671 AgR-Agr/DF, 2.ª T., rel. Min. Ellen Gracie, j. 28.04.2009, *DJe* 22.05.2009; MS 24.584 AgR/DF, Pleno, rel. Min. Marco Aurélio, rel. p/ ac. Min. Ricardo Lewandowski, j. 09.08.2007, *DJe* 20.06.2008.

[78] Note-se grande diferença em relação às ações comuns, em que a desistência só pode se dar até a sentença, e, mesmo assim, se oferecida a contestação, depende da anuência do réu (CPC/2015, art. 485, §§ 4.º e 5.º), salvo se a questão discutida na ação for idêntica à resolvida pelo acórdão paradigma do recurso representativo da controvérsia de recursos repetitivos (CPC/2015, art. 1.040, §§ 1.º e 3.º).

Art. 20. Os processos de mandado de segurança e os respectivos recursos terão prioridade sobre todos os atos judiciais, salvo *habeas corpus*.

§ 1.º Na instância superior, deverão ser levados a julgamento na primeira sessão que se seguir à data em que forem conclusos ao relator.

§ 2.º O prazo para a conclusão dos autos não poderá exceder de 5 (cinco) dias.

4.7.4 Defesa oral nos tribunais

No caso de competência originária dos tribunais, é assegurada a defesa oral na sessão de julgamento do mérito ou do pedido liminar (LMS, art. 16, *caput*).

4.8 A ATUAÇÃO DO MINISTÉRIO PÚBLICO

A questão da legitimidade do Ministério Público para impetrar mandado de segurança coletivo já foi tratada no item 4.4.1.1.3. Neste item, versaremos sua atuação como *custos legis*.

Inicialmente, vejamos se a intervenção do Ministério Público no mandado de segurança, como *custos legis*, é ou não obrigatória, e quais as consequências de sua não intervenção.

A revogada Lei 1.533/1951 dispunha que o Ministério Público seria ouvido nas ações de mandado de segurança, no prazo de cinco dias depois de encerrado o prazo para a autoridade coatora prestar informações (art. 10). Em princípio, portanto, sua intervenção seria obrigatória.

Não obstante, o advento da Constituição Federal de 1988 conferiu ao Ministério Público uma nova conformação institucional, voltando-o à defesa dos interesses sociais e dos individuais indisponíveis. Parte da doutrina e dos membros do *Parquet* passou a entender que a simples presença de um ente público ou que exerça funções públicas no polo passivo de um *writ* não importaria, necessariamente, a existência de interesse que reclamasse a intervenção do Ministério Público. Externando tal posicionamento, e visando a racionalizar a atuação do Ministério Público, o Colégio de Procuradores de Justiça do Ministério Público do Estado de São Paulo, por meio de seu Órgão Especial, aprovou, por maioria, na reunião ordinária de 13.09.2006, o seguinte assento:

> Assento n.º 61. O Ministério Público intervirá em mandados de segurança sempre que estiverem em litígio interesses sociais e individuais indisponíveis, em conformidade com o que determina o art. 127, *caput*, da Constituição Federal, notadamente nas hipóteses de inquérito civil, licitação, contrato administrativo, bens públicos, saúde pública, defesa das prerrogativas de órgãos públicos, existência de interesses de incapazes ou instituições em regime falimentar, recuperação judicial ou liquidação extrajudicial.

À luz da legislação anterior, havia, no STJ, duas posições. Uma no sentido de que a manifestação do Ministério Público era obrigatória, sob pena de nulidade.[79] Outra, entendendo que só havia obrigatoriedade de que ele fosse intimado, de modo que se, uma vez intimado, não se manifestasse, o processo deveria seguir independentemente de sua intervenção,[80] não havendo falar em nulidade:

> Processual civil. Mandado de segurança. Ausência de manifestação do Ministério Público. Nulidade caracterizada. Art. 10 da Lei 1.533/1951.

---

[79] REsp 88.471/AM, 2.ª T., rel. Min. Francisco Peçanha Martins, j. 06.04.1999, *DJ* 31.05.1999.

[80] REsp 9.196/AM, 1.ª T., César Asfor Rocha, j. 02.09.1992, *DJ* 26.10.1992.

INTERESSES DIFUSOS E COLETIVOS – VOL. 1

1. Nos termos do art. 10 da Lei 1.533/1951, em Mandado de Segurança, sob pena de nulidade insanável do processo, é obrigatória a intimação do Ministério Público, cabendo-lhe, no caso concreto, verificar a existência de interesse público que justifique a sua intervenção como fiscal da lei.

2. Recurso especial provido.[81]

A atual LMS parece haver encampado o segundo posicionamento jurisprudencial, e tratou expressamente do assunto, como se depreende de seu art. 12, *in verbis*:

> **Art. 12.** Findo o prazo a que se refere o inciso I do *caput* do art. 7.º desta Lei, o juiz ouvirá o representante do Ministério Público, que opinará, dentro do prazo improrrogável de 10 (dez) dias.
>
> Parágrafo único. Com ou sem o parecer do Ministério Público, os autos serão conclusos ao juiz, para a decisão, a qual deverá ser necessariamente proferida em 30 (trinta) dias.

Como se vê no dispositivo, atualmente, exaurido o prazo para que a autoridade coatora preste informações (previsto no art. 7.º, I), o Ministério Público deverá ser intimado para falar, no prazo de dez dias. Decorrido tal lapso temporal, ainda que o *Parquet* não apresente parecer, o juiz proferirá a sentença nos 30 dias subsequentes, donde se infere que a ausência de intervenção do órgão do Ministério Público, **desde que devidamente intimado para se manifestar,** não trará nulidade ao processo.

Se o Ministério Público não for intimado para se manifestar perante o segundo grau de jurisdição, mas o acórdão vier a ser proferido em consonância com o parecer que a instituição já houver ofertado em primeira instância, não haverá falar em nulidade, por ausência de prejuízo.[82] Tampouco haverá nulidade se, a despeito da ausência de manifestação do MP, já exista sólido posicionamento do tribunal acerca da controvérsia.[83]

Como fiscal da lei, pode o Ministério Público juntar aos autos, com seu parecer, documentos e certidões, que poderão ser considerados para análise da existência de prova pré-constituída, ou seja, para o fim de se apurar se existe direito líquido e certo.[84]

Pode, ainda, requerer a decretação da peremção ou da caducidade da medida liminar, quando o impetrante criar obstáculo ao normal andamento do processo, ou deixar de promover, por mais de três dias úteis, os atos e diligências que lhe cumprirem (LMS, art. 8.º).

Também lhe é possível, tanto quanto é facultado à pessoa jurídica de direito público interessada, requerer a "suspensão de segurança", medida prevista no art. 15 da LMS.

Assinale-se, ainda, que, conforme reconhece a Súmula 99 do STJ: "O Ministério Público tem legitimidade para recorrer no processo em que oficiou como fiscal da lei, ainda que não haja recurso da parte".

4.9 SENTENÇA, MEIOS DE IMPUGNAÇÃO E COISA JULGADA

Nos mandados de segurança (sejam individuais ou coletivos) são possíveis as seguintes espécies de sentenças:

---

[81] REsp 602.849/RJ, 2.ª T., rel. Herman Benjamin, j. 27.11.2007, DJe 11.11.2009.

[82] STJ, REsp 696.255/CE, 1.ª T., rel. Min. Francisco Falcão, j.16.03.2006, DJ 10.04.2006.

[83] STF, RMS 32.482, 2.ª T., rel. orig. Min. Teori Zavascki, rel. p/ o ac. Min. Edson Fachin, j. 21.08.2018, Informativo 912/2018.

[84] STJ, RMS 27.455/DF, 5.ª T., rel. Min. Laurita Vaz, j. 03.11.2011, DJ 21.11.2011.

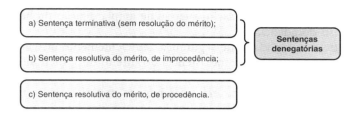

As duas primeiras hipóteses contemplam **sentenças denegatórias** do mandado de segurança. Sentença denegatória é a desfavorável ao impetrante, resolva ou não o mérito. É comum, nesses casos, as ementas jurisprudenciais encerrarem as fórmulas "ordem denegada" ou "segurança denegada".

Haverá denegação sem resolução do mérito se presente uma das hipóteses do art. 485 do CPC/2015 (LMS, art. 6.º, § 5.º). É exemplo dessa espécie a sentença que indefere a petição inicial, bem como as que extinguem o processo por inexistência dos pressupostos processuais ou das condições da ação. Diz o art. 19 da LMS:

> **Art. 19.** A sentença ou o acórdão que denegar mandado de segurança, sem decidir o mérito, não impedirá que o requerente, por ação própria, pleiteie os seus direitos e os respectivos efeitos patrimoniais.

Se o mandado de segurança for extinto sem resolução do mérito, não haverá coisa julgada material, podendo ser a questão rediscutida por meio de nova ação.

O dispositivo em comento está conforme ao entendimento da Súmula 304 do STF, que reza que "decisão denegatória de mandado de segurança, não fazendo coisa julgada contra o impetrante, não impede o uso da ação própria". O enunciado da súmula quer dizer que, "quando a decisão denegatória de mandado de segurança não fizer coisa julgada, o impetrante poderá se valer de ação própria". Nesse caso, ele poderá, até mesmo, impetrar um novo mandado de segurança, como lhe autoriza o art. 6.º, § 6.º, da LMS.

> **ATENÇÃO**
>
> Predomina na doutrina e na jurisprudência o pensamento de que a ausência de direito líquido e certo (ou seja, de prova pré-constituída da existência do direito invocado) conduz à extinção do processo sem resolução do mérito, por faltar um pressuposto ou condição para a análise do mérito do *mandamus*. Logo, a sentença denegatória por inexistência de direito líquido e certo é meramente terminativa, não sendo apta a fazer coisa julgada material.[85]

Assim, se o *writ* foi denegado porque o autor não conseguiu provar documentalmente os fatos dos quais decorre seu direito (ausência de direito *líquido e certo*), o processo será extinto sem resolução do mérito, e nada impedirá que o autor, nos termos do art. 6.º, § 6.º, maneje novo mandado de segurança (desde que aparelhado por nova documentação suficiente e dentro do prazo decadencial[86]), ou formule o mesmo pedido

---

[85] ALVIM, Eduardo Arruda. *Mandado de Segurança*. 2. ed. da ref. e atual. obra *Mandado de Segurança no Direito Tributário*. Rio de Janeiro: GZ, 2010. p. 388; BUENO, Cassio Scarpinella. *A Nova Lei do Mandado de Segurança*: Comentários Sistemáticos à Lei n. 12.016, de 7.8.2009. 2. ed. São Paulo: Saraiva, 2010. p. 54; MEIRELLES, Hely Lopes. *Mandado de Segurança, Ação Popular, Mandado de Injunção, "Habeas Data", Ação Direta de Inconstitucionalidade e Ação Declaratória de Constitucionalidade*. 32. ed. atual. por Arnoldo Wald e Gilmar Ferreira Mendes. Colaboração de Rodrigo Garcia da Fonseca. São Paulo: Malheiros, 2009. p. 119-120; STF: MS 25.483/DF, Pleno, rel. Min. Carlos Britto, j. 04.06.2007, *DJe* 14.09.2007.

[86] Sobre o prazo decadencial para impetração do *writ*, v. item 4.11.

INTERESSES DIFUSOS E COLETIVOS – VOL. 1

nas vias ordinárias, caso seja necessário valer-se de ampla dilação probatória ou já tenha se exaurido o lapso decadencial.

Não obstante, se o mandado de segurança, suficientemente instruído, for denegado porque o julgador se convenceu da inexistência do direito do impetrante, a sentença não será simplesmente terminativa. Nesse caso, o mandado será denegado com resolução do mérito (CPC/2015, art. 487, I), e haverá coisa julgada material, não sendo passível nova discussão, nem mesmo em uma ação ordinária. Aí, o julgador, diante da existência de prova suficiente para o enfrentamento do mérito, chega a conhecê-lo, e, em cognição exauriente, conclui pela inexistência do direito invocado (pretensão infundada), julgando improcedente o *writ*.

Observe-se que, na hipótese acima, não falamos em ausência de "direito líquido e certo", mas em "inexistência do direito" do impetrante. Isso porque a ausência de "direito líquido e certo", a rigor, não se refere à existência ou não do direito do autor, mas sim à presença de suporte probatório suficiente para a análise do mérito. Ausente essa base probatória, haverá extinção do processo sem resolução do mérito. Não obstante, é comum encontrar julgados que, diante de um suporte probatório *suficiente* para a análise do mérito, mas da inexistência do direito do impetrante, extinguem o processo com resolução do mérito, declarando o *writ* improcedente por "ausência de direito líquido e certo". Tal imprecisão técnica no emprego da expressão "direito líquido e certo", porém, não afeta a qualidade da coisa julgada. O que importa é seu conteúdo: se o julgado chegar a analisar o mérito, a coisa julgada será apenas material; caso contrário, apenas formal.[87]

Por fim, quando a sentença reconhece a existência do direito do impetrante, o *writ* é julgado procedente, com resolução do mérito. Essa espécie de sentença pode ser preventiva ou repressiva: preventiva, se a lesão ao direito do impetrante ainda não ocorreu, e repressiva, se ela já se verificou.

A sentença que julga procedente o mandado de segurança tem natureza mandamental, ou seja, caracteriza-se por emitir uma ordem para que determinada pessoa a cumpra, sob pena de incidência no crime de desobediência ou de responsabilidade, além de eventuais sanções administrativas (LMS, art. 26).

Já vimos que o prazo para o julgador proferir sua sentença (ou acórdão) é de 30 dias, a partir do momento em que lhe são conclusos os autos, depois de oferecido o parecer do Ministério Público ou do decurso do prazo de dez dias para oferecê-lo (LMS, art. 12).

Nos tribunais, uma vez proferida a decisão em mandado de segurança ou no respectivo recurso, e decorrido o prazo de 30 dias sem publicação, o acórdão será substituído pelas respectivas notas taquigráficas, independentemente de revisão (LMS, art. 17).

Vejamos, agora, os principais meios de impugnação contra as sentenças (em sentido amplo, incluídos os acórdãos) no *writ*:

a) *Sentenças denegatórias*:

  a.1) De indeferimento da inicial:

  a.1.1) proferidas por juiz: caberá **apelação** (LMS, art. 10, § 1.º);

  a.1.2) proferidas pelo relator, no caso de mandado de competência originária de tribunal: caberá **agravo** para o órgão competente do mesmo tribunal (LMS, art. 10, § 1.º).

  a.2) Demais sentenças denegatórias:

---

[87] BUENO, Cassio Scarpinella. *Mandado de Segurança*: Comentários às Leis n. 1.533/51, 4.348/64 e 5021/66. 3. ed. São Paulo: Saraiva, 2007. p. 17-18.

CAP. 4 - MANDADO DE SEGURANÇA COLETIVO | 373

a.2.1) proferidas por juiz: caberá **apelação** (LMS, art. 14);

a.2.2) proferidas, em *única* instância (ou seja, em competência originária), por tribunal: caberá **recurso ordinário** (CF, 102, II, *a*, e 105, II, *a*, e LMS, art. 18).

b) *Sentenças de procedência* proferidas por juiz: caberá **apelação** (LMS, art. 14).

Também terão lugar (seja a sentença denegatória ou de procedência, e desde que presentes os requisitos previstos na CF), o recurso extraordinário (CF, art. 102, III, e LMS, art. 18) e/ou, conforme o caso, o recurso especial (CF, 105, III, e LMS, art. 18). Atente-se, aqui, que, não obstante a LMS apenas contemple tais recursos contra as decisões de *única instância* dos tribunais (ou seja, em competência originária), a Constituição Federal os admite em face das decisões de única *ou última instância* (ou seja, contra as quais não caiba outro recurso) pelos tribunais, de modo que não há como negar que eles também são cabíveis nessas hipóteses.

Nada obsta, ainda, por aplicação subsidiária do CPC, quando cabível, a oferta de embargos de declaração. Entretanto, **os embargos infringentes não são admissíveis ante a expressa vedação do art. 25 da LMS**.

Debrucemo-nos um pouco mais sobre o recurso de apelação. Tem legitimidade para apelar não apenas o impetrante e a pessoa jurídica prejudicados pelos efeitos da decisão, como também a própria autoridade coatora (LMS, art. 14, § 1.º) e o MP, ainda quando não seja impetrante, mas fiscal da lei (Súmula 99 do STJ).

Nos casos em que não seja vedada a concessão de liminar, ou seja, nas hipóteses não abrangidas pelo § 2.º do art. 7.º da LMS, a sentença pode ser executada provisoriamente (LMS, art. 14, § 3.º). Em outras palavras, isso quer dizer que a apelação interposta contra sentença de procedência será recebida apenas no efeito devolutivo, a menos que a sentença verse sobre um dos objetos em relação aos quais a liminar é proibida, caso em que a apelação será recebida em seu duplo efeito. Ressalve-se, porém, expressivo entendimento doutrinário quanto à inconstitucionalidade das vedações impostas às liminares, por nós já versado no item 4.7.1.2.

A apelação contra sentença de improcedência também é recebida apenas no efeito devolutivo. Basta observar que, nos termos do § 7.º do art. 3.º, os efeitos da liminar somente persistirão até a prolação da sentença. Nesse caso, para salvaguardar seu direito até o julgamento da apelação, restará ao apelante buscar uma das alternativas expostas no item 4.7.1.1 (agravo de instrumento para obter o efeito suspensivo na apelação, ou ação cautelar proposta no Tribunal *ad quem*).

Finalmente, convém apontar outro meio de impugnação das sentenças, consistente na "suspensão de segurança", prevista no art. 15 da LMS, e aplicável também às liminares. Caso decretada, ela suspende a exequibilidade da sentença não transitada em julgado, impedindo sua execução provisória. Sua disciplina e características, bem como as diferenças em relação aos recursos já foram por nós tratadas ao abordarmos a suspensão de segurança das liminares (item 4.7.1.3), aplicando-se também à suspensão de segurança de sentenças.

A revisão da sentença *de procedência* pode dar-se, também, de forma automática, independentemente da provocação de qualquer interessado. É o que ocorre na hipótese do **reexame necessário**, previsto por força do § 1.º do art. 14 da LMS, que dispõe que, "concedida a segurança, a sentença estará sujeita obrigatoriamente ao duplo grau de jurisdição". Os §§ 3.º e 4.º do art. 496 do CPC/2015, que trazem exceções à incidência do reexame necessário, não se aplicam aqui, uma vez que a LMS, em relação ao CPC, é lei especial.

4.9.1 Peculiaridades da coisa julgada no mandado de segurança coletivo

Para o estudo deste tema, comecemos pelo *caput* art. 22 da LMS:

Art. 22. No mandado de segurança coletivo, a sentença fará coisa julgada limitadamente aos membros do grupo ou categoria substituídos pelo impetrante.

Não há, aí, restrição subjetiva semelhante àquela prevista no do art. 2.º-A da Lei 9.494/1997,[88] segundo a qual a sentença beneficiaria apenas aos membros da associação autora. Ao referir-se ao "grupo ou categoria substituídos pelo impetrante", o art. 22 da LMS contempla todos os titulares do direito defendido no *writ*, estejam ou não associados à impetrante, pois o grupo ou categoria substituídos são compostos da totalidade dos titulares do direito, independentemente de vínculo associativo.[89]

Frise-se, ademais, que tampouco se aplicam ao *writ* coletivo as restrições territoriais veiculadas no art. 16 da LACP, e no art. 2.º-A da Lei 9.494/1997, por nós tratadas no item 2.11.3.7 do Capítulo 2 (Ação Civil Pública), pois a LMS é lei posterior e especial, e, havendo tratado dos efeitos da coisa julgada, não repetiu aquelas limitações.

Vejamos, agora, o que dispõe o § 1.º do mesmo art. 22:

§ 1.º O mandado de segurança coletivo não induz litispendência para as ações individuais, mas os efeitos da coisa julgada não beneficiarão o impetrante a título individual se não requerer a desistência de seu mandado de segurança no prazo de 30 (trinta) dias a contar da ciência comprovada da impetração da segurança coletiva.

ATENÇÃO

O dispositivo veicula regra apenas "aproximada" àquela que já estudamos no item 2.11.3.7 do Capítulo 2 (Ação Civil Pública), veiculada na parte final do art. 104 do CDC.[90] Neste último, para que o autor de ação individual possa, eventualmente, beneficiar-se dos efeitos da futura sentença coletiva, deve requerer a *suspensão* do seu processo. Já segundo a LMS, para que o impetrante individual possa, eventualmente, valer-se dos efeitos do mandado de segurança coletivo, deverá *desistir* de seu *writ*.

Observando que impor a *desistência* como condição para o indivíduo aproveitar-se do eventual sucesso do *writ* coletivo contraria o sistema processual de tutela coletiva, visto que desperdiça os atos processuais praticados no *mandamus* individual, obrigando o indivíduo, no caso de malogro do mandado coletivo, a intentar uma nova ação individual, há, na doutrina, expressivo entendimento no sentido de aplicar o "diálogo das fontes",[91]

---

[88] "Art. 2.º-A. A sentença civil prolatada em ação de caráter coletivo proposta por entidade associativa, na defesa dos interesses e direitos dos seus associados, abrangerá apenas os substituídos que tenham, na data da propositura da ação, domicílio no âmbito da competência territorial do órgão prolator. Parágrafo único. Nas ações coletivas propostas contra a União, os Estados, o Distrito Federal, os Municípios e suas autarquias e fundações, a petição inicial deverá obrigatoriamente estar instruída com a ata da assembleia da entidade associativa que a autorizou, acompanhada da relação nominal dos seus associados e indicação dos respectivos endereços."

[89] Não surpreende, portanto, que a 2.ª T. do STJ já tenha decidido que a decisão proferida em mandado de segurança coletivo impetrado por associação beneficia todos os associados que estejam em situação jurídica idêntica à tratada no *decisum*, sendo irrelevante a filiação ter ocorrido após sua impetração (AgInt no REsp 1.841.604/RJ, rel. Min. Mauro Campbell Marques, j. 22.04.2020, *DJe* 27.04.2020).

[90] "Art. 104. As ações coletivas, previstas nos incisos I e II e do parágrafo único do art. 81, não induzem litispendência para as ações individuais, mas *os efeitos da coisa julgada* erga omnes ou ultra partes *a que aludem os incisos II e III do artigo anterior não beneficiarão os autores das ações individuais, se não for requerida sua suspensão no prazo de trinta dias, a contar da ciência nos autos do ajuizamento da ação coletiva*" (grifamos).

[91] Sobre o "diálogo das fontes", vide item 5.3.7 do título do Direito do Consumidor.

CAP. 4 – MANDADO DE SEGURANÇA COLETIVO | **375**

permitindo ao autor individual optar entre duas alternativas: a) *desistir* de seu mandado, conforme previsto na LMS; ou b) apenas *suspender seu mandado*, nos moldes do CDC, caso em que, sendo infrutífero o mandado coletivo, poderia prosseguir no seu individual.[92]

> ## ATENÇÃO
>
> Outra diferença em relação ao modelo do CDC está na forma da ciência. O art. 104 do CDC afirma que a suspensão deverá ser requerida no prazo de 30 dias "a contar da ciência nos autos" da ação individual. Já o § 1.º do art. 22 da LMS não fixa o modo de ciência. Logo, basta que o interessado demonstre que o impetrante individual, de qualquer forma, tomou ciência inequívoca da existência do *writ* coletivo, para evitar que ele, caso não postule a desistência de seu mandado de segurança individual, se valha dos efeitos positivos do coletivo.

Para encerrar, façamos uma comparação entre o tratamento da coisa julgada coletiva na LMS e no CDC. A grande questão é que a LMS, diferentemente do que faz o CDC, não tem dispositivos que, expressamente:

1. condicionem a coisa julgada ao resultado do processo (*secundum eventum litis*) ou à qualidade da prova produzida (*secundum eventum probationis*);
2. resguardem os direitos individuais contra eventual sentença coletiva desfavorável.

Com efeito, vimos, ao estudarmos a coisa julgada na ação civil pública,[93] que a sentença de procedência faz coisa julgada *erga omnes* (direitos difusos e individuais homogêneos) ou *ultra partes* (direitos coletivos), e que a de improcedência, em se tratando de direitos difusos e coletivos, só faz coisa julgada se a pretensão for infundada (ou seja, a de improcedência por insuficiência de provas não faz coisa julgada), ao passo que, no caso dos individuais homogêneos, a improcedência sempre faz coisa julgada entre os colegitimados, mas não em relação às vítimas.

Assim, a existência de coisa julgada em relação aos direitos difusos e coletivos, nas ações civis públicas, depende não apenas da procedência ou improcedência da ação (*secundum eventum litis*), como, no caso da improcedência, de a sentença haver ou não se fundado na ausência de lastro probatório (*secundum eventum probationis*). Já no que toca às ações civis públicas em prol de direitos individuais homogêneos, existirá coisa julgada em relação às vítimas a depender da procedência ou improcedência da ação (*secundum eventum litis*), mas não do fato de a improcedência haver se motivado na insuficiência probatória.

A despeito do silêncio da LMS sobre esse tema, lembramos que, segundo pensamento doutrinário e jurisprudencial predominante, a denegação do mandado de segurança só faz coisa julgada material se fundada na inexistência do direito do autor, ou seja, se proferida num processo dotado de suficiente lastro probatório (pretensão infundada). É dizer, noutros termos, quando o juiz denega o mandado de segurança por ausência de direito *líquido e certo* não há coisa julgada material. Logo, nesse caso, a questão pode ser rediscutida em um novo processo coletivo (até mesmo num novo *writ* coletivo), ou, ainda, caso trate de interesses individuais homogêneos, também por meio de ações individuais.

---

[92] **Nesse sentido:** BENJAMIN, Antonio Herman; ALMEIDA, Gregório Assagra de. In: MAIA FILHO, Napoleão Nunes; ROCHA, Caio Cesar Vieira; LIMA, Tiago Asfor Rocha (org.). *Comentários à Nova Lei do Mandado de Segurança*. São Paulo: RT, 2010. p. 321; BUENO, Cassio Scarpinella. *A Nova Lei do Mandado de Segurança*: Comentários Sistemáticos à Lei n. 12.016, de 7.8.2009. 2. ed. São Paulo: Saraiva, 2010. p. 179-180; MEDINA, José Miguel Garcia; ARAÚJO, Fábio Caldas de. *Mandado de Segurança Individual e Coletivo*: Comentários à Lei 12.016, de 7 de agosto de 2009. São Paulo: RT, 2009. p. 219-224.

[93] V. item 2.11.3 do Capítulo 2 (Ação Civil Pública).

INTERESSES DIFUSOS E COLETIVOS – VOL. 1

Note-se, aqui, uma sensível diferença em relação à sistemática do CDC: julgada improcedente uma ação civil pública em prol de interesses individuais homogêneos – qualquer que seja o fundamento da sentença – nenhum colegitimado pode reaforá-la; já se os interesses individuais homogêneos fossem defendidos num *writ* coletivo denegado por insuficiência probatória, nada obsta a que qualquer colegitimado, desde que munido de prova adicional e dentro do prazo decadencial, possa reimpetrá-lo.

Também estudamos que, segundo dispõe o CDC, seja em se tratando de direitos difusos, coletivos ou individuais homogêneos, a improcedência da ação civil pública não impede que as vítimas busquem, em ações individuais, satisfazer seus direitos individuais homogêneos decorrentes dos mesmos fatos que fundaram a ação coletiva. Neste particular, não obstante o silêncio da LMS, vale lembrar que o mandado de segurança coletivo integra o mesmo microssistema das demais ações coletivas, sendo possível, portanto, aplicar-lhe subsidiariamente o CDC. Aliás, essa parece mesmo ter sido a intenção da LMS, uma vez que, no § 1.º do seu art. 22, afirma não haver litispendência entre o mandado de segurança coletivo e os individuais (se não há litispendência, não há identidade de ações; se não há identidade de ações, não há como a coisa julgada de uma afetar a outra), bem como só fala em eventual possibilidade de a sentença coletiva *beneficiar* o postulante individual, nada dizendo sobre prejudicá-lo.

Em suma, portanto, a coisa julgada material do mandado de segurança coletivo, seja tratando-se de direitos difusos, coletivos, ou individuais homogêneos, perfaz-se *secundum eventum litis* e *secundum eventum probationis*: a sentença de procedência faz coisa julgada; a de improcedência pode fazer ou não coisa julgada, conforme se motive na pretensão infundada ou na insuficiência de provas. E a improcedência do *writ*, ainda que por pretensão infundada, não impede a que cada uma das vítimas busque seu direito em ações individuais.

O quadro a seguir resume a coisa julgada no mandado de segurança coletivo:

	Direitos difusos*	Direitos coletivos	Direitos individuais homogêneos
Sentença de procedência	Coisa julgada *erga omnes*	Coisa julgada *ultra partes*	Coisa julgada *erga omnes*
Sentença denegatória por pretensão infundada	Coisa julgada *erga omnes*	Coisa julgada *ultra partes*	Há coisa julgada (em relação aos colegitimados), mas não é *erga omnes* (não impede que as vítimas que não ingressaram no processo como litisconsortes busquem sua reparação individualmente)
Sentença denegatória por insuficiência de provas	Não há coisa julgada	Não há coisa julgada	Não há coisa julgada

* Lembramos que parte da doutrina, fazendo uma interpretação a *contrario sensu* do art. 21 da LMS, entende não ser admissível o manejo do mandado de segurança coletivo em prol de direitos difusos.

4.10 EXECUÇÃO DE SENTENÇAS

A sentença do mandado de segurança tem natureza *mandamental*, pois contém um comando (mandamento) dirigido à autoridade coatora, para que esta satisfaça o direito buscado pelo impetrante. Vejamos como se dá sua execução.

O art. 13 da LMS tem a seguinte redação:

Art. 13. Concedido o mandado, o juiz transmitirá em ofício, por intermédio do oficial do juízo, ou pelo correio, mediante correspondência com aviso de recebimento, o inteiro teor da sentença à autoridade coatora e à pessoa jurídica interessada.

Parágrafo único. Em caso de urgência, poderá o juiz observar o disposto no art. 4.º desta Lei.

Portanto, concedido o mandado, a autoridade dará conhecimento do inteiro teor da sentença à autoridade coatora e à pessoa jurídica interessada, por meio de ofício a ser entregue por oficial de justiça ou por correspondência com aviso de recebimento. No caso de urgência, a comunicação poderá ser feita nos termos do art. 4.º (telegrama, *fax*, radiograma, ou outro meio que assegure a autenticidade do documento e a imediata ciência pela autoridade). Embora se refira à comunicação das *sentenças*, a mesma regra pode ser aplicada, por analogia, para a notificação das *liminares*.

Especificamente em relação às *liminares*, dispõe a LMS que "as autoridades administrativas, no prazo de 48 (quarenta e oito) horas da notificação da medida liminar, remeterão ao Ministério ou órgão a que se acham subordinadas e ao Advogado-Geral da União ou a quem tiver a representação judicial da União, do Estado, do Município ou da entidade apontada como coatora cópia autenticada do mandado notificatório, assim como indicações e elementos outros necessários às providências a serem tomadas para a eventual suspensão da medida e defesa do ato apontado como ilegal ou abusivo de poder" (art. 9.º).

Para estimular o cumprimento "voluntário" das decisões (liminares ou sentenças) proferidas em mandados de segurança, ou, melhor dizendo, para desestimular seu descumprimento, a LMS assim dispôs no seu art. 26:

Art. 26. Constitui crime de desobediência, nos termos do art. 330 do Decreto-lei n.º 2.848, de 7 de dezembro de 1940, o não cumprimento das decisões proferidas em mandado de segurança, sem prejuízo das sanções administrativas e da aplicação da Lei n.º 1.079, de 10 de abril de 1950, quando cabíveis.

Logo, seja o comando dirigido a um particular ou a um funcionário público, incorrerá o destinatário, no caso de descumprimento injustificado, em crime de desobediência. Tratando-se de autoridade sujeita à Lei 1.079/1950 (Presidente da República, Ministros, Ministros do STF, Procurador-Geral da República, Governadores e Secretários de Estado), poderá incidir também (a norma utiliza a expressão "sem prejuízo") em crime de responsabilidade. No mais, o destinatário recalcitrante ainda poderá ser responsabilizado administrativamente, inclusive por ato de improbidade administrativa. Do descumprimento ainda pode resultar, contra o respectivo ente político, a medida extrema da *intervenção*, observado o procedimento constitucional.

A despeito do poder de coerção conferido à decisão pelo art. 26 da LMS, nada obsta que se aplique, subsidiariamente, o CPC, com o emprego, no que for cabível, dos meios de coerção previstos nos seus arts. 536 e 537 (cumprimento provisório ou definitivo de sentenças de obrigação de fazer e não fazer) ou 538 (cumprimento de sentença de obrigação de entregar coisa), como, por exemplo, a imposição de multa, a busca e apreensão etc.

Quanto à execução de eventual obrigação de pagar decorrente do afastamento do ato impugnado (p. ex., prestações salariais vencidas depois do ajuizamento da ação), o STF tem decidido ser obrigatória a incidência do art. 100 da CF (execução por precatórios), não sendo admissível a expedição de simples mandado para pagamento imediato:

Ação cautelar. Liminar deferida *ad referendum*. Concessão de efeito suspensivo a recurso extraordinário. Execução contra a Fazenda Pública Estadual. Condenação em mandado de segurança ao pagamento imediato de indenização: férias e licença-prêmio não gozadas. Ofensa ao art. 100 da Constituição da República. 1. Ao interpretar o art. 100 da Constituição da República, a jurisprudência do Supremo Tribunal Federal firmou-se no sentido de que "mesmo as prestações de caráter alimentar [submetem-se] ao regime constitucional dos precatórios, ainda que reconhecendo a possibilidade jurídica de se estabelecerem duas ordens distintas de precatórios, com preferência absoluta dos créditos de natureza alimentícia (ordem especial) sobre aqueles de caráter meramente comum (ordem geral)" (STA 90-AgR/PI, Rel. Min. Ellen Gracie, Tribunal Pleno, *DJ* 26.10.2007). 2. Incidência da Súmula 655 do Supremo Tribunal Federal. 3. Liminar referendada.[94]

4.11 CONSIDERAÇÕES FINAIS

Identicamente ao que dispunha o art. 18 da revogada Lei 1.533/1951, o art. 23 da atual LMS prescreve que "o direito de requerer mandado de segurança extinguir-se-á decorridos 120 (cento e vinte) dias, contados da ciência, pelo interessado, do ato impugnado". Trata-se de prazo decadencial. Após seu decurso, o interessado, embora já não possa impetrar o *mandamus*, poderá valer-se de outras espécies de ações. No que toca, especificamente, aos meios de tutela coletiva, tratando-se de direitos difusos, coletivos, ou individuais homogêneos, ainda será possível defendê-los via ação civil pública (aos legitimados para propô-la), e, no caso de atos lesivos ao patrimônio público, à moralidade administrativa ou ao meio ambiente, também poderão os cidadãos impugná-los, por meio de ações populares.

A LMS acolheu a jurisprudência cristalizada no STF e no STJ, respectivamente, nas Súmulas 512[95] e 105,[96] ao proclamar, em seu art. 25, que "não cabem, no processo de mandado de segurança (...) a condenação ao pagamento dos honorários advocatícios".

No que toca à litigância de má-fé, o mesmo art. 25 ressalva ser possível sancioná-la.

A despeito de a LMS referir-se à aplicação do CPC apenas em alguns dispositivos (§ 5.º do art. 6.º, §§ 1.º e 5.º do art. 7.º, e art. 24, que alude aos arts. 46 a 49 daquele estatuto processual (arts. 113 a 118 do CPC/2015), na verdade, o Código de Processo, por ser norma geral, poderá ser aplicado subsidiariamente nas demais questões omissas na LMS, desde que não haja incompatibilidade com a natureza do mandado de segurança. Assim, pode-se valer do CPC, por exemplo, para regular os prazos e o processamento dos recursos, as hipóteses de litigância de má-fé etc.

Sem embargo, quando a necessidade de preencher lacunas da LMS disser respeito ao mandado de segurança **coletivo**, é mais adequado, sempre que possível, socorrer-se de normas do mesmo microssistema, como é o caso da aplicação supletiva do CDC no trato da coisa julgada coletiva.

Por fim, considerando que no *writ* coletivo o autor só tem legitimidade extraordinária para atuar no polo ativo, cremos não lhe seja admissível a incidência de *oposição* – atualmente disciplinada no CPC como procedimento especial – pois o autor do *writ* seria colocado na condição de réu, onde lhe faltaria legitimidade para defender, em nome próprio, direito alheio. Pela similaridade da motivação, valem, aqui, as mesmas razões já expostas no item 2.14.6 do Capítulo 2 (Ação Civil Pública).

---

[94] AC 2.193 REF-MC/SP, 1.ª T., rel. Min. Carmen Lúcia, j. 23.03.2010, *DJe* 23.04.2010. **No mesmo sentido:** AI 712.216 AgR/SP, 1.ª T., rel. Min. Ricardo Lewandowski, j. 25.08.2009, *DJe* 18.09.2009.

[95] Súmula 512 do STF: "Não cabe condenação em honorários de advogado na ação de mandado de segurança".

[96] Súmula 105 do STJ: "Na ação de mandado de segurança não se admite condenação em honorários advocatícios".

CAPÍTULO **5**

Direito do Consumidor

5.1 NOÇÕES INTRODUTÓRIAS

5.1.1 Conceito

Direito do Consumidor é o conjunto de normas e princípios que regula a **tutela** de um sujeito especial de direitos, a saber, o **consumidor**, como agente privado vulnerável, nas suas relações frente a fornecedores.

No Brasil, optou-se pela terminologia *direito do consumidor*, em vez de *direito de consumo*, como adotado em outros países (por exemplo, França e Itália), porque o CDC, seguindo mandamento constitucional (art. 5.º, XXXII, da CF), é voltado à efetiva proteção do consumidor (*enfoque subjetivo*), enquanto os outros sistemas regulam mais o ato de consumo e a posição jurídica do consumidor nessas relações (*enfoque objetivo*).

5.1.2 Alocação na teoria geral do direito

Não há consenso em doutrina a respeito da posição ocupada pelo direito do consumidor na enciclopédia das disciplinas jurídicas.

Para uma minoria, o direito do consumidor não constitui uma disciplina jurídica autônoma, isto é, o CDC não firmou um sistema próprio. Tratar-se-ia, portanto, de uma *especialização do direito comercial, do direito econômico ou do direito civil.*

A doutrina majoritária, contudo, entende que o **direito do consumidor é uma disciplina jurídica autônoma**, por possuir princípios e finalidades específicos, que o diferenciam das demais disciplinas.

Dentre os que defendem sua autonomia, importantes autores o classificam como um ***ramo autônomo do direito privado***, ao lado de outras disciplinas, como o direito civil e o direito empresarial. E assim entendem, dentre outros motivos, porque o seu objeto de tutela é o consumidor, agente privado diferenciado, vulnerável, nas suas relações (*privadas*) frente a fornecedores. É esse o pensamento de Claudia Lima Marques:

> Concluindo, como tenho defendido, parece-me que, desde 1988, temos no Brasil um novo direito privado *tripartite*, composto pelo direito civil, pelo antigo direito comercial (hoje direito de empresa) e pelo novo direito do consumidor, que neste manual apresentaremos.[1]

---

[1] MARQUES, Claudia Lima. *Manual de Direito do Consumidor*. São Paulo: Revista dos Tribunais, 2008. p. 41.

INTERESSES DIFUSOS E COLETIVOS – VOL. 1

Também entre os que defendem sua autonomia, há quem entenda que o direito do consumidor *não constitui ramo do direito público, nem do direito privado*. Tratar-se-ia, portanto, de um *ramo autônomo de um novo direito, denominado difuso*,[2] com princípios próprios e específicos, a desafiar a divisão tradicional da enciclopédia jurídica. Desse teor a lição de Nelson Nery Junior:

> A opção do legislador brasileiro de 1990, com relação ao Direito do Consumidor, foi pelo segundo caminho. Criou-se, portanto, com o CDC, um microssistema de Direito das Relações de Consumo, cuja tendência é ganhar autonomia dentro da ciência do Direito, superada a divisão clássica de todos já conhecida. Não se nos afigura correto falar-se em Direito do Consumidor como sendo "capítulo do Direito Econômico", ou ramo do Direito Civil ou Comercial.[3]

5.1.3 Relações do Direito do Consumidor com outros ramos do direito

O Direito do Consumidor, como parte do ordenamento jurídico, vive em constante comunicação com os demais ramos do Direito. Neste estudo, serão analisadas as correlações mais importantes para sua aplicação teórica.

5.1.3.1 Com o Direito Constitucional

A partir da Constituição Federal de 1988, a defesa efetiva dos interesses dos consumidores passou a ser considerada **direito fundamental** (art. 5.º, XXXII) e **princípio geral da ordem econômica** (art. 170, V).

A edição do Código de Defesa do Consumidor, em 1990, por força de mandamento constitucional (art. 48 do ADCT), deu origem a um verdadeiro microssistema de defesa dos direitos do consumidor.

Nessa ótica sistemática, o direito do consumidor visa cumprir com esse **duplo mandamento constitucional**: 1) *promover a defesa dos consumidores* (art. 5.º, XXXII); e 2) *observar, como princípio geral da atividade econômica, a necessária defesa dos direitos do consumidor* (art. 170, V).

É correto afirmar, portanto, que a Constituição Federal de 1988 é a origem normativa dessa nova disciplina do Direito e traz os princípios e valores orientadores da interpretação e aplicação das normas consumeristas.

5.1.3.2 Com o Direito Administrativo

Dispõe o art. 5.º, XXXII, da Constituição Federal: "O Estado promoverá, na forma da lei, a defesa do consumidor". **Promover** significa assegurar afirmativamente que o Estado-Juiz, o Estado-Executivo e o Estado-Legislativo realizem, positivamente, a defesa dos interesses dos consumidores. Referido mandamento constitucional vincula, portanto, todos os poderes: Judiciário, Legislativo e Executivo.

E é exatamente o Direito Administrativo que regula a atuação da Administração Pública voltada à realização dos direitos fundamentais em geral e, em particular, à defesa do consumidor.

---

[2] Nesse sentido, veja-se: RIZZATTO NUNES, Luiz Antonio. *Manual de Introdução ao Estudo do Direito*. 7. ed. São Paulo: Saraiva, 2007. p. 148-149.

[3] NERY JUNIOR, Nelson. *Código Brasileiro de Defesa do Consumidor*: Comentado pelos Autores do Anteprojeto. 7. ed. Rio de Janeiro: Forense Universitária, 2001. p. 443.

CAP. 5 – DIREITO DO CONSUMIDOR | 381

A relação entre esses dois ramos do Direito se evidencia na medida em que muitas das normas de direito administrativo voltadas à tutela dos interesses dos consumidores estão previstas no próprio Código de Defesa do Consumidor.

É o caso das normas administrativas que regulam a atuação dos Procons (arts. 56 a 60 da Lei 8.078/1990). O art. 5.º do CDC, outrossim, traz os instrumentos que o Poder Público deverá criar para a execução da Política Nacional das Relações de Consumo. Da mesma forma, o art. 10, em seu § 1.º, prevê a intervenção da autoridade competente nos casos de conhecimento da periculosidade de produtos e serviços que já foram lançados no mercado de consumo (procedimento do *recall*, coordenado, em nível federal, pelo Ministério da Justiça).

5.1.3.3 Com o Direito Processual

O direito processual, visto como **instrumento** de realização do direito material e de eficácia social da Lei 8.078/1990, não foi esquecido pelo legislador. Ao contrário, o Código de Defesa do Consumidor disciplinou em seus arts. 81 a 104 a defesa dos direitos dos consumidores em juízo.

Em título denominado "Da Defesa do Consumidor em Juízo", ressalvadas algumas referências pontuais a aspectos da defesa individual do consumidor (art. 101, I e II), o CDC trouxe uma disciplina inovadora para o processo civil coletivo brasileiro, que não se restringe à tutela dos direitos do consumidor, abrangendo a tutela coletiva de qualquer espécie de interesse difuso ou coletivo.

O alargamento da tutela dos interesses difusos e coletivos pelo CDC está em perfeita consonância com a atual realidade da sociedade de consumo em massa.

Referida inovação se justifica pela percepção de que a **efetividade do processo**, nessa seara, só pode ser alcançada pelo fortalecimento da posição do consumidor em juízo e pela ampliação dos instrumentos processuais de defesa coletiva dos direitos dos consumidores.

A estreita relação do direito do consumidor com o direito processual, notadamente o coletivo, é evidenciada pela norma prevista no art. 117 do CDC, que promoveu uma integração e complementaridade entre a Lei 7.347/1985 (Lei da Ação Civil Pública) e a Lei 8.078/1990, de modo que todas as inovações para o processo coletivo trazidas por esta última também se aplicam na tutela de outros interesses difusos e coletivos.

5.1.3.4 Com o Direito Penal

A finalidade do Direito Penal é a proteção dos bens jurídicos essenciais ao convívio em sociedade. Por outras palavras, "a proteção de bens jurídicos é a missão precípua, que fundamenta e confere legitimidade ao Direito Penal".[4]

E é na Constituição Federal que o legislador deve transitar para selecionar os valores considerados indispensáveis à manutenção da sociedade, tais como a liberdade, a segurança, o bem-estar social, a igualdade e a justiça.

Dessa forma, a tipificação penal de **condutas ofensivas aos direitos dos consumidores** encontra legitimação na própria Constituição Federal, que reconheceu a importância da promoção da defesa do consumidor, erigindo-a à categoria de direito fundamental (art. 5.º, XXXII).

A tutela penal dos direitos dos consumidores é anterior ao CDC. Já em 1933, o Decreto-lei 22.626 punia a usura pecuniária. O próprio Código Penal, de 1940, possui

---

4   MASSON, Cleber. *Direito Penal Esquematizado*. 2. ed. São Paulo: Método, 2009. p. 7.

382 | INTERESSES DIFUSOS E COLETIVOS – VOL. 1

diversos tipos penais que se relacionam com a proteção do consumidor. Pouco tempo depois, foi editada a Lei 1.521/1951, que definia os crimes e contravenções contra a economia popular. Cite-se, ainda, a Lei 8.137/1990, que em seu art. 7.º prevê uma série de tipos penais reunidos sob a referência de *crimes contra as relações de consumo*.

Em título denominado "Das Infrações Penais", o Código de Defesa do Consumidor define 12 (doze) crimes contra as relações de consumo (arts. 63 a 74), todos eles considerados infrações penais de menor potencial ofensivo, e estabelece regras sobre coautoria e participação (art. 75), agravantes genéricas (art. 76), fixação de pena (arts. 77 e 78), valor da fiança (art. 79) e ação penal subsidiária (art. 80).

A partir da vigência da Lei 8.137/1990 e, principalmente, do Código de Defesa do Consumidor, passou-se a estudar o **direito penal do consumidor** como um novo ramo do direito penal econômico, que cumpre, idealmente, ao lado de seu caráter repressivo, uma função eminentemente preventiva.[5]

5.1.3.5 Com o Direito Internacional

A relação do direito do consumidor com o direito internacional fica bem evidenciada nas hipóteses de transporte aéreo internacional de passageiros, notadamente no tocante à responsabilidade civil das empresas aéreas por danos causados aos consumidores.

Há clara **antinomia** entre a Convenção de Varsóvia e o Código de Defesa do Consumidor no que diz respeito à indenização pelo extravio, avaria ou destruição de bagagens. Enquanto aquela prevê uma *indenização tarifada, limitadora*, portanto, da *responsabilidade dos transportadores aéreos*, a Lei 8.078/1990 assegura como direito básico do consumidor a reparação integral dos danos materiais e morais por ele sofridos (arts. 6.º, VI, e 22, parágrafo único).

A despeito de alguma controvérsia inicial, a jurisprudência do STJ estava consolidada no sentido de que, nos casos de danos materiais sofridos pelos consumidores em transporte aéreo internacional, prevalecia o CDC, que prevê a **reparação integral dos danos** suportados por este sujeito especial de direitos, vulnerável, em consonância com o mandamento constitucional de efetiva proteção do consumidor, previsto no art. 5.º, XXXII, da CF, aplicando-se a Convenção de Varsóvia apenas complementarmente, naquilo que com a Lei 8.078/1990 não for incompatível. A propósito, destaca-se:

> A jurisprudência pacífica da 2.ª Seção é no sentido de que o transportador aéreo, seja em viagem nacional ou internacional, responde (indenização integral) pelo extravio de bagagens e cargas, ainda que ausente acidente aéreo, mediante aplicação do Código de Defesa do Consumidor, desde que o evento tenha ocorrido na sua vigência, conforme sucede na espécie. Fica, portanto, afastada a incidência da Convenção de Varsóvia e, por via de consequência, a indenização tarifada.[6]

Note-se que essa orientação do STJ – prevalência das normas do CDC, em detrimento das normas das convenções internacionais – estava alinhada ao entendimento de respeitáveis autores nacionais, como Claudia Lima Marques, Nelson Nery Junior, Eduardo Arruda Alvim, Antonio Herman de Vasconcelos e Benjamin, Sérgio Cavalieri Filho, Rizzatto Nunes e Marco Fábio Morsello.

---

[5] BENJAMIN, Antonio Herman V. O Direito Penal do Consumidor: Capítulo do Direito Penal Econômico. *Revista Direito do Consumidor*, São Paulo: RT, v. 1, 1992, p. 103-129.

[6] REsp 552.553, rel. Min. Fernando Gonçalves, j. 12.12.2005.

CAP. 5 – DIREITO DO CONSUMIDOR | 383

Isso porque, no entendimento da doutrina especializada, além da "força normativa constitucional",[7] *as regras que concretizam a defesa do consumidor ingressam no ordenamento jurídico fazendo um corte horizontal*, alcançando toda e qualquer relação jurídica que se caracterize como de consumo, de modo a afastar o critério da especialidade dos diplomas legais aeronáuticos.[8]

É oportuno registrar que a Convenção de Varsóvia foi substituída pela **Convenção de Montreal**, celebrada em 28 de maio de 1999, mas só aprovada no Brasil pelo Decreto Legislativo 59, de 18 de julho de 2006, e promulgada pelo Decreto 5.910, de 27 de setembro de 2006.

Essa nova convenção, apesar dos avanços em relação ao Sistema de Varsóvia, também tem cláusulas limitativas da responsabilidade do transportador aéreo nos voos internacionais. Exemplificando, no caso de perda, avaria ou destruição de bagagem, a indenização é limitada a 1.000 Direitos Especiais de Saque (art. 22, § 2.º). Nesse particular, anote-se que o STJ, ao enfrentar as antinomias entre normas da recente Convenção de Montreal e do Código de Defesa do Consumidor, também estava dando prevalência às normas deste último, porque mais favoráveis aos interesses dos consumidores. A título de exemplo, anote-se:

> A jurisprudência deste Superior Tribunal de Justiça se orienta no sentido de prevalência das normas do Código de Defesa do Consumidor, em detrimento das disposições insertas em Convenções Internacionais, como a Convenção de Montreal, aos casos de falha na prestação de serviços de transporte aéreo internacional, por verificar a existência da relação de consumo entre a empresa aérea e o passageiro, haja vista que a própria Constituição Federal de 1988 elevou a defesa do consumidor à esfera constitucional de nosso ordenamento.[9]

Para as novas antinomias entre as normas da Convenção de Montreal e do Código de Defesa do Consumidor, portanto, foram renovadas as mesmas discussões relativas à Convenção de Varsóvia, e o STJ, na esteira da doutrina especializada sobre o assunto, vinha dando prevalência às normas mais favoráveis aos interesses dos consumidores, seja pela "força normativa constitucional" do microssistema consumerista (arts. 5.º, XXXII, e 170, V, da CF), seja pelo caráter principiológico do CDC.

Embora esse também fosse o entendimento do Supremo Tribunal Federal[10] nessa temática, as decisões mais recentes da Corte Suprema caminharam em sentido contrário. O julgamento que marca uma guinada na jurisprudência do STF foi o do RE 297.901-5, DJ 31.03.2006, de relatoria da Ministra Ellen Gracie, no qual a Segunda Turma decidiu pela prevalência do prazo prescricional de pretensão indenizatória de dois anos, previsto na Convenção de Varsóvia, contra a previsão mais favorável do Código de Defesa do Consumidor (art. 27). A decisão está assim ementada:

> Prazo prescricional. Convenção de Varsóvia e Código de Defesa do Consumidor. 1. O art. 5.º, § 2.º, da Constituição Federal se refere a tratados internacionais relativos a direitos e garantias fundamentais, matéria não objeto da Convenção de Varsóvia, que trata da limitação da responsabilidade civil do transportador aéreo internacional (RE 214.349, rel. Min. Moreira Alves, DJ 11.6.99). 2. Embora válida a norma do Código de Defesa do Consumidor quanto aos consumidores em

---

[7]   A expressão "força normativa constitucional" indica que os direitos fundamentais assegurados nas Constituições *têm força de norma* (direito executável e exigível), não são meros programas.

[8]   Veja-se, por todos: MORSELLO, Marco Fábio. *Responsabilidade Civil no Transporte Aéreo*. São Paulo: Atlas, 2009. p. 405.

[9]   AgRg no REsp 13.010/ES, rel. Min. Sidnei Beneti, *DJe* 13.09.2011. No mesmo sentido: AgRg no REsp 34.280/RJ, rel. Min. Luís Felipe Salomão, j. 11.10.2011.

[10] RE 351.750, 1.ª T., rel. Min. Marco Aurélio, rel. p/ acórdão Min. Ayres Brito, *DJ* 24.09.2009.

384 | INTERESSES DIFUSOS E COLETIVOS – VOL. 1

geral, no caso específico de contrato de transporte internacional aéreo, com base no art. 178 da Constituição Federal de 1988, prevalece a Convenção de Varsóvia, que determina prazo prescricional de dois anos. 3. Recurso provido.

A despeito de não versar exatamente sobre o mesmo objeto, a saber, indenização tarifada, no fundo, o julgado trata da mesma questão jurídica: a definição de qual diploma legal deve prevalecer nos casos de antinomia entre o Código de Defesa do Consumidor e as Convenções internacionais que regulam o transporte aéreo internacional de passageiros.

Essa mesma solução – prevalência das convenções internacionais sobre transporte aéreo de passageiros – foi adotada pelo Supremo Tribunal Federal em outros casos, nos quais se discutia a questão da indenização tarifada. Para a Suprema Corte, o art. 178 da Constituição Federal[11] estabelece regra especial de solução de antinomias, no sentido da prevalência dos tratados sobre a legislação doméstica, seja ela anterior ou posterior àqueles. Essa conclusão também se aplica quando o conflito envolve o Código de Defesa do Consumidor. Confira-se, nesse sentido, a tese firmada pelo STF no julgamento do RE 636.331/RJ, com repercussão geral reconhecida:

> Nos termos do art. 178 da Constituição da República, as normas e os tratados internacionais limitadores da responsabilidade das transportadoras aéreas de passageiros, especialmente as Convenções de Varsóvia e Montreal, têm prevalência em relação ao Código de Defesa do Consumidor.[12]

Em julgamento com repercussão geral (Tema 1.366), o Plenário do STF afirmou que as regras das Convenções de Varsóvia e Montreal se sobrepõem às normas nacionais também em casos de **extravio, dano ou atraso de cargas em voos internacionais**.[13] Tal decisão amplia para o transporte de cargas o entendimento que o STF já tinha sobre o transporte de passageiros e extravios de bagagens. Em seu voto, o ministro Luís Roberto Barroso, relator do caso, lembrou que, em 2017, o STF já havia decidido pela prevalência dessas convenções, num julgamento que também teve repercussão geral (Tema 210), mas limitado às relações com passageiros e bagagens, como o atraso de voo. A tese firmada foi a seguinte:

> A pretensão indenizatória por danos materiais em transporte aéreo internacional de carga e mercadoria está sujeita aos limites previstos em normas e tratados internacionais firmados pelo Brasil, em especial as Convenções de Varsóvia e de Montreal;
>
> É infraconstitucional e fática a controvérsia sobre o afastamento da limitação à pretensão indenizatória quando a transportadora tem conhecimento do valor da carga ou age com dolo ou culpa grave.

É oportuno destacar que o STJ se alinhou ao atual entendimento do STF e passou a decidir pela possibilidade de limitação, por legislação internacional espacial, do direito do passageiro à indenização por danos materiais decorrentes de extravio de bagagem.[14]

Nesse particular, uma advertência se faz necessária: conforme decidido pelo Plenário do Supremo Tribunal Federal no RE 1.394.401 (j. 15.12.2022), com repercussão geral reconhecida, "não se aplicam as Convenções de Varsóvia e Montreal às hipóteses de danos

---

11 "Art. 178. A lei disporá sobre a ordenação dos transportes aéreo, aquático e terrestre, devendo, quanto à ordenação do transporte internacional, observar os acordos firmados pela União, atendido o princípio da reciprocidade (Redação dada pela Emenda Constitucional n.º 7, de 1995)."

12 RE 636.331/RJ, Pleno, rel. Min. Gilmar Mendes, j. 25.05.2017 (Tema 210). No mesmo sentido: ARE 766.618/SP, Pleno, rel. Min. Roberto Barroso, j. 25.05.2017.

13 RE 1.520.841/SP, Plenário, rel. Min. Luís Roberto Barroso, j. 04.02.2025.

14 REsp 673.048/RS, 3.ª T., rel. Min. Marco Aurélio Bellizze, j. 08.05.2018 (Informativo STJ 616).

extrapatrimoniais decorrentes de contrato de transporte aéreo internacional". Isso significa dizer que **as indenizações por danos morais** decorrentes de extravio de bagagem e de atraso de voo internacional, por exemplo, **não estão submetidas à tarifação prevista na Convenção de Montreal,** devendo-se observar, nesses casos, a efetiva e integral reparação do consumidor prevista no CDC.[15]

Respeitado o entendimento do STF, entendemos que as normas do CDC prevalecem frente às normas das Convenções internacionais sobre transporte de passageiros, em caso de antinomias.

Para além dos argumentos acima delineados, obtempera-se que a regra fixada no art. 178 da Constituição Federal – utilizada pelo STF para justificar a prevalência das normas das convenções internacionais sobre a legislação doméstica – não alcança o CDC, mas sim as leis internas que regulem, especificamente, a ordenação dos transportes aéreo, aquático e terrestre.

Noutras palavras, o mandamento hierárquico previsto na norma em questão é dirigido especificamente às leis setoriais que venham a regular os transportes aéreo, aquático e terrestre. São essas as leis de devem respeito aos acordos firmados pela União. Vê-se, portanto, que a Suprema Corte parte de uma premissa falsa para concluir, de forma equivocada, pela prevalência das convenções internacionais em exame, em detrimento das normas do Código de Defesa do Consumidor.

De qualquer modo, seguindo regras atuais de interpretação aplicáveis ao ordenamento constitucional, e que não impõem previamente grau hierárquico diverso entre normas constitucionais, afigura-se perfeitamente factível compatibilizar-se a norma do art. 178 com os direitos fundamentais dos consumidores, concluindo-se, então, que a lei disporá sobre a ordenação dos transportes aéreo, aquático e terrestre, devendo, quanto à ordenação do transporte internacional, observar os acordos firmados pela União, que deverão estar em conformidade com o dever de segurança e proteção à pessoa e ao consumidor, preponderantes, *in casu.*[16]

5.1.3.6   *Com o Direito Civil*

O Código de Defesa do Consumidor é uma **lei especial, subjetivamente** (tutela um sujeito especial de direitos, o consumidor), e **geral, materialmente** (regula todas as relações, contratuais e extracontratuais, do sujeito consumidor no mercado de consumo).

Por possuir um campo de aplicação escudado na função e não no objeto, conforme acima referido, **o CDC ingressa no sistema jurídico fazendo um corte horizontal**, alcançando toda e qualquer relação jurídica que possa ser considerada como de consumo, mesmo que regrada por outra fonte normativa.

Assim, a Lei 8.078/1990 pode incidir sobre diversos negócios jurídicos (por exemplo: os bancários, os financeiros, de seguro, cartão de crédito, *leasing* ou arrendamento mercantil, serviços, inclusive os públicos, compra e venda e respectiva promessa, seguro-saúde, plano de saúde, transporte, hospedagem etc.), os quais, por sua vez, também podem ser regulados por outras fontes normativas.

Por isso, é natural que haja "conflitos" de leis, dúvidas sobre a colisão ou derrogação das fontes legislativas.

A Lei 8.078/1990 visa proteger um sujeito especial de direitos, o consumidor, em suas relações frente aos fornecedores. O Código Civil de 2002, por sua vez, é um código

---

[15]   No mesmo sentido: REsp 1.842.066/RS, 3.ª T., rel. Min. Moura Ribeiro, j. 09.06.2020.

[16]   No mesmo sentido: MORSELLO, Marco Fábio. *Responsabilidade Civil no Transporte Aéreo.* São Paulo: Atlas, 2009. p. 406.

386 | INTERESSES DIFUSOS E COLETIVOS – VOL. 1

central, destinado a regular as relações entre iguais: relações entre civis e relações entre empresários.

Destarte, quando estiverem presentes os elementos caracterizadores da relação de consumo, **aplica-se prioritariamente o CDC**, e só subsidiariamente, no que couber e for complementarmente necessário, o Código Civil. Por exemplo: firmado um contrato de seguro entre um consumidor e um fornecedor, a esta relação jurídica se aplica prioritariamente a Lei 8.078/1990. Sem prejuízo, considerando que o CDC é uma lei geral, materialmente, ou seja, que não especifica nem define as várias espécies de contratos em que incide, poderá o aplicador do direito se socorrer às normas do Código Civil (arts. 757 a 802) que regulamentam o seguro, naquilo que forem compatíveis com o sistema consumerista.

Conclui-se, nessa linha, que a relação entre o Direito do Consumidor e o Direito Civil é pautada pelo modelo de coexistência e aplicação simultânea e coerente das diferentes fontes legislativas, denominado **diálogo das fontes**,[17] que permite ao CDC (como microssistema materialmente incompleto) tanto se servir da base conceitual do CC de 2002 (lei central e geral do sistema privado), como aplicar suas normas complementarmente, no que for necessário. Reconhecendo essa necessidade de integração entre o CDC e o CC, assim já se manifestou o Superior Tribunal de Justiça:

> O microssistema introduzido pelo Código de Defesa do Consumidor não pode ser desvinculado dos demais princípios e normas que orientam o direito pátrio, notadamente o Código Civil. Ao contrário, o que deve haver é a integração entre esses sistemas.[18]

Perfilhando o mesmo entendimento, a jurista gaúcha Claudia Lima Marques reconhece na coexistência entre o Código Civil de 2002 e a Lei 8.078/1990 uma espécie de solução sistemática pós-moderna, intitulando-a ***convivência de paradigmas***.[19]

Finalizando, convém destacar que o advento do Código Civil de 2002 trouxe maior harmonia entre o direito do consumidor e o direito civil, haja vista que vários dos princípios do CDC que encontravam resistência à sua aplicação foram incorporados por aquele Código. A título de exemplo, destaca-se o princípio da boa-fé objetiva, atualmente previsto nos arts. 113, 187 e 422, todos do Código Civil de 2002.[20]

5.1.4   Origens históricas

5.1.4.1   *Análise histórica da relação de consumo*

A preocupação com a proteção dos adquirentes de produtos e serviços é bastante antiga, embora esses sujeitos de direitos fossem identificados com outros nomes, como "contratante", "cliente", "comprador" etc.

Na lição de José Geraldo Brito Filomeno, desde o Código de Hamurabi já se responsabilizava o construtor na hipótese de erro de projeto que causasse algum dano estrutural, obrigando-o a sanar o defeito às suas próprias expensas.[21]

---

17   O tema "diálogo das fontes" será retomado no item 5.3.7.

18   REsp 702.524/RS, rel. Min. Nancy Andrighi, rel. p/ acórdão Min. Humberto Gomes de Barros, *DJ* 09.10.2006.

19   MARQUES, Claudia Lima. Diálogo entre o Código de Defesa do Consumidor e o novo Código Civil: do "Diálogo das Fontes" no Combate às Cláusulas Abusivas. *Revista de Direito do Consumidor*, São Paulo: RT, n. 45, p. 70-99, jan.-mar. 2003.

20   Nesse sentido, confira-se o Enunciado 167 da III Jornada de Direito Civil do Conselho da Justiça Federal, promovida em dezembro de 2004: "Com o advento do Código Civil de 2002, houve forte aproximação principiológica entre esse Código e o Código de Defesa do Consumidor no que respeita à regulação contratual, uma vez que ambos são incorporados de uma nova teoria geral dos contratos".

21   FILOMENO, José Geraldo Brito. *Manual de Direitos do Consumidor.* 6. ed. São Paulo: Atlas, 2003. p. 40.

O Código de Manu, vigente na Índia, também previa punição para aqueles que adulterassem gêneros ou entregassem coisa de espécie inferior à acertada.[22]

Na Grécia antiga, igualmente, os compradores eram protegidos tanto dos preços abusivos como da adulteração das mercadorias por parte de comerciantes inescrupulosos.

Para o professor italiano Sebastiano Tafaro, no próprio Direito Romano já existiam mecanismos de tutela da parte mais fraca em um contrato, o que contribuiu, de certa forma, para que chegássemos à atual noção de vulnerabilidade.[23]

Além da importância da proteção conferida ao contratante vulnerável no Direito Romano, é oportuno destacar que durante o período medieval foram previstas penas vexatórias na França e na Espanha para os adulteradores de substâncias alimentícias.

Essa breve incursão histórica evidencia que o **ato de consumo** é parte indissociável do cotidiano do ser humano, ou seja, sempre existiu. Em outras palavras, o consumo acompanha o ser humano desde o nascimento e em todos os períodos de nossa existência. E por motivos variados, que vão desde a necessidade de sobrevivência até o consumo por simples desejo.[24]

Do mesmo modo, a História revela que a prática de desvios no comportamento humano, voltada à obtenção de lucros indevidos, sempre foi corrente.

5.1.4.2   O Direito do Consumidor como resposta legal protetiva

O Direito do Consumidor é um reflexo das mudanças sociais e econômicas nos mercados de produção, distribuição e de consumo.

Se o ato de consumo sempre acompanhou o ser humano, **a sociedade de consumo**, por sua vez, pode ser considerada como um **fenômeno relativamente recente**. Sua origem remonta ao final do século XIX, e ganhou força durante o século XX, em decorrência das diversas evoluções tecnológicas no processo de produção de bens de consumo.

A partir da revolução industrial, que promoveu a massificação dos regimes de produção, distribuição e consumo, a sociedade se viu dividida em dois grandes grupos: o dos **fornecedores** (controladores dos bens de produção) e o dos **consumidores** (que, por não controlarem os bens de produção, se submetem ao poder econômico do primeiro grupo).

O desequilíbrio entre esses dois grupos de agentes econômicos foi acentuado pela informatização e globalização da economia, que modificaram sensivelmente os hábitos de consumo, agilizando as informações e expandindo as possibilidades de publicidade, o que agravou os conflitos de consumo e a própria *vulnerabilidade informacional, técnica, fática e jurídica do consumidor.*

Das operações de simples trocas de mercadorias e das incipientes operações mercantis, evoluiu-se para as sofisticadas operações de seguro-saúde, compra e venda, arrendamento, *leasing*, importação, exportação, previdência privada etc.

As operações deixaram de ser pessoais e diretas e se transformaram, principalmente nos grandes centros urbanos, em operações impessoais e indiretas.

A distribuição de produtos e serviços passou a ser organizada em grandes *shopping centers* de consumo e em redes de distribuição e de união de fabricantes, produtores e comerciantes da mesma marca (franquias).

---

[22]   FILOMENO, José Geraldo Brito. *Manual de Direitos do Consumidor.* 6. ed. São Paulo: Atlas, 2003. p. 40-41.

[23]   TAFARO, Sebastiano. A Dívida e a Proteção da Parte mais Fraca do Contrato. *Revista Brasileira de Direito Comparado*, Rio de Janeiro: Forense, n. 13, p. 19-63, 2.º sem. 1992.

[24]   ALMEIDA, João Batista de. *Manual de Direito do Consumidor.* 3. ed. São Paulo: Saraiva, 2009. p. 1.

INTERESSES DIFUSOS E COLETIVOS – VOL. 1

Com a mecanização da agricultura, a população rural migrou para a periferia das grandes cidades, causando o inchaço populacional e a deterioração dos serviços públicos essenciais.

Em resumo, a produção e o consumo em massa geraram a sociedade de massa, sofisticada e complexa.

Esses novos mecanismos de produção e distribuição fizeram surgir novos instrumentos jurídicos, como os contratos coletivos, os contratos de massa e os contratos por adesão, cujas cláusulas são preestabelecidas unilateralmente pelo fornecedor, sem qualquer participação do consumidor.

Rapidamente, o **direito material tradicional**, concebido à luz dos princípios romanistas, tais como a autonomia de vontade, o *pacta sunt servanda* e a própria responsabilidade subjetiva, **ficou ultrapassado**, se revelando *ineficaz para dar proteção efetiva ao consumidor*.

Por conseguinte, houve uma proliferação de todas as práticas abusivas possíveis, aí incluídas as cláusulas de não indenizar, o controle do mercado, a eliminação da concorrência, e assim por diante, gerando inaceitáveis desigualdades econômicas e jurídicas entre o fornecedor e o consumidor, a exigirem uma **resposta legal protetiva.**

A percepção desse problema trouxe a consciência da necessidade de se adotar uma nova postura jurídica nas relações de consumo, fundada em princípios modernos e eficazes, delineadores de um novo direito.

E essa consciência, é verdade, começou a ganhar fôlego maior a partir dos anos 1960, principalmente nos Estados Unidos. Atribui-se a um discurso do Presidente norte-americano John F. Kennedy, no ano de 1962 – no qual foram referidos como direitos básicos o *direito à segurança, o direito à informação, o direito de escolha e o direito de ser ouvido* –, o despertar para uma reflexão mais profunda sobre a importância da proteção dos direitos dos consumidores.

A partir de então, várias leis foram aprovadas nos Estados Unidos e o direito do consumidor, direito social típico das sociedades capitalistas industrializadas, conquistou facilmente a Europa e todos os países capitalistas da época.

No ano de 1972 realizou-se, em Estocolmo, a Conferência Mundial do Consumidor.

A Organização das Nações Unidas (ONU), no ano de 1985, por meio da Resolução 39/248, estabeleceu diretrizes para o direito do consumidor, reconhecendo a necessidade de proteção desse agente econômico vulnerável, em suas relações frente aos fornecedores.

Esse novo e importante ramo do direito surgiu legislativamente no Brasil no ano de 1990, com o Código de Defesa do Consumidor (Lei 8.078/1990), reflexo do mandamento constitucional de proteção afirmativa dos consumidores (arts. 5.º, XXXII, e 170, V, da CF; art. 48 do ADCT).

5.1.5 Finalidade do direito do consumidor

O estudo das origens históricas do direito do consumidor é fundamental para a exata compreensão da finalidade dessa nova disciplina jurídica. Conforme acima apontado, a massificação da produção, do consumo e da contratação deixou o consumidor em situação de clara desvantagem em suas relações frente aos fornecedores. Com efeito, enquanto o fornecedor se fortaleceu técnica e economicamente, o consumidor teve o seu poder de escolha progressivamente enfraquecido.

Instalou-se, então, um acentuado desequilíbrio de forças entre produtores e distribuidores, por um lado, e consumidores, por outro. E o Direito não pode ficar alheio a esse fenômeno.

CAP. 5 – DIREITO DO CONSUMIDOR | **389**

É com os olhos postos nessa vulnerabilidade do consumidor que se funda essa nova disciplina jurídica. Reconhecendo essa desigualdade, o direito do consumidor busca estabelecer uma igualdade material entre as partes nas relações de consumo, seja reforçando a posição do consumidor, quando possível, seja proibindo ou limitando certas práticas de mercado.

Nesse sentido, conclui-se que a **finalidade do direito do consumidor** *é a proteção desse novo agente econômico, vulnerável, mediante a eliminação da injusta desigualdade existente entre ele e o fornecedor, com o consequente restabelecimento do equilíbrio na relação de consumo.*

5.2 FUNDAMENTO CONSTITUCIONAL

5.2.1 Introdução

A Constituição Federal de 1988 é a origem normativa do Direito do Consumidor em nosso país. Pela primeira vez na história constitucional brasileira, inseriu-se a defesa do consumidor entre os *direitos e garantias fundamentais* (art. 5.º, XXXII, da CF).

Em outra passagem (art. 24), é atribuída *competência concorrente à União, aos Estados e ao Distrito Federal para legislar sobre produção e consumo* (inciso V) *e responsabilidade por danos ao consumidor* (inciso VIII).

O art. 150, que trata das limitações ao poder de tributar por parte do Poder Público, estabelece em seu § 5.º que a "lei determinará medidas para que os consumidores sejam esclarecidos acerca dos impostos que incidam sobre mercadorias e serviços".

A seguir, a defesa do consumidor foi incluída entre os *princípios gerais da ordem econômica* (art. 170, V), a orientar e justificar a intervenção do Estado na economia.

Ainda em nível constitucional, a preocupação com a proteção dos consumidores aparece no inciso II do art. 175, quando alude a "*usuários*" de serviços públicos por intermédio de concessão ou permissão, sempre por meio de licitação. E seu parágrafo único estabelece que a lei disporá sobre "*os direitos dos usuários*", no caso, "*usuáriosconsumidores*" dos referidos serviços públicos concedidos ou permitidos.

Finalmente, o art. 48 do ADCT fixou o prazo de 120 dias, a contar da promulgação da Constituição, para que o Congresso Nacional elaborasse o Código de Defesa do Consumidor.

5.2.2 A proteção do consumidor como direito fundamental

5.2.2.1 Noção de direito fundamental

A expressão **direitos fundamentais** surgiu na França, no movimento político e cultural que culminou na *Declaração dos Direitos do Homem e do Cidadão* (1789).[25]

A despeito das diversas terminologias empregadas para designá-los, todos concordam que a **essência** dessa categoria de direitos é a **proteção e promoção da dignidade da pessoa humana.**

De tal sorte, os direitos fundamentais podem ser definidos como *aqueles essenciais à existência digna do ser humano, previstos expressamente na Constituição Federal, e que devem ser efetivados a todos, não apenas no plano formal, mas também materialmente.*

Nas palavras de Luiz Alberto David Araújo e Vidal Serrano Nunes Júnior: "Os Direitos Fundamentais constituem uma categoria jurídica, constitucionalmente erigida e vocacionada à proteção da dignidade humana em todas as dimensões".[26]

---

[25] PÉREZ LUÑO, Antônio Henrique. *Derechos Humanos, Estado de Derecho y Constitución.* 6. ed. Madrid: Tecnos, 1999. p. 30.

[26] ARAÚJO, Luiz Alberto David; SERRANO NUNES JÚNIOR, Vidal. *Curso de Direito Constitucional.* 11. ed. São Paulo: Saraiva, 2007. p. 110.

390 | INTERESSES DIFUSOS E COLETIVOS – VOL. 1

5.2.2.2   A importância do art. 5.º, XXXII, da CF

A previsão da defesa do consumidor como direito fundamental (art. 5.º, XXXII, da CF), no capítulo dos direitos e garantias individuais e coletivos, apresenta como primeiro efeito importante sua proteção pelo denominado **núcleo imodificável** da Constituição (art. 60, § 4.º, IV – cláusula pétrea). Em outras palavras, não se admitirá nenhuma proposta de emenda constitucional tendente a suprimir ou reduzir a promoção da defesa do consumidor, inserida pelo legislador constituinte originário no rol dos direitos e garantias individuais e coletivos.

José Ernesto Furtado de Oliveira, em original artigo, estende a proteção do núcleo imodificável da Constituição ao plano infraconstitucional, sob o argumento de que a previsão da defesa do consumidor como cláusula pétrea faz do CDC a fonte paradigmática mínima de todos os direitos nele elencados, o que indica que nenhum deles poderá ser suprimido sob império da lei nova. Confira-se:

> Em sendo assim, o CDC, por ser legislação complementar à constituição, criou direitos que já definitivamente pertencem ao patrimônio de todo consumidor, de modo que nenhuma lei que venha a alterar "in pejus" tal situação jurídica ou restringir esses direitos consagrados será recepcionada pelo ordenamento jurídico, e muito menos com eles conviverá.[27]

Por outro lado, ao prever que "O Estado promoverá, na forma da lei, a defesa do consumidor" (art. 5.º, XXXII), a Constituição Federal instituiu, ao mesmo tempo, **um direito subjetivo público geral**, de proteção contra a ação do Estado (*direito de defesa*), e um **direito a uma ação afirmativa ou positiva do Estado** em favor dos consumidores (*direito a prestações*).

Os *direitos fundamentais*, classicamente, são compreendidos como limitações ao exercício do poder estatal, ou seja, *podem ser reclamados pelo particular em suas relações frente ao Estado*. Nesse caso, por se tratar de relação jurídica hierarquizada, de subordinação, fala-se em *eficácia vertical dos direitos fundamentais*.

Atualmente, há forte tendência em se admitir que os direitos fundamentais também produzem efeitos nas relações entre os particulares. É a aplicação da *teoria da eficácia horizontal dos direitos fundamentais*,[28] também denominada "eficácia dos direitos fundamentais nas relações entre particulares" ou "eficácia dos direitos fundamentais nas relações privadas".

Essa eficácia horizontal dos direitos fundamentais pode ser **direta** ou **indireta**.

Diz-se **direta** quando *o aplicador da lei utiliza o direito fundamental retirado imediatamente da Constituição Federal*, independentemente de intermediação de uma lei infraconstitucional que o defina. Por exemplo, o *direito à igualdade*, previsto no art. 5.º, *caput*, da CF, pode ser invocado diretamente por um consumidor que deseja obter, junto ao fornecedor, tratamento isonômico numa determinada prestação de serviços.

Por outro lado, referida eficácia será **indireta** quando mediada por uma lei infraconstitucional, que defina e delimite o exercício desse direito fundamental. Explica-se: o aplicador do direito se socorre a um direito fundamental regrado numa norma infraconstitucional e o projeta na relação privada. Por exemplo: o consumidor pode exigir do fornecedor o respeito ao seu *direito à segurança* contra os riscos provocados no forneci-

---

[27] *Reformatio in pejus* do Código de defesa do Consumidor: impossibilidade em face das garantias constitucionais de proteção. O Direito do Consumidor no 3.º Milênio. *Caderno jurídico. Imprensa Oficial*, São Paulo, v. 6, n. 1, jan. 2004, p. 75-96.

[28] SARMENTO, Daniel. A Vinculação dos Particulares aos Direitos Fundamentais no Direito Comparado e no Brasil. In: BARROSO, Luiz Roberto (org.). *A Nova Interpretação Constitucional:* Ponderação, Direitos Fundamentais e Relações Privadas. 2. ed. Rio de Janeiro: Renovar, 2006. p. 197-199.

CAP. 5 - DIREITO DO CONSUMIDOR | 391

mento de produtos perigosos, previsto no art. 6.º, I, do CDC. Nesse caso, embora citado direito também tenha assento no texto constitucional (art. 5.º, *caput*), está definido e regrado por norma infraconstitucional, que é projetada imediatamente na relação privada.

No Brasil, a eficácia horizontal dos direitos fundamentais, seja na forma direta, seja na forma indireta, encontra ressonância na jurisprudência do próprio Supremo Tribunal Federal. Anote-se:

> Eficácia dos direitos fundamentais nas relações privadas. As violações a direitos fundamentais não ocorrem somente no âmbito das relações entre o cidadão e o Estado, mas igualmente nas relações travadas entre pessoas físicas e jurídicas de direito privado. Assim, os direitos fundamentais assegurados pela Constituição vinculam diretamente não apenas os poderes públicos, estando direcionados também à proteção dos particulares em face dos poderes privados.[29]

Finalmente, convém ressaltar que a previsão da *defesa do consumidor* como direito fundamental também representa, sistematicamente, uma garantia constitucional deste novo ramo do direito.

É a chamada **força normativa da Constituição**, na expressão consagrada por Konrad Hesse, a indicar que *os direitos fundamentais assegurados nas Constituições têm força de norma, não são meros programas, e, como norma (direito executável e exigível), vincula o Estado e os intérpretes da lei em geral, inclusive frente a outros ramos do Direito.*

5.2.3 A proteção do consumidor como princípio da ordem econômica

A Constituição Federal de 1988 previu a *defesa do consumidor* como princípio da ordem econômica (art. 170, V). Na lição de Raul Machado Horta, cuida-se de *um princípio de ação política*, a legitimar a adoção de medidas de intervenção estatal necessárias a assegurar a proteção prevista.[30]

Nesse sentido, o Estado estará autorizado a **intervir** na atividade econômica sempre que tiver por finalidade proteger os direitos dos consumidores.

Por outro lado, embora os fornecedores continuem tendo assegurado o *livre exercício da atividade econômica*, deverão exercer suas atividades em conformidade com o princípio em tela, que impõe o respeito aos direitos dos consumidores. Por isso, diz-se que a defesa do consumidor assume um **caráter conformador** da ordem econômica.[31]

É oportuno ressaltar que a *defesa do consumidor* e a *livre iniciativa* não são incompatíveis entre si. Ao contrário, ao lado de outros princípios igualmente importantes (ex.: *soberania nacional, propriedade privada, função social da propriedade, livre concorrência, defesa do meio ambiente* etc.) atuam harmonicamente como vetores a orientar, delimitar e justificar a ação interventiva do Estado no domínio econômico, visando assegurar a todos uma existência digna, conforme os ditames da justiça social (art. 170 da CF).

5.2.4 A proteção infraconstitucional do consumidor (art. 48 do ADCT)

A Constituição Federal de 1988, ao cuidar dos Direitos e Garantias Fundamentais, dispõe, no inciso XXXII do art. 5.º, que "O Estado promoverá, **na forma da lei**, a defesa do consumidor" (grifou-se). O emprego da locução "*na forma da lei*" estabelece um

---

[29] RE 201.819/RJ, rel. Min. Ellen Gracie, rel. p/ o acórdão Min. Gilmar Mendes, j. 11.10.2005.

[30] HORTA, Raul Machado. *Estudos de Direito Constitucional.* Belo Horizonte: Del Rey, 1995. p. 296.

[31] GRAUS, Eros. *A Ordem Econômica na Constituição de 1988.* Interpretação e Crítica. 3. ed. São Paulo: Malheiros, 1997. p. 260.

INTERESSES DIFUSOS E COLETIVOS - VOL. 1

comando específico ao legislador para a concretização da proteção do consumidor no plano infraconstitucional.

E a opção por uma "codificação" das normas de consumo, no caso brasileiro, diferentemente da experiência francesa – decorrente de uma simples decisão ministerial –, encontra sua fonte inspiradora diretamente no corpo da Constituição Federal. De fato, no art. 48 do Ato das Disposições Constitucionais Transitórias, o legislador constituinte determina que o "Congresso Nacional, dentro de cento e vinte dias da promulgação da Constituição, elaborará o Código de Defesa do Consumidor".

Assim, em atendimento ao mandamento constitucional, foi editado o Código de Defesa do Consumidor (Lei 8.078/1990), que organiza, sistematicamente, as normas de proteção a este sujeito especial de direitos, a partir de princípios e regras específicos.

Muitos são os benefícios da codificação.[32] Além de permitir a reforma do Direito vigente, confere coerência e homogeneidade a um determinado ramo do Direito, possibilitando sua autonomia. Ademais, simplifica e clarifica o regramento legal da matéria, favorecendo, assim, os destinatários e os aplicadores da norma.[33]

5.2.5 Competência legislativa concorrente

O art. 24 da Constituição Federal estabelece que compete à **União, aos Estados e ao Distrito Federal** legislar concorrentemente sobre *produção e consumo* (inciso V), bem como sobre *responsabilidade por danos ao consumidor* (inciso VIII).

Nesse campo, o legislador constituinte adotou a ***competência concorrente não cumulativa ou vertical:*** dentro de um mesmo campo material (*concorrência material de competência*), reserva-se à União a competência para a fixação das normas gerais (§ 1.º), deixando-se aos Estados-membros e ao Distrito Federal a competência suplementar, para adequar a legislação federal às peculiaridades locais.

Assim, uma vez editadas as normas gerais pela União, as normas dos Estados e do Distrito Federal deverão ser particularizantes, buscando a adaptação de princípios, bases, diretrizes e peculiaridades regionais (*competência suplementar*).

Por outro lado, em caso de inércia da União para a edição das normas gerais, os Estados-membros e o Distrito Federal adquirem *competência plena*, podendo editar normas tanto de caráter geral quanto específico (§ 3.º).[34]

É oportuno destacar que referida *competência plena*, adquirida pelos Estados ou Distrito Federal, é *temporária*, uma vez que a superveniência de lei federal sobre normas gerais suspende a eficácia da lei estadual ou distrital, no que lhe for contrário (§ 4.º).

Outra questão que se apresenta nesse campo é a relativa à **competência dos municípios** para legislarem sobre assuntos de **interesse local** (art. 30, I, da CF). O STF, acertadamente, tem reconhecido essa competência em matéria de defesa dos direitos dos consumidores, desde que o assunto seja de interesse local. A propósito, veja-se:

> Recurso extraordinário. Constitucional. Consumidor. **Instituição bancária. Atendimento ao público. Fila. Tempo de espera. Lei municipal. Norma de interesse local. Legitimidade**. Lei municipal 4.188/01. Banco. Atendimento ao público e tempo máximo de espera na fila. Matéria que não

---

[32] A expressão Código, para a doutrina, representa um conjunto sistemático e logicamente ordenado de normas e princípios jurídicos, guiados por uma ideia básica. No caso do CDC, essa ideia básica é a proteção dos consumidores.

[33] GRINOVER, Ada Pellegrini; BENJAMIN Antonio Herman V. *Código Brasileiro de Defesa do Consumidor*: Comentado pelos Autores do Anteprojeto. 7. ed. Rio de Janeiro: Forense Universitária, 2001. p. 9.

[34] Enquanto não sobrevier a legislação de caráter nacional, há de se admitir a existência de um espaço aberto à livre atuação normativa do Estado-membro, do que decorre a legitimidade do exercício, por essa unidade federada, da faculdade jurídica que lhe outorga o art. 24, § 3.º, da Carta Política.

CAP. 5 – DIREITO DO CONSUMIDOR | 393

se confunde com a atinente às atividades bancárias. **Matéria de interesse local e de proteção ao consumidor. Competência legislativa do Município**. Recurso extraordinário conhecido e provido (grifou-se).[35]

Entende-se correta a posição do STF, também adotada em outros julgados[36] relativos a leis municipais reguladoras de deveres específicos aos prestadores de serviços (por exemplo: *tempo máximo de espera na fila e obrigatoriedade de instalação de bebedouros e sanitários em agências bancárias*), haja vista que a competência concorrente da União, dos Estados e do Distrito Federal para legislar sobre a proteção do consumidor não afasta a possibilidade de os municípios exercerem sua competência legislativa própria, desde que demonstrada a pertinência da medida e reconhecida a efetiva proteção dos consumidores como matéria de **interesse local**.

Nessa mesma ordem de ideias, cabe destacar que o Superior Tribunal de Justiça, por meio de sua Corte Especial, considerou inconstitucionais quatro leis do estado do Rio de Janeiro que disciplinam condições de prestação de serviço bancário dentro do espaço físico das agências (determinam, por exemplo, a instalação de banheiros e bebedouros para atendimento aos clientes), justamente por entender, em consonância com a jurisprudência do STF, que a competência para legislar sobre normas protetivas aos consumidores em assuntos de interesse local é do município e não do Estado. A decisão, por maioria de votos, deu-se na análise de uma arguição de inconstitucionalidade em recurso movido pela Federação Brasileira de Bancos (Febraban) e vale para o caso julgado.[37]

5.3   O CÓDIGO BRASILEIRO DE DEFESA DO CONSUMIDOR

5.3.1   Influências do direito comparado

O Código de Defesa do Consumidor foi inspirado em vários modelos legislativos estrangeiros.

Inicialmente, destacamos a influência da Resolução 39/248, de 9 de abril de 1985, da Assembleia Geral da Organização das Nações Unidas. Tal resolução fixou uma série de normas internacionais para a proteção do consumidor, com o objetivo de oferecer diretrizes para países, especialmente aqueles em desenvolvimento, a fim de que as utilizassem na elaboração ou aperfeiçoamento das legislações de proteção ao consumidor. Por outro lado, buscou-se incentivar a cooperação internacional na matéria, destacando a importância da participação dos governos na implantação de políticas de defesa dos consumidores.

Segundo os autores do Anteprojeto, a principal influência estrangeira para a elaboração do CDC foi o *Projet de Code de La Consommation*, redigido sob a presidência do professor Jean Calais-Auloy. Os franceses consolidaram todas as normas de proteção do mercado de consumo em um Código de Consumo transversal, que estabeleceu as diretivas especiais de defesa do consumidor e estabilizou todas as suas leis internas. Por opção, mantiveram intactos seu *Code Civil* de 1804 e seu *Code de Commerce*.

Outros diplomas estrangeiros que serviram de fonte de inspiração para o Código foram as *leis gerais* da Espanha (Lei 26/1984), de Portugal (Lei 29/1981), do México (*Lei Federal de Protección al Consumidor*, de 5 de fevereiro de 1976) e de Quebec (*Loi sur La Protection Du Consommateur*, promulgada em 1979).

---

[35]   RE 432.789, rel. Min. Eros Grau, *DJU* 07.10.2005.

[36]   Nesse sentido, veja-se: AI – AgR 347.717/RS, rel. Min. Celso de Mello, *DJU* 05.08.2005; Re-AgR 418.492/SP, rel. Min. Gilmar Mendes, *DJU* 03.03.2006; e RE-AgR 433.515/RS, rel. Min. Eros Grau, *DJU* 07.10.2005.

[37]   A propósito, confira-se: STJ, AI no RMS 28.910/RJ, Corte Especial, rel. Min. Benedito Gonçalves, *DJe* 08.05.2012.

No Direito comunitário europeu, o Código buscou inspiração para o regramento, fundamentalmente, da publicidade (*Diretiva 84/450*) e da responsabilidade civil por acidentes de consumo (*Diretiva 85/374*). No tocante ao combate às cláusulas (e práticas) abusivas, foram parâmetros importantes as legislações de Portugal (*Decreto-Lei 446/1985*) e da Alemanha (*Gesetz zur Regelung des Rechts der Allgemeinen Geschaftsbedingungen – AGB Gesetz*, de 9 de dezembro de 1976).

Finalmente, podemos destacar a influência do Direito norte-americano, em especial o *Federal Trade Commission Act*, o *Consumer Product Safety Act*, o *Truth in Lending Act*, o *Fair Credit Reporting Act* e o *Fair Debt Collection Practices Act*. Note-se, por oportuno, que muitas das regras europeias mais modernas de defesa do consumidor – que nortearam a elaboração do nosso Código – eram inspiradas nos *cases e statutes* americanos.

O resultado desse esforço comparatista é um Código atualizado para o século XXI, dotado de estrutura e conteúdo modernos e originais, em sintonia com a realidade brasileira, pois seus redatores foram sensíveis aos problemas e às peculiaridades do nosso mercado de consumo, tornando-se modelo na América Latina.

5.3.2 Microssistema jurídico

O Direito do Consumidor é um verdadeiro **microssistema jurídico**, por possuir princípios e regras que lhe são próprios, reunidos num mesmo diploma legal (o CDC), todos eles coordenados entre si e orientados para a finalidade constitucional de proteção do mais fraco na relação de consumo. Nesse sentido já se manifestou o STJ:

> O microssistema jurídico criado pela legislação consumerista busca dotar o consumidor de instrumentos que permitam um real exercício dos direitos a ele assegurados e, entre os direitos básicos do consumidor, previstos no art. 6.º, VIII, está a facilitação da defesa dos direitos privados.[38]

Diz-se microssistema porque não tem a pretensão de tratar totalmente de uma matéria, mas sim de reunir ordenadamente algumas normas e princípios sobre esse tema especial – proteção dos consumidores – e com isso ajudar o intérprete a compreendê-lo e aplicá-lo de maneira coerente e efetiva.

Por outro lado, convém ressaltar que o microssistema do CDC se reveste de **caráter multidisciplinar**, pois, visando promover a efetiva tutela dos interesses dos consumidores, cuida de questões que se acham inseridas nos Direitos Constitucional, Civil, Penal, Processual e Administrativo.

5.3.3 Lei principiológica

O Código de Defesa do Consumidor é considerado uma *lei principiológica*, porque fixa os princípios fundamentais a serem observados nas relações jurídicas de consumo em geral.

O legislador optou, acertadamente, por aprovar uma lei de consumo que projetasse suas normas e princípios sobre todas as relações jurídicas consideradas como de consumo, contratuais ou extracontratuais, em vez de uma lei que regulamentasse, de forma específica, cada setor produtivo da economia (automobilístico, gastronômico, hoteleiro, bancário etc.). É exatamente isso que significa ser uma lei principiológica.

---

[38] REsp 1.032.876/MG, rel. Min. João Otávio de Noronha, *DJ* 09.02.2009.

Conforme ensina Nelson Nery, "todas as demais leis que se destinarem, de forma específica, a regular determinado setor das relações de consumo, deverão submeter-se aos preceitos gerais da lei principiológica, que é o Código de Defesa do Consumidor".[39]

Assim, sobrevindo uma lei que regule, por exemplo, a relação de consumo nos eventos desportivos (Lei Geral do Esporte), deverá obedecer aos princípios gerais estabelecidos no Código de Defesa do Consumidor, sob pena de invalidade ou nulidade, por incompatibilidade com o sistema principiológico do CDC, que não pode ser contrariado. Na mesma esteira se posiciona Rizzatto Nunes:

> Como lei principiológica entende-se aquela que ingressa no sistema jurídico, fazendo, digamos assim, um corte horizontal, indo, no caso do CDC, atingir toda e qualquer relação jurídica que possa ser caracterizada como de consumo e que esteja também regrada por outra norma jurídica infraconstitucional. Assim, por exemplo, um contrato de seguro de automóvel continua regulado pelo Código Civil e pelas demais normas editadas pelos órgãos governamentais que regulamentem o setor (Susep, Instituto de Resseguros etc.), porém estão tangenciados por todos os princípios e regras da Lei 8.078/90, de tal modo que, naquilo que com eles colidirem, perdem eficácia por tornarem-se nulos de pleno direito.[40]

Finalmente, registre-se que o Código de Defesa do Consumidor tem sido considerado pela doutrina como a lei mais revolucionária do século XX, seja pelas profundas inovações que introduziu em nosso ordenamento jurídico, seja pelos efeitos positivos que produziu no curso de sua pequena existência. E muito disso se deve ao fato de o Código constituir uma lei principiológica dotada de avançada técnica legislativa, baseada em *princípios* e *cláusulas gerais*.[41]

5.3.4   Normas de ordem pública e interesse social

As **normas de ordem pública ou cogentes** são aquelas que, por estabelecerem valores básicos e fundamentais de nossa ordem jurídica, transcendem o interesse das partes, prevalecendo sobre a vontade destas.

O Código de Defesa do Consumidor é claro, em seu art. 1.º, ao dispor que suas normas são de **ordem pública e interesse social**, o que equivale a dizer que não podem ser modificadas pela vontade das partes envolvidas em determinada relação de consumo. Como já decidido pelo STJ:

> As normas de proteção e defesa do consumidor têm índole de "ordem pública e interesse social". São, portanto, indisponíveis e inafastáveis, pois resguardam valores básicos e fundamentais da ordem jurídica do Estado Social, daí a impossibilidade de o consumidor delas abrir mão *ex ante* e no atacado.[42]

O caráter publicista do CDC, consoante entendimento pacífico da doutrina, confere ao juiz o poder-dever de apreciar de ofício qualquer questão relativa às relações de consumo, a qualquer momento e em qualquer grau de jurisdição, já que não incide nesta matéria o princípio dispositivo. É esse o pensamento, mais uma vez, de Nelson Nery Junior:

---

[39]   NERY JUNIOR, Nelson. *Código Brasileiro de Defesa do Consumidor: Comentado pelos Autores do Anteprojeto.* 7. ed. Rio de Janeiro: Forense Universitária, 2001. p. 444.

[40]   RIZZATTO NUNES, Luiz Antonio. *Curso de Direito do Consumidor.* 4. ed. São Paulo, Saraiva, 2009. p. 66.

[41]   Cláusulas gerais são disposições normativas que utilizam, no enunciado, uma linguagem de tessitura intencionalmente aberta, fluida ou vaga, a ser preenchida pelo magistrado quando da análise de um caso concreto.

[42]   REsp 586.316/MG, 2.ª T., rel. Min. Herman Benjamin, j. 14.04.2007.

No regime jurídico do CDC, as cláusulas abusivas são nulas de pleno direito porque contrariam a *ordem pública de proteção do consumidor*. Isso quer dizer que as nulidades podem ser reconhecidas a qualquer tempo e grau de jurisdição, devendo o juiz ou tribunal pronunciá-la *ex officio*, porque normas de ordem pública insuscetíveis de preclusão.[43]

Foi nesse sentido que a jurisprudência do STJ se inclinou inicialmente, reconhecendo a possibilidade de o juiz decretar *ex officio*, a qualquer momento e em qualquer grau de jurisdição, a nulidade de cláusulas contratuais abusivas (art. 51 do CDC). A propósito, veja-se: "Inexiste julgamento *extra petita* no reconhecimento da nulidade de cláusulas contratuais com base no Código de Defesa do Consumidor".[44]

Contudo, constatada a multiplicidade de recursos com fundamento em idêntica questão de direito, a 2.ª Seção do STJ instaurou *um incidente de recurso repetitivo* (art. 543-C do CPC/1973; art. 1.036 do CPC/2015) referente aos contratos bancários subordinados ao CDC. Por maioria de votos, decidiu-se pela impossibilidade de o juiz de primeiro e segundo graus de jurisdição julgar, com fundamento no art. 51 do CDC, sem pedido expresso, a abusividade de cláusulas nos contratos bancários.[45]

Seguindo essa orientação, no dia 22 de abril de 2009 foi editada a **Súmula 381** do STJ: "Nos contratos bancários, é vedado ao julgador conhecer, de ofício, da abusividade das cláusulas". Aqui, cabe uma observação: embora a súmula tenha se referido especificamente aos contratos bancários, é evidente que a orientação se aplica a todos os contratos tidos como de consumo.

Em resumo: embora a doutrina defenda a possibilidade de o julgador conhecer, de ofício, a qualquer momento e em qualquer grau de jurisdição, a nulidade de cláusulas abusivas existentes em qualquer contrato de consumo (art. 51 do CDC), o STJ pacificou o entendimento de que é vedado ao juiz decretar *ex officio* a nulidade de cláusulas abusivas, conforme se depreende do teor da súmula supramencionada.

Noutro giro, conforme já destacado, as normas do Código de Defesa do Consumidor são também de **interesse social**, pois interessam mais diretamente à sociedade do que aos particulares. O CDC, nesse sentido, busca resgatar a imensa coletividade de consumidores da marginalização a eles imposta pelo poder econômico, dotando-os de instrumentos adequados para o acesso à Justiça, notadamente no plano coletivo.

Em outras palavras, a Lei 8.078/1990 nasceu com a difícil tarefa de transformar essa realidade social, marcada pela grande desigualdade entre esses dois agentes econômicos, de modo a conduzir a sociedade a um novo patamar de harmonia, respeito e equilíbrio nas relações de consumo.

5.3.5   A aplicação da Lei 8.078/1990 no tempo

Em geral, uma lei é feita para vigorar e produzir seus efeitos para o futuro. Seu *limite temporal* pode ser nela mesma demarcado ou não. Seu texto, às vezes, delimita o tempo durante o qual ela regerá a situação fática prevista. Outras vezes ela é feita para regular situação transitória, decorrida a qual perde a vigência e, consequentemente, a eficácia. O mais comum, contudo, é que uma lei só perca o vigor quando outra a revogue expressa ou tacitamente.

---

[43]   NERY JUNIOR, Nelson. *Código Brasileiro de Defesa do Consumidor: Comentado pelos Autores do Anteprojeto*. 7. ed. Rio de Janeiro: Forense Universitária, 2001. p. 466.

[44]   AgRg no REsp 785.720, rel. Min. Castro Filho, j. 25.11.2003. No mesmo sentido: REsp 369.069, j. 25.11.2003.

[45]   REsp 1.061.530/RS, rel. Min. Nancy Andrighi, *DJ* 10.03.2009.

CAP. 5 – DIREITO DO CONSUMIDOR | **397**

A Constituição Federal de 1988 (art. 5.º, XXXVI) e a Lei de Introdução às Normas do Direito Brasileiro (art. 6.º), afinadas com a tendência contemporânea, adotaram o princípio da irretroatividade das leis como regra, e o da retroatividade como exceção. Acolheu-se, outrossim, a teoria de Gabba, de respeito ao *ato jurídico perfeito*, ao *direito adquirido* e à *coisa julgada*.

Vale dizer, portanto, que *se a Constituição não veda a retroatividade da lei (a não ser a da lei penal mais gravosa ao réu), a ela impõe limites*. Assim, em princípio, a lei nova terá aplicação aos casos pendentes e futuros, só podendo atingir fatos pretéritos (*retroagir*) quando ela própria, de forma expressa, o estabelecer, resguardados os **direitos adquiridos**, o **ato jurídico perfeito** e a **coisa julgada**. Como já decidido pelo STF:

> No sistema constitucional brasileiro, a eficácia retroativa das leis – a) que é sempre excepcional; b) que jamais se presume; e c) que deve necessariamente emanar de disposição legal expressa – não pode gerar lesão ao ato jurídico perfeito, ao direito adquirido e à coisa julgada.[46]

Feitas essas considerações, pontua-se que, a partir da entrada em vigor da Lei 8.078/1990, uma grande questão se colocou: foi a de saber se os seus dispositivos incidiriam ou não sobre os contratos firmados antes da sua vigência.

Sobre o tema, a doutrina se divide. Para Claudia Lima Marques, as normas do CDC, por serem de ordem pública e concretizarem uma garantia constitucional de efetiva defesa dos consumidores, incidem sobre todos os contratos de consumo, inclusive aqueles celebrados antes da sua vigência.[47]

Em sentido diverso, James Eduardo de Oliveira sustenta que as disposições do CDC não podem alcançar os contratos validamente concebidos antes de sua entrada em vigor, sob pena de violação a atos jurídicos perfeitos.[48]

Nos tribunais superiores tem prevalecido o entendimento de que **a Lei 8.078/1990, em regra, não se aplica aos contratos de consumo firmados antes de sua vigência**, sob pena de afronta ao disposto no art. 5.º, XXXVI, da CF. Assim já decidiu o STF:

> Aplicação do Código de Defesa do Consumidor às instituições financeiras. Aplicação retroativa. Impossibilidade. Ofensa ao ato jurídico perfeito. A jurisprudência desta corte firmou-se no sentido de que não é possível a aplicação retroativa do Código de Defesa do Consumidor em decorrência da existência de ato jurídico perfeito. Precedentes.[49]

Não é outro o entendimento do STJ:

> O Código de Defesa do Consumidor é inaplicável aos contratos celebrados anteriormente a sua vigência. Segundo os precedentes desta Corte, o só fato de se constituir lei de ordem pública é insuficiente para se admitir a retroatividade, em razão da própria suspensividade contida na legislação consumerista, que determinou sua entrada em vigor para cento e oitenta dias após a sua edição.[50]

ATENÇÃO

Tratando-se de *contrato de execução diferida ou de trato sucessivo*, o STJ, excepcionalmente, tem admitido a incidência do CDC nas relações contratuais em curso, ao argumento de que tais contratos,

---

[46] RE (AI) 244.578/RS, rel. Min. Celso de Mello, j. 23.06.1999.
[47] MARQUES, Claudia Lima. *Contratos no Código de Defesa do Consumidor*. 3. ed. São Paulo: RT, 1999. p. 277.
[48] OLIVEIRA, James Eduardo. *Código de Defesa do Consumidor*: Anotado e Comentado. 4. ed. São Paulo: Atlas, 2009. p. 1-2.
[49] AgRg no AI 650.404/SP, 1.ª T., rel. Min. Ricardo Lewandowski, *DJe* 47, 14.03.2008.
[50] AgRg no REsp 489.858/SC, rel. Min. Castro Filho, *DJ* 17.11.2003.

> malgrado celebrados antes da entrada em vigor da Lei 8.078/1990, se renovaram já no período de sua vigência. É dizer, partindo-se da premissa de que referidos contratos são executados de forma continuada (ex.: planos de saúde, previdência privada etc.), se renovando a cada pagamento realizado, não há razão para se descartar a aplicação do Código.[51]

5.3.6 Política nacional de relações de consumo

5.3.6.1 Objetivos

A Política Nacional de Relações de Consumo foi implantada pelo Código de Defesa do Consumidor em seu art. 4.º, que dispõe sobre os objetivos e princípios que devem nortear o setor.

Referida política, embora inspirada na reconhecida necessidade de proteger o consumidor, agente vulnerável nas relações de consumo, não tem caráter paternalista, ou seja, não visa a favorecer ilimitada e injustificadamente este especial sujeito de direitos. Ao contrário, quando se fala em "política nacional de relações de consumo", o que se busca é a propalada **harmonia** que deve regê-las a todo o momento.

E assim é porque consumidores e fornecedores são protagonistas imprescindíveis das relações de consumo, de sorte que o objetivo primordial do CDC não é desequilibrar a balança, injustificadamente, em favor do consumidor, mas sim harmonizar os interesses de ambos. Com efeito, se por um lado o Código se preocupa com o atendimento das necessidades básicas dos consumidores (ou seja, respeito à sua dignidade, saúde, segurança e aos seus interesses econômicos, almejando-se a melhoria de sua qualidade de vida), por outro, busca igualmente pacificar e compatibilizar interesses eventualmente em conflito.

5.3.6.2 A importância sistemática do art. 4.º do CDC

O art. 4.º do Código de Defesa do Consumidor é considerado uma **norma-narrativa**,[52] na expressão criada por Erik Jayme. Diz-se narrativa porque não se encaixa no modelo tradicional de norma de conduta, nem no de norma programática, que não tinha eficácia prática e por isso não era usada. Trata-se de um novo método de elaborar normas legais, mediante a narrativa de seus objetivos, finalidades e princípios, em consonância com os elementos da comunicação e narração, que na pós-modernidade tomaram a sociedade, as ciências e o Direito.

Ao definir os fins, referido dispositivo impõe obrigações de resultado. Por isso, diz-se que o art. 4.º é dotado de **eficácia plena**, designando um programa de ação de interesse público, voltado à consecução de uma finalidade – defesa do consumidor – imposta na Constituição Federal (art. 5.º, XXXII) e na lei.

Daí a importância dessa norma no sistema consumerista: ao narrar, num mesmo dispositivo, os princípios e objetivos da Política Nacional de Relações de Consumo, bem como os principais direitos do consumidor, o art. 4.º funciona como um verdadeiro guia, a orientar a interpretação e aplicação de todas as outras normas que integram o microssistema desse novo direito, conferindo-lhe coerência e efetividade.

---

[51] Nesse sentido, confiram-se as seguintes decisões do STJ: REsp 735.168/RJ, 3.ª T., rel. Min. Nancy Andrighi, *DJe* 26.03.2008; REsp 989.380/RN, rel. Min. Nancy Andrighi, *DJ* 20.11.2008.

[52] A doutrina também emprega a expressão *norma-objetivo* para designar os dispositivos legais que estabelecem os resultados a serem alcançados, isto é, definem os fins almejados.

5.3.7 O diálogo das fontes

5.3.7.1 Introdução

Conforme já observado, o Código de Defesa do Consumidor é uma **lei especial, subjetivamente** (*tutela um sujeito especial de direitos, o consumidor*), **e geral, materialmente** (*regula todas as relações, contratuais e extracontratuais, do sujeito consumidor no mercado de consumo*). Como **lei principiológica**, ingressa no sistema jurídico fazendo um corte horizontal, alcançando toda e qualquer relação jurídica de consumo, mesmo que regrada por outra fonte normativa.

Os contratos de planos de saúde, por exemplo, embora regulados pela Lei 9.656/1998,[53] serão sempre alcançados pelas normas do CDC quando reunirem, na mesma relação jurídica, fornecedor e consumidor. Da mesma forma, o contrato de compra e venda, disciplinado nos arts. 481 a 532 do Código Civil, também será regulado pela Lei 8.078/1990 quando estiverem presentes os elementos caracterizadores da relação de consumo.

Nesse cenário, é natural que haja "conflitos" de leis, isto é, dúvidas sobre a aplicação de outras fontes legislativas que regulem relações jurídicas alcançadas pelo CDC.

A expressão "conflitos" de leis significa que duas leis, conflitantes entre si, se aplicariam, em tese, a uma mesma situação fática. Assim, por haver uma superposição entre os campos de aplicação dessas leis, ao aplicador do direito compete dirimir o conflito.

Os critérios tradicionais de solução dos "conflitos" de leis no tempo são: 1) o ***cronológico*** (a lei mais nova retira do sistema a lei anterior com ela conflitante); 2) a ***especialidade*** (a lei geral nova não revoga a lei especial anterior, a não ser que a incorpore ou regule inteiramente a matéria de que tratava a lei especial antiga); e 3) a ***hierarquia*** (a lei hierarquicamente superior tem prioridade de aplicação e pode afastar ou revogar a lei inferior com ela conflitante).[54]

A doutrina mais moderna, sensível à complexidade do direito contemporâneo, marcada pela imensa pluralidade de fontes legislativas, propõe uma nova técnica para a solução das antinomias, denominada **"diálogo das fontes"**.

A expressão "diálogo das fontes", criada por Erik Jayme, traduz a ideia da necessidade de **coordenação** das normas em conflito, a fim de se restabelecer a coerência do sistema, sob a luz da Constituição. Em outras palavras, propõe-se uma mudança de modelo: em vez de se promover a simples retirada do sistema (revogação) de uma das normas em conflito (ideia de monólogo), busca-se a convivência dessas normas, o diálogo coordenado e harmônico das fontes legislativas plúrimas.

Diz-se diálogo porque há influências recíprocas, isto é, porque há aplicação conjunta e coerente das duas ou mais normas ao mesmo tempo e ao mesmo caso, seja complementarmente, seja subsidiariamente, seja permitindo a opção voluntária das partes por uma das leis em conflito abstrato. Na lição de Claudia Lima Marques:

> Nestes tempos, a *superação* de paradigmas é substituída pela *convivência* dos paradigmas, a revogação expressa pela incerteza da revogação tácita indireta através da incorporação (veja o art. 2.043 do novo Código Civil). Há convivência de leis com campos de aplicação diferentes, campos por

---

[53] Registre-se que o Pleno do STF, no julgamento da ADI 1.931, decidiu que a Lei 9.656/1998 não se aplica aos contratos celebrados antes da sua entrada em vigor, em respeito ao direito adquirido e ao ato jurídico perfeito, estabelecidos no art. 5.º, XXXVI, da CF (j. 07.02.2018).

[54] Referidos critérios encontram-se até hoje no Decreto-Lei 4.657/1942 (antiga Lei de Introdução ao Código Civil e atual Lei de Introdução às normas do Direito Brasileiro).

INTERESSES DIFUSOS E COLETIVOS - VOL. 1

vezes convergentes e, em geral, diferentes (no que se refere aos sujeitos), em um mesmo sistema jurídico, há um "diálogo das fontes" especiais e gerais, aplicando-se ao mesmo caso concreto.[55]

A superação das antinomias por meio do emprego da moderna técnica do "diálogo das fontes" possibilita a aplicação simultânea, coerente e coordenada das diversas fontes legislativas, sejam elas gerais (por exemplo, o Código Civil de 2002) ou especiais (como o CDC, o Estatuto da Pessoa Idosa e a lei de seguro-saúde), *com campos de aplicação convergentes, mas não iguais*.

A necessidade de aplicação do "diálogo das fontes" foi reconhecida expressamente pelo STF no emblemático julgamento da ADI 2.591. Na ocasião, a Corte Suprema decidiu pela constitucionalidade do § 2.º do art. 3.º da Lei 8.078/1990 e, de conseguinte, concluiu pela aplicabilidade do CDC a todas as atividades bancárias. A propósito, confira-se o voto do Ministro Joaquim Barbosa, que defendeu a ideia do diálogo entre a legislação especial bancária e o CDC:

> Entendo que o regramento do sistema financeiro e a disciplina do consumo e da defesa do consumidor podem perfeitamente conviver. Em muitos casos, o operador do direito irá deparar-se com fatos que conclamam a aplicação de normas tanto de uma como de outra área do conhecimento jurídico. (...) A Emenda Constitucional 40, na medida em que conferiu maior vagueza à disciplina constitucional do sistema financeiro (dando nova redação ao art. 192), tornou ainda maior esse campo que a professora Claudia Lima Marques denominou "diálogo entre fontes" – no caso, entre a lei ordinária (que disciplina as relações consumeristas) e as leis complementares (que disciplinam o sistema financeiro nacional). Não há, *a priori*, por que falar em exclusão formal entre essas espécies normativas, mas, sim, em influências recíprocas, em aplicação conjunta das duas normas ao mesmo tempo e ao mesmo caso, seja complementarmente, seja subsidiariamente, seja permitindo a opção voluntária das partes sobre a fonte prevalente.[56]

Esse modelo de coexistência e aplicação simultânea do Código de Defesa do Consumidor e de outras fontes normativas também vem sendo adotado pelo STJ. A título de exemplo, confira-se:

> O contrato de incorporação, no que tem de específico, é regido pela lei que lhe é própria (Lei 4.591/1964), mas sobre ele também incide o Código de Defesa do Consumidor, que introduziu no sistema civil princípios gerais que realçam a justiça contratual, a equivalência das prestações e o princípio da boa-fé objetiva.[57]

A expressão "diálogo das fontes", portanto, indica a necessidade de uma aplicação simultânea e coerente das diferentes fontes normativas, iluminada pelos valores e princípios constitucionais, como exigência de um sistema jurídico eficiente e justo.

5.3.7.2 *O diálogo entre o Código de Defesa do Consumidor e o Código Civil*

A ideia de diálogo entre o CDC e outras fontes normativas deve ser desenvolvida a partir de uma premissa importante: a solução para as antinomias deve ser procurada sempre na Constituição Federal.

E, conforme já observado, a previsão da *defesa do consumidor* como direito fundamental (art. 5.º, XXXII, da CF) representa, sistematicamente, uma garantia constitucional

---

[55] MARQUES, Claudia Lima. *Manual de Direito do Consumidor*. São Paulo: Revista dos Tribunais, 2008. p. 89.

[56] ADI 2.591/DF, rel. p/ o acórdão Min. Eros Grau, j. 07.06.2006.

[57] REsp 238.011/RJ, rel. Min. Ruy Rosado de Aguiar, j. 29.02.2000.

deste novo ramo do direito. É a chamada **força normativa da Constituição**, a indicar que os direitos fundamentais assegurados nas Constituições têm força de norma e, como norma, vincula o Estado e os intérpretes da lei em geral, inclusive frente a outros ramos do Direito.

O CDC nasce, pois, da Constituição Federal de 1988, com a missão de promover a defesa do consumidor, mediante a eliminação da injusta desigualdade existente entre ele e o fornecedor. Já **o CC é um código para as relações entre iguais**, ou seja, regula as relações entre dois civis e as relações entre dois empresários.

Assim, no "diálogo" entre essas duas leis, se a relação é de consumo (*relação entre "diferentes"*), aplica-se prioritariamente o CDC, diante do mandamento constitucional de proteção do consumidor (art. 5.º, XXXII), e apenas subsidiariamente, no que for compatível com o sistema consumerista, o Código Civil de 2002, regulador das relações entre "iguais".

A professora Claudia Lima Marques,[58] responsável pela introdução do estudo do "diálogo das fontes" em nosso direito, identifica três tipos de diálogos possíveis entre o CDC e o Código Civil:

1) ***Diálogo sistemático de coerência:*** *consiste no aproveitamento da base conceitual de uma lei pela outra.* Na aplicação simultânea das fontes, uma lei pode servir de base conceitual para a outra, especialmente se uma lei é geral e a outra especial, se uma é a lei central do sistema e a outra um microssistema, incompleto materialmente.

Assim, conceitos gerais do CC (como pessoa jurídica, nulidades, provas, contratos etc.) podem ser aproveitados na aplicação do CDC, que deles não se ocupou. Nesse particular, observe-se que o direito do consumidor, dada a sua natureza de microssistema, se preocupou apenas com a construção de conceitos específicos, considerados importantes para a sistemática de defesa dos sujeitos consumidores (ex.: *consumidor, fornecedor, produto, serviço etc.*).

2) ***Diálogo sistemático de complementaridade e subsidiariedade:*** *consiste na adoção de princípios e normas, em caráter complementar, por um dos sistemas, quando se fizer necessário para a solução de um caso concreto.* Assim, se a relação é de consumo, aplica-se prioritariamente o CDC, e só subsidiariamente, no que couber e for complementarmente necessário, o CC.

Exemplo: o CDC, em seu art. 42, parágrafo único, dispõe que o consumidor cobrado em quantia indevida tem direito à repetição do indébito, por valor igual ao dobro do que pagou em excesso. Não estabelece, contudo, qual o prazo para o consumidor buscar a satisfação dessa pretensão em juízo. Nesse caso, como não há norma específica a reger a hipótese, aplica-se, complementarmente, o prazo prescricional de dez anos, estabelecido pela regra geral do Código Civil de 2002 (art. 205). É esse o entendimento do STJ, adotado no julgamento de recurso especial pelo rito da Lei dos Recursos Repetitivos,[59] que serviu de base à elaboração da **Súmula 412,** que dispõe, *in verbis*: "A ação de repetição de indébito de tarifas de água e esgoto sujeita-se ao prazo prescricional estabelecido no Código Civil".

3) ***Diálogo das influências recíprocas sistemáticas:*** *consiste na influência do sistema especial no geral e do sistema geral no especial (diálogo de coordenação e adaptação sistemática).* Por exemplo: a conceituação de consumidor sofreu influências do CC/2002,

---

[58] MARQUES, Claudia Lima. *Manual de Direito do Consumidor*. São Paulo: Revista dos Tribunais, 2008. p. 91.

[59] REsp 1.111.403/RJ, rel. Min. Teori Albino Zavascki, j. 09.09.2009.

402 | INTERESSES DIFUSOS E COLETIVOS – VOL. 1

porquanto a entrada em vigor deste atual Código para iguais, com princípios e normas atualizados em relação ao tempo e aos desafios contemporâneos, conteve a tendência expansionista na aplicação do CDC. Com isso, a aplicação do CDC foi direcionada apenas para a proteção do sujeito vulnerável na relação de consumo, o que explica a atual opção do STJ em adotar a teoria finalista (*simples ou mitigada*), e não a maximalista, para a definição do conceito de consumidor.[60]

5.3.7.3   O diálogo entre o CDC e a legislação especial

Como já dito, o CDC é uma lei geral, materialmente, e especial, subjetivamente. Por isso, alcança todas as relações contratuais e extracontratuais do sujeito consumidor no mercado de consumo, inclusive as que se encontram reguladas por leis específicas (por exemplo: planos de saúde, mensalidades escolares, transporte aéreo, incorporação imobiliária etc.).

Para a superação das inevitáveis antinomias entre o CDC e as leis especiais, a par dos critérios clássicos acima apontados (*cronológico, especialidade e hierárquico*), propõe-se o emprego da técnica do "diálogo das fontes", mais afinada com a regra da **continuidade das normas** (art. 2.º, *caput*, da LINDB), na medida em que traduz a ideia de aplicação simultânea e coerente das leis, sob a luz dos valores e princípios constitucionais.

Com efeito, considerando **que a regra no direito brasileiro é a da continuidade das leis especiais e gerais no sistema** (§ 2.º do art. 2.º da LINDB), nada mais adequado do que a promoção da convivência harmônica entre o CDC e as leis especiais, por meio do diálogo coerente entre as diferentes normas, com campos de aplicação convergentes, mas não iguais. Dessa forma, em vez de se excluir uma das normas do sistema (*revogação*), busca-se o diálogo entre as leis diferentes, que podem conviver harmonicamente no ordenamento jurídico.

E são vários os julgados do STJ nos quais se determinou esse diálogo de coerência entre o CDC e a legislação especial. A propósito, destaca-se a seguinte decisão, na qual se reconheceu a convivência harmônica entre o CDC e a Lei 9.870/1999, no que diz respeito às mensalidades escolares:

> O STJ já decidiu que "é aplicável aos contratos de prestações de serviços educacionais o limite de 2% para a multa moratória, em harmonia com o disposto no art. 52, § 1.º, do CDC" (REsp 476.649/Nancy). Precedentes: AgRg no AG 460.768/Passarinho e AG 395.962/Barros Monteiro, e AG 453.059/Castro Filho. O recurso não apresenta argumentos capazes de desconstituir a decisão agravada. Nego provimento ao agravo regimental.[61]

Outro bom exemplo é o diálogo entre o CDC, a Lei 9.656/1998 (planos de saúde)[62] e o Estatuto da Pessoa Idosa (Lei 10.741/2003), conforme determinado pelo STJ em decisão na qual se reconheceu a abusividade do reajuste de mensalidades dos planos de saúde com base tão somente na variação da faixa etária do consumidor idoso. Veja-se:

> Sob tal encadeamento lógico, o consumidor que atingiu a idade de 60 anos, quer seja antes da vigência do Estatuto do Idoso, quer seja a partir de sua vigência (1.º de janeiro de 2004), está sempre amparado contra a abusividade de reajustes das mensalidades com base exclusivamente no alçar da idade de 60 anos, pela própria proteção oferecida pela Lei dos Planos de Saúde e,

---

60   As teorias maximalista e finalista serão abordadas no item 5.6.2.1.

61   AgRg no Ag 572.088, rel. Min. Humberto Gomes, j. 09.05.2006.

62   Cf. Súmula 469 do STJ: "Aplica-se o Código de Defesa do Consumidor aos contratos de plano de saúde".

ainda, por efeito reflexo da Constituição Federal que estabelece norma de defesa do idoso no art. 230. A abusividade na variação das contraprestações pecuniárias deverá ser aferida em cada caso concreto, diante dos elementos que o Tribunal de origem dispuser. Por fim, destaque-se que não se está aqui alçando o idoso a condição que o coloque à margem do sistema privado de planos de assistência à saúde, porquanto estará ele sujeito a todo o regramento emanado em lei e decorrente das estipulações em contratos que entabular, ressalvada a constatação de abusividade que, como em qualquer contrato de consumo que busca primordialmente o equilíbrio entre as partes, restará afastada por norma de ordem pública. Recurso especial não conhecido.[63]

O diálogo de coerência entre o CDC e a legislação especial bancária, financeira, de crédito e securitária, outrossim, foi reconhecido pelo STJ no seguinte julgado:

Direito comercial e econômico. Recurso especial. Alienação fiduciária. CDC. Aplicabilidade. A atividade bancária de conceder financiamento e obter garantia mediante alienação fiduciária sujeita-se às normas protetivas do Código de Defesa do Consumidor, no que couber, convivendo este estatuto harmoniosamente com a disciplina do Dec.-lei 911/69.[64]

No ponto, remarque-se que o próprio Supremo Tribunal Federal, no histórico julgamento da ADI 2.591, ao decidir pela constitucionalidade da aplicação das normas do CDC às atividades bancárias, reconheceu a necessidade de aplicação da técnica do diálogo das fontes entre a Lei 8.078/1990 e as leis que disciplinam o sistema financeiro.

Por fim, cabe ressaltar que entre o CDC e as leis especiais também são identificadas as três espécies de diálogos referidas no tópico anterior: *diálogo sistemático de coerência, diálogo sistemático de complementaridade e diálogo sistemático de influências recíprocas.*

Assim, tem-se:

Tipos de Diálogo das Fontes	Definição	Exemplo
Diálogo sistemático de coerência	Consiste no aproveitamento da base conceitual de uma lei pela outra.	Considerando que o CDC não define o que seja bem móvel ou imóvel, o aplicador da lei pode se valer dos conceitos fixados no CC (arts. 79 a 84).
Diálogo sistemático de complementaridade e subsidiariedade	Consiste na adoção de princípios e normas, em caráter complementar, por um dos sistemas, quando se fizer necessário para a solução de um caso concreto.	Considerando que o CDC não definiu o prazo para o ajuizamento da ação de repetição de indébito (art. 42, parágrafo único), aplica-se, complementarmente, o prazo prescricional fixado pela regra geral do CC, a saber, 10 anos (art. 205).
Diálogo de influências recíprocas (de coordenação e adaptação sistemática)	Consiste na influência do sistema especial no geral e do sistema geral no especial.	Considerando que o CC/2002 se tornou suficiente para harmonizar as relações entre iguais, a aplicação do CDC foi direcionada apenas para a proteção do vulnerável, o que explica a atual opção do STJ pela teoria finalista (simples ou mitigada), na definição do conceito de consumidor.

---

[63] REsp 809.329/RJ, rel. Min. Nancy Andrighi, j. 25.03.2008.
[64] REsp 323.986/RS, rel. Min. Nancy Andrighi, j. 28.08.2001.

404 | INTERESSES DIFUSOS E COLETIVOS – VOL. 1

5.4 PRINCÍPIOS GERAIS DO DIREITO DO CONSUMIDOR

5.4.1 Noção de princípios de direito

Pela **ótica jusnaturalista**, desenvolvida a partir do século XVI, princípios de direito não são normas. Com origem no Direito Natural, estariam eles situados em um plano superior, fora do sistema normativo, sendo passíveis de aplicação meramente supletiva, nas hipóteses de omissão legislativa.

No final do século XIX ascendeu o **pensamento positivista**, segundo o qual os princípios de direitos são extraídos do próprio ordenamento jurídico, e não do Direito Natural, embora não tenham força normativa. A exemplo do pensamento jusnaturalista, a aplicação dos princípios continua sendo feita em caráter supletivo, é dizer, para os casos de omissão legislativa.

A partir da segunda metade do século XX, ganhou força a **doutrina pós-positivista**, segundo a qual os princípios de direito estão previstos expressa ou implicitamente no próprio ordenamento jurídico e possuem força normativa. Com origem no sistema, os princípios se diferenciam das outras normas – denominadas regras – pela sua natureza mais genérica e indefinida, bem como pelo seu conteúdo. Nesse sentido, Luís Roberto Barroso ensina que os princípios espelham a ideologia da sociedade, seus postulados básicos e seus fins, indicando uma determinada direção a seguir. Embora venham de longa data, somente na dogmática jurídica moderna conquistaram o *status* de norma jurídica, superando a crença de que teriam uma dimensão puramente axiológica, ética, sem eficácia jurídica.[65]

5.4.2 Princípios e cláusulas gerais: distinção

É importante diferenciar os princípios de direito das cláusulas gerais, já que, para a doutrina majoritária, tais institutos não se confundem.

As **cláusulas gerais** são disposições normativas que utilizam, no enunciado, uma linguagem de tessitura intencionalmente aberta, fluída ou vaga, a ser preenchida pelo magistrado quando da análise de um caso concreto.

As cláusulas gerais constituem uma moderna técnica legislativa que possibilita ao intérprete determinar, previamente, qual a norma de conduta que deveria ter sido observada naquele caso. E, para alcançar tal objetivo, poderá aproveitar-se de princípios positivados ou não positivados no ordenamento jurídico, concretizando seus valores na solução dos casos concretos.

Em outras palavras, o princípio pode adquirir *status* de cláusula geral quando passa a integrá-la, mas com ela não se confunde. A propósito, explica Judith Martins-Costa que "as cláusulas gerais não são princípios, embora na maior parte dos casos os contenham, em seu enunciado, ou *permitam a sua formulação*".[66]

Um bom exemplo de cláusula geral que compreende, em seu enunciado, princípios gerais, pode ser encontrado no art. 51, IV, do CDC, que dispõe serem nulas de pleno direito as cláusulas contratuais que "estabeleçam obrigações consideradas iníquas, abusivas, que coloquem o consumidor em desvantagem exagerada, ou sejam incompatíveis com a **boa-fé** ou **equidade**" (grifou-se). Como se percebe, trata-se de disposição aberta, que transfere para o juiz a tarefa de determinar a norma de comportamento adequada ao caso, dentro da moldura jurídica por ela estabelecida, com a aplicação dos princípios admitidos pelo sistema, dentre os quais dois estão expressamente previstos (*boa-fé e equidade*).

---

[65] BARROSO, Luís Roberto. *A Nova Interpretação Constitucional.* Rio de Janeiro: Renovar, 2003. p. 249.

[66] MARTINS-COSTA, Judith. *A Boa-Fé no Direito Privado.* São Paulo: RT, 1999. p. 316.

5.4.3 Princípios em espécie

A quantidade e a nomenclatura dos princípios gerais de proteção ao consumidor variam na doutrina. Vejamos, então, os mais importantes e de maior incidência em concursos públicos.

5.4.3.1 Princípio da vulnerabilidade

5.4.3.1.1 Definição

O **princípio da vulnerabilidade** é o fundamento da existência do direito do consumidor, é o ponto de partida da aplicação de todas as suas normas de proteção a esse sujeito especial de direitos, vulnerável em suas relações frente aos fornecedores.

O reconhecimento da vulnerabilidade do consumidor tem assento na própria Constituição Federal de 1988, que instituiu a *defesa do consumidor* como espécie de direito fundamental (art. 5.º, XXXII) e princípio geral da ordem econômica (art. 170, V).

No plano infraconstitucional, referida vulnerabilidade constitui **presunção legal absoluta** – *jure et de juris* (art. 4.º, I, do CDC), o que equivale a dizer que em qualquer relação de consumo a situação de debilidade do consumidor frente ao fornecedor é presumida *ope legis*.

Nas relações de consumo, o consumidor participa apenas da última etapa do processo produtivo (*consumo*), ao passo que o fornecedor detém os mecanismos de controle desse processo (*produção, distribuição, comercialização*). Por essa razão, o consumidor não está em condições de avaliar, corretamente, a qualidade e segurança dos produtos e serviços a ele oferecidos. A propósito, leciona José Geraldo Brito Filomeno:

> No âmbito da tutela especial do consumidor, efetivamente, é ele sem dúvida a parte mais fraca, vulnerável, se se tiver em conta que os detentores dos meios de produção é que detêm todo o controle do mercado, ou seja, sobre o que produzir, como produzir e para quem produzir, sem falar-se na fixação de suas margens de lucro.[67]

Diante dessa realidade, é perfeitamente compreensível o caráter protecionista do CDC, que busca eliminar a injusta desigualdade existente entre consumidor e fornecedor, com o consequente restabelecimento do equilíbrio na relação de consumo. Desse teor a lição de Sérgio Cavalieri Filho:

> Ressalte-se, por derradeiro, que o CDC trata de maneira desigual o consumidor não para conferir-lhe privilégios ou vantagens indevidas, mas, sim, prerrogativas legais – materiais e instrumentais – para que se atinja o desiderato constitucional da igualdade real. A igualdade, na aristotélica lição de Rui Barbosa, importa em tratar desigualmente os desiguais, na medida de suas desigualdades.[68]

Ainda sobre o significado do princípio da vulnerabilidade para o direito do consumidor, confira-se:

> O ponto de partida do CDC é a afirmação do Princípio da **Vulnerabilidade** do **Consumidor,** mecanismo que visa a garantir igualdade formal-material aos sujeitos da relação **jurídica** de consumo, o que não quer dizer compactuar com exageros que, sem utilidade real, obstem

---

[67] FILOMENO, José Geraldo Brito. *Código Brasileiro de Defesa do Consumidor:* Comentado pelos Autores do Anteprojeto. 7. ed. Rio de Janeiro: Forense Universitária, 2001. p. 55.

[68] CAVALIERI FILHO, Sérgio. *Programa de Direito do Consumidor.* São Paulo: Atlas, 2009. p. 39.

406 | INTERESSES DIFUSOS E COLETIVOS - VOL. 1

o progresso tecnológico, a circulação dos bens de consumo e a própria lucratividade dos negócios.[69]

É na vulnerabilidade do consumidor, portanto, que se funda o direito do consumidor. Essa é sua espinha dorsal que sustenta toda a sua linha filosófica.

5.4.3.1.2 Espécies de vulnerabilidade

A doutrina identifica três espécies principais de vulnerabilidade: a *técnica*, a *jurídica* e a *fática*.

A ***vulnerabilidade técnica*** do consumidor consiste na ausência de conhecimentos específicos sobre o produto ou serviço que ele adquire ou utiliza em determinada relação de consumo. Essa falta de conhecimento especializado sobre aquilo que é consumido decorre do fato de o consumidor não possuir o controle dos mecanismos utilizados na cadeia produtiva. Um bom exemplo é o da dona de casa que adquire uma TV de LCD. Não se pode exigir dela que detenha conhecimentos sobre eletroeletrônicos.

A ***vulnerabilidade jurídica*** consiste na falta de conhecimentos jurídicos específicos, ou seja, na falta de conhecimento, pelo consumidor, dos direitos e deveres inerentes à relação de consumo.

Para Claudia Lima Marques, essa espécie de vulnerabilidade, denominada *jurídica ou científica*, também inclui a ausência de conhecimentos de economia ou de contabilidade.[70] Exemplificando, num contrato de empréstimo pessoal firmado entre uma pessoa física e uma instituição financeira é de se presumir a vulnerabilidade do consumidor, que não detém conhecimentos jurídicos, contábeis e econômicos para compreender todos os aspectos do negócio por ele celebrado.

A ***vulnerabilidade fática ou econômica***, por sua vez, consiste no reconhecimento da fragilidade do consumidor frente ao fornecedor que, por sua posição de monopólio, fático ou jurídico, por seu forte poderio econômico ou em razão da essencialidade do serviço que fornece, impõe sua superioridade a todos que com ele contratam. O STJ, em reiteradas decisões, tem reconhecido a vulnerabilidade fática do consumidor-mutuário do Sistema Financeiro de Habitação diante do agente financeiro. Veja-se:

> Nos contratos regidos pelo Sistema Financeiro da Habitação há de se reconhecer a sua vinculação, de modo especial, além dos gerais, aos seguintes princípios específicos: (...) c) o de que há de ser considerada a **vulnerabilidade** do **mutuário,** não só decorrente da sua fragilidade financeira, mas, também, pela ânsia e necessidade de adquirir a casa própria e se submeter ao império da parte financiadora, econômica e financeiramente muitas vezes mais forte.[71]

Assim, tem-se:

Vulnerabilidade	Definição	Exemplo
Técnica	Consiste na ausência de conhecimentos específicos sobre o produto ou serviço que o consumidor adquire ou utiliza.	É o caso do estudante que compra um *notebook* sem possuir conhecimentos técnicos específicos sobre o produto adquirido.

---

[69] STJ, REsp 586.316/MG, rel. Min. Antonio Herman Benjamin, *DJ* 19.03.2009.

[70] MARQUES, Claudia Lima. *Contratos no Código de Defesa do Consumidor*. 4. ed. São Paulo: RT, 2003. p. 148.

[71] REsp 568.510/PB, rel. Min. José Delgado, j. 28.09.2004, *DJ* 08.11.2004.

Vulnerabilidade	Definição	Exemplo
Jurídica	Consiste na falta de conhecimento, pelo consumidor, dos direitos e deveres inerentes à relação de consumo.	É o caso da pessoa que firma um compromisso de compra e venda de um lote, junto a uma incorporadora, sem possuir conhecimento jurídico para compreender todos os aspectos do negócio.
Fática ou econômica	Consiste na condição de fragilidade do consumidor frente ao fornecedor que, por sua posição de monopólio, fático ou jurídico, por seu forte poderio econômico ou em razão da essencialidade do serviço que fornece, impõe sua superioridade a todos que com ele contratam.	É o caso do pai de família que contrata o serviço de internet banda larga fornecido, em seu endereço, por uma única concessionária de serviço público.

Por fim, cabe destacar que o valor da operação comercial envolvida em um determinado contrato é incapaz de afastar a presunção de vulnerabilidade do consumidor. Noutras palavras, o CDC é aplicável tanto ao comércio popular quanto ao consumo de alto padrão.

Imagine-se, por exemplo, o caso de um consumidor que contrata serviços de corretagem de valores e títulos mobiliários, com vistas a investir 1 milhão de reais no mercado de capitais. É incabível retirar a condição de consumidor de tal investidor em razão da presunção de seu nível de discernimento comparado ao da média dos consumidores. Noutras palavras, mesmo que haja um discernimento acima da média dos consumidores, não deixa de se encontrar o contratante de serviços de investimentos, em relação às empresas, numa situação de clara vulnerabilidade referente à prestação de serviço contratada.[72]

5.4.3.2   *Princípio da defesa do consumidor pelo Estado*

O **princípio da defesa do consumidor pelo Estado**, previsto no art. 4.º, II, do CDC, traduz a ideia da efetiva atuação do Estado na defesa dos interesses dos consumidores, mediante a adoção de medidas concretas e determinadas.

A Constituição Federal de 1988, ao consagrar a *defesa do consumidor* como *direito fundamental* (art. 5.º, XXXII), o faz impondo ao Estado o dever de defesa deste direito. Fala-se, então, em um direito a uma ação afirmativa ou positiva do Estado em favor dos consumidores (***direito a prestações***).

Por outro lado, não se pode perder de vista que a *defesa do consumidor* constitui um dos princípios da ordem econômica (art. 170, V, da CF), a exigir do Poder Público uma postura ativa, seja estimulando a criação de instituições voltadas para esse fim, exercendo a regulamentação do mercado dentro dos limites constitucionais, seja praticando a fiscalização inerente ao seu papel de gestor do bem comum.

A respeito da possibilidade de o Estado intervir na atividade econômica, na defesa dos interesses dos consumidores, já se manifestou o STJ:

A intervenção do Estado na atividade econômica encontra autorização constitucional quando tem por finalidade proteger o consumidor. A edição de regras de polícia ostentadas pelos arts. 11 e 18, respectivamente, das Portarias Ministeriais 61/1995 e 63/1995, estão autorizados pelos princípios insculpidos nos arts. 5.º, XXIX, XXXII e 170, II e V, da CF/1988. O Código de Proteção ao

---

[72]   Nesse sentido: REsp 1.599.535/RS, 3.ª T., rel. Min. Nancy Andrighi, j. 14.03.2017.

408 | INTERESSES DIFUSOS E COLETIVOS – VOL. 1

Consumidor (arts 4.º, I, III e IV, 6.º, IV e 55) dá sustentação jurídica para a edição das Portarias referidas, além do DL 395, de 27.04.1938, da Lei 2004, de 03.10.1953 e legislação posterior que reestruturou o Ministério das Minas e Energia e fixou as suas atribuições. A liberdade de "bandeira" para a comercialização de combustível, relação considerada de utilidade pública, não atende aos interesses de se proteger o bem comum e as relações de consumo.

5.4.3.3 Princípio da harmonização

O **princípio da harmonização**, previsto no art. 4.º, III, do CDC, indica a necessidade de se conciliar os interesses dos participantes das relações de consumo, a saber, consumidor e fornecedor.

Conforme já asseverado, o objetivo da Política Nacional de Relações de Consumo deve ser a harmonização dos interesses envolvidos e não o confronto ou o acirramento de ânimos.

A proteção do consumidor deve ser na exata medida do necessário para compatibilizar o desenvolvimento econômico e tecnológico do qual necessita toda a sociedade e harmonizar as relações entre consumidores e fornecedores. Novos produtos e tecnologias são necessários e bem-vindos, desde que seguros e eficientes.

E, para a realização dessa difícil tarefa de compatibilizar os diferentes interesses nas relações de consumo, o intérprete deverá se guiar pelos princípios da ordem econômica, previstos no art. 170 da CF.

5.4.3.4 Princípio da boa-fé objetiva

5.4.3.4.1 Definição

O **princípio da boa-fé objetiva**, previsto expressamente no art. 4.º, III, do CDC, compreende um modelo de comportamento social, verdadeiro *standard* jurídico ou regra de conduta. Traduz-se no dever de agir em conformidade com determinados padrões sociais de ética, honestidade, lealdade e correção, de modo a não frustrar as legítimas expectativas da outra parte. Na conhecida lição de Claudia Lima Marques:

> Boa-fé objetiva significa uma atuação refletida, uma atuação refletindo, pensando no outro, no parceiro contratual, respeitando-o, respeitando seus interesses legítimos, suas expectativas razoáveis, seus direitos, agindo com lealdade, sem abusos, sem obstrução, sem causar lesão ou desvantagem excessiva, cooperando para atingir o bom fim das obrigações: o cumprimento do objetivo contratual e a realização dos interesses das partes.[73]

A boa-fé objetiva se constitui num dos princípios basilares do direito do consumidor, assim como do direito privado em geral. Tem sua origem remota no direito alemão, especialmente no princípio da *Treu und Glauben* (lealdade & confiança), radicado no § 242 do *BGB* (Código Civil Alemão) de 1900: "O devedor está adstrito a realizar a prestação tal como exija a boa-fé, com consideração pelos costumes do tráfego".

No Brasil, a boa-fé objetiva já estava prevista como cláusula geral no art. 131, I, do Código Comercial de 1850 e, pontualmente, no art. 1.443 do Código Civil de 1916, que regulava o contrato de seguro. Contudo, referidos dispositivos não tiveram nenhuma efetividade, pois a doutrina e a jurisprudência da época, ainda influenciadas pela visão clássica do contrato, não deram a menor importância ao princípio em apreço.

---

[73] MARQUES, Claudia Lima. *Contratos no Código de Defesa do Consumidor*. 4. ed. São Paulo: RT, 2003. p. 181-182.

CAP. 5 – DIREITO DO CONSUMIDOR | **409**

É exatamente na Constituição Federal de 1988 que se encontram os alicerces de uma nova teoria contratual, fundada na dignidade da pessoa humana e nos valores sociais da livre iniciativa (art. 1.º, III e IV), com destaque para o princípio da boa-fé objetiva. Como ensina Tereza Negreiros:

> A fundamentação constitucional do princípio da boa-fé objetiva assenta na cláusula geral de tutela da pessoa humana – em que esta se presume parte integrante de uma comunidade e não um ser isolado, cuja vontade em si mesma fosse absolutamente soberana, embora sujeita a limites externos. Mais especificamente, é possível conduzir o princípio da boa-fé ao ditame constitucional que determina como objetivo fundamental da República a construção de uma sociedade solidária, na qual o respeito pelo próximo seja um elemento essencial de toda e qualquer relação jurídica.[74]

O Código de Defesa do Consumidor, na esteira dessa nova teoria contratual, mais solidária e menos egoística, foi o primeiro diploma legal a prever expressamente a boa-fé objetiva como princípio (art. 4.º, III), e como cláusula geral (art. 51, IV).

Na mesma linha, o atual Código Civil também consagrou a boa-fé objetiva (arts. 113, 187 e 422) como um dos alicerces da nova teoria contratual, a exigir das partes a construção de ambiente de solidariedade, lealdade, transparência e cooperação.

Nesse novo cenário, é importante diferenciar a **boa-fé objetiva** da **boa-fé subjetiva**. Enquanto esta diz respeito a dados internos, fundamentalmente psicológicos, atinentes direta e exclusivamente ao próprio sujeito, a boa-fé objetiva diz respeito a elementos externos, que determinam como o contratante deve agir.

A boa-fé subjetiva, portanto, consiste na ausência de conhecimento sobre determinado fato, ou simplesmente na falta de intenção de prejudicar alguém. A ela se refere o Código Civil, por exemplo, em seu art. 1.201, que dispõe *in verbis*: "É de boa-fé a posse, se o possuidor ignora o vício, ou o obstáculo que impede a aquisição da coisa".

Assim, quando se fala em princípio da boa-fé, faz-se referência, necessariamente, à boa-fé objetiva, pois a boa-fé subjetiva não se trata de princípio jurídico, mas tão somente de um estado psicológico.

Finalizando, anote-se que o princípio da boa-fé dever ser observado nas relações obrigacionais como algo dinâmico, a orientar a conduta das partes antes mesmo da formalização do negócio, durante a execução da avença e depois de sua extinção formal.

5.4.3.4.2 Funções da boa-fé objetiva

Basicamente, são três as funções do princípio da boa-fé objetiva: a) *função interpretativa ou critério hermenêutico*; b) *função integrativa ou de criação de deveres jurídicos*; e c) *função de controle ou limitativa do exercício de direitos subjetivos*.

Na primeira função (**interpretativa ou critério hermenêutico**), a boa-fé orienta o aplicador do direito a optar, entre diversas interpretações possíveis de um determinado contrato, por aquela que guarde maior consonância com a esperada lealdade, honestidade e correção das partes.

O Código Civil de 2002 consagrou a função interpretativa da boa-fé objetiva na teoria dos negócios jurídicos. Nesse sentido, dispõe o seu art. 113: "Os negócios jurídicos devem ser interpretados conforme a boa-fé e os usos do lugar de sua celebração". No CDC, a função interpretativa da boa-fé é extraída do disposto no art. 4.º, III, que a prevê como princípio geral da Política Nacional de Relações de Consumo.

---

[74] NEGREIROS, Tereza. *Teoria do Contrato:* Novos Paradigmas. 2. ed. Rio de Janeiro: Renovar, 2006. p. 117.

INTERESSES DIFUSOS E COLETIVOS - VOL. 1

A segunda função da boa-fé (*integrativa*) consiste na criação de deveres anexos à prestação principal, isto é, deveres diferentes daqueles previstos expressamente no contrato, *e cuja violação também implica em inadimplemento contratual.*[75] A respeito da violação aos deveres anexos, já decidiu o STJ:

> Aplicação do princípio da boa-fé contratual. Deveres **anexos** ao contrato. O princípio da boa--fé se aplica às relações contratuais regidas pelo CDC, impondo, por conseguinte, a obediência aos **deveres anexos** ao contrato, que são decorrência lógica deste princípio. O dever anexo de cooperação pressupõe ações recíprocas de lealdade dentro da relação contratual. A violação a qualquer dos **deveres anexos** implica em **inadimplemento** contratual de quem lhe tenha dado causa (grifou-se).[76]

Dentre os deveres anexos, destacam-se os relacionados ao **cuidado**, à **informação** e à **cooperação**.

O **dever anexo de cuidado** (*ou proteção*) impõe ao fornecedor o dever de adotar uma conduta protetiva, voltada à prevenção de danos ao patrimônio e à pessoa do consumidor. Assim, por exemplo, se o consumidor possui dúvidas sobre a correta utilização de um determinado bem, deve receber toda a assistência necessária por parte do fornecedor, voltada à garantia de uma utilização segura e eficiente do produto.

O **dever anexo de informação**, por sua vez, significa que o fornecedor deve prestar todas as informações necessárias ao esclarecimento do consumidor sobre as características dos produtos e serviços, assim como sobre as condições, as consequências e os riscos da contratação.

Em julgado recente, a Terceira Turma do Superior Tribunal de Justiça, por unanimidade, decidiu que a *Air France* pagará indenização por danos morais no valor de R$ 20 mil a mãe e filha por não as ter informado adequadamente sobre a obtenção de visto para ingresso em território francês. Em seu voto, a Ministra Relatora Nancy Andrighi asseverou que a correta prestação de informação, além de ser direito básico do consumidor, demonstra a lealdade inerente à boa-fé objetiva e constitui ponto de partida para a perfeita coincidência entre o serviço oferecido e o efetivamente prestado.[77]

Já o **dever anexo de cooperação** traduz-se em obrigação das partes contratantes, que devem agir sempre no sentido de não impedir o efetivo cumprimento das obrigações contratuais. Em última análise, a cooperação entre os contratantes propicia maior chance de adimplemento contratual.

A terceira função da boa-fé objetiva (*função de controle*) consiste na limitação ao exercício de direitos subjetivos, visando evitar o abuso de direitos. Nesse sentido, a boa-fé atua como parâmetro para valorar a conduta das partes, que deverão exercer seus direitos em consonância com os padrões sociais de honestidade e correção, sob pena de incorrerem em abuso de direito.

No Código Civil, a função limitativa da boa-fé é encontrada no art. 187, que assim dispõe: "Também comete ato ilícito o titular de um direito que, ao exercê-lo, excede manifestamente os limites impostos pelo seu fim econômico ou social, pela boa-fé ou pelos bons costumes".

Já no CDC, essa função limitativa está prevista no art. 51, IV, que estabelece a nulidade de pleno direito, por abusividade, das cláusulas contratuais incompatíveis com a boa-fé.

---

[75] O descumprimento dos deveres anexos é denominado pela doutrina de "violação positiva do contrato" ou "adimplemento ruim".

[76] REsp 595.631/SC, rel. Min. Nancy Andrighi, j. 08.06.2004, DJ 02.02.2004.

[77] REsp 988.595/SP, rel. Min. Nancy Andrighi, j. 19.11.2009.

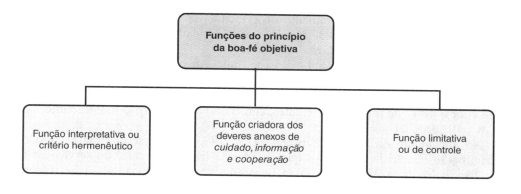

5.4.3.5 Princípio do equilíbrio

Como já dito, o ponto de partida da aplicação do CDC é o reconhecimento da vulnerabilidade do consumidor. O objetivo desse novo ramo do Direito é a proteção desse sujeito especial de direitos, mediante a eliminação da injusta desigualdade existente entre ele e o fornecedor, com o consequente restabelecimento do equilíbrio na relação de consumo.

Note-se que o **princípio do equilíbrio** na relação entre consumidor e fornecedor, previsto inicialmente no art. 4.º, III, do CDC, é projetado não apenas nos contratos de consumo, como também nas relações extracontratuais. Nas ações de responsabilidade civil relacionadas a acidentes de consumo, por exemplo, há a previsão de responsabilidade objetiva do fornecedor (arts. 12 e 14), inversão do ônus da prova (art. 6.º, VIII), foro privilegiado (art. 101, I), entre outras regras que buscam reforçar a posição do consumidor, facilitando a defesa de seus interesses em juízo.

Já no campo contratual, busca-se o equilíbrio econômico do contrato, isto é, a existência de uma relativa proporcionalidade entre prestação e contraprestação. Por isso, consideram-se abusivas as cláusulas que colocam o consumidor em desvantagem exagerada, de tal modo a ameaçar o próprio objeto do contrato ou seu equilíbrio (art. 51, IV e § 1.º, do CDC). Como já decidido pelo STJ:

> Abusiva a cláusula que, ao limitar a cobertura por defeitos verificados no veículo, termina, em essência, por desfigurar a própria natureza do contrato de seguro, ameaçando o seu objeto ou **equilíbrio** (art. 51, parágrafo 1.º, II, do CDC). Recurso especial não conhecido.[78]

A Lei 8.078/1990, em várias passagens, estabelece regras que buscam assegurar o mencionado equilíbrio. Nesse sentido estão os dispositivos que estabelecem uma proibição geral ao abuso do direito por parte do fornecedor (arts. 6.º, IV, e 51, IV), bem como a regra que confere ao consumidor o direito de modificar as cláusulas contratuais que estabeleçam prestações desproporcionais ou sua revisão em razão de fatos supervenientes que as tornem excessivamente onerosas (art. 6.º, V).

5.4.3.6 Princípio da transparência

O **princípio da transparência** traduz-se no dever de as partes envolvidas numa relação de consumo prestarem informações claras, precisas e corretas sobre o produto a ser vendido, o serviço a ser prestado e o contrato a ser firmado. Percebe-se, assim, que

---

[78] REsp 442.382/PB, rel. Min. Aldir Passarinho, j. 25.09.2007.

412 | INTERESSES DIFUSOS E COLETIVOS – VOL. 1

referido princípio é um desdobramento do princípio da boa-fé objetiva, na medida em que impõe às partes a obrigação de agirem com sinceridade, seriedade, clareza e correção em todas as etapas da negociação.

A **ideia central** desse princípio consiste, pois, em oportunizar ao consumidor conhecer previamente não apenas os produtos e serviços a ele oferecidos, mas também o conteúdo do correspondente contrato. Destarte, se por um lado a transparência impõe ao fornecedor o dever de informar, por outro, confere ao consumidor o direito à informação (art. 6.º, III, do CDC).

No julgamento do Recurso Especial 947.721/RS, no qual se discutia a questão da discriminação detalhada dos pulsos que excedam a franquia mensal do serviço de telefonia fixa, o Ministro Antonio Herman Benjamin, em voto lapidar, assim se referiu ao princípio da transparência:

> Só respeitam o *princípio da transparência*, em sua plenitude, as informações que sejam "corretas, claras, precisas, ostensivas" e que indiquem, nessas mesmas condições, as "características, qualidades, quantidade, composição, preço, garantia, prazos de validade e origem, entre outros dados" do produto ou serviço, objeto da relação jurídica de consumo (art. 31 do CDC).[79]

O princípio da transparência está expresso no art. 4.º, *caput*, mas apresenta reflexos em várias outras passagens do CDC, como no dever de informar sobre a nocividade e a periculosidade de produtos e serviços (art. 9.º); no dever de informar por ocasião da oferta (art. 30) ou no momento da elaboração do contrato (art. 46), e em vários outros dispositivos (ex.: arts. 10, 31, 36, 52 e 54, § 4.º).

Referido princípio se faz presente na *fase pré-contratual*, por meio da vedação à publicidade enganosa (art. 37); na *fase contratual*, desobrigando os consumidores que não tiveram a oportunidade de tomar conhecimento prévio do conteúdo do contrato (art. 46), e na *fase pós-contratual*, como se vê do disposto no art. 10, § 1.º, do CDC, que dispõe, *in verbis*:

> **§ 1.º O fornecedor de produtos e serviços que, posteriormente à sua introdução no mercado de consumo, tiver conhecimento da periculosidade que apresentam, deverá comunicar** o fato imediatamente às autoridades competentes e aos consumidores, mediante anúncios publicitários (grifou-se).

5.4.3.7 Princípio da confiança

O **princípio da confiança ou da proteção da confiança**, embora não previsto expressamente no CDC, é um desdobramento do princípio da boa-fé objetiva. Traduz-se no dever de respeito às *legítimas expectativas* que o consumidor deposita numa determinada relação de consumo, seja no tocante ao *conteúdo do contrato*, seja no que se refere à esperada *segurança e qualidade dos produtos e serviços* que constituem o objeto desta relação.

No tocante às **expectativas depositadas no conteúdo do contrato**, o princípio em tela impõe ao fornecedor o dever de promover o adequado esclarecimento ao consumidor a respeito do produto ou serviço que está adquirindo e, em determinadas situações, das consequências patrimoniais e pessoais para ele consumidor.

O consumidor que firma um contrato de seguro de saúde, por exemplo, tem a legítima expectativa de que se tiver que se submeter a uma intervenção cirúrgica, terá a sua disposição atendimento médico e hospitalar, medicamentos, leito para sua interna-

---

[79] REsp 947.721/RS, rel. Min. Eliana Calmon, j. 18.03.2008.

ção após a cirurgia e tudo mais o que for necessário. Qualquer conduta que frustre essa expectativa viola o princípio da confiança.

O Superior Tribunal de Justiça, em vários julgados, reconheceu a aplicação do princípio da confiança para preservar a expectativa do consumidor depositada no conteúdo do contrato. A propósito, confira-se:

> Os princípios da boa-fé e da confiança protegem as expectativas do consumidor a respeito do contrato de consumo. A operadora de plano de saúde, não obstante figurar como estipulante no contrato de seguro de vida inserido no contrato de plano de saúde, responde pelo pagamento da quantia acordada para a hipótese de falecimento do segurado se criou, no segurado e nos beneficiários do seguro, a legítima expectativa de ela, operadora, ser responsável por esse pagamento.[80]

Por outro lado, no que se refere às *expectativas do consumidor quanto à segurança e qualidade dos produtos e serviços*, o princípio em apreço impõe aos fornecedores o dever de respeito a um padrão de qualidade e segurança, levando-se em consideração o uso e os riscos que razoavelmente deles se esperam.

A violação a esses deveres de segurança e qualidade constitui o fundamento tanto da responsabilidade civil do fornecedor pelo fato do produto ou do serviço (*em que a existência do defeito caracteriza a violação ao dever de segurança*), como da responsabilidade pelo vício do produto ou do serviço (*em que a inadequação do produto ou serviço ao fim a que se destina caracteriza a violação ao dever de qualidade*).

5.4.3.8 Princípio do combate ao abuso

O **princípio do combate ao abuso**, expresso no art. 4.º, VI, do CDC, orienta a Política Nacional de Relações de Consumo no sentido de **prevenir e punir** qualquer tipo de abuso praticado no mercado de consumo, inclusive a concorrência desleal e utilização indevida de inventos e criações industriais, das marcas e nomes comerciais e signos distintivos, que possam causar prejuízos aos consumidores.

Observe-se que o princípio em análise busca combater não apenas as condutas abusivas dos fornecedores nas relações de consumo (como as hipóteses de práticas abusivas previstas no art. 39 do CDC), mas também os abusos do poder econômico, a concorrência desleal e a contrafação de marcas, sinais distintivos e outros aspectos que protegem a propriedade industrial.

Nesse contexto, merecem destaque as Leis de Defesa Econômica (Conselho Administrativo de Defesa Econômica – CADE), que, orientadas pelos ditames constitucionais de liberdade de iniciativa e livre concorrência, buscam conferir maior agilidade ao combate dos cartéis e trustes, com o que somente têm a lucrar consumidores e fornecedores de bens e serviços.

No combate ao abuso, o CDC também se alia às normas estabelecidas pelo Código de Propriedade Industrial (Lei 9.279/1996). É o caso, por exemplo, da vedação à utilização de uma marca idêntica ou semelhante a outra já registrada, quando houver o **risco de gerar confusão** para o consumidor. Nessa mesma linha o entendimento do Superior Tribunal de Justiça:

> O fundamento utilizado pelo Tribunal "a quo", de que as marcas do autor e do réu para o sabão em pedra controvertido são parecidas, mas não a ponto de confundir o consumidor atento não pode prosperar. O consumidor atento jamais confundiria embalagens de produtos, por mais

---

[80] REsp 590.336/SC, rel. Min. Nancy Andrighi, j. 07.12.2004.

414 | INTERESSES DIFUSOS E COLETIVOS - VOL. 1

parecidas que sejam. O que a lei visa a proteger em relação a imitações é a possibilidade de o produto concorrente ser adquirido, por engano, justamente pelo consumidor desatento ou incapaz de reparar nos detalhes da embalagem, seja por falta de instrução, por problemas de visão ou por pressa. Daí a necessidade de prover o recurso especial nessa parte, para conferir aos recorrentes a proteção da marca no período posterior ao deferimento do registro.[81]

Em última análise, o princípio do combate ao abuso busca a defesa da ordem econômica, prevista no art. 170 da CF, que tem como razão final a proteção dos interesses e direitos dos consumidores. Afinal, somente por meio da livre concorrência, num mercado igualmente livre, é que se obtém a *melhoria da qualidade dos produtos e serviços, o desenvolvimento tecnológico na fabricação e melhores opções de preços ao consumidor.*

5.4.3.9 Princípio da educação e informação

O **princípio da educação e informação**, disciplinado no art. 4.º, IV, do CDC, traduz-se no dever de educar e informar os fornecedores e consumidores sobre os seus direitos e deveres nas relações de consumo.[82] Referida tarefa, em verdade, é de todos: Estado, empresas, órgãos públicos e entidades privadas de defesa do consumidor.

O conhecimento e a conscientização dos direitos básicos do consumidor, alcançados pela efetividade do princípio em comento, exercem um papel fundamental para a formação da cidadania, uma vez que, em uma sociedade mais bem informada, os abusos são menos frequentes.

A doutrina costuma distinguir dois tipos de educação, a *formal* e a *informal*.

A *educação formal* é aquela inserida nos currículos escolares de alunos dos ensinos fundamental e médio. Possibilita a instrução das crianças e adolescentes sobre seus direitos de consumidores, ao estudarem, por exemplo, a qualidade e composição dos alimentos e da água que consomem (nas aulas de ciências naturais), o preço dos produtos e as condições de pagamento (nas aulas de matemática) etc.

A *educação informal* é aquela que deriva dos meios de comunicação social, normalmente desempenhada pelos órgãos de defesa do consumidor, entidades não governamentais e imprensa. São exemplos desse tipo de educação as cartilhas desenvolvidas pelos Procons para esclarecimento dos consumidores a respeito de seus direitos e prerrogativas, bem como as seções de alguns jornais destinadas especificamente à defesa dos interesses dos consumidores.[83]

A **razão final** desse princípio, portanto, consiste na **melhoria do mercado de consumo**. Em última análise, quanto maior o grau de educação e informação dos protagonistas das relações de consumo, menor será o número de conflitos e, por conseguinte, mais fortalecido restará o mercado.

5.4.3.10 Princípio da precaução

O **princípio da precaução** consiste na orientação de se imprimir um elevado nível de proteção à vida e à saúde do consumidor, nas hipóteses em que há incerteza científica sobre os reais riscos que determinados bens oferecidos no mercado podem representar à incolumidade físico-psíquica dos consumidores. Incentiva-se, assim, a antecipação de ação preventiva, ainda que não se tenha certeza sobre a sua necessidade.

---

[81] REsp 698.885/RJ, 3.ª T., rel. Min. Nancy Andrighi, j. 25.09.2007.

[82] No ponto, cabe destacar a Lei 12.291/2010, que torna obrigatória a manutenção de exemplar do CDC nos estabelecimentos comerciais e de prestação de serviços, em local visível e de acesso ao público, sob pena de multa.

[83] FILOMENO, José Geraldo Brito. *Código Brasileiro de Defesa do Consumidor*: Comentado pelos Autores do Anteprojeto. 7. ed. Rio de Janeiro: Forense Universitária, 2001. p. 62-63.

CAP. 5 – DIREITO DO CONSUMIDOR | 415

Noutras palavras, o princípio da precaução traduz a ideia de que não basta a proteção contra o perigo concreto, sendo necessário igualmente acautelar-se em relação ao perigo hipotético, no intuito de minimizá-lo. A propósito, ensina Tereza Ancona Lopez:

> Princípio da precaução é aquele que trata das diretrizes e valores do sistema de prevenção de riscos hipotéticos, coletivos ou individuais, que estão a ameaçar a sociedade ou seus membros com danos graves e irreversíveis e sobre os quais não há certeza científica; esse princípio exige a tomada de medidas drásticas e eficazes com o fito de prevenir o risco suposto e possível, mesmo diante da incerteza.[84]

Diferentemente do princípio da prevenção, cuja aplicação busca evitar um dano nos casos em que os riscos decorrentes de uma atividade ou do uso de um determinado produto são conhecidos (*dano provável*), o princípio da precaução é usado nos casos em que não há certeza científica quanto a esses riscos (*dano possível*).

O quadro a seguir resume as diferenças entre os dois princípios:

Princípio da prevenção	Princípio da precaução
Risco certo	Risco incerto
Perigo concreto	Perigo hipotético
Dano provável	Dano possível

Em doutrina,[85] são identificadas três concepções sobre o conteúdo, extensão e acepção do princípio da precaução, que podem ser divididas em:

a) radical – visa a garantir o risco zero, pregando a moratória ou a abstenção definitiva e gerando a inversão do ônus da prova;

b) minimalista – requer riscos sérios e irreversíveis, afasta a moratória e não conduz à inversão do ônus da prova; e

c) intermediária – requer risco científico crível, não exclui a moratória e implica a carga dinâmica da prova.

Na Constituição Federal de 1988, malgrado não previsto expressamente, o princípio da precaução decorre tanto do direito à saúde (art. 6.º, *caput*) como dos princípios de proteção ao consumidor (arts. 5.º, XXXII, e 170, V) e ao meio ambiente (art. 225).

No direito do consumidor, embora não encontre previsão expressa, sua força imperativa pode ser extraída do conteúdo de vários dispositivos do CDC, que se ocupam da proteção à vida, à saúde e à segurança do consumidor (exemplificando, arts. 6.º, I, 8.º, 9.º, 10, 12 a 17, 39, VIII, 63, 64, 65 etc.) e, principalmente, da própria Constituição Federal, consoante acima asseverado.

Por outro lado, não se pode ignorar o fato de que a própria Lei de Biossegurança, ao disciplinar o princípio da precaução para a tutela do meio ambiente, indiretamente,

---

[84] LOPEZ, Teresa Ancona. *Princípio da Precaução e Evolução da Responsabilidade Civil*. Tese (Titularidade em Direito Civil). Faculdade de Direito da Universidade de São Paulo, 2008. p. 90.

[85] Sobre o tema, veja-se: MARCHESAN, Ana Maria Moreira; STEIGLEDER, Annelise Monteiro; CAPPELLI, Sílvia. *Direito Ambiental*. 5. ed. Porto Alegre: Verbo Jurídico, 2008. p. 31.

INTERESSES DIFUSOS E COLETIVOS - VOL. 1

promove a proteção dos consumidores, destinatários finais dos organismos geneticamente modificados. Desse teor a lição de Roberto Grassi Neto:

> A preocupação ambiental é certamente o foco central adotado pela lei de biossegurança, mas o "princípio da precaução" não deixa de corresponder igualmente à noção sempre subjacente à proteção do consumidor, uma vez que visa a resguardá-lo preventivamente contra a exposição de sua vida ou de sua saúde a riscos desnecessários, nos casos em que os estudos científicos existentes não sejam ainda conclusivos a respeito da segurança dos produtos a ele ofertados.[86]

Atualmente, há um forte receio de que a modificação genética, a par de acarretar prejuízos à saúde humana, possa contaminar outros organismos pela alteração de sua herança genética ou, ainda, provocar o surgimento de espécimes daninhos cada vez mais resistentes aos agrotóxicos.

Nesse cenário, vem ganhando força a ideia da precaução, concebida como princípio jurídico com aplicação tanto na área ambiental (*princípio expresso*) como nas relações de consumo (*princípio implícito*), a exigir a adoção de medidas eficazes para minimizar os riscos hipotéticos de graves danos, mesmo diante da incerteza científica.

5.4.3.11 Princípio do incentivo ao autocontrole

O **princípio do incentivo ao autocontrole**, expresso no art. 4.º, V, do CDC, orienta a Política Nacional de Relações de Consumo no sentido de o Estado incentivar os próprios fornecedores a criarem meios eficientes de controle de qualidade e segurança de produtos e serviços, assim como mecanismos alternativos de solução de conflitos de consumo.

O autocontrole dos fornecedores consubstancia-se na responsabilidade de: a) **bem informar** os seus consumidores sobre os riscos que apresentam seus bens de consumo, além, certamente, de suas características; b) **retirar do mercado** os produtos que contêm riscos constatados após seu lançamento, assim como comunicar às autoridades competentes tais circunstâncias (*recall*); e c) **estabelecer canais de comunicação com o público consumidor**, quer para informações, quer para ouvir sugestões, quer para reparar danos já causados, e para que outros não ocorram, mediante mecanismos de solução negociada.

Para incentivar a solução negociada de conflitos nas relações de consumo, a Secretaria Nacional do Consumidor (Senacon-MJ) criou o **Consumidor.gov.br**, uma plataforma eletrônica que permite a interlocução direta entre consumidores e empresas para solução de conflitos de consumo pela internet.

Por se tratar de um serviço provido e mantido pelo Estado, com ênfase na interatividade entre consumidores e fornecedores para redução de conflitos de consumo, a participação de empresas no **Consumidor.gov.br** só é permitida àqueles que aderem formalmente ao serviço, mediante assinatura de termo no qual se comprometem em conhecer, analisar e investir todos os esforços disponíveis para a solução dos problemas apresentados. O consumidor, por sua vez, deve se identificar adequadamente e comprometer-se a apresentar todos os dados e informações relativas à reclamação relatada.

Monitorada pela Secretaria Nacional do Consumidor (Senacon) do Ministério da Justiça, Procons, Defensorias, Ministérios Públicos e também por toda a sociedade, essa ferramenta possibilita a resolução de conflitos de consumo de forma rápida e desburocratizada. Por fim, anote-se que o Decreto 10.197/2020 incluiu o art. 1.º no Decreto 8.573/2015, estabelecendo o **Consumidor.gov.br** como plataforma oficial da administração

---

[86] Trabalho publicado nos Anais do XVII Congresso Nacional do CONPEDI, realizado em Brasília – DF, nos dias 20, 21 e 22 de novembro de 2008.

CAP. 5 – DIREITO DO CONSUMIDOR

pública federal direta, autárquica e fundacional para a autocomposição nas controvérsias em relações de consumo.

5.4.3.12 Princípio do crédito responsável

A atualização do CDC, por meio da Lei do Superendividamento, incorporou importantes princípios no sistema consumerista. O primeiro deles é justamente o do crédito responsável, novo paradigma imposto pela Lei 14.181/2021. São deveres qualificados de informação, esclarecimento, avaliação e cooperação na concessão do crédito e de combate ao assédio de consumo ou de práticas abusivas. Esse princípio do crédito responsável tende a levar um comportamento mais prudente do consumidor, em consonância com a boa-fé objetiva ao assumir dívidas que apenas possa cumprir e, assim, unindo os novos deveres do fornecedor e esse efeito educativo das novas práticas, como um todo, evitar a futura inadimplência e o superendividamento.

5.4.3.13 Princípio da prevenção e tratamento do superendividamento

O segundo princípio incorporado no CDC pela Lei 14.181/2021 é o da prevenção e tratamento do superendividamento como forma de evitar a exclusão social do consumidor. Tal princípio tem como base a boa-fé e o dever de cooperar, seja para prevenir o superendividamento, seja para repactuar e permitir a reinclusão do consumidor superendividado na sociedade de consumo.

5.5 DIREITOS BÁSICOS DO CONSUMIDOR

5.5.1 Introdução

Para tornar mais efetiva a tutela desse sujeito especial de direitos é que o CDC, em seu art. 6.º, instituiu uma lista de **direitos básicos**, inspirada nos direitos fundamentais e universais do consumidor, reconhecidos pela ONU por meio da Resolução 32/248, de 10 de abril de 1985.

Inicialmente, observe-se que **o art. 6.º do CDC não contém rol exaustivo dos direitos do consumidor**. Ao contrário, a lista dos direitos básicos prevista no referido dispositivo legal representa uma simples síntese dos direitos do consumidor, isto é, o mínimo necessário à efetiva proteção dos seus interesses. Vários outros dispositivos do CDC agregam direitos ao rol dos direitos básicos do consumidor. A par disso, é importante destacar que outros direitos do consumidor também podem estar previstos em leis extravagantes e não só na Lei 8.078/1990. Tanto é assim que o art. 7.º, *caput*, do CDC, dispõe, *in verbis*:

> **Art. 7.º** Os direitos previstos neste Código não excluem outros decorrentes de tratados ou convenções internacionais de que o Brasil seja signatário, da legislação interna ordinária, de regulamentos expedidos pelas autoridades administrativas competentes, bem como dos que derivam dos princípios gerais do direito, analogia, costumes e equidade.

Analisando-se o texto do art. 7.º, conclui-se que referido dispositivo é **uma cláusula de abertura** do microssistema do CDC, o que significa dizer que sempre que outra lei assegurar algum direito para o consumidor, poderá se somar ao CDC. Com isso, possibilita-se que o mandamento constitucional de defesa do consumidor (art. 5.º, XXXII, da

418 | INTERESSES DIFUSOS E COLETIVOS - VOL. 1

CF) seja concretizado por todo o sistema jurídico, em *diálogo das fontes*, e não somente pelo CDC, que não tem o propósito de ser exaustivo. Como já decidido pelo STJ:

> Mesmo quando o prejuízo impingido ao menor decorre de uma relação de consumo, o CDC, em seu art. 6.º, VI, assegura a efetiva reparação do dano, sem fazer qualquer distinção quanto à condição do consumidor, notadamente sua idade. Ao contrário, **o art. 7.º da Lei 8.078/90 fixa o chamado diálogo de fontes, segundo o qual sempre que uma lei garantir algum direito para o consumidor, ela poderá se somar ao microssistema do CDC**, incorporando-se na tutela especial e tendo a mesma preferência no trato da relação de consumo (grifou-se).[87]

5.5.2 Direito à vida, saúde e segurança

O art. 6.º, I, do CDC fixa como direito básico do consumidor a *proteção da vida, saúde e segurança contra os riscos provocados por práticas no fornecimento de produtos e serviços considerados perigosos ou nocivos.*

A ideia central consiste em garantir que os produtos e serviços fornecidos no mercado de consumo não acarretarão riscos à incolumidade física do consumidor. Noutras palavras, **o consumidor tem o fundamental direito de não ser exposto a riscos à sua vida, saúde e segurança**.

Como consequência desse direito de proteção, fruto do princípio da confiança, surge para os fornecedores o ***dever de segurança***, consistente na obrigação de apenas lançarem no mercado de consumo produtos e serviços seguros.

Nesse sentido, o CDC fixa normas que exigem do fornecedor a adequada informação sobre todos os riscos que produtos e serviços possam representar à incolumidade física dos consumidores (arts. 8.º e 9.º). Da mesma forma, proíbe o comércio de produtos e serviços de alto grau de nocividade ou periculosidade à saúde ou segurança do consumidor (art. 10). Ainda, para a hipótese de conhecimento superveniente da periculosidade do produto ou serviço, o Código impõe ao fornecedor o dever de comunicar o fato imediatamente às autoridades competentes e aos consumidores, mediante anúncios publicitários (art. 10, § 1.º).

Cabe destacar que o ***descumprimento*** desse ***dever de segurança*** poderá resultar em responsabilidade civil objetiva do fornecedor (*responsabilidade pelo fato do produto ou do serviço* – arts. 12 a 17 do CDC), sem prejuízo da possibilidade de responsabilização administrativa e criminal (art. 61 e ss.).

5.5.3 Direito à educação

O **direito à educação** para o consumo, previsto no art. 6.º, II, do CDC, visa proporcionar um aumento do nível de consciência do consumidor sobre os produtos e serviços a ele oferecidos, de modo que, ao contratar, o faça de forma refletida, mediante a formulação de um juízo crítico sobre a oportunidade e conveniência da contratação, ou seja, sobre a sua real necessidade e utilidade.

Com isso, busca-se minimizar a vulnerabilidade técnica e informacional do consumidor nas relações de consumo, possibilitando, assim, a tomada de decisões mais conscientes sobre a necessidade e utilidade de adquirir determinados bens de consumo, bem como sobre a maneira mais adequada de usufruí-los.

Essa educação também deve ser apta a incentivar mudanças de atitude por parte dos consumidores na escolha de bens de consumo que sejam produzidos com base em processos ecologicamente sustentáveis.

---

[87] REsp 1.037.759/RJ, rel. Min. Nancy Andrighi, j. 23.02.2010.

No ano de 2015, a Lei 13.186 instituiu a *Política de Educação para o Consumo Sustentável*, com o objetivo de estimular a adoção de práticas de consumo e de técnicas de produção ecologicamente sustentáveis. Por consumo sustentável entende-se o uso dos recursos naturais de forma a proporcionar qualidade de vida para a geração presente sem comprometer as necessidades das gerações futuras (art. 1.º, parágrafo único).

Para atender aos objetivos da *Política de Educação para o Consumo Sustentável*, incumbe ao Poder Público, em âmbito federal, estadual e municipal: (*i*) promover campanhas em prol do consumo sustentável, em espaço nobre dos meios de comunicação de massa; e (*ii*) capacitar os profissionais da área de educação para inclusão do consumo sustentável nos programas de educação ambiental do ensino médio e fundamental.[88]

Relembre-se, aqui, que a educação do consumidor pode ser concretizada ***formalmente***, mediante a inserção do ensino sobre o consumo nas disciplinas dos ensinos fundamental e médio, ou ***informalmente***, através dos próprios fornecedores ou dos meios de comunicação social, normalmente desempenhada pelos órgãos de defesa do consumidor, entidades não governamentais e imprensa.

5.5.4 Direito à liberdade de escolha

O consumidor tem o direito de escolher, dentre os vários produtos e serviços fornecidos no mercado de consumo, aqueles que deseja contratar.

O **direito à liberdade de escolha**, fixado no art. 6.º, II, do CDC, é um desdobramento do direito à educação para o consumo, pois de nada adiantaria aumentar o grau de consciência do consumidor se lhe fosse subtraído o direito de escolher, de forma livre e refletida, entre os produtos e serviços de boa qualidade e preços competitivos por ele identificados no mercado de consumo.

Percebe-se, igualmente, que o direito à liberdade de escolha guarda íntima relação com os princípios da livre iniciativa e da livre concorrência, previstos no art. 170 da CF. De fato, uma vez assegurada a liberdade de escolha do consumidor, não poderá o fornecedor, aproveitando-se de sua superioridade econômica ou técnica, impedi-lo de optar por outros produtos e serviços colocados no mercado de consumo, o que, evidentemente, representa um estímulo à livre concorrência e à livre iniciativa.

Por fim, convém registrar que a importância desse direito está reconhecida pelo CDC em vários outros dispositivos, como no art. 39, I, que considera abusiva a prática de condicionar o fornecimento de produto ou serviço ao fornecimento de outro produto ou serviço, denominada "**venda casada**".

5.5.5 Direito à igualdade nas contratações

O **direito à igualdade nas contratações**, expresso no art. 6.º, II, do CDC, é a concretização, no plano infraconstitucional, do princípio da igualdade, previsto no art. 5.º, *caput*, da Constituição Federal.

Referido direito assegura ao consumidor tratamento isonômico nas relações contratuais, seja em relação ao fornecedor, seja em relação a outros consumidores.

Para garantir a **igualdade** nas contratações entre fornecedor e consumidor, o CDC consolida esse direito em todas as normas de proteção contratual (art. 46 e ss.), com especial importância para aquelas que cuidam da fase pré-contratual, da publicidade (art. 30 e ss.) e das práticas abusivas (art. 39 e ss.).

---

[88] Cf. art. 3.º da Lei 13.186/2015.

420 | INTERESSES DIFUSOS E COLETIVOS – VOL. 1

Por outro lado, para assegurar a **igualdade entre os próprios consumidores**, o CDC combate a discriminação injustificada, como se vê das regras inseridas no art. 39, II, IV e IX. A propósito, ensina Rizzatto Nunes:

> Pela norma instituída nesse inciso fica estabelecido que o fornecedor não pode diferenciar os consumidores entre si. Ele está obrigado a oferecer as mesmas condições a todos os consumidores. Admitir-se-á apenas que se estabeleçam certos privilégios aos consumidores que necessitam de proteção especial, como, por exemplo, idosos, gestantes e crianças, exatamente em respeito à aplicação concreta do princípio da isonomia.[89]

Em interessante julgado, o Superior Tribunal de Justiça analisou se uma regra imposta pela Caixa Econômica Federal para a concessão de crédito consignado era ou não abusiva, justamente por estabelecer um tratamento diferenciado entre os consumidores. A regra impugnada estabelecia que para qualquer contratação ou renovação de quaisquer clientes, a soma da idade do cliente com o prazo do contrato não poderia ser maior que 80 anos. *In casu*, a Corte Superior não encontrou discriminação negativa que colocasse em desvantagem exagerada a população idosa, que poderia se socorrer de outras modalidades de acesso ao crédito bancário. Nesse sentido, fundamentou-se que os elementos admitidos como fator de discriminação, idade do contratante e prazo do contrato, guardavam correspondência lógico-abstrata entre o fator colocado na apreciação da questão (*discrímen*) e a desigualdade estabelecida nos diversos tratamentos jurídicos. Por outro lado, considerando o cenário real de superendividamento da população idosa, identificou-se a harmonia nesta correspondência lógica com os interesses constantes do sistema constitucional (segurança e higidez do sistema financeiro e de suas instituições individualmente consideradas). Em resumo, entendeu-se que a adoção de critério etário para distinguir o tratamento da população em geral é válida quando adequadamente justificada e fundamentada no ordenamento jurídico, sempre atentando para a sua razoabilidade diante dos princípios da igualdade e da dignidade da pessoa humana.[90]

5.5.6 Direito à informação

Conforme já asseverado, um dos maiores fatores de desequilíbrio nas relações de consumo é o *déficit informacional* do consumidor, decorrente, dentre outros motivos, do fato de ele participar apenas da última etapa do processo produtivo (*consumo*).[91]

Esse desconhecimento de informações, por parte do consumidor, sobre as características dos produtos e serviços por ele adquiridos, é potencializado neste mundo livre e veloz, marcado pelas avançadas técnicas de *marketing*, pelas vendas por meio da internet, celular, televisão etc., bem como pela padronização dos contratos de consumo (*quase sempre de adesão*), que tornam impulsivo, irrefletido e desinformado o processo decisório.

Foi pensando nisso que o CDC, em seu **art. 6.º, III,** instituiu como direito básico do consumidor "a informação adequada e clara sobre os diferentes produtos e serviços, com especificação correta de quantidade, características, composição, qualidade, tributos incidentes[92] e preço, bem como sobre os riscos que apresentem". Referido direito, intima-

---

[89] RIZZATTO NUNES, Luiz Antonio. *Curso de Direito do Consumidor*. 4. ed. São Paulo: Saraiva, 2009. p. 137.

[90] REsp 1.783.731/PR, 3.ª T., rel. Min. Nancy Andrighi, j. 23.04.2019.

[91] Ver nossos comentários ao princípio da vulnerabilidade no item 5.4.3.1.

[92] A exigência de informar o valor dos tributos incidentes sobre produtos e serviços foi inserida no art. 6.º, III, do CDC, pela Lei 12.741/2012, publicada no dia 08.12.2012. Referida lei, que dispõe sobre as medidas de esclarecimentos ao consumidor, de que trata o § 5.º do art. 150 da CF, obriga o fornecedor a informar o valor dos impostos embutido no

CAP. 5 – DIREITO DO CONSUMIDOR | **421**

mente ligado à ideia de *vulnerabilidade* do consumidor, constitui-se em fator de redução dessa desigualdade informacional, concretizando a *transparência* no mercado de consumo, objetivada pelo art. 4.º, *caput*, do CDC.

Importa ressaltar, nesse ponto, que nem toda informação é capaz de preparar o consumidor para um ato de consumo verdadeiramente consentido, livre (*consentimento esclarecido*). Para o CDC, a informação deve ser **clara**, **adequada** e **eficaz** (arts. 6.º, III, 8.º, 9.º, 10, 14, 30, 31, 36, 46, 52 etc.), isto é, apta a *oportunizar ao consumidor o conhecimento de todas as características do produto ou do serviço a ele oferecido, das condições do negócio, assim como dos riscos e consequências da contratação.*

Em outras palavras, o direito à informação visa a assegurar ao consumidor uma escolha consciente, permitindo que suas expectativas em relação ao produto ou serviço sejam de fato atingidas, manifestando o que vem sendo denominado de ***consentimento informado*** ou ***vontade qualificada***.

Como consequência do direito à informação, surge para o fornecedor o correlato **dever de informar** (previsto nos arts. 12, 14, 18, 20, 30, 31, 46 e 54 do CDC), consistente na obrigação de prestar todas as informações acerca do produto e do serviço (suas características, qualidades riscos, preços etc.), de maneira clara e precisa, não se admitindo falhas ou omissões.

Esse dever de informar deve ser observado pelo fornecedor no momento pré-contratual (art. 31), na conclusão do negócio (art. 30), na execução do contrato (art. 46) e, inclusive, no momento pós-contratual (art. 10, § 1.º). O descumprimento desse dever caracteriza um ato ilícito, do qual podem resultar danos ao consumidor, pelos quais responde o fornecedor.

Por força do dever de informar, as instituições financeiras estão obrigadas a confeccionar em braille os contratos bancários de adesão e todos os demais documentos fundamentais para a relação de consumo estabelecida com deficientes visuais, de modo a facilitar, e mesmo a viabilizar, a integral compreensão e reflexão acerca das cláusulas contratuais submetidas a sua apreciação, especialmente aquelas que impliquem limitações de direito, assim como dos extratos mensais, dando conta dos serviços prestados, taxas cobradas etc.[93]

Na jurisprudência do STJ, encontramos vários casos de responsabilização dos fornecedores por descumprimento do dever de informar. Num deles, um determinado consumidor, acometido de problema cardíaco súbito, foi surpreendido pela informação de que o hospital tinha sido descredenciado pelo plano de saúde. Ao apreciar o recurso especial interposto pela família do consumidor, a Corte Superior definiu que a rede conveniada constitui informação primordial na relação do associado frente à operadora do plano de saúde. Na hipótese, como a operadora não comunicou individualmente o associado sobre o descredenciamento do hospital, descumpriu o dever de informar adequadamente (art. 6.º, III, do CDC). Como consequência, foi condenada a reparar os danos materiais correspondentes às despesas de internação do consumidor no referido estabelecimento.[94] Nesses casos, ainda que a iniciativa pelo descredenciamento parta da entidade hospitalar, subsiste a obrigação de a operadora de plano de saúde promover a comunicação desse evento aos consumidores e à ANS com 30 dias de antecedência, bem como de substituir a entidade conveniada por outra equivalente, de forma a manter a qualidade dos serviços contratados inicialmente, na forma do artigo (art. 17, § 1.º, da Lei 9.656/1998).[95]

---

preço final de cada produto e serviço vendido no país. A informação deverá ser discriminada nas notas ou nos cupons fiscais de venda (art. 1.º, *caput*) e também poderá ser divulgada em painéis dispostos nos estabelecimentos (art. 1.º, § 2.º).

[93] REsp 1.315.822/RJ, 3.ª T., rel. Min. Marco Aurélio Bellizze, j. 24.03.2015 (Informativo 559).

[94] REsp 1.144.840/SP, 3.ª T., rel. Ministra Nancy Andrighi, j. 20.03.2012.

[95] Nesse sentido: REsp 1.561.445/SP, 3.ª T., rel. Min. Ricardo Villas Bôas Cueva, j. 13.08.2019.

422 | INTERESSES DIFUSOS E COLETIVOS – VOL. 1

Noutro julgado, a Corte Superior decidiu que o fornecedor de alimentos deve complementar a informação-conteúdo "contém glúten" com a informação-advertência de que o glúten é prejudicial à saúde dos consumidores com doença celíaca. *In casu*, entendeu-se que a informação-conteúdo "contém glúten" é, por si só, insuficiente para informar os consumidores sobre o prejuízo que o alimento com glúten acarreta à saúde dos doentes celíacos, tornando-se necessária a integração com a informação-advertência correta, clara, precisa, ostensiva e em vernáculo: "Contém glúten: o glúten é prejudicial à saúde dos doentes celíacos".[96]

Nessa mesma linha, a 4.ª Turma do Superior Tribunal de Justiça decidiu que a inobservância do dever de informar e de obter o consentimento informado do paciente viola o direito à autodeterminação, caracterizando ilícito civil indenizável.[97] Esse dever de informação é a obrigação que possui o médico de esclarecer o paciente sobre os riscos do tratamento, suas vantagens e desvantagens, as possíveis técnicas a serem empregadas, bem como a revelação quanto aos prognósticos e aos quadros clínico e cirúrgico, salvo quando tal informação possa afetá-lo psicologicamente, ocasião em que a comunicação será feita a seu representante legal. Só haverá efetivo cumprimento do dever de informação quando os esclarecimentos se relacionarem especificamente ao caso do paciente, não se mostrando suficiente a informação genérica. Da mesma forma, para validar a informação prestada, não pode o consentimento do paciente ser genérico (*blanket consent*), necessitando ser claramente individualizado. Esse dever de informar decorre da boa-fé objetiva e sua simples inobservância caracteriza inadimplemento contratual (violação positiva do contrato), fonte de responsabilidade civil *per se*. Nesses casos, o dano indenizável é, na verdade, a violação da autodeterminação do paciente que não pôde escolher livremente submeter-se ou não ao risco previsível. Outro dado interessante deste julgado é que se concluiu que o ônus da prova quanto ao cumprimento do dever de esclarecer e obter o consentimento informado do paciente é do médico ou do hospital. Assim, qualquer dúvida remanescente a partir dos elementos probatórios juntados aos autos resolve-se em favor do paciente, entendendo-se que o médico não lhe deu as informações necessárias.

No julgamento do REsp 1.826.463/SC (j. 14.10.2020), a Segunda Seção do STJ chegou à compreensão de que o consumidor tem direito à informação sobre a taxa diária de juros, no caso de haver cláusula de capitalização diária. A simples informação acerca da capitalização diária, sem indicação da respectiva taxa diária, subtrai do consumidor a possibilidade de estimar previamente a evolução da dívida e de aferir a equivalência entre a taxa diária e as taxas efetivas mensal e anual. A falta dessa previsão da taxa diária, portanto, configura descumprimento do dever de informação, a teor da norma do art. 46 do CDC.

O STJ também tem condenado as instituições de ensino superior à reparação dos danos causados aos alunos que realizam cursos não reconhecidos pelo Ministério da Educação, sem conhecerem essa condição. Desse teor a Súmula 595:

> As instituições de ensino superior respondem objetivamente pelos danos suportados pelo aluno/consumidor pela realização de curso não reconhecido pelo Ministério da Educação, sobre o qual não lhe tenha sido dada prévia e adequada informação.

Por último, importa registrar que **tais informações devem ser acessíveis à pessoa com deficiência**, observado o disposto em regulamento (CDC, art. 6.º, parágrafo único).

---

[96] EREsp 1.515.895/RS, Corte Especial, Min. Humberto Martins, j. 20.09.2017 (Informativo 612).

[97] REsp 1.540.580/DF, 4.ª T., rel. Min. Lázaro Guimarães (Desembargador convocado do TRF 5.ª Região), rel. p/ o acórdão Min. Luis Felipe Salomão, por maioria, j. 02.08.2018 (Informativo 632).

CAP. 5 – DIREITO DO CONSUMIDOR | **423**

5.5.7 Direito à proteção contra práticas e cláusulas abusivas

O Código de Defesa do Consumidor, em seu art. 6.º, IV, estabeleceu como **direito básico** do consumidor "a proteção contra a publicidade enganosa e abusiva, métodos comerciais coercitivos ou desleais, bem como contra práticas e cláusulas abusivas ou impostas no fornecimento de produtos e serviços".

A finalidade do Código, nesse particular, consiste em *proteger o consumidor contra qualquer tipo de abuso* nas relações de consumo.

Em linhas gerais, considera-se abusiva toda a atuação do fornecedor no mercado de consumo que viole a principiologia do Código de Defesa do Consumidor, é dizer, que esteja em desconformidade com o padrão de conduta esperado das partes ou, ainda, que esteja em desacordo com a boa-fé objetiva e com a confiança.

No CDC, o direito básico à proteção contra o abuso aparece reforçado por vários outros dispositivos. É o caso, por exemplo, das normas que disciplinam a oferta e a publicidade (arts. 30 a 38), as práticas abusivas (art. 39), a proteção contratual contra as cláusulas abusivas (art. 51 do CDC), a cobrança de dívidas contraídas pelo consumidor (art. 42), o registro de dados desabonadores sobre si (arts. 43 e 44) etc.

Contudo, não se pode perder de vista que **a proibição das práticas abusivas no Código tem caráter meramente exemplificativo,** ou seja, além do que foi expressamente previsto, toda e qualquer atuação do fornecedor que afronte a principiologia do direito do consumidor, notadamente a boa-fé objetiva e a confiança, será considerada abusiva.

As diferentes formas de abuso previstas no art. 6.º, IV, do CDC, serão analisadas com maior profundidade quando do estudo das práticas comerciais e da proteção contratual.

5.5.8 Direito à modificação e revisão das cláusulas contratuais

O Código de Defesa do Consumidor dispôs em seu art. 6.º, V, que constitui direito básico do consumidor a "modificação das cláusulas contratuais que estabeleçam prestações desproporcionais ou sua revisão em razão de fatos supervenientes que as tornem excessivamente onerosas". O objetivo aqui é **assegurar o equilíbrio econômico do contrato,** isto é, a igualdade substancial entre os contratantes, representada pela proporcionalidade das prestações.

Para viabilizar a realização desse direito básico, o CDC conferiu ao juiz a prerrogativa de intervir na economia interna do contrato (*dirigismo* contratual[98]), com o objetivo de restabelecer o equilíbrio das prestações. Nesse aspecto, a Lei 8.078/1990 foi inovadora, rompendo com o sistema contratual tradicional, no qual o Estado, além de não poder intervir nas relações obrigacionais privadas, ainda tinha o dever de assegurar o absoluto cumprimento do que fora convencionado.

Prosseguindo na análise do direito em questão, percebe-se que ele abrange duas situações distintas: a *modificação* das cláusulas contratuais que estabeleçam prestações desproporcionais, ou sua *revisão*, em razão de fatos supervenientes que as tornem excessivamente onerosas.

Na primeira situação (*direito à modificação*), *a cláusula que estabelece a prestação desproporcional em desfavor do consumidor opera desde o início do contrato*, afetando, assim, o que se convencionou denominar *sinalagma genético* da relação obrigacional.

É o caso, por exemplo, de um contrato bancário de empréstimo pessoal, no qual a instituição financeira estipule uma taxa de juros remuneratórios comprovadamente

---

[98] O dirigismo surgiu no final do século XIX, como reflexo da revolução industrial, mas se acentuou entre as duas guerras mundiais.

424 | INTERESSES DIFUSOS E COLETIVOS – VOL. 1

abusiva (bem acima da média praticada no mercado). Verifica-se, na hipótese, que desde a celebração do negócio os benefícios do consumidor são desproporcionais aos seus sacrifícios. Por isso, estará ele autorizado a pleitear a redução da taxa de juros responsável por tal desequilíbrio. E, para exercer esse direito, o consumidor só precisa provar a desproporção original das prestações (lesão congênere). Nesse sentido, está consolidada a jurisprudência do STJ:

> É admitida a revisão das taxas de juros remuneratórios em situações excepcionais, desde que caracterizada a relação de consumo e que a abusividade (capaz de colocar o consumidor em desvantagem exagerada – art. 51, § 1.º, do CDC) fique cabalmente demonstrada, ante às peculiaridades do caso concreto.[99]

É importante observar, ainda, que as cláusulas contratuais que fixam prestações desproporcionais, invariavelmente, são também abusivas, porquanto colocam o consumidor em desvantagem exagerada (art. 51, IV e § 1.º, do CDC), em clara afronta a um dos princípios fundamentais do sistema consumerista, a saber, o princípio do equilíbrio (art. 4.º, III).

Por isso, nas relações de consumo marcadas pelo desequilíbrio econômico desde o nascimento do contrato, **o consumidor é livre para solicitar tanto a modificação da cláusula** geradora das prestações desproporcionais, com base no direito a ele assegurado no art. 6.º, V, do CDC, **como a declaração da sua nulidade**, nos termos do art. 51 do CDC. A propósito, leciona Bruno Miragem:

> Ou seja, com relação às cláusulas que desde a celebração violem o equilíbrio do contrato, facultam-se duas possibilidades ao consumidor: 1) reclamar a decretação de sua nulidade, com fundamento no artigo 51 do CDC, ou 2) requerer sua revisão e modificação, nos termos do artigo 6.º, V.[100]

Ainda sobre o direito à modificação do contrato, é interessante distingui-lo do instituto da lesão, previsto no art. 157 do Código Civil de 2002.[101]

Para o atual Código Civil, ocorrerá a lesão, apta a invalidar o contrato, quando, em negócio comutativo, uma das partes contratantes, *por inexperiência ou necessidade premente*, se obrigar a prestação manifestamente desproporcional à outra.

O **ponto comum** entre a lesão do CDC (art. 6.º, V, primeira parte) e a lesão do CC (art. 157) é a existência de desproporção das prestações no momento da celebração do negócio.

No mais, **diferem-se** os institutos, notadamente no que diz respeito aos seus elementos caracterizadores. De fato, enquanto o CDC exige apenas a desproporção das prestações **(elemento objetivo)**, para o CC somente ocorre a lesão quando o desequilíbrio das prestações é motivado pela *inexperiência ou necessidade premente* de uma das partes **(elemento subjetivo)**.

Além da diferença acima apontada (*exigência ou não de elemento subjetivo para a caracterização da lesão*), tais institutos se diferem, outrossim, quanto às **consequências**.

Com efeito, no Código Civil, uma vez caracterizada a lesão, a regra é a invalidade do negócio jurídico, que somente pode ser salvo pela vontade da parte beneficiada (art. 157, § 2.º, do CC). Em sentido diverso, no CDC, a regra é a manutenção do contrato,

---

[99] REsp 1.061.530/RS, 2.ª S., rel. Min. Nancy Andrighi, *DJe* 10.03.2009.

[100] MIRAGEM, Bruno. *Direito do Consumidor.* São Paulo: Revista dos Tribunais, 2008. p. 127. No mesmo sentido, veja-se: CAVALIERI FILHO, Sérgio. *Programa de Direito do Consumidor.* São Paulo: Atlas, 2009. p. 106.

[101] Art. 157, *caput*, do CC: "Ocorre a lesão quando uma pessoa, sob premente necessidade, ou por inexperiência, se obriga a prestação manifestamente desproporcional ao valor da prestação oposta".

facultando-se ao consumidor (parte não beneficiada) pleitear a nulidade da cláusula geradora da prestação desproporcional (art. 51) ou a sua modificação (art. 6.º, V).

O quadro a seguir é uma síntese das diferenças acima apontadas:

Lesão no CDC (art. 6.º, V)	Lesão no CC (art. 157)
Caracterização: basta a presença de cláusula que estabeleça prestações desproporcionais, em prejuízo do consumidor (análise objetiva).	**Caracterização:** além da desproporção das prestações, exige-se a caracterização da necessidade premente ou de inexperiência da parte (análise subjetiva).
Consequência: a regra é a manutenção do contrato, possibilitando-se ao consumidor (parte não beneficiada) solicitar a modificação (art. 6.º, V) ou a decretação da nulidade da cláusula contratual (art. 51).	**Consequência:** a regra é a invalidade do negócio jurídico. Excepcionalmente, o contrato pode ser salvo, a depender da vontade da parte favorecida (art. 157, § 2.º, do CC).

Já em relação à segunda situação prevista no art. 6.º, V, do CDC (***direito à revisão***), é mister observar que o *desequilíbrio econômico do contrato é causado por fato novo, superveniente à sua celebração, e que torna a prestação do consumidor excessivamente onerosa*, afetando, assim, o que se convencionou denominar sinalagma funcional do contrato.

Ou seja, no momento da celebração do negócio, as cláusulas estabelecem prestações equilibradas, mas no curso do adimplemento do contrato (normalmente de trato sucessivo) sobrevém algum fato que torna a prestação do consumidor excessivamente onerosa, com a consequente quebra do equilíbrio econômico contratual. Daí a importância do direito em comento: autoriza o juiz a intervir na economia interna do contrato para restabelecer a equivalência das prestações.

Por exemplo: se um consumidor faz um empréstimo pessoal, com prestações indexadas ao dólar, poderá ver-se impossibilitado de solver as obrigações pactuadas na hipótese de desvalorização excessiva da moeda nacional, em razão de uma crise cambial.

É importante ressaltar que, para a doutrina majoritária,[102] o Código de Defesa do Consumidor, em seu art. 6.º, V, 2.ª parte, adotou a **teoria da base objetiva do negócio jurídico**, uma vez que não se exige ali a **imprevisibilidade** do fato superveniente que torna excessivamente onerosa a prestação para o consumidor.

Referida teoria, desenvolvida no direito alemão por Karl Larenz, após a II Guerra Mundial, **dispensa qualquer discussão a respeito da previsibilidade do fato econômico superveniente**. Destarte, o direito subjetivo à revisão contratual decorre da simples constatação de que o fato novo tornou excessivamente onerosa a prestação para uma das partes, em razão do *rompimento de um dos pressupostos sobre os quais se construiu o contrato* (quebra da base objetiva do negócio). Desse teor a lição de Claudia Lima Marques:

> A norma do art. 6.º do CDC avançou ao não exigir que o fato superveniente seja imprevisível ou irresistível, apenas exige a quebra da base objetiva do negócio, a quebra de seu equilíbrio intrínseco, a destruição da relação de equivalência entre prestações, o desaparecimento do fim essencial do contrato.[103]

---

[102] Nesse sentido, confiram-se: MIRAGEM, Bruno. *Direito do Consumidor.* São Paulo: Revista dos Tribunais, 2008. p. 129; MARQUES, Claudia Lima. *Manual de Direito do Consumidor.* São Paulo: Revista dos Tribunais, 2008. p. 58; CAVALIERI FILHO, Sérgio. *Programa de Direito do Consumidor.* São Paulo: Atlas, 2009. p. 109; GARCIA, Leonardo de Medeiros. *Direito do Consumidor.* Código Comentado e Jurisprudência. 5. ed. Niterói: Impetus, 2009. p. 61.

[103] MARQUES, Claudia Lima. *Contratos no Código de Defesa do Consumidor.* 4. ed. São Paulo: RT, 2003. p. 413.

426 | INTERESSES DIFUSOS E COLETIVOS – VOL. 1

No mesmo sentido, aliás, já decidiu o STJ:

> **O preceito insculpido no inciso V** do **artigo 6.º** do **CDC dispensa a prova** do **caráter imprevisível do fato superveniente, bastando a demonstração objetiva da excessiva onerosidade advinda para o consumidor**. A desvalorização da moeda nacional frente à moeda estrangeira que serviu de parâmetro ao reajuste contratual, por ocasião da crise cambial de janeiro de 1999, apresentou grau expressivo de oscilação, a ponto de caracterizar a onerosidade excessiva que impede o devedor de solver as obrigações pactuadas. A equação econômico-financeira deixa de ser respeitada quando o valor da parcela mensal sofre um reajuste que não é acompanhado pela correspondente valorização do bem da vida no mercado, havendo quebra da paridade contratual, à medida que apenas a instituição financeira está assegurada quanto aos riscos da variação cambial, pela prestação do consumidor indexada em dólar norte-americano. É ilegal a transferência de risco da atividade financeira, no mercado de capitais, próprio das instituições de crédito, ao consumidor, ainda mais que não observado o seu direito de informação (arts. 6.º, III, 31, 51, XV, 52, 54, § 3.º, do CDC) (grifou-se).[104]

Percebe-se, assim, que a adoção da teoria da base objetiva do negócio jurídico no art. 6.º, V, segunda parte, do CDC, encontra fundamento não apenas no princípio do equilíbrio contratual, mas também na impossibilidade de o fornecedor transferir os riscos da atividade por ele desenvolvida para o consumidor.

Em sentido diverso, o atual Código Civil, em seus arts. 317 e 478, acolheu a **teoria da imprevisão** (desenvolvida na França após a I Guerra Mundial) no campo da revisão contratual por onerosidade excessiva, uma vez que **exige a imprevisibilidade** do fato superveniente.

Em comum, as teorias da base objetiva do negócio e da imprevisão representam uma reação ao dogma liberal da intangibilidade do conteúdo do contrato, consubstanciado no antigo brocardo *pacta sunt servanda*.

A **principal diferença** entre as duas, conforme acima asseverado, é que enquanto a teoria da base objetiva do negócio dispensa a análise da previsibilidade do fato superveniente, a teoria da imprevisão exige que os fatos supervenientes sejam imprevisíveis ao tempo da formação do contrato.

É oportuno destacar, ainda, que o CDC não exige, para promover a revisão, que, além da excessiva onerosidade, haja "**extrema vantagem**" para a outra parte, como o faz o Código Civil em seu art. 478. Nesse particular, registre-se que o CC foi além da teoria da imprevisão, que se contenta com a superveniência de fato que torne o contrato excessivamente oneroso para o devedor, independentemente da correspondente vantagem exagerada para o credor.

Frise-se, demais disso, que a teoria da imprevisão, tal qual adotada no art. 478 do atual Código Civil, difere da teoria da base objetiva do negócio, adotada no CDC, quanto às **consequências**.

De fato, enquanto no CDC (art. 6.º, V) a superveniência de fato que torne o contrato excessivamente oneroso acarreta, em regra, a revisão contratual em favor do consumidor, no Código Civil a regra é a resolução do contrato, que só poderá ser salvo pela vontade do credor (art. 479).

---

[104] REsp 361.694/RS, rel. Min. Nancy Andrighi, *DJU* 25.03.2002. No mesmo sentido, vejam-se: REsp 268.661/RJ, rel. Min. Nancy Andrighi, j. 11.09.2001; e REsp 598.342/MT, rel. Min. Aldir Passarinho, j. 18.02.2010.

CAP. 5 – DIREITO DO CONSUMIDOR | 427

O quadro a seguir sintetiza as diferenças entre as duas teorias:

Teoria da base objetiva do negócio jurídico (CDC, art. 6.º, V, segunda parte)	Teoria da imprevisão (CC, art. 478)
Dispensa a análise da previsibilidade do fato superveniente.	Exige a imprevisibilidade do fato superveniente.
Basta a onerosidade excessiva para o consumidor.	Além da onerosidade excessiva para o devedor, exige a "extrema vantagem" para o credor.
Consequência: a regra é a revisão do contrato. Excepcionalmente, acarretará a resolução quando não for possível salvá-lo.	Consequência: a regra é a resolução do contrato. Excepcionalmente, poderá ser revisto, a depender da vontade do credor.

5.5.9 Direito à efetiva prevenção e reparação dos danos materiais e morais

O Código de Defesa do Consumidor, em seu art. 6.º, VI, prevê como direito básico do consumidor a "efetiva prevenção e reparação de danos patrimoniais e morais, individuais, coletivos e difusos".

Inicialmente, importa notar que o Código fala em efetiva **prevenção** de danos, o que significa dizer que devem ser adotadas, antecipadamente, seja por parte dos fornecedores[105] (exemplificando, arts. 8.º a 10 do CDC), seja por parte do Estado (que exerce seu poder de polícia na fiscalização e controle do mercado de consumo), todas as medidas necessárias para se eliminar ou reduzir qualquer risco de lesão aos direitos do consumidor.

Ainda no campo da prevenção, há a possibilidade de se recorrer ao Poder Judiciário, por meio das medidas cautelares e dos provimentos antecipatórios, para se impedir o *eventus damni*.

Apesar de todo esse aparato de proteção, não é possível impedir que tais danos venham a ocorrer. Por isso, também é assegurada como direito básico do consumidor a **reparação** do prejuízo sofrido.

Nesse particular, o CDC consagrou o **princípio da reparação integral** (*restitutio in integrum*), segundo o qual a reparação deve ser a mais completa possível, abrangendo, assim, os danos patrimoniais e morais, individuais, coletivos e difusos.

Por força desse princípio, não se admite, no microssistema do direito do consumidor, a aplicação das regras de mitigação da responsabilidade (a exemplo da regra prevista no art. 944, parágrafo único, do CC) ou de fixação de *quantum* indenizatório (tarifação), sendo vedadas, igualmente, as estipulações que exonerem ou atenuem a responsabilidade dos fornecedores. Tanto é assim que o CDC, em seu art. 51, I, considera nula de pleno direito a cláusula contratual que impossibilite, exonere ou atenue a responsabilidade do fornecedor por vícios dos produtos ou serviços.

Finalmente, cabe destacar que o **princípio da reparação integral não é absoluto**, haja vista que o próprio CDC o excepciona, ao admitir, expressamente, na 2.ª parte do inciso I do art. 51, que na relação de consumo entre fornecedor e *consumidor-pessoa jurídica*, a indenização, em situações justificáveis, poderá ser limitada.

5.5.9.1 Reparação do dano moral

O **dano moral** há que ser entendido como a **lesão a direito personalíssimo**, ou seja, a ofensa aos atributos da personalidade, não suscetíveis de valor econômico ou de avaliação econômica.

---

[105] Como consequência desse direito básico do consumidor, impõem-se aos fornecedores *deveres positivos* (art. 9.º) e *negativos* (art. 10) de prevenção.

428 | INTERESSES DIFUSOS E COLETIVOS – VOL. 1

Com assento no texto constitucional (art. 5.º, V e X), o direito à indenização[106] por danos morais em favor do consumidor tem sido reconhecido por nossos tribunais em várias situações.

A título de exemplo, confiram-se alguns entendimentos já consolidados na jurisprudência do STJ:

- **Súmula 370:** "Caracteriza dano moral a apresentação antecipada de cheque pré--datado";
- **Súmula 385:** "Da anotação irregular em cadastro de proteção ao crédito, não cabe indenização por dano moral, quando preexistente legítima inscrição, ressalvado o direito ao cancelamento";
- **Súmula 387:** "É lícita a cumulação das indenizações de dano estético e dano moral";
- **Súmula 388:** "A simples devolução indevida de cheque caracteriza dano moral";
- **Súmula 642:** "O direito à indenização por danos morais transmite-se com o falecimento do titular, possuindo os herdeiros da vítima legitimidade ativa para ajuizar ou prosseguir a ação indenizatória".

Em vários outros casos, o STJ tem reconhecido a existência de **dano moral *in re ipsa***, ou seja, dano vinculado à própria existência do fato ilícito, cujos resultados são presumidos. Nessas situações, não é necessária a apresentação de provas que demonstrem a ofensa moral da pessoa, bastando, para tanto, que se demonstre a ocorrência do fato ilegal.

Na jurisprudência da Egrégia Corte Superior, encontram-se os seguintes exemplos de dano moral *in re ipsa*: *dano provocado pela inserção indevida do nome do consumidor em cadastro de inadimplentes* (AgRg no AREsp 93.883/SC, 3.ª Turma, rel. Min. Paulo de Tarso Sanseverino, j. 13.11.2012); *dano decorrente de atraso de voo* (REsp 299.532/SP, 4.ª Turma, rel. Min. Honildo Amaral, j. 27.10.2009); *dano provocado pela falta de comunicação aos alunos de curso de graduação acerca do risco (depois concretizado) de impossibilidade de registro do diploma quando da conclusão do ensino, por falta de reconhecimento do curso pelo Ministério da Educação* (REsp 631.204/RS, 3.ª Turma, rel. Min. Nancy Andrighi, j. 25.11.2008); *cobrança indevida e corte ilegal do fornecimento do serviço de água e esgoto* (AgRg no AREsp 163.472/RJ, 2.ª Turma, rel. Min. Herman Benjamin, j. 21.06.2012); *dano provocado pelo extravio, pelo Correio, de carta registrada* (EREsp 1.097.266/PB, 2.ª Seção, rel. Min. Ricardo Villas Bôas Cueva, j. 10.12.2014, Informativo 556); e vazamento de dados pessoais sensíveis fornecidos pelo consumidor para a contratação de seguro de vida (REsp 2.121.904/SP, 3.ª Turma, rel. Min. Nancy Andrighi, j. 11.02.2025).

Anote-se que **não é qualquer aborrecimento que caracteriza o dano moral.** O mero dissabor não tem sido alçado ao patamar de dano moral, mas somente aquelas ofensas que ultrapassam a normalidade dos fatos da vida, causando fundadas aflições ou angústias no espírito da vítima. Nessa linha a jurisprudência do STJ:

> Nas circunstâncias dos autos, a recusa do cartão de crédito não acarretou nem dano material nem dano moral, considerando que o usuário não foi atingido por qualquer tipo de humilhação ou

---

[106] A rigor, a expressão "indenização dos danos morais", malgrado prevista no texto constitucional e tradicionalmente empregada em nossos tribunais, não é a mais adequada tecnicamente. Isso porque a palavra indenização traduz a ideia de eliminação do prejuízo e das consequências, isto é, de retorno ao *status quo ante*, o que não é possível quando se fala em dano moral.

CAP. 5 – DIREITO DO CONSUMIDOR | **429**

mancha em sua dignidade, inexistente qualquer prejuízo pelo fato de ter sido feito pagamento em espécie. Como já assentou esta Corte, o mero dissabor não dá ensejo ao dano moral.[107]

Outro aspecto a ser destacado nesse tema é que as crianças, mesmo da mais tenra idade, também podem pleitear indenização por danos morais na condição de consumidoras. Afinal, fazem jus à proteção irrestrita dos direitos da personalidade, entre os quais se inclui o direito à integridade mental, assegurada a indenização pelo dano moral decorrente de sua violação, nos termos dos arts. 5.º, X, *in fine*, da CF e 12, *caput*, do CC/2002.[108]

É oportuno ressaltar, outrossim, que a reparação do dano moral, a despeito dos questionamentos doutrinários, tem sido empregada no Superior Tribunal de Justiça tanto para compensar a dor da vítima (*função compensatória*), como para punir o ofensor (*função punitiva*). A propósito, veja-se:

> O valor do **dano moral** tem sido enfrentado no STJ com o escopo de atender a sua **dupla função: reparar** o dano buscando minimizar a dor da vítima e **punir** o ofensor, para que não volte a reincidir (grifou-se).[109]

Frise-se, demais disso, que o STJ tem admitido a **cumulação do dano moral** (assim considerada a ofensa a direitos personalíssimos) **com o dano estético** (assim considerada a lesão que afeta a estética do ser humano), conforme se infere do verbete da Súmula 387, acima destacado. Assim, se uma pessoa tem um braço amputado em razão de um acidente sofrido num parque de diversões, por exemplo, poderá pleitear indenização tanto para compensar a dor por ela suportada em razão do evento (*dano moral*), como para reparar a deformidade permanente produzida em seu corpo (*dano estético*).

Por último, pontue-se que o mero **inadimplemento contratual**, por si só, não configura dano moral. Não obstante, se os aborrecimentos dele decorrentes, por sua natureza ou gravidade, exorbitarem os dissabores normalmente decorrentes de uma perda patrimonial e também repercutirem na esfera da dignidade do consumidor, aí sim poderá restar caracterizado o dano moral. Nessa medida, a jurisprudência do STJ vem reconhecendo o direito ao ressarcimento dos danos morais advindos da injusta recusa de cobertura de seguro saúde, pois tal fato agrava a situação de aflição psicológica e de angústia no espírito do segurado, uma vez que, ao pedir a autorização da seguradora, já se encontra em condição de dor, de abalo psicológico e com a saúde debilitada.[110]

5.5.9.2 A questão do dano moral coletivo

Há muito, doutrina e jurisprudência discutem a possibilidade do reconhecimento do **dano moral coletivo**.

Para os que se opõem à ideia da reparação do dano moral coletivo, argumenta-se, em síntese, que o dano moral envolve, necessariamente, dor, sentimento, lesão psíquica (atributos da personalidade).[111] Em sendo assim, não se poderia imaginar, a rigor, um

---

[107] REsp 654.270/PE, rel. Min. Carlos Alberto Menezes Direito, *DJU* 06.03.2006. Em sentido semelhante, a 4.ª Turma do STJ já afastou indenização por dano moral em caso de simples frustração do consumidor (1.406.245/SP, rel. Min. Luis Felipe Salomão, j. 24.11.2020.

[108] REsp 1.037.759/RJ, rel. Min. Nancy Andrighi, *DJE* 05.03.2010.

[109] REsp 715.320/SC, rel. Min. Eliana Calmon, *DJ* 11.09.2007. No mesmo sentido: REsp 1.105.974/BA, rel. Min. Sidnei Beneti, j. 23.04.2009.

[110] A propósito, vejam-se: REsp 1.201.736/SC, 3.ª T., rel. Min. Nancy Andrighi, j. 02.08.2012; REsp 986.947/RN, rel. Min. Nancy Andrighi, j. 11.03.2008; REsp 341.528/MA, rel. Min. Barros Monteiro, *DJ* 09.05.2005; REsp 880.035/PR, rel. Min. Jorge Scartezzini, *DJ* 18.12.2006; AgRg no Ag 846.077/RJ, rel. Min. Humberto Gomes de Barros, *DJ* 18.06.2007; e AgRg no Ag 520.390/RJ, rel. Min. Menezes Direito, *DJ* 05.04.2004.

[111] Nesse sentido é a lição de Rui Stoco, em seu *Tratado de Responsabilidade Civil*. 6. ed. São Paulo: RT, 2004. p. 854.

430 | INTERESSES DIFUSOS E COLETIVOS – VOL. 1

dano moral a interesses coletivos (cujos titulares podem ser indetermináveis, como no caso dos consumidores atingidos por uma publicidade abusiva).[112]

De outro lado, para os que defendem a possibilidade de reparação do dano moral coletivo,[113] eis os principais argumentos:

1) há expressa previsão legal para tal reparação, tanto no CDC (que adotou expressamente o princípio da reparação integral do dano em seu art. 6.º, VI e VII), como na Lei da Ação Civil Pública (Lei 7.347/1985, art. 1.º);

2) os valores da coletividade não se confundem com os valores de cada um dos indivíduos que a compõem, admitindo-se, assim, que um determinado fato possa abalar a imagem e a moral coletivas, independentemente dos danos individualmente suportados;

3) o dano moral (*lesão a direito personalíssimo*) não se confunde com a dor, com o abalo psicológico, com o sofrimento da vítima, sendo estes apenas os efeitos da ofensa. Por isso, é perfeitamente possível estender a proteção dos direitos da personalidade para os direitos difusos e coletivos, a exemplo do que já é feito em relação às pessoas jurídicas, passíveis de sofrerem dano moral.[114]

A par desses argumentos, acrescente-se que a possibilidade de reparação do dano moral coletivo contribui para **desestimular** as práticas abusivas contra os direitos do consumidor, o que está em perfeita consonância com o mandamento constitucional de efetiva defesa dos interesses desse agente econômico vulnerável (arts. 5.º, XXXII, e 170, V, da CF) e com a atual jurisprudência do STJ, que tem admitido a **função punitiva** na reparação do dano moral.

Embora os primeiros precedentes da Corte Superior tenham sido contrários à indenizabilidade do dano moral coletivo,[115] fato é que nos últimos anos o STJ tem admitido, reiteradamente, a possibilidade de sua mensuração e reparação.

O marco da mudança de orientação no Superior Tribunal de Justiça foi o julgamento do Recurso Especial 1.057.274/RS, referente a uma ação civil pública ajuizada pelo *parquet* gaúcho com o objetivo de remover entraves ao acesso gratuito dos idosos maiores de 65 anos ao serviço de transporte coletivo. Na ocasião, a Ministra Relatora Eliana Calmon destacou em seu voto que o dano extrapatrimonial coletivo prescinde da prova da dor, sentimento ou abalo psicológico sofridos pelos indivíduos. Como transindividual, manifesta-se no prejuízo à imagem e moral coletivas e sua averiguação deve pautar-se nas características próprias aos interesses difusos e coletivos. Pela importância, destaca-se trecho da ementa:

> O dano moral coletivo, assim entendido o que é transindividual e atinge uma classe específica ou não de pessoas, é passível de comprovação pela presença de prejuízo à imagem e à moral coletiva dos indivíduos enquanto síntese das individualidades percebidas como segmento, derivado de uma mesma relação jurídica-base. O dano extrapatrimonial coletivo prescinde da comprovação de dor, de sofrimento e de abalo psicológico, suscetíveis de apreciação na esfera do indivíduo,

---

[112] Nessa linha, vejam-se: REsp 598.281/MG, rel. Min. Teori Albino Zavascki, *DJ* 1.º.06.2006; REsp 598.281/MG, *DJ* 1.º.06.2006, e REsp 821.891/RS, *DJe* 12.05.2008.

[113] É esse o pensamento, dentre outros, de Rodolfo de Camargo Mancuso, Claudia Lima Marques, Leonardo de Medeiros Garcia, Antonio Herman Benjamin, André de Carvalho Ramos e Hugo Nigro Mazzilli.

[114] Confira-se, nesse sentido, a Súmula 227 do STJ: "A pessoa jurídica pode sofrer dano moral". Na doutrina: RAMOS, André de Carvalho. *Ação Civil Pública e o Dano Moral Coletivo. Revista Direito do Consumidor*, São Paulo: RT, n. 25, p. 88.

[115] Nesse sentido, vejam-se: REsp 598.281/MG, 1.ª T., rel. Min. Luiz Fux, rel. p/ acórdão Min. Teori Albino Zavascki, j. 02.05.2006, *DJ* 01.06.2006; e REsp 821.891/RS, 1.ª T., rel. Min. Luiz Fux, j. 08.04.2008.

mas inaplicável aos interesses difusos e coletivos. Na espécie, o dano coletivo apontado foi a submissão dos idosos a procedimento de cadastramento para o gozo do benefício do passe livre, cujo deslocamento foi custeado pelos interessados, quando o Estatuto do Idoso, art. 39, § 1.º exige apenas a apresentação de documento de identidade. Conduta da empresa de viação injurídica se considerado o sistema normativo.[116]

Nesse mesmo sentido decidiu a 3ª Turma do STJ, ao julgar um recurso especial referente a uma ação civil pública proposta pelo *parquet* fluminense, na qual se discutia o cabimento de dano moral coletivo em face de uma instituição financeira, por exposição dos consumidores com dificuldades de locomoção à situação desgastante de subir lances de escadas para serem atendidos numa determinada agência. O Ministro Relator Massami Uyeda destacou em seu voto que não é qualquer atentado aos interesses dos consumidores que pode acarretar dano moral difuso. Ou seja, nem todo ato ilícito se revela como afronta aos valores de uma comunidade. É preciso que o fato transgressor seja de **razoável significância** e desborde os limites da tolerabilidade, gerando **repulsa social.** Ele deve ser grave o suficiente para produzir verdadeiros sofrimentos, intranquilidade social e alterações relevantes na ordem extrapatrimonial coletiva. Pela importância, destacamos trecho da ementa:

> Recurso Especial. Dano moral coletivo. Cabimento. Artigo 6.º, VI, do Código de Defesa do Consumidor. Requisitos. Razoável significância e repulsa social. Ocorrência, na espécie. Consumidores com dificuldade de locomoção. Exigência de subir lances de escadas para atendimento. Medida desproporcional e desgastante. Indenização. Fixação proporcional.[117]

Na linha dessa tendência, ao julgar o Recurso Especial 1.397.870/MG, a Corte Superior já reconheceu, inclusive, a possibilidade de existência de **dano moral coletivo *in re ipsa*** na prática de venda casada por parte de operadora de telefonia, que condicionava a aquisição de serviço de telefonia à aquisição de um aparelho telefônico. Na oportunidade, decidiu-se que tal prática comercial é apta a causar sensação de *repulsa coletiva* a *ato intolerável*, tanto intolerável que encontra proibição expressa em lei.[118]

Em resumo, a jurisprudência do STJ está consolidada no sentido de se admitir a responsabilização civil por dano moral coletivo,[119] condicionada à constatação da presença de dois requisitos básicos, quais sejam:

1) **razoável significância do fato transgressor**: a agressão deve ser grave o suficiente para produzir alterações relevantes na ordem extrapatrimonial coletiva; e

2) **repulsa social**: o fato que agride o patrimônio coletivo deve ser de tal intensidade e extensão que implique na sensação de repulsa coletiva a ato intolerável.

Para a Corte Superior, o reconhecimento do dano moral coletivo cumpre **funções específicas**, quais sejam a *punição do responsável pela lesão* e a *inibição da prática ofensiva*

---

[116] REsp 1.057.274/RS, 2.ª T., rel. Min. Eliana Calmon, j. 01.12.2009.

[117] REsp 1.221.756/RJ, 3.ª T., rel. Min. Massami Uyeda, j. 02.02.2012.

[118] Em sentido semelhante, a 4.ª Turma do STJ reconheceu a existência de dano moral coletivo *in re ipsa* na alienação de terrenos a consumidores de baixa renda em loteamento irregular, tendo sido veiculada publicidade enganosa sobre a existência de autorização do órgão público e de registro no cartório de imóveis (REsp 1.539.056/MG, 4.ª T., rel. Min. Luis Felipe Salomão, por unanimidade, j. 06.04.2021).

[119] Nesse sentido: AgRg no REsp 1.497.096/RJ, 2.ª T., rel. Min. Mauro Campbell Marques, j. 15.12.2015; REsp 1.269.494/MG, 2.ª T., rel. Min. Eliana Calmon, j. 24.09.2013; e REsp 1.367.923/RJ, 2.ª T., rel. Min. Humberto Martins, j. 27.08.2013; AgRg no REsp 1.283.434/GO, 1.ª T., rel. Min. Napoleão Nunes Maia Filho, j. 07.04.2016; e REsp 1.101.949/DF, 4.ª T., rel. Min. Marcos Buzzi, j. 10.05.2016.

432 INTERESSES DIFUSOS E COLETIVOS – VOL. 1

e, apenas como consequência, a redistribuição do lucro obtido de forma ilegítima pelo ofensor à sociedade.[120]

A reparação patrimonial da lesão restitui, portanto, apenas de forma indireta, o dano causado a esse bem coletivo extrapatrimonial, haja vista que a destinação do ganho obtido com a prática do ilícito é revertida ao fundo de reconstituição dos bens coletivos, previsto no art. 13 da Lei 7.347/1985.

5.5.9.3 Pedido genérico em ação de indenização por danos materiais e morais

No sistema processual civil brasileiro, vigora a regra geral segundo a qual o pedido deve ser certo e determinado, sendo ônus do autor indicar, de forma expressa e precisa, o que pretende obter por meio da prestação jurisdicional.

Não obstante, cuidou o legislador de prever determinadas situações em que se admite a formulação de pedido genérico, como as previstas no art. 324, § 1.º, do CPC.

Outrossim, diante da imprescindibilidade de ampliação e facilitação do acesso à Justiça, a jurisprudência do STJ passou a flexibilizar as exíguas exceções legais à regra de determinação do pedido, notadamente no que concerne às ações indenizatórias.

Assim, pacificou-se na Corte Superior o entendimento de que **é lícito ao autor formular pedido genérico de compensação por dano moral**.[121] Isso porque, inexistentes critérios legais de mensuração, o arbitramento do valor da compensação por dano moral caberá exclusivamente ao juiz, mediante seu prudente arbitrário, de modo que não se mostra legítimo exigir-se do autor, no momento da propositura da demanda, a indicação precisa de um valor.

Ressalte-se que essa faculdade atribuída ao autor de formular pedido genérico de compensação por dano moral não importa em ofensa ao princípio do contraditório e da ampla defesa, na medida em que o réu, além de se insurgir contra a caracterização da lesão extrapatrimonial, poderá pugnar ao juiz pela fixação do *quantum* indenizatório em patamar que considere adequado.

Por outro lado, importa notar que **o STJ também tem admitido a formulação de pedido genérico em relação ao dano material**, nas hipóteses em que for extremamente difícil a sua imediata quantificação – por depender de complexos cálculos contábeis –, situação em que o valor da causa poderá ser estimado em quantia simbólica e provisória, passível de posterior adequação ao valor apurado na sentença ou no procedimento de liquidação.[122] Privilegiam-se, nesse caso, os princípios da economicidade e celeridade, uma vez que não é razoável impor ao autor que, antes do ajuizamento da ação, custeie a produção de uma perícia técnica com vistas à apuração do dano material e indicação exata do valor de sua pretensão – isso se tiver acesso a todos os dados necessários – para que, no decorrer do processo, essa prova técnica seja novamente produzida, agora sob o crivo do contraditório e da ampla defesa.

Em resumo, na impossibilidade de se especificar o valor em ações indenizatórias por dano moral ou material, é possível a formulação de pedido genérico de ressarcimento na petição inicial do processo, com atribuição de valor simbólico à causa.[123] Todavia, ainda que seja genérico, o pedido deve conter especificações mínimas que permitam ao réu identificar corretamente a pretensão do requerente, garantindo ao requerido seu direito

---

[120] REsp 1.303.014/RS, 4.ª T., rel. p/ o acórdão Min. Raul Araújo, j. 18.12.2014.

[121] REsp 777.219/RJ, 3.ª T., DJ 23.10.2006; e REsp 537.386/PR, 4.ª T., DJ 13.06.2005.

[122] REsp 363.445/RJ, 3.ª T., DJ 01.04.2002; e REsp 714.242/RJ, 4.ª T., DJe 10.03.2008.

[123] Nesse sentido: STJ, REsp 1.534.559/SP, 3.ª T., rel. Min. Nancy Andrighi, DJe 01.12.2016.

CAP. 5 – DIREITO DO CONSUMIDOR | **433**

de defesa. Em se tratando de pedido genérico, o valor da causa pode ser estimado em quantia simbólica e provisória, passível de posterior adequação ao valor apurado na sentença ou no procedimento de liquidação.

5.5.10 Direito de acesso à justiça

O Código de Defesa do Consumidor, em seu art. 6.º, VII, assegura o direito de acesso à justiça e aos órgãos administrativos de defesa do consumidor, com vistas à prevenção e reparação dos danos materiais, morais, individuais e coletivos, aos consumidores.

Nesse direito inclui-se a assistência jurídica, administrativa e técnica aos necessitados, tarefa das mais importantes a ser desempenhada pelos Procons e pelas defensorias públicas da União e dos Estados.

5.5.11 Direito à inversão do ônus da prova

Uma das mais importantes inovações do Código de Defesa do Consumidor, com grande repercussão prática, está prevista em seu art. 6.º, VIII, que estabelece como direito básico do consumidor "a facilitação da defesa de seus direitos, inclusive com a inversão do ônus da prova, a seu favor, no processo civil, quando, a critério do juiz, for verossímil a alegação ou quando for ele hipossuficiente, segundo as regras ordinárias de experiência".

Quando da entrada em vigor do CDC no ano de 1990, a regra geral de distribuição do ônus da prova estava estabelecida no art. 333 do Código de Processo Civil de 1973:

> **Art. 333.** O ônus da prova incumbe:
>
> I – ao autor, quanto ao fato constitutivo de seu direito;
>
> II – ao réu, quanto à existência de fato impeditivo, modificativo ou extintivo do direito do autor.

O CPC de 1973, que vigorou até o dia 17 de março de 2016, estabelecia um regime estático, no qual o encargo probatório era distribuído prévia e abstratamente pela lei (***regra da distribuição estática do ônus da prova***), independentemente das circunstâncias do caso concreto.

Se tal regra funcionava bem entre partes iguais, não se mostrava suficiente para a defesa dos interesses do consumidor, vulnerável em face do fornecedor. Daí a importância do art. 6.º, VIII, do CDC, que flexibilizou as regras sobre a distribuição do ônus da prova, conferindo ao juiz a possibilidade de determinar a inversão deste ônus quando verificar, no processo, a presença da verossimilhança da alegação ou da hipossuficiência do consumidor.

O objetivo do CDC é facilitar a defesa dos interesses do consumidor no campo da instrução probatória, de modo a permitir a igualdade substancial também no plano processual, com o que o juiz se aproximará mais da verdade e proferirá uma decisão de melhor qualidade.

Por se tratar de prerrogativa processual, a inversão do ônus da prova não pode ser objeto de sub-rogação pela seguradora que efetua o pagamento de indenização por sinistro.[124]

---

[124] REsp 2.092.308/SP, Corte Especial, rel. Min. Nancy Andrighi, j. 19.02.2025 (Tema Repetitivo 1.282). No mesmo julgado, a Corte Especial decidiu que a sub-rogação se limita a transferir os direitos de natureza material, não abrangendo os direitos de natureza exclusivamente processual decorrentes de condições personalíssimas do credor, em especial quanto à competência na ação regressiva.

434 | INTERESSES DIFUSOS E COLETIVOS – VOL. 1

Referido direito, conforme visto,[125] deve ser reconhecido tanto no plano da tutela individual quanto no plano da tutela coletiva, já que a própria legislação consumerista não faz distinção entre consumidor individual e coletividade (art. 81 do CDC).

5.5.11.1 Requisitos

O reconhecimento do direito à inversão do ônus da prova não é automático.[126] Está condicionado à verificação, pelo juiz da causa (**inversão** *ope iudicis*), da presença, *alternativamente*, dos requisitos autorizadores, a saber: verossimilhança das alegações ou hipossuficiência do consumidor.

A própria conjunção alternativa empregada pelo legislador está a apontar no sentido da alternatividade de tais requisitos; é dizer: basta a presença de um deles para que o juiz aplique a inversão. É esse o entendimento majoritário da doutrina,[127] com ressonância na jurisprudência do STJ:

> Consumidor. Recurso especial. Indenização. Danos morais e materiais. Inversão do ônus da prova. Saque indevido em conta bancária. A jurisprudência do STJ sedimentou-se no sentido da possibilidade de inversão do ônus da prova em hipóteses que versem acerca de saques indevidos em conta bancária, diante do reconhecimento da hipossuficiência técnica do consumidor, ainda que não reconhecida a verossimilhança das alegações apresentadas. Precedentes. Agravo não provido.[128]

Assim, quando presentes os requisitos exigidos pela lei – verossimilhança da alegação ou hipossuficiência –, o juiz determinará a inversão do ônus probatório em favor do consumidor.

Trata-se de um **direito público subjetivo do consumidor**, que não poderá ser negado pelo juiz, se preenchidos os requisitos legais. Tem, pois, o juiz, nessas condições, o poder-dever de determinar a inversão desse ônus, não lhe sendo facultado aplicar critérios de oportunidade e conveniência.[129]

Também porque todas as normas de proteção e defesa do consumidor são de ordem pública e interesse social (CDC, art. 1.º), **pode o juiz, de ofício, reconhecer o direito à inversão do ônus da prova**, independentemente de pedido da parte.[130]

5.5.11.2 Verossimilhança da alegação

Considera-se **verossímil** *a alegação que tem aparência de verdade*, que é plausível, ou, ainda, que é provável, que não repugna à verdade. Em outras palavras, verossímil é a alegação do consumidor que aparenta ser verdadeira.

Sobre esse requisito, questão interessante consiste em saber se o juiz, ao aplicar a inversão do ônus da prova, deve levar em consideração os indícios colhidos no processo.

---

[125] O estudo da inversão do ônus da prova no processo coletivo é tratado no Capítulo 2, item 2.8.2.1.

[126] A propósito: STJ, AgRg no REsp 728.303/SP, 3.ª T., rel. Min. Paulo de Tarso Sanseverino, j. 21.10.2010.

[127] Nesse sentido, entre outros, vejam-se: DIDIER JR, Fredie *et al.* Curso de Direito Processual Civil. *Teoria da Prova, Direito Probatório, Teoria do Precedente, Decisão Judicial, Coisa Julgada e Antecipação dos Efeitos da Tutela.* 6 ed. Salvador: Juspodivm, 2011. v. II, p. 85; MARQUES, Claudia Lima. *Manual de Direito do Consumidor.* São Paulo: Revista dos Tribunais, 2008. p. 62. Em sentido contrário, defendendo a cumulatividade de tais requisitos: GIDI, Antonio. *Aspectos da Inversão do Ônus da Prova no Código do Consumidor.* Curitiba: Gênesis, 1996. n. 03, p. 584.

[128] AgRg no REsp 906.708/RO, 3.ª T., rel. Min. Tarso Sanseverino, j. 19.05.2011.

[129] No mesmo sentido: CARVALHO FILHO, Milton Paulo. Ainda a Inversão do Ônus da Prova no Código de Defesa do Consumidor. *Revista dos Tribunais,* ano 92, v. 807, jan. 2003, p. 64-65.

[130] No mesmo sentido: MOREIRA, Carlos Alberto Barbosa. Notas sobre a Inversão do Ônus da Prova em Benefício do Consumidor. *RePro,* São Paulo, 86/302.

CAP. 5 – DIREITO DO CONSUMIDOR | 435

Para a doutrina majoritária, à qual nos filiamos, o sistema do art. 6.º, VIII, do CDC só se compatibiliza com as garantias democráticas do processo se entendido como critério de apreciação de provas pelo menos indiciárias, disponíveis do processo. Nesse sentir, se, por um lado, a norma consumerista em estudo não exige prova inequívoca, robusta ou definitiva, por outro, reclama a chamada *prova de primeira aparência*, prova de verossimilhança, decorrente das máximas de experiência, que autoriza um juízo de probabilidade.

Em outras palavras, o juiz extrairá a verossimilhança dos indícios, fatos alegados e *provados*, dos quais se possa deduzir, com base no que ordinariamente acontece, a ocorrência de outro fato – que constitui o *thema probandum* –, este, todavia, não provado.

É como pensa Humberto Theodoro Junior, para quem a verossimilhança é fruto de um "juízo de probabilidade extraído de material probatório de feitio indiciário, do qual se consegue formar a opinião de ser provavelmente verdadeira a versão do consumidor".[131]

Em sentido diverso, há quem defenda ser a verossimilhança uma aparência da verdade pela mera alegação de um fato que costuma ordinariamente ocorrer, não se exigindo para sua caracterização qualquer espécie de prova. Dito de outro modo, verossímil é a alegação do consumidor que aparenta ser verdadeira, tomando-se por base apenas aquilo que costuma acontecer em situações similares à narrada na inicial, independentemente dos elementos de prova dos autos.[132]

Trata-se, como se vê, de um **conceito jurídico indeterminado**, cujo conteúdo há de ser fixado pelo juiz, segundo as regras ordinárias de experiência, em face do caso concreto.

Pontue-se que a convicção de verossimilhança nada mais é do que a convicção derivada da redução das exigências de prova, e, assim, em princípio, seria distinta da inversão do ônus da prova.

De fato, a situação ora examinada não corresponde, genuinamente, a caso de inversão do ônus da prova. O que se dá é que o magistrado, com a ajuda das máximas de experiência e das regras da vida, considera provável que, diante das provas dos autos, a versão apresentada pelo consumidor seja verdadeira. Nesse caso, impedido que está de decidir-se pela ausência de clareza dos fatos (*non liquet*), deverá ele julgar a causa, em definitivo, calcado exclusivamente em juízo de probabilidade. Desse teor o ensinamento de Kazuo Watanabe:[133]

> Na *primeira situação*, como bem observa Leo Rosenberg, é que o magistrado, com a ajuda das máximas de experiência e das regras de vida, considera produzida a prova que incumbe a uma das partes. Examinando as condições de fato com base em máximas de experiência, o magistrado parte do curso normal dos acontecimentos, e, porque o fato é ordinariamente a consequência ou o pressuposto de um outro fato, em caso de existência deste, admite também aquele como existente, a menos que a outra parte demonstre o contrário. Assim, não se trata de uma autêntica hipótese de inversão do ônus da prova.

5.5.11.3 Hipossuficiência

Hipossuficiência é a *dificuldade do consumidor para produzir, no processo, a prova do fato favorável a seu interesse*, seja porque ele não possui conhecimento técnico específico

---

[131] THEODORO JUNIOR, Humberto. *Direito do Consumidor*. 2. ed. Rio de Janeiro: Forense, 2001. p. 135. No mesmo sentido, vejam-se: CAVALIERI FILHO, Sérgio. *Programa de Direito do Consumidor*. São Paulo: Atlas, 2009. p. 292; CARVALHO FILHO, Milton Paulo. Ainda a Inversão do Ônus da Prova no Código de Defesa do Consumidor. *Revista dos Tribunais*, ano 92, v. 807, jan. 2003, p. 69; e MOREIRA, Carlos Alberto Barbosa. Notas sobre a Inversão do Ônus da Prova em Benefício do Consumidor. *RePro*, São Paulo, 86/302.

[132] Nesse sentido: AMORIM, Daniel; TARTUCE, Flávio. *Manual de Direito do Consumidor: Direito Material e Processual*. São Paulo: Método, 2012. p. 518.

[133] WATANABE, Kazuo et al. *Código Brasileiro de Defesa do Consumidor comentado pelos autores do anteprojeto*. 8. ed. Rio de Janeiro: Forense Universitária, 2005. p. 733.

sobre o produto ou serviço adquirido (**hipossuficiência técnico-científica**), seja porque ele não dispõe de recursos financeiros para arcar com os custos da produção dessa prova (**hipossuficiência econômica ou fática**).[134]

A ideia de que a hipossuficiência do consumidor deve ser analisada não apenas sob o *prisma econômico e social*, mas, sobretudo, quanto ao aspecto da *produção de prova técnica*, tem se difundido na jurisprudência do STJ. A título de exemplo, destaca-se:

> O art. 6.º, VIII, do CDC, com vistas a garantir o pleno exercício do direito de defesa do consumidor, estabelece que a inversão do ônus da prova será deferida quando a alegação por ele apresentada seja verossímil ou quando for constatada a sua hipossuficiência. Reconhecida a **hipossuficiência técnica** do consumidor, em ação que versa sobre a realização de saques não autorizados em contas bancárias, mostra-se imperiosa a inversão do ônus probatório (grifo nosso).[135]

O princípio, afinal, é facilitar a defesa do consumidor em juízo e, neste propósito, quando o consumidor estiver em grau de fragilidade, quer econômica, quer técnica, no afã de restabelecer a igualdade substancial no processo, quebrada pela desigualdade concreta e específica do caso entre consumidor e fornecedor, justifica-se a modificação do regime do ônus da prova.

Em síntese, a hipossuficiência – outro conceito jurídico indeterminado presente no CDC – pode ser definida como a dificuldade técnica (*hipossuficiência técnica*) ou econômica (*hipossuficiência econômica*) do consumidor para produzir a prova necessária à satisfação da sua pretensão em juízo.

Em ação que discutia vícios construtivos em imóvel adquirido por meio do Programa Minha Casa Minha Vida (PMCMV) a 3.ª Turma do STJ decidiu que é devida a inversão do ônus probatório, considerando a evidente assimetria técnica, informacional e econômica entre os beneficiários e a CEF, a qual tem maior facilidade de comprovar a ausência dos vícios referidos, pois detém a documentação e o conhecimento prévio sobre a aquisição e construção dos imóveis no âmbito do Programa, podendo, além de requerer perícia, demonstrar que foram observadas todas as regras técnicas de engenharia na execução do projeto e utilizada matéria-prima de qualidade. Pela pertinência, confira-se trecho da ementa do referido julgado:[136]

> Na hipótese, portanto, a inversão do ônus da prova em favor do condomínio autor, composto por beneficiários do PMCMV, Faixa 1 – FAR, se justifica tanto à luz do art. 373, § 1º, do CPC, em razão da "maior facilidade de obtenção da prova do fato contrário", quanto à luz do art. 6º, VIII, do CDC, em razão da hipossuficiência da parte autora.

Note-se, ainda, que **hipossuficiência não é sinônimo de pobreza**. De fato, um consumidor, mesmo não sendo considerado pobre, poderá ser considerado hipossuficiente, caso a produção da prova seja considerada muito onerosa ou complexa para ele. Exemplo: o usuário de uma rodovia pedagiada não terá condições técnicas e financeiras para provar, no processo, que a tarifa cobrada pela concessionária é abusiva, porque isto demandaria

---

[134] No mesmo sentido, vejam-se: LISBOA, Roberto Senise. *Responsabilidade Civil nas Relações de Consumo*. São Paulo: RT, 2001. p. 90; NERY JUNIOR, Nelson; NERY, Rosa Maria de Andrade. *Código Civil Comentado e Legislação Extravagante*. 3. ed. São Paulo: RT, 2005. p. 957; ARENHART, Sergio Cruz. Ônus da Prova e sua Modificação no Processo Civil Brasileiro. *Revista Jurídica*, ano 54, n. 343, maio 2006, p. 44; MATOS, Cecília. O Ônus da Prova no Código de Defesa do Consumidor. Direito do Consumidor. São Paulo: RT. v. 11, p. 44.

[135] REsp 1.155.770/PB, rel. Min. Nancy Andrighi, j. 15.12.2011 (Informativo STJ 489). No mesmo sentido, vejam-se: AgRg no REsp 906.708/RO, 3.ª T., rel. Min. Paulo de Tarso Sanseverino, j. 19.05.2011; REsp 1.178.105/SP, 3.ª T., rel. p/ acórdão Min. Nancy Andrighi, j. 07.04.2011.

[136] REsp 2.097.352/SP, 3.ª T., rel. Min. Nancy Andrighi, j. 19.03.2024.

CAP. 5 – DIREITO DO CONSUMIDOR | 437

perícias e estudos muito complexos e onerosos. Nesse caso, mesmo não sendo pobre, deverá ser reconhecida sua hipossuficiência.

5.5.11.4 *Hipossuficiência e vulnerabilidade: distinção*

É importante destacar que os conceitos de vulnerabilidade e hipossuficiência não se confundem.

Vulnerabilidade é um conceito de **índole material**. Traduz-se na condição de inferioridade técnica, jurídica ou econômica do consumidor frente ao fornecedor. Conforme já afirmado, a vulnerabilidade de todos os consumidores é **presumida por força de lei** (art. 4.º, I, do CDC).

A **hipossuficiência**, por sua vez, é um conceito de **índole processual**, que guarda íntima ligação com a dificuldade de produção de determinada prova por parte do consumidor.[137] Ao contrário da vulnerabilidade, **não é presumida por lei**, devendo ser verificada pelo juiz da causa, *in concreto*, de acordo com as regras ordinárias de experiência.

Vê-se, portanto, que a hipossuficiência é um *plus* em relação à vulnerabilidade. Desse modo, *todo consumidor é vulnerável, mas nem todo consumidor é hipossuficiente*.

5.5.11.5 *Momento da inversão do ônus da prova*

Não há consenso em doutrina a respeito do momento mais adequado para se decretar a inversão do ônus da prova.

Para alguns, a inversão deve ser decidida entre a propositura da ação e o despacho saneador, pois se trata de *regra de procedimento*. Nesse sentido, argumenta-se que tal procedimento evitaria surpresas para o fornecedor, possibilitando-lhe, em caso de inversão, a produção das provas necessárias à concretização da sua defesa, o que se harmoniza com os princípios constitucionais do contraditório e da ampla defesa.[138]

De outro lado, respeitadas vozes defendem a tese de que a inversão deve ser decidida na sentença, porquanto se trata de *regra de julgamento*. Nessa linha, argumenta-se que a inversão pode ser decretada somente após a produção e valoração da prova, se e quando o julgador estiver em dúvida (situação de *non liquet*). Tanto é assim que chega a ser dispensável a decretação da inversão caso o juiz forme sua convicção pelas provas produzidas nos autos. Demais disso, não há que se falar em surpresa para o fornecedor, porque a possibilidade de reconhecimento desse direito está expressamente prevista em lei (art. 6.º, VIII, do CDC).[139]

No Superior Tribunal de Justiça, igualmente, havia forte divergência sobre o tema. Na 3.ª Turma prevalecia o entendimento de que a sentença é o momento mais adequado para se decretar a inversão do ônus da prova, pois se trata de regra de julgamento,[140] ao passo que na 4.ª Turma entendia-se que a inversão do ônus da prova é regra de procedimento e, de conseguinte, deve ser decidida antes do fim da instrução, de modo a

---

[137] A propósito, veja-se: STJ, REsp 1.141.675/MG, 4.ª T., rel. Maria Isabel Gallotti, j. 19.12.2011.

[138] Nesse sentido, dentre outros, vejam-se: RIZZATTO NUNES, Luiz Antonio. *Curso de Direito do Consumidor*. 4. ed. São Paulo: Saraiva, 2009. p. 784; ALMEIDA, João Batista de. *Manual de Direito do Consumidor*. 3. ed. São Paulo: Saraiva, 2009. p. 82.

[139] Nesse sentido, dentre outros, confiram-se: NERY JUNIOR, Nelson; NERY, Rosa Maria Andrade. *Código de Processo Civil Comentado e Legislação Extravagante*. 10. ed. São Paulo: RT, 2007. p. 608; WATANABE, Kazuo. *Código Brasileiro de Defesa do Consumidor*: Comentado pelos Autores do Anteprojeto. 7. ed. Rio de Janeiro: Forense Universitária, 2001. p. 734; e CAVALIERI FILHO, Sérgio. *Programa de Direito do Consumidor*. São Paulo: Atlas, 2009. p. 293.

[140] Nesse sentido: AgRg nos EDcl no Ag 977.795/PR, rel. Min. Sidnei Beneti, j. 23.09.2008; e REsp 974.994/SP, rel. Min. Nancy Andrighi, j. 05.06.2008.

438 | INTERESSES DIFUSOS E COLETIVOS – VOL. 1

oportunizar ao fornecedor a produção das provas que atendam aos seus interesses, sob pena de cerceamento de defesa.[141]

Ao enfrentar essa questão, a 2.ª Seção do Superior Tribunal de Justiça (que reúne a 3.ª e a 4.ª Turmas), em importante julgado, acolheu, por maioria de votos, a tese de que o momento mais adequado para se decretar a inversão do ônus da prova é o do despacho saneador, ocasião em que o juiz decidirá as questões processuais pendentes e determinará as provas a serem produzidas, designando audiência de instrução e julgamento (art. 331, §§ 2.º e 3.º, do CPC/1973; art. 357 do CPC/2015). Desse modo, consoante observado pelo Relator do acórdão, Ministro Paulo de Tarso Sanseverino, confere-se maior certeza às partes referente aos seus encargos processuais, evitando-se, por conseguinte, a insegurança.[142]

A partir desse precedente, a 3.ª Turma reviu seu entendimento anterior e, nas últimas decisões, perfilhou-se ao entendimento adotado na 2.ª Seção, isto é, passou a decidir que a inversão do ônus da prova é regra de procedimento e não regra de julgamento, devendo ocorrer, preferencialmente, durante o saneamento do processo ou, pelo menos, assegurando-se à parte a quem não incumbia inicialmente o encargo, a reabertura de oportunidade para apresentação de provas.[143]

Nessa quadra, é possível afirmar que **atualmente prevalece no STJ o entendimento segundo o qual a inversão do ônus da prova é regra de procedimento ou de instrução**, a ser decidida no despacho saneador ou em outro momento, desde que anterior ao encerramento da instrução processual.[144]

Muito bem. Respeitadas as vozes contrárias, também pensamos que a inversão do ônus da prova é regra de procedimento, que autoriza o desvio de rota e, de conseguinte, deve ser feita em momento que permita àquele que assumiu o encargo livrar-se dele. Não se trata de regra de julgamento, como a que distribui o ônus da prova. É dever do magistrado, portanto, anunciar a inversão antes de prolatar a sentença e em tempo de o sujeito onerado se desincumbir do encargo probatório. Se não for assim, a inversão do ônus da prova significará a imposição de uma pena, e não a simples transferência de ônus.

Com efeito, se fosse lícito ao magistrado operar a inversão do ônus da prova no exato momento da sentença, ocorreria a peculiar situação de, simultaneamente, se atribuir um ônus à parte, e negar-lhe a possibilidade de desincumbir-se do encargo que antes inexistia.[145] Afinal, uma coisa é a **regra de inversão do ônus da prova** (*regra que inverte*), outra é a **regra do ônus da prova** (*regra invertida*), esta sim, sem sombra de dúvidas, uma regra de julgamento.

É esse também o pensamento de Didier Jr.:[146]

> Reservar a inversão do ônus da prova ao momento da sentença representa uma ruptura com o sistema do devido processo legal, ofendendo a garantia do contraditório. Não se pode apenar a parte que não provou a veracidade ou inveracidade de uma determinada alegação sem que se tenha conferido a ela a oportunidade de fazê-lo (lembre-se de que o ônus subjetivo acaba por condicionar a atuação processual da parte). Por outro lado, exigir que o fornecedor, apenas por vislumbrar uma possível inversão do ônus da prova em seu desfavor, faça prova tanto dos

---

141 A propósito: REsp 881.651/BA, rel. Min. Hélio Quaglia Barbosa, j. 10.04.2007; e REsp 720.930/RS, rel. Min. Luis Felipe Salomão, j. 20.10.2009.

142 REsp 802.832/MG, rel. Min. Paulo de Tarso Sanseverino, j. 13.04.2011 (Informativo 469 do STJ).

143 Nesse sentido: STJ, REsp 1.476.261/RS, 3.ª T., rel. Min. Moura Ribeiro, j. 21.10.2014; AgRg no AREsp 380.384/MS, 3.ª T., rel. Min. Sidnei Beneti, j. 19.11.2013.

144 Nesse sentido: REsp 1.286.273/SP, 4.ª t., rel. Min. Marco Buzzi, j. 08.06.2021 (Informativo STJ 701).

145 Nesse sentido: GIDI, Antonio. Aspectos da Inversão do Ônus da Prova no Código do Consumidor. *Revista de Direito do Consumidor*, São Paulo: RT, n. 13, p. 38.

146 DIDIER JR., Fredie et al. *Curso de Direito Processual Civil*. Teoria da Prova, Direito Probatório, Teoria do Precedente, Decisão Judicial, Coisa Julgada e Antecipação dos Efeitos da Tutela. 6. ed. Salvador: JusPodivm, 2011. v. II, p. 83.

CAP. 5 – DIREITO DO CONSUMIDOR | **439**

fatos impeditivos, extintivos ou modificativos que eventualmente alegar, é tornar legal a inversão que o legislador quis que fosse judicial (tanto que exigiu o preenchimento, no caso concreto, de certos requisitos).

Seguindo essa orientação, considerar-se-ão nulas as sentenças (*para a hipótese de inversão do ônus da prova em primeira instância*) e os acórdãos (*para a hipótese de inversão em grau de apelação*) que aplicarem a inversão do ônus da prova somente no momento do julgamento. Como consectário lógico dessa anulação, será determinado ao juiz de primeiro grau que, caso considere presentes os requisitos da inversão do ônus da prova estabelecidos no art. 6.º, VIII, do CDC, reabra a instrução, a fim de propiciar a produção da prova à parte a quem foi dirigida a ordem judicial de inversão e que irá suportar as consequências processuais de sua eventual não produção.[147]

É oportuno destacar que o atual Código de Processo Civil encampou o entendimento de que a inversão do ônus da prova é regra de procedimento e, de conseguinte, deve ser aplicada antes da sentença, oportunizando-se à parte onerada o desempenho adequado do ônus que lhe foi atribuído (art. 373, § 1.º).[148]

5.5.11.6 *A questão do custeio das provas*

Outra questão polêmica diz respeito à responsabilidade pelo pagamento das despesas com as provas requeridas pelo consumidor, quando a este é reconhecido o direito à inversão do ônus da prova.

Para autorizada doutrina, uma vez decretada a inversão do ônus da prova, transfere-se automaticamente para o fornecedor a obrigação de arcar com os custos da produção probatória. Se assim não fosse, instaurar-se-ia uma incrível contradição: o ônus da prova seria do réu (fornecedor) e o ônus econômico seria do autor (consumidor). Como este não tem poder econômico, não poderia produzir a prova. Nesse caso, se o ônus da não produção da prova recair sobre o réu (fornecedor), restaria configurado inegável prejuízo para sua defesa.[149]

Em sentido contrário, respeitadas vozes defendem a ideia de que a inversão do ônus da prova não tem o efeito de obrigar o fornecedor a arcar com as custas da prova requerida pelo consumidor, porquanto não se deve confundir o ônus de provar com o ônus financeiro de realização dos atos probatórios. Assim, uma vez reconhecido o direito a essa inversão, obriga-se o fornecedor apenas a suportar o ônus de sua não produção, ou seja, serão considerados verdadeiros os fatos que, por meio dessa prova, se pretendia provar. Nessa trilha, aliás, consolidou-se a jurisprudência do STJ:

> A simples inversão do ônus da prova, no sistema do Código de Defesa do Consumidor, não gera a obrigação de custear as despesas com a perícia, embora sofra a parte ré as consequências decorrentes de sua não produção (REsp 639.534/MT, Rel. Ministro Carlos Alberto Menezes Direito, *DJU* 13.02.6). Precedentes. Recurso especial provido.[150]

---

[147] Nesse sentido: STJ, EREsp 422.778/SP, 2.ª S., rel. p/ acórdão Min. Maria Isabel Gallotti, j. 29.02.2012 (Informativo 492).

[148] "Art. 373. (...) § 1.º Nos casos previstos em lei ou diante de peculiaridades da causa relacionadas à impossibilidade ou à excessiva dificuldade de cumprir o encargo nos termos do *caput* ou à maior facilidade de obtenção da prova do fato contrário, poderá o juiz atribuir o ônus da prova de modo diverso, desde que o faça por decisão fundamentada, caso em que deverá dar à parte a oportunidade de se desincumbir do ônus que lhe foi atribuído."

[149] A propósito, veja-se: RIZZATTO NUNES, Luiz Antonio. *Curso de Direito do Consumidor*. 4. ed. São Paulo: Saraiva, 2009. p. 785.

[150] REsp 1.063.639/MS, rel. Min. Castro Meira, j. 1.º.10.2009.

440 | INTERESSES DIFUSOS E COLETIVOS - VOL. 1

5.5.11.7   Efeitos da inversão

O órgão julgador, ao inverter o ônus da prova, deve fazê-lo sobre **fato ou fatos específicos**, referindo-se a eles expressamente.[151]

Conforme visto, a verossimilhança o juiz extrairá dos indícios, fatos alegados e provados, dos quais se possa deduzir, com base no que ordinariamente acontece, a ocorrência de outro fato, este, todavia, não provado.

Não raras vezes, contudo, o juiz poderá considerar a alegação do consumidor apenas parcialmente verossímil. Nesses casos, a "inversão"[152] alcançará tão somente os fatos em relação aos quais exista a chamada *prova de primeira aparência;* quanto aos demais, considerados inverossímeis, o ônus da prova continuará sendo do consumidor.

Suponhamos, por exemplo, uma ação movida por um consumidor que foi vítima de um acidente de automóvel, causado por um defeito no sistema de freios do veículo. Na petição inicial, o autor alega que, em razão do acidente, sofreu danos materiais e deixou de participar de uma entrevista de emprego agendada para o dia seguinte. Forte em tais razões, ele pede a condenação da concessionária à reparação dos danos materiais diretamente relacionados com o acidente (desvalorização do automóvel, custos de reparo do bem danificado, despesas com carro de aluguel etc.), bem como dos danos relacionados à perda de uma chance – representada, na hipótese, pela não participação na entrevista de emprego. Ao analisar as provas dos autos, o juiz pode entender que a alegação do consumidor é verossímil, tão somente, quanto aos danos imediatamente relacionados com o acidente de consumo; já em relação ao dano decorrente da perda de uma chance, poderá entender que não há sequer prova indiciária – afinal, a entrevista ocorreu no dia seguinte ao do acidente, na mesma cidade e o consumidor não estava fisicamente impedido de se deslocar ao local marcado. Na espécie, o magistrado poderá julgar a pretensão do autor parcialmente procedente, para o fim de condenar a concessionária – com base em juízo de probabilidade – à reparação dos danos materiais imediatamente causados pelo defeito do produto, isentando-a de responsabilidade, contudo, em relação aos danos decorrentes da perda de uma chance, uma vez que neste aspecto a alegação do consumidor não aparentava ser verdadeira.

Da mesma forma, somente aqueles fatos diretamente relacionados com a hipossuficiência do consumidor autorizam a inversão;[153] já os fatos que não geram dificuldades para o consumidor demonstrá-los devem ser comprovados por ele.[154] Imagine-se, por exemplo, o caso de um mendigo de rua que, propondo ação contra luxuoso *shopping center*, pretendesse obter gorda indenização, pelo suposto furto de seu automóvel. Na ação, ele pede a inversão "para que o réu prove que seu carro (do mendigo) não estava nas dependências do *shopping* e que, nele, não estavam guardadas todas as suas compras de Natal". A inversão, aí, jamais irá ao ponto de eximir o autor da ação do encargo de provar a propriedade do veículo e a aquisição dos presentes de Natal supostamente deixados em seu interior – indiscutivelmente, fatos constitutivos do direito à indenização, de fácil prova e, em relação aos quais, logicamente, também não poderá ser reconhecida a verossimilhança. Conjura-se, assim, o risco de o fornecedor se ver em situação excessivamente gravosa quanto à prova.

---

[151]   CAMBI, Eduardo. *A Prova Civil:* Admissibilidade e Relevância. São Paulo: Revista dos Tribunais, 2006. p. 420.

[152]   Remarque-se que esta hipótese não é genuinamente uma espécie de inversão do ônus da prova, mas sim julgamento calcado em juízo de probabilidade.

[153]   CARVALHO FILHO, Milton Paulo de. *Ainda a Inversão do Ônus da Prova no Código de Defesa do Consumidor.* Revista dos Tribunais, São Paulo, v. 807, 2003, p. 66.

[154]   GIDI, Antônio. *Aspectos da Inversão do Ônus da Prova no Código do Consumidor.* Curitiba: Gênesis, 1996. p. 34. Segundo o jurista, se o autor, em tese, dispõe de meios para provar as suas alegações, a inversão é de todo desautorizada.

CAP. 5 – DIREITO DO CONSUMIDOR | **441**

Noutro giro, cabe destacar a impossibilidade de se transferir para o fornecedor o ônus da demonstração de fatos que também não são possíveis para ele (prova diabólica reversa).

Em princípio, para que se possa falar em verdadeiro ônus da prova, é preciso que a parte tenha, antes de tudo, efetiva liberdade de produzir prova, o que pressupõe a real possibilidade, vislumbrada pelo magistrado por evidências do caso concreto, de que o fornecedor tenha condições de demonstrar a inexistência do fato constitutivo do direito do consumidor, ou então, a existência de fatos impeditivos, modificativos ou extintivos deste direito. Ausente esse pressuposto, restarão violadas as garantias constitucionais da ampla defesa e do acesso à Justiça – superior promessa de dar tutela jurisdicional a quem tiver razão.[155]

Nessa lógica, quando se inverte o ônus é preciso supor que aquele que vai assumi-lo terá a possibilidade de cumpri-lo, sob pena de a inversão do ônus da prova significar a imposição de uma perda, e não apenas a transferência de um ônus.

Pela pertinência, reprise-se que o atual Código de Processo Civil autoriza o juiz, em determinadas situações, a modificar o ônus da prova. Contudo – e neste aspecto o novo diploma está em sintonia com as garantias constitucionais da ampla defesa e do contraditório –, o CPC condiciona tal flexibilização do ônus probatório à possibilidade de a parte onerada dele se desincumbir.[156]

5.5.12 Direito à prestação adequada e eficaz de serviços públicos

O Código de Defesa do Consumidor, em seu art. 6.º, X, fixa como direito básico do consumidor "a adequada e eficaz prestação dos serviços públicos em geral".

Note-se, de início, que **nem todo serviço público pode ser objeto da relação jurídica de consumo**.

Somente o serviço público utilizado e fruído de modo individualizado e mensurável pelos cidadãos (serviço público *uti singuli*), remunerado por meio de tarifa ou preço público, é alcançado pelas normas protetivas do CDC.[157]

É o caso, por exemplo, dos serviços de telefonia, transporte coletivo, energia elétrica, água etc., prestados diretamente pelo Poder Público, ou por particulares, por meio de concessão ou permissão de serviço público (art. 175 da CF).

A previsão do direito básico em epígrafe impõe ao Estado o dever de garantir aos usuários dos serviços públicos que estes atenderão adequadamente (*princípio da adequação*) aos fins a que se destinam, de maneira eficiente e concreta (*princípio da eficiência*).

Anote-se que no dia 27 de junho de 2017 foi publicada a Lei 13.460, que estabelece normas básicas para participação, proteção e defesa dos direitos do usuário dos serviços públicos *prestados direta ou indiretamente pela Administração Pública*. Referida lei estabelece uma série de direitos básicos aos usuários de serviços públicos, os quais se somam ao rol dos direitos previstos no art. 6.º do CDC, por força da norma de abertura estabelecida no art. 7.º.

---

[155] DINAMARCO, Cândido Rangel. *Instituições de Direito Processual Civil*. 6. ed. São Paulo Malheiros, 2009. v. 3, p. 79.

[156] "Art. 373. O ônus da prova incumbe: I – ao autor, quanto ao fato constitutivo de seu direito; II – ao réu, quanto à existência de fato impeditivo, modificativo ou extintivo do direito do autor. § 1.º Nos casos previstos em lei ou diante de peculiaridades da causa relacionadas à impossibilidade ou à excessiva dificuldade de cumprir o encargo nos termos do *caput* ou à maior facilidade de obtenção da prova do fato contrário, poderá o juiz atribuir o ônus da prova de modo diverso, desde que o faça por decisão fundamentada, caso em que deverá dar à parte a oportunidade de se desincumbir do ônus que lhe foi atribuído. § 2.º **A decisão prevista no § 1.º deste artigo não pode gerar situação em que a desincumbência do encargo pela parte seja impossível ou excessivamente difícil**" (grifamos).

[157] Esse tema será analisado com mais profundidade no item 5.6.5.4.

5.5.13 Direito à proteção de dados pessoais

Conforme visto, ao prever que o "Estado promoverá, na forma da lei, a defesa do consumidor" (art. 5.º, XXXII), a Constituição Federal instituiu, ao mesmo tempo, um direito subjetivo público geral, de proteção contra a ação estatal (*direito de defesa*), e um direito a uma ação afirmativa ou positiva do Estado em favor dos consumidores (*direito a prestações*).

Na atual economia da informação, em que os dados pessoais[158] são processados pelos mais diversos setores econômicos a partir de tecnologias cada vez mais avançadas, potencializando os riscos de ofensa à personalidade do consumidor, esse dever de proteção estatal deve ser concretizado por meio do reconhecimento de um **direito fundamental do consumidor à proteção dos dados pessoais.** Como bem observado por Laura Schertel Mendes, esse direito "nada mais é que o reflexo, no âmbito infraconstitucional, do direito fundamental à inviolabilidade da intimidade e da vida privada, (art. 5.º, X), na sua dimensão da proteção dos dados pessoais".[159]

No dia 10 de fevereiro de 2022, o Congresso Nacional promulgou a Emenda Constitucional 115, de 2022, proveniente da PEC 17, de 2019. Ela alterou a Constituição Federal para incluir a proteção de dados pessoais entre os direitos e as garantias fundamentais (art. 5.º, LXXIX).

No plano infraconstitucional, o direito em análise encontra amparo no Código de Defesa do Consumidor (art. 43), no Código Civil (art. 21),[160] na Lei do Cadastro Positivo (Lei 12.411/2011), na Lei de Acesso à Informação (Lei 12.527/2011), no Marco Civil da Internet (Lei 12.965/2014) e na Lei Geral de Proteção de Dados Pessoais (Lei 13.709/2018[161]).

O direito fundamental à proteção de dados pessoais visa proporcionar ao consumidor uma efetiva tutela contra os riscos que o tratamento (coleta, armazenamento, uso e circulação) dos dados pessoais representa à sua personalidade. Ao mesmo tempo, esse direito assegura ao consumidor o controle do fluxo desses dados pessoais na sociedade.

Como se nota, o direito em exame apresenta uma **dupla dimensão:** (i) *objetivamente*, representa uma proteção contra os riscos causados pelo tratamento de dados pessoais; e (ii) *subjetivamente*, representa o controle dos dados pessoais pelo próprio consumidor. As duas dimensões desse direito são importantes porque possibilitam, a um só tempo, a **autodeterminação informativa do consumidor**[162] e um controle objetivo de legitimidade do tratamento de dados pessoais.

Como regra, o tratamento dos dados pessoais exige o consentimento do consumidor. Afinal, se os dados pessoais se referem ao seu titular e o representam, afetando a sua personalidade, somente ele pode decidir a respeito do fluxo desses dados, salvo em casos excepcionais ou de expressa previsão legal.

Os procedimentos para a garantia desse direito básico podem ser encontrados nos diplomas legais supracitados.

O desrespeito a esse direito básico do consumidor configura prática abusiva, podendo ensejar a punição na esfera administrativa, nos ditames dos arts. 56 e 57 do CDC.

---

[158] Dados pessoais são as informações relacionadas à pessoa natural identificada ou identificável (art. 5.º, I, da Lei 13.709/2018).

[159] MENDES, Laura Schertel. *Privacidade, Proteção de Dados e Defesa do Consumidor*. São Paulo: Saraiva, 2014. p. 202.

[160] "Art. 21. A vida privada da pessoa natural é inviolável, e o juiz, a requerimento do interessado, adotará as providências necessárias para impedir ou fazer cessar ato contrário a esta norma."

[161] A LGPD cria uma regulamentação para o uso, proteção e transferência de dados pessoais no Brasil, nos âmbitos privado e público. Publicada com *vacatio legis* de 24 meses, entrará em vigor em 15 de agosto de 2020.

[162] A autodeterminação informativa traduz a faculdade do indivíduo de determinar e controlar a utilização dos seus dados pessoais por terceiros, inclusive pelo Estado.

Além do controle administrativo, o desrespeito a esse direito pode configurar infração penal (arts. 72 e 73 do CDC), sem prejuízo da responsabilização do infrator na dimensão ressarcitória, por meio da reparação civil dos correspondentes danos materiais e morais (CDC, art. 6.º, VI).

5.5.14 Garantia de práticas de crédito responsável, prevenção e tratamento do superendividamento

Os incisos XI[163] e XII[164] do art. 6.º foram introduzidos pela Lei 14.181/2021, com vistas a impor o crédito responsável, de forma a prevenir o superendividamento do consumidor e a tratá-lo, preservado o mínimo existencial.

A ideia central é romper com a cultura da dívida e da exclusão social e evoluir para uma cultura de pagamento da dívida. Nesse particular, é importante ressaltar que a Lei 14.181/2021 propõe planos de pagamento voluntários e compulsórios, mas não autoriza que haja perdão de dívidas.

São três os núcleos do novo direito básico, sob o influxo do princípio da boa-fé:

(i) **crédito responsável:** deve haver uma concessão responsável e esclarecida de crédito, sem assédio de consumo e sem práticas abusivas. Em outras palavras, a concessão deve ser leal, avaliada e esclarecida do crédito e dos riscos do seu inadimplemento. A educação financeira entra nessa equação, porque ajuda a tornar o consentimento do consumidor mais qualificado e, por consectário lógico, contribui para prevenir o superendividamento;

(ii) **prevenção e tratamento do superendividamento dos consumidores:** o fornecedor de boa-fé deve agir para prevenir o superendividamento do consumidor, preservando o mínimo existencial na concessão do crédito, de modo que o pagamento da dívida não prejudique a sobrevivência do devedor. Por outro lado, tem que cooperar com o consumidor superendividado, para que este possa sair da ruína e retornar ao mercado de consumo. Esse retorno se dará por meio da revisão e repactuação da dívida;

(iii) **preservação do mínimo existencial na concessão de crédito e na repactuação das dívidas:** o mínimo existencial é noção constitucional. Cuida-se de um direito fundamental ao mínimo de existência digna, dispensando, assim, regulamentação para ser aplicado.[165] De acordo com a melhor doutrina,[166] os elementos que compõem o mínimo existencial são apurados caso a caso e dizem respeito às despesas mensais com alimentação própria, aluguel ou moradia, saúde e medicamentos, energia elétrica, água, telefone (incluindo internet e dados), impostos diretos, eventual pensão alimentícia e educação. Assim, pela ideia de mínimo existencial, procura-se assegurar à pessoa humana, no caso ao consumidor, um mínimo de

---

[163] "XI – a garantia de práticas de crédito responsável, de educação financeira e de prevenção e tratamento de situações de superendividamento, preservado o mínimo existencial, nos termos da regulamentação, por meio da revisão e da repactuação da dívida, entre outras medidas; (...)."

[164] "XII – a preservação do mínimo existencial, nos termos da regulamentação, na repactuação de dívidas e na concessão de crédito; (...)."

[165] Ingo Sarlet afirma que o mínimo existencial, como direito e garantia fundamental, traduz a ideia de "um direito a um conjunto de prestações estatais que assegure a cada um (a cada pessoa) uma vida condigna" (SARLET, Ingo Wolfgang. Mínimo Existencial e Relações Privadas: Algumas Aproximações. In: MARQUES, Cláudia Lima; CAVALLAZZI, Rosângela Lunardelli; LIMA, Clarissa Costa de (coord.). *Direitos do Consumidor Endividado II*: Vulnerabilidade e Inclusão. São Paulo: RT, 2016. p. 137).

[166] BERTONCELLO, Káren Rick Danilevicz. *Superendividamento do Consumidor*. Mínimo Existencial. Casos Concretos. São Paulo: RT, 2015.

direitos patrimoniais, para que viva com dignidade, o que também mantém relação com a teoria do *estatuto jurídico do patrimônio mínimo*, desenvolvida por Luiz Edson Fachin e tão cara aos civilistas contemporâneos.[167]

Note-se, ainda, que o novo direito menciona expressamente "outras medidas", como um leque aberto. Uma dessas medidas, por exemplo, pode ser a assistência judiciária gratuita.

5.5.15 Direito à informação por unidade de medida

O novel inciso XIII do art. 6.º do CDC, igualmente inserido pela Lei 14.181/2021, traz como direito básico do consumidor a informação acerca dos preços dos produtos por unidade de medida, tal como por quilo, por litro, por metro ou por outra unidade, conforme o caso. Essas informações permitem ao consumidor comparar preços, contribuindo, assim, para uma melhor liberdade de escolha por parte do consumidor.

5.6 CAMPO DE APLICAÇÃO DO CDC

5.6.1 A relação jurídica de consumo

O Código de Defesa do Consumidor somente se aplica às **relações jurídicas de consumo**, assim consideradas aquelas formadas entre consumidor e fornecedor, tendo como objeto a aquisição ou utilização de produtos ou serviços pelo consumidor.

Daí a importância de se identificar corretamente os elementos constitutivos dessa relação, quais sejam: a) consumidor e fornecedor (*elementos subjetivos*); b) produto e serviço (*elementos objetivos*).

Na Lei 8.078/1990, os *conceitos de consumidor, fornecedor, produto e serviço estão interligados*, o que significa dizer que, para se identificar um consumidor numa determinada relação, também se faz necessária a identificação do fornecedor, assim como do produto ou serviço.

Em última análise, só existirá um consumidor se também existir na mesma relação um fornecedor, bem como um produto ou serviço. Por isso, a doutrina afirma que os conceitos em questão são **relacionais**. O esquema abaixo ilustra bem essa interligação entre os elementos constitutivos da relação de consumo:

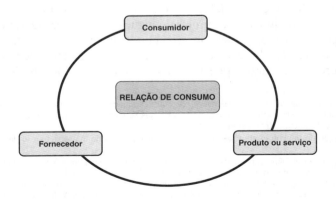

---

[167] FACHIN, Luiz Edson. *Estatuto Jurídico do Patrimônio Mínimo*. Rio de Janeiro: Renovar, 2001. p. 190.

5.6.2 Conceito de consumidor

O CDC traz quatro definições de consumidor: a) consumidor é a pessoa física ou jurídica que adquire ou utiliza produto ou serviço, como destinatário final (art. 2.º, *caput*); b) consumidor é a coletividade de pessoas, ainda que indetermináveis, que haja intervindo nas relações de consumo (art. 2.º, parágrafo único); c) consumidor é toda vítima de acidente de consumo (art. 17); e d) consumidores são todas as pessoas, determináveis ou não, expostas às práticas comerciais (art. 29).

Para a doutrina, a primeira definição traz o significado de **consumidor *stricto sensu* ou *standard***, ao passo que as outras três definições qualificam espécies de **consumidores equiparados.**

Na sequência, serão abordados os principais aspectos dessas definições.

5.6.2.1 *O consumidor* standard *ou* stricto sensu

O conceito de consumidor ***standard*** ou ***stricto sensu*** está descrito no art. 2.º, *caput*, do CDC, que assim dispõe: "Consumidor é toda pessoa física ou jurídica que adquire ou utiliza produto ou serviço como destinatário final".

Da leitura do dispositivo em tela, duas conclusões são facilmente extraídas: a) consumidor pode ser tanto **pessoa física** como **pessoa jurídica**; b) será consumidor tanto quem **adquirir**, como quem apenas **utilizar** produto ou serviço.

O maior desafio na definição do conceito de *consumidor standard* consiste em encontrar o exato significado da expressão **"destinatário final"**.

Duas teorias procuram explicar o que seja "destinatário final": a **maximalista** (*objetiva*) e a **finalista** (*subjetiva*).

Na **teoria maximalista** (objetiva), "destinatário final" é o **destinatário fático** do produto ou serviço, ou seja, é aquele que adquire o produto ou serviço, retirando-o do mercado de consumo.

Note-se que para os maximalistas a definição de "destinatário final" é puramente objetiva, ou seja, não importa saber qual a destinação econômica que a pessoa física ou jurídica pretende dar ao produto ou serviço. Basta a retirada do bem de consumo da cadeia de produção para que se identifique o consumidor, sendo irrelevante saber se o produto ou serviço será revendido, empregado profissionalmente ou utilizado para fim pessoal ou familiar. Nessa linha, considera-se consumidor, por exemplo, o empresário que adquire uma máquina nova para empregá-la na produção têxtil de sua fábrica.

Sem perder de vista que o objetivo do CDC é restabelecer o equilíbrio entre partes desiguais numa relação de consumo, tendo como ponto de partida a presumida vulnerabilidade dos consumidores (art. 4.º, I), a crítica que se faz à corrente maximalista é que, ao interpretar extensivamente o conceito de consumidor, amplia demasiadamente o campo de aplicação das normas protetivas previstas no Código, o que pode produzir outras desigualdades (por exemplo: proteção de profissionais que não precisam receber proteção, por não serem vulneráveis).

Já para a **teoria finalista** (subjetiva), "destinatário final" é o **destinatário fático** e **econômico** do produto ou serviço. Para se identificar o consumidor, portanto, não basta que o adquirente ou utente seja o destinatário fático do bem, retirando-o da cadeia de produção: deve ser também o seu destinatário econômico, ou seja, deve empregá-lo apara atender necessidade pessoal ou familiar, não podendo revendê-lo ou utilizá-lo para fim profissional. Como ensina Claudia Lima Marques:

446 | INTERESSES DIFUSOS E COLETIVOS – VOL. 1

Destinatário final seria aquele destinatário fático e econômico do bem ou serviço, seja ele pessoa física ou jurídica. Logo, segundo esta interpretação teleológica, não basta ser destinatário fático do produto, retirá-lo da cadeia de produção, levá-lo para o escritório ou residência – é necessário ser destinatário final econômico do bem, não adquiri-lo para revenda, não adquiri-lo para uso profissional, pois o bem seria novamente um instrumento de produção cujo preço será incluído no preço final do profissional que o adquiriu. Neste caso, não haveria a exigida "destinação final" do produto ou do serviço, ou, como afirma o STJ, haveria consumo intermediário, ainda dentro das cadeias de produção e distribuição.[168]

Na interpretação finalista, somente pode ser considerado consumidor aquele que adquire ou utiliza produto ou serviço para fim pessoal ou familiar, não o empregando, portanto, para o incremento de sua atividade econômica. Noutras palavras, somente o adquirente ou utente *não profissional* pode ser considerado consumidor.

Por exemplo: se uma fábrica de calçados adquire produtos de limpeza, poderá ser considerada consumidora, porque tais produtos não são utilizados diretamente no processo produtivo da empresa. Contudo, se a mesma fábrica adquire couro para utilizá-lo na produção dos calçados, não será considerada consumidora, pois estará adquirindo insumo (matéria-prima) para incrementar sua atividade econômica.

Nesse sentido, aliás, já se manifestou o STF, no caso em que a empresa brasileira de tecelagem "Teka" pleiteou a decretação da nulidade, por abusividade, de cláusula compromissória de arbitragem firmada em contrato de aquisição de algodão junto à empresa inglesa "Aiglon". Na ocasião, o STF denegou o pedido da empresa brasileira e afastou a aplicação do CDC, ao argumento de que a "Teka" não era a "destinatária final" do algodão, pois iria utilizá-lo em sua atividade negocial. Logo, não era consumidora. Veja-se:

De igual forma, o laudo exarado pela Liverpool Cotton Association LTD. nada tem a ver com o Código Nacional de Defesa do Consumidor, para escusar-se a devedora da obrigação assumida, por não se aplicar à empresa importadora de produto destinado a consumidor final, conforme prevê o artigo 2.º, que define o consumidor como toda "pessoa física ou jurídica que adquire ou utiliza produto ou serviço como destinatário final".[169]

O STJ, inicialmente, inclinou-se pela teoria maximalista ou objetiva.[170] Posteriormente, contudo, consolidou-se na jurisprudência da Corte Superior a aplicação da teoria finalista. A propósito, confira-se:

A jurisprudência desta Corte sedimenta-se no sentido da adoção da teoria finalista ou subjetiva para fins de caracterização da pessoa jurídica como consumidora em eventual relação de consumo, devendo, portanto, ser destinatária final econômica do bem ou serviço adquirido (REsp 541.867/BA). **Para que o consumidor seja considerado destinatário econômico final, o produto ou serviço adquirido ou utilizado não pode guardar qualquer conexão, direta ou indireta, com a atividade econômica por ele desenvolvida**; o produto ou serviço deve ser utilizado para o atendimento de uma necessidade própria, pessoal do consumidor (grifou-se).[171]

Na mesma linha, a Quarta Turma do Superior Tribunal de Justiça (STJ) negou pedido de indenização por danos morais e materiais deduzido por Barbazul Bar e Café

---

[168] MARQUES, Claudia Lima. *Manual de Direito do Consumidor*. São Paulo: Revista dos Tribunais, 2008. p. 69.

[169] SEC 5.847/IN – Grã-Bretanha (Inglaterra), rel. Min. Maurício Corrêa, j. 1.º.12.1999.

[170] Nesse sentido, vejam-se: REsp 235.200/RS, rel. Min. Carlos Alberto Menezes Direito, *DJ* 04.12.2000; REsp 248.424/RS, rel. Min. Carlos Alberto Menezes Direito, *DJ* 09.04.2001; REsp 208.793/MT, rel. Min. Carlos Alberto Menezes Direito, *DJ* 1.º.08.2000.

[171] CC 92.519/SP, rel. Min. Fernando Gonçalves, j. 16.02.2009.

Ltda. (uma espécie de casa noturna), pela instalação defeituosa de aparelho de ar-condicionado central no estabelecimento comercial. Por unanimidade, a Turma entendeu que a aquisição de bens ou a utilização de serviços por pessoa natural ou jurídica, com o objetivo de incrementar sua atividade negocial, não constitui relação de consumo, mas sim uma atividade de consumo intermediária.[172]

O STJ também adotou a teoria finalista ou subjetiva para afastar a incidência do CDC sobre um contrato de compra e venda de equipamento de ultrassom firmado entre o fornecedor de equipamento médico-hospitalar e o médico, justamente porque, na hipótese, o profissional de saúde adquirira o objeto para o desempenho de sua atividade econômica.[173]

Forte nas mesmas razões, o STJ afastou a incidência do CDC:

(i) do serviço bancário (abertura de conta-corrente) contratado por uma empresa corretora de Bitcoin, com o objetivo de incrementar sua atividade produtiva de intermediação de compra e venda de moeda digital;[174]

(ii) das relações entre acionistas investidores e a sociedade anônima de capital aberto com ações negociadas no mercado de valores mobiliários. Para a Corte Superior, embora a Súmula 297 estabeleça que o Código de Defesa do Consumidor é aplicável às instituições financeiras, não é possível identificar, na atividade de aquisição de ações, nenhuma prestação de serviço por parte da instituição financeira, mas relação de cunho puramente societário e empresarial;[175]

(iii) das aplicações financeiras realizadas por concessionária de serviço público pertencente a grande grupo econômico;[176]

(iv) do contrato de seguro de responsabilidade civil de conselheiros, diretores e administradores de sociedade empresária (Seguro RC D&O).[177]

No ponto, é importante destacar o seguinte: se, por um lado, o STJ consagrou o conceito finalista de consumidor, por outro, tem reconhecido a necessidade de relativizá-lo para abrigar, excepcionalmente, como consumidor, a pessoa física ou jurídica profissional, que adquire produto ou serviço para incrementá-lo em sua atividade negocial, desde que demonstrada, *in concreto,* sua vulnerabilidade técnica, jurídica ou econômica.

Noutras palavras, não se deixa de perquirir acerca do uso, profissional ou não, do bem ou serviço (*finalismo*); apenas, como exceção e à vista da vulnerabilidade concreta do adquirente ou utente, passa-se a considerá-lo consumidor, não obstante seja um profissional.

Um bom exemplo é o do taxista que celebra um contrato de financiamento com uma instituição financeira para a aquisição de um veículo que será empregado em sua atividade profissional. Embora não seja ele o destinatário final do produto, poderá ser considerado consumidor por ser vulnerável (*fática, jurídica e tecnicamente*) frente ao fornecedor. Nesse sentido, veja-se:

> Consumidor é a pessoa física ou jurídica que adquire produto como destinatário final econômico, usufruindo do produto ou do serviço em benefício próprio. **Excepcionalmente, o profissional**

---

[172] REsp 603.763/RS, 4.ª T., rel. Min. Honildo Amaral de Mello Castro, j. 20.04.2010.

[173] REsp 1.321.614/SP, rel. originário Min. Paulo de Tarso Sanseverino, rel. p/ acórdão Min. Ricardo Villas Bôas Cueva, j. 16.12.2014 (Informativo 556).

[174] REsp 1.696.214, 3.ª T., rel. Min. Marco Aurélio Bellizze, j. 09.10.2018.

[175] REsp 1.685.098/SP, 3.ª T., rel. Min. Moura Ribeiro, rel. p/ acórdão Min. Ricardo Villas Bôas Cueva, j. 10.03.2020.

[176] REsp 1.802.569/MT, 4.ª T., rel. Min. Antonio Carlos Ferreira, j. 12.03.2024.

[177] REsp 1.926.477/SP, 3.ª T., rel. Min. Marco Aurélio Bellizze, por unanimidade, j. 18.10.2022.

448 | INTERESSES DIFUSOS E COLETIVOS – VOL. 1

freteiro, adquirente de caminhão zero quilômetro, que assevera conter defeito, **também poderá ser considerado consumidor, quando a vulnerabilidade estiver caracterizada por alguma hipossuficiência quer fática, técnica ou econômica**. Nesta hipótese está justificada a aplicação das regras de proteção ao consumidor, notadamente a concessão do benefício processual da inversão do ônus da prova. Recurso especial provido (grifou-se).[178]

Por fim, registre-se que a doutrina tem identificado nessa nova orientação jurisprudencial do STJ – fundada na mitigação da concepção finalista – uma terceira teoria interpretativa do conceito de consumidor *standard*, ao lado da finalista e da maximalista, denominada *teoria finalista aprofundada ou teoria finalista mitigada*.

O quadro a seguir sintetiza as teorias interpretativas do conceito de consumidor *standard* ou *stricto sensu*:

Teoria maximalista (objetiva)	Consumidor é a pessoa física ou jurídica que adquire ou utiliza o produto ou serviço, retirando-o da cadeia de produção (**destinatário fático**), independentemente da destinação que é dada ao bem.
Teoria finalista (subjetiva)	Consumidor é a pessoa física ou jurídica que adquire ou utiliza o produto ou serviço (**destinatário fático**) para fim pessoal, privado ou familiar, sem revendê-lo ou incrementá-lo em sua atividade profissional (**destinatário econômico**).
Teoria finalista aprofundada	Consumidor, em regra, é o destinatário fático e econômico do bem. Excepcionalmente, também poderá ser considerado consumidor a pessoa física ou jurídica que, embora faça uso do produto ou serviço para fim profissional, comprove, em concreto, sua condição de vulnerabilidade.

5.6.2.2 O consumidor equiparado

Além do conceito de consumidor *standard* (art. 2.º, *caput*), o legislador consumerista contemplou outros três conceitos de **consumidor por equiparação**:

1) **o consumidor em sentido coletivo** (art. 2.º, parágrafo único);

2) **o consumidor *bystander*** (art. 17);

3) **o consumidor potencial** (art. 29).

A finalidade das equiparações consiste em ampliar o campo de aplicação do CDC, no intuito de proteger outras pessoas suscetíveis de serem atingidas pelas atividades dos fornecedores, não obstante não sejam consideradas consumidores *stricto sensu*.

5.6.2.2.1 Consumidor em sentido coletivo

O conceito de **consumidor em sentido coletivo** está descrito no art. 2.º, parágrafo único, do CDC: "Equipara-se a consumidor a coletividade de pessoas, ainda que indetermináveis, que haja intervindo nas relações de consumo".

---

[178] REsp 1.080.719/MG, rel. Min. Nancy Andrighi, DJe 17.08.2009. No mesmo sentido: "Código de Defesa do Consumidor. Financiamento para aquisição de automóvel. Aplicação do CDC. **O CDC incide sobre contrato de financiamento celebrado entre a CEF e o taxista para aquisição de veículo.** A multa é calculada sobre o valor das prestações vencidas, não sobre o total do financiamento (art. 52, § 1.º, do CDC). Recurso não conhecido" (REsp 231.208/PE, rel. Min. Ruy Rosado, j. 07.12.2000). Ainda: AgRg no AREsp 415.244/SC, 4.ª T., rel. Min. Antonio Carlos Ferreira, j. 07.05.2015; AgRg no AREsp 415.244/SC, 4.ª T., rel. Min. Antonio Carlos Ferreira, j. 07.05.2015; e REsp 611.872/RJ, 4.ª T., rel. Min. Antonio Carlos Ferreira, j. 02.10.2012.

A **finalidade** da equiparação é **instrumental: viabilizar a tutela coletiva dos interesses dos consumidores**, determináveis ou não, sem que para isso se exija a prática de um ato de consumo.

No caso, a relação jurídica base, que vincula fornecedor e consumidor equiparado, não nasce da prática de um ato de consumo, mas sim da mera condição deste último de membro de uma coletividade de pessoas, determináveis ou não, cuja intervenção no mercado pode se caracterizar, simplesmente, pela exposição aos efeitos da ação dos fornecedores.

Por exemplo: a retirada do mercado de um medicamento que produza efeitos colaterais devastadores para quem consumi-lo não é só do interesse das pessoas concretamente lesadas, mas também de toda a coletividade de pessoas expostas ao produto. Assim, embora a exposição ao medicamento, por si só, não caracterize ato de consumo, a equiparação em apreço viabiliza a propositura de uma ação civil pública visando sua retirada do mercado, na defesa dos interesses da coletividade de pessoas, determináveis ou não, expostas aos efeitos do produto perigoso.

No exemplo em tela, não fosse a norma de equiparação, a **tutela preventiva** dessa coletividade de pessoas não seria possível, uma vez que ainda não concretizada a relação jurídica pela prática de um ato de consumo (aquisição ou utilização do medicamento) em sentido estrito.

Das normas de equiparação, esta é a mais geral e, por isso, aplicável a todos os capítulos e seções do CDC.

5.6.2.2.2   Consumidor *bystander* (vítima do acidente de consumo)

O conceito de **consumidor *bystander*** está previsto no art. 17 do CDC, que assim dispõe: "Para os efeitos desta Seção, equiparam-se aos consumidores todas as vítimas do evento".

A **finalidade** do CDC, na presente equiparação, é **estender o alcance das suas normas protetivas para toda e qualquer vítima de acidente de consumo**.

Noutras palavras, basta ser vítima de um acidente de consumo (*causado por produto ou serviço defeituoso*) para ser equiparado a consumidor e receber, de conseguinte, a proteção das normas reguladoras da responsabilidade civil objetiva do fornecedor pelo fato do produto ou do serviço (arts. 12 a 14 do CDC).

Exemplificando, se um transeunte, na calçada, é atingido pelos destroços de um avião de transporte de passageiros que caiu ao tentar decolar, equipara-se a consumidor para efeito de aplicação das normas do CDC, mesmo não tendo participado diretamente da relação de consumo com a empresa de transporte aéreo. Como já decidido pelo STJ:

> Código de Defesa do Consumidor. **Acidente aéreo**. Transporte de malotes. **Relação de consumo**. Caracterização. **Responsabilidade pelo fato do serviço. Vítima do evento. Equiparação a consumidor. Artigo 17 do CDC**. I – Resta caracterizada relação de consumo se a aeronave que caiu sobre a casa das vítimas realizava serviço de transporte de malotes para um destinatário final, ainda que pessoa jurídica, uma vez que o artigo 2.º do Código de Defesa do Consumidor não faz tal distinção, definindo como consumidor, para os fins protetivos da lei, "... toda pessoa física ou jurídica que adquire ou utiliza produto ou serviço como destinatário final". Abrandamento do rigor técnico do critério finalista. II – Em decorrência, pela aplicação conjugada com o artigo 17 do mesmo diploma legal, cabível, por equiparação, o enquadramento do autor, atingido em terra, no conceito de consumidor. Logo, em tese, admissível a inversão do ônus da prova em seu favor. Recurso especial provido (grifou-se).[179]

---

[179] REsp 540.235/TO, rel. Min. Castro Filho, j. 07.02.2006, *DJ* 06.03.2006. *Em sentido semelhante*: REsp 1.984.282/SP, 4.ª T., rel. Min. Luis Felipe Salomão, j. 16.08.2022.

450 INTERESSES DIFUSOS E COLETIVOS – VOL. 1

Na mesma linha, a 4.ª Turma do STJ decidiu que o policial militar é equiparado a consumidor em casos de acidente com arma de fogo defeituosa adquirida pela Polícia Militar, aplicando-se o prazo prescricional quinquenal previsto no art. 27 do CDC.[180]

A 2.ª Seção do Superior Tribunal de Justiça já considerou possível o reconhecimento da figura do consumidor por equiparação na hipótese de danos individuais decorrentes do exercício de atividade de exploração de potencial hidroenergético causadora de impacto ambiental, em virtude da caracterização do acidente de consumo. No caso, a Corte Superior entendeu que a atividade desenvolvida pelas sociedades empresárias de produção de energia elétrica apresentava defeito que ultrapassava os limites do ato de exploração de potencial hidroelétrico, em local de extrema sensibilidade socioambiental, provocando grave impacto ao meio ambiente com a modificação da vazão e do fluxo das águas, alterações hidrodinâmicas e de salinidade. As mencionadas alterações ambientais teriam promovido sensível redução das áreas de pesca e mariscagem, com morte em massa de peixes e moluscos, ocasionando graves prejuízos, não só de ordem econômica, social e de subsistência, mas também à própria saúde da população ribeirinha, que depende da integridade daquele ecossistema para sobreviver.[181]

No particular, cabe registrar que a 2.ª Seção acolheu a proposta de afetação dos REsps 2.124.701/MG, 2.124.713/MG e 2.124.717/MG ao rito dos recursos repetitivos, a fim de uniformizar o entendimento a respeito da seguinte controvérsia: "aplicabilidade do instituto jurídico do consumidor, por equiparação, às ações indenizatórias decorrentes do desastre ambiental ocorrido em Brumadinho, e consequente cômputo do prazo prescricional de cinco anos previsto no artigo 27 do Código de Defesa do Consumidor".[182]

5.6.2.2.3 Consumidor potencial ou virtual

O art. 29 do CDC equipara a consumidor as pessoas **determináveis ou não, expostas** à *oferta, à publicidade, às práticas abusivas, à cobrança de dívidas, à inserção de seus nomes em banco de dados ou cadastros, e às abusividades contratuais.*

Note-se, de início, que para se proceder à equiparação, basta a simples *exposição* às práticas comerciais ou contratuais, ainda que não seja possível identificar, concretamente, quais pessoas estão efetivamente expostas a elas.

A finalidade da equiparação é ampliar o campo de aplicação do CDC, para alcançar os **consumidores potenciais**, assim entendidos os que, sem terem praticado, concretamente, um ato de consumo, estão **expostos às práticas comerciais e contratuais irregulares e abusivas**.

É o caso, por exemplo, da proibição de veiculação de publicidade enganosa. Impede-se, preventivamente, que as pessoas, determináveis ou não, expostas a essa publicidade ilegal, sejam induzidas em erro no momento da aquisição do produto ou serviço.

Trata-se de importante norma de extensão, pois **viabiliza um controle preventivo e abstrato** das práticas ofensivas aos interesses dos consumidores. Na lição de Antonio Herman Benjamin: "Exatamente porque estamos diante de atividades que trazem um enorme potencial danoso, de caráter coletivo ou difuso, é mais econômico e justo evitar que o gravame venha a se materializar".[183]

---

[180] REsp 1.948.463/SP, 4.ª T., rel. Min. Antonio Carlos Ferreira, j. 11.02.2025.
[181] REsp 2.018.386/BA, 2.ª S., rel. Min. Nancy Andrighi, j. 10.05.2023 (Informativo STJ 774).
[182] Tema 1.280 (Informativo STJ 825).
[183] BENJAMIN, Antonio Herman V. *Código Brasileiro de Defesa do Consumidor*: Comentado pelos Autores do Anteprojeto. 7. ed. Rio de Janeiro: Forense Universitária, 2001. p. 228.

Por fim, é importante destacar que a aplicação da norma extensiva prevista no art. 29 do CDC deve ser feita em consonância com o **princípio da vulnerabilidade**. Nesse sentido, só é legítima a equiparação a consumidor quando estiver presente a vulnerabilidade da pessoa física ou jurídica exposta às práticas comerciais ou contratuais.

Isso porque, conforme já asseverado, o que justifica o tratamento privilegiado dispensado pelo CDC ao consumidor é, justamente, o reconhecimento dessa vulnerabilidade. Na esteira da lição de Bruno Miragem:

> Todavia, a tendência – correta a nosso ver – tem sido de aplicação do conceito em acordo com o princípio da vulnerabilidade presente no Código. Em outros termos, resulta apenas equiparar a consumidor e, portanto, aplicar as regras sobre contratos e práticas comerciais do CDC, quando estiver presente a vulnerabilidade do contratante, de modo que se justifique a equiparação em vista da finalidade de assegurar o equilíbrio entre desiguais.[184]

Nesse sentido, aliás, já se manifestou o STJ, ao afastar a aplicação do CDC a um contrato de franquia, sob o argumento de que a empresa franqueada, embora exposta a uma prática contratual prevista no Código de Defesa do Consumidor (contrato de adesão), não era vulnerável em relação à empresa franqueadora, o que impedia a equiparação prevista no art. 29 do CDC. A propósito, o acórdão foi assim ementado:

> Contrato de fiança. Relação entre o franqueador e franqueado. Lei 8.955/94. Código de Defesa do Consumidor. Fiança. Exoneração. 1. **A relação entre o franqueador e o franqueado não está subordinada ao Código de Defesa do Consumidor**. 2. Afastando o acórdão a existência de moratória com base na realidade dos autos e em cláusula contratual, não há espaço para acolher a exoneração da fiança, a teor das Súmulas n.º 5 e 7 da Corte, ademais da falta de prequestionamento dos dispositivos indicados no especial. 3. Recurso especial não conhecido (grifou-se).[185]

Trilhando o mesmo entendimento, o STJ afastou a atividade de *factoring* do alcance do CDC, por não ter evidenciado, na hipótese, a situação de vulnerabilidade da pessoa jurídica contratante.[186]

Assim, tem-se:

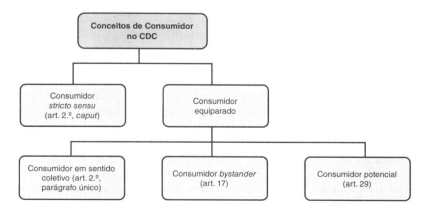

---

[184] MIRAGEM, Bruno. *Direito do Consumidor*. São Paulo: Revista dos Tribunais, 2008. p. 85-86.
[185] REsp 687.322/RJ, rel. Min. Carlos Alberto Menezes Direito, j. 21.09.2006; no mesmo sentido: REsp 930.875/MT, 3.ª T., rel. Min. Sidnei Beneti, j. 14.06.2011; AgRg no REsp 992.528/RS, rel. Min. João Otávio de Noronha, *DJe* 17.5.2010; REsp 1.198.176/DF, rel. Min. Massami Uyeda, 06.08.2010; REsp 813.481, rel. Min. Massami Uyeda, *DJe* 30.06.2008.
[186] REsp 938.979/DF, 4.ª T., rel. Min. Luis Felipe Salomão, j. 19.06.2012.

452 INTERESSES DIFUSOS E COLETIVOS – VOL. 1

5.6.3 Conceito de fornecedor

5.6.3.1 Definição jurídica

O conceito de fornecedor está fixado no art. 3.º, *caput*, do CDC:

> **Art. 3.º** Fornecedor é toda pessoa física ou jurídica, pública ou privada, nacional ou estrangeira, bem como os entes despersonalizados, que desenvolvem atividades de produção, montagem, criação, construção, transformação, importação, exportação, distribuição ou comercialização de produtos ou prestação de serviços.

Note-se, de início, que a definição de fornecedor no CDC é ampla, abrangendo não apenas a *pessoa física ou jurídica* (seja pública ou privada, nacional ou estrangeira), como também os *entes despersonalizados* (por exemplo: o espólio, a massa falida, a sociedade de fato, o "camelô" etc.). Com isso, evita-se que a falta de personalidade jurídica de alguns entes seja empecilho para a responsabilização por danos causados aos consumidores.

Por outro lado, é importante destacar que **a enumeração das atividades desenvolvidas** (*produção, montagem, criação, distribuição, prestação de serviços etc.*) pelo fornecedor é **exemplificativa**. Vale dizer: qualquer outra atividade, não prevista em lei, que representar a colocação de produtos ou a prestação de serviços no mercado de consumo, poderá ser considerada para se reconhecer a figura do fornecedor.

Finalizando, é mister destacar que no CDC a expressão *fornecedor* é empregada como **gênero**, do qual são **espécies:** *fabricante, montador, criador, importador, exportador, distribuidor, comerciante* etc.

5.6.3.2 Atividade profissional

Na interpretação do conceito de fornecedor, a expressão *"desenvolvem atividade"* aparece como elemento nuclear, a indicar que somente pode ser considerado fornecedor aquele que fornece determinado produto ou serviço *profissionalmente*. Logo, aquele que pratica um ato isolado não pode ser considerado fornecedor (exemplificando, um particular que vende seu carro para outro particular).

E por **atividade profissional** entende-se aquela desenvolvida de *forma habitual* (reiteração), *com alguma especialidade* (que coloca o fornecedor em condição de superioridade frente ao consumidor não profissional) e *visando determinada vantagem econômica*.

Quanto a esse último aspecto (*vantagem econômica*), é importante destacar que a atividade não precisa ter finalidade lucrativa, bastando que o fornecedor almeje determinada vantagem econômica – normalmente a contraprestação pecuniária ou remuneração.

Dessa forma, as pessoas jurídicas sem fins lucrativos, inclusive as que ostentam a certificação de filantrópicas, podem ser abrigadas pelo conceito de fornecedoras, caso forneçam no mercado, com certa habitualidade e especialidade, produto ou serviço, mediante remuneração. Como já decidido pelo Superior Tribunal de Justiça:

> Processual civil. Recurso especial. Sociedade civil sem fins lucrativos de caráter beneficente e filantrópico. Prestação de serviços médicos, hospitalares, odontológicos e jurídicos a seus associados. Relação de consumo caracterizada. Possibilidade de aplicação do Código de Defesa do Consumidor. **Para o fim de aplicação do Código de Defesa do Consumidor, o reconhecimento de uma pessoa física ou jurídica ou de um ente despersonalizado como fornecedor de serviços atende aos critérios puramente objetivos,** sendo irrelevantes a sua natureza jurídica, a espécie dos serviços que prestam e até mesmo o fato de se tratar de uma sociedade civil, sem fins lucrativos,

de caráter beneficente e filantrópico, **bastando que desempenhem determinada atividade no mercado de consumo mediante remuneração**. Recurso especial conhecido e provido (grifou-se).[187]

Da mesma maneira, as atividades desenvolvidas pelas organizações esportivas em âmbito nacional são consideradas objeto de relação jurídica de consumo. Nesse sentido, dispõe o art. 142, § 2.º, da Lei Geral do Esporte (Lei 14.597/2023):

> **Art. 142. (...) § 2.º** As organizações esportivas que administram e regulam modalidade esportiva em âmbito nacional caracterizam-se como fornecedoras relativamente a eventos esportivos por elas organizados, ainda que o cumprimento das tarefas materiais locais a eles pertinentes seja incumbência de terceiros ou de outras organizações esportivas.

Vê-se que a Lei Geral do Esporte prevê, expressamente, a aplicação das disposições do CDC, considerando consumidor "o espectador do evento esportivo, torcedor ou não, que tenha adquirido o direito de ingressar no local onde se realiza o referido evento e fornecedora a organização esportiva responsável pela organização da competição em conjunto com a organização esportiva detentora do mando de campo, se pertinente, ou, alternativamente, as duas organizações esportivas competidoras, bem como as demais pessoas naturais ou jurídicas que detenham os direitos de realização da prova ou partida" (art. 142, § 1.º).[188]

Tal equiparação não é apenas obra da lei, mas conclusão necessária da relação jurídica que enlaça os eventos desportivos profissionais e os torcedores. Fere qualquer conceito de justiça imaginar que pequena lavanderia possa ser responsabilizada, quando cause dano ao cliente, mas organizadores de eventos milionários, de grande repercussão, com público gigantesco, e que se mantêm graças à paixão dos torcedores que pagam pelo ingresso e pelos produtos associados, já não suportem nenhuma responsabilidade sob pretexto de se não enquadrarem no conceito ou classe dos fornecedores. Todo fornecedor ou prestador de espetáculo público responde pelos danos de suas falhas.

Pelo mesmo critério (*profissionalismo*), uma pessoa jurídica não poderá ser considerada fornecedora ao firmar um negócio que não guarde nenhuma conexão com sua atividade econômica. Exemplo: um hospital particular não pode ser considerado fornecedor ao vender um veículo de seu patrimônio para terceiro, uma vez que a compra e venda de veículo não guarda relação com a prestação de serviços hospitalares. Ao decidir caso análogo, assim se manifestou o STJ:

> **As normas do Código de Defesa do Consumidor não se aplicam às relações de compra e venda de objeto totalmente diferente daquele que não se reveste da natureza do comércio exercido pelo vendedor.** No caso, uma agência de viagem. Assim, quem vendeu o veículo não pode ser considerado fornecedor à luz do CDC (grifou-se).[189]

5.6.3.3   *Atividade desenvolvida no mercado de consumo*

Ao lado do profissionalismo, outro elemento fundamental na definição jurídica de fornecedor é o vocábulo **"mercado de consumo"**. Em outras palavras, só pode ser considerado fornecedor aquele que oferece seus produtos ou serviços no espaço ideal denominado mercado de consumo.[190]

---

[187] REsp 519.310/SP, rel. Nancy Andrighi, j. 20.04.2004.

[188] Assim já ocorria em relação ao chamado Estatuto de Defesa do Torcedor (Lei 10.671/2003), revogado pela Lei Geral do Esporte, em 2023.

[189] AgRg no Ag 150.829/DF, rel. Min. Waldemar Zveiter, j. 19.03.1998.

[190] Isso porque o CDC, ao conceituar serviço, a este se refere como "qualquer atividade fornecida no mercado de consumo" (art. 3.º, § 2.º). Além disso, ao tratar da responsabilidade do fornecedor pelo fato do produto, fixa como causa de exclusão da responsabilidade a prova de que *não tenha colocado o produto no mercado*.

INTERESSES DIFUSOS E COLETIVOS – VOL. 1

Embora não haja definição legal, a doutrina conceitua **mercado de consumo** como o *espaço de negócios não institucional no qual se desenvolvem atividades econômicas próprias do ciclo de produção e circulação dos produtos ou de fornecimento de serviços.* Na definição de Bruno Miragem:

> Para nós, mercado de consumo é o espaço ideal e não institucional, onde se desenvolvem as atividades de troca de produtos e serviços avaliáveis economicamente, mediante oferta irrestrita aos interessados e visando por um lado, a obtenção de vantagens econômicas (por parte dos fornecedores), e por outro a satisfação de necessidades pela aquisição ou utilização destes produtos e serviços (por parte dos consumidores).[191]

A compreensão do que seja mercado de consumo é elemento chave na definição jurídica de fornecedor. Tanto é assim que o Superior Tribunal de Justiça, em vários julgados, tem afastado a incidência do CDC a contratos que, na visão da Corte Superior, estão fora do mercado de consumo.

Nesse sentido, prevalece no STJ o entendimento de que a legislação consumerista não se aplica aos **serviços advocatícios**, sob o fundamento de que a relação cliente-advogado – regida pela Lei 8.906/1994 (Estatuto da Advocacia) – não se desenvolve no mercado de consumo.[192]

Da mesma forma, o STJ tem afastado a aplicação do CDC aos **contratos de crédito educativo**, uma vez que o fornecimento de crédito para estudantes, por meio de programa governamental, não constitui serviço oferecido no mercado de consumo.[193]

O quadro a seguir traz um resumo da jurisprudência do STJ nessa temática:

Atividades desenvolvidas fora do mercado de consumo – não incidência do CDC
Serviços advocatícios
Contratos de crédito educativo
Relação condominial
Locação predial urbana
Previdência privada complementar fechada (Súmula 563)
Contratos de franquia
Contratos de plano de saúde administrado por entidade de autogestão (Súmula 608)

5.6.3.4 *Técnica de responsabilização dos fornecedores no CDC*

O CDC, em seu art. 3.º, *caput*, abriga no conceito de fornecedor todos aqueles que participam da cadeia de fornecimento de produtos ou serviços no mercado de consumo, independentemente de possuírem relação direta ou indireta, contratual ou extracontratual, com o consumidor.

---

[191] MIRAGEM, Bruno. *Direito do Consumidor.* São Paulo: Revista dos Tribunais, 2008. p. 94-95.

[192] Vejam-se: AgRg nos EDcl no REsp 1.474.886/PB, 4.ª T., rel. Min. Antonio Carlos Ferreira, j. 18.06.2015; REsp 1.134.709/MG, 4.ª T., rel. Min. Maria Isabel Gallotti, j. 19.05.2015; REsp 757.867/RS, rel. Min. Humberto Gomes de Barros, j. 21.09.2006; REsp 539.077/MS; AgRg no Ag 815.998/BA; e REsp 1.228.104/PR, 3.ª T., rel. Min. Sidnei Beneti, j. 15.03.2012.

[193] Nesse sentido: REsp 831.837/RS, rel. Min. Eliana Calmon, *DJe* 17.06.2009. No mesmo sentido: REsp 560.405/RS, rel. Min. Castro Meira, j. 21.09.2006.

Diante de uma definição tão ampla de fornecedor, o CDC adota a seguinte técnica para imputar deveres e responsabilidades aos fornecedores:

a) quando emprega a expressão **fornecedor**, referindo-se ao **gênero**, está imputando deveres a todos os participantes da cadeia de fornecimento. Por exemplo: no art. 18, ao tratar da responsabilidade por vício do produto, o Código utiliza a expressão "fornecedor". Assim, se um consumidor adquirir um produto viciado, todos os participantes da cadeia de fornecimento serão solidariamente responsáveis (art. 7.º, parágrafo único), desde o fabricante até o comerciante;

b) quando utiliza **outras expressões** (como *fabricante, construtor, importador* etc.), está imputando deveres tão somente às espécies nominadas. Exemplo: ao tratar da responsabilidade pelo fato do produto (art. 12), o Código se refere a *construtor, produtor, importador e fabricante*; e, subsidiariamente, a *comerciante* (art. 13). Nesse caso, a vítima de um acidente de consumo provocado por produto defeituoso poderá responsabilizar apenas os fornecedores nominados.

Em resumo: quando o CDC emprega a expressão fornecedor, está imputando deveres a todos os participantes da cadeia de fornecimento; quando utiliza outras expressões (como importador, fabricante, construtor etc.), está imputando deveres apenas aos fornecedores nominados.

5.6.4 Conceito de produto

O CDC estabelece o conceito de produto em seu art. 3.º, § 1.º: "Produto é qualquer bem, móvel ou imóvel, material ou imaterial".

A expressão **produto** é empregada em seu **sentido econômico**: tudo o que resulte do processo de produção ou fabricação e seja hábil à satisfação das necessidades dos consumidores.

A utilização dos vocábulos **"móvel"** e **"imóvel"** remete aos conceitos tradicionais advindos do direito civil, regulados atualmente nos arts. 79 a 84 do CC/2002.[194]

A inclusão do bem imóvel no conceito de produto faz com que o CDC também se aplique aos contratos imobiliários (como *compra e venda* ou *compromisso de compra e venda*), assim como àqueles conexos a estes, como é o caso dos contratos de empréstimos ou financiamento para aquisição do bem imóvel.

Nesse particular, é importante destacar que a jurisprudência do STJ tem afastado a aplicação do CDC aos contratos de locação residencial de imóveis, sob o fundamento de que não há desigualdade fática entre os contratantes, nem profissionalismo por parte do locador-proprietário. Para a Corte Superior, a relação jurídica, nesse tipo de contrato, não caracteriza relação de consumo, mas sim relação puramente civil, regulada por lei especial (Lei de Locações). A propósito, veja-se:

> O Superior Tribunal de Justiça entende ser incabível a aplicação das disposições do Código de Defesa do Consumidor às relações locatícias regidas pela Lei 8.245/91, porque se tratam de microssistemas distintos, pertencentes ao âmbito normativo do direito. Manutenção do *decisum* por seus próprios fundamentos.[195]

---

[194] O aproveitamento, pelo CDC, da base conceitual de bens móveis e imóveis fixada no CC (arts. 79 a 84) é um exemplo claro de *diálogo sistemático de coerência* entre os dois diplomas legais.

[195] AgRg no REsp 621.254/SP, rel. Min. Og Fernandes, j. 12.05.2009. No mesmo sentido: REsp 706.594, rel. Min. Laurita Vaz, j. 28.09.2009; REsp 239.578/SP, rel. Min. Felix Fisher, j. 08.02.2000.

INTERESSES DIFUSOS E COLETIVOS – VOL. 1

Em sentido diverso, há quem defenda a aplicação do CDC aos contratos de locação residencial de imóvel, notadamente quando presente a figura da administradora de imóveis. Desse teor a lição de Bruno Miragem:

> A nosso ver, uma vez que o conceito de consumidor não abrange apenas quem adquire, mas também quem utiliza o bem (art. 2.º), assim como o fato de que o bem locado em questão pode ser produto (bem imóvel), coloca em tese o contrato de locação imobiliária sob a égide do CDC. O argumento principal sustentado pela jurisprudência para não aplicação do CDC – a existência de uma lei especial de locações – não parece afastar por si só a aplicação das regras do CDC, quando se examina contrato de locação residencial. Em regra, as relações de locação sendo intermediadas por um profissional – imobiliária ou administradora de imóveis – tem-se neste polo da relação contratual a expertise, o conhecimento e a direção contratual que se exige para aplicação do CDC.[196]

Noutro giro, o CDC abrigou no conceito de produto os **bens imateriais**, possibilitando, assim, a aplicação das normas consumeristas a um número ainda maior de relações jurídicas, como as estabelecidas e desenvolvidas por meio da informática e da internet.

É válido ressaltar, ainda, que **o produto, diferentemente do serviço, não precisa ser remunerado**. Vale dizer: os produtos oferecidos gratuitamente aos consumidores também podem ser objeto da relação de consumo. Nessa esteira, o próprio CDC (art. 39, parágrafo único) regula o fornecimento de produtos sem solicitação prévia do consumidor, equiparando-os a "amostras grátis".

Conclui-se, portanto, que o produto entregue como amostra grátis também está submetido a todas as exigências legais de qualidade e segurança, de modo que os fornecedores poderão ser responsabilizados por quaisquer vícios ou defeitos nele encontrados.[197]

5.6.5 Conceito de serviço

5.6.5.1 Definição jurídica

O conceito de serviço está posto no art. 3.º, § 2.º, do CDC, que assim dispõe: "Serviço é qualquer atividade fornecida no mercado de consumo, mediante remuneração, inclusive as de natureza bancária, financeira, de crédito e securitária, salvo as decorrentes das relações de caráter trabalhista".

Observe-se que a enumeração contida nesse dispositivo é meramente **exemplificativa** (*numerus apertus*). Ou seja, além das atividades de natureza bancária, financeira, de crédito e securitária, qualquer outra atividade prestada no mercado de consumo, mediante remuneração, poderá ser abrigada pelo citado dispositivo legal, exceto as decorrentes das relações de caráter trabalhista.

5.6.5.2 Atividade remunerada

O § 2.º do art. 3.º, refletindo a intenção do legislador em fornecer conceituações, define serviço como toda a **atividade remunerada** fornecida no mercado de consumo.

Para merecer o abrigo das normas protetivas do CDC, o serviço precisa ser prestado mediante remuneração.

Note-se que essa expressão "mediante remuneração" deve ser entendida não apenas como representativa da **remuneração direta**, isto é, o pagamento efetuado diretamente

---

[196] MIRAGEM, Bruno. *Direito do Consumidor*. São Paulo: Revista dos Tribunais, 2008. p. 98-99.

[197] No mesmo sentido, veja-se: BONATTO, Cláudio; MORAES, Paulo Valério Dal Pai. *Questões Controvertidas no Código de Defesa do Consumidor*. 4. ed. Porto Alegre: Livraria do Advogado, 1998. p. 94.

CAP. 5 – DIREITO DO CONSUMIDOR | **457**

pelo consumidor ao fornecedor. Compreende também a **remuneração indireta** do fornecedor, ou seja, o benefício comercial advindo de prestações de serviços aparentemente gratuitas, assim como a remuneração "embutida" em outros custos.

Há vários exemplos de serviços remunerados indiretamente e que, portanto, estão sujeitos ao CDC. Antes da edição do Marco Civil da Internet (Lei 12.965/2014) e da Lei Geral de Proteção de Dados (Lei 13.709/2018), o STJ já havia decidido que a relação entre o provedor de rede social e seus usuários é de consumo.[198] O principal argumento foi a remuneração indireta. Embora o consumidor não pague nada diretamente para a empresa administradora da rede, a atividade é remunerada pelos que realizam publicidade dirigida aos usuários/consumidores. O mesmo raciocínio foi utilizado pela Corte para concluir que a emissora de televisão também é fornecedora, já que a atividade por ela oferecida é remunerada pelos anunciantes de produtos e serviços. Outro exemplo de remuneração indireta é o do transporte coletivo "gratuito" para os idosos, no qual o custo deste benefício é diluído para todos os outros usuários do serviço. Da mesma forma, nos programas de milhagem das empresas de transporte aéreo o custo dos bilhetes "prêmios" está naturalmente incorporado no valor das passagens aéreas anteriormente contratadas.

Considerando, pois, que a remuneração é elemento essencial para a definição do que seja serviço, é muito importante distinguir os **serviços efetivamente gratuitos**, afastados da incidência do CDC por não representarem nenhuma espécie de proveito econômico para o prestador (como na hipótese do transporte desinteressado, feito por simples cortesia), dos **serviços aparentemente gratuitos**, aos quais se aplica o CDC pelo fato de o fornecedor, ainda que indiretamente, perceber alguma vantagem econômica (como na hipótese do serviço de estacionamento "gratuito" nos *shopping centers*, cujo custo está embutido nos preços dos produtos).

5.6.5.3 *Serviços bancários, financeiros, de crédito e securitários*

Andou bem o legislador ao prever expressamente a aplicação do CDC aos ***serviços bancários, financeiros, de crédito e securitários*** (art. 3.º, § 2.º).

Isso porque havia no direito brasileiro uma certa resistência à aplicação da legislação consumerista aos contratos bancários, sob o argumento principal de que os correntistas e investidores não poderiam ser considerados consumidores, na medida em que não eram os destinatários finais do produto ou serviço.

Contudo, após a entrada em vigor da Lei 8.078/1990, a doutrina e a jurisprudência evoluíram em sentido contrário, admitindo a aplicação do CDC aos serviços *bancários, financeiros, de crédito e securitários*, nos exatos termos do art. 3.º, § 2.º.

Da mesma forma, na jurisprudência do STJ foi consolidado o entendimento segundo o qual os serviços prestados pelas instituições financeiras estão sujeitos ao CDC. Nesse sentido, confira-se o verbete da **Súmula 297** da Corte Superior: "O Código de Defesa do Consumidor é aplicável às instituições financeiras".

E, na mesma linha, caminhou o Supremo Tribunal Federal, ao decidir, por nove votos a dois, pela constitucionalidade do art. 3.º, § 2.º, do CDC, no histórico julgamento da ADI 2.591/DF, ajuizada pela Confederação Nacional do Sistema Financeiro. Confira-se:

> Art. 3.º, § 2.º, do CDC. Código de Defesa do Consumidor. Art. 5.º, XXXII, da CB/88. Art. 170, V, da CB/88. Instituições financeiras. Sujeição delas ao Código de Defesa do Consumidor. Ação direta de inconstitucionalidade julgada improcedente. 1. **As instituições financeiras estão, todas**

---

[198] REsp 566.468/RJ, rel. Min. Jorge Scartezzini, j. 23.11.2004.

elas, alcançadas pela incidência das normas veiculadas pelo Código de Defesa do Consumidor. 2. "Consumidor", para os efeitos do Código de Defesa do Consumidor, é toda pessoa física ou jurídica que utiliza, como destinatário final, atividade bancária, financeira e de crédito. 3. Ação direta julgada improcedente.[199]

Percebe-se, assim, que o STF pôs fim à discussão, decidindo, definitivamente, pela aplicação do CDC aos serviços *bancários, financeiros, de crédito e securitários*, oferecidos pelas instituições financeiras.

5.6.5.3.1 Previdência privada complementar: incidência do CDC

Fixada a premissa de que os serviços financeiros podem ser objeto de relação de consumo, questão interessante é saber se as relações jurídicas firmadas entre as **entidades de previdência privada complementar** e seus associados também são alcançadas pelo Código de Defesa do Consumidor.

Para a Corte Superior, há diferenças sensíveis e marcantes entre as entidades de previdência privada aberta e fechada. Embora ambas exerçam atividade econômica, apenas as abertas operam em regime de mercado, podem auferir lucro das contribuições vertidas pelos participantes. Assim, é certo que as relações contratuais entre as entidades abertas de previdência complementar e participantes e assistidos de seus planos de benefícios – claramente vulneráveis – são relações de mercado, caracterizando-se genuína relação de consumo.

No tocante às entidades fechadas, contudo, por força de lei, são organizadas sob a forma de fundação ou sociedade simples, sem fins lucrativos, havendo um claro mutualismo entre a coletividade integrante dos planos de benefícios administrados por essas entidades, que são protagonistas da gestão da entidade e dos planos de benefícios. Para o STJ, não de identifica, na hipótese, uma autêntica relação de consumo.

Em resumo, para a atual jurisprudência do STJ, **o CDC só se aplica à relação jurídica firmada entre a entidade de previdência complementar privada aberta e seus participantes**, não alcançando, portanto, entidades de previdência complementar fechada. Desse teor a Súmula 563 do STJ: "O Código de Defesa do Consumidor é aplicável às entidades abertas de previdência complementar, não incidindo nos contratos previdenciários celebrados com entidades fechadas".

Ainda sobre a previdência privada complementar, merecem destaque os seguintes entendimentos, igualmente pacificados na jurisprudência do STJ:

(i) É devida a restituição integral das contribuições vertidas pelo ex-associado à entidade de previdência complementar, por ocasião de seu desligamento; tal restituição deve ser objeto de correção plena, por índice que recomponha a efetiva desvalorização da moeda (Súmula 289/STJ).[200]

(ii) Prescreve em cinco anos a ação que tenha por objeto diferenças de complementação de aposentadoria ou restituição de contribuição (reserva de poupança) de participantes de entidades de previdência privada que se desligaram do plano (Súmulas 291 e 427/STJ), considerando-se como termo inicial a data em que houver a devolução a menor das contribuições pessoais recolhidas pelo associado ao plano previdenciário.[201]

---

[199] ADI 2.591/DF, rel. Min. Carlos Velloso, *DJ* 29.09.2006, com ementa modificada em Emb. Decl. julgados em 14.12.2006.
[200] AgRg no Ag 766.447/RN, 3.ª T., rel. Min. Paulo de Tarso Sanseverino, j. 28.09.2010.
[201] REsp 1.111.973/SP, 2.ª S., rel. Min. Sidnei Beneti, j. 09.09.2009, submetido ao rito dos recursos repetitivos.

5.6.5.4 Serviços públicos

É certo que o serviço público pode ser objeto de uma relação de consumo.

O CDC indica expressamente a possibilidade de sua aplicação aos serviços públicos em diversas passagens. Primeiro, ao dispor, em seu art. 3.º, *caput*, que a pessoa jurídica de direito público pode ser fornecedora. A seguir, o Código estabelece como princípio da Política Nacional das Relações de Consumo a *melhoria dos serviços públicos* e fixa como direito básico do consumidor a *adequada e eficaz prestação dos serviços públicos em geral* (art. 6.º, X). Por fim, o CDC estabelece em seu art. 22 uma série de deveres aos fornecedores de serviços públicos: "Os órgãos públicos, por si ou suas empresas, concessionárias, permissionárias ou sob qualquer outra forma de empreendimento, são obrigados a fornecer serviços adequados, eficientes, seguros e, quanto aos essenciais, contínuos".

5.6.5.4.1 Delimitação dos serviços públicos sujeitos ao CDC

Se, por um lado, não se discute que o serviço público pode ser objeto de relação de consumo, por outro, é tormentosa a identificação de quais serviços públicos, efetivamente, estão sujeitos à disciplina consumerista.

A grande questão que se coloca, portanto, consiste em saber quais serviços públicos se encontram sob o regime das normas de proteção ao consumidor. A respeito do tema, destacam-se duas principais correntes doutrinárias:[202]

1) estão sujeitos ao CDC somente os serviços públicos **remunerados por meio de taxa ou tarifa**;[203]

2) estão sujeitos ao CDC somente os serviços públicos **remunerados por meio de tarifa ou preço público**.[204]

Note-se, de início, que as duas correntes possuem um **ponto comum**: ambas partem da premissa de que **somente os serviços públicos divisíveis e mensuráveis (*uti singuli*), oferecidos no mercado de consumo mediante remuneração**, podem ser abrigados pela legislação consumerista.

Noutras palavras, há consenso em que só se sujeitam ao CDC os serviços públicos oferecidos no mercado a usuários determinados ou determináveis, com a possibilidade de aferição do *quantum* utilizado por cada consumidor. Simplificando, deve haver correlação entre o que se paga e o que se consome. É o caso, por exemplo, dos serviços de *telefonia, água, transporte coletivo e energia elétrica*.

Não se cogita, assim, a aplicação do CDC aos serviços públicos prestados pelo Estado a grupamentos indeterminados (*uti universi*), custeados pelo esforço geral, por meio de tributação, sem possibilidade de mensuração. Tais serviços, diferentemente dos serviços *uti singuli*, não permitem o estabelecimento da necessária correlação entre o pagamento e o serviço prestado. O serviço de *iluminação pública*, por exemplo, por não ser divisível nem mensurável individualmente, não pode ser objeto de relação de consumo.

Do mesmo modo, não são alcançados pelo CDC os serviços públicos típicos de Estado, prestados **fora do mercado de consumo**. É o caso, por exemplo, dos serviços de

---

[202] Há ainda uma terceira corrente em doutrina (minoritária), que não encontra respaldo na jurisprudência, segundo a qual o CDC se aplica a todos os serviços públicos.

[203] É esse o pensamento, dentre outros, de Claudia Lima Marques, Leonardo Roscoe Bessa, Antonio Herman Benjamin e Adalberto Pasqualotto.

[204] É a posição sustentada, dentre outros, por Cláudio Bonatto, Paulo Valério Dal Pai Moraes e Sérgio Cavalieri Filho.

460 | INTERESSES DIFUSOS E COLETIVOS - VOL. 1

segurança pública e prestação jurisdicional, que além de não serem fornecidos no espaço ideal denominado mercado de consumo, não são mensuráveis individualmente.

A principal **diferença** entre as duas correntes doutrinárias acima apontadas reside na importância que se confere à *natureza da remuneração.*

Para os defensores da *primeira corrente,* o que realmente importa é a existência de certa correspondência entre o pagamento e o serviço prestado no mercado de consumo, independentemente da natureza da remuneração (*taxa ou tarifa*).

Em sentido diverso, os adeptos da *segunda corrente* entendem que somente estão sujeitos à legislação consumerista os serviços públicos remunerados por meio de *tarifa ou preço público.* Isso porque, nos serviços remunerados por meio de *taxa,* o usuário não tem liberdade de escolha – um dos direitos básicos para o reconhecimento da condição de consumidor –, travando-se entre ele e o Poder Público uma relação jurídica de natureza administrativo-tributária. É esse, aliás, o entendimento que atualmente prevalece no STJ. A propósito, confira-se:

> Administrativo. Serviço público concedido. Energia elétrica. Inadimplência. Os serviços públicos podem ser próprios e gerais, sem possibilidade de identificação dos destinatários. São financiados pelos tributos e prestados pelo próprio Estado, tais como segurança pública, saúde, educação etc. Podem ser também impróprios e individuais, com destinatários determinados ou determináveis. Neste caso, têm uso específico e mensurável, tais como os serviços de telefone, água e energia elétrica. Os serviços públicos impróprios podem ser prestados por órgãos da administração pública indireta ou, modernamente, por delegação, como previsto na CF (art. 175). São regulados pela Lei 8.987/95, que dispõe sobre a concessão e permissão dos serviços públicos. Os serviços prestados por concessionárias são remunerados por tarifa, sendo facultativa a sua utilização, que é regida pelo CDC, o que a diferencia da taxa, esta, remuneração do serviço público próprio.[205]

Em conclusão, a despeito da divergência doutrinária, a jurisprudência brasileira, especialmente do STJ, caminha na linha de aplicação das normas do CDC apenas para os serviços públicos remunerados por meio de tarifa ou preço público.

5.6.5.4.2 Serviços notariais e de registro

Os serviços notariais e de registro são prestados por delegação do Poder Público, nos termos do art. 236 da Constituição Federal: "Os serviços notariais e de registro são exercidos em caráter privado, por delegação do Poder Público".

O § 1.º do mesmo dispositivo refere que "lei regulará as atividades, disciplinará a responsabilidade civil e criminal dos notários, dos oficiais de registro e de seus prepostos, e definirá a fiscalização de seus atos pelo Poder Judiciário". No ano de 1994, entrou em vigor a Lei 8.935/1994, que regulamenta o citado art. 236 da Constituição, dispondo sobre os serviços notariais e de registro.

Dúvidas não há, portanto, de que as atividades dos notários e registradores são **serviços públicos delegados**, cujo ingresso, inclusive, submete-se a prévio concurso público de provas e títulos (CF, art. 236, § 3.º).

No ponto, a grande questão que se coloca consiste em saber se tais serviços podem ser alcançados pelas normas do CDC. Trata-se de tema polêmico, sobre o qual existem dois entendimentos:

---

[205] REsp 793.422/RS, rel. Min. Eliana Calmon, j. 03.09.2006.

1.º) Não incidência do CDC: os serviços notariais e de registro não podem ser objeto de relação de consumo. Nesse sentido, argumenta-se:

a) a prestação de serviço público típico não constitui relação de consumo;

b) o STF, em sua já consolidada e pacífica jurisprudência, definiu que as custas e emolumentos devidos pelos serviços públicos prestados pelos cartórios têm natureza tributária, qualificando-se como taxas remuneratórias de serviços públicos (cf. ADI 1.378-MC/ES, rel. Min. Celso de Mello, *DJ* 30.05.1997, p. 23.175); logo, aquele que utiliza serviços notariais ou de registro não é consumidor (art. 2.º do CDC), mas sim contribuinte, que remunera o serviço mediante o pagamento de tributo;

c) os cartórios de notas e registros não são fornecedores (art. 3.º do CDC), pois sua atividade não é oferecida no mercado de consumo.

2.º) Incidência do CDC: os serviços notariais e de registro podem ser objeto de relação de consumo.[206] Eis os principais argumentos dos defensores dessa tese:

a) aquele que utiliza os serviços notariais e de registro pode ser considerado consumidor, a teor da definição do art. 2.º do CDC, porquanto destinatário final da atividade; os tabeliães e registradores, por sua vez, podem ser considerados fornecedores, uma vez que são remunerados pela atividade que prestam ao particular, mensurável singularmente (*uti singuli*);

b) se até mesmo os serviços públicos prestados por órgãos da administração pública indireta estão submetidos ao CDC, o que dizer dos serviços notariais, que são prestados por delegatários do Poder Público, que exercem suas atividades em caráter privado, como é o caso dos tabeliães e registradores;

c) a atividade notarial, embora constitua serviço público, exercido em caráter privado por delegação do Poder Público, não deixa de ser serviço comum e remunerado, que, acrescido à habitualidade da prestação e à profissionalidade da atividade, fornecem os elementos essenciais à caracterização da atividade de fornecimento de serviços.

Impende destacar que a controvérsia em análise se repete na jurisprudência do Superior Tribunal de Justiça. Com efeito, seguindo o primeiro entendimento, a 3.ª Turma do STJ já decidiu que os **serviços notariais** não se sujeitam ao CDC. A propósito, veja-se:

> *Prestação de serviço público típico não constitui relação de consumo. Aquele que utiliza serviços notariais ou de registro não é consumidor (Art. 2.º do CDC), mas contribuinte, que remunera o serviço mediante o pagamento de tributo (cf. ADIn 1.378/Celso de Mello).* **Os Cartórios de Notas e de Registros não são fornecedores (art. 3.º do CDC), pois sua atividade não é oferecida no mercado de consumo.** *A prestação de serviço público típico, que é remunerado por tributo, não se submete ao regime do Código de Defesa do Consumidor, pois serviço público não é "atividade fornecida no mercado de consumo" (art. 3.º, § 2.º, do CDC)* (grifou-se).[207]

Em julgado mais recente, a 2.ª Turma da Corte Superior decidiu que "O Código de Defesa do Consumidor aplica-se à atividade notarial".[208]

---

[206] É o que pensam, entre outros: MORAES, Paulo Valério Dal Pai. Os Tabeliães, os Oficiais Registradores e o CDC. *Revista de Direito do Consumidor*, São Paulo: RT, n. 61, p. 142-189, jan.-mar. 2007; e TARTUCE, Flávio. *Manual de Direito do Consumidor:* Direito Material e Processual. São Paulo: Método, 2012. p. 108-109.

[207] REsp 625.144/SP, 3.ª T., rel. Min. Nancy Andrighi, *DJ* 29.05.2006.

[208] REsp 1.163.652/PE, 2.ª T., rel. Min. Herman Benjamin, j. 01.02.2012.

462 | INTERESSES DIFUSOS E COLETIVOS – VOL. 1

Percebe-se, claramente, que o pano de fundo de toda essa discussão a respeito da incidência ou não do CDC aos serviços notariais e de registro consiste na importância que se confere à natureza da remuneração do serviço público prestado, a exemplo do que se viu no tópico imediatamente anterior.

Assim, por uma questão de coerência, para aqueles que entendem que somente os serviços públicos remunerados por meio de tarifa ou preço público são alcançados pelo CDC, é imperiosa a conclusão de que os serviços notariais e de registro não o são, dada a natureza tributária da sua remuneração.

De outro lado, para aqueles que entendem que o que realmente importa é a existência de uma certa correspondência entre o pagamento e o serviço prestado, independentemente da natureza da remuneração (taxa ou tarifa), é possível defender a aplicação do CDC aos serviços notariais e de registro, uma vez que tais serviços são remunerados e mensuráveis individualmente.

5.7 PROTEÇÃO À SAÚDE E SEGURANÇA DO CONSUMIDOR

5.7.1 Prevenção

Conforme já visto, o CDC, em seu art. 6.º, I, fixa como direito básico do consumidor a *proteção da vida, saúde e segurança contra os riscos provocados por práticas no fornecimento de produtos e serviços considerados perigosos ou nocivos.*

Como consequência desse **direito de proteção**, surge para os fornecedores o **dever de segurança**, consistente na obrigação de apenas lançarem no mercado de consumo produtos e serviços seguros. Em outras palavras, não se admite que produtos e serviços acarretem riscos à vida, saúde e segurança dos consumidores.

Se por um lado se reconhece a importância da tutela da incolumidade físico-psíquica do consumidor, por outro se admite que a segurança, de forma absoluta, não existe. Em última análise, o risco é inerente à atual sociedade de consumo em massa. Desse modo, há uma tolerância quanto aos *riscos normais e previsíveis* decorrentes do uso de determinados produtos ou serviços.

5.7.2 Riscos normais e previsíveis

O art. 8.º, *caput*, do CDC estabelece que os produtos e serviços, em princípio, não poderão acarretar riscos à saúde ou segurança dos consumidores. Sem embargo, tratando-se de riscos qualificados como **"normais e previsíveis"** em razão da própria natureza do produto ou serviço, serão tolerados pelos consumidores, *desde que acompanhados de informações claras e precisas.*

O dispositivo em apreço trata da tolerância frente à **periculosidade inerente**: aquela que é indissociável do produto ou serviço e não surpreende o consumidor. Tal modalidade de periculosidade pode ser identificada em produtos de uso diário, como faca, tesoura, corda, caixa de fósforos, álcool, medicamentos em geral etc.; da mesma sorte, os serviços de piscina de um hotel ostentam grau normal de periculosidade, também tolerável se o fornecedor prestar informações adequadas a seu respeito.

Embora se mostre capaz de causar acidentes, a periculosidade dos produtos e serviços, nesses casos, diz-se normal e previsível, ou seja, está em conformidade com as expectativas legítimas dos consumidores. Noutras palavras, os riscos inerentes à natureza e fruição do produto ou serviço já são esperados pelos consumidores.

Os medicamentos em geral incluem-se entre os produtos que apresentam riscos intrínsecos, nos quais os perigos são inerentes à própria utilização e decorrem da finalidade a que se destinam (CDC, art. 8.º). A ingestão de medicamentos tem potencial para ensejar reações adversas, que, todavia, não configuram, por si sós, defeito do produto, desde que a potencialidade e a frequência desses efeitos nocivos estejam descritas na bula, em cumprimento ao dever de informação do fabricante. Conforme já decidido pelo STJ:

> Em se tratando de produto de periculosidade inerente, cujos riscos são normais à sua natureza (medicamento com contra indicações) e previsíveis (na medida em que o consumidor é deles expressamente advertido), eventual dano por ele causado ao consumidor não enseja a responsabilização do fornecedor, pois, de produto defeituoso, não se cuida.[209]

É oportuno ressaltar que a tolerância do CDC com esses riscos normais e previsíveis não exime o fornecedor do **dever de informar**. Pelo contrário, a omissão das informações necessárias ao uso seguro dos produtos ou serviços pode obrigar o fornecedor a indenizar o consumidor em caso de acidente de consumo (art. 12, *caput*, parte final, do CDC). Como já decidido pelo STJ:

> CÓDIGO DE DEFESA DO CONSUMIDOR. Lata de tomate Arisco. Dano na abertura da lata. Responsabilidade civil da fabricante. O fabricante de massa de tomate que coloca no mercado produto acondicionado em latas cuja abertura requer certos cuidados, sob pena de risco à saúde do consumidor, e **sem prestar a devida informação**, deve indenizar os danos materiais e morais daí resultantes. Rejeitada a denunciação da lide à fabricante da lata por falta de prova. Recurso não conhecido (grifou-se).[210]

Importa notar que o legislador atribuiu ao *fornecedor-fabricante* o dever de prestar as informações sobre os riscos inerentes aos **produtos industriais**, por meio de impressos apropriados que devam acompanhar o produto (art. 8.º, § 1º, do CDC).

Por fim, observe-se que a Lei 13.486/2017 incluiu o § 2.º ao art. 8.º do CDC, estabelecendo um "novo" dever aos fornecedores de produtos e serviços, consistente na obrigação de higienizar os equipamentos e utensílios utilizados no fornecimento de bens de consumo, ou colocados à disposição do consumidor, e informar, de maneira ostensiva e adequada, quando for o caso, sobre o risco de contaminação. A ideia é proteger os consumidores frente aos riscos de contaminação no uso de determinados bens de consumo (ex.: *mouses* em *lan houses*, carrinhos de compras em supermercados, equipamentos em academias de ginástica etc.).

5.7.3 Produto ou serviço potencialmente nocivo ou perigoso

O art. 9.º do CDC trata do fornecimento de produtos e serviços *potencialmente nocivos ou perigosos* à saúde ou segurança dos consumidores. Aqui, os riscos não são normais e previsíveis, vale dizer, não são esperados pelos consumidores. Desse modo, só podem ser evitados se houver *informação adequada e ostensiva* sobre a periculosidade ou nocividade do produto ou serviço.

Na lição de Zelmo Denari: "Se o art. 8.º regula os fornecimentos que acarretam riscos normais e previsíveis aos consumidores, o art. 9.º supõe a exacerbação desses riscos".[211]

---

[209] REsp 1.599.405/SP, 3.ª T., rel. Min. Marco Aurélio Bellizze, *DJe* 17.04.2017. Em igual sentido: REsp 1.402.929/DF, 4.ª T., rel. Min. Maria Isabel Gallotti, por unanimidade, j. 11.04.2023 (Informativo STJ 771).

[210] REsp 237.964/SP, rel. Min. Ruy Rosado Aguiar, *DJU* 08.03.2000. No mesmo sentido: REsp 485.742/RO, rel. Min. Aldir Passarinho Junior, j. 16.12.2003.

[211] DENARI, Zelmo *et al. Código Brasileiro de Defesa do Consumidor:* Comentado pelos Autores do Anteprojeto. 7. ed. Rio de Janeiro: Forense Universitária, 2001. p. 148.

464 | INTERESSES DIFUSOS E COLETIVOS – VOL. 1

São exemplos de produtos potencialmente nocivos ou perigosos os *agrotóxicos, os fogos de artifício, as bebidas alcoólicas, o fumo* etc., que exigem informação minuciosa sobre os riscos que apresentam e, mais que isso, sobre a forma de evitá-los. Dentre os serviços potencialmente nocivos ou perigosos está o de *dedetização de prédios*.

É importante notar que se por um lado o CDC admite a colocação de tais produtos ou serviços no mercado de consumo, apesar de potencialmente nocivos ou perigosos, por outro aumenta o grau de informação que deva ser prestada pelo fornecedor. Com efeito, enquanto o art. 8.º exige *informações necessárias e adequadas* a respeito dos riscos normais e previsíveis, o art. 9.º exige do fornecedor *informações ostensivas e adequadas* sobre os riscos potenciais do produto ou serviço.

Informação **ostensiva** é a aquela explícita, clara, incorporada ao produto ou serviço de forma tão manifesta que não pode ser ignorada por nenhuma pessoa de inteligência mediana. Por sua vez, informação **adequada** é aquela que presta todos os esclarecimentos necessários ao correto e seguro uso do produto ou serviço.

Por fim, registre-se que o descumprimento desse dever de informação poderá resultar em responsabilidade civil objetiva do fornecedor (*responsabilidade pelo fato do produto ou do serviço* – art. 12, *caput*, parte final) sem falar-se na possibilidade de responsabilidade administrativa e criminal (art. 63).

5.7.4   Periculosidade exagerada

O CDC, em seu art. 10, proíbe a colocação, no mercado de consumo, de produto ou serviço que o fornecedor sabe ou devesse saber apresentar **alto grau de nocividade ou periculosidade** à saúde ou segurança.

O dispositivo em análise cuida da chamada **periculosidade exagerada**, assim considerada aquela cujo potencial danoso é tamanho que nem mesmo a prestação de informações ostensivas e adequadas aos consumidores é capaz de mitigar seus riscos.

Para Antonio Herman Benjamin, a proibição em comento leva em conta a imensa desproporção entre os custos e benefícios da produção e comercialização desses produtos ou serviços, considerados *defeituosos por ficção*. Nessa esteira, o autor cita o exemplo de um brinquedo que apresente grandes possibilidades de sufocação da criança. A informação, nesses casos, é de pouca valia em decorrência dos riscos excessivos do produto ou serviço. Em linguagem econômica, conclui: "os riscos não compensam os benefícios".[212]

Observe-se, por oportuno, que o Código empregou no art. 10 um conceito jurídico indeterminado: "*alto grau de nocividade ou periculosidade*", competindo ao aplicador do direito, em cada caso concreto, com auxílio técnico, preencher o seu significado, isto é, decidir se o produto ou serviço se enquadra no referido conceito.[213]

5.7.5   O *recall*

Como já visto, para a hipótese de conhecimento superveniente da periculosidade ou nocividade do produto ou serviço, o CDC impõe ao fornecedor o dever de comunicar o

---

[212]   BENJAMIN, Antonio Herman V. *Manual de Direito do Consumidor*. São Paulo: Revista dos Tribunais, 2008. p. 119.

[213]   Conceito jurídico indeterminado é aquele conceito vago, cujo significado deve ser preenchido pelo juiz na análise do caso concreto. Difere da cláusula geral porque, ao contrário desta, não confere ao magistrado poderes para determinar o efeito jurídico subsequente. Vale dizer: preenchido o significado do conceito pelo juiz, a norma automaticamente já lhe impõe a consequência.

CAP. 5 – DIREITO DO CONSUMIDOR | **465**

fato imediatamente às autoridades competentes[214] e aos consumidores, mediante anúncios publicitários veiculados na imprensa, rádio e televisão (art. 10, §§ 1.º e 2.º).

Para a doutrina, o CDC disciplinou nesses parágrafos o procedimento denominado *recall*, que, na sua literalidade, significa "chamar de novo". Se uma montadora de automóveis, por exemplo, descobre que um determinado veículo por ela lançado no mercado de consumo possui um defeito em seu sistema de freios, deverá comunicar tal fato imediatamente aos consumidores, convocando-os por meio de anúncios publicitários a *trazerem de volta* o produto, para conserto ou troca da peça defeituosa.[215]

Cabe observar que o fornecedor, mesmo procedendo ao *recall*, não se exime da obrigação de indenizar eventuais danos sofridos pelos consumidores, porque o CDC adotou um sistema de responsabilidade civil objetiva alicerçado no risco do empreendimento.

E se o consumidor não atende ao *recall* e sofre um dano? Nesse caso, não se discute que o fornecedor continua objetivamente responsável, nos termos do art. 12 do CDC (responsabilidade pelo fato do produto). A dúvida consiste em saber se a indenização devida pelo fornecedor poderá ser minorada em razão da conduta negligente do consumidor, que, comprovadamente notificado do vício e convidado a levar o produto para conserto, queda-se inerte.[216]

Para parte da doutrina, a omissão culposa do consumidor não influencia na responsabilidade do fornecedor. Isso porque, tendo o CDC elegido a culpa exclusiva do consumidor como causa de exclusão da responsabilidade pelo fato do produto ou serviço (art. 12, § 3.º, III), ainda que caracterizada a concorrência de culpa, subsiste a responsabilidade integral do fornecedor de produtos e serviços.[217] Assim já decidiu a 3.ª Turma do STJ:

> Civil. Consumidor. Reparação de danos. Responsabilidade. *Recall*. Não comparecimento do comprador. Responsabilidade do fabricante. A circunstância de o adquirente não levar o veículo para conserto, em atenção a *RECALL*, não isenta o fabricante da obrigação de indenizar.[218]

Em sentido contrário, há quem sustente que o consumidor que deixa de responder ao chamado e sofre um dano, concorre culposamente para o resultado. Por isso, poderá ter o *quantum* da indenização reduzido (culpa concorrente).[219]

Finalizando, destaca-se que esse dever de informar sobre a periculosidade de produtos ou serviços também é do Estado, por força do que dispõe o art. 10, § 3.º, do CDC.

---

[214] A Portaria 618/2019 – Ministério da Justiça e Segurança Pública – disciplina o procedimento de comunicação da nocividade ou periculosidade de produtos e serviços após sua colocação no mercado de consumo, previsto nos §§ 1.º e 2.º do art. 10 da Lei 8.078, de 11 de setembro de 1990. Nos termos do seu art. 3.º, o fornecedor que, posteriormente à introdução do produto ou serviço no mercado de consumo, tiver conhecimento da sua nocividade ou periculosidade, deverá comunicar o fato, no prazo de dois dias úteis, contados da decisão de realizar o chamamento, à Secretaria Nacional do Consumidor e ao órgão normativo ou regulador competente.

[215] A Portaria Conjunta 03/2019 (Ministro de Estado da Infraestrutura e Ministro de Estado da Justiça e Segurança Pública) disciplina o procedimento de chamamento dos consumidores – *recall*, para substituição ou reparo de veículos que forem considerados nocivos ou perigosos após a sua introdução no mercado de consumo.

[216] A discussão acerca da possibilidade de se minorar a responsabilidade do fornecedor nos acidentes de consumo para os quais o consumidor tenha concorrido culposamente será retomada no item 5.8.6.6, relativo às causas de exclusão de responsabilidade pelo fato do produto.

[217] Nesse sentido: DENARI, Zelmo *et al. Código Brasileiro de Defesa do Consumidor*: Comentado pelos Autores do Anteprojeto. 7. ed. Rio de Janeiro: Forense Universitária, 2001. p. 169; MARQUES, Claudia; BENJAMIN, Antonio Herman e MIRAGEM, Bruno. *Comentários ao Código de Defesa do Consumidor*. São Paulo: RT, 2003. p. 237.

[218] REsp 1.010.392/RJ, 3.ª T., rel. Min. Humberto Gomes de Barros, j. 24.03.2008.

[219] Nesse sentido, vejam-se: GARCIA, Leonardo de Medeiros. *Direito do Consumidor*. Código Comentado e Jurisprudência. 5. ed. Niterói: Impetus, 2009. p. 104; CAVALCANTI, Flávio de Queiroz. *Responsabilidade Civil por Fato do Produto no Código de Defesa do Consumidor*. Belo Horizonte: Del Rey, 1996. p. 123.

5.8 RESPONSABILIDADE CIVIL NAS RELAÇÕES DE CONSUMO

5.8.1 Noções introdutórias

No direito privado tradicional, a culpa é o elemento chave para que surja o dever de indenizar. Fala-se, então, em responsabilidade civil subjetiva, na qual a verificação da existência da culpa depende da análise da conduta do causador do dano.

Com o passar do tempo, os aplicadores do direito perceberam que a vítima possuía sérias dificuldades para provar a culpa do causador do dano. Por isso, o sistema avançou e passou a admitir as chamadas "presunções de culpa", por meio das quais o agente causador do dano é considerado, em princípio, culpado, cabendo a ele provar que não agiu com culpa, sob pena de responder pelos prejuízos suportados pela vítima.

Essa flexibilização do conceito e da prova da culpa, iniciada pela ideia da culpa presumida, evoluiu para a culpa contratual, a culpa anônima, até chegar ao que se convencionou chamar de responsabilidade civil objetiva (sem culpa).

A superação da culpa como fundamento da responsabilidade civil teve início no século XIX e se incorporou definitivamente aos ordenamentos em fins do século XX. Para fundamentar essa nova responsabilidade civil (sem culpa), surgiram as teorias do risco (*risco-proveito, risco-criado, risco da atividade, risco administrativo e risco integral*).

Na sociedade de consumo em massa, decorrente das revoluções industrial e tecnológica, o fundamento da culpa perde seu prestígio, seja pela dificuldade intransponível da demonstração da culpa do fornecedor, titular do controle dos meios de produção, seja pelo fato de que terceiros, vítimas do mesmo evento, não se beneficiariam da reparação.

O Código de Defesa do Consumidor, sensível a essa realidade, absorveu a ideia da responsabilidade civil objetiva, conforme se depreende da clareza da regra prevista em seus arts. 12 e 14.

Afastando-se, assim, do direito tradicional, o CDC dá um fundamento objetivo ao dever de indenizar, transferindo os riscos do mercado de consumo, que antes eram do consumidor, para o fornecedor, parte economicamente mais forte.

5.8.2 Fundamento da responsabilidade objetiva no CDC

A doutrina afirma que a responsabilidade civil objetiva no CDC está fundada no **risco da atividade**,[220] ou seja, aquele que se dispõe a exercer alguma atividade no mercado de consumo, qualquer que seja ela, deve assumir os riscos a ela inerentes ou dela decorrentes.

Em outras palavras, quem exerce uma atividade no mercado de consumo, dela obtendo vantagem econômica, tem o dever de responder pelos eventuais vícios ou defeitos dos produtos ou serviços fornecidos, independentemente de culpa.

A *teoria do risco da atividade* parte da premissa de que somente o fornecedor tem o poder de distribuir os custos sociais dos danos causados por sua atividade, vale dizer, somente o fornecedor, por meio dos mecanismos de preço, pode promover a distribuição de tais custos a todos os consumidores (*socialização dos riscos*). Vê-se, portanto, que não há melhor forma de se implantar, em matéria de relações de consumo, a chamada *justiça distributiva*, capaz de redistribuir os riscos inerentes à sociedade de consumo, evitando, assim, despejar esses enormes riscos nos ombros do consumidor individual.

5.8.3 Sistemática do CDC

O Código de Defesa do Consumidor disciplina dois regimes de responsabilidade civil do fornecedor:

---

[220] É esse o pensamento, entre outros, de Nelson Nery Junior, Rosa Maria de Andrade Nery e Sérgio Cavalieri Filho.

a) **responsabilidade pelo fato do produto e do serviço (acidente de consumo – arts. 12 a 14):** decorrente de danos causados à incolumidade físico-psíquica ou à incolumidade econômica do consumidor, por **defeito** (falha de segurança) dos produtos ou serviços fornecidos. Exemplo: um aparelho de telefone celular, com defeito de fabricação, provoca um curto-circuito e fere o rosto do usuário; um ônibus de transporte coletivo, por falha no sistema de freios, colide com um automóvel, ferindo tanto seus passageiros como os ocupantes do outro veículo; um avião de uma empresa aérea, por falha de uma de suas turbinas, cai no oceano, causando a morte de todos os passageiros etc.;

b) **responsabilidade pelo vício do produto e do serviço (arts. 18 a 25):** decorrente de ofensa à incolumidade econômica do consumidor, provocada por **vícios** de qualidade ou de quantidade dos produtos ou serviços, que os tornem *inadequados* ou *impróprios* ao consumo, lhes diminuem o valor, ou acarretem disparidade entre aquilo que é fornecido e o que é informado. Exemplo: um aparelho de TV cujo sistema de som não funciona adequadamente; um frasco de perfume com conteúdo líquido inferior à quantidade informada no rótulo; um avião de transporte de passageiros que fornece serviço de bordo de qualidade inferior à informada na mensagem publicitária etc.

5.8.4 Teoria da qualidade

A teoria da qualidade está assentada na ideia de que o Código impôs ao fornecedor um **dever de qualidade**, consistente na obrigação de somente colocar no mercado de consumo produtos e serviços *seguros e adequados.*

Esse dever de qualidade, portanto, desdobra-se em duas vertentes:

a) **qualidade-segurança**: o produto e o serviço devem oferecer a segurança que deles o consumidor legitimamente espera;

b) **qualidade-adequação**: o produto ou serviço deve servir ao fim a que se destina (*desempenho*) e não pode perder, prematuramente, sua utilidade (*durabilidade*).

Na lição de Antonio Herman Benjamin, para se identificar corretamente o regime de responsabilidade civil aplicável a uma determinada relação de consumo, é preciso verificar qual dever jurídico foi preponderantemente violado pelo fornecedor.[221]

Nesse sentido, se o dever violado é o de **qualidade-segurança**, com efetiva ofensa ao patrimônio ou à incolumidade físico-psíquica do consumidor ou de terceiros (*acidente de consumo*), surge para o fornecedor a responsabilidade pelo fato do produto e do serviço (arts. 12 a 14). É o caso, por exemplo, de um aparelho barbeador elétrico que, por possuir defeito em uma de suas lâminas, provoca um corte no rosto do consumidor.

Por outro lado, se o dever violado é o de **qualidade-adequação**, com ofensa à incolumidade econômica do consumidor, fala-se em responsabilidade pelo vício do produto e do serviço (arts. 18 a 25). Por exemplo: um ferro elétrico que não atinge a temperatura necessária para passar roupas possui um vício que o torna inadequado ao fim a que se destina.

Acolhendo a teoria da qualidade, assim já se manifestou o STJ:

No sistema do CDC, a responsabilidade pela qualidade biparte-se na exigência de adequação e segurança, segundo o que razoavelmente se pode esperar dos produtos e serviços. Nesse contex-

---

[221] BENJAMIN, Antonio Herman. *Manual de Direito do Consumidor.* São Paulo: RT, 2008. p. 108-110.

INTERESSES DIFUSOS E COLETIVOS – VOL. 1

to, fixa, de um lado, a responsabilidade pelo fato do produto ou do serviço, que compreende os defeitos de segurança; e de outro, a responsabilidade por vício do produto ou do serviço, que abrange os vícios por inadequação.[222]

É oportuno observar que o legislador consumerista, ao disciplinar a responsabilidade civil do fornecedor, se afastou da dicotomia clássica entre responsabilidade contratual e responsabilidade extracontratual.

Diferentemente do direito privado tradicional, o fundamento da responsabilidade civil no direito do consumidor deixa de ser o descumprimento de um dever contratual (*responsabilidade contratual*) ou a prática de um ato ilícito (*responsabilidade aquiliana*). Para o CDC, o que realmente importa é identificar a existência de outro tipo de vínculo: a relação jurídica de consumo (*contratual ou extracontratual*), na qual a responsabilidade do fornecedor decorre de um fundamento único: a quebra do dever de qualidade.

Na lição de Anelise Becker, a adoção da teoria da qualidade como fundamento único da responsabilidade civil do fornecedor representa a aplicação, no âmbito do direito do consumidor, da **teoria unitária da responsabilidade civil**.[223] A propósito, confira-se:

> A responsabilidade pelo vício de qualidade instituída por nosso CDC representa a consagração de um dever de qualidade, anexo à atividade do fornecedor e fundado no princípio da proteção à confiança. Este dever de qualidade imprime no próprio produto ou serviço a garantia de ausência de vício de qualidade por insegurança ou por inadequação, funcionando, assim, como fundamento único da responsabilidade, contratual e extracontratual, da cadeia de fornecedores em relação aos consumidores e fazendo prescindir inteiramente da existência de vínculo contratual entre uns e outros para a responsabilização dos primeiros.[224]

Por fim, é importante registrar que a doutrina complementa a teoria da qualidade com a *teoria da quantidade*, segundo a qual o produto ou serviço também será considerado viciado quando apresentar diferença quantitativa entre aquilo que é informado ao consumidor e aquilo que é efetivamente fornecido. Um bom exemplo é o da caixa de leite cujo conteúdo líquido é inferior às indicações constantes da sua embalagem. Nesse caso, o fornecedor responderá pelo vício do produto, nos termos do art. 19 do CDC.

5.8.5 Defeito e vício: distinção

A distinção entre **defeito** e **vício** guarda íntima relação com a teoria da qualidade.

Como visto, se o fornecedor coloca no mercado produto ou serviço com *falha de segurança*, está descumprindo seu dever de qualidade-segurança. E é exatamente essa *falha de segurança* que o Código conceitua como **defeito**. Exemplo: um automóvel com uma falha em seu sistema de freios é considerado um produto defeituoso.

Da mesma forma, se o fornecedor coloca no mercado produto ou serviço *impróprio ou inadequado* ao fim a que se destina, está descumprindo seu dever de qualidade-adequação. A essa inadequação se dá o nome de *vício*. É o caso, por exemplo, de um aparelho de TV, cujo sistema de som não funciona ou funciona mal.

---

[222] REsp 967.623/RJ, rel. Min. Nancy Andrighi, j. 16.04.2009.

[223] A teoria unitária da responsabilidade civil preconiza a superação da dicotomia clássica entre responsabilidade contratual e extracontratual. Partindo da premissa de que as obrigações que resultam da infração à lei e da violação de um contrato têm sempre a mesma estrutura e são polarizadas pela mesma finalidade: a satisfação do interesse do credor, referida teoria propõe uma regulamentação unitária para o instituto da responsabilidade civil.

[224] BECKER, Anelise. Elementos para uma Teoria Unitária da Responsabilidade Civil. *Revista de Direito do Consumidor*, 13 (1995): 42-55.

CAP. 5 – DIREITO DO CONSUMIDOR | **469**

Nessa ordem de ideias, o ***defeito*** pode ser definido como a falha de segurança que insere no produto ou serviço uma potencialidade danosa por ele normalmente não possuída e, assim, inesperada para o consumidor; por sua vez, o ***vício*** pode ser definido como a inadequação do produto ou serviço ao fim a que se destina, decorrente do descumprimento do dever de qualidade-adequação. A propósito, já decidiu o STJ:

> Observada a classificação utilizada pelo CDC, um produto ou serviço apresentará vício de adequação sempre que não corresponder à legítima expectativa do consumidor quanto à sua utilização ou fruição, ou seja, quando a desconformidade do produto ou do serviço comprometer a sua prestabilidade. Outrossim, um produto ou serviço apresentará defeito de segurança quando, além de não corresponder à expectativa do consumidor, sua utilização ou fruição for capaz de adicionar riscos à sua incolumidade ou de terceiros.[225]

Cabe observar que os conceitos de vício e defeito, embora distintos, não se excluem. Ao contrário, **o defeito pressupõe o vício**. Tanto é assim que, no exemplo do automóvel acima citado, a falha em seu sistema de freios representa, ao mesmo tempo, um **vício do produto** (*o veículo, nessas condições, não é adequado ao fim a que se destina*) e um **defeito do produto** (*o veículo, nessas condições, tem aumentada a sua potencialidade danosa*).

Por outro lado, note-se que nem todo produto ou serviço viciado será considerado defeituoso, pois a falta de aptidão para a realização do fim a que se destina não acarreta, necessariamente, maior risco à segurança do consumidor. Exemplificando, o mau funcionamento de uma caneta esferográfica não gera nenhuma insegurança para o consumidor.

Em síntese, é correto afirmar, na esteira da lição de Rizzatto Nunes, que **"há vício sem defeito, mas não há defeito sem vício"**.[226]

Remarque-se que, para uma completa diferenciação entre defeito e vício, a teria da qualidade deve ser complementada pela **teoria da quantidade**, segundo a qual o produto ou serviço também será considerado viciado quando não corresponder às informações quantitativas constantes do recipiente, da embalagem, rotulagem ou de mensagem publicitária. É o caso, por exemplo, de um cartucho de tinta para impressora cujo conteúdo líquido seja inferior ao informado no rótulo.

Identificam-se, portanto, dois tipos de vícios do produto ou serviço: o **vício de qualidade**, decorrente do descumprimento do dever de qualidade-adequação (ex.: *notebook* com autonomia insuficiente, em razão de vício na bateria), e o **vício de quantidade**, decorrente da disparidade quantitativa acima referida (ex.: rolo de papel higiênico com dimensões inferiores às informadas no rótulo).

Assim, tem-se:

Defeito	Vício
É a *falha de segurança* (decorrente do descumprimento do dever de qualidade-segurança) que insere no produto ou serviço uma potencialidade danosa por ele normalmente não possuída, e, assim, inesperada para o consumidor.	É a *inadequação* do produto ou serviço ao fim a que se destina, decorrente do descumprimento do dever de qualidade-adequação (**vício de qualidade**), ou ainda, a *diferença quantitativa* entre o que é informado ao consumidor e o que é efetivamente fornecido (**vício de quantidade**).

---

[225] REsp 967.623/RJ, rel. Min. Nancy Andrighi, j. 16.04.2009.
[226] RIZZATTO NUNES, Luiz Antonio. *Curso de Direito do Consumidor*. 4. ed. São Paulo: Saraiva, 2009. p. 181.

470 | INTERESSES DIFUSOS E COLETIVOS – VOL. 1

5.8.6 Responsabilidade pelo fato do produto

A responsabilidade pelo fato do produto está disciplinada nos arts. 12 e 13 do CDC. Como visto, tal responsabilidade decorre dos danos causados ao consumidor por **defeito** (*falha de segurança*) do produto.

Inicialmente, é importante observar que a responsabilidade pelo fato do produto decorre de um acontecimento externo, denominado **acidente de consumo**. Vale dizer: o prejuízo material, moral ou estético suportado pelo consumidor não está circunscrito ao bem defeituoso.

Por exemplo: se *A* adquire uma motocicleta zero-quilômetro com falha no sistema de freios e colide com um automóvel, sofrendo ferimentos físicos, além de danos nos dois veículos, o fornecedor deverá reparar os prejuízos decorrentes do fato do produto, nos termos do art. 12 do CDC.

Contudo, se no mesmo exemplo, *A* descobre a falha no sistema de freios antes de sofrer um acidente, embora presente o defeito (*falha de segurança*), não há que se falar em responsabilidade pelo fato do produto, porquanto o prejuízo do consumidor está circunscrito ao próprio vício.

Outro aspecto importante a ser destacado é que o CDC procurou se afastar da tradicional dicotomia entre *responsabilidade contratual* e *extracontratual*. A propósito, leciona Gustavo Tepedino:

> O legislador especial supera a dicotomia entre a responsabilidade contratual e extracontratual. O dever de reparação é atribuído a todos os participantes do processo de fabricação e distribuição dos produtos, a prescindir de vínculo contratual entre estes e a vítima do dano. Nesta direção, prevê o art. 12 que o fabricante, o construtor, o produtor e o importador são solidariamente responsáveis.[227]

Como visto, para o Código o que realmente importa é saber se houve quebra do dever de qualidade. Trata-se da aplicação da **teoria unitária da responsabilidade civil**, que permite proteger igualmente todas as vítimas dos acidentes de consumo, expostas aos mesmos riscos, independentemente de estarem ou não ligadas ao fornecedor por meio de uma relação contratual.

5.8.6.1 Responsabilidade objetiva

A partir do CDC, não se indaga mais se o fornecedor agiu com culpa ao colocar o produto defeituoso no mercado de consumo. Não é sequer relevante que tenha ele sido o mais cuidadoso possível. Basta que tenha assumido o risco de desenvolver sua atividade para responder pelos danos decorrentes dos defeitos dos produtos por ele fornecidos.

Nesse sentido, o Código previu expressamente em seu art. 12 que a responsabilização do fornecedor pelo fato do produto (*acidente de consumo*) passa a ser objetiva, já que responde **independentemente da existência de culpa**.

5.8.6.2 Pressupostos da responsabilidade

O CDC consagrou em seu art. 12, *caput*, o regime de responsabilidade civil objetiva, que prescinde da análise da culpa do fornecedor. Assim, para a reparação do dano, basta que o consumidor comprove a colocação do produto defeituoso no mercado de consumo, a que se deve ligar, numa relação de causalidade, o resultado danoso.

---

[227] TEPEDINO, Gustavo. *Temas de Direito Civil*. 3. ed. Rio de Janeiro: Renovar, 2006. t. II, p. 131-132.

Nesse sentido, são quatro os pressupostos da responsabilidade civil pelo fato do produto: **a)** *conduta*; **b)** *defeito*; **c)** *dano* e **d)** *nexo causal*.

5.8.6.2.1 Conduta

A **conduta** pode ser definida como a participação do fornecedor no processo de **colocação do produto no mercado de consumo**. Noutras palavras, a conduta que se reclama do fornecedor é o ato comissivo que consiste em lançar ou fazer ingressar em circulação comercial determinado produto.

Cabe observar, novamente, que não se exige na conduta do fornecedor a existência de culpa. O que realmente importa saber, para fins de responsabilização, é se ele colocou ou não determinado produto no mercado de consumo.

5.8.6.2.2 Defeito

Conforme visto, **defeito** é a *falha de segurança* de um produto. Mas não é qualquer carência de segurança que torna o produto defeituoso. Afinal, em maior ou menor grau, quase todo produto gera alguma insegurança para os consumidores.

Em última análise, a falha de segurança que caracteriza o defeito é aquela que *introduz no produto uma potencialidade danosa por ele normalmente não possuída e, assim, inesperada para o consumidor ou usuário comum*.

Nesse sentido, ensina Antonio Herman Benjamin: "O direito, de regra, só atua quando a **insegurança do produto ultrapassa o patamar da normalidade e da previsibilidade do risco**" (grifou-se).[228]

Para facilitar a definição do que seja defeito, o CDC, em seu art. 12, § 1.º, assinala que o "produto é defeituoso quando não oferece a segurança que dele legitimamente se espera (...)". Se o consumidor adquirir um automóvel com *airbag*, por exemplo, a segurança que ele legitimamente espera é que este seja acionado em caso de uma colisão frontal do veículo; caso isso não ocorra, o produto será considerado defeituoso.

Noutro giro, é importante destacar que o juiz, ao analisar a segurança esperada dos produtos em cada caso concreto, deverá observar, dentre outros fatores, *sua apresentação, os usos e riscos que dele razoavelmente se esperam* e, ainda, a *época em que foi colocado em circulação*.

Percebe-se, assim, que o CDC não impõe um sistema de segurança absoluta. O que se exige é uma *segurança dentro dos padrões* da *expectativa legítima dos consumidores*. Nessa linha, o STJ já decidiu que um determinado Hospital não deveria indenizar paciente que alegava ter contraído hepatite C em transfusão de sangue.[229] Na hipótese, a Corte Superior adotou a premissa de que ainda não é possível a eliminação total dos riscos de transfusão de sangue contaminado, mesmo que se adotem todos os testes adequados à análise sanguínea. Por isso, não sendo absoluta a segurança que o consumidor razoavelmente pode esperar nesses casos, o só fato da existência do fenômeno da janela imunológica não é passível de tornar defeituoso o serviço prestado pelo hospital.

Por fim, cabe observar que o produto não pode ser considerado defeituoso pelo simples fato de outro de melhor qualidade ter sido colocado no mercado (art. 12, § 2.º).

5.8.6.2.2.1 Classificação dos defeitos

A doutrina classifica os defeitos, quanto à origem, em: a) defeitos de concepção; b) defeitos de fabricação; e c) defeitos de comercialização.

---

[228] BENJAMIN, Antonio Herman. *Manual de Direito do Consumidor*. São Paulo: RT, 2008. p. 115.

[229] REsp 1.322.387/RS, 4.ª T., rel. Min. Luis Felipe Salomão, j. 20.08.2013 (Informativo STJ 532).

472 | INTERESSES DIFUSOS E COLETIVOS – VOL. 1

Os **defeitos de concepção**, também denominados defeitos de criação, são os decorrentes de falhas no *projeto* ou na *fórmula* do produto. São imperfeições oriundas do mau planejamento do produto.

Tais defeitos podem decorrer da escolha inadequada da matéria-prima (ex.: erro na composição de um medicamento, que causa danos à saúde do consumidor, como câncer, esterilidade etc.), do *design* (ex.: erro no desenho do porta-malas de um automóvel, cujo compartimento do pneu reserva, com superfície cortante, causa danos à incolumidade física do consumidor), ou ainda, de erro na eleição das técnicas de montagem dos produtos.

Suas principais características são a **inevitabilidade** (*mesmo as mais modernas técnicas de controle de qualidade não conseguem evitá-los*) e a **universalidade** (*uma vez verificado, o defeito provoca uma reação em cadeia, alcançando todos os produtos da mesma série*). Por tais razões, são os mais temidos pelos fabricantes.

Os **defeitos de fabricação**, por sua vez, são os decorrentes de falhas nos processos de *fabricação*, *montagem*, *manipulação* ou *acondicionamento* dos produtos. Note-se que tais defeitos se verificam durante o processo de produção do bem, como decorrência de falha mecânica ou manual. Por exemplo: uma máquina de lavar louças, por falha na montagem de suas peças, pode provocar um curto-circuito e causar incêndio na residência do consumidor.

As principais características dos defeitos de fabricação são a **inevitabilidade** (*tais defeitos escapam a qualquer controle de qualidade e surgem como parte integrante do risco do negócio*) e a **pontualidade** (*se manifestam apenas em alguns exemplares do produto*).

Por último, os **defeitos de comercialização**, também designados defeitos de informação, são os que decorrem de falhas na *apresentação do produto*, assim como de *informações inadequadas* ou *insuficientes* ao consumidor.

Esse tipo de defeito está intimamente ligado ao descumprimento, por parte do fornecedor, do dever de informar adequadamente aos consumidores sobre os riscos dos produtos (arts. 8.º e 9.º do CDC). Em termos práticos, o que se observa é que um produto com uma periculosidade inerente[230] (tolerada) passa a ser considerado defeituoso, por ausência ou insuficiência informativa.

É o que se verifica, por exemplo, quando não se informa adequadamente em um produto sobre a presença de uma determinada substância química em relação à qual um grupo de consumidores tenha grave intolerância. Aqui, a falha de segurança não está no produto em si, mas sim no modo como este se apresenta. Por essa razão, a doutrina em geral o considera um defeito extrínseco, diferentemente dos defeitos de concepção e fabricação, considerados intrínsecos ao produto.

É esse também o entendimento do STJ:

> Direito do consumidor. Recurso especial. Fato do produto. Dermatite de contato. Mau uso do produto. Culpa exclusiva da vítima. Inocorrência. Alergia. Condição individual e específica de hipersensibilidade ao produto. Defeito intrínseco do produto. Inocorrência. Defeito de informação. Defeito extrínseco do produto. Falta de informação clara e suficiente. Violação do dever geral de segurança que legitimamente e razoavelmente se esperava do produto. Matéria fático-probatória. Súm 7/STJ. Súm 283/STF.[231]

---

[230] A doutrina identifica três espécies de periculosidade nos bens de consumo: a) a *periculosidade inerente* (é a única tolerada, porque seus riscos são normais e previsíveis; ex.: é sabido, de antemão, que uma faca pode ferir); b) *periculosidade adquirida* (decorre da presença de um defeito, que torna os riscos do uso do bem de consumo anormais e imprevisíveis; ex.: um botijão de gás com vazamento); e c) *periculosidade exagerada* (nesta, os riscos de danos aos consumidores são tão grandes que não compensam os benefícios; ex.: um medicamento que combate a calvície, mas causa câncer).

[231] REsp 1.358.615-/P, 4.ª T., rel. Min. Luis Felipe Salomão, j. 02.05.2013 (Informativo STJ 524).

Assim, tem-se:

Tipos de Defeitos	Definição	Peculiaridades
Defeitos de concepção ou criação	São os decorrentes de falhas no *projeto* ou na *fórmula* do produto. Ex.: erro no *design* de uma "chapinha" para cabelo, que torna tal produto exageradamente perigoso ao consumidor.	Suas principais características são a **inevitabilidade** (escapam a qualquer controle de qualidade) e a **universalidade** (alcançam todos os produtos de uma mesma série).
Defeitos de fabricação	São os decorrentes de falhas nos processos de *fabricação, montagem, manipulação* ou *acondicionamento* dos produtos. Ex.: erro no acondicionamento de um produto alimentício, que se torna impróprio ao consumo.	Suas principais características são a **inevitabilidade** e a **pontualidade** (manifestam-se apenas em alguns exemplares do produto).
Defeitos de comercialização	São os decorrentes de falhas na *apresentação do produto*, assim como de *informações inadequadas* ou *insuficientes* ao consumidor.	Aqui, a falha de segurança não está no produto em si, mas sim no modo como este se apresenta. Por essa razão, a doutrina em geral o considera um defeito extrínseco, diferentemente dos defeitos de concepção e fabricação, considerados intrínsecos ao produto.

5.8.6.2.3 Dano

O dano é requisito indispensável para a configuração da responsabilidade civil. Não há que se falar em indenização, nem em ressarcimento, se não estiver presente o dano.

Agora, não é qualquer dano que gera a responsabilidade civil pelo fato do produto. Conforme visto, somente o **dano extrínseco ao produto**, isto é, o dano que ultrapassa os limites do produto, atingindo o consumidor em seu patrimônio jurídico mais amplo (*seja moral, material ou estético*), é que constitui pressuposto da responsabilidade por acidente de consumo.

Por exemplo: um consumidor adquire um veículo com defeito no tanque de combustível, que explode, incendeia o automóvel e provoca queimaduras graves em seu corpo. Nesse caso, os danos vão além da simples desvalorização econômica do produto defeituoso. São danos externos ao produto, que atingem tanto a incolumidade físico-psíquica do consumidor, quanto a sua incolumidade econômica. Fala-se, então, em acidente de consumo, com prejuízo extrínseco ao bem, gerador da responsabilidade pelo fato do produto, na forma do art. 12 do CDC.

Nesse ponto, cabe lembrar que o CDC, em seu art. 6.º, VI, consagrou o princípio da reparação integral (*restitutio in integrum*), segundo o qual a reparação deve ser a mais completa possível, abrangendo, assim, os danos patrimoniais e morais, individuais, coletivos e difusos.

5.8.6.2.4 Nexo causal

O fato de o Código de Defesa do Consumidor ter adotado o regime da responsabilidade civil objetiva em seu art. 12, que afasta a necessidade de prova da culpa, não

474 | INTERESSES DIFUSOS E COLETIVOS – VOL. 1

significa dizer que a vítima nada tenha a provar. Pelo contrário, cabe-lhe provar o dano e o nexo de causalidade entre este e a conduta do fornecedor, consistente na colocação do produto defeituoso no mercado de consumo.

Noutras palavras, para que surja a obrigação de reparar danos é preciso que se prove **a relação de causa e efeito entre a ação do fornecedor e o dano verificado**.

Aqui, cabe uma observação importante: **o consumidor não precisa provar o defeito do produto**. Isso porque o CDC transferiu para o fornecedor o ônus de provar que o defeito não existe (art. 12, § 3.º, II). Trata-se, portanto, de inversão legal do ônus da prova (*ope legis*), em desfavor do fornecedor.[232]

Desse modo, em ação civil de responsabilidade pelo fato do produto, o consumidor precisa provar apenas o seu dano e a relação de causa e efeito entre este e o produto colocado pelo fornecedor no mercado. Ao fornecedor demandado caberá, em seguida, provar que o dano, embora causado pelo produto, não o foi em função de um defeito.

É oportuno lembrar, outrossim, que o consumidor poderá ser desonerado, inclusive, do dever de provar o dano e o nexo causal entre este e a conduta do fornecedor, quando, a critério do juiz, for *verossímil a alegação* ou quando for ele *hipossuficiente*, segundo as regras ordinárias de experiência (art. 6.º, VIII). Nesse caso, conforme visto, opera-se uma inversão do ônus da prova a critério do julgador (*ope judicis*), que não se confunde com a inversão do ônus da prova do defeito, que opera de plano, por força de lei (*ope legis*).

5.8.6.3   Os fornecedores responsáveis e a solidariedade

Em matéria de responsabilidade civil pelo fato do produto (art. 12, *caput*), o Código fixou a responsabilidade solidária[233] apenas entre os fornecedores discriminados em seu art. 12, *caput*: **o fabricante, o produtor, o construtor (nacional ou estrangeiro) e o importador**, não abrangendo, portanto, todos os participantes da cadeia de fornecimento.[234]

É importante notar, nesse particular, que o *comerciante* foi excluído, à primeira vista, da responsabilidade pelo fato do produto.

A doutrina tem identificado, no art. 12, *caput*, do CDC, três modalidades de fornecedores:

a) **Fornecedor real:** é aquele que efetivamente participa do processo de produção do produto final ou da parte componente. Compreende o **fabricante**, o **produtor** e o **construtor**.

b) **Fornecedor presumido:** é aquele que não participa diretamente do processo produtivo, mas é equiparado, por lei, ao fabricante e ao produtor. É o caso do **importador** de produtos industrializados ou *in natura*. Por ficção legal, assume a condição de fornecedor, já que os verdadeiros fabricantes ou produtores não podem, em razão da distância e sem pesados sacrifícios, ser alcançados pelos consumidores.

c) **Fornecedor aparente:** é aquele que apõe seu nome ou marca no produto final. Um exemplo típico dessa modalidade de fornecedor é encontrado no contrato de franquia, no qual o **franqueador** (titular da marca) é o fornecedor aparente, responsável pelos defeitos dos produtos, em solidariedade com o franqueado, nos termos

---

[232] A Segunda Seção do STJ, no julgamento do REsp 802.832/MG (*DJ* 21.09.2011), da relatoria do Min. Paulo de Tarso Sanseverino, pacificou o entendimento de que em demanda que trata da responsabilidade pelo fato do produto ou do serviço (arts. 12 e 14 do CDC), a inversão do ônus da prova da existência do defeito decorre da lei. No mesmo sentido: REsp 1.262.132/SP, 4.ª T., rel. Min. Luis Felipe Salomão, j. 18.11.2014, *DJE* 03.02.2015; AgRg no AREsp 402.107/RJ, 3.ª T., rel. Min. Sidnei Beneti, j. 26.11.2013.

[233] O CDC trata da responsabilidade solidária em vários dispositivos: arts. 7.º, parágrafo único, 18 e 25, §§ 1.º e 2.º.

[234] Lembre-se, aqui, da técnica de imputação de responsabilidade dos fornecedores, analisada no item 5.6.3.4.

do art. 25, § 1.º, do CDC.[235] Outro exemplo de fornecedor aparente é a empresa que utiliza marca internacionalmente reconhecida, ainda que não tenha sido a fabricante direta do produto defeituoso. Como já decidiu pelo STJ, é de se reconhecer a responsabilidade solidária do fornecedor aparente, porquanto beneficiário da marca de alcance global, com fulcro nos arts. 3.º, 12, 14, 18, 20 e 34 do CDC.[236]

Para o Código, considera-se **fabricante** não só aquele que fabrica seu próprio produto, como também o fabricante de peças ou componentes que serão incorporados ao produto final, ou, ainda, o mero montador. Assim, para o caso de um produto ter mais de um fabricante (um de matéria-prima, outro de componente e outro do produto final), todos são solidariamente responsáveis pelos defeitos e suas consequências (art. 25, § 2.º, do CDC).

Exemplificando, imagine-se que um computador, em razão de um defeito na placa de som, venha a explodir e causar ferimentos no consumidor. Este pode, a sua escolha, demandar diretamente contra o fabricante desse componente específico, ou contra o montador do produto, ou, ainda, contra os dois. Nesse caso, se o montador pagar pelo dano, cabe-lhe ação regressiva contra aquele que, de fato, deu origem ao defeito (art. 13, parágrafo único).

Produtor é a designação dada pelo CDC àquele que lança no mercado de consumo produtos não industrializados, em particular os produtos de origem animal ou vegetal, não acondicionados. Se o produto sofre qualquer processo de acondicionamento (ex.: limpeza e embalagem), serão solidariamente responsáveis o produtor e aquele que promoveu o acondicionamento, cabendo ação regressiva contra quem efetivamente causou o defeito.

Por sua vez, **construtor** é aquele que lança produtos imobiliários no mercado de consumo. Sua responsabilidade engloba todos os serviços e produtos empregados na construção. Assim, se o defeito causador do dano está num determinado produto fabricado por um terceiro e empregado na obra, o construtor e o fabricante do produto serão solidariamente responsáveis, cabendo ação regressiva contra o verdadeiro causador do defeito.

Já o **importador** é aquele que introduz no mercado brasileiro produtos fabricados ou produzidos em outro país.

Identificados os responsáveis pelo fato do produto, outro aspecto importante merece ser destacado: o da **solidariedade** entre os coobrigados.

É preciso deixar bem claro que a **responsabilidade** entre os agentes econômicos referidos no art. 12, *caput*, do CDC, é **solidária**.[237] Dito de outro modo, o legislador criou uma espécie de obrigação solidária passiva dos fornecedores discriminados na norma, de modo que todos são coobrigados pelo dever de reparação de danos aos consumidores, inclusive os que não tenham concorrido diretamente para o evento danoso.

Em última análise, o Código conferiu ao consumidor (credor da indenização) o direito de exigir de um ou de alguns fornecedores a dívida comum (art. 275 do CC).

5.8.6.4   *A responsabilidade do comerciante*

Para a doutrina amplamente majoritária, a responsabilidade do comerciante pelo fato do produto é **subsidiária**, isto é, secundária em relação à responsabilidade dos outros agentes econômicos, que é principal.[238]

---

[235] A possibilidade de responsabilização direta do *fornecedor aparente* encontra fundamento na "teoria da aparência". Nesse sentido, inclusive, já decidiu o STJ: REsp 113.012/MG, rel. Min. Ruy Rosado de Aguiar, j. 18.03.1997.

[236] REsp 1.580.432/SP, rel. Min. Marco Buzzi, j. 06.12.2018 (Informativo 642).

[237] O CDC traz, assim, dois tipos de solidariedade legal: uma prevista para os coautores do dano (arts. 7.º, parágrafo único, e 25, § 1.º) e outra em que nem todos os coobrigados são causadores (diretos) do dano, como se verifica na responsabilidade pelo fato do produto (art. 12, *caput*).

[238] É esse o pensamento, dentre outros, de Carlos Roberto Gonçalves, Sergio Cavalieri Filho, Antonio Herman Benjamin, Cláudio Bonatto, Paulo Valério Dal Pai Moraes, Pablo Stolze, Rodolfo de Camargo Mancuso, Paulo Jorge Scartezzini Guimarães, Flávio Tartuce, Cláudio Luiz Bueno de Godoy e Senise Lisboa.

476 | INTERESSES DIFUSOS E COLETIVOS – VOL. 1

Nas precisas palavras de Zelmo Denari: "A responsabilidade do comerciante, nos acidentes de consumo, é meramente subsidiária, pois os obrigados principais são aqueles elencados no art. 12".[239]

Assim, se o consumidor sofre um dano ao utilizar um produto defeituoso, deverá demandar contra os responsáveis principais, quais sejam, o construtor, o fabricante, o produtor e o importador. Excepcionalmente, o comerciante também poderá ser responsabilizado, desde que verificada uma das hipóteses previstas no art. 13, I a III, do CDC.

Os incisos I e II regulam hipóteses semelhantes, mas não iguais. Nos termos do inciso I, o comerciante poderá ser responsabilizado quando o fabricante, o construtor, o produtor ou o importador não puderem ser identificados. É o que ocorre, por exemplo, quando um supermercado expõe à venda verduras e frutas sem a identificação da origem. São os chamados *produtos anônimos*. Já no inciso II, o Código responsabiliza o comerciante que oferece o produto sem identificação clara do seu fabricante, produtor, construtor ou importador (*produto mal identificado*). É o caso, por exemplo, da venda de um produto cujo rótulo não identifica claramente o fabricante.

Note-se que a impossibilidade (inciso I) ou a insuficiência (inciso II) da identificação do fornecedor principal é aferida no momento da propositura da ação, pouco importando se o comerciante, no decorrer do processo, identificar o produtor, o fabricante, o construtor ou o importador do produto defeituoso.[240]

A última hipótese legal (mais frequente) em que o comerciante pode ser responsabilizado é a da **má conservação de produtos perecíveis**, assim considerados aqueles que reclamam providências especiais de conservação (inciso III). É o caso, por exemplo, do açougue que não conserva a carne em temperatura adequada.

Observe-se que **o chamamento subsidiário do comerciante não afasta a responsabilidade dos outros obrigados** (*construtor, produtor, importador* e *fabricante*). A inclusão do comerciante entre os responsáveis teve o claro propósito de favorecer o consumidor, aumentando a cadeia dos coobrigados. Tanto é assim que a norma estatuída no art. 13 do CDC é expressa ao afirmar que "**o comerciante é igualmente responsável**", e não o único responsável, ante a verificação das situações previstas nos incisos do citado artigo.[241]

Nessa esteira, mesmo na hipótese de produto defeituoso por má conservação (art. 13, III), tem prevalecido o entendimento de que os fornecedores principais continuam responsáveis pelo dever de indenizar.[242] O fundamento é simples: o comerciante não pode ser considerado um terceiro estranho à relação de consumo, de modo a excluir a responsabilidade do fornecedor principal (art. 12, § 3.º, III, do CDC), porque é escolhido livremente pelo fornecedor para distribuir seus produtos, inserindo-se, assim, na cadeia de fornecimento desses bens no mercado de consumo.[243]

Resumindo, constatada uma das hipóteses previstas no art. 13, I a III, do CDC, o consumidor lesado poderá inserir no polo passivo da ação de responsabilidade civil pelo

---

[239] Para uma doutrina minoritária, a responsabilidade do comerciante não é subsidiária, mas sim direta e condicionada à ocorrência de uma das hipóteses previstas nos incisos I a III do art. 13 do CDC. Nesse sentido, assevera Gustavo Tepedino que, verificada qualquer dessas hipóteses, a responsabilidade do comerciante equipara-se à dos demais obrigados, diferenciando-se, tão somente, pelo fato de ser condicionada à ocorrência de uma daquelas situações fixadas no art. 13 (*Temas de Direito Civil*. 3. ed. Rio de Janeiro: Renovar, 2006. p. 275).

[240] Nesse sentido, veja-se: ROCHA, Sílvio Luiz Ferreira. *Responsabilidade Civil do Fornecedor pelo Fato do Produto no Direito Brasileiro*. Biblioteca de Direito do Consumidor. 2 ed. São Paulo: Revista dos Tribunais, 2000. v. 4, p. 87.

[241] Nesse sentido, veja-se: AgRg no Ag 364.178/RJ, rel. Min. Nancy Andrighi, *DJ* 11.06.2001, p. 215.

[242] É esse o pensamento, dentre outros, de Antonio Herman Benjamin, Rizzatto Nunes, Sérgio Cavalieri Filho, Cláudio Bonatto, Paulo Valério Dal Pai Moraes, Luiz Antonio de Souza e Cláudio Luiz Bueno de Godoy. Em sentido contrário, Zelmo Denari defende a ideia de que a responsabilidade do comerciante por má conservação dos produtos exclui a responsabilidade dos fornecedores elencados no art. 12, *caput*, do CDC.

[243] A propósito, confira-se: REsp 980.860/SP, rel. Min. Nancy Andrighi, j. 23.04.2009.

CAP. 5 – DIREITO DO CONSUMIDOR | **477**

fato do produto tanto o comerciante como os fornecedores elencados no art. 12, *caput*, do CDC, ou, ainda, todos eles.

5.8.6.5 O direito de regresso e a denunciação da lide

O Código de Defesa do Consumidor, em seu art. 13, parágrafo único, assegura o **direito de regresso** para aquele que reparar o dano, contra os demais responsáveis, segundo sua participação na causação do evento danoso. Note-se que esse direito de regresso, a despeito da posição topográfica, pode ser exercido tanto pelo comerciante, como pelos demais coobrigados do art. 12, *caput* (*construtor, fabricante, produtor e importador*) em processo autônomo, ou nos mesmos autos da ação de responsabilidade, ***vedada expressamente a possibilidade de denunciação da lide*** por qualquer dos réus (art. 88 do CDC).[244]

A denunciação da lide foi vedada nas ações de responsabilidade civil pelo fato do produto para evitar que a tutela jurídica processual dos consumidores pudesse ser retardada e também porque, via de regra, a dedução dessa lide incidental é feita com a invocação de uma causa de pedir distinta.

Questão interessante é saber se nas ações de responsabilidade civil pelo fato do serviço a denunciação da lide também é vedada.

Autorizada doutrina, interpretando o art. 88 de maneira **extensiva**, entende que sim, ao argumento de que, nas ações de reparação de danos provocados por serviço defeituoso, a possibilidade de ingresso em juízo de outros responsáveis, contra a vontade do consumidor-autor, poderia ser-lhe igualmente prejudicial.[245] Nesse sentido, afirma-se que a denunciação da lide foi proibida pelo art. 88 do CDC não apenas para evitar a natural procrastinação ensejada por essa modalidade de intervenção de terceiros, mas também para evitar a dedução no processo de uma nova causa de pedir, inclusive com fundamento distinto da formulada pelo consumidor (discussão da responsabilidade subjetiva).

No Superior Tribunal de Justiça, superada uma divergência inicial, passou a prevalecer a interpretação **extensiva** do art. 88 do CDC, segundo a qual a vedação à denunciação da lide prevista no art. 88 do CDC não se restringe à responsabilidade por fato do produto (art. 13 do CDC), sendo aplicável também nas demais hipóteses de responsabilidade civil por acidentes de consumo (arts. 12 e 14 do CDC). A título de exemplo, confira-se:

> Recurso especial. Responsabilidade civil. Indenização por danos morais. Defeito na prestação do serviço a consumidor. Denunciação da lide. Interpretação do art. 88 do CDC. Impossibilidade.
>
> 1. A vedação à denunciação da lide prevista no art. 88 do CDC não se restringe à responsabilidade de comerciante por fato do produto (art. 13 do CDC), sendo aplicável também nas demais hipóteses de responsabilidade civil por acidentes de consumo (arts. 12 e 14 do CDC).
>
> 2. Revisão da jurisprudência desta Corte.
>
> 3. Recurso Especial provido.[246]

---

[244] Art. 88 do CDC: "Na hipótese do art. 13, parágrafo único deste Código, a ação de regresso poderá ser ajuizada em processo autônomo, facultada a possibilidade de prosseguir-se nos mesmos autos, vedada a denunciação da lide".

[245] Nesse sentido, dentre outros: GOMES, Marcelo Kokke. *Responsabilidade Civil*: Dano e Defesa do Consumidor. Belo Horizonte: Del Rey, 2001. p. 84; OLIVEIRA, James Eduardo. *Código de Defesa do Consumidor*: Anotado e Comentado. 4. ed. São Paulo: Atlas, 2009. p. 710; ARAÚJO FILHO, Luiz Paulo da Silva. *Comentários ao Código de Defesa do Consumidor*. São Paulo: Saraiva, 2002. p. 108.

[246] REsp 1.165.279/SP, 3.ª T., rel. Paulo de Tarso Sanseverino, j. 22.05.2012. No mesmo sentido: AgRg no AREsp 619.161/PR, 4.ª T., rel. Min. Luis Felipe Salomão, j. 07.04.2015; AgRg no AgRg no AREsp 546.629/SP, 4.ª T., rel. Min. Antonio Carlos Ferreira, j. 03.03.2015; AgRg no AREsp 572.616/RJ, 1.ª T., rel. Min. Sérgio Kukina, j. 23.10.2014; EDcl no Ag 1.249.523/RJ, 4.ª T., rel. Min. Raul Araújo, j. 05.06.2014; e AgRg no AREsp 501.633/RJ, 2.ª T., rel. Min. Mauro Campbell Marques, j. 22.05.2014.

5.8.6.6 As causas de exclusão da responsabilidade

Conforme visto, em matéria de responsabilidade civil objetiva, o CDC adotou a teoria do risco da atividade, e não a do risco integral. A prova disso é que o legislador previu, expressamente, algumas causas que excluem a responsabilidade do fornecedor.

Referidas excludentes, estatuídas no art. 12, § 3.º, I a III, do CDC, *são circunstâncias que afastam algum dos pressupostos gerais da responsabilidade pelo fato do produto, rompendo o nexo causal e inviabilizando, por conseguinte, qualquer pretensão reparatória.*

Note-se, inicialmente, que, em todas as hipóteses de exoneração, **o ônus da prova é do fornecedor**. Noutras palavras, compete ao fornecedor provar a presença de uma das causas de exclusão da sua responsabilidade.

Nos termos do mencionado dispositivo do CDC, o *fabricante*, o *construtor*, o *produtor* ou *importador* só não será responsabilizado quando provar:

a) que não colocou o produto no mercado (inciso I): se o fornecedor comprovar que não colocou o produto defeituoso no mercado, restará afastado o primeiro pressuposto da responsabilidade, qual seja, a *conduta*. Nesse caso, embora o dano seja causado efetivamente pelo produto, inexiste nexo de causalidade entre o prejuízo e a atividade do fornecedor, razão pela qual restará excluída a responsabilidade.

A doutrina costuma citar como exemplos dessa excludente os casos de produtos furtados, roubados ou falsificados, e posteriormente lançados no mercado sem o conhecimento do fornecedor.[247]

Observe-se que incumbe ao fornecedor, para se valer da escusa, provar que não concorreu de nenhuma forma para o lançamento do produto defeituoso no mercado de consumo. Em outras palavras, se o fornecedor, por ação ou omissão, contribuir para o evento danoso, ainda que de forma involuntária e inconsciente, continuará responsável.

O próprio STJ já se manifestou nesse sentido, no julgamento do caso que ficou conhecido como o das "pílulas de farinha", em que cartelas de comprimidos anticoncepcionais sem princípio ativo, utilizadas para teste de maquinário, acabaram atingindo consumidoras, não impedindo a gravidez indesejada. Na oportunidade, a Corte Superior manteve a condenação da fabricante dos comprimidos, sob o argumento de que ela concorreu para que os produtos ingressassem no mercado. A propósito, veja-se:

> **A responsabilidade da fornecedora não está condicionada à introdução consciente e voluntária do produto lesivo no mercado consumidor**. Tal ideia fomentaria uma terrível discrepância entre o nível dos riscos assumidos pela empresa em sua atividade comercial e o padrão de cuidados que a fornecedora deve ser obrigada a manter. Na hipótese, o objeto da lide é delimitar a responsabilidade da empresa quanto à **falta de cuidados eficazes para garantir que, uma vez tendo produzido manufatura perigosa, tal produto fosse afastado das consumidoras** (grifou-se).[248]

b) que, embora haja colocado o produto no mercado, o defeito inexiste (inciso II): o fornecedor estará igualmente isento de responsabilidade se provar que o produto fornecido não é defeituoso. Afinal, afastado o defeito (*pressuposto da responsabilidade*), não haverá relação de causalidade entre a atividade do fornecedor e o dano suportado pelo consumidor.

---

[247] Nesse sentido, confira-se: DENARI, Zelmo *et al. Código Brasileiro de Defesa do Consumidor:* Comentado pelos Autores do Anteprojeto. 7. ed. Rio de Janeiro: Forense Universitária, 2001. p. 168.

[248] REsp 866.636/SP, rel. Min. Nancy Andrighi, j. 29.11.2007.

CAP. 5 – DIREITO DO CONSUMIDOR | **479**

É importante notar que o legislador atribui ao fornecedor o ônus da prova da inexistência do defeito. Conforme já visto, trata-se de inversão legal do ônus da prova (*ope legis*), em desfavor do fornecedor.

Assim, se o consumidor ajuizar uma ação de responsabilidade, visando a reparação de danos sofridos num acidente de automóvel, provocado por suposto defeito no sistema de freios, a ele compete provar o prejuízo e a relação de causalidade entre este e a utilização do veículo.[249] Já o fornecedor, para se valer da escusa, deverá provar que o dano, malgrado relacionado ao uso do produto, não foi causado por nenhum tipo de defeito, ou seja, terá que demonstrar que o bem não possuía nenhuma falha de segurança. Noutras palavras, demonstrada, pelo consumidor, a relação de causa e efeito entre o produto e o dano, incumbe ao fornecedor o ônus de comprovar a inexistência de defeito do produto ou a configuração de outra excludente de responsabilidade consagrada no § 3.º do art. 12 do CDC.[250]

c) a culpa exclusiva do consumidor ou de terceiro (inciso III): a responsabilidade do fornecedor também é afastada quando ele comprovar que o dano decorreu de fato exclusivo da vítima ou de terceiro. Com efeito, se o comportamento do consumidor ou de terceiro é o único causador do acidente de consumo, não há falar-se em nexo de causalidade entre a atividade do fornecedor e o evento danoso.

Fala-se em **culpa exclusiva do consumidor** quando a conduta da vítima é a única causa do acidente de consumo. É o caso do consumidor que, sem observar as instruções de uso de uma tinta para cabelo, sofre queimadura em seu couro cabeludo ou, ainda, daquele que faz uso de medicamento em dose excessiva, contrariando prescrição médica. Nos exemplos, não é possível responsabilizar os fornecedores da tinta para cabelo e do medicamento, porquanto os danos não decorrem de defeito desses produtos, mas sim da conduta da vítima, inexistindo nexo causal entre o prejuízo do consumidor e a atividade do fornecedor.

Note-se que o Código fala em **culpa exclusiva** da vítima como causa de exclusão de responsabilidade do fornecedor, o que não se confunde com **culpa concorrente**. Destarte, se houver concorrência de causas (*culpa concorrente*) entre o comportamento do consumidor e a atividade do fornecedor (oferecimento de produto defeituoso), a excludente não se aplica.

Por exemplo: um consumidor adquire um medicamento e, mesmo ciente do defeito do produto, insiste em usá-lo, causando um dano a si mesmo. *In casu*, o dano foi causado tanto pelo defeito do produto como pelo comportamento da vítima. Contudo, como o CDC fala somente em *culpa exclusiva* do consumidor, a responsabilidade do fornecedor não é excluída.[251]

Se por um lado não há dúvidas de que a **culpa concorrente da vítima não é apta a excluir a responsabilidade do fornecedor**, por outro é bastante tormentosa a discussão a respeito da sua aplicação como *causa minorante* do valor da indenização.

Para boa parte da doutrina, a culpa concorrente não pode ser usada para diminuir o valor da indenização. A uma, porque o CDC não fixou tal regra, diferentemente do Código Civil de 2002, que prevê expressamente a possibilidade de redução do *quantum* indenizatório em caso de culpa concorrente da vítima (art. 945). A duas, porque no direito do consumidor vigora o princípio da reparação integral dos danos (art. 6.º, VI).[252]

---

[249] É oportuno ressaltar que o consumidor poderá ser desonerado, inclusive, da prova do dano e do nexo causal entre este e o produto adquirido, quando, a critério do juiz, for *verossímil a alegação* ou quando for ele *hipossuficiente*, segundo as regras ordinárias de experiência (art. 6.º, VIII).

[250] Nesse sentido: REsp 1.955.890/SP, 3.ª T., rel. Min. Nancy Andrighi, j. 05.10.2021.

[251] Nesse sentido, já decidiu o STJ: REsp 1.010.392/RJ, 3.ª T., rel. Min. Humberto Gomes de Barros, j. 24.03.2008.

[252] É esse o pensamento de Zelmo Denari, Rizzatto Nunes, Pablo Stolze e Rodolfo Pamplona Filho.

De outro lado, respeitáveis autores defendem a utilização da culpa concorrente como causa de redução do *quantum* da indenização, como de resto tem admitido a jurisprudência em casos de responsabilidade civil do Estado.[253] Nesse sentido, argumenta-se que a fixação da indenização deve tomar em conta o grau de causalidade, ou seja, o grau de cooperação de cada qual das partes à eclosão do evento danoso, em conformidade com os princípios da boa-fé objetiva e da equidade.

Também pensamos assim. O art. 12, § 3.º, III, do CDC, ao catalogar a culpa exclusiva do consumidor entre as excludentes da responsabilidade do construtor, do produtor ou do importador pelos danos causados aos consumidores decorrentes de projeto, fabricação, construção, montagem, fórmulas, manipulação, apresentação ou acondicionamento de seus produtos e de informações insuficientes ou inadequadas sobre sua utilização e risco, não enseja a ilação sobre a irrelevância de sua culpa concorrente como causa redutora da responsabilidade daqueles.

A culpa concorrente da vítima não é excludente da responsabilidade civil, matéria disciplinada nesse dispositivo do CDC, mas, sim, atenuante dessa responsabilidade.

Quanto ao mais, o disposto no art. 12, § 3.º, III, da Lei 8.078/1990 deve ser interpretado sistematicamente com o disposto no art. 945 do Código Civil, para atenuar a responsabilidade do fornecedor em caso de culpa concorrente da vítima (consumidor), conforme o entendimento consolidado na jurisprudência do Superior Tribunal de Justiça.[254]

Noutro giro, fala-se em **culpa exclusiva de terceiro** quando a conduta de um terceiro estranho à relação de consumo produz, por si só, o resultado danoso. Nesse caso, como a conduta do terceiro rompe o nexo causal entre o defeito do produto e o dano suportado pelo consumidor, fica excluída a responsabilidade do fornecedor. É o que ocorre, por exemplo, quando um eletricista contratado diretamente pelo consumidor para instalar seu novo aparelho de *home theater*, por imperícia, provoca um curto no aparelho, que explode e incendeia a sala de TV. No caso, o acidente não decorreu de defeito do produto, mas sim da exclusiva conduta do eletricista.

Por último, convém destacar que *esse terceiro é alguém sem qualquer vínculo com o fornecedor, isto é, estranho à cadeia de produção e distribuição do produto*.

Nessa esteira, já foi dito que o comerciante, por estar inserido na cadeia de fornecimento, não pode ser considerado terceiro estranho à relação de consumo. O mesmo raciocínio vale para o preposto ou representante autônomo do fornecedor, conforme se infere do disposto no art. 34 do CDC: "O fornecedor do produto ou serviço é solidariamente responsável pelos atos de seus prepostos ou representantes autônomos".[255]

5.8.6.6.1   O caso fortuito e a força maior

Não há consenso em doutrina sobre a diferença entre o caso fortuito e a força maior. Muito já se discutiu sobre o assunto e até hoje não se chegou a um entendimento uniforme.

No presente trabalho, os conceitos de tais institutos serão tratados como sinônimos, haja vista que o próprio Código Civil de 2002, em seu art. 393, assim os considera, definindo-os como o "fato necessário, cujos efeitos não era possível evitar ou impedir".[256]

---

[253] É esse o entendimento de João Batista de Almeida, Sérgio Cavalieri Filho, Flávio de Queiroz B. Cavalcanti, Paulo de Tarso Vieira Sanseverino, Cláudio Luiz Bueno de Godoy e João Calvão da Silva.

[254] Nesse sentido, confiram-se: AgInt no REsp 1.651.663/SP, 4.ª T., rel. Min. Marco Buzzi, j. 23.03.2023 (Informativo STJ 769); AgRg no Ag 852.683/RJ, rel. Min. Luís Felipe Salomão, j. 15.02.2011; REsp 287.849/SP, rel. Min. Ruy Rosado de Aguiar, DJ 13.08.2001.

[255] Nesse sentido, veja-se: REsp 473.085/RJ, Min. Antônio de Pádua Ribeiro, DJU 23.05.2005.

[256] No mesmo sentido, Arnoldo Wald entende que essa discussão tem importância meramente acadêmica, uma vez que se trataria de sinônimos perfeitos. *Curso de Direito Civil Brasileiro* – Obrigações e Contratos. 9. ed. São Paulo: Revista dos Tribunais, 1990. v. 2, p. 111.

No Código de Defesa do Consumidor, o caso fortuito e a força maior não estão elencados entre as causas de exclusão da responsabilidade pelo fato do produto (art. 12, § 3.º). Por essa razão, há forte controvérsia sobre a aplicação de tais fatos como excludentes da responsabilidade nas relações de consumo. Sobre o tema, existem dois principais entendimentos:

1.º) o caso fortuito e a força maior não excluem a responsabilidade do fornecedor pelo fato do produto, na medida em que não estão previstos no rol taxativo do art. 12, § 3.º, do CDC;[257]

2.º) o caso fortuito e a força maior podem ser considerados excludentes da responsabilidade pelo fato do produto, na medida em que rompem o nexo de causalidade entre a atividade do fornecedor e o dano suportado pelo consumidor.[258]

A jurisprudência do STJ encampou o segundo entendimento. Veja-se:

Consumidor. Responsabilidade civil. **Nas relações de consumo, a ocorrência de força maior ou de caso fortuito exclui a responsabilidade do fornecedor de serviços**. Recurso especial conhecido e provido (grifou-se).[259]

Atualmente, a doutrina e a jurisprudência pátrias estão estabelecendo uma importante distinção entre o **caso fortuito interno** e o **caso fortuito externo**, com consequências práticas no campo da responsabilidade por acidentes de consumo.

Por **fortuito interno** entende-se o *fato inevitável* e, normalmente imprevisível, que guarda relação com a atividade do fornecedor, ligando-se aos riscos do empreendimento. Como tal fato, em regra, incide no processo de elaboração ou fabricação do produto, antes, portanto, da sua introdução no mercado de consumo, **não exonera o fornecedor**. Afinal, até a colocação do produto no mercado, deverá o agente econômico garantir a qualidade daquilo que disponibiliza ao consumidor (arts. 8.º a 10 do CDC).[260]

A título de exemplo, se, durante o processo de montagem de um veículo, um abalo sísmico prejudicar o correto alinhamento e balanceamento dos pneus, causando, posteriormente, dano ao condutor do automóvel, o fabricante será responsável pelas consequências desse defeito, ainda que decorrente de fato inevitável.

O mesmo já não ocorre com o chamado **caso fortuito externo**, assim entendido o *fato inevitável*, causador de dano, absolutamente estranho à atividade do fornecedor, e que incide, normalmente, após a colocação do produto no mercado. Trata-se de acontecimento inevitável e, normalmente, imprevisível, que *rompe o nexo de causalidade entre a atividade do fornecedor e o evento danoso*, ficando afastada a responsabilidade do fornecedor pela inocorrência dos respectivos pressupostos.

Exemplificando, não é possível responsabilizar o fornecedor de um eletrodoméstico que explode ao receber uma alta descarga de energia elétrica, provocada por um raio que cai na casa do consumidor.

---

[257] Nesse sentido, vejam-se: NERY JUNIOR, Nelson. Os Princípios Gerais do Código Brasileiro de Defesa do Consumidor. *Revista de Direito do Consumidor*, São Paulo: RT, v. 3, 1992, p. 56; RIZZATTO NUNES, Luiz Antonio. *Curso de Direito do Consumidor*. 4. ed. São Paulo: Saraiva, 2009. p. 285; GUIMARÃES, Paulo Jorge Scartezzini Guimarães. *Vícios do Produto e do Serviço por Qualidade, Quantidade e Insegurança*. São Paulo: Revista dos Tribunais, 2008. p. 128.

[258] Admitem o caso fortuito e a força maior como excludentes da responsabilidade no regime do CDC, dentre outros: Antonio Herman Benjamin, Zelmo Denari, Sérgio Cavalieri Filho, Fábio Ulhoa Coelho, James Marins, Gustavo Tepedino e João Batista de Almeida.

[259] REsp 996.833/SP, rel. Min. Ari Pargendler, *DJU* 01.02.2008. No mesmo sentido: REsp 3.300.523/SP, rel. Min. Carlos Alberto Menezes de Direito, *DJ* 25.03.2002.

[260] Nesse sentido, veja-se: MARINS, James. *Responsabilidade da Empresa pelo Fato do Produto*. São Paulo: Revista dos Tribunais, 1992. p. 153.

482 INTERESSES DIFUSOS E COLETIVOS – VOL. 1

Em síntese, é válido afirmar, na esteira da doutrina e jurisprudência mais atuais, que **somente o fortuito externo é apto a excluir a responsabilidade do fornecedor**. A propósito, confira-se:

> Irrelevante, na espécie, para configuração do dano, que os fatos tenham se desenrolado a partir de conduta ilícita praticada por terceiro, circunstância que não elide, por si só, a responsabilidade da instituição recorrente, tendo em vista que o panorama fático descrito no acórdão objurgado revela a ocorrência do chamado **caso fortuito interno** (grifou-se).[261]

5.8.6.6.2 O risco do desenvolvimento

Na definição de Antonio Herman Benjamin, risco de desenvolvimento é "aquele risco que não pode ser cientificamente conhecido ao momento do lançamento do produto no mercado, vindo a ser descoberto somente após um certo tempo de uso do produto e do serviço".[262]

Exemplo: um determinado medicamento, destinado ao tratamento da infertilidade masculina, após certo tempo de uso, passa a causar cegueira nos consumidores. Quando do lançamento do produto, a ciência desconhecia os efeitos colaterais que tal medicamento poderia provocar, vindo a descobri-los apenas após certo período de uso.

Entendido o significado de risco do desenvolvimento, pergunta-se: *quem deve arcar com ele, o fornecedor ou o consumidor?* A questão é polêmica e divide a doutrina.

Para alguns, o fornecedor não pode responder pelos danos decorrentes dos riscos do desenvolvimento, pois, na espécie, não ocorre nenhum tipo de defeito. Argumenta-se, nesse sentido, que o Código só proíbe o fornecedor de inserir no mercado produtos *que saiba ou deva saber* serem nocivos, sendo considerados defeituosos os produtos que não atendam à segurança legitimamente esperada, tendo em vista *a época em que foram colocados no mercado* (art. 10 c/c os arts. 12, § 1.º, II e III, e 14, § 1.º, III).[263]

A doutrina majoritária, contudo, entende que o fornecedor deve responder pelos riscos do desenvolvimento. São esses os principais argumentos:

(I) o CDC, em seu art. 12, § 3.º, não inseriu os riscos de desenvolvimento entre as causas de exclusão da responsabilidade do fornecedor;

(II) tal solução é a única que se harmoniza com os princípios da vulnerabilidade e da restituição integral dos danos, máxime em sistema que, por comando constitucional (arts. 5.º, XXXII, e 170, V), impõe a efetiva tutela dos interesses do consumidor (art. 5.º, XXXII, da CF);

(III) o defeito decorrente de risco do desenvolvimento representa uma espécie do gênero *defeito de concepção*, pelo qual deve responder o fornecedor, único capaz de distribuir, por meio dos mecanismos de preço, os custos sociais dos danos causados por tais riscos, a todos os consumidores (*socialização dos riscos*).[264]

---

[261] STJ, REsp 774.640/SP, rel. Min. Hélio Quaglia Barbosa, *DJ* 05.02.2007.

[262] Nesse sentido, confira-se: BENJAMIN, Antonio Herman. *Comentários ao Código de Defesa do Consumidor*. São Paulo: Saraiva, 1991. p. 67.

[263] É esse o pensamento de Fábio Ulhoa Coelho e James Marins.

[264] Defendendo a tese de que o fornecedor responde pelos riscos do desenvolvimento, dentre outros: Sérgio Cavalieri Filho, Antonio Herman Benjamin, Cláudio Luiz Bueno de Godoy, Roberto Senise Lisboa, Bruno Miragem e Eduardo Gabriel Saad. Registre-se que, para Sérgio Cavalieri Filho, os riscos de desenvolvimento devem ser enquadrados como fortuito interno – risco integrante da atividade do fornecedor –, pelo que não exonerativos da sua responsabilidade. *Programa de Direito do Consumidor*. São Paulo: Atlas, 2009. p. 258.

Nesse mesmo sentido decidiu a 3.ª Turma do STJ, ao afastar a tese de que os riscos do desenvolvimento excluem a responsabilidade do fornecedor, num julgamento envolvendo a responsabilidade civil de um laboratório pela fabricação e comercialização de um medicamento, que teria causado ao paciente o quadro compulsivo e incontrolável conhecido como jogo patológico, o qual, por sua vez, acarretou-lhe a dilapidação de todo o seu patrimônio. Confira-se:

> O risco do desenvolvimento, entendido como aquele que não podia ser conhecido ou evitado no momento em que o medicamento foi colocado em circulação, constitui defeito existente desde o momento da concepção do produto, embora não perceptível a priori, caracterizando, pois, hipótese fortuito interno.[265]

O quadro a seguir traz uma visão panorâmica das excludentes da responsabilidade do fornecedor pelo fato do produto:

Causas Excludentes*	Causas Não Excludentes
Não colocação do produto no mercado (art. 12, § 3.º, I).	**Culpa concorrente da vítima** (tem sido admitida somente como fator de redução do *quantum* da indenização).
Inexistência de defeito (art. 12, § 3.º, II).	**Caso fortuito ou força maior** *internos.*
Culpa exclusiva do consumidor ou de terceiro (art. 12, § 3.º, III).	**Riscos do desenvolvimento** (não excluem a responsabilidade do fornecedor, segundo a doutrina majoritária e a 3.ª Turma do STJ).
Caso fortuito ou força maior *externos* (embora não previstos no CDC, têm sido admitidos pela doutrina majoritária e pela jurisprudência do STJ).	

*   Lembre-se de que o ônus da prova das excludentes é sempre do fornecedor. Trata-se, como visto, de inversão legal do ônus probatório (inversão *ope legis*).

5.8.7   Responsabilidade pelo fato do serviço

A responsabilidade pelo fato do serviço, disciplinada no art. 14 do CDC, decorre de danos causados aos consumidores por defeitos relativos à prestação dos serviços.

Ressalvados alguns ajustamentos, o regime de responsabilidade em tela foi desenvolvido nos mesmos moldes do sistema introduzido no art. 12. São muitas as semelhanças entre a responsabilidade em análise e a responsabilidade pelo fato do produto. Vejamos as principais:

a)   aqui **a responsabilidade também é objetiva**, isto é, prescinde da culpa do fornecedor (com exceção da responsabilidade dos profissionais liberais – art. 14, § 4.º, do CDC);

b)   o **evento danoso também é causado por um defeito** (*falha de segurança*) do bem de consumo (no caso, o serviço);

c)   os **danos são extrínsecos ao serviço defeituoso**, vale dizer, atingem o consumidor em seu patrimônio jurídico mais amplo (*seja moral, material ou estético*). Por isso, fala-se igualmente em *acidente de consumo*;

---

[265]   REsp 1.774.372/RS, 3.ª T., rel. Min. Nancy Andrighi, j. 05.05.2020.

484 | INTERESSES DIFUSOS E COLETIVOS – VOL. 1

d) mesmo na responsabilidade objetiva, **o risco não é integral**, uma vez que o Código também contempla hipóteses de exclusão da responsabilidade do fornecedor (art. 14, § 3.º);

e) os **pressupostos da responsabilidade são basicamente os mesmos**, quais sejam: *conduta, dano, defeito e nexo causal.*[266]

Dentre as atividades desenvolvidas pelos fornecedores, os acidentes de consumo mais frequentes são decorrentes de defeitos nos serviços de hotelaria, turismo, transporte, estacionamento e conserto de veículos, ensino privado, transmissão de energia elétrica, cartões de crédito, bancos, seguros, hospitais e clínicas médicas.

5.8.7.1 *Noção de defeito do serviço*

Conforme já visto, **defeito é a falha de segurança** do serviço, decorrente do descumprimento do dever de só oferecer serviços seguros no mercado de consumo.

Nos termos do art. 14, § 1.º, do CDC, "O serviço é defeituoso quando não fornece a segurança que o consumidor dele pode esperar (...)". Por exemplo: se o consumidor contrata um serviço de estacionamento, é legítimo esperar que não seja vítima de furto do seu veículo.

O mesmo dispositivo fornece critérios para a análise da segurança esperada dos serviços, quais sejam: *o modo de seu fornecimento (inciso I), os resultados e os riscos que dele razoavelmente se esperam (inciso II)* e, ainda, *a época em que foi fornecido (inciso III).*

A doutrina costuma classificar os defeitos do serviço em:

a) **Defeito de prestação:** aquele que se manifesta no ato da prestação do serviço. Ex.: dano à saúde do paciente de um hospital, causado pela má administração de medicamentos.

b) **Defeito de concepção:** aquele que surge na própria formulação do serviço. Ex.: ataque cibernético ao *site* de um banco, que possui falha no programa de segurança, com lesão ao consumidor correntista.

c) **Defeito de comercialização:** decorrente de "informações insuficientes ou inadequadas sobre sua fruição e riscos". Ex.: acidente numa academia de ginástica, por instruções insuficientes sobre o uso seguro e adequado de um dado aparelho.

5.8.7.2 *Os fornecedores responsáveis*

A principal diferença entre a responsabilidade pelo fato do produto (art. 12) e a responsabilidade pelo fato do serviço (art. 14) está na determinação dos fornecedores responsáveis.

Enquanto na responsabilidade pelo fato do produto, conforme visto, o Código discriminou os agentes econômicos responsáveis (*construtor, produtor, fabricante e importador*), excluindo, a princípio, o comerciante, na responsabilidade pelo fato do serviço o legislador refere-se apenas ao gênero "fornecedor", abrigando, assim todos os participantes da cadeia de produção e distribuição.[267]

---

[266] Já decidiu a 3.ª Turma do STJ que o provedor de aplicações que oferece serviços de *e-mail* não pode ser responsabilizado pelos danos materiais decorrentes da transferência de *bitcoins* realizada por *hacker*, justamente em razão da ausência de comprovação do nexo de causalidade (REsp 1.885.201/SP, rel. Min. Nancy Andrighi, j. 23.11.2021).

[267] Lembre-se aqui, mais uma vez, da técnica de imputação de responsabilidade dos fornecedores, analisada no item 5.6.3.4.

CAP. 5 – DIREITO DO CONSUMIDOR | **485**

Desse modo, nas hipóteses de danos causados por defeito do serviço (*fato do serviço*), **todos os participantes da cadeia de fornecimento são solidariamente responsáveis**.

Assim como ocorre com o fornecimento de produtos, os fornecedores podem se organizar em uma verdadeira cadeia de fornecimento de serviços. Nesse caso, todos os participantes da cadeia respondem solidariamente por eventuais danos aos consumidores.[268]

Exemplificando, se uma operadora de turismo organiza um pacote de viagem, composto por vários serviços terceirizados (ex.: hospedagem, passeio turístico com guia, alimentação em restaurantes etc.), e o vende para o consumidor, continua responsável pela segurança de todos os serviços, em solidariedade com os demais participantes da cadeia de fornecimento.[269] Como já decidido pelo STJ: "A agência de viagens responde pelo dano pessoal que decorreu do mau serviço do hotel contratado por ela para a hospedagem durante o pacote de turismo".[270]

Do mesmo modo, pacificou-se na jurisprudência do STJ o entendimento de que a seguradora de plano de saúde responde solidariamente pelos danos decorrentes de defeitos dos serviços prestados aos segurados pelos hospitais e médicos por ela credenciados.[271]

Em outro interessante julgado, a 3.ª Turma do STJ decidiu que a sociedade empresária que comercializa ingressos no sistema *on-line* responde civilmente pela falha na prestação do serviço, caracterizada pelo cancelamento do show sem prévia comunicação ao consumidor, a ensejar a reparação por danos materiais e a compensação dos danos morais. Na visão da Corte Superior, as sociedades empresárias que atuaram na organização e na administração da festividade e da estrutura do local integram a mesma cadeia de fornecimento e, portanto, são solidariamente responsáveis pelos danos, em virtude da falha na prestação do serviço, ao não prestar informação adequada, prévia e eficaz acerca do cancelamento/adiamento do evento.[272]

Por outro lado, já decidiu o STJ que a empresa patrocinadora de evento, que não participou da sua organização, não pode ser enquadrada no conceito de fornecedor para fins de responsabilização por acidente de consumo ocorrido no local. Sendo o terceiro mero patrocinador do evento, que não participou da sua organização e, assim, não assumiu a garantia de segurança dos participantes, não pode ser enquadrado no conceito de "fornecedor" para fins de responsabilização pelo acidente de consumo.[273]

5.8.7.3 *Causas de exclusão da responsabilidade*

Nos termos do art. 14, § 3.º, o fornecedor de serviços só não será responsabilizado quando provar: a) que o defeito inexiste (inciso I); e b) a culpa exclusiva do consumidor ou de terceiro (inciso II).

---

[268] Nesse sentido, veja-se: MARQUES, Claudia Lima. *Contratos no Código de Defesa do Consumidor*. O Novo Regime das Relações Contratuais. São Paulo: RT, 2002. p. 334-335.

[269] Oportuna, aqui, a distinção entre operadora de turismo e agência de viagem, fixada por Paulo Jorge Scartezzinni Guimarães: *operadora de turismo* é a empresa que elabora programas, serviços e roteiros de viagens turísticas, ao passo que *agência de viagem* é aquela que apenas exerce uma atividade de intermediação da compra de um ou mais dos serviços que incluem passagens, acomodação, recepção, transferência e assistência ao viajante, excursões, passeios turísticos etc. GUIMARÃES, Paulo Jorge Scartezzinni Guimarães *et al. Responsabilidade Civil nas Relações de Consumo*. São Paulo: Saraiva, 2009. p. 358.

[270] REsp 287.849/SP, rel. Min. Ruy Rosado de Aguiar, *DJ* 13.08.2001. No mesmo sentido: REsp 1.378.284/PB, rel. Min. Luis Felipe Salomão, j. 08.02.2018.

[271] A propósito, vejam-se: REsp 164.084/SP, rel. Min. Aldir Passarinho, j. 17.02.2000; REsp 309.760/RJ, rel. Min. Aldir Passarinho, *DJ* 18.03.2002; REsp 138.059/MG, rel. Min. Ari Pargendler, *DJ* 11.06.2001.

[272] REsp 1.985.198/MG, 3.ª T., rel. Min. Nancy Andrighi, j. 05.04.2022.

[273] REsp 1.955.083/BA, 3.ª T., rel. Min. Nancy Andrighi, j. 15.02.2022.

INTERESSES DIFUSOS E COLETIVOS – VOL. 1

Inicialmente, note-se que o legislador não reproduziu, aqui, a excludente da "não prestação do serviço no mercado", prevista no art. 12, § 3.º, I, do CDC, para o fato do produto. Sem embargo, nada impede que referido dispositivo seja aplicado por analogia, de modo a excluir a responsabilidade do fornecedor que provar não ter prestado o serviço defeituoso.

Repise-se que o ônus da prova da ocorrência dessas excludentes é do fornecedor. A Corte Especial do STJ, por ocasião do julgamento do Recurso Especial 1.908.738/SP, submetido ao rito dos recursos repetitivos, decidiu que as concessionárias de rodovias respondem, independentemente da existência de culpa, pelos danos oriundos de acidentes causados pela presença de animais domésticos nas pistas de rolamento. Na visão da Corte Especial, se havia animal na pista é porque falhou o serviço de fiscalização e porque a requerida se omitiu de prover as condições de tráfego seguro na estrada. Por outro lado, conforme mencionado no voto do Ministro Relator, Ricardo Villas Bôas Cueva, **a requerida sequer investigou o alegado fato de terceiro e não o demonstrou nos autos**. Pela pertinência, confira-se o teor da tese fixada:

> As concessionárias de rodovias respondem, independentemente da existência de culpa, pelos danos oriundos de acidentes causados pela presença de animais domésticos nas pistas de rolamento, aplicando-se as regras do Código de Defesa do Consumidor e da Lei das Concessões.[274]

No mais, as mesmas observações feitas para o fato do produto, *mutatis mutandis*, aplicam-se ao fato do serviço, inclusive no que se refere à admissão do **caso fortuito e da força maior externos** como excludentes da responsabilidade do fornecedor.

Por **fortuito interno**, nesse campo, entende-se o fato inevitável e, normalmente, imprevisível, que guarda relação com a atividade do fornecedor. Não exonera o prestador de serviços, por se inserir nos riscos do seu empreendimento.

Por sua vez, o **fortuito externo** é também o fato *inevitável e imprevisível*, mas absolutamente estranho à atividade do fornecedor, não guardando nenhuma relação com a organização do negócio. Como já afirmado, tal fato rompe o nexo de causalidade entre a atividade do fornecedor e o evento danoso, excluindo, de conseguinte, a responsabilidade do prestador de serviços.

No STJ, a distinção entre *fortuito interno e externo* tem sido utilizada para fundamentar várias decisões envolvendo acidentes de consumo provocados por serviços defeituosos.

A Corte Superior tem entendido, por exemplo, que a garantia de segurança ao patrimônio e à integridade físico-psíquica do consumidor é inerente à **atividade bancária**. Assim, nos casos de danos causados ao consumidor por ações ilícitas de terceiros, tem-se reconhecido a responsabilidade dos bancos, sob o fundamento de que tais fatos estão inseridos nos riscos desse tipo de atividade (*fortuito interno*). A título de exemplo, confiram-se:

> A instituição bancária responde objetivamente pelos furtos, roubos e latrocínios ocorridos nas dependências de estacionamento que oferecera aos veículos de seus clientes. Não há falar em caso fortuito nessas hipóteses como excludente da responsabilidade civil, porquanto o proveito financeiro indireto obtido pela instituição atrai-lhe o ônus de proteger o consumidor de eventuais furtos, roubos ou latrocínios.[275]

> O roubo de talonário de cheques durante o transporte por empresa contratada pelo banco não constitui causa excludente da sua responsabilidade, pois trata-se de **caso fortuito interno**. Se o

---

[274] REsp 1.908.738/SP, Corte Especial, por unanimidade, rel. Min. Ricardo Villas Bôas Cueva, j. 21.08.2024, *DJe* 26.08.2024 (recurso repetitivo – Tema 1.122).

[275] REsp 1045.775/ES, rel. Min. Massami Uyeda, j. 23.04.2009.

banco envia talões de cheques para seus clientes, por intermédio de empresa terceirizada, deve assumir todos os riscos com tal atividade (grifou-se).[276]

Nessa mesma ordem de ideias, a Segunda Seção do STJ, por ocasião do julgamento de recurso submetido ao rito dos recursos repetitivos (art. 543-C do CPC/1973; art. 1.036 do CPC/2015), assentou que as instituições bancárias respondem objetivamente pelos danos causados por fraudes ou delitos praticados por terceiros – por exemplo, abertura de conta-corrente, recebimento de empréstimos mediante fraude, clonagem ou falsificação de cartões magnéticos, desvio de recursos de conta corrente ou utilização de documentos falsos –, porquanto tal responsabilidade decorre do risco do empreendimento, caracterizando-se como **fortuito interno**.[277] Desse teor a **Súmula 479** da Corte Superior: "As instituições financeiras respondem objetivamente pelos danos gerados por fortuito interno relativo a fraudes e delitos praticados por terceiros no âmbito de operações bancárias".

Na jurisprudência do STJ, já restou consignada a reponsabilidade das instituições financeiras por (I) *assaltos no interior das agências bancárias* (REsp 787.124/RS, 1.ª Turma, *DJe* 22.05.2006); (II) *inscrição indevida em cadastro de proteção ao crédito* (REsp 1.149.998/RS, 3.ª Turma, *DJe* 15.08.2012); (III) *desvio de recursos da conta-corrente*; (IV) *extravio de talão de cheques* (REsp 685.662/RJ, 3.ª Turma, *DJe* 05.12.2005); (V) *abertura não solicitada de conta-corrente*; (VI) *clonagem ou falsificação de cartões magnéticos*; (VII) *devolução de cheques por motivos indevidos*; (VIII) *permissão de transações fraudulentas e que fogem ao padrão de consumo do correntista* (REsp 1.995.458/SP, 3.ª Turma, j. 09.08.2022, *DJe* 18.08.2022 e AgInt no AREsp 2.201.401/RJ, 3.ª Turma, j. 29.05.2023, *DJe* 01.06.2023); (IX) *"golpe do boleto"*,[278] *decorrente do tratamento indevido de dados pessoais bancários*,[279] entre outros.

Nessa mesma quadra, o STJ consolidou o entendimento de que as instituições financeiras são responsáveis pelos danos materiais e morais decorrentes de roubo, furto ou extravio de bem entregue em garantia no âmbito de contrato de penhor civil. Na visão da Corte Superior, esse tipo de contrato traz embutido o de depósito do bem e, por conseguinte, a obrigação acessória do credor pignoratício de devolver esse bem após o pagamento do mútuo. Quando o credor é um banco e o bem fica depositado em cofre desse banco, não é possível admitir o furto ou o roubo como causas excludentes do dever de indenizar. Há de se levar em conta a natureza específica da empresa explorada pela instituição financeira, de modo a considerar esse tipo de evento como um fortuito interno, inerente à própria atividade, incapaz de afastar, enfim, a responsabilidade do depositário.[280]

Ainda falando de serviços bancários, é oportuno citar recente decisão da 4.ª Turma do STJ, na qual se decidiu que a Empresa Brasileira de Correios e Telégrafos (ECT) é responsável pelos danos sofridos por consumidor que foi assaltado no interior de agência dos Correios na qual é fornecido o serviço de banco postal. Na hipótese, entendeu-se que a ECT, ao agregar a atividade de correspondente bancário ao seu empreendimento, acaba por criar risco inerente à própria atividade das instituições financeiras, devendo por isso

---

[276] REsp 685.662/RJ, rel. Min. Nancy Andrighi, *DJ* 05.12.2005.

[277] REsp 1.199.782/PR, 2.ª S., rel. Min. Luis Felipe Salomão, *DJe* 12.09.2011.

[278] Durante a execução do contrato de concessão de crédito, para obter o boleto para pagamento para liquidação antecipada do contrato ou para pagamento de parcela, o(a) consumidor(a) necessita contatar o credor pelos meios virtuais disponibilizados pela Instituição credora, seja pela central de relacionamento, seja pelo site da Instituição credora. Não se sabe quando se inicia a atuação dos fraudadores, se a partir de sítios falsos ou de redirecionamento dos sítios verdadeiros, sendo certo que enviam ao(à) consumidor(a) boleto falso com aparência de verdadeiro por aplicativo de mensagem WhatsApp. O(A) consumidor(a) paga o boleto e depois descobre que é falso, já que o destinatário final é outro, e não o seu credor.

[279] REsp 2.077.278/SP, 3.ª T., rel. Min. Nancy Andrighi, j. 03.10.2023.

[280] REsp 1.227.909/PR, 3.ª T., rel. Min. Ricardo Villas Bôas Cueva, j. 15.09.2015.

488 INTERESSES DIFUSOS E COLETIVOS – VOL. 1

responder pelos danos que essa nova atribuição tenha gerado aos seus consumidores, uma vez que atraiu para si o ônus de fornecer a segurança legitimamente esperada para esse tipo de negócio.[281]

Nessa temática, o STJ já reconheceu a responsabilidade de supermercados e *shoppings centers* por (i) assalto à mão armada no interior do seu estacionamento[282] e (ii) roubo à mão armada ocorrido na cancela para ingresso no *shopping center*, em via pública,[283] sob o fundamento de que a segurança dos clientes na área de domínio do estabelecimento comercial também é essencial aos serviços fornecidos pelos *shoppings centers* e hipermercados.

Ainda na mesma trilha, o STJ decidiu que a lanchonete responde pela reparação de danos sofridos pelo consumidor que foi vítima de crime ocorrido no *drive-thru* do estabelecimento comercial.[284]

Noutra decisão, o Superior Tribunal de Justiça reconheceu a ocorrência de força maior ou fato exclusivo de terceiro, como causa de exclusão da responsabilidade civil do fornecedor, na hipótese de roubo de veículo conduzido por manobrista de restaurante (serviço de *valet parking*). Ressalte-se que, na situação em análise, não havia exploração de estacionamento cercado com grades, mas simples comodidade posta à disposição do cliente. Para esses casos, a Corte Superior estabeleceu uma importante distinção entre a ocorrência de furto ou roubo de veículo para efeito de responsabilidade civil:

(i) nas hipóteses de **roubo**, caracteriza-se o fato de terceiro ou a força maior, apto a romper o nexo de causalidade entre o evento danoso (perda patrimonial) e o serviço prestado. Fundamento: as exigências de garantia da segurança física e patrimonial do consumidor são menores do que aquelas atinentes aos estacionamentos de *shopping centers* e hipermercados, pois, diferentemente destes casos, trata-se de serviço prestado na via pública;

(ii) nas hipóteses de **furto**, permanece a responsabilidade do restaurante. Fundamento: é certo que a diligência na guarda da coisa está incluída nesse tipo de serviço; logo, o furto não pode ser considerado um evento estranho à atividade do fornecedor, mas sim consequência do defeito do serviço prestado pelo restaurante, por não apresentar a segurança legitimamente esperada pelo consumidor.[285]

Na mesma esteira, o STJ decidiu não ser possível atribuir responsabilidade civil a sociedade empresária responsável por estacionamento particular e autônomo – independente e desvinculado de agência bancária – em razão da ocorrência, nas dependências daquele estacionamento, de roubo à mão armada de valores recentemente sacados na referida agência e de outros pertences que o cliente carregava consigo no momento do crime.[286] Na visão do STJ, o estacionamento em si consiste na própria atividade-fim da sociedade empresária, e não num serviço assessório prestado apenas para cativar os clientes de instituição financeira. Consequentemente, não é razoável impor à sociedade responsável pelo estacionamento o dever de garantir a segurança individual do usuário e a proteção dos bens portados por ele, uma vez que essas pretensas contraprestações não estariam compreendidas por contrato que abranja exclusivamente a guarda de veículo.

---

[281] REsp 1.183.121/SC, 4.ª T., rel. Min. Luis Felipe Salomão, j. 24.02.2015 (Informativo 559).

[282] REsp 582.047/RS, rel. Min. Massami Uyeda, j. 17.02.2009. No mesmo sentido: REsp 419.059/SP, rel. Min. Nancy Andrighi, j. 19.10.2004.

[283] REsp 2.031.816/RJ, 3.ª T., rel. Min. Nancy Andrighi, j. 14.03.2023 (Informativo STJ 767).

[284] REsp 1.450.434/SP, rel. Min. Luis Felipe Salomão, j. 18.09.2018.

[285] REsp 1.321.739/SP, 3.ª T., rel. Min. Paulo de Tarso Sanseverino, j. 05.09.2013 (Informativo STJ 530).

[286] REsp 1.232.795/SP, 3.ª T., rel. Min. Nancy Andrighi, j. 02.04.2013 (Informativo STJ 521).

Note-se que, em casos de roubo, a jurisprudência do STJ tem admitido a interpretação extensiva da Súmula 130 para entender configurado o dever de indenizar de estabelecimentos comerciais quando *o crime for praticado no estacionamento de empresas destinadas à exploração econômica direta da referida atividade* (hipótese em que configurado fortuito interno) ou quando *esta for explorada de forma indireta por grandes shopping centers ou redes de hipermercados* (hipótese em que o dever de reparar resulta da frustração de legítima expectativa de segurança do consumidor).

Contudo, atenção: no julgamento dos embargos de divergência no Recurso Especial 1.431.606/SP, a Segunda Seção do STJ decidiu que a prática do crime de roubo, com emprego inclusive de arma de fogo, de cliente de lanchonete *fast-food*, ocorrido no estacionamento externo e gratuito por ela oferecido, constitui verdadeira hipótese de fortuito externo (ou motivo de força maior) que afasta do estabelecimento comercial proprietário da mencionada área o dever de indenizar.[287] *In casu*, entendeu-se que a responsabilidade do estabelecimento comercial deve ser casuisticamente verificada, competindo ao julgador investigar se o conjunto das circunstâncias concretas do estabelecimento e seu estacionamento eram aptas a gerar, no consumidor-médio, razoável expectativa de segurança em relação ao veículo (ressalte-se que, nessa perspectiva, é irrelevante se o ato praticado pelo terceiro se classifica como dano, furto ou roubo).[288]

Em outro interessante julgado, o STJ condenou um colégio por danos materiais e morais sofridos por um de seus alunos em excursão organizada pela escola. *In casu*, o aluno foi brincar no escorregador de um parque, durante passeio organizado pelo colégio, e se acidentou, sofrendo fraturas graves no cotovelo e punho. A Corte Superior considerou tal acidente um *fortuito interno*, porquanto a segurança dos alunos que estão sob a vigilância e autoridade da escola é inerente à **atividade de ensino**.[289] Muitas discussões também são travadas em doutrina e em jurisprudência sobre a admissão do caso fortuito e da força maior como excludentes da responsabilidade nos acidentes de consumo verificados nas **atividades de transporte**.

No STJ assentou-se o entendimento de que somente o ***caso fortuito externo***, isto é, o fato inevitável e imprevisível, absolutamente estranho à atividade de transporte, **exclui a responsabilidade da empresa transportadora**.

Na jurisprudência da Egrégia Corte Superior encontram-se os seguintes exemplos de fortuito externo, todos considerados excludentes: *assalto à mão armada no interior de ônibus coletivo* (AgRg no REsp 620.259/MG, rel. Min. João Otávio Noronha, j. 15.10.2009); *roubo de mercadoria transportada* (REsp 904.733/M, rel. Min. Nancy Andrighi, j. 27.08.2007; *bala perdida que atinge passageiro no interior de ônibus de transporte coletivo* (REsp 613.402/SP, rel. Min. César Asfor Rocha, j. 15.04.2004); *arremesso de pedra, de fora de trem, causando lesões em passageiro* (REsp 154.311, rel. Min. Ari Pargendler, *DJ* 28.05.2001); *assalto em estação de metrô* (REsp 402.708/SP, rel. Min. Eliana Calmon, *DJ* 28.02.2005); *roubo com emprego de arma de fogo cometido contra usuários de um rodovia em posto de pedágio* (REsp 1.872.260/SP, 3.ª Turma, rel. Min. Marco Aurélio Bellizze, j. 04.10.2022); *queda de passageiro em via férrea de metrô, por decorrência de mal súbito* (REsp 1.936.743/SP, 4.ª Turma, rel. Min. Luis Felipe Salomão, j. 14.06.2022); homicídio praticado nas dependên-

---

[287] EREsp 1.431.606/SP, 2.ª S., rel. Min. Maria Isabel Gallotti, por maioria, j. 27.03.2019 (Info 648).

[288] Dentre as circunstâncias relevantes, podem ser elencadas as seguintes: (i) pagamento direto pelo uso do espaço para estacionamento; (ii) natureza da atividade empresarial exercida; (iii) porte do estabelecimento comercial; (iv) nível de acesso ao estacionamento (fato de o estacionamento ser ou não exclusivo para clientes); (v) controle de entrada e saída por meio de cancelas ou entrega de tickets; (vi) aparatos físicos de segurança na área de parqueamento, tais como muros, cercas, grades, guaritas e sistema de vídeovigilância; (vii) presença de guardas ou vigilantes no local; (viii) nível de iluminação etc.

[289] REsp 762.075/DF, rel. Min. Luis Felipe Salomão, j. 16.06.2009.

cias de estabelecimento de hospedagem onerosa por visitante hospedado no local (REsp 2.114.079/RS, rel. Min. Nancy Andrighi, rel. para acórdão Min. Moura Ribeiro, 3.ª Turma, j. 23.04.2024); e roubo de que o cliente fora vítima, em via pública, após chegada ao seu destino portando valores recentemente sacados diretamente no caixa bancário (AgInt no AREsp 1.379.845/BA, rel. Min. Raul Araújo, 4.ª Turma, j. 14.05.2024).

Anote-se, por oportuno, a superação de uma divergência na jurisprudência da Corte Superior a respeito da responsabilidade das concessionárias nos casos de assédio sexual praticados no interior de veículos de transporte coletivo de passageiros. A 4.ª Turma vinha entendendo que não há responsabilidade da empresa de transporte coletivo, pois o evento é considerado um caso fortuito externo – estranho à atividade empresarial (REsp 1.748.295, j. 04.01.2019). Em sentido contrário, a 3.ª Turma vinha decidindo que a ocorrência do assédio sexual guarda conexidade com os serviços prestados pela empresa de transporte coletivo de passageiros, caracterizando, assim, uma espécie de fortuito interno, que não afasta a responsabilidade da fornecedora (REsp 1.662.551/SP, j. 15.05.2018). Ao enfrentar esse tema, a 2.ª Seção do STJ uniformizou o entendimento da Corte ao afastar, por maioria de votos (5x4), a responsabilidade da empresa transportadora, com o fundamento de que o **assédio sexual no interior de veículo de transporte coletivo de passageiros é considerado um caso fortuito externo, estranho à atividade empresarial**.[290]

A nosso sentir, agiu com acerto a 2.ª Seção. O assédio sexual sofrido por uma passageira, a despeito de abjeto, não tem relação imediata com os serviços ou, se é previsível, é inevitável, constituindo caso claro de fortuito externo. Para nós, o assédio sexual, o roubo ou uma lesão corporal, quando realizados por pessoa estranha, excluem a responsabilidade da concessionária, justamente por configurarem fatos exclusivos de terceiros (CDC, art. 14, § 3.º, II). Nessas situações, o serviço de transporte coletivo não pode ser considerado a causa do evento danoso, mas sim sua ocasião. Por outro lado, pacificou-se na Corte Superior o entendimento de que os danos sofridos por passageiros de transporte coletivo, em razão de acidente, não excluem a responsabilidade da empresa transportadora, ainda que decorrente de culpa de terceiro.[291] Para o STJ, como os riscos de acidentes de trânsito são inerentes à atividade de transporte, não podem ser considerados imprevisíveis, por eles devendo arcar o transportador. A propósito, veja-se:

> Na linha da jurisprudência deste Tribunal, o fato de terceiro que exclui a responsabilidade do transportador é aquele imprevisto e inevitável, que nenhuma relação guarda com a atividade inerente à transportadora. Não afasta a responsabilidade objetiva da ré o fato de terceiro, equiparado a caso fortuito, que guarda conexidade com a exploração do transporte. No caso, está dentro da margem de previsibilidade e risco o acidente provocado por abalroamento entre ônibus e vagão em passagem de nível. Recurso especial não conhecido.[292]

Ainda falando de acidentes de consumo em atividades de transporte, cabe mencionar o entendimento da 4.ª Turma do STJ, firmado no julgamento do REsp 1.611.915/RS, da Relatoria do Min. Marco Buzzi (j. 04.02.2019 – Informativo 642), no sentido de que a companhia aérea é civilmente responsável por não promover condições dignas de acessibilidade de pessoa cadeirante ao interior da aeronave. O caso envolveu um passa-

---

[290] REsp 1.833.722/SP, 2.ª S., rel. Min. Raul Araújo, j. 03.12.2020.

[291] Esse entendimento está em consonância com o art. 735 do CC/2002, bem como com a Súmula 187 do STF: "A responsabilidade contratual do transportador, pelo acidente com passageiro, não é elidida por culpa de terceiro contra o qual tem ação regressiva".

[292] REsp 427.582/MS, rel. Min. Castro Filho, DJ 17.12.2004. No mesmo sentido: AgRg no Ag 1.083.789, rel. Min. Luis Felipe Salomão, j. 14.04.2009. No mesmo sentido: REsp 703.324/PE, rel. Min. Nancy Andrighi, j. 03.03.2005; REsp 209.062/RJ, rel. Min. Ruy Rosado de Aguiar, DJ 05.08.2002; REsp 293.292/SP, rel. Min. Nancy Andrighi, j. 08.10.2001.

geiro com dificuldade de locomoção que, na ausência de ponte de embarque (*finger*), foi submetido a um tratamento vexatório e discriminatório perante os demais passageiros daquele voo, haja vista que fora carregado por prepostos da companhia para o interior da aeronave, sem as devidas cautelas. Como bem apontado no referido acórdão, a partir de 12.01.2014, a ANAC, por meio da Resolução 280/2013, transferiu ao operador aeroportuário a obrigação de garantir equipamento de ascenso e descenso ou rampa para as pessoas com dificuldade de acesso ao interior da aeronave, quando não houver a disponibilidade de ponte de embarque. Entretanto, o ato normativo em questão não é capaz de eximir a companhia aérea da obrigação de garantir o embarque seguro e com dignidade da pessoa com dificuldade de locomoção. Afinal, por integrar a cadeia de fornecimento, recai sobre a referida sociedade empresária a responsabilidade solidária frente a caracterização do fato do serviço, quando não executado a contento em prol do consumidor que adquire a passagem. Por outras palavras, o fato de terceiro (art. 14, § 3.º, II, do CDC) somente caracterizará excludente da responsabilidade civil do fornecedor quando for: a) inevitável; b) imprevisível; e, c) não guardar qualquer relação com a atividade empreendida pelo fornecedor. Na hipótese, o constrangimento sofrido pelo passageiro guarda direta e estreita relação com o contrato de transporte firmado com a companhia de aviação. Ressalte-se, também, que a acessibilidade de pessoas portadoras de deficiência locomotiva ao serviço de transporte aéreo está na margem de previsibilidade e de risco desta atividade de exploração econômica, não restando, portanto, na presente controvérsia, caracterizado o fato de terceiro (art. 14, § 3.º, II, do CDC).

O quadro a seguir traz um resumo da jurisprudência do STJ nessa temática:

Fortuito interno	Fortuito externo
Furtos, roubos e latrocínios nas dependências de estacionamento da agência bancária	Roubo nas dependências de estacionamento particular independente e desvinculado de agência bancária
Roubo de talonário de cheques durante transporte por empresa contratada pelo banco	Roubo no interior de ônibus de transporte coletivo
Fraudes e delitos praticados por terceiros no âmbito de operações bancárias (Súmula 479)	Roubo de veículo conduzido por manobrista de restaurante (serviço de *valet parking*)
Roubo no interior de agência dos Correios na qual é oferecido o serviço de banco postal	Roubo em estação do metrô
Roubo no interior de estacionamento de supermercado, *shopping center* e no *drive-thru* de estabelecimento comercial	Arremesso de pedra, de fora de trem, causando lesão em passageiros
Danos sofridos por passageiros de transporte coletivo, em razão de acidente de trânsito	Bala perdida que atinge passageiro de ônibus
Roubo à mão armada ocorrido na cancela para ingresso no *shopping center*, em via pública	Roubo com emprego de arma de fogo cometido contra usuários de uma rodovia em posto de pedágio

5.8.7.4 *Responsabilidade do profissional liberal*

O CDC, em seu art. 14, § 4.º, criou uma exceção à regra da responsabilidade objetiva pelo fato do serviço, dispondo que a responsabilidade pessoal dos profissionais liberais depende da verificação da culpa.

INTERESSES DIFUSOS E COLETIVOS - VOL. 1

Em outras palavras, o legislador definiu que **a responsabilidade pessoal dos profissionais liberais** pelos danos causados aos consumidores em decorrência dos serviços por eles prestados **é subjetiva.**[293]

Essa diversidade de tratamento conferida aos profissionais liberais está fundada no fato de que os serviços por eles prestados são contratados *intuito personae*, vale dizer, com base na confiança recíproca, na maioria das vezes com negociação.

Mas quem pode ser considerado um profissional liberal? Profissional liberal é aquele que trabalha por conta própria, com autonomia, sem subordinação, fazendo do seu conhecimento uma ferramenta de sobrevivência, independentemente do seu grau de escolaridade. Assim, podem ser considerados profissionais liberais, desde que prestem seus serviços pessoalmente, com autonomia e sem subordinação: o médico, o advogado,[294] o engenheiro, o arquiteto, o psicólogo, o dentista, o eletricista, o pintor, o marceneiro, o cozinheiro, o sapateiro etc.

O Código é claro ao asseverar que apenas a *"responsabilidade pessoal"* dos profissionais liberais se funda na ideia de culpa. Assim, quando a atividade liberal for explorada empresarialmente (ex.: sociedade de advogados, hospital, empresa de engenharia, consultoria financeira etc.), então os defeitos de fornecimento serão indenizáveis independentemente de culpa. Para elucidar: se um engenheiro presta serviços autonomamente, submete-se ao regime da responsabilidade subjetiva (art. 14 § 4.º); já uma empresa prestadora de serviços de engenharia responde objetivamente pelos danos decorrentes do serviço defeituoso (art. 14, *caput*).

Questão interessante é saber se quando o profissional liberal assume uma obrigação de resultado,[295] sua responsabilidade continua sendo subjetiva. Nesse caso, embora sua responsabilidade continue sendo subjetiva, opera-se a inversão do ônus da prova, atribuindo-se ao profissional liberal que não alcançou o resultado avençado o dever de provar que não incorreu em culpa (*sistema da culpa presumida*).[296] Como já decidido pelo STJ:

> No caso das obrigações de meio, à vítima incumbe, mais do que demonstrar o dano, provar que este decorreu de culpa por parte do médico. Já **nas obrigações de resultado,** como a que serviu de origem à controvérsia, **basta que a vítima demonstre, como fez, o dano** (que o médico não alcançou o resultado prometido e contratado) **para que a culpa se presuma, havendo, destarte, a inversão do ônus da prova.**[297]

Nos casos de cirurgia plástica estética não reparadora, existe consenso na jurisprudência e na doutrina de que se trata de obrigação de resultado. Diante do disposto no art. 14, § 4º, do Código de Defesa do Consumidor (CDC), a responsabilidade dos cirurgiões plásticos estéticos é subjetiva, havendo presunção de culpa.

Note-se que o uso da técnica adequada na cirurgia estética não é suficiente para isentar o médico de culpa, nos casos em que o resultado da operação não foi aquele

---

[293] Note-se que a responsabilidade subjetiva do profissional liberal se circunscreve aos acidentes de consumo (fato do serviço). Nos casos de danos causados por vício do serviço (art. 20 do CDC), a responsabilidade do profissional liberal continua sendo objetiva.

[294] Embora a doutrina consumerista entenda que o serviço advocatício pode ser objeto de relação do consumo, não é esse o entendimento que vem sendo trilhado no STJ. A propósito, vejam-se: REsp 539.077/MS, rel. Min. Aldir Passarinho Junior, j. 26.04.2005; REsp 757.867/RS e AgRg no Ag 815.998/BA.

[295] Obrigação de resultado é aquela em que o devedor se compromete a alcançar um resultado específico. A obrigação de meio, por sua vez, é aquela em que o devedor se obriga a empenhar todos os esforços possíveis para alcançar um determinado objetivo, sem, contudo, garantir o resultado pretendido.

[296] Nesse sentido, confira-se: CAVALIERI FILHO, Sérgio. *Programa de Direito do Consumidor*. São Paulo: Atlas, 2009. p. 262. Em sentido contrário, João Batista de Almeida aduz que na obrigação de resultado a responsabilidade do profissional liberal é objetiva. *Manual de Direito do Consumidor*. 3. ed. São Paulo: Saraiva, 2009. p. 64.

[297] REsp 236.708/MG, rel. Min. Carlos Fernando Mathias, j. 10.02.2009.

desejado pelo paciente. Conforme já decidido pelo STJ, nessas situações, entende-se que a culpa do médico seria presumida e a ele caberia elidir essa presunção, mediante prova: (i) da ocorrência de algum fator imponderável, que o impediu de alcançar o resultado pretendido com a cirurgia, tais como caso fortuito, força maior ou culpa exclusiva da vítima; ou (ii) de que o resultado foi satisfatório, segundo o senso comum.[298]

Logo, em se tratando de cirurgia plástica estética não reparadora, ainda que não tenha sido verificada imperícia, negligência ou imprudência do médico, poderá ser presumida a culpa do profissional se o resultado for desarmonioso, segundo o senso comum.

Mas atenção: para os casos de cirurgias de natureza mista – estética e reparadora – a responsabilidade do médico não pode ser generalizada, devendo ser analisada de forma fracionada, conforme cada finalidade da intervenção. Numa cirurgia assim, a responsabilidade do médico será de resultado em relação à parte estética da intervenção e de meio em relação à sua parte reparadora.[299]

Frise-se que a única exceção que se abriu aos profissionais liberais foi quanto à responsabilidade objetiva. No mais, submetem-se, integralmente, ao traçado no Código, inclusive no que concerne à possibilidade de inversão do ônus da prova em favor do consumidor (art. 6.º, VIII, do CDC).

Exemplo: se o dentista, no cumprimento de uma obrigação de meio, por culpa, causar danos à saúde do paciente-consumidor, a este incumbe provar a presença dos pressupostos da responsabilidade pelo fato do serviço (*conduta, dano, **culpa** e nexo causal*[300]). Contudo, poderá o juiz liberar o consumidor da prova de tais pressupostos quando for *verossímil a alegação* ou quando for ele *hipossuficiente* (art. 6.º, VIII). Nesse caso, inverte-se o ônus da prova, impondo-se ao profissional provar, em juízo, dentre outras coisas, que não agiu com culpa.[301]

5.8.7.5 A responsabilidade dos hospitais e clínicas médicas em face do erro médico

Uma questão bastante tormentosa, envolvendo a atuação dos profissionais liberais, diz respeito à responsabilização dos hospitais nos casos de danos decorrentes da atuação dos médicos (erro médico) a eles vinculados. Pergunta-se: em tais casos, qual o regime de responsabilidade civil aplicável ao hospital? Sobre o tema, há duas posições:

1.ª) o hospital, na condição de fornecedor de serviços, responde objetivamente pelos danos causados aos seus pacientes, na forma do art. 14, *caput*, do CDC, em solidariedade com o médico, cuja responsabilidade permanece sob o manto da prova da culpa: **é a posição da 3.ª Turma do STJ**[302] **e da doutrina majoritária;**[303]

2.ª) o hospital se submete ao regime do Código Civil (arts. 932, III, c/c o art. 951), o que significa dizer que sua responsabilização está condicionada à *comprovação da*

---

[298] REsp 2.173.636/MT, 4.ª T., por unanimidade, rel. Min. Maria Isabel Gallotti, j. 10.12.2024, *DJEN* 18.12.2024.

[299] Nesse sentido: STJ, REsp 1.097.955/MG, rel. Min. Nancy Andrighi, j. 27.09.2011 (Informativo STJ 484).

[300] Lembre-se que o defeito – outro pressuposto da responsabilidade pelo fato do serviço – é presumido por força de lei (art. 14, § 3.º, I, do CDC).

[301] Na doutrina: DENARI, Zelmo *et al. Código Brasileiro de Defesa do Consumidor*: Comentado pelos Autores do Anteprojeto. 7. ed. Rio de Janeiro: Forense Universitária, 2001. p. 176; na jurisprudência: STJ, AgRg no Ag 969.015/SC, 4.ª T., rel. Min. Maria Isabel Gallotti, j. 07.04.2011.

[302] Confira-se, nesse sentido: REsp 696.284/RJ, rel. Min. Sidnei Benetti, j. 03.12.2009.

[303] Nesse sentido, vejam-se, entre outros: BENJAMIN, Antonio Herman. *Manual de Direito do Consumidor*. São Paulo: Revista dos Tribunais, 2008. p. 137; MIRAGEM, Bruno. *Direito do Consumidor*. São Paulo: Revista dos Tribunais, 2008. p. 298-303; e CAVALIERI FILHO, Sérgio. *Programa de Responsabilidade Civil*. 8. ed. São Paulo: Atlas, 2009. p. 383-387.

culpa do médico a ele subordinado.[304] **É a posição da 4.ª Turma do STJ**, que tem feito a seguinte distinção: se os danos causados aos pacientes decorrem de falhas dos serviços de atribuição hospitalar (ex.: *instrumentação cirúrgica, higienização, vigilância, medicação, enfermagem, exames etc.*), dentre os quais não se incluem os serviços técnico-profissionais dos médicos, o hospital responde objetivamente, na forma do art. 14, *caput*, do CDC; agora, se os danos decorrem de falhas do serviço médico, a responsabilidade do hospital se sujeita ao regime do CC/2002, sendo indispensável a prova da culpa do médico.[305]

À primeira vista, pode parecer que, independentemente do entendimento adotado, o resultado prático será o mesmo. Afinal, quando se fala em dano causado ao paciente por erro médico, o fato gerador da responsabilidade civil do hospital, seja no regime do CDC (art. 14, *caput*), seja no regime do Código Civil (art. 951), é o mesmo, a saber: a culpa do profissional médico, que aqui se confunde com o próprio defeito do serviço.

Mas não é bem assim. Aplicado o regime de responsabilidade pelo fato do serviço (art. 14 do CDC), o paciente poderá se valer de todos os benefícios conferidos ao consumidor, dentre os quais destacamos o direito à inversão do ônus da prova (art. 6.º, VIII). Poderá, outrossim, inserir o hospital ou o médico no polo passivo da ação, ou ambos, porquanto solidariamente responsáveis.

Não bastasse isso, importa ressaltar que o CDC, ao elencar a *inexistência do defeito* como uma das causas de exclusão da responsabilidade civil pelo fato do serviço (art. 14, § 3.º, I), **atribuiu ao fornecedor o ônus da prova de tal excludente**, o que equivale a dizer que o fornecedor de serviços só não será responsabilizado quando provar que, tendo prestado o serviço, o defeito inexiste. Vê-se, aqui, uma clara hipótese de inversão legal (*ope legis*) do ônus da prova, em desfavor do fornecedor.

Destarte, se o paciente-consumidor ajuizar uma ação de responsabilidade civil em face do hospital, visando a reparação de danos sofridos por defeito do serviço médico (ex.: erro no diagnóstico), deverá provar o *dano* e a *relação de causalidade* entre este e a *prestação do serviço*.[306] Já o hospital, se quiser se valer da escusa acima mencionada, deverá provar que o dano, malgrado relacionado à prestação do serviço médico, não foi causado por nenhum defeito, isto é, deverá demonstrar que não houve descumprimento do dever de qualidade-segurança (*que aqui se confunde com a culpa do profissional médico*) no serviço prestado.

De outro lado, aplicado o regime de responsabilidade do Código Civil (art. 932, III, c/c o art. 951), o paciente só poderá responsabilizar o hospital se conseguir provar o *dano*, o *nexo causal* entre este e a *prestação do serviço* e a *culpa* do profissional médico, o que, indiscutivelmente, dificultará a satisfação da sua pretensão em juízo, dada a enorme dificuldade em se provar o erro do profissional médico, seja pela insuficiência das informações constantes dos prontuários dos hospitais, seja pela complexidade técnica da prova a ser produzida, seja pelo corporativismo da classe médica, que pode influir no resultado das perícias.

---

[304] Entendendo que o hospital só responde por atos de médicos que a ele estejam subordinados, seja por vínculo empregatício, seja por meio de contrato de prestação de serviços: STOCO, Rui. Responsabilidade Civil dos Profissionais Liberais e dos Prestadores de Serviços. *Tribuna da Magistratura*, Caderno de Doutrina, set. 1996, p. 70-71. Em sentido contrário: GAGLIANO, Pablo Stolze; PAMPLONA FILHO, Rodolfo. *Novo Curso de Direito Civil*: Responsabilidade Civil. 7. ed. São Paulo: Saraiva, 2009. v. III, p. 221.

[305] A título de exemplo, veja-se: REsp 1.145.728/MG, 4.ª T., rel. Min. Luis Felipe Salomão, j. 28.06.2011 (Informativo 479).

[306] É oportuno ressaltar que o consumidor poderá ser desonerado, inclusive, da prova do dano e do nexo causal entre este e o serviço prestado, quando, a critério do juiz, for *verossímil a alegação* ou quando for ele *hipossuficiente*, segundo as regras ordinárias de experiência (art. 6.º, VIII).

CAP. 5 – DIREITO DO CONSUMIDOR | **495**

Embora a doutrina consumerista defenda a primeira posição (aplicação do CDC), mais favorável aos interesses dos consumidores, atualmente prevalece no STJ a 2.ª posição, adotada pela 4.ª Turma. Vale dizer: entende-se que a responsabilidade dos hospitais nos casos de erro médico segue o regime do Código Civil, ou seja, está condicionada à comprovação da presença de dois requisitos: 1) *subordinação do médico ao hospital* (preposição); e 2) *culpa do médico*. A propósito, veja-se decisão da 2.ª Seção (que reúne os ministros da 3.ª e 4.ª Turmas) do STJ:

> A doutrina tem afirmado que a responsabilidade médica empresarial, no caso de hospitais, é objetiva, indicando o parágrafo primeiro do artigo 14 do Código de Defesa do Consumidor como a norma sustentadora de tal entendimento. Contudo, a responsabilidade do hospital somente tem espaço quando o dano decorrer de falha de serviços cuja atribuição é afeta única e exclusivamente ao hospital. Nas hipóteses de dano decorrente de falha técnica restrita ao profissional médico, mormente quando este não tem nenhum vínculo com o hospital – seja de emprego ou de mera preposição –, não cabe atribuir ao nosocômio a obrigação de indenizar.[307]

Finalizando, a jurisprudência majoritária do STJ a respeito da responsabilidade das sociedades empresárias hospitalares por dano causado ao paciente-consumidor pode ser assim sintetizada:

(i) as obrigações assumidas diretamente pelo complexo hospitalar limitam-se ao fornecimento de recursos materiais e humanos auxiliares adequados à prestação dos serviços médicos e à supervisão do paciente, hipótese em que a responsabilidade objetiva da instituição (por ato próprio) exsurge somente em decorrência de defeito no serviço prestado (art. 14, *caput*, do CDC);

(ii) os atos técnicos praticados pelos médicos sem vínculo de emprego ou subordinação com o hospital são imputados ao profissional pessoalmente, eximindo-se a entidade hospitalar de qualquer responsabilidade (art. 14, § 4.º, do CDC), se não concorreu para a ocorrência do dano;

(iii) quanto aos atos técnicos praticados de forma defeituosa pelos profissionais da saúde vinculados de alguma forma ao hospital, respondem solidariamente a instituição hospitalar e o profissional responsável, apurada a sua culpa profissional. Nesse caso, o hospital é responsabilizado indiretamente por ato de terceiro, cuja culpa deve ser comprovada pela vítima de modo a fazer emergir o dever de indenizar da instituição, de natureza absoluta (arts. 932, 933 e 951 do CC).

5.8.7.6 *A responsabilidade das empresas de planos de saúde pelos serviços prestados por médicos e hospitais credenciados*

Os hospitais e médicos credenciados formam uma cadeia de serviços médicos hospitalares atrativa, eficiente e competitiva para atender à cativa clientela dos planos de saúde.

Como bem ensina Sérgio Cavalieri Filho, há um pacto proveitoso para ambas as partes: médicos e hospitais aumentam a clientela e a empresa credenciadora, além de tornar seus serviços mais eficientes, suportará menor encargo financeiro pagando despesas de hospitalização e honorários médicos previamente estabelecidos numa tabela.[308]

---

[307] REsp 908.359/SC, 2.ª S., rel. p/ o acórdão Min. João Otávio de Noronha, *DJe* 17.12.2008.
[308] CAVALIERI FILHO, Sérgio. *Programa de Responsabilidade Civil*. 8 ed. São Paulo: Atlas, 2009. p. 384-385.

INTERESSES DIFUSOS E COLETIVOS – VOL. 1

Por outro lado, o segurado ou cliente do plano de saúde procura os médicos e hospitais credenciados não só porque confia na indicação, acreditando tratar-se de instituições e profissionais competentes, criteriosamente selecionados pela operadora do plano de saúde, mas também porque, se não o fizer, corre o risco de não fruir da cobertura respectiva.

Nessa sistemática, a operadora de plano de saúde é **solidariamente responsável** pela qualidade dos serviços prestados pelos estabelecimentos hospitalares e médicos credenciados. Dito de outro modo, a empresa de plano de saúde responde, concorrentemente, pelos danos causados aos seus clientes por defeitos dos serviços prestados pelos médicos e hospitais credenciados, seja pela disciplina do art. 14, *caput*, do CDC, que gera **responsabilidade objetiva e solidária** para todos os participantes da cadeia de fornecimento, independentemente de terem concorrido para o dano, seja pela disciplina do art. 34, também do CDC, que assim dispõe: "O fornecedor do produto ou serviço é solidariamente responsável pelos atos de seus prepostos ou representantes autônomos". Nesse sentido está consolidada a jurisprudência do STJ:

> A jurisprudência da Casa é tranquila em reconhecer a legitimidade passiva da cooperativa médica em demanda que se discute responsabilidade civil por suposto erro médico, pois a cooperativa tem por objeto a assistência médica e celebra contrato com seus associados, regulamentando a prestação de seus serviços de maneira padronizada, por meio dos médicos e hospitais a ela filiados.[309]

O entendimento, já manifestado em diversos julgamentos do Superior Tribunal de Justiça, foi reafirmado pela Quarta Turma ao dar provimento a recurso especial para reconhecer a responsabilidade da Unimed Porto Alegre Cooperativa de Trabalho Médico e aumentar de R$ 6 mil para R$ 15 mil o valor da indenização por danos morais para cliente que teve vários problemas após cirurgia para retirada de cistos no ovário.[310] Pela importância, destacamos, na sequência, as ponderações feitas pelo relator, Ministro Raul Araújo, quanto ao regime de responsabilização, a partir da distinção entre os contratos de seguro-saúde e os contratos de planos de saúde:

(i) se o contrato for fundado na livre escolha pelo beneficiário/segurado de médicos e hospitais com reembolso das despesas no limite da apólice, conforme ocorre, em regra, nos chamados **seguros-saúde**, não se poderá falar em responsabilidade da seguradora pela má-prestação do serviço, na medida em que a eleição dos médicos ou hospitais aqui é feita pelo próprio paciente ou por pessoa de sua confiança, sem indicação de profissionais credenciados ou diretamente vinculados à referida seguradora. A responsabilidade será direta do médico e/ou hospital, se for o caso;

(ii) se o contrato é fundado na prestação de serviços médicos e hospitalares próprios e/ou credenciados, no qual a operadora de plano de saúde mantém hospitais e emprega médicos ou indica um rol de conveniados, não há como afastar sua responsabilidade solidária e objetiva pela má-prestação do serviço.

5.8.7.7 *A responsabilização dos provedores de* sites *de relacionamento por danos decorrentes de conteúdo gerado por terceiros e as implicações do novo Marco Civil da Internet*

Atualmente, é grande o número de ofensas à honra dos usuários de *sites* de relacionamento na rede mundial de computadores.

---

[309] AgRg no REsp 1.029.043/SP, 4.ª T., rel. Min. Luis Felipe Salomão, *DJ* 08.06.2009. No mesmo sentido: REsp 138.059/MG, rel. Min. Ari Pargendler, *DJ* 11.06.2001.

[310] REsp 866.371/RS, 4.ª T., rel. Min. Raul Araújo, *DJe* 20.08.2012. No mesmo sentido: AgInt no AREsp 1.414.776/SP, 4.ª T., rel. Min. Raul Araújo, j. 11.02.2020.

As vítimas dessas ofensas têm batido às portas do Poder Judiciário para pleitear a reparação dos danos morais sofridos, alegando, em regra, que os provedores desses *sites* são civil e objetivamente responsáveis por esse tipo de serviço, quando prestado de forma defeituosa.

No ponto, a questão cinge-se a determinar se provedor de rede social de relacionamento via internet pode ser responsabilizado por danos decorrentes de informações veiculadas por terceiros no respectivo *site*.

Inicialmente, é preciso determinar a natureza jurídica dos provedores de rede social de relacionamento, pois somente assim será possível definir os limites da sua responsabilidade.

Essa provedoria é espécie do gênero **provedor de conteúdo**, pois o respectivo serviço se limita a disponibilizar informações, opiniões e comentários de seus usuários, sem qualquer ingerência sobre o material postado na *web*. Esses usuários criam páginas pessoais (perfis), por meio das quais se relacionam com outros usuários e integram grupos (comunidades), igualmente criados por usuários, nos quais se realizam debates e troca de informações sobre interesses comuns.

Dúvidas não há de que a exploração comercial da internet sujeita as relações de consumo daí advindas ao CDC.[311] O fato de o serviço prestado pelo provedor de serviço de internet ser gratuito não desvirtua a relação de consumo. Afinal, o termo "mediante remuneração" contido no art. 3.º, § 2.º, do CDC deve ser interpretado de forma ampla, de modo a incluir o ganho indireto do fornecedor.

A despeito disso, a responsabilidade dos provedores de conteúdo deve se restringir à natureza da atividade por eles desenvolvida. Nessa ordem de ideias, devem garantir o sigilo, a segurança e a inviolabilidade dos dados cadastrais de seus usuários, bem como o funcionamento e a manutenção das páginas que contenham os perfis e comunidades desses usuários.

No que tange especificamente à fiscalização do conteúdo das informações postadas por cada usuário, as duas Turmas que compõem a 2.ª Seção do STJ já decidiram que os provedores de conteúdo da internet não se submetem ao art. 927 do CC/2002, que trata da responsabilidade objetiva, pois a inserção de mensagens com conteúdo ofensivo no site não constitui um risco inerente à atividade, nem tampouco ao art. 14 do CDC, por não se tratar de produto defeituoso.

Por outras palavras, para a Corte Superior, a verificação do conteúdo das informações postadas por cada usuário não constitui atividade intrínseca ao serviço prestado pelos provedores de aplicações de internet, de modo que não se pode reputar defeituosa, nos termos do art. 14 do CDC, a aplicação que não examina e filtra o material nela inserido.[312]

Nessa temática, questão interessante é saber se, ao ser comunicado de que determinado texto, vídeo ou imagem possui conteúdo ilícito, deve o provedor agir de forma enérgica, retirando o material do ar imediatamente, sob pena de responder solidariamente com o autor direto do dano, em virtude da omissão praticada.

Inicialmente, a jurisprudência do STJ consolidou o entendimento segundo o qual, uma vez notificado (judicial ou extrajudicialmente) de que determinado texto ou imagem possuía conteúdo ilícito, o provedor deveria retirar o material do ar no prazo de 24 horas, sob pena de responder solidariamente com o autor direto do dano, pela omissão

---

[311] REsp 1.186.616/MG, 3.ª T., rel. Min. Nancy Andrighi, *DJe* 31.08.2011; AgRg no REsp 1.325.220/MG, 3.ª T., rel. Min. Paulo de Tarso Sanseverino, *DJe* 26.06.2013.

[312] AgRg no AREsp 137.944/RS, 4.ª T., rel. Min. Antônio Carlos Ferreira, *DJe* 08.04.2013; AgRg no REsp 1.309.891/MG, 3.ª T., rel. Min. Sidnei Beneti, *DJe* 29.06.2012; e REsp 1.193.764/SP, 3.ª T., rel. Min. Nancy Andrighi, *DJe* 08.08.2011.

praticada.[313] Nesse prazo (de 24 horas), o provedor não estava obrigado a analisar o teor da denúncia recebida, devendo apenas promover a suspensão preventiva das respectivas páginas, até que tivesse tempo hábil para apreciar a veracidade das alegações, de modo que, confirmando-as, excluísse definitivamente o perfil ou, tendo-as por infundadas, restabelecesse o seu livre acesso.

Da mesma forma, ao oferecer um serviço por meio do qual se possibilita que os usuários externem livremente sua opinião, deve o provedor de conteúdo ter o cuidado de propiciar meios para que se possa identificar cada um desses usuários, coibindo o anonimato e atribuindo a cada manifestação uma autoria certa e determinada. Observadas essas cautelas, não poderá ele ser responsabilizado pelo conteúdo ofensivo das informações veiculadas no respectivo *site*.[314]

Em síntese, para os fatos ocorridos antes da entrada em vigor do Marco Civil da Internet, aplica-se a pacífica jurisprudência do STJ sobre o tema:

i) como regra, o provedor dos *sites* de relacionamento (provedor de conteúdo) não pode ser responsabilizado pelo conteúdo de terceiros, pois não está obrigado a controlar ou censurar previamente as mensagens;

ii) o provedor de conteúdo responde solidariamente com o autor direto do dano quando não providenciar a retirada do material do ar, no prazo de 24h, contado da notificação extrajudicial ou judicial do ilícito.

No dia 23 de junho de 2014, entrou em vigor o Marco Civil da Internet (Lei 12.965/2014), que estabelece princípios, garantias, direitos e deveres para o uso da internet no Brasil.[315]

Embora apresente pontos positivos, o Marco Civil trouxe um retrocesso indesejável na defesa da honra, quando atacada pela internet, ao tornar mais difícil e burocrática a retirada de conteúdo ofensivo da rede.

Explica-se: o art. 19 do Marco Civil dispõe que o provedor de aplicações de internet somente será responsabilizado por danos decorrentes de conteúdo gerado por terceiros se, "*após ordem judicial específica, não tomar as providências para, no âmbito e nos limites técnicos do seu serviço e dentro do prazo assinalado, tornar indisponível o conteúdo apontado como infringente*".

Ao optar pela via judicial, a Lei 12.965/2014 impõe mais um ônus à vítima, que agora precisa provocar o Judiciário para requerer a retirada do conteúdo ofensivo, além de facilitar o aumento da extensão do dano, haja vista que o material ficará mais tempo disponível na rede.[316]

Tal opção, para além de dificultar a defesa dos direitos dos consumidores, conflita com o entendimento já consolidado na jurisprudência do STJ – acima destacado – e com as diretrizes de países mais desenvolvidos. No âmbito da União Europeia, por exemplo, a *Directiva* 2000/31/CE, do Parlamento Europeu e do Conselho, de 08.06.2000, que trata dos "aspectos legais dos serviços da sociedade de informação, em especial do comércio eletrônico", prevê em seu art. 14 a responsabilização do provedor de armazenamento se este tiver conhecimento prévio da violação ou se, após conhecimento da ilegalidade,

---

[313] REsp 1.406.448/RJ, 3.ª T., rel. Min. Nancy Andrighi, *DJe* 21.10.2013; AgRg no REsp 1.325.220/MG, 3.ª T., rel. Min. Paulo de Tarso Sanseverino, *DJe* 26.06.2013; e REsp 1.323.754/RJ, 3.ª T., rel. Min. Nancy Andrighi, *DJe* 28.08.2012.

[314] Nesse sentido: REsp 1.308.830/RS, 3.ª T., rel. Min. Nancy Andrighi, *DJe* 19.06.2012.

[315] A Lei 12.965/2014 (Marco Civil da Internet) é regulamentada pelo Decreto 8.771, de 11 de maio de 2016.

[316] Nesse sentido: MARTINS, Guilherme Magalhães. *Responsabilidade Civil por Acidente de Consumo na Internet*. São Paulo: RT, 2014. p. 330.

por qualquer meio, não atuar com diligência para retirar ou impossibilitar o acesso ao conteúdo ofensivo.

Numa tentativa de minimizar o efeito danoso do art. 19, o Marco Civil admitiu, excepcionalmente, a possibilidade de **responsabilização subsidiária** do provedor, em caso de inação face à notificação extrajudicial da divulgação de conteúdo com nudez e atos sexuais. Desse teor o art. 21 da Lei 12.965/2014:

> **Art. 21.** O provedor de aplicações de internet que disponibilize conteúdo gerado por terceiros será responsabilizado subsidiariamente pela violação da intimidade decorrente da divulgação, sem autorização de seus participantes, de imagens, de vídeos ou de outros materiais contendo cenas de nudez ou de atos sexuais de caráter privado quando, após o recebimento de notificação pelo participante ou seu representante legal, deixar de promover, de forma diligente, no âmbito e nos limites técnicos do seu serviço, a indisponibilização desse conteúdo.

Da redação do dispositivo, outro problema se coloca: tal solução atenta contra o art. 7.º, parágrafo único, do CDC, que prevê a responsabilidade solidária de todos os integrantes da cadeia de prestação de produtos e serviços. Nesse particular, mais uma vez, o Marco Civil da internet instituiu uma regra que dificulta a defesa do direito do consumidor, porquanto o impede de demandar diretamente contra o provedor omisso, em clara afronta à regra da responsabilidade solidária insculpida no supracitado dispositivo do CDC.

Conforme já observado, todas as normas setoriais devem respeitar os princípios e direitos do consumidor estabelecidos na Lei 8.078/1990, seja em razão da sua "força normativa constitucional", seja em razão da sua natureza de lei principiológica, que ingressa no ordenamento jurídico fazendo um corte horizontal, alcançando toda e qualquer relação jurídica que se caracterize como de consumo, inclusive as estabelecidas na internet. Assim, no necessário "diálogo" entre o CDC e o Marco Civil da Internet, aplica-se prioritariamente o CDC, diante do mandamento constitucional de proteção do consumidor (art. 5.º, XXXII), e apenas subsidiariamente, no que for compatível com o sistema consumerista, a Lei 12.965/2014.

Fixadas tais premissas, é mister concluir que o art. 19 do Marco Civil, por afrontar um dos direitos básicos do consumidor (art. 6.º, VIII), não se aplica às vítimas de acidentes de consumo na internet. Da mesma forma, entende-se que a responsabilidade do provedor na hipótese do art. 21 da Lei 12.965/2014 é solidária com o autor direto do dano, em consonância com a regra prevalente, prevista no art. 7.º, parágrafo único, do CDC.

Frise-se, demais disso, que o Estado tem a obrigação constitucional de criar meios eficientes e eficazes para a proteção da intimidade, da vida privada, da honra e da imagem das pessoas. Não se pode admitir que o valor da dignidade da pessoa humana seja um no mundo real e outro no mundo virtual. Nessa linha, o art. 19 da Lei 12.956/2014, ao instituir um falho regime de defesa de direitos fundamentais, pode ser considerado inconstitucional, por afronta ao princípio da proporcionalidade, sob o viés da proibição da proteção deficiente.

Em síntese, o que se está defendendo é que, também para os fatos ocorridos após a entrada em vigor do Marco Civil da Internet, o provedor de conteúdo possa ser responsabilizado solidariamente com o autor direto do dano em caso de inação à notificação extrajudicial da divulgação de conteúdo ofensivo à honra de qualquer pessoa.

No ponto, registre-se que o Plenário Virtual do Supremo Tribunal Federal reconheceu a existência de repercussão geral na matéria discutida no Recurso Extraordinário 1.037.396, interposto pelo Facebook Serviços Online do Brasil Ltda. contra decisão da Segunda Turma Recursal Cível do Colégio Recursal de Piracicaba (SP), que determinou a exclusão de um perfil falso da rede social e o fornecimento do IP (*Internet Protocol*) de onde foi gerado. O recurso discute a constitucionalidade do artigo 19 do Marco Civil da Internet (Lei 12.965/2014), que exige prévia e específica ordem judicial de exclusão de conteúdo para a responsabilização civil de provedor de internet, websites e gestores de aplicativos de redes sociais por danos decorrentes de atos ilícitos praticados por terceiros.

No STJ, a tendência é considerar válida a regra prevista no art. 19 do Marco Civil da Internet, que condiciona a responsabilização do provedor de aplicações de internet à prévia notificação judicial sobre o conteúdo ilícito publicado por terceiros.

Nesse sentido, destacamos o julgamento, pela Terceira Turma, do Recurso Especial 1.642.997/RJ (j. 12.09.2017), da relatoria da Ministra Nancy Andrighi, no qual a Corte Superior entendeu que com o advento da Lei 12.965/2014 (Marco Civil da Internet), o termo inicial da responsabilidade do provedor de aplicação foi postergado no tempo, iniciando-se tão somente após a notificação judicial do provedor de aplicação. Na ocasião, decidiu-se que a regra a ser utilizada para a resolução de controvérsias deve levar em consideração o momento de ocorrência do ato lesivo ou, em outras palavras, quando foram publicados os conteúdos infringentes:

(i) para fatos ocorridos antes da entrada em vigor do Marco Civil da Internet, deve ser obedecida a jurisprudência então consolidada no STJ, no sentido de que o provedor de conteúdo responde solidariamente com o autor direto do dano quando não providenciar a retirada do material do ar, no prazo de 24h, contado da notificação extrajudicial ou judicial do ilícito;

(ii) após a entrada em vigor da Lei 12.965/2014, o termo inicial da responsabilidade solidária do provedor de aplicação, por força do art. 19 do Marco Civil da Internet, é o momento da notificação judicial que ordena a retirada de determinado conteúdo da internet.

5.8.7.8 *A responsabilização dos editores de* blogs *por danos decorrentes de conteúdo gerado por terceiros*

Primeiro, cumpre determinar a natureza jurídica da atividade desenvolvida por aqueles que mantêm e editam *blogs* (doravante denominados "titulares" do *blog*), pois somente assim será possível definir os limites de sua responsabilidade.

A *world wide web* (www) é uma rede mundial composta pelo somatório de todos os servidores a ela conectados. Esses servidores são bancos de dados que concentram toda a informação disponível na internet, divulgada por intermédio das incontáveis páginas de acesso (*webpages*).

Os provedores de serviços de internet são aqueles que fornecem serviços ligados ao funcionamento dessa rede mundial de computadores, ou por meio dela. Trata-se de gênero do qual são espécies as demais categorias, tais como: (i) provedores de *backbone* (espinha dorsal), que detêm estrutura de rede capaz de processar grandes volumes de informação. São os responsáveis pela conectividade da internet, oferecendo sua infraestrutura a terceiros, que repassam aos usuários finais acesso à rede; (ii) provedores de acesso, que adquirem a infraestrutura dos provedores *backbone* e revendem aos usuários finais, possibilitando a estes conexão com a internet; (iii) provedores de hospedagem, que armazenam dados de terceiros, conferindo-lhes acesso remoto; (iv) provedores de informação, que produzem as informações divulgadas na internet; e (v) provedores de conteúdo, que disponibilizam na rede as informações criadas ou desenvolvidas pelos provedores de informação.

É frequente que provedores ofereçam mais de uma modalidade de serviço de internet; daí a confusão entre essas diversas modalidades.

Entretanto, a diferença conceitual subsiste e é indispensável à correta imputação da responsabilidade inerente a cada serviço prestado.

Os *blogs* – contração da expressão inglesa *weblog* que, numa tradução literal, significa diário da rede (mundial de computadores) – são páginas na internet cuja estrutura possibilita a rápida e constante atualização mediante acréscimo dos denominados *posts* (comentários, artigos).

Atualmente, os *blogs* não são apenas pessoais, mas também corporativos e veiculam opiniões e/ou notícias sobre assuntos variados, sendo inerente à sua concepção e funcionamento a participação de leitores, que interagem ativamente, mediante comentários, com o criador e editor do *blog*.

Diante disso, verifica-se que **a atividade desenvolvida em um *blog* pode assumir duas naturezas distintas**: (i) **provedoria de informação**, no que tange às matérias e artigos disponibilizados no *blog* pelo seu titular; e (ii) **provedoria de conteúdo**, em relação aos posts dos seguidores do *blog*.

Essa distinção é importante para definir os limites da responsabilidade dos *blogs*.

Quando a atividade desenvolvida no *blog* assume a natureza de **provedoria de informação**, isto é, quando o próprio titular do *blog* produz ou publica determinada informação na *web,* responderá ele diretamente por danos dela decorrentes.

Nessa ordem de ideias, ainda que um determinado artigo tenha sido escrito por terceiro, o titular do *blog* que o publicou será diretamente responsável pelos danos decorrentes de tal veiculação, pois a ele incumbe o controle editorial do *site*. Aplica-se, na hipótese, a pacífica jurisprudência do STJ, consolidada no enunciado da **Súmula 221**, no sentido de serem "*civilmente responsáveis pela reparação de dano derivado de publicação pela imprensa, tanto o autor da matéria quanto o proprietário do respectivo veículo de divulgação*".[317] Referido enunciado incide sobre todas as formas de imprensa, alcançado, assim, também os serviços de provedoria de informação, cabendo àquele que mantém *blog* exercer o seu controle editorial, de modo a evitar a inserção no site de matérias ou artigos potencialmente danosos.[318]

Por outro lado, quando a atividade desenvolvida no *blog* assume a natureza de **provedoria de conteúdo** – o que ocorre quando seus leitores publicam comentários sobre artigos, opiniões e matérias nele veiculados –, em princípio, não será possível responsabilizar o titular do *blog* pelos danos decorrentes de tais comentários. Isso porque o provedor de conteúdo não está obrigado a controlar ou censurar previamente as mensagens, entendimento este já consolidado na jurisprudência do STJ.[319]

No ponto, uma advertência se faz necessária: a exemplo do que foi visto no tópico anterior em relação aos provedores de *sites* de relacionamento, o titular do *blog*, ao ser comunicado de que determinado comentário possui conteúdo ilícito, deve **retirar o material do ar imediatamente**, sob pena de responder solidariamente com o autor direto do dano, em virtude da omissão praticada.

Em síntese, para se definir os limites da responsabilidade dos editores de *blogs* por veiculação de posts ofensivos à honra de terceiros, é preciso distinguir:

---

[317] REsp 1.381.610/RS, 3.ª T., rel. Min. Nancy Andrighi, j. 03.09.2013.

[318] REsp 1.381.610/RS, 3.ª T., rel. Min. Nancy Andrighi, j. 03.09.2013.

[319] REsp 1.338.214/MT, 3.ª T., rel. Min. Nancy Andrighi, *DJe* 02.12.2013.

502 | INTERESSES DIFUSOS E COLETIVOS – VOL. 1

(i) quando a atividade desenvolvida no *blog* assume a natureza de **provedoria de informação**, isto é, quando o próprio titular do *blog* produz ou publica determinada informação ofensiva na *web*, responde diretamente pelos danos dela decorrentes;

(ii) quando a atividade desenvolvida no *blog* assume a natureza de **provedoria de conteúdo**, vale dizer, quando comentários ofensivos são publicados por seus leitores, não será possível responsabilizar seu editor.

Por último, reiteram-se aqui as considerações delineadas no tópico anterior a respeito das ofensas verificadas na atividade de provedoria de conteúdo dos *blogs*, quando posteriores à entrada em vigor do Marco Civil da Internet.

5.8.7.9 A responsabilização dos portais de notícias por danos decorrentes de conteúdo gerado por terceiros

Seguindo a classificação dos provedores de serviços na internet acima destacada, é correto afirmar que a atividade desenvolvida em portal de notícias por empresa jornalística, que disponibilize campo destinado a comentários de internautas, pode assumir duas naturezas jurídicas distintas:

(i) **provedoria de informação** – que produz as informações divulgadas na internet –, no que tange à matéria jornalística divulgada no *site;* e

(ii) **provedoria de conteúdo** – que disponibiliza na rede as informações criadas ou desenvolvidas pelos provedores de informação –, no tocante às postagens dos usuários.

Essa classificação é importante porque tem reflexos diretos na responsabilidade civil da empresa jornalística gestora de um portal de notícias.

De fato, conforme visto, a jurisprudência do STJ tem se manifestado pela ausência de responsabilidade dos provedores de conteúdo pelas mensagens postadas diretamente pelos usuários[320] e, de outra parte, pela responsabilidade dos provedores de informação pelas matérias por ele divulgadas.[321]

No ponto, a questão que se coloca é saber se essa mesma jurisprudência deve ser adotada, sem temperamentos, para os casos de mensagens ofensivas postadas pelos leitores de um portal de notícias.

Na linha da jurisprudência do STJ, não seria possível, em princípio, a responsabilização da empresa jornalística – editora do portal de notícias – pelos comentários ofensivos publicados por seus leitores. Afinal, nessa situação, a atividade desenvolvida no *site* assume a natureza de **provedoria de conteúdo.**

Contudo, a hipótese em análise traz uma particularidade importante: o fato de o provedor de conteúdo ser um portal de notícias, ou seja, uma empresa cuja atividade é precisamente o fornecimento de informações a um vasto público consumidor.

E foi justamente em razão dessa particularidade que o STJ, ao enfrentar esse tema no julgamento do Recurso Especial 1.352.053/AL, decidiu, acertadamente, que a empresa jornalística era solidariamente responsável pelas mensagens ofensivas publicadas por seus leitores.[322]

---

[320] REsp 1.338.214/MT, 3.ª T., rel. Min. Nancy Andrighi, *DJe* 02.12.2013.
[321] REsp 1.381.610/RS, 3.ª T., rel. Min. Nancy Andrighi, *DJe* 12.09.2013.
[322] REsp 1.352.053/AL, 3.ª T., rel. Min. Paulo de Tarso Sanseverino, j. 24.03.2015 (Informativo 558).

CAP. 5 – DIREITO DO CONSUMIDOR | 503

Para a Corte Superior, tratando-se de uma empresa jornalística, **o controle do potencial ofensivo dos comentários não apenas é viável, como necessário, por ser atividade inerente ao objeto da empresa**. Assim, a ausência de qualquer controle, prévio ou posterior, configura defeito do serviço, uma vez que se trata de relação de consumo. Consequentemente, a empresa deve responder solidariamente pelos danos causados à vítima das ofensas morais, que, em última análise, é um *bystander*, por força do disposto no art. 17 do CDC.

5.8.7.10 A responsabilização dos provedores de busca por associação indevida entre o argumento de pesquisa e o resultado de busca

Conforme visto, antes mesmo da entrada em vigor da Lei 12.965/2014 (Marco Civil da Internet), o STJ tem sido chamado a enfrentar a questão da responsabilidade civil e seus limites, em razão de danos causados por meio da *web*.

As conclusões reiteradamente alcançadas pela Corte Superior alinham-se ao consenso que vem sendo paulatinamente construído em âmbito global, no sentido de se limitar a responsabilidade civil dos provedores de aplicações pelos danos eventualmente causados, consenso do qual se tem extraído o princípio de que "**onde há controle haverá responsabilidade, mas na falta desse controle o fornecedor não é responsável**". Noutras palavras, identificando-se uma atividade de mero transporte de informações, não tendo o provedor qualquer decisão quanto ao conteúdo da informação ou à seleção dos destinatários do referido conteúdo, afastada estará sua eventual responsabilização.

Os provedores de pesquisa são reconhecidos pela doutrina e pela jurisprudência como espécies de provedores de conteúdo, os quais, por sua vez, inserem-se no conjunto mais amplo dos provedores de aplicações, conjunto este atualmente reconhecido pela novel Lei do Marco Civil da Internet. Nesse cenário, por silogismo, esses provedores não se sujeitariam à responsabilização, porquanto se evidencia a ausência absoluta de controle quanto ao conteúdo danoso divulgado. É esse, inclusive, o entendimento consolidado na jurisprudência do STJ, que destaca a limitação do serviço oferecido à mera exibição de índices e *links* para acesso ao conteúdo publicado e disponível na rede mundial.[323]

No ponto, interessa saber se os provedores de busca podem ser responsabilizados nas hipóteses em que o conteúdo nocivo é prontamente corrigido – independentemente de ordem judicial – na página em que divulgado originariamente, mas o índice de provedor de busca permanece exibindo o *link* como se na página indicada ainda houvesse o conteúdo retirado. Haveria, nessa hipótese, falha do serviço, apta a configurar um acidente de consumo?

Os sítios de busca consistem na disponibilização de ferramenta para que o usuário realize pesquisas acerca de qualquer assunto ou conteúdo existente na *web*, mediante fornecimento de critérios ligados ao resultado desejado, obtendo os respectivos *links* das páginas onde a informação pode ser localizada. Para tanto, forma-se uma espécie de índice do conteúdo disponível na internet, qualquer que seja esse conteúdo, facilitando o acesso às informações disponíveis, livre de qualquer filtragem ou censura prévia.

No intuito de agregar velocidade ao sistema de pesquisas e reduzir o tempo de resposta, alcançando resultados mais relevantes e úteis aos usuários, a base de dados trabalha em uma crescente, sempre adicionando novos resultados e novos conteúdos.

Desse modo, não se pode afirmar peremptoriamente que os resultados um dia existentes serão necessariamente excluídos. Isso porque, de fato, algumas páginas serão

---

[323] REsp 1.316.921/RJ, 3.ª T., rel. Nancy Andrighi, j. 26.06.2012.

504 | INTERESSES DIFUSOS E COLETIVOS – VOL. 1

varridas novamente – segundo uma periodicidade que variará de acordo com um sistema exclusivo de *ranking* das páginas, que toma em consideração a quantidade de vezes que ela é mencionada na rede por outros usuários e o volume de consultas e acessos –, porém, outras páginas, por sua ínfima relevância no meio virtual, serão ignoradas em novas varreduras, mantendo-se íntegro o resultado atrelado na base de dados do provedor de busca aos argumentos de pesquisa inseridos pelos internautas. Essa ausência de atualização constante não pode ser compreendida como uma falha do sistema de busca ou como uma atividade, por si só, geradora de dano, suscetível de imputar ao provedor de pesquisa a responsabilidade civil.

Com efeito, o resultado apontado em decorrência da ausência de atualização automática não é o conteúdo ofensivo em si, mas a mera indicação do *link* de uma página. Ao acessar a página por meio do *link*, todavia, o conteúdo exibido é exatamente aquele existente na página já atualizada e, portanto, livre do conteúdo ofensivo e do potencial danoso.

Seguindo essa linha de raciocínio, o STJ já decidiu, acertadamente, que não há dano moral imputável ao provedor de busca, que apenas estampa um resultado já programado em seu banco de dados para determinados critérios de pesquisa, resultado este restrito ao *link* de uma página que, uma vez acessado, não dará acesso ao conteúdo ofensivo em si porque já retirado.[324]

Concluindo, em casos de associação indevida entre o argumento de pesquisa e o resultado de busca, não cabe responsabilização do provedor, por ausência de dano moral a ele imputável.

5.8.8 Consumidor *bystander* (art. 17 do CDC)

Para fins de responsabilização pelo fato do produto e do serviço, o art. 17 do CDC equipara a consumidor todas as **vítimas de acidentes de consumo** (*causado por produto ou serviço defeituoso*). É a regra adotada no direito comparado.

Exemplificando, se um cidadão, em sua casa, é atingido pelos destroços de um avião de transporte de passageiros, equipara-se a consumidor, mesmo não tendo contratado o serviço de transporte aéreo; da mesma sorte, se um automóvel com defeito na barra de direção se desgoverna e atropela um pedestre, este será equiparado a consumidor e poderá demandar contra a fabricante do veículo, buscando a reparação dos danos.

Para que se processe a equiparação, portanto, basta que a vítima tenha sido atingida em sua incolumidade físico-psíquica ou em sua incolumidade econômica pelos efeitos do acidente de consumo.

No ponto, uma observação se faz necessária: é irrelevante perquirir se o ofendido se qualifica ou não como destinatário final, isto é, se participou ou não da relação de consumo. Fala-se somente em "vítimas do evento", noção esta que inclui qualquer pessoa, inclusive o profissional que, ao adquirir um produto para revenda, veio a sofrer um acidente de consumo. A propósito, confira-se:

> Comerciante atingido em seu olho esquerdo pelos estilhaços de uma garrafa de cerveja, que estourou em suas mãos quando a colocava em um freezer, causando graves lesões. Enquadramento do comerciante, que é vítima de um acidente de consumo, no conceito ampliado de consumidor estabelecido pela regra do art. 17 do CDC ("bystander"). Reconhecimento do nexo causal entre as lesões sofridas pelo consumidor e o estouro da garrafa de cerveja.[325]

---

[324] REsp 1.582.981/RJ, 3.ª T., rel. Min. Marco Aurélio Bellizze, j. 10.05.2016 (Informativo 583).
[325] STJ, REsp 1.288.008/MG, 3.ª T., rel. Min. Paulo de Tarso Sanseverino, j. 04.04.2013.

CAP. 5 – DIREITO DO CONSUMIDOR | **505**

Nesse campo, merece destaque a questão da responsabilidade dos concessionários e permissionários de serviços públicos pelos danos que seus agentes, nessa qualidade, causarem a terceiros não usuários do serviço. Por exemplo: se um ônibus de transporte coletivo de uma concessionária provoca um acidente de trânsito, ferindo seus passageiros e os ocupantes do outro veículo, em relação a estes (não usuários do serviço) a empresa de transportes responderá objetivamente?

Se, por um lado, não se discute que a responsabilidade das pessoas jurídicas prestadoras de serviço público é objetiva em relação aos usuários do serviço, seja por força do disposto no art. 37, § 6.º, da CF, seja por força do regime de responsabilidade fixado no CDC (art. 14), por outro, importa registrar que, em relação aos não usuários do serviço, o STF vinha decidindo que a responsabilidade da prestadora de serviço público era subjetiva.[326]

Contudo, no julgamento do RE 591.874 (Informativo 557), o STF mudou seu entendimento sobre a matéria e passou a decidir que **a responsabilidade civil das pessoas jurídicas prestadoras de serviço público é objetiva não só em relação aos terceiros usuários, como também relativamente aos não usuários do serviço**, segundo decorre do art. 37, § 6.º, da Constituição Federal.[327]

Embora a Corte Suprema não tenha se referido à regra prevista no art. 17 do CDC, que equipara a consumidor a vítima do acidente de consumo, nada impede, ao contrário, se recomenda que referido dispositivo seja aproveitado para fundamentar a responsabilização das prestadoras de serviços públicos por danos causados aos terceiros não usuários do serviço. Isso porque, a par da responsabilização objetiva do causador do dano (art. 14, *caput*), a vítima poderá se valer de todos os benefícios conferidos ao consumidor pela legislação consumerista (ex.: *inversão do ônus da prova, foro privilegiado, reparação integral dos danos* etc.).

5.8.9 Responsabilidade pelo vício do produto e do serviço

O Código, em seu Capítulo IV, tratou, em seções diferentes, do regime de responsabilidade pelo fato do produto e do serviço (Seção II) e do regime de responsabilidade pelo vício do produto e do serviço (Seção III), numa clara demonstração de que pretendeu diferenciá-los.

Inicialmente, note-se que enquanto o defeito é o fato gerador da responsabilidade civil pelo fato do produto e do serviço, aqui o **fato gerador é o vício do produto ou do serviço**.

Conforme visto, o **defeito** compromete a segurança do bem de consumo, **provocando danos externos** (acidentes de consumo), como o avião que, ao tentar decolar, cai sobre um conjunto habitacional por falha de uma das suas turbinas, matando seus passageiros e os moradores das casas por ele atingidas; por seu turno, o **vício fica circunscrito ao produto ou serviço, interferindo na qualidade ou economicidade do bem de consumo**, como o teclado de um computador que não funciona, o freezer que não gela etc.

Percebe-se, assim, que, no regime de responsabilidade pelo vício do produto e do serviço, **a preocupação maior é com a incolumidade econômica do consumidor**, diferentemente do regime de responsabilidade pelo fato do produto e do serviço, no qual a preocupação maior é com sua incolumidade físico-psíquica.

---

[326] Nesse sentido, veja-se: RE 262.651/SP, rel. Min. Carlos Veloso, *DJ* 06.05.2005.
[327] RE 591.874/SC, rel. Min. Ricardo Lewandowski, j. 26.08.2009.

506 | INTERESSES DIFUSOS E COLETIVOS – VOL. 1

Noutro giro, cabe destacar que a noção de vício é bem ampla, abrigando tanto os vícios ocultos quanto os vícios aparentes e de fácil constatação.

Por **vício aparente ou de fácil constatação** entende-se aquele facilmente detectável pelo consumidor quando do manuseio do produto ou fruição do serviço. Exemplo: o não funcionamento do teclado do computador, o atraso injustificado do horário do voo no serviço de transporte aéreo etc. Já os **vícios ocultos** são aqueles não perceptíveis pelo consumidor à primeira vista e que se manifestam somente depois de algum tempo de uso do produto ou fruição do serviço. É o caso, por exemplo, de uma máquina de lavar roupas que, com poucas semanas de uso, deixa de funcionar por um problema no motor; o serviço de internet banda larga que, depois de algumas semanas, passa a apresentar frequentes interrupções etc.

5.8.9.1 Responsabilidade objetiva

Embora o legislador não tenha empregado nos arts. 18 (vício de qualidade do produto), 19 (vício de quantidade do produto) e 20 (vício do serviço) a expressão "independentemente da existência de culpa", inserida nos arts. 12 e 14 do CDC, **não há dúvida de que se trata de responsabilidade objetiva**.

Tal conclusão tem abrigo no fato de que o sistema de responsabilidade civil instituído no CDC é, em regra, objetivo, de modo que quando o legislador pretendeu excepcioná-lo, o fez expressamente, ressalvando a responsabilidade pessoal dos profissionais liberais (art. 14, § 4.º) nos acidentes de consumo. Como já decidido pelo STJ:

> Não havendo nos autos prova de que o defeito foi ocasionado por culpa do consumidor, subsume-se o caso vertente na regra contida no *caput* do artigo 18 da Lei 8.078/90, o qual consagra a **responsabilidade objetiva dos fornecedores** de bens de consumo duráveis **pelos vícios de qualidade** que os tornem impróprios ou inadequados ao consumo a que se destinam ou lhes diminuam o valor, impondo-se o ressarcimento integral dos prejuízos sofridos (grifou-se).[328]

Corroborando tal entendimento, cite-se o art. 23 do CDC, que dispõe: "A ignorância do fornecedor sobre os vícios de qualidade por inadequação dos produtos e serviços não o exime de responsabilidade", numa clara demonstração de que, em matéria de vício, a aferição da responsabilidade não passa pelo critério subjetivo.

5.8.9.2 Os fornecedores responsáveis e a solidariedade

No regime de responsabilidade pelo vício do produto e do serviço (arts. 18 a 25) **todos os fornecedores que participam da cadeia de produção e distribuição são solidariamente responsáveis**,[329] inclusive o comerciante. Cuida-se de solidariedade legal, decorrente expressa e diretamente do texto dos arts. 18, 19, e 20,[330] todos do CDC.

Desse modo, constatado o vício do produto ou do serviço, a escolha de qual dos fornecedores solidários será sujeito passivo da reclamação do consumidor cabe a este último. Exemplo: se o consumidor adquire um veículo junto a uma concessionária e descobre que um dos faróis não funciona, poderá exercitar sua pretensão contra a concessionária, contra a montadora, ou contra ambas.

---

[328] REsp 760.262/DF, rel. Min. Sidnei Beneti, j. 03.04.2008.

[329] O STJ já considerou responsável empresa nacional da mesma marca de produto viciado adquirido no exterior. A propósito, veja-se: REsp 63.981/SP, rel. Min. Aldir Passarinho Júnior, j. 11.04.2000.

[330] Embora o art. 20 não fale expressamente em solidariedade, o emprego da expressão **fornecedor**, referindo-se ao "gênero", indica a intenção do Código de alcançar todos os participantes da cadeia de fornecimento, que respondem solidariamente pelos vícios dos serviços. Nesse sentido, veja-se: REsp 783.016/SC, rel. Min. Ari Pargendler, j. 16.05.2006.

CAP. 5 – DIREITO DO CONSUMIDOR | **507**

Como já decidido pelo STJ: "Pelo vício de qualidade do produto respondem solidariamente o fabricante e o revendedor (art. 18 do CDC)".[331] Seguindo essa mesma trilha, o STJ já decidiu que: (i) *o* **incorporador** *e o* **construtor** *são solidariamente responsáveis por eventuais vícios e defeitos de construção surgidos no empreendimento imobiliário, sendo que o incorporador responde mesmo que não tenha assumido diretamente a execução da obra;*[332] (ii) *a* **seguradora** *tem responsabilidade objetiva e solidária pela qualidade dos serviços executados no automóvel do consumidor por* **oficina que indicou ou credenciou;**[333] (iii) *a* **instituição financeira** *vinculada à* **concessionária de veículo** *("banco da montadora") é solidariamente responsável pelos vícios do produto, pois parte integrante da cadeia de consumo;* (iv) **as franqueadoras** *atraem para si responsabilidade solidária pelos danos decorrentes da inadequação dos produtos e serviços oferecidos em razão da franquia, tendo em vista que cabe a elas a organização da cadeia de* **franqueados.**[334]

A regra da solidariedade entre todos os fornecedores[335] só é excepcionada em duas situações: 1) no caso de **fornecimento de produto** *in natura,*[336] **sem identificação clara de seu produtor** (art. 18, § 5.º); e 2) nos casos de **vício de quantidade decorrente de produto pesado ou medido com instrumento não aferido segundo os padrões oficiais** (art. 19, § 2.º). Em ambos os casos, a responsabilidade será apenas do fornecedor imediato.

5.8.9.3 *O vício de qualidade do produto*

O CDC disciplina os vícios de qualidade do produto em seu art. 18, *caput*, que assim dispõe:

> **Art. 18.** Os fornecedores de produtos de consumo duráveis ou não duráveis respondem solidariamente pelos vícios de qualidade ou quantidade que os tornem impróprios ou inadequados ao consumo a que se destinam ou lhes diminuam o valor, assim como por aqueles decorrentes da disparidade, com as indicações constantes do recipiente, da embalagem, rotulagem ou mensagem publicitária, respeitadas as variações decorrentes de sua natureza, podendo o consumidor exigir a substituição das partes viciadas.

O texto do referido dispositivo indica a existência de três espécies de vícios de qualidade dos produtos:

1) os vícios que acarretam a **inadequação** (ex.: *notebook* cujo leitor de DVD não funciona) ou **impropriedade** (ex.: iogurte com prazo de validade vencido)[337] dos produtos ao consumo a que se destinam;

---

[331] REsp 142.042/RS, rel. Min. Ruy Rosado de Aguiar, *DJU* 19.12.1997. No mesmo sentido: REsp 554.876/RJ, rel. Min. Carlos Alberto Menezes Direito, j. 17.02.2004.

[332] REsp 884.367/DF, 4.ª T., rel. Min. Raul Araújo, julgado em 06.03.2012 (Informativo 492).

[333] REsp 827.833/MG, 4.ª T., rel. Min. Raul Araújo, j. 24.04.2012 (Informativo 496).

[334] REsp 1.426.578/SP, 3.ª T., rel. Min. Marco Aurélio Bellizze, j. 23.06.2015 (Informativo 569).

[335] REsp 1.379.839/SP, rel. originária Min. Nancy Andrighi, rel. p/ acórdão Min. Paulo de Tarso Sanseverino, j. 11.11.2014 (Informativo 554).

[336] Na lição de Zelmo Denari, "entende-se por produto *in natura* o produto agrícola ou pastoril, colocado no mercado de consumo sem sofrer qualquer processo de industrialização, muito embora possa ter sua apresentação alterada em função de embalagem ou acondicionamento" (*Código Brasileiro de Defesa do Consumidor:* Comentado pelos Autores do Anteprojeto. 7. ed. Rio de Janeiro: Forense Universitária, 2001. p. 189).

[337] O CDC, em seu art. 18, § 6.º, traz um rol exemplificativo de vícios de qualidade que tornam o produto *impróprio* ao uso ou consumo: (I) os produtos cujos prazos de validade estejam vencidos; (II) os produtos deteriorados, alterados, adulterados, avariados, falsificados, corrompidos, fraudados, nocivos à vida ou à saúde, perigosos ou, ainda, aqueles em desacordo com as normas regulamentares de fabricação, distribuição ou apresentação; e (III) os produtos que, por qualquer motivo, se revelem inadequados ao fim a que se destinam.

2) os vícios que lhes **diminuem o valor** (ex.: cadeira de escritório com o assento rasgado);

3) aqueles consistentes na **disparidade das características dos produtos com a informação dada** (ex.: veículo anunciado com roda de aro 16 e fornecido com roda de aro 15).

É importante observar que os fornecedores não estão proibidos de promover as denominadas "pontas de estoque", nas quais produtos com pequenas imperfeições são oferecidos com abatimento de preço, desde que, naturalmente, tais vícios não comprometam substancialmente a utilidade ou segurança do produto, e sejam levados ao conhecimento do consumidor, por meio de informações claras, corretas e precisas. O mesmo raciocínio vale para a venda de produtos usados.

5.8.9.3.1 Prazo para a regularização do vício

Constatada a existência de vício no produto, o consumidor pode exigir a substituição das partes viciadas. A partir de tal exigência, o fornecedor tem **o prazo máximo de 30 dias para sanar o vício** (art. 18, § 1.º, do CDC).

Como o consumidor deve fazer essa comunicação? O fornecedor precisa ser notificado formalmente para sanar o vício do produto? Não, pois o Código não exige nenhuma formalidade. Assim, basta que o fornecedor tome conhecimento da existência do vício para que corra o prazo de 30 dias para saná-lo. Como já decidido pelo STJ:

> **O objetivo do dispositivo legal em comento é dar conhecimento ao fornecedor do vício detectado no produto**, oportunizando-o a iniciativa de saná-lo, **fato que prescinde da notificação formal do responsável**, quando este, por outros meios, venha a ter ciência da existência do defeito.[338]

Em havendo **sucessiva manifestação do mesmo vício no produto**, o trintídio legal é computado de forma corrida, isto é, sem que haja o reinício do prazo toda vez que o bem for entregue ao fornecedor para a resolução de idêntico problema, nem a suspensão quando devolvido o produto ao consumidor sem o devido reparo.[339]

Importa observar que esse prazo pode ser reduzido para até sete dias ou ampliado para até 180 dias, mediante acordo de vontade entre as partes. Nos contratos de adesão, tal alteração deve ser formalizada em cláusula em separado, por meio de manifestação expressa do consumidor (art. 18, § 2.º).

5.8.9.3.2 Intermediação entre o consumidor e o serviço de assistência técnica

Conforme visto, o CDC confere ao fornecedor um prazo de 30 dias para sanar o vício do produto. Trata-se de um dos poucos dispositivos da lei consumerista que traz um direito para o fornecedor de produtos.

No ponto, questão interessante é saber se o comerciante, ao receber uma reclamação do consumidor, tem o dever de receber e encaminhar o produto viciado à assistência técnica. Exemplificando, se um *tablet* de determinado fabricante, adquirido junto a uma revendedora autorizada, apresenta vício, pode o consumidor exigir do comerciante que encaminhe o produto para a assistência técnica?

---

[338] REsp 435.852/MG, rel. Min. Castro Filho, *DJ* 10.09.2007.
[339] REsp 1.684.132, 3.ª T., rel. Min. Nancy Andrighi, j. 04.10.2018.

A Terceira Turma do Superior Tribunal de Justiça enfrentou essa questão no julgamento do Recurso Especial 1.411.136/RS, quando decidiu que o comerciante não tem o dever de receber e encaminhar produto viciado à assistência técnica, nas hipóteses em que esta esteja localizada no mesmo município do estabelecimento comercial.[340] Ou seja, existindo assistência técnica especializada e disponível na localidade de estabelecimento do comerciante (leia-se, no mesmo município), não é razoável a imposição ao comerciante da obrigação de intermediar o relacionamento entre seu cliente e o serviço disponibilizado, porquanto essa exigência apenas dilataria o prazo para efetiva solução e acrescentaria custos ao consumidor, sem agregar-lhe qualquer benefício.

Nas edições anteriores, já havíamos criticado essa decisão, por uma razão muito simples: o art. 18 do CDC estabelece a responsabilidade solidária de todos os integrantes da cadeia de fornecimento pelo produto viciado. Logo, cabe ao comerciante, se for da escolha do consumidor, receber, em seu estabelecimento, o equipamento defeituoso, encaminhando-o para a assistência técnica, sem qualquer ônus para o consumidor. Noutras palavras, como a responsabilidade dos fornecedores é solidária, o consumidor tem a faculdade de escolher entre buscar diretamente a assistência técnica e deixar o produto viciado no estabelecimento em que o adquiriu.

Para nossa satisfação, a mesma Terceira Turma do STJ, revisitando esse tema, mudou seu entendimento e passou a decidir, na esteira da melhor doutrina, que **cabe ao consumidor a escolha para exercer seu direito de ter sanado o vício do produto em 30 dias – levar o produto ao comerciante, à assistência técnica ou diretamente ao fabricante.**[341]

5.8.9.3.3   Alternativas à disposição do consumidor (art. 18, § 1.º, do CDC)

O consumidor, antes de exercer as opções previstas no art. 18, § 1.º, precisa dar conhecimento ao fornecedor da existência do vício, para que este tenha a oportunidade de saná-lo no prazo de 30 dias.[342] Decorrido esse prazo e não sanado o vício, aí sim o consumidor poderá exigir, alternativamente e à sua escolha:

1) A substituição do produto por outro da mesma espécie, em perfeitas condições de uso (inciso I): embora o legislador tenha se referido apenas à substituição do produto por outro da mesma espécie, entende-se que tal dispositivo deva ser interpretado extensivamente, admitindo-se a substituição do produto por outro da mesma *espécie, marca e modelo.*[343]

O fornecedor precisa promover a substituição por produto novo? Não, pois o CDC não o exige; basta que o produto viciado seja substituído por outro da mesma espécie, em perfeitas condições de uso. Como já decidido pelo STJ: "O dispositivo em comento não confere ao consumidor o direito à troca do bem por outro novo".[344]

E se não for possível a substituição do bem? Nesse caso, poderá haver substituição por outro de espécie, marca ou modelo diversos, mediante complementação ou restituição

---

[340]   REsp 1.411.136/RS, 3.ª T., rel. Min. Marco Aurélio Bellizze, j. 24.02.2015, *DJe* 10.03.2015 (Informativo 557).

[341]   REsp 1.634.851/RJ, 3.ª T., rel. Min. Nancy Andrighi, j. 12.09.2017. No mesmo sentido: REsp 1.568.938/RS, 3.ª T., rel. Min. Moura Ribeiro, j. 25.08.2020.

[342]   Nesse sentido, veja-se: REsp 991.985/PR, rel. Min. Castro Meira, *DJ* 11.02.2008.

[343]   Nesse sentido, dentre outros: DENARI, Zelmo *et al. Código Brasileiro de Defesa do Consumidor:* Comentado pelos Autores do Anteprojeto. 7. ed. Rio de Janeiro: Forense Universitária, 2001. p. 187; RIZZATTO NUNES, Luiz Antonio. *Curso de Direito do Consumidor.* 4. ed. São Paulo: Saraiva, 2009. p. 200; e BESSA, Leonardo Roscoe. *Manual de Direito do Consumidor.* São Paulo: Revista dos Tribunais, 2008. p. 152.

[344]   REsp 991.985/PR, rel. Min. Castro Meira, j. 18.12.2007. No mesmo sentido: REsp 185.836/SP, *DJ* 22.03.1999; e REsp 109.294/RS, *DJ* 12.05.1997 (Informativo 443).

510 | INTERESSES DIFUSOS E COLETIVOS – VOL. 1

de eventual diferença, caso não opte o consumidor pelas demais alternativas dos incisos II e III do § 1.º (art. 18, § 4.º).

2) A restituição imediata da quantia paga, monetariamente atualizada, sem prejuízo de eventuais perdas e danos (inciso II): embora a expressão "sem prejuízo de eventuais perdas e danos" esteja prevista apenas no inciso II, o consumidor também poderá formular **pedido autônomo de perdas e danos** nas outras duas hipóteses indicadas nos incisos I (*substituição do produto*) e III (*abatimento proporcional do preço*), porquanto no CDC vigora o princípio da reparação integral dos danos patrimoniais e morais (art. 6.º, VI).

Note-se que o pedido autônomo de indenização está condicionado à ocorrência de danos que ultrapassem os limites da depreciação econômica do produto viciado.

Explica-se: o art. 18 cuida do regime legal atinente à reparação dos danos *materiais* causados ao consumidor pela existência de *vício* de qualidade no produto. Não solucionado o *vício* em 30 dias, terá o consumidor direito à reparação dos danos *materiais* decorrentes, exigível por meio de uma das três modalidades previstas nos incisos do § 1.º do art. 18 do CDC: *substituição do produto, restituição ou abatimento do preço pago*.

O regime previsto no art. 18 do CDC, entretanto, não afasta o direito do consumidor à reparação por danos materiais que extrapolem a simples depreciação econômica do produto (ex.: despesas com o frete de produto viciado adquirido pela internet). Na mesma linha, também não afasta o direito à reparação por eventuais danos morais, nas hipóteses em que o vício do produto ocasionar ao adquirente *dor, vexame, sofrimento* ou *humilhação*, capazes de ultrapassar a esfera do mero *dissabor* ou *aborrecimento* (ex.: concessionária que não atende as solicitações do consumidor e deixa de sanar o vício de um veículo zero-quilômetro, injustificadamente, causando-lhe inúmeros aborrecimentos e constrangimentos).[345] Este entendimento, além de decorrer da interpretação sistemática do Código de Defesa do Consumidor (art. 6.º, VI), está em consonância com a jurisprudência do STJ, que admite a condenação do fornecedor a título de *danos morais*, mesmo quando solucionado o vício no prazo legal, desde que demonstrado o constrangimento à higidez moral do consumidor.[346]

Em resumo, o dano inerente ao vício do produto não gera pretensão autônoma (ex.: falha nos vidros elétricos do automóvel). Todos os mecanismos reparatórios desse dano estão previstos no art. 18, § 1.º, do CDC. Já os danos (materiais ou morais) que extrapolam os limites da depreciação econômica do produto viciado conferem ao consumidor o direito de formular pretensão indenizatória autônoma.

3) O abatimento proporcional do preço (inciso III): é a opção mais atrativa para o consumidor em relação aos produtos caracterizados pela escassez de ofertas.

5.8.9.3.4   Utilização imediata das alternativas do art. 18, § 1.º

Nos termos do art. 18, § 3.º, do CDC, é possível ao consumidor fazer uso imediato das alternativas do § 1.º, sempre que, em razão da extensão do vício:

1) a substituição das partes viciadas puder **comprometer a qualidade ou as características do produto** (ex.: falha num componente de produto de alta precisão tecnológica);

2) a substituição das partes viciadas puder **diminuir-lhe o valor** (ex.: se um automóvel zero-quilômetro apresentar um problema insanável no motor, a substi-

---

[345] Na jurisprudência do STJ: REsp 1.443.268/DF, 3.ª T., rel. Min. Sidnei Beneti, j. 03.06.2014 (Informativo 544).

[346] A propósito, veja-se: REsp 324.629/MG, rel. Min. Nancy Andrighi, j. 28.04.2003.

CAP. 5 – DIREITO DO CONSUMIDOR | **511**

tuição desse componente acarretará, inevitavelmente, a depreciação do preço do produto);

3) **quando se tratar de produto essencial** (ex.: geladeira, medicamentos, alimentos etc.).

Em tais hipóteses, o consumidor não precisa esperar o prazo de 30 dias para sanar o vício, podendo exigir imediatamente a substituição do produto, a restituição da quantia paga ou o abatimento proporcional do preço.

5.8.9.3.5 Vício do produto e vício redibitório

A doutrina costuma comparar o regime de responsabilidade pelo vício de qualidade do produto (art. 18 do CDC) com o regime dos vícios redibitórios (arts. 441 a 446 do CC/2002). Dentre as principais diferenças, destacam-se:

a) no regime dos vícios de qualidade, a reclamação alcança não só os vícios ocultos, mas também os aparentes e de fácil constatação;

b) no regime do CDC, não se exige vínculo contratual com o fornecedor, podendo o consumidor reclamar dos vícios contra todos os participantes da cadeia de fornecimento, solidariamente responsáveis, por força de lei;

c) no CDC, não se exige que o vício seja grave;

d) os mecanismos reparatórios previstos no regime do CDC (*substituição do produto, restituição ou abatimento do preço pago*) são mais abrangentes e satisfatórios do que os previstos para os vícios redibitórios (*redibição do contrato ou diminuição proporcional do preço*);

e) as garantias do regime dos vícios redibitórios podem ser afastadas pela vontade das partes, diferentemente das garantias do regime dos vícios do produto no CDC, insuscetíveis de limitação (arts. 25, *caput, e* 51, I);

f) o regime do CDC em relação à garantia legal é bem mais vantajoso do que o regime dos vícios redibitórios, uma vez que não fixa limite máximo para surgimento do vício oculto. Nos termos do art. 26, § 3.º, do CDC, "tratando-se de vício oculto, o prazo decadencial inicia-se no momento em que ficar evidenciado o defeito". Desse modo, o melhor critério para a delimitação do prazo máximo para aparecimento do vício passa a ser o da vida útil do bem, o que significa dizer que se o vício surgir dentro do prazo de vida útil, dele poderá reclamar o consumidor, diferentemente do Código Civil de 2002, que fixa os limites máximos de 180 dias e um ano para o surgimento do vício redibitório, contados da entrega, respectivamente, do bem móvel e imóvel (art. 445, § 1.º).

5.8.9.4 *O vício de quantidade do produto (art. 19)*

O vício de quantidade consiste na disparidade do conteúdo líquido do produto com as informações constantes do recipiente, da embalagem, rotulagem ou de mensagem publicitária. É o caso, por exemplo, de uma lata de leite em pó cujo conteúdo líquido seja inferior ao indicado no rótulo.

Nos termos do art. 19, constatado o vício de quantidade, o consumidor poderá exigir, de imediato (não incide aqui o prazo de 30 dias para o fornecedor substituir as partes viciadas, como previsto na hipótese de vício de qualidade do produto), alternativamente e à sua escolha:

512 | INTERESSES DIFUSOS E COLETIVOS – VOL. 1

1) **o abatimento proporcional do preço (inciso I);**

2) **a complementação do peso ou medida (inciso II);**

3) **a substituição do produto por outro da mesma espécie, marca ou modelo (inciso III):** aplica-se, aqui, a mesma regra prevista para o vício de qualidade (art. 18, § 4.º), caso não seja possível a substituição do bem viciado, conforme determina o art. 19, § 1.º;

4) **a restituição imediata da quantia paga, monetariamente atualizada, sem prejuízo de eventuais perdas e danos (inciso IV):** reiteram-se, aqui, as mesmas observações feitas no estudo do art. 18 quanto à possibilidade de formulação de pedido autônomo de perdas e danos.

Em interessante julgado, o STJ decidiu que o fornecedor responderá objetivamente por vício de quantidade na hipótese em que reduzir o volume da mercadoria para quantidade diversa da que habitualmente fornecia no mercado, sem informar na embalagem, de forma clara, precisa e ostensiva, a diminuição do conteúdo. Confira-se trecho da ementa:

> Administrativo. Consumidor. Procedimento administrativo. Vício de quantidade. Venda de refrigerante em volume menor que o habitual. Redução de conteúdo informada na parte inferior do rótulo e em letras reduzidas. Inobservância do dever de informação. Dever positivo do fornecedor de informar. Violação do princípio da confiança. Produto antigo no mercado. Frustração das expectativas legítimas do consumidor. Multa aplicada pelo Procon. Possibilidade. Órgão detentor de atividade administrativa de ordenação. Proporcionalidade da multa administrativa. Súmula 7/STJ. Análise de lei local, portaria e instrução normativa. Ausência de natureza de lei federal. Súmula 280/STF. Divergência não demonstrada. Redução do "quantum" fixado a título de honorários advocatícios. Súmula 7/STJ.[347]

5.8.9.5 *O vício de qualidade do serviço (art. 20)*

Ao lado do regime da responsabilidade por vícios dos produtos, o CDC disciplinou o regime da responsabilidade por vícios dos serviços, cujo fato gerador é a **falha na prestação do serviço** que venha a comprometer a finalidade que razoavelmente dele se espera.

O texto do art. 20, *caput,* do CDC indica a existência de três tipos de vícios de qualidade dos serviços: 1) aqueles que os tornam *impróprios ao consumo*: impróprios são os serviços que se mostram inadequados para os fins que razoavelmente deles se esperam, bem como aqueles que não atendam as normas regulamentares de prestabilidade (§ 2.º). É o caso, por exemplo, do ensino total ou parcialmente inadequado, prestado por instituição de ensino superior; 2) aqueles que *lhes diminuem o valor*; e 3) aqueles consistentes na *disparidade qualitativa* entre o serviço ofertado e o executado: exemplificando, uma empresa de transporte rodoviário anuncia que seus serviços incluem a exibição de filmes para os passageiros, mas não os disponibiliza por ocasião da execução dos serviços.

5.8.9.5.1 Alternativas à disposição do consumidor

O exercício das opções previstas no art. 20, I a III, não está condicionado ao decurso do prazo de 30 dias. Assim, detectado o vício, o consumidor poderá exigir, de imediato, alternativamente e à sua escolha:

1) **a reexecução dos serviços,** sem custo adicional e quando cabível (inciso I): observe-se que essa reexecução dos serviços poderá ser confiada a terceiros, por conta e risco do fornecedor (art. 20, § 1.º);

---

[347] REsp 1.364.915/MG, 2.ª T., rel. Min. Humberto Martins, j. 14.05.2013 (Informativo STJ 524).

CAP. 5 – DIREITO DO CONSUMIDOR | **513**

2) **a restituição imediata da quantia paga,** monetariamente atualizada, sem prejuízo de eventuais perdas e danos (inciso II): reiteram-se, aqui, as mesmas observações feitas no estudo do art. 18 quanto à possibilidade de formulação de pedido autônomo de perdas e danos. Os casos de atrasos de voo, nos quais os consumidores, por não conseguirem chegar ao local de destino no dia programado, perdem diárias de hotel e outros passeios turísticos já pagos, são exemplos típicos de vício de qualidade do serviço que acarretam danos materiais e morais suscetíveis de indenização em pretensão autônoma;[348]

3) **o abatimento proporcional do preço (inciso III).**

Por último, convém esclarecer que **os profissionais liberais respondem objetivamente pelos vícios dos serviços,** uma vez que o Código, neste campo, não repetiu a ressalva do art. 14, § 4.º (verificação da culpa), prevista para a responsabilidade pelo fato do serviço.

5.8.9.6 Vício de quantidade do serviço

Embora o Código de Defesa do Consumidor não tenha regulado expressamente a situação que envolva vício de quantidade dos serviços, a doutrina tem admitido o emprego analógico dos arts. 19 e 20, com as necessárias adaptações, sempre que houver disparidade quantitativa entre o serviço ofertado e o serviço executado.

Assim, se o consumidor contrata uma empresa para reformar os armários dos três quartos da sua residência, por exemplo, e apenas dois deles são alcançados pela reforma, o consumidor poderá exigir imediatamente do fornecedor, alternativamente e à sua escolha: 1) o abatimento proporcional do preço; 2) a complementação do serviço; 3) a restituição imediata da quantia paga, monetariamente atualizada, sem prejuízo de eventuais perdas e danos.

Em resumo, tem-se:

Responsabilidade pelo vício do produto e do serviço*			
Tipos de vícios	**Previsão legal**	**Alternativas reparatórias****	**Prazo de 30 dias para sanar o vício**
Vício de qualidade do produto: acarreta a *inadequação* ou *impropriedade* do produto ao fim a que se destina, a *diminuição do seu valor, ou, ainda,* a *disparidade* das características do produto com a informação dada	Art. 18 do CDC	1) substituição do produto; 2) restituição da quantia paga; 3) abatimento proporcional do preço	**Em regra, incide.** Não incidirá nas seguintes hipóteses: (1) quando a substituição das partes viciadas puder comprometer a qualidade ou as características do produto, (2) diminuir-lhe o valor ou (3) quando se tratar de produto essencial
Vício de quantidade do produto: acarreta a disparidade do conteúdo líquido do produto com a informação dada	Art. 19 do CDC	1) abatimento proporcional do preço; 2) complementação do peso ou medida; 3) substituição do produto por outro da mesma espécie, marca ou modelo; 4) restituição imediata da quantia paga	**Não incide.** O consumidor pode escolher, imediatamente, uma das alternativas reparatórias

---

[348] Nesse sentido, veja-se: REsp 316.433/RJ, rel. Min. Fernando Gonçalves, *DJ* 09.05.2005.

INTERESSES DIFUSOS E COLETIVOS – VOL. 1

Responsabilidade pelo vício do produto e do serviço*			
Tipos de vícios	**Previsão legal**	**Alternativas reparatórias****	**Prazo de 30 dias para sanar o vício**
Vício de qualidade do serviço: acarreta a *impropriedade* do serviço ao fim a que se destina, a *diminuição do seu valor, ou a disparidade qualitativa* entre o serviço ofertado e o serviço executado	Art. 20 do CDC	1) reexecução dos serviços, sem custo adicional e quando cabível; 2) restituição imediata da quantia paga; 3) abatimento proporcional do preço	**Não incide**
Vício de quantidade do serviço: acarreta a disparidade quantitativa entre o serviço ofertado e o serviço executado	Não há. Aplica-se, analogicamente, o disposto nos arts. 19 e 20, ambos do CDC	1) abatimento proporcional do preço; 2) complementação do serviço; 3) restituição imediata da quantia paga	**Não incide**

* Independentemente do tipo de vício, é importante lembrar que a responsabilidade dos fornecedores será sempre objetiva e solidária.

** Lembre-se, outrossim, que a opção por uma das alternativas reparatórias não afasta a possibilidade de o consumidor formular pedido autônomo de perdas e danos, desde que, naturalmente, os prejuízos ultrapassem os limites da depreciação econômica do produto ou serviço.

5.8.9.7 Serviços públicos

O art. 22, *caput,* do CDC dispõe, *in verbis:*

> **Art. 22.** Os órgãos públicos, por si ou suas empresas, concessionárias, permissionárias ou sob qualquer outra forma de empreendimento, são obrigados a fornecer serviços adequados, eficientes, seguros e, quanto aos essenciais, contínuos.

O dispositivo em análise impõe aos fornecedores o dever de fornecer serviços públicos *adequados, eficientes* e *seguros* e, no caso dos essenciais, *contínuos.*[349]

Mas, afinal, o que são **serviços públicos essenciais**? Embora o CDC não os defina, a doutrina e a jurisprudência, em diálogo das fontes, têm utilizado a Lei de Greve (Lei 7.783/1989) como parâmetro.[350] O art. 10 desta lei traz uma relação de atividades consideradas essenciais, por atenderem as necessidades inadiáveis da comunidade.[351] Já seu art.

---

[349] Importa lembrar, nesse particular, que prevalece no Superior Tribunal de Justiça o entendimento de que só os serviços públicos remunerados por meio de tarifa (preço público) se sujeitam ao CDC.

[350] A propósito, veja-se: REsp 791.713/RN, rel. Min. Castro Meira, *DJ* 1º.02.2006.

[351] Dispõe o art. 10 da Lei de Greve: "São considerados serviços ou atividades essenciais: I – tratamento e abastecimento de água; produção e distribuição de energia elétrica, gás e combustíveis; II – assistência médica e hospitalar; III – distribuição e comercialização de medicamentos e alimentos; IV – funerários; V – transporte coletivo; VI – captação e tratamento de esgoto e lixo; VII – telecomunicações; VIII – guarda, uso e controle de substâncias radioativas, equipamentos e materiais nucleares; IX – processamento de dados ligados a serviços essenciais; X – controle de tráfego aéreo e navegação aérea; XI – compensação bancária; XII – atividades médico-periciais relacionadas com o regime geral de previdência social e a assistência social; (Incluído pela Lei nº 13.846, de 2019); XIII – atividades médico-periciais relacionadas com a caracterização do impedimento físico, mental, intelectual ou sensorial da pessoa com deficiência, por meio da integração de equipes multiprofissionais e interdisciplinares, para fins de reconhecimento de direitos previstos em lei, em especial na Lei nº 13.146, de 6 de julho de 2015 (Estatuto da Pessoa com Deficiência); (Incluído pela Lei nº 13.846, de 2019); XIV – outras prestações médico-periciais da carreira de Perito Médico Federal indispensáveis ao atendimento das necessidades inadiáveis da comunidade (Incluído pela Lei nº 13.846, de 2019); e XV – atividades portuárias (Incluído pela Lei nº 14.047, de 2020)".

CAP. 5 – DIREITO DO CONSUMIDOR | **515**

11 define como necessidades inadiáveis aquelas que, não atendidas, colocam em perigo iminente a sobrevivência, a saúde ou a segurança da população.

Para o caso de descumprimento dos deveres instituídos no *caput* do art. 22 do CDC, seu parágrafo único prevê a possibilidade de os fornecedores serem compelidos a prestar o serviço na forma exigida pelo CDC, sem prejuízo da responsabilização por eventuais perdas e danos, "na forma prevista neste Código". Daí resulta que são aplicáveis aos fornecedores de serviços públicos os dois regimes de responsabilização previstos no CDC:[352] a) pelo fato do serviço – no caso de danos causados aos consumidores pela prestação de serviço defeituoso (art. 14); e b) pelo vício do serviço – quando este for prestado de forma inadequada, ineficiente ou descontínua (art. 20).

5.8.9.7.1 Interrupção do fornecimento de serviço público

Outro tema bastante tormentoso, mas que aos poucos está sendo pacificado na jurisprudência do STJ, relaciona-se à legalidade da interrupção dos serviços públicos essenciais (ex.: água e energia) em caso de inadimplemento do usuário.

Para alguns, os serviços públicos essenciais não podem ser interrompidos, por força do disposto no art. 22, *caput*, do CDC, que impõe aos fornecedores desses serviços a obrigação de fornecê-los em caráter de continuidade.[353]

De outro lado, autorizada doutrina defende a possibilidade da interrupção dos serviços públicos para o consumidor inadimplente, desde que precedida de aviso de advertência, conforme previsto expressamente no art. 6.º, § 3.º, da Lei 8.987/1995 (Lei de concessões e permissões de serviços públicos).[354] Argumenta-se, nesse sentido, que a exigência de continuidade do serviço público só existe em relação à coletividade de consumidores, que não pode ser onerada pela inadimplência do usuário individual do serviço. Referido entendimento foi reforçado pela Lei 9.427/1997, que, ao criar a Aneel e disciplinar o regime de concessão e permissão dos serviços de energia elétrica, também previu expressamente a possibilidade de corte.[355]

Embora a jurisprudência do STJ tenha se mantido dividida durante um bom tempo (enquanto a 1.ª Turma proclamava a impossibilidade do corte do serviço público essencial, a 2.ª e a 3.ª Turmas entendiam possível a interrupção), **atualmente consolidou-se o entendimento favorável à interrupção dos serviços públicos essenciais, em caso de inadimplemento do usuário.** E o marco da consolidação dessa jurisprudência foi a decisão da 1.ª Seção no julgamento do REsp 363.943/MG (j. 10.12.2003), de relatoria do Min. Humberto Gomes de Barros, em acórdão assim ementado:

> Administrativo. Energia elétrica. Corte. Falta de pagamento. É lícito à concessionária interromper o fornecimento de energia elétrica, se, após aviso prévio, o consumidor de energia elétrica permanecer inadimplente no pagamento da respectiva conta (L. 8.987/95, art. 6.º, § 3.º, II).

Conforme se depreende do teor da ementa *supra*, exige-se que a interrupção seja precedida de **aviso prévio**.[356]

---

[352] Note-se que em ambos os regimes a responsabilidade do fornecedor é objetiva (prescinde da prova da culpa).

[353] Nesse sentido, confiram-se: REsp 201.111; REsp 223.778, e REsp 122.812.

[354] Art. 6.º, § 3.º, da Lei 8.987/1995: "Não se caracteriza como descontinuidade do serviço a sua interrupção em situação de emergência ou após aviso prévio, quando por inadimplemento do usuário, considerando o interesse da coletividade".

[355] Nesse sentido, entre outros: CAVALIERI FILHO, Sérgio. *Programa de Direito do Consumidor*. São Paulo: Atlas, 2009. p. 217; LISBOA, Roberto Senise. *Responsabilidade Civil nas Relações de Consumo*. São Paulo: RT, 2001. p. 218.

[356] No mesmo sentido, confira-se: REsp 1.111.477/RS, rel. Min. Benedito Gonçalves, j. 08.09.2009.

516 | INTERESSES DIFUSOS E COLETIVOS - VOL. 1

Anote-se que essa comunicação prévia de que o serviço será desligado em virtude de inadimplemento deve esclarecer ao consumidor a respeito do dia a partir do qual será realizado o desligamento, necessariamente durante o horário comercial, nos termos do art. 5.º, XVI, da Lei 13.460/2017 (incluído pela Lei 14.015/2020). Na hipótese de descumprimento desse dever de aviso prévio, a taxa de religação de serviços não será devida e a concessionária será responsabilizada administrativamente, por meio da aplicação de multa.[357] Por outro lado, registre-se que **essa interrupção do serviço em razão do inadimplemento do usuário não poderá iniciar-se na sexta-feira, no sábado ou no domingo, nem em feriado ou no dia anterior a feriado**, nos termos do § 4.º do art. 6.º da Lei 8.987/1995 (incluído pela Lei 14.015, de 2020).

Mas qualquer inadimplência pode acarretar a interrupção dos serviços? Não, **somente as dívidas atuais podem justificar o corte do serviço**. Desse modo, o STJ tem considerado abusiva a suspensão do serviço em razão de débitos antigos, em relação aos quais o fornecedor deve se utilizar dos meios ordinários de cobrança, não se admitindo nenhuma espécie de constrangimento e ameaça, nos termos do art. 42 do CDC.[358]

E quando o consumidor inadimplente for pessoa jurídica de direito público? Poderá haver interrupção do fornecimento do serviço? Sim, desde que preservadas as unidades públicas provedoras de necessidades inadiáveis da comunidade (hospitais, prontos-socorros, centros de saúde, escolas e creches), assim entendidas, por analogia à Lei de Greve (Lei 7.783/1989), aquelas que, não atendidas, coloquem em risco a sobrevivência, a saúde ou a segurança da população. É esse o entendimento consolidado na jurisprudência do STJ:

> Nas hipóteses em que o consumidor seja pessoa jurídica de direito público, prevalece nesta Turma a tese de que o **corte de energia é possível**, **desde que não aconteça de forma indiscriminada, preservando-se as unidades públicas essenciais** (...) Ressalto que a interrupção de fornecimento de energia elétrica de ente público somente é considerada ilegítima quando atinge necessidades inadiáveis da comunidade, entendidas essas – por analogia à Lei de Greve – como "aquelas que, não atendidas, coloquem em perigo iminente a sobrevivência, a saúde ou a segurança da população" (art. 11, parágrafo único, da Lei 7.783/1989), aí incluídos, hospitais, prontos-socorros, centros de saúde, escolas e creches (...).[359]

Mas o que dizer em relação aos hospitais particulares inadimplentes? É possível o corte? Em recente decisão (10.02.2010), a 2.ª Turma do STJ, por unanimidade, entendeu que é possível o corte, desde que, naturalmente, precedido de aviso prévio (art. 6.º, § 3.º, II, da Lei 8.987/1995). No caso, entendeu-se que a situação de hospital particular que funciona como empresa, com fins lucrativos, não se equipara à dos hospitais públicos. Veja-se:

> De acordo com a jurisprudência da Primeira Seção não se admite a suspensão do fornecimento de energia elétrica em hospitais inadimplentes, diante da supremacia do interesse da coletividade (EREsp 845.982/RJ, Rel. Ministro Luiz Fux, julgado em 24.06.2009, *DJe* 03.08.2009). Hipótese diversa nestes autos em que se cuida de inadimplência de hospital particular, o qual funciona como empresa, com a finalidade de auferir lucros, embutindo nos preços cobrados o valor de seus custos, inclusive de energia elétrica. Indenização por dano moral indevida porque o corte no

---

[357] Art. 5.º, parágrafo único, da Lei 13.460/2017 (dispõe sobre participação, proteção e defesa dos direitos do usuário dos serviços públicos da administração pública).

[358] A propósito, veja-se: AgRg no REsp 820.665/RS, rel. Min. José Delgado, *DJ* 08.06.2006.

[359] EREsp 845982/RJ, 1.ª S., rel. Min. Luiz Fux, j. 24.06.2009. No mesmo sentido, vejam-se: REsp 876.723/PR, *DJ* 05.02.2007; REsp 654.818/RJ, *DJ* 19.10.2006; e REsp 791.713/RN, *DJ* 1.º.02.2006.

CAP. 5 – DIREITO DO CONSUMIDOR | **517**

fornecimento do serviço foi precedido de todas as cautelas legais, restabelecendo-se o fornecimento após, mesmo com a inadimplência de elevado valor.[360]

É interessante destacar o posicionamento da 2.ª Turma do STJ, no julgamento do Recurso Especial 853.392 (j. 21.09.2006), no sentido de que a jurisprudência da Corte Superior, favorável à interrupção do serviço público em caso de inadimplemento do consumidor, deve ser abrandada se o corte puder causar lesões irreversíveis à integridade física do usuário, mormente quando o indivíduo se encontra em estado de miserabilidade, isso em razão da supremacia da cláusula de solidariedade prevista no art. 3.º, I, da CF/1988.[361]

Anote-se que o STJ não admite a interrupção do fornecimento de energia elétrica nos casos de dívidas apuradas unilateralmente pela concessionária (por suposta fraude no aparelho medidor) e contestadas em juízo pelo usuário. Para a Corte Superior, a interrupção configura constrangimento ao consumidor que procura discutir no Judiciário débito que considera indevido.[362]

Por outro lado, se a dívida de consumo por fraude no aparelho medidor atribuída ao consumidor é apurada em observância aos princípios do contraditório e da ampla defesa – vale dizer, em observância ao procedimento administrativo previsto pela ANEEL –, o STJ considera legal o corte administrativo do fornecimento do serviço de energia elétrica, mediante prévio aviso ao consumidor, pelo inadimplemento do consumo recuperado correspondente ao período de 90 (noventa) dias anterior à constatação da fraude, contanto que executado o corte em até 90 (noventa) dias após o vencimento do débito, sem prejuízo do direito de a concessionária utilizar os meios judiciais ordinários de cobrança da dívida, inclusive antecedente aos mencionados 90 dias de retroação.[363]

5.8.9.7.2 A posição do STJ perante outros temas

Ainda em relação aos serviços públicos, importa mencionar que a **cobrança de tarifa básica nos serviços de telefonia fixa** foi muito questionada pelos consumidores, sob o argumento de que ofenderia o disposto no art. 39, I, do CDC, que considera abusivo o condicionamento do fornecimento de serviço a limites quantitativos.

Para o STJ, entretanto, a cobrança de tarifa mínima (*chamada de tarifa de assinatura básica ou mensal*) não vulnera o Código de Defesa do Consumidor, sob os seguintes argumentos: a) há previsão expressa para tal cobrança na Lei Geral de Telecomunicações (Lei 9.472/1997); b) a vedação do art. 39, I, não é absoluta, pois o Código, no mesmo dispositivo, afasta essa proibição quando houver justa causa; c) por se tratar de serviço que é disponibilizado de modo contínuo e ininterrupto, acarretando dispêndios financeiros para a concessionária, está devidamente caracterizada a justa causa para a quantificação mínima, devendo ser afastada, portanto, qualquer alegação de abusividade ou vantagem desproporcional. Consolidando esse entendimento, foi editada a **Súmula 356**: "É legítima a cobrança de tarifa básica pelo uso dos serviços de telefonia fixa".[364]

Em outro giro, cabe destacar que o STJ, seguindo a mesma linha de raciocínio acima delineada, também considera legal a **cobrança progressiva de tarifas de água e esgoto**.

---

[360] REsp 771.853/MT, 2.ª T., rel. Min. Eliana Calmon, j. 10.02.2010.

[361] A propósito, veja-se: Informativo 297 do STJ.

[362] Nesse sentido, confiram-se: REsp 1.099.807/RS, rel. Min. Castro Meira, j. 03.09.2009; AgRg no Ag 1.200.406, rel. Min. Eliana Calmon, j. 24.11.2009; e AgA 559.349/RS, rel. Min. João Otávio de Noronha, *DJU* 10.05.2004.

[363] REsp 1.412.433/RS, 1.ª S., rel. Min. Herman Benjamin, j. 25.04.2018 (recurso repetitivo – Tema 699).

[364] Convém registrar que o STJ, na mesma linha de argumentação, também considera legítima a cobrança de tarifa básica para o serviço de água. A propósito, veja-se: REsp 926159/RS, rel. Min. José Delgado, *DJ* 29.11.2007.

518 | INTERESSES DIFUSOS E COLETIVOS – VOL. 1

Conforme assentado na **Súmula 407**: "É legítima a cobrança de tarifa de água fixada de acordo com as categorias de usuários e as faixas de consumo".

Outro tema bastante polêmico envolvendo a prestação de serviços públicos gravita em torno da **legalidade da cobrança de pulsos excedentes à franquia telefônica, sem a discriminação das ligações.**

Os consumidores recorreram ao Judiciário para exigirem a discriminação gratuita dos pulsos cobrados além da franquia, bem como das ligações efetuadas para celular, ao argumento de que tal detalhamento é decorrência necessária e inevitável dos princípios da *boa-fé objetiva* e da *transparência*, fazendo parte do dever de informar do fornecedor e do direito à informação do consumidor,[365] todos previstos, expressamente, tanto na Constituição Federal como no CDC.

Inicialmente, a jurisprudência do STJ foi consolidada na **Súmula 357**, com o seguinte verbete: "A pedido do assinante, que responderá pelos custos, é obrigatória, a partir de 1.º de janeiro de 2006, a discriminação de pulsos excedentes e ligações de telefone fixo para celular".

Todavia, no julgamento do Recurso Especial 1.074.799/MG (27.05.2009), processado pelo rito dos recursos repetitivos (art. 543-C do CPC/1973; art. 1.036 do CPC/2015), o STJ, influenciado pelas Resoluções da Anatel 423/2005, 426/2005 e 432/2006, **revogou a Súmula 357** e firmou o seguinte entendimento: 1) A partir de 1.º.08.2007, data da implementação total do sistema, passou a ser exigido das concessionárias o **detalhamento de todas as ligações na modalidade local,** independentemente de ser dentro ou fora da franquia contratada; 2) **O fornecimento da fatura detalhada**, de responsabilidade da concessionária, **é sempre gratuito**, bastando que para sua obtenção o assinante faça uma única solicitação.[366]

Por último, convém destacar que na jurisprudência do STJ assentou-se o entendimento de que o prazo de prescrição da pretensão de restituição de valores cobrados indevidamente, a título de tarifa, na lacuna o CDC, é aquele previsto no art. 205 do CC.[367] A propósito, confira-se a **Súmula 412** da Corte Superior: "A ação de repetição de indébito de tarifas de água e esgoto sujeita-se ao prazo prescricional estabelecido no Código Civil".[368]

O quadro a seguir traz uma síntese das principais jurisprudências do STJ em questões relacionadas a prestação de serviços públicos:

Tema	Jurisprudência do STJ
Interrupção do serviço público essencial em caso de inadimplência do consumidor	É possível o corte, desde que: 1) seja precedido de aviso prévio; 2) não se trate de dívidas antigas; 3) não se trate de dívida referente a suposta fraude em medidor, apurada unilateralmente pela concessionária e contestada em juízo pelo consumidor; e 4) não haja risco de lesões à integridade física do usuário, especialmente quando este se encontrar em estado de miserabilidade, em respeito à dignidade da pessoa humana.

---

[365] Nos termos do art. 6.º, III, do CDC, é direito básico do consumidor "a informação adequada e clara sobre os diferentes produtos e serviços, *com especificação correta de quantidade, características, composição, qualidade, tributos incidentes e preço*, bem como sobre os riscos que representem".

[366] REsp 1.074.799/MG, rel. Min. Francisco Falcão, j. 27.05.2009.

[367] REsp 1.111.403/RJ, rel. Min. Teori Albino Zavascki, j. 09.09.2009. No mesmo sentido: REsp 761.114/RS, 3.ª T., rel. Min. Nancy Andrighi, *DJ* 14.08.2006.

[368] Trata-se de mais um caso concreto de aplicação do diálogo das fontes (*in casu*, diálogo sistemático de complementaridade).

Tema	Jurisprudência do STJ
Interrupção do serviço público essencial em caso de inadimplência da pessoa jurídica de direito público consumidora	É possível o corte, desde que preservadas as unidades públicas provedoras de necessidades inadiáveis da comunidade (hospitais, prontos-socorros, centros de saúde, escolas e creches).
Interrupção do serviço público essencial em caso de inadimplência de Hospital particular	É possível o corte, desde que precedido de aviso prévio (art. 6.°, § 3.°, II, da Lei 8.987/1995), especialmente se se tratar de empresa com fins lucrativos.
Cobrança de tarifa básica para os serviços de água e telefonia fixa	É legal. No caso de telefonia, o STJ editou a Súmula 356: "É legítima a cobrança de tarifa básica pelo uso dos serviços de telefonia fixa".
Cobrança de tarifa progressiva de água e esgoto	É legal. Consolidando tal entendimento, o STJ editou a Súmula 407: "É legítima a cobrança de tarifa de água de acordo com as categorias de usuários e as faixas de consumo".
Discriminação das ligações efetuadas a partir de telefone fixo e respectivo custo	É obrigatório o detalhamento de todas as ligações na modalidade local, independentemente de ser dentro ou fora da franquia contratada, a partir do dia 1.°.07.2007; o fornecimento da fatura detalhada, de responsabilidade da concessionária, é sempre gratuito, bastando que para sua obtenção, o assinante faça uma única solicitação.
Prescrição da pretensão de restituição de valores cobrados indevidamente a título de tarifas	Aplica-se o prazo prescricional previsto no art. 205 do CC (dez anos). Súmula 412: "A ação de repetição de indébito de tarifas de água e esgoto sujeita-se ao prazo prescricional estabelecido no Código Civil".

5.8.10 Responsabilidade civil pela perda de uma chance

Em matéria de responsabilidade civil, o direito pátrio vem aplicando a teoria da **perda de uma chance** (*perte d'une chance*), criada pela doutrina francesa em meados da década de 60 do século XX, para compelir o autor da conduta ilícita a reparar os danos causados ao ofendido que teve frustrada uma oportunidade de obter um benefício futuro.

Fala-se na perda de uma chance quando a conduta ilícita afasta a probabilidade de um evento que possibilitaria um benefício futuro para a vítima, como progredir no trabalho, conseguir um novo emprego ou recorrer de uma sentença desfavorável.

É preciso que se trate de uma **chance séria e real**, que proporcione ao lesado efetivas condições pessoais de concorrer à situação futura esperada. Em outras palavras, é preciso verificar em cada caso concreto se o resultado favorável seria razoável ou se não passaria de mera possibilidade aleatória. Como bem observa Sérgio Cavalieri Filho, "devem-se valorar as possibilidades que o sujeito tinha de conseguir o resultado para ver se são ou não relevantes para o ordenamento".[369] Essa tarefa é do magistrado, que deverá fazer, em cada caso, um prognóstico sobre as concretas possibilidades que o sujeito tinha de conseguir o resultado favorável.

Note-se que na perda de uma chance o agente não responde pela vantagem não auferida pela vítima, mas sim pela chance de que esta foi privada. Vale dizer, **a indenização deve ser pela perda da oportunidade de obter uma vantagem e não pela própria**

---

[369] CAVALIERI FILHO, Sérgio. *Programa de Responsabilidade Civil*. 8. ed. São Paulo: Atlas, 2009. p. 75.

vantagem perdida. Há que se fazer a distinção entre o benefício perdido e a possibilidade de alcançá-lo.

Frise-se, demais disso, que **a chance de vitória terá sempre valor menor que a vitória futura**, o que refletirá no montante da indenização. Assim, por exemplo, quando uma pessoa impede outra de participar de um concurso de perguntas e respostas, a indenização deve ser fixada mediante uma redução percentual do ganho que, em princípio, poderia ser auferido pelo prejudicado. Se este tinha 25% de chances de sucesso caso tivesse aproveitado a oportunidade perdida, a indenização será fixada em 25% sobre o valor total dos hipotéticos lucros cessantes.

Da mesma forma, se o advogado perde o prazo para recorrer de uma sentença, a indenização não será pelo benefício que o cliente do advogado teria auferido com a vitória da causa, mas sim pelo fato de ter perdido a chance de obter a reforma da decisão. O que deve ser objeto da indenização, repita-se, é a perda da possibilidade de ver o recurso apreciado e julgado pelo Tribunal.

O STJ tem aplicado a teoria da perda de uma chance em diversos julgados nos quais se discute o desaparecimento de uma oportunidade de ganho em favor do lesado, como ocorreu nos julgamentos do EREsp 825.037/DF, no qual se reconheceu o direito à indenização em favor de um candidato impedido de participar de Concurso Público, e do REsp 821.004/MG, no qual se deferiu indenização a candidato a vereador derrotado por reduzida margem de votos, contra quem se plantara notícia falsa às vésperas da eleição.

Em casos envolvendo relação de consumo, seara em que vigora o princípio da reparação integral dos danos, a Corte Superior também tem aplicado a teoria da perda de uma chance, como se vê nos julgamentos do REsp 788.459/BA (4.ª Turma, rel. Min. Fernando Gonçalves, *DJ* 13.03.2006), no qual se condenou a emissora de televisão SBT ao pagamento de indenização pela formulação de pergunta que não admitia nenhuma resposta correta, culminando, assim, na injusta desclassificação de um concorrente em programa televisivo de perguntas e respostas conhecido como "Show do Milhão", e do EDcl no AgRg no AI 1.196.957/DF (4.ª Turma, rel. Min. Maria Isabel Gallot, *DJe* 10.04.2012), no qual a rede de supermercados Carrefour foi condenada a indenizar uma consumidora que perdeu a chance de participar de um sorteio no qual foram distribuídas 30 casas e vários outros prêmios.

Em outro interessante julgado, a Corte Superior decidiu pela possibilidade de se estabelecer, com fundamento na teoria da perda de uma chance, a responsabilidade civil de um médico oncologista em hipótese em que a perícia apurou a inadequação do tratamento de câncer por ele adotado em paciente que, posteriormente, veio a óbito.[370] Na hipótese, o STJ entendeu que o que se perdeu foi a chance de um resultado favorável no tratamento e não a continuidade da vida. Dito de outro modo, a falta consistiu em não se dar ao paciente todas as chances de cura ou de sobrevivência. A propósito, confira-se:

> Direito civil. Câncer. Tratamento inadequado. Redução das possibilidades de cura. Óbito. Imputação de culpa ao médico. Possibilidade de aplicação da teoria da responsabilidade civil pela perda de uma chance. Redução proporcional da indenização. Recurso especial parcialmente provido.
>
> 1. O STJ vem enfrentando diversas hipóteses de responsabilidade civil pela perda de uma chance em sua versão tradicional, na qual o agente frustra à vítima uma oportunidade de ganho. Nessas situações, há certeza quanto ao causador do dano e incerteza quanto à respectiva extensão, o que torna aplicável o critério de ponderação característico da referida teoria para a fixação do montante da indenização a ser fixada. Precedentes.

---

[370] Nos termos do art. 4.º, II, da Lei 14.238/2021 (Estatuto da Pessoa com Câncer), é direito fundamental da pessoa com câncer ter acesso a tratamento universal, equânime, adequado e menos nocivo.

CAP. 5 – DIREITO DO CONSUMIDOR | 521

2. Nas hipóteses em que se discute erro médico, a incerteza não está no dano experimentado, notadamente nas situações em que a vítima vem a óbito. A incerteza está na participação do médico nesse resultado, à medida que, em princípio, o dano é causado por força da doença, e não pela falha de tratamento.

3. Conquanto seja viva a controvérsia, sobretudo no direito francês, acerca da aplicabilidade da teoria da responsabilidade civil pela perda de uma chance nas situações de erro médico, é forçoso reconhecer sua aplicabilidade. Basta, nesse sentido, notar que a chance, em si, pode ser considerada um bem autônomo, cuja violação pode dar lugar à indenização de seu equivalente econômico, a exemplo do que se defende no direito americano. Prescinde-se, assim, da difícil sustentação da teoria da causalidade proporcional.

4. Admitida a indenização pela chance perdida, o valor do bem deve ser calculado em uma proporção sobre o prejuízo final experimentado pela vítima. A chance, contudo, jamais pode alcançar o valor do bem perdido. É necessária uma redução proporcional.

5. Recurso especial conhecido e provido em parte, para o fim de reduzir a indenização fixada.[371]

Anote-se, por oportuno, que a doutrina e a jurisprudência pátrias ainda não consolidaram entendimento sobre a **natureza jurídica** do dano da chance perdida. No próprio STJ, ora a indenização pela perda de uma chance é concedida a título de dano moral,[372] ora a título de dano material.[373] E, neste último caso, verifica-se igualmente uma alternância da classificação da natureza desse dano tanto na doutrina como na jurisprudência, ora qualificando-o como espécie de lucro cessante,[374] ora colocando-o como subespécie de dano emergente,[375] ora classificando-o como terceiro gênero de indenização,[376] a meio caminho entre o dano emergente e o lucro cessante.

5.8.11 Responsabilidade civil pela perda do tempo produtivo do consumidor

A sociedade contemporânea tem vivenciado situações de agressão inequívoca à livre disposição e uso do tempo livre do consumidor, em favor do interesse econômico ou da mera conveniência negocial do fornecedor.

Para evitar maiores prejuízos, o consumidor se vê então compelido a desperdiçar o seu valioso tempo e a desviar as suas custosas competências – de atividades como o trabalho, o estudo, o descanso, o lazer – para tentar resolver esses problemas de consumo, que o fornecedor tem o dever de não causar.

Nessa quadra, são muito comuns, por exemplo, os infindáveis telefonemas para os Serviços de Atendimento ao Consumidor das operadoras de telefonia ou TV fechada, nos quais se narra a mesma história, várias vezes, seja para tentar cancelar um serviço, seja para tentar cancelar uma cobrança indevida. Não raras vezes os consumidores ficam esperando em casa, sem hora marcada, pela entrega de um produto novo ou pelo profissional que vem fazer um orçamento ou um reparo. Nesses casos, o desperdício do tempo produtivo do consumidor vai muito além do mero dissabor e deve ser adequadamente indenizado pela justiça.

Diante dessa lesão temporal indesejada que o consumidor vem sofrendo, fruto de atos ilícitos dos fornecedores, a doutrina vem defendendo a tese de que se está diante

---

[371] REsp 1.254.141/PR, 3.ª T., rel. Min. Nancy Andrighi, j. 04.12.2012.

[372] A título de exemplo: REsp 1.254.141/PR, 3.ª T., rel. Min. Nancy Andrighi, j. 04.12.2012.

[373] Nesse sentido: EDcl no AgRg no AI 1.196.957/DF, 4.ª T., rel. Min. Maria Isabel Gallotti, *DJe* 10.04.2012.

[374] Nesse sentido, veja-se: TJRJ, Apelação Cível 0010705-71.2004.8.19.0209, rel. Des. Cristina Tereza Gaulia, j. 26.09.2007. Na doutrina: AGUIAR DIAS, José de. *Da Responsabilidade Civil*. 10. ed. Rio de Janeiro: Forense, 1995. p. 297.

[375] Confira-se: SAVI, Sérgio. *Responsabilidade Civil por Perda de uma Chance*. São Paulo: Atlas, 2006. p. 102.

[376] VENOSA, Sílvio de Salvo. *Direito Civil*. 6. ed. São Paulo: Atlas. v. IV, p. 272.

522 | INTERESSES DIFUSOS E COLETIVOS - VOL. 1

de um novo e relevante dano, até agora desprezado no Direito: o desvio dos recursos produtivos do consumidor ou, resumidamente, o **desvio produtivo do consumidor** – que impacta diária e negativamente a vida dele.

Na definição proposta por Marcos Dessaune, o desvio produtivo evidencia-se quando o consumidor, diante de uma situação de mau atendimento (*lato sensu*), precisa desperdiçar o seu tempo e desviar as suas competências – de uma atividade necessária ou por ele preferida – para tentar resolver um problema criado pelo fornecedor, a um custo de oportunidade indesejado, de natureza irrecuperável.[377] Em outras palavras, o desvio produtivo opera-se quando o fornecedor, ao frustrar as legítimas expectativas do consumidor, independentemente de culpa, onera indevidamente seus recursos produtivos.

Para o citado autor, para se distinguir um prejuízo temporal indenizável de um simples contratempo, dever-se-ia analisar os seguintes pontos: 1.º) a licitude ou ilicitude do ato danoso do fornecedor; 2.º) a quantidade de tempo que o consumidor precisou desperdiçar para tentar resolver o problema de consumo que lhe foi imposto; e 3.º) se esse custo de oportunidade em que o consumidor incorreu foi algo desejável ou indesejável por parte dele, independentemente de ter sido um ato necessário e/ou voluntário.

A compreensão exata do que seja um mero contratempo, de modo a não deixar dúvidas, é difícil de ser estabelecida. Mas, com certeza, nenhum juiz condenará, por exemplo, um estabelecimento porque alguém esperou cinco minutos na fila antes de ser atendido e, por isso, ficou chateado ou frustrado.

A reiteração acintosa de mau atendimento ao consumidor, gerando a perda de tempo útil, tem levado a jurisprudência a dar seus primeiros passos para solucionar os dissabores experimentados por milhares de consumidores, passando a admitir a reparação civil pela perda do tempo livre.[378]

Essa possibilidade de responsabilização civil do fornecedor pela perda do tempo produtivo do consumidor, embora não prevista expressamente em nosso ordenamento jurídico, escora-se na "cláusula geral de dano injusto" (art. 927 do CC), no princípio da boa-fé objetiva (art. 4.º, III, do CDC), bem como no princípio constitucional da dignidade da pessoa humana (art. 1.º, III, da CF/1988).

Por último, importa destacar que ainda não há um consenso no Direito brasileiro sobre a **natureza jurídica** do dano decorrente do tempo perdido. Para alguns, a indenização pela perda do tempo do consumidor é concedida a título de dano moral.[379] Outros, contudo, defendem a tese de que se trata de um novo tipo de dano, que não se confunde com o dano material, tampouco com o dano moral; tratar-se-ia de um novo tipo de dano: o desvio produtivo do consumidor.[380]

Anote-se que a 3.ª Turma do STJ já reconheceu a possibilidade de condenação do fornecedor à reparação de **danos morais coletivos**, justamente em razão da perda do tempo produtivo dos consumidores, nas seguintes situações: (i) *descumprimento, por instituição financeira, da legislação local e federal a respeito do tempo máximo de espera em filas de agências bancárias, impondo à sociedade o desperdício de tempo útil e acarretando violação injusta e intolerável ao interesse social de máximo aproveitamento dos recursos produtivos;*[381] e (ii) *inadequada prestação de serviços bancários, caracterizada pela reiterada existência de*

---

377 DESSAUNE, Marcos. *Desvio Produtivo do Consumidor* – o Prejuízo do Tempo Desperdiçado. São Paulo: RT, 2011.

378 TJRJ, Ap. 0019108-85.2011.8.19.0208, 27.ª Câm. Cível, rel. Des. Fernando Antonio de Almeida, j. 23.01.2014.

379 ANDRADE, André Gustavo Corrêa. *Dano Moral e Indenização Punitiva*. Rio de Janeiro: Lumen Juris, 2009.

380 DESSAUNE, Marcos. *Desvio Produtivo do Consumidor* – o Prejuízo do Tempo Desperdiçado. São Paulo: RT, 2011.

381 REsp 1.737.412/SE, rel. Min. Nancy Andrighi, j. 05.02.2019.

caixas eletrônicos inoperantes, sobretudo por falta de numerário, e pelo consequente excesso de espera em filas por tempo superior ao estabelecido em legislação municipal.[382]

Registre-se, contudo, que a 2.ª Seção do STJ, no julgamento do Tema Repetitivo 1.156, decidiu que o simples descumprimento do prazo estabelecido em legislação específica para a prestação de serviços bancários não gera por si só dano moral *in re ipsa*. *In casu*, entendeu-se que o atraso em virtude de uma fila, por si só, não tem o condão de ofender direito de personalidade do consumidor dos serviços bancários. Vale dizer, o mero transcurso do tempo, por si só, não impõe um dever obrigacional de ressarcimento, por não configurar, de plano, uma prática abusiva a acarretar uma compensação pecuniária, como pressupõe a teoria do desvio produtivo, que considera a perda de tempo útil uma espécie de direito de personalidade irrenunciável do indivíduo. Por outro lado, incumbe ao consumidor que aguarda em fila de banco demonstrar qual é de fato o prejuízo que está sofrendo e se não haveria como buscar alternativas para a solução do problema, tal como caixas eletrônicos e serviços de *internet banking* (autosserviço). A mera alegação genérica de que se está deixando de cumprir compromissos diários, profissionais, de lazer e de descanso, sem a comprovação efetiva do dano, possibilita verdadeiro abuso na interposição de ações por indenização em decorrência de supostos danos morais.

Indenizar meros aborrecimentos do cotidiano, por perda de tempo, que podem se dar em decorrência de trânsito intenso, reanálise de contratos de telefonia, cobrança ou cancelamento indevido de cartão de crédito, espera em consultórios médicos, odontológicos e serviços de toda ordem, sejam públicos ou privados, tem o potencial de banalizar o que se entende por dano moral, cuja valoração não pode ser genérica nem dissociada da situação concreta, sob pena de ensejar uma lesão abstrata, e, por outro lado, tarifação, que é vedada nos termos da Súmula 281/STJ.[383]

5.9 DECADÊNCIA E PRESCRIÇÃO

5.9.1 Sistemática do CDC

O Código de Defesa do Consumidor possui disciplina própria no que se refere aos institutos da decadência e da prescrição.

A decadência, prevista no art. 26, está associada à configuração do vício do produto e do serviço. Já o instituto da prescrição, previsto no art. 27, está vinculado à ocorrência de um fato do produto ou serviço, também denominado acidente de consumo.

Em outras palavras, o prazo para o consumidor reclamar pelos vícios do produto ou serviço é decadencial, ao passo que o prazo para pleitear a reparação pelos danos que lhe causou o fato do produto ou do serviço é prescricional.

5.9.2 Decadência

Nos termos do art. 26 do CDC, o consumidor tem dois prazos distintos para reclamar pelos vícios do produto e do serviço:

a) **30 dias,** para produtos e serviços **não duráveis** (inciso I);

b) **90 dias**, para produtos e serviços **duráveis** (inciso II).

---

[382] REsp 1.929.288/TO, 3.ª T., rel. Min. Nancy Andrighi, j. 22.02.2022.
[383] REsp 1.962.275/GO, 2.ª S., por maioria, rel. Min. Ricardo Villas Bôas Cueva, j. 24.04.2024, *DJe* 29.04.2024 (Tema 1.156).

524 | INTERESSES DIFUSOS E COLETIVOS – VOL. 1

Mas o que são produtos e serviços duráveis ou não duráveis? Como a lei não os define, sua caracterização decorre das regras de experiência.

Em relação aos **produtos**, a doutrina tem adotado como critério a **vida útil do bem**. Portanto, **produtos não duráveis** são aqueles de vida útil efêmera, isto é, que se exaurem ao primeiro uso ou em pouco tempo de uso (ex.: alimentos, medicamentos, cosméticos, produtos de limpeza etc.). *A contrario sensu*, **produtos duráveis** são aqueles que possuem vida útil mais duradoura (ex.: eletrodomésticos, imóveis, computadores, automóveis etc.). Na mesma linha, assim já se manifestou o STJ:

> Entende-se por produtos não duráveis aqueles que se exaurem no primeiro uso ou logo após sua aquisição, enquanto que os duráveis, definidos por exclusão, seriam aqueles de vida útil não efêmera.[384]

No tocante aos **serviços**, a doutrina tem sustentado que **a durabilidade está relacionada aos efeitos que o serviço gera ao consumidor,** e não ao tempo de duração da atividade desenvolvida pelo fornecedor.[385] Nesse sentido, **serviços duráveis** são aqueles cujos efeitos pretendidos pelo consumidor se protraem no tempo.

Exemplo: se uma empresa de jardinagem informa que seus serviços de adubação e controle de pragas garantirão a vitalidade das plantas do jardim da casa do consumidor por três meses, é irrelevante para a conceituação o fato de o fornecedor demorar apenas uma hora para realizar o trabalho. O que realmente importa é a legítima expectativa do consumidor de que o serviço por ele contratado lhe trará resultado útil por um período de três meses, conforme informado pela empresa, o que permite classificá-lo como serviço durável. Outros exemplos de serviços duráveis são os de seguro de automóvel, plano de saúde, telefonia, Internet, energia, água etc.

Os **serviços não duráveis**, definidos por exclusão, são aqueles cujos efeitos esperados pelo consumidor se exaurem no momento da efetiva prestação. Ex.: transporte de passageiros, limpeza, lazer (teatro, cinema, turismo) etc.

Importante: caso o consumidor não reclame no prazo legal (30 dias para os bens não duráveis, e 90 dias para os bens duráveis), a consequência é a perda do direito de escolher entre as alternativas reparatórias previstas nos arts. 18 a 20 do CDC. Em última análise, a consequência prática é a perda do direito de reclamar pelo vício.

5.9.2.1   Contagem do prazo

Os prazos de 30 dias e 90 dias, previstos no art. 26, I e II, do CDC, são aplicáveis tanto para os vícios aparentes como para os vícios ocultos.[386] O que diferencia um do outro é o termo inicial (*dies a quo*) da sua contagem.

Assim, para os casos de **vício aparente ou de fácil de constatação**, inicia-se a contagem do prazo a partir da entrega efetiva do produto ou do término da execução do serviço (art. 26, § 1.º); já para os **vícios ocultos,** o prazo começa a correr a partir do momento em que ficar evidenciado o defeito[387] (art. 26, § 3.º).

---

[384] REsp 114.473, rel. Min. Sálvio de Figueiredo, *DJ* 05.05.1997.

[385] Nesse sentido, entre outros: SCARTEZZINI GUIMARÃES, Paulo José. *Vícios do Produto e do Serviço por Qualidade, Quantidade e Insegurança*: Cumprimento Imperfeito do Contrato. São Paulo: RT, 2004. p. 403-404; BESSA, Leonardo Roscoe. *Manual de Direito do Consumidor.* São Paulo: RT, 2008. p. 160.

[386] A distinção entre vício aparente e vício oculto é encontrada no item 5.8.9.

[387] Note-se que aqui a expressão *defeito* é empregada como sinônimo de vício, e não como designação de falha de segurança do produto ou serviço.

5.9.2.1.1   O vício oculto e o critério da vida útil

Todos os produtos e serviços lançados no mercado de consumo têm, por força do art. 24 do CDC, **garantia legal** de adequação. Por isso, se apresentarem vícios de qualidade ou de quantidade, o consumidor, dentro dos prazos decadenciais fixados no art. 26, tem o direito de reclamar por eles, mediante a escolha de uma das alternativas reparatórias previstas nos arts. 18 a 20 do CDC.

Em relação aos vícios ocultos, se, por um lado, o CDC condicionou o início da contagem do prazo decadencial ao aparecimento do defeito (art. 26, § 3.º), por outro, não estipulou nenhum prazo máximo para a descoberta do vício.

Isso não significa, contudo, que a garantia legal dos bens de consumo em relação aos vícios ocultos seja eterna. Na precisa lição de Claudia Lima Marques, a extensão dessa garantia será estabelecida em razão da sua durabilidade, ou seja, da vida útil de um determinado produto ou serviço.[388]

O melhor critério, portanto, para a delimitação do prazo máximo para o aparecimento do vício oculto é o da vida útil. Exemplificando, se um aparelho de TV tem uma vida útil de oito anos, aproximadamente, e o vício oculto é descoberto nos primeiros anos de uso, há descumprimento do dever de qualidade-adequação e o fornecedor poderá ser responsabilizado por tal vício. Agora, se no mesmo exemplo, o defeito é descoberto após o término da vida útil do bem, afastada restará a responsabilidade do fornecedor. Em última análise, só haverá garantia legal durante a vida útil de um determinado produto ou serviço.

O próprio **STJ já adotou o critério da vida útil do bem de consumo para definir a responsabilidade do fornecedor em caso de vício oculto de produto**. Veja-se:

> Com efeito, em se tratando de vício oculto não decorrente do desgaste natural gerado pela fruição ordinária do produto, mas da própria fabricação, e relativo a projeto, cálculo estrutural, resistência de materiais, entre outros, o prazo para reclamar pela reparação se inicia no momento em que ficar evidenciado o defeito, não obstante tenha isso ocorrido depois de expirado o prazo contratual de garantia, devendo ter-se sempre em vista o critério da vida útil do bem.[389]

No ponto, questão interessante é saber como se define o tempo de vida útil de um bem de consumo. A determinação de qual seja este período é tarefa do julgador ao analisar cada caso, em vista das características de cada bem de consumo, bem como da expectativa de utilização razoável de um produto, ou fruição de um serviço.

A rigor, a informação sobre o tempo de vida útil de um bem de consumo é um dever imposto ao fornecedor pelo art. 31 do CDC.[390] É dizer, os fornecedores devem informar nos rótulos e nos manuais a durabilidade esperada dos bens de consumo.

Deveras, independentemente de prazo contratual de garantia, a venda de um bem tido por durável com vida útil inferior àquela que legitimamente se esperava, além de configurar um vício de qualidade por inadequação (art. 18 do CDC), evidencia uma quebra da boa-fé objetiva, que deve nortear as relações contratuais, sejam elas de consumo,

---

[388] MARQUES, Claudia Lima. *Contratos no Código de Defesa do Consumidor*. 4. ed. São Paulo: RT, 2003. p. 1.196-1.197. No mesmo sentido: BESSA, Leonardo Roscoe. *Manual de Direito do Consumidor*. São Paulo: RT, 2008. p. 161; BENJAMIN, Antonio Herman. *Comentários ao Código de Defesa do Consumidor*. 2. ed. São Paulo: RT, 2005. p. 134-135.

[389] REsp 984.106/SC, 4.ª T., rel. Min. Luis Felipe Salomão, j. 04.10.2012. No mesmo sentido, confiram-se: TJMG: Apel. Cível 1014507390109-5/001, rel. Des. Marcelo Rodrigues, j. 09.04.2008; TJRS: Apel. Cível 70014964498, rel. Des. Jorge Alberto Schreiner Pestana, *DJ* 09.04.2007.

[390] "Art. 31. A oferta e apresentação de produtos ou serviços devem assegurar informações corretas, claras, precisas, ostensivas e em língua portuguesa sobre suas características, qualidades, quantidade, composição, preço, garantia, prazos de validade e origem, entre outros dados, bem como sobre os riscos que apresentam à saúde e segurança dos consumidores."

526 | INTERESSES DIFUSOS E COLETIVOS – VOL. 1

sejam elas regidas pelo direito comum. Constitui, em outras palavras, descumprimento do dever de informação e a não realização do próprio objeto do contrato, que era a compra de um bem cujo ciclo vital se esperava, de forma legítima e razoável, fosse mais longo. Nesse particular, a existência dos chamados deveres anexos, como o de informação, revela-se como uma das faces de atuação ou operatividade do princípio da boa-fé objetiva, mostrando-se evidente que o perecimento ou a danificação de bem durável de forma prematura e causada por vício de fabricação denota a quebra dos mencionados deveres.

Por último, importa mencionar que, se a inadequação do bem de consumo é descoberta durante sua vida útil, o fornecedor só se exonera da garantia legal se conseguir provar que não há vício, ou, ainda, que a inadequação do produto ou serviço possui causa estranha à atividade de produção e fornecimento (ex.: que decorreu do mau uso pelo consumidor, de caso fortuito externo etc.).[391]

5.9.2.2 Causas que obstam a decadência (art. 26, § 2.º)

As causas que obstam a decadência estão previstas no art. 26, § 2.º, I e III, do CDC. São elas:

a) A reclamação comprovadamente formulada pelo consumidor perante o fornecedor de produtos e serviços até a resposta negativa correspondente, que deve ser transmitida de forma inequívoca (inciso I): desde a reclamação do consumidor até a resposta negativa do fornecedor, obsta-se a decadência do direito de reclamar dos vícios do produto e do serviço. Essa reclamação pode ser feita informalmente (ex.: por escrito, por telefone, verbalmente, por *e-mail*, pelos *call centers* etc.).

Note-se que a exigência legal é apenas quanto à comprovação de que o fornecedor tomou ciência da reclamação, conforme se infere da expressão "comprovadamente formulada", inserida no inciso I.

Dito de outro modo, a lei não preestabelece uma forma para a realização da reclamação, exigindo apenas comprovação de que o fornecedor tomou ciência inequívoca quanto ao propósito do consumidor de reclamar pelos vícios do produto ou serviço. Como já decidido pelo STJ:

> A reclamação obstativa da decadência pode ser feita documentalmente – por meio físico ou eletrônico – ou mesmo verbalmente – pessoalmente ou por telefone – e, consequentemente, a sua comprovação pode dar-se por todos os meios admitidos em direito.[392]

Assim, embora não haja nenhuma forma preestabelecida em lei para o seu exercício, o consumidor deve sempre eleger o meio mais seguro para deduzir sua reclamação, já pensando na eventual necessidade de comprová-la em processo judicial. No ponto, impende destacar que a **reclamação feita ao Procon não obsta a decadência.**[393]

b) A instauração de inquérito civil, até seu encerramento (inciso III): desde a instauração até o encerramento do inquérito civil, obsta-se a decadência do direito do consumidor de reclamar dos vícios do produto e do serviço.[394]

---

[391] Nesse sentido, veja-se: MIRAGEM, Bruno. *Direito do Consumidor.* São Paulo: RT, 2008. p. 325-326.

[392] REsp 1.442.597/DF, 3.ª T., rel. Min. Nancy Andrighi, j. 24.10.2017.

[393] A propósito, confira-se: REsp 65.498/SP, rel. Min. Eduardo Ribeiro, *DJ* 16.12.1996.

[394] Para Leonardo Roscoe Bessa, o prazo decadencial também é obstado pela instauração de procedimentos investigatórios preliminares, que têm o mesmo objetivo do inquérito civil, vale dizer, apurar, por meio de coleta de provas, hipótese de ofensa a direitos coletivos (*Manual de Direito do Consumidor.* São Paulo: RT, 2007. p. 104).

Mas o que se entende por encerramento do inquérito civil? O encerramento do inquérito civil pode ocorrer *com o arquivamento* ou *com o ajuizamento de uma ação civil coletiva*. Em relação ao arquivamento, é mister salientar, na esteira da lição de Hugo Nigro Mazzilli, que o encerramento do inquérito civil só se dá efetivamente no dia da homologação da promoção de arquivamento pelo Conselho Superior do Ministério Público.[395] Desse modo, até o dia da homologação, inclusive, está obstado o curso da decadência.

Ainda em relação às causas obstativas da decadência, um questionamento é bastante frequente: **obstar significa suspender ou interromper o curso do prazo decadencial?** Trata-se de questão polêmica, que divide a doutrina.

Para Zelmo Denari,[396] Hugo Nigro Mazzilli,[397] James Eduardo Oliveira[398] e Nelson Nery Junior,[399] obstar significa suspender o prazo decadencial. Logo, finda a paralisação criada pela reclamação ou pela instauração do inquérito civil, o prazo volta a correr, com aproveitamento do tempo anteriormente decorrido. Assim, por exemplo, no tocante a um produto não durável, se a reclamação do consumidor tiver sido formulada no 25.º dia do prazo, após a resposta negativa restariam apenas cinco dias para o exercício do direito à garantia legal em juízo.

De outro lado, Claudia Lima Marques,[400] Leonardo Roscoe Bessa,[401] Luiz Antônio de Souza[402] e Leonardo de Medeiros Garcia[403] entendem que obstar significa interromper. Destarte, após a negativa do fornecedor ou o encerramento do inquérito civil, reinicia-se a contagem do prazo decadencial, desconsiderando-se o prazo anteriormente decorrido. No mesmo exemplo acima citado, o consumidor teria novo prazo de 30 dias, a partir da resposta negativa do fornecedor, para reclamar em juízo pelo vício do produto.

Não há dúvidas de que a melhor posição para o consumidor é a segunda, que interpreta a causa obstativa como espécie de interrupção do prazo decadencial. Contudo, a divergência doutrinária sobre o tema se repete nos tribunais estaduais,[404] não havendo ainda nenhum precedente no STJ sobre o assunto.

5.9.2.3 *Garantia legal e garantia contratual*

Conforme visto, todos os produtos e serviços lançados no mercado de consumo têm, por força do art. 24 do CDC, **garantia legal de adequação,** assim entendida a qualidade que o produto ou o serviço deve ter em termos de segurança, durabilidade e desempenho. Para se valer dessa garantia legal, o consumidor deve reclamar pelos vícios do produto ou do serviço dentro dos prazos decadenciais fixados no art. 26 do CDC.

---

[395] MAZZILLI, Hugo Nigro. *A Defesa dos Interesses Difusos em Juízo*. 14. ed. São Paulo: Saraiva, 2002. p. 425. É também a lição de Antonio Herman Benjamin (*Comentários ao Código de Proteção ao Consumidor*. São Paulo: Saraiva, 1991. p. 136).

[396] DENARI, Zelmo et al. *Código Brasileiro de Defesa do Consumidor*: Comentado pelos Autores do Anteprojeto. 7. ed. Rio de Janeiro: Forense Universitária, 2001. p. 205-206.

[397] MAZZILLI, Hugo Nigro. *A Defesa dos Interesses Difusos em Juízo*. 14. ed. São Paulo: Saraiva, 2002. p. 424-425.

[398] OLIVEIRA, James Eduardo. *Código de Defesa do Consumidor*: Anotado e Comentado. 4. ed. São Paulo: Atlas, 2009. p. 329.

[399] NERY JUNIOR, Nelson. *Código de Processo Civil e Legislação Processual Civil Extravagante em Vigor*. 4. ed. São Paulo: RT, 1998. p. 1.819.

[400] MARQUES, Claudia Lima. *Comentários ao Código de Defesa do Consumidor*. São Paulo: RT, 2003. p. 371.

[401] BESSA, Leonardo Roscoe. *Manual de Direito do Consumidor*. São Paulo: RT, 2008. p. 165.

[402] SOUZA, Luiz Antônio. *Direitos Difusos e Coletivos*. São Paulo: Saraiva, 2009. p. 41-42.

[403] GARCIA, Leonardo de Medeiros. *Direito do Consumidor*. Código Comentado e Jurisprudência. 5. ed. Niterói: Impetus, 2009. p. 185.

[404] O TJPB já decidiu que a reclamação do consumidor interrompe o prazo decadencial. A propósito, veja-se: Ap. 200.1999.002880, 4.ª Câm., rel. Des. Antônio de Pádua Lima Montenegro, j. 14.02.2006; em sentido contrário, o TJPR já decidiu que a reclamação do consumidor ao fornecedor suspende o prazo decadencial. Veja-se: AI 2.760, rel. Des. Cyro Crema, j. 14.09.1998.

528 | INTERESSES DIFUSOS E COLETIVOS – VOL. 1

Note-se que **a lei não fixa expressamente um prazo de garantia legal.** O que há é prazo para reclamar contra o descumprimento dessa garantia, o qual, tratando-se de vício de adequação, está previsto no art. 26 do CDC, sendo de 90 ou 30 dias, conforme seja produto ou serviço durável ou não durável.[405]

Ao lado dessa garantia legal, a lei permite ao fornecedor conferir uma **garantia contratual** aos seus produtos e serviços. Nesse sentido, dispõe o art. 50 do CDC: "A garantia contratual é **complementar** à legal e será conferida mediante termo escrito" (grifou-se).

Enquanto a **garantia legal é sempre obrigatória**, não depende de termo expresso e não pode ser afastada, limitada ou condicionada, a **garantia contratual é mera faculdade**, que pode ser concedida por liberalidade do fornecedor, por meio de termo escrito, de acordo com sua conveniência. Conforme ensinamento de Nelson Nery Junior, "os termos e prazos dessa garantia contratual ficam ao alvedrio exclusivo do fornecedor".[406]

Aqui cabe uma observação importante: embora o fornecedor não esteja obrigado a conferir a garantia contratual, caso decida fazê-lo, deverá entregar ao consumidor o respectivo termo adequadamente preenchido e com especificação clara do seu conteúdo, sob pena de incidir no tipo penal descrito no art. 74 do CDC.

Mas o que significa dizer que a garantia contratual é complementar à legal? Significa que os prazos para reclamar pelo descumprimento da garantia legal, previstos no art. 26, I e II, do CDC, somente começam a correr após o término do prazo da garantia contratual. Desse teor a lição de Sérgio Cavalieri Filho:

> Ora, como a garantia legal é independente da manifestação do fornecedor e a garantia contratual, de sua livre disposição, é **complementar**, só se pode concluir que o prazo da primeira (garantia legal) começa a correr após esgotado o prazo da segunda (garantia contratual).[407]

No mesmo sentido, aliás, consolidou-se a jurisprudência do STJ:

> Na verdade, se existe uma garantia contratual de um ano tida como complementar à legal, o prazo de decadência somente pode começar da data em que encerrada a garantia contratual, sob pena de submetermos o consumidor a um engodo com o esgotamento do prazo judicial antes do esgotamento do prazo de garantia. E foi isso que o art. 50 do Código de Defesa do Consumidor quis evitar.[408]

Em última análise, a regra básica da relação entre a garantia legal e a garantia contratual pode ser assim resumida: **havendo prazo de garantia contratual, o prazo para reclamar pelo descumprimento da garantia legal somente será contado a partir do término do primeiro.** Por exemplo: se o prazo de garantia contratual de um aparelho de TV (produto durável) é de um ano, apenas após o encerramento deste período é que se inicia o curso do prazo de 90 dias, previsto no art. 26, II, do CDC, para reclamar pelo vício aparente.

Note-se que essa regra também se aplica aos vícios ocultos do produto ou serviço, ressalvadas as hipóteses em que a descoberta do vício for posterior ao encerramento do prazo da garantia contratual; nesse caso, o termo inicial do prazo decadencial não será determinado pelo esgotamento do prazo da garantia convencional, mas sim pelo

---

[405] Nesse sentido, veja-se: REsp 967.623/RJ, 3.ª T., rel. Min. Nancy Andrighi, j. 16.04.2009.

[406] NERY JUNIOR, Nelson et al. *Código Brasileiro de Defesa do Consumidor*: Comentado pelos Autores do Anteprojeto. 7. ed. Rio de Janeiro: Forense Universitária, 2001. p. 496-497.

[407] CAVALIERI FILHO, Sérgio. *Programa de Direito do Consumidor*. São Paulo: Atlas, 2009. p. 137.

[408] REsp 225.858/SP, rel. Min. Waldemar Zveiter, j. 13.08.2001. No mesmo sentido: REsp 967.623/RJ, 3.ª T., rel. Min. Nancy Andrighi, j. 16.04.2009; e REsp 547.794/PR, rel. Min. Maria Isabel Gallotti, j. 15.02.2011.

CAP. 5 – DIREITO DO CONSUMIDOR | 529

"momento em que ficar evidenciado o defeito" (art. 26, § 3.º, do CDC), observando-se, naturalmente, o critério da vida útil do bem de consumo, para que essa garantia legal não se torne eterna.

Por último, anote-se que o STJ já decidiu que nos casos em que o prazo da garantia convencional se esgotar quando o produto ainda estiver em poder do fornecedor, para conserto, prorroga-se o prazo da garantia contratual até a efetiva devolução do produto ao consumidor, sendo este momento fixado como termo inicial do prazo para se reclamar do vício.[409]

5.9.2.4 Autonomia do prazo prescricional para o exercício da pretensão reparatória dos danos decorrentes dos vícios do bem de consumo

Nas hipóteses de vício do produto ou do serviço, questão interessante é saber se o consumidor possui um prazo decadencial para o exercício do direito potestativo (reclamar pelos vícios e exigir uma das alternativas previstas nos arts. 18, 19 e 20 do CDC) e outro prazo prescricional autônomo para o exercício da pretensão reparatória (pleitear a indenização dos danos decorrentes do vício).

Por exemplo, se o consumidor adquire um aparelho de telefone celular cuja bateria apresenta uma autonomia insuficiente (vício de qualidade), ele terá o prazo de 90 dias para reclamar por tal vício (art. 26, II, do CDC), e outro prazo para pleitear, em juízo, a correspondente reparação dos danos dele decorrentes? Ou o prazo para o exercício do direito potestativo e para o exercício da pretensão reparatória será único?

Para parte da doutrina, os prazos são autônomos. Vale dizer, o prazo decadencial previsto no art. 26 do CDC se relaciona ao período de que dispõe o consumidor para exigir em juízo alguma das alternativas que lhe são conferidas pelos arts. 18, 19 e 20 do CDC (exercício do direito potestativo), não se confundindo com o prazo prescricional a que se sujeita o consumidor para pleitear indenização decorrente da má-execução do contrato (exercício da pretensão reparatória).[410]

Outros, contudo, entendem que o prazo é único. Isto é, o prazo para o consumidor pleitear as perdas e danos decorrentes diretamente dos vícios será o mesmo do exercício do direito potestativo.[411] Haveria, na hipótese, uma relação de acessoriedade entre a ação indenizatória decorrente do vício e as ações edilícias, aplicando-se a todas as situações um único prazo.

A divergência no campo doutrinário se reproduz em nossos tribunais. No Superior Tribunal de Justiça, por exemplo, a 4.ª Turma já decidiu que o prazo para o ajuizamento da ação indenizatória é o mesmo do exercício do direito potestativo.[412] Em sentido diverso, a 3.ª Turma vem decidindo que o prazo para o exercício do direito de reclamar pelos vícios não se confunde com o prazo para pleitear a reparação dos danos deles decorrentes. A título de exemplo, veja-se:

> (...) 4. É de 90 (noventa) dias o prazo para o consumidor reclamar por vícios aparentes ou de fácil constatação no imóvel por si adquirido, contado a partir da efetiva entrega do bem (art. 26, II e § 1.º, do CDC).

---

[409] REsp 579.941/RJ, rel. Min. Carlos Alberto Menezes Direito, rel. p/ o acórdão Min. Nancy Andrighi, j. 28.06.2007.

[410] GARCIA, Leonardo de Medeiros. *Código de Defesa do Consumidor Comentado*. 13. ed. Salvador: Juspodivm, 2017. p. 264. No mesmo sentido: ANDRIGHI, Nancy; NANCY, Vera; e BENETI, Sidnei. *Comentários ao Novo Código Civil*: das Várias Espécies de Contratos. Rio de Janeiro: Forense, 2008. v. IX. p. 318-319.

[411] Nesse sentido: GUIMARÃES, Jorge Scartezzinni. *Vícios do Produto e do Serviço por Qualidade, Quantidade e Insegurança*: Cumprimento Imperfeito do Contrato. 2. ed. São Paulo: RT, 2008. p. 318.

[412] REsp 442.368/MT, rel. Min. Jorge Scartezzini, *DJ* 14.02.2005.

INTERESSES DIFUSOS E COLETIVOS – VOL. 1

5. No referido prazo decadencial, pode o consumidor exigir qualquer das alternativas previstas no art. 20 do CDC, a saber: a reexecução dos serviços, a restituição imediata da quantia paga ou o abatimento proporcional do preço. Cuida-se de verdadeiro direito potestativo do consumidor, cuja tutela se dá mediante as denominadas ações constitutivas, positivas ou negativas.

6. Quando, porém, a pretensão do consumidor é de natureza indenizatória (isto é, de ser ressarcido pelo prejuízo decorrente dos vícios do imóvel) não há incidência de prazo decadencial. A ação, tipicamente condenatória, sujeita-se a prazo de prescrição.

7. À falta de prazo específico no CDC que regule a pretensão de indenização por inadimplemento contratual, deve incidir o prazo geral decenal previsto no art. 205 do CC/02, o qual corresponde ao prazo vintenário de que trata a Súmula 194/STJ, aprovada ainda na vigência do Código Civil de 1916 ("Prescreve em vinte anos a ação para obter, do construtor, indenização por defeitos na obra").[413]

Respeitado o entendimento diverso, também pensamos que o prazo para reclamar pelo vício é autônomo em relação ao prazo para pleitear a reparação dos danos dele decorrentes. Afinal, apenas o exercício de direito potestativo sujeita-se a prazo decadencial. Dessa forma, com a constatação do vício, uma série de pretensões exsurgem para o consumidor. Poderá ele redibir o contrato, pleitear abatimento no preço, a substituição do produto ou a reexecução do serviço, desde que o faça nos prazos decadenciais previstos no art. 26 do CDC. Se optar, no entanto, por pleitear ressarcimento pelas perdas e danos, deverá fazê-lo no prazo prescricional assegurado pela lei civil, não estando sujeito ao citado prazo decadencial.

Nessa trilha, e diante da ausência de prazo específico no CDC que regule a hipótese de inadimplemento contratual – o prazo quinquenal disposto no art. 27 é exclusivo para as hipóteses de fato do produto ou serviço –, entendemos que deve ser aplicado o prazo geral decenal do art. 205 do CC, em consonância com o entendimento firmado pela 2.ª Seção do STJ no julgamento do EREsp 1.280.825 (j. 27.06.2018), da relatoria da Ministra Nancy Andrighi.

5.9.2.5   Decadência convencional

O Código de Defesa do Consumidor não prevê expressamente a possibilidade de o contrato de consumo conter alguma cláusula que condicione o exercício do direito do consumidor a um determinado prazo, sob pena de perecimento desse direito.

Diante dessa lacuna, questão interessante é saber se é juridicamente possível a previsão da chamada "decadência convencional" nos contratos de consumo.

De início, cabe diferenciar a **decadência legal**, que tem origem na lei, da **decadência convencional**, que tem origem na vontade das partes, estando prevista em contrato. Feita essa distinção, entendemos perfeitamente possível a previsão desta última nos contratos de consumo.

Embora o CDC não estabeleça regras específicas a respeito da estipulação de prazos decadenciais às relações de consumo, entendemos que se mantêm plenamente aplicáveis, em diálogo das fontes, as regras de direito civil, que, por sua vez, admitem a convenção da decadência (art. 211 do CC/2002).[414] Basta, para tanto, que tais convenções sejam materialmente compatíveis com o microssistema consumerista, isto é, seu conteúdo deve estar em consonância com a principiologia protetiva do Código de Defesa do Consumidor.

Ao estabelecer as normas destinadas à proteção contratual do consumidor, o CDC não aboliu a liberdade contratual, impondo-se apenas uma maior atenção ao equilíbrio entre as partes, numa relação naturalmente desequilibrada.

---

[413]   REsp 1.534.831/DF, 3.ª T., rel. Min. Ricardo Villas Bôas Cueva, rel. p/ acórdão Min. Nancy Andrighi, j. 20.02.2018.

[414]   "Art. 211. Se a decadência for convencional, a parte a quem aproveita pode alegá-la em qualquer grau de jurisdição, mas o juiz não pode suprir a alegação."

Nesse cenário, a boa-fé objetiva e a transparência são os princípios basilares decisivos para aferição de eventual abuso de direito. Se a estipulação da decadência convencional for devidamente esclarecida e informada ao consumidor, em homenagem à transparência, não impondo a este agente econômico mais vulnerável nenhuma desvantagem exagerada, em respeito à boa-fé e à equidade, terá plena validade.

No STJ, há precedente da 3.ª Turma admitindo a convenção de prazo decadencial em contratos de consumo. O caso envolvia um clube de turismo que funciona mediante a oferta de títulos aos consumidores que, após o pagamento de taxas de adesão e de manutenção mensal, bem como a observância de prazo de carência, adquirem o direito não cumulativo de utilizar 7 (sete) diárias, no período de um ano, em qualquer dos hotéis previamente selecionados (rede conveniada), de modo que a não utilização das diárias disponibilizadas resulta na extinção do direito. No julgamento, entendeu-se que mesmo em contratos de consumo, é possível a convenção de prazos decadenciais, desde que respeitados os deveres anexos à contratação: informação clara e redação expressa, ostensiva e legível, requisitos estes atendidos no caso concreto. Como bem anotado pelo relator do acórdão, Ministro Marco Aurélio Bellizze, o Código de Defesa do Consumidor não revoga a liberdade contratual, mas limita-a para que se restaure o equilíbrio das partes, numa relação naturalmente desequilibrada, de forma que a contratação de cláusulas que limitem as prestações e contraprestações das partes deve guardar razoabilidade e proporcionalidade.[415]

5.9.2.6 *Compras de imóvel* ad mensuram: *prazo decadencial especial*

A entrega de bem imóvel em metragem diversa da contratada não pode ser considerada vício oculto, mas sim aparente, dada a possibilidade de ser verificada com a mera medição das dimensões do imóvel – o que, por precaução, o adquirente, inclusive, deve providenciar tão logo receba a unidade imobiliária.

Para as situações em que as dimensões do imóvel adquirido não correspondem às noticiadas pelo vendedor, cujo preço da venda foi estipulado por medida de extensão ou com determinação da respectiva área (venda *ad mensuram*), o art. 501 do CC fixa o prazo decadencial de um ano para a propositura das ações previstas no art. 500 do CC (exigir o complemento da área, reclamar a resolução do contrato ou o abatimento proporcional do preço).

No domínio no CDC, contudo, é de 90 dias o prazo para o consumidor reclamar por vícios aparentes ou de fácil constatação no imóvel por si adquirido, contado a partir da efetiva entrega do bem (art. 26, II e § 1.º, do CDC).

Diante da proteção mais ampla oferecida pelo Código Civil, já decidiu o STJ que, na compra de imóvel *ad mensuram*, mesmo que a relação havida entre as partes seja de consumo, quando a dimensão do imóvel não corresponder à noticiada pelo vendedor (fornecedor), deve ser aplicado, em diálogo das fontes, o prazo decadencial de um ano, previsto no art. 501 do CC, porquanto mais favorável ao consumidor.[416]

5.9.3 Prescrição

Conforme visto, o instituto da prescrição está associado à ocorrência de um fato do produto ou serviço, também denominado acidente de consumo. A propósito, dispõe o art. 27 do CDC:

---

[415] REsp 1.778.574/DF, 3.ª T., rel. Min. Marco Aurélio Bellizze, j. 18.06.2019.
[416] REsp 1.890.327/SP, 3.ª T., rel. Min. Nancy Andrighi, por maioria, j. 20.04.2021.

Art. 27. Prescreve em 5 (cinco) anos a pretensão à reparação pelos danos causados por fato do produto ou do serviço prevista na Seção II deste Capítulo, iniciando-se a contagem do prazo a partir do conhecimento do dano e de sua autoria.

Percebe-se, assim, que o consumidor dispõe do prazo de cinco anos para promover a ação de reparação dos canos causados pelo produto ou serviço defeituoso, sob pena de extinção da sua pretensão, pela prescrição.[417]

Outra conclusão que se extrai da leitura do dispositivo em tela é que o prazo prescricional **só começa a correr a partir do conhecimento do dano e de sua autoria.** Exemplo: se o consumidor utiliza vários medicamentos, concomitantemente, e possui dúvidas sobre qual deles teria causado danos a sua saúde, a contagem do prazo prescricional só se inicia após o conhecimento da autoria do dano, isto é, após a identificação do laboratório responsável pela fabricação do medicamento defeituoso.

Nessa temática, importa destacar que o Supremo Tribunal Federal, ao julgar o RE 636.331, paradigma do Tema 210 da repercussão geral, decidiu sobre a prevalência das convenções internacionais sobre o Código de Defesa do Consumidor com relação às pretensões de indenização por danos materiais, fixando o entendimento de que, em tal hipótese, aplica-se o prazo de dois anos previsto no art. 35 da Convenção de Montreal. Trata-se, portanto, de uma exceção à regra dos 5 anos, prevista no art. 27 do CDC.

Na mesma decisão, não foi reconhecida a existência, em acordo internacional sobre transporte aéreo, de regulação de reparação por danos morais, aplicando-se a lei interna, isto é, o prazo prescricional de 5 anos, previsto no art. 27 do CDC. Em outras palavras, as Convenções de Varsóvia e Montreal não regularam o dano moral no transporte aéreo internacional de passageiros, ao qual deve ser aplicada a lei geral interna, no caso, o CDC.[418]

Para o Supremo Tribunal Federal, portanto, em caso de acidente de consumo em transporte aéreo internacional de passageiros, convém distinguir:

(i) se se tratar de dano material, a correspondente pretensão reparatória prescreve em dois anos, nos termos do art. 35 da Convenção de Montreal, por força da regra prevista no art. 178 da Constituição Federal;

(ii) se se tratar de dano moral, a correspondente pretensão reparatória prescreve em cinco anos, nos termos do art. 27 do CDC.

5.9.3.1 Causas que suspendem ou interrompem a prescrição

O parágrafo único do art. 27 do CDC, que previa a interrupção da prescrição nas hipóteses previstas no § 1.º do art. 26, foi vetado (houve um erro de remissão, dado que se pretendia se referir às causas obstativas do § 2.º do art. 26). Por essa razão, não há nenhuma previsão no Código de causas que suspendam ou interrompam o prazo prescricional.

Diante da omissão do CDC, a doutrina tem entendido, em diálogo das fontes, serem aplicáveis, em caráter complementar, as regras de suspensão e interrupção do prazo prescricional previstas nos arts. 197 a 204 do Código Civil, naquilo que couberem.[419]

---

[417] A propósito, veja-se: STJ, AgRg no AI 771.737/MG, 4.ª T., rel. Min. Aldir Passarinho Júnior, *DJU* 11.12.2006.

[418] No mesmo sentido: STF, RE 1.374.196, 1.ª T., rel. Min. Roberto Barroso, j. 24.10.2022, *DJe* 10.11.2022; STJ, AgInt no REsp 1.914.177/DF, 4.ª T., rel. Min. Antonio Carlos Ferreira, rel. p/ acórdão Min. Maria Isabel Gallotti, por maioria, j. 13.12.2022, *DJe* 25.01.2023.

[419] Nesse sentido, entre outros, vejam-se: MIRAGEM, Bruno. *Direito do Consumidor*. São Paulo: RT, 2008. p. 30; CAVALIERI FILHO, Sérgio. *Programa de Direito do Consumidor*. São Paulo: Atlas, 2009. p. 277.

CAP. 5 – DIREITO DO CONSUMIDOR | 533

Por fim, convém destacar o entendimento do Professor Zelmo Denari, um dos coautores do anteprojeto do CDC, para quem as causas obstativas do prazo decadencial, previstas no art. 26, § 2.º, do CDC (*reclamação do consumidor e instauração de inquérito civil*), alinham-se entre as causas suspensivas do prazo prescricional nas ações que envolvem a responsabilidade civil por danos causados aos consumidores.[420]

5.9.3.2   A prescrição de outras pretensões reparatórias

Conforme visto, o CDC regula apenas dois regimes de responsabilidade civil: o regime de responsabilidade pelo fato do produto e do serviço (arts. 12 a 14 do CDC) e o regime de responsabilidade pelo vício do produto e do serviço (arts. 18 a 25).

Isso não significa, todavia, que as outras modalidades de responsabilidade civil (legal, contratual e extracontratual), previstas no Código Civil, foram excluídas das relações de consumo. Afinal, havendo diversas maneiras de gerar dano ao consumidor, a coexistência de diferentes responsabilidades é medida que se impõe como pressuposto de justiça.

Em outras palavras, existem modalidades de responsabilidade civil nas relações de consumo das quais o CDC não tratou. É o caso, por exemplo, da pretensão de reparação das perdas e danos decorrentes de inadimplemento absoluto do contrato, da pretensão de repetição do indébito nos casos de cobranças indevidas, ou, ainda, da reparação dos danos decorrentes de inscrições indevidas.

Para cada uma dessas situações é incontroverso que o consumidor terá direito à integral reparação dos danos (art. 6.º, VI, do CDC). Mas, como o CDC não definiu nenhum prazo especial para o exercício dessas pretensões reparatórias, cabe à doutrina e à jurisprudência responder qual será o prazo prescricional aplicado. Sobre o tema formaram-se dois principais entendimentos:

1) **Para as outras pretensões reparatórias (que não envolvam acidente de consumo), aplicam-se os prazos prescricionais previstos no Código Civil, em diálogo das fontes**. Argumenta-se, nesse sentido, que o legislador foi claro ao delimitar a aplicação do prazo prescricional de cinco anos às hipóteses de acidente de consumo (art. 27 do CDC), não sendo correto, portanto, estendê-lo a outras situações. É esse o pensamento, entre outros, de Leonardo de Medeiros Garcia[421] e Héctor Valverde Santana,[422] com ressonância na jurisprudência majoritária do STJ.

2) **Para as demais pretensões reparatórias (que não envolvam acidente de consumo), aplica-se o prazo de cinco anos, previsto no art. 27 do CDC, por analogia.** Os defensores dessa posição sustentam que é mais coerente a aplicação da analogia dentro das relações de um mesmo sistema (relações de consumo) que buscar a solução no sistema das relações de direito comum (Código Civil). Nessa linha, José Fernando Simão,[423] Alberto do Amaral Junior[424] e Thereza Alvim[425] defendem que

---

[420] DENARI, Zelmo et al. *Código Brasileiro de Defesa do Consumidor*: Comentado pelos Autores do Anteprojeto. 7. ed. Rio de Janeiro: Forense Universitária, 2001. p. 207.

[421] GARCIA, Leonardo de Medeiros. *Direito do Consumidor*. Código Comentado e Jurisprudência. 5. ed. Niterói: Impetus, 2009. p. 189-196.

[422] SANTANA, Héctor Valverde. Prescrição e Decadência no Direito do Consumidor. *Carta Forense*, p. B-26, set. 2009.

[423] SIMÃO, José Fernando et al. *Responsabilidade Civil nas Relações de Consumo*. São Paulo: Saraiva, 2009. p. 205-211.

[424] AMARAL JUNIOR, Alberto. A Responsabilidade pelos Vícios dos Produtos no Código de Defesa do Consumidor. *Revista Direito do Consumidor*, São Paulo, n. 2, p. 100-125, abr.-jun. 1992.

[425] ARRUDA ALVIM et al. (org.). *Código do Consumidor Comentado*. 2. ed. São Paulo: RT, 1995.

o prazo prescricional do art. 27 do CDC deve ser aplicado às hipóteses de reparação das perdas e danos decorrentes dos vícios dos produtos ou serviços.[426]

No Superior Tribunal de Justiça, há clara prevalência pela aplicação dos prazos prescricionais previstos no Código Civil, em diálogo das fontes, para as hipóteses de pretensões reparatórias que não envolvam acidentes de consumo.

A título de exemplo, consolidou-se na jurisprudência da Corte Superior o entendimento segundo o qual a ação de indenização do **segurado** contra a seguradora prescreve em um ano, tal como previsto no art. 206, § 1.º, do CC/2002.[427] Para o STJ, nesse tipo de ação não se aplica o prazo prescricional de cinco anos, porque a norma do art. 27 do CDC dispõe sobre prescrição nos casos de acidente de consumo, que não guardam relação com a responsabilidade civil decorrente de inadimplemento de contrato de seguro. No ponto, uma observação se faz necessária: diferentemente do segurado, o **terceiro beneficiário do seguro** não se sujeita ao prazo ânuo da prescrição, diante do princípio de que as regras concernentes à prescrição devem ser interpretadas restritivamente.[428]

Por outro lado, é oportuno registrar que a Corte Superior consolidou o entendimento no sentido de que o prazo decadencial do art. 26 do Código de Defesa do Consumidor não se aplica às **ações de prestação de contas** ajuizadas com o objetivo de se obter esclarecimentos a respeito da cobrança de tarifas ou encargos bancários. Confira-se, a propósito, a **Súmula 477 do STJ**: "A decadência do art. 26 do CDC não é aplicável à prestação de contas para obter esclarecimentos sobre cobrança de taxas, tarifas e encargos bancários".

Para o STJ, a explicitação das tarifas debitadas em conta-corrente do consumidor, assim como dos demais tipos de lançamentos a crédito e a débito efetuados, por meio de prestação de contas, destina-se à verificação da legalidade da cobrança (ou do direito à repetição ou compensação), direito pessoal, portanto, que tem como prazo de prescrição (e não de decadência) o mesmo da ação de prestação de contas em que solicitada esta explicitação e também o mesmo prazo da ação de cobrança correspondente.

Logo, tendo o consumidor dúvidas quanto à lisura dos lançamentos efetuados pelo Banco, é cabível a ação de prestação de contas, **sujeita ao prazo de prescrição decenal regulado pelo Código Civil (art. 205)**, imune ao prazo decadencial estabelecido no art. 26 do Código de Defesa do Consumidor, uma vez que esta não se confunde com a reclamação por vício no produto ou no serviço, prevista no mencionado dispositivo legal.

No entanto, atenção: se, por um lado, é correto afirmar que a Corte Superior tem optado pela aplicação dos prazos prescricionais previstos no Código Civil, em diálogo das fontes, para as hipóteses de pretensões reparatórias que não envolvam acidentes de consumo, por outro, não é incomum encontrarmos decisões conflitantes no que se refere ao dispositivo do CC/2002 que deve ser aplicado em caráter complementar.

Vejamos um exemplo: o STJ, em reiteradas decisões, definiu que o prazo prescricional para o consumidor pleitear a **repetição do indébito,** nos casos de cobrança indevida de tarifas de água e esgoto, é de dez anos, estabelecido pela regra geral do Código Civil de 2002 (art. 205). Esse entendimento foi consolidado no julgamento de recurso especial pelo rito da Lei dos Recursos Repetitivos,[429] e serviu de base à elaboração da **Súmula 412,**

---

[426] No STJ: REsp 773.994/MG, rel. Min. Nancy Andrighi, *DJ* 18.06.2007.

[427] Nesse sentido, vejam-se: REsp 255.147/RJ, rel. Min. Waldemar Zveiter, *DJ* 02.04.2001; REsp 232.483/RJ, rel. Min. Sálvio de Figueiredo Teixeira; REsp 207.798/RJ, rel. Min. Carlos Alberto Menezes Direito.

[428] A propósito: REsp 525.881/RS, 4.ª T., rel. Min. Barros Monteiro.

[429] REsp 1.113.403/RJ, rel. Min. Teori Albino Zavascki, j. 09.09.2009. No mesmo sentido: EDcl no AgRg no AREsp 74.678/RJ, 2.ª T., rel. Min. Mauro Campbell Marques, j. 28.08.2012.

CAP. 5 – DIREITO DO CONSUMIDOR | 535

que assim dispõe: "a ação de repetição de indébito de tarifas de água e esgoto sujeita-se ao prazo prescricional estabelecido no Código Civil".

A despeito disso, a 3.ª Turma do STJ vem decidindo que a ação de repetição do indébito referente a valor pago por disciplinas não ministradas por instituições de ensino superior se insere no âmbito de aplicação do art. 206, § 3.º, IV, do CC/2002, que prevê a prescrição trienal para a pretensão de ressarcimento de enriquecimento sem causa. A propósito, anote-se:

> Consumidor e processual. Ação de repetição de indébito. Cobrança indevida de valores. Incidência das normas relativas à prescrição insculpidas no código civil. Prazo especial. Prescrição trienal. Pretensão de ressarcimento de enriquecimento sem causa.
>
> 1. O diploma civil brasileiro divide os prazos prescricionais em duas espécies. O prazo geral decenal, previsto no art. 205, destina-se às ações de caráter ordinário, quando a lei não houver fixado prazo menor. Os prazos especiais, por sua vez, dirigem-se a direitos expressamente mencionados, podendo ser anuais, bienais, trienais, quadrienais e quinquenais, conforme as disposições contidas nos parágrafos do art. 206.
>
> 2. A discussão acerca da cobrança de valores indevidos por parte do fornecedor se insere no âmbito de aplicação do art. 206, § 3.º, IV, que prevê a prescrição trienal para a pretensão de ressarcimento de enriquecimento sem causa. Havendo regra específica, não há de se falar na aplicação do prazo geral decenal previsto do art. 205 do CDC. Precedente.[430]

Outro exemplo de dissídio jurisprudencial refere-se ao prazo prescricional para a pretensão de repetição do indébito nos casos de cobrança indevida de valores referentes a serviços de telefonia.

Para as 3.ª e 4.ª Turmas do STJ, nesse tipo de ação, o prazo prescricional é de 3 (três) anos, por força da regra prevista no artigo 206, § 3.º, IV, do CC.[431] Já para a 2.ª Turma do STJ, aplica-se, na hipótese, o prazo prescricional de 10 (dez) anos, previsto no art. 205 do CC.[432] No ano de 2019, ao enfrentar essa questão no julgamento dos Embargos de Divergência em Agravo em Recurso Especial 738.991/RS (j. 20.02.2019), da relatoria do Min. Og Fernandes, a Corte Especial adotou o entendimento da 2.ª Turma, vale dizer, ao decidir que a **ação de repetição de indébito por cobrança indevida de valores referentes a serviços não contratados de telefonia fixa tem prazo prescricional de 10 anos, nos termos do art. 205 do CC**. Como bem apontado pela Corte Especial no julgado em exame, a pretensão de enriquecimento sem causa (*ação in rem verso*) possui como requisitos: enriquecimento de alguém; empobrecimento correspondente de outrem; relação de causalidade entre ambos; ausência de causa jurídica; inexistência de ação específica. Trata-se, portanto, de ação subsidiária que depende da inexistência de causa jurídica. A discussão acerca da cobrança indevida de valores constantes de relação contratual e eventual repetição de indébito não se enquadra na hipótese do art. 206, § 3.º, IV, do Código Civil, seja porque a causa jurídica, em princípio, existe (relação contratual prévia em que se debate a legitimidade da cobrança), seja porque a ação de repetição de indébito é ação específica. Conclui-se que a repetição de indébito por cobrança indevida de valores referentes a serviços não contratados, promovida por empresa de telefonia, deveria seguir a norma geral do lapso prescricional (art. 205 do Código Civil), a exemplo do que foi decidido e sumulado (Súmula 412/STJ) no que diz

---

[430] REsp 1.238.737/SC, 3.ª T., rel. Min. Nancy Andrighi, j. 08.11.2011 (Informativo STJ 487). No mesmo sentido: REsp 1.032.952/SP, rel. Min. Nancy Andrighi, *DJe* 26.03.2009.

[431] AgRg no AREsp 622.897/RS, 3.ª T., rel. Min. Marco Aurélio Bellizze, j. 06.08.2015.

[432] AgRg no REsp 1.516.647/RS, 2.ª T., rel. Min. Herman Benjamin, j. 07.05.2015.

536 INTERESSES DIFUSOS E COLETIVOS – VOL. 1

respeito ao lapso prescricional para repetição de indébito de tarifas de água e esgoto. Esse mesmo entendimento foi adotado pela Corte Especial no julgamento do EAREsp 676.608, da relatoria do Ministro Og Fernqandes (j. 21.10.2020), no qual foi fixada a seguinte tese:

> A repetição de indébito por cobrança indevida de valores referentes a serviços não contratados promovida por empresa de telefonia deve seguir a norma geral do lapso prescricional (10 anos, artigo 205 do Código Civil) a exemplo do que decidido e sumulado (Súmula 412/STJ) no que diz respeito ao lapso prescricional para repetição de medida de tarifas de água e esgoto.

A tabela a seguir traz um resumo dos principais entendimentos do STJ a respeito do prazo prescricional de outras pretensões reparatórias nas relações de consumo:

Outras Pretensões Reparatórias nas Relações de Consumo	Jurisprudência do STJ
Inadimplemento contratual (ex.: atraso de voo ou na entrega do imóvel)	Prazo **de 10 anos** (CC, art. 205), REsp 1.591.223/PR)
Ação de repetição do indébito para cobrança de água, esgoto e telefonia	Prazo **de 10 anos** (CC, art. 205), Súmula 412
Ação de repetição do indébito referente a disciplinas não ministradas por instituição de Ensino Superior	Prazo de 3 anos (CC, art. 206, § 3.º, IV), REsp 1.238.737/SC
Ação de indenização por negativação indevida	Prazo de 3 anos (CC, art. 206, § 3.º, V), **3.ª Turma**, REsp 1.365.844/RS
	Prazo **de 10 anos** (CC, art. 205), **4.ª Turma**, REsp 1.276.311/RS
Ação de indenização do segurado contra a seguradora	Prazo de 1 ano, art. 206, § 1.º, do CC

Em apertada síntese, vê-se que a jurisprudência do STJ se consolidou, acertadamente, no sentido da aplicação, em caráter complementar, dos prazos prescricionais previstos no CC/2002 para as hipóteses de pretensões reparatórias não decorrentes de acidentes de consumo, em detrimento do prazo quinquenal previsto no art. 27 do CDC.

Quanto aos conflitos de entendimento existentes na Corte Superior, a respeito de qual prazo prescricional do CC/2002 se mostra mais adequado para essa aplicação em caráter complementar, em edições anteriores já antecipamos que a tendência era a harmonização dos julgados, especialmente a partir do julgamento, pela 2.ª Seção, do EREsp 1.280.825 (j. 27.06.2018), da relatoria da Ministra Nancy Andrighi, no qual se definiu o seguinte:

> Nas controvérsias relacionadas à responsabilidade contratual, aplica-se a regra geral (art. 205 CC/02) que prevê dez anos de prazo prescricional e, quando se tratar de responsabilidade extracontratual, aplica-se o disposto no art. 206, § 3.º, V, do CC/02, com prazo de três anos.

Essa tendência foi confirmada pela Corte Especial do STJ no dia 15 de maio de 2019, no julgamento dos Embargos de Divergência no Recurso Especial 1.281.594/SP.[433]

---

[433] EREsp 1.281.594/SP, Corte Especial, rel. Min. Benedito Gonçalves, rel. p/ acórdão Min. Felix Fischer, por maioria, j. 15.05.2019 (Info 649).

No caso, **decidiu-se que a pretensão indenizatória decorrente do inadimplemento contratual se sujeita ao prazo prescricional decenal (art. 205 do Código Civil), se não houver previsão legal de prazo diferenciado**.

Pensamos que esse entendimento também deverá ser observado nas relações jurídicas de consumo, para solução coerente e uniforme dessas hipóteses de pretensão reparatória sem prazo prescricional previsto no CDC. Nesse sentido, doravante, será necessário distinguir:

i) se a controvérsia estiver relacionada à **responsabilidade contratual** (*ex.: cobrança indevida de tarifa de serviço público ou mensalidade escolar; perdas e danos decorrentes do inadimplemento absoluto do contrato;* pretensão de reembolso de despesas médico-hospitalares alegadamente cobertas pelo contrato de plano de saúde (ou de seguro-saúde), mas que não foram adimplidas pela operadora;[434] *perdas e danos decorrentes de vício do produto ou serviço etc.*), aplicar-se-á, em caráter complementar, a regra geral (art. 205 do CC/2002), que prevê 10 (dez) anos de prazo prescricional; e

ii) se a controvérsia envolver **responsabilidade extracontratual** (*ex.: negativação indevida*), aplicar-se-á o prazo prescricional de três anos, previsto no art. 206, § 3.º, V, do CC/2002.

5.9.4 A Lei 14.010/2020 e sua repercussão nos prazos decadenciais e prescricionais das relações jurídicas de consumo

A Lei 14.010, de 10 de junho de 2020, dispõe sobre o regime jurídico emergencial e transitório das relações jurídicas de Direito Privado (RJET) no período da pandemia da Covid-19.

Duas diretrizes iluminaram o diploma emergencial. Em primeiro lugar, a Lei do RJET não modificou nenhum dispositivo do Código Civil nem de nenhuma outra lei. E isso foi proposital. A lei não quis estabelecer nenhuma regra permanente, não objetivou revogar nada. Buscou, apenas, suspender normas que se mostravam incompatíveis com o período excepcional de turbulência social, econômica e pessoal causada pela pandemia da Covid-19 (art. 2.º).

A segunda diretriz é a de que o RJET tem uma data inicial bem definida: 20 de março de 2020, data do Decreto Legislativo 6. O legislador escolheu esse marco porque, com o referido decreto, o Congresso Nacional reconheceu a notoriedade da desordem causada pelo coronavírus (art. 1.º, parágrafo único).

Neste tópico, interessa analisar o disposto no art. 3.º da Lei do RJET, que assim dispõe:

Art. 3.º Os prazos prescricionais consideram-se impedidos ou suspensos, conforme o caso, a partir da entrada em vigor desta Lei até 30 de outubro de 2020.

§ 1.º Este artigo não se aplica enquanto perdurarem as hipóteses específicas de impedimento, suspensão e interrupção dos prazos prescricionais previstas no ordenamento jurídico nacional.

§ 2.º Este artigo aplica-se à decadência, conforme ressalva prevista no art. 207 da Lei n.º 10.406, de 10 de janeiro de 2002 (Código Civil).

Por força dessa norma, os prazos decadenciais e prescricionais do CDC também ficaram impedidos de começar a correr ou, se já haviam começado, ficaram suspensos a partir de 12.06.2020 (data da entrada em vigor da lei), assim permanecendo até o dia 30 de outubro de 2020.

---

[434] Nesse sentido: REsp 1.756.283/SP, 2.ª S., rel. Min. Luis Felipe Salomão, j. 11.03.2020.

A rigor, não há diferença ontológica entre impedimento e suspensão da decadência ou prescrição, pois ambas são formas de paralisação do prazo. A sua diferença fática é quanto ao termo inicial, pois, no impedimento, o prazo nem chegou a correr; ao passo que na suspensão, o prazo, já fluindo, "congela-se", enquanto pendente a causa suspensiva.

A *ratio legis*, considerada a grave situação socioeconômica desencadeada pela pandemia do coronavírus, é obstar o transcurso dos prazos prescricionais e decadenciais, com o objetivo de resguardar os interesses dos credores em geral, inclusive os dos consumidores.

Imagine-se, por exemplo, que um consumidor tenha adquirido um smartphone (produto durável) com vício aparente no dia 2 de junho de 2020. Por se tratar de vício aparente, o prazo de 90 dias para reclamar se inicia na data da compra (02.06.2020). Como a Lei do RJET entrou em vigor no dia 12.06.2020, haverá a suspensão do prazo decadencial até o dia 30.10.2020. Em 31.10.2020, o prazo restante (80 dias) voltará a correr.

Na mesma situação hipotética (aquisição de produto durável com vício aparente), se a data da compra for o dia 20.06.2020 (isto é, depois da vigência da Lei RJET), o prazo decadencial de 90 dias estará impedido de começar a correr, impedimento este que perdurará até o dia 30 de outubro de 2020. A partir do dia 31 de outubro, portanto, terá início o prazo de 90 dias para o consumidor reclamar.

Por último, cabe destacar que a regra em exame tem aplicação supletiva ou subsidiária, vale dizer, havendo previsão legal específica de impedimento, suspensão – ou até mesmo interrupção – do prazo prescricional em outra lei, esta prevalecerá em relação ao disposto no art. 3.º da Lei do RJET.

5.10 DESCONSIDERAÇÃO DA PERSONALIDADE JURÍDICA

O ordenamento jurídico confere às pessoas jurídicas personalidade distinta da dos seus membros. Por corolário, o patrimônio da pessoa jurídica não se confunde com o patrimônio de seus sócios ou constituintes (*princípio da autonomia patrimonial*).

Se por um lado tal princípio serviu de estímulo ao desenvolvimento da atividade econômica, na medida em que limita os riscos do empreendimento, por outro desencadeou uma série de abusos e fraudes por parte de administradores e acionistas inescrupulosos, que se utilizam da pessoa jurídica como uma espécie de manto para esconder e proteger os seus negócios escusos.

A reação a esses abusos deu origem à **teoria da desconsideração da personalidade jurídica** (*disregard of legal entity*), também denominada teoria da penetração, concebida para permitir que o juiz, em casos de abuso ou fraude em prejuízo da própria sociedade ou de terceiros, desconsidere o princípio de que as pessoas jurídicas têm existência distinta da dos seus membros, para atingir e vincular os bens particulares dos sócios ou administradores à satisfação das dívidas da sociedade.

No Brasil, referida teoria foi introduzida por Rubens Requião, por meio de um artigo publicado no ano de 1969,[435] sendo logo admitida na doutrina e jurisprudência. Adverte, porém, o mesmo Requião, que não se trata de considerar ou declarar nula a personificação, mas de torná-la ineficaz para determinados atos.[436] Importa dizer que a desconsideração é **momentânea** e para o **caso concreto**.

A positivação da teoria da desconsideração da personalidade jurídica só ocorreu no ano de 1990, com o Código de Defesa do Consumidor, cujo art. 28 contém um elenco

---

[435] REQUIÃO, Rubens. Abuso de Direito e Fraude através da Personalidade Jurídica (*Disregard Doctrine*). RT, v. 410, p. 12, 1969.

[436] REQUIÃO, Rubens. *Curso de Direito Comercial*. 22. ed. São Paulo: Saraiva, 1995. v. I, p. 277. No mesmo sentido, veja-se: REsp 86.502, DJ 26.08.1996.

CAP. 5 – DIREITO DO CONSUMIDOR | 539

de situações nas quais o juiz pode desconsiderar a personalidade da sociedade, em favor do consumidor. Posteriormente, referida teoria foi inserida no art. 18 da Lei 8.884/1994 – Lei do Cade (atualmente encontra-se no art. 34, parágrafo único, da Lei 12.529/2011) e no art. 4.º da Lei 9.605/1998 (dispõe sobre sanções penais e administrativas derivadas de condutas e atividades lesivas ao meio ambiente).

Finalmente, o Código Civil de 2002, em seu art. 50, também previu a hipótese de desconsideração da personalidade jurídica.

5.10.1 Desconsideração no Código Civil

O art. 50 do Código Civil de 2002 exige **desvio de finalidade** ou **confusão patrimonial** para que se possa desconsiderar a personalidade jurídica, mediante requerimento da parte ou do Ministério Público, cabendo o ônus da prova ao demandante.

Embora a norma não o explicite, a doutrina majoritária entende que tais hipóteses devam ser aferidas subjetivamente (*teoria subjetiva da desconsideração*). Vale dizer: a desconsideração da personalidade jurídica só pode ser admitida quando demonstrado que o desvio de finalidade ou a confusão patrimonial decorre da atuação dolosa ou culposa dos sócios e administradores, sobretudo em face do caráter excepcional de que se reveste esta providência.[437]

5.10.2 Desconsideração no CDC

A teoria da desconsideração da personalidade jurídica recebeu disciplina bem mais abrangente no Código de Defesa do Consumidor, como se vê do disposto no art. 28, *caput,* que assim dispõe:

> **Art. 28.** O juiz poderá desconsiderar a personalidade jurídica da sociedade quando, em detrimento do consumidor, houver abuso de direito, excesso de poder, infração da lei, fato ou ato ilícito ou violação dos estatutos ou contrato social. A desconsideração também será efetivada quando houver falência, estado de insolvência, encerramento ou inatividade da pessoa jurídica provocados por má administração.

O primeiro aspecto a merecer a atenção do intérprete é saber se a aplicação da teoria da desconsideração depende de pedido da parte.

No direito do consumidor, diferentemente do que se verifica no direito civil (art. 50 do CC), **o instituto da desconsideração da personalidade jurídica pode ser aplicado de ofício pelo juiz**, independentemente de requerimento da parte ou do Ministério Público, porquanto previsto em norma de ordem pública e de interesse social. Desse teor o voto do Ministro Carlos Alberto Menezes Direito, no julgamento do Recurso Especial 279.273/SP, julgado em 04.12.2003: "Se houver a presença das situações descritas no *caput*, em detrimento do consumidor, o juiz poderá fazer incidir o dispositivo, independentemente de requerimento da parte".[438]

Por outro lado, importa destacar que a aplicação da teoria da desconsideração **não está condicionada ao ajuizamento de uma ação autônoma.** Em outras palavras, o juiz

---

[437] Nesse sentido, veja-se: COELHO, Fábio Ulhoa. *Curso de Direito Comercial*. São Paulo: Saraiva, 1999. v. 2, p. 44. Em sentido contrário, sustentando a necessidade apenas da realização material do resultado concreto da *confusão patrimonial* ou *desvio de finalidade*, sem a necessidade de demonstração cabal da atuação dolosa ou culposa dos sócios e administradores: XAVIER, José Tadeu Neves. A Teoria da Desconsideração da Pessoa Jurídica no Código Civil de 2002. *Revista de Direito Privado*, n. 10, p. 77, abr.-jun. 2002.

[438] No mesmo sentido, veja-se: GARCIA, Leonardo de Medeiros. *Direito do Consumidor*. Código Comentado e Jurisprudência. 5. ed. Niterói: Impetus, 2009. p. 203.

540 | INTERESSES DIFUSOS E COLETIVOS – VOL. 1

pode desconsiderar a personalidade e alcançar os bens particulares dos membros da pessoa jurídica na própria ação contra ela proposta. Como já decidido pelo STJ:

> Como o sistema jurídico, em regra, só reclama pronunciamento judicial prévio nos casos de atos anuláveis (por exemplo, na fraude contra credores, art. 106 do Código Civil) e o dispensa quando se trata de atos ineficazes (por exemplo, na fraude à execução, art. 592, n.º V, do Código de Processo Civil), com ele não se harmonizaria o reclamado processo de conhecimento para aplicação da teoria da desconsideração, que sabidamente apenas opera no campo da ineficácia. Aliás, condicionar a aplicação da teoria da desconsideração da pessoa jurídica a prévio pronunciamento judicial importa torná-la inteiramente inoperante pelo retardamento de medidas cuja eficiência e utilidade depende de sua rápida efetivação.[439]

Na mesma linha de raciocínio, o STJ entende que **o juiz pode desconsiderar a personalidade jurídica, incidentalmente, no próprio processo de execução** (*singular ou coletiva*), de forma a impedir a concretização de fraude à lei ou contra terceiros, quando verificados os pressupostos da sua incidência.[440]

É oportuno destacar que esse entendimento foi encampado pelo atual Código de Processo Civil, que, em seu art. 134,[441] instituiu o *incidente de desconsideração da personalidade jurídica*, cabível em todas as fases do processo de conhecimento, no cumprimento de sentença e na execução fundada em título executivo extrajudicial. O atual CPC dispensará, inclusive, a instauração desse incidente, quando o pedido de desconsideração da personalidade jurídica for deduzido na própria petição inicial, hipótese em que o processo sequer será suspenso.

5.10.2.1 *Hipóteses autorizadoras*

A primeira parte do art. 28, *caput*, do CDC traz as hipóteses tradicionais de desconsideração da personalidade jurídica, que têm como característica comum a ilicitude ou irregularidade da conduta do fornecedor. São elas: **abuso do direito, excesso de poder, infração da lei, prática de ato ilícito e violação dos estatutos ou contrato social**.

Já a segunda parte do art. 28, *caput*, inseriu uma novidade no instituto da desconsideração da personalidade jurídica: admitiu a desconsideração independentemente de se configurar fraude ou abuso de direito. Nessa hipótese, basta que haja **falência, estado de insolvência, encerramento ou inatividade da pessoa jurídica, provocados por má administração**, para que o juiz possa alcançar os bens particulares dos sócios e administradores da pessoa jurídica.

A última hipótese autorizadora da desconsideração está prevista no § 5.º do art. 28, que assim dispõe: "Também poderá ser desconsiderada a pessoa jurídica sempre que a sua personalidade for, de alguma forma, obstáculo ao ressarcimento de prejuízos causados aos consumidores". Trata-se da maior inovação na doutrina da desconsideração da personalidade jurídica, porquanto permite a desconsideração **sempre que a personalidade**

---

[439] REsp 86.502/SP, rel. Min. Ruy Rosado de Aguiar, *DJ* 26.08.1996.

[440] A propósito, veja-se: RMS 16.274, rel. Min. Nancy Andrighi, *DJ* 02.08.2004.

[441] CPC/2015, art. 134: "O incidente de desconsideração é cabível em todas as fases do processo de conhecimento, no cumprimento de sentença e na execução fundada em título executivo extrajudicial. § 1.º A instauração do incidente será imediatamente comunicada ao distribuidor para as anotações devidas. § 2.º Dispensa-se a instauração do incidente se a desconsideração da personalidade jurídica for requerida na petição inicial, hipótese em que será citado o sócio ou a pessoa jurídica. § 3.º A instauração do incidente suspenderá o processo, salvo na hipótese do § 2.º. § 4.º O requerimento deve demonstrar o preenchimento dos pressupostos legais específicos para desconsideração da personalidade jurídica".

CAP. 5 - DIREITO DO CONSUMIDOR | 541

da pessoa jurídica for, de alguma forma, obstáculo ao ressarcimento de prejuízos causados aos consumidores.

5.10.2.2 A interpretação da cláusula geral do art. 28, § 5.º, do CDC

A amplitude da norma prevista no art. 28, § 5.º, do CDC suscita grandes discussões doutrinárias e jurisprudenciais sobre o seu exato alcance e significado.

Duas correntes se formaram a respeito do assunto:

1) uma, mais restrita, sustenta deva ser ele interpretado à luz do *caput* do art. 28. Vale dizer: além da hipótese descrita no § 5.º (*obstáculo ao ressarcimento de prejuízos causados aos consumidores*), o juiz só pode desconsiderar a personalidade jurídica quando também restar caracterizada uma das hipóteses previstas no *caput* (ex.: abuso de direito, excesso de poder, infração da lei etc.);[442]

2) outra orientação, mais abrangente, é no sentido de que a incidência do § 5.º do art. 28 é autônoma, isto é, não se subordina à demonstração dos requisitos do *caput,* mas apenas à prova de que a mera existência da personalidade jurídica está a causar obstáculo ao ressarcimento dos consumidores.[443] **É a atual posição do STJ**, conforme será visto mais adiante.

Essa discussão a respeito dos pressupostos para a aplicação do instituto da desconsideração da personalidade jurídica deu margem ao surgimento de duas subteorias: a *teoria maior* e a *teoria menor da desconsideração.*

Para a **teoria maior da desconsideração**, não basta a prova de que a pessoa jurídica está insolvente para o cumprimento das suas obrigações. Exige-se, aqui, para além da prova da insolvência, a demonstração de desvio de finalidade (*teoria maior subjetiva da desconsideração*) ou de confusão patrimonial (*teoria maior objetiva da desconsideração*).

Já para a **teoria menor da desconsideração**, basta a prova de insolvência da pessoa jurídica para o pagamento de suas obrigações, independentemente de desvio de finalidade ou de confusão patrimonial.

O sistema jurídico brasileiro, em regra, acolhe a teoria maior da desconsideração, positivada no art. 50 do Código Civil atual, isto é, além da prova de insolvência, exige-se a demonstração de desvio de finalidade ou confusão patrimonial.

No direito do consumidor (art. 28, § 5.º), e também no direito ambiental (art. 4.º da Lei 9.605/1998), contudo, **adota-se a teoria menor da desconsideração:** basta a prova da insolvência da pessoa jurídica, fato este suficiente a causar obstáculo ao ressarcimento de prejuízos causados aos consumidores ou ao meio ambiente. Assim entendeu o Superior Tribunal de Justiça no emblemático julgamento do caso da explosão do Shopping Center de Osasco:

> A teoria menor da desconsideração, acolhida em nosso ordenamento jurídico excepcionalmente no Direito do Consumidor e no Direito Ambiental, incide com a mera prova de insolvência da pessoa jurídica para o pagamento de suas obrigações, independentemente da existência de desvio de finalidade ou de confusão patrimonial. (...) A **aplicação da teoria menor da desconsideração às relações de consumo está calcada na exegese autônoma do § 5.º do art. 28, do CDC, porquanto**

---

[442] Nesse sentido, entre outros, vejam-se: GRINOVER, Ada Pellegrini. Da Desconsideração da Pessoa Jurídica – Aspectos de Direito Material e Processual. *RF* 371/11; OLIVEIRA, James Eduardo. *Código de Defesa do Consumidor*: Anotado e Comentado. 4. ed. São Paulo: Atlas, 2009. p. 352.

[443] Nesse sentido, entre outros, confiram-se: MAZZILLI, Hugo Nigro. *A Defesa dos Interesses Difusos em Juízo*. 24. ed. São Paulo: Saraiva, 2008. p. 353; CAVALIERI FILHO, Sérgio. *Programa de Direito do Consumidor*. São Paulo: Atlas, 2009. p. 302.

INTERESSES DIFUSOS E COLETIVOS – VOL. 1

a incidência desse dispositivo não se subordina à demonstração dos requisitos previstos no *caput* do artigo indicado, mas apenas à prova de causar, a mera existência da pessoa jurídica, obstáculo ao ressarcimento de prejuízos causados aos consumidores. Recursos especiais não conhecidos (grifou-se).[444]

Cabe destacar que, para o STJ, a denominada Teoria Menor da desconsideração da personalidade jurídica, de que trata o § 5.º do art. 28 do CDC, a despeito de dispensar a prova de fraude, abuso de direito ou confusão patrimonial, não dá margem para admitir a responsabilização pessoal: (i) de quem não integra o quadro societário da empresa, ainda que nela atue como gestor;[445] e (ii) de quem, embora ostentando a condição de sócio, não desempenha atos de gestão, independentemente de se tratar ou não de empresa constituída sob a forma de cooperativa.[446]

O quadro a seguir é um comparativo da teoria da desconsideração da personalidade no Código Civil (art. 50) e no Código de Defesa do Consumidor (art. 28):

Desconsideração no CC (art. 50)	Desconsideração no CDC (art. 28)
Depende de requerimento da parte ou do Ministério Público.	**Pode ser aplicada de ofício** pelo juiz, independentemente de requerimento da parte ou do Ministério Público, porquanto prevista em norma de ordem pública.
Adoção da *Teoria Maior*: exige-se, para além da prova da insolvência, a demonstração de desvio de finalidade (*teoria maior subjetiva*) ou de confusão patrimonial (*teoria maior objetiva*).	**Adoção da *Teoria Menor***: basta a prova de insolvência da pessoa jurídica para o pagamento de suas obrigações, independentemente de desvio de finalidade ou de confusão patrimonial.
Hipóteses autorizadoras: a) desvio de finalidade; b) confusão patrimonial.	**Hipóteses autorizadoras**: a) abuso de direito; b) excesso de poder; c) infração da lei; d) ato ou fato ilícito; e) violação dos estatutos ou contrato social; f) falência, insolvência, encerramento ou inatividade da pessoa jurídica provocados por má administração; g) sempre que a personalidade da pessoa jurídica for, de alguma forma, obstáculo ao ressarcimento de prejuízos causados aos consumidores.

5.10.3 Desconsideração inversa

Conforme visto, a teoria da desconsideração da personalidade jurídica foi concebida para coibir fraudes e abusos, possibilitando-se ao juiz alcançar e vincular os bens particulares dos sócios e administradores por dívidas contraídas em nome da sociedade. Fala-se, aqui, em **desconsideração direta**.

Mas e se o sócio se utiliza da sociedade para ocultar seus bens pessoais em prejuízo de terceiros? Nesse caso, a doutrina e a jurisprudência têm admitido o caminho inverso, ou seja, a possibilidade de atingir os bens da própria pessoa jurídica para reparar o ato fraudulento do sócio. Fala-se, então, em **desconsideração inversa** da personalidade jurídica, que segue basicamente os mesmos princípios e requisitos da desconsideração direta.

A desconsideração inversa da personalidade jurídica caracteriza-se, portanto, pelo afastamento da autonomia patrimonial da sociedade, para, contrariamente do que ocor-

---

[444] REsp 279.273/SP, 3.ª T., rel. Min. Ari Pargendler, rel. p/ o acórdão Min. Nancy Andrighi, j. 04.12.2003.

[445] REsp 1.860.333/DF, 4.ª T., rel. Min. Marco Buzzi, por unanimidade, j. 11.10.2022.

[446] Nesse sentido, confiram-se: REsp 1.766.093/SP, 3.ª T., rel. Min. Nancy Andrighi, rel. p/ acórdão Min. Ricardo Vilas Bôas Cueva, j. 12.11.2019; REsp 1.900.843/DF, 3.ª T., rel. Min. Paulo de Tarso Sanseverino (*in memoriam*), rel. p/ acórdão Min. Ricardo Villas Bôas Cueva, por maioria, j. 23.05.2023, *DJe* 30.05.2023.

re na desconsideração da personalidade propriamente dita, atingir o ente coletivo e seu patrimônio social, de modo a responsabilizar a pessoa jurídica por obrigações do sócio controlador. Nesse sentido, confira-se recente decisão do Superior Tribunal de Justiça:

> Considerando-se que a finalidade da *disregard doctrine* é combater a utilização indevida do ente societário por seus sócios, o que pode ocorrer também nos casos em que o sócio controlador esvazia o seu patrimônio pessoal e o integraliza na pessoa jurídica, **conclui-se, de uma interpretação teleológica do art. 50 do CC/02, ser possível a desconsideração inversa da personalidade jurídica, de modo a atingir bens da sociedade em razão de dívidas contraídas pelo sócio controlador**, conquanto preenchidos os requisitos previstos na norma (grifou-se).[447]

A desconsideração inversa tem sido utilizada com frequência no direito de família, quando um dos cônjuges, pretendendo se separar do outro, transfere os bens pessoais para uma sociedade, com o objetivo de livrá-los da partilha.

Anote-se que o atual Código de Processo Civil admite, expressamente, a desconsideração inversa da personalidade jurídica, que se dará nos mesmos moldes da desconsideração direta (art. 133, § 2.º).

5.10.4   Responsabilização societária

O art. 28 do CDC, ao lado das hipóteses autorizadoras da desconsideração da personalidade jurídica, também disciplina a responsabilidade de alguns tipos de sociedades.

Nesse particular, importa destacar que as responsabilidades instituídas nos §§ 2.º, 3.º e 4.º do art. 28 do CDC, a despeito da posição topográfica, não se confundem nem estão inseridas no âmbito da teoria da desconsideração da personalidade jurídica.

5.10.4.1   *Responsabilidade subsidiária do grupamento societário (§ 2.º)*

Nos termos do § 2.º do art. 28, "as sociedades integrantes dos grupos societários e as sociedades controladas são subsidiariamente responsáveis pelas obrigações decorrentes deste Código".

Por **grupo societário** entende-se aquele constituído por sociedade controladora e suas controladas, ou seja, por sociedades que detêm o controle acionário, ditas sociedades de comando, e por suas filiadas.[448] As **sociedades controladas**, por sua vez, são aquelas cuja preponderância nas deliberações sociais pertence à sociedade controladora, de modo permanente, diretamente ou por meio de outras controladas.[449]

A norma em análise determina que, diante da insuficiência dos bens que compõem o patrimônio de quaisquer das sociedades componentes do grupo – quer se trate de sociedade controladora ou de sociedade controlada –, o consumidor lesado poderá prosseguir na cobrança contra as demais integrantes, em via subsidiária.

5.10.4.2   *Responsabilidade solidária das sociedades consorciadas (§ 3.º)*

O **consórcio** pode ser definido como a reunião de sociedades que se agrupam para executar um determinado empreendimento. Nos termos do art. 278, § 1.º, da Lei

---

[447] REsp 948.117/MS, 3.ª T., rel. Min. Nancy Andrighi, j. 22.06.2010. **No mesmo sentido,** vejam-se: TJSP, AI 991.09.018659-2, 18.ª Câmara de Direito Privado, rel. Des. Jurandir de Souza, j. 02.02.2010; TJRS, AI 70005085048, 13.ª Câmara Cível, rel. Des. Eduardo Kraemer, j. 25.05.2004.

[448] Cf. art. 265 e ss. da Lei das Sociedades Anônimas (Lei 6.404/1976).

[449] Cf. art. 243, § 2.º, da Lei 6.404/1976.

544 | INTERESSES DIFUSOS E COLETIVOS – VOL. 1

6.404/1976, o consórcio não tem personalidade jurídica e, em princípio, as consorciadas só respondem por suas obrigações, sem presunção de solidariedade.

O § 3.º do art. 28 do CDC excepciona essa regra da Lei das Sociedades Anônimas, na medida em que estabelece, nas relações de consumo, um vínculo de solidariedade entre as sociedades consorciadas, em benefício do consumidor. Com isso, o consumidor pode exercer a sua pretensão de reparação dos danos em face de uma ou de todas as empresas integrantes do consórcio.

Por se tratar de exceção à regra, a previsão de solidariedade contida no art. 28, § 3.º, do CDC deve ser interpretada restritivamente, de maneira a abarcar apenas as obrigações resultantes do objeto do consórcio, e não quaisquer obrigações assumidas pelas consorciadas em suas atividades empresariais gerais. Ademais, a exceção em comento não alcança o próprio consórcio, que apenas responderá solidariamente com suas integrantes se houver previsão contratual nesse sentido.[450]

5.10.4.3 Responsabilidade subjetiva das sociedades coligadas (§ 4.º)

Por último, dispõe o § 4.º do art. 28 que "as sociedades coligadas só responderão por culpa". **Sociedades coligadas**, nos termos do art. 243, § 1.º, da Lei 6.404/1976, são aquelas nas quais a investidora tenha influência significativa. Considera-se que há influência significativa quando a investidora detém ou exerce o poder de participar nas decisões das políticas financeira ou operacional da investida, sem controlá-la (§ 4.º). É presumida influência significativa quando a investidora for titular de 20% (vinte por cento) ou mais dos votos conferidos pelo capital da investida, sem controlá-la (§ 5.º).

Como tais sociedades conservam sua autonomia administrativa, vale dizer, não há controle nas decisões de uma sobre a outra, o Código somente admite sua responsabilização quando concorrerem culposamente para o evento danoso.

5.11 PRÁTICAS COMERCIAIS

5.11.1 Oferta

Os arts. 30 a 35 do CDC são as disposições que regulam o fenômeno da **oferta,** assim entendida a **declaração inicial de vontade direcionada à realização de um contrato.**[451]

É mediante a oferta que o fornecedor convida o consumidor a adquirir um produto ou serviço. Por isso a oferta deve ser analisada na fase pré-contratual.

Importa destacar que no mercado de massa a oferta abrange não só as técnicas de indução pessoal, como também outras mais difusas, entre as quais estão as promoções de vendas e a própria publicidade.

Note-se, porém, que a oferta de consumo não se confunde com a publicidade, muito embora uma possa estar contida na outra.

A publicidade pode ser definida como o anúncio veiculado por qualquer meio de comunicação, pelo qual se busca atrair o consumidor para o ato de consumo. O objetivo maior desse mecanismo de *marketing* não é informar, e sim induzir a compra. Assim, a publicidade só será considerada oferta quando, para além de seduzir o consumidor à aquisição de um produto ou serviço, especificar o preço, a marca ou outras características do bem de consumo anunciado. Em outras palavras, a publicidade pode ser considerada uma modalidade de oferta, desde que suficientemente precisa.

---

[450] Nesse sentido: STJ, REsp 1.635.637/RJ, rel. Min. Nancy Andrighi, j. 18.09.2018.

[451] O Código Civil opera distinção entre os termos *proposta* e *oferta*. Aquela é dirigida a um destinatário determinado (art. 427); esta, ao público em geral (art. 429).

CAP. 5 – DIREITO DO CONSUMIDOR | 545

Exemplificando, se uma campanha publicitária de uma montadora de automóveis anuncia o lançamento de um novo veículo, sem qualquer especificação das características do produto, não há falar em oferta de consumo. Contudo, se na mesma campanha o anunciante especificar o preço, a garantia contratual e os itens de série do automóvel, aí sim estará caracterizada a publicidade como modalidade de oferta.

O Código de Defesa do Consumidor, sensível à realidade do mercado de massa, assim como ao fenômeno da publicidade, aprimorou as disposições civis e empresariais acerca da oferta. Dentre os principais avanços destacamos a eliminação do rigor formal quanto aos requisitos de uma oferta válida e a instituição do princípio da vinculação.

5.11.1.1 Princípio da vinculação da oferta (art. 30 do CDC)

O CDC, em seu art. 30, instituiu o **princípio da vinculação da oferta,** segundo o qual o fornecedor está vinculado a toda e qualquer proposta que tenha realizado e que esteja dotada de um mínimo de precisão. Veja-se:

> **Art. 30.** Toda informação ou publicidade, suficientemente precisa, veiculada por qualquer forma ou meio de comunicação com relação a produtos e serviços oferecidos ou apresentados, obriga o fornecedor que a fizer veicular ou dela se utilizar e integra o contrato que vier a ser celebrado.

Referido princípio, corolário lógico do princípio da boa-fé objetiva, traduz a ideia de que no mercado de consumo a oferta cria obrigação pré-contratual, para que não se frustre a legítima expectativa criada no consumidor. Dito de outro modo: no direito do consumidor, a promessa é dívida.

Observe-se que o CDC, em seu art. 30, conferiu caráter vinculante tanto à *publicidade* como à *informação.* O reconhecimento do caráter vinculante dessas duas modalidades de oferta é muito importante, porquanto o campo de incidência da informação é muito mais amplo que o da publicidade.

De fato, entende-se por informação todo tipo de manifestação do fornecedor, que não seja considerado anúncio publicitário, mas que sirva para influenciar na decisão do consumidor (ex.: as informações prestadas pelo representante do fornecedor, o preço informado pelo preposto do fornecedor etc.). Reconhecendo o caráter vinculante da informação nas relações de consumo, assim já se manifestou o Superior Tribunal de Justiça:

> Sob a égide do Código de Defesa do Consumidor, **as informações prestadas** por corretor a respeito de contrato de seguro-saúde (ou plano de saúde) **integram o contrato** que vier a ser celebrado e podem ser comprovadas por todos os meios probatórios admitidos. Recurso especial parcialmente conhecido e provido (grifou-se).[452]

5.11.1.1.1 Requisitos da vinculação

A aplicação do princípio da vinculação está condicionada à verificação de dois **requisitos básicos**:

1.º) **veiculação da oferta:** é fundamental que a proposta seja veiculada, isto é, chegue ao conhecimento do consumidor, por qualquer forma ou meio de comunicação (ex.: televisão, rádio, Internet, *telemarketing, outdoor,* mala direta etc.);

---

[452] REsp 531.281/SP, 3.ª T., rel. Min. Nancy Andrighi, *DJ* 23.08.2004, p. 229.

546 | INTERESSES DIFUSOS E COLETIVOS – VOL. 1

2.º) **precisão da oferta:** não é qualquer oferta que vincula o fornecedor. É necessário que a oferta contenha uma qualidade essencial, a saber, a precisão. Não se trata, contudo, de precisão absoluta, que não deixe dúvidas. O Código se contenta com uma *precisão suficiente*. Na lição de Nelson Nery Junior e Rosa Maria de Andrade Nery, a oferta que vincula o fornecedor é "aquela que contenha elementos claros para que possam ser identificados os seus termos, tais como a marca do produto, condições de pagamento etc.".[453]

É exatamente por lhe faltar essa precisão mínima que o exagero (*puffing*), em regra, não vincula o fornecedor. É o caso de expressões exageradas, que não permitam verificação objetiva, como *o melhor vinho do mundo, o carro mais esportivo, o sapato mais confortável* etc. Essa regra, contudo, comporta exceções, que podem surgir na análise do caso concreto. Por exemplo: quando o fornecedor anuncia ter o "melhor preço da cidade", o *puffing* ganha precisão e, por corolário, vincula o anunciante.

5.11.1.1.2 Efeitos da vinculação

A vinculação, no escólio de Antonio Herman Benjamin, atua de duas maneiras: primeiro, **obrigando o fornecedor,** mesmo que se negue a contratar; segundo, **introduzindo-se (e prevalecendo) em contrato eventualmente celebrado,** inclusive quando seu texto diga de modo diverso.[454] No mesmo sentido, já decidiu o STJ:

> O CDC dispõe que toda informação ou publicidade, veiculada por qualquer forma ou meio de comunicação com relação a produtos e serviços oferecidos ou apresentados, desde que suficientemente precisa e efetivamente conhecida pelos consumidores a que é destinada, **obriga o fornecedor** que a fizer veicular ou dela se utilizar, bem como **integra o contrato que vier a ser celebrado.**[455]

Vejamos um exemplo: uma concessionária de automóveis faz anúncio de venda de veículos, que já são entregues com o IPVA quitado. Atraído o consumidor, ele adquire o veículo mediante contrato do qual não consta que o bem está sendo entregue com o IPVA quitado. E, de fato, após algum tempo, o consumidor descobre que o IPVA não fora pago pelo fornecedor. Nesse caso, como fica a relação? Por força do princípio da vinculação, a concessionária está obrigada a pagar o IPVA, nos exatos termos da oferta, que integra o contrato.

Da mesma forma, se uma montadora de veículos, por meio de campanha publicitária, assegura a entrega do bem objeto de contrato entre o consumidor e uma de suas concessionárias, fica vinculada à oferta, independentemente de qualquer fato atinente às relações jurídicas operadas entre os consumidores e suas concessionárias. A propósito, já decidiu o Superior Tribunal de Justiça:

> Constatado pelo eg. Tribunal *a quo* que o fornecedor, através de publicidade amplamente divulgada, garantiu a entrega de veículo objeto de contrato de compra e venda firmado entre o consumidor e uma de suas concessionárias, submete-se ao cumprimento da obrigação nos exatos termos da

---

[453] NERY JUNIOR, Nelson; NERY, Rosa Maria de Andrade. *Código de Processo Civil e Legislação Processual Civil Extravagante em Vigor*. 4. ed. São Paulo: RT, 1999. p. 1.822.

[454] BENJAMIN, Antonio Herman et al. *Código Brasileiro de Defesa do Consumidor*: Comentado pelos Autores do Anteprojeto. 7. ed. Rio de Janeiro: Forense Universitária, 2001. p. 232.

[455] REsp 341.405/DF, rel. Min. Nancy Andrighi, *DJ* 28.04.2003.

oferta apresentada. Diante da declaração de falência da concessionária, a responsabilidade pela informação ou publicidade divulgada recai integralmente sobre a empresa fornecedora.[456]

Pontue-se que o mero fato de o fornecedor do produto não o possuir em estoque no momento da contratação não é condição suficiente para eximi-lo do cumprimento forçado da obrigação.[457] A impossibilidade do cumprimento da obrigação de entregar coisa, no contrato de compra e venda, que é consensual, deve ser restringida exclusivamente à inexistência absoluta do produto, na hipótese em que não há estoque e não haverá mais, pois aquela espécie, marca e modelo, não é mais fabricada.

Assim, a possibilidade ou não do cumprimento da escolha formulada livremente pelo consumidor deve ser aferida à luz da boa-fé objetiva, de forma que, sendo possível ao fornecedor cumprir com a obrigação, entregando ao consumidor o produto anunciado, ainda que obtendo-o por outros meios, como o adquirindo de outros revendedores, não há razão para se eliminar a opção pelo cumprimento forçado da obrigação.

Por último, cabe destacar que **a oferta publicitária**, por corolário lógico do princípio da vinculação, **é irretratável**. Dito de outro modo, uma vez veiculada a oferta, não pode o fornecedor revogá-la, tampouco alterá-la para limitar sua eficácia temporal, quantitativa e geográfica.

5.11.1.1.3   O anúncio equivocado

O anúncio se diz equivocado quando está em desconformidade com o querer do anunciante, seja por falha imputada a terceiros (ex.: o veículo ou a agência) ou a ele próprio. É o caso, por exemplo, do anúncio de um produto que custa R$ 3.000,00, pelo valor de R$ 2.000,00, em desarmonia com a vontade do anunciante.

Note-se que **o equívoco do anúncio não se confunde com o "erro"**, no sentido técnico que lhe empresta o direito (modalidade de defeito do negócio jurídico). Explica-se: no caso de anúncio em desconformidade com o querer do anunciante, o fornecedor são se engana quanto à essência do bem; o que se verifica é um equívoco quanto à comunicação que sobre ele é feita. E isso, decididamente, não é erro. Portanto, não pode o anunciante se eximir da responsabilidade perante o anúncio, invocando a ocorrência de erro.

Por outro lado, não podemos olvidar que no direito do consumidor a responsabilidade civil do fornecedor, em regra, é objetiva. Assim é em matéria de acidentes de consumo; assim em matéria de vícios do produto ou serviço; assim também em matéria de oferta (arts. 30 a 35 do CDC).

Na sociedade de consumo em massa, o anúncio integra a cadeia de produção e comercialização de bens, devendo, pois, se ajustar ao mesmo regime de ***responsabilidade civil objetiva*** que norteia estes dois momentos do mercado de consumo. Destarte, mesmo o equívoco inocente (sem culpa) não exclui a responsabilidade do fornecedor anunciante.

Concluindo, em regra, o equívoco do anúncio – por falha da agência, do veículo ou do próprio anunciante – não tem o poder de afastar a aplicação do princípio da vinculação da oferta, vale dizer, não exonera o fornecedor.

Sem embargo, em respeito aos princípios da boa-fé objetiva, equilíbrio e vedação ao enriquecimento sem causa, o **equívoco grosseiro,** assim entendido aquele que é latente, ou seja, facilmente perceptível pelo consumidor, não vincula o anunciante.[458]

---

[456]   REsp 363.939/MG, 3.ª T., rel. Min. Nancy Andrighi, j. 04.06.2002.
[457]   Nesse sentido: REsp 1.872.048/RS, 3.ª T., rel. Min. Nancy Andrighi, por unanimidade, j. 23.02.2021.
[458]   A propósito, veja-se: TJRS, Rec. Inom. 71000650705, 3.ª T., Rec. Cível, Com. de Porto Alegre.

548 | INTERESSES DIFUSOS E COLETIVOS - VOL. 1

Esse entendimento foi adotado pelo STJ num caso envolvendo a reserva de bilhetes aéreos com destino internacional a preço muito aquém do praticado por outras empresas aéreas. Na oportunidade, constatada a ocorrência de erro sistêmico grosseiro no carregamento de preços, a Corte Superior entendeu que a companhia aérea holandesa KLM e a empresa Decolar não estavam vinculadas aos valores informados aos consumidores.[459]

5.11.1.1.4 Sujeitos responsáveis

Outro aspecto importante do princípio da vinculação consiste em saber quem são os sujeitos responsáveis pelo cumprimento da oferta.

Em primeiro lugar, a responsabilidade recai sobre o **fornecedor anunciante**, assim entendido aquele que paga e dirige a preparação e veiculação do anúncio.

Mas não é só em relação ao anunciante direto que a força obrigatória da oferta atua. Todo aquele que se aproveita do anúncio também poderá ser responsabilizado, isto é, poderá ser forçado ao cumprimento da oferta veiculada em anúncio de terceiro.

Por exemplo: se o fabricante de uma determinada marca de óculos promove uma campanha publicitária, com indicação de preço do produto, e o comerciante a utiliza em seu estabelecimento, opera-se, também em relação a este, a força obrigatória da oferta, mesmo não sendo o comerciante preposto ou representante autônomo do anunciante direto.

Da mesma forma, quando o veículo é diretamente interessado no anúncio (ex.: o serviço anunciado é por ele controlado; recebe comissão pela adesão dos consumidores; o anunciante direto integra seu grupo empresarial etc.), opera-se a força obrigatória da oferta também em relação a ele.

5.11.1.1.5 Recusa de cumprimento da oferta

Conforme visto, o CDC vincula o fornecedor a toda e qualquer proposta que tenha realizado e que esteja dotada de um mínimo de precisão.

Mas e se o fornecedor se recusar a cumprir a oferta? Ou, ainda, se não tiver condições de cumprir o que prometeu? Nesse caso, dispõe o art. 35 do CDC que o consumidor poderá, alternativamente e à sua livre escolha:

1) *exigir o cumprimento forçado da obrigação* (inciso I);
2) *aceitar outro produto ou prestação de serviço equivalente* (inciso II);
3) *rescindir o contrato, com restituição de quantia paga, além de perdas e danos* (inciso III).

Note-se que nas duas primeiras hipóteses (tutela específica e aceitação de bem equivalente), o consumidor também poderá pleitear a reparação das perdas e danos, patrimoniais e morais, por força do disposto no art. 6.º, VI, do CDC.

5.11.1.2 A oferta de componentes e de peças de reposição

O art. 32 do CDC estabelece que "os **fabricantes** e **importadores** deverão assegurar a oferta de componentes e peças de reposição enquanto não cessar a fabricação ou importação do produto" (grifou-se). Note-se que esse dever de assegurar a oferta de peças de reposição e componentes obriga apenas o fabricante e o importador, não se aplicando ao mero distribuidor.

---

[459] REsp 1.794.991/SE, 3.ª T., rel. Min. Nancy Andrighi, j. 05.05.2020.

CAP. 5 – DIREITO DO CONSUMIDOR | 549

E, nos termos do parágrafo único do citado dispositivo, tal oferta deverá ser mantida mesmo após a cessação da produção ou importação, "por **período razoável de tempo, na forma da lei**", estipulando o art. 13, XXI, do Decreto 2.181/1997 que esse "período razoável de tempo" nunca pode ser inferior à vida útil do produto ou do serviço.

Em interessante julgado, a 3.ª Turma do STJ decidiu que a falta de peças de reposição de veículo adquirido zero quilômetro, lançado há pouco tempo no mercado nacional, caracteriza vício do produto, ensejando para o consumidor as opções de substituição do produto, restituição da quantia paga ou abatimento proporcional do preço.[460]

Por outro lado, anote-se que o descumprimento do dever de assegurar a oferta de peças de reposição e componentes durante o tempo de vida útil do bem de consumo configura prática abusiva para os fins do CDC.[461] Quando essa prática decorre de uma decisão de negócio, identificamos nela um fenômeno do mercado de consumo em massa denominado **obsolescência programada**.

A rigor, desde a década de 1920 – e hoje, mais do que nunca, em razão de uma sociedade massificada e consumista –, tem-se falado em obsolescência programada, consistente na **redução artificial da durabilidade de produtos ou do ciclo de vida de seus componentes, para que seja forçada a recompra prematura**.

Como se faz evidente, a maior durabilidade de um bem impõe ao produtor que aguarde mais tempo para que seja realizada nova venda ao consumidor, de modo que, a certo prazo, o número total de vendas deve cair na proporção inversa em que a durabilidade do produto aumenta.

Nessas circunstâncias, é até intuitivo imaginar que haverá grande estímulo para que o produtor eleja estratégias aptas a que os consumidores se antecipem na compra de um novo produto, sobretudo em um ambiente em que a eficiência mercadológica não é ideal, dada a imperfeita concorrência e o abuso do poder econômico, e é exatamente esse o cenário propício para a chamada obsolescência programada.

São exemplos desse fenômeno: a reduzida vida útil de componentes eletrônicos (como baterias de telefones celulares), com o posterior e estratégico aumento abusivo do preço do mencionado componente, para que seja mais vantajosa a recompra do conjunto; a incompatibilidade entre componentes antigos e novos, de modo a obrigar o consumidor a atualizar por completo o produto (por exemplo, *softwares*); o produtor que lança uma linha nova de produtos, fazendo cessar açodadamente a fabricação de insumos ou peças necessárias à antiga.

Certamente, práticas abusivas como algumas das citadas devem ser combatidas pelo Judiciário, porquanto afrontam a Política Nacional das Relações de Consumo, de cujos princípios se extrai a "garantia dos produtos e serviços com padrões adequados de qualidade, segurança, durabilidade e desempenho" (art. 4.º, II, *d*, do CDC), além de gerar inegável impacto ambiental decorrente do descarte crescente de materiais (como lixo eletrônico) na natureza.

5.11.1.3 *A regra da solidariedade estatuída no art. 34 do CDC*

Dispõe o art. 34 do Código de Defesa do Consumidor, *in verbis*: "O fornecedor do produto ou serviço é solidariamente responsável pelos atos de seus prepostos ou representantes autônomos".

---

[460] REsp 2.149.058/SP, 3.ª T., por unanimidade, rel. Min. Moura Ribeiro, j. 10.12.2024, *DJEN* 18.12.2024.

[461] Nesse sentido: STJ, REsp 984.106/SC, 4.ª T., rel. Min. Luis Felipe Salomão, j. 04.10.2012.

550 | INTERESSES DIFUSOS E COLETIVOS - VOL. 1

Por força do citado dispositivo, o fornecedor torna-se corresponsável pelos atos praticados por seus prepostos e representantes autônomos. Assim, por exemplo, se o preposto, com sua conduta, violar direito do consumidor, este poderá acionar individualmente o fornecedor ou o preposto, ou ainda, se preferir, ambos.

Sendo esse o campo de incidência do dispositivo em exame, a noção de preposição e representação autônoma passa a ter relevância fundamental no seu contexto.

A preposição tem por essência a subordinação. **Preposto** é aquele que presta serviço ou realiza alguma atividade por conta e sob a direção de outrem, podendo essa atividade materializar-se em uma função duradoura (*permanente*) ou em um ato isolado (*transitório*). Segundo o ensinamento de Sérgio Cavalieri Filho:

> O que é essencial para caracterizar a noção de preposição é que o serviço seja executado sob a direção de outrem; que a atividade seja realizada no seu interesse, ainda que, em termos estritos, essa relação não resultasse perfeitamente caracterizada.[462]

Cabe acrescentar que o conceito de preposição vem sendo por vezes alargado pela jurisprudência, acertadamente, para excluir a necessidade de vínculo empregatício, mas sempre à consideração de que exista uma relação de subordinação, de direção.

Na ótica do Superior Tribunal de Justiça:

> Para o reconhecimento do vínculo de preposição, não é preciso que exista um contrato típico de trabalho; é suficiente a relação de dependência ou que alguém preste serviço sob o interesse e o comando de outrem.[463]

Já o **representante autônomo** é a pessoa física ou jurídica que, sem relação de emprego, desempenha, em caráter não eventual, a *mediação* para a realização de negócios mercantis, agenciando propostas ou pedidos, para transmiti-los aos representados, consoante art. 1.º da Lei 4.886, de 09.12.1965, alterada pela Lei 8.420, de 08.05.1992, e pela Lei 12.246, de 27.05.2010.[464]

5.11.1.4 Dever de informar

Conforme visto, um dos maiores fatores de desequilíbrio nas relações de consumo é o *déficit informacional* do consumidor, decorrente, entre outros motivos, do fato de ele participar apenas da última etapa do processo produtivo (*consumo*).

Por essa razão, o CDC cuidou em especial da informação, fixando-a como direito básico do consumidor em seu art. 6.º, III. Como consequência desse direito à informação, surge para o fornecedor o correlato dever de informar, concretizado em várias passagens do Código (ex.: arts. 12, 14, 18, 20, 31, 46 etc.).

O art. 31 do CDC regula o dever de informação na fase pré-contratual e aplica-se, precipuamente, à oferta não publicitária. Refere o citado dispositivo, em sua primeira parte, que a oferta ou apresentação de produtos ou serviços deve assegurar **informações corretas** (verdadeiras), **claras** (de fácil entendimento), **precisas** (objetivas), **ostensivas** (de fácil percepção) e **em língua portuguesa.**

Os deveres de correção, clareza e completude das informações visam garantir ao consumidor o direito de conhecer todas as características do produto ou serviço que está adquirindo, em consonância com os **princípios da boa-fé objetiva e da transparência.**

---

[462] CAVALIERI FILHO, Sérgio. *Programa de Responsabilidade Civil.* 8. ed. São Paulo: Atlas, 2009. p. 193.

[463] REsp 304.673, rel. Min. Barros Monteiro, *DJ* 11.03.2002.

[464] A propósito, confira-se: ARRUDA ALVIM et al. (org.). *Código do Consumidor Comentado.* 2. ed. São Paulo: RT, 1995. p. 197.

CAP. 5 – DIREITO DO CONSUMIDOR | 551

Quanto ao dever de as informações serem apresentadas em **língua portuguesa**, é importante ter em mente que o que se busca é garantir ao consumidor o direito a uma informação plena e adequada. Desse modo, o uso de algumas expressões em língua estrangeira, se conhecidas dos consumidores, tem sido tolerado justamente por não tornar inadequada ou insuficiente a mensagem. Exemplificando, uma advertência do tipo "não pressione o *spray* diretamente sobre os olhos", em recipiente de produto de higiene, é perfeitamente compreensível por qualquer consumidor.

O que não se admite é que a utilização de palavras em língua estrangeira venha a determinar confusão ou equívoco do consumidor. De todo modo, oportuna a advertência de Leonardo de Medeiros Garcia:

> Entretanto, os riscos são sempre do fornecedor. Ou seja, caso algum consumidor venha a adquirir o produto ou serviço de modo equivocado e o desconhecimento da expressão ou palavra na língua estrangeira tenha sido a razão do erro, o fornecedor responde pelos danos que porventura venha a causar.[465]

Cabe destacar que a regra também se aplica aos produtos importados, quando comercializados no Brasil. Vale dizer: há dever expresso do fornecedor de fazer constarem as informações essenciais do produto em língua portuguesa.

Já em sua segunda parte o art. 31 disciplina o **conteúdo da informação**, listando os dados obrigatórios a serem observados pelo fornecedor na oferta ou apresentação. Nesse sentido, estatui o citado dispositivo que o fornecedor de produtos ou serviços deve prestar informações sobre suas *características, qualidades, quantidade, composição, preço, garantia, prazos de validade e origem, entre outros dados, bem como sobre os riscos que apresentam à saúde e segurança dos consumidores.*

No ponto, dois aspectos merecem ser destacados: a) a expressão "entre outros" indica que o rol de dados do art. 31 é meramente exemplificativo, vale dizer, competirá ao fornecedor, em cada caso concreto, informar "outros" dados que reputar importantes; b) nos produtos refrigerados oferecidos ao consumidor, as informações de que trata o art. 31 serão gravadas de forma indelével (parágrafo único, incluído pela Lei 11.989/2009).

Questão interessante é saber se a exigência da divulgação do preço do produto é satisfeita com a utilização do **código de barras**.

Inicialmente, a jurisprudência do STJ se inclinou no sentido de que a colocação de etiquetas em todos os produtos era obrigatória, mesmo quando utilizado o código de barras com os esclarecimentos nas gôndolas correspondentes, por força do disposto no art. 31 do CDC.

Contudo, após o advento da Lei 10.962/2004 – que regula as condições de oferta e afixação de preços de bens e serviços para o consumidor –, houve clara mudança na orientação da Corte Superior, que passou a admitir aos estabelecimentos comerciais onde o consumidor tenha acesso direto ao produto, sem a intervenção do comerciante (ex.: supermercados, hipermercados, mercearias, autosserviços etc.), a divulgação do preço por meio de código de barras. A propósito, veja-se:

> Após a vigência da Lei Federal 10.962 em 13.10.2004, permite-se aos estabelecimentos comerciais a afixação de preço do produto por meio de código de barras, sendo desnecessária a utilização de etiqueta com preço individual de cada mercadoria.[466]

---

[465] GARCIA, Leonardo de Medeiros. *Direito do Consumidor*. Código Comentado e Jurisprudência. 5. ed. Niterói: Impetus, 2009. p. 216.

[466] REsp 688.151/MG, 3.ª T., rel. Min. Nancy Andrighi, j. 07.04.2005. No mesmo sentido: REsp 663.969/RJ, 2.ª T., rel. Min. Castro Meira, *DJ* 02.06.2006.

552 | INTERESSES DIFUSOS E COLETIVOS - VOL. 1

É oportuno destacar que a Lei 13.543/2017 acrescentou o inciso III ao art. 2.º da Lei 10.962/2004, para disciplinar a oferta e as formas de afixação de preços de produtos e serviços pela internet. De acordo com a nova norma, que entrou em vigor no dia 20 de dezembro de 2017, em caso de comércio eletrônico (internet), o preço do produto ou serviço deverá ser divulgado de forma ostensiva (bem visível), junto à imagem do produto ou descrição do serviço, em caracteres com fonte de, no mínimo, tamanho 12.

Outro aspecto importante do dever de informar consiste na obrigação de identificação do nome do fabricante e respectivo endereço na embalagem, publicidade e em todos os impressos utilizados na transação comercial, em caso de **venda por telefone ou reembolso postal** (art. 33 do CDC). Note-se que esse dever também se aplica ao importador.

Recentemente, a Lei 11.800/2008 incluiu um parágrafo único no art. 33, que dispõe: "É proibida a publicidade de bens e serviços por telefone, quando a chamada for onerosa ao consumidor que a origina". Observe-se que a vedação em tela só alcança as chamadas onerosas para o consumidor. Quanto às chamadas gratuitas (serviço de atendimento ao consumidor gratuito), *a contrario sensu*, não incide a vedação.

Por último, cabe ressaltar que a violação do dever de informar pode acarretar vários efeitos para o fornecedor, dentre os quais se destacam: 1) a **ineficácia da obrigação** estipulada ao consumidor (art. 46 do CDC); 2) a **responsabilização civil do fornecedor pelo vício** (quando a falta de informação torna o bem inadequado ao fim a que se destina) **ou defeito** (quando compromete o atendimento ao dever de segurança) **do produto ou serviço**; e 3) a **responsabilização penal** do fornecedor, nos termos do art. 66 do CDC, que também prevê a forma culposa (§ 2.º).

5.11.2 Publicidade

5.11.2.1 *Conceito e evolução da publicidade*

A publicidade pode ser definida como o anúncio veiculado por qualquer meio de comunicação, pelo qual se busca atrair o consumidor para o ato de consumo.

Adalberto Pasqualotto propõe a seguinte definição:

> Toda a comunicação de entidades públicas ou privadas, inclusive as não personalizadas, feita através de qualquer meio, destinada a influenciar o público em favor, direta ou indiretamente, de produtos ou serviços, com ou sem finalidade lucrativa.[467]

O objetivo primeiro da publicidade consiste em convencer o consumidor sobre a importância de adquirir determinado produto ou serviço. Paralelamente, a publicidade também cumpre a tarefa de informar o mercado sobre a disponibilidade de certo bem de consumo.

Nos últimos anos, temos assistido a um incrível aperfeiçoamento das técnicas de persuasão do consumidor. Ao lado das publicidades tradicionais, veiculadas de modo amplo e uniforme para grupos indeterminados de consumidores, observa-se, com o apoio da informática, o desenvolvimento da publicidade direcionada. A publicidade direcionada é, como o nome diz, direcionada, ou segmentada, de acordo com o público-alvo.

As empresas perceberam ser muito mais eficaz dirigir a publicidade para grupos de consumidores determinados, os quais possuem, em tese, maior interesse para adquirir bens de consumo específicos. O primeiro passo, nesse sentido, é justamente obter o

---

[467] PASQUALOTTO, Adalberto. *Os Efeitos Obrigacionais da Publicidade no Código de Defesa do Consumidor.* São Paulo: RT, 1997. p. 25.

perfil do consumidor, por meio de técnicas de *profiling* que vão desde o monitoramento de navegação na internet (*tracking*) até obtenção de variadas informações repassadas por redes sociais, aplicativos de smartphones, que podem incluir até mapeamento de locais mais visitados pelo usuário (geolocalização).

Definido o perfil e realizada a segmentação do público-alvo, é feita a publicidade direcionada, por diversas mídias (SMS, WhatsApp, e-mail, redes sociais etc.), o que potencializa sobremaneira a chance de convencimento do consumidor à aquisição do produto ou serviço.

Dúvidas não há de que tais modalidades de tratamento de dados desconsideram, invariavelmente, os parâmetros da LGPD (Lei 13.709/2018), ensejando, por conseguinte, responsabilização nas esferas civil e administrativa. No ponto, contudo, o que se pretende destacar é a evolução das técnicas publicitárias e a necessidade de o operador do direito estar atento a esse novo cenário.

Também tem sido crescente a procura das empresas pelos chamados influenciadores digitais, que utilizam o prestígio pessoal, representado por expressiva quantidade de seguidores em redes sociais (Instagram, YouTube, Facebook etc.) e, mediante remuneração direta ou indireta, divulgam produtos e serviços.

Todas essas formas de publicidade não foram sequer imaginadas pelos coautores do anteprojeto do CDC, promulgado em 1990. Não receberam, portanto, disciplina específica. A despeito disso, o CDC é plenamente capaz de apresentar respostas satisfatórias aos novos desafios e questionamentos decorrentes das técnicas publicitárias desenvolvidas no século XXI, especialmente em razão da sua natureza de lei principiológica.

5.11.2.2 *Publicidade e propaganda*

As expressões publicidade e propaganda, embora utilizadas indistintamente no Brasil, não se confundem.

A **publicidade** tem uma finalidade comercial, qual seja, atrair o público para o ato de consumo; consiste, pois, em um instrumento de estímulo de circulação de produtos e serviços.

A **propaganda,** por sua vez, visa a um fim ideológico, religioso, político, econômico ou social. A propaganda eleitoral ou partidária é um bom exemplo do correto emprego da expressão propaganda. Outros exemplos são as campanhas governamentais contra a imprudência no trânsito ou o uso de drogas.

Note-se que a distinção entre publicidade e propaganda, embora observada em muitos outros países (Portugal, França e Itália, por exemplo) e seguida pela maioria da doutrina, nem sempre é seguida pelos aplicadores do direito no Brasil, que habitualmente as empregam como sinônimos. A própria Constituição Federal, em seu art. 220, § 4.º, utiliza a expressão "propaganda comercial", referindo-se ao anúncio de bebidas alcoólicas, agrotóxicos e medicamentos.

De todo modo, é importante ter em mente a distinção acima delineada, pois o Código de Defesa do Consumidor só cuida da publicidade.

5.11.2.3 *Publicidade institucional e publicidade promocional*

A publicidade, quanto ao seu objetivo, pode ser institucional ou promocional.

Publicidade institucional é aquela que se destina a institucionalizar a marca. Aqui, não há a preocupação com a venda de um determinado produto, mas sim com a valorização da marca. Seus resultados são esperados a longo prazo. **Publicidade promocional,**

554 INTERESSES DIFUSOS E COLETIVOS - VOL. 1

por seu turno, é aquela que tem por finalidade imediata aumentar a venda do bem de consumo. Seus resultados são esperados a curto prazo.

5.11.2.4 Controle da publicidade

O nosso ordenamento jurídico adota o **sistema misto** para o controle da atividade publicitária, pois conjuga o *sistema legal* (controle estatal via administrativa e judicial) e o *sistema privado* (autorregulamentação).

No **sistema legal,** o Estado controla a atividade publicitária pela via administrativa (ex.: sanções aplicadas pelos órgãos de defesa do consumidor, nos termos do art. 56 do CDC) e pela via judicial (ex.: ação coletiva ajuizada para proibir a veiculação de publicidade abusiva, nos termos do art. 81, I, do CDC).

Já no **sistema privado** os próprios envolvidos na atividade publicitária procuram regrar e sanear o setor, por meio da autorregulamentação. No Brasil, essa função é exercida pelo Conselho Nacional de Autorregulamentação Publicitária (Conar), que tem como instrumento de controle o Código Brasileiro de Autorregulamentação Publicitária.

5.11.2.5 Princípios da proteção publicitária do consumidor

5.11.2.5.1 Princípio da identificação da publicidade

O princípio em epígrafe está previsto expressamente no art. 36, *caput*, do CDC, que dispõe: "A publicidade deve ser veiculada de tal forma que o consumidor, fácil e imediatamente, a identifique como tal".

Por força desse princípio, **a publicidade só pode ser considerada lícita se o consumidor puder identificá-la de imediato (no momento da exposição) e com facilidade (sem nenhum esforço).** A ideia é proteger o consumidor, tornando-o consciente de que é destinatário de uma mensagem publicitária.

O Código proíbe, portanto, a chamada publicidade clandestina, bem como a publicidade subliminar.

Uma questão interessante consiste em saber se é possível compatibilizar o princípio da identificação da publicidade com a técnica do *merchandising,* assim entendida a aparição de produtos no vídeo, no áudio ou nos artigos impressos em situação normal de consumo, sem declaração ostensiva da marca. Um bom exemplo de *merchandising* é o do consumo de refrigerantes de uma determinada marca durante *um reality show* promovido por uma emissora de televisão.

Se por um lado o CDC não proíbe expressamente o *merchandising,* por outro não há dúvida de que referida técnica deve se adequar ao princípio da identificação da mensagem publicitária, sob pena de configurar publicidade clandestina, vedada por lei. Mas como fazê-lo? A melhor maneira, segundo o ensinamento de Antonio Herman Benjamin, é a utilização de "créditos", isto é, a veiculação antecipada de uma informação comunicando que, naquele programa, peça ou filme, será adotada essa técnica. Ainda, para assegurar que todos os consumidores terão oportunidade de assistir ao anúncio dos "créditos", também se deve exigir que estes sejam repetidos ao final de cada fragmento.[468]

Outra questão interessante diz respeito aos influenciadores digitais, que utilizam o prestígio pessoal, representado por expressiva quantidade de seguidores em redes sociais (Instagram, YouTube, Facebook etc.) e, mediante remuneração direta ou indireta, divulgam produtos e serviços. As publicidades veiculadas por meio dos influenciadores digitais também devem respeito ao princípio da identificação, ou seja, não se deve dissimular que

---

[468] BENJAMIN, Antonio Herman. *Manual de Direito do Consumidor.* São Paulo: RT, 2008. p. 201.

se trata de publicidade, que há interesse econômico direto ou indireto, na promoção de determinado produto, serviço ou marca.

Esse mesmo raciocínio se aplica à chamada publicidade nativa, conhecida também como *native advertising*, um tipo de publicidade on-line que tem como intuito captar a atenção do consumidor por meio da sua experiência de navegação. A grande característica desse tipo de publicidade é a forma sutil como surge enquadrada na mídia. O conteúdo é publicado no mesmo formato dos outros conteúdos da página (recorre-se ao mesmo layout). Referida publicidade só será considerada lícita se trouxer a identificação de conteúdo pago, de modo a permitir ao usuário a sua imediata identificação (CDC, art. 36).[469]

5.11.2.5.2 Princípio da vinculação contratual da publicidade

Conforme visto, a oferta publicitária vincula o fornecedor ao seu cumprimento e integra o contrato, nos exatos termos do anúncio. Tanto é assim que o consumidor pode exigir do fornecedor o cumprimento do conteúdo da mensagem publicitária (arts. 30 e 35, ambos do CDC). Para evitar a repetição, reporta-se ao que já foi dito no item 5.11.1.1.

5.11.2.5.3 Princípio da veracidade da publicidade

O princípio da veracidade da publicidade é um consectário lógico do princípio da boa-fé objetiva. Traduz-se na ideia de que toda mensagem publicitária deve ser composta exclusivamente por informações corretas e verdadeiras.

O Código de Defesa do Consumidor consagrou referido princípio em seu art. 37, § 1.º, ao proibir e definir a publicidade enganosa.

5.11.2.5.4 Princípio da não abusividade da publicidade

Referido princípio está inserido no art. 37, § 2.º, do CDC, que proíbe e define a publicidade abusiva, e tem por objetivo reprimir abusos que prejudiquem os interesses dos consumidores.

Importa destacar que a publicidade abusiva, ao contrário da enganosa, normalmente não afeta o bolso do consumidor, mas sim outros valores considerados importantes pela sociedade de consumo, como será visto mais adiante.

5.11.2.5.5 Princípio da transparência da fundamentação da publicidade

Se por um lado o fornecedor tem ampla liberdade para anunciar seus produtos ou serviços, por outro deve fazê-lo sempre com base em elementos fáticos, técnicos e científicos.

Por exemplo: se uma faculdade anuncia que mais de 90% de seus alunos conseguem colocação no mercado de trabalho no primeiro ano após a diplomação, precisa reunir dados que comprovem tal afirmação. É o que se chama de fundamentação da mensagem publicitária.

Agora, de nada adiantaria exigir tal fundamentação sem que se desse acesso aos consumidores. É justamente essa a ideia do princípio da transparência da fundamentação, previsto no parágrafo único do art. 36 do CDC: impor ao fornecedor que mantenha, em seu poder, dados fáticos, técnicos e científicos aptos a comprovarem, a quem interessar, a veracidade e correção da mensagem publicitária.

---

[469] O Projeto de Lei do Senado 2.630/2020, de autoria do Senador Alessandro Vieira (Cidadania/SE), que institui a "Lei Brasileira de Liberdade, Responsabilidade e Transparência na Internet" – popularmente batizada como "PL/Lei das *Fake News*", cuida também de exigir a expressa identificação de conteúdo pago, seja o decorrente de impulsionamento em geral, seja o com finalidade publicitária, este de modo a permitir ao usuário que distinga de pronto a chamada *publicidade nativa*.

556 | INTERESSES DIFUSOS E COLETIVOS – VOL. 1

Por fim, cabe destacar que a violação do princípio da transparência da mensagem publicitária, para além da responsabilização civil e administrativa, pode caracterizar a infração penal prevista no art. 69 do CDC.[470]

5.11.2.5.6 Princípio da correção do desvio publicitário

O Código de Defesa do Consumidor, em várias passagens, busca prevenir a ocorrência de desvio publicitário. Assim é que o legislador exige a identificação imediata da mensagem publicitária (art. 36, *caput*), a transparência da fundamentação da publicidade (art. 36, parágrafo único), bem como proíbe a publicidade enganosa e a publicidade abusiva (art. 37).

A despeito de todos esses esforços, é natural que ocorram desvios publicitários. Então, ao lado da responsabilização civil, administrativa e penal do fornecedor, referido princípio visa corrigir os impactos negativos desse desvio para os consumidores, impondo-se aos fornecedores a contrapropaganda, nos termos do art. 60 do CDC, que assim dispõe:

> **Art. 60.** A imposição de contrapropaganda será cominada quando o fornecedor incorrer na prática de publicidade enganosa ou abusiva, nos termos do art. 36 e seus parágrafos, sempre às expensas do infrator.
>
> § 1.º A contrapropaganda será divulgada pelo responsável da mesma forma, frequência e dimensão e, preferencialmente no mesmo veículo, local, espaço e horário, de forma capaz de desfazer o malefício da publicidade enganosa ou abusiva.

Em interessante julgado envolvendo publicidade enganosa, a 3.ª Turma do STJ decidiu ser possível o redirecionamento da condenação pela prática de propaganda enganosa (arts. 56, XII, e 60 do CDC) aplicada a posto de gasolina matriz à sua filial, que foi obrigada a veicular a contrapropaganda. No caso, a empresa-matriz foi condenada pela prática de propaganda enganosa por ter comercializado marca de combustível diversa da sua bandeira, sendo condenada a veicular contrapropaganda, cujo cumprimento da ordem foi redirecionado à empresa filial. Para a Corte Superior, pela perspectiva consumerista é indiferente qual a empresa infratora, incidindo na hipótese a teoria da aparência. O consumidor, ao buscar os produtos ofertados, desconhece os meandros empresariais, que não lhe dizem respeito. Como é sabido, "os integrantes da cadeia de consumo, em ação indenizatória consumerista, também são responsáveis pelos danos gerados ao consumidor, não cabendo a alegação de que o dano foi gerado por culpa exclusiva de um dos seus integrantes" (AgRg no AREsp 207.708/SP, 4.ª Turma, rel. Min. Marco Buzzi, *DJe* 03.10.2013). Ademais, a contrapropaganda é a sanção prevista para a prática de propaganda enganosa ou abusiva, tendo como um dos seus intuitos evitar a nocividade causada ao mercado consumidor desse tipo de conduta comercial. Desse modo, a filial deve cumprir o comando judicial, a fim de evitar que novas ofensas ao direito consumerista sejam reiteradas.

5.11.2.5.7 Princípio da lealdade publicitária

O **princípio da lealdade publicitária** encontra previsão no art. 4.º, VI, do CDC, que orienta a Política Nacional de Relações de Consumo no sentido de prevenir e punir qualquer tipo de abuso praticado no mercado de consumo, "inclusive a concorrência desleal e utilização indevida de inventos e criações industriais, das marcas e nomes comerciais e signos distintivos, que possam causar prejuízos aos consumidores".

---

[470] "Art. 69. Deixar de organizar dados fáticos, técnicos e científicos que dão base à publicidade: Pena – detenção de 1 (um) a 6 (seis) meses ou multa."

O campo de maior incidência desse princípio é o da publicidade comparativa, assim entendida aquela que destaca um produto ou serviço ressaltando suas características em relação a outros similares de outras marcas.

Embora o Código não tenha proibido a publicidade comparativa, ela deve observar os princípios publicitários fundamentais, como toda e qualquer modalidade de publicidade. Além disso, a publicidade comparativa deve observar algumas regras especiais, previstas no art. 32 do Código Brasileiro de Autorregulação Publicitária (CBAP), dentre as quais se destaca a objetividade na comparação, não se admitindo a comparação que seja excessivamente subjetiva, de fundo psicológico ou emocional, pois que não constitui uma base válida de comparação perante o consumidor.

5.11.2.5.8   Princípio da inversão do ônus da prova

Assinala o art. 38 do CDC que "o ônus da prova da veracidade e correção da informação ou comunicação publicitária cabe a quem as patrocina".

Referido princípio refere-se a dois aspectos da publicidade: a **veracidade**, que tem a ver com o respeito ao *princípio da veracidade*, e a **correção**, que abrange os *princípios da não abusividade, da identificação da mensagem publicitária e da transparência da fundamentação publicitária.*

Note-se que a inversão aqui prevista, diferentemente daquela estabelecida no art. 6.º, VIII, não está na esfera de discricionariedade do juiz. Vale dizer: a inversão do ônus da prova é obrigatória, opera-se por força de lei (inversão *ope legis*), independentemente de qualquer ato do juiz.

Assim, quando o consumidor alega a enganosidade ou abusividade de uma determinada publicidade, o ônus de provar a veracidade e a correção do anúncio transfere-se automaticamente para o fornecedor patrocinador.

5.11.2.6   *Publicidade enganosa*

5.11.2.6.1   Definição

O Código proíbe a veiculação de toda publicidade enganosa. A definição dessa modalidade de publicidade é encontrada no § 1.º do art. 37, que assim dispõe:

> § 1.º É enganosa qualquer modalidade de informação ou comunicação de caráter publicitário, inteira ou parcialmente falsa, ou, por qualquer outro modo, mesmo por omissão, capaz de induzir em erro o consumidor a respeito da natureza, características, qualidade, quantidade, propriedades, origem, preço e quaisquer outros dados sobre produtos e serviços.

A principal característica da publicidade enganosa é a sua **capacidade para induzir o consumidor em erro.** Nesse particular, importa destacar que o Código se satisfaz com o potencial de enganosidade da publicidade, isto é, basta que a publicidade seja capaz de induzir em erro para que se considere enganosa, não havendo necessidade de que um consumidor seja concretamente enganado. A **enganosidade é aferida, pois, em abstrato.**

Mas como é feita tal aferição? É possível tomar como parâmetro o consumidor médio? Para a maioria da doutrina, o critério do consumidor médio é impróprio. Afinal, aquilo que é enganoso para um consumidor pode não o ser, em alguns casos, para outro, se considerarmos os diferentes níveis de instrução e informação da população brasileira.

Destarte, na aferição do potencial de enganosidade na publicidade, o ideal é analisar tanto o conteúdo da mensagem (*critério objetivo*) como a vulnerabilidade do consumidor a quem ela se destina (*critério subjetivo*). Em outras palavras, **é preciso ter em mente**

558 | INTERESSES DIFUSOS E COLETIVOS – VOL. 1

não só o conteúdo da mensagem publicitária, como também o público-alvo ao qual ela se destina. E mais: dentro desse público-alvo, deve-se chegar a uma definição de consumidor-padrão (típico) em relação àquele produto ou serviço específico, levando-se em consideração não apenas as pessoas medianamente informadas, mas também os desprovidos de conhecimentos médios.

Exemplificando, se o público-alvo de uma publicidade é constituído por idosos, é necessário analisar o conteúdo da mensagem e a vulnerabilidade específica desses consumidores para aferir o potencial de enganosidade da publicidade.[471]

5.11.2.6.2 Responsabilidade objetiva

Para a doutrina amplamente majoritária **a responsabilidade do fornecedor pela publicidade enganosa é objetiva,** vale dizer, não se indaga se o fornecedor agiu com culpa ou dolo ao veicular a mensagem publicitária. São irrelevantes, pois, a sua prudência e boa-fé.

Nessa linha, argumenta-se que o texto do art. 37 em nada alude à culpa do anunciante, razão pela qual não pode o intérprete agregá-la, muito menos em um contexto em que, seja pela vulnerabilidade da parte protegida, seja pelas características do fenômeno regrado (publicidade), a regra vigente é a da responsabilidade civil sem culpa.[472]

5.11.2.6.3 Tipos de publicidade enganosa

Basicamente, são dois os tipos de publicidade enganosa: (I) a publicidade enganosa por comissão e a (II) publicidade enganosa por omissão.

Na **publicidade enganosa por comissão**, o fornecedor afirma algo capaz de induzir o consumidor ao erro, isto é, sustenta algo que não corresponde à realidade do produto ou serviço. Ex.: o fornecedor anuncia que determinado veículo tem uma média de consumo X, quando na verdade sua média de consumo é Y (mais baixa que a anunciada).

Já na **publicidade enganosa por omissão** o fornecedor deixa de informar o consumidor sobre dado essencial do produto ou serviço (art. 37, § 3.º, do CDC). É exatamente a relevância da informação sonegada que tem a capacidade de induzir o consumidor ao erro. Nesse particular, observe-se que somente a omissão de dados essenciais do produto ou serviço é reprimida.

Mas o que é dado essencial? É considerado essencial aquele dado que, se fosse do conhecimento prévio do consumidor, poderia conduzi-lo a não contratar, ou, pelo menos, a contratar de forma diferente. Um bom exemplo é o da faculdade que, em publicidade feita sobre curso de pós-graduação *stricto sensu*, não esclarece sobre a futura necessidade de reconhecimento e aprovação do referido curso pela Capes (Coordenação de Aperfeiçoamento de Pessoal de Nível Superior – órgão vinculado ao Ministério da Educação), para que ele tenha valor nacional.[473]

Reconhecendo a natureza enganosa da publicidade, pela omissão de dado essencial, assim já decidiu o STJ:

---

[471] A propósito, vejam-se: SANTOS, Fernando Gherardini. Direito do Marketing: Uma Abordagem do Marketing Empresarial. São Paulo: RT, 2000. p. 214; ALMEIDA, Aliete Marisa Teixeira. A Publicidade Enganosa e o Controle Estabelecido pelo Código de Defesa do Consumidor. *Revista de Direito do Consumidor*, São Paulo, n. 53, p. 33-34, jan.-mar. 2005.

[472] Nesse sentido, confiram-se, entre outros: BENJAMIN, Antonio Herman. *Manual de Direito do Consumidor*. São Paulo: RT, 2008. p. 205; CAVALIERI FILHO, Sérgio. *Programa de Direito do Consumidor*. São Paulo: Atlas, 2009. p. 120. Em sentido contrário, uma minoria pondera que o caráter enganoso da publicidade está condicionado à demonstração do dolo do fornecedor, em promover anúncio publicitário que tenha a aptidão de induzir o consumidor em erro. É esse o pensamento de Fábio Ulhoa Coelho em seus comentários ao art. 37 do CDC. In: OLIVEIRA, Juarez de (org.). *Comentários ao Código de Proteção ao Consumidor*. São Paulo: Saraiva, 1991. p. 161.

[473] A propósito, veja-se: TJSP, APC 991.212.009, 32.ª CDP, rel. Des. Kioitsi Chicuta, j. 31.10.2008.

CAP. 5 – DIREITO DO CONSUMIDOR | 559

Há relação de consumo entre o adquirente de refrigerante cujas tampinhas contêm impressões gráficas que dão direito a concorrer a prêmios e o fornecedor do produto. **A ausência de informação sobre a existência de tampinhas com defeito na impressão, capaz de retirar o direito ao prêmio, configura-se como publicidade enganosa por omissão**, regida pelo Código de Defesa do Consumidor (grifou-se).[474]

Não é qualquer omissão informativa, portanto, que configura o ilícito. Para a caracterização da ilegalidade, a ocultação necessita ser de uma qualidade essencial do produto, do serviço ou de suas reais condições de contratação, de forma a impedir o consentimento esclarecido do consumidor.

5.11.2.6.4 Sujeitos responsáveis

Quem pode ser responsabilizado pela publicidade enganosa? Como regra, o **fornecedor anunciante,** assim entendido aquele que paga e dirige a preparação e veiculação do anúncio.

Mas não é só o anunciante direto que responde pela publicidade enganosa. Todo aquele que tiver algum proveito com a publicidade enganosa, utilizando-a para a comercialização de produtos ou serviços, responde solidariamente, perante o consumidor (o comerciante, por exemplo, em relação ao anúncio do fabricante). Assim decidiu o STJ no julgamento do Recurso Especial 327.257/SP (j. 22.06.2004), da relatoria da Min. Nancy Andrighi: "É solidária a responsabilidade entre aqueles que veiculam publicidade enganosa e os que dela se aproveitam, na comercialização de seu produto".[475]

Questão interessante é saber se a **agência** e o **veículo** podem responder civilmente pela publicidade enganosa. Sobre o tema há três principais entendimentos:

1.º) a agência e o veículo podem responder pelo desvio da publicidade, independentemente de culpa: argumenta-se, nesse sentido, que todos aqueles que participam da produção do anúncio enganoso e de sua veiculação respondem *solidariamente* e de *forma objetiva* (sem culpa) pelos danos dele decorrentes, por força do disposto no art. 7.º, parágrafo único, do CDC, que assim dispõe: "Tendo mais de um autor a ofensa, todos responderão solidariamente pela reparação dos danos previstos nas normas de consumo";[476]

2.º) a agência e o veículo só respondem pelo desvio de publicidade quando agirem dolosa ou culposamente: argumenta-se, nesse passo, que a agência e o veículo, em regra, não podem ser responsabilizados pelo desvio de publicidade, porque não são considerados fornecedores.[477] Contudo, se concorrerem dolosa ou culposamente para a veiculação de publicidade enganosa, isto é, se produzirem ou divulgarem publicidade manifestamente falsa, obviamente enganosa, da qual possam resultar danos para os consumidores, poderão ser obrigados a ressarcirem, solidariamente, os prejuízos dela decorrentes, por força do disposto nos arts. 186[478] e 942,[479] ambos do Código Civil. Reconhecendo a natureza subjetiva da responsabilidade civil do veículo, assim já decidiu o STJ: "A divulgação,

---

[474] REsp 327.257/SP, 3.ª T., rel. Min. Nancy Andrighi, j. 22.06.2004.

[475] Em sentido contrário, Regina Beatriz Tavarez da Silva e Carlos Eduardo Minozzo Poletto sustentam que o comerciante não responde pela publicidade ilícita (*Responsabilidade Civil nas Relações de Consumo*. São Paulo: Saraiva, 2009. p. 435).

[476] Nesse sentido, entre outros, veja-se: RIZZATTO NUNES, Luiz Antonio. *Curso de Direito do Consumidor*. 4. ed. São Paulo: Saraiva, 2009. p. 505. Seguindo a mesma trilha, o Código Brasileiro de Autorregulamentação Publicitária, em seu art. 45, é taxativo ao afirmar que "a responsabilidade pela observância das normas de conduta estabelecidas neste Código cabe ao Anunciante e a sua Agência, bem como ao Veículo (...)".

[477] É esse o entendimento, entre outros, de Antonio Herman Benjamin (*Código Brasileiro de Defesa do Consumidor*: Comentado pelos Autores do Anteprojeto. 7. ed. Rio de Janeiro: Forense Universitária, 2001. p. 314) e Leonardo de Medeiros Garcia (*Direito do Consumidor*. Código Comentado e Jurisprudência. 5. ed. Niterói: Impetus, 2009. p. 229).

[478] Art. 186 do CC: "Aquele que, por ação ou omissão voluntária, negligência ou imprudência, violar direito e causar dano a outrem, ainda que exclusivamente moral, comete ato ilícito".

[479] Art. 942 do CC: "Os bens do responsável pela ofensa ou violação do direito de outrem ficam sujeitos à reparação do dano causado; e, se a ofensa tiver mais de um autor, todos responderão solidariamente pela reparação".

560 | INTERESSES DIFUSOS E COLETIVOS – VOL. 1

informada por culpa grave, de publicidade manifestamente enganosa, pode acarretar a responsabilidade pelo ressarcimento de eventuais danos aos consumidores";[480]

3.º) a agência e o veículo não podem ser responsabilizados pela publicidade enganosa: os defensores desta tese argumentam, em síntese, que não é dever da agência nem dos veículos de comunicação apurar a veracidade ou abusividade do anúncio contratado, pois esse ônus é do fornecedor-anunciante, que poderá responder pelo patrocínio da eventual publicidade enganosa, na forma do art. 38 do CDC. Nesse sentido também já decidiu o STJ:

> As empresas de comunicação não respondem por publicidade de propostas abusivas ou enganosas. Tal responsabilidade toca aos fornecedores-anunciantes, que a patrocinaram (CDC, arts. 3.º e 38). O CDC, quando trata de publicidade, impõe deveres ao anunciante – não às empresas de comunicação (art. 3.º, CDC).[481]

Uma última questão se coloca: e se o veículo é diretamente interessado no conteúdo da publicidade, seja porque o serviço ou produto anunciado é por ele controlado, seja porque recebe comissão proporcional à adesão dos consumidores, seja ainda por se tratar de empresa que integra seu grupo empresarial? Nesses casos, como bem observa Antonio Herman Benjamin, "o veículo já não é responsabilizado como simples transmissor da informação de outrem, mas como genuíno anunciante, que de fato passou a ser".[482] Por conseguinte, os deveres impostos nos capítulos da oferta e publicidade o atingem diretamente, na condição de fornecedor-anunciante.

5.11.2.7 Publicidade abusiva

5.11.2.7.1 Definição

A publicidade abusiva é definida pelo art. 37, § 2.º, do CDC, nos seguintes termos:

> § 2.º É abusiva, dentre outras, a publicidade discriminatória de qualquer natureza, a que incite à violência, explore o medo ou a superstição, se aproveite da deficiência de julgamento e experiência da criança, desrespeita valores ambientais, ou que seja capaz de induzir o consumidor a se comportar de forma prejudicial ou perigosa à sua saúde ou segurança.

Anote-se que o Código não fixou o conceito de publicidade abusiva. O dispositivo em destaque traz um mero rol exemplificativo de casos de publicidade abusiva.

Nem poderia ser diferente, pois até hoje o Direito não encontrou um critério infalível para a identificação da abusividade. Na esteira da lição de Antonio Herman Benjamin, pode-se afirmar que abusivo é tudo aquilo que, contrariando o sistema valorativo da Constituição e das leis, não seja enganoso.[483]

O conceito de publicidade abusiva, portanto, é um conceito ainda em formação, isto é, um **conceito jurídico indeterminado,** que deve ser preenchido pelos aplicadores da lei na análise do caso concreto.

Por último, importa destacar que a **abusividade** da publicidade também **é aferida em abstrato**, isto é, o que se exige é que ela seja capaz de ofender valores constitucionais, ambientais, éticos e sociais, não havendo necessidade de que um consumidor seja concretamente ofendido ou lesado.

---

[480] REsp 92.395/RS, 3.ª T., rel. Min. Eduardo Ribeiro, j. 05.02.1998.

[481] REsp 604.172/SP, 3.ª T., rel. Min. Humberto Gomes de Barros, DJ 21.05.2007.

[482] BENJAMIN, Antonio Herman. *Manual de Direito do Consumidor*. São Paulo: RT, 2008. p. 184.

[483] BENJAMIN, Antonio Herman. *Manual de Direito do Consumidor*. São Paulo: RT, 2008. p. 209.

5.11.2.7.2 Hipóteses de publicidade abusiva elencadas no CDC

São hipóteses de publicidade abusiva elencadas no CDC:

1) **Publicidade discriminatória**: aquela que discrimina o ser humano, sob qualquer ângulo ou pretexto. O fator discriminante pode ser a opção sexual, a raça, a nacionalidade, a condição social, a religião, a profissão etc. Exemplo: anúncio que associa o uso de um determinado produto ao público heterossexual, com menosprezo ao consumidor homossexual.

2) **Publicidade exploradora do medo ou superstição**: aquela que se aproveita do medo ou superstição do consumidor para persuadi-lo a adquirir um produto ou serviço. Exemplo: anúncio de um serviço de vigilância para os moradores de um bairro com alto índice de roubos, no qual se transmite a ideia de que aqueles que não contratarem o serviço serão inevitavelmente assaltados.

3) **Publicidade incitadora de violência**: aquela que incita o homem à violência contra o próprio homem, contra animais, e até mesmo contra bens. Um bom exemplo é o do anúncio que utiliza cenas de violenta luta corporal para destacar a eficácia de um suplemento alimentar.

4) **Publicidade antiambiental**: aquela que incita o consumidor a desrespeitar os valores ambientais. Exemplo: anúncio de uma motosserra sendo testada em área de preservação permanente.

5) **Publicidade indutora de insegurança**: aquela que induz o consumidor a se comportar de forma prejudicial ou perigosa à sua saúde ou segurança. Exemplo: anúncio de veículo automotor que incita o consumidor a dirigir no limite máximo da velocidade para comprovar a potência do motor.

6) **Publicidade dirigida a crianças**: aquela que se aproveita da deficiência de julgamento e experiência da criança. Ex.: anúncio em que uma famosa apresentadora de televisão induz as crianças a destruir seus tênis usados para que seus pais comprem tênis novos, da marca sugerida.

As mensagens publicitárias dirigidas a crianças merecem uma atenção especial do Código, dada a vulnerabilidade exacerbada desse público consumidor. Portanto, não são admitidos anúncios que exortem diretamente as crianças ao consumo; que induzam as crianças a persuadir seus pais ou qualquer outro adulto a adquirir produtos ou serviços; que causem nas crianças um sentimento de inferioridade, caso não adquiram determinado produto ou serviço etc.

O Superior Tribunal de Justiça possui farta jurisprudência reconhecendo a abusividade de publicidade de alimentos direcionada, de forma explícita ou implícita, a crianças.[484] Isso porque a decisão de comprar gêneros alimentícios cabe aos pais, especialmente em época de altos e preocupantes índices de obesidade infantil, um grave problema nacional de saúde pública.

Na perspectiva do Direito do Consumidor, publicidade é oferta e, como tal, ato precursor da celebração de contrato de consumo, negócio jurídico cuja validade depende da existência de sujeito capaz (art. 104, I, do Código Civil). Em outras palavras, se criança, no mercado de consumo, não exerce atos jurídicos em seu nome e por vontade própria, por lhe faltar poder de consentimento, tampouco deve ser destinatária de publicidade que,

---

[484] Nesse sentido: REsp 1.613.561/SP, 2.ª T., rel. Min. Herman Benjamin, j. 25.04.2017.

INTERESSES DIFUSOS E COLETIVOS - VOL. 1

fazendo tábula rasa da realidade notória, a incita a agir como se plenamente capaz fosse. Diante disso, consoante o disposto no art. 37, § 2.º, do CDC, estão vedadas campanhas publicitárias que utilizem ou manipulem o universo lúdico infantil.

5.11.2.7.3 Responsabilidade civil

A responsabilidade civil do fornecedor pela publicidade enganosa é **objetiva,** vale dizer, não se indaga se ele agiu com culpa ou dolo ao veicular a mensagem publicitária. O que se exige é a potencialidade abusiva.

Como regra, os sujeitos responsáveis pela publicidade abusiva são os fornecedores anunciantes, assim entendidos aqueles que pagam e dirigem a preparação e veiculação do anúncio.

Por fim, reiteram-se aqui as mesmas observações feitas no item 5.11.2.6.4, a respeito da possibilidade de responsabilização da agência e do veículo.

5.11.3 Práticas abusivas

5.11.3.1 Conceito de práticas abusivas

As práticas abusivas podem ser definidas como as condutas dos fornecedores que estejam em desconformidade com o padrão de conduta esperado das partes nas relações de consumo, ou, ainda, que estejam em desacordo com a boa-fé objetiva e com a confiança. No dizer de Sérgio Cavalieri Filho:

> São práticas que, no exercício da atividade empresarial, excedem os limites dos bons costumes comerciais e, principalmente, da boa-fé, pelo que caracterizam o abuso de direito, considerado ilícito pelo art. 187 do Código Civil. Por isso são proibidas.[485]

Manifestam-se por meio de uma série de atividades, pré e pós-contratuais, assim como propriamente contratuais, contra as quais o consumidor não tem defesas, dada a sua vulnerabilidade.

O CDC, ao proibir a prática das condutas abusivas, impõe ao fornecedor o dever de atuação em conformidade com a norma, cujo descumprimento pode ser sancionado civil, administrativa e criminalmente.

No campo civil, sempre que a conduta abusiva do fornecedor causar danos ao consumidor, moral ou patrimonial, este tem direito à indenização. É a regra do art. 6.º, VI.

O Poder Público, por seu turno, tem o poder-dever de aplicar sanções administrativas, nos casos de práticas abusivas. Em especial, são pertinentes as penas de multa, suspensão de fornecimento de produtos ou serviços, suspensão temporária de atividade, interdição, cassação de licença etc. (art. 39 c/c os arts. 41 e 55 e ss.).

Cabe destacar, ainda, que as práticas abusivas, em alguns casos, também podem configurar infração penal (crimes contra a ordem econômica ou contra as relações de consumo).

5.11.3.2 As práticas abusivas elencadas exemplificativamente no art. 39

O Código de Defesa do Consumidor elenca, no art. 39, algumas práticas consideradas abusivas. Trata-se de **rol meramente exemplificativo,** uma simples orientação ao intérprete, conforme se infere da expressão "dentre outras", inserida no *caput* do citado dispositivo.

---

[485] CAVALIERI FILHO, Sérgio. *Programa de Direito do Consumidor.* São Paulo: Atlas, 2009. p. 302.

CAP. 5 – DIREITO DO CONSUMIDOR | **563**

Desse modo, além do que foi expressamente previsto, toda e qualquer atuação do fornecedor que afronte a principiologia do Código, notadamente a boa-fé objetiva e a confiança, será considerada abusiva.

Na sequência, são analisadas as hipóteses previstas no art. 39 do CDC:

I – condicionar o fornecimento de produto ou de serviço ao fornecimento de outro produto ou serviço, bem como, sem justa causa, a limites quantitativos: em primeiro lugar, o Código proíbe a denominada **venda casada,** assim entendida a prática de condicionar o fornecimento de produto ou serviço ao fornecimento de outro produto ou serviço. Busca-se, dessa forma, proteger o direito básico de livre escolha do consumidor (art. 6.º, II, do CDC). São exemplos dessa prática abusiva: *condicionar a concessão de empréstimo bancário à contratação de um seguro de vida; nos contratos bancários em geral, compelir o consumidor a contratar seguro com a própria instituição financeira ou com a seguradora por ela indicada;*[486] *condicionar o consumo de produtos alimentícios nas salas de cinema à aquisição de tais produtos nas dependências da empresa cinematográfica;*[487] *limitar a aquisição de ingressos de espetáculos culturais a uma única opção de compra pela internet*[488] etc.

Em segundo lugar, o Código proíbe a **limitação quantitativa** do fornecimento de produtos ou serviços, sem justificativa plausível. Note-se, aqui, que não há uma vedação absoluta. O que não se permite é a imposição de limite máximo ou mínimo de aquisição, sem justa causa.[489]

São exemplos de fixação justificada de limite máximo: restrições estabelecidas em ofertas promocionais, com o objetivo de permitir que o maior número possível de consumidores se beneficie da promoção; restrições fixadas em época de crise, na qual a escassez de determinado produto no mercado justifica que o fornecedor limite a quantidade por pessoa etc.

Um bom exemplo de fixação justificada de limite mínimo é o da cobrança de tarifa mínima (*chamada de tarifa de assinatura básica ou mensal*) pelo uso dos serviços de telefonia fixa. Conforme já decidido pelo STJ, por se tratar de serviço que é disponibilizado de modo contínuo e ininterrupto, acarretando dispêndios financeiros para a concessionária, está devidamente caracterizada a justa causa para a quantificação mínima, devendo ser afastada, portanto, qualquer alegação de abusividade.[490]

II – recusar atendimento às demandas dos consumidores, na exata medida de suas disponibilidades de estoque, e, ainda, de conformidade com os usos e costumes: o fornecedor não pode negar-se a fornecer os produtos ou serviços próprios da sua atividade, na medida das disponibilidades de estoque e conforme os usos e costumes, podendo o consumidor exigir o cumprimento forçado dessa obrigação. Nesse sentido, considera-se abusiva, por exemplo, a conduta do taxista que recusa a "corrida" ao consumidor, ao saber da pequena distância a ser percorrida. O objetivo do Código é coibir a especulação e a discriminação.

---

[486] REsp 1.639.259/SP, sob o rito dos recursos repetitivos (Tema 972), 2.ª S., rel. Min. Paulo de Tarso Sanseverino, j. 12.12.2018 (Informativo 639).

[487] Nesse sentido, vejam-se: REsp 1.639.259/SP, 2.ª S., rel. Min. Paulo de Tarso Sanseverino, j. 12.12.2018 (Tema 972 – recursos repetitivos); REsp 744.602/RJ, rel. Min. Luiz Fux, *DJ* 15.03.2007.

[488] REsp 1.737.428/RS, 3.ª T., rel. Min. Nancy Andrighi, j. 12.03.2019.

[489] Para Antonio Herman Benjamin, a justa causa só tem aplicação aos limites quantitativos que sejam inferiores à quantidade desejada pelo consumidor. Ou seja, o fornecedor não pode obrigar o consumidor a adquirir quantidade maior que as suas necessidades (*Manual de Direito do Consumidor*. São Paulo: RT, 2008. p. 219).

[490] Confira-se, nesse sentido, a Súmula 356 do STJ: "É legítima a cobrança de tarifa básica pelo uso dos serviços de telefonia fixa".

INTERESSES DIFUSOS E COLETIVOS - VOL. 1

Em interessante julgado, o STJ considerou ilícita a negativa pura e simples, por parte de uma seguradora, de contratar seguro de vida com um jovem que foi portador de leucemia, mas apresentava-se clinicamente curado. Na hipótese, diversas opções poderiam substituir a simples negativa, como a formulação de prêmio mais alto ou mesmo a redução da cobertura securitária, excluindo-se os sinistros relacionados à doença preexistente. Para a Corte Superior, "rejeitar o consumidor, pura e simplesmente, notadamente em situações em que o seguro é oferecido como consectário do contrato de estágio, gera dano moral".[491]

Seguindo essa mesma trilha, a 3.ª Turma do STJ entendeu ser abusiva a recusa de uma seguradora de oferecer seguro a quem se disponha a pronto pagamento, quando a negativa se basear unicamente na restrição financeira do consumidor junto a órgãos de proteção ao crédito. Como bem apontado no julgado, se o pagamento do prêmio for parcelado, a representar uma venda a crédito, a seguradora pode sim se negar a contratar o seguro se o consumidor estiver com restrição financeira, evitando, assim, os adquirentes de má-fé, incluídos os insolventes ou maus pagadores. Contudo, nessa mesma hipótese, tal recusa será abusiva caso ele opte pelo pronto pagamento.[492]

Também já se considerou abusiva a recusa da operadora de contratar plano de assistência à saúde pelo simples fato de o consumidor registar negativação nos serviços de proteção ao crédito. No julgado,[493] entendeu a 3.ª Turma do STJ que a contratação de serviços essenciais não mais pode ser vista pelo prisma individualista ou de utilidade do contratante, mas pelo sentido ou função social que tem na comunidade, até porque o consumidor tem trato constitucional, não é vassalo, nem sequer um pária.

III – enviar ou entregar ao consumidor, sem solicitação prévia, qualquer produto, ou fornecer qualquer serviço: é considerada abusiva a remessa de produto ou a prestação de serviço, sem solicitação prévia do consumidor. O objetivo do Código é coibir tal prática, livrando o consumidor do desconforto de ter que providenciar a devolução dos produtos e serviços a ele fornecidos, quando não quiser adquiri-los. A respeito de tal prática, confira-se a **Súmula 532** do STJ:

Constitui prática comercial abusiva o envio de cartão de crédito sem prévia e expressa solicitação do consumidor, configurando-se ato ilícito indenizável e sujeito à aplicação de multa administrativa.

Por outro lado, o fornecedor que assim proceder não terá direito ao pagamento, pois "os serviços prestados e os produtos remetidos ou entregues ao consumidor, na hipótese prevista no inciso III, equiparam-se às amostras grátis, inexistindo obrigação de pagamento" (art. 39, parágrafo único, do CDC). Como já decidido pelo STJ:

A cobrança de serviço de "900 – disque prazer" sem a pré-cadastro via solicitação do consumidor constitui prática abusiva (CDC, art. 39, III). Se prestado, sem o pedido anterior, tal serviço equipara-se às amostras grátis, inexistindo obrigação de pagamento (CDC, art. 39, parágrafo único). Recurso provido.[494]

Em interessante julgado, o STJ considerou abusiva a conduta de uma instituição financeira que transferiu, sem autorização expressa, recursos do correntista para modalidade de investimento incompatível com o perfil do investidor. Como bem anotado pela Corte Superior, se o correntista tem hábito de autorizar investimentos sem nenhum

---

[491] REsp 1.300.116/SP, 3.ª T., rel. Min. Nancy Andrighi, j. 23.10.2012.

[492] REsp 1.594.024/SP, 3.ª T., rel. Min. Ricardo Villas Bôas Cueva, j. 27.11.2018 (Info 640).

[493] REsp 2.019.136/RS, 3.ª T., rel. Min. Nancy Andrighi, j. 07.11.2023.

[494] REsp 318.372/SP, rel. Min. Humberto Gomes de Barros, j. 27.04.2004.

CAP. 5 – DIREITO DO CONSUMIDOR | 565

risco de perda (como é o caso do CDB – título de renda fixa com baixo grau de risco), e o banco, por iniciativa própria e sem respaldo em autorização expressa do consumidor, realiza aplicação em fundo de risco incompatível com o perfil conservador de seu cliente, a ocorrência de eventuais prejuízos deve, sim, ser suportada, exclusivamente, pela instituição financeira, que, notadamente, não se desincumbiu do seu dever de esclarecer de forma adequada e clara sobre os riscos da operação.[495]

IV – prevalecer-se da fraqueza ou ignorância do consumidor, tendo em vista sua idade, saúde, conhecimento ou condição social, para impingir-lhe seus produtos ou serviços: a vulnerabilidade é um traço universal de todos os consumidores. Ocorre que para alguns desses consumidores, tendo em vista sua idade, saúde, condição social e grau de instrução, a vulnerabilidade é mais acentuada, vale dizer, é superior à média. É exatamente essa vulnerabilidade excepcional que o Código busca proteger, proibindo o fornecedor inescrupuloso de tirar proveito dessa maior fraqueza do consumidor para impingir-lhe seus produtos ou serviços. São abusivas, por exemplo, as práticas dos hospitais que exigem garantias vultuosas da família do enfermo como condição da internação etc.

No ponto, impende registrar que, antes mesmo da vigência da Lei 12.653/2012, o STJ[496] já tinha se manifestado no sentido de que é dever do estabelecimento hospitalar, em se tratando de atendimento médico emergencial, prestar o pronto-atendimento médico-hospitalar, sob pena de responsabilização cível e criminal, da sociedade empresária e prepostos. Com a superveniente vigência da Lei 12.653/2012, que veda a exigência de caução e de prévio preenchimento de formulário administrativo para a prestação de atendimento médico-hospitalar premente, a solução para o caso é expressamente conferida por norma de caráter cogente.[497]

Nessa mesma ordem de ideias, o STJ também considerou abusiva a prática dos hospitais consistente em cobrar, ou admitir que se cobre, dos pacientes conveniados a planos de saúde valor adicional por atendimentos realizados por seu corpo médico fora do horário comercial. Para a Corte Superior, cuida-se de cobrança iníqua, em prevalecimento sobre a fragilidade do consumidor, de custo que deveria estar coberto pelo preço exigido da operadora de saúde – negócio jurídico mercantil do qual não faz parte o consumidor usuário do plano de saúde –, caracterizando-se como conduta manifestamente abusiva, em violação à boa-fé objetiva e ao dever de probidade do fornecedor, vedada pelos arts. 39, IV, X, e 51, III, IV, X, XIII, XV, do CDC e 422 do CC.[498]

V – exigir do consumidor vantagem manifestamente excessiva: é vedado ao fornecedor exigir do consumidor vantagem manifestamente excessiva. Mas o que vem a ser essa vantagem manifestamente excessiva? Por serem expressões sinônimas, os critérios para sua verificação são os mesmos previstos no art. 51, § 1.º, I a III, referentes à "vantagem exagerada".[499] O objetivo principal do Código, nesse particular, é assegurar o equilíbrio contratual na relação de consumo, protegendo o consumidor dos fornecedores que se aproveitam de sua condição de superioridade econômica para obterem vantagem indevida. Com fundamento em tal dispositivo, por exemplo, o STJ já considerou abusiva

---

[495] REsp 1.326.592/GO, 4.ª T., rel. Min. Luis Felipe Salomão, j. 07.05.2019.

[496] REsp 1.256.703/SP, 4.ª T., rel. Min. Luis Felipe Salomão, j. 06.09.2011.

[497] Consigno que a Lei 12.653/2012 alterou o Código Penal, que passou a vigorar acrescido do seguinte tipo penal: "Art. 135-A. Exigir cheque-caução, nota promissória ou qualquer garantia, bem como o preenchimento prévio de formulários administrativos, como condição para o atendimento médico-hospitalar emergencial: Pena – detenção, de 3 (três) meses a 1 (um) ano, e multa. Parágrafo único. A pena é aumentada até o dobro se da negativa de atendimento resulta lesão corporal de natureza grave, e até o triplo se resulta a morte".

[498] REsp 1.324.712/MG, 4.ª T., rel. Min. Luis Felipe Salomão, j. 24.09.2013 (Informativo STJ 532).

[499] A esse respeito, confira-se o item 5.12.7.5.

566 | INTERESSES DIFUSOS E COLETIVOS – VOL. 1

a disponibilização, por companhia aérea, de opção de resgate de passagens aéreas com "pontos" pela *internet*, sem que fosse disponibilizado, pelo mesmo meio, o correspondente cancelamento ou reembolso dessas passagens.[500]

VI – executar serviços sem a prévia elaboração de orçamento e autorização expressa do consumidor, ressalvadas as decorrentes de práticas anteriores entre as partes: o fornecedor, antes de executar o serviço, está obrigado a entregar ao consumidor um orçamento prévio, que terá prazo de validade de dez dias, no qual deverá discriminar o valor da mão de obra, dos materiais e equipamentos a serem empregados, as condições de pagamento, bem como as datas de início e término dos serviços (art. 40, § 1.º, do CDC). Mas isso não basta. Para que o fornecedor possa dar início ao serviço, exige-se também a autorização do consumidor, a esta equivalendo a aprovação que o consumidor dê ao orçamento (art. 40, § 2.º), desde que expressa.

E se o serviço for prestado sem a autorização do consumidor? Nesse caso, será considerado amostra grátis, por força do disposto no art. 39, parágrafo único, do CDC, aplicado por analogia.[501]

VII – repassar informação depreciativa, referente a ato praticado pelo consumidor no exercício de seus direitos: nenhum fornecedor pode divulgar informação depreciativa sobre atos do consumidor no exercício de seus direitos. Considera-se abusiva, por exemplo, a divulgação de lista de usuários litigantes com o objetivo de discriminar, de alguma forma, o consumidor. A ilegalidade é praticada tanto por aqueles que colaboram com a formação da lista de consumidores quanto pelos que dela se utilizam para recusar a contratação ou oferecer tratamento discriminatório (art. 39, II).

A ideia é evitar que os consumidores sejam constrangidos ou tenham a imagem denegrida no meio comercial e social tão somente por terem praticado atos no exercício regular de seus direitos. Por outras palavras, quer-se evitar que o consumidor seja discriminado sem critério.

Note-se que informação depreciativa não se confunde com informação negativa. Conforme será visto adiante (tópico 5.11.5), o CDC, em seu artigo 43, disciplina uma das práticas de mercado mais comuns na atual sociedade de consumo em massa, a saber, a formação dos chamados bancos de dados, dos quais se destacam os de proteção ao crédito (SERASA, SPC e outros). As informações que circulam nesses bancos de dados normalmente descrevem uma situação de mora do devedor; portanto, em regra, propiciam um juízo de valor negativo sobre o consumidor. Nem por isso essa prática é considerada abusiva. Por outro lado, registre-se que a própria Lei Geral de Proteção de Dados Pessoais (Lei 13.709/2018), que representa o tão esperado marco legal de proteção de dados no Brasil, autoriza, em seu art. 7.º, X, o tratamento de dados pessoais para a proteção do crédito.

VIII – colocar, no mercado de consumo, qualquer produto ou serviço em desacordo com as normas técnicas: ao colocar produtos ou serviços no mercado de consumo, o fornecedor está obrigado a respeitar as normas expedidas pelos órgãos oficiais competentes ou, se normas específicas não existirem, pela Associação Brasileira de Normas Técnicas (ABNT) ou outra entidade credenciada pelo Conselho Nacional de Metrologia, Normalização e Qualidade Industrial (Conmetro). Tal exigência visa garantir maior qualidade, segurança e eficiência dos produtos e serviços lançados no mercado de consumo.

---

[500] REsp 1.966.032/DF, 4.ª T., rel. Min. Luis Felipe Salomão, j. 16.08.2022.
[501] Nesse sentido, veja-se: STJ, REsp 332.869/RJ, rel. Min. Carlos Alberto Menezes Direito, j. 24.06.2002.

CAP. 5 – DIREITO DO CONSUMIDOR | 567

IX – recusar a venda de bens ou a prestação de serviços, diretamente a quem se disponha a adquiri-los mediante pronto pagamento: aqui, o Código busca coibir a imposição de intermediários ao consumidor que se dispõe a adquirir, *diretamente*, bens de consumo, mediante *pronto pagamento*. Note-se que esta prática abusiva não se confunde com a prevista no inciso II. Neste, o fornecedor se recusa a atender à demanda do consumidor, ao passo que no inciso IX o fornecedor se recusa a fornecer diretamente ao consumidor, impondo-lhe intermediários para a conclusão do negócio.

Cuidado: é preciso que o consumidor se disponha a adquirir o produto ou serviço mediante **pronto pagamento**, pois, do contrário, se a prazo ou parcelado, o fornecedor poderá justificar a recusa. Vale dizer: não está o fornecedor obrigado a aceitar nenhuma outra forma de pagamento que não seja à vista (ex.: cartão de crédito, cheque pré-datado etc.). Nesse particular, é oportuno destacar que **a recusa ao pagamento por meio de cheque não é considerada abusiva.** Como bem observa Sérgio Cavalieri Filho: "É um fato comum decorrente do desprestígio do cheque como título de crédito emitido como ordem de pagamento a vista".[502] No mesmo sentido, aliás, já decidiu o STJ:

> Mera recusa de pagamento de compras de supermercado com cheque de valor superior ao admitido na sistemática comercial do estabelecimento não constitui prática abusiva, tampouco causa dano de ordem moral, mas mero dissabor ou contratempo não indenizável.[503]

Por fim, registre-se que nem toda imposição de intermediação será considerada abusiva, conforme se depreende do próprio texto do inciso em análise, que excepciona os "casos de intermediação regulados em leis especiais".

X – elevar sem justa causa o preço de produtos ou serviços: considera-se abusiva a majoração do preço dos produtos ou serviços, sem justa causa.

A ideia central do Código de Defesa do Consumidor é coibir o chamado *preço abusivo*. A regra é que o aumento dos preços deve sempre estar alicerçado em justa causa, isto é, não pode ser arbitrário, leonino, a depender apenas na vontade do fornecedor. A justa causa para a elevação dos preços pode decorrer, por exemplo, do aumento dos preços da matéria-prima, do aumento do valor do salário mínimo, seguido da necessária correção dos salários dos empregados, da variação da cotação do dólar, ou outra causa que reflita no custo final do produto ou serviço.

Questão interessante consiste em saber se é abusiva a prática de preços diferenciados para pagamento em dinheiro e com cartão de crédito em parcela única, pela aquisição do mesmo produto ou serviço.

Inicialmente, o Superior Tribunal de Justiça inclinou-se no sentido de considerar lícita a venda de mercadoria no cartão de crédito a preços superiores aos praticados à vista. Em síntese, os precedentes da Corte Superior consideravam que a compra com cartão de crédito em parcela única não se equipara à venda à vista, não havendo nenhuma lei proibindo a majoração do preço nas vendas com cartão.[504]

Contudo, em julgados mais recentes, o STJ vem decidindo em sentido contrário, vale dizer, passou a considerar abusiva a prática de distinção de preço para pagamento em dinheiro ou cartão de crédito.

---

[502] CAVALIERI FILHO, Sérgio. *Programa de Direito do Consumidor*. São Paulo: Atlas, 2009. p. 139.

[503] REsp 509.003/MA, rel. Min. Aldir Passarinho Junior, j. 05.05.2004.

[504] Nesse sentido, confiram-se: REsp 229.586/SE, 1.ª T., rel. Min. Garcia Vieira, *DJ* 21.02.2000; REsp 827.120/RJ, 2.ª T., rel. Min. Castro Meira, *DJ* 29.05.2006.

O marco dessa mudança de orientação na jurisprudência da Corte Superior foi o julgamento do REsp 1.133.410/RS (j. 16.03.2010), da relatoria do Min. Massami Uyeda. Na oportunidade, os ministros da Terceira Turma, por unanimidade, consideraram abusiva a venda de combustível no cartão de crédito em parcela única a preços superiores aos praticados à venda em dinheiro, sob os seguintes fundamentos:

1) o pagamento efetuado com cartão de crédito em parcela única equivale ao pagamento à vista, pois a obrigação do consumidor com o fornecedor cessa de imediato; e

2) o consumidor, pela utilização do cartão de crédito, já paga à administradora e emissora do cartão de crédito taxa por este serviço (taxa de administração); atribuir-lhe ainda o custo pela disponibilização de pagamento por meio de cartão de crédito, responsabilidade exclusiva do empresário, importa em onerá-lo duplamente (*in bis idem*) e, por isso, em prática de consumo que se revela abusiva.

Seguindo a mesma trilha, o STJ já considerou prática abusiva no mercado de consumo a diferenciação do preço do produto em função de o pagamento ocorrer em dinheiro, cheque ou cartão de crédito.[505]

É oportuno destacar que a Medida Provisória 764, de 26 de dezembro de 2016, autorizou em seu art. 1.º, *caput*, a diferenciação de preços de bens e serviços oferecidos ao público, em função do prazo ou do instrumento de pagamento utilizado. Por outras palavras, tal ato normativo passou a admitir expressamente a possibilidade de diferenciação de preços de bens e serviços para pagamento em dinheiro e com cartão de crédito.

Referida medida também fulmina de nulidade a cláusula contratual, estabelecida no âmbito de arranjos de pagamento ou de outros acordos para prestação de serviço de pagamento, que proíba ou restrinja a diferenciação de preços por ela facultada (art. 1.º, parágrafo único).

No dia 27 de junho de 2017, a Medida Provisória 764 foi convertida na Lei 13.455. Resta saber, doravante, se o STJ a considerará aplicável às relações de consumo, uma vez que a jurisprudência da Corte Superior já estava consolidada no sentido de considerar abusiva a prática de distinção de preço para pagamento em dinheiro ou cartão de crédito.

XII – deixar de estipular prazo para o cumprimento de sua obrigação ou deixar a fixação de seu termo inicial a seu exclusivo critério: considera-se abusiva a não fixação de prazo para o fornecedor cumprir suas obrigações. Um bom exemplo dessa prática é o da concessionária que, em contrato de prestação de serviços, fixa um prazo certo para a entrega do automóvel ao consumidor, a partir do envio da peça de reposição pela montadora; só que para este não há nenhum prazo.

XIII – aplicar fórmula ou índice de reajuste diverso do legal ou contratualmente estabelecido: o Código considera abusiva a elevação do preço do produto ou serviço por meio da aplicação de fórmula ou índice de reajuste diverso do previsto em lei ou no contrato. Aqui, busca-se coibir a modificação unilateral desses índices ou fórmulas de reajuste nos negócios entre consumidores e fornecedores, prática muito comum nos contratos imobiliários, bancários, de educação e planos de saúde.

XIV – permitir o ingresso em estabelecimentos comerciais ou de serviços de um número maior de consumidores que o fixado pela autoridade administrativa como

---

[505] REsp 1.479.039/MG, 2.ª T., rel. Min. Humberto Martins, j. 06.10.2015.

CAP. 5 – DIREITO DO CONSUMIDOR | **569**

máximo: esse inciso foi incluído pela Lei 13.425/2017, que estabelece as diretrizes gerais sobre medidas de prevenção e combate a incêndio e a desastres em estabelecimentos, edificações e áreas de reunião de público. Para além de ser considerada prática abusiva, a conduta do fornecedor consistente em permitir a entrada de um número maior de pessoas do que o permitido poderá configurar o crime tipificado no art. 65, § 2.º, do CDC.[506]

5.11.4 Cobrança de dívidas

5.11.4.1 Cobranças abusivas

O Código de Defesa do Consumidor, em seu art. 42, *caput,* dispõe que, "na cobrança de débitos, o consumidor inadimplente não será exposto a ridículo, nem será submetido a qualquer tipo de constrangimento ou ameaça".

O objetivo do Código não é obstar o recebimento do crédito, o que era e continua sendo exercício regular de direito, mas sim a utilização de métodos condenáveis e ofensivos à dignidade do consumidor inadimplente. Em outras palavras, o legislador busca coibir todas as formas de abusos praticados pelo fornecedor para obter a quitação da dívida.

Como bem observado por Antonio Herman Benjamin,[507] o art. 42 deve ser lido em conjunto com o art. 71, sua face penal. Diz este: "Utilizar, na cobrança de dívidas, de ameaça, coação, constrangimento físico ou moral, afirmações falsas, incorretas ou enganosas ou de qualquer outro procedimento que exponha o consumidor, injustificadamente, a ridículo ou interfira com seu trabalho, descanso ou lazer. Pena – detenção de 3 (três) meses a 1 (um) ano e multa".

Em síntese, o Código considera abusivas, entre outras,[508] as seguintes formas de cobrança:

a) **a utilização de ameaça, coação, constrangimento físico ou moral:** são exemplos dessa prática o corte do fornecimento de energia elétrica para cobrança de dívidas antigas do consumidor;[509] a ameaça ao aluno inadimplente com a mensalidade escolar de não poder fazer as provas etc.;

b) **o emprego de afirmações falsas, incorretas ou enganosas:** o STJ já considerou abusiva a conduta da empresa de cobrança que envia carta ameaçando o consumidor de representação criminal por emissão de cheque sem fundos, quando este documento não existe;[510]

c) **a exposição do consumidor ao ridículo:** aqui, o Código quer coibir a utilização de situação vexatória ao consumidor como instrumento de cobrança da dívida. É o caso, por exemplo, da divulgação de lista de devedores, prática comum em condomínios e escolas;

d) **a interferência no trabalho, descanso ou lazer do consumidor:** o legislador não proibiu a cobrança de dívidas nesses lugares, apenas impôs limites. Vale dizer, o consumidor pode ser cobrado condignamente em seu trabalho, descanso ou lazer.

---

[506] "Art. 65. Executar serviço de alto grau de periculosidade, contrariando determinação de autoridade competente: Pena – Detenção de seis meses a dois anos e multa. § 1.º As penas deste artigo são aplicáveis sem prejuízo das correspondentes à lesão corporal e à morte. § 2.º A prática do disposto no inciso XIV do art. 39 desta Lei também caracteriza o crime previsto no *caput* deste artigo."

[507] BENJAMIN, Antonio Herman. *Manual de Direito do Consumidor.* São Paulo: RT, 2008. p. 229.

[508] Além das formas de cobrança elencadas pelo CDC nos arts. 42 e 71, será considerado ilícito todo e qualquer exercício abusivo ou anormal do direito de cobrança.

[509] A propósito, confira-se: STJ, REsp 999.700/RN, 2.ª T., rel. Min. Castro Meira, *DJe* 02.09.2008.

[510] REsp 343.700/PR, rel. Min. Ruy Rosado de Aguiar, *DJ* 03.06.2002.

INTERESSES DIFUSOS E COLETIVOS – VOL. 1

O que não se admite, por exemplo, é que, sob o pretexto de exercer o direito de cobrança, o fornecedor telefone para o chefe do consumidor dizendo ser ele mau pagador. Estão vedados, igualmente, telefonemas ou visitas sucessivos.

Remarque-se que a cobrança abusiva, por configurar ilícito civil, faz incidir o art. 6.º, VI, do CDC, podendo o fornecedor ser compelido a indenizar os danos materiais e morais eventualmente sofridos pelo consumidor.

Por fim, impende destacar que em todos os documentos de cobrança de débitos apresentados ao consumidor, deverão constar o nome, o endereço e o número de inscrição no Cadastro de Pessoas Físicas – CPF ou no Cadastro Nacional de Pessoa Jurídica – CNPJ do fornecedor do produto ou serviço correspondente (art. 42-A, do CDC, incluído pela Lei 12.039/2009).

5.11.4.2 *Repetição do indébito*

O parágrafo único do art. 42 do CDC sanciona o fornecedor que cobrar dívida indevida, obrigando-o a devolver em dobro a quantia paga em excesso pelo consumidor, acrescida de correção monetária e juros legais, **salvo hipótese de engano justificável.**

Exemplificando, se uma concessionária de serviço de energia elétrica, por falha injustificável, cobrar do usuário um valor maior que o devido, ou então, uma fatura já paga, deverá ressarcir o consumidor pelo dobro da quantia paga em excesso, acrescida de juros e correção monetária.

No ponto, cabe registrar que o STJ tem considerado engano justificável, apto a afastar a culpa ou má-fé do fornecedor: (i) a cobrança indevida de tarifa de água, decorrente de enquadramento incorreto do consumidor no regime de economias, em razão de **interpretação equivocada** da legislação estadual;[511] (ii) quando o objeto da cobrança está sujeito à **controvérsia na jurisprudência** dos Tribunais.[512]

Mas, e se a cobrança indevida também acarretar danos materiais e morais ao consumidor? Nesse caso, além da sanção propriamente dita – restituição em dobro do que foi pago em excesso, mais juros e correção monetária –, o consumidor também fará *jus* à indenização das perdas e danos, por força, mais uma vez, da regra geral do art. 6.º, VI.

Sublinhe-se que o pedido de condenação do fornecedor ao pagamento em dobro do valor indevidamente cobrado do consumidor **não exige ação própria ou reconvenção**, podendo ser formulado em qualquer via processual.[513]

5.11.4.2.1 Pressupostos da repetição do indébito no CDC

São três os pressupostos para a incidência da sanção em tela:

1) Cobrança indevida de dívida de consumo: é preciso que a dívida seja oriunda de relação de consumo. Assim, se a cobrança versar sobre dívida oriunda de relação civil (entre iguais), não incidirá o CDC, mas sim o disposto no art. 940 do Código Civil.[514]

Note-se que a repetição do indébito no Código de Defesa do Consumidor é imposta tanto nos casos de cobrança judicial como nos casos de cobrança extrajudicial de dívidas

---

[511] AgRg no REsp 1.109.237/SP, rel. Min. Humberto Martins, j. 16.06.2011.

[512] AgRg no AgRg no REsp 1.121.636/SP, 1.ª T., rel. Min. Hamilton Carvalhido, j. 22.06.2010. No mesmo sentido: REsp 528.186/RS, 3.ª T., rel. Min. Carlos Alberto Menezes Direito, j. 18.12.2003.

[513] REsp 1.005.939/SC, rel. Min. Luis Felipe Salomão, *DJe* 31.10.2012.

[514] "Art. 940. Aquele que demandar por dívida já paga, no todo ou em parte, sem ressalvar as quantias recebidas ou pedir mais do que for devido, ficará obrigado a pagar ao devedor, no primeiro caso, o dobro do que houver cobrado e, no segundo, o equivalente do que dele exigir, salvo se houver prescrição."

CAP. 5 – DIREITO DO CONSUMIDOR | 571

de consumo, diferentemente da repetição do indébito no Código Civil, aplicável somente aos casos de cobrança judicial. Em outras palavras, o direito à repetição em dobro no CDC independe do meio de cobrança (judicial ou extrajudicial). É esse o pensamento, entre outros, de Sérgio Cavalieri Filho[515] e de Leonardo de Medeiros Garcia.[516]

Em sentido contrário, autorizada doutrina defende que a sanção do CDC só tem lugar quando a cobrança é extrajudicial.[517] E a justificativa para afastar a aplicação do CDC aos casos de cobrança judicial está no verbo "cobrar", utilizado na legislação consumerista, em contraposição ao verbo "demandar", empregado pelo Código Civil, em seu art. 940.

Com o máximo respeito às vozes contrárias, entendemos que o simples fato de o legislador consumerista ter empregado o verbo "cobrar" não autoriza a interpretação restritiva do citado dispositivo, para limitar seu alcance às cobranças extrajudiciais. Afinal, como bem observado por Rizzatto Nunes,[518] aceitando-se a ideia de que tal dispositivo não se aplica, só por ser judicial a cobrança, bastará ao fornecedor dar entrada em ações judiciais para, burlando a lei, praticar toda sorte de abusos, o que não se coaduna, evidentemente, com o mandamento constitucional de efetiva defesa dos interesses dos consumidores (art. 5.º, XXXII, da CF).

2) Pagamento em excesso: o Código não se contenta com a simples cobrança; é preciso que o consumidor já tenha efetuado o pagamento. Nesse aspecto, a sanção de repetição do indébito do CDC também se difere da sanção imposta pelo Código Civil, cujo art. 940 se contenta com a simples cobrança, não exigindo o pagamento.

3) Conduta contrária à boa-fé objetiva: a imposição da penalidade de restituição em dobro independe da natureza do elemento volitivo do fornecedor que cobrou valor indevido, revelando-se cabível quando a cobrança indevida consubstanciar conduta contrária à boa-fé objetiva. Não se exige, portanto, a demonstração de má-fé, ou seja, da intenção do fornecedor de cobrar um valor indevido, tampouco se exige a prova da culpa. Não é necessário perquirir qualquer elemento volitivo por parte do fornecedor. **Basta que o fornecedor tenha agido de forma contrária à boa-fé objetiva.**

Nesse ponto, mais uma vez, o CDC se difere do CC, pois este exige a má-fé do credor para a imposição da sanção de repetição do indébito.

A despeito da clareza da ressalva posta na parte final do parágrafo único do art. 42, da qual se depreende que o CDC não exige a prova de má-fé, a jurisprudência do Superior Tribunal de Justiça sobre essa questão mostrou-se controvertida por muitos anos.

Nos julgamentos envolvendo **cobrança indevida de tarifa de serviço público**, a 1.ª Seção do STJ (que reúne a 1.ª e a 2.ª Turmas) consolidou o entendimento de que a prova da culpa do fornecedor é suficiente para a imposição da repetição do indébito pelo dobro.[519] Já para a 2.ª Seção (que reúne 3.ª e 4.ª Turmas), competente para o julgamento das **demais relações de consumo**, a repetição em dobro do indébito, sanção prevista no art. 42, parágrafo único, do CDC, exigia tanto a existência de pagamento indevido quanto a **má-fé** do credor.[520]

---

[515] CAVALIERI FILHO, Sérgio. *Programa de Direito do Consumidor.* São Paulo: Atlas, 2009. p. 170-171.

[516] GARCIA, Leonardo Medeiros. *Direito do Consumidor.* Código Comentado e Jurisprudência. 5. ed. Niterói: Impetus, 2009. p. 261-262.

[517] Nesse sentido, vejam-se: BENJAMIN, Antonio Herman. *Manual de Direito do Consumidor.* São Paulo: RT, 2008. p. 235; SOUZA, Luiz Antônio. *Direitos Difusos e Coletivos.* São Paulo: Saraiva, 2009. p. 58.

[518] RIZZATTO NUNES, Luiz Antonio. *Curso de Direito do Consumidor.* 4. ed. São Paulo: Saraiva, 2009. p. 580-581.

[519] REsp 1.079.064/SP, 2.ª T., rel. Min. Herman Benjamin, DJe 20.04.2009. No mesmo sentido: REsp 1.085.947/SP, 1.ª T., rel. Min. Francisco Falcão, DJe 12.11.2008; REsp 1.084.815/SP, 1.ª T., rel. Min. Denise Arruda, j. 05.08.2009.

[520] Nesse sentido, vejam-se: AgRg no AgRg no AREsp 600.663/RS, 4.ª T., rel. Min. Antonio Carlos Ferreira, j. 07.05.2015; AgRg no AREsp 514.579/RS, 2.ª T., rel. Min. Humberto Martins, j. 16.10.2014; REsp 1.032.952/SP, 3.ª T., rel. Min. Nancy

O impasse sobre o tema foi resolvido no dia 21 de outubro de 2020, quando a Corte Especial do STJ decidiu que a restituição em dobro do indébito (art. 42, parágrafo único, do CDC) independe da natureza do elemento volitivo do fornecedor que cobrou valor indevido, revelando-se cabível quando a cobrança indevida consubstanciar **conduta contrária à boa-fé objetiva**.[521]

O julgamento envolvia uma cobrança indevida por parte de uma empresa de telefonia, que incluíra na fatura serviços que não haviam sido contratados pelo consumidor. A decisão da 3.ª Turma havia afastado a devolução em dobro, por exigir a prova da má-fé. Por maioria, a Corte Especial adotou um entendimento diferente daqueles que vinham sendo considerados nas 1.ª e 2.ª Seções: a obrigação de devolver os valores em dobro não depende do elemento volitivo do fornecedor que os cobrou indevidamente. Não se exige sequer a prova da culpa. Basta que a cobrança seja contrária à boa-fé objetiva. Note-se que esse entendimento é até mais favorável ao consumidor do que aquele que vinha sendo aplicado pela 1.ª Seção, pois dispensa a prova inclusive da culpa.

Com essa decisão, a Corte Especial uniformizou o entendimento da matéria no âmbito das Seções que julgam litígios envolvendo relação jurídica de consumo.[522]

Reconhece-se, no particular, um avanço no tratamento da matéria. Com efeito, o art. 42, parágrafo único, do CDC dispõe que o consumidor cobrado em quantia indevida tem direito à repetição do indébito, por valor igual ao dobro do que pagou em excesso, acrescido de correção monetária e juros legais, salvo hipótese de engano justificável. Ou seja, demonstrado na relação de consumo o pagamento de cobrança indevida, a restituição do indébito dar-se-á em dobro, ressalvado se o fornecedor provar, no caso concreto, o engano justificável.

A norma analisada não exige culpa, dolo ou má-fé do fornecedor, quando este cobra e recebe valor indevido do consumidor. Ao fornecedor, a imputação que se lhe faz a lei é objetiva, independentemente de culpa ou dolo. Assim, a **justificabilidade (ou legitimidade) do engano, para afastar a devolução em dobro, insere-se no domínio da causalidade, e não no domínio da culpabilidade**, pois esta se resolve, sem apelo ao elemento volitivo, pelo prisma da boa-fé objetiva.

A Corte Especial do STJ reforçou seu entendimento no EAREsp 600.663/RS, Corte Especial, rel. Min. Maria Thereza de Assis Moura, rel. p/ acórdão Min. Herman Benjamin, *DJe* 30.03.2021, fixando a seguinte tese: "A repetição em dobro, prevista no parágrafo único do art. 42 do CDC, é cabível quando a cobrança indevida consubstanciar conduta contrária à boa-fé objetiva, ou seja, deve ocorrer independentemente da natureza do elemento volitivo".[523]

Noutro flanco, ainda para a 2.ª Seção, se a cobrança indevida é oriunda de uma cláusula contratual posteriormente declarada nula, o consumidor só terá direito à repetição do indébito de modo simples, e não em dobro. Argumenta-se, nesse sentido, que age em exercício regular de direito quem recebe a prestação devida em contrato.[524] Com o devido respeito, pensamos que tal entendimento afronta a principiologia do CDC. Afinal, bastará ao fornecedor valer-se de uma previsão contratual, ainda que manifestamente abusiva, para safar-se da sanção prevista no art. 42, parágrafo único, do CDC. A vingar esse entendi-

---

Andrighi, *DJe* 20.03.2009; AgRg no REsp 110.748/SC, 4.ª T., rel. Min. Fernando Gonçalves, j. 17.09.2009. Em sentido contrário, encontramos alguns julgados da 1.ª Turma do STJ, exigindo tão somente a culpa para a incidência do dispositivo em análise: REsp 1.085.947/SP, 1.ª T., rel. Min. Francisco Falcão, *DJe* 12.11.2008; REsp 1.084.815/SP, 1.ª T., rel. Min. Denise Arruda, j. 05.08.2009.

[521] EAREsp 676.608, Corte Especial, Re. Min. Og Fernqandes, j. 21.10.2020.

[522] Nesse mesmo julgamento, a Corte Especial decidiu que a repetição de indébito por cobrança indevida de valores referentes a serviços não contratados promovida por empresa de telefonia deve seguir a norma geral do lapso prescricional (dez anos, art. 205 do Código Civil), a exemplo do que decidido e sumulado (Súmula 412 do STJ) no que diz respeito ao lapso prescricional para repetição de medida de tarifas de água e esgoto.

[523] No mesmo sentido: EAREsp 1.501.756/SC, Corte Especial, rel. Min. Herman Benjamin, j. 21.02.2024.

[524] EREsp 328.338/MG, 2.ª S., rel. Min. Ari Pargendler, *DJ* 01.02.2006.

CAP. 5 - DIREITO DO CONSUMIDOR | **573**

mento, o STJ estará criando mais um requisito para o exercício do direito à repetição do indébito pelo dobro: a ausência de previsão dessa cobrança em contrato de consumo.

Por fim, importa destacar que **o legislador transferiu para o fornecedor o ônus de provar o "engano justificável"** (inversão *ope legis* do ônus da prova). Vale dizer: ao consumidor compete comprovar que pagou em excesso, em razão de cobrança indevida do fornecedor; a este cabe provar que seu engano é justificável.

5.11.4.2.2 Comparativo com a repetição do indébito do Código Civil

O parágrafo único do art. 42 do CDC guarda semelhanças com o art. 940 do CC: ambos preveem sanções para a cobrança indevida de dívidas. Do cotejo das duas normas extraímos algumas diferenças importantes:

1) O CDC só cuida das dívidas oriundas de relação de consumo, ao passo que o CC se aplica às dívidas decorrentes de relação civil (entre iguais);

2) Para o Código Civil, basta a cobrança da dívida, enquanto para o CDC exige-se que o consumidor já tenha efetuado o pagamento em excesso;

3) O Código Civil só se ocupa da cobrança judicial (refere-se a demandar), enquanto o CDC alcança tanto a cobrança judicial como a cobrança extrajudicial;

4) O CC exige má-fé do credor, ao passo que no CDC a restituição em dobro do indébito independe da natureza do elemento volitivo do fornecedor que cobrou valor indevido, revelando-se cabível quando a cobrança indevida consubstanciar conduta contrária à boa-fé objetiva;

5) No CDC, presentes os pressupostos, a repetição do indébito é sempre pelo dobro do valor que o consumidor pagou em excesso; no CC, é preciso distinguir: para a cobrança de dívidas já pagas, no todo ou em parte, a repetição é por valor igual ao dobro do que foi cobrado; já para a cobrança de valor superior ao devido, a repetição é pelo valor equivalente ao que foi cobrado em excesso.

Assim, tem-se:

Repetição do Indébito	
No CDC (art. 42, parágrafo único)	**No Código Civil (art. 940)**
Cobrança indevida de dívida de consumo	Cobrança indevida de dívida civil
Cobrança extrajudicial ou judicial[525]	Cobrança judicial
Exige efetivo pagamento da dívida	Basta a cobrança da dívida
Não exige má-fé ou culpa do fornecedor, bastando que a cobrança seja contrária à boa-fé objetiva	Exige má-fé do credor
A repetição do indébito é sempre pelo dobro do valor que o consumidor pagou em excesso	Convém distinguir: para a cobrança de dívidas já pagas, no todo ou em parte, a repetição é pelo dobro do valor cobrado; já para a cobrança de valor superior ao devido, a repetição é pelo valor equivalente ao que foi cobrado em excesso

---

[525] Lembre-se aqui da existência de entendimento contrário em doutrina, no sentido de que a sanção da repetição do indébito no CDC só alcança as cobranças extrajudiciais.

574 | INTERESSES DIFUSOS E COLETIVOS – VOL. 1

Fixadas as diferenças entre os regimes jurídicos da repetição do indébito no CDC e no CC, questão interessante consiste em saber se a cobrança judicial indevida de dívida oriunda de relação de consumo admite a aplicação da sanção prevista no art. 940 do Código Civil, quando não presentes os requisitos do art. 42, parágrafo único, do CDC. Por outras palavras, quer-se saber se mesmo diante de uma relação de consumo é cabível a sanção da legislação civil.

Exemplificativamente, um dado fornecedor, agindo com dolo, propõe uma ação em face do consumidor, cobrando uma dívida indevida. Se o consumidor não pagar essa dívida, não incide a sanção do art. 42, parágrafo único, do CDC, que pressupõe o pagamento do indébito. Nesse caso, poderá o fornecedor ser sancionado à repetição do indébito, com fundamento no art. 940 do CC? Pensamos que sim.

Conforme visto, o CDC nasce, pois, da Constituição Federal de 1988, com a missão de promover a defesa do consumidor, mediante a eliminação da injusta desigualdade existente entre ele e o fornecedor. Já o CC é um código para as relações entre iguais, ou seja, regula as relações entre dois civis e as relações entre dois empresários. Contudo, a aplicação do sistema jurídico deve ser convergente com os valores e princípios constitucionais, não podendo adotar métodos que excluam normas mais protetivas ao sujeito que se pretende proteger – no caso, o consumidor. Nessa esteira, é de se admitir a aplicação do CC, no que couber, quando a regra não contrariar o sistema estabelecido pelo CDC, sobretudo quando as normas forem complementares – como na hipótese sub examine –, pois os arts. 42, parágrafo único, do CDC e 940 do CC preveem sanções para condutas distintas dos credores. Nesse mesmo sentido, já decidiu o STJ:

> No caso, embora não estejam preenchidos os requisitos para a aplicação do art. 42, parágrafo único, do CDC, visto que a cobrança não ensejou novo pagamento da dívida, todos os pressupostos para a aplicação do art. 940 do CC estão presentes. Mesmo diante de uma relação de consumo, se inexistentes os pressupostos de aplicação do art. 42, parágrafo único, do CDC, deve ser aplicado o sistema geral do Código Civil, no que couber. 9. O art. 940 do CC é norma complementar ao art. 42, parágrafo único, do CDC e, no caso, sua aplicação está alinhada ao cumprimento do mandamento constitucional de proteção do consumidor. Recurso especial não provido.[526]

5.11.5 Bancos de dados e cadastros de consumidores

5.11.5.1 *Introdução*

O Código de Defesa do Consumidor, em seu art. 43, disciplina uma das práticas de mercado mais comuns na atual sociedade de consumo em massa, a saber, a formação dos chamados bancos de dados e cadastros de consumidores.

A ideia central consiste em estabelecer critérios e limites segundo os quais podem ser desenvolvidos e utilizados os arquivos de consumo. Afinal, se, por um lado, é legítimo aos fornecedores organizar e explorar as informações pessoais e econômicas dos consumidores, por outro, há a necessidade de proteger o consumidor do mau uso dessas informações, potencialmente nocivas à sua dignidade, privacidade e honra.

5.11.5.2 *Distinção entre bancos de dados e cadastro de consumidores*

As expressões *bancos de dados* e *cadastros de consumidores*, empregadas pela Seção VI, do capítulo V, do CDC, são espécies do gênero arquivo de consumo.[527]

---

[526] REsp 1.645.589/MS, 3.ª T., rel. Min. Ricardo Villas Bôas Cueva, j. 04.02.2020 (Info 664 STJ).

[527] Nesse sentido, confira-se: BENJAMIN, Antonio Herman et al. *Código Brasileiro de Defesa do Consumidor*: Comentado pelos Autores do Anteprojeto. 7. ed. Rio de Janeiro: Forense Universitária, 2001. p. 373.

CAP. 5 – DIREITO DO CONSUMIDOR | 575

Em comum, os bancos de dados e os cadastros de consumidores trazem a qualidade de armazenarem informações sobre terceiros, para uso em operações de consumo. Para diferenciá-los, dois aspectos são considerados: a *origem da informação* e seu *destino*.

Nos **cadastros de consumidores,** a fonte da informação é o próprio consumidor, e o destino é um fornecedor específico. É o caso, por exemplo, do cadastro das lojas que comercializam roupas, formado a partir de informações prestadas pelo próprio consumidor. O objetivo principal dessa modalidade de arquivo de consumo é formar *perfis* de consumidores, a partir dos quais poderá ser identificada sua aptidão por determinados produtos ou serviços.

Já nos **bancos de dados**, a informação advém, em regra, do próprio fornecedor, e o seu destino final é o mercado de consumo, ou seja, os fornecedores em geral. Podem ter finalidades diversas,[528] que vão desde a obtenção de informações para levantamentos estatísticos e históricos até a proteção ao crédito.[529]

Assim, tem-se:

Arquivos de consumo	Fonte da informação	Destino da informação
Cadastro	Consumidor	Fornecedor específico
Banco de dados	Fornecedor	Mercado de consumo

5.11.5.3 *Bancos de dados de proteção ao crédito*

Os bancos de dados que desempenham papel mais relevante no mercado de consumo, indiscutivelmente, são os de proteção ao crédito (Serasa, SPC, CCF e outros).

Sem eles seria praticamente impossível a concessão de crédito, principal instrumento de circulação de riquezas (bens e serviços), pois não se concede crédito a ninguém se não houver um mínimo de conhecimento a respeito do pretendente, de modo a avaliar os riscos de inadimplência.

O próprio STF, no julgamento da ADI 1.790-5/DF, considerou que a existência dos bancos de dados de proteção ao crédito "tornou-se um imperativo da economia de sociedade de massa" e, ainda, que "os arquivos de consumo são um dado inextirpável de uma economia fundada nas relações massificadas de crédito".[530]

As principais ações desenvolvidas pelas entidades de proteção ao crédito são a coleta, o *armazenamento* e a *transferência a terceiros* (credor potencial) de informações pessoais dos pretendentes (consumidores) à obtenção de crédito. Sua **finalidade principal,** portanto, consiste em **auxiliar a decisão de um fornecedor sobre a concessão ou não de crédito a alguém**.

Note-se que as informações que circulam nesses bancos de dados normalmente descrevem uma situação de mora do devedor; portanto, em regra, propiciam um juízo de valor negativo sobre o consumidor. Por essa razão é que se difundiu a expressão **ne-**

---

[528] Registre-se que o Governo Federal criou o "cadastro positivo" dos consumidores, por meio da Medida Provisória 518/2010, que disciplina a formação e consulta a bancos de dados com informações de adimplemento, de pessoas naturais ou de pessoas jurídicas, para formação de histórico de crédito. Após tramitação pelo Congresso Nacional, referida medida provisória transformou-se na Lei 12.414/2011, que será objeto de análise mais à frente.

[529] O CDC, publicado na década de 1990, conferiu importância em distinguir os *bancos de dados* do *cadastro de consumo*. A posterior Lei do Cadastro Positivo (Lei 12.414/2011) não se ocupou dessa distinção. A LGPD disciplina, independentemente da fonte e do destino das informações, toda e qualquer reunião de dados pessoais. O conceito de banco de dados é esclarecedor: "conjunto estruturado de dados pessoais, estabelecido em um ou em vários locais, em suporte eletrônico ou físico" (art. 5.º, IV, da LGPD).

[530] No mesmo sentido, já decidiu o STJ: REsp 22.387.

576 | INTERESSES DIFUSOS E COLETIVOS – VOL. 1

gativar, com o sentido de registrar informação sobre alguém nos arquivos de consumo de proteção ao crédito.

5.11.5.4 Qualidade das informações[531]

De acordo com o art. 43, § 1.º, do CDC, os cadastros e dados de consumidores devem ser *objetivos, claros, verdadeiros* e *em linguagem de fácil compreensão.*

A informação deve ser **objetiva,** isto é, não pode envolver juízo de valor ou apreciação subjetiva da condição financeira do consumidor *negativado.* São proibidas, por exemplo, expressões do tipo "cliente mau pagador" ou "cliente inconveniente".

O requisito da **clareza**, por seu turno, traduz a ideia de que a informação deve possibilitar o imediato entendimento do consumidor, independentemente de remissão a anexos, fórmulas, siglas, símbolos, termos técnicos ou nomenclatura específica.

O Código também exige que os registros sejam feitos em **linguagem de fácil compreensão**, não se admitindo, portanto, a inscrição de mensagens cifradas ou codificadas. São consideradas de fácil compreensão as informações que assegurem ao consumidor o pleno conhecimento do conteúdo, do sentido e do alcance dos dados sobre ele anotados. Por fim, os bancos de dados e cadastros só estão autorizados a realizarem o tratamento de informações **verdadeiras, assim consideradas as exatas, completas e sujeitas à comprovação.** O desrespeito ao atributo da veracidade constitui ato ilícito e enseja a indenização dos danos materiais e morais decorrentes da inscrição indevida (ex.: negativação de consumidor que não está inadimplente; negativação de consumidor que sequer contratou o serviço prestado pelo fornecedor-credor; inscrição de débito em valor bem superior ao devido; cheque apresentado fora do prazo legal e devolvido por instituição financeira sob o argumento de insuficiência de fundos, culminando na inclusão do nome do correntista em cadastro de inadimplentes[532] etc.).

Nesse particular, questão relevante é saber quem deve responder pelo registro negativo com base em informações inverídicas: o fornecedor solicitante da inscrição, o órgão mantenedor do banco de dados (ex.: Serasa, SPC etc.), ou ambos, solidariamente?

O assunto divide a doutrina. Para alguns, o fornecedor e o mantenedor do banco de dados respondem solidariamente pela reparação dos danos decorrentes do lançamento indevido, por força do disposto no art. 7.º, parágrafo único, do CDC.[533] De outro lado, há quem entenda que a veracidade do conteúdo dos dados cadastrados é da responsabilidade do fornecedor solicitante da inscrição, não podendo os órgãos mantenedores dos bancos de dados responderem pela correção dos dados que lhe são passados, tampouco pela inscrição indevida.[534]

A despeito da divergência doutrinária, atualmente a jurisprudência do STJ está se consolidando no sentido de que apenas o fornecedor responde pelos danos decorrentes de inscrições indevidas. Nesse sentido, veja-se:

> Reconhecida a responsabilidade exclusiva da empresa pela inclusão injustificada do nome da autora em cadastro negativo de crédito, caracterizadora do dano moral, a esta cabe a legitimidade passiva para a demanda e não à associação mantenedora do serviço de proteção ao crédito.[535]

---

[531] As definições para as qualidades das informações, analisadas neste tópico, foram extraídas da Lei do Cadastro Positivo (art. 3.º, § 2.º), aplicável, em diálogo das fontes (*diálogo sistemático de coerência*), ao disposto no art. 43, § 1.º, do CDC.

[532] No STJ: REsp 1.297.353/SP, 3.ª T., rel. Min. Sidnei Beneti, j. 16.10.2012.

[533] Nesse sentido, veja-se: BESSA, Leonardo Roscoe. *Manual de Direito do Consumidor.* São Paulo: RT, 2008. p. 257-258.

[534] É esse o pensamento de Sérgio Cavalieri Filho (*Programa de Direito do Consumidor.* São Paulo: Atlas, 2009. p. 168).

[535] REsp 748.561/RS, 4.ª T., rel. Min. Aldir Passarinho Júnior, *DJU* 18.09.2006.

CAP. 5 – DIREITO DO CONSUMIDOR | 577

Outro entendimento importante do STJ no tocante ao atributo da veracidade da informação é que **não se admite a inscrição do nome do cotitular da conta-corrente conjunta, em cadastro de proteção ao crédito, em razão da emissão de cheque sem fundos pelo outro correntista**. Para a Corte Superior, a responsabilidade pela emissão de cheque sem provisão de fundos é exclusiva daquele que após a sua assinatura no título, não se admitindo, estendê-la, sem previsão legal, para o outro titular da conta. A propósito, confira-se:

> Celebrado contrato de abertura de conta-corrente conjunta, no qual uma das cotitulares da conta emitiu cheque sem provisão de fundos, é indevida a inscrição do nome daquele que não emitiu o cheque, em cadastro de proteção ao crédito.[536]

5.11.5.5 *Direitos dos consumidores perante os arquivos de consumo*

O Código de Defesa do Consumidor estabeleceu três principais direitos dos consumidores perante os arquivos de consumo, passíveis de proteção administrativa e, sobretudo, judicial. São eles:

a) direito à comunicação do assento;

b) direito de acesso à informação;

c) direito à correção da informação.

5.11.5.5.1 Direito à comunicação do assento

Nos termos do § 2.º do art. 43 do CDC, "a abertura de cadastro, ficha, registro e dados pessoais e de consumo deverá ser comunicada por escrito ao consumidor, quando não solicitada por ele".

Por força desse dispositivo legal, o consumidor, sempre que não solicitar ele próprio a abertura do arquivo, tem direito a ser devidamente comunicado sobre qualquer registro a seu respeito em cadastros e bancos de dados.

Conforme visto, as informações registradas nos bancos de dados, normalmente, não advêm do consumidor, mas sim dos próprios fornecedores. Por isso, não raras vezes os consumidores são surpreendidos, no momento de uma contratação qualquer, com a notícia de que estão impedidos de contratar a crédito.

Daí a importância dessa comunicação, que poupa o consumidor de passar pela situação vexatória de tomar conhecimento da restrição ao crédito por meio de terceiro. A par disso, possibilita o exercício de outro direito do consumidor, qual seja o de retificar as informações incorretas, protegendo ou fazendo cessar ofensa a direitos da personalidade (privacidade e honra).

Em que momento essa comunicação deve ser feita? Embora o CDC não o estabeleça expressamente, consolidou-se tanto na doutrina[537] como na jurisprudência do STJ o entendimento de que **essa comunicação deve ser prévia, vale dizer, antes mesmo da inscrição do consumidor no arquivo de consumo,** de modo a permitir ao consumidor, caso haja algum erro na informação, proceder à retificação. A propósito, veja-se: "Para que a comunicação seja garantista e ultime o fim a que se destina, deverá se dar antes do registro do débito em atraso" (REsp 402.958, rel. Min. Nancy Andrighi, j. 30.08.2002).[538]

---

[536] REsp 981.081/RS, 3.ª T., rel. Min. Nancy Andrighi, j. 23.03.2010.

[537] Nesse sentido, veja-se: BESSA, Leonardo Roscoe. *Manual de Direito do Consumidor*. São Paulo: RT, 2008. p. 267-268.

[538] No mesmo sentido, veja-se: REsp 373.219/RJ, rel. Min. Sálvio de Figueiredo, DJ 12.08.2002.

Quem é o responsável por essa comunicação? Para a doutrina consumerista, a obrigação de comunicação prévia é tanto do fornecedor como da entidade de proteção ao crédito.[539] Logo, caracterizada a omissão, ambos respondem solidariamente pelos danos causados ao consumidor. Sem embargo, a jurisprudência do STJ consolidou-se no sentido de que o dever de comunicação, previsto no § 2.º do art. 43 do CDC, compete unicamente ao órgão responsável pela manutenção do banco de dados.[540] Uniformizando a jurisprudência sobre esse tema, a Corte Superior editou a **Súmula 359,** com o seguinte verbete: **"Cabe ao órgão mantenedor do cadastro de Proteção ao Crédito a notificação do devedor antes de proceder à inscrição".** Contudo, atenção: o Banco do Brasil, na condição de gestor do Cadastro de Emitentes de Cheques sem Fundos (CCF), não tem a responsabilidade de notificar previamente o devedor acerca da sua inscrição no aludido cadastro, tampouco legitimidade passiva para as ações de reparação de danos fundadas na ausência de prévia comunicação (**Súmula 572 do STJ**). Isso porque, em sua atuação como executante do Serviço de Compensação de Cheques e do CCF, exercida por ordem e sob a disciplina e fiscalização do BACEN, o Banco do Brasil atua como agente administrativo, sujeito a regime de direito público, sem caráter econômico, não podendo ser considerado como fornecedor de serviço disciplinado pelo CDC.

No sistema financeiro, o correntista não tem o nome inscrito em cadastro de emissão de cheque sem fundos sem que lhe tenha sido ofertada oportunidade para tomar conhecimento prévio dessa inclusão. O banco sacado, por imposição normativa do próprio Banco Central, procede à prévia notificação do correntista, advertindo-o de que seu cheque foi devolvido sem compensação, por falta de fundos, e que, caso não adotadas providências, seu nome será inscrito no CCF.[541]

O CDC impõe que essa comunicação prévia seja encaminhada por escrito ao consumidor. Por isso, nenhum valor jurídico terá a comunicação oral, enviada por meio eletrônico ou mensagem de texto de celular (SMS).[542]

Outra questão interessante consiste em saber se, na comunicação feita pelo correio, é necessário o aviso de recebimento (AR). Embora a doutrina recomende tal prática, de forma a comprovar a efetiva ciência do consumidor, a jurisprudência do STJ dispensa o AR. Para a Corte Superior, basta a comprovação do envio da correspondência que dá ciência do registro para o endereço do consumidor, não se exigindo a prova do recebimento desse aviso prévio.[543] Desse teor a **Súmula 404 do STJ**: "É dispensável o aviso de recebimento (AR) na carta de comunicação ao consumidor sobre a negativação de seu nome em bancos de dados e cadastros".

O STJ tem dispensado a comunicação prévia quando a informação obtida pela entidade arquivista está acessível ao público. Por exemplo: dados tirados dos cartórios de protesto de títulos ou de cartórios de distribuição judicial. Para a Corte Superior, tratando-se de dados públicos, como os de cartórios de protesto de títulos e de distribuição de processos judiciais, a ausência de comunicação da inscrição ao consumidor não enseja obrigação de reparar danos.[544]

---

[539] Nesse sentido, entre outros, confiram-se: BENJAMIN, Antonio Herman et al. *Código Brasileiro de Defesa do Consumidor*: Comentado pelos Autores do Anteprojeto. 7. ed. Rio de Janeiro: Forense Universitária, 2001. p. 412; BESSA, Leonardo Roscoe. *Manual de Direito do Consumidor*. São Paulo: RT, 2008. p. 269-270.

[540] A propósito, veja-se: AgRg no Ag 930.046/SP, 3.ª T., rel. Min. Nancy Andrighi, *DJ* 23.11.2007.

[541] Cf. art. 21, II, *b*, da Resolução BCB 314/2023.

[542] Nesse sentido: STJ, 3.ª T., rel. Min. Nancy Andrighi, j. 25.04.2023 (Informativo STJ 773).

[543] A propósito, confira-se: REsp 821.698/PB, rel. Humberto Gomes de Barros, *DJ* 09.11.2006.

[544] REsp 1.444.469/DF, 2.ª S., rel. Min. Luis Felipe Salomão, j. 12.11.2014; AgRg no AgRg no AREsp 56.336/SP, 4.ª T., *DJe* 1.09.2014; AgRg no AREsp 305.765/RJ, 3.ª T., *DJe* 12.06.2013; AgRg no Ag 1.023.919/SP, 3.ª T., j. 10.06.2008.

CAP. 5 – DIREITO DO CONSUMIDOR | **579**

Contudo, atenção: as entidades mantenedoras de serviço de proteção ao crédito (ex.: SPC/Serasa) não devem incluir em sua base de dados informações coletadas dos cartórios de protestos sem a informação do prazo de vencimento da dívida, sendo responsáveis pelo controle de ambos os limites temporais estabelecidos no art. 43 do CDC. Para o STJ, o registro de títulos protestados sem essa informação configura anotação indevida.[545]

5.11.5.5.2 Direito de acesso à informação

O art. 43, *caput,* do CDC assegura ao consumidor o direito de acesso às informações existentes em arquivos de consumo, bem como às respectivas fontes. A Lei Geral de Proteção de Dados Pessoais (Lei 13.709/2018) também destaca a importância do direito de acesso a qualquer base de informações com dados pessoais (art. 9.º). Note-se que o acesso às informações, além de **gratuito,**[546] deve ser oferecido imediatamente quando solicitado pelo consumidor, em tempo não superior àquele que o arquivo de consumo levaria para atender pedido de associado seu.

Para garantir o amplo acesso dos consumidores às informações constantes dos bancos de dados e cadastros de consumidores, assinala o § 4.º do art. 43 que "os bancos de dados e cadastros relativos a consumidores, os serviços de proteção ao crédito e congêneres são considerados **entidades de caráter público**", ensejando, assim, a utilização do remédio constitucional do *habeas data* (art. 5.º, LXXII, da CF), quando negado ao consumidor o direito de acesso.

Para além de viabilizar a impetração do *habeas data,* o caráter público atribuído a tais entidades denota que os arquivos de consumo, com destaque para as entidades de proteção ao crédito (Serasa, Quod, SPC, CCF etc.), atuam em seara permeada pelo interesse público. Sendo assim, o regulamento interno dessas entidades, bem como as resoluções e circulares do Conselho Monetário Nacional, devem estar em perfeita harmonia com as disposições do CDC, da Lei do Cadastro Positivo e da Lei Geral de Proteção de Dados Pessoais (LGPD), sob pena de serem considerados juridicamente inválidos.

A qualificação de caráter público, portanto, longe de criar benefícios para tais entidades, deixa claros o interesse público e o rigor envolvido na disciplina dos arquivos de consumo, considerando que realizam ações potencialmente ofensivas a direitos da personalidade. Registre-se que todas as informações em questão devem ser disponibilizadas em formatos acessíveis, inclusive para a pessoa com deficiência, mediante solicitação do consumidor (CDC, art. 43, § 6.º). Nessa mesma linha, estabelece o § 1.º do art. 19 da LGPD: "os dados pessoais serão armazenados em formato que favoreça o exercício do direito de acesso". Negar ao consumidor o direito de acesso, ou impor dificuldades ao seu exercício, constitui infração administrativa, ilícito civil e infração penal, esta última prevista no art. 72 do CDC, com pena de detenção de seis meses a um ano ou multa.

5.11.5.5.3 Direito à correção da informação

O direito à retificação da informação é assegurado pelo art. 43, § 3.º, do CDC, nos seguintes termos:

---

[545] REsp 1.630.889/DF, 3.ª T., rel. Min. Nancy Andrighi, j. 11.09.2019 (Informativo 633). No mesmo sentido: REsp 2.095.414/SP, 4.ª T., rel. Min. Antonio Carlos Ferreira, j. 11.06.2024.

[546] A tese da gratuidade do acesso às informações, esposada pela doutrina consumerista desde o advento do CDC, foi reforçada por outros dois diplomas legais: a) a Lei 9.507/1997 (Lei do *Habeas Data*), que dispõe em seu art. 21: "São gratuitos o procedimento administrativo para acesso a informações e retificação de dados e para anotação de justificação (...)"; e b) a Lei 12.414/2011 (Lei do Cadastro Positivo), que em seu art. 5.º, II, também estabelece a gratuidade do direito de acesso às informações positivas anotadas nos bancos de dados de proteção ao crédito.

§ 3.º O consumidor, sempre que encontrar inexatidão nos seus dados e cadastros, poderá exigir sua imediata correção, devendo o arquivista, no prazo de cinco dias úteis, comunicar a alteração aos eventuais destinatários das informações incorretas.

De nada adiantaria ao consumidor ter acesso às informações registradas nos arquivos de consumo, se não pudesse corrigi-las, em caso de inexatidão. Por essa razão o legislador lhe conferiu o direito à retificação dessas informações, em complemento aos direitos de comunicação e acesso.

A Lei Geral de Proteção de Dados (LGPD) também ressalta o direito de qualquer pessoa exigir "a correção de dados incompletos, inexatos ou desatualizados" (art. 18, III).

Mas qual o significado do vocábulo correção? Corrigir é retificar, eliminar desacertos ou impropriedades. Em alguns casos, a correção pode, inclusive, denotar o cancelamento do registro.

Observe-se que o Código fixou o prazo de cinco dias para comunicação da alteração aos eventuais destinatários das informações incorretas, mas não definiu o prazo para o arquivista promover a retificação. Qual será então o prazo para a correção? A resposta a essa pergunta é obtida pela interpretação do art. 43, § 3.º, em conjunto com o art. 73, sua face penal. Diz este: "Deixar de corrigir **imediatamente** informação sobre consumidor constante de cadastro, banco de dados, fichas ou registros que sabe ou deveria saber ser inexata. Pena – detenção de um a seis meses ou multa" (grifou-se). Concluindo, a retificação, principalmente quando o consumidor apresenta prova cabal (uma certidão negativa, por exemplo), deve ser imediata.

Mas o que se entende por correção imediata? Na precisa lição de Antonio Herman Benjamin, o vocábulo **imediatamente** quer dizer o seguinte: "A emenda é feita pelo arquivista logo após ter os elementos caracterizadores da incorreção ou, de outra maneira, lhe faltarem subsídios para a sua comprovação".[547]

Em outras palavras, a correção dever ser feita logo após a conclusão das diligências realizadas pela entidade arquivista, que não podem ultrapassar o prazo máximo de 10 dias estabelecido no art. 5.º, III, da Lei 12.414/2011 (Lei do Cadastro Positivo), aplicado complementarmente ao CDC, em diálogo das fontes.[548] De qualquer modo, embora a mera contestação do consumidor não crie o dever de corrigir, recomenda-se a suspensão da inscrição durante o procedimento de confirmação, como forma de prevenir ou mitigar os danos morais ou patrimoniais.

Por último, acrescente-se que o direito de correção também é exercido gratuitamente pelo consumidor.[549]

5.11.5.6 *Responsabilidade pelo cancelamento da inscrição*

Uma vez quitada a dívida, a quem compete providenciar o cancelamento do registro? Comprovado o pagamento do débito, **cabe ao fornecedor-credor providenciar o imediato cancelamento da inscrição negativa**, sob pena de responder por perdas e danos. Nesse sentido, aliás, está assentada a jurisprudência do STJ: "Compete ao credor providenciar a

---

[547] Nesse sentido: BENJAMIN, Antonio Herman et al. *Código Brasileiro de Defesa do Consumidor*: Comentado pelos Autores do Anteprojeto. 7. ed. Rio de Janeiro: Forense Universitária, 2001. p. 417.

[548] A exemplo do CDC, a LGPD também não estabelece um prazo para a entidade arquivista realizar a correção da anotação: apenas dispõe que, após retificação da informação, "o responsável deverá informar, *de maneira imediata*, aos agentes de tratamento com os quais tenha realizado uso compartilhado de dados a correção, a eliminação, a anonimização ou o bloqueio dos dados, para que repitam idêntico procedimento, exceto nos casos em que esta comunicação seja comprovadamente impossível ou implique esforço desproporcional" (art. 18, § 6.º, da LGPD – grifos nossos).

[549] Aplicação, em diálogo das fontes, do disposto no art. 21 da Lei 9.507/1997 (Lei do *Habeas Data*), que prevê a gratuidade dos procedimentos administrativos de acesso e correção de dados.

CAP. 5 – DIREITO DO CONSUMIDOR | **581**

imediata exclusão do nome do devedor que efetua o pagamento, a fim de que a entidade mantenedora possa proceder a respectiva baixa".[550]

Quanto ao prazo para o credor solicitar essa baixa, o STJ[551] definiu-o em cinco dias (aplicação analógica do art. 43, § 3.º, do CDC), contados da data em que houver o pagamento efetivo, sendo certo que as quitações realizadas mediante cheque, boleto bancário, transferência interbancária ou outro meio sujeito a confirmação dependerão do efetivo ingresso do numerário na esfera de disponibilidade do credor.

Confira-se, a propósito, a **Súmula 548** do STJ: "Incumbe ao credor a exclusão do registro da dívida em nome do devedor no cadastro de inadimplentes no prazo de cinco dias úteis, a partir do integral e efetivo pagamento do débito".

Vale ressaltar que se tem conferido tratamento diferenciado aos casos de **protestos** de dívidas de títulos de crédito, nos quais o ônus do cancelamento do registro no cartório é do devedor, independentemente da natureza consumerista da relação jurídica subjacente. Para a Corte Superior, se o título de crédito foi legitimamente protestado, cabe ao devedor que paga posteriormente a dívida o ônus de providenciar a baixa do protesto em cartório.[552]

5.11.5.7 Limites temporais dos registros negativos

O Código de Defesa do Consumidor instituiu dois limites temporais para a manutenção de inscrições negativas em arquivos de consumo.

O art. 43, § 1.º, estabelece o **prazo máximo de cinco anos** para a manutenção de qualquer informação negativa do consumidor nos arquivos de consumo. Aqui cabe uma observação importante: embora a lei não o estabeleça expressamente, a doutrina é unânime em afirmar que *o termo de início da contagem desse prazo é o do dia seguinte ao do vencimento da dívida, e não o dia em que a informação foi inscrita no arquivo*.[553]

Já o § 5.º desse mesmo dispositivo proíbe a divulgação de quaisquer informações negativas **após a consumação da prescrição da ação de cobrança.** Em outras palavras, os órgãos de proteção ao crédito não podem disponibilizar dados relativos a débitos prescritos. Note-se que, para o STJ, "a prescrição a que se refere o art. 43, § 5.º, do Código de Defesa do Consumidor é a da ação de cobrança e não a da ação executiva" (REsp 472.203, rel. Min. Humberto Gomes de Barros, j. 23.06.2004).[554]

Consolidando essa orientação, o STJ editou a **Súmula 323,** recém-alterada, nos seguintes termos: "A inscrição do nome do devedor pode ser mantida nos serviços de proteção ao crédito até o prazo máximo de cinco anos, *independentemente da prescrição da execução* (destacou-se)".

Como conciliar esses dois prazos? É muito simples: **a informação negativa deve ser excluída do arquivo de consumo no prazo de cinco anos, se, antes disso, não ocorrer a prescrição da ação de cobrança**. Ou, como sinteticamente aduz Tavares Guerreiro: "Vale o que ocorre primeiro: o prazo de cinco anos, a que reporta o § 1.º do art. 43, ou lapso prescricional da ação de cobrança do débito do consumidor".[555] Nessa mesma linha o entendimento do STJ:

---

[550] REsp 683.409/RS, 4.ª T., rel. Min. Hélio Quaglia Barbosa, j. 13.02.2007. No mesmo sentido: AgRg no Ag 1.094.459/SP, 3.ª T., Min. Sidnei Beneti, j. 19.05.2009.

[551] A propósito: REsp 1.424.792/BA, 2.ª S., rel. Min. Luis Felipe Salomão, j. 10.09.2014 (Informativo 548); e REsp 1.149.998/RS, 3.ª T., rel. Min. Nancy Andrighi, j. 07.08.2012.

[552] REsp 959.114/MS, 4.ª T., rel. Min. Luis Felipe Salomão, j. 18.12.2012 (Informativo STJ 512). No mesmo sentido: AgRg no REsp 1.304.541/RS, 4.ª T., rel. Min. Luis Felipe Salomão, j. 19.11.2013.

[553] A propósito, entre outros, veja-se: MIRAGEM, Bruno. *Direito do Consumidor*. São Paulo: RT, 2008. p. 212-213.

[554] No mesmo sentido: REsp 533.625/RS, rel. Min. Aldir Passarinho Júnior, *DJ* 15.09.2003.

[555] GUERREIRO, José Alexandre Tavares et al. *Comentários ao Código do Consumidor*. Coordenação de José Cretella Júnior e René Ariel Dotti. Rio de Janeiro: Forense, 1992. p. 145.

582 | INTERESSES DIFUSOS E COLETIVOS – VOL. 1

Cadastro negativo. Art. 43, §§ 1.º e 5.º, do Código de Defesa do Consumidor. Precedentes da Corte. **Dois são os momentos previstos na lei para impedir a persistência dos registros negativos: o prazo de cinco anos ou a prescrição, se menor** (grifou-se).[556]

5.11.5.8 Dívida discutida em juízo

É lícita a inscrição dos nomes de consumidores em cadastros de proteção ao crédito em razão de débitos discutidos judicialmente, nas hipóteses em que os dados referentes às disputas judiciais sejam públicos. Justamente pela natureza pública de tais dados, as entidades detentoras de cadastros de proteção ao crédito não podem ser impedidas de fornecê-los aos seus associados.

O Superior Tribunal de Justiça,[557] ademais, já consolidou o entendimento de que a simples discussão judicial da dívida não é suficiente para obstaculizar ou remover a negativação de devedor em banco de dados. Para a Corte Superior, o consumidor somente conseguirá impedir ou remover a inscrição quando comprovar a presença concomitante dos seguintes requisitos:

a) ação proposta pelo devedor contestando a existência integral ou parcial do débito;

b) efetiva demonstração de que a pretensão se funda na aparência do bom direito e em jurisprudência consolidada do STF ou STJ; e

c) depósito ou prestação de caução idônea do valor referente à parcela incontroversa, para o caso de a contestação ser apenas de parte do débito.

Por fim, remarque-se que, em se tratando de inscrição decorrente de dados públicos, como os de cartórios de protesto de títulos ou de distribuição de processos judiciais, sequer se exige a prévia comunicação do consumidor. Consequentemente, a ausência de precedente comunicação nesses casos não enseja dano moral.[558]

5.11.5.9 Responsabilidade civil pelo arquivamento indevido

A violação dos deveres e limites segundos os quais podem ser desenvolvidos e utilizados os arquivos de consumo constitui ato ilícito, pelo qual podem responder os bancos de dados e seus usuários. Trata-se de responsabilização civil, mas também administrativa[559] e, eventualmente, penal.[560]

Note-se que a ilicitude do arquivamento não se resume ao registro de informações inexatas – hipótese mais frequente nos tribunais. Toda e qualquer atividade de tratamento de informações negativas que descumprir o disposto no CDC será considerada ilícita. Ex.: deixar de fazer a comunicação prévia; deixar de fazer a correção de informação incorreta no prazo legal, quando solicitado pelo consumidor; negar ao consumidor o acesso às informações anotadas etc.

Como bem observa Antonio Herman Benjamin, a operação de informações sobre o consumidor contaminadas por falsidade, enganosidade, insuficiência ou desconformidade com os pressupostos que orientam os arquivos de consumo traz, consigo, no plano cível, o dever de reparar eventuais danos causados.[561]

---

[556] REsp 469.859/RS, 3.ª T., rel. Min. Carlos Alberto Menezes Direito, *DJ* 1.º.09.2003.

[557] AgRg no REsp 931.979/PR, 2.ª S., rel. Min. Humberto Gomes de Barros, *DJ* 1.º.08.2007. No mesmo sentido: STJ, REsp 1.148.179/MG, 3.ª T., rel. Min. Nancy Andrighi, j. 26.02.2013 (Informativo STJ 517).

[558] REsp 866.198/SP, 3.ª T., rel. Min. Nancy Andrighi, *DJe* 05.02.2007.

[559] Decreto 2.181/1997, art. 13, X a XV.

[560] CDC, arts. 72 e 73.

[561] BENJAMIN, Antonio Herman et al. *Código Brasileiro de Defesa do Consumidor*: Comentado pelos Autores do Anteprojeto. 7. ed. Rio de Janeiro: Forense Universitária, 2001. p. 421.

Os danos suportados pelos consumidores em decorrência de inscrições indevidas podem ser de dois tipos: morais e materiais.

Quanto ao **dano moral,** a inscrição *indevida* do consumidor nos arquivos de consumo é suficiente para sua caracterização, independentemente da prova do abalo a sua honra, que se presume (dano *in re ipsa*),[562] *salvo quando preexista inscrição desabonadora regularmente realizada.* Neste último caso, o consumidor fará *jus* tão somente ao cancelamento da inscrição indevida. Essa é a atual orientação do STJ, consolidada na **Súmula 385:** "Da anotação irregular em cadastro de proteção ao crédito, não cabe indenização por dano moral, quando preexistente legítima inscrição, ressalvado o direito ao cancelamento".[563] Note-se que, para o STJ, até o reconhecimento judicial definitivo acerca da inexigibilidade do débito anterior, deve ser presumida como legítima a anotação realizada pelo credor nos cadastros restritivos. E essa presunção, por via de regra, não é ilidida pela simples juntada de extratos comprovando o ajuizamento de ações com a finalidade de contestar as demais anotações.

Nada obstante, tal raciocínio, em determinadas hipóteses, pode colocar o consumidor em situação excessivamente desfavorável e de complexa solução, especialmente quando as ações forem ajuizadas concomitantemente ou em curto espaço de tempo, na medida em que ele se vê numa espécie de "círculo vicioso", porquanto o reconhecimento do dano moral em cada um dos processos ajuizados estaria, em tese, condicionado ao trânsito em julgado dos demais, nos quais, por sua vez, não se concederia a respectiva indenização devido à pendência das outras demandas em que a regularidade dos mesmos registros está sendo discutida.

Certo é que não se pode admitir que seja dificultada a defesa dos direitos do consumidor em juízo, exigindo-se, como regra absoluta, o trânsito em julgado de todas as sentenças que declararam a inexigibilidade de todos os débitos e, consequentemente, a irregularidade de todas as anotações anteriores em cadastro de inadimplentes para, só então, reconhecer o dano moral.

Atenta a esse aspecto, a Terceira Turma do STJ, ao julgar o REsp 1.704.002/SP, admitiu a **flexibilização da orientação contida na Súmula 385 do STJ** para reconhecer o dano moral decorrente da inscrição indevida do nome da consumidora em cadastro restritivo, ainda que não tenha havido o trânsito em julgado das outras demandas em que se apontava a irregularidade das anotações preexistentes (j. 05.10.2017, *DJe* 13.10.2017). Para essa flexibilização, contudo, deve haver nos autos elementos aptos a demonstrar a verossimilhança das alegações do consumidor quanto à irregularidade das anotações preexistentes.[564]

Já o **dano material** precisa ser provado pelo consumidor (como na hipótese da perda de um negócio de momento em razão de uma inscrição incorreta), podendo o juiz, entretanto, inverter o ônus dessa prova, nos termos do art. 6.º, VIII, do CDC.[565]

Importa observar que **a responsabilidade civil** pela inscrição, manutenção e comunicação indevida de registro **é objetiva**, isto é, prescinde da prova da culpa. Aqui, nenhuma novidade. Vale a regra geral do sistema consumerista, a saber: a não ser quando excluído expressamente, o regime de responsabilização civil do violador das normas de proteção do consumidor independe da prova de culpa. E, não havendo, nesse domínio, nenhuma ressalva do legislador, é imperioso concluir que os arquivos de consumo respondem objetivamente pelos danos morais e patrimoniais causados aos consumidores.

---

[562] A propósito, confira-se: STJ, REsp 710.741/AL, 4.ª T., rel. Min. Jorge Scartezzini, *DJ* 21.08.2006.

[563] Nesse sentido, veja-se o REsp 1.386.424/MG, julgado pela Segunda Seção sob o rito dos recursos especiais repetitivos (Tema 922).

[564] REsp 1.704.002/SP, rel. Min. Nancy Andrighi, 3.ª T., j. 11.02.2020.

[565] Nesse sentido, veja-se: REsp 51.158/DF, rel. Min. Ruy Rosado Aguiar, j. 27.03.1995.

584 INTERESSES DIFUSOS E COLETIVOS – VOL. 1

Em reforço a essa tese, a Lei 12.414/2011 (Lei do Cadastro Positivo), em seu art. 16, consagra a **responsabilidade objetiva do banco de dados, da fonte e do consulente, pelos danos materiais e morais que causarem ao cadastrado.**

5.11.5.10 *Cadastros de reclamações fundamentadas contra os fornecedores*

O CDC impõe aos órgãos públicos de defesa do consumidor o dever de organizar e divulgar **relação de fornecedores que não respeitam os direitos dos consumidores.** Conforme previsto no art. 44, *caput*:

> **Art. 44.** Os órgãos públicos de defesa do consumidor manterão cadastros atualizados de **reclamações fundamentadas** contra fornecedores de produtos e serviços, devendo divulgá-los pública e anualmente. A divulgação indicará se a reclamação foi atendida ou não pelo fornecedor (grifou-se).

Observe-se que a divulgação do cadastro de fornecedores deve ser, no mínimo, anual, podendo ocorrer em período menor, a critério do órgão responsável. Além disso, é obrigatória a sua publicação no órgão de imprensa oficial local, sem prejuízo de outras formas de divulgação,[566] facultando-se o acesso às informações a qualquer interessado (art. 44, § 1.º).

Mas o que se entende por **reclamação fundamentada?** Para a doutrina consumerista, é aquela baseada em fatos verossímeis. Como bem observa Antonio Herman Benjamin, fundamentada qualifica a reclamação que traz *fumus boni iuris*. É a que não é declaradamente descabida. Não é sinônimo de procedência. Esta depende de apreciação aprofundada que, de resto, pelo menos para tal fim, não é imposta pelo Código.[567]

Em sentido contrário, o Decreto 2.181/1997 (dispõe sobre a organização do SNDC e estabelece as normas gerais de aplicação de sanções administrativas previstas no CDC) considera reclamação fundamentada a notícia de lesão ou ameaça a direito de consumidor analisada por órgão público de defesa do consumidor, a requerimento ou de ofício, considerada procedente, por decisão definitiva (art. 58, II). E a decisão é definitiva – é bom lembrar – quando não mais couber recurso (Decreto 2.181/1997, art. 53).

Note-se que ao cadastro de fornecedores aplicam-se, subsidiariamente, as mesmas regras impostas nos arts. 43 e 22, parágrafo único, aos bancos de dados e cadastros de consumidores. Assim, por exemplo, o fornecedor terá direito, entre outros, à retificação dos dados incorretos, à comunicação prévia da inscrição.

A ideia central da criação desses arquivos é permitir que o consumidor evite lesões a seus direitos, informando-se sobre os fornecedores inidôneos ou que se recusam a atender reclamações contra si formuladas, mesmo que suficientemente provadas.

5.11.5.11 *O cadastro positivo. Breve análise da Lei 12.414/2011*

5.11.5.11.1 Introdução

Em nosso país, os bancos de dados de proteção ao crédito estão habituados a promover o registro de **informações negativas** (dívidas vencidas e não pagas) a respeito dos consumidores – a chamada "negativação" –, cuja base normativa é encontrada no Código de Defesa do Consumidor.

---

[566] A propósito, veja-se: ALMEIDA, João Batista. *Manual de Direito do Consumidor.* 3. ed. São Paulo: Saraiva, 2009. p. 104.

[567] BENJAMIN, Antonio Herman et al. *Código Brasileiro de Defesa do Consumidor*: Comentado pelos Autores do Anteprojeto. 7. ed. Rio de Janeiro: Forense Universitária, 2001. p. 437. No mesmo sentido: SILVA, Jorge Alberto Quadros de Carvalho. *Código de Defesa do Consumidor anotado.* 5. ed. São Paulo: Saraiva, 2007. p. 196.

A partir do dia 30 de dezembro de 2010, com a edição da Medida Provisória n. 518/2010, posteriormente convertida na Lei 12.414/2011, em vigor desde a data da publicação (09.06.2011), iniciou-se uma nova e importante fase no sistema de tratamento (*coleta, armazenamento* e *transferência*) de informações para análise de risco de crédito, marcada pela anotação de **informações positivas** (dados de adimplemento de dívidas) dos tomadores de crédito, pessoas naturais ou jurídicas, nos bancos de dados de proteção ao crédito.

A Lei 12.414/2011,[568] conhecida como Lei Cadastro Positivo, pretende otimizar o mercado de crédito, disponibilizando um maior número de informações sobre os tomadores de créditos, o que possibilitará uma análise mais segura dos riscos da concessão de créditos por parte dos fornecedores. Com isso, espera-se que os consumidores com bons históricos de crédito possam ser beneficiados com **maiores facilidades na contratação de empréstimos**, inclusive com o pagamento de juros mais baixos.

A seguir, trataremos de algumas particularidades da citada lei, com destaque para as alterações promovidas pela Lei Complementar 166/2019.

5.11.5.11.2 Base conceitual

A Lei do Cadastro Positivo encerra uma forte base conceitual, estabelecida com o objetivo de facilitar a compreensão e aplicação das suas normas, que regulamentam uma atividade de grande potencialidade lesiva à privacidade e honra dos cadastrados.

Para os efeitos do art. 2.º da Lei 12.414/2011, considera-se:

I – banco de dados: conjunto de dados relativo a pessoa natural ou jurídica armazenados com a finalidade de subsidiar a concessão de crédito, a realização de venda a prazo ou de outras transações comerciais e empresariais que impliquem risco financeiro;

Nota-se que o legislador, ao optar pela denominação "banco de dados" encampou a distinção feita pela doutrina entre *bancos de dados* e *cadastros de consumo*.[569] Quanto à **finalidade** desse banco de dados, a norma em exame tratou de especificá-la: *subsidiar a concessão de crédito, a realização de venda a prazo ou de outras transações comerciais e empresariais que impliquem risco financeiro.*

II – gestor: pessoa jurídica que atenda aos requisitos mínimos de funcionamento previstos nesta Lei e em regulamentação complementar, responsável pela administração de banco de dados, bem como pela coleta, pelo armazenamento, pela análise e pelo acesso de terceiros aos dados armazenados; (Redação dada pela Lei Complementar 166, de 2019) (Vigência)

Gestor é a pessoa jurídica responsável pelo tratamento (*coleta, armazenamento* e *transferência*) das informações de adimplemento de pessoas naturais e jurídicas. É o caso, por exemplo, das Câmaras de Dirigentes Lojistas (associações civis sem fins lucrativos, administradoras do SPC) e do Banco Central (autarquia federal gestora do CCF e do SRC).

Aqui, uma observação se faz necessária: por força do disposto no art. 1.º, parágrafo único, da Lei 12.414/2011, os *bancos de dados instituídos ou mantidos por pessoas jurídicas de direito público interno* serão regidos por legislação específica. Enquanto referida legislação não for editada, tais arquivos de consumo continuarão regidos pelo CDC e, naquilo que couber, pela Lei 12.414/2011, aplicada por analogia.

---

[568] A Lei do Cadastro Positivo é regulada pelo Decreto 9.936/2019.
[569] A propósito, conferir o item 5.11.5.2.

INTERESSES DIFUSOS E COLETIVOS – VOL. 1

III – cadastrado: pessoa natural ou jurídica cujas informações tenham sido incluídas em banco de dados; (Redação dada pela Lei Complementar 166, de 2019)

Cadastrado é a **pessoa natural** ou **jurídica** cujas informações positivas (informações de adimplemento) são tratadas pelos gestores dos bancos de dados. Conforme veremos mais à frente, pela redação originária da Lei 12.414/2011, uma pessoa só podia ser incluída no cadastro positivo se autorizasse expressamente. Com as alterações promovidas na Lei do Cadastro Positivo pela LC 166/2019, o gestor pode incluir a pessoa natural ou jurídica no cadastro mesmo sem pedir a autorização prévia.

Questão interessante consiste em saber se todo cadastrado pode ser considerado consumidor. O art. 17, *caput*, da Lei 12.414/2011 dá a entender que não. Veja-se: "Nas situações em que o cadastrado for consumidor, caracterizado conforme a Lei n.º 8.078, de 11 de setembro de 1990 – Código de Proteção e Defesa do Consumidor, aplicam-se as sanções e penas nela previstas e o disposto no § 2.º".

Como se vê, o dispositivo em destaque condiciona a aplicação das sanções e penas previstas no CDC às situações em que o cadastrado for consumidor. A *contrario sensu*, **a norma admite a existência de situações nas quais o cadastrado não será considerado um consumidor**. Nesse particular, a lei em estudo parece ter encampado o entendimento da doutrina[570] e jurisprudência[571] mais modernas, que destacam a necessidade de se verificar a vulnerabilidade, em cada caso concreto, para considerar a pessoa natural ou jurídica como consumidora por equiparação, nos termos do art. 29 do CDC.[572]

Seguindo essa linha de raciocínio, não será considerado consumidor, por exemplo, uma Multinacional que autorizar o tratamento de informações a respeito de milionárias operações de crédito contratadas para fomentar sua atividade de exploração de petróleo. Na hipótese, embora sujeita ao tratamento de informações positivas pelos bancos de dados, a ela não se aplicará a norma de extensão do art. 29 do CDC, porquanto não poderá ser considerada vulnerável, seja em relação à instituição credora, seja em relação ao gestor do banco de dados.

IV – fonte: pessoa natural ou jurídica que conceda crédito, administre operações de autofinanciamento ou realize venda a prazo ou outras transações comerciais e empresariais que lhe impliquem risco financeiro, inclusive as instituições autorizadas a funcionar pelo Banco Central do Brasil e os prestadores de serviços continuados de água, esgoto, eletricidade, gás, telecomunicações e assemelhados; (Redação dada pela Lei Complementar 166, de 2019)

Na dinâmica do tratamento das informações positivas pelos bancos de dados, **fontes** são as pessoas naturais ou jurídicas que concedem crédito ou realizem venda a prazo ou outras transações que lhe impliquem risco financeiro. São qualificadas pela lei como fontes porque alimentam os bancos de dados de proteção ao crédito com informações sobre adimplementos de dívidas dos cadastrados que com elas contrataram.

O conceito de "fonte", para fins de cadastro positivo, foi ampliado pela Lei Complementar 166/2019. Com isso, os prestadores de serviços continuados de água, esgoto,

---

[570] Entre outros: MIRAGEM, Bruno. *Direito do Consumidor*. São Paulo: Revista dos Tribunais, 2008. p. 85-86. Em sentido diverso, Leonardo Roscoe Bessa defende a tese de que todo cadastrado ou potencial cadastrado é considerado, em face do CDC, consumidor, ao argumento de que a vulnerabilidade do cadastrado é sempre presumida em face dos gestores de bancos de dados (*Cadastro Positivo: Comentários à Lei 12.414, de 09 de junho de 2011*. São Paulo: RT, 2011. p. 147-149).

[571] No STJ: REsp 930.875/MT, 3.ª T., rel. Min. Sidnei Beneti, j. 14.06.2011; AgRg no Resp 992.528/RS, rel. Min. João Otávio de Noronha, *DJE* 17.05.2010; REsp 1.198.176/DF, rel. Min. Massami Uyeda, j. 06.08.2010; REsp 813.481, rel. Min. Massami Uyeda, *DJe* 30.06.2008.

[572] Para evitar a repetição, remetemos o leitor ao item 5.6.2.2.3, que trata do conceito de consumidor potencial.

eletricidade, gás e telecomunicações, entre outros, mesmo sem prévia autorização dos clientes, poderão fornecer aos bancos de dados informação sobre o adimplemento das obrigações financeiras do cadastrado.

Registre-se, por oportuno, que o art. 10 da Lei 12.414/2011 proíbe ao gestor exigir exclusividade das fontes de informações.

> V – consulente: pessoa natural ou jurídica que acesse informações em bancos de dados para qualquer finalidade permitida por esta Lei;

Consulente, como o próprio nome indica, é a pessoa natural ou jurídica que consulta as informações armazenadas nos bancos de dados de proteção ao crédito sobre determinado cadastrado (potencial tomador de crédito).

A parte final do dispositivo em exame, em compasso com outros dispositivos da Lei 12.414/2011 (art. 3.º, §§ 1.º e 3.º; art. 5.º, VII, e art. 7.º), vincula a consulta aos bancos de dados à **finalidade específica de análise de risco de crédito ou financeiro**.

> VI – anotação: ação ou efeito de anotar, assinalar, averbar, incluir, inscrever ou registrar informação relativa ao histórico de crédito em banco de dados;

Toda e qualquer ação voltada ao registro de informações que integrarão o histórico de crédito do cadastrado recebe o nome de **anotação**. Para os fins da Lei 12.414/2011, a anotação só pode ter como objeto informações positivas (dados de adimplemento) dos cadastrados.

> VII – histórico de crédito: conjunto de dados financeiros e de pagamentos relativos às operações de crédito e obrigações de pagamento adimplidas ou em andamento por pessoa natural ou jurídica.

É justamente o histórico de crédito dos cadastrados que possibilita aos fornecedores consulentes uma análise de risco de crédito mais criteriosa.

Como a própria norma define, por **histórico de crédito** entende-se o conjunto de informações sobre operações de crédito e obrigações de pagamentos adimplidas ou em andamento por pessoa natural ou jurídica.

5.11.5.11.3 Qualidade das informações

Nos termos do art. 3.º, § 1.º, da Lei 12.414/2011, para a formação do banco de dados, somente poderão ser armazenadas informações **objetivas, claras, verdadeiras** e **de fácil compreensão**, que sejam necessárias para avaliar a situação econômica do cadastrado.

Aqui, uma vez mais, a Lei do Cadastro Positivo está afinada com o Código de Defesa do Consumidor, que em seu art. 43, § 1.º, impõe as mesmas qualidades para as informações constantes dos arquivos de consumo. Para evitar a repetição, remetemos o leitor ao item 5.11.5.4, que trata do mesmo tema.

Seguindo essa mesma trilha, a LGPD (Lei 13.709/2018) institui, no art. 6.º, a boa-fé objetiva – que significa transparência e lealdade nas relações – e o princípio da qualidade dos dados, ou seja: "garantia, aos titulares, de exatidão, clareza, relevância e atualização dos dados, de acordo com a necessidade e para o cumprimento da finalidade de seu tratamento" (inc. V).

5.11.5.11.4 Anotações proibidas

Além de exigir certas qualidades das informações, o art. 3.º da Lei 12.414/2011, em seu § 3.º, proíbe expressamente a anotação de informações excessivas e sensíveis.

Informações excessivas são aquelas que não estiverem vinculadas à análise de risco de crédito ao consumidor. **Informações sensíveis**, por sua vez, são aquelas pertinentes à origem social e étnica, à saúde, à informação genética, à orientação sexual e às convicções políticas, religiosas e filosóficas.

A preocupação do legislador, nesse particular, consiste em minimizar a potencialidade ofensiva que os bancos de dados de proteção ao crédito representam à honra e privacidade dos cadastrados.

Seguindo essa linha restritiva, e diante dos inúmeros abusos cometidos no mercado de consumo no setor de telefonia móvel, **a lei também veda a anotação de informação sobre serviço de telefonia móvel na modalidade pós-paga**.

5.11.5.11.5 Consentimento do cadastrado?

O art. 4.º da Lei 12.414/2011, em sua redação originária, exigia a **autorização prévia** do potencial cadastrado, mediante consentimento informado, para que seu nome fosse inserido no banco de dados de proteção ao crédito (modelo *opt in*).

Referido consentimento era formalizado por meio de **assinatura em instrumento específico** ou em **cláusula apartada**. A inobservância dessas formalidades acarretava a invalidade do consentimento. Após a abertura do cadastro, a anotação posterior de novas informações no banco de dados não precisava de nova autorização ou comunicação ao cadastrado.

Uma das principais alterações que a LC 116/2019 promoveu na Lei 12.414/2011 foi, justamente, afastar a necessidade de consentimento prévio do cadastrado. **No regime atual, o gestor está autorizado a abrir cadastro em banco de dados com informações de adimplemento de pessoas naturais e jurídicas, mesmo sem prévia autorização da pessoa cadastrada.** Exige-se, tão somente, que a pessoa seja comunicada da sua inclusão no cadastro no prazo de 30 dias (art. 4.º, § 4.º). Para o envio dessa comunicação, devem ser utilizados os dados pessoais, como endereço residencial, comercial, eletrônico, fornecidos pelo cadastrado à fonte (ex.: o endereço que o consumidor forneceu na loja). Dispensa-se a comunicação caso a pessoa já tenha cadastro aberto em outro banco de dados (art. 4.º, § 5.º).

Pelas novas regras, **embora dispensado o consentimento prévio do cadastrado, este poderá obter o seu cancelamento a qualquer momento** (modelo *opt out*), mediante simples solicitação (art. 5.º, I).

A nova redação do art. 4.º está em consonância com a LGPD (Lei 13.709/2018). O inc. II do art. 7.º dispõe que o tratamento de dados pode ser realizado "para o cumprimento de obrigação legal". O inc. X remete o tratamento de dados para proteção ao crédito à legislação específica, que é justamente a Lei do Cadastro Positivo.

Esse modelo *opt out*, introduzido na Lei 11.214/2011 pela LC 116/2019, não deixa de prestigiar a vontade do consumidor. Afinal, se o titular dos dados não desejar permanecer no cadastro positivo, basta manifestar sua vontade assim que for comunicado da abertura (art. 4.º, § 4.º, da Lei 12.414/2011). Diante da promessa de taxas de juros mais atrativas, cabe ao consumidor escolher por permanecer ou não no cadastro.

Embora o novo texto da Lei 12.414/2011 se mostre menos rigoroso no que diz respeito ao cumprimento do dever de informar ao consumidor sobre o seu cadastro – já que a redação originária exigia autorização prévia mediante consentimento informado por meio de assinatura em instrumento específico ou em cláusula apartada –, o legislador não desincumbiu o gestor e/ou a fonte de proceder à efetiva comunicação.

E mais, **na hipótese do compartilhamento das informações, faz-se necessária a prévia informação ao consumidor**. Conforme já decidido pelo STJ, tratando-se de compartilhamento das informações do consumidor pelos bancos de dados, deve ser observada a regra do inciso V do art. 5.º da Lei 12.414/2011, a qual assegura ao cadastrado o direito de ser informado previamente sobre a identidade do gestor e sobre o armazenamento e o objetivo do tratamento dos dados pessoais. Para a Corte, os bancos de dados que compartilham informações de consumidores devem informá-los previamente acerca da utilização desses dados, sob pena de terem que pagar indenização por danos morais (dano moral *in re ipsa*).[573]

5.11.5.11.6 Direitos do cadastrado

O art. 5.º da nova lei estabelece quais são os **direitos dos cadastrados**:

I – *obter o **cancelamento ou a reabertura** do cadastro, quando solicitado*: o cadastrado pode, a qualquer tempo, solicitar o cancelamento ou a reabertura do cadastro. O gestor que receber a solicitação de cancelamento ou reabertura de cadastro é obrigado a, no prazo de até 2 (dois) dias úteis: (i) encerrar ou reabrir o cadastro, conforme solicitado; e (ii) transmitir a solicitação aos demais gestores, que devem também atender, no mesmo prazo, à solicitação do cadastrado (§ 6.º);

II – *acessar gratuitamente, independentemente de justificativa, as informações sobre ele existentes no banco de dados, inclusive seu histórico e sua nota ou pontuação de crédito, cabendo ao gestor manter sistemas seguros, por telefone ou por meio eletrônico, de consulta às informações pelo cadastrado*: no ponto, cabe relembrar que os bancos de dados de proteção ao crédito são considerados entidades de caráter público (art. 43, § 4.º, do CDC), ensejando, assim, a utilização do remédio constitucional do *habeas data* (art. 5.º, LXXII, da CF), quando negado ao cadastrado o **direito de acesso**. Esse direito é complementado pelo art. 6.º da Lei 12.414/2011, que enumera as *informações que devem ser prestadas pelos gestores de bancos de dados ao cadastrado, quando por este solicitadas*. Referido dispositivo também fixa o prazo de 10 (dez) dias para atendimento dessas informações. A LGPD também destaca a importância do direito de acesso a qualquer base de informações com dados pessoais (art. 9.º). A propósito, o direito ao acesso é tão relevante para o legislador que obteve tutela penal (art. 72 do CDC);

III – *solicitar impugnação de qualquer informação sobre ele erroneamente anotada em banco de dados e ter, em até 10 (dez) dias, sua correção ou cancelamento em todos os bancos de dados que compartilharam a informação*.[574] A lei em estudo confere ao cadastrado o **direito à correção** de informações inexatas, **no prazo máximo de 10 (dez) dias**. No mesmo prazo, a correção ou o cancelamento deverão ser providenciados pelos bancos de dados que compartilharam a informação. Contudo, atenção: como a lei não fixou prazo para comunicação da correção aos consulentes, é conveniente a aplicação, em diálogo das fontes, do prazo de 5 (cinco) dias previsto no art. 43, § 3.º, do CDC, contado a partir da correção;

IV – *conhecer os principais elementos e critérios considerados para a análise de risco, resguardado o segredo empresarial*: novamente preocupado com a objetividade e clareza das informações constantes dos bancos de dados, a lei confere ao cadas-

---

[573] REsp 1.758.799, 3.ª T., rel. Min. Nancy Andrighi, j. 12.11.2019 (Info 660).
[574] O prazo original de 7 (sete) dias foi alterado para 10 (dez) dias pela LC 116/2019.

trado o direito de conhecer os elementos empregados pelos arquivos de consumo para análise de riscos de crédito;

V – *ser informado previamente sobre a identidade do gestor do banco de dados sobre o armazenamento, o objetivo do tratamento dos dados pessoais*: o cadastrado tem o direito de conhecer a identidade do gestor, bem como ser informado sobre o armazenamento e a finalidade do tratamento do seu histórico de crédito;

VI – *solicitar ao consulente a revisão de decisão realizada exclusivamente por meios automatizados*: nesse aspecto, a lei está em sintonia com a Diretiva europeia n. 95/1946, que prevê o direito de a pessoa não ficar sujeita a uma decisão que produza efeitos na sua esfera jurídica, tomada exclusivamente com base num tratamento automatizado de dados destinado a avaliar determinados aspectos de sua personalidade, como o seu **crédito**;

VII – *ter os seus dados pessoais utilizados somente de acordo com a finalidade para a qual eles foram coletados*: o desrespeito a este direito importa em violação à privacidade e honra do cadastrado.

Anote-se que o § 3.º do art. 5.º, incluído pela LC 166/2019, fixa em 10 (dez) dias o prazo para a disponibilização das informações de que tratam os incisos II e IV acima referidos.

5.11.5.11.7 Finalidade do cadastro positivo

Quando se analisa o tratamento de informações pelos arquivos de consumo, há consenso em que uma das maneiras de se amenizar a tensão existente entre direito à privacidade e direito à informação consiste em vincular a consulta aos bancos de dados a finalidades previamente definidas.

Em mais de uma oportunidade, a Lei 12.414/2011 ressalta a necessidade de que a consulta aos bancos de dados esteja vinculada diretamente à **finalidade específica de análise de risco de crédito** (art. 3.º, §§ 1.º e 3.º; art. 5.º, VII). O art. 7.º se insere exatamente nessa perspectiva, ao limitar o acesso e a utilização de dados para análise de risco de crédito ou financeiro. Veja-se:

> **Art. 7.º** As informações disponibilizadas nos bancos de dados somente poderão ser utilizadas para:
>
> I – realização de análise de risco de crédito do cadastrado; ou
>
> II – subsidiar a concessão ou extensão de crédito e a realização de venda a prazo ou outras transações comerciais e empresariais que impliquem risco financeiro ao consulente.
>
> Parágrafo único. Cabe ao gestor manter sistemas seguros, por telefone ou por meio eletrônico, de consulta para informar aos consulentes as informações de adimplemento do cadastrado.

Vê-se, portanto, que as consultas aos bancos de dados de proteção ao crédito estão limitadas por essa finalidade específica: avaliação do risco de concessão ou extensão de crédito do cadastrado. Assim, qualquer consulta a bancos de dados de proteção ao crédito desviada das finalidades elencadas no art. 7.º da Lei 12.414/2011 será considerada ilícita, porque ofensiva ao direito de privacidade, ensejando, por conseguinte, indenização por danos morais e materiais. Um bom exemplo de consulta ilegal é a pesquisa por parte de empregador para avaliar a conveniência de contratar determinado cadastrado.

5.11.5.11.8 Deveres das fontes

O art. 8.º da Lei 12.414/2011 elenca quais são os deveres das fontes frente aos cadastrados, dos quais, dois merecem especial destaque: **a)** verificar e confirmar, ou corrigir, em prazo não superior a 2 (dois) dias úteis, informação impugnada, sempre que solicitado por gestor de banco de dados ou diretamente pelo cadastrado; e **b)** atualizar e corrigir informações enviadas aos gestores de bancos de dados, em prazo não superior a 10 (dez) dias.

5.11.5.11.9 Limite temporal

Nos ditames do art. 14 da Lei 12.414/2011, as informações de adimplemento não poderão constar de bancos de dados por período superior a **15 (quinze) anos**.

A exemplo do que já foi dito em relação aos limites temporais dos registros negativos, *o termo de início da contagem desse prazo é o do dia seguinte ao do vencimento da dívida, e não o dia em que a informação positiva foi inscrita no arquivo.*

5.11.5.11.10   Responsabilidade civil pelo arquivamento indevido

A Lei do Cadastro Positivo, em seu art. 16, consagra a **responsabilidade objetiva** e **solidária** do banco de dados, da fonte e do consulente, pelos danos materiais e morais que causarem ao cadastrado.

No que se refere à responsabilização na forma objetiva, a norma está em harmonia com o Código de Defesa do Consumidor, que também elege a responsabilidade civil objetiva como regra geral do sistema.

Agora, na parte em que estabelece hipótese de **solidariedade passiva** entre **banco de dados, fonte e consulente**, a lei inovou, porquanto não existe norma semelhante no CDC. Assim, para efeito de tratamento de informações positivas, é correto afirmar que, em caso de descumprimento da normatividade pertinente, os bancos de dados, as fontes e os consulentes respondem objetiva e solidariamente pelos **danos materiais** e **morais** causados ao cadastrado.

A respeito dessa solidariedade passiva, a grande questão que se coloca é saber se tal inovação também alcançará o tratamento das informações negativas. Afinal, conforme visto, o STJ não tem reconhecido a solidariedade passiva entre a fonte e o banco de dados nos casos de anotações indevidas de informações negativas, seja por falta de veracidade da informação (*hipótese em que a responsabilidade é atribuída apenas à fonte*[575]), seja por falta de comunicação prévia ao consumidor (*hipótese em que a responsabilidade é atribuída apenas ao banco de dados*[576]).

Em doutrina,[577] a nosso ver acertadamente, já surgem respeitadas vozes defendendo a aplicação dessa solidariedade passiva também em relação ao tratamento de informações negativas, em razão do necessário diálogo entre a Lei 12.414/2011 e o CDC; resta saber como nossos tribunais enfrentarão a matéria.

5.11.5.11.11   Medidas corretivas

Para encerrar essa breve análise da Lei 12.414/2011, cabe destacar uma outra inovação importante, qual seja, a figura das **medidas corretivas** – sanção de natureza administrativa prevista no § 2.º do seu art. 17, que assim dispõe:

---

[575] Sobre o tema, veja-se o item 5.11.5.4.

[576] Nesse sentido, aliás, o STJ editou a Súmula 359: "Cabe ao órgão mantenedor do cadastro de Proteção ao Crédito a notificação do devedor antes de proceder à inscrição".

[577] Entre outros, veja-se: BESSA, Leonardo Roscoe. *Cadastro Positivo: Comentários à Lei 12.414, de 09 de junho de 2011.* São Paulo: RT, 2011. p. 147.

§ 2.º Sem prejuízo do disposto no *caput* e no § 1.º, deste artigo, os órgãos de proteção e defesa do consumidor poderão aplicar medidas corretivas e estabelecer aos bancos de dados que descumprirem o previsto nesta Lei a obrigação de excluir do cadastro informações incorretas, no prazo de 10 (dez) dias, bem como de cancelar os cadastros de pessoas que solicitaram o cancelamento, conforme disposto no inciso I do *caput* do art. 5.º desta Lei. (Redação dada pela Lei Complementar 166, de 2019)

As medidas corretivas *consistem em obrigações de fazer, consistentes no dever de excluir do cadastro, no prazo de 10 (dez) dias, informações incorretas, ou cancelar, no prazo de 2 (dois) dias, os cadastros de pessoas que solicitaram o cancelamento.*

Sobre essas medidas, aplicáveis pelos órgãos de proteção e defesa do consumidor, outros dois aspectos merecem ser destacados: 1) podem ser aplicadas cumulativamente com outras sanções administrativas previstas no CDC; e 2) tem como destinatários os gestores dos bancos de dados.

5.11.5.11.12 Sistema *credit scoring*

O chamado *credit scoring* ("credscore") é um método desenvolvido para avaliação do risco de concessão de crédito, a partir de modelos estatísticos, considerando diversas variáveis de decisão, com atribuição de uma nota ao consumidor avaliado conforme a natureza da operação a ser realizada.

Consideram-se informações acerca do adimplemento das obrigações (histórico de crédito), assim como dados pessoais do consumidor avaliado (idade, sexo, estado civil, profissão, renda, número de dependentes, endereço etc.).

Muito se discute sobre a licitude do chamado *credit scoring* como sistema de avaliação do risco de concessão de crédito. Haveria alguma ofensa à privacidade dos consumidores nessa prática? A utilização desse sistema fere normas do CDC e da Lei do Cadastro Positivo?

Nessa discussão, o objeto central da controvérsia situa-se na avaliação da natureza jurídica do sistema de *credit scoring*. Essa é a real e mais delicada questão que subjaz à polêmica sobre a licitude da utilização do "crediscore". Afinal, se se entender que se trata de banco de dados, sobre ele incidem todas as regras e limitações do CDC e da Lei 12.414/2011, inclusive as exigências de prévia comunicação (para a inscrição de informação negativa) e prévio consentimento (para a inscrição de informação positiva).

Vários consumidores que tiveram o crédito negado em razão da utilização desse tipo de sistema bateram às portas do Poder Judiciário alegando que se trata de prática abusiva, ofensiva à privacidade.

No julgamento do Recurso Especial 1.419.697/RS (representativo da controvérsia), submetido ao rito dos recursos repetitivos, a Segunda Seção do STJ decidiu pela **licitude do sistema de *credit scoring*.**[578] Para a Corte Superior, a avaliação da licitude do sistema *credit scoring* parte da premissa de que **não se trata de um cadastro ou banco de dados de consumidores, mas de uma metodologia de cálculo do risco de crédito,** utilizando-se de modelos estatísticos e dos dados existentes no mercado acessíveis via internet. Constitui, em síntese, uma fórmula matemática ou uma ferramenta estatística para avaliação do risco de concessão do crédito. Para o STJ, portanto, essa prática comercial é lícita, estando autorizada pelo art. 5.º, IV, e pelo art. 7.º, I, da Lei 12.414/2011 (Lei do Cadastro Positivo). No mesmo julgamento, também foram definidas as seguintes teses:

---

[578] REsp 1.457.199/RS, 2.ª S., rel. Min. Paulo de Tarso Sanseverino, j. 12.11.2014 (Tema 710 – Informativo 551).

CAP. 5 – DIREITO DO CONSUMIDOR | 593

(i) na avaliação do risco de crédito, devem ser respeitados os limites estabelecidos pelo sistema de proteção do consumidor no sentido da tutela da privacidade e da máxima transparência nas relações negociais, conforme previsão do CDC e da Lei 12.414/2011;

(ii) apesar de **desnecessário o consentimento do consumidor consultado** – justamente por não se tratar de banco de dados –, devem ser a ele fornecidos esclarecimentos, caso solicitados, acerca das fontes dos dados considerados (histórico de crédito), bem como as informações pessoais valoradas;[579]

(iii) o desrespeito aos limites legais na utilização do sistema *credit scoring*, configurando abuso no exercício desse direito (art. 187 do CC), pode ensejar a responsabilidade objetiva e solidária do fornecedor do serviço, do responsável pelo banco de dados, da fonte e do consulente (art. 16 da Lei 12.414/2011) pela ocorrência de danos morais nas hipóteses de utilização de informações excessivas ou sensíveis (art. 3.º, § 3.º, I e II, da Lei 12.414/2011), bem como nos casos de comprovada recusa indevida de crédito pelo uso de dados incorretos ou desatualizados.

O STJ editou, inclusive, a Súmula 550, espelhando esse entendimento:

> Súmula 550: A utilização de escore de crédito, método estatístico de avaliação de risco que não constitui banco de dados, dispensa o consentimento do consumidor, que terá o direito de solicitar esclarecimentos sobre as informações pessoais valoradas e as fontes dos dados considerados no respectivo cálculo.

Nota-se, portanto, que o escore de crédito não era previsto expressamente em nosso ordenamento jurídico. A doutrina e o STJ afirmavam que o escore de crédito era autorizado, indiretamente, pelo art. 5.º, IV e pelo art. 7.º, I, da Lei 12.414/2011.

No ano de 2019, contudo, a LC 166/2019 inseriu o art. 7.º-A na Lei 12.414/2011 (Lei do Cadastro Positivo), prevendo expressamente a nota ou pontuação de crédito. Confira:

> **Art. 7.º-A.** Nos elementos e critérios considerados para composição da nota ou pontuação de crédito de pessoa cadastrada em banco de dados de que trata esta Lei, não podem ser utilizadas informações:
>
> I – que não estiverem vinculadas à análise de risco de crédito e aquelas relacionadas à origem social e étnica, à saúde, à informação genética, ao sexo e às convicções políticas, religiosas e filosóficas;
>
> II – de pessoas que não tenham com o cadastrado relação de parentesco de primeiro grau ou de dependência econômica; e
>
> III – relacionadas ao exercício regular de direito pelo cadastrado, previsto no inciso II do *caput* do art. 5.º desta Lei.

O gestor de banco de dados deve disponibilizar em seu sítio eletrônico, de forma clara, acessível e de fácil compreensão, a sua política de coleta e utilização de dados pessoais para fins de elaboração de análise de risco de crédito (§ 1.º).

A preocupação com a transparência na atividade de escore de crédito é reforçada pela regra do § 2.º do art. 7.º-A, que estabelece que a transparência da política de coleta e utilização de dados pessoais deve ser objeto de verificação, na forma de regulamentação a ser expedida pelo Poder Executivo.

---

[579] Desse teor a Súmula 550 do STJ: "A utilização de escore de crédito, método estatístico de avaliação de risco que não constitui banco de dados, dispensa o consentimento do consumidor, que terá o direito de solicitar esclarecimentos sobre as informações pessoais valoradas e as fontes dos dados considerados no respectivo cálculo".

O quadro a seguir traz uma síntese das principais diferenças entre o cadastro negativo e o cadastro positivo.

Cadastro Negativo	Cadastro Positivo
Anotação dos dados de pessoas que estão inadimplentes, indicando os respectivos débitos.	Anotação dos dados de pessoas que adimpliram suas obrigações, indicando o histórico positivo de crédito.
Não há uma lei específica que o discipline, aplicando-se apenas o CDC.	Regido pela Lei 12.414/2011 e, subsidiariamente, pelo CDC.
Natureza negativa.	Natureza positiva.
Não há necessidade de autorização prévia para que a pessoa seja nele cadastrada.	A partir da LC 166/2019, também não há mais necessidade de autorização prévia para que a pessoa seja nele cadastrada.
A pessoa não pode pedir a exclusão da sua anotação, salvo se quitar a dívida, ou, ainda, se decorridos mais de 5 anos do vencimento do débito.	A pessoa poderá pedir, a qualquer momento, o cancelamento do cadastro aberto em seu nome.

5.11.5.12 *Cadastro de passagem*

O "cadastro de passagem" ou "cadastro de consultas anteriores" é um banco de dados no qual os fornecedores registram consultas feitas a respeito do histórico de crédito de consumidores que, com eles, tenham realizado tratativas ou solicitado informações gerais sobre condições de financiamento ou crediário.

No referido banco, os dados arquivados simplesmente fazem referência às consultas anteriormente efetuadas em relação a determinado número de CPF/CNPJ, com explicitação da data de cada consulta e do nome da empresa que a realizou.

Apesar de não indicar por si só a necessidade de eventual restrição de crédito ao consumidor, o "cadastro de passagem" constitui importante ferramenta, posta à disposição dos fornecedores de produtos e serviços, para a prevenção de práticas fraudulentas, pois permite, a partir da constatação de inusitada mudança no comportamento recente do titular do CPF ou CNPJ consultado, que o fornecedor solicite deste acurada comprovação de sua identificação pessoal ou proceda com maior cautela ao verificar potencial situação de superendividamento.

Para o STJ, o "cadastro de passagem" é um banco de dados de natureza neutra, e como todo e qualquer banco de dados ou cadastro de consumo, deve obediência às regras previstas no art. 43 do CDC.[580] Nessa linha, a disponibilização das informações constantes de tal banco, por exemplo, só é permitida após prévia comunicação, por escrito, ao consumidor, a teor do que expressamente dispõe o § 2.º do art. 43 do CDC.

5.12 PROTEÇÃO CONTRATUAL

5.12.1 Introdução

A teoria contratual tradicional, desenvolvida após o período das revoluções liberais, especialmente após a Revolução Francesa (1789), estava fundada no ideal de que os homens

---

[580] Nesse sentido: REsp 1.726.270/BA, 3.ª T., rel. Min. Nancy Andrighi, rel. p/ acórdão Min. Ricardo Villas Bôas Cueva, j. 27.11.2018 (Info 641).

são *livres* e *iguais* e, portanto, capazes de escolher adequadamente o parceiro contratual, bem como definir o conteúdo do contrato.

A autonomia da vontade foi alçada à categoria de princípio fundamental e a liberdade de contratar tida como paradigma, do qual resultava a obrigatoriedade de cumprir os contratos celebrados. É a época do *liberalismo* na economia e do chamado *voluntarismo* no direito. A função das leis era somente a de proteger essa autonomia da vontade e de assegurar a realização dos efeitos queridos pelos contratantes.

Basicamente, três princípios nortearam a teoria contratual clássica:

a) **autonomia da vontade ou liberdade contratual**: traduz-se na liberdade para contratar e escolher o parceiro contratual, bem como para definir o conteúdo do contrato;

b) **força vinculante e obrigatória dos contratos (*pacta sunt servanda*)**: as partes estão vinculadas e obrigadas a cumprir o contrato, cabendo ao Estado assegurar a execução dos acordos, inclusive com o uso da força, quando necessário;

c) **princípio da relatividade dos efeitos contratuais**: os contratos só produzem efeitos para as partes contratantes, não podendo criar direitos ou obrigações para terceiros.

Tal concepção, consolidada ao longo do século XIX e com reflexos no início do século XX, influenciou fortemente o direito privado na Europa (especialmente após o advento do Código Civil francês de 1804) e, naturalmente, no Brasil.

Já no século XX, alguns acontecimentos abalaram profundamente os fundamentos da teoria contratual clássica. A Primeira e a Segunda Guerra Mundiais impossibilitaram o cumprimento de vários contratos celebrados; em meio a elas deu-se a quebra da Bolsa de 1929, que também operou nesse sentido. Percebeu-se, então, que a manutenção do conteúdo dos contratos, nos exatos termos em que foram pactuados, poderia acarretar a consolidação de consequências antieconômicas.

Nesse cenário, desenvolveu-se na França (após a I Guerra Mundial) a **teoria da imprevisão**, para admitir a alteração do conteúdo do contrato, em razão da superveniência de eventos imprevisíveis, que tornassem o seu cumprimento excessivamente oneroso para uma das partes. Trata-se de clara mitigação do dogma liberal da intangibilidade do conteúdo do contrato, consubstanciado no antigo brocardo *pacta sunt servanda*.

Ao lado das grandes guerras, o século XX também testemunhou, especialmente a partir da década de 1950, a massificação da produção e do consumo, que culminou com a criação de novos instrumentos jurídicos, dentre os quais destacamos os contratos de massa (de adesão), cujas cláusulas são preestabelecidas unilateralmente por uma das partes contratantes, sem qualquer participação do aderente. Tais cláusulas, verdadeiramente, não resultavam de acordo de vontades, mas sim de verdadeira imposição de uma das partes, economicamente mais forte. Em outras palavras, a superioridade econômica conduziu à superioridade contratual.

O desequilíbrio nas relações contratuais trouxe como consequência os abusos e lesões patrimoniais de toda ordem aos consumidores, que já não encontravam resposta eficaz no sistema até então vigente. Com isso, a autonomia da vontade, que já era incipiente, tornou-se praticamente inexistente.

Tal ordem de coisas, própria do **Estado Liberal**, ausente, apenas garantidor das regras do jogo, estipuladas pela vontade dos contratantes, altera-se profundamente no **Estado Social** do século XX, que passou a intervir efetivamente, limitando a liberdade contratual

596 | INTERESSES DIFUSOS E COLETIVOS – VOL. 1

e criando leis com ênfase na função social do contrato.[581] Assistiu-se, então, à edição de inúmeras leis que impuseram limites à liberdade contratual (**dirigismo contratual**), ora definindo algumas regras mínimas, ora vedando expressamente determinadas cláusulas, especialmente no campo das relações de consumo.

Temas como a função social dos contratos, a boa-fé objetiva, a proteção da confiança, a onerosidade excessiva, o abuso de direito e outros passaram a ser discutidos com maior fôlego e exigiram profunda releitura da teoria clássica do contrato. Nesse sentido, ensina Claudia Lima Marques: "O direito dos contratos, em face das novas realidades econômicas, políticas e sociais, teve que se adaptar e ganhar uma nova função, qual seja, a de procurar a realização da justiça e do equilíbrio contratual".[582]

5.12.2 A nova concepção de contrato

No Brasil, o marco legal da renovação teórica do contrato foi o Código de Defesa do Consumidor, que impôs uma revisão dos paradigmas contratuais e novos princípios a serem observados pelos contratantes, em consonância com as diretrizes constitucionais de solidariedade social, proteção da dignidade da pessoa humana e atenção especial ao vulnerável.

Dentre as inovações mais importantes destacam-se:

1) a atenuação do princípio da força obrigatória do contrato (*pacta sunt servanda*), permitindo-se a modificação das cláusulas que estabeleçam prestações desproporcionais e a revisão das prestações excessivamente onerosas em razão de fatos supervenientes (art. 6.º, V);

2) a atenuação do princípio da autonomia da vontade, por meio da prática do dirigismo contratual, fazendo presente a intervenção estatal nas relações contratuais (arts. 46, 51, 52, 53 e 54);

3) a vinculação imediata do fornecedor a toda e qualquer oferta que tenha realizado e que esteja dotada de um mínimo de precisão, ensejando inclusive execução específica (arts. 30 e 48);

4) a garantia passou a ser regulada pela lei (art. 24);

5) a garantia contratual recebeu regulamentação adequada (art. 50) e tipificação penal (art. 74);

6) a instituição do controle concreto de cláusula prejudicial ao consumidor (art. 51, § 4.º);

7) o contrato passou a ser utilizado não só para satisfazer o interesse dos contratantes, mas também para cumprir a sua função social (art. 170, *caput*, V, da CF; art. 421 do CC e art. 51, IV, do CDC);

8) a previsão expressa do princípio da boa-fé objetiva (arts. 4.º, III, e 51, IV), com consequências importantes para toda a disciplina da proteção contratual;

9) a interpretação do contrato em favor do consumidor (art. 47); e

10) o direito de arrependimento do consumidor (art. 49).

O Código Civil 2002, igualmente preocupado com a justiça contratual, também atenuou o princípio da autonomia da vontade, ao determinar que a liberdade de contra-

---

[581] A respeito dessa mudança, veja-se: TEPEDINO, Gustavo. *Temas de Direito Civil*. 3. ed. Rio de Janeiro: Renovar, 2004. p. 219-220.

[582] MARQUES, Claudia Lima. *Contratos no Código de Defesa do Consumidor*. 3. ed. São Paulo: RT, 1999. p. 167.

CAP. 5 – DIREITO DO CONSUMIDOR | 597

tar seja exercida em razão e nos limites da função social do contrato (art. 421), e que os contratantes são obrigados a guardar, assim na conclusão do contrato, como em sua execução, os princípios de probidade e boa-fé (art. 422).

Os novos paradigmas da interpretação dos contratos, seja pelas normas protetivas do CDC, seja pelas regras do atual Código Civil, exigem dos operadores do direito o conhecimento de conceitos como *duty to mitigate the loss, venire contra factum proprium, supressio (verwirkung), surrectio (erwirkung), tu quoque* e *adimplemento substancial*, aliados indispensáveis na proteção contratual dos consumidores.

Pela importância, cumpre dispor, nos tópicos seguintes, ainda que sumariamente, sobre esses institutos.

5.12.2.1 Duty to mitigate the loss *(Dever de mitigar a perda)*

O instituto do *duty to mitigate the loss*, inspirado no art. 77 da Convenção de Viena de 1980,[583] que dispõe sobre venda internacional de mercadorias, traduz a ideia de que *o credor, diante do inadimplemento do devedor, deve adotar medidas concretas para evitar o agravamento do próprio prejuízo*.

O **fundamento** desse instituto é o **princípio da boa-fé objetiva.** A doutrina moderna, ao versar sobre o *dever de lealdade* – inspirada no dogma da *eticidade* que deve reinar nas relações jurídicas –, acentua a existência do dever de o credor mitigar as próprias perdas em virtude do inadimplemento do devedor.

Nessa linha, o *duty to mitigate the loss* pode ser considerado uma espécie de **dever acessório** (dever anexo de cooperação), emanado de uma das funções do princípio da boa-fé objetiva, qual seja, a de criação de deveres jurídicos.

A teoria do dever de mitigar a perda foi adotada no **Enunciado 169**, da III Jornada de Direito Civil, promovida pelo Centro de Estudos Judiciários do Conselho da Justiça Federal, que assim dispõe: "O princípio da boa-fé objetiva deve levar o credor a evitar o agravamento do próprio prejuízo".

Qual a consequência do descumprimento desse dever? Se o credor descumprir a obrigação de mitigar o próprio prejuízo – imposta pela boa-fé objetiva –, o devedor poderá pedir a redução das perdas e danos, em proporção igual ao montante da perda que poderia ter sido evitada.[584]

A título de exemplo, se uma instituição financeira percebe que a alta da taxa de juros prevista em um contrato fará com que a dívida atinja montantes astronômicos, deve adotar medidas para minimizar as perdas decorrentes do inadimplemento do devedor. Do contrário, o consumidor-devedor poderá pleitear a redução dessas perdas, em proporção igual ao montante do prejuízo que poderia ter sido evitado.

5.12.2.2 *Teoria dos atos próprios:* venire contra factum proprium, supressio, surrectio e tu quoque

O princípio da boa-fé objetiva, conforme visto no item 5.4.3.4.2, exerce três funções: (I) a de regra de interpretação; (II) a de fonte de direitos e de deveres jurídicos; e (III) a de *limite ao exercício de direitos subjetivos*. Pertencem a este terceiro grupo a **teoria**

---

[583] "Art. 77. A parte que invoca a quebra do contrato deve tomar as medidas razoáveis, levando em consideração as circunstâncias, para limitar a perda, nela compreendido o prejuízo resultante da quebra. Se ela negligencia em tomar tais medidas, a parte faltosa pode pedir a redução das perdas e danos, em proporção igual ao montante da perda que poderia ter sido diminuída."

[584] A propósito, veja-se: TARTUCE, Flávio. A Boa-Fé Objetiva e a Mitigação do Prejuízo pelo Credor: Esboço do Tema e Primeira Abordagem. Disponível em: www.flaviotartuce.adv.br/seções/artigos/Tartuce_duty.doc.

dos atos próprios, que abriga os institutos do *venire contra factum proprium, supressio, surrectio e tu quoque.*

O instituto do ***venire contra factum proprium*** se traduz como o exercício de uma posição jurídica em contradição com o comportamento assumido anteriormente.[585] Nas precisas palavras de Renan Lotufo:

> O princípio do *venire contra factum proprium* tem fundamento na confiança despertada na outra parte que crê na veracidade da primeira manifestação, confiança que não pode ser desfeita por um comportamento contraditório. Pode-se dizer que a inadmissibilidade do *venire contra factum proprium* evidencia a boa-fé presente na confiança, que há de ser preservada.[586]

A doutrina costuma identificar quatro pressupostos para a aplicação do *venire*: **1.º)** uma conduta inicial (*factum proprium*); **2.º)** a legítima confiança despertada na outra parte; **3.º)** um comportamento contraditório com a conduta inicial (e, por isso mesmo, violador da confiança); e **4.º)** um dano ou, no mínimo, um potencial de dano a partir da contradição.[587]

O principal efeito do instituto *sub analise* é a inibição do exercício de poderes jurídicos ou direitos, em contradição com o comportamento anterior. É o que se convencionou chamar de **proibição do comportamento contraditório** (*nemo potest venire contra factum proprium*). E se o agente descumpre essa proibição? Nesse caso, a conduta posterior considerar-se-á ineficaz e o agente poderá ser obrigado a reparar os danos decorrentes desse comportamento contraditório.[588]

Um bom exemplo é o da empresa fabricante de molhos de tomate que entrega sementes ao fazendeiro (*factum proprium* que gera a confiança de aquisição da safra a ser colhida) e, posteriormente, surpreende o produtor, anunciando que não mais deseja comprar os tomates colhidos. Esse desinteresse surpreendente causa dano ao agricultor, que não consegue negociar toda a sua produção de tomates. Observe-se que o comportamento contraditório da empresa constitui a essência do *nemo potest venire contra factum proprium* e justifica a prevenção ou reparação dos danos decorrentes de tal instabilidade.

Aplicando a doutrina do *venire*, assim já decidiu o STJ:

> Loteamento. Município. Pretensão de anulação do contrato. Boa-fé. Atos próprios. Tendo o município celebrado contrato de promessa de compra e venda de lote localizado em imóvel de sua propriedade, descabe o pedido de anulação dos atos, se possível a regularização do loteamento que ele mesmo está promovendo. Art. 40 da Lei 6.766/79. A **teoria dos atos próprios** impede que a administração pública retorne sobre os próprios passos, prejudicando os terceiros que confiaram na regularidade de seu procedimento (grifou-se).[589]

Seguindo essa doutrina, a Corte Superior decidiu ser possível determinar ao provedor do serviço de internet, administrador de rede social, retirar informações difamantes a terceiros manifestadas por seus usuários, independentemente da indicação precisa pelo

---

[585] No sentido literal, *venire contra factum proprium* significa *vir contra um fato próprio*.

[586] LOTUFO, Renan. *Código Civil Comentado*. 2. ed. São Paulo: Saraiva, 2004. p. 501-502.

[587] A propósito, veja-se: SCHREIBER, Anderson. *A Proibição de Comportamento Contraditório:* Tutela da Confiança e *Venire Contra Factum Proprium*. Rio de Janeiro: Renovar, 2005. p. 124.

[588] Sobre os efeitos do *venire*, confira-se: PINTO, Paulo Mota. Sobre a Proibição do Comportamento Contraditório (*Venire Contra Factum Proprium*) no Direito Civil. *Boletim da Faculdade de Direito da Universidade de Coimbra*, volume comemorativo, p. 270, 2003.

[589] REsp 141.879/SP, 4.ª T., rel. Min. Ruy Rosado de Aguiar, j. 17.03.1998. No mesmo sentido, veja-se: REsp 95.539/SP, 4.ª T., rel. Min. Ruy Rosado de Aguiar, j. 03.09.1996.

ofendido das páginas que foram veiculadas as ofensas, ao fundamento de que não é crível que uma sociedade empresária do porte da Google não possua capacidade técnica para identificar as páginas que contenham as mencionadas mensagens. Para o STJ, a alegada incapacidade técnica de varredura das mensagens difamantes é algo de *venire contra factum proprium*, inoponível em favor do provedor de internet.[590]

No mesmo sentido:

> Acidente no trabalho. Seguro de vida em grupo. Tenossinovite. Doença preexistente. A seguradora que aceita o contrato e recebe durante anos as contribuições da beneficiária do seguro em grupo não pode recusar o pagamento da indenização, quando comprovada a invalidez, sob a alegação de que a tenossinovite já se manifestara anteriormente. Recurso conhecido e provido.[591]

A *supressio* é a situação de um direito que, não tendo sido exercido em determinadas circunstâncias e por um certo lapso de tempo, não mais pode sê-lo, sob pena de ofensa à confiança gerada na outra parte.[592]

A razão dessa supressão é que o comportamento omissivo da parte gera na outra a legítima expectativa de que o direito não mais será exercido. A tutela da confiança e da boa-fé objetiva, dessa forma, impõe a necessidade de vedação ao comportamento contraditório.

Há clara proximidade entre a *supressio* e o *venire*. A diferença é que na *supressio* o fato próprio é um comportamento omissivo, que implica **a perda da possibilidade de implementação de um direito pela falta de exercício, por certo lapso temporal**, tal como a renúncia tácita.

Um bom exemplo da aplicação desse instituto é encontrado em interessante julgado do TJSP, no qual se discutiu se deveria prevalecer o critério de distribuição de vagas de garagem previsto na convenção (ordem de chegada dos veículos) ou o critério de sorteio, adotado consensualmente e não questionado há mais de vinte anos. Conforme restou decidido, o interessado na alteração do critério, durante longo tempo – era morador do edifício há mais de vinte anos, titular de direitos decorrentes de compromisso de compra e venda –, não exerceu seu direito, implicando, por conseguinte, uma espécie de renúncia tácita ao seu conteúdo. Pela boa-fé objetiva, sua pretensão foi obstada com fundamentos no *venire contra factum proprium* e na *supressio*.[593]

No mesmo sentido, confira-se recente decisão do STJ:

> Direito civil. Contrato de locação de veículos por prazo determinado. Notificação, pela locatária, de que não terá interesse na renovação do contrato, meses antes do término do prazo contratual. Devolução apenas parcial dos veículos após o final do prazo, sem oposição expressa da locadora. Continuidade da emissão de faturas, pela credora, no preço contratualmente estabelecido. Pretensão da locadora de receber as diferenças entre a tarifa contratada e a tarifa de balcão para a locação dos automóveis que permaneceram na posse da locatária. Impossibilidade. Aplicação do princípio da boa-fé objetiva. (...) **O instituto da "supressio" indica a possibilidade de se considerar suprimida uma obrigação contratual, na hipótese em que o não exercício do direito correspondente, pelo credor, gere no devedor a justa expectativa de que esse não exercício se prorrogará no tempo** (grifou-se).[594]

---

[590] REsp 1.175.675/RS, 4.ª T., rel. Min. Luis Felipe Salomão, j. 09.08.2011 (Informativo STJ 480).

[591] REsp 258.805/MG, 4.ª T., rel. Min. Ruy Rosado de Aguiar, *DJ* 13.08.2001.

[592] Para Menezes Cordeiro, a *supressio* agrupa uma das modalidades típicas do vasto instituto do abuso do direito (*Tratado de Direito Civil Português*. Parte Geral. Coimbra: Almedina, 2005. v. 1, t. 4, p. 313).

[593] TJSP, 4.ª Câm. Dir. Priv., EI 304.405.4/3-02, rel. Des. Francisco Loureiro, j. 12.01.2006.

[594] REsp 953.389/SP, 3.ª T., rel. Min. Nancy Andrighi, *DJe* 15.03.2010.

600 | INTERESSES DIFUSOS E COLETIVOS – VOL. 1

O instituto da *surrectio,* por sua vez, indica a possibilidade de surgimento de um direito não existente antes, mas que na efetividade social era tido como presente. Vale dizer: a *surrectio* consiste na **consagração dos efeitos de uma situação de fato** que, integrada no patrimônio por um vasto tempo, criou a confiança de que constituiria o próprio direito posto.

No conhecido exemplo de Menezes Cordeiro, se ocorre distribuição de lucros entre os sócios, fora dos limites estatutários da sociedade, por longo tempo, esta deve prevalecer em homenagem à tutela da boa-fé objetiva, não podendo mais ser interrompida.[595]

Por fim, a expressão *tu quoque*[596] expressa a ideia de que o violador de uma norma jurídica não pode invocar a mesma regra a seu favor, sem violar a confiança e a boa-fé objetiva. Em outras palavras, o contratante não pode fazer ou exigir de outrem o que não se faz ou se exige de si próprio.

Referido instituto **objetiva a manutenção do equilíbrio contratual**, vale dizer, o caráter sinalagmático das trocas. Assim, qualquer ataque a uma das prestações devidas em reciprocidade representa um atentado ao sinalagma, alterando sua harmonia por atingir a outra prestação.

A figura que melhor representa o *tu quoque* é a exceção de contrato não cumprido, prevista no art. 476 do CC.[597] Aqui, a concretização do *tu quoque* equivale a dizer: um contratante não pode cobrar o outro enquanto não pagar o que deve; se o fizer, sua conduta surpreenderá a outra parte, em afronta à boa-fé objetiva.

O quadro a seguir é uma síntese dos institutos referidos anteriormente:

Teoria dos Atos Próprios	
Venire contra factum proprium	Consiste na vedação de vir contra fato próprio, gerador de confiança na outra parte. Ex.: aceitar pagamento efetuado em dia diverso do fixado no contrato e depois insurgir-se quanto ao atraso.
Supressio	Consiste na perda da possibilidade de implementação de um direito, pela falta de exercício, por certo lapso de tempo. Ex.: o uso de área comum por condômino em regime de exclusividade, por período de tempo considerável, implica a supressão da pretensão de reintegração por parte do condomínio como um todo.
Surrectio	Consiste na possibilidade de surgimento de um direito, não existente antes, juridicamente, mas que na efetividade social era tido como presente. Ex.: a distribuição de lucros, entre sócios, fora dos limites estatutários da sociedade, por certo lapso de tempo, não pode mais ser interrompida.
Tu quoque	Traduz a ideia de que o violador de uma norma jurídica não pode invocar a mesma regra a seu favor, sem violar a confiança e a boa-fé objetiva. A figura que melhor representa o *tu quoque* é a exceção do contrato não cumprido.

5.12.2.3   Teoria do adimplemento substancial

Adimplemento, em sentido estrito, indica cumprimento da obrigação. Por vezes também é chamado de pagamento, implemento, solução, satisfação, quitação. Ao lado

---

[595]   MENEZES CORDEIRO, Antonio. *A Boa-Fé no Direito Civil*. Coimbra: Almedina, 2001. n. 74, item 75, p. 822.

[596]   No sentido literal, *tu quoque* significa "tu também", em alusão à frase de Júlio César dita a Brutus, no senado, no momento em que percebeu que este também estava entre os seus assassinos.

[597]   Art. 476 do CC: "Nos contratos bilaterais, nenhum dos contratantes, antes de cumprida a sua obrigação, pode exigir o implemento da do outro".

do adimplemento, atualmente, emerge na doutrina e na jurisprudência pátrias a **teoria do adimplemento substancial,** derivada do Direito inglês, em que é conhecida como *substancial performance.*

Referida teoria traduz a ideia de que, em certos casos, se o contrato já foi adimplido substancialmente, não se permite a resolução, com a perda do que foi realizado pelo devedor. Em outras palavras, caracterizado um **inadimplemento insignificante**, **que não chega a abalar o equilíbrio das prestações**, **impede-se a resolução do contrato**, atribuindo-se ao credor o direito à reparação dos danos decorrentes da prestação inadimplida.

Assim, por exemplo, em um contrato de compromisso de compra e venda de bem imóvel, a falta de pagamento da última prestação, de um total de 60 (sessenta), não autoriza o credor a lançar mão da ação de resolução contratual, cumulada com pedido de reintegração de posse, em lugar da cobrança da parcela faltante. *In casu,* verificado o cumprimento significativo, expressivo das obrigações assumidas, exclui-se o direito à resolução, atribuindo-se ao credor o direito à reparação dos danos decorrentes da prestação inadimplida.

No direito privado brasileiro, embora não prevista expressamente, a teoria do adimplemento substancial vem sendo adotada a partir da aplicação da cláusula geral do abuso do direito (art. 187 do CC) e do princípio da boa-fé objetiva (art. 4.º, III, do CDC e art. 422 do CC), do qual constitui emanação de uma das suas funções, a saber, a de *limitação ao exercício de direitos.*

Vê-se, portanto, que o direito à resolução do negócio, previsto no art. 475 do CC,[598] não pode ser exercido em qualquer hipótese de inadimplemento. Se o inadimplemento for mínimo (ou seja, se o déficit de adimplemento for insignificante, a ponto de considerar-se substancialmente adimplida a prestação), o direito à resolução converte-se em outra situação jurídica ativa (por exemplo: direito à indenização), garantindo-se, destarte, a permanência do negócio jurídico. Nas palavras de Anelise Becker:

> O adimplemento substancial consiste em um resultado tão próximo do almejado, que **não chega a abalar a reciprocidade, o sinalagma das prestações correspectivas**. Por isso mantém-se o contrato, concedendo-se ao credor direito a ser ressarcido pelos defeitos da prestação, porque o prejuízo, ainda que secundário, se existe deve ser reparado (grifou-se).[599]

Nessa ordem de ideias, **considerar-se-á abusiva a resolução do contrato substancialmente adimplido pelo devedor**, haja vista que o desfazimento do negócio, nessas circunstâncias, acarretaria sacrifício desproporcional comparativamente à sua manutenção, o que não se coaduna, evidentemente, com o fim econômico e social desse direito, em clara afronta à boa-fé objetiva (art. 187 do CC).

Tereza Ancona Lopez endossa a tese de ser abusivo o rompimento do contrato quando o adimplemento "chegou quase no final" e menciona dois julgados do STJ, ambos da lavra do Min. Ruy Rosado de Aguiar, nos quais a Corte Superior aplicou a doutrina do adimplemento substancial.[600] No primeiro, impediu-se a busca e apreensão de veículo alienado fiduciariamente, por falta de pagamento da última prestação (REsp 272.739, *DJ*

---

[598] Art. 475 do CC: "A parte lesada pelo inadimplemento pode pedir a resolução do contrato, se não preferir exigir-lhe o cumprimento, cabendo, em qualquer dos casos, indenização por perdas e danos".

[599] BECKER, Anelise. A Doutrina do Adimplemento Substancial no Direito Brasileiro e em Perspectiva Comparativista. *Revista da Faculdade de Direito da Universidade Federal do Rio Grande do Sul*, Porto Alegre: Livraria do Advogado, n. 1, v. 9, p. 62, nov. 1993.

[600] LOPEZ, Teresa Ancona. Princípios Contratuais. In: FERNANDES, Wanderley (coord.). *Fundamentos e Princípios dos Contratos Empresariais.* São Paulo: Saraiva, 2007. p. 57.

602 | INTERESSES DIFUSOS E COLETIVOS – VOL. 1

02.04.2001); no segundo, assegurou-se a cobertura do seguro, apesar de não ter sido paga a derradeira parcela (REsp 7.632, *DJ* 1.º.04.1996).

A Corte Superior tem aplicado a teoria do adimplemento substancial para impedir a resolução dos contratos de seguro[601] e *leasing*, em casos de mora de pouca relevância. A título de exemplo, confira-se:

> No caso em apreço, é de se aplicar a teoria do adimplemento substancial dos contratos, porquanto o réu pagou: "31 das 36 prestações contratadas, 86% da obrigação total (contraprestação e VRG parcelado) e mais R$ 10.500,44 de valor residual garantido". O mencionado descumprimento contratual é inapto a ensejar a reintegração de posse pretendida e, consequentemente, a resolução do contrato de arrendamento mercantil, medidas desproporcionais diante do substancial adimplemento da avença.[602]

Concluindo, o adimplemento substancial atua como instrumento de equidade diante da situação fático-jurídica subjacente, permitindo soluções razoáveis e sensatas, conforme as peculiaridades do caso.

5.12.2.3.1 Teoria do adimplemento substancial e a alienação fiduciária em garantia

No ponto, a questão reside em saber se a ação de busca e apreensão, motivada pelo inadimplemento de pouca relevância de contrato de alienação fiduciária em garantia, pode ser proposta pelo credor fiduciário. Por outras palavras, o adimplemento substancial da obrigação nos contratos de alienação fiduciária em garantia regidos pelo Decreto-lei 911/1969 impede a propositura da ação de busca e apreensão pelo credor fiduciário?

Inicialmente, a jurisprudência do STJ firmou-se no sentido da inadmissibilidade da ação de busca e apreensão nesses casos, por força da aplicação da teoria do adimplemento substancial. Assim, uma vez constatado que o adimplemento já implementado pelo devedor se aproxima bastante do valor contratado, restaria inviabilizada a possibilidade de o credor deflagrar a demanda de busca e apreensão, voltada exclusivamente à ruptura do vínculo negocial, com a retomada do bem cuja propriedade já está praticamente consolidada ao devedor.[603]

Contudo, no dia 25 de agosto do ano de 2015, o julgamento do Recurso Especial 1.255.179/RJ marcou uma guinada na orientação da Corte Superior sobre essa temática. Na ocasião, ficou decidido que o ajuizamento da ação de busca e apreensão pelo credor fiduciário, mesmo em caso de inadimplemento de pouca relevância, constitui exercício regular de direito do credor, previsto no Decreto-Lei 911/1969. Tal medida não se confunde com a ação de rescisão contratual – esta, sim, potencialmente indevida em virtude do adimplemento substancial da obrigação.

Esse entendimento foi encampado pela 2.ª Seção (que reúne a 3.ª e a 4.ª Turmas) no julgamento do Recurso Especial 1.622.555/MG (j. 22.02.2017). Pela importância, transcreve-se trecho da ementa:

> A teoria do adimplemento substancial tem por objetivo precípuo impedir que o credor resolva a relação contratual em razão de inadimplemento de ínfima parcela da obrigação. A via judicial para esse fim é a ação de resolução contratual. Diversamente, o credor fiduciário, quando promove ação de busca e apreensão, de modo algum pretende extinguir a relação contratual. Vale-se da

---

601 REsp 877.965/SP, 4.ª T., rel. Min. Luis Felipe Salomão, j. 22.11.2011.

602 REsp 1.051.270/RS, 4.ª T., rel. Min. Luis Felipe Salomão, j. 04.08.2011.

603 REsp 272.739/MG, 4.ª T., rel. Min. Ruy Rosado de Aguiar, j. 01.03.2001; REsp 469.577/SC, 4.ª T., rel. Min. Ruy Rosado de Aguiar, j. 25.03.2003; REsp 912.697/RO, 4.ª T., rel. Min. Aldir Passarinho Junior, j. 07.10.2007.

ação de busca e apreensão com o propósito imediato de dar cumprimento aos termos do contrato, na medida em que se utiliza da garantia fiduciária ajustada para compelir o devedor fiduciante a dar cumprimento às obrigações faltantes, assumidas contratualmente (e agora, por ele, reputadas ínfimas). A consolidação da propriedade fiduciária nas mãos do credor apresenta-se como consequência da renitência do devedor fiduciante de honrar seu dever contratual, e não como objetivo imediato da ação. E, note-se que, mesmo nesse caso, a extinção do contrato dá-se pelo cumprimento da obrigação, ainda que de modo compulsório, por meio da garantia fiduciária ajustada.[604]

Atualmente, portanto, prevalece no STJ o entendimento de que a ação de busca e apreensão é meio legítimo para a cobrança da dívida nos contratos de alienação fiduciária em garantia, independentemente da extensão da mora ou da proporção do inadimplemento.

A nosso juízo, agiu bem a Corte Superior. Afinal, se o valor do débito é ínfimo e o devedor tem inequívoco conhecimento de que sua inadimplência pode ensejar a perda do bem (com a restituição da diferença), não se antevê razão lídima para que este remanesça faltoso com a sua obrigação contratual. Na espécie, não há que se falar em ofensa ao princípio da boa-fé, porque é inerente ao sistema da alienação fiduciária essa prerrogativa do credor. Estão cientes ambos os contratantes de que a propriedade do bem é do credor e poderá ser nele consolidada, atendidos os trâmites legais e contratuais.

Por fim, não se pode deixar de reconhecer que a aplicação da tese do adimplemento substancial na hipótese em comento, a pretexto de proteger o consumidor, parte vulnerável da relação contratual, acaba, em última análise e na realidade dos fatos, a prejudicar o consumidor adimplente, que, doravante, terá que assumir o ônus pelo inarredável enfraquecimento do instituto da garantia fiduciária, naturalmente com o pagamento de juros mais elevados.

5.12.3 Dirigismo contratual

Conforme visto, o século XX foi palco de acontecimentos que abalaram profundamente o equilíbrio sobre o qual estava assentada a teoria contratual clássica.

Percebeu-se, com a evolução do tempo, que a autonomia privada e a igualdade formal dos indivíduos não asseguravam o equilíbrio entre os contratantes. Era preciso, portanto, revisar os princípios contratuais elaborados no século XIX.

Nesse contexto de profundas mudanças socioeconômicas, a **intervenção estatal no Direito Privado** se fez necessária para restabelecer o equilíbrio entre as partes contratantes, vale dizer, entre o fornecedor, mais bem aquinhoado, e o consumidor, agente econômico mais vulnerável. A principal manifestação da intervenção estatal é o **dirigismo contratual**, que vem a ser a imposição de limites à liberdade contratual, pelo Estado.[605]

A intervenção do Estado nas relações contratuais pode ser feita por meio dos Poderes Executivo (*dirigismo administrativo*), Legislativo (*dirigismo legal*) e Judiciário (*dirigismo judicial*).

O **dirigismo administrativo** ganhou força com o advento do CDC, que conferiu aos órgãos públicos integrantes do Sistema Nacional de Defesa do Consumidor (SNDC), em suas respectivas áreas de atuação, competência para fiscalizar e impor sanções administrativas aos responsáveis por práticas que violem os direitos dos consumidores (arts. 55 a 60 do CDC).

---

[604] Informativo STJ 599.
[605] A propósito, confira-se: NERY JUNIOR, Nelson et al. *Código Brasileiro de Defesa do Consumidor*: Comentado pelos Autores do Anteprojeto. 7. ed. Rio de Janeiro: Forense Universitária, 2001. p. 446.

INTERESSES DIFUSOS E COLETIVOS – VOL. 1

O Código de Defesa do Consumidor também é pródigo em **dirigismo legal.** Tanto é assim que, ao lado das normas gerais de proteção (arts. 46 a 50), há normas específicas que interferem diretamente no conteúdo do contrato (art. 51, seus incisos e parágrafos).

Não menos importante é o **dirigismo judicial.** Na sistemática do CDC, conferiu-se ao Poder Judiciário o papel de guardião do sistema protetivo. Compete ao julgador, inclusive de ofício, assegurar a observância das normas de proteção (que são cogentes, por força do disposto no art. 1.º) e dos novos paradigmas contratuais, para que se estabeleça uma relação jurídica socialmente justa, nela intervindo, sempre que necessário, seja para decretar a nulidade das cláusulas abusivas (art. 51), seja para determinar a modificação ou revisão das cláusulas contratuais (art. 6.º, V), o que pode ocorrer também por provocação do Ministério Público (art. 51, § 4.º).

5.12.4 Princípios norteadores

O Código de Defesa do Consumidor estabeleceu alguns princípios específicos, aplicáveis na área de proteção contratual. Vejamos, então, os de maior importância.

5.12.4.1 Princípio da transparência

O princípio da transparência impõe ao fornecedor o dever de prestar informação clara e correta sobre o produto ou serviço oferecido, bem como sobre o contrato a ser firmado. Previsto expressamente no art. 4.º, *caput,* do CDC, referido princípio apresenta reflexos em vários pontos do CDC, como no dever de informar por ocasião da oferta (art. 30) e no momento da elaboração do contrato (arts. 46 e 54, §§ 3.º e 4.º).

Por força do princípio da transparência, os contratos de consumo somente obrigarão os consumidores quando os fornecedores lhes oferecerem a oportunidade de tomarem prévio conhecimento do conteúdo do contrato, redigido de forma clara e objetiva, possibilitando-lhes, assim, a exata compreensão do seu sentido e alcance. A propósito, confira-se a redação do art. 46 do CDC:

> **Art. 46.** Os contratos que regulam as relações de consumo não obrigarão os consumidores, se não lhes for dada a oportunidade de tomar conhecimento prévio de seu conteúdo, ou se os respectivos instrumentos forem redigidos de modo a dificultar a compreensão de seu sentido e alcance.

Em última análise, referido princípio condiciona a vinculação jurídica do consumidor a dois requisitos:

1.º) **prévio conhecimento do conteúdo do contrato:** não basta, aqui, entregar o contrato ao consumidor, mas sim assegurar que tenha ciência do seu conteúdo e da vinculação que ele confere;

2.º) **redação clara e objetiva do seu instrumento, de modo a facilitar a compreensão do seu sentido e alcance:** as expressões e termos técnicos, complexos, devem ser evitados, assim como cláusulas que não sejam claras e objetivas, dificultando sua compreensão.[606]

5.12.4.2 Princípio da interpretação mais favorável

O Código de Defesa do Consumidor, em seu art. 47, assinala que "as cláusulas contratuais serão interpretadas da maneira mais favorável ao consumidor". Isso significa

---

[606] A propósito, veja-se: AgRg no REsp 265.872/SP, 4.ª T., rel. Min. Sálvio de Figueiredo Teixeira, j. 18.09.2003.

que, **havendo mais de uma interpretação possível do contrato de consumo, prevalecerá sempre a mais interessante ao consumidor.** A propósito, já decidiu o STJ:

> Agravo regimental. Plano de saúde. Cobertura contratual. Cirurgia bucomaxilarfacial. Irrelevante para o julgamento o fato de ser realizado por dentista ou médico. Defeito de redação ou lacuna de interpretação do contrato deve ser interpretada em prol do consumidor. Precedentes.[607]

O Código Civil de 2002, em seu art. 423, traz regra semelhante: "Quando houver no contrato de adesão cláusulas ambíguas ou contraditórias, dever-se-á adotar a interpretação mais favorável ao aderente". Note-se, contudo, que a norma do art. 47 do CDC é mais ampla, pois determina a adoção da interpretação mais favorável ao consumidor em todo e qualquer contrato de consumo, seja ele de adesão ou não, independentemente de estarem presentes cláusulas ambíguas ou contraditórias. Nessa linha a lição de Nelson Nery Junior:

> Isso quer significar que não apenas as cláusulas ambíguas dos contratos de adesão se interpretam em favor do aderente, contra o estipulador, mas *o contrato de consumo como um todo*, seja contrato de comum acordo (*contrat de gré à gré*), seja de adesão será interpretado de modo mais favorável ao consumidor.[608]

É bem verdade que a Lei de Liberdade Econômica (Lei 13.874/2019), ao modificar a redação do art. 113 do Código Civil, nele incluindo a previsão de que a interpretação do negócio jurídico deve lhe atribuir o sentido que for mais benéfico à parte que não redigiu o dispositivo, se identificável, acabou por alargar o sentido do art. 423 do Código Civil, segundo o qual a interpretação favorável ao aderente se daria apenas havendo cláusulas ambíguas ou contraditórias. Doravante, também é possível aplicar essa interpretação a negócios paritários, desde que seja possível identificar determinada cláusula ou cláusulas que foram impostas por uma das partes, tidas isoladamente como de adesão, hipótese em que serão interpretadas contra quem as redigiu.

5.12.4.3 *Princípio da vinculação do fornecedor*

Por força do princípio da vinculação do fornecedor, previsto expressamente nos arts. 30 e 48 do CDC, toda e qualquer declaração de vontade constante de escritos particulares, recibos e pré-contratos relativos às relações de consumo vincula o fornecedor.

Assim, mensagens publicitárias, panfletos, recibos de sinal, pré-contratos, orçamentos e escritos de qualquer natureza vinculam o fornecedor, ensejando, inclusive, execução específica, nos termos do art. 84 do Código.

É oportuno destacar que a vinculação também opera diante da declaração de vontade de preposto do fornecedor, em razão da solidariedade instituída no art. 34 do CDC.[609] Exemplificando, é muito comum no comércio o preposto se enganar na fixação do preço e condições de pagamento do produto exposto à venda. Nesse caso, a menos que se trate de equívoco gritante, capaz de proporcionar enriquecimento indevido ao consumidor, a nota de venda fixada pelo preposto obriga o fornecedor.

---

[607] AgRg no REsp 942.209/PR, 3.ª T., rel. Min. Humberto Gomes de Barros, *DJU* 14.12.2007; REsp 1.133.338/SP, rel. Min. Paulo de Tarso Sanseverino, j. 02.04.2013 (Informativo STJ 520).

[608] NERY JUNIOR, Nelson et al. *Código Brasileiro de Defesa do Consumidor*: Comentado pelos Autores do Anteprojeto. 7. ed. Rio de Janeiro: Forense Universitária, 2001. p. 480.

[609] Nesse sentido, confira-se: TJDF, APC 2001.01.1.068979, 4.ª T., rel. Des. Cruz Macedo, *DJU* 26.04.2005.

606 | INTERESSES DIFUSOS E COLETIVOS – VOL. 1

5.12.4.4   Princípio da preservação dos contratos

O Código de Defesa do Consumidor busca assegurar a conservação dos contratos de consumo. Em primeiro plano, o princípio encontra respaldo no art. 6.º, V, que estabelece os direitos básicos de modificação e de revisão contratuais.[610]

No campo da proteção contratual, o princípio da conservação dos contratos está previsto expressamente no art. 51, § 2.º, do Código, que dispõe: "A nulidade de uma cláusula contratual abusiva não invalida o contrato, exceto quando de sua ausência, apesar dos esforços de integração, decorrer ônus excessivo a qualquer das partes".

Assim, em homenagem ao princípio em análise, o primeiro esforço do juiz deve ser no sentido de afastar unicamente a cláusula abusiva, mantendo-se os efeitos jurídicos das demais disposições contratuais. Agora, se da ausência da cláusula abusiva decorrer ônus excessivo a qualquer das partes, todo o contrato deve ser invalidado.

Nessa mesma linha o ensinamento de Humberto Teodoro Júnior: "Somente quando, pela eliminação da parcela abusiva, se tornar desequilibrada de forma irremediável a relação de consumo, é que se terá de optar pela completa resolução do negócio".

Em suma: reconhecida a nulidade de uma cláusula contratual, a **regra** é a **preservação do contrato**; em **situações excepcionais**, nas quais a ausência da cláusula comprometa irremediavelmente o equilíbrio do contrato, **aí sim este será invalidado.**

5.12.5   Direito de arrependimento (prazo de reflexão)

O art. 49 do CDC traz norma que, rompendo com a lógica contratual clássica, confere ao consumidor o direito de arrependimento dos **contratos firmados fora do estabelecimento comercial.** Veja-se:

> **Art. 49.** O consumidor pode desistir do contrato, no prazo de 7 dias a contar de sua assinatura ou do ato de recebimento do produto ou serviço, sempre que a contratação de fornecimento de produtos e serviços ocorrer fora do estabelecimento comercial, especialmente por telefone ou a domicílio.

Em linhas gerais, toda vez que a aquisição do produto ou serviço ocorrer fora do estabelecimento comercial, independentemente do meio ou da forma de abordagem, o direito de arrependimento poderá ser exercitado. A referência a *telefone* ou *a domicílio* contida na norma é meramente exemplificativa, conforme se infere do emprego do advérbio *especialmente.*

Assim, estão abrangidas pelo dispositivo as vendas externas (em que o fornecedor se dirige à residência do consumidor ou ao seu local de trabalho); as contratações por telefone ou *telemarketing;* pela Internet (ex.: *e-mail*, lojas virtuais, *home banking* etc.); por correspondência (ex.: mala direta ou carta-resposta); pela TV ou qualquer outro meio eletrônico.

Note-se que **o exercício desse direito é incondicionado**, isto é, depende única e exclusivamente da manifestação de vontade do consumidor, sem que se exija a declinação dos motivos que o levaram a arrepender-se do negócio (direito potestativo).[611] O objetivo do Código é proteger o consumidor das compras por impulso.

O prazo de reflexão é de **sete dias,** a contar da assinatura do contrato ou do recebimento do produto ou serviço. Importa destacar, nesse particular, que, se o recebimento

---

[610]   Cf. item 5.5.8.

[611]   Direito potestativo ou formativo, apenas a título de recordação, é aquele ao qual não corresponde um dever, mas um estado de sujeição.

CAP. 5 – DIREITO DO CONSUMIDOR | **607**

do produto ou serviço for posterior à data da assinatura do contrato, o prazo de arrependimento se inicia a partir do efetivo recebimento do bem de consumo, porquanto somente nesse momento é que o consumidor terá condições de verificar se o produto ou serviço atende as suas expectativas.[612]

Por último, observe-se que, uma vez exercido o direito de arrependimento, **o consumidor receberá de volta os valores eventualmente pagos**, a qualquer título, durante o prazo de reflexão, sendo a devolução imediata e monetariamente atualizada (art. 49, parágrafo único, do CDC). Assim, todos os gastos e despesas do consumidor, como o valor das parcelas pagas, além de outros custos, como despesas com frete e postagem, devem ser imediatamente devolvidos.

Nessa ordem de ideias, o STJ já considerou abusiva cláusula contratual que autorizava o fornecedor a repassar aos consumidores o ônus de arcar com as despesas postais decorrentes do exercício do direito de arrependimento previsto no art. 49 do CDC.[613]

5.12.5.1 *Direito de arrependimento na compra de passagens aéreas pela internet*

Conforme visto, o direito de arrependimento previsto no art. 49 do CDC alcança toda e qualquer compra concretizada pelo consumidor fora do estabelecimento comercial. Reprise-se que a referência a *telefone* ou *a domicílio* contida na norma é meramente exemplificativa, conforme se infere do emprego do advérbio *especialmente,* de onde se conclui que esse direito também se aplica às transações envolvendo o comércio eletrônico pela internet.

Dúvidas não há, portanto, de que tal direito também se aplica às compras de passagens aéreas efetuadas pela internet.

A despeito disso, sempre foi prática comum das companhias aéreas a cobrança de elevadas multas pelo cancelamento da compra de passagens pela internet, mesmo que o consumidor tenha manifestado tal vontade dentro do prazo de reflexão previsto no art. 49 do CDC. Trata-se de prática abusiva, porque ofensiva ao direito do consumidor de receber de volta todos os valores eventualmente pagos, a qualquer título, durante o prazo de reflexão (art. 49, parágrafo único, do CDC).

Criada em 2005, a Agência Nacional da Aviação Civil (ANAC)[614] passou a adotar uma postura bastante complacente com as empresas aéreas, considerando legítima a cobrança de multas ou tarifas de cancelamento e de remarcação de passagens, desde que estivessem previstas no contrato de transporte. Por outras palavras, referida agência adotou o entendimento de que o art. 49 do CDC não alcança o comércio eletrônico pela internet.

Essa postura da ANAC estimulou a prática de abusos por parte das companhias aéreas. Prova disso é que a política de arrependimento na aviação civil brasileira – remarcação, reembolso e cancelamento – varia de empresa para empresa, de contrato para contrato e de tarifa para tarifa. Em casos de tarifas promocionais, por exemplo, algumas companhias cobram multas ou tarifas de cancelamento de até 80% do valor pago no bilhete, o que deixa o consumidor perdido entre tantas regras e porcentagens. Em meio a

---

[612] Nesse sentido, entre outros, vejam-se: CAVALIERI FILHO, Sérgio. *Programa de Direito do Consumidor.* São Paulo: Atlas, 2009. p. 134; NERY JUNIOR, Nelson et al. *Código Brasileiro de Defesa do Consumidor*: Comentado pelos Autores do Anteprojeto. 7. ed. Rio de Janeiro: Forense Universitária, 2001. p. 493.

[613] REsp 1.340.604/RJ, 2.ª T., rel. Min. Mauro Campbell Marques, j. 15.08.2013 (Informativo STJ 528).

[614] A Agência Nacional da Aviação Civil foi criada pela Lei 11.182/2005 e integra a Administração Pública Federal indireta, submetendo-se a regime autárquico especial. Vinculada ao Ministério da Defesa, a ANAC tem como objetivo regular e fiscalizar as atividades de aviação civil e de infraestrutura aeronáutica e aeroportuária.

608 | INTERESSES DIFUSOS E COLETIVOS – VOL. 1

essa burocracia, muitos passageiros acabam desistindo ou recebendo valores bem abaixo do que teriam direito.

A polêmica envolvendo a incidência ou não do art. 49 do CDC nas compras de passagens aéreas pela internet vem sendo apreciada pelo Poder Judiciário.

Embora existam decisões em ambos os sentidos, a jurisprudência majoritária em nossos sodalícios é no sentido de que o direito de arrependimento previsto no artigo 49 alcança esse tipo de avença, justamente por se tratar de relação jurídica de consumo[615].

No dia 14 de março de 2017, contudo, entrou em vigor a Resolução 400/2016 da ANAC, que dispõe sobre as novas Condições Gerais de Transporte Aéreo (CGTA). Dentre as principais inovações, seu art. 11 prevê expressamente a possibilidade de o consumidor desistir da compra de passagens aéreas. Confira-se:

> **Art. 11.** O usuário poderá desistir da passagem aérea adquirida, sem qualquer ônus, desde que o faça no prazo de até 24 (vinte e quatro) horas, a contar do recebimento do seu comprovante. **Parágrafo único.** A regra descrita no *caput* deste artigo somente se aplica às compras feitas com antecedência igual ou superior a 7 (sete) dias em relação à data de embarque.

A norma em destaque confere ao consumidor o direito de se arrepender da compra, sem custos, no prazo de 24 horas, contado do recebimento do comprovante da compra, desde que a passagem tenha sido adquirida com antecedência mínima de 7 dias da data do embarque.

Se comparada ao entendimento anterior da ANAC, que não reconhecia a existência de direito de arrependimento na compra de passagens aéreas, essa norma representa um avanço. Contudo, se comparada com o direito de arrependimento previsto no art. 49 do CDC, trata-se de um retrocesso: o prazo de reflexão foi reduzido de 7 dias para 24 horas; isso sem falar na necessidade de a passagem ter sido adquirida no mínimo 7 dias antes do voo – condicionante inexistente na regra contida no art. 49 do CDC.

Tem-se, na hipótese, uma clara antinomia entre o direito de arrependimento previsto no art. 49 do CDC e o direito de arrependimento disciplinado no art. 11 da Resolução 400/2016, da ANAC. A questão a ser enfrentada, doravante, é saber qual norma terá aplicação nas compras de passagens aéreas pela internet.

Embora se reconheça a boa intenção da ANAC, entendemos que o art. 11 da Resolução 400/2016 não alcançará as compras de passagens aéreas efetuadas pela internet. Vale dizer, o direito de arrependimento em tais transações continuará sendo regulado pelo art. 49 do CDC.

Explica-se: conforme asseverado alhures, o CDC é uma lei geral, materialmente, e especial, subjetivamente. Por isso, alcança todas as relações contratuais e extracontratuais do sujeito consumidor no mercado de consumo, inclusive as que se encontram reguladas por normas específicas, caso do transporte aéreo de passageiros.

A superação das inevitáveis antinomias entre o CDC e as normas especiais deve ocorrer pelo emprego da moderna técnica do "diálogo das fontes", desenvolvida a partir de uma premissa importante: a solução para as antinomias deve ser procurada sempre na

---

[615] O STJ ainda não se manifestou a respeito dessa questão, mas nos Tribunais de segunda instância e nos colégios recursais o entendimento majoritário é no sentido de que o art. 49 do CDC se aplica às compras de passagens aéreas pela internet. A título de exemplo, confiram-se: TJSP, Apelação 1021139-89.2016.8.26.0564, 16.ª Câmara de Direito Privado, rel. Daniela Menegatti Milano, j. 30.05.2017; TJRS, Apelação 70.075.009.464, 12.ª Câmara Cível, rel. Ana Lúcia Carvalho Pinto Vieira Rebout, j. 07.11.2017; TJDF, Recurso 2008.01.1.125046-8, Acórdão 398.269, 1.ª Turma Recursal dos Juizados Especiais Cíveis e Criminais, rel. Juíza Wilde Maria Silva Justiniano Ribeiro, *DJDFTE* 13.01.2010; e TJBA, Recurso 124461-2/2007-1. 3.ª Turma Recursal, rel. Juiz José Cícero Landin Neto, j. 28.05.2008. Em sentido contrário: TJDF, EIC 20120110360896, 2.ª Câmara Cível, rel. Des. Jair Soares, j. 03.11.2014.

Constituição Federal. E, conforme já observado, a previsão da *defesa do consumidor* como direito fundamental (art. 5.º, XXXII, da CF) representa, sistematicamente, uma garantia constitucional deste novo ramo do direito. É a chamada **força normativa da Constituição**, a indicar que os direitos fundamentais assegurados nas Constituições têm força de norma e, como norma, vinculam o Estado e os intérpretes da lei em geral, inclusive frente a outros ramos do Direito.

Assim, no "diálogo" entre o CDC e a Resolução 400/2016 da ANAC, aplica-se prioritariamente o CDC, diante do mandamento constitucional de proteção do consumidor (art. 5.º, XXXII), e apenas subsidiariamente, no que for compatível com o sistema consumerista, a Resolução da ANAC.

Isso posto, entendemos que as compras de passagens aéreas pela internet continuam sendo alcançadas pelo art. 49 do Código de Defesa do Consumidor. Vale dizer, o consumidor continua tendo o prazo de 7 dias para desistir, sem custos, da passagem, contado do ato da compra. Quanto ao art. 11 da Resolução 400/2016 da ANAC, só alcançará as compras de passagens aéreas efetuadas no estabelecimento comercial físico da empresa aérea, já que a norma em exame, diferentemente do art. 49 do CDC, não condiciona o exercício do direito à compra fora do estabelecimento comercial.

Entendimento contrário abriria um precedente perigoso no âmbito das relações de consumo. Afinal, outras agências reguladoras poderiam se sentir encorajadas a lançar mão do mesmo expediente para afastar a incidência das normas protetivas do CDC, em claro esvaziamento do mandamento constitucional de efetiva defesa dos direitos do consumidor.

Não estamos, com isso, afirmando que a atual solução conferida pelo CDC para esse tipo de contrato seja a ideal. Ao contrário, as características do serviço de transporte aéreo recomendam uma regulamentação especial do direito de arrependimento, em conformidade com o princípio da harmonização (art. 4.º, III, do CDC), que deve orientar as relações jurídicas de consumo. O que não se pode admitir é que essa regulamentação especial seja feita em desacordo com o CDC – fonte paradigmática mínima dos direitos básicos dos consumidores.

É oportuno ressaltar que o Projeto de Lei 281/2012[616] propõe importantes alterações no art. 49 do CDC. Para além de esclarecer que o direito de arrependimento também alcança a compra por meio eletrônico, o projeto traz uma regra específica para as compras de passagens aéreas: Confira-se:

> **Art. 49-A.** Sem prejuízo do direito de rescisão do contrato de transporte aéreo antes de iniciada a viagem, nos termos do art. 740, § 3.º, da Lei n.º 10.406, de 10 de janeiro de 2002 (Código Civil), o exercício do direito de arrependimento do consumidor de passagens aéreas poderá ter seu prazo diferenciado, em virtude das peculiaridades do contrato, por norma fundamentada das agências reguladoras.
>
> Parágrafo único. A regulamentação prevista no *caput* deverá ser realizada no prazo máximo de 180 (cento e oitenta) dias após a entrada em vigor desta Lei.

A inovação proposta vem em boa hora. Contudo, não vemos com bons olhos a delegação da regulamentação do direito de arrependimento para as agências reguladoras. Embora legítima a delegação, muito melhor seria se a regra especial já viesse disciplinada pelo próprio CDC, pois teríamos mais segurança jurídica e evitaríamos que outras agências reguladoras se sentissem motivadas a regulamentar de forma especial o direito de arrependimento em outros tipos de serviços.

---

[616] Iniciado no Senado, o Projeto de Lei 281/2012 está em tramitação na Câmara dos Deputados (PL 3.514/2015).

5.12.5.2 A suspensão parcial do direito de arrependimento: o art. 8.º da Lei 14.010/2020

A Lei 14.010/2020, que disciplina o regime jurídico emergencial e transitório das relações jurídicas de Direito Privado, traz um capítulo específico sobre "Relações de Consumo". Desse teor o seu art. 8.º:

> **Art. 8.º** Até 30 de outubro de 2020, fica suspensa a aplicação do art. 49 do Código de Defesa do Consumidor na hipótese de entrega domiciliar (delivery) de produtos perecíveis ou de consumo imediato e de medicamentos.

A incidência dessa regra pressupõe a compra pelo sistema de *delivery* (entrega domiciliar) de produtos perecíveis ou de consumo imediato e de medicamentos. Para esse tipo de compra, permaneceu suspenso o direito de arrependimento para o consumidor até o dia 30 de outubro de 2020.

Note-se que essa suspensão do art. 49 do CDC foi parcial, porquanto não alcançou as compras por delivery dos produtos não perecíveis, tais como eletrodomésticos, vestuário, eletroeletrônicos, automóveis etc. Com relação aos produtos duráveis, portanto, o consumidor continuou podendo exercer o seu direito de arrependimento, no prazo de reflexão de sete dias.

Por último, no que diz respeito a esse prazo de reflexão de sete dias, aplicável às compras não alcançadas pela regra do art. 8.º da Lei do RJET, entendemos que a ele se aplica a regra prevista no art. 3.º da Lei do RJET, por se tratar de prazo de natureza decadencial. Vale dizer, se o consumidor fez uma compra de um produto durável no dia 15 de junho, por exemplo (ou seja, após a vigência da Lei 14.010/2020), o prazo decadencial de sete dias estará impedido de começar a correr (impedimento que durará até 30.10.2020). Em 31.10.2020 o prazo de reflexão de sete dias começará a correr.

5.12.6 Garantia complementar

Nos termos do art. 50 do CDC, "a garantia contratual é complementar à legal e será conferida mediante termo escrito".

Isso significa dizer que o prazo da garantia legal só começa a correr após esgotado o prazo da garantia contratual. Exemplo: se o fornecedor oferece garantia de dois anos na venda de um produto durável e, dentro desse prazo, o bem apresenta um vício, o consumidor terá os dois anos (garantia contratual) mais os 90 dias do art. 26, II (garantia legal), para reclamar.

Essa orientação tem sido adotada pelo STJ em vários julgados. Para a Corte Superior, como a garantia contratual complementa a garantia legal, ambos os prazos devem ser somados.[617]

Quanto ao mais, remetemos o leitor ao item 5.9.2.3, no qual o assunto foi examinado com maior profundidade.

5.12.7 Cláusulas abusivas

5.12.7.1 Definição

O Código de Defesa do Consumidor, em seu art. 6.º, IV, estabeleceu como **direito básico** do consumidor a proteção contra qualquer tipo de abuso nas relações de consumo.

---

[617] A propósito, vejam-se: REsp 225.858/SP, rel. Min. Waldemar Zveiter, j. 13.08.2001; REsp 967.623/RJ, 3.ª T., rel. Min. Nancy Andrighi, j. 16.04.2009.

CAP. 5 – DIREITO DO CONSUMIDOR | **611**

Fazendo ressoar esse direito no campo da proteção contratual, o art. 51, *caput,* do CDC fulmina de nulidade absoluta as cláusulas tidas por abusivas inseridas em quaisquer contratos de consumo, sejam eles de adesão ou de comum acordo (*contrat de gré à gré*).

Mas, afinal, o que são cláusulas abusivas? São aquelas cujo conteúdo **contrasta** com a **principiologia protetiva** do Código de Defesa do Consumidor, isto é, são aquelas notoriamente desfavoráveis ao consumidor, ou, ainda, incompatíveis com a boa-fé ou a equidade. Mais uma vez o magistério de Nelson Nery Junior:

> Podemos tomar a expressão "cláusulas abusivas" como sinônima de *cláusulas opressivas, cláusulas vexatórias, cláusulas onerosas,* ou, ainda, *cláusulas excessivas.* Nesse sentido, cláusula abusiva é aquela que é notoriamente desfavorável à parte mais fraca na relação contratual, que, no caso de nossa análise, é o consumidor, aliás, por expressa definição do art. 4.º, n.º I, do CDC.[618]

Por fim, anote-se que **a abusividade das cláusulas contratuais é aferida objetivamente,** isto é, depende apenas da verificação da desconformidade concreta entre o seu conteúdo e o sistema de proteção ao consumidor, independentemente da análise subjetiva da conduta do fornecedor. É irrelevante, portanto, perquirir se houve dolo ou malícia na conduta do fornecedor para caracterização da abusividade da cláusula.[619]

5.12.7.2 Nulidade das cláusulas abusivas

No regime jurídico do CDC, as cláusulas abusivas são **nulas de pleno direito** (art. 51, *caput,* do CDC). E, como bem observa Sérgio Cavalieri Filho, "nulidade de pleno direito é sinônimo de **invalidade**, isto é, a cláusula não vale, não produz efeito no contrato, é como se não existisse".[620]

O entendimento de Claudia Lima Marques é firme no mesmo sentido: "As normas do CDC são de ordem pública e origem constitucional, de onde retira-se que a nulidade de pleno direito aqui deve ser interpretada como nulidade absoluta cominada (...)".[621]

A sanção, portanto, é negar efeito às cláusulas abusivas, fulminando-as de nulidade de pleno direito – ou nulidade absoluta, na terminologia do Código Civil (art. 166, VI e VII).

Importa notar que a nulidade da cláusula abusiva dependerá sempre de apreciação judicial, ou seja, caberá ao juiz, na análise do caso concreto, reconhecer a nulidade da cláusula abusiva. A **sentença** que reconhece a nulidade é **constitutiva negativa** (ou desconstitutiva) e seus efeitos retroagem à data da celebração do contrato (*ex tunc*). Isso significa que a cláusula abusiva nasce morta, é ineficaz desde sempre, pelo que o consumidor não está obrigado a cumprir a prestação nela fixada.

Mas qual o prazo para o exercício do direito de pleitear em juízo a nulidade de cláusula abusiva? Como o CDC não fixou nenhum prazo, entende-se que a ação é imprescritível.[622]

5.12.7.3 Reconhecimento de ofício

As normas de proteção ao consumidor previstas na Lei 8.078/1990 são de ordem pública e interesse social (art. 1.º do CDC). Esse caráter publicista do CDC confere ao

---

[618] NERY JUNIOR, Nelson et al. *Código Brasileiro de Defesa do Consumidor*: Comentado pelos Autores do Anteprojeto. 7. ed. Rio de Janeiro: Forense Universitária, 2001. p. 501.

[619] Nesse sentido, veja-se: MARQUES, Claudia Lima. *Comentários ao Código de Defesa do Consumidor*. 2. ed. São Paulo: RT, 2006. p. 697.

[620] CAVALIERI FILHO, Sérgio. *Programa de Direito do Consumidor*. São Paulo: Atlas, 2009, p. 163.

[621] MARQUES, Claudia Lima. *Contratos no Código de Defesa do Consumidor*. 3. ed. São Paulo: RT, 1999. p. 910.

[622] A propósito, confira-se: NERY JUNIOR, Nelson et al. *Código Brasileiro de Defesa do Consumidor*: Comentado pelos Autores do Anteprojeto. 7. ed. Rio de Janeiro: Forense Universitária, 2001. p. 504.

612 | INTERESSES DIFUSOS E COLETIVOS – VOL. 1

juiz o poder-dever de apreciar de ofício qualquer questão relativa às relações de consumo, a qualquer momento e em qualquer grau de jurisdição, já que não incide nesta matéria o princípio dispositivo.

Nessa ordem de ideias, a doutrina preconiza que a nulidade absoluta das cláusulas abusivas pode ser reconhecida por ato *ex officio* do juiz, a qualquer tempo e grau de jurisdição, independentemente da formulação de qualquer pedido dos consumidores, das entidades que os representam ou do Ministério Público, não se sujeitando, portanto, à preclusão.[623]

Conforme vimos no item 5.3.4, o Superior Tribunal de Justiça, durante algum tempo, seguiu essa orientação, mas hoje adota entendimento contrário e restritivo, não mais admitindo o reconhecimento, sem pedido expresso, da abusividade de cláusulas de contratos bancários.

A atual jurisprudência do STJ foi consolidada na Súmula 381, que assim dispõe: "Nos contratos bancários, é vedado ao julgador conhecer, de ofício, da abusividade das cláusulas". Aqui, faz-se necessária uma observação: embora a súmula tenha se referido especificamente a contratos bancários, a orientação da Corte Superior deve alcançar todo e qualquer contrato de consumo.

Em conclusão, ainda que a doutrina, de forma unânime, defenda a possibilidade de o julgador conhecer, de ofício, a qualquer momento e em qualquer grau de jurisdição, a nulidade de cláusulas abusivas existentes em qualquer contrato de consumo, o STJ pacificou entendimento contrário, no sentido de que é vedado aos juízes de primeiro e segundo graus de jurisdição reconhecer de ofício, com fundamento no art. 51 do CDC, a abusividade de cláusulas nos contratos de consumo.[624]

5.12.7.4 *Integração do contrato*

Conforme visto (item 5.5.8), a modificação das cláusulas contratuais que estabeleçam prestações desproporcionais é um direito básico do consumidor (art. 6.º, V). Vimos também que as cláusulas contratuais que fixam prestações desproporcionais são também abusivas, porquanto colocam o consumidor em desvantagem exagerada (art. 51, IV e § 1.º, do CDC).

Surge então a grande questão: verificada a existência de cláusula abusiva em contrato de consumo – caracterizada pela fixação de prestações desproporcionais em desfavor do consumidor –, ela deverá ser modificada (art. 6.º, V) ou declarada nula (art. 51)? Em verdade, o consumidor é livre para solicitar tanto a modificação da cláusula geradora das prestações desproporcionais, com base no direito a ele assegurado no art. 6.º, V, do CDC, como a declaração da sua nulidade, nos termos do art. 51 do CDC.

O que não podemos perder de vista é que nesse campo vigora o princípio da conservação do contrato, a indicar que o juiz, independentemente da opção exercida pelo consumidor (modificação ou invalidação da cláusula abusiva), deve promover esforços para preservar o contrato e sua função socioeconômica.

Em outras palavras, ao modificar ou invalidar a cláusula abusiva, deverá o juiz promover a **integração do contrato**, de modo a preservar a existência do vínculo, restabelecendo seu equilíbrio e a equivalência das prestações.

---

[623] Nesse sentido, entre outros, vejam-se: CAVALIERI FILHO, Sérgio. *Programa de Direito do Consumidor*. São Paulo: Atlas, 2009. p. 163-164; BESSA, Leonardo Roscoe. *Manual de Direito do Consumidor*. São Paulo: RT, 2008. p. 294; OLIVEIRA, James Eduardo. *Código de Defesa do Consumidor*: Anotado e Comentado. 4. ed. São Paulo: Atlas, 2009. p. 516.

[624] A propósito, veja-se: REsp 1.061.530/RS, rel. Min. Nancy Andrighi, *DJ* 10.03.2009.

Mas o que o juiz deve fazer para integrar adequadamente o contrato? Dito de outro modo, como deve o juiz proceder para alterar o conteúdo da cláusula abusiva? E mais, em caso de invalidação, como preencher a lacuna por ela deixada?

Em alguns casos, a integração do contrato será uma tarefa simples, pois o novo conteúdo da cláusula (em caso de modificação) ou a cláusula supletiva (em caso de invalidação) serão oferecidos pela lei ou pela jurisprudência. Exemplificando, no caso de foro de eleição, anulada a cláusula abusiva, aplica-se a regra geral do foro do domicílio do réu ou do autor; nos casos de juros extorsivos, há súmulas e precedentes jurisprudenciais que podem ser aproveitados (ex.: Súmula 121 do STF).[625]

Agora, quando não houver parâmetro legal nem jurisprudencial para o julgador promover a integração do contrato, deverá fazê-lo com base nos usos e costumes, à luz dos princípios da boa-fé objetiva e equilíbrio contratual. Desse teor o ensinamento de Sérgio Cavalieri Filho:

> Quando não houver cláusula supletiva na lei, nem na jurisprudência, caberá ao juiz formulá-la. Deverá colocar no contrato o que for necessário para restabelecer o seu equilíbrio e a equivalência das prestações; algo que as partes fariam no momento da celebração do contrato se estivessem de boa-fé. Para tanto, deverá avaliar o conteúdo da relação contratual, o conjunto das suas cláusulas, e restabelecer o equilíbrio entre prestações e contraprestações. Não será tarefa fácil, mas deverá ser feita.[626]

5.12.7.5 *Elenco exemplificativo das cláusulas abusivas*

O CDC, em seu art. 51, enunciou hipóteses de cláusulas abusivas em **elenco meramente exemplificativo** (*numerus apertus*). A expressão "entre outras", empregada no *caput* do citado dispositivo, evidencia a possibilidade da existência de outras cláusulas abusivas.

Na sequência, são analisadas as cláusulas abusivas elencadas pelo art. 51 do CDC:

1) Cláusula de não indenizar e cláusula de renúncia ou disposição de direitos (art. 51, I): consideram-se abusivas as cláusulas que "impossibilitem, exonerem ou atenuem a responsabilidade do fornecedor por vícios de qualquer natureza dos produtos e serviços ou impliquem renúncia ou disposição de direitos".

No regime do CDC, o fornecedor não pode inserir em contrato cláusula que o isente do dever legal de indenizar ou que atenue sua responsabilidade. São as chamadas **"cláusulas de não indenizar",** sancionadas com nulidade absoluta na área contratual. Por exemplo: se uma empresa que instala *insulfilm* automotivo inserir no contrato uma cláusula isentando-a de responsabilidade em caso de deterioração dos vidros do veículo do consumidor, referida cláusula não terá nenhuma validade, sendo nula de pleno direito.

Na mesma linha de raciocínio, as frases do tipo "este estacionamento não se responsabiliza por eventuais danos ou furtos de veículos" são tidas como não escritas. A propósito, confira-se a Súmula 130 do STJ: "A empresa responde, perante o cliente, pela reparação de dano ou furto de veículos ocorridos em seu estacionamento".

Note-se que a proibição em análise alcança a *responsabilidade do fornecedor por vícios do produto ou serviço* (arts. 18 e ss. do CDC), em complemento à regra prevista no art. 24: "A garantia legal de adequação do produto ou serviço independe de termo expresso, **vedada a exoneração contratual do fornecedor**" (grifou-se).

---

[625] Súmula 121 do STF: "É vedada a capitalização de juros, ainda que expressamente convencionada".

[626] CAVALIERI FILHO, Sérgio. *Programa de Direito do Consumidor*. São Paulo: Atlas, 2009. p. 165.

614 | INTERESSES DIFUSOS E COLETIVOS – VOL. 1

Agora, se o art. 51, I, só se refere à responsabilidade pelo vício do produto ou serviço, é possível concluir que a responsabilidade do fornecedor pelos danos decorrentes de acidentes de consumo pode ser excluída ou limitada? A resposta é categórica: é claro que não. Como bem observa Nelson Nery Junior, "os danos oriundos dos acidentes de consumo ou fato do produto (arts. 12 e ss., CDC) são sempre indenizáveis", por força do disposto no art. 25 do Código, que também veda a estipulação contratual de cláusula que impossibilite, exonere ou atenue a obrigação de indenizá-los.[627]

O Código também considera abusivas as **cláusulas que impliquem renúncia ou disposição de direitos.** É o caso, por exemplo, da cláusula que estipule renúncia do consumidor ao exercício da *exceptio non adimpleti contractus* (art. 476 do CC), bem como da cláusula que estabeleça renúncia do consumidor ao direito de pedir a resolução do contrato pelo inadimplemento (art. 475 do CC).

Cabe ressaltar que a vedação da "cláusula de não indenizar" somente é atenuada na relação de consumo entre fornecedor e consumidor pessoa jurídica, conforme se infere do texto do art. 51, I, segunda parte: "Nas relações de consumo entre o fornecedor e o consumidor pessoa jurídica, a indenização poderá ser limitada, em situações justificáveis".

Vê-se que a norma só autoriza a estipulação contratual que *limite* a responsabilidade do fornecedor, não autorizando, contudo, a cláusula de exoneração. Por outro lado, não basta ser o consumidor pessoa jurídica para se autorizar a limitação da responsabilidade; é necessário caracterizar-se uma "**situação justificável**".

Mas o que se entende por situação justificável? Trata-se de conceito jurídico indeterminado, a ser integrado pelo juiz na análise do caso concreto.

A doutrina tem fixado alguns requisitos para a caracterização dessa situação justificável, dentre os quais destacam-se: (I) a existência de alguma vantagem patrimonial em favor do consumidor pessoa jurídica (ex.: melhor preço); (II) a efetiva participação do consumidor na elaboração da cláusula limitadora (negociação prévia); e (III) a manutenção do equilíbrio das prestações.

Em interessante julgado, envolvendo contrato de penhor firmado por consumidor com instituição financeira, o STJ considerou abusiva a cláusula que limitava o valor da indenização na hipótese de eventual furto, roubo ou extravio do bem empenhado. Como bem apontou o acórdão, nesse tipo de avença, é notória a vulnerabilidade do consumidor, que, necessitando de empréstimo, apenas adere a um contrato cujas cláusulas são inegociáveis, submetendo-se, inclusive, à avaliação unilateral realizada pela instituição financeira. Referida avaliação, além de unilateral, é focada precipuamente nos interesses do banco, sendo que o valor da avaliação é sempre inferior ao preço cobrado do consumidor no mercado varejista. Se não bastasse, a Corte Superior ainda argumentou que o furto ocorrido, *in casu*, deveria ser considerado como um **fortuito interno**, inerente à própria atividade do fornecedor, incapaz de justificar, portanto, a limitação da responsabilidade do depositário.[628] Consolidando esse entendimento, o STJ editou a **Súmula 638**, com seguinte enunciado: "É abusiva a cláusula contratual que restringe a responsabilidade de instituição financeira pelos danos decorrentes de roubo, furto ou extravio de bem entregue em garantia no âmbito de contrato de penhor civil".

2) Subtração de reembolso de quantias pagas (art. 51, II): são abusivas as cláusulas que "subtraiam ao consumidor a opção de reembolso da quantia paga, nos casos previstos neste Código".

---

[627] NERY JUNIOR, Nelson et al. *Código Brasileiro de Defesa do Consumidor*: Comentado pelos Autores do Anteprojeto. 7. ed. Rio de Janeiro: Forense Universitária, 2001. p. 509.

[628] REsp 1.155.395/PR, 4.ª T., rel. Min. Raul Araújo, j. 1.º.10.2013 (Informativo STJ 529).

O CDC, em algumas passagens, garante ao consumidor o direito de ser reembolsado das quantias pagas (ex.: arts. 18, § 1.º, II, 35, III, 42, 49 etc.). As cláusulas contratuais que subtraírem do consumidor esse direito serão fulminadas de nulidade absoluta.

Já vimos, por exemplo, que o consumidor, ao exercer o direito de arrependimento previsto no art. 49, parágrafo único, nas compras e serviços contratados "fora do estabelecimento comercial", fará *jus* ao reembolso dos valores eventualmente pagos, imediata e monetariamente atualizados. Qualquer cláusula que contemple a renúncia do consumidor a receber esse reembolso é nula de pleno direito.

3) Transferência de responsabilidade a terceiros (art. 51, III): são abusivas as cláusulas que transfiram a responsabilidade do fornecedor a terceiros.

Importa destacar que *o Código veda tanto a transferência do dever de indenizar como a transferência da própria obrigação originária do fornecedor.* Assim, não pode o consumidor contratar determinada empresa (ex.: *Buffet* de festa de casamento), e no momento da prestação do serviço aparecer outra empresa para cumprir o contrato.

O CDC disciplinou exaustivamente, em normas de ordem pública e de interesse social (art. 1.º), a responsabilidade do fornecedor pelo fato e pelo vício do produto ou serviço. Não poderia permitir, nessa ótica, que essa responsabilidade fosse transferida a terceiro, mediante cláusula contratual (ato de vontade, portanto).

Por último, observe-se que a vedação em comento não obsta que terceiro seja agregado, como ocorre, por exemplo, com a seguradora. Afinal, se houver um contrato de seguro entre o fornecedor e a seguradora, é possível o chamamento ao processo desta, em benefício do consumidor que, com o fornecedor, terá a seguradora como devedora solidária, nos ditames do art. 101, II, do CDC.[629]

4) Cláusula incompatível com a boa-fé e equidade (art. 51, IV): são nulas de pleno direito as cláusulas que "estabeleçam obrigações consideradas iníquas, abusivas, que coloquem o consumidor em desvantagem exagerada, ou sejam incompatíveis com a boa-fé ou a equidade".

O próprio Código, em seu art. 51, § 1.º, cuida de exprimir o entendimento do que seja *vantagem exagerada:* "Presume-se exagerada, entre outros casos, a vontade que: I – ofende os princípios fundamentais do sistema jurídico a que pertence; II – restringe direitos ou obrigações fundamentais inerentes à natureza do contrato, de tal modo a ameaçar seu objeto ou equilíbrio contratual; III – mostra-se excessivamente onerosa para o consumidor, considerando-se a natureza e conteúdo do contrato, o interesse das partes e outras circunstâncias peculiares ao caso".

Estão vedadas, assim, as obrigações *iníquas* (perversas, injustas, cruéis, contrárias à equidade), *abusivas* (que desrespeitam valores éticos da sociedade), que sejam *incompatíveis com a boa-fé* e a *equidade* (justiça do caso concreto) ou *que coloquem o consumidor em desvantagem exagerada.*

A proibição estatuída no art. 51, IV, é um ótimo exemplo de **cláusula geral,** pois transfere para o juiz a tarefa de determinar a norma de comportamento adequada ao caso, dentro da moldura jurídica por ela estabelecida, com a aplicação dos princípios admitidos pelo sistema, dentre os quais dois estão expressamente previstos: *boa-fé e equidade.*[630]

---

[629] Nesse sentido, veja-se: BONATTO, Cláudio. *Código de Defesa do Consumidor*: Cláusulas Abusivas nas Relações Contratuais de Consumo. 2. ed. Porto Alegre: Livraria do Advogado, 2002. p. 58.

[630] A diferença entre princípio e cláusula geral é tratada no item 5.4.2.

616 | INTERESSES DIFUSOS E COLETIVOS – VOL. 1

Em outras palavras, compete ao julgador, em todo e qualquer contrato de consumo submetido a sua apreciação, buscar o verdadeiro equilíbrio entre as partes, de modo a alcançar a justiça contratual, à luz dos princípios da boa-fé e da equidade.[631]

A jurisprudência brasileira tem feito importante uso desta cláusula geral para decretar a nulidade das cláusulas contratuais conflitantes com os novos critérios de boa-fé e equilíbrio nas relações entre fornecedores e consumidores. Nos contratos de plano de saúde, por exemplo, o STJ pacificou vários entendimentos com base no dispositivo em estudo, dos quais se destacam:

a) é abusiva a cláusula que **limita o tempo de internação hospitalar do segurado**.[632] Tal orientação está consolidada na Súmula 302: "É abusiva a cláusula contratual de plano de saúde que limita no tempo a internação hospitalar do segurado". Registre-se que o teor do enunciado da súmula em tela refere-se, expressamente, à segmentação hospitalar, e não à ambulatorial;[633]

b) é abusiva a cláusula que **exclui o tratamento de doenças infectocontagiosas**, caso da Aids;[634]

c) é abusiva a cláusula que **restringe a cobertura de transplante de órgãos**;[635]

d) é abusiva a cláusula que **suspende o atendimento** em razão do **atraso de pagamento de uma única parcela** (teoria do *adimplemento substancial*);[636]

e) é abusiva a cláusula que **estabelece limitação de valor para o custeio de despesas com tratamento clínico, cirúrgico e de internação hospitalar**;[637]

f) é abusiva a cláusula que estabelece **prazo de carência para situações de emergência se ultrapassado o prazo de 24 horas contado da contratação** (Súmula 597);[638]

g) é abusiva a cláusula contratual que importe em **interrupção de tratamento psicoterápico** por esgotamento do número de sessões anuais asseguradas no Rol de Procedimentos e Eventos em Saúde da ANS;[639]

h) é abusiva a cláusula contratual que autorize a operadora de plano de saúde a **negar o fornecimento de tratamento prescrito pelo médico**, sob o pretexto de que a sua utilização em favor do paciente está fora das indicações descritas na bula/manual registrado na Anvisa (uso *off-label*);[640]

---

[631] No mesmo sentido, confira-se: MARQUES, Claudia Lima. *Contratos no Código de Defesa do Consumidor*. 3. ed. São Paulo: RT, 1999. p. 935.

[632] Nesse sentido: AgRg no REsp 535.447/RS, 4.ª T., rel. Min. Fernando Gonçalves, j. 09.02.2010.

[633] Nesse sentido: REsp 1.764.859/RS, rel. Min. Marco Aurélio Bellizze, j. 06.11.2018.

[634] A propósito, veja-se: REsp 244.847/SP, rel. Min. Antônio de Pádua Ribeiro, DJ 20.06.2005.

[635] REsp 1.053.810/SP, 3.ª T., rel. Min. Nancy Andrighi, DJe 15.03.2010.

[636] REsp 259.263/SP, 3.ª T., rel. Min. Castro Filho, DJ 20.02.2006.

[637] REsp 737.750/SP, 4.ª T., rel. Min. Raul Araújo, j. 14.02.2012.

[638] Súmula 597: "A cláusula contratual de plano de saúde que prevê carência para utilização dos serviços de assistência médica nas situações de emergência ou de urgência é considerada abusiva se ultrapassado o prazo máximo de 24 horas contado da data da contratação".

[639] REsp 1.582.318/RJ, 3.ª T., rel. Min. Ricardo Villas Bôas Cueva, por unanimidade, j. 02.09.2017, DJe 21.09.2017.

[640] REsp 1.721.705/SP, 3.ª T., rel. Min. Nancy Andrighi, j. 28.08.2018. A Lei 9.656/1998 (Lei dos Planos de Saúde) estabelece que as operadoras de plano de saúde estão autorizadas a negar tratamento clínico ou cirúrgico experimental (art. 10, I). Por sua vez, a Agência Nacional de Saúde Suplementar (ANS) editou a Resolução Normativa n. 338/2013, disciplinando que é considerado tratamento experimental aquele que não possui as indicações descritas na bula/manual registrado na ANVISA (uso *off-label*). Quanto ao ponto, a jurisprudência do STJ está sedimentada no sentido de que é o médico, e não a operadora do plano de saúde, o responsável pela orientação terapêutica adequada ao paciente. Desse modo, ao estabelecer que a operadora está autorizada a negar cobertura de tratamento clínico ou cirúrgico que "não possui as indicações descritas na bula/manual registrado na ANVISA (uso *off-label*)", a ANS acaba por substituir abstrata e previamente a *expertise* médica pela ingerência da operadora. O caráter experimental a que faz referência a citada norma

CAP. 5 – DIREITO DO CONSUMIDOR | 617

i) é abusiva a cláusula contratual que **exclua o custeio dos meios e materiais indispensáveis ao efetivo andamento do tratamento clínico, nele incluídos os procedimentos cirúrgicos necessários**, relativos à doença coberta pelo plano de saúde. Por exemplo: para uma paciente portadora de obesidade mórbida, submetida à cirurgia de redução de estômago, da qual decorreram sequelas de excesso de pele, a seguradora deve arcar com todos os tratamentos destinados à cura de tal patologia, o principal – cirurgia bariátrica (ou outra que se fizer pertinente) – e os subsequentes ou consequentes – cirurgias destinadas à retirada de excesso de tecido epitelial, incluindo a mamoplastia;[641]

j) é abusiva a cláusula contratual que **autorize a operadora de plano de saúde a recusar cobertura securitária, sob a alegação de doença preexistente**, se não houve a exigência de exames médicos prévios à contratação. Nesses casos, a negativa de cobertura dependerá da demonstração de má-fé do segurado (Súmula 609 do STJ).

Ainda sobre os contratos de plano de saúde, importa registrar outros importantes julgados do STJ, nos quais foram afastadas as teses de abusividade: (i) é legítima a recusa das operadoras em custear medicação importada não nacionalizada, ou seja, sem registro vigente na Anvisa, em atenção ao disposto no art. 10, V, da Lei 9.656/1998, sob pena de afronta aos arts. 66 da Lei 6.360/1976 e 10, V, da Lei 6.437/1976;[642] e (ii) é lícita a cláusula de coparticipação expressamente contratada e informada ao consumidor para a hipótese de internação superior a 30 (trinta) dias decorrentes de transtornos psiquiátricos.[643]

Pela pertinência, cabe destacar que a 2.ª Seção do STJ, por ocasião do julgamento dos EREsps 1.886.929/SP e 1.889.704/SP (rel. Min. Luis Felipe Salomão, j. 08.06.2022, *DJe* 03.08.2022), tratou acerca da limitação da responsabilidade das operadoras do plano de saúde em face do rol de procedimentos mínimos e obrigatórios da ANS, fixando as seguintes premissas que devem orientar a análise da controvérsia acerca da **cobertura de tratamentos médicos pelos planos de saúde**:

1) o Rol de Procedimentos e Eventos em Saúde Suplementar é, em regra, taxativo;

2) a operadora de plano ou seguro de saúde não é obrigada a arcar com tratamento não constante do Rol da ANS se existe, para cura do paciente, outro procedimento eficaz, efetivo e seguro já incorporado ao Rol;

3) é possível a contratação de cobertura ampliada ou a negociação de aditivo contratual para a cobertura de procedimento extra Rol;

4) não havendo substituto terapêutico ou esgotados os procedimentos do Rol da ANS, pode haver, a título excepcional, a cobertura do tratamento indicado pelo médico ou odontólogo assistente, desde que: (i) não tenha sido indeferido expressamente, pela ANS, a incorporação do procedimento ao Rol da Saúde Suplementar; (ii) haja comprovação da eficácia do tratamento à luz da medicina baseada em evidências; (iii) haja recomendações de órgãos técnicos de renome nacionais (como CONITEC e NATJUS) e estrangeiros; e (iv) seja realizado, quando possível, o diálogo inte-

---

diz respeito ao tratamento clínico ou cirúrgico incompatível com as normas de controle sanitário ou, ainda, aquele não reconhecido como eficaz pela comunidade científica. Assim, a ingerência da operadora, além de não ter fundamento na Lei 9.656/1998, constitui ação iníqua e abusiva na relação contratual, e coloca concretamente o consumidor em desvantagem exagerada (art. 51, IV, do CDC).

[641] REsp 1.442.236/RJ, 4.ª T., rel. Maria Isabel Gallotti, j. 17.11.2016.

[642] REsp 1.712.163/SP, processado sob o rito dos recursos repetitivos, 2.ª S., rel. Min. Moura Ribeiro, j. 08.11.2018 (Informativo 638).

[643] EAREsp 793.323/RJ, 2.ª S., rel. Min. Nancy Andrighi, j. 10.10.2018.

618 | INTERESSES DIFUSOS E COLETIVOS – VOL. 1

rinstitucional do magistrado com entes ou pessoas com expertise técnica na área da saúde, incluída a Comissão de Atualização do Rol de Procedimentos e Eventos em Saúde Suplementar, sem deslocamento da competência do julgamento do feito para a Justiça Federal, ante a ilegitimidade passiva *ad causam* da ANS.

Em seguida ao referido julgamento, foi editada a Lei 14.454, de 21 de setembro de 2022, que alterou a Lei 9.656/1998 para prever: (i) a amplitude das coberturas no âmbito da saúde suplementar, inclusive de transplantes e de procedimentos de alta complexidade, estabelecida em norma editada pela ANS, que publicará rol de procedimentos e eventos em saúde suplementar, atualizado a cada incorporação; e ii) a possibilidade de cobertura de tratamentos não contemplados pelo rol de procedimentos e eventos em saúde suplementar da ANS, prevendo que o referido rol constitui apenas referência básica para os planos de saúde, e que a cobertura de tratamentos que não estejam previstos no rol deverá ser autorizada pela operadora de planos de assistência à saúde quando cumprida pelo menos uma das condicionantes previstas na lei.

Confira-se, a propósito, a nova redação da Lei 9.656/1998, *in verbis*:

Art. 10. É instituído o plano-referência de assistência à saúde, com cobertura assistencial médico--ambulatorial e hospitalar, compreendendo partos e tratamentos, realizados exclusivamente no Brasil, com padrão de enfermaria, centro de terapia intensiva, ou similar, quando necessária a internação hospitalar, das doenças listadas na Classificação Estatística Internacional de Doenças e Problemas Relacionados com a Saúde, da Organização Mundial de Saúde, respeitadas as exigências mínimas estabelecidas no art. 12 desta Lei, exceto:

(...)

§ 4.º A amplitude das coberturas no âmbito da saúde suplementar, inclusive de transplantes e de procedimentos de alta complexidade, será estabelecida em norma editada pela ANS, que publicará rol de procedimentos e eventos em saúde suplementar, atualizado a cada incorporação. (Redação dada pela Lei 14.454, de 2022)

(...)

§ 12. O rol de procedimentos e eventos em saúde suplementar, atualizado pela ANS a cada nova incorporação, constitui a referência básica para os planos privados de assistência à saúde contratados a partir de 1.º de janeiro de 1999 e para os contratos adaptados a esta Lei e fixa as diretrizes de atenção à saúde.

§ 13. Em caso de tratamento ou procedimento prescrito por médico ou odontólogo assistente que não estejam previstos no rol referido no § 12 deste artigo, a cobertura deverá ser autorizada pela operadora de planos de assistência à saúde, desde que:

I – exista comprovação da eficácia, à luz das ciências da saúde, baseada em evidências científicas e plano terapêutico; ou

II – existam recomendações pela Comissão Nacional de Incorporação de Tecnologias no Sistema Único de Saúde (Conitec), ou exista recomendação de, no mínimo, 1 (um) órgão de avaliação de tecnologias em saúde que tenha renome internacional, desde que sejam aprovadas também para seus nacionais.

Nesse cenário, conclui-se que tanto a jurisprudência do STJ quanto a nova redação da Lei dos Planos de Saúde admitem a cobertura, de forma excepcional, de procedimentos ou medicamentos não previstos no rol da ANS, desde que amparada em critérios técnicos, cuja necessidade deve ser analisada caso a caso.

O STJ também tem decretado a nulidade das cláusulas contratuais que: *(i) impõem ao consumidor a responsabilidade total por compras realizadas com cartão de crédito furta-*

do até o momento (data e hora) da comunicação do furto;[644] *(ii) permitem a cobrança da integralidade da multa por fidelidade, por parte da prestadora de serviço de TV a cabo, quando o consumidor opta pela rescisão do contrato no curso do prazo de carência, independentemente do tempo faltante para o término da relação de fidelização;*[645] *e (iii) impõem o cancelamento unilateral de um dos trechos da passagem adquirida por consumidor quando do não comparecimento no voo de ida (no show).*[646] *Para a Corte Superior, tais avenças colocam o consumidor em desvantagem exagerada e militam contra a boa-fé e a equidade.*

Nessa mesma quadra, a 3.ª Turma do STJ também considerou abusiva a exclusão do seguro de acidentes pessoais em contrato de adesão para as hipóteses de: I) gravidez, parto ou aborto e suas consequências; II) perturbações e intoxicações alimentares de qualquer espécie; e III) todas as intercorrências ou complicações consequentes da realização de exames, tratamentos clínicos ou cirúrgicos. Como bem apontado na decisão, sobressai como inequívoca a abusividade da restrição securitária em relação a gravidez, parto ou aborto e suas consequências, bem como as perturbações e intoxicações alimentares de qualquer espécie, pois não se pode atribuir ao aderente a ocorrência voluntária do acidente, isto é, a etiologia do acidente não revela qualquer participação do segurado na causação da lesão física, seja pela ingestão de alimentos, seja pelos eventos afetos à gestação. No tocante à exclusão securitária de todas as intercorrências ou complicações consequentes da realização de exames, tratamentos clínicos ou cirúrgicos, quando não decorrentes de acidente coberto, percebe-se que a generalidade da cláusula poderia abarcar inúmeras situações que definitivamente não teriam qualquer participação do segurado na sua produção. Inserir cláusula de exclusão de risco em contrato padrão, cuja abstração e generalidade abarquem até mesmo as situações de legítimo interesse do segurado quando da contratação da proposta, representa imposição de desvantagem exagerada ao consumidor, por confiscar-lhe justamente o conteúdo para o qual se dispôs ao pagamento do prêmio.[647]

5) Inversão prejudicial do ônus da prova (art. 51, VI): consideram-se abusivas as cláusulas que "estabeleçam inversão do ônus da prova em prejuízo do consumidor".

Atento à vulnerabilidade do consumidor, o CDC distribui adequadamente o ônus da prova, permitindo sua inversão na hipótese do art. 6.º, VIII (verossimilhança da alegação ou hipossuficiência), e designando expressamente o ônus de provar do fornecedor em várias passagens: art. 12, § 3.º (excludentes da responsabilidade pelo fato do produto), art. 14, § 3.º (excludentes da responsabilidade pelo fato do serviço), e art. 38 (veracidade e correção da publicidade).

Admitir a inversão do ônus da prova em prejuízo do consumidor, por meio de ajuste contratual, representaria o esvaziamento de todo esse modelo normativo de caráter público. Daí por que o dispositivo ora analisado fulmina de nulidade toda e qualquer convenção sobre o ônus da prova que traga prejuízo para o consumidor.

6) Arbitragem compulsória (art. 51, VII): são nulas de pleno direito as cláusulas que "determinem a utilização compulsória de arbitragem".

Note-se que o objetivo do Código não é proibir a utilização da arbitragem,[648] e sim impedir que esse caminho seja imposto ao consumidor. O juízo arbitral é importante fator de composição dos litígios de consumo, razão por que o Código não quis proibir sua constituição pelas partes do contrato de consumo. A interpretação *contrario sensu* da

---

[644] REsp 348.342/SP, rel. Min. Humberto Gomes de Barros, *DJ* 26.06.2006.
[645] REsp 1.362.084/RJ, 4.ª T., rel. Min. Luis Felipe Salomão, j. 16.05.2017.
[646] REsp 1.595.731/RO, 4.ª T., rel. Min. Luis Felipe Salomão, j. 14.11.2017.
[647] REsp 1.635.238/SP, 3.ª T., rel. Min. Nancy Andrighi, j. 11.12.2018 (Info 640).
[648] No Brasil, a arbitragem é normatizada fundamentalmente pela Lei 9.307/1996.

620 INTERESSES DIFUSOS E COLETIVOS – VOL. 1

norma sob comentário indica que, não sendo determinada compulsoriamente, é possível instituir-se a arbitragem.

Desse modo, conclui-se que: a) é nula a cláusula de contrato de consumo que determina a utilização compulsória da arbitragem; e b) o ajuizamento, pelo consumidor, de ação perante o Poder Judiciário caracteriza a sua discordância em submeter-se ao juízo arbitral, não podendo prevalecer a cláusula que impõe a sua utilização.[649]

7) Imposição de representante (art. 51, VIII): consideram-se abusivas as cláusulas que "imponham representante para concluir ou realizar outro negócio jurídico pelo consumidor". É a proibição da chamada **"cláusula-mandato"**, pela qual o consumidor autoriza o próprio fornecedor, ou terceiro, a realizar ato ou negócio em seu nome, na qualidade de representante.

Note-se que o consumidor pode atuar nas relações de consumo pessoalmente ou mediante representante de sua confiança, por ele escolhido livremente. O que o Código proíbe é que o fornecedor, valendo-se da sua condição de superioridade, imponha representante para concluir ou realizar outro negócio jurídico em nome do consumidor.

Nesse sentido, o STJ tem declarado a nulidade da cláusula-mandato inserida em contratos bancários, pela qual o devedor autoriza o banco credor a sacar, para cobrança, título de crédito (ex.: nota promissória, letra de câmbio) representativo de qualquer quantia em atraso. A propósito, veja-se: "É nula a cláusula-mandato inserida em contrato de adesão em que o devedor autoriza o credor a sacar letras de câmbio representativas de qualquer das suas obrigações".[650]

Consolidando esse entendimento, a Corte Superior editou a Súmula 60, que assim dispõe: "É nula a obrigação cambial assumida por procurador do mutuário vinculado ao mutuante, no exclusivo interesse deste".

8) Conclusão do contrato a critério exclusivo do fornecedor (art. 51, IX): são nulas de pleno direito as cláusulas que "deixem ao fornecedor a opção de concluir ou não o contrato, embora obrigando o consumidor".

O contrato de consumo não pode conferir ao fornecedor a opção de concluí-lo ou não, ao mesmo tempo em que obrigue o consumidor a todos os seus termos. Aqui, a preocupação do Código é preservar o equilíbrio entre os contratantes.

9) Alteração unilateral de preço (art. 51, X): são abusivas as cláusulas que "permitam ao fornecedor, direta ou indiretamente, variação do preço de maneira unilateral".

No regime do CDC,[651] o preço deve ser pactuado no momento da celebração do contrato, sendo este o tempo de fixar o meio de pagamento, as taxas de correção e variações monetárias. Assim, qualquer cláusula que possibilite ao fornecedor a alteração unilateral desse preço é nula de pleno direito, porquanto compromete o equilíbrio contratual, ofendendo o disposto no art. 4.º, III, do Código.

Note-se que o Código não veda apenas a *alteração unilateral direta* do preço, mas de qualquer fator que, estando ao arbítrio de uma única parte, tenha o poder de *alterar indiretamente* a cláusula-preço. Por corolário, inclui-se na proibição em tela a modificação unilateral das taxas de juros e outros encargos, bem como do fator de indexação dos reajustes das prestações financeiras contratuais. Nessa mesma linha o entendimento do STJ:

---

[649] Nesse sentido, confiram-se: EREsp 1.636.889/MG, rel. Min. Nancy Andrighi, j. 09.08.2023; REsp 819.519/PE, 3.ª T., rel. Min. Humberto Gomes de Barros, *DJU* 05.11.2007, p. 264.

[650] AgRg no Ag 852.032/PR, 3.ª T., rel. Min. Nancy Andrighi, *DJ* 08.10.2007. No mesmo sentido: AgRg no REsp 808.603/RS, rel. Min. Jorge Scartezzini, j. 04.05.2006.

[651] A proibição da alteração unilateral do preço contratado também encontra previsão no art. 489 do CC, que dispõe: "Nulo é o contrato de compra e venda quando se deixa ao arbítrio exclusivo de uma das partes a fixação do preço".

CAP. 5 – DIREITO DO CONSUMIDOR | **621**

É nula de pleno direito a cláusula que **autoriza o banco,** após a extinção do indexador originalmente contratado, **escolher, a seu exclusivo critério, de forma unilateral,** qual o índice que vai aplicar na correção dos saldos devedores do financiamento, sendo nítido o maltrato a que dispõe o art. 51, X e XIII do CDC, ao qual o acórdão recorrido não negou vigência, ao contrário, garantiu plena aplicação. Permanece válida, contudo, a cláusula na parte em que determina a substituição do índice contratual, em caso de sua extinção, pelo índice oficial que vier a sucedê-lo.[652]

Da mesma forma, como bem observado por Rizzatto Nunes, são inválidas as cláusulas que permitem ao fornecedor escolher, livremente, o índice de reajuste em uma "cesta" de índices, da qual certamente tomará o maior.[653]

10) Cancelamento unilateral do contrato (art. 51, XI): são abusivas as cláusulas que "autorizem o fornecedor a cancelar o contrato unilateralmente, sem que igual direito seja conferido ao consumidor".

O objetivo do legislador, mais uma vez, é resguardar o equilíbrio e a igualdade entre as partes contratantes, fulminando de nulidade absoluta a cláusula que permitir apenas ao fornecedor o cancelamento unilateral do contrato. *A contrario sensu,* o Código permite a inclusão, no contrato de consumo, de cláusula que franqueie o cancelamento do pacto, mediante arrependimento eficaz, por qualquer das partes. Nesse sentido, aliás, já decidiu o STJ:

> Código de Defesa do Consumidor. Violação. Inocorrência. Direito de denúncia unilateral concedido a ambas as partes. O Código de Defesa do Consumidor considera abusiva e, portanto, nula de pleno direito, a cláusula contratual que autoriza o fornecedor a rescindir o contrato unilateralmente, se o mesmo direito não for concedido ao consumidor, o que, na espécie, incontroversamente, não se verificou.[654]

Saliente-se, contudo, que a interpretação do inciso XI do art. 51 requer análise sistemática. Não se pode perder de vista que o CDC se norteia pelos princípios da boa-fé e do equilíbrio nas relações contratuais (arts. 4.º, III, 6.º, V, 51, IV, c/c o § 1.º) e veta obrigações que coloquem o consumidor em desvantagem exagerada.

Destarte, especificamente nos contratos de longa duração, a doutrina tem defendido a abusividade das cláusulas de cancelamento unilateral, mesmo que bilaterais, porque, invariavelmente, importam em ofensa ao princípio da boa-fé objetiva e deixam o consumidor em desvantagem exagerada.

Imagine a hipótese de um contrato de plano de saúde, de longa duração, em que o consumidor, ao longo de 30 anos, pagou pontualmente as mensalidades e praticamente não usou os serviços; em dado momento, com idade mais avançada, passa a necessitar dos serviços, e o fornecedor, valendo-se de cláusula que prevê, para ambas as partes, a possibilidade de rescisão unilateral, simplesmente põe termo ao contrato. Se por um lado a cláusula não é abusiva sob a ótica do inciso XI, pois prevê igual direito para o consumidor, por outro será abusiva por ofender a boa-fé objetiva, bem como por colocar o consumidor em desvantagem exagerada (dada a idade avançada, por certo a contratação de novo plano de saúde ocorrerá com extrema dificuldade e de forma muito mais onerosa), subsumindo-se, portanto, na cláusula geral de boa-fé e equidade, prevista no inciso IV do art. 51.

---

[652] REsp 274.264/RJ, 4.ª T., rel. Min. Cesar Asfor Rocha, *DJU* 20.05.2002.
[653] RIZZATTO NUNES, Luiz Antonio. *Curso de Direito do Consumidor.* 4. ed. São Paulo: Saraiva, 2009. p. 675.
[654] REsp 889.406/RJ, 4.ª T., rel. Min. Massami Uyeda, *DJe* 17.03.2008.

Desse teor o ensinamento de Claudia Lima Marques:

> As cláusulas de cancelamento (art. 51, XI, do CDC), mesmo que bilaterais, permitem uma vantagem excessiva do fornecedor, que embolsa durante anos a contraprestação dos consumidores e depois libera-se da vinculação contratual. Tais cláusulas de cancelamento, mesmo que teoricamente bilaterais, são abusivas por ofensa ao art. 51, IV e § 1.º, II, do CDC e por fraude ao espírito das normas especiais sobre seguros e seguro-saúde.[655]

No ponto, registre-se que a Lei 9.656/1998, que disciplina os planos e seguros privados de assistência à saúde, em seu art. 13, parágrafo único, II, veda a suspensão ou a rescisão unilateral do contrato, salvo por fraude ou não pagamento da mensalidade por período superior a sessenta dias, consecutivos ou não, nos últimos doze meses de vigência do contrato, desde que o consumidor seja comprovadamente notificado até o quinquagésimo dia de inadimplência.

11) Ressarcimento unilateral dos custos de cobrança (art. 51, XII): são nulas de pleno direito as cláusulas que "obriguem o consumidor a ressarcir os custos de cobrança de sua obrigação, sem que igual direito lhe seja conferido contra o fornecedor".

O Código proíbe a estipulação de cláusula que conceda somente ao fornecedor o direito de se ressarcir dos gastos com cobrança, em razão do inadimplemento do consumidor. São inválidas, por exemplo, as disposições contratuais comumente estabelecidas em contratos de financiamento, que permitem à instituição financeira, além da dívida e de seus acessórios, cobrar honorários advocatícios, sem que direito igual esteja previsto para o consumidor.

Não basta, contudo, haver previsão de ressarcimento de custos de cobrança também em favor do consumidor para que a cláusula seja considerada válida. Em muitos casos, mesmo conferindo-se igual direito aos contratantes, há clara ofensa à boa-fé objetiva e desvantagem exagerada para o consumidor.

Nesse sentido, o STJ já considerou abusiva cláusula que impõe pagamento de "honorários advocatícios", para ambas as partes, mesmo que não ajuizada nenhuma ação. Veja-se: "É abusiva a cláusula que impõe a obrigação de pagar honorários advocatícios independentemente do ajuizamento de ação".[656]

Seguindo a mesma trilha, o STJ considerou abusiva cláusula que, de forma ampla e ilimitada, atribui ao consumidor em mora a obrigação de arcar com os honorários advocatícios referentes à cobrança extrajudicial da dívida. Para a Corte Superior, é possível, em tese, a inclusão da responsabilidade recíproca pelas despesas de cobrança a ser suportada pelo devedor. Para tanto, todavia, é de se exigir que a efetiva contratação de advogado seja estritamente necessária, ante a existência de tentativas amigáveis frustradas. Ademais, o ressarcimento das despesas dependerá da prestação efetiva de serviços privativos de advogado, o que afasta sua incidência para serviços gerais de cobrança administrativa.[657]

Noutro julgado, a 3.ª Turma do STJ reconheceu a validade de cláusula contratual que estipula o ressarcimento, em favor da instituição financeira, do custo administrativo de cobrança de consumidores inadimplentes. De forma unânime, o colegiado concluiu que a cobrança tem amparo no art. 395 do Código Civil.[658]

12) Alteração unilateral do contrato (art. 51, XIII): são abusivas as cláusulas que "autorizem o fornecedor a modificar unilateralmente o conteúdo ou a qualidade do contrato, após sua celebração".

---

[655] MARQUES, Claudia Lima. *Contratos no Código de Defesa do Consumidor*. 3. ed. São Paulo: RT, 1999. p. 1.057-1.059.

[656] REsp 364.140/MG, rel. Min. Ruy Rosado de Aguiar, *DJ* 12.08.2002.

[657] REsp 1.274.629/AP, 3.ª T., rel. Min. Nancy Andrighi, j. 16.05.2013 (Informativo STJ 524).

[658] REsp 1.361.699, 3.ª T., rel. Min. Ricardo Villas Bôas Cueva, j. 12.09.2017.

Definidos o objeto, o preço, a forma de pagamento e as condições de fornecimento, tem-se contrato perfeito e acabado, lei entre as partes. Assim, toda e qualquer alteração contratual, superveniente à conclusão do contrato de consumo, deve ser levada a cabo por tratativas bilaterais das partes. Também aqui o objetivo do Código é preservar o equilíbrio negocial entre fornecedor e consumidor (art. 4.º, III).

13) Violação de normas ambientais (art. 51, XIV): são abusivas as cláusulas que "infrinjam ou possibilitem a violação de normas ambientais".

Note-se que o Código não exige a ofensa direta ao meio ambiente; basta que a cláusula seja potencialmente ofensiva ao meio ambiente para ser considerada abusiva e, por conseguinte, nula de pleno direito.

A preocupação do dispositivo é com a preservação do meio ambiente, bem difuso, de toda a coletividade, tutelado constitucionalmente, cuja preservação é essencial para a sadia qualidade de vida (art. 225 da CF).[659]

Em comentário ao inciso XIV do art. 51, Nelson Nery Junior observa, oportunamente, que os termos "meio ambiente" e "normas ambientais" estão tomados em sua acepção mais ampla, abrangendo o *meio ambiente natural,* o *meio ambiente urbanístico,* o *meio ambiente cultural* e o *meio ambiente do trabalho.*[660]

14) Cláusula ofensiva ao sistema de proteção ao consumidor (art. 51, XV): consideram-se abusivas as cláusulas que "estejam em desacordo com o sistema de proteção ao consumidor".

Referido dispositivo contempla importante *norma de abertura,* que possibilita ao juiz ampla margem para integrar o conceito jurídico indeterminado e dizer o que significa "estar em desacordo com o sistema de proteção ao consumidor".

Note-se que o "sistema" de proteção ao consumidor engloba todas as normas que tutelem o consumidor, mesmo que indiretamente, não se restringindo, portanto, às disposições do CDC. Assim, também fazem parte do "sistema de proteção ao consumidor" a Lei de Economia Popular (Lei 1.521/1951), a Lei dos Crimes contra a Ordem Econômica (Lei 8.137/1990), a Lei de Defesa da Concorrência (Lei 12.529/2011), a Lei de Plano e de Seguro-Saúde (Lei 9.656/1998), além de outros diplomas legais e normas administrativas que tutelem, direta ou indiretamente, os direitos e interesses dos consumidores.

Nessa visão, considera-se abusiva, por exemplo, a cláusula contratual que isente a empresa de transporte aéreo, nos casos de atraso, cancelamento ou interrupção de voo, de prestar assistência material consistente em alimentação adequada ao passageiro, quando o atraso for superior a duas horas, conforme determina o art. 14, § 1.º, II, da Res. 141 da Agência Nacional de Aviação Civil (Anac).[661]

Na mesma esteira, o STJ considerou abusiva a cláusula posta em contrato de serviço de cartão de crédito que não possibilite ao consumidor a opção de discordar do compartilhamento de dados, por deixar de atender a dois princípios importantes da relação de consumo: transparência e confiança. Cuida-se de verdadeiro *leading case* sobre tema de proteção de dados pessoais, mais especificamente dos pressupostos que legitimam o tratamento de dados do consumidor em tempos de *Big Data*. Entre os argumentos, foi apontado pela Corte que, na prática, só há a contratação do serviço, se o consumidor

---

[659] Art. 225 da CF: "Todos têm direito ao meio ambiente ecologicamente equilibrado, bem de uso comum do povo e essencial à sadia qualidade de vida, impondo-se ao Poder Público e à coletividade o dever de defendê-lo e preservá-lo para as presentes e futuras gerações".

[660] NERY JUNIOR, Nelson et al. *Código Brasileiro de Defesa do Consumidor*: Comentado pelos Autores do Anteprojeto. 7. ed. Rio de Janeiro: Forense Universitária, 2001. p. 532.

[661] A Resolução 141 da Anac, de 09.03.2010, dispõe sobre as condições gerais de transporte aplicáveis aos atrasos e cancelamentos de voos e às hipóteses de preterição de passageiros.

624 | INTERESSES DIFUSOS E COLETIVOS – VOL. 1

"aceitar" o compartilhamento de dados, ou seja, não há que falar na presença do consentimento informado do consumidor.[662]

Da mesma forma, será considerada abusiva a cláusula de carência em contrato de plano de saúde que desrespeite o prazo máximo de 24 horas fixado no art. 12, V, *c*, da Lei 9.656/1998, para cobertura dos casos de urgência e emergência. Se, por um lado, a Lei de Plano de Saúde não veda a estipulação de cláusula de carência, por outro, estabelece o prazo máximo de 24 horas para cobertura dos eventos identificados como urgência e emergência. Nesse sentido, aliás, já decidiu o STJ:

> Prazo contratual de carência para cobertura securitária. Possibilidade. Consumidor que, meses após a adesão de seu genitor ao contrato de seguro, vê-se acometido por tumor cerebral e Hidrocefalia aguda. Atendimento emergencial. Situação-limite em que o beneficiário necessita, com premência, de procedimentos médico-hospitalares cobertos pelo seguro. Invocação de carência. Descabimento, tendo em vista a expressa ressalva contida no artigo 12, V, alínea "c", da Lei 9.656/1998 e a necessidade de se tutelar o direito fundamental à vida.[663]

15) Renúncia à indenização por benfeitorias necessárias (art. 51, XVI): o Código fulmina de nulidade as cláusulas que "possibilitem a renúncia do direito de indenização por benfeitorias necessárias".

Benfeitorias necessárias, segundo classificação do Código Civil, são aquelas que têm por finalidade **conservar o bem ou evitar que se deteriore** (art. 96, § 3.º). Qualquer cláusula que subtraia ao consumidor o direito à indenização por tais benfeitorias é considerada abusiva. *A contrario sensu*, poderá ser acordada a renúncia à indenização das benfeitorias úteis e voluptuárias.[664]

Na verdade, a vedação em comento já está contida na norma geral do inciso I, que proíbe a cláusula que implique renúncia ou disposição de direitos. O Código, entretanto, para dirimir qualquer dúvida, optou por vedar expressamente a renúncia à indenização por benfeitorias necessárias.

Questão interessante é saber se nos contratos de locação urbana é válida a cláusula de renúncia à indenização por benfeitorias necessárias. Conforme visto no item 5.6.4, a jurisprudência atual do STJ entende que o CDC não se aplica às relações locatícias regidas pela Lei 8.245/1991, cujo art. 35 autoriza a inclusão de cláusula de renúncia à indenização por tais benfeitorias. Forte em tal premissa, a Corte Superior tem considerado válida a inclusão desse tipo de cláusula em contratos de locação urbana. A propósito, veja-se:

> Locação. Lei 8.245/91. Retenção e indenização por benfeitorias. Código de Defesa do Consumidor. Lei 8.078/90. Inaplicabilidade. Não é nula, nos contratos de locação urbana, a cláusula que estabelece a renúncia ao direito de retenção ou indenização por benfeitorias. Não se aplica às relações regidas pela Lei 8.245/91, porquanto lei específica, o Código do Consumidor.[665]

16) Limitação de acesso ao Poder Judiciário (art. 51, XVII): consideram-se abusivas as cláusulas que "condicionem ou limitem de qualquer forma o acesso aos órgãos do Poder Judiciário".

---

[662] REsp 1.348.532/SP, 4.ª T., rel. Min. Luis Felipe Salomão, j. 10.10.2017.

[663] REsp 962.980/SP, 4.ª T., rel. Min. Luis Felipe Salomão, *DJe* 15.05.2012.

[664] A título de recordação, voluptuárias são as benfeitorias de mero deleite ou recreio, que não aumentam o uso habitual do bem, ainda que o tornem mais agradável ou sejam de elevado valor (art. 96, § 1.º, do CC); são úteis as que aumentam ou facilitam o uso do bem (art. 96, § 2.º, do CC).

[665] REsp 575.020/RS, 5.ª T., rel. Min. José Arnaldo da Fonseca, j. 05.10.2004. No mesmo sentido: AgRg no Ag 261.422/SP, rel. Min. Edson Vidigal, *DJU* 22.05.2000.

A norma, inserida no CDC pela Lei 14.181/2021 (Lei do Superendividamento), busca reforçar, no sistema consumerista, o direito fundamental de acesso à justiça (CF, art. 5.º, XXXV), ao mesmo tempo que dá concretude ao direito básico do consumidor de "acesso aos órgãos judiciários e administrativos, com vistas à prevenção ou reparação de danos patrimoniais e morais, individuais, coletivos, difusos, assegurada a proteção jurídica, administrativa e técnica aos necessitados" (art. 6.º, VII, do CDC).

17) Prazos de carência para restabelecimento de direitos do consumidor (art. 51, XVIII): consideram-se abusivas as cláusulas que "estabeleçam prazos de carência em caso de impontualidade das prestações mensais ou impeçam o restabelecimento integral dos direitos do consumidor e de seus meios de pagamento a partir da purgação da mora ou do acordo com os credores".

Se o consumidor deixar de pagar a mensalidade do plano de saúde, por exemplo, não terá valor jurídico a cláusula que estabelecer um prazo de carência no qual o consumidor não poderá exercer integralmente os seus direitos.

A proibição em exame não afasta, contudo, a possibilidade de extinção definitiva do contrato por culpa do consumidor (resolução contratual).

5.12.7.6 *Controle das cláusulas gerais dos contratos*

Cláusulas gerais dos contratos são estipulações feitas unilateralmente por um dos contratantes (*unilateralidade*), antes das tratativas com a outra parte (*preestabelecimento*), que servirão de *standard* para os negócios celebrados pelo estipulante (*uniformidade*), e deverão ser aceitas pelo futuro aderente sem discutir seu alcance e conteúdo (*rigidez*). O objetivo do estipulante é promover a circulação dos formulários em que estão inseridas as cláusulas gerais para que as contratações se deem em massa (*abstração*).

Indissociáveis do fenômeno da contratação em massa, referidas cláusulas têm sido utilizadas em larga escala por todos os setores da economia (ex.: contratos bancários, de seguros, de plano de saúde, de consórcio, de Internet banda larga, de telefonia celular etc.).

Antes de serem aceitas pelo aderente, as cláusulas gerais dos contratos são *abstratas e estáticas*, isto é, não se configuram ainda como contrato. A partir do momento em que são aceitas pelo aderente, tais cláusulas consubstanciam-se no contrato de adesão, *dinâmicas*, portanto. Em última análise, os **contratos de adesão são a concretização das cláusulas gerais dos contratos.**

Nesse sentido, Claudia Lima Marques registra que a expressão germânica *condições gerais do contrato*, ou, na tradução de Portugal, *cláusulas gerais contratuais*, enfatiza mais a fase pré-contratual, em que são elaboradas estas listas de cláusulas gerais a serem oferecidas ao público contratante, ao passo que a expressão *contrato de adesão* é utilizada pela doutrina francesa para designar o momento de celebração do contrato, dando ênfase à vontade criadora do contrato.[666]

Assim, tem-se:

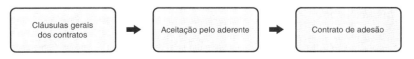

---

[666] MARQUES, Claudia Lima. *Contratos no Código de Defesa do Consumidor*. 5. ed. São Paulo: RT, 2006. p. 68.

626 | INTERESSES DIFUSOS E COLETIVOS - VOL. 1

Um importante instrumento de proteção contratual do consumidor é o **controle das cláusulas gerais dos contratos**.

Em linhas gerais, são duas as formas desse controle: o **controle administrativo** e o **controle judicial**. Tanto em um como em outro caso, o controle pode ser abstrato ou concreto.[667]

Controle administrativo é aquele feito pelos órgãos de defesa do consumidor (inclusive mediante aplicação de sanções administrativas) e pelo Ministério Público (por meio de inquérito civil e formalização de termo de ajustamento de conduta).

Referido controle se diz **abstrato** quando tem por objetivo apurar a abusividade das cláusulas gerais do contrato, inseridas pelo fornecedor em formulário-padrão, *antes, portanto, de receberem a adesão do consumidor*. Como bem observa Cláudio Bonatto, essa forma de controle diz respeito aos direitos difusos, uma vez que seus titulares são indeterminados.[668]

Exemplo: o Ministério Público toma conhecimento da existência de cláusula potencialmente abusiva inserida em formulário-padrão elaborado por um banco, relativo à concessão de empréstimo pessoal aos correntistas, e instaura inquérito civil para elucidar o fato, antes mesmo da notícia de que algum consumidor tenha aderido às cláusulas gerais do contrato.

O controle administrativo em **concreto**, por seu turno, ocorre nas situações originadas de *contratos já consumados mediante a adesão de consumidores*. Visa à supressão ou modificação das cláusulas abusivas constantes dos contratos já celebrados entre consumidores e fornecedores.

O **controle judicial** pode ocorrer tanto mediante ação individual proposta pelo consumidor interessado como por meio de ação coletiva ajuizada pelos legitimados ativos do art. 82 do CDC.

Esse controle também pode ser **abstrato** ou **concreto**. Este se dá nas situações originadas de contratos já consumados mediante a adesão de consumidores e tem por objetivo a supressão ou modificação da cláusula abusiva; já o controle abstrato tem por objeto as cláusulas contratuais gerais, antes, portanto, de receberem a adesão do consumidor.[669]

Finalmente, cabe destacar que a nulidade das cláusulas abusivas só pode ser obtida judicialmente. Assim, havendo recusa do fornecedor que estipule cláusulas abusivas em seus contratos de abster-se desta prática, a solução adequada será o ajuizamento de ação judicial para o controle *in abstracto* (se antes da adesão do consumidor) ou *in concreto* (se depois da adesão do consumidor) das cláusulas gerais do contrato.

5.12.8 Crédito e financiamento ao consumidor

O fornecimento de crédito e a concessão de financiamento ao consumidor são tratados em dispositivo específico do CDC (art. 52).

A norma estabelece as informações mínimas que o fornecedor deve oferecer prévia e adequadamente ao consumidor para a contratação, a saber: *preço do produto ou serviço em moeda corrente nacional; montante dos juros de mora e da taxa efetiva anual de juros; acréscimos legalmente previstos; número e periodicidade das prestações e soma total a pagar, com e sem financiamento*.

---

[667] A propósito, veja-se: NERY JUNIOR, Nelson et al. *Código Brasileiro de Defesa do Consumidor*: Comentado pelos Autores do Anteprojeto. 7. ed. Rio de Janeiro: Forense Universitária, 2001. p. 466-470.

[668] BONATTO, Cláudio. *Código de Defesa do Consumidor*: Cláusulas Abusivas nas Relações Contratuais de Consumo. 2. ed. Porto Alegre: Livraria do Advogado, 2002. p. 115-122.

[669] Nesse sentido, veja-se: MIRAGEM, Bruno. *Direito do Consumidor*. São Paulo: RT, 2008. p. 223-224.

CAP. 5 – DIREITO DO CONSUMIDOR | **627**

O objetivo é propiciar ao consumidor a completa noção do custo do empréstimo, para que ele possa decidir com mais segurança pela contratação à vista ou no crediário. Em tempos de abundante oferta de crédito, é fundamental que o consumidor tenha visão completa sobre o negócio jurídico que está por celebrar, incluído aí o impacto em seu orçamento familiar, evitando assim a inadimplência e o chamado *superendividamento*.[670]

O § 1.º do art. 52, por sua vez, contempla a **limitação da multa moratória** (cláusula penal moratória)[671] a 2% do valor da prestação. Aqui, três observações são importantes:

1.ª) **A multa de 2% deve ser calculada sobre a parcela em atraso, e não sobre o valor total do empréstimo ou financiamento**. Como já decidido pelo STJ: "A multa é calculada sobre o valor das prestações vencidas, não sobre o total do financiamento (art. 52, § 1.º, do CDC)".[672]

2.ª) Seja por princípios gerais do direito, seja pela principiologia adotada no CDC, seja, ainda, por comezinho imperativo de equidade, **a multa moratória não pode ser estipulada apenas contra o consumidor**. Nesse sentido, o STJ já considerou abusiva a prática de se estipular penalidade exclusivamente ao consumidor, para a hipótese de mora ou inadimplemento contratual, ficando isento de tal reprimenda o fornecedor – em situações de análogo descumprimento da avença. Para a Corte Superior, "prevendo o contrato a incidência de multa moratória para o caso de descumprimento contratual por parte do consumidor, a mesma multa deverá incidir, em reprimenda do fornecedor, caso seja deste a mora ou o inadimplemento".[673]

3.ª) **A limitação da multa moratória a 2% se aplica a todos os contratos de consumo**, e não apenas aos contratos de concessão de crédito ou financiamento. No STJ, essa orientação tem sido adotada ao argumento de que o julgador não pode ficar preso à posição topográfica do § 1.º do art. 52, em detrimento de uma interpretação sistemática e teleológica, à luz dos princípios da equidade e da função social do contrato.[674]

Finalmente, o § 2.º do art. 52 assegura ao consumidor a liquidação antecipada do débito, total ou parcialmente, mediante *redução proporcional dos juros e demais acréscimos*.

---

[670] Sobre o tema *superendividamento* do consumidor, veja-se: MARQUES, Claudia Lima; CAVALLAZZI, Rosangela Lunardelli (coord.). *Direitos do Consumidor Endividado*: Superendividamento e Crédito. São Paulo: RT, 2006.

[671] *Cláusula penal moratória* é a pena convencional estipulada para o caso de haver infringência de qualquer das cláusulas do contrato, ou inadimplemento relativo – mora; *cláusula penal compensatória*, por sua vez, é a multa estipulada para o caso de descumprimento da obrigação principal.

[672] REsp 231.208/PE, rel. Min. Ruy Rosado de Aguiar, *DJU* 19.03.2001, p. 114.

[673] REsp 955.134/SC, 4.ª T., rel. Min. Luis Felipe Salomão, j. 16.08.2012. No particular, cabe registrar que a Segunda Seção do STJ, ao julgar o Recurso Especial 1.631.485/DF (j. 22.05.2019), sob o rito dos recursos repetitivos (Tema 971), decidiu que, no contrato de adesão firmado entre o comprador e a incorporadora antes da entrada em vigor da Lei do Distrato (Lei 13.786/2018), havendo previsão de cláusula penal apenas para o inadimplemento do adquirente, deverá ela ser considerada para a fixação da indenização pelo inadimplemento do vendedor. A obrigação da incorporadora é de fazer (prestação contratual, consistente na entrega do imóvel pronto para uso e gozo), já a do adquirente é de dar (pagar o valor remanescente do preço do imóvel, por ocasião da entrega). E só haverá adequada simetria para inversão da cláusula penal contratual se houver observância de sua natureza, isto é, de prefixação da indenização em dinheiro pelo período da mora. Nesses casos de obrigações de natureza heterogênea, impõe-se sua conversão em dinheiro, apurando-se valor adequado e razoável para arbitramento da indenização pelo período de mora, vedada sua cumulação com lucros cessantes. Feita essa redução, geralmente obtida por meio de arbitramento, é que, então, seria possível a aplicação/utilização como parâmetro objetivo, para manutenção do equilíbrio da avença, em desfavor daquele que redigiu a cláusula.

[674] Trilhando esse entendimento, a Corte Superior já decidiu pela aplicação do limite de 2% para a multa moratória aos contratos de prestação de serviços educacionais (AgRg no Ag 572.088/SP, rel. Min. Humberto Gomes de Barros, *DJ* 29.05.2006) e de prestação de serviços de telefonia (REsp 436.224/DF, 1.ª T., Min. Teori Albino Zavascki, *DJ* 11.02.2008).

628 | INTERESSES DIFUSOS E COLETIVOS – VOL. 1

5.12.9 Compra e venda à prestação e alienação fiduciária em garantia

Nos contratos de compra e venda de bens móveis ou imóveis mediante pagamento em prestações, bem como na alienação fiduciária em garantia,[675] o art. 53, *caput,* do CDC fulmina de nulidade absoluta as cláusulas que preveem a *perda total das prestações pagas* **(cláusulas de decaimento)** em benefício do credor que, em razão do *inadimplemento do consumidor*, pleitear a resolução do contrato e a retomada do produto alienado.

O objetivo do Código é buscar a justiça comutativa. O dispositivo **impede a aplicação de cláusula que preveja a perda total das prestações pagas**, mas não desautoriza a retenção de um certo percentual.

Destarte, nada obsta que, a título de pena para o descumprimento da obrigação pelo consumidor (cláusula penal compensatória), o fornecedor retenha parte das prestações pagas, para indenizar-se das perdas e danos decorrentes da rescisão do contrato, além de compensar a vantagem econômica auferida pelo consumidor com a fruição do bem; exige-se, contudo, que tal pena seja equitativa, isto é, estabeleça vantagem razoável para o fornecedor, proporcional à sua posição e participação no contrato, evitando-se, assim, seu enriquecimento injustificado, à custa do empobrecimento do consumidor.

Importa destacar que a nulidade em exame pode ser reconhecida tanto na ação proposta pelo vendedor (fornecedor) como na de iniciativa do comprador (consumidor), porque a restituição é inerente à resolução do contrato e meio de evitar o enriquecimento injustificado.[676]

Desse modo, se o consumidor (devedor) não possuir mais condições econômicas para suportar o pagamento das prestações, poderá pleitear a rescisão do contrato e a restituição das parcelas pagas, porém não em sua integralidade; deverão ser descontados os prejuízos que a ruptura do contrato acarretar ao fornecedor (ex.: desvalorização do bem devolvido, os gastos com publicidade, corretagem, administração etc.), mais a vantagem auferida pelo consumidor com a fruição do bem.

Não é outro o entendimento do STJ, conforme se depreende do teor da ementa abaixo transcrita:

> A C. **2.ª Seção do STJ,** em posição adotada por maioria, **admite a possibilidade de resilição do compromisso de compra e venda por iniciativa do devedor**, se este não mais reúne condições econômicas para suportar o pagamento das prestações avençadas com a empresa vendedora do imóvel (EREsp n. 59.870/SP, Rel. Min. Barros Monteiro, *DJU* de 09.12.2002, p. 281). **O desfazimento do contrato dá ao comprador o direito à restituição das parcelas pagas, porém não em sua integralidade**. Percentual de retenção fixado para 25%. Precedentes do STJ. Recurso especial conhecido e parcialmente provido (grifou-se).[677]

Como o CDC não define percentual máximo ou mínimo para a retenção em favor do fornecedor, apenas vedando a cláusula que imponha a perda total das prestações pagas, compete ao julgador, na análise de cada caso concreto, verificar a razoabilidade da cláusula de decaimento, à luz dos princípios da equidade e da boa-fé objetiva, de modo a impedir a imposição de pena que propicie uma desvantagem exagerada ao consumidor (art. 51, IV). Entre outros fatores, deverá atentar-se para a desvalorização do bem; o tempo que

---

[675] Na definição de Maria Helena Diniz, "a alienação fiduciária em garantia consiste na transferência, feita pelo devedor ao credor, da propriedade resolúvel e da posse indireta de um bem móvel ou imóvel como garantia do seu débito, resolvendo--se o direito do adquirente com o adimplemento da obrigação, ou melhor, com o pagamento da dívida garantida" (*Tratado Teórico e Prático dos Contratos*. 5. ed. São Paulo: Saraiva, 2003. p. 65).

[676] Nesse sentido, veja-se: STJ, REsp 80.036/SP, 4.ª T., rel. Min. Ruy Rosado de Aguiar, *DJU* 25.03.1996.

[677] REsp 332.947/MG, 4.ª T., rel. Min. Aldir Passarinho Junior, *DJ* 11.12.2006. No mesmo sentido, veja-se: REsp 907.856/DF, 3.ª T., rel. Min. Sidnei Beneti, *DJe* 1.º.07.2008.

CAP. 5 – DIREITO DO CONSUMIDOR | **629**

o vendedor foi privado de sua posse; os custos da operação de venda (*marketing,* corretagem), o benefício auferido pelo consumidor quando desfrutou da posse do bem etc.

A jurisprudência do STJ tem considerado razoável, em resolução de contrato de compra e venda de imóvel por culpa do comprador, que o percentual de retenção, pelo vendedor, de parte das prestações pagas seja arbitrado entre 10% e 25%, conforme as circunstâncias de cada caso, avaliando-se os prejuízos suportados.[678]

5.12.9.1 Repercussão da Lei 13.786/2018 nos contratos de compra e venda de imóveis em incorporação imobiliária e loteamento

No dia 27 de dezembro de 2018, entrou em vigor a Lei 13.786, conhecida como "Lei do Distrato", com o objetivo de servir como um marco legal para os contratos de alienação de imóveis "na planta". Referido Diploma promoveu alterações na Lei de Incorporação Imobiliária (Lei 4.591/1964) e na Lei de Loteamentos (Lei 6.766/1976), estabelecendo regras para o inadimplemento desses contratos.

No particular, destacamos a inserção do art. 67-A na Lei 4.591/1964, que disciplina o regramento das incorporações imobiliárias, para estabelecer que **a multa compensatória** em caso de resolução por inadimplemento do consumidor **não poderá exceder a 25% da quantia paga.**

Por força dessa nova regra, o adquirente que der causa à resolução do contrato terá direito à restituição do que houver pago diretamente ao incorporador, com atualização monetária, deduzindo-se o valor que fora pago a título de comissão de corretagem e a pena convencional, que não poderá exceder 25% da quantia desembolsada.[679]

Como se pode notar, a nova lei, nesse aspecto, está em consonância com aquilo que vinha sendo praticado pela jurisprudência do STJ, que continuará oscilando entre 10 e 25% da possibilidade de perda, conforme as circunstâncias do caso concreto.

O fato de a Lei 13.786/2018 ter fixado um teto máximo para as cláusulas de decaimento nesse tipo de contrato não afastará a possibilidade de o Poder Judiciário promover o controle dessas cláusulas, ainda que respeitado o limite legal, para reconhecer eventual abusividade.

Por outras palavras, analisando-se o caso concreto, o juiz poderá reduzir equitativamente a penalidade, nos termos do art. 6.º, V, do CDC, mesmo que fixada dentro do limite de 25%, se o montante da multa compensatória se revelar manifestamente excessivo, tendo-se em vista a natureza e a finalidade do negócio, a partir de critérios como a valorização superveniente do imóvel, o atraso na entrega e as causas justificadas para o inadimplemento, como doença, desemprego, entre outros fatores. Um ponto crítico da Lei 13.786/2018, contudo, consiste na penalidade prevista para os casos de **incorporação imobiliária submetida a patrimônio de afetação.**[680] O § 5.º do mesmo art. 67-A da Lei

---

[678] A título de exemplo, veja-se: AgInt no AREsp 1.200.273/DF, 4.ª T., rel. Min. Marco Buzzi, j. 19.06.2018.

[679] "Art. 67-A. Em caso de desfazimento do contrato celebrado exclusivamente com o incorporador, mediante distrato ou resolução por inadimplemento absoluto de obrigação do adquirente, este fará jus à restituição das quantias que houver pago diretamente ao incorporador, atualizadas com base no índice contratualmente estabelecido para a correção monetária das parcelas do preço do imóvel, delas deduzidas, cumulativamente: I – a integralidade da comissão de corretagem; II – a pena convencional, que não poderá exceder a 25% (vinte e cinco por cento) da quantia paga."

[680] O patrimônio de afetação pode ser definido como um patrimônio separado, ou seja, um conjunto de bens (móveis, imóveis, direitos) que não se misturam com os demais bens do seu titular. Por meio da afetação patrimonial, determinados ativos ficam inteiramente destinados (afetados) à realização de uma finalidade. Como decorrência, apenas os credores relacionados a essa finalidade podem se valer dos bens que integram o patrimônio de afetação para a satisfação de suas dívidas. Eis o fenômeno da blindagem patrimonial: pessoas estranhas aos negócios do patrimônio de afetação não podem executar os ativos que o integram para satisfazer seus créditos. Para um exame mais aprofundado do tema, sugerimos a leitura da excelente pesquisa de Milena Donato Oliva: Patrimônio Separado. Rio de Janeiro: Renovar, 2009.

4.591/1964 estabelece que a multa compensatória nesse tipo de empreendimento não poderá exceder a 50% da quantia paga.

A ideia parece ter sido a de fomentar a utilização dessa espécie de "blindagem patrimonial" na incorporação imobiliária. Sem embargo, entendemos que essa diferenciação do limite da cláusula de decaimento, a depender da existência ou não de patrimônio de afetação na incorporação imobiliária, não se justifica. Muito ao contrário, a aplicação desse limite de 50% importará, como regra, em enriquecimento sem causa por parte da incorporadora.[681]

Imagine-se, por exemplo, um consumidor que investe todo o seu patrimônio na compra de um imóvel na planta, destinado à moradia de sua família. Ele desembolsa uma entrada de valor considerável, correspondente a cerca de 70% do valor do bem. Logo em seguida, fica ele acometido de uma doença, o que compromete a renda familiar – pois se trata de um profissional liberal – e o impossibilita de arcar com o pagamento das parcelas que assumiu. A perda da metade daquilo que pagou seria razoável? A resposta só pode ser negativa. Na hipótese, uma cláusula de decaimento desse porte representaria uma obrigação iníqua.

Nessa quadra, pensamos que uma multa compensatória que importe no decaimento da metade do que se gastou, acrescida de outros valores, como a própria indenização pela utilização do imóvel, como regra, deverá ser considerada abusiva, nos termos do art. 51, IV, do CDC, pois invariavelmente colocará o consumidor em desvantagem exagerada.

Isso posto, quer seja em razão da força normativa constitucional do CDC, quer seja em razão da sua natureza de lei principiológica, é forçoso concluir que esse teto de 50% previsto no § 5.º do art. 67-A da Lei 4.591/1964 não se aplica aos contratos de compra de imóveis em empreendimentos de incorporação imobiliária submetidos a patrimônio de afetação, se o adquirente for consumidor, por absoluta incompatibilidade com o sistema consumerista.

Dito de outro modo, somente se o adquirente não for consumidor (como no caso de fundos de investimento imobiliário), é que a multa compensatória estipulada no patamar máximo de 50% do valor pago poderá vir a ser admitida como razoável. E mesmo nesses casos – não incidência do CDC – a cláusula de decaimento poderá ser submetida a controle judicial, nos termos do art. 413 do CC.[682] Quanto aos **contratos de compra e venda de imóveis em loteamento**, a Lei 13.786/2018 inseriu o art. 32-A na Lei 6.766/1979, para estabelecer que o montante devido por cláusula penal e despesas administrativas, inclusive arras ou sinal, não poderá exceder a 10% do valor atualizado do contrato. Assim, as cláusulas de decaimento previstas nesse tipo de contrato não poderão impor ao adquirente inadimplente, em caso de resolução contratual, uma perda superior a 10% do valor atualizado do contrato, o que nos parece razoável e perfeitamente compatível com o sistema consumerista.

Outro ponto polêmico da Lei 13.786/2018 refere-se ao **prazo para a devolução ao adquirente dos valores pagos**, em caso de resolução contratual.

Nos contratos de compromisso de compra e venda de bem imóvel, o Superior Tribunal de Justiça tem considerado abusivas, por ofensa ao art. 51, II e IV, do CDC, as cláusulas contratuais que determinam a **restituição dos valores somente ao término da obra ou**

---

[681] Na jurisprudência do STJ, encontramos um único precedente em que a Corte Superior considerou razoável a retenção de 50% das parcelas pagas pelo adquirente inadimplente Tratava-se de uma situação peculiar, na qual o consumidor havia efetuado reforma parcial no imóvel, alterando as características originais, a justificar a excepcional retenção de metade dos valores pagos a título de ocupação e ressarcimento pelos prejuízos administrativos e físicos causados à vendedora (REsp 187.963/SP, 4.ª T., rel. Min. Aldir Passarinho Junior, j. 19.03.2009).

[682] "Art. 413. A penalidade deve ser reduzida equitativamente pelo juiz se a obrigação principal tiver sido cumprida em parte, ou se o montante da penalidade for manifestamente excessivo, tendo-se em vista a natureza e a finalidade do negócio."

CAP. 5 – DIREITO DO CONSUMIDOR | 631

de forma parcelada, nas hipóteses de resolução de contrato de promessa de compra e venda de imóvel, por culpa de quaisquer contratantes. Afinal, nessas situações, poderá o promitente vendedor, uma vez mais, revender o imóvel a terceiros e, a um só tempo, auferir vantagem com os valores retidos, além da própria valorização do imóvel, como normalmente acontece. Para a Corte Superior, em tais avenças deve ocorrer a imediata restituição das parcelas pagas pelo promitente comprador – integralmente, em caso de culpa exclusiva do promitente vendedor, ou parcialmente, caso tenha sido o comprador quem deu causa ao desfazimento.[683] Desse teor o enunciado da **Súmula 543** do STJ:

> Na hipótese de resolução de contrato de promessa de compra e venda de imóvel submetido ao Código de Defesa do Consumidor, deve ocorrer a imediata restituição das parcelas pagas pelo promitente comprador – integralmente, em caso de culpa exclusiva do promitente vendedor/construtor, ou parcialmente, caso tenha sido o comprador quem deu causa ao desfazimento.

Divorciando-se dessa jurisprudência do STJ, as regras trazidas pela Lei 13.786/2018 determinam que o adquirente terá de aguardar, em muitas situações, mais de um ano para receber o dinheiro residual de volta, mesmo já tendo pagado multas e outros encargos.

Quando se tratar de **incorporação imobiliária**, por exemplo, o prazo para essa devolução, em caso de culpa do consumidor, será de 180 dias da data do desfazimento do contrato ou, se a incorporação estiver em regime de patrimônio de afetação, será apenas no prazo de 30 dias após a averbação do "habite-se" (art. 67-A, §§ 5.º e 6.º, da Lei 4.591/1964). Se, porém, a unidade for revendida antes do transcurso desse prazo, a restituição do valor residual para o adquirente deverá ocorrer em 30 dias da revenda (art. 67-A, § 6.º, da Lei 4.591/1964).

Quando se cuidar de **loteamento** em caso de resolução contratual por culpa do consumidor, a devolução deverá acontecer em 12 parcelas mensais devidas a partir de 180 dias do prazo fixado para o término das obras ou, se a obra já estiver finda, de 12 meses após a formalização da resolução contratual (art. 32-A, § 1.º, da Lei 6.766/1976).

Como se vê, trata-se de prazos longuíssimos. Independentemente do tipo de compra (incorporação ou loteamento), fato é que somente após esses longos prazos é que se poderá falar que o vendedor estará em mora e, portanto, somente a partir daí será devido cobrar os encargos moratórios, como juros moratórios.

Resta saber, doravante, como o STJ interpretará essas regras. Ao nosso sentir, as normas em exame só guardarão compatibilidade com o CDC se o incorporador ou o loteador estiver obrigado, entre a data da resolução do contrato e a data da restituição, a pagar ao adquirente um valor de fruição do dinheiro, o que pode ser estimado no patamar de uma taxa razoável de juros remuneratórios. Entendimento contrário legitimaria uma espécie de enriquecimento sem causa do vendedor. Nesse mesmo sentido, confira-se o escólio de Carlos E. Elias de Oliveira e Bruno Mattos e Silva:

> Há, porém, um fato relevantíssimo a ser levado em conta pela jurisprudência e pela doutrina. É que, embora o incorporador ou o loteador só passe a estar em mora após os longevos prazos estabelecido nos §§ 5.º e 6.º do art. 67-A da Lei n.º 4.591/64 e no art. 32-A, § 1.º, da Lei n.º 6.766/76, o fato é que o valor residual remanescente pertence ao adquirente desde o momento da resolução do contrato e, portanto, acarretaria enriquecimento sem causa se o incorporador ou o loteador nada pagasse ao adquirente pela fruição desse dinheiro durante o período. Violaria

---

[683] REsp 1.300.418/SC, 2.ª S., rel. Min. Luis Felipe Salomão, j. 13.11.2013 (Informativo 533). No mesmo sentido: AgRg no Ag 866.542/SC, 3.ª T., *DJe* 11.12.2012; REsp 633.793/SC, 3.ª T., DJ 27.06.2005; e AgRg no REsp 997.956/SC, 4.ª T., *DJe* 02.08.2012.

a vedação ao enriquecimento sem causa que o incorporador ou o loteador pudesse fazer do dinheiro do adquirente um capital de giro e colhesse os frutos desse dinheiro sem pagar nada ao adquirente. Por essa razão, em nome da vedação ao enriquecimento sem causa (art. 884, CC), o incorporador ou o loteador deverá, entre a data da resolução e a data do vencimento, pagar ao adquirente um valor de fruição do dinheiro, o que pode ser estimado no patamar de uma taxa razoável de juros remuneratórios (e não moratórios, porque não há mora). Lembre-se de que juros remuneratórios são os frutos do dinheiro e, portanto, são devidos antes do vencimento, ao passo que os juros moratórios são punição e indenização presumida a serem cobrados só após o vencimento. Para nós, essa taxa razoável de juros remuneratórios deveria ser a do teto previsto no art. 591 do CC, que atualmente corresponde à taxa Selic, pois se aproxima dos rendimentos obtidos pelos particulares em aplicações financeiras.[684]

Anote-se que esse dever de restituição das parcelas pagas pelo promitente comprador na hipótese de resolução do contrato também se aplica aos empreendimentos habitacionais promovidos pelas sociedades cooperativas, uma vez que as relações jurídicas firmadas entre essas cooperativas e os compradores tem natureza de relação de consumo.[685] Desse teor o enunciado da **Súmula 602** do STJ: "O Código de Defesa do Consumidor é aplicável aos empreendimentos habitacionais promovidos pelas sociedades cooperativas".

Importa destacar que as novas regras inseridas pela Lei 13.786/2018 (Lei do Distrato) na Lei de Incorporação Imobiliária (Lei 4.591/1964) não alcançarão os contratos firmados antes da sua entrada em vigor, em respeito à segurança jurídica e ao ato jurídico perfeito, consoante decidido pela Segunda Seção do STJ no dia 22 de maio de 2019, no julgamento dos Recursos Especiais 1.498.484/DF (Tema 970) e 1.631.485/DF (Tema 971), ambos sob o regime dos recursos repetitivos. Nesses mesmos julgados, foram consolidados os seguintes entendimentos:

a) a cláusula penal moratória tem a finalidade de indenizar pelo adimplemento tardio da obrigação, e, em regra, estabelecida em valor equivalente ao locativo, afasta-se sua cumulação com lucros cessantes (Tema 970);

b) no contrato de adesão firmado entre o comprador e a construtora/incorporadora, havendo previsão de cláusula penal apenas para o inadimplemento do adquirente, deverá ela ser considerada para a fixação da indenização pelo inadimplemento do vendedor. As obrigações heterogêneas (obrigações de fazer e de dar) serão convertidas em dinheiro, por arbitramento judicial (Tema 971).

Por último, anote-se que, nos contratos firmados na vigência da Lei 13.786/2018, é indevida a intervenção judicial para vedar o abatimento das despesas de corretagem, desde que esteja especificada no contrato, inclusive no quadro-resumo.[686]

Assim, em caso de resilição, pelo promitente comprador, de contrato de promessa de compra e venda de imóvel na planta, na apreciação da razoabilidade da cláusula penal estabelecida em contrato anterior à Lei 13.786/2018, deve prevalecer o parâmetro estabelecido pela 2.ª Seção no julgamento dos EAg 1.138.183/PE, *DJe* 04.10.2012, sob a relatoria para o acórdão do Ministro Sidnei Beneti, a saber o percentual de retenção de 25% dos valores pagos pelos adquirentes, reiteradamente afirmado por esta Corte como adequado para indenizar o construtor das despesas gerais e desestimular o rompimento unilateral do

---

[684] Disponível em: https://flaviotartuce.jusbrasil.com.br/artigos/661995206/primeiras-linhas-sobre-a-restituicao-ao-consumidor-das-quantias-pagas-ao-incorporador-na-lei-13786-2018.

[685] AgRg no REsp 1.280.916/SP, 3ª T., rel. Min. João Otávio de Noronha, j. 25.08.2015.

[686] Confira-se: REsp 1.947.698/MS, 4.ª T., rel. Min. Luis Felipe Salomão, j. 08.03.2022.

contrato. Tal percentual tem caráter indenizatório e cominatório, não havendo diferença, para tal fim, entre a utilização ou não do bem, prescindindo também da demonstração individualizada das despesas gerais tidas pela incorporadora com o empreendimento.[687]

5.12.9.2 *Cláusula de tolerância*

No contrato de promessa de compra e venda de imóvel em construção, além do período previsto para o término do empreendimento, há, comumente, cláusula de prorrogação excepcional do prazo de entrega da unidade ou de conclusão da obra, que varia entre 90 e 180 dias: a conhecida **cláusula de tolerância**.

Para a Corte Superior, não é abusiva a cláusula de tolerância que prevê prorrogação do prazo inicial para a entrega da obra pelo lapso máximo de 180 (cento e oitenta) dias. Na visão do STJ, não se verifica, na hipótese, nenhuma desvantagem exagerada em desfavor do consumidor, o que comprometeria o princípio da equivalência das prestações estabelecidas. Tal disposição contratual concorre para a diminuição do preço final da unidade habitacional a ser suportada pelo adquirente, pois ameniza o risco da atividade advindo da dificuldade de se fixar data certa para o término de obra de grande magnitude sujeita a diversos obstáculos e situações imprevisíveis.[688]

Anote-se que esse entendimento jurisprudencial foi encampado pelo legislador ordinário, conforme se depreende do teor do artigo 43-A da Lei 4.591/1964 (Lei de Incorporação Imobiliária), incluído pela Lei 13.786/2018 (Lei do Distrato):

> **Art. 43-A.** A entrega do imóvel em até 180 (cento e oitenta) dias corridos da data estipulada contratualmente como data prevista para conclusão do empreendimento, desde que expressamente pactuado, de forma clara e destacada, não dará causa à resolução do contrato por parte do adquirente nem ensejará o pagamento de qualquer penalidade pelo incorporador.

Se a entrega do imóvel ultrapassar o prazo de tolerância pactuado, desde que o consumidor adquirente não tenha dado causa ao atraso, poderá ser promovida por este a resolução do contrato, sem prejuízo da devolução da integralidade de todos os valores pagos e da multa estabelecida, em até 60 dias corridos contados da resolução, corrigidos nos termos do § 8.º do art. 67-A da Lei 4.591/1964 (art. 43-A, § 1.º).

Na hipótese de a entrega do imóvel exceder o prazo de tolerância e o consumidor não optar pela resolução do contrato, será devida ao adquirente adimplente, por ocasião da entrega da unidade, indenização de 1% do valor efetivamente pago à incorporadora, para cada mês de atraso, *pro rata die*, corrigido monetariamente conforme índice estipulado em contrato (art. 43-A, § 2.º).

A despeito dessa previsão legal, entendemos que no caso de atraso na entrega do imóvel o consumidor poderá optar entre cobrar a multa moratória de 1% do valor pago, ou cobrar integralmente a indenização por lucros cessantes (pela indisponibilidade do imóvel), no valor correspondente ao locativo. Com efeito, a interpretação correta a ser conferida ao art. 410 do CC é que a cláusula penal não é demandável de modo coativo, ou seja, a parte interessada pode não se utilizar da cláusula penal e discutir lucros cessantes, perdas e danos, de modo livre, por meio de instrução ampla, apenas abrindo mão da agilidade que a cláusula penal confere.

Nessa quadra, é oportuno registrar que a jurisprudência do STJ é pacífica quanto ao cabimento de lucros cessantes em razão do descumprimento do prazo para entrega

---

[687] Nesse sentido: REsp 1.723.519/SP, 2.ª S., rel. Min. Maria Isabel Gallotti, j. 28.08.2019.
[688] REsp 1.582.318/RJ, 3.ª T., rel. Min. Ricardo Villas Bôas Cueva, j. 12.09.2017.

INTERESSES DIFUSOS E COLETIVOS – VOL. 1

do imóvel objeto do compromisso de compra e venda, incidindo a presunção de prejuízo do promitente comprador. A propósito:

> Embargos de divergência em recurso especial. Compra e venda de imóvel. Atraso na entrega. Lucros cessantes. Prejuízo presumido.
>
> 1. Nos termos da jurisprudência do STJ, o atraso na entrega do imóvel enseja pagamento de indenização por lucros cessantes durante o período de mora do promitente vendedor, sendo presumido o prejuízo do promitente comprador.
>
> 2. A citação é o marco inicial para a incidência dos juros de mora, no caso de responsabilidade contratual. Precedentes.
>
> 3. Embargos de divergência acolhidos.[689]

5.12.9.3 *Financiamento imobiliário com alienação fiduciária em garantia*

Em contrato de compra e venda de imóvel com garantia de alienação fiduciária devidamente registrado em cartório, a resolução do pacto, na hipótese de inadimplemento do devedor, devidamente constituído em mora, deverá observar a forma prevista na Lei 9.514/1997, por se tratar de legislação específica, afastando-se, por conseguinte, a aplicação do disposto no art. 53 do Código de Defesa do Consumidor.

Esse entendimento foi fixado pela 2.ª Seção do STJ em incidente de recurso repetitivo (Tema 1.095).[690] Para a Corte Superior, o diploma consumerista não estabeleceu um procedimento específico para a retomada do bem pelo credor fiduciário, tampouco inviabilizou que o adquirente (devedor fiduciário) pudesse desistir do ajuste ou promover a resilição do contrato. Apenas delineou consistir em prática abusiva a ocorrência do *bis in idem* suprarreferido por ensejar enriquecimento indevido.

No outro limite, estão os arts. 26 e 27 da Lei 9.514/1997, os quais proclamam que, também na hipótese de inadimplemento, pelo devedor, das obrigações advindas do contrato de alienação fiduciária em garantia de bem imóvel – ou, nos termos da lei (art. 26, *caput*) vencida e não paga, no todo ou em parte, a dívida e constituído em mora o fiduciante –, consolidar-se-á a propriedade do imóvel em nome do fiduciário.

A Lei 9.514/1997 delineou todo o procedimento que deve ser realizado, principalmente pelo credor fiduciário, para a resolução do contrato garantido por alienação fiduciária – por inadimplemento do devedor –, ressalvando ao adquirente o direito de ser devidamente constituído em mora, realizar a purgação da mora, ser notificado dos leilões e, especificamente, após realizada a venda do bem, receber do credor, se existente, a importância que sobejar, considerando-se nela compreendido o valor da indenização de benfeitorias, depois de deduzido o *quantum* da dívida e as despesas e encargos.

Nessa extensão, há, portanto, diversamente do que aparenta, uma convergência entre o disposto no art. 53 do CDC e os ditames da Lei 9.514/1997, pois, evidentemente, em ambos os normativos, procurou o legislador evitar o enriquecimento indevido do credor fiduciário, seja ao considerar nula a cláusula contratual que estabeleça a retomada do bem e a perda da integralidade dos valores, seja por prever o procedimento a ser tomado, em caso de inadimplemento e as consequências jurídicas que a venda, em segundo leilão, por valor igual ou superior à dívida ou por lance inferior impõe, tanto ao credor como ao devedor fiduciário.

Esse procedimento especial não colide com os princípios trazidos no art. 53 do CDC, porquanto, além de se tratar de Lei posterior e específica na regulamentação *da matéria,*

---

[689] EREsp 1.341.138/SP, 2.ª S., rel. Min. Maria Isabel Gallotti, *DJe* 22.05.2018.
[690] REsp 1.891.498/SP, 2.ª S., rel. Min. Marco Buzzi, por unanimidade, j. 26.10.2022 (Tema 1.095).

o § 4.º do art. 27 da Lei 9.514/1997 expressamente prevê, repita-se, a transferência ao devedor dos valores que, advindos do leilão do bem imóvel, vierem a exceder (sobejar) o montante da dívida, não havendo se falar, portanto, em perda de todas as prestações adimplidas em favor do credor fiduciário.

Nesse sentido, no que se refere ao afastamento das normas do Código de Defesa do Consumidor na hipótese de resolução do contrato de compra e venda de bem imóvel com cláusula de alienação fiduciária, há que se averiguar a presença de requisitos próprios da Lei 9.514/1997, a saber, o **registro do contrato** no cartório de registro de imóveis, o **inadimplemento do devedor** e a **constituição em mora**.

Desse modo, havendo inadimplemento do consumidor adquirente do imóvel, e não purgada a mora, pode o credor consolidar a propriedade do bem e levá-lo a leilão para satisfazer a dívida. Sendo este suficiente, e havendo saldo, reverterá em favor do devedor fiduciário; se o valor obtido pela venda for insuficiente, segue o devedor fiduciário obrigado pelo que faltar.

Por outro lado, considera-se o entendimento jurisprudencial de que a realização do leilão não impede a discussão judicial, pelo consumidor, de eventuais abusos no procedimento de alienação do bem e do repasse do produto da arrematação.[691]

5.12.9.4 *Contratos de consórcio de bens duráveis*

No que diz respeito aos **contratos de consórcio de produtos duráveis**, a norma do § 2.º do art. 53 quis preservar os direitos dos demais integrantes de cada grupo de consorciados, ao fixar que os consumidores também têm direito à restituição das parcelas pagas, monetariamente atualizadas, mas descontados a "vantagem econômica auferida com a fruição" e "os prejuízos que o desistente ou inadimplente causou ao grupo".

Aqui, cabe destacar que a administradora do consórcio somente poderá reter parte das parcelas pagas se comprovar a *vantagem econômica auferida com a fruição do bem devolvido* ou o *prejuízo causado ao grupo de consorciados* pelo consumidor desistente ou inadimplente. Nas precisas palavras de Rizzatto Nunes, "é ônus da administradora do consórcio provar a vantagem aferida pelo consumidor ou os prejuízos que o grupo teria com a devolução das parcelas".[692] No mesmo sentido, confira-se:

> Consórcio. Ação de restituição de parcelas pagas. Redutor. Art. 53, § 2.º, do CDC. Prova do prejuízo. Ônus da administradora. Correção monetária. Índice aplicável. **A possibilidade de se descontar dos valores devidos percentual a título de reparação pelos prejuízos causados ao grupo (art. 53, § 2.º, do CDC) depende da efetiva prova do prejuízo sofrido, ônus que incumbe à administradora do consórcio.** Recurso não conhecido (grifou-se).[693]

Ainda sobre o sistema de consórcio destacam-se as seguintes orientações do STJ:

1) a devolução das parcelas pagas, devidamente corrigidas, não é feita de imediato, mas sim até 30 dias depois do encerramento do plano, como tal considerada a data prevista no contrato para a entrega do último bem, quando então passarão a correr os juros moratórios;[694]

---

[691] STJ, AgInt no AREsp 2.065.547/RJ, 3.ª T., rel. Min. Paulo de Tarso Sanseverino, j. 19.09.2022, *DJe* 22.09.2022.

[692] RIZZATTO NUNES, Luiz Antonio. *Curso de Direito do Consumidor.* 4. ed. São Paulo: Saraiva, 2009. p. 711.

[693] STJ, REsp 871.421/SC, 3.ª T., rel. Min. Sidnei Beneti, *DJe* 11.04.2008. No mesmo sentido: REsp 478.775/GO, rel. Min. Carlos Alberto Menezes Direito, j. 17.06.2003.

[694] REsp 1.256.998/GO, 1.ª T., rel. Min. Benedito Gonçalves, j. 22.04.2014; REsp 612.438/RS, 3.ª T., rel. Min. Carlos Alberto Menezes Direito, j. 07.03.2006.

636 | INTERESSES DIFUSOS E COLETIVOS - VOL. 1

2) a correção monetária dos valores correspondentes às parcelas quitadas, a serem restituídas ao consumidor em razão da sua desistência ou inadimplência (Súmula 35 do STJ), deve incidir a partir do pagamento de cada parcela;[695]

3) as administradoras de consórcio têm liberdade para estabelecer a respectiva taxa de administração, ainda que fixada em percentual superior a dez por cento (Súmula 538 do STJ).

Por derradeiro, o § 3.º do art. 53 exige que os valores expressos nos contratos de crédito de que trata o *caput* sejam expressos em moeda corrente nacional.[696]

5.12.10 Contratos de adesão

5.12.10.1 Definição

O conceito de contrato de adesão está previsto no art. 54 do CDC:

> **Art. 54.** Contrato de adesão é aquele cujas cláusulas tenham sido aprovadas pela autoridade competente ou estabelecidas unilateralmente pelo fornecedor de produtos ou serviços, sem que o consumidor possa discutir ou modificar substancialmente seu conteúdo.

Como bem observado por Nelson Nery Junior, o **contrato de adesão não encerra novo tipo contratual ou categoria autônoma de contrato**, mas somente *técnica de formação de contrato*, que pode ser aplicada a qualquer tipo contratual (compra e venda, locação, transporte etc.), sempre que seja buscada a rapidez na conclusão do negócio, exigência da sociedade de consumo em massa.[697]

As principais características dos contratos de adesão são as seguintes: **a)** *predeterminação* – suas cláusulas gerais são preestabelecidas unilateralmente pelo fornecedor ou pela autoridade competente,[698] antes das tratativas com o consumidor; **b)** *uniformidade* – invariabilidade do conteúdo das cláusulas gerais em todas as relações contratuais, o que condiz com a exigência de racionalização da atividade econômica; e **c)** *rigidez* – as cláusulas gerais do contrato são estabelecidas pelo fornecedor ou pela autoridade competente, sem que o consumidor possa discutir ou modificar substancialmente seu conteúdo.[699]

A rigor, a principal diferença entre o contrato de adesão e o contrato de comum acordo (*contrat de gré à gré*) está na fase pré-contratual. Nos contratos de comum acordo, também denominados contratos paritários, todas as cláusulas são fixadas pelas partes, após o livre debate na fase das negociações preliminares. Já nos contratos de adesão não há tratativas, isto é, não há a possibilidade de o aderente influenciar no conteúdo do contrato, cabendo-lhe somente a faculdade de aderir ou não ao contrato como um todo.

O traço característico do contrato de adesão, portanto, é a **mitigação da fase pré--contratual**, ou seja, a ausência de debate para a fixação das cláusulas gerais do contrato, que são preestabelecidas unilateralmente pelo fornecedor. Desse teor o ensinamento de Claudia Lima Marques:

---

[695] REsp 149.644/RJ, rel. Min. Waldemar Zveiter, *DJ* 15.03.1999.

[696] Nesse sentido, veja-se: STJ, REsp 259.733/BA, 3.ª T., rel. Min. Ari Pargendler, *DJU* 05.08.2002.

[697] NERY JUNIOR, Nelson et al. *Código Brasileiro de Defesa do Consumidor*: Comentado pelos Autores do Anteprojeto. 7. ed. Rio de Janeiro: Forense Universitária, 2001. p. 566.

[698] É o caso, por exemplo, das regras gerais dos contratos de fornecimento de energia elétrica, que são estabelecidas, em grande parte, pela Agência Nacional de Energia Elétrica (Aneel).

[699] Nesse sentido, veja-se: STJ, REsp 59.870/SP, 3.ª T., rel. Min. Ari Pargendler, *DJU* 07.02.2000.

CAP. 5 – DIREITO DO CONSUMIDOR | 637

O elemento essencial do contrato de adesão, portanto, é a ausência de uma fase pré-negocial decisiva, a falta de um debate prévio das cláusulas contratuais e, sim, a sua predisposição unilateral, restando ao outro parceiro a mera alternativa de aceitar ou rejeitar o contrato, não podendo modificá-lo de maneira relevante.

5.12.10.2 Inserção de cláusula no formulário

A inserção de cláusulas manuscritas e o preenchimento de campos em branco com dados referentes à identificação do consumidor-contratante e outras informações (ex.: preço, forma de pagamento etc.) não afastam o caráter de unilateralidade do contrato, conforme disposto no § 1.º do art. 54: "A inserção de cláusula no formulário não desfigura a natureza de adesão do contrato".

Desse modo, somente haverá perda do caráter de adesão se a modificação ou inserção de cláusula alterar *substancialmente* o conteúdo do contrato.

E se houver conflito entre a parte impressa e a parte acrescida? Nesse caso, prevalecerá a última, por dever traduzir melhor a vontade dos contratantes.[700]

5.12.10.3 Cláusula resolutória alternativa

O Código permite a inserção de cláusula resolutória nos contratos de adesão, desde que alternativa, cabendo a escolha ao consumidor (§ 2.º do art. 54).

Em outras palavras, o estipulante só pode inserir no formulário cláusula resolutória se deixar a escolha entre a extinção ou a manutenção do contrato ao consumidor. Se optar pela resolução, o consumidor fará *jus* à restituição das parcelas pagas, monetariamente atualizadas, descontada a vantagem auferida pelo aderente, nos termos do § 2.º do art. 53.

5.12.10.4 Contrato de adesão escrito

Os contratos de adesão, quando escritos, serão redigidos *em termos claros e com caracteres ostensivos e legíveis*, de modo a facilitar sua compreensão pelo consumidor, nos termos do § 3.º do art. 54. Esse parágrafo foi alterado recentemente pela Lei 11.785, de 22.09.2008, para constar que **o tamanho da fonte não será inferior ao "corpo doze"**.[701]

O dispositivo em exame reforça a regra prevista no art. 46 do CDC, segundo a qual os contratos redigidos de forma a dificultar a compreensão de seu sentido e alcance *não obrigarão os consumidores*. Em outras palavras, a sanção pela falta de clareza é a ineficácia da disposição.

5.12.10.5 Cláusulas restritivas de direitos do consumidor

As cláusulas que limitarem direito do consumidor deverão ser redigidas e impressas com ***destaque,*** a fim de permitir sua imediata e fácil compreensão (§ 4.º do art. 54).

Na visão de Nelson Nery Junior, esse destaque pode ser dado de várias formas: a) em caracteres de cor diferente das demais cláusulas; b) com tarja preta em volta da cláusula; c) com redação em corpo gráfico maior do que o das demais estipulações; d) em tipo de letra diferente das outras cláusulas, além de muitas outras maneiras que possam ser utilizadas, ao sabor da criatividade do estipulante.[702]

---

[700] A propósito, veja-se: ALMEIDA, João Batista de. *Manual de Direito do Consumidor*. 3. ed. São Paulo: Saraiva, 2009. p. 127.

[701] O STJ já decidiu que a previsão de tamanho mínimo de fonte em contratos de adesão estabelecido no art. 54, § 3.º, do CDC não é aplicável ao contexto das ofertas publicitárias (REsp 1.602.678/RJ, 3.ª T., rel. Min. Paulo de Tarso Sanseverino, j. 23.05.2017).

[702] NERY JUNIOR, Nelson et al. *Código Brasileiro de Defesa do Consumidor*: Comentado pelos Autores do Anteprojeto. 7. ed. Rio de Janeiro: Forense Universitária, 2001. p. 570.

638 | INTERESSES DIFUSOS E COLETIVOS - VOL. 1

A razão do dispositivo é obrigar o fornecedor a chamar a atenção do consumidor para as estipulações desvantajosas para ele, em nome da transparência e da boa-fé, que devem presidir as relações de consumo.

O Superior Tribunal de Justiça, em vários julgados, tem declarado a nulidade de cláusulas restritivas de direitos por inobservância do disposto no § 4.º do art. 54. A propósito, veja-se:

> A teor da regra inserta no art. 54, § 4.º, do Código de Defesa do Consumidor, **a cláusula restritiva, contida em contrato de adesão, deve ser redigida com destaque** a fim de se permitir, ao consumidor, sua imediata e fácil compreensão. **Na hipótese, a cláusula de seguro relativo a contrato habitacional vinculado ao SFH, que exclui de sua cobertura a invalidez decorrente de doença anterior à contratação, não atende aos requisitos legais**. Recurso especial conhecido e provido.[703]

Em verdade, o que se exige é que o destaque, independentemente da forma empregada pelo fornecedor para fazê-lo (ex.: emprego de cor diferente, fonte diferente, sublinhado etc.), possibilite ao consumidor a **imediata e fácil compreensão do conteúdo da cláusula**.

Assim, por exemplo, de nada adianta destacar em negrito uma cláusula restritiva de direitos, se na mesma página do contrato existem várias outras cláusulas redigidas também em negrito, com o mesmo tipo e tamanho de fonte. Nesse sentido, aliás, já decidiu o STJ:

> A embriaguez do segurado, por si só, não exclui direito à indenização securitária. Cláusula restritiva, contida em contrato de adesão, deve ser redigida com destaque a fim de se permitir, ao consumidor, sua imediata e fácil compreensão. **O fato de a cláusula restritiva estar no meio de outras, em negrito, não é suficiente para se atender à exigência do art. 54, § 4.º, do CDC**. A lei não prevê – e nem o deveria – o modo como tais cláusulas deverão ser redigidas. Assim, a interpretação do art. 54 deve ser feita com o espírito protecionista, buscando sua máxima efetividade.[704]

A análise conjunta das regras contidas no art. 54, §§ 3.º e 4.º, com o disposto no art. 46, evidencia que o fornecedor deve cuidar para que o consumidor compreenda adequadamente seus direitos e obrigações decorrentes do vínculo contratual que será estabelecido a partir da assinatura do contrato de adesão.

O contrato de adesão deve ser objetivo, claro, não gerar dúvidas nem ambiguidades. A sanção pela falta de clareza (§ 3.º do art. 54) do instrumento ou ausência de destaque da cláusula restritiva de direito (§ 4.º do art. 54) é a nulidade da disposição, por desacordo com o "sistema de proteção ao consumidor" (art. 51, XV). Confira-se, nesse sentido, recente decisão do STJ:

> Os arts. 6.º, inciso III, e 54, § 4.º, do CDC estabelecem que é direito do consumidor a informação plena do objeto do contrato, garantindo-lhe, ademais, não somente uma clareza física das cláusulas limitativas – o que é atingido pelo simples destaque destas –, mas, sobretudo, clareza semântica, um significado unívoco dessas cláusulas, que deverão estar infensas a duplo sentido. O esclarecimento contido no contrato acerca da abrangência da cobertura securitária que reproduz, em essência, a letra do art. 155 do Código Penal, à evidência, não satisfaz o comando normativo segundo o qual as cláusulas limitadoras devem ser claras, por óbvio, aos olhos dos seus destinatários, os consumidores, cuja hipossuficiência informacional é pressuposto do seu enquadramento como tal. **Mostra-se inoperante a cláusula contratual que, a pretexto de informar o consumidor sobre as limitações da cobertura securitária, somente o remete para a letra da Lei acerca da tipicidade**

---

[703] REsp 669.525/PB, rel. Min. Antônio de Pádua Ribeiro, j. 19.05.2005. No mesmo sentido: REsp 225.064/SP, 3.ª T., rel. Min. Carlos Alberto Menezes Direito, *DJU* 04.06.2001.

[704] REsp 774.035/MG, 3.ª T., rel. Min. Humberto Gomes de Barros, *DJ* 11.02.2007.

CAP. 5 – DIREITO DO CONSUMIDOR | **639**

do furto qualificado, cuja interpretação, ademais, é por vezes controvertida até mesmo no âmbito dos Tribunais e da doutrina criminalista. Recurso especial não conhecido (grifou-se).[705]

Em julgamento realizado sob o incidente dos recursos repetitivos (Tema 1.032), a 2.ª Seção do STJ decidiu que nos contratos de plano de saúde não é abusiva a cláusula de coparticipação expressamente ajustada e informada ao consumidor, à razão máxima de 50% do valor das despesas, nos casos de internação superior a 30 dias por ano, decorrente de transtornos psiquiátricos, preservada a manutenção do equilíbrio financeiro.[706] Para a Corte Superior, os planos de saúde podem ser coparticipativos ou não, sendo, pois, lícita a incidência da coparticipação em determinadas despesas, desde que informado com clareza o percentual desse compartilhamento, nos termos dos arts. 6.º, III, e 54, §§ 3.º e 4.º, da Lei 8.078/1990, nos quais é estabelecido que eventuais limitações a direitos, ressalvas e restrições de cobertura, bem como estipulações e obrigações carreadas aos consumidores devem ser redigidos de modo claro, com caracteres ostensivos e legíveis e com o devido destaque a fim de permitir a fácil compreensão pelo consumidor.

Finalmente, cabe recordar que, nos contratos de adesão, a cláusula que alterar o prazo de 30 dias que o fornecedor tem para sanar os vícios dos produtos (não podendo ser inferior a sete nem superior a cento e oitenta dias) deverá ser convencionada em separado, por meio de manifestação expressa do consumidor (art. 18, § 2.º, do CDC).

5.13 PREVENÇÃO E TRATAMENTO DO SUPERENDIVIDAMENTO

5.13.1 Introdução

Nas últimas décadas, a repercussão da oferta de crédito para os consumidores, em muitos casos, sem aferição da sua própria capacidade de pagamento, deu causa a um novo fenômeno que, rapidamente, tornou-se típico da sociedade de consumo contemporânea: o superendividamento.

O superendividamento do consumidor é um fenômeno social porque afeta não apenas o consumidor endividado, mas também sua família e a sociedade como um todo. O consumidor superendividado é excluído da sociedade de consumo, ficando com o nome "sujo" nos bancos de dados, tornando-se um pária no mercado.

O superendividamento do consumidor é também um problema econômico, não apenas para a pessoa que está superendividada, mas também macroeconomicamente. O endividamento das massas de consumidores é um freio à retomada da economia, pois a roda do mercado não funciona sem os consumidores. A própria OCDE emitiu, em 2019, uma "Recomendação sobre Proteção do Consumidor em Crédito de Consumo", alertando para os efeitos nocivos do endividamento excessivo, tomando em conta suas repercussões pessoais tanto para o próprio consumidor quanto para o sistema econômico como um todo (daí a noção de "endividamento de risco" adotada pela regulação bancária).[707]

Da mesma forma, o superendividamento é um problema jurídico, pois a concessão de crédito ao consumidor está ligada a uma série de abusos, como o assédio, o marketing agressivo, o desvio de publicidade, as práticas contratuais desleais, as cobranças de dívidas etc.

O Código de Defesa do Consumidor, em sua redação original, já previa expressamente, no seu art. 52, deveres específicos aos fornecedores, no caso do "fornecimento

---

[705] REsp 814.060/RJ, 4.ª T., rel. Min. Luis Felipe Salomão, *DJe* 13.04.2010.

[706] REsp 1.809.486/SP, 2.ª S., rel. Min. Marco Buzzi, por unanimidade, j. 09.12.2020.

[707] Recommendation of the Council Concerning Consumer Protection in the Field of Consumer Credit (OCDE, 2019). Disponível em: https:// legalinstruments.oecd.org/en/instruments/OECD-LEGAL-0453.

INTERESSES DIFUSOS E COLETIVOS – VOL. 1

de produtos ou serviços que envolva outorga de crédito ou concessão de financiamento ao consumidor". Reconhecia aí a existência de dois contratos vinculados entre si, o de compra e venda do produto ou de prestação de serviço, e o de outorga de crédito, espécie de mútuo ou financiamento para viabilizar o primeiro.

Ocorre que essa proteção contratual do consumidor prevista pela Lei 8.078/1990 tornou-se insuficiente diante do avanço da oferta de crédito e crescimento dos meios de acesso a esses serviços, não apenas em agências bancárias, mas em grandes lojas, agências de correios ou lotéricas, supermercados, entre outros canais.

Nesse contexto, a Lei 14.181/2021 (Lei do Superendividamento) desponta como uma necessária resposta por parte do Estado brasileiro a esse fenômeno complexo que acomete milhões de famílias.[708] Seu objetivo é prevenir o superendividamento da pessoa natural, promover o acesso ao crédito responsável e à educação financeira do consumidor, de forma a evitar a sua exclusão social e o comprometimento de seu mínimo existencial, sempre com base nos princípios da boa-fé, da função social do crédito ao consumidor e do respeito à dignidade da pessoa humana. Por outras palavras, o que se busca é resguardar as condições mínimas de subsistência das pessoas que se encontram em situação de superendividamento, ou seja, daquelas que não conseguem pagar suas dívidas sem comprometer o mínimo existencial.

São dois os principais objetivos do novo Capítulo VI-A do Título I ("Dos Direitos do Consumidor"), inserido no CDC pela Lei 14.181/2021: **prevenir** e **tratar** o superendividamento do consumidor.[709]

O emprego do termo médico "tratamento" é adequado, porque o superendividamento é a "doença" da sociedade de consumo, que não pode poupar para gastar, mas acaba dependendo do crédito para honrar, mês a mês, os gatos familiares e individuais de consumo. E prevenir a doença será sempre o melhor remédio.

Na perspectiva da prevenção, destaca-se também o crédito responsável, como direito fundamental (e básico) do consumidor. Neste ponto, impõe-se ao fornecedor do serviço de crédito avaliar a capacidade de reembolso do consumidor antes da celebração do contrato, a fim de evitar o superendividamento.

Desse teor o art. 54-A:

> **Art. 54-A.** Este Capítulo dispõe sobre a prevenção do superendividamento da pessoa natural, sobre o crédito responsável e sobre a educação financeira do consumidor. (Incluído pela Lei 14.181, de 2021)
>
> § 1.º Entende-se por superendividamento a impossibilidade manifesta de o consumidor pessoa natural, de boa-fé, pagar a totalidade de suas dívidas de consumo, exigíveis e vincendas, sem comprometer seu mínimo existencial, nos termos da regulamentação. (Incluído pela Lei 14.181, de 2021)
>
> § 2.º As dívidas referidas no § 1.º deste artigo englobam quaisquer compromissos financeiros assumidos decorrentes de relação de consumo, inclusive operações de crédito, compras a prazo e serviços de prestação continuada. (Incluído pela Lei 14.181, de 2021)
>
> § 3.º O disposto neste Capítulo não se aplica ao consumidor cujas dívidas tenham sido contraídas mediante fraude ou má-fé, sejam oriundas de contratos celebrados dolosamente com o propósito de não realizar o pagamento ou decorram da aquisição ou contratação de produtos e serviços de luxo de alto valor. (Incluído pela Lei 14.181, de 2021)

---

[708] Segundo a pesquisa de Endividamento e Inadimplência do Consumidor (PEIC), da Confederação Nacional do Comércio de Bens, Serviços e Turismo (CNC), em 2022, a cada 100 famílias brasileiras, 78 estavam endividadas. O patamar é o mais elevado da série histórica da PEIC, com início em 2010.

[709] No dia 24 de dezembro de 2021, o CNJ expediu a Recomendação 125, que dispõe sobre os mecanismos de prevenção e tratamento do superendividamento e a instituição de Núcleos de Conciliação e Mediação de conflitos oriundos de superendividamento, previstos na Lei 14.181/2021.

CAP. 5 – DIREITO DO CONSUMIDOR | 641

A norma em destaque define superendividamento, inclui a totalidade das dívidas vencidas (exigíveis e não prescritas) e a vencer, e exclui as dívidas que tenham sido contraídas mediante fraude ou má-fé, sejam oriundas de contratos celebrados dolosamente com o propósito de não realizar o pagamento ou decorram da aquisição ou contratação de produtos e serviços de luxo de alto valor.

5.13.2 Definição jurídica de superendividamento

A Lei 14.181/2021 inseriu no CDC uma definição legal de superendividamento do consumidor. Desse teor o § 1.º do art. 54-A:

> **Art. 54-A.** (...)
> § 1.º Entende-se por superendividamento a impossibilidade manifesta de o consumidor pessoa natural, de boa-fé, pagar a totalidade de suas dívidas de consumo, exigíveis e vincendas, sem comprometer seu mínimo existencial, nos termos da regulamentação.

O superendividamento é uma situação jurídica objetiva, que não decorre da vontade do consumidor, mas do reconhecimento jurídico da impossibilidade de pagamento das dívidas de consumo, sem comprometimento do mínimo existencial.

A definição compreende diferentes elementos. Um primeiro, **elemento subjetivo**: o consumidor superendividado, titular dos direitos, pretensões, ações e exceções previstos na lei, é pessoa natural e de boa-fé. Excluem-se da definição legal, portanto, tanto os consumidores pessoa jurídica quanto os que tenham contraído dívidas mediante fraude ou má-fé, o que inclui o comportamento daquele que as contrata já com o propósito de não adimplir.[710]

Na definição de superendividamento da Lei 14.181/2021 existe também um **elemento objetivo**: a Lei 14.181/2021 só alcança as dívidas de consumo, exigíveis e vincendas, não abrangendo, portanto, as que têm outra natureza, como é o caso das dívidas tributárias, das dívidas decorrentes de obrigação alimentar, entre outras. Conforme esclarece o § 1.º do art. 54-A do CDC, superendividamento refere-se a todas as dívidas de consumo (não profissionais), exigíveis ou vincendas, logo, estão incluídas tanto as dívidas já vencidas como as dívidas a vencer.

Referidas dívidas englobam quaisquer compromissos financeiros assumidos decorrentes de relação de consumo, inclusive operações de crédito, compras a prazo e serviços de prestação continuada, nos termos do § 2.º do art. 54-A do CDC. As dívidas provenientes dos serviços de água, energia, internet, plano de saúde e demais prestações continuadas estão incluídas nessa rubrica.

Quanto às dívidas de consumo, o disposto no Capítulo VI-A não se aplica àquelas que decorram da aquisição ou contratação de produtos e serviços de luxo de alto valor (art. 54-A, § 1.º, do CDC). Tais dívidas não serão computadas para o cálculo do mínimo existencial, tampouco serão repactuadas ou incluídas no plano de pagamento.

No capítulo sobre conciliação e processo judicial de superendividamento existem outras dívidas que, embora tenham natureza consumerista, também ficam excluídas, mas aí só para a repactuação de dívida, e não para fins de prevenção e tratamento. São as dívidas provenientes de contratos de crédito com garantia real, de financiamentos imobiliários e de crédito rural (art. 104-A, § 1.º). Se o consumidor tem uma dívida oriunda

---

[710] O novo art. 54-A, § 3.º, refere: "O disposto neste Capítulo não se aplica ao consumidor cujas dívidas tenham sido contraídas mediante fraude ou má-fé, sejam oriundas de contratos celebrados dolosamente com o propósito de não realizar o pagamento ou decorram da aquisição ou contratação de produtos e serviços de luxo de alto valor".

de financiamento imobiliário, por exemplo, ela será computada para o cálculo do mínimo existencial, mas não será repactuada ou incluída no plano de pagamento.

No particular, faz-se necessário ressaltar que o fato de dívidas tributárias ou obrigação alimentar – como as decorrentes das relações familiares (pensão alimentícia) – estarem excluídas do processo de conciliação ou revisão previsto no CDC não significa que não devam ser consideradas para avaliar a capacidade de pagamento do consumidor e para a preservação do seu mínimo existencial, ou seja, são tomadas em conta, ainda que indiretamente, para a caracterização do superendividamento.[711]

Há, ainda, um **elemento finalístico ou teleológico** na definição de superendividamento: a impossibilidade de pagamento se dá em vista do comprometimento do mínimo existencial do consumidor. Logo, não será qualquer situação de endividamento abrangida pela lei, senão aquela que, comprovadamente, possa comprometer a subsistência do consumidor.

O grande mérito da Lei 14.181/2021 reside na definição jurídica de superendividamento a partir do conjunto das dívidas de consumo da pessoa natural e sua incapacidade de pagamento, superando-se a prática anterior, que se mostrou ineficaz, de tomar em conta dívidas isoladas do consumidor.

Noutras palavras, impõe-se um olhar contextual de reinclusão do consumidor e de prevenção do superendividamento. Um olhar para o todo, sendo necessária a mudança de perspectiva em cada contrato, oferta, informação, avaliação responsável de crédito (art. 6.º, XI), visando sempre preservar o mínimo existencial (art. 6.º, XI), para manter a dignidade do consumidor e evitar a sua exclusão social (art. 4.º, X).

5.13.2.1 A preservação do mínimo existencial

A proteção do mínimo existencial e a proteção das condições mínimas de sobrevivência do consumidor pessoa natural respeitam o princípio da dignidade da pessoa humana (art. 1.º, III, da CF), da proteção especial e ativa do consumidor (art. 5.º, XXXII, da CF), e concretiza o objetivo fundamental da República de "erradicar a pobreza e a marginalização e reduzir as desigualdades sociais e regionais" (art. 3.º, III, da CF), ao mesmo tempo que realiza a finalidade da ordem constitucional econômica de "assegurar a todos existência digna" (art. 170 da CF).

A preservação do mínimo existencial é a finalidade que dá fundamento à disciplina jurídica do superendividamento do consumidor. Para esse fim convergem todas as normas inseridas no CDC pela Lei 14.181/2021.

De acordo com a melhor doutrina,[712] os elementos que compõem o mínimo existencial serão apurados caso a caso, mas referem-se às despesas mensais, como alimentação, aluguel ou moradia, saúde e medicamentos, luz, água, telefone (hoje com dados e internet), impostos diretos, com eventual pensão alimentícia e educação. A ideia é que as dívidas oriundas de empréstimos ao consumo não comprometam demasiadamente a renda do consumidor, colocando em risco a satisfação de suas necessidades fundamentais.

Na Lei 14.181/2021, a preservação do mínimo existencial como novo direito básico do consumidor tem seu conteúdo remetido à definição de norma regulamentar.[713] A remessa da definição do mínimo existencial ao regulamento certamente é solução que

---

[711] Nesse mesmo sentido: MIRAGEM, Bruno. *Curso de Direito do Consumidor*. 9 ed. Rio de Janeiro: Forense, 2024. p. 762.

[712] BERTONCELLO, Káren Rick Danilevicz. *Superendividamento do consumidor*. Mínimo existencial. Casos concretos. São Paulo: RT, 2015. p. 104-105.

[713] Na redação original do projeto de lei que resultou na Lei 14.181/2021, fazia-se referência ao comprometimento de 30% "da renda líquida mensal do consumidor", o que acabou sendo alterado no curso do processo legislativo.

apresenta dificuldades, mas foi a que alcançou a possibilidade de maioria, em vista das circunstâncias da negociação política que envolveu a aprovação do projeto de lei.

Ao regulamentar a Lei do Superendividamento, o Decreto 11.150, de 26 de julho de 2022, estabeleceu o mínimo existencial correspondente a 25% do salário mínimo, perfazendo o valor de R$ 303,00. Posteriormente, o Decreto Presidencial 11.567/2023 estipulou que o mínimo a ser protegido é de R$ 600,00 (seiscentos reais).

Essa definição do mínimo existencial de forma fixa não é a mais adequada e, na prática, acaba reduzindo o superendividamento a um fenômeno dos mais pobres. Se não bastasse, a importância de R$ 600,00 (seiscentos reais) reduz os consumidores que pagam seus planos de repactuação da dívida à pobreza.

Melhor seria a regulamentação do mínimo existencial por faixas e de forma flexível, para permitir uma exceção no caso a caso, de acordo com as circunstâncias pessoais de cada consumidor, tanto no mínimo existencial de "entrada" no sistema, como no mínimo existencial de consumo, nos planos de pagamento da parte do tratamento.

Ao lado dos deveres dirigidos a evitar a situação de superendividamento, este se trata também de um conceito operacional, ao permitir que se inaugurem os respectivos processos de conciliação e de revisão e integração de contratos, conforme o caso.

5.13.3 Dever de informação (art. 54-B e seus parágrafos)

A Lei 14.181/2021 reforçou a informação obrigatória que deve ser repassada ao consumidor, prévia e resumidamente, antes da contratação, seja pelo fornecedor de crédito, pelo fornecedor da venda a prazo ou intermediário, complementando o que já consta no art. 52 do CDC. Confira-se, nesse sentido, o teor do art. 54-B do CDC:

> **Art. 54-B.** No fornecimento de crédito e na venda a prazo, além das informações obrigatórias previstas no art. 52 deste Código e na legislação aplicável à matéria, o fornecedor ou o intermediário deverá informar o consumidor, prévia e adequadamente, no momento da oferta, sobre: (Incluído pela Lei 14.181, de 2021)
>
> I – o custo efetivo total e a descrição dos elementos que o compõem; (Incluído pela Lei 14.181, de 2021)
>
> II – a taxa efetiva mensal de juros, bem como a taxa dos juros de mora e o total de encargos, de qualquer natureza, previstos para o atraso no pagamento; (Incluído pela Lei 14.181, de 2021)
>
> III – o montante das prestações e o prazo de validade da oferta, que deve ser, no mínimo, de 2 (dois) dias; (Incluído pela Lei 14.181, de 2021)
>
> IV – o nome e o endereço, inclusive o eletrônico, do fornecedor; (Incluído pela Lei 14.181, de 2021)
>
> V – o direito do consumidor à liquidação antecipada e não onerosa do débito, nos termos do § 2.º do art. 52 deste Código e da regulamentação em vigor. (Incluído pela Lei 14.181, de 2021)
>
> § 1.º As informações referidas no art. 52 deste Código e no *caput* deste artigo devem constar de forma clara e resumida do próprio contrato, da fatura ou de instrumento apartado, de fácil acesso ao consumidor. (Incluído pela Lei 14.181, de 2021)
>
> § 2.º Para efeitos deste Código, o custo efetivo total da operação de crédito ao consumidor consistirá em taxa percentual anual e compreenderá todos os valores cobrados do consumidor, sem prejuízo do cálculo padronizado pela autoridade reguladora do sistema financeiro. (Incluído pela Lei 14.181, de 2021)
>
> § 3.º Sem prejuízo do disposto no art. 37 deste Código, a oferta de crédito ao consumidor e a oferta de venda a prazo, ou a fatura mensal, conforme o caso, devem indicar, no mínimo, o custo efetivo total, o agente financiador e a soma total a pagar, com e sem financiamento. (Incluído pela Lei 14.181, de 2021)

644 | INTERESSES DIFUSOS E COLETIVOS – VOL. 1

O dispositivo acresce outras informações, para além daquelas constantes do art. 52, que devem ser prestadas ao consumidor no momento da oferta para que ele possa melhor avaliar os custos da contratação, bem como o impacto no seu orçamento.

A finalidade de resumir as principais informações dos contratos de concessão de crédito ou de venda a prazo no próprio contrato, na fatura ou em instrumento apartado é a de informar previamente, preservando, assim, a plena concorrência e a liberdade de escolha racional do consumidor (art. 54-B, § 1.º).

Outra inovação positiva é obrigatoriedade de prazo de validade mínimo de dois dias para as ofertas nesses tipos de contratos, um instrumento de reflexão europeu que não existia no Brasil (art. 54-B, III). Essa **oferta prévia com prazo de validade mínimo de dois dias** possibilita que o consumidor compare as condições ofertadas com as da concorrência, além de conferir ao consumidor um tempo para refletir sobre a necessidade da contratação e sua capacidade financeira para arcar com os custos do contrato, livrando-o, assim, da pressão e da agressividade de ter de decidir imediatamente.

Conforme previsto no § 2.º do art. 54-B, o custo efetivo total da operação de crédito ao consumidor consistirá em taxa percentual anual e compreenderá todos os valores cobrados do consumidor, sem prejuízo do cálculo padronizado pela autoridade reguladora do sistema financeiro.

O dispositivo também impõe que a oferta de crédito ao consumidor e a oferta de venda a prazo, ou a fatura mensal, conforme o caso, devem indicar, no mínimo, o custo efetivo total, o agente financiador e a soma total a pagar, com e sem financiamento (§ 3.º do art. 54-B).

5.13.4 Regime da oferta de crédito e assédio ao consumo (art. 54-C)

A Lei 14.181/2021 reforçou a proteção ao consumidor ao vedar práticas irresponsáveis na oferta de crédito e ao proibir o assédio de consumo, em complemento às vedações de práticas abusivas previstas nos arts. 37 e 39 do CDC. Desse teor o art. 54-C:

> **Art. 54-C.** É vedado, expressa ou implicitamente, na oferta de crédito ao consumidor, publicitária ou não:
>
> I – (VETADO);
>
> II – indicar que a operação de crédito poderá ser concluída sem consulta a serviços de proteção ao crédito ou sem avaliação da situação financeira do consumidor;
>
> III – ocultar ou dificultar a compreensão sobre os ônus e os riscos da contratação do crédito ou da venda a prazo;
>
> IV – assediar ou pressionar o consumidor para contratar o fornecimento de produto, serviço ou crédito, principalmente se se tratar de consumidor idoso, analfabeto, doente ou em estado de vulnerabilidade agravada ou se a contratação envolver prêmio;
>
> V – condicionar o atendimento de pretensões do consumidor ou o início de tratativas à renúncia ou à desistência de demandas judiciais, ao pagamento de honorários advocatícios ou a depósitos judiciais.

A norma proíbe ao fornecedor indicar que a operação de crédito poderá ser concluída sem consulta a serviços de proteção ao crédito ou sem avaliação da situação financeira do consumidor. Tais condutas afrontam o princípio do crédito responsável, daí a sua vedação.

A ocultação dos riscos e ônus da contratação de crédito ofende o dever de boa-fé objetiva imposto aos fornecedores, do qual decorre o dever de informar, aconselhar e

CAP. 5 – DIREITO DO CONSUMIDOR

esclarecer o consumidor antes da contratação de um crédito, visando à prevenção de situações de superendividamento.

A Lei 14.181/2021 introduz no CDC a figura do **assédio de consumo**, inspirado na Diretiva Europeia 2005/29/CE sobre práticas comerciais abusivas. O assédio de consumo é proibido na oferta de crédito a consumidores que apresentem vulnerabilidade agravada (idosos, crianças, analfabetos, doentes, superendividados, pessoas com deficiência etc.), buscando combater, especialmente, estratégias de *marketing* direcionadas a esses grupos de pessoas afetadas de diferentes modos. Tais pessoas merecerem uma proteção qualificada do microssistema consumerista, justamente por estarem mais expostas às práticas comerciais agressivas, que limitam sua liberdade de escolha. A prática do mercado de assediar com ofertas e intermediários especializados esses grupos de consumidores com vulnerabilidade agravada fica agora proibida expressamente pelo art. 54-C, IV.

A jurisprudência brasileira já vinha reconhecendo a necessidade de proteger os consumidores **hipervulneráveis**, assim considerados os mais crédulos, os doentes e os consumidores com vulnerabilidade agravada. A título de exemplo, confira-se "A vulnerabilidade informacional agravada ou potencializada, denominada hipervulnerabilidade do consumidor, prevista no art. 39, IV, do CDC, deriva do manifesto desequilíbrio entre as partes" (REsp 1.329.556/SP, 3.ª Turma, rel. Min. Ricardo Villas Bôas Cueva, j. 25.11.2014).[714]

O dispositivo também considera abusiva a prática de condicionar o atendimento de pretensões do consumidor ou o início de tratativas à renúncia ou à desistência de demandas judiciais, ao pagamento de honorários advocatícios ou a depósitos judiciais (art. 54-C, V). É regra que reúne distintos comportamentos lesivos ao consumidor, em especial quando se convertam em obstáculos às providências para prevenir ou mitigar situação de superendividamento.

Trata-se, como se vê, de norma importante, que reforça a perspectiva de transparência, lealdade, crédito responsável e de combate ao assédio e abuso dos mais vulneráveis entre os consumidores, em complemento às regras previstas nos arts. 37 e 39 do CDC.

5.13.5 Crédito responsável (art. 54-D)

O art. 54-D do CDC, inserido pela Lei 14.181/2021, é a base para o crédito responsável, impondo informação, esclarecimento, avaliação responsável e contextual na concessão de crédito. Confira-se:

> **Art. 54-D.** Na oferta de crédito, previamente à contratação, o fornecedor ou o intermediário deverá, entre outras condutas: (Incluído pela Lei 14.181, de 2021)
>
> I – informar e esclarecer adequadamente o consumidor, considerada sua idade, sobre a natureza e a modalidade do crédito oferecido, sobre todos os custos incidentes, observado o disposto nos arts. 52 e 54-B deste Código, e sobre as consequências genéricas e específicas do inadimplemento; (Incluído pela Lei 14.181, de 2021)
>
> II – avaliar, de forma responsável, as condições de crédito do consumidor, mediante análise das informações disponíveis em bancos de dados de proteção ao crédito, observado o disposto neste Código e na legislação sobre proteção de dados; (Incluído pela Lei 14.181, de 2021)
>
> III – informar a identidade do agente financiador e entregar ao consumidor, ao garante e a outros coobrigados cópia do contrato de crédito. (Incluído pela Lei 14.181, de 2021)

---

[714] Em sentido semelhante: REsp 586.316/MG, 2.ª T., rel. Min. Herman Benjamin j. 17.04.2007.

A finalidade da norma é a de estimular a observância, pelos fornecedores, dos arts. 52 e 54-C, em respeito aos *standards* de crédito responsável, impondo as melhores práticas na concessão de crédito.

Avaliar, de forma responsável, as condições de crédito do consumidor significa examinar sua capacidade de reembolso, de modo a prevenir a assunção de dívida que não possa pagar no futuro.

O dever de avaliação responsável do crédito tem duas dimensões, individual e coletiva. Representa dever de boa-fé em relação ao consumidor interessado em contratar o crédito, visando impedir, dar causa ou agravar situação de superendividamento. Seu cumprimento, contudo, atende também ao interesse coletivo, prevenindo riscos de crédito e solvência do fornecedor do crédito, e sua repercussão ao mercado como um todo.

Importante referir que da avaliação do risco de crédito resulta a legitimidade de recusa da contratação, observado o limite constitucional e legal à não discriminação injusta de consumidores.[715]

A exigência de identificação do agente financiador e de entrega, ao consumidor, de cópia do contrato de crédito, reforça a transparência nesses tipos de contratos, permitindo ao consumidor tomar ciência e compreender as obrigações que está contraindo.

5.13.6 Violação positiva do contrato (art. 54-D e seus parágrafos)

Desse teor o parágrafo único do art. 54-D do CDC:

> **Art. 54-D (...) Parágrafo único.** O descumprimento de qualquer dos deveres previstos no *caput* deste artigo e nos arts. 52 e 54-C deste Código poderá acarretar judicialmente a redução dos juros, dos encargos ou de qualquer acréscimo ao principal e a dilação do prazo de pagamento previsto no contrato original, conforme a gravidade da conduta do fornecedor e as possibilidades financeiras do consumidor, sem prejuízo de outras sanções e de indenização por perdas e danos, patrimoniais e morais, ao consumidor. (Incluído pela Lei 14.181, de 2021)

O dispositivo inova ao prever sanção pela quebra positiva dos deveres de boa-fé. Pela regra, o descumprimento de qualquer dos deveres de informação e transparência previstos no *caput* do art. 54-D e nos arts. 52 e 54-C do CDC poderá acarretar judicialmente: (i) a redução dos juros, dos encargos ou de qualquer acréscimo ao principal; e (ii) a dilação do prazo de pagamento previsto no contrato original.

A norma confere efetividade aos deveres de boa-fé, desencorajando ofertas de crédito e contratações sem transparência que acabam comprometendo a saúde financeira dos consumidores.

As sanções previstas no parágrafo único do art. 54-D podem ser aplicadas de ofício pelo juiz, sem prejuízo da indenização do consumidor superendividado pelos danos patrimoniais e morais causados pela concessão irresponsável do crédito.

5.13.7 Conexidade entre os contratos de consumo e de crédito (art. 54-F)

Nos termos do art. 54-F do CDC, com a redação dada pela Lei 14.181/2021, são conexos, coligados ou interdependentes, entre outros, o contrato principal de fornecimento de produto ou serviço e os contratos acessórios de crédito que lhe garantam o

---

[715] MIRAGEM, Bruno. Discriminação Injusta e o Direito do Consumidor. In: BENJAMIN, Antonio Herman; MARQUES, Claudia Lima; MIRAGEM, Bruno (org.). *O Direito do Consumidor no Mundo em Transformação*: em Comemoração aos 30 Anos do Código de Defesa do Consumidor. São Paulo: Ed. RT, 2020. p. 203 e ss.

financiamento quando o fornecedor de crédito: (i) recorrer aos serviços do fornecedor de produto ou serviço para a preparação ou a conclusão do contrato de crédito; e (ii) oferecer o crédito no local da atividade empresarial do fornecedor de produto ou serviço financiado ou onde o contrato principal for celebrado.

Registre-se que essa conexidade entre o contrato de fornecimento do bem de consumo (ex.: compra de imóvel) com o contrato acessório de crédito (ex.: financiamento) já estava prevista no art. 52 e, de forma ampliada, no art. 3.º, § 2.º, do CDC, mas agora vem esclarecida no art. 54-F.

O exercício do direito de arrependimento nas hipóteses previstas no art. 49 do CDC, no contrato principal ou no contrato de crédito, implica a resolução de pleno direito do contrato que lhe seja conexo (§ 1.º do art. 54-F).

Nos casos dos incisos I e II do art. 54-F, se houver inexecução de qualquer das obrigações e deveres do fornecedor de produto ou serviço, o consumidor poderá requerer a rescisão do contrato não cumprido contra o fornecedor do crédito (§ 2.º do art. 54-F).

A finalidade do dispositivo em exame é completar o art. 52 do CDC, estabelecendo a conexidade entre o contrato de consumo e o de crédito, assim como facilitar o exercício do direito de arrependimento nas hipóteses previstas no CDC, no contrato principal ou no contrato de crédito, pois esse exercício implicará a "resolução de pleno direito do contrato que lhe seja conexo".

5.13.8 Práticas abusivas na concessão de crédito (art. 54-G)

Desse teor o art. 54-G do CDC:

Art. 54-G. Sem prejuízo do disposto no art. 39 deste Código e na legislação aplicável à matéria, é vedado ao fornecedor de produto ou serviço que envolva crédito, entre outras condutas: (Incluído pela Lei 14.181, de 2021)

I – realizar ou proceder à cobrança ou ao débito em conta de qualquer quantia que houver sido contestada pelo consumidor em compra realizada com cartão de crédito ou similar, enquanto não for adequadamente solucionada a controvérsia, desde que o consumidor haja notificado a administradora do cartão com antecedência de pelo menos 10 (dez) dias contados da data de vencimento da fatura, vedada a manutenção do valor na fatura seguinte e assegurado ao consumidor o direito de deduzir do total da fatura o valor em disputa e efetuar o pagamento da parte não contestada, podendo o emissor lançar como crédito em confiança o valor idêntico ao da transação contestada que tenha sido cobrada, enquanto não encerrada a apuração da contestação; (Incluído pela Lei 14.181, de 2021)

II – recusar ou não entregar ao consumidor, ao garante e aos outros coobrigados cópia da minuta do contrato principal de consumo ou do contrato de crédito, em papel ou outro suporte duradouro, disponível e acessível, e, após a conclusão, cópia do contrato; (Incluído pela Lei 14.181, de 2021)

III – impedir ou dificultar, em caso de utilização fraudulenta do cartão de crédito ou similar, que o consumidor peça e obtenha, quando aplicável, a anulação ou o imediato bloqueio do pagamento, ou ainda a restituição dos valores indevidamente recebidos. (Incluído pela Lei 14.181, de 2021)

§ 1.º Sem prejuízo do dever de informação e esclarecimento do consumidor e de entrega da minuta do contrato, no empréstimo cuja liquidação seja feita mediante consignação em folha de pagamento, a formalização e a entrega da cópia do contrato ou do instrumento de contratação ocorrerão após o fornecedor do crédito obter da fonte pagadora a indicação sobre a existência de margem consignável. (Incluído pela Lei 14.181, de 2021)

§ 2.º Nos contratos de adesão, o fornecedor deve prestar ao consumidor, previamente, as informações de que tratam o art. 52 e o *caput* do art. 54-B deste Código, além de outras porventura

648 | INTERESSES DIFUSOS E COLETIVOS – VOL. 1

determinadas na legislação em vigor, e fica obrigado a entregar ao consumidor cópia do contrato, após a sua conclusão (Incluído pela Lei 14.181, de 2021)

A finalidade do dispositivo é reforçar a lista de práticas comerciais abusivas do art. 39 do CDC. Busca-se, igualmente, instituir um direito de correção de erros e identificações de fraudes contra consumidores.

Nesse particular, cabe destacar que a norma proíbe "impedir ou dificultar, em caso de utilização fraudulenta do cartão de crédito ou similar, que o consumidor peça e obtenha, quando aplicável, a anulação ou o imediato bloqueio do pagamento, ou ainda a restituição dos valores indevidamente recebidos". Cuida-se de um novo direito de identificação de fraudes e ressarcimento, com inversão do ônus da prova, ou de *charge back* do que foi fraudulentamente retirado da conta.

Os §§ 1.º e 2.º do art. 54-G reforçam o dever de entrega de cópia do contrato e de informações dos arts. 52 e 54-B e seguintes.

5.13.9 Tratamento e conciliação em bloco (art. 104-A)

O art. 104-A, inserido no capítulo denominado "Da conciliação no Superendividamento", tem por objetivo possibilitar a conciliação em bloco das dívidas do superendividado de boa-fé, através da construção de um plano de pagamento que garanta a preservação do mínimo existencial.

Fortemente influenciado pelo modelo europeu de tratamento do superendividamento, especialmente pelo francês, o modelo brasileiro segue a diretriz de reeducação mediante o sacrifício da renda do consumidor, que ficará comprometida com o pagamento consensual ou judicial.

A conciliação em bloco apresenta reais vantagens ao consumidor superendividado, que poderá reorganizar suas finanças pessoais, com ganhos patrimoniais e emocionais. Da mesma forma, traz vantagens aos credores, consistindo no meio mais eficiente para obter o reembolso das dívidas, além de proporcionar uma distribuição mais justa do pagamento entre os diversos credores.

5.13.9.1 *Conciliação judicial*

A conciliação é a fase inicial e obrigatória do procedimento de repactuação das dívidas.

A requerimento do consumidor, o juiz poderá instaurar processo de repactuação de dívidas, com vistas à realização de audiência conciliatória, presidida por ele ou por conciliador credenciado no juízo, com a presença de todos os credores de dívidas previstas no art. 54-A deste Código, na qual o consumidor apresentará proposta de plano de pagamento com prazo máximo de cinco anos, preservados o mínimo existencial, nos termos da regulamentação, e as garantias e as formas de pagamento originalmente pactuadas (art. 104-A, *caput*).

Registre-se que a conciliação prevista no art. 104-A do CDC foi idealizada para ocorrer na fase pré-processual, nos Núcleos de Conciliação e Mediação, a fim de contribuir para a desjudicialização dos conflitos. Enquanto não criados tais núcleos especializados, os tribunais precisarão indicar o órgão responsável pelo atendimento dos casos de superendividamento junto ao qual o consumidor poderá requerer a conciliação pré-processual das dívidas de consumo sem necessidade de advogado, mediante coleta das informações socioeconômicas indispensáveis para a análise do caso e encaminhamento da renegociação.

Acaso não exista esse atendimento pré-processual no tribunal, restará ao consumidor ajuizar o "processo de repactuação por dívidas" do art. 104-A, caso em que será necessária a capacidade postulatória e apresentação do plano de pagamento com prazo máximo de cinco anos.

Seja como for, a audiência de conciliação deverá ser em bloco, reunindo todos os credores, os quais serão previamente notificados com a advertência de que sua ausência acarretará as sanções do § 2.º do art. 104-A.

O consumidor deverá apresentar uma proposta inicial de pagamento das dívidas, que será examinada e debatida com todos os credores dispostos a colaborar para a construção de um plano coletivo de pagamento que se ajuste à capacidade financeira do consumidor, preservado o mínimo existencial.

5.13.9.1.1 Dívidas incluídas na conciliação

O plano de pagamento consensual abrangerá as dívidas exigíveis e vincendas, as quais englobam quaisquer compromissos financeiros assumidos decorrentes de relação de consumo, inclusive operações de crédito, compras a prazo e serviços de prestação continuada (art. 54-A, § 2.º).

As dívidas fiscais, alimentares ou indenizatórias não serão englobadas na conciliação, porquanto não têm natureza de dívida de consumo.

Também estão excluídas do processo de repactuação as seguintes dívidas: (i) que decorram de contratação de produtos ou serviços de luxo de alto valor (art. 54-A, § 3.º, do CDC); (ii) oriundas de contratos celebrados dolosamente (art. 104-A § 1.º, c.c. o art. 54-A, § 3.º); e (iii) as dívidas provenientes de contratos de crédito com garantia real, de financiamentos imobiliários e de crédito rural (art. 104-A, § 1.º).

5.13.9.1.2 Ausência injustificada do credor à conciliação

Nos termos do § 2.º do art. 104-A, o não comparecimento injustificado de qualquer credor, ou de seu procurador com poderes especiais e plenos para transigir, à audiência de conciliação acarretará a imposição das seguintes sanções:

(i) suspensão da exigibilidade do débito e a interrupção dos encargos da mora; e

(ii) sujeição compulsória ao plano de pagamento da dívida se o montante devido ao credor ausente for certo e conhecido pelo consumidor, devendo o pagamento a esse credor ser estipulado para ocorrer apenas após o pagamento aos credores presentes à audiência conciliatória.

As sanções para a ausência injustificada do credor à audiência de conciliação reforçam o dever de renegociação no superendividamento e incentivam a colaboração na construção do plano de pagamento consensual. Referidas sanções, conforme já decidido pelo STJ, devem ser aplicadas independentemente de já ter sido instaurada a fase contenciosa (processual) do processo de tratamento do superendividamento.[716]

Observa-se que esse dever de renegociar do fornecedor corresponde, na outra ponta, a um **direito subjetivo do consumidor à renegociação.**

Nesse particular, anote-se que o dever de renegociar não implica o compromisso em aceitar a modificação do objeto original do contrato, tampouco constrange o fornecedor

---

[716] REsp 2.168.199/RS, 3.ª T., rel. Min. Ricardo Villas Bôas Cueva, j. 03.12.2024.

650 | INTERESSES DIFUSOS E COLETIVOS – VOL. 1

a anuir com certas e determinadas condições que eventualmente sejam propostas pelo consumidor ou sugeridas pelo juiz ou o conciliador nessa fase do processo. Nas precisas palavras de Bruno Miragem, "o objeto do dever de renegociar, nesse caso, consiste no comportamento ativo do credor de comparecimento à audiência e consideração objetiva da proposta do consumidor em vista da elaboração do plano de pagamento".[717]

5.13.9.1.3 Conteúdo do plano de pagamento consensual

Realizada a audiência de conciliação, as obrigações do consumidor que tenham sido renegociadas com os respectivos credores serão descritas em **plano de pagamento da dívida**, submetido à sentença judicial de homologação.

Nesse plano de pagamento deverão constar, nos termos do art. 104-A, § 4.º:

I – medidas de dilação dos prazos de pagamento e de redução dos encargos da dívida ou da remuneração do fornecedor, entre outras destinadas a facilitar o pagamento da dívida;

II – referência à suspensão ou à extinção das ações judiciais em curso;

III – data a partir da qual será providenciada a exclusão do consumidor de bancos de dados e de cadastros de inadimplentes;

IV – condicionamento de seus efeitos à abstenção, pelo consumidor, de condutas que importem no agravamento de sua situação de superendividamento.

A norma delimita, desse modo, o objeto do acordo e do plano de pagamento que dele resulta, implicando, como regra, a novação objetiva da obrigação, uma vez que o acordo homologado extingue as dívidas originárias.

Note-se que o § 3.º do art. 104-A refere que a sentença homologatória terá eficácia de título executivo e força de coisa julgada. Assim, tanto o fornecedor quanto o consumidor, conforme o caso, poderão promover-lhe a execução forçada em caso de descumprimento.

O art. 104-A, § 4.º, IV, refere que deverá constar no plano de pagamento submetido à homologação o condicionamento dos seus efeitos à abstenção do consumidor em agravar sua situação de superendividamento.

Um cuidado do legislador para impedir que o consumidor venha a requerer reiteradamente a repactuação das dívidas, inclusive como um comportamento direcionado a frustrar a confiança legítima dos credores no pagamento, é o de fixar o interstício de, no mínimo, dois anos entre a liquidação das obrigações previstas no plano de pagamento homologado e o novo requerimento para promover conciliação com os credores (art. 104-A, § 5.º, do CDC). A lei, contudo, não exclui a possibilidade de que haja, mesmo nesse período, eventual repactuação das obrigações assumidas, por iniciativa das partes.

Afasta-se expressamente, como resultado da homologação do acordo, a declaração de insolvência civil do consumidor.

5.13.9.2 Conciliação administrativa ou extrajudicial

Ao lado da conciliação que se opera mediante processo judicial de repactuação de dívidas (conciliação judicial), é prevista, pelo CDC, aquela que venha a ser promovida pelos órgãos públicos de defesa do consumidor integrantes do Sistema Nacional de Defesa do Consumidor (SNDC), inclusive com a possibilidade de sua disciplina por convênios entre esses órgãos e instituições credoras ou suas associações.

---

[717] MIRAGEM, Bruno. *Curso de Direito do Consumidor*. 9. ed. Rio de Janeiro: Forense, 2024. p. 789.

CAP. 5 – DIREITO DO CONSUMIDOR | 651

Nesse caso, estabelecida no art. 104-C do CDC, a conciliação administrativa ou extrajudicial regula-se segundo a disciplina do procedimento administrativo do órgão que a promove, que deve respeitar os limites e condições do art. 104-A, sendo previsto pela lei, ainda, que o processo de conciliação se dá "sem prejuízo das demais atividades de reeducação financeira cabíveis".

O acordo firmado perante os órgãos públicos de defesa do consumidor, em caso de superendividamento do consumidor pessoa natural, incluirá a data a partir da qual será providenciada a exclusão do consumidor de bancos de dados e de cadastros de inadimplentes, bem como o condicionamento de seus efeitos à abstenção, pelo consumidor, de condutas que importem no agravamento de sua situação de superendividamento, especialmente a de contrair novas dívidas.

5.13.9.3 Processo para revisão e integração dos contratos e repactuação das dívidas remanescentes (art. 104-B)

Se não houver êxito na conciliação em relação a quaisquer credores, o juiz, a pedido do consumidor, instaurará processo por superendividamento para revisão e integração dos contratos e repactuação das dívidas remanescentes mediante plano judicial compulsório, e procederá à citação de todos os credores cujos créditos não tenham integrado o acordo porventura celebrado.

O processo por superendividamento abrange as dívidas remanescentes, que não tenham sido objeto de acordo na fase conciliatória. A legitimidade para propositura do processo por superendividamento é exclusiva do consumidor superendividado. A legitimidade passiva para a ação será de todos os credores que não tenham sido parte de acordo homologado na fase da conciliatória, que deverão ser citados.

No prazo de 15 dias, os credores citados juntarão documentos e as razões da negativa de aceder ao plano voluntário ou de renegociar.

O juiz poderá nomear administrador, desde que isso não onere as partes, o qual, no prazo de até 30 dias, após cumpridas as diligências eventualmente necessárias, apresentará plano de pagamento que contemple medidas de temporização ou de atenuação dos encargos.

A revisão e a integração dos contratos visam à elaboração de **plano de pagamento compulsório**, a ser homologado por decisão judicial, tornando-se obrigatório para as partes, que deverá observar as seguintes condições definidas em lei: a) o pagamento aos credores, no mínimo, do valor principal devido, corrigido monetariamente por índices oficiais de preço; b) o prazo máximo de pagamento da dívida em cinco anos, contados a partir da quitação do plano de pagamento consensual; c) primeira parcela a ser paga pelo consumidor no prazo máximo de 180 dias contados da homologação judicial do plano; d) definição do saldo em parcelas mensais e sucessivas.

Na definição do plano judicial compulsório também incide o disposto no art. 54-D, parágrafo único, do CDC, que estabelece, no caso de descumprimento de quaisquer dos deveres de informação e diligência previstos nos arts. 52 e 54-C, a aplicação de sanção de redução dos juros contratados, ou de qualquer acréscimo ao principal, bem como a dilação de pagamento previsto no contrato original, observada a gravidade da conduta do fornecedor e as possibilidades financeiras do consumidor.

Trata-se da hipótese de "revisão-sanção", que, por expressa previsão legal, inclusive, não exclui a pretensão de indenização do consumidor por perdas e danos em face da ilicitude da conduta do fornecedor.

Nesse sentido, merece registro que a aplicação das sanções previstas no art. 54-D, parágrafo único, pode se dar a partir de seu conhecimento de ofício pelo juiz, sem a necessidade de requerimento expresso do consumidor, considerando a função de reprimir a violação dos deveres legais previstos no CDC.

Por fim, tratando-se o processo previsto no art. 104-B de "revisão e integração do contrato", poderá também o juiz conhecer de eventuais abusividades e ilegalidades na contratação, cominando as sanções legais cabíveis.

5.13.9.3.1 Competência para o processo de revisão e integração dos contratos e repactuação das dívidas remanescentes

Conforme será visto mais à frente, o art. 101, I, do Código de Defesa do Consumidor permite ao consumidor ajuizar, no foro do seu domicílio, a ação de responsabilidade civil do fornecedor de produtos e serviços.

Essa mesma regra será observada nas ações de repactuação das dívidas do consumidor superendividado.

Nessa temática, questão interessante é saber qual justiça detém competência para o processo e julgamento da ação de repactuação por dívidas quando é parte, além de outras instituições financeiras privadas, a Caixa Econômica Federal (empresa pública federal).

No julgamento do RE 678.162, o Supremo Tribunal Federal firmou tese no sentido de que "a insolvência civil está entre as exceções da parte final do art. 109, I, da Constituição da República, para fins de definição da competência da Justiça Federal" (*DJe* 13.05.2021).

Em sentido semelhante, a 2.ª Seção do STJ entendeu que, nas ações de repactuação de dívidas por superendividamento, uma vez identificada a existência de concurso de credores, excepciona-se a competência da Justiça Federal prevista no art. 109, I, da Constituição Federal.[718] Tal circunstância decorre da redação do art. 104-A do CDC, introduzido pela Lei 14.181/2021, que estabelece a previsão de que, para instaurar o processo de repactuação de dívidas, impõe-se a presença, perante o juízo, de todos os credores do consumidor superendividado, a fim de que este possa propor àqueles o respectivo plano de pagamentos de seus débitos.

De fato, o procedimento judicial relacionado ao superendividamento, tal como o de recuperação judicial ou falência, possui inegável e nítida natureza concursal, de modo que as empresas públicas federais, excepcionalmente, sujeitam-se à competência da Justiça estadual e/ou distrital, justamente em razão da existência de concursalidade entre credores, impondo-se, dessa forma, a concentração, na Justiça comum estadual, de todos os credores, bem como o próprio consumidor para a definição do plano de pagamento, suas condições, o seu prazo e as formas de adimplemento dos débitos.

Eventual desmembramento ensejaria notável prejuízo ao devedor (consumidor vulnerável, reitere-se), porquanto, consoante dispõe a própria legislação de regência (art. 104-A do CDC), todos os credores devem participar do procedimento, inclusive na oportunidade da audiência conciliatória. Caso tramitem separadamente, em jurisdições diversas, federal e estadual, estaria maculado o objetivo primário da Lei do Superendividamento, qual seja, o de conferir a oportunidade do consumidor – perante seus credores – de apresentar plano de pagamentos a fim de quitar suas dívidas/obrigações contratuais. Haveria o risco de decisões conflitantes entre os juízos acerca dos créditos examinados, em violação ao comando do art. 104-A do CDC.

Assim, adota-se a compreensão segundo a qual cabe à Justiça comum estadual e/ou distrital analisar as demandas cujo fundamento fático e jurídico possuem similitude com a insolvência civil – como é a hipótese do superendividamento –, ainda que exista

---

[718] CC 193.066/DF, 2.ª S., rel. Min. Marco Buzzi, por unanimidade, j. 22.03.2023 (Informativo STJ 768).

CAP. 5 – DIREITO DO CONSUMIDOR | 653

interesse de ente federal, porquanto a exegese do art. 109, I, da Constituição Federal deve ser teleológica, de forma a alcançar, na exceção da competência da Justiça Federal, as hipóteses em que existe o concurso de credores.

5.14 SISTEMA NACIONAL DE DEFESA DO CONSUMIDOR

5.14.1 Introdução

O Sistema Nacional de Defesa do Consumidor (SNDC) reúne o conjunto de órgãos públicos e privados que atuam direta ou indiretamente na defesa dos interesses dos consumidores.

Em primeiro plano, integram o SNDC os órgãos públicos diretamente envolvidos na defesa do consumidor, isto é, os que tenham por finalidade específica a proteção do consumidor (ex.: Procons estaduais e municipais).

Em segundo plano, integram o SNDC os órgãos indiretamente envolvidos na defesa do consumidor, ou seja, aqueles que tenham, entre suas várias atribuições, a proteção do consumidor. É o caso, por exemplo, do Conselho Administrativo de Defesa Econômica (Cade), a quem a Lei 8.884/1994 atribuiu competência para reprimir o abuso do poder econômico, ao mesmo tempo em que instituiu a defesa do consumidor como um dos princípios da atuação do órgão (art. 1.º). Observe-se que a referida lei foi derrogada pela Lei 12.529/2011, a qual passou a prever em seu art. 3.º a atuação da Secretaria de Acompanhamento Econômico do Ministério da Fazenda como parte do Sistema Brasileiro de Defesa da Concorrência, além do Cade.

Nos termos do art. 105 do CDC, também integram o SNDC as entidades privadas de defesa do consumidor, assim entendidas as associações civis que indiquem em seus atos constitutivos essa finalidade.

O objetivo do Código é o de promover a integração da atuação dos diversos órgãos públicos e entidades privadas na atividade de promoção da defesa do consumidor. E, para alcançá-lo, a política do SNDC será coordenada por um ente específico, a saber, o **Departamento de Proteção e Defesa do Consumidor (DPDC)**, criado pelo Decreto 2.181, de 20.03.1997, subordinado à Secretaria Nacional de Direito Econômico, na estrutura do Ministério da Justiça.[719]

As atribuições do Departamento de Proteção e Defesa do Consumidor estão previstas no art. 106 do CDC e no art. 3.º do Decreto 2.181/1997.

Registre-se que a atuação do DPDC (órgão da União) não vincula os órgãos públicos estaduais e municipais de defesa do consumidor, dada a autonomia dos Estados e dos Municípios. Nesse sentido, Bruno Miragem ressalta que a expressão *coordenação*, empregada no art. 106 do Código, não significa necessária vinculação: "refere, pois, um conteúdo de orientação, que há de servir para razoável uniformização dos procedimentos adotados em nível nacional".[720]

Noutro flanco, importa destacar que o Decreto 10.051/2019 instituiu o **Colégio de Ouvidores do Sistema Nacional de Defesa do Consumidor**, que tem por missão promover o aprimoramento das atividades desempenhadas pelas ouvidorias dos órgãos e das entidades que compõem o Sistema Nacional de Defesa do Consumidor (art. 2.º).

---

[719] O Decreto 2.181/1997 dispõe sobre a organização do Sistema Nacional de Defesa do Consumidor (SNDC), estabelece as normas gerais de aplicação das sanções administrativas previstas na Lei 8.078, de 11.09.1990, revoga o Decreto 861, de 09.07.1993, e dá outras providências.

[720] MIRAGEM, Bruno. *Direito do Consumidor*. São Paulo: RT, 2008. p. 409.

654 | INTERESSES DIFUSOS E COLETIVOS – VOL. 1

O Decreto 10.417/2020, por sua vez, instituiu o **Conselho Nacional de Defesa do Consumidor**, cuja finalidade é assessorar o Ministro da Justiça na formulação e na condução da Política Nacional de Defesa do Consumidor e, ainda, formular e propor recomendações aos órgãos integrantes do Sistema Nacional de Defesa do Consumidor para adequação das políticas públicas de defesa do consumidor. O Ministério Público (estadual e federal) e a Defensoria Pública serão convidados a compor o Conselho com um membro de cada instituição, mas sem direito a voto (art. 6.º).

5.14.2 Procon

Procon é a nomenclatura usualmente empregada, com pequenas variações, para designar os órgãos estaduais e municipais de defesa do consumidor. Dentre as principais atividades desses órgãos destacam-se:[721]

a) **orientação:** dirigida ao consumidor, tem por objetivo prestar esclarecimentos às dúvidas trazidas, informando-o sobre os seus direitos e deveres. Pode ser dada pessoalmente, no chamado atendimento de balcão, por telefone, pela Internet ou pela imprensa em geral;

b) **mediação:** a partir da reclamação formulada pelo consumidor, o Procon pode convocar o fornecedor para prestar os esclarecimentos necessários, visando à solução amigável do conflito. Nesse ponto, merece especial destaque a regra prevista no § 4.º do art. 55 do CDC, que confere aos órgãos oficiais poderes para expedir notificações aos fornecedores, convocando-os para prestarem informações sobre questões de interesse do consumidor, *sob pena de desobediência (art. 330 do CP), resguardado o segredo industrial*;

c) **encaminhamento à fiscalização:** dada a relevância da reclamação, que pode configurar infração penal ou administrativa, o Procon deverá encaminhar os fatos aos órgãos competentes (Ministério Público, Cade, Inmetro etc.), para a adoção das providências cabíveis;

d) **fiscalização:** os Procons têm atribuição para fiscalizar as infrações cometidas contra o consumidor, bem como para aplicar as correspondentes sanções administrativas, tudo em conformidade com o disposto nos arts. 55 a 60 do CDC e no Decreto 2.181/1997;

e) **estudos e pesquisas:** devem ser desenvolvidos estudos e pesquisas a respeito do comportamento do consumidor, do surgimento de novas tecnologias e a realização de testes comparativos, inclusive mediante convênios com entidades especializadas (ex.: universidades), visando o constante aperfeiçoamento dos serviços prestados por esses órgãos.

Ao lado dessas atividades, comuns aos órgãos públicos estaduais e municipais, ao Procon estadual também compete a função de estimular e incentivar, técnica e financeiramente, a criação dos órgãos municipais de defesa do consumidor.[722]

---

[721] Nesse sentido, veja-se: ALMEIDA, João Batista de. *Manual de Direito do Consumidor*. 3. ed. São Paulo: Saraiva, 2009. p. 145-147.

[722] Em verdade, a instituição de um Procon no município, bem como a estruturação do órgão, depende basicamente da vontade política do prefeito e da câmara de vereadores.

5.14.3 Entidades civis

Conforme visto, as entidades civis de defesa do consumidor também integram o Sistema Nacional de Defesa do Consumidor. Referidas entidades são associações privadas, sem fins lucrativos, instituídas por iniciativa de um grupo de pessoas para promoverem, direta ou indiretamente, a defesa dos interesses do consumidor.

Nos termos do art. 8.º do Decreto 2.181/1997, as entidades civis de proteção e defesa do consumidor, legalmente constituídas, poderão: (I) encaminhar denúncias aos órgãos públicos de proteção e defesa do consumidor, para as providências legais cabíveis; (II) representar o consumidor em juízo, observado o disposto no inciso IV do art. 82 da Lei 8.078/1990; e (III) exercer outras atividades correlatas, como a prestação de assistência técnica ao consumidor.

A legitimação das associações para a propositura de ação coletiva (art. 82, IV), assim como sua inclusão no SNDC (art. 105), reflete a clara intenção do Código de estimular a auto-organização dos consumidores, traço característico dos denominados novos direitos típicos da pós-modernidade, como o direito do consumidor e o direito ambiental.

5.14.4 Sanções administrativas

5.14.4.1 Competência

O art. 55, *caput,* do Código de Defesa do Consumidor determina que a União, os Estados-membros e o Distrito Federal, nas respectivas áreas de atuação administrativa, editem normas relativas à **produção, industrialização, distribuição e consumo** de produtos e serviços. Reconheceu-se, pois, aos citados entes federativos competência legislativa concorrente para editar normas sobre o tema produção e consumo, na esteira do disposto no art. 24, V e VIII, da CF.[723]

O § 1.º do art. 55, por sua vez, atribui à União, aos Estados, ao Distrito Federal *e aos Municípios* competência para **fiscalizar e controlar** a produção, industrialização, distribuição, a publicidade de produtos e serviços e o mercado de consumo, no interesse da preservação da vida, saúde, segurança, informação e bem-estar do consumidor, *baixando as normas* que se fizerem necessárias.

Do cotejo das duas regras supradestacadas extraímos as seguintes conclusões: 1.ª) a União, os Estados e o Distrito Federal (*excluído o Município*) possuem competência concorrente para editarem normas sobre **produção, industrialização, distribuição e consumo** de produtos e serviços (art. 55, *caput*); 2.ª) a União, os Estados, o Distrito Federal e os Municípios possuem competência concorrente para editarem normas sobre **controle e fiscalização** da produção, industrialização, distribuição e publicidade de produtos e serviços.

5.14.4.2 Modalidades de sanções administrativas

De acordo com o art. 56, *caput,* do CDC, as infrações das normas de defesa do consumidor ficam sujeitas, conforme o caso, às seguintes sanções administrativas, **sem prejuízo das de natureza civil, penal e das definidas em normas específicas**: I – multa; II – apreensão do produto; III – inutilização do produto; IV – cassação do registro do produto junto ao órgão competente; V – proibição de fabricação do produto; VI – suspensão de fornecimento de produtos ou serviço; VII – suspensão temporária de atividade;

---

[723] Sobre a competência legislativa concorrente da União, Estados e Distrito Federal, em matéria de produção e consumo, confira-se o item 5.2.5.

VIII – revogação de concessão ou permissão de uso; IX – cassação de licença do estabelecimento ou de atividade; X – interdição, total ou parcial, de estabelecimento, de obra ou de atividade; XI – intervenção administrativa; XII – imposição de contrapropaganda.

A doutrina costuma classificar tais sanções em três modalidades:[724]

a) **sanções pecuniárias:** representadas pelas multas (inciso I), punem o infrator com a diminuição de seu patrimônio corrente;

b) **sanções objetivas:** são aquelas que *incidem diretamente sobre produtos ou serviços* colocados no mercado de consumo. Compreendem a apreensão (inciso II), a inutilização (inciso III), a cassação do registro (inciso IV), a proibição de fabricação (inciso V) e a suspensão do fornecimento de produtos ou serviços (inciso VI);

c) **sanções subjetivas:** são aquelas que *recaem sobre a atividade do fornecedor* de produtos ou serviços. Compreendem a suspensão temporária de atividade (inciso VII), a cassação de licença do estabelecimento ou de atividade (inciso IX), a interdição, total ou parcial, de estabelecimento, de obra ou de atividade (inciso X), a intervenção administrativa (inciso XI) e a imposição de contrapropaganda (inciso XII).

5.14.4.3 Fiscalização e aplicação das sanções administrativas

A fiscalização das relações de consumo é exercida em todo o território nacional pelo Departamento de Proteção e Defesa do Consumidor, pelos órgãos federais integrantes do SNDC, pelos órgãos conveniados com a Secretaria de Direito Econômico e pelos órgãos de defesa do consumidor criados pelos Estados, Distrito Federal e Municípios, nas respectivas áreas de atuação e competência (art. 9.º do Decreto 2.181/1997).

As sanções administrativas são aplicadas e executadas pela própria Administração, por meio de seu poder de polícia, **observado o devido processo administrativo.**[725] Nesse particular, dois aspectos merecem especial destaque:

1) todas as sanções devem ser aplicadas por meio de procedimento administrativo que assegure ao fornecedor **ampla defesa** e **contraditório**;

2) as sanções **podem ser aplicadas cumulativamente, inclusive por medida cautelar,** antecedente ou incidente de procedimento administrativo (art. 56, parágrafo único).

Pontue-se que a aplicação de sanções administrativas pelos órgãos de defesa do consumidor, em razão de práticas abusivas no mercado de consumo, não exclui nem inviabiliza a atuação do órgão ou entidade de controle quando a atividade é regulada. Vale dizer, se uma mesma conduta configurar, a um só tempo, ofensa a direito do consumidor e prática anticoncorrencial, poderá ser coibida tanto pelos órgãos de defesa do consumidor, com base no CDC, como pelo CADE, com base na Lei Antitruste (Lei 12.529/2011). Desse teor a Súmula 675 do STJ:

---

[724] Nesse sentido, veja-se: DENARI, Zelmo et al. *Código Brasileiro de Defesa do Consumidor*: Comentado pelos Autores do Anteprojeto. 7. ed. Rio de Janeiro: Forense Universitária, 2001. p. 581-582.

[725] A maioria dos Procons se vale da sistemática do Decreto 2.181/1997 para a aplicação das sanções; alguns recorrem à Lei 9.784/1999, que dispõe sobre o processo administrativo no âmbito da Administração Pública Federal; em alguns Estados, há normas locais dispondo sobre o procedimento a ser observado na aplicação das sanções administrativas.

CAP. 5 – DIREITO DO CONSUMIDOR | **657**

É legítima a atuação dos órgãos de defesa do consumidor na aplicação de sanções administrativas previstas no CDC quando a conduta praticada ofender direito consumerista, o que não exclui nem inviabiliza a atuação do órgão ou entidade de controle quando a atividade é regulada.

5.14.4.3.1 Aplicação da pena de multa

O art. 57 do Código estabelece que a **pena de multa** será calculada com base em três **critérios**: a) gravidade da infração; b) vantagem auferida; e c) condição econômica do fornecedor.

O dispositivo também traça o **destino** dos valores apurados: quando se tratar de multa imposta pela União, o valor será revertido ao Fundo de que trata a Lei 7.347/1985; quando se tratar de multa imposta pelos Estados ou Municípios, o valor será revertido para os respectivos Fundos estaduais ou municipais de proteção ao consumidor.

E se o Município ou o Estado não possuírem esses fundos? O art. 31 do Decreto 2.181/1997 traz a solução: "Na ausência de Fundos municipais, os recursos serão depositados no Fundo do respectivo Estado e, faltando este, no Fundo federal".

Os valores mínimo e máximo estão previstos no parágrafo único do art. 57, que dispõe, *in verbis*: "A multa será em montante não inferior a duzentas e não superior a três milhões de vezes o valor da Unidade Fiscal de Referência (UFIR), ou índice equivalente que venha a substituí-lo".

No ponto, cabe destacar que **a pena de multa pode ser fixada em reais**, não sendo obrigatória a sua estipulação em Unidade Fiscal de Referência (Ufir). Conforme já decidido pelo STJ, o art. 57 do CDC apenas define os limites mínimo e máximo para a fixação da multa, o que não afasta a possibilidade de sua fixação em reais.[726]

Ainda sobre a pena de multa, anote-se que, se o valor não for recolhido no prazo de 30 dias, o débito será inscrito em dívida ativa do órgão que houver aplicado a sanção, para subsequente cobrança executiva (art. 55 do Decreto 2.181/1997).

5.14.4.3.2 Aplicação das demais sanções administrativas

Se por um lado a pena de multa pode ser aplicada a qualquer hipótese de violação das normas de defesa do consumidor, por outro o Código traz algumas restrições à aplicação das demais sanções administrativas.

Nos termos do art. 58 do CDC, as penas de apreensão, inutilização de produtos, proibição de fabricação de produtos, suspensão do fornecimento de produto ou serviço, cassação do registro do produto e revogação da concessão ou permissão de uso somente serão aplicadas quando forem constatados **vícios de quantidade ou de qualidade por inadequação ou insegurança do produto ou serviço.** Em outras palavras, o Código restringiu a aplicação das sanções objetivas às hipóteses de fornecimento de produtos ou serviços viciados ou defeituosos.

Assim, por exemplo, o alimento que não corresponda aos padrões normais de qualidade-segurança (defeito) ou qualidade-adequação (vício) poderá ser apreendido e ter sua fabricação proibida.

Da mesma forma, o Código restringe a aplicação das penas de cassação de alvará de licença, interdição e suspensão temporária da atividade, bem como a de intervenção administrativa, ao estabelecer que serão aplicadas apenas nos casos de **reincidência na prática das infrações de maior gravidade** (art. 59). Aqui, o Código teve o cuidado de somente autorizar a aplicação dessas sanções – que afetam diretamente a atividade do fornecedor – nos casos extremos de reincidência na prática das infrações de maior

---

[726] AgRg no REsp 1.466.104/PE, 2.ª T., rel. Min. Humberto Martins, j. 06.08.2015 (Informativo 567).

638 | INTERESSES DIFUSOS E COLETIVOS – VOL. 1

gravidade, em razão do princípio constitucional da livre-iniciativa, que assegura a todos o livre exercício de qualquer atividade econômica (art. 170 da CF).

Cuidado: não basta a reincidência, assim entendida a violação às normas de defesa do consumidor após a condenação administrativa definitiva pela prática de qualquer infração precedente; é preciso que haja reiteração de infração de natureza grave.[727] Mas o que são infrações de maior gravidade? Como o Código não as define, compete ao julgador, na análise de cada caso concreto, preencher o conteúdo de mais esse *conceito jurídico indeterminado*.

Note-se, ainda, que, **se houver pendência de ação judicial**, na qual se discuta a imposição de penalidade administrativa, **o infrator somente será considerado reincidente após o trânsito em julgado da sentença** (§ 3.º do art. 59).

O § 1.º do art. 59, que prevê a aplicação da pena de **cassação da concessão de serviço público** para o caso de a concessionária violar obrigação legal ou contratual, deve ser aplicado em diálogo com o disposto no art. 38, § 1.º, da Lei 8.987/1990,[728] que regula as hipóteses de declaração de caducidade da concessão.

O § 2.º, por seu turno, confere um caráter subsidiário à intervenção administrativa, somente admitindo sua aplicação nos casos em que não for aconselhável a cassação da licença, a interdição ou a suspensão da atividade empresarial.

Finalmente, temos a sanção de imposição de contrapropaganda (art. 60 do CDC), quando o fornecedor veicular publicidade enganosa ou abusiva. Trata-se de medida de natureza pedagógica para desfazer o malefício da publicidade ilícita. Deverá ser realizada no mesmo espaço e tempo da publicidade ilícita, às expensas do infrator.

5.15 A DEFESA DO CONSUMIDOR EM JUÍZO

5.15.1 Considerações iniciais

A concretização do mandamento constitucional de defesa do consumidor (arts. 5.º, XXXII, e 170, V, ambos da CF) exigiu mais do que a simples previsão de novos direitos subjetivos, regras contratuais e regimes de responsabilidade. Foi necessária, igualmente, a previsão de normas processuais que assegurassem a efetividade dos direitos materiais do consumidor.

Em outras palavras, a lei consumerista precisou conferir ao consumidor as garantias processuais necessárias para tornar efetiva a sua defesa também no plano processual, de modo a garantir o seu amplo acesso à Justiça, assegurando a real igualdade entre as partes em litígio.[729]

Para alcançar essa efetividade, o legislador dedicou um título inteiro do CDC (Título III) à disciplina "da defesa do consumidor em Juízo", que se faz em dois planos: o das ações individuais e o das ações coletivas.

Em matéria de tutela coletiva, vimos que o CDC determina, em primeiro plano, as categorias de direitos que serão objeto da defesa em juízo (art. 81): *os direitos e interesses*

---

[727] A reincidência é definida no art. 27, *caput*, do Decreto 2.181/1997, que assim dispõe: "Considera-se reincidência a repetição de prática infrativa, de qualquer natureza, às normas de defesa do consumidor, punida por decisão administrativa irrecorrível". Interessa destacar, outrossim, o parágrafo único do citado dispositivo: "Para efeito de reincidência, não prevalece a sanção anterior, se entre a data da decisão administrativa definitiva e aquela da prática posterior houver decorrido período de tempo superior a cinco anos".

[728] A Lei 8.987/1995 dispõe sobre o regime de concessão e permissão da prestação de serviços públicos previsto no art. 175 da CF.

[729] No mesmo sentido, confira-se: GRINOVER, Ada Pellegrini et al. *Código Brasileiro de Defesa do Consumidor*: Comentado pelos Autores do Anteprojeto. 7. ed. Rio de Janeiro: Forense Universitária, 2001. p. 719-720.

CAP. 5 – DIREITO DO CONSUMIDOR | 659

difusos, coletivos e individuais homogêneos. Vimos também, que, dentro da ótica da necessária reestruturação dos esquemas processuais clássicos, para sua adaptação aos conflitos emergentes, próprios de uma sociedade de massa, se aperfeiçoaram as regras de legitimação para agir (art. 82), de eficácia da coisa julgada (arts. 103 e 104) e de dispensa de custas e de honorários advocatícios; regulou-se a litispendência; ampliou-se, enfim, a abrangência da Lei 7.347/1985, para que a tutela desta se harmonize e se inteire com a do CDC.

A seguir, abordaremos os principais aspectos da tutela jurisdicional dos direitos e interesses do consumidor no plano individual, reservando para o Capítulo 2 (Ação Civil Pública) o exame das normas que operam nas ações coletivas.

5.15.2 Tutela individual

Como ponto de partida da tutela jurisdicional do consumidor, o Código estabelece em seu art. 81 "que a defesa dos interesses e direitos dos consumidores e das vítimas poderá ser exercida em juízo individualmente, ou a título coletivo".

Tutela individual é aquela deduzida em juízo pelo próprio titular do direito. Conforme visto, quando a parte na relação jurídica processual se diz titular do direito subjetivo material por ela invocado, a hipótese é de **legitimação ordinária.**

Em regra, a tutela do consumidor em juízo, no plano individual, será obtida pela aplicação conjunta e coerente do Código de Processo Civil, das Leis dos Juizados Especiais Estaduais (Lei 9.099/1995) e Federais (Lei 10.259/2001), e das normas processuais protetivas do CDC, como as que contemplam a possibilidade de determinação de competência pelo domicílio do autor, a inversão do ônus da prova (art. 6.º, VIII), a obtenção da tutela específica nas obrigações de fazer e não fazer (art. 84), a vedação da denunciação da lide (art. 88), a extensão subjetiva da coisa julgada apenas para beneficiar as pretensões individuais (art. 103) etc.

5.15.2.1 *A adequada e efetiva tutela jurisdicional*

O legislador consumerista, preocupado em dotar o consumidor de instrumentos processuais adequados à efetiva tutela de seus direitos, estatuiu, expressamente, no art. 83 do CDC, o seguinte: "Para a defesa dos direitos e interesses protegidos por este código são admissíveis todas as espécies de ações capazes de propiciar sua adequada e efetiva tutela".

Da simples leitura do dispositivo conclui-se que, **para a defesa dos direitos do consumidor, seja no plano individual, seja no plano coletivo, são cabíveis todas as espécies de ações**: de conhecimento (condenatórias, constitutivas ou declaratórias), executivas e mandamentais, pouco importando a classificação que se adote.

5.15.2.2 *Ação de cumprimento específico da obrigação de fazer ou não fazer*

A **obrigação de fazer** pode ser definida como aquela que tem por objeto a prática de um ato pelo devedor (ex.: dever do fornecedor de dar cumprimento à oferta, nos ditames do art. 35 do CDC). Já a **obrigação de não fazer** é aquela que tem por objeto uma prestação negativa, um comportamento negativo do devedor (ex.: não inserir o nome do consumidor em órgão de proteção ao crédito, enquanto pendente discussão acerca do real valor da dívida).

O art. 84 do CDC disciplinou o tema da ação que tenha por objeto o cumprimento da obrigação de fazer ou não fazer nos seguintes termos:

660 | INTERESSES DIFUSOS E COLETIVOS – VOL. 1

Art. 84. Na ação que tenha por objeto o cumprimento da obrigação de fazer ou não fazer, o juiz concederá a tutela específica da obrigação ou determinará providências que assegurem o resultado prático equivalente ao do adimplemento.

§ 1.º A conversão da obrigação em perdas e danos somente será admissível se por elas optar o autor ou se impossível a tutela específica ou a obtenção do resultado prático correspondente.

§ 2.º A indenização por perdas e danos se fará sem prejuízo da multa (art. 287, do Código de Processo Civil).

§ 3.º Sendo relevante o fundamento da demanda e havendo justificado receio de ineficácia do provimento final, é lícito ao juiz conceder a tutela liminarmente ou após justificação prévia, citado o réu.

§ 4.º O juiz poderá, na hipótese do § 3.º ou na sentença, impor multa diária ao réu, independentemente de pedido do autor, se for suficiente ou compatível com a obrigação, fixando prazo razoável para o cumprimento do preceito.

§ 5.º Para a tutela específica ou para a obtenção do resultado prático equivalente, poderá o juiz determinar as medidas necessárias, tais como busca e apreensão, remoção de coisas e pessoas, desfazimento de obra, impedimento de atividade nociva, além de requisição de força policial.

Considerado um dos grandes avanços do Código quando da sua edição, o texto do art. 84 serviu de inspiração para as inovações que constavam do art. 461 do CPC de 1973, e que hoje constam dos arts. 497, 536 e 537 do atual Código de Processo Civil. A seguir, examinaremos os principais aspectos regulados.

5.15.2.2.1 Tutela específica ou providências que assegurem o resultado prático equivalente

Preocupado com a adequada e efetiva tutela dos direitos e interesses dos consumidores, o Código determina que o resultado do processo, nas obrigações de fazer ou não fazer, deve corresponder exatamente àquilo que tem direito o consumidor, devendo o juiz determinar todas as providências necessárias e adequadas ao seu alcance (art. 84, *caput*). Tudo isso para colocar em prática a máxima de Chiovenda de que "o processo deve dar, quando for possível praticamente, a quem tenha um direito, tudo aquilo e exatamente aquilo que ele tenha direito de conseguir".[730]

Em outras palavras, **o Código acolheu, como regra, a tutela específica das obrigações de fazer ou não fazer,** assim entendida aquela que entrega ao credor da obrigação resultado prático correspondese ao do adimplemento da obrigação objeto da lide.[731]

Assim, por exemplo, se o consumidor ajuíza uma ação para obrigar o fornecedor a cumprir uma oferta, relativa ao fornecimento de um determinado veículo, a tutela específica consiste em assegurar ao autor justamente a entrega do veículo objeto do anúncio publicitário.

Agora, e se a tutela específica não puder ser alcançada? Na impossibilidade *material* de ser cumprida a obrigação na forma específica, o juiz deverá, de ofício ou a requerimento da parte, determinar providências que assegurem o resultado prático equivalente ao do adimplemento, tais como as indicadas, em **rol meramente exemplificativo**, no § 5.º do art. 84: "busca e apreensão, remoção de coisas e pessoas, desfazimento de obra, impedimento de atividade nociva, além de requisição de força policial".

Exemplificando, se uma operadora de plano de saúde é condenada a oferecer cobertura para o tratamento de uma determinada doença (obrigação de fazer), mas se diz

---

[730] CHIOVENDA, Giuseppe. *Instituições de Direito Processual Civil.* 3. ed. São Paulo: Bookseller, 2002. v. I, p. 67.

[731] Nesse sentido, veja-se: RAGAZZI, José Luiz. A Garantia Constitucional à Tutela Específica e a Decisão Útil. In: ARAÚJO, Luiz Alberto David. *Efetivando Direitos Constitucionais.* São Paulo: Edite, 2003. p. 467.

impossibilitada de cumprir a obrigação, alegando que não há nenhum médico conveniado na correspondente área de especialidade médica, o juiz poderá determinar que a operadora custeie as despesas de tratamento com médico particular especialista (*resultado prático equivalente ao adimplemento*).

Importa notar que a sentença prolatada nesse tipo de ação prescinde de posterior e sequencial processo de execução para ser efetivada no mundo fático, pois seus efeitos são de execução *lato sensu*.

Em última análise, concedeu-se ao juiz a faculdade de exarar decisões de eficácia autoexecutiva, caracterizadas por um procedimento híbrido no qual o órgão julgador, prescindindo da instauração do processo de execução, exercita, em processo único, as funções cognitiva e executiva, dizendo o direito e satisfazendo o autor no plano dos fatos.

Nesse sentido, veja-se que o § 5.º do art. 84, expressamente, autoriza o juiz a determinar as medidas necessárias para alcançar a tutela específica ou o resultado prático equivalente, quaisquer que sejam elas.

5.15.2.2.2 Conversão da obrigação em perdas e danos

Por força do disposto no § 1.º do art. 84, a conversão da obrigação em perdas e danos só é admissível em duas hipóteses: 1.ª) **se o consumidor optar pela conversão**; ou 2.ª) **se for impossível a tutela específica ou a obtenção de resultado prático correspondente**.

No sistema do CDC, a regra é o cumprimento específico da obrigação. Excepcionalmente, poderá ocorrer a conversão da obrigação em perdas e danos, por opção do consumidor, ou se impossível a tutela específica ou o resultado prático equivalente. Como bem observado por Kazuo Watanabe, a ideia do Código é coincidir sempre que possível o direito com sua realização.[732]

5.15.2.2.3 Adiantamento da tutela específica

O art. 84, § 3.º, do CDC permite expressamente o adiantamento da tutela específica, impondo a presença de dois requisitos: a) **relevância do fundamento da demanda**; e b) **justificado receio de ineficácia do provimento final**.

Vê-se, portanto, que a tutela de mérito nas ações em que o consumidor busca o cumprimento da obrigação de fazer ou não fazer poderá ser antecipada, desde que *relevante o fundamento da demanda* (verossimilhança, plausibilidade) e havendo *justificado receio de ineficácia do provimento final*.

Assim, por exemplo, se na inicial o consumidor afirma que está sofrendo indevida restrição à cobertura de transplante de órgãos, instruindo a petição com cópia do contrato firmado com a operadora de plano de saúde, tem-se claro que a cláusula contratual que impõe tal restrição é abusiva e, por conseguinte, nula de pleno direito.[733] *In casu*, o fundamento da demanda é relevante e a antecipação da tutela é medida imperiosa, sob pena de ineficácia do provimento final.

Como regra, o adiantamento da tutela será concedido **liminarmente**[734] (*inaudita altera parte*) **ou após justificação prévia, citado o réu**. Nada impede, contudo, que a medida seja concedida em fase processual posterior, pois os motivos autorizadores para a sua concessão podem ser supervenientes ao ajuizamento da ação.

---

[732] WATANABE, Kazuo *et al. Código Brasileiro de Defesa do Consumidor*: Comentado pelos Autores do Anteprojeto. 7. ed. Rio de Janeiro: Forense Universitária, 2001. p. 772.

[733] Nesse sentido, veja-se: REsp 1.053.810/SP, 3.ª T., rel. Min. Nancy Andrighi, *DJe* 15.03.2010.

[734] Trata-se, no caso, de liminar de natureza satisfativa.

662 | INTERESSES DIFUSOS E COLETIVOS – VOL. 1

Importante: independentemente do momento em que a tutela antecipada é concedida, a medida deve ser executada de acordo com o sistema do art. 84 do CDC, isto é, sem maiores formalidades.

Para assegurar o cumprimento das decisões que antecipam a tutela de mérito nas ações de obrigação de fazer ou não fazer, o juiz poderá:

a) fixar, **até mesmo de ofício,** multa diária, se for suficiente ou compatível com a obrigação, fixando prazo razoável para o cumprimento do preceito (CDC, art. 84, § 4.º);

b) modificar, **até mesmo de ofício,** o valor ou a periodicidade da multa, caso verifique que se tornou insuficiente ou excessiva, ou que o obrigado demonstrou cumprimento parcial superveniente da obrigação, ou justa causa para o descumprimento (CPC, art. 537, § 1.º, I e II);

c) determinar as medidas necessárias, tais como busca e apreensão, remoção de coisas e pessoas, desfazimento de obra, impedimento de atividade nociva, requisição de força policial (CDC, art. 84, § 5.º), assim como de qualquer outra que assegure o mesmo fim, porquanto a enumeração do parágrafo é meramente exemplificativa.

Cabe destacar que a possibilidade de o consumidor obter a antecipação dos efeitos da sentença de mérito não se restringe às ações de obrigação de fazer ou não fazer (art. 84, § 3.º, do CDC). Isso porque, hoje, a tutela antecipada pode ser concedida em qualquer processo de conhecimento, desde que preenchidos os requisitos gerais da tutela de urgência, previstos no art. 300 do CPC/2015.[735]

Nessa mesma ordem de ideias, não há razão para negar a concessão da "tutela de evidência" nas ações de cumprimento específico das obrigações de fazer ou não fazer, independentemente da demonstração de perigo de dano ou risco ao resultado útil do processo, nas situações previstas no art. 311, I a IV, do CPC/2015.[736]

5.15.2.2.4   Multa diária (*astreinte*)

O § 4.º do art. 84 do CDC permite ao juiz, tanto ao conceder a antecipação da tutela de mérito como na sentença, impor multa diária (*astreinte*), **independentemente de pedido do autor**, para compelir o devedor a cumprir a obrigação na forma específica.

O valor da multa é fixado pelo juiz que a impõe, não havendo um critério rígido a observar. De maneira geral, recomenda a doutrina que a *astreinte* seja fixada em valor elevado, tal que possa impressionar o devedor, justamente por sua ***finalidade coercitiva***.[737] Incide, porém, o princípio da razoabilidade, é dizer, não pode o juiz fixar uma multa cujo pagamento seja inviável pelo devedor, ou que seja capaz de reduzi-lo à insolvência. Deverá,

---

[735] "Art. 300. A tutela de urgência será concedida quando houver elementos que evidenciem a probabilidade do direito e o perigo de dano ou o risco ao resultado útil do processo."

[736] "Art. 311. A tutela da evidência será concedida, independentemente da demonstração de perigo de dano ou de risco ao resultado útil do processo, quando: I – ficar caracterizado o abuso do direito de defesa ou o manifesto propósito protelatório da parte; II – as alegações de fato puderem ser comprovadas apenas documentalmente e houver tese firmada em julgamento de casos repetitivos ou em súmula vinculante; III – se tratar de pedido reipersecutório fundado em prova documental adequada do contrato de depósito, caso em que será decretada a ordem de entrega do objeto custodiado, sob cominação de multa; IV – a petição inicial for instruída com prova documental suficiente dos fatos constitutivos do direito do autor, a que o réu não oponha prova capaz de gerar dúvida razoável. Parágrafo único. Nas hipóteses dos incisos II e III, o juiz poderá decidir liminarmente."

[737] NERY JUNIOR, Nelson; NERY, Rosa Maria de Andrade. *Código de Processo Civil Comentado e Legislação Extravagante*. 10. ed. São Paulo: RT, 2007. p. 672. No mesmo sentido: REsp 940.309/MT, 3.ª T., rel. Min. Sidnei Beneti, j. 11.05.2010.

CAP. 5 – DIREITO DO CONSUMIDOR | **663**

de acordo com sua função, corresponder a uma quantia suficiente para constranger, em face da capacidade econômica do devedor e da expressão econômica da obrigação.[738] Não pode, enfim, ser nem excessiva (intolerável) nem irrisória (insignificante).

Note-se que o valor das *astreintes* não está limitado pelo da obrigação principal, podendo superá-la. Sem embargo, sempre que o juiz verificar que a multa se tornou excessiva e que pode constituir fonte de enriquecimento sem causa para o credor, pode reduzi-la aos limites da razoabilidade.[739]

Ao fixar a *astreinte*, o juiz dará prazo para o cumprimento da obrigação. **A partir do término do prazo, não cumprida a obrigação, inicia-se o período de incidência da multa.**[740] A propósito, destaca-se o voto do Ministro Luiz Fux, nos autos do REsp 699.495/RS, no sentido de que "a função das *astreintes* é vencer a obstinação do devedor ao cumprimento da obrigação de fazer ou de não fazer, **incidindo a partir da ciência do obrigado e da sua recalcitrância**" (grifou-se).[741] Esse entendimento, aliás, foi encampado pelo atual CPC, que em seu art. 537, § 4.º, dispõe: "A multa será devida desde o dia em que se configurar o descumprimento da decisão e incidirá enquanto não for cumprida a decisão que a tiver cominado".

Ainda a respeito da multa é oportuno destacar:

a) diante do poder concedido ao juiz de impô-la de ofício, independentemente do pedido da parte, não haverá ofensa ao princípio da congruência entre o pedido e a sentença se a *astreinte* for fixada em valor superior ao pedido, ou, ainda, se for modificada posteriormente, também de ofício, caso o juiz verifique que se tornou excessiva ou insuficiente;

b) a multa diária, insista-se, não tem função reparatória, mas sim coercitiva; logo, pode ser aplicada cumulativamente com as perdas e danos (art. 84, § 2.º, do CDC);

c) a doutrina, de maneira geral, tem entendido que o fato de a lei falar em *multa diária* não obsta que seja utilizada outra medida de tempo (ex.: quinzena, mês, hora, minuto etc.).[742] É necessário, apenas, que haja vinculação com o tipo de prestação pretendida e que seja a multa eficaz para conceder a tutela específica. Se pensarmos, por exemplo, na proibição de veiculação de um comercial na televisão, o juiz pode expedir ordem sob pena de multa por segundo de publicidade, uma vez que condiz com a natureza da obrigação, que é paga por segundo, e não por dia.

5.15.2.2.4.1 Execução da multa

É importante distinguir a **incidência** da multa da sua **exigibilidade** (possibilidade de execução), porque, com frequência, elas não são simultâneas.

Conforme visto, a multa pode ser fixada sempre que o juiz, em decisão antecipatória da tutela de mérito ou na sentença, impuser uma obrigação de fazer ou não fazer. Vimos

---

[738] THEODORO JR., Humberto. *Processo de Execução e Cumprimento da Sentença*. 24. ed. São Paulo: Liv. e Ed. Universitária de Direito, 2007. p. 552.

[739] Nesse sentido: STJ, AgRg no AI 896.430/RS, 3.ª T., rel. Min. Sidnei Benetti, *DJe* 08.10.2008.

[740] NERY JUNIOR, Nelson; NERY, Rosa Maria de Andrade. *Código de Processo Civil Comentado e Legislação Extravagante*. 10. ed. São Paulo: RT, 2007. p. 672.

[741] No mesmo sentido: REsp 663.774/PR, 3.ª T., rel. Min. Nancy Andrighi, *DJ* 20.11.2006.

[742] Nesse sentido, vejam-se: TALAMINI, Eduardo. *Tutela Relativa aos DEVERES de Fazer e Não Fazer*. 2. ed. São Paulo: RT, 2008. p. 258. DINAMARCO, Cândido Rangel. *A Reforma da Reforma*. 2. ed. São Paulo: Malheiros, 2002. p. 235. Em sentido contrário se pronuncia Alexandre Freitas Câmara, para quem a multa pode ser fixada em outra unidade de tempo, desde que possível sua decomposição em dias (ex.: mês, semana, semestre etc.) (*Lições de Direito Processual Civil*. Rio de Janeiro: Lumen Juris, 2004. v. 2, p. 264).

664 INTERESSES DIFUSOS E COLETIVOS - VOL. 1

também que a multa diária passa a ser devida (incidência) após o encerramento do prazo fixado pelo juiz para o cumprimento da obrigação específica (CPC, art. 537, § 4.º).

No ponto, importa saber a partir de qual momento a multa fixada liminarmente ou na sentença pode ser executada. Por muito tempo, doutrina e jurisprudência discutiram sobre essa questão. Nas edições anteriores, apresentávamos os principais entendimentos nessa temática.

A partir do atual Código de Processo Civil, contudo, tal discussão está esvaziada. Isso porque o art. 537, § 3.º, desse diploma passou a admitir expressamente a possibilidade de **execução provisória da multa**, a requerimento da parte beneficiária, de modo a constranger o executado renitente a depositar o seu valor em juízo, condicionando-se, porém, o levantamento da quantia depositada ao trânsito em julgado da sentença favorável. Pela importância, destaca-se:

> **Art. 537.** A multa independe de requerimento da parte e poderá ser aplicada na fase de conhecimento, em tutela provisória ou na sentença, ou na fase de execução, desde que seja suficiente e compatível com a obrigação e que se determine prazo razoável para cumprimento do preceito.
>
> (...)
>
> § 3º A decisão que fixa a multa é passível de cumprimento provisório, devendo ser depositada em juízo, permitido o levantamento do valor após o trânsito em julgado da sentença favorável à parte.

Conclui-se, assim, que a multa aplicada em tutela provisória ou na sentença, ou mesmo na fase de execução, pode ser exigida imediatamente, pela via da execução provisória.

Remarque-se, por oportuno, que essa regra do art. 537, § 3.º, do CPC/2015 também se aplica às ações civis públicas, de modo a tornar mais efetiva a tutela de direitos fundamentais de segunda e terceira dimensão.[743]

5.15.2.2.4.2 Credor da multa

Superada a discussão relativa ao momento em que a multa pode ser cobrada, outra questão que se coloca é saber quem tem legitimidade para fazer esta cobrança, isto é, quem é o credor das *astreintes*.

Na ausência de previsão legal, a doutrina já vinha se orientando no sentido de que **o valor das *astreintes* era devido para o credor da obrigação principal**.[744] Realmente, o maior prejudicado com a demora no cumprimento da obrigação, ainda que haja incidência da multa, é o próprio credor. Nada mais justo, então, que o valor da multa seja revertido em seu proveito.

Registre-se que esse entendimento foi encampado pelo atual CPC que, em seu artigo 537, § 2.º, assim dispõe: "O valor da multa será devido ao exequente".

A partir da entrada em vigor do atual Código de Processo Civil, portanto, não restam dúvidas de que o valor da multa deve ser destinado ao consumidor credor da obrigação principal.

Por último, remarque-se que no campo da tutela coletiva dos direitos dos consumidores o destino da multa variará conforme a ação verse sobre interesses difusos ou

---

[743] A esse respeito, remetemos o leitor para o Capítulo 2, item 2.9.2.1.

[744] Nesse sentido, entre outros: MONTENEGRO FILHO, Misael. *Curso de Direito Processual Civil*. São Paulo: Atlas, 2005. v. 2, p. 402; CÂMARA, Alexandre Freitas. *Lições de Direito Processual Civil*. 13. ed. Rio de Janeiro: Lumen Juris, 2006. v. 2, p. 274; GRECO FILHO, Vicente. *Direito Processual Civil Brasileiro*. 18. ed. São Paulo: Saraiva, 2006. v. 3, p. 74; TALAMINI, Eduardo. *Tutela Relativa aos Deveres de Fazer e Não Fazer*. 2. ed. São Paulo: RT, 2008. p. 257. Em sentido contrário, entendendo que o valor das *astreintes* deve ser destinado ao Estado: GUERRA, Marcelo Lima. *Execução Indireta*. São Paulo: RT, 1998. p. 205.

coletivos, isto é, de natureza indivisível, ou individuais homogêneos, de natureza divisível. No primeiro caso, serão destinadas ao fundo para reconstituição dos bens lesados; no segundo, acrescerão as indenizações cabíveis às vítimas do evento lesivo.[745]

5.15.2.3 *Competência pelo domicílio do consumidor autor*

O art. 101, I, do Código de Defesa do Consumidor permite ao consumidor ajuizar, no foro do seu domicílio, a ação de responsabilidade civil do fornecedor de produtos e serviços.

Trata-se de regra que beneficia o consumidor, na medida em que **facilita seu acesso à justiça,** em conformidade com a orientação fixada no inciso VII do art. 6.º do Código.

O privilégio do foro do domicílio do consumidor (autor) abrange todas as modalidades de responsabilidade civil do fornecedor de produtos e serviços (fato do produto ou serviço, vício do produto ou serviço etc.).

Note-se que a regra em análise é uma *faculdade* atribuída ao consumidor, que dela poderá abrir mão; vale dizer, é regra que beneficia o consumidor, mas **não se trata de regra de competência absoluta**, dela podendo abrir mão o beneficiário. Nesse sentido, aliás, já decidiu o STJ:

> Não ofende o art. 101, I, do Código de Defesa do Consumidor o autor que ajuíza ação de responsabilidade civil contra fornecedor de produtos ou serviços, com base em referido Código, em Comarca próxima à que reside, sobretudo quando nesta é que contraída a obrigação veiculada no feito, sendo essa escolha até mais favorável à ré, por ser essa Comarca de maior porte e nela dispondo a ré de corpo técnico para onde foram dirigidas as anteriores reclamações decorrentes dos vícios apontados. Essa é a interpretação que mais se compadece com o espírito norteador contido no CDC, que alberga normas de caráter nitidamente protecionista ao consumidor, em razão de sua presumida hipossuficiência econômica.[746]

Indiscutivelmente, a competência pelo foro do domicílio do consumidor é territorial e, portanto, relativa. Com isso não se pretende dizer que o nosso sistema seja avesso à competência territorial absoluta. Em verdade, está ela prevista no art. 47 do CPC, que assim dispõe:

> **Art. 47.** Para as ações fundadas em direito real sobre imóveis é competente o foro da situação da coisa.
>
> § 1º O autor pode optar pelo foro de domicílio do réu ou pelo foro de eleição se o litígio não recair sobre direito de propriedade, vizinhança, servidão, divisão e demarcação de terras e de nunciação de obra nova.
>
> § 2º A ação possessória imobiliária será proposta no foro de situação da coisa, cujo juízo tem competência absoluta.

Da mesma forma, conforme vimos no estudo da ação civil pública, o art. 2.º da LACP qualifica a competência na ação civil pública como *funcional*. Ela é determinada *ratione loci*, pelo local do dano (territorial), o que, normalmente, implicaria hipótese de competência relativa. Sem embargo, por ser funcional, a competência aí estabelecida é absoluta.

Contudo, no caso do art. 101, I, do CDC, sob comento, não se pode cogitar de regra absoluta de competência. Afinal, dentro da sistemática do Código de Processo

---

[745] A propósito, confira-se: GONÇALVES, Marcus Vinicius Rios. *Tutela de Interesses Difusos e Coletivos*. 4. ed. São Paulo: Saraiva, 2010. p. 88. Coleção Sinopses Jurídicas.

[746] REsp 156.002/MG, rel. Cesar Asfor Rocha, *DJU* 21.09.1998, p. 187.

666 | INTERESSES DIFUSOS E COLETIVOS - VOL. 1

Civil, aplicável às ações individuais de consumo, em princípio, a competência territorial é relativa; só não o será quando houver disposição expressa nesse sentido, o que não se verifica no dispositivo em análise.

Tratar o caso como competência absoluta levar-nos-ia à contraditória situação, na qual o magistrado deveria (e, se competência absoluta fosse, outra alternativa não lhe restaria) declinar de ofício a competência quando o próprio consumidor prefere o foro eleito, por ser mais favorável à defesa dos seus direitos.[747]

Em conclusão, diante da ausência de determinação legal específica tratando o foro do domicílio do consumidor como regra absoluta de competência, é imperioso concluir que a competência territorial, *in casu*, segue a regra geral do CPC (art. 63), vale dizer, é relativa.[748]

5.15.2.3.1   Cláusula de eleição de foro em contrato de adesão

A despeito da proteção contratual conferida ao consumidor pelo CDC, é importante ressaltar que nem toda cláusula de eleição de foro envolvendo contrato de consumo será considerada abusiva. Compete ao juiz analisar a abusividade da cláusula no caso concreto, não havendo que se falar em presunção de abusividade na hipótese, até mesmo porque os contratos de adesão são admitidos em nosso ordenamento jurídico e desempenham importante papel na regulação das relações jurídicas na sociedade contemporânea.

Assim, ainda que a cláusula de eleição de foro tenha sido contratada em instrumento por adesão, sua invalidade somente deverá ser reconhecida quando manifestamente fora de seus limites, que podem bem ser sintetizados na violação das garantias constitucionais de isonomia de acesso à ordem jurídica justa.[749] Impõe-se, portanto, a demonstração concreta de que sua aplicação resultará prejuízo ao direito de defesa do consumidor.

Esse entendimento não discrepa da jurisprudência do Superior Tribunal de Justiça, que evoluiu no sentido de que a cláusula que estipula a eleição de foro em contrato de adesão só poderá ser considerada inválida quando demonstrada a hipossuficiência ou a dificuldade de acesso da parte ao Poder Judiciário. Para a Corte Superior, portanto, o fato de o contrato firmado se tratar de contrato de adesão não é suficiente, por si só, para modificar o foro contratualmente eleito, sendo imprescindível que reste configurada no caso concreto a dificuldade de acesso do consumidor ao Poder Judiciário ou a sua hipossuficiência. A propósito, confira-se:

> O STJ possui entendimento no sentido de que a cláusula que estipula a eleição de foro em contrato de adesão, só poderá ser considerada inválida quando demonstrada a hipossuficiência ou a dificuldade de acesso da parte ao Poder Judiciário. Nesta perspectiva, a situação de hipossuficiência de uma das partes, por sua manifesta excepcionalidade, deve ser demonstrada com dados concretos em que se verifique o prejuízo processual para alguma delas. A condição de consumidor, considerada isoladamente, não gera presunção de hipossuficiência a fim de repelir a aplicação da cláusula de derrogação da competência territorial quando convencionada, ainda que em contrato de adesão.[750]

---

[747] Há, entretanto, uma série de julgados que, a nosso ver, incorrem em equívoco, quando tratam o assunto sob a ótica de competência absoluta. A título de exemplo, confira-se: AgRg no Ag 455.965/MG, 3.ª T., rel. Min. Antônio de Pádua Ribeiro, j. 24.08.2004. No mesmo sentido: REsp 445.214/MT, 4.ª T., rel. Min. Aldir Passarinho Júnior, j. 24.09.2002.

[748] Nesse sentido: THEODORO JR., Humberto. *Ações Individuais e Coletivas sobre Relação de Consumo – Reunião de Processos por Conexão. Revista IOB de Direito Civil e Processual Civil*, 44/2006, p. 70; DIDIER JÚNIOR, Fredie. *Direito Processual Civil*. 5. ed. Salvador: Juspodivm, 2009. v. 1, p. 118; WATANABE, Kazuo *et al. Código Brasileiro de Defesa do Consumidor*: Comentado pelos Autores do Anteprojeto. 7. ed. Rio de Janeiro: Forense Universitária, 2001. p. 827.

[749] Nesse sentido: DINAMARCO, Cândido Rangel. *Instituições de Direito Processual Civil*. 7. ed. São Paulo: Malheiros, 2013. v. II, p. 604-605.

[750] REsp 1.675.012/SP, 3.ª T., rel. Min. Nancy Andrighi, j. 08.08.2017.

CAP. 5 – DIREITO DO CONSUMIDOR | **667**

Nessa ordem de ideias, sempre que verificada, em concreto, a abusividade da cláusula de eleição de foro, quer seja em razão da hipossuficiência do consumidor, quer seja em razão da dificuldade de acesso ao Poder Judiciário, poderá o juiz invalidá-la de ofício, nos termos dos arts. 1.º, 6.º, VIII, e 51, XV, todos do CDC, e do art. 63, § 3.º, do CPC.[751]

Importante: não se trata, propriamente, de declaração de ofício da incompetência relativa, mas, antes, de declaração de ofício da nulidade da cláusula, pela abusividade prevista no art. 51, XV, do CDC. Em outras palavras, deve o juiz declarar a nulidade da cláusula abusiva e, na sequência, para dar sentido e operatividade à declaração de nulidade da cláusula contratual, reconhecer a incompetência e remeter os autos ao juízo do domicílio do consumidor.[752]

5.15.2.4 *Vedação de denunciação da lide e um novo tipo de chamamento ao processo*

O Código de Defesa do Consumidor veda expressamente a denunciação da lide (art. 88, in fine) nas ações de responsabilidade civil pelo fato do produto, para simplificar o atendimento das pretensões do consumidor. Nesse particular, reprise-se, o STJ, superando uma divergência inicial, consolidou o entendimento de que tal vedação não se restringe à responsabilidade pelo fato do produto (art. 13 do CDC), sendo igualmente aplicável às demais hipóteses de responsabilidade civil por acidentes de consumo (arts. 12 e 14 do CDC).

Já em seu art. 101, II, o CDC autoriza, expressamente, o **chamamento ao processo da seguradora**, quando o fornecedor tiver contrato que acoberte o dano discutido na demanda.

Fosse a matéria regulada pelo CPC, essa seria hipótese de denunciação da lide e não de chamamento ao processo, dado que esta última modalidade de intervenção de terceiros pressupõe solidariedade passiva entre os responsáveis pela reparação, o que, evidentemente, não há entre segurador e segurado (fornecedor), em face do autor da ação de reparação (consumidor).

Como vimos nas edições anteriores, na sistemática do CPC de 1973, a sentença não podia ser executada pelo credor diretamente contra o denunciado; apenas o denunciante, depois de cumprida a obrigação, tinha o direito de voltar-se diretamente contra o denunciado. Assim, se a seguradora permanecesse sujeita à denunciação da lide, a sentença não poderia ser executada pelo consumidor diretamente contra a denunciada; apenas o fornecedor, depois de cumprida a obrigação, teria direito de voltar-se contra a seguradora.

O que a Lei 8.078/1990 fez foi inovar na matéria, desviando o chamamento ao processo de sua natural destinação. Na sistemática do CDC, criou-se uma solidariedade legal[753] entre segurado e segurador, em favor do consumidor. Assim, o consumidor que vencesse a demanda poderia executar diretamente a sentença contra o segurador chamado ao processo, até o limite do contrato. Com isso, evidentemente, ampliou-se a garantia de efetividade do processo em benefício do consumidor.

Registre-se, por oportuno, que o atual CPC conferiu tratamento diferente ao instituto da denunciação da lide. Nos termos do artigo 128, parágrafo único, do novo diploma, se o pedido da ação principal for julgado procedente, pode o autor (consumidor), se for

---

[751] "Art. 63. As partes podem modificar a competência em razão do valor e do território, elegendo foro onde será proposta ação oriunda de direitos e obrigações. (...) § 3º Antes da citação, a cláusula de eleição de foro, se abusiva, pode ser reputada ineficaz de ofício pelo juiz, que determinará a remessa dos autos ao juízo do foro de domicílio do réu."

[752] A propósito, veja-se: NERY JUNIOR, Nelson; NERY, Rosa Maria de Andrade. *Código de Processo Civil Comentado e Legislação Extravagante*. 10. ed. São Paulo: RT, 2007. p. 370.

[753] Nesse sentido: ARRUDA ALVIM *et al.* (org.). *Código do Consumidor Comentado*. 2. ed. São Paulo: RT, 1995. p. 455-456.

o caso, requerer o cumprimento da sentença também contra o denunciado, nos limites da condenação deste na ação regressiva. Por outras palavras, na sistemática do atual CPC, também nas hipóteses de denunciação da lide a parte vencedora poderá exigir o cumprimento da sentença diretamente contra o denunciado. Tem-se, no caso, uma clara evolução do instituto.

Assim, quer seja pela sistemática do chamamento ao processo do CDC, quer seja pela sistemática da denunciação da lide no atual CPC, amplia-se a garantia do consumidor, ao mesmo tempo em que se possibilita ao fornecedor convocar desde logo, sem a necessidade de ação regressiva autônoma, o segurador para responder pela cobertura securitária prometida.

Noutro giro, importa destacar que o STJ não tem admitido a intervenção de terceiros quando o processo já se encontra em fase avançada. Para a Corte Superior, a anulação do processo, para permitir o chamamento da seguradora, em caso de injusto indeferimento de pedido de chamamento, acabaria por retardar o feito, prejudicando o consumidor, o que contraria o escopo do sistema de proteção do CDC.[754]

Por fim, anote-se que o art. 101, II, do CDC assegura outro benefício para o consumidor: a possibilidade de ajuizar ação de indenização diretamente contra a seguradora, em caso de **falência do fornecedor**, cabendo ao síndico, ao tomar conhecimento da ação, dar ciência ao consumidor da existência do seguro.

---

[754] REsp 313.334/RJ, 4.ª T., rel. Min. Barros Monteiro, *DJU* 25.06.2001. Na mesma trilha, o STJ não tem admitido o chamamento após a sentença. Anote-se: REsp no AgRg no Ag 184.616/RJ, 3.ª T., rel. Min. Nancy Andrighi, *DJ* 28.05.2001.

CAPÍTULO **6**

Improbidade Administrativa

· ·

6.1 INTRODUÇÃO

A existência de um governo honesto, eficiente e zeloso pelas coisas públicas é condição essencial ao Estado Democrático de Direito.

Não basta à democracia a existência de uma Constituição que organize o Estado e que distribua, entre seus vários organismos, as competências para o exercício do poder. Esse é apenas o viés formal do Estado Democrático.

A verdadeira democracia é a democracia vivenciada, a que se realiza na prática, a que decorre do desempenho eficiente das funções estatais em busca dos grandes objetivos da República: a construção de uma sociedade livre, justa e solidária, o desenvolvimento nacional, a erradicação da pobreza, a redução das desigualdades e a promoção do bem-estar de todos (CF, art. 3.º).

E, entre os vários pressupostos para que isso ocorra, um deles é certamente a existência de um governo probo, que zele pelo patrimônio público (*res publica*) e que adote, em suas práticas, os princípios da boa administração: legalidade, moralidade, impessoalidade, publicidade e eficiência (CF, art. 37). Daí ser válido concluir que **a probidade administrativa é da essência da democracia**.

A despeito disso, ainda hoje, em muitos rincões de nosso país, são inúmeros os casos de corrupção e malversação administrativas. Não raro, os agentes públicos se divorciam dos princípios nucleares da ordem jurídica (Estado de Direito, Democrático e Republicano), promovendo gestões públicas desastrosas, tudo em detrimento do verdadeiro interesse público.

A preocupação com o aviltamento do patrimônio público remonta ao embrionário surgimento da sociedade brasileira, que sempre apresentou uma crônica propensão de apropriação do público pelo particular, em detrimento dos contribuintes.

Queiramos ou não, na avaliação do que é moral ou imoral, do que é ético ou não ético, esbarramo-nos nos obstáculos deste país que, à míngua de uma educação social historicamente apurada, construiu frouxos valores sociais: o que é meu é meu; o que é público é de ninguém.

Grassando soberano o descaso com a coisa pública, somente a partir da década de 1980, notadamente após a promulgação da Constituição Federal de 1988, quando se estabeleceu um marco histórico na sociedade brasileira, é que se deu início a um aparato institucional voltado para o controle e a fiscalização dos atos da administração.

Figuram como instrumentos maiores nesse controle a Lei da Ação Popular (Lei 4.717/1965), a Lei da Ação Civil Pública (Lei 7.347/1985), a Lei de Improbidade Administrativa (Lei 8.429/1992), a Lei de Licitações e Contratos (Lei 14.133/2021), a Lei de Responsabilidade Fiscal (LC 101/2000), a Lei de Acesso à Informação (Lei 12.507/2011), a Lei de Conflito de Interesses (Lei 12.813/2013), a Lei Anticorrupção Empresarial (Lei 12.846/2013), as Convenções Internacionais de Combate à Corrupção ratificadas pelo Brasil[1] e, sobretudo, a posição constitucional angariada pelo Ministério Público, como instituição permanente de defesa do patrimônio público e social, e de outros interesses difusos e coletivos (CF, art. 129, III).

A adoção de um instrumental jurídico eficiente para salutar prevenção e exemplar punição dos agentes ímprobos nas mais variadas instâncias é providência necessária para a credibilidade da democracia e das instituições. Todos aqueles que fazem do Direito seu dia a dia têm o dever de conhecê-lo e aplicá-lo.

6.2 NORMAS DE COMBATE À IMPROBIDADE ADMINISTRATIVA

6.2.1 Regramento constitucional

Se a probidade administrativa é da essência da democracia, é natural que a Constituição, ao organizar o Estado, tenha se preocupado em estabelecer eficientes meios de controle dos atos e das condutas dos seus agentes.

Nesse sentido, vê-se que a Constituição Federal de 1988 conferiu adequado tratamento ao tema da improbidade administrativa, especificando as sanções a serem aplicadas ao agente autor do ato ímprobo, além de lhe atribuir uma importante consequência de natureza política: a suspensão dos direitos políticos.

Sensível à expressiva participação de agentes políticos detentores de mandatos em atos de corrupção, o legislador constituinte procurou erigir um conjunto de normas que trouxessem como sanção a suspensão dos direitos políticos, objetivando inviabilizar a permanência de tais pessoas em cargos eletivos.

No capítulo dos direitos políticos, a Constituição fixou as principais causas de inelegibilidade, deixando para a lei complementar a tarefa de estabelecer outros motivos de inelegibilidade e os prazos de sua cessação. Ao mesmo tempo, especificou as finalidades a serem observadas pela lei complementar, dentre as quais se destaca a proteção da **probidade administrativa** e da **moralidade** para o exercício do mandato (art. 14, § 9.º).[2]

O art. 15 do texto constitucional, ao proclamar que "é vedada a cassação de direitos políticos", elenca as hipóteses de privação definitiva (*perda*) ou temporária (*suspensão*) destes.

A **perda dos direitos políticos** opera-se nos casos de "cancelamento da naturalização por sentença transitada em julgado" (inciso I) e "recusa de cumprir obrigação a todos imposta ou prestação alternativa" (inciso IV). Já a **suspensão dos direitos políticos** ocorre nas hipóteses de "incapacidade civil absoluta" (inciso II), "condenação criminal transitada em julgado, enquanto durarem seus efeitos" (inciso III) e "*improbidade administrativa*" (inciso V).

---

[1] Conforme veremos mais adiante, o Brasil é signatário de três convenções internacionais: Convenção Interamericana de Combate à Corrupção (OEA), Convenção sobre o Combate à Corrupção de Funcionários Públicos Estrangeiros em Transações Comerciais Internacionais (OCDE) e Convenção das Nações Unidas contra a Corrupção (Mérida).

[2] CF, art. 14, § 9.º: "Lei complementar estabelecerá outros casos de inelegibilidade e os prazos de sua cessação, a fim de proteger a probidade administrativa, a moralidade para o exercício do mandato, considerada a vida pregressa do candidato, e a normalidade e legitimidade das eleições contra a influência do poder econômico ou o abuso do exercício de função, cargo ou emprego na administração direta ou indireta".

CAP. 6 – IMPROBIDADE ADMINISTRATIVA | 671

Como bem observado por José Afonso da Silva,[3] a *improbidade administrativa entra pela primeira vez no ordenamento jurídico constitucional como causa de suspensão de direitos políticos,* que pode ser considerada a sanção máxima aplicável em um regime democrático ao agente ímprobo.

Mas não é só isso. Ao lado da suspensão dos direitos políticos, o art. 37, § 4.º, da Constituição Federal especificou outras sanções aplicáveis ao agente que pratica ato de improbidade administrativa. Veja-se:

> **Art. 37. (...) § 4.º** Os atos de improbidade administrativa importarão a suspensão dos direitos políticos, a perda da função pública, a indisponibilidade dos bens e o ressarcimento ao erário, na forma e gradação previstas em lei, sem prejuízo da ação penal cabível.

No *caput* do mesmo art. 37, a Constituição traça os princípios que devem reger toda a Administração Pública, a saber: **legalidade, impessoalidade, moralidade, publicidade** e **eficiência.** Aqui, merece destaque a inserção do princípio da moralidade, a significar que a atuação dos agentes públicos deve conformar-se não apenas à lei em sentido formal, mas também a determinados valores que se colocam acima do direito positivo, como a ideia de honestidade, boa-fé, lealdade, decoro e ética, no exercício da função pública.[4]

Com a constitucionalização dos princípios, que terminaram por normatizar inúmeros valores de cunho ético-jurídico, a concepção de legalidade cedeu lugar à noção de juridicidade, segundo a qual a atuação do Estado deve estar em harmonia com o Direito, afastando-se a noção de legalidade estrita, passando a compreender regras e princípios. Com isso, consagra-se a inevitável tendência de substituição do princípio da legalidade pelo **princípio da juridicidade**.

Embora os princípios da legalidade e da moralidade sejam os vetores básicos da probidade administrativa, é forçoso reconhecer que tais princípios estão abrangidos por uma epígrafe mais ampla, sob a qual se encontram aglutinados todos os princípios regentes da atividade estatal, papel que é desempenhado pelo princípio da juridicidade.

Como se nota pela leitura do texto constitucional, os princípios contemplados no art. 37 devem ser observados pelos agentes de todos os Poderes, não estando sua aplicação adstrita ao Poder Executivo, o qual desempenha as funções de natureza eminentemente administrativa. Tratando-se de norma de observância obrigatória por todos os agentes públicos, seu descumprimento importará em flagrante infração aos deveres do cargo, sendo indício de consubstanciação do ato de improbidade.

Por fim, mantendo a tradição da primeira Constituição da República (1891), a atual também considera crimes de responsabilidade os atos do Presidente da República e dos Ministros de Estado que atentem contra a *probidade na administração* (art. 85, V).

6.2.2 Regramento convencional

A defesa da probidade administrativa, conforme será visto mais à frente, está diretamente associada ao controle da corrupção *lato sensu*.

Na esfera estatal, que importa para os limites deste trabalho, a corrupção indica o abuso do poder investido, para a satisfação de um interesse privado. Por outras palavras, corrupção é a prática de uma conduta comissiva ou omissiva, em violação à lei, por parte

---

3 SILVA, José Afonso da. *Comentário Contextual à Constituição.* São Paulo: Malheiros, 2005. p. 233.
4 DI PIETRO, Maria Sylvia Zanella. *Direito Administrativo.* 22. ed. São Paulo: Atlas, 2009. p. 803-806.

672 | INTERESSES DIFUSOS E COLETIVOS – VOL. 1

de um agente público no exercício de suas funções, para a obtenção de um benefício indevido, para si ou para outra pessoa ou entidade.

O fenômeno da corrupção era, há até bem pouco tempo, concebido apenas como um problema estritamente nacional. Contudo, com a progressiva abertura, integração e interdependência entre as economias, a dimensão internacional do fenômeno tornou-se evidente.

A natureza transnacional da corrupção levou a comunidade internacional a reconhecer que esse tipo de ilícito representa uma ameaça significativa para o crescimento global e a estabilidade financeira, pois destrói a confiança pública, mina o Estado de Direito, desestabiliza a concorrência, distorce a alocação de recursos e impede o comércio e o investimento transfronteiriço. Por essa razão, os governos e as instituições multinacionais passaram a adotar mecanismos de promoção da integridade nos planos global e regional, com foco nos seguintes objetivos:

(i) implementação de normas internacionais de transparência sobre a atividade das pessoas jurídicas e seu respectivo patrimônio, pois estas continuam a ser utilizadas para ocultar ou disfarçar atividades ilícitas, como lavagem de dinheiro, evasão fiscal e corrupção;

(ii) implementação de medidas de transparência e integridade no setor público, essenciais para prevenir o desvio de recursos públicos e o conflito de interesses; e

(iii) fortalecimento da cooperação internacional, essencial para combater a corrupção em um ambiente cada vez mais globalizado.

Para que todos esses objetivos possam ser alcançados, entretanto, é fundamental consolidar nos ordenamentos jurídicos internos a implementação das regras dos tratados e convenções internacionais de combate à corrupção, os quais foram firmados no sentido de criar padrões elevados de conduta oficial que facilitem a integridade governamental, o crescimento econômico e a segurança internacional.

O Brasil é signatário de três convenções internacionais nessa temática: *Convenção Interamericana de Combate à Corrupção* (OEA), *Convenção sobre o Combate à Corrupção de Funcionários Públicos Estrangeiros em Transações Comerciais Internacionais* (OCDE) e *Convenção das Nações Unidas contra a Corrupção* (Mérida).

Referidas convenções são peças importantes do chamado microssistema de Defesa do Patrimônio Público, que reúne normas constitucionais, convencionais e infraconstitucionais. Na sequência, destacamos os aspectos mais importantes de cada uma dessas convenções.

6.2.2.1 *Convenção Interamericana de Combate à Corrupção (OEA)*

Os Estados-membros da Organização dos Estados Americanos (OEA) subscreveram, em 29 de março de 1996, na cidade de Caracas, capital da Venezuela, a Convenção Interamericana contra a Corrupção (CICC). Trata-se do primeiro documento internacional a definir padrões mínimos a serem observados pelos países signatários no combate à corrupção.

O Congresso Nacional brasileiro aprovou, por meio do Decreto Legislativo 152, de 25 de junho de 2002, o texto da CICC, com reserva apenas para o art. XI, § 1, *c*, e depositou o respectivo instrumento de ratificação na Secretaria-Geral da OEA em 24 de julho de 2002. Nos termos do art. XXV, entrou em vigor no Brasil em 24 de agosto de 2002 e foi promulgada pelo Decreto 4.410, de 7 de outubro de 2002.

Os propósitos da CICC, como resulta do seu art. II, são promover e fortalecer o desenvolvimento, por cada um dos Estados-partes, dos mecanismos necessários para prevenir, detectar, punir e erradicar a corrupção, além de promover, facilitar e regular a cooperação técnica entre os Estados-partes.

Para alcançar tais propósitos, os países signatários se comprometeram a adotar um conjunto de medidas preventivas em seus sistemas institucionais, das quais destacamos a criação de normas de conduta para o desempenho das funções públicas; o fortalecimento de mecanismos que estimulem a participação da sociedade civil e de organizações não governamentais nos esforços para prevenir a corrupção; a criação e o fortalecimento de órgãos de controle interno; a criação de sistemas para proteger funcionários públicos e cidadãos particulares que denunciarem de boa-fé atos de corrupção; e a criação de sistemas de contratação de funcionários públicos e de aquisição de bens e serviços por parte do Estado, de forma que sejam asseguradas a transparência, a equidade e a eficiência.

A CICC não define o que seja um ato de corrupção, mas elenca, no art. VI, o rol de ilícitos que configuram ato de corrupção e, por conseguinte, atraem a sua incidência. É interessante notar, neste particular, que a Convenção de Caracas considera ato de corrupção a realização, por parte de um funcionário público ou pessoa que exerça funções públicas, de qualquer ato ou omissão no exercício de suas funções, a fim de obter ilicitamente benefícios para si mesmo ou para um terceiro (art. VI, I, *c*). Referida conduta, a nosso sentir, é a que mais se aproxima do conceito de corrupção mais amplamente citado pela doutrina, oferecido pela Transparência Internacional: "o abuso do poder investido para ganhos privados".

Além do rol mínimo de ilícitos que devem ser necessariamente coibidos pelos Estados-partes, nada impede que outros mais sejam previstos na legislação interna. Também o suborno internacional foi objeto de preocupação pela Convenção, devendo ser proibidas e sancionadas as condutas consistentes em oferecimento ou entrega de vantagens a funcionário de outro Estado, com o fim de obter a prática ou a omissão de determinado ato (art. VIII).

A CICC também prevê ampla assistência recíproca entre os países signatários como forma de permitir a obtenção de provas e a execução de outros atos necessários para facilitar a realização de diligências, investigação ou persecução penal dos atos de corrupção. Nessa mesma trilha, os Estados-membros ainda firmaram o compromisso de prestar ampla cooperação e assistência para identificar, localizar, bloquear, apreender e confiscar bens obtidos ou provenientes da prática dos delitos tipificados na própria Convenção (art. XV).

Em muitos aspectos, o Brasil já se encontra em plena conformidade com os termos da CICC. Para que essa conformidade seja ainda mais completa, o governo brasileiro vem desenvolvendo ações no campo da prevenção e do combate à corrupção, com ênfase na investigação e apuração de irregularidades, no combate à impunidade, na promoção da transparência pública e no estímulo ao controle social.

6.2.2.2 *Convenção sobre o Combate à Corrupção de Funcionários Públicos Estrangeiros em Transações Comerciais Internacionais (OCDE)*

A Organização para Cooperação e Desenvolvimento Econômico (OCDE) surgiu em 1948 para executar o denominado "Plano Marshal", concebido a partir de financiamentos dos Estados Unidos para a reconstrução da Europa devastada pela Segunda Guerra Mundial. Atualmente, a organização é composta por 38 países-membros de todo o mundo, os quais respondem por mais de 80% dos investimentos e do comércio mundial, assumindo, assim, um papel fundamental na resposta aos desafios enfrentados pela economia global.

A OCDE estabelece normas e códigos internacionais em colaboração com os países membros. Seu objetivo principal é auxiliar os governos a promover a prosperidade e combater a pobreza pela via do crescimento econômico e da estabilidade financeira.

O suborno de funcionários públicos estrangeiros foi um tema inicialmente tratado pelo Grupo de Trabalho da OCDE sobre Suborno em Transações Comerciais Internacionais. O trabalho desse Grupo resultou na "Convenção sobre o Combate da Corrupção de Funcionários Públicos Estrangeiros em Transações Comerciais Internacionais" (Convenção Antissuborno), que foi firmada em 1997, em Paris, pelos Estados-membros da OCDE, aos quais se somaram outros países, como Brasil, Argentina e Chile, tendo entrado em vigor em 1999. No Brasil, a Convenção foi ratificada em 15 de junho de 2000 e promulgada pelo Decreto 3.678, de 30 de novembro de 2000.

A Convenção Antissuborno da OCDE trata, majoritariamente, da adequação da legislação dos Estados signatários às medidas necessárias à prevenção e combate à corrupção de funcionários públicos estrangeiros no contexto do comércio internacional. Para os fins da Convenção, são considerados funcionários públicos estrangeiros qualquer pessoa que ocupe cargo nos Poderes Legislativo, Executivo ou Judiciário de um país estrangeiro, independentemente de ser essa pessoa nomeada ou eleita; ou, ainda, qualquer pessoa que exerça função pública para um país estrangeiro. Por outro lado, a Convenção equipara a funcionários públicos os funcionários ou representantes de organização pública internacional.

Os Estados signatários da Convenção assumiram a obrigação de criminalizar o oferecimento, a promessa ou a concessão de vantagem indevida, pecuniária ou de qualquer outra natureza, a funcionário público estrangeiro que, direta ou indiretamente, por meio de ação ou omissão no desempenho de suas funções públicas, realize ou dificulte transações na condução de negócios internacionais.

No sentido de dar efetividade aos termos da Convenção, faz-se importante mencionar que, independentemente da nacionalidade, qualquer indivíduo ou entidade que cometa atos de suborno de funcionário público estrangeiro no território de um Estado signatário da Convenção da OCDE se sujeita às proibições nela estabelecidas.

A Convenção dispõe ainda sobre normas tributárias e de contabilidade. As regras de contabilidade constantes da Convenção da OCDE requerem o estabelecimento da proibição de "caixa dois" e de operações inadequadamente explicitadas. Além disso, a Convenção da OCDE determina a proibição de quaisquer operações que facilitem a ocultação da corrupção de funcionários públicos estrangeiros, tais como os registros de despesas inexistentes e o lançamento de obrigações com explicitação inadequada com o seu objeto ou o uso de documentos falsos por empresas com o propósito de corromper funcionários públicos estrangeiros. Para garantir a efetividade dessas proibições, a Convenção estabelece que cada Estado-parte deve cominar penalidades civis, penais e administrativas pelas omissões e falsificações em livros e registros contábeis, contas e declarações financeiras.

Com relação à lavagem de dinheiro, a Convenção prevê que, se o Estado signatário criminaliza a corrupção de seu funcionário público para o propósito de sua legislação sobre lavagem de dinheiro, deverá fazer o mesmo, em condições equivalentes, em relação ao suborno de funcionário público estrangeiro, independentemente do local da ocorrência do fato. No caso dos países que possuem um rol de crimes antecedentes ao crime da lavagem de dinheiro, a Convenção estabelece a inserção do crime de corrupção de funcionário público estrangeiro como crime antecedente, nos mesmos moldes da corrupção ocorrida em território nacional.

Um dos pontos mais importantes da Convenção da OCDE envolve a responsabilidade das pessoas jurídicas pela prática de suborno transnacional. Seu art. 2.º determina a adoção de medidas necessárias à responsabilização de pessoas jurídicas pela corrupção de funcionário público estrangeiro. O art. 3.º dispõe que o suborno de funcionário público estrangeiro deverá ser reprimido por meio da cominação de penas criminais efetivas, proporcionais e dissuasivas, compatíveis com as penas aplicadas aos delitos de corrupção doméstica. Nos casos em que os ordenamentos jurídicos dos países não permitam a responsabilidade criminal de pessoas jurídicas, a Convenção ressalta que os Estados-partes deverão assegurar que estas estejam sujeitas a sanções não criminais dissuasivas, incluindo sanções de natureza pecuniária.

Em 12 países (Brasil, Bulgária, Colômbia, Alemanha, Grécia, Itália, Letônia, México, Polônia, Rússia, Suécia e Turquia), a previsão de responsabilidade para as pessoas jurídicas pela corrupção de funcionários públicos estrangeiros é apenas de natureza extrapenal. Os demais signatários da Convenção da OCDE reconhecem a responsabilidade penal das pessoas jurídicas por ilícitos dessa natureza, com algumas variações.

Hoje, pode-se afirmar que o ordenamento jurídico brasileiro já se encontra em plena conformidade com os termos da Convenção Antissuborno. Merece destaque, nesse sentido, a edição da Lei 10.467/2002, que acrescentou o Capítulo II-A, "Dos crimes praticados por particular contra a administração pública estrangeira", ao Título XI do Código Penal. Posteriormente, e ainda em decorrência da "Convenção sobre o Combate à Corrupção de Funcionários Públicos Estrangeiros em Transações Comerciais Internacionais", o Brasil editou a Lei 12.846/2013, que dispõe sobre a responsabilização administrativa e civil de pessoas jurídicas pela prática de atos lesivos à Administração Pública, nacional ou estrangeira (Lei Anticorrupção Empresarial), que é trabalhada com maiores detalhes no Capítulo 6 do volume 2 desta obra.

6.2.2.3 Convenção das Nações Unidas de Combate à Corrupção (Convenção de Mérida – ONU)

O texto da Convenção das Nações Unidas de Combate à Corrupção (*United Nations Convention Against Corruption* – UNCAC) foi negociado e aprovado pela Resolução 58/4, de 31 de outubro de 2003, até ser finalmente assinado em Mérida, no México, em 9 de dezembro de 2003, por diversos países.

Nos termos do art. 1.º da UNCAC, que entrou em vigor em 14 de dezembro de 2005 (art. 68/1 da Res. 58/4), sua finalidade é: a) promover e fortalecer as medidas para prevenir e combater mais eficaz e eficientemente a corrupção; b) promover, facilitar e apoiar a cooperação internacional e a assistência técnica na prevenção e na luta contra a corrupção, incluída a recuperação de ativos; e c) promover a integridade, a obrigação de prestar contas e a devida gestão dos assuntos e dos bens públicos.

A Convenção de Mérida é, até hoje, o mais completo instrumento normativo internacional contra a corrupção e o mais abrangente, tendo sido assinada por 140 países. No Brasil, a UNCAC foi ratificada pelo Decreto Legislativo 348/2005 e promulgada pelo Decreto Presidencial 5.687/2006.

No capítulo sobre **prevenção à corrupção**, a Convenção prevê que os Estados-partes implementem políticas efetivas contra a corrupção, que promovam a participação da sociedade e reflitam os princípios do Estado de Direito, tais como a integridade, a transparência e a *accountability*, entre outros. Ainda no campo da prevenção, os Estados-partes devem adotar sistemas de seleção e recrutamento de servidores públicos com critérios objetivos de mérito. Também devem tomar medidas para aumentar a transparência no financiamento de campanhas de candidatos e partidos políticos. Devem desenvolver códigos de conduta que incluam medidas de estímulo a denúncias de corrupção por parte dos servidores, e de desestímulo ao recebimento de presentes, ou de qualquer ação que possa causar conflito de interesses. Os processos licitatórios devem propiciar a ampla participação e dispor de critérios preestabelecidos, justos e impessoais. Também devem adotar medidas para ampliar o acesso às contas públicas para os cidadãos e estimular a participação da sociedade nesse processo, além de adotar medidas preventivas à lavagem de dinheiro. Finalmente, sublinha que a independência do Poder Judiciário e do Ministério Público é fundamental para o combate à corrupção.

Pontue-se que a Convenção de Mérida contempla medidas de prevenção à corrupção não apenas no setor público, mas também no setor privado. Entre elas: desenvolver padrões de auditoria e de contabilidade para as empresas; prover sanções civis, administrativas e criminais efetivas e que tenham um caráter inibidor para futuras ações; promover a cooperação entre os aplicadores da lei e as empresas privadas; prevenir o conflito de interesses; proibir a existência de "caixa dois" nas empresas; e desestimular isenção ou redução de impostos a despesas consideradas como suborno ou outras condutas afins.

No capítulo sobre **penalização e aplicação da lei**, a Convenção pede aos Estados--partes que introduzam em seus ordenamentos jurídicos tipificações criminais que abranjam não apenas as formas básicas de corrupção, como o suborno e o desvio de recursos públicos, mas também atos que contribuem para a corrupção, tais como obstrução da justiça, tráfico de influência e lavagem de recursos provenientes da corrupção.

Os Estados-partes devem obrigatoriamente tipificar como crime: o suborno a funcionários públicos, a corrupção ativa a oficiais estrangeiros, a fraude e a apropriação indébita, a lavagem de dinheiro e a obstrução da justiça. Também devem, na medida do possível, buscar tipificar as condutas de: corrupção passiva de oficiais estrangeiros, tráfico de influências, abuso de poder, enriquecimento ilícito, suborno no setor privado e desvios de recursos no setor privado.

Já no capítulo sobre **cooperação internacional**, a Convenção enfatiza que todos os aspectos dos esforços anticorrupção necessitam de cooperação internacional, tais como assistência legal mútua na coleta e transferência de evidências, nos processos de extradição, e ações conjuntas de investigação, rastreamento, congelamento de bens, apreensão e confisco de produtos da corrupção.

A Convenção inova em relação a tratados anteriores, ao permitir assistência legal mútua mesmo na ausência de dupla incriminação, quando não envolver medidas coercitivas. O princípio da dupla incriminação prevê que um país não necessita extraditar pessoas que cometeram atos que não são considerados crimes em seu território. Mas, a partir da Convenção, esses requisitos se tornam mais maleáveis, pois ela prevê que mesmo crimes que não são definidos com os mesmos termos ou categoria podem ser considerados como equivalentes, possibilitando a extradição.

A extradição deve ser garantida nos casos de crimes citados pela Convenção, e quando os requisitos de dupla incriminação são preenchidos. Os Estados-partes não devem considerar os crimes de corrupção como crimes políticos. E os estados que condicionam a extradição à existência de acordos podem usar a Convenção como base legal. Se um país não extradita nacionais, deve usar o pedido do outro país como fundamento para um processo interno. Além disso, a Convenção prevê que os Estados-partes busquem harmonizar suas leis nacionais aos tratados existentes.

A Convenção ainda prevê medidas mais amplas de assistência legal mútua em investigações, processo e procedimentos legais em relação a crimes previstos na própria Convenção.

A **recuperação de ativos** é uma importante inovação e um princípio fundamental da Convenção. Os Estados-partes devem apoiar-se entre si com extensas medidas de

CAP. 6 – IMPROBIDADE ADMINISTRATIVA | 677

cooperação e assistência nesse campo, a fim de fazer valer os interesses das vítimas e dos donos legítimos desses recursos. A esse respeito, merece referência a responsabilidade de adoção pelos signatários de providências no sentido de serem identificados os beneficiários finais de depósitos realizados em contas vultosas, além de intensificação da fiscalização de contas bancárias mantidas por pessoas que desempenhem ou tenham desempenhado funções públicas eminentes, assim como de seus familiares e estreitos colaboradores.

Em suas disposições finais, a Convenção estabelece que as medidas nela previstas constituem um **piso mínimo** para a punição dos atos de corrupção. Isso significa dizer que os Estados-partes poderão adotar, internamente, medidas mais restritas ou severas do que as previstas na Convenção a fim de prevenir e combater a corrupção, mas estão proibidos de adotar medidas mais brandas (art. 65, n. 2). Trata-se da positivação do **princípio do combate ao retrocesso em matéria anticorrupção**, um importante referencial hermenêutico, que deverá orientar a interpretação e aplicação das normas infraconstitucionais de combate à corrupção no Brasil.

6.2.3   Regramento infraconstitucional

No direito positivo pátrio, é vasto o sistema normativo infraconstitucional de defesa da probidade administrativa.

Não raro ocorrerá que a uma mesma conduta sejam cominadas distintas sanções, cujas incidência e extensão variarão em conformidade com o ramo do direito a que esteja vinculado o prisma de análise, culminado com a possibilidade de aplicação de reprimendas de natureza política, penal, cível ou administrativa ao agente infrator.

No âmbito penal, por exemplo, são múltiplos os crimes contra a Administração Pública previstos no Código Penal e na legislação extravagante. Na área cível, há muito são invocados os preceitos relativos à reparação dos danos patrimoniais causados por atos ilícitos (art. 159 do CC/1916 e arts. 186 e 927 do CC/2002). Por último, tem-se a legislação especificamente relacionada à Administração Pública, que estabelece um regramento próprio para as relações mantidas entre esta e seus agentes ou com os demais particulares, sendo múltiplos os regimes jurídicos existentes.

Como se vê, os atos de improbidade administrativa podem ser coibidos de múltiplas formas, perante diversos órgãos e com distintos efeitos em relação ao agente ímprobo. O objetivo principal deste estudo é abordar os principais aspectos da Lei 8.429/1992, que regulou o § 4.º do art. 37 da Constituição Federal, estabelecendo os tipos legais de atos de improbidade e as sanções para cada hipótese.

6.3   LEI DE IMPROBIDADE ADMINISTRATIVA

Além das previsões esparsas existentes nos regimes jurídicos de determinadas categorias do funcionalismo público dos diferentes entes da federação, dois foram os diplomas de caráter genérico que antecederam a atual Lei de Improbidade Administrativa, ambos editados sob a égide da Constituição de 1946: a Lei 3.164/1957 (Lei Pitombo-Godói Ilha) e a Lei 3.502/1958 (Lei Bilac Pinto).

Essas duas legislações conviveram até meados de 1992 e, embora conferissem legitimidade ativa ao Ministério Público para promover a ação civil de perdimento de bens em face do servidor que tivesse enriquecido ilicitamente, acabaram se revelando ineficazes no combate à corrupção e malversação administrativas, pois, até então, **os atos de improbidade administrativa se limitavam às hipóteses de enriquecimento ilícito.** Além disso, tais leis exigiam do autor da ação o pesado ônus de comprovar a ocorrência de um ato de corrupção, do enriquecimento ilícito do servidor e do nexo causal entre ambos, sem o que não incidiria a sanção de perdimento de bens. Essa dificuldade, aliada às imprecisões técnicas e às lacunas dos textos, tirou-lhes qualquer eficácia prática.[5]

Somente em 03.06.1992, com a entrada em vigor da Lei 8.429/1992, surgiu um eficaz mecanismo de proteção da probidade administrativa.

A Lei 8.429/1992, que passamos a identificar pela sigla LIA (Lei de Improbidade Administrativa), classificou os atos de improbidade administrativa em três modalidades distintas: a) atos que importam **enriquecimento ilícito** do agente público (art. 9.°); b) atos que causam **prejuízo ao erário** (art. 10); e c) atos que **atentam contra os princípios da Administração Pública** (art. 11), cominando-lhes sanções políticas, civis e administrativas. Além disso, definiu os sujeitos ativo e passivo dos atos de improbidade, tratou dos procedimentos investigatórios desses atos e regulou a ação civil de improbidade administrativa. Dispôs, também, sobre declaração de bens,[6] prescrição e infração penal.

Note-se que esse diploma legal, que encontra fundamento constitucional (art. 37, § 4.°, da CF), conceituou de forma bem mais ampla os atos de improbidade administrativa, não se limitando ao enriquecimento ilícito do agente público, como nas leis supramencionadas (Lei 3.164/1957 e Lei 3.502/1958), que permaneceram em vigor até a promulgação da Lei 8.429/1992.

Para a LIA, o enriquecimento ilícito é tratado como uma das espécies de ato de improbidade administrativa, ao lado dos atos lesivos ao erário e atentatórios aos princípios da Administração Pública.

Depois de quase três décadas de vigência, período no qual foram promovidas algumas modificações pontuais em seu texto original, a Câmara dos Deputados constituiu uma comissão para formular proposta de reforma da LIA. Presidida pelo Ministro do STJ, Mauro Campbell Marques, a comissão foi integrada por Cassio Scarpinella Bueno, Emerson Garcia, Fabiano da Rosa Tesolin, Fábio Bastos Stica, Guilherme de Souza Nucci, Mauro Roberto Gomes de Mattos, Ney Bello, Rodrigo Mudrovitsch, Sérgio Arenhart e Marçal Justen Filho.

A redação do Projeto de Lei (PL) 10.887/2018, resultado de substancioso estudo realizado por referida comissão de juristas, estava assentada em três premissas: (i) adequação do texto da LIA à jurisprudência nacional; (ii) conformação do texto da lei ao Código de Processo Civil de 2015; e (iii) aperfeiçoamento do regime jurídico de responsabilização por atos de improbidade administrativa.

Em outubro de 2020, o Relator do PL 10.887/2018, Deputado Carlos Zarattini, apresentou texto substitutivo que, submetido a regime de urgência e aprovado por ampla maioria, desconfigurou substancialmente a redação original do projeto. Os trâmites legislativos se seguiram e o texto-base foi encaminhado ao Senado, onde recebeu o número PL 2.505/2021 e foi aprovado rapidamente, também com grande maioria e pouquíssimas alterações de texto. Ao final, foi sancionada a Lei 14.230, de 25.10.2021, sem vetos ao projeto aprovado no Congresso.

Essa rápida tramitação do PL em ambas as casas do Congresso Nacional e a aprovação, de última hora, de um texto substitutivo opaco contrariaram as conclusões advindas

---

[5] Nesse sentido, veja-se: PAZZAGLINI FILHO, Marino; ROSA, Márcio Fernando Elias; FAZZIO JÚNIOR, Waldo. *Improbidade Administrativa*: Aspectos Jurídicos da Defesa do Patrimônio Público. 4. ed. São Paulo: Atlas, 1999. p. 33.

[6] No âmbito da União, o Dec. 10.571, de 09.12.2020, dispõe sobre a apresentação e a análise das declarações de bens e de situações que possam gerar conflito de interesses por agentes públicos civis da administração pública federal. Nos termos do art. 11 do referido decreto, cabe à Controladoria-Geral da União analisar a evolução patrimonial dos agentes públicos federais. O dispositivo também autoriza a utilização da análise da evolução patrimonial para instruir os processos administrativos no âmbito da competência da Comissão de Ética Pública.

do debate democrático e descaracterizaram a proposta originalmente apresentada pela Comissão de Juristas da Câmara Federal.

Como resultado, o que se tem é um texto de baixa densidade científica e pouco cuidado sistêmico. Se não bastasse, na contramão do projeto original concebido pela Comissão da Câmara, o texto reformado rechaçou, em larga escala, a jurisprudência dos nossos tribunais de superposição, construída ao longo de quase três décadas de interpretação e aplicação da LIA.

Em vigor desde o dia 26 de outubro de 2021, data da sua publicação, a Lei 14.230/2021 promoveu uma ampla e profunda reforma na Lei 8.429/1992. Em linhas gerais, identificamos mudanças estruturais em seis eixos do texto original da Lei:

(i) **Tipologia dos atos de improbidade administrativa:** o texto reformado não admite mais a forma culposa de ato de improbidade administrativa, estabelece um tipo fechado para a modalidade de ato ofensivo aos princípios da administração pública (art. 11) e passa a exigir um elemento subjetivo especial do tipo para a caracterização de todo e qualquer ato ofensivo aos princípios da administração pública, previsto na LIA ou em leis esparsas;

(ii) **Regime sancionatório:** foram mantidas as mesmas penas que já estavam previstas no texto original do art. 12 da LIA, mas com modificações importantes em seus patamares mínimo e máximo, campo de incidência e alcance;

(iii) **Regime prescricional:** o art. 23 da LIA passou a estabelecer o prazo prescricional único de oito anos, contados a partir da ocorrência do fato ou, no caso de infrações permanentes, do dia em que cessou a permanência, independentemente da natureza do vínculo entre o agente ímprobo e o ente lesado; também merece destaque a criação de uma espécie de prescrição intercorrente, até então rechaçada pelo STJ;

(iv) **Regime jurídico das medidas cautelares:** além da extinção da cautelar de sequestro, o texto reformado promoveu profundas modificações no regime das cautelares de indisponibilidade de bens e afastamento do agente público do exercício do cargo, emprego ou função;

(v) **Regime jurídico do acordo de não persecução cível:** a Lei 14.230/2021 manteve a possibilidade de solução negociada no domínio da LIA e trouxe parâmetros materiais e procedimentais para a celebração do ANPC, até então inexistentes, o que deve trazer mais segurança jurídica quanto ao tema; e

(vi) **Ação de improbidade administrativa:** a reforma legislativa suprimiu a fase de admissibilidade da ação, criou uma decisão de tipificação de conduta, exclusiva do procedimento da ação de improbidade administrativa, trouxe regras especiais sobre produção e ônus da prova no domínio da LIA, entre inúmeras outras novidades.

A rigor, a reforma promovida pela Lei 14.230/2021 representa uma descaracterização da redação original da LIA, com a modificação de 21 dos seus 23 artigos. Formalmente, manteve-se a numeração da Lei 8.429/1992, mas, sob o ponto de vista material, o que se tem é um novo paradigma normativo, substancialmente distinto do paradigma original.

A partir dos próximos tópicos deste trabalho, analisamos todas as principais mudanças promovidas na Lei 8.429/1992 pela Lei 14.230/2021. Nesse cenário de profundas modificações, houve a necessidade de rever conceitos e prospectar as possíveis repercussões do texto reformado sobre os diversos posicionamentos doutrinários e ju-

680 | INTERESSES DIFUSOS E COLETIVOS – VOL. 1

risprudenciais então consolidados em nosso país sobre importantes questões de índole material e processual da LIA.

6.4 REFERENCIAIS HERMENÊUTICOS FUNDAMENTAIS

Por mais hábeis que sejam os elaboradores de uma lei, logo depois de promulgada surgem dificuldades e dúvidas sobre a aplicação dos seus dispositivos. Afinal, como bem observa Carlos Maximiliano, "uma centena de homens cultos e experimentados seria incapaz de abranger em sua visão lúcida a infinita variedade dos conflitos de interesses entre os homens".[7]

Se as dúvidas são naturais nesse processo, é inevitável que uma lei elaborada sem transparência e de maneira inábil torne ainda mais difícil o trabalho do intérprete. É exatamente essa a situação da Lei 14.230/2021. O desafio não é pequeno.

Interpretar uma lei importa, previamente, em compreendê-la na plenitude de seus fins sociais, a fim de poder-se, desse modo, determinar o sentido de cada um dos seus dispositivos.

O primeiro cuidado do hermeneuta contemporâneo consiste em saber qual a finalidade social da lei, no seu todo, pois é o fim que possibilita penetrar na estrutura de suas significações particulares. O que se quer atingir é uma correlação coerente entre "o todo da lei" e as "partes", representadas por seus artigos e preceito, à luz dos objetivos visados.

No que concerne à LIA, sua finalidade é fixada pela Constituição de 1988: servir de instrumento para a efetiva defesa da probidade administrativa, respeitados, evidentemente, os direitos fundamentais do agente público infrator (cidadania, patrimônio e livre exercício da profissão).

Nesse contexto, e com vistas a extrair a maior coerência e efetividade possível da Lei 8.429/1992, faz-se necessário estabelecer alguns referenciais hermenêuticos para a interpretação e aplicação do texto reformado, sob o influxo das normas constitucionais, convencionais e infraconstitucionais que compõem o microssistema de defesa do patrimônio público. É esse o escopo dos tópicos seguintes.

6.4.1 Conceito de improbidade administrativa

No texto reformado da LIA, um dos maiores desafios do exegeta é compreender bem o significado da expressão improbidade administrativa.

A interação entre texto e contexto, com a correlata influência da cultura no delineamento do significado normativo, torna-se particularmente intensa quando utilizados signos normativos que ostentem elevados níveis de ambiguidade e vagueza semântica. É esse, justamente, o caso da concepção da improbidade administrativa: seu signo[8] pertence à ambiguidade da linguagem científica.

A expressão **improbidade,** segundo De Plácido e Silva, é originária do latim *improbitas,* que designa má qualidade, imoralidade, malícia. Revela a qualidade do homem que não procede bem, por não ser honesto, que age indignamente, por não ter caráter,

---

[7] MAXIMILIANO, Carlos; MASCARO, Alisson. *Hermenêutica e Aplicação do Direito.* 23. ed. Rio de Janeiro: Forense, 2022. p. 11.

[8] O signo linguístico é a relação que se estabelece entre um significante e um significado, segundo Ferdinand Saussure, considerado o pai da linguística moderna. Significante é o objeto, físico ou imaginado, formado por sons, imagens ou escrita que transmite algum sentido. É a "imagem acústica". O significado é a ideia transmitida pelo signo, ou seja, o conceito (SAUSSURE, Ferdinand de. *Curso de Linguística Geral.* Trad. Antônio Chelini, José Paulo Paes e Izidoro Blinkstein. 32. ed. São Paulo: Editora Cultrix, 2010. p. 80).

que não atua com decência, por ser amoral. Improbidade é a qualidade do ímprobo. E ímprobo é o mau moralmente, é o incorreto, o transgressor das regras da lei e da moral.[9]

Se considerada apenas sua etimologia, **improbidade administrativa** representa a desonestidade no tratamento da coisa pública, por parte dos administradores e funcionários públicos. Contudo, a definição sustentada apenas na raiz linguística não satisfaz totalmente o intérprete, pois existem outras circunstâncias que devem ser consideradas na exegese da expressão. Ao tratar do tema, antes da reforma da LIA, Sérgio Turra Sobrane já advertia:

> A conceituação baseada em sua raiz etimológica não permite a compreensão exata desse fenômeno, pois transmite a noção de que o ato de improbidade administrativa deva estar imbuído de desonestidade, demarcado com contorno de corrupção, o que nem sempre ocorre. O ato pode ser praticado simplesmente por despreparo e incompetência do agente público, que deveria atuar com o cuidado objetivo exigido, ou seja, mediante conduta culposa.[10]

Tivesse a LIA, em sua redação original, feito mera referência à violação da probidade administrativa e estabelecido a respectiva sanção, não teríamos dúvida em afirmar que à integração do conceito deveria concorrer seu sentido semântico. A opção, contudo, foi outra: a lei de regência indicou o que se deve entender por improbidade administrativa; daí a impossibilidade de o semântico sobrepor-se ao normativo.[11]

Em verdade, o processo de construção dogmática dos denominados "atos de improbidade administrativa" ainda não alcançou contornos definitivos. Na difícil tarefa de encontrar o verdadeiro significado e o exato alcance dessa expressão, a doutrina, em geral, procura adotar como ponto de partida as distinções quanto aos sentidos de *probidade* e *moralidade*, visto que ambas são mencionadas na Constituição de 1988.

Assim, **alguns consideram distintos os sentidos, entendendo que a probidade é um subprincípio da moralidade**. Seguindo o magistério de Wallace Paiva Martins Júnior, a norma constitucional criou aí um subprincípio da moralidade administrativa: probidade administrativa, que assume paralelamente o contorno de um direito subjetivo público a uma Administração Pública proba e honesta, influenciado pela conversão instrumentalizada de outros princípios da Administração Pública (notadamente, impessoalidade, lealdade, imparcialidade, publicidade, razoabilidade) e pelo cumprimento do dever de boa administração.[12]

Para outros, as expressões, como princípios, se equivalem, tendo a Constituição, em seu texto, mencionado a moralidade como princípio (art. 37, *caput*) e a improbidade como lesão ao mesmo princípio (art. 37, § 4.º). Vale dizer: nessa Constituição, quando se quis referir ao princípio, falou-se em moralidade e, quando se quis aludir à lesão à moralidade administrativa, falou-se em improbidade.[13]

Outros ainda sustentam que a probidade é conceito mais amplo do que o de moralidade, porque aquela não abarcaria apenas elementos morais. Em outras palavras, a expressão probidade administrativa é conceito mais amplo que o de moralidade, na medida em que se traduz em dever de respeito não só ao princípio da moralidade administra-

---

[9] DE PLÁCIDO E SILVA. *Vocabulário Jurídico*. Rio de Janeiro: Forense, 1984. v. 1, p. 431.

[10] SOBRANE, Sérgio Turra. *Improbidade Administrativa*: Aspectos Materiais, Dimensão Difusa e Coisa Julgada. São Paulo: Atlas, 2010. p. 27.

[11] Nesse sentido: GARCIA, Emerson; ALVES, Rogério Pacheco. *Improbidade Administrativa*. 4. ed. Rio de Janeiro: Lumen Juris, 2008. p. 105.

[12] MARTINS JÚNIOR, Wallace Paiva. *Probidade Administrativa*. 4. ed. São Paulo: Saraiva, 2009. p. 106-107.

[13] Nesse sentido, veja-se: CARVALHO FILHO, José dos Santos. *Manual de Direito Administrativo*. 23. ed. Rio de Janeiro: Lumen Juris, 2010. p. 1.166-1.167.

682 INTERESSES DIFUSOS E COLETIVOS – VOL. 1

tiva, mas também aos demais princípios regentes da Administração Pública (legalidade, impessoalidade, publicidade e eficiência).[14]

A nosso sentir, antes da reforma promovida na LIA pela Lei 14.230/2021, melhor era esta última posição. Não se olvidava que a observância do princípio da moralidade era um elemento de vital importância para a aferição da probidade, mas não era ele o único. Quando muito, seria possível dizer que a probidade absorvia a moralidade, mas jamais teria sua amplitude delimitada por esta.

Em face da própria técnica legislativa adotada, que descreveu como atos de improbidade administrativa a lesão culposa ao erário (art. 10 da LIA) e a violação aos princípios regentes da atividade estatal (art. 11 da LIA), fez-se necessária uma mudança de paradigma para a compreensão da probidade, considerada, por muitos, mera especificação do princípio da moralidade administrativa.[15]

Se um agente público causasse dano ao erário, mediante **ação culposa,** por exemplo, não estava presente o componente moral, mas respondia ele pela prática de ato de improbidade administrativa, porquanto sua conduta se amoldava ao tipo legal previsto no art. 10 da LIA.[16] A moralidade administrativa, portanto, não era o epicentro estrutural do ato de improbidade administrativa na redação originária da LIA. Era, tão somente, um dos fatores a serem levados em consideração para a aplicação da Lei 8.429/1992.

Criticando a indefinição doutrinária quanto à distinção entre as expressões em análise, Flávio Sátiro Fernandes apontou que, a partir da análise do ordenamento jurídico nacional, "probidade administrativa contém a noção de moralidade administrativa". Segundo o autor, "todo ato contrário à moralidade administrativa é ato configurador de improbidade. Porém, nem todo ato de improbidade administrativa representa violação à moralidade administrativa".[17]

No mesmo sentido se posicionava a Professora Maria Sylvia Zanella Di Pietro, para quem "a lesão à moralidade administrativa era apenas uma das inúmeras hipóteses de atos de improbidade previstos em lei".[18] Aliás, não parecia ser outra a razão pela qual a LIA, em seu art. 11, *caput,* em conformidade com o disposto no art. 37 da Constituição, considerou ato de improbidade administrativa a mera violação aos princípios da administração Pública.

Nessa trilha, via-se que o texto original da LIA havia **adotado um conceito mais amplo de improbidade administrativa**, assim entendida toda conduta corrupta, nociva ou inepta do agente público, dolosa ou culposa, ofensiva aos princípios constitucionais (expressos e implícitos) que regem a Administração Pública, independentemente da ocorrência de lesão ao erário ou de enriquecimento ilícito.

Nessa concepção original, portanto, é correto afirmar que o significado normativo da expressão improbidade administrativa se descolou da sua raiz etimológica. E tal descolamento gerou críticas por parte da doutrina, que divergia sobre a constitucionalidade da previsão de improbidade administrativa na forma culposa, uma vez que, sendo a

---

[14] GARCIA, Emerson; ALVES, Rogério Pacheco. *Improbidade Administrativa.* 4. ed. Rio de Janeiro: Lumen Juris, 2008. p. 105. *No mesmo sentido*: DECOMAIN, Pedro Roberto. *Improbidade Administrativa.* São Paulo: Dialética, 2008. p. 24; SOBRANE, Sérgio Turra. *Improbidade Administrativa*: Aspectos Materiais, Dimensão Difusa e Coisa Julgada. São Paulo: Atlas, 2010. p. 24-27.

[15] Para José Afonso da Silva, por exemplo, "a improbidade administrativa é uma imoralidade qualificada pelo dano ao erário e correspondente vantagem ao ímprobo ou a outrem" (*Curso de Direito Constitucional Positivo.* 23. ed. São Paulo: Malheiros, 2004. p. 650). Também associando a probidade à moralidade administrativa: FIGUEIREDO, Marcelo. *Probidade Administrativa*: Comentários à Lei 8.429/92 e Legislação Complementar. 6. ed. São Paulo: Malheiros, 2009. p. 47-48.

[16] A propósito, veja-se: STJ, REsp 1.186.320/SP, 2.ª T., rel. Min. Herman Benjamin, *DJ* 13.10.2010.

[17] FERNANDES, Flávio Sátiro. Improbidade Administrativa. *Revista de Informação Legislativa*, n. 136, p. 101-103.

[18] DI PIETRO, Maria Sylvia Zanella. *Direito Administrativo.* 22. ed. São Paulo: Atlas, 2009. p. 805.

"improbidade administrativa" uma "ilegalidade qualificada pela prática de corrupção", a modalidade culposa poderia gerar tratamentos legais desproporcionais, por equiparar – para fins de responsabilidade legal e aplicação de graves sanções – "incompetência ou inabilidade" para a gestão pública com "atos de corrupção".

A partir da reforma promovida na LIA pela Lei 14.230/2021, pode-se afirmar que o significado normativo da expressão improbidade administrativa se aproximou mais do seu significante. Por outras palavras, **a atual definição normativa para o ato de improbidade administrativa se aproximou bastante da sua raiz etimológica**.

Explico melhor. A LIA não admite mais nenhuma forma culposa de ato de improbidade administrativa. De acordo com o art. 1.º, § 1.º, da LIA, alterado pela Lei 14.230/2021, consideram-se atos de improbidade administrativa as condutas dolosas tipificadas nos arts. 9.º (enriquecimento ilícito), 10 (lesão ao erário) e 11 (ofensa aos princípios da administração pública), ressalvados os tipos previstos em leis especiais.

No texto reformado, dolo é definido como a vontade livre e consciente de alcançar o resultado ilícito tipificado nos arts. 9.º, 10 e 11 desta Lei (art. 1.º, § 2.º). Não basta, portanto, a voluntariedade da conduta, sendo necessário aferir a intenção desonesta do agente, representada pelo desejo de violar o bem jurídico tutelado.[19]

Nessa trilha, o mero exercício da função ou desempenho de competências públicas, sem comprovação do elemento volitivo, com fim ilícito, afasta a responsabilidade por ato de improbidade administrativa (art. 1.º, § 3.º).

Outra inovação relaciona-se com a exigência de finalidade especial para a configuração do ato de improbidade administrativa ofensivo aos princípios da administração pública. O texto reformado passa a indicar que a modalidade de improbidade administrativa prevista no art. 11 da LIA somente restará caracterizada se houver comprovação de que o agente público atuou com o **fim de obter proveito ou benefício indevido para si ou para outra pessoa ou entidade** (art. 11, § 1.º[20]).

Conforme vermos mais à frente, a partir da reforma promovida na LIA pela Lei 14.230/2021, a configuração do ato de improbidade administrativa ofensivo aos princípios da administração pública passa a exigir a comprovação tanto do **elemento subjetivo geral do tipo**, a saber, o dolo (vontade e consciência de realizar a conduta vedada pela lei), como do **elemento subjetivo especial do tipo**, qual seja, a intenção de obter uma vantagem indevida, para si ou para outrem.

No particular, importa destacar que o art. 11, § 2.º, da LIA[21] estendeu a exigência dessa finalidade especial para os atos de improbidade administrativa ofensivos aos princípios da administração pública previstos em leis esparsas, caso do Estatuto da Cidade (Lei 10.257/2001), da Lei de Acesso às Informações (Lei 12.527/2011) e da Lei das Eleições (Lei 9.504/1997).[22] Vale dizer, esteja o ato ofensivo aos princípios da administração pública tipificado no art. 11 da LIA ou em outros diplomas legais, a comprovação da intenção

---

[19] Nesse sentido: STJ, REsp 1.926.832/TO, 1.ª s., rel. Min. Gurgel de Faria, j. 11.05.2022 (Tema Repetitivo 1.108).

[20] "Art. 11 (...) § 1.º Nos termos da Convenção das Nações Unidas contra a Corrupção, promulgada pelo Decreto n.º 5.687, de 31 de janeiro de 2006, somente haverá improbidade administrativa, na aplicação deste artigo, quando for comprovado na conduta funcional do agente público o fim de obter proveito ou benefício indevido para si ou para outra pessoa ou entidade."

[21] "§ 2.º Aplica-se o disposto no § 1.º deste artigo a quaisquer atos de improbidade administrativa tipificados nesta Lei e em leis especiais e a quaisquer outros tipos especiais de improbidade administrativa instituídos por lei."

[22] Conforme veremos mais adiante, mesmo depois da reforma promovida na LIA pela Lei 14.230/2021, os atos de improbidade administrativa previstos em leis especiais continuam sendo atos ofensivos aos princípios da administração pública, enquadrados como tipos autônomos e heterotópicos do próprio art. 11 da LIA. Assim, caso a conduta vedada nesses tipos especiais não encontre abrigo na tipologia dos arts. 9.º e 10 da LIA, invariavelmente será enquadrada no art. 11 da Lei 8.429/1992, que continua tendo aplicação residual.

do agente público de obter um proveito indevido, para si ou para outrem, é condição para a caracterização do ilícito.[23]

Nesse processo, outro dado a ser considerado é o fechamento do tipo do art. 11, que descreve a modalidade de ato ofensivo aos princípios da administração pública. Conforme veremos mais adiante, a Lei 14.230/2021 restringiu a aplicação do art. 11 às condutas descritas taxativamente em seus incisos, sendo insuficiente a violação aos princípios da administração pública para caracterização da improbidade.

A alteração legislativa não é singela. Doravante, a simples ofensa aos princípios da administração pública, por si só, não é apta a atrair a incidência da LIA. Tal conduta só configurará ato de improbidade administrativa se encontrar abrigo num dos tipos previstos no rol taxativo do art. 11.

Exemplificativamente, se um agente público de fiscalização, agindo de forma consciente e voluntária, deixar de lavrar um auto de infração ambiental, descumprindo, assim, dever de ofício, para beneficiar uma empresa infratora, sua conduta será imoral e ofensiva aos princípios da administração pública, mas será atípica para os fins da LIA, por não encontrar abrigo em nenhum dos tipos do rol taxativo do art. 11.[24]

Fixadas tais premissas, é correto concluir que, a partir da reforma promovida na LIA pela Lei 14.230/2021:

(i) os atos de improbidade administrativa previstos nos arts. 9.º e 10 passam a exigir, para sua configuração, o dolo, isto é, a intenção do agente público de praticar a conduta vedada pelo tipo, com vistas a obter vantagem patrimonial indevida (enriquecimento ilícito) ou gerar dano efetivo ao patrimônio público (lesão ao erário);

(ii) os atos de improbidade administrativa ofensivos aos princípios da administração pública previstos na LIA (art. 11) ou em leis especiais passam a exigir, para sua configuração, a comprovação tanto do elemento subjetivo geral do tipo, a saber, o dolo (vontade e consciência de realizar a conduta vedada pela lei), como do elemento subjetivo especial do tipo, qual seja, a intenção de obter uma vantagem indevida, para si ou para outrem;

(iii) referidas exigências afastam qualquer possibilidade de ser praticado um ato de improbidade administrativa em que não seja divisada a ocorrência de má-fé (desonestidade, deslealdade, imoralidade administrativa). Afinal, a deslealdade é inerente à conduta do agente público que, no exercício das suas funções, agindo de forma consciente e voluntária, busca se enriquecer ilicitamente (art. 9.º), causar dano ao patrimônio público (art. 10) ou obter proveito indevido, para si ou para outrem (art. 11);

---

[23] Adiantamos que essa norma de extensão do § 2.º do art. 11 não alcança as modalidades dos arts. 9.º e 10 da LIA. Isso porque, conforme previsto expressamente no § 1.º do art. 11 da LIA, a inspiração para a previsão dessa finalidade especial é a Convenção de Mérida. E, na Convenção de Mérida, essa finalidade especial (intenção de obter um proveito indevido, para si ou para outrem) só é exigida para a configuração do abuso de funções (art. 19), espécie de ato de corrupção análogo à modalidade do art. 11 da LIA. Para os atos de corrupção análogos às modalidades de enriquecimento ilícito (art. 9.º da LIA) e lesão ao erário (art. 10 da LIA), previstos, respectivamente, nos arts. 20 e 17 da referida Convenção, não se exige nenhuma finalidade especial. Assim, numa interpretação lógico-sistemática da regra prevista no § 2.º do art. 11 da LIA, é forçoso concluir que a *ratio* da norma é padronizar a tipificação subjetiva de todos os atos de improbidade administrativa ofensivos aos princípios da administração pública, previstos na LIA ou em leis especiais, sob o influxo da regra prevista no art. 19 da Convenção de Mérida. Aprofundaremos esse raciocínio mais à frente, quando do estudo do elemento subjetivo dos atos de improbidade administrativa.

[24] Antes da reforma, essa conduta podia ser enquadrada tanto no *caput* quanto no inciso II (revogado) do art. 11 da LIA.

(iv) todo ato de improbidade administrativa passa a representar uma ofensa à moralidade administrativa. Sem embargo, a recíproca não é verdadeira: nem toda ofensa à moralidade administrativa configurará um ato de improbidade administrativa.

Nota-se, assim, que a reforma promovida pela Lei 14.230/2021 aproximou o conceito de ato de improbidade administrativa da definição originariamente proposta pelo professor José Afonso da Silva, no sentido de que **a improbidade administrativa é uma imoralidade qualificada pelo dano ao erário e correspondente vantagem ao ímprobo ou a outrem**.

Nessa ordem de ideias, é possível conceituar o ato de improbidade administrativa como o desvio de conduta praticado por agente público, no exercício das suas funções, devidamente tipificado em lei, com vistas a obter vantagem patrimonial indevida (art. 9.º), gerar prejuízo ao erário (art. 10) ou obter proveito indevido, para si ou para outrem, em ofensa aos princípios da administração pública (art. 11).

6.4.2 A defesa da probidade administrativa como um interesse difuso

Conforme visto no Capítulo 1 desta obra, são três as **características marcantes** dos interesses difusos: a) a indivisibilidade de seu objeto; b) seus titulares estão agregados em função de uma situação de fato em comum; e c) seus titulares são indeterminados e indetermináveis.[25]

Fixadas tais premissas, questão interessante é saber se a defesa da probidade administrativa pode ser qualificada como interesse difuso.

A despeito da existência de respeitadas vozes discordantes,[26] a doutrina amplamente majoritária entende que **a tutela da probidade administrativa** (que abarca a defesa do patrimônio público e da moralidade administrativa), efetivamente, **tem natureza de interesse difuso**.[27]

Nem poderia ser diferente. A probidade administrativa equivale ao comportamento legal, moral e ético que a Constituição Federal exige de todo e qualquer agente público. A violação ao princípio da probidade, em qualquer das modalidades previstas nos arts. 9.º, 10 e 11 da LIA, ofende diretamente o interesse difuso da coletividade, consistente na exigência de que a Administração e seus agentes atuem em conformidade com a ordem constitucional.[28] A propósito, ensina Teori Albino Zavascki:

---

[25] Para um exame mais aprofundado do conceito e das características dos interesses difusos, recomendamos a leitura do Capítulo 1, item 1.3.

[26] Ao comparar os objetos da *ação civil pública* (Lei 7.347/1985) e da *ação de improbidade administrativa*, Rodolfo de Camargo Mancuso defende que esta não abarca interesse transindividual, mas "valores concernentes à Administração Pública, em sentido largo, podendo então falar-se no *interesse público secundário*, na conhecida expressão de Renato Alessi" (*Jurisdição Coletiva e Coisa Julgada*: Teoria Geral das Ações Coletivas. São Paulo: RT, 2007. p. 98). Já para Hugo Nigro Mazzilli, a questão da defesa da probidade administrativa encerra interesse público primário (bem geral da coletividade) (*A Defesa dos Interesses Difusos em Juízo*. 14. ed. São Paulo: Saraiva, 2002. p. 181).

[27] Reconhecendo a dimensão difusa da defesa da probidade administrativa, vejam-se, entre outros: GARCIA, Emerson; ALVES, Rogério Pacheco. *Improbidade Administrativa*. 4. ed. Rio de Janeiro: Lumen Juris, 2008. p. 517-523; YOSHIDA, Consuelo Yatsuda Moromizato. *Tutela dos Interesses Difusos e Coletivos*. São Paulo: Juarez de Oliveira, 2006. p. 180; SHIMURA, Sérgio. *Tutela Coletiva e sua Efetividade*. São Paulo: Método, 2006. p. 58; FAZZIO JÚNIOR, Waldo. *Improbidade Administrativa e Crimes de Prefeitos*. São Paulo: Atlas, 2000. p. 277; NEIVA, José Antônio Lisboa. *Improbidade Administrativa*: Estudos sobre a Demanda na Ação de Conhecimento e Cautelar. Rio de Janeiro: Impetus, 2005. p. 26-37; COSTA NETO, Nicolao Dino de Castro e. Improbidade Administrativa: Aspectos Materiais e Processuais. In: SAMPAIO, José Adércio Leite et al. (org.). *Improbidade Administrativa*: 10 Anos da Lei n.º 8.429/92. Belo Horizonte: Del Rey, 2002. p. 381; PAZZAGLINI FILHO, Marino; ROSA, Márcio Fernando Elias; FAZZIO JÚNIOR, Waldo. *Improbidade Administrativa*: Aspectos Jurídicos da Defesa do Patrimônio Público. São Paulo: Atlas, 1998. p. 145; e MARTINS JÚNIOR, Wallace Paiva. *Probidade Administrativa*. 4. ed. São Paulo: Saraiva, 2009. p. 398.

[28] SOBRANE, Sérgio Turra. *Improbidade Administrativa*: Aspectos Materiais, Dimensão Difusa e Coisa Julgada. São Paulo: Atlas, 2010. p. 103-111.

O direito a um governo honesto, eficiente e zeloso pelas coisas públicas, tem, nesse sentido, natureza transindividual: decorrendo, como decorre, do Estado Democrático, ele não pertence a ninguém individualmente; seu titular é o povo, em nome e em benefício de quem o poder deve ser exercido.[29]

Não é difícil perceber, pois, que a tutela da probidade administrativa, interesse jurídico titularizado por toda a sociedade, se insere na órbita dos interesses difusos, apresentando as suas **características marcantes,** quais sejam:

a) *a indeterminação dos sujeitos*: a defesa da probidade administrativa não pertence a uma pessoa isolada, nem a um grupo delimitado de pessoas, mas sim à coletividade como um todo;

b) *a indivisibilidade do objeto:* o interesse no respeito à probidade administrativa é a um só tempo de todos e de cada qual;

c) *o fator de agregação dos sujeitos*: os titulares do direito à probidade administrativa estão agregados em função de uma *situação de fato em comum:* a circunstância de estarem sujeitos aos efeitos da lesão à probidade administrativa.

Seguindo a mesma trilha, Rogério Pacheco Alves destaca que a natureza difusa da tutela do patrimônio público é reforçada pelo disposto no art. 129, III, da CF.[30] Referido mandamento constitucional, além de indicar a proteção do patrimônio público, identifica-o com *outros interesses difusos e coletivos,* "soando evidente que se a Carta Magna fez referência a outros interesses *difusos* depois de mencionar o meio ambiente e o *patrimônio público* e social[31] é porque estes participam, também, de tal natureza".[32]

É esse também o entendimento pacífico na jurisprudência do Superior Tribunal de Justiça: "É cabível a propositura de ação civil pública por ato de improbidade administrativa, tendo em vista a natureza difusa do interesse tutelado".[33]

É correto concluir, portanto, que os bens jurídicos protegidos pela Lei 8.429/1992 integram o elenco dos interesses difusos.

6.4.3 Alocação da LIA no microssistema de tutela coletiva

A ação de improbidade administrativa é aquela na qual se busca o reconhecimento judicial da natureza ímproba das condutas lesivas ao patrimônio das entidades referidas no art. 1.º da LIA e aos princípios regentes da atividade estatal, com a consequente aplicação das sanções legais aos agentes públicos e terceiros responsáveis.

---

[29] ZAVASCKI, Teori Albino. *Processo Coletivo*: Tutela de Direitos Coletivos e Tutela Coletiva de Direitos. 4. ed. São Paulo: RT, 2009. p. 93.

[30] "Art. 129. São funções institucionais do Ministério Público: (...) III – promover o inquérito civil e a ação civil pública, para a proteção do patrimônio público e social, do meio ambiente e de outros interesses difusos e coletivos."

[31] Por patrimônio social identifica Lúcia Valle Figueiredo a moralidade administrativa, a proteção ao idoso, à criança e ao adolescente, entre outros valores priorizados pelo texto constitucional (Ação Civil Pública – Ação Popular – a Defesa dos Interesses Difusos e Coletivos – Posição do Ministério Público. *Boletim de Direito Administrativo*, p. 9, jan. 1997).

[32] GARCIA, Emerson; ALVES, Rogério Pacheco. *Improbidade Administrativa*. 4. ed. Rio de Janeiro: Lumen Juris, 2008. p. 520.

[33] REsp 507.142/MA, 2.ª T., rel. Min. João Otávio de Noronha, j. 15.12.2005. *No mesmo sentido*, vejam-se: AgInt no REsp 1.784.751/MG, j. 21.02.2022; REsp 1.821.321/SC, 2.ª T., rel. Min. Mauro Campbell Marques, j. 08.11.2022; REsp 1.085.218/RS, 1.ª T., rel. Min. Luiz Fux, j. 15.10.2009; REsp 805.080/SP, rel. Min. Denise Arruda, 1.ª T., j. 23.06.2009, *DJe* 06.08.2009; REsp 820.162/MT, 1.ª T., rel. Min. José Delgado, j. 03.08.2006, *DJ* 31.08.2006, p. 249; REsp 516.190/MA, 2.ª T., rel. Min. João Otávio de Noronha, j. 06.03.2007, *DJ* 26.03.2007, p. 219; REsp 510.150/MA, 1.ª T., rel. Min. Luiz Fux, j. 17.02.2004, *DJ* 29.03.2004 p. 173; REsp 1.003.179/RO, 1.ª T., rel. Min. Teori Albino Zavascki, *DJe* 18.08.2008; REsp 1.028.248/SP, 1.ª T., rel. Min. Francisco Falcão, *DJ* 30.04.2008; REsp 861.566/GO, 1.ª T., rel. Min. Luiz Fux, *DJ* 23.04.2008; REsp 944.295/SP, 1.ª T., rel. Min. Castro Meira, *DJ* 18.09.2007.

A começar pela nomenclatura, são muitas as dúvidas a respeito da ação judicial referida no art. 17 da LIA. No ponto, a principal questão consiste em saber se a ação de improbidade administrativa pode ser considerada uma **espécie do gênero ação coletiva**. Essa definição é fundamental para entendermos se a LIA continua ou não alocada no microssistema de tutela coletiva.

Para alguns, a ação civil de improbidade administrativa não é uma espécie de ação coletiva. Isso porque a Lei 7.347/1985 (LACP) não trata especificamente da defesa da probidade administrativa, que não tem natureza de interesse difuso, e é justamente o objeto da LIA. Assim, pela regra da especialidade, a LACP não se aplica às hipóteses de responsabilização pela prática de atos de improbidade administrativa.[34]

Em sentido contrário, a doutrina amplamente majoritária entende que a ação de improbidade administrativa é sim uma espécie de ação coletiva, na medida em que tem por objeto a tutela de interesses de natureza difusa (patrimônio público e moralidade administrativa).[35] Desde a primeira edição desta obra, também pensamos assim, em consonância com a jurisprudência pacífica do Superior Tribunal de Justiça[36] e do Supremo Tribunal Federal.[37]

A característica principal da ação de improbidade administrativa, reconhece-se, é a de ser uma ação tipicamente repressiva: destina-se a impor sanções. Sem embargo, não podemos nos olvidar da doutrina do saudoso professor Teori Zavascki, no sentido de que a ação de improbidade administrativa é uma **ação de dupla face**: é repressivo-punitiva, no que se refere à condenação do agente às sanções previstas no art. 12 da LIA; e é repressivo-reparatória, no que se refere à condenação do agente infrator ao ressarcimento do dano causado ao patrimônio público.[38] Quanto ao segundo aspecto, é impossível dissociá-la de uma ação civil pública comum, até mesmo por imperativo constitucional.[39] Desse teor o escólio de Alexandre de Moraes:

> A ação civil pública é o instrumento processual adequado conferido ao Ministério Público para o exercício do controle popular sobre os atos dos poderes públicos, exigindo tanto a reparação do dano causado ao patrimônio por ato de improbidade quanto a aplicação das sanções do art. 37, § 4.º, da Constituição Federal, previstas ao agente público, em decorrência de sua conduta irregular.[40]

Em última análise, se a ação civil pública se destina à tutela jurisdicional de qualquer interesse difuso ou coletivo (art. 1.º, IV, da LACP e art. 129, III, da CF), não há impropriedade técnica em considerar **a ação de improbidade administrativa modalidade**

---

[34] MEIRELLES, Hely Lopes; WALD, Arnoldo; MENDES, Gilmar Ferreira. *Mandado de Segurança e Ações Constitucionais*. 33. ed. São Paulo: Malheiros, p. 257.

[35] Entre outros, vejam-se: GARCIA, Emerson; ALVES, Rogério Pacheco. *Improbidade Administrativa*. 4. ed. Rio de Janeiro: Lumen Juris, 2008. p. 517-523; YOSHIDA, Consuelo Yatsuda Moromizato. *Tutela dos Interesses Difusos e Coletivos*. São Paulo: Juarez de Oliveira, 2006. p. 180; SHIMURA, Sérgio; DI PIETRO, Maria Sylvia Zanella. *Direito Administrativo*. 22. ed. São Paulo: Atlas, 2009. p. 827-828.

[36] No sentido do texto: REsp 507.142/MA, 2.ª T., rel. Min. João Otávio de Noronha, j. 15.12.2005; REsp 1.085.218/RS, 1.ª T., rel. Min. Luiz Fux, j. 15.10.2009; REsp 805.080/SP, 1.ª T., rel. Min. Denise Arruda, j. 23.06.2009, *DJe* 06.08.2009; REsp 820.162/MT, 1.ª T., rel. Min. José Delgado, j. 03.08.2006, *DJ* 31.08.2006, p. 249; REsp 516.190/MA, 2.ª T., rel. Min. João Otávio de Noronha, j. 06.03.2007, *DJ* 26.03.2007, p. 219; REsp 510.150/MA, 1.ª T., rel. Min. Luiz Fux, j. 17.02.2004, *DJ* 29.03.2004 p. 173; REsp 1.003.179/RO, 1.ª T., rel. Min. Teori Albino Zavascki, *DJe* 18.08.2008; REsp 1.028.248/SP, 1.ª T., rel. Min. Francisco Falcão, *DJ* 30.04.2008; REsp 861.566/GO, 1.ª T., rel. Min. Luiz Fux, *DJ* 23.04.2008; REsp 944.295/SP, 2.ª T., rel. Min. Castro Meira, *DJ* 18.09.2007.

[37] ARE 1.175.650 RG, Pleno, j. 25.04.2019; Rcl 41.557, 2.ª T., j. 15.12.2020; Pet 3.067 AgR, Pleno, j. 19.11.2014.

[38] ZAVASCKI, Teori Albino. *Processo Coletivo*: Tutela de Direitos Coletivos e Tutela Coletiva de Direitos. 5. ed. São Paulo: RT, 2011. p. 109.

[39] Art. 129 da CF: "São funções institucionais do Ministério Público: (...) III – promover o inquérito civil e a ação civil pública, para a proteção do patrimônio público e social, do meio ambiente e de outros interesses difusos e coletivos".

[40] MORAES, Alexandre de. *Direito Constitucional*. 34. ed. São Paulo: Atlas. p. 403.

de ação civil pública ou de ação coletiva *lato sensu*, mas com regras procedimentais próprias traçadas pela LIA, aplicando-se subsidiariamente as normas do microssistema do processo coletivo, e o Código de Processo Civil, nessa ordem.

Essa categorização da ação de improbidade administrativa (AIA) como espécie de ação civil pública ou ação coletiva *lato sensu* traz consequências importantes. Um exemplo: o fato de a pretensão deduzida na ação de improbidade ter natureza tipicamente condenatória não impede a cumulação de outros pedidos, de natureza diferente, dada a incidência da malha processual protetiva instituída pela LACP e complementada pelo CDC.[41] Como já decidido pelo STJ:

> É cabível a propositura de ação civil pública por ato de improbidade administrativa, tendo em vista a natureza difusa do interesse tutelado. Mostra-se lícita, também, a cumulação de pedidos de natureza condenatória, declaratória e constitutiva pelo Parquet por meio dessa ação.[42]

Outro exemplo. O art. 12, § 9.º, da LIA estabelece que as sanções aplicáveis ao agente ímprobo só produzem efeitos após o trânsito em julgado da decisão condenatória. O dispositivo, entretanto, não versa sobre a parte ressarcitória da decisão condenatória. Nesse particular, diante do silêncio da LIA, deve incidir a regra prevista no art. 14 da LACP, segundo a qual a apelação não possui efeito suspensivo. Por consectário lógico, a sentença da AIA, nesse viés reparatório, admitirá execução provisória.

Fixada tal premissa, é correto afirmar que o processo da AIA observará as normas processuais da LIA. Em caso de lacuna, terão aplicação, em segundo plano, as normas do microssistema de tutela coletiva, com destaque para suas normas centrais (LACP e CDC) e para as normas da LAP e da LAE – diplomas com objeto muito semelhante ao da LIA. Subsistindo a lacuna, aplicam-se, em caráter residual, as normas do CPC.

Nos últimos anos, contudo, vem crescendo em doutrina a ideia de que a ação de improbidade administrativa não pode ser considerada uma espécie de ação coletiva. Argumenta-se, nesse sentido, que o processo de improbidade administrativa tem natureza de "**processo punitivo não penal**", inserido no gênero "processo sancionador", que abarcaria também o processo penal, o processo administrativo sancionador, entre outros.[43]

A Lei 14.230/2021, ao reformar a Lei 8.429/1992 e modificar substancialmente a disciplina do processo de improbidade administrativa, parece ter seguido esse caminho. A aplicação dos princípios do direito administrativo sancionador no domínio da LIA (art. 1.º, § 4.º) e a ênfase dada pelo texto reformado à natureza repressiva e sancionatória da ação (art. 17-D) teriam reforçado o entendimento de que a ação de improbidade administrativa não pode mais ser encartada dentro do microssistema de tutela coletiva. Seguem os principais fundamentos apresentados pelos defensores dessa tese:[44]

> (i) nos termos do art. 17-D da LIA, a ação de improbidade administrativa possui natureza exclusivamente repressiva, de caráter sancionatório, não se confundindo com uma ação civil pública;

---

[41] *Nesse sentido*, confira-se: YOSHIDA, Consuelo Yatsuda Moromizato. *Tutela dos Interesses Difusos e Coletivos*. São Paulo: Juarez de Oliveira, 2006. p. 182.

[42] STJ, REsp 507.142/MA, 2.ª T., rel. Min. João Otávio Noronha, j. 15.12.2005.

[43] Nesse sentido: COSTA, Susana Henriques da. *O processo coletivo na tutela do patrimônio público e da moralidade administrativa*. 2. ed. São Paulo: Atlas, 2015; MERÇON-VARGAS, Sarah. *Teoria do processo punitivo não-penal*. Salvador: Juspodivm, 2018.

[44] Dentre outros, destacam-se: DIDIER, Fredie. *Curso de Direito Processual Civil*. 16. ed. São Paulo; Juspodivm. v. 4, p. 30-33; GOMES JUNIOR, Luiz Manoel; FAVRETO, Rogério. *Comentários à Nova Lei de Improbidade Administrativa*. 5. ed. São Paulo: RT, 2021. p. 404.

CAP. 6 – IMPROBIDADE ADMINISTRATIVA | 689

(ii) na ação coletiva, o formalismo processual é estruturado de forma a proteger os interesses do grupo e dos membros do grupo, ao passo que na ação de improbidade administrativa o formalismo processual é estruturado em ordem a proteger os interesses do réu;

(iii) ausência das normas próprias do processo coletivo. Não há: (i) extensão *in utilibus* da coisa julgada para os membros do grupo; (ii) *fair notice* aos membros do grupo; (iii) certificação do processo para definição de grupo ou membros do grupo etc.

De outro lado, mesmo depois da reforma promovida na LIA pela Lei 14.230/2021, parte da doutrina continua defendendo a tese de que a ação de improbidade administrativa é uma espécie de ação coletiva.[45] Nesse sentido, argumenta-se:

(i) a natureza difusa dos bens tutelados pela LIA, reconhecida pela própria CF (art. 129, III), não pode ser modificada por norma infraconstitucional; e o instrumento processual adequado para a proteção dos interesses difusos, cuja preservação interessa a toda a coletividade, é a ação civil pública;

(ii) as demandas coletivas podem tutelar bens jurídicos protegidos pelo direito administrativo, caso da ação popular, do mandado de segurança coletivo e da ação civil pública por ato lesivo à administração pública (Lei 12.846/2013);

(iii) não muda a natureza da ação de improbidade administrativa afirmar que ela atua sobre o direito administrativo sancionador ou não possui natureza cível (LIA, art. 17-D[46]). Natureza cível, na hipótese, deve ser entendida como natureza de direito privado, que realmente não é o objeto dessa lei;

(iv) a possibilidade de conversão da AIA em ACP (art. 17, § 16) é emblemática da ulterior aplicação microssistema.

Perfilhamos esse segundo entendimento. Em reforço aos argumentos supradestacados, acrescentamos que a ação de improbidade administrativa continua sendo uma ação de dupla face. E, em relação ao pedido de ressarcimento dos danos causados ao patrimônio público, a incidência das regras do microssistema é necessária, até mesmo por imperativo constitucional (CF, art. 129, III).

Por outro lado, não podemos nos esquecer de que a LIA integra o microssistema de defesa do patrimônio público, ao lado de outros diplomas, caso da Lei 12.846/2013 (Lei Anticorrupção Empresarial). No domínio da Lei 12.846/2013 (LAE), a responsabilização judicial é deflagrada por meio de uma ação civil de responsabilização da pessoa jurídica, na qual se buscará a aplicação, de forma isolada ou cumulativa, das sanções civis previstas no seu art. 19.[47] Essa ação civil de responsabilização da pessoa jurídica infratora prevista no

---

[45] Nesse sentido, confiram-se: ZANETI JR., Hermes. *Curso de Direito Processual Civil.* 16. ed. São Paulo: Juspodivm. v. 4, p. 25-30; LEONEL, Ricardo de Barros. Processo e procedimento na Nova Lei de Improbidade Administrativa. *Conjur,* 26 nov. 2021. Disponível em: https://www.conjur.com.br/2021-nov-26/ricardo-leonel-processo-procedimento-lei-improbidade/. Acesso em: 218 abr. 2023.

[46] "Art. 17-D. A ação por improbidade administrativa é repressiva, de caráter sancionatório, destinada à aplicação de sanções de caráter pessoal previstas nesta Lei, e não constitui ação civil, vedado seu ajuizamento para o controle de legalidade de políticas públicas e para a proteção do patrimônio público e social, do meio ambiente e de outros interesses difusos, coletivos e individuais homogêneos."

[47] "Art. 19. Em razão da prática de atos previstos no art. 5.º desta Lei, a União, os Estados, o Distrito Federal e os Municípios, por meio das respectivas Advocacias Públicas ou órgãos de representação judicial, ou equivalentes, e o Ministério Público, poderão ajuizar ação com vistas à aplicação das seguintes sanções às pessoas jurídicas infratoras: I – perdimento dos bens, direitos ou valores que representem vantagem ou proveito direta ou indiretamente obtidos da infração, ressalvado

690 INTERESSES DIFUSOS E COLETIVOS – VOL. 1

art. 19 da LAE é **espécie de ação civil pública**, na medida em que se destina à proteção do patrimônio público e do interesse público primário, bens de natureza difusa.[48] Prova disso é que o art. 21 da LAE determina a adoção do rito previsto na Lei da Ação Civil Pública (Lei 7.347/1985) nas ações de responsabilização por atos lesivos à Administração Pública. Tem-se, na hipótese, uma clara demonstração de que as características típicas de direito sancionador da LAE podem ter influência no processo de responsabilização, mas não são incompatíveis com a incidência das regras do microssistema de tutela coletiva.

A tese de que a LIA continua alocada no microssistema de tutela coletiva é reforçada pela própria Lei 14.230/2021, que atribui ao Ministério Público: (i) a função de investigar os atos de improbidade administrativa por meio do inquérito civil, ferramenta atribuída pela Constituição Federal de 1988 ao *parquet* para investigar fatos que representem lesão ou ameaça de lesão a interesses de matriz coletiva (art. 129, III); e (ii) a legitimidade superveniente para liquidar e executar a sentença que condenar o réu ao ressarcimento dos danos e à perda ou à reversão dos bens e valores ilicitamente adquiridos, caso a pessoa jurídica interessada não adote essas providências no prazo de seis meses (LIA, art. 18, § 2.º), uma medida típica do processo coletivo, considerando-se que todas as sentenças coletivas que não forem executadas por outros legitimados no prazo legal, serão obrigatoriamente pelo MP (art. 15 da LACP; art. 16 da LAP; e art. 100 do CDC).

Anote-se, por oportuno, que esse também foi o entendimento adotado pelo Supremo Tribunal Federal no julgamento das ADIs 7.042/DF e 7.043/DF.[49] Na ocasião, o Plenário do STF, por maioria, julgou parcialmente procedentes os pedidos formulados nas ações diretas para declarar a inconstitucionalidade parcial, sem redução de texto, do *caput* e dos §§ 6.º-A e 10-C do art. 17, assim como do *caput* e dos §§ 5.º e 7.º do art. 17-B da Lei 8.429/1992, na redação dada pela Lei 14.230/2021, de modo a restabelecer a existência de legitimidade ativa concorrente e disjuntiva entre o Ministério Público e as pessoas jurídicas interessadas para a propositura da ação por ato de improbidade administrativa e para a celebração de acordos de não persecução civil.

Nas razões de decidir, o plenário do STF ressaltou a natureza civil da ação de improbidade administrativa e reforçou a jurisprudência da Suprema Corte no sentido de que **referida ação é uma espécie de ação civil pública**, porquanto voltada à tutela de interesse difuso (patrimônio público). Pela pertinência, destaca-se trecho do voto do relator, Ministro Alexandre de Moraes, que foi acolhido pela maioria dos Ministros:

> Nesse contexto, portanto, a ação civil pública é o instrumento processual adequado conferido ao Ministério Público para o exercício do controle popular sobre os atos dos poderes públicos (RE 1.010.819, Rel. Min. Marco Aurélio, Redator do Acórdão Min. Alexandre de Moraes, Tribunal Pleno, *DJe* de 29/09/2021; RE 605.553, Rel. Min. Marco Aurélio, Tribunal Pleno, *DJe* de 12/2/2020; RE 409.356, Rel. Min. Luiz Fux, Tribunal Pleno, *DJe* de 29/07/2020; RE 643.978, Rel. Min. Alexandre de Moraes, Tribunal Pleno, *DJe* de 25/10/2019; RE 629.840 AgR, Rel. Min. Marco Aurélio, 1.ª Turma, *DJe* de 28/08/2015; AI 698.478, Rel. Min. Joaquim Barbosa, decisão monocrática, *DJe* de 28/05/2012; RE 586.705 AgR, Rel. Min. Ricardo Lewandowski, 2.ª Turma, *DJe* de 08/09/2011; AI 737.104 AgR, Rel. Min. Luiz Fux, 1.ª Turma, *DJe* de 17/11/2011), exigindo tanto a reparação do dano causado ao patrimônio público por ato de improbidade, quanto a aplicação das sanções do

---

o direito do lesado ou de terceiro de boa-fé; II – suspensão ou interdição parcial de suas atividades; III – dissolução compulsória da pessoa jurídica; IV – proibição de receber incentivos, subsídios, subvenções, doações ou empréstimos de órgãos ou entidades públicas e de instituições financeiras públicas ou controladas pelo poder público, pelo prazo mínimo de 1 (um) e máximo de 5 (cinco) anos."

[48] Nesse sentido: MARTINS JR., Wallace Paiva. Comentários ao Art. 15. In: DI PIETRO, Maria Sylvia Zanella; MARRARA, Thiago. *Lei Anticorrupção Comentada*. Belo Horizonte: Fórum, 2017. p. 264.

[49] STF, Plenário, ADI 7.042/DF e ADI 7.043/DF, rel. Min. Alexandre de Moraes, j. 31.08.2022 (Info 1066).

art. 37, § 4.º, da Constituição Federal, previstas ao agente público, em decorrência de sua conduta irregular (JUAREZ FREITAS. Do princípio da probidade administrativa e de sua máxima efetivação. *Revista de Informação Legislativa*, n. 129, Brasília: Senado Federal, 1996, p. 51).

A nosso sentir, essa decisão esvaziou a tese contrária e reforçou o entendimento da Suprema Corte, ancorado na Constituição Federal (art. 129, III e § 1.º), no sentido de que a ação de improbidade administrativa é uma espécie de ação civil pública ou de ação coletiva *lato sensu*, da qual se conclui que a LIA continua inserida no microssistema de tutela coletiva.[50] Tem-se, aqui, um dos referenciais hermenêuticos mais importantes para a interpretação e aplicação das normas do texto reformado da LIA.

6.4.4 O *status* normativo das convenções de combate à corrupção

Conforme visto, o Brasil é parte de três convenções internacionais de combate à corrupção: *Convenção Interamericana contra a Corrupção* (OEA), *Convenção sobre o Combate à Corrupção de Funcionários Públicos Estrangeiros em Transações Comerciais Internacionais* (OCDE) e *Convenção das Nações Unidas contra a Corrupção* (Mérida).

Referidas convenções são peças importantes no chamado microssistema de Defesa do Patrimônio Público, que reúne normas convencionais, constitucionais e infraconstitucionais. Neste tópico, analisaremos o *status* normativo dessas convenções de combate à corrupção em nosso ordenamento jurídico.

A posição hierárquica dos tratados e convenções internacionais sempre foi objeto de grande controvérsia. Com o advento da Emenda Constitucional 45/2004, os tratados e convenções sobre direitos humanos, desde que aprovados por três quintos dos membros da Câmara e do Senado, em dois turnos de votação, passam a ser considerados equivalentes às emendas constitucionais (CF, art. 5.º, § 3.º).

No julgamento do Recurso Extraordinário 466.343/SP, o STF fixou a tese de que os tratados e convenções internacionais de direitos humanos, aprovados por maioria simples, têm *status* supralegal, isto é, situam-se abaixo da Constituição, mas acima das leis, ao passo que os demais tratados ingressam no ordenamento jurídico brasileiro com força de lei ordinária.

No estágio atual, portanto, os tratados e convenções internacionais possuem três níveis hierárquicos distintos:

(i) os de direitos humanos, se aprovados em cada casa do Congresso Nacional, em dois turnos, por três quintos dos votos dos respectivos membros, são equivalentes às emendas constitucionais (CF, art. 5.º, § 3.º);

(ii) os de direitos humanos aprovados pelo procedimento ordinário (CF, art. 47) possuem *status* supralegal;[51] e

(iii) os demais ingressam no ordenamento jurídico brasileiro com força de lei ordinária.

A identificação do nível hierárquico das convenções internacionais de combate à corrupção ratificadas pelo Brasil passa necessariamente pela análise de objeto e finalidade. Afinal, se considerarmos que referidos tratados versam sobre direitos humanos, terão *sta-*

---

[50] No mesmo sentido, confira-se: STF, Pleno, ARE 1.175.650, rel. Min. Alexandre de Moraes, j. 03.07.2023 (Tema 1.043 da repercussão geral).

[51] STF, RE 466.343/SP, rel. Min. Cesar Peluso (03.12.2008).

692 | INTERESSES DIFUSOS E COLETIVOS – VOL. 1

tus normativo, no mínimo, supralegal no Brasil (porque aprovados por maioria simples). Do contrário, terão *status* normativo de lei ordinária, "equiparando-se" às normas desse escalão para efeitos de especialidade e/ou cronologia.

Há praticamente um consenso no sentido de que a corrupção é a principal causa da baixa qualidade da governança e do fracasso econômico de um país, não um mero sintoma. Apesar de quase intuitiva, a conexão entre a corrupção e a violação de direitos humanos é pouco explorada pela doutrina especializada, e ainda se mostra incipiente nas principais organizações internacionais, apesar de relevante.

A rigor, o direito de viver em um ambiente livre de corrupção ainda não está consagrado como um direito humano.[52] Prova disso é que os principais tratados e convenções internacionais sobre direitos humanos não incluem expressamente a "liberdade da corrupção" entre seus enumerados direitos.

Existe, inclusive, certa relutância quanto a esse reconhecimento por uma série de motivos. Para alguns, a corrupção seria inerente à natureza humana, logo, nenhum direito universal poderia impedir a sua ocorrência.[53] Outros argumentam que a corrupção seria um mal necessário, importante para que os governos e as economias funcionem de modo mais eficiente.[54] Noutro prisma, há quem sustente que diferentes graus de corrupção podem ser tolerados como fenômenos transitórios ou culturais de diferentes regiões ou países.[55]

Em sentido contrário, Matthew Murray e Andrew Spalding[56] defendem a ideia de que o direito de viver em um ambiente livre de corrupção deveria figurar entre os direitos humanos. Em apertada síntese, apresentam os seguintes argumentos:

(i) de acordo com a "lei da natureza", de John Locke, sem a regulação de uma terceira parte neutra – ou do governo –, as pessoas vão agir em seu próprio interesse e invadirão a liberdade dos que as rodeiam. Se os agentes públicos se corrompem, eles deixam de agir como intermediários neutros e, consequentemente, o Estado deixa de exercer a sua função original e precípua;

(ii) a elevação de *status* colocaria as leis de combate à corrupção à frente de outras leis. Muitos países assinam convenções internacionais e adotam, no plano interno, leis de combate à corrupção. O grande problema está na baixa efetividade dessas leis e na impunidade dos corruptos e dos corruptores. Nesse cenário, considerar a prática de corrupção uma violação direta dos direitos humanos daria um peso muito maior a esse corpo normativo. As implicações práticas dessa categorização seriam imediatas na legislação de qualquer país, pois todo o arcabouço normativo de combate à corrupção passaria a ser interpretado e aplicado a partir de uma nova perspectiva;

(iii) a elevação da liberdade de corrupção à condição de direito humano esvaziaria a frágil justificativa daqueles que descartam iniciativas anticorrupção sob o argumento de que a corrupção é um fenômeno cultural. Como os direitos humanos

---

[52] A doutrina faz uma separação entre direitos fundamentais, direitos do ser humano reconhecidos e positivados pelo Direito Constitucional de um Estado específico, e direitos humanos, que seriam os estabelecidos em tratados internacionais sobre a matéria (SARLET, Ingo. *A Eficácia dos Direitos Fundamentais*. 9. ed. Porto Alegre: Livraria do Advogado, 2008. p. 35).

[53] Para Kant, por exemplo, os seres humanos possuem uma propensão para o mal (KANT, I. *Crítica da Razão Pura*. Trad. Afonso Bertagnoli. São Paulo: Brasil Editora, 1959. p. 166-167.

[54] Conferir, nesse sentido, a doutrina da Teoria da Graxa nas Engrenagens: FURTADO, L. R. *As Raízes da Corrupção no Brasil: Estudo de Caso e Lições para o Futuro*. Belo Horizonte: Fórum, 2015. p. 45.

[55] ALMEIDA, A. C. *A Cabeça do Brasileiro*. São Paulo: Record, 2007. p. 16.

[56] MURRAY/SPALDING. "Freedom from Official Corruption as a Human Right", Governance Studies, Brookings Institution, January 2015. Disponível em: https://www.brookings.edu/~/media/research/files/papers/2015/01/27-freedom-corrution--human-right-murray-spalding/murray-and-spalding_v06.pdf. Acesso em: 6 mar. 2023.

são universais, não seria mais válida a afirmação de que algumas culturas são mais corruptas do que outras;

(iv) é absolutamente impossível implementar outros direitos humanos fundamentais, incluindo os direitos à saúde e à educação, sem combater a corrupção.

Também pensamos assim. Embora os esforços anticorrupção estejam crescendo em todo o mundo, e iniciativas como a da Convenção de Mérida tenham procurado fomentar a implementação de leis anticorrupção, ainda falta vontade política em muitos países. O reconhecimento da liberdade de corrupção como um direito humano certamente fará surgir o ímpeto necessário para muitos Estados reforçarem as iniciativas de combate à corrupção.[57]

No plano regional, a Comissão Interamericana de Direitos Humanos (CIDH) já vem reconhecendo a corrupção como um fenômeno que afeta os direitos humanos em sua integralidade, com consequências negativas para o Estado de Direito e as instituições democráticas.

No ano de 2017, a CIDH publicou a Resolução 01/17 sobre os "Direitos Humanos e a Luta Contra a Impunidade e a Corrupção", na qual afirmou que a luta contra a corrupção está indissociavelmente ligada ao exercício dos direitos humanos. No documento, a Comissão concluiu que o estabelecimento de mecanismos efetivos para erradicar a corrupção é uma obrigação urgente para lograr um acesso efetivo a uma justiça independente e imparcial e para garantir os direitos humanos.

Já no ano de 2018, a CIDH editou a Resolução 01/18, sobre "Corrupção e Direitos Humanos", na qual destacou que a corrupção tem um impacto grave e diferenciado no gozo e exercício de direitos humanos por parte de grupos historicamente discriminados, tais como as pessoas em situação de pobreza, as mulheres, os povos indígenas, os afro-descendentes, afetando de forma especialmente profunda os que são objeto de tráfico de pessoas, como os imigrantes, as crianças e as mulheres. Na mesma resolução, a CIDH recomenda aos Estados que promovam uma resposta efetiva regional à corrupção, a partir do enfoque da promoção e proteção dos direitos humanos.

A própria Corte Interamericana de Direitos Humanos reconheceu a violação direta a direitos humanos a partir da prática de atos de corrupção no caso *Ramírez Escobar e Outros vs. Guatemala*, julgado em 9 de março de 2018. O caso envolveu o governo da Guatemala e o esquema de adoções irregulares. Constatou-se que a situação de extrema pobreza, a alta taxa de natalidade e a falta de controle e supervisão eficaz dos procedimentos de adoção favoreciam um cenário de comércio ilegal. Na decisão, a Corte lembrou os Estados que devem ser adotadas medidas para "prevenir, punir e erradicar, de forma eficaz e eficiente, a corrupção", ressaltando também as consequências negativas da corrupção para o gozo e fruição efetivos dos direitos humanos, asseverando: "Además, la corrupción no solo afecta los derechos de los particulares individualmente afectados, sino que repercute negativamente en toda la sociedad, en la medida en que 'se resquebraja la confianza de la población en el gobierno y, con el tiempo, en el orden democrático y el estado de derecho". No julgamento, a Corte reconheceu que a corrupção tolheu o direito das crianças e dos pais biológicos de usufruírem da sua liberdade de uma vida familiar, violando os direitos dos menores e descumprindo a obrigação de Estado enquanto protetor e garantidor, desrespeitando os arts. 1.º, 7.º, 16 e 19 da Convenção Interamericana de Direitos Humanos.

---

[57] Nesse sentido: ZENKNER, Marcelo. *Integridade Governamental e Empresarial*: um Espectro da Repressão e da Prevenção à Corrupção no Brasil e em Portugal. 2. reimpr. Belo Horizonte: Fórum, 2019. p. 91.

Nessa mesma trilha, a Comissão Interamericana de Direitos Humanos publicou um informativo no ano de 2019, denominado "Corrupção e Direitos Humanos", no qual reforçou sua compreensão de que a corrupção afeta negativamente o gozo e o exercício dos direitos humanos, impactando de maneira agravada as pessoas e os grupos em situação de vulnerabilidade e discriminação histórica. O objetivo central do informativo foi demonstrar a indissociabilidade entre os direitos humanos e o fenômeno da corrupção. No documento, a CIDH afirma que empregará seus mecanismos de monitoramento, inclusive as petições individuais, para analisar, em caráter prioritário, os casos de graves violações a direitos humanos decorrentes de atos de corrupção. A partir dessa visão conjunta do fenômeno da corrução e das obrigações internacionais em matéria de direitos humanos, a CIDH expediu algumas recomendações aos Estados, para que o fenômeno da corrupção seja abordado sob uma perspectiva de direitos humanos.

A nosso sentir, as recomendações mais recentes da CIDH em matéria de corrupção e direitos humanos deixam clara a possibilidade de se reconhecer a violação direta aos direitos humanos a partir da prática de atos de corrupção. Fixada tal premissa, é inexorável concluirmos que as convenções internacionais de combate à corrupção também buscam proteger os direitos humanos, por meio da prevenção e combate aos atos de corrupção.

Essa ideia encontra ressonância no preâmbulo da Convenção de Mérida, no qual o então Secretário-Geral da ONU, Kofi A. Annan, afirma que a corrupção é uma praga insidiosa que tem um amplo espectro de consequências corrosivas para a sociedade. Ela mina a democracia e o Estado de direito, dá origem a violações dos direitos humanos, distorce os mercados, mina a qualidade de vida e permite que o crime organizado, o terrorismo e outras ameaças à segurança humana floresçam.

Não se olvida que governos e organismos internacionais têm adotado princípios, leis e ferramentas para enfrentar a corrupção tanto no plano interno como no transnacional e, assim, melhorar a qualidade de vida de suas vítimas. A despeito disso, é forçoso reconhecer que a normatividade anticorrupção ainda não está produzindo os efeitos desejados.

Até que o direito de viver em um ambiente livre de corrupção seja considerado um direito humano autônomo, o estado de governança previsto na Declaração Universal dos Direitos do Homem, na Convenção de Mérida e em outras convenções de direitos humanos e anticorrupção será uma mera ilusão.

A magnitude do fenômeno da corrupção, especialmente nos países em desenvolvimento, desencadeia consequências negativas para o sistema democrático, o Estado de Direito e os direitos humanos. Esse estado de coisas exige esforços proporcionais à gravidade do problema. Para isso, é necessário que a sociedade civil, os movimentos sociais e toda a população demandem e exijam transformações para erradicar a corrupção. Também se exige uma liderança política que impulsione essas mudanças de forma efetiva.

Nessa ordem de ideias, torna-se imperativa a inserção das normas anticorrupção sobre uma base conceitual mais robusta, com o reconhecimento da liberdade de corrupção como um direito humano universal, fundamental e inalienável.

Um efeito imediato desse reconhecimento é a categorização das convenções internacionais de combate à corrupção ratificadas pelo Brasil como normas de *status* supralegal (não foram aprovadas com o quórum qualificado das emendas constitucionais – art. 5.º, § 3.º, da CF). Nessa condição, referidas convenções passam a ser consideradas importantes **standards de controle convencionalidade** das normas infraconstitucionais de combate à corrupção.

Em sendo assim, toda lei que for contrária às convenções de combate à corrupção não possuirá validade. Serão vigentes, mas inválidas. Isso significa dizer que toda norma infraconstitucional de combate à corrução, para ser válida, deve contar com dupla compatibilidade vertical material, ou seja, deve ser compatível com a Constituição brasileira, bem como com as convenções de combate à corrupção em vigor no país.

Partindo-se da premissa de que as convenções de combate à corrupção ratificadas pelo Brasil não contam com valor constitucional, elas servem de paradigma (apenas) para o *controle difuso de convencionalidade* (ou de supralegalidade).

Esse controle difuso de convencionalidade (ou o de supralegalidade) não se confunde com o *controle de legalidade* (entre um decreto e uma lei, *v.g.*) nem com o *controle de constitucionalidade* (que ocorre quando há antinomia entre uma lei e a Constituição), devendo ser levantado em linha de preliminar, em cada caso concreto, cabendo ao juiz ou tribunal respectivo a análise dessa matéria antes do exame do mérito do pedido principal. Em outras palavras: o controle difuso de convencionalidade pode ser invocado perante qualquer juízo e deve ser feito por qualquer juiz.[58]

No particular, pontue-se que a Corte Interamericana de Direitos Humanos, quando do julgamento do caso Almonacid Arellano y otros vs. Chile, passou a exigir que o Poder Judiciário de cada Estado-parte do Pacto de São José da Costa Rica exerça o controle de convencionalidade das normas jurídicas internas que aplica aos casos concretos.

Em conclusão, tem-se que as convenções internacionais de combate à corrupção ratificadas pelo Brasil possuem *status* normativo supralegal e, nessa condição, são importantes **standards de controle difuso de convencionalidade** das normas infraconstitucionais de combate à corrupção, dentre as quais merece destaque a Lei 8.429/1992, especialmente após a reforma promovida pela Lei 14.230/2021.[59]

6.4.5   Os princípios constitucionais do direito administrativo sancionador

O art. 1.º, § 4.º da Lei 8.429/1992, inserido pela Lei 14.230/2021, determina a aplicação dos princípios constitucionais do direito administrativo sancionador no domínio da defesa da probidade administrativa. Confira-se:

> **Art. 1.º (...) § 4.º** Aplicam-se ao sistema da improbidade disciplinado nesta Lei os princípios constitucionais do direito administrativo sancionador.

Trata-se de norma inovadora, não prevista na redação originária da LIA. Sobre ela, o primeiro ponto a ser enfrentado consiste em compreender o significado da expressão "direito administrativo sancionador".

O estudo do direito administrativo sancionador no Brasil, como sub-ramo do Direito Administrativo, é relativamente recente. Sua sistematização científica iniciou-se só no final da década de 1990 e idos dos anos 2000.[60]

Para a doutrina amplamente majoritária,[61] o direito administrativo sancionador é a expressão do efetivo poder de punir estatal, que se direciona a movimentar a prerrogativa

---

[58] Nesse sentido: MAZZUOLI, Valério de Oliveira. *Controle Jurisdicional da Convencionalidade das Leis*. 5. ed. Rio de Janeiro: Forense, 2018.

[59] Nesse sentido: ANDRADE, Landolfo; MAZZUOLI, Valério de Oliveira. O status normativo das convenções de combate à corrupção. Disponível em: https://www.conjur.com.br/2023-mar-22/andrade-mazzuoli-convencoes-combate-corrupcao. Acesso em: 24 mar. 2023.

[60] FERREIRA, Gustavo Costa. *Responsabilidade Sancionadora da Pessoa Jurídica*. Belo Horizonte: Dialética, 2019. p. 49.

[61] Nesse sentido: GARCIA, Emerson; ALVES, Rogério Pacheco. *Improbidade Administrativa*. 11. ed. Rio de Janeiro: Lumen Juris, 2008. p. 625-628; GONÇALVES, Benedito; GRILO, Renato César Guedes. Os Princípios Constitucionais do Direito Administrativo Sancionador no Regime Democrático da Constituição de 1988. *Revista Estudos Institucionais*, v. 7, n. 2, p. 467-478, 2021; FURTADO, Lucas Rocha. *Curso de Direito Administrativo*. Belo Horizonte: Fórum, 2013. p. 550.

punitiva do Estado, efetivada por meio da Administração Pública e em face do particular ou administrado.

Nesse sentido, o direito administrativo sancionador permeia todos os campos do direito em que a Administração expressa sua prerrogativa punitiva. Por exemplo, no direito tributário, quando o Fisco (ou Administração Pública tributante) impõe uma multa ao contribuinte, há uma expressão do direito administrativo sancionador. Do mesmo modo, quando se imputa ao poluidor uma multa ambiental, também se identifica o Estado expressando o seu poder punitivo, por meio dos órgãos administrativos ambientais competentes.

Cabe à Administração Pública, organizada e estrutura em conformidade com as normas constitucionais, exercer efetivamente o direito administrativo sancionador. O Estado detém a prerrogativa de punir, mas é a Administração quem efetivamente pune o particular.

Não há, pois, de cogitar de qualquer diferença substancial entre infrações e sanções administrativas e infrações e sanções penais. O que as aparta é única e exclusivamente a autoridade competente para impor a sanção. É disso que resulta o regime jurídico que lhes confere a própria feição, a identidade jurídica que lhe concerne, como acentuou Celso Antônio Bandeira de Mello,[62] enfatizando um critério formal.

Fixada tal premissa, é imperioso concluir que a Lei de Improbidade Administrativa não está inserida no direito administrativo sancionador. Isso porque as sanções da LIA, quer seja no modelo de tutela por adjudicação judicial, quer seja no modelo de tutela por autocomposição, são aplicadas por um órgão jurisdicional e não pela Administração Pública.

Destoando desse entendimento, Fábio Medina Osório defende a tese de que a LIA está, sim, inserida no direito administrativo sancionador. Na visão dele, em sendo o ato de improbidade administrativa um ilícito de natureza administrativa, as sanções aplicadas ao infrator também possuem tal natureza e, por consectário lógico, integram o direito administrativo sancionador.[63]

Respeitadas as opiniões contrárias, também pensamos que a LIA não está alocada no direito administrativo sancionador. Nesse particular, faz-se mister pontuar que a sistematização do direito administrativo sancionador, enquanto disciplina autônoma, foi obra de juristas espanhóis, certamente influenciados pelo teor do art. 25, 3, da Constituição espanhola de 1978, que autoriza a administração pública a impor sanções não privativas de liberdade.

Os estudos de Alejandro Nieto,[64] Eduardo García de Enterría e Tomás-Ramón Fernández[65] foram fundamentais para a definição das bases em que esse poder punitivo da administração pública poderia ser exercido. Na visão desses autores, o direito administrativo sancionador decorre do poder sancionador da Administração Pública, tão antigo que, durante vários séculos, foi considerado um elemento essencial do poder de polícia. Referido poder, inclusive, coexiste com o poder sancionador do Judiciário, normalmente adstrito, em muitos países, à esfera penal. A marca central desse sistema punitivo é que as sanções são aplicadas pela administração pública, diferentemente do sistema penal, em que as sanções são aplicadas por um órgão jurisdicional.

---

[62] MELLO, Celso Antônio Bandeira. *Curso de Direito Administrativo*. 35. ed. São Paulo: Malheiros. p. 809.

[63] OSÓRIO, Fábio Medina. *Direito Administrativo Sancionador*. 8. ed. São Paulo: Thomson Reuters, 2022.

[64] NIETO, Alejandro. *Derecho Administrativo Sancionador*. 4. ed. Madrid: Tecnos, 2008.

[65] ENTERRÍA, Eduardo García; FERNÁNDEZ, Tomás-Ramón. *Curso de Derecho Administrativo*. 9. ed. Madrid: Editorial Civitas, 2004. v. II.

Assim, afirmar que a improbidade administrativa está incluída no direito administrativo sancionador, sob o argumento de que os ilícitos previstos na LIA têm natureza administrativa, representa um completo desvirtuamento dos aspectos basilares do sistema.

Por outro lado, como bem ressaltado por Emerson Garcia, esse esforço criativo não traz nenhuma vantagem real ao agente ímprobo, porquanto as cláusulas gerais de garantia, em especial do devido processo legal, macroprincípio que aglutina a essência de todos os demais, são extensivas ao direito sancionador em geral.[66]

Seja como for, dúvidas não há de que os princípios constitucionais do direito administrativo sancionador devem ser observados no sistema de defesa da probidade administrativa. É esse o comando do § 4.º do art. 1.º.

Dito isso, o segundo ponto a ser enfrentado consiste em saber quais são esses princípios, haja vista que a regra jurídica em análise não os identifica.

Sob o prisma da teoria geral do direito, o direito sancionador é um só. Seja ele instrumentado pela Administração Pública, seja pelo Poder Judiciário, em ambos os casos o Estado administra a aplicação da pena ao particular, por meio de órgãos e entidades públicas criadas com essa finalidade, com o objetivo de coibir, recompor ou prevenir um padrão de conduta violado, cuja observância apresenta-se necessária à manutenção do elo de encadeamento das relações sociais.

Por outras palavras, o poder sancionador do Estado forma um alicerce comum, do qual se irradiam distintos efeitos, os quais apresentarão peculiaridades próprias conforme a seara em que venham a se manifestar.

Essa **unidade do *jus puniendi*** do Estado recomenda a transposição de garantias penais para o direito administrativo sancionador. As mínimas garantias devem ser aquelas asseguradas na Constituição Federal de 1988: legalidade, retroatividade da norma mais benéfica, individualização da pena, personalidade, proporcionalidade, razoabilidade, isonomia, *ne bis in idem*, garantia da não autoimputação de ilícitos, devido processo legal, contraditório, ampla defesa, presunção de inocência e inadmissibilidade de provas ilícitas. Nesse sentido, já decidiu o Superior Tribunal de Justiça:[67]

> Consoante precisas lições de eminentes doutrinadores e processualistas modernos, à atividade sancionatória ou disciplinar da Administração Pública se aplicam os princípios, garantias e normas que regem o Processo Penal comum, em respeito aos valores de proteção e defesa das liberdades individuais e da dignidade da pessoa humana, que se plasmaram no campo daquela disciplina.

Esse mesmo entendimento já foi adotado pelo Tribunal Europeu de Direitos Humanos (TEDH) no julgamento do paradigmático caso Oztürk, no ano de 1984. A partir desse julgamento, criou-se um conceito amplo de direito penal, que reconhece o direito administrativo sancionador como um "autêntico subsistema" da ordem jurídico-penal. A partir disso, determinados princípios jurídico-penais se estenderiam para o âmbito do direito administrativo sancionador, que pertenceria ao sistema penal em sentido lato.

---

[66] GARCIA, Emerson; ALVES, Rogério Pacheco. *Improbidade Administrativa*. 11. ed. Rio de Janeiro: Lumen Juris, 2008. p. 626.

[67] RMS 24.559/PR, 5.ª T., rel. Min. Napoleão Nunes Maia Filho, j. 03.12.2009. Em sentido semelhante: REsp 1.153.083/MT, 1.ª T., rel. p/ acórdão Min. Regina Helena Costa, *DJe* 19.11.2014; REsp 1.402.893/MG, 1.ª T., rel. Min. Sérgio Kukina, j. 11.04.2019; RMS 12.539/TO, 6.ª T., rel. Min. Paulo Medina, j. 26.05.2004; RMS 37.031/SP, 1.ª T., rel. Min. Regina Helena Costa, j. 08.02.2018; AR 1.304/RJ, 3.ª S., rel. Min. Maria Thereza de Assis Moura, rel. p/ acórdão Min. Napoleão Nunes Maia Filho, j. 14.05.2008; REsp 1.153.083/MT, 1.ª T., rel. Min. Sérgio Kukina, rel. p/ acórdão Min. Regina Helena Costa, j. 06.11.2014.

698 | INTERESSES DIFUSOS E COLETIVOS – VOL. 1

Anote-se, contudo, que essa transposição das garantias penais para o direito administrativo sancionador deve ser feita com temperamentos. Afinal, na seara do direito administrativo, a prevalência é do coletivo e as penas não envolvem privação de liberdade.

Na Espanha, por exemplo, tem sido adotada a *Teoría de las matizaciones o flexibilizaciones*. Em apertada síntese, essa teoria prega a adoção de um processo jurídico-cognitivo visando adequar os princípios penais às características próprias do direito administrativo sancionador (DAS) quando da sua incorporação, resguardando-se e ponderando-se a natureza peculiar de tutela a que se destina o DAS. Essa teoria, aliás, vem sendo usualmente aplicada pelo Tribunal Constitucional espanhol, conforme aponta Alejandro Nieto:[68]

> O próprio Tribunal Constitucional – que, na sua condição de intérprete supremo da Constituição, declarou-se, às vezes, o mais fanático defensor das formas – acabou reconhecendo a inviabilidade do sistema e consequentemente tem admitido sua flexibilização mediante aplicação de certas matizes ou modulações dos princípios do Direito Penal quando aplicados ao Direito Administrativo Sancionador.

Em conclusão, encontra-se no direito sancionador, seja ele penal ou extrapenal, um núcleo comum de garantias que é extraído diretamente da própria Constituição Federal. As garantias ao administrado, portanto, diante do exercício efetivo do direito administrativo sancionador, não devem ser diferentes, em natureza, daquelas que marcam a posição jurídica do réu no processo penal. Eventualmente, em grau de intensidade, a garantia pode mudar, tendo em conta os preceitos que são próprios do direito administrativo sancionador.

6.5 A APLICAÇÃO DE LEI DE IMPROBIDADE ADMINISTRATIVA NO TEMPO

Depois de cumprir todas as fases do processo legislativo previsto na Constituição Federal, a lei ingressa no ordenamento jurídico e, assim como as demais leis em geral, vigora até ser revogada por outro ato normativo de igual natureza. É o que se convencionou chamar de **princípio da continuidade das leis**, que está positivado no art. 2.º, *caput*, da LINDB, *in verbis:* "Não se destinando à vigência temporária, a lei terá vigor até que outra a modifique ou revogue".

Como a lei pode ser revogada, instauram-se situações de conflito de leis no tempo. De fato, se considerarmos que a lei nova sempre apresenta conteúdo ao menos relativamente diverso da sua antecessora, situações problemáticas inevitavelmente surgirão.

No Direito comparado, a Constituição espanhola consagra, expressamente, o princípio da irretroatividade das normas sancionadoras, seja no art. 9.3, que garante "la irretroactividad de las diposiciones sancionadoras no favorables", seja no art. 25.1, que alude à legislação vigente no momento em que se produzem os fatos puníveis,[69] estando, além disso, tal princípio conectado à legalidade *lato sensu* e a uma expressa previsão legal.[70]

A Constituição Federal de 1988, afinada com a tendência contemporânea, adotou o princípio da irretroatividade das leis como regra e o da retroatividade como exceção, o que significa dizer que, em geral, uma lei é feita para vigorar e produzir seus efeitos para o futuro.[71] Nesse modelo, a lei nova regulará os casos pendentes e futuros, só podendo

---

[68] NIETO, Alejandro. *Derecho Administrativo Sancionador.* 4. ed. Madrid: Tecnos, 2008. p. 370.

[69] NIETO, Alejandro. *Derecho Administrativo Sancionador.* 4. ed. Madrid: Tecnos, 2008. p. 233.

[70] Desse teor o art. 128 da Lei 30/1992: "Irretroactividad. 1. Serán de aplicación las disposiciones sancionadoras vigentes en el momento de producirse los hechos que constituyan infracción administrativa. 2. Las disposiciones sancionadoras producirán efecto retroactivo en cuanto favorezcan al presunto infractor".

[71] SILVA, José Afonso da. *Curso de Direito Constitucional Positivo.* 15. ed. São Paulo: Malheiros, 1998. p. 433-444.

CAP. 6 – IMPROBIDADE ADMINISTRATIVA

atingir fatos pretéritos (*retroagir*) em duas situações: (i) quando ela própria, de forma expressa, o estabelecer, resguardados os *direitos adquiridos,* o *ato jurídico perfeito* e a *coisa julgada;*[72] (ii) quando se tratar de norma penal mais benéfica (art. 5.º, XL, da CF).

No direito sancionador em geral, a regra é a prevalência da lei que se encontrava em vigor quando da prática do fato, vale dizer, aplica-se a lei vigente quando da prática do ilícito (*tempus regit actum*). Dessa forma, resguarda-se a reserva legal, como a anterioridade da lei sancionadora, em cumprimento a diretrizes do texto constitucional.

A irretroatividade das nomas sancionadoras é um consectário lógico dos princípios da legalidade e da segurança jurídica, ambos de origem constitucional, revelando-se inviável interpretar o sistema de modo a sancionar condutas que, antes, não admitiam determinadas sanções, eram lícitas ou não proibidas pela ordem jurídica.

Fixadas essas premissas, e constatada a ausência de preceito na Lei 8.429/1992 que disponha sobre sua retroatividade, é mister concluir que **somente os atos praticados após a sua entrada em vigor estarão sujeitos às sanções por ela instituídas.**[73]

Isso não significa dizer, contudo, que o agente ímprobo ficará imune a toda e qualquer sanção pelos ilícitos que praticara anteriormente a 03.06.1992. A par de eventuais reprimendas previstas na Constituição para os detentores de mandato eletivo, ou mesmo aquelas estatuídas nos regimes jurídicos das diferentes categorias de agentes públicos, estariam os ímprobos sujeitos: 1) às disposições da Lei 3.502/1958, que previa a perda dos bens ou valores correspondentes ao enriquecimento ilícito; 2) à obrigação de reparar o dano causado ao erário, pretensão legítima, a teor do art. 159 do CC de 1916, e imprescritível, em conformidade com o texto constitucional (art. 37, § 5.º, da CF).[74]

Anote-se, por fim, que, **em relação às normas de natureza processual** da Lei 8.429/1992, **sua aplicabilidade é imediata**, respeitados os efeitos dos atos processuais já praticados, que continuam regulados pela lei do tempo em que foram consumados.[75]

6.5.1 Retroatividade das normas mais benéficas inseridas na LIA pela Lei 14.230/2021

Na seara penal, vige **o princípio da retroatividade da norma mais benéfica** (art. 5.º, XL, da CF). Se há uma mudança nos padrões valorativos da sociedade, nada mais razoável do que estender essa mudança ao passado, reconhecendo uma evolução do padrão axiológico, preservando-se, assim, o princípio da isonomia. A retroatividade da norma sancionadora mais benéfica decorre, portanto, de um imperativo ético de atualização do Direito Punitivo, em homenagem ao princípio da isonomia.

A partir da reforma promovida na LIA pela Lei 14.230/2021, uma das questões que suscitou maior polêmica foi justamente a da sucessão das leis no tempo. Isso porque grande parte das normas inseridas na LIA pela Lei 14.230/2021 é mais benéfica ao infrator.

---

[72] STF, AI 244.578/RS, rel. Min. Celso de Mello, j. 23.06.1999. Desse teor o art. 6.º da LINDB: "A Lei em vigor terá efeito imediato e geral, respeitados o ato jurídico perfeito, o direito adquirido e a coisa julgada".

[73] *Nesse sentido*: DECOMAIN, Pedro Roberto. *Improbidade Administrativa*. São Paulo: Dialética, 2008. p. 21. *Na jurisprudência*: TRF-1.ª Reg., Ag 2006.01.00.033121-0/GO, 4.ª T., rel. Des. Federal Hilton Queiroz, *DJ* 16.02.2007, p. 58.

[74] Conforme será visto no item 6.12.14.7, o STF restringiu a cláusula de imprescritibilidade da pretensão de ressarcimento de dano ao erário, prevista no art. 37, § 5.º, da CF, às hipóteses de atos de improbidade administrativa dolosos.

[75] Importante lembrar que as leis processuais são de efeito imediato perante os feitos pendentes, mas não são *retroativas*, pois só os atos processuais posteriores à sua entrada em vigor é que se regularão por seus preceitos (*tempus regit actum*). Em outras palavras, a lei que se aplica em questões processuais é a que vigora no momento da prática do ato formal, e não a do tempo em que o ato material de improbidade se deu. Sobre conflito intertemporal de leis processuais, recomendamos a leitura da excelente monografia do Professor Galeno Lacerda, *O Novo Direito Processual Civil e os Feitos Pendentes*. Rio de Janeiro: Forense, 1974.

A revogação do tipo culposo de improbidade administrativa, por exemplo, é claramente mais benéfica ao agente ímprobo. Da mesma forma, a abolição da hipótese de responsabilização por violação genérica aos princípios da administração pública prevista no art. 11, *caput*, da LIA é mais benéfica ao investigado/réu. Assim como a revogação dos incisos I e II do art. 11 da LIA.

Nesse cenário, passou-se a indagar se as normas (de conteúdo material) mais benéficas ao infrator seriam aplicadas retroativamente, isto é, poderiam alcançar fatos ocorridos antes da entrada em vigor da Lei 14.230/2021 (26.10.2021). Diante do silêncio da LIA, que não trata expressamente dessa questão, surgiram dois principais entendimentos:

1.º) retroatividade: as normas de conteúdo material, quando mais benéficas, devem retroagir para beneficiar o infrator, sob o influxo do princípio da retroatividade da norma penal mais benéfica (art. 5.º, XL, da CF), um dos princípios constitucionais do direito administrativo sancionador, aplicável ao sistema da probidade administrativa por força do estatuído no art. 1.º, § 4.º, da LIA;[76]

2.º) irretroatividade: as normas de conteúdo material não podem retroagir para beneficiar o investigado/réu, haja vista que o princípio da retroatividade da norma mais benéfica só tem aplicação na esfera penal.[77] Além disso, a Lei 14.230/2021 não prevê a aplicação retroativa das novas regras inseridas na LIA, sujeitando-se, assim, ao disposto no art. 6.º da LINDB, segundo o qual "a lei em vigor terá efeito imediato e geral, respeitados o ato jurídico perfeito, o direito adquirido e a coisa julgada".

Respeitadas as opiniões em sentido contrário, pensamos que a resposta a essa questão passa, necessariamente, pela análise do art. 1.º, § 4.º, da LIA, que determina a aplicação dos princípios constitucionais do direito administrativo sancionador no sistema de defesa da probidade administrativa.

Conforme vimos, as garantias ao administrado não devem ser diferentes, em natureza, daquelas que marcam a posição jurídica do réu no processo penal. Eventualmente, em grau de intensidade, a garantia pode mudar, tendo em conta os preceitos que são próprios do direito administrativo sancionador. Portanto, as mínimas garantias devem ser aquelas asseguradas na Constituição Federal de 1988, dentre as quais destaca-se a *retroatividade da norma penal mais benéfica* (art. 5.º, XL, da CF).

Isso posto, é imperioso concluir que as normas de conteúdo material inseridas na LIA na reforma, quando mais favoráveis ao agente infrator, devem retroagir para alcançar os fatos ocorridos antes da entrada em vigor da Lei 14.230/2021 (26.10.2021).

Antes mesmo da reforma da LIA, algumas decisões do STJ já vinham reconhecendo a aplicação do princípio da retroatividade da norma penal mais benéfica (art. 5.º, XL, da CF) no direito administrativo sancionador.[78]

---

[76] Nesse sentido: OSÓRIO, Fábio Medina. *Direito Administrativo Sancionador*. 8. ed. São Paulo: Revista dos Tribunais, 2022. p. 333-334; NEVES, Daniel Amorim Assumpção; OLIVEIRA, Rafael Carvalho Rezende. *Improbidade Administrativa*: Direito Material e Processual. 9. ed. Rio de Janeiro: Forense, 2022. p. 94. Na jurisprudência: TJSC, Ap. Cível 001124-74.2013.8.24.0242/SC, j. 07.12.2021; TJSP, Ap. Cível 1001594-31.2019.8.26.0369, j. 10.11.2021; TRF1, AC 0007971-74.2015.4.01.4000, 3.ª T.; e TJMG, Ap. 1.0271.15.003854-2/003, 4.ª Câm. Cível, j. 03.02.2022.

[77] Nesse sentido: GUARAGNI, Fábio André; WOJCIECHOWSKI, Paola Bianchi; COSTA, Ana Paula. Alinhamento Constitucional e Convencional da Lei 14.230/2021: a Irretroatividade e o Microssistema de Tutela do Direito Fundamental à Probidade Administrativa. In: CAMBI, Eduardo; GARCIA, Emerson; ZANETI JÚNIOR, Hermes (org.) *Improbidade Administrativa*: Principais Alterações Promovidas pela Lei 14.230/2021. Belo Horizonte/São Paulo: D'Plácido, 2022. p. 325. Na jurisprudência: TJSP, Ap. Cível 0006089-24.2008.8.26.0272, j. 30.11.2021; TJSP, Embargos de Declaração 1003043-67.2017.8.26.0248/50004, 10.ª CDP, j. 14.02.2022.

[78] AgInt no REsp 1.602.122/RS, 1.ª T., rel. Min. Regina Helena Costa, j. 07.08.2018. Em igual sentido: REsp 1.153.083/MT, 1.ª T., rel. p/ acórdão Min. Regina Helena Costa, *DJe* 19.11.2014; REsp 1.402.893/MG, 1.ª T., rel. Min. Sérgio Kukina, j. 11.04.2019; RMS 12.539/TO, 6.ª T., rel. Min. Paulo Medina, j. 26.05.2004; RMS 37.031/SP, 1.ª T., rel. Min. Regina Helena Costa, j. 08.02.2018; AR 1.304/RJ, 3.ª S., rel. Min. Maria Thereza de Assis Moura, rel. p/ acórdão Min. Napoleão Nunes

A questão da retroatividade ou irretroatividade das normas mais benéficas da Lei 14.230/2021 já foi apreciada pelo Plenário do Supremo Tribunal Federal no julgamento do Tema 1.199, em sede de repercussão geral. O caso envolvia a prática de um ato lesivo ao erário na forma culposa. Na oportunidade, o STF decidiu que a norma mais benéfica da Lei 14.230/2021, que revogou a modalidade culposa de ato lesivo ao erário, retroage para alcançar os atos praticados na vigência do texto anterior da Lei 8.429/1992, por força da garantia prevista no art. 5.º, XL, da CF, respeitadas, contudo, as decisões condenatórias já transitadas em julgado (art. 5.º, XXXVI, da CF).

No mesmo julgamento, o STF afirmou a irretroatividade do novo regime prescricional instituído pela Lei 14.230/2021, que somente será aplicável aos fatos praticados a partir da vigência da referida lei, tema ao qual voltaremos mais à frente.

As teses de repercussão geral fixadas no Tema 1.199 foram as seguintes:

1) É necessária a comprovação de responsabilidade subjetiva para a tipificação dos atos de improbidade administrativa, exigindo-se – nos arts. 9.º, 10 e 11 da LIA – a presença do elemento subjetivo – *dolo*;

2) A norma benéfica da Lei 14.230/2021 – revogação da modalidade culposa do ato de improbidade administrativa – é *irretroativa*, em virtude do art. 5.º, XXXVI, da Constituição Federal, não tendo incidência em relação à eficácia da coisa julgada; nem tampouco durante o processo de execução das penas e seus incidentes;

3) A nova Lei 14.230/2021 aplica-se aos atos de improbidade administrativa culposos praticados na vigência do texto anterior da lei, porém sem condenação transitada em julgado, em virtude da revogação expressa do texto anterior; devendo o juízo competente analisar eventual dolo por parte do agente (grifou-se);

4) O novo regime prescricional previsto na Lei 14.230/2021 é *irretroativo*, aplicando-se os novos marcos temporais a partir da publicação da lei.[79]

Nota-se, assim, que o STF flexibilizou o princípio da retroatividade da norma mais favorável na seara de improbidade administrativa, limitando sua incidência aos fatos anteriores que não ensejaram condenação transitada em julgado.

Por outras palavras, o STF reconheceu a **retroatividade mitigada da norma de conteúdo material mais favorável no domínio da LIA**. Identifica-se, nesse particular, a mesma tendência referida no Tribunal Constitucional espanhol de flexibilização mediante aplicação de certas matizes ou modulações dos princípios do Direito Penal quando aplicados ao direito administrativo sancionador.

Em momento posterior, a Suprema Corte ampliou a aplicação da referida tese ao caso de ato de improbidade administrativa fundado no revogado art. 11, I, da LIA, desde que não haja condenação com trânsito em julgado.[80] A propósito do tema, vale transcrever excerto da ementa do acórdão do Plenário do STF, por ocasião do julgamento do ARE 803.568 AgR-segundo-EDv-ED:

1. A Lei 14.231/2021 alterou profundamente o regime jurídico dos atos de improbidade administrativa que atentam contra os princípio da administração pública (Lei 8.249/1992, art. 11), promovendo, dentre outros, a abolição da hipótese de responsabilização por violação genérica aos princípios discriminados no *caput* do art. 11 da Lei 8.249/1992 e passando a prever a tipificação

---

Maia Filho, j. 14.05.2008; REsp 1.153.083/MT, 1.ª T., rel. Min. Sérgio Kukina, rel. p/ acórdão Min. Regina Helena Costa, j. 06.11.2014.

[79] ARE 843.989/PR, Tribunal Pleno, rel. Min. Alexandre de Moraes, j. 18.08.2022.

[80] ARE 803.568 AgR-segundo-EDv-ED, Tribunal Pleno, rel. p/ acórdão Min. Gilmar Mendes, *DJe* 06.09.2023. No mesmo sentido: RE 1.452.533 AgR, 1.ª T., rel. Min. Cristiano Zanin, *DJe* 21.11.2023.

702 | INTERESSES DIFUSOS E COLETIVOS – VOL. 1

taxativa dos atos de improbidade administrativa por ofensa aos princípios da administração pública, discriminada exaustivamente nos incisos do referido dispositivo legal.

2. No julgamento do ARE 843.989 (Tema 1.199), o Supremo Tribunal Federal assentou a irretroatividade das alterações introduzidas pela Lei 14.231/2021 para fins de incidência em face da coisa julgada ou durante o processo de execução das penas e seus incidentes, **mas ressalvou exceção de retroatividade para casos como o presente, em que ainda não houve o trânsito em julgado da condenação por ato de improbidade** (grifou-se).

3. As alterações promovidas pela Lei 14.231/2021 ao art. 11 da Lei 8.249/1992 aplicam-se aos atos de improbidade administrativa praticados na vigência do texto anterior da lei, porém sem condenação transitada em julgado.

4. Tendo em vista que (i) o Tribunal de origem condenou o recorrente por conduta subsumida exclusivamente ao disposto no inciso I do art. 11 da Lei 8.429/1992 e que (ii) a Lei 14.231/2021 revogou o referido dispositivo e a hipótese típica até então nele prevista ao mesmo tempo em que (iii) passou a prever a tipificação taxativa dos atos de improbidade administrativa por ofensa aos princípios da administração pública, imperiosa a reforma do acórdão recorrido para considerar improcedente a pretensão autoral no tocante ao recorrente.

Nessa mesma linha, a 1.ª Turma do STJ, por unanimidade, decidiu que o entendimento firmado no Tema 1.199/STF aplica-se ao caso de ato de improbidade administrativa fundado no revogado art. 11, I, da LIA, desde que não haja condenação com trânsito em julgado.[81]

Nota-se, assim, uma clara tendência em nossos tribunais de superposição em admitir a aplicação retroativa das normas de conteúdo material mais favoráveis inseridas na LIA pela Lei 14.230/2021, respeitadas, contudo, as decisões condenatórias já transitadas em julgado (art. 5.º, XXXVI, da CF).

Enquanto no sistema penal a retroatividade da lei mais benéfica é máxima, inexistindo limite temporal para a aplicação da norma mais favorável, no sistema de defesa da probidade administrativa essa retroatividade é mitigada, limitando-se sua incidência aos fatos anteriores que não ensejaram condenação transitada em julgado.

6.6 SUJEITOS DO ATO DE IMPROBIDADE ADMINISTRATIVA

6.6.1 Sujeito passivo

No plano do direito material, o **sujeito passivo** do ato de improbidade administrativa é a pessoa jurídica de direito público ou privado atingida pelos efeitos da conduta ímproba.

A LIA, em seu art. 1.º, §§ 5.º, 6.º e 7.º, elenca os sujeitos passivos dos atos de improbidade administrativa, a saber:

a) a **administração direta** dos poderes constituídos das unidades federativas (União, Estados, Municípios e Distrito Federal) (art. 1.º, § 5.º);[82]

b) a **administração indireta** de qualquer dos Poderes da União, dos Estados, do Distrito federal e dos Municípios: são as autarquias, as sociedades de economia mista, as empresas públicas e as fundações (art. 1.º, § 5.º);

c) **as empresas ou entidades privadas que recebam subvenção, benefício ou incentivo, fiscal ou creditício**, de entes públicos ou governamentais (art. 1.º, §

---

[81] AgInt no AREsp 2.380.545/SP, 1.ª T., rel. Min. Gurgel de Faria, por unanimidade, j. 06.02.2024.

[82] "Art. 1.º (...) § 5.º Os atos de improbidade violam a probidade na organização do Estado e no exercício de suas funções e a integridade do patrimônio público e social dos Poderes Executivo, Legislativo e Judiciário, bem como da administração direta e indireta, no âmbito da União, dos Estados, dos Municípios e do Distrito Federal."

CAP. 6 – IMPROBIDADE ADMINISTRATIVA | **703**

6.º[83]). Podem ser incluídas nessa modalidade as organizações sociais sem fins lucrativos (Lei 9.637/1998) e as organizações da sociedade civil de interesse público (Lei 9.790/1999). Os benefícios ou incentivos podem ser fiscais (ex.: imunidades ou isenções tributárias) ou creditícios (ex.: financiamentos com juros reduzidos). No particular, faz-se mister destacar que **a lei não se refere a subvenções, benefícios ou incentivos genéricos** da Administração. Exige-se que o recebimento desses tipos de fomento esteja associado à consecução de determinado fim de interesse público, cuja individualização deve resultar clara pelas circunstâncias de sua concessão. É o caso, por exemplo, de uma empresa que recebe incentivo fiscal para se instalar num determinado Município;

d) as **empresas ou entidades privadas para cuja criação ou custeio o erário haja concorrido ou concorra no seu patrimônio ou receita atual**, limitado o ressarcimento de prejuízos, nesse caso, à repercussão do ilícito sobre a contribuição dos cofres públicos (art. 1.º, § 7.º[84]). Aqui podem ser incluídas, por exemplo, as *empresas subsidiárias*, criadas por estatais, por meio de autorização legislativa, assim como os *entes controlados*. Por outro lado, como bem observa Emerson Garcia, também se consideram públicos os recursos que determinados setores da população, por força de preceitos legais e independentemente de qualquer contraprestação, estão obrigados a repassar a certas entidades.[85] A título de exemplo, as pessoas de cooperação governamental (serviços sociais autônomos) são destinatárias de contribuições parafiscais instituídas por lei. Embora essa seja uma forma de contribuição indireta, podem referidas entidades ser sujeitos passivos de conduta de improbidade, haja vista que praticamente todo o seu custeio é coberto pelo montante arrecadado com as ditas contribuições.[86]

Partindo-se da concepção subjetiva adotada pelo art. 1.º da LIA, o substantivo *administração* abrange o conjunto de pessoas jurídicas que desempenhem atividades de natureza administrativa, independentemente da atividade finalística própria do Poder do qual emanem (Legislativo, Executivo e Judiciário), ou do lugar que ocupem na organização do sistema federativo.

Por outro lado, vê-se que o legislador ampliou a esfera de proteção da probidade administrativa, em ordem a alcançar também algumas **entidades privadas** que, sem integrarem a Administração direta ou indireta, recebam investimento ou auxílio de ordem pública.

Em verdade, a LIA elegeu como critério norteador de seu alcance a existência de recursos públicos na formação do capital ou no custeio da empresa e não a natureza da atividade desenvolvida. Em outras palavras, **onde houver um único centavo de dinheiro público envolvido, a Lei terá incidência**, independentemente de a entidade exercer atividade de natureza pública ou privada.

---

[83] "Art. 1.º (...) § 6.º Estão sujeitos às sanções desta Lei os atos de improbidade praticados contra o patrimônio de entidade privada que receba subvenção, benefício ou incentivo, fiscal ou creditício, de entes públicos ou governamentais, previstos no § 5.º deste artigo."

[84] "Art. 1.º (...) § 7.º Independentemente de integrar a administração indireta, estão sujeitos às sanções desta Lei os atos de improbidade praticados contra o patrimônio de entidade privada para cuja criação ou custeio o erário haja concorrido ou concorra no seu patrimônio ou receita atual, limitado o ressarcimento de prejuízos, nesse caso, à repercussão do ilícito sobre a contribuição dos cofres públicos."

[85] Veja-se: GARCIA, Emerson; ALVES, Rogério Pacheco. *Improbidade Administrativa*. 4. ed. Rio de Janeiro: Lumen Juris, 2008. p. 188. *No mesmo sentido:* FAZZIO JÚNIOR, Waldo. *Atos de Improbidade Administrativa*: Doutrina, Legislação e Jurisprudência. São Paulo: Atlas, 2007. p. 241.

[86] No mesmo sentido: CARVALHO FILHO, José dos Santos. *Manual de Direito Administrativo*. 23. ed. Rio de Janeiro: Lumen Juris, 2010. p. 1.171.

No que se refere às entidades particulares citadas no art. 1.º, § 7.º (alínea *d, supra*), verifica-se uma mudança em relação à redação originária da LIA, que estabelecia, em seu art. 1.º, *caput* e parágrafo único, uma distinção entre as entidades privadas que recebiam recursos públicos para sua criação ou custeio.

De um lado, o *caput* do art. 1.º indicava as entidades para cuja criação ou custeio o erário tivesse concorrido com mais de 50% do patrimônio ou da receita anual. De outro lado, o parágrafo único do art. 1.º mencionava as entidades privadas que recebiam subvenção, benefício ou incentivo, fiscal ou creditício, de órgão público, bem como aquelas para cuja criação ou custeio o erário tivesse concorrido com menos de 50% do patrimônio ou receita anual. Na redação original da LIA, em relação às entidades privadas mencionadas no art. 1.º, parágrafo único, a sanção patrimonial ficava limitada à repercussão do ilícito sobre os cofres públicos. Assim, se o prejuízo excedesse tal limite, caberia à entidade pleitear o ressarcimento do excedente por outra via, que não pela ação de improbidade.

A partir da reforma promovida pela Lei 14.230/2021, a distinção *supra* foi suprimida do texto da Lei 8.429/1992. Doravante, portanto, identificada a prática de um ato de improbidade administrativa contra um ente privado não integrante da administração pública direta ou indireta, pouco importa saber se o erário concorreu com mais ou menos de 50% do patrimônio ou da receita atual desse ente. Em qualquer hipótese, a sanção patrimonial ficará limitada à repercussão do ilícito sobre os cofres públicos.

No particular, uma observação se faz necessária: a incidência da Lei 8.429/1992 às entidades privadas referidas em seu art. 1.º, §§ 6.º e 7.º, está condicionada à ocorrência de dano ao seu patrimônio. Diferentemente, as pessoas referidas no art. 1.º, § 5.º, têm maior proteção, porque se caracterizará também como ato de improbidade administrativa o que ensejar *enriquecimento ilícito* (art. 9.º) ou *violação de princípios* (art. 11), ainda que não tenha havido ofensa a seu patrimônio.

Ainda no que se refere às entidades privadas citadas no art. 1.º, §§ 6.º e 7.º, da LIA, dois últimos aspectos merecem ser destacados:

(i) **a sanção patrimonial (ressarcimento do dano) se limita à repercussão do ilícito sobre a contribuição dos cofres públicos:** por corolário, se o prejuízo exceder tal limite, caberá à entidade pleitear o ressarcimento do excedente por outra via, que não pela ação de improbidade;

(ii) verificado o ato de improbidade administrativa que importa em dano ao patrimônio da entidade, **as demais sanções previstas no art. 12 são aplicáveis normalmente**, porquanto o legislador só impôs limites à aplicação da sanção patrimonial.

6.6.1.1 Sindicatos

Nas primeiras edições deste livro, defendíamos a possibilidade de os **sindicatos**, quer sejam patronais ou representativos dos empregados, serem considerados sujeitos passivos dos atos de improbidade administrativa, porquanto são os destinatários finais dos recursos angariados com as denominadas "contribuições sindicais". Embora os sindicatos não integrem a Administração Pública direta ou indireta, assim entendíamos, porque as contribuições sindicais por eles percebidas tinham natureza de contribuições parafiscais.

Contudo, no ano de 2017, o art. 1.º da Lei 13.467/2017 (Reforma Trabalhista) deu nova redação aos arts. 545, 578, 579, 582, 583, 587 e 602 da Consolidação das Leis do Trabalho (CLT) para condicionar o recolhimento da contribuição sindical à expressa autorização dos trabalhadores. Por outras palavras, a reforma trabalhista extinguiu a obrigatoriedade da contribuição sindical. Esse dispositivo da reforma trabalhista foi considerado constitucional pelo Supremo Tribunal Federal, no julgamento da Ação Direta de Inconstitucionalidade (ADI) 5.794 (j. 29.06.2018).

Extinta, portanto, a obrigatoriedade da contribuição sindical, é forçoso concluir que os sindicatos, em regra, não podem mais ser sujeitos passivos do ato de improbidade administrativa, ressalvada eventual percepção de subvenção, benefício ou incentivo, fiscal ou creditício, de órgão público, quando poderão ser enquadrados, excepcionalmente, no art. 1.º, § 6.º, da LIA.

6.6.1.2 Concessionárias e permissionárias de serviço público (concessões comuns e especiais)

As concessionárias e permissionárias de serviços públicos são pessoas jurídicas de direito privado que prestam serviços públicos delegados pelo Poder Público e não integram a Administração Pública.

As concessões de serviço público podem ser classificadas em concessões comuns e concessões especiais.

As **concessões comuns** são reguladas pela Lei 8.987/1995. Nesse modelo tradicional de concessão, a remuneração é efetivada por meio do pagamento de tarifa pelos usuários do serviço concedido, bem como por meio de receitas alternativas (ex.: receita oriunda da publicidade na prestação do serviço), inexistindo, em regra, contraprestação por parte do Poder Público.

De outro lado, temos as **concessões especiais**. Reguladas pela Lei 11.079/2004, apresentam como principal característica o fato de que o concessionário recebe determinada contraprestação do concedente. Submetidas ao regime jurídico das "**parcerias público- -privadas**", as concessões especiais se subdividem em duas categorias: 1.ª) concessões administrativas: a remuneração é de responsabilidade do Poder Concedente, não havendo previsão de cobrança de tarifa dos usuários (art. 2.º, § 2.º); e 2.ª) concessões patrocinadas: a remuneração envolve, necessariamente, a tarifa paga pelo usuário do serviço público e a contraprestação pecuniária do Poder Público ao parceiro privado (art. 2.º, § 1.º).

Note-se que a remuneração do parceiro privado, tanto nas concessões comuns como nas especiais, não se confunde com "subvenção, benefício ou incentivo, fiscal ou creditício". O valor pago pela prestação de determinado serviço público tem relação direta com os custos e o lucro inerentes à atividade prestada, não se confundindo, portanto, com subvenção, benefício ou incentivo, que podem ser concedidos aos entes privados como forma de estímulo para a implementação de metas econômicas ou sociais.

Fixada tal premissa, é forçoso concluir que as concessionárias e permissionárias de serviços públicos, como regra, não podem ser sujeitos passivos de atos de improbidade administrativa.

6.6.1.3 Consórcios públicos

Regulados pela Lei 11.107/2005, os consórcios públicos são acordos de vontades firmados entre os entes federativos em busca da consecução de objetivos comuns.

A legislação impõe a personalização dos consórcios públicos, que podem assumir a forma de pessoa jurídica tanto de direito público (associações públicas) como de direito privado (associações estatais).

No primeiro caso, o consórcio integra a administração indireta de todos os entes consorciados, constituindo-se verdadeira autarquia interfederativa (art. 6.º, § 1.º).

INTERESSES DIFUSOS E COLETIVOS – VOL. 1

Logo, pode ser sujeito passivo de ato de improbidade administrativa, na forma do art. 1.º, § 5.º, da LIA.

No segundo caso, embora a Lei 11.107/2005 não afirme expressamente que as associações estatais (pessoas jurídicas de direito privado) integrem a administração indireta, a melhor doutrina entende que elas estão sujeitas à normatização de regência da administração pública, devendo, pois, ser indistintamente enquadradas no plano da administração indireta.[87] Fixada tal premissa, é mister concluir que as associações estatais também poderão ser vítimas de ato de improbidade administrativa, nos termos do art. 1.º, § 5.º, da LIA.

Ainda que esse entendimento não seja acolhido, a conclusão será a mesma. Afinal, não podemos olvidar que os consórcios públicos, de direito público ou de direito privado, são instituídos pelo Estado e se enquadram entre as entidades "para cuja criação ou custeio o erário haja concorrido ou concorra no seu patrimônio ou receita atual", o que preserva, inexoravelmente, a sua condição de sujeito passivo em potencial dos atos de improbidade administrativa (art. 1.º, § 7.º, da LIA).

6.6.1.4 *Conselhos de Fiscalização do Exercício Profissional*

Os Conselhos de Fiscalização do Exercício Profissional destinam-se a controlar e fiscalizar o exercício de determinadas profissões regulamentadas em lei.

O objetivo é preservar o interesse público ao adequado desempenho da atividade profissional. Para tanto, exercem um verdadeiro poder de polícia, o que lhes permite velar pelas restrições impostas em lei e exigir o cumprimento de requisitos específicos por parte daqueles que pretendem exercer ou continuar exercendo a profissão. São exemplos: Conselho Regional de Engenharia e Arquitetura (CREA), Conselho Regional de Medicina (CRM), Conselho Federal de Odontologia (CFO) etc.

Os integrantes da categoria são obrigados a recolher, em prol da respectiva entidade, contribuições que se enquadram na categoria das parafiscais, conforme já decidido pelo STF.[88] Tais contribuições, na medida em que estão previstas em lei e são de imperativo recolhimento, devem ser efetivamente consideradas como recursos públicos, ainda que o numerário não seja fisicamente retirado do erário.

Nessa ordem de ideias, é correto afirmar que tais conselhos se enquadram entre as entidades "para cuja criação ou custeio o erário haja concorrido ou concorra no seu patrimônio ou receita atual", o que preserva sua condição de potenciais sujeitos passivos dos atos de improbidade administrativa, na forma do art. 1.º, § 7.º, da LIA.

6.6.1.5 *Partidos políticos*

Os partidos políticos são pessoas jurídicas de direito privado formadas pela livre associação de pessoas, com uma ideologia em comum, cujas finalidades são assegurar, no interesse do regime democrático, a autenticidade do sistema representativo e defender os direitos humanos fundamentais.

Além de estarem legitimados a receber recursos de origem privada, os partidos recebem recursos provenientes do Fundo Especial de Assistência Financeira aos Partidos Políticos, conhecido como **"Fundo Partidário"**, que é composto, em sua maior parte, por

---

[87] GARCIA, Emerson. *Improbidade Administrativa*. 9. ed. Rio de Janeiro: Lumen Juris, 2017. p. 328. CARVALHO FILHO, José dos Santos. *Consórcios Públicos*. Rio de Janeiro: Lumen Juris, 2009. p. 40.

[88] MS 21.797-9, Pleno, rel. Min. Carlos Velloso, j. 09.03.2000.

receitas de origem pública (art. 38 da Lei 9.096/1995). Tal fundo destina-se, basicamente, a suprir as despesas corriqueiras dos partidos.

No ano de 2017, foi criado o Fundo Especial de Financiamento de Campanha, conhecido como "**Fundo Eleitoral**". Constituído exclusivamente por dotações orçamentárias da União, repassadas ao TSE até o início do mês de junho em anos eleitorais, tal fundo é distribuído aos partidos para que estes possam financiar suas campanhas nas eleições.

A origem pública da maior parte das receitas auferidas pelos partidos políticos enseja a aplicação da regra do art. 1.º, § 7.º, da LIA, tornando incontroverso que tais entes possam ser sujeitos passivos de atos de improbidade administrativa.

6.6.1.6   OAB

O Supremo Tribunal Federal, no julgamento da ADI 3.026-4/DF (rel. Min. Eros Grau, *DJ* 29.09.2006), asseverou que a Ordem dos Advogados do Brasil não integra a Administração Indireta da União, pois, embora exerça relevante serviço público de natureza constitucional, não se submete ao controle da Administração Pública. Por conseguinte, decidiu que a OAB é "categoria ímpar no elenco de personalidades jurídicas existentes no direito brasileiro", não se confundido com os demais conselhos profissionais.

Demais disso, em razão do exercício de serviço público independente, a OAB não se sujeita a qualquer tipo de controle pelo Tribunal de Contas da União. Logo, os créditos decorrentes da relação jurídica travada entre a OAB e seus inscritos não integram o erário e, consequentemente, não ostentam natureza tributária. A respeito do tema, a 1.ª Seção do STJ firmou posicionamento no sentido de que "as contribuições cobradas pela OAB não têm natureza tributária e não se destinam a compor a receita da Administração Pública, mas a receita da própria entidade".[89]

Fixadas tais premissas, é de se concluir que a OAB, como regra, não pode ser sujeito passivo de atos de improbidade administrativa.

Assim, tem-se:

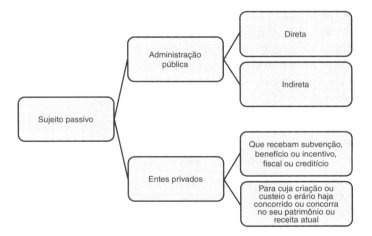

6.6.2   Sujeito ativo

O **sujeito ativo** é aquele que *pratica* o ato de improbidade administrativa, ***induz ou concorre*** dolosamente para sua prática.

---
[89] EREsp 463.258/SC, rel. Min. Eliana Calmon, *DJ* 29.03.2004.

708 | INTERESSES DIFUSOS E COLETIVOS - VOL. 1

No sistema original adotado pela LIA, além do agente público que praticasse o ato ímprobo (art. 2.º), responsabilizava-se também aquele que, sendo ou não agente público, tivesse induzido, concorrido ou se beneficiado do ato, de forma direta ou indireta (art. 3.º).

Já no texto reformado da LIA, há uma mudança importante que merece ser destacada: **em relação aos terceiros, não se pune mais a conduta daquele que apenas se beneficiou do ato de improbidade administrativa**, sem ter induzido ou concorrido para sua prática. Analisaremos esse ponto mais à frente.

No sistema vigente, portanto, identificamos duas categorias de sujeitos ativos:

1) os **agentes públicos**; e

2) os **terceiros** que induzem ou concorrem dolosamente para a prática do ato de improbidade administrativa.

6.6.2.1 Agentes públicos

O conceito de **agentes públicos** foi fixado no art. 2.º da LIA, que assim dispõe:

> **Art. 2.º** Para os efeitos desta Lei, consideram-se agente público o agente político, o servidor público e todo aquele que exerce, ainda que transitoriamente ou sem remuneração, por eleição, nomeação, designação, contratação ou qualquer outra forma de investidura ou vínculo, mandato, cargo, emprego ou função nas entidades referidas no art. 1.º desta Lei.

Como se verifica por esse dispositivo, com ampla carga de densidade, o fundamental é que o agente público mantenha vínculo com qualquer das pessoas mencionadas no art. 1.º da Lei de Improbidade. Em outras palavras, consideram-se agentes públicos, para os fins dessa lei, todos **aqueles que exerçam qualquer espécie de função junto às pessoas jurídicas de direito público e de direito privado elencadas em seu art. 1.º.**

Nessa linha, tanto será agente público o presidente de uma autarquia como o estagiário[90] que atua no serviço público, ainda que transitoriamente, remunerado ou não.

Observe-se que a concepção de agente público não foi construída somente sob uma *perspectiva funcional*; define-se o sujeito ativo também a partir da identificação do sujeito passivo dos atos de improbidade (*perspectiva patrimonial*), havendo um nítido entrelaçamento entre as duas noções.[91]

Estão inseridos nessa definição legal:

a) os agentes políticos;

b) os servidores da Administração direta e indireta;

c) os membros da Magistratura,[92] do Ministério Público e do Tribunal de Contas, sejam eles considerados servidores públicos, como querem alguns,[93] ou agentes políticos, como preferem outros;[94]

---

[90] No STJ: REsp 1.352.035/RS, 2.ª T., rel. Min. Herman Benjamin, j. 18.08.2015, *DJe* 08.09.2015 (**Informativo 568**).

[91] Nesse sentido: GARCIA, Emerson; ALVES, Rogério Pacheco. *Improbidade Administrativa*. 4. ed. Rio de Janeiro: Lumen Juris, 2008. p. 205-206.

[92] Admitindo a aplicação da LIA aos magistrados, veja-se: STJ, REsp 1.127.182/RN, 2.ª T., rel. Mauro Campbell Marques, *DJe* 15.10.2010.

[93] Nesse sentido, entre outros, veja-se: BANDEIRA DE MELLO, Celso Antônio. *Curso de Direito Administrativo*. 27. ed. São Paulo: Malheiros, 2010. p. 247-248.

[94] A propósito, confira-se: MEIRELLES, Hely Lopes. *Direito Administrativo Brasileiro*. São Paulo: Malheiros, 2003. p. 74.

CAP. 6 – IMPROBIDADE ADMINISTRATIVA | 709

d) os particulares em colaboração com a Administração (ex.: jurados, mesários, delegatários das serventias do registro público,[95] leiloeiros oficiais, tradutores e intérpretes públicos etc.);[96]

e) os vinculados aos entes de direito privado *criados* ou *custeados*, ainda que parcialmente, pelo Poder Público;[97] e

f) os vinculados aos entes de direito privado que recebam *subvenção*, *benefício* ou *incentivo*, fiscal ou creditício, de órgão público.

Em resumo: além da noção comum de agente público, que abrange a categoria dos agentes políticos, dos servidores públicos e dos particulares em colaboração com o Poder Público (***perspectiva funcional***), a LIA também considera agentes públicos aqueles que, não possuindo nenhum vínculo com o Poder Público, exerçam atividade eminentemente privada junto a entidades que, de qualquer modo, recebam numerário de origem pública (***perspectiva patrimonial***).

Conforme já decidido pelo STJ, consideram-se **agentes públicos por equiparação** essas pessoas que exercem funções junto aos entes privados não integrantes da administração pública indireta, elencados no art. 1.º da LIA.[98] No domínio da LIA, portanto, identificam-se dois tipos de agentes públicos:

1) **agente público em sentido estrito**: é o agente público propriamente dito, aquele que age em nome do Estado e desempenha funções estatais nas entidades referidas no art. 1.º, § 5.º, da LIA;

2) **agente público equiparado**: é a pessoa física que exerce funções não estatais junto aos entes privados elencados no art. 1.º, §§ 6.º e 7.º, da LIA.

Nessa temática, uma novidade que merece destaque é a regra inserida no parágrafo único do art. 2.º da LIA, que não encontra correspondência no texto original. Confira-se:

> **Art. 2.º (...) Parágrafo único.** No que se refere a recursos de origem pública, sujeita-se às sanções previstas nesta Lei o particular, pessoa física ou jurídica, que celebra com a administração pública convênio, contrato de repasse, contrato de gestão, termo de parceria, termo de cooperação ou ajuste administrativo equivalente.

---

[95] Na medida em que os *notários e registradores* exercem atividade delegada do Poder Público, com ele mantendo um vínculo contratual, são eles, a teor do art. 2.º da LIA, sujeitos ativos em potencial dos atos de improbidade. *Nesse sentido, confira-se:* STJ, REsp 118.417/SC, 2.ª T., rel. Min. Humberto Martins, j. 19.08.2010.

[96] Os dirigentes e empregados de *concessionárias* e *permissionárias* de serviços públicos que não tenham sido criadas ou custeadas pelo erário, e que não recebam subvenções, benefícios ou incentivos deste, não podem ser considerados agentes públicos, para os fins da LIA. A despeito de tais pessoas prestarem serviços públicos por delegação, as tarifas que auferem dos usuários são o preço pelo uso do serviço e não se enquadram sob a epígrafe dos *recursos públicos*. A propósito, vejam-se: GARCIA, Emerson; ALVES, Rogério Pacheco. *Improbidade Administrativa*. 4. ed. Rio de Janeiro: Lumen Juris, 2008. p. 208; CARVALHO FILHO, José dos Santos. *Manual de Direito Administrativo*. 23. ed. Rio de Janeiro: Lumen Juris, 2010. p. 1.173.

[97] Como já decidido pelo STJ, "hospitais e médicos conveniados ao SUS que, além de exercerem função pública delegada, administram verbas públicas, são sujeitos ativos de improbidade administrativa" (REsp 416.329, 1.ª T., rel. Min. Luiz Fux, j. 13.08.2002). Contudo, atenção: os hospitais e médicos da rede privada que atuam em parceria com o Poder Público, na prestação de serviços de saúde à população, somente poderão ser sujeitos ativos do ato de improbidade nas hipóteses de atendimento médico-hospitalar financiado pelo Sistema Único de Saúde. Assim, para as hipóteses de danos em atendimentos financiados diretamente pelo paciente (plano de saúde ou particular), por não comprovada a condição de agente público e nem lesão a interesses do erário, não incide a LIA. Nesse sentido, veja-se: REsp 1.414.669/SP, 1.ª T., rel. Min. Napoleão Nunes Maia Filho, j. 20.02.2014 (**Informativo 537**).

[98] Nesse sentido: STJ, AgInt no REsp 1.845.674/DF, 1.ª T., rel. Min. Napoleão Nunes Maia Filho, rel. p/ acórdão Min. Gurgel de Farias, j. 1.º.12.2020.

INTERESSES DIFUSOS E COLETIVOS – VOL. 1

O dispositivo, que prevê os instrumentos jurídicos típicos e atípicos por meio dos quais é promovida a transferência de recursos públicos para sujeitos privados, criando para estes o dever de atuação proba, deve ser interpretado de modo conjugado com o disposto no § 6.º do art. 1.º da LIA.

Conforme visto, os entes privados que recebam subvenção, benefício ou incentivo, fiscal ou creditício, de entes públicos ou governamentais, podem ser sujeitos passivos de atos de improbidade administrativa (art. 1.º, § 6.º).

Pense-se, por exemplo, na conduta do dirigente de uma organização da sociedade civil de interesse público (OSCIP), que desvia, em proveito próprio, recursos repassados à organização por um dado Município, por meio de um termo de parceria. Nessa situação hipotética, a OSCIP é vítima e o dirigente, equiparado a agente público, poderá ser responsabilizado pela prática do ato de improbidade administrativa consistente em enriquecimento ilícito (art. 9.º), na forma do art. 1.º, § 6.º, c.c. o art. 2.º, *caput* e parágrafo único, da LIA.

A inovação da norma em exame está justamente na **previsão expressa da possibilidade de responsabilização de pessoas jurídicas** pela prática de atos de improbidade administrativa, em consonância com a jurisprudência do STJ[99] nessa temática.

Note-se que esses entes privados que recebem recursos públicos por meio de convênio, contrato de repasse, contrato de gestão, termo de parceria, termo de cooperação[100] ou ajuste administrativo equivalente[101] assumem uma **função bivalente** no domínio da Lei 8.429/1992: ora podem figurar como *sujeito passivo* – como no exemplo *supra* –, ora como *sujeito ativo* de um ato de improbidade administrativa.

Exemplo dessa segunda condição é a ausência de prestação de contas por parte de uma OSCIP, com vistas a ocultar irregularidades na execução do objeto do Termo de Parceria. Nessa situação hipotética, a OSCIP figura como sujeito ativo do ato de improbidade administrativa previsto no art. 11, VI,[102] ao lado do dirigente (agente *público equiparado*) que realizou o verbo nuclear do tipo, enquanto o Município figura como vítima do ilícito.

Não podemos, contudo, deixar de criticar a técnica legislativa empregada no parágrafo único do art. 2.º. A posição topográfica e a redação do seu enunciado tornam a norma equívoca, podendo gerar dúvidas em sua interpretação.

Numa interpretação literal de tal dispositivo, poder-se-ia concluir que a *ratio* da norma foi equiparar a agente público o particular, pessoa física ou jurídica, que celebra ajustes com a administração pública para a transferência de recursos públicos. Nesse caso, o ato de improbidade administrativa poderia ser praticado exclusivamente por uma pessoa física sem qualquer tipo de vínculo com os entes públicos ou privados elencados no art. 1.º da LIA, independentemente da participação de um agente público no ilícito.[103]

Sabemos, contudo, que a interpretação literal não é a que melhor satisfaz ao intérprete. A Lei 8.429/1992, em seu art. 1.º, § 1.º, define como atos de improbidade administrativa

---

[99] REsp 1.122.177/MT, 2.ª T., rel. Min. Herman Benjamin, *DJe* 27.04.2011; REsp 1.038.762/RJ, 2.ª T., rel. Min. Herman Benjamin, *DJe* 31.08.2009; e REsp 1.127.143/RS, 2.ª T., rel. Min. Castro Meira, *DJe* 03.08.2010.

[100] O termo de cooperação era uma figura prevista na redação anterior do Decreto federal 6.170/2007 para indicar uma modalidade de convênio administrativo em que não era exigida contrapartida da parte investida da atribuição de executar atividade de interesse público. Essa figura deixou de ser expressamente prevista na legislação, em virtude de alterações legislativas supervenientes.

[101] A referência do parágrafo único do art. 2.º da LIA a ajuste administrativo equivalente abrange especialmente as avenças previstas na Lei 13.019/2014, conhecida como Lei do Terceiro Setor. Esse diploma prevê as figuras do termo de colaboração e do termo de fomento, que são veículos para a transferência de recursos financeiros.

[102] "Art. 11 (...) VI – deixar de prestar contas quando esteja obrigado a fazê-lo, desde que disponha das condições para isso, com vistas a ocultar irregularidades."

[103] Para José Alexandre Zachia Alan, por exemplo, essa parece ter sido a intenção da norma (*Lições sobre Probidade Administrativa*: de Acordo com a Lei 14.230/2021. São Paulo: Tirant Lo Blanch, 2022. p. 71-72).

as condutas dolosas tipificadas nos arts. 9.º, 10 e 11. Os arts. 9.º,[104] 10[105] e 11,[106] por seu turno, descrevem as modalidades de improbidade administrativa consistentes, respectivamente, em enriquecimento ilícito, lesão ao erário e ofensa aos princípios da administração pública. Referidos dispositivos tipificam condutas que só podem ser praticadas por agentes públicos, assim entendidas as pessoas físicas que exercem algum tipo de função nas entidades referidas no art. 1.º da LIA.

Ademais, o art. 3.º da LIA estabelece que suas penas são aplicáveis, no que couber, ao terceiro que, mesmo não sendo agente público, induz ou concorre dolosamente para a prática do ato de improbidade administrativa. Tal dispositivo deixa claro que a responsabilização pela prática de ato de improbidade pode alcançar terceiro ou particular, que não seja agente público, em apenas duas hipóteses: a) quando tenha induzido o agente público a praticar o ato ímprobo; e b) quando haja concorrido com o agente público para a prática do ato ímprobo.

O regramento revela que os atos de improbidade administrativa pressupõem atuação ilícita de agente público, considerando como tal as pessoas referidas no art. 2.º, *caput*, respondendo os particulares apenas de forma adesiva, induzindo ou concorrendo para a prática do ato pelo agente público, conforme o normativo do art. 3.º.

Da interpretação lógico-sistemática da Lei 8.429/1992, verifica-se que os conceitos de *ato de improbidade administrativa* e *agentes públicos* estão necessariamente interligados, de sorte que não existe a possibilidade de imputação exclusiva, a quem não exerça algum tipo de função nas entidades elencadas no art. 1.º, da prática de ato de improbidade administrativa.

Por outro lado, tratando-se de matéria sancionatória, não é possível aplicar-se interpretação extensiva ao conceito de agente público, para alcançar particulares que não se encontram no exercício de função estatal, desprezando-se o conceito forjado ao longo do tempo pela doutrina e jurisprudência e incorporado no direito positivo.

Nessa quadra, obtempera-se que os §§ 6.º e 7.º do art. 1.º inauguram regras de extensão dos entes passíveis de sofrer prejuízos por atos de improbidade. Pretender associar o conceito de agente público a particular, pessoa natural, independentemente de estar no exercício de função nesses entes, conduziria, irremediavelmente, à desnaturação do próprio conceito de agente público, porquanto qualquer pessoa natural que possuísse algum tipo de ajuste administrativo com o Poder Público poderia ser considerada agente público.

Assim, é correto afirmar que o parágrafo único do art. 2.º não equiparou a agente público o particular, pessoa física ou jurídica, que celebra ajuste administrativo com a administração direta ou indireta para o repasse de recursos públicos. O dispositivo apenas reforçou a possibilidade de responsabilização de tais pessoas, quando o ato ilícito envolver os entes privados mencionados no § 6.º do art. 1.º.

Essa conclusão confere uniformidade e racionalidade ao sistema da LIA, seja em relação ao conceito de agente público, seja em relação ao conceito de improbidade administrativa, além de evitar uma incoerente e desnecessária extensão do campo de incidência da norma, que poderia provocar situações de injustificável perplexidade.

---

[104] "Art. 9.º Constitui ato de improbidade administrativa importando em enriquecimento ilícito auferir, mediante a prática de ato doloso, qualquer tipo de vantagem patrimonial indevida em razão do exercício de cargo, de mandato, de função, de emprego ou de atividade nas entidades referidas no art. 1.º desta Lei, e notadamente: (...)."

[105] "Art. 10. Constitui ato de improbidade administrativa que causa lesão ao erário qualquer ação ou omissão dolosa, que enseje, efetiva e comprovadamente, perda patrimonial, desvio, apropriação, malbaratamento ou dilapidação dos bens ou haveres das entidades referidas no art. 1.º desta Lei, e notadamente: (...)."

[106] "Art. 11 (...) § 3.º O enquadramento de conduta funcional na categoria de que trata este artigo pressupõe a demonstração objetiva da prática de ilegalidade no exercício da função pública, com a indicação das normas constitucionais, legais ou infralegais violadas."

INTERESSES DIFUSOS E COLETIVOS - VOL. 1

Isso não significa que as condutas de tais particulares, quando danosas ao patrimônio público, ficarão impunes. Embora inviável a responsabilização no domínio da LIA, a malversação e a apropriação de recursos públicos por particulares, pessoas naturais, que celebram ajustes com a administração pública, podem e devem ser punidas nas esferas criminal e administrativa, sem prejuízo da reparação integral dos danos causados ao erário, por meio das vias adequadas (Lei 7.347/1985).[107]

Por fim, importa destacar que o fato de o agente estar desligado da pessoa jurídica vitimada não constitui óbice para a responsabilização pela prática do ato de improbidade administrativa. Aplica-se, aqui, a regra *tempus regit actum,* sendo irrelevante a ulterior dissolução do vínculo que unia o ímprobo ao sujeito passivo do ato.

6.6.2.1.1   Agentes políticos

Os **agentes políticos** são aqueles aos quais incumbe a execução das diretrizes traçadas pelo Poder Público. Compete a eles propor, estabelecer ou decidir as diretrizes políticas dos entes públicos. Na definição de Celso Antônio Bandeira de Mello:

> Agentes políticos são os titulares dos cargos estruturais à organização política do País, ou seja, ocupantes dos que integram o arcabouço constitucional do Estado, o esquema fundamental do Poder. Daí que se constituem nos formadores da vontade superior do Estado. São agentes políticos apenas o Presidente da República, os Governadores, Prefeitos e respectivos vices, os auxiliares imediatos dos Chefes de Executivo, isto é, Ministros e Secretários das diversas pastas, bem como os Senadores, Deputados federais e estaduais e os Vereadores.[108]

Fixado o conceito, questão interessante é saber se a Lei de Improbidade Administrativa alcança essa categoria especial de agentes públicos.

Embora a incidência da LIA sobre todos os agentes políticos seja admitida quase à unanimidade pela doutrina especializada, o Supremo Tribunal Federal, no julgamento da Reclamação 2.138/DF, que discutia a aplicação desse diploma legal a um Ministro de Estado, seguiu caminho diverso, gerando muita confusão entre os operadores do direito.

Na ocasião, o Ministro Relator Nelson Jobim defendeu em seu voto (acolhido pela maioria) que a LIA não se aplicaria aos agentes políticos para os quais a Constituição Federal instituiu regime especial de julgamento por crimes de responsabilidade (disciplinados pela Lei 1.079/1950).

A partir desse precedente da Suprema Corte, a implementação judicial da LIA aos agentes políticos passou a ser muito questionada. Enfim, trata-se de assunto polêmico, em relação ao qual se destacam dois principais entendimentos:

1.º) Não incidência da LIA: estão excluídos do âmbito de regência da LIA os agentes políticos para os quais a Constituição Federal instituiu expressamente (art. 52, I e II; art. 102, I, *c*; e art. 105, I, *a*) regime especial de julgamento por crimes de responsabilidade. Nesse sentido, argumenta-se:[109]

---

[107] Foi como decidiu o STJ no julgamento do REsp 1.405.748/RJ (rel. p/ acórdão Min. Regina Helena Costa, j. 21.05.2015), que versava sobre o recebimento de enorme quantia de recursos públicos por particular, pessoa natural, para a realização de obra audiovisual. A nosso sentir, não há razões para mudar esse entendimento, mesmo após à reforma promovida pela Lei 14.230/2021.

[108] BANDEIRA DE MELLO, Celso Antônio. *Curso de Direito Administrativo.* 27. ed. São Paulo: Malheiros, 2010. p. 247. Hely Lopes Meirelles confere um sentido mais amplo a essa categoria, incluindo magistrados, membros do Ministério Público e dos Tribunais de Contas (*Direito Administrativo Brasileiro.* São Paulo: Malheiros, 2003. p. 74).

[109] A propósito, veja-se: MEIRELLES, Hely Lopes; WALD, Arnoldo; MENDES, Gilmar Ferreira. *Mandado de Segurança e Ações Constitucionais.* 33. ed. São Paulo: Malheiros, 2010. p. 270-271.

CAP. 6 – IMPROBIDADE ADMINISTRATIVA | 713

a) os atos de improbidade administrativa são tipificados como crime de responsabilidade na Lei 1.079/1950, delito de caráter político-administrativo;

b) o sistema constitucional brasileiro distingue o regime de responsabilidade dos agentes políticos dos demais agentes públicos;

c) a Constituição não admite a concorrência entre dois regimes de responsabilidade político-administrativo para os agentes políticos: o previsto no art. 37, § 4.º (regulado pela Lei 8.429/1992), e o regime fixado no art. 102, I, *c* (disciplinado pela Lei 1.079/1950), sob pena de *bis in idem*;

d) as sanções previstas na LIA, a despeito de caracterizadas como de natureza civil, são dotadas de "forte conteúdo penal". Assim, a sentença condenatória na ação de improbidade seria dotada de efeitos que, em alguns aspectos, superam aqueles atribuídos à sentença penal condenatória, fato que poderá provocar efeitos mais gravosos para o equilíbrio jurídico-institucional do que eventual sentença condenatória de caráter penal;

e) os agentes políticos podem ficar tolhidos na sua liberdade para o desempenho das funções que lhes cabem, sob a ameaça constante de ações drásticas, que podem ocasionar a perda do cargo, a indisponibilidade dos bens pessoais e até a suspensão dos direitos políticos.

Essa tese foi adotada pelo Supremo Tribunal Federal, por maioria de votos (6x5), no julgamento da Reclamação 2.138/DF, em 13.06.2007 (Informativo STF 471), relativa a uma ação de improbidade administrativa ajuizada em face de Ministro de Estado.[110]

2.º) Incidência da LIA: todo e qualquer agente político, sem exceção, pode ser processado pela prática de atos de improbidade administrativa, sujeitando-se às sanções previstas no art. 12 da LIA e no art. 37, § 4.º, da CF.

Esse entendimento, ao qual nos filiamos, é seguido pela doutrina amplamente majoritária,[111] cujos argumentos podem ser assim resumidos:

a) prevalece no direito brasileiro o sistema de pluralidade ou concorrência de instâncias para repressão da improbidade administrativa. Tanto é assim que a própria Constituição Federal, em seu art. 37, § 4.º, ao indicar as sanções cabíveis por ato de improbidade administrativa, deixa expresso que elas serão previstas em lei, "sem prejuízo da ação penal cabível"; da mesma forma, o parágrafo único do art. 52 da CF, ao limitar a condenação nos crimes de responsabilidade à perda do cargo e à inabilitação, por oito anos, para o exercício de função pública, deixa expresso que não haverá prejuízo das demais sanções judiciais cabíveis;

---

[110] Foi também como decidiu a 2.ª Turma do STF no AgR no RE 579.799/SP, rel. Min. Eros Grau, *DJ* 19.12.2008 (no caso, tratava-se de Desembargador, ao qual a Suprema Corte referiu-se como agente político).

[111] *Nesse sentido*, entre outros, vejam-se: GARCIA, Emerson; ALVES, Rogério Pacheco. *Improbidade Administrativa*. 4. ed. Rio de Janeiro: Lumen Juris, 2008. p. 421-426; ZAVASCKI, Teori Albino. *Processo Coletivo*: Tutela de Direitos Coletivos e Tutela Coletiva de Direitos. 4. ed. São Paulo: RT, 2009. p. 104-108; DECOMAIN, Pedro Roberto. *Improbidade Administrativa*. São Paulo: Dialética, 2008. p. 36-48; SOBRANE, Sérgio Turra. *Improbidade Administrativa*: Aspectos Materiais, Dimensão Difusa e Coisa Julgada. São Paulo: Atlas, 2010. p. 126-127; VIEIRA, Fernando Grella. Ação Civil Pública De Improbidade: Foro Privilegiado e Crime de Responsabilidade. In: MILARÉ, Édis (coord.). *Ação Civil Pública após 20 Anos*: Efetividade e Desafios. São Paulo: RT, 2005. p. 165-172; BANDEIRA DE MELLO, Celso Antônio. Competência para Julgamento de Agentes Políticos por ofensa à Lei de Improbidade Administrativa. *Revista Trimestral de Direito Público*, 40/12-13; MARTINS JÚNIOR, Wallace Paiva. *Probidade Administrativa*. 4. ed. São Paulo: Saraiva, 2009. p. 398; OSÓRIO, Fábio Medina. *Teoria da Improbidade Administrativa*: Má Gestão Pública: Corrupção: Ineficiência. 2. ed. São Paulo: RT, 2010. p. 176-177.

b) coexistem, no Brasil, disciplinas normativas diversas em matéria de improbidade, as quais, embora visando à preservação da moralidade na Administração Pública, possuem objetivos constitucionais diversos: a específica da Lei 8.429/1992, que disciplina o art. 37, § 4.º, da CF, de tipificação cerrada e de incidência sobre um amplo rol de possíveis acusados, incluindo até mesmo pessoas que não tenham vínculo funcional com a Administração Pública; e a referente à exigência de probidade que a Constituição faz em relação aos agentes políticos, especialmente ao Chefe do Poder Executivo e aos Ministros de Estado (art. 85, V), a qual, no plano infraconstitucional, se completa com o art. 9.º da Lei 1.079/1950;

c) excluir os agentes políticos do âmbito de incidência da LIA pelo simples fato de ocuparem cargos do alto escalão governamental infringe o princípio da isonomia, previsto no art. 5.º, *caput*, da CF; surgiria aí situação peculiar em que seria responsabilizado com grande severidade o subordinado, sem que o mesmo tratamento fosse dispensado ao seu superior, ocupante de cargo daqueles aos quais usualmente se reservou a designação de agentes políticos;

d) a pretensa comparação das condutas e sanções previstas na LIA a crimes de responsabilidade esvazia por completo o evidente caráter moralizador da Lei 8.429/1992, na medida em que deixa ao largo de sua incidência os agentes políticos, justamente os que desfrutam das condições mais propícias à prática de atos ímprobos e os que dispõem dos melhores meios para se evadirem à consequente responsabilidade;

e) a amplitude do conceito de agente público adotado pela LIA deixa estreme de dúvidas a intenção de colocar sob seu âmbito de regência os agentes políticos, que se vinculam ao Poder Público por liames de caráter político. Assim é que seu art. 2.º, ao falar também em "eleição, mandato, designação", espancou qualquer possibilidade de acrobacia ou malabarismo exegético que pudesse ser forjado para restringir a noção de agente público e permitir aos agentes políticos que escapulissem dos rigores da lei.

No mesmo sentido consolidou-se a jurisprudência do STJ, que apenas excepciona a aplicação da LIA aos atos de improbidade praticados pelo Presidente da República (CF, art. 85, V), cujo julgamento se dá em regime especial pelo Senado Federal (CF, art. 86). A propósito, anote-se:

> Administrativo. Improbidade administrativa. Prefeito municipal. Duplo regime sancionatório dos agentes políticos: legitimidade. Precedentes. A jurisprudência assentada no STJ, inclusive por sua Corte Especial, é no sentido de que, "excetuada a hipótese de atos de improbidade praticados pelo Presidente da República (art. 85, V), cujo julgamento se dá em regime especial pelo Senado Federal (art. 86), não há norma constitucional alguma que imunize os agentes políticos, sujeitos a crime de responsabilidade, de qualquer das sanções por ato de improbidade previstas no art. 37, § 4.º. Seria incompatível com a Constituição eventual preceito normativo infraconstitucional que impusesse imunidade dessa natureza" (Rcl 2.790/SC, *DJe* 04.03.2010). Agravo regimental improvido.[112]

---

[112] AgRg no REsp 1.099.900/MG, 1.ª T., rel. Min. Teori Albino Zavascki, j. 16.11.2010. No mesmo sentido: Rcl 2.790/SC, Corte Especial, rel. Min. Teori Albino Zavascki, *DJe* 04.03.2010; AgRg no REsp 1.189.265/MS, rel. Min. Humberto Martins, *DJe* 14.02.2011; AgRg no REsp 1.099.900/MG, 1.ª T., rel. Min. Francisco Falcão, j. 22.11.2011; e REsp 1.130.584/PB, 1.ª T., rel. Min. Teori Albino Zavascki, j. 18.09.2012.

> ## ATENÇÃO
>
> A polêmica em questão gira em torno da incidência ou não da LIA sobre os agentes políticos para os quais a Constituição instituiu expressamente (art. 52, I e II; art. 102, I, c; e art. 105, I, a) regime especial de julgamento por crimes de responsabilidade (disciplinados pela Lei 1.079/1950).[113]

Quanto aos demais agentes políticos (governadores, prefeitos, secretários estaduais e municipais, deputados federais e estaduais, senadores, vereadores etc.), não há maiores controvérsias: a doutrina e o próprio Supremo Tribunal Federal[114] entendem que se sujeitam à Lei de Improbidade Administrativa, *respeitadas apenas as disposições constitucionais para efeito de perda do mandato*, conforme será visto mais à frente. Nessa mesma linha consolidou-se a jurisprudência do Superior Tribunal de Justiça, conforme se infere do teor da seguinte ementa, referente ao julgamento de Governador: "Improbidade administrativa. Aplicabilidade da Lei 8.429/1992 aos agentes políticos. Possibilidade. Precedentes de ambas as Turmas de Direito Público desta Corte. Recurso Especial provido".[115]

Em verdade, o pano de fundo de toda essa discussão que envolvia os agentes políticos é uma situação de natureza estritamente *processual,* relacionada com a competência para o processo e julgamento das ações de improbidade, visto que elas podem conduzir agentes políticos da mais alta expressão a sanções de perda do cargo e à suspensão de direitos políticos. Nas precisas palavras de Teori Albino Zavascki, "essa é a real e mais delicada questão institucional que subjaz à polêmica sobre atos de improbidade praticados por agentes políticos".[116]

Ao enfrentar novamente esse tema, no histórico julgamento da **Petição 3.240/DF** (j. 10.05.2018), referente a uma ação de improbidade administrativa proposta em face de um parlamentar, pela prática de ato de improbidade administrativa enquanto Ministro de Estado, o Pleno do Supremo Tribunal Federal se alinhou à jurisprudência do Superior Tribunal de Justiça e decidiu, por maioria de votos, que todos os agentes políticos, com exceção do Presidente da República, encontram-se sujeitos a um duplo regime sancionatório, de modo que se submetem tanto à responsabilização civil pelos atos de improbidade administrativa quanto à responsabilização político-administrativa por crimes de responsabilidade.

Doravante, portanto, quer seja com base na jurisprudência do STJ, quer seja com base no atual entendimento do STF, é correto afirmar que todos os agentes políticos, com exceção do Presidente da República, se submetem tanto à responsabilização civil pelos

---

[113] São eles: Presidente e Vice-Presidente da República, Ministros de Estado e os Comandantes da Marinha, do Exército e da Aeronáutica nos crimes da mesma natureza conexos com aqueles, os Ministros do Supremo Tribunal Federal, o Procurador-Geral da República, o Advogado-Geral da União, os membros dos Tribunais Superiores, os do Tribunal de Contas da União, os chefes de missão diplomática de caráter permanente, os desembargadores dos Tribunais de Justiça dos Estados e do Distrito Federal, os dos Tribunais Regionais Federais, dos Tribunais Regionais Eleitorais e do Trabalho, os membros dos Conselhos ou Tribunais de Contas dos Municípios e os do Ministério Público da União que oficiem perante tribunais.

[114] AC 3.585 MC/RS, rel. Min. Celso de Mello, j. 02.06.2014; RE 439.723/SP, rel. Min. Celso de Mello, j. 24.11.2009; Pet 3.923-QO/SP, rel. Min. Joaquim Barbosa, j. 13.06.2007.

[115] REsp 1.216.168/RS, decisão monocrática do Min. Humberto Martins (*DJe* 18.11.2010). *No mesmo sentido,* confira-se: AgRg na MC 16.383/DF, 2.ª T., rel. Min. Eliana Calmon, *DJe* 04.03.2010; e REsp 1.091.215/MG, 1.ª T., rel. Min. Francisco Falcão, j. 05.05.2009; REsp 1.199.004/SC, 2.ª T., rel. Min. Eliana Calmon, *DJe* 25.10.2010; REsp 1.192.583/RS, 2.ª T., rel. Min. Eliana Calmon, *DJe* 08.09.2010; REsp 1.135.767, 2.ª T., rel. Min. Castro Meira, *DJe* 09.06.2010; AgRg no REsp 1.158.623/RJ, 1.ª T., rel. Min. Hamilton Carvalhido, *DJe* 09.04.2010; REsp 1.034.511/CE, 2.ª T., rel. Min. Eliana Calmon, j. 1.º.09.2009.

[116] ZAVASCKI, Teori Albino. *Processo Coletivo*: Tutela de Direitos Coletivos e Tutela Coletiva de Direitos. 4. ed. São Paulo: RT, 2009. p. 108.

716 | INTERESSES DIFUSOS E COLETIVOS - VOL. 1

atos de improbidade administrativa quanto à responsabilização político-administrativa por crimes de responsabilidade.

Não há nenhum impedimento, portanto, à concorrência de esferas de responsabilização distintas, de modo que carece de fundamento constitucional a tentativa de imunizar os agentes políticos das sanções da ação de improbidade administrativa, a pretexto de que estas seriam absorvidas pelo crime de responsabilidade. A única exceção ao duplo regime sancionatório em matéria de improbidade, reprise-se, se refere aos atos praticados pelo Presidente da República, conforme previsão do art. 85, V, da Constituição Federal.

Em reforço a esse entendimento, importa destacar que a atual redação do art. 2.º da LIA, dada pela Lei 14.230/2021, incluiu expressamente os agentes políticos na definição de agente público, em conformidade com a jurisprudência mais atual do STF e do STJ. Retomaremos esse tema mais adiante, ao tratarmos do foro por prerrogativa de função na ação civil de improbidade.

6.6.2.1.2   Agentes parlamentares e inviolabilidade

Conforme visto, a LIA tem um campo de aplicação bem amplo, alcançando os atos de improbidade administrativa praticados por qualquer agente público, servidor ou não, contra as entidades referidas no seu art. 1.º. Tal amplitude implica considerar a aplicabilidade da LIA aos atos de improbidade de qualquer dos Poderes de Estado (Executivo, Legislativo e Judiciário).

Se, por um lado, não há dúvidas de que os **parlamentares**, quando exercem função atípica (administrativa), se sujeitam às sanções da LIA (ex.: contratação de serviço com dispensa indevida de licitação), por outro, questiona-se se o instituto da imunidade parlamentar material impede a aplicação da LIA a tais agentes quando exercem função legislativa típica.

A **imunidade parlamentar material** está prevista no art. 53 da Constituição Federal, que assim dispõe: "Os Deputados e Senadores são invioláveis, civil e penalmente, por quaisquer de suas opiniões, palavras e votos". Idêntica garantia foi conferida aos deputados estaduais[117] e aos vereadores.[118]

Referido instituto atua, no contexto normativo delineado por nossa Constituição, como condição e garantia de independência do Poder Legislativo, seu real destinatário, em face dos outros Poderes do Estado.

Dada a amplitude dessa prerrogativa, instituída por preceito constitucional que não admite restrições, é imperioso concluir que **o conteúdo do voto do parlamentar não poderá ensejar a aplicação das sanções da LIA**.[119] Vale dizer: o voto do congressista, isoladamente considerado, mesmo que dissonante das normas constitucionais e do interesse público, não se sujeita às sanções previstas na Lei 8.429/1992, porquanto inviolável. Nesse sentido, inclusive, já decidiu o Superior Tribunal de Justiça:

> O ato legislativo típico está fora do âmbito de atuação da Lei 8.429/1992, seja por não operar efeitos concretos, seja por esbarrar na imunidade material conferida aos parlamentares pela Constituição,

---

[117]   Art. 27, § 1.º, da CF.

[118]   Art. 29, VIII, da CF.

[119]   GARCIA, Emerson; ALVES, Rogério Pacheco. *Improbidade Administrativa*. 4. ed. Rio de Janeiro: Lumen Juris, 2008. p. 311. *Em igual sentido*: MELLO, Cláudio Ari. Improbidade Administrativa: Considerações sobre a Lei 8.429/92. *Cadernos de Direito Constitucional e Ciência Política*, v. 3, n. 11, p. 53.

CAP. 6 – IMPROBIDADE ADMINISTRATIVA | **717**

ainda que seja possível a presença do ato de improbidade durante a sua própria tramitação, sobretudo quando o desvio é manifesto. Todavia, não é o caso. Recurso especial provido.[120]

ATENÇÃO

A imunidade material garantida aos parlamentares tem seu alcance restrito aos seus votos, não se estendendo, portanto, a outras ações praticadas no exercício de atividade legislativa típica, enquadráveis na tipologia da LIA, tais como: perceber vantagem patrimonial de setor econômico interessado na aprovação de um determinado projeto de lei (art. 9.º, I, da LIA); negociar o voto na eleição da mesa da Câmara Municipal (art. 9.º, I, da LIA); receber vantagem econômica para atrasar a votação de um projeto de lei (art. 9.º, X, da LIA). Note-se que em todos esses exemplos as condutas ímprobas são extrínsecas ao voto do parlamentar.

O próprio STJ, em interessante julgado, já reconheceu a possibilidade de aplicação da LIA para sancionar condutas relacionadas ao exercício de função legislativa típica. *In casu*, a improbidade não foi identificada no conteúdo dos votos dos parlamentares, que aprovaram leis inconstitucionais, mas sim no desvio de finalidade subjacente à majoração ilegal dos seus próprios vencimentos para a mesma legislatura, posteriormente camuflada em ajuda de custo desvinculada de prestação de contas, com prejuízo ao erário. A propósito, confira-se:

A edição de leis que implementaram o aumento indevido nas próprias remunerações, posteriormente camuflado em ajuda de custo desvinculada de prestação de contas, enquadra a conduta dos responsáveis – tenham agido com dolo ou culpa – no art. 10 da Lei 8.429/1992, que censura os atos de improbidade por dano ao Erário, sujeitando-os às sanções previstas no art. 12, II, da mesma lei.[121]

Em conclusão, excetuado o conteúdo do voto, inviolável por força de preceito constitucional, as sanções da LIA poderão atingir as condutas dos parlamentares praticadas no exercício de função legislativa típica, sobretudo quando caracterizado o desvio de poder ou de finalidade.[122]

6.6.2.1.3   Magistrados e membros do Ministério Público

As sanções da LIA se aplicam normalmente aos magistrados e membros do Ministério Público que praticarem os atos de improbidade previstos nos seus **arts. 9.º** (*enriquecimento ilícito*), **10** (*lesão ao erário*) e **11** (*atentado contra os princípios da Administração Pública*).

Com efeito, quer seja no exercício de ***atividade-fim***,[123] quer seja no exercício de ***atividade-meio***,[124] presentes os elementos caracterizadores das modalidades de improbidade previstas nos arts. 9.º, 10 e 11, certamente a conduta de tais agentes será alcançada pelas sanções previstas no art. 12, I, II e III, da LIA.

Por exemplo: se um promotor de justiça recebe vantagem econômica para arquivar um inquérito civil, sua conduta se amoldará ao tipo do art. 9.º, I, da LIA. Se o Presidente

---

[120] REsp 1.101.359/CE, 2.ª T., rel. Min. Castro Meira, j. 27.10.2009.

[121] REsp 723.494/MG, 2.ª T., rel. Min. Herman Benjamin, j. 1.º.09.2009. No mesmo sentido: TJPR, 5.ª CC, AP 64.118-1, rel. Des. Fleury Fernandes, j. 25.08.1998.

[122] Nesse sentido: OSÓRIO, Fábio Medina. *Teoria da Improbidade Administrativa*: Má Gestão Pública: Corrupção: Ineficiência. 2. ed. São Paulo: RT, 2010. p. 171.

[123] No caso dos juízes, a *atividade-fim* corresponde à prática de atos jurisdicionais; no caso dos membros do Ministério Público, a *atividade-fim* corresponde à atuação funcional nos inquéritos civis e nos processos judiciais.

[124] São exemplos de *atividade-meio*: contratação de obras ou serviços; aquisição de equipamentos; contratação de servidores etc.

de um Tribunal de Justiça, agindo de forma dolosa, facilitar a aquisição de bens por preço superior ao de mercado, sua conduta configurará o ato de improbidade administrativa tipificado no art. 10, V, da LIA. Da mesma forma, se uma juíza revelar fato ou circunstância de que tem ciência em razão das atribuições e que deva permanecer em segredo, propiciando beneficiamento por informação privilegiada ou colocando em risco a segurança da sociedade e do Estado, sua conduta encontrará abrigo no tipo do art. 11, III, da LIA.

Antes da reforma da LIA, promovida pela Lei 14.230/2021, era necessária uma distinção em relação à modalidade prevista no art. 10 da LIA (lesão ao erário):

a) **no exercício de atividade-meio, as condutas de tais agentes, dolosas ou culposas, podiam ser enquadradas na tipologia do art. 10.** Era o caso, por exemplo, de um Procurador-Geral de Justiça que, agindo de forma negligente, contratasse diretamente determinado serviço fora das hipóteses legais de dispensa de licitação (art. 10, VIII, da LIA);

b) **no exercício de atividade-fim, somente as condutas dolosas de tais agentes podiam ser enquadradas no art. 10.**[125] Como bem observado por Hugo Nigro Mazzilli, a indenidade dos magistrados e dos promotores, quando no exercício de sua atividade-fim, é consectário lógico de sua independência funcional, garantida constitucionalmente.[126]

Nesse sentido, observava-se que o próprio Código de Processo Civil, claramente comprometido com essa independência funcional, condiciona a responsabilidade civil dos membros do Ministério Público e dos juízes a que tenham agido com dolo ou fraude.[127]

Sobre o tema, assim se posiciona Nelson Nery Junior:

Os membros do MP são agentes políticos e, assim como ocorre com os juízes, somente respondem civilmente quando agem com dolo ou fraude no exercício de sua função. Não estão sujeitos a responsabilidade quando agem com culpa. As hipóteses de responsabilidade dos juízes e do MP são arroladas em *numerus clausus,* taxativamente, não comportando ampliação.[128]

Contudo, a partir da reforma promovida na LIA pela Lei 14.230/2021, que excluiu a figura culposa do ato lesivo ao erário, tal distinção tornou-se desnecessária.

Em conclusão, quando agirem dolosamente, seja no exercício de *atividade-fim*, seja no exercício de *atividade-meio*, as condutas dos magistrados e dos membros do Ministério Público poderão se amoldar normalmente à tipologia dos arts. 9.º, 10 e 11 da LIA.

6.6.2.1.4   Árbitros

A arbitragem representa uma técnica de solução de conflitos por meio da qual os conflitantes aceitam que a solução de seu litígio envolvendo interesses patrimoniais disponíveis seja decidida por uma terceira pessoa (árbitro), de sua confiança.

No Brasil, a arbitragem é regulada pela Lei 9.307/1996, havendo também alguns dispositivos do CPC versando sobre o tema.

---

[125] Em sentido contrário, Fábio Media Osório defende a incidência da LIA sobre atos jurisdicionais culposos (*Teoria da Improbidade Administrativa*: Má Gestão Pública: Corrupção: Ineficiência. 2. ed. São Paulo: RT, 2010. p. 171).

[126] MAZZILLI, Hugo Nigro. *A Defesa dos Interesses Difusos em Juízo*. 14. ed. São Paulo: Saraiva, 2002. p. 525.

[127] CPC, arts. 181 e 143, I.

[128] NERY JUNIOR, Nelson; NERY, Rosa Maria de Andrade. *Código de Processo Civil Comentado e Legislação Extravagante*. 10. ed. São Paulo: RT, 2007. p. 320.

Pode ser árbitro qualquer pessoa capaz e que tenha a confiança das partes.[129] No desempenho de sua função, o árbitro deve agir com imparcialidade, independência, competência, diligência e discrição, aplicando-se-lhe, no que couber, os mesmos deveres e responsabilidades dos juízes (arts. 13, § 6.º, e 14 da Lei 9.307/1996).

Os árbitros, quando no exercício de suas funções ou em razão delas, ficam equiparados aos funcionários públicos, para os efeitos da legislação penal (art. 17).

A despeito dessa equiparação a funcionário público para fins penais, os árbitros não podem ser considerados agentes públicos para os fins da LIA. Primeiro, porque eles exercem função privada e não possuem nenhum tipo de vínculo com os entes elencados no art. 1.º da Lei 8.429/1992, não se enquadrando, por consectário lógico, no conceito de agente público fixado no art. 2.º. Segundo, porque o art. 17 da Lei de Arbitragem equipara os árbitros a funcionários públicos apenas para efeitos penais, sendo vedada a interpretação extensiva de tal dispositivo, para fins de sancionamento no domínio da LIA, que disciplina ilícitos de natureza civil.

Nessa esteira, é imperioso concluir que os árbitros não podem ser considerados agentes públicos para os fins da LIA, seja porque não se enquadram no conceito de agente público previsto em seu art. 2.º, seja porque a equiparação a funcionários públicos prevista no art. 17 da Lei 9.307/1996 não produz efeitos extrapenais.

6.6.2.2 Terceiros

Conforme visto, o sujeito ativo do ato de improbidade administrativa é o agente público.

Se emprestarmos a classificação do direito penal, podemos afirmar que o ato de improbidade administrativa é uma espécie de **ilícito próprio** ou **especial**, haja vista que o tipo ímprobo exige uma situação de direito diferenciada por parte do sujeito ativo, qual seja, a condição de agente público.

Muitas vezes, contudo, esse agente público pratica o ato de improbidade em parceria, em conluio com terceiro (particular ou agente público estranho às funções exercidas por aquele).

Para ampliar o alcance da LIA e responsabilizar também esse terceiro, o legislador instituiu uma norma de extensão em seu art. 3.º. Referido dispositivo, com as alterações promovidas pela Lei 14.230/2021, assim dispõe:

> **Art. 3.º** As disposições desta Lei são aplicáveis, no que couber, àquele que, mesmo não sendo agente público, induza ou concorra dolosamente para a prática do ato de improbidade.

Nos termos do citado dispositivo, **terceiros** são aqueles que, mesmo não sendo agentes públicos, *induzem* ou *concorrem dolosamente* para a prática do ato de improbidade.

A expressão "no que couber" indica que as sanções são aplicáveis de acordo com as condições pessoais do terceiro.[130] Assim, se ele for agente público (estranho às funções exercidas pelo agente principal), sofrerá a incidência de todas as sanções legais. Se ele não for agente público, não poderá sofrer a sanção de perda da função pública, sem prejuízo das demais, formando em algumas delas (o ressarcimento integral do dano) a relação de solidariedade com o agente principal, criada pelo art. 3.º.[131]

---

[129] "Art. 13. Pode ser árbitro qualquer pessoa capaz e que tenha a confiança das partes."

[130] Nessa linha de raciocínio: STJ, REsp 931.135/RO, 2.ª T., rel. Min. Eliana Calmon, j. 09.12.2008, *DJe* 27.02.2009.

[131] A propósito, veja-se: MARTINS JÚNIOR, Wallace Paiva. *Probidade Administrativa*. 4. ed. São Paulo: Saraiva, 2009. p. 321.

INTERESSES DIFUSOS E COLETIVOS – VOL. 1

Note-se que a LIA não distingue a fixação das suas sanções entre os agentes públicos e os particulares que tenham praticado o ato ímprobo, de onde se conclui que todas as penalidades previstas no art. 12 podem ser aplicadas a ambos, observadas as condições pessoais de cada um.[132]

Induzir é fazer surgir na mente de outrem a ideia do ilícito, até então inexistente. Exemplo: "A", particular, sugere a "B", prefeito de um dado município, que desrespeite a Lei de Licitação e Contratos e contrate uma empresa prestadora de serviços sem licitação, fora das hipóteses de dispensa ou inexigibilidade, acarretando perda patrimonial efetiva.

Nesse particular, faz-se necessária a seguinte ponderação: como o citado dispositivo referiu-se tão somente à conduta de induzir, autorizada doutrina entende que o terceiro instigador, é dizer, aquele que apenas incentiva a intenção preexistente do agente público de cometer o ilícito, não é alcançado pela LIA.[133] Para os defensores dessa tese, a norma em estudo comina severas sanções ao agente, não admitindo, portanto, interpretação extensiva.[134]

Ousamos discordar desse entendimento. Isso porque o legislador não foi técnico na elaboração do enunciado em exame. A nosso sentir, a expressão concorrer, por ele empregada logo após o verbo "induzir", engloba todas as formas de concurso de agentes, inclusive o induzimento. Vale dizer, o verbo "concorrer", aplicado no enunciado do art. 3.º, alcança tanto a coautoria – na qual duas ou mais pessoas realizam diretamente o núcleo do tipo – quanto a participação, que pode ser moral ou material. Na participação moral, a conduta do agente consiste em induzir ou instigar terceira pessoa a cometer uma infração. Não há colaboração com meios materiais, mas apenas com ideias de natureza ilícita para os fins da LIA. Por sua vez, na participação material, a conduta do sujeito consiste em prestar auxílio ao autor do ilícito. Nessa quadra, é correto afirmar que o terceiro **concorre** quando participa dos atos preparatórios ou executórios da improbidade, seja praticando-os em conjunto com o agente (*como na hipótese da empresa que empresta seu nome para compor uma licitação fraudulenta*), seja prestando simples auxílio material (*como na hipótese do particular que empresta seu veículo para que o agente desvie, em proveito próprio, materiais de construção de uma obra pública*), seja instigando ou induzindo o agente público a praticar o ato de improbidade.

A interpretação proposta é reforçada pela regra fixada no art. 27, 1, da Convenção de Mérida, que assim dispõe:

> **Art. 27.** Participação ou tentativa
>
> 1. Cada Estado Parte adotará as medidas legislativas e de outras índoles que sejam necessárias para qualificar como delito, em conformidade com sua legislação interna, qualquer forma de participação, seja ela como cúmplice, colaborador ou instigador, em um delito qualificado de acordo com a presente Convenção.

Note-se que o Estado brasileiro assumiu a obrigação de punir toda e qualquer forma de participação em atos de corrupção – dos quais a improbidade administrativa é espécie –, inclusive a participação pela instigação. Em sendo assim, pensamos que a interpretação restritiva do art. 3.º, *caput*, da LIA, sugerida por parte da doutrina, representa uma

---

[132] Nesse sentido: STJ, 3.ª T., REsp 1.735.603, rel. Min. Gurgel de Faria, j. 03.09.2024.

[133] Ao cuidar do tipo do art. 122, o Código Penal fez menção às três espécies de participação: "induzir ou instigar alguém a suicidar-se ou a praticar automutilação ou prestar-lhe auxílio material para que o faça". A LIA, diferentemente, não o fez.

[134] Nesse sentido, vejam-se: GARCIA, Emerson; ALVES, Rogério Pacheco. *Improbidade Administrativa*. 4. ed. Rio de Janeiro: Lumen Juris, 2008. p. 220; CARVALHO FILHO, José dos Santos. *Manual de Direito Administrativo*. 23. ed. Rio de Janeiro: Lumen Juris, 2010. p. 1.177.

ofensa direta aos arts. 27 e 65, 2,[135] da Convenção de Mérida, porquanto a LIA estaria dispensando aos agentes ímprobos um tratamento mais brando do que aquele dispensado pela convenção aos agentes corruptos.

Noutro flanco, conforme afirmado alhures, a nova redação dada ao art. 3.º, *caput*, da LIA traz uma mudança importante que merece ser destacada: **em relação aos terceiros, não se pune mais a conduta daquele que apenas se beneficiou do ato de improbidade administrativa,** sem ter induzido ou concorrido para sua prática.

Por força dessa mudança, deixa de ser punível, por exemplo, a conduta da esposa de um agente público corrupto que, mesmo sabendo da origem ilícita de recursos desviados do erário pelo marido, deles usufrui. Na sistemática original da LIA, essa esposa estava sujeita às sanções da LIA, por ter se beneficiado do ato de improbidade administrativa, ainda que não tivesse induzido ou concorrido para a sua prática. No regramento atual, essa esposa não pode ser responsabilizada no domínio da LIA. Poderá ser compelida a restituir tais recursos aos cofres públicos, poderá eventualmente responder por crime de lavagem de dinheiro, mas não estará sujeita às sanções da LIA.

Reprise-se, por importante, que a **responsabilização de terceiros está condicionada à prática de um ato de improbidade por um agente público**. É dizer: não havendo participação do agente público, há que ser afastada a incidência da LIA, estando o terceiro sujeito a sanções previstas em outras disposições legais.[136] Pelas mesmas razões, como regra, não poderá o particular figurar sozinho no polo passivo de uma ação de improbidade administrativa, nele tendo de participar, necessariamente, o agente público.[137]

Vê-se, assim, que o art. 3.º encerra uma importante **norma de extensão pessoal dos tipos de improbidade**, a autorizar a ampliação do âmbito de incidência da LIA, que passa a alcançar não só o agente público que praticou o ato de improbidade, mas também os terceiros que estão ao seu lado, isto é, aqueles que induziram ou concorreram para a prática da conduta ímproba. Por consectário lógico, os terceiros responderão **solidariamente**[138] pela prática do mesmo ato de improbidade imputado ao agente público.

6.6.2.2.1   Elemento subjetivo da conduta de terceiros

Antes da reforma promovida na LIA pela Lei 14.230/2021, havia uma discussão a respeito do elemento subjetivo da conduta do terceiro.

Se, por um lado, não havia dúvidas de que a conduta do terceiro que *induzisse* ou *concorresse* para a prática do ato de improbidade, por imperativo lógico, era necessariamente dolosa, havia uma discussão sobre o elemento subjetivo que animava a conduta do *terceiro beneficiário.*

Para a doutrina majoritária, o terceiro beneficiário só podia ser responsabilizado por atos de improbidade administrativa quando agisse dolosamente. Conforme assinalava José dos Santos Carvalho Filho, "comportamento culposo não se compatibiliza com a percepção de vantagem indevida".[139] Para alguns, o terceiro beneficiário também podia ser responsa-

---

[135] "Art. 65. (...) n. 2. Cada Estado Parte poderá adotar medidas mais estritas ou severas que as previstas na presente Convenção a fim de prevenir e combater a corrupção."

[136] A propósito, veja-se: GARCIA, Emerson; ALVES, Rogério Pacheco. *Improbidade Administrativa*. 4. ed. Rio de Janeiro: Lumen Juris, 2008. p. 220.

[137] Nesse sentido: STJ, REsp 1.155.992/PA, 2.ª T., rel. Min. Herman Benjamin, *DJe* 1.º.07.2010.

[138] Cf. STJ: REsp 678.599/MG, 2.ª T., rel. Min. João Otávio de Noronha, j. 24.10.2006.

[139] CARVALHO FILHO, José dos Santos. *Manual de Direito Administrativo*. 23. ed. Rio de Janeiro: Lumen Juris, 2010. p. 1.177. *No mesmo sentido*: CÂMARA, Jacintho de Arruda. A Lei de Improbidade Administrativa e os Contratos Inválidos já Executados. In: BUENO, Cassio Scarpinella; PORTO FILHO, Pedro Paulo de Rezende (org.). *Improbidade Administrativa*: Questões Polêmicas e Atuais. São Paulo: Malheiros, 2001. p. 209; GARCIA, Emerson; ALVES, Rogério Pacheco. *Improbidade*

722 | INTERESSES DIFUSOS E COLETIVOS – VOL. 1

bilizado por **conduta culposa**, como na hipótese de não adotar os cuidados necessários no momento da aquisição, no que tange à origem do bem ou da vantagem auferida. Nesse sentido, argumentava-se que quem age movido por dolo ou por falta de diligência não exerce direito regularmente, pois tira dividendos de situação jurídica ilegítima.[140]

A nova redação dada ao art. 3.º esvaziou essa discussão. Primeiro, porque excluiu a figura do terceiro beneficiário. Segundo, porque inseriu expressamente a necessidade de conduta dolosa por parte do terceiro que induz ou concorre para a prática do ato de improbidade administrativa.

Nesse particular, a reforma da LIA confirma a exigência do dolo nas condutas dos agentes públicos (art. 1.º, § 1.º) e dos terceiros (art. 3.º), para configuração da improbidade administrativa.

6.6.2.2.2   Pessoas jurídicas

A Lei 8.429/1992, em sua redação original, não previa, expressamente, a possibilidade de responsabilização de pessoas jurídicas por atos de improbidade administrativa.

Em razão dessa lacuna, algumas vozes defendiam a tese de que as pessoas jurídicas não estavam sujeitas às sanções da LIA. José dos Santos Carvalho Filho, por exemplo, sustentava que o terceiro jamais poderia ser pessoa jurídica. Segundo o autor, as condutas de indução e colaboração são próprias de pessoas físicas. Quanto à obtenção de benefícios indevidos, tal conduta pressupõe dolo, elemento subjetivo incompatível com a responsabilização de pessoa jurídica.[141]

Em sentido contrário, a maior parte da doutrina defendia a possibilidade de punição das pessoas jurídicas no domínio da LIA. Isso porque, contrariamente ao que ocorre com o agente público, necessariamente pessoa física, o art. 3.º da LIA não fazia nenhuma distinção em relação aos terceiros, o que permitia concluir que as pessoas jurídicas também estavam incluídas sob tal epígrafe.[142]

O Superior Tribunal de Justiça acabou encampando esse segundo entendimento. A título de exemplo, confira-se:

> Processual civil e administrativo. Ausência de prequestionamento. Súmula 282/STF. Improbidade. Pessoa jurídica. Legitimidade passiva. Recebimento da petição inicial. Interceptação telefônica. Prova emprestada. Sequestro cautelar dos bens. Possibilidade. Divergência jurisprudencial não configurada. Súmula 83/STJ. A recorrente insurge-se contra acórdão do Tribunal Regional Federal, que manteve recebimento da petição inicial de Ação Civil Pública por improbidade administrativa relacionada a suposto esquema de corrupção constatado na Procuradoria do INSS de Mato Grosso, envolvendo o favorecimento de advogados e empresas devedoras da referida autarquia com a emissão indevida de certidões negativas de débito, ou positivas com efeitos negativos. (...) As pessoas jurídicas que

---

Administrativa. 4. ed. Rio de Janeiro: Lumen Juris, 2008. p. 221; e MEIRELLES, Hely Lopes; WALD, Arnoldo; MENDES, Gilmar Ferreira. *Mandado de Segurança e Ações Constitucionais*. 33. ed. São Paulo: Malheiros. p. 271; e MATTOS, Mauro Roberto Gomes de. *O Limite da Improbidade Administrativa*: Comentários à Lei 8.429/1992. 5. ed. Rio de Janeiro: Forense, 2010. p. 76.

[140] É esse o pensamento, entre outros, de Wallace Paiva Martins Júnior (*Probidade Administrativa*. 4. ed. São Paulo: Saraiva, 2009. p. 321-322) e Sílvio Antônio Marques (*Improbidade Administrativa*: Ação Civil e Cooperação Jurídica Internacional. São Paulo: Saraiva, 2010. p. 63-64).

[141] CARVALHO FILHO, José dos Santos. *Manual de Direito Administrativo*. 23. ed. Rio de Janeiro: Lumen Juris, 2010. p. 1.177. No mesmo sentido: FAZZIO JÚNIOR, Waldo. *Atos de Improbidade Administrativa*: Doutrina, Legislação e Jurisprudência. 2. ed. São Paulo: Atlas, 2008. p. 266.

[142] *No mesmo sentido*: GARCIA, Emerson; ALVES, Rogério Pacheco. *Improbidade Administrativa*. 4. ed. Rio de Janeiro: Lumen Juris, 2008. p. 222-223; e MARTINS JÚNIOR, Wallace Paiva. *Probidade Administrativa*. 4. ed. São Paulo: Saraiva, 2009. p. 320; MATTOS, Mauro Roberto Gomes de. *O Limite da Improbidade Administrativa*: Comentários à Lei 8.429/92. 5. ed. Rio de Janeiro: Forense, 2010. p. 79.

participem ou se beneficiem dos atos de improbidade sujeitam-se à Lei 8.429/1992. (...) Recurso Especial parcialmente conhecido e, nessa parte, não provido.[143]

Para a Corte Superior, esse entendimento não impede que, juntamente com a pessoa jurídica, sejam incluídos no polo passivo da ação de improbidade administrativa os sócios e gestores que tenham participado da prática do ilícito ou dele se beneficiado, os quais responderão com o seu patrimônio pessoal, apenas não configurando tal conduta uma obrigatoriedade.[144]

A reforma promovida na LIA pela Lei 14.230/2021 esvaziou essa discussão. Conforme visto, o parágrafo único do art. 2.º passou a admitir a aplicação das penas da Lei 8.429/1992 às pessoas jurídicas de direito privado que recebam recursos públicos por meio da celebração de ajustes com a administração pública.

Seguindo essa mesma trilha, os §§ 1.º e 2.º do art. 3.º da LIA também admitem a responsabilização das pessoas jurídicas no sistema da LIA. Confira-se:

Art. 3.º (...)

§ 1.º Os sócios, os cotistas, os diretores e os colaboradores de pessoa jurídica de direito privado não respondem pelo ato de improbidade que venha a ser imputado à pessoa jurídica, salvo se, comprovadamente, houver participação e benefícios diretos, caso em que responderão nos limites da sua participação.

§ 2.º As sanções desta Lei não se aplicarão à pessoa jurídica, caso o ato de improbidade administrativa seja também sancionado como ato lesivo à administração pública de que trata a Lei n.º 12.846, de 1.º de agosto de 2013.

Note-se que o § 1.º do art. 3.º, ao disciplinar a responsabilização dos sócios, cotistas, diretores e colaboradores de entes privados, admite literalmente a imputação de atos de improbidade administrativa à pessoa jurídica. Da mesma forma, o § 2.º admite a aplicação das sanções da LIA às pessoas jurídicas, ressalvada a hipótese em que o ato ilícito também seja sancionado como ato lesivo à administração pública de que cuida a Lei Anticorrupção Empresarial (Lei 12.846/2013).

Nesse contexto, dúvidas não há de que a pessoa jurídica de direito privado está sujeita às sanções da LIA.

Fixada tal premissa, questão interessante consiste em saber qual é o regime de responsabilidade das pessoas jurídicas no domínio da LIA. Dito de outro modo, quais são os pressupostos para a punição de uma pessoa jurídica no sistema da Lei 8.429/1992?

Se, por um lado, a previsão expressa da possibilidade de punição das pessoas jurídicas no domínio da LIA representa um avanço promovido pela reforma, por outro, não podemos deixar de criticar o fato de a Lei 14.230/2021 não ter fixado o regime jurídico dessa responsabilização.

Diante da lacuna da LIA, entendemos aplicável, por analogia, o regime de responsabilização das pessoas jurídicas previsto na Lei 12.846/2013 (Lei Anticorrupção Empresarial – LAE), que integra o microssistema de defesa do patrimônio público.

A LAE estabelece em seu art. 2.º a responsabilidade objetiva da pessoa jurídica, nas esferas cível e administrativa. Confira-se:

Art. 2.º As pessoas jurídicas serão responsabilizadas objetivamente, nos âmbitos administrativo e civil, pelos atos lesivos previstos nesta Lei praticados em seu interesse ou benefício, exclusivo ou não.

---

[143] REsp 1.122.177/MT, 2.ª T., rel. Min. Herman Benjamin, *DJe* 27.04.2011. No mesmo sentido: REsp 1.038.762/RJ, 2.ª T., rel. Min. Herman Benjamin, *DJe* 31.08.2009; e REsp 1.127.143/RS, 2.ª T., rel. Min. Castro Meira, *DJe* 03.08.2010.

[144] Na jurisprudência do STJ: REsp 970.393/CE, 1.ª T., rel. Min. Benedito Gonçalves, j. 21.06.2012.

O dispositivo em análise assinala explicitamente o propósito de atribuir à pessoa jurídica a **responsabilização objetiva** pelos atos lesivos descritos na LAE, quando praticados em seu interesse ou benefício, exclusivo ou não.

Sucede que todos os tipos legais previstos no art. 5.º da LAE se referem a condutas humanas dolosas. Não há previsão típica referida à atividade.[145] Significa dizer que apenas a pessoa física pode satisfazer as exigências típicas.

Se os atos ilícitos que a LAE busca punir só podem ser praticados por meio de conduta dolosa, de que modo subsiste a responsabilização objetiva das pessoas jurídicas em cujo interesse ou benefício o ilícito foi realizado?

O que a LAE faz é conceber a existência de duas normas jurídicas que, conjugadas, fazem nascer a responsabilização.

Uma primeira norma descreve o comportamento doloso do agente faltoso – pessoa natural vinculada, de alguma forma, à pessoa jurídica em cujo interesse ou benefício o ato foi realizado. Uma segunda norma prevê a responsabilização objetiva da pessoa jurídica, tendo, por pressuposto, o ilícito cometido.

Na sistemática da LAE, portanto, a ocorrência do ato lesivo é investigada segundo o comportamento subjetivo do agente faltoso. Uma vez verificada a existência do ilícito, deflagra-se a responsabilização objetiva da pessoa jurídica. E, porque objetiva a responsabilidade, a sociedade empresária não poderá alegar que desconhecia a conduta do agente faltoso – pessoa natural a ela vinculada, de alguma maneira.[146]

Pode-se afirmar, assim, que a responsabilidade das pessoas jurídicas pelos atos lesivos à Administração Pública é indireta, decorrente da conduta de pessoa física que pratica o ato lesivo em seu benefício ou interesse.

Essa mesma sistemática pode ser aplicada no domínio da LIA,[147] em que todos os tipos legais de improbidade administrativa previstos nos arts. 9.º, 10 e 11 também só se aperfeiçoam mediante condutas humanas dolosas. Aqui, outrossim, não há previsão típica referida à atividade, de onde se conclui que apenas a pessoa física pode satisfazer as exigências típicas. Nessa quadra, para que a pessoa jurídica responda, é necessário provar a conduta dolosa da pessoa natural a ela vinculada, em concurso com um agente público. Fala-se, então, em **responsabilidade objetiva indireta** ou **objetiva impura**, conforme a doutrina de Álvaro Villaça Azevedo.[148]

Cabe lembrar que na ordem jurídica brasileira os empregadores respondem objetivamente pelos ilícitos civis dos seus empregados (arts. 932, III, e 933, ambos do CC), o que só reforça a linha interpretativa proposta.

Muito embora o foco principal da LIA seja a responsabilização dos agentes públicos, a norma prevista em seu art. 3.º deixa claro que isso não exclui a responsabilidade das pessoas físicas que, mesmo não sendo agentes públicos, induzam ou concorram dolosamente para a prática do ato de improbidade administrativa, tampouco das pessoas jurídicas em cujo interesse ou benefício o ilícito foi cometido.

São três, portanto, os pressupostos da responsabilidade da pessoa jurídica pelos atos de improbidade administrativa previstos nos arts. 9.º, 10 e 11 da LIA:

---

[145] O Código de Defesa do Consumidor, por exemplo, comina a responsabilidade civil objetiva do fornecedor em razão da atividade de fornecimento de produtos e serviços no mercado de consumo. Hipótese típica de responsabilidade objetiva direta ou pura.

[146] No mesmo sentido: ZOCKUN, Maurício. Comentários ao Artigo 1.º. In: DI PIETRO, Maria Sylvia Zanella; MARRARA, Thiago. *Lei Anticorrupção Comentada*. Belo Horizonte: Fórum, 2017. p. 18.

[147] No mesmo sentido: CARVALHO FILHO, José dos Santos. *Manual de Direito Administrativo*. 36. ed. São Paulo: Atlas, 2022. p. 965.

[148] AZEVEDO, Álvaro Villaça. *Teoria Geral das Obrigações*. 10. ed. São Paulo: Atlas, 2004. p. 284.

CAP. 6 – IMPROBIDADE ADMINISTRATIVA | 725

a) **subsunção da conduta nas tipologias dos arts. 9.º, 10 ou 11 da LIA**: na sistemática da Lei 8.429/1992, a ocorrência do ato de improbidade administrativa é investigada segundo o comportamento subjetivo do agente faltoso;

b) **conduta realizada no interesse ou em benefício da pessoa jurídica, exclusivo ou não (art. 2.º da LAE)**: trata-se de pressuposto semelhante ao da responsabilização administrativa, civil e penal da pessoa jurídica por atividades lesivas ao meio ambiente.[149] É necessário demonstrar que o ato de improbidade administrativa visava atender aos interesses da pessoa jurídica ou lhe trazer algum benefício, ainda que não exclusivos;

c) **existência de algum vínculo entre a pessoa física que induziu ou concorreu para a prática do ato de improbidade e a pessoa jurídica beneficiada**: note-se que a LIA, em seus arts. 2.º e 3.º, ao admitir a responsabilização das pessoas jurídicas, não exige que o ato tenha sido praticado por decisão de seu representante legal ou contratual, ou de seu órgão colegiado, no que se difere da Lei 9.605/1998, que traz tal exigência em seu art. 3.º, para as hipóteses de responsabilização administrativa, civil e penal das pessoas jurídicas pela prática de infrações ambientais. Tal regramento torna possível a punição da pessoa jurídica no domínio da Lei 8.429/1992, independentemente da responsabilização de seu representante legal ou contratual. Isso não significa dizer, contudo, que a LIA adotou uma concepção amplíssima de responsabilidade objetiva, em que se admite a responsabilização da pessoa jurídica por atos de quaisquer terceiros. Essa não parece ser a melhor hermenêutica. Se, por um lado, a LIA não limitou a possibilidade de responsabilização das pessoas jurídicas às hipóteses de atos praticados por decisão de seus representantes legais ou contratuais, ou de seus órgãos colegiados, por outro, não estendeu essa possibilidade à prática de atos por terceiros que não guardem nenhum tipo de vínculo com o ente abstrato. A interpretação que parece mais consentânea com a *ratio legis* e com os arts. 2.º e 3.º da LIA é a de que o ato lesivo deve ter sido praticado por pessoa natural vinculada, de algum modo, à pessoa jurídica beneficiada com o ato de improbidade. Entendimento diverso estaria, na verdade, dispensando a prova do próprio nexo de causalidade entre a atividade desenvolvida pela pessoa jurídica e o dano causado à Administração Pública, o que, embora tecnicamente possível (seria uma espécie de presunção absoluta), é absolutamente excepcional. **Importante:** a ausência de qualquer referência, quer seja na LIA, quer seja na LAE, ao tipo de vínculo entre a pessoa física autora ou partícipe do ato ilícito e a pessoa jurídica indica que a legislação trilhou opção ampliativa, isto é, optou-se pela **não exigência de vínculo formal**. Assim, se a pessoa natural se comporta como representante da pessoa jurídica ou atua para satisfazer seus interesses, *sem oposição desta*, perante a Administração Pública e terceiros, haverá relação apta a gerar a responsabilização no domínio da LIA, independentemente da existência de vínculo formal entre o agente particular infrator e a empresa.

Por fim, registre-se que a aplicação da LIA às pessoas jurídicas deve ser feita naquilo que couber. Dúvidas não há de que as pessoas jurídicas poderão ser condenadas à reparação dos danos causados ao patrimônio público, bem como à restituição dos bens acrescidos ilicitamente ao seu patrimônio. Da mesma forma, poderão ser penalizadas com

---

[149] Lei 9.605/1998: "Art. 3.º As pessoas jurídicas serão responsabilizadas administrativa, civil e penalmente conforme o disposto nesta Lei, nos casos em que a infração seja cometida por decisão de seu representante legal ou contratual, ou de seu órgão colegiado, no interesse ou benefício da sua entidade".

726 | INTERESSES DIFUSOS E COLETIVOS – VOL. 1

a multa civil e a proibição de contratar com o poder público ou de receber benefícios ou incentivos fiscais ou creditícios, direta ou indiretamente, ainda que por intermédio de pessoa jurídica da qual seja sócia majoritário. Sem embargo, às pessoas jurídicas não poderão ser aplicadas as penas de perda da função pública e suspensão dos direitos políticos, por incompatibilidade material.

6.6.2.2.2.1 Responsabilidade dos sócios, cotistas, diretores e colaboradores da pessoa jurídica de direito privado

Conforme visto, o art. 3.º, *caput*, da LIA deixa claro que a responsabilização pela prática de ato de improbidade pode alcançar terceiro, mesmo não sendo agente público, em duas hipóteses:

a)   quando tenha induzido o agente público a praticar o ato ímprobo; ou

b)   quando haja concorrido com o agente público para a prática do ato ímprobo.

Em caráter complementar, o § 1.º do mesmo dispositivo assim dispõe:

> **Art. 3.º (...) § 1.º** Os sócios, os cotistas, os diretores e os colaboradores de pessoa jurídica de direito privado não respondem pelo ato de improbidade que venha a ser imputado à pessoa jurídica, salvo se, comprovadamente, houver participação e benefícios diretos, caso em que responderão nos limites da sua participação.

A previsão normativa explicita que a imputação de ato de improbidade administrativa à pessoa jurídica de direito privado não acarreta, automaticamente, a responsabilização dos respectivos sócios, cotistas, diretores e colaboradores do ente abstrato, salvo, se, comprovadamente, tiverem concorrido para a prática do ilícito, caso em que responderão nos limites da sua participação.

A finalidade da regra é evitar a responsabilização automática e em cadeia de todos os sócios, cotistas, diretores e colaboradores da pessoa jurídica de direito privado em cujo benefício ou interesse foi praticado um ato de improbidade administrativa, mesmo que não tenham induzido ou concorrido dolosamente para a prática do ilícito.

Embora a norma de extensão pessoal prevista no art. 3.º, *caput*, da LIA não seja capaz de gerar essa consequência, quer seja em razão da distinção de personalidades das pessoas jurídicas e das pessoas físicas que atuam em seu nome, quer seja em razão da exigência de participação dolosa do terceiro na prática do ato ímprobo, o legislador entendeu melhor evidenciar isso na redação do dispositivo.

Uma leitura apressada da regra prevista no § 1.º do art. 3.º pode sugerir que a LIA condiciona a responsabilização dos *sócios, cotistas, diretores* e *colaboradores* da pessoa jurídica de direito privado à comprovação de dois requisitos: (i) participação no ilícito; e (ii) percepção de benefícios diretos. Vale dizer, não basta demonstrar que essas pessoas induziram ou concorreram dolosamente para a prática do ato de improbidade. É preciso comprovar, outrossim, que tiveram benefícios diretos. Do contrário, não estarão sujeitas às sanções da LIA.

A prevalecer essa interpretação literal do § 1.º do art. 3.º, teríamos que concluir pela inconstitucionalidade da norma, por flagrante ofensa ao princípio da isonomia, previsto no art. 5.º, *caput*, da CF. Isso porque o legislador teria criado um regime de responsabilidade especial para tais pessoas, diferente do regime de responsabilidade fixado para os agentes públicos e para todos os outros terceiros que concorram dolosamente para a prática de atos de improbidade administrativa, em relação aos quais a prova de benefício direto não é exigida.

Considerando que não existe nenhum pressuposto lógico que justifique esse tratamento diferenciado, e tendo em vista que, na prática, é muito difícil comprovar esse benefício direto, a adoção da interpretação gramatical dessa regra representaria uma verdadeira blindagem aos dirigentes e administradores das empresas corruptoras que se beneficiam da prática de atos de improbidade administrativa, em flagrante ofensa ao princípio constitucional da igualdade.[150]

Imagine-se, por exemplo, um caso envolvendo uma fraude à licitação, em que o diretor de uma empresa determina a um empregado a ele subordinado que entregue uma mala de dinheiro ao prefeito de um determinado município, com vistas a obter favorecimento a essa empresa numa determinada licitação. Concretizada a fraude, com danos milionários ao patrimônio público, a empresa poderá ser responsabilizada pela prática de ato lesivo à administração pública, no regime da Lei 12.846/2013 (art. 5.º, IV, *a*),[151] enquanto seu empregado poderá ser responsabilizado pela prática de ato de improbidade administrativa, nos termos do art. 10, VIII, c.c o art. 3.º, *caput*, ambos da LIA. Já o diretor da empresa, que idealizou e comandou as ações fraudulentas, não estará sujeito às sanções da LIA, simplesmente por não haver prova de que ele teve algum benefício direto. Tampouco estará sujeito às sanções da Lei 12.846/2013, que só alcançam as pessoas jurídicas.[152]

Surgiria aí situação peculiar em que o subordinado seria responsabilizado com grande severidade, sem que o mesmo tratamento fosse dispensado ao seu superior. Essa solução, para além de anti-isonômica, esvaziaria o caráter moralizador da LIA, na medida em que deixaria ao largo de sua incidência os dirigentes e administradores das empresas, justamente os que desfrutam das condições mais propícias à prática de atos ímprobos e os que dispõem dos melhores meios para se evadirem à consequente responsabilidade.

Por outro lado, obtempera-se que a interpretação literal do § 1.º do art. 3.º pode fomentar juízo de inconvencionalidade.

Com efeito, a exigência de comprovação de benefício direto para a responsabilização de tais pessoas colide frontalmente com a Convenção de Mérida, que possui *status* normativo supralegal e impõe aos Estados-partes a obrigação de punir toda e qualquer espécie de participação nos atos de corrupção. Desse teor o seu art. 27, 1:

> **Art. 27.** Participação ou tentativa
>
> 1. Cada Estado Parte adotará as medidas legislativas e de outras índoles que sejam necessárias para qualificar como delito, em conformidade com sua legislação interna, qualquer forma de participação, seja ela como cúmplice, colaborador ou instigador, em um delito qualificado de acordo com a presente Convenção.

Note-se que a convenção exige do Estado brasileiro que sua legislação interna qualifique como ilícito "qualquer forma de participação", seja como cúmplice, colaborador ou instigador, nos atos de corrupção. Nesse passo, deixar de punir o dirigente que concorre dolosamente para a prática do ato de improbidade administrativa, apenas por não haver prova de que ele percebeu benefícios diretos, esvazia o comando em exame. Adotado

---

[150] Nas palavras de Matheus Carvalho: "Trata-se de retrocesso inserido na lei e que visa claramente a beneficiar dirigentes que participam de esquema de corrupção em benefício da empresa, porque, muitas vezes, é difícil com provar seu benefício direto" (*Lei de Improbidade Comentada*: Atualizada com a Lei 14.230/2021. São Paulo: Juspodivm, 2022. p. 35).

[151] Conforme será visto no próximo tópico, a LIA somete se aplica às pessoas jurídicas de direito privado quando o ato ilícito não atrair a incidência da Lei 12.846/2013 (Lei Anticorrupção Empresarial), por força da regra prevista no § 2.º do art. 3.º da Lei 8.429/1992.

[152] Tratamos desse tema no segundo volume desta obra (Capítulo 6, item 6.6.2.2), para onde remetemos o leitor.

esse entendimento, o texto reformado da LIA estaria conferindo aos agentes ímprobos um tratamento mais brando do que aquele dispensado pela Convenção de Mérida, em clara afronta ao disposto em seu art. 65, 2, que assim dispõe:

> **Art. 65. (...) 2.** Cada Estado Parte poderá adotar medidas mais estritas ou severas que as previstas na presente Convenção a fim de prevenir e combater a corrupção.

A interpretação gramatical do § 1.º do art. 3.º também esvaziaria o entendimento consolidado na jurisprudência do STJ nessa temática, no sentido de que, juntamente com a pessoa jurídica, podem ser incluídos no polo passivo da ação de improbidade administrativa os sócios e gestores que tenham participado da prática do ilícito *ou* dele se beneficiado.[153]

Assim, numa interpretação lógico-sistemática da regra prevista no § 1.º do art. 3.º da LIA, em conformidade com a Constituição Federal (art. 5.º) e com a Convenção de Mérida (arts. 27 e 65), é forçoso concluir que a participação dolosa dos *sócios, cotistas, diretores* e *colaboradores* da pessoa jurídica de direito privado na prática dos atos de improbidade administrativa é suficiente para puni-los nos ditames da LIA. Por outro lado, a percepção de benefícios diretos por tais agentes não é requisito para sua responsabilização no domínio da LIA, mas sim critério para a aplicação das sanções.

Nessa quadra, se o diretor de uma empresa concorre dolosamente para a prática do ato de improbidade administrativa e percebe algum tipo de vantagem direta, deve ser punido com maior rigor do que um colaborador da mesma empresa, que também concorreu para o ilícito, mas não percebeu benefícios diretos.

Essa interpretação é reforçada pelo art. 17-C da Lei 8.429/1992 – inserido pela Lei 14.230/2021 –, que estabelece os requisitos da sentença e os parâmetros para a aplicação das sanções. O inciso IV do referido dispositivo fixa a obtenção de proveito patrimonial como critério para a aplicação das sanções. Confira-se:

> **Art. 17-C.** A sentença proferida nos processos a que se refere esta Lei deverá, além de observar o disposto no art. 489 da Lei n.º 13.105, de 16 de março de 2015 (Código de Processo Civil):
>
> (...)
>
> IV – considerar, para a aplicação das sanções, de forma isolada ou cumulativa:
>
> (...)
>
> d) o proveito patrimonial obtido pelo agente;

Mas não é só isso. Na fixação das penas relativamente ao terceiro, também é dever do juiz considerar, quando for o caso, a sua atuação específica, "não admitida a sua responsabilização por ações ou omissões para as quais não tiver concorrido ou das quais não tiver obtido vantagens patrimoniais indevidas" (inciso VI). O emprego da conjunção alternativa "ou" na sentença deixa clara a possibilidade de punição do terceiro que concorreu dolosamente para o ilícito, anda que não tenha percebido vantagens patrimoniais (benefícios diretos).

Em conclusão, tem-se que a participação dolosa dos *sócios, cotistas, diretores* e *colaboradores* da pessoa jurídica de direito privado na prática dos atos de improbidade administrativa é suficiente para responsabilizá-los nos ditames da LIA, independentemente da percepção de benefícios diretos, que atua como critério para a aplicação das sanções.

---

[153] Na jurisprudência do STJ: REsp 970.393/CE, 1.ª T., rel. Min. Benedito Gonçalves, j. 21.06.2012.

6.6.2.2.2.2 Aplicação subsidiária da LIA às pessoas jurídicas de direito privado

A Lei 8.429/1992, denominada Lei de Improbidade Administrativa (LIA), regulamenta o art. 37, § 4.º, da Constituição Federal. Trata-se de diploma que define e classifica os atos de improbidade administrativa em três modalidades distintas (*enriquecimento ilícito*, *lesão ao erário* e *atentado contra os princípios da Administração Pública*), cominando-lhes sanções políticas, civis e administrativas.

Perseguindo o mesmo intuito moralizante, a Lei Anticorrupção Empresarial (Lei 12.846/2013) combate os atos lesivos à Administração Pública, nacional ou estrangeira, praticados em benefício ou no interesse de pessoa jurídica de direito privado, cominando-lhes sanções administrativas e civis.

Sabe-se que os bens jurídicos tutelados por ambos os diplomas são muito semelhantes, com destaque para a defesa do patrimônio público e dos princípios da Administração Pública. Ademais, muitas das condutas consideradas ilícitas para os fins da LIA, também o são para os fins da LAE. Nota-se, assim, uma zona de coincidência entre os objetos tutelados pela Lei de Improbidade Administrativa e pela Lei Anticorrupção Empresarial.

Nesse cenário, é natural que surjam dúvidas sobre a escorreita aplicação dessas normas.

Wallace Paiva Martins Júnior, por exemplo, ao cotejar as Leis 8.429/1992 e 12.846/2013, antes mesmo da reforma promovida na primeira pela Lei 14.230/2021, já descartava a possibilidade de aplicação simultânea dos dois diplomas. Para o autor, as diferentes instâncias de responsabilização se excluem: ou há improbidade administrativa decorrente de conduta ilícita de agente público, hipótese em que só incide a LIA, por força do princípio da especialidade, ou há prática de ato lesivo à Administração Pública resultante de comportamento ilícito de pessoa jurídica de direito privado, hipótese só alcançada pela LAE.[154]

Em sentido contrário, a doutrina majoritária defendia a possibilidade de aplicação cumulativa das sanções previstas nos dois diplomas legais.[155] Também pensávamos assim. Afinal, a própria LAE estabelece que sua aplicação *não impede* a imposição de cominações decorrentes de atos de improbidade administrativa (art. 30, I).[156] Da mesma forma, a LIA previa em seu art. 12 que a aplicação das sanções nele previstas *não excluía* a aplicação de outras sanções penais, civis e administrativas previstas na legislação específica.[157]

Os dois diplomas em análise, portanto, reconheciam expressamente que as instâncias de responsabilização eram autônomas. Nesse cenário, mostrava-se perfeitamente possível a aplicação concomitante dos dois diplomas às pessoas jurídicas de direito privado infratoras, com a consequente cumulação das sanções previstas na LIA e na LAE, sem que isso importasse em ofensa ao princípio do *non bis in idem*. Nas palavras de Jorge Munhós de

---

[154] MARTINS JÚNIOR, Wallace Paiva. Comentários ao Art. 15. In: DI PIETRO, Maria Sylvia Zanella; MARRARA, Thiago. *Lei Anticorrupção Comentada*. Belo Horizonte: Fórum, 2017. p. 339-348.

[155] GARCIA, Emerson; ALVES, Rogério Pacheco. *Improbidade Administrativa*. 9. ed. São Paulo: Saraiva, 2017. p. 794-797; QUEIROZ, Ronaldo Pinheiro. Responsabilização Judicial da Pessoa Jurídica na Lei Anticorrupção. In: MUNHÓS, Jorge; QUEIROZ, Ronaldo Pinheiro (coord.). *Lei Anticorrupção e Temas de Compliance*. 2. ed. Salvador: Juspodivm, 2016. p. 581--584; MARQUES, Silvio Antonio. *Harmonização entre a Lei de Improbidade Administrativa e a Lei Anticorrupção Empresarial*. Apontamentos à Lei Anticorrupção Empresarial: Lei 12.846/2013. São Paulo: MPSP, 2015. p. 45-48; e PETRELLUZZI, Marco Vinicio; RIZEK JUNIOR, Rubens Naman. *Lei Anticorrupção*: Origens, Comentários e Análise da Legislação Correlata. São Paulo: Saraiva, 2014. p. 105.

[156] "Art. 30. A aplicação das sanções previstas nesta Lei não afeta os processos de responsabilização e aplicação de penalidades decorrentes de: I – ato de improbidade administrativa nos termos da Lei n.º 8.429, de 2 de junho de 1992."

[157] "Art. 12. Independentemente das sanções penais, civis e administrativas previstas na legislação específica, está o responsável pelo ato de improbidade sujeito às seguintes cominações, que podem ser aplicadas isolada ou cumulativamente, de acordo com a gravidade do fato: (...) (redação anterior à reforma promovida na LIA pela Lei 14.230/2021)."

Souza, "o princípio do *non bis in idem* não veda que sejam constituídos diversos títulos condenatórios, com sanções simétricas, decorrentes da prática de um mesmo fato".[158]

Ocorre que a Lei 14.230/2021 inseriu na LIA uma regra nova, que representa uma importante modificação no tratamento da matéria. Desse teor o § 2.º do art. 3.º da LIA:

> **Art. 3.º (...) § 2.º** As sanções desta Lei não se aplicarão à pessoa jurídica, caso o ato de improbidade administrativa seja também sancionado como ato lesivo à administração pública de que trata a Lei n.º 12.846, de 1.º de agosto de 2013.

Referida norma afasta a possibilidade de incidência das sanções da LIA às pessoas jurídicas nas hipóteses em que os atos de improbidade administrativa também configurarem atos lesivos à Administração Pública previstos no art. 5.º da LAE.

A opção do legislador se justifica, provavelmente, na semelhança existente entre algumas sanções previstas nos dois diplomas, caso da multa, do perdimento de bens e da proibição de receber incentivos, fiscais ou creditícios do Poder Público, cuja incidência cumulativa importaria, para alguns, em *bis in idem*. Prova disso é que a Lei 14.230/2021 também incluiu o § 7.º no art. 12 da LIA, para dispor que as sanções aplicadas a pessoas jurídicas com base na LIA e na LAE deverão observar o princípio constitucional do *non bis in idem*.

A nosso sentir, essa nova regra inserida na LIA pela Lei 14.230/2021 torna necessária uma releitura do art. 30, I, da LAE.

Imagine-se, por exemplo, a conduta consistente em fraudar o processo licitatório, mediante ajuste, acarretando perda patrimonial efetiva. Tal conduta, *prima facie*, se amolda ao tipo legal do art. 5.º, IV, *a*, da LAE.[159] Acaso reste demonstrada a participação de agente público como autor, coautor, partícipe ou beneficiário dessa fraude, referida conduta também atrairá a tipologia do art. 10, VIII, da LIA.[160]

Antes da reforma promovida na LIA pela Lei 14.230/2021, mostrava-se viável a cumulação das sanções previstas tanto na LIA como na LAE à pessoa jurídica infratora que tivesse concorrido ou se beneficiado da mesma prática fraudulenta, com base no art. 30, I, da LAE. Depois da reforma, contudo, essa solução não se mostra mais possível.

No exemplo citado, por força da regra prevista no § 2.º do art. 3.º da LIA, a pessoa jurídica infratora só poderá ser punida na esfera da Lei Anticorrupção Empresarial, pela prática do ato lesivo previsto no art. 5.º, IV, *a*, da LAE. Por outro lado, o agente público e as pessoas naturais que concorreram para a fraude à licitação ou dela se beneficiaram deverão ser punidos com base na Lei 8.429/1992, pela prática do ato lesivo ao erário tipificado no art. 10, VIII.

É correto afirmar, portanto, que, **a partir da entrada em vigor da Lei 14.230/2021, a aplicação da LIA às pessoas jurídicas passa a ser subsidiária**. Noutras palavras, a pessoa jurídica que concorrer ou se beneficiar de um ato de improbidade administrativa somente poderá ser punida no domínio da LIA se tal ato não puder ser punido na esfera da LAE.[161] Nesse sentido, inclusive, já decidiu a 1.ª Turma do STJ:

---

[158] MUNHÓS, Jorge. Responsabilização Administrativa na Lei Anticorrupção. In: MUNHÓS, Jorge; QUEIROZ, Ronaldo Pinheiro (coord.). *Lei Anticorrupção e Temas de Compliance*. 2. ed. Salvador: Juspodivm, 2016. p. 238.

[159] "Art. 5.º (...) IV – (...) a) frustrar ou fraudar, mediante ajuste, combinação ou qualquer outro expediente, o caráter competitivo de procedimento licitatório público."

[160] "Art. 10 (...) VIII – frustrar a licitude de processo licitatório ou de processo seletivo para celebração de parcerias com entidades sem fins lucrativos, ou dispensá-los indevidamente, acarretando perda patrimonial efetiva."

[161] No mesmo sentido: PAZZAGLINI FILHO, Marino. *Lei de Improbidade Administrativa Comentada*. 8. ed. Salvador: Juspodivm, 2022. p. 40; CARVALHO, Matheus. *Lei de Improbidade Comentada*: Atualizada com a Lei 14.230/2021. Salvador: Juspodivm, 2022. p. 39; ZENKNER, Marcelo. *Integridade Governamental e Empresarial*: um Espectro da Repressão e da Prevenção à Corrupção no Brasil e em Portugal. Belo Horizonte: Fórum, 2019. p. 489; FRANCO, Fernão Borba; CRUZ, Luana Pedrosa

CAP. 6 – IMPROBIDADE ADMINISTRATIVA | **731**

PROCESSUAL CIVIL E ADMINISTRATIVO. NEGATIVA DE PRESTAÇÃO JURISDICIONAL. INEXISTÊNCIA. LEI DE IMPROBIDADE ADMINISTRATIVA E LEI ANTICORRUPÇÃO. UTILIZAÇÃO CONJUNTA. POSSIBILIDADE. PRINCÍPIO DO *NON BIS IN IDEM*. VIOLAÇÃO. NÃO OCORRÊNCIA.

(...) 2. A utilização conjunta das Leis n. 8.429/1992 (Lei de Improbidade Administrativa) e n. 12.846/2013 (Lei Anticorrupção) para fundamentar uma mesma ação civil não configura, por si só, violação ao princípio do *non bis in idem*.

3. É possível que as duas legislações sejam empregadas concomitantemente para fundamentar uma mesma ação ou diferentes processos, pois o que não é admissível é a imposição de sanções idênticas com base no mesmo fundamento e pelos mesmos fatos. Caso, ao final da demanda, sejam aplicadas as penalidades previstas na Lei Anticorrupção, aí, sim, é que deverá ficar prejudicada a imposição de sanções idênticas estabelecidas na Lei de Improbidade relativas ao mesmo ilícito.

4. A preocupação com a não sobreposição de penalidades deve ser devidamente examinada no momento da sentença, quando se analisará o mérito e a natureza das infrações, e não na fase preliminar da ação.

5. O art. 30, inciso I, da Lei n. 12.846/2013 reforça a compatibilidade entre os diplomas, determinando que as sanções da Lei Anticorrupção não excluem aquelas previstas na Lei de Improbidade.[162]

Note-se que o art. 3.º, § 2.º, da LIA não revogou a regra prevista no art. 30, I, da LAE. Apenas impôs uma adaptação sistemática do seu significado e alcance, em razão da influência da Lei Geral de Defesa da Probidade Administrativa.

Nessa trilha, ao dispor que a aplicação das sanções previstas na LAE não afeta os processos de responsabilização e aplicação de penalidades decorrentes de ato de improbidade administrativa, o art. 30, I, da LAE, sob o influxo da regra prevista no art. 3.º, § 2.º, da LIA, traduz a ideia de que a responsabilização da pessoa jurídica infratora no âmbito da LAE não influenciará na responsabilização das pessoas naturais (agentes públicos ou particulares) na esfera de improbidade administrativa, dada a independência entre as instâncias.

Isso não significa dizer que deverão ser propostas duas ações coletivas em separado: uma ação de improbidade administrativa para que sejam responsabilizadas as pessoas naturais envolvidas (agentes públicos e terceiros vinculados à pessoa jurídica), com fundamento na Lei 8.429/1992, e uma ação civil pública de responsabilização das pessoas jurídicas, de acordo com os preceitos da Lei 12.846/2013. Muito ao contrário. Como bem observado por Marcelo Zenkner, "se iniciado um processo coletivo e, posteriormente, outro for deflagrado, seja pelo mesmo legitimado ou não, contendo a mesma narrativa dos fatos já indicados na causa de pedir do primeiro, dar-se-á a obrigatória reunião por conexão",[163] na forma do art. 55, *caput* e § 1.º, do CPC,[164] não havendo, portanto, nenhuma vantagem no ajuizamento de duas ações em separado, salvo a prática de atos processuais desnecessários e a violação da garantia fundamental à razoável duração do processo.

Dessa forma, recomenda-se seja ajuizada, sempre que possível, uma única ação, que adotará o procedimento comum, com aplicação simultânea das duas leis, tanto na formulação dos pedidos como na decisão final a ser tomada pelo órgão jurisdicional competente.

---

de Figueiredo. *Comentários à Nova Lei de Improbidade Administrativa*. São Paulo: Thomson Reuters Brasil, 2023. p. 64-65; NEVES, Daniel Amorim Assumpção; OLIVEIRA, Rafael Carvalho Rezende. *Improbidade Administrativa*: Direito Material e Processual. 9. ed. Rio de Janeiro: Forense, 2022. p. 94.

[162] REsp 2.107.398-RJ, 1.ª T., rel. Min. Gurgel de Faria, j. 18.02.2025.

[163] ZENKNER, Marcelo. *Integridade Governamental e Empresarial*: um Espectro da Repressão e da Prevenção à Corrupção no Brasil e em Portugal. Belo Horizonte: Fórum, 2019. p. 489.

[164] "Art. 55. Reputam-se conexas 2 (duas) ou mais ações quando lhes for comum o pedido ou a causa de pedir."

Nessa ação, a responsabilização das pessoas naturais (agentes públicos e particulares) dependerá da comprovação do elemento subjetivo dolo e atrairá a incidência das sanções previstas no art. 12 da LIA, enquanto a responsabilização da pessoa jurídica será objetiva e atrairá a incidência das sanções previstas no art. 19 da LAE, ainda que o pedido seja julgado improcedente em relação aos agentes públicos que compõem o polo passivo.

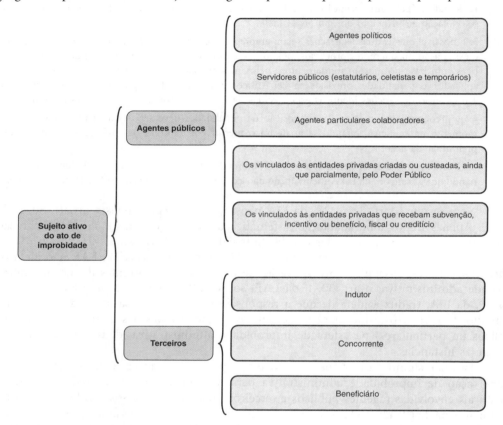

6.7 ELEMENTO SUBJETIVO DA CONDUTA ÍMPROBA

Conforme visto, um dos princípios que orienta o Direito Administrativo Sancionador é o **princípio da culpabilidade**, segundo o qual nenhum resultado danoso juridicamente relevante pode ser atribuído a quem não o tenha produzido por dolo ou culpa.

Por força desse princípio, ressalvadas as hipóteses em que a responsabilidade objetiva esteja expressamente prevista em lei,[165] é insuficiente a mera demonstração da relação de causalidade entre a conduta do agente e o resultado lesivo. Inexistindo um liame subjetivo unindo o agente à conduta, e esta ao resultado, não será possível a responsabilização.

Cumpre anotar que no Direito Administrativo Sancionador, diferentemente do Direito Penal,[166] a culpa não assume caráter excepcional. O silêncio legislativo há de ser

---

[165] Como exemplo, pode ser mencionado o art. 2.º da Lei 12.846/2013, que prevê a responsabilidade objetiva das pessoas jurídicas pelos atos lesivos à administração pública ("As pessoas jurídicas serão responsabilizadas objetivamente, nos âmbitos administrativo e civil, pelos atos lesivos previstos nesta Lei praticados em seu interesse ou benefício, exclusivo ou não").

[166] Desse teor o art. 18, parágrafo único, do Código Penal: "Salvo os casos expressos em lei, ninguém pode ser punido por fato previsto como crime, senão quando o pratica dolosamente".

CAP. 6 – IMPROBIDADE ADMINISTRATIVA | 733

interpretado em seu devido contexto, podendo haver, inclusive, uma admissão implícita de uma modalidade culposa de ilícito. Como bem observa o professor Fábio Medida Osório, a constatação da exigência de uma subjetividade dolosa ou culposa depende de uma deliberação legislativa ou da própria redação do tipo sancionador.[167]

Nesse mesmo sentido, confira-se o escólio de Rafael Munhoz Mello:

> É suficiente para a imposição da sanção administrativa retributiva a prática da conduta delituosa em função de negligência, imprudência ou imperícia do agente. No direito administrativo sancionador o princípio da culpabilidade é atendido com a mera presença de culpa, ao contrário do que ocorre no direito penal brasileiro, no qual em regra se exige dolo do infrator.[168]

Na redação original da Lei 8.429/1992, a caracterização do ato de improbidade administrativa estava condicionada à presença dos elementos subjetivos **dolo** ou **culpa** na conduta do sujeito ativo. As modalidades de improbidade administrativa previstas nos arts. 9.º (*enriquecimento ilícito*) e 11 (*ofensa aos princípios da administração pública*) reclamavam exclusivamente o dolo, ao passo que a modalidade de improbidade prevista no art. 10 (*ato lesivo ao erário*) admitia a tipicidade também na forma culposa.[169]

A tese de que os arts. 9.º e 11 da LIA só admitiam a modalidade dolosa era corroborada pelo fato de que apenas em relação às condutas típicas descritas no art. 10 (lesão ao erário) a lei previa a forma culposa. Nesse particular, entendeu-se que o silêncio eloquente do legislador teve o claro propósito de desqualificar as condutas culposas nas modalidades previstas nos arts. 9.º (enriquecimento ilícito) e 11 (atentado aos princípios da Administração Pública) da LIA. Esse entendimento acabou se consolidando na jurisprudência do STJ:

> As condutas típicas que configuram improbidade administrativa estão descritas nos arts. 9.º, 10 e 11 da Lei 8.429/92, sendo que apenas para as do art. 10 a lei prevê a forma culposa. Considerando que, em atenção ao princípio da culpabilidade e ao da responsabilidade subjetiva, não se tolera responsabilização objetiva nem, salvo quando houver lei expressa, a penalização por condutas meramente culposas, conclui-se que o silêncio da Lei tem o sentido eloquente de desqualificar as condutas culposas nos tipos previstos nos arts. 9.º e 11.[170]

Uma das alterações mais sensíveis do texto vigente da LIA foi a *exclusão da culpa* como elemento subjetivo da conduta de improbidade. No ponto, é importante assinalar que essa opção do legislador em alterar a LIA com a supressão da modalidade culposa do ato de improbidade administrativa – independentemente da concordância ou não com seu mérito – já foi considerada válida pelo Supremo Tribunal Federal, quando do julgamento do ARE 843.989/PR, sob o fundamento de que é a própria Constituição Federal que delega

---

[167] OSÓRIO, Fábio Medina. *Direito Administrativo Sancionador*. São Paulo: Revista dos Tribunais, 2006. p. 333-334.

[168] MELLO, Rafael Munhoz. *Princípios Constitucionais de Direito Administrativo Sancionador*. São Paulo: Malheiros, 2007. p. 186.

[169] Conforme abordamos nas edições anteriores, o ato lesivo ao erário típico, disciplinado no art. 10, *caput* e incisos, da LIA (redação original), admitia a tipicidade na forma culposa. Já o ato lesivo ao erário atípico ou anômalo, previsto no art. 10-A da LIA (incluído pela LC 157/2016 e revogado pela Lei 14.230/2021), só se aperfeiçoava na modalidade dolosa.

[170] REsp 751.634/MG, 1.ª T., rel. Min. Teori Albino Zavascki, *DJU* 02.08.2007. *No mesmo sentido:* AgInt nos EREsp 1.430.325/PE, 1.ª S., rel. Min. Francisco Falcão, j. 11.12.2019; REsp 734.984/SP, 1.ª T., rel. Min. Luiz Fux, *DJe* 16.06.2008; AgRg no REsp 479.812/SP, 2.ª T., rel. Min. Humberto Martins, *DJ* 14.08.2007; REsp 842.428/ES, 2.ª T., rel. Min. Eliana Calmon, *DJ* 21.05.2007; REsp 841.421/MA, 1.ª T., rel. Min. Luiz Fux, *DJ* 04.10.2007; REsp 658.415/RS, 2.ª T., rel. Min. Eliana Calmon, *DJ* 03.08.2006; REsp 626.034/RS, rel. Min. João Otávio de Noronha, *DJ* 05.06.2006; REsp 604.151/RS, 1.ª T., rel. Min. Teori Albino Zavascki, *DJ* 08.06.2006; REsp 414.697/RO, 2.ª T., rel. Min. Herman Benjamin, *DJe* 16.09.2010. *Em sentido contrário*, reconhecendo a possibilidade de enriquecimento ilícito culposo, veja-se: REsp 1.140.315/SP, 2.ª T., rel. Min. Castro Meira, *DJe* 19.08.2010.

734 | INTERESSES DIFUSOS E COLETIVOS - VOL. 1

à legislação ordinária a forma e a tipificação dos atos de improbidade administrativa e a gradação das sanções constitucionalmente estabelecidas (CF, art. 37, § 4.º).[171]

A partir da reforma promovida na LIA pela Lei 14.230/2021, portanto, o dolo passou a ocupar papel central na configuração dos atos de improbidade administrativa. Por isso, ao conceituar o ato de improbidade administrativa, o legislador se apressou em caracterizá-lo com a exigência da presença do *dolo*. Confira-se:

> **Art. 1.º (...) § 1.º** Consideram-se atos de improbidade administrativa as condutas dolosas tipificadas nos arts. 9.º, 10 e 11 desta Lei, ressalvados tipos previstos em leis especiais.

No texto reformado, o **dolo** é definido como a vontade livre e consciente de alcançar o resultado ilícito tipificado nos arts. 9.º, 10 e 11 desta Lei, não bastando a voluntariedade do agente (art. 1.º, § 2.º).

Note-se que o dolo é composto por consciência e vontade. A consciência é seu elemento **cognitivo** ou **intelectual**, ao passo que a vontade desponta como seu elemento **volitivo**.

O elemento cognitivo consiste no efetivo conhecimento de que o resultado ilícito poderá ocorrer, isto é, o efetivo conhecimento dos elementos integrantes do tipo ímprobo objetivo. No elemento volitivo, por seu turno, o agente quer a produção do resultado de forma direta – dolo direto – ou admite a possibilidade de que o resultado ilícito sobrevenha – dolo eventual.

Tais elementos se relacionam em três momentos distintos e sucessivos.

Em primeiro lugar, opera-se a consciência da conduta e do resultado. Depois, o sujeito manifesta sua consciência sobre o nexo de causalidade entre a conduta a ser praticada e o resultado que em decorrência dela será produzido. Por fim, o agente exterioriza a vontade de realizar a conduta e produzir o resultado.

Assim, para a configuração do ato de improbidade administrativa, deverá haver consciência da conduta, do resultado e do nexo de causalidade em concomitância com o elemento volitivo, representado pelo desejo de violar o bem jurídico tutelado pela norma.

Diz-se *dolosa* a conduta, portanto, quando praticada com o propósito de obter enriquecimento ilícito, causar prejuízo ao erário ou atentar contra os princípios da Administração Pública. A conduta, nesse caso, é animada pela vontade livre e consciente do sujeito ativo de realizar a conduta típica na forma comissiva ou omissiva; o mesmo ocorrendo quando o agente, prevendo a possibilidade de ofender a probidade, assume tal risco com a prática do ato.[172]

A opção do legislador é corroborada pela ressalva legal de que o mero exercício da função ou desempenho de competências públicas, sem que esteja comprovado o ato doloso com fim ilícito, afasta a responsabilidade por ato de improbidade (art. 1.º, § 3.º).[173]

Seguindo a mesma trilha, a Lei 14.230/2021 alterou o enunciado dos arts. 9.º, 10 e 11 da LIA, que passam a prever expressamente o dolo como elemento subjetivo da conduta das três modalidades de improbidade administrativa: enriquecimento ilícito, lesão ao erário e ofensa aos princípios da administração pública.[174]

---

[171] Pleno, ARE 843.989/PR, rel. Min. Alexandre de Moraes, j. 18.08.2022 (Tema 1199).

[172] Nesse sentido: STJ, REsp 765.212/AC, 2.ª T., rel. Min. Herman Benjamin, *DJe* 23.06.2010.

[173] A norma revela-se desnecessária ante os termos do art. 1.º, § 2.º, em que o dolo já constitui requisito para o enquadramento. Noutro prisma, não se consegue entender bem a alternativa proposta, porquanto quem desempenha competência pública está obviamente exercendo função pública.

[174] A linguagem utilizada na redação dos arts. 9.º, 10 e 11 da Lei 8.429/1992 não é a mesma do Direito Penal, mesmo porque neste a menção ao dolo é de todo desnecessária, porquanto se trata de elemento subjetivo lógico e presente nos tipos penais em geral. Qualquer crime admite a modalidade dolosa e a referência à culpa é feita por ser excepcional.

A lei reafirmou tal exigência ao registrar que a ilegalidade *sem a presença do dolo* não configura ato de improbidade (art. 17-C, § 1.º, da LIA).

No particular, nota-se que o legislador foi insistente. Em 12 dispositivos, o texto reformado explicita a opção de exigir o dolo para a configuração do ato de improbidade administrativa.[175]

Tais alterações restringiram o âmbito de incidência da LIA e passam a exigir dos legitimados à proteção da probidade administrativa um esforço probatório maior. Prova disso é que o juiz poderá rejeitar a petição inicial que não estiver instruída com documentos ou justificação que contenham indícios suficientes da veracidade dos fatos e do *dolo* imputado ao requerido (art. 17, §§ 6.º, II, e 6.º-B).

Em conclusão, a partir da reforma da LIA, a improbidade administrativa somente restará caracterizada se comprovado o dolo do agente público ou terceiro, inexistindo, portanto, a forma culposa de improbidade, ainda que a culpa seja "grave" ou o erro seja considerado "grosseiro".

6.7.1   Dolo específico?

Para parte da doutrina, o texto reformado, em seu art. 1.º, §§ 2.º e 3.º, implementou o **dolo específico** como requisito para a caracterização do ato de improbidade. Nesse sentido, não basta alegar que o ato é doloso, não basta demonstrar que é ilegal, mas há de se demonstrar a má-fé, isto é, o específico propósito de se enriquecer ilicitamente, lesar o erário ou ofender os princípios da administração pública.[176]

Esse entendimento, inclusive, já foi adotado pelo STJ no Tema Repetitivo 1.108, cuja questão central era saber se a contratação de servidores públicos temporários sem concurso público, baseada em legislação municipal, configura ato de improbidade administrativa, em razão da dificuldade de identificar o elemento subjetivo necessário à caracterização do ilícito. Confira-se:

> O afastamento do elemento subjetivo de tal conduta dá-se em razão da dificuldade de identificar o dolo genérico, situação que foi alterada com a edição da Lei n. 14.230/2021, que conferiu tratamento mais rigoroso para o reconhecimento da improbidade, ao estabelecer não mais o dolo genérico, mas o dolo específico como requisito para a caracterização do ato de improbidade administrativa, *ex vi* do art. 1.º, §§ 2.º e 3.º, da Lei n. 8.429/1992, em que é necessário aferir a especial intenção desonesta do agente de violar o bem jurídico tutelado.[177]

Respeitadas as opiniões contrárias, entendemos que o emprego da terminologia *dolo específico*, na hipótese, é equivocado.

A rigor, referidos dispositivos não representam nenhuma novidade na disciplina do dolo, quando cotejados com a disciplina do dolo no texto original da LIA.

Com efeito, o desejo de alcançar o resultado ilícito tipificado nos arts. 9.º, 10 e 11 da LIA já era exigido para a configuração das formas dolosas de atos de improbidade administrativa. É dizer, mesmo antes da reforma, a caracterização do ato doloso de improbidade administrativa já exigia a comprovação da consciência da conduta, do resultado

---

[175] Art. 1.º, §§ 1.º, 2.º e 3.º; art. 3.º, *caput*; arts. 9.º, 10, *caput* e § 2.º, e 11, *caput* e § 5.º; art. 17, § 6.º, II; art. 17-C, § 1.º e art. 21, § 2.º.

[176] Dentre outros, confiram-se: FRANCO, Fernão Borba; CRUZ, Luana Pedroso de Figueiredo. *Comentários à Nova Lei de Improbidade Administrativa*. 6. ed. São Paulo: Thomson Reuters Brasil, 2023. p. 39; NEVES, Daniel Amorim Assumpção; OLIVEIRA, Rafael Carvalho Rezende. *Improbidade Administrativa: Direito Material e Processual*. 9. ed. Rio de Janeiro: Forense, 2022. p. 8.

[177] STJ, REsp 1.926.832/TO, 1.ª S., rel. Min. Gurgel de Faria, j. 11.05.2022 (Tema Repetitivo 1.108).

736 | INTERESSES DIFUSOS E COLETIVOS – VOL. 1

e do nexo de causalidade em concomitância com o elemento volitivo, representado pelo desejo de violar o bem jurídico tutelado pela norma. É esse o resultado ilícito que deve ser desejado pelo agente.

Os §§ 1.º e 2.º do art. 1.º da LIA afastam a possibilidade de se ter atos de improbidade culposos e rejeitam que o exame da ação ímproba, sob o ângulo subjetivo, esgote-se na voluntariedade da conduta.[178]

Vez por outra, o legislador introduz em determinados tipos (penais ou extrapenais), ao lado do dolo, uma série de características subjetivas que os integram ou os fundamentam.

Na pertinente observação de Renato Brasileiro, a doutrina clássica denominava, impropriamente, o *elemento subjetivo geral* do tipo de *dolo genérico* e o *especial fim de agir* de *dolo específico*.[179] Hoje, com a superação da teoria clássica e a adoção da teoria finalista, utiliza-se o termo dolo para referir-se ao antigo dolo genérico. A expressão *dolo específico*, por sua vez, foi substituída por *elemento subjetivo especial do tipo* ou, ainda, *elemento subjetivo especial do injusto*.[180]

A título de exemplo, o fato de o funcionário público retardar ou deixar de praticar, indevidamente, ato de ofício, ou praticá-lo contra disposição expressa de lei, é uma atividade dirigida a um fim por imperativo do dolo, *in casu*, do crime de prevaricação previsto no art. 319 do Código Penal. No entanto, seu sentido ético-social será completamente distinto, atípico, aliás, se aquela atividade não tiver sido praticada com a finalidade de *satisfazer interesse ou sentimento pessoal*.

Conquanto esse especial fim de agir amplie sobremaneira o aspecto subjetivo do tipo, não integra nem se confunde com o dolo, porquanto este se esgota com a consciência e a vontade de realizar determinada conduta com a finalidade de obter o resultado delituoso (dolo direto), ou na assunção do risco de produzi-lo (dolo eventual).

O *especial fim de agir* que integra determinadas descrições de condutas típicas, como no caso do enriquecimento ilícito descrito no art. 9.º, V, da LIA ("para tolerar a exploração ou a prática de jogos de azar, de lenocínio, de narcotráfico, de contrabando, de usura ou de qualquer outra atividade ilícita"), constitui, assim, **elemento subjetivo especial do tipo**, de maneira autônoma e independente do dolo. Sua ausência acaba por descaracterizar o tipo subjetivo, pouco importando a presença do dolo. A terminologia correta, portanto, é *elemento subjetivo especial do tipo* ou *elemento subjetivo especial do injusto*.

Enquanto o dolo deve restar caracterizado no fato típico, os elementos subjetivos especiais do tipo apenas têm o condão de especificar o dolo, sem que haja a necessidade de efetivamente se concretizarem, sendo suficiente que existam no psiquismo do autor, ou seja, desde que a conduta do agente tenha sido orientada por essa finalidade específica.

Fixadas essas premissas, é forçoso concluir que as regras positivadas no art. 1.º, §§ 2.º e 3.º, da LIA não consubstanciam a exigência de um *elemento subjetivo especial do tipo* ou *elemento subjetivo especial do injusto* em relação aos atos de improbidade administrativa previstos na LIA.

As expressões "resultado ilícito" e "fim ilícito" presentes em tais dispositivos referem-se ao desejo do agente de violar a probidade administrativa por meio da prática das condutas vedadas pelos tipos. E a comprovação dessa vontade já era exigida para a configuração dos atos dolosos de improbidade administrativa no texto original da LIA,

---

[178] No mesmo sentido: MENDES, Gilmar Ferreira. Supremo Tribunal Federal e Improbidade Administrativa: Perspectivas sobre a Reforma da Lei 8.429/1992. In: MENDES, Gilmar Ferreira; CARNEIRO, Rafael de A. Araripe. *Nova Lei de Improbidade Administrativa*: Inspirações e Desafios. São Paulo: Almedina Brasil, 2022. p. 52.

[179] BRASILEIRO, Renato. *Legislação Criminal Especial Comentada*: Volume Único. 8. ed. Salvador: Juspodivm, 2020. p. 55.

[180] Nesse sentido: MASSON, Cleber. *Direito Penal*: Parte Geral. 15. ed. São Paulo: Método, 2021. p. 247.

CAP. 6 – IMPROBIDADE ADMINISTRATIVA | **737**

não se confundindo, portanto, com o *elemento subjetivo do injusto* ou com o "dolo específico", como preferem alguns.

6.7.2 Tipo subjetivo dos atos ofensivos aos princípios da administração pública (art. 11)

A reforma promovida pela Lei 14.230/2021 passa a indicar que a modalidade de improbidade administrativa prevista no art. 11 da LIA somente restará caracterizada se houver comprovação de que o agente público atuou com o **fim de obter proveito ou benefício indevido para si ou para outra pessoa ou entidade** (art. 11, § 1.º). Confira-se:

> **Art. 11 (...) § 1.º** Nos termos da Convenção das Nações Unidas contra a Corrupção, promulgada pelo Decreto n.º 5.687, de 31 de janeiro de 2006, somente haverá improbidade administrativa, na aplicação deste artigo, quando for comprovado na conduta funcional do agente público o fim de obter proveito ou benefício indevido para si ou para outra pessoa ou entidade.

A alteração legislativa não é singela. Doravante, a prática dolosa de uma das condutas tipificadas no rol taxativo do art. 11, por si só, não é apta a atrair a incidência da LIA. Tal conduta só configurará ato de improbidade administrativa se restar demonstrado que o infrator agiu com a intenção de obter alguma vantagem indevida, para si ou para outrem.

Exemplificativamente, se um agente público, agindo de maneira consciente e voluntária, negar publicidade aos atos oficiais,[181] sua conduta será claramente ofensiva aos princípios da administração pública, mas poderá ser considerada atípica para os fins da LIA, caso não reste demonstrada, em concreto, a finalidade de obter proveito ou benefício indevido para si ou para outrem.

Como se percebe, diversamente do que geralmente ocorre na redação dos tipos de ilícitos penais e extrapenais, em que esses elementos subjetivos específicos constam da redação típica de cada delito (*v.g.*, estelionato – *para si ou para outrem*), o legislador houve por bem inserir no art. 11, § 1.º, da Lei 8.429/1992 uma norma de extensão que abrange, pelos menos em regra, todos os tipos de improbidade administrativa descritos no art. 11. Sua presença (ou não), portanto, será de todo relevante para diferenciar o agente que cometeu um erro, ou mesmo uma ilegalidade de boa-fé, é dizer, sem o propósito deliberado de abusar das prerrogativas que lhe foram atribuídas, daquele que agiu com a intenção inequívoca de se exceder no exercício das suas funções para obter alguma vantagem indevida, para si ou para outrem.

Por conseguinte, a partir da reforma promovida na LIA pela Lei 14.230/2021, a configuração do ato de improbidade administrativa ofensivo aos princípios da administração pública passa a exigir a comprovação tanto do **elemento subjetivo geral do tipo**, a saber, o dolo (vontade e consciência de realizar a conduta vedada pela lei), como do **elemento subjetivo especial do tipo**, qual seja, a intenção de obter uma vantagem indevida, para si ou para outrem. Ausente esse especial fim de agir, não há falar em ato ofensivo aos princípios da administração pública (art. 11).

Nesse sentido, porém, referindo-se ao crime de prevaricação, cujo juízo de tipicidade também demanda a presença de um especial fim de agir – no caso, para satisfazer interesse ou sentimento pessoal –, assim já se pronunciou o Supremo Tribunal Federal:

---

[181] "Art. 11. Constitui ato de improbidade administrativa que atenta contra os princípios da administração pública a ação ou omissão dolosa que viole os deveres de honestidade, de imparcialidade e de legalidade, caracterizada por uma das seguintes condutas: (...) IV – negar publicidade aos atos oficiais, exceto em razão de sua imprescindibilidade para a segurança da sociedade e do Estado ou de outras hipóteses instituídas em lei; (...)."

A configuração do crime de prevaricação requer a demonstração não só da vontade livre e consciente de deixar de praticar ato de ofício, como também do elemento subjetivo específico do tipo, qual seja, a vontade de satisfazer "interesse" ou "sentimento pessoal". Instrução criminal que não evidenciou o especial fim de agir a que os denunciados supostamente cederam. Elemento essencial cuja ausência impede o reconhecimento do tipo incriminador em causa.[182]

Note-se que esse **proveito ou benefício indevido** é **qualquer vantagem que possa vir a ser obtida pelo agente ímprobo**, pouco importando se se trata de interesse de ordem patrimonial ou moral.

No tocante ao interesse patrimonial do agente público, caso a vantagem se concretize, a conduta deverá ser enquadrada no art. 9.º (enriquecimento ilícito) da LIA. Já em relação ao interesse de cunho moral, é importante alertar que nessa situação o agente público também deve almejar uma vantagem ou proveito. É o que ocorre, por exemplo, se um agente público descumprir normas relativas à fiscalização de uma parceria firmada pelo município com uma Organização Social (OS) para o gerenciamento de um hospital público, tão somente para ganhar prestígio com o Prefeito da cidade, responsável pela parceria e que não tem interesse na divulgação dos problemas relacionados aos serviços prestados pela OS no hospital.

Noutro giro, é importante destacar que alguns dos tipos de atos ofensivos aos princípios da administração pública descritos nos incisos do art. 11 já apresentam em seu enunciado um elemento subjetivo especial do injusto. A título de exemplo, é ato de improbidade administrativa ofensivo aos princípios da administração pública "deixar de prestar contas quando esteja obrigado a fazê-lo, desde que disponha das condições para isso, *com vistas a ocultar irregularidades*" (VI). Nesse caso, por força do princípio da especialidade, incide apenas o elemento subjetivo especial descrito no enunciado do tipo (com vistas a ocultar irregularidades), em detrimento do elemento subjetivo especial previsto na regra genérica do art. 11, § 1.º, da LIA.

É oportuno registrar que o fato de a modalidade de improbidade administrativa prevista no art. 11 da LIA contemplar um especial fim de agir, como ocorre nos crimes de abuso de autoridade,[183] não afasta a possibilidade de o ilícito ser imputado ao agente a título de dolo eventual. Prova disso, aliás, é o fato de o Código Penal contemplar diversos delitos cuja tipificação demanda um especial fim de agir, tais como o furto ("para si ou para outrem"), sem que a doutrina jamais tenha questionado a possibilidade de tais delitos serem atribuídos ao agente tanto a título de dolo direto quanto a título de dolo eventual.

Não há nenhuma incompatibilidade entre o elemento subjetivo especial do injusto e o dolo eventual. Por isso, se restar comprovado que o agente público não queria o resultado (dolo direto), mas assumiu o risco de produzi-lo, deverá responder pelo ato de improbidade previsto no art. 11 da LIA a título de dolo eventual, se assim o fizer, logicamente, para beneficiar a si mesmo ou a terceiro. Exemplificativamente, se um agente público que atua no Banco Central assumir o risco de revelar a um agente do setor financeiro, antes da respectiva divulgação oficial, a decisão de redução da taxa SELIC, sua conduta poderá ser enquadrada no art. 11, VII, da LIA.

Firmada a importância desse elemento subjetivo especial do injusto para a tipificação dos atos ofensivos aos princípios da administração pública, podemos extrair algumas conclusões:

---

[182] STF, AP 447/RS, Pleno, rel. Min. Carlos Britto, j. 18.02.2009.

[183] Lei 13.869/2019: "Art. 1.º (...) § 1.º As condutas descritas nesta lei constituem crime de abuso de autoridade quando praticadas pelo agente com a finalidade específica de prejudicar outrem ou beneficiar a si mesmo ou a terceiro, ou, ainda, por mero capricho ou satisfação pessoal".

CAP. 6 – IMPROBIDADE ADMINISTRATIVA | **739**

a) o especial fim de agir do art. 11, § 1.º, da LIA deve ser detalhadamente descrito na petição inicial da ação de improbidade administrativa, que deverá estar instruída com elementos de convicção mínimos da sua ocorrência. Isso porque, consoante disposto no art. 17, § 6.º, I e II, da LIA, "a petição inicial deverá individualizar a conduta do réu e apontar os elementos probatórios mínimos que demonstrem a ocorrência das hipóteses dos arts. 9.º, 10 e 11 e de sua autoria, e será instruída com documentos ou justificação que contenham indícios suficientes da veracidade dos fatos e do dolo imputado". Ausente a descrição detalhada da finalidade específica de obter proveito ou benefício indevido, para si ou para terceiro, impõe-se a rejeição da peça vestibular, *ex vi* do art. 17, § 6.º-B, da LIA;[184]

b) por força do princípio da especialidade, os tipos de improbidade administrativa que já apresentam um elemento subjetivo especial em seu enunciado (*v.g.*, art. 11, VI) não são alcançados pela regra geral do art. 11, § 1.º, da LIA;

c) considerando que se trata, *a finalidade específica de obter proveito ou benefício indevido para si ou para outrem*, de mero elemento subjetivo especial do injusto, a consecução (ou não) desse resultado almejado pelo agente em nada interfere na consumação do ato ofensivo aos princípios da administração pública (ilícito de intenção). A intenção especial integra a estrutura subjetiva do tipo do art. 11 da LIA, exigindo do autor a persecução de um objetivo compreendido no tipo, mas que não precisa ser alcançado efetivamente;

d) todos os tipos de atos ofensivos aos princípios da administração pública previstos no art. 11 da LIA podem ser atribuídos ao agente público tanto a título de dolo direto quanto a título de dolo eventual.

6.7.3 O alcance da norma de extensão prevista no art. 11, § 2.º, da LIA

Nos termos do art. 11, § 2.º, da LIA, a exigência dessa finalidade especial (*obter proveito ou benefício indevido para si ou para outrem*) para a configuração do ilícito alcança quaisquer atos de improbidade administrativa tipificados na LIA ou fora dela. Confira-se:

> **Art. 11. (...)**
>
> § 2.º Aplica-se o disposto no § 1.º deste artigo a quaisquer atos de improbidade administrativa tipificados nesta Lei e em leis especiais e a quaisquer outros tipos especiais de improbidade administrativa instituídos por lei.

Numa interpretação literal de tal dispositivo, poder-se-ia concluir que, a partir da reforma da LIA, todo e qualquer ato de improbidade administrativa, previsto na LIA (arts. 9.º, 10 e 11) e em leis especiais, passaria a exigir, para a sua configuração, a presença tanto do elemento subjetivo geral do tipo, a saber, o dolo, como do elemento subjetivo especial do tipo, qual seja, a intenção de obter uma vantagem indevida, para si ou para outrem.

Sabemos, contudo, que a interpretação literal não é a que melhor satisfaz o intérprete. No particular, obtempera-se que **a norma de extensão do § 2.º do art. 11 não alcança as modalidades dos arts. 9.º (*enriquecimento ilícito*) e 10 (*lesão ao erário*) da LIA**. Vale dizer, a configuração dos atos de improbidade administrativa tipificados nos arts. 9.º e 10 da LIA exige apenas a prova do dolo (*elemento subjetivo geral do tipo*). Isso

---

[184] "Art. 17. (...) § 6.º-B. A petição inicial será rejeitada nos casos do art. 330 da Lei n.º 13.105, de 16 de março de 2015 (Código de Processo Civil), bem como quando não preenchidos os requisitos a que se referem os incisos I e II do § 6.º deste artigo, ou ainda quando manifestamente inexistente o ato de improbidade imputado."

740 | INTERESSES DIFUSOS E COLETIVOS - VOL. 1

porque, conforme previsto expressamente no § 1.º do art. 11 da LIA, a inspiração para a previsão dessa finalidade especial no agir é a Convenção de Mérida. Nessa Convenção, essa finalidade especial (*intenção de obter um proveito indevido, para si ou para outrem*) só é exigida para a configuração do *abuso de funções*, ato de corrupção tipificado em seu art. 19,[185] que guarda semelhanças com o ato de improbidade administrativa ofensivo aos princípios da administração pública. Para os outros dez tipos de corrupção descritos na convenção, nestes incluídos os ilícitos de enriquecimento ilícito[186] e malversação ou peculato,[187] análogos às modalidades de improbidade previstas, respectivamente, nos arts. 9.º e 10 da LIA, não se exige nenhuma finalidade especial. Noutras palavras, dos onze tipos de corrupção descritos na convenção, apenas um (abuso de funções) exige, para além do dolo, o elemento subjetivo especial do tipo para a sua configuração.

Assim, numa interpretação lógico-sistemática da regra prevista no § 2.º do art. 11 da LIA, em conformidade com a convenção de Mérida, é forçoso concluir que a *ratio* da norma é padronizar a tipificação subjetiva de todos os atos de improbidade administrativa ofensivos aos princípios da administração pública, previstos na LIA ou em leis especiais, sob o influxo da regra prevista no art. 19 da Convenção.

Entendimento contrário, no sentido de que a LIA exige essa finalidade especial para a configuração de todos os atos de improbidade administrativa, inclusive daqueles em relação aos quais a convenção exige apenas o dolo para a sua caracterização (lesão ao erário e enriquecimento ilícito), levaria à conclusão inexorável de que a LIA está sendo menos restritiva do que a Convenção de Mérida, em clara afronta ao disposto em seu art. 65, § 2.º, que assim dispõe: "Cada Estado Parte poderá adotar medidas mais estritas ou severas que as previstas na presente Convenção a fim de prevenir e combater a corrupção". Como resultado, a regra prevista no art. 11, § 2.º, da LIA seria considerada inválida, por incompatibilidade material vertical com a Convenção.

Esse mesmo entendimento foi recentemente adotado pelo Tribunal de Justiça do Estado de São Paulo no julgamento da Apelação Cível 1021704-58.2021.8.26.0053, tendo como relator o Des. Percival Nogueira (j. 30.05.2023). Pela pertinência, destaca-se trecho do voto do relator, *verbis*:

> Ocorre que o § 2.º do artigo 11 estendeu a exigência de dolo específico para todos os demais tipos descritos nos artigos 9.º e 10 da Lei n.º 8.429/1992. Esta disposição contraria o Decreto n.º 5.687/2006 [Decreto de promulgação da Convenção de Mérida], que não exige o dolo específico para os atos de enriquecimento ilícito e desvio de dinheiro.

Nessa ordem de ideias, é forçoso concluir que o art. 11, § 2.º, da LIA estendeu a exigência dessa finalidade especial apenas aos atos de improbidade administrativa ofensivos aos princípios da administração pública previstos em leis esparsas, caso do Estatuto

---

[185] "Art. 19. Abuso de funções. Cada Estado Parte considerará a possibilidade de adotar as medidas legislativas e de outras índoles que sejam necessárias para qualificar como delito, quando cometido intencionalmente, o abuso de funções ou do cargo, ou seja, a realização ou omissão de um ato, em violação à lei, por parte de um funcionário público no exercício de suas funções, com o fim de obter um benefício indevido para si mesmo ou para outra pessoa ou entidade."

[186] "Art. 20. Enriquecimento ilícito. Com sujeição a sua constituição e aos princípios fundamentais de seu ordenamento jurídico, cada Estado Parte considerará a possibilidade de adotar as medidas legislativas e de outras índoles que sejam necessárias para qualificar como delito, quando cometido intencionalmente, o enriquecimento ilícito, ou seja, o incremento significativo do patrimônio de um funcionário público relativos aos seus ingressos legítimos que não podem ser razoavelmente justificados por ele."

[187] "Art. 17. Malversação ou peculato, apropriação indébita ou outras formas de desvio de bens por um funcionário público. Cada Estado Parte adotará as medidas legislativas e de outras índoles que sejam necessárias para qualificar como delito, quando cometido intencionalmente, a malversação ou o peculato, a apropriação indébita ou outras formas de desvio de bens, fundos ou títulos públicos ou privados ou qualquer outra coisa de valor que se tenham confiado ao funcionário em virtude de seu cargo."

da Cidade (Lei 10.257/2001), da Lei de Acesso às Informações (Lei 12.527/2011) e da Lei das Eleições (Lei 9.504/1997).[188] Vale dizer, esteja o ato ofensivo aos princípios da administração pública tipificado no art. 11 da LIA ou em outros diplomas legais, a comprovação da intenção do agente público de obter um proveito indevido, para si ou para outrem, é condição para a caracterização do ilícito. Já em relação às demais modalidades de ato de improbidade administrativa, disciplinadas nos arts. 9.º (enriquecimento ilícito) e 10 (lesão ao erário), a LIA seguiria exigindo apenas o dolo (elemento subjetivo geral do tipo) para a sua configuração.

No ponto, registre-se que o *standard* probatório que autoriza a imputação de ato de improbidade administrativa independe da demonstração inequívoca de que o agente dirigiu sua conduta com a intenção – em um sentido psicológico – de obter proveito ou benefício indevido para si ou para outrem. De fato, tem-se que "o dolo é um juízo, e não um objeto de valoração; não se trata, portanto, de um *dolus naturalis*, essencialmente psicológico, nem tampouco ontológico".[189] Por outras palavras, a imputação do dolo nunca é um simples derivado de processos psicológicos.

Nessa perspectiva, o que se indaga não é se o ato era desejado pelo indivíduo que o realizou, mas se pode ser a ele *efetivamente imputado* segundo parâmetros de racionalidade. Vale dizer, o que interessa saber é se o agente, com determinados conhecimentos factuais (acerca das elementares do tipo e do prognóstico do resultado), somente teria atuado caso estivesse disposto a aceitar, em uma tábua de racionalidade, a realização do tipo.[190] De fato, não se revela possível ao órgão de controle imiscuir-se nos pensamentos do agente ímprobo e, a partir de um monitoramento mental remoto, descobrir qual era a sua vontade (psicológica) quando do cometimento dos atos que lhe são imputados. A rigor, bastaria que o intérprete analisasse o comportamento do agente a partir da perspectiva do conhecimento que ele possuía quando do ato. O *conhecimento* deve ser comprovado; a *vontade* será imputada. Dolo, portanto, é conhecimento de que a ocorrência do resultado é algo provável.

Em reforço a esse entendimento, cabe destacar que a própria Convenção de Mérida, em seu art. 28,[191] estatui que o conhecimento, a intenção ou o propósito que se requerem como elementos de um ato de corrupção poderão inferir-se de circunstâncias fáticas objetivas. Essa regra deixa clara a ideia de que o intérprete não deve se preocupar com a demonstração da vontade do agente em um sentido psicológico. Ou seja, bastaria a comprovação do conhecimento dessas circunstâncias fáticas objetivas para que a vontade seja imputada ao agente ímprobo. Em outras palavras, descaberia exigir do autor da ação de improbidade administrativa que provasse a vontade psicológica do agente ímprobo, bastando que identifique objetivamente a conduta e demonstre que a ocorrência do resultado – seja ele o enriquecimento ilícito, o dano ao erário ou a ofensa a princípios da administração pública – seria algo provável.

---

[188] Conforme veremos mais adiante, mesmo depois da reforma promovida na LIA pela Lei 14.230/2021, os atos de improbidade administrativa previstos em leis especiais continuam sendo atos ofensivos aos princípios da administração pública, enquadrados como tipos autônomos e heterotópicos do próprio art. 11 da LIA. Assim, caso a conduta vedada nesses tipos especiais não encontre abrigo na tipologia dos arts. 9.º e 10 da LIA, invariavelmente será enquadrada no art. 11 da Lei 8.429/1992, que continua tendo aplicação residual.

[189] MARTELETO FILHO, Wagner. *Dolo e Risco no Direito Penal*: Fundamentos e Limites para a Normativização. São Paulo: Marcial Pons, 2020. p. 190 e ss.

[190] Nesse mesmo sentido: RODRIGUES, Daniel de Sá; LAURIA, Thiago Augusto Vale. Informação Técnico-Jurídica n.º 02/2023 do Centro Operacional das Promotorias de Justiça de Defesa do Patrimônio Público do Ministério Público do Estado de Minas Gerais [mimeo].

[191] "Art. 28. Conhecimento, intenção e propósito como elementos de um delito. O conhecimento, a intenção ou o propósito que se requerem como elementos de um delito qualificado de acordo com a presente Convenção poderão inferir-se de circunstâncias fáticas objetivas."

742 | INTERESSES DIFUSOS E COLETIVOS – VOL. 1

Tudo o que se afirmou a respeito do dolo, como elemento subjetivo geral do tipo, também se aplicaria ao elemento subjetivo especial do tipo, previsto no art. 11, §§ 1.º e 2.º, da LIA. Vale dizer, o fim de obter proveito ou benefício indevido, referido em tais dispositivos, também se interpretaria em um sentido atributivo-normativo, e não em um sentido psicológico-descritivo. Nesse sentido, bastaria identificar objetivamente a conduta e demonstrar que a ocorrência do resultado – obtenção de proveito indevido, para si ou para outra pessoa ou entidade – é algo provável, para que se caracterizasse o elemento subjetivo especial do tipo.

A argumentação apresentada nos permite concluir que, no domínio do texto reformado da LIA:

a) os atos de improbidade administrativa previstos nos arts. 9.º e 10 passam a exigir, para sua configuração, o dolo, isto é, a intenção do agente público de praticar a conduta vedada pelo tipo, com vistas a obter vantagem patrimonial indevida (enriquecimento ilícito) ou gerar dano efetivo ao patrimônio público (lesão ao erário);

b) os atos de improbidade administrativa ofensivos aos princípios da administração pública previstos na LIA (art. 11) ou em leis especiais passam a exigir, para sua configuração, a comprovação tanto do elemento subjetivo geral do tipo, a saber, o dolo (vontade e consciência de realizar a conduta vedada pela lei), como do elemento subjetivo especial do tipo, qual seja, a intenção de obter uma vantagem indevida, para si ou para outrem; e

c) o que se exige provar, quer seja em relação ao dolo, quer seja em relação ao elemento subjetivo especial do tipo, não é se o ato era desejado pelo indivíduo que o realizou, mas se pode ser a ele *efetivamente imputado* segundo parâmetros de racionalidade.

Em síntese, tem-se:

Modalidades de improbidade na LIA	Tipo subjetivo
Enriquecimento ilícito (art. 9.º)	**Dolo** (elemento subjetivo geral)
Lesão ao erário (art. 10)	**Dolo** (elemento subjetivo geral)
Ofensa aos princípios da Administração Pública (art. 11 da LIA)	**Dolo** (elemento subjetivo geral) + **Especial fim de agir** (elemento subjetivo especial do tipo)

6.7.4 A vedação da improbidade de hermenêutica

A atuação de todo e qualquer agente público, seja ele um governador de estado ou um auditor da receita federal, envolve constantemente a interpretação de leis e atos normativos.

Nesse escopo, por mais que sejam adotados critérios objetivos e métodos teóricos para o exercício de tais atividades, sempre haverá uma boa dose de subjetividade. E é justamente dessa subjetividade que derivam divergências na interpretação da lei ou na avaliação de fatos e provas. Atento a isso, o § 8.º do art. 1.º da LIA prevê expressamente que a divergência na interpretação da lei não configura improbidade administrativa. Veja-se:

Art. 1.º (...) § 8.º Não configura improbidade a ação ou omissão decorrente de divergência interpretativa da lei, baseada em jurisprudência, ainda que não pacificada, mesmo que não venha a ser posteriormente prevalecente nas decisões dos órgãos de controle ou dos tribunais do Poder Judiciário. (*Dispositivo suspenso – ADI 7.236/DF*)

O dispositivo afasta a possibilidade de caracterização de improbidade na hipótese de "divergência interpretativa da lei", quando a conduta questionada houver sido fundada em entendimento jurisprudencial controvertido nos Tribunais pátrios. Essa excludente incide mesmo que esse entendimento "não venha a ser posteriormente prevalecente nas decisões dos órgãos de controle ou dos tribunais do Poder Judiciário".

A finalidade da norma é proteger a boa-fé do gestor público que confia e adota orientações exaradas pelo Poder Judiciário a respeito da aplicação da lei, preservando-o de eventuais oscilações jurisprudenciais. Noutras palavras, o § 8.º do art. 1.º da LIA positivou a impossibilidade do denominado "delito hermenêutico" no domínio da improbidade administrativa.

Se o agente público de um determinado município, por exemplo, dispensar a licitação por entender que o serviço de natureza predominantemente intelectual se enquadrava na hipótese de inexigibilidade prevista no art. 74, III, da Lei 14.133/2021, o fato de a contratação ser, na sequência, anulada judicialmente, sob o fundamento de que o profissional contratado não possuía notória especialização, não poderá levar à conclusão, por si só, de que o agente público teria praticado o ato de improbidade administrativa previsto no art. 10, VIII, da LIA, porquanto o que houve, em última análise, teria sido mera divergência entre o agente do setor de licitações e o Poder Judiciário em relação à interpretação do conceito jurídico indeterminado "notória especialização", referido no art. 74 da Lei Geral de Licitações e Contratos.

Realmente, se estamos diante de uma norma que permite interpretações diversas, o sentido adotado pelo agente público em questão deve ser considerado válido e não abusivo, especialmente quando ratificado por decisões de órgãos jurisdicionais, não autorizando, portanto, a imputação de ato de improbidade administrativa.

Agora, se a norma não permite interpretações diversas, seja por conta da literalidade do texto legal (*limitação literal*) – não se pode interpretar "dia" como "noite", nem vice-versa, ou seja, não se pode interpretar o texto legal de modo a promover a ruptura da norma –, seja quando a interpretação daquela norma tiver sido pacificada de maneira vinculante por determinado tribunal (*limitação jurisprudencial*), a exemplo do que ocorre quando o Supremo Tribunal Federal delibera pela aprovação de súmula vinculante,[192] a atuação em descompasso com a norma legal poderá configurar ato de improbidade administrativa, desde que presentes, evidentemente, os demais elementos necessários à configuração do ilícito.

Critica-se a imprecisão técnica do legislador, que, ao empregar uma expressão muito vaga no enunciado da norma, a saber, "jurisprudência não pacificada", trará dificuldades para sua interpretação e aplicação.

A despeito disso, é possível afirmar que a excludente em exame incide quando se tratar de divergência razoável na interpretação da lei. De outro lado, em se tratando de interpretação teratológica, manifestamente descabida, ou seja, em contrariedade a essa *limitação literal ou jurisprudencial* anteriormente mencionada, não será cabível a aplicação da causa excludente do dolo constante do § 8.º do art. 1.º da LIA.

---

[192] O raciocínio em questão é válido não apenas para as hipóteses de súmulas vinculantes (CF, art. 103-A), mas também para outras hipóteses em que haja uma decisão com efeito vinculante em relação aos demais órgãos do Poder Judiciário e à Administração Pública, a exemplo do que ocorre com as decisões definitivas de mérito proferidas nas ações diretas de inconstitucionalidade, nas ações declaratórias de constitucionalidade, recursos extraordinários com repercussão geral reconhecida, incidente de recursos repetitivos etc.

É oportuno destacar que essa imprecisão técnica do legislador motivou a CONAMP (Associação Nacional dos Membros do Ministério Público) a propor uma ação direta de inconstitucionalidade (ADI 7.236/DF), na qual são impugnados vários dispositivos do texto reformado da LIA, dentre os quais, o § 8.º do art. 1.º. Para a CONAMP, essa previsão atenta contra o princípio da segurança jurídica, além de fragilizar a efetividade da tutela da probidade administrativa, em vista da possibilidade de que decisões judiciais pontuais e isoladas sirvam de amparo para a prática de condutas dolosas contrárias ao interesse público.

No dia 27 de dezembro de 2022, o Ministro Alexandre de Moraes, relator da ADI 7.236/DF, acolheu a tese da CONAMP e concedeu a medida cautelar, para suspender a eficácia do art. 1.º, § 8.º, da LIA, introduzido pela Lei 14.230/2021, justamente por entender que a inovação legislativa em questão, em vez de proteger o administrador que age de boa-fé, estaria fornecendo ao gestor ímprobo a ocasião de encontrar pretextos para afastar a aplicação correta da legislação administrativa. Pela importância, destaca-se trecho da decisão:

> Assim, a ausência de uma definição clara sobre o alcance da nova excludente, considerando a multitude de decisões e situações de fato a permitir interpretações conflitantes sobre a aplicação da legislação administrativa, causará dificuldade na aplicação da LIA, ampliando conflitos e gerando forte abalo no princípio constitucional da segurança jurídica, comprometendo, inclusive, a regularidade da atividade administrativa e efetividade da tutela da probidade.

Respeitado o esforço do legislador, pensamos que tal dispositivo seja desnecessário, uma vez que a dúvida na interpretação da lei deve ser analisada sob a perspectiva do dolo.

Explica-se. O direito não é ciência exata. A respeito de qualquer tema, sempre será possível encontrar corrente jurisprudencial defendendo este ou aquele entendimento (ainda que minoritário). Cabe ao Poder Judiciário, exclusivamente, dizer se o agente quis ou não, conscientemente, praticar a conduta vedada pelo tipo. Nas precisas palavras de Ricardo de Barros Leonel, "a dúvida (que é inerente à compreensão e evolução do Direito), não pode ser elemento normativo para tornar o fato atípico".[193]

Nessa quadra, se provada a intenção do agente público de obter um enriquecimento ilícito, sua conduta será enquadrada na tipologia da LIA, independentemente de qualquer tentativa ardilosa de conferir ares de legalidade à ação ilícita. Por outro lado, se o gestor adotar um determinado entendimento e este restar vencido em julgamentos posteriores, sua conduta poderá ser considerada atípica, porque a ausência de dolo terá restado clara diante da ambiguidade da norma por ele interpretada, o que se mostra suficiente para afastar a aplicação da LIA.

Seja como for, resta saber se a decisão monocrática do Ministro Alexandre de Moraes na ADI 7.236/DF será referendada pelo Plenário do STF.

6.8 MODALIDADES DE IMPROBIDADE ADMINISTRATIVA

Conforme visto, a LIA classificou os atos de improbidade administrativa em três modalidades:

1) atos que importam **enriquecimento ilícito** do agente (art. 9.º);
2) atos **lesivos ao erário** (art. 10); e
3) atos que **atentam contra os princípios** da Administração Pública (art. 11).

---

[193] LEONEL, Ricardo de Barros. Pontos para reflexão sobre a nova lei de improbidade. *Conjur*, 22 jun. 2021. Disponível em: https://www.conjur.com.br/2021-jun-22/leonel-pontos-reflexao-lei-improbidade/. Acesso em: 18 abr. 2023.

Nessas três modalidades, a redação original da LIA adotou a técnica de descrever no *caput* dos dispositivos a **conduta genérica** caracterizadora do ato de improbidade e nos diversos incisos as **condutas específicas,** que nada mais são do que situações jurídicas exemplificadoras da conduta genérica estabelecida no *caput*.

A presença da expressão "e notadamente", ao final do *caput* de cada qual dos três dispositivos, denotava claramente que as listas de condutas específicas que se seguiam ao longo dos seus incisos eram meramente **exemplificativas** (*numerus apertus*).[194]

Assim, mesmo que determinada conduta não encontrasse adequação em nenhuma das hipóteses previstas nos incisos, caracterizaria ato de improbidade administrativa se se acomodasse às definições genéricas de enriquecimento ilícito, prejuízo ao erário ou atentado contra os princípios da Administração Pública, referidas no *caput* dos arts. 9.º, 10 e 11.[195]

A partir da reforma promovida na LIA pela Lei 14.230/2021, identifica-se uma mudança importante nessa sistemática.

Em relação às modalidades de enriquecimento ilícito (art. 9.º) e lesão ao erário (art. 10), a manutenção da expressão "e notadamente", ao final do *caput* de cada qual dos dois dispositivos, denota que seus tipos permanecem abertos, de onde se conclui que as listas de condutas específicas que se seguem ao longo dos seus incisos seguem meramente **exemplificativas** (*numerus apertus*). Assim, se determinada conduta não encontrar adequação em nenhuma das hipóteses previstas nos incisos, atrairá a incidência da LIA se se acomodar às definições genéricas de enriquecimento ilícito e prejuízo ao erário, referidas no *caput* dos arts. 9.º e 10.

Já no tocante à modalidade de ato ofensivo aos princípios da administração pública, a substituição da expressão "e notadamente" por "caracterizada por uma das seguintes condutas", verificada no *caput* do art. 11, denota claramente a intenção do legislador de fechar o tipo. É dizer, o elenco dos incisos deixou de apresentar cunho exemplificativo. Há um conjunto exaustivo de situações tipificadas. Uma conduta que não se subsuma às hipóteses dos incisos será considerada atípica.

Para os atos ofensivos aos princípios da administração pública (art. 11), portanto, não há mais a somatória do tipo genérico descrito no *caput* com os tipos especiais descritos exemplificativamente nos incisos.

Nesse sentido, inclusive, já decidiu o Plenário do Supremo Tribunal Federal, ao apreciar um caso envolvendo contratação sem concurso público, enquadrado, inicialmente, na tipologia do inciso I do art. 11 da LIA. No julgamento, a maioria dos ministros seguiu o voto divergente do Ministro Gilmar Mendes e acolheu os embargos de declaração, com atribuição de efeitos infringentes para, reformando o acórdão embargado, dar provimento aos embargos de divergência, ao agravo regimental e ao recurso extraordinário com agravo, para extinguir a ação civil pública por improbidade administrativa no tocante ao recorrente. Pela pertinência, destaco trecho da ementa do citado acórdão:

> A Lei 14.230/2021 alterou profundamente o regime jurídico dos atos de improbidade administrativa que atentam contra os princípios da administração pública (Lei 8.249/1992, art. 11), **promovendo, dentre outros, a abolição da hipótese de responsabilização por violação genérica aos princípios discriminados no *caput* do art. 11 da Lei 8.249/1992 e passando a prever a tipificação taxativa**

---

[194] No mesmo sentido, entre outros, vejam-se: GARCIA, Emerson; ALVES, Rogério Pacheco. *Improbidade Administrativa*. 4. ed. Rio de Janeiro: Lumen Juris, 2008. p. 238; MARTINS JÚNIOR, Wallace Paiva. *Probidade Administrativa*. 4. ed. São Paulo: Saraiva, 2009. p. 207; CARVALHO FILHO, José dos Santos. *Manual de Direito Administrativo*. 23. ed. Rio de Janeiro: Lumen Juris, 2010. p. 1.177; e PAZZAGLINI FILHO, Marino. *Lei de Improbidade Administrativa Comentada*. São Paulo: Atlas, 2002. p. 57. *Em sentido contrário*, defendendo a taxatividade das hipóteses elencadas nos incisos dos arts. 9.º, 10 e 11, confira-se: PRADO, Francisco Octavio de Almeida. *Improbidade Administrativa*. São Paulo: Malheiros, 2001. p. 35.

[195] É esse também o entendimento do STJ: REsp 435.412/RO, 1.ª T., rel. Min. Denise Arruda, j. 19.09.2006.

746 INTERESSES DIFUSOS E COLETIVOS – VOL. 1

dos atos de improbidade administrativa por ofensa aos princípios da administração pública, discriminada exaustivamente nos incisos do referido dispositivo legal[196] (grifamos).

Esse mesmo entendimento vem sendo adotado pelas duas turmas do STJ com competência para o julgamento das ações de improbidade administrativa.[197]

A alteração legislativa não é singela. A partir da reforma da LIA, a simples ofensa aos princípios da administração pública, por si só, não é apta a atrair a incidência da LIA. Tal conduta só configurará ato de improbidade administrativa se encontrar abrigo num dos tipos previstos no rol taxativo (*numerus clausus*) do art. 11.[198]

Exemplificativamente, se um agente público de fiscalização, agindo de forma consciente e voluntária, deixar de lavrar um auto de infração ambiental, descumprindo, assim, dever de ofício, para beneficiar uma empresa infratora, sua conduta será imoral e ofensiva aos princípios da administração pública, mas será atípica para os fins da LIA, por não encontrar abrigo em nenhum dos tipos do rol taxativo do art. 11.[199] Na situação hipotética dada, é oportuno destacar, a não configuração do ato de improbidade administrativa não afasta a possibilidade de responsabilização do agente público nas esferas criminal e disciplinar.

Na sequência, analisaremos os aspectos mais relevantes de cada uma das modalidades de ato de improbidade administrativa.

6.8.1 Enriquecimento ilícito

6.8.1.1 Introdução

A primeira modalidade de improbidade administrativa é aquela que importa em **enriquecimento ilícito** do agente público, em razão de sua atuação em qualquer das entidades referidas no art. 1.º da LIA.

Trata-se da mais grave das ofensas à probidade administrativa, normalmente associada à prática de atos de corrupção.

A **descrição genérica** dessa conduta ímproba é encontrada no *caput* do art. 9.º da Lei 8.429/1992, que assim dispõe:

> **Art. 9.º** Constitui ato de improbidade administrativa importando em enriquecimento ilícito auferir, mediante a prática de ato doloso, qualquer tipo de vantagem patrimonial indevida em razão do exercício de cargo, de mandato, de função, de emprego ou de atividade nas entidades referidas no art. 1.º desta Lei, e notadamente:

Remarque-se que a Lei 14.230/2021 alterou o enunciado do *caput* do art. 9.º, que passa a prever expressamente o dolo como elemento subjetivo geral do tipo, diferentemente do seu enunciado original, que não fazia nenhuma menção ao elemento subjetivo do tipo.

Busca-se, aqui, coibir o enriquecimento ilícito, ou seja, aquele que ofende os princípios da moralidade e da probidade.

---

[196] STF, Plenário, ARE 803.568 A GR-segundo-ED V-ED/SP, rel. Min. Luiz Fux, rel. p/ acórdão Min. Gilmar Mendes, sessão virtual de 11 a 21 de agosto de 2023. No mesmo sentido: RE 1.452.533 AgR, 1.ª T., rel. Min. Cristiano Zanin, *DJe* 21.11.2023.

[197] A título de exemplo, citam-se: STJ, AgInt no AREsp 2.380.545/SP, 1.ª T., rel. Min. Gurgel de Faria, por unanimidade, j. 06.02.2024; e AgInt no AREsp 1.984.755/SP, 2.ª T., rel. Min. Francisco Falcão, j. 04.03.2024.

[198] Nesse sentido: JUSTEN FILHO, Marçal. *Reforma da Lei de Improbidade Administrativa Comentada e Comparada*: Lei 14.320, de 25 de Outubro de 2021. Rio de Janeiro: Forense, 2022. p. 118; PAZZAGLINI FILHO, Marino. *Lei de Improbidade Administrativa Comentada*. 8. ed. São Paulo: Juspodivm, 2022. p. 138.

[199] Antes da reforma promovida pela Lei 14.230/2021, tal conduta era enquadrada no inciso II do art. 11 (retardar ou deixar de praticar, indevidamente, ato de ofício). Com a revogação do inciso II, tornou-se atípica para os fins da LIA.

CAP. 6 – IMPROBIDADE ADMINISTRATIVA | **747**

A expressão **auferir** advém do Latim *auferre* e significa perceber, obter, colher, ter, tirar. O sentido da expressão **"vantagem patrimonial"** é qualquer modalidade de prestação, positiva (apropriação de bens) ou negativa (economia de recursos), geradora de um *plus* patrimonial para o agente público ou para outrem.

A **prestação positiva** opera um acréscimo à fortuna do sujeito ativo (como na hipótese do agente público que recebe dinheiro para facilitar a locação de um bem público por preço inferior ao valor de mercado).

A **prestação negativa**, por sua vez, nada acrescenta, diretamente, à fortuna do agente, mas evita uma diminuição dos bens ou valores existentes em seu patrimônio, fazendo com que determinado ônus, preexistente ao ilícito, ou não, seja assumido por terceiro. Exemplo: utilização de serviços de qualquer natureza (transporte, hospedagem, alimentação, locação de veículos etc.), gratuitos ou pagos por terceiros.[200]

Muita atenção: o dano ao erário, nessa modalidade de improbidade administrativa, é dispensável.[201] Isso significa dizer que **o enriquecimento ilícito pode perfazer-se sem que haja lesão aos cofres públicos.** Um bom exemplo é o do agente público que recebe propina de terceiro para intermediar a liberação de verba pública (art. 9.º, IX).[202]

Por último, anote-se que, além das sanções previstas no art. 12, I, da LIA, as condutas caracterizadoras do enriquecimento ilícito ensejarão a aferição da responsabilidade penal do agente e do terceiro que concorreu para a referida prática ou dela se beneficiou.[203]

6.8.1.2 Elementos essenciais

A caracterização do ato de improbidade previsto no art. 9.º da LIA está condicionada à presença dos seguintes elementos:

1.º) Percepção de vantagem patrimonial pelo agente: o enriquecimento ilícito só se caracteriza quando há o efetivo *recebimento* da vantagem patrimonial pelo agente público, pouco importando se adveio de oferta, solicitação ou exigência.

Na precisa observação de Wallace Paiva Martins Júnior, "se do ato (comissivo ou omissivo) não houve a percepção de vantagem econômica, outra é a espécie de improbidade administrativa (prejuízo ao erário ou atentado aos princípios da Administração Pública)".[204]

> ## ATENÇÃO
>
> Essa é a regra, para a qual a LIA prevê uma exceção: na hipótese prevista no inciso V, *in fine*, do art. 9.º, *bastará o aceite* da promessa da vantagem indevida para a caracterização do enriquecimento ilícito.

2.º) Essa vantagem deve ser indevida: exige-se que a vantagem patrimonial obtida pelo agente seja indevida, isto é, não autorizada por lei.

---

[200] A propósito, veja-se: MOREIRA PINTO, Francisco Bilac Moreira. *Enriquecimento Ilícito no Exercício de Cargos Públicos.* Rio de Janeiro: Forense, 1960. p. 268-269.

[201] Nesse sentido: REsp 1.412.214/PR, 1.ª T., rel. Min. Napoleão Nunes Maia Filho, rel. p/ acórdão Min. Benedito Gonçalves, j. 08.03.2016, *DJe* 28.03.2016 (Informativo 580).

[202] A análise do art. 9.º revela que em vários casos a vantagem indevida obtida pelo agente não é originária dos cofres públicos, mas sim de terceiros (os incisos III, V, VI, IX e X são exemplos claros dessa conduta).

[203] Dentre os crimes contra a Administração Pública previstos no Código Penal, será normalmente identificada a prática dos crimes de peculato (art. 312), concussão (art. 316), corrupção passiva (art. 317), advocacia administrativa (art. 321), corrupção ativa (art. 333) e fraude em licitação ou contrato (art. 337-L). Na legislação extravagante, será comum a caracterização dos crimes de responsabilidade dos prefeitos (art. 1.º, I e II, do Decreto-lei 201/1967), contra a ordem tributária (art. 3.º, II, da Lei 8.137/1990) e, eventualmente, de lavagem de dinheiro (art. 1.º da Lei 12.683/2012), se houver ocultação de bens ou valores.

[204] MARTINS JÚNIOR, Wallace Paiva. *Probidade Administrativa.* 4. ed. São Paulo: Saraiva, 2009. p. 229.

748 | INTERESSES DIFUSOS E COLETIVOS - VOL. 1

Francisco Octavio de Almeida Prado assinala que vantagem *indevida* é aquela "que não se sustenta em título jurídico válido", ou seja, vantagem que não representa prestação devida pelo particular em decorrência de vínculo obrigacional legitimamente estabelecido com o agente público.[205]

3.º) Conduta dolosa do agente: para a ocorrência desse tipo de improbidade, há a necessidade da existência de vontade livre e consciente do agente em realizar qualquer das condutas descritas no art. 9.º.

Conforme visto, a Lei 14.230/2021 alterou o enunciado do *caput* do art. 9.º, que passa a prever expressamente o dolo como elemento subjetivo geral do tipo. Dúvidas não há, portanto, de que a conduta do agente público suscetível de causar enriquecimento ilícito só pode ser dolosa.

4.º) Existência de nexo causal entre o exercício funcional e a vantagem indevida: exige-se que a vantagem patrimonial auferida pelo agente esteja ligada ao exercício de mandato, cargo, função ou emprego em uma das entidades referidas no art. 1.º.

Não é necessário, contudo, que, no momento do recebimento da vantagem (ou da aceitação da respectiva promessa, na hipótese do inciso V), o agente esteja no exercício da função. Basta que a vantagem patrimonial indevida se vincule a tal exercício.[206] Em outras palavras, se o agente receber, para si ou para outrem, direta ou indiretamente, ainda que fora da função ou antes de assumi-la, mas em razão dela, vantagem patrimonial indevida, ou aceitar promessa de tal vantagem (na hipótese do inciso V), sua conduta se subsumirá no tipo do art. 9.º.

Apresentamos em síntese o que foi exposto:

Elementos essenciais à caracterização do enriquecimento ilícito (art. 9.º)
Percepção de vantagem patrimonial
Ilicitude dessa vantagem
Conduta dolosa do agente público
Nexo causal entre o exercício funcional e a vantagem indevida

6.8.1.3 Condutas específicas elencadas exemplificativamente no art. 9.º

Definidos os principais contornos do ato de improbidade que importa em enriquecimento ilícito do agente público, examinamos, a seguir, as hipóteses elencadas exemplificativamente no art. 9.º da LIA.

6.8.1.3.1 Recebimento de vantagem econômica indevida para amparar interesse alheio

I – receber, para si ou para outrem, dinheiro, bem móvel ou imóvel, ou qualquer outra vantagem econômica, direta ou indireta, a título de comissão, percentagem, gratificação ou presente de quem tenha interesse, direto ou indireto, que possa ser atingido ou amparado por ação ou omissão decorrente das atribuições do agente público;

A descrição proíbe o recebimento de qualquer vantagem econômica pelo próprio agente público, ou por terceiro a ele vinculado, como retribuição de quem tenha

---

[205] PRADO, Francisco Octavio de Almeida. *Improbidade Administrativa*. São Paulo: Malheiros, 2001. p. 75.

[206] No mesmo sentido, veja-se: DECOMAIN, Pedro Roberto. *Improbidade Administrativa*. São Paulo: Dialética, 2008. p. 84.

interesse, direto ou indireto, que possa ser atingido ou amparado por sua conduta funcional.[207]

Esse interesse não precisa ser concreto ou real, contentando-se a lei com um interesse mediato ou imediato, direto ou indireto, e que pode traduzir-se até em uma simples expectativa de direito, e não propriamente um interesse juridicamente tutelável.[208]

Na espécie, **basta o recebimento da vantagem patrimonial indevida** para a configuração da improbidade, pouco importando se o interesse do corruptor foi atingido ou amparado pela ação ou omissão funcional do agente público.[209]

Assim, por exemplo, se um oficial de justiça recebe determinada quantia de uma parte envolvida em um litígio judicial, como incentivo para cumprir um mandado em menor tempo, está caracterizado o enriquecimento ilícito, sendo irrelevante perquirir se o cumprimento do mandado foi por ele efetivamente "acelerado".

Da mesma forma, se um escritório de advocacia contrata para estágio remunerado o filho de um procurador de justiça, com a intenção de obter deste algum favorecimento em processo a ele distribuído em segunda instância, restará tipificada a conduta ímproba em exame, independentemente de qualquer atuação funcional efetiva em favor do cliente do sobredito escritório, interessado no resultado do processo.

A vantagem pode ser recebida antes ou depois da conduta do agente (ação ou omissão), a título de comissão, percentagem, gratificação ou presente.

Comissão designa contraprestação de valor econômico paga pelo interessado ao agente para o atendimento de pretensão daquele. A **percentagem** é o valor calculado proporcionalmente ao *quantum* pretendido pelo corruptor. A **gratificação** é a propina dada em troca do favor pleiteado ou obtido. E o **presente**, como assinala Marino Pazzaglini Filho, "é o mimo ou regalo dado pelo interessado ao agente público, que tenha conotação de suborno, aliciamento ou corrupção".[210]

Anote-se que a expressão "presente", dada a sua elasticidade, deve ser trazida aos padrões da razoabilidade. Nesse sentido, não se consideram ilegais, por exemplo, os pequenos brindes entregues de forma desinteressada por particulares em épocas de festas ("lembranças" de Natal, Ano-Novo, Páscoa), como agendas, calendários, canetas, chaveiros etc.[211]

> Por outro lado, importa destacar que a conduta vedada pelo inciso I do art. 9.º da LIA recebe tratamento semelhante no domínio da Lei 12.813/2013, que dispõe sobre o conflito de interesses no exercício de cargo ou emprego do Poder Executivo federal. Nos termos do art. 5.º, VI, do referido diploma, "configura conflito de interesses receber presente de quem tenha interesse em decisão do agente público ou de colegiado do qual este participe fora dos limites e condições estabelecidos em regulamento". A prática de tal conduta, nos termos do art. 12 da Lei de Conflito de Interesses, configura ato de improbidade administrativa.

---

[207] A 2.ª Turma do STJ, ao analisar inicial de ação de improbidade ajuizada pelo Ministério Público Federal, não visualizou a prática de ato de improbidade no custeio parcial, por sociedade empresária estrangeira dedicada à produção de sementes transgênicas, de despesas com viagem de representante do Ministério do Meio Ambiente para participar de dois eventos sobre temática no exterior. Como o servidor foi autorizado a viajar e a participar do evento por decisão do seu superior hierárquico, chancelada por decreto do Presidente da República, não restou caracterizado o dolo em sua conduta, ao que se somou a ausência de prova de comprometimento de isenção no desempenho de suas funções junto à Comissão Técnica Nacional de Biossegurança-CTNBio (REsp 852.682/DF, rel. Min. Castro Meira, j. 02.08.2007).

[208] MARTINS JÚNIOR, Wallace Paiva. *Probidade Administrativa*. 4. ed. São Paulo: Saraiva, 2009. p. 232.

[209] Nesse sentido: MARTINS, Fernando Rodrigues. *Controle do Patrimônio Público*: Comentários à Lei de Improbidade Administrativa. 4. ed. São Paulo: RT, 2010. p. 262.

[210] PAZZAGLINI FILHO, Marino. *Lei de Improbidade Administrativa Comentada*. São Paulo: Atlas, 2002. p. 58.

[211] *No mesmo sentido*: SOUZA, Motauri Ciocchetti de. *Interesses Difusos em Espécie*. São Paulo: Saraiva, 2000. p. 109. *Em sentido contrário*, Benedicto de Tolosa Filho assinala que "o presente de pequena ou de grande expressão econômica, ofertado pra quem tenha interesse direto ou indireto, não descaracteriza a percepção de vantagem indevida" (*Comentário à Lei de Improbidade Administrativa*. Rio de Janeiro: Forense, 2003. p. 70).

6.8.1.3.2 Percepção de vantagem econômica para facilitar negócio com sobrepreço

II – perceber vantagem econômica, direta ou indireta, para facilitar a aquisição, permuta ou locação de bem móvel ou imóvel, ou a contratação de serviços pelas entidades referidas no art. 1.º por preço superior ao valor de mercado;

A LIA considera ímproba a conduta do agente público que recebe vantagem econômica para facilitar a contratação de bens ou serviços pela Administração Pública por preço superior ao valor de mercado, sendo o sobrepreço vantagem para o particular.

O objetivo da norma é coibir a não rara prática de **sobrepreço** na *aquisição*, *permuta* ou *locação* de bens, ou na *contratação de serviços* pelo organismo ou entidade pública.

Com exceção da permuta,[212] os negócios jurídicos elencados no inciso II são precedidos de processo licitatório, no qual se buscará sempre a proposta mais vantajosa para a Administração Pública.

Observe-se que o ato de improbidade em análise somente se aperfeiçoa com a prática da conduta dolosa pelo agente público. É dizer: além de receber a vantagem econômica, o agente deve desenvolver uma atuação desleal, consistente em facilitar a contratação danosa ao Erário.[213] Seguindo esse entendimento, uma vez comprovado o recebimento da vantagem indevida, mas não a facilitação nem o sobrepreço, a conduta do agente público não se subsome ao inciso em questão, mas poderá ser enquadrada no *caput* do art. 9.º.[214]

Por outro lado, se o agente público aceita a promessa de vantagem econômica, facilita a contratação lesiva ao erário, mas o benefício não chega a integrar-se ao seu patrimônio, sua conduta poderá se subsumir ao tipo de improbidade descrito no art. 10, V, da LIA.

Agora, se o agente público aceita a promessa de vantagem, mas não a recebe e o negócio com sobrepreço não se concretiza, sua conduta poderá ser enquadrada no tipo do art. 11 (atentado contra os princípios da Administração Pública).[215]

6.8.1.3.3 Percepção de vantagem econômica para facilitar negócio por preço inferior ao de mercado

III – perceber vantagem econômica, direta ou indireta, para facilitar a alienação, permuta ou locação de bem público ou o fornecimento de serviço por ente estatal por preço inferior ao valor de mercado;

Censura-se a percepção de vantagem econômica para facilitar a contratação de bens públicos (alienação,[216] permuta ou locação) ou o fornecimento de serviço público por **preço subfaturado**, isto é, inferior ao valor de mercado.

---

[212] Embora prescinda de licitação, a permuta depende de avaliação e aprovação da autoridade competente em procedimento administrativo interno, bem como de autorização legislativa específica.

[213] *No mesmo sentido*, vejam-se, entre outros: PAZZAGLINI FILHO, Marino. *Lei de Improbidade Administrativa Comentada*. São Paulo: Atlas, 2002. p. 59; SOBRANE, Sérgio Turra. *Improbidade Administrativa*: Aspectos Materiais, Dimensão Difusa e Coisa Julgada. São Paulo: Atlas, 2010. p. 42; MATTOS, Mauro Roberto Gomes de. *O Limite da Improbidade Administrativa*: Comentários à Lei 8.429/92. 5. ed. Rio de Janeiro: Forense, 2010. p. 201. *Em sentido contrário*, Sílvio Antônio Marques defende que o ato de improbidade em comento perfaz-se com o recebimento da vantagem indevida, não se exigindo o exaurimento do ato ilegal, consistente na redução das dificuldades administrativas (*Improbidade Administrativa*: Ação Civil e Cooperação Jurídica Internacional. São Paulo: Saraiva, 2010. p. 71).

[214] A propósito: MARTINS JÚNIOR, Wallace Paiva. *Probidade Administrativa*. 4. ed. São Paulo: Saraiva, 2009. p. 234.

[215] Nesse sentido, veja-se: DECOMAIN, Pedro Roberto. *Improbidade Administrativa*. São Paulo: Dialética, 2008. p. 89.

[216] A título de recordação, anote-se que os bens dominicais pertencentes ao patrimônio privado do Estado podem ser alienados, ao passo que os de uso comum e de uso especial são inalienáveis enquanto afetados a fins públicos (arts. 100 e 101 do CC/2002).

CAP. 6 – IMPROBIDADE ADMINISTRATIVA | **751**

O regime de contratação dos negócios jurídicos aqui elencados está igualmente sujeito à licitação e aos requisitos examinados no inciso anterior.

Remarque-se que, se o agente público aceita a promessa de vantagem, mas não a recebe, sua conduta se subsumirá no tipo de improbidade do art. 10, IV (se o negócio subfaturado se concretizar), ou do art. 11 (se o negócio lesivo ao erário não se concretizar). Por outro lado, uma vez recebida a vantagem, mas não comprovada a facilitação, sua conduta será enquadrada no *caput* do art. 9.º.

6.8.1.3.4 Utilização de bens públicos ou de mão de obra de servidor em obra ou serviço particular

IV – utilizar, em obra ou serviço particular, qualquer bem móvel, de propriedade ou à disposição de qualquer das entidades referidas no art. 1.º desta Lei, bem como o trabalho de servidores, de empregados ou de terceiros contratados por essas entidades;

A LIA proíbe a **utilização em obra ou serviço particular de pessoal e de bens de entidades públicas ou assemelhadas**.

A vantagem patrimonial, no caso, evidencia-se na modalidade de **prestação negativa** (economia de recursos). Com efeito, o agente público que se serve indevidamente de bens e servidores públicos em obra ou serviço particular onera o erário e se enriquece ilicitamente, na medida em que economiza seus próprios recursos, deixando de empenhar suas posses para a satisfação de interesses particulares.[217]

Para a configuração da conduta ímproba em análise, exige-se o emprego efetivo em obra ou serviço particular dos bens públicos ou do trabalho de servidores públicos, empregados ou terceiros contratados pelas entidades referidas no art. 1.º.

ATENÇÃO

Aqui, o beneficiário é o próprio agente público. Se o beneficiário for um terceiro, a conduta do agente público poderá ser enquadrada no art. 9.º, *caput* (se receber alguma vantagem econômica), ou no art. 10, XIII (se não receber nenhuma vantagem econômica).

6.8.1.3.5 Recebimento ou aceitação de promessa de vantagem econômica para tolerar atividade ilícita

V – receber vantagem econômica de qualquer natureza, direta ou indireta, para tolerar a exploração ou a prática de jogos de azar, de lenocínio, de narcotráfico, de contrabando, de usura ou de qualquer outra atividade ilícita, ou aceitar promessa de tal vantagem;

A LIA considera ímproba a conduta do agente público que **recebe vantagem ou aceita a promessa de vantagem econômica para tolerar a exploração de atividades ilícitas**.

Pontue-se que o enriquecimento ilícito, *in casu*, prescinde do recebimento da vantagem indevida. Com efeito, **basta ao agente público aceitar a promessa de vantagem** para que sua conduta se subsuma ao tipo em análise, secundada, obviamente, pela tolerância com a prática de qualquer atividade ilícita, particularmente aquelas mencionadas especificamente no inciso – jogos de azar, lenocínio, narcotráfico, contrabando e usura.

---

[217] A propósito, vejam-se: STJ, REsp 877.106/MG, 2.ª T., rel. Min. Castro Meira, *DJe* 10.09.2009; REsp 867.146/SC, rel. Min. Eliana Calmon, j. 28.10.2008.

INTERESSES DIFUSOS E COLETIVOS - VOL. 1

Como se vê, só pode cometer essa improbidade o agente que tenha a atribuição funcional de prevenir ou reprimir práticas de cunho delituoso.[218]

Outro aspecto que merece ser destacado é que as práticas ilícitas especificadas no inciso são meramente **exemplificativas**, consoante se infere da expressão genérica "ou de qualquer outra atividade ilícita". Portanto, além das referidas, a tolerância a qualquer outra espécie de atividade ilícita, em razão do recebimento ou aceitação de promessa de vantagem patrimonial pelo agente que tem o dever de coibi-la (ex.: servidor municipal que se omite no dever de fiscalizar construções irregulares), poderá configurar esse tipo de improbidade.[219]

6.8.1.3.6 Recebimento de vantagem econômica por fazer declaração falsa

VI – receber vantagem econômica de qualquer natureza, direta ou indireta, para fazer declaração falsa sobre qualquer dado técnico que envolva obras públicas ou qualquer outro serviço ou sobre quantidade, peso, medida, qualidade ou característica de mercadorias ou bens fornecidos a qualquer das entidades referidas no art. 1.º desta Lei;

Pune-se a conduta do agente público que recebe vantagem econômica indevida para fazer **declaração falsa** em medições ou avaliações de obras ou serviços públicos, ou sobre dados de bens adquiridos pela Administração Pública (quantidade, peso, medida, qualidade ou característica).

Imaginemos, por exemplo, a construção de diversas casas populares em um conjunto habitacional. A liberação dos pagamentos é feita de forma progressiva e está condicionada à evolução das etapas de trabalho, constatada por meio de medições feitas por agentes públicos ou terceiros contratados pela Administração Pública para esse fim. Além disso, também há a necessidade de verificar se os materiais empregados na construção estão em conformidade quantitativa e qualitativa com o que foi contratado. Caso as **medições** da obra ou as **conferências dos materiais** nela empregados sejam *falseadas ideologicamente* pelos agentes públicos encarregados de tal mister, com o propósito de favorecer o particular contratado, mediante o recebimento de vantagem econômica, restará caracterizado o ato de improbidade administrativa previsto neste inciso.

A norma em análise também sanciona a declaração falsa em **avaliações** de obras públicas ou serviços, assim entendidos os cálculos realizados por agentes, técnicos ou peritos para aferir o valor de determinados serviços, obras e bens.

6.8.1.3.7 Aquisição de bens cujo valor seja desproporcional à evolução patrimonial ou à renda

VII – adquirir, para si ou para outrem, no exercício de mandato, de cargo, de emprego ou de função pública, e em razão deles, bens de qualquer natureza, decorrentes dos atos descritos no *caput* deste artigo, cujo valor seja desproporcional à evolução do patrimônio ou à renda do agente público, assegurada a demonstração pelo agente da licitude da origem dessa evolução;

A LIA qualifica como ímproba a aquisição de bens de qualquer natureza, no exercício de mandato, cargo, emprego ou função pública, cujo valor seja desproporcional à evolução patrimonial ou à renda do agente público.

---

[218] A propósito, veja-se: PAZZAGLINI FILHO, Marino. *Lei de Improbidade Administrativa Comentada*. São Paulo: Atlas, 2002. p. 64.

[219] A propósito, entre outros, vejam-se: SOBRANE, Sérgio Turra. *Improbidade Administrativa*: Aspectos Materiais, Dimensão Difusa e Coisa Julgada. São Paulo: Atlas, 2010. p. 44; MARQUES, Sílvio Antônio. *Improbidade Administrativa*: Ação Civil e Cooperação Jurídica Internacional. São Paulo: Saraiva, 2010. p. 77. Marcelo Figueiredo confere uma interpretação mais restritiva à expressão "ou de qualquer atividade ilícita". Para o autor, o sentido de ilícito, aqui, está associado à prática de atividade criminosa (*Probidade Administrativa*. 6. ed. São Paulo: Malheiros, 2009. p. 88).

Não é por outra razão que o art. 13, *caput,* condiciona a posse e o exercício de agente público "à apresentação de declaração de imposto de renda e proventos de qualquer natureza, que tenha sido apresentada à Secretaria Especial da Receita Federal do Brasil, a fim de ser arquivada no serviço de pessoal competente", declaração esta que deverá ser atualizada anualmente e na data em que o agente público deixar o exercício da função, sob pena de demissão (art. 13, §§ 2.º e 3.º).

Questão polêmica consiste em saber se a caracterização desse tipo de improbidade está condicionada à comprovação do nexo causal entre o enriquecimento desproporcional e a prática de algum ato funcional desleal. Sobre o tema, existem duas principais correntes doutrinárias:

1.ª) Não há presunção legal de enriquecimento ilícito:[220] incumbe ao autor da ação civil de improbidade provar que a aquisição de bens em desacordo com a evolução do patrimônio do agente público decorreu de determinado ato de improbidade praticado no exercício de função pública. Em síntese, são estes os principais argumentos dos defensores dessa tese:

a) não há, na espécie, qualquer previsão legal de inversão do ônus da prova. E sua adoção, por ser excepcional e afastar a regra processual geral *actore incumbit probatio,* tem que ser expressa, e não tácita ou presumida;

b) a norma do art. 9.º, da qual o inciso VII é uma das espécies, trata de enriquecimento ilícito *em razão do exercício de função pública,* do que se conclui que deve ser evidenciado o nexo etiológico entre o enriquecimento e o exercício público;

c) no Estado Democrático de Direito não se pode conceber exigir do cidadão que prove sua inocência, sob pena de afronta ao princípio constitucional da presunção de inocência na esfera penal, extensivo às sanções por improbidade administrativa;

d) o dispositivo do projeto original da LIA que previa a inversão do ônus da prova nessa hipótese (art. 26) foi excluído na Câmara dos Deputados, o que demonstra não caber, na espécie, a inversão excepcional do ônus dessa prova.

2.ª) Há presunção legal de enriquecimento ilícito:[221] o autor da ação civil de improbidade não precisa demonstrar o nexo causal entre algum ato de ofício e o acréscimo patrimonial do agente público, bastando a prova de que este exercia a função pública e que os bens e valores adquiridos são incompatíveis ou desproporcionais à evolução de seu patrimônio ou renda. Nessa esteira, argumenta-se:

---

[220] Nesse sentido, entre outros, vejam-se: PAZZAGLINI FILHO, Marino; ROSA, Márcio Fernando Elias; FAZZIO JÚNIOR, Waldo. *Improbidade Administrativa*: Aspectos Jurídicos da Defesa do Patrimônio Público. São Paulo: Atlas, 1998. p. 71; SARMENTO, George. Improbidade Administrativa. Porto Alegre: Síntese, 2002. p. 78; PRADO, Francisco Octavio de Almeida. *Improbidade Administrativa.* São Paulo: Malheiros, 2001. p. 87; DECOMAIN, Pedro Roberto. *Improbidade Administrativa.* São Paulo: Dialética, 2008. p. 98; e MATTOS, Mauro Roberto Gomes de. *O Limite da Improbidade Administrativa:* Comentários à Lei 8.429/92. 5. ed. Rio de Janeiro: Forense, 2010. p. 218-219.

[221] *Nesse sentido,* entre outros, confiram-se: MARTINS JÚNIOR, Wallace Paiva. *Probidade Administrativa.* 4. ed. São Paulo: Saraiva, 2009. p. 234; GARCIA, Emerson; ALVES, Rogério Pacheco. *Improbidade Administrativa.* 4. ed. Rio de Janeiro: Lumen Juris, 2008. p. 238; GUASQUE, Luiz Fabião. *A Responsabilidade da Lei de Enriquecimento Ilícito.* São Paulo: RT, 1995. n. 712, p. 358-361; OSÓRIO, Fábio Medina. *Improbidade Administrativa*: Observações sobre a Lei 8.429/92. Porto Alegre: Síntese, 1997. p. 124-125; e FERRAZ, Antônio Augusto Mello de Camargo; BENJAMIN, Antonio Herman de Vasconcelos e. A Inversão do Ônus da Prova na Lei de Improbidade Administrativa (Lei 8.428/92). In: TESES APROVADAS NO CONGRESSO NACIONAL DO MINISTÉRIO PÚBLICO, São Paulo: Associação Paulista do Ministério Público, 1995. p. 31-38. (Série: Cadernos – Temas Institucionais.); e ORTIZ, Carlos Alberto. Improbidade Administrativa. *Cadernos de Direito Constitucional e Eleitoral,* Imprensa Oficial do Estado de São Paulo, v. 28, p. 16.

a) presume-se a inidoneidade do agente público que adquire bens ou valores incompatíveis com a normalidade do seu padrão de vencimentos. A *ratio* da norma é simples: quem não tinha disponibilidade econômica para amealhar bens cujo valor seja incompatível com a evolução do patrimônio ou renda não tem justificativa hígida para a aquisição, advindo esses recursos de origem ilícita;

b) a *mens legis* prevalece sobre a *legislatoris* e, diante da redação do art. 9.º, VII, basta ao autor da ação provar a desproporção entre patrimônio e renda do funcionário; com isso, reduz-se demasiadamente o risco de impunidade, livrando-se o Ministério Público do pesado ônus de investigar com microscópio os atos de corrupção, sempre tão bem maquilados, quando, com clareza, nota-se o enriquecimento desproporcional do agente público. Certamente ao agente, nos raros casos em que houver justificativa, será muito mais fácil apresentar as provas de que sua fortuna tem origem lícita;

c) a presunção, *in casu*, é relativa (possibilita ao agente público fazer prova da origem ilícita dos bens, com o que restará afastada a improbidade) e decorre do dever funcional de probidade, do qual se origina o de transparência da vida pessoal do agente, especialmente no tocante à origem do seu patrimônio;

d) a evolução desproporcional do patrimônio é caso **residual** de enriquecimento ilícito. Como bem assinala Wallace Paiva Martins Júnior, se não há prova de que a vantagem percebida é relacionada à deslealdade funcional, afastando a incidência de outra modalidade de enriquecimento ilícito, mesmo assim se afigura inidôneo o enriquecimento do agente público, porque adquiriu bens ou valores desproporcionais e incompatíveis com a evolução de seu patrimônio ou renda.

Entendemos correta essa segunda posição também pelo fato de que a técnica legislativa adotada pela LIA permite a identificação de uma relativa autonomia entre os incisos e o *caput* do art. 9.º, demonstrando que, não raro, a caracterização de uma das condutas específicas prescindirá da presença de algum elemento configurador da conduta genérica. Tanto é assim que, na hipótese descrita no inciso V, por exemplo, basta ao agente aceitar a promessa de vantagem indevida para sua conduta se subsumir no tipo, ainda que não venha a recebê-la. Nessa trilha, é correto afirmar que o tipo de improbidade em exame incide independentemente da prova da existência de nexo causal entre o exercício da função e o recebimento da vantagem indevida.

Não fosse assim, a norma seria absolutamente inútil, porquanto a demonstração de que a aquisição de bens em desacordo com a evolução do patrimônio do agente público decorreu de determinado ato de improbidade praticado no exercício de função pública, invariavelmente, atrai a incidência do tipo genérico descrito no *caput* do art. 9.º, ou, ainda, de algum dos tipos específicos arrolados exemplificativamente na sequência (*v.g.*, incisos III, V, VI, IX ou X).

Não se trata, tecnicamente, de inversão do ônus da prova, muito menos de ofensa à presunção de inocência, exatamente porque a incumbência de provar essa incompatibilidade patrimonial é do autor da ação de improbidade administrativa, e não da defesa.

Destaca-se, desde logo, haver solução para o conflito aparente entre o ônus da prova e a presunção de inocência do réu. Este é considerado inocente até prova em contrário, resumida por sentença condenatória, com trânsito em julgado.

Portanto, cabe ao autor, ao ingressar com a ação de improbidade administrativa, o ônus da prova, buscando demonstrar ser o réu culpado do ato de improbidade administrativa que lhe é imputado.

Ao réu, se pretender apenas negar a imputação, resta permanecer inerte, pois nenhum ônus lhe cabe. Seu estado de inocência prevalece. Entretanto, se a estratégia de defesa tiver por meta alegar fato diferenciado daqueles constantes da peça vestibular, chama a si o ônus da prova.

Seguindo, assim, o regime de distribuição do ônus da prova previsto no próprio Código de Processo Civil, a LIA incumbe ao autor da ação de improbidade administrativa fazer prova consistente de que o réu detém patrimônio incompatível com a evolução do seu patrimônio ou renda. É esse o fato constitutivo do direito tutelado pelo autor, que serve de pressuposto à incidência da norma *sub analise*.

Caso o imputado tenha interesse em demonstrar inexistir a incompatibilidade provada pela acusação, o ônus mínimo de gerar a dúvida razoável que lhe favorece é de sua defesa, e não do autor da ação, evidentemente.

A inércia processual da defesa, nesse caso, não atenta contra a inocência que lhe é presumida constitucionalmente. Apenas tem como efeito próprio, de quem não se desincumbe de seu ônus, de conferir vantagem à acusação na tese por ela defendida e provada.

Esse entendimento foi consolidado na jurisprudência do STJ. Confira-se, nesse sentido, trecho da ementa de julgado da Primeira Seção:

> (...) A jurisprudência deste Superior Tribunal é no sentido de que em matéria de enriquecimento ilícito, cabe à Administração comprovar o incremento patrimonial significativo e incompatível com as fontes de renda do servidor. Por outro lado, é do servidor acusado o ônus de demonstrar a licitude da evolução patrimonial constatada pela administração, sob pena de configuração de improbidade administrativa por enriquecimento ilícito. Precedentes (...).[222]

Nesse mesmo sentido caminhou a jurisprudência do STF. Confira-se:

> Desta feita, para enquadramento no referido dispositivo, basta tenha ocorrido o enriquecimento ilícito no período da ocupação do cargo público. Noutras palavras, há, aqui, uma inversão do ônus da prova: é o agente público que deve demonstrar a origem lícita desses recursos, por isso não é exigida a alegada demonstração de nexo de causalidade.[223]

Registre-se, por oportuno, que a Lei 14.230/2021 deu nova redação ao inciso VII do art. 9.º da LIA. A tabela a seguir traz um comparativo entre os enunciados:

REDAÇÃO ORIGINAL	REDAÇÃO ATUAL
Art. 9.º (...) VII – adquirir, para si ou para outrem, no exercício de mandato, cargo, emprego ou função pública, bens de qualquer natureza cujo valor seja desproporcional à evolução do patrimônio ou à renda do agente público;	Art. 9.º (...) VII – adquirir, para si ou para outrem, no exercício de mandato, de cargo, de emprego ou de função pública, **e em razão deles**, bens de qualquer natureza, **decorrentes dos atos descritos no *caput* deste artigo**, cujo valor seja desproporcional à evolução do patrimônio ou à renda do agente público, assegurada a demonstração pelo agente da licitude da origem dessa evolução; (grifou-se) (Redação dada pela Lei 14.230, de 2021)

---

[222] MS 20.765/DF, 1.ª Seção, rel. Min. Benedito Gonçalves, *DJe* 14.02.2017. No mesmo sentido: AgRg no AREsp 548.901/RJ, 2.ª T., rel. Min. Assusete Magalhães, j. 16.02.2016.

[223] RMS 38.456-AgR, 2.ª T., rel. Min. Edson Fachin, v.u., j. 05.12.2022. No mesmo sentido: RMS 32.817-AgR, 2.ª T., rel. Min. Teori Zavascki, *DJe* 13.09.2016.

A inclusão das expressões "e em razão deles" e "decorrentes dos atos descritos no *caput* deste artigo" no dispositivo em exame reacendeu a discussão sobre a necessidade ou não de se provar a relação entre a evolução patrimonial a descoberto e a eventual conduta ilícita praticada no exercício do cargo.

Para parte da doutrina, a partir da reforma da LIA há expressa necessidade de se atrelar a conduta ilícita do agente público no exercício de suas funções à evolução patrimonial considerada desproporcional. Em outras palavras, para a incidência do inciso VII do art. 9.º da LIA, há necessidade de se demonstrar o nexo de causalidade entre a evolução desproporcional do patrimônio do agente público e a prática de alguma conduta ilícita no exercício de suas funções.[224]

Respeitadas as opiniões contrárias, ousamos discordar desse entendimento. A nosso sentir, a nova redação do art. 9.º, VII, da Lei 8.429/1992, conferida pela Lei 14.230/2021, reforça a jurisprudência do STF e do STJ no sentido de que a evolução patrimonial a descoberto, manifestada por bens materiais, despesas ou estilo de vida incompatíveis com rendimentos efetivamente recebidos, independe de comprovação da prática de conduta ilícita do servidor público. Prova disso é que o enunciado do tipo em exame atribui ao agente público o ônus de demonstrar a origem lícita desse patrimônio desproporcional à sua renda, conforme se depreende da ressalva "assegurada a demonstração pelo agente da licitude da origem dessa evolução", inserida na LIA pela Lei 14.230/2021.

Vale dizer, a norma deixou clara a distribuição do encargo probatório no tipo de improbidade em análise: incumbe ao Ministério Público ou ao ente lesado a prova da evolução patrimonial a descoberto do agente público. Esse é o fato constitutivo do direito do autor. Uma vez produzida essa prova, incumbe ao agente público a demonstração da origem lícita dessa evolução, fato impeditivo do direito do autor.

Nesse sentido, cabe destacar que a Segunda Turma do Superior Tribunal de Justiça, no julgamento do Recurso Especial 1.923.138/RJ (*DJe* 19.12.2022), da relatoria do Ministro Antonio Herman Benjamin, confirmou a jurisprudência da Corte Superior no sentido de que a evolução patrimonial a descoberto independe de prova de conduta ilícita do servidor público. Como bem anotado pelo Ministro Relator em seu voto, a nova redação do art. 9.º, VII, da Lei 8.429/1992, conferida pela Lei 14.230/2021, reforça o entendimento jurisprudencial no sentido de que a comprovação da evolução desproporcional do patrimônio do agente público é suficiente para a configuração do enriquecimento ilícito, porque o próprio dispositivo ressalva que será "assegurada a demonstração pelo agente da licitude da origem dessa evolução". Pela pertinência, destaca-se trecho da ementa:

> Evolução patrimonial a descoberto, manifestada por bens materiais, despesas ou estilo de vida incompatíveis com rendimentos efetivamente recebidos, independe de alegação ou prova pelo Estado de conduta ilícita do servidor público. Ao revés, incumbe a este o ônus de cabalmente justificar a origem e a legitimidade do capital ou meios exibidos. Precedentes do STJ. Vale destacar que a nova redação do art. 9.º, VII, da Lei 8.429/1992, conferida pela Lei 14.230/2021 – em que pese inaplicável ao caso presente ante os limites do quanto decidido pelo STF no Tema 1.199 (irretroatividade do novo regime, salvo em relação às ações em andamento atinentes aos tipos culposos extintos) –, reforça o entendimento jurisprudencial supra-apontado, porque o próprio dispositivo ressalva que será "assegurada a demonstração pelo agente da licitude da origem dessa evolução".

---

[224] Nesse sentido, confiram-se: FAVRETO, Rogério; GOMES JUNIOR, Luiz Manoel. *Comentários à Nova Lei de Improbidade Administrativa*. 6. ed. São Paulo: Thomson Reuters Brasil, 2023. p. 117; e COSTA, Rafael de Oliveira; BARBOSA, Renato Kim. *Nova Lei de Improbidade Administrativa*: Atualizada de acordo com a Lei 14.230/2021. São Paulo: Almedina, 2022. p. 81-83.

Dessa forma, tanto quanto se entendia antes da vigência da Lei 14.230/2021, é ônus do agente público, e não do Estado, demonstrar que a aquisição dos bens ou estilo de vida de valores desproporcionais não ocorreu em razão do exercício do cargo público.

Registre-se que essa interpretação está em consonância com os compromissos internacionais assumidos pelo Brasil no combate à corrupção. Destacam-se, nesse sentido, o art. 20[225] da Convenção das Nações Unidas contra a Corrupção (Convenção de Mérida) e o art. IX[226] da Convenção Interamericana contra a Corrupção (Convenção de Caracas), que descrevem a evolução desproporcional do patrimônio do agente público como espécie de enriquecimento ilícito, e atribuem ao agente corrupto o ônus de demonstrar a licitude desse incremento.

Entendimento contrário, no sentido de que a LIA exige a demonstração, pelo Estado, da evolução desproporcional do patrimônio do agente público e da relação de causalidade entre essa evolução e a prática de alguma conduta ilícita no exercício das funções, levaria à conclusão de que a LIA está sendo menos restritiva do que tais convenções, em clara afronta ao disposto no art. 65, 2, da Convenção de Mérida, que assim dispõe: "Cada Estado Parte poderá adotar medidas mais estritas ou severas que as previstas na presente Convenção a fim de prevenir e combater a corrupção". Como resultado, a regra prevista no art. 9.º, VII, da LIA seria considerada inválida, por incompatibilidade material vertical com tais Convenções.

Em reforço a essa ideia, não podemos olvidar que constitui obrigação de todo agente público a apresentação de declaração dos bens e valores que compõem o seu patrimônio privado, a fim de ser arquivada no serviço de pessoal competente, declaração esta que deverá ser atualizada anualmente e na data em que o agente público deixar o exercício da função, sob pena de demissão. Dessa forma, o agente imputado de deter patrimônio incompatível com seus rendimentos tem a seu favor ampla disponibilidade probatória de demonstrar em juízo a origem legal dessa evolução patrimonial. Trata-se de comportamento ordinário do agente público, sendo sua ocultação fato de natureza incomum e não esperada pelo Estado.

Ora, se o acusado de evolução patrimonial incoerente com seus rendimentos deveria, por dever legal, ter a seu dispor provas da origem lícita de seu patrimônio, mas não as oferece, está claramente deixando de se desincumbir de seu ônus processual probatório.

Em suma, por obedecer a distribuição ordinária do ônus da prova prevista em nosso sistema processual civil, a presunção legal de enriquecimento ilícito prevista no inciso VII do art. 9.º da LIA não atenta contra a presunção de inocência, nem menoscaba os princípios constitucionais da ampla defesa e do devido processo legal.

É oportuno destacar que a Lei 13.964/2019 (Pacote Anticrime), em vigor desde 23 de janeiro de 2020, inaugurou o confisco alargado em nosso sistema, incluindo o art. 91-A no Código Penal. O confisco deve incidir inteiramente sobre a diferença entre o valor total do patrimônio pertencente ao autor e aquele cuja licitude seja demonstrada. O ônus da prova dessa incoerência incumbe ao Ministério Público, que deverá produzir evidências acima da dúvida razoável de que o autor do fato criminoso edificou patrimônio que não

---

[225] "Art. 20. Enriquecimento ilícito. Com sujeição a sua constituição e aos princípios fundamentais de seu ordenamento jurídico, cada Estado Parte considerará a possibilidade de adotar as medidas legislativas e de outras índoles que sejam necessárias para qualificar como delito, quando cometido intencionalmente, o enriquecimento ilícito, ou seja, o incremento significativo do patrimônio de um funcionário público relativos aos seus ingressos legítimos que não podem ser razoavelmente justificados por ele."

[226] "Art. IX. Enriquecimento ilícito. Sem prejuízo de sua Constituição e dos princípios fundamentais de seu ordenamento jurídico, os Estados Partes que ainda não o tenham feito adotarão as medidas necessárias para tipificar como delito em sua legislação o aumento do patrimônio de um funcionário público que exceda de modo significativo sua renda legítima durante o exercício de suas funções e que não possa justificar razoavelmente."

758 | INTERESSES DIFUSOS E COLETIVOS - VOL. 1

se coaduna com seus rendimentos lícitos. Caso o imputado tenha interesse em demonstrar inexistir a incompatibilidade provada pela acusação, o ônus mínimo de gerar a dúvida razoável que lhe favorece é de sua defesa (art. 91-A, § 2.º, do CP), e não da acusação.

Essas medidas de persecução patrimonial, previstas tanto no art. 9.º, VII, da LIA como no art. 91-A do CP, vão ao encontro da necessidade de desarticular as organizações criminosas ou mesmo criminosos de colarinho-branco[227] a partir da neutralização de patrimônio auferido que se demonstre incompatível com atividades lícitas comprovadas.

6.8.1.3.8 Aceitar emprego, comissão ou exercer atividade de consultoria ou assessoramento para pessoa que tenha interesse suscetível de ser atingido ou amparado

VIII – aceitar emprego, comissão ou exercer atividade de consultoria ou assessoramento para pessoa física ou jurídica que tenha interesse suscetível de ser atingido ou amparado por ação ou omissão decorrente das atribuições do agente público, durante a atividade;

A norma proíbe ao agente público aceitar emprego, comissão ou exercer atividade de consultoria ou assessoramento junto a particular (pessoa física ou jurídica) que tenha interesse passível de ser amparado por sua conduta funcional.

O fundamento maior do dispositivo está radicado no **princípio da impessoalidade,** que não se compadece com a existência de vínculo profissional (emprego, consultoria ou assessoria) entre agente público e particular que ostente interesse passível de ser atingido pela ação ou omissão funcional daquele.

Por último, anote-se que a LIA não exige a prática de qualquer conduta do agente público para a preservação do interesse do particular, mas sua mera potencialidade em razão das atribuições do cargo, emprego, mandato ou atividade nas entidades referidas no art. 1.º. Em outras palavras, **basta a formação do vínculo (formal ou não) para que o ato ímprobo se caracterize.**

6.8.1.3.9 Intermediação para liberação ou aplicação de verba pública

IX – perceber vantagem econômica para intermediar a liberação ou aplicação de verba pública de qualquer natureza;

Trata essa hipótese do chamado "tráfico de influências" ou da conhecida "exploração de prestígio". No Brasil, infelizmente, são corriqueiros os casos de liberação de verbas públicas mediante o pagamento de vantagens econômicas. Aquilo que Marcelo Figueiredo convencionou chamar de "taxa de extorsão".[228]

Considera-se **verba pública** todo e qualquer recurso constante dos orçamentos ou dos cofres públicos. **Intermediar** é interceder em favor de alguém, amparar interesse privado junto à Administração Pública.

O dispositivo sanciona a conduta do agente público que, podendo exercer alguma influência sobre a conduta de outro agente, a quem cabe decidir sobre contratação de bens ou serviços, ou sobre pagamentos a realizar, recebe vantagem econômica do particular (credor ou simples interessado), para exercer sua influência em favor deste. É o caso,

---

[227] Terminologia cunhada pelo sociólogo americano Edwin H. Sutherland em 1939, no discurso *The White-Colar Criminal*, proferido à Sociedade Americana de Sociologia. Em 1949, o autor lançou sua obra *White-Colar Crime*, traduzida para o português por Clécio Lemos, na obra *Crime de Colarinho-Branco*, versão sem cortes, da Editora Revan.

[228] FIGUEIREDO, Marcelo. *Probidade Administrativa*. 6. ed. São Paulo: Malheiros, 2009. p. 92.

por exemplo, do agente público que, valendo-se de sua influência junto à secretaria de obras do município, recebe alguma vantagem econômica para intermediar a antecipação de pagamento de recursos relativos à execução de uma obra pública, em benefício da empresa contratada.

Observe-se que a norma pune a simples "intermediação remunerada", mesmo tratando-se da liberação ou aplicação lícita de recursos.

A caracterização desse tipo de improbidade prescinde da ocorrência de prejuízo ao erário. Não se exige, outrossim, que a verba pública seja efetivamente liberada ou aplicada. Basta o **recebimento da vantagem econômica** pelo agente público, com o compromisso de realizar a intermediação, para que o ato de improbidade se caracterize.

6.8.1.3.10   Recebimento de vantagem para omitir ato de ofício

X – receber vantagem econômica de qualquer natureza, direta ou indiretamente, para omitir ato de ofício, providência ou declaração a que esteja obrigado;

A norma sanciona a conduta do agente público que, no âmbito de sua atribuição, **recebe vantagem econômica para não praticar ato de ofício**.[229]

Para a conformação desse tipo de improbidade, é necessário que o agente tenha, entre suas atribuições, o dever legal de executar o ato, providência ou declaração de ofício. Além disso, deve ter consciência da ilicitude de não o cumprir. E mais: sua omissão deve ser motivada pelo recebimento de vantagem econômica indevida, para atendimento do interesse daquele que o remunerou. Um bom exemplo é o do policial militar rodoviário que recebe uma propina do motorista para não lavrar um auto de infração de trânsito por excesso de velocidade.

Registre-se, por fim, que, se o agente público recebe vantagem indevida para praticar ato de ofício, sua conduta poderá ser enquadrada no *caput* do art. 9.º.

6.8.1.3.11   Incorporação de bens ou valores públicos

XI – incorporar, por qualquer forma, ao seu patrimônio bens, rendas, verbas ou valores integrantes do acervo patrimonial das entidades mencionadas no art. 1.º desta lei;

A norma sanciona a conduta do agente público que, tendo os deveres de guarda, manutenção e administração do acervo público, incorpora, por qualquer forma, a seu patrimônio particular bens, rendas ou valores públicos, passando a agir como se dono fosse. Tal conduta também configura o crime de peculato (art. 312 do CP).

Para a caracterização desse tipo de improbidade, é preciso que o agente se aproprie de bens públicos com **ânimo definitivo** (*animus rem sibi habendi*). Ausente esse propósito de assenhoreamento, sua conduta poderá se subsumir no tipo de improbidade previsto no inciso XII (uso particular de bens ou valores públicos).

É necessário que o bem se incorpore direta ou indiretamente (ex.: utilização de um "testa de ferro") ao patrimônio do próprio agente faltoso. Se este concorrer para a incorporação do bem público ao patrimônio de um terceiro, então sua conduta poderá se subsumir na descrição genérica do art. 9.º (se houver recebimento de vantagem inde-

---

[229] A conduta em análise também poderá configurar os crimes de concussão (se o agente *exigir* a vantagem) e corrupção passiva (se o agente *solicitar* ou *receber* a vantagem). Se o terceiro *oferecer* ou *prometer* vantagem ilícita, poderá responder pelo crime de corrupção ativa. Registre-se, ainda, que, se a omissão do agente estiver relacionada com a arrecadação tributária, poderá restar caracterizado o crime previsto no art. 3.º, II, da Lei 8.137/1990.

760 | INTERESSES DIFUSOS E COLETIVOS – VOL. 1

vida) ou no tipo de improbidade descrito no art. 10, I (quando não houver recebimento dessa vantagem).

Anote-se, por fim, que a posterior restituição da coisa não isenta o agente da responsabilidade pela prática do ato ímprobo em exame, podendo, quando muito, atuar como causa de atenuação da pena (art. 17-C, IV, *f*, da LIA).

6.8.1.3.12 Utilização de bens ou valores públicos para fins particulares

XII – usar, em proveito próprio, bens, rendas, verbas ou valores integrantes do acervo patrimonial das entidades mencionadas no art. 1.º desta lei.

A LIA proíbe a **utilização, em proveito próprio, de bens ou valores públicos.** Fala-se apenas em uso de bens, rendas, verbas ou valores públicos, para fins particulares, *sem intenção de apropriação*, diferentemente do inciso anterior (XI), que exige incorporação.

Observe-se que o dispositivo não limita o uso desses bens ou valores em obra ou serviço particular do agente, do que se conclui que a norma em análise é mais ampla que a do inciso IV.

O enriquecimento ilícito já está presumido pela própria norma, que encerra hipótese de **prestação negativa:** o agente poupa o que normalmente despenderia se utilizasse bens, rendas, verbas ou valores de seu acervo patrimonial.

O beneficiário desse tipo de improbidade é o próprio agente público. Agora, se propiciar o uso dos bens ou valores públicos por um terceiro, sem autorização legal, a conduta do agente público poderá ser enquadrada no art. 9.º, *caput* (se receber alguma vantagem econômica), ou no art. 10, II (se não receber nenhuma vantagem econômica).

6.8.2 Atos lesivos ao erário

6.8.2.1 Introdução

A segunda modalidade de improbidade administrativa é aquela que importa em **lesão ao erário,** decorrente de ação ou omissão dolosa do agente público.

A **descrição genérica** dessa conduta ímproba está prevista no *caput* do art. 10 da Lei 8.429/1992, que assim dispõe:

Art. 10. Constitui ato de improbidade administrativa que causa lesão ao erário qualquer ação ou omissão dolosa, que enseje, efetiva e comprovadamente, perda patrimonial, desvio, apropriação, malbaratamento ou dilapidação dos bens ou haveres das entidades referidas no art. 1.º desta Lei, e notadamente: (Redação dada pela Lei 14.230, de 2021)

Conforme visto, uma das alterações mais sensíveis do texto vigente da LIA foi a *exclusão da culpa* como elemento subjetivo do ato lesivo ao erário. A partir da entrada em vigor da Lei 14.230/2021, portanto, a ocorrência desse tipo de improbidade está condicionada à comprovação da existência de vontade livre e consciente do agente público em realizar qualquer das condutas descritas no art. 10.

Nesse passo, a Lei 14.230/2021 alterou os enunciados dos incisos X e XIX do art. 10 da LIA e suprimiu as referências à negligência e, portanto, à culpa do agente público.

Um aspecto importante a ser esclarecido sobre a norma em análise consiste em saber qual é o **objeto da tutela** nesse tipo legal de improbidade. Antes, porém, faz-se necessário estabelecer uma breve distinção entre os conceitos de patrimônio público e erário.

CAP. 6 – IMPROBIDADE ADMINISTRATIVA | 761

O conceito de **patrimônio público** é extraído do art. 1.º, § 1.º, da Lei da Ação Popular (Lei 4.717/1965),[230] e compreende o complexo de bens e direitos de valor econômico, artístico, estético, histórico ou turístico pertencentes à União, ao Distrito Federal, aos Estados, aos Municípios e aos respectivos órgãos da administração indireta.

Entende-se por **erário** o montante de recursos econômico-financeiros do Poder Público (tesouro). Seguindo a lição de Fernando Rodrigues Martins, a expressão erário compreende o dinheiro, os haveres e os valores arrecadados pela função tributária do Estado, ou, ainda, as verbas advindas da prestação de serviços, alienação de bens, exploração de atividade econômica etc.[231]

Vê-se, portanto, que o conceito de erário (mais restrito) está incluído no conceito de patrimônio público (mais amplo).

O fato de a LIA não ter empregado os conceitos de erário e patrimônio público com rigor técnico fez com que surgissem diferentes interpretações para o enunciado normativo do art. 10, *caput,* notadamente quanto ao seu objeto da tutela.

Afinal, o tipo de improbidade em análise busca preservar o patrimônio público em seu sentido mais amplo, ou apenas sua parcela econômico-financeira? Sobre o tema, existem dois principais entendimentos:

1.º) O tipo encerra preservação do patrimônio público em sentido amplo:[232] o art. 10 da LIA busca preservar o patrimônio público em sua concepção mais ampla. Sob esse prisma, *todas as condutas que causarem danos aos bens e interesses de natureza econômica, estética, artística, histórica, turística ou ambiental poderão ser enquadradas nesse tipo de improbidade.* Nesse passo, argumenta-se:

a) na sistemática da LIA, o termo "erário", constante da tipologia do art. 10, não foi usado em seu sentido estrito, ou sentido objetivo (o montante de recursos financeiros do Poder Público), mas sim no *sentido subjetivo,* em ordem a indicar as pessoas jurídicas aludidas no art. 1.º;

b) a expressão *perda patrimonial*, também constante do referido dispositivo, alcança qualquer lesão causada ao patrimônio público, concebido este em sua inteireza;

c) em vários dos incisos do art. 10, o legislador empregou as expressões *patrimônio* (I, II, III, IV) ou *patrimônio público* (X), noções eminentemente mais amplas do que *erário*;

d) a interpretação sistemática, que leva em consideração o sistema no qual a norma está inserida, deve prevalecer sobre a interpretação literal, mais precária. Desse modo, considerada a clara preocupação da LIA com a proteção irrestrita do patrimônio público, é válido concluir que o objeto da tutela em seu art. 10 é o patrimônio público em seu sentido mais amplo.

---

[230] Lei 4.717/1965: "Art. 1.º (...) § 1.º Consideram-se patrimônio público, para os fins referidos neste artigo, os bens e direitos de valor econômico, artístico, estético, histórico ou turístico".

[231] MARTINS, Fernando Rodrigues. *Controle do Patrimônio Público*: Comentários à Lei de Improbidade Administrativa. 4. ed. São Paulo: RT, 2010. p. 257.

[232] *Nesse sentido*, entre outros, vejam-se: GARCIA, Emerson; ALVES, Rogério Pacheco. *Improbidade Administrativa*. 4. ed. Rio de Janeiro: Lumen Juris, 2008. p. 252-254; SARMENTO, George. *Improbidade Administrativa*. Porto Alegre: Síntese, 2002. p. 92; MEDEIROS, Sérgio Monteiro. *Lei de Improbidade Administrativa*: Comentários e Anotações Jurisprudenciais. São Paulo: Juarez de Oliveira, 2003. p. 43.

762 | INTERESSES DIFUSOS E COLETIVOS – VOL. 1

2.º) O tipo encerra preservação do patrimônio público em sentido estrito:[233] a norma em exame busca preservar apenas a *parcela do patrimônio público de conteúdo econômico-financeiro direto*, isto é, os bens e valores de caráter puramente econômico da Fazenda. Em outras palavras, o tipo do art. 10 da LIA busca preservar o *erário e o conteúdo econômico dos bens públicos* (móveis e imóveis).[234] Nesse sentido, argumenta-se:

a) somente as condutas lesivas ao *conteúdo econômico-financeiro* do patrimônio público poderão ser enquadradas na tipologia do art. 10, pois o dispositivo é claro ao se referir aos atos que causem "lesão ao erário", ou, então, que ensejem "desvio, apropriação, malbaratamento ou dilapidação dos bens" das entidades referidas no art. 1.º da LIA;

b) o art. 10 não faz nenhuma menção expressa aos outros valores e interesses que compõem o patrimônio público (histórico, estético, artístico e turístico); ao contrário, tanto o *caput* como seus incisos descrevem situações típicas de condutas lesivas ao conteúdo econômico-financeiro do patrimônio público;

c) entender que o art. 10 da LIA também alcança os danos aos outros valores que compõem o patrimônio público (histórico, artístico, cultural, estético e turístico) importa em interpretar extensivamente uma norma que comina severas sanções ao agente, o que não se admite, por imperativo lógico.

Respeitadas as vozes contrárias, também entendemos que a norma em exame tem por objeto de tutela o patrimônio público em sentido estrito.

A par dos argumentos anteriormente delineados, ressaltamos que o fato de as condutas ofensivas aos outros interesses e valores que compõem o patrimônio público não se amoldarem especificamente ao tipo do art. 10 não significa dizer que a LIA delas não se ocupe, nem que os danos por elas causados permanecerão sem reparação. Ao contrário, presentes os requisitos legais, tais condutas poderão configurar os atos de improbidade previstos no **art. 9.º** (*como na hipótese do agente que recebe propina para permitir a ocupação ilegal de área verde*) da LIA, em relação aos quais também há previsão expressa da obrigação de reparação dos danos (art. 12, *caput*); ou, então, ausentes tais requisitos, a Lei 7.347/1985 admite que, por meio da ação civil pública, seja promovida a defesa em juízo desses interesses, que integram o patrimônio público em sentido amplo,[235] sem prejuízo, ainda, da responsabilização nas esferas disciplinar e criminal, quando for o caso.

Anote-se, por último, que o ato de improbidade lesivo ao erário tanto pode ser cometido apenas pelo agente público (*como na hipótese do agente que ordena a realização de despesas não autorizadas em lei – art. 10, IX*) quanto pelo agente em concurso com

---

[233] *Nesse sentido*, entre outros, vejam-se: BOSCO, Maria Goretti Dal. *Responsabilidade do Agente Público por Ato de Improbidade*. Rio de Janeiro: Lumen Iuris. 2004. p. 136; PRADO, Francisco Octavio de Almeida. *Improbidade Administrativa*. São Paulo: Malheiros, 2001. p. 96; PAZZAGLINI FILHO, Marino. *Lei de Improbidade Administrativa Comentada*. São Paulo: Atlas, 2002. p. 64; SOBRANE, Sérgio Turra. *Improbidade Administrativa*: Aspectos Materiais, Dimensão Difusa e Coisa Julgada. São Paulo: Atlas, 2010. p. 52; MATTOS, Mauro Roberto Gomes de. *O Limite da Improbidade Administrativa*: Comentários à Lei 8.429/92. 5. ed. Rio de Janeiro: Forense, 2010. p. 265; MARQUES, Sílvio Antônio. *Improbidade Administrativa*: Ação Civil e Cooperação Jurídica Internacional. São Paulo: Saraiva, 2010. p. 84-85; e SMANIO, Gianpaolo Poggio. *Interesses Difusos e Coletivos*. 8. ed. São Paulo: Atlas, 2007. p. 152.

[234] "Bens públicos são todos os bens que pertencem às pessoas jurídicas de Direito Público, isto é, União, Estados, Distrito Federal, Municípios, respectivas autarquias e fundações de Direito Público (estas últimas, aliás, não passam de autarquias designadas pela base estrutural que possuem), bem como os que, embora não pertencentes a tais pessoas, estejam afetados à prestação de um serviço público. O conjunto de bens públicos forma o 'domínio público', que inclui tanto bens imóveis como móveis" (BANDEIRA DE MELLO, Celso Antônio. *Curso de Direito Administrativo*. 27. ed. São Paulo: Malheiros, 2010. p. 913).

[235] Lei 7.347/1985, art. 1.º, I e III.

CAP. 6 – IMPROBIDADE ADMINISTRATIVA | **763**

terceiro (*como na hipótese do agente que facilita o enriquecimento ilícito do particular –* art. 10, XII); nesse caso, ambos respondem pelas sanções previstas no art. 12, II, da LIA, na medida de sua participação.

6.8.2.2 Elementos essenciais

A LIA, em seu art. 10, seguindo a técnica empregada no art. 9.º, apresenta uma *descrição genérica* da conduta lesiva ao erário, com a indicação de todos os elementos necessários à sua caracterização, a saber:

1.º) Conduta dolosa do agente: inexistindo dolo, não restará caracterizada a conduta ímproba descrita no art. 10. Diz-se **dolosa** a conduta do agente público quando animada pela vontade livre e consciente de praticar o ato lesivo ao erário. Conforme visto, o dolo exigido por esse tipo de improbidade é o comum (*elemento subjetivo geral do* tipo), isto é, a simples vontade de praticar a conduta objetivamente proibida pela ordem jurídica, com vistas a gerar dano efetivo ao patrimônio público, independentemente de uma finalidade especial.

2.º) Perda patrimonial: a substância dessa modalidade de improbidade é fornecida pela compreensão da noção de perda patrimonial, que traduz a ideia de repercussão patrimonial negativa, ou seja, redução ilícita de valores patrimoniais. Lesão sem repercussão patrimonial negativa não configura o tipo de improbidade em exame, podendo caracterizar, conforme o caso, enriquecimento ilícito (art. 9.º) ou atentado aos princípios da Administração Pública (art. 11).

Observe-se que a LIA adotou a forma ilustrativa "perda patrimonial, desvio, apropriação, malbaratamento ou dilapidação de bens ou haveres públicos", para designar toda e qualquer lesão que afete o patrimônio das entidades referidas no art. 1.º.

Nesse contexto, **perda** quer significar decréscimo, privação, desfalque de bens e haveres públicos. **Desvio** indica aplicação indevida; **apropriação** é o assenhoreamento, tomar como própria (apoderar-se); **malbaratamento** é sinônimo de desperdício, venda por valor irrisório, mau uso do dinheiro público; e **dilapidação** equivale a deterioração, destruição, estrago. Na verdade, como bem observado por José dos Santos Carvalho Filho, "estas quatro últimas ações são exemplos de meios que conduzem à perda patrimonial; esta é o gênero, do qual aquelas são espécies".[236]

A respeito do elemento em exame, questão polêmica consiste em saber se a prova da ocorrência de perda patrimonial é sempre necessária, ou se em alguns casos ela se presume, por força de lei.

Para autorizada doutrina,[237] a prova da perda patrimonial é sempre necessária, isto é, o ato de improbidade previsto no art. 10 exige, para sua configuração, o **efetivo prejuízo ao erário**, diante da impossibilidade de condenação ao ressarcimento de dano hipotético. Nem o prejuízo presumido nem o dano moral servem para sua caracterização.

Esse entendimento tem o apoio da jurisprudência majoritária do STJ:

> O ato de improbidade previsto no art. 10 da LIA exige para a sua configuração, necessariamente, o efetivo prejuízo ao erário, sob pena da não tipificação do ato impugnado. A lesão ao erário, como

---

[236] CARVALHO FILHO, José dos Santos. *Manual de Direito Administrativo*. 23. ed. Rio de Janeiro: Lumen Juris, 2010. p. 1.180.

[237] É esse o pensamento, entre outros, de Marino Pazzaglini Filho (*Lei de Improbidade Administrativa Comentada*. São Paulo: Atlas, 2002. p. 73); Mauro Roberto Gomes de Mattos (*O Limite da Improbidade Administrativa*: Comentários à Lei 8.429/92. 5. ed. Rio de Janeiro: Forense, 2010. p. 265) e Rita Tourinho (*Discricionariedade Administrativa, Ação de Improbidade & Controle Principiológico*. Curitiba: Juruá, 2004. p. 177 e 193).

764 | INTERESSES DIFUSOS E COLETIVOS – VOL. 1

requisito elementar do ato de improbidade administrativa previsto no art. 10 da Lei 8.429/92, não pode ser meramente presumida.[238]

Outros, contudo, entendem que a prova da efetiva perda patrimonial nem sempre é necessária, havendo hipóteses legais de **presunção de dano** ao erário.[239] Sob esse prisma, qualquer fato que se amolde às hipóteses elencadas nos incisos do art. 10 da LIA, ou então às hipóteses previstas no art. 4.º da Lei da Ação Popular (Lei 4.717/1965), tem a sua lesividade implícita. Nesses casos, opera-se a inversão do ônus da prova, é dizer, basta ao autor a prova do fato descrito no tipo, cabendo ao demandado a prova da inexistência do dano. Para os defensores dessa tese, é preciso distinguir: a) nas hipóteses descritas nos incisos do art. 10 da LIA, bem como no art. 4.º da Lei da Ação Popular (Lei 4.717/1965), presume-se o dano ao erário; b) já nas hipóteses enquadráveis no *caput* do art. 10 não há presunção legal de dano ao erário, exigindo-se prova da efetiva perda patrimonial.

Para os defensores dessa tese, a presunção de lesividade desses atos é fácil de intuir. A título de exemplo, se o ordenamento jurídico obriga o procedimento licitatório, para o cumprimento da isonomia e moralidade da administração, o ato de esquivar-se a esse procedimento constituiu inequívoca lesão à coletividade. Será esta ressarcida pela devolução do dispêndio à revelia do procedimento legal. Aquele que praticou o ato ímprobo terá agido por sua conta, riscos e perigos. Ainda que pronta a obra, entregue o fornecimento ou prestado o serviço, se impassível de convalidação o ato praticado, impõe-se a devolução. Não estaremos diante do chamado enriquecimento sem causa. Isso porque o prestador de serviço, o fornecedor ou o executor da obra serão indenizados, desde que o ilícito não lhes seja imputável, nos termos do art. 149 da Lei 14.133/2021. Entretanto, a autoridade superior que, agindo de forma consciente e voluntária, contratou sem licitação fora das hipóteses de dispensa ou inexigibilidade, provada sua culpa, deverá reparar o dano causado ao erário por sua conduta ilícita. O patrimônio enriquecido, o da comunidade, não o terá sido com ausência de título jurídico, mas, sim, em decorrência de uma lesão aos seus valores fundamentais.

Antes da reforma da LIA, ressalvadas algumas situações excepcionais, nas quais a Corte Especial aceitava a ideia de presunção do dano ao erário – conforme veremos a seguir, nos casos de fraude a licitação e dispensa indevida do procedimento licitatório (art. 10, VIII) –, prevalecia na jurisprudência do STJ o entendimento de que a lesão ao erário, como requisito elementar do ato de improbidade administrativa previsto no art. 10 da Lei 8.429/1992, não podia ser meramente presumida (*in re ipsa*).[240]

Note-se que essa controvérsia a respeito da necessidade ou não de comprovação de perda patrimonial efetiva para a configuração do ato de improbidade lesivo ao erário foi estabelecida com base no texto original da LIA.

---

[238] REsp 805.080/SP, 1.ª T., rel. Min. Denise Arruda, j. 23.06.2009. *No mesmo sentido*: REsp 1.038.777/SP, 1.ª T., rel. Min. Luiz Fux, j. 03.02.2011; REsp 866.129/MG, 1.ª T., rel. Luiz Fux, j. 20.11.2008; REsp 1.184.973/MG, 1.ª T., rel. Min. Arnaldo Esteves Lima, j. 16.09.2010; REsp 728.341/SP, 2.ª T., rel. Min. Castro Meira, j. 18.03.2008; REsp 772.441/MG, 1.ª T., rel. Luiz Fux, j. 15.04.2008.

[239] A propósito, entre outros, vejam-se: MARTINS JÚNIOR, Wallace Paiva. *Probidade Administrativa*. 4. ed. São Paulo: Saraiva, 2009. p. 250-254; SALGADO FILHO, Nilo Spinola et al. *Manual de Difusos*. Coordenação de Vidal Serrano Nunes Junior. São Paulo: Verbatim, 2009. p. 630; e MARTINS, Fernando Rodrigues. *Controle do Patrimônio Público*: Comentários à Lei de Improbidade Administrativa. 4. ed. São Paulo: RT, 2010. p. 275. *No mesmo sentido*, vejam-se: STJ, REsp 403.153/SP, 1.ª T., rel. Min. José Delgado, j. 09.09.2003; STF, RE 160.381-0/SP, 2.ª T., rel. Min. Marco Aurélio, j. 29.03.1994.

[240] Registre-se que a 1.ª Seção do STC desafetou o Tema Repetitivo 1.096, que estava pendente de julgamento e iria definir "se a conduta de frustrar a licitude de procedimento licitatório ou dispensá-lo indevidamente configura ato de improbidade que causa dano presumido ao erário (*in re ipsa*)". Na visão da Corte Superior, não fazia mais sentido discutir os casos afetados, porque não tratavam das alterações promovidas na LIA pela Lei 14.230/2021. Como consequência, podem voltar a tramitar os recursos especiais e agravos em recurso especial que tratam da mesma questão jurídica e estavam sobrestados nos tribunais de segunda instância ou no STJ.

A partir da reforma promovida pela Lei 14.230/2021, o *caput* do art. 10 da LIA passou a exigir expressamente a efetiva e comprovada perda patrimonial, desvio, apropriação, malbaratamento ou dilapidação dos bens ou haveres das entidades referidas no art. 1.º da Lei de Improbidade Administrativa. Ou seja, não obstante a controvérsia sobre o tema, a nova redação da LIA, aparentemente, não encampou a tese de dano presumido para a configuração do ato de improbidade em exame. Ao contrário, passa a exigir, textualmente, a efetiva e comprovada lesão patrimonial.

A opção do legislador é reforçada pela nova redação dada ao inciso VIII do art. 10, que também passa a exigir expressamente a "perda patrimonial efetiva" para a configuração do ato lesivo ao erário consistente em "frustrar a licitude de processo licitatório ou de processo seletivo para celebração de parcerias com entidades sem fins lucrativos, ou dispensá-los indevidamente".

Mas não é só isso. A Lei 14.230/2021 inseriu a seguinte regra no § 1.º do art. 10 da LIA:

> **Art. 10 (...) § 1.º** Nos casos em que a inobservância de formalidades legais ou regulamentares não implicar perda patrimonial efetiva, não ocorrerá imposição de ressarcimento, vedado o enriquecimento sem causa das entidades referidas no art. 1º desta Lei.

Essa mesma diretriz é observada no novo enunciado dado ao *caput* do art. 12, que passa a exigir a ocorrência de dano patrimonial efetivo para a imposição do correspondente ressarcimento.

Seguindo a mesma trilha, o legislador deu nova redação ao inciso I do art. 21 da LIA, estabelecendo que a aplicação das sanções previstas no art. 12 independe da efetiva ocorrência de dano ao patrimônio público, salvo quanto à pena de ressarcimento e às condutas previstas no art. 10.

Se não bastasse, a Lei 14.230/2021 inseriu uma nova figura típica no rol do art. 11 da LIA, consistente na frustração, em ofensa à imparcialidade, do caráter concorrencial de chamamento ou de procedimento licitatório (inciso V).

Trata-se de conduta típica não prevista na redação original da LIA e que reforça a ideia de que o tipo do art. 10, VIII, exige a comprovação da ocorrência de perda patrimonial efetiva. Conforme veremos mais à frente, na sistemática do texto reformado da LIA, a incidência do novo tipo de ato ofensivo aos princípios da administração pública se dará quando a fraude à licitação não resultar em dano real ao patrimônio público.

Dúvidas não há, portanto, de que a intenção da reforma foi exigir a ocorrência de dano patrimonial efetivo para a caracterização de todo e qualquer ato de improbidade administrativa lesivo ao erário (art. 10).

Após decisões das duas Turmas de Direito Público do STJ nesse sentido, a Primeira Seção da Corte Superior também decidiu que a modalidade de improbidade administrativa prevista no artigo 10 (ato lesivo ao erário), a partir da reforma promovida na LIA pela Lei 14.230/2021, somente se caracteriza quando demonstrada, em concreto, a ocorrência de dano ao erário. Na visão da 1.ª Seção, a possibilidade de condenação com base em dano presumido (*in re ipsa*) era fruto de entendimento jurisprudencial, que não mais se coaduna com a nova disposição legal da matéria. Confira-se:

ADMINISTRATIVO E PROCESSO CIVIL. EMBARGOS DE DIVERGÊNCIA EM RECURSO ESPECIAL. AÇÃO CIVIL PÚBLICA. IMPROBIDADE ADMINISTRATIVA. CONTRATAÇÃO DIRETA DE ESCRITÓRIO DE ADVOCACIA. FRUSTRAÇÃO À LICITUDE DO PROCESSO LICITATÓRIO. DANO PRESUMIDO (*IN RE IPSA*). CONSTRUÇÃO JURISPRUDENCIAL. SUPERVENIÊNCIA DA LEI N. 14.230/2021. EXIGÊNCIA DE PERDA PATRIMONIAL EFETIVA.

766 | INTERESSES DIFUSOS E COLETIVOS – VOL. 1

TEMA 1.199/STF. RETROATIVIDADE. *ABOLITIO*. PUNIBILIDADE EXTINTA. RECURSO PRE-JUDICADO. EMBARGOS DE DIVERGÊNCIA PREJUDICADOS.

1. A conduta de frustrar a licitude de processo licitatório ou dispensá-lo indevidamente, tipificada no art. 10, inciso VIII, da Lei n. 8.429/1992, com a redação alterada pela Lei n. 14.230/2021, além de prever exclusivamente o dolo, passou a exigir a comprovação de perda patrimonial efetiva para caracterização como ato que causa lesão ao erário.

2. A possibilidade de condenação com base em dano presumido (*in re ipsa*) era fruto de entendimento jurisprudencial, que não mais se coaduna com a nova disposição legal da matéria.

3. Apesar de o Tema 1199 do STF não tratar especificamente da retroatividade de tal dispositivo, impõe-se a sua aplicação no caso para reconhecer a atipicidade superveniente da conduta baseada exclusivamente em dano presumido ao erário. Precedentes das duas Turmas de Direito Público do STJ.

4. Julgada extinta a punibilidade do embargante em razão da superveniente atipicidade da conduta a ele imputada; e, por conseguinte, julgado prejudicados os embargos de divergência.[241]

3.º) Existência de nexo causal entre o exercício funcional e a perda patrimonial: deve haver uma relação de causalidade entre a ação ou omissão funcional do agente público e o prejuízo causado ao erário. Aqui, nenhuma novidade: por ser o ato de improbidade administrativa uma espécie de ilícito civil, a responsabilização do agente sempre estará condicionada à demonstração do nexo causal entre sua conduta funcional e o dano cuja reparação se busca.

Apresentamos em forma de esquema o que foi exposto:

Elementos essenciais à caracterização da lesão ao erário (art. 10)
Conduta dolosa do agente público
Perda patrimonial
Nexo causal entre o exercício funcional e a perda patrimonial

6.8.2.3   Princípio da insignificância: inadmissibilidade

O princípio da insignificância surgiu inicialmente no Direito Civil, derivado do brocardo *de minimus non curat praetor*. No Direito Penal, funciona como **causa de exclusão da tipicidade**, desempenhando uma **interpretação restritiva do tipo penal.**

Com a caracterização desse princípio, opera-se tão somente a **tipicidade formal,** isto é, adequação entre o fato praticado pelo agente e a lei penal incriminadora. **Não há, contudo, tipicidade material**, compreendida como o juízo de subsunção capaz de lesar ou ao menos colocar em perigo o bem penalmente tutelado.[242]

Atualmente, a aplicação desse princípio na seara criminal é admitida pela doutrina e pela jurisprudência[243] dominantes, postura que tende a se acentuar cada vez mais, em consonância com os postulados da fragmentariedade e da intervenção mínima do Estado em matéria penal.

---

[241] STJ, 1.ª Seção, EDiv em REsp 1288585/RJ, rel. Min. Teodoro Silva Santos, j. 29.11.2024.

[242] MASSON, Cleber. *Direito Penal Esquematizado*. 2. ed. São Paulo: Método, 2009. p. 23-29.

[243] Para o STF, a aplicação do princípio da insignificância no Direito Penal está condicionada à presença de certos vetores, tais como (a) a mínima ofensividade da conduta do agente, (b) a nenhuma periculosidade social da ação, (c) o reduzidíssimo grau de reprovabilidade do comportamento e (d) a inexpressividade da lesão jurídica provocada. A propósito: HC 92.463/RS, 2.ª T., rel. Min. Celso de Mello, j. 16.10.2007. *Em igual sentido*: STJ, HC 89.357/SP, 5.ª T., rel. Min. Arnaldo Esteves Lima, j. 11.03.2008 (Informativo 348).

No ponto, questão interessante consiste em saber se o princípio da insignificância pode ser aplicado para afastar a incidência da LIA nas hipóteses de danos de pequena monta ao erário ou de atos de improbidade de menor gravidade.

Mesmo no âmbito do Direito Penal, o princípio da insignificância é aplicado com parcimônia, porquanto o dano produzido não é avaliado apenas sob a ótica patrimonial, mas, sobretudo, pela social. A propósito, é firme a jurisprudência do STJ no sentido de que o princípio não se aplica aos crimes contra a administração pública, uma vez que a norma visa resguardar não apenas a dimensão material, mas, principalmente, a moralidade administrativa, insuscetível de valoração econômica.[244] Desse teor a Súmula 599 da Corte Superior: "O princípio da insignificância é inaplicável aos crimes contra a administração pública".

Ora, se é assim no campo penal, com maior razão o será no âmbito de aplicação da Lei de Improbidade Administrativa, de caráter civil.

Com efeito, vimos que a LIA visa salvaguardar, essencialmente, a probidade administrativa, que abarca a defesa do patrimônio público e da moralidade administrativa. O valor **moralidade administrativa** deve ser objetivamente considerado, é dizer, não comporta relativização a ponto de permitir "só um pouco" de ofensa. Por outro lado, não há que tolerar a pequena ofensa ao **patrimônio público** ou aos princípios da administração pública, porquanto em nosso sistema jurídico vige o **princípio da indisponibilidade do interesse público**, a que o Poder Judiciário também está jungido.

Daí ser correto afirmar que o princípio da insignificância não pode ser aplicado no universo da Lei 8.429/1992, conforme já decidido pelo STJ, em interessante julgado, da relatoria do Ministro Herman Benjamin, no qual foi afastada a aplicação do princípio da insignificância e, por corolário, reconhecida a prática de ato de improbidade administrativa na seguinte situação fática: "Chefe de Gabinete do Município que utilizou veículo de propriedade municipal e força de trabalho de três membros da Guarda Municipal para transportar utensílios e bens particulares".[245]

Nessa ordem de ideias, é correto afirmar que a ofensividade da conduta do agente ímprobo, a extensão do dano causado ao erário ou mesmo a expressividade da lesão jurídica provocada pelo ilícito não devem ser levadas em consideração pelo juiz no momento da tipificação da conduta (*juízo de improbidade da conduta*), mas sim no momento da aplicação da sanção (*juízo de dosimetria*), sob a luz do princípio da proporcionalidade.[246]

Em resumo, quer seja pela inexistência de ofensa insignificante ao princípio da moralidade administrativa, quer seja pela indisponibilidade do interesse público, **o princípio da insignificância não tem aplicação no universo da LIA**, isto é, não pode ser empregado para restringir a tipificação das condutas ímprobas descritas nos seus arts. 9.º (enriquecimento ilícito), 10 (lesão ao erário) e 11 (atentado aos princípios da Administração Pública).

É forçoso reconhecer, contudo, que esse tema não é pacífico na jurisprudência do STJ. Se, de um lado, a 2.ª Turma tem afastado a aplicação do princípio da insignificância na esfera da improbidade administrativa, de outro, a 1.ª Turma, em decisões mais recen-

---

[244] Nesse sentido, entre outros, vejam-se: AgRg no HC 188.151/SP, 6.ª T., rel. Min. Sebastião Reis Júnior, j. 23.02.2016; HC 274.487/SP, 6.ª T., rel. Min. Nefi Cordeiro, rel. p/ acórdão Min. Maria Thereza de Assis Moura, j. 05.04.2016; RHC 51.356/SC, 5.ª T., rel. Min. Felix Fischer, j. 03.02.2015; Apn 702 AP, Corte Especial, rel. Min. João Otávio de Noronha, j. 03.06.2015.

[245] REsp 892.818/RS, 2.ª T., rel. Min. Herman Benjamin, j. 11.11.2008.

[246] Cf. art. 17-C, IV, da LIA.

768 | INTERESSES DIFUSOS E COLETIVOS – VOL. 1

tes, tem sinalizado pela possibilidade de aplicação do princípio, *quando o efeito do ato considerado ímprobo é de importância mínima ou irrelevante.*[247]

Nos julgados em que a 1.ª Turma assim se pronunciou, a natureza ímproba da conduta dos agentes públicos também foi afastada por outros argumentos, especialmente pela ausência de comprovação de dolo. Em nenhum desses casos, portanto, a incidência do princípio da insignificância foi adotada como fundamento preponderante para a improcedência da pretensão deduzida nas ações de improbidade administrativa. Contudo, deixou-se em aberto a possibilidade de utilização do princípio nos casos de lesões irrelevantes.

Com o devido respeito, entendemos que esses precedentes da 1.ª Turma do STJ se divorciam da melhor técnica. Isso porque consideram a gravidade dos efeitos do ilícito determinante para a caracterização ou não do ato de improbidade administrativa, quando se sabe que os efeitos do ato de improbidade só são relevantes para a definição de quais sanções devem ser aplicadas e em que medida. Prova maior disso é que a aplicação das sanções previstas no art. 12 da LIA independe da efetiva ocorrência de dano ao patrimônio público (art. 21, I). Ao trazer o resultado do ilícito para o juízo de improbidade da conduta, tais decisões assumem elevado grau de subjetividade, formando-se terreno fértil para o casuísmo, o arbítrio e o favorecimento pessoal, em prejuízo da efetiva defesa da probidade administrativa.

6.8.2.4 *Condutas específicas elencadas exemplificativamente no art. 10*

Analisadas as principais características do ato de improbidade lesivo ao erário, passamos a examinar as hipóteses elencadas exemplificativamente no art. 10 da LIA.

6.8.2.4.1 Facilitação para incorporação de bens ou valores públicos ao patrimônio particular

I – facilitar ou concorrer, por qualquer forma, para a indevida incorporação ao patrimônio particular, de pessoa física ou jurídica, de bens, de rendas, de verbas ou de valores integrantes do acervo patrimonial das entidades referidas no art. 1.º desta Lei;

A norma sanciona a conduta do agente público que facilita ou concorre para a incorporação de bens, rendas ou valores públicos ao patrimônio particular, de pessoa física ou jurídica.

O prejuízo ao erário é evidente, porquanto são transmitidos para a esfera de disponibilidade do particular os bens ou valores públicos integrantes do acervo patrimonial das entidades referidas no art. 1.º.

Incorporação significa assenhoreamento, transferência de propriedade. Essa incorporação deve decorrer de **facilitação** (não oposição de óbices) ou **concurso** (auxílio, cooperação) do agente público, durante o exercício funcional deste na entidade lesada. Se não houver a participação do agente público, não existirá ato de improbidade.

São exemplos desse tipo de improbidade: deixar o administrador de observar as formalidades legais exigíveis (autorização legislativa, avaliação, licitação) para a transferência da titularidade de domínio de um bem público ao patrimônio privado; permitir o engenheiro da prefeitura que uma empresa contratada para construir uma escola desvie do canteiro de obras parte dos materiais de construção adquiridos pela Administração para a execução da

---

[247] Nesse sentido: REsp 1.536.895/RJ, 1.ª T., rel. Min. Napoleão Nunes Maia Filho, j. 15.12.2015; AgRg no REsp 968.447/PR, 1.ª T., rel. Min. Napoleão Nunes Maia Filho.

CAP. 6 – IMPROBIDADE ADMINISTRATIVA | 769

obra; conceder o benefício "Bolsa Família" a famílias que não se enquadram nas exigências do Programa etc.

Anote-se, por fim, que a situação *sub analise* é semelhante àquela prevista pelo inciso XI do art. 9.º. A diferença principal é que nesse inciso I do art. 10 o bem ou renda pública se incorpora não ao patrimônio do agente público, mas sim ao patrimônio de outrem, pessoa física ou jurídica.

6.8.2.4.2   Permitir ou concorrer para o uso ilegal de bens ou valores públicos

II – permitir ou concorrer para que pessoa física ou jurídica privada utilize bens, rendas, verbas ou valores integrantes do acervo patrimonial das entidades mencionadas no art. 1.º desta lei, sem a observância das formalidades legais ou regulamentares aplicáveis à espécie;

A LIA sanciona a conduta do agente público que permite ou concorre para o **uso ilegal** de bens, rendas, verbas ou valores públicos por particular (pessoa física ou jurídica).

Enquanto na hipótese anterior o agente público facilita ou concorre para a transferência do domínio, neste caso ele apenas propicia o uso indevido de bens ou valores públicos pelo particular.

Permitir significa franquear, dar liberdade, conferir verdadeira licença para o ilícito – o uso indevido. **Concorrer** aparece novamente no texto legal com o sentido de cooperação, de convergência à ação ilícita.

A lesão ao patrimônio público, na hipótese, também é inerente à conduta dolosa do agente público. Com efeito, ao mesmo tempo que o particular tira proveito de bens e valores integrantes do patrimônio público, este sofre notório prejuízo, seja em razão do desgaste do bem, seja em razão da diminuição do seu tempo de vida útil, ou, ainda, do não recebimento da contraprestação devida.

São exemplos desse tipo de improbidade: permitir a utilização de ônibus da prefeitura para transporte de convidados a evento social;[248] permitir o uso exclusivo de "boxes" em mercados públicos municipais mediante *concessão de uso de bem público* sem licitação.

> **ATENÇÃO**
>
> Quando o agente público fizer uso indevido de bens públicos em proveito próprio, sua conduta não se amoldará ao tipo em estudo, mas sim à hipótese tipificada no art. 9.º, XII, da LIA (enriquecimento ilícito).

6.8.2.4.3   Doação ilegal de bens ou valores públicos

III – doar à pessoa física ou jurídica bem como ao ente despersonalizado, ainda que de fins educativos ou assistências, bens, rendas, verbas ou valores do patrimônio de qualquer das entidades mencionadas no art. 1.º desta lei, sem observância das formalidades legais e regulamentares aplicáveis à espécie;

A norma sanciona a **doação** de bens ou recursos públicos para o patrimônio de pessoas físicas ou jurídicas, ou de "ente despersonalizado", ainda que de fins educativos ou assistenciais, **sem observância das formalidades legais.**

A doação, instituto do direito privado, é o contrato "em que uma pessoa, por liberalidade, transfere do seu patrimônio bens ou vantagens para o de outra" (CC, art. 538).

---

[248]   A propósito, veja-se: TJMG, Ap. Cív. 1.0685.04.911811-8/001, rel. Des. Edilson Fernandes.

INTERESSES DIFUSOS E COLETIVOS – VOL. 1

A doação de bens e recursos públicos, embora formalizada em contrato típico de direito privado, é regida por normas publicísticas. Dentre as normas que disciplinam a **alienação de bens** da Administração Pública – incluindo-se, pois, a doação –, destaca-se o art. 76 da nova Lei Geral de Licitações e Contratos (Lei 14.133/2021), que traz como requisitos genéricos da alienação de bens públicos a existência de interesse público devidamente justificado e a prévia avaliação. Anote-se, contudo, que a nova lei de licitações e contratos dispensa a autorização legislativa para a alienação de bens móveis e fixa o leilão como a modalidade de licitação a ser adotada em qualquer hipótese.

Na Nova Lei de Licitações, quanto aos bens imóveis, a par dos requisitos genéricos (interesse público devidamente justificado e avaliação prévia), outros dois se impõem: autorização legislativa e licitação na modalidade leilão. Não se pode olvidar, outrossim, da regra prevista em seu art. 76, I, *b*, segundo a qual o donatário deve ser ente público, ressalvado o disposto nas alíneas *f*, *g* e *h* do mesmo dispositivo legal.

Exemplos comuns de doações ilegais de bens imóveis que importam em lesividade ao patrimônio público são aquelas feitas pelos municípios, tendo por objeto terrenos desapropriados para instalação ou ampliação de distrito industrial, em favor de empresas que intentam instalar em determinada cidade alguma unidade de produção de bens de consumo. A despeito dos prováveis benefícios dessa doação (geração de emprego e arrecadação de tributos), ela continua sendo ilícita, porquanto feita em favor de particular que tem interesse lucrativo. Como já decidido pelo STF: "Na desapropriação por interesse social, admite-se, tão só, a venda ou locação do bem expropriado, não, porém, a doação em face da expressa disposição do art. 4.º da Lei 4.132/1962".[249]

Por seu turno, em relação aos **bens móveis**, a par dos requisitos genéricos supracitados, concorrem igualmente alguns específicos: *prevalência de interesse social* e *avaliação de oportunidade e conveniência socioeconômica* (art. 76, II, *a*, da Nova Lei de Licitações). A inobservância dolosa de tais requisitos torna nula a doação e configura o ato ímprobo em análise.[250] Por último, no que se refere às **doações de rendas, verbas e valores,** respeitadas as diferenças quanto à natureza, também devem observar as formalidades legais, é dizer, dependem de prévia autorização legislativa e da existência de interesse público devidamente justificado, sem o que não será possível apurar sua legalidade.

Em conclusão, o descumprimento doloso das formalidades legais ou regulamentares que regem a doação de bens ou recursos públicos gera perda patrimonial e, por corolário, configura ato de improbidade lesivo ao erário.

6.8.2.4.4 Favorecimento de negócios por preço inferior ao de mercado

IV – permitir ou facilitar a alienação, permuta ou locação de bem integrante do patrimônio de qualquer das entidades referidas no art. 1.º desta lei, ou ainda a prestação de serviço por parte delas, por preço inferior ao de mercado;

A norma em exame trata do **subfaturamento**. Sanciona-se o comportamento ímprobo do agente público que permite ou facilita, por dolo, a alienação, permuta ou locação de bem público, ou, ainda, a prestação de serviço público por preço inferior ao de mercado.

Permitir significa consentir, tolerar, anuir. **Facilitar** é tornar possível, remover obstáculos, não opor óbices. O agente público responsável pela contratação tem o dever jurídico de impedir a celebração de negócios que, desde a sua formação, sejam prejudiciais ao

---

[249] RE 93.308-5/PR, 1.ª T., rel. Min. Néri da Silveira, 21.05.1985. *No mesmo sentido*: STJ, REsp 55.723-2/MG, 1.ª T., rel. Min. Cesar Asfor Rocha, j. 15.02.1995.

[250] A propósito, veja-se: STJ, REsp 685.551/AP, 2.ª T., rel. Min. Eliane Calmon, j. 1.º.03.2005.

erário. A **perda patrimonial**, na hipótese, decorre da falta de observância do parâmetro vigente no mercado, expressando-se exatamente na diferença entre o preço ajustado e o valor corrente no mercado, na época da operação.[251]

Interessante exemplo desse tipo de improbidade é encontrado na jurisprudência do STJ, que reconheceu a prática de improbidade administrativa em uma operação de venda de Letras Financeiras do Tesouro Municipal, que "importou prejuízo aos cofres municipais pelo deságio excessivo dos títulos e apropriação de elevados ganhos para os intermediários do mercado mobiliário".[252]

Se existir prova de recebimento de vantagem indevida pelo agente público, restará caracterizado o ato de improbidade previsto no art. 9.º, III.

6.8.2.4.5 Favorecimento de negócios por sobrepreço

V – permitir ou facilitar a aquisição, permuta ou locação de bem ou serviço por preço superior ao de mercado;

Esse tipo de improbidade cuida de uma prática bastante corriqueira no cenário nacional: o **sobrepreço** nos contratos públicos.

A LIA considera ímproba a conduta do agente que, por dolo, **permite** ou **facilita** a aquisição, permuta ou locação de bem ou serviço particular pelo Poder Público por **preço superior ao de mercado**.

O **prejuízo ao erário** reside na diferença entre o preço pago ao particular e o valor corrente no mercado, na época da operação.[253] Tanto nesta hipótese quanto na situação descrita no inciso anterior o particular é favorecido e o erário sofre prejuízo.

Exemplo desse tipo de improbidade é o aluguel de um prédio particular para instalação de um posto municipal de saúde, por preço superior ao valor de mercado.

Se o agente público obtiver qualquer vantagem patrimonial para permitir ou facilitar a celebração de negócio público superfaturado, sua conduta se amoldará à hipótese descrita no art. 9.º, II.

6.8.2.4.6 Realização de operação financeira ilegal ou aceitação de garantia insuficiente ou inidônea

VI – realizar operação financeira sem observância das normas legais e regulamentares ou aceitar garantia insuficiente ou inidônea;

O dispositivo traz duas hipóteses distintas de atos de improbidade lesivos ao erário: a primeira refere-se à realização de operação financeira sem a observância das normas legais e regulamentares; a segunda cuida da aceitação de garantia insuficiente ou inidônea.[254]

No Brasil, as operações financeiras só podem ser realizadas por instituição financeira, assim entendida a pessoa jurídica, pública ou privada, que tenha como atividade principal ou acessória a *coleta, intermediação* ou *aplicação de recursos financeiros* próprios ou de terceiros, em moeda nacional ou estrangeira, e a *custódia* de valor de propriedade de terceiros (art. 17 da Lei 4.595/1964).[255]

---

[251] O subfaturamento já era vedado pelo art. 4.º, V, *c*, da Lei 4.717/1965 (Lei da Ação Popular).

[252] REsp 593.522/SP, 2.ª T., rel. Min. Eliana Calmon, j. 27.11.2007.

[253] Desta hipótese já cuidava o art. 4.º, V, *b*, da Lei 4.717/1965 (Lei da Ação Popular).

[254] Cumpre observar que a contratação de operação financeira ilegal e a aceitação de garantia insuficiente já constituíam atos nulos e lesivos ao patrimônio público, por força do disposto no art. 4.º, II, *a* e *b*, da Lei 4.717/1965 (Lei da Ação Popular).

[255] MARQUES, Sílvio Antônio. *Improbidade Administrativa*: Ação Civil e Cooperação Jurídica Internacional. São Paulo: Saraiva, 2010. p. 90.

772 | INTERESSES DIFUSOS E COLETIVOS - VOL. 1

Existem algumas instituições financeiras cujo capital pertence exclusivamente ao Estado. É o caso da Caixa Econômica Federal, empresa pública cujo capital pertence à União. Outras há em que o Estado detém o controle acionário, isto é, possui mais de 50% do capital com direito a voto. É o caso do Banco do Brasil, sociedade de economia mista inserida no sistema financeiro.

É exatamente dos agentes públicos que exercem suas funções nessas instituições financeiras, que revestem a forma de sociedade de economia mista ou de empresas públicas, que o inciso se ocupa.

A atuação desses agentes, no que se refere às operações financeiras, deve estar amparada pela legislação bancária e financeira, bem como pelos regulamentos pertinentes.[256] A **inobservância dolosa da normatividade pertinente a tais operações** é que caracteriza a primeira hipótese de improbidade tratada nesse inciso.

A **aceitação de garantia insuficiente ou inidônea** na realização de operação financeira é a segunda hipótese descrita pelo dispositivo. A garantia se diz **insuficiente** quando em valor incapaz de cobrir o crédito e os encargos da dívida na hipótese de eventual inadimplemento da obrigação. A **inidoneidade** consiste na inutilidade material ou jurídica da garantia oferecida.

Nessa segunda hipótese de improbidade, a lesividade ao erário perfaz-se com a insuficiência ou inidoneidade da garantia. Vale dizer: não se exige, para sua configuração, a inadimplência do devedor na operação financeira.[257]

E se o agente público aceitar garantia insuficiente ou inidônea em outro tipo de contrato administrativo? Nesse caso, sua conduta poderá se amoldar ao *caput* do art. 10 da LIA, porquanto o inciso em estudo só cuida da aceitação de garantia insuficiente ou inidônea na realização de operação financeira.[258]

Anote-se, por fim, que os atos de improbidade descritos neste inciso também poderão configurar os crimes previstos nos arts. 359-A, 359-E e 359-H do Código Penal.

6.8.2.4.7 Concessão ilegal de benefício administrativo ou fiscal

VII – conceder benefício administrativo ou fiscal sem a observância das formalidades legais ou regulamentares aplicáveis à espécie;

O dispositivo considera ímproba a conduta do agente público que concede benefício fiscal ou administrativo sem cumprir as formalidades legais ou regulamentares, com evidente prejuízo ao erário.

A Administração Pública, por meio de lei, pode conceder **benefícios administrativos** (subvenção, subsídio, auxílio) ou **fiscais** (isenção, redução da base de cálculo, alíquota zero, crédito tributário) a particulares, normalmente com o objetivo de fomentar atividades econômicas ou socialmente relevantes, em favor do interesse público.

---

[256] A propósito, confiram-se: arts. 32/39 da Lei de Responsabilidade Fiscal (Lei Complementar 101/2000); Lei 4.595/1964 (Dispõe sobre a política e as instituições, monetárias, bancárias e creditícias); Lei 7.492/1986 (Define os crimes contra o sistema financeiro nacional); e Resoluções do Senado Federal.

[257] Veja-se: PAZZAGLINI FILHO, Marino. *Lei de Improbidade Administrativa Comentada*. São Paulo: Atlas, 2002. p. 81.

[258] *Nesse sentido*, entre outros, vejam-se: SOBRANE, Sérgio Turra. *Improbidade Administrativa*: Aspectos Materiais, Dimensão Difusa e Coisa Julgada. São Paulo: Atlas, 2010. p. 58; MARTINS JÚNIOR, Wallace Paiva. *Probidade Administrativa*. 4. ed. São Paulo: Saraiva, 2009. p. 263-264; DECOMAIN, Pedro Roberto. *Improbidade Administrativa*. São Paulo: Dialética, 2008. p. 115. *Em sentido contrário*, há quem entenda que a segunda hipótese do inciso não se restringe às garantias aceitas em contratos de operações financeiras. Ou seja, poderão ser responsabilizados como incursos no inciso VI do art. 10 tanto o agente público que aceitar garantia insuficiente ou inidônea em operações financeiras quanto o agente que aceitá-la em qualquer espécie de contrato firmado pela Administração Pública. Entre outros, veja-se: MARQUES, Sílvio Antônio. *Improbidade Administrativa*: Ação Civil e Cooperação Jurídica Internacional. São Paulo: Saraiva, 2010. p. 92-93.

CAP. 6 – IMPROBIDADE ADMINISTRATIVA | **773**

É a lei, portanto, **que autoriza a concessão de tais benefícios.**[259] Nem poderia ser diferente, uma vez que implicarão inevitável perda de receita por parte da Administração. **Ao agente público compete apenas aplicar a lei**, ou seja, verificar se os requisitos para a concessão do benefício estão presentes.

A concessão de benefícios de natureza tributária da qual decorra renúncia de receita, por exemplo, está condicionada à presença dos requisitos previstos no art. 14, I e II, da Lei de Responsabilidade Fiscal (Lei Complementar 101/2000).[260] Caso o agente, por **dolo**, conceda o benefício fiscal sem a observância de tais requisitos, sua conduta causará lesão ao erário e se amoldará ao tipo legal em estudo.

Registre-se que a **renúncia de receita** compreende anistia, remissão, subsídio, crédito presumido, concessão de isenção em caráter não geral, alteração de alíquota ou modificação de base de cálculo que implique redução discriminada de tributos ou contribuições, e outros benefícios que correspondam a tratamento diferenciado (art. 14, § 1.º, da LRF).

Entre os benefícios administrativos mais frequentes destacam-se as **subvenções sociais** (*destinação de recursos públicos a instituições de caráter assistencial ou cultural sem fim lucrativo*), as **subvenções econômicas** (*destinação de numerário a empresas públicas ou privadas de caráter industrial, comercial, agrícola ou pastoril*) e os **subsídios** (*auxílio financeiro*).

6.8.2.4.8   Frustrar a licitude de processo licitatório ou dispensá-lo indevidamente

VIII – frustrar a licitude de processo licitatório ou de processo seletivo para celebração de parcerias com entidades sem fins lucrativos, ou dispensá-los indevidamente, acarretando perda patrimonial efetiva;

A redação original do inciso VIII do art. 10 descrevia o ilícito de frustrar a licitude de processo licitatório ou dispensá-lo indevidamente. A Lei 13.019/2014, que regula as parcerias entre a administração pública e as organizações da sociedade civil, alterou esse dispositivo e também passou a considerar típica a conduta de frustrar a licitude de processo seletivo para celebração de parcerias com entidades sem fins lucrativos, ou dispensá-los indevidamente. A Lei 14.230/2021 manteve essa alteração, mas acrescentou, em sua parte final, a expressão "acarretando perda patrimonial efetiva", em sintonia com a nova redação dada ao *caput* do art. 10, que também traz tal exigência para a configuração do ato de improbidade lesivo ao erário.

Neste tópico, cuidaremos da improbidade relacionada às licitações. No tópico seguinte, iremos analisar a improbidade relativa às parcerias firmadas entre a Administração Pública e as organizações da sociedade civil.

Muito bem, de acordo com a norma em exame, cometerá ato de improbidade administrativa o agente público que, mediante conduta dolosa, **frustrar a licitude de processo licitatório** ou **dispensá-lo indevidamente, acarretando perda patrimonial efetiva.**

---

[259]   A propósito, veja-se: STF, AgRg em AI 142.348/MG, 1.ª T., rel. Min. Celso de Mello, j. 24.03.1995.

[260]   "Art. 14. A concessão ou ampliação de incentivo ou benefício de natureza tributária da qual decorra renúncia de receita deverá estar acompanhada de estimativa do impacto orçamentário-financeiro no exercício em que deva iniciar sua vigência e nos dois seguintes, atender ao disposto na lei de diretrizes orçamentárias e a pelo menos uma das seguintes condições: I – demonstração pelo proponente de que a renúncia foi considerada na estimativa de receita da lei orçamentária, na forma do art. 12, e de que não afetará as metas de resultados fiscais previstas no anexo próprio da lei de diretrizes orçamentárias; II – estar acompanhada de medidas de compensação, no período mencionado no *caput*, por meio do aumento de receita, proveniente da elevação de alíquotas, ampliação da base de cálculo, majoração ou criação de tributo ou contribuição."

No Direito brasileiro, a licitação constitui regra fundamental para contratação em geral pela Administração Pública, sendo a dispensa a exceção, conforme dispõe o art. 37, XXI, da CF.[261] A licitação destina-se a garantir a observância do princípio constitucional da isonomia, a seleção da proposta mais vantajosa para a Administração e a promoção do desenvolvimento nacional sustentável.

O art. 5.º da Lei 14.133/2021 dispõe que, na aplicação da Lei, serão observados os princípios da legalidade, da impessoalidade, da moralidade, da publicidade, da eficiência, do interesse público, da probidade administrativa, da igualdade, do planejamento, da transparência, da eficácia, da segregação de funções, da motivação, da vinculação ao edital, do julgamento objetivo, da segurança jurídica, da razoabilidade, da competitividade, da proporcionalidade, da celeridade, da economicidade e do desenvolvimento nacional sustentável,[262] assim como as disposições do Decreto-Lei 4.657, de 4 de setembro de 1942 (Lei de Introdução às Normas do Direito Brasileiro).

Frustrar a licitude de processo licitatório[263] significa descumprir as normas e os princípios da licitação, de forma a restringir, comprometer ou mesmo eliminar o seu caráter competitivo, em prejuízo real da igualdade entre os concorrentes e da seleção da proposta mais vantajosa para a Administração Pública.

A **frustração da licitude do certame pode ocorrer em todas as etapas do processo licitatório**, inclusive na denominada **"fase preparatória",**[264] que se desenvolve no âmbito exclusivo da Administração, não se exteriorizando perante terceiros. São exemplos de condutas lesivas ao erário que frustram a licitude do processo licitatório na sua fase preparatória:

- não elaboração de projeto básico nas licitações que tenham por objeto a contratação de obras ou serviços de engenharia, em desrespeito ao disposto no art. 46, § 2.º, da Lei 14.133/2021;

- inobservância dos pré-requisitos previstos nos arts. 16 e 17 da Lei de Responsabilidade Fiscal (Lei Complementar 101/2000), tais como: estimativa de seu impacto orçamentário-financeiro no exercício de sua vigência e nos dois subsequentes, declaração do ordenador da despesa de que ela é compatível com o planejamento orçamentário e a existência de dotação e reserva orçamentária.

Na **etapa de elaboração e publicação do edital**, não raro o agente público compromete a licitude do certame. A título de exemplo, destacam-se as seguintes condutas:

- adoção de modalidade de licitação inadequada,[265] criação de novas modalidades ou combinação destas;

---

[261] "Art. 37. (...) XXI – ressalvados os casos especificados na legislação, as obras, serviços, compras e alienações serão contratados mediante processo de licitação pública que assegure igualdade de condições a todos os concorrentes, com cláusulas que estabeleçam obrigações de pagamento, mantidas as condições efetivas da proposta, nos termos da lei, o qual somente permitirá as exigências de qualificação técnica e econômica indispensáveis à garantia do cumprimento das obrigações."

[262] O desenvolvimento sustentável dos países é um princípio reconhecido pela comunidade científica mundial, que se apoia em três pilares: econômico, social e ambiental (Declaração de Joanesburgo). A Agenda 2030 para o Desenvolvimento Sustentável contém o conjunto de 17 Objetivos de Desenvolvimento Sustentável (ODS).

[263] O ato de frustrar ou fraudar o caráter competitivo do procedimento licitatório também poderá configurar o tipo penal previsto no art. 337-F do Código Penal.

[264] Na fase preparatória, serão praticados os atos destinados a: a) verificar a necessidade e a conveniência da contratação de terceiros; b) determinar a presença dos pressupostos legais para a contratação; c) determinar a prática dos atos prévios indispensáveis à licitação (avaliação de bens, elaboração de projetos básicos etc.); d) definir o objeto do contrato e as condições básicas da contratação; e) verificar a presença dos pressupostos da licitação, definir a modalidade e elaborar o ato convocatório da licitação.

[265] Cf. STJ: REsp 287.728/SP, 2.ª T., rel. Min. Eliana Calmon, j. 02.09.2004.

- inserção de cláusulas manifestamente discriminatórias ou de exigências abusivas (*v.g.*, exigência de capital mínimo em desproporção com o valor do objeto licitado; exigência de execução de obra ou serviço idêntico no órgão ou entidade licitadora; exigência de cadastro prévio em órgão estranho ao objeto da licitação);
- inserção de cláusula que deixe o julgamento ou o desempate a juízo subjetivo da comissão julgadora ou de autoridade superior;
- descrição tendenciosa do objeto da licitação visando excluir determinados interessados ou privilegiar determinado licitante;
- descrição imprecisa do objeto da licitação;
- divulgação insuficiente do edital.

Na **fase de habilitação**, igualmente, pode ser frustrada a licitude da licitação, mediante ações dolosas dos agentes públicos, tais como:

- admissão de concorrente que não preenche os requisitos de qualificação técnica;
- admissão de licitante que está proibido de contratar com o Poder Público;
- habilitação de interessado que está impedido de participar do certame, como na hipótese de empresa da qual seja sócio-proprietário um parente do prefeito, por ofensa aos princípios da impessoalidade e moralidade;[266]
- inabilitação de concorrente por mera irregularidade em sua documentação.

Na **etapa de julgamento**, a licitude do certame também pode ser frustrada pelo agente público. A título de exemplo, vejam-se:

- escolha de proposta que deveria ter sido desclassificada por não atender a todas as exigências do edital;
- estipulação de outros critérios de julgamento, não previstos no edital.

Já nas **fases de homologação e adjudicação**, o agente público pode frustrar a licitude do certame de diversos modos, tais como:

- deixar de anular a licitação quando constatada a existência de conluio entre os licitantes;
- deixar de anular o certame quando constatada a existência de vício insanável, como a inexistência de projeto básico ou a violação do sigilo das propostas;
- criar artifícios para anular o certame, tendo em vista que o competidor de sua preferência foi desclassificado.

Anote-se que a frustração da licitude da licitação pode ocorrer mesmo depois da fase da a*dju*dicação, quando da formalização do respectivo contrato. Um bom exemplo é a celebração de contrato cujo conteúdo esteja em desconformidade com o edital ou com a proposta vencedora.

O inciso em estudo também censura a **dispensa indevida de licitação**. No ponto, cabe destacar que a expressão *dispensa* foi aqui empregada para designar a ideia de *ex-*

---

[266] A propósito, vejam-se: TJMG, Ap. Civ. 1.0386.04.000379-3/01, rel. Des. Edivaldo George dos Santos; STJ, REsp 439.280/RS, 1.ª T., rel. Min. Luiz Fux, j. 1.º.04.2003.

ceção à obrigatoriedade da licitação, abrangendo, portanto, tanto as hipóteses de dispensa quanto as de inexigibilidade. Dito de outro modo, a expressão "dispensa indevida de licitação", empregada no art. 10, VIII, da LIA, alcança toda contratação direta feita pela Administração Pública fora das hipóteses legais de dispensa ou inexigibilidade.

Conforme vimos, na Administração Pública, toda e qualquer contratação deverá, em regra, ser precedida de licitação (*princípio da obrigatoriedade da licitação*). Em determinados casos, contudo, a Lei de Licitações mitiga a obrigatoriedade da licitação e prevê hipóteses de **dispensa**[267] (art. 75, I e II, da Lei 14.133/2021) ou **inexigibilidade** (art. 74 da Lei 14.133/2021).

A diferença básica entre as duas hipóteses reside na viabilidade de realização da competição. Na **dispensa,** a competição, em tese viável e possível, revela-se inconveniente em razão de alguma circunstância relevante.[268] Já na **inexigibilidade** nem sequer é viável a realização do certame.[269]

Nas hipóteses de dispensa ou inexigibilidade, a Administração deve justificar não apenas a presença dos requisitos legais que autorizam a contratação direta, mas também "o fundamento da escolha de um determinado contratante e de uma específica proposta".[270] Em outras palavras, a contratação direta deve ser plenamente justificada em procedimento próprio.[271]

Infelizmente, não raro os agentes públicos transformam a dispensa (*lato sensu*) em regra e a licitação em exceção. Nesse sentido, são fabricadas e perpetuadas, como "emergências", situações destituídas de aptidão, a colocar em risco valores essenciais tutelados pelo ordenamento; são criadas notórias especializações para serviços comuns e ordinários;[272] são privilegiados fornecedores ou marcas quando existem diversos fornecedores em condições de satisfazer o interesse público; e são direcionadas as contratações, por meio de fracionamento do objeto e dispensa indevida do procedimento licitatório.[273]

Antes da reforma promovida pela Lei 14.230/2021, havia sido consolidado no âmbito das duas Turmas que compõem a Primeira Seção do STJ o entendimento de que o prejuízo decorrente da fraude à licitação ou da dispensa indevida de licitação é presumido (dano *in re ipsa*), consubstanciado na impossibilidade da contratação pela Administração da melhor proposta, por condutas ilícitas de administradores.[274]

No particular, remarque-se que a Primeira Seção do Superior Tribunal de Justiça desafetou o julgamento do Tema Repetitivo 1.096, no qual seria definido "se a conduta

---

[267] Parte da doutrina costuma distinguir a *licitação dispensável* da *licitação dispensada*. Aquela tem previsão no art. 75 da Lei 14.133/2021 e indica as hipóteses em que a licitação seria juridicamente viável, mas que, pela particularidade do caso, decidiu o legislador não a tornar obrigatória. A expressão licitação dispensada, por sua vez, é empregada para os casos de alienação de bens, previstos no art. 76, I e II, da Lei 14.133/2021. Nesse sentido, entre outros, veja-se: MEIRELLES, Hely Lopes. *Licitação e Contrato Administrativo*. 13. ed. atual. por Eurico de Andrade Azevedo e Maria Lúcia Mazzei de Alencar. São Paulo: Malheiros, 2002. p. 102.

[268] As situações que autorizam a dispensa da licitação, na lição de Lúcia Valle Figueiredo, podem ser classificadas em razão: do *pequeno valor*; do *objeto* a ser contratado; de *situações excepcionais* e das *pessoas a serem contratadas* (*Curso de Direito Administrativo*. 5. ed. São Paulo: Malheiros, 2001. p. 454).

[269] O art. 74 da Lei 14.133/2021 dispõe, in verbis: "É inexigível a licitação quando inviável a competição, em especial nos casos de: I – aquisição de materiais, de equipamentos ou de gêneros ou contratação de serviços que só possam ser fornecidos por produtor, empresa ou representante comercial exclusivos; II – contratação de profissional do setor artístico, diretamente ou por meio de empresário exclusivo, desde que consagrado pela crítica especializada ou pela opinião pública; III – contratação dos seguintes serviços técnicos especializados de natureza predominantemente intelectual com profissionais ou empresas de notória especialização, vedada a inexigibilidade para serviços de publicidade e divulgação".

[270] JUSTEN FILHO, Marçal. *Comentários à Lei de Licitações e Contratos Administrativos*. 10. ed. São Paulo: Dialética, 2004. p. 291.

[271] Cf. art. 72 da Lei 14.133/2021.

[272] Cf. STF, RE 160.381-0/SP, 2.ª T., rel. Min. Marco Aurélio, j. 29.03.1994.

[273] REsp 1.280.321/MG, 2.ª T., rel. Min. Mauro Campbell Marques, j. 06.03.2012.

[274] A título de exemplo, confira-se: AgInt no REsp 1.737.731/SC, 1.ª T., rel. Min. Gurgel de Faria, j. 20.10.2020.

de frustrar a licitude de procedimento licitatório ou dispensá-lo indevidamente configura ato de improbidade que causa dano presumido ao erário (*in re ipsa*)", com fundamento no art. 10, VIII, da LIA.

Conforme visto, a exigência da comprovação da ocorrência de perda patrimonial efetiva, inserida pela Lei 14.230/2021 tanto no *caput* do art. 10 como em seu inciso VIII, ora em exame, afastou a possibilidade de condenação com base em dano presumido (*in re ipsa*).

Prova disso é que a Lei 14.230/2021 inseriu uma nova figura típica no rol taxativo do art. 11 da LIA, consistente na frustração, em ofensa à imparcialidade, de chamamento ou processo licitatório (inciso V). Trata-se de conduta típica não prevista na redação original da Lei 8.429/1992 e que reforça a ideia de que o tipo do art. 10, VIII, exige a comprovação da ocorrência de perda patrimonial efetiva, conforme já decidido, inclusive, pela 1.ª Seção do STJ.[275]

Na sistemática do texto reformado da LIA, a incidência do novo tipo de ato ofensivo aos princípios da administração pública (art. 11, V) se dará quando a fraude à licitação não resultar em dano real ao patrimônio público.

Em reforço a essa diretriz, o § 1.º do art. 10 da LIA (inserido pela Lei 14.230/2021) prevê que, nos casos em que a inobservância de formalidades legais ou regulamentares não implicar perda patrimonial efetiva, não ocorrerá imposição de ressarcimento, vedado o enriquecimento sem causa das entidades referidas no art. 1º desta Lei.

Ainda sobre essa questão do dano *in re ipsa* nas hipóteses de fraude à licitação e dispensa indevida, cabe destacar que a 1.ª Turma do STJ, em decisão anterior à reforma da LIA, entendeu que a presunção de dano ao erário se restringe ao juízo de configuração do ato de improbidade administrativa previsto no art. 10, não abrangendo a imposição de ressarcimento ao erário, cuja determinação pressupõe a demonstração de efetivo prejuízo patrimonial, nos ditames do art. 21, I, da LIA. No mesmo acórdão, a 1.ª Turma decidiu que a aplicação da multa civil com lastro no art. 12, II, da LIA também depende da demonstração da existência de efetivo prejuízo patrimonial, por ser este o seu parâmetro para fixação na hipótese de condenação promovida nos termos do art. 10 da LIA. Por outras palavras, para a 1.ª Turma do STJ, a presunção de dano ao erário, nas hipóteses de fraude à licitação e dispensa indevida de licitação, é suficiente para o enquadramento da conduta do agente ímprobo na tipologia do art. 10, VIII, da LIA. Contudo, a imputação de ressarcimento e de multa civil dependem da demonstração da ocorrência de perda patrimonial efetiva.

Depois da reforma da LIA, contudo, esse entendimento da 1.ª Turma do STJ tende a ser superado, porquanto o novo enunciado dado ao art. 21, I, passou a exigir a comprovação da perda patrimonial efetiva tanto para a imputação de ressarcimento (como já fazia o texto original) quanto para a aplicação das outras sanções do art. 10.

Noutro flanco, é oportuno destacar que, embora a Lei 14.230/2021 tenha oferecido uma continuidade típico-normativa para a conduta de frustrar a licitude de processo licitatório sem causar dano efetivo ao erário, ao criar um novo tipo de ato ofensivo aos princípios da administração pública no art. 11, inciso V, da LIA,[276] o mesmo cuidado não foi observado em relação às situações de dispensa indevida de licitação. Neste particular,

---

[275] Embargos de Divergência em REsp 1288585/RJ, rel. Min. Teodoro Silva Santos, j. 29.11.2024.

[276] A redação original do inciso V do art. 11 considerava ato ofensivo aos princípios da administração pública a conduta de "frustrar a licitude de concurso público". Depois da reforma promovida pela Lei 14.230/2021, o mesmo inciso V do art. 11 passou a considerar ato ofensivo aos princípios da administração pública a conduta de "frustrar, em ofensa à imparcialidade, o caráter concorrencial de concurso público, de chamamento ou de procedimento licitatório, com vistas à obtenção de benefício próprio, direto ou indireto, ou de terceiros". Claramente, ampliou-se o alcance do tipo em questão.

778 | INTERESSES DIFUSOS E COLETIVOS – VOL. 1

mais uma vez, não se empregou a melhor técnica legislativa. Afinal, se a lei distingue as condutas de "frustrar a licitude de processo licitatório" e "dispensá-lo indevidamente" no inciso VIII do art. 10, a prudência recomendava que tal distinção fosse mantida no novo enunciado dado ao inciso V do art. 11.

Numa interpretação gramatical do novo enunciado conferido ao inciso V do art. 11 da LIA pela Lei 14.230/2021, poder-se-ia chegar à equivocada conclusão de que a dispensa indevida de licitação, sem comprovação de dano efetivo ao erário, tornou-se atípica para os fins da Lei de Improbidade Administrativa.[277]

Sabemos, todavia, que a interpretação literal não satisfaz ao intérprete. A interpretação, no caso, deve ser lógico-sistemática, sob o influxo da Constituição Federal.

Se, no Direito brasileiro, a licitação constitui regra fundamental para contratação em geral pela Administração Pública, sendo a dispensa a exceção, conforme dispõe o artigo 37, XXI, da CF, é imperioso concluir que a contratação direta ilegal também frustra a licitude do processo licitatório. Afinal, conforme asseverado alhures, frustrar a licitude do processo licitatório significa descumprir as normas e os princípios da licitação, de forma a restringir, comprometer ou mesmo eliminar o seu caráter competitivo, em prejuízo real da igualdade entre os concorrentes e da seleção da proposta mais vantajosa para a Administração Pública.

Ora, quando o gestor público, agindo de forma consciente e voluntária, dispensa indevidamente o processo licitatório para contratar diretamente o fornecedor, ele está frustrando, na maior medida possível, a licitude do processo licitatório. Referida conduta, para além de ofensiva ao dever constitucional de licitar (art. 37, XXI, da CF), esvazia, por completo, qualquer possibilidade de concorrência, comprometendo, de forma irremediável, a igualdade entre os interessados em contratar com a administração pública.

Esse entendimento, inclusive, já foi adotado pela Primeira Turma do STJ. Confira-se:

> (...) V. Na espécie, o Tribunal de origem, com base no conjunto fático e probatório constante dos autos, atestou a prática de ato ímprobo, em razão da fraude de procedimento licitatório para contratação do banco, ora requerido, para prestação de serviço de gestão de folha de pagamento dos servidores públicos do Município de Valença/RJ e para a realização de operações bancárias em geral para a Municipalidade, através de dispensa indevida de licitação. VI. A conduta de frustrar o procedimento licitatório encontra correspondência, mesmo após o advento da Lei 14.230/2021, com a hipótese prevista no inciso V do art. 11 da LIA, de maneira a atrair a continuidade típico-normativa. VII. O agente público que dispensa licitação em contrariedade à decisão proferida pelo Tribunal de Contas age com dolo específico com vista à obtenção de benefício próprio ou de terceiros, para fins do art. 11, V, da Lei nº 8.429/1992.[278]

Nessa ordem de ideias, é correto afirmar que as hipóteses de fraude à licitação e dispensa indevida de licitação com comprovação de dano efetivo ao erário atraem a tipologia do art. 10, VIII, da LIA; se não houver prova do dano efetivo ao erário, incide o tipo do art. 11, inciso V.

Ainda sobre as hipóteses de fraude à licitação e dispensa indevida de licitação, sem comprovação de dano efetivo ao erário, faz-se necessário tecer alguns comentários sobre a necessidade de **expurgo dos lucros ilegítimos da empresa contratada ou, se já pagos, a sua restituição**.

---

[277] Após melhor refletirmos sobre esse tema, concluímos que a conduta de dispensar indevidamente o processo licitatório continua sendo ato de improbidade administrativa, mesmo na hipótese de restar demonstrada a ocorrência de dano efetivo ao erário, pelas razões expostas no texto.

[278] AgInt no REsp 1939626-RJ, 1.ª T., rel. Min. Francisco Falcão, j. 12.03.2025.

No direito espanhol, a restituição dos lucros indevidos auferidos por empresa em virtude de contração ilegal para a qual tenha concorrido está assentada na **teoria do produto bruto mitigado** e, no direito norte-americano, no instituto do *disgorgement*.

Basicamente, essa restituição de lucros ilegítimos está fundamentada no princípio da vedação do enriquecimento sem causa, assim como no princípio de que ninguém pode se beneficiar da própria torpeza e, ainda, nos efeitos retroativos da declaração de nulidade, no sentido de que se deve buscar a restauração do *status quo ante*.

No ordenamento jurídico brasileiro, a restituição dos lucros ilegítimos em contratos administrativos tem sido exigida por nossas Cortes de Contas,[279] com amparo legislativo no art. 884 do Código Civil brasileiro e, especificamente, nos arts. 148 e 149 da Lei 14.133/2021.

Pontue-se que a restituição de lucros ilegítimos não é, em regra, uma sanção, mas sim uma consequência jurídica de natureza predominantemente civil, ainda que possa ser exigida também na esfera penal, quando o ilícito for tipificado como crime, ou na esfera administrativa, quando decorrente de ilícito dessa mesma natureza

O pagamento de lucros ilegítimos não é, a rigor, um dano ao erário, porquanto o Poder Público terá recebido, em contrapartida, o bem ou serviço que lhe foi prestado, não se podendo falar em diminuição patrimonial a ser recomposta.

O pagamento de lucros ilegítimos é uma despesa pública absolutamente ilegal e ilegítima como, aliás, o próprio nome diz, pois decorrente de um ato ilícito praticado pela própria empresa beneficiária do aludido pagamento, o que ofende o princípio do não enriquecimento sem causa e o de que a ninguém é dado se beneficiar da própria torpeza

A restituição dos lucros ilegítimos em virtude de ilícito relativo a contrato administrativo tem sido exigida pelo Superior Tribunal de Justiça desde, no mínimo, o ano de 2012. A título de exemplo, confira-se:[280]

> Em relação ao contratado de má-fé, não lhe é retirada a posição normal de quem sofre com a declaração de invalidade do contrato – retorno ao estado anterior, prevista no *caput* do artigo 49 do Decreto-Lei 2.300/86. Esse retorno faz-se com a recolocação das partes no estado anterior ao contrato, o que por vezes se mostra impossível, jurídica ou materialmente, como ocorre nos autos (obra pública), pelo que as partes deverão ter seu patrimônio restituído em nível equivalente ao momento anterior, no caso, pelo custo básico do que foi produzido, sem qualquer margem de lucro.

Trata-se de entendimento que tem se mantido ao longo do tempo, havendo, desde então, decisões prolatadas nos anos de 2013,[281] 2014,[282] 2018,[283] 2019[284] e 2021.[285] Os principais fundamentos que têm sido invocados pelo STJ dizem respeito à lei de licitações, ao princípio da vedação do enriquecimento sem causa e aos efeitos decorrentes da declaração de nulidade, no sentido de que se deve buscar, na medida do possível, o retorno ao *status quo ante*.

Portanto, nos casos de fraude à licitação e dispensa indevida de licitação sem comprovação de dano efetivo ao erário (art. 11, V, da LIA), se o contratado tiver concorrido para a fraude, poderá o Ministério Público pleitear na petição inicial da ação de improbidade administrativa:

---

[279] Nesse sentido: TCU, Acórdão 1.842/2022, Plenário, rel. Min. Antonio Anastasia, j. 10.08.2022.

[280] REsp 1.153.337/AC, 2.ª T., rel. Min. Castro Meira, j. 15.05.2012.

[281] REsp 1.188.289/SP, 2.ª T., rel. Min. Herman Benjamin, *DJe* 13.12.2013.

[282] REsp 1.376.524/RJ, 2.ª T., rel. Min. Humberto Martins, j. 02.09.2014.

[283] REsp 1.726.433/SP, 2.ª T., rel. Min. Herman Benjamin, j. 08.05.2018.

[284] REsp 1.749.626/SP, 2.ª T., rel. Min. Herman Benjamin, j. 12.02.2019.

[285] AgInt nos EDcl no REsp 1.895.508/SP, 1.ª T., rel. Min. Regina Helena Costa, j. 22.03.2021.

780 INTERESSES DIFUSOS E COLETIVOS – VOL. 1

(i)   a aplicação das sanções do art. 12, III, da LIA aos agentes públicos e dirigentes ou prepostos da pessoa jurídica que concorreram para o ilícito;

(ii) a aplicação das sanções do art. 19 da Lei 12.846/2013 (LAE) à pessoa jurídica contratada; e

(iii) a condenação da empresa contratada à proibição de recebimento dos lucros ilegítimos, ou, ainda, a sua restituição, quando já pagos.

Anote-se, por último, que as condutas consistentes em fraudar a licitação e dispensar ou inexigir licitação fora das hipóteses previstas em lei também podem configurar ilícitos administrativos e os crimes previstos, respectivamente, nos arts. 337-F[286] e 337-E[287] do Código Penal.

6.8.2.4.8.1 Frustrar a licitude de processo seletivo para celebração de parcerias com entidades privadas sem fins lucrativos ou dispensá-lo indevidamente

A possibilidade de instituição de **chamamento público** para escolha de entidades sociais para firmar instrumentos de repasses de recursos públicos (convênios, contratos de gestão, parcerias etc.) não é uma novidade para a Administração Pública, e em diversos Estados e Municípios o modelo da seleção pública já era, inclusive, adotado.

A novidade reside na **obrigatoriedade do chamamento público** a partir da Lei 13.019/2014. Assim, o administrador público não pode dispensar ou deixar de exigir esse procedimento discricionariamente, só podendo fazê-lo nas hipóteses em que a lei expressamente autoriza, sempre mediante justificativa e parecer jurídico que fundamente essa espécie de decisão.

Frustrar a licitude de processo seletivo para celebração de parcerias com entidades privadas sem fins lucrativos significa descumprir as normas e os princípios do chamamento público, de forma a restringir, comprometer ou mesmo eliminar o seu caráter competitivo, em prejuízo real da igualdade entre os concorrentes e da seleção da organização da sociedade civil que torne mais eficaz a execução do objeto da parceria.

A exemplo do que foi dito a respeito da licitação, a frustração à licitude do processo seletivo também pode **ocorrer em todas as etapas do chamamento público**: etapa interna, fase de elaboração e publicação do edital, fase de habilitação, etapas de julgamento e homologação.

O inciso também censura a **dispensa indevida de processo seletivo.** No ponto, remarque-se o que foi dito no tópico anterior: a expressão *dispensa* foi aqui empregada para designar a ideia de *exceção à obrigatoriedade do chamamento público*, abrangendo, portanto, tanto as hipóteses de dispensa quanto as de inexigibilidade.

As hipóteses de dispensa e inexigibilidade de chamamento público estão previstas, respectivamente, nos arts. 30 e 31 da Lei 13.019/2014, e guardam muitas semelhanças com as hipóteses de dispensa e inexigibilidade de licitação.

Na parceria firmada diretamente com a organização da sociedade civil, seja na hipótese de dispensa, seja na hipótese de inexigibilidade, o administrador público deve justificar detalhadamente a ausência do **processo seletivo** (chamamento público), sob pena de nulidade.

---

[286] "Art. 337-F. Frustrar ou fraudar, com o intuito de obter para si ou para outrem vantagem decorrente da adjudicação do objeto da licitação, o caráter competitivo do processo licitatório: (Incluído pela Lei 14.133, de 2021) Pena – reclusão, de 4 (quatro) anos a 8 (oito) anos, e multa. (Incluído pela Lei 14.133, de 2021)"

[287] "Art. 337-E. Admitir, possibilitar ou dar causa à contratação direta fora das hipóteses previstas em lei: (Incluído pela Lei 14.133, de 2021) Pena – reclusão, de 4 (quatro) a 8 (oito) anos, e multa."

CAP. 6 – IMPROBIDADE ADMINISTRATIVA | **781**

Em conclusão, sempre que o administrador público, agindo de forma livre e consciente, firmar parcerias com entidades privadas de forma direta, fora das hipóteses de dispensa ou inexigibilidade de chamamento público, sua conduta poderá ser enquadrada no tipo de improbidade em exame.

6.8.2.4.9 Ordenar ou permitir a realização de despesas ilegais

IX – ordenar ou permitir a realização de despesas não autorizadas em lei ou regulamento;

A norma sanciona a conduta do agente público que **ordena** (determina) ou **permite** (tolera, consente) a realização de despesas públicas não autorizadas em lei ou regulamento. O objetivo da LIA é punir os gastos ilegais, normalmente realizados para beneficiar terceiros em prejuízo do erário.

Por **despesa pública** entende-se o uso dos recursos financeiros previstos nas leis orçamentárias e em leis específicas (créditos adicionais) para o pagamento de obrigações correntes e de capital.[288]

As despesas públicas devem ser executadas em conformidade com as normas constitucionais[289] e infraconstitucionais.[290] Em regra, tais despesas só podem ser realizadas quando autorizadas em lei orçamentária. Portanto, o agente público que ordena ou permite, dolosamente, a realização de despesas **sem expressa autorização legal ou regulamentar** terá sua conduta enquadrada no tipo legal de improbidade em estudo.

São exemplos de despesas não autorizadas: as não previstas na lei orçamentária anual; as que não foram objeto da estimativa de seu impacto orçamentário-financeiro no exercício em que deva entrar em vigor e nos dois subsequentes (arts. 15 e 16, I, da Lei de Responsabilidade Fiscal – LC 101/2000) etc.

Mas não é só isso. Também configura esse tipo legal de improbidade a realização de despesa **proibida por lei**, como o aumento de despesa com pessoal nos 180 dias anteriores ao final do mandato do agente público que determinou esse aumento (art. 21, II e IV, *a*, da LC 101/2000); a concessão de subvenções ou auxílios a instituições privadas prestadoras de serviços de saúde com finalidade lucrativa (vedada pelo art. 38 da Lei 8.080/1990) etc.[291]

6.8.2.4.10 Ilicitude na arrecadação de receita e na conservação do patrimônio público

X – agir ilicitamente na arrecadação de tributo ou de renda, bem como no que diz respeito à conservação do patrimônio público;

O enunciado do inciso em exame foi modificado na reforma promovida pela Lei 14.230/2021. A locução "negligentemente" foi substituída por "ilicitamente", em conformi-

---

[288] *Grosso modo, despesas correntes* são as relativas às despesas de custeio (manutenção e prestação dos serviços públicos, pagamento de encargos sociais e serviço da dívida pública) e às transferências correntes. As *despesas de capital*, por seu turno, são as destinadas a investimentos, inversões financeiras e transferência de capital; de um modo geral, levam a um aumento da capacidade produtora do País.

[289] O art. 167 da CF veda o início de programas ou projetos não incluídos na lei orçamentária anual e a realização de despesas ou a assunção de obrigações diretas que excedam os créditos orçamentários ou adicionais.

[290] Devem ser observadas, entre outras, a Lei 4.320/1964, que prevê Normas Gerais de Direito Financeiro para elaboração e controle dos orçamentos e balanços das unidades da Federação, e a Lei Complementar 101/2000 (Lei de Responsabilidade Fiscal), além dos regulamentos específicos de cada um dos órgãos ou entidades públicas.

[291] Wallace Paiva Martins Júnior cita como exemplos de condutas lesivas ao erário que se amoldam ao tipo legal do inciso IX do art. 10, da LIA as modificações, a concessão de vantagens e prorrogações em contrato administrativo, instituídas à falta de previsão legal ou contratual (*Probidade Administrativa*. 4. ed. São Paulo: Saraiva, 2009. p. 273).

INTERESSES DIFUSOS E COLETIVOS – VOL. 1

dade com a diretriz de excluir a culpa como elemento subjetivo do tipo de improbidade lesivo ao erário.

A norma sanciona duas hipóteses distintas de ato ímprobo: a) a ilicitude na arrecadação de tributo ou renda; e b) a ilicitude na conservação do patrimônio público.

A primeira parte do inciso sanciona a **ilicitude na arrecadação de receita pública tributária ou não tributária.** Pratica o ilícito o agente público que, por dolo, descumpre seu dever de arrecadar **tributo** (impostos, taxas e contribuição de melhoria[292]) ou **renda** (receita advinda da prestação de serviços, da locação ou alienação de bens, da exploração de atividade econômica etc.).

Quanto à arrecadação de tributos, estabelece o art. 3.º do Código Tributário Nacional que a atividade administrativa de cobrança é plenamente vinculada. Isso significa dizer que o agente público tem o dever de arrecadar os tributos assim que verificado o fato imponível, ressalvadas as hipóteses indicadas expressamente em lei. Caso descumpra dolosamente esse dever, sua conduta consubstanciará o ato de improbidade em análise, sem prejuízo da responsabilização funcional.[293]

Na mesma linha, cabe destacar que a própria Lei de Responsabilidade Fiscal, em vários dispositivos, deixa evidenciado o dever do agente público de promover uma concreta e eficiente arrecadação das receitas públicas.[294]

A segunda parte do dispositivo se refere à **ilicitude na conservação do patrimônio público.** Sanciona-se a conduta do agente público que, por dolo, não cumpre (podendo) seu dever funcional de evitar o perecimento, a perda, a dilapidação ou a dissipação do conjunto de bens que compõem o patrimônio público.[295]

6.8.2.4.11   Liberação ou aplicação irregular de verba pública

XI – liberar verba pública sem a estrita observância das normas pertinentes ou influir de qualquer forma para a sua aplicação irregular;

São dois os comportamentos ímprobos sancionados pelo inciso: a) a liberação de verba pública sem a estrita observância das normas pertinentes; e b) a influência para a aplicação irregular de verba pública.

Quanto ao primeiro comportamento, é oportuno salientar que a liberação de verba pública é o ato final de um procedimento jurídico minuciosamente regrado pela Constituição Federal, pelas leis orçamentárias e, ainda, pela Lei de Licitações. Daí que a **liberação de verba pública em desconformidade com as normas pertinentes** dá ensejo à nulidade do ato praticado e tipifica a conduta do agente público, que assim proceder, no inciso comentado.

São exemplos de liberação irregular de verbas públicas: o pagamento de despesa sem prévio empenho,[296] o pagamento de despesa antes de sua regular liquidação,[297] a satisfação

---

[292] Embora o art. 5.º do Código Tributário Nacional e o art. 145 da Constituição Federal indiquem que são três as espécies do gênero tributo (impostos, taxas e contribuições de melhoria), concepção tripartite, a doutrina especializada também tem considerado o empréstimo compulsório e as contribuições sociais como espécies do gênero tributo (teoria da pentaparticipação), com base no art. 217 do CTN e nos arts. 148 e 149 do texto constitucional. No mesmo sentido: STJ, AgRg no REsp 616.348/MG, 1.ª T., rel. Min. Teori Albino Zavascki, j. 14.12.2004.

[293] A responsabilização funcional do agente que deixa de arrecadar tributos é indicada no art. 141 do CTN.

[294] A propósito: arts. 1.º, § 1.º; 13, 14, 53, § 2.º, 58 e 67, II, todos da Lei de Responsabilidade Fiscal (LRF). E, ainda mais importante, seu art. 11 prevê que a efetiva arrecadação de tributos constitui um dos "requisitos essenciais da responsabilidade na gestão fiscal".

[295] A própria LRF, em seu art. 45, dispõe que a lei orçamentária e as de créditos adicionais só incluirão novos projetos após adequadamente contempladas as despesas de conservação do patrimônio público.

[296] Cf. art. 60 da Lei 4.320/1964.

[297] Cf. art. 62 da Lei 4.320/1964.

de débito constante de precatório judiciário, que não seja de natureza alimentícia, fora da ordem cronológica de sua apresentação,[298] a realização de despesa com finalidade diversa da explicitada na lei ou regulamento etc.

A segunda hipótese diz respeito à **influência para aplicação irregular de verba pública.** Na espécie, a conduta será realizada pelo agente público que, não possuindo atribuição para a aplicação da verba, exerce influência de qualquer forma (persuasão, indução, estímulo) sobre o servidor que a possui, levando-o a ordenar ou a permitir sua aplicação irregular. A ideia é punir o partícipe do ato lesivo ao erário previsto na primeira parte do inciso.

Um bom exemplo é o do Prefeito Municipal que, para beneficiar um correligionário, induz o Secretário de Obras a realizar o pagamento de fatura com preterição da ordem cronológica de sua exigibilidade.[299] Ambos responderão como incursos no inciso comentado. No mesmo exemplo, se os agentes receberem alguma vantagem patrimonial, a conduta do prefeito (intermediador) se amoldará ao tipo previsto no inciso IX do art. 9.º, enquanto a conduta do secretário (influenciado) será enquadrada no *caput* do mesmo dispositivo.

6.8.2.4.12 Favorecer o enriquecimento ilícito de terceiro

XII – permitir, facilitar ou concorrer para que terceiro se enriqueça ilicitamente;

A LIA considera ímproba a conduta do agente público que **permite, facilita** ou **concorre** para que terceiro (particular ou outro agente público) se enriqueça ilicitamente.

Diferentemente das situações tipificadas no art. 9.º da LIA, nas quais quem aufere a vantagem indevida é o próprio agente público, no inciso em exame quem aufere a vantagem indevida é o terceiro, mas, graças à colaboração de agente público que empresta seu concurso, cria facilidades ou permite a consumação do enriquecimento ilícito.

Observe-se que o inciso em estudo, de ampla densidade, tem a mesma finalidade dos incisos I, II, IV, V e XIII do art. 10 da LIA, qual seja, censurar o enriquecimento ilícito de terceiros, em razão de ação ou omissão dolosa do agente público, lesiva ao erário. Daí ser correto afirmar que o inciso XII do art. 10 tem **natureza residual**, isto é, terá aplicação quando a conduta do agente público, com a qual o particular lucrou, não se subsumir à tipologia dos sobreditos incisos.

Com isso, o legislador integrou de forma inteligente o sistema, de modo a alcançar toda e qualquer ação ou omissão dolosa do agente público, que contribua para o enriquecimento ilícito de terceiro em detrimento do erário. Na oportuna observação de Marcelo Figueiredo, "o dispositivo procura 'fechar o cerco' da atividade ilícita, proibindo que o agente público facilite, de qualquer forma, o enriquecimento ilícito de terceiros".[300]

6.8.2.4.13 Permitir a utilização de bens públicos ou de mão de obra de servidor em obra ou serviço particular

XIII – permitir que se utilize, em obra ou serviço particular, veículos, máquinas, equipamentos ou material de qualquer natureza, de propriedade ou à disposição de qualquer das entidades mencionadas no art. 1.º desta lei, bem como o trabalho de servidor público, empregados ou terceiros contratados por essas entidades;

---

[298] Cf. art. 67 da Lei 4.320/1964.

[299] Cf. art. 337-H do Código Penal, que prevê tal fato como crime.

[300] FIGUEIREDO, Marcelo. *Probidade Administrativa*: Comentários à Lei 8.429/92 e Legislação Complementar. 6. ed. São Paulo: Malheiros, 2009. p. 113.

784 INTERESSES DIFUSOS E COLETIVOS – VOL. 1

A norma sanciona a conduta do agente público que, por dolo, **permite o uso, em obra ou serviço particular, de pessoal e de material** (ex.: veículos, máquinas, equipamentos etc.) **de entidades públicas ou assemelhadas**.

A hipótese assemelha-se àquela comentada no art. 9.º, IV. A diferença é que no inciso em estudo quem se serve indevidamente de pessoal e material do Poder Público, em obra ou serviço particular, é o terceiro, com a colaboração do agente público, que permite a consumação do ilícito. Já na hipótese descrita no art. 9.º, IV, o beneficiário é o próprio agente público.

A ocorrência de dano ao erário é clara, assim como o é o enriquecimento ilícito da pessoa beneficiada, que economiza seus próprios recursos, deixando de empenhar suas posses para a satisfação de interesses particulares.

6.8.2.4.14 Celebrar indevidamente contrato sobre prestação de serviços públicos por meio de gestão associada

XIV – celebrar contrato ou outro instrumento que tenha por objeto a prestação de serviços públicos por meio da gestão associada sem observar as formalidades previstas na lei;

O presente inciso foi inserido pela Lei 11.107/2005, que dispõe sobre normas gerais para a União, os Estados, o Distrito Federal e os Municípios contratarem **consórcios públicos** para a realização de objetivos de interesse comum.

Cometerá o ato de improbidade previsto no inciso em exame o agente público que, por dolo, **formalizar contrato que tenha por objeto a prestação de serviços públicos por meio de gestão associada sem observar as formalidades legais.**

Exemplo: as obrigações que um ente da Federação constituir para com consórcio público no âmbito de gestão associada em que haja a prestação de serviços públicos deverão ser reguladas por contrato de programa.[301] O agente público responsável pela formalização de tal contrato tem o dever funcional de observar as exigências previstas na Lei 11.107/2005. O descumprimento desse dever dá ensejo à nulidade do ato praticado e tipifica a conduta do agente público, que assim proceder, no inciso comentado.

6.8.2.4.15 Celebrar indevidamente contrato de rateio de consórcio público

XV – celebrar contrato de rateio de consórcio público sem suficiente e prévia dotação orçamentária, ou sem observar as formalidades previstas na lei;

Esse inciso, também introduzido pela Lei 11.107/2005, sanciona duas hipóteses distintas de atos ímprobos: a) a celebração de contrato de rateio de consórcio público sem suficiente e prévia dotação orçamentária; e b) a celebração de contrato de rateio de consórcio público em desacordo com as formalidades legais.

O **contrato de rateio** é aquele firmado após a criação do consórcio público com o intuito de fazer frente às obrigações pecuniárias decorrentes dos projetos desenvolvidos para a realização dos objetivos de interesse comum dos entes consorciados. Por força do disposto no art. 8.º da Lei 11.107/2005, os entes consorciados somente entregarão recursos ao consórcio público mediante contrato de rateio. E, ainda mais importante, a celebração do contrato de rateio depende de prévia e suficiente dotação orçamentária.

Na primeira hipótese descrita no inciso em exame, o agente público representante de qualquer ente consorciado, por dolo, firma o contrato de rateio **sem que haja prévia e**

---

301 Cf. art. 13 da Lei 11.107/2005.

suficiente dotação, no orçamento anual, dos repasses a serem realizados. Já na segunda hipótese, o agente público celebra o contrato de rateio **sem observar as formalidades legais.** É o caso, por exemplo, da formalização de contrato de rateio com prazo de vigência superior ao das dotações que o suportam.[302]

6.8.2.4.16 Facilitação para incorporação, ao patrimônio particular, de bens ou valores públicos transferidos pela Administração Pública a entidade privada mediante celebração de parcerias

XVI – facilitar ou concorrer, por qualquer forma, para a incorporação ao patrimônio particular de pessoa física ou jurídica, de bens, rendas, verbas ou valores públicos transferidos pela Administração Pública a entidades privadas mediante celebração de parcerias, sem a observância das formalidades legais ou regulamentares aplicáveis à espécie; (Incluído pela Lei 13.019, de 2014)

A norma sanciona a conduta do agente público que facilita ou concorre para a incorporação, ao patrimônio particular, de bens, rendas ou valores públicos transferidos pela Administração Pública a entidades privadas mediante celebração de parcerias.

O prejuízo ao erário é evidente, porquanto são transmitidos para a esfera de disponibilidade do particular os bens ou valores públicos, originariamente destinados à consecução de finalidades de interesse público.

6.8.2.4.17 Permitir ou concorrer para o uso ilegal de bens ou valores públicos transferidos pela Administração Pública a entidade privada mediante celebração de parcerias

XVII – permitir ou concorrer para que pessoa física ou jurídica privada utilize bens, rendas, verbas ou valores públicos transferidos pela Administração Pública a entidade privada mediante celebração de parcerias, sem a observância das formalidades legais ou regulamentares aplicáveis à espécie; (Incluído pela Lei 13.019, de 2014)

A LIA sanciona a conduta do agente público que permite ou concorre para o **uso ilegal**, por particular, de bens, rendas, verbas ou valores transferidos pela Administração Pública a entidade privada mediante celebração de parceria.

Enquanto, na hipótese anterior, o agente público facilita ou concorre para a transferência do domínio, nesse caso, ele apenas propicia o uso indevido de bens ou valores públicos pelo particular.

6.8.2.4.18 Celebrar indevidamente parcerias da Administração Pública com entidades privadas

XVIII – celebrar parcerias da Administração Pública com entidades privadas sem a observância das formalidades legais ou regulamentares aplicáveis à espécie; (Incluído pela Lei 13.019, de 2014)

A LIA sanciona a conduta do agente público que, por dolo, formaliza parceria com entidades privadas sem a observância das formalidades legais ou regulamentares aplicáveis à espécie.

---

[302] Cf. art. 8.º, § 1.º, da Lei 11.107/2005.

786 | INTERESSES DIFUSOS E COLETIVOS – VOL. 1

É o caso, por exemplo, do administrador público que celebra parceria que tenha por objeto a delegação das funções de regulação, de fiscalização, de exercício do poder de polícia ou de outras atividades exclusivas de Estado, em afronta ao disposto no art. 40 da Lei 13.019/2014.

6.8.2.4.19 Ilicitude na celebração, fiscalização e análise das prestações de contas de parcerias firmadas pela Administração Pública com entidades privadas

XIX – agir para a configuração de ilícito na celebração, na fiscalização e na análise das prestações de contas de parcerias firmadas pela Administração Pública com entidades privadas; (Incluído pela Lei 13.019, de 2014)

Pontue-se que a regra foi modificada pela Lei 14.230/2021. A expressão "agir negligentemente" foi substituída por "agir para a configuração de ilícito", em consonância com uma das principais diretrizes da reforma, consistente na exclusão da culpa como elemento subjetivo dos atos lesivos ao erário.

A norma sanciona três hipóteses distintas de ato ímprobo: a) ilicitude na celebração da parceria; b) ilicitude na fiscalização da parceria; e c) ilicitude na análise das prestações de contadas da parceria.

A primeira parte do inciso, de certa forma, já está contida no inciso anterior. Afinal, o agente que **pratica algum ilícito na celebração da parceria**, invariavelmente, deixa de observar alguma formalidade legal ou regulamentar aplicável à espécie.

A segunda parte do dispositivo se refere à **ilicitude na fiscalização da parceria**. Sanciona-se a conduta do agente público que, por dolo, não cumpre (podendo) seu dever funcional de monitorar e avaliar o cumprimento do objeto da parceria.

A terceira hipótese prevista no dispositivo cuida da **ilicitude na análise da prestação de contas. Exemplo:** age ilicitamente, na espécie, o gestor[303] que, por dolo, deixa de emitir parecer técnico conclusivo para fins de avaliação do cumprimento do objeto, ou o emite sem mencionar os dados obrigatórios estabelecidos no art. 67, § 4.º, da Lei 13.019/2014.[304]

6.8.2.4.20 Liberação ou aplicação irregular de recursos de parcerias firmadas pela Administração Pública com entidades privadas

XX – liberar recursos de parcerias firmadas pela Administração Pública com entidades privadas sem a estrita observância das normas pertinentes ou influir de qualquer forma para a sua aplicação irregular. (Incluído pela Lei 13.019, de 2014)

São dois os comportamentos ímprobos sancionados pelo inciso: a) a liberação de recursos de parceria sem a estrita observância das normas pertinentes; e b) a influência para a aplicação irregular de tais recursos.

Quanto ao primeiro comportamento, remarque-se que a liberação de verba pública é o ato final de um procedimento jurídico minuciosamente regrado pela Constituição

---

[303] Para os fins da Lei 13.019/2014, considera-se gestor o agente público responsável pela gestão de parceria celebrada por meio de termo de colaboração ou termo de fomento, designado por ato publicado em meio oficial de comunicação, com poderes de controle e fiscalização (art. 2.º, VI).

[304] "Art. 67. (...) § 4.º Para fins de avaliação quanto à eficácia e efetividade das ações em execução ou que já foram realizadas, os pareceres técnicos de que trata este artigo deverão, obrigatoriamente, mencionar: I – os resultados já alcançados e seus benefícios; II – os impactos econômicos ou sociais; III – o grau de satisfação do público-alvo; IV – a possibilidade de sustentabilidade das ações após a conclusão do objeto pactuado."

Federal, pelas leis orçamentárias e, ainda, na espécie, pela Lei 13.019/2014. Daí que a **liberação de recursos de parcerias em desconformidade com as normas pertinentes** dá ensejo à nulidade do ato praticado e tipifica a conduta do agente público, que assim proceder, no inciso comentado.

A segunda hipótese diz respeito à **influência para aplicação irregular desses recursos.** Na espécie, a conduta será realizada pelo agente público que, não possuindo atribuição para a aplicação do recurso, exerce influência de qualquer forma (persuasão, indução, estímulo) sobre o servidor que a possui, levando-o a ordenar ou a permitir sua aplicação irregular. A ideia é punir o partícipe do ato lesivo ao erário previsto na primeira parte do inciso.

6.8.2.4.21 Concessão ou aplicação indevida de benefício financeiro ou tributário

XIX – conceder, aplicar ou manter benefício financeiro ou tributário contrário ao que dispõem o *caput* e o § 1.º do art. 8.º-A da Lei Complementar n.º 116, de 31 de julho de 2003. (Incluído pela Lei 14.230, de 2021)

Antes da reforma promovida pela Lei 14.230/2021, os atos de improbidade decorrentes de concessão ou aplicação indevida de benefício financeiro ou tributário estavam tipificados no art. 10-A da LIA, com a redação dada pela Lei Complementar 157/2016. Na reforma, o art. 10-A foi revogado e tal conduta passou a ser tipificada no inciso XXII do art. 10. Operou-se, assim, uma mudança topográfica do tipo em exame, que permanece em vigor.

Nas edições anteriores, criticávamos a técnica legislativa empregada na criação dessa nova figura típica de improbidade. O Município que concede, de forma indevida, um benefício fiscal ou financeiro, invariavelmente sofre perda patrimonial. Logo, essa nova espécie de ato lesivo ao erário deveria ter sido inserida num dos incisos do art. 10 e não numa outra seção da LIA, num tipo autônomo (art. 10-A), como se tratasse de uma nova modalidade de ato de improbidade administrativa.

Nesse sentido, a modificação é positiva, porque restabelece a sistemática do texto original da LIA, consistente na exemplificação de atos lesivos ao erário nos incisos do art. 10.

O dispositivo em exame censura o descumprimento da Lei Complementar 116/2003, que disciplina o Imposto sobre serviços de qualquer natureza (ISSQN), especificamente no que toca às regras estabelecidas no *caput* e § 1.º do art. 8.º-A, igualmente incluídas pela LC 157/2016. Confira-se o teor de tais dispositivos:

Art. 8.º-A. A alíquota mínima do Imposto sobre Serviços de Qualquer Natureza *é de 2% (dois por cento)*. (Incluído pela Lei Complementar 157, de 2016)

§ 1.º O imposto não será objeto de concessão de isenções, incentivos ou benefícios tributários ou financeiros, inclusive de redução de base de cálculo ou de crédito presumido ou outorgado, ou sob qualquer outra forma que resulte, direta ou indiretamente, em carga tributária menor que a decorrente da aplicação da alíquota mínima estabelecida no *caput*, exceto para os serviços a que se referem os subitens 7.02, 7.05 e 16.01 da lista anexa a esta Lei Complementar. (Incluído pela Lei Complementar 157, de 2016)

O ISSQN, como se sabe, é de competência dos Municípios e do Distrito Federal, tendo como fato gerador a prestação dos serviços taxativamente listados na LC 116/2003.

Assim, se a pessoa prestar algum dos serviços previstos na LC 116/2003, deverá pagar ao Município/DF o imposto chamado ISSQN ou, simplesmente, ISS. O profissional da área de saúde, por exemplo, ao tratar um paciente com acupuntura, presta um serviço listado da LC 116/2003, sendo isso fato gerador de ISS.

Embora cada Município e o Distrito Federal devam editar sua lei local sobre o ISS, esta não pode contrariar as regras gerais obrigatórias da LC 116/2003, especialmente no que diz respeito: (*i*) à fixação das alíquotas máximas e mínimas; e (*ii*) à regulação da forma e das condições de concessão de isenções, incentivos e benefícios fiscais.

Essa restrição da autonomia municipal no exercício da competência relativa ao ISS está prevista no art. 156, § 3.º, I e III, da CF/1988,[305] e tem por principal objetivo dificultar a deflagração de guerra fiscal entre os municípios.

O art. 8.º-A da LC 116/2003 (inserido pela LC 157/2016) estabeleceu a **alíquota mínima de 2% para o ISS**, o que significa dizer que nenhum Município poderá instituir alíquota de ISSQN inferior a 2%.

Para evitar a burla a essa limitação, a LC 157/2016 incluiu o § 1.º no art. 8.º-A da LC 116/2003, que proíbe a edição de lei local que verse sobre a concessão de isenções, incentivos ou benefícios tributários ou financeiros, que resulte, direta ou indiretamente, na redução da alíquota mínima de dois pontos percentuais.

Por outras palavras, em regra, não se pode conceder isenção, incentivo ou benefício relacionado com ISS se isso resultar em uma alíquota inferior a 2%. A título de exemplo, não pode o Município estabelecer que a alíquota do ISS é de dois pontos percentuais (cumprindo formalmente o art. 8.º-*A da LC 116/2003) e conceder uma redução de base de cálculo de 50%, caso em que a alíquota efetiva das operações seria de um ponto percentual.*

Anote-se, contudo, que o mesmo dispositivo (LC 116/2003, art. 8.º-A, § 1.º), em sua parte final, excepciona essa regra, admitindo a concessão de isenção, incentivo ou benefício fiscal ou financeiro, que resulte na redução da alíquota mínima de dois pontos percentuais, para os serviços a que se referem os subitens 7.02, 7.05 e 16.01 da lista anexa à mesma Lei Complementar, quais sejam:

> **7.02.** Execução, por administração, empreitada ou subempreitada, de obras de construção civil, hidráulica ou elétrica e de outras obras semelhantes, inclusive sondagem, perfuração de poços, escavação, drenagem e irrigação, terraplanagem, pavimentação, concretagem e a instalação e montagem de produtos, peças e equipamentos (exceto o fornecimento de mercadorias produzidas pelo prestador de serviços fora do local da prestação dos serviços, que fica sujeito ao ICMS);
>
> **7.05.** Reparação, conservação e reforma de edifícios, estradas, pontes, portos e congêneres (exceto o fornecimento de mercadorias produzidas pelo prestador dos serviços, fora do local da prestação dos serviços, que fica sujeito ao ICMS);
>
> **16.01.** Serviços de transporte coletivo municipal rodoviário, metroviário, ferroviário e aquaviário de passageiros.

O tipo de improbidade administrativa em exame se dá quando o agente público, por ação ou omissão, **concede, aplica** ou **mantém** benefício financeiro ou tributário contrário ao que dispõem o *caput* e o § 1.º do art. 8.º-A da LC 116/2003, anteriormente comentados.

Comete o ato de improbidade administrativa *sub analise*, por exemplo, o agente público que concede isenção fiscal para as empresas prestadoras de serviços não enquadráveis nas exceções antes destacadas, que se instalarem no Município e gerarem até 50

---

[305] "Art. 156. Compete aos Municípios instituir impostos sobre: (...) III – serviços de qualquer natureza, não compreendidos no art. 155, II, definidos em lei complementar. (...) § 3.º Em relação ao imposto previsto no inciso III do *caput* deste artigo, cabe à lei complementar: I – fixar as suas alíquotas máximas e mínimas; II – excluir da sua incidência exportações de serviços para o exterior; III – regular a forma e as condições como isenções, incentivos e benefícios fiscais serão concedidos e revogados."

empregos diretos. Na hipótese, o agente público teria encontrado uma forma de, indiretamente, superar a proibição do *caput* do art. 8.º-A da LC 116/2003, já que, na prática, a alíquota será inferior a dois pontos percentuais.

Também comete o ilícito o agente público que mantém um benefício ilegal de ISS, ainda que tal ilegalidade tenha sido implementada antes do início do exercício das suas funções. Imagine-se, por exemplo, que determinado Município esteja concedendo isenção fiscal de ISS em contrariedade ao disposto no *caput* e no § 1.º do art. 8.º-A da LC 116/2003. São realizadas novas eleições municipais e assume um novo prefeito. Caso este não tome providências para fazer cessar essa isenção, responderá por ato de improbidade administrativa por conta de sua omissão.

6.8.2.4.22 Inobservância de formalidades legais ou regulamentares e ausência de perda patrimonial efetiva (art. 10, § 1.º)

O § 1.º do art. 10, inserido na LIA pela Lei 14.230/2021, afasta a imposição de ressarcimento, nos casos em que, a despeito da inobservância de formalidades legais ou regulamentares, não restar comprovada a perda patrimonial efetiva. Confira-se:

> **Art. 10 (...) § 1.º** Nos casos em que a inobservância de formalidades legais ou regulamentares não implicar perda patrimonial efetiva, não ocorrerá imposição de ressarcimento, vedado o enriquecimento sem causa das entidades referidas no art. 1.º desta Lei.

A regra busca evitar o enriquecimento sem causa dos entes referidos no art. 1.º da LIA, ao mesmo tempo que reforça uma das diretrizes da reforma promovida na LIA pela Lei 14.230/2021, qual seja, a de que a perda patrimonial é elemento essencial à configuração do ato de improbidade lesivo ao erário.[306]

A rigor, a norma revela-se desnecessária ante os termos do art. 10, *caput*, da LIA, em que a comprovação da efetiva ocorrência de perda patrimonial já constitui requisito para o enquadramento típico. Se não há prova da perda patrimonial efetiva, o fato é atípico para os fins do art. 10 da LIA. Por consectário lógico, não comporta sancionamento, tampouco a imposição de ressarcimento.

Por esse prisma, a vedação à imposição de ressarcimento faria mais sentido se estivesse alocada no art. 11 da LIA. Como bem observa Marçal Justen Filho, "a regra do § 1.º apenas poderia ser aplicada em vista das infrações do art. 11, que não envolvem a necessidade de dano ao erário para a sua configuração".[307]

6.8.2.4.23 Perda patrimonial e atividade econômica (art. 10, § 2.º)

Outra novidade inserida pela Lei 14.230/2021 na LIA é a regra do § 2.º do art. 10, que assim dispõe:

---

[306] No mesmo sentido: NEVES, Daniel Amorim Assumpção; OLIVEIRA, Rafael Carvalho Rezende. *Improbidade Administrativa*: Direito Material e Processual. 9. ed. Rio de Janeiro: Forense, 2022. p. 107-108; JUSTEN FILHO, Marçal. *Reforma da Lei de Improbidade Administrativa Comentada e Comparada*: Lei 14.320, de 25 de outubro de 2021. Rio de Janeiro: Forense, 2022. p. 107. Em sentido diverso, há quem interprete a norma do § 1.º do art. 10 da LIA como uma hipótese de dispensa à exigência de comprovação de perda patrimonial efetiva. Tratar-se-ia, portanto, de uma exceção à regra prevista no art. 10, *caput*. Para os defensores dessa tese, somente nesses casos de vícios formais – contidos nas figuras dos incisos II, III, VII, XI (primeira parte), XV, XVI, XVII, XVIII e XX e nos que também se articule a inobservância de formalidades legais ou regulamentares não arroladas, porquanto o art. 10 tem redação exemplificativa – se exonera o ressarcimento do dano, mantendo-se o enquadramento da conduta no tipo do art. 10 (MARTINS JUNIOR, Wallace Paiva; MAGALHÃES JUNIOR, Alexandre Alberto de; OLIVEIRA, Beatriz Lopes de. *Lei de Improbidade Administrativa Comentada*. São Paulo: Juspodivm, 2023. p. 119).

[307] JUSTEN FILHO, Marçal. *Reforma da Lei de Improbidade Administrativa Comentada e Comparada*: Lei 14.320, de 25 de Outubro de 2021. Rio de Janeiro: Forense, 2022. p. 107.

790 | INTERESSES DIFUSOS E COLETIVOS - VOL. 1

> **Art. 10. (...) § 2.º** A mera perda patrimonial decorrente da atividade econômica não acarretará improbidade administrativa, salvo se comprovado ato doloso praticado com essa finalidade.

A norma alcança os entes referidos no art. 1.º da LIA que exploram atividade econômica, caso das empresas públicas, das sociedades de economia mista e suas subsidiárias, assim como das pessoas jurídicas de direito privado que recebam subvenção, benefício ou incentivo, fiscal ou creditício, da Administração Pública.

É natural que a atividade econômica desempenhada por tais entidades, sujeita às contingências do mercado, possa repercutir negativamente em seu patrimônio. O que a regra em exame deixa claro é que eventual insucesso no exercício dessa atividade não configura, por si só, o ato de improbidade lesivo ao erário, salvo se comprovado o dolo na conduta dos agentes públicos, ou seja, que a ação ou omissão danosa foi orientada pela finalidade de causar dano ao patrimônio de tais entes.

6.8.3 Atos que atentam contra os princípios da Administração Pública

6.8.3.1 Introdução

A terceira modalidade de improbidade administrativa é aquela que **atenta contra os princípios da Administração Pública.** Desse teor o art. 11, *caput*, da LIA:

> **Art. 11.** Constitui ato de improbidade administrativa que atenta contra os princípios da administração pública a ação ou omissão dolosa que viole os deveres de honestidade, de imparcialidade e de legalidade, caracterizada por uma das seguintes condutas: (Redação dada pela Lei 14.230, de 2021)

Os ilícitos do art. 11 referem-se a condutas incompatíveis com os princípios norteadores da atividade administrativa.

Conforme destacamos no tópico 6.8, na redação original da LIA, o enunciado do *caput* do art. 11 era encerrado com a expressão "e notadamente", que denotava o caráter exemplificativo das condutas descritas em seus incisos. Assim, qualquer conduta dolosa que representasse ofensa aos princípios da administração pública podia ser enquadrada no *caput* do art. 11, ainda que não encontrasse abrigo imediato num dos tipos descritos em seus incisos. Tratava-se, portanto, de um tipo aberto de improbidade administrativa.

Contudo, com a reforma introduzida na LIA pela Lei 14.230/2021, a expressão "e notadamente" foi substituída por "caracterizada por uma das seguintes condutas", o que denota a necessidade da prática de uma das condutas indicadas taxativamente nos incisos do art. 11 para a configuração da improbidade por violação aos princípios da administração pública.

A partir da reforma, portanto, o elenco dos incisos do art. 11 deixou de apresentar cunho exemplificativo. Há um conjunto exaustivo de situações tipificadas. Uma conduta que não se subsuma às hipóteses dos incisos será considerada atípica para os fins do art. 11.

A alteração legislativa não é singela. A partir dessa mudança, a simples ofensa aos princípios da administração pública, por si só, não é apta a atrair a incidência da LIA. Tal conduta só configurará ato de improbidade administrativa ofensivo aos princípios da administração pública se encontrar abrigo num dos tipos previstos no rol taxativo (*numerus clausus*) do art. 11.

Esse entendimento, esposado pela melhor doutrina,[308] já foi adotado pelo Plenário do Supremo Tribunal Federal, ao apreciar um caso envolvendo contratação sem concurso

---

[308] Nesse sentido: JUSTEN FILHO, Marçal. *Reforma da Lei de Improbidade Administrativa Comentada e Comparada*: Lei 14.320, de 25 de outubro de 2021. Rio de Janeiro: Forense, 2022. p. 118; PAZZAGLINI FILHO, Marino. *Lei de Improbidade Ad-*

público.[309] Na ocasião, decidiu o STF que, a partir das alterações promovidas no *caput* do art. 11, passou-se a considerar como taxativas as condutas tipificadas no referido dispositivo.

O fator determinante para a reformulação legislativa dos atos ofensivos aos princípios da administração pública foi a falta de precisão na delimitação do alcance normativo do art. 11.

As modalidades dos arts. 9.º e 10 da LIA, embora também apresentassem tipicidade aberta, reclamavam dado objetivo facilmente verificável para a sua configuração. Estamos nos referindo à vantagem patrimonial indevida (enriquecimento ilícito) para os casos do art. 9.º, e à perda patrimonial efetiva (lesão ao erário) para os casos do art. 10. Ambas permitiam a visualização prévia de situações fáticas que poderiam ser incluídas ou excluídas nos respectivos tipos.

Já a redação original do art. 11 da LIA, de tipicidade igualmente aberta, diferentemente dos tipos previstos nos arts. 9.º e 10, não apresentava nenhum resultado tangível de verificação necessária para a configuração do ilícito. Vale dizer, o tipo do art. 11 da LIA não oferecia nenhum dado objetivo para auxiliar na delimitação do seu alcance. Ao contrário, a tipificação do ilícito a partir da ofensa a princípios tornava a definição dessa modalidade de improbidade muito porosa. A abstração dos princípios, que lhes é inerente, prejudicava a sua capacidade de parametrizar, por si só, a orientação, a prevenção e a consequente repressão dos atos ímprobos.

Sem a oferta de parâmetros objetivos para a definição dos atos ofensivos aos princípios da administração pública, a textura aberta inicialmente dada ao art. 11 viabilizava a indevida equiparação entre o ato ilegal e o ato desonesto.[310] Nesse cenário, parte da doutrina diagnosticou um uso excessivo (e desproporcional) dos instrumentos sancionatórios da LIA, em ordem a inibir a atuação administrativa dos agentes públicos. A altivez necessária para realização mais abrangente do interesse público teria sido ofuscada, em alguma medida, pelo alto risco de subsunção dos atos administrativos a teor (amplo) das hipóteses proibitivas do art. 11.[311]

Em linhas gerais, tais fatores impulsionaram o Poder Legislativo a promover uma estruturante reforma na modalidade dos atos ofensivos aos princípios da administração pública, com mudanças tanto na tipicidade objetiva como na tipicidade subjetiva do ilícito.

No plano da **tipicidade objetiva**, operou-se o fechamento do tipo, isto é, a configuração do ato de improbidade ofensivo aos princípios da administração pública passa a exigir a prática de uma das condutas previstas no rol taxativo do art. 11.

Nesse processo, outro dado a ser considerado foi a revogação dos incisos I ("praticar ato visando fim proibido em lei ou regulamento ou diverso daquele previsto, na regra de competência"), II ("retardar ou deixar de praticar, indevidamente, ato de ofício"), IX ("deixar de cumprir a exigência de requisitos de acessibilidade previstos na legislação") e X ("transferir recurso a entidade privada, em razão da prestação de serviços na área de saúde sem a prévia celebração de contrato, convênio ou instrumento congênere, nos

---

ministrativa Comentada. 8. ed. São Paulo: Juspodivm, 2022. p. 138; FAVRETO, Rogério; GOMES JUNIOR, Luiz Manoel. *Comentários à Nova Lei de Improbidade Administrativa*. 6. ed. São Paulo: Thomson Reuters Brasil, 2023. p. 165; NEVES, Daniel Amorim Assumpção; OLIVEIRA, Rafael Carvalho Rezende. *Improbidade Administrativa*: Direito Material e Processual. 9. ed. Rio de Janeiro: Forense, 2022. p. 116; MAZZILLI, Hugo Nigro. *A Defesa dos Interesses Difusos em Juízo*. 33. ed. São Paulo: Juspodivm, 2023. p. 269.

[309] ARE 803.568 A GR-segundo-ED V-ED/SP, Plenário, rel. Min. Luiz Fux, rel. p/ acórdão Min. Gilmar Mendes, sessão virtual de 11.08.2023 a 21.08.2023.

[310] Nesse sentido: FIGUEIREDO, Isabela Giglio. *Improbidade Administrativa*: Dolo e Culpa. São Paulo: Quartier Latin, 2010. p. 89.

[311] CARNEIRO, Rafael de A. Araripe. A Reformulação Limitadora do Conceito de Improbidade Administrativa. In: MENDES, Gilmar Ferreira (coord.). *Nova Lei de Improbidade Administrativa*: Inspirações e Desafios. São Paulo: Almedina, 2022. p. 108.

termos do parágrafo único do art. 24 da Lei n.º 8.080, de 19 de setembro de 1990"). Ao mesmo tempo, foram previstas novas figuras típicas nos incisos XI (nepotismo) e XII (promoção pessoal).

Já no plano da **tipicidade subjetiva**, conforme visto, passa a ser imprescindível a demonstração de que a conduta do agente público foi realizada com o fim de obter proveito ou benefício indevido, para si ou para outra pessoa ou entidade (art. 11, § 1.º).

Para a configuração do ato ofensivo aos princípios da administração pública, portanto, não basta a presença do dolo (*elemento subjetivo geral do tipo*). Passa a ser imprescindível a demonstração de que a conduta funcional do agente público foi realizada para obter proveito ou benefício indevido (para si ou para outra pessoa ou entidade).

O § 2.º do art. 11 estende essa exigência para os atos de improbidade administrativa ofensivos aos princípios da administração pública previstos em leis esparsas, caso do Estatuto da Cidade (Lei 10.257/2001), da Lei de Acesso às Informações (Lei 12.527/2011) e da Lei das Eleições (Lei 9.504/1997).

Tais alterações restringiram substancialmente o âmbito de incidência da LIA e impuseram aos legitimados à proteção da probidade administrativa um encargo probatório maior. A partir da reforma da LIA, para a configuração do ato ofensivo aos princípios da administração pública, o Ministério Público e o ente lesado deverão comprovar que tal ofensa ocorreu a partir de uma das condutas tipificadas nos incisos do rol taxativo do art. 11 da LIA, realizada com o fim de obter proveito ou benefício indevido para si ou para outra pessoa ou entidade (art. 11, § 1.º).

Referidas exigências afastam qualquer possibilidade de ser praticado um ato de improbidade administrativa ofensivo aos princípios da administração pública em que não seja divisada a ocorrência de má-fé (desonestidade, deslealdade, imoralidade administrativa). Afinal, a deslealdade é inerente a conduta do agente público que, no exercício das suas funções, busca obter proveito ou benefício indevido para si ou para outra pessoa ou entidade.

6.8.3.2 Norma residual ou de aplicação subsidiária

O art. 11 da LIA considera ato de improbidade administrativa que atenta contra os princípios da administração pública qualquer ação ou omissão que viole os deveres de honestidade, de imparcialidade e de legalidade. A tônica está, pois, na circunstância de haver esse atentado contra os princípios regentes da Administração Pública, a partir da prática de uma das condutas tipificadas no rol taxativo do art. 11.

É correto afirmar, também, que o agente público que, agindo dolosamente, se enriquece ilicitamente (art. 9.º) ou causa lesão ao erário (art. 10), invariavelmente, viola os princípios de honestidade, de legalidade e, em geral, outros princípios constitucionais regentes da atividade estatal. Em outras palavras, a modalidade de improbidade administrativa por transgressão aos princípios regentes da Administração Pública está necessariamente **compreendida** nas normas que descrevem tipos mais graves de improbidade (arts. 9.º e 10).

Assim, por exemplo, se o agente incorpora bens públicos a seu patrimônio particular (art. 9.º, XI) ou se ordena a realização de despesa ilegal (art. 10, IX), é intuitivo que também infringe alguns princípios administrativos. Daí ser válida a conclusão de que a norma instituída no art. 11 da LIA é **residual** ou de **aplicação subsidiária** em relação às normas que tratam das outras duas modalidades de improbidade, isto é, só terá lugar quando não configurados o enriquecimento ilícito e a lesão ao erário.

A propósito, arremata Marino Pazzaglini Filho:

> Em síntese, pode dizer-se que a norma do art. 11 constitui soldado de reserva (expressão do saudoso jurista Nelson Hungria), configurando-se pelo resíduo na hipótese da conduta ilegal do agente público não se enquadrar nas duas outras categorias de improbidade.[312]

Nessa trilha, se o ato violador dos princípios da administração pública resultar em enriquecimento ilícito do agente público que o praticou, há absorção da regra do art. 11 (subsidiária), contida no art. 9.º (principal), por esta. Da mesma forma, se da ofensa aos princípios da administração pública decorrer dano ao erário, configura-se somente a modalidade de improbidade lesiva ao erário (art. 10) que, em face do princípio da subsidiariedade, absorve aquela (art. 11).

Noutro flanco, se o agente público, mediante ação ou omissão dolosa, tentar obter alguma vantagem patrimonial indevida ou causar lesão ao erário, mas não alcançar seu intento, por circunstâncias alheias à sua vontade, sua conduta poderá ser enquadrada no tipo residual previsto no art. 11, porquanto certamente terá transgredido algum princípio regente da atividade estatal, a ele se aplicando, portanto, as sanções previstas no art. 12, III, da LIA, o que, na esfera penal, equivaleria à **punição pela tentativa**.

Por outras palavras, as condutas tipificadas nos arts. 9.º (enriquecimento ilícito) e 10 (lesão ao erário) da LIA são consideradas tipos autônomos de atos ofensivos aos princípios da administração pública, de aplicação residual. Nessa condição, poderão atrair a incidência da tipologia do art. 11 nas hipóteses em que os agentes públicos tentarem obter enriquecimento ilícito ou casar dano ao erário, mas não alcançarem seu intento, por circunstâncias alheias às suas vontades.

Pense-se, por exemplo, num caso envolvendo um oficial de justiça que solicita uma vantagem econômica de um determinado escritório de advocacia para dar prioridade no cumprimento de uma diligência de interesse de cliente desse escritório. Caso ele não receba a vantagem econômica, sua conduta não poderá ser enquadrada no tipo de enriquecimento ilícito previsto no inciso I do art. 9.º da LIA, porquanto ausente um dos requisitos para sua configuração, qual seja, a obtenção de vantagem econômica indevida. Sem prejuízo, ele poderá ser punido pela prática de ato ofensivo aos princípios da administração pública (art. 11).

Nesse sentido, aliás, já se manifestou o STJ, em interessante julgado, no qual se discutia a aplicação da LIA para punir uma frustrada tentativa de lesão ao erário. Confira-se:

> Embora o art. 10 da Lei n. 8.429/92 possa ter embasado a inicial, a improbidade administrativa teria ficado plenamente configurada a teor do art. 11 da Lei n. 8.429/92 e de tudo quanto ficou consignado como incontroverso nos autos. Abrangência de condutas que não consumam a efetiva lesão a bens jurídicos tutelados por intervenção do Ministério Público e/ou do Poder Judiciário. Necessidade de ampliação do espectro objetivo da LIA para punir também a tentativa de improbidade administrativa nos casos em que as condutas não se realizam por motivos alheios ao agente.[313]

Anote-se, por oportuno, que o enquadramento das tentativas de enriquecimento ilícito e lesão ao erário na tipologia do art. 11 da LIA exigirá a comprovação tanto do elemento subjetivo geral do tipo, a saber, o dolo (vontade e consciência de realizar a conduta vedada pela lei), como do elemento subjetivo especial do tipo, qual seja, a intenção de obter uma vantagem indevida, para si ou para outrem, por força das regras previstas no art. 11, §§ 1.º e 2.º, da LIA.

---

[312] PAZZAGLINI FILHO, Marino. *Lei de Improbidade Administrativa Comentada*. São Paulo: Atlas, 2002. p. 101. *No mesmo sentido*: MARTINS JÚNIOR, Wallace Paiva. *Probidade Administrativa*. 4. ed. São Paulo: Saraiva, 2009. p. 279.

[313] REsp 1.014.161/SC, 2.ª T., rel. Min. Mauro Campbell Marques, j. 17.09.2010.

Nesse ponto, algumas observações se fazem necessárias. No que concerne à tentativa de enriquecimento ilícito, a exigência da demonstração desse especial fim de agir na conduta do agente não representa, na prática, maior encargo probatório ao Ministério Público ou ao ente lesado. Isso porque em todos os tipos descritos no art. 9.º da LIA o fim de obter proveito ou benefício indevido para si ou para outra pessoa ou entidade é decorrência natural da realização do ilícito, surgindo imediatamente da análise dos fatos e da forma como aconteceram. Noutras palavras, mesmo antes da reforma da LIA, não se vislumbrava a possibilidade da realização dos tipos do art. 9.º sem que estivesse presente a intenção de obter uma vantagem patrimonial indevida, para si ou para outrem.

Já em relação à tentativa de lesão ao erário, essa exigência de demonstração do especial fim de agir na conduta do agente poderá, na prática, representar alguma majoração do encargo probatório.

Explica-se. Na maior parte dos tipos descritos nos incisos do art. 10, o elemento subjetivo especial do tipo também é inerente à conduta ilícita (incisos I, II, III, IV, V, VII, VIII, X, XI, XII, XIII, XVI, XVII, XVIII, XIX, XX). Assim, por exemplo, se o agente público, dolosamente, facilita a aquisição de serviços pelo Poder Público por valor superior ao de mercado, assim o faz para beneficiar a empresa contratada, de onde se conclui que a finalidade especial em exame é decorrência natural da realização do ilícito. Em outros casos, contudo, não há essa relação lógica, como na hipótese tipificada no inciso IX ("ordenar ou permitir a realização de despesas não autorizadas em lei ou regulamento"). Aqui, será necessária a comprovação dessa finalidade especial prevista no art. 11, § 1.º, da LIA, elemento subjetivo especial do tipo que, antes da reforma, não era exigido para a configuração da tentativa de ato lesivo ao erário como espécie de ato ofensivo aos princípios da administração pública (art. 11).

6.8.3.3   Elementos essenciais

A caracterização do ato de improbidade previsto no art. 11 da LIA está condicionada à presença dos seguintes elementos:

1.º) Conduta funcional dolosa do agente público e fim de obter proveito ou benefício indevido para si ou para outra pessoa ou entidade: a tipificação do ato de improbidade descrito no art. 11 somente se aperfeiçoa mediante ação ou omissão dolosa do agente público. Vale dizer: é preciso que o agente pratique a conduta descrita no dispositivo em exame de forma livre e consciente.

Conforme já assinalado, antes da reforma promovida na LIA pela Lei 14.230/2021, exigia-se tão somente o dolo para a configuração desse tipo de improbidade, isto é, a simples vontade de praticar a conduta objetivamente proibida pela ordem jurídica, independentemente de uma finalidade especial.

Esse entendimento tinha o apoio da jurisprudência amplamente majoritária do STJ.[314]

Contudo, a partir da reforma promovida na LIA pela Lei 14.230/29021, a configuração do ato de improbidade administrativa ofensivo aos princípios da administração pública, passa a existir a comprovação tanto do *elemento subjetivo geral do tipo*, a saber, o dolo (vontade e consciência de realizar a conduta vedada pela lei), como do *elemento subjetivo especial do tipo*, qual seja, a intenção de obter uma vantagem indevida, para

---

[314]   Nesse sentido, confiram-se: EREsp 654.721/MT, 1.ª S., rel. Min. Eliana Calmon, *DJe* 1.º.09.2010; AgRg no REsp 752.272/60, 2.ª T., rel. Humberto Martins, j. 25.05.2010; REsp 1.165.505/SP, 2.ª T., rel. Min. Eliana Calmon, j. 22.06.2010; REsp 765.212/AC, 2.ª T., rel. Min. Herman Benjamin, j. 02.03.2010; REsp 1.140.544/MG, 2.ª T., rel. Min. Eliana Calmon, j. 15.06.2010; e AgRg no AREsp 73.968/SP, rel. Min. Benedito Gonçalves, j. 02.10.2012.

si ou para outrem (art. 11, § 1.º). Ausente esse especial fim de agir, não há falar em ato ofensivo aos princípios da administração pública (art. 11).

2.º) Ofensa aos princípios da administração pública a partir de uma das condutas previstas nos incisos do art. 11: o tipo de improbidade em foco exige a violação de princípios da Administração Pública.

Nesse particular, importa salientar que o art. 11 da LIA não se refere somente aos princípios constitucionais da Administração Pública previstos expressamente no *caput* do art. 37 da Constituição Federal, mas sim a todos os princípios regentes da atividade estatal, previstos expressa ou implicitamente no texto constitucional ou em normas infra-constitucionais, com destaque para os princípios da *legalidade, impessoalidade, moralidade, publicidade, eficiência, supremacia do interesse público, razoabilidade, proporcionalidade, motivação, devido processo legal, ampla defesa, finalidade* e *segurança jurídica*.

Apesar da nomenclatura usada pelo legislador ("Dos Atos de Improbidade Administrativa que Atentam Contra os Princípios da Administração Pública"), remarque-se que a ofensa aos princípios da administração pública não atrai, por si só, a incidência do tipo do art. 11 da LIA. Referida conduta só configurará ato de improbidade administrativa se encontrar abrigo num dos tipos previstos no rol taxativo do art. 11.17

Noutras palavras, a partir da reforma promovida na LIA pela Lei 14.230/2021, a modalidade de improbidade *sub examine* não se perfaz com a simples ofensa aos princípios da administração pública, exigindo-se a demonstração da prática de uma das condutas previstas nos incisos do art. 11 da LIA.

Pontue-se que eventual atipicidade da conduta ofensiva aos princípios da administração pública, por falta de enquadramento nos incisos do art. 11, não afasta a possibilidade de o agente infrator ser responsabilizado em outras esferas. Exemplificativamente, se um delegado de polícia deixa de instaurar um inquérito policial para apuração de crime supostamente praticado por um amigo de longa data, descumprindo, assim, dever de ofício, para satisfazer sentimento pessoal, sua conduta será considerada atípica para os fins da LIA, por não encontrar abrigo em nenhum dos tipos do rol taxativo do art. 11,[315] mas ele poderá ser punido tanto na esfera disciplinar, pela prática de falta funcional, como na espera penal, pela prática de crime prevaricação (art. 319 do Código Penal).[316]

3.º) Nexo causal entre o exercício funcional e a violação dos princípios da Administração: deve haver uma relação de causalidade entre a ação ou omissão funcional do agente público e a ofensa a princípio da Administração Pública.

ATENÇÃO

Conforme vimos, o art. 11 da LIA tem natureza residual ou subsidiária, isto é, só tem aplicação quando não configuradas as demais modalidades de improbidade. Por essa razão, além da presença dos elementos anteriormente destacados (*conduta funcional dolosa, ofensa a princípio* e *nexo causal*), é correto afirmar que a transgressão de princípio da Administração Pública somente se amoldará ao tipo de improbidade descrito no art. 11 quando dela não decorrerem enriquecimento ilícito do agente (art. 9.º) ou lesão ao erário (art. 10).

---

[315] Antes da reforma promovida na LIA pela Lei 14.230/2021, o descumprimento doloso do dever de ofício era enquadrado no inciso II do art. 11 ("retardar ou deixar de praticar, indevidamente, ato de ofício"). Contudo, com a revogação do inciso II, tal conduta deixou tornou-se atípica.

[316] "Art. 319. Retardar ou deixar de praticar, indevidamente, ato de ofício, ou praticá-lo contra disposição expressa de lei, para satisfazer interesse ou sentimento pessoal: Pena – detenção, de três meses a um ano, e multa."

796 | INTERESSES DIFUSOS E COLETIVOS - VOL. 1

Em síntese:

Elementos essenciais à caracterização do atentado contra os princípios da Administração Pública (art. 11)
Dolo (elemento subjetivo geral) + **fim de obter proveito ou benefício indevido para si ou para outra pessoa ou entidade** (elemento subjetivo especial do tipo)
Ofensa aos princípios da Administração Pública, a partir de uma das condutas descritas nos incisos do art. 11
Nexo causal entre o exercício funcional e a violação dos princípios

6.8.3.4 Condutas específicas elencadas taxativamente no art. 11

Fixadas as principais premissas sobre o ato de improbidade que atenta contra os princípios da Administração Pública, passamos agora a examinar as hipóteses elencadas taxativamente no art. 11 da LIA.[317]

6.8.3.4.1 Desvio de finalidade: a invalidade da revogação do inciso I

I – praticar ato visando fim proibido em lei ou regulamento ou diverso daquele previsto, na regra de competência;

A **legalidade**, como princípio da Administração Pública (art. 37, *caput*), traduz a ideia de que o agente público está, em toda a sua atividade funcional, sujeito aos mandamentos da lei, deles não podendo se afastar ou desviar, sob pena de praticar ato ilícito. Em outras palavras, o agente da administração só está autorizado a fazer aquilo que a lei manda, ao contrário dos particulares, que podem fazer tudo aquilo que a lei não proíbe.

Referido princípio, na lição de Celso Antônio Bandeira de Mello, é justamente aquele que qualifica e dá identidade ao Estado de Direito.[318]

Não basta, porém, a observância formal da lei. O ato do administrador público só atenderá à legalidade quando se adequar à *finalidade* da norma. Cumprir simplesmente a lei na frieza de seu texto não é o mesmo que atendê-la na sua letra e no seu espírito.[319]

É precisamente na finalidade da lei que reside o critério norteador de sua correta aplicação. E o fim legal é unicamente aquele que a norma indica expressa ou implicitamente como objetivo do ato. Tem-se aqui o **princípio da finalidade**, que impõe ao administrador público o dever de somente praticar o ato para o seu *fim legal*.

Cumpre ao administrador público conformar sua atuação não apenas à finalidade comum a todas as leis, que é o interesse público, mas também à finalidade específica abrigada na norma a que esteja dando execução. Toda conduta que se apartar desse objetivo será passível de invalidação por **desvio de finalidade**.[320]

Na redação original do art. 11 da LIA, a par da invalidação do ato administrativo praticado com desvio de finalidade, a conduta destoante da finalidade contida na lei podia se amoldar ao tipo de improbidade descrito no inciso em exame, caso provado o dolo do agente público.

---

[317] Remarque-se que a Lei 14.230/2021 revogou os tipos de improbidade descritos nos incisos I, II, IX e X do art. 11 da LIA.

[318] BANDEIRA DE MELLO, Celso Antônio. *Curso de Direito Administrativo*. 27. ed. São Paulo: Malheiros, 2010. p. 106.

[319] MEIRELLES, Hely Lopes. *Direito Administrativo Brasileiro*. 27. ed. atual. por Eurico de Andrade Azevedo, Délcio Balestero Aleixo e José Emmanuel Burle Filho. São Paulo: Malheiros, 2002. p. 87.

[320] A Lei da Ação Popular (Lei 4.717/1965) já previa a nulidade dos atos lesivos ao patrimônio público perpetrados com *desvio de finalidade*, tal como definido, aliás, no parágrafo único, alínea *e*, do seu art. 2.º.

Cometia esse ato de improbidade, por exemplo, o prefeito que decretasse a desapropriação de um imóvel alegando utilidade pública, mas visando, na realidade, prejudicar um adversário político; a autoridade que removesse um funcionário subalterno pelo simples fato de não ser seu correligionário; os vereadores que exigissem de seus assessores comissionados a entrega de percentual de seus vencimentos para o custeio de despesas do próprio gabinete[321] etc.

A revogação do inciso I – se considerada válida –, associada ao fechamento do tipo do art. 11, importará na atipicidade de vários desvios de finalidade que o Superior Tribunal de Justiça vinha reconhecendo como atos de improbidade administrativa ofensivos aos princípios da administração pública, como os casos de assédio sexual,[322] assédio moral,[323] tortura,[324] entre outros, quando praticados por agentes públicos no exercício de suas funções.

Neste tópico, analisaremos a validade ou invalidade da revogação do inciso I do art. 11 da LIA a partir da aferição da sua compatibilidade material vertical com a Convenção de Mérida.

Nesse propósito, partiremos da premissa de que a LIA se constitui em instrumento fundamental para proteger a integridade do patrimônio público (art. 1.º da Lei 14.230/2021) contra atos de improbidade administrativa, que, indiscutivelmente, comprometem a promoção dos direitos humanos.

A norma revogada (inciso I) possibilitava a punição, no domínio da LIA, do desvio de finalidade, hipótese clássica de corrupção na esfera pública, representada pelo abuso do poder investido para a satisfação de interesse particular.

Como bem observado por Wallace Paiva Martins Junior, Alexandre Magalhães e Beatriz Oliveira, "o art. 2.º da Lei 14.230/2021 tornou atípica, portanto, uma das mais graves patologias dos atos da Administração e que fomentou a articulação do princípio da moralidade administrativa para seu combate nas vias jurisdicionais".[325]

Se não bastasse, a nova redação dada ao *caput* do art. 11 da LIA tornou taxativo (*numerus clausus*) o rol dos atos de improbidade administrativa que violam princípios da Administração Pública.

A combinação do fechamento do tipo do art. 11 com a revogação do inciso I do mesmo dispositivo representa, indiscutivelmente, uma importante redução do campo de resposta estatal aos abusos de poder que maculam o dever de probidade no trato da coisa pública.

Se considerada válida a revogação do inciso I do art. 11, o assédio sexual, o assédio moral, a importunação sexual, a tortura, a lesão corporal e até mesmo o homicídio, quando cometidos por agente público no exercício das funções, dentre outras condutas que por inúmeras vezes foram reprimidas como atos de improbidade administrativa por violação aos princípios da Administração Pública, seja por força da natureza aberta do tipo do art. 11, seja por força do enquadramento no tipo de abuso de poder, previsto no inciso I do mesmo dispositivo, tornaram-se atípicos para os fins da LIA, ou seja, passaram a ser admitidos como se normais fossem na esfera do direito sancionador da improbidade.

Conforme visto (item 6.4.4), as convenções internacionais de combate à corrupção ratificadas pelo Brasil possuem *status* normativo supralegal e, nessa condição, são impor-

---

[321] Veja-se: STJ, REsp 1.135.767/SP, 2.ª T., rel. Min. Castro Meira, j. 25.05.2010.

[322] REsp 1.255.120/SC, 2.ª T., rel. Min. Humberto Martins, j. 21.05.2013.

[323] AgInt no REsp 1.804.136/SE, 2.ª T., rel. Min. Francisco Falcão, j. 03.03.2020.

[324] REsp 1.177.910/SE, j. 26.08.2015.

[325] Nesse sentido: MARTINS JUNIOR, Wallace Paiva; MAGALHÃES JUNIOR, Alexandre Alberto de; OLIVEIRA, Beatriz Lopes de. *Lei de Improbidade Administrativa Comentada*. São Paulo: Juspodivm, 2023. p. 119.

tantes **standards de controle difuso de convencionalidade** das normas infraconstitucionais de combate à corrupção.

Vimos também que, a partir da reforma promovida na LIA pela Lei 14.230/2021, a configuração do ato de improbidade administrativa ofensivo aos princípios da administração pública passou a exigir a comprovação tanto do *elemento subjetivo geral do tipo*, a saber, o dolo (vontade e consciência de realizar a conduta vedada pela lei), como do *elemento subjetivo especial do tipo*, qual seja, a intenção de obter uma vantagem indevida, para si ou para outra pessoa ou entidade.

O § 1.º do art. 11 da LIA verbaliza que a inspiração para a previsão dessa finalidade especial no agir é a Convenção de Mérida, que exige essa intenção de obter um proveito indevido, para si ou para outrem, para a configuração do abuso de funções (art. 19),[326] espécie de ato de corrupção análogo ao tipo de improbidade administrativa previsto originariamente no art. 11, I, da LIA.

Registre-se, por oportuno, que a Convenção de Mérida só exige essa finalidade especial (*intenção de obter um proveito indevido, para si ou para outrem*) para a configuração do abuso de funções, ato de corrupção tipificado em seu art. 19.

Para os outros dez tipos de corrupção descritos na convenção, nestes incluídos os ilícitos de enriquecimento ilícito[327] e malversação ou peculato,[328] análogos às modalidades de improbidade previstas, respectivamente, nos arts. 9.º (enriquecimento ilícito) e 10 (lesão ao erário) da LIA, não se exige nenhuma finalidade especial. Noutras palavras, dos onze tipos de corrupção descritos na convenção, apenas um (abuso de funções) exige, para além do dolo, o elemento subjetivo especial do tipo para a sua configuração.

Numa interpretação lógico-sistemática da regra inserida no § 1.º do art. 11 da LIA, em conformidade com a Convenção de Mérida, nota-se que a *ratio* da norma é padronizar a tipificação subjetiva dos atos de improbidade administrativa ofensivos aos princípios da administração pública, sob o influxo da regra prevista no art. 19 da Convenção.

A nosso sentir, tal influência decorre do fato de que a definição mais amplamente aceita pela doutrina para o ato de corrupção seja a da Transparência Internacional: "o abuso do poder investido para ganhos privados".[329] Vale dizer, o ilícito descrito no art. 19 da Convenção de Mérida (abuso de funções) é aquele que mais se aproxima da definição clássica de ato de corrupção.

A exigência dessa finalidade especial para a configuração dos atos de improbidade administrativa ofensivos aos princípios da administração pública, *ex vi* do art. 19 da Convenção de Mérida, que descreve o ato de corrupção análogo ao desvio de finalidade, seguida da revogação do inciso I do art. 11 da LIA, que descrevia, justamente, o tipo

---

[326] "Art. 19. Abuso de Funções. Cada Estado Parte considerará a possibilidade de adotar as medidas legislativas e de outras índoles que sejam necessárias para qualificar como delito, quando cometido intencionalmente, o abuso de funções ou do cargo, ou seja, a realização ou omissão de um ato, em violação à lei, por parte de um funcionário público no exercício de suas funções, com o fim de obter um benefício indevido para si mesmo ou para outra pessoa ou entidade."

[327] "Art. 20. Enriquecimento ilícito. Com sujeição a sua constituição e aos princípios fundamentais de seu ordenamento jurídico, cada Estado Parte considerará a possibilidade de adotar as medidas legislativas e de outras índoles que sejam necessárias para qualificar como delito, quando cometido intencionalmente, o enriquecimento ilícito, ou seja, o incremento significativo do patrimônio de um funcionário público relativos aos seus ingressos legítimos que não podem ser razoavelmente justificados por ele."

[328] "Art. 17. Malversação ou peculato, apropriação indébita ou outras formas de desvio de bens por um funcionário público. Cada Estado Parte adotará as medidas legislativas e de outras índoles que sejam necessárias para qualificar como delito, quando cometido intencionalmente, a malversação ou o peculato, a apropriação indébita ou outras formas de desvio de bens, fundos ou títulos públicos ou privados ou qualquer outra coisa de valor que se tenham confiado ao funcionário em virtude de seu cargo."

[329] "Corruption is the abuse of an entrusted power for private gain" (TRANSPARENCY INTERNACIONAL, Fags on Corruption – How do you define corruption?, 2015 (Disponível em: transparency.org/whoweare/organisations/faqs_on_corruption. Acesso em: 12 set. 2016).

de improbidade administrativa consistente no desvio de finalidade ou abuso de poder, representa uma contradição insuperável do texto reformado da LIA, ou mesmo uma ambiguidade congênita da Lei 14.230/2021, que deve ser solucionada à luz da própria Convenção de Mérida.

Ora, se o abuso de funções previsto no art. 19 da Convenção de Mérida é um ato de corrupção tão relevante a ponto de inspirar a exigência da finalidade especial no agir para a configuração de todo e qualquer ato de improbidade administrativa ofensivo aos princípios da administração pública, previsto na LIA ou fora dela (art. 11, § 2.º),[330] a impossibilidade de punição de tal ilícito no domínio da probidade administrativa, decorrente da revogação do inciso I do art. 11, representa uma violação direta da convenção.

Nessa temática, a LIA estaria sendo menos restritiva do que a Convenção, em clara afronta ao disposto em seu art. 65, § 2.º, que assim dispõe: "Cada Estado Parte poderá adotar medidas mais estritas ou severas que as previstas na presente Convenção a fim de prevenir e combater a corrupção". Patente, portanto, a inconvencionalidade da revogação do inciso I do art. 11 da LIA.

Em face de todo o exposto, é imperioso concluir que a revogação do inciso I do art. 11 da LIA é inválida, porque incompatível materialmente com os arts. 19 e 65 da Convenção de Mérida.

6.8.3.4.2 Retardar ou deixar de praticar ato de ofício

II – retardar ou deixar de praticar, indevidamente, ato de ofício;

A norma, atualmente revogada pela Lei 14.230/2021, sancionava a conduta do agente público que, no âmbito de sua atribuição, retardava ou deixava de praticar, indevidamente, ato de ofício, assim entendido aquele que devia ser praticado independentemente de provocação.

6.8.3.4.3 Violação de sigilo funcional

III – revelar fato ou circunstância de que tem ciência em razão das atribuições e que deva permanecer em segredo, propiciando beneficiamento por informação privilegiada ou colocando em risco a segurança da sociedade e do Estado; (Redação dada pela Lei 14.230, de 2021)

O dispositivo considera ímproba a conduta do agente público que promove, dolosamente, a revelação de fato ou circunstância de que tenha ciência em razão das atribuições e que deveria permanecer sob sigilo.

Como se sabe, a Administração Pública é regida pelo princípio da publicidade (CF, art. 37, *caput*), que impõe a divulgação de todos os atos administrativos, ressalvadas as hipóteses de sigilo legalmente previstas.

Nas situações em que a lei impõe a restrição à publicidade,[331] seja para resguardar o interesse público, seja para preservar a intimidade dos cidadãos, surge para o agente público que tem acesso a informações sigilosas o dever de segredo, cujo descumprimento doloso configura o ato de improbidade previsto nesse inciso. **A norma protege, portanto,**

---

[330] "§ 2.º Aplica-se o disposto no § 1.º deste artigo a quaisquer atos de improbidade administrativa tipificados nesta Lei e em leis especiais e a quaisquer outros tipos especiais de improbidade administrativa instituídos por lei."

[331] A propósito, confiram-se: arts. 5.º, IX e XXXIII, e 37, §§ 3.º, II, e 7.º, da CF/1988; art. 30, parágrafo único, da Lei 9.472/1997; art. 8.º da Lei 9.296/1996; e Lei 12.527, de 18.11.2011, que regula o acesso a informações previsto no inciso XXXIII do art. 5.º, no inciso II do § 3.º do art. 37 e no § 2.º do art. 216 da Constituição Federal.

800 | INTERESSES DIFUSOS E COLETIVOS – VOL. 1

o segredo profissional.[332] Registre-se que a Lei 14.230/2021 modificou o enunciado do dispositivo em exame, incluindo a exigência de que a conduta **resulte em beneficiamento por informação privilegiada ou coloque em risco a segurança da sociedade e do Estado**.

Em razão dessa inovação, se um funcionário da receita federal, por exemplo, divulgar informações sigilosas (dados fiscais) de um contribuinte desafeto seu, com o único fito de prejudicá-lo perante a opinião pública, mas não houver identificação de benefício a si ou a terceiro, tampouco colocação em risco da sociedade e do Estado, a conduta será atípica para os fins do inciso III, sem prejuízo da possibilidade de responsabilização pela prática do crime previsto no art. 325 do Código Penal.[333]

A partir da reforma da LIA, portanto, nem todas as revelações ilícitas de sigilo servem à configuração do ato de improbidade previsto no inciso III do art. 11. Somente aquelas que propiciarem beneficiamento por informação privilegiada ou colocarem em risco a segurança da sociedade e do Estado poderão ser enquadradas no tipo em questão.

Comete esse tipo de improbidade, por exemplo, o investigador de polícia que divulga aos investigados a existência de uma ordem judicial de busca e apreensão em suas residências, propiciando, assim, beneficiamento por tal informação privilegiada; o agente público que informa a conhecidos sobre uma obra de beneficiamento que será feita numa dada região, antes de ser divulgada oficialmente, propiciando que esses particulares façam aquisições de imóveis por valores mais baixos, para vendê-los após a obra pública, por preços valorizados; o agente de saúde que revela a alguns empresários amigos seus que a vigilância sanitária do seu município promoverá uma operação de fiscalização das condições de higiene das cozinhas de determinados restaurantes, propiciando, assim, beneficiamento por tal informação etc.

Cabe destacar que a Lei de Acesso às Informações (Lei 12.527/2011), em seu art. 32, IV, considera infração administrativa a conduta consistente em "divulgar ou permitir a divulgação ou acessar ou permitir acesso indevido à informação sigilosa ou informação pessoal". Tal ilícito também configura ato de improbidade administrativa, por força do disposto no § 2.º do mesmo dispositivo.

Conforme será visto mais à frente, os tipos de improbidade previstos em leis especiais funcionam como tipos autônomos e heterotópicos de atos ofensivos aos princípios da administração pública. Assim, toda conduta improba prevista em leis especiais atrai a tipologia do art. 11 da LIA, ressalvados os casos nos quais se identifique a ocorrência de enriquecimento ilícito ou lesão ao erário, quando incidirão, respectivamente, as tipologias dos arts. 9.º e 10 da LIA.

No ponto, é importante perceber que o tipo de improbidade previsto no art. 32, IV, da Lei 12.527/2011 dispensa a ocorrência dos resultados exigidos pela nova redação dada ao inciso III do art. 11 da LIA. Isto é, para a configuração do ilícito, não se exige que a conduta resulte em beneficiamento por informação privilegiada ou coloque em risco a segurança da sociedade e do Estado, bastando a quebra do dever de sigilo profissional.

6.8.3.4.4   Negar publicidade aos atos oficiais

> IV – negar publicidade aos atos oficiais, exceto em razão de sua imprescindibilidade para a segurança da sociedade e do Estado ou de outras hipóteses instituídas em lei;

---

[332] A violação de sigilo funcional também poderá configurar o crime previsto no art. 325 do Código Penal.

[333] "Art. 325. Revelar fato de que tem ciência em razão do cargo e que deva permanecer em segredo, ou facilitar-lhe a revelação: Pena – detenção, de seis meses a dois anos, ou multa, se o fato não constitui crime mais grave."

Conforme visto no inciso anterior, um dos princípios constitucionais regentes da atividade estatal é o da publicidade (CF, art. 37, *caput*), segundo o qual a Administração Pública deve manter plena transparência de todos os seus atos, ressalvados os de caráter sigiloso, indicados pela lei.

Referido princípio é da essência do Estado Democrático de Direito, na medida em que a legalidade da atuação do administrador público só pode ser controlada a partir do momento em que se der conhecimento de sua existência. Além disso, o administrado somente poderá se defender dos atos administrativos que entenda ofensivos aos seus direitos após tomar conhecimento oficial da sua prática.

Nesse inciso, a LIA sanciona a conduta do agente público que **atenta, dolosamente, contra o princípio da publicidade.**

Infringe tal princípio e, por corolário, pratica o ato de improbidade em exame: a) quem nega publicidade aos atos oficiais (*ex.: deixar de divulgar os instrumentos de transparência fiscal,*[334] *ou ainda deixar de publicar portaria de nomeação de servidor para cargo comissionado*); b) quem faz a publicidade sem observar a forma prevista em lei (*ex.: promover publicidade intempestiva ou insuficiente*);[335] e c) quem nega, atrasa ou disponibiliza apenas em parte, quando solicitadas, as informações armazenadas nos bancos de dados das entidades referidas no art. 1.º da LIA (*ex.: negativa de fornecimento de certidões em repartições públicas, para defesa de direitos e esclarecimento de situações de interesse pessoal*).[336]

Pontue-se que a Lei 14.230/2021 modificou a redação do enunciado em exame, para incluir a ressalva "exceto em razão de sua imprescindibilidade para a segurança da sociedade e do Estado ou de outras hipóteses instituídas em lei".

Trata-se de acréscimo redundante, haja vista que tais exceções já eram aplicadas em razão das hipóteses excepcionais de sigilo previstas na Constituição Federal (art. 5.º, XXXIII), na Lei de Acesso à Informação (Lei 12.527/2011) e na Lei Geral de Proteção de Dados (Lei 13.709/2018).

Por fim, anote-se que a Lei de Acesso à Informação (Lei 12.527/2011), em seu art. 32, arrola como ilícitos administrativos que também configuram atos de improbidade administrativa (§ 2.º) *a recusa no fornecimento de informação requerida nos termos do referido diploma legal, o retardo deliberado no seu fornecimento ou o fornecimento intencionalmente incorreto, incompleto ou impreciso* (inciso I), e *a imposição de sigilo à informação para obter proveito pessoal ou de terceiro, ou para fins de ocultação de ato ilegal cometido por si ou por outrem* (inciso V).

6.8.3.4.5 Frustrar o caráter concorrencial de concurso público, de chamamento ou de procedimento licitatório

V – frustrar, em ofensa à imparcialidade, o caráter concorrencial de concurso público, de chamamento ou de procedimento licitatório, com vistas à obtenção de benefício próprio, direto ou indireto, ou de terceiros;

Em sua redação original, o inciso V previa a improbidade por frustração à licitude de concurso público. A partir da reforma promovida pela Lei 14.230/2021, o tipo em

---

[334] Cf. art. 48, *caput*, da Lei de Responsabilidade Fiscal (LC 101/2000). Sobre a transparência fiscal, destaca-se a publicação da LC 178/2021, que estabelece o Programa de Acompanhamento e Transparência Fiscal e o Plano de Promoção do Equilíbrio Fiscal; altera a Lei Complementar 101/2000, a Lei Complementar 156/2016, a Lei Complementar 159/2017, a Lei Complementar 173/2020, a Lei 9.496/1997, a Lei 12.348/2010, a Lei 12.649/2012 e a Medida Provisória 2.185-35/2001.

[335] Cf. art. 54 da Lei 14.133/2021.

[336] A negativa de informações solicitadas, quando referentes a certidões de atos ou contratos de governo, poderá caracterizar também o crime de responsabilidade previsto no art. 1.º, XV, do Decreto-Lei 201/1967.

802 | INTERESSES DIFUSOS E COLETIVOS – VOL. 1

exame foi ampliado para indicar que a improbidade ocorrerá quando houver frustração, em ofensa à imparcialidade, do caráter concorrencial de concurso público, de chamamento ou de procedimento licitatório.

A frustração consiste em ação ou omissão que impede o atingimento do resultado contemplado pela ordem jurídica para os procedimentos seletivos em questão.

A ofensa à imparcialidade se verifica quando o agente público toma partido em favor de algum sujeito ou interesse, abandonando uma atuação impessoal e propiciando vantagens diferenciadas que beneficiam indevidamente a terceiros, de modo a restringir, comprometer ou mesmo eliminar o caráter competitivo desses processos, em prejuízo real da isonomia entre os concorrentes e da seleção dos melhores candidatos para o cargo ou emprego público, ou, ainda, das propostas mais vantajosas ao interesse público.

De acordo com a norma em exame, cometerá ato de improbidade administrativa o agente público que, mediante conduta dolosa, frustrar, em ofensa à imparcialidade, o caráter concorrencial de concurso público.

No Direito brasileiro, a investidura em cargo ou emprego público depende de prévia aprovação em concurso público de provas ou de provas e títulos. Essa é a regra geral prevista no art. 37, II, da Constituição Federal:

> **Art. 37 (...) II** – a investidura em cargo ou emprego público depende de aprovação prévia em concurso público de provas ou de provas e títulos, de acordo com a natureza e a complexidade do cargo ou emprego, na forma prevista em lei, ressalvadas as nomeações para cargo em comissão declarado em lei de livre nomeação e exoneração;

A exigência do certame público tem por escopo assegurar a igualdade de condições para todos os concorrentes, evitando-se favorecimentos ou discriminações, e permitindo-se à Administração selecionar os mais capacitados. A inobservância dessa regra atenta contra os princípios constitucionais da impessoalidade, da igualdade, da publicidade, da moralidade, da eficiência e da legalidade.

O próprio texto constitucional excepciona essa regra, desobrigando a realização de concurso público: a) para o provimento de cargos em comissão declarados em lei de livre nomeação e exoneração, mas assevera que "destinam-se apenas às atribuições de direção, chefia ou assessoramento" (CF, art. 37, V); e b) para a contratação por tempo determinado, com o objetivo de atender a necessidade temporária de excepcional interesse público (CF, art. 37, IX).

Frustrar, em ofensa à imparcialidade, o caráter de concurso público significa descumprir as normas constitucionais e infraconstitucionais que regulam essa forma de ingresso na estrutura da Administração Pública, de modo a restringir, comprometer ou mesmo eliminar o seu caráter competitivo, em prejuízo real da isonomia entre os concorrentes e da seleção dos melhores candidatos para o cargo ou emprego público.

Há infindáveis exemplos de condutas que frustram, em ofensa à imparcialidade, o caráter concorrencial de concurso público, tais como: favorecimento de candidatos com a quebra do sigilo de questões ou correções fraudulentas;[337] preterição de candidato aprovado em concurso com prazo de validade não expirado por outro candidato, aprovado

---

[337] *Cuidado:* não cabe ao Poder Judiciário examinar o mérito das questões formuladas em provas de concursos públicos, e muito menos dizer do acerto ou desacerto das respostas. Concursos públicos são atos da Administração, a qual é livre para estabelecer suas bases e critérios de julgamento, desde que o faça em igualdade de condições para todos os candidatos e visando sempre a satisfação do interesse público. A atividade do Judiciário, ao reapreciar o resultado dos certames, limita-se ao aspecto da legalidade, seja quanto à constituição das bancas ou comissões examinadoras, seja quanto aos critérios adotados para o julgamento e classificação dos candidatos. A propósito: TJDF, 4.ª Turma Cível, AC 2001.01.10.21457-9, rel. Des. Sérgio Bittencourt, *DJU* 12.06.2002.

em concurso posterior;[338] a adoção de critérios ilícitos ou subjetivos de julgamento; o veto imotivado à participação de candidato a concurso público;[339] a fixação de prazos exíguos para as inscrições; a atribuição de caráter classificatório ou eliminatório a provas subjetivas (entrevista, exame psicotécnico);[340] a utilização de critério discriminatório na pontuação dos títulos[341] etc.

E se o agente público **dispensar indevidamente a realização de concurso público?** Antes da reforma, essa hipótese era enquadrada no *caput* do art. 11 da LIA.[342] Depois da reforma, em razão do fechamento do tipo do art. 11, duas soluções poderão ser encaminhadas: (i) o fato será considerado atípico, por não encontrar abrigo em nenhum dos incisos do art. 11; ou (ii) o fato poderá ser enquadrado no inciso I do art. 11 – cuja invalidade apontamos anteriormente –, haja vista que a dispensa indevida de concurso público, desde que promovida com o fim de obter proveito ou benefício indevido, para si ou para outrem, invariavelmente, representa hipótese de desvio de finalidade ou abuso de poder.

São exemplos muito frequentes de contratação de servidores sem concurso público, fora das hipóteses autorizadas pela Constituição: celebração de contratos de fornecimento de mão de obra, via terceirização de serviços;[343] criação abusiva de cargos comissionados, em desconformidade com o disposto no art. 37, II e V, da CF;[344] contratação de pessoal por tempo determinado à míngua dos requisitos legais, e sua manutenção por longo período para não instaurar concurso público.[345]

A norma apresenta maior complexidade no tocante à frustração, em ofensa à imparcialidade, do caráter concorrencial de processos licitatórios.

A rigor, a frustração do caráter concorrencial de procedimento licitatório – inserida no inciso V do art. 11 pela Lei 14.230/2021 – está abrangida na previsão do inciso VIII do art. 10. Afinal, frustrar o caráter concorrencial é uma modalidade da frustração da licitude de uma licitação.

A distinção reside em que o art. 10 exige dano ao patrimônio público, o que não é necessário para a configuração da improbidade do art. 11, V. Conforme asseverado alhures, a nova redação dada à regra em exame reforça a ideia de que o tipo descrito no inciso VIII do art. 10 da LIA exige a comprovação da ocorrência de perda patrimonial efetiva para a configuração do ato de improbidade lesivo ao erário. Na sistemática do texto reformado, a incidência do inciso V do art. 11 se dará quando a fraude à licitação não resultar em dano real ao patrimônio público. Nota-se, assim, uma ampliação das condutas vedadas no inciso em exame, que passa a funcionar como uma norma residual em relação ao art. 10, VIII, da LIA.

No particular, é importante ter em vista que o art. 11 exige que a frustração da licitude do processo licitatório seja orientada por uma finalidade especial, qual seja, a obtenção de benefício próprio, direto ou indireto, ou de terceiros. Por outras palavras, não basta

---

[338] Cf. art. 37, IV, da CF, e art. 12, § 2.º, da Lei 8.112/1990.

[339] Desse teor o verbete da Súmula 684 do STF: "É inconstitucional o veto não motivado à participação de candidato a concurso público".

[340] TJSP, AC 119.795-5/8, 9.ª Câmara de Direito Público, rel. Des. De Santi Ribeiro, j. 17.05.2000.

[341] TJSP, AC 125.107.5/9, 9.ª Câmara de Direito Público, rel. Des. Sidnei Beneti, j. 16.08.2000.

[342] REsp 737.279/PR, 2.ª T., rel. Min. Castro Meira, *DJe* 21.05.2008. *No mesmo sentido:* EREsp 654.721/MT, 1.ª S., rel. Min. Eliana Calmon, j. 25.08.2010; REsp 880.662/MG, 2.ª T., rel. Min. Castro Meira, *DJ* 1.º.03.2007; e REsp 817.557/ES, rel. Min. Herman Benjamin, 2.ª T., *DJe* 10.02.2010; REsp 915.322/MG, rel. Min. Humberto Martins, j. 23.09.2008 (Informativo 369); e REsp 711.732/SP, 1.ª T., rel. Min. Luiz Fux, *DJU* 10.04.2006.

[343] STJ, REsp 772.241/MG, 1.ª T., rel. Min. Luiz Fux, j. 15.04.2008.

[344] STJ, REsp 650.674/MG, 2.ª T., rel. Min. Castro Meira, j. 06.06.2006; STJ, REsp 1.140.315/SP, 2.ª T., rel. Min. Castro Meira, j. 10.08.2010.

[345] TJSP, AC 105.349-5/6-00, 1.ª Câmara de Direito Público, rel. Des. Octaviano Lobo, j. 27.06.2000.

INTERESSES DIFUSOS E COLETIVOS – VOL. 1

a presença de dolo (*elemento subjetivo geral do tipo*) na conduta do agente público. Para a configuração do tipo do inciso V do art. 11, deve estar presente o *elemento subjetivo especial do tipo*, consistente nessa intenção de obter benefício indevido, para si ou para outrem. Tal exigência não consta do inciso VIII do art. 10, que se contenta com a prova do dolo (elemento subjetivo geral do tipo).[346]

6.8.3.4.6   Omissão na prestação de contas

VI – deixar de prestar contas quando esteja obrigado a fazê-lo, desde que disponha das condições para isso, com vistas a ocultar irregularidades;

O inciso VI também foi modificado pela Lei 14.230/2021. Na redação original, punia-se a não prestação de contas pelo agente público quando estivesse obrigado a fazê-lo. A nova redação inseriu, na parte final do dispositivo, uma ressalva (deve dispor das condições para prestar contas) e um elemento subjetivo especial do tipo (desejo de ocultar irregularidades).

O inciso sanciona a conduta do agente público que **descumpre o dever legal de prestar contas**. No particular, cometem o ato de improbidade tanto o agente que omite a prestação quanto aquele que a executa fora do prazo.

Note-se que esse dever de prestar contas, consoante o disposto no art. 70, parágrafo único, da Constituição Federal, não se limita às entidades da administração direta e indireta; trata-se de obrigação imposta a qualquer pessoa, física ou jurídica, que utilize, arrecade, guarde, gerencie ou administre dinheiros, bens e valores públicos.[347]

O dever de prestar contas também encontra previsão na normatividade infraconstitucional, com destaque para a Lei de Responsabilidade Fiscal (LC 101/2000), que estabeleceu, entre os instrumentos de transparência da gestão fiscal, a obrigação de divulgação da prestação de contas, inclusive em meios eletrônicos de acesso público (art. 48).

Referido dever decorre do princípio constitucional da publicidade, que garante aos administrados a ciência e o controle dos gastos pelos servidores e agentes políticos ou particulares que manejam recursos públicos.

A ressalva inserida na norma, consistente na disponibilidade de condições para prestar contas, busca proteger o agente público nos casos em que as condições precárias relacionadas ao exercício da função pública dificultam o cumprimento do dever em questão.

Por último, reprise-se que o tipo de improbidade em exame reclama a presença de um elemento subjetivo especial do tipo, consistente na finalidade de ocultar irregularidades. Vale dizer, não basta provar que o agente, de forma livre e consciente, deixou de prestar constas. Para além do dolo, deve haver prova de que ele deixou de prestar contas para ocultar irregularidades.

A nosso sentir, essa inovação tende a superar a jurisprudência do STJ, consolidada com base no texto original do inciso VI, no sentido de que o tipo de improbidade em exame reclama tão somente a presença do "**dolo genérico**", isto é, a intenção do agente público de deixar de prestar contas, mesmo ciente da obrigação de fazê-lo.[348]

---

[346] Remarque-se que a norma de extensão prevista no § 2.º do art. 11 não alcança as modalidades de improbidade previstas nos arts. 9.º e 10 da LIA.

[347] CF, art. 70, parágrafo único: "Prestará contas qualquer pessoa física ou jurídica, pública ou privada, que utilize, arrecade, guarde, gerencie ou administre dinheiros, bens e valores públicos ou pelos quais a União responda, ou que, em nome desta, assuma obrigações de natureza pecuniária".

[348] A propósito, veja-se: STJ, REsp 1.140.544/MG, 2.ª T., rel. Min. Eliana Calmon, j. 15.06.2010.

6.8.3.4.7 Divulgação indevida de medida política ou econômica

VII – revelar ou permitir que chegue ao conhecimento de terceiro, antes da respectiva divulgação oficial, teor de medida política ou econômica capaz de afetar o preço de mercadoria, bem ou serviço.

Na espécie, a preocupação é com a **transgressão a um tipo específico de sigilo profissional**: o dever de não revelar ou permitir que chegue ao conhecimento de terceiros, antes da divulgação oficial, o teor de medida política ou econômica capaz de afetar os humores do mercado.

Para que a conduta do agente público se amolde ao inciso em exame, não é necessário que efetivamente sejam afetados os preços de mercadoria, bem ou serviço. Basta que a medida política ou econômica protegida pelo sigilo e indevidamente divulgada tenha a **potencialidade** de provocar essa alteração.[349]

São exemplos dessas medidas políticas ou econômicas: mudança da taxa de juros; desvalorização da moeda; congelamento de preços; cortes no orçamento; privatização de empresa pública. O agente que, em razão de suas atribuições, tiver acesso ao teor de tais medidas e divulgá-las ou permitir que cheguem ao conhecimento de terceiros, dolosamente, antes do anúncio oficial, comete o ato ímprobo em análise.

Por último, anote-se que a violação de sigilo funcional também poderá configurar o crime previsto no art. 325 do Código Penal.

6.8.3.4.8 Descumprir as normas relativas à celebração, fiscalização e aprovação de contas de parcerias firmadas pela Administração Pública com entidades privadas

VIII – descumprir as normas relativas à celebração, fiscalização e aprovação de contas de parcerias firmadas pela Administração Pública com entidades privadas. (Redação dada pela Lei 13.019, de 2014)

A norma sanciona o agente público que, mediante conduta dolosa, descumpre as normas relativas a celebração, fiscalização e aprovação de contas de parcerias firmadas pela Administração Pública com entidades privadas.

Esse dispositivo é de aplicação subsidiária em relação à improbidade descrita no inciso XX do art. 10. Assim, por exemplo, se o descumprimento das normas relativas à parceria firmada pela administração pública com uma organização da sociedade civil (OSC) não causar dano ao erário, o comportamento irregular do agente público poderá atrair a tipologia do inciso em questão. Se esse descumprimento, contudo, repercutir negativamente no patrimônio público, terá incidência o tipo do inciso XX do art. 10.

6.8.3.4.9 Deixar de cumprir a exigência dos requisitos de acessibilidade

IX – deixar de cumprir a exigência de requisitos de acessibilidade previstos na legislação. (Incluído pela Lei 13.146, de 2015)

O inciso IX foi revogado pelo art. 2.º da Lei 14.230/2021.

6.8.3.4.10 Transferir recursos a entidade privada, em razão da prestação de serviço público de saúde, sem a prévia celebração de contrato ou convênio

X – transferir recurso a entidade privada, em razão da prestação de serviços na área de saúde sem a prévia celebração de contrato, convênio ou instrumento congênere, nos termos do parágrafo único do art. 24 da Lei n.º 8.080, de 19 de setembro de 1990.

---

[349] PRADO, Francisco Octavio de Almeida. *Improbidade Administrativa*. São Paulo: Malheiros, 2001. p. 133.

O inciso X também foi revogado pela Lei 14.230/2021. Sancionava-se a conduta do agente público que, mediante ação dolosa, transferia recursos para instituições privadas de saúde sem a prévia celebração de contrato ou convênio.

Nos termos do art. 196 da Constituição Federal, a saúde é um direito de todos e dever do Estado. Para a concretização desse direito, foi criado o Sistema Único de Saúde (SUS), consistente no "conjunto de ações e serviços de saúde, prestados por órgãos e instituições públicas federais, estaduais e municipais, da Administração direta e indireta e das fundações mantidas pelo Poder Público" (Lei 8.080/1990, art. 4.º).

Como regra, os serviços do SUS são executados diretamente pelo Poder Público. Contudo, nos termos do art. 199, § 1.º, da CF, "as instituições privadas poderão participar de forma complementar do sistema único de saúde, segundo diretrizes deste, mediante contrato de direito público ou convênio, tendo preferência as entidades filantrópicas e as sem fins lucrativos".[350] Essa participação de entidades privadas no SUS, portanto, só é admitida em caráter complementar.

Mas, afinal, o que se entende por participação em caráter complementar? A própria Lei 8.080/1990, que regulamenta o SUS, nos dá a resposta em seu art. 24, *caput*, que assim dispõe: "Quando as suas disponibilidades forem insuficientes para garantir a cobertura assistencial à população de uma determinada área, o Sistema Único de Saúde (SUS) poderá recorrer aos serviços ofertados pela iniciativa privada".

Nota-se, portanto, que a participação da iniciativa privada no SUS não pode ser fruto de uma decisão meramente discricionária do gestor público. Somente nas hipóteses em que os recursos públicos forem insuficientes para prover a saúde da população numa determinada área é que será admitida a terceirização desse tipo de serviço para a iniciativa privada.

Uma vez identificada a necessidade de terceirização do serviço de saúde pública para a iniciativa privada, tanto a Constituição Federal (art. 199, § 1.º) quanto a Lei 8.080/1990 (art. 24, parágrafo único[351]) impõem que essa participação complementar seja precedida de contrato, convênio ou outro instrumento congênere. O gestor público que desrespeitasse essas normas e promovesse essa terceirização sem a prévia celebração de contrato, convênio ou outro instrumento congênere atraía a incidência desse tipo legal de improbidade.

A despeito da revogação da norma, é preciso ter em mente que, se a terceirização ilegal do serviço de saúde pública provocar dano concreto ao erário, terá incidência o tipo descrito no art. 10, XI, da LIA. Por outro lado, se essa terceirização ilegal importar em enriquecimento ilícito do agente público, terá incidência o art. 9.º da LIA. Apenas nas hipóteses em que a terceirização ilegal do serviço público de saúde não acarretar dano ao erário, tampouco enriquecimento ilícito do agente público, é que o fato será atípico para os fins da LIA.

6.8.3.4.11 Vedação ao nepotismo

XI – nomear cônjuge, companheiro ou parente em linha reta, colateral ou por afinidade, até o terceiro grau, inclusive, da autoridade nomeante ou de servidor da mesma pessoa jurídica investido em cargo de direção, chefia ou assessoramento, para o exercício de cargo em comissão ou de confiança ou, ainda, de função gratificada na administração pública direta e indireta em qualquer dos Poderes da União, dos Estados, do Distrito Federal e dos Municípios, compreendido o ajuste mediante designações recíprocas; (Incluído pela Lei 14.230, de 2021)

---

[350] O art. 2.º da Lei 8.080/1990 também autoriza a participação de entes privados no SUS, em caráter complementar.

[351] Art. 24, parágrafo único: "A participação complementar dos serviços privados será formalizada mediante contrato ou convênio, observadas, a respeito, as normas de direito público".

Inserido pela Lei 14.230/2021, o inciso XI **tem por finalidade punir o nepotismo como um ato de improbidade administrativa**.

Inspirada na Súmula Vinculante 13 do STF,[352] a norma em exame considera ato de improbidade administrativa a nomeação de cônjuge, companheiro ou parente em linha reta, colateral ou por afinidade, até o terceiro grau, inclusive, da autoridade nomeante ou de servidor da mesma pessoa jurídica investido em cargo de direção, chefia ou assessoramento, para o exercício de cargo em comissão ou de confiança ou, ainda, de função gratificada na administração pública direta e indireta em qualquer dos Poderes da União, dos Estados, do Distrito Federal e dos Municípios, compreendido o ajuste mediante designações recíprocas.[353]

No particular, importa destacar que o próprio STF, ao analisar a extensão da aplicação da Súmula Vinculante 13, restringiu sua incidência, para dela excluir os casos de nomeação de agente político, excetuadas as hipóteses de fraude à lei ou ausência evidente de qualificação técnica ou de idoneidade moral para o desempenho de função pública. A título de exemplo, confira-se:

> (...) Quando o art. 37 refere-se a cargo em comissão e função de confiança, está tratando de cargos e funções singelamente administrativos, não de cargos políticos. Portanto, os cargos políticos estariam fora do alcance da decisão que tomamos na ADC 12, porque o próprio Capítulo VII é Da Administração Pública enquanto segmento do Poder Executivo. E sabemos que os cargos políticos, como por exemplo, os de Secretário Municipal, são de agentes do Poder, fazem parte do Poder Executivo. O cargo não é em comissão, no sentido do art. 37. (...) Então, essa distinção me parece importante para, no caso, excluir do âmbito da nossa decisão anterior os secretários municipais que correspondem a secretários de Estado, no âmbito dos Estados, e ministros de Estado, no âmbito federal.[354]

Essa orientação do STF deve ser levada em consideração na interpretação do inciso XI do art. 11 da LIA, em ordem a concluir que a nomeação de parentes e afins para cargos de natureza política não configura o ato de improbidade administrativa em análise, ressalvadas as hipóteses de fraude à lei ou ausência evidente de qualificação técnica ou de idoneidade moral para o desempenho de função pública. Esse entendimento encontra ressonância no § 5.º do art. 11, também inserido na LIA pela Lei 14.230/2021, que assim dispõe:

> **Art. 11. (...) § 5.º** Não se configurará improbidade a mera nomeação ou indicação política por parte dos detentores de mandatos eletivos, sendo necessária a aferição de dolo com finalidade ilícita por parte do agente.

Nessa trilha, se um prefeito nomeia seu irmão, um engenheiro civil com experiência em gestão pública, para a função de secretário municipal de obras, sua conduta não

---

[352] Súmula vinculante 13: "A nomeação de cônjuge, companheiro ou parente em linha reta, colateral ou por afinidade, até o terceiro grau, inclusive, da autoridade nomeante ou de servidor da mesma pessoa jurídica investido em cargo de direção, chefia ou assessoramento, para o exercício de cargo em comissão ou de confiança ou, ainda, de função gratificada na administração pública direta e indireta em qualquer dos poderes da União, dos Estados, do Distrito Federal e dos Municípios, compreendido o ajuste mediante designações recíprocas, viola a Constituição Federal".

[353] Pontue-se que, antes da reforma promovida na LIA pela Lei 14.230/2021, o STJ havia afastado a configuração de ato de improbidade administrativa na hipótese de contratação, por agente político, de parentes e afins para cargos em comissão, quando ocorrida em data anterior à lei ou ao ato administrativo do respectivo ente federado que a proibisse e à vigência da Súmula Vinculante 13 do STF, em razão da ausência de dolo ou má-fé do agente contratante. Nesse caso, o ato de nomeação deverá ser anulado, mas não haverá responsabilização no domínio da LIA, por ausência de elemento subjetivo (REsp 1.193.248/MG, 1.ª T., rel. Min. Napoleão Nunes Maia Filho, j. 24.04.2014).

[354] RE 579.951, rel. Min. Ricardo Lewandowski, voto do Min. Ayres Britto, j. 20.08.2008.

INTERESSES DIFUSOS E COLETIVOS – VOL. 1

configura nepotismo, tampouco ato de improbidade administrativa. Contudo, se o mesmo prefeito nomear sua esposa, uma dona de casa sem nenhuma qualificação profissional, para a função de secretária de saúde, sua conduta configura ato de nepotismo e poderá atrair a incidência do tipo de improbidade em exame, diante da evidente ausência de qualificação técnica para o desempenho da função pública.

Por outro lado, as nomeações de parentes e afins para cargo em comissão e função de confiança sem natureza política configuram nepotismo e atraem a incidência do tipo de improbidade em análise. Note-se que a finalidade de obter proveito indevido, em benefício de outra pessoa, é inerente à conduta do agente público que nomeia um parente ou afim para um cargo comissionado ou função de confiança. Vale dizer, verificada a hipótese de nepotismo vedada tanto pela Súmula Vinculante 13 do STF quanto pelo tipo descrito no inciso XI do art. 11, presume-se a má-fé do agente público.

Nessa ordem de ideias, é correto concluir que **a regra do § 5.º do art. 11 da LIA só alcança as nomeações para funções políticas** (*v.g.*, secretários municipais, secretários estaduais e Ministros de Estado). Para todas as outras funções que exigem um elo especial de confiança, a finalidade ilícita da nomeação de um parente ou afim para cargo em comissão ou função de confiança é inerente à própria conduta do agente público nomeante, dispensando-se, por conseguinte, a prova do dolo e da finalidade especial (elemento subjetivo especial do tipo).

Registre-se, por oportuno, que o STF começou a julgar um recurso que questiona se a proibição ao nepotismo abrange a nomeação de parentes para cargos políticos, como os de secretário municipal, estadual ou de ministro de Estado. A controvérsia é objeto do Recurso Extraordinário 1.133.118, com repercussão geral (Tema 1.000). A depender o resultado desse julgamento, que terá efeito vinculante, a regra prevista no § 5.º do art. 11 da LIA poderá ser esvaziada.

6.8.3.4.12 Publicidade institucional com promoção pessoal

XII – praticar, no âmbito da administração pública e com recursos do erário, ato de publicidade que contrarie o disposto no § 1.º do art. 37 da Constituição Federal, de forma a promover inequívoco enaltecimento do agente público e personalização de atos, de programas, de obras, de serviços ou de campanhas dos órgãos públicos. (Incluído pela Lei 14.230, de 2021)

A prestação de informações de interesse público, de caráter estritamente educativo e informativo, de orientação social, afigura-se como direito de todos e dever do Estado. Consoante ressalta Celso Antônio Bandeira de Mello, "o princípio da publicidade impõe a transparência na atividade administrativa exatamente para que os administrados possam conferir se está sendo bem ou mal conduzida".[355]

Nesse passo, a publicidade institucional deve ser realizada para divulgar de maneira honesta, verídica e objetiva os atos e feitos da Administração, sempre tendo como foco o dever de bem informar a população. Desse teor o art. 37, § 1.º, da CF:

Art. 37. (...) § 1.º A publicidade dos atos, programas, obras, serviços e campanhas dos órgãos públicos deverá ter caráter educativo, informativo ou de orientação social, dela não podendo constar nomes, símbolos ou imagens que caracterizem promoção pessoal de autoridades ou servidores públicos.

O inciso XII do art. 11 tem por finalidade reprimir a infração à vedação constitucional de se promover publicidade institucional com promoção pessoal. Essa hipótese traduz a

---

[355] BANDEIRA DE MELLO, Celso Antônio. *Curso de Direito Administrativo*. 14. ed. São Paulo: Malheiros, 2002. p. 58.

utilização da máquina pública para benefício pessoal de um agente público, mecanismo incompatível com a democracia e a dimensão republicana do exercício do poder estatal.

O ato de improbidade se configura quando a promoção publicitária, que enaltece determinado agente público, é custeada por recursos públicos. Tal desvio publicitário pode ser identificado pela utilização de imagens, frases, palavras, símbolos ou outros artifícios que estabeleçam inequívoco enaltecimento do agente público e personalização de atos, programas, obras, serviços ou campanhas dos órgãos públicos.

Note-se que o enquadramento do ilícito no inciso XII do art. 11 pressupõe que a publicidade, embora impregnada de promoção pessoal, em alguma medida, também tenha caráter informativo, educativo ou de orientação social, referindo-se a atos, programas, obras, serviços ou campanhas dos órgãos públicos. Isso significa a vinculação entre a atuação estatal e pessoal do agente público, de modo a identificar a imagem do exercente da função pública com a execução de obras, serviços, fornecimentos e outras prestações aptas a beneficiar a sociedade.

Chega-se a essa conclusão da análise dos elementos finalísticos qualificadores do ilícito. A ação reprovada consiste em praticar, no âmbito da administração pública e com recursos do erário, ato de publicidade que contrarie o disposto no § 1.º do art. 37 da Constituição Federal, **de forma a promover inequívoco enaltecimento do agente público e personalização de atos, de programas, de obras, de serviços ou de campanhas dos órgãos públicos**.

Como se vê, há inequívoco fechamento do tipo. Ou seja, não basta que o servidor público promova publicidade com recursos do erário, de forma a promover enaltecimento pessoal. Exige-se, igualmente, que tal desvio publicitário promova personalização de atos, programas, obras, serviços ou campanhas dos órgãos públicos.

Em outras palavras, o que o inciso XII do art. 11 veda é a publicidade institucional com promoção pessoal. Se a publicidade custeada pelo erário for exclusivamente pessoal, restará configurado o ato lesivo ao erário (art. 10).

Exemplificativamente, se uma publicidade veiculada às custas do erário se limitar a enaltecer as qualidades pessoais do agente público, de modo a criar no imaginário da população uma concepção de virtuosidade do governante, sem estabelecer nenhuma ligação com atos, programas, obras, serviços ou campanhas dos órgãos públicos, não restará caracterizado o tipo do inciso XII do art. 11, pela falta de um dos seus elementos finalísticos qualificadores, a saber, a personalização de atos, programas, obras, serviços ou campanhas dos órgãos públicos. Sem prejuízo, tal desvio publicitário poderá atrair a incidência da tipologia do art. 10 da LIA, dada a indiscutível ocorrência de perda patrimonial.

Antes da reforma promovida na LIA pela Lei 14.230/2021, como não havia um tipo específico de improbidade para coibir a publicidade institucional com promoção pessoal, o enquadramento típico de tal conduta era feito no *caput* do art. 11 e no inciso I. Com a abolição da hipótese de responsabilização por violação genérica aos princípios administrativos prevista no art. 11, *caput*, e a revogação do inciso I, remanesce típica a conduta *sub examine*, agora enquadrada no inciso XII do art. 11, evidenciando-se verdadeira **continuidade típico-normativa**, instituto próprio de direito penal, mas em tudo aplicável à ação de improbidade administrativa, conforme já reconhecido, inclusive, pelas duas Turmas de Direito Público do Superior Tribunal de Justiça.[356]

---

[356] AgInt no AREsp 1.206.630/SP, 1.ª T., rel. Min. Paulo Sérgio Domingues, j. 27.02.2024; AgInt no REsp 2.105.845/SP, 2.ª T., rel. Min. Francisco Falcão, j. 28.11.2024.

810 | INTERESSES DIFUSOS E COLETIVOS – VOL. 1

6.8.3.5 Insuficiência da alegação genérica de ofensa aos princípios da administração pública (art. 11, § 3.º)

Conforme visto, a partir da reforma da LIA, a simples ofensa aos princípios da administração pública, por si só, não é suficiente para a caracterização de um ato de improbidade administrativa. Exige-se que tal ofensa tenha se dado a partir da prática de uma das condutas descritas nos incisos do rol agora taxativo do art. 11.

Assim, não basta mais ao autor de uma ação de improbidade administrativa alegar na petição inicial, de forma genérica, que o réu ofendeu princípios da administração pública. Faz-se necessário indicar, de maneira objetiva, o dispositivo normativo violado, inclusive com a indicação do inciso do art. 11 que se aplica ao caso.

Perseguindo essa finalidade de conferir maior objetividade à tipologia dos atos ofensivos aos princípios da administração pública, a Lei 14.230/2021 inseriu o § 3.º ao art. 11, que dispõe, *in verbis*:

> **Art. 11.** (...) § 3.º O enquadramento de conduta funcional na categoria de que trata este artigo pressupõe a demonstração objetiva da prática de ilegalidade no exercício da função pública, com a indicação das normas constitucionais, legais ou infralegais violadas.

A rigor, a norma revela-se desnecessária diante do novo enunciado dado ao *caput do* art. 11 pela Lei 14.230/2021, em que a indicação do inciso violado pelo infrator já constitui requisito para o enquadramento. Noutras palavras, não se consegue entender bem a utilidade da regra, porquanto quem pratica uma das condutas vedadas pelos incisos do art. 11 já está, objetivamente, praticando ilegalidade no exercício da função pública.

6.8.3.6 Lesividade relevante ao bem jurídico (art. 11, § 4.º)

Outra novidade inserida no texto da LIA é a regra do § 4.º do art. 11, segundo a qual os atos de improbidade administrativa ofensivos aos princípios da administração pública só podem ser sancionados quando casarem lesão relevante ao bem jurídico tutelado. Confira-se:

> **Art. 11.** (...) § 4.º Os atos de improbidade de que trata este artigo exigem lesividade relevante ao bem jurídico tutelado para serem passíveis de sancionamento e independem do reconhecimento da produção de danos ao erário e de enriquecimento ilícito dos agentes públicos.

Para alguns,[357] a norma intensificou a tônica da intervenção mínima preconizada pela Lei 14.230/2021. Nesse sentido, haveria integral incidência do princípio da insignificância, pois, em termos normativos, a exigência de relevância na lesão exclui do campo sancionador por improbidade todas as condutas que – embora formalmente típicas – não geram qualquer repercussão material ao objeto de tutela, sendo, portanto, atípicas.

Pensamos diferente. O que a regra busca, verdadeiramente, é excluir da incidência da LIA meras irregularidades ou simples ilegalidades sem conotação de desonestidade. Isto é, o dispositivo deve ser interpretado como expressivo da exigência de demonstração da antijuridicidade da conduta, porque a violação à moralidade administrativa não corresponde à ofensa à legalidade *stricto sensu*.

---

[357] CARNEIRO, Rafael de A. Araripe. A Reformulação Limitadora do Conceito de Improbidade Administrativa. In: MENDES, Gilmar Ferreira (coord.). *Nova Lei de Improbidade Administrativa*: Inspirações e Desafios. São Paulo: Almedina, 2022. p. 115.

Nesse passo, se uma conduta desonesta se enquadrar na tipologia de um dos incisos do art. 11, ela será formal e materialmente típica, independentemente da sua gravidade objetiva. Conforme assinalado alhures, a expressividade da lesão jurídica provocada pelo ilícito não deve ser levada em consideração no momento da tipificação da conduta (*juízo de improbidade da conduta*), mas sim no momento da aplicação da sanção, sob a luz dos princípios da proporcionalidade e da razoabilidade.

Respeitadas as vozes contrárias, entendemos que a Lei 14.230/2021 reforçou a tese da inaplicabilidade do princípio da insignificância na esfera da LIA. Isso porque a exigência da comprovação da intenção de obter proveito indevido, para si ou para outra pessoa ou entidade, para a configuração dos atos ofensivos aos princípios da administração pública, previstos na LIA ou fora dela (art. 11, §§ 1.º e 2.º), afasta qualquer possibilidade de ser praticado um ato de improbidade administrativa em que não seja divisada a ocorrência de má-fé (desonestidade, deslealdade, imoralidade administrativa). Afinal, a deslealdade é inerente à conduta do agente público que, no exercício das suas funções, agindo de forma consciente e voluntária, busca obter proveito indevido, para si ou para outrem.

Partindo da premissa de que a LIA visa resguardar não apenas a dimensão material da probidade administrativa, mas, principalmente, a moralidade no trato da coisa pública, resta ainda mais inaplicável o princípio da insignificância nesse domínio. Deveras, não há que se considerar insignificante nenhum tipo de ofensa ao princípio da moralidade administrativa.

Por fim, a norma em exame dispõe que a caracterização do ato ofensivo aos princípios da administração pública independe do reconhecimento da produção de danos ao erário e de enriquecimento ilícito dos agentes públicos, reforçando, assim, sua funcionalidade exponencial no combate à improbidade administrativa.

6.8.4 Outras figuras de improbidade administrativa

Conforme visto, a Lei 8.429/1992, denominada Lei de Improbidade Administrativa, vem regulamentar o art. 37, § 4.º, da Constituição Federal. Trata-se de diploma que define e classifica os atos de improbidade administrativa em três modalidades distintas (*enriquecimento ilícito, lesão ao erário* e *atentado contra os princípios da Administração Pública*), cominando-lhes sanções políticas, civis e administrativas.

Perseguindo o mesmo intuito moralizante, há uma tendência na ampliação das figuras de improbidade administrativa em algumas leis setorizadas que ora criam novos "tipos" de improbidade (*caso do Estatuto da Cidade*), ora remetem as infrações dos seus dispositivos à LIA (*caso da Lei de Responsabilidade Fiscal e da Lei das Eleições*).

Nesse cenário, é natural que surjam dúvidas sobre a aplicação de outras normas reguladoras de situações que já se encontrem sob o abrigo da LIA. Wallace Paiva Martins Júnior, por exemplo, ao analisar o texto do § 7.º do art. 73 da Lei 9.504/1997 (*Lei das Eleições*), chama a atenção para a existência de uma antinomia entre este diploma legal e a LIA. Veja-se:

> O ponto de divergência situa-se na remissão direta e específica ao art. 11 da Lei n. 8.429/92, na medida em que as situações descritas nas normas proibitivas eleitorais acomodam-se à definição legal de outras – e mais graves, inclusive no aspecto punitivo – modalidades de improbidade administrativa da Lei 8.429/92.

Para a superação das possíveis antinomias entre a LIA e as leis específicas, faz-se necessária a aplicação simultânea, coerente e coordenada das diferentes fontes normativas

812 | INTERESSES DIFUSOS E COLETIVOS – VOL. 1

(*com campos de aplicação convergentes, mas não iguais*), iluminada pelos valores e princípios constitucionais, como exigência de um sistema jurídico eficiente e justo. Aquilo que Erik Jayme convencionou chamar de **"diálogo das fontes"**.[358]

E nesse diálogo entre a LIA e as leis específicas entendemos que aquela deva ser aplicada prioritariamente, e só complementarmente, no que couber e com ela forem compatíveis, as leis especiais. Isso porque a Lei 8.429/1992 é a Lei Geral de Improbidade Administrativa, à qual todas as demais leis especiais setorizadas estão subordinadas.

Explica-se: a LIA não é analítica, mas sintética. Nem seria de boa técnica legislativa aprovar lei de improbidade que regulasse as condutas praticadas em cada área de atuação do setor público (obras e serviços, ordem urbanística, eleições, contratos e licitações, finanças públicas etc.). Optou-se, acertadamente, por aprovar uma **"Lei Geral de Improbidade Administrativa"** que contivesse os preceitos fundamentais do sistema de responsabilização do agente ímprobo, isto é, que projetasse suas normas e princípios sobre todo e qualquer ato de improbidade.

Vê-se, portanto, que a LIA inovou na ordem jurídica, instituindo um eficaz sistema de responsabilização dos atos de improbidade em geral. E, a nosso sentir, a única maneira de manter a coerência e a eficiência desse sistema é assegurar a primazia de suas normas e princípios.

Assim, sobrevindo lei que regule, por exemplo, a ordem urbanística (Estatuto da Cidade), devem-se respeitar as normas e os princípios gerais estabelecidos na LIA. Não pode, por exemplo, essa lei específica, setorizada, posterior, admitir a culpa como elemento subjetivo apto à caracterização de ato de improbidade administrativa, contrariando o sistema de responsabilização da LIA, que exige o dolo em seu art. 1.º, §§ 1.º, 2.º e 3.º.

Na mesma esteira está o pensamento de Fábio Media Osório que, após ressaltar a importância da Lei 8.429/1992 como "Lei Geral da Improbidade Administrativa" (LGIA), rotulando-a, inclusive, como "Código Geral de Conduta" dos agentes públicos brasileiros, arremata:

> Essa premissa, assentada nas considerações anteriores, acarreta várias potencialidades à LGIA, cujas funcionalidades devem ser vistas em caráter sistêmico, inclusive com a percepção de que legislações extravagantes, que consagrem novos tipos sancionadores da improbidade, ao abrigo do art. 37, § 4.º, da CF, haverão de ajustar-se ao centralismo do Código corporificado na LGIA, que ostenta toda a Parte Geral dessa regulação.[359]

Entendimento contrário geraria intolerável insegurança jurídica. E, não menos preocupante, abriria espaço para que determinados setores da sociedade, não interessados no eficaz combate à improbidade administrativa, lançassem mão de leis setorizadas para, veladamente, deformar a Lei 8.429/1992, inviabilizando sua aplicação, em claro esvaziamento do mandamento constitucional de efetiva defesa da probidade administrativa (art. 37, § 4.º, da CF), que deve iluminar o diálogo entre a LIA e as demais fontes normativas.[360]

Noutro flanco, importa destacar que a reforma promovida na LIA pela Lei 14.230/2021, especialmente no ponto em que tornou taxativo o rol dos atos ofensivos aos princípios

---

[358] Sobre o tema "diálogo das fontes", recomendamos a leitura do Capítulo 5 deste volume 1, item 5.3.7.

[359] OSÓRIO, Fábio Medina. *Teoria da Improbidade Administrativa*: Má Gestão Pública: Corrupção: Ineficiência. 2. ed. São Paulo: RT, 2010. p. 187-188.

[360] Entre as tentativas de retirar a efetividade da Lei 8.429/1992, destacamos, por exemplo, a Medida Provisória 2.225-45/2001, que alterou o art. 17 da LIA, com o claro propósito de postergar o recebimento da petição inicial de ação de improbidade e permitir ao juiz que, antes mesmo da produção de qualquer prova por parte do autor, se convença da inexistência do ato de improbidade para rejeitar a ação. Conforme veremos mais à frente, essa fase de admissibilidade da ação de improbidade administrativa foi suprimida na reforma promovida pela Lei 14.230/2021.

da administração pública previstos no art. 11, não revogou os tipos de improbidade previstos em leis especiais.

A partir da reforma, os atos de improbidade previstos em leis especiais continuam sendo considerados atos ofensivos aos princípios da administração pública, previstos em **tipos autônomos e heterotópicos** do art. 11 da LIA. Ou seja, caso vedada pela lei especial, não importe em enriquecimento ilícito ou lesão ao erário, poderá ser enquadrada no art. 11, que continua tendo aplicação residual.

Fosse a intenção da Lei 14.230/2021 revogar os tipos de improbidade previstos em leis especiais, o teria feito expressamente. Ao contrário disso, referido diploma reconheceu expressamente a sobrevivência desses tipos de improbidade previstos em leis extravagantes ao estabelecer, no § 2.º do art. 11 da LIA, que a exigência do elemento subjetivo especial do tipo (*finalidade de obter proveito ou benefício indevido, para si ou para outra pessoa ou entidade*) alcança quaisquer atos de improbidade administrativa ofensivos aos princípios da administração pública tipificados na LIA e em leis especiais e quaisquer outros tipos especiais de improbidade administrativa instituídos por lei.

Nesse sentido, inclusive, já decidiu a 1.ª Turma do STJ:

> (...) 3. A revogação do inciso I do art. 11 da LIA e a atual taxatividade prevista no *caput* desse dispositivo não alteram a tipicidade dos atos ímprobos previstos na legislação esparsa, resguardando--se a vontade do legislador constitucional e ordinário no sentido de que os atos de improbidade administrativa, na forma e gradação previstas em lei, importarão o sancionamento do agente ímprobo. Incidência do princípio da continuidade típico-normativa.
>
> 4. O § 7.º do art. 73 da Lei 9.504/1997, a prever que as condutas enumeradas no seu *caput* caracterizam atos de improbidade administrativa, não se combaliu com a promulgação da Lei 14.230/2021, pois o rol de condutas proibidas tendentes a afetar a igualdade de oportunidades entre candidatos nos pleitos eleitorais previsto no *caput* do art. 73 da Lei Eleitoral se agrega ao rol taxativo previsto no art. 11 da LIA, em que pese esteja alocado em lei extravagante. Expressa incidência do § 1.º do art. 1.º e do § 2.º do art. 11 da LIA. Hipóteses cuja tipicidade se mantém à luz do § 7.º do art. 73 da Lei 9.504/1997. A revogação da previsão generalizante presente no inciso I do art. 11 da LIA não afeta as hipóteses específicas taxativamente previstas nos incisos do *caput* do art. 73 da LE.[361]

Essa interpretação é a que mais se harmoniza com o princípio da continuidade das normas, previsto no art. 2.º, *caput*, da Lei de Introdução às Normas do Direito Brasileiro (Decreto-Lei 4.657/1942), que assim dispõe: "Não se destinando à vigência temporária, a lei terá vigor até que outra a modifique ou revogue".

Remarque-se, por oportuno, que, a partir da reforma promovida pela Lei 14.230/2021, a configuração dos atos de improbidade ofensivos aos princípios da administração pública previstos em leis extravagantes também passa a exigir, para além do dolo, a presença do **elemento subjetivo especial do tipo** (*finalidade de obter proveito ou benefício indevido, para si ou para outra pessoa ou entidade*), por força da regra de extensão prevista no § 2.º do art. 11 da LIA.

A seguir, passamos a analisar, ainda que de forma superficial, algumas das figuras de improbidade previstas em leis esparsas.[362]

---

[361] STJ, AgInt no AgInt no AREsp 1479463/SP, 1.ª T., rel. Min. Paulo Sérgio Domingues, j. 03.12.2024.

[362] Outras figuras de improbidade também são encontradas no art. 30, parágrafo único, da Lei 9.472/1997 e no art. 14, parágrafo único, da Lei 9.782/1999. A Lei de Responsabilidade Fiscal, no art. 73, estabelece que as infrações dos seus dispositivos serão punidas segundo a Lei 8.429/1992. A Lei de Acesso à Informação (Lei 12.527/2011), da mesma forma, estabelece que as condutas ilícitas descritas no art. 32 podem configurar atos de improbidade administrativa. Por sua vez, a Lei de Conflito de Interesses (Lei 12.813/2013) estabelece, em seu art. 12, que "o agente público que praticar

814 | INTERESSES DIFUSOS E COLETIVOS – VOL. 1

6.8.4.1 Estatuto da Cidade (Lei 10.257/2001)

Nos termos do art. 52 da Lei 10.257/2001 (Estatuto da Cidade), incorre em improbidade administrativa o prefeito que praticar as condutas (comissivas ou omissivas) descritas em seus sete incisos.[363]

Em todas as condutas tipificadas, o Estatuto da Cidade **sanciona o descumprimento de obrigações impostas à Administração Pública, em especial ao prefeito municipal.** Tratando-se, pois, de obrigações impostas pelo próprio Estatuto, em consonância com mandamento constitucional (CF, art. 182) e de indiscutível relevância social, é bem verdade que seu descumprimento, mesmo que suprimido o art. 52, não impediria a responsabilização do prefeito à luz da sistemática introduzida pela LIA. Sem embargo, louva-se a iniciativa do legislador, na medida em que tornou incontroversa a responsabilidade pessoal do prefeito municipal pelo descumprimento dessas obrigações.

Note-se que a Lei 10.257/2001 não estabeleceu qual o elemento subjetivo (dolo ou culpa) exigido nos novos tipos de improbidade, não definiu quais as sanções aplicáveis, tampouco indicou em quais das três modalidades de improbidade os casos elencados nos incisos do art. 52 se enquadram.

Nesse cenário, a correta aplicação dessas novas figuras de improbidade depende de sua adequada integração com as normas e os princípios da LIA, nos moldes delineados no item anterior.

Assim, para saber quais sanções se aplicam ao prefeito pelo descumprimento dos deveres a ele impostos pelo Estatuto da Cidade, é preciso checar, em um primeiro momento, se sua ação ou omissão se amolda objetivamente à tipologia do art. 52 do Estatuto da Cidade. Em seguida, passa-se a perquirir se a situação descrita em qualquer dos incisos do art. 52 se enquadra nas modalidades de improbidade previstas na LIA (*enriquecimento ilícito, lesão ao erário* ou *atentado contra os princípios da Administração Pública*). Dessas duas subsunções decorrerá a imposição das respectivas sanções, em conformidade com o art. 12 da LIA. Desse mesmo teor a lição de Emerson Garcia:

> Tratando-se de conduta que infrinja o Estatuto da Cidade, a operação de enquadramento na tipologia legal irá se bipartir em duas fases: 1.º) enquadramento da conduta em um dos incisos do art. 52 da Lei n.º 10.257/2001; e 2.º) posterior enquadramento nos arts. 9.º, 10 e 11 da Lei n. 8.429/92, conforme o ato resulte em enriquecimento ilícito, dano ao patrimônio público e violação dos princípios regentes da atividade estatal.[364]

---

os atos previstos nos arts. 5.º e 6.º desta Lei incorre em improbidade administrativa, na forma do art. 11 da Lei 8.429, de 2 de junho de 1992, quando não caracterizada qualquer das condutas descritas nos arts. 9.º e 10 daquela Lei". Mais recentemente, a Lei 13.425/2017 estabeleceu em seu art. 13 que incorre em improbidade administrativa, nos termos do art. 11 da LIA, o prefeito municipal que, no prazo máximo de dois anos, contados da sua entrada em vigor, deixar de editar normas especiais de prevenção e combate a incêndio e a desastres para locais de grande concentração e circulação de pessoas, nos termos do art. 2.º, *caput*, e §§ 1.º e 2.º.

[363] "Art. 52. Sem prejuízo da punição de outros agentes públicos envolvidos e da aplicação de outras sanções cabíveis, o Prefeito incorre em improbidade administrativa, nos termos da Lei n.º 8.429, de 2 de junho de 1992, quando: I – (vetado); II – deixar de proceder, no prazo de cinco anos, o adequado aproveitamento do imóvel incorporado ao patrimônio público, conforme o disposto no § 4.º do art. 8.º desta Lei; III – utilizar áreas obtidas por meio do direito de preempção em desacordo com o disposto no art. 26 desta Lei; IV – aplicar os recursos auferidos com a outorga onerosa do direito de construir e de alteração de uso em desacordo com o previsto no art. 31 desta Lei; V – aplicar os recursos auferidos com operações consorciadas em desacordo com o previsto no § 1.º do art. 33 desta Lei; VI – impedir ou deixar de garantir os requisitos contidos nos incisos I a III do § 4.º do art. 40 desta Lei; VII – deixar de tomar as providências necessárias para garantir a observância do disposto no § 3.º do art. 40 e no art. 50 desta Lei; VIII – adquirir imóvel objeto de direito de preempção, nos termos dos arts. 25 a 27 desta Lei, pelo valor da proposta apresentada, se este for, comprovadamente, superior ao de mercado."

[364] GARCIA, Emerson; ALVES, Rogério Pacheco. *Improbidade Administrativa.* 4. ed. Rio de Janeiro: Lumen Juris, 2008. p. 399. *No mesmo sentido:* MARTINS JÚNIOR, Wallace Paiva. *Probidade Administrativa.* 4. ed. São Paulo: Saraiva, 2009. p. 212. *Em sentido diverso,* José dos Santos Carvalho Filho defende que o Estatuto da Cidade criou uma quarta modalidade de

CAP. 6 – IMPROBIDADE ADMINISTRATIVA | 815

Para finalizar, outros três aspectos importantes merecem ser destacados:

a) embora o art. 52 da Lei 10.257/2001 se refira pontualmente ao prefeito como sujeito ativo dessa nova figura de improbidade, é perfeitamente possível a responsabilização de terceiros (*agentes públicos* ou *particulares*) que concorram para a prática da conduta ímproba ou dela se beneficiem, aplicando-se, nesse particular, a norma de extensão pessoal prevista no art. 3.º da LIA;

b) toda e qualquer conduta que viole as normas e os princípios do Estatuto da Cidade poderá caracterizar ato de improbidade, mesmo que não se acomode à tipologia do art. 52, bastando, para tanto, que se enquadre em uma das modalidades de improbidade previstas nos arts. 9.º, 10 e 11 da LIA;

c) o fechamento do tipo do art. 11 da LIA, promovido pela Lei 14.230/2021, não impede a punição, no domínio da LIA, das condutas ilícitas descritas no art. 52 do Estatuto da Cidade que não resultem em enriquecimento ilícito ou lesão ao erário. Conforme visto, os atos de improbidade previstos em leis especiais seguem sendo considerados atos ofensivos aos princípios da administração pública, previstos em tipos autônomos e heterotópicos do próprio art. 11 da LIA. Logo, se a conduta vedada pelo Estatuto da Cidade não encontrar abrigo na tipologia dos arts. 9.º e 10 da LIA, poderá ser enquadrada no art. 11, que continua tendo aplicação residual.[365]

6.8.4.2 *Lei Eleitoral (Lei 9.504/1997)*

A Lei 9.504/1997 (Lei das Eleições), no art. 73, proíbe aos agentes públicos a prática de uma série de **condutas tendentes a afetar a igualdade de oportunidades entre candidatos nos pleitos eleitorais.**

Mais à frente, no § 7.º do mesmo dispositivo, há previsão expressa de que as condutas ali previstas caracterizam, ainda, a modalidade de improbidade administrativa do art. 11, I, da LIA, sujeitando-se às sanções previstas no art. 12, III, da mesma lei.

No necessário diálogo com a LIA, o primeiro problema a ser enfrentado é que várias das condutas descritas nos incisos do art. 73 da Lei 9.504/1997 podem ser enquadradas nas outras duas modalidades de improbidade reguladas pela LIA, quais sejam o enriquecimento ilícito (art. 9.º) e a lesão ao erário (art. 10), para as quais há previsão de sanções mais severas. Um exemplo: a conduta prevista no art. 73, III,[366] da Lei das Eleições invariavelmente encontrará abrigo no tipo de improbidade previsto no art. 9.º, IV (*quando o beneficiário for o próprio agente público*), ou no tipo de improbidade previsto no art. 10, XIII (*quando o beneficiário for um terceiro*), ambos da LIA.

Tem-se, aqui, portanto, uma clara antinomia entre a Lei 8.429/1992 e a Lei 9.504/1997, cuja solução deve ser encontrada mediante o diálogo entre essas duas fontes normativas. No ponto, reiteramos os argumentos expendidos alhures para afirmar que nesse diálogo deverão ser aplicados, prioritariamente, os preceitos fundamentais da LIA, aplicando-se

---

improbidade administrativa, que reclama a presença de dolo na conduta do prefeito (*Manual de Direito Administrativo*. 23. ed. Rio de Janeiro: Lumen Juris, 2010. p. 1.184).

[365] Em sentido contrário, Rafael Carvalho Rezende Oliveira defende a impossibilidade de aplicação das sanções por violação aos princípios da administração pública aos autores das condutas enumeradas no art. 52 do Estatuto da Cidade, uma vez que a configuração do ato de improbidade por violação aos princípios passou a exigir a prática de uma das condutas constantes do rol taxativo do art. 11 da LIA (NEVES, Daniel Amorim Assumpção; OLIVEIRA, Rafael Carvalho Rezende. *Improbidade Administrativa*: Direito Material e Processual. 9. ed. Rio de Janeiro: Forense, 2022. p. 126).

[366] "Art. 73 (...) III – ceder servidor público ou empregado da administração direta ou indireta federal, estadual ou municipal do Poder Executivo, ou usar de seus serviços, para comitês de campanha eleitoral de candidato, partido político ou coligação, durante o horário de expediente normal, salvo se o servidor ou empregado estiver licenciado."

816 | INTERESSES DIFUSOS E COLETIVOS – VOL. 1

a Lei 9.504/1997 apenas complementarmente, no que for necessário e compatível com a Lei Geral de Improbidade Administrativa.

Assim, caso as condutas vedadas aos agentes públicos no art. 73 da Lei 9.504/1997 importem em enriquecimento ilícito ou lesão ao erário, deverão ser enquadradas, respectivamente, nos arts. 9.º e 10 da LIA. *In casu*, o tipo de improbidade previsto no art. 11 da LIA continua tendo aplicação residual, é dizer, somente incidirá quando as condutas tendentes a afetar a igualdade de oportunidades entre candidatos nos pleitos eleitorais não se amoldarem à tipologia dos arts. 9.º (enriquecimento ilícito) e 10 (lesão ao erário) da LIA.

Com isso, mantém-se a coerência do sistema de responsabilização de condutas ímprobas instituído pela Lei 8.429/1992, ao mesmo tempo que se evita o paradoxo bem identificado por Emerson Garcia, no sentido de que "a prática de determinado ato de improbidade sujeita o agente a penalidades muito mais severas do que aquelas que sofreria acaso tivesse praticado o mesmo ato em detrimento da democracia".[367]

O segundo problema a ser enfrentado está relacionado à revogação do inciso I do art. 11 da LIA, ao qual o § 7.º do art. 73 da Lei 9.504/1997 faz remissão. Teria havido, na hipótese, uma revogação tácita dos tipos de improbidade previstos na Lei das Eleições? Pensamos que não.

Ainda que se considere válida a revogação do inciso I do art. 11 da LIA, a regra do § 7.º do art. 73 da Lei 9.504/1997 não perdeu sua eficácia. Sua finalidade de atuar como uma norma de extensão para o art. 11 da LIA é preservada no texto reformado da LIA, porquanto os ilícitos descritos no art. 73 da Lei das Eleições continuam sendo considerados atos ofensivos aos princípios da administração pública, previstos em **tipos autônomos e heterotópicos** do art. 11 da LIA. Assim, se o ilícito descrito no art. 73 da Lei 9.504/1997 não encontrar abrigo na tipologia dos arts. 9.º e 10 da LIA, invariavelmente será enquadrado no art. 11, que continua tendo aplicação residual.

6.8.4.3 Lei de Acesso à Informação (Lei 12.527/2011)

A Lei 12.527/2011 (Lei de Acesso à informação), no art. 32, *enumera vários ilícitos administrativos que ensejam responsabilidade do agente público:*

> I – recusar-se a fornecer informação requerida nos termos desta Lei, retardar deliberadamente o seu fornecimento ou fornecê-la intencionalmente de forma incorreta, incompleta ou imprecisa;
>
> II – utilizar indevidamente, bem como subtrair, destruir, inutilizar, desfigurar, alterar ou ocultar, total ou parcialmente, informação que se encontre sob sua guarda ou a que tenha acesso ou conhecimento em razão do exercício das atribuições de cargo, emprego ou função pública;
>
> III – agir com dolo ou má-fé na análise das solicitações de acesso à informação;
>
> IV – divulgar ou permitir a divulgação ou acessar ou permitir acesso indevido à informação sigilosa ou informação pessoal;
>
> V – impor sigilo à informação para obter proveito pessoal ou de terceiro, ou para fins de ocultação de ato ilegal cometido por si ou por outrem;
>
> VI – ocultar da revisão de autoridade superior competente informação sigilosa para beneficiar a si ou a outrem, ou em prejuízo de terceiros; e
>
> VII – destruir ou subtrair, por qualquer meio, documentos concernentes a possíveis violações de direitos humanos por parte de agentes do Estado.

Mais à frente, no § 2.º do mesmo dispositivo, há previsão expressa de que por tais condutas poderá o agente público responder, também, por improbidade administrativa, conforme o disposto na Lei 8.429, de 2 de junho de 1992.

---

[367] GARCIA, Emerson; ALVES, Rogério Pacheco. *Improbidade Administrativa.* 4. ed. Rio de Janeiro: Lumen Juris, 2008. p. 279.

A correta aplicação dessas figuras especiais de improbidade depende de sua adequada integração com as normas e princípios da LIA.

Nessa quadra, caso as condutas ilícitas previstas no art. 32 da Lei de Acesso à Informação importem enriquecimento ilícito ou lesão ao erário, deverão ser enquadradas, respectivamente, nos arts. 9.º e 10 da LIA. *In casu*, o tipo de improbidade previsto no art. 11 da LIA continua tendo aplicação residual, é dizer, somente incidirá quando as condutas vedadas pela Lei 12.527/2011 não se amoldarem à tipologia dos arts. 9.º (enriquecimento ilícito) e 10 (lesão ao erário) da LIA.

Reprise-se que o fechamento do tipo do art. 11 da LIA, promovido pela Lei 14.230/2021, não impede a punição, no domínio da LIA, das condutas ilícitas descritas no art. 32 da Lei de Acesso à Informação que não resultem em enriquecimento ilícito ou lesão ao erário. Conforme visto, tais condutas continuam sendo consideradas atos ofensivos aos princípios da administração pública, previstos em tipos autônomos e heterotópicos do próprio art. 11 da LIA. Assim, se a conduta vedada pelo art. 32 da Lei 12.527/2011 não encontrar abrigo na tipologia dos arts. 9.º e 10 da LIA, poderá ser enquadrada no art. 11, que continua tendo aplicação residual.

Por outro lado, não podemos olvidar que, a partir da reforma promovida na LIA pela Lei 14.230/2021, a configuração dos atos de improbidade ofensivos aos princípios da administração pública previstos em leis extravagantes também passa a exigir, para além do dolo, a presença do **elemento subjetivo especial do tipo** (*finalidade de obter proveito ou benefício indevido, para si ou para outra pessoa ou entidade*), por força da regra de extensão prevista no § 2.º do art. 11 da LIA.

Nessa quadra, é correto concluir que o não repasse das informações solicitadas, por si só, não é suficiente para caracterizar o ato de improbidade administrativa previsto na Lei de Acesso às Informações. É preciso demonstrar que a sonegação das informações tinha por finalidade a obtenção de alguma vantagem indevida, em benefício do agente público sonegador ou de terceiro. Nesse sentido, inclusive, vem decidindo o STJ:

> Não caracteriza ato de improbidade administrativa praticado por prefeito a ausência de prestação ou de repasse de informações solicitadas pelo Poder Legislativo ou por munícipes, quando inexistente o intuito malicioso, desonesto ou corrupto.[368]

6.8.4.4   *Lei de Conflito de Interesses (Lei 12.813/2013)*

A Lei 12.813/2013 dispõe sobre o conflito de interesses no exercício de cargo ou emprego do Poder Executivo federal. Nos termos do art. 12 do referido diploma, o agente público que praticar os ilícitos descritos em seus arts. 5.º[369] e 6.º[370] incorre em improbidade

---

[368] AgInt no AgInt no AREsp 816.429/SP, 1.ª T., rel. Min. Paulo Sérgio Domingues, j. 03.10.2023 (Jurisprudência em Teses, edição 234).

[369] "Art. 5.º Configura conflito de interesses no exercício de cargo ou emprego no âmbito do Poder Executivo federal: I – divulgar ou fazer uso de informação privilegiada, em proveito próprio ou de terceiro, obtida em razão das atividades exercidas; II – exercer atividade que implique a prestação de serviços ou a manutenção de relação de negócio com pessoa física ou jurídica que tenha interesse em decisão do agente público ou de colegiado do qual este participe; III – exercer, direta ou indiretamente, atividade que em razão da sua natureza seja incompatível com as atribuições do cargo ou emprego, considerando-se como tal, inclusive, a atividade desenvolvida em áreas ou matérias correlatas; IV – atuar, ainda que informalmente, como procurador, consultor, assessor ou intermediário de interesses privados nos órgãos ou entidades da administração pública direta ou indireta de qualquer dos Poderes da União, dos Estados, do Distrito Federal e dos Municípios; V – praticar ato em benefício de interesse de pessoa jurídica de que participe o agente público, seu cônjuge, companheiro ou parentes, consanguíneos ou afins, em linha reta ou colateral, até o terceiro grau, e que possa ser por ele beneficiada ou influir em seus atos de gestão; VI – receber presente de quem tenha interesse em decisão do agente público ou de colegiado do qual este participe fora dos limites e condições estabelecidos em regulamento; e VII – prestar serviços, ainda que eventuais, a empresa cuja atividade seja controlada, fiscalizada ou regulada pelo ente ao qual o agente público está vinculado."

[370] "Art. 6.º Configura conflito de interesses após o exercício de cargo ou emprego no âmbito do Poder Executivo federal: I – a qualquer tempo, divulgar ou fazer uso de informação privilegiada obtida em razão das atividades exercidas; e II –

818 | INTERESSES DIFUSOS E COLETIVOS – VOL. 1

administrativa, na forma do art. 11 da Lei 8.429/1992, quando não caracterizada qualquer das condutas descritas nos arts. 9.º e 10 da LIA.

É importante pontuar que apenas os agentes públicos vinculados ao Poder Executivo federal podem praticar os atos de improbidade administrativa tipificados na Lei de Conflito de Interesses.

Reiteram-se, aqui, as observações relacionadas ao fechamento do tipo do art. 11 da LIA e sua repercussão na repressão aos atos de improbidade administrativa ofensivos aos princípios da administração pública previstos em leis especiais. Os ilícitos descritos nos arts. 5.º e 6.º da Lei de Conflito de Interesses figuram como tipos autônomos e heterotópicos de atos ofensivos aos princípios da administração pública. Logo, se a conduta descrita em tais dispositivos não encontrar abrigo na tipologia dos arts. 9.º e 10 da LIA, poderá ser enquadrada no art. 11, que continua tendo aplicação residual.

6.8.5 Lei da Ficha Limpa (LC 135/2010)

A Lei Complementar 64/1990 (Lei de Inelegibilidades) regulamentou o art. 14, § 9.º, da Constituição, erigindo diversas hipóteses de inelegibilidade. Cerca de 20 anos após sua promulgação, essa norma foi alterada pela Lei Complementar 135/2010 – também chamada de "Lei da Ficha Limpa".

Não é objetivo deste trabalho analisar todas as hipóteses de inelegibilidade elencadas na LC 64/1990, com as alterações promovidas pela LC 135/2010. Na sequência, cuidaremos apenas das hipóteses nas quais se têm em mira a proteção da probidade administrativa e a moralidade para o exercício de mandato eletivo em vista da experiência pregressa do candidato como agente público.

6.8.5.1 *Rejeição de contas por irregularidade insanável e que configure ato doloso de improbidade administrativa*

A primeira hipótese de inelegibilidade a ser destacada é aquela prevista no art. 1.º, I, *g*, da LC 64/1990. Confira-se:

> **Art. 1.º** São inelegíveis:
>
> I – para qualquer cargo:
>
> (...)
>
> g) os que tiverem suas contas relativas ao exercício de cargos ou funções públicas rejeitadas por irregularidade insanável que configure ato doloso de improbidade administrativa, e por decisão irrecorrível do órgão competente, salvo se esta houver sido suspensa ou anulada pelo Poder Judiciário, para as eleições que se realizarem nos 8 (oito) anos seguintes, contados a partir da data da decisão, aplicando-se o disposto no inciso II do art. 71 da Constituição Federal, a todos os ordenadores de despesa, sem exclusão de mandatários que houverem agido nessa condição; (Redação dada pela Lei Complementar 135, de 2010)

---

no período de 6 (seis) meses, contado da data da dispensa, exoneração, destituição, demissão ou aposentadoria, salvo quando expressamente autorizado, conforme o caso, pela Comissão de Ética Pública ou pela Controladoria-Geral da União: a) prestar, direta ou indiretamente, qualquer tipo de serviço a pessoa física ou jurídica com quem tenha estabelecido relacionamento relevante em razão do exercício do cargo ou emprego; b) aceitar cargo de administrador ou conselheiro ou estabelecer vínculo profissional com pessoa física ou jurídica que desempenhe atividade relacionada à área de competência do cargo ou emprego ocupado; c) celebrar com órgãos ou entidades do Poder Executivo federal contratos de serviço, consultoria, assessoramento ou atividades similares, vinculados, ainda que indiretamente, ao órgão ou entidade em que tenha ocupado o cargo ou emprego; ou d) intervir, direta ou indiretamente, em favor de interesse privado perante órgão ou entidade em que haja ocupado cargo ou emprego ou com o qual tenha estabelecido relacionamento relevante em razão do exercício do cargo ou emprego."

CAP. 6 – IMPROBIDADE ADMINISTRATIVA | **819**

Para a caracterização da inelegibilidade enfocada, requer-se: a) o julgamento e a rejeição das contas relativas ao exercício de cargos ou funções públicas; b) a detecção de irregularidade insanável; c) que essa irregularidade caracterize ato doloso de improbidade administrativa; e d) decisão irrecorrível do órgão competente para julgar as contas.

Para os fins eleitorais, **irregularidades insanáveis** são aquelas graves, decorrentes de condutas perpetradas com dolo ou má-fé, contrárias ao interesse público. Na jurisprudência do Tribunal Superior Eleitoral, encontramos os seguintes exemplos de irregularidades consideradas insanáveis: *descumprimento da Lei de Licitações* (REsp 33.659/SP – PSS 04.12.2008); *retenção de contribuições previdenciárias sem o indispensável repasse à Previdência Social* (AREsp 34.081/PE, DJe 12.02.2009); *descumprimento da Lei de Responsabilidade Fiscal* (AREsp 32.802/PR, DJe 02.06.2009); *aplicação irregular de receitas repassadas por meio de convênio* (REsp 34.066/SE – PSS 071202008); e *a prática de atos geradores de dano ao erário, assim reconhecido pelo Tribunal de Contas* (AAREsp 33.806/MG, DJe 18.06.2009).

Além de insanável, a irregularidade precisa configurar **ato doloso de improbidade administrativa**. Quanto ao ponto, uma observação se faz necessária: não se exige a condenação do candidato por ato de improbidade, tampouco que haja ação de improbidade em curso na Justiça Comum. Para que a hipótese de inelegibilidade em exame incida, basta que a Justiça Eleitoral decida que a irregularidade insanável apontada também configure ato doloso de improbidade administrativa. Na espécie, como bem observa José Jairo Gomes, não se há falar em condenação da Justiça Eleitoral pela prática de ato de improbidade, mas apenas em apreciação e qualificação jurídica de fatos e circunstâncias relevantes para a estruturação da inelegibilidade em apreço.[371]

> ## ATENÇÃO
>
> Se houver sentença condenatória definitiva emanada da Justiça Comum, o juízo de improbidade aí firmado vincula a Justiça Eleitoral.

Por fim, anote-se que a hipótese de inelegibilidade em apreço também reclama que haja **decisão irrecorrível do órgão competente** para julgar as contas. Diz-se irrecorrível a decisão da qual não caiba mais nenhum recurso no âmbito administrativo. E é justamente essa decisão final que marca o termo de início do prazo de oito anos de inelegibilidade.

6.8.5.2   Condenação pela prática de atos dolosos de improbidade administrativa

A segunda hipótese de inelegibilidade voltada diretamente à defesa da probidade administrativa está prevista no art. 1.º, I, *l*, da LC 64/1990, que assim dispõe:

> **Art. 1.º** São inelegíveis:
>
> I – para qualquer cargo:
>
> (...)
>
> l) os que forem condenados à suspensão dos direitos políticos, em decisão transitada em julgado ou preferida por órgão judicial colegiado, por ato doloso de improbidade administrativa que importe lesão ao patrimônio público e enriquecimento ilícito, desde a condenação ou o trânsito em julgado até o transcurso do prazo de 8 (oito) anos após o cumprimento da pena; (Incluído pela Lei Complementar 135, de 2010)

A configuração da inelegibilidade enfocada requer: a) condenação por ato doloso de improbidade administrativa que importe lesão ao patrimônio público e enriquecimento

---

[371] GOMES, José Jairo. *Direito Eleitoral*. São Paulo: Atlas, 2012. p. 186.

820 | INTERESSES DIFUSOS E COLETIVOS - VOL. 1

ilícito; b) que essa condenação transite em julgado ou seja proferida por órgão judicial colegiado; e c) que seja aplicada na sentença condenatória a sanção de suspensão dos direitos políticos.

Conforme será visto em momento oportuno, a sanção de suspensão dos direitos políticos está prevista para as modalidades de improbidade administrativa que importam enriquecimento ilícito (art. 9.º) ou lesão ao erário (art. 10), mas sua aplicação não é obrigatória. Assim, mesmo que o agente seja condenado pela prática de ato de improbidade, é possível que a ele não se imponha a **sanção de suspensão dos direitos políticos**; nesse caso, não terá incidência a hipótese de inelegibilidade em estudo.

Também é preciso que seja reconhecida a prática de **ato doloso de improbidade que importe lesão ao patrimônio público e enriquecimento ilícito**. Logo, conforme já decidido pelo TSE, se o candidato for condenado por ato de improbidade que importe apenas violação aos princípios da Administração Pública (art. 11 da LIA), não terá incidência a inelegibilidade do art. 1.º, I, *l*, da LC 64/1990.[372]

Questão interessante consiste em saber se a inelegibilidade do art. 1.º, I, *l* da Lei Complementar 64/1990 incide apenas nas hipóteses de condenação por improbidade que implique, concomitantemente, lesão ao patrimônio público e enriquecimento ilícito.

Para parte da doutrina,[373] a conjuntiva "e", empregada no texto do dispositivo legal em exame, deve ser entendida como disjuntiva (ou), pois é possível cogitar de lesão ao patrimônio público por ato doloso do agente sem que haja correspondente enriquecimento ilícito, assim como é possível cogitar de enriquecimento ilícito do agente sem que haja correspondente lesão ao erário. Nesse sentir, tanto a condenação pela prática de ato doloso lesivo ao erário (art. 10 da LIA) como a condenação pela prática de ato que importe em enriquecimento ilícito são aptas a atrair a incidência da hipótese de inelegibilidade em foco.

Não é esse, contudo, o entendimento que prevalece na jurisprudência do TSE. Para a Corte Superior Eleitoral, a condenação pela prática de atos de improbidade administrativa somente atrai a inelegibilidade descrita na alínea *l* do inciso I do art. 1.º da Lei Complementar 64/1990 se reconhecer, cumulativamente, a ocorrência de enriquecimento ilícito e de lesão ao patrimônio público.[374]

6.9 SANÇÕES

6.9.1 Previsão normativa

As sanções fundamentais aplicáveis aos agentes públicos que cometem atos de improbidade estão previstas no art. 37, § 4.º, da Constituição Federal, que assim dispõe:

> **Art. 37.** (...) § 4.º Os atos de improbidade administrativa importarão a suspensão dos direitos políticos, a perda da função pública, a indisponibilidade dos bens e o ressarcimento ao erário, na forma e gradação previstas em lei, sem prejuízo da ação penal cabível.

Em obediência a esse comando constitucional, o **art. 12 da LIA** estabelece que o responsável pelo ato de improbidade, independentemente do ressarcimento integral do dano patrimonial, se efetivo, e das sanções penais comuns e de responsabilidade, civis e administrativas previstas na legislação específica, está sujeito às seguintes cominações, que podem ser aplicadas isolada ou cumulativamente, de acordo com a gravidade do fato:

---

[372] É esse o entendimento do TSE: AgR-RO 381.187, rel. Min. Aldir Passarinho Junior, j. 15.12.2010.
[373] Nesse sentido: GOMES, José Jairo. *Direito Eleitoral*. São Paulo: Atlas, 2012. p. 186.
[374] AgR no REsp 71-30/SP, rel. Min. Dias Toffoli, j. 25.10.2012 (Informativo TSE ano XIV – 2012, n. 31).

CAP. 6 – IMPROBIDADE ADMINISTRATIVA | **821**

a) perda dos bens ou valores acrescidos ilicitamente ao patrimônio;

b) perda da função pública;

c) suspensão dos direitos políticos;

d) multa civil; e

e) proibição de contratar com o poder público ou receber benefícios ou incentivos fiscais ou creditícios.

Comparando as duas normas supradestacadas, percebe-se que **a LIA ampliou o número de sanções originariamente previstas na Constituição Federal.**

No ponto, não há nenhuma inconstitucionalidade, pois a Constituição indicou apenas uma *relação mínima* de sanções, tendo-se incumbido a lei de ampliá-la para incluir outras adequadas à punição dos autores de improbidade e à recomposição do patrimônio público (material e moral), em perfeita consonância com os princípios regentes da atividade estatal.

Como já decidido pelo Supremo Tribunal Federal: "As sanções civis impostas pelo art. 12 da Lei n. 8.429/1992 aos atos de improbidade administrativa estão em sintonia com os princípios que regem a Administração Pública".[375]

6.9.2 Correspondência com os tipos de improbidade

Conforme visto, a LIA classifica os atos de improbidade administrativa em três modalidades distintas, a saber: *enriquecimento ilícito* (art. 9.º), *lesão ao erário* (art. 10) e *atentado contra os princípios da Administração Pública* (art. 11).

Acompanhando essa classificação, o art. 12 da LIA estipula em seus incisos I, II e III as sanções aplicáveis, respectivamente, às modalidades de improbidade previstas nos arts. 9.º, 10 e 11.

Para a hipótese de **enriquecimento ilícito**, o **inciso I do art. 12** prevê as seguintes sanções:

- perda dos bens ou valores acrescidos ilicitamente ao patrimônio;
- perda da função pública;
- suspensão dos direitos políticos até 14 anos;
- pagamento de multa civil equivalente ao valor do acréscimo patrimonial; e
- proibição de contratar com o Poder Público ou receber benefícios ou incentivos fiscais ou creditícios, direta ou indiretamente, ainda que por intermédio de pessoa jurídica da qual seja sócio majoritário, pelo prazo não superior a 14 anos.

Já para a hipótese de **lesão ao erário,** o **inciso II do art. 12** estipula as seguintes sanções:

- perda dos bens ou valores acrescidos ilicitamente ao patrimônio, se concorrer essa circunstância;
- perda da função pública;
- suspensão dos direitos políticos até 12 anos;
- pagamento de multa civil equivalente ao valor do dano; e

---

[375] AgRg no RE 598.588/RJ, 2.ª T., rel. Min. Eros Grau, j. 15.12.2009.

822 | INTERESSES DIFUSOS E COLETIVOS - VOL. 1

- proibição de contratar com o Poder Público ou receber benefícios ou incentivos fiscais ou creditícios, direta ou indiretamente, ainda que por intermédio de pessoa jurídica da qual seja sócio majoritário, pelo prazo não superior a 12 anos.

E, finalmente, para a hipótese de **atentado aos princípios da administração, o inciso III do art. 12** traz as seguintes sanções:

- pagamento de multa civil de até 24 vezes o valor da remuneração percebida pelo agente; e
- proibição de contratar com o Poder Público ou receber benefícios ou incentivos fiscais ou creditícios, direta ou indiretamente, ainda que por intermédio de pessoa jurídica da qual seja sócio majoritário, pelo prazo não superior a 4 anos.

Pela leitura do art. 12, percebe-se que **algumas das sanções** (*suspensão dos direitos políticos, multa civil* e *proibição de contratar com o Poder Público ou receber benefícios fiscais ou creditícios*) **estão graduadas** segundo a modalidade de improbidade praticada.

O quadro a seguir bem sintetiza essa gradação das sanções:

Modalidades de improbidade administrativa	Suspensão dos direitos políticos	Multa civil	Proibição de contratar com o Poder Público ou receber benefícios ou incentivos fiscais ou creditícios
Enriquecimento ilícito (art. 9.º)	Até 14 anos	Equivalente ao valor do acréscimo patrimonial	Prazo não superior a 14 anos
Lesão ao erário (art. 10)	Até 12 anos	Equivalente ao valor do dano	Prazo não superior a 12 anos
Atentado contra os princípios da Administração Pública (art. 11)	____	Até 24 vezes o valor da remuneração percebida pelo agente	Prazo não superior a 4 anos

6.9.2.1 Análise da validade da restrição prevista no art. 12, III, da LIA

Na redação original da Lei 8.429/1992, todas as sanções previstas em seu art. 12 podiam ser aplicadas às três modalidades de atos de improbidade administrativas (arts. 9.º, 10 e 11), com algumas variações decorrentes de gradações determinadas pela lei, conforme visto no tópico anterior.

A partir da reforma promovida na LIA pela Lei 14.230/2021, esse regime mudou. A nova redação dada ao inciso III do art. 12 afastou a possibilidade de imposição das penas de suspensão dos direitos políticos e de perda da função pública aos atos de improbidade administrativa ofensivos aos princípios da administração pública. Confira-se a nova redação dada ao inciso III do art. 12 da LIA:

> **Art. 12.** Independentemente do ressarcimento integral do dano patrimonial, se efetivo, e das sanções penais comuns e de responsabilidade, civis e administrativas previstas na legislação específica, está o responsável pelo ato de improbidade sujeito às seguintes cominações, que podem ser aplicadas isolada ou cumulativamente, de acordo com a gravidade do fato:
>
> (...)

III – na hipótese do art. 11 desta Lei, pagamento de multa civil de até 24 (vinte e quatro) vezes o valor da remuneração percebida pelo agente e proibição de contratar com o poder público ou de receber benefícios ou incentivos fiscais ou creditícios, direta ou indiretamente, ainda que por intermédio de pessoa jurídica da qual seja sócio majoritário, pelo prazo não superior a 4 (quatro) anos;

A nosso sentir, essa mudança no regime sancionatório da LIA fomenta juízo de inconstitucionalidade, por ser vertical e materialmente incompatível com o art. 37, § 4.º, da CF, que fixa as sanções mínimas e obrigatórias pela prática de qualquer modalidade de improbidade administrativa, premissa esta já fixada pelo próprio Supremo Tribunal Federal:[376]

> Em relação à previsão e aplicação das sanções por ato de improbidade administrativa, **a própria Constituição Federal prevê as sanções mínimas e obrigatórias pela prática de ato de improbidade administrativa**, delegando à lei a forma e a gradação, não excluindo a responsabilidade penal cabível, e tampouco a possibilidade de criação de novas sanções pela legislação pertinente, como bem destacado por CARLOS ARI MELLO (Improbidade administrativa – considerações sobre a Lei n.º 8.429/92. *Revista do Ministério Público do Estado do Rio Grande do Sul*, Porto Alegre: Revista dos Tribunais, n. 36, p. 176 – grifou-se).

Em reforço a esse entendimento, obtempera-se que a aplicação cumulativa ou isolada das sanções previstas no art. 37, § 4.º, da CF e no art. 12 da LIA tem por destinatário principal o julgador, a quem compete, no juízo de aplicação das sanções, diante das circunstâncias do caso concreto e em conformidade com os princípios constitucionais da proporcionalidade e razoabilidade, decidir, de forma motivada, quais sanções serão aplicadas ao agente infrator, e em qual medida.

Excluir do Poder Judiciário, real destinatário das penas aplicáveis ao agente ímprobo, a possibilidade de aplicação de sanções de *status* constitucional (suspensão dos direitos políticos e perda da função pública) também esbarra na estrutura de divisão de poder e de seu exercício, impedindo que o juiz cumpra seu papel, ou seja, aplique as sanções mínimas e obrigatórias fixadas na Constituição Federal pela prática de ato de improbidade administrativa.

Se, por um lado, o legislador ordinário possui amplo poder conformativo (discricionariedade) para efetivar o dever de proteção à probidade administrativa inscrito no art. 37, § 4.º, da CF, por outro, ele está vinculado às escolhas feitas expressamente pelo Constituinte, que se extraem do programa normativo do referido dispositivo constitucional. Sobre tais escolhas, o legislador ordinário não possui nenhuma discricionariedade.

Nessa ordem de ideias, é imperioso concluir que a supressão da imposição da perda da função pública e da suspensão de direitos políticos para atos tipificados no art. 11 agride frontalmente o § 4.º do art. 37 da Constituição, que elege tais sanções como reação jurídico-normativa a quaisquer espécies de atos de improbidade administrativa, permitindo apenas a gradação em lei, tal qual promovia a redação original da LIA.

6.9.3 Espécies

6.9.3.1 *Perdas de bens e valores*

A sanção[377] de **perda dos bens ou valores acrescidos ilicitamente ao patrimônio** está prevista no art. 12, I e II, da LIA, o que significa dizer que ela só se aplica às

---

[376] AO 1.833/AC, 1.ª T., rel. Min. Alexandre de Moraes, v.u., j. 10.04.2018.

[377] Para Emerson Garcia e Rogério Pacheco Alves, a perda de bens ou valores não representa verdadeira sanção, pois buscará unicamente reconduzir o agente à situação anterior à prática do ilícito (*Improbidade Administrativa*. 4. ed. Rio de Janeiro: Lumen Juris, 2008. p. 427). *No mesmo sentido*, aliás, já decidiu o STJ, REsp 631.301/RS, rel. Min. Luiz Fux, j. 12.09.2006.

824 | INTERESSES DIFUSOS E COLETIVOS – VOL. 1

modalidades de improbidade previstas no art. 9.º (*enriquecimento ilícito*) e 10 (*lesão ao erário*) da mesma lei.

É intuitivo que o agente público, ao praticar o ato de improbidade previsto no art. 9.º, acresça bens ou valores ilicitamente ao seu patrimônio.[378] Daí a pertinência da sanção em foco, que busca reconduzir o agente à situação anterior à prática do ilícito, inclusive nos casos em que a vantagem indevida tenha sido obtida mediante prestação negativa (ex.: art. 9.º, IV).

Já na hipótese do art. 10, tal sanção só terá cabimento quando a conduta ímproba do agente público possibilitar o enriquecimento ilícito de terceiro, como se verifica, por exemplo, nas situações tipificadas nos incisos I, II e XII do citado dispositivo.

Note-se que tal sanção poderá ser cumulada com a de ressarcimento integral do dano, como na hipótese do art. 9.º, III (celebração de negócio por preço subfaturado), em que a vantagem indevida percebida pelo agente provém diretamente do particular, não se confundindo, portanto, com o dano causado ao erário, de suporte fático diverso.

A sanção em exame **incidirá sobre os bens acrescidos ilicitamente ao patrimônio do agente, bem como sobre seus frutos e produtos** (ex.: dinheiro obtido com a venda de bem subtraído do erário; acréscimos financeiros obtidos com a aplicação dos valores etc.), quer tenham pertencido à Administração (*como na hipótese do art. 9.º, XI*), quer não (*como na hipótese do art. 9.º, I*).

Ainda quanto ao alcance da sanção, cabe destacar que ela só atinge os bens acrescidos após a prática do ato de improbidade.[379]

E se a restituição não for possível, seja porque os bens ou valores foram consumidos pelo agente ímprobo, seja porque foram repassados para terceiros de boa-fé, se perderam ou se deterioraram? Nesse caso, a obrigação se converterá em perdas e danos, cabendo a indenização sobre o equivalente existente no patrimônio do infrator.[380]

Com ressonância no texto constitucional (art. 5.º, XLV e XLVI, *b*), tal reprimenda se aplica ao **agente público**, aos **terceiros que induziram ou concorreram para a prática do ato** e aos seus **sucessores**, nos ditames dos arts. 3.º e 8.º da LIA.

Por último, anote-se que a sanção de perda dos bens ou valores havidos ilicitamente **reverterá em favor da pessoa jurídica prejudicada pelo ato ímprobo**, nos ditames do art. 18 da LIA.[381]

6.9.3.2   *Ressarcimento integral do dano*

Na redação original do art. 12 da Lei 8.429/1992, a imposição de ressarcimento integral do dano estava prevista em seus incisos I, II e III, sendo de imposição obrigatória na hipótese de lesão ao erário (art. 10), e condicionada à sua prova nas de enriquecimento ilícito (art. 9.º) e atentado aos princípios da administração pública (art. 11).

Na reforma, a imposição de ressarcimento integral do dano foi realocada para o *caput* do art. 12 da LIA. Essa mudança topográfica explicitou questão de extrema importância para o combate aos atos de improbidade administrativa: a imposição de ressarcimento integral do dano patrimonial não configura propriamente uma sanção, mas sim uma

---

[378] STJ, REsp 1.140.315/SP, 2.ª T., rel. Min. Castro Meira, j. 10.08.2010.

[379] CARVALHO FILHO, José dos Santos. *Manual de Direito Administrativo*. 23. ed. Rio de Janeiro: Lumen Juris, 2010. p. 1.189.

[380] A propósito: DECOMAIN, Pedro Roberto. *Improbidade Administrativa*. São Paulo: Dialética, 2008. p. 206.

[381] "Art. 18. A sentença que julgar procedente a ação fundada nos arts. 9.º e 10 desta Lei condenará ao ressarcimento dos danos e à perda ou à reversão dos bens e valores ilicitamente adquiridos, conforme o caso, em favor da pessoa jurídica prejudicada pelo ilícito."

CAP. 6 – IMPROBIDADE ADMINISTRATIVA

medida de natureza reparatória. Dito de outro modo, a obrigação de recomposição do patrimônio público lesado não figura como uma medida genuinamente punitiva, mas sim como uma obrigação resultante da prática do ilícito.[382]

Essa noção é importante porque, uma vez configurada a prática de ato de improbidade lesivo ao patrimônio público, não poderá o juiz, na sentença, limitar-se a condenar o agente infrator ao ressarcimento integral do dano, sendo imperativa a aplicação de uma ou mais sanções previstas no art. 12 da LIA, premissa já consolidada na jurisprudência do STJ.[383]

A imposição de **ressarcimento integral do dano** está prevista no art. 12, *caput*, da LIA, o que significa que ela atinge todas as modalidades de improbidade administrativa (arts. 9.º, 10 e 11).

No que concerne à modalidade de improbidade que importa em lesão ao erário (art. 10), da qual a perda patrimonial é elemento essencial, a aplicação da sanção em epígrafe é intuitiva; já em relação à modalidade que importa em enriquecimento ilícito (art. 9.º), sua aplicação está condicionada à efetiva ocorrência de perda patrimonial, nem sempre presente.

Dúvidas podem surgir em relação à aplicação dessa reprimenda para a hipótese de atentado contra os princípios da Administração Pública (art. 11). Afinal, vimos que a aplicação dessa modalidade de improbidade pressupõe a ausência de lesão ao erário. Nesse particular, é importante ressaltar que o art. 12 da LIA busca proteger tanto a parcela econômica quanto a parcela não econômica do patrimônio público. Vale dizer, a expressão ***dano patrimonial***, constante do referido dispositivo, alcança toda e qualquer lesão causada ao patrimônio público, concebido este em sua inteireza. Daí ser correta a previsão dessa sanção também para os atos de improbidade previstos no art. 11, potencialmente ofensivos aos bens e direitos de valor artístico, estético, histórico ou turístico.

Note-se que para essa sanção não há gradação: **o ressarcimento deverá ser integral**, em consonância com o art. 37, § 4.º, da Constituição e com o art. 12, *caput*, da LIA, o que compele correção monetária, juros etc.

ATENÇÃO

Conforme visto nas hipóteses previstas no art. 1.º, §§ 6.º e 7.º, a LIA limita a sanção de ressarcimento à repercussão do ilícito sobre a contribuição dos cofres públicos das entidades nele referidas.

Dada a natureza civil da reprimenda, são perfeitamente aplicáveis, na espécie, as normas previstas no Código Civil para as perdas e danos, inclusive no que respeita aos lucros cessantes (CC, art. 402). Suportam o ressarcimento do dano os bens do patrimônio do devedor – presentes, pretéritos ou futuros, nos termos do art. 792 do Código Civil. Pouco importa saber, portanto, se o patrimônio do agente ímprobo foi construído antes ou depois da prática do ato de improbidade.

São solidariamente responsáveis pela reparação do dano, juntamente com os agentes públicos que praticaram atos de improbidade administrativa, as pessoas, inclusive as jurídicas, que para eles concorreram, sendo transmissível aos sucessores ou herdeiros no

---

[382] Para Marino Pazzaglini Filho, o ressarcimento integral do dano não tem natureza jurídica de sanção, mas sim de indenização (*Lei de Improbidade Administrativa Comentada*. São Paulo: Atlas, 2002. p. 121). No ponto, seguimos a lição de Teori Albino Zavascki, para quem o ressarcimento ao erário é "uma sanção em sentido genérico, sendo disciplinada pelo regime jurídico da responsabilidade civil". Segundo o autor, trata-se da "mais elementar e natural sanção jurídica para os casos de infração ao direito que acarretem lesões patrimoniais ou morais" (*Processo Coletivo*: Tutela de Direitos Coletivos e Tutela Coletiva de Direitos. 4. ed. São Paulo: RT, 2009. p. 97).

[383] A título de exemplo, veja-se: REsp 1.185.114/MG, 2.ª T., rel. Min. Mauro Campbell Marques, *DJe* 04.10.2010.

INTERESSES DIFUSOS E COLETIVOS - VOL. 1

limite das forças da herança (LIA, art. 8.º).[384] Nesse sentido, consolidou-se a jurisprudência do STJ:

> Por fim, o STJ possui o entendimento de que, "no ato de improbidade administrativa do qual resulta prejuízo, a responsabilidade dos agentes em concurso é solidária" (REsp 1.119.458/RO, Rel. Ministro Hamilton Carvalhido, Primeira Turma, *DJe* 29.4.2010). Na mesma linha: REsp 1.724.421/MT, Rel. Ministro Sérgio Kukina, Primeira Turma, *DJe* 25.5.2018; AgInt no REsp 1.687.567/PR, Rel. Ministro Mauro Campbell Marques, Segunda Turma, *DJe* 2.3.2018.[385]

E não vemos nenhuma razão para mudança desse entendimento depois da reforma promovida na LIA pela Lei 14.230/2021.

O art. 942, *caput* e parágrafo único, do Código Civil materializa tanto o princípio da imputação civil dos danos quanto o princípio da responsabilidade solidária de todos aqueles que violam direito alheio. A LIA, por sua vez, autoriza expressamente a responsabilização das pessoas físicas ou jurídicas envolvidas nos atos de improbidade administrativa, em seu art. 3.º, *caput* e § 2.º. Para que se possa imputar-lhes a necessária responsabilidade civil pela reparação das consequências dos atos de improbidade, o julgador precisa recorrer a uma interpretação lógico-sistemática dos arts. 3.º e 12 da Lei 8.429/1992. Afinal, a atual redação do *caput* do art. 12 da LIA evidencia que a imposição de ressarcimento integral do dano patrimonial não configura propriamente uma sanção, mas sim uma medida de natureza reparatória. Assim, faz-se necessária a conjugação dos arts. 3.º e 12 da LIA, com o art. 942, *caput* e parágrafo único, do Código Civil como suporte legal para a responsabilidade solidária de todos os envolvidos na prática de atos de improbidade administrativa, sejam ou não agentes públicos.

Anote-se que o § 2.º do art. 17-C da LIA – inserido pela Lei 14.230/2021 – não afasta a solidariedade entre aqueles que concorreram dolosamente para o ato lesivo ao patrimônio público.[386]

A norma em questão deixa claro que cada um dos agentes responsáveis pela prática do ato de improbidade deverá responder nos limites da sua culpabilidade e nos termos da conduta praticada. O preceito exige, assim, a individualização das condutas de cada réu, não sendo admitida a responsabilização por ações ou omissões para as quais não tiver concorrido.

Como a LIA não prevê hipótese de litisconsórcio passivo necessário e a solidariedade não pode ser presumida, dependendo, sempre, de expressa disposição legal, a existência de diversas pessoas no polo passivo da ação de improbidade administrativa não pode resultar, automaticamente, na responsabilização por dano que só possa ser imputado a uma ou parcela delas, devendo ser apurada a intensidade da participação ou do benefício individuais.

Portanto, a cláusula final do preceito normativo, proibitiva de solidariedade, traduz a ideia de que, nos casos de litisconsórcio passivo na ação de improbidade, a solidariedade não se presume, vale dizer, deve haver comprovação de atuação conjunta e com unidade de desígnios para que os réus sejam responsabilizados solidariamente ao ressarcimento do dano.[387]

---

[384] Desse teor o Enunciado 558 da VI Jornada de Direito Civil do Conselho da Justiça Federal: "São solidariamente responsáveis pela reparação civil, juntamente com os agentes públicos que praticaram atos de improbidade administrativa, as pessoas, inclusive as jurídicas, que para eles concorreram ou deles se beneficiaram direta ou indiretamente".

[385] AREsp 1.766.658/SP, 2.ª T., rel. Min. Herman Benjamin, j. 24.08.2021.

[386] "Art. 17-C. (...) § 2.º Na hipótese de litisconsórcio passivo, a condenação ocorrerá no limite da participação e dos benefícios diretos, vedada qualquer solidariedade."

[387] No mesmo sentido: MARTINS JUNIOR, Wallace Paiva; MAGALHÃES JUNIOR, Alexandre Alberto de; OLIVEIRA, Beatriz Lopes de. *Lei de Improbidade Administrativa Comentada*. São Paulo: Juspodivm, 2023. p. 277.

A quantificação do valor do dano a ser reparado, seja para efeito de cumprimento da decisão condenatória, seja para efeito de cumprimento da decisão homologatória do acordo de acordo de não persecução cível, deve deduzir o ressarcimento havido nas instâncias criminal, civil e administrativa que tiverem por objeto os mesmos fatos, nos termos do art. 12, § 6.º,[388] da LIA, evitando-se, assim, o enriquecimento sem causa por parte do ente lesado.

O **destinatário** do ressarcimento é a pessoa jurídica prejudicada pelo ato de improbidade (art. 18).

Por último, registre-se que a pretensão de obter o ressarcimento integral do dano ao patrimônio público é **imprescritível,** por força do disposto no art. 37, § 5.º, da Constituição Federal.[389]

6.9.3.2.1   A questão do dano moral coletivo

Antes da reforma da LIA, a possibilidade de condenação do agente ímprobo ao ressarcimento do dano moral coletivo era admitida quase à unanimidade pela doutrina.[390]

Nem poderia ser diferente. Conforme visto, está consolidado na jurisprudência do Superior Tribunal de Justiça o entendimento de que a **defesa da probidade administrativa** tem natureza de **direito difuso**, passível de tutela por meio de ação civil pública. Aplicam-se, portanto, às ações civis de improbidade as normas da Lei 7.347/1985 (Lei da Ação Civil Pública), no que não contrariarem os dispositivos da LIA.

E, ainda mais importante, não podemos olvidar que a Lei da Ação Civil Pública prevê expressamente a possibilidade de reparação dos danos morais, logo em seu art. 1.º,[391] em perfeita consonância, aliás, com a Constituição Federal (art. 5.º, X).

A evolução da sociedade e da legislação tem levado a doutrina e a jurisprudência a entender que, quando são atingidos valores e interesses fundamentais de um grupo, não há como negar a essa coletividade a defesa do seu patrimônio imaterial. Dessa forma, se a lesão decorrente do ato de improbidade administrativa ultrapassar a simples esfera da Administração Pública para atingir, concomitantemente, valores da coletividade, estará configurado o dano moral coletivo, passível de reparação.

Na linha dessa evolução, o Órgão Especial do Superior Tribunal de Justiça consolidou o entendimento no sentido de que **o dano moral coletivo se configura** *in re ipsa*, vale dizer, é inerente à gravidade da conduta, dispensando a prova de prejuízos concretos e de aspectos de ordem subjetiva. Sua configuração exige uma violação qualificada ao ordenamento jurídico, de maneira que o evento danoso deve ser reprovável, intolerável e extravasar os limites do individualismo, atingindo valores coletivos e difusos primordiais.[392] O mesmo STJ vinha reconhecendo o cabimento de danos morais coletivos em ações de improbidade:

---

[388] "Art. 12 (...) § 6.º Se ocorrer lesão ao patrimônio público, a reparação do dano a que se refere esta Lei deverá deduzir o ressarcimento ocorrido nas instâncias criminal, civil e administrativa que tiver por objeto os mesmos fatos."

[389] Conforme será visto no item 6.12.14.7, o STF restringiu a cláusula de imprescritibilidade da pretensão de ressarcimento de dano ao erário, prevista no art. 37, § 5.º, da CF, às hipóteses de atos de improbidade administrativa dolosos.

[390] Entre outros, vejam-se: GARCIA, Emerson; ALVES, Rogério Pacheco. *Improbidade Administrativa*. 4. ed. Rio de Janeiro: Lumen Juris, 2008. p. 431-434; e CARVALHO FILHO, José dos Santos. *Manual de Direito Administrativo*. 23. ed. Rio de Janeiro: Lumen Juris, 2010. p. 1.190.

[391] Lei 7.347/1985: "Art. 1.º Regem-se pelas disposições desta Lei, sem prejuízo da ação popular, as ações de responsabilidade por danos morais e patrimoniais causados: (...)".

[392] Órgão Especial, EREsp 1.342.846/RS, j. 16.06.2021.

Não há vedação legal ao entendimento de que cabem danos morais em ações que discutam improbidade administrativa seja pela frustração trazida pelo ato ímprobo na comunidade, seja pelo desprestígio efetivo causado à entidade pública que dificulte a ação estatal. A aferição de tal dano deve ser feita no caso concreto com base em análise detida das provas dos autos que comprovem efetivo dano à coletividade, os quais ultrapassam a mera insatisfação com a atividade administrativa.[393]

Em outro julgado, a 1.ª Turma do STJ manteve a condenação à indenização de danos morais coletivos imposta a agentes ímprobos que promoveram contratação de servidores sem concurso público. Para a Corte Superior, o ato ímprobo abalou a confiança depositada pela comunidade local na Administração Pública municipal. Isso porque, havendo contratação de servidores sem concurso, há presunção legal de ilegitimidade dessa conduta e também de lesividade que ultrapassa a simples esfera da Administração Pública para atingir, concomitantemente, valores da coletividade, que, com razão, espera e exige dos administradores a correta gestão da coisa pública e, sobretudo, o estrito cumprimento das leis e da Constituição.[394]

Resumindo, quer seja pelo abalo à confiança depositada pela comunidade no ente lesado, quer seja pelo sentimento de desapreço que afeta negativamente toda a coletividade, é possível a condenação do agente público ao ressarcimento dos danos morais coletivos decorrentes da sua conduta ímproba.

Mesmo depois da reforma promovida na LIA pela Lei 14.230/2021, não vemos razão para a mudança desse entendimento.

Conforme assinalado alhures (item 6.4.3), a ação de improbidade administrativa se destina à proteção do patrimônio público e da moralidade administrativa, bens de natureza difusa. Remarque-se que a natureza difusa de tais bens é fixada pela própria Constituição Federal (art. 129, III), não podendo, portanto, ser modificada por norma infraconstitucional. E o instrumento processual adequado para a proteção dos interesses difusos, cuja preservação interessa a toda a coletividade, é a ação coletiva.

Assim, a despeito da vã tentativa de excluir a ação de improbidade administrativa de tal universo (*ex vi* do art. 17-D da LIA), a ela se aplicam, com as devidas compatibilizações, as regras do microssistema processual coletivo (arts. 90 do CDC e 21 da LACP), o que autoriza a incidência do quanto disposto no art. 1.º, *caput*, da LACP, que permite o pleito de reparação de danos patrimoniais e morais no âmbito das ações coletivas em geral.[395]

Noutro flanco, importa ressaltar que mesmo nas ações de natureza penal se admite a imputação de indenização de natureza civil. O art. 387, IV, do Código de Processo Penal é claro ao autorizar ao juiz criminal fixar valor mínimo para reparação dos danos causados pela infração, considerando os prejuízos sofridos pelo ofendido.

Nos casos de violência contra a mulher praticados no âmbito doméstico e familiar, por exemplo, a 3.ª Seção do STJ consolidou o entendimento de que é possível a fixação de valor mínimo indenizatório a título de dano moral, desde que haja pedido expresso da acusação ou da parte ofendida, ainda que não especificada a quantia e independentemente de instrução probatória.[396]

---

[393] REsp 960.926/MG, 2.ª T., rel. Min. Castro Meira, j. 18.03.2008. *Em igual sentido*, vejam-se: REsp 960.926/MG, 2.ª T., rel. Min. Castro Meira, j. 18.03.2008; e REsp 261691/MG, 2.ª T., rel. Min. Eliana Calmon, j. 28.05.2002. Em sentido contrário: REsp 821.891/SP, 1.ª T., rel. Min. Luiz Fux, j. 08.04.2008.

[394] AgInt no Agravo em REsp 538.308/SP, 1.ª T., Min. Sergio Kukina, j. 31.08.2020.

[395] No mesmo sentido, confira-se: GAJARDONI, Fernando da Fonseca. *Comentários à Nova Lei de Improbidade Administrativa.* 6. ed. São Paulo: Thomson Reuters Brasil, 2023. p. 465.

[396] REsp 1.675.874/MS, 3.ª S., rel. Min. Rogério Schietti Cruz, j. 28.02.2018, sob o rito dos recursos especiais repetitivos, Tema 983.

No julgamento da Ação Penal 1.025, referente a crimes de corrupção e lavagem de dinheiro praticados pelo ex-Presidente da República Fernando Collor de Mello, o Supremo Tribunal Federal (STF), por maioria de votos, passou a admitir a **indenização por dano moral coletivo no processo criminal**.[397] Na oportunidade, a Suprema Corte assentou que a prática de ato ilícito, com grave ofensa à moralidade pública, ou com desrespeito aos princípios de observância obrigatória no âmbito da administração pública, com a intenção de satisfazer interesses pessoais, em flagrante violação às expectativas de toda a sociedade brasileira, enseja a responsabilidade civil dos envolvidos pelo dano moral coletivo.

A natureza predominantemente repressiva da AIA, portanto, não impede a cumulação de pedidos na forma do microssistema processual coletivo. Muito ao contrário, a cumulação de pedidos abona a economia processual, a eficiência e a duração razoável do processo. Afinal, se iniciado um processo coletivo e, posteriormente, outro for deflagrado, seja pelo mesmo legitimado ou não, contendo a mesma narrativa dos fatos já indicados na causa de pedir do primeiro, dar-se-á a obrigatória reunião por conexão, na forma do art. 55, *caput* e § 1.º, do CPC, não havendo, portanto, nenhuma vantagem no ajuizamento de duas ações em separado, salvo a prática de atos processuais desnecessários e a violação da garantia fundamental à razoável duração do processo.

Em conclusão, se a conduta ímproba causadora de dano moral coletivo é uma só, recomenda-se seja ajuizada, sempre que possível, uma única ação, evitando-se decisões contraditórias e, também, facilitando-se o exercício da defesa pelo réu, cumulando-se todos os pedidos contra ele formulados em uma única ação.

6.9.3.3 Perda da função pública

A sanção de perda da função pública enseja a **extinção do vínculo jurídico** existente entre o agente público e a entidade vitimada pelo ato ímprobo.

No universo da LIA, a expressão "função pública" deve ser interpretada em consonância com a noção de agente público, fixada no art. 2.º. Em outras palavras, a noção de função pública deve ser compreendida em sentido amplo, de modo a abrigar as funções desempenhadas por todos aqueles que exerçam qualquer espécie de atividade nas pessoas jurídicas de direito público e de direito privado elencadas no art. 1.º.

Posto isso, é intuitivo que referida sanção não alcança o terceiro que concorreu para a prática do ilícito, desvinculado da Administração Pública (particular), como indica a própria LIA no art. 3.º com a expressão "no que couber".

Com previsão no texto constitucional (art. 37, § 4.º) e na LIA (art. 12), referida sanção **podia ser aplicada pela prática de qualquer modalidade de improbidade administrativa** (*enriquecimento ilícito*, *lesão ao erário* e *atentado contra os princípios regentes da atividade estatal*). Contudo, depois da ampla reforma promovida na LIA pela Lei 14.230/2021, a sanção de perda da função pública não pode mais ser aplicada pela prática de atos ofensivos aos princípios da administração pública (art. 11), restrição esta que fomenta juízo de inconstitucionalidade, conforme asseverado alhures (item 6.9.2.1).

O texto reformado não só manteve (art. 20, *caput*) como reforçou a regra segundo a qual tal sanção somente poderá ser executada após o trânsito em julgado da sentença condenatória (art. 12, § 9.º).

A finalidade da sanção em exame, de natureza político-administrativa, é afastar dos quadros da Administração Pública todos os agentes que demonstraram pouco ou nenhum

---

[397] AP 1.025, Tribunal Pleno, rel. Min. Edson Fachin, rel. p/ acórdão Min. Alexandre de Moraes (Revisor), j. 31.05.2023. No mesmo sentido, confira-se: STJ, REsp 2.018.442/RJ, 5.ª T., rel. Min. Ribeiro Dantas, j. 12.12.2023.

INTERESSES DIFUSOS E COLETIVOS – VOL. 1

apreço pelos princípios regentes da atividade estatal, denotando uma deformidade de caráter incompatível com a natureza da função exercida.

6.9.3.3.1 Aplicabilidade da sanção de perda da função aos aposentados

Cinge-se a questão à análise da aplicabilidade da sanção de perda da função pública aos agentes ímprobos que, por ocasião da prolação da sentença condenatória, estejam na inatividade.

Para autorizada doutrina, a sanção de perda da função pública também pode atingir os agentes aposentados.[398] Para tanto, bastará ao juiz, ao prolatar a sentença, anular o ato de aposentadoria e decretar a perda da função pública. Argumenta-se, nesse sentido, que a perda da função decorre da incongruência da manutenção do vínculo jurídico entre a Administração e o servidor ímprobo, e implica, se for o caso, no cancelamento da aposentadoria, simples continuidade da relação administrativa anterior. Nesse sentido, inclusive, já decidiu a 1.ª Turma do STF:

> Agravo Interno. Recurso extraordinário com agravo. Acórdão recorrido em consonância com a jurisprudência do Supremo Tribunal Federal. Ato de improbidade administrativa. Pena de cassação de aposentadoria. Possibilidade. 1. Julgando ação rescisória, o Tribunal de origem manteve o acórdão rescindindo, que determinou a conversão da pena de perda do cargo público em cassação de aposentadoria, no âmbito da ação de improbidade administrativa. 2. Este entendimento mostra-se em harmonia com a jurisprudência desta Corte, que reputa constitucional a pena de cassação da aposentadoria.[399]

Outros, contudo, entendem que a sanção de perda da função pública não tem incidência sobre os agentes aposentados. Isso porque, em caso de inatividade, a aposentadoria já terá operado a extinção do vínculo administrativo existente entre o agente público e a Administração; e, quanto ao vínculo previdenciário, só poderá ser extinto por meio de outro tipo de punição, a saber, a cassação da aposentadoria, não prevista expressamente na LIA e que com a perda da função pública não se confunde.[400] Nesse sentido, aliás, consolidou-se a jurisprudência do STJ. A propósito, confira-se:

> Direito administrativo. Embargos de divergência em recurso especial. Improbidade administrativa. Sanção de cassação de aposentadoria. 1. Imposição pelo Poder Judiciário. Impossibilidade. Legalidade estrita em matéria de direito sancionador. Precedentes. 2. Incomunicabilidade entre as esferas cível, criminal e administrativa, no campo da improbidade administrativa. Precedentes e legislação de regência. 3. Sanção de cassação de aposentadoria. Competência privativa da autoridade administrativa. Ausência de competência da autoridade judicial. Embargos de divergência conhecidos, para negar-lhes provimento, divergindo, com a devida vênia, do eminente relator.[401]

Respeitadas as vozes contrárias, também perfilhamos esse segundo entendimento. Com efeito, na atual sistemática da LIA, se o agente público estiver inativo por ocasião

---

[398] Nesse sentido, vejam-se: GARCIA, Emerson; ALVES, Rogério Pacheco. *Improbidade Administrativa*. 4. ed. Rio de Janeiro: Lumen Juris, 2008. p. 450, e MARTINS JÚNIOR, Wallace Paiva. *Probidade Administrativa*. 4. ed. São Paulo: Saraiva, 2009. p. 364.

[399] ARE 1.321.655 AgR SP, 1.ª T., rel. Min. Alexandre de Moraes, j. 23.08.2021.

[400] A propósito: CARVALHO FILHO, José dos Santos. *Manual de Direito Administrativo*. 23. ed. Rio de Janeiro: Lumen Juris, 2010. p. 1.191.

[401] EREsp 1.496.347/ES, 1.ª S., rel. Min. Herman Benjamin, rel. p/ acórdão Min. Benedito Gonçalves, j. 24.02.2021. No mesmo sentido: REsp 1.186.123/SP, 2.ª T., rel. Min. Herman Benjamin, j. 02.12.2010; AgInt no REsp 1.643.337/MG, 1.ª T., rel. Min. Sérgio Kukina, j. 19.04.2018.

CAP. 6 - IMPROBIDADE ADMINISTRATIVA | **831**

da prolação da sentença, a sanção de perda da função pública sequer poderá ser aplicada, dada a perda do seu objeto (afinal, com o advento da aposentadoria, a função pública nem mais existirá).

Frise-se, ademais, que o direito à aposentadoria, consoante manifestado pela Corte Superior no julgado supratranscrito, submete-se aos requisitos próprios do regime jurídico contributivo e a sua extinção não é decorrência lógica da perda da função pública posteriormente decretada.

E, ainda mais importante, tem-se que **a cassação da aposentadoria** – sanção que não se confunde com a perda da função pública, na medida em que atingem vínculos jurídicos diversos – **não está prevista na Lei 8.429/1992.** Daí ser correto concluir que sua aplicação em sede de ação civil de improbidade só seria factível se ao aplicador do Direito fosse dado interpretar extensivamente o art. 12 da LIA, para considerar a cassação da aposentadoria como um desdobramento natural da sanção de perda da função pública. Ocorre que referido dispositivo, como toda e qualquer norma restritiva de direitos, não comporta interpretação extensiva, sob pena de vulneração dos **princípios constitucionais da legalidade, segurança jurídica** e **devido processo legal**.

Pensemos, agora, numa outra situação hipotética: o agente ímprobo se aposenta após a sentença condenatória e antes do trânsito em julgado. Nesse caso, a solução adotada será a mesma. Além da ausência de previsão legal para a cassação da aposentadoria na LIA, outros dois aspectos, de ordem processual, impediriam a aplicação de tal sanção em sede de ação civil de improbidade: 1.º) a cassação do referido benefício previdenciário não constará no título executivo; e 2.º) a sentença que determina a perda da função pública é condenatória e com efeitos *ex nunc*, não podendo produzir efeitos retroativos ao *decisum*. A propósito, nos termos do art. 20 da LIA, "a perda da função pública e a suspensão dos direitos políticos só se efetivam com o trânsito em julgado da sentença condenatória".

Em conclusão, tem-se:

a) a LIA poderia e deveria ter previsto a sanção de cassação da aposentadoria, mas não o fez;

b) diante da ausência de previsão legal, referida sanção não pode ser aplicada ao agente em sede de ação civil de improbidade administrativa, sem prejuízo de seu eventual cabimento como penalidade administrativa disciplinar, com base no estatuto funcional ao qual estava submetido o agente ímprobo;[402]

c) identificada a falha no sistema de punição dos atos de improbidade administrativa, nada impede, ao contrário, recomenda-se o aperfeiçoamento da LIA (*de lege ferenda*), para inserir a cassação da aposentadoria entre as sanções aplicáveis ao agente ímprobo, quer seja diretamente, quer seja por meio da conversão automática da perda da função pública, para o caso de inatividade superveniente à sentença condenatória recorrível. No ponto, cabe registrar que o anteprojeto da reforma da LIA, elaborado pela comissão de juristas presidida pelo Ministro do STJ Mauro Campbell Marques, trazia esse avanço, mas o substitutivo que acabou sendo aprovado pelo Congresso Nacional não o encampou. Perdeu-se, assim, uma excelente oportunidade para corrigir essa falha no regime sancionatório da LIA.

---

[402] A cassação da aposentadoria está prevista, por exemplo, no Estatuto dos Servidores Civis da União (Lei 8.112/1990, art. 127, IV).

832 | INTERESSES DIFUSOS E COLETIVOS – VOL. 1

6.9.3.3.2 Aplicabilidade da sanção de perda da função aos agentes políticos

Conforme visto no item 6.6.2.1.1, o Supremo Tribunal Federal, no julgamento da Petição 3.240/DF, enfrentou a polêmica questão envolvendo a aplicação da LIA aos agentes políticos para os quais a Constituição Federal instituiu expressamente um regime especial de julgamento por crimes de responsabilidade (disciplinados pela Lei 1.079/1950).[403]

Na ocasião, por maioria de votos, decidiu o Pleno que **todos os agentes políticos, com exceção do Presidente da República, encontram-se sujeitos a um duplo regime sancionatório**, de modo que se submetem tanto à responsabilização civil pelos atos de improbidade administrativa quanto à responsabilização político-administrativa por crimes de responsabilidade. Alinhando-se, portanto, à jurisprudência do STJ, decidiu a Suprema Corte que a única exceção ao duplo regime sancionatório em matéria de improbidade se refere aos atos praticados pelo Presidente da República, conforme previsão do art. 85, V, da Constituição Federal.[404]

Neste tópico, o objetivo não é retomar essa discussão. A ideia é analisar se a sanção de perda da função pública, prevista tanto no art. 37, § 4.º, da CF como no art. 12 da LIA, pode ser aplicada a todos os agentes políticos, ou se em relação a alguns deles existem restrições à sua aplicação.

Pois bem. Se, por um lado, é correto afirmar que a LIA alcança todo e qualquer agente político, com exceção do Presidente da República, por outro, é preciso ressaltar que a aplicação das sanções nela previstas faz-se, em certos casos, sob restrições.

Por exemplo, em relação aos **Deputados** e **Senadores,** não pode ser aplicada a sanção de perda da função pública, que importaria na perda do mandato, porque tal medida é da competência da Câmara ou do Senado, conforme o caso, tal como previsto no art. 55 da CF.

Nada impede, contudo, que se imponha a sanção de suspensão dos direitos políticos ao Deputado Federal ou ao Senador, em ação civil por improbidade administrativa, a teor do disposto no art. 15, V, da CF. Nesse caso, a perda do mandato será "declarada pela Mesa da Casa Respectiva, de ofício ou mediante provocação de qualquer de seus membros ou de partido político representado no Congresso Nacional, assegurada ampla defesa" (art. 55, § 3.º, da CF).

No particular, registre-se que **a declaração da extinção do mandado parlamentar pela Mesa é ato vinculado.** Vale dizer, comunicada a suspensão dos direitos políticos do parlamentar por decisão judicial transitada em julgado e solicitada a adoção de providências para a execução do julgado, não cabe outra conduta à Mesa senão declarar a perda do mandato eletivo. É esse, inclusive, o entendimento do STF:

> Extinção de mandato parlamentar em decorrência de sentença proferida em ação de improbidade administrativa, que suspendeu, por seis anos, os direitos políticos do titular do mandato. Ato da Mesa da Câmara dos Deputados que sobrestou o procedimento de declaração de perda do mandato, sob alegação de inocorrência do trânsito em julgado da decisão judicial. Em hipótese de extinção de mandado parlamentar, a sua declaração pela Mesa é ato vinculado à existência do fato objetivo que a determina, cuja realidade ou não o interessado pode induvidosamente submeter ao controle jurisdicional. No caso, comunicada a suspensão dos direitos políticos do

---

[403] São eles: Presidente e Vice-Presidente da República, Ministros de Estado e os Comandantes da Marinha, do Exército e da Aeronáutica nos crimes da mesma natureza conexos com aqueles, os Ministros do Supremo Tribunal Federal, o Procurador-Geral da República, o Advogado-Geral da União, os membros dos Tribunais Superiores, os do Tribunal de Contas da União e os chefes de missão diplomática de caráter permanente.

[404] Pet. 3.240/DF, Pleno, rel. Min. Teori Zavascki, rel. p/ acórdão Min. Roberto Barroso, j. 10.05.2018.

CAP. 6 - IMPROBIDADE ADMINISTRATIVA | 833

litisconsorte passivo por decisão judicial e solicitada a adoção de providências para a execução do julgado, de acordo com determinação do Superior Tribunal de Justiça, não cabia outra conduta à autoridade coatora senão declarar a perda do mandato do parlamentar. Mandado de segurança: deferimento.[405]

A mesma conclusão aplica-se aos **Deputados estaduais**, por força do art. 27, § 1.º, da CF.

Já para os **vereadores** não existe norma semelhante na Constituição Federal, podendo aplicar-se-lhes diretamente a pena de perda da função pública.

Quanto aos Chefes dos Executivos Estaduais e Municipais, e respectivos secretários, remarque-se que estão sujeitos a todas as sanções da LIA, inclusive à perda da função pública, uma vez que em relação a tais agentes não há previsão constitucional de aplicação privativa de qualquer tipo de sanção, não se admitindo a aplicação do princípio da simetria pela legislação infraconstitucional para lhes assegurarem todas as prerrogativas outorgadas ao Presidente da República pela Constituição Federal.[406]

Por outro lado, cabe destacar que os **agentes públicos vitalícios** (membros da Magistratura, do Ministério Público e do Tribunal e Contas) também estão sujeitos a todas as sanções da LIA, inclusive à perda da função pública.

No ponto, anote-se que a própria Constituição Federal indicou a "sentença judicial transitada em julgado" como uma das hipóteses possíveis de perda do cargo para tais agentes (arts. 95, I, e 128, § 5.º, I, *a*). Em consonância com essa regra, a LIA dispõe, no art. 20, *caput*, que a perda da função pública só se efetiva com o trânsito em julgado da sentença condenatória (art. 20).[407]

Seguindo esse entendimento, o STJ já decidiu que a perda da função pública por ato de improbidade administrativa de membro do Ministério Público (art. 240, V, *b*, da Lei Complementar 75/1993) pode ser determinada tanto pelo trânsito em julgado de sentença condenatória em ação específica, proposta pelo Procurador-Geral após prévio procedimento administrativo, como pelo trânsito em julgado da sentença condenatória proferida em ação civil de improbidade administrativa, proposta pelo Ministério Público ou pela pessoa jurídica interessada (LIA, art. 17).[408]

Essa conclusão do STJ é decorrência lógica do comando inserto no art. 12 da LIA: "Independentemente do ressarcimento integral do dano patrimonial, se efetivo, e das sanções penais comuns e de responsabilidade, civis e administrativas previstas na legislação específica, está o responsável pelo ato de improbidade sujeito às seguintes cominações, que podem ser aplicadas isolada ou cumulativamente, de acordo com a gravidade do fato".

---

[405] MS 25.461/DF, Pleno, rel. Min. Sepúlveda Pertence, j. 29.06.2006.

[406] A propósito: GARCIA, Emerson; ALVES, Rogério Pacheco. *Improbidade Administrativa*. 4. ed. Rio de Janeiro: Lumen Juris, 2008. p. 455. *Em igual sentido*: REsp 1.216.168/RS, decisão monocrática do Min. Humberto Martins (*DJe* 18.11.2010); AgRg na MC 16.383/DF, 2.ª T., rel. Min. Eliana Calmon, *DJe* 04.03.2010; e REsp 1.091.215/MG, 1.ª T., rel. Min. Francisco Falcão, j. 05.05.2009.

[407] *No mesmo sentido*: MARQUES, Sílvio Antônio. *Improbidade Administrativa*: Ação Civil e Cooperação Jurídica Internacional. São Paulo: Saraiva, 2010. p. 62; e DI PIETRO, Maria Sylvia Zanella. *Direito Administrativo*. 22. ed. São Paulo: Atlas, 2009. p. 816. *Em sentido contrário*, Motauri Ciochetti de Souza defende que os membros do Ministério Público só podem sofrer a perda do cargo em ação civil específica, diferente da ação de improbidade, conforme previsto na Lei 8.625/1993. Quanto aos magistrados, também não estão sujeitos à sanção de perda da função prevista na LIA, pois que as hipóteses de perda do cargo estão previstas taxativamente na LC 35/1979 (*Interesses Difusos em Espécie*. São Paulo: Saraiva, 2000. p. 103).

[408] REsp 1.191.613/MG, 1.ª T., rel. Min. Benedito Gonçalves, j. 19.03.2015, *DJe* 17.04.2015 (**Informativo STJ 560**).

834 INTERESSES DIFUSOS E COLETIVOS – VOL. 1

6.9.3.3.3 Aplicabilidade da sanção sobre qualquer função pública exercida pelo agente ímprobo ao tempo do trânsito em julgado da decisão condenatória

Desde a primeira edição da nossa obra, sustentamos, em sintonia com a doutrina amplamente majoritária,[409] que a sanção em estudo incide sobre toda e qualquer função pública que esteja sendo exercida pelo agente ao tempo do trânsito em julgado da sentença condenatória, mesmo que diferente da exercida à época em que praticou o ato ímprobo.

Nesse sentido, inclusive, estava consolidada a jurisprudência das duas Turmas (1.ª e 2.ª) que compõem a 1.ª Seção do Superior Tribunal de Justiça, competentes para o julgamento das questões de direito público.

Contudo, faz-se necessário ressaltar que a 1.ª Turma do STJ, num segundo momento, passou a adotar posicionamento distinto. Apartando-se do entendimento da 2.ª Turma, a 1.ª Turma passou a decidir que a sanção de perda da função pública do art. 12 da LIA, ao tempo do trânsito em julgado da sentença condenatória, não poderia atingir cargo público diverso ocupado pelo agente daquele que serviu de instrumento para a prática da conduta ilícita. Argumentava-se, nesse sentido, que as normas que descrevem infrações administrativas e cominam penalidades constituem matéria de legalidade estrita, não podendo, por consectário lógico, sofrer interpretação extensiva.[410]

Com o devido respeito ao posicionamento da 1.ª Turma do STJ, insistimos em dele discordar. Afinal, não se pode conceber que um agente público seja considerado moralmente inapto para o exercício de uma dada função pública, mas moralmente apto para o desempenho de outra função pública. A sanção de perda da função pública visa justamente extirpar da Administração Pública aquele que exibiu inidoneidade (ou inabilitação) moral e desvio ético para o exercício da função pública, abrangendo qualquer atividade que o agente esteja exercendo ao tempo da condenação irrecorrível.[411]

Admitir o contrário significa tornar inócuo o texto legal, já que, no caso de mandato eletivo, por exemplo, a ação de improbidade jamais estaria terminada, com decisão transitada em julgado, antes do decurso do período legal de duração do mandato. Numa outra situação hipotética, se o ocupante de um cargo comissionado praticar um ato de improbidade administrativa, uma eventual mudança para outro cargo comissionado, antes do trânsito em julgado da sentença condenatória, seria suficiente para isentá-lo da sanção em exame, segundo o entendimento da 1.ª Turma do STJ.

O art. 12, I e II, da LIA dispõe que o responsável pelo ato de improbidade está sujeito, entre outras penalidades, à "perda da função pública", penalidade esta que objetiva afastar da atividade pública aqueles agentes que se desvirtuam da legalidade, demonstrando caráter incompatível com o exercício de função pública, ainda mais quando o conceito de função pública abrange o conjunto de atribuições que os agentes públicos, em sentido lato, realizam para atender aos objetivos da Administração Pública.

A finalidade da norma é afastar da vida pública aquele que cometeu ato de improbidade administrativa, evitando, assim, que novas ilegalidades sejam praticadas. Desse modo, a perda da função pública é daquela que eventualmente estiver sendo ocupada

---

[409] Entre outros, vejam-se: BEZERRA FILHO, Aluísio. *Atos de Improbidade Administrativa:* Lei 8.429/92 Anotada e Comentada. 2. ed. Curitiba: Juruá, 2014. p. 348-349; GOMES JUNIOR, Luiz Manoel; FAVRETO, Rogério. Comentários à Lei de Improbidade Administrativa: Lei 8.429 de 02 de junho de 1992. 3. ed. São Paulo: RT, 2014; e GARCIA, Emerson; ALVES, Rogério Pacheco. *Improbidade Administrativa.* 8. ed. Rio de Janeiro: Lumen Juris, 2008. p. 671.

[410] AgInt no REsp 1.423.452/SP, 1.ª T., rel. Min. Benedito Gonçalves, j. 01.03.2018; AgRg no AREsp 369.518/SP, 1.ª T., rel. Min. Gurgel de Faria, *DJe* 28.03.2017; EDcl no REsp 1.424.550/SP, 1.ª T., rel. Min. Benedito Gonçalves, *DJe* 08.05.2017.

[411] No mesmo sentido: RMS 33.378, 2.ª T., rel. Min. Humberto Martins, j. 05.05.2015; REsp 1.297.021/PR, 2.ª T., rel. Min. Eliana Calmon, j. 12.11.2013; REsp 924.439/RJ, 2.ª T., rel. Min. Eliana Calmon, j. 06.08.2009.

pelo condenado, quando do trânsito em julgado, ainda que diferente da função por ele exercida quando da prática do ilícito.

Fato é que a interpretação dada pela 1.ª Turma do STJ aos arts. 12 e 20, *caput,* ambos da LIA, esvaziava o comando do art. 37, § 4.º, da Constituição Federal, enfraquecendo, sobremaneira, a tutela da probidade administrativa.

O impasse sobre o tema havia sido resolvido no dia 9 de setembro de 2020, quando a 1.ª Seção do STJ decidiu que a sanção em tela incide sobre toda e qualquer função pública que esteja sendo exercida pelo agente ao tempo do trânsito em julgado da sentença condenatória, mesmo que diferente da desempenhada à época em que praticou o ato ímprobo. Com esse entendimento, a 1.ª Seção negou provimento a embargos de divergência e uniformizou o entendimento da matéria no âmbito das turmas que julgam Direito Público na Corte. Prevaleceu a jurisprudência da 2.ª Turma, já pacífica e de onde saiu o acórdão contestado em embargos. A ideia é que a sanção prevista no art. 12 da Lei 8.429/1992 visa a afetar o vínculo jurídico que o agente mantém com a administração pública, seja qual for sua natureza (EDv nos Embargos de Divergência em REsp 1.701.967/RS, 1.ª Seção, rel. p/ acórdão Min. Francisco Falcão, j. 09.09.2020).

Trata-se de importante decisão da Corte Superior. Para além de colocar fim à divergência entre as suas Turmas, o que abona a segurança jurídica, a decisão respeitou a finalidade da norma, que é justamente afastar da vida pública aquele que apresentou uma deformidade de caráter incompatível com a natureza da função exercida.

Ocorre que o legislador não prestigiou o entendimento consolidado na jurisprudência do Superior Tribunal de Justiça ao longo de quase três décadas de interpretação e aplicação da LIA. Muito pelo contrário, a Lei 14.230/2021 prevê, de forma expressa no § 1.º do art. 12 da LIA, que a sanção de perda da função pública atinge apenas o vínculo de mesma qualidade e natureza que o agente público ou político detinha com o poder público na época do cometimento do ilícito. Excepcionalmente, quando se tratar de ato de improbidade administrativa que importe enriquecimento ilícito do agente público (art. 9.º), poderá o magistrado estendê-la aos demais vínculos, consideradas as circunstâncias do caso e a gravidade da infração.

Essa regra corresponde à banalização da ética, afinal, conforme asseverado alhures, não se pode conceber que um agente público seja considerado moralmente inapto para o exercício de uma dada função pública, mas moralmente apto para o desempenho de outra função pública.

Na prática, a inovação esvazia o comando constitucional, já que, no caso de mandato eletivo, por exemplo, a ação de improbidade jamais estaria terminada, com decisão transitada em julgado, antes do decurso do período legal de duração do mandato. Numa outra situação hipotética, se o secretário de saúde de um dado município causar um dano de R$ 100.000.000,00 (cem milhões de reais) ao erário, uma eventual mudança para outro cargo comissionado, antes do trânsito em julgado da sentença condenatória, seria suficiente para isentá-lo da sanção em exame. Vale dizer, uma simples "dança das cadeiras" seria suficiente para tornar ineficaz a sanção de perda da função pública. Ainda, se um advogado público do município "X" for condenado à perda da função pública pela prática de um ato de improbidade administrativa lesivo ao erário, mas, antes do trânsito em julgado dessa sentença, tomar posse como advogado público no município "Y", tal sanção não poderá alcançá-lo.

Trata-se de mais um retrocesso na defesa da probidade administrativa implementado pela Lei 14.230/2021, a fomentar juízo de inconstitucionalidade. A nosso sentir, a regra em exame não respeitou a finalidade da norma constitucional (art. 37, § 4.º), que é afastar

836 | INTERESSES DIFUSOS E COLETIVOS – VOL. 1

da vida pública aquele que apresentou uma deformidade de caráter incompatível com a natureza da função exercida.

Conforme asseverado alhures, embora o legislador ordinário possua amplo poder conformativo (discricionariedade) para efetivar o dever de proteção à probidade administrativa inscrito no art. 37, § 4.º da CF, ele está vinculado às escolhas feitas previamente pelo Constituinte, que se extraem do programa normativo do referido dispositivo constitucional. Sobre tais escolhas, o legislador ordinário não possui nenhuma discricionariedade.

A nova regra (art. 12, § 1.º), ao estabelecer que a aplicação da sanção de perda da função pública atinge apenas o vínculo de mesma qualidade e natureza que o agente detinha com o poder público no momento da prática do ato de improbidade, traça uma severa restrição ao mandamento constitucional de defesa da probidade administrativa, que impõe a perda de função pública como sanção pela prática de atos ímprobos independentemente da função ocupada no momento da condenação com trânsito em julgado.

Essa incompatibilidade do art. 12, § 1.º, da LIA com o art. 37, § 4.º, da CF não passou despercebida pelo Supremo Tribunal Federal. Prova disso é que o Ministro Alexandre de Moraes deferiu parcialmente a medida cautelar deduzida pela CONAMP na ADI 7.236/DF, com fundamento no art. 10, § 3.º, da Lei 9.868/1999, para suspender a eficácia do art. 12, § 1.º, incluído pela Lei 14.230/2021, justamente por entender que a Constituição elegeu tal sanção como reação jurídico-normativa a quaisquer espécies de atos de improbidade administrativa, sem vincular seu alcance à função pública na qual foi praticado o ato de improbidade administrativa.[412] Como bem observou o Ministro em sua decisão, trata-se, além disso, de previsão desarrazoada, na medida em que sua incidência concreta pode eximir determinados agentes dos efeitos da sanção constitucionalmente devida simplesmente em razão da troca de função ou da eventual demora no julgamento da causa, o que pode decorrer, inclusive, do pleno e regular exercício do direito de defesa por parte do acusado.

6.9.3.4 Suspensão dos direitos políticos

Conforme visto, o art. 15 do texto constitucional indicou expressamente o ato de "improbidade administrativa" (inciso V) entre as hipóteses de **suspensão dos direitos políticos** (privação temporária). Complementando esse dispositivo, a Constituição estabeleceu no art. 37, § 4.º, que os atos de improbidade administrativa importarão, entre outras coisas, a suspensão dos direitos políticos, na forma e gradação previstas em lei, sem prejuízo da ação penal cabível.

Em obediência a esse comando constitucional, a Lei 8.429/1992 – em sua redação original – previu expressamente a sanção de suspensão dos direitos políticos (art. 12, I, II e III), que **podia ser aplicada pela prática de qualquer modalidade de improbidade administrativa** (*enriquecimento ilícito, lesão ao erário* e *atentado contra os princípios regentes da atividade estatal*). Contudo, depois da ampla reforma promovida na LIA pela Lei 14.230/2021, a sanção de perda da função pública não pode mais ser aplicada pela prática de atos ofensivos aos princípios da administração pública (art. 11), restrição esta que fomenta juízo de inconstitucionalidade, conforme asseverado alhures (item 6.9.2.1). Trata-se de sanção de natureza política, que afeta a cidadania do agente ímprobo, restringindo-lhe temporariamente os direitos políticos, obstando, assim, sua participação na vida política do Estado.

---

[412] Medida Cautelar na ADI 7.236/DF, rel. Min. Alexandre de Moraes, j. 27.12.2022.

CAP. 6 – IMPROBIDADE ADMINISTRATIVA | 837

Conforme visto, a sanção em exame sofreu **gradação** em ordem decrescente, de acordo com a gravidade do ato:

- para os atos que importam em enriquecimento ilícito (art. 9.º): **suspensão dos direitos políticos até 14 anos; e**
- para os atos que causam lesão ao erário (art. 10): **suspensão dos direitos políticos até 12 anos.**

A tabela a seguir traz um comparativo da gradação da sanção de suspensão dos direitos políticos antes e depois da reforma promovida na LIA pela Lei 14.230/2021:

Modalidade	Pós-reforma	Pré-reforma
Artigo 9.º	Até 14 anos	De 8 a 10 anos
Artigo 10	Até 12 anos	De 5 a 8 anos
Artigo 11	Não incide	De 3 a 5 anos

Se, por um lado, houve uma majoração na pena máxima aplicável às modalidades dos arts. 9.º e 10, por outro, foi excluída a possibilidade de aplicação da sanção de suspensão dos direitos políticos à modalidade do art. 11 – opção legislativa que fomenta juízo de inconstitucionalidade. Além disso, como não há mais prazo mínimo de suspensão na LIA, a margem de discricionariedade conferida ao magistrado é imensa.

Note-se que a aplicação dessa sanção **deve constar expressamente da sentença** prolatada na ação de improbidade administrativa, diferentemente da sentença penal, na qual a suspensão dos direitos políticos é efeito automático da condenação definitiva (CF, art. 15, III). Da mesma forma, deverá o julgador definir o prazo da suspensão.

Conforme previsto no art. 20, *caput,* da LIA, a suspensão dos direitos políticos **só produzirá efeitos após o trânsito em julgado da sentença condenatória.**[413] Observe-se que compete à Justiça Comum comunicar o trânsito em julgado dessa decisão à Justiça Eleitoral, para fins de cancelamento da sua inscrição eleitoral.

Noutro flanco, lembramos que a suspensão dos direitos políticos poderá gerar a perda do cargo quando aplicada em face de agentes que estejam no exercício de mandatos eletivos. Nesse particular, deverá ser observado o procedimento especial decorrente da especificidade do regime desses agentes políticos, como visto no item anterior.

Além disso, se considerarmos que o pleno exercício dos direitos políticos é pressuposto para o exercício da atividade parlamentar, determinada a suspensão de tais direitos, é evidente que essa suspensão alcança qualquer mandato eletivo que esteja sendo ocupado à época do trânsito em julgado da sentença condenatória. Noutras palavras, é descabido restringir a aludida suspensão ao mandato que serviu de instrumento para a prática da conduta ilícita. Nesse sentido, confira-se:

> Diante do escopo da Lei de Improbidade Administrativa de extirpar da Administração Pública os condenados por atos ímprobos, a suspensão dos direitos políticos abrange qualquer atividade que o agente esteja exercendo ao tempo da condenação irrecorrível pelo tempo que imposta a pena.

---

[413] Essa regra foi reforçada pelo art. 12, § 9.º, da LIA, incluído pela Lei 14.230/2021, que assim dispõe: "As sanções previstas neste artigo somente poderão ser executadas após o trânsito em julgado da sentença condenatória".

838 INTERESSES DIFUSOS E COLETIVOS – VOL. 1

Precedentes: AgInt no RMS 50.223/SP, Rel. Ministra Assusete Magalhães, Segunda Turma, *DJe* 13.5.2019, e REsp 1.297.021/PR, Rel. Ministra Eliana Calmon, Segunda Turma, *DJe* 20.11.2013.[414]

6.9.3.4.1 Detração da pena de suspensão dos direitos políticos

Outra novidade inserida na LIA pela Lei 14.230/2021 é encontrada no § 10 do art. 12, que dispõe, *in verbis*:

> **Art. 12. (...) § 10.** Para efeitos de contagem do prazo da sanção de suspensão dos direitos políticos, computar-se-á retroativamente o intervalo de tempo entre a decisão colegiada e o trânsito em julgado da sentença condenatória. (*Dispositivo suspenso – ADI 7.236-DF*).

A norma estabelece que o intervalo de tempo entre a decisão colegiada e o trânsito em julgado da sentença condenatória seja computado para efeitos de contagem do prazo da sanção de suspensão dos direitos políticos, embora esta pena só produza efeitos após o seu trânsito em julgado. É no mínimo curioso: considerar-se-á cumprida parte da pena num período em que ela sequer podia ter sido executada.

Aparentemente, a finalidade da norma é reduzir o prazo legal da hipótese de inelegibilidade prevista no art. 1.º, I, *l*, da Lei Complementar 64/1990,[415] em razão do período de incapacidade eleitoral decorrente da prática de improbidade administrativa.

A rigor, ao possibilitar que o tempo de inelegibilidade provisória (antes do trânsito em julgado), e portanto decorrente do cômputo do prazo transcorrido entre a decisão exarada por órgão colegiado e o trânsito em julgado, seja contado retroativamente e subtraído do tempo de pena, o dispositivo teria criado uma espécie de ***detração***, confundindo a essência e os fundamentos de institutos totalmente diferentes e que tão somente se complementam enquanto instrumentos de proteção da probidade administrativa e da higidez da participação do cidadão na política.

Enquanto a sanção de suspenção dos direitos políticos pela prática de improbidade administrativa tem seu fundamento no art. 15 da Constituição Federal, a inelegibilidade provisória tem seu fundamento no § 9.º do art. 14 do texto constitucional, que somente abrange uma situação de inelegibilidade, posterior ao término da suspensão dos direitos políticos.

Em complementação – não em substituição – à previsão constitucional do art. 15 da Constituição Federal, com base no § 9.º do seu art. 14, a Lei Complementar 135/2010 (Lei da Ficha Limpa) estabeleceu criteriosos requisitos de incidência da hipótese de inelegibilidade incluída no art. 1.º, I, *l*, da LC 64/1990: (i) condenação por ato de improbidade administrativa que importe, simultaneamente, lesão ao patrimônio público e enriquecimento ilícito; (ii) presença de dolo; (iii) decisão definitiva ou proferida por órgão judicial colegiado; e (iv) sanção de suspensão dos direitos políticos.

Em que pese serem previsões complementares, são diversas, com diferentes fundamentos e diferentes consequências, caracterizando institutos de naturezas diversas, que, inclusive, admitem a possibilidade de cumulação entre as inelegibilidades e a suspensão de direitos políticos, pois, conforme decidido pelo STF no julgamento das ADCs 29 e 30 e da ADI 4.578 (Tribunal Pleno, rel. Min. Luiz Fux, *DJe* 29.06.2012):

---

[414] REsp 1.813.255/SP, 2.ª T., rel. Min. Herman Benjamin, j. 03.03.2020. Nessa mesma linha, já decidiu o Supremo Tribunal Federal: AP 396 QO, Tribunal Pleno, rel. Min. Cármen Lúcia, *DJe* 04.10.2013.

[415] "Art. 1.º São inelegíveis: I – para qualquer cargo: (...) l) os que forem condenados à suspensão dos direitos políticos, em decisão transitada em julgado ou proferida por órgão judicial colegiado, por ato doloso de improbidade administrativa que importe lesão ao patrimônio público e enriquecimento ilícito, desde a condenação ou o trânsito em julgado até o transcurso do prazo de 8 (oito) anos após o cumprimento da pena."

CAP. 6 – IMPROBIDADE ADMINISTRATIVA | **839**

(...) a inelegibilidade tem as suas causas previstas nos §§ 4.º a 9.º do art. 14 da Carta Magna de 1988, que se traduzem em condições objetivas cuja verificação impede o indivíduo de concorrer a cargos eletivos ou, acaso eleito, de os exercer, e não se confunde com a suspensão ou perda dos direitos políticos, cujas hipóteses são previstas no art. 15 da Constituição da República, e que importa restrição não apenas ao direito de concorrer a cargos eletivos (*ius honorum*), mas também ao direito de voto (*ius sufragii*). Por essa razão, não há inconstitucionalidade na cumulação entre a inelegibilidade e a suspensão de direitos políticos.

A detração em exame reduz, artificialmente, os prazos da pena de suspensão dos direitos políticos e da hipótese de inelegibilidade prevista no art. 1.º, I, *l*, da LC 64/1990.

Nesse contexto, considerando que os efeitos da detração estabelecida pelo § 10 do art. 12 da LIA, cujo *status* é de lei ordinária, podem afetar o sancionamento adicional de inelegibilidade prevista na Lei Complementar 64/1990, é imperioso reconhecer sua inconstitucionalidade, por incompatibilidade com o disposto nos arts. 14, § 9.º, 15 e 37, § 4.º, todos da Constituição Federal.

Forte em tais razões e, também, sob o influxo dos princípios da vedação à proteção deficiente e ao retrocesso, o Ministro Alexandre de Moraes suspendeu, cautelarmente, a eficácia do art. 12, § 10, da LIA, na ADI 7.236/DF, proposta pela CONAMP (Associação Nacional dos Membros do Ministério Público) (j. 27.12.2022).

6.9.3.5 Multa civil

A multa civil tem por objetivo desestimular a prática dos atos de improbidade administrativa, mediante a cominação de forte repercussão no patrimônio pessoal do agente infrator.

Com previsão no art. 12, I, II e III, da LIA, **alcança as três modalidades de improbidade administrativa** (*enriquecimento ilícito, lesão ao erário* e *atentado contra os princípios da Administração*).

Trata-se de sanção de natureza pecuniária, graduada segundo a espécie do ato de improbidade praticado pelo agente público, nos seguintes moldes:

- na hipótese de enriquecimento ilícito (art. 9.º): **equivalente ao valor do acréscimo patrimonial**;
- na hipótese de ato lesivo ao erário (art. 10): **equivalente ao valor do dano**; e
- na hipótese de atentado contra os princípios da Administração (art. 11): pagamento de **até 24 vezes o valor da remuneração** percebida pelo agente.

A tabela a seguir traz um comparativo da gradação da sanção de multa civil antes e depois da reforma promovida na LIA pela Lei 14.230/2021:

Modalidade	Pós-reforma	Pré-reforma
Artigo 9.º	Equivalente ao valor do acréscimo patrimonial	Até 3 vezes o valor acrescido ilicitamente ao patrimônio
Artigo 10	Equivalente ao valor do dano	Até 2 vezes o valor do dano
Artigo 11	Até 24 vezes o valor da remuneração percebida pelo agente	Até 100 vezes o valor da remuneração percebida pelo agente

840 | INTERESSES DIFUSOS E COLETIVOS – VOL. 1

A despeito da omissão legislativa, entendemos que o valor da multa deverá ser pago à entidade lesada pela prática do ato ímprobo[416] (aplicação analógica da regra prevista no art. 18 da LIA).[417] Não havendo o pagamento voluntário, o valor será incluído na dívida ativa, podendo ser objeto de execução fiscal.

Conforme será visto no tópico relativo à sucessão processual no polo passivo, **a multa civil não pode ser transmitida aos sucessores do agente ímprobo**, em razão da nova redação dada ao art. 8.º da LIA, que dispõe que o sucessor ou o herdeiro daquele que causar dano ao erário ou que se enriquecer ilicitamente estão sujeitos *apenas* à obrigação de repará-lo até o limite do valor da herança ou do patrimônio transferido.

Anote-se, ainda, que o termo de início da correção monetária e dos juros moratórios da multa civil imposta ao agente ímprobo é a data do evento danoso, entendido este como a data da prática do ato ímprobo. Isso porque as sanções e as medidas reparatórias previstas na LIA inserem-se no contexto de responsabilidade civil extracontratual por ato ilícito, autorizando, assim, a aplicação das Súmulas 43 e 54 do STJ.[418]

Para se alcançar o valor da multa civil a ser executada na modalidade do art. 11, por exemplo, será necessário identificar a remuneração percebida pelo agente público infrator na data da prática do ato de improbidade e aplicar-lhe juros e correção monetária desde o evento danoso.

Registre-se, por último, que, em relação aos particulares que concorreram para o ilícito, a matriz de fixação do valor da multa é a mesma cabível aos agentes públicos.

6.9.3.5.1   Majoração da multa até o dobro

Outra inovação no regime sancionatório da LIA, inserida pela Lei 14.230/2021, consiste na possibilidade de o juiz aumentar o valor da multa até o dobro, nos termos do § 2.º do art. 12, que dispõe, *in verbis*:

> **Art. 12.** (...) **§ 2.º** A multa pode ser aumentada até o dobro, se o juiz considerar que, em virtude da situação econômica do réu, o valor calculado na forma dos incisos I, II e III do *caput* deste artigo é ineficaz para reprovação e prevenção do ato de improbidade.

A norma autoriza a exacerbação da multa quando o juiz constatar que a condição econômica do réu torna ineficaz a pena fixada nos montantes previstos nos referidos incisos, quer seja para a prevenção, quer seja para a reprovação do ilícito. Note-se que essa prerrogativa do juízo se aplica a todas as modalidades de improbidade administrativa e deve se embasar, especialmente, na situação econômica do réu.

6.9.3.6   *Proibição de contratar com o Poder Público ou receber incentivos ou benefícios fiscais ou creditícios*

A proibição de contratar com o Poder Público ou receber incentivos ou benefícios fiscais ou creditícios atinge o agente público que praticar qualquer dos atos de improbidade previstos nos arts. 9.º, 10 e 11 da LIA.

---

[416] No mesmo sentido: DECOMAIN, Pedro Roberto. *Improbidade Administrativa*. São Paulo: Dialética, 2007. p. 212; OLIVEIRA, José Roberto Pimenta. *Improbidade Administrativa e sua Autonomia Constitucional*. Belo Horizonte: Fórum, 2009. p. 317; MARQUES, Silvio Antonio. *Improbidade Administrativa*. São Paulo: Saraiva, 2010. p. 137.

[417] "Art. 18. A sentença que julgar procedente a ação fundada nos arts. 9.º e 10 desta Lei condenará ao ressarcimento dos danos e à perda ou à reversão dos bens e valores ilicitamente adquiridos, conforme o caso, em favor da pessoa jurídica prejudicada pelo ilícito."

[418] Nesse sentido, confiram-se: STJ, AgInt nos EDcl no REsp 1.901.336/PR, 1.ª T., rel. Min. Gurgel de Faria, j. 22.03.2021; STJ, AgInt no REsp 1.819.090/MS, 2.ª T., rel. Min. Mauro Campbell Marques, *DJe* 11.11.2019. Anote-se, por oportuno, que a 1.ª Seção do STJ afetou alguns Recursos Especiais para definir o termo inicial dos juros e da correção monetária da multa civil prevista na LIA, isto é, se devem ser contados a partir do trânsito em julgado, da data do evento danoso – nos termos das Súmulas 43 e 54 do STJ –, ou de outro marco processual (Tema Repetitivo 1.128).

Com previsão no art. 12, I, II e III, da LIA, trata-se de sanção de natureza administrativa,[419] com inegáveis reflexos patrimoniais.

No texto original da LIA, não havia nenhuma limitação ao alcance da sanção em exame e a melhor doutrina defendia a tese de que a proibição em comento transcendia o âmbito da pessoa jurídica lesada pela prática do ato ímprobo, irradiando-se para todo e qualquer nível de governo (federal, estadual e municipal) e de Administração (direta e indireta).[420]

Essa realidade mudou. A partir da reforma promovida na LIA pela Lei 14.230/2021, **como regra, a proibição em comento fica circunscrita ao âmbito da pessoa jurídica lesada pela prática do ato ímprobo**. Apenas em caráter excepcional e por motivos relevantes devidamente justificados, a sanção de proibição de contratação com o poder público pode extrapolar o ente público lesado pelo ato de improbidade, observados os impactos econômicos e sociais das sanções, de forma a preservar a função social da pessoa jurídica (art. 12, § 4.º, da LIA).

Se, por um lado, a inovação é válida, porquanto a limitação em exame se insere no espectro de discricionariedade do Poder Legislativo, por outro, entendemos que faltou ao legislador pavimentar melhor essa possibilidade de extensão do alcance da sanção, por meio da indicação de critérios objetivos, a exemplo do que faz a Lei 14.133/2021 em relação à sanção de inidoneidade para licitar ou contratar (art. 156, § 5.º).[421]

Outro aspecto relevante é que a sanção atinge não só o agente público condenado por ato ímprobo, mas também a pessoa jurídica da qual ele seja sócio majoritário.

No que se refere à **proibição de contratar**, é intuitivo que a sanção em exame também impede o agente ímprobo de participar de licitação, antecedente lógico da contratação futura.

Quanto à **proibição de receber benefícios ou incentivos creditícios ou fiscais**, importa destacar, quanto a estes, que a sanção atinge apenas os benefícios ou incentivos condicionados (onerosos), que exigem dos beneficiários o cumprimento de algumas exigências especiais.

Já os benefícios ou incentivos genéricos ou incondicionados (não onerosos), que independem do preenchimento de qualquer requisito (ex.: as isenções gerais), não são atingidos pela sanção em exame, na medida em que não representam nenhum privilégio, mas sim medida de política fiscal adotada em favor de toda a coletividade.[422]

Por derradeiro, remarque-se que a sanção em exame também sofreu **gradação,** em ordem decrescente, conforme a gravidade do ato praticado, nos seguintes termos:

- na hipótese do **art. 9.º**: a proibição é pelo prazo não superior a **14 anos**;
- na hipótese do **art. 10**: a proibição é pelo prazo não superior a **12 anos**; e
- na hipótese do **art. 11**: a proibição é pelo prazo não superior a **4 anos**.

---

[419] PAZZAGLINI FILHO, Marino. *Lei de Improbidade Administrativa Comentada*. São Paulo: Atlas, 2002. p. 120. Para Emerson Garcia e Rogério Pacheco Alves, trata-se de sanção pecuniária de ordem indireta, pois o ímprobo não poderá usufruir benefício advindo de uma relação contratual com o ente estatal (*Improbidade Administrativa*. 4. ed. Rio de Janeiro: Lumen Juris, 2008. p. 472).

[420] MARTINS JÚNIOR, Wallace Paiva. *Probidade Administrativa*. 4. ed. São Paulo: Saraiva, 2009. p. 373.

[421] "Art. 156 (...) § 5.º A sanção prevista no inciso IV do *caput* deste artigo será aplicada ao responsável pelas infrações administrativas previstas nos incisos VIII, IX, X, XI e XII do *caput* do art. 155 desta Lei, bem como pelas infrações administrativas previstas nos incisos II, III, IV, V, VI e VII do *caput* do referido artigo que justifiquem a imposição de penalidade mais grave que a sanção referida no § 4.º deste artigo, e impedirá o responsável de licitar ou contratar no âmbito da Administração Pública direta e indireta de todos os entes federativos, pelo prazo mínimo de 3 (três) anos e máximo de 6 (seis) anos."

[422] Nesse sentido: SOBRANE, Sérgio Turra. *Improbidade Administrativa*: Aspectos Materiais, Dimensão Difusa e Coisa Julgada. São Paulo: Atlas, 2010. p. 164.

6.9.4 Aplicação das sanções

A atividade de aplicar a sanção prevista na LIA, **exclusivamente judicial,** consiste em fixá-la na sentença, depois de superadas todas as etapas do devido processo legal, em quantidade determinada e respeitando os requisitos legais, em desfavor do réu a quem foi imputada a autoria ou a participação em um ato de improbidade.

Cuida-se de **ato discricionário juridicamente vinculado**. O juiz está preso aos parâmetros que a lei estabelece. Dentro deles poderá fazer as suas opções, para chegar a uma aplicação justa da sanção, atento às exigências da espécie concreta, isto é, às suas singularidades, sob a luz dos princípios da proporcionalidade e razoabilidade.

6.9.4.1 Juízo de improbidade da conduta e juízo de aplicação da sanção

A aplicação da Lei de Improbidade Administrativa pelo Poder Judiciário segue uma espécie de silogismo, concretizado em dois momentos, distintos e consecutivos, da sentença ou acórdão, que deságua no dispositivo final de condenação: o *juízo de improbidade da conduta* (premissa maior) e o *juízo de aplicação da sanção* (premissa menor).[423]

Esse processo de construção da decisão condenatória pode ser assim ilustrado:

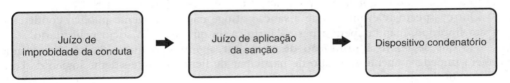

No *juízo de improbidade da conduta*, o magistrado faz um exame minucioso da situação fática narrada na petição inicial, com o objetivo de verificar se a conduta imputada ao réu se amolda ou não à tipologia da LIA.

Nessa fase da construção da sentença, além da análise da presença dos elementos essenciais à caracterização do ato ímprobo, exige-se do juiz uma valoração da conduta do agente tanto no plano quantitativo quanto no plano qualitativo, com especial atenção para os bens jurídicos tutelados pela Constituição, pela LIA e por outras normas aplicáveis à espécie.

Injusto é tanto punir como improbidade, quando desnecessário (ex.: fato atípico), como absolver comportamento social e legalmente reprovado, incompatível com o marco constitucional e a legislação que consagram e garantem os princípios estruturantes da boa administração.

Note-se que o juízo de improbidade não está vinculado ao pronunciamento dos órgãos de controle de contas. Nos termos do art. 21, II, da LIA, a aplicação das sanções nela previstas independe "da aprovação ou rejeição das contas pelo órgão de controle interno ou pelo Tribunal ou Conselho de Contas" (art. 21, II). Nem poderia ser diferente. Como se sabe, as decisões das Cortes de Contas são meramente administrativas e não jurisdicionais, não vinculando, portanto, a formação da convicção do magistrado, em respeito ao princípio da inafastabilidade da jurisdição (CF, art. 5.º, XXXV).

Superado esse primeiro momento, passará o magistrado – se convencido da prática do ato de improbidade – para a fase do *juízo de aplicação da sanção,* em que deverá decidir quais sanções serão aplicadas (se cumuladas ou não) e em qual medida (dosime-

---

[423] Cf. STJ, REsp 892.818/RS, 2.ª T., rel. Min. Herman Benjamin, j. 11.11.2008.

CAP. 6 – IMPROBIDADE ADMINISTRATIVA | 843

tria), sob a luz dos princípios constitucionais da **razoabilidade** e da **proporcionalidade**, exigindo-se correlação entre a natureza da conduta de improbidade e a penalidade a ser imposta ao agente ímprobo.

Observe-se que são duas as decisões a serem tomadas pelo juiz nessa fase: a primeira, sobre as sanções que serão aplicadas entre as previstas (se cumuladas ou não); e a segunda, sobre a medida dessas sanções (juízo de dosimetria da sanção), na qual o juiz determina a quantidade da pena aplicada relativamente àquelas que possuem variação (ex.: suspensão dos direitos políticos até 14 anos, na hipótese do art. 9.º).

6.9.4.2 Parâmetros para a aplicação das sanções

No texto original da LIA, não foram fixados critérios suficientes para a parametrização da aplicação das sanções.

Basicamente, dispunha o art. 12, *caput* e parágrafo único, da LIA que o juiz deveria considerar a **gravidade da conduta**, a **extensão do dano causado** e o **proveito patrimonial obtido pelo agente**.

Conforme alertamos nas edições anteriores deste trabalho, a lei disse menos do que queria, afinal, esses dois últimos elementos valorativos (*extensão do dano* e *proveito patrimonial*) sequer estavam presentes nas hipóteses de atos de improbidade que atentam contra os princípios da Administração Pública (art. 11).

A reforma promovida na LIA pela Lei 14.230/2021 supriu essa lacuna. No texto reformado, são vários os critérios que devem ser observados pelo magistrado no juízo de aplicação das sanções.

No *caput* do art. 12 foi mantida a gravidade do fato e, apesar de revogado seu parágrafo único, foram dedicadas normas especiais nos §§ 1.º a 10.

Na disciplina da sentença, o inciso IV do art. 17-C elencou uma série de parâmetros para o juiz considerar, na aplicação das sanções, de forma isolada ou cumulativa:

a) os princípios da proporcionalidade e da razoabilidade;

b) a natureza, a gravidade e o impacto da infração cometida;

c) a extensão do dano causado;

d) o proveito patrimonial obtido pelo agente;

e) as circunstâncias agravantes ou atenuantes;

f) a atuação do agente em minorar os prejuízos e as consequências advindas de sua conduta omissiva ou comissiva; e

g) os antecedentes do agente.

Mas não é só isso. Também deverá o juiz considerar as sanções relativas ao mesmo fato já aplicadas ao agente em outras instâncias de responsabilização (LIA, art. 17-C, V). Trata-se de regra claramente inspirada no art. 22, § 3.º, da Lei de Introdução às Normas do Direito Brasileiro,[424] que busca atenuar os efeitos da sobreposição de diferentes instâncias de responsabilização no direito sancionador brasileiro, potencialmente geradora de respostas desproporcionais por parte do Estado.

Se, por um lado, nosso ordenamento jurídico admite que uma pessoa seja punida pela prática do mesmo fato em diferentes esferas de responsabilização (penal, adminis-

---

[424] Decreto-Lei 4.657/1942: "Art. 22 (...) § 3.º As sanções aplicadas ao agente serão levadas em conta na dosimetria das demais sanções de mesma natureza e relativas ao mesmo fato".

844 | INTERESSES DIFUSOS E COLETIVOS – VOL. 1

trativa, funcional, improbidade etc.), sem que isso importe em ofensa ao princípio do *ne bis in idem*, por outro, impõe que haja uma racionalidade na função punitiva estatal.

Um exemplo ilustra o exposto. Cogite-se da hipótese em que um agente público seja sancionado, em âmbito disciplinar, por ter atuado, com fraude, num processo administrativo licitatório que veio a ter sua nulidade decretada. Caso esse mesmo agente ocupe o polo passivo de uma ação de improbidade administrativa, ajuizada com base no mesmo fato (causa pedir), de acordo com o art. 17-C, V, da LIA, o magistrado deverá levar em consideração, por ocasião de eventual sentença condenatória, a punição administrativa pretérita.

Reprise-se que o juiz também deverá considerar, na fixação das penas relativamente ao terceiro, quando for o caso, a sua atuação específica, não admitida a sua responsabilização por ações ou omissões para as quais não tiver concorrido ou das quais não tiver obtido vantagens patrimoniais indevidas (art. 17-C, VI).

6.9.4.3 *Preservação da pessoa jurídica infratora (art. 12, § 3.º)*

Conforme visto, o texto reformado da LIA encampou a jurisprudência do STJ no sentido de que a pessoa jurídica também pode ser responsabilizada pela prática de atos de improbidade administrativa (art. 2.º, parágrafo único, c.c. o art. 3.º, § 2.º).

A possibilidade de punição das pessoas jurídicas no domínio da LIA é reforçada pela regra inserida pela Lei 14.230/2021 no § 3.º do art. 12, que assim dispõe: "Na responsabilização da pessoa jurídica, deverão ser considerados os efeitos econômicos e sociais das sanções, de modo a viabilizar a manutenção de suas atividades".

Para além de reforçar a possibilidade de punição das pessoas jurídicas, a norma fixa um importante dever aos magistrados, qual seja, o de considerar os efeitos econômicos e sociais das sanções, de modo a viabilizar a manutenção das atividades da empresa. Tem-se, na hipótese, a positivação do **princípio da preservação da empresa** na LIA.

A inovação é positiva. Afinal, em muitos casos, a empresa é titular de habilidades e qualificações indispensáveis ao atendimento de necessidades individuais e coletivas. A continuidade de sua atuação pode propiciar vantagens relevantes tanto para a Administração Pública quanto para a comunidade. O passar dos anos permite que a empresa acumule conhecimento e experiência, atributos indispensáveis ao desenvolvimento de soluções para os problemas que a sociedade apresenta. A extinção da empresa, então, pode afetar o processo de desenvolvimento social e econômico.

Sob outro ângulo, a empresa é importante fonte de produção e distribuição de riquezas, que resultam no pagamento de tributos. Vale dizer, a empresa propicia aos cofres públicos recursos indispensáveis à manutenção das atividades estatais. A cessação das atividades de uma empresa, por consectário, gera dificuldades adicionais para o Estado obter os recursos necessários à implementação de políticas públicas importantes para a efetivação de direitos fundamentais (saúde, educação, moradia, segurança etc.).

Isso sem falar na importância das empresas na geração de postos de trabalhos. A extinção da empresa – ainda que fundada no reconhecimento de práticas reprováveis – implica a perda de emprego e o comprometimento da fonte de subsistência e de realização pessoal para um conjunto significativo de indivíduos.

As variáveis anteriormente expostas justificam a opção do legislador reformista por um regime punitivo orientado pela preocupação em assegurar a sobrevivência da empresa. No ponto, cabe destacar que a LIA, diferentemente da Lei 12.846/2013 (Lei Anticorrupção Empresarial), não autoriza a aplicação da pena de dissolução compulsória da pessoa jurídica e a aplicação de sanções que eventualmente inviabilizem a manutenção das suas atividades teria esse efeito por via transversa.

A preocupação com as consequências da decisão encontra-se intimamente ligada ao **pragmatismo jurídico**, incorporado na Lei de Introdução às Normas do Direito Brasileiro (LINDB) e, mais recentemente, na nova Lei de Licitações e Contratos (Lei 14.133/2021).

O pragmatismo jurídico é um movimento nascido nos fins do século 20, dotado de três características fundamentais: 1) contextualismo; 2) consequencialismo; e 3) antifundacionalismo. A primeira significa que toda proposição deve ser julgada tendo como base as necessidades humanas e sociais; a segunda pressupõe o teste de cada proposição mediante a antecipação dos resultados; por fim, a terceira característica é a rejeição à metafísica, à abstração e à imutabilidade do direito.[425]

O intérprete ou juiz pragmatista adota um método comparativo-consequencialista, ao comparar as várias alternativas apresentadas como solução a uma lide e optar por aquela cujos resultados representem o melhor interesse possível às necessidades humanas e sociais. Para alcançar esse tipo de decisão, o pragmatista vai além da letra da lei: ele se guia por orientadores éticos e políticos, bem como por outras áreas do conhecimento, como a sociologia e a economia.

Não quer dizer que o pragmatista despreze as fontes formais do Direito e a própria lei em si; estes servem, na verdade, como um ponto de partida, mas a finalidade que se almeja alcançar é a satisfação das necessidades humanas e sociais, tendo em vista termos econômicos, sociais e políticos.[426]

Sob o enfoque do consequencialismo, um dos vértices do pragmatismo jurídico, as decisões devem ser tomadas a partir de suas consequências práticas (olhar para o futuro, e não para o passado).

Note-se que a diretriz fixada no § 3.º do art. 12 não autoriza o juiz a deixar de aplicar as sanções da LIA em razão da função social da empresa, mas sim a dosá-las sob o influxo das consequências econômicas e sociais da sua decisão. Em qualquer hipótese, exige-se a punição pelas práticas ilícitas. Sem embargo, a relevância econômica, tecnológica e social das empresas conduziu ao reconhecimento de que o sancionamento necessário não deve conduzir à sua extinção. Isto é, as sanções devem ser aptas a punir os responsáveis, compensar os danos provocados e assegurar a continuidade da empresa.[427]

Exemplificativamente, ao definir o prazo de duração da pena de proibição de contratar com o poder público ou de receber benefícios ou incentivos fiscais ou creditícios, direta ou indiretamente, ainda que por intermédio de pessoa jurídica da qual seja sócio majoritário, deverá o juiz levar em consideração o possível fechamento de postos de trabalho diretos e indiretos em razão da aplicação de tal sanção.

Em conclusão, a Lei 14.230/2021 fixou na LIA os critérios e limites da atividade sancionatória, de modo que, sem deixar de apenar aqueles que cometem ilícitos, o juiz observe o princípio da função social da empresa, em ordem a se garantir a preservação dos empregos, a arrecadação tributária e o progresso social e econômico.

6.9.4.4 *Atos de improbidade administrativa de menor potencial ofensivo (art. 12, § 5.º)*

Outra novidade do regime sancionatório da LIA é a regra inserida pela Lei 14.230/2021 no § 5.º do art. 12, que dispõe, *in verbis*:

---

[425] POGREBINSCHI, Thamy. *Pragmatismo*: Teoria Social e Política. Rio de Janeiro: Relume Dumará, 2005.

[426] POSNER, Richard. *A Problemática da Teoria Moral e Jurídica*. São Paulo: Martins Fontes, 2012.

[427] Nesse sentido: PEREIRA, Cesar; SCHWIND, Rafael Wallbach. Autossaneamento (*Self-Cleaning*) e Reabilitação do Direito Brasileiro Anticorrupção. *Revista de Direito Administrativo Contemporâneo* – ReDAC, n. 20, p. 13-34, set.-out. 2015.

846 | INTERESSES DIFUSOS E COLETIVOS - VOL. 1

Art. 12. (...) § 5.º No caso de atos de menor ofensa aos bens jurídicos tutelados por esta Lei, a sanção limitar-se-á à aplicação de multa, sem prejuízo do ressarcimento do dano e da perda dos valores obtidos, quando for o caso, nos termos do *caput* deste artigo.

A regra estabelece que, em hipóteses de ofensa de menor dimensão à probidade administrativa, o sancionamento será limitado à imposição da multa.

O problema é que a lei não define o que seja ato de menor ofensa aos bens jurídicos tutelados pela LIA, o que não abona a segurança jurídica e ainda compromete a igualdade.

A nosso sentir, a adoção de um conceito jurídico indeterminado para os atos de improbidade administrativa de menor potencial ofensivo confere aos juízes uma ampla discricionariedade na aplicação da regra, fomentando, assim, soluções díspares e incoerentes. Nesse cenário, as decisões assumem elevado grau de subjetividade, formando-se terreno fértil para o casuísmo, o arbítrio e o favorecimento pessoal, em prejuízo da efetiva defesa da probidade administrativa.

6.9.4.5 Aplicação cumulativa das sanções: princípios da proporcionalidade e da razoabilidade

Desde a edição da Lei 8.429/1992, a doutrina e a jurisprudência pátrias têm debatido um importante aspecto ligado à aplicação das sanções: a **aplicação cumulativa** das sanções previstas no art. 12.

Para parte da doutrina, a redação do art. 12 da LIA impõe a aplicação cumulada das sanções, não havendo margem para o juiz optar por infligir uma ou outra sanção.[428]

Outros, contudo, entendem que a LIA permite ao juiz, diante das circunstâncias de cada caso, avaliar a dose adequada das penas, decidindo quais devam ser aplicadas à espécie e em que medida, sob o manto dos princípios da razoabilidade e da proporcionalidade.[429]

A despeito dessa divergência doutrinária, o fato é que a redação original do parágrafo único do art. 12 da LIA[430] conduziu a jurisprudência do Superior Tribunal de Justiça a posicionar-se pela **desnecessidade de aplicação cumulada das sanções**, cabendo ao magistrado, diante das peculiaridades do caso concreto, avaliar a adequação das penas, decidindo quais as sanções apropriadas e suas dimensões, sob a luz dos **princípios da proporcionalidade e da razoabilidade**.[431]

Encampando esse entendimento do STJ, o legislador ordinário, por meio da Lei 12.120, de 15.12.2009, alterou o *caput* do art. 12 da LIA, estabelecendo a possibilidade de aplicação das **sanções de maneira isolada ou cumulativa.**

Essa opção legislativa foi ratificada pela Lei 14.230/2021, que manteve a possibilidade de aplicação das **sanções de maneira isolada ou cumulativa** no *caput* do art. 12 e reforçou essa diretriz no inciso IV do art. 17-C.

Dúvidas não há, portanto, de que o juiz está autorizado a aplicar as sanções da LIA, isolada ou cumulativamente, de acordo com a gravidade da conduta, a extensão do

---

[428] GARCIA, Emerson; ALVES, Rogério Pacheco. *Improbidade Administrativa.* 4. ed. Rio de Janeiro: Lumen Juris, 2008. p. 485.

[429] ZAVASCKI, Teori Albino. *Processo Coletivo*: Tutela de Direitos Coletivos e Tutela Coletiva de Direitos. 4. ed. São Paulo: RT, 2009. p. 116.

[430] Art. 12, parágrafo único: "Na fixação das penas previstas nesta Lei o juiz levará em conta a extensão do dano causado, assim como o proveito patrimonial obtido pelo agente".

[431] Nesse sentido: REsp 631.301/RS, rel. Min. Luiz Fux, *DJU* 25.09.2006; REsp 664.856/PR, rel. Min. Castro Meira, *DJ* 02.05.2006; REsp 507.574/MG, rel. Min. Teori Zavascki, *DJ* 08.05.2006; REsp 513.576/MG, rel. p/ acórdão Min. Teori Zavascki, *DJ* 06.03.2006; REsp 291.747, rel. Min. Humberto Gomes de Barros, *DJ* 18.03.2002; REsp 300.184/SP, rel. Min. Franciulli Netto, *DJ* 03.11.2003; e REsp 505.068/PR, desta relatoria, *DJ* 29.09.2003.

CAP. 6 – IMPROBIDADE ADMINISTRATIVA | **847**

dano, o proveito patrimonial obtido pelo agente e outros parâmetros, sob o manto dos princípios da proporcionalidade e da razoabilidade.

6.9.4.6   Unificação das sanções (art. 18-A)

Na esfera penal, o procedimento de unificação das penas consiste na transformação de várias sanções em uma única, podendo ocorrer em duas situações: (i) razões de política criminal: evitar o cumprimento de uma pena privativa de caráter perpétuo. O sistema penal brasileiro adota o limite máximo de 40 anos; e (ii) adequação de tipicidade: nos casos em que restou configurado o crime continuado, mas a aplicação de suas regras não foi possível pelo juiz da ação penal, reservando-se essa tarefa para a fase executória.[432]

Conforme visto, a aplicação dos princípios do direito administrativo sancionador no domínio da LIA (art. 1.º, § 4.º) e a ênfase dada pelo texto reformado ao viés repressivo e sancionatório da ação (art. 17-D) reforçaram a natureza punitiva do processo de improbidade administrativa.

Dentro dessa perspectiva, e claramente inspirada no modelo penal, a Lei 14.230/2021 inseriu na LIA disposição atinente à unificação das sanções aplicadas ao agente ímprobo em ações de improbidade administrativa diversas, tendo em vista a eventual continuidade de ilícito ou a prática de diversas ilicitudes. O modelo inserido na LIA também prevê, a exemplo do que já existe na esfera penal (art. 75 do CP), um limite temporal máximo de 20 anos para o cumprimento das sanções de suspensão de direitos políticos e proibição de contratar ou de receber incentivos fiscais ou creditícios do poder público. Desse teor o art. 18-A:

> **Art. 18-A.** A requerimento do réu, na fase de cumprimento da sentença, o juiz unificará eventuais sanções aplicadas com outras já impostas em outros processos, tendo em vista a eventual continuidade de ilícito ou a prática de diversas ilicitudes, observado o seguinte: (Incluído pela Lei 14.230, de 2021)
>
> I – no caso de continuidade de ilícito, o juiz promoverá a maior sanção aplicada, aumentada de 1/3 (um terço), ou a soma das penas, o que for mais benéfico ao réu; (Incluído pela Lei 14.230, de 2021)
>
> II – no caso de prática de novos atos ilícitos pelo mesmo sujeito, o juiz somará as sanções. (Incluído pela Lei 14.230, de 2021)
>
> Parágrafo único. As sanções de suspensão de direitos políticos e de proibição de contratar ou de receber incentivos fiscais ou creditícios do poder público observarão o limite máximo de 20 (vinte) anos.

Note-se que, no domínio da LIA, a unificação só é feita a requerimento do condenado, não podendo ser promovida de ofício. Em sendo assim, caberá ao requerente, junto com as razões pelas quais pleiteia a unificação, trazer ao conhecimento do juízo do cumprimento da sentença cópias dos outros processos em que fora condenado por improbidade, inclusive com certidão comprovando o trânsito em julgado da sentença condenatória.

A inovação[433] é positiva, mas não preenche todas as lacunas do texto original da LIA relativas ao concurso de infrações.

---

[432]   MASSON, Cleber. *Direito Penal*: Parte Geral (Arts. 1.º a 120). 15. ed. Rio de Janeiro: Forense; Método, 2021. v. 1, p. 678.

[433]   Antes da reforma promovida na LIA pela Lei 14.230/2021, a despeito da ausência de previsão legal, o STJ já havia admitido a unificação das penas nos casos de multiplicidade de condenações por atos de improbidade administrativa, mediante a aplicação, por analogia, das disposições encartadas no art. 111 da Lei 7.210/1984. Confira-se: "O cumprimento de sanções políticas concomitantes, por atos de improbidade administrativa contemporâneos (art. 20 da Lei 8.429/92), deve observar

INTERESSES DIFUSOS E COLETIVOS – VOL. 1

A nosso sentir, o art. 18-A disse menos do que deveria dizer. Afinal, se na fase de cumprimento da sentença a norma autoriza a unificação das penas aplicadas em processos diferentes, oferecendo critérios para esse redimensionamento nas hipóteses de continuidade delitiva, entendemos que esses critérios também devam ser adotados, por uma questão de racionalidade, equidade e economia processual, na aplicação das sanções num mesmo processo (cumulação de demandas), em complemento aos critérios fixados no art. 17-C, também inserido na LIA pela Lei 14.230/2021, a exemplo do que já ocorre no Direito Penal (art. 71 do CP).

Outra omissão da norma é que ela não fixa o juízo competente para a promoção da unificação das penas. Para preencher essa lacuna, sugere-se a aplicação, por analogia, das regras de prevenção previstas nos arts. 58 e 59 do CPC, em ordem a concluir que o requerimento de unificação deverá ser efetuado ao juízo que executa o cumprimento da primeira condenação.[434] Tal solução também permite que a unificação das sanções seja feita perante quem reúne melhores condições para decidi-la, inclusive em vista da necessidade de consideração da parcela da sanção já cumprida pelo infrator na execução em curso (art. 111, parágrafo único, da Lei de Execuções Penais, aplicável por analogia).

Tratando-se, contudo, de competência relativa (art. 65 do CPC), a unificação das sanções poderá ser feita por quaisquer dos juízos que aplicaram as penas.[435] Assim, mesmo que a unificação seja promovida por juízo diverso do da primeira sentença executada, não haverá nulidade, tampouco pode o juízo, de ofício, remeter o incidente para outrem.

Estando em ordem o pedido de unificação das sanções, o juiz ordenará a oitiva do Ministério Público e da pessoa jurídica lesada.

Da decisão caberá agravo de instrumento, nos termos do art. 1.015, parágrafo único, do CPC, pois se trata de incidente de cumprimento de sentença.

6.9.4.6.1 Unificação em caso de continuidade de ilícitos (art. 18-A, I)

A primeira hipótese autorizadora da unificação das penas está prevista no inciso I do art. 18: no caso de continuidade de ilícito, o juiz promoverá a maior sanção aplicada, aumentada de 1/3, ou a soma das penas, o que for mais benéfico ao réu.

O primeiro desafio a ser enfrentado é que a LIA não define o que seja continuidade de ilícitos para fins de unificação das penas. No silêncio da lei, deve-se emprestar, por analogia, o conceito de crime continuado fixado no art. 71 do Código Penal.[436] Assim, no domínio da LIA, a continuidade de ilícitos se verifica quando o agente, por meio de duas ou mais condutas, comete dois ou mais atos de improbidade administrativa da mes-

---

as disposições encartadas no art. 111 da Lei 7.210/84. 2. É que a inexistência de legislação específica acerca da forma de cumprimento das sanções políticas, por atos de improbidade administrativa contemporâneos, deve ser suprida à luz das disposições encartadas no art. 111 da Lei 7.210/84, que instrui a Lei de Execuções Penais, *verbis*: 'Art. 111. Quando houver condenação por mais de um crime, no mesmo processo ou em processos distintos, a determinação do regime de cumprimento será feita pelo resultado da soma ou unificação das penas, observada, quando for o caso, a detração ou remição. Parágrafo único. Sobrevindo condenação no curso da execução, somar-se-á a pena ao restante da que está sendo cumprida, para determinação do regime'" (EDcl no REsp 993.658/SC, 1.ª T., rel. Min. Luiz Fux, j. 09.03.2010).

[434] No mesmo sentido: GAJARDONI, Fernando da Fonseca *et al. Comentários à Lei de Improbidade Administrativa*: Lei 8.429, de 02 de junho de 1992, com as alterações da Lei 14.230/2021. 6. ed. São Paulo: Revista dos Tribunais, 2023. p. 486.

[435] A competência funcional do juízo da condenação é apenas para o viés reparatório da ação de improbidade administrativa (art. 516 do CPC).

[436] "Art. 71. Quando o agente, mediante mais de uma ação ou omissão, pratica dois ou mais crimes da mesma espécie e, pelas condições de tempo, lugar, maneira de execução e outras semelhantes, devem os subsequentes ser havidos como continuação do primeiro, aplica-se-lhe a pena de um só dos crimes, se idênticas, ou a mais grave, se diversas, aumentada, em qualquer caso, de um sexto a dois terços."

ma espécie e, pelas condições de tempo, local, modo de execução e outras semelhantes, devem os subsequentes ser havidos como continuação do primeiro.

Partindo dessa aplicação integrativa do art. 71 do Código Penal, identificam-se quatro requisitos para a configuração da continuidade de atos de improbidade: 1) pluralidade de condutas; 2) pluralidade de ilícitos da mesma espécie; 3) semelhança nas condições de tempo, lugar, maneira de execução e outras; e 4) unidade de desígnio.

A **pluralidade de condutas** pressupõe a prática de mais de uma ação ou omissão tipificada nos arts. 9.º, 10 e 11 da LIA, o que não se confunde com a mera pluralidade de atos. Nada impede seja uma conduta composta de diversos atos. Exemplificativamente, o agente público que frauda um processo licitatório, para beneficiar uma empresa, mediante a inserção de cláusulas manifestamente discriminatórias no edital, seguida da divulgação insuficiente do referido instrumento convocatório, pratica uma única conduta, composta por vários atos.

Também é necessário que essas condutas configurem **ilícitos da mesma espécie**. Surge, então, uma primeira indagação: o que são ilícitos da mesma espécie?

Emprestando a posição amplamente majoritária na jurisprudência penal,[437] serão considerados da mesma espécie os atos de improbidade administrativa tipificados pelo mesmo dispositivo legal, consumados ou tentados.

Assim, por exemplo, se um agente público praticar duas condutas que configuram enriquecimento ilícito, previstas, respectivamente, nos incisos I[438] e IV[439] do art. 9.º, não serão consideradas ilícitos da mesma espécie. Por outro lado, se o agente público frustrar a licitude de dois processos licitatórios distintos, suas condutas serão consideradas da mesma espécie, porquanto atrairão, ambas, a incidência do tipo descrito no art. 10, VIII, da LIA.

Ou seja, só há que se falar em ilícitos da mesma espécie nas situações em que haja exata correspondência tipológica entre os ilícitos praticados, tendo todos eles o mesmo fundamento legal normativo.

Em relação às modalidades de improbidade administrativa previstas nos arts. 9.º e 10 da LIA, contudo, há de se adotar uma visão ampliativa sobre a continuidade de ilícitos. Conforme visto, a manutenção da expressão "e notadamente" ao final do *caput* de cada qual dos dois dispositivos denota que seus tipos permanecem abertos, de onde se conclui que as listas de condutas específicas que se seguem ao longo dos seus incisos seguem meramente **exemplificativas** (*numerus apertus*). Nesse prisma, poderão ser consideradas da mesma espécie duas ou mais condutas que resultem em perda patrimonial efetiva e que, por não encontrarem adequação em nenhuma das hipóteses previstas nos incisos, se acomodem à definição genérica de ato lesivo ao erário, referida no *caput* do art. 10 da LIA.

As condutas ilícitas devem ser praticadas em **condições semelhantes de tempo, local e modo de execução**.

Deve haver uma conexão temporal entre os ilícitos, isto é, não se admite um intervalo excessivo entre eles. Na esfera penal, a jurisprudência consagrou um critério objetivo, pelo qual entre um ilícito parcelar e outro não pode transcorrer um hiato superior a 30 dias.[440]

---

[437] STF: HC 114.667/SP, 1.ª T., rel. orig. Min. Marco Aurélio, red. p/ o ac. Min. Roberto Barroso, j. 24.04.2018 (Informativo 899). No STJ: REsp 1.405.989/SP, 6.ª T., rel. originário Min. Sebastião Reis Júnior, rel. p/ acórdão Min. Neni Cordeiro, j. 18.08.2015.

[438] "Art. 9.º (...) I – receber, para si ou para outrem, dinheiro, bem móvel ou imóvel, ou qualquer outra vantagem econômica, direta ou indireta, a título de comissão, percentagem, gratificação ou presente de quem tenha interesse, direto ou indireto, que possa ser atingido ou amparado por ação ou omissão decorrente das atribuições do agente público; (...)."

[439] "Art. 9.º (...) IV – utilizar, em obra ou serviço particular, qualquer bem móvel, de propriedade ou à disposição de qualquer das entidades referidas no art. 1.º desta Lei, bem como o trabalho de servidores, de empregados ou de terceiros contratados por essas entidades; (...)."

[440] STF: HC 107.636/RS, 1.ª T., rel. Min. Luiz Fux, j. 06.03.2012. No STJ: AgRg no AREsp 468.460/MG, 6.ª T., rel. Min. Sebastião Reis Júnior, j. 08.05.2014.

INTERESSES DIFUSOS E COLETIVOS – VOL. 1

Reclama-se também sejam os ilícitos praticados em semelhantes condições de lugar. Na seara penal, a jurisprudência firmou o entendimento de que os diversos ilícitos devem ser praticados na mesma cidade, ou no máximo em cidades limítrofes, ou ainda contíguas, isto é, próximas entre si.[441]

A lei ainda impõe a semelhança entre a maneira de execução pela qual os ilícitos são praticados, isto é, o agente deve seguir sempre um padrão análogo em suas diversas condutas. Uma fraude praticada na etapa interna de um processo licitatório e outra efetuada na fase de habilitação de outra licitação, por exemplo, malgrado compreendidas como ilícitos da mesma espécie, impedem o reconhecimento da continuidade de atos ímprobos, em face do distinto modo de execução. Pelo mesmo motivo, a variação de comparsas e o fato de o agente praticar um ato isoladamente e outro em concurso inviabilizam a configuração da continuidade de ilícitos.

Por último, na linha adotada pela jurisprudência penal amplamente majoritária,[442] não basta a presença dos requisitos objetivos do art. 71, *caput*, do CP. Reclama-se também a **unidade de desígnio**, isto é, os vários ilícitos resultam de plano previamente elaborado pelo infrator (teoria mista ou objetivo-subjetiva).[443] Daí falar-se em *dolo unitário* ou *global* na continuidade de ilícitos, pois a realização dos ilícitos parcelares, integrantes da série continuada, deve ser fruto de um projeto antecipadamente idealizado pelo agente.

Exemplificativamente, se um mesmo agente público, por diversas vezes, contrata diretamente, fora das hipóteses de dispensa de licitação (art. 10, VIII, da LIA), sem que tenha planejado fazê-lo previamente, não há que se reconhecer a continuidade de ilícitos. O que se tem, na hipótese, é a reiteração infracional indicadora de improbidade habitual ou profissional, suficiente para descaracterizar a continuidade de ilícitos. Nesses casos, verificada a multiplicidade de infrações, dotadas cada qual de autonomia, haverá o somatório das sanções impostas para cada hipótese de dispensa indevida de licitação.

Presentes os requisitos da continuidade de ilícitos, o juiz promoverá a maior sanção aplicada, aumentada de 1/3, ou a soma das penas, o que for mais benéfico ao réu (art. 18-A, I). No particular, critica-se a opção do legislador, que se descolou do modelo penal (aumento de 1/6 a 2/3) ao prever fração única de aumento de pena (1/3), independentemente do número de ilícitos praticados. Esse modelo inviabiliza que o juiz, na fase de cumprimento de sentença, promova uma melhor individualização das penas.

Remarque-se que o art. 18-A disse menos do que deveria dizer. Afinal, se na fase de cumprimento da sentença a norma autoriza a unificação das penas aplicadas em processos diferentes, oferecendo critérios para esse redimensionamento nas hipóteses de continuidade delitiva, esses critérios também devem ser adotados, por uma questão de racionalidade, equidade e economia processual, na aplicação das sanções num mesmo processo (cumulação de demandas), em complemento aos critérios fixados no art. 17-C.

Com efeito, se numa mesma ação de improbidade administrativa o Ministério Público imputa ao agente público a prática de dois ou mais atos de improbidade administrativa da mesma espécie e, pelas condições de tempo, local, modo de execução e outras semelhantes, devem os subsequentes ser havidos como continuação do primeiro, o juiz da ação, no juízo de aplicação das sanções, já poderá reconhecer a continuidade de ilícitos

---

[441] STJ: HC 206.227/RS, 5.ª T., rel. Min. Gilson Dipp, j. 06.10.2011.

[442] STF: HC 109.730/RS, 1.ª T., rel. Min. Rosa Weber, j. 02.10.2012 (Informativo 682). No STJ: RHC 43.601/DF, 6.ª T., rel. Min. Maria Thereza de Assis Moura, j. 03.06.2014.

[443] Daí falar-se em dolo unitário ou global na continuidade de ilícitos, pois a realização dos ilícitos parcelares, integrantes da série continuada, deve ser fruto de um projeto antecipadamente idealizado pelo agente.

para promover a maior sanção aplicada, aumentada de 1/3, ou a soma das penas, o que for mais benéfico ao réu (art. 18-A, I).[444]

A exemplo do que ocorre na esfera penal, a continuidade de ilícitos na esfera de improbidade administrativa é uma ficção criada pelo Direito (teoria da ficção jurídica). Existem, na verdade, vários atos de improbidade, considerados como um único ilícito para fins de aplicação da pena. Para as demais finalidades, os ilícitos permanecem autônomos, especialmente para cálculo da prescrição, a exemplo do que ocorre no Direito Penal, como se extrai do art. 119 do Código Penal e da Súmula 497 do Supremo Tribunal Federal: "Quando se tratar de crime continuado, a prescrição regula-se pela pena imposta na sentença, não se computando o acréscimo decorrente da continuação".

Anote-se, por fim, que o juiz deverá considerar a pena já cumprida pelo infrator ao tempo da unificação, aplicando-se, por analogia, a regra prevista no parágrafo único do art. 111 da Lei de Execução Penal (LEP).

6.9.4.6.2   Unificação das sanções em caso de pluralidade de ilícitos (art. 18-A, II)

No caso de prática de diversos atos ilícitos pelo mesmo sujeito, sem que haja continuidade entre eles, sobrevindo diversas condenações em processos diferentes, com aplicação de diversas sanções em cada um desses processos, as penas deverão ser somadas para cumprimento, nos ditames do art. 18-A, II, da LIA.

Também aqui deve ser aplicada por analogia a regra do art. 111, parágrafo único, da LEP, para que o juiz observe a reprimenda já cumprida pelo infrator ao tempo da unificação.

6.9.4.6.3   Teto resultante da unificação (art. 18-A, parágrafo único)

Nos termos do parágrafo único do art. 18-A da LIA, uma vez promovida a unificação das sanções, as penas de suspensão de direitos políticos e de proibição de contratar ou de receber incentivos fiscais ou creditícios do poder público observarão o limite máximo de 20 anos.

Imagine-se, por exemplo, que um agente público tenha sido condenado à pena de 14 anos de suspensão dos direitos políticos num processo, pela prática de ato de improbidade administrativa previsto no art. 9.º da LIA (enriquecimento ilícito). Depois, contra ele sobrevém nova condenação em outro processo, pela prática de ato lesivo ao erário (art. 10 da LIA), na qual é aplicada a pena de suspensão dos direitos políticos pelo prazo de 10 anos. Nessa situação hipotética, requerida a unificação das sanções na fase de cumprimento da sentença, o resultado da soma das penas será de 20 anos, em respeito ao limite fixado na norma em exame.

Nos casos em que o agente, encontrando-se no cumprimento das penas de suspensão de direitos políticos e de proibição de contratar ou de receber incentivos fiscais ou creditícios do poder público, é condenado por fato praticado posteriormente ao início de satisfação de tais penas, despreza-se, para fins de unificação, o período de pena já cumprido, nos termos do art. 75, § 2.º, do Código Penal,[445] aplicado por analogia.

Exemplo: depois de iniciar o cumprimento da sanção de suspensão dos direitos políticos imposta pelo prazo de 12 anos, o agente infrator pratica novo ato de improbidade

---

[444]   No mesmo sentido: GAJARDONI, Fernando da Fonseca *et al. Comentários à Lei de Improbidade Administrativa*: Lei 8.429, de 02 de junho de 1992, com as alterações da Lei 14.230/2021. 6. ed. São Paulo: Revista dos Tribunais, 2023. p. 479.

[445]   CP, art. 75, § 2.º: "Sobrevindo condenação por fato posterior ao início do cumprimento da pena, far-se-á nova unificação, desprezando-se, para esse fim, o período de pena já cumprido".

852 | INTERESSES DIFUSOS E COLETIVOS - VOL. 1

administrativa, pelo qual é condenado definitivamente, depois de 5 anos, à pena de 10 anos de suspensão dos direitos políticos. As penas serão unificadas, desprezando-se os 5 anos já cumpridos: restarão 12 anos da primeira condenação e 10 anos da subsequente. A unificação se destina a impedir que, desse novo resultado, o agente cumpra mais de 20 anos. Terá cumprido, assim, os 5 primeiros anos, restando-lhe outros 20 anos com a nova unificação.

6.9.4.7 Pode o juiz aplicar sanções não pedidas pelo autor?

Cinge-se a questão a saber se o julgador deve ater-se às sanções postuladas pelo autor em seu pedido inicial, ou se ele pode aplicar sanções outras que não constem expressamente do pedido.

Alguns entendem que a sanção não pleiteada na petição inicial não pode ser aplicada pelo juiz, sob pena de julgamento *ultra* ou *extra petita*.[446]

Outros,[447] porém, sustentam que o juiz pode condenar o agente ímprobo a sanções não pedidas pelo autor. Também pensamos assim. Primeiro, porque na ação de improbidade administrativa o que se pede é a condenação do réu pela prática de ato de improbidade; as sanções são mera consequência da procedência da pretensão. Segundo, porque a aplicação cumulativa ou isolada das sanções previstas no art. 12 da LIA tem por destinatário principal o julgador, a quem compete, no juízo de aplicação das sanções, diante das circunstâncias do caso concreto e em conformidade com os parâmetros já destacados, decidir, de forma motivada, quais sanções serão aplicadas ao demandado.

Nesse sentido, aliás, consolidou-se a jurisprudência do Superior Tribunal de Justiça. Confira-se: "Não há julgamento *ultra* ou *extra petita* o juiz acrescentar à condenação do responsável pelo ato de improbidade as penas cominadas pelo art. 12, inciso III, da Lei n.º 8.429/92".[448]

Mesmo depois da reforma promovida na LIA pela Lei 14.230/2021, não vemos razões para a mudança desse entendimento.

6.9.4.8 Cabe condenação apenas à reparação do dano ao erário?

Conforme visto, uma vez comprovada a ocorrência de dano ao erário, é imperiosa a condenação do agente ímprobo ao ressarcimento integral desse prejuízo. E mais: não se pode mensurar a quantia a ser reparada, senão exclusivamente pela extensão do dano causado.

É de se perguntar se seria admissível decisão condenatória que fixasse apenas a obrigação de ressarcimento integral do dano, sem imputar ao réu nenhuma das sanções previstas no art. 12 da LIA.

A resposta só pode ser negativa. De fato, se a LIA reflete nítido caráter punitivo-repressivo e se o ressarcimento integral do dano consubstancia simples e inevitável desdobramento de qualquer ato ilícito que importe prejuízo a outrem, salta aos olhos que se faz imperiosa a fixação de, pelo menos, uma das outras sanções apontadas no art. 12 da LIA, sob pena de desvirtuamento da função e do papel da Lei de Improbidade Administrativa, que, idealizada como instrumento de punição, transvestir-se-ia em mera demanda reparatória.

A própria jurisprudência do STJ já fixou a compreensão de que o ressarcimento ao erário não possui natureza de sanção, mas de cominação puramente reparadora dos danos causados ao Erário.[449]

---

[446] PAZZAGLINI FILHO, Marino. *Lei de Improbidade Administrativa Comentada*. São Paulo: Atlas, 2002. p. 178.

[447] CARVALHO FILHO, José dos Santos. *Manual de Direito Administrativo*. 23. ed. Rio de Janeiro: Lumen Juris, 2010. p. 1.188.

[448] REsp 324.282/MT, rel. Min. Humberto Gomes de Barros, *DJ* 1.º.04.2002. *No mesmo sentido:* AgRg no REsp 1.125.634, 1.ª T., Arnaldo Esteves Lima, *DJe* 02.02.2011; REsp 324.282/MT, 1.ª T., rel. Min. Humberto Gomes de Barros, *DJ* 1.º.04.2002.

[449] REsp 1.185.114/MG, 2.ª T., rel. Min. Mauro Campbell Marques, *DJe* 04.10.2010; REsp 1.184.897/PE, 2.ª T., rel. Min. Herman Benjamin, *DJe* 27.04.2011; REsp 977.093/RS, 2.ª T., rel. Min. Humberto Martins, *DJe* 25.08.2009; REsp 1.019.555/SP, rel. Min. Castro Meira, *DJe* 29.06.2009; REsp 664.440/MG, 1.ª T., rel. Min. José Delgado, *DJ* 08.05.2006.

Em sendo assim, uma vez demonstrada a ocorrência de ato de improbidade lesivo ao erário, o correspondente ressarcimento constitui o mais elementar consectário jurídico, não se equiparando a uma sanção em sentido estrito e, portanto, não sendo suficiente, por si só, para atender ao espírito da Lei 8.429/1992, devendo ser cumulado com ao menos alguma outra das sanções previstas em seu art. 12.

É esse, inclusive, o atual entendimento do STJ. A título de exemplo, confira-se:

> O ressarcimento não constitui sanção propriamente dita, mas sim consequência necessária do prejuízo causado. Caracterizada a improbidade administrativa por dano ao Erário, a devolução dos valores é imperiosa e deve vir acompanhada de pelo menos uma das sanções legais que, efetivamente, visam a reprimir a conduta ímproba e a evitar o cometimento de novas infrações. Precedentes do STJ.[450]

Em conclusão, na hipótese de existir dano ao erário, deve-se condenar o réu ao ressarcimento integral desse dano e a uma ou algumas das sanções elencadas no art. 12 da LIA, não sendo legítima a mera condenação à reparação do prejuízo.

6.9.4.9 Conflito aparente de normas e aplicação das sanções

É perfeitamente possível que uma mesma conduta se enquadre, ao mesmo tempo, nos três tipos legais de improbidade (*enriquecimento ilícito, lesão ao erário* e *atentado contra os princípios da Administração*).

Fazendo um paralelo com o direito penal, tem-se aqui uma espécie de **conflito aparente de normas**.[451] Nesses casos de ofensas simultâneas aos bens jurídicos tutelados pelos arts. 9.º, 10 e 11 da LIA, terá aplicação o **princípio da subsidiariedade**, de forma que a ofensa mais ampla e dotada de maior gravidade, descrita pela norma primária (art. 9.º), engloba as menos amplas, contidas nas normas subsidiárias (arts. 10 e 11), ficando a aplicabilidade destas condicionada à não incidência da outra.

6.10 PROCEDIMENTO ADMINISTRATIVO

A Lei de Improbidade Administrativa, no Capítulo V, intitulado "Do Procedimento Administrativo e do Processo Judicial", instituiu algumas normas relativas à investigação dos atos de improbidade administrativa pelos órgãos e entidades estatais.

De início, importa notar que o procedimento administrativo a que se refere a LIA em seus arts. 14 e 15 não se confunde com o inquérito civil, a cargo do Ministério Público.

A ideia do legislador foi trazer algum regramento para o procedimento que é instaurado pela Administração Pública, no exercício de seu poder disciplinar, com vistas a: (i) punir disciplinarmente o agente faltoso; e (ii) colher subsídios para que a autoridade competente possa ajuizar a ação de improbidade administrativa contra o agente público desonesto.

São três as formas possíveis de instauração desse procedimento administrativo: a) de ofício; b) mediante requisição do Ministério Público; e c) mediante representação de qualquer pessoa.

O art. 14 dispõe sobre o direito que cabe a qualquer pessoa de representar à autoridade administrativa competente para que seja instaurada investigação destinada a apurar a prática de ato de improbidade.

---

[450] REsp 1.184.897/PE, 2.ª T., rel. Min. Herman Benjamin, *DJe* 27.04.2011.

[451] Na lição de Cleber Masson, "dá-se o conflito aparente de leis quando a um único fato se revela possível, em tese, a aplicação de dois ou mais tipos legais, ambos instituídos por leis de igual hierarquia e originárias da mesma fonte de produção, e também em vigor ao tempo da prática da infração penal" (*Direito Penal Esquematizado*. 2. ed. São Paulo: Método, 2009. p. 118).

854 | INTERESSES DIFUSOS E COLETIVOS - VOL. 1

Trata-se de direito com assento no texto constitucional (art. 5.º, XXXIV), o denominado *direito de representação,* que poderia ser exercido mesmo que não previsto na LIA.

Na verdade, o que a LIA fez foi regulamentar o exercício desse direito, condicionando-o ao preenchimento de certas formalidades. Nos termos do § 1.º do art. 14, a representação será feita por escrito ou reduzida a termo, devendo conter:

a)   a qualificação do representante;

b)   as informações sobre o fato e sua autoria; e

c)   a indicação das provas de seu conhecimento.

Se tais formalidades não forem observadas, diz a lei que **a representação será rejeitada**, o que não impede, contudo, o oferecimento de representação ao Ministério Público (art. 14, § 2.º).

No ponto, faz-se necessária uma observação: na ausência de alguma dessas exigências, nada impede, ao contrário, recomenda-se que o representante seja notificado para complementar a representação.

Exige-se da autoridade administrativa uma postura responsável e equilibrada. Ao mesmo tempo que deve coibir as acusações levianas e infundadas, não deve desprezar denúncias verossímeis sobre fatos graves em nome do excesso de formalismo. Tanto é assim que nossos tribunais de superposição têm admitido a instauração de procedimento administrativo destinado a investigar a prática de ato de improbidade até mesmo em caso de denúncia anônima.[452] Desse teor a **Súmula 611** do STJ:

> Desde que devidamente motivada e com amparo em investigação ou sindicância, é permitida a instauração de processo administrativo disciplinar com base em denúncia anônima, em face do poder-dever de autotutela imposto à Administração.

Da leitura da Súmula 611, percebe-se que a Corte Superior condicionou a instauração de um processo administrativo disciplinar a partir de uma denúncia anônima à apuração prévia do fato denunciado. A motivação da instauração, referida no enunciado da súmula em exame, consiste, justamente, na constatação da verossimilhança dessa denúncia apócrifa nessas apurações preliminares.

Atendidos os requisitos da representação, a autoridade administrativa deverá determinar a imediata apuração do fato representado. Caso os investigados sejam servidores federais, a investigação será processada na forma prevista nos arts. 148 a 182 da Lei 8.112/1990 (que dispõe sobre o Regime Jurídico dos Servidores Públicos Civis da União) e, tratando-se de servidor militar, de acordo com os respectivos regulamentos disciplinares. Para os servidores dos demais entes da federação, serão observadas as regras próprias sobre processo administrativo disciplinar, fixadas nas respectivas leis, em respeito à autonomia que lhes assegura a Constituição Federal.

Uma vez instaurado o processo administrativo, exige o art. 15 que a comissão processante dê ciência da sua existência ao Ministério Público e ao Tribunal ou Conselho de Contas, que poderão designar representante para acompanhar o procedimento.

Importa notar que as sanções previstas na LIA não podem ser aplicadas em procedimento administrativo instaurado pelos órgãos e entidades estatais para a apuração

---

[452]   Na jurisprudência do STJ, vejam-se: RMS 37.166/SP, 1.ª T., rel. Min. Benedito Gonçalves, *DJe* 15.04.2013 (Informativo STJ 522); RMS 30.510/RJ. 2.ª T., rel. Min. Eliana Calmon, j. 17.12.2009; MS 13.348/DF, 3.ª S., rel. Min. Laurita Vaz, *DJe* 16.09.2009; MS 7.069/DF, 3.ª S., rel. Min. Felix Fischer, *DJ* 12.03.2001. No STF: MS 24.369, rel. Min. Celso de Mello, j. 10.10.2002 (Informativo STF 286).

da prática de atos de improbidade. É dizer, após seu encerramento, deverá ser ajuizada a competente ação de improbidade administrativa para que o magistrado, concluídos os juízos de improbidade e dosimetria, aplique as sanções cabíveis à espécie.

A despeito das regras supracitadas, na prática, são raras as investigações conduzidas pelos órgãos e entidades estatais. A experiência mostra que a esmagadora maioria das representações para apuração de atos de improbidade é endereçada ao Ministério Público, cuja investigação é feita por meio do inquérito civil, procedimento investigatório de natureza inquisitorial, instaurado e presidido, com exclusividade, pelo *Parquet*, com o objetivo de apurar fatos que, em tese, autorizem a propositura de ação civil pública para a proteção do patrimônio público e social, do meio ambiente e de outros interesses difusos e coletivos (CF, art. 129, III).

Noutro giro, pontue-se que o Ministério Público, para apurar qualquer ilícito previsto na LIA, de ofício, a requerimento de autoridade administrativa ou mediante representação formulada de acordo com o disposto no art. 14 desta Lei, poderá instaurar inquérito civil ou procedimento investigativo assemelhado e requisitar a instauração de inquérito policial (art. 22 da LIA).

No ponto, impende destacar que a Lei 14.230/2021, ao dar nova redação ao art. 22 da LIA, excluiu a previsão de que o Ministério Público também pode requisitar a instauração de procedimento administrativo, no âmbito da Administração Pública, para a apuração do ato de improbidade administrativa, que constava do enunciado original da norma.

Diante da nova redação dada ao art. 22 da LIA, pergunta-se: pode o Ministério Público requisitar a instauração desse procedimento administrativo? A resposta é positiva, em razão da atribuição conferida ao *parquet* pelo art. 129, VIII, da CF, para "requisitar diligências investigatórias e a instauração de inquérito policial, indicados os fundamentos jurídicos de suas manifestações processuais". Esse entendimento é reforçado pela Lei 8.625/1993 (Lei Orgânica Nacional do Ministério Público), que prevê como função institucional do Ministério Público "requisitar à autoridade competente a instauração de sindicância ou procedimento administrativo cabível" (art. 26, III).[453]

6.11 TUTELAS PROVISÓRIAS NA LIA

A Lei de Improbidade Administrativa, afinada com a garantia constitucional da efetividade da tutela jurisdicional, prevê duas espécies de medidas cautelares: 1) **indisponibilidade dos bens** (art. 16); e 2) **afastamento do agente público do exercício do cargo, emprego ou função** (art. 20, § 1.º).

Enquanto a primeira é asseguratória do resultado útil da tutela jurisdicional, a segunda tem por finalidade assegurar a normalidade da instrução processual ou evitar a iminente prática de novos ilícitos.

Dada a natureza asseguratória dessas medidas, terão **legitimidade ativa** para deduzir o pedido cautelar em juízo todos os sujeitos que são legitimados a deduzir em juízo o pedido principal, vale dizer, o Ministério Público e as pessoas jurídicas interessadas. No particular, embora a Lei 14.230/2021 tenha restringido a legitimidade ativa para as ações de improbidade administrativa ao Ministério Público, afastando a legitimidade da pessoa jurídica interessada que constava do texto original da LIA, registre-se que o Supremo Tribunal Federal reputou inconstitucional tal restrição e reconheceu a existência de legitimidade ativa concorrente entre Ministério Público e pessoas jurídicas interessadas, do

---

[453] No mesmo sentido: LOMPU (LC 75/1993), art. 38, III.

856 INTERESSES DIFUSOS E COLETIVOS – VOL. 1

que decorre a legitimação concorrente também para os pedidos de tutelas provisórias (STF, ADIs 7.042 e 7.043).[454]

A previsão dessas duas tutelas provisórias típicas na LIA não impede a concessão de outras medidas assecuratórias com base no Código de Processo Civil, que tem aplicação subsidiária. Com efeito, todo o ordenamento jurídico-processual outorga ao magistrado amplos poderes para tutelar os interesses que a ação de improbidade administrativa busca proteger. O poder geral de cautela é ínsito ao próprio exercício da atividade decisória, seja ela judicial ou administrativa. Assim, diante da necessidade do caso concreto, todas as demais medidas de garantia patrimonial (*arresto, arrolamento de bens, registro de protesto contra alienação de bens* – art. 301 do CPC) e probatórias (*produção antecipada de provas*) do sistema processual civil, inclusive admissíveis com base no Poder Geral de Cautela do Juiz (art. 301, *in fine*, do CPC), poderão, desde que presentes os requisitos legais, ser utilizadas a bem da obtenção de provas ou da preservação de bens e direitos tuteláveis pela ação civil de improbidade administrativa. Nesse sentido, em interessante julgado, o Superior Tribunal de Justiça já entendeu possível, no domínio da LIA, a concessão das medidas cautelares inominadas de **suspensão dos contratos administrativos eivados de vícios** e de **proibição de contratar com o sujeito passivo do ato de improbidade administrativa**,[455] com o fim de restabelecer a moralidade, cessar a lesão aos cofres públicos e prevenir a ocorrência de novos ilícitos. Como bem observado pelo relator do acórdão, Min. Herman Benjamin, a proibição de contratar com o poder público municipal, deferida em tutela de urgência, não se confunde com a penalidade prevista no art. 12 da Lei de Improbidade Administrativa, uma vez que seu sentido teleológico está na prevenção dos atos ilícitos indiciados. Noutras palavras, não se trata de medida de caráter retributivo, mas sim assecuratório.[456]

Pontue-se que esse entendimento foi encampado pela Lei 14.230/2021. Desse teor o art. 17, § 6.º-A, da LIA: "O Ministério Público poderá requerer as tutelas provisórias adequadas e necessárias, nos termos dos arts. 294 a 310 da Lei n.º 13.105, de 16 de março de 2015 (Código de Processo Civil)".

Noutro flanco, o Poder Judiciário também poderá conceder, em sede de tutela provisória antecipada (art. 300 do CPC) ou de evidência (art. 311 do CPC), medidas outras de cunho satisfativo. A título de exemplo, poderá o juiz determinar o afastamento do agente público, em sede de tutela de evidência, quando o autor da ação de improbidade administrativa comprovar, documentalmente, uma situação de nepotismo, em afronta à vedação fixada tanto no art. 11, XI, da LIA como na Súmula Vinculante 13 do STF.

No que diz respeito ao **momento**, as medidas cautelares típicas da LIA (arts. 16 e 20, §§ 1.º e 2.º), assim como as outras tutelas de urgência, **podem ser concedidas em caráter antecedente ou incidental**, na forma do art. 294, parágrafo único, do CPC.

O que definirá o manejo prévio ou concomitante do pedido de tutela provisória é o grau de urgência de cada caso.

Sendo possível aguardar-se, sem risco à utilidade das medidas provisórias, o ajuizamento da ação de improbidade administrativa, o pedido de tutela provisória poderá ser formulado incidentalmente, no curso da ação, caso em que será deduzido, como regra, logo no ajuizamento da ação, conjuntamente aos demais pedidos formulados na petição inicial (caráter incidental).

---

[454] A legitimação ativa para a ação civil de improbidade administrativa é tratada no item 6.12.3.

[455] REsp 1.779.976/GO, 2.ª T., rel. Min. Herman Benjamin, j. 23.02.2021.

[456] No mesmo sentido: REsp 1.385.582/RS, 2.ª T., rel. Min. Herman Benjamin, *DJe* 1.º.10.2013.

CAP. 6 – IMPROBIDADE ADMINISTRATIVA | 857

Do contrário, havendo risco de que, aguardando-se o ajuizamento da ação de improbidade administrativa, a efetividade das medidas provisórias (cautelares ou antecipadas) possa restar comprometida, deverão ser deduzidos os pleitos de tutela provisória antes da propositura da ação de improbidade administrativa (caráter antecedente).

Registre-se que as tutelas de urgência na LIA admitem a concessão de **liminar** *inaudita altera parte* (CPC, art. 300, § 2.º), hipótese em que a medida será decretada antes mesmo do recebimento da petição inicial.[457]

A possibilidade de determinação de tutelas provisórias *inaudita altera parte* constitui consectário lógico da doutrina dos poderes implícitos amplamente reconhecida pelo STF para os mais diversos tipos de procedimento administrativo.[458] No ponto, interessa ressaltar que é **desnecessária a oitiva prévia de representantes judiciais da pessoa jurídica de direito público** para a concessão de liminares em ação de improbidade administrativa, pois esta espécie de ação não se direciona a impugnar ato administrativo da pessoa jurídica de direito público, mas sim atos praticados por agentes públicos em prejuízo do patrimônio da entidade lesada.

Conforme visto no Capítulo 2, o art. 2.º da Lei 8.437/1992 impõe a instalação do contraditório previamente à apreciação de qualquer liminar requerida em face de pessoa jurídica de direito público, com vistas a evitar graves prejuízos ao Poder Público. Ora, se considerarmos que as liminares nas ações de improbidade administrativa são requeridas não em face da pessoa jurídica de direito público – vítima do ato de improbidade –, mas sim dos agentes públicos ímprobos, e sempre com o objetivo de resguardar o patrimônio público, é imperativa a conclusão de que a regra prevista no supracitado dispositivo legal não se aplica a esta espécie de ação civil pública.[459]

Nesse sentido, aliás, consolidou-se a jurisprudência do STJ:

> Administrativo. Ação civil pública. Improbidade administrativa. Liminar. Indisponibilidade de bens. Prévia audiência de representante judicial da pessoa jurídica de direito público. Art. 2.º da Lei 8.437/1992. Inaplicabilidade. Recurso especial provido. 1. O art. 2.º da Lei 8.437/1992, que dispõe sobre a necessidade de prévia audiência do representante judicial da pessoa jurídica de direito público para concessão de liminar em ação civil pública, não se aplica a hipóteses em que a medida não atinge bens ou interesses da referida entidade. 2. Recurso especial a que se dá provimento.[460]

Dada a natureza constritiva das cautelares previstas nos arts. 16 (indisponibilidade de bens) e 20, §§ 1.º e 2.º (afastamento do agente público do exercício do cargo, emprego ou função), da LIA, uma vez efetivada a medida, o pedido principal terá de ser formulado pelo autor no prazo de 30 dias, nos mesmos autos em que deduzido o pedido de tutela cautelar antecedente, sob pena de perda da eficácia da medida (art. 308 do CPC).[461]

---

[457] É esse o entendimento do STJ: AgRg no AREsp 20.853/SP, 1.ª T., rel. Min. Benedito Gonçalves, j. 21.06.2012; REsp 1.078.640/ES, 1.ª T., rel. Min. Luiz Fux, j. 09.03.2010; e REsp 1.040.254/CE, 1.ª T., rel. Min. Denise Arruda, *DJe* 02.02.2010.

[458] STF, ADI 2.797/DF. Por todos: STF, MS 33.092/DF, 2.ª T., rel. Min. Gilmar Mendes, j. 24.03.2015, *DJE* 17.08.2015; STF, MS 32.494 MC/DF, rel. Min. Celso de Mello, decisão monocrática, j. 11.11.2013, *DJE* 13.11.2013; MS 24.510/DF, Tribunal Pleno, rel. Min. Ellen Gracie, voto do Min. Celso de Mello, j. 19.11.2003, *DJ* 19.03.2004.

[459] No sentido do texto, vejam-se: FERRARESI, Eurico. *Improbidade Administrativa*: Lei 8.429/92 Comentada. São Paulo: Método, 2011. p. 60; SANTOS, Carlos Frederico Brito dos. *Improbidade Administrativa*. 2. ed. Rio de Janeiro: Forense, 2009. p. 35; e NEVES, Daniel Amorim Assumpção; OLIVEIRA, Rafael Carvalho Rezende. *Manual de Improbidade Administrativa*. São Paulo: Método, 2012. p. 256.

[460] REsp 1.038.467/SP, 1.ª T., rel. Min. Teori Albino Zavascki, *DJe* 20.05.2009. No mesmo sentido: REsp 1.018.614/PR, rel. Min. Eliana Calmon, j. 17.06.2008.

[461] É oportuno registrar que, para os fins das cautelares antecedentes e constritivas, o prazo de 30 dias para a formulação do pedido principal pela via da ação de improbidade administrativa tem início na data da efetivação (cumprimento) da medida cautelar (data da averbação da indisponibilidade na matrícula do bem, data do bloqueio de ativos, data do afastamento da função), e não da data do deferimento da medida.

858 | INTERESSES DIFUSOS E COLETIVOS – VOL. 1

Anote-se, por último, que, se o juiz de primeira instância prolatar uma sentença condenatória, poderá o autor da ação de improbidade administrativa pleitear, perante o ofício do registro imobiliário, a instituição da hipoteca judiciária sobre os bens de raiz do agente ímprobo, nos termos do art. 495 do CPC, com vistas a garantir o pagamento dos valores fixados a título de reparação, acréscimo patrimonial indevido ou multa civil.

6.11.1 Indisponibilidade de bens

6.11.1.1 Introdução

Desse teor o art. 16 da LIA:

Art. 16. Na ação por improbidade administrativa poderá ser formulado, em caráter antecedente ou incidente, pedido de indisponibilidade de bens dos réus, a fim de garantir a integral recomposição do erário ou do acréscimo patrimonial resultante de enriquecimento ilícito. (Redação dada pela Lei 14.230, de 2021)

§ 1.º (Revogado). (Redação dada pela Lei 14.230, de 2021)

§ 1.º-A. O pedido de indisponibilidade de bens a que se refere o *caput* deste artigo poderá ser formulado independentemente da representação de que trata o art. 7.º desta Lei. (Incluído pela Lei 14.230, de 2021)

§ 2.º Quando for o caso, o pedido de indisponibilidade de bens a que se refere o *caput* deste artigo incluirá a investigação, o exame e o bloqueio de bens, contas bancárias e aplicações financeiras mantidas pelo indiciado no exterior, nos termos da lei e dos tratados internacionais. (Redação dada pela Lei 14.230, de 2021)

§ 3.º O pedido de indisponibilidade de bens a que se refere o *caput* deste artigo apenas será deferido mediante a demonstração no caso concreto de perigo de dano irreparável ou de risco ao resultado útil do processo, desde que o juiz se convença da probabilidade da ocorrência dos atos descritos na petição inicial com fundamento nos respectivos elementos de instrução, após a oitiva do réu em 5 (cinco) dias. (Incluído pela Lei 14.230, de 2021)

§ 4.º A indisponibilidade de bens poderá ser decretada sem a oitiva prévia do réu, sempre que o contraditório prévio puder comprovadamente frustrar a efetividade da medida ou houver outras circunstâncias que recomendem a proteção liminar, não podendo a urgência ser presumida. (Incluído pela Lei 14.230, de 2021)

§ 5.º Se houver mais de um réu na ação, a somatória dos valores declarados indisponíveis não poderá superar o montante indicado na petição inicial como dano ao erário ou como enriqueci-mento ilícito. (Incluído pela Lei 14.230, de 2021)

§ 6.º O valor da indisponibilidade considerará a estimativa de dano indicada na petição inicial, permitida a sua substituição por caução idônea, por fiança bancária ou por seguro-garantia judicial, a requerimento do réu, bem como a sua readequação durante a instrução do processo. (Incluído pela Lei 14.230, de 2021)

§ 7.º A indisponibilidade de bens de terceiro dependerá da demonstração da sua efetiva concor-rência para os atos ilícitos apurados ou, quando se tratar de pessoa jurídica, da instauração de incidente de desconsideração da personalidade jurídica, a ser processado na forma da lei proces-sual. (Incluído pela Lei 14.230, de 2021)

§ 8.º Aplica-se à indisponibilidade de bens regida por esta Lei, no que for cabível, o regime da tutela provisória de urgência da Lei n.º 13.105, de 16 de março de 2015 (Código de Processo Civil). (Incluído pela Lei 14.230, de 2021)

§ 9.º Da decisão que deferir ou indeferir a medida relativa à indisponibilidade de bens caberá agravo de instrumento, nos termos da Lei n.º 13.105, de 16 de março de 2015 (Código de Processo Civil). (Incluído pela Lei 14.230, de 2021)

§ 10. A indisponibilidade recairá sobre bens que assegurem exclusivamente o integral ressarcimento do dano ao erário, sem incidir sobre os valores a serem eventualmente aplicados a título de multa civil ou sobre acréscimo patrimonial decorrente de atividade lícita. (Incluído pela Lei 14.230, de 2021)

§ 11. A ordem de indisponibilidade de bens deverá priorizar veículos de via terrestre, bens imóveis, bens móveis em geral, semoventes, navios e aeronaves, ações e quotas de sociedades simples e empresárias, pedras e metais preciosos e, apenas na inexistência desses, o bloqueio de contas bancárias, de forma a garantir a subsistência do acusado e a manutenção da atividade empresária ao longo do processo. (Incluído pela Lei 14.230, de 2021)

§ 12. O juiz, ao apreciar o pedido de indisponibilidade de bens do réu a que se refere o *caput* deste artigo, observará os efeitos práticos da decisão, vedada a adoção de medida capaz de acarretar prejuízo à prestação de serviços públicos. (Incluído pela Lei 14.230, de 2021)

§ 13. É vedada a decretação de indisponibilidade da quantia de até 40 (quarenta) salários mínimos depositados em caderneta de poupança, em outras aplicações financeiras ou em conta-corrente. (Incluído pela Lei 14.230, de 2021)

§ 14. É vedada a decretação de indisponibilidade do bem de família do réu, salvo se comprovado que o imóvel seja fruto de vantagem patrimonial indevida, conforme descrito no art. 9.º desta Lei.

Com ressonância no texto constitucional (art. 37, § 4.º), a cautelar de indisponibilidade dos bens, como o próprio nome indica, impede a livre disposição dos bens pelo réu, obstando a prática de qualquer ato jurídico que implique a transferência de domínio.

A possibilidade de manejo da cautelar de indisponibilidade de bens na esfera de improbidade administrativa está prevista expressamente no art. 37, § 4.º, da Constituição Federal, que delegou ao legislador ordinário a missão de definir o seu regime jurídico.

Em atenção ao comando constitucional, a Lei 8.429/1992 disciplinou originalmente a cautelar em exame em seu art. 7.º. Contudo, a partir da reforma promovida na LIA pela Lei 14.230/2021, a cautelar de indisponibilidade de bens passou a ser disciplinada no art. 16 da LIA.

Pontue-se que o art. 16 da LIA, em sua redação original, tratava da cautelar de sequestro, que também se destinava a assegurar o integral ressarcimento do dano ou a restituição dos acréscimos patrimoniais obtidos ilicitamente, e deveria recair sobre coisa certa, determinada.

Agora, a Lei 14.230/2021 suprimiu a cautelar de sequestro do texto da LIA, de onde se conclui que o novo regime jurídico dispensado à cautelar de indisponibilidade de bens no art. 16 passa a englobar o extinto modelo da cautelar de sequestro, representando, na prática, o bloqueio de bens e direitos, com ou sem apreensão, para se garantir o resultado útil de uma eventual condenação, impedindo que o réu deles disponha até a solução final da ação de improbidade administrativa.

Em vigor desde o ano de 2016, o CPC de 2015 extinguiu o processo cautelar como forma de prestação jurisdicional específica. Logo, não há mais que se falar em ação cautelar preparatória ou ação cautelar incidental. A partir da entrada em vigor do atual CPC, tanto as tutelas cautelares, de conteúdo conservativo, como as tutelas antecipatórias, de conteúdo satisfativo, são consideradas espécies de tutela de urgência e estão reguladas na Parte Geral, Livro V, Título II.

Os requisitos necessários à concessão de cada uma são os mesmos, a saber, a **probabilidade do direito** e o **perigo de dano ou o risco ao resultado útil do processo** (art. 300).

Assim, toda tutela cautelar – como é o caso da indisponibilidade de bens do art. 16 da LIA – é de **urgência**, de onde se conclui que a existência de uma situação de perigo é condição indispensável para a concessão da medida em exame, ainda que a jurisprudência amplamente dominante, porém, anterior à Lei 14.230/2021, entendesse que o *periculum in mora* era presumido (Tema 701 – STJ).

No caso das tutelas cautelares, conforme visto, poderão ser concedidas em caráter antecedente ou incidental (art. 294, parágrafo único), mas sempre nos mesmos autos em que é deduzido o pedido principal.

Isso, aliás, é o que se extrai da nova redação dada ao art. 16, *caput*, da LIA:

> **Art. 16.** Na ação por improbidade administrativa poderá ser formulado, em caráter antecedente ou incidente, pedido de indisponibilidade de bens dos réus, a fim de garantir a integral recomposição do erário ou do acréscimo patrimonial resultante de enriquecimento ilícito. (Redação dada pela Lei 14.230, de 2021)

Reprise-se que a indisponibilidade de bens, como toda e qualquer medida de urgência, admite a concessão de liminar *inaudita altera parte* (CPC, art. 300, § 2.º), hipótese em que a medida será decretada antes mesmo do recebimento da petição inicial. Esse entendimento, que já vinha sendo adotado pela jurisprudência majoritária do STJ,[462] foi encampado pela Lei 14.230/2021, que inseriu a seguinte regra no art. 16, § 4.º, da LIA:

> **Art. 16. (...) § 4.º** A indisponibilidade de bens poderá ser decretada sem a oitiva prévia do réu, sempre que o contraditório prévio puder comprovadamente frustrar a efetividade da medida ou houver outras circunstâncias que recomendem a proteção liminar, não podendo a urgência ser presumida. (Incluído pela Lei 14.230, de 2021)

É valido afirmar, então, que o Ministério Público ou a pessoa jurídica lesada (STF, ADIs 7.042 e 7.043) podem pleitear a concessão da indisponibilidade de bens do investigado ou réu liminarmente, seja em cautelar requerida antecedentemente, seja em cautelar requerida incidentalmente aos pleitos principais da ação de improbidade administrativa.

Por outro lado, cabe destacar que **a representação da autoridade administrativa, prevista no art. 7.º, *caput*, da LIA, não condiciona a atuação do Ministério Público**. Como bem ensina a doutrina,[463] o Ministério Público pode requerer a indisponibilidade dos bens do agente ímprobo mesmo sem a citada representação, quando tomar conhecimento, por outros meios (ex.: imprensa, inquérito policial, expediente do Tribunal de Contas etc.), dos fatos que ensejam o seu cabimento. O deferimento do pedido ministerial, portanto, depende tão somente do preenchimento dos requisitos legais da medida cautelar. A nova redação do art. 16, § 1.º-A, conforme Lei 14.230/2021, ratifica o dantes posto: "O pedido de indisponibilidade de bens a que se refere o *caput* deste artigo poderá ser formulado independentemente da representação de que trata o art. 7.º desta Lei".

Uma característica importante da cautelar em exame é a sua **acessoriedade**. Com efeito, ainda que concedida em caráter antecedente (procedimento autônomo – arts. 305/310 do CPC), a indisponibilidade de bens da LIA só se justifica em função de um pedido principal (de conhecimento ou de execução), do qual é subordinado.

Por se tratar de medida acessória, a decisão do pedido principal substitui a decisão cautelar relativa à indisponibilidade de bens, o que significa dizer que, em caso de procedência do pedido principal, com reconhecimento da prática do ato de improbidade administrativa, a medida constritiva persiste; do contrário, se o juízo de improbidade na sentença for negativo, a medida cautelar perde efeito, liberando-se os bens do demandado.

---

[462] AgRg no AREsp 20.853/SP, 1.ª T., rel. Min. Benedito Gonçalves, j. 21.06.2012; REsp 1.078.640/ES, 1.ª T., rel. Min. Luiz Fux, j. 09.03.2010; e REsp 1.040.254/CE, 1.ª T., rel. Min. Denise Arruda, *DJe* 02.02.2010.

[463] FERRARESI, Eurico. *Improbidade Administrativa*: Lei 8.429/92 Comentada. São Paulo: Método, 2011. p. 54.

Outra característica a ser destacada é a **revogabilidade** ou **mutabilidade** da cautelar de indisponibilidade de bens. Toda e qualquer medida cautelar conserva sua eficácia na pendência do processo, mas pode, a qualquer tempo, ser modificada ou revogada, nos termos do art. 296, *caput*, do CPC. Tal característica decorre da provisoriedade da tutela cautelar, que, fundada em cognição sumária, pode vir a ser revogada – se se constatar, posteriormente, que não se encontram presentes os requisitos que autorizam a sua concessão – ou modificadas – se, depois de concedida, verificar-se que a situação fática sobre a qual incide a medida não é exatamente aquela que o magistrado pensou existir, quando examinara a questão inicialmente.

Assim, a cautelar de indisponibilidade de bens é, além de revogável, modificável qualitativa (substituição do objeto da constrição) ou quantitativamente (redução ou ampliação do objeto da constrição).

A mutabilidade da indisponibilidade de bens é reforçada pelo § 6.º do art. 16, inserido na LIA pela Lei 14.230/2021. Veja-se:

> **Art. 16. (...) § 6.º** O valor da indisponibilidade considerará a estimativa de dano indicada na petição inicial, permitida a sua substituição por caução idônea, por fiança bancária ou por seguro-garantia judicial, a requerimento do réu, bem como a sua readequação durante a instrução do processo.

Nos termos do § 9.º do art. 16, da **decisão que deferir ou indeferir a medida relativa à indisponibilidade de bens caberá agravo do instrumento**.

Por último, anote-se que o pedido de indisponibilidade de bens poderá incluir a investigação, o exame e o bloqueio de bens, contas bancárias e aplicações financeiras mantidas pelo investigado ou réu no exterior, nos termos da lei e dos tratados internacionais (art. 16, § 2.º).

6.11.1.2 Hipóteses de cabimento

Não há nenhuma dúvida a respeito do cabimento da cautelar de indisponibilidade de bens às modalidades de improbidade administrativa previstas nos arts. 9.º (enriquecimento ilícito) e 10 (prejuízo ao erário) da LIA, haja vista que nestas hipóteses, à luz do art. 12, I e II, da LIA, sempre haverá dano ao patrimônio público ou acréscimo patrimonial ilícito a reverter.

Questão interessante é saber se a cautelar em estudo também poderá ser aplicada em desfavor do agente público que pratica o ato de improbidade previsto no art. 11 (ofensa a princípios da administração pública).

Antes da reforma promovida na LIA pela Lei 14.230/2021, existiam dois principais entendimentos sobre esse tema.

Para parcela da doutrina,[464] a indisponibilidade dos bens só teria cabimento em relação aos atos de improbidade que importassem em enriquecimento ilícito (art. 9.º) ou lesão ao erário (art. 10), porquanto apenas nestas modalidades haveria dano ao erário a reparar ou acréscimo patrimonial a reverter.

Outros,[465] contudo, defendiam a ideia de que a indisponibilidade de bens poderia ser decretada em desfavor do agente que praticasse qualquer das modalidades de improbidade administrativa, inclusive a do art. 11 (ofensa a princípios da administração pública). Nesse

---

[464] PAZZAGLINI FILHO, Marino. *Lei de Improbidade Administrativa Comentada.* São Paulo: Atlas, 2002. p. 156; e FERRARESI, Eurico. *Improbidade Administrativa*: Lei 8.429/92 Comentada. São Paulo: Método, 2011. p. 57.

[465] Entre outros, vejam-se: MARTINS JÚNIOR, Wallace Paiva. *Probidade Administrativa.* 4. ed. São Paulo: Saraiva, 2009. p. 452; MARQUES, Sílvio Antônio. *Improbidade Administrativa*: Ação Civil e Cooperação Jurídica Internacional. São Paulo:

sentido, argumentava-se que o art. 7.º da LIA submetia a indisponibilidade de bens à ocorrência de "lesão ao patrimônio público", expressão que devia ser interpretada em seu sentido mais amplo, de modo a abarcar também a parcela não econômica do patrimônio público. Exemplificativamente, numa hipótese de improbidade administrativa ambiental, que resultasse em dano ao patrimônio cultural, a cautelar de indisponibilidade poderia ser empregada para assegurar a futura reparação desse dano, que alcança a parcela não econômica do patrimônio público, sob o influxo do próprio art. 12, III, da LIA, que em sua redação original também previa o ressarcimento do dano na hipótese de o ato de improbidade ser tipificado no art. 11.

Em reforço ao entendimento de que a cautelar em exame também podia ser utilizada na modalidade do art. 11 da LIA, o Superior Tribunal de Justiça vinha admitindo o emprego da indisponibilidade de bens para assegurar a futura execução da multa civil, como sanção autônoma. Na visão da Corte Superior, a *mens legis* é que a indisponibilidade recaia sobre tantos bens quantos forem suficientes a assegurar todas as consequências financeiras da suposta improbidade.

Admitia-se, assim, o manejo da cautelar de indisponibilidade de bens para assegurar a recomposição do patrimônio público lesado e a reversão dos bens acrescidos ilicitamente ao patrimônio do agente ímprobo, bem como para garantir o pagamento da multa civil que seria imposta pela violação dos arts. 9.º, 10 e 11 da LIA.

Esse entendimento foi pacificado na jurisprudência do Superior Tribunal de Justiça no julgamento do Tema 1.055, no qual se fixou a seguinte tese:

> É possível a inclusão do valor de eventual multa civil na medida de indisponibilidade de bens decretada na ação de improbidade administrativa, inclusive naquelas demandas ajuizadas com esteio na alegada prática de conduta prevista no art. 11 da Lei 8.429/1992, tipificador da ofensa aos princípios nucleares administrativos (1.ª Seção, j. 25.08.2021).

A Lei 14.230/2021, contudo, caminhou em sentido contrário. Desse teor o § 10 do art. 16 da LIA:

> **Art. 16. (...) § 10.** A indisponibilidade recairá sobre bens que assegurem exclusivamente o integral ressarcimento do dano ao erário, sem incidir sobre os valores a serem eventualmente aplicados a título de multa civil ou sobre acréscimo patrimonial decorrente de atividade lícita.

A regra em destaque, ao vedar expressamente a possibilidade de manejo da cautelar de indisponibilidade de bens para assegurar a futura execução da multa civil, prejudicou o entendimento pacificado pelo STJ no Tema 1.055.

Se não bastasse, verifica-se que a substituição das expressões "lesão ao patrimônio público" e "integral ressarcimento do dano", empregadas na redação original do art. 7.º da LIA, que tratava da cautelar de indisponibilidade de bens, pelas expressões "integral recomposição do erário" e "integral ressarcimento do dano ao erário", utilizadas no novo art. 16 da LIA, deixa clara a diretriz da Lei 14.230/2021 de reservar o emprego da cautelar de indisponibilidade de bens para as hipóteses em que o ato de improbidade administrativa repercutir negativamente na parcela econômica do patrimônio público.

A partir da reforma promovida pela Lei 14.230/2021, portanto, a cautelar de indisponibilidade de bens só pode ser utilizada nas hipóteses dos arts. 9.º (enriquecimento

---

Saraiva, 2010. p. 177; e GARCIA, Emerson; ALVES, Rogério Pacheco. *Improbidade Administrativa*. 4. ed. Rio de Janeiro: Lumen Juris, 2008. p. 754.

ilícito) e 10 (lesão ao erário) da LIA, para garantir a futura reparação do dano ao erário e/ou a restituição dos valores acrescidos ilicitamente ao patrimônio do agente ímprobo.

Isso não significa dizer, contudo, que nenhuma medida assecuratória poderá ser aplicada no domínio da LIA com vistas a assegurar o futuro pagamento da multa civil.

Conforme decidido pelo STF no julgamento da ADI 4.296/DF (j. 09.06.2021), nenhuma lei pode criar óbices ou vedações ao exercício do poder geral de cautela do juiz, sob pena de ofensa à garantia de pleno acesso à jurisdição.

Assim, a despeito da vedação legal à concessão da indisponibilidade de bens para garantia da multa civil (art. 16, § 10, da LIA), será possível o manejo supletivo da cautelar inominada prevista nos arts. 300 e 301 do CPC, para o fim de preservar, no patrimônio do agente ímprobo, bens que bastem para o futuro pagamento da multa civil, seja na forma de arresto, seja por protesto contra a alienação de bens, sem prejuízo da hipoteca judiciária garantidora do pagamento após a condenação em primeiro grau.[466] Para tanto, deverá ser comprovada a existência de fundados indícios da prática do ato de improbidade administrativa (*fumus boni iuris*), bem como a prática de atos (ou a sua tentativa) que induzam a conclusão de risco de alienação, oneração ou dilapidação patrimonial de bens do acionado (*periculum in mora*).

Em reforço a esse entendimento, remarque-se que o art. 17, § 6.º-A, da LIA, inserido pela Lei 14.230/2021, admite expressamente a possibilidade de os legitimados ativos para a ação de improbidade administrativa pleitearem as tutelas provisórias adequadas e necessárias, nos termos dos arts. 294 a 310 do CPC, o que torna estreme de dúvidas a possibilidade do manejo de cautelares inominadas na esfera de improbidade administrativa.

Forte nas mesmas premissas, também será possível o manejo de cautelares inominadas para preservar, no patrimônio do agente ímprobo, bens que bastem para garantir: (i) a futura execução de sentença condenatória por **danos morais ou sociais**;[467] e (ii) a futura execução de sentença condenatória por **danos à parcela não econômica do patrimônio público**.

Por último, registre-se que o § 10 do art. 16 da LIA veda que a indisponibilidade de bens incida sobre o acréscimo patrimonial decorrente de **atividade lícita**. Essa norma precisa ser bem interpretada. A *ratio legis* é excluir do alcance da cautelar em exame os rendimentos lícitos percebidos pelo agente ímprobo.

Exemplificativamente, se uma empresa é contratada diretamente por um município, fora das hipóteses legais de dispensa de licitação, para prestar determinado serviço por preço superior à média do mercado (sobrepreço), poderá ser responsabilizada pela prática de ato lesivo ao erário (art. 10 da LIA). Nessa situação hipotética, desde que preenchidos os requisitos legais, poderá ser decretada a indisponibilidade dos bens dessa empresa, na proporção necessária à reparação do dano ao erário, representado pelo sobrepreço. O valor da indisponibilidade considerará a estimativa de dano indicada na petição inicial e não englobará bens e valores decorrentes de atividade lícita da acionada, como eventuais receitas advindas de outros contratos legalmente celebrados com o ente lesado.

Por outro lado, a indisponibilidade de bens poderá alcançar não apenas a vantagem patrimonial acrescida ilicitamente ao patrimônio do agente ímprobo, como também qualquer bem ou valor que constitua proveito auferido pelo agente em decorrência dessa vantagem. É isso, aliás, o que se extrai do art. 16, § 14, da LIA: "É vedada a decretação

---

[466] Em igual sentido: BUENO, Cassio Scarpinella. *Curso Sistematizado de Direito Processual Civil*. São Paulo: Saraiva, 2010. v. 2, t. 3, p. 187.

[467] GAJARDONI, Fernando da Fonseca *et al*. *Comentários à Lei de Improbidade Administrativa*: Lei 8.429/1992, com as alterações da Lei 14.230/2021. 6. ed. São Paulo: Revista dos Tribunais, 2023. p. 323.

de indisponibilidade do bem de família do réu, salvo se comprovado que o imóvel seja fruto de vantagem patrimonial indevida, conforme descrito no art. 9.º desta Lei".

Pense-se, por exemplo, num caso envolvendo o vereador de um determinado município, que recebe propina para aprovar um projeto de lei do interesse de um determinado grupo econômico (art. 9.º da LIA). Na sequência, esse vereador aplica o valor correspondente à propina no mercado financeiro e obtém excelentes rendimentos. Por óbvio, a ilicitude da propina contamina os rendimentos por ele obtidos no mercado financeiro, que também poderão ser alcançados pela indisponibilidade de bens.

6.11.1.3 Pressupostos

A decretação da indisponibilidade dos bens do agente ímprobo exige os pressupostos gerais das medidas de cautela, quais sejam o *fumus boni iuris* e o *periculum in mora*, previstos no art. 300, *caput*, do CPC e no § 3.º do art. 16 da LIA, inserido pela Lei 14.230/2021, que dispõe, *in verbis*:

> **Art. 16. (...) § 3.º** O pedido de indisponibilidade de bens a que se refere o *caput* deste artigo apenas será deferido mediante a demonstração no caso concreto de perigo de dano irreparável ou de risco ao resultado útil do processo, desde que o juiz se convença da probabilidade da ocorrência dos atos descritos na petição inicial com fundamento nos respectivos elementos de instrução, após a oitiva do réu em 5 (cinco) dias.

Em qualquer hipótese, cumpre ao requerente comprovar o pressuposto do *fumus boni iuris* (verossimilhança do direito invocado), que na espécie corresponde à existência de fundados indícios da prática do ato de improbidade administrativa.[468] Não se exige prova concludente, mas sim elementos de prova capazes de levar o intérprete à firme convicção de que a conduta imputada ao investigado ou réu representa afronta à probidade administrativa. A probabilidade da ocorrência do ilícito, portanto, é suficiente para a concessão da medida.

Já em relação ao *periculum in mora,* há certa polêmica sobre a necessidade de sua comprovação.

Antes da reforma promovida na LIA pela Lei 14.230/2021, havia dois principais entendimentos sobre o tema.

Alguns entendiam necessária a demonstração da existência real de *periculum in mora*. Isto é, a medida só se justificaria quando demonstrada a prática de algum comportamento indicativo de que o agente público pretendia dispor de seu patrimônio.[469]

Outros, contudo, entendiam que a demonstração do *periculum in mora* concreto era desnecessária. Em outras palavras, **o perigo de dano era presumido**, e essa característica era própria da medida constritiva, assentada em fundamento constitucional expresso (art. 37, § 4.º).[470]

Esse segundo entendimento acabou prevalecendo na jurisprudência da 1.ª Seção do STJ, a partir do julgamento do REsp 1.319.515/ES, consolidado em julgamento de Recurso Especial Repetitivo (**Tema 701**),[471] no qual restou firmada a seguinte tese:

---

[468] Cf. STJ, REsp 1.203.133/MT, 2.ª T., rel. Min. Castro Meira, j. 21.10.2010.

[469] PAZZAGLINI FILHO, Marino. *Lei de Improbidade Administrativa Comentada*. São Paulo: Atlas, 2002. p. 158. Em igual sentido: STJ, REsp 469.366/PR, 2.ª T., rel. Min. Eliana Calmon, *DJU* 02.06.2003.

[470] *Nesse sentido*, entre outros, vejam-se: ZAVASCKI, Teori Albino. *Processo Coletivo: Tutela de Direitos Coletivos e Tutela Coletiva de Direitos*. 4. ed. São Paulo: RT, 2009. p. 116; e BEDAQUE, José Roberto dos Santos. Tutela Jurisdicional Cautelar e Atos de Improbidade Administrativa. In: BUENO, Cassio Scarpinella; PORTO FILHO, Pedro Paulo de Rezende (coord.). *Improbidade Administrativa*: Questões Polêmicas e Atuais. 2. ed. São Paulo: Malheiros, 2003. p. 303.

[471] REsp 1.366.721/BA, sob o rito dos recursos repetitivos, rel. p/ acórdão Min. Og Fernandes, j. 26.02.2014.

É possível a decretação da "indisponibilidade de bens do promovido em Ação Civil Pública por Ato de Improbidade Administrativa, quando ausente (ou não demonstrada) a prática de atos (ou a sua tentativa) que induzam a conclusão de risco de alienação, oneração ou dilapidação patrimonial de bens do acionado, dificultando ou impossibilitando o eventual ressarcimento futuro".

Para a 1.ª Seção, era desnecessário demonstrar concretamente o *periculum in* mora, porque a indisponibilidade dos bens prevista na LIA e na Constituição Federal é uma daquelas hipóteses em que a existência do perigo de dano está implícita no próprio comando legal, em razão da gravidade do ato e da necessidade de garantir o ressarcimento do dano causado ao patrimônio público em caso de condenação.

Esse cenário muda substancialmente a partir do advento da Lei 14.230/2021, que inaugurou um novo regime jurídico para a cautelar de indisponibilidade de bens.

Nos termos do novel § 3.º do art. 16 da LIA, para a concessão da medida de urgência em exame, faz-se necessária a demonstração, no caso concreto, da existência de perigo de dano irreparável ou de risco ao resultado útil do processo.

Se não bastasse, o § 4.º do mesmo dispositivo, ao prever a possibilidade de concessão liminar da medida de indisponibilidade de bens, veda expressamente a presunção da urgência. Veja-se:

> **Art. 16. (...) § 4.º** A indisponibilidade de bens poderá ser decretada sem a oitiva prévia do réu, sempre que o contraditório prévio puder comprovadamente frustrar a efetividade da medida ou houver outras circunstâncias que recomendem a proteção liminar, **não podendo a urgência ser presumida** (grifamos).

A nova disciplina da cautelar em exame impõe ao requerente o ônus de demonstrar, em cada caso concreto, a prática de atos (ou a sua tentativa) que induzam a conclusão de risco de alienação, oneração ou dilapidação patrimonial de bens do acionado, dificultando ou impossibilitando o eventual ressarcimento futuro (*periculum in mora* **concreto**). Em outros termos, não há mais espaço para presunção de perigo de dano.[472]

A partir da vigência da Lei 14.230/2021, portanto, restou prejudicada a tese firmada pelo STJ no Tema Repetitivo 701.

6.11.1.4 *Limites materiais*

Em regra – conforme já defendíamos nas edições anteriores deste volume –, a cautelar em exame só pode alcançar **os bens penhoráveis** do demandado, dado que somente em relação a estes será possível promover a execução forçada de sentença condenatória.

Respeitadas as diferenças entre os institutos da indisponibilidade (de natureza cautelar) e da impenhorabilidade (limitativa da responsabilidade patrimonial do causador do dano), não víamos nenhuma utilidade em tornar indisponível um bem impenhorável, justamente pela impossibilidade de sua conversão futura em dinheiro.

Nesse sentido, o Superior Tribunal de Justiça vinha decidindo que as regras de impenhorabilidade previstas no Código de Processo Civil aplicavam-se aos casos de indisponibilidade de bens decretada nos termos da redação original do art. 7.º da LIA.[473]

---

[472] *Vide* o enunciado da Tese 6 da Jurisprudência em Teses 234 do STJ: "A nova redação da Lei n. 8.429/1992, dada pela Lei n. 14.230/2021, passou a exigir a demonstração do requisito da urgência, além da plausibilidade do direito invocado, para o deferimento da indisponibilidade de bens em sede de ação de improbidade administrativa". Nesse sentido: AgInt no AREsp 2.272.508/RN, 1.ª T., rel. Min. Gurgel de Faria, j. 06.02.2024, *DJe* 21.03.2024 (conferir também o Informativo de Jurisprudência 800).

[473] AgInt no REsp 1.440.849/PA, 1.ª T., rel. Min. Sérgio Kukina, *DJe* 30.05.2018; REsp 1.319.515/ES, 1.ª S., rel. Min. Napoleão Nunes Maia Filho, rel. p/ acórdão Min. Mauro Campbell Marques, *DJe* 21.09.2012.

Esse entendimento foi encampado pela Lei 14.230/2021, que, ao inserir os §§ 13 e 14 no art. 16 da LIA, dispôs ser "vedada a decretação de indisponibilidade da quantia de até 40 (quarenta) salários mínimos depositados em caderneta de poupança, em outras aplicações financeiras ou em conta-corrente", bem como "a decretação de indisponibilidade do bem de família do réu, salvo se comprovado que o imóvel seja fruto de vantagem patrimonial indevida, conforme descrito no art. 9.º desta Lei".

Sobre o novel § 13 do art. 16, vê-se que a norma impõe restrição mais ampla do que aquela fixada no art. 833, X, do CPC, que prevê a impenhorabilidade de até 40 salários mínimos depositados somente na poupança. A rigor, essa ampliação da vedação não representa nenhuma grande novidade. Ao contrário, a norma apenas encampou a jurisprudência do STJ, que já promovia uma interpretação extensiva ao art. 833, X, do CPC, em matéria de indisponibilidade de bens.

Para a Corte Superior, mesmo antes da reforma da LIA, a medida constritiva de indisponibilidade de bens não incidia sobre valores inferiores a 40 salários mínimos depositados em caderneta de poupança, em aplicações financeiras ou em conta-corrente, ressalvadas as hipóteses de comprovada má-fé, de abuso de direito, de fraude ou de os valores serem produto da conduta ímproba.[474]

Contudo, existem situações excepcionais nas quais a indisponibilidade poderá incidir sobre bens impenhoráveis:

1.ª) quando sejam fruto de vantagem patrimonial indevida, *ex vi* do art. 16, § 14, da LIA. Exemplo: o agente público recebe propina no exercício das funções para praticar um ato de ofício e, na sequência, emprega tal recurso para adquirir seu único imóvel, no qual passa a residir com a família. Embora se trate de bem de família (art. 1.º da Lei 8.009/1990), poderá ser declarado indisponível;

2.ª) quando a conduta ímproba também caracterizar crime, e desde que haja sentença penal condenatória com trânsito em julgado, o bem de família poderá ser declarado indisponível,[475] por força da regra insculpida no art. 3.º, VI, "segunda parte", da Lei 8.009/1990;[476]

3.ª) quando assegurada a subsistência digna do agente ímprobo e de sua família, parte do seu salário poderá ser declarada indisponível, por força do disposto no art. 14, § 3.º, da Lei da Ação Popular (Lei 4.717/1965), aplicável, por analogia, na esfera de improbidade administrativa, em detrimento da vedação prevista no art. 833, IV, do CPC. O percentual do desconto a servir de garantia não poderá exceder a 35% do valor total dos rendimentos do servidor, por aplicação analógica do disposto na Lei 10.820/2003, que autoriza o desconto em folha de 35% do salário para fins de pagamento de empréstimos pessoais firmados por qualquer assalariado celetista do país.[477]

---

[474] Nesse sentido: AgInt no AREsp 1.310.475/SP, 1.ª T., rel. Min. Benedito Gonçalves, j. 09.04.2019; AgInt no REsp 1.427.492/SP, 1.ª T., rel. Min. Benedito Gonçalves, j. 19.03.2019; REsp 1.676.267/SP, 2.ª T., rel. Min. Herman Benjamin, DJe 20.10.2017; AgRg no REsp 1.566.145/RS, 2.ª T., rel. Min. Mauro Campbell Marques, DJe 18.12.2015; EREsp 1.330.567/RS, 2.ª S., rel. Min. Luis Felipe Salomão, DJe 19.12.2014.

[475] Nesse sentido: MARTINS JÚNIOR, Wallace Paiva. *Probidade Administrativa*. 4. ed. São Paulo: Saraiva, 2009. p. 454; e GARCIA, Emerson; ALVES, Rogério Pacheco. *Improbidade Administrativa*. 4. ed. Rio de Janeiro: Lumen Juris, 2008. p. 752.

[476] "Art. 3.º A impenhorabilidade é oponível em qualquer processo de execução civil, fiscal, previdenciária, trabalhista ou de outra natureza, salvo se movido: (...) VI – por ter sido adquirido com produto de crime ou para execução de sentença penal condenatória a ressarcimento, indenização ou perdimento de bens."

[477] No mesmo sentido: GAJARDONI, Fernando da Fonseca *et al. Comentários à Lei de Improbidade Administrativa*: Lei 8.429/1992, com as alterações da Lei 14.230/2021. 6. ed. São Paulo: Revista dos Tribunais, 2023, p. 317. Pontue-se que o STJ já tem relativizado a vedação do art. 833, IV, do CPC, para admitir que mesmo na execução civil de dívida não alimentar seja admitida a penhora quando a hipótese concreta dos autos revelar que o bloqueio de parte da remune-

CAP. 6 – IMPROBIDADE ADMINISTRATIVA | 867

Sublinhe-se que a indisponibilidade dos bens não tem natureza de sanção, mas sim de medida de garantia destinada a assegurar a base patrimonial da futura efetivação de sentença condenatória de reparação dos danos ou de perdimento dos bens acrescidos ilicitamente ao patrimônio do agente ímprobo. E justamente por não se tratar de sanção é que tal medida **pode atingir os bens adquiridos pelo agente anteriormente à prática do ato de improbidade, ou até mesmo ao início da vigência da LIA.**[478] Nesse sentido, aliás, consolidou-se a jurisprudência do STJ:

> A decretação de indisponibilidade de bens em decorrência da apuração de atos de improbidade administrativa deve observar o teor do art. 7.º, parágrafo único, da Lei 8.429/1992, limitando-se a constrição aos bens necessários ao ressarcimento integral do dano, ainda que adquiridos anteriormente ao suposto ato de improbidade, ou até mesmo ao início da vigência da referida lei.[479]

Aproveito para destacar que a jurisprudência do STJ também é firme no sentido de que, nas ações de improbidade administrativa, **a decretação de indisponibilidade não depende da individualização dos bens pelo *Parquet*.**[480]

6.11.1.5 *Cálculo do valor da indisponibilidade*

A indisponibilidade não incide sobre todo o patrimônio do agente ímprobo, limitando-se a constrição aos bens que assegurem o ressarcimento integral do dano ou a restituição dos acréscimos patrimoniais obtidos ilicitamente (art. 16, § 10, da LIA).[481] Essa diretriz é reforçada pela regra fixada no § 6.º do artigo 16 da LIA, segundo a qual o valor da indisponibilidade considerará a **estimativa de dano indicada na petição inicial.**

Em casos de **litisconsórcio passivo**, dispõe o novel § 5.º do art. 16 que a somatória dos valores declarados indisponíveis não poderá superar o montante indicado na petição inicial como dano ao erário ou como enriquecimento ilícito. Essa regra precisa ser bem interpretada.

Vimos que o art. 17-C, § 2.º, da LIA não afasta a solidariedade entre aqueles que concorrem dolosamente para o ato lesivo ao patrimônio público.[482] A cláusula final do preceito normativo, proibitiva de solidariedade, traduz a ideia de que, nos casos de litisconsórcio passivo na ação de improbidade, a solidariedade não se presume, vale dizer, deve haver comprovação de atuação conjunta e com unidade de desígnios para que os réus sejam responsabilizados solidariamente ao ressarcimento do dano.[483]

---

ração não prejudica a subsistência digna do devedor e de sua família. A título de exemplo: EREsp 1.518.169/DF, Corte Especial, rel. Min. Nancy Andrighi, j. 18.10.2018; e EREsp 1.582.475/MG, Corte Especial, rel. Min. Benedito Gonçalves, j. 03.10.2018.

[478] Na doutrina, entre outros: FERRARESI, Eurico. *Improbidade Administrativa*: Lei 8.429/92 Comentada. São Paulo: Método, 2011. p. 65; e MARTINS JÚNIOR, Wallace Paiva. *Probidade Administrativa*. 4. ed. São Paulo: Saraiva, 2009. p. 460.

[479] AgRg no REsp 1.191.497/RS, 2.ª T., rel. Min. Humberto Martins, j. 20.11.2012; No mesmo sentido, confiram-se: REsp 1.078.640/ES, 1.ª T., rel. Min. Luiz Fux, *DJe* 23.03.2010; REsp 1.040.254/CE, 1.ª T., rel. Min. Denise Arruda, j. 15.12.2009, *DJe* 02.02.2010; STJ, REsp 401.437/SP, 2.ª T., rel. Min. João Otávio de Noronha, j. 16.10.2007; REsp 439.918/SP, 1.ª T., rel. Min. Denise Arruda, j. 03.11.2005; AgRg na MC 11.139/SP, 1.ª T., rel. Min. Francisco Falcão, *DJ* 27.03.2006; e REsp 781.431/BA, 1.ª T., rel. Min. Francisco Falcão, j. 28.11.2006.

[480] AgRg no REsp 1.311.013/RO, 2.ª T., rel. Min. Humberto Martins, j. 04.12.2012; AgRg no REsp 1.307.137/BA, 2.ª T., rel. Min. Mauro Campbell Marques, j. 25.09.2012; e REsp 1.177.290/MT, 2.ª T., rel. Min. Herman Benjamin, j. 22.06.2010.

[481] REsp 1.161.049/PA, rel. Min. Sérgio kukina, 1.ª T., j. 18.09.2014; e REsp 226.863/GO, 1.ª T., rel. Min. Humberto Gomes de Barros, *DJ* 04.09.2000.

[482] "Art. 17-C (...) § 2.º Na hipótese de litisconsórcio passivo, a condenação ocorrerá no limite da participação e dos benefícios diretos, vedada qualquer solidariedade."

[483] No mesmo sentido: MARTINS JUNIOR, Wallace Paiva; MAGALHÃES JUNIOR, Alexandre Alberto de; OLIVEIRA, Beatriz Lopes de. *Lei de Improbidade Administrativa comentada*. São Paulo: Juspodivm, 2023. p. 277.

INTERESSES DIFUSOS E COLETIVOS – VOL. 1

Da conjugação desses dispositivos, conclui-se que o limite divisado no § 5.º do art. 16 deve ser observado no momento da efetivação da indisponibilidade, e não no da sua decretação. Afinal, somente depois do cumprimento da ordem judicial será possível saber se houve excesso de indisponibilização no patrimônio dos acionados, hipótese em que o juiz liberará o que exceder o montante indicado na petição inicial, na proporção da responsabilidade de cada qual.

Observa-se, assim que a lei não prescreve que a limitação da indisponibilidade deva ocorrer de forma individual para cada réu, mas, sim, de forma coletiva, considerando o somatório dos valores. Esse ponto é fundamental para se constatar que a Lei de Improbidade Administrativa, com as alterações da Lei n. 14.320/2021, autorizou a constrição em valores desiguais entre os réus, desde que o somatório não ultrapasse o montante indicado na petição inicial como dano ao erário ou como enriquecimento ilícito.

Não há, portanto, no § 5.º do art. 16 da Lei 8.429/1992 determinação para que a indisponibilidade de bens ocorra de forma equitativa entre os réus e na proporção igual (e limitada) de cada quota-parte, sendo adequado se manter, mesmo no regime da Lei 14.230/2021, a jurisprudência consolidada da Corte Superior no sentido da solidariedade.[484] Esse entendimento foi adotado pela 1.ª Seção do STJ no julgamento do Tema Repetitivo 1.213, no qual se fixou a seguinte tese jurídica:

> Para fins de indisponibilidade de bens, há solidariedade entre os corréus da Ação de Improbidade Administrativa, de modo que a constrição deve recair sobre os bens de todos eles, sem divisão em quota-parte, limitando-se o somatório da medida ao *quantum* determinado pelo juiz, sendo defeso que o bloqueio corresponda ao débito total em relação a cada um.[485]

Em conclusão, efetivado o bloqueio de bens que garantam o *quantum* indicado na inicial ou outro estabelecido pelo juiz, devem ser liberados os valores bloqueados que sobejarem tal *quantum*. A restrição legal diz respeito apenas a que o somatório do bloqueio de bens não ultrapasse o montante indicado na petição inicial ou outro valor definido pelo juiz.

6.11.1.6   *Indisponibilidade de bens de terceiros*

O novo regime jurídico da cautelar de indisponibilidade de bens traz uma regra específica para os terceiros que concorrem para a prática do ato de improbidade administrativa. Desse teor o art. 16, § 7.º:

> **Art. 16.** (...) § 7.º A indisponibilidade de bens de terceiro dependerá da demonstração da sua efetiva concorrência para os atos ilícitos apurados ou, quando se tratar de pessoa jurídica, da instauração de incidente de desconsideração da personalidade jurídica, a ser processado na forma da lei processual.

A primeira parte do dispositivo apenas complementa a regra prevista no art. 3.º, segundo a qual as disposições da LIA são aplicáveis, no que couber, àquele que, mesmo não sendo agente público, induza ou concorra dolosamente para a prática do ato de improbidade.

---

[484]   Nesse sentido: STJ, REsp 1.919.700/BA, 2.ª T., Rel. Min. Assusete Magalhães, j. 09.11.2021; AgInt no REsp 1.899.388/MG, 1.ª T., rel. Min. Regina Helena Costa, *DJe* 10.03.2021; AgInt no REsp 1.929.981/BA, 1.ª T., rel. Min. Manoel Erhardt (Desembargador Federal convocado do TRF/5.ª Região), *DJe* 16.08.2021; AgInt no REsp 1.827.103/RJ, 2.ª T., rel. Min. Og Fernandes, *DJe* 29.05.2020; REsp 1.728.658/MS, 1.ª T., rel. Min. Regina Helena Costa, *DJe* 11.12.2018.

[485]   REsp 1.955.116/AM, 1.ª S., rel. Min. Herman Benjamin, por unanimidade, j. 22.05.2024 (Tema 1.213).

A nosso sentir, a regra é redundante. Afinal, se o particular pode ser sujeito ativo do ato de improbidade administrativo, por óbvio, e desde que preenchidos os requisitos legais, seus bens poderão ser declarados indisponíveis.

Já a segunda parte do dispositivo precisa ser interpretada em conjunto com a regra prevista no art. 17, § 15, da LIA, igualmente inserida pela Lei 14.230/2021, que assim dispõe: "Se a imputação envolver a desconsideração de pessoa jurídica, serão observadas as regras previstas nos arts. 133, 134, 135, 136 e 137 da Lei n.º 13.105, de 16 de março de 2015 (Código de Processo Civil)".

Conforme veremos mais adiante, o escopo da desconsideração da personalidade jurídica no domínio da LIA é garantir o adimplemento das obrigações da empresa que concorreu para a prática do ilícito, estendendo-as aos bens dos sócios e administradores que não tenham atuado como autores ou partícipes dos atos de improbidade administrativa.

Assim, para que a cautelar de indisponibilidade alcance bens de sócios e administradores não enquadrados na hipótese do art. 3.º da LIA, faz-se necessária a desconsideração da personalidade jurídica, na forma dos arts. 133 a 137 do CPC.

Por outro lado, caso os sócios e administradores tenham concorrido para a prática do ato de improbidade administrativa, deverão figurar no polo passivo da correspondente ação de improbidade, nos ditames do art. 3.º da LIA, de onde se conclui que seus bens poderão ser alcançados diretamente pela cautelar em exame, independentemente da desconsideração da personalidade jurídica.

6.11.1.7 Ordem de prioridade

Outra novidade inserida pela Lei 14.230/2021 na LIA é a ordem de prioridade na decretação da indisponibilidade de bens. Desse teor o § 11 do art. 16:

> **Art. 16. (...) § 11.** A ordem de indisponibilidade de bens deverá priorizar veículos de via terrestre, bens imóveis, bens móveis em geral, semoventes, navios e aeronaves, ações e quotas de sociedades simples e empresárias, pedras e metais preciosos e, apenas na inexistência desses, o bloqueio de contas bancárias, de forma a garantir a subsistência do acusado e a manutenção da atividade empresária ao longo do processo.

A regra fixa uma diretriz segundo a qual a medida de indisponibilidade deve recair preferencialmente sobre bens diversos do dinheiro. Apenas na ausência ou insuficiência dos outros bens, a norma autoriza o bloqueio de ativos financeiros do acionado, com a utilização do sistema SISBAJUD.

A finalidade da norma é garantir a subsistência do acionado e preservar a atividade da empresa no curso do processo.

Aqui, mais uma vez, a Lei 14.230/2021 ignorou a jurisprudência do Superior Tribunal de Justiça na temática, consolidada no sentido de que a medida de indisponibilidade pode recair sobre os ativos financeiros da parte que figura como requerida na ação civil de improbidade administrativa, independentemente da ausência ou insuficiência de bens de outra espécie.[486]

Essa ordem de constrição em sede de medida cautelar é uma novidade em nosso ordenamento jurídico. A única ordem nesse sentido encontramos no art. 835 do CPC, que versa sobre a penhora de bens do devedor na fase executiva. Do cotejo entre as duas

---

[486] AgInt no REsp 1.839.716/PR, 2.ª T., rel. Min. Mauro Campbell, j. 22.04.2020; REsp 1.820.170/SP, 2.ª T., rel. Min. Herman Benjamin, j. 17.09.2019, *DJe* 14.10.2019; AgInt no REsp 1.729.571/MG, 1.ª T., rel. Min. Regina Helena Costa, j. 23.10.2018, *DJe* 30.10.2018; AgInt no REsp 1.591.502/DF, 2.ª T., rel. Min. Og Fernandes, j. 03.08.2017, *DJe* 28.08.2017.

regras, nota-se uma importante diferença: na penhora, os ativos financeiros são os bens preferenciais, enquanto na cautelar de indisponibilidade de bens eles são os bens residuais.

Para alguns, o § 11 do art. 16 da LIA cria uma ordem de indisponibilidade válida e que deve ser respeitada. A diferença seria justificada pela diferente natureza das medidas. A indisponibilidade é fundada numa cognição sumária, ao passo que a penhora, de natureza executiva, decorre, senão de uma certeza jurídica, ao menos de uma situação de maior probabilidade da existência do direito.[487]

Em sentido diametralmente oposto, há quem defenda a inconstitucionalidade da ordem de prioridade em exame, por ofensa ao princípio da isonomia (art. 5.º, *caput*, da CF). Argumenta-se, nesse sentido, que ser réu em ação de improbidade administrativa não é um pressuposto apto a justificar, de maneira lógica, esse tratamento diferenciado no domínio da LIA, porquanto a subsistência do acusado e a manutenção da atividade empresária também estão presentes no cotidiano do devedor que é réu numa ação executiva diversa. Um empresário que responde a um passivo trabalhista, por exemplo, também goza do direito à subsistência pessoal e à manutenção de sua atividade empresária, pois tais valores são constitucionalmente tutelados como facetas do princípio da dignidade da pessoa humana e das diretrizes da ordem econômica nacional (arts. 1.º, III, e 170, *caput*, da CF).[488]

Preferimos seguir um caminho intermediário. A nosso sentir, a natureza cautelar da indisponibilidade, por si só, não é pressuposto lógico a justificar o tratamento diferenciado na matéria, dada a equivalência da natureza e dos efeitos do arresto com os da penhora, consoante entendimento consolidado na jurisprudência do STJ.[489] Prova disso é que os devedores (empresários ou não) não acusados de improbidade administrativa terão seus bens arrestados em conformidade com a ordem de preferência fixada no art. 835 do CPC,[490] ou seja, quando necessário, terão bloqueados prioritariamente seus ativos financeiros em garantia do pagamento de seus débitos.

Noutras palavras, a efetivação do arresto para a garantia de créditos não decorrentes de atos de improbidade segue a mesma ordem de preferência da penhora. O art. 835, I, do CPC elenca em primeiro lugar o dinheiro ou aplicação financeira, por força do princípio da efetividade da execução. A constrição de dinheiro atende não só o direito da parte, mas principalmente os princípios da efetividade da jurisdição e da razoável duração do processo, que devem nortear a atividade judiciária.[491]

Fixada tal premissa, agride a isonomia admitir que, para a garantia da recomposição do patrimônio público, interesse difuso cuja proteção goza de *status constitucional* (arts. 37, § 4.º, 127 e 129, todos da CF), se permita bloquear ativos financeiros apenas em caráter residual, enquanto para a garantia de direitos de menor *status*, seja por meio do arresto, seja por meio da penhora, o bloqueio de ativos é preferencial, nos ditames do art. 835, I, do CPC.

A ordem de preferência fixada no § 11 do art. 16 precisa ser interpretada em conformidade com a Constituição Federal. Assim, para que não haja ofensa à isonomia (art. 5.º,

---

[487] Nesse sentido: NEVES, Daniel Amorim Assumpção; OLIVEIRA, Rafael Carvalho Rezende. *Improbidade Administrativa*: Direito Material e Processual. 9. ed. Rio de Janeiro: Forense, 2022. p. 327.

[488] PEREIRA, Curioletti Giovani; BUSATTO, Leonardo Dumke. Indisponibilidade de Bens na Ação de Improbidade Administrativa: Inconstitucionalidade da Ordem Estabelecida no Art. 16, § 11, da Lei n. 8.429/1992. In: CAMBI, Eduardo Augusto Salomão; GARCIA, Emerson; e ZANETI JÚNIOR, Hermes (org.). *Improbidade Administrativa*: Principais Alterações Promovidas pela Lei 14.230/2021. Belo Horizonte: D'Plácido, 2022. p. 393.

[489] Nesse sentido: REsp 293.287/SP, 4.ª T., rel. Min. Fernando Gonçalves, j. 04.02.2010.

[490] Nesse sentido, veja-se: TJSP, Agravo de Instrumento 2274196-20.2023.8.26.0000, 29.ª Câmara de Direito Privado.

[491] No mesmo sentido: TJSP, AI 2206377-37.2021.8.26.0000, 2.ª Câmara Reservada de Direito Empresarial, rel. Des. Sérgio Shimura, j. 22.07.2022.

caput), a busca de bens, num primeiro momento, deverá observar a ordem de preferência fixada no art. 835 do CPC, que elenca, em primeiro lugar, o dinheiro ou aplicação financeira. Num segundo momento, o acionado poderá requerer a substituição do bem alcançado pela constrição, com a observância da ordem de preferência prevista no § 11 do art. 16 da LIA, desde que comprove que lhe será menos onerosa e não trará prejuízo à recomposição do patrimônio público e à reversão da vantagem ilícita obtida, na forma do art. 847 do CPC, aplicável por analogia. Com isso, prestigia-se a isonomia, a efetividade da jurisdição e a duração razoável do processo, ao mesmo tempo que se respeita a finalidade da regra fixada no § 11 do art. 16 da LIA, qual seja, garantir a subsistência do acionado e preservar a atividade da empresa no curso do processo.

Em sentido semelhante, confira-se o escólio de Fernando da Fonseca Gajardoni:[492]

> A aplicação da regra do art. 16, § 11, da LIA, portanto, só deve ser prestigiada, em interpretação na conformidade com o art. 5.º, *caput*, da CF, se: a) houver patrimônio com liquidez capaz de garantir a reparação dos prejuízos e reversão da vantagem ilícita obtida; b) ele for suficiente para cobrir todo o dano suposto, estimado na forma do art. 16, § § 6.º e 10, da LIA; e c) o réu da ação comprove nos autos, em pleno contraditório com o requerente da medida, que os valores indisponibilizados, efetivamente, comprometem sua subsistência ou o funcionamento da atividade empresária ao longo do processo. Ausentes os requisitos supra, a indisponibilidade pode alcançar – mesmo preferencialmente – os ativos do(s) acusado(s).

Esse entendimento também foi adotado pela 5.ª Câmara de Coordenação e Revisão do Ministério Público Federal, no parágrafo 75 da Nota Técnica 01/2021, que assim dispõe: "Caberá ao réu o ônus da prova de que o bloqueio de contas bancárias pode afetar a 'subsistência do acusado e a manutenção da atividade empresária ao longo do processo', referidas no novo parágrafo 11, do artigo 16 da LIA".

6.11.1.8   *Indisponibilidade de bens e pragmatismo jurídico*

Conforme visto, a ordem de preferência fixada no § 11 do art. 16 da LIA busca, dentre outras coisas, preservar a atividade da empresa no curso do processo. Também no § 12 do art. 16 nota-se a mesma preocupação ao se exigir do juiz, na apreciação do pedido de indisponibilidade de bens do réu, a observação dos efeitos práticos da decisão, vedada a adoção de medida capaz de promover solução de continuidade na prestação de serviços públicos. Desse teor o § 12 do art. 16 da LIA:

> **Art. 16. (...) § 12.** O juiz, ao apreciar o pedido de indisponibilidade de bens do réu a que se refere o *caput* deste artigo, observará os efeitos práticos da decisão, vedada a adoção de medida capaz de acarretar prejuízo à prestação de serviços públicos.

A exemplo do que já observamos em relação à regra prevista no § 3.º do art. 12 da LIA, tem-se, na hipótese, outra norma de viés consequencialista, que impõe ao juiz, ao apreciar um pedido de indisponibilidade de bens, levar em consideração as consequências da medida restritiva.

A finalidade da norma é impedir que a decisão que decretar a indisponibilidade de bens de uma empresa envolvida com a prática de atos de improbidade administrativa possa acarretar prejuízos à prestação de serviços públicos.

---

[492] GAJARDONI, Fernando da Fonseca. *Comentários à Nova Lei de Improbidade Administrativa*. 6. ed. São Paulo: Thomson Reuters Brasil, 2023. p. 325.

872 | INTERESSES DIFUSOS E COLETIVOS – VOL. 1

Pontue-se que a regra em exame não proíbe a decretação da indisponibilidade de bens de empresas que estejam sendo investigadas ou processadas pela prática de ato de improbidade administrativa. A norma apenas impõe ao juiz uma maior cautela ao determinar a constrição de bens de empresas prestadoras de serviços públicos. O bloqueio dos bens dessas empresas, embora possível, não pode prejudicar a prestação dos serviços públicos a elas delegados ou concedidos.

Trata-se de regra que impõe uma racionalidade à atividade jurisdicional, afinal, não se pode prejudicar toda uma coletividade de usuários de serviços públicos, a pretexto de proteger o erário.

6.11.1.9   Indisponibilidade de bens e direito intertemporal

Questão interessante é saber se as medidas de indisponibilidade de bens decretadas antes da reforma promovida na LIA pela Lei 14.230/2021 precisam ser revisadas automaticamente pelo juiz, para se adequarem ao novo regime.

A análise dessa questão passa necessariamente pela identificação da natureza jurídica das normas que disciplinam a indisponibilidade de bens. Conforme asseverado alhures, a indisponibilidade de bens tem natureza cautelar, matéria de índole exclusivamente processual.

Em matéria de sucessão de leis processuais no tempo, o art. 14 do CPC adotou a teoria do isolamento dos atos processuais, que compreende cada ato de forma autônoma, de modo que a nova lei processual não retroage, tendo aplicação imediata aos processos em curso, respeitados os atos processuais praticados e as situações jurídicas consolidadas sob a vigência da norma revogada.

Fixada tal premissa, não se pode pleitear a aplicação retroativa do novo regime da cautelar de indisponibilidade de bens, em ordem a rever todas as medidas concedidas na vigência do regime anterior, sob o pretexto da incidência dos princípios do direito administrativo sancionador (LIA, art. 1.º, § 4.º), porquanto não se está a tratar de questão de direito material, mas sim de medida de índole estritamente processual de cunho conservativo.

A despeito disso, não podemos olvidar que toda e qualquer medida cautelar conserva sua eficácia na pendência do processo, mas pode, a qualquer tempo, ser modificada ou revogada, nos termos do art. 296, *caput*, do CPC.

Em sendo assim, nada impede que o agente ímprobo que teve os bens bloqueados no regime anterior provoque o Judiciário a reavaliar a cautelar antes deferida, com vistas a verificar a compatibilidade da medida com o novo regime jurídico da indisponibilidade de bens. Nesse caso, o mesmo juiz que concedeu a medida sob a vigência do regime antigo poderá revogá-la, caso entenda que no novo regime os requisitos necessários à concessão da cautela não estão mais presentes.

Esse, inclusive, foi o entendimento adotado pelo STJ no julgamento do REsp 2.074.601/MG, sob o rito dos recursos repetitivos. Na ocasião, a Primeira Seção do STJ, por unanimidade, conheceu do recurso especial interposto pelo MPMG, negando-lhe provimento, nos termos do voto do Sr. Ministro Relator. Foi aprovada, por unanimidade, a seguinte tese no **Tema Repetitivo 1.257**:

> As disposições da Lei 14.230/2021 são aplicáveis aos processos em curso, para regular o procedimento da tutela provisória de indisponibilidade de bens, de modo que as medidas já deferidas poderão ser reapreciadas para fins de adequação à atual redação dada à Lei 8.429/1992.[493]

---

[493]   STJ, REsp 2074601/MG, 1.ª S., j. 06.02.2025 (**Tema Repetitivo 1.257**).

CAP. 6 – IMPROBIDADE ADMINISTRATIVA | 873

Contudo, em respeito ao contraditório (art. 10 do CPC), entendemos que o magistrado, antes de decidir sobre a manutenção ou revogação da cautelar, deverá possibilitar ao autor que se manifeste sobre a matéria (art. 10 do CPC), oportunidade em que este poderá apresentar provas novas (p. ex., dilapidação ou ocultação de bens por parte do réu) que justifiquem a manutenção da indisponibilidade de bens, mesmo sob a vigência do novo regime da cautelar em exame.

Em conclusão, tem-se:

i) não há um dever de o juiz reexaminar, de ofício, todas as medidas por ele concedidas sob a vigência do antigo regime da indisponibilidade de bens (art. 7.º da LIA);

ii) da mesma forma, não está o juiz obrigado a revogar a medida antes deferida, porquanto pode entender que os requisitos para a concessão da cautela subsistem, mesmo sob o novo regime;

iii) pode a parte prejudicada pela indisponibilidade deferida no regime revogado provocar o Judiciário a reavaliar a cautela deferida à luz do novo quadro normativo;

iv) antes de decidir pela manutenção ou revogação da cautelar, o magistrado deverá oportunizar ao autor que se manifeste sobre a matéria (art. 10 do CPC).

6.11.2 Afastamento do agente público do exercício do cargo, emprego ou função

Em sua redação original, o art. 20, parágrafo único, da LIA autorizava a autoridade judicial ou administrativa competente a determinar o afastamento do agente público do exercício do cargo, emprego ou função, **sem prejuízo da remuneração,** quando a medida se fizesse necessária à instrução processual.

Essa possibilidade de afastamento cautelar do agente público foi mantida no texto reformado da LIA, que passa a disciplina-la nos §§ 1.º e 2.º do art. 20, inseridos pela Lei 14.230/2021. Confira-se:

> **Art. 20. (...)**
>
> § 1.º A autoridade judicial competente poderá determinar o afastamento do agente público do exercício do cargo, do emprego ou da função, sem prejuízo da remuneração, quando a medida for necessária à instrução processual ou para evitar a iminente prática de novos ilícitos. (Incluído pela Lei 14.230, de 2021)
>
> § 2.º O afastamento previsto no § 1.º deste artigo será de até 90 (noventa) dias, prorrogáveis uma única vez por igual prazo, mediante decisão motivada. (Incluído pela Lei 14.230, de 2021)

Para além da mudança topográfica, outras três importantes modificações merecem destaque:

i. **suprimiu-se a possibilidade de o afastamento ser decretado por autoridade administrativa**: somente o juiz pode determinar o afastamento cautelar do agente público com fundamento na LIA. Essa alteração não impede que medida semelhante seja autorizada na esfera administrativa por normas disciplinares. Vale dizer, o fato de a autoridade administrativa não poder mais fundamentar o afastamento cautelar de um agente público no domínio da LIA não a impede de fazê-lo com respaldo em alguma norma de natureza disciplinar;[494]

---

[494] A título de exemplo, o art. 147 da Lei 8.112/1990 (Estatuto dos Servidores Públicos da União) autoriza a autoridade instauradora de processo disciplinar a afastar cautelarmente do exercício do cargo servidor a fim de que não venha a influir na apuração da irregularidade, pelo prazo de até 60 dias, prorrogável por igual período.

874 | INTERESSES DIFUSOS E COLETIVOS - VOL. 1

ii. **criou-se mais uma hipótese autorizadora do afastamento cautelar do agente público do exercício do cargo, emprego ou função**: no texto reformado da LIA, para além da manutenção da possibilidade de afastamento do agente público quando for necessária à instrução processual, o § 1.º do art. 20 também autoriza esse afastamento para evitar a iminente prática de novos ilícitos;

iii. **estabeleceu-se um prazo máximo para a medida**: o afastamento será de até 90 dias, prorrogáveis uma única vez por igual prazo, mediante decisão motivada (art. 20, § 2.º).

Trata-se de medida de natureza cautelar, destinada a **garantir o bom andamento da instrução processual** ou **evitar a iminente prática de novos ilícitos** e que somente se legitima em situações excepcionais.

A exemplo da indisponibilidade dos bens, o afastamento do agente poderá ser pleiteado tanto em **caráter antecedente** – hipótese em que o autor deverá observar o procedimento previsto nos arts. 305 a 310 do CPC – como em **caráter incidental**, mas sempre nos mesmos autos em que é deduzido o pedido principal.

Como toda medida dessa natureza, só pode ser concedida diante da presença dos pressupostos do *fumus boni iuris* (fundados indícios da prática do ato de improbidade) e do *periculum in mora* (indícios concretos de que o agente público está criando dificuldades para a instrução processual ou está na iminência de praticar novos atos de improbidade administrativa).

Quanto ao pressuposto do perigo da demora, frise-se que ele precisa ser real, isto é, não basta a mera cogitação teórica da possibilidade da sua ocorrência (temor subjetivo). Consoante entendimento consolidado na jurisprudência do Superior Tribunal de Justiça antes da reforma da LIA, o afastamento da função pública é medida excepcional e somente se justifica quando demonstrada a prática de um comportamento do agente público que importe **efetiva ameaça à instrução do processo**. A propósito, anote-se:

> A norma do art. 20, parágrafo único, da Lei n.º 8.429, de 1992, que prevê o afastamento cautelar do agente público durante a apuração dos atos de improbidade administrativa, só pode ser aplicada em situação excepcional, quando, mediante fatos incontroversos, existir prova suficiente de que esteja dificultando a instrução processual. Agravo regimental não provido.[495]

Depois da reforma, não vemos razão para mudança desse entendimento, que também deverá ser adotado para a nova hipótese autorizadora do afastamento. Vale dizer, a medida excepcional só poderá ser adotada quando existir prova suficiente de que a permanência do agente público no exercício do cargo, emprego ou função representa um risco iminente à **ordem pública administrativa**. Não bastam meras ilações de risco, sendo necessária a existência de dados concretos que revelem o perigo iminente da prática de novos ilícitos caso o agente público permaneça no exercício das suas funções.

Sob a lógica do menor sacrifício do direito afetado, entende-se que, na medida em que o art. 20, § 1.º, da LIA autoriza o afastamento do agente público do exercício do cargo, emprego ou função, é perfeitamente possível que o juiz determine o afastamento de apenas uma parcela das atribuições rotineiramente desenvolvidas pelo agente público. Exemplificando, da mesma forma que o juiz pode determinar o afastamento do exercício do cargo de um agente fiscal investigado pela prática de sucessivas cobranças de vantagens

---

[495] AgRg na SLS 867/CE, Corte Especial, rel. Min. Ari Pargendler, j. 05.11.2008. No mesmo sentido: STJ, AgRg na SLS 1.382/CE, Corte Especial, rel. Min. Ari Pargendler, *DJe* 23.09.2011.

patrimoniais indevidas em fiscalizações de estabelecimentos comerciais, também pode determinar que este se limite a cumprir expediente interno.

Dada a excepcionalidade da medida, já decidiu o STJ que o pedido de afastamento do cargo não pode ser deferido se o resultado a que visa alcançar puder ser obtido por outros meios que não comprometam o bem jurídico protegido pela norma, ou seja, o exercício do cargo.[496]

Ressalte-se, ainda, que o afastamento da função pública nos casos de mandatos eletivos, com prazos certos, exige prudência ainda maior, sob pena de configuração de uma "cassação branca". Trata-se de medida violenta, que afasta o agente público antes de ter sido definitivamente julgado, e, portanto, merece aplicação restrita e cuidadosa, para que não se transforme em forma abusiva de combate político ou de vingança pessoal.[497]

Pontue-se que, quando o afastamento se dá em razão da necessidade de proteção da normalidade da instrução, não se coaduna com a finalidade dessa medida a manutenção do afastamento do cargo após o encerramento da instrução do processo, ou, o que seria ainda mais grave, a sua concessão após o fim da instrução.

Por outro lado, em nenhuma hipótese poderá a medida de afastamento da função, de natureza provisória e excepcional, ser transformada em perda definitiva do cargo, em razão da demora na instrução do processo, sob pena de vulneração dos princípios do devido processo legal e da presunção de inocência.[498]

Antes das mudanças promovidas pela Lei 14.230/2021, embora a LIA não tivesse fixado um prazo certo para a duração desse afastamento cautelar, havia um consenso de que ele seria necessariamente o indispensável à instrução processual.

Em outras palavras, o afastamento do agente público do exercício do cargo, emprego ou função **só se justificava por prazo razoável**, não podendo subsistir após o término da instrução. E mais: recomendava-se aos juízes que, em cada caso concreto, fosse fixado um prazo para essa cautelar, à luz do princípio da razoabilidade. Nesse sentido, aliás, consolidou-se a jurisprudência do STJ:

> A decisão se ajusta ao disposto no art. 20, parágrafo único, da Lei n.º 8.429, de 1992, salvo quanto ao fato de que deixou de fixar prazo para o afastamento, que só se justifica por prazo razoável até o término da instrução da ação civil pública. Defiro, por isso, em parte, o pedido para limitar os efeitos da decisão que afastou os vereadores de seus cargos eletivos até 180 (cento e oitenta) dias contados da presente data, salvo se antes for concluída a instrução da ação civil pública.[499]

Essa preocupação do Superior Tribunal de Justiça com a duração da medida de afastamento cautelar do agente público, quando necessária à instrução processual, não passou despercebida pelo legislador reformista. Ao contrário, conforme já adiantamos, o § 2.º do art. 20 estabelece que o afastamento cautelar do agente público será de até 90 dias, prorrogáveis uma única vez por igual prazo, mediante decisão motivada.

A norma precisa ser bem interpretada.

Dúvidas não há de que esse limite temporal se aplica à hipótese de afastamento cautelar do agente público como garantia da normalidade da instrução, consoante vinha decidindo o Superior Tribunal de Justiça antes da reforma da LIA, sob o influxo do princípio constitucional da duração razoável do processo (art. 5.º, LXXVIII, da CF).

---

[496] REsp 550.135/MG, 1.ª T., rel. Min. Teori Albino Zavascki, *DJ* 17.02.2004.

[497] Nesse sentido: STJ, REsp 604.832, rel. Min. Denise Arruda, j. 03.11.2005.

[498] ZAVASCKI, Teori Albino. *Processo Coletivo*: Tutela de Direitos Coletivos e Tutela Coletiva de Direitos. 4. ed. São Paulo: RT, 2009. p. 121.

[499] SLS 1.500/MG, *DJe* 01.02.2012. No mesmo sentido: SLS 1.442/MG, *DJe* 28.09.2011.

INTERESSES DIFUSOS E COLETIVOS – VOL. 1

Contudo, não vemos nenhuma racionalidade na aplicação desse limite temporal à hipótese de afastamento cautelar para evitar a iminente prática de novos ilícitos.

No ponto, mais uma vez, pecou o legislador reformista pelo pouco compromisso sistêmico. Pensou-se num prazo para a hipótese de afastamento quando necessária à instrução processual, em consonância com a jurisprudência do STJ, mas se olvidou da incompatibilidade desse prazo com a nova hipótese autorizadora do afastamento provisório do agente público – garantia da ordem pública administrativa –, igualmente criada pela Lei 14.230/2021.

Ora, se houver indícios concretos de que o agente ímprobo afastado voltará a praticar ilícitos se reconduzido ao cargo, não pode a lei impedir o juiz de mantê-lo afastado, por uma questão meramente temporal, sob pena de ofensa ao poder geral de cautela do juiz.

Antes da reforma promovida pela Lei 14.230/2021, não se desconhecia o parâmetro temporal de 180 dias concebido como razoável pelo Superior Tribunal de Justiça para se manter o afastamento cautelar de agentes públicos.

Todavia, o mesmo STJ entendia que, excepcionalmente, as peculiaridades fáticas, como a existência de inúmeras ações por ato de improbidade e fortes indícios de utilização da máquina administrativa para intimidar servidores e prejudicar o andamento das investigações, podiam sinalizar a necessidade de alongar o período de afastamento, sendo certo que o juízo natural da causa é, em regra, o mais competente para tanto.[500]

Pensamos que essa flexibilização do prazo estipulado no § 2.º do art. 20 poderá continuar sendo feita pelo juiz da causa, mediante decisão motivada, especialmente na hipótese em que o afastamento tiver sido decretado para evitar a iminente prática de novos ilícitos.

No particular, sugere-se, *mutatis mutandis*, a aplicação da regra prevista no art. 316, parágrafo único, do CPP, de modo que o juiz deverá revisar a necessidade da manutenção do afastamento a cada 90 dias, mediante decisão fundamentada, com a advertência de que a inobservância dessa reavaliação, após o prazo legal de 90 dias, não implica a revogação automática da medida, devendo o juízo competente ser instado a reavaliar a legalidade e a atualidade de seus fundamentos, conforme decidido pelo STF no julgamento da ADI 6.581 (Plenário, j. 09.03.2022).

Confira-se o quadro-resumo das cautelares previstas na LIA:

Cautelares previstas na LIA	Autoridade competente para conceder a medida	Finalidade	Requisitos
Indisponibilidade dos bens (art. 16)	Autoridade judicial	Garantir as bases patrimoniais da futura execução	*Fumus boni iuris* (fundados indícios da prática do ato de improbidade) e *periculum in mora* (concreto)
Afastamento do agente público do exercício do cargo, do emprego ou da função (art. 20, §§ 1.º e 2.º)	Autoridade judicial	Assegurar a normalidade da instrução processual ou evitar a prática iminente de novos ilícitos	*Fumus boni iuris* (fundados indícios da prática do ato de improbidade) e *periculum in mora* (indícios concretos de que o agente público está criando dificuldades para a instrução processual ou está na iminência de praticar novos ilícitos)

---

[500] AgRg na SLS 1.854/ES, Corte Especial, rel. Min. Feliz Fischer, j. 13.03.2014.

6.12 AÇÃO DE IMPROBIDADE ADMINISTRATIVA

6.12.1 Nomenclatura

A ação de improbidade administrativa é aquela na qual se busca o reconhecimento judicial da natureza ímproba das condutas lesivas ao patrimônio (material e imaterial) das entidades referidas no art. 1.º da LIA e aos princípios regentes da atividade estatal, com a consequente aplicação das sanções legais aos agentes públicos e terceiros responsáveis.

Conforme visto no item 6.4.3, se a ação civil pública se destina à tutela jurisdicional de qualquer interesse difuso ou coletivo (art. 1.º, IV, da LACP e art. 129, III, da CF), não há impropriedade técnica em considerar **a ação de improbidade administrativa modalidade de ação civil pública ou de ação coletiva *lato sensu***, mas com regras procedimentais próprias traçadas pela LIA, aplicando-se subsidiariamente as normas do microssistema do processo coletivo e o Código de Processo Civil, nessa ordem.

6.12.2 Competência

Partindo da premissa de que a ação de improbidade administrativa é uma espécie de ação civil pública ou ação coletiva *lato sensu*, é correto afirmar que a definição da competência nas ações de improbidade administrativa segue as mesmas regras fixadas pelo microssistema de processo coletivo, já estudadas no capítulo da ação civil pública, ao qual remetemos o leitor (Capítulo 2, item 2.5).

Dito isso, neste tópico analisaremos apenas as particularidades da temática competência em matéria de improbidade administrativa, em especial: (i) as decisões mais importantes dos nossos tribunais de superposição envolvendo *competência de jurisdição*; (ii) regras específicas sobre *competência de foro* e *prevenção do juízo*, que não estavam previstas no texto original da LIA, mas foram inseridas pela Lei 14.230/2021; e (iii) decisões importantes dos tribunais de superposição em casos de conflitos de competência entre a Justiça Comum federal e a Justiça Comum estadual.

6.12.2.1 *Competência de jurisdição*

Conforme visto no Capítulo 2, a competência da Justiça Comum é residual, ou seja, não sendo competente uma das Justiças especializadas (militar, eleitoral e trabalhista), será competente a Justiça Comum federal, dos Estados ou do Distrito Federal.

No ponto, questão interessante é saber se alguma das Justiças especializadas detém competência para o processo a julgamento das ações de improbidade administrativa

A competência da **Justiça Eleitoral** é determinada pela matéria, limitada às causas de vertente eleitoral e restrita às hipóteses estabelecidas na Constituição Federal e na legislação eleitoral. Por isso, sempre se entendeu que a Justiça Eleitoral é incompetente para o processo e julgamento de ações de improbidade administrativa,[501] ainda que relacionadas a ilícitos eleitorais (crimes eleitorais e condutas vedadas, por exemplo).

Sem embargo, registre-se que o Supremo Tribunal Federal vai discutir a possibilidade de dupla responsabilização (por crime eleitoral e por ato de improbidade administrativa) e definir qual o ramo da Justiça competente para julgar ação de improbidade administrativa quando se verificarem as duas ilicitudes. A matéria é objeto do Recurso Extraordinário com Agravo (ARE) 1.428.742, que teve repercussão geral reconhecida (Tema 1.260), por maioria, em deliberação no Plenário Virtual no dia 15.08.2023.

---

[501] Nesse sentido, confiram-se: CC 36.533/MG, 1.ª S., rel. Min. Luiz Fux, j. 24.03.2004; TSE, RCED 698, j. 25.06.2009.

INTERESSES DIFUSOS E COLETIVOS – VOL. 1

No que toca à **Justiça do Trabalho**, vimos que sua competência é ditada pelos incisos do art. 114 da CF. Em resumo, ela se dará **nas ações oriundas de relação de trabalho**. Tendo em vista que o pedido e a causa de pedir numa ação de improbidade administrativa não cuidam de relação de trabalho, é imperioso concluir que a Justiça Trabalhista é absolutamente incompetente para o processo e julgamento de ações de improbidade administrativa, sendo esse o entendimento consolidado nas jurisprudências do STF[502] e do TST.[503]

Já em relação à **Justiça Militar**, é importante distinguir. Dúvidas não há de que a **Justiça Militar da União** é absolutamente incompetente para o processo e julgamento das ações de improbidade administrativa, haja vista que a Constituição Federal somente lhe reserva competência para processar e julgar os crimes militares definidos em lei (art. 124, *caput*, da CF).

Quanto à **Justiça Militar estadual**, a Emenda Constitucional 45/2004 ampliou sua competência para o julgamento das ações judiciais contra atos disciplinares. Desse teor o § 4.º do art. 125 da CF:

> **Art. 125. (...) § 4.º** Compete à Justiça Militar estadual processar e julgar os militares dos Estados, nos crimes militares definidos em lei e as ações judiciais contra atos disciplinares militares, ressalvada a competência do júri quando a vítima for civil, cabendo ao tribunal competente decidir sobre a perda do posto e da patente dos oficiais e da graduação das praças.

Nesse contexto, os atos administrativos em geral, especialmente os atos administrativos disciplinares e, da mesma forma, o próprio processo administrativo disciplinar, estão sujeitos ao controle jurisdicional, mormente no que toca aos elementos relacionados à legalidade do ato ou ao abuso de poder.

A impugnação judicial do processo administrativo disciplinar, e dos próprios atos administrativos disciplinares, pode ser veiculada por meio de ação em que se postule a anulação do ato ou do processo, a revisão da sanção imposta e, inclusive, a reparação pecuniária pela lesão sofrida.

Na visão de alguns Ministros do Supremo Tribunal Federal,[504] a atual atribuição da Justiça Militar estadual, conforme se extrai do art. 125, § 4.º, da CF, está relacionada às demandas para a impugnação da validade dos próprios atos disciplinares militares, devendo ser aí compreendidas as ações que, além de questionar a validade de tais atos, extraiam desdobramentos como a responsabilidade civil pela ilegalidade, inclusive no âmbito da improbidade administrativa. Argumenta-se, nesse sentido, que, se a causa de pedir estiver relacionada à ilegalidade do ato administrativo disciplinar, qualquer que seja o pedido formulado (anulação do ato, reparação por danos patrimoniais ou morais, penalidade por improbidade administrativa etc.), atrairá a competência material da Justiça Militar.

6.12.2.2 *Competência de foro*

A redação original da Lei 8.429/1992 não trazia nenhuma regra específica sobre competência de foro. Diante dessa lacuna, e tendo em vista o entendimento majoritário em doutrina e jurisprudência no sentido de ser a ação de improbidade administrativa uma espécie de ação coletiva, tornou-se corrente a adoção, por analogia, da regra prevista

---

[502] ARE 972.526 AgR/PR, 1.ª T., rel. Min. Luiz Fux, j. 17.03.2017; Ag no ARE 798.293/RJ, 2.ª T., rel. Min. Teori Zavascki, j. 08.09.2015.

[503] RR 900/2005-104-08-00.0, 6.ª T., rel. Min. Corrêa da Veiga, j. 21.10.2009.

[504] A título de exemplo, confiram-se: ARE 1.100.440/SP, decisão monocrática, rel. Min. Alexandre de Moraes, j. 23.07.2018; RE 872.778/SE, decisão monocrática, rel. Min. Dias Toffoli, j. 24.03.2015.

no art. 2.º da LACP, segundo a qual a competência de foro é determinada pelo local do dano. A título de exemplo, confira-se:

> Não há na Lei 8.429/1992 regramento específico acerca da competência territorial para processar e julgar as ações de improbidade. Diante de tal omissão, tem-se aplicado, por analogia, o art. 2.º da Lei 7.347/85, ante a relação de mútua complementaridade entre os feitos exercitáveis em âmbito coletivo, autorizando-se que a norma de integração seja obtida no âmbito do microssistema processual da tutela coletiva.[505]

A partir da reforma promovida pela Lei 14.230/2021, essa integração com o art. 2.º da LACP tornou-se desnecessária, porquanto a LIA passou a prever uma regra específica sobre competência de foro. Desse teor o art. 17, § 4.º-A:

> **Art. 17. (...) § 4.º-A.** A ação a que se refere o *caput* deste artigo deverá ser proposta perante o foro do local onde ocorrer o dano ou da pessoa jurídica prejudicada.

No ponto, registre-se que o legislador parece ter dito menos do que queria ao se referir à pessoa jurídica prejudicada. A nosso sentir, a norma quer se referir ao local onde está sediada a pessoa jurídica prejudicada pelo ato de improbidade administrativa.

A opção pelo local do dano ou da sede da pessoa jurídica prejudicada tem por objetivo permitir um contato mais direto do juiz com os elementos de prova a serem colhidos e até mesmo com a repercussão do ato praticado na comunidade, sob o influxo dos princípios da celeridade processual, da duração razoável do processo e da ampla defesa.

Partindo da premissa de que as regras de competência territorial previstas no microssistema de tutela coletiva são excepcionalmente de natureza absoluta, é correto afirmar que o art. 17, § 4.º-A, da LIA também estabelece uma regra de competência territorial de natureza absoluta, fixada em razão do interesse público na maior facilidade de produção de prova e apuração dos fatos.

Na hipótese de existirem atos de improbidade administrativa praticados em diferentes foros, pode surgir questionamento sobre a competência territorial.

Conforme vimos no Capítulo 2 deste livro, o art. 93, I, do CDC prevê ser do foro do lugar onde ocorreu ou deva ocorrer o dano, quando de âmbito local, ao passo que o inciso II do mesmo dispositivo prevê competência concorrente entre o foro da Capital do Estado ou do Distrito Federal, para os danos de âmbito regional ou nacional.

O Superior Tribunal de Justiça, contudo, ao enfrentar caso envolvendo ilícitos praticados em diferentes unidades da federação, o que poderia, a princípio, caracterizar a abrangência nacional do dano, não aplicou o art. 93 do CDC e decidiu que **deveria prevalecer a competência do local alvo da maioria dos atos ímprobos**, onde se reúne a maior parte dos elementos probatórios, em conformidade com os princípios da celeridade processual, da ampla defesa e da duração razoável do processo.[506] A decisão é interessante, porque busca assegurar a prestação de um serviço jurisdicional mais eficiente, em linha com a ideia de competência adequada.[507]

6.12.2.3 *Prevenção do juízo*

A função da prevenção nas hipóteses de reunião por identidade de pedido ou causa de pedir (conexão) é definir em qual juízo as ações serão reunidas, ou seja, determinar

---

[505] STJ, CC 97.351/SP, 1.ª S., rel. Min. Castro Meira, j. 27.05.2009.

[506] CC 97.351/SP, 1.ª S., rel. Min. Castro Meira, j. 27.05.2009.

[507] DIDIER JR., Fredie; ZANETI JR., Hermes. *Curso de Direito Processual Civil*: Processo Coletivo. 16. ed. São Paulo: Juspodivm, 2022. v. 4, p. 155-159.

INTERESSES DIFUSOS E COLETIVOS – VOL. 1

qual juiz irá concentrar as ações sob seu comando, à luz dos princípios da economia processual e da harmonização das decisões.

Nessa temática, outra novidade é a regra sobre prevenção do juízo inserida no § 5.º do art. 17 da LIA, que assim dispõe:

> **Art. 17.** (...) § 5.º A propositura da ação a que se refere o *caput* deste artigo prevenirá a competência do juízo para todas as ações posteriormente intentadas que possuam a mesma causa de pedir ou o mesmo objeto. (Redação dada pela Lei 14.230, de 2021)

A norma em exame praticamente reproduziu o conteúdo da regra de prevenção do juízo prevista no parágrafo único do art. 2.º da LACP,[508] que já era aplicada, por analogia, às ações de improbidade administrativa.

Por fim, remarque-se que o momento para a aferição da prevenção nas ações civis públicas e nas ações de improbidade administrativa é o do protocolo (registro), onde só houver um Juízo potencialmente competente, ou o da distribuição, onde houver mais de um Juízo potencialmente competente.

6.12.2.4   Incorporação ao patrimônio municipal de verba recebida da União

É prática comum o repasse de verbas da União para os municípios, por meio de convênios. Não raras vezes, concretizado o repasse, esses recursos federais são desviados ou aplicados de forma irregular pelos agentes públicos municipais.

Nesses casos, questão interessante consiste em saber qual a Justiça competente (estadual ou federal) para o processamento e julgamento das correspondentes ações civis de improbidade administrativa. Haveria interesse da União, de modo a fixar a competência da Justiça Federal?

Trata-se de assunto polêmico, em relação ao qual se destacam três principais entendimentos:

1.º) A competência será da Justiça Federal:[509] se cabe ao Tribunal de Contas da União fiscalizar a aplicação de quaisquer recursos repassados pela União mediante convênio, acordo, ajuste ou outros instrumentos congêneres, aos Estados, Distrito Federal ou Municípios (art. 71, VI, da CF), com a possibilidade, inclusive, de aplicação de sanções aos responsáveis pelo dano ao erário (art. 71, VIII), soa evidente o interesse da União Federal.

Argumenta-se, nesse sentido, que não é o fato de incorporar ou não o bem ao patrimônio do município o que realmente importa para fins de fixação de competência, uma vez que todas as verbas que se destinam às obras, por exemplo, no final, se incorporam ao patrimônio municipal.

Nessa medida, o dado preponderante para a fixação da competência da Justiça Federal será a existência, ou não, de obrigação de prestação de contas ao órgão federal ou ao TCU, tendo sido a matéria assim sumulada no STJ: *"Compete à Justiça Federal processar e julgar Prefeito Municipal por desvio de verba sujeita a prestação de contas perante órgão federal"* (**Súmula 208**).

Registre-se que esse entendimento é minoritário tanto na doutrina como na jurisprudência pátrias.

---

[508] LACP: "Art. 2.º (...) Parágrafo único. A propositura da ação prevenirá a jurisdição do juízo para todas as ações posteriormente intentadas que possuam a mesma causa de pedir ou o mesmo objeto".

[509] Nesse sentido, veja-se: ALVES, Rogério Pacheco. *Improbidade Administrativa*. 4. ed. Rio de Janeiro: Lumen Juris, 2008. p. 675.

CAP. 6 – IMPROBIDADE ADMINISTRATIVA | 881

2.º) A competência será da justiça estadual:[510] uma vez repassada a verba, eventual desvio não mais afetará o patrimônio da União, mas sim o patrimônio do ente federativo beneficiado, único concretamente lesado.

Dito de outro modo, não compete à Justiça Federal processar e julgar ação de improbidade administrativa, quando, em decorrência da celebração de convênio entre o Município e a União, os valores dos recursos federais foram creditados e transferidos ao Município, incorporados, portanto, ao patrimônio deste.

Esse entendimento encontra respaldado na **Súmula 209** do STJ, que assim dispõe: *"Compete à Justiça Estadual processar e julgar prefeito por desvio de verba transferida e incorporada ao patrimônio municipal".*

3.º) A fixação da competência depende da análise das pessoas que figuram nos polos da ação: verifica-se, nesses casos, uma espécie de legitimidade ativa concorrente e disjuntiva entre a União e o Município, entre o Ministério Público Federal e o Ministério Público Estadual, já que todos têm interesse na apuração das irregularidades. Assim, para se identificar a jurisdição competente, basta examinar se algum dos entes apontados no art. 109, I, da CF figura na relação jurídica processual, na condição de autor, réu, oponente ou assistente. Estando algum deles presente, a Justiça Federal será competente; caso contrário, a competência será da Justiça Estadual.

A Corte Superior, apreciando inúmeros conflitos de competência, vinha decidindo que, uma vez incorporada a verba advinda de convênios firmados com a União ao patrimônio municipal, a competência para apreciação e julgamento do feito era da Justiça Estadual, pois a União perde interesse no controle da destinação e uso da verba pública. A esse propósito, inclusive, vieram as Súmulas 208 e 209 do Superior Tribunal de Justiça.

A partir do julgamento do Recurso Especial 1.070.067/RN (02.09.2010), nota-se uma clara evolução da Corte Superior no tratamento da matéria.

Como bem ressaltado pelo eminente Ministro Mauro Campbell Marques, relator do citado recurso, o Município tem interesse legítimo e próprio em ver cumpridos os termos do convênio por ele firmado, *mesmo que a verba ainda não tenha sido efetivamente incorporada a seu patrimônio*. Contudo, também interessa à União saber se a parte a quem se vinculou na via do convênio adimpliu com seus requisitos (notadamente a destinação vinculada dos recursos). Portanto, ambos têm interesse de agir, e poderiam ajuizar a ação de improbidade administrativa. Trata-se de uma perspectiva sensivelmente distinta daquelas que motivaram as Súmulas 208 e 209 do STJ.

Na cirúrgica advertência do Ministro Campbell, **os verbetes das citadas Súmulas 208 e 209 do STJ foram cunhados com base em demandas penais,** notadamente no que tange à definição de competência para processamento de crimes contra o patrimônio, que, como se sabe, segundo a jurisprudência da Corte Superior, requerem, sob a luz dos princípios da estrita proteção de bens jurídicos e da lesividade, prejuízo de natureza eminentemente econômica. **Não é mesmo possível, pois, na ação civil de improbidade, a incidência perfeita dessas súmulas, sem qualquer temperamento.** Isso porque o interesse processual na ação de improbidade administrativa transcende a mera aferição do patrimônio econômico. Logo, não é correto afirmar que a União não tem interesse jurídico – da mesma forma que não é válido afirmar que o Município envolvido também

---

[510] É o pensamento, entre outros, de Fernando Rodrigues Martins (*Controle do Patrimônio Público*: Comentários à Lei de Improbidade Administrativa. 4. ed. São Paulo: RT, 2010. p. 378). No STJ: CC 64.869/AL, 1.ª S., rel. Min. Eliana Calmon, *DJ* 12.02.2007; CC 48.336/SP, 1.ª S., rel. Min. Castro Meira, *DJ* 13.03.2006; CC 45.206/BA, 1.ª S., rel. Min. José Delgado, *DJ* 28.03.2005; CC 36.428/CE, 1.ª S., rel. Min. Laurita Vaz, *DJ* 10.03.2003; CC 34.204/MG, 1.ª S., rel. Min. Luiz Fux, *DJ* 19.12.2002.

882 | INTERESSES DIFUSOS E COLETIVOS – VOL. 1

não o tem. Trata-se de legitimidade ativa concorrente e disjuntiva. Pela importância, destacamos trecho da ementa do julgado em comento:

> Sob um ou outro ângulo, tanto o Município como a União são partes legítimas para propor ação civil pública como a presente. O que é preciso guardar certa atenção, sem dúvidas, é para o fato de que, conforme se constate a presença de um, de outro ou de ambos, poderá se observar uma mudança de competência para processamento e julgamento do feito, com destaque para o que dispõe o art. 109, I, da Constituição da República vigente.

Esse terceiro entendimento acabou se consolidando na jurisprudência do Superior Tribunal de Justiça.[511] No julgamento do AgInt no CC 174.764/MA (j. 09.02.2022), a 1.ª Seção do STJ decidiu que a competência da Justiça Federal para as ações de improbidade administrativa é definida em razão da presença, na relação processual, das pessoas jurídicas de direito público previstas no art. 109, I, da Constituição Federal, e não pela natureza federal da verba sujeita à fiscalização do TCU.

O mesmo raciocínio, *mutatis mutandis,* aplica-se ao repasse de verbas da União aos Estados ou Distrito Federal.

6.12.2.5   *Malversação ou desvio de verbas públicas oriundas do FUNDEB*

Outra questão interessante consiste em saber qual Justiça (federal ou estadual) é competente para processar e julgar a ação civil de improbidade administrativa por malversação ou desvios de recursos do FUNDEB por agentes públicos estaduais, distritais ou municipais.

Criado pela Emenda Constitucional 14, de 12.09.1996, o Fundo de Manutenção e Desenvolvimento do Ensino Fundamental e Valorização do Magistério (FUNDEF) foi instituído inicialmente pela Lei 9.424, de 24.12.1996, com posteriores alterações pela Lei 11.494, de 20.06.2007, quando passou a chamar-se Fundo de Manutenção e Desenvolvimento da Educação Básica e de Valorização da Educação – FUNDEB. Mais recentemente, a Lei 11.494/2007 foi substituída, quase que na íntegra, pela Lei 14.113, de 25.12.2020, que passou a regulamentar o Fundo de Manutenção e Desenvolvimento da Educação Básica e de Valorização dos Profissionais da Educação (FUNDEB), de que trata o art. 212-A da Constituição Federal.

Da sistemática de formação do Fundo, composto na maioria das vezes por recursos financeiros exclusivos dos Estados, Distrito Federal e Municípios, mas que também pode receber a complementação com recursos federais, tem-se que a definição da Justiça competente dependerá, inicialmente, da adequada delimitação da natureza cível ou criminal da matéria envolvida.

Assim é que **competirá à Justiça Federal processar e julgar as ações penais relativas a delitos** cometidos na gestão das verbas educacionais, mesmo que elas não envolvam repasses de dinheiro federal, uma vez que a política de educação é nacional e há evidente interesse da União na correta aplicação dos recursos (art. 109, IV, da CF).

Já no **âmbito cível,** de apuração de ato de improbidade administrativa por parte dos gestores estaduais, municipais ou distritais da verba, convém distinguir:

i)   *quando não houver repasse de recursos federais a título de complementação, **a competência será da Justiça Estadual**, diante da ausência de interesse processual da*

---

[511]   A propósito, vejam-se: REsp 1.070.067/RN, 2.ª T., rel. Min. Mauro Campbell Marques, j. 02.09.2010; e REsp 1.216.439/CE, 2.ª T., rel. Min. Humberto Martins, j. 01.09.2011; REsp 1.325.491/BA, 2.ª T., Min. Og Fernandes, *DJe* 25.06.2014; e CC 131.323/TO, 1.ª S., rel. Min. Napoleão Nunes Maia Filho, j. 25.03.2015, *DJe* 06.04.2015 (**Informativo 559**).

CAP. 6 – IMPROBIDADE ADMINISTRATIVA | **883**

União, pois, além de não lhe pertencerem os recursos desviados, tampouco o ato de improbidade seria imputável a agente público federal;

ii) *quando houver repasse de recursos federais a título de complementação*, deverão ser observadas as regras de fixação de competência explicitadas no item anterior. Vale dizer, se algum dos entes do art. 109, I, da CF figurar nos polos da ação, a competência será da Justiça Federal; caso contrário, a competência será da Justiça Estadual.

É esse o atual entendimento do Supremo Tribunal Federal, manifestado no julgamento do conflito de atribuições entre o Ministério Público Federal e o Ministério Público Estadual, referente a casos de desvios de verbas do FUNDEB por agentes municipais, nos quais não houve repasse de recursos federais a título de complementação. Confira-se:

Conflito negativo de atribuições. Caracterização. Ausência de decisões do Poder Judiciário. Competência do STF. Art. 102, I, *f*, CF. Fundef. Composição. Atribuição em razão da matéria. Art. 109, I e IV, CF. 1. Conflito negativo de atribuições entre órgãos de atuação do Ministério Público Federal e do Ministério Público Estadual a respeito dos fatos constantes de procedimento administrativo. 2. O art. 102, I, *f*, da Constituição da República recomenda que o presente conflito de atribuição entre os membros do Ministério Público Federal e do Estado de São Paulo subsuma-se à competência do Supremo Tribunal Federal. 3. A sistemática de formação do FUNDEF impõe, para a definição de atribuições entre o Ministério Público Federal e o Ministério Público Estadual, adequada delimitação da natureza cível ou criminal da matéria envolvida. 4. A competência penal, uma vez presente o interesse da União, justifica a competência da Justiça Federal (art. 109, IV, CF/88) não se restringindo ao aspecto econômico, podendo justificá-la questões de ordem moral. *In casu*, assume peculiar relevância o papel da União na manutenção e na fiscalização dos recursos do FUNDEF, por isso o seu interesse moral (político-social) em assegurar sua adequada destinação, o que atrai a competência da Justiça Federal, em caráter excepcional, para julgar os crimes praticados em detrimento dessas verbas e a atribuição do Ministério Público Federal para investigar os fatos e propor eventual ação penal. 5. A competência da Justiça Federal na esfera cível somente se verifica quando a União tiver legítimo interesse para atuar como autora, ré, assistente ou opoente, conforme disposto no art. 109, inciso I, da Constituição. A princípio, a União não teria legítimo interesse processual, pois, além de não lhe pertencerem os recursos desviados (diante da ausência de repasse de recursos federais a título de complementação), tampouco o ato de improbidade seria imputável a agente público federal. 6. Conflito de atribuições conhecido, com declaração de atribuição ao órgão de atuação do Ministério Público Federal para averiguar eventual ocorrência de ilícito penal e a atribuição do Ministério Público do Estado de São Paulo para apurar hipótese de improbidade administrativa, sem prejuízo de posterior deslocamento de competência à Justiça Federal, caso haja intervenção da União ou diante do reconhecimento ulterior de lesão ao patrimônio nacional nessa última hipótese.[512]

Nessa ordem de ideias, sempre que forem identificados pelo Ministério Público Estadual, em sede de inquérito civil, desvios ou malversação de verbas do FUNDEB por parte de agentes públicos estaduais ou municipais, deverá o promotor natural ajuizar a correspondente ação civil de improbidade administrativa na Justiça Estadual, na qual poderá cumular o pedido de aplicação das sanções da LIA (notadamente a de reparação do dano) com o pedido de condenação na obrigação de regularizar o emprego dos recursos do FUNDEB.[513]

---

[512] Ação Civil Originária 1.109/SP, Pleno, rel. Min. Ellen Gracie, rel. p/ acórdão Min. Luiz Fux, j. 05.10.2011. Na jurisprudência do STJ, confiram-se: CC 119.305/SP, 3.ª S., rel. Min. Adilson Vieira Macabu, j. 08.02.2012; e CC 123.817/PB, 3.ª S., rel. Min. Marco Aurélio Bellizze, j. 12.09.2012.

[513] Esse tema foi abordado na prova preliminar do Concurso XXXII do Ministério Público do Rio de Janeiro. Na oportunidade, a Banca examinadora, acertadamente, considerou correta a alternativa que apontava a Justiça Estadual como competente para o processamento e julgamento da ação civil de improbidade administrativa.

884 | INTERESSES DIFUSOS E COLETIVOS - VOL. 1

Reprise-se que tal legitimidade do Ministério Público Estadual, conforme já visto, não afastará a possibilidade de a União ou o Ministério Público Federal ajuizarem a ação de improbidade, *quando verificada a existência de repasse de recursos federais em complementação às verbas do FUNDEB*, porquanto se trata de hipótese de legitimidade concorrente e disjuntiva. Nesse caso, a competência desloca-se para a Justiça Federal, por força do art. 109, I, da CF.

O mesmo raciocínio, *mutatis mutandis,* aplica-se ao repasse de verbas da União ao Distrito Federal.

6.12.2.6   Atos praticados em detrimento de sociedade de economia mista federal

Conforme visto no capítulo da ação civil pública, a competência da Justiça Federal na esfera cível somente se verifica quando a **União, entidade autárquica ou empresa pública federal** forem interessadas na condição de autoras, rés, assistentes ou oponentes (art. 109, I, da CF). Tratando-se de critério de fixação de competência *ratione personae*, basta examinar se algum dos entes apontados na referida norma figura na relação jurídica processual. Em caso positivo, a Justiça Federal será competente; *a contrario sensu*, não se verificando nenhuma outra hipótese dos demais incisos do art. 109 da CF, a competência será – ressalvadas as competências das Justiças Eleitoral e Trabalhista – de uma das Justiças Estaduais ou da Justiça do Distrito Federal.

Fixada tal premissa, é forçoso concluir que as causas relativas a atos de improbidade administrativa praticados em detrimento de uma **sociedade de economia mista federal**[514] serão processadas e julgadas, em regra, pela Justiça Estadual ou do Distrito Federal.

Essa orientação pode ser extraída da **Súmula 42 do STJ**: "Compete à Justiça Comum Estadual processar e julgar as causas cíveis em que é parte sociedade de economia mista e os crimes praticados em seu detrimento".

Esse entendimento também está consolidado na jurisprudência do Supremo Tribunal Federal, conforme se depreende do enunciado da **Súmula 556**: "É competente a Justiça Comum para julgar as causas em que é parte sociedade de economia mista".[515]

Nessas ações, segue-se a regra estatuída no art. 109, I, da CF, isto é, somente quando a União intervier na causa, na condição de autora, ré, oponente ou assistente, é que a competência será da Justiça Federal. É, pois, o ingresso da União que tem o efeito de atrair a competência para a Justiça Federal, e não a simples existência de interesse econômico da União. No mesmo sentido é a **Súmula 517**, também do **Supremo Tribunal Federal**: "As sociedades de economia mista só têm foro na Justiça Federal, quando a União intervém como assistente ou opoente".

Tem-se, assim, que a mera alegação da existência de interesse da União na ação civil de responsabilidade por ato de improbidade administrativa praticado em detrimento de sociedade de economia mista, sem a presença daquela, não atrai a competência da Justiça Federal. Por outro lado, manifestando a União, suas autarquias ou as empresas públicas federais seu interesse no feito, desloca-se a competência para a Justiça Federal decidir

---

[514]   A Lei 13.303/2016 (Lei das Estatais) apresenta a seguinte definição de sociedade de economia mista: "Art. 4.º Sociedade de economia mista é a entidade dotada de personalidade jurídica de direito privado, com criação autorizada por lei, sob a forma de sociedade anônima, cujas ações com direito a voto pertençam em sua maioria à União, aos Estados, ao Distrito Federal, aos Municípios ou a entidade da administração indireta".

[515]   Segue o mesmo raciocínio a Súmula 8 do Conselho Superior do Ministério Público de São Paulo: "Serão propostas perante a justiça comum estadual as ações civis públicas em que haja interesses de sociedades de economia mista, sociedades anônimas de capital aberto e outras sociedades comerciais, ainda que delas participe da União como acionista".

sobre o ingresso desses entes em juízo.[516] Desse teor a **Súmula 150 do STJ**: "Compete à Justiça Federal decidir sobre a existência de interesse jurídico que justifique a presença, no processo, da União, suas autarquias ou empresas públicas".

Nessa temática, questão interessante consiste em saber qual Justiça (federal ou estadual) possui competência para o processamento e julgamento das ações civis de improbidade administrativa por atos praticados em detrimento de sociedade de economia mista federal, *quando ajuizadas pelo Ministério Público Federal*. Trata-se de tema polêmico, sobre o qual existem dois principais entendimentos:

1.º) Justiça Comum Estadual: as ações civis de improbidade por atos praticados em detrimento de sociedade de economia mista federal devem ser processadas e julgadas pela Justiça Comum Estadual.[517] Nesse sentido, argumenta-se:

a) a circunstância de figurar o Ministério Público Federal como autor da ação *sub analise* não é suficiente para determinar a competência da Justiça Federal para o julgamento da lide, pois o rol do art. 109, I, é taxativo e dele não há alusão ao *Parquet* federal;

b) o Ministério Público Federal não pode ser equiparado à União ou a nenhum de seus órgãos, pois sua atuação é desvinculada daqueles entes;

c) a situação *sub analise* não se enquadra nas hipóteses de defesa do patrimônio nacional ou dos direitos constitucionais do cidadão, previstas na Lei Complementar 75/1993 e capazes de justificar a atuação do Ministério Público Federal;

d) o mero fato de a União ter o controle acionário majoritário em sociedade de economia mista vítima de ato de improbidade administrativa não caracteriza, *a priori*, interesse jurídico direto da União apto a fixar a competência da Justiça Federal e, por conseguinte, a atribuição do *Parquet Federal*. **É esse, inclusive, o entendimento consolidado na jurisprudência do Supremo Tribunal Federal**.[518]

2.º) Justiça Comum Federal: para os defensores dessa tese, se a ação de improbidade administrativa por atos praticados em detrimento de sociedade de economia mista federal é ajuizada pelo Ministério Público Federal, a competência necessariamente será da Justiça Federal.[519] Nesse sentido, argumenta-se:

a) se a União detém o controle acionário da sociedade de economia mista, naturalmente, é do seu interesse a apuração de atos ilícitos que importem prejuízo patrimonial à sociedade empresarial;

b) a organização e a repartição das competências dos diversos ramos do Ministério Público devem observar o princípio federativo, de tal forma que os órgãos ministeriais vinculados à União atuem perante a Justiça Federal e aqueles vinculados

---

[516] Nesse sentido: STJ, CC 83.295/SP, 1.ª S., rel. Min. Luiz Fux, j. 12.11.2008.

[517] Nesse sentido: GARCIA, Emerson; ALVES, Rogério Pacheco. *Improbidade Administrativa*. 9. ed. Rio de Janeiro: Lumen Juris, 2017. p. 1.008; e MARQUES, Silvio Antonio. Harmonização entre a Lei de Improbidade Administrativa e a Lei Anticorrupção Empresarial. *Apontamentos à Lei Anticorrupção Empresarial*: Lei 12.846/2013. São Paulo: MPSP, 2015. p. 43-44.

[518] A título de exemplo, confiram-se: ACO 2.438 AgR/ES, 1.ª T., rel. Min. Luiz Fux, j. 24.02.2015; ACO 1.595/RJ, rel. Min. Cármen Lúcia, *DJe* 25.02.2013; ACO 987/RJ, Pleno, rel. Min. Ellen Gracie, j. 04.08.2011; RE 596.836 AgR/ES, 1.ª T., rel. Min. Carmen Lúcia, j. 10.05.2011.

[519] Nesse sentido: ALVIM, Arruda. A Competência para Processar e Julgar Ação Civil de Improbidade Administrativa em Face de Atos praticados em Detrimento de Sociedade de Economia Mista Federal. In: MARQUES, Mauro Campbell (coord.). *Improbidade Administrativa*: Temas Atuais e Controvertidos. Rio de Janeiro: Forense, 2017. p. 84-90; ZAVASCKI, Teori Albino. Ministério Público e Ação Civil. *Revista de Informações Legislativas*, n. 114, jul. 1992.

INTERESSES DIFUSOS E COLETIVOS - VOL. 1

aos Estados-Membros ou ao Distrito Federal atuem, respectivamente, perante as Justiças do Estado e do Distrito Federal;

c) tendo sido o Ministério Público Federal o autor da ação civil pública, a competência da Justiça Federal é indeclinável, em razão da *personalidade processual federal* do *Parquet* federal, apta a atrair a incidência do art. 109, I, da CF. **É esse o entendimento consolidado na jurisprudência da 1.ª Seção do Superior Tribunal de Justiça.**[520]

Com a devida vênia do atual entendimento do Superior Tribunal de Justiça, também pensamos que a simples presença do Ministério Público Federal no polo ativo da ação de improbidade por ato ofensivo ao patrimônio de sociedade de economia mista federal não é suficiente para determinar a competência da Justiça Federal. Se não houver interesse jurídico concreto da União na lide – e o mero fato de ter o controle acionário majoritário não faz presumir esse interesse –, fica afastada a legitimidade do Ministério Público Federal, com o consequente deslocamento da competência para a Justiça Comum Estadual.

6.12.2.7 Prerrogativa de foro

A Constituição Federal, em diversas passagens, assegura a certas autoridades a garantia de responderem por crimes comuns e de responsabilidade perante foro especial. O Presidente da República, por exemplo, é julgado e processado pela prática de crimes comuns perante o Supremo Tribunal Federal (CF, art. 102, I, *b*), o mesmo ocorrendo com os deputados e senadores.

Já em relação à prática de atos de improbidade administrativa, não há previsão constitucional de foro especial para processamento e julgamento dos agentes ímprobos.

Nessa temática, questão interessante é saber se é possível estender o foro especial por prerrogativa de função previsto na Constituição Federal em relação às infrações penais comuns e de responsabilidade para as ações de improbidade administrativa.

Trata-se de assunto polêmico, sobre o qual destacamos dois principais entendimentos:

1.º) **Possibilidade de extensão das hipóteses de foro por prerrogativa de função, além das matérias previstas constitucionalmente:** argumenta-se, nesse sentido, que, se a Constituição tem por importante essa prerrogativa, qualquer que seja a gravidade da infração ou a natureza da pena aplicável em caso de infração penal, não há como deixar de considerá-la ínsita ao sistema punitivo da ação de improbidade, cujas consequências, relativas ao sentenciado e ao cargo, são ontologicamente semelhantes e eventualmente até mais gravosas (*ubi eadem ratio, ibi eadem legis dispositio*).

Como se percebe, adota-se, na espécie, a tese da existência, na Constituição, de **competências implícitas complementares,**[521] segundo a qual, mesmo em relação às regras sobre competências jurisdicionais, os dispositivos da Constituição comportam interpretação ampliativa, para preencher vazios e abarcar certas competências implícitas, mas inegáveis, por força do sistema.[522]

---

[520] AgRg no CC 122.629/ES, 1.ª S., rel. Min. Benedito Gonçalves, j. 13.11.2013.

[521] Sobre o tema, veja-se: CANOTILHO, J. J. Gomes. *Direito Constitucional.* 7. ed. Coimbra: Almedina, 2003. p. 548-549. *Na jurisprudência:* STF, RE 176.881-9, Pleno, rel. Min. Ilmar Galvão, *DJ* 06.03.1998, e CC 7.106-1, Pleno, rel. Min. Ilmar Galvão, *DJ* 08.11.2002.

[522] ZAVASCKI, Teori Albino. *Processo Coletivo:* Tutela de Direitos Coletivos e Tutela Coletiva de Direitos. 4. ed. São Paulo: RT, 2009. p. 93.

CAP. 6 – IMPROBIDADE ADMINISTRATIVA | 887

2.°) **Impossibilidade de extensão das hipóteses de foro por prerrogativa de função, além das matérias previstas constitucionalmente:** a competência originária dos tribunais é, por definição, derrogação da competência ordinária dos juízos de 1.° grau, do que decorre que, demarcada a última pela Constituição, só a própria Constituição pode excetuá-la.[523] Argumenta-se, nesse sentido, que as normas que estabelecem foro especial são exceções, e, como tais, devem ser interpretadas restritivamente (*exceptiones sunt strictissimae interpretationis*).

Entendemos correto esse segundo entendimento. Afinal, querer justificar a extensão das hipóteses de foro por prerrogativa de função, além das matérias previstas constitucionalmente, com base na doutrina das *competências implícitas complementares*, representa uma grave e preocupante subversão dos fundamentos da citada doutrina.

De fato, como bem observa o professor Canotilho, a aceitação indiscriminada desse tipo de competência (não escrita) acabará por violar não só o **princípio da conformidade funcional,**[524] mas também os **princípios da tipicidade**[525] e **da indisponibilidade de competências.**[526] Na visão do festejado constitucionalista português, "a força normativa da constituição é incompatível com a existência de competências não escritas salvo nos casos de a própria constituição autorizar o legislador a alargar o leque de competências normativo-constitucionalmente especificado".[527]

Assim, na esteira do pensamento de Canotilho, é correto afirmar que a aplicação da doutrina em exame só é admitida em caráter excepcional. Por outras palavras, somente será admissível a adoção da doutrina das *competências implícitas complementares* em hipóteses excepcionais, nas quais se vislumbre a necessidade de se preencher **lacunas constitucionais patentes** por meio da leitura sistemática e teleológica dos preceitos constitucionais.[528]

Um bom exemplo da aplicação da doutrina das *competências implícitas complementares* no direito brasileiro é o do julgamento dos prefeitos pelos Tribunais Regionais Federais em casos de crimes praticados contra bens, serviços ou interesses da União. Embora tal competência não esteja prevista expressamente no art. 108, I, da Constituição Federal – que regula a competência originária dos Tribunais Regionais Federais –, foi reconhecida pelo STF por força do manejo de instrumentos metódicos de interpretação (sobretudo de interpretação sistemática ou teleológica).[529] Nessa quadra, considerou-se que o julgamento do prefeito pelo Tribunal de Justiça nos casos de crimes comuns (CF, art. 29, X) justificava a submissão de tal autoridade à competência do Órgão Federal de segundo grau, por efeito de interpretação que, mantendo a simetria no plano federal, assegura, a um só tempo, foro privilegiado e a competência dos órgãos judiciários da União para os crimes praticados em detrimento dos bens, interesses e serviços desta.

---

[523] MARTINS JÚNIOR, Wallace Paiva. *Probidade Administrativa*. 4. ed. São Paulo: Saraiva, 2009. p. 423-425; GARCIA, Emerson; ALVES, Rogério Pacheco. *Improbidade Administrativa*. 4. ed. Rio de Janeiro: Lumen Juris, 2008. p. 517-523. Em igual sentido: STF, AgRg em Reclamação 1.110-1/DF, rel. Min. Celso de Mello, j. 25.11.1999; STJ, REsp 161.322/PE, 2.ª T., rel. Min. Franciulli Neto, j. 07.03.2002.

[524] De acordo com o princípio da conformidade funcional, quando a Constituição regula de determinada forma a competência e função dos órgãos de soberania, esses órgãos devem manter-se no quadro de competências constitucionalmente definido.

[525] De acordo com o princípio da tipicidade, as competências dos órgãos constitucionais são, em regra, apenas as expressamente enumeradas na Constituição.

[526] De acordo com o princípio da indisponibilidade de competências, as competências constitucionalmente fixadas não podem ser transferidas para órgãos diferentes daqueles a quem a Constituição as atribui.

[527] CANOTILHO, J. J. Gomes. *Direito Constitucional*. 7. ed. Coimbra: Almedina, 2003. p. 548.

[528] CANOTILHO, J. J. Gomes. *Direito Constitucional*. 7. ed. Coimbra: Almedina, 2003. p. 549.

[529] RE 141.021/SP, Pleno, rel. p/ acórdão Francisco Rezek, j. 24.09.1992.

O mesmo raciocínio, por coerência e fidelidade aos fundamentos da doutrina em exame, não se aplica às ações civis de improbidade administrativa. Aqui, diferentemente do que se verificou no exemplo supracitado, não se está diante de uma patente lacuna constitucional. Muito pelo contrário, tem-se, na hipótese, uma evidente opção da Constituição Federal que, de forma inequívoca, não institui foro por prerrogativa de função para nenhum agente público que figure no polo passivo de uma ação civil de improbidade administrativa. Tratar essa clara opção constitucional como uma hipótese de lacuna patente significa modificar, por via interpretativa divorciada do sistema vigente, o quadro de competências constitucionalmente definido, em clara ofensa ao já citado princípio da conformidade funcional.

A par dos argumentos anteriormente expostos, de conotação estritamente jurídica, a questão em apreço também reclama uma cogitação de conteúdo político, relevante, porque concernente à própria sobrevivência da LIA.

Com efeito, é notória a dificuldade dos tribunais para o exercício das competências originárias explicitadas no texto constitucional. No Supremo Tribunal Federal, por exemplo, ressalvado o emblemático julgamento da Ação Penal 470 ("mensalão") – que paralisou a análise de outros inúmeros temas importantes pela Corte Suprema –, são absolutamente inexpressivos os casos de condenações criminais de agentes políticos que gozam de foro especial.

Um estudo realizado por professores da Fundação Getulio Vargas (FGV Direito Rio) demonstrou, em números, a inefetividade do Supremo Tribunal Federal como Corte originária para o processamento e julgamento de ações penais movidas em face de agentes públicos que gozam de foro especial por prerrogativa de função.[530]

Os dados levantados mostram que o Supremo Tribunal Federal, como regra, não consegue analisar o mérito das investigações ou acusações apresentadas pela Procuradoria-Geral da República. Em 65% das ações penais há o declínio da competência ou a prescrição. Isso significa que, na maioria absoluta dos casos, o Supremo não chega sequer a emitir juízo sobre o mérito da acusação.

É de se perguntar então: deve o STF dar interpretação ampliativa a suas competências, quando nem pela interpretação restrita tem conseguido exercitá-las a tempo e a hora?

Conferir aos tribunais a competência para o processo e julgamento das ações de improbidade administrativa ajuizadas em face de agentes públicos que gozam de foro especial na esfera criminal significa, na prática, agravar situação já caótica, com maior atraso nos julgamentos e aumento da impunidade.

Dirimindo a divergência sobre o tema, o próprio Supremo Tribunal Federal, por meio de seu Pleno, decidiu, por maioria de votos, no julgamento da **Pet. 3.240/DF**, que o foro especial por prerrogativa de função previsto na Constituição Federal em relação às infrações penais comuns não é extensível às ações de improbidade administrativa de natureza cível.

Trata-se de decisão histórica da Suprema Corte, pois põe fim a uma das questões mais polêmicas envolvendo a interpretação e a aplicação da Lei de Improbidade Administrativa. Ficamos duplamente felizes com o resultado desse julgamento, pois o STF não apenas acolheu o entendimento por nós esposado desde a primeira edição da nossa obra, como se valeu dos mesmos argumentos utilizados em nossa doutrina. Pela importância, destacamos trecho da ementa do julgado:

---

[530] FALCÃO, Joaquim *et al*. *V Relatório Supremo em Números*: o foro privilegiado. Rio de Janeiro: Escola de Direito do Rio de Janeiro da Fundação Getulio Vargas, 2017. p. 82-83.

CAP. 6 – IMPROBIDADE ADMINISTRATIVA | 889

(...) 2. O foro especial por prerrogativa de função previsto na Constituição Federal em relação às infrações penais comuns não é extensível às ações de improbidade administrativa, de natureza civil. Em primeiro lugar, o foro privilegiado é destinado a abarcar apenas as infrações penais. A suposta gravidade das sanções previstas no art. 37, § 4.º, da Constituição, não reveste a ação de improbidade administrativa de natureza penal. Em segundo lugar, o foro privilegiado submete-se a regime de direito estrito, já que representa exceção aos princípios estruturantes da igualdade e da república. Não comporta, portanto, ampliação a hipóteses não expressamente previstas no texto constitucional. E isso especialmente porque, na hipótese, não há lacuna constitucional, mas legítima opção do poder constituinte originário em não instituir foro privilegiado para o processo e julgamento de agentes políticos pela prática de atos de improbidade na esfera civil. Por fim, a fixação de competência para julgar a ação de improbidade no 1.º grau de jurisdição, além de constituir fórmula mais republicana, é atenta às capacidades institucionais dos diferentes graus de jurisdição para a realização da instrução processual, de modo a promover maior eficiência no combate à corrupção e na proteção à moralidade administrativa.[531]

Nesse mesmo sentido, consolidou-se a jurisprudência do STJ. Confira-se:

Não há prerrogativa de foro em benefício de agentes públicos na instauração de inquéritos civis ou no julgamento de ações de improbidade administrativa, uma vez que não possuem natureza criminal.[532]

Hoje, portanto, é correto afirmar que tanto o STF como o STJ, acertadamente, rechaçam a tese da existência de foro por prerrogativa de função nas ações civis de improbidade administrativa. Embora anterior à reforma promovida na LIA pela Lei 14.230/2021, não vemos motivos para uma mudança nesse entendimento.

Noutro flanco, cabe destacar que **esse entendimento não se aplica às ações civis de perda do cargo de Promotor de Justiça, ajuizadas com espeque no § 2.º do art. 38 da Lei 8.625/1993**, que prescreve: "a ação civil para a decretação da perda do cargo será proposta pelo Procurador-Geral de Justiça perante o Tribunal de Justiça local, após autorização do Colégio de Procuradores, na forma da Lei Orgânica".

Há de se fazer uma distinção dessa ação civil de decretação de perda de cargo com relação ao posicionamento sedimentado no STJ e no STF acerca da competência do juízo monocrático para o processamento e julgamento das ações de improbidade administrativa, afastando o "foro privilegiado ou especial" das autoridades envolvidas. É que a causa de pedir da ação prevista no art. 38, § 2.º, da Lei 8.625/1993 não está vinculada a ilícito capitulado na Lei 8.429/1992, que disciplina as sanções aplicáveis aos atos de improbidade administrativa, mas sim a infração disciplinar atribuível a Promotor de Justiça no exercício da função pública. O próprio STJ possui precedentes no sentido de que "a ação civil com foro especial não se confunde com a ação civil pública de improbidade administrativa, regida pela Lei n. 8.429/1992, que não prevê tal prerrogativa".[533] Conclui-se, portanto,

---

[531] STF, Pet. 3.240/DF, Pleno, rel. Min. Teori Zavascki, rel. p/ acórdão, Min. Roberto Barroso, j. 10.05.2018.

[532] AgRg nos EDcl nos EDcl nos EDcl no RHC 171.760/GO, 5.ª T., rel. Min. Ribeiro Dantas, j. 24.04.2023, *DJe* 27.04.2023. Em sentido semelhante: AgRg no HC 680.717/AP, 5.ª T., rel. Min. Ribeiro Dantas, j. 22.03.2022, *DJe* 25.03.2022; AgRg nos EDcl no RHC 145.665/RO, 5.ª T., rel. Min. Jesuíno Rissato (Desembargador convocado do TJDFT), j. 28.09.2021, *DJe* 05.10.2021; AgInt no AREsp 1.790.481/GO, 2.ª T., rel. Min. Herman Benjamin, j. 08.06.2021, *DJe* 03.08.2021; AgInt no AgInt no REsp 1.458.429/RJ, 1.ª T., rel. Min. Sérgio Kukina, rel. p/ acórdão Min. Regina Helena Costa, j. 27.04.2021, *DJe* 19.05.2021; REsp 1.457.376/RJ, 2.ª T., rel. Min. Og Fernandes, j. 01.09.2020, *DJe* 15.09.2020; REsp 2.056.675/MG (decisão monocrática), 5.ª T., rel. Min. Joel Ilan Paciornik, j. 04.03.2024, publicado em 05.03.2024 (*vide* Informativo de Jurisprudência 774).

[533] Nessa linha: REsp 1.737.900/SP, 2.ª T., rel. Min. Herman Benjamin, j. 19.11.2019; REsp 1.627.076/SP, 1.ª T., rel. Min. Regina Helena Costa, *DJe* 14.08.2018; REsp 1.737.906/SP, 1.ª T., rel. Min. Regina Helena Costa, *DJ* 24.08.2018.

que **a competência para processar e julgar a ação de perda de cargo de Promotor de Justiça é do Tribunal de Justiça local**.

Se considerarmos, contudo, que uma mesma conduta praticada por um promotor de justiça pode configurar, a um só tempo, ato de improbidade administrativa e infração disciplinar, convém distinguir:

(i) a correspondente ação de improbidade administrativa poderá ser proposta por qualquer um dos colegitimados e será processada e julgada no 1.º grau de jurisdição, com a possibilidade, inclusive, de aplicação da sanção de perda da função pública, prevista no art. 12 da LIA;

(ii) a correspondente ação civil para a decretação da perda do cargo, prevista no § 2.º do art. 38 da Lei 8.625/1993, será proposta pelo Procurador-Geral de Justiça perante o Tribunal de Justiça local, após autorização do Colégio de Procuradores, na forma da Lei Orgânica.

6.12.3 Legitimação

Na redação original da Lei 8.429/1992, os **legitimados ativos** para a ação civil de improbidade administrativa eram o Ministério Público e a pessoa jurídica interessada (art. 17, *caput*).

Cuidava-se de legitimação concorrente e disjuntiva, nos moldes adotados no microssistema de tutela processual coletiva.

Com o advento da Lei 14.230/2021, a legitimidade foi concentrada no Ministério Público, quer seja para ajuizar ações de improbidade administrativa, quer seja para celebrar acordos de não persecução civil (art. 17-B).

Por força dessa limitação, inclusive, o legislador criou uma regra para disciplinar a superveniente ilegitimidade ativa da pessoa jurídica interessada nas ações em curso por ela propostas. Desse teor o art. 3.º da Lei 14.230/2021:

> **Art. 3.º** No prazo de 1 (um) ano a partir da data de publicação desta Lei, o Ministério Público competente manifestará interesse no prosseguimento das ações por improbidade administrativa em curso ajuizadas pela Fazenda Pública, inclusive em grau de recurso.
>
> § 1.º No prazo previsto no *caput* deste artigo suspende-se o processo, observado o disposto no art. 314 da Lei n.º 13.105, de 16 de março de 2015 (Código de Processo Civil).
>
> § 2.º Não adotada a providência descrita no *caput* deste artigo, o processo será extinto sem resolução do mérito.

Note-se que caberia ao Ministério Público, que já atuava no processo como fiscal da ordem jurídica, requerer sua recolocação como autor da demanda, sob pena de extinção terminativa do processo.

Ocorre que essa concentração da legitimação ativa no Ministério Público foi levada à apreciação do Supremo Tribunal Federal (ADIs 7.042 e 7.043), cujo Plenário, por maioria de votos, declarou a inconstitucionalidade parcial, sem redução de texto, do *caput* e dos §§ 6.º-A e 10-C do art. 17, assim como do *caput* e dos §§ 5.º e 7.º do art. 17-B da Lei 8.429/1992, na redação dada pela Lei 14.230/2021, de modo a restabelecer a existência de legitimidade ativa concorrente e disjuntiva entre o Ministério Público e as pessoas jurídicas interessadas para a propositura da ação por ato de improbidade administrativa e para a celebração de acordos de não persecução civil.[534] Conforme destacado pelo Ministro Relator, Alexandre de Moraes, em seu voto:

> (...) a supressão da legitimidade ativa das pessoas jurídicas interessadas para a propositura da ação por ato de improbidade administrativa representa uma grave e inconstitucional limitação ao amplo acesso à jurisdição (CF, art. 5.º, XXXV), com ferimento ao princípio da eficiência (CF, art. 37, *caput*) e significativo retrocesso quanto ao imperativo constitucional de combate à improbidade administrativa, e, no limite, um injustificável obstáculo ao exercício de competência comum da União, dos Estados, do Distrito Federal e dos Municípios para "zelar pela guarda da Constituição" e "conservar o patrimônio público" (CF, art. 23, I).

Em conclusão, o STF restabeleceu a legitimidade ativa concorrente e disjuntiva entre o Ministério Público e as pessoas jurídicas interessadas para a propositura da ação por ato de improbidade administrativa e para a celebração de acordos de não persecução civil.

No mesmo jugado, o Supremo Tribunal Federal realçou que a legitimidade constitucional do Ministério Público para a ação de improbidade administrativa e a legitimidade igualmente constitucional das pessoas jurídicas lesadas para a mesma ação possuem **naturezas jurídicas diversas**, razão pela qual encontram justificativa constitucional em dispositivos também diversos: aquela, ancorada no art. 129, III, da CF, é extraordinária; esta, decorrente dos arts. 5.º, XXXV e 23, I, da CF, é ordinária.

No particular, uma observação se faz necessária: pela fundamentação adotada pelo STF no julgamento das ADIs 7.042 e 7.043, em especial pela menção à regra de competência fixada no art. 23, I, da CF,[535] é imperioso concluir que a expressão "pessoa jurídica interessada", na espécie, abrange apenas as entidades referidas no art. 1.º, § 5.º, da LIA, isto é, as pessoas jurídicas integrantes da administração pública direta ou indireta. Nessa quadra, não possuem legitimidade ativa *ad causam* as entidades particulares referidas nos §§ 6.º e 7.º do art. 1.º da LIA.

Como a legitimidade entre o Ministério Público e a pessoa jurídica interessada é concorrente e disjuntiva, é possível que haja a formação de um litisconsórcio entre eles, que pode ser tanto inicial como superveniente. Cuida-se, portanto, de hipótese típica de **litisconsórcio facultativo**, conforme já pacificado na jurisprudência do STJ.[536]

Os **legitimados passivos** para a ação são os sujeitos ativos do ato de improbidade administrativa, ou seja, os agentes públicos (art. 2.º) e os terceiros que concorrem para a prática do ilícito (art. 3.º).

Remarque-se, no ponto, que as pessoas jurídicas em cujo interesse ou benefício é praticado o ato de improbidade administrativa sujeitam-se à Lei 8.429/1992; logo, podem figurar no polo passivo de uma ação de improbidade, ainda que desacompanhadas de seus sócios.[537]

Tal entendimento não impede que, juntamente com a pessoa jurídica, sejam incluídos no polo passivo os sócios e gestores que tiverem concorrido para a prática do ilícito, caso em que responderão nos limites da sua participação (art. 3.º, § 2.º).

6.12.3.1 Litisconsórcio passivo necessário

Questão interessante consiste em saber se existe **litisconsórcio passivo necessário** entre os agentes públicos que praticam o ato de improbidade administrativa e os terceiros partícipes do ilícito.

---

[534] ADIs 7.042 e 7.043, Tribunal Pleno, j. 31.08.2022.

[535] CF: "Art. 23. É competência comum da União, dos Estados, do Distrito Federal e dos Municípios: I – zelar pela guarda da Constituição, das leis e das instituições democráticas e conservar o patrimônio público".

[536] STJ, AgInt no AREsp 1.592.282/PR, 2.ª T., rel. Min. Francisco Falcão, j. 02.03.2021.

[537] É o entendimento do STJ: REsp 970.393/CE, 1.ª T., rel. Min. Benedito Gonçalves, *DJe* 29.06.2012.

892 | INTERESSES DIFUSOS E COLETIVOS – VOL. 1

Conforme visto (Capítulo 2, item 2.6.1.1), diz-se que o litisconsórcio é *necessário* quando sua formação é imprescindível para a propositura da ação. Tal instituto está regulado no art. 114 do CPC, que assim dispõe:

> **Art. 114.** O litisconsórcio será necessário por disposição de lei ou quando, pela natureza da relação jurídica controvertida, a eficácia da sentença depender da citação de todos que devam ser litisconsortes.

Se, por um lado, é certo que os terceiros que participem de improbidade administrativa estão sujeitos aos ditames da Lei 8.429/1992, consoante seu art. 3.º, por outro, também é certo que não há imposição legal de formação de *litisconsórcio passivo necessário* na correspondente ação de improbidade. A propósito, confira-se o teor do dispositivo em comento:

> **Art. 3.º** As disposições desta Lei são aplicáveis, no que couber, àquele que, mesmo não sendo agente público, induza ou concorra dolosamente para a prática do ato de improbidade.

Da mesma forma, não se identifica, na hipótese, nenhuma natureza incindível da relação jurídica de direito material afirmada em juízo, tendo em vista que a conduta dos agentes públicos se pauta especificamente pelos seus deveres funcionais e independe da responsabilização dos particulares que participaram da probidade ou dela se beneficiaram.

Assim, por não estar presente nenhuma das hipóteses previstas no art. 114 do CPC (disposição legal ou relação jurídica unitária), é correto concluir que nas ações civis de improbidade administrativa inexiste litisconsórcio passivo necessário entre o agente público e os terceiros que concorrem para a prática do ato ímprobo.

Fixada tal premissa, afigura-se perfeitamente possível o ajuizamento de ação de improbidade administrativa tão somente em face do agente público ímprobo. Nessa trilha, aliás, consolidou-se a jurisprudência do STJ, consoante se infere do trecho de ementa a seguir destacado:

> A posição sedimentada desta Corte apresenta-se no sentido de que, "nas Ações de Improbidade, inexiste litisconsórcio necessário entre o agente público e os terceiros beneficiados com o ato ímprobo, por não estarem presentes nenhuma das hipóteses previstas no art. 47 do CPC (disposição legal ou relação jurídica unitária)" (REsp 896.044/PA, rel. Min. Herman Benjamin, 2.ª Turma, j. 16.09.2010, *DJe* 19.04.2011).[538]

Registre-se, todavia, que a recíproca não é verdadeira. De fato, quando estudamos o sujeito ativo do ato de improbidade administrativa, vimos que a responsabilização de terceiros, embora possível, está condicionada à prática de um ato de improbidade por um agente público. Assim, não havendo participação do agente público, há que ser afastada a incidência da LIA, estando o terceiro sujeito a sanções previstas em outras disposições legais.

Pelas mesmas razões, vimos também que o particular não poderá figurar sozinho no polo passivo de uma ação de improbidade administrativa, nele tendo de participar, necessariamente, o agente público.

Por outras palavras, os particulares não podem ser responsabilizados com base na LIA sem que figure no polo passivo um agente público responsável pelo ato questionado, o que não impede, contudo, o eventual ajuizamento de ação civil pública comum para obter o ressarcimento do Erário. Sobre o tema, assim já decidiu o STJ:

---

[538] EDcl no AgRg no REsp 1.314.061/SP, 2.ª T., rel. Min. Humberto Martins, j. 25.06.2013.

CAP. 6 – IMPROBIDADE ADMINISTRATIVA | **893**

Processual civil. Administrativo. Réu particular. Ausência de participação conjunta de agente público no polo passivo da ação de improbidade administrativa. Impossibilidade. 1. Os arts. 1.º e 3.º da Lei 8.429/92 são expressos ao prever a responsabilização de todos, agentes públicos ou não, que induzam ou concorram para a prática do ato de improbidade ou dele se beneficiem sob qualquer forma, direta ou indireta. 2. Não figurando no polo passivo qualquer agente público, não há como o particular figurar sozinho como réu em Ação de Improbidade Administrativa. 3. Nesse quadro legal, não se abre ao *Parquet* a via da Lei da Improbidade Administrativa. Resta-lhe, diante dos fortes indícios de fraude nos negócios jurídicos da empresa com a Administração Federal, ingressar com Ação Civil Pública comum, visando ao ressarcimento dos eventuais prejuízos causados ao patrimônio público, tanto mais porque o STJ tem jurisprudência pacífica sobre a imprescritibilidade desse tipo de dano. 4. Recurso Especial não provido.[539]

Como regra, portanto, o particular não pode figurar sozinho no polo passivo de uma ação de improbidade administrativa.

Existiria alguma exceção? Pensamos que sim. Imagine-se, por exemplo, uma hipótese de ato de improbidade administrativa praticado por um agente público com o auxílio de um particular. Caso o acordo de não persecução cível (ANPC) seja celebrado apenas com o agente público, seja porque o particular recusou a proposta ministerial, seja porque em relação a ele o Ministério Público entendeu que a solução negociada não se apresentava como a mais vantajosa ao interesse público, a ação de improbidade administrativa poderá ser ajuizada apenas em face do particular. Nesse caso, a petição inicial deverá descrever a conduta ilícita tanto do particular quanto do agente público e deverá ser instruída com cópia do ANPC celebrado com o agente público. Não se aplica, aqui, a jurisprudência do STJ no sentido de que os particulares não podem ser responsabilizados com base na LIA sem que figure no polo passivo um agente público responsável pelo ato questionado. Esse entendimento está fundado numa questão de direito material: o envolvimento de um agente público no ilícito é condição para incidência da LIA e para a responsabilização do particular que concorrer para o ato (art. 3.º). Não se trata, portanto, de uma hipótese de litisconsórcio passivo necessário. Sendo assim, se o envolvimento do agente público já foi reconhecido no ANPC, nada impede que a ação de improbidade administrativa seja ajuizada apenas em face do particular. Nesse sentido, inclusive, já decidiu o STJ:

Agravo em recurso especial. Improbidade administrativa. Ajuizamento da ação apenas contra os particulares que não aceitaram o acordo de não persecução cível. Possibilidade. Art. 3.º da LIA. Responsabilização condicionada à prática de ato de improbidade por agente público. Viabilidade do prosseguimento da ação sancionadora diante da apontada peculiaridade. Recurso provido.[540]

Mas não é só isso. As provas relativas à responsabilidade do particular podem ser supervenientes ao ajuizamento da ação de improbidade administrativa em face do agente público. Exemplificativamente, pense-se num caso de fraude à licitação, em que a perícia realizada em juízo aponta a participação de uma empresa no esquema de desvio de recursos do erário de um dado município. Caso não se mostre possível inserir essa empresa no polo passivo da ação, em razão da estabilização subjetiva do processo, será necessário o ajuizamento de outra ação de improbidade administrativa apenas em face do particular, hipótese em que o Juízo da primeira ação estará prevento, por força da regra prevista no art. 17, § 5.º, da Lei 8.429/1992 (inserido pela Lei 14.230/2021).

---

[539] REsp 1.155.992/PA, 2.ª T., rel. Min. Herman Benjamin, j. 23.03.2010. No mesmo sentido: REsp 1.171.017/PA, 1.ª T., rel. Min. Sérgio Kukina, j. 25.02.2014 **(Informativo 535)**; REsp 896.044/PA, 2.ª T., rel. Min. Herman Benjamin, j. 16.09.2010.

[540] AREsp 1.897.188/SC, 2.ª T., rel. Min. Francisco Falcão, j. 14.03.2023. No mesmo sentido: AgInt no AREsp 1.402.806/TO, 1.ª T., rel. Min. Manoel Erhardt (Desembargador convocado do TRF5), j. 19.10.2021.

894 | INTERESSES DIFUSOS E COLETIVOS – VOL. 1

Nessa mesma trilha, o STJ já entendeu como viável o prosseguimento de ação de improbidade administrativa exclusivamente contra particular quando há pretensão de responsabilizar agentes públicos pelos mesmos fatos em outra demanda conexa.[541]

6.12.3.2 A posição processual da pessoa jurídica interessada

Nos casos em que a ação de improbidade administrativa é ajuizada pelo Ministério Público, a pessoa jurídica interessada não constará do polo passivo da demanda. A exceção fica por conta de eventual cumulação de pedidos. Exemplificativamente, num caso de fraude à licitação, se o Ministério Público também pleitear a anulação do certame e do correspondente contrato, haverá um litisconsórcio passivo necessário entre todos os sujeitos que participaram da relação jurídica contratual, entre eles, naturalmente, a pessoa jurídica interessada. Contudo, limitando-se o pedido às tutelas reparatórias e às sanções previstas no art. 12 da LIA, a pessoa jurídica interessada não fará parte do polo passivo quando da propositura da ação.

Na redação original da LIA, uma vez proposta a ação pelo Ministério Público, a pessoa jurídica interessada poderia integrar a lide na qualidade de litisconsorte, devendo suprir as omissões e falhas da inicial e apresentar ou indicar os meios de prova de que disponha.

Num segundo momento, em razão da alteração promovida pela Lei 9.366/1996 no § 3.º do art. 17 da LIA, passou a ser aplicada à ação civil de improbidade administrativa a mesma regra adotada no § 3.º do art. 6.º da Lei 4.717/1965 (Lei da Ação Popular), que assim dispõe:

> **Art. 6.º (...)**
>
> § 3.º A pessoa jurídica de direito público ou de direito privado, cujo ato seja objeto de impugnação, poderá abster-se de contestar o pedido, ou poderá atuar ao lado do autor, desde que isso se afigure útil ao interesse público, a juízo do respectivo representante legal ou dirigente.

Diferentemente da regra original, em que cumpria à pessoa jurídica lesada "suprir as omissões e falhas da inicial e apresentar ou indicar os meios de prova de que disponha", abriu-se à pessoa jurídica interessada a possibilidade de "abster-se de contestar o pedido" ou de "atuar ao lado do autor", de acordo com o seguinte critério: "desde que isso se afigure útil ao interesse público, a juízo do respectivo representante ou dirigente".

Dessa forma, se antes só era dado à pessoa jurídica interessada coadjuvar o autor, integrando o polo ativo da ação (litisconsórcio facultativo ativo), a mudança da regra prevista no § 3.º do art. 17 da LIA abriu textualmente a possibilidade de a pessoa jurídica interessada escolher em qual situação processual ficará: no *polo passivo*, podendo contestar o pedido do autor (litisconsórcio facultativo passivo); no *polo ativo*, coadjuvando a atuação do autor (litisconsórcio facultativo ativo); ou simplesmente omitir-se quanto às alternativas anteriores.

Ocorre que a Lei 14.230/2021 revogou o § 3.º do art. 17 e apenas mencionou, de forma bastante genérica, que a pessoa jurídica interessada será intimada para, caso queira, intervir no processo. Desse teor o § 14 do art. 17 da LIA:

> **Art. 17. (...) § 14.** Sem prejuízo da citação dos réus, a pessoa jurídica interessada será intimada para, caso queira, intervir no processo.

---

[541] AREsp 1.402.806/TO, 1.ª T., rel. Min. Manoel Erhardt (Desembargador convocado do TRF da 5.ª Região), j. 19.10.2021 (Informativo 714).

No atual cenário (pós-reforma), teria havido alguma mudança no modelo de intervenção da pessoa jurídica interessada nas ações de improbidade administrativa propostas pelo Ministério Público? Pensamos que não.

Conforme visto, a reforma promovida na LIA pela Lei 14.230/2021 buscou concentrar no Ministério Público a legitimidade para a propositura da ação de improbidade administrativa.

A menção genérica à possibilidade de intervenção no processo, fixada no novel § 14 do art. 17 da LIA, deve ser compreendida, pois, nesse contexto de ausência de legitimidade ativa *ad causam* por parte da pessoa jurídica interessada. A partir do momento em que o Supremo Tribunal Federal declarou a inconstitucionalidade dessa restrição no julgamento das ADIs 7.042 e 7.043, restabelecendo a legitimidade ativa da pessoa jurídica interessada, entendemos deva ser mantido o mesmo modelo de intervenção da pessoa jurídica interessada observado antes da reforma da LIA, sob o influxo da regra prevista no § 3.º do art. 6.º da Lei 4.717/1965 (Lei da Ação Popular), que se aplica subsidiariamente à LIA.

Em outras palavras, no texto reformado da LIA, a pessoa jurídica seguirá podendo: (i) integrar o polo ativo ao lado do Ministério Público; (ii) integrar o polo passivo da demanda, com a possibilidade de contestar o pedido; ou (iii) assumir postura neutra, abstendo-se de integrar o polo ativo ou passivo.

Note-se, contudo, que não se trata de liberdade absoluta de escolha. Ao contrário, deverá a pessoa jurídica interessada pautar-se na defesa do interesse público – excluída a atuação *pro parte* – e na observância dos princípios regentes da atividade estatal.[542]

Nessa temática, questão interessante é saber se a posição assumida pela pessoa jurídica interessada na ação de improbidade proposta pelo Ministério Público é retratável.

O STJ já vinha admitindo essa retratação nas ações populares, condicionada à presença de interesse público, sob os seguintes argumentos: (i) se a Administração Pública pode revogar e anular seus atos, poderá também alterar sua posição no curso da demanda; (ii) não há que se falar em preclusão, uma vez que a LAP não traz limitação quanto ao momento em que deve ser realizada a migração; e (iii) o art. 17 da LAP preceitua que a entidade pode, ainda que tenha contestado a ação, proceder à execução da sentença na parte que lhe caiba, ficando evidente a viabilidade de composição do polo ativo a qualquer tempo.[543]

A mesma solução vem sendo adotada pelo STJ nas ações de improbidade. Confira-se:

> A jurisprudência do STJ é no sentido de que o deslocamento de pessoa jurídica de Direito Público do polo passivo para o ativo na Ação Civil Pública é possível quando presente o interesse público, a juízo do representante legal ou do dirigente, nos moldes do art. 6.º, § 3.º, da Lei 4.717/1965, combinado com o art. 17, § 3.º, da Lei de Improbidade Administrativa.[544]

Essa possibilidade de retratação da pessoa jurídica interessada nas ações de improbidade administrativa é reforçada pela regra do art. 5.º, § 2.º, da LACP, que faculta ao Poder Público "habilitar-se como litisconsorte de qualquer das partes".

Vê-se, assim, que a posição processual da pessoa jurídica interessada nas ações de improbidade administrativa e nas ações populares é *sui generis*. A defesa do interesse

---

[542] Nesse sentido: STJ, REsp 637.597/SP, 1.ª T., rel. Min. Luiz Fux, j. 10.10.2006.

[543] Nesse sentido: AgRg no REsp 116.049/SP, 1.ª T., rel. Min. Napoleão Nunes Maia Filho, j. 01.03.2016; REsp 1.185.928/SP, 2.ª T., rel. Min. Castro Meira, j. 15.06.2010.

[544] REsp 1391263/SP, 2.ª T., rel. Min. Herman Benjamin, *DJe* 07.11.2016. No mesmo sentido: AgRg no REsp 1.012.960/PR, 2.ª T., rel. Min. Herman Benjamin, j. 06.10.2009.

896 | INTERESSES DIFUSOS E COLETIVOS – VOL. 1

público nessas ações autoriza a chamada **migração interpolar**[545] da pessoa jurídica interessada e o **litisconsórcio dinâmico**.[546]

Por conta das especificidades da legitimação para agir nas ações coletivas, o STJ foi além e permitiu ao Poder Público figurar, respectivamente, nos polos ativo e passivo de uma ação civil pública proposta para a defesa do patrimônio público, em hipótese de decomposição dos pedidos. Assentou a Corte:

> Essas singularidades no âmbito da legitimação para agir, além de conjurar as soluções ortodoxas, implicam a decomposição dos pedidos formulados, por isso que o poder público pode assumir as posturas acima indicadas em relação a um dos pedidos cumulados e manter-se no polo passivo em relação aos demais.[547]

Essa mesma solução é aplicável, em tese, às ações civis de improbidade administrativa. Isso porque, conforme visto, a aplicação subsidiária do microssistema de tutela coletiva possibilita a cumulação, em uma mesma ação, de pedidos baseados tanto na LIA como na LACP.

Imagine-se, por exemplo, uma ação civil de improbidade ajuizada pelo Ministério Público estadual em face do secretário de transportes de um dado município, com o objetivo de condená-lo às sanções do art. 12, I, da LIA, pela prática de enriquecimento ilícito, consistente no recebimento de vantagem econômica para tolerar a prática de serviço clandestino de transporte coletivo de passageiros na cidade (art. 9.º, V, da LIA).[548] Na mesma ação, o *parquet* pede a condenação do Município em obrigação de fazer, consistente na contratação de agentes de fiscalização de trânsito, com vistas à implementação de um efetivo combate ao serviço clandestino de transporte coletivo de passageiros. Nessa situação hipotética, poderá o Município aderir à pretensão repressiva do autor e contestar o pedido de tutela específica, figurando, a um só tempo, nos polos ativo e passivo da ação.

Por fim, impende destacar que a ausência de intimação da pessoa jurídica interessada, por se tratar de hipótese de litisconsórcio facultativo, não é causa de nulidade processual.[549] Aplicável, no caso, o princípio da instrumentalidade das formas (CPC, art. 277).[550]

6.12.3.3 Sucessão processual no polo passivo

Desse teor o art. 8.º da LIA:

> **Art. 8.º** O sucessor ou o herdeiro daquele que causar dano ao erário ou que se enriquecer ilicitamente estão sujeitos apenas à obrigação de repará-lo até o limite do valor da herança ou do patrimônio transferido.

Ao prever que o sucessor ou o herdeiro daquele que causar dano ao erário ou que se enriquecer ilicitamente estão sujeitos *apenas* à obrigação de repará-lo até o limite do

---

[545] CABRAL, Antonio do Passo. Despolarização do Processo. In: ZUFFELATO, Camilo; YARSHAL, Flávio Luiz (org.). *40 Anos da Teoria Geral do Processo no Brasil, Passado, Presente e Futuro*. São Paulo: Malheiros, 2013. p. 82-83.

[546] STJ, REsp 1.817.109/RJ, 4.ª T., rel. Min. Luis Felipe Salomão, j. 23.02.2021.

[547] REsp 791.042/PR, 1.ª T., rel. Min. Luiz Fux, j. 19.10.2016.

[548] "Art. 9.º Constitui ato de improbidade administrativa importando em enriquecimento ilícito auferir, mediante a prática de ato doloso, qualquer tipo de vantagem patrimonial indevida em razão do exercício de cargo, de mandato, de função, de emprego ou de atividade nas entidades referidas no art. 1.º desta Lei, e notadamente: (...) V – receber vantagem econômica de qualquer natureza, direta ou indireta, para tolerar a exploração ou a prática de jogos de azar, de lenocínio, de narcotráfico, de contrabando, de usura ou de qualquer outra atividade ilícita, ou aceitar promessa de tal vantagem."

[549] Nesse sentido: STJ, REsp 886.524/SP, 2.ª T., rel. Min. João Otávio de Noronha, j. 23.10.2007; REsp 526.982/MG, 1.ª T., rel. Min. Denise Arruda, j. 06.12.2005.

[550] CPC: "Art. 277. Quando a lei prescrever determinada forma, o juiz considerará válido o ato se, realizado de outro modo, lhe alcançar a finalidade".

CAP. 6 – IMPROBIDADE ADMINISTRATIVA | 897

valor da herança ou do patrimônio transferido, o dispositivo em exame fixa duas diretrizes importantes:

(i) em razão do falecimento do responsável pelo ato de improbidade administrativa, seus herdeiros ou sucessores passam a ter legitimidade para figurar no polo passivo de uma ação civil de improbidade administrativa; e

(ii) as sanções previstas no art. 12 da LIA não se transmitem aos herdeiros ou sucessores, que ficam sujeitos apenas aos efeitos patrimoniais da conduta ímproba do antecessor, nos limites da herança ou do patrimônio recebido.

A nova redação atribuída ao art. 8.º pela Lei 14.230/2021 modificou a disciplina da responsabilidade sucessória no domínio da LIA. Enquanto a redação original da norma[551] previa uma sucessão das cominações previstas pela lei, o que autorizava a transmissão tanto das medidas reparatórias quanto da multa civil,[552] o novo enunciado do art. 8.º deixa clara a impossibilidade de transmissão de sanções aos herdeiros ou sucessores, que ficam sujeitos **apenas** aos efeitos patrimoniais da conduta ímproba, em consonância com o postulado da personalidade da pena, previsto no art. 5.º, XLV, da Constituição Federal, que dispõe, *in verbis*:

> **Art. 5.º (...) XLV** – nenhuma pena passará da pessoa do condenado, podendo a obrigação de reparar o dano e a decretação do perdimento de bens ser, nos termos da lei, estendidas aos sucessores e contra eles executadas, até o limite do valor do patrimônio transferido;

Pontue-se que o art. 8.º da LIA restringe a responsabilidade dos sucessores do agente ímprobo ao limite do valor da herança ou do patrimônio transferido. Regra semelhante está prevista no art. 1.792 do Código Civil, segundo o qual o herdeiro não responde por encargos superiores às forças da herança. Trata-se do chamado benefício de inventário.

Por fim, no que toca à sucessão processual no polo passivo da ação de improbidade administrativa, é importante distinguir: (i) caso o falecimento do agente ímprobo se verifique antes do ajuizamento da ação civil de improbidade, esta deverá ser proposta em face dos seus sucessores ou herdeiros; e (ii) caso o evento morte se dê no curso do processo, operar-se-á a sucessão processual, por meio da habilitação incidental, na forma dos arts. 687 a 692 do Código de Processo Civil.

6.12.3.4 *Responsabilidade sucessória em caso de alteração contratual e operações societárias*

Outra novidade inserida na LIA pela Lei 14.230/2021 é a previsão de responsabilidade sucessória nas hipóteses de alteração contratual e operações societárias. Desse teor o art. 8.º-A:

> **Art. 8.º-A.** A responsabilidade sucessória de que trata o art. 8.º desta Lei aplica-se também na hipótese de alteração contratual, de transformação, de incorporação, de fusão ou de cisão societária.

Trata-se de regra importante para prevenir eventual burla do modelo reparatório. Afinal, seria muito fácil eximir-se da obrigação de recompor o patrimônio público lesado

---

[551] "Art. 8.º O sucessor daquele que causar lesão ao patrimônio público ou se enriquecer ilicitamente está sujeito às cominações desta lei até o limite do valor da herança."

[552] REsp 951.389/SC, 1.ª S., rel. Min. Herman Benjamin, j. 09.06.2010.

INTERESSES DIFUSOS E COLETIVOS – VOL. 1

caso a pessoa jurídica sucessora não fosse responsável pelos ilícitos praticados antes da mudança havida no ente abstrato sucedido. No regime adotado pela LIA, a pessoa jurídica infratora não poderá esquivar-se das consequências patrimoniais do ilícito, alegando a ocorrência de alterações contratuais.

A **transformação**[553] é simples mudança do tipo societário. Ocorre, por exemplo, quando uma sociedade limitada se transforma em uma sociedade anônima, e vice-versa.

Incorporação[554] é a operação pela qual uma ou mais sociedades são absorvidas por outra, que lhes sucede em todos os direitos e obrigações.

A **fusão**,[555] por sua vez, é a operação pela qual se unem duas ou mais sociedades para formar uma nova sociedade, que lhes sucederá em todos os direitos e obrigações.

Já a **cisão**[556] é a operação pela qual a companhia transfere parcelas do seu patrimônio para uma ou mais sociedades, constituídas para esse fim ou já existentes, extinguindo-se a companhia cindida, se houver versão de todo o seu patrimônio, ou dividindo-se o seu capital, se parcial a versão.

Para os fins da LIA, não importa se a pessoa sucessora foi diligente e investigou, a fundo, a vida financeira pregressa da empresa sucedida, não constatando a existência sequer indiciária da prática de atos de improbidade administrativa. Com a operação, a empresa sucessora assume integralmente o risco de ser responsabilizada pelos danos causados ao erário, até o limite do valor do patrimônio transferido.

Registre-se, contudo, que o mesmo art. 8.º-A, em seu parágrafo único, excepciona a diretriz da intransmissibilidade das sanções do art. 12 da LIA, ao dispor que, em casos de fusão e incorporação, serão aplicáveis à empresa sucessora as demais sanções previstas na LIA decorrentes de atos e de fatos ocorridos antes da data da fusão ou da incorporação, quando houver prova de simulação ou de evidente intuito de fraude.

6.12.3.5 Legitimidade do Ministério Público Estadual para atuar diretamente como parte em recursos submetidos a julgamento perante o STF e o STJ

Por muito tempo, o Supremo Tribunal Federal e o Superior Tribunal de Justiça ampararam a tese de que o Ministério Público Estadual não era parte legítima para atuar perante os Tribunais Superiores, uma vez que tal atividade estaria restrita ao Ministério Público Federal, por força do disposto no art. 47 da Lei Complementar 75/1993 (LOMPU).

Contudo, o Plenário do Supremo Tribunal Federal, ao enfrentar a Questão de Ordem no RE 593.727/MG, da relatoria do Ministro Cezar Peluso (j. 21.06.2012), em inequívoca evolução jurisprudencial, proclamou a **legitimidade do Ministério Público Estadual para atuar diretamente no âmbito da Corte Constitucional, nas causas por ele ajuizadas na origem**, e estabeleceu, entre outras, as seguintes premissas (Informativo 671/STF): a) em matéria de regras gerais e diretrizes, o Procurador-Geral da República (PGR) poderia desempenhar no STF dois papéis simultâneos, o de fiscal da lei e o de parte; b) nas hipóteses que o Ministério Público da União figurar como parte no processo, por qualquer dos seus ramos, somente o PGR poderia oficiar perante o Supremo Tribunal Federal, o qual encarnaria os interesses confiados pela lei e pela constituição ao referido órgão; c) nos demais casos, o Ministério Público Federal exerceria, evidentemente, a função de fiscal da lei e, nessa última condição, a sua manifestação não poderia excluir a das partes, sob

---

[553] Art. 220 da Lei 6.404/1976.
[554] Art. 227 da Lei 6.404/1976.
[555] Art. 228 da Lei 6.404/1976.
[556] Art. 229 da Lei 6.404/1976.

pena de ofensa ao contraditório; d) A Lei Complementar federal 75/1993 somente teria incidência no âmbito do Ministério Público da União, sob pena de cassar-se a autonomia dos Ministérios Públicos estaduais que estariam na dependência, para promover e defender interesse em juízo, da aprovação do Ministério Público Federal; e) a Constituição Federal distinguiu "a Lei Orgânica do MPU (LC 75/93) – típica lei federal –, da Lei Orgânica Nacional (Lei 8.625/93), que se aplicaria em matéria de regras gerais e diretrizes, a todos os Ministérios Públicos estaduais"; f) a Resolução 469/2011 do Supremo Tribunal Federal determina a intimação pessoal do Ministério Público estadual nos processos em que figurar como parte; g) não existiria subordinação jurídico-institucional que submetesse o Ministério Público dos estados à chefia do Ministério Público da União, instituição que a Constituição teria definido como chefe o Procurador-Geral da República; h) não são raras as hipóteses em que seriam possíveis situações processuais que estabelecessem posições antagônicas entre o Ministério Público da União e o Ministério Público estadual e, em diversos momentos, o *Parquet* federal, por meio do Procurador-Geral da República, teria se manifestado de maneira contrária ao recurso interposto pelo *Parquet* estadual; i) a privação do titular do *Parquet* estadual para figurar na causa e expor as razões de sua tese consubstanciaria exclusão de um dos sujeitos da relação processual.

Seguindo essa mesma ordem de ideias, o STJ também mudou sua orientação inicial e passou a reconhecer a legitimidade do Ministério Público Estadual para atuar diretamente na Corte Superior, nas ações em que é parte. Vale dizer, tendo a ação civil de improbidade administrativa sido proposta pelo Ministério Público Estadual perante o primeiro grau de jurisdição, e tendo o processo sido alçado ao STJ por meio de recurso, é possível que o *Parquet* estadual se valha dos instrumentos recursais necessários na defesa de seus interesses constitucionais. Nessas circunstâncias, o Ministério Público Federal exerce apenas uma de suas funções, qual seja: a de *custos legis*.

Em conclusão, tem-se: cindido em um processo o exercício das funções do Ministério Público (o Ministério Público Estadual sendo o autor da ação de improbidade, e o Ministério Público Federal opinando acerca do recurso interposto nos respectivos autos), não há razão legal, nem qualquer outra ditada pelo interesse público, que autorize restringir a atuação do Ministério Público Estadual enquanto parte recursal perante o STF ou o STJ, podendo realizar sustentações orais, interpor agravos regimentais contra decisões etc.[557]

6.12.4 Procedimento

Nos termos do art. 17, *caput*, da Lei 8.429/1992, a ação de improbidade administrativa seguirá o **procedimento comum** previsto no Código de Processo Civil, ressalvadas as especificidades procedimentais previstas na própria LIA.

A redação original do art. 17 seguia na mesma direção, pois adotava o procedimento ordinário previsto no CPC revogado (Lei 5.869/1973), que corresponde ao procedimento comum do atual CPC (Lei 13.105/2015).

Uma importante mudança promovida pela Lei 14.230/2021 no procedimento da ação de improbidade administrativa foi a **exclusão da fase de admissibilidade da ação**, que vinha regulada nos revogados §§ 7.º a 9.º do art. 17 e previa um juízo de delibação para recebimento da petição inicial (art. 17, §§ 8.º e 9.º), precedido de notificação do demandado (art. 17, § 7.º). O objetivo da LIA, nesse particular, era permitir aos agentes públicos a antecipação de sua defesa, estabelecendo um "contraditório prévio", para que o

---

[557] EREsp 1.327.573/RJ, Corte Especial, rel. originário e voto vencedor Min. Ari Pargendler, rel. p/ acórdão Min. Nancy Andrighi, j. 17.12.2014, *DJe* 27.02.2015.

INTERESSES DIFUSOS E COLETIVOS – VOL. 1

juiz pudesse decidir com maior segurança, somente dando prosseguimento àquelas ações que tivessem alguma possibilidade de êxito e bloqueando aquelas que não passassem de alegações especulativas, sem provas ou indícios concretos.

A inovação é positiva e se coaduna com o postulado da duração razoável do processo. Os anos de aplicação da LIA mostraram que essa fase de admissibilidade da ação era de pouca utilidade para o réu e fomentava procrastinações desnecessárias ao deslinde da causa. Não raras vezes, as teses apresentadas pela defesa na fase preliminar eram apenas reiteradas na fase de contestação. Frise-se, demais disso, que o próprio STJ já havia consolidado o entendimento de que a não observância da notificação prévia do requerido não gerava a nulidade dos atos processuais seguintes quando não demonstrado o efetivo prejuízo.[558]

Na sequência, passamos a analisar as diversas especificidades do procedimento da ação de improbidade administrativa que foram inseridas na LIA pela Lei 14.230/2021.

6.12.4.1   Petição inicial

A Lei 14.230/2021 inovou ao exigir requisitos específicos para a petição inicial da ação de improbidade administrativa. Desse teor o § 6.º do art. 17 da LIA:

> **Art. 17. (...) § 6.º** A petição inicial observará o seguinte:
>
> I – deverá individualizar a conduta do réu e apontar os elementos probatórios mínimos que demonstrem a ocorrência das hipóteses dos arts. 9.º, 10 e 11 desta Lei e de sua autoria, salvo impossibilidade devidamente fundamentada;
>
> II – será instruída com documentos ou justificação que contenham indícios suficientes da veracidade dos fatos e do dolo imputado ou com razões fundamentadas da impossibilidade de apresentação de qualquer dessas provas, observada a legislação vigente, inclusive as disposições constantes dos arts. 77 e 80 da Lei n.º 13.105, de 16 de março de 2015 (Código de Processo Civil).

Se, por um lado, referidas exigências buscam coibir a propositura de ações de improbidade administrativa temerárias ou aventureiras, desprovidas de lastro probatório mínimo ou de descrição objetiva do ilícito e da correspondente autoria, por outro, não podem ser interpretadas de modo a se criarem obstáculos injustificados ao legítimo exercício do direito de ação.

A exigência de individualização da conduta do réu deve ser interpretada em consonância com a jurisprudência do Superior Tribunal de Justiça,[559] no sentido de que nessa fase preliminar não se faz necessária uma descrição minuciosa da conduta de cada agente ímprobo. O que se exige é uma descrição mínima da participação de cada réu no ato ímprobo, em ordem a viabilizar o adequado exercício do contraditório e da ampla defesa. Prova disso é que o próprio dispositivo afasta a exigência dessa individualização na hipótese de "impossibilidade devidamente fundamentada".

Por outro lado, o autor deve instruir a petição inicial com elementos de prova aptos a demonstrar a veracidade dos fatos por ele alegados, colhidos, por exemplo, em sede de inquérito civil, de procedimento preparatório, ou a partir de comunicação do Poder Judiciário ou do Tribunal de Contas.

Na fase postulatória, não se exige prova cabal da prática do ilícito, mas sim um lastro probatório mínimo capaz de justificar a propositura da ação. Em outras palavras, se há verossimilhança nas alegações do autor e presença de indícios de atos ímprobos, com a

---

[558]   AgRg no REsp 1.127.400/MG, 1.ª T., rel. Min. Hamilton Carvalhido, j. 08.02.2011.

[559]   Nesse sentido: AgInt no AREsp 1.678.296/SP, 2.ª T., rel. Min. Francisco Falcão, *DJe* 26.03.2021.

devida narração da conduta imputada aos réus na inicial da ação de improbidade, a peça vestibular deve ser recebida, sob o influxo do **princípio *in dubio pro societate***, que vigora nessa fase, a fim de possibilitar o maior resguardo do interesse público.[560]

Seja como for, registre-se que o novel § 6.º do art. 17 da LIA deve ser lido em conjunto com o art. 319 do CPC, que se aplica subsidiariamente à ação de improbidade administrativa.

Assim, a petição inicial da ação de improbidade administrativa também deverá indicar o juízo a que é dirigida, a qualificação das partes, o fato e os fundamentos jurídicos do pedido, o pedido e especificações, o valor da causa, as provas com que o autor pretende demonstrar a verdade dos fatos alegados, a opção do autor pela realização ou não de audiência de conciliação ou de mediação. Igualmente, segundo o art. 320 do CPC, a inicial deverá ser instruída com os documentos indispensáveis à propositura da ação.

6.12.4.1.1 Rejeição liminar da petição inicial

Nos termos do § 6.º-B do art. 17 da LIA, inserido pela Lei 14.230/2021, a petição inicial será rejeitada nos casos do art. 330 do CPC, bem como quando não preenchidos os requisitos a que se referem os incisos I e II do § 6.º do art. 17, ou ainda quando manifestamente inexistente o ato de improbidade imputado.

São três, portanto, as hipóteses de rejeição da petição inicial da ação de improbidade administrativa:

1) **nos casos de indeferimento da petição inicial previstos no art. 330 do CPC:**[561] o juiz, não admitindo o processamento da demanda apresentada, põe fim liminarmente ao processo, sem resolução de mérito (art. 485, I, do CPC). Essa decisão, portanto, terá natureza de sentença terminativa. Contudo, somente se admite tal decisão se restar inviabilizada a tutela jurisdicional, isto é, se não for possível a correção do vício ou se o autor, previamente intimado para saná-lo (art. 321 do CPC), não atender à determinação judicial;

2) **quando não preenchidos os requisitos a que se referem os incisos I e II do § 6.º do art. 17:** o desatendimento das exigências de individualização da conduta do réu e de instrução da inicial com lastro probatório mínimo também é causa para a rejeição da petição inicial. Essa decisão também terá natureza de sentença, mas encerrará o processo sem julgamento do mérito (terminativa), porquanto significará apenas a insuficiência da prova ou da descrição da conduta típica e da autoria. Não há exame do mérito, mas de forma;

3) **quando for manifestamente inexistente o ato de improbidade imputado:** dá-se quando o julgador se convence de que a conduta imputada ao demandado sequer existiu no plano material (ex.: não recebimento de propina, na hipótese do art. 9.º da LIA); ou, ainda, quando se convence de que a conduta imputada ao demandado, embora existente, não se enquadra na tipologia da LIA, dada a ausência dos elementos essenciais à caracterização do ato de improbidade (ex.: ausência de elemento subjetivo especial do tipo na modalidade do art. 11). Nesse caso, a

---

[560] Nesse sentido: STJ, AgInt no AREsp 1.900.796/SP, 2.ª T., rel. Min. Herman Benjamin, j. 06.06.2023.

[561] "Art. 330. A petição inicial será indeferida quando: I – for inepta; II – a parte for manifestamente ilegítima; III – o autor carecer de interesse processual; IV – não atendidas as prescrições dos arts. 106 e 321. § 1.º Considera-se inepta a petição inicial quando: I – lhe faltar pedido ou causa de pedir; II – o pedido for indeterminado, ressalvadas as hipóteses legais em que se permite o pedido genérico; III – da narração dos fatos não decorrer logicamente a conclusão; IV – contiver pedidos incompatíveis entre si."

902 | INTERESSES DIFUSOS E COLETIVOS – VOL. 1

decisão terá natureza de sentença definitiva, extinguindo-se o feito com julgamento de mérito. Afinal, quando o juiz declara a manifesta inexistência do ato de improbidade administrativa, está considerando manifestamente improcedente a pretensão do autor, nos ditames do art. 487, I, do CPC. Em reforço a esse entendimento, o § 11 do art. 17 da LIA prevê que o juiz, em qualquer momento, julgará a demanda improcedente, verificada a inexistência do ato de improbidade.

Pontue-se que a rejeição da inicial é possível apenas no início do processo, isto é, antes da citação do réu. E em qualquer hipótese de rejeição liminar da petição inicial da ação de improbidade administrativa, **o recurso cabível será a apelação**, nos termos do art. 331 do CPC, aplicável por analogia, sendo facultado ao juiz, no prazo de cinco dias, retratar-se da decisão (efeito regressivo da apelação) e dar continuidade ao procedimento, determinando a citação dos requeridos.

6.12.4.2 Pedido

Conforme visto, a ação de improbidade administrativa tem natureza preponderantemente repressiva. O objetivo principal dessa ação é impor sanções aos responsáveis pela prática do ilícito. Daí ser correto afirmar que a pretensão deduzida nas ações de improbidade é de natureza condenatória: busca-se a **condenação** do autor do ato de improbidade **às sanções legais.**

Vimos também que a ação de improbidade administrativa é uma **ação de dupla face**: é repressivo-punitiva, no que se refere à condenação do agente às sanções previstas no art. 12 da LIA; e é repressivo-reparatória, no que se refere à condenação do agente infrator ao ressarcimento do dano causado ao patrimônio público e à restituição dos valores acrescidos ilicitamente ao seu patrimônio. Quanto ao segundo aspecto, impossível dissociá-la de uma ação civil pública comum, até mesmo por imperativo constitucional (CF, art. 129, III).

Fixadas tais premissas, é possível identificar duas espécies de pretensões típicas das ações de improbidade administrativa:[562]

a) **pretensão repressivo-reparatória**: é aquela que busca a imposição de medidas de natureza repressivo-reparatória (ressarcimento ao erário e perdimentos de bens);

b) **pretensão repressivo-punitiva:** é aquela que busca a aplicação das sanções de natureza punitiva (caso da suspensão dos direitos políticos).

ATENÇÃO

O fato de a pretensão deduzida na ação civil de improbidade ter natureza tipicamente condenatória não impede a cumulação de outros pedidos, de natureza diferente, dada a incidência da malha processual protetiva instituída pela LACP e complementada pelo CDC.

Em outras palavras, a aplicação subsidiária das normas do microssistema da tutela dos direitos difusos e coletivos possibilita a cumulação, em uma mesma ação, de pedidos baseados tanto na LIA como na LACP. Assim, poderá o Ministério Público, por exemplo,

---

[562] Aquilo que Teori Albino Zavascki convencionou chamar de **"a dupla face da ação de improbidade"** (*Processo Coletivo*: Tutela de Direitos Coletivos e Tutela Coletiva de Direitos. 4. ed. São Paulo: RT, 2009. p. 109).

na ação civil de improbidade, pleitear: a) a condenação do agente ímprobo às sanções da LIA; b) a condenação do réu em obrigação de fazer, visando corrigir ou obstar a continuidade da prática de atos lesivos ao patrimônio público e social; e c) a anulação de um contrato originado de uma licitação fraudada (pretensão constitutiva negativa).[563]

6.12.4.2.1 Vedação de outros pedidos (art. 17-D)

Uma das normas mais polêmicas inseridas na LIA pela Lei 14.230/2021 é o art. 17-D, que dispõe, *in verbis*:

> **Art. 17-D**. A ação por improbidade administrativa é repressiva, de caráter sancionatório, destinada à aplicação de sanções de caráter pessoal previstas nesta Lei, e não constitui ação civil, vedado seu ajuizamento para o controle de legalidade de políticas públicas e para a proteção do patrimônio público e social, do meio ambiente e de outros interesses difusos, coletivos e individuais homogêneos. (Incluído pela Lei 14.230, de 2021)
>
> Parágrafo único. Ressalvado o disposto nesta Lei, o controle de legalidade de políticas públicas e a responsabilidade de agentes públicos, inclusive políticos, entes públicos e governamentais, por danos ao meio ambiente, ao consumidor, a bens e direitos de valor artístico, estético, histórico, turístico e paisagístico, a qualquer outro interesse difuso ou coletivo, à ordem econômica, à ordem urbanística, à honra e à dignidade de grupos raciais, étnicos ou religiosos e ao patrimônio público e social submetem-se aos termos da Lei n.º 7.347, de 24 de julho de 1985. (Incluído pela Lei 14.230, de 2021)

Desde a entrada em vigor da Lei 8.429/1992, a doutrina amplamente majoritária vem defendendo a tese de que a ação de improbidade administrativa tem natureza civil.[564] Nesse sentido, argumenta-se que o art. 37, § 4.º, da CF, ao prever as sanções aplicáveis ao agente ímprobo, ressalva a possibilidade de responsabilização do infrator na esfera penal, de onde se conclui que a ação de improbidade administrativa tem natureza civil.

No julgamento da ADI 2.797/DF, o próprio Supremo Tribunal Federal apontou que a ação de improbidade administrativa possui natureza cível, sendo impossível equipará-la à ação penal. Como bem destacado pelo Ministro Relator Sepúlveda Pertence, em seu voto vencedor: "(...) a ação de improbidade é uma ação civil: evidencia-o o artigo 37, § 4.º, da Constituição, ao explicitar que as sanções que comina à improbidade administrativa serão impostas 'sem prejuízo da ação penal cabível'".[565]

Esse também é o entendimento consolidado na jurisprudência do STJ.[566]

A partir da reforma promovida na Lei 8.429/1992 no ano de 2021, contudo, a natureza civil da ação de improbidade administrativa foi posta em xeque. Isso porque o

---

[563] *Nesse sentido*, confira-se: YOSHIDA, Consuelo Yatsuda Moromizato. *Tutela dos Interesses Difusos e Coletivos*. São Paulo: Juarez de Oliveira, 2006. p. 182.

[564] GARCIA, Emerson; ALVES, Rogério Pacheco. *Improbidade Administrativa*. 4. ed. Rio de Janeiro: Lumen Juris, 2008. p. 105; DECOMAIN, Pedro Roberto. *Improbidade Administrativa*. São Paulo: Dialética, 2008. p. 228; SOBRANE, Sérgio Turra. *Improbidade Administrativa*: Aspectos Materiais, Dimensão Difusa e Coisa Julgada. São Paulo: Atlas, 2010. p. 24-27; FERRARESI, Eurico. *Improbidade Administrativa*: Lei 8.429/92 Comentada. São Paulo: Método, 2011. p. 170; FREIRE JUNIOR, Américo Bedê. A Natureza Jurídica da Ação por Ato de Improbidade Administrativa. In: OLIVEIRA, Alexandre Albagli; CHAVES, Cristiano; CHIGGONE, Luciano (coord.). *Estudos sobre Improbidade Administrativa* – em Homenagem ao Prof. J.J. Calmon de Passos. Rio de Janeiro: Lumen Juris, 2020. p. 274.

[565] STF, ADI 2.797/DF, Tribunal Pleno, j. 15.09.2005. Em igual sentido: STF, Pet 3.240 AgR/DF, Plenário, rel. Min. Teori Zavascki, red. p/ acórdão Min. Roberto Barroso, j. 10.05.2018 (Informativo de Jurisprudência do STF 901).

[566] A título de exemplo, confira-se: "Criminal. HC. Improbidade Administrativa. Ação de natureza civil. Ausência de risco à liberdade de locomoção. Impropriedade do writ. Ordem não conhecida" (HC 50.545/AL, 5.ª T., rel. Min. Gilson Dipp, j. 15.08.2006).

INTERESSES DIFUSOS E COLETIVOS - VOL. 1

novel art. 17-D, *caput*, inserido na LIA pela Lei 14.230/2021, dispõe expressamente que a ação de improbidade administrativa não possui natureza de ação civil.

Seria tal regra capaz de modificar a natureza da ação de improbidade administrativa? A resposta só pode ser negativa.

Primeiro, porque a natureza civil da ação de improbidade administrativa goza de *status* constitucional (art. 37, § 4.º).

Segundo, porque o direito brasileiro adota o pleito cível *lato sensu*, é dizer, o processo civil é o mesmo para qualquer área do direito não penal, ainda que seja possível criar procedimentos especiais e jurisdições especiais. Nas precisas palavras do professor Hermes Zaneti, "natureza cível deve ser entendida aqui como natureza de direito privado, que realmente não é o objeto dessa lei".[567]

Terceiro, porque o novel art. 17, *caput*, da LIA, com o enunciado dado pela Lei 14.230/2021, determina expressamente a aplicação do procedimento comum previsto no Código de Processo Civil. Ora, como admitir que uma ação que tramita seguindo o rito ordinário do CPC não tenha natureza cível?

A natureza civil da ação de improbidade administrativa foi reiterada pelo STF no julgamento do Tema 1.199 (RE 843.989/PR), no qual se decidiu sobre a retroatividade ou não de algumas normas mais benéficas da Lei 14.230/2021. Pela pertinência, destaco trecho do voto vencedor do Ministro Relator Alexandre de Moraes:

> A Lei 14.230/2021, de maneira inexplicável, pretendeu, em seu art. 17-D, excluir a natureza civil da ação de improbidade, em que pese, esse substrato partir da própria Constituição Federal (...) Ora, ao errônea e fictamente tentar excluir a natureza civil da ação de improbidade, a lei não teve a força de excluir a natureza civil do ato de improbidade e suas sanções, pois essa "natureza civil" tem substrato diretamente do texto constitucional, conforme reconhecido pacificamente por essa CORTE. Ressalte-se, ainda, que o próprio legislador, ao editar a nova lei e alterar o artigo 17 da LIA, determinou que se seguisse o procedimento comum estabelecido no Código de Processo Civil, deixando óbvio sua natureza civil.[568]

A nosso sentir, por falha do legislador, a lei disse menos do que queria dizer nesse ponto. Aparentemente, a intenção da Lei 14.230/2021 não foi a de afastar a natureza civil da ação de improbidade administrativa, mas sim a de explicitar que tal instrumento processual não pode ser utilizado como sucedâneo da ação civil pública, já que com esta não se confunde.

Essa interpretação da norma é reforçada pela segunda parte do dispositivo, que veda o ajuizamento da ação de improbidade para o controle de legalidade de políticas públicas e para a proteção do patrimônio público e social, do meio ambiente e de outros interesses difusos, coletivos e individuais homogêneos.

Se não bastasse, o parágrafo único do art. 17-D dispõe que, ressalvado o disposto na LIA, o controle de legalidade de políticas públicas e a responsabilidade de agentes públicos, inclusive políticos, entes públicos e governamentais, por danos ao meio ambiente, ao consumidor, a bens e direitos de valor artístico, estético, histórico, turístico e paisagístico, a qualquer outro interesse difuso ou coletivo, à ordem econômica, à ordem urbanística, à honra e à dignidade de grupos raciais, étnicos ou religiosos e ao patrimônio público e social submetem-se aos termos da Lei 7.347/1985 (LACP).

No texto reformado da LIA, portanto, a ação de improbidade administrativa continua possuindo natureza cível, mas distinta da ação civil pública.

---

[567] ZANETI JR., Hermes. *Curso de Direito Processual Civil*. 16. ed. São Paulo: Juspodivm. v. 4, p. 25-30.
[568] ARE 843.989/PR, Pleno, rel. Min. Alexandre de Moraes, j. 18.08.2022 (Tema 1.199).

A regra em exame está alinhada com a ideia de que o processo de improbidade administrativa tem natureza de "**processo punitivo não penal**", inserido no gênero "processo sancionador", que abarcaria também o processo penal, o processo administrativo sancionador, entre outros.[569]

À vista do enunciado do art. 17-D, poder-se-ia concluir, precipitadamente, que a ação de improbidade administrativa só pode ter por objeto imediato um provimento jurisdicional de natureza sancionatória. Afinal, a norma ressalta a natureza sancionatória da ação e veda seu ajuizamento para o controle de políticas públicas, bem como a proteção do patrimônio público e social, do meio ambiente e de outros interesses difusos, coletivos e individuais homogêneos.

Sabemos, contudo, que a interpretação gramatical não satisfaz o intérprete.

Embora o art. 17-D estabeleça que a ação de improbidade administrativa não pode ser empregada para a proteção do patrimônio público e social, o art. 1.º, *caput*, da LIA, cujo enunciado também foi dado pela Lei 14.230/2021, prevê que o sistema de responsabilização por atos de improbidade administrativa tutelará a probidade na organização do Estado e no exercício de suas funções, *como forma de assegurar a integridade do patrimônio público e social.*

Curioso perceber, portanto, que a mesma lei que prevê a proteção do patrimônio público e social como uma das diretrizes do sistema de defesa da probidade administrativa, proíbe a utilização da ação de improbidade para a tutela, justamente, do patrimônio público e social. Identificamos, nesse particular, um traço de esquizofrenia legislativa.

Isso sem falar nas inúmeras normas inseridas na LIA pela Lei 14.230/2021 com o objetivo de regular a reparação dos danos causados ao patrimônio público pela prática de atos de improbidade administrativa,[570] caso do art. 18, *caput*, que prevê que a sentença que julgar procedente a ação fundada nos arts. 9.º e 10 da LIA condenará ao ressarcimento dos danos e à perda ou à reversão dos bens e valores ilicitamente adquiridos, conforme o caso, em favor da pessoa jurídica prejudicada pelo ilícito.

Assim, numa interpretação lógico-sistemática do art. 17-D, dúvidas não pode haver de que o pedido de recomposição do patrimônio público lesado pode ser deduzido na ação de improbidade administrativa. Aliás, conforme vimos no tópico anterior, cuida-se de uma das pretensões típicas da ação de improbidade administrativa.

O que a norma busca vedar é a transformação da "ação de improbidade administrativa" numa espécie de "ação de controle de legalidade ou de políticas públicas". Coisa diferente é cumular duas ou mais pretensões, devidamente fundamentadas nas suas respectivas causas de pedir, em um mesmo processo, visando à otimização da prestação jurisdicional, sem descurar (e nem poderia ser diferente) do contraditório e da ampla defesa.

Até porque, se aquelas outras finalidades acabarem se sobrepondo à caracterização da improbidade administrativa (concluir-se, portanto, que se está diante de uma ilegalidade, mas não de improbidade), a solução dada pela própria LIA, na redação que lhe deu a Lei 14.230/2021, é de conversão da "ação de improbidade administrativa" em "ação civil pública" (art. 17, § 16).

Imagine-se, por exemplo, que o posto de saúde de um determinado bairro do Município de Santos-SP esteja se deteriorando por omissão dolosa do gestor público, que não promove a manutenção devida no referido equipamento público, como forma de retaliação ao eleitores daquele bairro, que votaram majoritariamente em outro candida-

---

[569] Nesse sentido: COSTA, Susana Henriques da. *O Processo Coletivo na Tutela do Patrimônio Público e da Moralidade Administrativa.* 2. ed. São Paulo: Atlas, 2015; MERÇON-VARGAS, Sarah. *Teoria do Processo Punitivo Não-Penal.* Salvador: Juspodivm, 2018.

[570] A título de exemplo, confiram-se: art. 8.º; art. 12, § 6.º; art. 16; art. 17, § 6.º-A; art. 17, § 15; e art. 17-B, I.

to nas eleições municipais. Essa conduta se enquadra no tipo de improbidade previsto no art. 10, X, da LIA (lesão ao erário).[571] Uma vez ajuizada a correspondente ação de improbidade administrativa pelo Ministério Público, com vistas à condenação do gestor omisso às penas do art. 12, II, da LIA e à reparação do dano acusado ao erário, nada que impede que sejam cumulados outros tipos de pedidos para a proteção do patrimônio público, como a condenação do Município em obrigação de fazer, consistente na adoção de providências para a adequada manutenção do posto de saúde.

Ainda que se admita, a partir de uma interpretação gramatical, que a intenção do art. 17-D é vedar a dedução de outros tipos de pedidos para a proteção da probidade administrativa, tal vedação resultaria inútil.

Primeiro, porque, apesar da cruzada legislativa contra o modelo originário da LIA, não se pode negar que a ação de improbidade administrativa continua sendo uma espécie de ação coletiva, a tutelar interesses difusos por excelência (moralidade administrativa e patrimônio público), conforme vimos no item 6.4.3. Logo, a ela se aplica a malha processual protetiva instituída pela LACP e complementada pelo CDC, que permite a cumulação de outros pedidos, de natureza diferente, em consonância com a jurisprudência pacífica do Superior Tribunal de Justiça.[572] Nesse sentido, confira-se o escólio de Hermes Zaneti Junior:

> O caso da desclassificação da ação de improbidade administrativa para a ação civil pública é emblemático da ulterior aplicação do microssistema. Na verdade, ele faz compreender que a natureza dúplice da ação continua a existir, ao mesmo tempo sancionatória e reparatória. A ação de improbidade continua cumulando pedidos típicos da improbidade e pedidos que são característicos da ação civil pública, pelo menos o pedido de ressarcimento e os demais pedidos que são cabíveis também na ação civil pública e na ação anticorrupção. Portanto, como as demandas estão cumuladas não há como deixar de perceber que pelo menos em relação aos pedidos não típicos deve se aplicar microssistema do processo coletivo.[573]

Segundo, a cumulação de pedidos abona a economia processual, a eficiência e a duração razoável do processo. Afinal, se iniciada uma ação de improbidade administrativa pela prática de fraude à licitação (art. 10, VIII), por exemplo, e, posteriormente, outra ação civil pública for deflagrada, seja pelo mesmo legitimado ou não, contendo a mesma narrativa dos fatos já indicados na causa de pedir do primeiro, mas buscando a declaração de nulidade do certame e do correspondente contrato, dar-se-á a obrigatória reunião por conexão, na forma do art. 55, *caput* e § 1.º, do CPC, não havendo, portanto, nenhuma vantagem no ajuizamento de duas ações em separado, salvo a prática de atos processuais desnecessários e a violação da garantia fundamental à razoável duração do processo.

Em terceiro lugar, ainda que se admita, *ad argumentandum tantum*, o afastamento da incidência do microssistema processual coletivo ao caso, sobejaria a incidência das regras do CPC a respeito do tema. Prevê o art. 327, § 2.º, do CPC a possibilidade de trânsito de técnicas processuais entre ritos processuais distintos, estabelecendo verdadeira norma de flexibilização do procedimento processual a bem da cumulação de pedidos em uma mesma ação.[574] Nesse passo, se considerarmos que, por disposição expressa da LIA (art.

---

[571] "Art. 10. Constitui ato de improbidade administrativa que causa lesão ao erário qualquer ação ou omissão dolosa, que enseje, efetiva e comprovadamente, perda patrimonial, desvio, apropriação, malbaratamento ou dilapidação dos bens ou haveres das entidades referidas no art. 1.º desta Lei, e notadamente: (...) X – agir ilicitamente na arrecadação de tributo ou de renda, bem como no que diz respeito à conservação do patrimônio público."

[572] Nesse sentido: REsp 1.899.407/DF, 1.ª S., j. 22.09.2021 (Tema Repetitivo 1.089).

[573] ZANETI JR., Hermes. *Curso de Direito Processual Civil*. 16. ed. São Paulo: Juspodivm, 2022. v. 4, p. 25-30.

[574] Sobre o tema, conferir: GAJARDONI, Fernando da Fonseca; ZUFELATO, Camilo. Flexibilização e Combinação de Procedimentos no Sistema Processual Civil Brasileiro. *Revista Eletrônica de Direito Processual (REDP)*, v. 21, n. 3, p. 135-163, set.-dez. 2020.

17, *caput*), o rito da AIA é o comum previsto no CPC, inexiste impedimento para que sejam cumulados pedidos típicos da ação civil pública, até porque não incompatíveis com a largueza do rito (comum) da ação civil de improbidade. É esse também o pensamento do professo Cássio Scarpinella Bueno:

> (...) não há como recusar tratar-se, para empregar nomenclatura tradicional (e não obstante o tom crítico que entendo devam merecer), de verdadeira cumulação de uma "ação civil pública" com uma "ação de improbidade administrativa" em um mesmo processo. Eventuais particularidades procedimentais de cada iniciativa não são óbice para tanto, mormente quando devidamente observado o disposto no art. 327, § 2.º, do CPC.[575]

De todo modo, convém ressaltar que, mesmo depois da reforma promovida na LIA pela Lei 14.230/2021, o STF[576] e o STJ[577] continuam utilizando a expressão ação civil pública para denominar as ações de improbidade administrativa, numa clara sinalização de que, preferências terminológicas à parte, esse importante instrumento de tutela processual da probidade administrativa continua inserido no microssistema de tutela coletiva.

6.12.4.3   *Citação e defesa do réu*

Conforme visto, uma das mudanças promovidas pela Lei 14.230/2021 na disciplina processual da LIA foi a supressão da fase de admissibilidade da ação, que permitia ao réu a apresentação de uma defesa preliminar, com vistas a prevenir demandas manifestamente infundadas, especulativas ou aventureiras.

No texto reformado, o legislador optou por outros mecanismos de cautela, citando-se, por exemplo, os requisitos específicos da petição inicial da ação de improbidade administrativa, fixados nos incisos I e II do § 6.º do art. 17 (lastro probatório mínimo e descrição objetiva do ilícito e da correspondente autoria).

A partir da reforma, se a petição inicial estiver formalmente em ordem, o juiz mandará autuá-la e ordenará a citação direta dos requeridos. Desse teor o § 7.º do art. 17:

> **Art. 17. (...) § 7.º** Se a petição inicial estiver em devida forma, o juiz mandará autuá-la e ordenará a citação dos requeridos para que a contestem no prazo comum de 30 (trinta) dias, iniciado o prazo na forma do art. 231 da Lei n.º 13.105, de 16 de março de 2015 (Código de Processo Civil).

A expressa menção ao prazo comum de 30 dias retira a possibilidade de que esse prazo seja contado em dobro, ainda que caracterizada a hipótese prevista no art. 229[578] do CPC. O termo inicial do prazo da contestação dependerá da forma de citação, nos termos do art. 231 do CPC.

Registre-se, ainda, que a citação válida retroage seus efeitos à data da propositura da ação (CPC, art. 240, § 1.º), inclusive para o fim de interromper a prescrição.

Incumbe ao réu alegar, na contestação, toda a matéria de defesa, expondo as razões de fato e de direito com que impugna o pedido do autor.

Em caso de citação real, se o réu não contestar a ação de improbidade administrativa, será considerado revel, mas **não haverá presunção de veracidade dos fatos alega-**

---

[575] BUENO, Cassio Scarpinella. *Manual do Poder Público em Juízo*. São Paulo: Saraiva, 2022. p. 550.

[576] ADIs 7.042 e 7.043, Tribunal Pleno, rel. Min. Alexandre de Moraes, j. 31.08.2022.

[577] REsp 1.502.635/PI, 1.ª T., rel. Min. Paulo Sérgio Domingues, j. 12.12.2023; AgInt no REsp 1.830.762/DF, 2.ª T., rel. Min. Francisco Falcão, j. 11 12.2023.

[578] "Art. 229. Os litisconsortes que tiverem diferentes procuradores, de escritórios de advocacia distintos, terão prazos contados em dobro para todas as suas manifestações, em qualquer juízo ou tribunal, independentemente de requerimento."

dos pelo autor, por força da regra prevista no art. 17, § 19, I, da LIA, inserida pela Lei 14.230/20021, que assim dispõe:

> **Art. 17. (...) § 19.** Não se aplicam na ação de improbidade administrativa:
>
> I – a presunção de veracidade dos fatos alegados pelo autor em caso de revelia;

No domínio da LIA, portanto, mesmo sendo o réu revel, continuará a ser do autor o ônus de provar os fatos constitutivos de seu direito.

Pontue-se, entretanto, que a revelia gera um segundo efeito, que depende da ausência de advogado constituído nos autos: a dispensa de intimação. Como não há qualquer previsão expressa que afaste a geração desse efeito na ação de improbidade administrativa, ao se adotar o procedimento comum do CPC, a conclusão é no sentido de que, sendo o réu revel e não tendo advogado constituído nos autos, não será intimado dos atos processuais, salvo quando se exigir a intimação pessoal.[579]

Noutro flanco, embora a LIA não preveja a designação de audiência de conciliação, nada impede que o juiz a designe, para os fins do art. 17-B da LIA, sob o influxo da regra prevista no art. 334 do CPC.

Aliás, havendo a possibilidade de solução consensual, poderão as partes requerer ao juiz a interrupção do prazo para a contestação, por prazo não superior a 90 dias, nos termos do art. 17, § 10-A, da LIA.

Por se tratar de hipótese de interrupção do prazo processual, caso a tentativa de conciliação reste infrutífera, o réu terá de volta o prazo de 30 dias na íntegra para apresentar sua contestação, independentemente do prazo já transcorrido antes da interrupção.

6.12.4.4 Réplica

Por definição, considera-se réplica a resposta do autor dada à contestação do réu. A LIA menciona expressamente o cabimento de "réplica" em seu art. 17, § 10-C, sem explicitar, contudo, em quais hipóteses ela será cabível.

No silêncio da LIA, aplicam-se, em caráter complementar, as regras previstas no CPC, isto é, a réplica na ação de improbidade administrativa terá cabimento apenas quando houver entre as matérias defensivas a alegação de preliminares (CPC, art. 351), a alegação de defesa de mérito indireta (CPC, art. 350) ou, ainda, quando houver a juntada de documentos pelo réu (CPC, art. 437).

Questão interessante consiste em saber qual é o prazo para o exercício da réplica na ação de improbidade administrativa. Seria esse prazo de 15 dias, conforme consagrado no CPC? Pensamos que não. Se levarmos em conta que o CPC só confere o prazo de 15 dias para réplica porque o prazo de contestação também é de 15 dias, por uma questão de isonomia processual, o prazo para a réplica na AIA deverá ser de 30 dias.

Anote-se que da decisão que rejeitar as questões preliminares suscitadas na contestação caberá agravo de instrumento (art. 17, § 9.º-A, da LIA).

6.12.4.5 Providências preliminares

Nos termos do art. 17, § 10-B, da LIA, uma vez oferecida a contestação e, se for o caso, ouvido o autor, o juiz poderá adotar as seguintes providências:

---

[579] Em sentido contrário, há quem defenda que caberia ao juiz, mesmo diante da citação real do réu e de sua revelia, a indicação de um advogado dativo para a elaboração de sua defesa, como corolário da ampla defesa em processo sancionatório. Nesse sentido, afirma-se, deve ser garantido ao réu a defesa técnica necessária e irrenunciável, pouco importando ter ele sido citado de forma real ou ficta, sob pena de afronta ao art. 1.º, § 4.º, da LIA (NEVES, Daniel Amorim Assumpção; OLIVEIRA, Rafael Carvalho Rezende. *Improbidade Administrativa*: Direito Material e Processual. 9. ed. Rio de Janeiro: Forense, 2022. p. 257).

CAP. 6 – IMPROBIDADE ADMINISTRATIVA | 909

(i) procederá ao julgamento conforme o estado do processo, observada a eventual inexistência manifesta do ato de improbidade; e

(ii) poderá desmembrar o litisconsórcio, com vistas a otimizar a instrução processual.

A primeira providência a ser tomada pelo juiz após a contestação é o julgamento conforme o estado do processo, observada a eventual inexistência manifesta do ato de improbidade.

Não podemos deixar de criticar o enunciado do dispositivo. Isso porque, de acordo com o CPC (arts. 354 a 356), "julgamento conforme o estado do processo" é a extinção do processo num determinado momento processual por sentença terminativa ou definitiva, a depender do caso concreto. E, quanto às sentenças definitivas, podem ser de procedência ou de improcedência.

Até faz sentido o emprego da expressão por conta do momento procedimental, mas não há nenhuma lógica em limitar o provimento judicial a uma única espécie de decisão, a de improcedência do pedido (art. 487, I, do CPC).

Embora o enunciado do dispositivo pareça sugerir que o julgamento conforme o estado do processo, no domínio da LIA, só seria possível para fins de improcedência da ação, quando observada a inexistência manifesta do ato de improbidade, também se revela possível a procedência do pedido nessa fase processual, quando o juiz verificar, por exemplo, que não são necessárias outras provas para além daquelas já apresentadas na fase postulatória, estando em condições de proceder ao julgamento imediato do mérito (CPC, art. 355, I). Por outras palavras, na fase de julgamento conforme o estado do processo, o juiz da ação de improbidade poderá:

(i) extinguir o processo sem resolução de mérito (art. 354 do CPC);

(ii) promover o julgamento antecipado do mérito (art. 355 do CPC); ou

(iii) promover o julgamento antecipado parcial do mérito (art. 356 do CPC).[580]

É oportuno registrar que em qualquer momento do processo, verificada a inexistência do ato de improbidade administrativa, o juiz julgará a demanda improcedente, nos ditames do art. 17, § 11, da LIA. Resta clara, assim, a inexistência de preclusão temporal para esse tipo decisão, considerando-se que a manifesta inexistência de ato de improbidade já deveria ter levado à rejeição liminar da petição inicial (ar. 17, § 6.º-B, parte final). Trata-se, pois, de decisão que põe termo ao processo, contra a qual caberá apelação.

Quanto à segunda providência, o desmembramento do litisconsórcio, com vistas a otimizar a instrução processual, só pode ser determinado em caso de litisconsórcio passivo facultativo. Cuida-se de regra que viabiliza uma maior eficiência processual e que se harmoniza com a ideia de que o litisconsórcio nas ações de improbidade administrativa é simples, ou seja, cada réu pode ser ou deixar de ser responsabilizado de acordo com seus próprios atos e não em "bloco".[581]

6.12.4.6 Decisão de saneamento e organização do processo

Se não for caso de julgamento conforme o estado do processo e exauridas as providências preliminares, caberá ao magistrado prolatar decisão de saneamento e organização do processo.

---

[580] No mesmo sentido: MARTINS JUNIOR, Wallace Paiva; MAGALHÃES JUNIOR, Alexandre Alberto de; OLIVEIRA, Beatriz Lopes de. *Lei de Improbidade Administrativa Comentada*. São Paulo: Juspodivm, 2023. p. 214-215.

[581] Nesse sentido: BUENO, Cassio Scarpinella. *Manual do Poder Público em Juízo*. São Paulo: SaraivaJur, 2022. p. 554.

Nos termos do novel art. 17, § 10-C, inserido na LIA pela Lei 14.230/2021, após a réplica do Ministério Público, o juiz proferirá decisão na qual indicará com precisão a tipificação do ato de improbidade administrativa imputável ao réu, sendo-lhe vedado modificar o fato principal e a capitulação legal apresentada pelo autor.

Registre-se, ainda, que, para cada ato de improbidade administrativa, deverá necessariamente ser indicado apenas um tipo dentre aqueles previstos nos arts. 9.º, 10 e 11 da LIA (art. 17, § 10-D, da LIA), que devem, em rigor, estar previamente estabelecidos desde a petição inicial.

A iniciativa vai ao encontro do que impõe o art. 357 do CPC, que, bem aplicado, como se espera dos dispositivos aqui examinados, permite que se dê início à fase instrutória com a indispensável ciência de quais são especificamente as imputações feitas aos réus e, no melhor contexto do "processo cooperativo", viabilizando que cada sujeito processual possa atuar mais adequadamente na desincumbência de seus ônus processuais. Até porque é com base em tal deliberação que as partes poderão especificar os meios de prova que pretendem produzir, nos ditames do art. 17, § 10-E, da LIA.

Até aqui, nenhum problema. As inovações promovidas pela Lei 14.230/2021 estão alinhadas com a garantias estabelecidas desde o modelo constitucional do direito processual civil.

A problemática reside em conjugar essas regras com o quanto estatuído pelo inciso I do § 10-F do art. 17 da LIA, que estabelece a nulidade da decisão de mérito, total ou parcial, que condenar o requerido por tipo diverso daquele definido na petição inicial.

Pela importância do tema, que tangencia a questão da congruência das ações de improbidade administrativa, abriremos um tópico à parte para analisá-lo.

6.12.4.6.1 O princípio da congruência nas ações de improbidade administrativa

O princípio da congruência traduz a ideia de que o juiz, uma vez iniciada a prestação jurisdicional, não pode se afastar do pedido do autor, devendo a ele cingir-se, apreciando a lide nos limites em que foi proposta, sendo-lhe defeso conhecer de questões não suscitadas, a cujo respeito a lei exige iniciativa da parte (art. 141 do CPC).

Por força desse mesmo princípio, é defeso ao juiz proferir sentença, a favor do autor, de natureza diversa da pedida, bem como condenar o réu em quantidade superior ou em objeto diverso do que lhe foi demandado (CPC, art. 492).

Apesar de o art. 492 do CPC prever uma adstrição da sentença somente ao pedido formulado pelo autor, ela também existe para a causa de pedir, sendo tradicional a lição que determina não poder a sentença ser fundada em causa de pedir diversa da constante do processo. Havendo a limitação da sentença à causa de pedir, não pode o juiz conceder o pedido elaborado na petição inicial com fundamento em causa de pedir não descrita pelo autor em sua petição inicial. Se desconsiderar essa vinculação, proferirá decisão *extra causa petendi*.

É indiscutível que o fundamento jurídico da pretensão integra a causa de pedir, mas a vinculação exigida entre a causa de pedir e a sentença não é exigida quanto a este elemento. Há lições doutrinárias[582] e decisões judiciais[583] que liberam o juiz em sua decisão

---

[582]   DIDIER JÚNIOR, Fredie; BRAGA, Paula Sarno; OLIVEIRA, Rafael. *Curso de Direito Processual Civil.* Teoria da Prova, Direito Probatório, Teoria do Precedente, Decisão Judicial, Coisa Julgada e Antecipação dos Efeitos da Tutela. 12. ed. Salvador: Juspodivm, 2016. p. 407-422.

[583]   STJ, AgInt no AREsp 1.415.942/SP, 1.ª T., rel. Min. Benedito Gonçalves, j. 17.11.2020.

no tocante ao fundamento jurídico do pedido, restando a vinculação limitada aos fatos jurídicos narrados na petição inicial.

Noutras palavras, o fundamento jurídico do pedido integra a causa de pedir, mas não vincula o juiz e o seu ajuste na decisão à luz da demanda inicial não importa em violação da regra da congruência, consubstanciada nos arts. 141 e 492 do CPC.

Nos limites do pano de fundo estabelecido pela causa de pedir e pedido, ao juiz sempre foi dada a possibilidade de enquadramento da pretensão na melhor moldura oferecida pelo ordenamento jurídico, o que se encontra consagrado nas máximas *iura novit curia* ou *narra mihi factum dabo tibi ius*.

Note-se, contudo, que o fato de o juiz poder conhecer de ofício do direito não o desonera do dever de submeter sua perspectiva jurídica previamente às partes (vedação à decisão surpresa), acaso os horizontes da discussão do processo não tivessem divisado aquela.[584] Dito de outro modo, ainda que o magistrado não se encontre adstrito aos fundamentos jurídicos apresentados pelas partes, tendo liberdade para atribuir, aos fatos da causa, a qualificação jurídica que lhe pareça mais adequada a uma solução substancialmente mais justa, tal prerrogativa não o desobriga de oferecer às partes a oportunidade para se manifestarem previamente sobre o tema, em homenagem ao contraditório e à ampla defesa.

Postas essas premissas, questão interessante é saber se o juiz, nas ações de improbidade administrativa, pode discordar da tipificação adotada pelo autor na inicial e condenar o réu como incurso em outro tipo legal da Lei 8.429/1992 (LIA). Exemplificativamente, se o autor da ação imputa ao réu a prática de fraude à licitação e enquadra tal conduta na tipologia do art. 10, VIII, da LIA,[585] poderá o juiz modificar na sentença a tipologia da conduta para condenar o réu como incurso no art. 11, V,[586] do mesmo diploma legal?

Entendemos que sim, uma vez que na ação de improbidade administrativa o juiz está adstrito aos fatos e não aos fundamentos jurídicos do pedido. Nesse sentido, inclusive, consolidou-se a jurisprudência do Superior Tribunal de Justiça. Confira-se:[587]

> O pacífico entendimento do STJ é no sentido de que não há ofensa ao princípio da congruência quando a decisão judicial enquadra os supostos atos de improbidade em dispositivo diverso daquele trazido na exordial, uma vez que os réus se defendem dos fatos que lhes são imputados, competindo ao juízo, como dever de ofício, sua qualificação jurídica, vigendo em nosso ordenamento jurídico os brocardos *iura novit curia* e o da *mihi factum, dabo tibi ius*.

Ressalte-se que tal prerrogativa não desonera o magistrado de oferecer às partes a oportunidade para se manifestarem sobre a nova tipologia por ele visualizada. Por óbvio, acaso o réu se antecipe, discutindo previamente uma determinada posição jurídica, o reconhecimento de tal questão pelo magistrado independe de nova e prévia manifestação.[588]

Ocorre que a Lei 14.230/2021, ao promover uma ampla e profunda reforma na Lei 8.429/1992, aparenta ter conferido um caráter ainda mais restritivo ao princípio da

---

[584] CPC: "Art. 10. O juiz não pode decidir, em grau algum de jurisdição, com base em fundamento a respeito do qual não se tenha dado às partes oportunidade de se manifestar, ainda que se trate de matéria sobre a qual deva decidir de ofício".

[585] LIA: "Art. 10. (...) VIII – frustrar a licitude de processo licitatório ou de processo seletivo para celebração de parcerias com entidades sem fins lucrativos, ou dispensá-los indevidamente, acarretando perda patrimonial efetiva".

[586] LIA: "Art. 11. (...) V – frustrar, em ofensa à imparcialidade, o caráter concorrencial de concurso público, de chamamento ou de procedimento licitatório, com vistas à obtenção de benefício próprio, direto ou indireto, ou de terceiros".

[587] AgInt no AREsp 1.415.942/SP, 1.ª T., rel. Min. Benedito Gonçalves, j. 17.11.2020. No mesmo sentido: REsp 1.375.840/MA, 2.ª T., rel. Min. Og Fernandes, j. 07.06.2018; REsp 842.428/ES, 2.ª T., rel. Min. Eliana Calmon, j. 24.04.2007, *DJ* 21.05.2007. No mesmo sentido: REsp 439.280/RS, 1.ª T., rel. Min. Luiz Fux, j. 01.04.2003, *DJU* 16.06.2003; REsp 1.096.702/SP, 2.ª T., rel. Min. Castro Meira, j. 04.02.2010, *DJe* 22.03.2010.

[588] Confira-se, nesse sentido: DELLORE, Luiz et al. *Comentários ao Código de Processo Civil*. 4. ed. Rio de Janeiro: Forense, 2021. p. 25.

912 | INTERESSES DIFUSOS E COLETIVOS – VOL. 1

congruência nas ações de improbidade administrativa, ao exigir que a adstrição do juízo seja tanto aos fatos jurídicos como ao fundamento jurídico alegado pelo autor. Desse teor o art. 17, § 10-C, da LIA:

> **Art. 17. (...) § 10-C.** Após a réplica do Ministério Público, o juiz proferirá decisão na qual indicará com precisão a tipificação do ato de improbidade administrativa imputável ao réu, sendo-lhe vedado modificar o fato principal e a capitulação legal apresentada pelo autor. (Incluído pela Lei 14.230/2021)

Por outro lado, o texto reformado fixa a nulidade da sentença na ação de improbidade administrativa que condenar o réu por tipo diverso do indicado na inicial (LIA, art. 17, § 10-F, I).

Para parte da doutrina, a conjugação dessas duas regras deixa clara a intenção da Lei 14.320/2021 de conferir um novo significado ao princípio da congruência no domínio da probidade administrativa, ao exigir que a adstrição do juízo seja tanto aos fatos jurídicos como ao fundamento jurídico alegado pelo autor da ação de improbidade administrativa.[589] Em sendo assim, ainda que o fato imputado ao agente ímprobo esteja corretamente descrito na petição inicial, o emprego da tipologia incorreta pelo autor na petição inicial impede o juiz de condenar o réu por tipo diverso.

Ousamos discordar desse entendimento. A rigor, a interpretação literal das disposições *supra* pode fomentar juízo de inconstitucionalidade.

Com efeito, a vedação à alteração da tipificação da conduta, reconhecida no saneamento (art. 17, § 10-C), associada à nulidade da sentença que condenar por tipo diverso do indicado na inicial (art. 17, § 10-F, I), colide frontalmente com a garantia de acesso à justiça, prevista no art. 5.º, XXXV, da CF.[590] Esta não se esgota na possibilidade de propor a demanda em juízo, alcançando a efetiva chance de obter tutela jurisdicional, com decisão favorável ou desfavorável ao autor. A partir do momento em que uma regra impede o juiz de aplicar a qualificação jurídica que lhe pareça mais adequada a uma solução substancialmente mais justa, resta esvaziada a garantia de acesso à justiça.

A vedação em questão também parece esbarrar na estrutura de divisão de poder e de seu exercício, impedindo que o juiz cumpra seu papel, ou seja, julgue. Nessa perspectiva, a realidade jurídica se impõe como existência: o juiz não pode aplicar uma norma que não existe, nem se abster de aplicar uma norma que existe, ainda que as partes não a tenham invocado ou que a tenham invocado uma pela outra. Proposta a ação, o juiz terá que se ater à norma existente, a qual não pode ser ignorada. Deve, pois, conhecer e aplicar a norma correspondente, suprindo, se for necessário às partes, em seus erros e deficiências. Por consectário lógico, "o juiz disporá também, em iniciativa e extensão, de um ilimitado poder informativo".[591]

Noutro flanco, não podemos olvidar que nem mesmo na esfera penal, *ultima ratio* do direito sancionador, o juiz está vinculado à capitulação jurídica dada ao fato criminoso pelo autor na peça vestibular acusatória. Ao contrário, o art. 383 do Código de Processo Penal autoriza expressamente o juiz a atribuir uma definição jurídica diversa ao fato contido na denúncia ou queixa.[592]

---

[589] GOMES JUNIOR, Luiz Manoel; FAVRETO, Rogério. *Comentários à Nova Lei de Improbidade Administrativa*. 5. ed. São Paulo: RT, 2021. p. 357.

[590] Nesse sentido: LEONEL, Ricardo de Barros. Sentença na Ação de Improbidade Administrativa. In: SARRUBBO, Mário Luiz (coord.). *Ministério Público Estratégico*: Improbidade Administrativa. Indaiatuba, SP: Foco, 2024. p. 290-293.

[591] PALAIA, Nelson. *Fato Notório*. São Paulo: Saraiva, 1997. p. 130.

[592] CPP: "Art. 383. O juiz, sem modificar a descrição do fato contida na denúncia ou queixa, poderá atribuir-lhe definição jurídica diversa, ainda que, em consequência, tenha de aplicar pena mais grave".

Não só se aplica o princípio do *iura novit curia* no processo penal, como se admite, por expressa previsão legal, que a adequada aplicação da fundamentação jurídica ao caso concreto gere a aplicação de uma pena mais grave do que aquela pedida originariamente pelo autor. Segundo a melhor doutrina, essa realidade se justifica porque, no processo penal, o réu se defende dos fatos que a ele são imputados, e não da qualificação jurídica a ele atribuída pelo autor da ação penal.[593]

Propõe-se, assim, uma interpretação desses novos dispositivos da LIA (art. 17, §§ 10-C e 10-F, I) em conformidade com a Constituição Federal, em ordem a concluir que a sentença que condenar o réu por tipo diverso do indicado na inicial só será nula quando o juiz, para alcançar tal resultado, modificar os fatos jurídicos descritos na petição inicial, ou, ainda, condenar por tipo diverso, sem que, previamente, tenha sido assegurado o contraditório.

Em conclusão, a melhor forma de se harmonizar os princípios da congruência e da vedação à decisão surpresa no domínio da LIA consiste em autorizar o magistrado a modificar na sentença a tipologia da conduta imputada ao réu, mediante a observância de duas condições:

(i)   não modificação da descrição do fato contida na petição inicial; e

(ii)   faculdade às partes para se manifestarem previamente sobre o tema.

6.12.4.7   Especificação das provas

A especificação de provas ocorrerá em momento posterior à decisão do magistrado quanto ao objeto do processo. Desse teor o § 10-E do art. 17 da LIA:

> **Art. 17. (...) § 10-E.** Proferida a decisão referida no § 10-C deste artigo, as partes serão intimadas a especificar as provas que pretendem produzir.

A regra evidencia que não há preclusão quanto à especificação das provas na fase postulatória, isto é, os pedidos de provas a serem deduzidos pelo autor na petição inicial e pelo réu na contestação podem ser genéricos.

Nessa temática, outra novidade que exige especial atenção é o inciso II do § 10-F do art. 17, que prevê a nulidade da decisão de mérito da ação de improbidade administrativa que condenar o requerido sem a produção das provas por ele tempestivamente especificadas.

A regra, a despeito de sua textualidade, precisa ser interpretada dentro do sistema processual civil. Não há dúvida alguma de que a ampla defesa deve ser prestigiada em todo e qualquer processo sancionador. De tal constatação, contudo, querer extrair que o juiz esteja vinculado à produção de provas inúteis ou meramente protelatórias requeridas pelo réu, com o risco, inclusive, de demora no andamento do processo suficiente para a sua extinção por prescrição, é inverter de maneira radical (e errada) o critério para deferimento dos meios de prova, que é a sua relevância: "a condição fundamental para sua admissão no processo".[594]

Destarte, a regra deve ser compreendida apenas como forma de robustecer o cuidado (justificável) com que os juízes devem proceder na fundamentação dos indeferimentos de pedidos de produção de prova por parte dos réus nas ações de improbidade administrati-

---

[593]   LIMA, Renato Brasileiro de. *Manual de Processo Penal*. Salvador: Juspodivm, 2022. p. 1.266.

[594]   TARUFFO, Michele. *Uma Simples Verdade*: o Juiz e a Construção dos Fatos. Trad. Vitor de Paula Ramos. São Paulo: Marcial Pons, 2012. p. 61.

va, reservando tais decisões apenas para aquelas hipóteses nas quais ficarem efetivamente evidenciados o caráter meramente protelatório do pedido, a inutilidade da prova ou o exercício abusivo do direito de defesa.

Incide, na temática, o disposto no art. 370, parágrafo único, do CPC, segundo o qual o juiz indeferirá, em decisão fundamentada, as diligências inúteis ou meramente protelatórias.

Mesmo no processo penal, a admissão da prova no processo também é guiada pela relevância. Desse teor o § 1.º do art. 400 do CPP: "As provas serão produzidas numa só audiência, podendo o juiz indeferir as consideradas irrelevantes, impertinentes ou protelatórias".

Haverá nulidade da sentença, sim, caso seja negada a produção de prova relevante, tempestivamente solicitada pelo réu, e desde que demonstrado o prejuízo decorrente da sua não produção. Afinal, não se declara nulidade sem prejuízo (CPC, art. 282, § 1.º), tampouco se decreta a nulidade em proveito de quem lhe deu causa (CPC, art. 276).

Noutro prisma, obtempera-se que a previsão de nulidade da sentença que condenar sem a produção de provas tempestivamente especificadas pelo réu (art. 17, § 10-F, II), se interpretada literalmente, pode esbarrar na garantia da razoável duração do processo e do emprego dos meios que garantam a celeridade de sua tramitação (art. 5.º, LXXVIII, da CF), além de impedir que o magistrado exerça parte do seu poder, que inclui a avaliação sobre a pertinência, a necessidade e a utilidade da produção da prova.[595]

Nessa ordem de ideias, é correto concluir que:

(i) a natureza fundamental do direito à prova não deve significar a admissão de toda e qualquer prova requerida pelo réu na ação de improbidade administrativa, devendo o art. 17, § 10-F, II, da LIA ser interpretado em conformidade com o disposto nos arts. 370 do CPC e 5.º, LXXVIII, da CF. Logo, se o juiz entender que a prova especificada pelo réu é irrelevante ou impertinente, poderá indeferir sua produção, de forma fundamentada, sem que isso acarrete, por si só, a nulidade da futura decisão de mérito;

(ii) haverá nulidade da decisão condenatória caso seja negada ao réu a produção de prova tempestivamente solicitada, desde que esta seja relevante e pertinente, e desde que demonstrado o prejuízo decorrente da sua não produção (CPC, art. 282, § 1.º).

6.12.4.8   *Ônus da prova*

A regra fixada nos incisos I e II do art. 373 do CPC, também aplicável no domínio da LIA, é a **distribuição estática** do ônus da prova, mediante a prefixação abstrata das hipóteses em que as partes são oneradas: ao autor compete a prova dos fatos constitutivos do seu direito (*a ocorrência do ato de improbidade administrativa com suas indeléveis características*); caso o réu alegue, por meio de defesa de mérito indireta, um fato novo, impeditivo, modificativo ou extintivo do direito do autor, terá o ônus de comprová-lo.

Esse prévio arranjo do ônus da prova é a disposição geral estabelecida pelo CPC, que observa exigências de conveniência, justiça comutativa e o princípio da igualdade das partes.[596]

---

[595]   Nesse sentido: LEONEL, Ricardo de Barros. Processo e procedimento na Nova Lei de Improbidade Administrativa. *Conjur*, 26 nov. 2021. Disponível em: https://www.conjur.com.br/2021-nov-26/ricardo-leonel-processo-procedimento-lei-improbidade/. Acesso em: 218 abr. 2023.

[596]   ROSENBERG, Leo. *La Carga de la Prueba*. Trad. Ernesto Krotoschin. Buenos Aires: Julio Cesar Faria Editor, 2002. p. 114.

CAP. 6 – IMPROBIDADE ADMINISTRATIVA

Em comparação com o diploma processual anterior, o CPC de 2015 inovou quanto ao sistema de distribuição dos ônus probatórios, atendendo à corrente doutrinária que já vinha defendendo a chamada **distribuição dinâmica** do ônus da prova.[597] Desse teor o § 1.º do art. 373:

> **Art. 373. (...)**
>
> **§ 1.º** Nos casos previstos em lei ou diante de peculiaridades da causa relacionadas à impossibilidade ou à excessiva dificuldade de cumprir o encargo nos termos do *caput* ou à maior facilidade de obtenção da prova do fato contrário, poderá o juiz atribuir o ônus da prova de modo diverso, desde que o faça por decisão fundamentada, caso em que deverá dar à parte a oportunidade de se desincumbir do ônus que lhe foi atribuído.

A regra autoriza o juiz, diante de peculiaridades da causa, a modificar o ônus da prova nos casos em que a parte que deveria produzi-la segundo as regras estáticas se vir impossibilitada de fazê-lo, ou, então, quando se afigurar mais fácil à parte adversa produzir a prova do fato contrário.

Reprise-se que a distribuição dinâmica do ônus da prova é aplicada em **caráter subsidiário**. Vale dizer, uma vez iniciado o processo, incide a regra geral (estática) de distribuição do encargo probatório, abstratamente prevista em lei (art. 373, I e II, do CPC), regra esta que poderá ser modificada pelo juiz no caso concreto, nos ditames dos §§ 1.º e 2.º do art. 373 (distribuição dinâmica). Em caso de inércia do juiz, portanto, terá incidência a regra geral de distribuição do ônus da prova.

Excepcionando o modelo adotado pelo CPC, o novel § 19, III, do art. 17 da LIA, inserido pela Lei 14.230/2021, prevê ser inaplicável à ação de improbidade administrativa a imposição de ônus da prova ao réu, na forma dos §§ 1.º e 2.º do art. 373 do Código de Processo Civil. Trata-se de regra que proíbe, expressamente, a distribuição dinâmica do ônus da prova na ação de improbidade administrativa.

A inovação reforça a noção de que ação de improbidade administrativa tem natureza acusatória, cabendo sempre ao acusador provar a efetiva ocorrência das alegações de fato que traz na inicial da demanda, ainda que, em tese, fosse mais fácil ao réu provar sua inocência do que ao autor provar sua culpa.

Na temática, é oportuno registrar que o CPC também autoriza a **modificação convencional** do ônus da prova, a ser realizada por negócio jurídico processual celebrado pelas partes, desde que não recaia sobre direito indisponível da parte e não torne excessivamente difícil o exercício do direito (art. 373, § 3.º). Considerando que essa hipótese de modificação não foi proibida pela LIA, deve ser admitida nas ações de improbidade administrativa.[598]

E nem se alegue que a modificação convencional do ônus da prova também é obstada no domínio da LIA, sob o argumento de que a distribuição diversa do encargo probatório não pode recair sobre direito indisponível da parte (§ 3.º, I, do art. 373 do CPC). Isso porque a natureza indisponível do direito material, por si só, não impede a celebração de negócios jurídicos processuais.

Nesse sentido, não podemos esquecer que a autocomposição é admitida nos litígios envolvendo direitos difusos, coletivos e individuais homogêneos (LACP, art. 5.º, § 6.º), na

---

[597] PACÍFICO, Luiz Eduardo Boaventura. *O Ônus da Prova*. 2. ed. São Paulo: Revista dos Tribunais, 2011. p. 228.

[598] No mesmo sentido: NEVES, Daniel Amorim Assumpção; OLIVEIRA, Rafael Carvalho Rezende. *Improbidade Administrativa*: Direito Material e Processual. 9. ed. Rio de Janeiro: Forense, 2022. p. 94.

916 | INTERESSES DIFUSOS E COLETIVOS - VOL. 1

atualidade ampliada para as convenções processuais (Resolução 118 do CNMP), a despeito da nota de indisponibilidade desses direitos.[599]

Ademais, o próprio CPC autoriza a celebração de negócios jurídicos processuais em ações que versem sobre direitos materiais que admitam autocomposição (art. 190). E a LIA autoriza expressamente a autocomposição na persecução dos atos de improbidade administrativa (art. 17-B), quer seja para a aplicação das sanções previstas no art. 12, quer seja para a recomposição do patrimônio público lesado.

Em conclusão, se a LIA admite a autocomposição em relação ao "principal" (direito material), não há razões para vedar a solução negociada em relação ao "acessório" (norma procedimental ou situações jurídicas processuais).

6.12.4.9   Procedimento probatório

A fase instrutória é aquela na qual se colhe e se produz a prova dos fatos probandos, aparelhando-se o processo com os elementos suscetíveis de convencer o magistrado sobre as controvérsias que giram em torno do tema *decidendum*.

As afirmações de fato podem ser provadas por qualquer meio de prova, ainda que não previsto na lei, desde que se trate de um meio lícito e moralmente legítimo (art. 369 do CPC). Assim, ao lado dos meios de prova típicos, que contam com expressa previsão em lei, admitem-se os meios de prova atípicos, que não encontram sede legal.

São meios de prova típicos a prova pericial, a prova documental, a prova testemunhal, o depoimento pessoal, a inspeção judicial, a prova emprestada[600] e a confissão.

São meios de prova atípicos, por exemplo, a prova estatística, a prova por amostragem, a prova cibernética e a reconstituição dos fatos. Também é possível cogitar uma prova atípica de origem negocial, com base na autorização genérica prevista no art. 190 do CPC. As partes podem aceitar, por exemplo, que o testemunho seja apresentado por escrito, com isso acelerando a colheita da prova.[601]

Na ação de improbidade administrativa, em que o julgamento é realizado mediante uma cognição exauriente do juiz, as partes também têm o direito de empregar todos os meios legais, bem como os moralmente legítimos, ainda que não especificados na LIA ou no CPC, para provar a verdade dos fatos em que se funda o pedido ou a defesa e influir eficazmente na convicção do magistrado, com exceção do depoimento pessoal, por incompatibilidade lógica com o modelo de interrogatório implementado na LIA pela Lei 14.230/2021.

É oportuno registrar que o texto original da LIA não trazia nenhuma regra em matéria probatória.

O § 12 do art. 17, incluído na LIA pela Medida Provisória 2.225-45/2001, estabelecia que aos depoimentos e inquirições realizados nas ações de improbidade administrativa deviam ser observadas as regras estabelecidas no *caput* e no § 1.º do art. 221 do Código de Processo Penal.

Tal regra, que buscava conciliar o dever que todos têm de testemunhar com as relevantes funções públicas exercidas por algumas autoridades, por meio do agendamento

---

[599] CABRAL, Antonio do Passo. *Convenções Processuais*: Teoria Geral dos Negócios Jurídicos Processuais. 3. ed. Salvador: Juspodivm, 2020. p. 371.

[600] A tese 10 da edição 40 da Jurisprudência em Teses do STJ dispõe: "Nas ações de improbidade administrativa é admissível a utilização da prova emprestada, colhida na persecução penal, desde que assegurado o contraditório e a ampla defesa".

[601] Assim, também: DIDIER JR., Fredie; BRAGA, Paulo Sarna; OLIVEIRA, Rafael Alexandria de. *Curso de Direito Processual Civil*: Teoria da Prova, Direito Probatório, Ações Probatórias, Decisão, Precedente, Coisa Julgada e Antecipação dos Efeitos da Tutela. 12. ed. Salvador: Juspodivm. v. 2, p. 109.

prévio de dia, local e hora para a realização de audiência em que seriam ouvidas, foi revogada na reforma promovida na LIA pela Lei 14.230/2021, com o que se passa a aplicar à hipótese as regras do CPC.

Cuidava-se da única regra diferenciada para a fase instrutória da ação de improbidade administrativa prevista na LIA antes da reforma. Para além de revogar a norma que previa essa prerrogativa para certas autoridades (art. 17, § 12), a Lei 14.230/2021 trouxe outras importantes alterações à LIA quanto ao tema.

A primeira está no § 18 do art. 17, segundo o qual: "Ao réu será assegurado o direito de ser interrogado sobre os fatos de que trata a ação, e a sua recusa ou o seu silêncio não implicarão confissão".

Outra novidade é o inciso I do § 19 do art. 17 da Lei 8.429/1992, já estudado, segundo o qual não terá aplicação nas ações de improbidade administrativa a presunção de veracidade dos fatos alegados pelo autor em caso de revelia.

Vimos também que o inciso II do mesmo § 19 veda "a imposição de ônus da prova ao réu, na forma dos §§ 1.º e 2.º do art. 373" do CPC, ou seja, é vedada, no ambiente da "ação de improbidade administrativa", inversão ou modificação do ônus da prova que possa de alguma forma retirar das mãos do autor o seu ônus de comprovar a existência e os devidos contornos do ato de improbidade administrativa para fins da aplicação das sanções cabíveis.

Ainda em matéria probatória, outras inovações, também já vistas, estão previstas: (i) no § 10-E do art. 17, segundo o qual, depois de proferida a decisão de tipificação da conduta (art. 17, § 10-C), as partes serão intimadas a especificar as provas que pretendem produzir; e (ii) no inciso II do § 10-F do art. 17, que prevê a nulidade da decisão de mérito da ação de improbidade administrativa que condenar o requerido sem a produção das provas por ele tempestivamente especificadas.

No próximo tópico, analisaremos as particularidades do interrogatório do réu no domínio da LIA.

6.12.4.9.1   Interrogatório do réu

A aplicação dos princípios do direito administrativo sancionador (art. 1.º, § 4.º) e a ênfase dada pelo texto reformado ao viés repressivo e sancionatório da ação (art. 17-D) reforçaram a natureza punitiva do processo de improbidade administrativa.

Dentro dessa perspectiva, e claramente inspirado no modelo penal, o § 18 do art. 17, inserido na LIA pela Lei 14.230/2021, prevê que ao réu será assegurado o direito de ser interrogado sobre os fatos de que trata a ação, e a sua recusa ou o seu silêncio não implicarão confissão.

A regra é coerente. Afinal, se o art. 1.º, § 4.º, da LIA exige que se considerem os princípios do direito administrativo sancionador, dentre os quais está a **garantia de o réu não produzir prova contra si mesmo** (*nemo tenetur se detegere*), parece natural a previsão de que a sua recusa ao interrogatório ou o seu silêncio não implicarão confissão.

O direito ao silêncio – uma das várias decorrências do princípio do *nemo tenetur se detegere* –, previsto tanto na Constituição Federal (art. 5.º, LXIII) quanto na Convenção Interamericana de Direitos Humanos (art. 8.º, §§ 2.º, *g*, e 3.º), corresponde justamente ao direito de não responder às perguntas formuladas pela autoridade, funcionando como espécie de manifestação passiva da defesa.[602]

---

[602]   É nesse sentido a lição de Renato Brasileiro (*Manual de Processo Penal*. 8. ed. Salvador: Juspodivm, 2022. p. 77).

O exercício do direito ao silêncio na AIA, portanto, não é sinônimo de confissão ficta ou de falta de defesa. Cuida-se de direito do réu, podendo ser usado como estratégia defensiva.

Nessa esteira, para os fins da LIA, o interrogatório pode ser definido como o ato processual por meio do qual o juiz ouve o réu sobre a imputação que lhe é feita. É a oportunidade que o réu tem de se dirigir diretamente ao magistrado, quer para apresentar a versão de defesa acerca da imputação que recai sobre sua pessoa, podendo, inclusive, indicar meios de prova, quer para confessar, ou até mesmo para permanecer em silêncio.

Diferentemente, portanto, do interrogatório previsto no art. 139, VIII, do CPC, que tem natureza de meio de prova e é mera faculdade do juiz, o interrogatório previsto no art. 17, § 18, da LIA é um **meio de defesa** e **direito do réu**.

Quanto ao **momento** para a realização do interrogatório, justamente em razão da sua natureza jurídica (meio de defesa), deverá ser realizado ao final da instrução processual, a exemplo do que se verifica no processo penal (art. 400 do CPP).[603]

Partindo-se da premissa de que o interrogatório é um direito e um meio de defesa do réu, não há como compatibilizá-lo com o interrogatório previsto no art. 139, VIII, do CPC (providência inserida nos poderes do juiz), tampouco com o depoimento pessoal, porquanto ambos têm natureza de meio de prova.

Destarte, caso o réu renuncie ao direito de ser interrogado sobre os fatos a ele imputados, não poderá o magistrado determinar seu interrogatório, com fundamento no art. 139, VIII, do CPC, tampouco será admissível seu depoimento pessoal a requerimento do autor, sob pena de se esvaziar a proteção ao réu concedida pelo art. 17, § 18, da LIA.

6.12.4.10 Desconsideração da personalidade jurídica

O texto original da Lei 8.429/1992 não previa expressamente a possibilidade de desconsideração da personalidade jurídica, mas a doutrina[604] e a jurisprudência[605] pátrias já admitiam sua aplicação no domínio da LIA, para garantir o adimplemento das obrigações da empresa que concorreu para a prática do ilícito, estendendo-as aos bens dos sócios e administradores que não tenham atuado como autores ou partícipes dos atos de improbidade administrativa.

A partir da reforma promovida pela Lei 14.230/2021, a aplicação da desconsideração da personalidade jurídica no domínio da LIA passa a ter previsão expressa tanto no regime das cautelares (art. 16, § 7.º) quanto na disciplina da ação de improbidade administrativa. Desse teor o § 15 do art. 17:

> **Art. 17. (...) § 15.** Se a imputação envolver a desconsideração de pessoa jurídica, serão observadas as regras previstas nos arts. 133, 134, 135, 136 e 137 da Lei n.º 13.105, de 16 de março de 2015 (Código de Processo Civil).

Embora a inovação seja positiva, critica-se o fato de a lei não ter autorizado a aplicação da desconsideração da personalidade jurídica na via administrativa, a exemplo do que

---

[603] No julgamento do HC 127.900/AM, o Plenário do STF acabou firmando a seguinte orientação: "a norma inscrita no art. 400 do Código de Processo Penal comum aplica-se, a partir da publicação da ata do presente julgamento, aos processos penais militares, aos processos penais eleitorais e a todos os procedimentos penais regidos por legislação especial incidindo somente naquelas ações penais cuja instrução não se tenha encerrado".

[604] GARCIA, Emerson; ALVES, Rogério Pacheco. *Improbidade Administrativa*. 9. ed. Rio de Janeiro: Lumen Juris, 2017. p. 975-978.

[605] STJ, AgInt no REsp 1.858.057/RO, 1.ª T., rel. Min. Benedito Gonçalves, j. 08.02.2021.

fazem a Lei Antitruste (12.529/2011), a Lei Anticorrupção Empresarial (Lei 12.846/2013) e a Lei de Licitações e Contratos Administrativos (Lei 14.133/2021).

Outra crítica que se faz ao texto reformado é que ele não especifica quais são os requisitos autorizadores da medida, tampouco esclarece a sua extensão objetiva – tudo a sugerir novos desafios e questões no importante e complexo tema da desconsideração, sobre os quais doutrina e jurisprudência deverão se debruçar.

No silêncio da lei, sugere-se a aplicação, por analogia, dos critérios previstos no art. 14 da Lei Anticorrupção Empresarial (Lei 12.846/2013) e no art. 50 do Código Civil. Nessa trilha, é possível afirmar que a LIA autoriza a desconsideração da personalidade jurídica quando houver **abuso da personalidade jurídica**, nas seguintes hipóteses:

a) **desvio de finalidade:** utilização da personalidade jurídica com o propósito de lesar credores e para a prática de atos de improbidade administrativa; ou

b) **confusão patrimonial:** utilização da personalidade jurídica para confundir os negócios pessoais dos sócios com os da sociedade.

Além da comprovação dos requisitos autorizadores, a desconsideração da personalidade jurídica deve ser realizada através de procedimento incidental específico, garantindo-se o contraditório e a ampla defesa, nos termos dos arts. 133 a 137 do CPC.

Caso os sócios da pessoa jurídica infratora tenham concorrido para a prática do ato de improbidade administrativa, também deverão figurar no polo passivo da correspondente ação, ao lado da entidade, nos ditames do art. 3.º da LIA. Nesse caso, não se tratará de desconsideração de personalidade jurídica, mas sim de responsabilidade direta, com vistas tanto à recomposição do patrimônio público lesado quanto à imposição das sanções do art. 12 da LIA.

Dessa forma, no domínio da LIA, só há que se falar em desconsideração quando o "terceiro" (sócios ou sociedade, conforme o sentido da pretendida desconsideração) não tiver, ele próprio, concorrido para a prática do ato de improbidade administrativa.

Outro aspecto importante a ser destacado é que a LIA, diferentemente da LAE (Lei 12.846/2013), não autoriza a aplicação da desconsideração da personalidade jurídica com finalidade punitiva, isto é, com o propósito de estender aos sócios as sanções previstas no art. 12. Em sendo assim, e sem perder de vista que as normas que disciplinam o instituto em exame são restritivas de direitos, a finalidade da medida será exclusivamente a de assegurar a reparação do dano causado ao patrimônio público.

Dito de outro modo, a aplicação da desconsideração **só será admitida para efeito de extensão de responsabilidade patrimonial**, mas não para a aplicação das sanções previstas pela LIA.

Pontue-se que a aplicação do instituto da desconsideração no domínio da LIA não exige a demonstração da insolvência da pessoa jurídica. Vale dizer, a insolvência do devedor não é condição imprescindível para que se cogite da extensão de responsabilidade patrimonial via desconsideração da personalidade jurídica.

Isso não significa dizer, contudo, que a existência de patrimônio da pessoa jurídica infratora (devedora) – responsável patrimonial primária – seja um dado irrelevante para se decidir se é ou não caso de se avançar no patrimônio de responsáveis que não são devedores (sócios). Ao contrário, antes de se chegar ao patrimônio dos sócios, é preciso esgotar as possibilidades de expropriação dos bens da pessoa jurídica infratora.[606] Afinal,

---

[606] Nesse mesmo sentido: YARSHELL, Flávio Luiz. Breves Notas sobre a Desconsideração da Personalidade Jurídica no Processo de Tutela da Probidade Administrativa. In: VILLEN, Antonio Carlos; GUERRA, Alexandre de Mello (coord.).

INTERESSES DIFUSOS E COLETIVOS – VOL. 1

a responsabilidade patrimonial secundária é excepcional e não se presume, posto implicar o sacrifício do patrimônio de outrem para satisfação de dívida alheia. São postulados ressaltados pela generalidade da doutrina, processual e civilista[607] e que, a nosso sentir, também se aplicam no domínio da LIA.

Também será possível a aplicação, na esfera de improbidade administrativa, daquilo que se convencionou denominar **desconsideração inversa**, na hipótese em que o sócio infrator se utilizar da sociedade para ocultar seus bens pessoais, em prejuízo de ente lesado.

Exemplificativamente, se um agente público causar dano ao erário e, buscando proteger seu patrimônio pessoal, transferir seus bens a uma pessoa jurídica, reduzindo, assim, a eficácia de uma possível sentença condenatória, poderá ser afastada a autonomia patrimonial da sociedade, para atingir o ente coletivo e seu patrimônio social, de modo a responsabilizar a pessoa jurídica pela reparação do dano causado ao erário por seu sócio controlador.[608]

6.12.4.11 Conversão em ação civil pública

Outra novidade inserida na LIA pela Lei 14.230/2021 é a possibilidade de conversão da ação de improbidade administrativa em ação civil pública. Desse teor o art. 17, § 16:

> **Art. 17. (...) § 16.** A qualquer momento, se o magistrado identificar a existência de ilegalidades ou de irregularidades administrativas a serem sanadas sem que estejam presentes todos os requisitos para a imposição das sanções aos agentes incluídos no polo passivo da demanda, poderá, em decisão motivada, converter a ação de improbidade administrativa em ação civil pública, regulada pela Lei n.º 7.347, de 24 de julho de 1985.

Claramente inspirada nos princípios da primazia no julgamento do mérito e da economia processual, positivados no art. 4.º do CPC,[609] a regra busca evitar que o processo seja extinto por sentença meramente terminativa.

Se o Ministério Público, por exemplo, propõe uma ação de improbidade administrativa imputando a um agente público a prática de ato doloso lesivo ao erário (art. 10) e o juiz, no curso do processo, se convence de não ter havido ato de improbidade, por falta de dolo, poderá converter a demanda em ação civil pública, para que nela se apure a efetiva ocorrência do ato, sua eventual ilicitude e os demais requisitos da responsabilidade civil (dano, nexo causal e culpa).

Da mesma forma, caso as sanções prescrevam no curso de uma ação de improbidade administrativa, remanescendo apenas a pretensão ressarcitória, poderá o magistrado converter a demanda em ação civil pública, para que nela se apure a efetiva ocorrência do dano ao erário decorrente da prática de ato doloso de improbidade administrativa.

Direito Público Contemporâneo: a Nova LINDB e as Novas Leis de Licitações e Contratos Administrativas e de Improbidade Administrativa. São Paulo: Escola Paulista da Magistratura, 2023. p. 569-586.

[607] Cf. SANTOS, Moacyr Amaral. *Primeiras Linhas de Direito Processual Civil*. 22. ed. São Paulo: Saraiva, 2008. v. 3, p. 269-270; LIMA, Alcides de Mendonça. *Comentários ao Código de Processo Civil*. Rio de Janeiro: Forense, 1974. v. 6, t. 2, p. 465, 471-472; GRECO, Leonardo. *O Processo de Execução*. Rio de Janeiro: Renovar, 2001. v. 2, p. 7-8; ASSIS, Araken de. *Manual da Execução*. 11. ed. São Paulo: RT, 2007. p. 202-203; WAMBIER, Luiz Rodrigues; ALMEIDA, Flávio Renato Correia; TALAMINI, Eduardo. *Curso Avançado de Processo Civil*. 8. ed. São Paulo: RT, 2006. v. 2, p. 110-111; ABELHA, Marcelo. *Manual de Execução Civil*. 2. ed. Rio de Janeiro: Forense, 2007. p. 104; CAHALI, Yussef Said. *Fraudes contra Credores*. 4. ed. São Paulo: RT, 2008. p. 21-22; PEREIRA, Caio Mário da Silva. *Instituições de Direito Civil*. 6. ed. Rio de Janeiro: Forense, 1981. v. 2, p. 29-30; MONTEIRO, Washington de Barros. *Curso de Direito Civil*: Direito das Obrigações. 17. ed. São Paulo: Saraiva, 1982. v. 1, p. 24-25.

[608] Nesse sentido: STJ, AgInt no REsp 1.762.663/DF, 2.ª T., rel. Min. Herman Benjamin, j. 27.10.2020.

[609] "Art. 4.º As partes têm o direito de obter em prazo razoável a solução integral do mérito, incluída a atividade satisfativa."

Nesse sentido, a 1.ª Turma do Supremo Tribunal Federal já considerou válida a conversão de uma ação de improbidade administrativa em ação civil pública, num caso em que as sanções da Lei 8.429/1992 restaram prescritas, mas havia a pretensão ressarcitória a ser perseguida. Na oportunidade, decidiu-se que o reconhecimento da imprescritibilidade da pretensão de ressarcimento de dano ao erário não estava condicionado a uma prévia condenação por ato de improbidade administrativa, bastando que, na própria ação ajuizada visando ao ressarcimento ao erário, houvesse o reconhecimento de que o réu praticou o ilícito doloso de improbidade administrativa do qual adveio o dano ao erário, obedecidos os princípios do contraditório e da ampla defesa. Pela importância, segue a ementa do julgado:

> Ementa: AGRAVO INTERNO. RECURSO EXTRAORDINÁRIO COM AGRAVO. AÇÃO DE IMPROBIDADE PRESCRITA. RESSARCIMENTO AO ERÁRIO. IMPRESCRITIBILIDADE, A DEPENDER DA DEMONSTRAÇÃO DE QUE O ATO FOI DOLOSO E CORRESPONDE A IMPROBIDADE ADMINISTRATIVA. 1. Na ação de improbidade, uma vez prescritas as sanções, o ressarcimento ao erário, imprescritível, depende da prova de que o ato foi doloso e configura ato de improbidade administrativa, para que se abra a ampla defesa e o contraditório, a fim de evitar a responsabilidade objetiva. 2. Recurso Extraordinário provido, determinando o retorno do processo à origem para que se comprove o ato de improbidade.[610]

No ponto, uma advertência se faz necessária: caso o magistrado já tenha certeza quanto à existência e à ilegalidade do ato, não será necessária a conversão do processo, bastando condenar o réu ao ressarcimento ao erário e julgar improcedentes os pedidos de aplicação de sanções. Assim, no exemplo *supra*, bastará que o órgão judicial julgue a demanda parcialmente procedente, afastando a imputação da prática de atos de improbidade administrativa, condenando o réu, contudo, à obrigação de reparar os danos causados ao erário.[611]

Não há dúvida quanto à possibilidade de o magistrado promover a conversão da ação de improbidade em ação civil pública de ofício. O enunciado da norma em exame não autoriza conclusão diferente. Isso não dispensa, entretanto, a diretriz pela qual, antes de proceder à conversão, deve o juiz assegurar às partes a oportunidade de manifestação prévia (arts. 9.º, 10 e 933 do CPC).

Outro aspecto importante a ser destacado é que a providência da conversão, nas hipóteses de cúmulo de demandas, poderá se revelar desnecessária, a depender das circunstâncias do caso concreto. Imagine-se, por exemplo, uma ação de improbidade administrativa envolvendo fraude à licitação, sem que tenha havido dano ao erário (art. 11, V, da LIA), na qual se busca tanto a condenação do agente ímprobo às sanções do art. 12, III, como a nulidade do processo licitatório e do correspondente contrato. Caso o juiz se convença da inexistência de ato de improbidade administrativa, mas tenha certeza quanto à existência de vícios insanáveis no certame, poderá julgar improcedente o pedido de aplicação das sanções da LIA e acolher os demais pedidos. Vale dizer, se o juiz tem certeza quanto à existência e à ilegalidade do ato, não seria necessária a conversão da AIA em ACP, bastando acolher os pedidos de declaração de nulidade do certame e do correspondente contrato e julgar improcedentes os pedidos de aplicação das sanções da LIA.

Nessa ordem de ideias, é correto afirmar que a conversão da ação de improbidade administrativa em ação civil pública, nos ditames do art. 17, § 16, da LIA, pressupõe a existência de um juízo de certeza quanto à não tipificação do ato como sendo de improbidade administrativa, e de um juízo de dúvida quanto à existência ou à ilegalidade ou à irregularidade do ato em si.

---

[610] Ag. Reg. no RE com agravo 1.475.101/SP, rel. Min. Alexandre de Morais, j. 22.10.2024.

[611] Nesse mesmo sentido: LEONEL, Ricardo de Barros. Sentença na Ação de Improbidade Administrativa. In: SARRUBBO, Mário Luiz (coord.). *Ministério Público Estratégico:* Improbidade Administrativa. Indaiatuba, SP: Foco, 2024. p. 295.

922 | INTERESSES DIFUSOS E COLETIVOS – VOL. 1

Da decisão que converter a ação de improbidade em ação civil pública caberá agravo de instrumento, nos termos do § 17 do art. 17 da LIA. Com o máximo respeito, cuida-se de mais uma previsão redundante, *ex vi* do disposto no § 21 do mesmo dispositivo, que prevê o cabimento de tal recurso para todas as decisões interlocutórias.

6.12.4.12 *Multiplicidade de ações e conflito de atribuições*

Nos termos do art. 17, § 19, III, da LIA, não se admitirá o ajuizamento de mais de uma ação de improbidade administrativa pelo mesmo fato, competindo ao Conselho Nacional do Ministério Público dirimir conflitos de atribuições entre membros de Ministérios Públicos distintos.

Mais uma vez, o legislador não aplicou a melhor técnica na elaboração do enunciado da norma em exame. Uma leitura apressada da norma pode sugerir que, havendo duplicidade de ações de improbidade administrativa pelo mesmo fato, desde que ajuizadas por Ministérios Públicos diferentes, o tema será solucionado pelo Conselho Superior do Ministério Público.[612]

Essa, contudo, não é a melhor interpretação. Se a persecução do ato de improbidade administrativa já tiver sido judicializada, eventual multiplicidade de processos com a mesma ação (litispendência ou coisa julgada) passa a ser tema jurisdicional, devendo ser solucionado pelos órgãos competentes do Poder Judiciário e que tem como efeito a extinção do processo sem resolução do mérito (art. 485, V, do CPC).

Já o conflito de atribuições, referido na segunda parte do dispositivo, ocorre no âmbito do Ministério Público, quando dois ou mais membros, na fase extrajudicial da persecução do ato de improbidade administrativa, divergem sobre qual deles terá atribuição para agir. Tratando-se de conflito entre o Ministério Público Estadual e o Ministério Público Federal, ou entre Ministérios Públicos de Estados diversos, o Supremo Tribunal Federal decidiu que o órgão competente para solucioná-lo é o Conselho Nacional do Ministério Público.[613] Referida decisão, contudo, não interfere na competência jurisdicional para o processo e julgamento das ações de improbidade administrativa. A atuação do CNMP na hipótese deve ser entendida como meramente administrativa, sem o condão, destarte, de influir nas regras de competência e de prevenção derivadas do sistema constitucional e legal.[614]

Nota-se, assim, que o dispositivo em exame cuida de duas situações distintas. A primeira parte do enunciado, de aplicação na fase judicial da persecução, veda que seja ajuizada mais de uma ação de improbidade administrativa pelo mesmo fato. Já a segunda parte do dispositivo, de aplicação na fase extrajudicial da persecução, fixa a competência do CNMP para dirimir eventuais conflitos de atribuições entre membros de Ministérios Públicos diversos na persecução de atos de improbidade administrativa, em consonância com a atual jurisprudência do Supremo Tribunal Federal.

6.12.5 Sentença

6.12.5.1 *Introdução*

Sentença é o pronunciamento por meio do qual o juiz, com fundamento nos arts. 485 e 487 do CPC, põe fim à fase cognitiva do procedimento comum, bem como ex-

---

[612] Nesse sentido: FAVRETO, Rogério; GOMES JUNIOR, Luiz Manoel. *Comentários à Nova Lei de Improbidade Administrativa.* 6. ed. São Paulo: Thomson Reuters Brasil, 2023. p. 391.

[613] ACO 843/SP, Tribunal Pleno, rel. Min. Alexandre de Moraes, j. 08.06.2020, *DJe* 04.11.2020.

[614] Nesse mesmo sentido: BUENO, Cassio Scarpinella. *Manual do Poder Público em Juízo.* São Paulo: SaraivaJur, 2022. p. 550.

tingue a execução, ressalvadas disposições específicas relativas a procedimentos especiais (art. 203, § 1.º, do CPC).

A extinção da fase de conhecimento da ação de improbidade administrativa dá-se por meio de sentença, que pode ser tanto terminativa (art. 485 do CPC) como definitiva (art. 487 do CPC). Não se descarta a possibilidade de julgamento antecipado parcial do mérito, nos termos do art. 356 do CPC, mas, ainda assim, nesse caso, haverá uma parcela remanescente do mérito que será, ao final, julgada por mérito.[615]

A Lei 8.429/1992, em sua redação original, não trazia nenhuma peculiaridade à sentença proferida na "ação de improbidade administrativa", ao menos do ponto de vista do direito processual. Era o que bastava para impor aos estudiosos do tema e à prática do foro a necessidade de busca de respostas a uma série de questões.

A ampla reforma promovida na LIA pela Lei 14.230/2021 buscou trazer elementos para preencher essa lacuna. Pela importância, passamos à análise dessas especificidades nos tópicos seguintes.

6.12.5.2   Requisitos da sentença na ação de improbidade administrativa

Inserido na LIA pela Lei 14.230/2021, o art. 17-C disciplina a elaboração da sentença nas ações de improbidade administrativa, com vistas a evitar condenações genéricas, cuja motivação seja inadequada, insuficiente ou inaplicável ao caso concreto.

O *caput* do dispositivo refere-se expressamente à observância dos requisitos previstos no art. 489 do CPC,[616] abrangendo tanto os elementos essenciais da sentença (relatório, fundamentação e dispositivo) quanto as exigências de fundamentação suficiente explicitadas no § 1.º do referido preceito. Para além desses requisitos gerais, aplicáveis às sentenças cíveis em geral, o art. 17-C fixa alguns requisitos específicos da sentença nas ações de improbidade administrativa, que serão analisados a seguir:

I – indicar de modo preciso os fundamentos que demonstram os elementos a que se referem os arts. 9.º, 10 e 11 desta Lei, que não podem ser presumidos;

A exigência busca impedir a prática não incomum de aludir genericamente aos dispositivos legais, sem produzir a subsunção efetiva das condutas nos tipos de improbidade previstos em lei. Deve o juiz, portanto, indicar de forma individualizada as condutas que se amoldam aos tipos previstos nos arts. 9.º, 10 e 11 da LIA.

---

[615] Desde a análise da petição inicial e superada eventual determinação de sua emenda, para os fins do art. 321 do CPC, passando pelo saneamento e organização do processo e mesmo durante a fase instrutória, antes do proferimento da sentença, nada há que impeça, muito pelo contrário, que o magistrado forme sua convicção sobre a responsabilidade de um ou mais de um réu (embora não de todos), julgando, desde logo, aquela específica situação, sem necessidade de declarar encerrada a instrução, proferindo sentença, para todos os demais.

[616] "Art. 489. São elementos essenciais da sentença: I – o relatório, que conterá os nomes das partes, a identificação do caso, com a suma do pedido e da contestação, e o registro das principais ocorrências havidas no andamento do processo; II – os fundamentos, em que o juiz analisará as questões de fato e de direito; III – o dispositivo, em que o juiz resolverá as questões principais que as partes lhe submeterem. § 1.º Não se considera fundamentada qualquer decisão judicial, seja ela interlocutória, sentença ou acórdão, que: I – se limitar à indicação, à reprodução ou à paráfrase de ato normativo, sem explicar sua relação com a causa ou a questão decidida; II – empregar conceitos jurídicos indeterminados, sem explicar o motivo concreto de sua incidência no caso; III – invocar motivos que se prestariam a justificar qualquer outra decisão; IV – não enfrentar todos os argumentos deduzidos no processo capazes de, em tese, infirmar a conclusão adotada pelo julgador; V – se limitar a invocar precedente ou enunciado de súmula, sem identificar seus fundamentos determinantes nem demonstrar que o caso sob julgamento se ajusta àqueles fundamentos; VI – deixar de seguir enunciado de súmula, jurisprudência ou precedente invocado pela parte, sem demonstrar a existência de distinção no caso em julgamento ou a superação do entendimento."

Por outro lado, também é dever do juiz apontar os elementos de prova dos quais se possa extrair a ocorrência dos elementos essenciais à caracterização de cada um dos ilícitos, os quais não se presumem. Nesse particular, a norma precisa ser bem interpretada. Em muitos casos, haverá indícios consistentes, produzidos ao longo da instrução probatória, que permitem a formulação de um juízo de certeza sobre a ocorrência do ato de improbidade administrativa. A vedação abrange os casos em que não existem provas, nos quais a condenação se funda em dados especulativos, extraídos de cogitações abstratas. Esse tipo de presunção é vedado pela norma.

II – considerar as consequências práticas da decisão, sempre que decidir com base em valores jurídicos abstratos:

O inciso II do art. 17-C incorpora a previsão adotada no art. 20 da LINDB, cuja redação é a seguinte: "Nas esferas administrativa, controladora e judicial, não se decidirá com base em valores jurídicos abstratos sem que sejam consideradas as consequências práticas da decisão".

Por sua vez, o art. 3.º, § 1.º, do Decreto 9.830/2019, que regulamenta o disposto nos arts. 20 a 30 da LINDB, considera como valores jurídicos abstratos "aqueles previstos em normas jurídicas com alto grau de indeterminação e abstração". É o caso dos chamados conceitos jurídicos indeterminados, que não têm um conteúdo preciso ou matemático, como ocorre, por exemplo, com os princípios jurídicos em geral (como moralidade, interesse público, eficiência, entre outros) ou vocábulos como necessidade pública, interesse social, urgência, notório saber etc.

Conforme visto, a preocupação com as consequências da decisão encontra-se intimamente ligada ao pragmatismo jurídico.

Note-se que a diretriz fixada no inciso II do art. 17-C não autoriza o juiz a deixar de aplicar as sanções da LIA aos agentes ímprobos, mas sim a dosá-las sob o influxo das consequências econômicas e sociais da sua decisão. Em qualquer hipótese, exige-se a punição pelas práticas ilícitas.

Exemplificativamente, ao definir sobre a aplicação e o prazo de duração da pena de proibição de contratar com o poder público ou de receber benefícios ou incentivos fiscais ou creditícios, direta ou indiretamente, ainda que por intermédio de pessoa jurídica da qual seja sócio majoritário, deverá o juiz levar em consideração o possível fechamento de postos de trabalho diretos e indiretos em razão da imposição de tal sanção, bem como a possível interrupção da prestação de serviços públicos essenciais à coletividade.

Por outro lado, o dispositivo reforça a possibilidade de cumulação de outros pedidos na ação de improbidade administrativa. Pense-se, por exemplo, num caso de improbidade envolvendo fraude à licitação (art. 10, VIII, da LIA). A invalidação de um contrato administrativo, pleiteada de forma cumulada na ação de improbidade administrativa, poderá dar ensejo a novas contratações, inclusive emergenciais, sem licitação; e poderá implicar o direito do contratado a indenização por prejuízos referidos, quando não tenha sido ele que deu causa à ilegalidade. Ao levar em consideração as consequências jurídicas, poderá o magistrado verificar que a invalidação não é a melhor solução para o interesse público.

III – considerar os obstáculos e as dificuldades reais do gestor e as exigências das políticas públicas a seu cargo, sem prejuízo dos direitos dos administrados e das circunstâncias práticas que houverem imposto, limitado ou condicionado a ação do agente;

Também o inciso III do art. 17-C, que incorporou diretriz fixada no art. 22 da LIN-DB,[617] exige motivação adequada que demonstre que, na sentença da ação de improbidade administrativa, foram considerados os obstáculos e as dificuldades reais do gestor e as exigências de políticas públicas a seu cargo, sem prejuízo dos direitos dos administrados.

O dispositivo, de certa forma, está a exigir razoabilidade na interpretação das normas, de tal modo que as imposições ao agente público levem em consideração as dificuldades e os obstáculos que enfrenta na execução das políticas públicas. Por exemplo, devem ser levadas em conta as limitações financeiras e orçamentárias, inclusive a exigência das normas da lei de responsabilidade fiscal.

Conforme vimos, a nova tipologia dada aos atos de improbidade administrativa pela Lei 14.230/2021 afasta qualquer possibilidade de ser praticado um ato de improbidade em que não seja divisada a ocorrência de má-fé (desonestidade, deslealdade, imoralidade administrativa.

Fixada tal premissa, não há nenhum sentido em se considerar, na sentença da ação de improbidade administrativa, os obstáculos e as dificuldades reais do gestor e as exigências das políticas públicas a seu cargo, sem prejuízo dos direitos dos administrados e das circunstâncias práticas que houverem imposto, limitado ou condicionado a ação do agente, para fins de definição das sanções a serem aplicadas. Essa ponderação por parte do magistrado, a nosso sentir, só parece fazer sentido se levarmos em consideração os outros pedidos que podem ser deduzidos numa ação de improbidade, de forma cumulada, como é o caso da invalidação de um contrato administrativo, numa situação envolvendo dispensa indevida de licitação, por exemplo.

IV – considerar, para a aplicação das sanções, de forma isolada ou cumulativa: a) os princípios da proporcionalidade e da razoabilidade; b) a natureza, a gravidade e o impacto da infração cometida; c) a extensão do dano causado; d) o proveito patrimonial obtido pelo agente; e) as circunstâncias agravantes ou atenuantes; f) a atuação do agente em minorar os prejuízos e as consequências advindas de sua conduta omissiva ou comissiva; g) os antecedentes do agente;

Conforme visto no tópico relativo à aplicação das sanções, o juiz está autorizado a aplicar as sanções da LIA, isolada ou cumulativamente, de acordo com a gravidade da conduta, a extensão do dano, o proveito patrimonial obtido pelo agente e outros parâmetros, sob o manto dos princípios da proporcionalidade e razoabilidade.

V – considerar na aplicação das sanções a dosimetria das sanções relativas ao mesmo fato já aplicadas ao agente;

Vimos também no tópico relativo à aplicação das sanções que o juiz deverá considerar as sanções relativas ao mesmo fato já aplicadas ao agente em outras instâncias de responsabilização (LIA, art. 17-C, V).

Trata-se de regra claramente inspirada no art. 22, § 3.º, da Lei de Introdução às Normas do Direito Brasileiro,[618] que busca atenuar os efeitos da sobreposição de diferentes

---

[617] Decreto-Lei 4.657/1942: "Art. 22. Na interpretação de normas sobre gestão pública, serão considerados os obstáculos e as dificuldades reais do gestor e as exigências das políticas públicas a seu cargo, sem prejuízo dos direitos dos administrados. § 1.º Em decisão sobre regularidade de conduta ou validade de ato, contrato, ajuste, processo ou norma administrativa, serão consideradas as circunstâncias práticas que houverem imposto, limitado ou condicionado a ação do agente".

[618] Decreto-Lei 4.657/1942: "Art. 22 (...) § 3.º As sanções aplicadas ao agente serão levadas em conta na dosimetria das demais sanções de mesma natureza e relativas ao mesmo fato".

instâncias de responsabilização no direito sancionador brasileiro, potencialmente geradora de respostas desproporcionais por parte do Estado.

Embora a finalidade de tais normas seja nobre, não podemos deixar de criticá-las pela ausência de padrões mínimos de organicidade sistêmica. Ora, se as diferentes instâncias de responsabilização são independentes entre si, a responsabilização pode ser aferida de maneira concomitante. Com isso, raramente se terá o desfecho da responsabilização em uma instância, com o esgotamento de todas as vias de impugnação possíveis, inclusive judiciais, a tempo de que a sanção aplicada possa ser considerada em instância diversa. Caso essa consideração ocorra sem a definitividade das sanções aplicadas em outra instância, também correr-se-á o risco de afronta à proporcionalidade, desta feita no plano da insuficiência, já que uma sanção pode ser fixada em patamares mais brandos justamente em razão da existência de sanção similar aplicada em momento anterior, enquanto esta última pode vir a ser atenuada ou excluída em momento posterior.[619]

Assim, para que haja um mínimo de coerência sistêmica nesse necessário diálogo entre as diferentes instâncias de responsabilização, sob o influxo do princípio da proporcionalidade, pensamos que somente as sanções aplicadas em caráter definitivo ao agente em outra instância poderão ser levadas em conta pelo juiz na dosimetria das sanções previstas no art. 12 da LIA, relativas ao mesmo fato.

VI – considerar, na fixação das penas relativamente ao terceiro, quando for o caso, a sua atuação específica, não admitida a sua responsabilização por ações ou omissões para as quais não tiver concorrido ou das quais não tiver obtido vantagens patrimoniais indevidas;

Conforme verificado anteriormente, o art. 3.º, *caput*, da LIA deixa claro que a responsabilização pela prática de ato de improbidade pode alcançar terceiro, mesmo não sendo agente público, quando tenha induzido ou concorrido dolosamente para a prática do ilícito.

O inciso VI do art. 17-C determina que as sanções sejam aplicadas a cada um dos agentes, na medida da sua culpabilidade, não podendo o terceiro responder por atos que não estejam vinculados à sua conduta. Vale dizer, a condenação do terceiro, com fundamento no art. 3.º da LIA, exige conduta específica e não pode ser produzida como uma extensão automática do sancionamento do agente público. É indispensável a conduta infracional própria e específica, que reflita inclusive o elemento subjetivo autônomo.

VII – indicar, na apuração da ofensa a princípios, critérios objetivos que justifiquem a imposição da sanção.

Quando se tratar de ato de improbidade administrativa previsto no art. 11 da LIA, ou seja, que ofenda princípios da administração pública, a sentença deverá objetivar a conduta que está justificando a aplicação das sanções.

Conforme visto, a partir da reforma da LIA, a simples ofensa aos princípios da administração pública, por si só, não é suficiente para a caracterização de um ato de improbidade administrativa. Exige-se que tal ofensa tenha se dado a partir da prática de uma das condutas descritas nos incisos do rol agora taxativo do art. 11. Assim, não basta mais ao magistrado, na sentença de uma ação de improbidade administrativa, indicar, de forma genérica, que o réu ofendeu princípios da administração pública. Faz-se necessário

---

[619] No mesmo sentido: GARCIA, Emerson. O Direito Sancionador Brasileiro e a Homologação Judicial do Acordo de Não Persecução Cível: Alguns Pespontos. In: SALGADO, Daniel de Resende; KIRCHER, Luis Felipe Schneider; QUEIROZ, Ronaldo Pinheiro. *Justiça Consensual*: Acordos Criminais, Cíveis e Administrativos. Salvador: Juspodivm, 2022. p. 59.

apontar, de forma objetiva, o dispositivo normativo violado, inclusive com a indicação do inciso do art. 11 que se aplica ao caso.

6.12.5.3 Pluralidade de agentes e solidariedade (§ 2.º do art. 17-C)

Desse teor o § 2.º do art. 17-C: "Na hipótese de litisconsórcio passivo, a condenação ocorrerá no limite da participação e dos benefícios diretos, vedada qualquer solidariedade".

Conforme referido anteriormente, a regra *sub examine* não afasta a solidariedade entre aqueles que concorreram dolosamente para o ato de improbidade administrativa. O preceito deixa claro que cada um dos agentes responsáveis pela prática do ilícito deverá responder nos limites da sua culpabilidade e nos termos da conduta praticada. Noutras palavras, deve o juiz, na sentença condenatória, individualizar as condutas de cada réu, não sendo admitida a responsabilização por ações ou omissões para as quais não tiver concorrido.

Como a LIA não prevê hipótese de litisconsórcio passivo necessário e a solidariedade não pode ser presumida, dependendo, sempre, de expressa disposição legal, a existência de diversas pessoas no polo passivo da ação de improbidade administrativa não pode resultar, automaticamente, na responsabilização por dano que só possa ser imputado a uma ou parcela delas, devendo ser apurada a intensidade da participação ou do benefício individuais.

Portanto, a cláusula final do preceito normativo, proibitiva de solidariedade, traduz a ideia de que, nos casos de litisconsórcio passivo na ação de improbidade, a solidariedade não se presume, vale dizer, deve haver comprovação de atuação conjunta e com unidade de desígnios para que os réus sejam responsabilizados solidariamente pelo ressarcimento do dano ou a perda de bens.[620]

6.12.5.4 Reparação do dano e reversão dos bens ilicitamente obtidos

A sentença que julgar procedente a ação fundada nos arts. 9.º e 10 da LIA condenará ao ressarcimento dos danos e à perda ou à reversão dos bens e valores ilicitamente adquiridos, conforme o caso, em favor da pessoa jurídica prejudicada pelo ilícito, nos termos do art. 18 da LIA.

Note-se que esse comando da sentença não é automático, isto é, deve haver pedido da parte interessada, *ex vi* dos arts. 2.º, 141 e 492 do CPC. Não pode o juiz da AIA, portanto, determinar de ofício a reparação dos danos ou a reversão dos bens ilicitamente acrescidos ao patrimônio particular.[621]

Havendo o acolhimento do pedido e sendo a obrigação satisfeita – pela via voluntária ou forçada da execução –, os valores obtidos serão de titularidade da pessoa jurídica prejudicada pelo ato de improbidade. Não há, portanto, reversão dos valores para o fundo de interesses difusos referido no art. 13 da LACP.

6.12.5.5 Sentença e encargos financeiros do processo

A questão relativa aos encargos financeiros do processo deve ser definida na sentença. Tais encargos compreendem todas as despesas processuais (custas, preparo, emolumentos, honorários periciais e outras despesas), bem como o pagamento de honorários sucumbenciais ao advogado do vencedor (arts. 84 e 85 do CPC).

---

[620] No mesmo sentido: MARTINS JUNIOR, Wallace Paiva; MAGALHÃES JUNIOR, Alexandre Alberto de; OLIVEIRA, Beatriz Lopes de. *Lei de Improbidade Administrativa Comentada.* Salvador: Juspodivm, 2023. p. 277.

[621] GAJARDONI, Fernando da Fonseca. *Comentários à Nova Lei de Improbidade Administrativa.* 6. ed. São Paulo: Thomson Reuters Brasil, 2023. p. 450.

INTERESSES DIFUSOS E COLETIVOS – VOL. 1

A redação original da LIA não trazia nenhuma regra específica quanto aos encargos financeiros do processo. No silêncio da LIA, aplicavam-se, em caráter complementar, as regras sobre encargos financeiros do microssistema de processo coletivo. Nas hipóteses de improcedência da ação de improbidade administrativa, por exemplo, o autor da ação não podia ser condenado em honorários advocatícios, custas e despesas processuais, salvo comprovada má-fé, nos termos do art. 18 da LACP e do art. 87 do CDC.[622]

Também aqui a Lei 14.230/2021 inovou no art. 23-B que fez incluir na Lei 8.429/1992. De acordo com esse dispositivo, claramente inspirado no microssistema de processo coletivo, embora não haja adiantamento de custas, de preparo, de emolumentos e de honorários periciais (art. 23-B, *caput*), nas hipóteses de procedência, as custas e demais despesas devem ser pagas ao final (art. 23-B, § 1.º).

O § 2.º do art. 23-B, em continuação, dispõe que, nos casos de improcedência, haverá condenação em honorários sucumbenciais se comprovada má-fé do autor. Apenas nesse caso haverá imposição ao autor, vencido, dos encargos decorrentes da sucumbência.

Se o autor é o próprio ente lesado (administração pública direta ou indireta), não há maiores discussões: comprovada a má-fé em caso de improcedência da ação, será condenado em honorários sucumbenciais.

Contudo, se o autor da ação é o Ministério Público, comprovada a má-fé em caso de improcedência da ação, o encargo de reparação será da pessoa jurídica de direito público à qual a instituição estiver vinculada (União, Distrito Federal ou Estado). Isso porque, embora o Ministério Público tenha autonomia administrativa e financeira constitucionalmente reconhecidas (art. 127, §§ 2.º e 3.º, da CF), figura como órgão integrante do próprio Poder Público.

Esse entendimento tem sido adotado pelo Superior Tribunal de Justiça em relação às ações civis públicas e merece aplicação, por identidade de razões, aos casos de improcedência de ações de improbidade, se tiver havido má-fé por parte do Ministério Público.[623]

Em conclusão, vê-se que a Lei 14.230/2021, sob o influxo do microssistema de processo coletivo, inseriu na LIA as seguintes regras:

(i) nas ações e nos acordos regidos pela LIA, não haverá adiantamento de custas, de preparo, de emolumentos, de honorários periciais e de quaisquer outras despesas (art. 23-B, *caput*);

(ii) no caso de procedência da ação, as custas e as demais despesas processuais serão pagas ao final (art. 23-B, § 1.º); e

(iii) haverá condenação em honorários sucumbenciais em caso de improcedência da ação de improbidade se comprovada má-fé (art. 23-B, § 2.º).

6.12.6 Apelação

Da sentença proferida na ação de improbidade administrativa cabe apelação, nos termos do art. 1.009, *caput*, do CPC. Nesse apelo, não se admitirá a impugnação de decisão interlocutória, por conta da regra prevista no art. 17, § 21, da LIA.[624]

---

[622] Nesse sentido: STJ, EDcl no REsp 1.320.701/DF, 2.ª T., rel. Min. Herman Benjamin, j. 22.03.2021, *DJe* 05.04.2021; EDcl nos EDcl no AgInt no REsp 1.736.894/ES, 2.ª T., rel. Min. Mauro Campbell Marques, j. 21.02.2019, *DJe* 1.º.03.2019; STJ, EAREsp 962.250/SP, Corte Especial, rel. Min. Og Fernandes, j. 15.08.2018, *DJe* 21.08.2018; e STJ, AgInt no REsp 1.127.319/SC, 1.ª T., rel. Min. Sérgio Kukina, j. 03.08.2017, *DJe* 18.08.2017.

[623] Nesse sentido: LEONEL, Ricardo de Barros. Sentença na Ação de Improbidade Administrativa. In: SARRUBBO, Mário Luiz (coord.). *Ministério Público Estratégico*: Improbidade Administrativa. Indaiatuba, SP: Foco, 2024. p. 295.

[624] "Art. 17 (...) § 21. Das decisões interlocutórias caberá agravo de instrumento, inclusive da decisão que rejeitar questões preliminares suscitadas pelo réu em sua contestação."

Conforme visto, o art. 12, § 9.º, da LIA estabelece que as sanções aplicáveis ao agente ímprobo só produzem efeitos após o trânsito em julgado da decisão condenatória. Por essa razão, o recurso de apelação tirado do conteúdo sancionatório da sentença da AIA será recebido no efeito suspensivo.

Reprise-se que o art. 12, § 9.º, da LIA não alcança o conteúdo não sancionatório da sentença, no qual o magistrado aprecia os pedidos de natureza ressarcitória (reparação do dano e perdimento de bens), assim como outros pedidos deduzidos de forma cumulada na AIA (*v.g.*, invalidação de um contrato administrativo). Quanto ao conteúdo não sancionatório da sentença, portanto, deve-se aplicar o microssistema de processo coletivo, ou seja, a apelação será recebida, em regra, apenas no efeito devolutivo. É o que se infere, *a contrario sensu*, do art. 14 da LACP, aplicável por analogia, o qual prescreve que o juiz poderá atribuir efeito suspensivo aos recursos, caso haja risco de dano irreparável à parte.

6.12.7 Reexame necessário

Conforme visto no Capítulo 2, o Superior Tribunal de Justiça entende cabível o reexame necessário no caso de sentença que concluir pela carência ou pela improcedência da ação civil pública, com base na aplicação analógica da primeira parte do art. 19 da Lei de Ação Popular.

Antes da reforma promovida na LIA, também prevalecia na jurisprudência do STJ o entendimento de que era cabível o reexame necessário nos casos de carência ou improcedência da ação de improbidade administrativa, igualmente por aplicação analógica da primeira parte do art. 19 da Lei 4.717/1965.[625]

A Lei 14.230/2021, contudo, caminhou na direção contrária e vedou expressamente o cabimento de reexame necessário da sentença de improcedência ou de extinção sem resolução de mérito (art. 17, § 19, IV, da LIA). Para não deixar dúvidas, a proibição foi reiterada no art. 17-C, § 3.º, da LIA.

A inovação, a nosso sentir, representa um retrocesso na tutela do patrimônio público, denotando menor preocupação por parte do legislador reformista com o interesse público que transpassa a defesa da probidade administrativa.

A partir da entrada em vigor da Lei 14.230/2021, é necessário analisar a sua eventual retroatividade, tendo em vista o expresso afastamento da figura da remessa obrigatória no texto da LIA. Noutras palavras, se a sentença de improcedência ou extinção sem resolução do mérito é anterior à reforma da LIA, viabiliza o reexame necessário?

A questão do cabimento de reexame necessário é eminentemente processual. Para a teoria do isolamento dos atos processuais, adotada pelo CPC (art. 14), o regime de impugnação das decisões judiciais é aquele vigente quando da publicação da decisão recorrida, isolando-se, assim, os atos considerados perfeitamente realizados sob a égide de uma determinada legislação processual.

Assim, se sentença que extingue sem resolução de mérito ou julga improcedente a ação de improbidade administrativa foi prolatada antes das alterações processuais trazidas pela Lei 14.230/2021, estando, pois, submetida ao regime até então vigorante no microssistema de processo coletivo, com as interpretações dadas, até então, pela jurisprudência do Superior Tribunal de Justiça, estará ela, sim, sujeita ao reexame necessário.[626]

---

[625] Nesse sentido: EREsp 1.120.667/MG, 1.ª S., rel. Min. Herman Benjamin, j. 24.05.2017 (Informativo 607). No bojo no Tema 1.042, o STJ caminhava para a fixação de precedente sobre a aplicação de remessa necessária nas ações de improbidade administrativa. Contudo, o julgamento foi suspenso para apreciação de questão de ordem relacionada à nova disciplina processual inserida na LIA pela Lei 14.230/2021.

[626] Nesse sentido, confira-se: REsp 1.601.804/TO, rel. Min. Paulo Sérgio Domingues, j. 15.09.2023.

6.12.8 Atuação da Advocacia Pública

Outra novidade inserida na LIA pela Lei 14.230/2021 é o direito do administrador público, réu em ação de improbidade administrativa, de ser defendido pela assessoria jurídica responsável pelo parecer que atestou a legalidade prévia dos atos administrativos. Desse teor o art. 17, § 20, da LIA:

> **Art. 17. (...) § 20.** A assessoria jurídica que emitiu o parecer atestando a legalidade prévia dos atos administrativos praticados pelo administrador público ficará obrigada a defendê-lo judicialmente, caso este venha a responder ação por improbidade administrativa, até que a decisão transite em julgado.

A previsão de obrigatoriedade de atuação da assessoria jurídica na defesa judicial do administrador público afronta a autonomia dos Estados-Membros e desvirtua a conformação constitucional da Advocacia Pública delineada pelo art. 131 e 132 da Constituição Federal.

A predestinação constitucional da Advocacia Pública, enquanto função essencial à Justiça, identifica-se com a representação judicial e extrajudicial dos entes públicos. Não é missão da Advocacia Pública, portanto, promover a defesa de agentes públicos demandados sob a perspectiva de sua responsabilidade pessoal.

Além de inconstitucional em si, em razão do referido desvirtuamento da conformação constitucional traçada pelos arts. 131 e 132 da Constituição Federal, os efeitos decorrentes da aplicação da norma viabilizariam a ocorrência de cenários de contradição insolúvel, em que um mesmo órgão legitimado para a propositura de ação por improbidade encontrar-se-ia obrigado a contradizê-la em juízo, o que poderia acarretar o desprestígio do interesse público que fundamenta e conforma a atuação da advocacia de Estado.

Forte em tais premissas, o Plenário do Supremo Tribunal Federal, no julgamento das ADIs 7.042 e 7.043 (j. 31.08.2022), declarou a **inconstitucionalidade parcial, com interpretação conforme sem redução de texto, do § 20 do art. 17 da Lei 8.429/1992**, incluído pela Lei 14.230/2021, no sentido de que não inexiste "obrigatoriedade de defesa judicial"; havendo, porém, a possibilidade de os órgãos da Advocacia Pública autorizarem a realização dessa representação judicial, por parte da assessoria jurídica que emitiu o parecer atestando a legalidade prévia dos atos administrativos praticados pelo administrador público, nos termos autorizados por lei específica.

6.12.9 Agravo de instrumento

A ideia do microssistema de tutela coletiva foi concebida com o fim de assegurar a efetividade da jurisdição no trato dos direitos coletivos. Forte em tal premissa, a jurisprudência do STJ havia se consolidado no sentido de que a previsão do art. 19, § 1.º, da Lei da Ação Popular ("Das decisões interlocutórias cabe agravo de instrumento") se sobrepõe, inclusive nos processos de improbidade, à previsão restritiva do art. 1.015 do CPC.

Assim, antes mesmo da reforma da LIA, o STJ já vinha admitindo a recorribilidade, por meio de agravo de instrumento, de todas as decisões interlocutórias prolatadas nas ações de improbidade administrativa.[627]

---

[627] Nesse sentido: REsp 1.925.492/RJ, 2.ª T., rel. Min. Herman Benjamin, j. 04.05.2021 (Informativo STJ 695); AgInt nos EDcl no AREsp 1.554.380/RS, 1.ª T., rel. Min. Manoel Erhardt (Desembargador convocado do TRF5), j. 28.09.2021.

A Lei 14.230/2021 encampou esse entendimento, positivando-o no art. 17, § 21, da LIA, que assim dispõe: "Das decisões interlocutórias caberá agravo de instrumento, inclusive da decisão que rejeitar questões preliminares suscitadas pelo réu em sua contestação".

A norma é abrangente, permitindo a interposição de agravo de instrumento de todas as decisões interlocutórias proferidas na AIA e não somente daquelas contempladas nos incisos do art. 1.015 do CPC.

6.12.10 Independência das instâncias

6.12.10.1 Introdução

O ordenamento jurídico brasileiro admite que uma mesma conduta, a partir do mesmo fato, possa caracterizar, ao mesmo tempo, ilícitos de natureza civil, penal, administrativa e política. Também é certo que o autor de tal conduta poderá responder por todos esses ilícitos, não havendo que se falar em afronta ao princípio do *non bis in idem*.[628] Nas precisas palavras de Jorge Munhós de Souza, "o princípio do *non bis in idem* não veda que sejam constituídos diversos títulos condenatórios, com sanções simétricas, decorrentes da prática de um mesmo fato".[629]

Exemplificativamente, se um agente público é condenado pela Justiça Eleitoral ao pagamento de multa por infringência às disposições contidas na Lei das Eleições, nada impede que a ele sejam aplicadas as sanções previstas na LIA, inclusive a multa civil, se a mesma conduta atrair a incidência de um dos tipos de improbidade.[630]

Não há nenhum problema em que se proceda dessa forma, porque cada norma jurídica violada, vinculada a um específico *sistema de responsabilização*, pode gerar uma sanção autônoma relativa ao respectivo domínio de responsabilidade. A esse fenômeno jurídico dá-se o nome de **independência de instâncias**, tendo cada uma delas autonomia para atuar repressivamente na conduta ilícita prevista no tipo legal.

A lógica é simples: como os pressupostos para a responsabilização penal, civil, administrativa, política ou por improbidade administrativa são distintos, devem ser verificados em processos diferentes e independentes entre si.

Consagrada no § 4.º do art. 37 da Constituição Federal, segundo o qual "os atos de improbidade administrativa importarão a suspensão dos direitos políticos, a perda da função pública, a indisponibilidade dos bens e o ressarcimento ao erário, na forma e gradação previstas em lei, **sem prejuízo da ação penal cabível**", a independência de instâncias exige tratamentos sancionatórios diferenciados entre os atos ilícitos em geral (civis, penais e político-administrativos) e os atos de improbidade administrativa.[631]

A Lei 8.429/1992 também é expressa nesse sentido, ao dispor que o responsável pelo ato de improbidade está sujeito às sanções nela previstas, independentemente das sanções penais comuns e de responsabilidade, civis e administrativas previstas na legislação específica (art. 12, *caput*).

6.12.10.2 Órgãos de controle interno e externo

A aprovação ou rejeição das contas de um determinado gestor público pelo órgão de controle interno ou pelo Tribunal de Contas não vincula a responsabilização do ilícito na esfera de improbidade administrativa. Desse teor o art. 21, II, da LIA:

---

[628] Nesse sentido, confira-se: STJ: MS 14.140/DF, 3.ª S., rel. Min. Laurita Vaz, j. 26.09.2012.

[629] MUNHÓS, Jorge. Responsabilização Administrativa na Lei Anticorrupção. In: MUNHÓS, Jorge; QUEIROZ, Ronaldo Pinheiro (coord.). *Lei Anticorrupção e Temas de Compliance*. 2. ed. Salvador: Juspodivm, 2016. p. 238.

[630] AgRg no AREsp 606.352/SP, 2.ª T., rel. Min. Assusete Magalhães, j. 15.12.2015, *DJe* 10.02.2016 (Informativo 576).

[631] Nesse sentido: RE 976.566/PA, Tribunal Pleno, rel. Min. Alexandre de Moraes, *DJe* 26.09.2019.

INTERESSES DIFUSOS E COLETIVOS – VOL. 1

Art. 21. A aplicação das sanções previstas nesta lei independe:

(...)

II – da aprovação ou rejeição das contas pelo órgão de controle interno ou pelo Tribunal ou Conselho de Contas.

A norma reforça a autonomia das instâncias de controle e de improbidade administrativa ao estatuir que as decisões administrativas proferidas pelos Tribunais de Contas, os quais não possuem nenhuma relação com o Poder Judiciário e, por isso, podem, inclusive, ser controladas por ele, não interferem na aplicação de sanções pela prática de atos de improbidade administrativa.

A despeito disso, os atos do órgão de controle interno ou externo serão considerados pelo juiz quando tiverem servido de fundamento para a conduta do agente público (art. 21, § 1.º, da LIA – inserido pela Lei 14.230/2021). Vale dizer, se o gestor toma uma decisão num determinado processo licitatório, embasada em orientação da corte de contas, tal fato será levado em consideração pelo juiz em seu processo decisório na AIA.

Por outro lado, as provas produzidas perante os órgãos de controle e as correspondentes decisões também deverão ser consideradas na formação da convicção do juiz, sem prejuízo da análise acerca do dolo na conduta do agente (art. 21, § 2.º, da LIA – inserido pela Lei 14.230/2021).

Essas inovações trazidas pela Lei 14.230/2021 impõem ao juiz o dever de motivar sua decisão levando em consideração tais elementos, o que não se confunde com vinculação. Em outras palavras, os pareceres e as decisões dos Tribunais de Contas, na forma do art. 21, II, da LIA, não interferem na apuração da prática de ato de improbidade administrativa,[632] mas são importantes fontes de informações para análise e julgamento do ato.

Anote-se, por último, que a autonomia das instâncias de controle e de improbidade possibilita a coexistência de títulos executivos extrajudicial (acórdão do Tribunal de Contas) e judicial (sentença condenatória em ação de probidade administrativa) que determinam o ressarcimento ao erário e se referem ao mesmo fato. Conforme sedimentada jurisprudência do STJ, nos casos em que fica demonstrada a existência de prejuízo ao erário, a imposição de ressarcimento, prevista no art. 12 da Lei 8.429/1992, é imperiosa, constituindo consequência necessária do reconhecimento da improbidade administrativa. Nesses casos, para que não haja enriquecimento sem causa por parte da Fazenda Pública, deverá ser observada a devida dedução do valor da obrigação que primeiramente foi executada no momento da execução do título remanescente.[633]

6.12.10.3 *Comunicabilidade entre as instâncias (art. 21, § 3.º)*

Conforme visto, o princípio geral no qual se assenta o ordenamento nacional é o da independência das instâncias. Apesar dos méritos do sistema da separação, fato é que, em alguns casos, a total independência das instâncias poderia comprometer a credibilidade dos pronunciamentos judiciais.

Imagine-se, por exemplo, uma denúncia de desmatamento de área de preservação permanente atribuído a um determinado produtor rural. Suponha-se que o juiz criminal se convença de que o fato não existiu, mas o juiz da ação civil afirme que o fato ocorreu.

---

[632] Nesse sentido: STJ, REsp 1.038.762/RJ, 2.ª T., rel. Min. Herman Benjamin, j. 18.08.2009.

[633] REsp 1.413.674/SE, 1.ª T., rel. Min. Olindo Menezes (Desembargador convocado do TRF 1.ª Região), rel. p/ acórdão Min. Benedito Gonçalves, j. 17.05.2016, *DJe* 31.05.2016 (Informativo 584). No mesmo sentido: REsp 1.135.858/TO, 2.ª T., *DJe* 05.10.2009; no STF: MS 26.969/DF, 1.ª T., *DJe* 12.12.2014.

Não abonaria a lógica admitir, em relação ao mesmo fato, sua existência na instância cível e sua inexistência na instancia penal. A atuação do Poder Judiciário nesses casos precisa ser racional. Daí, então, a necessidade de impor alguns temperamentos à regra da independência das instâncias.

É nesse sentido o disposto no art. 66 do CPP: "Não obstante a sentença absolutória no juízo criminal, a ação civil poderá ser proposta quando não tiver sido, categoricamente, reconhecida a inexistência material do fato".

Em sentido semelhante, segundo o art. 935 do CC, a responsabilidade civil é independente da criminal, não se podendo questionar mais sobre a existência do fato, ou sobre quem seja o seu autor, quando essas questões se acharem decididas no juízo criminal.

A decisão absolutória penal também faz coisa julgada no cível quando provada a existência de causa excludente da ilicitude. Desse teor o art. 65 do CPP: "Faz coisa julgada no cível a sentença penal que reconhecer ter sido o ato praticado em estado de necessidade, em legítima defesa, em estrito cumprimento de dever legal ou no exercício regular de direito".

Vê-se, assim, que a sentença absolutória penal, como regra, não exerce nenhuma influência sobre a responsabilização na esfera cível, dada a autonomia das instâncias. Contudo, quando reconhecer, categoricamente, a inexistência material do fato, quando afastar peremptoriamente a autoria ou participação, ou, ainda, quando reconhecer a existência de causa excludente da ilicitude, a sentença absolutória penal vinculará a decisão na instância cível. Fala-se, então, em excepcional comunicação dos fundamentos da absolvição criminal para a esfera cível.

Sob o influxo dessa sistemática, o § 3.º do art. 23, inserido na LIA pela Lei 14.230/2021, dispõe o seguinte: "As sentenças civis e penais produzirão efeitos em relação à ação de improbidade quando concluírem pela inexistência da conduta ou pela negativa da autoria".

No ponto, a novidade a ser destacada é a previsão de que a sentença civil proferida em outra instância, quando concluir pela inexistência da conduta ou pela negativa da autoria, também vinculará a esfera de improbidade administrativa.

Pense-se, por exemplo, num caso envolvendo um agente público acusado de ter recebido propina para autorizar uma atividade poluidora. Ele poderá ser responsabilizado na esfera de improbidade administrativa (art. 9.º da LIA) e na esfera cível (ação civil pública de reparação de dano ambiental). Caso o juiz julgue a ação civil pública ambiental improcedente em relação a tal agente, seja porque ele não concorreu para o fato (negativa de autoria ou participação), seja porque o fato materialmente não existiu, essa decisão vinculará a instância de improbidade administrativa, por força do disposto no art. 21, § 3.º, da LIA.

Por último, anote-se que a regra da autonomia também é temperada para estabelecer que a condenação criminal transitada em julgado é prevalecente, tendo como efeito tornar certa a obrigação de o condenado indenizar o dano causado pelo crime, constituindo a sentença título executivo judicial (art. 91, I, do CP; art. 63 do CPP; e art. 515, VI, do CPC).

6.12.10.4 *Ampliação das hipóteses de comunicabilidade entre as instâncias (art. 21, § 4.º)*

Uma das maiores novidades trazidas pela Lei 14.230/2021 é a regra inserida no § 4.º do art. 21 da LIA, que assim dispõe:

> **Art. 21.** (...) **§ 4.º** A absolvição criminal em ação que discuta os mesmos fatos, confirmada por decisão colegiada, impede o trâmite da ação da qual trata esta Lei, havendo comunicação com

934 | INTERESSES DIFUSOS E COLETIVOS – VOL. 1

todos os fundamentos de absolvição previstos no art. 386 do Decreto-Lei n.º 3.689, de 3 de outubro de 1941 (Código de Processo Penal).

A norma estabelece que a absolvição criminal em ação que discuta os mesmos fatos, confirmada por decisão colegiada, impede o trâmite da ação de improbidade administrativa, havendo comunicação com todos os fundamentos de absolvição previstos no art. 386 do CPP.

A disposição amplia, sobremaneira, a regra de prevalência da jurisdição criminal sobre a esfera civil de improbidade administrativa. Para além das hipóteses já legalmente previstas de afirmação da inexistência do fato e negativa de autoria na ação penal (art. 386, I e IV, do CPP), a comunicação da solução de improcedência da esfera penal para a esfera de improbidade ocorrerá por quaisquer dos fundamentos legais em que fundada a absolvição penal.

Assim, mesmo que o juiz criminal absolva o agente por não haver prova da existência do fato (art. 386, II, do CPP), não constituir o fato infração penal (art. 386, III), não existir prova de ter o réu concorrido para a infração penal (art. 386, V) ou mesmo se não existir prova suficiente para a condenação (art. 386, VI), tal decisão vinculará a esfera de improbidade administrativa.

Imagine-se, por exemplo, um prefeito que é acusado de ter se apropriado de 10 milhões de reais pertencentes aos cofres públicos. Sua conduta configura, a um só tempo, crime de peculato (art. 312 do CP) e ato de improbidade administrativa da modalidade enriquecimento ilícito (art. 9.º, XI, da LIA). Contra ele são propostas uma ação penal e uma ação de improbidade administrativa. A ação penal é julgada improcedente por falta de provas (art. 386, VII). O Ministério Público apela da sentença, que é confirmada pelo Tribunal de Justiça competente. No sistema original da LIA, tal decisão absolutória não produzia efeitos na esfera de improbidade administrativa. Assim, os fatos não provados no crime poderiam ser provados na esfera de improbidade administrativa e, por conseguinte, o agente poderia ser condenado tanto às sanções da LIA quanto à reparação dos danos causados ao erário. Já no regime fixado pelo § 4.º do art. 21 da LIA (inserido pela Lei 14.230/2021), em tese, isso não é mais possível. Nenhuma sanção pode ser aplicada ao agente ímprobo se absolvido no crime, independentemente do fundamento da absolvição, bastando, para tanto, que tal decisão seja confirmada por algum órgão colegiado.

A primeira crítica que se faz ao dispositivo *sub examine* é pela evidente falta de técnica legislativa. Ao estabelecer a comunicação de "todos os fundamentos da absolvição previstos no art. 386" do CPP, o comando tornou absolutamente inútil parte da regra fixada no art. 21, § 3.º, no sentido de que as sentenças absolutórias penais produzirão efeitos na esfera de improbidade quando concluírem pela inexistência do fato ou pela negativa de autoria. A expressão "todos" inserida no § 4.º do art. 21, naturalmente, engloba integralmente as situações referidas nos incisos do art. 386 do CPP, inclusive as dos incisos I (inexistência do fato) e IV (negativa de autoria).

Se não bastasse, o § 4.º do art. 21, incluído na Lei 8.429/1992 pela Lei 14.230/2021, é manifestamente inconstitucional. Ao criar uma "irrestrita incidência dos casos de absolvição na seara criminal a ensejar a extinção da ação de improbidade", a norma afronta cabalmente os princípios da independência das instâncias, do juiz natural e da inafastabilidade da jurisdição.[634]

---

[634] No mesmo sentido: MARTINS JUNIOR, Wallace Paiva; MAGALHÃES JUNIOR, Alexandre Alberto de; OLIVEIRA, Beatriz Lopes de. *Lei de Improbidade Administrativa Comentada*. Salvador: Juspodivm, 2023. p. 298; LIVIANU, Roberto; JUNQUEIRA, Gabriel Marson. (In)dependência das Instâncias da Improbidade Administrativa e Criminal (Ponderações Críticas sobre os Novos §§ 3.º e 4.º do Art. 21 da Lei 8.429/1992). In: SARRUBBO, Mário Luiz (coord.). *Ministério Público Estratégico:*

Com efeito, a vinculação absoluta do destino da ação de improbidade ao desfecho de uma ação penal, mesmo nas hipóteses em que esta sequer define de modo conclusivo sobre a participação do agente no ilícito ou que somente conclui pela atipicidade da conduta à luz da legislação penal, cria uma vinculação extrema do processo por improbidade à ação penal e faz tábula rasa do art. 37, § 4.º, da CF. Admitir o trancamento da AIA por decisões penais que não definem o mérito da improbidade fragiliza ao extremo os princípios da independência das instâncias punitivas, do juiz natural e da inafastabilidade da jurisdição.

Não por outro motivo, o Ministro do STF, Alexandre de Moraes, deferiu parcialmente a medida cautelar deduzida na ADI 7.236/DF e suspendeu liminarmente a eficácia do art. 21, § 4.º, da LIA. Confira-se trecho importante da sua decisão:

> Nada obstante o reconhecimento dessa "independência mitigada" (Rcl 41.557, Rel. Min. Gilmar Mendes, Segunda Turma, *DJe* de 10/03/2021), a comunicabilidade ampla pretendida pela norma questionada acaba por corroer a própria lógica constitucional da autonomia das instâncias, o que indica, ao menos em sede de cognição sumária, a necessidade do provimento cautelar. **Diante de todo o exposto, presentes os requisitos para concessão de medida, suspendo a eficácia do artigo 21, § 4.º da Lei 8.429/1992, incluído pela Lei 14.230/2021** (j. 27.12.2022).

Em razão dessa decisão, por ora, apenas as sentenças penais absolutórias fundadas na inexistência do fato ou na negativa de autoria, e desde que transitadas em julgado, é que produzirão efeitos na esfera de improbidade administrativa. Com isso, reserva-se ao juiz, quando da sentença, a análise da influência do julgado penal sobre a ação de improbidade, mantendo-se os parâmetros hoje existentes (independência das instâncias, com as ressalvas antes mencionadas), em respeito à garantia da ação, ao devido processo legal, ao juiz natural e ao equilíbrio sistêmico.

Espera-se que o Plenário do STF, ao julgar o mérito da ADI 7.236/DF, mantenha esse entendimento.

6.12.10.5 *Sentença de improcedência na ação de improbidade administrativa e seus efeitos na esfera penal*

Conforme visto, nosso ordenamento jurídico admite que uma pessoa seja punida pela prática do mesmo fato em diferentes esferas de responsabilização (penal, administrativa, funcional, política, improbidade etc.), sem que isso importe em ofensa ao princípio do *ne bis in idem*.

Até agora, analisamos os efeitos da sentença absolutória penal na esfera de improbidade administrativa.

Neste tópico, a ideia é fazer o caminho contrário, isto é, analisar os efeitos da sentença de improcedência da ação de improbidade administrativa na esfera penal.

A jurisprudência do STJ cristalizou-se no sentido de que as esferas penal e de improbidade administrativa são independentes e autônomas entre si, de tal sorte que as decisões tomadas no âmbito da LIA não vinculam a seara criminal.[635] Sem embargo, é perfeitamente possível, na esfera penal, considerar os argumentos contidos na decisão absolutória na via da improbidade administrativa como elementos de persuasão, haja

---

Improbidade Administrativa. Indaiatuba, SP: Foco, 2024. p. 163-178; MARTINS, Tiago do Carmo. *Improbidade Administrativa*. Curitiba: Alteridade, 2022. p. 196-197.

[635] Nesse sentido: EDcl no AgRg no REsp 1.831.965/RJ, 6.ª T., rel. Min. Laurita Vaz, j. 07.12.2020, *DJe* 18.12.2020.

936 | INTERESSES DIFUSOS E COLETIVOS – VOL. 1

vista que as consequências jurídicas das distintas instâncias de responsabilização, não raras vezes, recaem sobre o mesmo fato.[636]

Anote-se, contudo, que a 5.ª Turma do STJ, em julgado recente, se divorciou desse entendimento e decidiu que a **absolvição por ausência de dolo** no julgamento da ação de improbidade administrativa esvazia a justa causa para manutenção da ação penal. Pela pertinência, destaco trecho da ementa do julgado em exame:

> Nessa linha de intelecção, não é possível que o dolo da conduta em si não esteja demonstrado no juízo cível e se revele no juízo penal, porquanto se trata do mesmo fato, na medida em que a ausência do requisito subjetivo provado interfere na caracterização da própria tipicidade do delito, mormente se se considera a doutrina finalista (que insere o elemento subjetivo no tipo), bem como que os fatos aduzidos na denúncia não admitem uma figura culposa, culminando-se, dessa forma em atipicidade, ensejadora do trancamento ora visado.[637]

A nosso sentir, referida decisão parte de uma premissa equivocada para chegar a uma solução igualmente equivocada.

Explicamos. Vimos que a independência entre as esferas penal e de improbidade está positivada no art. 37, § 4.º, da Constituição Federal. Vimos também que essa independência não é absoluta. Ao contrário, para que haja uma racionalidade no sistema de justiça, faz-se necessário impor alguns temperamentos à regra da independência das instâncias. Nesse sentido, por exemplo, citam-se os já referidos arts. 65 e 66 do CPP e o art. 935 do CC.

A comunicabilidade promovida pela 5.ª Turma do STJ no julgado *sub examine*, para além de não estar prevista em lei, não guarda coerência sistêmica e acaba por corroer a lógica constitucional da autonomia das instâncias. Isso porque os tipos de atos de improbidade administrativa descritos na LIA não são iguais aos tipos penais incriminadores descritos nas leis penais. Em sendo assim, não é possível concluir que a atipicidade subjetiva na esfera de improbidade administrativa importará, automaticamente, na atipicidade subjetiva na esfera penal.

Pense-se, por exemplo, no ato de improbidade administrativa ofensivo aos princípios da administração pública consistente em violação do sigilo profissional (art. 11, III, da LIA).[638] Se um funcionário da receita federal divulgar informações sigilosas (dados fiscais) de um contribuinte desafeto seu, com o único fito de prejudicá-lo perante a opinião pública, mas não houver intenção de obter benefício a si ou a terceiro, a conduta será atípica para os fins da LIA, por falta de elemento subjetivo especial do tipo, sem prejuízo da possibilidade de responsabilização pela prática do crime previsto no art. 325 do Código Penal.[639] Isto é, ainda que o juiz da ação de improbidade administrativa se convença de que o fato é atípico, porque o réu não teve a intenção de beneficiar a si ou a terceiro, o juiz da ação penal pode se convencer de que a conduta é penalmente relevante, porque o tipo do art. 325 do Código Penal não exige nenhum elemento subjetivo especial do injusto para a sua caracterização, bastando a prova do elemento subjetivo geral do tipo, qual seja, o dolo, que no exemplo *supra* consubstancia-se na vontade livre e consciente de revelar fato de que tem ciência em razão do cargo e que deva permanecer em segredo.

---

[636] REsp 1.847.488/SP, 5.ª T., rel. Min. Ribeiro Dantas, j. 20.04.2021.

[637] RHC 173.448/DF, 5.ª T., rel. Min. Reynaldo Soares da Fonseca, j. 07.03.2023.

[638] "Art. 11. (...) III – revelar fato ou circunstância de que tem ciência em razão das atribuições e que deva permanecer em segredo, propiciando beneficiamento por informação privilegiada ou colocando em risco a segurança da sociedade e do Estado; (Redação dada pela Lei 14.230, de 2021)."

[639] "Art. 325. Revelar fato de que tem ciência em razão do cargo e que deva permanecer em segredo, ou facilitar-lhe a revelação: Pena – detenção, de seis meses a dois anos, ou multa, se o fato não constitui crime mais grave."

CAP. 6 – IMPROBIDADE ADMINISTRATIVA | **937**

Negar ao juiz criminal a possibilidade de formar sua convicção, na hipótese, representaria ofensa não apenas ao princípio da independência entre as instâncias, mas também aos princípios constitucionais do juiz natural e da inafastabilidade da jurisdição.

Frise-se, demais disso, que no processo penal vigora o princípio da verdade real e do livre convencimento motivado do juiz, de modo que é perfeitamente possível que o juízo criminal, analisando os elementos colhidos no decorrer da instrução probatória, de cognição mais ampla e exauriente, conclua pela existência de dolo na conduta do imputado, ainda que o juízo da ação de improbidade tenha chegado a uma conclusão diferente.

Noutras palavras, embora seja possível considerar como elementos de persuasão na sentença criminal os argumentos lançados na sentença da ação de improbidade administrativa que absolver o réu por ausência de dolo em sua conduta, não há que se falar em falta de justa causa para o início ou a continuidade da ação penal.

6.12.10.6 *Compensação de sanções (art. 21, § 5.º)*

Conforme visto, nosso ordenamento jurídico admite que uma pessoa seja punida pela prática do mesmo fato em diferentes esferas de responsabilização (penal, administrativa, funcional, política, improbidade etc.), sem que isso importe em ofensa ao princípio do *ne bis in idem*.

No estudo da sentença, vimos também que o juiz deve considerar as sanções relativas ao mesmo fato já aplicadas ao agente em outras instâncias de responsabilização (LIA, art. 17-C, V), regra claramente inspirada no art. 22, § 3.º, da Lei de Introdução às Normas do Direito Brasileiro,[640] que busca atenuar os efeitos da sobreposição de diferentes instâncias de responsabilização no direito sancionador brasileiro, potencialmente geradora de respostas desproporcionais por parte do Estado.

Perseguindo a mesma racionalidade na função punitiva estatal, a Lei 14.230/2021 inseriu o § 5.º no art. 21 da LIA, que assim dispõe: "Sanções eventualmente aplicadas em outras esferas deverão ser compensadas com as sanções aplicadas nos termos desta Lei". Trata-se de mais um temperamento à independência das instâncias, orientado pelo princípio da proporcionalidade sistêmica. Para que haja essa compensação, contudo, entendemos que duas condições devem estar presentes:

(i) **as sanções devem possuir natureza e destinatário equivalentes:** se a sanção aplicada em outra instância for de natureza ou destino distintos, não se autorizará a compensação prevista no do art. 21, § 5.º, da LIA, mas o juiz da AIA deverá considerá-la no juízo de aplicação das sanções do art. 12 (art. 17-C, V). Por exemplo, se um agente público é condenado pela Corte de Contas ao pagamento de uma multa proporcional ao dano causado ao erário em caso de contratação irregular, essa sanção poderá ser compensada com a multa civil eventualmente imposta pelo juiz na AIA. Ambas as sanções possuem natureza pecuniária e destinam-se ao ente lesado. Não se compensam, contudo, as sanções de multa civil da LIA com a multa penal prevista no preceito secundário do tipo penal incriminador, porquanto de naturezas e destinatários distintos;[641]

(ii) **natureza definitiva da decisão proferida na outra instância:** o juiz da AIA só poderá fazer a compensação das sanções se a decisão proferida na outra esfera de

---

[640] Decreto-Lei 4.657/1942: "Art. 22 (...) § 3.º As sanções aplicadas ao agente serão levadas em conta na dosimetria das demais sanções de mesma natureza e relativas ao mesmo fato".

[641] No mesmo sentido: GAJARDONI, Fernando da Fonseca. *Comentários à Nova Lei de Improbidade Administrativa*. 6. ed. São Paulo: Thomson Reuters Brasil, 2023. p. 546.

INTERESSES DIFUSOS E COLETIVOS – VOL. 1

responsabilização não puder mais ser impugnada. Essa exigência abona a coerência sistêmica e a segurança jurídica, pois impede que o juiz da AIA compense uma sanção que venha posteriormente a ser afastada ou modificada na outra instância de responsabilização.

6.12.11 Coisa julgada

Não há consenso em doutrina sobre o regime jurídico aplicável à coisa julgada na ação civil de improbidade administrativa. Na vigência do texto original da LIA, silente a esse respeito, havia três principais entendimentos sobre o assunto:

1.º) **A coisa julgada segue o regime comum do Código de Processo Civil:** as sentenças terminativas operam apenas o efeito preclusivo da coisa julgada formal, ao passo que as sentenças definitivas assumem a imutabilidade característica da coisa julgada material, com eficácia apenas entre as partes. É a posição adotada por aqueles que não veem na ação de improbidade administrativa uma espécie de ação civil pública.[642]

2.º) **A coisa julgada segue um regime jurídico misto:**[643] no que se refere à aplicação das sanções (ex.: suspensão dos direitos políticos), o regime aplicável é o comum do processo civil; já em relação ao ressarcimento ao erário, o regime aplicável é o do art. 16 da ACP (coisa julgada *secundum eventum litis,* com eficácia *erga omnes*).[644]

3.º) **A coisa julgada segue o regime do microssistema do processo coletivo:** a sentença na ação civil de improbidade administrativa faz coisa julgada *erga omnes* (art. 18 da Lei da Ação Popular; art. 16 da Lei da Ação Civil Pública; e art. 103, I, do CDC), dada a dimensão difusa dos interesses por ela tutelados (patrimônio público e moralidade administrativa).[645]

A Lei 14.230/2021 promoveu uma profunda reforma na LIA, mas não supriu essa lacuna. Assim, seguimos sem regramento para a coisa julgada no processo de improbidade. A despeito disso, mudamos nosso entendimento nessa temática.

Antes da reforma, defendíamos a aplicação do regime da coisa julgada do microssistema de processo coletivo, sem temperamentos, dada a natureza coletiva da ação de improbidade administrativa. Depois da reforma, contudo, é imperioso reconhecer que a coisa julgada na AIA segue um regime jurídico misto: no que se refere à aplicação das sanções do art. 12 (ex.: suspensão dos direitos políticos, multa civil etc.), o regime aplicável é o comum do processo civil; já em relação ao capítulo ressarcitório do objeto litigioso do processo de improbidade, é mais adequado aplicar a regra geral do microssistema da

---

[642] A propósito: MEIRELLES, Hely Lopes; WALD, Arnoldo; MENDES, Gilmar Ferreira. *Mandado de Segurança e Ações Constitucionais.* 33. ed. São Paulo: Malheiros. p. 257.

[643] ZAVASCKI, Teori Albino. *Processo Coletivo:* Tutela de Direitos Coletivos e Tutela Coletiva de Direitos. 4. ed. São Paulo: RT, 2009. p. 109-125.

[644] "Art. 16. A sentença civil fará coisa julgada *erga omnes,* nos limites da competência territorial do órgão prolator, exceto se o pedido for julgado improcedente por insuficiência de provas, hipótese em que qualquer legitimado poderá intentar outra ação com idêntico fundamento, valendo-se de nova prova."

[645] SOBRANE, Sérgio Turra. *Improbidade Administrativa:* Aspectos Materiais, Dimensão Difusa e Coisa Julgada. São Paulo: Atlas, 2010. p. 258-264; GARCIA, Emerson; ALVES, Rogério Pacheco. *Improbidade Administrativa.* 4. ed. Rio de Janeiro: Lumen Juris, 2008. p. 794; e MARTINS JÚNIOR, Wallace Paiva. *Probidade Administrativa.* 4. ed. São Paulo: Saraiva, 2009. p. 106-107.

CAP. 6 – IMPROBIDADE ADMINISTRATIVA | 939

tutela coletiva (coisa julgada *secundum eventum litis*, com eficácia *erga omnes*), pois, nesse caso, nada há na ação de improbidade que a distinga de outra ações coletivas ressarcitórias.

A razão para alteração do modelo deve ser creditada ao disposto no art. 1.º, § 4.º, e no art. 17-D da própria LIA (inseridos pela Lei 14.230/2021). Concedeu-se à ação de improbidade, apesar de civil,[646] natureza predominantemente punitiva, em que pese a admissão do pedido de reparação de danos. Referida ação se sujeita aos princípios constitucionais do direito administrativo sancionador, dentre os quais merece destaque o princípio do *ne bis in idem*, em seu aspecto processual.

Corolário do ideal de justiça, o *ne bis in idem* é um princípio de natureza constitucional, com aplicação nas áreas penal e extrapenal. Embora de significativa incidência na primeira, a ela não se limita, expandindo-se para o direito administrativo sancionador, em que, como um mandamento de justiça e proporcionalidade, deva obstaculizar, também, a dupla punição e a dupla persecução.[647] Por força da incidência do princípio do *ne bis in idem* (art. 1.º, § 4.º, da LIA), não se admite renovar a demanda pela aplicação de sanções ao ato de improbidade, no caso de a primeira demanda haver sido rejeitada por insuficiência de provas.

Em conclusão, a partir da reforma promovida pela Lei 14.230/2021, que impôs a aplicação dos princípios constitucionais do direito administrativo sancionador à esfera de improbidade, o regime da coisa julgada passa a ser diferenciado conforme o capítulo da sentença: quanto ao ressarcimento ao erário, incide o microssistema de tutela coletiva. Já em relação ao capítulo sancionatório, aplica-se o regime jurídico da coisa julgada comum: qualquer decisão de mérito, favorável ou não à pretensão do autor, está apta a tornar-se indiscutível pela coisa julgada material, inclusive a improcedência por falta de provas, à luz do princípio do *ne bis in idem*.[648]

6.12.12 Liquidação e execução

Como regra, deve-se definir, já no processo de conhecimento, tanto a existência do dano ao erário quanto a sua extensão (art. 491, *caput*, do CPC). Excepcionalmente, quando não for possível determinar, de modo definitivo, o montante devido (art. 491, I, do CPC), ou, ainda, quando a apuração do valor devido depender da produção de prova de realização demorada ou excessivamente dispendiosa (art. 491, II, do CPC), autoriza-se a prolação de sentença ilíquida.

Nessas situações excepcionais, antes da fase de cumprimento de sentença, os danos serão apurados por meio de prévio procedimento de liquidação de sentença.

Por força do estatuído no § 1.º do art. 18 da LIA, a legitimidade para a liquidação e consequente cumprimento de sentença é da pessoa jurídica prejudicada (titular do direito à reparação/reversão), ainda que a AIA tenha sido proposta pelo Ministério Público.

Caso a pessoa jurídica prejudicada não adote as providências a que se refere o § 1.º do art. 18 da LIA no prazo de seis meses, contado do trânsito em julgado da sentença de procedência da ação, caberá ao Ministério Público proceder à respectiva liquidação do dano e ao cumprimento da sentença referente ao ressarcimento do patrimônio públi-

---

[646] Conferir as críticas que fizemos à redação do art. 17-D da LIA, no tópico 6.12.4.2.1.

[647] Nesse sentido: MENDONÇA JÚNIOR, Etéocles Brito; LIMA, Ricardo Alves de. *Ne Bis In Idem* Penal, Processual e na Sanção Administrativa. *Revista do Instituto de Ciências Penais*, Belo Horizonte, v. 6, n. 01, p. 99-142, 2021.

[648] No mesmo sentido: DIDIER JÚNIOR, Fredie; ZANETI JÚNIOR, Hermes. *Curso de Direito Processual Civil*. 11. ed. Salvador: Juspodivm, 2017. v. 4, p. 335-338; NEVES, Daniel Amorim Assumpção; OLIVEIRA, Rafael Carvalho Rezende. *Improbidade Administrativa*: Direito Material e Processual. 9. ed. Rio de Janeiro: Forense, 2022. p. 300.

940 | INTERESSES DIFUSOS E COLETIVOS - VOL. 1

co ou à perda ou à reversão dos bens, sem prejuízo de eventual responsabilização pela omissão verificada.

Nota-se, assim, que a legitimidade do Ministério Público para a liquidação e o cumprimento de sentença é subsidiária.

A nosso sentir, esse modelo pode suscitar juízo de inconstitucionalidade, haja vista que a defesa da probidade administrativa está entre as funções institucionais do Ministério Público (arts. 127 e 129, III, da CF). Se não bastasse, a inovação se mostra inconveniente e inoportuna, afinal, o autor da ação de conhecimento, usualmente, tem melhor conhecimento do caso e das suas nuances. Logo, possui melhores condições de conduzir a fase de cumprimento da sentença, especialmente se for necessária a prévia liquidação, em que o conhecimento das especificidades do processo revela-se fundamental para a definição do *quantum debeatur* e, com isso, a melhor proteção do patrimônio público.

Esse modelo de exclusão inicial da legitimidade do Ministério Público das fases de liquidação e cumprimento de sentença, especialmente nas ações de improbidade em que ele figura como autor, não encontra paralelo no microssistema de tutela coletiva e representa um grave retrocesso na proteção da probidade administrativa.

Seja como for, o Ministério Público continuará participando da ação de improbidade administrativa na fase de liquidação e cumprimento de sentença deflagrada pela pessoa jurídica lesada, ainda que seja na condição de fiscal da ordem jurídica.

6.12.13 Acordo de não persecução civil

6.12.13.1 *Autocomposição na esfera de improbidade administrativa*

Em sua redação original, a LIA **vedava expressamente** a transação, acordo ou conciliação nas ações de improbidade administrativa (art. 17, § 1.º).

Diante da vedação positivada originariamente no art. 17, § 1.º, da LIA, por muito tempo se discutiu a respeito da possibilidade ou impossibilidade de autocomposição na dimensão punitiva da Lei de Improbidade Administrativa. Questionava-se a possibilidade de celebração de acordos entre os legitimados ativos do art. 17 da LIA e o agente ímprobo, com vistas à aplicação consensual das medidas genuinamente punitivas previstas no art. 12 da LIA.

Para uma primeira corrente, o art. 17, § 1.º, da LIA não admitia nenhuma espécie de acordo no tocante à aplicação das sanções político-administrativas previstas no art. 12, quer seja em razão da natureza indisponível dos bens jurídicos tutelados pela LIA, que impede concessões sobre o seu conteúdo, quer seja porque a aplicação das sanções da LIA constituía atividade privativa da jurisdição e, por isso, somente por meio do processo judicial poderia ser exercida.[649]

Uma segunda corrente,[650] à qual nos filiamos, já admitia a celebração de acordos na dimensão punitiva da LIA, mesmo antes da exclusão da vedação. Nesse sentido, argumentava-se que a solução consensual para os conflitos na esfera de improbidade administrativa não importa disposição sobre os interesses difusos, isto é, sobre seu conteúdo normativo, residindo o equívoco fundamental na confusão entre essa negociação

---

[649] Nesse sentido, entre outros, confiram-se: GARCIA, Emerson; ALVES, Rogério Pacheco. *Improbidade Administrativa.* 9. ed. São Paulo: Saraiva, 2017. p. 908-910; MARTINS JÚNIOR, Wallace Paiva. *Probidade Administrativa.* 4. ed. São Paulo: Saraiva, 2009. p. 415.

[650] Nesse sentido, confiram-se: DIDIER JÚNIOR, Fredie; ZANETI JÚNIOR, Hermes. *Curso de Direito Processual Civil.* 11. ed. Salvador: Juspodivm, 2017. v. 4, p. 335-338; GAJARDONI, Fernando da Fonseca *et al. Comentários à Lei de Improbidade Administrativa:* Lei 8.429, de 02 de junho de 1992. 3. ed. São Paulo: Revista dos Tribunais, 2014. p. 255-259; e MASSON, Cleber; MARÇAL, Vinicius. *Crime Organizado.* 3. ed. São Paulo: Método, 2017. p. 217-220.

e a transação do direito civil. É preciso deixar bem claro esse ponto: a negociação na esfera de improbidade não comporta, como na transação, concessões sobre o conteúdo dos direitos difusos (renúncias).

A autocomposição em sede de tutela coletiva se volta para a definição da interpretação do direito no caso concreto e das condições necessárias à sua efetividade, isto é, versará sobre a respectiva concretização e resultará, sempre, num negócio jurídico marcado pela nota da indisponibilidade dos direitos pelos legitimados coletivos, e não numa transação.[651]

No âmbito da LIA, o objeto da composição consensual é, pois, a própria concretização da probidade administrativa, isto é, sua interpretação à luz do caso concreto e de todo o microssistema de defesa do patrimônio público, com a especificação dos elementos necessários à sua efetivação. Sob a perspectiva do direito sancionador, a negociação traz reflexo positivo na concretização do interesse público, pois não exime o agente ímprobo da obrigação de ressarcimento integral do dano causado pelas condutas ilícitas, o que se considera o núcleo irrenunciável de tutela do interesse público (LIA, art. 5.°) na matéria. A recomposição do dano não constitui sanção ou pena, mas obrigação legal, no campo da responsabilidade civil.

Nessa linha, ressaltávamos que as concessões do legitimado coletivo na dimensão punitiva da LIA não versam sobre o conteúdo dos interesses tutelados, mas sim sobre as condições em que se dá a implementação da probidade administrativa, podendo, com elas, contemplar vários interesses legítimos do apontado responsável, tais como a programação financeira, a celeridade e o equacionamento da controvérsia e a valorização de sua imagem pública.

Embora seja inegável a existência de campo significativo de negociação, inclusive para as concessões recíprocas que lhes são próprias, como a definição de quais sanções serão aplicadas (se cumuladas ou não) e em qual medida (dosimetria), sempre à luz dos princípios constitucionais da proporcionalidade e da razoabilidade, não há, nisso, nenhuma disposição do patrimônio público, tampouco da moralidade administrativa. Muito ao contrário, o que se está fazendo é afirmar o direito à probidade administrativa no caso concreto e assegurar sua efetividade, provavelmente de um modo mais célere e implementável do que se alcançaria se se aguardasse todo o longo e moroso transcurso da ação civil de improbidade necessária à sua aplicação.

Nesse particular, é oportuno destacar o resultado de uma importante pesquisa realizada pelo Conselho Nacional de Justiça, em parceria com a Universidade de Itaúna, que teve como finalidade principal identificar os entraves à aplicação efetiva da Lei de Improbidade Administrativa. Com base em dados empíricos colhidos junto a tribunais das cinco regiões do país, verificou-se grave falha no sistema processual, em termos de efetividade das decisões condenatórias lançadas em ações de improbidade administrativa, especialmente no que toca ao ressarcimento dos danos causados. Mesmo após longa tramitação, raras foram as ações nas quais se verificou uma efetiva atuação no sentido de obter a reparação dos danos. Como bem observado pelos pesquisadores, "as ações de improbidade administrativa não têm um fim, ou pelo menos uma parte considerável tem tramitação durante décadas, o que reflete no baixo índice de ressarcimentos".[652]

---

[651] Nesse sentido: GAVRONSKI, Alexandre Amaral. Autocomposição no Âmbito do Novo CPC e nas Ações Coletivas. In: ZANETI JUNIOR, Hermes; DIDIER JR., Fredie (coord.). *Processo Coletivo*. Salvador: Juspodivm, 2016. v. 8, p. 333-360 (Coleção repercussões do Novo CPC).

[652] GOMES JÚNIOR, Luiz Manoel; ALMEIDA, Gregório Assagra *et al.* (coord.). *Lei de Improbidade Administrativa*: Obstáculos à Plena Efetividade do Combate aos Atos de Improbidade. Brasília: Conselho Nacional de Justiça, 2015. p. 85.

942 | INTERESSES DIFUSOS E COLETIVOS – VOL. 1

A partir de uma criteriosa análise de dados, essa pesquisa revelou uma realidade que aqueles que militam nessa área já intuíam: a insuficiência do uso da ação de improbidade administrativa como método exclusivo de solução de conflitos nessa matéria.

Noutro flanco, não podemos olvidar que a opção do legislador pela proibição de negociação na LIA foi reflexo da proibição de negociação então existente no âmbito penal. Dito de outro modo, quando da entrada em vigor da LIA, em 1992, o sistema penal brasileiro era avesso a qualquer solução negociada, o que explica a opção pela vedação a qualquer tipo de acordo na esfera da improbidade administrativa, dada a similitude de tais instâncias de responsabilização, integrantes do chamado "Direito Sancionador".

Contudo, a partir da entrada em vigor da Lei 9.099/1995, instrumentos de justiça penal consensual começaram a ser previstos no Direito brasileiro, como a transação (art. 76) e a suspensão condicional do processo (art. 89). Ainda, mais recentemente, a colaboração premiada (Lei 12.850, de 2 de agosto de 2013) também permite afastar, na esfera penal, a incidência estrita de determinados comandos legais penalizadores.

No ano de 2013, a Lei 12.846/2013 (Lei Anticorrupção Empresarial) previu a possibilidade de celebração de acordo de leniência com as pessoas jurídicas responsáveis pela prática dos atos lesivos tipificados em seu art. 5.º, de modo a isentá-las das sanções previstas no inciso II do art. 6.º (publicação extraordinária da decisão condenatória) e no inciso IV do art. 19 (proibição de receber incentivos, subsídios, subvenções, doações ou empréstimos de órgãos ou entidades públicas e de instituições financeiras públicas ou controladas pelo Poder Público, pelo prazo de 1 a 5 anos), possibilitando também a redução do valor da multa aplicável em até 2/3.

Note-se que o fundamento empregado por aqueles que interpretavam de forma literal a norma proibitiva de negociação contida na LIA, a saber, a indisponibilidade dos interesses por ela tutelados, foi absolutamente esvaziado pela Lei Anticorrupção, que passou a admitir acordos relativamente aos mesmos bens jurídicos – patrimônio público e moralidade administrativa.

Considerando, pois, que os bens jurídicos tutelados pela LIA e pela Lei 12.846/2013 são muito semelhantes e que muitos dos atos lesivos previstos na Lei Anticorrupção Empresarial (LAE) também podem configurar atos de improbidade administrativa, ficava difícil sustentar, à luz do princípio constitucional da igualdade (CF, art. 5.º, *caput*), que uma empresa podia celebrar um acordo de leniência no âmbito da LAE, mas os seus dirigentes, que concorreram para o ato e colaboraram com as investigações, não estavam autorizados a negociar a aplicação das sanções previstas no art. 12 da LIA. Nas precisas palavras de Fernando da Fonseca Gajardoni:

> Por considerar não haver diferença substancial entre os regimes sancionatórios (administrativo e civil) das Leis 8.429/1992 e 12.846/2013, absolutamente razoável sustentar, doravante, ser possível a celebração de acordo de leniência (ou de TAC) com a pessoa física ou jurídica investigada por improbidade administrativa, nos termos do art. 16 da Lei 12.846/2913. Não faz o mínimo sentido, tampouco abona a regra da isonomia (art. 5.º, *caput,* da CF/1988), admitir que a pessoa jurídica praticante de atos apenados pela Lei 12.846/2013, que concomitantemente configurem improbidade administrativa, possa ser beneficiada pelo acordo de leniência, enquanto a pessoa física que pratique as mesmas condutas não.[653]

Nessa linha de evolução das soluções consensuais do direito sancionador, também merecem destaque: (i) a Lei 13.140/2015 (Lei da Mediação), que passou a admitir a au-

---

[653] GAJARDONI, Fernando da Fonseca *et al. Comentários à Lei de Improbidade Administrativa*: Lei 8.429, de 02 de junho de 1992. 3. ed. São Paulo: Revista dos Tribunais, 2014. p. 255-259.

tocomposição nas hipóteses em que a matéria objeto do litígio esteja sendo discutida em ação de improbidade administrativa; em tais casos, registre-se, o acordo dependerá da anuência expressa do juiz da causa (art. 36, § 4.º); e (ii) o art. 26 do Decreto-lei 4.657/1942 (Lei de Introdução às Normas do Direito Brasileiro, alterada pela Lei 13.655/2018), que prevê que a autoridade administrativa, para "eliminar irregularidade, incerteza jurídica ou situação contenciosa na aplicação do direito público", poderá "celebrar compromisso com os interessados, observada a legislação aplicável (…)".

Em vista da regra da coerência, já se fazia necessário eliminar do microssistema de tutela do patrimônio público essa antinomia entre o art. 17, § 1.º, da LIA, em sua redação originária – que vedava a negociação na esfera de improbidade administrativa –, e as outras normas supradestacadas, que autorizam tal negociação, inclusive na esfera penal.

Evidência disso é a Resolução 179/2017 do Conselho Nacional do Ministério Público (CNMP), que autorizou, expressamente, a celebração de compromissos de ajustamento de conduta na esfera de improbidade administrativa. Desse teor o art. 1.º, § 2.º, *verbis*:

> **Art. 1.º** (...) **§ 2.º** É cabível o compromisso de ajustamento de conduta nas hipóteses configuradoras de improbidade administrativa, sem prejuízo do ressarcimento ao erário e da aplicação de uma ou algumas das sanções previstas em lei, de acordo com a conduta ou ato praticado.

É indiscutível o mérito dessa norma, que inovou em nosso ordenamento jurídico ao autorizar, acertadamente, a celebração de compromissos de ajustamento de conduta pelo Ministério Público, na esfera de improbidade administrativa.[654] A parte final do dispositivo em exame, que prevê a possibilidade de aplicação de uma ou mais sanções da lei, sem prejuízo do ressarcimento ao erário, torna estreme de dúvidas que o acordo em questão também pode alcançar a dimensão punitiva da LIA.

Assim, o decurso de mais de 25 anos desde a edição da LIA, o surgimento de diversas outras leis integrantes do microssistema de defesa do patrimônio público, autorizadoras da celebração de acordos nas esferas penal e administrativa e a ampliação da percepção de que a autocomposição na esfera de improbidade administrativa pode ser o meio mais adequado, à luz do caso concreto, para se alcançar uma efetiva tutela do patrimônio público e da moralidade administrativa, já nos autorizava concluir pela possibilidade de autocomposição nessa seara, quer seja para fins ressarcitórios, quer seja para fins punitivos.

Sensível a essa realidade, o Congresso Nacional aprovou a Lei 13.964/2019, conhecida como "Lei Anticrime". Publicada no dia 24 de dezembro de 2019 e prevista para entrar em vigor após 30 dias, referida norma, para além de inovar no campo penal e processual penal, promoveu importante modificação na LIA: **suprimiu a vedação à autocomposição** e criou o que se convencionou denominar de **"acordo de não persecução cível"** (ANPC).

Ocorre que a regulamentação de tal acordo, inserida pela Lei Anticrime no art. 17-A da LIA, foi integralmente vetada pelo Presidente da República.[655] Isto é, autorizou-se a celebração de acordos na esfera de improbidade administrativa, mas não se definiu o regime jurídico dessas convenções (parâmetros materiais e procedimentais), o que acabou gerando bastante insegurança jurídica na aplicação do instituto.

---

[654] A Resolução 179/2017 do CNMP acabou estimulando vários Ministérios Públicos a regulamentarem, internamente, o acordo na esfera de improbidade administrativa. A título de exemplo, citam-se: Resolução CSMP 01/2017, do MPPR; Resolução CSMP 3/2017, do MPMG; e Provimento 58/2018-PGJ, do MPRS.

[655] Extrai-se das razões do veto a preocupação com a segurança jurídica. Como a norma vetada conferia legitimidade exclusiva ao Ministério Público para a celebração do acordo, acabou gerando uma incompatibilidade lógica com o art. 17, *caput*, da LIA, que se mantinha inalterado até então e previa legitimidade tanto para o Ministério Público como para as pessoas jurídicas interessadas ajuizarem ação de improbidade administrativa.

Nesse cenário, os próprios legitimados à celebração do ANPC passaram a regulamentar a matéria, com vistas à fixação de parâmetros mínimos para a realização dos acordos.[656]

Finalmente, com a entrada em vigor da Lei 14.230/2021, que inseriu na LIA o art. 17-B, sana-se o problema da legislação revogada, pois agora se tem uma disciplina específica para a celebração de acordos no domínio da probidade administrativa.

O novo regime jurídico do ANPC não é imune a críticas, mas representa, indiscutivelmente, um avanço em relação ao modelo anterior, porquanto oferece parâmetros materiais e procedimentais mínimos a serem observados nesse tipo de ajuste, em ordem a padronizar, em todo o território nacional, essa forma de negociação, o que abona a segurança jurídica e a isonomia.

O esquema a seguir traz uma síntese dos três estágios da evolução da autocomposição da esfera de improbidade administrativa.

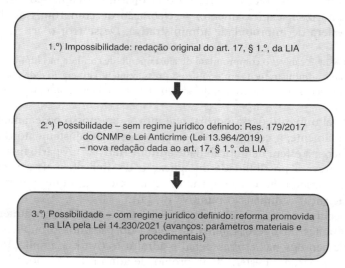

Depois da reforma promovida na LIA pela Lei 14.230/2021, várias unidades do Ministério Público[657] já estavam regulamentando internamente o acordo em matéria de improbidade administrativa, enquanto se aguardava diretriz nacional que viesse a ser editada pelo Conselho Nacional do Ministério Público.

Finalmente, no dia 17 de fevereiro de 2025, foi publicada a Resolução CNMP 306, que regulamenta a celebração do ANPC no âmbito do Ministério Público brasileiro, a bem da uniformização dos procedimentos e do tratamento igualitários dos casos nos quais serão celebrados os acordos.

A seguir, serão abordados os principais aspectos desse acordo.

6.12.13.2 Conceito

Conforme visto, o art. 17, § 1.º da LIA, em sua redação original, vedava a celebração de transação, acordo ou conciliação nas ações de improbidade administrativa.

---

[656] No âmbito do Ministério Público do Estado de São Paulo, por exemplo, editou-se a Resolução 1.193/2020-CPJ; no âmbito do Ministério Público Federal, a 5.ª Câmara de Coordenação e Revisão expediu a Orientação 10, que traz os parâmetros procedimentais e materiais para a celebração do ANPC; no Estado de São Paulo, a Procuradoria-Geral do Estado editou a Resolução PGE 20/2020, que disciplina a celebração de acordo de não persecução cível no âmbito da Fazenda Pública Estadual.

[657] A título de exemplo, confiram-se: Resolução CPJ 11/2022, do MPBA; Resolução PGJ 2.469/2022, do MPRJ; Resolução PGJ-CGMP 7/2022, do MPMG; e Provimento PGJ 68/2022, do MPRS.

A modificação imprimida na LIA pela Lei 13.964/2019 (Lei Anticrime) não só suprimiu a vedação à autocomposição como passou a autorizar expressamente a celebração de acordo em matéria de improbidade, sob a rubrica **"acordo de não persecução cível"** (ANPC).

Seguindo a mesma diretriz de consensualidade, a Lei 14.230/2021 fortaleceu as bases legais do ANPC, detalhando aspectos materiais e procedimentais relevantes da avença, conforme o novo art. 17-B da Lei 8.429/1992.

A expressão acordo de não persecução cível designa a ideia de autocomposição no domínio da LIA, com vistas à recomposição do patrimônio público eventualmente lesado e à aplicação das sanções do art. 12, que torna desnecessária a propositura ou a continuidade da ação de improbidade administrativa. Estabeleceu-se, no plano normativo, instituto de consensualidade e cooperação que permite a conciliação antes ou depois da propositura da ação de improbidade administrativa.

O legislador buscou estabelecer um paralelo com o instituto do "acordo de não persecução penal", outra importante inovação trazida pela Lei 13.964/2019 no âmbito do Código de Processo Penal.[658] Considerando que as leis penais e a LIA integram aquilo que se convencionou chamar de Direito Sancionador (penal e extrapenal, respectivamente), a Lei 13.964/2019 optou pela padronização das terminologias empregadas nessas distintas instâncias de responsabilização para designar as soluções negociadas para os seus respectivos conflitos.

Uma característica importante do acordo de não persecução cível é que **a colaboração do agente infrator com as investigações não é um pressuposto do acordo**. Diferentemente, portanto, dos institutos de direito premial,[659] nos quais o coautor ou partícipe do ilícito, visando a obtenção de algum prêmio, necessariamente coopera com os órgãos de investigação, no acordo de não persecução cível essa colaboração nem sempre será exigida.

No ponto, uma observação se faz necessária: embora a LIA não exija a colaboração por parte do investigado/réu, poderá o ente legitimado, no espaço de discricionariedade regrada (poder-dever) que lhe concedem a legislação e a própria concepção do ANPC, se negar a formular proposta ao infrator, se este não concordar em colaborar com as investigações, diante da complexidade dos fatos ou da participação de outros envolvidos.

Exemplificativamente, se o Ministério Público entender, no caso concreto, que o acordo só se mostrará mais vantajoso ao interesse público do que o ajuizamento da ação de improbidade administrativa ou seu prosseguimento, se o investigado/réu colaborar efetivamente com as investigações, promovendo a identificação de outros agentes, partícipes, beneficiários, localização de bens e valores e produção de outras provas, durante o curso do inquérito civil ou do processo judicial, poderá convencionar tal exigência. Nesses casos, a colaboração deverá ser levada em consideração tanto na definição das sanções quanto na sua gradação, por uma questão de equidade. Noutras palavras, o pactuante colaborador deverá ser sancionado de maneira mais branda do que o pactuante não colaborador.

Vê-se, assim, que a LIA adotou um modelo de acordo pleno, o que significa dizer que o ANPC pode assumir os contornos tanto de um **acordo de pura reprimenda**, no qual o investigado/réu aceita a aplicação imediata das penas propostas pelo legitimado, com a consequente abreviação do procedimento de responsabilização, independentemente

---

658 Referido acordo já estava previsto na Resolução 181/2017 do CNMP, mas não em lei. A partir da vigência da nova norma, nos casos de infrações penais com pena mínima inferior a 4 anos, praticados sem violência ou grave ameaça, o Ministério Público pode propor o não processamento do investigado, desde que ele repare o dano, confesse a prática da infração, preste serviços à comunidade e pague uma prestação pecuniária.

659 São exemplos de institutos de direito premial os acordos de leniência celebrados com os autores de atos lesivos à administração Pública (Lei 12.846/2013) ou ofensivos à ordem econômica (Lei 12.529/2011), e os acordos de colaboração premiada celebrados com os integrantes de organização criminosa (Lei 12.850/2013).

de qualquer colaboração concreta com as investigações, como de um **acordo de colaboração**, em que o agente infrator precisa cooperar de forma efetiva com a investigação e o processo para receber algum tipo de benefício.[660]

Caberá ao legitimado, diante das circunstâncias de cada caso concreto, avaliar qual tipo de acordo se mostra mais adequado à proteção da probidade administrativa.

Nessa avaliação, não se pode perder de vista que o ANPC deve atender a duas finalidades da LIA: (i) recompor o patrimônio público lesado; e (ii) punir o agente ímprobo. Esse é o **núcleo irrenunciável** do acordo.

No ponto, cabe anotar que o CNMP, ao regulamentar o ANPC, perdeu uma ótima oportunidade de sistematizar o acordo de colaboração no domínio da probidade administrativa, com a fixação dos parâmetros procedimentais e materiais a serem observados pelos membros do Ministério Público brasileiro, a bem da uniformização dos procedimentos e do tratamento igualitário dos casos nos quais serão celebrados esses tipos de acordos.

Diante dessa omissão do CNMP, os diversos ramos do Ministério Público brasileiro, por meio das suas normativas internas, poderão fixar tais balizas.

A título de exemplo, a Resolução PGJ 2.469/2022, que regulamenta o ANPC no âmbito do Ministério Público do Estado do Rio de Janeiro, para além de prever, em seu art. 3º, a existência dessas duas modalidades de ANPC (acordo de pura reprimenda e acordo de colaboração), fixa a possibilidade de isenção de pena nas situações em que o beneficiado pelo acordo colaborar de forma efetiva as investigações (art. 2.º, § 2.º).

No mesmo sentido, a Resolução CPJ 12/2024, que disciplina, dentre outros assuntos, a celebração de ANPC no âmbito do Ministério Público do Estado do Pará, prevê expressamente a existência dessas duas modalidades de ANPC (acordo de pura reprimenda e acordo de colaboração), bem como a possibilidade de isenção de pena ao infrator que colaborar efetivamente com as investigações e o processo, desde que dessa colaboração advenha um ou mais dos seguintes resultados: (i) a obtenção célere de informações e documentos que comprovem o ilícito noticiado ou sob apuração; (ii) a identificação dos demais coautores, partícipes e beneficiários do ato ilícito; e (iii) a localização de bens, direitos e valores para fins de ressarcimento do dano ao erário ou reversão, à pessoa jurídica lesada, da vantagem indevida obtida (art. 89, § 2.º, c.c. o art. 90, XI).

A normativa do MPPA também oferece parâmetros procedimentais para a celebração do ANPC de colaboração, estabelecendo, por exemplo, a necessidade de subscrição prévia de um termo de confidencialidade com o colaborador, visando: (i) a delimitação dos fatos e atos abrangidos, incluindo a identificação dos participantes que o colaborador tenha conhecimento e o relato de suas respectivas participações no suposto ilícito, com a individualização das condutas; (ii) a declaração no sentido de ter cessado completamente o seu envolvimento com o ilícito, antes ou a partir da data de propositura do acordo, quando for o caso, comprometendo-se, ainda, a dizer a verdade e não omitir nenhum fato ou dado de que tenha conhecimento; e (iii) a lista com as informações, elementos de prova e documentos fornecidos ou que o pactuante se obriga a fornecer, com o intuito de demonstrar a existência da prática denunciada ou sob investigação, com o prazo para a sua disponibilização.

Diferentemente, portanto, da Resolução CNMP 306/2025, que não parametrizou a celebração do acordo de colaboração no domínio da LIA, a normativa do MPPA estabeleceu excelentes parâmetros procedimentais e materiais para a celebração do ANPC de

---

[660] A Resolução PGJ 2.469/2022, que regulamenta o ANPC no âmbito do MPRJ, prevê expressamente a existência dessas duas modalidades de ANPC. Desse teor o art. 3.º: "O acordo de não persecução cível pode ser de pura reprimenda ou de colaboração, neste último caso diante da complexidade dos fatos ou da participação de outros envolvidos".

colaboração, o que abona a unidade institucional e proporciona uma atuação mais eficaz na proteção da probidade administrativa.

Espera-se que as outras unidades do Ministério Público também estabeleçam as balizas materiais e procedimentais para a celebração de acordo de colaboração no domínio da LIA por meus membros, em ordem a suprir a lacuna da normativa do CNMP.

6.12.13.3 Natureza jurídica

O acordo de não persecução cível tem natureza jurídica de **negócio jurídico**, na medida em que depende da clara e livre manifestação de vontade das partes. Embora os efeitos mais importantes desse negócio jurídico estejam previstos na lei, a declaração de vontade, ínsita ao acordo de não persecução cível, tornará específica a forma de incidência da norma no caso concreto, vinculando os pactuantes aos efeitos expressos no ajuste.

Apesar de não restar dúvida de que se trata de negócio jurídico material,[661] cujo foco de acertamento é, fundamentalmente, o direito material – a recomposição do patrimônio público lesado e o sancionamento do agente ímprobo –, o ANPC também poderá ostentar funcionalidades processuais (*v.g.*, *cláusula de renúncia ao direito de recorrer de decisões interlocutórias*; *admissão de prova emprestada; custeio de perícias etc.*). Por outras palavras, nada impede que num ANPC as partes também estipulem convenções de natureza processual, nos termos do art. 190 do CPC, conforme será visto adiante. Os reflexos processuais do ANPC, em especial o pacto de *non petendo* derivado da avença (impossibilidade de ajuizamento ou continuidade da AIA), não são capazes, contudo, de alterar a natureza predominantemente material do acordo.

Justamente em razão da sua natureza consensual bilateral, não estão os legitimados obrigados a propor o acordo, assim como não se pode obrigar o agente ímprobo a firmá-lo.

Poderá o legitimado, a partir de um juízo de conveniência e oportunidade, ajuizar a ação de improbidade administrativa ou formalizar o acordo de não persecução cível. Deve-se verificar qual a situação mais adequada, de acordo com a personalidade do agente, a natureza, as circunstâncias, a gravidade e a repercussão social do ato de improbidade, bem como as vantagens, para o interesse público, da rápida solução do caso (art. 17-B, § 2.º, da LIA).

É claro que, se as condições se mostrarem favoráveis à celebração do acordo, deve-se privilegiar essa forma de solução do conflito, sendo dever tanto do Ministério Público como da Administração Pública buscar a solução negociada de forma exaustiva. Todavia, **não existe para o agente ímprobo um direito subjetivo à celebração do acordo**, conforme já decidido pelo Superior Tribunal de Justiça:

> Como já pontuado, não há razão para retirar o feito da pauta virtual, uma vez que, além de não ser o acordo de não persecução cível um direito subjetivo do réu, o presente processo já ultrapassou a fase de análise dos fatos e provas (primeira e segunda instâncias), já tendo sido até mesmo julgado o agravo em recurso especial submetido a exame desta Corte Superior (que não ultrapassou sequer a admissibilidade recursal). O recurso extraordinário interposto na sequência já teve, por isso mesmo, o seguimento negado por esta Vice-Presidência, o que apenas pende de confirmação pela Corte Especial na sessão virtual que se iniciará em 6/5/2020.[662]

---

[661] Nesse sentido: GAJARDONI, Fernando da Fonseca. Primeiros e Breves Apontamentos sobre os Acordos em Sede de Improbidade Administrativa. *Migalhas*, São Paulo, 5 maio 2020. Disponível em: https://www.migalhas.com.br/coluna/tendencias-do-processo-civil/326016/primeiras-r-breves-apontamebtos-sobre-os-acordos-em-tema-de-improbidade--administrativa.

[662] Nesse sentido, inclusive, já decidiu o STJ: AgInt no RtPaut no AgInt no RE nos EDcl no AgInt no Agravo em REsp 1.341.323/RS, j. 05.05.2020.

6.12.13.3.1 Resolução CNMP 306/2025: os limites do controle da decisão do promotor natural de não celebrar o ANPC

Conforme visto, o Conselho Nacional do Ministério Público disciplinou o acordo de não persecução civil no âmbito do Ministério Público. A medida consta da Resolução 306/2025, publicada no dia 17 de fevereiro, no Diário Eletrônico do CNMP.

Nos termos da norma, o acordo de não persecução civil é negócio jurídico celebrado entre o Ministério Público e os responsáveis pela prática de ato de improbidade administrativa, devidamente assistidos por advogado ou defensor público.

Fixada tal premissa, questão interessante consiste em saber se da decisão do promotor natural de não celebrar o ANPC cabe algum tipo de recurso ou pedido de revisão. Noutras palavras, a decisão do membro do Ministério Público de não celebrar o ANPC se sujeita a algum tipo de controle?

Note-se que a LIA instituiu um controle pelo órgão de revisão ministerial apenas nas hipóteses em que o promotor natural decidir celebrar o ANPC. Da análise do art. 17-B da LIA, vê-se que a negativa de celebração de ANPC não se sujeita ao crivo do órgão de revisão ministerial.

Assim, se o promotor natural decidir não celebrar o ANPC, não se pode querer aplicar, por analogia, a regra prevista no § 14 do art. 28-A do CPP, segundo a qual, "no caso de recusa, por parte do Ministério Público, em propor o acordo de não persecução penal, o investigado poderá requerer a remessa dos autos a órgão superior, na forma do art. 28 deste Código".

Na hipótese, não há lacuna legal, mas sim uma legítima opção do legislador de não instituir revisão das decisões do Ministério Público de não celebrar o ANPC, o que é corroborado pelo fato de que ambos os acordos, o penal e o civil, foram introduzidos concomitantemente em nosso ordenamento jurídico pela Lei 13.964/2019 (Pacote Anticrime), que somente previu a revisão em relação ao primeiro. Em reforço a esse entendimento, obtempera-se que tal opção do legislador foi ratificada pela Lei 14.230/2021, que inseriu na LIA o artigo 17-B, oferecendo parâmetros materiais e procedimentais para a celebração do ANPC, sem prever o cabimento da revisão da decisão do Ministério Público de não celebrar o acordo.

Tratar essa clara opção legislativa como uma hipótese de lacuna patente significa modificar, por meio de interpretação divorciada do sistema vigente, o quadro de competências legalmente definido.

Frise-se, demais disso, que a negativa de celebração de acordos no microssistema de tutela coletiva, historicamente, não conta com uma instância de revisão.[663]

Nessa matéria, não se pode querer traçar um paralelo com o controle que é feito pelos órgãos de revisão da decisão do promotor natural de arquivar o inquérito civil ou o procedimento preparatório. Afinal, nessas hipóteses o promotor natural decide não agir por entender que não há lesão ou ameaça de lesão a interesse de matriz coletiva, coisa bem distinta de decidir não celebrar o ANPC por entender que a tutela por adjudicação judicial é mais vantajosa ao interesse público.

A despeito disso, e de forma até surpreendente, a Resolução CNMP 306/2025, em seu art. 4.º, § 1.º, prevê expressamente a possibilidade de o interessado pedir ao órgão competente do Ministério Público a revisão da decisão do promotor natural de não celebrar o acordo. Confira-se:

---

[663] No mesmo sentido: GARCIA, Emerson. Acordo de não persecução cível: a negativa de celebração é suscetível de revisão? In: CAMBI, Eduardo Augusto Salomão; GARCIA, Emerson; ZANETI JR., Hermes (org.). *Improbidade administrativa*: principais alterações promovidas pela Lei 14.230/2021. Belo Horizonte: D'Plácido, 2022. p. 609.

> **Art. 4.º (...)**
>
> **§ 1.º** Nas hipóteses de recusa de oferecimento de proposta de acordo de não persecução civil ou de discordância com as condições exigidas pelo Ministério Público é cabível pedido de revisão ao órgão competente do Ministério Público, no prazo de 10 (dez) dias contados da ciência pelo interessado.

Em complemento, a normativa do CNMP estabelece que se o promotor natural não reconsiderar sua decisão, o pedido de revisão, que não terá efeito suspensivo, deverá ser submetido à instância superior no prazo de 3 (três) dias (art. 4.º, §§ 2.º e 3.º).

Se, por um lado, a Resolução CNMP 306/2025 previu a possibilidade de controle desse tipo de decisão, por outro, não esclareceu qual é a autoridade competente para fazê-lo, tampouco definiu quais são os limites desse controle.

Embora tais lacunas devam ser preenchidas por cada ramo do Ministério Público, por meio de suas normativas internas, pensamos que algumas diretrizes devem ser observadas.

No que toca à primeira omissão, a solução mais adequada será reservar tal competência ao órgão do Ministério Público que também possui atribuição para aprovar os acordos de não persecução civil, nos termos do art. 17-B, § 1.º, II, da LIA. Isso proporcionará maior racionalidade ao sistema, pois o mesmo órgão que aprova os acordos terá competência para controlar eventuais recusas dos promotores naturais em celebrá-los.

Já em relação à segunda omissão – ausência de definição dos limites desse controle que poderá ser feito pelo órgão competente no exercício dessa competência revisional –, a solução deve ser construída sob o influxo da Constituição Federal e da Lei 8.429/1992.

As regras da Resolução CNMP 306/2025, que autorizam o controle em exame, precisam ser bem interpretadas, sob pena de serem consideradas inválidas, quer seja por afronta direta à Lei 8.429/1992, que optou por não sujeitar a negativa de celebração do ANPC a nenhum tipo de controle, quer seja por afronta aos princípios constitucionais do promotor natural[664] e da independência funcional (art. 127, § 1.º, da CF), que só admitem mitigação por força de lei.

Dito isso, entendo que **a competência do órgão de revisão ministerial**, quando provocado a controlar a decisão do promotor natural de não celebrar o ANPC, na forma do art. 4.º, § 1.º, da Resolução CNMP 306/2025, **limita-se à análise da legalidade da recusa**, não podendo adentrar no mérito da decisão.

Isso não significa que a escolha do promotor natural por não celebrar o ANPC seja inteiramente livre. Ela está limitada pelo princípio da legalidade (considerado em seus sentidos amplo e restrito) e pela exigência de razoabilidade e motivação.

Por maior que seja a margem de discricionariedade, existe a exigência de motivação da decisão. Prova disso é que a própria cabeça do art. 4.º da Resolução CNMP 306/2025 exige motivação idônea da decisão de não celebrar o ANPC[665].

É pela motivação que se verifica se o ato está ou não em consonância com a lei e com os princípios constitucionais do direito administrativo sancionador. Verificada essa conformidade, a escolha feita pelo promotor natural insere-se no campo do mérito, que não pode ser alcançado pelo órgão de revisão ministerial.

Assim, as decisões do promotor natural de não celebrar o ANPC somente poderão ser revistas pelo órgão competente em caso de desvio de poder, arbitrariedade, ilegalida-

---

[664] Nesse sentido: RE 638.757 no AgR/RS, 1.ª T., rel. Min. Luiz Fux, j. 25.04.2013.

[665] "Art. 4.º Poderá o membro do Ministério Público, mediante motivação idônea, recusar-se a oferecer proposta de acordo de não persecução civil, ou ainda, rejeitar proposta de acordo apresentada pelo investigado ou demandado, quando constatar, no caso concreto, que o ajuizamento da ação de improbidade administrativa ou o seu prosseguimento é mais conveniente ao interesse público."

INTERESSES DIFUSOS E COLETIVOS - VOL. 1

de, inexistência de motivos ou de motivação, irrazoabilidade ou desproporcionalidade da decisão ou ofensa aos princípios constitucionais do direito administrativo sancionador.

Exemplificativamente, se o promotor natural deixar de celebrar o ANPC porque o infrator se recusou a cumprir uma pena de prestação e serviços à comunidade pelo prazo de 8 (oito) anos – sanção não prevista na LIA –, tal decisão poderá ser revista pelo órgão de revisão, a pedido do interessado, porquanto ofensiva ao princípio constitucional da legalidade (CF, art. 5º, XXXIX[666]), aplicável no domínio da LIA por força do disposto no art. 1.º, § 4.º.[667]

Da mesma forma, se o promotor natural deixar de oferecer proposta de ANPC sem apresentar nenhuma motivação para sua recusa, sua decisão também poderá ser revista pelo órgão de revisão, a pedido do interessado.

Por outro lado, se o membro do Ministério Público, de forma motivada, deixar de celebrar o ANPC porque o infrator recusou proposta de aplicação de penas previstas na LIA, fixadas dentro dos parâmetros legais, sua escolha será válida. Daí porque não pode o órgão de revisão competente invadir esse espaço reservado, por lei, ao promotor natural, pois, caso contrário, estaria substituindo, por seus próprios critérios de escolha, a opção legítima feita pelo promotor com atribuição para atuar no caso com base em razões de oportunidade e conveniência que ele, melhor do que ninguém, pode decidir diante de cada caso concreto.

Vê-se, portanto, que a Resolução CNMP 306/2025 não autoriza o controle do mérito da decisão do promotor natural, mas sim o controle dos limites legais da discricionariedade da sua decisão.

Nessa ordem de ideias, quando o órgão de revisão ministerial reformar a decisão do promotor natural de não celebrar o ANPC por desvio de poder, por irrazoabilidade da decisão, por inexistência de motivos ou de motivação, ou por infringência aos princípios constitucionais do direito administrativo sancionador, não estará controlando o mérito da decisão, mas sim a legalidade do ato.

Isso posto, no exercício da sua competência revisional, se o órgão de controle entender que a decisão do membro do Ministério Público de não celebrar o ANPC apresenta alguma ilegalidade, poderá:

(i) determinar ao promotor natural que proponha o acordo, quando entender que a medida protege de maneira suficiente o patrimônio público e a moralidade administrativa;

(ii) indicar as condições que devem ser ajustadas pelo promotor natural, para que seja reformulada a proposta de acordo.

De outro lado, acaso a decisão do promotor natural de não celebrar o ANPC apresente motivação idônea e tenha sido tomada dentro dos limites legais da discricionariedade, deverá ser mantida pelo órgão de controle.

A previsão desse controle interno, nos limites acima propostos, tem o benefício de evitar eventuais condutas arbitrárias ou solipsistas por parte de membros do Ministério Público, proporcionando, assim, uma atuação institucional mais coerente e racional no combate à corrupção, sob o influxo dos princípios constitucionais da independência

---

[666] "Art. 5.º (...) XXXIX – não há crime sem lei anterior que o defina, nem pena sem prévia cominação legal; (...)."

[667] "Art. 1.º (...) § 4.º Aplicam-se ao sistema da improbidade disciplinado nesta Lei os princípios constitucionais do direito administrativo sancionador."

CAP. 6 – IMPROBIDADE ADMINISTRATIVA | 951

funcional (art. 127, § 1.º, da CF) e do promotor natural, ao mesmo tempo em que se prestigia a vontade da LIA de não possibilitar o controle do mérito desse tipo de decisão.

6.12.13.4 Legitimidade ativa para o acordo

Antes da reforma promovida na LIA pela Lei 14.230/2021, todos os legitimados à propositura da ação de improbidade administrativa estavam autorizados a buscar uma solução negociada no domínio da LIA. Isto é, tanto o Ministério Público quanto as pessoas jurídicas interessadas possuíam legitimidade para celebrar o acordo de não persecução cível com o agente ímprobo.

A partir da reforma, o Ministério Público passou a ser o único legitimado à ação (art. 17, *caput*) e, consequentemente, à celebração do ANPC (art. 17-B, *caput* e § 5.º, ambos inseridos na LIA pela Lei 14.230/2021). Contudo, vimos que o STF reputou inconstitucional tal restrição e reconheceu a existência de legitimidade ativa concorrente e disjuntiva entre Ministério Público e pessoas jurídicas interessadas tanto para a propositura da ação de improbidade administrativa como para a celebração de acordos de não persecução cível (ADIs 7.042 e 7.043).

A partir dessa decisão do STF, portanto, foi restabelecida a legitimidade ativa concorrente e disjuntiva para a celebração do ANPC entre o Ministério Público e o ente lesado, o que significa atuação autônoma e independente.

6.12.13.5 Requisitos específicos do ANPC

O acordo de não persecução cível deverá observar os requisitos genéricos de qualquer negócio jurídico, previstos no art. 104 do Código Civil, e outros requisitos específicos da autocomposição em matéria de improbidade administrativa, previstos no art. 17-B da LIA.

Neste tópico, cuidaremos dos requisitos específicos do ANPC, que podem ser de validade (art. 17-B, I e II, §§ 1.º, I, e 2.º) ou de eficácia (art. 17-B, § 1.º, II e III), e devem estar presentes, cumulativamente, para que a avença produza efeitos.

6.12.13.5.1 Reparação integral do dano e reversão da vantagem indevida obtida

Nos termos do art. 17-B, I e II, do acordo, devem advir, necessariamente, os seguintes resultados: a) o integral ressarcimento do dano; e b) a reversão à pessoa jurídica lesada da vantagem indevida obtida, ainda que oriunda de agentes privados.

O acordo só exigirá tais resultados, evidentemente, quando o ato de improbidade administrativa ensejar dano ao patrimônio público e/ou enriquecimento ilícito.

Anote-se que, se o acordo for celebrado com mais de um infrator, cada um dos agentes responsáveis pela prática do ato de improbidade deverá responder nos limites da sua culpabilidade e nos termos da conduta praticada, conforme o disposto no art. 17-C, § 2.º, da LIA (inserido pela Lei 14.230/2021). O preceito exige, assim, a individualização das condutas de cada réu, não sendo admitida a responsabilização por ações ou omissões para as quais não tiver concorrido.

Nos casos de concurso de agentes, portanto, a solidariedade não se presume, devendo haver comprovação de atuação conjunta e com unidade de desígnios para que os infratores sejam responsabilizados solidariamente ao ressarcimento do dano.[668] Sem embargo, nada

---

[668] No mesmo sentido: MARTINS JUNIOR, Wallace Paiva; MAGALHÃES JUNIOR, Alexandre Alberto de; OLIVEIRA, Beatriz Lopes de. *Lei de Improbidade Administrativa Comentada*. Salvador: Juspodivm, 2023. p. 277.

952 | INTERESSES DIFUSOS E COLETIVOS – VOL. 1

impede que os investigados/réus, voluntariamente, aceitem a responsabilização solidária no ANPC, nos termos do art. 265 do CC, o que deve restar bem esclarecido no instrumento da avença.

Reprise-se que a quantificação do valor do dano a ser reparado deve deduzir o ressarcimento havido nas instâncias criminal, civil e administrativa que tiver por objeto os mesmos fatos, nos termos do art. 12, § 6.º,[669] da LIA, evitando-se, assim, o enriquecimento sem causa por parte do ente lesado.

Noutro flanco, o § 3.º do art. 17-B da LIA estabelece que, para fins de apuração do valor do dano a ser ressarcido, deverá ser realizada a **oitiva do Tribunal de Contas** competente, que se manifestará, com indicação dos parâmetros utilizados, no prazo de 90 dias.

Ao assim dispor, a norma aparenta condicionar o exercício da atividade-fim do Ministério Público à atuação da Corte de Contas, transmudando-a em uma espécie de ato complexo apto a interferir indevidamente na autonomia funcional constitucionalmente assegurada ao órgão ministerial.

Por outro lado, a própria fixação de prazo para a manifestação, mediante lei ordinária de autoria parlamentar, afeta o gozo das prerrogativas de autonomia e de autogoverno das Cortes de Contas, que, na linha do que previsto pelo texto constitucional e reconhecido pela reiterada jurisprudência desta do STF, "inclui, essencialmente, a iniciativa reservada para instaurar processo legislativo que pretenda alterar sua organização e seu funcionamento, como resulta da interpretação lógico-sistemática dos artigos 73, 75 e 96, II, *d*, da CRFB/88" (ADI 4.643, Tribunal Pleno, rel. Min. Luiz Fux, *DJe* 03.06.2019).

Essas questões não passaram despercebidas pelo STF, que suspendeu cautelarmente a eficácia do § 3.º do art. 17-B da LIA na ADI 7.236/DF, sob os seguintes fundamentos: (i) quebra da autonomia institucional do Ministério Público e da independência funcional dos seus membros (inconstitucionalidade material); e (ii) desrespeito à legitimidade privativa do Tribunal de Contas para a propositura de norma que estabeleça a sua própria organização (inconstitucionalidade formal).

6.12.13.5.1.1 Acordo subjetivamente parcial para fins de reparação de danos

Conforme visto, a reparação integral dos danos causados ao erário é requisito patrimonial mínimo para a celebração do ANPC.

Vimos também que nos casos de concurso de agentes a solidariedade não se presume, devendo haver comprovação de atuação conjunta e com unidade de desígnios para que os infratores sejam responsabilizados solidariamente pelo ressarcimento do dano.

No ponto, a questão que se coloca é saber se o legitimado à celebração do ANPC, em caso de solidariedade passiva e dano ao erário, pode celebrar o acordo com um dos responsáveis pelo ato de improbidade administrativa, tomando deste o compromisso de promover a reparação parcial dos danos.

Para enfrentar essa questão, é preciso compreender a solidariedade como característica subjetiva da obrigação (inerente aos sujeitos). Por outro lado, cuidando-se de solidariedade passiva (entre os obrigados), a obrigação pode ser exigida, parcial ou totalmente, de um ou de alguns dos devedores. Além disso, se parcial o pagamento, os demais sujeitos passivos continuam obrigados solidariamente pelo restante. Desse teor o artigo 275 do CC:

---

[669] "Art. 12 (...) § 6.º Se ocorrer lesão ao patrimônio público, a reparação do dano a que se refere esta Lei deverá deduzir o ressarcimento ocorrido nas instâncias criminal, civil e administrativa que tiver por objeto os mesmos fatos."

Art. 275. O credor tem direito a exigir e receber de um ou de alguns dos devedores, parcial ou totalmente, a dívida comum; se o pagamento tiver sido parcial, todos os demais devedores continuam obrigados solidariamente pelo resto.

Parágrafo único. Não importará renúncia da solidariedade a propositura de ação pelo credor contra um ou alguns dos devedores.

Note-se que a Lei 8.429/1992 não modificou essas regras materiais concernentes à solidariedade e à responsabilidade aquiliana. Ao disciplinar a reparação dos danos causados pelos atos de improbidade administrativa, a LIA fixa a diretriz no sentido de que é imprescindível que isso ocorra, sem alterar, contudo, o regime das obrigações emergentes de atos ilícitos extracontratuais, quanto à reposição do estado anterior.

Assim, a solidariedade passiva existente entre os agentes que concorrem para o ato de improbidade administrativa lesivo ao patrimônio público não impede que seja celebrado um ANPC parcial com um dos agentes, no qual seja assumido o dever de reparar parcialmente o dano causado ao erário, especialmente nos casos em que esse acordo parcial fomente a colaboração do agente compromissário com as investigações.

Tal acordo não significará renúncia ao direito indisponível (reparação integral) ou à solidariedade. Remanescerá a exigibilidade do restante da obrigação em relação aos demais obrigados.

Nesses acordos parciais, a nosso sentir, faz-se conveniente a inclusão de cláusula mencionando expressamente a inexistência de renúncia ao valor restante e que serão tomadas as providências faltantes para a recuperação integral dos valores devidos. Noutras palavras, o valor faltante deverá ser buscado junto aos demais responsáveis, seja por meio de outros acordos, seja por meio do ajuizamento de ações de improbidade administrativa.

É esse também o pensamento do professor Ricardo de Barros Leonel:[670]

> O acordo feito com um sujeito responsável, no qual ele assuma a obrigação de reparar proporcionalmente os danos, não significa transação ou renúncia ao restante. Além disso, é integral em relação à proporção que lhe toca, e não dispensará o legitimado encarregado do caso (Ministério Público ou Poder Público) de buscar, em outros acordos ou em juízo, o valor faltante, de sorte a integralizar a reparação.

A Resolução CNMP 306/2025 autoriza essa solução ao prever que, em relação à reparação do dano, é vedada composição que importe concessão sobre o montante apurado, admitindo-se apenas a divisão de responsabilidades entre investigados diversos (art. 6.º, § 4.º).

6.12.13.5.2 Oitiva do ente lesado

O art. 17-B, § 1.º, I, da LIA – concebido à luz do modelo originário de legitimidade exclusiva do MP – condiciona a celebração do ANPC à oitiva do ente federativo lesado, em momento anterior ou posterior à propositura da ação.

Nos acordos celebrados pelo MP, portanto, a **oitiva do ente lesado é obrigatória**, independentemente do momento da celebração do ajuste.

Acaso o ANPC seja celebrado na fase extrajudicial, recomenda-se ouvir o ente lesado antes do controle que é feito pelo órgão do Ministério Público competente para apreciar as promoções de arquivamento de inquéritos civis, para que eventual objeção da

---

[670] LEONEL, Ricardo de Barros. Solidariedade e divisibilidade das obrigações nos acordos civis em tutela coletiva. *Conjur*, 18 ago. 2024.

administração pública possa ser levada em consideração pelo órgão de revisão ministerial antes da aprovação do acordo.

Nesse mesmo sentido, confira-se o teor do art. 9.º, § 1.º, da Resolução CNMP 306/2025:

> **Art. 9.º (...) § 1.º** Quando o acordo for celebrado na fase extrajudicial, a oitiva do ente lesado deverá ser realizada preferencialmente antes do controle da avença pelo órgão de revisão ministerial, previsto no artigo 17-B, § 1.º, inciso II, da Lei 8.429/1992.

Não haverá nenhuma ilegalidade, contudo, se a oitiva do ente lesado ocorrer depois da aprovação do ANPC pelo órgão de revisão ministerial, desde que anterior à homologação judicial do acordo.

Registre-se que **a manifestação do ente lesado, embora obrigatória, não vincula a atuação do Ministério Público**. Vale dizer, mesmo que a pessoa jurídica lesada não concorde com os termos do ajuste, por entender que não recompõe integralmente o patrimônio público lesado, ou, ainda, por entender que as sanções pactuadas são excessivas ou insuficientes para punir o ilícito, o Ministério Público poderá celebrá-lo com o investigado/réu.[671] Entendimento contrário afrontaria a autonomia funcional do MP, prevista no art. 127, § 2.º, da CF.

Nas hipóteses em que o ANPC é celebrado pelo MP no curso da ação de improbidade administrativa, o ente lesado deve ser ouvido antes da homologação judicial do acordo. Se o acordo vier a ser homologado pelo Poder Judiciário, poderá a administração pública apelar da sentença homologatória, quando dela discordar (CPC, art. 996).

Por se tratar de requisito de validade da avença, caso o ANPC celebrado entre o MP e o investigado/réu seja homologado pelo Poder Judiciário sem a participação do ente lesado, este poderá buscar, judicialmente, a anulação do acordo (art. 966, § 4.º, do CPC) ou a complementação da cobertura dos danos cuja reparação (parcial) foi avençada.

Note-se que a exigência de oitiva do ente lesado guarda compatibilidade com o modelo inserido na LIA pela Lei 14.230/2021, no qual apenas o Ministério Público possuía legitimidade para o ajuizamento da ação de improbidade administrativa e para a celebração do ANPC. Contudo, uma vez restabelecida a legitimidade do ente lesado para a propositura de AIA e para a celebração de ANPC (STF, ADIs 7.042 e 7.043), por uma questão de coerência sistêmica, torna-se imperativa a prévia oitiva do Ministério Público nos processos de homologação judicial dos acordos celebrados pela administração pública antes ou após o ajuizamento da ação, na condição de fiscal da ordem jurídica, aplicando-se, por analogia, o disposto no § 1.º do art. 5.º da LACP. Se o acordo celebrado pelo ente lesado vier a ser homologado pelo Poder Judiciário, poderá o MP apelar da sentença homologatória, quando dela discordar (CPC, art. 996).

Anote-se, por último, que, se houver concordância quanto à solução proposta no ANPC, nada impede que o Ministério Público celebre o negócio jurídico em conjunto com a entidade lesada, hipótese em que restará dispensada a providência prevista no art. 17, § 1.º, I, da LIA.

6.12.13.5.3 Aprovação do órgão de revisão ministerial em caso de ANPC extrajudicial

O art. 17-B, § 1.º, II, da LIA condiciona a eficácia do ANPC, se anterior ao ajuizamento da ação de improbidade administrativa, à aprovação dos seus termos e condições

---

[671] Nesse sentido, por exemplo, o inciso I do art. 12 da Res. 2.469-GPGJ, que disciplina o ANPC no âmbito do Ministério Público do Rio de Janeiro, prevê que o membro do MP deverá cientificar o ente lesado para que se manifeste sobre a celebração do acordo de não persecução cível, principalmente a respeito do montante dos danos a serem reparados, **não se exigindo, contudo, sua aquiescência como requisito de validade ou eficácia do ajuste.** No mesmo sentido: Res. 1.193/2020-CPJ-MPSP, art. 5.º, XIV.

pelo órgão de revisão do Ministério Público, competente para aprovar o arquivamento de inquérito civil.

Nos Ministérios Públicos dos Estados, os respectivos Conselhos Superiores são os órgãos competentes para exercer tal controle[672]. Já no Ministério Público Federal e no do Distrito Federal e Territórios, a LOMPU, em substituição à LACP, atribuiu o poder revisor às diversas Câmaras de Coordenação e Revisão, cada qual competente para determinadas matérias[673].

Conforme estabelecido no art. 14 da Resolução CNMP 306/2025, o Conselho Superior do Ministério Público (CSMP) ou a Câmara de Coordenação e Revisão (CCR), ao fazer a análise do acordo de não persecução civil, poderá:

a) aprovar o acordo, quando entender que as condições pactuadas protegem de maneira suficiente o patrimônio público e a moralidade administrativa;

b) devolver os autos ao membro do Ministério Público que celebrou o acordo, quando houver discordância apenas em relação aos termos da avença, indicando os pontos que devem ser ajustados, para que seja reformulada a proposta, colhendo-se, na sequência, a concordância do celebrante e seu defensor;

c) converter o julgamento em diligência para a realização de atos imprescindíveis à sua decisão, especificando-os e remetendo os autos ao membro do Ministério Público que celebrou o acordo, e, no caso de recusa fundamentada, ao órgão competente para designar o membro que irá atuar;

d) reprovar o acordo, indicando os fundamentos de fato e de direito de sua decisão, deliberando pelo prosseguimento das investigações ou pelo ajuizamento da ação de improbidade administrativa ou de outra ação cabível, remetendo os autos ao membro do Ministério Público que celebrou o acordo, e, no caso de recusa fundamentada, ao órgão competente para designar o outro membro que irá atuar.

Na hipótese referida na alínea "b", acaso o membro do Ministério Público que celebrou o acordo não concorde, de forma fundamentada, com os ajustes propostos pelo órgão de revisão, este adotará as providências relativas à designação de outro membro do Ministério Público para atuação (art. 14, § 1.º).

Por outro lado, se o investigado discordar dos ajustes propostos pelo Ministério Público, o órgão de revisão poderá reprovar o acordo, deliberando pelo prosseguimento das investigações ou pelo ajuizamento da ação de improbidade administrativa (art. 14, § 2.º).

Note-se que esse controle pelo órgão de revisão ministerial só se aplica aos acordos celebrados extrajudicialmente. Os acordos celebrados pelo MP no curso da ação de improbidade administrativa se sujeitam, exclusivamente, ao crivo judicial.

6.12.13.5.4 Homologação judicial do acordo

O art. 17-B, § 1.º, III, da LIA estabelece que a celebração do ANPC dependerá de homologação judicial, independentemente de o acordo ocorrer antes ou depois do ajuizamento da ação de improbidade administrativa.

Cuida-se de **condição de eficácia do negócio jurídico**, sem a qual o acordo em tema de improbidade não tem capacidade de gerar os efeitos desejados pelas partes celebrantes.

---

[672] LONMP, art. 30, c.c. LACP, art. 9.º, § 1.º.
[673] LOMPU, arts. 62, IV, e 171, IV; e Res. CMPF 20/1996, art. 6.º, IV e § 1.º.

No modelo implementado pela Lei 14.230/2021, portanto, existem duas maneiras de se obter um título executivo judicial a partir de um acordo de não persecução cível.

A primeira é requerer em juízo a homologação de uma autocomposição extrajudicial, o que se fará por intermédio de procedimento de jurisdição voluntária, nos termos do art. 725, VIII, do CPC. O pedido de homologação deverá ser apresentado por ambas as partes, perante o juízo que seria competente para o processo e julgamento da AIA (art. 17, § 4.º, da LIA).

A segunda é celebrar o acordo no curso de uma ação de improbidade, hipótese em que o pedido de homologação da avença será feito por petição conjunta das partes nos próprios autos. Se o acordo for celebrado na fase recursal, a homologação competirá ao relator, nos termos do art. 932, I, do CPC. Se o acordo for celebrado após o trânsito em julgado de decisão, deverá ser submetido ao crivo do juízo do cumprimento da sentença. Se a sentença ainda não estiver sendo executada, a análise do ANPC será feita pelo juízo da fase de conhecimento.

A atividade do juiz, nesses casos, não será, contudo, meramente confirmatória do acordo, em juízo simplista de delibação, no qual se verificam apenas os aspectos formais da avença.[674] O juiz, nestas oportunidades, deverá proceder a um verdadeiro exame de mérito do acordo, deixando de homologá-lo, homologando-o parcialmente ou recomendando às partes alterações em determinadas cláusulas. Para além dos requisitos formais, o juiz controla, também, o próprio conteúdo da convenção, se a avença atende as expectativas da coletividade à luz de particularidades subjetivas e objetivas da causa, bem como do princípio constitucional da razoável duração do processo, inclusive na fase satisfativa (art. 5.º, LXXVIII, da CF e art. 4.º do CPC).

Se a *ratio legis* fosse instituir um controle meramente formal, não precisaria exigir a participação do judiciário nos acordos celebrados extrajudicialmente. Nos compromissos de ajustamento de conduta (art. 5.º, § 6.º, da LACP), por exemplo, não há participação do judiciário na fase pré-processual.

Por outro lado, não podemos olvidar que o destinatário principal das sanções do art. 12 da LIA é o juiz. A exigência de homologação judicial de todos os acordos em matéria de improbidade (art. 17-B, § 1.º, III, da LIA), inclusive daqueles celebrados antes do ajuizamento da ação, já aponta essa diretriz interpretativa: compete ao Poder Judiciário dar a palavra final sobre a adequação e suficiência das penas pactuadas no ANPC.

Frise-se, demais disso, que o acordo somente será considerado válido quando se mostrar mais vantajoso ao interesse público do que a tutela por a*dju*dicação judicial, levando-se em consideração, dentre outros aspectos, a personalidade do agente, a natureza, as circunstâncias, a gravidade e a repercussão social do ato de improbidade, bem como as vantagens da rápida solução do caso (art. 17-B, § 2.º, da LIA). Logo, é indispensável que o Judiciário obste os acordos contrários ao interesse público.[675]

Imagine-se, por exemplo, um acordo celebrado na fase de execução, no qual as partes pactuem a exclusão das penas de perda da função pública e suspensão dos direitos políticos fixadas na sentença condenatória, em troca do aumento do valor da multa civil. Homologar um acordo nesses termos significará legitimar que agentes reconhecidamente desonestos, tão somente por reunirem melhores condições econômicas, barganhem o afastamento das sanções que lhe forem legitimamente impostas pelo Judiciário.

---

[674] Em sentido contrário, Daniel Assumpção entende que a atividade judicial, nesse caso, limita-se a analisar os requisitos formais do acordo, não cabendo ao juiz adentrar no seu conteúdo (NEVES, Daniel Amorim Assumpção; OLIVEIRA, Rafael Carvalho Rezende. *Improbidade Administrativa*: Direito Material e Processual. 9. ed. Rio de Janeiro: Forense, 2022. p. 355).

[675] No mesmo sentido: GAJARDONI, Fernando da Fonseca. *Comentários à Nova Lei de Improbidade Administrativa*. 6. ed. São Paulo: Thomson Reuters Brasil, 2023. p. 425-426.

CAP. 6 – IMPROBIDADE ADMINISTRATIVA | 957

A 2.ª Turma do Superior Tribunal de Justiça já decidiu que **o magistrado deve controlar o mérito dos acordos em matéria de improbidade**. Pela importância, destaca-se excerto do voto do relator, Ministro Herman Benjamin:

> O art. 17-B, § 2.º, da LIA, na redação pela Lei 14.230/2021 – já apontando diretriz interpretativa sobre o tema –, é expresso no sentido de que o acordo (*sic*: o seu conteúdo) deverá considerar "a personalidade do agente, a natureza, as circunstâncias, a gravidade e a repercussão social do ato de improbidade, bem como as vantagens, para o interesse público, da rápida solução do caso". Algo que também será aferido pelo Judiciário no instante em que provocado a apreciar a avença, podendo, portanto, recusar a homologação quando entender que o conteúdo do acordo não preserva, à luz das particularidades da causa, o interesse público na tutela da probidade administrativa.[676]

Assim, se o juiz considerar inadequadas, insuficientes ou abusivas as condições fixadas no ANPC, poderá devolver os autos ao MP ou ao ente lesado para que seja reformulada a proposta de acordo, com concordância do investigado/réu e seu defensor, aplicando-se, por analogia, o disposto no art. 28-A, § 5.º, do CPP. Não se ignora, é certo, que o paralelismo aqui referido está longe de ser um paradigma de perfeição, já que o acordo na seara penal não espelhará, necessariamente, o acordo no âmbito cível. Apesar disso, não se pode afastar a coerência da lei nessa perspectiva de análise. Afinal, ambos os institutos integram o direito sancionador, foram inseridos na legislação brasileira pelo mesmo diploma normativo e alcançam ilícitos cujas sanções somente podem ser aplicadas pelo Poder Judiciário.

Note-se, justamente por isso, que os acordos celebrados pelo Ministério Público incidentalmente à ação de improbidade administrativa não são passíveis de revisão no âmbito interno (não necessitam ser homologados pelo respectivo Conselho Superior),[677] pois o controle já é realizado pela autoridade judicial.

Da decisão judicial que não homologar o acordo cabe recurso pelo legitimado ativo (MP e ente lesado) e pelo investigado/réu. Da decisão que homologa o acordo, caberá recurso por parte do ente lesado ou do MP, nos casos em que se opôs à avença celebrada entre o infrator e o outro legitimado.

Se o ANPC é celebrado extrajudicialmente e apresentado em juízo pelas partes para homologação, da decisão que homologá-lo ou rejeitá-lo cabe apelação. Se o acordo é celebrado no curso de uma AIA, o recurso cabível é variável conforme se trate de decisão homologatória (apelação) ou não homologatória (agravo de instrumento).

6.12.13.5.5 Constatação, no caso concreto, de que a resolução consensual é mais vantajosa ao interesse público do que o ajuizamento da ação civil por ato de improbidade administrativa ou seu prosseguimento

O acordo somente será considerado válido quando se mostrar mais vantajoso ao interesse público do que a tutela por a*dju*dicação judicial, levando-se em consideração, dentre outros aspectos, a personalidade do agente, a natureza, as circunstâncias, a gravidade e a repercussão social do ato de improbidade, bem como as vantagens da rápida solução do caso (art. 17-B, § 2.º, da LIA).

Para assegurar uma **atuação resolutiva**[678] na tutela da probidade administrativa, é indispensável que se analise, diante do caso concreto, se a resolução consensual apresen-

---

[676] Acordo no AREsp 1.570.781/RS, 2.ª T., rel. Min. Herman Benjamin, j. 19.04.2022.

[677] Res. CNMP 179/2017, art. 6.º, § 1.º.

[678] Entende-se por atuação resolutiva aquela pela qual o legitimado à proteção do patrimônio público, no âmbito de suas atribuições, contribui decisivamente para prevenir ou solucionar, de modo efetivo, o conflito, o problema ou a controvérsia

ta reais vantagens sobre a tutela da probidade administrativa por adjudicação judicial, atentando-se, entre outros, para os seguintes aspectos: *(i) a possibilidade de duração razoável do processo; (ii) a efetividade das sanções aplicáveis; e (iii) a maior abrangência de responsabilização de agentes públicos, de terceiros envolvidos no ilícito ou que dele tenham auferido vantagem indevida de qualquer natureza.*

O que se espera, portanto, é que a escolha do instrumento jurídico mais adequado para a defesa da probidade administrativa (ANPC ou ação de improbidade administrativa) seja feita de maneira refletida. Essa atuação consequente é importante porque, independentemente do instrumento escolhido, somente será considerada materialmente resolutiva a atuação do ente legitimado quando a respectiva solução for efetivada, não bastando para esse fim apenas o acordo celebrado ou o provimento judicial favorável, ainda que transitado em julgado.

Para se alcançar uma atuação resolutiva na defesa da probidade administrativa, sempre que possível e consideradas as peculiaridades do caso concreto, deve ser priorizada a resolução consensual do conflito, quando esta via se mostrar a mais **adequada, justa e razoável** para a tutela do patrimônio público e da moralidade administrativa.[679]

Embora essas três palavras sejam usadas, com frequência, de modo indivisível, cada uma delas contém significações próprias. Assim, justo *(fair)* significa que o acordo não deve discriminar entre investigados em situação similar e, também, sugere que o processo de negociação deve possuir a dimensão dos direitos em litígio. Razoável *(reasonable)* implica que o acordo deve ser considerado um produto de negociação, e não uma imposição arbitrária. Adequado *(adequate)* tem o sentido de que o acordo deve proporcionar, em magnitude, a suficiente proteção do patrimônio público e da moralidade administrativa e, ainda, estar racionalmente relacionado com a ofensa alegada e sofrida.[680]

Para além dos fatores já referidos *(possibilidade de duração razoável do processo; efetividade das sanções aplicáveis; e maior abrangência de responsabilização de agentes públicos, de terceiros envolvidos no ilícito ou que dele tenham auferido vantagem indevida de qualquer natureza)*, a aferição da adequação, da justiça e da razoabilidade da resolução consensual ocorrerá também por intermédio da aplicabilidade de testes de fatores e/ou indicadores de resultado, levando-se em consideração, entre outros, aqueles previstos no art. 13, § 2.º, da Recomendação de caráter Geral CNMP-CN 02, de 21 de julho de 2018, que dispõe sobre parâmetros para a avaliação da resolutividade da qualidade da atuação dos Membros e das Unidades do Ministério Público pelas Corregedorias-Gerais e estabelece outras diretrizes.[681]

Essa preocupação com uma atuação mais consequente nessa matéria também é evidenciada no art. 2.º da Resolução CNMP 306/2025, que condiciona a celebração do

---

envolvendo a concretização da probidade administrativa, bem como para prevenir, inibir ou reparar adequadamente a lesão ou ameaça ao patrimônio público e à moralidade administrativa e efetivar as sanções aplicadas em face dos correspondentes ilícitos, assegurando-lhes a máxima efetividade possível por meio do uso regular dos instrumentos jurídicos que lhe são disponibilizados.

[679] As diretrizes e os critérios para a revisão e aprovação dos acordos coletivos nas *Class Actions* nos Estados Unidos são muito interessantes e podem ser úteis no Brasil. Pelos padrões ou diretrizes básicas *(a basic standard)*, a tarefa do juiz de primeiro grau, em cumprimento à Rule 23 (e) das Normas Federais de Processo Civil dos Estados Unidos, é avaliar se a proposta de Acordo Coletivo em uma *Class Action* é justa, razoável e adequada *(fair, resoanable and adequate)*.

[680] ALMEIDA, Gregório Assagra de. Direito Estrangeiro e Comparado – Generalidades. O Sistema Jurídico nos Estados Unidos – *Common Law* e Carreiras Jurídicas *(Judges, Prosecutors* e *Lawyers)*: o que poderia ser útil para a reforma do sistema processual brasileiro? *RePro*, v. 251, 2016.

[681] A inspiração para a utilização desses testes de fatores são as orientações fixadas pelos tribunais americanos *(Appeals Courts)* com base em diretrizes da Suprema Corte dos Estados Unidos, firmadas em suas decisões. Esses testes de fatores servem para guiar os juízes de primeiro grau *(trial courts)* na revisão e na aprovação dos Acordos Coletivos nas *Class Actions*.

ANPC à constatação, no caso concreto, da maior vantajosidade da solução negociada ao interesse público, levando-se em consideração, dentre outros fatores:

(i) a complexidade, o custo e a provável duração do processo;

(ii) a adequação das medidas preventivas, ressarcitórias e punitivas contempladas, racionalmente relacionadas com a gravidade do fato, o proveito patrimonial obtido pelo agente, a extensão do dano, a personalidade do infrator e a repercussão social do ilícito;

(iii) os prognósticos sobre prováveis efeitos fáticos e jurídicos, a curto, médio e longo prazos;

(iv) a colaboração do agente infrator com a solução negociada e sua capacidade para o cumprimento do que for acordado;

(v) a adoção de medidas para garantir a ausência, na proposta de acordo, de colusão ou de qualquer espécie de fraude;

(vi) o prognóstico do resultado útil das medidas judiciais e extrajudiciais cabíveis, com a comparação entre o acordo proposto e o provável resultado de um julgamento judicial sobre o mérito da demanda, com ênfase na responsabilidade e nos danos.

Note-se que todas essas diretrizes são importantes e úteis não apenas para a tomada de decisão por parte do ente responsável pela celebração do ANPC, como também para o posterior controle da avença pelos correspondentes órgãos de revisão (p. ex., CSMP, nos ajustes celebrados pelos Ministérios Públicos estaduais), na hipótese de acordo celebrado extrajudicialmente, ou pelo Poder Judiciário, na hipótese de acordo celebrado no curso da ação de improbidade administrativa.

6.12.13.6   Sanções que podem ser convencionadas

O regime jurídico do ANPC inserido na LIA pela Lei 14.230/2021 não prevê expressamente a necessidade de que a avença contemple ao menos uma das medidas genuinamente punitivas previstas no art. 12.

Nos termos dos incisos I e II do art. 17-B, o acordo de não persecução civil deve garantir, no mínimo, o integral ressarcimento do dano e a reversão à pessoa jurídica lesada da vantagem indevida obtida, ainda que oriunda de agentes privados.

Em sentido semelhante, a Resolução CNMP 306/2025, em seu art. 3.º, assim dispõe:

> **Art. 3.º** O acordo de não persecução civil poderá contemplar a aplicação de uma ou mais sanções previstas na Lei 8.429/1992, bem como as condições necessárias para assegurar sua efetividade, sem prejuízo do ressarcimento integral do dano patrimonial e da perda de bens ou valores acrescidos ilicitamente, quando houver.

Numa interpretação literal de tais dispositivos, poder-se-ia chegar à conclusão de que o acordo, como regra, poderá afastar a aplicação de todas as sanções previstas no art. 12 da LIA, bastando, para tanto, que se assegure a reparação integral do erário.[682]

Sabemos, contudo, que a interpretação gramatical não satisfaz ao intérprete. A necessidade de se pactuar, como regra, ao menos uma das sanções previstas no art. 12 decorre de uma interpretação lógico-sistemática da LIA.

---

[682]   Nesse sentido: JUSTEN FILHO, Marçal. *Reforma da Lei de Improbidade Administrativa Comentada e Comparada*: Lei 14.320, de 25 de outubro de 2021. Rio de Janeiro: Forense, 2022. p. 208.

INTERESSES DIFUSOS E COLETIVOS – VOL. 1

Imagine-se, por exemplo, uma negociação envolvendo um ato de improbidade administrativa ofensivo aos princípios da administração pública (art. 11 da LIA), que pressupõe a ausência tanto de enriquecimento ilícito como de dano ao erário. Nessa situação hipotética, dada a impossibilidade fática de se pactuar o integral ressarcimento do dano e a reversão à pessoa jurídica lesada da vantagem indevida obtida, o ANPC, invariavelmente, deverá prever uma das penas previstas no art. 12, inciso III, da LIA.

Como se admitir, então, que o acordo relativo à modalidade menos grave de ato de improbidade administrativa (art. 11) tenha sua validade condicionada à estipulação de uma ou mais sanções previstas no art. 12 da LIA, ao passo que o acordo relativo às modalidades mais graves (arts. 9.º e 10 da LIA) prescinde da pactuação de sanções? Tal solução, evidentemente, não abona os cânones da isonomia e da proporcionalidade.

Fato é que o art. 17-B, em seus incisos I e II, fixa os *requisitos patrimoniais mínimos* para a celebração do acordo. É exigido pelo menos o integral ressarcimento do dano e a reversão ao ente lesado por parte do agente ímprobo dos benefícios ilícitos havidos, quando presentes. Isso não afasta, contudo, a necessidade de que também haja um *piso mínimo punitivo* no acordo.

O art. 1.º, § 4.º,[683] e o art. 17-D[684], ambos inseridos na LIA pela Lei 14.230/2021, conferiram à ação de improbidade administrativa, apesar de civil, natureza predominantemente punitiva, pese a admissão do pedido de reparação de danos. A necessidade de o acordo contemplar ao menos uma das medidas genuinamente punitivas previstas no art. 12, portanto, decorre do fato de a LIA refletir nítido caráter punitivo-repressivo.

Assim, não pode o Ministério Público ou a pessoa jurídica interessada se contentar com a recomposição do patrimônio público lesado. Se o ressarcimento integral do dano consubstancia simples e inevitável desdobramento de qualquer ato ilícito que importe prejuízo a outrem, faz-se imperiosa a fixação de, pelo menos, uma das medidas punitivas apontadas no art. 12, sob pena de desvirtuamento da função e do papel da Lei de Improbidade Administrativa, que, idealizada como instrumento de punição, transvestir-se-ia em mera demanda reparatória.

É esse, inclusive, o atual entendimento do STJ na tutela da probidade administrativa por adjudicação judicial,[685] o qual também deverá ser aplicado no domínio da autocomposição, por imperativo lógico.

Em situações excepcionais, contudo, penso que o ANPC poderá ser celebrado sem a aplicação de sanções ao agente infrator. A aplicação da sanção poderá ser afastada, por exemplo, quando o beneficiado pelo acordo colaborar substancialmente com as investigações e o processo, aplicando-se, por analogia, a regra prevista no art. 4.º da Lei 12.850/2013 (Lei de Combate às Organizações Criminosas), que autoriza a concessão de perdão judicial para aquele que colaborar efetiva e voluntariamente com a investigação e com o processo criminal.

Se uma sanção penal, mais grave, pode ser afastada ou mitigada para alcançar um bem maior, uma penalidade menos grave também pode, especialmente quando isto é necessário para manter a coerência da atuação do Estado e criar um ambiente favorável à descoberta e à comprovação de novos fatos ilícitos por meio de acordos de colaboração futuros.

---

[683] "Art. 1.º (...) § 4.º Aplicam-se ao sistema da improbidade disciplinado nesta Lei os princípios constitucionais do direito administrativo sancionador." (Incluído pela Lei nº 14.230, de 2021)

[684] "Art. 17-D. A ação por improbidade administrativa é repressiva, de caráter sancionatório, destinada à aplicação de sanções de caráter pessoal previstas nesta Lei, e não constitui ação civil, vedado seu ajuizamento para o controle de legalidade de políticas públicas e para a proteção do patrimônio público e social, do meio ambiente e de outros interesses difusos, coletivos e individuais homogêneos."

[685] REsp 1.184.897/PE, 2.ª T., rel. Min. Herman Benjamin, *DJe* 27.04.2011.

No âmbito do Ministério Público do Estado do Rio de Janeiro, por exemplo, a normativa do ANPC autoriza o afastamento da aplicação de sanção, de maneira fundamentada, justamente nas situações em que o beneficiado pelo acordo colaborar com as investigações e o processo (art. 2.º, § 2.º, da Resolução GPGJ 2.469/2022).

No mesmo sentido, a Resolução CPJ 12/2024, que disciplina, dentre outros assuntos, a celebração de ANPC no âmbito do Ministério Público do Estado do Pará, prevê expressamente a possibilidade de isenção de pena ao infrator que colaborar efetivamente com as investigações e o processo (art. 89, § 2.º, c.c. o art. 90, XI).

Essa possibilidade de conceder ao agente colaborador a isenção de pena no ANPC é corroborada pelos arts. 3.º, *caput*, e 6.º, IX, ambos da Resolução CNMP 306/2025, que estabelecem que o acordo poderá contemplar a aplicação de uma ou mais sanções previstas na Lei 8.429/1992, quando necessário para a reprovação e prevenção do ilícito. Nesse particular, é oportuno destacar que essa "faculdade" conferida pela Resolução CNMP 306/2025 ao membro do Ministério Público para pactuar ou não sanções no ANPC só alcança as avenças nas quais o celebrante colaborar efetivamente com a investigação e o processo. No demais casos, em que o acordo é celebrado sem essa colaboração do infrator, a pactuação de pelo menos uma pena será sempre necessária à reprovação e prevenção do ilícito, por imperativo constitucional (art. 37, § 4.º, da CF), ainda que o ato de improbidade administrativa seja considerado de menor gravidade.

Esse entendimento é reforçado pela regra inserida pela Lei 14.230/2021 no § 5.º do art. 12 da LIA, que assim dispõe:

> **Art. 12 (...) § 5.º** No caso de atos de menor ofensa aos bens jurídicos tutelados por esta Lei, a sanção limitar-se-á à aplicação de multa, sem prejuízo do ressarcimento do dano e da perda dos valores obtidos, quando for o caso, nos termos do caput deste artigo.

A norma estabelece que em hipóteses de ofensa de menor dimensão à probidade administrativa o sancionamento será limitado à imposição da multa. Isso significa dizer que mesmo o ato de improbidade administrativa de menor gravidade deve ser penalizado, ainda que por meio da aplicação da sanção de multa civil, quer seja na tutela da probidade por adjudicação judicial, quer seja da tutela da probidade por autocomposição.

Isso posto, é imperioso concluir que a celebração do ANPC deve contemplar tanto o integral ressarcimento do dano e a reversão ao ente lesado dos benefícios ilícitos havidos pelo infrator (*piso mínimo ressarcitório*), quando presentes, como a sujeição do celebrante às sanções previstas na Lei n. 8.429/1992 (*piso mínimo punitivo*), que podem ser aplicadas isolada ou cumulativamente, observados os parâmetros e critérios fixados nos incisos IV, V e VI do art. 17-C da LIA, e no art. 2.º da Resolução CNMP 306/2025, ressalvada a possibilidade excepcional de isenção de pena na hipótese em que o infrator colaborar efetivamente com as investigações e o processo.

Fixadas tais premissas, é forçoso concluir que o acordo de não persecução cível poderá prever a aplicação imediata de quaisquer das sanções previstas no art. 12, incisos I, II e III da LIA, a saber:

a) perda da função pública;

b) suspensão dos direitos políticos;

c) multa civil; e

d) proibição de contratar com o poder público ou receber benefícios ou incentivos fiscais ou creditícios, direta ou indiretamente, ainda que por intermédio de pessoa jurídica da qual seja sócio majoritário.

962 | INTERESSES DIFUSOS E COLETIVOS – VOL. 1

Conforme visto, a redação originária da LIA vedava qualquer tipo de transação, acordo ou conciliação na esfera de improbidade administrativa.

A Lei 13.964/2019, a seu turno, não só excluiu tal vedação como incluiu no art. 17, § 1.º, da LIA previsão expressa de solução negociada, sem estabelecer qualquer tipo de limite ao acordo. A Lei 14.230/2021, da mesma forma, manteve a possibilidade de celebração de ANPC no domínio da probidade administrativa, sem estabelecer limites ao conteúdo punitivo da avença. Essa ausência de limitação autoriza as partes interessadas a convencionarem a aplicação de toda e qualquer sanção prevista no art. 12 da LIA, por meio do denominado acordo de não persecução cível, devendo as partes, dentro da sua liberdade de negociação e sob o influxo dos ditames da proporcionalidade e razoabilidade, elegê-las conforme as particularidades do caso concreto.[686]

A rigor, se o agente ímprobo aceitar a aplicação de sanções por meio da celebração de um ANPC, numa hipótese em que a resolução consensual do conflito se mostrar a mais **adequada, justa e razoável** para a tutela do patrimônio público e da moralidade administrativa, sequer haverá interesse de agir para a ação de improbidade administrativa. Afinal, o exame da "necessidade da jurisdição" fundamenta-se na premissa de que a jurisdição tem de ser encarada como última forma de solução de conflito.[687]

Por essa razão, inclusive, não se aplica aos acordos a limitação prevista no inciso III do art. 12 da LIA (se considerada válida[688]). Vale dizer, se há aceitação do agente público e as sanções se revelarem proporcionais e razoáveis, ele poderá perder a função pública e ter seus direitos políticos suspensos num ANPC relativo à prática de ato de improbidade ofensivo aos princípios da administração pública (art. 11).

Como não vemos impedimento – mais uma vez, dentro da autonomia das partes acordantes – de ser convencionada a perda da função pública atualmente exercida pelo agente ímprobo, afastando-se a ressalva do art. 12, § 1.º, da LIA (1.ª parte), cujos efeitos, inclusive, já foram suspensos liminarmente pelo STF na ADI 7236/DF.

6.12.13.6.1 Suspensão dos direitos políticos e a irrenunciabilidade dos direitos fundamentais

Ainda sobre os limites materiais da solução negociada do conflito no domínio da improbidade administrativa, outra questão importante consiste em saber se a sanção de suspensão dos direitos políticos, que afeta a cidadania do agente ímprobo, restringindo-lhe temporariamente os direitos políticos, obstando, assim, sua participação na vida política do Estado, pode ser aplicada em sede de ANPC.

O art. 15 do texto constitucional indicou expressamente o ato de "improbidade administrativa" (inciso V) entre as hipóteses de suspensão dos direitos políticos (privação temporária). No particular, atente-se que **a norma *sub analise* não exige a condenação definitiva pela prática do ato de improbidade administrativa, mas tão somente a prática do ilícito,** diferentemente da hipótese de suspensão relacionada à prática de infração penal, esta sim condicionada ao trânsito em julgado da sentença penal condenatória (inciso III). Desse teor o art. 15 da CF:

---

[686] No âmbito do Ministério Público Federal, esse entendimento foi adotado pela 5ª Câmara de Coordenação e Revisão, por meio da Orientação 10, que em seu artigo 23 prevê expressamente a possibilidade de pactuação de todas as sanções do rol do artigo 12 da LIA em sede de ANPC. No mesmo sentido está a Nota Técnica 02/2020 do CAO do Patrimônio Público do Ministério Público do Estado de São Paulo, que fornece subsídios aos membros do MPSP para a celebração de acordos de não persecução cível.

[687] DIDIER JR., Fredie. *Curso de direito processual civil*: introdução ao direito processual civil, parte geral e processo de conhecimento. 19. ed. Salvador: Juspodivm, 2017. p. 405.

[688] Sobre a validade da restrição prevista no art. 12, III, da LIA, conferir o tópico 6.9.2.1

Art. 15. É vedada a cassação de direitos políticos, cuja perda ou suspensão só se dará nos casos de:

I – cancelamento da naturalização por sentença transitada em julgado;

II – incapacidade civil absoluta;

III – condenação criminal transitada em julgado, enquanto durarem seus efeitos;

IV – recusa de cumprir obrigação a todos imposta ou prestação alternativa, nos termos do art. 5.º, VIII;

V – improbidade administrativa, nos termos do art. 37, § 4.º.

Complementando esse dispositivo, a Constituição estabeleceu no art. 37, § 4.º, que "**os atos de improbidade administrativa importarão a suspensão dos direitos políticos**, a perda da função pública, a indisponibilidade dos bens e o ressarcimento ao erário, **na forma e gradação previstas em lei**, sem prejuízo da ação penal cabível".

Em obediência a esse comando constitucional, a Lei 8.429/1992 previu expressamente a sanção de suspensão dos direitos políticos (art. 12, I e II). Já em seu art. 17-B, inserido pela Lei 14.230/2021, passou a admitir expressamente a solução negociada, sem estabelecer nenhum tipo de limitação material ao acordo.

Nessa ordem de ideias, é imperioso concluir que a simples prática do ato de improbidade administrativa, quando confessada pelo agente, autoriza a aplicação consensual da sanção de suspensão de direitos políticos por meio da celebração de um ANPC, quer seja na fase extrajudicial, quer seja na fase judicial.

No âmbito do Ministério Público do Estado de São Paulo, o Conselho Superior já homologou, por unanimidade, ANPC extrajudicial no qual se convencionou a aplicação antecipada da sanção de suspensão dos direitos políticos em face de um agente público que se enriqueceu ilicitamente.[689]

Noutro giro, sobreleva notar que o pactuante, ao aceitar voluntariamente a aplicação da sanção de suspensão dos direitos políticos, o faz mediante a supervisão e orientação de seu advogado. Não há de se cogitar, na hipótese, em renúncia dos direitos políticos. Tem-se, isso sim, mera aceitação voluntária da aplicação de sanção de matriz constitucional, com a consequente restrição temporária ao exercício de direito fundamental. Sendo assim, com a celebração do ANPC, o investigado/réu opta, na verdade, por aceitar uma restrição temporária ao exercício dos seus direitos políticos, como consequência da aplicação de sanção prevista tanto na Constituição Federal (art. 15, V, c.c o art. 37, § 4.º) quanto na LIA (art. 12, I e II).

A aplicação consensual dessa sanção não importa concessão sobre os direitos políticos, isto é, sobre seu conteúdo normativo. É preciso deixar bem claro esse ponto: a negociação na esfera de improbidade administrativa não comporta concessões (renúncias) sobre o conteúdo de direitos fundamentais do réu/investigado.

Discussão semelhante existe em torno da *renúncia do direito ao silêncio*, prevista na Lei 12.850/2013 (Lei do Crime Organizado). Desse teor o art. 4.º, § 14, do citado diploma legal: "Nos depoimentos que prestar, o colaborador renunciará, na presença de seu defensor, ao direito ao silêncio e estará sujeito ao compromisso legal de dizer a verdade". Como bem observam Vinícius Marçal e Cleber Masson,[690] o legislador não se valeu da melhor técnica legislativa ao redigir o texto desse dispositivo. Ao se referir de forma imperativa à renúncia ao direito fundamental ao silêncio (CF, art. 5.º, LXIII), o legislador parecer ter ferido justamente uma das características marcantes dos direitos fundamentais, qual seja: a *irrenunciabilidade*. Em verdade, a expressão "renúncia", empregada na Lei do

---

[689] IC 14.0257.0000089/2020-3, CSMP-MPSP, j. 08.09.2020.

[690] MASSON, Cleber; MARÇAL, Vinícius. *Crime organizado*. 3. ed. São Paulo: Método, 2017. p. 197.

INTERESSES DIFUSOS E COLETIVOS - VOL. 1

Crime Organizado, designa a ideia de **restrição ao exercício do direito constitucional ao silêncio, aceita voluntariamente pelo colaborador**, assistido por seu defensor. Aliás, ao homologar a colaboração premiada avençada entre o Ministério Público Federal e o senador Delcídio do Amaral, o Ministro Zavascki (Pet 5.952/STF) confirmou que a dita "renúncia" deve ser interpretada com a adição restritiva ao "exercício" do direito ao silêncio no âmbito do acordo e para seus fins.

Mutatis mutandis, não há que falar em renúncia aos direitos políticos na celebração do ANPC, mas sim em aceitação voluntária da aplicação imediata de uma sanção de matriz constitucional, que importa em restrição temporária ao exercício de direito fundamental.

Registre-se que essa possibilidade de convencionar a aplicação da sanção de suspensão dos direitos políticos em sede de ANPC foi reconhecida formalmente pelo Conselho Nacional de Justiça e pelo Tribunal Superior Eleitoral, por meio da Resolução Conjunta 06, de 21 de maio de 2020, que institui a sistemática unificada para o envio, no âmbito do Poder Judiciário, de informações referentes a condenações por improbidade administrativa e a outras situações que impactem o gozo dos direitos políticos, estabelecendo, ainda, o compartilhamento dessas informações entre o Conselho Nacional de Justiça e o Tribunal Superior Eleitoral.

Nos termos do art. 1.º, parágrafo único, II, da referida Resolução, como os acordos de não persecução cível relativos à improbidade administrativa podem impactar o gozo dos direitos políticos – justamente na hipótese por nós defendida, a saber, de aplicação consensual da sanção de suspensão dos direitos políticos –, devem ser comunicados ao TSE pelo órgão do Poder Judiciário responsável pela homologação do acordo, por meio do Sistema de Informações de Óbitos e de Direitos Políticos (INFODIP).[691]

Ao disciplinar a comunicação das informações referentes a acordos de não persecução cível que impactem o gozo dos direitos políticos dos agentes ímprobos, a Resolução Conjunta 06/2020 – CNJ/TSE admite, abertamente, a possibilidade de aplicar consensualmente essa espécie de sanção na esfera de improbidade administrativa. É dizer, tanto o CNJ quanto o TSE consideram essa prática válida.

Em conclusão, tem-se que os acordos de não persecução cível celebrados pelos entes legitimados, quer seja na fase extrajudicial, quer seja na fase judicial, poderão prever todas as sanções constantes do rol do art. 12 da Lei de Improbidade Administrativa, inclusive a pena de suspensão dos direitos políticos. Em qualquer caso, a celebração do acordo levará em conta a personalidade do agente, a natureza, as circunstâncias, a gravidade e a repercussão social do ato de improbidade, bem como as vantagens, para o interesse público, na rápida solução do caso.

6.12.13.6.2 O acordo de não persecução cível e a hipótese de inelegibilidade prevista no art. 1.º, I, *l*, da LC 64/1990: incompatibilidade?

A Lei Complementar 64/1990 (Lei de Inelegibilidades) regulamentou o art. 14, § 9.º, da Constituição Federal, erigindo diversas hipóteses de inelegibilidade. Cerca de 20 anos após sua promulgação, essa norma foi alterada pela Lei Complementar 135/2010 – também chamada de "Lei de da Ficha Limpa".

Neste tópico, não se pretende analisar todas as hipóteses de inelegibilidade elencadas na LC 64/1990, com as alterações promovidas pela LC 135/2010. Cuidaremos apenas da

---

[691] O sistema INFODIP, que se destina ao tratamento das comunicações que podem ensejar restrições ao gozo dos direitos políticos, é formado por dois módulos, um de uso exclusivo da Justiça Eleitoral e outro para uso dos usuários externos que encaminham comunicações por intermédio da ferramenta, denominados, respectivamente, INFODIP (módulo interno) e INFODIP Web.

CAP. 6 – IMPROBIDADE ADMINISTRATIVA | 965

hipótese prevista no art. 1.º, I, *l*, que tem em mira a proteção da probidade administrativa e da moralidade para o exercício de mandato eletivo em vista da experiência pregressa do candidato como agente público. Confira-se:

> **Art. 1.º** São inelegíveis:
>
> I – para qualquer cargo:
>
> (...)
>
> l) os que forem condenados à suspensão dos direitos políticos, em decisão transitada em julgado ou preferida por órgão judicial colegiado, por ato doloso de improbidade administrativa que importe lesão ao patrimônio público e enriquecimento ilícito, desde a condenação ou o trânsito em julgado até o transcurso do prazo de 8 (oito) anos após o cumprimento da pena; (incluído pela Lei Complementar 135, de 2010)
>
> (...).

A configuração da inelegibilidade enfocada requer: (i) condenação por ato doloso de improbidade administrativa que importe lesão ao patrimônio público e enriquecimento ilícito;[692] (ii) que essa condenação transite em julgado ou seja proferida por órgão judicial colegiado; e (iii) que seja aplicada na sentença condenatória a sanção de suspensão dos direitos políticos.

Fixadas tais premissas, questão interessante é saber se o acordo de não persecução cível previsto no art. 17-B da Lei 8.429/1992, com a redação dada pela Lei 14.230/2021, poderá ser realizado com relação aos atos de improbidade administrativa que podem atrair a incidência da hipótese de inelegibilidade em exame. É dizer, quando um agente público praticar um ato doloso de improbidade que importe lesão ao patrimônio público e enriquecimento ilícito, poderá ele celebrar um acordo de não persecução cível?

Respeitadas vozes entendem que não, com o argumento de que o art. 17-B da Lei de Improbidade Administrativa – com a nova redação dada pela Lei 14.230/2021 – não pode esvaziar os efeitos da regra de inelegibilidade prevista no art. 1.º, I, *l*, da LC 64/1990. Para os defensores dessa tese, a via judicial, nesses casos, é imperativa, pois, sendo a condenação judicial um pressuposto legal obrigatório para o surgimento dessa inelegibilidade, não pode o ANPC, criado por lei ordinária, dar poder aos legitimados ativos para decidirem quais casos poderão ir à análise do poder judiciário e, potencialmente, gerar a condenação com o respectivo surgimento da inelegibilidade, e quais não irão a julgamento sem gerá-la.[693]

Ousamos discordar desse entendimento por diversas razões. Em primeiro lugar, porque não se pode limitar o alcance da regra prevista no art. 17-B da Lei 8.429/1992, sob o influxo de uma regra prevista na Lei Complementar 64/1990. As leis ordinárias e as leis complementares são espécies normativas primárias, que retiram validade diretamente da Constituição Federal, não havendo hierarquia entre elas, mas sim campos de atuação materialmente distintos.[694] A diferença entre elas está na reserva material feita pela Constituição Federal, que elencou expressamente as matérias que devem ser tratadas por lei complementar e aprovadas por maioria absoluta, de modo que à lei ordinária cabe disciplinar as matérias residuais. A matéria referente ao acordo de não persecução cível não é reservada pela Constituição Federal à Lei Complementar 64/1990. Logo, não

---

[692] Pontue-se que, para a jurisprudência majoritária do TSE, a condenação pela prática de atos de improbidade administrativa somente atrai a inelegibilidade descrita na alínea *l* do inciso I do art. 1.º da Lei Complementar 64/1990 se reconhecer, cumulativamente, a ocorrência de enriquecimento ilícito e de lesão ao patrimônio público. Nesse sentido, confira-se: AgR no REsp Eleitoral 71-30/SP, rel. Min. Dias Toffoli, j. 25.10.2012 (Informativo TSE ano XIV – 2012, n. 31).

[693] Nesse sentido: MARTINS JUNIOR, Wallace Paiva; MAGALHÃES JUNIOR, Alexandre Alberto de; OLIVEIRA, Beatriz Lopes de. *Lei de Improbidade Administrativa Comentada*. São Paulo: Juspodivm, 2023. p. 262-263.

[694] Nesse sentido: STF, RE 573.255-AgR, 2.ª T., rel. Min. Celso de Mello, *DJ* 23.05.2008.

há nenhum impedimento para que a Lei 8.429/1992 discipline tal instrumento de justiça negociada de forma plena.

Fixada tal premissa e considerando que a LIA não estabeleceu nenhum limite material para a celebração do ANPC, é imperioso concluir que o acordo poderá alcançar toda e qualquer modalidade de improbidade administrativa, inclusive aquela que importar enriquecimento ilícito e lesão ao patrimônio público.

Noutro flanco, a vingar essa tese mais restritiva à celebração do ANPC, por uma questão de coerência, o mesmo entendimento deverá ser adotado na esfera criminal. É dizer, não se poderá admitir a celebração de acordo de não persecução penal, tampouco de acordo de colaboração premiada (ao menos na espécie prevista no art. 4.º, § 4.º, da Lei 12.850/2013)[695] em todos os crimes descritos no art. 1.º, I, *e*, da LC 64/1990, quais sejam: *1. contra a economia popular, a fé pública, a administração pública e o patrimônio público; 2. contra o patrimônio privado, o sistema financeiro, o mercado de capitais e os previstos na lei que regula a falência; 3. contra o meio ambiente e a saúde pública; 4. eleitorais, para os quais a lei comine pena privativa de liberdade; 5. de abuso de autoridade, nos casos em que houver condenação à perda do cargo ou à inabilitação para o exercício de função pública; 6. de lavagem ou ocultação de bens, direitos e valores; 7. de tráfico de entorpecentes e drogas afins, racismo, tortura, terrorismo e hediondos; 8. de redução à condição análoga à de escravo; 9. contra a vida e a dignidade sexual; e 10. praticados por organização criminosa, quadrilha ou bando.* Afinal, em todas essas infrações penais, a condenação judicial também é pressuposto legal obrigatório para o surgimento da inelegibilidade.

A adoção de tal entendimento, por consectário lógico, esvaziaria a tutela, via negociada, tanto do patrimônio público quanto de vários outros bens jurídicos cuja proteção foi confiada ao Ministério Público, na contramão da tendência mundial de fomento à solução de conflitos por métodos autocompositivos, inclusive na esfera do direito sancionador (penal e extrapenal).

Se não bastasse, não se pode ignorar o fato de que muitas das condutas que importam enriquecimento ilícito e lesão ao erário podem ser de pequena gravidade, a indicar a solução negociada como a mais adequada. Pense-se, por exemplo, no caso de um agente público municipal flagrado usando um veículo da prefeitura para fins particulares. Sua conduta importa enriquecimento ilícito e lesão ao erário, indiscutivelmente. Contudo, justamente em razão da pequena ofensividade desse tipo de comportamento, se proposta a ação de improbidade administrativa, dificilmente o agente ímprobo será condenado à suspensão dos direitos políticos. Não celebrar o ANPC, nessas circunstâncias, com base nessa tese mais restritiva, não atenderá ao interesse público.

Mas não é só isso. A adoção desse entendimento também pode inviabilizar a celebração de importantes acordos de colaboração, que proporcionariam alavancagem probatória em várias investigações de casos mais complexos. Imagine-se, por exemplo, a situação de um agente público que, envolvido num esquema de desvio de centenas de milhões de reais dos cofres públicos, em benefício próprio e de terceiros, aceita colaborar com as investigações do Ministério Público, comprometendo-se a identificar os outros responsáveis pelo ilícito, apresentar provas documentais e auxiliar na recuperação dos recursos desviados do erário. Não celebrar o acordo, nesse contexto, representaria abrir mão de uma proteção mais ampla ao patrimônio público.

---

[695] "Art. 4.º (...) § 4.º Nas mesmas hipóteses do *caput* deste artigo, o Ministério Público poderá deixar de oferecer denúncia se a proposta de acordo de colaboração referir-se a infração de cuja existência não tenha prévio conhecimento e o colaborador: I – não for o líder da organização criminosa; II – for o primeiro a prestar efetiva colaboração nos termos deste artigo."

CAP. 6 – IMPROBIDADE ADMINISTRATIVA | 967

Em resumo, esse entendimento mais restritivo à celebração do ANPC está fundado numa premissa equivocada – suposta limitação de um instituto previsto na LIA, por influência de uma regra prevista na LC 64/1990 – e pode, a um só tempo, comprometer uma atuação mais resolutiva dos entes legitimados à defesa da probidade administrativa e interferir de forma bastante negativa na atuação do Ministério Público na esfera criminal, em desrespeito à diretriz fixada no art. 37 da Convenção de Mérida.

6.12.13.6.3 O acordo de não persecução cível e a Lei 12.846/2013

No ano de 2013, a Lei Anticorrupção Empresarial (LAE – Lei 12.846/2013) previu a possibilidade de celebração de acordo de leniência com as pessoas jurídicas responsáveis pela prática dos atos lesivos tipificados em seu art. 5.º, para incentivá-las a colaborar efetivamente com as investigações e o processo administrativo.

Nos termos do art. 16, *caput,* da LAE, compete à autoridade máxima de cada órgão ou entidade pública celebrar acordo de leniência com as pessoas jurídicas responsáveis pela prática dos atos ofensivos à Administração Pública.

Como regra, o acordo de leniência da LAE é celebrado na esfera administrativa. Apenas em caráter excepcional, o acordo de leniência poderá ser celebrado na esfera de responsabilização judicial da LAE.[696]

A responsabilização judicial é deflagrada por meio de uma ação civil de responsabilização da pessoa jurídica, na qual se buscará a aplicação, de forma isolada ou cumulativa, das sanções civis previstas no art. 19 da LAE.

Essa ação civil de responsabilização da pessoa jurídica infratora prevista no art. 19 da LAE é espécie de ação civil pública, na medida em que se destina, em última análise, à proteção do patrimônio público e do interesse público primário, bens de natureza difusa.[697] Prova disso é que o art. 21 da LAE determina a adoção do rito previsto na Lei da Ação Civil Pública (Lei 7.347/1985) nas ações de responsabilização por atos lesivos à Administração Pública.

Referida ação integra, portanto, o denominado microssistema de tutela processual coletiva, no qual se comunicam a Lei da Ação Civil Pública e o Código de Defesa do Consumidor – normas centrais – e diversas outras normas periféricas, como a Lei de Improbidade Administrativa e a Lei da Ação Popular.

Dessa forma, às ações de responsabilização das pessoas jurídicas por atos lesivos à Administração Pública serão aplicadas, em caráter principal, as disposições processuais da LAE, por conta do princípio da especialidade. Em caso de lacuna, haverá a incidência das normas do microssistema de tutela processual coletiva; permanecendo a omissão, restará valer-se, subsidiariamente, do CPC.

Por considerar não haver diferença substancial entre os regimes sancionatórios (administrativo e civil) das Leis 8.429/1992 e 12.846/2013, especialmente se considerarmos que os bens jurídicos tutelados pela LIA e pela LAE são muito semelhantes e que muitos dos atos de improbidade administrativa também podem configurar os atos lesivos previstos na Lei 12.846/2013, absolutamente razoável sustentar, doravante, ser possível a celebração de acordo de não persecução cível com a pessoa jurídica investigada por ato lesivo à Administração Pública, nos termos do art. 17-B da LIA, aplicável em caráter complementar à LAE.

---

[696] Sobre o tema, remetemos o leitor ao capítulo 6 do nosso volume 2 de *Interesses Difusos e Coletivos* (tópico 6.9.7).

[697] Nesse sentido: MARTINS JR., Wallace Paiva. Comentários ao art. 15. In: DI PIETRO, Maria Sylvia Zanella; MARRARA, Thiago. *Lei Anticorrupção Comentada.* Belo Horizonte: Fórum, 2017. p. 264.

968 | INTERESSES DIFUSOS E COLETIVOS – VOL. 1

Com efeito, não abona a lógica jurídica admitir que o dirigente ou o preposto de uma pessoa jurídica, na hipótese de ter concorrido dolosamente com um agente público para a prática de atos apenados pela LIA que, concomitantemente, configurem atos lesivos à Administração Pública, possa ser beneficiado pelo ANPC na esfera da LIA, mas a pessoa jurídica beneficiada pelo ato ilícito tenha que responder a uma ação civil pública na esfera da LAE, mesmo concordando com a aplicação antecipada de uma ou algumas das suas sanções.

A nosso sentir, os legitimados à propositura da ação civil pública prevista na LAE também poderão celebrar ANPC com as empresas infratoras, com o objetivo de aplicar, consensualmente, uma ou mais das sanções civis estabelecidas no art. 19 da Lei 12.846/2013.[698] O acordo também deverá contemplar a recomposição integral do patrimônio público lesado, o que se considera o núcleo irrenunciável de tutela do interesse público na matéria (LAE, art. 6.º, § 3.º, e art. 21, parágrafo único).

O próprio êxito do ANPC no domínio da improbidade administrativa pode ficar comprometido se o reconhecimento de responsabilidade na instância da LIA, em troca de algum tipo de benefício, puder implicar responsabilização integral da empresa na esfera da LAE.

O tratamento transversal desses acordos proporciona, a um só tempo, maior segurança jurídica, maior proteção ao patrimônio público e uma atuação mais coerente por parte do Estado.

Representativa dos novos paradigmas de atuação sancionatória é a adoção dos institutos de acordos nessa atividade restritiva de direitos. É o caso da colaboração premiada, na esfera criminal, e do acordo de leniência, no direito administrativo sancionador. A LIA, ao prever o ANPC, insere-se nesse contexto e permite a aplicação de parte de suas regras aos demais instrumentos do microssistema, caso da LAE.

A inserção de instrumentos de consensualidade no direito sancionador implica a adoção de novas posturas interpretativas na aplicação de leis punitivas sob a égide constitucional. A ordem é promover a harmonização entre dispositivos legais para conferir racionalidade, coerência, razoabilidade e efetividade ao sistema jurídico como um todo. Esse novo desenho do regime sancionatório enseja a alteração de *standards* na incidência da legislação afeta ao direito sancionador extrapenal, seja *stricto sensu* (no processo administrativo), seja na via judicial (chamada na LAE de responsabilidade civil), de pessoas jurídicas, que devem se adequar aos pressupostos que fundamentam e justificam a solução negocial incentivada pelo ordenamento.

Afigura-se, por tais razões, que outras sanções cabíveis, além das mencionadas na própria LIA, como aquelas previstas na LAE, possam eventualmente ser negociadas e fixadas em acordos de não persecução cível.[699]

6.12.13.7 *Outras obrigações que podem ser pactuadas*

O acordo de não persecução cível poderá incluir outras medidas que se mostrem necessárias e adequadas à proteção da probidade administrativa. Vale dizer, cumulativamente com uma ou mais das sanções previstas no art. 12 da LIA, poderão também ser avençadas outras obrigações que se revelem pertinentes ao caso e não sejam defesas em lei.

---

[698] Diz-se sanções civis porque com relação às sanções administrativas a LAE instituiu um sistema específico de autocomposição, cujo elemento central é o acordo de leniência, com regras e pressupostos próprios.

[699] Esse entendimento foi adotado pela 5.ª Câmara de Coordenação e Revisão do Ministério Público Federal na Orientação 10, que fixa as diretrizes a serem observadas na celebração de acordos no âmbito extrajudicial e judicial da Lei 8.429/1992 e da Lei 12.846/2013.

CAP. 6 – IMPROBIDADE ADMINISTRATIVA | 969

Pense-se, por exemplo, no caso de um diretor de escola da rede municipal de ensino que confesse ter desviado parte do recurso destinado à merenda escolar (art. 9.º da LIA). Caso ele aceite a aplicação imediata da sanção de perda da função pública, num acordo de não persecução cível, poderá também aceitar cumprir outras obrigações, como a inabilitação para o exercício de qualquer outra função pública por um determinado período de tempo. Embora tal medida não esteja prevista no art. 12 da LIA, poderá ser incluída no objeto do acordo, porquanto adequada à proteção da probidade administrativa.

Esse entendimento, que já era defendido por nós antes mesmo da reforma, agora é referendado pela própria LIA. Desse teor o § 6.º do art. 17-B (inserido pela Lei 14.230/2021):

> **Art. 17-B. (...) § 6.º** O acordo a que se refere o *caput* deste artigo poderá contemplar a adoção de mecanismos e procedimentos internos de integridade, de auditoria e de incentivo à denúncia de irregularidades e a aplicação efetiva de códigos de ética e de conduta no âmbito da pessoa jurídica, se for o caso, **bem como de outras medidas em favor do interesse público e de boas práticas administrativas** (grifamos).

Assim, quando o sujeito ativo do ato de improbidade administrativa for uma pessoa jurídica, poderá ser convencionado o compromisso de implementação ou melhoria dos seus mecanismos internos de integridade.

Outra obrigação que também pode ser pactuada é a de **reparação de danos morais coletivos**, oportuna nas hipóteses em que o ato de improbidade administrativa provocar grande frustração na comunidade.[700] A fixação do valor do dano moral coletivo terá como parâmetros, além dos efeitos advindos do ato de improbidade administrativa e do grau de censura da conduta do compromissário, a atenção ao seu caráter punitivo e dissuasivo.[701]

A Resolução CNMP 306/2025 também prevê expressamente, em seu art. 7.º, a possibilidade de serem avençadas outras condições ou obrigações de fazer ou não fazer que se revelem pertinentes ao caso. Confira-se:

> **Art. 7.º** Cumulativamente com uma ou mais das condições previstas no artigo anterior, poderão também ser avençadas outras condições e obrigações de fazer ou não fazer que se revelem pertinentes ao caso, entre as quais:
>
> I – compromisso de reparação de dano moral coletivo, nas hipóteses em que o ato de improbidade administrativa causar grave ofensa à moralidade administrativa, objetivamente considerada, em flagrante violação às legítimas expectativas da coletividade;
>
> II – previsão de negócios jurídicos processuais que se mostrarem adequados e úteis, inclusive no tocante a outras investigações ou ações em curso, observados os limites, extensões e formalidades previstos na Constituição Federal e na legislação processual em vigor;
>
> III – a adoção de mecanismos e procedimentos internos de integridade, de auditoria e de incentivo à denúncia de irregularidades, e a aplicação efetiva de códigos de ética e de conduta no âmbito da pessoa jurídica, se for o caso, bem como de outras medidas em favor do interesse público e de boas práticas administrativas.
>
> Parágrafo único. A fixação do valor do dano moral coletivo terá como parâmetros, além dos efeitos advindos do ato de improbidade administrativa e do grau de censura da conduta do agente, a atenção ao seu caráter punitivo e dissuasivo.

---

[700] Nesse sentido: STJ, AgInt no Agravo em REsp 538.308/SP, 1.ª T., Min. Sergio Kukina, j. 31.08.2020.

[701] Para o STJ, o reconhecimento do dano moral coletivo cumpre funções específicas, quais sejam a punição do responsável pela lesão e a inibição da prática ofensiva (REsp 1.303.014/RS, 4.ª T., rel. p/ acórdão Min. Raul Araújo, j. 18.12.2014).

INTERESSES DIFUSOS E COLETIVOS – VOL. 1

Pela importância das convenções processuais, cuja pactuação também é autorizada pelo dispositivo supracitado, cuidaremos delas no próximo tópico.

6.12.13.8 Convenções processuais

As convenções processuais são recomendadas toda vez que o procedimento deva ser adaptado ou flexibilizado para permitir a adequada e efetiva tutela jurisdicional aos interesses materiais subjacentes, bem como para resguardar o âmbito de proteção dos direitos fundamentais processuais. Segundo a lei processual, poderão as partes, em qualquer fase da investigação ou durante o processo, celebrar acordos visando constituir, modificar ou extinguir situações jurídicas processuais.

Confirme visto, embora o acordo de não persecução cível tenha natureza de negócio jurídico material, nada impede que as partes também estipulem convenções de natureza processual, nos termos do art. 190 do CPC.[702] Tais convenções processuais podem ser documentadas como cláusulas no ANPC (pré-processual ou processual). Dentre as convenções processuais passíveis de serem pactuadas, destacam-se:

(i) previsão de custeio da prova pericial e do adiantamento dos honorários periciais pelo investigado/réu, nas hipóteses de execução do ANPC e ajuizamento de ação de produção antecipada de provas visando a aquilatar o dano ao erário;

(ii) previsão de renúncia ao direito de recorrer de decisões interlocutórias;

(iii) admissão de prova emprestada;

(iv) previsão de que os atos processuais poderão ser comunicados às partes via *e-mail* ou WhatsApp.

Na persecução dos atos de improbidade administrativa, a solução negociada autorizada pelo art. 17-B da LIA, aliada às convenções processuais anteriormente sugeridas, entre inúmeras outras que podem ser customizadas de acordo com a sensibilidade e a criatividade das partes, tem grande potencial para tornar mais célere e eficiente o combate aos atos de corrupção na Administração Pública.

6.12.13.9 Momento para a celebração do acordo

Antes da reforma da LIA, não havia uma clareza em seu texto sobre o momento para a celebração do acordo de não persecução civil, especialmente nas hipóteses de acordos celebrados incidentalmente à ação de improbidade administrativa.

A Lei 14.230/2021 corrigiu essa falha ao dispor, expressamente, que o acordo poderá ser celebrado no curso da investigação de apuração do ilícito, no curso da ação de improbidade ou no momento da execução da sentença condenatória (art. 17-B, § 4.º).

Dúvidas não há, portanto, de que o ANPC pode ser celebrado antes ou depois do ajuizamento da ação de improbidade administrativa. Quanto aos acordos celebrados após o ajuizamento da AIA, se a lei autoriza que sejam formalizados na fase de cumprimento de sentença, é imperativo concluir pela possibilidade de sua celebração na fase recursal[703] ou, mesmo, após o trânsito em julgado da sentença que condenou o agente pela prática de ato de improbidade administrativa.

---

[702] No âmbito do Ministério Público, essa possibilidade está regulamentada expressamente nos arts. 15 a 17 da Resolução 118/2017 do CNMP.

[703] Nesse sentido, *vide* Jurisprudência em Teses 234 – Tema 9 (STJ).

No atual modelo, portanto, não há um limite temporal para a celebração do ANPC, mas o momento da sua concretização deve ser levado em consideração durante as negociações, constituindo-se em importante critério para a definição das sanções e sua dosimetria.

Se um agente ímprobo relutar em celebrar um ANPC durante as investigações, por exemplo, e procurar o Ministério Público para negociar um ajuste apenas em grau recursal, quando já existente contra ele uma sentença condenatória em primeira instância, não deverá receber um tratamento leniente. A falta de cooperação para uma solução negociada manifestada pelo agente ímprobo na fase extrajudicial pode e deve ser levada em conta pelos legitimados ativos no momento de definir quais sanções serão aplicadas no ANPC e em qual medida. É recomendável, nesses casos, que as sanções sejam pactuadas em patamar mais elevado do que aquelas que seriam normalmente ajustadas com o infrator num ANPC celebrado extrajudicialmente.

Evidentemente, se o ANPC for celebrado na fase recursal ou no momento da execução da sentença condenatória, caberá ao juiz analisar, com bastante cautela, se os termos do acordo atendem às diretrizes do art. 17-B, I, II e § 2.º, da LIA.

Anote-se, ainda, que, se o ANPC for celebrado após a sentença condenatória, a Resolução CNMP 306/2025, em seu art. 2.º, parágrafo único, estabelece que o membro do Ministério Público não poderá convencionar cláusula que preveja a extinção do processo judicial antes de cumpridas todas as condições estabelecidas no acordo.

6.12.13.10 Defesa técnica

As negociações para a celebração do acordo de não persecução civil ocorrerão entre o legitimado ativo (Ministério Público e/ou ente lesado), de um lado, e o investigado ou demandado e o seu defensor, de outro (art. 17-B, § 5.º).

Essa exigência busca assegurar que a celebração do acordo seja feita em conformidade com as garantias individuais do investigado/réu.

6.12.13.11 Efetivação e descumprimento do acordo

Em caso de descumprimento do acordo de não persecução civil, o investigado ou o demandado ficará impedido de celebrar novo acordo pelo prazo de cinco anos, contado do conhecimento pelo Ministério Público do efetivo descumprimento (art. 17-B, § 7.º).

O descumprimento do ANPC também poderá ensejar outras sanções previstas no próprio termo (p. ex., majoração das penas aplicadas, incidência de novas sanções etc.), quando o acordo tiver sido celebrado de forma escalonada.

Explico melhor. Acordo de não persecução civil escalonado é aquele que prevê, originalmente, a incidência de determinadas condições (penas, obrigações etc.). Referido acordo prevê, outrossim, que se o infrator se tornar inadimplente, incidem novas condições (novas penas, penas majoradas, novas obrigações etc.). Tal solução torna desnecessária a rescisão do ANPC, bem como o ajuizamento ou o prosseguimento da correspondente ação de improbidade administrativa, em caso de descumprimento total ou parcial das obrigações por parte do infrator.

Noutras palavras, uma vez celebrado o ANPC de forma escalonada, em caso de inadimplência do celebrante, bastará ao MP ou à Fazenda Pública executar o ANPC, com a incidência das novas condições (mais restritivas), o que se mostra muito mais eficaz tanto do ponto de vista da coercitividade do acordo original, como da celeridade da solução do litígio.

972 | INTERESSES DIFUSOS E COLETIVOS – VOL. 1

A Resolução CNMP 306/2025 estimula esse tipo de solução ao prever, expressamente, em seu art. 6.º, XV, a possibilidade de celebração de ANPC escalonado. Confira-se:

> **Art. 6.º** O instrumento que formalizar o acordo nos autos, por escrito, vinculará toda a instituição, e deverá conter os seguintes elementos:
>
> (...)
>
> XV – previsão, conforme o caso, de majoração da sanção ou das sanções convencionadas, de aplicação de novas sanções, ou ainda, de incidência de novas obrigações, em caso de descumprimento injustificado das obrigações originalmente pactuadas, por responsabilidade exclusiva do celebrante;
>
> (...).

Aliás, recomenda-se que seja assim. Do contrário, poderá o infrator, para se livrar ou, ao menos, amenizar as sanções, fazer um acordo prometendo, por exemplo, o ressarcimento integral do dano gerado, ou, ainda, a colaboração com as investigações, e simplesmente não cumprir com o combinado. Um verdadeiro "passa-moleque" do investigado/réu no legitimado ativo (Ministério Público e/ou ente lesado) e na sociedade.

O descumprimento do ANPC também gera outras importantes consequências. No que diz respeito às sanções pecuniárias (multa civil), à reparação dos danos e à reversão das vantagens obtidas em favor do ente lesado, o acordo deverá fixar um prazo para o cumprimento. Descumprido o prazo, competirá ao legitimado ativo (Ministério Público e/ou ente lesado) promover o cumprimento de sentença, seguindo o quanto disposto nos arts. 18 da LIA e 513 e seguintes do CPC.

Já em relação às demais sanções eventualmente pactuadas (*perda da função pública, suspensão dos direitos políticos e proibição de contratar com o poder público ou receber benefícios ou incentivos fiscais ou creditícios*), sua efetivação é imediata, vale dizer, tão logo seja o acordo homologado, ele passa a produzir efeitos. Nesse aspecto, portanto, o ANPC não pode ser descumprido, já que sua efetivação independe da vontade do investigado/réu (natureza mandamental).

Uma vez homologado o acordo, todas as penas avençadas deverão ser comunicadas ao CNJ/TSE, com vistas à alimentação do INFODIP,[704] nos termos da Resolução Conjunta CNJ/TSE 06/2020.

Pelo acordo de cooperação firmado entre o TSE e o CNJ, o INFODIP passará a centralizar informações referentes a condenações por improbidade administrativa e a outras situações que impactem no gozo dos direitos políticos. Com isso, o Cadastro Nacional de Condenados por ato de Improbidade Administrativa (CNCAIA), então gerido pelo CNJ, passará a ser um apêndice do INFODIP e será gerido pelo TSE.

Nesse mesmo sentido está a Resolução CNMP 306/2025. Desse teor o art. 17:

> **Art. 17.** O membro do Ministério Público deverá requerer ao juízo competente para a homologação do acordo de não persecução civil que providencie o envio à Justiça Eleitoral das informações relativas ao ajuste, para fins de inscrição no Sistema de Informações de Óbitos e Direitos Políticos – INFODIP, observado o disposto na Resolução Conjunta n° 06, de 21 de maio de 2020, do Conselho Nacional de Justiça e Tribunal Superior Eleitoral.

A sanção de proibição de contratação com o poder público, se pactuada, também deverá ser comunicada, por ofício, ao Cadastro Nacional de Empresas Inidôneas e Sus-

---

[704] O Sistema de Informações de Óbitos e de Direitos Políticos (INFODIP), que se destina ao tratamento das comunicações que podem ensejar restrições ao gozo dos direitos políticos, é formado por dois módulos, um de uso exclusivo da Justiça Eleitoral e outro para uso dos usuários externos que encaminham comunicações por intermédio da ferramenta, denominados, respectivamente, INFODIP (módulo interno) e INFODIP Web.

CAP. 6 – IMPROBIDADE ADMINISTRATIVA | 973

pensas (CEIS) de que trata a LAE, observadas as limitações territoriais contidas na decisão judicial (art. 12, §§ 4.º e 8.º, da LIA).

Do mesmo modo, para se conferir efetividade à sanção de proibição de receber benefícios ou incentivos fiscais ou creditícios, acaso constante do acordo, recomenda-se seja comunicada ao Banco Central, que circulariza a informação para todas as instituições financeiras do país, sem prejuízo da comunicação direta aos principais bancos de fomento, como é o caso do BNDS, do Banco da Amazônia, do Banco do Nordeste e, para algumas atividades financeiras, o Banco do Brasil (líder na concessão de crédito rural, por exemplo) ou a Caixa (com vários tipos de concessões de crédito subsidiadas na área habitacional).

6.12.13.12 Utilização da colaboração premiada em ações de improbidade administrativa (Tema 1.043 do STF)

Em decisão inédita, prolatada no Tema de Repercussão Geral 1.043, o Plenário do Supremo Tribunal Federal decidiu, por unanimidade, pela constitucionalidade do uso da colaboração premiada realizada em procedimento penal para a instrução de processos de natureza civil, a exemplo das ações de improbidade administrativa, desde que atendidos determinados critérios fixados pela corte.

O Ministério Público do Estado do Paraná havia ajuizado uma ação de improbidade administrativa contra mais de 24 pessoas físicas e jurídicas, por fatos relacionados à operação publicano, que envolvia uma organização criminosa formada por auditores fiscais da Receita Estadual, contadores e empresários apontados como envolvidos em esquema de sonegação fiscal mediante o pagamento de propina.

Em relação a três dos réus dessa ação, que haviam firmado colaboração premiada na esfera penal, o MPPR requereu apenas o reconhecimento judicial da prática de ato de improbidade administrativa, sem a imposição das penalidades correspondentes, de modo a atender os termos da referida colaboração. Ocorre que um dos réus da ação, um auditor fiscal que não celebrou colaboração premiada, alegou, em sua defesa, que a ação ajuizada pelo MPPR era inconsistente, porquanto a imputação da prática de ato de improbidade administrativa estava amparada única e exclusivamente em elementos de prova colhidos em sede de colaboração premiada. De acordo com a tese recursal desse réu, a utilização de colaboração premiada em ação de improbidade não encontraria respaldo no ordenamento jurídico brasileiro.

Essa tese, contudo, foi rechaçada pelo STF. Como bem observado pelo relator do acórdão, Ministro Alexandre de Moraes, o reconhecimento da natureza jurídica da colaboração premiada como meio de obtenção de prova é fundamental para viabilizar sua utilização nas ações de improbidade administrativa, especialmente considerando-se a complexidade dos esquemas envolvendo agentes públicos e particulares para o cometimento de atos de corrupção. Nessa linha, concluiu o ministro que o acordo de colaboração premiada, como meio de colheita de provas, se mostra apto a produzir efeitos na esfera da probidade administrativa, em ordem a favorecer a efetiva proteção do patrimônio público, da legalidade e da moralidade administrativas, e a evitar a impunidade de agentes ímprobos de maneira eficiente.

Contudo, o relator fixou em seu voto alguns critérios que devem ser observados para a utilização da colaboração premiada em ações de improbidade administrativa, quais sejam:

> (1) Realizado o acordo de colaboração premiada, serão remetidos ao juiz, para análise, o respectivo termo, as declarações do colaborador e cópia da investigação, devendo o juiz ouvir sigilosamente o colaborador, acompanhado de seu defensor, oportunidade em que analisará os seguintes aspectos na

homologação: regularidade, legalidade e voluntariedade da manifestação de vontade, especialmente nos casos em que o colaborador está ou esteve sob efeito de medidas cautelares, nos termos dos §§ 6.º e 7.º do artigo 4.º da referida Lei 12.850/2013;

(2) As declarações do agente colaborador, desacompanhadas de outros elementos de prova, são insuficientes para o início da ação civil por ato de improbidade;

(3) A obrigação de ressarcimento do dano causado ao erário pelo agente colaborador deve ser integral, não podendo ser objeto de transação ou acordo, sendo válida a negociação em torno do modo e das condições para a indenização;

(4) O acordo de colaboração deve ser celebrado pelo Ministério Público, com a interveniência da pessoa jurídica interessada e devidamente homologado pela autoridade judicial;

(5) Os acordos já firmados somente pelo Ministério Público ficam preservados até a data deste julgamento, desde que haja previsão de total ressarcimento do dano, tenham sido devidamente homologados em Juízo e regularmente cumpridos pelo beneficiado.

Tais critérios foram acolhidos por unanimidade de votos dos ministros do STF durante o julgamento virtual do ARE 1.175.650 e serviram para a delimitação da tese-resposta para o Tema de Repercussão Geral 1.043 (j. 03.07.2023).

O acórdão é paradigmático e proporcionará a uniformização da jurisprudência sobre a validade do uso da colaboração premiada como elemento probatório para a instrução de ações civis, incluindo as ações de improbidade administrativa.

Sobre essa decisão do STF, dois aspectos merecem ser destacados.

Primeiro, a questão central discutida no Tema de Repercussão Geral 1.043 (j. 03.07.2023) consistiu em definir se cabe a utilização da colaboração premiada, instituto de natureza penal, no âmbito da ação civil pública por ato de improbidade administrativa (Lei 8.429/1992). Por outras palavras, a questão jurídica subjacente ao Tema de Repercussão Geral 1.043 diz com a extensão dos efeitos do acordo de colaboração premiada à esfera de improbidade administrativa. *In casu*, a Suprema Corte decidiu pela possibilidade de utilização do acordo de colaboração premiada na ação de improbidade administrativa e fixou os critérios para esse aproveitamento.

Segundo, a ação de improbidade administrativa em questão foi proposta pelo Ministério Público do Estado do Paraná no dia 17 de janeiro de 2015, período em que ainda não havia na Lei 8.429/1992 (LIA) autorização para a celebração de acordos na seara da improbidade administrativa.

No particular, faz-se oportuno ressaltar que: (i) quando do início do julgamento do ARE 1175650/PR pelo STF, em 02.06.2021, já estava em vigor a Lei 13.964/2019 (Lei Anticrime), que modificou a redação do art. 17, § 1.º, da LIA e passou a autorizar expressamente a celebração de acordo em matéria de improbidade administrativa, sob a rubrica "acordo de não persecução cível" (ANPC); e (ii) quando da conclusão do julgamento (03.07.2023), já estava em vigor a Lei 14.230/2021, que fortaleceu as bases legais do ANPC, detalhando aspectos materiais e procedimentais relevantes da avença, conforme o novo art. 17-B da Lei 8.429/1992.

Essa contextualização do julgamento do ARE 1175650/PR pelo STF se faz necessária para se concluir que a solução encontrada pelo MPPR no caso objeto do ARE 1175650/PR era a única possível, quando considerado o cenário normativo da época.

No ano de 2015, a Lei 8.429/1992 ainda vedava expressamente a celebração de acordos em matéria de improbidade administrativa (art. 17, § 1.º). Para contornar tal óbice, o MPPR propôs ação civil pública por ato de improbidade administrativa contra 25 pessoas físicas e jurídicas em razão de fatos revelados na denominada Operação Publicano. Pediu-se na ação, liminarmente, a indisponibilidade de valores e de bens móveis e imóveis dos demandados; e, ao final, a imposição das sanções previstas na Lei 8.429/1992 (Lei de Improbidade Administrativa – LIA). Entretanto, em relação aos réus Luiz Antônio de Souza, Edmundo Odebrecht Neto e Odebrecht Indústria e Comércio de Café Ltda, o MPPR requereu apenas o reconhecimento de que praticaram atos de improbidade, sem a imposição das penalidades correspondentes. Tal ressalva deveu-se a ajuste estabelecido em termo de colaboração premiada firmado com as referidas pessoas.

Vejam-se as considerações pertinentes tecidas pelo MP na petição inicial da referida ação de improbidade:

> É fato que o direito penal e direito administrativo sancionador (que, registre-se, abarca a Improbidade Administrativa) têm enfrentado, nas últimas décadas, importante influência do direito comparado por intermédio da admissão de inúmeros institutos fundamentais ao enfrentamento da corrupção: colaboração premiada; acordo de leniência; infiltração de agente público; flagrante retardado e entre outros.

> Não se pode negar que estes ramos de direito, penal, administrativo e civil, ao descreverem comportamentos típicos, referentes ao mesmo fato (corrupção), precisam e necessitam se dialogar, segundo a teoria do diálogo das fontes preconizada por Cláudia Lima Marques.

> Nessa vertente, não se pode conceber que um colaborador, após cumprir os requisitos exigidos pela Lei (Lei nº 12.850/2013) proveniente do Direito Penal, não espraie seus efeitos para o Direito Administrativo e Direito Civil, que tutelam o mesmo fato com as nuances peculiares destes específicos ramos do direito.

> Com efeito, o Direito Penal resguarda os valores de maior significado social, especialmente os bens jurídicos fundamentais à existência do homem em sociedade. O injusto penal composto de desvalor de ação e de resultado possui nuances peculiares e intrínsecas a este ramo do direito, dotado de uma carga valorativa infinitamente maior que nos demais ramos do direito extrapenal (registre-se que apenas o direito penal impõe a privação da liberdade como consequência da prática do injusto penal).

> Nessa vertente, a carga de desvalor deste ramo de direito, ao admitir a delação premiada permite inferir, com grau de segurança, a plena legitimidade de colmatar o vácuo legislativo, no que pertine à admissão da delação premiada, no âmbito do direito administrativo sancionador. Assim, a especial conformação do injusto penal, com a correspondente tutela dos valores fundamentais de um sistema jurídico, não afasta a consagração do instituto de colaboração premiada no Brasil e no direito comparado, como forma de, a um só tempo, desbaratar o avanço do crime organizado e estimular que autores do fato delituoso se arrependam, contribuindo para que os órgãos de persecução do Estado minimizem os nefastos efeitos da corrupção que assola o país.

> Partindo dessa premissa e guardados os devidos pressupostos inerentes aos diferentes ramos que compõem o sistema jurídico nacional, não há dúvidas de que o Direito Administrativo Ordenador pode admitir, na espécie, a regra excepcional prevista no âmbito do Direito Penal, quando o órgão jurisdicional, fundado no seu livre convencimento motivado (art. 93, IX, da CF), reconhece a real contribuição do investigado para o deslinde da investigação, hipótese em que o magistrado, à vista da ausência de regra específica, exercerá sua função de colmatação inerente à atividade jurisdicional.

> Outrossim, destaque-se a recente inovação legislativa de combate à corrupção, Lei Anticorrupção nº 12.486/2013, que admitiu, no âmbito do Direito Administrativo Sancionador, o instituto do acordo de leniência, que autoriza a autoridade máxima de cada órgão ou entidade pública celebrar acordo com as pessoas jurídicas que colaborem efetivamente com as investigações e o processo administrativo.

> Em seu art. 21, a referida Lei de Anticorrupção prevê expressamente que as respectivas ações de responsabilização judicial pelos atos nela previstos adotarão o rito da ação civil pública, da Lei nº 7.347/85. Com efeito, essa inovação legislativa passa a integrar o sistema de tutela dos interesses

metaindividuais, ou seja, um "microssistema processual para as ações coletivas" por meio de leis que são aplicáveis entre si, naquilo que forem compatíveis.

Portanto, apesar da Lei Anticorrupção restringir a utilização do acordo de leniência e os seus benefícios às· pessoas jurídicas, é certo que o diálogo das fontes confere ao intérprete flexibilidade e dinamismo na aplicação e interpretação de variadas normas jurídicas, a fim de que seja alcançada a finalidade de proteção de direitos fundamentais assegurados na Constituição Federal.

Além disso, inexistiria óbice legal à aplicação desses institutos ao Processo Civil, diante da regra contida no art. 126 do CPC, que autoriza expressamente o uso da analogia.

Desse modo, a utilização de acordos de cooperação com as investigações é consentânea com os princípios da equidade de igualdade jurídica, como bem ressaltou o Juiz da 5ª Vara Federal da Seção Judiciária do Espírito Santo, que admitiu a aplicação desses institutos na ação de improbidade administrativa da denominada "Operação Sanguessuga" (DOC 15.5): *Assim, a utilização da delação premiada, para fixação de sanção mínima, redução ou até afastamento de algumas das sanções, além de poder contribuir com as investigações e a instrução processual, mostra-se princípio de equidade e de igualdade jurídica, já que, em diversas outras situações legais, a renúncia ao direito constitucional de manter-se em silêncio converte-se em benefícios, com redução expressiva da sanção imposta.*

Temos que, a partir da reforma promovida na LIA pela Lei 14.230/2021, a solução a ser empregada pelo Ministério Público brasileiro nos casos envolvendo organização criminosa, colaboração premiada e atos de improbidade administrativa idealmente será outra.

Com efeito, todas as vezes em que se pretender que o acordo negociado numa situação fática envolvendo organização criminosa e ato de improbidade administrativa também produza efeitos no domínio da LIA, o correto será formalizar o resultado dessa negociação, que será transversal, em instrumentos distintos, a saber, acordo de colaboração premiada e ANPC, dadas as diferenças dos sistemas de responsabilização penal e extrapenal, seja em relação aos pressupostos de cada tipo de acordo, seja em relação aos procedimentos, seja ainda em relação à competência para homologá-los.

Noutras palavras, embora a negociação deva ser realizada em conjunto, abordando os desdobramentos do acordo nas esferas criminal e de improbidade administrativa, o resultado da autocomposição deverá ser formalizado em instrumentos diferentes, observando-se, em relação à matéria de improbidade administrativa, o regime jurídico previsto no art. 17-B da LIA.

Essa diretriz está clara no texto da Resolução CNMP 306/2025, que assim dispõe em seu art. 5.º, parágrafo único:

Art. 5.º (...)

Parágrafo único. As negociações que envolverem ilícitos puníveis nas esferas cível, criminal e administrativa serão estabelecidas preferencialmente de forma conjunta pelos órgãos do Ministério Público com atribuição nas respectivas áreas de atuação.

Portanto, no atual quadro normativo, se o Ministério Público celebrar um acordo com um agente colaborador na fase extrajudicial, por exemplo, não será necessário o ajuizamento de uma ação de improbidade contra ele, com pedido de reconhecimento judicial da prática de ato de improbidade administrativa, sem a imposição das penalidades correspondentes, de modo a atender os termos da colaboração premiada. Para que o acordo lhe traga benefícios na esfera de improbidade, deverá ser celebrado um ANPC, observando-se o regime jurídico do ANPC fixado pelo artigo 17-B da LIA e pela Resolução CNMP 306/2025. Depois de aprovado pelo órgão de revisão ministerial, tal acordo será homologado judicialmente, formando-se, assim, um título executivo judicial.

Da mesma forma, se o acordo for celebrado no curso da ação de improbidade administrativa, não será necessário o prosseguimento desta ação contra o agente colaborador para que ao final seja feito o reconhecimento judicial da prática de ato de improbidade administrativa sem a imposição das penalidades correspondentes. Uma vez celebrado o ANPC e homologado judicialmente, a consequência natural será a extinção da ação de improbidade em relação ao agente colaborador, com julgamento de mérito.

No particular, remarque-se que o CNMP, ao regulamentar o ANPC, perdeu uma ótima oportunidade para parametrizar o acordo de colaboração em matéria de improbidade administrativa, deixando sem respostas questões importantes nesse tema: quais resultados devem ser alcançados com a colaboração para que o agente colaborador possa receber algum benefício? Quais benefícios podem ser concedidos a ele? O procedimento do acordo de colaboração tem alguma especificidade em comparação com o procedimento do acordo de pura reprimenda?

Em seu voto original na proposição 1.00873/2021-72, a Conselheira Cíntia Brunetta apresentou uma excelente proposta para a regulamentação do ANPC de colaboração. Desse teor o art. 7.º da sugestão por ela apresentada:

> **Art. 7.º** O acordo de colaboração visa à obtenção de informações e meios de prova que comprovem o ilícito, e pressupõe utilidade e interesse públicos.
>
> § 1º O acordo de colaboração pode prever isenção ou atenuação das sanções para aquele que tenha colaborado efetiva e voluntariamente com a investigação ou com o processo judicial, desde que dessa colaboração advenha um ou mais dos seguintes resultados:
>
> I – a obtenção célere de informações e documentos que comprovem o ilícito noticiado ou sob apuração;
>
> II – a identificação, quando couber, dos demais envolvidos na infração;
>
> III – a localização de bens, direitos e valores para fins de ressarcimento do dano ao erário ou reversão, à pessoa jurídica lesada, da vantagem indevida obtida;

Essa regra era complementada pelo § 4.º do art. 10 da proposta de regulamentação apresentada pela Conselheira Cíntia Brunetta. Veja-se:

> **Art. 10** (...)
>
> § 4.º Antes da celebração do acordo de colaboração, deverá ser subscrito com o colaborador um termo de confidencialidade, visando:
>
> I – a delimitação dos fatos e atos abrangidos, incluindo a identificação dos participantes que o colaborador tenha conhecimento e o relato de suas respectivas participações no suposto ilícito, com a individualização das condutas;
>
> II – a declaração no sentido de ter cessado completamente o seu envolvimento com o ilícito, antes ou a partir da data de propositura do acordo, quando for o caso, comprometendo-se, ainda, a dizer a verdade e não omitir nenhum fato ou dado de que tenha conhecimento;
>
> III – a lista com as informações, elementos de prova e documentos fornecidos ou que o pactuante se obriga a fornecer, com o intuito de demonstrar a existência da prática denunciada ou sob investigação, com o prazo para a sua disponibilização.

Claramente inspirada na Lei 12.846/2013 (Lei Anticorrupção Empresarial) e na Lei das Organizações Criminosas (Lei 12.850/2013), a proposta de regulamentação do acordo de colaboração apresentada pela relatora possibilitava ao ANPC prever isenção ou atenuação das sanções para aquele que tivesse colaborado substancialmente com a

INTERESSES DIFUSOS E COLETIVOS – VOL. 1

investigação ou com o processo judicial, desde que dessa cooperação adviesse um ou mais dos resultados acima referidos.

A proposta trazia também a previsão de subscrição de um termo de confidencialidade prévio à celebração do ANPC, visando à definição das obrigações do infrator. Somente depois de obtidas todas as informações e provas listadas no termo de confidencialidade é que o Ministério Público formalizaria o ANPC.

Infelizmente, o texto aprovado pelo CNMP não encampou expressamente essa proposta de regulamentação do acordo de colaboração em matéria de improbidade administrativa. Contudo, nada impede que tais soluções sejam adotadas na prática, por aplicação analógica das regras previstas nas leis acima citadas. Sem prejuízo, evidentemente, de essa parametrização ser concretizada pelas normativas internas dos diversos ramos e unidades do Ministério Público, em complemento à Resolução CNMP 306/2025.[705]

Noutro giro, obtempera-se que na remota hipótese de ser celebrado um acordo de colaboração premiada, com cláusulas prevendo a extensão dos seus efeitos para o domínio da improbidade administrativa, sem que se formalize, concomitantemente, um ANPC de colaboração, o próprio STF já apresenta a solução: para esses casos (excepcionais) deverão ser observadas as teses fixadas no Tema 1.043, com repercussão geral.

Digo remota porque mesmo antes da reforma promovida na LIA pela Lei 14.230/2021 já era incomum a utilização de acordo de colaboração premiada em ações de improbidade administrativa. Veja-se, nesse sentido, trecho do voto do Ministro Alexandre de Moraes, relator do ARE 1175650/PR:

> Em 25/11/2019, determinei que fosse oficiado ao Procuradoria-Geral da República e às Procuradorias-Gerais de Justiça de todos os Estados da Federação e do Distrito Federal, para que informassem, detalhadamente, as Ações Civis Públicas por Ato de Improbidade Administrativa propostas, respectivamente, por órgão do Ministério Público Federal e do Ministério Público dos Estados e do Distrito Federal em que tenha havido a utilização de termo de colaboração premiada (Doc. 42). Trouxeram informações, a Procuradoria-Geral da República e as Procuradorias Gerais de Justiça de 20 Estados da Federação (RS; SC; PR; SP; ES; MG; GO; MT; MS; TO; BA; AL; PE; CE; PI; MA; AP; RR; AC; AM). **Em síntese, na PGR e na maioria dos entes federativos, não foi utilizado acordo de colaboração premiada nas Ações Civis Públicas por Ato de Improbidade Administrativa ajuizadas** (grifou-se).

Se a utilização do acordo de colaboração premiada na esfera de improbidade administrativa já era incomum antes da reforma promovida na LIA pela Lei 14.230/2021, ainda mais incomum será no atual estágio, em que se tem um regime jurídico bem delineado para a celebração de acordos em matéria de improbidade administrativa, regime este que deverá ser observado sempre que se pretender que uma negociação envolvendo organização criminosa e colaboração premiada produza efeitos no domínio da Lei 8.429/1992.

6.12.14 Procedimento de negociação: Resolução CNMP 306/2025

No âmbito do Ministério Público brasileiro, as tratativas para a celebração de acordo de não persecução civil na fase extrajudicial ou após o ajuizamento da ação de improbidade administrativa devem ser registradas em procedimento administrativo autônomo (procedimento de negociação), nos termos do art. 8.º da Resolução CNMP 306/2025.

---

[705] As normativas do MPRJ (Resolução GPGJ 2.469/2022), MPSC (Ato 513/2024/PGJ) e MPPA (Resolução 12/2024-CPJ), por exemplo, disciplinam expressamente o acordo de colaboração em matéria de improbidade administrativa.

Uma das características desse procedimento é a **confidencialidade**. Vale dizer, toda e qualquer informação relativa ao procedimento de negociação será confidencial em relação a terceiros até a homologação judicial do acordo, salvo dever legal de comunicação, configurando violação de sigilo e quebra da confiança e da boa-fé a divulgação de tais tratativas iniciais ou de documento que as formalize (art. 8.º, § 2.º).

O Ministério Público poderá requerer ao juiz a manutenção da confidencialidade do procedimento da negociação e do correspondente acordo em relação a terceiros mesmo após a homologação judicial do ajuste, quando conveniente para a eficiência das investigações (art. 8.º, § 4.º).

A qualquer momento que anteceda a homologação judicial do acordo de não persecução civil, as partes poderão se retratar da proposta ou do consentimento (art. 10).

Celebrado o acordo na fase extrajudicial e esgotado o objeto da investigação, os autos principais e os autos do procedimento de negociação deverão se remetidos, no prazo de (três) dias, para exame e deliberação do órgão interno de revisão competente (art. 11).

Se o acordo firmado não esgotar o objeto da investigação, o membro do Ministério Público determinará a extração de peças para instauração de outro procedimento, que deverá ser remetido ao órgão de revisão competente, no prazo previsto no *caput* deste artigo, com os autos do procedimento de negociação, para fins de aprovação do ajuste parcial celebrado.

O procedimento de negociação será arquivado no próprio órgão de execução depois da homologação judicial do acordo ou quando não se justificarem novos esforços para a obtenção de consenso, por manifestação de qualquer das partes nesse sentido (art. 12).

6.12.15 Prescrição

O agente público não pode ficar indefinidamente sujeito a se tornar réu em ação de improbidade administrativa. Ainda que subsista interesse público na apuração do ato de improbidade e na aplicação das correspondentes sanções, predomina a segurança jurídica de que aquilo que não foi tempestivamente examinado não poderá justificar a punição do agente ímprobo.

A única ressalva, como veremos mais adiante, refere-se à pretensão de ressarcimento do dano ao erário, imprescritível por determinação constitucional (CF, art. 37, § 5.º).

A LIA optou pela segurança jurídica, em detrimento da punição do agente público, ao fixar, em seu art. 23, *caput*, o prazo prescricional de oito anos para a propositura da ação de improbidade administrativa. Confira-se:

> **Art. 23.** A ação para a aplicação das sanções previstas nesta Lei prescreve em 8 (oito) anos, contados a partir da ocorrência do fato ou, no caso de infrações permanentes, do dia em que cessou a permanência. (Redação dada pela Lei 14.230/2021)

Antes da reforma, o art. 23 estabelecia prazos prescricionais distintos, em conformidade com a natureza do vínculo jurídico mantido pelo agente público com o sujeito passivo em potencial. Em caso de *vínculo temporário* (*mandato, cargo em comissão* ou *função de confiança*), o prazo prescricional era quinquenal, iniciando-se a contagem a partir da sua dissolução (art. 23, I). Já em caso de *vínculo permanente* (*cargo efetivo* ou *emprego*), a LIA não fixava o prazo prescricional, fazendo remissão ao prazo previsto nas leis específicas para faltas disciplinares puníveis com demissão a bem do serviço público (art. 23, II). O inciso III do art. 23, inserido na LIA pela Lei 13.019/2014, cuidava da prescrição da ação de improbidade em relação aos agentes públicos que exerciam algum tipo de função junto às entidades de direito privado referidas em seu art. 1.º, parágrafo

980 | INTERESSES DIFUSOS E COLETIVOS - VOL. 1

único. O lapso prescricional, para tais agentes, era de cinco anos, contado da data da apresentação à administração pública da prestação de contas final pela entidade.

A partir das modificações promovidas pela Lei 14.230/2021, o art. 23 da LIA passou a estabelecer o **prazo prescricional único de oito anos** para a aplicação das sanções da LIA.

Nesse particular, reconhecemos o avanço no tratamento da matéria. Isso porque a previsão de prazos distintos no texto original não abonava a isonomia. Além disso, a lei apresentava lacunas, que geravam insegurança jurídica. Não havia, por exemplo, previsão de prazo prescricional para os servidores temporários, tampouco para os terceiros (particulares) que concorriam para o ilícito. Da mesma forma, não havia definição de prazo prescricional para as hipóteses em que o ato de improbidade também configurava crime. Essas lacunas e indefinições do regime prescricional no texto original da LIA suscitavam muitas dúvidas sobre a matéria, o que acabava comprometendo a efetividade da lei.

Portanto, é indiscutível o mérito da reforma, que uniformizou o prazo prescricional para a aplicação das sanções a todos aqueles que praticarem atos de improbidade administrativa.

6.12.15.1 *Termo inicial*

Conforme visto, a ação para a aplicação das sanções previstas na LIA prescreve em oito anos, contados a partir da ocorrência do fato ou, no caso de infrações permanentes, do dia em que cessou a permanência.

Na sistemática atual da LIA, portanto, são dois os termos de início para o cômputo do prazo prescricional, a saber:

a)   data da ocorrência do fato (**regra geral**); ou

b)   data da cessão do ilícito, no caso de infração permanente (**exceção**).

No que toca à nova **regra geral** de contagem do lapso prescricional, fixada pela Lei 14.230/2021, alguns pontos negativos merecem ser destacados.

Em primeiro lugar, observa-se que opção adotada no novo enunciado do art. 23 da LIA, ao dispor que o prazo prescricional de oito anos será contado a partir "da ocorrência do fato", quebrou o padrão adotado em outras normas que integram o chamado Direito Sancionador extrapenal, que estabelecem o início do prazo a partir da *ciência da infração* pela Administração Pública, tais como: a) art. 158, § 4.º, da Lei 14.133/2021 (nova Lei de Licitações); b) art. 25 da Lei 12.846/2013 (Lei Anticorrupção); e c) art. 142, § 1.º, da Lei 8.112/1990 (Estatuto dos Servidores Estatutários Federais).

Em segundo lugar, tal opção legislativa vai dificultar a defesa da probidade administrativa, na medida em que, não raras vezes, o fato só chega ao conhecimento do Ministério Público ou da Administração Pública anos após a sua prática. A opção do legislador prestigiou a segurança jurídica, em detrimento do acesso à justiça.

Em terceiro lugar, o novo critério de contagem do prazo prescricional se divorciou da jurisprudência do STJ,[706] que vinha aplicando a teoria da *actio nata* subjetiva nas ações de improbidade administrativa envolvendo agentes públicos permanentes, nas hipóteses em que o respectivo estatuto disciplinar previsse que o termo inicial da prescrição é a data da ciência do fato pela autoridade competente para instaurar o processo administrativo disciplinar. Nesses casos, a Corte Superior consolidou o entendimento de que o prazo

---

[706] AgRg no REsp 1.509.971/SP, 1.ª T., rel. Min. Benedito Gonçalves, j. 23.06.2015, *DJe* 01.07.2015; REsp 1.268.594/PR, 2.ª T., rel. Min. Eliana Calmon, j. 05.11.2013, *DJe* 13.11.2013.

CAP. 6 – IMPROBIDADE ADMINISTRATIVA | 981

prescricional só começará a correr para o Ministério Público quando o fato chegar ao seu conhecimento, o que nos parece muito mais adequado à defesa da probidade administrativa e à boa-fé objetiva, valorizando-se, acertadamente, a questão da informação. Nesse sentido, confira-se:

> O termo *a quo* do prazo prescricional da ação de improbidade conta-se da ciência inequívoca, pelo titular de referida demanda, da ocorrência do ato ímprobo, sendo desinfluente o fato de o ato de improbidade ser de notório conhecimento de outras pessoas que não aquelas que detêm a legitimidade ativa *ad causam*, uma vez que a prescrição presume inação daquele que tenha interesse de agir e legitimidade para tanto.[707]

O segundo marco temporal trata de **infração permanente**, caso em que o prazo prescricional terá início na data em que tiver cessado a prática da conduta ilícita.

Como a LIA não define o que seja infração permanente, podemos nos valer do mesmo conceito utilizado na esfera penal. Nesse sentido, considera-se *permanente* a infração cuja consumação se prolonga no tempo, por vontade do agente.[708] Exemplificando, se um agente público utiliza em sua fazenda um maquinário agrícola de propriedade da prefeitura, sua conduta atrai a tipologia do art. 9.º, IV da LIA. Enquanto esse maquinário permanecer em seu poder, o ilícito não cessa e, por conseguinte, não tem início o prazo prescricional.

A despeito da omissão da LIA, entendemos esse marco temporal das infrações permanentes também deva ser aplicado às hipóteses de continuidade de ilícito, que se verifica quando o agente, por meio de duas ou mais condutas, comete dois ou mais atos de improbidade administrativa da mesma espécie e, pelas condições de tempo, local, modo de execução e outras semelhantes, devem os subsequentes ser havidos como continuação do primeiro.

Por outras palavras, o termo de início da contagem do prazo prescricional nas hipóteses de atos de improbidade administrativa praticados em continuidade também será a data da cessação do ilícito, aplicando-se, por analogia, as regras previstas no art. 23, *caput*, segunda parte, da LIA e no art. 25 da Lei 12.846/2013 (LAE).[709]

6.12.15.2   *Causas suspensivas da prescrição*

Desse teor o § 1.º do art. 23 da LIA:

> **Art. 23. (...) § 1.º** A instauração de inquérito civil ou de processo administrativo para apuração dos ilícitos referidos nesta Lei suspende o curso do prazo prescricional por, no máximo, 180 (cento e oitenta) dias corridos, recomeçando a correr após a sua conclusão ou, caso não concluído o processo, esgotado o prazo de suspensão.

A norma em exame, inserida na LIA pela Lei 14.230/2021, inovou ao prever duas hipóteses de suspensão do curso do prazo prescricional:

a)   instauração de inquérito civil; e

b)   instauração de processo administrativo para apuração dos ilícitos previstos na LIA.

O prazo máximo da suspensão do prazo prescricional é de 180 dias corridos, mas, se o inquérito civil, instaurado no âmbito do Ministério Público, ou o processo adminis-

---

[707]   EDcl no REsp 999.324/RS, 1.ª T., rel. Min. Luiz Fux, j. 14.12.2010.

[708]   MASSON, Cleber. *Direito Penal*. 2. ed. São Paulo: Método, 2009. p. 177.

[709]   "Art. 25. Prescrevem em 5 (cinco) anos as infrações previstas nesta Lei, contados da data da ciência da infração ou, no caso de infração permanente ou continuada, do dia em que tiver cessado."

982 | INTERESSES DIFUSOS E COLETIVOS – VOL. 1

trativo, instaurado no âmbito do ente lesado, forem encerrados antes de decorridos esses 180 dias, o prazo prescricional volta a ter curso imediatamente.

6.12.15.3 Prazos para a conclusão do inquérito civil e para a propositura da ação de improbidade administrativa

Estranhamente, no mesmo dispositivo em que a LIA disciplina o regime prescricional, a Lei 14.230/2021 inovou ao fixar prazos para a conclusão das investigações no inquérito civil, bem como para a propositura da ação de improbidade administrativa pelo Ministério Público. Veja-se:

> **Art. 23. (...)**
>
> **§ 2.º** O inquérito civil para apuração do ato de improbidade será concluído no prazo de 365 (trezentos e sessenta e cinco) dias corridos, prorrogável uma única vez por igual período, mediante ato fundamentado submetido à revisão da instância competente do órgão ministerial, conforme dispuser a respectiva lei orgânica.
>
> **§ 3.º** Encerrado o prazo previsto no § 2.º deste artigo, a ação deverá ser proposta no prazo de 30 (trinta) dias, se não for caso de arquivamento do inquérito civil.

Essas regras precisam ser bem interpretadas. A realidade mostra que as investigações dos casos mais graves de improbidade administrativa, envolvendo concursos de agentes e esquemas sofisticados de fraudes, que provocam vultuosos danos ao patrimônio público, demandam muito tempo dos órgãos de investigação ministerial, dada a necessidade de realização de perícias complexas, análise de milhares de dados compilados de diversas fontes, oitiva de dezenas de testemunhas etc.

Pretender limitar no tempo essas investigações, nas hipóteses em que a necessidade de promover novas diligências restar devidamente justificada, representa grave ofensa à autonomia funcional do Ministério Público, bem como à independência funcional de seus membros para promover as diligências necessárias à defesa da probidade administrativa, em prejuízo da garantia fundamental de acesso à justiça.

Assim, para que os prazos previstos nos §§ 2.º e 3.º do art. 23 possam guardar compatibilidade com a Constituição Federal, devem ser reputados como não peremptórios.[710] Noutras palavras, o prazo de 365 dias para conclusão de inquérito civil que verse sobre apuração de ato de improbidade administrativa e o prazo de 30 dias para ajuizamento da ação de improbidade são impróprios. Logo, permitem a produção de diligências investigativas ou ajuizamento de ações de improbidade administrativa após a fluência deles, desde que devidamente justificadas e não fulminadas pelo prazo prescricional estabelecido para as sanções pelo ato investigado ou imputado.[711]

6.12.15.4 Causas interruptivas da prescrição

Outra novidade inserida no regime prescricional da LIA pela Lei 14.230/2021 foi a previsão de causas interruptivas do prazo prescricional. Confira-se:

---

[710] Em sentido semelhante: JUSTEN FILHO, Marçal. *Reforma da Lei de Improbidade Administrativa Comentada e Comparada*: Lei 14.320, de 25 de outubro de 2021. Rio de Janeiro: Forense, 2022. p. 254.

[711] Nesse mesmo sentido, confira-se o Enunciado 62 do Conselho Superior do Ministério Público do Estado de Minas Gerais: "O prazo de 365 dias para conclusão de Inquérito Civil Público que verse sobre apuração de ato de improbidade administrativa, previsto no artigo 23, § 2.º, da Lei n.º 8429/92, introduzido pela Lei n.º 14230/2021, e o prazo de 30 (trinta) dias para ajuizamento da ação de improbidade, previsto no § 3.º do mesmo dispositivo legal, são impróprios e permitem a produção de diligências investigativas ou ajuizamento de ações de improbidade administrativa após a fluência deles, desde que devidamente justificada e não fulminada pelo prazo prescricional estabelecido para as sanções pelo ato investigado ou imputado".

Art. 23 (...)

§ 4.º O prazo da prescrição referido no *caput* deste artigo interrompe-se:

I – pelo ajuizamento da ação de improbidade administrativa;

II – pela publicação da sentença condenatória;

III – pela publicação de decisão ou acórdão de Tribunal de Justiça ou Tribunal Regional Federal que confirma sentença condenatória ou que reforma sentença de improcedência;

IV – pela publicação de decisão ou acórdão do Superior Tribunal de Justiça que confirma acórdão condenatório ou que reforma acórdão de improcedência;

V – pela publicação de decisão ou acórdão do Supremo Tribunal Federal que confirma acórdão condenatório ou que reforma acórdão de improcedência.

Note-se que a decisão que, em qualquer grau, extinguir ou confirmar a extinção do processo, sem condenação do réu, não produz a interrupção do prazo prescricional.

Se, todavia, a sentença condenatória foi reformada pelo Tribunal em grau de apelação, absolvendo o réu, mantém-se a interrupção provocada pela publicação da decisão primeira instância.

Finalmente, a sentença anulada não interrompe a prescrição, porquanto ato nulo não produz efeitos válidos.

6.12.15.5 *Prescrição intercorrente*

A partir da vigência da Lei 14.230/2021, a propositura da ação de improbidade administrativa inaugura um debate acerca de uma hipótese específica de prescrição: a chamada **prescrição intercorrente**.

Interrompido o prazo, ele deveria se iniciar integralmente *ex novo*. Todavia, a lei estabeleceu um prazo diverso após a interrupção realizada pelo ajuizamento da ação. Há a possibilidade de que, depois do ajuizamento da ação, seja reconhecida a prescrição após o transcurso de **quatro anos** entre os marcos temporais estabelecidos em lei (art. 23, §§ 4.º e 5.º, da LIA). Confira-se:

> **Art. 23.** (...) § 5.º Interrompida a prescrição, o prazo recomeça a correr do dia da interrupção, pela metade do prazo previsto no *caput* deste artigo.

Essa norma precisa ser bem interpretada. Desde o seu surgimento, a prescrição intercorrente sempre foi compreendida como resultado da inércia do autor durante o trâmite do processo judicial. Aquele que não adota as medidas necessárias ou adequadas para o prosseguimento da demanda, poderá sofrer sanção por desídia. Assim, como aponta a doutrina, a prescrição intercorrente está intimamente ligada ao direito fundamental à duração razoável do processo, na medida em que ninguém deve responder a um processo por prazo irrazoável.[712]

Esse segundo aspecto atrai também a responsabilidade ao Estado-Juiz e a exceção de duração irrazoável provocada pela própria defesa. Quanto à responsabilidade do Esta-

---

[712] "Ora, a prescrição intercorrente também é uma medida de sanção para a inércia do titular da pretensão, mas configura-se tão somente após o processo já instaurado. Nesse caso, é a falta de tramitação injustificada, que ocasiona a incidência do instituto. De fato, a prescrição intercorrente configura-se tão somente após a instauração do processo pelo que, pode-se dizer que se trata de uma medida de sanção para a falta de tramitação injustificada, violadora da razoável duração do processo. Portanto, o escopo da prescrição intercorrente é evitar a mácula ao princípio da razoável duração do processo" (AURELLI, Arlete Inês. Uma Revisita ao Tema da Prescrição Intercorrente no Âmbito do Processo Civil com Ênfase no Código de Processo Civil Projetado. Execução Civil e Temas Afins – do CPC/73 ao Novo CPC. *Revista dos Tribunais*, 2014, versão digital).

984 | INTERESSES DIFUSOS E COLETIVOS – VOL. 1

do-juiz pela duração razoável do processo, é relevante aduzir que o Código de Processo Civil de 2015 deu grande atenção a esse tema, reforçando o comando constitucional do art. 5.º, LXXVIII, da CF/1988, seja como norma fundamental (arts. 4.º e 12 do CPC), seja como regra de comportamento que implica na substituição do juiz que deixar de atuar em tempo razoável, sucedido pelo substituto legal, sem prejuízo de eventual responsabilidade administrativa (art. 235 do CPC). Comprova-se, assim, a relação direta da prescrição intercorrente com o processo civil, o que faz com as normas relacionadas a essa matéria sejam identificadas como normas de direito processual.

É justamente por essa razão que a Corte Interamericana de Direitos Humanos estabeleceu quatro critérios para verificar se um processo tem a duração razoável ultrapassada: a) o comportamento das partes; b) a postura do órgão julgador; c) a complexidade da causa; e, d) aquilo que está em jogo no processo, em italiano, *posta in gioco*, o bem da vida, a necessidade das pessoas, a matéria ou questão envolvida.[713]

Transportando a referida premissa para o caso da prescrição intercorrente, somente se poderá falar em ofensa à duração razoável do processo quando o autor tenha provocado de maneira ilegítima a demora na ação de improbidade administrativa pelo lapso temporal de quatro anos entre os marcos temporais previstos no art. 23, § 4.º, da LIA.

Tal fato já foi reconhecido pelo próprio STJ, declarando que não há que se falar em prescrição quando o transcurso do lapso temporal acontece por causa do Poder Judiciário e não a partir de inércia motivada por incúria, negligência ou desídia do autor. Veja-se:

> (...) A perda da pretensão executiva tributária pelo decurso de tempo é consequência da inércia do credor, que não se verifica quando a demora na citação do executado decorre unicamente do aparelho judiciário.[714]

Essa conclusão já foi utilizada inclusive para afastar a aplicação da prescrição intercorrente na ação por ato de improbidade administrativa. Vejamos:

> Da leitura do art. 23 da Lei 8.429/92 não se pode constatar a possibilidade de ocorrência de prescrição intercorrente nas Ações de Improbidade Administrativa (...) Ainda que se admitisse a tese de prescrição intercorrente, o transcurso de prazo superior a 5 anos, entre a data de propositura da ação e a data da sentença, não é suficiente para caracterizá-la, sendo necessária a demonstração de inércia da parte autora.[715]

Conforme visto, a decisão que, em qualquer grau, extinguir ou confirmar a extinção do processo, sem condenação do réu, não produz a interrupção do prazo prescricional. Portanto, é provável que, proferida uma sentença absolutória em primeiro grau, decorram mais de quatro anos entre a data do ajuizamento da ação e o julgamento do eventual recurso interposto. Também é muito provável que a confirmação da sentença absolutória em grau de recurso implique o decurso de mais de quatro anos entre o início da ação e o julgamento dos eventuais recursos perante o STJ ou o STF.

Sob tal perspectiva, merece especial atenção o resultado de uma importante pesquisa do Conselho Nacional de Justiça, concluída em 2014, intitulada "Lei de improbidade administrativa: obstáculos à plena efetividade do combate aos atos de improbidade". Realizado

---

[713] Em todos os seguintes julgados, a Corte fez referência expressa aos quatro critérios mencionados acima acerca da verificação da duração razoável do processo: Caso Forneron e Hija *vs.* Argentina, Sentença de 27 de abril de 2012; Caso Garibaldi *vs.* Brasil, Sentença de 23 de setembro de 2009; Caso Ximenes Lopes *vs.* Brasil, Sentença de 4 de julho de 2006; Caso Furlan e Familiares *vs.* Argentina; Caso da Favela Nova Brasília *vs.* Brasil, Sentença de 16 de fevereiro de 2017.

[714] REsp 1.102.431/RJ, 1.ª S., rel. Min. Luiz Fux, j. 09.12.2009.

[715] STJ, REsp 1.218.050/RO, 1.ª T., rel. Min. Napoleão Nunes Maia Filho, j. 05.09.2013, *DJe* 20.09.2013.

pelo Conselho Nacional de Justiça, em parceria com a Universidade de Itaúna, referido trabalho teve como finalidade principal identificar os entraves à aplicação efetiva da Lei de Improbidade Administrativa.

Com base em dados empíricos colhidos junto a tribunais das cinco regiões do país, verificou-se que o tempo decorrido entre a data de ajuizamento de uma ação de improbidade administrativa e seu julgamento em primeira instância é de, em média, 4,24 anos.[716] Do total de ações analisadas, em 25% delas o julgamento se iniciou com mais de 5,65 anos.

Ora, estamos falando da média dessas ações. Por óbvio, os casos mais complexos, que representam as maiores ofensas ao patrimônio público e à moralidade administrativa, invariavelmente acabam levando maior tempo para serem julgados.

Nesse cenário, a adoção de uma interpretação literal da regra fixada no § 5.º do art. 23 da LIA fomentará odiosa impunidade aos artífices dos maiores esquemas de corrupção no país. Arrisco dizer, servirá de estímulo, inclusive, à perpetração de ações desonestas, dada a certeza quase absoluta da impossibilidade de sancionamento.

A busca pela celeridade e razoável duração do processo não pode ser feita a esmo, de qualquer jeito, a qualquer preço, desrespeitando outros valores constitucionais e processuais caros ao Estado Democrático de Direito. Nas palavras de Nelson Nery Junior:

> O mito da rapidez acima de tudo e o submito do hiperdimensionamento da malignidade da lentidão são alguns dos aspectos apontados pela doutrina como contraponto à celeridade e razoável duração do processo que, por isso, devem ser analisados e ponderados juntamente com outros valores e direitos constitucionais fundamentais, notadamente o direito ao contraditório e à ampla defesa.[717]

Noutro prisma, obtempera-se que a regra sobre prescrição intercorrente *sub examine* também precisa ser interpretada em consonância com o art. 29 da Convenção de Mérida, que assim dispõe:

> **Art. 29.** Prescrição. Cada Estado Parte estabelecerá, quando proceder, de acordo com sua legislação interna, um **prazo de prescrição amplo** para iniciar processos por quaisquer dos delitos qualificados de acordo com a presente Convenção e estabelecerá um prazo maior ou interromperá a prescrição quando o presumido delinquente tenha evadido da administração da justiça (grifamos).

A insuficiência do prazo da prescrição intercorrente, se computado o seu curso independentemente da comprovação de inércia por parte do MP ou do ente lesado na condução do processo, torna a regra do art. 23, § 5.º, da LIA incompatível com a Convenção de Mérida e, por conseguinte, inválida.

Assim, por estar intimamente ligada ao direito fundamental à duração razoável do processo, a prescrição intercorrente depende da desídia do autor que tenha provocado de maneira ilegítima a demora na ação de improbidade administrativa pelo lapso temporal entre os marcos temporais previstos no art. 23, § 4.º, da LIA. Nesse sentido, inclusive, decidiu a 1.ª Turma do STJ, já sob a vigência da Lei 14.230/2021: "Não se admite a incidência da prescrição intercorrente sem que haja inércia da parte autora durante o transcurso do lapso temporal".[718]

---

[716] *Lei de Improbidade Administrativa*: obstáculos à plena efetividade do combate aos atos de improbidade. Coordenação Luiz Manoel Gomes Júnior, equipe Gregório Assagra de Almeida et al. Brasília: Conselho Nacional de Justiça, 2015.

[717] NERY JUNIOR, Nelson. *Princípios do Processo na Constituição Federal*. 13. ed. São Paulo: RT, 2017. p. 374.

[718] STJ, EDcl nos EDcl no AgInt no AREsp 1209632/PE, 1.ª T., rel. Min. Francisco Falcão, v.u., j. 11.12.2024.

6.12.15.6 Comunicabilidade das causas suspensivas e interruptivas da prescrição

Conforme previsão contida no § 6.º do art. 23 da LIA, inserido pela Lei 14.230/2021, a suspensão e a interrupção da prescrição produzem efeitos relativamente a todos os que concorreram para a prática do ato de improbidade.

Do mesmo modo, nos atos de improbidade conexos que sejam objeto do mesmo processo, a suspensão e a interrupção relativas a qualquer deles estendem-se aos demais, em razão do disposto no § 7.º do art. 23 da LIA, igualmente incluído pela Lei 14.230/2021.

6.12.15.7 Imprescritibilidade da pretensão de ressarcimento ao erário

No dia 8 de agosto de 2018, após inúmeros debates, no contexto da redação originária da LIA, o Pleno do STF julgou o RE 852.475/SP e decidiu, por maioria de votos, que são imprescritíveis as ações de ressarcimento ao erário fundadas na prática de ato de improbidade administrativa doloso. Fixou-se a seguinte tese, para fins de repercussão geral: **"São imprescritíveis as ações de ressarcimento ao erário fundadas na prática de ato doloso tipificado na lei de improbidade administrativa"**.

A Lei 14.230/2021 não trouxe nenhuma regra específica sobre a prescrição da pretensão de ressarcimento ao erário. Por outro lado, vimos que uma das alterações mais sensíveis do texto vigente da LIA foi a *exclusão da culpa* como elemento subjetivo da conduta de improbidade.

Diante do silêncio da LIA e da extinção da forma culposa de ato de improbidade administrativa, é imperioso concluir, em compasso com a atual jurisprudência do STF, pela imprescritibilidade da pretensão de ressarcimento do dano ao erário decorrente da prática de qualquer ato improbidade administrativa.

6.12.15.8 Novo regime prescricional e aplicação da lei no tempo: Tema 1.199 do STF

Vimos que um dos eixos da LIA que sofreu uma reforma estruturante foi o do regime prescricional. São profundas as modificações nessa matéria.

A partir da vigência da Lei 14.230/2021, inaugurou-se um profundo debate em doutrina e jurisprudência sobre a aplicação das normas do novo regime prescricional da LIA no tempo. A nova regra geral de prazo prescricional (oito anos, contados da data do fato) pode alcançar fatos praticados antes da sua entrada em vigor? A nova regra sobre prescrição intercorrente pode ser aplicada retroativamente aos processos em curso?

Conforme visto, a questão da retroatividade ou irretroatividade das normas mais benéficas da Lei 14.230/2021 já foi apreciada pelo Plenário do Supremo Tribunal Federal no julgamento do Tema 1.199, em sede de repercussão geral. Na oportunidade, o STF decidiu que a norma mais benéfica da Lei 14.230/2021, que revogou a modalidade culposa de ato lesivo ao erário, retroage para alcançar os atos praticados na vigência do texto anterior da Lei 8.429/1992, por força da garantia prevista no art. 5.º, XL, da CF, respeitadas, contudo, as decisões condenatórias já transitadas em julgado (art. 5.º, XXXVI, da CF).

No mesmo julgamento, o STF afirmou a **irretroatividade do novo regime prescricional instituído pela Lei 14.230/2021**. Pela pertinência, confira-se excerto da tese: "(...) 4) O novo regime prescricional previsto na Lei 14.230/2021 é irretroativo, aplicando-se os novos marcos temporais a partir da publicação da lei".[719]

---

[719] ARE 843.989/PR, Tribunal Pleno, rel. Min. Alexandre de Moraes, j. 18.08.2022.

CAP. 6 – IMPROBIDADE ADMINISTRATIVA | 987

Em razão da referida decisão do STF, é correto afirmar que: a) o novo prazo de prescrição geral (oito anos) só alcança os fatos praticados depois da entrada em vigor da Lei 14.230/2021, em respeito à segurança jurídica; e b) o novo prazo de prescrição intercorrente aplica-se de maneira imediata, inclusive aos processos em curso e aos fatos ainda não processados, tendo como termo inicial, nesses casos, a data de entrada em vigor da inovação legislativa.

6.12.16 Cadastro Nacional de Condenações Cíveis por Atos de Improbidade Administrativa e por Ato que Implique Inelegibilidade

O **Cadastro Nacional de Condenações Cíveis por Atos de Improbidade Administrativa e por Ato que Implique Inelegibilidade** (CNCIAI) reúne as informações do Poder Judiciário sobre pessoas físicas e jurídicas definitivamente condenadas por atos de improbidade no Brasil, nos termos da Lei 8.429, de 2 de junho de 1992, e por atos que ocasionem a inelegibilidade do réu, nos termos da Lei Complementar 64, de 18 de maio de 1990. Trata-se de um instrumento eficaz no combate à corrupção e na valorização das decisões judiciais dos tribunais brasileiros.

A ideia é que os próprios tribunais passem a alimentar o banco de dados com as decisões judiciais referentes a atos de improbidade administrativa ou que geram inelegibilidade.

A alimentação do cadastro é regulamentada pela Resolução Conjunta CNJ/TSE 06/2020, que institui a sistemática unificada para o envio, no âmbito do Poder Judiciário, de informações referentes a condenações por improbidade administrativa e a outras situações que impactem o gozo dos direitos políticos, estabelecendo, ainda, o compartilhamento dessas informações entre o Conselho Nacional de Justiça e o Tribunal Superior Eleitoral. A partir dessa resolução, o Cadastro Nacional de Condenados por ato de Improbidade Administrativa (CNCIA), então gerido pelo CNJ, passou a ser um apêndice do INFODIP e será gerido pelo TSE. Isso está previsto expressamente na Resolução Conjunta CNJ/TSE 06/2020, que prevê a revogação da Resolução CNJ 44/2007, que instituiu o CNCIA (art. 16).

Referências Bibliográficas

ABELHA, Marcelo. *Ação civil pública ambiental*. 2. ed. Rio de Janeiro: Forense Universitária, 2004.

ABELHA, Marcelo. *Ação civil pública e meio ambiente*. Rio de Janeiro: Forense Universitária, 2004.

ABELHA, Marcelo. *Manual de execução civil*. 2. ed. Rio de Janeiro: Forense, 2007.

AGUIAR DIAS, José de. *Da responsabilidade civil*. 10. ed. Rio de Janeiro: Forense, 1995.

AKAOUI, Fernando Reverendo Vidal. *Compromisso de ajustamento de conduta ambiental*. 2. ed. rev. e atual. São Paulo: RT, 2008.

ALAN, José Alexandre Zachia. *Lições sobre probidade administrativa*: de acordo com a Lei 14.230/2021. São Paulo: Tirant Lo Blanch, 2022.

ALESSI, Renato. *Sistema istituzionale del diritto amministrativo italiano*. 3. ed. Milano: Giuffrè, 1960.

ALMEIDA, Alberto Carlos. *A cabeça do brasileiro*. São Paulo: Record, 2007.

ALMEIDA, Aliete Marisa Teixeira. A publicidade enganosa e o controle estabelecido pelo Código de Defesa do Consumidor. *Revista de Direito do Consumidor*. São Paulo, n. 53, p. 33-34, jan./mar. 2005.

ALMEIDA, Gregório Assagra de. *Direito processual coletivo brasileiro* – um novo ramo do direito processual. São Paulo: Saraiva, 2003.

ALMEIDA, Gregório Assagra de. *Manual das ações constitucionais*. Belo Horizonte: Del Rey, 2007.

ALMEIDA, Gregório Assagra de. Direito estrangeiro e comparado – generalidades. O sistema jurídico nos Estados Unidos – common law e carreiras jurídicas (*judges, prosecutors* e *lawyers*): o que poderia ser útil para a reforma do sistema processual brasileiro? *RePro*, v. 251, 2016.

ALMEIDA, Gregório Assagra de et al. GOMES JUNIOR, Luiz Manoel (coord.). *Lei de Improbidade Administrativa*: obstáculos à plena efetividade do combate aos atos de improbidade. Brasília: Conselho Nacional de Justiça, 2015.

ALMEIDA, João Batista de. *Aspectos controvertidos da ação civil pública*. 2. ed. rev., atual. e ampl. São Paulo: RT, 2009.

ALMEIDA, João Batista de. *Manual de direito do consumidor*. 3. ed. São Paulo: Saraiva, 2009.

ALMEIDA, Luiz Cláudio Carvalho. A repetição do indébito em dobro no caso de cobrança indevida de dívida oriunda de relação de consumo como hipótese de aplicação dos "punitive damages" no direito brasileiro. *Revista do Direito do Consumidor*, São Paulo, n. 54, 2005.

ALVARENGA, Aristides Junqueira. Reflexões sobre improbidade administrativa no direito brasileiro. *Improbidade administrativa*: questões polêmicas e atuais. São Paulo: Malheiros, 2001.

ALVES, Maristela da Silva. Esboço sobre o Significado do ônus da prova no processo civil. In: KNIJNIK, Danilo (coord.). *Prova judiciária*. Estudos sobre o novo direito probatório. Porto Alegre: Livraria do Advogado, 2007.

ALVES, Rogério Pacheco. *Improbidade administrativa*. 4. ed. Rio de Janeiro: Lumen Juris, 2008.

ALVIM, Arruda. A competência para processar e julgar ação civil de improbidade administrativa em face de atos praticados em detrimento de sociedade de economia mista federal. In: MARQUES, Mauro Campbell (coord.). *Improbidade administrativa*: temas atuais e controvertidos. Rio de Janeiro: Forense, 2017.

ALVIM NETTO, José Manoel de Arruda; ALVIM, Thereza; ARRUDA ALVIM, Eduardo; SOUZA, James J. Marins de. *Código do Consumidor comentado*. 2. ed. rev. e ampl. São Paulo: RT, 1995.

AMARAL JUNIOR, Alberto. A responsabilidade pelos vícios dos produtos no código de defesa do consumidor. *Revista Direito do Consumidor*, São Paulo, n. 2, abr./jun. 1992.

AMORIM, Daniel; TARTUCE, Flávio. *Manual de direito do consumidor*: direito material e processual. São Paulo: Método, 2012.

ANDRADE, André Gustavo Corrêa. *Dano moral e indenização punitiva*. São Paulo: Lumen Juris, 2009.

ANDRADE, Landolfo. *O ônus da prova na ação civil pública. Regime atual e influências do novo CPC*. São Paulo: Verbatim, 2015.

ANDRIGHI, Fátima Nancy. Arbitragem nas relações de consumo: uma proposta concreta. *Revista de Arbitragem e Mediação*. Brasília, ano 3, n. 9, abr./jun. 2006.

ANDRIGHI, Fátima Nancy; NANCY, Vera; BENETI, Sidnei. *Comentários ao Novo Código Civil*: das várias espécies de contratos. Rio de Janeiro: Forense, 2008. v. IX.

ANTUNES, Paulo de Bessa. O papel do Ministério Público na ação civil pública. *Revista da Procuradoria-Geral da República*, São Paulo, v. 4, 1993.

ARAÚJO FILHO, Luiz Paulo da Silva. *Ações coletivas*: a tutela jurisdicional dos direitos individuais homogêneos. Rio de Janeiro: Forense, 2000.

ARAÚJO FILHO, Luiz Paulo da Silva. *Comentários ao Código de Defesa do Consumidor*. São Paulo: Saraiva, 2002.

ARAÚJO FILHO, Luiz Paulo da Silva. *Comentários ao Código de Defesa do Consumidor*. 2. ed. rev. e atual. São Paulo: Saraiva, 2009.

ARAÚJO, Luiz Alberto David; NUNES JÚNIOR, Vidal Serrano et al. (org.). *Código do Consumidor comentado*. 2. ed. São Paulo: RT, 1995.

ARAÚJO, Luiz Alberto David; NUNES JÚNIOR, Vidal Serrano. *Curso de direito constitucional*. 9. ed. São Paulo: Saraiva, 2005.

ARAÚJO, Luiz Alberto David; NUNES JÚNIOR, Vidal Serrano. *Curso de direito constitucional*. 11. ed. São Paulo: Saraiva, 2007.

ARAÚJO, Luiz Alberto David; NUNES JÚNIOR, Vidal Serrano. *Mandado de segurança*. 2. ed. da ref. e atual. obra *Mandado de segurança no direito tributário*. Rio de Janeiro: GZ, 2010.

ARENHART, Sergio Cruz. Ônus da prova e sua modificação no processo civil brasileiro. *Revista Jurídica*, ano 54, n. 343, p. 44, maio 2006.

ARENHART, Sérgio. Decisões estruturais no direito processual civil brasileiro. *Revista de Processo*, São Paulo, v. 225, 2013.

ARENHART, Sérgio. Processo multipolar, participação e representação de interesses concorrentes. In: ARENHART, Sérgio Cruz; JOBIM, Marco Félix (org.). *Processos estruturais*. 2. ed. Salvador: JusPodivm, 2019.

ARRUDA ALVIM, Teresa; CONCEIÇÃO, Maria Lúcia Lins. Transação homologada: anulatória ou rescisória? *Migalhas de Peso*, 15.03.2023. Disponível em: https://www.migalhas.com.br/depeso/287442/transacao-homologada--anulatoria-ou-rescisoria. Acesso em: 15 mar. 2023.

ASSIS, Araken de. *Manual da execução*. 11. ed. São Paulo: RT, 2007.

ASSIS, Jorge César de; ARPINI, Soel; ZANCHET, Dalila Maria. *Legitimidade do Ministério Público Militar para a interposição da ação civil pública*. Curitiba: Juruá, 2011.

AURELLI, Arlete Inês. Uma revisita ao tema da prescrição intercorrente no âmbito do processo civil com ênfase no Código de Processo Civil Projetado. Execução civil e temas afins – do CPC/73 ao novo CPC. *Revista dos Tribunais*, 2014. (versão digital).

AZEVEDO, Álvaro Villaça. *Teoria geral das obrigações*. 10. ed. São Paulo: Atlas, 2004.

BANDEIRA DE MELLO, Celso Antônio. Competência para julgamento de agentes políticos por ofensa à Lei de Improbidade Administrativa. *Revista Trimestral de Direito Público*, v. 40,12-13, 2007.

BANDEIRA DE MELLO, Celso Antônio. *Curso de direito administrativo*. 14. ed. São Paulo: Malheiros, 2002.

BANDEIRA DE MELLO, Celso Antônio. *Curso de direito administrativo*. 26. ed. rev. e atual. São Paulo: Malheiros, 2009.

BANDEIRA DE MELLO, Celso Antônio. *Curso de direito administrativo*. 27. ed. São Paulo: Malheiros, 2010.

BANDEIRA DE MELLO, Celso Antônio. *Curso de direito administrativo*. 35. ed. São Paulo: Malheiros.

BARBI, Celso Agrícola. A expressão "competência funcional" no art. 2.º da Lei da Ação Civil Pública. In: MILARÉ, Édis (coord.). *A ação civil pública após 20 anos*: efetividade e desafios. São Paulo: RT, 2005.

BARBI, Celso Agrícola. Ações coletivas na Constituição Federal de 1988. *RePro* 61/187, jan./mar. 1991.

BARBI, Celso Agrícola. *Comentários ao Código de Processo Civil*. Rev. e atual. por Eliana Barbi Botelho e Bernardo Pimentel Souza. Rio de Janeiro: Forense, 2008.

BARBI, Celso Agrícola. *Do mandado de segurança*. 6. ed. rev., aum. e atual. Rio de Janeiro: Forense, 1993.

BARBI, Celso Agrícola. Mandado de segurança na Constituição de 1988. *Revista de Processo*, São Paulo, n. 57, p. 11, jan./mar. 1990.

BARBI, Celso Agrícola. Problemas da ação popular. *RDA* 85/395, jul./set. 1966.

BARBOSA MOREIRA, José Carlos. A ação popular no direito brasileiro como instrumento de tutela jurisdicional dos chamados interesses difusos. *Temas de direito processual*. São Paulo: Saraiva, 1977.

BARBOSA MOREIRA, José Carlos. A expressão "competência funcional" no art. 2.º da Lei da Ação Civil Pública. In: MILARÉ, Édis (coord.). *A ação civil pública após 20 anos*: efetividade e desafios. São Paulo: RT, 2005.

BARBOSA MOREIRA, José Carlos. Ações coletivas na Constituição Federal de 1988. *RePro* 61/187.

BARBOSA MOREIRA, José Carlos. Julgamento e ônus da prova. *Temas de direito processual civil* – segunda série. São Paulo: Saraiva, 1998.

BARBOSA MOREIRA, José Carlos. Notas sobre a inversão do ônus da prova em benefício do consumidor. *RePro*, São Paulo, v. 86, n. 302, 1997.

BARBOSA MOREIRA, José Carlos. Problemas da ação popular. *RDA,* v. 85, n.395, 1991.

BARCELLOS, Ana Paula. *Eficácia jurídica dos princípios constitucionais* – O princípio da dignidade da pessoa humana. São Paulo: Renovar, 2002.

BARROSO, Darlan; ROSSATO, Luciano Alves. *Mandado de segurança*. São Paulo: RT, 2009.

BARROSO, Luís Roberto. *A nova interpretação constitucional*. Rio de Janeiro: Renovar, 2003.

BATISTA, Felipe Vieira. *A recuperação judicial como processo coletivo*. 2017. Dissertação (Mestrado em Direito) – Universidade Federal da Bahia, Salvador, 2017.

BECKER, Anelise. A doutrina do adimplemento substancial no direito brasileiro e em perspectiva comparativista. *Revista da Faculdade de Direito da Universidade Federal do Rio Grande do Sul*. Porto Alegre: Livraria dos Advogados, n. 1, v. 9, p. 62, nov. 1993.

BECKER, Anelise. Elementos para uma Teoria Unitária da Responsabilidade Civil. *Revista de Direito do Consumidor*, n. 13, 1995.

BEDAQUE, José Roberto dos Santos. *Direito e processo*: influência do direito material sobre o processo. 5. ed. rev. e ampl. São Paulo: Malheiros, 2009.

BEDAQUE, José Roberto dos Santos. Tutela jurisdicional cautelar e atos de improbidade administrativa. In: BUENO, Cassio Scarpinella; PORTO FILHO, Pedro Paulo de Rezende (coord.). *Improbidade administrativa*: questões polêmicas e atuais. 2. ed. São Paulo: Malheiros, 2003.

BENJAMIN, Antonio Herman V. A insurreição da aldeia global contra o processo civil clássico – apontamentos sobre a opressão e a libertação judiciais do meio ambiente e do consumidor. In: MILARÉ, Édis (coord.) *Ação civil pública (Lei 7.347/85 – Reminiscências e Reflexões após dez anos de aplicação)*. São Paulo: RT, 1995.

BENJAMIN, Antonio Herman V. *Código Brasileiro de Defesa do Consumidor*: comentado pelos autores do anteprojeto. 7. ed. Rio de Janeiro: Forense Universitária, 2001.

BENJAMIN, Antonio Herman V. *Comentários ao Código de Defesa do Consumidor*. 2. ed. São Paulo: RT, 2005.

BENJAMIN, Antonio Herman V. *Comentários ao Código de Proteção ao Consumidor*. São Paulo: Saraiva, 1991.

BENJAMIN, Antonio Herman V. *Manual de direito do consumidor*. São Paulo: RT, 2008.

BENJAMIN, Antonio Herman V. O direito penal do consumidor: capítulo do direito penal econômico. *Revista Direito do Consumidor*, São Paulo, v. 1, 1992.

BENJAMIN, Antonio Herman V.; ALMEIDA, Gregório Assagra de. In: MAIA FILHO, Napoleão Nunes; ROCHA, Caio Cesar Vieira; LIMA, Tiago Asfor Rocha (org.). *Comentários à nova Lei do Mandado de Segurança*. São Paulo: RT, 2010.

BERTONCELLO, Káren Rick Danilevicz. *Superendividamento do consumidor*. Mínimo existencial. Casos concretos. São Paulo: RT, 2015.

BESSA, Leonardo Roscoe. *Cadastro positivo*: comentários à Lei 12.414, de 09 de junho de 2011. São Paulo: RT, 2011.

BESSA, Leonardo Roscoe. *Manual de direito do consumidor*. São Paulo: RT, 2007.

BESSA, Leonardo Roscoe. *Manual de direito do consumidor*. São Paulo: RT, 2008.

BEZERRA FILHO, Aluísio. *Atos de improbidade administrativa*: Lei 8.429/92 anotada e comentada. 2. ed. Curitiba: Juruá, 2014.

BITENCOURT NETO, Eurico. *Improbidade administrativa e violação de princípios*. Belo Horizonte: Del Rey, 2005.

BOBBIO, Norberto. *A era dos direitos*. Rio de Janeiro: Elsevier, 2004.

BONATTO, Cláudio. *Código de Defesa do Consumidor*: cláusulas abusivas nas relações contratuais de consumo. 2. ed. Porto Alegre: Livraria do Advogado, 2002.

BONATTO, Cláudio; MORAES, Paulo Valério Dal Pai. *Questões controvertidas no Código de Defesa do Consumidor*. 4. ed. Porto Alegre: Livraria do Advogado, 1998.

BONAVIDES, Paulo. *Curso de direito constitucional*. 24. ed. São Paulo: Malheiros, 2009.

BOSCO, Maria Goretti Dal. *Responsabilidade do agente público por ato de improbidade*. Rio de Janeiro: Lumen Iuris, 2004.

BOTELHO DE MESQUITA, José Inácio. *A coisa julgada*. Rio de Janeiro: Forense, 2006.

BRASILEIRO, Renato. *Legislação criminal especial comentada:* volume único. 8. ed. Salvador: JusPodivm, 2020.

BRASILEIRO, Renato. *Legislação especial comentada*. 8. ed. Salvador: JusPodivm, 2020.

BRASILEIRO, Renato. *Manual de processo penal*. 8. ed. Salvador: JusPodivm, 2022.

BUENO, Cassio Scarpinella. *A nova Lei do Mandado de Segurança*: comentários sistemáticos à Lei n. 12.016, de 7.8.2009. 2. ed. São Paulo: Saraiva, 2010.

BUENO, Cassio Scarpinella. *Curso sistematizado de direito processual civil*. São Paulo: Saraiva, 2010. v. 2, t. 3.

BUENO, Cassio Scarpinella. *Mandado de segurança*: comentários às Leis n. 1.533/51, 4.348/64 e 5021/66. 3. ed. São Paulo: Saraiva, 2007.

BUENO, Cassio Scarpinella. *Manual do poder público em juízo*. São Paulo: Saraiva, 2022.

CABRAL, Antonio do Passo. *Convenções processuais*: teoria geral dos negócios jurídicos processuais. 3. ed. Salvador: JusPodivm, 2020.

CABRAL, Antonio do Passo. Despolarização do processo. In: ZUFFELATO, Camilo; YARSHAL, Flávio Luiz (org.). *40 anos da teoria geral do processo no Brasil, passado, presente e futuro*. São Paulo: Malheiros, 2013.

CABRAL, Antonio do Passo. O papel do juiz diante das convenções processuais. In: CABRAL, Antonio do Passo; NOGUEIRA, Pedro Henrique (coord.). *Negócios processuais*. Salvador: JusPodivm, 2020. t. 2.

CAHALI, Yussef Said. *Fraudes contra credores*. 4. ed. São Paulo: RT, 2008.

CAIS, Frederico. Comentários ao art. 7.º da Lei de Ação Popular. In: COSTA, Susana Henriques da (coord.). *Comentários à Lei de Ação Civil Pública e Lei de Ação Popular*. São Paulo: Quartier Latin, 2006.

CÂMARA, Alexandre Freitas. *A nova execução da sentença*. 3. ed. Rio de Janeiro: Lumen Juris, 2007.

CÂMARA, Alexandre Freitas. *Lições de direito processual civil*. 13. ed. Rio de Janeiro: Lumen Juris, 2006. v. 2.

CÂMARA, Alexandre Freitas. *Lições de direito processual civil*. Rio de Janeiro: Lumen Juris, 2004. v. 2.

CÂMARA, Alexandre Freitas. *O novo processo civil brasileiro*. 4. ed. São Paulo: Atlas, 2018.

CÂMARA, Jacintho de Arruda. A lei de improbidade administrativa e os contratos inválidos já executados. In: BUENO, Cassio Scarpinella; PORTO FILHO, Pedro Paulo de Rezende (org.). *Improbidade administrativa*: questões polêmicas e atuais. São Paulo: Malheiros, 2001.

CAMARGO, Luiz Henrique Volpe. In: BUENO, Cassio Scarpinella (coord.). *Comentários ao Código de Processo Civil (arts. 318 a 538)*. São Paulo: Saraiva, 2017. v. 2.

CAMBI, Eduardo. *A prova civil*: admissibilidade e relevância. São Paulo: RT, 2006.

CAMPINHO, Sérgio. *O direito de empresa*. Rio de Janeiro: Renovar, 2003.

CANELA JUNIOR, Oswaldo. *Controle judicial de políticas públicas*. São Paulo: Saraiva, 2011.

CANOTILHO, J. J. Gomes. *Direito constitucional*. 5. ed. Coimbra: Almedina, 1992.

CANOTILHO, J. J. Gomes. *Direito constitucional*. 7. ed. Coimbra: Almedina, 2003.

CANOTILHO, J. J. Gomes. *Tomemos a sério os direitos econômicos, sociais e culturais*. Coimbra: Coimbra Editora, 1982.

CAPPELLETTI, Mauro. Formações sociais e interesses coletivos diante da Justiça Civil. Tradução do original italiano por Nelson Renato Palala Ribeiro de Campos. *Revista de Processo*, São Paulo, n. 5, 1977.

CARNEIRO, Athos Gusmão. Anotações sobre o mandado de segurança coletivo, nos termos da Lei 12.016/2009. *Revista de Processo*, São Paulo, v. 178, 2009.

CARNEIRO, Rafael de A. Araripe. A reformulação limitadora do conceito de improbidade administrativa. In: MENDES, Gilmar Ferreira (coord.). *Nova Lei de Improbidade Administrativa*: inspirações e desafios. São Paulo: Almedina, 2022.

CARVALHO, Matheus. *Lei de Improbidade comentada*: atualizada com a Lei 14.230/2021. São Paulo: JusPodivm, 2022.

CARVALHO FILHO, José dos Santos. *Ação civil pública*: comentários por artigo (Lei n. 7.347/85). 7. ed. rev., ampl. e atual. Rio de Janeiro: Lumen Juris, 2009.

CARVALHO FILHO, José dos Santos. *Consórcios públicos*. Rio de Janeiro: Lumen Juris, 2009.

CARVALHO FILHO, José dos Santos. *Improbidade administrativa*: prescrição e outros prazos extintivos. 2. ed. São Paulo: Atlas, 2016.

CARVALHO FILHO, José dos Santos. *Manual de direito administrativo*. 23. ed. Rio de Janeiro: Lumen Juris, 2010.

CARVALHO FILHO, José dos Santos. *Manual de direito administrativo*. 36. ed. São Paulo: Atlas, 2022.

CARVALHO FILHO, Milton Paulo. Ainda a inversão do ônus da prova no Código de Defesa do Consumidor. *Revista dos Tribunais*, ano 92, v. 807, jan. 2003.

CAVALCANTI, Flávio de Queiroz. *Responsabilidade civil por fato do produto no Código de Defesa do Consumidor*. Belo Horizonte: Del Rey, 1996.

CAVALIERI FILHO, Sérgio. *Programa de direito do consumidor*. São Paulo: Atlas, 2009.

CAVALIERI FILHO, Sérgio. *Programa de responsabilidade civil*. 8 ed. São Paulo: Atlas, 2009.

CAVALLEIRO, Vinícius Leal. A possibilidade de o Ministério Público Estadual propor ações civis públicas ambientais perante a Justiça Federal. *Revista Brasileira de Direito Ambiental*, São Paulo, ano 1, v. 1, jan./mar. 2005.

CHIOVENDA, Giuseppe. *Instituições de direito processual civil*. 3. ed. São Paulo: Bookseller, 2002. v. I.

CHIOVENDA, Giuseppe. *Instituições de direito processual civil*. Tradução J. Guimarães Menegale. Notas de Enrico Tullio Liebman. São Paulo: Saraiva, 1942-1945. v. 3.

CHIOVENDA, Giuseppe. *Principii di diritto processuale civile*. Reedição inalterada. Napoli: Jovene, 1965.

CINTRA, Antonio Carlos de Araújo; DINAMARCO, Cândido Rangel; GRINOVER, Ada Pellegrini. *Teoria geral do processo*. 21. ed. rev. e atual. de acordo com a EC 45/04. São Paulo: Malheiros, 2005.

COELHO, Fábio Ulhoa. *Curso de direito comercial*. São Paulo: Saraiva, 1999. v. 2.

CORDEIRO, Antonio Menezes. *A boa-fé no direito civil*. Coimbra: Almedina, 2001.

CORDEIRO, Antonio Menezes. *Tratado de direito civil português*. Parte geral. Coimbra: Almedina, 2005. v. 1, t. 4.

COSTA, Rafael de Oliveira; BARBOSA, Renato Kim. *Nova Lei de Improbidade Administrativa*: atualizada de acordo com a Lei 14.230/2021. São Paulo: Almedina, 2022.

COSTA, Susana Henriques da. A tutela do patrimônio público e da moralidade por meio da ação civil pública e da ação de improbidade administrativa. In: MAZZEI, Rodrigo Reis; NOLASCO, Rita Dias (coord.). *Processo civil coletivo*. São Paulo: Quartier Latin, 2005.

COSTA, Susana Henriques da. *O processo coletivo na tutela do patrimônio público e da moralidade administrativa*. 2. ed. São Paulo: Atlas, 2015.

COSTA NETO, Nicolao Dino de Castro. Improbidade administrativa: aspectos materiais e processuais. In: SAMPAIO, José Adércio Leite *et al.* (org.). *Improbidade administrativa*: 10 anos da Lei n.º 8.429/92. Belo Horizonte: Del Rey, 2002.

CUNHA JUNIOR, Dirley. *Controle judicial das omissões do poder público*. 2. ed. São Paulo: Saraiva, 2008.

DALL'AGNOL JUNIOR, Antonio Janyr. Distribuição dinâmica dos ônus probatórios. *Revista dos Tribunais*, v. 788, p. 100, jun. 2001.

DANTAS, Marcelo Buzaglo. *Ação civil pública e meio ambiente*. São Paulo: Saraiva, 2009.

DANTAS, Marcelo Navarro Ribeiro. *Legitimação ativa em mandado de segurança*. 1992. Dissertação (Mestrado) – PUC, São Paulo, 1992.

DE PLÁCIDO E SILVA. *Vocabulário jurídico*. Rio de Janeiro: Forense, 1984. v. 1.

DECOMAIN, Pedro Roberto. *Improbidade administrativa*. São Paulo: Dialética, 2008.

DELLORE, Luiz *et al. Comentários ao Código de Processo Civil*. 4. ed. Rio de Janeiro: Forense, 2021.

DENARI, Zelmo *et al. Código Brasileiro de Defesa do Consumidor*: comentado pelos autores do anteprojeto. 7. ed. Rio de Janeiro: Forense Universitária, 2001.

DESSAUNE, Marcos. *Desvio produtivo do consumidor*: o prejuízo do tempo desperdiçado. São Paulo: RT, 2011.

DI PIETRO, Maria Sylvia Zanella. *Direito administrativo*. 22. ed. São Paulo: Atlas, 2009.

DI PIETRO, Maria Sylvia Zanella. *Direito administrativo*. 32. ed. Rio de Janeiro: Forense, 2019.

DIDIER JÚNIOR, Fredie. *Curso de direito processual civil*. 16. ed. Salvador: JusPodivm. v. 4.

DIDIER JÚNIOR, Fredie. *Curso de direito processual civil*: introdução ao direito processual civil, parte geral e processo de conhecimento. 19. ed. Salvador: JusPodivm, 2017.

DIDIER JÚNIOR, Fredie. *Direito processual civil*. 5. ed. Salvador: JusPodivm, 2009. v. 1.

DIDIER JÚNIOR, Fredie; BRAGA, Paula Sarno; OLIVEIRA, Rafael. *Curso de direito processual civil*: teoria da prova, direito probatório, teoria do precedente, decisão judicial, coisa julgada e antecipação dos efeitos da tutela. 6. ed. Salvador: JusPodivm, 2011. v. II.

DIDIER JÚNIOR, Fredie; ZANETI JÚNIOR, Hermes. *Curso de direito processual civil*. 3. ed. Salvador: JusPodivm, 2008. v. 4.

DIDIER JÚNIOR, Fredie; ZANETI JÚNIOR, Hermes. *Curso de direito processual civil*. 11. ed. Salvador: JusPodivm, 2017. v. 4.

DIDIER JÚNIOR, Fredie; ZANETI JÚNIOR, Hermes. *Curso de direito processual civil*. 18. ed. Salvador: JusPodivm, 2016. v. 1.

DIDIER JÚNIOR; Freddie; ZANETI JÚNIOR, Hermes; OLIVEIRA, Rafael Alexandria de. Notas sobre as decisões estruturantes. In: ARENHART, Sérgio Cruz; JOBIM, Marco Félix (org.). *Processos estruturais*. 2. ed. Salvador: JusPodivm, 2019.

DINAMARCO, Cândido Rangel. *A reforma da reforma*. 2. ed. São Paulo: Malheiros, 2002.

DINAMARCO, Cândido Rangel. *Instituições de direito processual civil*. 3. ed. rev. e atual. São Paulo: Malheiros, 2003. v. 1.

DINAMARCO, Cândido Rangel. *Instituições de direito processual civil*. 3. ed. rev. atual. São Paulo: Malheiros, 2003. v. 2.

DINAMARCO, Cândido Rangel. *Instituições de direito processual civil*. 7. ed. São Paulo: Malheiros, 2017. v. 2.

DINAMARCO, Cândido Rangel. *Instituições de direito processual civil*. 6. ed. São Paulo Malheiros, 2009. v. 3.

DINAMARCO, Cândido Rangel. *Instituições de direito processual civil*. São Paulo: Malheiros, 2004. v. 4.

DINAMARCO, Cândido Rangel. *Litisconsórcio*. 4. ed. São Paulo: Malheiros, 1996.

DINAMARCO, Cândido Rangel. *Litisconsórcio*. 8. ed. rev. e atual. São Paulo: Malheiros, 2009.

DINAMARCO, Pedro da Silva. *Ação civil pública*. São Paulo: Saraiva, 2001.

DINAMARCO, Pedro da Silva. Comentários ao art. 1.º da Lei de Ação Popular. In: COSTA, Susana Henriques da (coord.). *Comentários à Lei de Ação Civil Pública e Lei de Ação Popular*. São Paulo: Quartier Latin, 2006.

DINAMARCO, Pedro da Silva. Comentários ao art. 8.º da Lei de Ação Popular. In: COSTA, Susana Henriques da (coord.). *Comentários à Lei de Ação Civil Pública e Lei de Ação Popular*. São Paulo: Quartier Latin, 2006.

DINIZ, Maria Helena. *Tratado teórico e prático dos contratos*. 5. ed. São Paulo: Saraiva, 2003.

DINO, Nicolao. A colaboração premiada na improbidade administrativa: possibilidade e repercussão probatória. In: SALGADO, Daniel de Resende; QUEIROZ, Ronaldo Pinheiro de (org.). *A prova no enfrentamento à macrocriminalidade*. Salvador: JusPodivm, 2015.

DOMINGUEZ, Manuel Serra. *Estudios de derecho probatorio*. Lima: Libreria Communitas EIRI, 2009.

ENTERRÍA, Eduardo García; FERNÁNDEZ, Tomás-Ramón. *Curso de derecho administrativo*. 9. ed. Madrid: Editorial Civitas, 2004. v. II.

FACHIN, Luiz Edson. *Estatuto Jurídico do Patrimônio Mínimo*. Rio de Janeiro: Renovar, 2001.

FALCÃO, Joaquim *et al*. *V Relatório Supremo em Números*: o foro privilegiado. Rio de Janeiro: Escola de Direito do Rio de Janeiro da Fundação Getulio Vargas, 2017.

FARIAS, Cristiano Chaves. A inversão do ônus da prova nas ações coletivas: o verso e o reverso da moeda. *Estudos de direito do consumidor*: tutela coletiva homenagem aos 20 anos da Lei da Ação Civil Pública. Rio de Janeiro: Lumen Juris, 2005.

FAVRETO, Rogério; GOMES JUNIOR, Luiz Manoel. *Comentários à Nova Lei de Improbidade Administrativa*. 6. ed. São Paulo: Thomson Reuters Brasil, 2023.

FAZZIO JÚNIOR, Waldo. *Atos de improbidade administrativa*: doutrina, legislação e jurisprudência. São Paulo: Atlas, 2007.

FAZZIO JÚNIOR, Waldo. *Atos de improbidade administrativa*: doutrina, legislação e jurisprudência. 2. ed. São Paulo: Atlas, 2008.

FAZZIO JÚNIOR, Waldo. *Improbidade administrativa e crimes de prefeitos*. São Paulo: Atlas, 2000.

FERNANDES, Flávio Sátiro. Improbidade administrativa. *Revista de Informação Legislativa*, n. 136.

FERNANDES, Sérgio Ricardo de Arruda. Breves considerações sobre as ações coletivas contempladas no CDC. *Revista de Direito do Consumidor*, São Paulo: RT, n. 14, abr./jun. 1995.

FERRARESI, Eurico. *Ação popular, ação civil pública e mandado de segurança coletivo*. Rio de Janeiro: Forense, 2009.

FERRARESI, Eurico. *Do mandado de segurança*: comentários à Lei n. 12.016, de 7 de agosto de 2009. Rio de Janeiro: Forense, 2010.

FERRARESI, Eurico. *Improbidade administrativa*: Lei 8.429/92 comentada. São Paulo: Método, 2011.

FERRAZ, Antônio Augusto Mello de Camargo; BENJAMIN, Antonio Herman de Vasconcelos e. *A inversão do ônus da prova na lei de improbidade administrativa (Lei 8.428/92)*. Teses aprovadas no Congresso Nacional do Ministério Público, 1995-Belém. São Paulo: Associação Paulista do Ministério Público, 1995. (Série: Cadernos – Temas Institucionais.)

FERRAZ JR., Tércio Sampaio. *Introdução ao estudo do direito*. 3. ed. São Paulo: Atlas, 2001.

FERRAZ JR., Tércio Sampaio. O Judiciário frente à divisão dos Poderes: um princípio em decadência. *Revista USP*, n. 21, p. 14, mar./abr./maio 1994.

FERREIRA, Gustavo Costa. *Responsabilidade sancionadora da pessoa jurídica*. Belo Horizonte: Dialética, 2019.

FERREIRA FILHO, Manoel Gonçalves. *Curso de direito constitucional*. 33. ed. rev. e atual. São Paulo: Saraiva, 2007.

FIGUEIREDO, Isabela Giglio. *Improbidade administrativa*: dolo e culpa. São Paulo: Quartier Latin, 2010.

FIGUEIREDO, Lúcia Valle. Ação civil pública – ação popular – a defesa dos interesses difusos e coletivos – posição do Ministério Público. *Boletim de Direito Administrativo*, p. 9, jan. 1997.

FIGUEIREDO, Lúcia Valle. *Curso de direito administrativo*. 5. ed. São Paulo: Malheiros, 2001.

FIGUEIREDO, Lúcia Valle. Partidos políticos e mandado de segurança coletivo. *Revista de Direito Público*, São Paulo, n. 95, p. 39-41, jul./set. 1990.

FIGUEIREDO, Marcelo. *Probidade administrativa*: comentários à Lei 8.429/92 e legislação complementar. 6. ed. São Paulo: Malheiros, 2009.

FILOMENO, José Geraldo Brito. *Código Brasileiro de Defesa do Consumidor*: comentado pelos autores do anteprojeto. 7. ed. Rio de Janeiro: Forense Universitária, 2001.

FILOMENO, José Geraldo Brito. *Manual de direitos do consumidor*. 6. ed. São Paulo: Atlas, 2003.

FINK, Daniel Roberto. Alternativa à ação civil pública ambiental (reflexões sobre as vantagens do termo de ajustamento de conduta). In: MILARÉ, Édis (coord.). *Ação civil pública – Lei 7.347/85 – 15 anos*. 2. ed. rev. e atual. São Paulo: RT, 2002.

FIORILLO, Celso Pacheco Fiorillo. *Curso de direito ambiental brasileiro*. 10. ed. São Paulo: Saraiva, 2009.

FIORILLO, Celso Pacheco Fiorillo; RODRIGUES, Marcelo Abelha; NERY, Rosa Maria Andrade. *Direito processual ambiental brasileiro*. Belo Horizonte: Del Rey, 1996.

FISS, Owen. Contra o acordo. In: FISS, Owen. *Um novo processo civil*: estudos norte-americanos sobre jurisdição, constituição e sociedade. Coordenação da tradução Carlos Alberto de Salles e Daniel Porto Godinho da Silva. Tradução Melina de Medeiros Rós. São Paulo: RT, 2004.

FRANCO, Fernão Borba; CRUZ, Luana Pedroso de Figueiredo. *Comentários à Nova Lei de Improbidade Administrativa*. 6. ed. São Paulo: Thomson Reuters Brasil, 2023.

FREIRE JUNIOR, Américo Bedê. A natureza jurídica da ação por ato de improbidade administrativa. In: OLIVEIRA, Alexandre Albagli; CHAVES, Cristiano; CHIGGONE, Luciano (*coord.*). *Estudos sobre improbidade administrativa – em homenagem ao Prof. J.J. Calmon de Passos*. Rio de Janeiro: Lumen Juris, 2020.

FREITAS, Wladimir Passos de. In: CRETELLA JÚNIOR, José; DOTTI, René Aniel (coord.). *Comentários ao Código do Consumidor*. Rio de Janeiro: Forense, 1991.

FURTADO, L. R. *As raízes da corrupção no Brasil*: estudo de caso e lições para o futuro. Belo Horizonte: Fórum, 2015.

FURTADO, Lucas Rocha. *Curso de direito administrativo*. Belo Horizonte: Fórum, 2013.

FUX, Luiz. *Mandado de segurança*. Rio de Janeiro: Forense, 2010.

GAGLIANO, Pablo Stolze; PAMPLONA FILHO, Rodolfo. *Novo curso de direito civil*: responsabilidade civil. 7. ed. São Paulo: Saraiva, 2009. v. III.

GAJARDONI, Fernando da Fonseca *et al. Comentários à Lei de Improbidade Administrativa*: Lei 8.429/1992, com as alterações da Lei 14.230/2021. 6. ed. São Paulo: Revista dos Tribunais, 2023.

GAJARDONI, Fernando da Fonseca *et al. Comentários à Lei de Improbidade Administrativa*: Lei 8.429, de 02 de junho de 1992. 3. ed. São Paulo: Revista dos Tribunais, 2014.

GAJARDONI, Fernando da Fonseca. *Comentários à Nova Lei de Improbidade Administrativa*. 6. ed. São Paulo: Thomson Reuters Brasil, 2023.

GAJARDONI, Fernando da Fonseca. Primeiros e breves apontamentos sobre os acordos em sede de improbidade administrativa. *Migalhas*, São Paulo, 5 maio 2020. Disponível em: Https://www.migalhas.com.br/coluna/tendencias-do-processo-civil/326016/primeiras-r--breves-apontamebtos-sobre-os-acordos-em-tema-de-improbidade-administrativa.

GAJARDONI, Fernando da Fonseca; DELLORE, Luiz; ROQUE, Andre Vasconcelos *et al. Processo de conhecimento e cumprimento de sentença*: comentários ao CPC de 2015. Rio de Janeiro: Forense; São Paulo: Método, 2018. v. 2.

GAJARDONI, Fernando da Fonseca; ZUFELATO, Camilo. Flexibilização e combinação de procedimentos no sistema processual civil brasileiro. *Revista Eletrônica de Direito Processual (REDP)*, v. 21, n. 3, p. 135-163, set./dez. 2020.

GALVÃO, Fernando. *Competência Cível da Justiça Militar Estadual*. 3. ed. Belo Horizonte, MG: Escola Judicial Militar do Estado de Minas Gerais, 2017. Disponível em: https://repositorio.ufmg.br/bitstream/1843/36807/2/ebook-competencia-civil2%20Fernando%20Galv%C3%A3o%203.ed.%202017.pdf. Acesso em: 15 mar. 2023.

GARCIA, Emerson. Acordo de não persecução cível: a negativa de celebração é suscetível de revisão? In: CAMBI, Eduardo Augusto Salomão; GARCIA, Emerson; ZANETI JR., Hermes (org.). *Improbidade administrativa*: principais alterações promovidas pela Lei 14.230/2021. Belo Horizonte: D'Plácido, 2022.

GARCIA, Emerson. *Improbidade administrativa*. 9. ed. Rio de Janeiro: Lumen Juris, 2017.

GARCIA, Emerson. O direito sancionador brasileiro e a homologação judicial do acordo de não persecução cível: alguns pespontos. In: SALGADO, Daniel de Resende; KIRCHER, Luis Felipe Schneider; QUEIROZ, Ronaldo Pinheiro. *Justiça consensual*: acordos criminais, cíveis e administrativos. Salvador: JusPodivm, 2022.

GARCIA, Emerson; ALVES, Rogério Pacheco. *Improbidade administrativa*. 4. ed. Rio de Janeiro: Lumen Juris, 2008.

GARCIA, Emerson; ALVES, Rogério Pacheco. *Improbidade administrativa*. 8. ed. Rio de Janeiro: Lumen Juris, 2008.

GARCIA, Emerson; ALVES, Rogério Pacheco. *Improbidade administrativa*. 9. ed. São Paulo: Saraiva, 2017.

GARCIA, Emerson; ALVES, Rogério Pacheco. *Improbidade administrativa*. 11. ed. Rio de Janeiro: Lumen Juris, 2008.

GARCIA, Leonardo de Medeiros. *Código de Defesa do Consumidor comentado*. 13. ed. Salvador: JusPodivm, 2017.

GARCIA, Leonardo de Medeiros. *Direito do consumidor*. Código comentado e jurisprudência. 5. ed. Niterói: Impetus, 2009.

GAVRONSKI, Alexandre Amaral. Autocomposição no âmbito do novo CPC e nas ações coletivas. In: ZANETI JUNIOR, Hermes; DIDIER JR. Fredie (coord.). *Processo coletivo*. Salvador: JusPodivm, 2016. (Coleção repercussões do Novo CPC, v. 8.)

GESSINGER, Ruy Armando. Da ação popular constitucional. *Revista Ajuris*, 1985.

GIDI, Antonio. *A class action como instrumento de tutela coletiva de direitos*: as ações coletivas em uma perspectiva comparada. São Paulo: RT, 2007.

GIDI, Antonio. *Aspectos da inversão do ônus da prova no código do consumidor*. Curitiba: Gênesis, 1996. n. 3.

GIDI, Antonio. *Coisa julgada e litispendência em ações coletivas*. São Paulo: Saraiva, 1995.

GOMES, José Jairo. *Direito eleitoral*. São Paulo: Atlas, 2012.

GOMES, Marcelo Kokke. *Responsabilidade civil:* dano e defesa do consumidor. Belo Horizonte: Del Rey, 2001.

GOMES JUNIOR, Luiz Manoel; FAVRETO, Rogério. *Comentários à Nova Lei de Improbidade Administrativa*. 5. ed. São Paulo: RT, 2021.

GOMES JÚNIOR, Luiz Manoel. *Ação popular*: aspectos polêmicos. 2. ed. Rio de Janeiro: Forense, 2004.

GOMES JÚNIOR, Luiz Manoel; ALMEIDA, Gregório Assagra *et al.* (coord.). *Lei de Improbidade Administrativa*: obstáculos à plena efetividade do combate aos atos de improbidade. Brasília: Conselho Nacional de Justiça, 2015.

GOMES JÚNIOR, Luiz Manoel; FAVRETO, Rogério. *Comentários à Lei de Improbidade Administrativa:* Lei 8.429 de 02 de junho de 1992. 3. ed. São Paulo: RT, 2014.

GONÇALVES, Benedito; GRILO, Renato César Guedes. Os princípios constitucionais do direito administrativo sancionador no regime democrático da Constituição de 1988. *Revista Estudos Institucionais*, v. 7, n. 2, p. 467-478, 2021.

GONÇALVES, Marcus Vinicius Rios. *Novo curso de direito processual civil*: execução e processo cautelar. São Paulo: Saraiva, 2008. v. 3.

GONÇALVES, Marcus Vinicius Rios. *Tutela de interesses difusos e coletivos*. 4. ed. São Paulo: Saraiva, 2010. (Coleção Sinopses jurídicas.)

GOULART, Marcelo Pedroso. *Elementos para uma teoria geral do Ministério Público*. Belo Horizonte: Arraes, 2013.

GRAU, Eros Roberto. *A ordem econômica na constituição de 1988 (interpretação e crítica)*. 3. ed. São Paulo: Malheiros, 1997.

GRECO, Leonardo. *O processo de execução*. Rio de Janeiro: Renovar, 2001. v. 2.

GRECO FILHO, Vicente. *Direito processual civil brasileiro*. 18. ed. São Paulo: Saraiva, 2006. v. 3.

GRECO FILHO, Vicente. *O novo mandado de segurança*: comentários à Lei n.º 12.016, de 7 de agosto de 2009. São Paulo: Saraiva, 2010.

GRINOVER, Ada Pellegrini *et al. Código Brasileiro de Defesa do Consumidor*: comentado pelos autores do anteprojeto. 7. ed. Rio de Janeiro: Forense Universitária, 2001.

GRINOVER, Ada Pellegrini. A ação civil pública e a defesa de interesses individuais homogêneos. *Revista de Direito do Consumidor,* São Paulo, n. 5, jan./mar. 1993.

GRINOVER, Ada Pellegrini. A tutela jurisdicional dos interesses difusos. *Revista da Procuradoria-Geral do Estado de São Paulo*, n. 12, jun. 1978.

1000 | INTERESSES DIFUSOS E COLETIVOS – VOL. 1

GRINOVER, Ada Pellegrini. Ações coletivas ibero-americanas: novas questões sobre a legitimação e a coisa julgada. *Revista Forense*, Rio de Janeiro, v. 361, maio/jun. 2002.

GRINOVER, Ada Pellegrini. *Código Brasileiro de Defesa do Consumidor comentado pelos autores do anteprojeto*. 8. ed. Rio de Janeiro: Forense Universitária, 2005.

GRINOVER, Ada Pellegrini. *Controle jurisdicional de políticas públicas*. Rio de Janeiro: Forense, 2011.

GRINOVER, Ada Pellegrini. Da desconsideração da pessoa jurídica – aspectos de direito material e processual. *RF* 371/11.

GRINOVER, Ada Pellegrini. Direito processual coletivo. In: GRINOVER, Ada Pellegrini; MENDES, Aluisio Gonçalves de Castro; WATANABE, Kazuo (org.). *Direito processual coletivo e o anteprojeto de Código Brasileiro de Processos Coletivos*. São Paulo: RT, 2007.

GRINOVER, Ada Pellegrini. Mandado de segurança coletivo: legitimação, objeto e coisa julgada. *Revista de Processo,* abr./jun. 1990.

GRINOVER, Ada Pellegrini. O controle jurisdicional de políticas públicas. In: GRINOVER, Ada Pellegrini; WATANABE, Kazuo. *O controle jurisdicional de políticas públicas*. Rio de Janeiro: Forense, 2011.

GRINOVER, Ada Pellegrini; BENJAMIN, Antonio Herman V. *Código Brasileiro de Defesa do Consumidor*: comentado pelos autores do anteprojeto. 7. ed. Rio de Janeiro: Forense Universitária, 2001.

GUARAGNI, Fábio André; WOJCIECHOWSKI, Paola Bianchi; COSTA, Ana Paula. Alinhamento constitucional e convencional da Lei 14.230/2021: a irretroatividade e o microssistema de tutela do direito fundamental à probidade administrativa. In: CAMBI, Eduardo; GARCIA, Emerson; ZANETI JÚNIOR, Hermes (org.). *Improbidade administrativa*: principais alterações promovidas pela Lei 14.230/2021. Belo Horizonte/São Paulo: D'Plácido, 2022.

GUASQUE, Luiz Fabião. *A responsabilidade da lei de enriquecimento ilícito*. São Paulo: RT, 1995.

GUERRA, Marcelo Lima. *Execução indireta*. São Paulo: RT, 1998.

GUERREIRO, José Alexandre Tavares *et al. In:* CRETELLA JÚNIOR, José; DOTTI, René Ariel (coord.). *Comentários ao Código do Consumidor*. Rio de Janeiro: Forense, 1992.

GUETTIER, Christophe. *La Loi Anti-Corruption, Loi n.º 93-122, du 29 janvier 1993*. Paris: Dalloz, 1993.

GUIMARÃES, Paulo Jorge Scartezzini *et al. Responsabilidade civil nas relações de consumo*. São Paulo: Saraiva, 2009.

GUIMARÃES, Paulo Jorge Scartezzini. *Vícios do produto e do serviço por qualidade, quantidade e insegurança*: cumprimento imperfeito do contrato. São Paulo: RT, 2004.

GUIMARÃES, Paulo Jorge Scartezzini. *Vícios do produto e do serviço por qualidade, quantidade e insegurança*. São Paulo: RT, 2008.

HORTA, Raul Machado. *Estudos de direito constitucional*. Belo Horizonte: Del Rey, 1995.

JOBIM, Marco Félix. Reflexões sobre a necessidade de uma teoria dos litígios estruturais: bases de uma possível construção. In: ARENHART, Sérgio Cruz; JOBIM, Marco Félix (org.). *Processos estruturais*. 2. ed. Salvador: JusPodivm, 2019.

JUSTEN FILHO, Marçal. *Comentários à Lei de Licitações e Contratos Administrativos*. 10. ed. São Paulo: Dialética, 2004.

JUSTEN FILHO, Marçal. *Reforma da Lei de Improbidade Administrativa comentada e comparada*: Lei 14.320, de 25 de outubro de 2021. Rio de Janeiro: Forense, 2022.

KANT, I. *Crítica da razão pura*. Trad. Afonso Bertagnoli. São Paulo: Brasil Editora, 1959.

REFERÊNCIAS BIBLIOGRÁFICAS | 1001

LACERDA, Galeno. Limites à atuação do Ministério Público, no que concerne ao inquérito civil e à ação civil pública. Limites no controle da atividade bancária. Distinção entre operações e serviços de bancos. Só os serviços se enquadram nas relações de consumo, sujeitos à fiscalização do MP. In: WALD, Arnoldo (coord.). *Aspectos polêmicos da ação civil pública*. São Paulo: Saraiva, 2007.

LACERDA, Galeno. *O novo direito processual civil e os feitos pendentes*. Rio de Janeiro: Forense, 1974.

LEAL, Márcio Flávio Mafra. *Ações coletivas*: história, teoria e prática. Porto Alegre: Fabris, 1988.

LEITE, José Rubens Morato. Ação popular: um exercício da cidadania ambiental? *Revista de Direito Ambiental*, São Paulo, n. 17, jan./mar. 2000.

LENZA, Pedro. *Teoria geral da ação civil pública*. 3. ed. rev., atual. e ampl. São Paulo: RT, 2008.

LEONEL, Ricardo de Barros. Comentários ao art. 11 da Lei de Ação Popular. In: COSTA, Susana Henriques da (coord.). *Comentários à Lei de Ação Civil Pública e Lei de Ação Popular*. São Paulo: Quartier Latin, 2006.

LEONEL, Ricardo de Barros. *Manual do processo coletivo*. São Paulo: RT, 2002.

LEONEL, Ricardo de Barros. Pontos para reflexão sobre a nova lei de improbidade. *Conjur*, 22 jun. 2021. Disponível em: https://www.conjur.com.br/2021-jun-22/leonel-pontos-reflexao--lei-improbidade/. Acesso em: 18 abr. 2023.

LEONEL, Ricardo de Barros. Processo e procedimento na Nova Lei de Improbidade Administrativa. *Conjur*, 26 nov. 2021. Disponível em: https://www.conjur.com.br/2021-nov-26/ricardo-leonel-processo-procedimento-lei-improbidade/. Acesso em: 21 abr. 2023.

LEONEL, Ricardo de Barros. Sentença na ação de improbidade administrativa. In: SARRUBBO, Mário Luiz (coord.). *Ministério Público Estratégico*: improbidade administrativa. Indaiatuba, SP: Foco, 2024.

LEONEL, Ricardo de Barros. Solidariedade e divisibilidade das obrigações nos acordos civis em tutela coletiva. *Conjur*, 18 ago. 2024.

LIMA, Alcides de Mendonça. *Comentários ao Código de Processo Civil*. Rio de Janeiro: Forense, 1974. v. 6, t. 2.

LISBOA, Roberto Senise. *Responsabilidade civil nas relações de consumo*. São Paulo: RT, 2001.

LIVIANU, Roberto; JUNQUEIRA, Gabriel Marson. (In)dependência das instâncias da improbidade administrativa e criminal (ponderações críticas sobre os novos §§ 3.º e 4.º do art. 21 da Lei 8.429/1992). In: SARRUBBO, Mário Luiz (coord.). *Ministério Público Estratégico*: improbidade administrativa. Indaiatuba, SP: Foco, 2024.

LOPEZ, Teresa Ancona. *Princípio da precaução e evolução da responsabilidade civil*. 2008. Tese (Titularidade em Direito Civil) – Faculdade de Direito da Universidade de São Paulo, 2008.

LOPEZ, Teresa Ancona. Princípios contratuais. In: FERNANDES, Wanderley (coord.). *Fundamentos e princípios dos contratos empresariais*. São Paulo: Saraiva, 2007.

LOTUFO, Renan. *Código Civil comentado*. 2. ed. São Paulo: Saraiva, 2004.

MACEDO, Alexander dos Santos. Da ação popular – Retratabilidade da posição assumida pela pessoa jurídica no processo – Possibilidade. *RF* 328, p. 7, out./dez. 1994.

MACHADO, Paulo Affonso Leme. *Direito ambiental brasileiro*. 18. ed. São Paulo: Malheiros, 2010.

MAGALHÃES JUNIOR, Alexandre Alberto de Azevedo. *Convenção processual na tutela coletiva*. São Paulo: JusPodivm, 2020.

1002 | INTERESSES DIFUSOS E COLETIVOS - VOL. 1

MANCUSO, Rodolfo de Camargo. *Ação civil pública*: em defesa do meio ambiente, do patrimônio cultural e dos consumidores. 10. ed. São Paulo: RT, 2007.

MANCUSO, Rodolfo de Camargo. *Ação popular*: proteção do erário, do patrimônio público, da moralidade administrativa e do meio ambiente. 6. ed. rev., atual. e ampl. São Paulo: RT, 2009.

MANCUSO, Rodolfo de Camargo. In: OLIVEIRA, Juarez de (coord.). *Comentários ao Código de Proteção do Consumidor*. São Paulo: Saraiva, 1991.

MANCUSO, Rodolfo de Camargo. Interesses difusos e coletivos. *Revista da Fundação Escola Superior do Ministério Público do Distrito Federal e Territórios*, ano 5, n. 9.

MANCUSO, Rodolfo de Camargo. *Interesses difusos*: conceito e legitimação para agir. 6. ed. rev., atual. e ampl. São Paulo: RT, 2004.

MANCUSO, Rodolfo de Camargo. *Jurisdição coletiva e coisa julgada*: teoria geral das ações coletivas. São Paulo: RT, 2007.

MANUAL de atuação funcional do Ministério Público do Estado de Minas Gerais. Belo Horizonte: Procuradoria-Geral de Justiça do Estado de Minas Gerais, 2008.

MARCATO, Antonio Carlos (coord.). *Código de Processo Civil interpretado*. São Paulo: Atlas, 2004.

MARCHESAN, Ana Maria Moreira; STEIGLEDER, Annelise Monteiro; CAPPELLI, Sílvia. *Direito ambiental*. 5. ed. Porto Alegre: Verbo Jurídico, 2008.

MARINONI, Luiz Guilherme. Formação da convicção e inversão do ônus da prova segundo as peculiaridades de cada caso concreto. *Revista dos Tribunais*, v. 862, p. 21, ago. 2007.

MARINONI, Luiz Guilherme. *Incidente de resolução de demandas repetitivas*. São Paulo: RT, 2016.

MARINONI, Luiz Guilherme; ARENHART, Sérgio Cruz. *Manual do processo de conhecimento*. 5. ed. rev., atual. e ampl. São Paulo: RT, 2006.

MARINONI, Luiz Guilherme; ARENHART, Sérgio Cruz; MITIDIERO, Daniel. *Curso de processo civil*. 3. ed. São Paulo: RT, 2017. v. 1.

MARINONI, Luiz Guilherme; ARENHART, Sérgio Cruz; MITIDIERO, Daniel. *Novo Código de Processo Civil comentado*. São Paulo: RT, 2015.

MARINS, James. *Responsabilidade da empresa pelo fato do produto*. São Paulo: RT, 1992.

MARQUES, Claudia Lima. *Comentários ao Código de Defesa do Consumidor*. São Paulo: RT, 2003.

MARQUES, Claudia Lima. *Comentários ao Código de Defesa do Consumidor*. 2. ed. São Paulo: RT, 2006.

MARQUES, Claudia Lima. *Contratos no Código de Defesa do Consumidor*. 3. ed. São Paulo: RT, 1999.

MARQUES, Claudia Lima. *Contratos no Código de Defesa do Consumidor*. O novo regime das relações contratuais. São Paulo: RT, 2002.

MARQUES, Claudia Lima. *Contratos no Código de Defesa do Consumidor*. O novo regime das relações contratuais. 4. ed. São Paulo: RT, 2003.

MARQUES, Claudia Lima. *Contratos no Código de Defesa do Consumidor*. O novo regime das relações contratuais. 5. ed. São Paulo: RT, 2006.

MARQUES, Claudia Lima. Diálogo entre o Código de Defesa do Consumidor e o novo Código Civil: do "diálogo das fontes" no combate às cláusulas abusivas. *Revista de Direito do Consumidor*, São Paulo, n. 45, jan./mar. 2003.

MARQUES, Claudia Lima. *Manual de direito do consumidor*. São Paulo: RT, 2008.

MARQUES, Claudia Lima; BENJAMIN, Antonio Herman; MIRAGEM, Bruno. *Comentários ao Código de Defesa do Consumidor*. São Paulo: RT, 2003.

MARQUES, Claudia Lima; CAVALLAZZI, Rosangela Lunardelli (coord.). *Direitos do consumidor endividado*: superendividamento e crédito. São Paulo: RT, 2006.

MARQUES, José Frederico. As ações populares no direito brasileiro. *RT* 266/5, dez. 1957.

MARQUES, Sílvio Antônio. *Harmonização entre a Lei de Improbidade Administrativa e a Lei Anticorrupção Empresarial.* Apontamentos à Lei Anticorrupção Empresarial: Lei 12.846/2013. São Paulo: MPSP, 2015.

MARQUES, Sílvio Antônio. *Improbidade administrativa*: ação civil e cooperação jurídica internacional. São Paulo: Saraiva, 2010.

MARTELETO FILHO, Wagner. *Dolo e risco no direito penal*: fundamentos e limites para a normativização. São Paulo: Marcial Pons, 2020.

MARTINS, Fernando Rodrigues. *Controle do patrimônio público*: comentários à Lei de Improbidade Administrativa. 4. ed. São Paulo: RT, 2010.

MARTINS, Guilherme Magalhães. *Responsabilidade civil por acidente de consumo na internet.* São Paulo: RT, 2014.

MARTINS, Lacerda. A inversão do ônus da prova na ação civil pública proposta pelo Ministério Público em defesa dos consumidores. *Revista de Informação Legislativa*, Brasília, Subsecretaria de Edições Técnicas do Senado Federal, ano 36, n. 143, 1999.

MARTINS, Tiago do Carmo. *Improbidade administrativa*. Curitiba: Alteridade, 2022.

MARTINS-COSTA, Judith. *A boa-fé no direito privado*. São Paulo: RT, 1999.

MARTINS JR., Wallace Paiva. Comentários ao art. 15. In: DI PIETRO, Maria Sylvia Zanella; MARRARA, Thiago. *Lei Anticorrupção comentada.* Belo Horizonte: Fórum, 2017.

MARTINS JR., Wallace Paiva. *Probidade administrativa*. 4. ed. São Paulo: Saraiva, 2009.

MARTINS JUNIOR, Wallace Paiva; MAGALHÃES JUNIOR, Alexandre Alberto de; OLIVEIRA, Beatriz Lopes de. *Lei de Improbidade Administrativa comentada*. São Paulo: JusPodivm, 2023.

MASSON, Cleber. *Direito penal esquematizado*. 2. ed. São Paulo: Método, 2009.

MASSON, Cleber. *Direito penal*: parte geral (arts. 1.º a 120). 15. ed. Rio de Janeiro: Forense; Método, 2021. v. 1

MASSON, Cleber; MARÇAL, Vinicius. *Crime organizado*. 3. ed. São Paulo: Método, 2017.

MATOS, Cecília. O ônus da prova no Código de Defesa do Consumidor. *Revista de Direito do Consumidor*, São Paulo, v. 11, 1994.

MATTOS, Mauro Roberto Gomes de. *O limite da improbidade administrativa*: comentários à Lei 8.429/92. 5. ed. Rio de Janeiro: Forense, 2010.

MAXIMILIANO, Carlos; MASCARO, Alisson. *Hermenêutica e aplicação do direito*. 23. ed. Rio de Janeiro: Forense, 2022.

MAZZEI, Rodrigo. Comentários ao art. 6.º da Lei de Ação Popular. In: COSTA, Susana Henriques da (coord.). *Comentários à Lei de Ação Civil Pública e Lei de Ação Popular*. São Paulo: Quartier Latin, 2006.

MAZZILLI, Hugo Nigro. *A defesa dos interesses difusos em juízo*. 14. ed. São Paulo: Saraiva, 2002.

MAZZILLI, Hugo Nigro. *A defesa dos interesses difusos em juízo*. 22. ed. São Paulo: Saraiva, 2009.

MAZZILLI, Hugo Nigro. *A defesa dos interesses difusos em juízo*. 24. ed. São Paulo: Saraiva, 2008.

MAZZILLI, Hugo Nigro. *A defesa dos interesses difusos em juízo.* 33. ed. São Paulo: JusPodivm, 2023.

MAZZUOLI, Valério de Oliveira. *Controle jurisdicional da convencionalidade das leis.* 5. ed. Rio de Janeiro: Forense, 2018.

MEDEIROS, Sérgio Monteiro. *Lei de improbidade administrativa*: comentários e anotações jurisprudenciais. São Paulo: Juarez de Oliveira, 2003.

MEDINA, José Miguel Garcia. *Novo Código de Processo Civil comentado.* São Paulo: RT, 2015.

MEDINA, José Miguel Garcia; ARAÚJO, Fábio Caldas de. *Mandado de segurança individual e coletivo*: comentários à Lei 12.016, de 7 de agosto de 2009. São Paulo: RT, 2009.

MEIRELLES, Hely Lopes. *Direito administrativo brasileiro.* 27. ed. atual. por Eurico de Andrade Azevedo, Délcio Balestero Aleixo e José Emmanuel Burle Filho. São Paulo: Malheiros, 2002.

MEIRELLES, Hely Lopes. *Direito administrativo brasileiro.* São Paulo: Malheiros, 2003.

MEIRELLES, Hely Lopes. *Licitação e contrato administrativo.* 13. ed. atual. por Eurico de Andrade Azevedo e Maria Lúcia Mazzei de Alencar. São Paulo: Malheiros, 2002.

MEIRELLES, Hely Lopes. *Mandado de segurança, ação popular, ação civil pública, mandado de injunção, "habeas data", ação direta de inconstitucionalidade e ação declaratória de constitucionalidade.* 22. ed. atual. por Arnoldo Wald e Gilmar Ferreira Mendes. São Paulo: Malheiros, 2000.

MEIRELLES, Hely Lopes. *Mandado de segurança, ação popular, ação civil pública, mandado de injunção, "habeas data", ação direta de inconstitucionalidade e ação declaratória de constitucionalidade.* 32. ed. atual. por Arnoldo Wald e Gilmar Ferreira Mendes Colaboração de Rodrigo Garcia da Fonseca. São Paulo: Malheiros, 2009.

MEIRELLES, Hely Lopes; WALD, Arnoldo; MENDES, Gilmar Ferreira. *Mandado de segurança e ações constitucionais.* 33. ed. São Paulo: Malheiros, 2010.

MELLO, Cláudio Ari. Improbidade administrativa: considerações sobre a Lei 8.429/92. *Cadernos de Direito Constitucional e Ciência Política*, v. 3, n. 11.

MELLO, Rafael Munhoz. *Princípios constitucionais de direito administrativo sancionador.* São Paulo: Malheiros, 2007.

MENDES, Gilmar Ferreira. Supremo Tribunal Federal e improbidade administrativa: perspectivas sobre a reforma da Lei 8.429/1992. In: MENDES, Gilmar Ferreira; CARNEIRO, Rafael de A. Araripe. *Nova Lei de Improbidade Administrativa*: inspirações e desafios. São Paulo: Almedina Brasil, 2022.

MENDES, Laura Schertel. *Privacidade, proteção de dados e defesa do consumidor.* São Paulo: Saraiva, 2014.

MENDONÇA JÚNIOR, Etéocles Brito; LIMA, Ricardo Alves de. *Ne bis in idem* penal, processual e na sanção administrativa. *Revista do Instituto de Ciências Penais*, Belo Horizonte, v. 6, n. 01, p. 99-142, 2021.

MENEZES CORDEIRO, Antonio. *A boa-fé no direito civil.* Coimbra: Almedina, 2001.

MERÇON-VARGAS, Sarah. *Teoria do processo punitivo não-penal.* Salvador: JusPodivm, 2018.

MESQUITA, José Inácio Botelho de. *A coisa julgada.* 1. ed. 3. tir. Rio de Janeiro: Forense, 2006.

MILARÉ, Édis. *Direito do ambiente.* 5. ed. rev., atual. e ampl. São Paulo: RT, 2007.

MILARÉ, Édis. *O direito do ambiente* – a gestão ambiental em foco. 6. ed. São Paulo: RT, 2009.

MIRAGEM, Bruno. *Curso de direito do consumidor.* 9 ed. Rio de Janeiro: Forense, 2024.

MIRAGEM, Bruno. *Direito do consumidor.* São Paulo: RT, 2008.

REFERÊNCIAS BIBLIOGRÁFICAS | 1005

MIRAGEM, Bruno. Discriminação injusta e o direito do consumidor. In: BENJAMIN, Antonio Herman; MARQUES, Claudia Lima; MIRAGEM, Bruno (org.). *O direito do consumidor no mundo em transformação*: em comemoração aos 30 anos do Código de Defesa do Consumidor. São Paulo: Ed. RT, 2020.

MIRRA, Álvaro Luiz Valery. A noção de poluidor na Lei n. 6.938/81 e a questão da responsabilidade solidária do Estado pelos danos ambientais causados pelos particulares. In: MORATO LEITE, José Rubens; DANTAS, Marcelo Buzaglo (org.). *Aspectos processuais do direito ambiental*. Rio de Janeiro: Forense Universitária, 2003.

MONTEIRO, Washington de Barros. *Curso de direito civil:* direito das obrigações. 17. ed. São Paulo: Saraiva, 1982. v. 1.

MONTENEGRO FILHO, Misael. *Curso de direito processual civil*. São Paulo: Atlas, 2005. v. 2.

MORAES, Alexandre de. *Constituição do Brasil interpretada*. São Paulo: Atlas, 2002.

MORAES, Alexandre de. *Direito constitucional*. 18. ed. São Paulo: Atlas, 2005.

MORAES, Alexandre de. *Direito constitucional*. 34. ed. São Paulo: Atlas.

MORAES, Paulo Valério Dal Pai. Os tabeliães, os oficiais registradores e o CDC. *Revista de Direito do Consumidor*, São Paulo, n. 61, jan./mar. 2007.

MOREIRA, Carlos Alberto Barbosa. Notas sobre a inversão do ônus da prova em benefício do consumidor. *RePro*, São Paulo, v. 86, n. 302, 1997.

MOREIRA PINTO, Francisco Bilac. *Enriquecimento ilícito no exercício de cargos públicos*. Rio de Janeiro: Forense, 1960.

MORSELLO, Marco Fábio. *Responsabilidade civil no transporte aéreo*. São Paulo: Atlas, 2009.

MULLENIX, Linda. General report – common law. *Os processos coletivos nos países de* civil law *e* common law: uma análise de direito comparado. São Paulo: RT, 2008.

MUNHÓS, Jorge. Responsabilização administrativa na Lei Anticorrupção. In: MUNHÓS, Jorge; QUEIROZ, Ronaldo Pinheiro (coord.). *Lei Anticorrupção e temas de* Compliance. 2. ed. Salvador: JusPodivm, 2016.

NEGRÃO, Ricardo. *Ações coletivas*: enfoque sobre a legitimidade ativa. São Paulo: LEUD, 2004.

NEGREIROS, Tereza. *Teoria do contrato*: novos paradigmas. 2. ed. Rio de Janeiro: Renovar, 2006.

NEIVA, José Antonio Lisbôa. Ação civil pública – litisconsórcio de Ministérios Públicos. *Revista da Procuradoria-Geral da República,* São Paulo, n. 7, 1993.

NEIVA, José Antonio Lisbôa. *Improbidade administrativa*: estudos sobre a demanda na ação de conhecimento e cautelar. Rio de Janeiro: Impetus, 2005.

NERY JUNIOR, Nelson *et al. Código Brasileiro de Defesa do Consumidor*: comentado pelos autores do anteprojeto. 7. ed. Rio de Janeiro: Forense Universitária, 2001.

NERY JUNIOR, Nelson *et al. Código Brasileiro de Defesa do Consumidor*: comentado pelos autores do anteprojeto. 8. ed. Rio de Janeiro: Forense Universitária, 2005.

NERY JUNIOR, Nelson. *Código de Processo Civil e legislação processual civil extravagante em vigor*. 4. ed. São Paulo: RT, 1998.

NERY JUNIOR, Nelson. Os princípios gerais do Código Brasileiro de Defesa do Consumidor. *Revista de Direito do Consumidor*, São Paulo, v. 3, 1992.

NERY JUNIOR, Nelson. *Princípios do processo civil na Constituição Federal*. 9. ed. São Paulo: RT, 2009.

NERY JUNIOR, Nelson. *Princípios do processo na Constituição Federal*. 13. ed. São Paulo: RT, 2017.

NERY JUNIOR, Nelson; NERY, Rosa Maria de Andrade. *Código Civil comentado e legislação extravagante*. 3. ed. São Paulo: RT, 2005.

NERY JUNIOR, Nelson; NERY, Rosa Maria de Andrade. *Código de Processo Civil comentado e legislação processual civil extravagante em vigor*. 4. ed. rev. e ampl. São Paulo: RT, 1999.

NERY JUNIOR, Nelson; NERY, Rosa Maria de Andrade. *Código de Processo Civil comentado e legislação extravagante*. 10. ed. São Paulo: RT, 2007.

NERY JUNIOR, Nelson; NERY, Rosa Maria de Andrade. *Código de Processo Civil comentado e legislação processual civil extravagante*. 11. ed. rev., atual. e ampl. São Paulo: RT, 2010.

NEVES, Daniel Amorim Assumpção. *Código de Processo Civil comentado artigo por artigo*. 7. ed. Salvador: JusPodivm, 2022.

NEVES, Daniel Amorim Assumpção. *Manual de direito processual civil*. 9. ed. Salvador: JusPodivm, 2017.

NEVES, Daniel Amorim Assumpção; OLIVEIRA, Rafael Carvalho Rezende. *Improbidade administrativa*: direito material e processual. 9. ed. Rio de Janeiro: Forense, 2022.

NEVES, Daniel Amorim Assumpção; OLIVEIRA, Rafael Carvalho Rezende. *Manual de improbidade administrativa*. São Paulo: Método, 2012.

NIETO, Alejandro. *Derecho administrativo sancionador*. 4. ed. Madrid: Tecnos, 2008.

NUNES JÚNIOR, Vidal Serrano; SERRANO, Yolanda Alves Pinto. *Código de Defesa do Consumidor interpretado*. São Paulo: Saraiva, 2003.

OLIVA, Milena Donato. *Patrimônio separado*. Rio de Janeiro: Renovar, 2009.

OLIVEIRA, Francisco Antonio de. *Mandado de segurança e controle jurisdicional*. São Paulo: RT, 1992.

OLIVEIRA, James Eduardo. *Código de Defesa do Consumidor*: anotado e comentado. 4. ed. São Paulo: Atlas, 2009.

OLIVEIRA, José Ernesto Furtado de. *Reformatio in pejus do Código de Defesa do Consumidor*: impossibilidade em face das garantias constitucionais de proteção. O Direito do Consumidor no 3.º Milênio. *Caderno jurídico. Imprensa Oficial*, São Paulo, v. 6, n. 1, jan. 2004.

OLIVEIRA, José Roberto Pimenta. *Improbidade administrativa e sua autonomia constitucional*. Belo Horizonte: Fórum, 2009.

OLIVEIRA, Juarez de (org.). *Comentários ao Código de Proteção ao Consumidor*. São Paulo: Saraiva, 1991.

OLIVEIRA, Rafael Carvalho Rezende; NEVES, Daniel Amorim Assumpção. *Manual de improbidade administrativa* – direito material e processual. 7. ed. São Paulo: Método, 2019.

OLIVEIRA JÚNIOR, Waldemar Mariz. *Substituição processual*. São Paulo: RT, 1975.

OLIVEIRA JÚNIOR, Waldemar Mariz. Tutela jurisdicional dos interesses coletivos. *Estudos sobre o amanhã – ano 2000*, São Paulo, Caderno 2, 1978.

OLSEN, Ana Carolina Lopes. *Direitos fundamentais sociais*: efetividade frente à reserva do possível. Curitiba: Juruá, 2008.

ORTIZ, Carlos Alberto. Improbidade administrativa. *Cadernos de Direito Constitucional e Eleitoral*, Imprensa Oficial do Estado de São Paulo, v. 28, p. 16.

OSÓRIO, Fábio Medina. *Direito administrativo sancionador*. 8. ed. São Paulo: Thomson Reuters, 2022.

OSÓRIO, Fábio Medina. *Direito administrativo sancionador*. São Paulo: Revista dos Tribunais, 2006.

OSÓRIO, Fábio Medina. *Improbidade administrativa*: observações sobre a Lei 8.429/92. Porto Alegre: Síntese, 1997.

OSÓRIO, Fábio Medina. *Teoria da improbidade administrativa*: má gestão pública: corrupção: ineficiência. 2. ed. São Paulo: RT, 2010.

PACÍFICO, Luiz Eduardo Boaventura. *O ônus da prova*. 2. ed. São Paulo: Revista dos Tribunais, 2011.

PALAIA, Nelson. *Fato notório*. São Paulo: Saraiva, 1997.

PASQUALOTTO, Adalberto. *Os efeitos obrigacionais da publicidade no Código de Defesa do Consumidor*. São Paulo: RT, 1997.

PAZZAGLINI FILHO, Marino. *Crimes de responsabilidade dos prefeitos*. São Paulo: Atlas, 2009.

PAZZAGLINI FILHO, Marino. *Lei de Improbidade Administrativa comentada*. São Paulo: Atlas, 2002.

PAZZAGLINI FILHO, Marino. *Lei de Improbidade Administrativa comentada*. 8. ed. Salvador: JusPodivm, 2022.

PAZZAGLINI FILHO, Marino; ROSA, Márcio Fernando Elias; FAZZIO JÚNIOR, Waldo. *Improbidade administrativa*: aspectos jurídicos da defesa do patrimônio. 4. ed. São Paulo: Atlas, 1999.

PEREIRA, Caio Mário da Silva. *Instituições de direito civil*. 6. ed. Rio de Janeiro: Forense, 1981. v. 2.

PEREIRA, Cesar; SCHWIND, Rafael Wallbach. Autossaneamento (*self-cleaning*) e reabilitação do direito brasileiro anticorrupção. *Revista de Direito Administrativo Contemporâneo – ReDAC*, n. 20, p. 13-34, set.-out. 2015.

PEREIRA, Curioletti Giovani; BUSATTO, Leonardo Dumke. Indisponibilidade de bens na ação de improbidade administrativa: inconstitucionalidade da ordem estabelecida no art. 16, § 11, da Lei n. 8.429/1992. In: CAMBI, Eduardo Augusto Salomão; GARCIA, Emerson; ZANETI JÚNIOR, Hermes (org.). *Improbidade administrativa*: principais alterações promovidas pela Lei 14.230/2021. Belo Horizonte: D'Plácido, 2022.

PÉREZ LUÑO, Antônio Henrique. *Derechos humanos, estado de derecho y constitución*. 6. ed. Madrid: Tecnos, 1999.

PETRELLUZZI, Marco Vinicio; RIZEK JUNIOR, Rubens Naman. *Lei Anticorrupção*: origens, comentários e análise da legislação correlata. São Paulo: Saraiva, 2014.

PEYRANO, Jorge W. Nuevos lineamentos de las cargas probatórias dinámicas. In: PEYRANO, Jorge W. (org.). *Cargas probatórias dinámicas*. Santa Fé: Rubinzal Culzoni, 2004.

PINHEIRO, Igor Pereira. *Lei anticrime e acordo de não persecução cível*: aspectos teóricos e práticos. São Paulo: Jhmizuno, 2020.

PINTO, Paulo Mota. Sobre a proibição do comportamento contraditório (*venire contra factum proprium*) no direito civil. *Boletim da Faculdade de Direito da Universidade de Coimbra*, volume comemorativo, 2003.

POGREBINSCHI, Thamy. *Pragmatismo*: teoria social e política. Rio de Janeiro: Relume Dumará, 2005.

POSNER, Richard. *A problemática da teoria moral e jurídica*. São Paulo: Martins Fontes, 2012.

PRADE, Péricles. *Ação popular*. São Paulo: Saraiva, 1986.

PRADO, Francisco Octavio de Almeida. *Improbidade administrativa*. São Paulo: Malheiros, 2001.

1008 | INTERESSES DIFUSOS E COLETIVOS – VOL. 1

QUARTIERI, Rita de Cássia Rocha Conte. A prescrição no novo Código Civil e a ação civil pública, ação popular e ação de improbidade administrativa. *Prescrição no Novo Código Civil*: uma análise interdisciplinar. São Paulo: Saraiva, 2005.

QUEIROZ, Ronaldo Pinheiro. As medidas cautelares previstas na lei de improbidade administrativa: natureza jurídica e sua repercussão no princípio do contraditório. *Revista da Escola da Magistratura do Rio Grande do Norte*, v. 7, n. 1.

QUEIROZ, Ronaldo Pinheiro. Responsabilização judicial da pessoa jurídica na Lei Anticorrupção. In: MUNHÓS, Jorge; QUEIROZ, Ronaldo Pinheiro (coord.). *Lei Anticorrupção e temas de* compliance. 2. ed. Salvador: JusPodivm, 2016.

RAGAZZI, José Luiz. A garantia constitucional à tutela específica e a decisão útil. In: ARAÚJO, Luiz Alberto David. *Efetivando direitos constitucionais*. São Paulo: Edite, 2003.

RAGAZZI, José Luiz; HONESKO, Raquel Schlommer; LUNARDI, Soraya Gasparetto. Processo coletivo. In: NUNES JÚNIOR, Vidal Serrano (coord.). *Manual de direitos difusos*. São Paulo: Verbatim, 2009.

RAMOS, André de Carvalho. Ação civil pública e o dano moral coletivo. *Revista Direito do Consumidor*, São Paulo, n. 25, p. 88.

REALE, Miguel. *Noções preliminares de direito*. 27. ed. São Paulo: Saraiva, 2002.

REDONDO, Bruno Garcia; OLIVEIRA, Guilherme Peres de; CRAMER, Ronaldo. *Mandado de segurança*. São Paulo: Método, 2009.

REQUIÃO, Rubens. Abuso de direito e fraude através da personalidade jurídica (*disregard doctrine*). *RT*, v. 410, 1969.

REQUIÃO, Rubens. *Curso de direito comercial*. 22. ed. São Paulo: Saraiva, 1995. v. I.

RIZZATTO NUNES, Luiz Antonio. *Curso de direito do consumidor*. 4. ed. São Paulo: Saraiva, 2009.

RIZZATTO NUNES, Luiz Antonio. *Manual de introdução ao estudo do direito*. 7. ed. São Paulo: Saraiva, 2007.

ROCHA, Sílvio Luiz Ferreira. *Responsabilidade civil do fornecedor pelo fato do produto no direito brasileiro*. Biblioteca de Direito do Consumidor. 2. ed. São Paulo: RT, 2000. v. 4.

ROCHA JUNIOR, Paulo Sérgio Duarte da. *Controle jurisdicional de políticas públicas*. Dissertação (Mestrado) – USP, São Paulo. Orientador Rodolfo de Camargo Mancuso, 2009.

RODRIGUES, Daniel de Sá; LAURIA, Thiago Augusto Vale. *Informação Técnico-Jurídica n.º 02/2023 do Centro Operacional das Promotorias de Justiça de Defesa do Patrimônio Público do Ministério Público do Estado de Minas Gerais* [mimeo].

RODRIGUES, Geisa de Assis. *Ação civil pública e termo de ajustamento de conduta*. 2. ed. Rio de Janeiro: Forense, 2006.

RODRIGUES, Geisa de Assis. Ação popular. In: DIDIER JÚNIOR, Fredie (org.). *Ações constitucionais*. 4. ed. rev., ampl. e atual. Salvador: JusPodivm, 2009.

RODRIGUES, Marcelo Abelha; NERY, Rosa Maria de Andrade. *Direito processual ambiental brasileiro*. Belo Horizonte: Del Rey, 1996.

ROSA, Fernando Elias. *Direito administrativo*. 4. ed. São Paulo: Saraiva, 2003.

ROSENBERG, Leo. *La carga de la prueba*. Trad. Ernesto Krotoschin. Buenos Aires: Julio Cesar Faria Editor, 2002.

SALGADO FILHO, Nilo Spinola *et al. Manual de difusos*. Coordenação Vidal Serrano Nunes Junior. São Paulo: Verbatim, 2009.

REFERÊNCIAS BIBLIOGRÁFICAS | 1009

SALLES, Carlos Alberto de. *A legitimação do Ministério Público para a defesa de direitos e garantias constitucionais*. 1992. Dissertação (Mestrado) – Faculdade de Direito do Largo São Francisco, São Paulo, 1992.

SANTANA, Héctor Valverde. Prescrição e decadência no direito do consumidor. *Carta Forense*, p. B-26, set. 2009.

SANTOS, Carlos Frederico Brito dos. *Improbidade administrativa*. 2. ed. Rio de Janeiro: Forense, 2009.

SANTOS, Fernando Gherardini. *Direito do marketing*: uma abordagem do *marketing* empresarial. São Paulo: RT, 2000.

SANTOS, Moacyr Amaral. *Primeiras linhas de direito processual civil*. 22. ed. São Paulo: Saraiva, 2008. v. 3.

SARLET, Ingo Wolfgang. *A eficácia dos direitos fundamentais*. 9. ed. Porto Alegre: Livraria do Advogado, 2008.

SARLET, Ingo Wolfgang. *A eficácia dos direitos fundamentais*: uma teoria geral dos direitos fundamentais na perspectiva constitucional. 11. ed. Porto Alegre: Livraria do Advogado, 2012.

SARLET, Ingo Wolfgang. Mínimo existencial e relações privadas: algumas aproximações. In: MARQUES, Cláudia Lima; CAVALLAZZI, Rosângela Lunardelli; LIMA, Clarissa Costa de (*coord.*). *Direitos do consumidor endividado II*: vulnerabilidade e inclusão. São Paulo: RT, 2016.

SARMENTO, Daniel. A vinculação dos particulares aos direitos fundamentais no direito comparado e no Brasil. In: BARROSO, Luiz Roberto (org.). *A nova interpretação constitucional*: ponderação, direitos fundamentais e relações privadas. 2. ed. Rio de Janeiro: Renovar, 2006.

SARMENTO, George. *Improbidade administrativa*. Porto Alegre: Síntese, 2002.

SAUSSURE, Ferdinand de. *Curso de Linguística Geral*. Trad. Antônio Chelini, José Paulo Paes e Izidoro Blinkstein. 32. ed. São Paulo: Editora Cultrix, 2010.

SAVI, Sérgio. *Responsabilidade civil por perda de uma chance*. São Paulo: Atlas, 2006.

SCARTEZZINI GUIMARÃES, Paulo José. *Vícios do produto e do serviço por qualidade, quantidade e insegurança*: cumprimento imperfeito do contrato. São Paulo: RT, 2004.

SCHLANGER, Margo. Beyond the hero judge: institutional reform litigation as litigation. *Michigan Law Review*, v. 97, n. 6, maio 1999.

SCHREIBER, Anderson. *A proibição de comportamento contraditório*: tutela da confiança e *venire contra factum proprium*. Rio de Janeiro: Renovar, 2005.

SHIMURA, Sérgio. *Tutela coletiva e sua efetividade*. São Paulo: Método, 2006.

SHIMURA, Sérgio; DI PIETRO, Maria Sylvia Zanella. *Direito administrativo*. 22. ed. São Paulo: Atlas, 2009.

SIDOU, J. M. Othon. *"Habeas corpus", mandado de segurança, mandado de injunção, "habeas data", ação popular*: as garantias ativas dos direitos coletivos. Rio de Janeiro: Forense, 2000.

SILVA, Flávia Regina Ribeiro da. *Ação popular ambiental*. São Paulo: RT, 2008.

SILVA, Jorge Alberto Quadros de Carvalho. *Código de Defesa do Consumidor anotado*. 5. ed. São Paulo: Saraiva, 2007.

SILVA, José Afonso da. *Ação popular constitucional*. 2. ed. rev., ampl. e aum. São Paulo: RT, 2007.

SILVA, José Afonso da. *Comentário contextual à Constituição*. São Paulo: Malheiros, 2005.

SILVA, José Afonso da. *Curso de direito constitucional positivo*. 15. ed. São Paulo: Malheiros, 1998.

1010 | INTERESSES DIFUSOS E COLETIVOS – VOL. 1

SILVA, José Afonso da. *Curso de direito constitucional positivo*. 23. ed. rev. e atual. São Paulo: Malheiros, 2004.

SILVA, Ovídio Baptista da. Parecer de 03.04.1990. *Revista de Processo*, São Paulo, v. 15, n. 60, out./dez. 1990.

SILVA, Regina Beatriz Tavarez da; POLETTO, Carlos Eduardo Minozzo. *Responsabilidade civil nas relações de consumo*. São Paulo: Saraiva, 2009.

SIMÃO, José Fernando *et al*. *Responsabilidade civil nas relações de consumo*. São Paulo: Saraiva, 2009.

SMANIO, Gianpaolo Poggio. *Interesses difusos e coletivos*. 8. ed. São Paulo: Atlas, 2007.

SOBRANE, Sérgio Turra. *Improbidade administrativa*: aspectos materiais, dimensão difusa e coisa julgada. São Paulo: Atlas, 2010.

SODRÉ, Eduardo. Mandado de segurança. In: DIDIER JÚNIOR, Fredie (org.). *Ações constitucionais*. 4. ed. rev., ampl. e atual. Salvador: JusPodivm, 2009.

SOUZA, Luiz Antônio. *Direitos difusos e coletivos*. São Paulo: Saraiva, 2009.

SOUZA, Marcelo Dias. *Do precedente judicial à súmula vinculante*. Curitiba: Juruá, 2007.

SOUZA, Motauri Ciocchetti de. *Ação civil pública e inquérito civil*. 3. ed. de acordo com a Lei n. 11.448/2007. São Paulo: Saraiva, 2009.

SOUZA, Motauri Ciocchetti de. *Interesses difusos em espécie*. São Paulo: Saraiva, 2000.

SOUZA, Motauri Ciocchetti de. *Ministério Público e o princípio da obrigatoriedade*. São Paulo: Método, 2007.

SOUZA, Wilson Alves. Ônus da prova – considerações sobe a doutrina das cargas probatórias dinâmicas. *Revista Jurídica dos Formandos em Direito da UFBA*, Salvador, n. 6, 1999.

STEFANI, Marcos. O Ministério Público, o novo CPC e o negócio jurídico processual. In: DIDIER Jr., Freddie (coord.-geral); GODINHO, Robson Renault; COSTA, Susana Henriques da (coord.). *Repercussões do novo CPC*: Ministério Público. 2. ed. Salvador: JusPodivm, 2017.

STOCO, Rui. Responsabilidade civil dos profissionais liberais e dos prestadores de serviços, *Tribuna da Magistratura*, Caderno de Doutrina, set. 1996.

STOCO, Rui. *Tratado de responsabilidade civil*. 6. ed. São Paulo: RT, 2004.

TAFARO, Sebastiano. A dívida e a proteção da parte mais fraca do contrato. *Revista Brasileira de Direito Comparado*, Rio de Janeiro, n. 13, 2.º sem. 1992.

TALAMINI, Eduardo. *Tutela relativa aos deveres de fazer e não fazer*. 2. ed. São Paulo: RT, 2008.

TARTUCE, Flávio. A boa-fé objetiva e a mitigação do prejuízo pelo credor: esboço do tema e primeira abordagem. Disponível em: www.flaviotartuce.adv.br/seções/artigos/Tartuce_duty.doc.

TARTUCE, Flávio. *Manual de direito do consumidor*: direito material e processual. São Paulo: Método, 2012.

TARTUCE, Flávio; NEVES, Daniel Amorim Assumpção. *Manual de direito do consumidor*: direito material e processual. São Paulo: Método, 2012.

TARUFFO, Michele. *Uma simples verdade*: o juiz e a construção dos fatos. Trad. Vitor de Paula Ramos. São Paulo: Marcial Pons, 2012.

TAVARES, André Ramos. *Manual do novo mandado de segurança*. Rio de Janeiro: GEN/Forense, 2009.

TEPEDINO, Gustavo. *Temas de direito civil*. 3. ed. Rio de Janeiro: Renovar, 2004.

TEPEDINO, Gustavo. *Temas de direito civil*. 3. ed. Rio de Janeiro: Renovar, 2006. t. II.

THEODORO JR., Humberto. Ações individuais e coletivas sobre relação de consumo – reunião de processos por conexão. *Revista IOB de Direito Civil e Processual Civil*, 44/2006.

THEODORO JR., Humberto. *Curso de direito processual civil*. 59. ed. Rio de Janeiro: Forense, 2018. v. 1.

THEODORO JR., Humberto. *Direito do consumidor*. 2. ed. Rio de Janeiro: Forense, 2001.

THEODORO JR., Humberto. *O mandado de segurança segundo a Lei n. 12.0160, de 07 de agosto de 2009*. Rio de Janeiro: Forense, 2009.

THEODORO JR., Humberto. *Processo de execução e cumprimento da sentença*. 24. ed. São Paulo: Liv. e Ed. Universitária de Direito, 2007.

TOLOSA FILHO, Benedicto de. *Comentário à Lei de Improbidade Administrativa*. Rio de Janeiro: Forense, 2003.

TORRES, Ricardo Lobo. O mínimo existencial e os direitos fundamentais. *Revista de direito da Procuradoria-Geral*. Rio de janeiro, n. 42, p. 69-70, jul./set. 1990.

TOURINHO, Rita. *Discricionariedade administrativa, ação de improbidade & controle principiológico*. Curitiba: Juruá, 2004.

VELLOSO FILHO, Carlos Mário. A indisponibilidade de bens na Lei 8.429/92, de 1992. In: BUENO, Cassio Scarpinella; PORTO FILHO, Pedro Paulo de Rezende (coord.). *Improbidade administrativa*: questões polêmicas e atuais. 2. ed. São Paulo: Malheiros, 2003. p. 125.

VENOSA, Sílvio de Salvo. *Direito civil*. 6. ed. São Paulo: Atlas, 2006. v. IV.

VENTURI, Elton. *Execução da tutela coletiva*. Malheiros: São Paulo, 2000.

VIEIRA, Fernando Grella. A transação na esfera da tutela dos interesses difusos e coletivos: compromisso de ajustamento de conduta. In MILARÉ, Édis (coord.). *Ação civil pública – Lei 7.347/1985 – 15 anos*. 2. ed. rev. e atual. São Paulo: RT, 2002.

VIEIRA, Fernando Grella. Ação civil pública de improbidade: foro privilegiado e crime de responsabilidade. In: MILARÉ, Édis (coord.). *Ação civil pública após 20 anos*: efetividade e desafios. São Paulo: RT, 2005.

VIGLIAR, José Marcelo Menezes. Ação civil pública ou ação coletiva? In: MILARÉ, Édis (coord.). *Ação civil pública – Lei 7.347/85 – 15 anos*. 2. ed. rev. e atual. São Paulo: RT, 2002.

VIGLIAR, José Marcelo Menezes. *Ação civil pública*. 5. ed. rev. e ampl. com jurisp. São Paulo: Atlas, 2001.

VITORELLI, Edilson. Ações coletivas passivas: por que elas não existem nem deveriam existir? *Revista de Processo*, São Paulo, v. 278, 2018.

VITORELLI, Edilson. *O devido processo legal coletivo*. 2. ed. São Paulo: Thomson Reuters Brasil, 2019.

VITORELLI, Edilson. *Processo civil estrutural*: teoria e prática. Salvador: JusPodivm, 2020.

VITTA, Heraldo Garcia. *Mandado de segurança*: comentários à Lei n. 12.016, de 7 de agosto de 2009. 3. ed. São Paulo: Saraiva, 2010.

VITTA, Heraldo Garcia. *O meio ambiente e a ação popular*. São Paulo: Saraiva, 2000.

WALD, Arnoldo. Ação popular para anulação de contrato. *RT* 521/53, mar. 1979.

WALD, Arnoldo. *Curso de direito civil brasileiro*: obrigações e contratos. 9. ed. São Paulo: RT, 1990. v. 2.

WAMBIER, Luiz Rodrigues; ALMEIDA, Flávio Renato Correia; TALAMINI, Eduardo. *Curso avançado de processo civil*. 8. ed. São Paulo: RT, 2006. v. 2.

WATANABE, Kazuo (coord.). *Juizado Especial de Pequenas Causas*. São Paulo: RT, 1985.

1012 | INTERESSES DIFUSOS E COLETIVOS – VOL. 1

WATANABE, Kazuo *et al. Código Brasileiro de Defesa do Consumidor*: comentado pelos autores do anteprojeto. 7. ed. Rio de Janeiro: Forense Universitária, 2001.

WATANABE, Kazuo *et al. Código Brasileiro de Defesa do Consumidor*: comentado pelos autores do anteprojeto. 8. ed. Rio de Janeiro: Forense Universitária, 2005.

WATANABE, Kazuo. "Mínimo Existencial" e demais direitos fundamentais imediatamente judicializáveis. In: GRINOVER, Ada Pellegrini; WATANABE, Kazuo (coord.). *O controle jurisdicional de políticas públicas*. Rio de Janeiro: Forense, 2011.

WATANABE, Kazuo. Tutela jurisdicional dos interesses difusos: a legitimação para agir (conferência a 2 de dezembro de 1982, proferida no "Seminário sobre a tutela dos interesses coletivos", na FADUSP). In: GRINOVER, Ada Pellegrini (coord.). *A tutela dos interesses difusos*. São Paulo: Max Limonad, 1984 (Série Estudos jurídicos n.º 1).

XAVIER, José Tadeu Neves. A teoria da desconsideração da pessoa jurídica no Código Civil de 2002. *Revista de Direito Privado*, n. 10, abr./jun. 2002.

YARSHELL, Flávio Luiz. Breves notas sobre a desconsideração da personalidade jurídica no processo de tutela da probidade administrativa. In: VILLEN, Antonio Carlos; GUERRA, Alexandre de Mello (*coord.*). *Direito público contemporâneo*: a nova LINDB e as novas leis de licitações e contratos administrativos e de improbidade administrativa. São Paulo: Escola Paulista da Magistratura, 2023.

YOSHIDA, Consuelo Yatsuda Moromizato. Ação civil pública: judicialização dos conflitos e redução da litigiosidade. In: MILARÉ, Édis (coord.). *A ação civil pública após 20 anos*: efetividade e desafios. São Paulo: RT, 2005.

YOSHIDA, Consuelo Yatsuda Moromizato. *Tutela dos interesses difusos e coletivos*. 1. ed. 2. tir. rev. e atual. São Paulo: Juarez de Oliveira, 2006.

ZACLIS, Lionel. *Proteção coletiva dos investidores no mercado de capitais*. São Paulo: RT, 2007.

ZANETI JR., Hermes. Mandado de Segurança Coletivo. In: DIDIER JÚNIOR, Fredie (org.). *Ações constitucionais*. 4. ed. rev., ampl. e atual. Salvador: JusPodivm, 2009.

ZAVASCKI, Teori Albino. *Antecipação da tutela*. 4. ed. São Paulo: Saraiva, 2005.

ZAVASCKI, Teori Albino. *Comentários ao Código de Processo Civil*. São Paulo: RT, 2000. v. 8.

ZAVASCKI, Teori Albino. Ministério Público e ação civil. *Revista de Informação Legislativa*, n. 114, jul. 1992.

ZAVASCKI, Teori Albino. *Processo coletivo*: tutela de direitos coletivos e tutela coletiva de direitos. 4. ed. São Paulo: RT, 2009.

ZAVASCKI, Teori Albino. Reforma do processo coletivo: indispensabilidade de disciplina diferenciada para direitos individuais homogêneos e para direitos transindividuais. In: GRINOVER, Ada Pellegrini; MENDES, Aluisio Gonçalves de Castro; WATANABE, Kazuo (org.). *Direito processual coletivo e o anteprojeto de Código Brasileiro de Processos Coletivos*. São Paulo: RT, 2007.

ZENKNER, Marcelo. *Integridade governamental e empresarial*: um espectro da repressão e da prevenção à corrupção no Brasil e em Portugal. 2. reimpr. Belo Horizonte: Fórum, 2019.

ZOCKUN, Maurício. Comentários ao artigo 1.º. In: DI PIETRO, Maria Sylvia Zanella; MARRARA, Thiago. *Lei Anticorrupção comentada*. Belo Horizonte: Fórum, 2017.